CUSTOMS TARIFF OF IMPORT AND EXPORT OF THE PEOPLE'S REPUBLIC OF CHINA

中华人民共和国进出口税则

2023

国务院关税税则委员会办公室
中华人民共和国财政部关税司

编

COMPILED BY

THE OFFICE OF CUSTOMS TARIFF COMMISSION OF THE STATE COUNCIL
TARIFF POLICY DEPARTMENT OF MINISTRY OF FINANCE P.R.C.

中国财经出版传媒集团
经济科学出版社
Economic Science Press

图书在版编目（CIP）数据

中华人民共和国进出口税则. 2023 / 国务院关税税
则委员会办公室，中华人民共和国财政部关税司编. --
北京：经济科学出版社，2023.1
ISBN 978-7-5218-4521-1

Ⅰ. ①中… Ⅱ. ①国… ②中… Ⅲ. ①进出口贸易–
关税–税则–中国–2023 Ⅳ. ①D922.221

中国国家版本馆CIP数据核字（2023）第027698号

责任编辑：王 娟 罗一鸣 徐汇宽 李艳红 李梦瑜
责任校对：隗立娜 郑淑艳 齐 杰 刘 昕 靳玉环 杨 海
责任印制：张佳裕

中华人民共和国进出口税则

（2023）

国务院关税税则委员会办公室
中华人民共和国财政部关税司 编

经济科学出版社出版、发行 新华书店经销
社址：北京市海淀区阜成路甲28号 邮编：100142
总编部电话：010-88191217 发行部电话：010-88191522
网址：www.esp.com.cn
电子邮箱：esp@esp.com.cn
天猫网店：经济科学出版社旗舰店
网址：http://jjkxcbs.tmall.com
北京鑫海金澳胶印有限公司印装
880×1230 16开 125印张 5800000字
2023年3月第1版 2023年3月第1次印刷
ISBN 978-7-5218-4521-1 定价：510.00元
（图书出现印装问题，本社负责调换。电话：010-88191510）
（版权所有 侵权必究 打击盗版 举报热线：010-88191661
QQ：2242791300 营销中心电话：010-88191537
电子邮箱：dbts@esp.com.cn）

规则与说明

《中华人民共和国进出口税则》（以下简称《税则》）是《中华人民共和国进出口关税条例》（以下简称《条例》）的组成部分，主要包括进口税则、出口税则、规则与说明等。国务院关税税则委员会负责《税则》的税目、税率的调整和解释，负责编纂、发布《税则》。国务院关税税则委员会在《国务院关税税则委员会关于发布〈中华人民共和国进出口税则（2022）〉的公告》（税委会公告2021年第10号）的基础上，系统整合《国务院关税税则委员会关于2023年关税调整方案的公告》（税委会公告2022年第11号）等文件对进口税则、出口税则以及相关规则的调整，编纂《税则（2023）》。

一、进口税则

进口税则包括税目税率表与归类总规则、类注、章注、子目注释、本国子目注释。税目税率表设置序号、税则号列、货品名称、最惠国税率、协定税率、特惠税率、普通税率等栏目。《税则（2023）》进口税则整合了税委会公告2022年第11号等文件对关税税目，最惠国税率、协定税率、特惠税率、普通税率及有关暂定税率，以及本国子目注释等的调整。

（一）关税税目

关税税目以世界海关组织《商品名称及编码协调制度》（以下简称《协调制度》）为基础，由税则号列（以下简称税号）和目录条文等组成。其中，税号在税则号列栏中列示，目录条文在货品名称栏中列示。税号采用8位数字编码结构，前6位数字及对应的目录条文与《协调制度》保持一致；第7、8位数字及对应的目录条文是依据《协调制度》的分类原则和方法，根据我国实际需要而制定的。

关税税目适用规则包括归类规则等。进出口货物的商品归类，应当按照《税则》规定的目录条文和归类总规则、类注、章注、子目注释、本国子目注释，以及其他归类注释确定，并归入相应的税号。

Regulations and Explanations

Customs Tariff of Import and Export of the People's Republic of China (hereinafter referred to as "*Tariff*"), which mainly comprises *Import Tariff*, *Export Tariff*, and *Regulations and Explanations*, is a component part of *Regulations of the People's Republic of China on Import and Export Duties* (hereinafter referred to as "*Regulations*"). Customs Tariff Commission of the State Council shall be responsible for making adjustments to and interpretations of tariff headings and duty rates in *Tariff*, and be responsible for *Tariff*'s codification and publication. Based on *The Announcement of the Customs Tariff Commission of the State Council on Issuing the Customs Tariff of Import and Export of the People's Republic of China (2022)* (No. 10[2021], Customs Tariff Commission of the State Council), Customs Tariff Commission of the State Council systemic integrating *The Announcement of the Customs Tariff Commission of the State Council on Adjustments Schemes of Import and Export Tariffs in 2023* (No. 11[2022], Customs Tariff Commission of the State Council) and other documents about adjustment of import tariff, export tariff and relevant rules, compile *Tariff (2023)*.

1. Import Tariff

Import Tariff is composed of the tariff schedule, General Rules for the interpretation of the Harmonized System, the notes to sections, chapters, subheadings, and the domestic subheadings. The tariff schedule of *Import Tariff* are composed of number (No.), tariff line, article description, Most Favored Nation tariff rate ("MFN" column), agreement tariff rate ("Agreement" column), special preferential tariff rate ("SP" column), and general tariff rate ("Gen" column). The import tariff of *Tariff (2023)* integrating adjustments of No. 11[2022], Customs Tariff Commission of the State Council and other documents about tariff items, MFN tariff rates, agreement tariff rates, special preferential tariff rates, general tariff rates, relevant temporary tariff rates and domestic subheadings.

(1) Tariff Items

Tariff items include tariff lines and the terms of the headings, and are based on *the Harmonized Commodity Description and Coding System* (hereinafter referred to as "*Harmonized System*"), which is enacted by the World Customs Organization. Tariff lines are listed under the Tariff Line column, the terms of the headings are listed under the Article Description column. The tariff lines adopt 8-digit numbers to identify commodities. The first six digits and corresponding subheadings are consistent with the *Harmonized System*. The seventh and the eighth digits and corresponding items are formulated by the classification principles and methods of the *Harmonized System*, and based on the domestic needs.

The applicable rules of tariff lines are composed of the rules of commodity classification, etc. The declared import or export goods shall be classified into corresponding tariff headings in accordance with the terms of the headings, the general rules for the classification, the notes to sections, chapters, subheadings, and the domestic subheadings, as well as other explanatory notes to classification, which are prescribed in *Tariff*.

较之《税则（2022）》，《税则（2023）》增列了白茶、激光雷达等关税税目，关税税目数共计8948个。

Comparing with *Tariff (2022)*, *Tariff (2023)* adds on white tea, lidar and other tariff items, the total of tariff items are 8948.

（二）最惠国税率

1. 原产于共同适用最惠国待遇条款的世界贸易组织成员的进口货物，原产于与中华人民共和国签订含有相互给予最惠国待遇条款的双边贸易协定的国家或者地区的进口货物，以及原产于中华人民共和国境内的进口货物，适用最惠国税率。

2. 适用最惠国税率的国家或者地区包括：

（1）共同适用最惠国待遇条款的世界贸易组织成员，共162个，包括：阿尔巴尼亚共和国、阿富汗、阿根廷共和国、阿拉伯埃及共和国、阿拉伯联合酋长国、阿曼苏丹国、爱尔兰、爱沙尼亚共和国、安哥拉共和国、安提瓜和巴布达、奥地利共和国、澳大利亚联邦、巴巴多斯、巴布亚新几内亚独立国、巴基斯坦伊斯兰共和国、巴拉圭共和国、巴林王国、巴拿马共和国、巴西联邦共和国、保加利亚共和国、北马其顿共和国、贝宁共和国、比利时王国、秘鲁共和国、冰岛共和国、波兰共和国、伯利兹、博茨瓦纳共和国、布基纳法索、布隆迪共和国、大不列颠及北爱尔兰联合王国、大韩民国、丹麦王国、德意志联邦共和国、多哥共和国、多米尼加共和国、多米尼克国、多民族玻利维亚国、俄罗斯联邦、厄瓜多尔共和国、法兰西共和国、菲律宾共和国、斐济共和国、芬兰共和国、佛得角共和国、冈比亚共和国、刚果共和国、刚果民主共和国、哥伦比亚共和国、哥斯达黎加共和国、格林纳达、格鲁吉亚、古巴共和国、圭亚那合作共和国、哈萨克斯坦共和国、海地共和国、荷兰王国、黑山、洪都拉斯共和国、吉布提共和国、吉尔吉斯共和国、几内亚比绍共和国、几内亚共和国、加拿大、加纳共和国、加蓬共和国、柬埔寨王国、捷克共和国、津巴布韦共和国、喀麦隆共和国、卡塔尔国、科特迪瓦共和国、科威特国、克罗地亚共和国、肯尼亚共和国、拉脱维亚共和国、莱索托王国、老挝人民民主共和国、利比里亚共和国、立陶宛共和国、列支敦士登公国、卢森堡大公国、卢旺达共和国、罗马尼亚、马达加斯加共和国、马尔代夫共和国、马耳他共和国、马拉维共和国、马来西亚、马里共和国、毛里求斯共和国、毛里塔尼亚伊斯兰共和国、美利坚合众国、蒙古国、孟加拉人民共和国、缅甸联邦共和国、摩尔多瓦共和国、摩洛哥王国、墨西哥合众国、莫桑比克共和国、纳米比亚共和国、南非共和国、尼泊尔、尼加拉瓜共和国、尼日尔共和国、尼日利亚联邦共和国、挪威王国、葡萄牙共和国、日本国、瑞典、瑞士联邦、萨尔瓦多共和国、萨摩亚独立国、塞拉利昂共和国、塞内加尔共和国、塞浦路斯共和国、塞舌尔共和国、沙特阿拉伯王国、圣基茨和尼

(2) Most Favored Nation (MFN) Tariff Rates

1)The MFN tariff rates shall apply to import goods originated from the members of the World Trade Organization that are subject to the common application of the MFN clause, import goods originated from countries or regions with which the People's Republic of China has concluded bilateral agreements for reciprocally granting of most-favored-nation treatment, and import goods originated from the Customs territory of the People's Republic of China.

2)Countries or regions that the MFN tariff rates shall apply to are as follows:

① Members of the World Trade Organization that are subject to the common application of the MFN clause, including: The Republic of Albania,Afghanistan, The Republic of Argentina, The Arab Republic of Egypt, The United Arab Emirates, The Sultanate of Oman, Ireland, Republic of Estonia, The Republic of Angola, Antigua and Barbuda, The Republic of Austria, The Commonwealth of Australia, Barbados, The Independent State of Papua New Guinea, The Islamic Republic of Pakistan, Republic of Paraguay, The Kingdom of Bahrain, The Republic of Panama, The Federative Republic of Brazil, The Republic of Bulgaria, The Republic of North Macedonia, The Republic of Benin, The Kingdom of Belgium, The Republic of Peru, The Republic of Iceland, The Republic of Poland, Belize, The Republic of Botswana, The Burkina Faso, The Republic of Burundi, The United Kingdom of Great Britain and Northern Ireland, The Republic of Korea, The Kingdom of Denmark, The Federal Republic of Germany, The Republic of Togo, The Dominican Republic, The Commonwealth of Dominica, Plurinational State of Bolivia, Russian Federation, Republic of Ecuador, The French Republic, Republic of the Philippines, The Republic of Fiji, The Republic of Finland, The Republic of Cabo Verde, The Republic of The Gambia, The Republic of the Congo, The Democratic Republic of the Congo, Republic of Colombia, The Republic of Costa Rica, Grenada, Georgia, The Republic of Cuba, The Cooperative Republic of Guyana, The Republic of Kazakhstan, The Republic of Haiti, The Kingdom of the Netherlands, Montenegro, The Republic of Honduras, The Republic of Djibouti, Kyrgyz Republic, The Republic of Guinea-Bissau, The Republic of Guinea, Canada, The Republic of Ghana, The Gabonese Republic, The Kingdom of Cambodia, The Czech Republic, The Republic of Zimbabwe, The Republic of Cameroon, The State of Qatar, The Republic of Côte d'Ivoire, The State of Kuwait, The Republic of Croatia, The Republic of Kenya, The Republic of Latvia, The Kingdom of Lesotho, The Lao People's Democratic Republic, The Republic of Liberia, The Republic of Lithuania, The Principality of Liechtenstein, The Grand Duchy of Luxembourg, The Republic of Rwanda, Romania, The Republic of Madagascar, The Republic of Maldives, The Republic of Malta, The Republic of Malawi, Malaysia, The Republic of Mali, The Republic of Mauritius, The Islamic Republic of Mauritania, The United States of America, Mongolia, The People's Republic of Bangladesh, The Republic of the Union of Myanmar, Republic of Moldova, The Kingdom of Morocco, The United Mexican States, The Republic of Mozambique, The Republic of Namibia, The Republic of South Africa, Nepal, The Republic of Nicaragua, The Republic of Niger, The Federal Republic of Nigeria, The Kingdom of Norway, The Portuguese Republic, Japan, Sweden, The Swiss Confederation,

维斯联邦、圣卢西亚、圣文森特和格林纳丁斯、斯里兰卡民主社会主义共和国、斯洛伐克共和国、斯洛文尼亚共和国、斯威士兰王国、苏里南共和国、所罗门群岛、塔吉克斯坦共和国、泰王国、坦桑尼亚联合共和国、汤加王国、特立尼达和多巴哥共和国、突尼斯共和国、土耳其共和国、瓦努阿图共和国、危地马拉共和国、委内瑞拉玻利瓦尔共和国、文莱达鲁萨兰国、乌干达共和国、乌克兰、乌拉圭东岸共和国、希腊共和国、西班牙王国、新加坡共和国、新西兰、匈牙利、牙买加、亚美尼亚共和国、也门共和国、以色列国、意大利共和国、印度共和国、印度尼西亚共和国、约旦哈希姆王国、越南社会主义共和国、赞比亚共和国、乍得共和国、智利共和国、中非共和国、中国澳门、中国台湾、中国香港。

（2）与中华人民共和国签订含有相互给予最惠国待遇条款的双边贸易协定的国家或者地区，共34个，包括：阿拉伯叙利亚共和国、阿尔及利亚民主人民共和国、阿塞拜疆共和国、埃塞俄比亚联邦民主共和国、白俄罗斯共和国、波多黎各自由邦、波斯尼亚和黑塞哥维那、朝鲜民主主义人民共和国、赤道几内亚共和国、东帝汶民主共和国、厄立特里亚国、法罗群岛、法属波利尼西亚海外领地、格陵兰岛、基里巴斯共和国、库克群岛、黎巴嫩共和国、利比亚国、马约特、密克罗尼西亚联邦、摩纳哥公国、南苏丹共和国、塞尔维亚共和国、圣多美和普林西比民主共和国、圣马力诺共和国、圣皮埃尔和密克隆海外领地、苏丹共和国、索马里联邦共和国、土库曼斯坦、瓦利斯和富图纳海外领地、乌兹别克斯坦共和国、新喀里多尼亚海外领地、伊拉克共和国、伊朗伊斯兰共和国。

（3）中华人民共和国境内。

3. 最惠国税率在进口税则中的标示方式：

（1）最惠国税率在最惠国税率栏标示，栏中的（%）适用于实行从价计征方式征收的进口货物。实行从量计征、复合计征方式征收的，在最惠国税率栏对应的脚注标示。

（2）税率中间含有"#"的，"#"前后分别为当年上半年和下半年适用税率。

（3）非全税目信息技术产品的最惠国税率在最惠国税率栏中列明；其税号前标注"ex"，表示适用该税率的进口货物应在该税目范围内，以货品名称栏中的具体描述为准。

（三）协定税率

1. 原产于与中华人民共和国签订含有关税优惠

The Republic of El Salvador, The Independent State of Samoa, The Republic of Sierra Leone, The Republic of Senegal, The Republic of Cyprus, The Republic of Seychelles, Kingdom of Saudi Arabia, The Federation of Saint Kitts and Nevis, Saint Lucia, Saint Vincent and the Grenadines, The Democratic Socialist Republic of Sri Lanka, Slovak Republic, The Republic of Slovenia, The Kingdom of Eswatini, The Republic of Suriname, Solomon Islands, The Republic of Tajikistan, The Kingdom of Thailand, The United Republic of Tanzania, The Kingdom of Tonga, The Republic of Trinidad and Tobago, The Republic of Tunisia, Republic of Türkiye, The Republic of Vanuatu, The Republic of Guatemala, Bolivarian Republic of Venezuela, Negara Brunei Darussalam, The Republic of Uganda, Ukraine, Oriental Republic of Uruguay, The Hellenic Republic, The Kingdom of Spain, The Republic of Singapore, New Zealand, Hungary, Jamaica, Republic of Armenia, Republic of Yemen, The State of Israel, Italian republic, The Republic of India, The Republic of Indonesia, The Hashemite Kingdom of Jordan, The Socialist Republic of VietNam, The Republic of Zambia, The Republic of Chad, The Republic of Chile, The Central African Republic, Macau China, Taiwan China, Hong Kong China, 162 in total.

② Countries or regions with which the People's Republic of China has concluded bilateral agreements for reciprocally granting of the MFN treatment, including: The Syrian Arab Republic, The People's Democratic Republic of Algeria, Republic of Azerbaijan, The Federal Democratic Republic of Ethiopia, Republic of Belarus, The Commonwealth of Puerto Rico, Bosnia and Herzegovina, Democratic People's Republic of Korea, The Republic of Equatorial Guinea, Democratic Republic of Timor-Leste, The State of Eritrea, Faroe Islands, Overseas Collectivity of French Polynesia, Greenland, The Republic of Kiribati, The Cook Islands, The Lebanese Republic, State of Libya, Mayotte, The Federated States of Micronesia, The Principality of Monaco, The Republic of South Sudan, The Republic of Serbia, The Democratic Republic of Sao Tome and Principe, The Republic of San Marino, Overseas Collectivity of Saint Pierre and Miquelon, The Republic of the Sudan, The Federal Republic of Somalia, Turkmenistan, Overseas Collectivity of the Wallis and Futuna Islands, The Republic of Uzbekistan, Territory of New Caledonia and Dependencies, The Republic of Iraq, The Islamic Republic of Iran, 34 in total.

③ The Customs territory of the People's Republic of China.

3) The MFN tariff rates in *Import Tariff* are described as follows：

① The MFN tariff rates are described in the "MFN" column, the "%" on the "MFN" column applies to import goods levied by ad valorem. MFN tariff rates in the form other than ad valorem are described in the footnotes.

② If there is a "#" in the "MFN" column, the rates before and after "#" are applicable in the first and the second half of the year respectively.

③ The MFN tariff rates on Specific Information Technology Products are described in the "MFN" column. The tariff lines prefixed by "ex" indicate their MFN tariff rates applied to the import goods that conform to the respective specific description, within the scope of the tariff lines.

(3) Agreement Tariff Rates

1) The agreement tariff rates shall apply to import goods originated from

条款的区域性贸易协定的国家或者地区的进口货物，适用协定税率。

（1）根据《亚太贸易协定》及相关协议，原产于孟加拉人民共和国、印度共和国、老挝人民民主共和国、大韩民国、斯里兰卡民主社会主义共和国、蒙古国的部分进口货物，适用协定税率。

（2）根据《中华人民共和国与东南亚国家联盟全面经济合作框架协议》及相关协议，原产于文莱达鲁萨兰国、柬埔寨王国、印度尼西亚共和国、老挝人民民主共和国、马来西亚、缅甸联邦共和国、菲律宾共和国、新加坡共和国、泰王国、越南社会主义共和国的部分进口货物，适用协定税率。

（3）根据《中华人民共和国政府和智利共和国政府自由贸易协定》及相关协议，原产于智利共和国的部分进口货物，适用协定税率。

（4）根据《中华人民共和国政府和巴基斯坦伊斯兰共和国政府自由贸易协定》及相关协议，原产于巴基斯坦伊斯兰共和国的部分进口货物，适用协定税率。

（5）根据《中华人民共和国政府和新西兰政府自由贸易协定》及相关协议，原产于新西兰的部分进口货物，适用协定税率。其中，对原产于新西兰的乳制品（税号04021000、04022100、04022900和04029100，2023年触发水平197498吨）实施特殊保障措施管理；当上述税号的乳制品进口累计达到当年触发水平，将根据相关规定征收关税。对原产于新西兰的羊毛（税号51011100、51011900、51012100、51012900、51013000和51031010）和毛条（税号51051000、51052100和51052900）实施国别关税配额管理，并适用相应的协定税率。

（6）根据《中华人民共和国政府和新加坡共和国政府自由贸易协定》及相关协议，原产于新加坡共和国的部分进口货物，适用协定税率。

（7）根据《中华人民共和国政府与秘鲁共和国政府自由贸易协定》及相关协议，原产于秘鲁共和国的部分进口货物，适用协定税率。

（8）根据《中华人民共和国政府和哥斯达黎加共和国政府自由贸易协定》及相关协议，原产于哥斯达黎加共和国的部分进口货物，适用协定税率。

（9）根据《中华人民共和国和瑞士联邦自由贸易协定》及相关协议，原产于瑞士联邦的部分进口

countries or regions with which the People's Republic of China has concluded a regional trade agreement that comprises preferential tariff clauses.

① According to *Asia-Pacific Trade Agreement* and relevant agreements, the agreement tariff rates shall apply to certain import goods originating in the People's Republic of Bangladesh, the Republic of India, the Lao People's Democratic Republic, the Republic of Korea, the Democratic Socialist Republic of Sri Lanka, and Mongolia.

② According to *Framework Agreement on Comprehensive Economic Co-Operation between China and ASEAN* and relevant agreements, the agreement tariff rates shall apply to certain import goods originating in Negara Brunei Darussalam, the Kingdom of Cambodia, the Republic of Indonesia, the Lao People's Democratic Republic, Malaysia, the Republic of the Union of Myanmar, the Republic of the Philippines, the Republic of Singapore, the Kingdom of Thailand, and the Socialist Republic of VietNam.

③ According to *Free Trade Agreement between the Government of the People's Republic of China and the Government of the Republic of Chile* and relevant agreements, the agreement tariff rates shall apply to certain import goods originating in the Republic of Chile.

④ According to *Free Trade Agreement between the Government of the People's Republic of China and the Government of the Islamic Republic of Pakistan* and relevant agreements, the agreement tariff rates shall apply to certain import goods originating in the Islamic Republic of Pakistan.

⑤ According to *Free Trade Agreement between the Government of the People's Republic of China and the Government of New Zealand* and relevant agreements, the agreement tariff rates shall apply to certain import goods originating in New Zealand. Special safeguard measures shall apply to dairy products (tariff lines 04021000, 04022100, 04022900 and 04029100 with the trigger level of 197498 tonnes in 2023) originating in New Zealand. Additional tariffs shall be collected in accordance with relevant regulations when import quantity of aforementioned tariff lines exceed the trigger level in current year. Country-specific tariff quota administration shall apply to wool (tariff lines 51011100, 51011900, 51012100, 51012900, 51013000, and 51031010) and wool tops (tariff lines 51051000, 51052100, and 51052900) originating in New Zealand, and the corresponding agreement tariff rates shall apply.

⑥ According to *Free Trade Agreement between the Government of the People's Republic of China and the Government of the Republic of Singapore* and relevant agreements, the agreement tariff rates shall apply to certain import goods originating in the Republic of Singapore.

⑦ According to *Free Trade Agreement between the Government of the People's Republic of China and the Government of the Republic of Peru* and relevant agreements, the agreement tariff rates shall apply to certain import goods originating in the Republic of Peru.

⑧ According to *Free Trade Agreement between the Government of the People's Republic of China and the Government of the Republic of Costa Rica* and relevant agreements, the agreement tariff rates shall apply to certain import goods originating in the Republic of Costa Rica.

⑨ According to *Free Trade Agreement between the Government of the People's Republic of China and the Government of the Swiss Confederation* and relevant

货物，适用协定税率。

（10）根据《中华人民共和国政府和冰岛政府自由贸易协定》及相关协议，原产于冰岛共和国的部分进口货物，适用协定税率。

（11）根据《中华人民共和国政府和大韩民国政府自由贸易协定》及相关协议，原产于大韩民国的部分进口货物，适用协定税率。

（12）根据《中华人民共和国政府和澳大利亚政府自由贸易协定》及相关协议，原产于澳大利亚联邦的部分进口货物，适用协定税率。其中，对原产于澳大利亚联邦的牛肉（税号02011000、02012000、02013000、02021000、02022000和02023000，2023年触发水平196349吨）和奶粉（税号04022100和04022900，2023年触发水平25855吨）实施特殊保障措施管理；当上述税号的牛肉或奶粉进口累计达到当年相应触发水平，将根据相关规定征收关税。对原产于澳大利亚联邦的羊毛（税号51011100、51011900、51012100、51012900、51013000和51031010）实施国别关税配额管理，并适用相应的协定税率。

（13）根据《中华人民共和国政府和格鲁吉亚政府自由贸易协定》及相关协议，原产于格鲁吉亚的部分进口货物，适用协定税率。

（14）根据《中华人民共和国政府和毛里求斯共和国政府自由贸易协定》及相关协议，原产于毛里求斯共和国的部分进口货物，适用协定税率。其中，对原产于毛里求斯共和国的食糖（税号17011200、17011300、17011400、17019100、17019910、17019920和17019990）实施国别关税配额管理，并适用相应的协定税率。

（15）根据《区域全面经济伙伴关系协定》（RCEP）及相关协议，原产于文莱达鲁萨兰国、柬埔寨王国、印度尼西亚共和国、老挝人民民主共和国、马来西亚、缅甸联邦共和国、新加坡共和国、泰王国、越南社会主义共和国等9个东盟成员国，以及澳大利亚联邦、日本国、大韩民国、新西兰的部分进口货物，适用协定税率。其中，原产于印度尼西亚共和国的部分进口货物适用RCEP协定税率的起始时间为2023年1月2日。按照协定"关税差异"等条款规定，根据进口货物的RCEP原产国来适用我国在RCEP项下对其他已生效缔约方相应的协定税率。同时允许进口商申请适用我国在RCEP项下对其他已生效缔约方的最高协定税率；或者在进口商能够提供有关证明的情况下，允许其申请适用我国对与该货物生产相关的其他已生效缔约方的最高协定税率。

agreements, the agreement tariff rates shall apply to certain import goods originating in the Swiss Confederation.

⑩ According to *Free Trade Agreement between the Government of the People's Republic of China and the Government of Iceland* and relevant agreements, the agreement tariff rates shall apply to certain import goods originating in Iceland.

⑪ According to *Free Trade Agreement between the Government of the People's Republic of China and the Government of the Republic of Korea* and relevant agreements, the agreement tariff rates shall apply to certain import goods originating in the Republic of Korea.

⑫ According to *Free Trade Agreement between the Government of the People's Republic of China and the Government of Australia* and relevant agreements, the agreement tariff rates shall apply to certain import goods originating in the Commonwealth of Australia. Special safeguard measures shall apply to beef (tariff lines 02011000,02012000,02013000,02021000,02022000 and 02023000 with the trigger level of 196349 tonnes in 2023), and milk powder (tariff lines 04022100 and 04022900 with the trigger level of 25855 tonnes in 2023) originating in the Commonwealth of Australia. Additional tariffs shall be collected in accordance with relevant regulations when import quantity of aforementioned tariff lines exceed the trigger level in current year. Country-specific tariff quota administration shall apply to wool (tariff lines 51011100, 51011900, 51012100, 51012900, 51013000 and 51031010) originating in the Commonwealth of Australia, and the corresponding agreement tariff rates shall apply.

⑬ According to *Free Trade Agreement between the Government of the People's Republic of China and the Government of Georgia* and relevant agreements, the agreement tariff rates shall apply to certain import goods originating in Georgia.

⑭ According to *Free Trade Agreement between the Government of the People's Republic of China and the Government of the Republic of Mauritius* and relevant agreements, the agreement tariff rates shall apply to certain import goods originating in the Republic of Mauritius. Country-specific tariff quota administration shall apply to sugar (tariff lines 17011200, 17011300, 17011400, 17019100, 17019910, 17019920 and 17019990) originating in the Republic of Mauritius, and the corresponding agreement tariff rates shall apply.

⑮ According to *Regional Comprehensive Economic Partnership Agreement (RCEP)* and relevant agreements, the agreement tariff rates shall apply to certain import goods originating in Negara Brunei Darussalam, the Kingdom of Cambodia, the Republic of Indonesia, the Lao People's Democratic Republic, Malaysia, the Republic of the Union of Myanmar, the Republic of Singapore, the Kingdom of Thailand, the Socialist Republic of VietNam, the Commonwealth of Australia, Japan, the Republic of Korea, and New Zealand. The RCEP agreement tariff rates start to apply to certain import goods originating in the Republic of Indonesia since January 2, 2023. According to the *Tariff Differentials* and relevant provisions of the agreement, the agreement tariff rate applying to an originating good subject to tariff differentials shall be in accordance with the RCEP country of origin of the good. Meanwhile, importers are allowed to make claims for the highest tariff rate that China applies to the same originating good from any other Parties, or from any other Parties contributing originating materials used in the production of such good with necessary proof.

（16）根据《中华人民共和国政府和柬埔寨王国政府自由贸易协定》及相关协议，原产于柬埔寨王国的部分进口货物，适用协定税率。

⑯ According to *Free Trade Agreement between the Government of the People's Republic of China and the Government of the Kingdom of Cambodia* and relevant agreements, the agreement tariff rates shall apply to certain import goods originating in the Kingdom of Cambodia.

（17）根据《〈内地与香港关于建立更紧密经贸关系的安排〉货物贸易协议》，原产于中国香港特别行政区的部分进口货物，适用零关税。

⑰ According to the *Mainland and Hong Kong Closer Economic Partnership Arrangement on Trade in Goods,* zero tariff shall apply to certain goods originating in the Hong Kong Special Administrative Region.

（18）根据《〈内地与澳门关于建立更紧密经贸关系的安排〉货物贸易协议》，原产于中国澳门特别行政区的部分进口货物，适用零关税。

⑱ According to the *Mainland and Macao Closer Economic Partnership Arrangement on Trade in Goods,* zero tariff shall apply to certain goods originating in the Macao Special Administrative Region.

（19）根据海峡两岸相关协议，原产于中国台湾地区的部分进口货物，参照适用协定税率。

⑲ According to cross-straits relevant agreements, the agreement tariff rates shall apply to certain import goods originating in Taiwan, China.

2. 协定税率在进口税则中的标示方式：

2) Agreement tariff rates in *Import Tariff* are described as follows:

（1）协定税率栏中的（%）适用于实行从价计征方式征收的进口货物。协定税率栏左侧，标示协定税率。实行从量计征、复合计征方式征收的，以及涉及国别关税配额的，在协定税率栏对应的脚注标示。协定税率栏右侧，标示对应的协定的中文简称和英文代码。

① The "%" on the "Agreement" column applies to import goods levied by ad valorem. The agreement tariff rates are described on the left side of the "Agreement" column. The agreement tariff rates in the form other than ad valorem and involving Country-specific tariff quota administration are described in the footnotes. Corresponding Chinese abbreviations and English codes are described on the right side of the "Agreement" column.

（2）税率中间含有"#"的，"#"前后分别为当年上半年和下半年适用税率。

② If there is a "#" in the "Agreement" column, the rates before and after "#" are applicable in the first and the second half of the year respectively.

（3）各项协定名称、适用国家或者地区、对应的中文简称和英文代码，如表1所示。

③ The table of the agreements, countries or regions with corresponding Chinese abbreviations and English notes is as follows:

表1 协定及对应简称、代码表

序号	协定名称	适用国家或者地区	中文简称	英文代码
1	《亚太贸易协定》及相关协议	孟加拉人民共和国、印度共和国、老挝人民民主共和国、大韩民国、斯里兰卡民主社会主义共和国、蒙古国	亚太	AP
2	《中华人民共和国与东南亚国家联盟全面经济合作框架协议》及相关协议	文莱达鲁萨兰国、柬埔寨王国、印度尼西亚共和国、老挝人民民主共和国、马来西亚、缅甸联邦共和国、菲律宾共和国、新加坡共和国、泰王国、越南社会主义共和国	东盟	AS
3	《中华人民共和国政府和智利共和国政府自由贸易协定》及相关协议	智利共和国	智	CL
4	《中华人民共和国政府和巴基斯坦伊斯兰共和国政府自由贸易协定》及相关协议	巴基斯坦伊斯兰共和国	巴	PK
5	《中华人民共和国政府和新西兰政府自由贸易协定》及相关协议	新西兰	新西兰	NZ
6	《中华人民共和国政府和新加坡共和国政府自由贸易协定》及相关协议	新加坡共和国	新加坡	SG
7	《中华人民共和国政府与秘鲁共和国政府自由贸易协定》及相关协议	秘鲁共和国	秘	PE

序号	协定名称	适用国家或者地区	中文简称	英文代码
8	《中华人民共和国政府和哥斯达黎加共和国政府自由贸易协定》及相关协议	哥斯达黎加共和国	哥	CR
9	《中华人民共和国和瑞士联邦自由贸易协定》及相关协议	瑞士联邦	瑞	CH
10	《中华人民共和国政府和冰岛政府自由贸易协定》及相关协议	冰岛共和国	冰	IS
11	《中华人民共和国政府和大韩民国政府自由贸易协定》及相关协议	大韩民国	韩	KR
12	《中华人民共和国政府和澳大利亚政府自由贸易协定》及相关协议	澳大利亚联邦	澳	AU
13	《中华人民共和国政府和格鲁吉亚政府自由贸易协定》及相关协议	格鲁吉亚	格	GE
14	《中华人民共和国政府和毛里求斯共和国政府自由贸易协定》及相关协议	毛里求斯共和国	毛	MU
15	《区域全面经济伙伴关系协定》（RCEP）及相关协议	文莱达鲁萨兰国、柬埔寨王国、印度尼西亚共和国、老挝人民民主共和国、马来西亚、缅甸联邦共和国、新加坡共和国、泰王国、越南社会主义共和国	东盟^R	AS^R
		澳大利亚联邦	澳^R	AU^R
		日本国	日^R	JP^R
		大韩民国	韩^R	KR^R
		新西兰	新西兰^R	NZ^R
16	《中华人民共和国政府和柬埔寨王国政府自由贸易协定》及相关协议	柬埔寨王国	柬	KH
17	《〈内地与香港关于建立更紧密经贸关系的安排〉货物贸易协议》	中国香港特别行政区	港	HK
18	《〈内地与澳门关于建立更紧密经贸关系的安排〉货物贸易协议》	中国澳门特别行政区	澳门	MO
19	海峡两岸相关协议	中国台湾地区	台	TW

Table 1　Agreements and Codes of Countries or Regions with Agreement Tariff Rates

No.	Agreement	Relevant Countries or Regions	Code
1	Asia-Pacific Trade Agreement and relevant agreements	The People's Republic of Bangladesh, The Republic of India, The Lao People's Democratic Republic, The Republic of Korea, The Democratic Socialist Republic of Sri Lanka, Mongolia	AP
2	Framework Agreement on Comprehensive Economic Co-Operation between China and ASEAN and relevant agreements	Negara Brunei Darussalam, The Kingdom of Cambodia, The Republic of Indonesia, The Lao People's Democratic Republic, Malaysia, The Republic of the Union of Myanmar, The Republic of the Philippines, The Republic of Singapore, The Kingdom of Thailand, The Socialist Republic of VietNam	AS

No.	Agreement	Relevant Countries or Regions	Code
3	Free Trade Agreement between the Government of The People's Republic of China and the Government of the Republic of Chile and relevant agreements	The Republic of Chile	CL
4	Free Trade Agreement between the Government of The People's Republic of China and the Government of the Islamic Republic of Pakistan and relevant agreements	The Islamic Republic of Pakistan	PK
5	Free Trade Agreement between the Government of The People's Republic of China and the Government of New Zealand and relevant agreements	New Zealand	NZ
6	Free Trade Agreement between the Government of The People's Republic of China and the Government of the Republic of Singapore and relevant agreements	The Republic of Singapore	SG
7	Free Trade Agreement between the Government of The People's Republic of China and the Government of the Republic of Peru and relevant agreements	The Republic of Peru	PE
8	Free Trade Agreement between the Government of The People's Republic of China and the Government of the Republic of Costa Rica and relevant agreements	The Republic of Costa Rica	CR
9	Free Trade Agreement between the Government of the People's Republic of China and the Government of the Swiss Confederation and relevant agreements	Swiss Confederation	CH
10	Free Trade Agreement between the Government of the People's Republic of China and the Government of Iceland and relevant agreements	The Republic of Iceland	IS
11	Free Trade Agreement between the Government of the People's Republic of China and the Government of the Republic of Korea and relevant agreements	The Republic of Korea	KR
12	Free Trade Agreement between the Government of the People's Republic of China and the Government of Australia and relevant agreements	The Commonwealth of Australia	AU
13	Free Trade Agreement between the Government of the People's Republic of China and the Government of Georgia and relevant agreements	Georgia	GE
14	Free Trade Agreement between the Government of the People's Republic of China and the Government of the Republic of Mauritius and relevant agreements	The Republic of Mauritius	MU
15	Regional Comprehensive Economic Partnership Agreement（RCEP）and relevant agreements	Negara Brunei Darussalam, The Kingdom of Cambodia, The Republic of Indonesia, The Lao People's Democratic Republic, Malaysia, The Republic of the Union of Myanmar, The Republic of Singapore, The Kingdom of Thailand, The Socialist Republic of VietNam	AS[R]
		The Commonwealth of Australia	AU[R]
		Japan	JP[R]
		The Republic of Korea	KR[R]
		New Zealand	NZ[R]
16	Free Trade Agreement between the Government of the People's Republic of China and the Government of the Kingdom of Cambodia and relevant agreements	The Kingdom of Cambodia	KH

No.	Agreement	Relevant Countries or Regions	Code
17	Mainland and Hong Kong Closer Economic Partnership Arrangement on Trade in Goods	Hong Kong Special Administrative Region, China	HK
18	Mainland and Macao Closer Economic Partnership Arrangement on Trade in Goods	Macao Special Administrative Region, China	MO
19	Cross-Straits relevant agreements	Taiwan,China	TW

（四）特惠税率

1.原产于与中华人民共和国签订含有特殊关税优惠条款的贸易协定的国家或者地区的进口货物，适用特惠税率。

（1）根据中华人民共和国给予同中华人民共和国建交的最不发达国家部分产品零关税待遇承诺、中华人民共和国政府与有关国家政府间换文协议，原产于东帝汶民主共和国、缅甸联邦共和国的部分进口货物，适用95%税目零关税特惠税率。

（2）根据中华人民共和国给予同中华人民共和国建交的最不发达国家部分产品零关税待遇承诺、中华人民共和国政府与有关国家政府间换文协议，原产于埃塞俄比亚联邦民主共和国、安哥拉共和国、布隆迪共和国、冈比亚共和国、刚果民主共和国、科摩罗联盟、利比里亚共和国、马达加斯加共和国、马里共和国、毛里塔尼亚伊斯兰共和国、南苏丹共和国、尼日尔共和国、塞拉利昂共和国、塞内加尔共和国、索马里联邦共和国、也门共和国等16国的部分进口货物，适用97%税目零关税特惠税率。

（3）根据中华人民共和国给予同中华人民共和国建交的最不发达国家部分产品零关税待遇承诺、中华人民共和国政府与有关国家政府间换文协议，原产于阿富汗、贝宁共和国、布基纳法索、多哥共和国、厄立特里亚、基里巴斯共和国、吉布提共和国、几内亚比绍共和国、几内亚共和国、柬埔寨王国、莱索托王国、老挝人民民主共和国、卢旺达共和国、马拉维共和国、孟加拉人民共和国、莫桑比克共和国、尼泊尔、圣多美和普林西比民主共和国、苏丹共和国、所罗门群岛、坦桑尼亚联合共和国、瓦努阿图共和国、乌干达共和国、赞比亚共和国、乍得共和国、中非共和国等26国的部分进口货物，适用98%税目零关税特惠税率。

（4）根据《亚太贸易协定》及相关协议，原产于孟加拉人民共和国、老挝人民民主共和国的部分进口货物，适用特惠税率。

(4) Special Preferential Tariff Rates

1) The special preferential tariff rates shall apply to import goods originated from countries or regions with which the People's Republic of China has concluded a trade agreement that comprises special preferential tariff clauses.

① According to the commitment of providing zero tariff rate treatment to the least developed countries that have established diplomatic relations with the People's Republic of China, and the Exchange Letter between the government of the People's Republic of China and the related governments, the special preferential tariff rates of zero shall apply to 95% of certain import goods originated from Democratic Republic of Timor-Leste and the Republic of the Union of Myanmar.

② According to the commitment of providing zero tariff rate treatment to the least developed countries that have established diplomatic relations with the People's Republic of China, and the Exchange Letter between the government of the People's Republic of China and the related governments, the special preferential tariff rates of zero shall apply to 97% of certain import goods originated from 16 countries, namely The Federal Democratic Republic of Ethiopia, The Republic of Angola, The Republic of Burundi, The Republic of The Gambia, The Democratic Republic of the Congo, Union of Comoros, The Republic of Liberia, The Republic of Madagascar, The Republic of Mali, The Islamic Republic of Mauritania, The Republic of the South Sudan, The Republic of Niger, The Republic of Sierra Leone, The Republic of Senegal, The Federal Republic of Somalia, Republic of Yemen.

③ According to the commitment of providing zero tariff rate treatment to the least developed countries that have established diplomatic relations with the People's Republic of China, and the Exchange Letter between the government of the People's Republic of China and the related governments, the special preferential tariff rates of zero shall apply to 98% of certain import goods originated from 26 countries, namely Afghanistan, The Republic of Benin, The Burkina Faso, The Republic of Togo, The State of Eritrea, The Republic of Kiribati, The Republic of Djibouti, The Republic of Guinea-Bissau, The Republic of Guinea, The Kingdom of Cambodia, The Kingdom of Lesotho, The Lao People's Democratic Republic, The Republic of Rwanda, The Republic of Malawi, The People's Republic of Bangladesh, The Republic of Mozambique, Nepal, The Democratic Republic of Sao Tome and Principe, The Republic of the Sudan, Solomen Islands, The United Republic of Tanzania, The Republic of Vanuatu, The Republic of Uganda, The Republic of Zambia, The Republic of Chad, The Central African Republic.

④ According to *Asia-Pacific Trade Agreement* and relevant agreements, the special preferential tariff rates shall apply to certain import goods originating in the People's Republic of Bangladesh and the Lao People's Democratic Republic.

（5）根据中华人民共和国政府与有关东盟成员国政府间换文协议，原产于柬埔寨王国、老挝人民民主共和国、缅甸联邦共和国的部分进口货物，适用特惠税率。

2. 特惠税率在进口税则中的标示方式：

（1）特惠税率栏中的（%）适用于实行从价计征方式征收的进口货物。

（2）特惠税率栏左侧，标示特惠税率。

（3）特惠税率栏右侧，原产于上述1（1）中东帝汶民主共和国、缅甸联邦共和国的适用95%税目零关税特惠税率的部分进口货物，标示为"受惠国LD"；原产于上述1（2）中埃塞俄比亚联邦民主共和国等16国的适用97%税目零关税特惠税率的部分进口货物，标示为"受惠国LD"或"受惠国$_1$LD$_1$"；原产于上述1（3）中阿富汗等26国的适用98%税目零关税特惠税率的部分进口货物，标示为"受惠国LD"或"受惠国$_1$LD$_1$"或"受惠国$_2$LD$_2$"。标示"受惠国LD"的税目约占税目总数的95%，标示"受惠国$_1$LD$_1$"的税目约占税目总数的2%，标示"受惠国$_2$LD$_2$"的税目约占税目总数的1%。

特惠税率栏右侧，原产于上述1（4）中孟加拉人民共和国、老挝人民民主共和国的部分进口货物，标示为"亚太AP"；原产于上述1（5）中柬埔寨王国、老挝人民民主共和国、缅甸联邦共和国的部分进口货物，分别标示为"柬KH"、"老LA"、"缅MM"。

（五）普通税率

1. 原产于除适用最惠国税率、协定税率、特惠税率国家或地区以外的国家或者地区的进口货物，以及原产地不明的进口货物，适用普通税率。

2. 普通税率在普通税率栏标示，栏中的（%）适用于实行从价计征方式征收的进口货物。实行从量计征、复合计征方式征收的，在普通税率栏对应的脚注标示。

（六）关税配额税率

实行关税配额管理的进口货物，关税配额内的，适用关税配额税率，关税配额外的依照《条例》有关规定执行。

1. 根据《中华人民共和国加入世界贸易组织议定书》，对下列货物实施关税配额管理：

⑤ According to the Exchange Letter between the government of the People's Republic of China and the related governments of ASEAN countries, the special preferential tariff rates shall apply to certain import goods originating in the Kingdom of Cambodia, the Lao People's Democratic Republic and the Republic of the Union of Myanmar.

2) The special preferential tariff rates in *Import Tariff* are described as follows:

① The "%" on the "SP" column applies to import goods levied by ad valorem.

② The special preferential tariff rates are described on the left of the "SP" column.

③ Certain import goods applied the special preferential tariff rate of zero originated from the Democratic Republic of Timor-Leste and the Republic of the Union of Myanmar (specified in Article 1)① above, 95% of the tariff lines) are marked as "受惠国LD" on the right side of the "SP" column. Certain import goods applied the special preferential tariff rate of zero originated from The Federal Democratic Republic of Ethiopia and other 15 countries (specified in Article 1)② above, 97% of the tariff lines) are marked as "受惠国LD" or "受惠国$_1$LD$_1$" on the right side of the "SP" column. Certain import goods applied the special preferential tariff rate of zero originated from Afghanistan and other 25 countries (specified in Article 1)③ above, 98% of the tariff lines) are marked as "受惠国LD" or "受惠国$_1$LD$_1$" or "受惠国$_2$LD$_2$" on the right side of the "SP" column. About 95% of the tariff lines are marked as"受惠国LD", 2% of the tariff lines are marked as"受惠国$_1$LD$_1$", 1% of the tariff lines are marked as"受惠国$_2$LD$_2$".

Certain import goods originated from the People's Republic of Bangladesh and the Lao People's Democratic Republic (refer to Article 1)④ above) are marked as "亚太AP" on the right side of the "SP" column. Certain import goods originated from the Kingdom of Cambodia, the Lao People's Democratic Republic and the Republic of the Union of Myanmar (refer to Article 1)⑤ above) are marked as "柬KH", "老LA", "缅MM" on the right side of the "SP" column.

(5) General Tariff Rates

1) The general tariff rates shall apply to import goods with undetermined origins and originated from the countries or regions that are not applicable to the MFN tariff rates, the agreement tariff rates, or the special preferential tariff rates.

2) The general tariff rates are described in the "Gen" column, the "%" on the "Gen" column applies to import goods levied by ad valorem. The general tariff rates in the form other than ad valorem are described in the footnotes.

(6) Tariff Quota Rates

For import goods subject to tariff quota administration, the tariff quota rates shall apply to those within the tariff quotas. Import goods which beyond the quantity of tariff quota shall be administrated in accordance with relevant provisions of the *Regulations*.

1) Goods that are subject to tariff quota administration according to *Protocol on the Accession of the People's Republic of China* are listed as follows.

（1）小麦（包括其粉、粒）。承诺的年度关税配额数量为963.6万吨，包括税号：10011100、10011900、10019100、10019900、11010000、11031100、11032010。

（2）玉米（包括其粉、粒）。承诺的年度关税配额数量为720万吨，包括税号：10051000、10059000、11022000、11031300、11042300。

（3）大米（包括其粉、粒）。其中，长粒大米（包括其粉、粒）承诺的年度关税配额数量为266万吨，包括税号：10061021、10061081、10062020、10063020、10064020、11029021、11031931；中短粒大米（包括其粉、粒）承诺的年度关税配额数量为266万吨，包括税号：10061029、10061089、10062080、10063080、10064080、11029029、11031939。

（4）食糖。承诺的年度关税配额数量为194.5万吨，包括税号：17011200、17011300、17011400、17019100、17019910、17019920、17019990。

（5）羊毛。承诺的年度关税配额数量为28.7万吨，包括税号：51011100、51011900、51012100、51012900、51013000、51031010。

（6）毛条。承诺的年度关税配额数量为8万吨，包括税号：51051000、51052100、51052900。

（7）棉花。承诺的年度关税配额数量为89.4万吨，包括税号：52010000、52030000。

（8）化肥。其中，尿素承诺的年度关税配额数量为330万吨，税号：31021000；三元复合肥承诺的年度关税配额数量为345万吨，税号：31052000；磷酸氢二铵承诺的年度关税配额数量为690万吨，税号：31053000。

2. 关税配额税率在进口税则中的标示方式：

关税配额税率在最惠国税率栏对应的脚注标示，最惠国税率栏中的（%）也适用于关税配额税率（如"关税配额税率：1"表示该税目对应的关税配额税率为1%）。

（七）进口暂定税率

1. 适用最惠国税率、协定税率、特惠税率、关税配额税率的进口货物在一定期限内可以实行暂定税率。

2. 暂定税率在进口税则中的标示方式：

（1）最惠国暂定税率在最惠国税率栏以前置"△"标示（如"△8"表示该税目暂定税率为8%）。实行从量计征、复合计征方式征收的，或暂定税率适用期限有特别规定的，在最惠国税率栏对应的脚注标示。

① Wheat. The annual committed quantity of tariff quota is 9636000mt, with corresponding tariff lines 10011100, 10011900, 10019100, 10019900, 11010000, 11031100, and 11032010.

② Corn. The annual committed quantity of tariff quota is 7200000mt, with corresponding tariff lines 10051000, 10059000, 11022000, 11031300, and 11042300.

③ Rice. The long grain rice's annual committed quantity of tariff quota is 2660000mt, with corresponding tariff lines 10061021, 10061081, 10062020, 10063020, 10064020, 11029021, and 11031931. The short and medium grain rice's annual committed quantity of tariff quota is 2660000mt, with corresponding tariff lines 10061029, 10061089, 10062080, 10063080, 10064080, 11029029, and 11031939.

④ Sugar. The annual committed quantity of tariff quota is 1945000mt, with corresponding tariff lines 17011200, 17011300, 17011400, 17019100, 17019910, 17019920, and 17019990.

⑤ Wool. The annual committed quantity of tariff quota is 287000mt , with corresponding tariff lines 51011100, 51011900, 51012100, 51012900, 51013000, and 51031010.

⑥ Wool tops. The annual committed quantity of tariff quota is 80000mt, with corresponding tariff lines 51051000, 51052100, and 51052900.

⑦ Cotton. The annual committed quantity of tariff quota is 894000mt, with corresponding tariff lines 52010000, 52030000.

⑧ Chemical fertilizer. Urea's annual committed quantity of tariff quota is 3300000mt, with corresponding tariff line 31021000. Mineral or chemical fertilizers containing the two fertilizing elements' annual committed quantity of tariff quota is 3450000mt, with corresponding tariff line 31052000. Diammonium phosphate's annual committed quantity of tariff quota is 6900000mt, with corresponding tariff line 31053000.

2) Tariff quota rates in *Import Tariff* are described as follows：

Tariff quota rates are described in the footnotes corresponding to the "MFN" column. The "%" on the "MFN" column also applies to tariff quota rates (for example, "tariff quota rate:1" indicates that the tariff quota rate of the tariff line is 1%).

(7) Temporary Tariff Rates on Import Goods

1) Import goods that are applicable to the MFN tariff rates, the agreement tariff rates, the special preferential tariff rates, and the tariff quota rates may apply to the temporary tariff rates within a specific time limit.

2) Temporary tariff rates in *Import Tariff* are described as follows：

① The MFN temporary tariff rates are indicated with the fore mark of "△" in the "MFN" column (for example, "△8" indicates that the MFN temporary tariff rate of the tariff line is 8%). The MFN temporary tariff rates in the form other than ad valorem or special provisions are made about its applied deadline, are described in the footnotes.

（2）关税配额暂定税率在最惠国税率栏对应的脚注标示。

（3）税号前标注"ex"，表示适用该税率的进口货物应在该税目范围内，以货品名称栏中的具体描述为准。

（八）税率的适用顺序

当最惠国税率低于或等于协定税率时，协定有规定的，按相关协定的规定执行；协定无规定的，二者从低适用。

适用最惠国税率的进口货物有暂定税率的，应当适用暂定税率；适用协定税率、特惠税率的进口货物有暂定税率的，应当从低适用税率；适用普通税率的进口货物，不适用暂定税率。

（九）实施时间

除另有规定外，自2023年1月1日起实施。

二、出口税则

出口税则包括税目税率表与归类总规则、类注、章注、子目注释、本国子目注释。税目税率表设置序号、税则号列、货品名称、出口税率等栏目。归类总规则、类注、章注、子目注释、本国子目注释与进口税则相同，不单独列明。《税则（2023）》出口税则整合了税委会公告2022年第11号等文件对关税税目、出口暂定税率，以及本国子目注释等的调整。

·（一）关税税目

关税税目与进口税则相同。税目税率表中仅标示征收出口税率或实行暂定税率的税目。

（二）出口税率

1. 出口关税设置出口税率。

2. 出口税率在出口税则中的标示方式：

出口税率在出口税率栏标示，栏中的（％）适用于实行从价计征方式征收的出口货物。

（三）出口暂定税率

1. 适用出口税率的出口货物在一定期限内可以实行暂定税率。

② The tariff quota temporary rates are described in the footnotes corresponding to the "MFN" column.

③ Tariff lines prefixed by "ex" indicate their temporary tariff rates apply to the import goods that conform to the respective specific description, within the scope of the tariff lines.

(8) Application Orders of Tariff Rates

When the MFN tariff rate is lower or equal to the agreement tariff rate, if there are provisions in the relevant agreements, the rate shall be implemented in accordance with the provisions; If there is no provision in the relevant agreement, the lower tariff rate shall apply.

Where there are temporary tariff rates on import goods to which the MFN tariff rates are applicable, such temporary tariff rates shall apply; where there are temporary tariff rates on import goods to which the agreement tariff rates or the special tariff rates are applicable, the lower tariff rates shall apply. Temporary tariff rates shall not apply to the import goods to which the general tariff rates are applicable.

(9) Enforced Time

Unless otherwise specified, import tariff is enforced from January 1, 2023.

2. Export Tariff

Export Tariff is composed of the tariff schedule, General Rules for the interpretation of the Harmonized System, the notes to sections, chapters, sub-headings, and the domestic subheadings. The tariff schedule of *Export Tariff* are composed of number (No.), tariff line, article description and export tariff rate. General Rules for the interpretation of the Harmonized System, the notes to sections, chapters, subheadings, and the domestic subheadings are consistent with those in *Import Tariff*, therefore are not listed separately. The export tariff of *Tariff (2023)* integrating adjustments of No. 11[2022], Customs Tariff Commission of the State Council and other documents about tariff items, temporary tariff rates on export goods and domestic subheadings.

(1) Tariff Items

Tariff items of *Export Tariff* are consistent with *Import Tariff*. The tariff schedule of *Export Tariff* is only composed of tariff items to which export tariff rates or temporary tariff rates are applied.

(2) Export Tariff Rates

1) Export tariff sets export tariff rate.

2) Export tariff rates in *Export Tariff* are described as follows:

Export tariff rates are described in the "Export Tariff Rate" column, the "%" on the "Export Tariff Rate" column applies to export goods levied by ad valorem.

(3) Temporary Tariff Rates on Export Goods

1) The temporary tariff rates may apply to export goods within a specific time limit, to which the export tariff rates are applicable.

2. 暂定税率在出口税则中的标示方式：

（1）暂定税率在出口税率栏以前置"△"标示（如"△8"表示该税目出口暂定税率为8%）。

（2）税号前标注"ex"，表示适用该税率的出口货物应在该税目范围内，以货品名称栏中的具体描述为准。

（四）税率的适用顺序

适用出口税率的出口货物有暂定税率的，适用暂定税率。

（五）实施时间

自2023年1月1日起实施。

三、其他规则与说明

（一）完税价格

进口货物的完税价格以该货物的成交价格以及该货物运抵中华人民共和国境内输入地点起卸前的运输及其相关费用、保险费为基础审查确定。

出口货物的完税价格以该货物的成交价格以及该货物运至中华人民共和国境内输出地点装载前的运输及其相关费用、保险费为基础审查确定。

（二）计税方式

进出口货物关税，以从价计征、从量计征或者国家规定的其他方式征收。

从价计征的计算公式为：应纳税额＝完税价格 × 关税税率

从量计征的计算公式为：应纳税额＝货物数量 × 单位税额

（三）原产地

关税税率的适用应当符合相应的原产地规则。

（四）进境物品的进口税

进境物品的关税以及进口环节海关代征税合并为进口税。

规定数额以内的个人自用进境物品，免征进口税。超过规定数额但仍在合理数量以内的个人自用进境物品，由进境物品的纳税义务人在进境物品放

2) Temporary Tariff Rates in *Export Tariff* are described as follows：

① The temporary tariff rates are indicated with the fore mark of "△" in the "Export Tariff Rate" column (for example, "△8" indicates that the temporary tariff rate on export goods of the tariff line is 8%) .

② Tariff lines prefixed by "ex" indicate their temporary tariff rates apply to the import goods that conform to the respective specific description, within the scope of the tariff lines.

(4) Application Orders of Tariff Rates

Where there are temporary tariff rates on export goods to which the export tariff rates are applicable, such temporary tariff rates shall apply.

(5) Enforced Time

Export tariff is enforced from January 1, 2023.

3. Other Regulations and Explanations

(1) Customs Value

The customs value of import goods shall be determined after examination on the basis of the transaction value of the goods, the cost of transport and the charges associated with the transport of the goods, and the cost of insurance incurred prior to unloading of such goods at the port or place of entry within the Customs territory of the People's Republic of China.

The customs value of export goods shall be determined after examination on the basis of the transaction value thereof and the costs of transport, charges associated with transport, charge associated with transport, and the cost of insurance occur prior to loading of such goods at the port or place of departure within the Customs territory of the People's Republic of China.

(2) Tariff collection on Import or Export Goods

The tariff on import or export goods shall be collected in the form of ad valorem tariff, specific tariff, or other forms prescribed by the State.

The calculation formula of ad valorem tariff is:
Tariff Payable = Customs Value × Tariff Rate.

The calculation formula of specific tariff is:
Tariff Payable = Quantity of Goods × Tariff Rate.

(3) Rules of Origin

The application of tariff rates shall be determined in accordance with the rules of origin.

(4) Flat Duty on Inward Articles

The import duty on inward articles and taxes collected by the Customs on behalf of other government departments for importation of such articles are amalgamated into flat duty.

Inward articles for personal use the aggregate value or quantity of which is within the quota shall be exempted from flat duty. The flat duty on inward articles for personal use that exceed the quota but are still within a reasonable

行前按照规定缴纳进口税。超过合理、自用数量的进境物品应当按照进口货物依法办理相关手续。国务院关税税则委员会规定按货物征税的进境物品，按照进口货物相关规定征收关税。

进境物品进口税应当按照《中华人民共和国进境物品进口税税率表》（见表2）确定适用税率。国务院关税税则委员会负责《中华人民共和国进境物品进口税税率表》的税目、税率的调整和解释。

quantity shall be paid by the duty payer of such inward articles in accordance with the relevant provisions prior to the release. Where inward articles exceed the reasonable quantity for personal use, the relevant formalities shall be gone through in accordance with that of import goods. The duty on inward articles that are deemed as import goods by the Customs Tariff Commission of the State Council shall be collected in accordance with the relevant provisions of import goods.

Applicable rate of flat duty on inward articles shall be determined by *the Flat Duty Rates On the Inward Articles of The People's Republic of China* (table 2). The Customs Tariff Commission of the State Council shall be responsible for making adjustments to and interpretations of tariff headings and duty rates in *the Flat Duty Rates On the Inward Articles of the People's Republic of China*.

表2 中华人民共和国进境物品进口税税率表
Table 2 The Flat Duty Rate on Inward Articles of the People's Republic of China

税目序号 No.	物品名称	税率(%) Duty	Article Description
1	书报、刊物、教育用影视资料；计算机、视频摄录一体机、数字照相机等信息技术产品；食品、饮料；金银；家具；玩具，游戏品、节日或其他娱乐用品；药品注1	13	Books, newspapers, journals, video and sonic materials for education; computers, video camera recorders, digital cameras and other IT products; food, beverages; gold, silver; furniture; toys, game, festival or other entertainment products; pharmaceutical products[note1]
2	运动用品（不含高尔夫球及球具）、钓鱼用品；纺织品及其制成品；电视摄像机及其他电器用具；自行车；税目1、3中未包含的其他商品	20	Sports requisites (exclude golf ball and other golf equipment), fishing requisites; textile products; television cameras and other electric products; bicycles; articles other than item 1, 3
3注2	烟、酒；贵重首饰及珠宝玉石；高尔夫球及球具；高档手表；高档化妆品	50	Cigarettes,wine and alcohol; precious jewelry, jade and precious stone; golf ball and other golf equipment; luxury watches; high-end cosmetics

注：1.对国家规定减按3%征收进口环节增值税的进口药品，按照货物税率征税。

2.税目3所列商品的具体范围与消费税征收范围一致。

Note:1.As to the imported pharmaceutical products subjecting to 3% imported value added tax, the tariff should be collected as import goods.

2.Articles listed in item 3 have same scope with consumption tax.

（五）其他关税措施

1.反倾销税、反补贴税、保障措施关税

按照有关法律、行政法规的规定对进口货物采取反倾销、反补贴、保障措施的，其税率的适用按照《中华人民共和国反倾销条例》、《中华人民共和国反补贴条例》和《中华人民共和国保障措施条例》的有关规定执行。征收反倾销税、反补贴税、保障措施关税、临时反倾销税、临时反补贴税、临时保障措施关税，由国务院关税税则委员会另行决定。

(5) Other Duty Measures

1) Anti-dumping Duty, Countervailing Duty and Safeguard Duty

Where anti-dumping, countervailing or safeguard measures are adopted on import goods in accordance with the provisions of the relevant laws or administrative regulations, the application of duty rates of such import goods shall be governed by the relevant provisions of the *Regulations of the People's Republic of China on Anti-Dumping*, the *Regulations of the People's Republic of China on Countervailing Measures*, and the *Regulations of the People's Republic of China on Safeguards*. The imposition of anti-dumping duty, countervailing duty, safeguard duty, provisional anti-dumping duty, provisional countervailing duty, provisional safeguard duty shall be decided separately by the Customs Tariff Commission of the State Council.

2. 报复性关税

任何国家或者地区违反与中华人民共和国签订或者共同参加的贸易协定及相关协定，对中华人民共和国在贸易方面采取禁止、限制、加征关税或者其他影响正常贸易的措施的，对原产于该国家或者地区的进口货物可以征收报复性关税，适用报复性关税税率。征收报复性关税及实施相关排除措施，由国务院关税税则委员会另行规定。

（六）关税减免

特定地区、特定企业或者特定用途的进出口货物减征或者免征关税的，以及其他依法减征或者免征关税的，按照国务院的有关规定执行。

四、本版税则编纂说明

《税则（2023）》编纂涉及的文件包括：

1.《国务院关税税则委员会关于调整进境物品进口税有关问题的通知》（税委会〔2019〕17号）；

2.《国务院关税税则委员会关于发布〈中华人民共和国进出口税则（2022）〉的公告》（税委会公告2021年第10号）；

3.《国务院关税税则委员会关于对原产于韩国的部分进口货物实施〈区域全面经济伙伴关系协定〉（RCEP）协定税率的公告》（税委会公告2022年第1号）；

4.《国务院关税税则委员会关于对原产于马来西亚的部分进口货物实施〈区域全面经济伙伴关系协定〉（RCEP）协定税率的公告》（税委会公告2022年第2号）；

5.《国务院关税税则委员会关于对部分原产于新西兰的木材和纸制品实施协定税率的公告》（税委会公告2022年第3号）；

6.《国务院关税税则委员会关于对原产于缅甸的部分进口货物实施〈区域全面经济伙伴关系协定〉（RCEP）协定税率的公告》（税委会公告2022年第5号）；

7.《国务院关税税则委员会关于调整煤炭进口关税的公告》（税委会公告2022年第6号）；

2) Retaliatory Duty

Where any country or region, in violation of the trade agreements or other relevant agreements that it concludes or accedes to with the People's Republic of China, unilaterally adopts measures affecting normal trade such as imposition of prohibition or restriction or surcharge of duties in the trade with the People's Republic of China, retaliatory duty may be imposed on import goods originated from such country or region and the retaliatory duty rates may apply. The imposing of the retaliatory duty and the implementation of tariff exclusion measures shall be decided separately by the Customs Tariff Commission of the State Council.

(6) Tariff Reduction and Exemption

Tariff reduction or exemption granted to import and export goods of special areas, special enterprises or for special uses, as well as other tariff reduction or exemption in conformity with legal provisions, shall be governed by the relevant provisions of the State Council.

4. The Compilation Explanation of This Edition

Relevant documents of *Tariff (2023)* include:

(1) *The Notice of the Customs Tariff Commission of the State Council on Adjustment of the Flat Duty of Inward Articles For Personal Use* (No. 17[2019], Customs Tariff Commission of the State Council);

(2) *The Announcement of the Customs Tariff Commission of the State Council on Issuing the Customs Tariff of Import and Export of the People's Republic of China (2022)* (No.10[2021], Customs Tariff Commission of the State Council);

(3) *The Announcement of the Customs Tariff Commission of the State Council on the agreement tariff rates of Regional Comprehensive Economic Partnership Agreement (RCEP) applying to certain import goods originating in the Republic of Korea* (No.1[2022], Customs Tariff Commission of the State Council);

(4) *The Announcement of the Customs Tariff Commission of the State Council on the agreement tariff rates of Regional Comprehensive Economic Partnership Agreement (RCEP) applying to certain import goods originating in Malaysia* (No.2[2022], Customs Tariff Commission of the State Council);

(5) *The Announcement of the Customs Tariff Commission of the State Council on the agreement tariff rates applying to certain wood and paper import goods originating in New Zealand* (No.3[2022], Customs Tariff Commission of the State Council);

(6) *The Announcement of the Customs Tariff Commission of the State Council on the agreement tariff rates of Regional Comprehensive Economic Partnership Agreement (RCEP) applying to certain import goods originating in the Republic of the Union of Myanmar* (No.5[2022], Customs Tariff Commission of the State Council);

(7) *The Announcement of the Customs Tariff Commission of the State Council on Adjustment of Import Tariffs of Coal* (No.6[2022], Customs Tariff Commission of the State Council);

8.《国务院关税税则委员会关于给予多哥共和国等16国98%税目产品零关税待遇的公告》（税委会公告2022年第8号）；

9.《国务院关税税则委员会关于给予阿富汗等10国98%税目产品零关税待遇的公告》（税委会公告2022年第9号）；

10.《国务院关税税则委员会关于2023年关税调整方案的公告》（税委会公告2022年第11号）。

在下一版本税则发布之前，本版税则如有调整，按国务院关税税则委员会有关规定执行。

(8) *The Announcement of the Customs Tariff Commission of the State Council on Providing Tariff Exemption for 98% of Imported Products from the Republic of Togo and Other 15 Countries* (No. 8[2022], Customs Tariff Commission of the State Council);

(9) *The Announcement of the Customs Tariff Commission of the State Council on Providing Tariff Exemption for 98% of Imported Products from Afghanistan and Other 9 Countries* (No.9 [2022], Customs Tariff Commission of the State Council);

(10) *The Announcement of the Customs Tariff Commission of the State Council on Adjustments Schemes of Import and Export Tariffs in 2023* (No. 11[2022], Customs Tariff Commission of the State Council).

Other adjustments in this edition shall be governed by the relevant provisions of the Customs Tariff Commission of the State Council before the next edition of *Tariff* is issued.

总 目 录
Contents

中华人民共和国进口税则

Customs Tariff of Import
of the People's Republic of China

归 类 总 规 则

GENERAL RULES FOR THE INTERPRETATION OF THE HARMONIZED SYSTEM

货品在本税则目录上的归类，应遵循以下原则：

Classification of goods in the Nomenclature shall be governed by the following rules:

规则一 类、章及分章的标题，仅为查找方便而设；具有法律效力的归类，应按税目条文和有关类注或章注确定，如税目、类注或章注无其他规定，按以下规则确定。

1. The titles of Sections, Chapters and sub-Chapters are provided for ease of reference only; for legal purposes, classification shall be determined according to the terms of the headings and any relative Section or Chapter Notes and provided such headings or Notes do not otherwise require, according to the following provisions.

规则二 （一）税目所列货品，应视为包括该项货品的不完整品或未制成品，只要在进口或出口时该项不完整品或未制成品具有完整品或制成品的基本特征；还应视为包括该项货品的完整品或制成品（或按本款可作为完整品或制成品归类的货品）在进口或出口时的未组装件或拆散件。

2. (a) Any reference in a heading to an article shall be taken to include a reference to that article incomplete or unfinished, provided that, as presented, the incomplete or unfinished article has the essential character of the complete or finished article. It shall also be taken to include a reference to that article complete or finished (or falling to be classified as complete or finished by virtue of this Rule), presented unassembled or disassembled.

（二）税目中所列材料或物质，应视为包括该种材料或物质与其他材料或物质混合或组合的物品。税目所列某种材料或物质构成的货品，应视为包括全部或部分由该种材料或物质构成的货品。由一种以上材料或物质构成的货品，应按规则三归类。

(b) Any reference in a heading to a material or substance shall be taken to include a reference to mixtures or combinations of that material or substance with other materials or substances. Any reference to goods of a given material or substance shall be taken to include a reference to goods consisting wholly or partly of such material or substance. The classification of goods consisting of more than one material or substance shall be according to the principles of Rule 3.

规则三 当货品按规则二（二）或由于其他原因看起来可归入两个或两个以上税目时，应按以下规则归类：

3. When by application of Rule 2(b) or for any other reason, goods are, prima facie, classifiable under two or more headings, classification shall be effected as follows:

（一）列名比较具体的税目，优先于列名一般的税目。但是，如果两个或两个以上税目都仅述及混合或组合货品所含的某部分材料或物质，或零售的成套货品中的某些货品，即使其中某个税目对该货品描述得更为全面、详细，这些货品在有关税目的列名应视为同样具体。

(a) The heading which provides the most specific description shall be preferred to headings providing a more general description. However, when two or more headings each refer to part only of the materials or substances contained in mixed or composite goods or to part only of the items in a set put up for retail sale, those heading are to be regarded as equally specific in relation to those goods, even if one of them gives a more complete or precise description of the goods.

（二）混合物、不同材料构成或不同部件组成的组合物以及零售的成套货品，如果不能按照规则三（一）归类时，在本款可适用的条件下，应按构成货品基本特征的材料或部件归类。

(b) Mixtures, composite goods consisting of different materials or made up of different components, and goods put up in sets for retail sale, which cannot be classified by reference to Rule 3(a), shall be classified as they consisted of the material or component which gives them their essential character, insofar as this criterion is applicable.

（三）货品不能按照规则三（一）或（二）归类时，应按号列顺序归入其可归入的最末一个税目。

(c) When goods cannot be classified by reference to Rule 3(a) or Rule 3(b), they shall be classified under the heading which occurs last in numerical order among those which equally merit consideration.

规则四	根据上述规则无法归类的货品，应归入与其最相类似的货品的税目。	4. Goods which cannot be classified in accordance with the above Rules shall be classified under the heading appropriate to the goods to which they are most akin.
规则五	除上述规则外，本规则适用于下列货品的归类：	5. In addition to the foregoing Rules, the following Rules shall apply in respect of the goods referred to therein:

（一）制成特殊形状仅适用于盛装某个或某套物品并适合长期使用的照相机套、乐器盒、枪套、绘图仪器盒、项链盒及类似容器，如果与所装物品同时进口或出口，并通常与所装物品一同出售的，应与所装物品一并归类。但本款不适用于本身构成整个货品基本特征的容器。

(a) Camera cases, musical instrument cases, gun cases, drawing instrument cases, necklace cases and similar containers, specially shaped or fitted to contain a specific article or set of articles, suitable for long term use and presented with the articles for which they are intended, shall be classified with such articles when of a kind normally sold therewith. This Rule does not, however, apply to containers which give the whole its essential character.

（二）除规则五（一）规定的以外，与所装货品同时进口或出口的包装材料或包装容器，如果通常是用来包装这类货品的，应与所装货品一并归类。但明显可重复使用的包装材料和包装容器可不受本款限制。

(b) Subject to the provisions of Rule 5(a) above, packing materials and packing containers presented with the goods there in shall be classified with the goods if they are of a kind normally used for packing such goods. However, this provision is not binding when such packing materials or packing containers are clearly suitable for repetitive use.

规则六	货品在某一税目项下各子目的法定归类，应按子目条文或有关的子目注释以及以上各条规则来确定，但子目的比较只能在同一数级上进行。除本税则目录条文另有规定的以外，有关的类注、章注也适用于本规则。	6. For legal purposes, the classification of goods in the subheadings of a heading shall be determined according to the terms of those subheadings and any related Subheading Notes and, mutatis mutandis, to the above Rules, on the understanding that only subheadings at the same level are comparable. For the purposes of this Rule the relative Section and Chapter Notes also apply, unless the context otherwise requires.

第一类
活动物；动物产品

SECTION I
LIVE ANIMALS; ANIMAL PRODUCTS

注释：

一、本类所称的各属种动物，除条文另有规定的以外，均包括其幼仔在内。

二、除条文另有规定的以外，本目录所称干的产品，均包括经脱水、蒸发或冷冻干燥的产品。

Notes:

1. Any reference in this Section to a particular genus or species of an animal, except where the context otherwise requires, includes a reference to the young of that genus or species.

2. Except where the context otherwise requires, throughout the Nomenclature any reference to "dried" products also covers products which have been dehydrated, evaporated or freeze-dried.

第一章
活动物

Chapter 1
Live animals

注释：

本章包括所有活动物，但下列各项除外：

一、税目03.01、03.06、03.07或03.08的鱼、甲壳动物、软体动物及其他水生无脊椎动物；

二、税目30.02的培养微生物及其他产品；

三、税目95.08的动物。

Notes:

This Chapter covers all live animals except:

1. Fish and crustaceans, molluscs and other aquatic invertebrates, of heading 03.01, 03.06, 03.07 or 03.08;

2. Cultures of micro-organisms and other products of heading 30.02; and

3. Animals of heading 95.08.

序号 No.	税则号列 Tariff Line	货品名称 Article Description	最惠国税率 MFN(%)	协定税率 Agreement(%)		特惠税率 SP(%)	普通税率 Gen(%)
	01.01	马、驴、骡: **Live horses, asses, mules and hinnies:**					
		-马: -Horses:					
1	0101.2100	--改良种用 --Pure-bred breeding	0	0	东盟AS,智CL,巴PK,新西兰NZ, 秘PE,哥CR,瑞CH,冰IS,韩KR, 澳AU,格GE,毛MU,东盟^{R}AS^R, 澳^{R}AU^R,日^{R}JP^R,新西兰^{R}NZ^R,柬KH,港HK,澳门MO,韩^{R}KR^R	0 受惠国LD	0
2	0101.2900	--其他 --Other	10	0	东盟AS,智CL,新西兰NZ,秘PE, 哥CR,瑞CH,冰IS,澳AU,格GE, 毛MU,东盟^{R}AS^R,澳^{R}AU^R,新西兰^{R}NZ^R,柬KH,港HK,澳门MO	0 受惠国LD	30
				1	韩KR		
				3	巴PK		
				8	韩^{R}KR^R		
				8.2	日^{R}JP^R		
		-驴: -Asses:					
3	0101.3010	---改良种用 ---Pure-bred breeding	0	0	东盟AS,智CL,巴PK,新西兰NZ, 秘PE,哥CR,瑞CH,冰IS,韩KR, 澳AU,格GE,毛MU,东盟^{R}AS^R, 澳^{R}AU^R,日^{R}JP^R,新西兰^{R}NZ^R,柬KH,港HK,澳门MO,韩^{R}KR^R	0 受惠国LD	0

序号 No.	税则号列 Tariff Line	货品名称 Article Description	最惠国税率 MFN(%)	协定税率 Agreement(%)		特惠税率 SP(%)	普通税率 Gen(%)
4	0101.3090	---其他 ---Other	10	0	东盟AS,智CL,新西兰NZ,秘PE,哥CR,瑞CH,冰IS,澳AU,格GE,毛MU,东盟^{R}AS^R,澳^{R}AU^R,新西兰^{R}NZ^R,柬KH,港HK,澳门MO	0 受惠国LD	30
				1	韩KR		
				3	巴PK		
				8	韩^{R}KR^R		
				8.2	日^{R}JP^R		
5	0101.9000	-其他 -Other	10	0	东盟AS,智CL,新西兰NZ,秘PE,哥CR,瑞CH,冰IS,澳AU,格GE,毛MU,东盟^{R}AS^R,澳^{R}AU^R,新西兰^{R}NZ^R,柬KH,港HK,澳门MO	0 受惠国LD	30
				1	韩KR		
				3	巴PK		
				8	韩^{R}KR^R		
				8.2	日^{R}JP^R		
	01.02	牛: Live bovine animals:					
		-家牛: -Cattle:					
6	0102.2100	--改良种用 --Pure-bred breeding	0	0	东盟AS,智CL,巴PK,新西兰NZ,秘PE,哥CR,瑞CH,冰IS,韩KR,澳AU,格GE,毛MU,东盟^{R}AS^R,澳^{R}AU^R,日^{R}JP^R,新西兰^{R}NZ^R,柬KH,港HK,澳门MO,韩^{R}KR^R	0 受惠国LD	0
7	0102.2900	--其他 --Other	10	0	东盟AS,智CL,新西兰NZ,秘PE,哥CR,瑞CH,冰IS,澳AU,格GE,毛MU,东盟^{R}AS^R,澳^{R}AU^R,新西兰^{R}NZ^R,柬KH,港HK,澳门MO	0 受惠国LD,柬KH,老LA,缅MM	30
				1	韩KR		
				3	巴PK		
				8	韩^{R}KR^R		
				8.2	日^{R}JP^R		
		-水牛: -Buffalo:					
8	0102.3100	--改良种用 --Pure-bred breeding	0	0	东盟AS,智CL,巴PK,新西兰NZ,秘PE,哥CR,瑞CH,冰IS,韩KR,澳AU,格GE,毛MU,东盟^{R}AS^R,澳^{R}AU^R,日^{R}JP^R,新西兰^{R}NZ^R,柬KH,港HK,澳门MO,韩^{R}KR^R	0 受惠国LD	0
9	0102.3900	--其他 --Other	10	0	东盟AS,智CL,新西兰NZ,秘PE,哥CR,瑞CH,冰IS,澳AU,格GE,毛MU,东盟^{R}AS^R,澳^{R}AU^R,新西兰^{R}NZ^R,柬KH,港HK,澳门MO	0 受惠国LD,柬KH,老LA,缅MM	30
				1	韩KR		
				3	巴PK		
				8	韩^{R}KR^R		
				8.2	日^{R}JP^R		

序号 No.	税则号列 Tariff Line	货品名称 Article Description	最惠国税率 MFN(%)	协定税率 Agreement(%)		特惠税率 SP(%)	普通税率 Gen(%)
		-其他： -Other:					
10	0102.9010	---改良种用 ---Pure-bred breeding	0	0	东盟AS,智CL,巴PK,新西兰NZ,秘PE,哥CR,瑞CH,冰IS,韩KR,澳AU,格GE,毛MU,东盟^{R}AS^R,澳^{R}AU^R,日^{R}JP^R,新西兰^{R}NZ^R,柬KH,港HK,澳门MO,韩^{R}KR^R	0 受惠国LD	0
11	0102.9090	---其他 ---Other	10	0	东盟AS,智CL,新西兰NZ,秘PE,哥CR,瑞CH,冰IS,澳AU,格GE,毛MU,东盟^{R}AS^R,澳^{R}AU^R,新西兰^{R}NZ^R,柬KH,港HK,澳门MO	0 受惠国LD,柬KH,老LA,缅MM	30
				1	韩KR		
				3	巴PK		
				8	韩^{R}KR^R		
				8.2	日^{R}JP^R		
	01.03	猪： Live swine:					
12	0103.1000	-改良种用 -Pure-bred breeding	0	0	东盟AS,智CL,巴PK,新西兰NZ,秘PE,哥CR,瑞CH,冰IS,韩KR,澳AU,格GE,毛MU,东盟^{R}AS^R,澳^{R}AU^R,日^{R}JP^R,新西兰^{R}NZ^R,柬KH,港HK,澳门MO,韩^{R}KR^R	0 受惠国LD	0
		-其他： -Other:					
		--重量在50千克以下： --Weighing less than 50kg:					
13	0103.9110	---重量在10千克以下 ---Weighing less than 10kg	10	0	东盟AS,智CL,新西兰NZ,秘PE,哥CR,瑞CH,冰IS,澳AU,格GE,毛MU,东盟^{R}AS^R,澳^{R}AU^R,新西兰^{R}NZ^R,柬KH,港HK,澳门MO	0 受惠国LD,柬KH,缅MM	50
				1	韩KR		
				3	巴PK		
				8	韩^{R}KR^R		
				8.2	日^{R}JP^R		
14	0103.9120	---重量在10千克及以上，但在50千克以下 ---Weighing 10kg or more, but less than 50kg	10	0	东盟AS,智CL,新西兰NZ,秘PE,哥CR,瑞CH,冰IS,澳AU,格GE,毛MU,东盟^{R}AS^R,澳^{R}AU^R,新西兰^{R}NZ^R,柬KH,港HK,澳门MO	0 受惠国LD,柬KH,缅MM	50
				1	韩KR		
				3	巴PK		
				8	韩^{R}KR^R		
				8.2	日^{R}JP^R		
15	0103.9200	--重量在50千克及以上 --Weighing 50kg or more	10	0	东盟AS,智CL,新西兰NZ,秘PE,哥CR,瑞CH,冰IS,澳AU,格GE,毛MU,东盟^{R}AS^R,澳^{R}AU^R,新西兰^{R}NZ^R,柬KH,港HK,澳门MO	0 受惠国LD,柬KH,老LA,缅MM	50
				1	韩KR		
				3	巴PK		
				8	韩^{R}KR^R		
				8.2	日^{R}JP^R		

序号 No.	税则号列 Tariff Line	货品名称 Article Description	最惠国税率 MFN(%)		协定税率 Agreement(%)	特惠税率 SP(%)	普通税率 Gen(%)
	01.04	绵羊、山羊： **Live sheep and goats:**					
		-绵羊： -Sheep:					
16	0104.1010	---改良种用 ---Pure-bred breeding	0	0	东盟AS,智CL,巴PK,新西兰NZ,秘PE,哥CR,瑞CH,冰IS,韩KR,澳AU,格GE,毛MU,东盟^RAS^R,澳^RAU^R,日^RJP^R,新西兰^RNZ^R,柬KH,港HK,澳门MO,韩^RKR^R	0 受惠国LD	0
17	0104.1090	---其他 ---Other	10	0 1 5 8 8.2	东盟AS,智CL,新西兰NZ,秘PE,哥CR,瑞CH,冰IS,澳AU,格GE,毛MU,东盟^RAS^R,澳^RAU^R,新西兰^RNZ^R,柬KH,港HK,澳门MO 韩KR 巴PK 韩^RKR^R 日^RJP^R	0 受惠国LD	50
		-山羊： -Goats:					
18	0104.2010	---改良种用 ---Pure-bred breeding	0	0	东盟AS,智CL,巴PK,新西兰NZ,秘PE,哥CR,瑞CH,冰IS,韩KR,澳AU,格GE,毛MU,东盟^RAS^R,澳^RAU^R,日^RJP^R,新西兰^RNZ^R,柬KH,港HK,澳门MO,韩^RKR^R	0 受惠国LD	0
19	0104.2090	---其他 ---Other	10	0 1 5 8 8.2	东盟AS,智CL,新西兰NZ,秘PE,哥CR,瑞CH,冰IS,澳AU,格GE,毛MU,东盟^RAS^R,澳^RAU^R,新西兰^RNZ^R,柬KH,港HK,澳门MO 韩KR 巴PK 韩^RKR^R 日^RJP^R	0 受惠国LD	50
	01.05	家禽，即鸡、鸭、鹅、火鸡及珍珠鸡： **Live poultry, that is to say, fowls of the species *Gallus domesticus*, ducks, geese, turkeys and guinea fowls:**					
		-重量不超过185克： -Weighing not more than 185g:					
		--鸡： --Fowls of the species *Gallus domesticus:*					
20	0105.1110	---改良种用 ---Pure-bred breeding	0	0	东盟AS,智CL,巴PK,新西兰NZ,秘PE,哥CR,瑞CH,冰IS,韩KR,澳AU,格GE,毛MU,东盟^RAS^R,澳^RAU^R,日^RJP^R,新西兰^RNZ^R,柬KH,港HK,澳门MO,韩^RKR^R	0 受惠国LD	0

序号 No.	税则号列 Tariff Line	货品名称 Article Description	最惠国税率 MFN(%)	协定税率 Agreement(%)		特惠税率 SP(%)		普通税率 Gen(%)
21	0105.1190	---其他 ---Other	10	0	东盟AS,智CL,新西兰NZ,秘PE, 哥CR,瑞CH,冰IS,澳AU,格GE, 毛MU,东盟^{R}AS^R,澳^{R}AU^R,新西 兰^{R}NZ^R,柬KH,港HK,澳门MO	0	受惠国LD, 老LA,缅 MM	50
				1	韩KR			
				3	巴PK			
				8	韩^{R}KR^R			
				8.2	日^{R}JP^R			
		--火鸡: --Turkeys:						
22	0105.1210	---改良种用 ---Pure- bred breeding	0	0	东盟AS,智CL,巴PK,新西兰NZ, 秘PE,哥CR,瑞CH,冰IS,韩KR, 澳AU,格GE,毛MU,东盟^{R}AS^R, 澳^{R}AU^R,日^{R}JP^R,新西兰^{R}NZ^R,柬 KH,港HK,澳门MO,韩^{R}KR^R	0	受惠国LD	0
23	0105.1290	---其他 ---Other	10	0	东盟AS,智CL,新西兰NZ,秘PE, 哥CR,瑞CH,冰IS,澳AU,格GE, 毛MU,东盟^{R}AS^R,澳^{R}AU^R,新西 兰^{R}NZ^R,柬KH,港HK,澳门MO	0	受惠国LD	50
				1	韩KR			
				3	巴PK			
				8	韩^{R}KR^R			
				8.2	日^{R}JP^R			
		--鸭: --Ducks:						
24	0105.1310	---改良种用 ---Pure- bred breeding	0	0	东盟AS,智CL,巴PK,新西兰NZ, 秘PE,哥CR,瑞CH,冰IS,韩KR, 澳AU,格GE,毛MU,东盟^{R}AS^R, 澳^{R}AU^R,日^{R}JP^R,新西兰^{R}NZ^R,柬 KH,港HK,澳门MO,韩^{R}KR^R	0	受惠国LD	0
25	0105.1390	---其他 ---Other	10	0	东盟AS,智CL,新西兰NZ,秘PE, 哥CR,瑞CH,冰IS,澳AU,格GE, 毛MU,东盟^{R}AS^R,澳^{R}AU^R,新西 兰^{R}NZ^R,柬KH,港HK,澳门MO	0	受惠国LD, 老LA	50
				1	韩KR			
				3	巴PK			
				8	韩^{R}KR^R			
				8.2	日^{R}JP^R			
		--鹅: --Geese:						
26	0105.1410	---改良种用 ---Pure- bred breeding	0	0	东盟AS,智CL,巴PK,新西兰NZ, 秘PE,哥CR,瑞CH,冰IS,韩KR, 澳AU,格GE,毛MU,东盟^{R}AS^R, 澳^{R}AU^R,日^{R}JP^R,新西兰^{R}NZ^R,柬 KH,港HK,澳门MO,韩^{R}KR^R	0	受惠国LD	0

序号 No.	税则号列 Tariff Line	货品名称 Article Description	最惠国税率 MFN(%)	协定税率 Agreement(%)		特惠税率 SP(%)	普通税率 Gen(%)
27	0105.1490	---其他 ---Other	10	0	东盟AS,智CL,新西兰NZ,秘PE, 哥CR,瑞CH,冰IS,澳AU,格GE, 毛MU,东盟^{R}AS^R,澳^{R}AU^R,新西 兰^{R}NZ^R,柬KH,港HK,澳门MO	0 受惠国LD, 老LA	50
				1	韩KR		
				3	巴PK		
				8	韩^{R}KR^R		
				8.2	日^{R}JP^R		
		--珍珠鸡: --Guinea fowls:					
28	0105.1510	---改良种用 ---Pure- bred breeding	0	0	东盟AS,智CL,巴PK,新西兰NZ, 秘PE,哥CR,瑞CH,冰IS,韩KR, 澳AU,格GE,毛MU,东盟^{R}AS^R, 澳^{R}AU^R,日^{R}JP^R,新西兰^{R}NZ^R,柬 KH,港HK,澳门MO,韩^{R}KR^R	0 受惠国LD	0
29	0105.1590	---其他 ---Other	10	0	东盟AS,智CL,新西兰NZ,秘PE, 哥CR,瑞CH,冰IS,澳AU,格GE, 毛MU,东盟^{R}AS^R,澳^{R}AU^R,新西 兰^{R}NZ^R,柬KH,港HK,澳门MO	0 受惠国LD, 老LA	50
				1	韩KR		
				3	巴PK		
				8	韩^{R}KR^R		
				8.2	日^{R}JP^R		
		-其他: -Other:					
		--鸡: --Fowls of the species *Gallus domesticus*:					
30	0105.9410	---改良种用 ---Pure- bred breeding	0	0	东盟AS,智CL,巴PK,新西兰NZ, 秘PE,哥CR,瑞CH,冰IS,韩KR, 澳AU,格GE,毛MU,东盟^{R}AS^R, 澳^{R}AU^R,日^{R}JP^R,新西兰^{R}NZ^R,柬 KH,港HK,澳门MO,韩^{R}KR^R	0 受惠国LD	0
31	0105.9490	---其他 ---Other	10	0	东盟AS,智CL,新西兰NZ,秘PE, 哥CR,瑞CH,冰IS,澳AU,格GE, 毛MU,东盟^{R}AS^R,澳^{R}AU^R,新西 兰^{R}NZ^R,柬KH,港HK,澳门MO	0 受惠国LD	50
				1	韩KR		
				3	巴PK		
				8	韩^{R}KR^R		
				8.2	日^{R}JP^R		
		--其他: --Other:					
32	0105.9910	---改良种用 ---Pure- bred breeding	0	0	东盟AS,智CL,巴PK,新西兰NZ, 秘PE,哥CR,瑞CH,冰IS,韩KR, 澳AU,格GE,毛MU,东盟^{R}AS^R, 澳^{R}AU^R,日^{R}JP^R,新西兰^{R}NZ^R,柬 KH,港HK,澳门MO,韩^{R}KR^R	0 受惠国LD	0

序号 No.	税则号列 Tariff Line	货品名称 Article Description	最惠国税率 MFN(%)	协定税率 Agreement(%)		特惠税率 SP(%)	普通税率 Gen(%)
		---其他: ---Other:					
33	0105.9991	----鸭 ----Ducks	10	0	东盟AS,智CL,新西兰NZ,秘PE,哥CR,瑞CH,冰IS,澳AU,格GE,毛MU,东盟^RAS^R,澳^RAU^R,新西兰^RNZ^R,柬KH,港HK,澳门MO	0 受惠国LD	50
				1	韩KR		
				3	巴PK		
				8	韩^RKR^R		
				8.2	日^RJP^R		
34	0105.9992	----鹅 ----Geese	10	0	东盟AS,智CL,新西兰NZ,秘PE,哥CR,瑞CH,冰IS,澳AU,格GE,毛MU,东盟^RAS^R,澳^RAU^R,新西兰^RNZ^R,柬KH,港HK,澳门MO	0 受惠国LD	50
				1	韩KR		
				3	巴PK		
				8	韩^RKR^R		
				8.2	日^RJP^R		
35	0105.9993	----珍珠鸡 ----Guinea fowls	10	0	东盟AS,智CL,新西兰NZ,秘PE,哥CR,瑞CH,冰IS,澳AU,格GE,毛MU,东盟^RAS^R,澳^RAU^R,新西兰^RNZ^R,柬KH,港HK,澳门MO	0 受惠国LD	50
				1	韩KR		
				3	巴PK		
				8	韩^RKR^R		
				8.2	日^RJP^R		
36	0105.9994	----火鸡 ----Turkeys	10	0	东盟AS,智CL,新西兰NZ,秘PE,哥CR,瑞CH,冰IS,澳AU,格GE,毛MU,东盟^RAS^R,澳^RAU^R,新西兰^RNZ^R,柬KH,港HK,澳门MO	0 受惠国LD	50
				1	韩KR		
				3	巴PK		
				8	韩^RKR^R		
				8.2	日^RJP^R		
	01.06	**其他活动物:** **Other live animals:**					
		-哺乳动物: -Mammals:					
		--灵长目: --Primates:					
37	0106.1110	---改良种用 ---Pure-bred breeding	0	0	东盟AS,智CL,巴PK,新西兰NZ,秘PE,哥CR,瑞CH,冰IS,韩KR,澳AU,格GE,毛MU,东盟^RAS^R,澳^RAU^R,日^RJP^R,新西兰^RNZ^R,柬KH,港HK,澳门MO,韩^RKR^R	0 受惠国LD	0

序号 No.	税则号列 Tariff Line	货品名称 Article Description	最惠国税率 MFN(%)	协定税率 Agreement(%)		特惠税率 SP(%)	普通税率 Gen(%)
38	0106.1190	----其他 ---Other	10	0	东盟AS,智CL,新西兰NZ,秘PE, 哥CR,瑞CH,冰IS,澳AU,格GE, 毛MU,东盟^{R}AS^R,澳^{R}AU^R,新西 兰^{R}NZ^R,柬KH,港HK,澳门MO	0 受惠国LD	50
				1	韩KR		
				3	巴PK		
				8	韩^{R}KR^R		
				8.2	日^{R}JP^R		
		--鲸、海豚及鼠海豚(鲸目哺乳动物);海牛 及儒艮(海牛目哺乳动物);海豹、海狮 及海象(鳍足亚目哺乳动物): --Whales, dolphins and porpoises (*mammals of the order Cetacea*); manatees and dugongs (*mammals of the order Sirenia*); seals, sea lions and walruses (*mammals of the suborder Pinnipedia*):					
		—鲸、海豚及鼠海豚(鲸目哺乳动物);海牛 及儒艮(海牛目哺乳动物): ---Whales, dolphins and porpoises (*mammals of the order Cetacea*); manatees and dugongs (*mammals of the order Sirenia*):					
39	0106.1211	----改良种用 ----Pure-bred breeding	10△0	0	东盟AS,智CL,新西兰NZ,秘PE, 哥CR,瑞CH,冰IS,韩KR,澳AU, 格GE,毛MU,东盟^{R}AS^R,澳^{R}AU^R, 新西兰^{R}NZ^R,柬KH,港HK,澳门 MO,韩^{R}KR^R	0 受惠国LD	50
				3	巴PK		
40	0106.1219	----其他 ----Other	10	0	东盟AS,智CL,新西兰NZ,秘PE, 哥CR,瑞CH,冰IS,澳AU,格GE, 毛MU,东盟^{R}AS^R,澳^{R}AU^R,新西 兰^{R}NZ^R,柬KH,港HK,澳门MO	0 受惠国LD	50
				1	韩KR		
				3	巴PK		
				8	韩^{R}KR^R		
				8.2	日^{R}JP^R		
		---海豹、海狮及海象(鳍足亚目哺乳 动物): ---Seals, sea lions and walruses (*mammals of the suborder Pinnipedia*):					
41	0106.1221	----改良种用 ----Pure-bred breeding	0	0	东盟AS,智CL,巴PK,新西兰NZ, 秘PE,哥CR,瑞CH,冰IS,韩KR, 澳AU,格GE,毛MU,东盟^{R}AS^R, 澳^{R}AU^R,日^{R}JP^R,新西兰^{R}NZ^R,柬 KH,港HK,澳门MO,韩^{R}KR^R	0 受惠国LD	0

序号 No.	税则号列 Tariff Line	货品名称 Article Description	最惠国税率 MFN(%)		协定税率 Agreement(%)	特惠税率 SP(%)	普通税率 Gen(%)
42	0106.1229	----其他 ----Other	10	0 1 3 8 8.2	东盟AS,智CL,新西兰NZ,秘PE, 哥CR,瑞CH,冰IS,澳AU,格GE, 毛MU,东盟^{R}AS^R,澳^{R}AU^R,新西 兰^{R}NZ^R,柬KH,港HK,澳门MO 韩KR 巴PK 韩^{R}KR^R 日^{R}JP^R	0 受惠国LD	50
		--骆驼及其他骆驼科动物: --Camels and other camelids (Camelidae):					
43	0106.1310	---改良种用 ---Pure-bred breeding	0	0	东盟AS,智CL,巴PK,新西兰NZ, 秘PE,哥CR,瑞CH,冰IS,韩KR, 澳AU,格GE,毛MU,东盟^{R}AS^R, 澳^{R}AU^R,日^{R}JP^R,新西兰^{R}NZ^R,柬 KH,港HK,澳门MO,韩^{R}KR^R	0 受惠国LD	0
44	0106.1390	---其他 ---Other	10	0 1 3 8 8.2	东盟AS,智CL,新西兰NZ,秘PE, 哥CR,瑞CH,冰IS,澳AU,格GE, 毛MU,东盟^{R}AS^R,澳^{R}AU^R,新西 兰^{R}NZ^R,柬KH,港HK,澳门MO 韩KR 巴PK 韩^{R}KR^R 日^{R}JP^R	0 受惠国LD	50
		--家兔及野兔: --Rabbits and hares:					
45	0106.1410	---改良种用 ---Pure-bred breeding	0	0	东盟AS,智CL,巴PK,新西兰NZ, 秘PE,哥CR,瑞CH,冰IS,韩KR, 澳AU,格GE,毛MU,东盟^{R}AS^R, 澳^{R}AU^R,日^{R}JP^R,新西兰^{R}NZ^R,柬 KH,港HK,澳门MO,韩^{R}KR^R	0 受惠国LD	0
46	0106.1490	---其他 ---Other	10	0 1 3 8 8.2	东盟AS,智CL,新西兰NZ,秘PE, 哥CR,瑞CH,冰IS,澳AU,格GE, 毛MU,东盟^{R}AS^R,澳^{R}AU^R,新西 兰^{R}NZ^R,柬KH,港HK,澳门MO 韩KR 巴PK 韩^{R}KR^R 日^{R}JP^R	0 受惠国LD	50
		--其他: --Other:					
47	0106.1910	---改良种用 ---Pure-bred breeding	0	0	东盟AS,智CL,巴PK,新西兰NZ, 秘PE,哥CR,瑞CH,冰IS,韩KR, 澳AU,格GE,毛MU,东盟^{R}AS^R, 澳^{R}AU^R,日^{R}JP^R,新西兰^{R}NZ^R,柬 KH,港HK,澳门MO,韩^{R}KR^R	0 受惠国LD	0

序号 No.	税则号列 Tariff Line	货品名称 Article Description	最惠国税率 MFN(%)	协定税率 Agreement(%)		特惠税率 SP(%)	普通税率 Gen(%)
48	0106.1990	---其他 ---Other	10	0	东盟AS,智CL,新西兰NZ,秘PE, 哥CR,瑞CH,冰IS,澳AU,格GE, 毛MU,东盟^RAS^R,澳^RAU^R,新西 兰^RNZ^R,柬KH,港HK,澳门MO	0 受惠国LD	50
				1	韩KR		
				3	巴PK		
				8	韩^RKR^R		
				8.2	日^RJP^R		
		-爬行动物（包括蛇及龟鳖）： -Reptiles (including snakes and turtles):					
		---改良种用： ---Pure-bred breeding:					
49	0106.2011	----鳄鱼苗 ----Crocodiles for cultivation	0	0	东盟AS,智CL,巴PK,新西兰NZ, 秘PE,哥CR,瑞CH,冰IS,韩KR, 澳AU,格GE,毛MU,东盟^RAS^R, 澳^RAU^R,日^RJP^R,新西兰^RNZ^R,柬 KH,港HK,澳门MO,韩^RKR^R	0 受惠国LD	0
50	0106.2019	----其他 ----Other	0	0	东盟AS,智CL,巴PK,新西兰NZ, 秘PE,哥CR,瑞CH,冰IS,韩KR, 澳AU,格GE,毛MU,东盟^RAS^R, 澳^RAU^R,日^RJP^R,新西兰^RNZ^R,柬 KH,港HK,澳门MO,韩^RKR^R	0 受惠国LD	0
51	0106.2020	---食用 ---For human consumption	10	0	东盟AS,智CL,新西兰NZ,秘PE, 哥CR,瑞CH,冰IS,澳AU,格GE, 毛MU,东盟^RAS^R,澳^RAU^R,新西 兰^RNZ^R,柬KH,港HK,澳门MO	0 受惠国LD, 缅MM	50
				1	韩KR		
				3	巴PK		
				8	韩^RKR^R		
				8.2	日^RJP^R		
52	0106.2090	---其他 ---Other	10	0	东盟AS,智CL,新西兰NZ,秘PE, 哥CR,瑞CH,冰IS,澳AU,格GE, 毛MU,东盟^RAS^R,澳^RAU^R,新西 兰^RNZ^R,柬KH,港HK,澳门MO	0 受惠国LD	50
				1	韩KR		
				3	巴PK		
				8	韩^RKR^R		
				8.2	日^RJP^R		
		-鸟： -Birds:					
		--猛禽： --Birds of prey:					
53	0106.3110	---改良种用 ---Pure-bred breeding	0	0	东盟AS,智CL,巴PK,新西兰NZ, 秘PE,哥CR,瑞CH,冰IS,韩KR, 澳AU,格GE,毛MU,东盟^RAS^R, 澳^RAU^R,日^RJP^R,新西兰^RNZ^R,柬 KH,港HK,澳门MO,韩^RKR^R	0 受惠国LD	0

序号 No.	税则号列 Tariff Line	货品名称 Article Description	最惠国税率 MFN(%)	协定税率 Agreement(%)		特惠税率 SP(%)	普通税率 Gen(%)
54	0106.3190	---其他 ---Other	10	0	东盟AS,智CL,新西兰NZ,秘PE,哥CR,瑞CH,冰IS,澳AU,格GE,毛MU,东盟^{R}AS^R,澳^{R}AU^R,新西兰^{R}NZ^R,柬KH,港HK,澳门MO	0 受惠国LD	50
				1	韩KR		
				3	巴PK		
				8	韩^{R}KR^R		
				8.2	日^{R}JP^R		
		--鹦形目(包括普通鹦鹉、长尾鹦鹉、金刚鹦鹉及美冠鹦鹉): --Psittaciformes (including parrots, parakeets, macaws and cockatoos):					
55	0106.3210	---改良种用 ---Pure-bred breeding	0	0	东盟AS,智CL,巴PK,新西兰NZ,秘PE,哥CR,瑞CH,冰IS,韩KR,澳AU,格GE,毛MU,东盟^{R}AS^R,澳^{R}AU^R,日^{R}JP^R,新西兰^{R}NZ^R,柬KH,港HK,澳门MO,韩^{R}KR^R	0 受惠国LD	0
56	0106.3290	---其他 ---Other	* 10	0	东盟AS,智CL,新西兰NZ,秘PE,哥CR,瑞CH,冰IS,澳AU,格GE,毛MU,东盟^{R}AS^R,澳^{R}AU^R,新西兰^{R}NZ^R,柬KH,港HK,澳门MO	0 受惠国LD	50
				1	韩^{R}KR		
				3	巴PK		
				8	韩^{R}KR^R		
				8.2	日^{R}JP^R		
		--鸵鸟;鸸鹋: --Ostriches; emus (*Dromaius novaehollandiae*):					
57	0106.3310	---改良种用 ---Pure-bred breeding	0	0	东盟AS,智CL,巴PK,新西兰NZ,秘PE,哥CR,瑞CH,冰IS,韩KR,澳AU,格GE,毛MU,东盟^{R}AS^R,澳^{R}AU^R,日^{R}JP^R,新西兰^{R}NZ^R,柬KH,港HK,澳门MO,韩^{R}KR^R	0 受惠国LD	0
58	0106.3390	---其他 ---Other	10	0	东盟AS,智CL,新西兰NZ,秘PE,哥CR,瑞CH,冰IS,澳AU,格GE,毛MU,东盟^{R}AS^R,澳^{R}AU^R,新西兰^{R}NZ^R,柬KH,港HK,澳门MO	0 受惠国LD	50
				1	韩KR		
				3	巴PK		
				8	韩^{R}KR^R		
				8.2	日^{R}JP^R		
		--其他: --Other:					
59	0106.3910	---改良种用 ---Pure-bred breeding	0	0	东盟AS,智CL,巴PK,新西兰NZ,秘PE,哥CR,瑞CH,冰IS,韩KR,澳AU,格GE,毛MU,东盟^{R}AS^R,澳^{R}AU^R,日^{R}JP^R,新西兰^{R}NZ^R,柬KH,港HK,澳门MO,韩^{R}KR^R	0 受惠国LD	0

序号 No.	税则号列 Tariff Line	货品名称 Article Description	最惠国税率 MFN(%)	协定税率 Agreement(%)		特惠税率 SP(%)	普通税率 Gen(%)
		---食用: ---For human consumption:					
60	0106.3921	----乳鸽 ----Squabs	10	0	东盟AS,智CL,新西兰NZ,秘PE,哥CR,瑞CH,冰IS,澳AU,格GE,毛MU,东盟^{R}AS^R,澳^{R}AU^R,新西兰^{R}NZ^R,柬KH,港HK,澳门MO	0 受惠国LD,缅MM	50
				1	韩KR		
				3	巴PK		
				8	韩^{R}KR^R		
				8.2	日^{R}JP^R		
61	0106.3923	----野鸭 ----Teals	10	0	东盟AS,智CL,新西兰NZ,秘PE,哥CR,瑞CH,冰IS,澳AU,格GE,毛MU,东盟^{R}AS^R,澳^{R}AU^R,新西兰^{R}NZ^R,柬KH,港HK,澳门MO	0 受惠国LD,缅MM	50
				1	韩KR		
				3	巴PK		
				8	韩^{R}KR^R		
				8.2	日^{R}JP^R		
62	0106.3929	----其他 ----Other	10	0	东盟AS,智CL,新西兰NZ,秘PE,哥CR,瑞CH,冰IS,澳AU,格GE,毛MU,东盟^{R}AS^R,澳^{R}AU^R,新西兰^{R}NZ^R,柬KH,港HK,澳门MO	0 受惠国LD,缅MM	50
				1	韩KR		
				3	巴PK		
				8	韩^{R}KR^R		
				8.2	日^{R}JP^R		
63	0106.3990	---其他 ---Other	10	0	东盟AS,智CL,新西兰NZ,秘PE,哥CR,瑞CH,冰IS,澳AU,格GE,毛MU,东盟^{R}AS^R,澳^{R}AU^R,新西兰^{R}NZ^R,柬KH,港HK,澳门MO	0 受惠国LD	50
				1	韩KR		
				3	巴PK		
				8	韩^{R}KR^R		
				8.2	日^{R}JP^R		
		-昆虫: -Insects:					
		--蜂: --Bees:					
64	0106.4110	---改良种用 ---Pure-bred breeding	0	0	东盟AS,智CL,巴PK,新西兰NZ,秘PE,哥CR,瑞CH,冰IS,韩KR,澳AU,格GE,毛MU,东盟^{R}AS^R,澳^{R}AU^R,日^{R}JP^R,新西兰^{R}NZ^R,柬KH,港HK,澳门MO,韩^{R}KR^R	0 受惠国LD	0

序号 No.	税则号列 Tariff Line	货品名称 Article Description	最惠国税率 MFN(%)	协定税率 Agreement(%)		特惠税率 SP(%)	普通税率 Gen(%)
65	0106.4190	---其他 ---Other	10	0	东盟AS,智CL,新西兰NZ,秘PE,哥CR,瑞CH,冰IS,韩KR,澳AU,格GE,毛MU,东盟^{R}AS^R,澳^{R}AU^R,新西兰^{R}NZ^R,柬KH,港HK,澳门MO,韩^{R}KR^R	0 受惠国LD	50
				3	巴PK		
				8.2	日^{R}JP^R		
				9	亚太AP		
		--其他: --Other:					
66	0106.4910	---改良种用 ---Pure-bred breeding	0	0	东盟AS,智CL,巴PK,新西兰NZ,秘PE,哥CR,瑞CH,冰IS,韩KR,澳AU,格GE,毛MU,东盟^{R}AS^R,澳^{R}AU^R,日^{R}JP^R,新西兰^{R}NZ^R,柬KH,港HK,澳门MO,韩^{R}KR^R	0 受惠国LD	0
67	0106.4990	---其他 ---Other	10	0	东盟AS,智CL,新西兰NZ,秘PE,哥CR,瑞CH,冰IS,韩KR,澳AU,格GE,毛MU,东盟^{R}AS^R,澳^{R}AU^R,新西兰^{R}NZ^R,柬KH,港HK,澳门MO,韩^{R}KR^R	0 受惠国LD	50
				3	巴PK		
				8.2	日^{R}JP^R		
				9	亚太AP		
		-其他: -Other:					
		---改良种用: ---Pure-bred breeding:					
68	0106.9011	----蛙苗 ----Tadpole and young frogs	0	0	东盟AS,智CL,巴PK,新西兰NZ,秘PE,哥CR,瑞CH,冰IS,韩KR,澳AU,格GE,毛MU,东盟^{R}AS^R,澳^{R}AU^R,日^{R}JP^R,新西兰^{R}NZ^R,柬KH,港HK,澳门MO,韩^{R}KR^R	0 受惠国LD	0
69	0106.9019	----其他 ----Other	0	0	东盟AS,智CL,巴PK,新西兰NZ,秘PE,哥CR,瑞CH,冰IS,韩KR,澳AU,格GE,毛MU,东盟^{R}AS^R,澳^{R}AU^R,日^{R}JP^R,新西兰^{R}NZ^R,柬KH,港HK,澳门MO,韩^{R}KR^R	0 受惠国LD	0
70	0106.9090	---其他 ---Other	10	0	东盟AS,智CL,新西兰NZ,秘PE,哥CR,瑞CH,冰IS,澳AU,格GE,毛MU,东盟^{R}AS^R,澳^{R}AU^R,新西兰^{R}NZ^R,柬KH,港HK,澳门MO	0 受惠国LD	50
				1	韩KR		
				3	巴PK		
				8	韩^{R}KR^R		
				8.2	日^{R}JP^R		
				9	亚太AP		

注释:

本章不包括:

一、税目02.01至02.08或02.10的不适合供人食用的产品;

二、可食用的死昆虫(税目04.10);

三、动物的肠、膀胱、胃(税目05.04)或动物血(税目05.11、30.02);或

四、税目02.09所列产品以外的动物脂肪(第十五章)。

Notes:

This Chapter does not cover:

1. Products of the kinds described in headings 02.01 to 02.08 or 02.10, unfit or unsuitable for human consumption;

2. Edible, non-living insects (heading 04.10);

3. Guts, bladders or stomachs of animals (heading 05.04) or animal blood (heading 05.11 or 30.02); or

4. Animal fat, other than products of heading 02.09 (Chapter 15).

序号 No.	税则号列 Tariff Line	货品名称 Article Description	最惠国税率 MFN(%)	协定税率 Agreement(%)		特惠税率 SP(%)		普通税率 Gen(%)
	02.01	鲜、冷牛肉: Meat of bovine animals, fresh or chilled:						
71	0201.1000	-整头及半头 -Carcasses and half-carcasses	20	0	东盟AS,智CL,新西兰NZ,瑞CH,冰IS,格GE,毛MU,柬KH,港HK,澳门MO	0	受惠国LD,柬KH,老LA	70
				1.3	秘PE			
				2	澳AU			
				2.7	哥CR			
				8	韩KR			
				16	东盟^{R}AS^R,新西兰^{R}NZ^R,韩^{R}KR^R			
72	0201.2000	-带骨肉 -Other cuts with bone in	12	0	东盟AS,智CL,巴PK,新西兰NZ,瑞CH,冰IS,格GE,毛MU,柬KH,港HK,澳门MO	0	受惠国LD,柬KH,老LA	70
				1.2	澳AU			
				1.6	哥CR			
				2.1	秘PE			
				4.8	韩KR			
				10.8	东盟^{R}AS^R,新西兰^{R}NZ^R,韩^{R}KR^R			
73	0201.3000	-去骨肉 -Boneless	12	0	东盟AS,智CL,巴PK,新西兰NZ,瑞CH,冰IS,格GE,毛MU,柬KH,港HK,澳门MO	0	受惠国LD,柬KH	70
				1.2	澳AU			
				1.6	哥CR			
				2.1	秘PE			
				4.8	韩KR			
				10.8	东盟^{R}AS^R,新西兰^{R}NZ^R,韩^{R}KR^R			
	02.02	冻牛肉: Meat of bovine animals, frozen:						
74	0202.1000	-整头及半头 -Carcasses and half-carcasses	25	0	东盟AS,智CL,巴PK,新西兰NZ,哥CR,瑞CH,冰IS,柬KH,港HK,澳门MO	0	受惠国LD,柬KH,老LA	70
				1.7	秘PE			
				2.5	澳AU			
				10	毛MU			
				13.7	韩KR			
				22.5	东盟^{R}AS^R,新西兰^{R}NZ^R,韩^{R}KR^R			

序号 No.	税则号列 Tariff Line	货品名称 Article Description	最惠国税率 MFN(%)	协定税率 Agreement(%)		特惠税率 SP(%)		普通税率 Gen(%)
75	0202.2000	-带骨肉 -Other cuts with bone in	12	0	东盟AS,智CL,巴PK,新西兰NZ, 哥CR,瑞CH,冰IS,毛MU,柬KH, 港HK,澳门MO	0	受惠国LD, 柬KH,老LA	70
				1.2	澳AU			
				2.1	秘PE			
				4.8	韩KR			
				10.8	东盟ᴿASᴿ,新西兰ᴿNZᴿ,韩ᴿKRᴿ			
76	0202.3000	-去骨肉 -Boneless	12	0	东盟AS,智CL,巴PK,新西兰NZ, 哥CR,瑞CH,冰IS,毛MU,柬KH, 港HK,澳门MO	0	受惠国LD, 柬KH	70
				1.2	澳AU			
				2.1	秘PE			
				4.8	韩KR			
				10.8	东盟ᴿASᴿ,新西兰ᴿNZᴿ,韩ᴿKRᴿ			
	02.03	**鲜、冷、冻猪肉：** **Meat of swine, fresh, chilled or frozen:**						
		-鲜或冷的： -Fresh or chilled:						
		--整头及半头： --Carcases and halfcarcases:						
77	0203.1110	---乳猪 ---Sucking pig	20	0	东盟AS,智CL,新西兰NZ,秘PE, 哥CR,瑞CH,冰IS,澳AU,格GE, 毛MU,柬KH,港HK,澳门MO	0	受惠国LD, 柬KH,老LA	70
				8	韩KR			
				16	东盟ᴿASᴿ,澳ᴿAUᴿ,新西兰ᴿNZᴿ, 韩ᴿKRᴿ			
				17.5	日ᴿJPᴿ			
78	0203.1190	---其他 ---Other	20	0	东盟AS,智CL,新西兰NZ,秘PE, 哥CR,瑞CH,冰IS,澳AU,格GE, 毛MU,柬KH,港HK,澳门MO	0	受惠国LD, 柬KH,老LA	70
				8	韩KR			
				16	东盟ᴿASᴿ,澳ᴿAUᴿ,新西兰ᴿNZᴿ, 韩ᴿKRᴿ			
				17.5	日ᴿJPᴿ			
79	0203.1200	--带骨的前腿、后腿及其肉块 --Hams, shoulders and cuts thereof, with 　　bone in	20	0	东盟AS,智CL,新西兰NZ,秘PE, 哥CR,瑞CH,冰IS,澳AU,格GE, 毛MU,柬KH,港HK,澳门MO	0	受惠国LD, 柬KH,老LA	70
				8	韩KR			
				16	东盟ᴿASᴿ,澳ᴿAUᴿ,新西兰ᴿNZᴿ, 韩ᴿKRᴿ			
				17.5	日ᴿJPᴿ			
80	0203.1900	--其他 --Other	20	0	东盟AS,智CL,新西兰NZ,秘PE, 哥CR,瑞CH,冰IS,澳AU,格GE, 毛MU,柬KH,港HK,澳门MO	0	受惠国LD, 柬KH,老LA	70
				8	韩KR			
				16	东盟ᴿASᴿ,澳ᴿAUᴿ,新西兰ᴿNZᴿ, 韩ᴿKRᴿ			
				17.5	日ᴿJPᴿ			

序号 No.	税则号列 Tariff Line	货品名称 Article Description	最惠国税率 MFN(%)	协定税率 Agreement(%)		特惠税率 SP(%)	普通税率 Gen(%)
		-冻的: -Frozen:					
		--整头及半头: --Carcases and half-carcases:					
81	0203.2110	---乳猪 ---Sucking pig	12	0	东盟AS,智CL,新西兰NZ,秘PE,哥CR,瑞CH,冰IS,澳AU,格GE,毛MU,东盟^{R}AS^R,澳^{R}AU^R,新西兰^{R}NZ^R,柬KH,港HK,澳门MO	0 受惠国LD,柬KH,老LA	70
				1.2	韩KR		
				6	巴PK		
				9.6	韩^{R}KR^R		
				9.8	日^{R}JP^R		
82	0203.2190	---其他 ---Other	12	0	东盟AS,智CL,新西兰NZ,秘PE,哥CR,瑞CH,冰IS,澳AU,格GE,毛MU,东盟^{R}AS^R,澳^{R}AU^R,新西兰^{R}NZ^R,柬KH,港HK,澳门MO	0 受惠国LD,柬KH,老LA	70
				1.2	韩KR		
				6	巴PK		
				9.6	韩^{R}KR^R		
				9.8	日^{R}JP^R		
83	0203.2200	--带骨的前腿、后腿及其肉块 --Hams, shoulders and cuts thereof, with bone in	12	0	东盟AS,智CL,新西兰NZ,秘PE,哥CR,瑞CH,冰IS,澳AU,格GE,毛MU,东盟^{R}AS^R,澳^{R}AU^R,新西兰^{R}NZ^R,柬KH,港HK,澳门MO	0 受惠国LD,柬KH,老LA	70
				1.2	韩KR		
				6	巴PK		
				9.6	韩^{R}KR^R		
				9.8	日^{R}JP^R		
84	0203.2900	--其他 --Other	12	0	东盟AS,智CL,新西兰NZ,哥CR,瑞CH,冰IS,澳AU,格GE,毛MU,东盟^{R}AS^R,澳^{R}AU^R,新西兰^{R}NZ^R,柬KH,港HK,澳门MO	0 受惠国LD,柬KH	70
				0.8	秘PE		
				1.2	韩KR		
				6	巴PK		
				9.6	韩^{R}KR^R		
				9.8	日^{R}JP^R		
	02.04	鲜、冷、冻绵羊肉或山羊肉: Meat of sheep or goats, fresh, chilled or frozen:					
85	0204.1000	-鲜或冷的整头及半头羔羊 -Carcasses and half-carcasses of lamb, fresh or chilled	15	0	东盟AS,智CL,新西兰NZ,瑞CH,冰IS,澳AU,格GE,毛MU,东盟^{R}AS^R,新西兰^{R}NZ^R,柬KH,港HK,澳门MO	0 受惠国LD	70
				1	秘PE		
				1.5	韩KR		
				2	哥CR		
				12	巴PK,澳^{R}AU^R,韩^{R}KR^R		
				12.3	日^{R}JP^R		

序号 No.	税则号列 Tariff Line	货品名称 Article Description	最惠国税率 MFN(%)	协定税率 Agreement(%)		特惠税率 SP(%)	普通税率 Gen(%)
		-其他鲜或冷的绵羊肉: -Other meat of sheep, fresh or chilled:					
86	0204.2100	--整头及半头 --Carcasses and half-carcasses	23	0	东盟AS,智CL,新西兰NZ,瑞CH,冰IS,澳AU,格GE,柬KH,港HK,澳门MO	0 受惠国LD	70
				1.5	秘PE		
				3.1	哥CR		
				9.2	毛MU		
				12.6	韩KR		
				21.9	东盟^{R}AS^R,澳^{R}AU^R,新西兰^{R}NZ^R		
87	0204.2200	--带骨肉 --Other cuts with bone in	15	0	东盟AS,智CL,新西兰NZ,瑞CH,冰IS,澳AU,格GE,毛MU,东盟^{R}AS^R,新西兰^{R}NZ^R,柬KH,港HK,澳门MO	0 受惠国LD	70
				1	秘PE		
				1.5	韩KR		
				2	哥CR		
				12	巴PK,澳^{R}AU^R,韩^{R}KR^R		
				12.3	日^{R}JP^R		
88	0204.2300	--去骨肉 --Boneless	15	0	东盟AS,智CL,新西兰NZ,秘PE,瑞CH,冰IS,澳AU,格GE,毛MU,东盟^{R}AS^R,新西兰^{R}NZ^R,柬KH,港HK,澳门MO	0 受惠国LD	70
				1.5	韩KR		
				2	哥CR		
				12	巴PK,澳^{R}AU^R,韩^{R}KR^R		
				12.3	日^{R}JP^R		
89	0204.3000	-冻的整头及半头羔羊 -Carcasses and half-carcasses of lamb, frozen	15	0	东盟AS,智CL,新西兰NZ,瑞CH,冰IS,澳AU,格GE,毛MU,东盟^{R}AS^R,新西兰^{R}NZ^R,柬KH,港HK,澳门MO	0 受惠国LD	70
				1.5	韩KR		
				2	哥CR		
				2.6	秘PE		
				12	巴PK,澳^{R}AU^R,韩^{R}KR^R		
				12.3	日^{R}JP^R		
		-其他冻的绵羊肉: -Other meat of sheep, frozen:						
90	0204.4100	--整头及半头 --Carcasses and half-carcasses	23	0	东盟AS,智CL,新西兰NZ,瑞CH,冰IS,澳AU,格GE,柬KH,港HK,澳门MO	0 受惠国LD	70
				3.1	哥CR		
				4.1	秘PE		
				9.2	毛MU		
				12.6	韩KR		
				20.7	东盟^{R}AS^R,澳^{R}AU^R,新西兰^{R}NZ^R,韩^{R}KR^R		

序号 No.	税则号列 Tariff Line	货品名称 Article Description	最惠国税率 MFN(%)	协定税率 Agreement(%)		特惠税率 SP(%)		普通税率 Gen(%)
91	0204.4200	--带骨肉 --Other cuts with bone in	12	0	东盟AS,智CL,新西兰NZ,瑞CH,冰IS,澳AU,格GE,毛MU,东盟^RAS^R,新西兰^RNZ^R,柬KH,港HK,澳门MO	0	受惠国LD	70
				1.2	韩KR			
				1.6	哥CR			
				2.1	秘PE			
				6	巴PK			
				9.6	澳^RAU^R,韩^RKR^R			
				9.8	日^RJP^R			
92	0204.4300	--去骨肉 --Boneless	15	0	东盟AS,智CL,新西兰NZ,瑞CH,冰IS,澳AU,格GE,毛MU,柬KH,港HK,澳门MO	0	受惠国LD	70
				1.5	韩KR			
				2	哥CR			
				2.6	秘PE			
				12	巴PK,东盟^RAS^R,澳^RAU^R,新西兰^RNZ^R,韩^RKR^R			
				12.3	日^RJP^R			
93	0204.5000	-山羊肉 -Meat of goats	20	0	东盟AS,智CL,巴PK,新西兰NZ,秘PE,瑞CH,冰IS,澳AU,格GE,毛MU,柬KH,港HK,澳门MO	0	受惠国LD	70
				2.7	哥CR			
				8	韩KR			
				17.3	东盟^RAS^R,韩^RKR^R			
				17.5	日^RJP^R			
				18	澳^RAU^R,新西兰^RNZ^R			
	02.05	鲜、冷、冻马、驴、骡肉: Meat of horses, asses, mules or hinnies, fresh, chilled or frozen:						
94	0205.0000	鲜、冷、冻马、驴、骡肉 Meat of horses, asses, mules or hinnies, fresh, chilled or frozen	20	0	东盟AS,智CL,新西兰NZ,秘PE,哥CR,瑞CH,冰IS,澳AU,格GE,毛MU,柬KH,港HK,澳门MO	0	受惠国LD	70
				8	韩KR			
				16	东盟^RAS^R,澳^RAU^R,新西兰^RNZ^R,韩^RKR^R			
				17.5	日^RJP^R			
	02.06	鲜、冷、冻牛、猪、绵羊、山羊、马、驴、骡的食用杂碎: Edible offal of bovine animals, swine, sheep, goats, horses, asses, mules or hinnies, fresh, chilled or frozen:						
95	0206.1000	-鲜、冷牛杂碎 -Of bovine animals, fresh or chilled	12	0	东盟AS,智CL,新西兰NZ,秘PE,哥CR,瑞CH,冰IS,澳AU,格GE,毛MU,东盟^RAS^R,澳^RAU^R,新西兰^RNZ^R,柬KH,港HK,澳门MO	0	受惠国LD,柬KH,老LA	70
				1.2	韩KR			
				6	巴PK			
				9.6	韩^RKR^R			
				9.8	日^RJP^R			

序号 No.	税则号列 Tariff Line	货品名称 Article Description	最惠国税率 MFN(%)	协定税率 Agreement(%)		特惠税率 SP(%)	普通税率 Gen(%)
		-冻牛杂碎: -Of bovine animals, frozen:					
96	0206.2100	--舌 --Tongues	12	0	东盟AS,智CL,新西兰NZ,秘PE, 哥CR,瑞CH,冰IS,澳AU,格GE, 毛MU,东盟^RAS^R,澳^RAU^R,新西 兰^RNZ^R,柬KH,港HK,澳门MO	0 受惠国LD, 柬KH,老LA	70
				1.2	韩KR		
				6	巴PK		
				9.6	韩^RKR^R		
				9.8	日^RJP^R		
97	0206.2200	--肝 --Livers	12	0	东盟AS,智CL,新西兰NZ,秘PE, 哥CR,瑞CH,冰IS,澳AU,格GE, 毛MU,东盟^RAS^R,澳^RAU^R,新西 兰^RNZ^R,柬KH,港HK,澳门MO	0 受惠国LD, 柬KH,老LA	70
				1.2	韩KR		
				6	巴PK		
				9.6	韩^RKR^R		
				9.8	日^RJP^R		
98	0206.2900	--其他 --Other	12	0	东盟AS,智CL,巴PK,新西兰NZ, 秘PE,哥CR,瑞CH,冰IS,澳AU,格 GE,毛MU,柬KH,港HK,澳门MO	0 受惠国LD, 柬KH,老LA	70
				1.2	韩KR		
				9.6	东盟^RAS^R,澳^RAU^R,新西兰^RNZ^R, 韩^RKR^R		
				9.8	日^RJP^R		
99	0206.3000	-鲜、冷猪杂碎 -Of swine, fresh of chilled	20	0	东盟AS,智CL,新西兰NZ,秘PE, 哥CR,瑞CH,冰IS,澳AU,格GE, 毛MU,柬KH,港HK,澳门MO	0 受惠国LD, 柬KH,老 LA,缅MM	70
				8	韩KR		
				16	东盟^RAS^R,澳^RAU^R,新西兰^RNZ^R, 韩^RKR^R		
				17.5	日^RJP^R		
		-冻猪杂碎: -Of swine, frozen:					
100	0206.4100	--肝 --Livers	20	0	东盟AS,智CL,新西兰NZ,秘PE, 哥CR,瑞CH,冰IS,澳AU,格GE, 毛MU,柬KH,港HK,澳门MO	0 受惠国LD, 柬KH,老LA	70
				8	韩KR		
				16	东盟^RAS^R,澳^RAU^R,新西兰^RNZ^R, 韩^RKR^R		
				17.5	日^RJP^R		
101	0206.4900	--其他 --Other	12	0	东盟AS,智CL,新西兰NZ,秘PE, 哥CR,瑞CH,冰IS,澳AU,格GE, 毛MU,东盟^RAS^R,澳^RAU^R,新西 兰^RNZ^R,柬KH,港HK,澳门MO	0 受惠国LD, 柬KH,老LA	70
				1.2	韩KR		
				6	巴PK		
				9.6	韩^RKR^R		
				9.8	日^RJP^R		

序号 No.	税则号列 Tariff Line	货品名称 Article Description	最惠国税率 MFN(%)	协定税率 Agreement(%)		特惠税率 SP(%)	普通税率 Gen(%)
102	0206.8000	-其他鲜或冷杂碎 -Other, fresh or chilled	20	0	东盟AS,智CL,新西兰NZ,秘PE, 哥CR,瑞CH,冰IS,格GE,毛MU, 柬KH,港HK,澳门MO	0 受惠国LD, 柬KH	70
				2	澳AU		
				8	韩KR		
				16	东盟^{R}AS^R,澳^{R}AU^R,新西兰^{R}NZ^R, 韩^{R}KR^R		
				17.5	日^{R}JP^R		
103	0206.9000	-其他冻杂碎 -Other, frozen	18	0	东盟AS,智CL,新西兰NZ,哥CR, 瑞CH,冰IS,澳AU,格GE,毛MU, 柬KH,港HK,澳门MO	0 受惠国LD, 柬KH	70
				3.2	秘PE		
				7.2	韩KR		
				14.4	巴PK		
				15.6	东盟^{R}AS^R,韩^{R}KR^R		
				15.8	日^{R}JP^R		
				16.2	澳^{R}AU^R,新西兰^{R}NZ^R		
	02.07	税目01.05所列家禽的鲜、冷、冻肉及食 用杂碎: Meat and edible offal, of the poultry of heading 01.05, fresh, chilled or frozen:					
		-鸡: -Of fowls of the species *Gallus domesticus*:					
104	0207.1100	--整只, 鲜或冷的 --Not cut in pieces, fresh or chilled	20	0	东盟AS,智CL,新西兰NZ,秘PE, 哥CR,瑞CH,冰IS,澳AU,格GE, 毛MU,柬KH,港HK,澳门MO	0 受惠国LD, 柬KH,老 LA,缅MM	70
				8	韩KR		
				16	东盟^{R}AS^R,澳^{R}AU^R,新西兰^{R}NZ^R, 韩^{R}KR^R		
				17.5	日^{R}JP^R		
105	0207.1200	--整只, 冻的 --Not cut in pieces, frozen	20	0	东盟AS,智CL,新西兰NZ,秘PE, 哥CR,瑞CH,冰IS,澳AU,格GE, 毛MU,柬KH,港HK,澳门MO	0 受惠国LD, 柬KH,老 LA,缅MM	①
				16	东盟^{R}AS^R,澳^{R}AU^R,新西兰^{R}NZ^R, 韩^{R}KR^R		
				17.5	日^{R}JP^R		
				②	韩KR		
		--块及杂碎, 鲜或冷的: --Cuts and offal, fresh or chilled:					
		---块: ---Cut:					

① 普通税率: 5.6元/千克。
General Tariff Rate: 5.6¥/kg.

② 协定税率: 0.5元/千克。
Agreement Tariff Rate: 0.5¥/kg.

序号 No.	税则号列 Tariff Line	货品名称 Article Description	最惠国税率 MFN(%)	协定税率 Agreement(%)		特惠税率 SP(%)		普通税率 Gen(%)
106	0207.1311	----带骨的 ----With bone	20	0	东盟AS,智CL,新西兰NZ,秘PE,哥CR,瑞CH,冰IS,澳AU,格GE,毛MU,柬KH,港HK,澳门MO	0	受惠国LD,柬KH,老LA,缅MM	70
				8	韩KR			
				16	东盟^{R}AS^R,澳^{R}AU^R,新西兰^{R}NZ^R,韩^{R}KR^R			
				17.5	日^{R}JP^R			
107	0207.1319	----其他 ----Other	20	0	东盟AS,智CL,新西兰NZ,秘PE,哥CR,瑞CH,冰IS,澳AU,格GE,毛MU,柬KH,港HK,澳门MO	0	受惠国LD,柬KH,老LA,缅MM	70
				8	韩KR			
				16	东盟^{R}AS^R,澳^{R}AU^R,新西兰^{R}NZ^R,韩^{R}KR^R			
				17.5	日^{R}JP^R			
		---杂碎: ---Offal:						
108	0207.1321	----翼（不包括翼尖） ----Midjoint wing	20	0	东盟AS,智CL,新西兰NZ,秘PE,哥CR,瑞CH,冰IS,澳AU,格GE,毛MU,柬KH,港HK,澳门MO	0	受惠国LD,柬KH,老LA,缅MM	70
				8	韩KR			
				16	东盟^{R}AS^R,澳^{R}AU^R,新西兰^{R}NZ^R,韩^{R}KR^R			
				17.5	日^{R}JP^R			
109	0207.1329	----其他 ----Other	20	0	东盟AS,智CL,新西兰NZ,秘PE,哥CR,瑞CH,冰IS,澳AU,格GE,毛MU,柬KH,港HK,澳门MO	0	受惠国LD,柬KH,老LA,缅MM	70
				8	韩KR			
				16	东盟^{R}AS^R,澳^{R}AU^R,新西兰^{R}NZ^R,韩^{R}KR^R			
				17.5	日^{R}JP^R			
		--块及杂碎, 冻的: --Cuts and offal, frozen:						
		---块: ---Cut:						
110	0207.1411	----带骨的 ----With bone	①	0	东盟AS,智CL,巴PK,新西兰NZ,秘PE,哥CR,瑞CH,冰IS,澳AU,格GE,毛MU,东盟^{R}AS^R,澳^{R}AU^R,新西兰^{R}NZ^R,柬KH,港HK,澳门MO	0	受惠国LD,柬KH,老LA,缅MM	②
				8	韩^{R}KR^R			
				8.2	日^{R}JP^R			
				③	韩KR			

---

① 最惠国税率：0.6元／千克。
  MFN Tariff Rate: 0.6¥/kg.

② 普通税率：4.2元／千克。
  General Tariff Rate: 4.2¥/kg.

③ 协定税率：0元／千克。
  Agreement Tariff Rate: 0¥/kg.

序号 No.	税则号列 Tariff Line	货品名称 Article Description	最惠国税率 MFN(%)	协定税率 Agreement(%)		特惠税率 SP(%)		普通税率 Gen(%)
111	0207.1419	----其他 ----Other	10	0	东盟AS,智CL,巴PK,新西兰NZ,秘PE,哥CR,瑞CH,冰IS,澳AU,格GE,毛MU,东盟ᴿASᴿ,澳ᴿAUᴿ,新西兰ᴿNZᴿ,柬KH,港HK,澳门MO	0	受惠国LD,柬KH,老LA,缅MM	①
				8	韩ᴿKRᴿ			
				8.2	日ᴿJPᴿ			
				②	韩KR			
		---杂碎: ---Offal:						
112	0207.1421	----翼（不包括翼尖） ----Midjoint wing	③	0	东盟AS,智CL,巴PK,新西兰NZ,秘PE,哥CR,瑞CH,冰IS,澳AU,格GE,毛MU,东盟ᴿASᴿ,澳ᴿAUᴿ,新西兰ᴿNZᴿ,柬KH,港HK,澳门MO	0	受惠国LD,柬KH,老LA,缅MM	④
				8	韩ᴿKRᴿ			
				8.2	日ᴿJPᴿ			
				⑤	韩KR			
113	0207.1422	----鸡爪 ----Chicken claw	⑥	0	东盟AS,智CL,巴PK,新西兰NZ,秘PE,哥CR,瑞CH,冰IS,澳AU,格GE,毛MU,东盟ᴿASᴿ,澳ᴿAUᴿ,新西兰ᴿNZᴿ,柬KH,港HK,澳门MO	0	受惠国LD,柬KH,老LA,缅MM	⑦
				8	韩ᴿKRᴿ			
				8.2	日ᴿJPᴿ			
				⑧	韩KR			

---

① 普通税率：9.5元/千克。
   General Tariff Rate: 9.5¥/kg.

② 协定税率：0元/千克。
   Agreement Tariff Rate: 0¥/kg.

③ 最惠国税率：0.8元/千克。
   MFN Tariff Rate: 0.8¥/kg.

④ 普通税率：8.1元/千克。
   General Tariff Rate:8.1¥/kg.

⑤ 协定税率：0元/千克。
   Agreement Tariff Rate: 0¥/kg.

⑥ 最惠国税率：1元/千克。
   MFN Tariff Rate: 1¥/kg.

⑦ 普通税率：3.2元/千克。
   General Tariff Rate: 3.2¥/kg.

⑧ 协定税率：0元/千克。
   Agreement Tariff Rate: 0¥/kg.

序号 No.	税则号列 Tariff Line	货品名称 Article Description	最惠国税率 MFN(%)	协定税率 Agreement(%)		特惠税率 SP(%)		普通税率 Gen(%)
114	0207.1429	----其他 ----Other	①	0	东盟AS,智CL,巴PK,新西兰NZ,秘PE,哥CR,瑞CH,冰IS,澳AU,格GE,毛MU,东盟^RAS^R,澳^RAU^R,新西兰^RNZ^R,柬KH,港HK,澳门MO	0	受惠国LD,柬KH,老LA,缅MM	②
				8	韩^RKR^R			
				8.2	日^RJP^R			
				③	韩KR			
		-火鸡: -Of turkeys:						
115	0207.2400	--整只, 鲜或冷的 --Not cut in pieces, fresh or chilled	20	0	东盟AS,智CL,新西兰NZ,秘PE,哥CR,瑞CH,冰IS,澳AU,格GE,毛MU,柬KH,港HK,澳门MO	0	受惠国LD,老LA	70
				8	韩KR			
				16	东盟^RAS^R,澳^RAU^R,新西兰^RNZ^R,韩^RKR^R			
				17.5	日^RJP^R			
116	0207.2500	--整只, 冻的 --Not cut in pieces, frozen	20	0	东盟AS,智CL,新西兰NZ,秘PE,哥CR,瑞CH,冰IS,澳AU,格GE,毛MU,柬KH,港HK,澳门MO	0	受惠国LD,老LA	70
				8	韩KR			
				16	东盟^RAS^R,澳^RAU^R,新西兰^RNZ^R,韩^RKR^R			
				17.5	日^RJP^R			
117	0207.2600	--块及杂碎, 鲜或冷的 --Cuts and offal, fresh or chilled	20	0	东盟AS,智CL,新西兰NZ,秘PE,哥CR,瑞CH,冰IS,澳AU,格GE,毛MU,柬KH,港HK,澳门MO	0	受惠国LD,老LA	70
				8	韩KR			
				16	东盟^RAS^R,澳^RAU^R,新西兰^RNZ^R,韩^RKR^R			
				17.5	日^RJP^R			
118	0207.2700	--块及杂碎, 冻的 --Cuts and offal, frozen	10	0	东盟AS,智CL,新西兰NZ,秘PE,哥CR,瑞CH,冰IS,澳AU,格GE,毛MU,东盟^RAS^R,澳^RAU^R,新西兰^RNZ^R,柬KH,港HK,澳门MO	0	受惠国LD,老LA	70
				1	韩KR			
				3	巴PK			
				8	韩^RKR^R			
				8.2	日^RJP^R			
		-鸭: -Of ducks:						

① 最惠国税率：0.5元/千克。
   MFN Tariff Rate: 0.5¥/kg.

② 普通税率：3.2元/千克。
   General Tariff Rate: 3.2¥/kg.

③ 协定税率：0元/千克。
   Agreement Tariff Rate: 0¥/kg.

序号 No.	税则号列 Tariff Line	货品名称 Article Description	最惠国税率 MFN(%)	协定税率 Agreement(%)		特惠税率 SP(%)		普通税率 Gen(%)
119	0207.4100	--整只，鲜或冷的 --Not cut in pieces, fresh or chilled	20	0	东盟AS,智CL,新西兰NZ,秘PE,哥CR,瑞CH,冰IS,澳AU,格GE,毛MU,柬KH,港HK,澳门MO	0	受惠国LD,柬KH,老LA,缅MM	70
				8	韩KR			
				16	东盟^RAS^R,澳^RAU^R,新西兰^RNZ^R,韩^RKR^R			
				17.5	日^RJP^R			
120	0207.4200	--整只，冻的 --Not cut in pieces, frozen	20	0	东盟AS,智CL,新西兰NZ,秘PE,哥CR,瑞CH,冰IS,澳AU,格GE,毛MU,柬KH,港HK,澳门MO	0	受惠国LD,柬KH,老LA,缅MM	70
				8	韩KR			
				16	东盟^RAS^R,澳^RAU^R,新西兰^RNZ^R,韩^RKR^R			
				17.5	日^RJP^R			
121	0207.4300	--肥肝，鲜或冷的 --Fatty livers, fresh or chilled	20	0	东盟AS,智CL,新西兰NZ,秘PE,哥CR,瑞CH,冰IS,澳AU,格GE,毛MU,柬KH,港HK,澳门MO	0	受惠国LD,柬KH,老LA	70
				8	韩KR			
				16	东盟^RAS^R,澳^RAU^R,新西兰^RNZ^R,韩^RKR^R			
				17.5	日^RJP^R			
122	0207.4400	--其他，鲜或冷的 --Other, fresh or chilled	20	0	东盟AS,智CL,新西兰NZ,秘PE,哥CR,瑞CH,冰IS,澳AU,格GE,毛MU,柬KH,港HK,澳门MO	0	受惠国LD,柬KH,老LA,缅MM	70
				8	韩KR			
				16	东盟^RAS^R,澳^RAU^R,新西兰^RNZ^R,韩^RKR^R			
				17.5	日^RJP^R			
123	0207.4500	--其他，冻的 --Other, frozen	20	0	东盟AS,智CL,新西兰NZ,秘PE,哥CR,瑞CH,冰IS,澳AU,格GE,毛MU,柬KH,港HK,澳门MO	0	受惠国LD,柬KH,老LA,缅MM	70
				11	韩KR			
				18	东盟^RAS^R,澳^RAU^R,新西兰^RNZ^R			
				18.1	日^RJP^R			
		-鹅： -Of geese:						
124	0207.5100	--整只，鲜或冷的 --Not cut in pieces, fresh or chilled	20	0	东盟AS,智CL,新西兰NZ,秘PE,哥CR,瑞CH,冰IS,澳AU,格GE,毛MU,柬KH,港HK,澳门MO	0	受惠国LD,柬KH,老LA,缅MM	70
				8	韩KR			
				16	东盟^RAS^R,澳^RAU^R,新西兰^RNZ^R,韩^RKR^R			
				17.5	日^RJP^R			

序号 No.	税则号列 Tariff Line	货品名称 Article Description	最惠国税率 MFN(%)	协定税率 Agreement(%)		特惠税率 SP(%)	普通税率 Gen(%)
125	0207.5200	--整只, 冻的 --Not cut in pieces, frozen	20	0	东盟AS,智CL,新西兰NZ,秘PE, 哥CR,瑞CH,冰IS,澳AU,格GE, 毛MU,柬KH,港HK,澳门MO	0 受惠国LD, 柬KH,老 LA,缅MM	70
				8	韩KR		
				16	东盟^{R}AS^R,澳^{R}AU^R,新西兰^{R}NZ^R, 韩^{R}KR^R		
				17.5	日^{R}JP^R		
126	0207.5300	--肥肝, 鲜或冷的 --Fatty livers, fresh or chilled	20	0	东盟AS,智CL,新西兰NZ,秘PE, 哥CR,瑞CH,冰IS,澳AU,格GE, 毛MU,柬KH,港HK,澳门MO	0 受惠国LD, 柬KH,老LA	70
				8	韩KR		
				16	东盟^{R}AS^R,澳^{R}AU^R,新西兰^{R}NZ^R, 韩^{R}KR^R		
				17.5	日^{R}JP^R		
127	0207.5400	--其他, 鲜或冷的 --Other, fresh or chilled	20	0	东盟AS,智CL,新西兰NZ,秘PE, 哥CR,瑞CH,冰IS,澳AU,格GE, 毛MU,柬KH,港HK,澳门MO	0 受惠国LD, 柬KH,老 LA,缅MM	70
				8	韩KR		
				16	东盟^{R}AS^R,澳^{R}AU^R,新西兰^{R}NZ^R, 韩^{R}KR^R		
				17.5	日^{R}JP^R		
128	0207.5500	--其他, 冻的 --Other, frozen	20	0	东盟AS,智CL,新西兰NZ,秘PE, 哥CR,瑞CH,冰IS,澳AU,格GE, 毛MU,柬KH,港HK,澳门MO	0 受惠国LD, 柬KH,老 LA,缅MM	70
				8	韩KR		
				16	东盟^{R}AS^R,澳^{R}AU^R,新西兰^{R}NZ^R, 韩^{R}KR^R		
				17.5	日^{R}JP^R		
129	0207.6000	-珍珠鸡 -Of guinea fowls	20	0	东盟AS,智CL,新西兰NZ,秘PE, 哥CR,瑞CH,冰IS,澳AU,格GE, 毛MU,柬KH,港HK,澳门MO	0 受惠国LD, 柬KH,老LA	70
				8	韩KR		
				16	东盟^{R}AS^R,澳^{R}AU^R,新西兰^{R}NZ^R, 韩^{R}KR^R		
				17.5	日^{R}JP^R		
	02.08	其他鲜、冷、冻肉及食用杂碎: Other meat and edible meat offal, fresh, chilled or frozen: -家兔或野兔的: -Of rabbits or hares:					
130	0208.1010	---鲜、冷兔肉, 兔头除外 ---Meat of rabbits, fresh or chilled, excluding head	20	0	东盟AS,智CL,新西兰NZ,秘PE, 哥CR,瑞CH,冰IS,澳AU,格GE, 毛MU,柬KH,港HK,澳门MO	0 受惠国LD	70
				8	韩KR		
				16	东盟^{R}AS^R,澳^{R}AU^R,新西兰^{R}NZ^R, 韩^{R}KR^R		
				17.5	日^{R}JP^R		

序号 No.	税则号列 Tariff Line	货品名称 Article Description	最惠国税率 MFN(%)	协定税率 Agreement(%)		特惠税率 SP(%)		普通税率 Gen(%)
131	0208.1020	---冻兔肉，兔头除外 ---Meat of rabbits, frozen, excluding head	20	0	东盟AS,智CL,新西兰NZ,秘PE,哥CR,瑞CH,冰IS,澳AU,格GE,毛MU,柬KH,港HK,澳门MO	0	受惠国LD	70
				8	韩KR			
				16	东盟^RAS^R,澳^RAU^R,新西兰^RNZ^R,韩^RKR^R			
				17.5	日^RJP^R			
132	0208.1090	---其他 ---Other	20	0	东盟AS,智CL,新西兰NZ,秘PE,哥CR,瑞CH,冰IS,澳AU,格GE,毛MU,柬KH,港HK,澳门MO	0	受惠国LD	70
				8	韩KR			
				16	东盟^RAS^R,澳^RAU^R,新西兰^RNZ^R,韩^RKR^R			
				17.5	日^RJP^R			
133	0208.3000	-灵长目的 -Of primates	23	0	东盟AS,智CL,新西兰NZ,秘PE,哥CR,瑞CH,冰IS,澳AU,格GE,东盟^RAS^R,澳^RAU^R,新西兰^RNZ^R,柬KH,港HK,澳门MO	0	受惠国LD	70
				2.3	韩KR			
				9.2	毛MU			
				18.4	韩^RKR^R			
				18.8	日^RJP^R			
134	0208.4000	-鲸、海豚及鼠海豚（鲸目哺乳动物）的；海牛及儒艮（海牛目哺乳动物）的；海豹、海狮及海象（鳍足亚目哺乳动物）的 -Of whales, dolphins and porpoises (*mammals of the order Cetacea*); manatees and dugongs (*mammals of the order Sirenia*); seals, sea lions and walruses (*mammals of the suborder Pinnipedia*)	23	0	东盟AS,智CL,新西兰NZ,秘PE,哥CR,瑞CH,冰IS,澳AU,格GE,东盟^RAS^R,澳^RAU^R,新西兰^RNZ^R,柬KH,港HK,澳门MO	0	受惠国LD	70
				2.3	韩KR			
				9.2	毛MU			
				18.4	韩^RKR^R			
				18.8	日^RJP^R			
135	0208.5000	-爬行动物（包括蛇及龟鳖）的 -Of reptiles (including snakes and turtles)	23	0	东盟AS,智CL,新西兰NZ,秘PE,哥CR,瑞CH,冰IS,澳AU,格GE,东盟^RAS^R,澳^RAU^R,新西兰^RNZ^R,柬KH,港HK,澳门MO	0	受惠国LD	70
				2.3	韩KR			
				9.2	毛MU			
				18.4	韩^RKR^R			
				18.8	日^RJP^R			
136	0208.6000	-骆驼及其他骆驼科动物的 -Of camels and other camelids (*Camelidae*)	23	0	东盟AS,智CL,新西兰NZ,秘PE,哥CR,瑞CH,冰IS,澳AU,格GE,东盟^RAS^R,澳^RAU^R,新西兰^RNZ^R,柬KH,港HK,澳门MO	0	受惠国LD	70
				2.3	韩KR			
				9.2	毛MU			
				18.4	韩^RKR^R			
				18.8	日^RJP^R			

序号 No.	税则号列 Tariff Line	货品名称 Article Description	最惠国税率 MFN(%)	协定税率 Agreement(%)		特惠税率 SP(%)		普通税率 Gen(%)
		-其他: -Other:						
137	0208.9010	---乳鸽的 ---Squabs	20	0	东盟AS,智CL,新西兰NZ,秘PE, 哥CR,瑞CH,冰IS,澳AU,格GE, 毛MU,柬KH,港HK,澳门MO	0	受惠国LD	70
				8	韩KR			
				16	东盟^RAS^R,澳^RAU^R,新西兰^RNZ^R, 韩^RKR^R			
138	0208.9090	---其他 ---Other	23	0	东盟AS,智CL,新西兰NZ,秘PE, 哥CR,瑞CH,冰IS,澳AU,格GE, 柬KH,港HK,澳门MO	0	受惠国LD	70
				9.2	毛MU			
				12.6	韩KR			
				20.7	东盟^RAS^R,澳^RAU^R,新西兰^RNZ^R, 韩^RKR^R			
	02.09	**未炼制或用其他方法提取的不带瘦肉的肥猪肉、猪脂肪及家禽脂肪, 鲜、冷、冻、干、熏、盐腌或盐渍的:** **Pig fat, free of lean meat, and poultry fat, not rendered or otherwise extracted, fresh, chilled, frozen, salted, in brine, dried or smoked:**						
139	0209.1000	-猪的 -Of pigs	20	0	东盟AS,智CL,新西兰NZ,秘PE, 哥CR,瑞CH,冰IS,澳AU,格GE, 毛MU,柬KH,港HK,澳门MO	0	受惠国LD	70
				8	韩KR			
				16	东盟^RAS^R,澳^RAU^R,新西兰^RNZ^R, 韩^RKR^R			
				17.5	日^RJP^R			
140	0209.9000	-其他 -Other	20	0	东盟AS,智CL,新西兰NZ,秘PE, 哥CR,瑞CH,冰IS,澳AU,格GE, 毛MU,柬KH,港HK,澳门MO	0	受惠国LD	70
				8	韩KR			
				16	东盟^RAS^R,澳^RAU^R,新西兰^RNZ^R, 韩^RKR^R			
				17.5	日^RJP^R			
	02.10	**肉及食用杂碎, 干、熏、盐腌或盐渍的;可供食用的肉或杂碎的细粉、粗粉:** **Meat and edible meat offal, salted, in brine, dried or smoked;edible flours and meals of meat or meat offal:**						
		-猪肉: -Meat of swine:						
		--带骨的前腿、后腿及其肉块: --Hams, shoulders and cuts thereof, with bone in:						

序号 No.	税则号列 Tariff Line	货品名称 Article Description	最惠国税率 MFN(%)		协定税率 Agreement(%)	特惠税率 SP(%)		普通税率 Gen(%)
141	0210.1110	---带骨的腿 ---Hams and shoulders, with bone in	25	0 10 13.7 22.5 22.6	东盟AS,智CL,新西兰NZ,秘PE, 哥CR,冰IS,澳AU,格GE,柬KH, 港HK,澳门MO 毛MU 韩KR 东盟^{R}AS^R,澳^{R}AU^R,新西兰^{R}NZ^R, 韩^{R}KR^R 日^{R}JP^R	0	受惠国LD, 柬KH,老LA	80
142	0210.1190	---其他 ---Other	25	0 10 13.7 22.5 22.6	东盟AS,智CL,新西兰NZ,秘PE, 哥CR,冰IS,澳AU,格GE,柬KH, 港HK,澳门MO 毛MU 韩KR 东盟^{R}AS^R,澳^{R}AU^R,新西兰^{R}NZ^R, 韩^{R}KR^R 日^{R}JP^R	0	受惠国LD, 柬KH,老LA	80
143	0210.1200	--腹肉（五花肉） --Bellies (streaky) and cuts thereof	25	0 10 13.7 22.5 22.6	东盟AS,智CL,新西兰NZ,秘PE, 哥CR,冰IS,澳AU,格GE,柬KH, 港HK,澳门MO 毛MU 韩KR 东盟^{R}AS^R,澳^{R}AU^R,新西兰^{R}NZ^R, 韩^{R}KR^R 日^{R}JP^R	0	受惠国LD, 柬KH,老LA	80
144	0210.1900	--其他 --Other	25	0 10 13.7 22.5 22.6	东盟AS,智CL,新西兰NZ,秘PE, 哥CR,冰IS,澳AU,格GE,柬KH, 港HK,澳门MO 毛MU 韩KR 东盟^{R}AS^R,澳^{R}AU^R,新西兰^{R}NZ^R, 韩^{R}KR^R 日^{R}JP^R	0	受惠国LD, 柬KH,缅 MM	80
145	0210.2000	-牛肉 -Meat of bovine animals	25	0 2.5 10 13.7 22.5 22.6	东盟AS,智CL,新西兰NZ,秘PE, 哥CR,瑞CH,冰IS,格GE,柬KH, 港HK,澳门MO 澳AU 毛MU 韩KR 东盟^{R}AS^R,澳^{R}AU^R,新西兰^{R}NZ^R, 韩^{R}KR^R 日^{R}JP^R	0	受惠国LD, 柬KH,老LA	80
		-其他，包括可供食用的肉或杂碎的细 粉、粗粉： -Other, including edible flours and meals of meat or meat offal:						

序号 No.	税则号列 Tariff Line	货品名称 Article Description	最惠国税率 MFN(%)	协定税率 Agreement(%)		特惠税率 SP(%)		普通税率 Gen(%)
146	0210.9100	--灵长目的 --Of primates	25	0	东盟AS,智CL,新西兰NZ,秘PE, 哥CR,瑞CH,冰IS,澳AU,格GE, 东盟^RAS^R,澳^RAU^R,新西兰^RNZ^R, 柬KH,港HK,澳门MO	0	受惠国LD, 柬KH,老LA	80
				2.5	韩KR			
				10	毛MU			
				20	韩^RKR^R			
				20.5	日^RJP^R			
147	0210.9200	--鲸、海豚及鼠海豚（鲸目哺乳动物） 的；海牛及儒艮（海牛目哺乳动物） 的；海豹、海狮及海象（鳍足亚目哺乳 动物）的 --Of whales, dolphins and porpoises (*mammals of the order Cetacea*); of manatees and dugongs (*mammals of* *the order Sirenia*); seals, sea lions and walruses (*mammals of the suborder* *Pinnipedia*)	25	0	东盟AS,智CL,新西兰NZ,秘PE, 哥CR,瑞CH,冰IS,澳AU,格GE, 东盟^RAS^R,澳^RAU^R,新西兰^RNZ^R, 柬KH,港HK,澳门MO	0	受惠国LD, 柬KH,老LA	80
				2.5	韩KR			
				10	毛MU			
				15	巴PK			
				20	韩^RKR^R			
				20.5	日^RJP^R			
148	0210.9300	--爬行动物（包括蛇及龟鳖）的 --Of reptiles (including snakes and turtles)	25	0	东盟AS,智CL,新西兰NZ,秘PE, 哥CR,瑞CH,冰IS,澳AU,格GE, 东盟^RAS^R,澳^RAU^R,新西兰^RNZ^R, 柬KH,港HK,澳门MO	0	受惠国LD, 柬KH,老LA	80
				2.5	韩KR			
				10	毛MU			
				20	韩^RKR^R			
				20.5	日^RJP^R			
149	0210.9900	--其他 --Other	25	0	东盟AS,智CL,新西兰NZ,秘PE, 哥CR,瑞CH,冰IS,澳AU,格GE, 柬KH,港HK,澳门MO	0	受惠国LD, 柬KH,老LA	80
				10	毛MU			
				13.7	韩KR			
				22.5	东盟^RAS^R,澳^RAU^R,新西兰^RNZ^R, 韩^RKR^R			
				22.6	日^RJP^R			

<table>
<tr><td colspan="2">第三章
鱼、甲壳动物、软体动物
及其他水生无脊椎动物</td><td colspan="2">Chapter 3
Fish and crustaceans, molluscs
and other aquatic invertebrates</td></tr>
</table>

第三章
鱼、甲壳动物、软体动物及其他水生无脊椎动物

Chapter 3
Fish and crustaceans, molluscs and other aquatic invertebrates

注释：

一、本章不包括：

（一）税目 01.06 的哺乳动物；

（二）税目 01.06 的哺乳动物的肉（税目 02.08 或 02.10）；

（三）因品种或鲜度不适合供人食用的死鱼（包括鱼肝、鱼卵及鱼精等）、死甲壳动物、死软体动物及其他死水生无脊椎动物（第五章）；不适合供人食用的鱼、甲壳动物、软体动物、其他水生无脊椎动物的粉、粒（税目 23.01）；或

（四）鲟鱼子酱及用鱼卵制成的鲟鱼子酱代用品（税目 16.04）。

二、本章所称"团粒"，是指直接挤压或加入少量粘合剂制成的粒状产品。

三、税目 03.05 至 03.08 不包括适合供人食用的细粉、粗粉及团粒（税目 03.09）。

Notes:

1. This Chapter does not cover:

(a) Mammals of heading 01.06;

(b) Meat of mammals of heading 01.06 (heading 02.08 or 02.10);

(c) Fish (including livers, roes and milt thereof) or crustaceans, molluscs or other aquatic invertebrates, dead and unfit or unsuitable for human consumption by reason of either their species or their condition (Chapter 5); flours, meals or pellets of fish or of crustaceans, molluscs or other aquatic invertebrates, unfit for human consumption (heading 23.01); or

(d) Caviar or caviar substitutes prepared from fish eggs (heading 16.04).

2. In this Chapter the term "pellets" means products which have been agglomerated either directly by compression or by the addition of a small quantity of binder.

3. Headings 03.05 to 03.08 do not cover flours, meals and pellets, fit for human consumption (heading 03.09).

序号 No.	税则号列 Tariff Line	货品名称 Article Description	最惠国税率 MFN(%)	协定税率 Agreement(%)		特惠税率 SP(%)	普通税率 Gen(%)
	03.01	活鱼： Live fish:					
		-观赏鱼： -Ornamental fish:					
150	0301.1100	--淡水鱼 --Freshwater	10	0	东盟AS,智CL,新西兰NZ,秘PE,哥CR,瑞CH,冰IS,澳AU,格GE,毛MU,柬KH,港HK,澳门MO	0 受惠国LD	80
				7	韩KR		
				14	巴PK		
				15.8	东盟^RAS^R,澳^RAU^R,新西兰^RNZ^R,韩^RKR^R		
151	0301.1900	--其他 --Other	10	0	东盟AS,智CL,新西兰NZ,秘PE,哥CR,瑞CH,冰IS,澳AU,格GE,毛MU,柬KH,港HK,澳门MO	0 受惠国LD	80
				7	韩KR		
				14	巴PK,东盟^RAS^R,澳^RAU^R,新西兰^RNZ^R,韩^RKR^R		
		-其他活鱼： -Other live fish:					

序号 No.	税则号列 Tariff Line	货品名称 Article Description	最惠国税率 MFN(%)	协定税率 Agreement(%)		特惠税率 SP(%)	普通税率 Gen(%)
		--鳟鱼（河鳟、虹鳟、克拉克大麻哈鱼、阿瓜大麻哈鱼、吉雨大麻哈鱼、亚利桑那大麻哈鱼、金腹大麻哈鱼）： --Trout (*Salmo trutta, Oncorhynchus mykiss, Oncorhynchus clarki, Oncorhynchus aguabonita, Oncorhynchus gilae, Oncorhynchus apache* and *Oncorhynchus chrysogaster*):						
152	0301.9110	---鱼苗 ---Fry	0	0	东盟AS,智CL,巴PK,新西兰NZ,秘PE,哥CR,瑞CH,冰IS,韩KR,澳AU,格GE,毛MU,东盟^RAS^R,澳^RAU^R,日^RJP^R,新西兰NZ^R,柬KH,港HK,澳门MO,韩^RKR^R	0 受惠国LD	0
153	0301.9190	---其他 ---Other	10	0	东盟AS,智CL,新西兰NZ,秘PE,哥CR,瑞CH,冰IS,澳AU,格GE,毛MU,东盟^RAS^R,澳^RAU^R,新西兰^RNZ^R,柬KH,港HK,澳门MO	0 受惠国LD	40
				1	韩KR		
				3	巴PK		
				7.6	亚太AP		
				8.4	韩^RKR^R		
				8.6	日^RJP^R		
		--鳗鱼（鳗鲡属）： --Eels (*Anguilla spp.*):						
154	0301.9210	---鱼苗 ---Fry	0	0	东盟AS,智CL,巴PK,新西兰NZ,秘PE,哥CR,瑞CH,冰IS,韩KR,澳AU,格GE,毛MU,东盟^RAS^R,澳^RAU^R,日^RJP^R,新西兰NZ^R,柬KH,港HK,澳门MO,韩^RKR^R	0 受惠国LD	0
155	0301.9290	---其他 ---Other	7	0	东盟AS,智CL,新西兰NZ,秘PE,哥CR,瑞CH,冰IS,澳AU,格GE,毛MU,东盟^RAS^R,澳^RAU^R,新西兰^RNZ^R,柬KH,港HK,澳门MO	0 受惠国LD,柬KH,缅MM	40
				1	韩KR		
				3	巴PK		
				4.7	亚太AP		
				8	韩^RKR^R		
				8.2	日^RJP^R		
		--鲤科鱼（鲤属、鲫属、草鱼、鲢属、鲮属、青鱼、卡特拉鲃、野鲮属、哈氏纹唇鱼、何氏细须鲃、鲂属）： --Carp (*Cyprinus spp., Carassius spp., Ctenopharyngodon idellus, Hypophthalmichthys spp., Cirrhinus spp., Mylopharyngodon piceus, Catla catla, Labeo spp., Osteochilus hasselti, Leptobarbus hoeveni, Megalobrama spp.*):						

序号 No.	税则号列 Tariff Line	货品名称 Article Description	最惠国税率 MFN(%)		协定税率 Agreement(%)	特惠税率 SP(%)	普通税率 Gen(%)
156	0301.9310	---鱼苗 ---Fry	0	0	东盟AS,智CL,巴PK,新西兰NZ,秘PE,哥CR,瑞CH,冰IS,韩KR,澳AU,格GE,毛MU,东盟^RAS^R,澳^RAU^R,日^RJP^R,新西兰^RNZ^R,柬KH,港HK,澳门MO,韩^RKR^R	0 受惠国LD	0
157	0301.9390	----其他 ----Other	7	0	东盟AS,智CL,新西兰NZ,秘PE,哥CR,瑞CH,冰IS,澳AU,格GE,毛MU,东盟^RAS^R,澳^RAU^R,新西兰^RNZ^R,柬KH,港HK,澳门MO	0 受惠国LD,柬KH,缅MM	40
				1	韩KR		
				3	巴PK		
				5.3	亚太AP		
				8.4	韩^RKR^R		
				8.6	日^RJP^R		
		--大西洋及太平洋蓝鳍金枪鱼: --Atlantic and Pacific bluefin tuna (*Thunnus thynnus, Thunnus orientalis*):						
158	0301.9410	---鱼苗 ---Fry	0	0	东盟AS,智CL,巴PK,新西兰NZ,秘PE,哥CR,瑞CH,冰IS,韩KR,澳AU,格GE,毛MU,东盟^RAS^R,澳^RAU^R,日^RJP^R,新西兰^RNZ^R,柬KH,港HK,澳门MO,韩^RKR^R	0 受惠国LD	0
		---其他: ---Other:					
159	0301.9491	----大西洋蓝鳍金枪鱼 ----Atlantic bluefin tunas (*Thunnus thynnus*)	7	0	东盟AS,智CL,新西兰NZ,秘PE,哥CR,瑞CH,冰IS,澳AU,格GE,毛MU,东盟^RAS^R,澳^RAU^R,新西兰^RNZ^R,柬KH,港HK,澳门MO	0 受惠国LD,柬KH,缅MM	40
				1	韩KR		
				3	巴PK		
				5.3	亚太AP		
				8.4	韩^RKR^R		
				8.6	日^RJP^R		
160	0301.9492	----太平洋蓝鳍金枪鱼 ----Pacific bluefin tunas (*Thunnus orientalis*)	7	0	东盟AS,智CL,新西兰NZ,秘PE,哥CR,瑞CH,冰IS,澳AU,格GE,毛MU,东盟^RAS^R,澳^RAU^R,新西兰^RNZ^R,柬KH,港HK,澳门MO,台TW	0 受惠国LD,柬KH,缅MM	40
				1	韩KR		
				3	巴PK		
				5.3	亚太AP		
				8.4	韩^RKR^R		
				8.6	日^RJP^R		
		--南方蓝鳍金枪鱼: --Southern bluefin tunas (*Thunnus maccoyii*):						

序号 No.	税则号列 Tariff Line	货品名称 Article Description	最惠国税率 MFN(%)	协定税率 Agreement(%)		特惠税率 SP(%)	普通税率 Gen(%)
161	0301.9510	----鱼苗 ---Fry	0	0	东盟AS,智CL,巴PK,新西兰NZ,秘PE,哥CR,瑞CH,冰IS,韩KR,澳AU,格GE,毛MU,东盟^RAS^R,澳^RAU^R,日^RJP^R,新西兰^RNZ^R,柬KH,港HK,澳门MO,韩^RKR^R	0 受惠国LD	0
162	0301.9590	----其他 ---Other	7	0	东盟AS,智CL,新西兰NZ,秘PE,哥CR,瑞CH,冰IS,澳AU,格GE,毛MU,东盟^RAS^R,澳^RAU^R,新西兰^RNZ^R,柬KH,港HK,澳门MO	0 受惠国LD,柬KH,缅MM	40
				1	韩KR		
				3	巴PK		
				5.3	亚太AP		
				8.4	韩^RKR^R		
				8.6	日^RJP^R		
		--其他: --Other:					
		---鱼苗: ---Fry:					
163	0301.9911	----鲈鱼 ----Of perches	0	0	东盟AS,智CL,巴PK,新西兰NZ,秘PE,哥CR,瑞CH,冰IS,韩KR,澳AU,格GE,毛MU,东盟^RAS^R,澳^RAU^R,日^RJP^R,新西兰^RNZ^R,柬KH,港HK,澳门MO,韩^RKR^R	0 受惠国LD	0
164	0301.9912	----鲟鱼 ----Of sturgeon	0	0	东盟AS,智CL,巴PK,新西兰NZ,秘PE,哥CR,瑞CH,冰IS,韩KR,澳AU,格GE,毛MU,东盟^RAS^R,澳^RAU^R,日^RJP^R,新西兰^RNZ^R,柬KH,港HK,澳门MO,韩^RKR^R	0 受惠国LD	0
165	0301.9919	----其他 ----Other	0	0	东盟AS,智CL,巴PK,新西兰NZ,秘PE,哥CR,瑞CH,冰IS,韩KR,澳AU,格GE,毛MU,东盟^RAS^R,澳^RAU^R,日^RJP^R,新西兰^RNZ^R,柬KH,港HK,澳门MO,韩^RKR^R	0 受惠国LD	0
		---其他: ---Other:					
166	0301.9991	----罗非鱼 ----Tilapia	7	0	东盟AS,智CL,新西兰NZ,秘PE,哥CR,瑞CH,冰IS,澳AU,格GE,毛MU,东盟^RAS^R,澳^RAU^R,新西兰^RNZ^R,柬KH,港HK,澳门MO	0 受惠国LD,柬KH,缅MM	40
				1	韩KR		
				3	巴PK		
				8.4	韩^RKR^R		
				8.6	日^RJP^R		

序号 No.	税则号列 Tariff Line	货品名称 Article Description	最惠国税率 MFN(%)	协定税率 Agreement(%)		特惠税率 SP(%)		普通税率 Gen(%)
167	0301.9992	----鲀 ----Puffer fish	10	0	东盟AS,智CL,新西兰NZ,秘PE,哥CR,瑞CH,冰IS,澳AU,格GE,毛MU,东盟^RAS^R,澳^RAU^R,新西兰^RNZ^R,柬KH,港HK,澳门MO	0	受惠国LD,柬KH,缅MM	40
				1	韩KR			
				3	巴PK			
				7.6	亚太AP			
				8.4	韩^RKR^R			
				8.6	日^RJP^R			
168	0301.9993	----其他鲤科鱼 ----Other carp	7	0	东盟AS,智CL,新西兰NZ,秘PE,哥CR,瑞CH,冰IS,澳AU,格GE,毛MU,东盟^RAS^R,澳^RAU^R,新西兰^RNZ^R,柬KH,港HK,澳门MO	0	受惠国LD,柬KH,缅MM	40
				1	韩KR			
				3	巴PK			
				5.3	亚太AP			
				8.4	韩^RKR^R			
				8.6	日^RJP^R			
169	0301.9999	----其他 ----Other	7	0	东盟AS,智CL,新西兰NZ,秘PE,哥CR,瑞CH,冰IS,澳AU,格GE,毛MU,柬KH,港HK,澳门MO,台TW	0	受惠国LD,柬KH,缅MM	40
				1	韩KR			
				3	巴PK			
				5.3	亚太AP			
				8.4	东盟^RAS^R,澳^RAU^R,新西兰^RNZ^R,韩^RKR^R			
				8.6	日^RJP^R			
	03.02	鲜、冷鱼,但税目03.04的鱼片及其他鱼肉除外: **Fish, fresh or chilled, excluding fish fillets and other fish meat of heading 03.04:**						
		-鲑科鱼,但子目0302.91至0302.99的可食用鱼杂碎除外: -Salmonidae, excluding edible fish offal of subheading 0302.91 to 0302.99:						
170	0302.1100	--鳟鱼(河鳟、虹鳟、克拉克大麻哈鱼、阿瓜大麻哈鱼、吉雨大麻哈鱼、亚利桑那大麻哈鱼、金腹大麻哈鱼) --Trout (*Salmo trutta, Oncorhynchus my kiss, Oncorhynchus clarki, Oncorhynchus aguabonita, Oncorhynchus gilae, Oncorhynchus apache and Oncohynchus chrysogaster*)	10	0	东盟AS,智CL,新西兰NZ,秘PE,哥CR,瑞CH,冰IS,澳AU,格GE,毛MU,东盟^RAS^R,澳^RAU^R,新西兰^RNZ^R,柬KH,港HK,澳门MO	0	受惠国LD	40
				1.2	韩KR			
				6	巴PK			
				9.6	韩^RKR^R			
				9.8	日^RJP^R			

序号 No.	税则号列 Tariff Line	货品名称 Article Description	最惠国税率 MFN(%)	协定税率 Agreement(%)		特惠税率 SP(%)	普通税率 Gen(%)
171	0302.1300	--大麻哈鱼[红大麻哈鱼、细鳞大麻哈鱼、大麻哈鱼(种)、大鳞大麻哈鱼、银大麻哈鱼、马苏大麻哈鱼、玫瑰大麻哈鱼] --Pacific salmon (*Oncorhynchus nerka, Oncorhynchus gorbuscha, Oncorhynchus keta, Oncorhynchus tschawytscha, Oncorhynchus kisutch, Oncorhynchus masou and Oncorhynchus rhodurus*)	10	0	东盟AS,智CL,新西兰NZ,秘PE,哥CR,瑞CH,冰IS,澳AU,格GE,毛MU,东盟^RAS^R,澳^RAU^R,新西兰^RNZ^R,柬KH,港HK,澳门MO 1　韩KR 3　巴PK 8　韩^RKR^R 8.2　日^RJP^R	0　受惠国LD	40
		--大西洋鲑鱼及多瑙哲罗鱼: --Atlantic salmon (*Salmo salar*) and Danube salmon (*Hucho hucho*):					
172	0302.1410	---大西洋鲑鱼 ---Atlantic salmon (*Salmo salar*)	10Δ7	0	东盟AS,智CL,新西兰NZ,秘PE,哥CR,瑞CH,冰IS,澳AU,格GE,毛MU,东盟^RAS^R,澳^RAU^R,新西兰^RNZ^R,柬KH,港HK,澳门MO 1　韩KR 3　巴PK 8　韩^RKR^R 8.2　日^RJP^R	0　受惠国LD	40
173	0302.1420	---多瑙哲罗鱼 ---Danube salmon (*Hucho hucho*)	7	0	东盟AS,智CL,新西兰NZ,秘PE,哥CR,瑞CH,冰IS,澳AU,格GE,毛MU,东盟^RAS^R,澳^RAU^R,新西兰^RNZ^R,柬KH,港HK,澳门MO 1　韩KR 3　巴PK 8　韩^RKR^R 8.2　日^RJP^R	0　受惠国LD	40
174	0302.1900	--其他 --Other	10	0	东盟AS,智CL,新西兰NZ,秘PE,哥CR,瑞CH,冰IS,澳AU,格GE,毛MU,东盟^RAS^R,澳^RAU^R,新西兰^RNZ^R,柬KH,港HK,澳门MO 1.2　韩KR 3　巴PK 6.7　亚太AP 9.6　韩^RKR^R 9.8　日^RJP^R	0　受惠国LD	40
		-比目鱼(鲽科、鲆科、舌鳎科、鳎科、菱鲆科、刺鲆科),但子目0302.91至0302.99的可食用鱼杂碎除外: -Flat fish (*Pleuronectidae, Bothidae, Cynoglossidae, Soleidae, Scophthalmidae and Citharidae*), excluding edible fish offal of subheading 0302.91 to 0302.99:					

序号 No.	税则号列 Tariff Line	货品名称 Article Description	最惠国税率 MFN(%)		协定税率 Agreement(%)	特惠税率 SP(%)		普通税率 Gen(%)
175	0302.2100	--庸鲽鱼（马舌鲽、庸鲽、狭鳞庸鲽） --Halibut (Reinhardtius hippoglossoides, Hippoglossushippoglossus, Hippoglossus stenolepis)	7	0	东盟AS,智CL,新西兰NZ,秘PE,哥CR,瑞CH,冰IS,澳AU,格GE,毛MU,东盟^RAS^R,澳^RAU^R,新西兰^RNZ^R,柬KH,港HK,澳门MO	0	受惠国LD	40
				1.2	韩KR			
				3	巴PK			
				5.3	亚太AP			
				9.6	韩^RKR^R			
				9.8	日^RJP^R			
176	0302.2200	--鲽鱼（鲽） --Plaice (Pleuronectes platessa)	7	0	东盟AS,智CL,新西兰NZ,秘PE,哥CR,瑞CH,冰IS,澳AU,格GE,毛MU,东盟^RAS^R,澳^RAU^R,新西兰^RNZ^R,柬KH,港HK,澳门MO	0	受惠国LD	40
				1.2	韩KR			
				3	巴PK			
				5.3	亚太AP			
				9.6	韩^RKR^R			
				9.8	日^RJP^R			
177	0302.2300	--鳎鱼（鳎属） --Sole (Solea spp.)	7	0	东盟AS,智CL,新西兰NZ,秘PE,哥CR,瑞CH,冰IS,澳AU,格GE,毛MU,东盟^RAS^R,澳^RAU^R,新西兰^RNZ^R,柬KH,港HK,澳门MO	0	受惠国LD	40
				1.2	韩KR			
				3	巴PK			
				5.3	亚太AP			
				9.6	韩^RKR^R			
				9.8	日^RJP^R			
178	0302.2400	--大菱鲆（瘤棘鲆） --Turbots (Psetta maxima)	7	0	东盟AS,智CL,新西兰NZ,秘PE,哥CR,瑞CH,冰IS,澳AU,格GE,毛MU,东盟^RAS^R,澳^RAU^R,新西兰^RNZ^R,柬KH,港HK,澳门MO	0	受惠国LD,柬KH	40
				1.2	韩KR			
				3	巴PK			
				3.5	亚太AP			
				9.6	韩^RKR^R			
				9.8	日^RJP^R			
179	0302.2900	--其他 --Other	7	0	东盟AS,智CL,新西兰NZ,秘PE,哥CR,瑞CH,冰IS,澳AU,格GE,毛MU,东盟^RAS^R,澳^RAU^R,新西兰^RNZ^R,柬KH,港HK,澳门MO	0	受惠国LD,柬KH	40
				1.2	韩KR			
				3	巴PK			
				3.5	亚太AP			
				9.6	韩^RKR^R			
				9.8	日^RJP^R			

序号 No.	税则号列 Tariff Line	货品名称 Article Description	最惠国税率 MFN(%)	协定税率 Agreement(%)		特惠税率 SP(%)	普通税率 Gen(%)
		-金枪鱼（金枪鱼属）、鲣，但子目0302.91至0302.99的可食用鱼杂碎除外： -Tunas (*of the genus Thunnus*), skipjack tuna (*stripe-bellied bonito*) (*Katsuwonus pelamis*), excluding edible fish offal of subheadings 0302.91 to 0302.99:					
180	0302.3100	--长鳍金枪鱼 --Albacore or longfinned tunas (*Thunnus alalunga*)	7	0	东盟AS,智CL,新西兰NZ,秘PE,哥CR,瑞CH,冰IS,澳AU,格GE,毛MU,东盟^RAS^R,澳^RAU^R,新西兰^RNZ^R,柬KH,港HK,澳门MO	0 受惠国LD,柬KH	40
				1.2	韩KR		
				3	巴PK		
				5.3	亚太AP		
				9.6	韩^RKR^R		
				9.8	日^RJP^R		
181	0302.3200	--黄鳍金枪鱼 --Yellowfin tunas (*Thunnus albacares*)	7	0	东盟AS,智CL,新西兰NZ,秘PE,哥CR,瑞CH,冰IS,澳AU,格GE,毛MU,东盟^RAS^R,澳^RAU^R,新西兰^RNZ^R,柬KH,港HK,澳门MO	0 受惠国LD	40
				1.2	韩KR		
				3	巴PK		
				5.3	亚太AP		
				9.6	韩^RKR^R		
				9.8	日^RJP^R		
182	0302.3300	--鲣 --Skipjack tuna (*stripe-bellied bonito*) (*Katsuwonus pelamis*)	7	0	东盟AS,智CL,新西兰NZ,秘PE,哥CR,瑞CH,冰IS,澳AU,格GE,毛MU,东盟^RAS^R,澳^RAU^R,新西兰^RNZ^R,柬KH,港HK,澳门MO	0 受惠国LD	40
				1.2	韩KR		
				3	巴PK		
				4.7	亚太AP		
				9.6	韩^RKR^R		
				9.8	日^RJP^R		
183	0302.3400	--大眼金枪鱼 --Bigeye tunas (*Thunnus obesus*)	7	0	东盟AS,智CL,新西兰NZ,秘PE,哥CR,瑞CH,冰IS,澳AU,格GE,毛MU,东盟^RAS^R,澳^RAU^R,新西兰^RNZ^R,柬KH,港HK,澳门MO	0 受惠国LD,柬KH,缅MM	40
				1.2	韩KR		
				6	巴PK		
				9.6	韩^RKR^R		
				9.8	日^RJP^R		

序号 No.	税则号列 Tariff Line	货品名称 Article Description	最惠国税率 MFN(%)	协定税率 Agreement(%)		特惠税率 SP(%)		普通税率 Gen(%)
		--大西洋及太平洋蓝鳍金枪鱼： --Atlantic and Pacific bluefin tunas (*Thunnus thynnus, Thunnus orientalis*):						
184	0302.3510	---大西洋蓝鳍金枪鱼 ---Atlantic bluefin tunas (*Thunnus thynnus*)	7	0	东盟AS,智CL,新西兰NZ,秘PE,哥CR,瑞CH,冰IS,澳AU,格GE,毛MU,东盟^RAS^R,澳^RAU^R,新西兰^RNZ^R,柬KH,港HK,澳门MO	0	受惠国LD,柬KH,缅MM	40
				1.2	韩KR			
				6	巴PK			
				9.6	韩^RKR^R			
				9.8	日^RJP^R			
185	0302.3520	---太平洋蓝鳍金枪鱼 ---Pacific bluefin tunas (*Thunnus orientlis*)	7	0	东盟AS,智CL,新西兰NZ,秘PE,哥CR,瑞CH,冰IS,澳AU,格GE,毛MU,东盟^RAS^R,澳^RAU^R,新西兰^RNZ^R,柬KH,港HK,澳门MO	0	受惠国LD,柬KH,缅MM	40
				1.2	韩KR			
				3	巴PK			
				4.7	亚太AP			
				9.6	韩^RKR^R			
				9.8	日^RJP^R			
186	0302.3600	--南方蓝鳍金枪鱼 --Southern bluefin tunas (*Thunnus maccoyii*)	7	0	东盟AS,智CL,新西兰NZ,秘PE,哥CR,瑞CH,冰IS,澳AU,格GE,毛MU,东盟^RAS^R,澳^RAU^R,新西兰^RNZ^R,柬KH,港HK,澳门MO	0	受惠国LD,柬KH,缅MM	40
				1.2	韩KR			
				6	巴PK			
				9.6	韩^RKR^R			
				9.8	日^RJP^R			
187	0302.3900	--其他 --Other	7	0	东盟AS,智CL,新西兰NZ,秘PE,哥CR,瑞CH,冰IS,澳AU,格GE,毛MU,东盟^RAS^R,澳^RAU^R,新西兰^RNZ^R,柬KH,港HK,澳门MO	0	受惠国LD,柬KH,缅MM	40
				1.2	韩KR			
				3	巴PK			
				4.7	亚太AP			
				9.6	韩^RKR^R			
				9.8	日^RJP^R			

序号 No.	税则号列 Tariff Line	货品名称 Article Description	最惠国税率 MFN(%)	协定税率 Agreement(%)		特惠税率 SP(%)	普通税率 Gen(%)
		-鲱鱼（大西洋鲱鱼、太平洋鲱鱼）、鳀鱼（鳀属）、沙丁鱼（沙丁鱼、沙瑙鱼属）、小沙丁鱼属、黍鲱或西鲱、鲭鱼［大西洋鲭、澳洲鲭（鲐）、日本鲭（鲐）］、印度鲭（羽鳃鲐属）、马鲛鱼（马鲛属）、对称竹荚鱼、新西兰竹荚鱼及竹荚鱼（竹荚鱼属）、鲹鱼（鲹属）、军曹鱼、银鲳（鲳属）、秋刀鱼、圆鲹（圆鲹属）、多春鱼（毛鳞鱼）、剑鱼、鲔鱼、狐鲣（狐鲣属）、枪鱼、旗鱼、四鳍旗鱼（旗鱼科），但子目0302.91至0302.99的可食用鱼杂碎除外： -Herrings (*Clupea harengus, Clupea pallasii*), anchovies (*Engraulis spp.*), sardines (*Sardina pilchardus, Sardinops spp.*), sardinella (*sardinella spp.*), brisling or sprats (*Sprattus Sprattus*), mackerel (*Scomber scombrus, Scomber australasicus, Scomber japonicus*), Indian mackerels (*Rastrelliger spp.*), seerfishes (*Scomberomorus spp.*), jack and horse mackerel (*Trachurus spp.*), jacks, crevalles (*Caranx spp.*), cobia (*Rachycentron canadum*), silver pomfrets (*Pampus spp.*), Pacific saury (*Cololabis saira*), scads (*Decapterus spp.*), capelin (*Mallotus villosus*), swordfish (*Xiphias gladius*), Kawakawa (*Euthynnus affinis*), bonitos (*Sarda spp.*), marlins, sailfishes, spearfish (*Istiophoridae*), excluding edible fish offal of subheading 0302.91 to 0302.99:					
188	0302.4100	--鲱鱼（大西洋鲱鱼、太平洋鲱鱼） --Herrings (*Clupea harengus, Clupea pallasii*)	7	0 东盟AS,智CL,新西兰NZ,秘PE,哥CR,瑞CH,冰IS,澳AU,格GE,毛MU,东盟^RAS^R,澳^RAU^R,新西兰^RNZ^R,柬KH,港HK,澳门MO 1.2 韩KR 3 巴PK 4.7 亚太AP 9.6 韩^RKR^R 9.8 日^RJP^R		0 受惠国LD	40

序号 No.	税则号列 Tariff Line	货品名称 Article Description	最惠国税率 MFN(%)	协定税率 Agreement(%)		特惠税率 SP(%)		普通税率 Gen(%)
189	0302.4200	--鳀鱼（鳀属） --Anchovies (*Engraulis spp.*)	7	0	东盟AS,智CL,新西兰NZ,秘PE,哥CR,瑞CH,冰IS,澳AU,格GE,毛MU,东盟^{R}AS^R,澳^{R}AU^R,新西兰^{R}NZ^R,柬KH,港HK,澳门MO,台TW	0	受惠国LD,柬KH,缅MM	40
				1.2	韩KR			
				3	巴PK			
				4.7	亚太AP			
				9.6	韩^{R}KR^R			
				9.8	日^{R}JP^R			
190	0302.4300	--沙丁鱼（沙丁鱼、沙瑙鱼属）、小沙丁鱼属、黍鲱或西鲱 --Sardines (*Sardina pilchardus, Sardinops spp.*), sardinella (*Sardinella spp.*), brisling or sprats (*Sprattus sprattus*)	7	0	东盟AS,智CL,新西兰NZ,秘PE,哥CR,瑞CH,冰IS,澳AU,格GE,毛MU,东盟^{R}AS^R,澳^{R}AU^R,新西兰^{R}NZ^R,柬KH,港HK,澳门MO	0	受惠国LD	40
				1.2	韩KR			
				3	巴PK			
				4.7	亚太AP			
				9.6	韩^{R}KR^R			
				9.8	日^{R}JP^R			
191	0302.4400	--鲭鱼［大西洋鲭、澳洲鲭（鲐）、日本鲭（鲐）］ --Mackerel (*Scomber scombrus, Scomber australasicus, Scomber japonicus*)	7	0	东盟AS,智CL,新西兰NZ,秘PE,哥CR,瑞CH,冰IS,澳AU,格GE,毛MU,东盟^{R}AS^R,澳^{R}AU^R,新西兰^{R}NZ^R,柬KH,港HK,澳门MO	0	受惠国LD	40
				1.2	韩KR			
				3	巴PK			
				4.7	亚太AP			
				9.6	韩^{R}KR^R			
				9.8	日^{R}JP^R			
192	0302.4500	--对称竹荚鱼、新西兰竹荚鱼及竹荚鱼（竹荚鱼属） --Jack and horse mackerel (*Trachurus spp.*)	7	0	东盟AS,智CL,新西兰NZ,秘PE,哥CR,瑞CH,冰IS,澳AU,格GE,毛MU,柬KH,港HK,澳门MO,台TW	0	受惠国LD,柬KH,缅MM	40
				1.2	韩KR			
				3	巴PK			
				4.7	亚太AP			
				10.4	东盟^{R}AS^R,韩^{R}KR^R			
				10.5	日^{R}JP^R			
				10.8	澳^{R}AU^R,新西兰^{R}NZ^R			
193	0302.4600	--军曹鱼 --Cobia (*Rachycentron canad-um*)	7	0	东盟AS,智CL,新西兰NZ,秘PE,哥CR,瑞CH,冰IS,澳AU,格GE,毛MU,东盟^{R}AS^R,澳^{R}AU^R,新西兰^{R}NZ^R,柬KH,港HK,澳门MO,台TW	0	受惠国LD,柬KH,缅MM	40
				1.2	韩KR			
				3	巴PK			
				4.7	亚太AP			
				9.6	韩^{R}KR^R			
				9.8	日^{R}JP^R			

序号 No.	税则号列 Tariff Line	货品名称 Article Description	最惠国税率 MFN(%)	协定税率 Agreement(%)		特惠税率 SP(%)	普通税率 Gen(%)
194	0302.4700	--剑鱼 --Swordfish (*Xiphias gladius*)	7	0	东盟AS,智CL,新西兰NZ,秘PE,哥CR,瑞CH,冰IS,澳AU,格GE,毛MU,东盟^RAS^R,澳^RAU^R,新西兰^RNZ^R,柬KH,港HK,澳门MO	0 受惠国LD	40
				1.2	韩KR		
				3	巴PK		
				4.7	亚太AP		
				9.6	韩^RKR^R		
				9.8	日^RJP^R		
		--其他: --Other:					
195	0302.4910	---银鲳（鲳属） ---Silver pomfrets (*Pampus spp.*)	7	0	东盟AS,智CL,新西兰NZ,秘PE,哥CR,瑞CH,冰IS,澳AU,格GE,毛MU,东盟^RAS^R,澳^RAU^R,新西兰^RNZ^R,柬KH,港HK,澳门MO,台TW	0 受惠国LD,柬KH,缅MM	40
				1.2	韩KR		
				3	巴PK		
				4.7	亚太AP		
				9.6	韩^RKR^R		
				9.8	日^RJP^R		
196	0302.4990	---其他 ---Other	7	0	东盟AS,智CL,新西兰NZ,秘PE,哥CR,瑞CH,冰IS,澳AU,格GE,毛MU,东盟^RAS^R,澳^RAU^R,新西兰^RNZ^R,柬KH,港HK,澳门MO,台TW	0 受惠国LD,柬KH,缅MM	40
				1.2	韩KR		
				3	巴PK		
				4.7	亚太AP		
				9.6	韩^RKR^R		
				9.8	日^RJP^R		
		-犀鳕科、多丝真鳕科、鳕科、长尾鳕科、黑鳕科、无须鳕科、深海鳕科及南极鳕科鱼，但子目0302.91至0302.99的可食用鱼杂碎除外: -Fish of the families Bregmacerotidae, Euclichthyidae, Gadidae, Macrouridae, Melanonidae, Merlucciidae, Moridae and Muraenolepididae, excluding edible fish offal of subheading 0302.91 to 0302.99:					
197	0302.5100	--鳕鱼（大西洋鳕鱼、格陵兰鳕鱼、太平洋鳕鱼） --Cod (*Gadus morhua, Gadus ogac, Gadus macrocephalus*)	7	0	东盟AS,智CL,新西兰NZ,秘PE,哥CR,瑞CH,冰IS,澳AU,格GE,毛MU,东盟^RAS^R,澳^RAU^R,新西兰^RNZ^R,柬KH,港HK,澳门MO	0 受惠国LD	40
				1.2	韩KR		
				3	巴PK		
				4.7	亚太AP		
				9.6	韩^RKR^R		
				9.8	日^RJP^R		

序号 No.	税则号列 Tariff Line	货品名称 Article Description	最惠国税率 MFN(%)	协定税率 Agreement(%)		特惠税率 SP(%)	普通税率 Gen(%)
198	0302.5200	--黑线鳕鱼（黑线鳕） --Haddock (*Melanogrammus aeglefinus*)	7	0	东盟AS,智CL,新西兰NZ,秘PE,哥CR,瑞CH,冰IS,澳AU,格GE,毛MU,东盟^RAS^R,澳^RAU^R,新西兰^RNZ^R,柬KH,港HK,澳门MO	0 受惠国LD	40
				1.2	韩KR		
				3	巴PK		
				4.7	亚太AP		
				9.6	韩^RKR^R		
				9.8	日^RJP^R		
199	0302.5300	--绿青鳕鱼 --Coalfish (*Pollachius virens*)	7	0	东盟AS,智CL,新西兰NZ,秘PE,哥CR,瑞CH,冰IS,澳AU,格GE,毛MU,东盟^RAS^R,澳^RAU^R,新西兰^RNZ^R,柬KH,港HK,澳门MO	0 受惠国LD	40
				1.2	韩KR		
				3	巴PK		
				4.7	亚太AP		
				9.6	韩^RKR^R		
				9.8	日^RJP^R		
200	0302.5400	--狗鳕鱼（无须鳕属、长鳍鳕属） --Hake (*Merluccius spp., Urophycis spp.*)	7	0	东盟AS,智CL,新西兰NZ,秘PE,哥CR,瑞CH,冰IS,澳AU,格GE,毛MU,东盟^RAS^R,澳^RAU^R,新西兰^RNZ^R,柬KH,港HK,澳门MO,台TW	0 受惠国LD,柬KH,缅MM	40
				1.2	韩KR		
				3	巴PK		
				4.7	亚太AP		
				9.6	韩^RKR^R		
				9.8	日^RJP^R		
201	0302.5500	--阿拉斯加狭鳕鱼 --Alaska Pollock (*Theragra chalcogramma*)	7	0	东盟AS,智CL,新西兰NZ,秘PE,哥CR,瑞CH,冰IS,澳AU,格GE,毛MU,东盟^RAS^R,澳^RAU^R,新西兰^RNZ^R,柬KH,港HK,澳门MO,台TW	0 受惠国LD,柬KH,缅MM	40
				1.2	韩KR		
				3	巴PK		
				4.7	亚太AP		
				9.6	韩^RKR^R		
				9.8	日^RJP^R		
202	0302.5600	--蓝鳕鱼（小鳍鳕、南蓝鳕） --Blue whitings (*Micromesistius poutassou, Micromesistius australis*)	7	0	东盟AS,智CL,新西兰NZ,秘PE,哥CR,瑞CH,冰IS,澳AU,格GE,毛MU,东盟^RAS^R,澳^RAU^R,新西兰^RNZ^R,柬KH,港HK,澳门MO,台TW	0 受惠国LD,柬KH,缅MM	40
				1.2	韩KR		
				3	巴PK		
				4.7	亚太AP		
				9.6	韩^RKR^R		
				9.8	日^RJP^R		

序号 No.	税则号列 Tariff Line	货品名称 Article Description	最惠国税率 MFN(%)	协定税率 Agreement(%)		特惠税率 SP(%)		普通税率 Gen(%)
203	0302.5900	--其他 --Other	7	0	东盟AS,智CL,新西兰NZ,秘PE,哥CR,瑞CH,冰IS,澳AU,格GE,毛MU,东盟^RAS^R,澳^RAU^R,新西兰^RNZ^R,柬KH,港HK,澳门MO,台TW	0	受惠国LD,柬KH,缅MM	40
				1.2	韩KR			
				3	巴PK			
				4.7	亚太AP			
				9.6	韩^RKR^R			
				9.8	日^RJP^R			
		-罗非鱼（口孵非鲫属）、鲶鱼［（鱼芒）鲶属、鲶属、胡鲶属、真鮰属］、鲤科鱼（鲤属、鲫属、草鱼、鲢属、鲮属、青鱼、卡特拉鲃、野鲮属、哈氏纹唇鱼、何氏细须鲃、鲂属）、鳗鱼（鳗鲡属）、尼罗河鲈鱼（尼罗尖吻鲈）及黑鱼（鳢属），但子目0302.91至0302.99的可食用鱼杂碎除外： -Tilapias (*Oreochromis spp.*), catfish (*Pangasius spp., Silurus spp., Clarias spp., Ictalurus spp.*), carp (*Cyprinus spp., Carassius spp., Ctenopharyngodon idellus, Hypophthalmichthys spp., Cirrhinus spp., Mylopharyngodon piceus, Catla catla, Labeo spp., Osteochilus hasselti, Leptobarbus hoeveni, Megalobrama spp.*), eels (*Anguilla spp.*), Nile perch (*Lates niloticus*) and snakeheads (*Channa spp.*), excluding edible fish offal of subheading 0302.9:						
204	0302.7100	--罗非鱼（口孵非鲫属） --Tilapias (*Oreochromis spp.*)	7	0	东盟AS,智CL,新西兰NZ,秘PE,哥CR,瑞CH,冰IS,澳AU,格GE,毛MU,东盟^RAS^R,澳^RAU^R,新西兰^RNZ^R,柬KH,港HK,澳门MO	0	受惠国LD,柬KH,缅MM	40
				1.2	韩KR			
				6	巴PK			
				9.6	韩^RKR^R			
				9.8	日^RJP^R			
205	0302.7200	--鲶鱼［（鱼芒）鲶属、鲶属、胡鲶属、真鮰属］ --Catfish (*Pangasius spp.,Silurus spp., Clarias spp., Ictalurus spp.*)	10	0	东盟AS,智CL,新西兰NZ,秘PE,哥CR,瑞CH,冰IS,澳AU,格GE,毛MU,东盟^RAS^R,澳^RAU^R,新西兰^RNZ^R,柬KH,港HK,澳门MO,台TW	0	受惠国LD,柬KH,缅MM	40
				1.2	韩KR			
				3	巴PK			
				6.7	亚太AP			
				9.6	韩^RKR^R			
				9.8	日^RJP^R			

序号 No.	税则号列 Tariff Line	货品名称 Article Description	最惠国税率 MFN(%)	协定税率 Agreement(%)		特惠税率 SP(%)		普通税率 Gen(%)
206	0302.7300	--鲤科鱼（鲤属、鲫属、草鱼、鲢属、鲮属、青鱼、卡特拉鲃、野鲮属、哈氏纹唇鱼、何氏细须鲃、鲂属） --Carp (*Cyprinus spp., Carassius spp., Ctenopharyngodon idellus, Hypophthalmichthys spp., Cirrhinus spp., Mylopharyngodon piceus, Catla catla, Labeo spp., Osteochilus hasselti, Leptobarbus hoeveni, Megalobrama spp.*)	7	0	东盟AS,智CL,新西兰NZ,秘PE,哥CR,瑞CH,冰IS,澳AU,格GE,毛MU,东盟^RAS^R,澳^RAU^R,新西兰^RNZ^R,柬KH,港HK,澳门MO,台TW	0	受惠国LD,柬KH,缅MM	40
				1.2	韩KR			
				3	巴PK			
				4.7	亚太AP			
				9.6	韩^RKR^R			
				9.8	日^RJP^R			
207	0302.7400	--鳗鱼（鳗鲡属） --Eels (*Anguilla spp.*)	7	0	东盟AS,智CL,新西兰NZ,秘PE,哥CR,瑞CH,冰IS,澳AU,格GE,毛MU,东盟^RAS^R,澳^RAU^R,新西兰^RNZ^R,柬KH,港HK,澳门MO	0	受惠国LD,缅MM	40
				1.2	韩KR			
				3	巴PK			
				4.7	亚太AP			
				9.6	韩^RKR^R			
				9.8	日^RJP^R			
208	0302.7900	--其他 --Other	7	0	东盟AS,智CL,新西兰NZ,秘PE,哥CR,瑞CH,冰IS,澳AU,格GE,毛MU,东盟^RAS^R,澳^RAU^R,新西兰^RNZ^R,柬KH,港HK,澳门MO,台TW	0	受惠国LD,柬KH,缅MM	40
				1.2	韩KR			
				3	巴PK			
				4.7	亚太AP			
				9.6	韩^RKR^R			
				9.8	日^RJP^R			
		-其他鱼,但子目0302.91至0302.99的可食用鱼杂碎除外: -Other fish, excluding edible fish offal of subheading 0302.91 to 0302.99:						
209	0302.8100	--角鲨及其他鲨鱼 --Dogfish and other sharks	7	0	东盟AS,智CL,新西兰NZ,秘PE,哥CR,瑞CH,冰IS,澳AU,格GE,毛MU,东盟^RAS^R,澳^RAU^R,新西兰^RNZ^R,柬KH,港HK,澳门MO	0	受惠国LD	40
				1.2	韩KR			
				3	巴PK			
				5.3	亚太AP			
				9.6	韩^RKR^R			
				9.8	日^RJP^R			

序号 No.	税则号列 Tariff Line	货品名称 Article Description	最惠国税率 MFN(%)	协定税率 Agreement(%)		特惠税率 SP(%)		普通税率 Gen(%)
210	0302.8200	--魟鱼及鳐鱼（鳐科） --Rays and skates (*Rajidae*)	7	0	东盟AS,智CL,新西兰NZ,秘PE,哥CR,瑞CH,冰IS,澳AU,格GE,毛MU,东盟^RAS^R,澳^RAU^R,新西兰^RNZ^R,柬KH,港HK,澳门MO,台TW	0	受惠国LD,柬KH,缅MM	40
				1.2	韩KR			
				3	巴PK			
				4.7	亚太AP			
				9.6	韩^RKR^R			
				9.8	日^RJP^R			
211	0302.8300	--南极犬牙鱼（南极犬牙鱼属） --Toothfish (*Dissostichus spp.*)	7	0	东盟AS,智CL,新西兰NZ,秘PE,哥CR,瑞CH,冰IS,澳AU,格GE,毛MU,东盟^RAS^R,澳^RAU^R,新西兰^RNZ^R,柬KH,港HK,澳门MO	0	受惠国LD,柬KH,缅MM	40
				1.2	韩KR			
				3	巴PK			
				4.7	亚太AP			
				9.6	韩^RKR^R			
				9.8	日^RJP^R			
212	0302.8400	--尖吻鲈鱼（舌齿鲈属） --Seabass (*Dicentrarchus spp.*)	7	0	东盟AS,智CL,新西兰NZ,秘PE,哥CR,瑞CH,冰IS,澳AU,格GE,毛MU,东盟^RAS^R,澳^RAU^R,新西兰^RNZ^R,柬KH,港HK,澳门MO,台TW	0	受惠国LD,柬KH,缅MM	40
				1.2	韩KR			
				3	巴PK			
				4.7	亚太AP			
				9.6	韩^RKR^R			
				9.8	日^RJP^R			
213	0302.8500	--菱羊鲷（鲷科） --Seabream (*Sparidae*)	7	0	东盟AS,智CL,新西兰NZ,秘PE,哥CR,瑞CH,冰IS,澳AU,格GE,毛MU,东盟^RAS^R,澳^RAU^R,新西兰^RNZ^R,柬KH,港HK,澳门MO,台TW	0	受惠国LD,柬KH,缅MM	40
				1.2	韩KR			
				3	巴PK			
				4.7	亚太AP			
				9.6	韩^RKR^R			
				9.8	日^RJP^R			
		--其他： --Other:							

序号 No.	税则号列 Tariff Line	货品名称 Article Description	最惠国税率 MFN(%)		协定税率 Agreement(%)	特惠税率 SP(%)	普通税率 Gen(%)
214	0302.8910	---带鱼 ---Scabbard fish (*Trichiurus*)	7	0	东盟AS,智CL,巴PK,新西兰NZ,秘PE,哥CR,瑞CH,冰IS,澳AU,格GE,毛MU,东盟^RAS^R,澳^RAU^R,新西兰^RNZ^R,柬KH,港HK,澳门MO	0 受惠国LD	40
				1.2	韩KR		
				4.7	亚太AP		
				9.6	韩^RKR^R		
				9.8	日^RJP^R		
215	0302.8920	---黄鱼 ---Yellow croaker (*Pseudosica-ena*)	7	0	东盟AS,智CL,新西兰NZ,秘PE,哥CR,瑞CH,冰IS,澳AU,格GE,毛MU,东盟^RAS^R,澳^RAU^R,新西兰^RNZ^R,柬KH,港HK,澳门MO	0 受惠国LD	40
				1.2	韩KR		
				3	巴PK		
				4.7	亚太AP		
				9.6	韩^RKR^R		
				9.8	日^RJP^R		
216	0302.8930	---鲳鱼(银鲳除外) ---Butterfish (*Pamus spp.*)	7	0	东盟AS,智CL,新西兰NZ,秘PE,哥CR,瑞CH,冰IS,澳AU,格GE,毛MU,东盟^RAS^R,澳^RAU^R,新西兰^RNZ^R,柬KH,港HK,澳门MO	0 受惠国LD	40
				1.2	韩KR		
				4	巴PK		
				4.7	亚太AP		
				9.6	韩^RKR^R		
				9.8	日^RJP^R		
217	0302.8940	---鲀 ---Puffer fish	10	0	东盟AS,智CL,新西兰NZ,秘PE,哥CR,瑞CH,冰IS,澳AU,格GE,毛MU,东盟^RAS^R,澳^RAU^R,新西兰^RNZ^R,柬KH,港HK,澳门MO	0 受惠国LD,柬KH,缅MM	40
				1.2	韩KR		
				3	巴PK		
				6.7	亚太AP		
				9.6	韩^RKR^R		
				9.8	日^RJP^R		
218	0302.8990	---其他 ---Other	7	0	东盟AS,智CL,新西兰NZ,秘PE,哥CR,瑞CH,冰IS,澳AU,格GE,毛MU,东盟^RAS^R,澳^RAU^R,新西兰^RNZ^R,柬KH,港HK,澳门MO,台TW	0 受惠国LD,柬KH,缅MM	40
				1.2	韩KR		
				3	巴PK		
				4.7	亚太AP		
				9.6	韩^RKR^R		
				9.8	日^RJP^R		

序号 No.	税则号列 Tariff Line	货品名称 Article Description	最惠国税率 MFN(%)		协定税率 Agreement(%)	特惠税率 SP(%)		普通税率 Gen(%)
		-鱼肝、鱼卵、鱼精、鱼鳍、鱼头、鱼尾、 鱼鳔及其他可食用鱼杂碎: -Livers, roes, milt, fish fins, heads, tails, maws and other edible fish offal:						
219	0302.9100	--鱼肝、鱼卵及鱼精 --Livers, roes and milt	7	0	东盟AS,智CL,新西兰NZ,秘PE, 哥CR,瑞CH,冰IS,澳AU,格GE, 毛MU,东盟^{R}AS^R,澳^{R}AU^R,新西 兰^{R}NZ^R,柬KH,港HK,澳门MO	0	受惠国LD, 柬KH	50
				1.2	韩KR			
				6	巴PK			
				9.6	韩^{R}KR^R			
				9.8	日^{R}JP^R			
220	0302.9200	--鲨鱼翅 --Shark fins	12	0	东盟AS,智CL,新西兰NZ,秘PE, 哥CR,瑞CH,冰IS,澳AU,格GE, 东盟^{R}AS^R,澳^{R}AU^R,新西兰NZ^R, 柬KH,港HK,澳门MO	0	受惠国LD	40
				1.2	韩KR			
				3	巴PK			
				9	亚太AP			
				9.6	韩^{R}KR^R			
				9.8	日^{R}JP^R			
221	0302.9900	--其他 --Other	7	0	东盟AS,智CL,新西兰NZ,秘PE, 哥CR,瑞CH,冰IS,澳AU,格GE, 毛MU,东盟^{R}AS^R,澳^{R}AU^R,新西 兰^{R}NZ^R,柬KH,港HK,澳门MO	0	受惠国LD	40
				1	韩KR			
				3	巴PK			
				8	韩^{R}KR^R			
				8.2	日^{R}JP^R			
	03.03	冻鱼，但税目03.04的鱼片及其他鱼肉 除外: Fish, frozen, excluding fish fillets and other fish meat of heading 03.04:						
		-鲑科鱼，但子目0303.91至0303.99的可 食用鱼杂碎除外: -Salmonidae, excluding edible fish offal of subheading 0303.91 to 0303.99:						
222	0303.1100	--红大麻哈鱼 --Sockeye salmon (red salmon) (*Oncorhynchus nerka*)	7	0	东盟AS,智CL,新西兰NZ,秘PE, 哥CR,瑞CH,冰IS,澳AU,格GE, 毛MU,东盟^{R}AS^R,澳^{R}AU^R,新西 兰^{R}NZ^R,柬KH,港HK,澳门MO	0	受惠国LD, 柬KH	40
				1	韩KR			
				3	巴PK			
				4.7	亚太AP			
				8	韩^{R}KR^R			
				8.2	日^{R}JP^R			

序号 No.	税则号列 Tariff Line	货品名称 Article Description	最惠国税率 MFN(%)	协定税率 Agreement(%)		特惠税率 SP(%)	普通税率 Gen(%)
223	0303.1200	--其他大麻哈鱼［细鳞大麻哈鱼、大麻哈鱼（种）、大鳞大麻哈鱼、银大麻哈鱼、马苏大麻哈鱼、玫瑰大麻哈鱼］ --Other Pacific salmon (*Oncorhynchus gorbuscha, Oncorhynchus keta, Oncorhynchus tschawytscha, Oncorhynchus kisutch, Oncorhynchus masou and Oncorhynchus rhodurus*)	7	0 1 3 4.7 8 9	东盟AS,智CL,新西兰NZ,秘PE,哥CR,瑞CH,冰IS,澳AU,格GE,毛MU,柬KH,港HK,澳门MO 韩KR 巴PK 亚太AP 东盟^{R}AS^R,澳^{R}AU^R,新西兰^{R}NZ^R,韩^{R}KR^R 日^{R}JP^R	0 受惠国LD,柬KH	40
		--大西洋鲑鱼及多瑙哲罗鱼: --Atlantic salmon (*Salmo salar*) and Danube salmon (*Hucho hucho*):					
224	0303.1310	---大西洋鲑鱼 ---Atlantic salmon (*Salmo salar*)	7△5	0 1 3 8 8.2	东盟AS,智CL,新西兰NZ,秘PE,哥CR,瑞CH,冰IS,澳AU,格GE,毛MU,东盟^{R}AS^R,澳^{R}AU^R,新西兰^{R}NZ^R,柬KH,港HK,澳门MO 韩KR 巴PK 韩^{R}KR^R 日^{R}JP^R	0 受惠国LD	40
225	0303.1320	---多瑙哲罗鱼 ---Danube salmon (*Hucho hucho*)	7	0 1 3 8 8.2	东盟AS,智CL,新西兰NZ,秘PE,哥CR,瑞CH,冰IS,澳AU,格GE,毛MU,东盟^{R}AS^R,澳^{R}AU^R,新西兰^{R}NZ^R,柬KH,港HK,澳门MO 韩KR 巴PK 韩^{R}KR^R 日^{R}JP^R	0 受惠国LD	40
226	0303.1400	--鳟鱼（河鳟、虹鳟、克拉克大麻哈鱼、阿瓜大麻哈鱼、吉雨大麻哈鱼、亚利桑那大麻哈鱼、金腹大麻哈鱼） --Trout (*Salmo trutta, Oncorhynchus mykiss, Oncorhynchus clarki, Oncorhynchus aguabonita, Oncorhynchus gilae, Oncorhynchus apache and Oncorhynchus chrysogaster*)	12	0 1.2 6 9.6 9.8	东盟AS,智CL,新西兰NZ,秘PE,哥CR,瑞CH,冰IS,澳AU,格GE,毛MU,东盟^{R}AS^R,澳^{R}AU^R,新西兰^{R}NZ^R,柬KH,港HK,澳门MO 韩KR 巴PK 韩^{R}KR^R 日^{R}JP^R	0 受惠国LD	40
227	0303.1900	--其他 --Other	10	0 1 3 6.7 8 8.2	东盟AS,智CL,新西兰NZ,秘PE,哥CR,瑞CH,冰IS,澳AU,格GE,毛MU,东盟^{R}AS^R,澳^{R}AU^R,新西兰^{R}NZ^R,柬KH,港HK,澳门MO 韩KR 巴PK 亚太AP 韩^{R}KR^R 日^{R}JP^R	0 受惠国LD	40

序号 No.	税则号列 Tariff Line	货品名称 Article Description	最惠国税率 MFN(%)	协定税率 Agreement(%)		特惠税率 SP(%)	普通税率 Gen(%)
		-罗非鱼（口孵非鲫属）、鲶鱼［（鱼芒）鲶属、鲶属、胡鲶属、真鮰属］、鲤科鱼（鲤属、鲫属、草鱼、鲢属、鲮属、青鱼、卡特拉鲃、野鲮属、哈氏纹唇鱼、何氏细须鲃、鲂属）、鳗鱼（鳗鲡属）、尼罗河鲈鱼（尼罗尖吻鲈）及黑鱼（鳢属），但子目0303.91至0303.99的可食用鱼杂碎除外： -Tilapias (*Oreochromis* spp.), catfish (*Pangasius* spp., *Silurus* spp., *Clarias* spp., *Ictalurus* spp.), carp (*Cyprinus* spp., *Carassius* spp., *Ctenopharyngodon idellus*, *Hypophthalmichthys* spp., *Cirrhinus* spp., *Mylopharyngodon piceus*, *Catla catla*, *Labeo* spp., *Osteochilus hasselti*, *Leptobarbus hoeveni*, *Megalobrama* spp.), eels (*Anguilla* spp.), Nile perch (*Lates niloticus*) and snakeheads (*Channa* spp.), excluding edible fish offal of subheading 0303.91 to 0303.99:					
228	0303.2300	--罗非鱼（口孵非鲫属） --Tilapias (*Oreochromis* spp.)	7	0 东盟AS,智CL,新西兰NZ,秘PE,哥CR,瑞CH,冰IS,澳AU,格GE,毛MU,东盟^RAS^R,澳^RAU^R,新西兰^RNZ^R,柬KH,港HK,澳门MO 1 韩KR 3 巴PK 3.5 亚太AP 8 韩^RKR^R 8.2 日^RJP^R		0 受惠国LD,亚太AP,柬KH,缅MM	40
229	0303.2400	--鲶鱼［（鱼芒）鲶属、鲶属、胡鲶属、真鮰属］ --Catfish (*Pangasius* spp., *Silurus* spp., *Clarias* spp., *Ictalurus* spp.)	10	0 东盟AS,智CL,新西兰NZ,秘PE,哥CR,瑞CH,冰IS,韩KR,澳AU,格GE,毛MU,东盟^RAS^R,澳^RAU^R,新西兰^RNZ^R,柬KH,港HK,澳门MO,台TW,韩^RKR^R 5 亚太AP,巴PK 8.2 日^RJP^R		0 受惠国LD,亚太AP,柬KH,缅MM	40
230	0303.2500	--鲤科鱼（鲤属、鲫属、草鱼、鲢属、鲮属、青鱼、卡特拉鲃、野鲮属、哈氏纹唇鱼、何氏细须鲃、鲂属） --Carp (*Cyprinus* spp., *Carassius* spp., *Ctenopharyngodon idellus*, *Hypophthalmichthys* spp., *Cirrhinus* spp., *Mylopharyngodon piceus*, *Catla catla*, *Labeo* spp., *Osteochilus hasselti*, *Leptobarbus hoeveni*, *Megalobrama* spp.)	10	0 东盟AS,智CL,巴PK,新西兰NZ,秘PE,哥CR,瑞CH,冰IS,韩KR,澳AU,格GE,毛MU,东盟^RAS^R,澳^RAU^R,新西兰^RNZ^R,柬KH,港HK,澳门MO,台TW,韩^RKR^R 5 亚太AP 8.2 日^RJP^R		0 受惠国LD,亚太AP,柬KH,缅MM	40

序号 No.	税则号列 Tariff Line	货品名称 Article Description	最惠国税率 MFN(%)	协定税率 Agreement(%)		特惠税率 SP(%)	普通税率 Gen(%)
231	0303.2600	--鳗鱼（鳗鲡属） --Eels (*Anguilla spp.*)	10	0 1.2 6.7 8 9.6 9.8	东盟AS,智CL,新西兰NZ,秘PE, 哥CR,瑞CH,冰IS,澳AU,格GE, 毛MU,东盟^RAS^R,澳^RAU^R,新西 兰^RNZ^R,柬KH,港HK,澳门MO 韩KR 亚太AP 巴PK 韩^RKR^R 日^RJP^R	0 受惠国LD	40
232	0303.2900	--其他 --Other	7	0 3.5 5 8.2	东盟AS,智CL,新西兰NZ,秘PE, 哥CR,瑞CH,冰IS,韩KR,澳AU, 格GE,毛MU,东盟^RAS^R,澳^RAU^R, 新西兰^RNZ^R,柬KH,港HK,澳门 MO,台TW,韩^RKR^R 亚太AP 巴PK 日^RJP^R	0 受惠国LD, 亚太AP,柬 KH,缅MM	40
		-比目鱼（鲽科、鲆科、舌鳎科、鳎科、 菱鲆科、刺鲆科），但子目0303.91至 0303.99的可食用鱼杂碎除外： -Flat fish (*Pleuronectidae, Bothidae, Cynoglossidae, Soleidae, Scophthalmidae and Citharidae*), excluding edible fish offal of subheading 0303.91 to 0303.99 : --庸鲽鱼（马舌鲽、庸鲽、狭鳞庸鲽）： --Halibut (*Reinhardtius hippoglossoides, Hippoglossus hippoglossus, Hippoglossus stenolepis*):					
233	0303.3110	---马舌鲽（格陵兰庸鲽鱼） ---Greenland halibut	7Δ2	0 1 3 4.7 8	东盟AS,智CL,新西兰NZ,秘PE, 哥CR,瑞CH,冰IS,澳AU,格GE, 毛MU,东盟^RAS^R,澳^RAU^R,新西 兰^RNZ^R,柬KH,港HK,澳门MO 韩KR 巴PK 亚太AP 韩^RKR^R	0 受惠国LD	40
234	0303.3190	---其他 ---Other	10	0 1 3 6.7 8 8.2	东盟AS,智CL,新西兰NZ,秘PE, 哥CR,瑞CH,冰IS,澳AU,格GE, 毛MU,东盟^RAS^R,澳^RAU^R,新西 兰^RNZ^R,柬KH,港HK,澳门MO 韩KR 巴PK 亚太AP 韩^RKR^R 日^RJP^R	0 受惠国LD	40

序号 No.	税则号列 Tariff Line	货品名称 Article Description	最惠国税率 MFN(%)	协定税率 Agreement(%)		特惠税率 SP(%)		普通税率 Gen(%)
235	0303.3200	--鰈鱼（鲽） --Plaice (*Pleuronectes platessa*)	7△2	0	东盟AS,智CL,新西兰NZ,秘PE,哥CR,瑞CH,冰IS,澳AU,格GE,毛MU,东盟^RAS^R,澳^RAU^R,新西兰^RNZ^R,柬KH,港HK,澳门MO	0	受惠国LD	40
				1.2	韩KR			
				4.7	亚太AP			
				8	巴PK			
				9.6	韩^RKR^R			
236	0303.3300	--鳎鱼（鳎属） --Sole (*Solea spp.*)	7	0	东盟AS,智CL,新西兰NZ,秘PE,哥CR,瑞CH,冰IS,澳AU,格GE,毛MU,东盟^RAS^R,澳^RAU^R,新西兰^RNZ^R,柬KH,港HK,澳门MO	0	受惠国LD	40
				1.2	韩KR			
				4.7	亚太AP			
				8	巴PK			
				9.6	韩^RKR^R			
				9.8	日^RJP^R			
237	0303.3400	--大菱鲆（瘤棘鲆） --Turbots (*Psetta maxima*)	7	0	东盟AS,智CL,新西兰NZ,秘PE,哥CR,瑞CH,冰IS,澳AU,格GE,毛MU,东盟^RAS^R,澳^RAU^R,新西兰^RNZ^R,柬KH,港HK,澳门MO	0	受惠国LD	40
				1	韩KR			
				5.6	亚太AP			
				8	巴PK,韩^RKR^R			
				8.2	日^RJP^R			
238	0303.3900	--其他 --Other	7	0	东盟AS,智CL,巴PK,新西兰NZ,秘PE,哥CR,瑞CH,冰IS,澳AU,格GE,毛MU,东盟^RAS^R,澳^RAU^R,新西兰^RNZ^R,柬KH,港HK,澳门MO	0	受惠国LD	40
				1	韩KR			
				5.6	亚太AP			
				8	韩^RKR^R			
		-金枪鱼（金枪鱼属）、鲣，但子目0303.91至0303.99的可食用鱼杂碎除外： -Tunas (*of the genus Thunnus*), skipjack tuna (*stripe-bellied bonito*) (*Katsuwonus pelamis*), excluding edible fish offal of subheadings 0303.91 to 0303.99:							
239	0303.4100	--长鳍金枪鱼 --Albacore or longfinned tunas (*Thunnus alalunga*)	7△6	0	东盟AS,智CL,新西兰NZ,秘PE,哥CR,瑞CH,冰IS,澳AU,格GE,毛MU,东盟^RAS^R,澳^RAU^R,新西兰^RNZ^R,柬KH,港HK,澳门MO	0	受惠国LD	40
				1.2	韩KR			
				3	巴PK			
				5.3	亚太AP			
				9.6	韩^RKR^R			
				9.8	日^RJP^R			

序号 No.	税则号列 Tariff Line	货品名称 Article Description	最惠国税率 MFN(%)	协定税率 Agreement(%)		特惠税率 SP(%)		普通税率 Gen(%)
240	0303.4200	--黄鳍金枪鱼 --Yellowfin tunas (*Thunnus albacares*)	7Δ6	0 1.2 3 4.8 5.3 9.6 9.8	东盟AS,智CL,新西兰NZ,秘PE, 哥CR,瑞CH,冰IS,澳AU,格GE, 东盟^RAS^R,澳^RAU^R,新西兰^RNZ^R, 柬KH,港HK,澳门MO 韩KR 巴PK 毛MU 亚太AP 韩^RKR^R 日^RJP^R	0	受惠国LD	40
241	0303.4300	--鲣 --Skipjack tuna (*stripe-bellied bonito*) (*Katsuwonus pelamis*)	7	0 3 5.3 6.6 10.8	东盟AS,智CL,新西兰NZ,秘PE, 哥CR,瑞CH,冰IS,澳AU,格GE, 毛MU,柬KH,港HK,澳门MO 巴PK 亚太AP 韩KR 东盟^RAS^R,澳^RAU^R,新西兰^RNZ^R	0	受惠国LD	40
242	0303.4400	--大眼金枪鱼 --Bigeye tunas (*Thunnus obesus*)	7Δ6	0 1.2 4.8 6 9.6 9.8	东盟AS,智CL,新西兰NZ,秘PE, 哥CR,瑞CH,冰IS,澳AU,格GE, 东盟^RAS^R,澳^RAU^R,新西兰^RNZ^R, 柬KH,港HK,澳门MO 韩KR 毛MU 巴PK 韩^RKR^R 日^RJP^R	0	受惠国LD, 柬KH,缅 MM	40
		--大西洋及太平洋蓝鳍金枪鱼: --Atlantic and Pacific bluefin tunas (*Thunnus thynnus, Thunnus orientalis*):						
243	0303.4510	---大西洋蓝鳍金枪鱼 ---Atlantic bluefin tunas (*Thunnus thynnus*)	7Δ6	0 1.2 6 9.6 9.8	东盟AS,智CL,新西兰NZ,秘PE, 哥CR,瑞CH,冰IS,澳AU,格GE, 毛MU,东盟^RAS^R,澳^RAU^R,新西 兰^RNZ^R,柬KH,港HK,澳门MO 韩KR 巴PK 韩^RKR^R 日^RJP^R	0	受惠国LD, 柬KH,缅 MM	40
244	0303.4520	---太平洋蓝鳍金枪鱼 ---Pacific bluefin tunas (*Thunnus orientalis*)	7Δ6	0 1.2 3 5.3 9.6 9.8	东盟AS,智CL,新西兰NZ,秘PE, 哥CR,瑞CH,冰IS,澳AU,格GE, 毛MU,东盟^RAS^R,澳^RAU^R,新西 兰^RNZ^R,柬KH,港HK,澳门MO 韩KR 巴PK 亚太AP 韩^RKR^R 日^RJP^R	0	受惠国LD, 柬KH,缅 MM	40

序号 No.	税则号列 Tariff Line	货品名称 Article Description	最惠国税率 MFN(%)	协定税率 Agreement(%)		特惠税率 SP(%)	普通税率 Gen(%)
245	0303.4600	--南方蓝鳍金枪鱼 --Southern bluefin tunas (*Thunnus maccoyii*)	7Δ6	0	东盟AS,智CL,新西兰NZ,秘PE,哥CR,瑞CH,冰IS,澳AU,格GE,毛MU,东盟ᴿASᴿ,澳ᴿAUᴿ,新西兰ᴿNZᴿ,柬KH,港HK,澳门MO	0 受惠国LD,柬KH,缅MM	40
				1.2	韩KR		
				6	巴PK		
				9.6	韩ᴿKRᴿ		
				9.8	日ᴿJPᴿ		
246	0303.4900	--其他 --Other	7	0	东盟AS,智CL,新西兰NZ,秘PE,哥CR,瑞CH,冰IS,澳AU,格GE,毛MU,东盟ᴿASᴿ,澳ᴿAUᴿ,新西兰ᴿNZᴿ,柬KH,港HK,澳门MO	0 受惠国LD,柬KH,缅MM	40
				1.2	韩KR		
				3	巴PK		
				5.3	亚太AP		
				9.6	韩ᴿKRᴿ		
				9.8	日ᴿJPᴿ		
		-鲱鱼(大西洋鲱鱼、太平洋鲱鱼)、鳀鱼(鳀属)、沙丁鱼(沙丁鱼、沙瑙鱼属)、小沙丁鱼属、黍鲱或西鲱、鲭鱼[大西洋鲭、澳洲鲭(鲐)、日本鲭(鲐)]、印度鲭(羽鳃鲐属)、马鲛鱼(马鲛属)、对称竹荚鱼、新西兰竹荚鱼及竹荚鱼(竹荚鱼属)、鲹鱼(鲹属)、军曹鱼、银鲳(鲳属)、秋刀鱼、圆鲹(圆鲹属)、多春鱼(毛鳞鱼)、剑鱼、鲔鱼、狐鲣(狐鲣属)、枪鱼、旗鱼、四鳍旗鱼(旗鱼科),但子目0303.91至0303.99的可食用鱼杂碎除外: -Herrings (*Clupea harengus, Clupea pallasii*), anchovies (*Engraulis spp.*), sardines (*Sardina pilchardus, Sardinops spp.*), sardinella (*Sardinella spp.*), brisling or sprats (*Sprattus sprattus*), mackerel (*Scomber scombrus, Scomber australasicus, Scomber japonicus*), Indian mackerels (*Rastrelliger spp.*), seerfishes (*Scomberomorus spp*), jack and horse mackerel (*Trachurus spp.*), jacks, crevalles (*Caranx spp.*), cobia (*Rachycentron canadum*), silver pomfrets (*Pampus spp.*), Pacific saury (*Cololabis saira*), scads (*Decapterus spp.*), capelin (*Mallotus villosus*), swordfish (*Xiphias gladius*), Kawakawa (*Euthynnus affinis*), bonitos (*Sarda spp.*), marlins, sailfishes, spearfish (*Istiophoridae*), excluding edible fish offal of subheading 0303.91 to 0303.99:					

序号 No.	税则号列 Tariff Line	货品名称 Article Description	最惠国税率 MFN(%)	协定税率 Agreement(%)		特惠税率 SP(%)	普通税率 Gen(%)
247	0303.5100	--鲱鱼（大西洋鲱鱼、太平洋鲱鱼） --Herrings (*Clupea harengus, Clupea pallasii*)	7Δ2	0	东盟AS,智CL,新西兰NZ,秘PE,哥CR,瑞CH,冰IS,澳AU,格GE,毛MU,东盟^{R}AS^R,澳^{R}AU^R,新西兰^{R}NZ^R,柬KH,港HK,澳门MO	0 受惠国LD	40
				1	韩KR		
				3	巴PK		
				4.7	亚太AP		
				8	韩^{R}KR^R		
				8.2	日^{R}JP^R		
248	0303.5300	--沙丁鱼（沙丁鱼、沙瑙鱼属）、小沙丁鱼属、黍鲱或西鲱 --Sardines (*Sardina pilchardus, Sardinops spp.*), sardinella (*Sardinella spp.*), brisling or sprats (*Sprattus sprattus*)	7	0	东盟AS,智CL,巴PK,新西兰NZ,秘PE,哥CR,瑞CH,冰IS,澳AU,格GE,毛MU,东盟^{R}AS^R,澳^{R}AU^R,新西兰^{R}NZ^R,柬KH,港HK,澳门MO	0 受惠国LD	40
				1.2	韩KR		
				4.7	亚太AP		
				9.6	韩^{R}KR^R		
				9.8	日^{R}JP^R		
249	0303.5400	--鲭鱼〔大西洋鲭、澳洲鲭（鲐）、日本鲭（鲐）〕 --Mackerel (*Scomber scombrus, Scomber australasicus, Scomber japonicus*)	7	0	东盟AS,智CL,巴PK,新西兰NZ,秘PE,哥CR,瑞CH,冰IS,澳AU,格GE,毛MU,东盟^{R}AS^R,澳^{R}AU^R,新西兰^{R}NZ^R,柬KH,港HK,澳门MO	0 受惠国LD	40
				1	韩KR		
				4.7	亚太AP		
				8	韩^{R}KR^R		
				8.2	日^{R}JP^R		
250	0303.5500	--对称竹荚鱼、新西兰竹荚鱼及竹荚鱼（竹荚鱼属） --Jack and horse mackerel (*Trachurus spp.*)	7	0	东盟AS,智CL,新西兰NZ,秘PE,哥CR,瑞CH,冰IS,韩KR,澳AU,格GE,毛MU,东盟^{R}AS^R,澳^{R}AU^R,新西兰^{R}NZ^R,柬KH,港HK,澳门MO,台TW,韩^{R}KR^R	0 受惠国LD,亚太AP,柬KH,缅MM	40
				3.5	亚太AP		
				5	巴PK		
				8.2	日^{R}JP^R		
251	0303.5600	--军曹鱼 --Cobia (*Rachycentron canadum*)	7	0	东盟AS,智CL,新西兰NZ,秘PE,哥CR,瑞CH,冰IS,韩KR,澳AU,格GE,毛MU,东盟^{R}AS^R,澳^{R}AU^R,新西兰^{R}NZ^R,柬KH,港HK,澳门MO,台TW,韩^{R}KR^R	0 受惠国LD,亚太AP,柬KH,缅MM	40
				3.5	亚太AP		
				5	巴PK		
				8.2	日^{R}JP^R		

序号 No.	税则号列 Tariff Line	货品名称 Article Description	最惠国税率 MFN(%)	协定税率 Agreement(%)		特惠税率 SP(%)	普通税率 Gen(%)
252	0303.5700	--剑鱼 --Swordfish (*Xiphias gladius*)	7	0	东盟AS,智CL,新西兰NZ,秘PE,哥CR,瑞CH,冰IS,澳AU,格GE,毛MU,东盟^RAS^R,澳^RAU^R,新西兰^RNZ^R,柬KH,港HK,澳门MO	0 受惠国LD, 亚太AP	40
				1	韩KR		
				3.5	亚太AP		
				5	巴PK		
				8	韩^RKR^R		
				8.2	日^RJP^R		
		--其他: --Other:					
253	0303.5910	---银鲳（鲳属） ---Silver pomfrets (*Pampus spp.*)	7	0	东盟AS,智CL,巴PK,新西兰NZ,秘PE,哥CR,瑞CH,冰IS,澳AU,格GE,毛MU,柬KH,港HK,澳门MO,台TW	0 受惠国LD, 亚太AP,柬 KH,缅MM	40
				3.5	亚太AP		
				4	韩KR		
				8.7	东盟^RAS^R,韩^RKR^R		
				8.8	日^RJP^R		
				9	澳^RAU^R,新西兰^RNZ^R		
254	0303.5990	---其他 ---Other	7	0	东盟AS,智CL,巴PK,新西兰NZ,秘PE,哥CR,瑞CH,冰IS,澳AU,格GE,毛MU,柬KH,港HK,澳门MO,台TW	0 受惠国LD, 亚太AP,柬 KH,缅MM	40
				3.5	亚太AP		
				4	韩KR		
				8.7	东盟^RAS^R,韩^RKR^R		
				8.8	日^RJP^R		
				9	澳^RAU^R,新西兰^RNZ^R		
	ex03035990	冻毛鳞鱼,但食用杂碎除外 Frozen Indian mackerels (Rastrelliger spp.), seerfishes (Scomberomorus spp.), excluding edible fish offal.	Δ5				
		-犀鳕科、多丝真鳕科、鳕科、长尾鳕科、黑鳕科、无须鳕科、深海鳕科及南极鳕科鱼,但子目0303.91至0303.99的可食用鱼杂碎除外: -Fish of the families Bregmacerotidae, Euclichthyidae, Gadidae, Macrouridae, Melanonidae, Merlucciidae, Moridae and Muraenolepididae, excluding edible fish offal of subheading 0303.91 to 0303.99:					

序号 No.	税则号列 Tariff Line	货品名称 Article Description	最惠国税率 MFN(%)	协定税率 Agreement(%)		特惠税率 SP(%)	普通税率 Gen(%)
255	0303.6300	--鳕鱼（大西洋鳕鱼、格陵兰鳕鱼、太平洋鳕鱼） --Cod (*Gadus morhua, Gadus ogac, Gadus macrocephalus*)	7Δ2	0	东盟AS,智CL,新西兰NZ,秘PE,哥CR,瑞CH,冰IS,澳AU,格GE,毛MU,东盟^RAS^R,澳^RAU^R,新西兰^RNZ^R,柬KH,港HK,澳门MO	0 受惠国LD	40
				1	韩KR		
				3	巴PK		
				4.7	亚太AP		
				8	韩^RKR^R		
				8.2	日^RJP^R		
256	0303.6400	--黑线鳕鱼（黑线鳕） --Haddock (*Melanogrammus aeglefinus*)	7	0	东盟AS,智CL,新西兰NZ,秘PE,哥CR,瑞CH,冰IS,澳AU,格GE,毛MU,东盟^RAS^R,澳^RAU^R,新西兰^RNZ^R,柬KH,港HK,澳门MO	0 受惠国LD	40
				1.2	韩KR		
				3	巴PK		
				4.7	亚太AP		
				9.6	韩^RKR^R		
				9.8	日^RJP^R		
257	0303.6500	--绿青鳕鱼 --Coalfish (*Pollachius virens*)	7	0	东盟AS,智CL,新西兰NZ,秘PE,哥CR,瑞CH,冰IS,澳AU,格GE,毛MU,东盟^RAS^R,澳^RAU^R,新西兰^RNZ^R,柬KH,港HK,澳门MO	0 受惠国LD	40
				1.2	韩KR		
				3	巴PK		
				4.7	亚太AP		
				9.6	韩^RKR^R		
				9.8	日^RJP^R		
258	0303.6600	--狗鳕鱼（无须鳕属、长鳍鳕属） --Hake (*Merluccius spp., Urophycis spp.*)	7	0	东盟AS,智CL,新西兰NZ,秘PE,哥CR,瑞CH,冰IS,澳AU,格GE,毛MU,东盟^RAS^R,澳^RAU^R,新西兰^RNZ^R,柬KH,港HK,澳门MO	0 受惠国LD	40
				1.2	韩KR		
				6	巴PK		
				9.6	韩^RKR^R		
				9.8	日^RJP^R		
259	0303.6700	--阿拉斯加狭鳕鱼 --Alaska Pollock (*Theragra chalcogramma*)	7Δ2	0	东盟AS,智CL,新西兰NZ,秘PE,哥CR,瑞CH,冰IS,澳AU,格GE,毛MU,柬KH,港HK,澳门MO,台TW	0 受惠国LD,亚太AP,柬KH,缅MM	40
				1	韩KR		
				3.5	亚太AP		
				5	巴PK		
				8	东盟^RAS^R,澳^RAU^R,新西兰^RNZ^R,韩^RKR^R		
				9	日^RJP^R		
序号 No.	税则号列 Tariff Line	货品名称 Article Description	最惠国税率 MFN(%)	协定税率 Agreement(%)		特惠税率 SP(%)	普通税率 Gen(%)

序号 No.	税则号列 Tariff Line	货品名称 Article Description	最惠国税率 MFN(%)	协定税率 Agreement(%)		特惠税率 SP(%)		普通税率 Gen(%)
260	0303.6800	--蓝鳕鱼（小鳍鳕、南蓝鳕） --Blue whitings (*Micromesistius poutassou, Micromesistius australis*)	7Δ2	0	东盟AS,智CL,新西兰NZ,秘PE,哥CR,瑞CH,冰IS,韩KR,澳AU,格GE,毛MU,东盟^RAS^R,澳^RAU^R,新西兰^RNZ^R,柬KH,港HK,澳门MO,台TW,韩^RKR^R	0	受惠国LD,亚太AP,柬KH,缅MM	40
				3.5	亚太AP			
				5	巴PK			
				8.2	日^RJP^R			
261	0303.6900	--其他 --Other	7	0	东盟AS,智CL,新西兰NZ,秘PE,哥CR,瑞CH,冰IS,韩KR,澳AU,格GE,毛MU,柬KH,港HK,澳门MO,台TW	0	受惠国LD,亚太AP,柬KH,缅MM	40
				3.5	亚太AP			
				5	巴PK			
				8	东盟^RAS^R,澳^RAU^R,新西兰^RNZ^R,韩^RKR^R			
				8.2	日^RJP^R			
		-其他鱼，但子目0303.91至0303.99的可食用鱼杂碎除外： -Other fish, excluding edible fish offal of subheading 0303.91 to 0303.99:						
262	0303.8100	--角鲨及其他鲨鱼 --Dogfish and other sharks	7	0	东盟AS,智CL,新西兰NZ,秘PE,哥CR,瑞CH,冰IS,澳AU,格GE,毛MU,东盟^RAS^R,澳^RAU^R,新西兰^RNZ^R,柬KH,港HK,澳门MO	0	受惠国LD	40
				1.2	韩KR			
				5.3	亚太AP			
				9	巴PK			
				9.6	韩^RKR^R			
				9.8	日^RJP^R			
263	0303.8200	--魟鱼及鳐鱼（鳐科） --Rays and skates (*Rajidae*)	7	0	东盟AS,智CL,新西兰NZ,秘PE,哥CR,瑞CH,冰IS,韩KR,澳AU,格GE,毛MU,东盟^RAS^R,澳^RAU^R,新西兰^RNZ^R,柬KH,港HK,澳门MO,台TW,韩^RKR^R	0	受惠国LD,亚太AP,柬KH,缅MM	40
				3.5	亚太AP			
				5	巴PK			
				8.2	日^RJP^R			
264	0303.8300	--南极犬牙鱼（南极犬牙鱼属） --Toothfish (*Dissostichus spp.*)	7	0	东盟AS,智CL,新西兰NZ,秘PE,哥CR,瑞CH,冰IS,澳AU,格GE,毛MU,东盟^RAS^R,澳^RAU^R,新西兰^RNZ^R,柬KH,港HK,澳门MO	0	受惠国LD,亚太AP,柬KH,缅MM	40
				1	韩KR			
				3.5	亚太AP			
				5	巴PK			
				8	韩^RKR^R			
				8.2	日^RJP^R			

序号 No.	税则号列 Tariff Line	货品名称 Article Description	最惠国税率 MFN(%)	协定税率 Agreement(%)		特惠税率 SP(%)	普通税率 Gen(%)
265	0303.8400	--尖吻鲈鱼(舌齿鲈属) --Seabass (*Dicentrarchus spp.*)	7	0	东盟AS,智CL,新西兰NZ,秘PE,哥CR,瑞CH,冰IS,澳AU,格GE,毛MU,东盟^RAS^R,澳^RAU^R,新西兰^RNZ^R,柬KH,港HK,澳门MO	0 受惠国LD	40
				1.2	韩KR		
				3	巴PK		
				4.7	亚太AP		
				9.6	韩^RKR^R		
				9.8	日^RJP^R		
		--其他: --Other:					
266	0303.8910	---带鱼 ---Scabbard fish (*Trichiurus*)	7Δ5	0	东盟AS,智CL,巴PK,新西兰NZ,秘PE,哥CR,瑞CH,澳AU,格GE,毛MU,东盟^RAS^R,澳^RAU^R,新西兰^RNZ^R,柬KH,港HK,澳门MO	0 受惠国LD, 亚太AP,柬 KH,缅MM	40
				1	冰IS,韩KR		
				3.5	亚太AP		
				8	韩^RKR^R		
				8.2	日^RJP^R		
267	0303.8920	---黄鱼 ---Yellow croaker (*Pseudosicaena*)	7	0	东盟AS,智CL,巴PK,新西兰NZ,秘PE,哥CR,瑞CH,冰IS,澳AU,格GE,毛MU,东盟^RAS^R,澳^RAU^R,新西兰^RNZ^R,柬KH,港HK,澳门MO	0 受惠国LD, 亚太AP,柬 KH,缅MM	40
				1	韩KR		
				3.5	亚太AP		
				8	韩^RKR^R		
				8.2	日^RJP^R		
268	0303.8930	---鲳鱼(银鲳除外) ---Butterfish (*Pampus spp.*)	7	0	东盟AS,智CL,巴PK,新西兰NZ,秘PE,哥CR,瑞CH,冰IS,澳AU,格GE,毛MU,东盟^RAS^R,澳^RAU^R,新西兰^RNZ^R,柬KH,港HK,澳门MO	0 受惠国LD, 亚太AP,柬 KH,缅MM	40
				1	韩KR		
				3.5	亚太AP		
				8	韩^RKR^R		
				8.2	日^RJP^R		
269	0303.8990	---其他 ---Other	7	0	东盟AS,智CL,巴PK,新西兰NZ,秘PE,哥CR,瑞CH,冰IS,澳AU,格GE,柬KH,港HK,澳门MO,台TW	0 受惠国LD, 亚太AP,柬 KH,缅MM	40
				3.5	亚太AP		
				4	韩KR,毛MU		
				8.7	东盟^RAS^R,韩^RKR^R		
				8.8	日^RJP^R		
				9	澳^RAU^R,新西兰^RNZ^R		
	ex03038990	冻平鲉属鱼 Frozen genus Sebastes	Δ5				

序号 No.	税则号列 Tariff Line	货品名称 Article Description	最惠国税率 MFN(%)	协定税率 Agreement(%)		特惠税率 SP(%)	普通税率 Gen(%)
		-鱼肝、鱼卵、鱼精、鱼鳍、鱼头、鱼尾、 　鱼鳔及其他可食用杂碎： -Livers, roes, milt, fish fins, heads, tails, 　maws and other edible fish offal:					
270	0303.9100	--鱼肝、鱼卵及鱼精 --Livers, roes and milt	7	0	东盟AS,智CL,新西兰NZ,哥CR, 瑞CH,冰IS,澳AU,格GE,毛MU, 东盟^RAS^R,澳^RAU^R,新西兰^RNZ^R, 柬KH,港HK,澳门MO	0 受惠国LD	50
				1	韩KR		
				3	巴PK		
				6.3	亚太AP		
				8	韩^RKR^R		
				8.2	日^RJP^R		
271	0303.9200	--鲨鱼翅 --Shark fins	12	0	东盟AS,智CL,新西兰NZ,秘PE, 哥CR,瑞CH,冰IS,澳AU,格GE, 东盟^RAS^R,澳^RAU^R,新西兰^RNZ^R, 柬KH,港HK,澳门MO	0 受惠国LD	40
				1.2	韩KR		
				9	亚太AP,巴PK		
				9.6	韩^RKR^R		
				9.8	日^RJP^R		
272	0303.9900	--其他 --Other	7	0	东盟AS,智CL,巴PK,新西兰NZ,秘 PE,哥CR,瑞CH,冰IS,澳AU,格GE, 毛MU,东盟^RAS^R,澳^RAU^R,新西兰^R NZ^R,柬KH,港HK,澳门MO,韩^RKR^R	0 受惠国LD, 柬KH	40
				1	韩KR		
				4.7	亚太AP		
				8.2	日^RJP^R		
	03.04	**鲜、冷、冻鱼片及其他鱼肉(不论是否绞碎)：** **Fish fillets and other fish meat(whether** **or not minced), fresh,chilled or frozen:**					
		-鲜或冷的罗非鱼(口孵非鲫属)、鲶鱼 　[(鱼芒)鲶属]、鲶属、胡鲶属、真鮰 　属]、鲤科鱼(鲤属、鲫属、草鱼、鲢 　属、鳙属、青鱼、卡特拉鲃、野鲮属、 　哈氏纹唇鱼、何氏细须鲃、鲂属)、鳗 　鱼(鳗鲡属)、尼罗河鲈鱼(尼罗尖吻 　鲈)及黑鱼(鳢属)的鱼片： -Fresh or chilled fillets of tilapias (Oreochromis spp.), catfish (Pangasius spp., Silurus spp., Clarias spp., Ictalurus spp.), carp (Cyprinus spp., Carassius spp., Ctenopharyngodon idellus, Hypophthalmichthys spp., Cirrhinus spp., Mylopharyngodon piceus, Catla catla, Labeo spp., Osteochilus hasselti, Leptobarbus hoeveni, Megalobrama spp.), eels (Anguilla spp.), Nile perch (Lates niloticus) and snakeheads (Channa spp.):					

序号 No.	税则号列 Tariff Line	货品名称 Article Description	最惠国税率 MFN(%)	协定税率 Agreement(%)		特惠税率 SP(%)		普通税率 Gen(%)
273	0304.3100	--罗非鱼（口孵非鲫属） --Tilapias (*Oreochromis spp.*)	7	0	东盟AS,智CL,新西兰NZ,秘PE,哥CR,瑞CH,冰IS,澳AU,格GE,毛MU,东盟^RAS^R,澳^RAU^R,新西兰^RNZ^R,柬KH,港HK,澳门MO	0	受惠国LD,缅MM	70
				1.2	韩KR			
				3	巴PK			
				5.3	亚太AP			
				9.6	韩^RKR^R			
				9.8	日^RJP^R			
274	0304.3200	--鲶鱼〔（鱼芒）鲶属、鲶属、胡鲶属、真鮰属〕 --Catfish (*Pangasius spp., Silurus spp., Clarias spp., Ictalurus spp.*)	7	0	东盟AS,智CL,新西兰NZ,秘PE,哥CR,瑞CH,冰IS,澳AU,格GE,毛MU,东盟^RAS^R,澳^RAU^R,新西兰^RNZ^R,柬KH,港HK,澳门MO	0	受惠国LD,缅MM	70
				1.2	韩KR			
				3	巴PK			
				5.3	亚太AP			
				9.6	韩^RKR^R			
				9.8	日^RJP^R			
275	0304.3300	--尼罗河鲈鱼（尼罗尖吻鲈） --Nile Perch (*Lates niloticus*)	7	0	东盟AS,智CL,新西兰NZ,秘PE,哥CR,瑞CH,冰IS,澳AU,格GE,毛MU,东盟^RAS^R,澳^RAU^R,新西兰^RNZ^R,柬KH,港HK,澳门MO	0	受惠国LD,缅MM	70
				1.2	韩KR			
				3	巴PK			
				5.3	亚太AP			
				9.6	韩^RKR^R			
				9.8	日^RJP^R			
276	0304.3900	--其他 --Other	7	0	东盟AS,智CL,新西兰NZ,秘PE,哥CR,瑞CH,冰IS,澳AU,格GE,毛MU,东盟^RAS^R,澳^RAU^R,新西兰^RNZ^R,柬KH,港HK,澳门MO	0	受惠国LD,缅MM	70
				1.2	韩KR			
				3	巴PK			
				5.3	亚太AP			
				9.6	韩^RKR^R			
				9.8	日^RJP^R			
		-鲜或冷的其他鱼片： -Fresh or chilled fillets of other fish:							

序号 No.	税则号列 Tariff Line	货品名称 Article Description	最惠国税率 MFN(%)	协定税率 Agreement(%)		特惠税率 SP(%)		普通税率 Gen(%)
277	0304.4100	--大麻哈鱼〔红大麻哈鱼、细鳞大麻哈鱼、大麻哈鱼(种)、大鳞大麻哈鱼、银大麻哈鱼、马苏大麻哈鱼、玫瑰大麻哈鱼〕、大西洋鲑鱼及多瑙哲罗鱼 --Pacific salmon (*Oncorhynchus nerka, Oncorhynchus gorbuscha,Oncorhynchus keta, Oncorhynchus tschawytscha, Oncorhynchus kisutch, Oncorhynchus masou and Oncorhynchus rhodurus*), Atlantic salmon (*Salmo salar*) and Danube salmon (*Hucho hucho*)	7	0	东盟AS,智CL,新西兰NZ,秘PE,哥CR,瑞CH,冰IS,澳AU,格GE,毛MU,东盟^{R}AS^R,澳^{R}AU^R,新西兰^{R}NZ^R,柬KH,港HK,澳门MO	0	受惠国LD,缅MM	70
				1.2	韩KR			
				3	巴PK			
				5.3	亚太AP			
				9.6	韩^{R}KR^R			
				9.8	日^{R}JP^R			
278	0304.4200	--鳟鱼(河鳟、虹鳟、克拉克大麻哈鱼、阿瓜大麻哈鱼、吉雨大麻哈鱼、亚利桑那大麻哈鱼、金腹大麻哈鱼) --Trout (*Salmo trutta, Oncorhynchus mykiss, Oncorhynchus clarki, Oncorhynchus aguabonita, Oncorhynchus gilae, Oncorhynchus apache and Oncorhynchus chrysogaster*)	7	0	东盟AS,智CL,新西兰NZ,秘PE,哥CR,瑞CH,冰IS,澳AU,格GE,毛MU,东盟^{R}AS^R,澳^{R}AU^R,新西兰^{R}NZ^R,柬KH,港HK,澳门MO	0	受惠国LD,缅MM	70
				1.2	韩KR			
				3	巴PK			
				5.3	亚太AP			
				9.6	韩^{R}KR^R			
				9.8	日^{R}JP^R			
279	0304.4300	--比目鱼(鲽科、鲆科、舌鳎科、鳎科、菱鲆科、刺鲆科) --Flat fish (*Pleuronectidae, Bothidae, Cynoglossidae, Soleidae, Scophthalmidae and Citharidae*)	7	0	东盟AS,智CL,新西兰NZ,秘PE,哥CR,瑞CH,冰IS,澳AU,格GE,毛MU,东盟^{R}AS^R,澳^{R}AU^R,新西兰^{R}NZ^R,柬KH,港HK,澳门MO	0	受惠国LD,缅MM	70
				1.2	韩KR			
				3	巴PK			
				5.3	亚太AP			
				9.6	韩^{R}KR^R			
				9.8	日^{R}JP^R			
280	0304.4400	--犀鳕科、多丝真鳕科、鳕科、长尾鳕科、黑鳕科、无须鳕科、深海鳕科及南极鳕科鱼 --Fish of the families Bregmacerotidae, Euclichthyidae, Gadidae, Macrouridae, Melanonidae, Merlucciidae, Moridae and Muraenolepididae	7	0	东盟AS,智CL,新西兰NZ,秘PE,哥CR,瑞CH,冰IS,澳AU,格GE,毛MU,东盟^{R}AS^R,澳^{R}AU^R,新西兰^{R}NZ^R,柬KH,港HK,澳门MO	0	受惠国LD,缅MM	70
				1.2	韩KR			
				3	巴PK			
				5.3	亚太AP			
				9.6	韩^{R}KR^R			
				9.8	日^{R}JP^R			

序号 No.	税则号列 Tariff Line	货品名称 Article Description	最惠国税率 MFN(%)	协定税率 Agreement(%)		特惠税率 SP(%)		普通税率 Gen(%)
281	0304.4500	--剑鱼 --Swordfish (*Xiphias gladius*)	7	0	东盟AS,智CL,新西兰NZ,秘PE,哥CR,瑞CH,冰IS,澳AU,格GE,毛MU,东盟^RAS^R,澳^RAU^R,新西兰^RNZ^R,柬KH,港HK,澳门MO	0	受惠国LD,缅MM	70
				1.2	韩KR			
				3	巴PK			
				5.3	亚太AP			
				9.6	韩^RKR^R			
				9.8	日^RJP^R			
282	0304.4600	--南极犬牙鱼(南极犬牙鱼属) --Toothfish (*Dissostichus spp.*)	7	0	东盟AS,智CL,新西兰NZ,秘PE,哥CR,瑞CH,冰IS,澳AU,格GE,毛MU,东盟^RAS^R,澳^RAU^R,新西兰^RNZ^R,柬KH,港HK,澳门MO	0	受惠国LD,缅MM	70
				1.2	韩KR			
				3	巴PK			
				5.3	亚太AP			
				9.6	韩^RKR^R			
				9.8	日^RJP^R			
283	0304.4700	--角鲨及其他鲨鱼 --Dogfish and other sharks	7	0	东盟AS,智CL,新西兰NZ,秘PE,哥CR,瑞CH,冰IS,澳AU,格GE,毛MU,东盟^RAS^R,澳^RAU^R,新西兰^RNZ^R,柬KH,港HK,澳门MO	0	受惠国LD,缅MM	70
				1.2	韩KR			
				3	巴PK			
				5.3	亚太AP			
				9.6	韩^RKR^R			
				9.8	日^RJP^R			
284	0304.4800	--魟鱼及鳐鱼(鳐科) --Rays and skates (*Rajidae*)	7	0	东盟AS,智CL,新西兰NZ,秘PE,哥CR,瑞CH,冰IS,澳AU,格GE,毛MU,东盟^RAS^R,澳^RAU^R,新西兰^RNZ^R,柬KH,港HK,澳门MO	0	受惠国LD,缅MM	70
				1.2	韩KR			
				3	巴PK			
				5.3	亚太AP			
				9.6	韩^RKR^R			
				9.8	日^RJP^R			
285	0304.4900	--其他 --Other	7	0	东盟AS,智CL,新西兰NZ,秘PE,哥CR,瑞CH,冰IS,澳AU,格GE,毛MU,东盟^RAS^R,澳^RAU^R,新西兰^RNZ^R,柬KH,港HK,澳门MO	0	受惠国LD,缅MM	70
				1.2	韩KR			
				3	巴PK			
				5.3	亚太AP			
				9.6	韩^RKR^R			
				9.8	日^RJP^R			

序号 No.	税则号列 Tariff Line	货品名称 Article Description	最惠国税率 MFN(%)	协定税率 Agreement(%)		特惠税率 SP(%)	普通税率 Gen(%)
		-其他，鲜或冷的： --Other, fresh or chilled:					
286	0304.5100	--罗非鱼（口孵非鲫属）、鲶鱼［（鱼芒）鲶属、鲶属、胡鲶属、真鮰属］、鲤科鱼（鲤属、鲫属、草鱼、鲢属、鲮属、青鱼、卡特拉鲃、野鲮属、哈氏纹唇鱼、何氏细须鲃、鲂属）、鳗鱼（鳗鲡属）、尼罗河鲈鱼（尼罗尖吻鲈）及黑鱼（鳢属） --Tilapias (*Oreochromis* spp.), catfish (*Pangasius* spp., *Silurus* spp., *Clarias* spp., *Ictalurus* spp.), carp (*Cyprinus* spp., *Carassius* spp., *Ctenopharyngodon idellus*, *Hypophthalmichthys* spp., *Cirrhinus* spp., *Mylopharyngodon piceus*, *Catla catla*, *Labeo* spp., *Osteochilus hasselti*, *Leptobarbus hoeveni*, *Megalobrama* spp.), eels (*Anguilla* spp.) Nile perch (*Lates niloticus*) and snakeheads (*Channa* spp.)	7	0 1.2 3 5.3 9.6 9.8	东盟AS,智CL,新西兰NZ,秘PE,哥CR,瑞CH,冰IS,澳AU,格GE,毛MU,东盟^RAS^R,澳^RAU^R,新西兰^RNZ^R,柬KH,港HK,澳门MO 韩KR 巴PK 亚太AP 韩^RKR^R 日^RJP^R	0 受惠国LD,缅MM	70
287	0304.5200	--鲑科鱼 --Salmonidae	7	0 1.2 3 5.3 9.6 9.8	东盟AS,智CL,新西兰NZ,秘PE,哥CR,瑞CH,冰IS,澳AU,格GE,毛MU,东盟^RAS^R,澳^RAU^R,新西兰^RNZ^R,柬KH,港HK,澳门MO 韩KR 巴PK 亚太AP 韩^RKR^R 日^RJP^R	0 受惠国LD,缅MM	70
288	0304.5300	--犀鳕科、多丝真鳕科、鳕科、长尾鳕科、黑鳕科、无须鳕科、深海鳕科及南极鳕科鱼 --Fish of the families Bregmacerotidae, Euclichthyidae, Gadidae, Macrouridae, Melanonidae, Merlucciidae, Moridae and Muraenolepididae	7	0 1.2 3 5.3 9.6 9.8	东盟AS,智CL,新西兰NZ,秘PE,哥CR,瑞CH,冰IS,澳AU,格GE,毛MU,东盟^RAS^R,澳^RAU^R,新西兰^RNZ^R,柬KH,港HK,澳门MO 韩KR 巴PK 亚太AP 韩^RKR^R 日^RJP^R	0 受惠国LD,缅MM	70
289	0304.5400	--剑鱼 --Swordfish (*Xiphias gladius*)	7	0 1.2 3 5.3 9.6 9.8	东盟AS,智CL,新西兰NZ,秘PE,哥CR,瑞CH,冰IS,澳AU,格GE,毛MU,东盟^RAS^R,澳^RAU^R,新西兰^RNZ^R,柬KH,港HK,澳门MO 韩KR 巴PK 亚太AP 韩^RKR^R 日^RJP^R	0 受惠国LD,缅MM	70

序号 No.	税则号列 Tariff Line	货品名称 Article Description	最惠国税率 MFN(%)	协定税率 Agreement(%)		特惠税率 SP(%)		普通税率 Gen(%)
290	0304.5500	--南极犬牙鱼（南极犬牙鱼属） --Toothfish (*Dissostichus spp.*)	7	0	东盟AS,智CL,新西兰NZ,秘PE,哥CR,瑞CH,冰IS,澳AU,格GE,毛MU,东盟^RAS^R,澳^RAU^R,新西兰^RNZ^R,柬KH,港HK,澳门MO	0	受惠国LD,缅MM	70
				1.2	韩KR			
				3	巴PK			
				5.3	亚太AP			
				9.6	韩^RKR^R			
				9.8	日^RJP^R			
291	0304.5600	--角鲨及其他鲨鱼 --Dogfish and other sharks	7	0	东盟AS,智CL,新西兰NZ,秘PE,哥CR,瑞CH,冰IS,澳AU,格GE,毛MU,东盟^RAS^R,澳^RAU^R,新西兰^RNZ^R,柬KH,港HK,澳门MO	0	受惠国LD,缅MM	70
				1.2	韩KR			
				3	巴PK			
				5.3	亚太AP			
				9.6	韩^RKR^R			
				9.8	日^RJP^R			
292	0304.5700	--魟鱼及鳐鱼（鳐科） --Rays and skates (*Rajidae*)	7	0	东盟AS,智CL,新西兰NZ,秘PE,哥CR,瑞CH,冰IS,澳AU,格GE,毛MU,东盟^RAS^R,澳^RAU^R,新西兰^RNZ^R,柬KH,港HK,澳门MO	0	受惠国LD,缅MM	70
				1.2	韩KR			
				3	巴PK			
				5.3	亚太AP			
				9.6	韩^RKR^R			
				9.8	日^RJP^R			
293	0304.5900	--其他 --Other	7	0	东盟AS,智CL,新西兰NZ,秘PE,哥CR,瑞CH,冰IS,澳AU,格GE,毛MU,东盟^RAS^R,澳^RAU^R,新西兰^RNZ^R,柬KH,港HK,澳门MO	0	受惠国LD,缅MM	70
				1.2	韩KR			
				3	巴PK			
				5.3	亚太AP			
				9.6	韩^RKR^R			
				9.8	日^RJP^R			

序号 No.	税则号列 Tariff Line	货品名称 Article Description	最惠国税率 MFN(%)	协定税率 Agreement(%)		特惠税率 SP(%)	普通税率 Gen(%)
		-冻的罗非鱼(口孵非鲫属)、鲶鱼〔(鱼芒)鲶属、鲶属、胡鲶属、真鮰属〕、鲤科鱼(鲤属、鲫属、草鱼、鲢属、鲮属、青鱼、卡特拉鲃、野鲮属、哈氏纹唇鱼、何氏细须鲃、鲂属)、鳗鱼(鳗鲡属)、尼罗河鲈鱼(尼罗尖吻鲈)及黑鱼(鳢属)的鱼片: -Frozen fillets of tilapias (*Oreochromis spp.*), catfish (*Pangasius spp., Silurus spp., Clarias spp., Ictalurus spp.*), carp (*Cyprinus spp., Carassius spp., Ctenopharyngodon idellus, Hypophthalmichthys spp., Cirrhinus spp., Mylopharyngodon piceus, Catla catla, Labeo spp., Osteochilus hasselti, Leptobarbus hoeveni, Megalobrama spp.*), eels (*Anguilla spp.*), Nile perch (*Lates niloticus*) and snakeheads (*Channa spp.*):*					
294	0304.6100	--罗非鱼(口孵非鲫属) --Tilapias (*Oreochromis spp.*)	7	0 1 3 8 8.2	东盟AS,智CL,新西兰NZ,秘PE,哥CR,瑞CH,冰IS,澳AU,格GE,毛MU,东盟^RAS^R,澳^RAU^R,新西兰^RNZ^R,柬KH,港HK,澳门MO 韩KR 巴PK 韩^RKR^R 日^RJP^R	0 受惠国LD,柬KH,缅MM	70
		--鲶鱼〔(鱼芒)鲶属、鲶属、胡鲶属、真鮰属〕: --Catfish (*Pangasius spp., Silurus spp., Clarias spp., Ictalurus spp.*):					
		---叉尾鮰鱼(真鮰属): ---Ictalurus:					
295	0304.6211	----斑点叉尾鮰鱼 ----Channel catfish (*Ictalurus Punctatus*)	7	0 1 3 8 8.2	东盟AS,智CL,新西兰NZ,秘PE,哥CR,瑞CH,冰IS,澳AU,格GE,毛MU,东盟^RAS^R,澳^RAU^R,新西兰^RNZ^R,柬KH,港HK,澳门MO 韩KR 巴PK 韩^RKR^R 日^RJP^R	0 受惠国LD	70

序号 No.	税则号列 Tariff Line	货品名称 Article Description	最惠国税率 MFN(%)	协定税率 Agreement(%)		特惠税率 SP(%)	普通税率 Gen(%)
296	0304.6219	----其他 ----Other	7	0	东盟AS,智CL,新西兰NZ,秘PE, 哥CR,瑞CH,冰IS,澳AU,格GE, 毛MU,东盟^RAS^R,澳^RAU^R,新西 兰^RNZ^R,柬KH,港HK,澳门MO	0 受惠国LD	70
				1	韩KR		
				3	巴PK		
				8	韩^RKR^R		
				8.2	日^RJP^R		
297	0304.6290	---其他 ---Other	7	0	东盟AS,智CL,新西兰NZ,秘PE, 哥CR,瑞CH,冰IS,澳AU,格GE, 毛MU,东盟^RAS^R,澳^RAU^R,新西 兰^RNZ^R,柬KH,港HK,澳门MO, 台TW	0 受惠国LD, 柬KH,缅 MM	70
				1	韩KR		
				3	巴PK		
				8	韩^RKR^R		
				8.2	日^RJP^R		
298	0304.6300	--尼罗河鲈鱼(尼罗尖吻鲈) --Nile Perch (*Lates niloticus*)	7	0	东盟AS,智CL,新西兰NZ,秘PE, 哥CR,瑞CH,冰IS,澳AU,格GE, 毛MU,东盟^RAS^R,澳^RAU^R,新西 兰^RNZ^R,柬KH,港HK,澳门MO, 台TW	0 受惠国LD, 柬KH,缅 MM	70
				1	韩KR		
				3	巴PK		
				8	韩^RKR^R		
				8.2	日^RJP^R		
299	0304.6900	--其他 --Other	7	0	东盟AS,智CL,新西兰NZ,秘PE, 哥CR,瑞CH,冰IS,澳AU,格GE, 毛MU,东盟^RAS^R,澳^RAU^R,新西 兰^RNZ^R,柬KH,港HK,澳门MO, 台TW	0 受惠国LD, 柬KH,缅 MM	70
				1	韩KR		
				3	巴PK		
				8	韩^RKR^R		
				8.2	日^RJP^R		
		-冻的犀鳕科、多丝真鳕科、鳕科、长尾鳕科、黑鳕科、无须鳕科、深海鳕科及南极鳕科鱼的鱼片: -Frozen fillets of fish of the families Bregmacerotidae, Euclichthyidae, Gadidae, Macrouridae, Melanonidae, Merlucciidae, Moridae and Muraenolepididae:					

序号 No.	税则号列 Tariff Line	货品名称 Article Description	最惠国税率 MFN(%)	协定税率 Agreement(%)		特惠税率 SP(%)		普通税率 Gen(%)
300	0304.7100	--鳕鱼（大西洋鳕鱼、格陵兰鳕鱼、太平洋鳕鱼） --Cod (*Gadus morhua, Gadus ogac, Gadus macrocephalus*)	7	0	东盟AS,智CL,新西兰NZ,秘PE,哥CR,瑞CH,冰IS,澳AU,格GE,毛MU,东盟^RAS^R,澳^RAU^R,新西兰^RNZ^R,柬KH,港HK,澳门MO,台TW	0	受惠国LD,柬KH,缅MM	70
				1	韩KR			
				3	巴PK			
				8	韩^RKR^R			
				8.2	日^RJP^R			
301	0304.7200	--黑线鳕鱼（黑线鳕） --Haddock (*Melanogrammus aeglefinus*)	7	0	东盟AS,智CL,新西兰NZ,秘PE,哥CR,瑞CH,冰IS,澳AU,格GE,毛MU,东盟^RAS^R,澳^RAU^R,新西兰^RNZ^R,柬KH,港HK,澳门MO,台TW	0	受惠国LD,柬KH,缅MM	70
				1	韩KR			
				3	巴PK			
				8	韩^RKR^R			
				8.2	日^RJP^R			
302	0304.7300	--绿青鳕鱼 --Coalfish (*Pollachius virens*)	7	0	东盟AS,智CL,新西兰NZ,秘PE,哥CR,瑞CH,冰IS,澳AU,格GE,毛MU,东盟^RAS^R,澳^RAU^R,新西兰^RNZ^R,柬KH,港HK,澳门MO,台TW	0	受惠国LD,柬KH,缅MM	70
				1	韩KR			
				3	巴PK			
				8	韩^RKR^R			
				8.2	日^RJP^R			
303	0304.7400	--狗鳕鱼（无须鳕属、长鳍鳕属） --Hake (*Merluccius spp., Urophycis spp.*)	7	0	东盟AS,智CL,新西兰NZ,秘PE,哥CR,瑞CH,冰IS,澳AU,格GE,毛MU,东盟^RAS^R,澳^RAU^R,新西兰^RNZ^R,柬KH,港HK,澳门MO,台TW	0	受惠国LD,柬KH,缅MM	70
				1	韩KR			
				3	巴PK			
				8	韩^RKR^R			
				8.2	日^RJP^R			
304	0304.7500	--阿拉斯加狭鳕鱼 --Alaska Pollock (*Theragra chalcogramma*)	7	0	东盟AS,智CL,新西兰NZ,秘PE,哥CR,瑞CH,冰IS,澳AU,格GE,毛MU,东盟^RAS^R,澳^RAU^R,新西兰^RNZ^R,柬KH,港HK,澳门MO,台TW	0	受惠国LD,柬KH,缅MM	70
				1	韩KR			
				3	巴PK			
				8	韩^RKR^R			
				8.2	日^RJP^R			

序号 No.	税则号列 Tariff Line	货品名称 Article Description	最惠国税率 MFN(%)	协定税率 Agreement(%)		特惠税率 SP(%)	普通税率 Gen(%)
305	0304.7900	--其他 --Other	7	0	东盟AS,智CL,新西兰NZ,秘PE,哥CR,瑞CH,冰IS,澳AU,格GE,毛MU,东盟^RAS^R,澳^RAU^R,新西兰^RNZ^R,柬KH,港HK,澳门MO,台TW	0 受惠国LD,柬KH,缅MM	70
				1	韩KR		
				3	巴PK		
				8	韩^RKR^R		
				8.2	日^RJP^R		
		-其他冻鱼片: -Frozen fillets of other fish:					
306	0304.8100	--大麻哈鱼〔红大麻哈鱼、细鳞大麻哈鱼、大麻哈鱼(种)、大鳞大麻哈鱼、银大麻哈鱼、马苏大麻哈鱼、玫瑰大麻哈鱼〕、大西洋鲑鱼及多瑙哲罗鱼 --Pacific salmon (*Oncorhynchus nerka, Oncorhynchus gorbuscha, Oncorhynchus keta, Oncorhynchus tschawytscha, Oncorhynchus kisutch, Oncorhynchus masou* and *Oncorhynchus rhodurus*), Atlantic salmon (*Salmo salar*) and Danube salmon (*Hucho hucho*)	7	0	东盟AS,智CL,新西兰NZ,秘PE,哥CR,瑞CH,冰IS,澳AU,格GE,毛MU,东盟^RAS^R,澳^RAU^R,新西兰^RNZ^R,柬KH,港HK,澳门MO,台TW	0 受惠国LD,柬KH,缅MM	70
				1	韩KR		
				3	巴PK		
				8	韩^RKR^R		
				8.2	日^RJP^R		
307	0304.8200	--鳟鱼(河鳟、虹鳟、克拉克大麻哈鱼、阿瓜大麻哈鱼、吉雨大麻哈鱼、亚利桑那大麻哈鱼、金腹大麻哈鱼) --Trout (*Salmo trutta, Oncorhynchus mykiss, Oncorhynchus clarki, Oncorhynchus aguabonita, Oncorhynchus gilae, Oncorhynchus apache* and *Oncorhynchus chrysogaster*)	7	0	东盟AS,智CL,新西兰NZ,秘PE,哥CR,瑞CH,冰IS,澳AU,格GE,毛MU,东盟^RAS^R,澳^RAU^R,新西兰^RNZ^R,柬KH,港HK,澳门MO,台TW	0 受惠国LD,柬KH,缅MM	70
				1	韩KR		
				3	巴PK		
				8	韩^RKR^R		
				8.2	日^RJP^R		
308	0304.8300	--比目鱼(鲽科、鲆科、舌鳎科、鳎科、菱鲆科、刺鲆科) --Flat fish (*Pleuronectidae, Bothidae, Cynoglossidae, Soleidae, Scophthalmidae* and *Citharidae*)	7	0	东盟AS,智CL,新西兰NZ,秘PE,哥CR,瑞CH,冰IS,澳AU,格GE,毛MU,东盟^RAS^R,澳^RAU^R,新西兰^RNZ^R,柬KH,港HK,澳门MO,台TW	0 受惠国LD,柬KH,缅MM	70
				1	韩KR		
				3	巴PK		
				8	韩^RKR^R		
				8.2	日^RJP^R		
309	0304.8400	--剑鱼 --Swordfish (*Xiphias gladius*)	7	0	东盟AS,智CL,新西兰NZ,秘PE,哥CR,瑞CH,冰IS,澳AU,格GE,毛MU,东盟^RAS^R,澳^RAU^R,新西兰^RNZ^R,柬KH,港HK,澳门MO	0 受惠国LD,柬KH,缅MM	70
				1	韩KR		
				3	巴PK		
				8	韩^RKR^R		
				8.2	日^RJP^R		

序号 No.	税则号列 Tariff Line	货品名称 Article Description	最惠国税率 MFN(%)	协定税率 Agreement(%)		特惠税率 SP(%)		普通税率 Gen(%)
310	0304.8500	--南极犬牙鱼（南极犬牙鱼属） --Toothfish (*Dissostichus spp.*)	7	0	东盟AS,智CL,新西兰NZ,秘PE,哥CR,瑞CH,冰IS,澳AU,格GE,毛MU,东盟^RAS^R,澳^RAU^R,新西兰^RNZ^R,柬KH,港HK,澳门MO	0	受惠国LD,柬KH,缅MM	70
				1	韩KR			
				3	巴PK			
				8	韩^RKR^R			
				8.2	日^RJP^R			
311	0304.8600	--鲱鱼（大西洋鲱鱼、太平洋鲱鱼） --Herrings (*Clupea harengus, Clupea pallasii*)	7	0	东盟AS,智CL,新西兰NZ,秘PE,哥CR,瑞CH,冰IS,澳AU,格GE,毛MU,东盟^RAS^R,澳^RAU^R,新西兰^RNZ^R,柬KH,港HK,澳门MO,台TW	0	受惠国LD,柬KH,缅MM	70
				1	韩KR			
				3	巴PK			
				8	韩^RKR^R			
				8.2	日^RJP^R			
312	0304.8700	--金枪鱼（金枪鱼属）、鲣 --Tunas (*of the genus Thunnus*), skipjack tuna (*stripe-bellied bonito*) (*Katsuwonus pelamis*)	7	0	东盟AS,智CL,新西兰NZ,秘PE,哥CR,瑞CH,冰IS,澳AU,格GE,东盟^RAS^R,澳^RAU^R,新西兰^RNZ^R,柬KH,港HK,澳门MO,台TW	0	受惠国LD,柬KH,缅MM	70
				1	韩KR			
				3	巴PK			
				4	毛MU			
				8	韩^RKR^R			
				8.2	日^RJP^R			
313	0304.8800	--角鲨、其他鲨鱼、魟鱼及鳐鱼（鳐科） --Dogfish, other sharks, rays and skates (*Rajidae*)	7	0	东盟AS,智CL,新西兰NZ,秘PE,哥CR,瑞CH,冰IS,澳AU,格GE,毛MU,东盟^RAS^R,澳^RAU^R,新西兰^RNZ^R,柬KH,港HK,澳门MO,台TW	0	受惠国LD,柬KH,缅MM	70
				1	韩KR			
				3	巴PK			
				8	韩^RKR^R			
				8.2	日^RJP^R			
314	0304.8900	--其他 --Other	7	0	东盟AS,智CL,新西兰NZ,秘PE,哥CR,瑞CH,冰IS,澳AU,格GE,毛MU,东盟^RAS^R,澳^RAU^R,新西兰^RNZ^R,柬KH,港HK,澳门MO,台TW	0	受惠国LD,柬KH,缅MM	70
				1	韩KR			
				3	巴PK			
				8	韩^RKR^R			
				8.2	日^RJP^R			
		-其他，冻的： -Other, frozen:							

序号 No.	税则号列 Tariff Line	货品名称 Article Description	最惠国税率 MFN(%)	协定税率 Agreement(%)		特惠税率 SP(%)		普通税率 Gen(%)
315	0304.9100	--剑鱼 --Swordfish (*Xiphias gladius*)	7	0	东盟AS,智CL,新西兰NZ,秘PE, 哥CR,瑞CH,冰IS,澳AU,格GE, 毛MU,东盟^{R}AS^R,澳^{R}AU^R,新西 兰^{R}NZ^R,柬KH,港HK,澳门MO	0	受惠国LD, 亚太AP,缅 MM	70
				1	韩KR			
				3	巴PK			
				8	韩^{R}KR^R			
				8.2	日^{R}JP^R			
316	0304.9200	--南极犬牙鱼（南极犬牙鱼属） --Toothfish (*Dissostichus spp.*)	7	0	东盟AS,智CL,新西兰NZ,秘PE, 哥CR,瑞CH,冰IS,澳AU,格GE, 毛MU,东盟^{R}AS^R,澳^{R}AU^R,新西 兰^{R}NZ^R,柬KH,港HK,澳门MO	0	受惠国LD, 亚太AP,缅 MM	70
				1	韩KR			
				3	巴PK			
				8	韩^{R}KR^R			
				8.2	日^{R}JP^R			
317	0304.9300	--罗非鱼（口孵非鲫属）、鲶鱼［（鱼芒）鲶属、鲶属、胡鲶属、真鮰属］、鲤科鱼（鲤属、鲫属、草鱼、鲢属、鲮属、青鱼、卡特拉鲃、野鲮属、哈氏纹唇鱼、何氏细须鲃、鲂属）、鳗鱼（鳗鲡属）、尼罗河鲈鱼（尼罗尖吻鲈）及黑鱼（鳢属） --Tilapias (*Oreochromis spp.*), catfish (*Pangasius spp., Silurus spp., Clarias spp., Ictalurus spp.*), carp (*Cyprinus spp., Carassius spp., Ctenopharyngodon idellus, Hypophthalmichthys spp., Cirrhinus spp., Mylopharyngodon piceus, Catla catla, Labeo spp., Osteochilus hasselti, Leptobarbus hoeveni, Megalobrama spp.*), eels (*Anguilla spp.*), Nile perch (*Lates niloticus*) and snakeheads (*Channa spp.*)	7	0	东盟AS,智CL,巴PK,新西兰NZ, 秘PE,哥CR,瑞CH,冰IS,澳AU,格 GE,毛MU,东盟^{R}AS^R,澳^{R}AU^R,新 西兰^{R}NZ^R,柬KH,港HK,澳门MO	0	受惠国LD, 亚太AP,缅 MM	70
				1	韩KR			
				8	韩^{R}KR^R			
				8.2	日^{R}JP^R			
318	0304.9400	--阿拉斯加狭鳕鱼 --Alaska Pollock (*Theragra chalcogramma*)	7	0	东盟AS,智CL,新西兰NZ,秘PE, 哥CR,瑞CH,冰IS,澳AU,格GE, 毛MU,东盟^{R}AS^R,澳^{R}AU^R,新西 兰^{R}NZ^R,柬KH,港HK,澳门MO	0	受惠国LD, 亚太AP,缅 MM	70
				1	韩KR			
				3	巴PK			
				8	韩^{R}KR^R			
				8.2	日^{R}JP^R			

序号 No.	税则号列 Tariff Line	货品名称 Article Description	最惠国税率 MFN(%)	协定税率 Agreement(%)		特惠税率 SP(%)		普通税率 Gen(%)
319	0304.9500	--犀鳕科、多丝真鳕科、鳕科、长尾鳕科、黑鳕科、无须鳕科、深海鳕科及南极鳕科鱼, 阿拉斯加狭鳕鱼除外 --Fish of the families Bregmacerotidae, Euclichthyidae, Gadidae, Macrouridae, Melanonidae, Merlucciidae, Moridae and Muraenolepididae, other than Alaska Pollock (*Theragra chalcogramma*)	7	0	东盟AS,智CL,新西兰NZ,秘PE,哥CR,瑞CH,冰IS,澳AU,格GE,毛MU,东盟^{R}AS^R,澳^{R}AU^R,新西兰^{R}NZ^R,柬KH,港HK,澳门MO	0	受惠国LD,亚太AP,缅MM	70
				1	韩KR			
				3	巴PK			
				8	韩^{R}KR^R			
				8.2	日^{R}JP^R			
320	0304.9600	--角鲨及其他鲨鱼 --Dogfish and other sharks	7	0	东盟AS,智CL,巴PK,新西兰NZ,秘PE,哥CR,瑞CH,冰IS,澳AU,格GE,毛MU,柬KH,港HK,澳门MO	0	受惠国LD,亚太AP,缅MM	70
				1	韩KR			
				8	东盟^{R}AS^R,澳^{R}AU^R,新西兰^{R}NZ^R,韩^{R}KR^R			
				8.2	日^{R}JP^R			
321	0304.9700	--魟鱼及鳐鱼（鳐科） --Rays and skates (*Rajidae*)	7	0	东盟AS,智CL,巴PK,新西兰NZ,秘PE,哥CR,瑞CH,冰IS,澳AU,格GE,毛MU,柬KH,港HK,澳门MO	0	受惠国LD,亚太AP,缅MM	70
				1	韩KR			
				8	东盟^{R}AS^R,澳^{R}AU^R,新西兰^{R}NZ^R,韩^{R}KR^R			
				8.2	日^{R}JP^R			
322	0304.9900	--其他 --Other	7	0	东盟AS,智CL,巴PK,新西兰NZ,秘PE,哥CR,瑞CH,冰IS,澳AU,格GE,毛MU,柬KH,港HK,澳门MO	0	受惠国LD,亚太AP,缅MM	70
				1	韩KR			
				8	东盟^{R}AS^R,澳^{R}AU^R,新西兰^{R}NZ^R,韩^{R}KR^R			
				8.2	日^{R}JP^R			
	03.05	干、盐腌或盐渍的鱼; 熏鱼, 不论在熏制前或熏制过程中是否烹煮: Fish, dried, salted or in brine; smoked fish, whether or not cooked before or during the smoking process:						
323	0305.2000	-干、熏、盐腌或盐渍的鱼肝、鱼卵及鱼精 -Livers, roes and milt of fish, dried, smoked, salted or in brine	7	0	东盟AS,智CL,新西兰NZ,哥CR,冰IS,澳AU,格GE,毛MU,东盟^{R}AS^R,澳^{R}AU^R,新西兰^{R}NZ^R,柬KH,港HK,澳门MO	0	受惠国LD	80
				1	韩KR			
				3	巴PK			
				8	韩^{R}KR^R			
				8.2	日^{R}JP^R			
		-干、盐腌或盐渍的鱼片, 但熏制的除外: -Fish fillets, dried, salted or in brine, but not smoked:						

序号 No.	税则号列 Tariff Line	货品名称 Article Description	最惠国税率 MFN(%)	协定税率 Agreement(%)		特惠税率 SP(%)	普通税率 Gen(%)
324	0305.3100	--罗非鱼(口孵非鲫属)、鲶鱼[(鱼芒)鲶属、鲶属、胡鲶属、真鮰属]、鲤科鱼(鲤属、鲫属、草鱼、鲢属、鿂属、青鱼、卡特拉鲃、野鿂属、哈氏纹唇鱼、何氏细须鲃、鲂属)、鳗鱼(鳗鲡属)、尼罗河鲈鱼(尼罗尖吻鲈)及黑鱼(鳢属) --Tilapias (*Oreochromis* spp.), catfish (*Pangasius* spp., *Silurus* spp., *Clarias* spp., *Ictalurus* spp.), carp (*Cyprinus* spp., *Carassius* spp., *Ctenopharyngodon idellus, Hypophthalmichthys* spp., *Cirrhinus* spp., *Mylopharyngodon piceus, Catla catla, Labeo* spp., *Osteochilus hasselti, Leptobarbus hoeveni, Megalobrama* spp.), eels (*Anguilla* spp.), Nile perch (*Lates niloticus*) and snakeheads (*Channa* spp.)	7	0 东盟AS,智CL,新西兰NZ,秘PE,哥CR,冰IS,澳AU,格GE,毛MU,东盟^RAS^R,澳^RAU^R,新西兰^RNZ^R,柬KH,港HK,澳门MO 1 韩KR 3 巴PK 5.5 亚太AP 8 韩^RKR^R 8.2 日^RJP^R		0 受惠国LD,亚太AP,缅MM	80
325	0305.3200	--犀鳕科、多丝真鳕科、鳕科、长尾鳕科、黑鳕科、无须鳕科、深海鳕科及南极鳕科鱼 --Fish of the families Bregmacerotidae, Euclichthyidae, Gadidae, Macrouridae, Melanonidae, Merlucciidae, Moridae and Muraenolepididae	7	0 东盟AS,智CL,新西兰NZ,秘PE,哥CR,冰IS,澳AU,格GE,毛MU,东盟^RAS^R,澳^RAU^R,新西兰^RNZ^R,柬KH,港HK,澳门MO 1 韩KR 3 巴PK 5.5 亚太AP 8 韩^RKR^R 8.2 日^RJP^R		0 受惠国LD,亚太AP,缅MM	80
326	0305.3900	--其他 --Other	7	0 东盟AS,智CL,新西兰NZ,秘PE,哥CR,冰IS,澳AU,格GE,毛MU,东盟^RAS^R,澳^RAU^R,新西兰^RNZ^R,柬KH,港HK,澳门MO 1 韩KR 3 巴PK 5.5 亚太AP 8 韩^RKR^R 8.2 日^RJP^R		0 受惠国LD,亚太AP,缅MM	80
		-熏鱼,包括鱼片,但食用杂碎除外: -Smoked fish, including fillets, other than edible fish offal:					
		--大麻哈鱼[红大麻哈鱼、细鳞大麻哈鱼、大麻哈鱼(种)、大鳞大麻哈鱼、银大麻哈鱼、马苏大麻哈鱼、玫瑰大麻哈鱼]、大西洋鲑鱼及多瑙哲罗鱼: --Pacific salmon (*Oncorhynchus nerka, Oncorhynchus gorbuscha, Oncorhynchus keta,Oncorhynchus tschawytscha, Oncorhynchus kisutch, Oncorhynchus masou and oncorhynchus rhodurus*), Atlantic salmon (*Salmo salar*) and Danube salmon (*Hucho hucho*):					

序号 No.	税则号列 Tariff Line	货品名称 Article Description	最惠国税率 MFN(%)	协定税率 Agreement(%)		特惠税率 SP(%)	普通税率 Gen(%)
327	0305.4110	---大西洋鲑鱼 ---Atlantic salmon	14	0	东盟AS,智CL,新西兰NZ,秘PE,哥CR,冰IS,澳AU,格GE,毛MU,东盟^{R}AS^R,澳^{R}AU^R,新西兰^{R}NZ^R,柬KH,港HK,澳门MO	0 受惠国LD	80
				1.4	韩KR		
				7	巴PK		
				11.2	韩^{R}KR^R		
				11.5	日^{R}JP^R		
328	0305.4120	---大麻哈鱼及多瑙哲罗鱼 ---Pacific salmon and Danube salmon	7	0	东盟AS,智CL,新西兰NZ,秘PE,哥CR,冰IS,澳AU,格GE,毛MU,东盟^{R}AS^R,澳^{R}AU^R,新西兰^{R}NZ^R,柬KH,港HK,澳门MO	0 受惠国LD	80
				1.4	韩KR		
				11.2	巴PK,韩^{R}KR^R		
				11.5	日^{R}JP^R		
329	0305.4200	--鲱鱼（大西洋鲱鱼、太平洋鲱鱼） --Herrings (*Clupea harengus, Clupea pallasii*)	7	0	东盟AS,智CL,新西兰NZ,秘PE,哥CR,冰IS,澳AU,格GE,毛MU,柬KH,港HK,澳门MO	0 受惠国LD	80
				6.4	韩KR		
				12.8	巴PK,东盟^{R}AS^R,澳^{R}AU^R,新西兰^{R}NZ^R,韩^{R}KR^R		
330	0305.4300	--鳟鱼（河鳟、虹鳟、克拉克大麻哈鱼、阿瓜大麻哈鱼、吉雨大麻哈鱼、亚利桑那大麻哈鱼、金腹大麻哈鱼） --Trout (*Salmo trutta, Oncorhynchus mykiss, Oncorhynchus clarki, Oncorhynchus aguabonita, Oncorhynchus gilae, Oncorhynchus apache and Oncorhynchus chrysogaster*)	14	0	东盟AS,智CL,新西兰NZ,秘PE,哥CR,冰IS,澳AU,格GE,毛MU,东盟^{R}AS^R,澳^{R}AU^R,新西兰^{R}NZ^R,柬KH,港HK,澳门MO	0 受惠国LD,亚太AP,缅MM	80
				1.4	韩KR		
				11.2	巴PK,韩^{R}KR^R		
				11.5	日^{R}JP^R		
331	0305.4400	--罗非鱼（口孵非鲫属）、鲶鱼［（鱼芒）鲶属、鲶属、胡鲶属、真鮰属］、鲤科鱼（鲤属、鲫属、草鱼、鲢属、鲮属、青鱼、卡特拉属、野鲮属、哈氏纹唇鱼、何氏细须鲃、魴属）、鳗鱼（鳗鲡属）、尼罗河鲈鱼（尼罗尖吻鲈）及黑鱼（鳢属） --Tilapias (*Oreochromis spp.*), catfish (*Pangasius spp., Silurus spp., Clarias spp., Ictalurus spp.*), carp (*Cyprinus spp., Carassius spp., Ctenopharyngodon idellus, Hypophthalmichthys spp., Cirrhinus spp., Mylopharyngodon piceus, Catla catla, Labeo spp., Osteochilus hasselti, Leptobarbus hoeveni, Megalobrama spp.*), eels (*Anguilla spp.*), Nile perch (*Lates niloticus*) and snakeheads (*Channa spp.*)	7	0	东盟AS,智CL,新西兰NZ,秘PE,哥CR,冰IS,澳AU,格GE,毛MU,东盟^{R}AS^R,澳^{R}AU^R,新西兰^{R}NZ^R,柬KH,港HK,澳门MO	0 受惠国LD,亚太AP,缅MM	80
				1.4	韩KR		
				11.2	巴PK,韩^{R}KR^R		
				11.5	日^{R}JP^R		

序号 No.	税则号列 Tariff Line	货品名称 Article Description	最惠国税率 MFN(%)	协定税率 Agreement(%)		特惠税率 SP(%)		普通税率 Gen(%)
332	0305.4900	--其他 --Other	7	0 1.4 11.2 11.5	东盟AS,智CL,新西兰NZ,秘PE,哥CR,冰IS,澳AU,格GE,毛MU,东盟^{R}AS^R,澳^{R}AU^R,新西兰^{R}NZ^R,柬KH,港HK,澳门MO 韩KR 巴PK,韩^{R}KR^R 日^{R}JP^R	0	受惠国LD,亚太AP,缅MM	80
		-干鱼(不包括食用杂碎),不论是否盐腌,但熏制的除外: -Dried fish, other than edible fish offal, whether or not salted but not smoked:						
333	0305.5100	--鳕鱼(大西洋鳕鱼、格陵兰鳕鱼、太平洋鳕鱼) --Cod (Gadus morhua, Gadus ogac, Gadus macrocephalus)	7	0 6.4 12.8 14	东盟AS,智CL,新西兰NZ,秘PE,哥CR,瑞CH,冰IS,澳AU,格GE,毛MU,柬KH,港HK,澳门MO 韩KR 巴PK,东盟^{R}AS^R,澳^{R}AU^R,新西兰^{R}NZ^R,韩^{R}KR^R 日^{R}JP^R	0	受惠国LD	80
334	0305.5200	--罗非鱼(口孵非鲫属)、鲶鱼[(鱼芒)鲶属、鲶属、胡鲶属、真鮰属]、鲤科鱼(鲤属、鲫属、草鱼、鲢属、鲮属、青鱼、卡特拉鲃、野鲮属、哈氏纹唇鱼、何氏细须鲃、鲂属)、鳗鱼(鳗鲡属)、尼罗河鲈鱼(尼罗尖吻鲈)及黑鱼(鳢属) --Tilapias (Oreochromis spp.), catfish (Pangasius spp., Silurus spp., Clarias spp., Ictalurus spp.), carp (Cyprinus spp., Carassius spp., Ctenopharyngodon idellus, Hypophthalmichthys spp., Cirrhinus spp., Mylopharyngodon piceus, Catla catla, Labeo spp., Osteochilus hasselti, Leptobarbus hoeveni, Megalobrama spp.), eels (Anguilla spp.), Nile perch (Lates niloticus) and snakeheads (Channa spp.)	7	0 6.4 12.8 14	东盟AS,智CL,新西兰NZ,秘PE,哥CR,瑞CH,冰IS,澳AU,格GE,毛MU,柬KH,港HK,澳门MO 韩KR 东盟^{R}AS^R,澳^{R}AU^R,新西兰^{R}NZ^R,韩^{R}KR^R 日^{R}JP^R	0	受惠国LD,亚太AP,缅MM	80
335	0305.5300	--犀鳕科、多丝真鳕科、鳕科、长尾鳕科、黑鳕科、无须鳕科、深海鳕科及南极鳕科鱼,鳕鱼(大西洋鳕鱼、格陵兰鳕鱼、太平洋鳕鱼)除外 --Fish of the families Bregmacerotidae, Euclichthyidae, Gadidae, Macrouridae, Melanonidae, Merlucciidae, Moridae and Muraenolepididae, other than cod (Gadus morhua, Gadus ogac, Gadus macrocephalus)	7	0 6.4 12.8 14	东盟AS,智CL,新西兰NZ,秘PE,哥CR,瑞CH,冰IS,澳AU,格GE,毛MU,柬KH,港HK,澳门MO 韩KR 东盟^{R}AS^R,澳^{R}AU^R,新西兰^{R}NZ^R,韩^{R}KR^R 日^{R}JP^R	0	受惠国LD,亚太AP,缅MM	80

序号 No.	税则号列 Tariff Line	货品名称 Article Description	最惠国税率 MFN(%)	协定税率 Agreement(%)		特惠税率 SP(%)	普通税率 Gen(%)
		--鲱鱼（大西洋鲱鱼、太平洋鲱鱼）、鳀鱼（鳀属）、沙丁鱼（沙丁鱼、沙瑙鱼属）、小沙丁鱼属、黍鲱或西鲱、鲭鱼〔大西洋鲭、澳洲鲭（鲐）、日本鲭（鲐）〕、印度鲭（羽鳃鲐属）、马鲛鱼（马鲛属）、对称竹荚鱼、新西兰竹荚鱼及竹荚鱼（竹荚鱼属）、鲹鱼（鲹属）、军曹鱼、银鲳（鲳属）、秋刀鱼、圆鲹（圆鲹属）、多春鱼（毛鳞鱼）、剑鱼、鲔鱼、狐鲣（狐鲣属）、枪鱼、旗鱼、四鳍旗鱼（旗鱼科）： --Herrings (*Clupea harengus, Clupea pallasii*), anchovies (*Engraulis spp.*), sardines (*Sardina pilchardus, Sardinops spp.*), sardinella (*Sardinella spp.*), brisling or sprats (*Sprattus sprattus*), mackerel (*Scomber scombrus, Scomber australasicus, Scomber japonicus*), Indian mackerels (*Rastrelliger spp.*), seerfishes (*Scomberomorus spp.*), jack and horse mackerel (*Trachurus spp.*), jacks, crevalles (*Caranx spp.*), cobia (*Rachycentron canadum*), silver pomfrets (*Pampus spp.*), Pacific saury (*Cololabis saira*), scads (*Decapterus spp.*), capelin (*Mallotus villosus*), swordfish (*Xiphias gladius*), Kawakawa (*Euthynnus affinis*), bonitos (*Sarda spp.*), marlins, sailfishes, spearfish (*Istiophoridae*):					
336	0305.5410	---银鲳（鲳属） ---Silver pomfrets (*Pampus spp.*)	7	0	东盟AS,智CL,新西兰NZ,秘PE,哥CR,瑞CH,冰IS,澳AU,格GE,毛MU,柬KH,港HK,澳门MO	0 受惠国LD,亚太AP,缅MM	80
				6.4	韩KR		
				12.8	东盟^RAS^R,澳^RAU^R,新西兰^RNZ^R,韩^RKR^R		
				14	日^RJP^R		
337	0305.5490	---其他 ---Other	7	0	东盟AS,智CL,新西兰NZ,秘PE,哥CR,瑞CH,冰IS,澳AU,格GE,毛MU,柬KH,港HK,澳门MO	0 受惠国LD,亚太AP,缅MM	80
				6.4	韩KR		
				12.8	东盟^RAS^R,澳^RAU^R,新西兰^RNZ^R,韩^RKR^R		
				14	日^RJP^R		
		--其他： ---Other:					

序号 No.	税则号列 Tariff Line	货品名称 Article Description	最惠国税率 MFN(%)	协定税率 Agreement(%)		特惠税率 SP(%)		普通税率 Gen(%)
338	0305.5910	---海龙、海马 ---Pipefish and hippocampi	2	0	东盟AS,智CL,巴PK,新西兰NZ,秘PE,哥CR,瑞CH,冰IS,韩KR,澳AU,格GE,毛MU,东盟^{R}AS^R,澳^{R}AU^R,日^{R}JP^R,新西兰^{R}NZ^R,柬KH,港HK,澳门MO,韩^{R}KR^R	0	受惠国LD,亚太AP,柬KH,缅MM	20
339	0305.5990	---其他 ---Other	7	0	东盟AS,智CL,新西兰NZ,秘PE,哥CR,瑞CH,冰IS,澳AU,格GE,毛MU,柬KH,港HK,澳门MO	0	受惠国LD,亚太AP,缅MM	80
				6.4	韩KR			
				12.8	东盟^{R}AS^R,澳^{R}AU^R,新西兰^{R}NZ^R,韩^{R}KR^R			
				14	日^{R}JP^R			
		-盐腌及盐渍的鱼(不包括食用杂碎),但干或熏制的除外: -Fish, salted but not dried or smoked and fish in brine, other than edible fish offal:						
340	0305.6100	--鲱鱼(大西洋鲱鱼、太平洋鲱鱼) --Herrings (*Clupea harengus, Clupea pallasii*)	7	0	东盟AS,智CL,新西兰NZ,秘PE,哥CR,瑞CH,冰IS,澳AU,格GE,毛MU,柬KH,港HK,澳门MO	0	受惠国LD	80
				4.8	亚太AP			
				6.4	韩KR			
				8	巴PK			
				12.8	东盟^{R}AS^R,澳^{R}AU^R,新西兰^{R}NZ^R,韩^{R}KR^R			
				14	日^{R}JP^R			
341	0305.6200	--鳕鱼(大西洋鳕鱼、格陵兰鳕鱼、太平洋鳕鱼) --Cod (*Gadus morhua, Gadus ogac, Gadus Macrocephalus*)	7	0	东盟AS,智CL,新西兰NZ,秘PE,哥CR,瑞CH,冰IS,澳AU,格GE,毛MU,柬KH,港HK,澳门MO	0	受惠国LD	80
				5.3	亚太AP			
				6.4	韩KR			
				8	巴PK			
				12.8	东盟^{R}AS^R,澳^{R}AU^R,新西兰^{R}NZ^R,韩^{R}KR^R			
				14	日^{R}JP^R			
342	0305.6300	--鳀鱼(鳀属) --Anchovies (*Engraulis spp.*)	7	0	东盟AS,智CL,新西兰NZ,秘PE,哥CR,瑞CH,冰IS,澳AU,格GE,毛MU,柬KH,港HK,澳门MO	0	受惠国LD	80
				5.3	亚太AP			
				6.4	韩KR			
				8	巴PK			
				12.8	东盟^{R}AS^R,澳^{R}AU^R,新西兰^{R}NZ^R,韩^{R}KR^R			
				14	日^{R}JP^R			

序号 No.	税则号列 Tariff Line	货品名称 Article Description	最惠国税率 MFN(%)	协定税率 Agreement(%)		特惠税率 SP(%)		普通税率 Gen(%)
343	0305.6400	--罗非鱼（口孵非鲫属）、鲶鱼［（鱼芒）鲶属、鲶属、胡鲶属、真鮰属］、鲤科鱼（鲤属、鲫属、草鱼、鲢属、鲮属、青鱼、卡特拉鲃、野鲮属、哈氏纹唇鱼、何氏细须鲃、鲂属）、鳗鱼（鳗鲡属）、尼罗河鲈鱼（尼罗尖吻鲈）及黑鱼（鳢属） --Tilapias (*Oreochromis spp.*), catfish (*Pangasius spp., Silurus spp., Clarias spp., Ictalurus spp.*), carp (*Cyprinus spp., Carassius spp., Ctenopharyngodon idellus, Hypophthalmichthys spp., Cirrhinus spp., Mylopharyngodon piceus, Catla Catla, Labeo spp., Osteochilus hasselti, Leptobarbus hoeveni, Megalobrama spp.*), eels (*Anguilla spp.*), Nile perch (*Lates niloticus*) and snakeheads (*Channa spp.*)	10	0 6.4 12.8 14	东盟AS,智CL,新西兰NZ,秘PE,哥CR,瑞CH,冰IS,澳AU,格GE,毛MU,柬KH,港HK,澳门MO 韩KR 巴PK,东盟^RAS^R,澳^RAU^R,新西兰^RNZ^R,韩^RKR^R 日^RJP^R	0	受惠国LD,亚太AP,缅MM	80
		--其他： --Other:						
344	0305.6910	---带鱼 ---Scabber fish (*Trichurius*)	7	0 6.4 12.8 14	东盟AS,智CL,新西兰NZ,秘PE,哥CR,瑞CH,冰IS,澳AU,格GE,毛MU,柬KH,港HK,澳门MO 韩KR 巴PK,东盟^RAS^R,澳^RAU^R,新西兰^RNZ^R,韩^RKR^R 日^RJP^R	0	受惠国LD,亚太AP,缅MM	80
345	0305.6920	---黄鱼 ---Yellow croaker (*Pseudosicaena*)	10	0 6.4 12.8 14	东盟AS,智CL,新西兰NZ,秘PE,哥CR,瑞CH,冰IS,澳AU,格GE,毛MU,柬KH,港HK,澳门MO 韩KR 巴PK,东盟^RAS^R,澳^RAU^R,新西兰^RNZ^R,韩^RKR^R 日^RJP^R	0	受惠国LD,亚太AP,缅MM	80
346	0305.6930	---鲳鱼（银鲳除外） ---Butterfish (*Pampus*)	7	0 6.4 12.8 14	东盟AS,智CL,新西兰NZ,秘PE,哥CR,瑞CH,冰IS,澳AU,格GE,毛MU,柬KH,港HK,澳门MO 韩KR 巴PK,东盟^RAS^R,澳^RAU^R,新西兰^RNZ^R,韩^RKR^R 日^RJP^R	0	受惠国LD,亚太AP,缅MM	80

序号 No.	税则号列 Tariff Line	货品名称 Article Description	最惠国税率 MFN(%)	协定税率 Agreement(%)		特惠税率 SP(%)	普通税率 Gen(%)
347	0305.6990	---其他 ---Other	7	0	东盟AS,智CL,新西兰NZ,秘PE, 哥CR,瑞CH,冰IS,澳AU,格GE, 毛MU,柬KH,港HK,澳门MO	0 受惠国LD, 亚太AP,缅 MM	80
				6.4	韩KR		
				12.8	巴PK,东盟^{R}AS^R,澳^{R}AU^R,新西兰 ^{R}NZ^R,韩^{R}KR^R		
				14	日^{R}JP^R		
		-鱼鳍、鱼头、鱼尾、鱼鳔及其他可食用 杂碎: -Fish fins, heads, tails, maws and other edible fish offal:					
348	0305.7100	--鲨鱼翅 --Shark fins	15	0	东盟AS,智CL,新西兰NZ,秘PE, 哥CR,瑞CH,冰IS,格GE,柬KH, 港HK,澳门MO	0 受惠国LD, 亚太AP,柬 KH,缅MM	80
				13.5	东盟^{R}AS^R,澳^{R}AU^R,新西兰^{R}NZ^R		
349	0305.7200	--鱼头、鱼尾、鱼鳔 --Fish heads, tails and maws	7	0	东盟AS,智CL,新西兰NZ,秘PE, 哥CR,冰IS,澳AU,格GE,毛MU, 柬KH,港HK,澳门MO	0 受惠国LD	80
				6.4	韩KR		
				12.8	巴PK,东盟^{R}AS^R,澳^{R}AU^R,新西兰 ^{R}NZ^R,韩^{R}KR^R		
				14	日^{R}JP^R		
350	0305.7900	--其他 --Other	7	0	东盟AS,智CL,新西兰NZ,秘PE, 哥CR,冰IS,澳AU,格GE,毛MU, 柬KH,港HK,澳门MO	0 受惠国LD	80
				6.4	韩KR		
				12.8	巴PK,东盟^{R}AS^R,澳^{R}AU^R,新西兰 ^{R}NZ^R,韩^{R}KR^R		
				14	日^{R}JP^R		
	03.06	带壳或去壳的甲壳动物,活、鲜、冷、 冻、干、盐腌或盐渍的;熏制的带壳或 去壳甲壳动物,不论在熏制前或熏制过 程中是否烹煮;蒸过或用水煮过的带壳 甲壳动物,不论是否冷、冻、干、盐腌或 盐渍的: Crustaceans, whether in shell or not, live, fresh, chilled, frozen, dried, salted or in brine; smoked crustaceans, whether in shell or not, whether or not cooked before or during the smoking process; crustaceans, in shell, cooked by steaming or by boiling in water, whether or not chilled, frozen, dried, salted or in brine:					
		-冻的: -Frozen:					

序号 No.	税则号列 Tariff Line	货品名称 Article Description	最惠国税率 MFN(%)		协定税率 Agreement(%)	特惠税率 SP(%)		普通税率 Gen(%)
351	0306.1100	--岩礁虾和其他龙虾（真龙虾属、龙虾属、岩龙虾属） --Rock lobster and other sea crawfish (*Palinurus spp., Panulirus spp., Jasus spp.*)	7	0	东盟AS,智CL,新西兰NZ,秘PE,哥CR,瑞CH,冰IS,澳AU,格GE,毛MU,东盟^RAS^R,澳^RAU^R,新西兰^RNZ^R,柬KH,港HK,澳门MO	0	受惠国LD,柬KH,缅MM	70
				1	韩KR			
				3	巴PK			
				8	韩^RKR^R			
				8.2	日^RJP^R			
352	0306.1200	--螯龙虾(螯龙虾属) --Lobsters (*Homarus spp.*)	7	0	东盟AS,智CL,新西兰NZ,秘PE,哥CR,瑞CH,冰IS,澳AU,格GE,毛MU,东盟^RAS^R,澳^RAU^R,新西兰^RNZ^R,柬KH,港HK,澳门MO	0	受惠国LD,柬KH	70
				1	韩KR			
				3	巴PK			
				5	亚太AP			
				8	韩^RKR^R			
				8.2	日^RJP^R			
		--蟹: --Crabs:						
353	0306.1410	---梭子蟹 ---Swimming crab	7	0	东盟AS,智CL,新西兰NZ,秘PE,哥CR,瑞CH,冰IS,澳AU,格GE,毛MU,东盟^RAS^R,澳^RAU^R,新西兰^RNZ^R,柬KH,港HK,澳门MO	0	受惠国LD,亚太AP,柬KH,缅MM	70
				1	韩KR			
				3	巴PK			
				8	韩^RKR^R			
				8.2	日^RJP^R			
354	0306.1490	---其他 ---Other	7△5	0	东盟AS,智CL,新西兰NZ,秘PE,哥CR,瑞CH,冰IS,澳AU,格GE,毛MU,柬KH,港HK,澳门MO	0	受惠国LD,亚太AP,柬KH,缅MM	70
				3	巴PK			
				4	韩KR			
				9	东盟^RAS^R,澳^RAU^R,新西兰^RNZ^R,韩^RKR^R			
355	0306.1500	--挪威海螯虾 --Norway lobsters (*Nephrops norvegicus*)	7	0	东盟AS,智CL,新西兰NZ,秘PE,哥CR,瑞CH,冰IS,澳AU,格GE,毛MU,柬KH,港HK,澳门MO	0	受惠国LD,柬KH	70
				6.4	韩KR			
				12.8	巴PK,东盟^RAS^R,澳^RAU^R,新西兰^RNZ^R,韩^RKR^R			
				14	日^RJP^R			
		--冷水小虾及对虾（长额虾属、褐虾）: --Cold-water shrimps and prawns (*Pandalus spp., Crangon crangon*):							

序号 No.	税则号列 Tariff Line	货品名称 Article Description	最惠国税率 MFN(%)		协定税率 Agreement(%)	特惠税率 SP(%)		普通税率 Gen(%)
356	0306.1630	---虾仁 ---Shelled	7	0 3.5 6.5	东盟AS,智CL,巴PK,新西兰NZ, 秘PE,哥CR,瑞CH,冰IS,韩KR, 澳AU,格GE,毛MU,东盟^RAS^R,澳 ^RAU^R,新西兰^RNZ^R,柬KH,港HK, 澳门MO,韩^RKR^R 亚太AP 日^RJP^R	0	受惠国LD, 柬KH,缅 MM	70
357	0306.1640	---其他, 北方长额虾 ---Other, Northern pandalus (*Pandalus borealis*)	5Δ2	0 2.5	东盟AS,智CL,巴PK,新西兰NZ, 秘PE,哥CR,瑞CH,冰IS,韩KR, 澳AU,格GE,毛MU,东盟^RAS^R, 澳^RAU^R,日^RJP^R,新西兰^RNZ^R,柬 KH,港HK,澳门MO,韩^RKR^R 亚太AP	0	受惠国LD, 柬KH,缅 MM	70
358	0306.1690	---其他 ---Other	5	0 2.5	东盟AS,智CL,巴PK,新西兰NZ, 秘PE,哥CR,瑞CH,冰IS,韩KR, 澳AU,格GE,毛MU,东盟^RAS^R, 澳^RAU^R,日^RJP^R,新西兰^RNZ^R,柬 KH,港HK,澳门MO,韩^RKR^R 亚太AP	0	受惠国LD, 柬KH,缅 MM	70
		--其他小虾及对虾: --Other shrimps and prawns:						
359	0306.1730	---虾仁 ---Shelled	7	0 3.5 6.5	东盟AS,智CL,巴PK,新西兰NZ, 秘PE,哥CR,瑞CH,冰IS,韩KR, 澳AU,格GE,毛MU,东盟^RAS^R,澳 ^RAU^R,新西兰^RNZ^R,柬KH,港HK, 澳门MO,韩^RKR^R 亚太AP 日^RJP^R	0	受惠国LD, 柬KH,缅 MM	70
360	0306.1790	---其他 ---Other	5Δ2	0 2.5	东盟AS,智CL,巴PK,新西兰NZ, 秘PE,哥CR,瑞CH,冰IS,韩KR, 澳AU,格GE,毛MU,东盟^RAS^R, 澳^RAU^R,日^RJP^R,新西兰^RNZ^R,柬 KH,港HK,澳门MO,韩^RKR^R 亚太AP	0	受惠国LD, 柬KH,缅 MM	70
		--其他: --Other:						
		---淡水小龙虾: ---Freshwater crawfish:						
361	0306.1911	----虾仁 ----Shelled	7	0 6.4 12.8 14	东盟AS,智CL,新西兰NZ,秘PE, 哥CR,瑞CH,冰IS,澳AU,格GE, 毛MU,柬KH,港HK,澳门MO 韩KR 巴PK,东盟^RAS^R,澳^RAU^R,新西兰 ^RNZ^R,韩^RKR^R 日^RJP^R	0	受惠国LD, 柬KH	70

序号 No.	税则号列 Tariff Line	货品名称 Article Description	最惠国税率 MFN(%)		协定税率 Agreement(%)	特惠税率 SP(%)		普通税率 Gen(%)
362	0306.1919	----其他 ----Other	7	0	东盟AS,智CL,新西兰NZ,秘PE,哥CR,瑞CH,冰IS,澳AU,格GE,毛MU,柬KH,港HK,澳门MO	0	受惠国LD,柬KH	70
				6.4	韩KR			
				12.8	巴PK,东盟^{R}AS^R,澳^{R}AU^R,新西兰^{R}NZ^R,韩^{R}KR^R			
				14	日^{R}JP^R			
363	0306.1990	---其他 ---Other	7	0	东盟AS,智CL,巴PK,新西兰NZ,秘PE,哥CR,瑞CH,冰IS,澳AU,格GE,毛MU,柬KH,港HK,澳门MO	0	受惠国LD,柬KH	70
				6.4	韩KR			
				13.9	东盟^{R}AS^R,韩^{R}KR^R			
				14	日^{R}JP^R			
				14.4	澳^{R}AU^R,新西兰^{R}NZ^R			
		-活、鲜或冷的: -Live, fresh or chilled:						
		--岩礁虾及其他龙虾(真龙虾属、龙虾属、岩龙虾属): --Rock lobster and other sea crawfish (*Palinurus spp., Panulirus spp., Jasus spp.*):						
364	0306.3110	---种苗 ---For cultivation	0	0	东盟AS,智CL,巴PK,新西兰NZ,秘PE,哥CR,瑞CH,冰IS,韩KR,澳AU,格GE,毛MU,东盟^{R}AS^R,澳^{R}AU^R,日^{R}JP^R,新西兰^{R}NZ^R,柬KH,港HK,澳门MO,韩^{R}KR^R	0	受惠国LD	0
365	0306.3190	---其他 ---Other	7△5	0	东盟AS,智CL,巴PK,新西兰NZ,秘PE,哥CR,瑞CH,冰IS,澳AU,格GE,毛MU,东盟^{R}AS^R,澳^{R}AU^R,新西兰^{R}NZ^R,柬KH,港HK,澳门MO	0	受惠国LD,柬KH,缅MM	70
				1.5	韩KR			
				12	韩^{R}KR^R			
				12.3	日^{R}JP^R			
		--螯龙虾(螯龙虾属): --Lobsters (*Homarus spp.*):						
366	0306.3210	---种苗 ---For cultivation	0	0	东盟AS,智CL,巴PK,新西兰NZ,秘PE,哥CR,瑞CH,冰IS,韩KR,澳AU,格GE,毛MU,东盟^{R}AS^R,澳^{R}AU^R,日^{R}JP^R,新西兰^{R}NZ^R,柬KH,港HK,澳门MO,韩^{R}KR^R	0	受惠国LD	0

序号 No.	税则号列 Tariff Line	货品名称 Article Description	最惠国税率 MFN(%)		协定税率 Agreement(%)	特惠税率 SP(%)		普通税率 Gen(%)
367	0306.3290	---其他 ---Other	7	0 1.5 12 12.3	东盟AS,智CL,新西兰NZ,秘PE, 哥CR,瑞CH,冰IS,澳AU,格GE, 毛MU,东盟^{R}AS^R,澳^{R}AU^R,新西 兰^{R}NZ^R,柬KH,港HK,澳门MO 韩KR 巴PK,韩^{R}KR^R 日^{R}JP^R	0	受惠国LD, 柬KH,缅 MM	70
		--蟹: --Crabs:						
368	0306.3310	---种苗 ---For cultivation	0	0	东盟AS,智CL,巴PK,新西兰NZ, 秘PE,哥CR,瑞CH,冰IS,韩KR, 澳AU,格GE,毛MU,东盟^{R}AS^R, 澳^{R}AU^R,日^{R}JP^R,新西兰^{R}NZ^R,柬 KH,港HK,澳门MO,韩^{R}KR^R	0	受惠国LD	0
		---其他: ---Other:						
369	0306.3391	----中华绒螯蟹 ----Freshwater crabs, live	7	0 1.4 4.2 11.2 11.5	东盟AS,智CL,新西兰NZ,秘PE, 哥CR,瑞CH,冰IS,澳AU,格GE, 毛MU,东盟^{R}AS^R,澳^{R}AU^R,新西 兰^{R}NZ^R,柬KH,港HK,澳门MO 韩KR 巴PK 韩^{R}KR^R 日^{R}JP^R	0	受惠国LD, 柬KH	70
370	0306.3392	----梭子蟹 ----Swimming crab	14	0 1.4 11.2 11.5	东盟AS,智CL,巴PK,新西兰NZ, 秘PE,哥CR,瑞CH,冰IS,澳AU,格 GE,毛MU,东盟^{R}AS^R,澳^{R}AU^R,新 西兰^{R}NZ^R,柬KH,港HK,澳门MO 韩KR 韩^{R}KR^R 日^{R}JP^R	0	受惠国LD, 柬KH	70
371	0306.3399	----其他 ----Other	7	0 1.4 11.2 11.5	东盟AS,智CL,巴PK,新西兰NZ, 秘PE,哥CR,瑞CH,冰IS,澳AU,格 GE,毛MU,东盟^{R}AS^R,澳^{R}AU^R,新 西兰^{R}NZ^R,柬KH,港HK,澳门MO 韩KR 韩^{R}KR^R 日^{R}JP^R	0	受惠国LD, 柬KH	70
		--挪威海螯虾: --Norway lobsters (*Nephrops norvegicus*):						
372	0306.3410	---种苗 ---For cultivation	0	0	东盟AS,智CL,巴PK,新西兰NZ, 秘PE,哥CR,瑞CH,冰IS,韩KR, 澳AU,格GE,毛MU,东盟^{R}AS^R, 澳^{R}AU^R,日^{R}JP^R,新西兰^{R}NZ^R,柬 KH,港HK,澳门MO,韩^{R}KR^R	0	受惠国LD	0

序号 No.	税则号列 Tariff Line	货品名称 Article Description	最惠国税率 MFN(%)	协定税率 Agreement(%)		特惠税率 SP(%)	普通税率 Gen(%)
373	0306.3490	---其他 ---Other	7	0	东盟AS,智CL,新西兰NZ,秘PE,哥CR,瑞CH,冰IS,澳AU,格GE,毛MU,东盟^{R}AS^R,澳^{R}AU^R,新西兰^{R}NZ^R,柬KH,港HK,澳门MO	0 受惠国LD,柬KH,缅MM	70
				1.4	韩KR		
				11.2	巴PK,韩^{R}KR^R		
				11.5	日^{R}JP^R		
		--冷水小虾及对虾（长额虾属、褐虾）： --Cold- water shrimps and prawns (*Pandalus spp., Crangon crangon*):					
374	0306.3510	---种苗 ---For cultivation	0	0	东盟AS,智CL,巴PK,新西兰NZ,秘PE,哥CR,瑞CH,冰IS,韩KR,澳AU,格GE,毛MU,东盟^{R}AS^R,澳^{R}AU^R,日^{R}JP^R,新西兰^{R}NZ^R,柬KH,港HK,澳门MO,韩^{R}KR^R	0 受惠国LD	0
375	0306.3590	---其他 ---Other	10	0	东盟AS,智CL,新西兰NZ,秘PE,哥CR,瑞CH,冰IS,澳AU,格GE,毛MU,东盟^{R}AS^R,澳^{R}AU^R,新西兰^{R}NZ^R,柬KH,港HK,澳门MO	0 受惠国LD,柬KH,缅MM	70
				1.4	韩KR		
				7.8	巴PK		
				9.6	韩^{R}KR^R		
				9.8	日^{R}JP^R		
		--其他小虾及对虾： --Other shrimps and prawns:					
376	0306.3610	---种苗 ---For cultivation	0	0	东盟AS,智CL,巴PK,新西兰NZ,秘PE,哥CR,瑞CH,冰IS,韩KR,澳AU,格GE,毛MU,东盟^{R}AS^R,澳^{R}AU^R,日^{R}JP^R,新西兰^{R}NZ^R,柬KH,港HK,澳门MO,韩^{R}KR^R	0 受惠国LD	0
377	0306.3690	---其他 ---Other	12	0	东盟AS,智CL,新西兰NZ,秘PE,哥CR,瑞CH,冰IS,澳AU,格GE,毛MU,东盟^{R}AS^R,澳^{R}AU^R,新西兰^{R}NZ^R,柬KH,港HK,澳门MO	0 受惠国LD,柬KH,缅MM	70
				1.4	韩KR		
				7.8	巴PK		
				9.6	韩^{R}KR^R		
				9.8	日^{R}JP^R		
		--其他： --Other:					
378	0306.3910	---种苗 ---For cultivation	0	0	东盟AS,智CL,巴PK,新西兰NZ,秘PE,哥CR,瑞CH,冰IS,韩KR,澳AU,格GE,毛MU,东盟^{R}AS^R,澳^{R}AU^R,日^{R}JP^R,新西兰^{R}NZ^R,柬KH,港HK,澳门MO,韩^{R}KR^R	0 受惠国LD	0

序号 No.	税则号列 Tariff Line	货品名称 Article Description	最惠国税率 MFN(%)		协定税率 Agreement(%)	特惠税率 SP(%)	普通税率 Gen(%)
379	0306.3990	---其他 ---Other	7	0 1.4 11.2 11.5	东盟AS,智CL,新西兰NZ,秘PE, 哥CR,瑞CH,冰IS,澳AU,格GE, 毛MU,柬KH,港HK,澳门MO 韩KR 巴PK,东盟^{R}AS^R,澳^{R}AU^R,新西兰 ^{R}NZ^R,韩^{R}KR^R 日^{R}JP^R	0 受惠国LD, 柬KH,缅 MM	70
		-其他: -Other:					
380	0306.9100	--岩礁虾及其他龙虾（真龙虾属、龙虾属、岩龙虾属） --Rock lobster and other sea crawfish (*Palinurus spp., Panulirus spp., Jasus spp.*)	7	0 1.5 12 12.3	东盟AS,智CL,巴PK,新西兰NZ, 秘PE,哥CR,瑞CH,冰IS,澳AU,格 GE,毛MU,东盟^{R}AS^R,澳^{R}AU^R,新 西兰^{R}NZ^R,柬KH,港HK,澳门MO 韩KR 韩^{R}KR^R 日^{R}JP^R	0 受惠国LD, 柬KH,缅 MM	70
381	0306.9200	--螯龙虾（螯龙虾属） --Lobsters (*Homarus spp.*)	7	0 1.5 12 12.3	东盟AS,智CL,新西兰NZ,秘PE, 哥CR,瑞CH,冰IS,澳AU,格GE, 毛MU,东盟^{R}AS^R,澳^{R}AU^R,新西 兰^{R}NZ^R,柬KH,港HK,澳门MO 韩KR 巴PK,韩^{R}KR^R 日^{R}JP^R	0 受惠国LD, 柬KH,缅 MM	70
		--蟹: --Crabs:					
382	0306.9310	---中华绒螯蟹 ----Freshwater crabs, live	7	0 1.4 4.2 11.2 11.5	东盟AS,智CL,新西兰NZ,秘PE, 哥CR,瑞CH,冰IS,澳AU,格GE, 毛MU,东盟^{R}AS^R,澳^{R}AU^R,新西 兰^{R}NZ^R,柬KH,港HK,澳门MO 韩KR 巴PK 韩^{R}KR^R 日^{R}JP^R	0 受惠国LD, 柬KH	70
383	0306.9320	---梭子蟹 ----Swimming crab	7	0 1.4 11.2 11.5	东盟AS,智CL,巴PK,新西兰NZ, 秘PE,哥CR,瑞CH,冰IS,澳AU,格 GE,毛MU,东盟^{R}AS^R,澳^{R}AU^R,新 西兰^{R}NZ^R,柬KH,港HK,澳门MO 韩KR 韩^{R}KR^R 日^{R}JP^R	0 受惠国LD, 柬KH	70
384	0306.9390	---其他 ---Other	7	0 1.4 11.2 11.5	东盟AS,智CL,巴PK,新西兰NZ, 秘PE,哥CR,瑞CH,冰IS,澳AU,格 GE,毛MU,东盟^{R}AS^R,澳^{R}AU^R,新 西兰^{R}NZ^R,柬KH,港HK,澳门MO 韩KR 韩^{R}KR^R 日^{R}JP^R	0 受惠国LD, 柬KH	70

序号 No.	税则号列 Tariff Line	货品名称 Article Description	最惠国税率 MFN(%)		协定税率 Agreement(%)	特惠税率 SP(%)		普通税率 Gen(%)
385	0306.9400	--挪威海螯虾 --Norway lobsters (*Nephrops norvegicus*)	7	0	东盟AS,智CL,新西兰NZ,秘PE,哥CR,瑞CH,冰IS,澳AU,格GE,毛MU,东盟^RAS^R,澳^RAU^R,新西兰^RNZ^R,柬KH,港HK,澳门MO	0	受惠国LD,柬KH,缅MM	70
				1.4	韩KR			
				11.2	巴PK,韩^RKR^R			
				11.5	日^RJP^R			
		--小虾及对虾： --Shrimps and prawns:						
386	0306.9510	---冷水小虾及对虾（长额虾属、褐虾） ---Cold-water shrimps and prawns (*Pandalus spp., Crangon crangon*)	10	0	东盟AS,智CL,新西兰NZ,秘PE,哥CR,瑞CH,冰IS,澳AU,格GE,毛MU,东盟^RAS^R,澳^RAU^R,新西兰^RNZ^R,柬KH,港HK,澳门MO	0	受惠国LD,柬KH,缅MM	70
				1.2	韩KR			
				3.6	巴PK			
				9.6	韩^RKR^R			
				9.8	日^RJP^R			
387	0306.9590	---其他小虾及对虾 ---Other shrimps and prawns	10	0	东盟AS,智CL,新西兰NZ,秘PE,哥CR,瑞CH,冰IS,澳AU,格GE,毛MU,柬KH,港HK,澳门MO	0	受惠国LD,柬KH,缅MM	70
				1.2	韩KR			
				3.6	巴PK			
				9.6	东盟^RAS^R,澳^RAU^R,新西兰^RNZ^R,韩^RKR^R			
				9.8	日^RJP^R			
388	0306.9900	--其他 --Other	7	0	东盟AS,智CL,新西兰NZ,秘PE,哥CR,瑞CH,冰IS,澳AU,格GE,毛MU,柬KH,港HK,澳门MO	0	受惠国LD,柬KH,缅MM	70
				1.4	韩KR			
				11.2	巴PK,东盟^RAS^R,澳^RAU^R,新西兰^RNZ^R,韩^RKR^R			
				11.5	日^RJP^R			
	03.07	带壳或去壳的软体动物, 活、鲜、冷、冻、干、盐腌或盐渍的; 熏制的带壳或去壳软体动物, 不论在熏制前或熏制过程中是否烹煮: **Molluscs, whether in shell or not, live, fresh, chilled, frozen, dried, salted or in brine; smoked molluscs, whether in shell or not, whether or not cooked before or during the smoking process:**						
		-牡蛎（蚝）： -Oysters:						
		--活、鲜或冷的： --Live, fresh or chilled:						

序号 No.	税则号列 Tariff Line	货品名称 Article Description	最惠国税率 MFN(%)	协定税率 Agreement(%)		特惠税率 SP(%)	普通税率 Gen(%)
389	0307.1110	---种苗 ---For cultivation	0	0	东盟AS,智CL,巴PK,新西兰NZ,秘PE,哥CR,瑞CH,冰IS,韩KR,澳AU,格GE,毛MU,东盟^{R}AS^R,澳^{R}AU^R,日^{R}JP^R,新西兰^{R}NZ^R,柬KH,港HK,澳门MO,韩^{R}KR^R	0 受惠国LD	0
390	0307.1190	---其他 ---Other	7	0	东盟AS,智CL,新西兰NZ,秘PE,哥CR,瑞CH,冰IS,澳AU,格GE,毛MU,东盟^{R}AS^R,澳^{R}AU^R,新西兰^{R}NZ^R,柬KH,港HK,澳门MO	0 受惠国LD,缅MM	70
				1.4	韩KR		
				11.2	巴PK,韩^{R}KR^R		
				11.5	日^{R}JP^R		
391	0307.1200	--冻的 --Frozen	10	0	东盟AS,智CL,新西兰NZ,秘PE,哥CR,瑞CH,冰IS,澳AU,格GE,毛MU,东盟^{R}AS^R,澳^{R}AU^R,新西兰^{R}NZ^R,柬KH,港HK,澳门MO	0 受惠国LD,缅MM	70
				1.4	韩KR		
				11.2	巴PK,韩^{R}KR^R		
				11.5	日^{R}JP^R		
392	0307.1900	--其他 --Other	10	0	东盟AS,智CL,新西兰NZ,秘PE,哥CR,瑞CH,冰IS,澳AU,格GE,毛MU,东盟^{R}AS^R,澳^{R}AU^R,新西兰^{R}NZ^R,柬KH,港HK,澳门MO	0 受惠国LD,缅MM	70
				1.4	韩KR		
				11.2	巴PK,韩^{R}KR^R		
				11.5	日^{R}JP^R		
		-扇贝及其他扇贝科的软体动物: -Scallops and other molluscs of the family Pectinidae:						
		--活、鲜或冷的: --Live, fresh or chilled:						
393	0307.2110	---种苗 ---For cultivation	0	0	东盟AS,智CL,巴PK,新西兰NZ,秘PE,哥CR,瑞CH,冰IS,韩KR,澳AU,格GE,毛MU,东盟^{R}AS^R,澳^{R}AU^R,日^{R}JP^R,新西兰^{R}NZ^R,柬KH,港HK,澳门MO,韩^{R}KR^R	0 受惠国LD	0
		---其他: ---Other:						
394	0307.2191	----扇贝(扇贝属、栉孔扇贝属、巨扇贝属) ----Scallops(Pecten spp.,Chlamys spp.,Placopecten spp.)	10	0	东盟AS,智CL,新西兰NZ,秘PE,哥CR,瑞CH,冰IS,澳AU,格GE,毛MU,东盟^{R}AS^R,澳^{R}AU^R,新西兰^{R}NZ^R,柬KH,港HK,澳门MO	0 受惠国LD,缅MM	70
				1.4	韩KR		
				11.2	巴PK,韩^{R}KR^R		
				11.5	日^{R}JP^R		

序号 No.	税则号列 Tariff Line	货品名称 Article Description	最惠国税率 MFN(%)	协定税率 Agreement(%)		特惠税率 SP(%)	普通税率 Gen(%)
395	0307.2199	----其他 ----Other	7	0	东盟AS,智CL,新西兰NZ,秘PE,哥CR,瑞CH,冰IS,澳AU,格GE,毛MU,东盟^RAS^R,澳^RAU^R,新西兰^RNZ^R,柬KH,港HK,澳门MO	0 受惠国LD,柬KH,缅MM	70
				1.4	韩KR		
				11.2	巴PK,韩^RKR^R		
				11.5	日^RJP^R		
		--冻的: --Frozen:					
396	0307.2210	---扇贝(扇贝属、栉孔扇贝属、巨扇贝属) ---Scallops(*Pecten spp.*,*Chlamys spp.*,*Placopecten spp.*)	10	0	东盟AS,智CL,新西兰NZ,秘PE,哥CR,瑞CH,冰IS,澳AU,格GE,毛MU,柬KH,港HK,澳门MO	0 受惠国LD,缅MM	80
				1.4	韩KR		
				11.2	巴PK		
				12.6	东盟^RAS^R,澳^RAU^R,新西兰^RNZ^R,韩^RKR^R		
				12.7	日^RJP^R		
397	0307.2290	---其他 ---Other	7	0	东盟AS,智CL,新西兰NZ,秘PE,哥CR,瑞CH,冰IS,澳AU,格GE,毛MU,柬KH,港HK,澳门MO	0 受惠国LD,柬KH,缅MM	70
				5.5	韩KR		
				9	东盟^RAS^R,澳^RAU^R,新西兰^RNZ^R		
		--其他: --Other:					
398	0307.2910	---扇贝(扇贝属、栉孔扇贝属、巨扇贝属) ---Scallops(*Pecten spp.*,*Chlamys spp.*,*Placopecten spp.*)	10	0	东盟AS,智CL,新西兰NZ,秘PE,哥CR,瑞CH,冰IS,澳AU,格GE,毛MU,柬KH,港HK,澳门MO	0 受惠国LD,缅MM	80
				1.4	韩KR		
				11.2	巴PK		
				12.6	东盟^RAS^R,澳^RAU^R,新西兰^RNZ^R,韩^RKR^R		
				12.7	日^RJP^R		
399	0307.2990	---其他 ---Other	7	0	东盟AS,智CL,新西兰NZ,秘PE,哥CR,瑞CH,冰IS,澳AU,格GE,毛MU,柬KH,港HK,澳门MO	0 受惠国LD,柬KH,缅MM	70
				5.5	韩KR		
				9	东盟^RAS^R,澳^RAU^R,新西兰^RNZ^R		
		-贻贝: -Mussels (*Mytilus spp., Perna spp.*):					
		--活、鲜或冷的: --Live, fresh or chilled:					
400	0307.3110	---种苗 ---For cultivation	0	0	东盟AS,智CL,巴PK,新西兰NZ,秘PE,哥CR,瑞CH,冰IS,韩KR,澳AU,格GE,毛MU,东盟^RAS^R,澳^RAU^R,日^RJP^R,新西兰^RNZ^R,柬KH,港HK,澳门MO,韩^RKR^R	0 受惠国LD	0

序号 No.	税则号列 Tariff Line	货品名称 Article Description	最惠国税率 MFN(%)	协定税率 Agreement(%)		特惠税率 SP(%)		普通税率 Gen(%)
401	0307.3190	---其他 ---Other	10	0	东盟AS,智CL,新西兰NZ,秘PE,哥CR,瑞CH,冰IS,澳AU,格GE,毛MU,东盟^RAS^R,澳^RAU^R,新西兰^RNZ^R,柬KH,港HK,澳门MO	0	受惠国LD,柬KH,缅MM	70
				1.4	韩KR			
				11.2	巴PK,韩^RKR^R			
				11.5	日^RJP^R			
402	0307.3200	--冻的 --Frozen	10	0	东盟AS,智CL,新西兰NZ,秘PE,哥CR,瑞CH,冰IS,澳AU,格GE,毛MU,东盟^RAS^R,澳^RAU^R,新西兰^RNZ^R,柬KH,港HK,澳门MO	0	受惠国LD,柬KH,缅MM	70
				1.4	韩KR			
				4.2	巴PK			
				7	亚太AP			
				11.2	韩^RKR^R			
				11.5	日^RJP^R			
403	0307.3900	--其他 --Other	10	0	东盟AS,智CL,新西兰NZ,秘PE,哥CR,瑞CH,冰IS,澳AU,格GE,毛MU,东盟^RAS^R,澳^RAU^R,新西兰^RNZ^R,柬KH,港HK,澳门MO	0	受惠国LD,柬KH,缅MM	70
				1.4	韩KR			
				4.2	巴PK			
				7	亚太AP			
				11.2	韩^RKR^R			
				11.5	日^RJP^R			
		-墨鱼及鱿鱼: -Cuttle fish and squid:							
		--活、鲜或冷的: --Live, fresh or chilled:							
404	0307.4210	---种苗 ---For cultivation	0	0	东盟AS,智CL,巴PK,新西兰NZ,秘PE,哥CR,瑞CH,冰IS,韩KR,澳AU,格GE,毛MU,东盟^RAS^R,澳^RAU^R,日^RJP^R,新西兰^RNZ^R,柬KH,港HK,澳门MO,韩^RKR^R	0	受惠国LD	0
		---其他: ---Other:							
405	0307.4291	----墨鱼(乌贼属、巨粒僧头乌贼、耳乌贼属)及鱿鱼(柔鱼属、枪乌贼属、双柔鱼属、拟乌贼属) ----Cuttle fish (*Sepia of ficinalis, Rossia macrosoma, Sepiola spp.*) and squid (*Ommastrephes spp.,Loligo spp., Nototodarus spp., Sepioteuthis spp.*)	12	0	东盟AS,智CL,新西兰NZ,秘PE,哥CR,瑞CH,冰IS,澳AU,格GE,毛MU,东盟^RAS^R,澳^RAU^R,新西兰^RNZ^R,柬KH,港HK,澳门MO	0	受惠国LD,柬KH,缅MM	70
				1.2	韩KR			
				3.6	巴PK			
				9.6	韩^RKR^R			
				9.8	日^RJP^R			

序号 No.	税则号列 Tariff Line	货品名称 Article Description	最惠国税率 MFN(%)	协定税率 Agreement(%)		特惠税率 SP(%)		普通税率 Gen(%)
406	0307.4299	----其他 ----Other:	14	0	东盟AS,智CL,新西兰NZ,秘PE, 哥CR,瑞CH,冰IS,澳AU,格GE, 毛MU,东盟^{R}AS^R,澳^{R}AU^R,新西 兰^{R}NZ^R,柬KH,港HK,澳门MO	0	受惠国LD, 柬KH,缅 MM	70
				1.4	韩KR			
				11.2	巴PK,韩^{R}KR^R			
				11.5	日^{R}JP^R			
		--冻的: --Frozen:						
407	0307.4310	---墨鱼(乌贼属、巨粒僧头乌贼、耳乌 贼属)及鱿鱼(柔鱼属、枪乌贼属、双 柔鱼属、拟乌贼属) ---Cuttle fish (Sepia ofﬁcinalis, Rossia macrosoma, Sepiola spp.) and squid (Ommastrephes spp.,Loligo spp., Nototodarus spp., Sepioteuthis spp.)	12	0	东盟AS,智CL,新西兰NZ,秘PE, 哥CR,瑞CH,冰IS,澳AU,格GE, 毛MU,柬KH,港HK,澳门MO	0	受惠国LD, 柬KH,缅 MM	70
				6.6	韩KR			
				10	亚太AP,巴PK			
				10.8	东盟^{R}AS^R,澳^{R}AU^R,新西兰^{R}NZ^R, 韩^{R}KR^R			
				10.9	日^{R}JP^R			
408	0307.4390	---其他 ---Other:	10	0	东盟AS,智CL,新西兰NZ,秘PE, 哥CR,瑞CH,冰IS,澳AU,格GE, 毛MU,柬KH,港HK,澳门MO	0	受惠国LD, 柬KH,缅 MM	70
				5.5	韩KR			
				9	东盟^{R}AS^R,澳^{R}AU^R,新西兰^{R}NZ^R			
		--其他: --Other:						
409	0307.4910	---墨鱼(乌贼属、巨粒僧头乌贼、耳乌 贼属)及鱿鱼(柔鱼属、枪乌贼属、双 柔鱼属、拟乌贼属) ---Cuttle fish (Sepia ofﬁcinalis, Rossia macrosoma, Sepiola spp.) and squid (Ommastrephes spp.,Loligo spp., Nototodarus spp., Sepioteuthis spp.)	12	0	东盟AS,智CL,新西兰NZ,秘PE, 哥CR,瑞CH,冰IS,澳AU,格GE, 毛MU,柬KH,港HK,澳门MO	0	受惠国LD, 柬KH,缅 MM	70
				6.6	韩KR			
				10	亚太AP,巴PK			
				10.8	东盟^{R}AS^R,澳^{R}AU^R,新西兰^{R}NZ^R, 韩^{R}KR^R			
				10.9	日^{R}JP^R			
410	0307.4990	---其他 ----Other:	10	0	东盟AS,智CL,新西兰NZ,秘PE, 哥CR,瑞CH,冰IS,澳AU,格GE, 毛MU,柬KH,港HK,澳门MO	0	受惠国LD, 柬KH,缅 MM	70
				5.5	韩KR			
				9	东盟^{R}AS^R,澳^{R}AU^R,新西兰^{R}NZ^R			
		-章鱼: -Octopus (Octopus spp.):						
411	0307.5100	--活、鲜或冷的 --Live, fresh or chilled	7	0	东盟AS,智CL,新西兰NZ,秘PE, 哥CR,瑞CH,冰IS,澳AU,格GE, 毛MU,柬KH,港HK,澳门MO	0	受惠国LD	70
				6.8	韩KR			
				13.6	巴PK,东盟^{R}AS^R,澳^{R}AU^R,新西兰 ^{R}NZ^R,韩^{R}KR^R			

序号 No.	税则号列 Tariff Line	货品名称 Article Description	最惠国税率 MFN(%)	协定税率 Agreement(%)		特惠税率 SP(%)		普通税率 Gen(%)
412	0307.5200	--冻的 --Frozen	7	0	东盟AS,智CL,新西兰NZ,秘PE, 哥CR,瑞CH,冰IS,澳AU,格GE, 毛MU,柬KH,港HK,澳门MO	0	受惠国LD	70
				6.8	韩KR			
				13.6	巴PK			
				15.3	东盟^RAS^R,澳^RAU^R,新西兰NZ^R, 韩^RKR^R			
413	0307.5900	--其他 --Other	7	0	东盟AS,智CL,新西兰NZ,秘PE, 哥CR,瑞CH,冰IS,澳AU,格GE, 毛MU,柬KH,港HK,澳门MO	0	受惠国LD	70
				6.8	韩KR			
				13.6	巴PK			
				15.3	东盟^RAS^R,澳^RAU^R,新西兰NZ^R, 韩^RKR^R			
		-蜗牛及螺, 海螺除外: -Snails, other than sea snails:						
414	0307.6010	---种苗 ---For cultivation	0	0	东盟AS,智CL,巴PK,新西兰NZ, 秘PE,哥CR,瑞CH,冰IS,韩KR, 澳AU,格GE,毛MU,东盟^RAS^R, 澳^RAU^R,日^RJP^R,新西兰^RNZ^R,柬 KH,港HK,澳门MO,韩^RKR^R	0	受惠国LD	0
415	0307.6090	---其他 ---Other	7	0	东盟AS,智CL,新西兰NZ,秘PE, 哥CR,瑞CH,冰IS,澳AU,格GE, 毛MU,东盟^RAS^R,澳^RAU^R,新西 兰^RNZ^R,柬KH,港HK,澳门MO	0	受惠国LD, 柬KH	70
				1.4	韩KR			
				11.2	巴PK,韩^RKR^R			
				11.5	日^RJP^R			
		-蛤、鸟蛤及舟贝 (蚶科、北极蛤科、鸟 蛤科、斧蛤科、缝栖蛤科、蛤蜊科、中 带蛤科、海螂科、双带蛤科、截蛏科、 竹蛏科、砗磲科、帘蛤科): -Clams, cockles and arkshells (*families Arcidae, Arcticidae, Cardiidae, Donacidae, Hiatellidae, Mactridae, Mesodesmatidae, Myidae, Semelidae, Solecurtidae, Solenidae, Tridacnidae and Veneridae*):						
		--活、鲜或冷的: --Live, fresh or chilled:						
416	0307.7110	---种苗 ---For cultivation	0	0	东盟AS,智CL,巴PK,新西兰NZ, 秘PE,哥CR,瑞CH,冰IS,韩KR, 澳AU,格GE,毛MU,东盟^RAS^R, 澳^RAU^R,日^RJP^R,新西兰^RNZ^R,柬 KH,港HK,澳门MO,韩^RKR^R	0	受惠国LD	0

序号 No.	税则号列 Tariff Line	货品名称 Article Description	最惠国税率 MFN(%)	协定税率 Agreement(%)		特惠税率 SP(%)		普通税率 Gen(%)
		---其他: ---Other:						
417	0307.7191	----蛤 ---- Clams	10	0	东盟AS,智CL,新西兰NZ,秘PE,哥CR,瑞CH,冰IS,澳AU,格GE,毛MU,东盟^RAS^R,澳^RAU^R,新西兰^RNZ^R,柬KH,港HK,澳门MO	0	受惠国LD	70
				1.4	韩KR			
				11.2	巴PK,韩^RKR^R			
				11.5	日^RJP^R			
418	0307.7199	----其他 ----Other	10	0	东盟AS,智CL,新西兰NZ,秘PE,哥CR,瑞CH,冰IS,澳AU,格GE,毛MU,东盟^RAS^R,澳^RAU^R,新西兰^RNZ^R,柬KH,港HK,澳门MO	0	受惠国LD,柬KH,缅MM	70
				1.4	韩KR			
				11.2	巴PK,韩^RKR^R			
				11.5	日^RJP^R			
419	0307.7200	--冻的 --Frozen	10	0	东盟AS,智CL,新西兰NZ,哥CR,瑞CH,冰IS,澳AU,格GE,毛MU,东盟^RAS^R,澳^RAU^R,新西兰^RNZ^R,柬KH,港HK,澳门MO	0	受惠国LD	70
				1	韩KR			
				8	韩^RKR^R			
				8.2	日^RJP^R			
420	0307.7900	--其他 --Other	10	0	东盟AS,智CL,新西兰NZ,秘PE,哥CR,瑞CH,冰IS,澳AU,格GE,毛MU,东盟^RAS^R,澳^RAU^R,新西兰^RNZ^R,柬KH,港HK,澳门MO	0	受惠国LD,柬KH,缅MM	70
				4	韩KR			
				8	韩^RKR^R			
				8.2	日^RJP^R			
		-鲍鱼(鲍属)及凤螺(凤螺属): -Abalone (*Haliotis spp.*) and stromboid conchs (*Strombus spp.*):							
		--活、鲜或冷的鲍鱼(鲍属): --Live, fresh or chilled abalone (*Haliotis spp.*):							
421	0307.8110	---种苗 ---For cultivation	0	0	东盟AS,智CL,巴PK,新西兰NZ,秘PE,哥CR,瑞CH,冰IS,韩KR,澳AU,格GE,毛MU,东盟^RAS^R,澳^RAU^R,日^RJP^R,新西兰^RNZ^R,柬KH,港HK,澳门MO,韩^RKR^R	0	受惠国LD	0

序号 No.	税则号列 Tariff Line	货品名称 Article Description	最惠国税率 MFN(%)	协定税率 Agreement(%)		特惠税率 SP(%)		普通税率 Gen(%)
422	0307.8190	---其他 ---Other	10Δ7	0	东盟AS,智CL,新西兰NZ,秘PE,哥CR,瑞CH,冰IS,澳AU,格GE,毛MU,柬KH,港HK,澳门MO	0	受惠国LD,柬KH,缅MM	80
				1.4	韩KR			
				11.2	巴PK,东盟^RAS^R,澳^RAU^R,新西兰^RNZ^R,韩^RKR^R			
				11.5	日^RJP^R			
		--活、鲜或冷的凤螺(凤螺属): --Live, fresh or chilled stromboid conchs (*Strombus spp.*):						
423	0307.8210	---种苗 ---For cultivation	0	0	东盟AS,智CL,巴PK,新西兰NZ,秘PE,哥CR,瑞CH,冰IS,韩KR,澳AU,格GE,毛MU,东盟^RAS^R,澳^RAU^R,日^RJP^R,新西兰^RNZ^R,柬KH,港HK,澳门MO,韩^RKR^R	0	受惠国LD	0
424	0307.8290	---其他 ---Other	10	0	东盟AS,智CL,新西兰NZ,秘PE,哥CR,瑞CH,冰IS,澳AU,格GE,毛MU,东盟^RAS^R,澳^RAU^R,新西兰^RNZ^R,柬KH,港HK,澳门MO	0	受惠国LD,柬KH,缅MM	70
				1.4	韩KR			
				11.2	巴PK,韩^RKR^R			
				11.5	日^RJP^R			
425	0307.8300	--冻的鲍鱼(鲍属) --Frozen abalone (*Haliotis spp.*)	10	0	东盟AS,智CL,新西兰NZ,哥CR,瑞CH,冰IS,澳AU,格GE,毛MU,东盟^RAS^R,澳^RAU^R,新西兰^RNZ^R,柬KH,港HK,澳门MO	0	受惠国LD,柬KH,缅MM	80
				1	韩KR			
				3	巴PK			
				8	韩^RKR^R			
				8.2	日^RJP^R			
426	0307.8400	--冻的凤螺(凤螺属) --Frozen stromboid conchs (*Strombus spp.*)	10	0	东盟AS,智CL,新西兰NZ,秘PE,哥CR,瑞CH,冰IS,澳AU,格GE,毛MU,柬KH,港HK,澳门MO	0	受惠国LD,柬KH,缅MM	70
				5.5	韩KR			
				9	东盟^RAS^R,澳^RAU^R,新西兰^RNZ^R			
427	0307.8700	--其他鲍鱼(鲍属) --Other abalone (*Haliotis spp.*)	10	0	东盟AS,智CL,新西兰NZ,哥CR,瑞CH,冰IS,澳AU,格GE,毛MU,东盟^RAS^R,澳^RAU^R,新西兰^RNZ^R,柬KH,港HK,澳门MO	0	受惠国LD,柬KH,缅MM	80
				1	韩KR			
				3	巴PK			
				8	韩^RKR^R			
				8.2	日^RJP^R			

序号 No.	税则号列 Tariff Line	货品名称 Article Description	最惠国税率 MFN(%)	协定税率 Agreement(%)		特惠税率 SP(%)	普通税率 Gen(%)
428	0307.8800	--其他凤螺（凤螺属） --Other stromboid conchs (*Strombus spp.*)	10	0 5.5 9	东盟AS,智CL,新西兰NZ,秘PE,哥CR,瑞CH,冰IS,澳AU,格GE,毛MU,柬KH,港HK,澳门MO 韩KR 东盟^RAS^R,澳^RAU^R,新西兰^RNZ^R	0 受惠国LD,柬KH,缅MM	70
		-其他: -Other: --活、鲜或冷的: --Live, fresh or chilled:					
429	0307.9110	---种苗 ---For cultivation	0	0	东盟AS,智CL,巴PK,新西兰NZ,秘PE,哥CR,瑞CH,冰IS,韩KR,澳AU,格GE,毛MU,东盟^RAS^R,澳^RAU^R,日^RJP^R,新西兰^RNZ^R,柬KH,港HK,澳门MO,韩^RKR^R	0 受惠国LD	0
430	0307.9190	---其他 ---Other	7	0 1.4 11.2 11.5	东盟AS,智CL,新西兰NZ,秘PE,哥CR,瑞CH,冰IS,澳AU,格GE,毛MU,东盟^RAS^R,澳^RAU^R,新西兰^RNZ^R,柬KH,港HK,澳门MO 韩KR 巴PK,韩^RKR^R 日^RJP^R	0 受惠国LD,柬KH,缅MM	70
431	0307.9200	--冻的 --Frozen	7	0 5.5 9	东盟AS,智CL,新西兰NZ,秘PE,哥CR,瑞CH,冰IS,澳AU,格GE,毛MU,柬KH,港HK,澳门MO 韩KR 东盟^RAS^R,澳^RAU^R,新西兰^RNZ^R	0 受惠国LD,柬KH,缅MM	70
432	0307.9900	--其他 --Other	7	0 5.5 9	东盟AS,智CL,新西兰NZ,秘PE,哥CR,瑞CH,冰IS,澳AU,格GE,毛MU,柬KH,港HK,澳门MO 韩KR 东盟^RAS^R,澳^RAU^R,新西兰^RNZ^R	0 受惠国LD,柬KH,缅MM	70
	03.08	不属于甲壳动物及软体动物的水生无脊椎动物, 活、鲜、冷、冻、干、盐腌或盐渍的; 熏制的不属于甲壳动物及软体动物的水生无脊椎动物, 不论在熏制前或熏制过程中是否烹煮: **Aquatic invertebrates other than crustaceans and molluscs, live, fresh, chilled, frozen, dried, salted or in brine; smoked aquatic invertebrates other than crustaceans and molluscs, whether or not cooked before or during the smoking process:** -海参（仿刺参、海参纲）: -Sea cucumbers (*Stichopus japonicus, Holothuroidea*):					

序号 No.	税则号列 Tariff Line	货品名称 Article Description	最惠国税率 MFN(%)		协定税率 Agreement(%)	特惠税率 SP(%)	普通税率 Gen(%)
		--活、鲜或冷的: --Live, fresh or chilled:					
433	0308.1110	---种苗 ---For cultivation	0	0	东盟AS,智CL,巴PK,新西兰NZ, 秘PE,哥CR,瑞CH,冰IS,韩KR, 澳AU,格GE,毛MU,东盟^RAS^R, 澳^RAU^R,日^RJP^R,新西兰^RNZ^R,柬 KH,港HK,澳门MO,韩^RKR^R	0 受惠国LD	0
434	0308.1190	---其他 ---Other	10	0	东盟AS,智CL,新西兰NZ,秘PE, 哥CR,瑞CH,冰IS,澳AU,格GE, 毛MU,东盟^RAS^R,澳^RAU^R,新西 兰^RNZ^R,柬KH,港HK,澳门MO	0 受惠国LD, 柬KH,缅 MM	70
				1.4	韩KR		
				11.2	巴PK,韩^RKR^R		
				11.5	日^RJP^R		
435	0308.1200	--冻的 --Frozen	10	0	东盟AS,智CL,新西兰NZ,秘PE, 哥CR,瑞CH,冰IS,澳AU,格GE, 毛MU,东盟^RAS^R,澳^RAU^R,新西 兰^RNZ^R,柬KH,港HK,澳门MO	0 受惠国LD, 柬KH,缅 MM	80
				1	韩KR		
				8	韩^RKR^R		
436	0308.1900	--其他 --Other	10	0	东盟AS,智CL,新西兰NZ,秘PE, 哥CR,瑞CH,冰IS,澳AU,格GE, 毛MU,东盟^RAS^R,澳^RAU^R,新西 兰^RNZ^R,柬KH,港HK,澳门MO	0 受惠国LD, 柬KH,缅 MM	80
				1	韩KR		
				8	韩^RKR^R		
		-海胆(球海胆属、拟球海胆、智利海 胆、食用正海胆): -Sea urchins (*Strongylocentrotus spp.,* *Paracentrotus lividus, Loxechinus* *albus, Echichinus esculentus*) : --活、鲜或冷的: --Live, fresh or chilled:					
437	0308.2110	---种苗 ---For cultivation	0	0	东盟AS,智CL,巴PK,新西兰NZ, 秘PE,哥CR,瑞CH,冰IS,韩KR, 澳AU,格GE,毛MU,东盟^RAS^R, 澳^RAU^R,日^RJP^R,新西兰^RNZ^R,柬 KH,港HK,澳门MO,韩^RKR^R	0 受惠国LD	0
438	0308.2190	---其他 ---Other	10	0	东盟AS,智CL,新西兰NZ,秘PE, 哥CR,瑞CH,冰IS,澳AU,格GE, 毛MU,东盟^RAS^R,澳^RAU^R,新西 兰^RNZ^R,柬KH,港HK,澳门MO	0 受惠国LD, 柬KH,缅 MM	70
				1.4	韩KR		
				11.2	巴PK,韩^RKR^R		
				11.5	日^RJP^R		

序号 No.	税则号列 Tariff Line	货品名称 Article Description	最惠国税率 MFN(%)	协定税率 Agreement(%)		特惠税率 SP(%)		普通税率 Gen(%)
439	0308.2200	--冻的 --Frozen	10	0	东盟AS,智CL,新西兰NZ,秘PE,哥CR,瑞CH,冰IS,澳AU,格GE,毛MU,柬KH,港HK,澳门MO	0	受惠国LD,柬KH,缅MM	70
				4	韩KR			
				8	东盟^{R}AS^R,澳^{R}AU^R,新西兰^{R}NZ^R,韩^{R}KR^R			
				8.8	日^{R}JP^R			
440	0308.2900	--其他 --Other	10	0	东盟AS,智CL,新西兰NZ,秘PE,哥CR,瑞CH,冰IS,澳AU,格GE,毛MU,柬KH,港HK,澳门MO	0	受惠国LD,柬KH,缅MM	70
				4	韩KR			
				8	东盟^{R}AS^R,澳^{R}AU^R,新西兰^{R}NZ^R,韩^{R}KR^R			
				8.8	日^{R}JP^R			
		-海蜇（海蜇属）： -Jellyfish (*Rhopilema spp.*):							
		---活、鲜或冷的： ---Live, fresh or chilled:							
441	0308.3011	----种苗 ----For cultivation	0	0	东盟AS,智CL,巴PK,新西兰NZ,秘PE,哥CR,瑞CH,冰IS,韩KR,澳AU,格GE,毛MU,东盟^{R}AS^R,澳^{R}AU^R,日^{R}JP^R,新西兰^{R}NZ^R,柬KH,港HK,澳门MO,韩^{R}KR^R	0	受惠国LD	0
442	0308.3019	----其他 ----Other	7	0	东盟AS,智CL,新西兰NZ,秘PE,哥CR,瑞CH,冰IS,澳AU,格GE,毛MU,东盟^{R}AS^R,澳^{R}AU^R,新西兰^{R}NZ^R,柬KH,港HK,澳门MO	0	受惠国LD,柬KH,缅MM	70
				1.4	韩KR			
				9	巴PK			
				11.2	韩^{R}KR^R			
				11.5	日^{R}JP^R			
443	0308.3090	---其他 ---Other	10	0	东盟AS,智CL,新西兰NZ,秘PE,哥CR,瑞CH,冰IS,澳AU,格GE,毛MU,柬KH,港HK,澳门MO	0	受惠国LD,柬KH,缅MM	70
				4	韩KR			
				9	东盟^{R}AS^R,澳^{R}AU^R,新西兰^{R}NZ^R,韩^{R}KR^R			
		-其他： -Other:							
		---活、鲜或冷的： ---Live, fresh or chilled:							
444	0308.9011	----种苗 ----For cultivation	0	0	东盟AS,智CL,巴PK,新西兰NZ,秘PE,哥CR,瑞CH,冰IS,韩KR,澳AU,格GE,毛MU,东盟^{R}AS^R,澳^{R}AU^R,日^{R}JP^R,新西兰^{R}NZ^R,柬KH,港HK,澳门MO,韩^{R}KR^R	0	受惠国LD	0

序号 No.	税则号列 Tariff Line	货品名称 Article Description	最惠国税率 MFN(%)	协定税率 Agreement(%)		特惠税率 SP(%)		普通税率 Gen(%)
445	0308.9012	----沙蚕, 种苗除外 ----Clamworm, other than those for cultivation	7	0	东盟AS,智CL,新西兰NZ,秘PE,哥CR,瑞CH,冰IS,澳AU,格GE,毛MU,东盟^RAS^R,澳^RAU^R,新西兰^RNZ^R,柬KH,港HK,澳门MO	0	受惠国LD,柬KH,缅MM	70
				1.4	韩KR			
				9	巴PK			
				11.2	韩^RKR^R			
				11.5	日^RJP^R			
446	0308.9019	----其他 ----Other	7	0	东盟AS,智CL,新西兰NZ,秘PE,哥CR,瑞CH,冰IS,澳AU,格GE,毛MU,东盟^RAS^R,澳^RAU^R,新西兰^RNZ^R,柬KH,港HK,澳门MO	0	受惠国LD,柬KH,缅MM	70
				1.4	韩KR			
				11.2	巴PK,韩^RKR^R			
				11.5	日^RJP^R			
447	0308.9090	---其他 ---Other	7	0	东盟AS,智CL,新西兰NZ,秘PE,哥CR,瑞CH,冰IS,澳AU,格GE,毛MU,柬KH,港HK,澳门MO	0	受惠国LD,柬KH,缅MM	70
				4	韩KR			
				8	东盟^RAS^R,澳^RAU^R,新西兰^RNZ^R,韩^RKR^R			
				8.8	日^RJP^R			
	03.09	适合供人食用的鱼、甲壳动物、软体动物和其他水生无脊椎动物的细粉、粗粉及团粒： Flours, meals and pellets of fish, crustaceans, molluscs and other aquatic invertebrates, fit for human consumption:						
448	0309.1000	-鱼的 -Of fish	7	0	东盟AS,智CL,新西兰NZ,秘PE,哥CR,瑞CH,冰IS,澳AU,格GE,毛MU,东盟^RAS^R,澳^RAU^R,新西兰^RNZ^R,柬KH,港HK,澳门MO	0	受惠国LD	80
				1	韩KR			
				3	巴PK			
				8	韩^RKR^R			
				8.2	日^RJP^R			
449	0309.9000	-其他 -Other	7	0	东盟AS,智CL,新西兰NZ,秘PE,哥CR,瑞CH,冰IS,澳AU,格GE,毛MU,东盟^RAS^R,澳^RAU^R,新西兰^RNZ^R,柬KH,港HK,澳门MO	0	受惠国LD,柬KH,缅MM	70
				3.4	韩KR			
				8	韩^RKR^R			
				8.2	日^RJP^R			
				11.2	巴PK			

Chapter 4
Dairy produce; birds' eggs; natural honey;
edible products of animal origin,
not elsewhere specified or included

注释：

一、所称"乳"，是指全脂乳及半脱脂或全脱脂的乳。

二、税目04.03所称"酸乳"可以浓缩或调味，可以含糖或其他甜味物质、水果、坚果、可可、巧克力、调味香料、咖啡或咖啡提取物、其他植物或植物的部分、谷物或面包制品，但添加的任何物质不能用于全部或部分取代任何乳成分，而且产品需保留酸乳的基本特征。

三、税目04.05所称：

（一）"黄油"，仅指从乳中提取的天然黄油、乳清黄油及调制黄油（新鲜、加盐或酸败的，包括罐装黄油），按重量计乳脂含量在80%及以上，但不超过95%，乳的无脂固形物最大含量不超过2%，以及水的最大含量不超过16%。黄油中不含添加的乳化剂，但可含有氯化钠、食用色素、中和盐及无害乳酸菌的培养物。

（二）"乳酱"是一种油包水型可涂抹的乳状物，乳脂是该制品所含的唯一脂肪，按重量计其含量在39%及以上，但小于80%。

四、乳清经浓缩并加入乳或乳脂制成的产品，若同时具有下列三种特性，则视为乳酪归入税目04.06：

（一）按干重计乳脂含量在5%及以上的；

（二）按重量计干质成分至少为70%，但不超过85%的；

（三）已成形或可以成形的。

五、本章不包括：

（一）不适宜供人食用的死昆虫（税目05.11）；

（二）按重量计乳糖含量（以干燥无水乳糖计）超过95%的乳清制品（税目17.02）；

（三）以一种物质（例如，油酸酯）代替乳中一种或多种天然成分（例如，丁酸酯）而制得的产品（税目19.01或21.06）；或

（四）白蛋白（包括按重量计干质成分的乳清蛋白含量超过80%的两种或两种以上的乳清蛋白浓缩物）（税目35.02）及球蛋白（税目35.04）。

六、税目04.10所称"昆虫"是指全部或部分食用的死昆虫，新鲜的、冷藏的、冷冻的、干燥的、烟熏的、盐腌或盐渍的；以及适合供人食用的昆虫的细粉和粗粉。但本税目不包括用其他方法制作或保藏的食用的死昆虫（第四类）。

Notes:

1. The expression "milk" means full cream milk or partially or completely skimmed milk.

2. For the purposes of heading 04.03, yogurt may be concentrated or flavoured and may contain added sugar or other sweetening matter, fruit, nuts, cocoa, chocolate, spices, coffee or coffee extracts, plants, parts of plants, cereals or bakers' wares, provided that any added substance is not used for the purpose of replacing, in whole or in part, any milk constituent, and the product retains the essential character of yogurt.

3. For the purposes of heading 04.05:

   (a) The term "butter" means natural butter, whey butter or recombined butter (fresh, salted or rancid, including canned butter) derived exclusively from milk, with a milkfat content of 80% or more but not more than 95% by weight, a maximum milk solids-not-rat content of 2% by weight and a maximum water content of 16% by weight. Butter does not contain emulsifiers, but may contain sodium chloride, food colours, neutralizing salts and cultures of harmless lactic-acid-producing bacteria.

   (b) The expression "dairy spreads" means a spreadable emulsion of the water-in-oil type, containing milkfat as the only fat in the product, with a milkfat content of 39% or more but less than 80% by weight.

4. Products obtained by the concentration of whey and with the addition of milk or milkfat are to be classified as cheese in heading 04.06 provided that they have the three following characteristics:

   (a) A milkfat content, by weight of the dry matter, of 5% or more;

   (b) A dry matter content, by weight, of at least 70% but not exceeding 85%; and

   (c) They are moulded or capable of being moulded.

5. This Chapter does not cover:

   (a) Non-living insects, unfit for human consumption (heading 05.11);

   (b) Products obtained from whey, containing by weight more than 95% lactose, expressed as anhydrous lactose calculated on the dry matter (heading 17.02);

   (c) Products obtained from milk by replacing one or more of its natural constituents (e.g., butyric fats) by another substance (e.g., oleic fats) (heading 19.01 or 21.06); or

   (d) Albumins (including concentrates of two or more whey proteins, containing by weight more than 80% whey proteins, calculated on the dry matter) (heading 35.02) or globulins(heading 35.04).

6. For the purposes of heading 04.10, the term "insects" means edible non-living insects, whole or in parts, fresh, chilled, frozen, dried, smoked, salted or in brine, as well as flours and meals of insects, fit for human consumption. However, it does not cover edible non-living insects otherwise prepared or preserved (generally Section Ⅳ).

子目注释：

一、子目 0404.10 所称"改性乳清"，是指由乳清成分构成的制品，即全部或部分去除乳糖、蛋白或矿物质的乳清、加入天然乳清成分的乳清及由混入天然乳清成分制成的产品。

二、子目 0405.10 所称"黄油"，不包括脱水黄油及印度酥油（子目 0405.90）。

Subheading Notes:

1. For the purpose of subheading 0404.10, the expression "modified whey" means products consisting of whey constituents, that is, whey from which all or part of the lactose, proteins or minerals have been removed, whey to which natural whey constituents have been added and products obtained by mixing natural whey constituents.

2. For the purposes of subheading 0405.10 the term "butter" does not include dehydrated butter or ghee (subheading 0405.90).

序号 No.	税则号列 Tariff Line	货品名称 Article Description	最惠国税率 MFN(%)	协定税率 Agreement(%)		特惠税率 SP(%)		普通税率 Gen(%)
	04.01	未浓缩及未加糖或其他甜物质的乳及稀奶油： Milk and cream,not concentrated nor containing added sugar or other sweetening matter:						
450	0401.1000	-按重量计脂肪含量不超过1% -Of a fat content, by weight, not exceeding 1%	15	0	东盟AS,智CL,新西兰NZ,秘PE,瑞CH,冰IS,格GE,毛MU,柬KH,港HK,澳门MO	0	受惠国LD	40
				1.5	澳AU			
				2	哥CR			
				12	巴PK			
				13.5	东盟^{R}AS^R,澳^{R}AU^R,新西兰^{R}NZ^R			
451	0401.2000	-按重量计脂肪含量超过1%,但不超过6% -Of a fat content, by weight, exceeding 1% but not exceeding 6%	15	0	东盟AS,智CL,巴PK,新西兰NZ,秘PE,瑞CH,冰IS,格GE,毛MU,柬KH,港HK,澳门MO	0	受惠国LD	40
				1.5	澳AU			
				2	哥CR			
				13.5	东盟^{R}AS^R			
				15	澳^{R}AU^R,新西兰^{R}NZ^R			
452	0401.4000	-按重量计脂肪含量超过6%,但不超过10% -Of a fat content, by weight, exceeding 6% but not exceeding 10%	15	0	东盟AS,智CL,新西兰NZ,秘PE,瑞CH,冰IS,格GE,毛MU,柬KH,港HK,澳门MO	0	受惠国LD	40
				1.5	澳AU			
				2	哥CR			
				12	巴PK			
				13.5	东盟^{R}AS^R			
				15	澳^{R}AU^R,新西兰^{R}NZ^R			
453	0401.5000	-按重量计脂肪含量超过10% -Of a fat content, by weight, exceeding 10%	15	0	东盟AS,智CL,新西兰NZ,秘PE,瑞CH,冰IS,格GE,毛MU,柬KH,港HK,澳门MO	0	受惠国LD	40
				1.5	澳AU			
				2	哥CR			
				12	巴PK			
				13.5	东盟^{R}AS^R			
				15	澳^{R}AU^R,新西兰^{R}NZ^R			
	04.02	浓缩、加糖或其他甜物质的乳及稀奶油: Milk and cream,concentrated or containing added sugar or other sweetening matter:						

序号 No.	税则号列 Tariff Line	货品名称 Article Description	最惠国税率 MFN(%)	协定税率 Agreement(%)		特惠税率 SP(%)	普通税率 Gen(%)
454	0402.1000	-粉状、粒状或其他固体形状, 按重量计脂肪含量不超过1.5% -In powder, granules or other solid forms, of a fat content, by weight, not exceeding1.5%	10	0 1.3 1.8 2.5 5 7 9 10	东盟AS,智CL,新西兰NZ,瑞CH,冰IS,格GE,毛MU,柬KH,港HK,澳门MO 哥CR 秘PE 澳AU 巴PK 亚太AP 东盟^{R}AS^R 澳^{R}AU^R,新西兰^{R}NZ^R	0 受惠国LD	40
		-粉状、粒状或其他固体形状, 按重量计脂肪含量超过1.5%: -In powder, granules or other solid forms, of a fat content, by weight, exceeding 1.5%:					
455	0402.2100	--未加糖或其他甜物质 --Not containing added sugar or other sweetening matter	10	0 1.3 1.8 2.5 7 9 10	东盟AS,智CL,巴PK,新西兰NZ,冰IS,格GE,毛MU,柬KH,港HK,澳门MO 哥CR 秘PE 澳AU 亚太AP 东盟^{R}AS^R 新西兰^{R}NZ^R	0 受惠国LD	40
456	0402.2900	--其他 --Other	10	0 1.3 1.8 2.5 5 9 10	东盟AS,智CL,新西兰NZ,瑞CH,冰IS,格GE,毛MU,柬KH,港HK,澳门MO 哥CR 秘PE 澳AU 巴PK 东盟^{R}AS^R 新西兰^{R}NZ^R	0 受惠国LD	40
		-其他: -Other:					
457	0402.9100	--未加糖或其他甜物质 --Not containing added sugar or other sweetening matter	10	0 1.3 2.5 5 9 10	东盟AS,智CL,新西兰NZ,秘PE,冰IS,格GE,毛MU,柬KH,港HK,澳门MO 哥CR 澳AU 巴PK 东盟^{R}AS^R 澳^{R}AU^R,新西兰^{R}NZ^R	0 受惠国LD	90
458	0402.9900	--其他 --Other	10	0 1.3 1.8 2.5 5 9	东盟AS,智CL,新西兰NZ,冰IS,格GE,毛MU,柬KH,港HK,澳门MO 哥CR 秘PE 澳AU 巴PK 东盟^{R}AS^R,澳^{R}AU^R,新西兰^{R}NZ^R	0 受惠国LD	90

序号 No.	税则号列 Tariff Line	货品名称 Article Description	最惠国税率 MFN(%)	协定税率 Agreement(%)		特惠税率 SP(%)		普通税率 Gen(%)
	04.03	酸乳; 酪乳、结块的乳及稀奶油、酸乳酒及其他发酵或酸化的乳和稀奶油, 不论是否浓缩、加糖、加其他甜物质、加香料、加水果、加坚果或加可可: Yogurt; buttermilk, curdled milk and cream, kephir and other fermented or acidified milk and cream, whether or not concentrated or containing added sugar or other sweetening matter or flavoured or containing added fruit, nuts or cocoa:						
		-酸乳: -Yogurt:						
459	0403.2010	---不论是否浓缩, 除允许添加的添加剂外, 仅可含糖或其他甜味物质、香料、水果、坚果、可可 ---Only containing added sugar or other sweetening matter, flavoured, fruit, nuts or cocoa, other than permitted additives, whether or not concentrated	10	0 1 1.3 1.7 5 9	东盟AS,智CL,新西兰NZ,秘PE,冰IS,格GE,毛MU,柬KH,港HK,澳门MO 澳AU 哥CR 瑞CH 巴PK 东盟^RAS^R,澳^RAU^R,新西兰^RNZ^R	0	受惠国LD	90
460	0403.2090	---其他 ---Other	10	0 4 8.7 8.8 9	东盟AS,智CL,巴PK,新西兰NZ,新加坡SG,秘PE,哥CR,瑞CH,冰IS,澳AU,格GE,毛MU,柬KH,港HK,澳门MO 韩KR 东盟^RAS^R,韩^RKR^R 日^RJP^R 澳^RAU^R,新西兰^RNZ^R	0	受惠国LD	80
461	0403.9000	-其他 -Other	20	0 2 2.7 18	东盟AS,智CL,新西兰NZ,秘PE,冰IS,格GE,毛MU,柬KH,港HK,澳门MO 澳AU 哥CR 东盟^RAS^R,澳^RAU^R,新西兰^RNZ^R	0	受惠国LD	90
	04.04	乳清, 不论是否浓缩、加糖或其他甜物质; 其他税目未列名的含天然乳的产品, 不论是否加糖或其他甜物质: Whey, whether or not concentrated or containing added sugar or other sweetening matter; products consisting of natural milk constituents, whether or not containing added sugar or other sweetening matter, not elsewhere specified or included:						

序号 No.	税则号列 Tariff Line	货品名称 Article Description	最惠国税率 MFN(%)	协定税率 Agreement(%)		特惠税率 SP(%)		普通税率 Gen(%)
462	0404.1000	-乳清及改性乳清,不论是否浓缩、加糖或其他甜物质 -Whey and modified whey, whether or not concentrated or containing added sugar or other sweetening matter	6Δ2	0	东盟AS,智CL,新西兰NZ,秘PE,冰IS,澳AU,格GE,毛MU,柬KH,港HK,澳门MO	0	受惠国LD	30
				0.8	哥CR			
				2.4	韩KR			
				4.8	东盟^RAS^R,澳^RAU^R,新西兰^RNZ^R,韩^RKR^R			
				5	巴PK			
				5.3	日^RJP^R			
463	0404.9000	-其他 -Other	20	0	东盟AS,智CL,新西兰NZ,秘PE,冰IS,格GE,毛MU,柬KH,港HK,澳门MO	0	受惠国LD	90
				2	澳AU			
				2.7	哥CR			
				8	韩KR			
				17.3	东盟^RAS^R,韩^RKR^R			
				17.5	日^RJP^R			
				18	澳^RAU^R,新西兰^RNZ^R			
	04.05	黄油及其他从乳中提取的脂和油; 乳酱: Butter and other fats and oils derived from milk; dairy spreads:						
464	0405.1000	-黄油 -Butter	10	0	东盟AS,智CL,新西兰NZ,秘PE,瑞CH,冰IS,格GE,毛MU,柬KH,港HK,澳门MO	0	受惠国LD	90
				1	澳AU			
				1.3	哥CR			
				4	韩KR			
				5	巴PK			
				8.7	东盟^RAS^R,韩^RKR^R			
				8.8	日^RJP^R			
				10	澳^RAU^R,新西兰^RNZ^R			
465	0405.2000	-乳酱 -Dairy spreads	10	0	东盟AS,智CL,新西兰NZ,秘PE,瑞CH,冰IS,澳AU,格GE,毛MU,柬KH,港HK,澳门MO	0	受惠国LD	90
				1.3	哥CR			
				4	韩KR			
				5	巴PK			
				8	东盟^RAS^R,澳^RAU^R,新西兰^RNZ^R,韩^RKR^R			
				8.1	亚太AP			
				8.8	日^RJP^R			

序号 No.	税则号列 Tariff Line	货品名称 Article Description	最惠国税率 MFN(%)	协定税率 Agreement(%)		特惠税率 SP(%)	普通税率 Gen(%)
466	0405.9000	-其他 -Other	10	0	东盟AS,智CL,新西兰NZ,秘PE,冰IS,格GE,毛MU,柬KH,港HK,澳门MO	0 受惠国LD	90
				1	澳AU		
				1.3	哥CR		
				4	韩KR		
				5	巴PK		
				8.7	东盟^RAS^R,韩^RKR^R		
				8.8	日^RJP^R		
				10	澳^RAU^R,新西兰^RNZ^R		
	04.06	**乳酪及凝乳:** **Cheese and curd:**					
467	0406.1000	-鲜乳酪(未熟化或未固化的),包括乳清乳酪;凝乳 -Fresh (unripened or uncured) cheese, including whey cheese, and curd	12	0	东盟AS,智CL,新西兰NZ,秘PE,冰IS,格GE,毛MU,柬KH,港HK,澳门MO	0 受惠国LD	90
				1.2	澳AU		
				1.6	哥CR		
				4.8	瑞CH,韩KR		
				6	巴PK		
				10.4	东盟^RAS^R,韩^RKR^R		
				10.5	日^RJP^R		
				12	澳^RAU^R,新西兰^RNZ^R		
468	0406.2000	-各种磨碎或粉化的乳酪 -Grated or powdered cheese, of all kinds	12△8	0	东盟AS,智CL,新西兰NZ,冰IS,格GE,毛MU,柬KH,港HK,澳门MO	0 受惠国LD	90
				0.8	秘PE		
				1.2	澳AU		
				1.6	哥CR		
				4.8	瑞CH,韩KR		
				6	巴PK		
				10.4	东盟^RAS^R,韩^RKR^R		
				10.5	日^RJP^R		
				10.8	澳^RAU^R,新西兰^RNZ^R		
469	0406.3000	-经加工的乳酪,但磨碎或粉化的除外 -Processed cheese, not grated or powdered	12△8	0	东盟AS,智CL,新西兰NZ,冰IS,格GE,毛MU,柬KH,港HK,澳门MO	0 受惠国LD	90
				0.8	秘PE		
				1.2	澳AU		
				1.6	哥CR		
				4.8	瑞CH,韩KR		
				6	巴PK		
				10.4	东盟^RAS^R,韩^RKR^R		
				10.5	日^RJP^R		
				12	澳^RAU^R,新西兰^RNZ^R		

序号 No.	税则号列 Tariff Line	货品名称 Article Description	最惠国税率 MFN(%)		协定税率 Agreement(%)	特惠税率 SP(%)	普通税率 Gen(%)
470	0406.4000	-蓝纹乳酪和娄地青霉生产的带有纹理的其他乳酪 -Blue-veined cheese and other cheese containing veins produced by Penicillium roqueforti	15Δ8	0	东盟AS,智CL,新西兰NZ,秘PE,冰IS,澳AU,格GE,毛MU,柬KH,港HK,澳门MO	0 受惠国LD	90
				2	哥CR		
				6	韩KR		
				12	巴PK,东盟^{R}AS^R,澳^{R}AU^R,新西兰^{R}NZ^R,韩^{R}KR^R		
				13.1	日^{R}JP^R		
471	0406.9000	-其他酪 -Other cheese	12Δ8	0	东盟AS,智CL,新西兰NZ,秘PE,冰IS,格GE,毛MU,柬KH,港HK,澳门MO	0 受惠国LD	90
				1.2	澳AU		
				1.6	哥CR		
				4.8	瑞CH,韩KR		
				6	巴PK		
				10.4	东盟^{R}AS^R,韩^{R}KR^R		
				10.5	日^{R}JP^R		
				12	澳^{R}AU^R,新西兰^{R}NZ^R		
	04.07	带壳禽蛋, 鲜、腌制或煮过的: Birds' eggs, in shell, fresh, preserved or cooked:					
		-孵化用受精禽蛋: -Fertilised eggs for incubation:					
472	0407.1100	--鸡的 --Of fowls of the species *Gallus domesticus*	0	0	东盟AS,智CL,巴PK,新西兰NZ,秘PE,哥CR,瑞CH,冰IS,韩KR,澳AU,格GE,毛MU,东盟^{R}AS^R,澳^{R}AU^R,日^{R}JP^R,新西兰^{R}NZ^R,柬KH,港HK,澳门MO,韩^{R}KR^R	0 受惠国LD	0
473	0407.1900	--其他 --Other	0	0	东盟AS,智CL,巴PK,新西兰NZ,秘PE,哥CR,瑞CH,冰IS,韩KR,澳AU,格GE,毛MU,东盟^{R}AS^R,澳^{R}AU^R,日^{R}JP^R,新西兰^{R}NZ^R,柬KH,港HK,澳门MO,韩^{R}KR^R	0 受惠国LD	0
		-其他鲜蛋: -Other fresh eggs:					
474	0407.2100	--鸡的 --Of fowls of the species *Gallus domesticus*	20	0	东盟AS,智CL,新西兰NZ,秘PE,哥CR,瑞CH,冰IS,澳AU,格GE,毛MU,柬KH,港HK,澳门MO	0 受惠国LD,柬KH,缅MM	80
				8	韩KR		
				16	东盟^{R}AS^R,澳^{R}AU^R,新西兰^{R}NZ^R,韩^{R}KR^R		
				17.5	日^{R}JP^R		
475	0407.2900	--其他 --Other	20	0	东盟AS,智CL,新西兰NZ,秘PE,哥CR,瑞CH,冰IS,澳AU,格GE,毛MU,柬KH,港HK,澳门MO	0 受惠国LD,柬KH,缅MM	80
				8	韩KR		
				16	东盟^{R}AS^R,澳^{R}AU^R,新西兰^{R}NZ^R,韩^{R}KR^R		
				17.5	日^{R}JP^R		

序号 No.	税则号列 Tariff Line	货品名称 Article Description	最惠国税率 MFN(%)	协定税率 Agreement(%)		特惠税率 SP(%)	普通税率 Gen(%)
		-其他: -Other:					
476	0407.9010	---咸蛋 ---Salted eggs	20	0	东盟AS,智CL,新西兰NZ,秘PE,哥CR,瑞CH,冰IS,澳AU,格GE,毛MU,柬KH,港HK,澳门MO	0 受惠国LD,缅MM	90
				8	韩KR		
				16	东盟^RAS^R,澳^RAU^R,新西兰^RNZ^R,韩^RKR^R		
				17.5	日^RJP^R		
477	0407.9020	---皮蛋 ---Preserved eggs	20	0	东盟AS,智CL,新西兰NZ,秘PE,哥CR,瑞CH,冰IS,澳AU,格GE,毛MU,柬KH,港HK,澳门MO	0 受惠国LD	90
				8	韩KR		
				16	东盟^RAS^R,澳^RAU^R,新西兰^RNZ^R,韩^RKR^R		
				17.5	日^RJP^R		
478	0407.9090	---其他 ---Other	20	0	东盟AS,智CL,新西兰NZ,秘PE,哥CR,瑞CH,冰IS,澳AU,格GE,毛MU,柬KH,港HK,澳门MO	0 受惠国LD	90
				8	韩KR		
				16	东盟^RAS^R,澳^RAU^R,新西兰^RNZ^R,韩^RKR^R		
				17.5	日^RJP^R		
	04.08	去壳禽蛋及蛋黄,鲜、干、冻、蒸过或水煮、制成型或用其他方法保藏的,不论是否加糖或其他甜物质: Birds' eggs, not in shell, and egg yolks, fresh, dried, cooked by steaming or by boiling in water, moulded, frozen or otherwise preserved, whether or not containing added sugar or other sweetening matter:					
		-蛋黄: -Egg yolks:					
479	0408.1100	--干的 --Dried	20	0	东盟AS,智CL,新西兰NZ,秘PE,哥CR,瑞CH,冰IS,澳AU,格GE,毛MU,柬KH,港HK,澳门MO	0 受惠国LD	90
				8	韩KR		
				16	东盟^RAS^R,澳^RAU^R,新西兰^RNZ^R,韩^RKR^R		
				17.5	日^RJP^R		
480	0408.1900	--其他 --Other	20	0	东盟AS,智CL,新西兰NZ,秘PE,哥CR,瑞CH,冰IS,澳AU,格GE,毛MU,柬KH,港HK,澳门MO	0 受惠国LD	90
				8	韩KR		
				16	东盟^RAS^R,澳^RAU^R,新西兰^RNZ^R,韩^RKR^R		
				17.5	日^RJP^R		
		-其他: -Other:					

序号 No.	税则号列 Tariff Line	货品名称 Article Description	最惠国税率 MFN(%)	协定税率 Agreement(%)		特惠税率 SP(%)	普通税率 Gen(%)
481	0408.9100	--干的 --Dried	20	0	东盟AS,智CL,新西兰NZ,秘PE,哥CR,瑞CH,冰IS,澳AU,格GE,毛MU,柬KH,港HK,澳门MO	0 受惠国LD	90
				8	韩KR		
				16	东盟^{R}AS^R,澳^{R}AU^R,新西兰^{R}NZ^R,韩^{R}KR^R		
				17.5	日^{R}JP^R		
482	0408.9900	--其他 --Other	20	0	东盟AS,智CL,新西兰NZ,秘PE,哥CR,瑞CH,冰IS,澳AU,格GE,毛MU,柬KH,港HK,澳门MO	0 受惠国LD	90
				8	韩KR		
				16	东盟^{R}AS^R,澳^{R}AU^R,新西兰^{R}NZ^R,韩^{R}KR^R		
				17.5	日^{R}JP^R		
	04.09	天然蜂蜜: Natural honey:					
483	0409.0000	天然蜂蜜 Natural honey	15	0	东盟AS,智CL,巴PK,新西兰NZ,秘PE,哥CR,瑞CH,冰IS,澳AU,格GE,毛MU,柬KH,港HK,澳门MO	0 受惠国LD,柬KH,老LA	80
				6	韩KR		
				13	东盟^{R}AS^R,韩^{R}KR^R		
				13.1	日^{R}JP^R		
				13.5	澳^{R}AU^R,新西兰^{R}NZ^R		
	04.10	其它税目未列名的昆虫及其他食用动物产品: Insects and other edible products of animal origin, not elsewhere specified or included:					
484	0410.1000	-昆虫 -Insects	20	0	东盟AS,智CL,新西兰NZ,秘PE,哥CR,瑞CH,冰IS,澳AU,格GE,毛MU,柬KH,港HK,澳门MO,台TW	0 受惠国LD,缅MM	70
				8	韩KR		
				17.3	东盟^{R}AS^R		
				17.5	日^{R}JP^R		
				18	澳^{R}AU^R,新西兰^{R}NZ^R		
				20	韩^{R}KR^R		
		-其他: -Other:						
485	0410.9010	---燕窝 ---Salanganes nests	25	0	东盟AS,智CL,新西兰NZ,秘PE,哥CR,瑞CH,冰IS,澳AU,格GE,东盟^{R}AS^R,澳^{R}AU^R,新西兰^{R}NZ^R,柬KH,港HK,澳门MO	0 受惠国LD,柬KH,缅MM	80
				2.5	韩KR		
				10	毛MU		
				20	韩^{R}KR^R		
				20.5	日^{R}JP^R		
		---蜂产品: ---Bee products:						

序号 No.	税则号列 Tariff Line	货品名称 Article Description	最惠国税率 MFN(%)	协定税率 Agreement(%)		特惠税率 SP(%)	普通税率 Gen(%)
486	0410.9021	----鲜蜂王浆 ----Pure royal jelly	15	0	东盟AS,智CL,新西兰NZ,秘PE,哥CR,瑞CH,冰IS,澳AU,格GE,毛MU,东盟^{R}AS^R,澳^{R}AU^R,新西兰^{R}NZ^R,柬KH,港HK,澳门MO	0 受惠国LD	70
				1.5	韩KR		
				12	巴PK,韩^{R}KR^R		
				12.3	日^{R}JP^R		
487	0410.9022	----鲜蜂王浆粉 ----Pure royal jelly, in powder	15	0	东盟AS,智CL,新西兰NZ,秘PE,哥CR,瑞CH,冰IS,澳AU,格GE,毛MU,东盟^{R}AS^R,澳^{R}AU^R,新西兰^{R}NZ^R,柬KH,港HK,澳门MO	0 受惠国LD	70
				1.5	韩KR		
				12	巴PK,韩^{R}KR^R		
				12.3	日^{R}JP^R		
488	0410.9023	----蜂花粉 ----Bee pollen	20	0	东盟AS,智CL,新西兰NZ,秘PE,哥CR,瑞CH,冰IS,澳AU,格GE,毛MU,柬KH,港HK,澳门MO	0 受惠国LD	70
				8	韩KR		
				16	东盟^{R}AS^R,澳^{R}AU^R,新西兰^{R}NZ^R,韩^{R}KR^R		
				17.5	日^{R}JP^R		
489	0410.9029	----其他 ----Other	20	0	东盟AS,智CL,新西兰NZ,秘PE,哥CR,瑞CH,冰IS,澳AU,格GE,毛MU,柬KH,港HK,澳门MO	0 受惠国LD	70
				8	韩KR		
				16	东盟^{R}AS^R,澳^{R}AU^R,新西兰^{R}NZ^R,韩^{R}KR^R		
				17.5	日^{R}JP^R		
490	0410.9090	---其他 ---Other	20	0	东盟AS,智CL,新西兰NZ,秘PE,哥CR,瑞CH,冰IS,澳AU,格GE,毛MU,柬KH,港HK,澳门MO,台TW	0 受惠国LD,缅MM	70
				8	韩KR		
				17.3	东盟^{R}AS^R		
				17.5	日^{R}JP^R		
				18	澳^{R}AU^R,新西兰^{R}NZ^R		
				20	韩^{R}KR^R		

<table>
<tr><td colspan="2">第五章
其他动物产品</td><td colspan="2">Chapter 5
Products of animal origin, not
elsewhere specified or included</td></tr>
</table>

第五章
其他动物产品

Chapter 5
Products of animal origin, not
elsewhere specified or included

注释:

一、本章不包括:

（一）食用产品（整个或切块的动物肠、膀胱和胃以及液态或干制的动物血除外）；

（二）生皮或毛皮（第四十一章、第四十三章），但税目05.05的货品及税目05.11的生皮或毛皮的边角废料仍归入本章；

（三）马毛及废马毛以外的动物纺织原料（第十一类）；或

（四）供制帚、制刷用的成束、成簇的材料（税目96.03）。

二、仅按长度而未按发根和发梢整理的人发，视为未加工品，归入税目05.01。

三、本目录所称"兽牙"，是指象、河马、海象、一角鲸和野猪的长牙、犀角及其他动物的牙齿。

四、本目录所称"马毛"，是指马科、牛科动物的鬃毛和尾毛。税目05.11主要包括马毛及废马毛，不论是否制成带衬垫或不带衬垫的毛片。

Notes:

1. This Chapter does not cover:

(a) Edible products (other than guts, bladders and stomachs of animals, whole and pieces thereof, and animal blood, liquid or dried);

(b) Hides or skins (including furskins) other than goods of heading 05.05 and parings and similar waste of raw hides or skins of heading 05.11 (Chapter 41 or 43);

(c) Animal textile materials, other than horsehair and horsehair waste (Section XI); or

(d) Prepared knots or tufts for broom or brush making (heading 96.03).

2. For the purposes of heading 05.01, the sorting of human hair by length (provided the root ends and tip ends respectively are not arranged together) shall be deemed not to constitute orking.

3. Throughout the Nomenclature, elephant, hippopotamus, walrus, narwhal and wild boar tusks, rhinoceros horns and the teeth of all animals are regarded as "ivory".

4. Throughout the Nomenclature, the expression "horsehair" means hair of the manes or tails of equine or bovine animals. Heading 05.11 covers, inter alia, horsehair and horsehair waste, whether or not put up as a layer with or without supporting material.

序号 No.	税则号列 Tariff Line	货品名称 Article Description	最惠国税率 MFN(%)	协定税率 Agreement(%)		特惠税率 SP(%)	普通税率 Gen(%)
	05.01	未经加工的人发，不论是否洗涤；废人发： Human hair, unworked, whether or not washed or scoured; waste of human hair:					
491	0501.0000	未经加工的人发，不论是否洗涤；废人发 Human hair, unworked, whether or not washed or scoured; waste of human hair	15	0 1.5 7.2 12 12.3	东盟AS,智CL,新西兰NZ,秘PE,哥CR,瑞CH,冰IS,澳AU,格GE,毛MU,东盟^{R}AS^R,澳^{R}AU^R,新西兰^{R}NZ^R,柬KH,港HK,澳门MO 韩KR 巴PK 韩^{R}KR^R 日^{R}JP^R	0 受惠国LD	90
	05.02	猪鬃、猪毛；獾毛及其他制刷用兽毛；上述鬃毛的废料： Pigs', hogs' or boars' bristles and hair; badger hair and other brush making hair; waste of such bristles or hair:					
		-猪鬃、猪毛及其废料： -Pigs', hogs' or boars' bristles and hair and waste thereof:					

序号 No.	税则号列 Tariff Line	货品名称 Article Description	最惠国税率 MFN(%)	协定税率 Agreement(%)		特惠税率 SP(%)	普通税率 Gen(%)
492	0502.1010	---猪鬃 ---Bristles	20	0	东盟AS,智CL,新西兰NZ,秘PE, 哥CR,瑞CH,冰IS,澳AU,格GE, 毛MU,柬KH,港HK,澳门MO	0 受惠国LD	90
				8	韩KR		
				12	巴PK		
				16	东盟^RAS^R,澳^RAU^R,新西兰^RNZ^R, 韩^RKR^R		
				16.4	日^RJP^R		
493	0502.1020	---猪毛 ---Hair	20	0	东盟AS,智CL,新西兰NZ,秘PE, 哥CR,瑞CH,冰IS,澳AU,格GE, 毛MU,柬KH,港HK,澳门MO	0 受惠国LD	90
				8	韩KR		
				12	巴PK		
				16	东盟^RAS^R,澳^RAU^R,新西兰^RNZ^R, 韩^RKR^R		
				16.4	日^RJP^R		
494	0502.1030	---废料 ---Waste	20	0	东盟AS,智CL,新西兰NZ,秘PE, 哥CR,瑞CH,冰IS,澳AU,格GE, 毛MU,柬KH,港HK,澳门MO	0 受惠国LD	90
				8	韩KR		
				12	巴PK		
				16	东盟^RAS^R,澳^RAU^R,新西兰^RNZ^R, 韩^RKR^R		
				16.4	日^RJP^R		
		-其他: -Other:					
		---獾毛及其他制刷用兽毛: ---Badger hair and other brush making hair:					
495	0502.9011	----山羊毛 ----Goat hair	20	0	东盟AS,智CL,新西兰NZ,秘PE, 哥CR,瑞CH,冰IS,澳AU,格GE, 毛MU,柬KH,港HK,澳门MO	0 受惠国LD	90
				8	韩KR		
				16	东盟^RAS^R,澳^RAU^R,新西兰^RNZ^R, 韩^RKR^R		
				17.5	日^RJP^R		
496	0502.9012	----黄鼠狼尾毛 ----Weasel tail hair	20	0	东盟AS,智CL,新西兰NZ,秘PE, 哥CR,瑞CH,冰IS,澳AU,格GE, 毛MU,柬KH,港HK,澳门MO	0 受惠国LD	90
				8	韩KR		
				16	东盟^RAS^R,澳^RAU^R,新西兰^RNZ^R, 韩^RKR^R		
				17.5	日^RJP^R		

序号 No.	税则号列 Tariff Line	货品名称 Article Description	最惠国税率 MFN(%)	协定税率 Agreement(%)		特惠税率 SP(%)		普通税率 Gen(%)
497	0502.9019	----其他 ----Other	20	0	东盟AS,智CL,新西兰NZ,秘PE,哥CR,瑞CH,冰IS,澳AU,格GE,毛MU,柬KH,港HK,澳门MO	0	受惠国LD	90
				8	韩KR			
				16	东盟^{R}AS^R,澳^{R}AU^R,新西兰^{R}NZ^R,韩^{R}KR^R			
				17.5	日^{R}JP^R			
498	0502.9020	---废料 ---Waste	20	0	东盟AS,智CL,新西兰NZ,秘PE,哥CR,瑞CH,冰IS,澳AU,格GE,毛MU,柬KH,港HK,澳门MO	0	受惠国LD	90
				8	韩KR			
				16	东盟^{R}AS^R,澳^{R}AU^R,新西兰^{R}NZ^R,韩^{R}KR^R			
				17.5	日^{R}JP^R			
	05.04	整个或切块的动物（鱼除外）的肠、膀胱及胃，鲜、冷、冻、干、熏、盐腌或盐渍的： Guts, bladders and stomachs of animals (other than fish), whole and pieces thereof, fresh, chilled, frozen, salted, in brine, dried or smoked:						
		---肠衣： ---Casings:						
499	0504.0011	----盐渍猪肠衣（猪大肠头除外） ----Hog casings, salted (excluding hog fat-ends)	20	0	东盟AS,智CL,新西兰NZ,秘PE,哥CR,瑞CH,冰IS,澳AU,格GE,毛MU,柬KH,港HK,澳门MO	0	受惠国LD	90
				8	韩KR			
				10	亚太AP,巴PK			
				17.3	东盟^{R}AS^R			
				17.5	日^{R}JP^R			
				18	澳^{R}AU^R,新西兰^{R}NZ^R			
				20	韩^{R}KR^R			
500	0504.0012	----盐渍绵羊肠衣 ----Sheep casings, salted	18	0	东盟AS,智CL,新西兰NZ,秘PE,哥CR,瑞CH,冰IS,澳AU,格GE,毛MU,柬KH,港HK,澳门MO	0	受惠国LD	90
				7.2	韩KR			
				9	亚太AP,巴PK			
				15.6	东盟^{R}AS^R,韩^{R}KR^R			
				15.8	日^{R}JP^R			
				16.2	澳^{R}AU^R,新西兰^{R}NZ^R			

序号 No.	税则号列 Tariff Line	货品名称 Article Description	最惠国税率 MFN(%)	协定税率 Agreement(%)		特惠税率 SP(%)	普通税率 Gen(%)
501	0504.0013	----盐渍山羊肠衣 ----Goat casings, salted	18	0	东盟AS,智CL,新西兰NZ,秘PE,哥CR,瑞CH,冰IS,澳AU,格GE,毛MU,柬KH,港HK,澳门MO	0 受惠国LD	90
				7.2	韩KR		
				9	亚太AP,巴PK		
				14.4	东盟[R]AS[R],澳[R]AU[R],新西兰[R]NZ[R],韩[R]KR[R]		
				15.8	日[R]JP[R]		
502	0504.0014	----盐渍猪大肠头 ----Hog fat ends, salted	20	0	东盟AS,智CL,新西兰NZ,秘PE,哥CR,瑞CH,冰IS,澳AU,格GE,毛MU,柬KH,港HK,澳门MO	0 受惠国LD	90
				8	韩KR		
				10	亚太AP,巴PK		
				16	东盟[R]AS[R],澳[R]AU[R],新西兰[R]NZ[R],韩[R]KR[R]		
				17.5	日[R]JP[R]		
503	0504.0019	----其他 ----Other	18	0	东盟AS,智CL,新西兰NZ,秘PE,哥CR,瑞CH,冰IS,澳AU,格GE,毛MU,柬KH,港HK,澳门MO	0 受惠国LD	90
				7.2	韩KR		
				9	亚太AP,巴PK		
				15.6	东盟[R]AS[R],韩[R]KR[R]		
				15.8	日[R]JP[R]		
				16.2	澳[R]AU[R],新西兰[R]NZ[R]		
		---胃: ---Gizzard:					
504	0504.0021	----冷、冻的鸡胗 ----Cold, frozen gizzard	20	0	东盟AS,智CL,新西兰NZ,秘PE,哥CR,瑞CH,冰IS,澳AU,格GE,毛MU,柬KH,港HK,澳门MO	0 受惠国LD	①
				10	亚太AP		
				16	东盟[R]AS[R],澳[R]AU[R],新西兰[R]NZ[R],韩[R]KR[R]		
				17.5	日[R]JP[R]		
				②	韩KR		
				③	巴PK		

① 普通税率：7.7元/千克。
General Tariff Rate: 7.7¥/kg.

② 协定税率：0.5元/千克。
Agreement Tariff Rate: 0.5¥/kg.

③ 协定税率：0.65元/千克。
Agreement Tariff Rate: 0.65¥/kg.

序号 No.	税则号列 Tariff Line	货品名称 Article Description	最惠国税率 MFN(%)		协定税率 Agreement(%)	特惠税率 SP(%)	普通税率 Gen(%)
505	0504.0029	----其他 ----Other	20	0 8 10 16 17.5	东盟AS,智CL,新西兰NZ,秘PE, 哥CR,瑞CH,冰IS,澳AU,格GE, 毛MU,柬KH,港HK,澳门MO 韩KR 亚太AP,巴PK 东盟^{R}AS^R,澳^{R}AU^R,新西兰^{R}NZ^R, 韩^{R}KR^R 日^{R}JP^R	0 受惠国LD	90
506	0504.0090	---其他 ---Other	20	0 8 10 16 17.5	东盟AS,智CL,新西兰NZ,秘PE, 哥CR,瑞CH,冰IS,澳AU,格GE, 毛MU,柬KH,港HK,澳门MO 韩KR 亚太AP,巴PK 东盟^{R}AS^R,澳^{R}AU^R,新西兰^{R}NZ^R, 韩^{R}KR^R 日^{R}JP^R	0 受惠国LD	80
	05.05	带有羽毛或羽绒的鸟皮及鸟体其他部分；羽毛及不完整羽毛（不论是否修边）、羽绒，仅经洗涤、消毒或为了保藏而作过处理，但未经进一步加工；羽毛或不完整羽毛的粉末及废料： Skins and other parts of birds, with their feathers or down, feathers and parts of feathers (whether or not with trimmed edges) and down, not further worked than cleaned, disinfected or treated for preservation; powder and waste of feathers or parts of feathers:					
507	0505.1000	-填充用羽毛；羽绒 -Feathers of a kind used for stuffing; down	10Δ2	0 1 3 7.5 8 8.2	东盟AS,智CL,新西兰NZ,秘PE, 哥CR,瑞CH,冰IS,澳AU,格GE, 毛MU,柬KH,港HK,澳门MO 韩KR 巴PK 亚太AP 东盟^{R}AS^R,澳^{R}AU^R,新西兰^{R}NZ^R, 韩^{R}KR^R 日^{R}JP^R	0 受惠国LD	100
		-其他： -Other:					

序号 No.	税则号列 Tariff Line	货品名称 Article Description	最惠国税率 MFN(%)	协定税率 Agreement(%)		特惠税率 SP(%)		普通税率 Gen(%)
508	0505.9010	----羽毛或不完整羽毛的粉末及废料 ----Powder and waste of feathers or parts of feathers	10	0	东盟AS,智CL,新西兰NZ,秘PE, 哥CR,瑞CH,冰IS,澳AU,格GE, 毛MU,东盟^RAS^R,澳^RAU^R,新西 兰^RNZ^R,柬KH,港HK,澳门MO	0	受惠国LD	35
				1	韩KR			
				3	巴PK			
				8	韩^RKR^R			
				8.2	日^RJP^R			
509	0505.9090	----其他 ----Other	10	0	东盟AS,智CL,新西兰NZ,秘PE, 哥CR,瑞CH,冰IS,澳AU,格GE, 毛MU,东盟^RAS^R,澳^RAU^R,新西 兰^RNZ^R,柬KH,港HK,澳门MO	0	受惠国LD	90
				1	韩KR			
				3	巴PK			
				8	韩^RKR^R			
				8.2	日^RJP^R			
	05.06	骨及角柱,未经加工或经脱脂、简单整 理(但未切割成形)、酸处理或脱胶; 上述产品的粉末及废料: Bones and horn-cores, unworked, defatted, simply prepared (but not cut to shape), treated with acid or degelatinised; powder and waste of these products:						
510	0506.1000	-经酸处理的骨胶原及骨 -Ossein and bones treated with acid	12	0	东盟AS,智CL,新西兰NZ,秘PE, 哥CR,瑞CH,冰IS,澳AU,格GE, 毛MU,东盟^RAS^R,澳^RAU^R,新西 兰^RNZ^R,柬KH,港HK,澳门MO	0	受惠国LD, 老LA	50
				1.2	韩KR			
				3.6	巴PK			
				9.6	韩^RKR^R			
				9.8	日^RJP^R			
		-其他: -Other:						
		---骨粉、骨废料: ---Powder and waste of bones:						
511	0506.9011	----含牛羊成分的 ----Of bovine and sheep	12	0	东盟AS,智CL,新西兰NZ,秘PE, 哥CR,瑞CH,冰IS,澳AU,格GE, 毛MU,东盟^RAS^R,澳^RAU^R,新西 兰^RNZ^R,柬KH,港HK,澳门MO	0	受惠国LD, 老LA	35
				1.2	韩KR			
				3.6	巴PK			
				9.6	韩^RKR^R			
				9.8	日^RJP^R			

序号 No.	税则号列 Tariff Line	货品名称 Article Description	最惠国税率 MFN(%)	协定税率 Agreement(%)		特惠税率 SP(%)	普通税率 Gen(%)
512	0506.9019	----其他 ----Other	12	0	东盟AS,智CL,新西兰NZ,秘PE, 哥CR,瑞CH,冰IS,澳AU,格GE, 毛MU,东盟^RAS^R,澳^RAU^R,新西 兰^RNZ^R,柬KH,港HK,澳门MO	0 受惠国LD, 老LA	35
				1.2	韩KR		
				3.6	巴PK		
				9.6	韩^RKR^R		
				9.8	日^RJP^R		
513	0506.9090	---其他 ---Other	12	0	东盟AS,智CL,新西兰NZ,秘PE, 哥CR,瑞CH,冰IS,澳AU,格GE, 毛MU,东盟^RAS^R,澳^RAU^R,新西 兰^RNZ^R,柬KH,港HK,澳门MO	0 受惠国LD, 老LA	50
				1.2	韩KR		
				4.8	巴PK		
				9.6	韩^RKR^R		
				9.8	日^RJP^R		
	05.07	兽牙、龟壳、鲸须、鲸须毛、角、鹿角、蹄、甲、爪及喙,未经加工或仅简单整理但未切割成形;上述产品的粉末及废料: Ivory, tortoiseshell, whalebone and whalebone hair, horns, antlers, hooves, nails, claws and beaks, unworked or simply prepared but not cut to shape; powder and waste of these products:						
514	0507.1000	-兽牙;兽牙粉末及废料 -Ivory; ivory powder and waste	10	0	东盟AS,智CL,新西兰NZ,秘PE, 哥CR,瑞CH,冰IS,澳AU,格GE, 毛MU,东盟^RAS^R,澳^RAU^R,新西 兰^RNZ^R,柬KH,港HK,澳门MO	0 受惠国LD	30
				1	韩KR		
				3	巴PK		
				8	韩^RKR^R		
				8.2	日^RJP^R		
		-其他: -Other:					
515	0507.9010	---羚羊角及其粉末和废料 ---Antelope horns and powder or waste thereof	3	0	东盟AS,智CL,巴PK,新西兰NZ, 秘PE,哥CR,瑞CH,冰IS,韩KR, 澳AU,格GE,毛MU,东盟^RAS^R, 澳^RAU^R,日^RJP^R,新西兰^RNZ^R,柬 KH,港HK,澳门MO,韩^RKR^R	0 受惠国LD	14

序号 No.	税则号列 Tariff Line	货品名称 Article Description	最惠国税率 MFN(%)	协定税率 Agreement(%)		特惠税率 SP(%)	普通税率 Gen(%)
516	0507.9020	---鹿茸及其粉末 ---Pilose antlers and powder thereof	11	0	东盟AS,智CL,新西兰NZ,秘PE,哥CR,瑞CH,冰IS,澳AU,格GE,毛MU,东盟^{R}AS^R,澳^{R}AU^R,新西兰^{R}NZ^R,柬KH,港HK,澳门MO	0 受惠国LD	30
				1.1	韩KR		
				3	巴PK		
				8.8	韩^{R}KR^R		
				9	日^{R}JP^R		
517	0507.9090	---其他 ---Other	10	0	东盟AS,智CL,新西兰NZ,秘PE,哥CR,瑞CH,冰IS,澳AU,格GE,毛MU,东盟^{R}AS^R,澳^{R}AU^R,新西兰^{R}NZ^R,柬KH,港HK,澳门MO	0 受惠国LD	50
				1	韩KR		
				3	巴PK		
				8	韩^{R}KR^R		
				8.2	日^{R}JP^R		
	05.08	珊瑚及类似品,未经加工或仅简单整理但未经进一步加工;软体动物壳、甲壳动物壳、棘皮动物壳、墨鱼骨,未经加工或仅简单整理但未切割成形,上述壳、骨的粉末及废料: Coral and similar materials, unworked or simply prepared but not otherwise worked; shells of molluscs, crustaceans or echinoderms and cuttle-bone, unworked or simply prepared but not cut to shape, powder and waste thereof:					
518	0508.0010	---粉末及废料 ---Powder and waste	12	0	东盟AS,智CL,新西兰NZ,秘PE,哥CR,瑞CH,冰IS,澳AU,格GE,毛MU,东盟^{R}AS^R,澳^{R}AU^R,新西兰^{R}NZ^R,柬KH,港HK,澳门MO	0 受惠国LD	35
				1.2	韩KR		
				9.6	韩^{R}KR^R		
				9.8	日^{R}JP^R		
519	0508.0090	---其他 ---Other	12	0	东盟AS,智CL,新西兰NZ,秘PE,哥CR,瑞CH,冰IS,澳AU,格GE,毛MU,东盟^{R}AS^R,澳^{R}AU^R,新西兰^{R}NZ^R,柬KH,港HK,澳门MO	0 受惠国LD	50
				1.2	韩KR		
				6	巴PK		
				9.6	韩^{R}KR^R		

序号 No.	税则号列 Tariff Line	货品名称 Article Description	最惠国税率 MFN(%)		协定税率 Agreement(%)	特惠税率 SP(%)		普通税率 Gen(%)
	05.10	龙涎香、海狸香、灵猫香及麝香; 斑蝥; 胆汁, 不论是否干制; 供配制药用的腺体及其他动物产品, 鲜、冷、冻或用其他方法暂时保藏的: Ambergris, castoreum, civet and musk; cantharides; bile, whether of not dried; glands and other animal products used in the preparation of pharmaceutical products, fresh, chilled, frozen or otherwise provisionally preserved:						
520	0510.0010	---黄药 ---Bezoar	3	0	东盟AS,智CL,巴PK,新西兰NZ,秘PE,哥CR,瑞CH,冰IS,韩KR,澳AU,格GE,毛MU,东盟^{R}AS^R,澳^{R}AU^R,日^{R}JP^R,新西兰^{R}NZ^R,柬KH,港HK,澳门MO,韩^{R}KR^R	0	受惠国LD	14
521	0510.0020	---龙涎香、海狸香、灵猫香 ---Ambergris, castoreum and civet	7	0 1	东盟AS,智CL,新西兰NZ,秘PE,哥CR,瑞CH,冰IS,韩KR,澳AU,格GE,毛MU,东盟^{R}AS^R,澳^{R}AU^R,日^{R}JP^R,新西兰^{R}NZ^R,柬KH,港HK,澳门MO,韩^{R}KR^R 巴PK	0	受惠国LD	50
522	0510.0030	---麝香 ---Musk	7	0 1	东盟AS,智CL,新西兰NZ,秘PE,哥CR,瑞CH,冰IS,韩KR,澳AU,格GE,毛MU,东盟^{R}AS^R,澳^{R}AU^R,日^{R}JP^R,新西兰^{R}NZ^R,柬KH,港HK,澳门MO,韩^{R}KR^R 巴PK	0	受惠国LD	20
523	0510.0040	---斑蝥 ---Cantharides	7	0 1	东盟AS,智CL,新西兰NZ,秘PE,哥CR,瑞CH,冰IS,韩KR,澳AU,格GE,毛MU,东盟^{R}AS^R,澳^{R}AU^R,日^{R}JP^R,新西兰^{R}NZ^R,柬KH,港HK,澳门MO,韩^{R}KR^R 巴PK	0	受惠国LD	50
524	0510.0090	---其他 ---Other	6	0 4	东盟AS,智CL,新西兰NZ,秘PE,哥CR,瑞CH,冰IS,韩KR,澳AU,格GE,毛MU,东盟^{R}AS^R,澳^{R}AU^R,日^{R}JP^R,新西兰^{R}NZ^R,柬KH,港HK,澳门MO,韩^{R}KR^R 巴PK	0	受惠国LD	20
	05.11	其他税目未列名的动物产品; 不适合供人食用的第一章或第三章的死动物: Animal products not elsewhere specified or included; dead animals of Chapter 1 or 3, unfit for human consumption:						

序号 No.	税则号列 Tariff Line	货品名称 Article Description	最惠国税率 MFN(%)	协定税率 Agreement(%)		特惠税率 SP(%)	普通税率 Gen(%)
525	0511.1000	-牛的精液 -Bovine semen	0	0	东盟AS,智CL,巴PK,新西兰NZ, 秘PE,哥CR,瑞CH,冰IS,韩KR, 澳AU,格GE,毛MU,东盟^RAS^R, 澳^RAU^R,日^RJP^R,新西兰^RNZ^R,柬 KH,港HK,澳门MO,韩^RKR^R	0 受惠国LD	0
		-其他: -Other:					
		--鱼、甲壳动物、软体动物、其他水生无 脊椎动物的产品；第三章的死动物: --Products of fish or crustaceans, molluscs or other aquatic invertebrates; dead animals of Chapter 3:					
		---鱼的: ---Fish:					
526	0511.9111	----受精鱼卵 ----Fertilized fish eggs	12Δ0	0	东盟AS,智CL,新西兰NZ,秘PE, 哥CR,瑞CH,冰IS,韩KR,澳AU, 格GE,毛MU,东盟^RAS^R,澳^RAU^R, 新西兰^RNZ^R,柬KH,港HK,澳门 MO,韩^RKR^R	0 受惠国LD	35
				6	巴PK		
				9.8	日^RJP^R		
527	0511.9119	----其他 ----Other	12	0	东盟AS,智CL,新西兰NZ,秘PE, 哥CR,瑞CH,澳AU,格GE,毛MU, 东盟^RAS^R,澳^RAU^R,新西兰^RNZ^R, 柬KH,港HK,澳门MO	0 受惠国LD	35
				1	冰IS		
				1.2	韩KR		
				9.6	韩^RKR^R		
				9.8	日^RJP^R		
528	0511.9190	---其他 ---Other	12	0	东盟AS,智CL,新西兰NZ,秘PE, 哥CR,瑞CH,冰IS,澳AU,格GE, 毛MU,东盟^RAS^R,澳^RAU^R,新西 兰^RNZ^R,柬KH,港HK,澳门MO	0 受惠国LD	35
				1.2	韩KR		
				3.6	巴PK		
				9.6	韩^RKR^R		
				9.8	日^RJP^R		
	ex05119190	丰年虫卵（丰年虾卵） Fairy shrimp (Artemia) eggs	Δ6				
		--其他: --Other:					
529	0511.9910	---动物精液（牛的精液除外） ---Animal semen, other than bovine semen	0	0	东盟AS,智CL,巴PK,新西兰NZ, 秘PE,哥CR,瑞CH,冰IS,韩KR, 澳AU,格GE,毛MU,东盟^RAS^R, 澳^RAU^R,日^RJP^R,新西兰^RNZ^R,柬 KH,港HK,澳门MO,韩^RKR^R	0 受惠国LD	0

序号 No.	税则号列 Tariff Line	货品名称 Article Description	最惠国税率 MFN(%)	协定税率 Agreement(%)		特惠税率 SP(%)	普通税率 Gen(%)
530	0511.9920	---动物胚胎 ---Animal embryo	0	0	东盟AS,智CL,巴PK,新西兰NZ, 秘PE,哥CR,瑞CH,冰IS,韩KR, 澳AU,格GE,毛MU,东盟^RAS^R, 澳^RAU^R,日^RJP^R,新西兰^RNZ^R,柬 KH,港HK,澳门MO,韩^RKR^R	0 受惠国LD	0
531	0511.9930	---蚕种 ---Silkworm graine	0	0	东盟AS,智CL,巴PK,新西兰NZ, 秘PE,哥CR,瑞CH,冰IS,韩KR, 澳AU,格GE,毛MU,东盟^RAS^R, 澳^RAU^R,日^RJP^R,新西兰^RNZ^R,柬 KH,港HK,澳门MO,韩^RKR^R	0 受惠国LD	0
532	0511.9940	---马毛及废马毛, 不论是否制成有或无 衬垫的毛片 ---Horsehair and horsehair waste, whether or not put up as a layer with or without supporting material	15	0 1.5 7.2 12 12.3	东盟AS,智CL,新西兰NZ,秘PE, 哥CR,瑞CH,冰IS,澳AU,格GE, 毛MU,东盟^RAS^R,澳^RAU^R,新西 兰^RNZ^R,柬KH,港HK,澳门MO 韩KR 巴PK 韩^RKR^R 日^RJP^R	0 受惠国LD	90
533	0511.9990	---其他 ---Other	12	0 1.2 3.6 9.6 9.8	东盟AS,智CL,新西兰NZ,秘PE, 哥CR,瑞CH,冰IS,澳AU,格GE, 毛MU,东盟^RAS^R,澳^RAU^R,新西 兰^RNZ^R,柬KH,港HK,澳门MO 韩KR 巴PK 韩^RKR^R 日^RJP^R	0 受惠国LD	35

第二类
植物产品

SECTION II
VEGETABLE PRODUCTS

注释：

本类所称"团粒"，是指直接挤压或加入按重量计比例不超过3%的粘合剂制成的粒状产品。

Note:

In this Section the term "pellets" means products which have been agglomerated either directly by compression or by the addition of a binder in a proportion not exceeding 3% by weight.

第六章
活树及其他活植物；
鳞茎、根及类似品；
插花及装饰用簇叶

Chapter 6
Live trees and other plants;
bulbs, roots and the like;
cut flowers and ornamental foliage

注释：

一、除税目06.01的菊苣植物及其根以外，本章只包括通常由苗圃或花店供应为种植或装饰用的活树及其他货品（包括植物秧苗）；但不包括马铃薯、洋葱、青葱、大蒜及其他第七章的产品。

二、税目06.03、06.04的各种货品，包括全部或部分用这些货品制成的花束、花篮、花圈及类似品，不论是否有其他材料制成的附件。但这些货品不包括税目97.01的拼贴画或类似的装饰板。

Notes:

1. Subject to the second part of heading 06.01 this Chapter covers only live trees and goods (including seeding vegetables) of a kind commonly supplied by nursery gardeners or florists for planting or for ornamental use; nevertheless it does not include potatoes, onions, shallots, garlic or other products of Chapter 7.

2. Any reference in heading 06.03 or 06.04 to goods of any kind shall be construed as including a reference to bouquets, floral baskets, wreaths and similar articles made wholly or partly of goods of that kind, account not being taken of accessories of other materials. However, these headings do not include collages or similar decorative plaques of heading 97.01.

序号 No.	税则号列 Tariff Line	货品名称 Article Description	最惠国税率 MFN(%)	协定税率 Agreement(%)		特惠税率 SP(%)	普通税率 Gen(%)
	06.01	鳞茎、块茎、块根、球茎、根颈及根茎，休眠、生长或开花的；菊苣植物及其根，但税目12.12的根除外： **Bulbs, tubers, tuberous roots, corms, crowns and rhizomes, dormant, in growth or in flower; chicory plants and roots other than roots of heading 12.12:**					
		-休眠的鳞茎、块茎、块根、球茎、根颈及根茎： -Bulbs, tubers, tuberous roots, corms, crowns and rhizomes, dormant:					
534	0601.1010	---番红花球茎 ---Stigma croci corms	4	0 东盟AS,智CL,巴PK,新西兰NZ,秘PE,哥CR,瑞CH,冰IS,韩KR,澳AU,格GE,毛MU,东盟ᴿASᴿ,澳ᴿAUᴿ,日ᴿJPᴿ,新西兰ᴿNZᴿ,柬KH,港HK,澳门MO,韩ᴿKRᴿ 2 亚太AP		0 受惠国LD,老LA	14
		---百合球茎： ---Lily corms:					
535	0601.1021	----种用 ----Seed	0	0 东盟AS,智CL,巴PK,新西兰NZ,秘PE,哥CR,瑞CH,冰IS,韩KR,澳AU,格GE,毛MU,东盟ᴿASᴿ,澳ᴿAUᴿ,日ᴿJPᴿ,新西兰ᴿNZᴿ,柬KH,港HK,澳门MO,韩ᴿKRᴿ		0 受惠国LD	0

序号 No.	税则号列 Tariff Line	货品名称 Article Description	最惠国税率 MFN(%)	协定税率 Agreement(%)		特惠税率 SP(%)	普通税率 Gen(%)
536	0601.1029	----其他 ----Other	5	0	东盟AS,智CL,巴PK,新西兰NZ,秘PE,哥CR,瑞CH,冰IS,韩KR,澳AU,格GE,毛MU,东盟^{R}AS^R,澳^{R}AU^R,日^{R}JP^R,新西兰^{R}NZ^R,柬KH,港HK,澳门MO,韩^{R}KR^R	0 受惠国LD,老LA	40
				2.5	亚太AP		
		---其他: ---Other:					
537	0601.1091	----种用 ----Seed	0	0	东盟AS,智CL,巴PK,新西兰NZ,秘PE,哥CR,瑞CH,冰IS,韩KR,澳AU,格GE,毛MU,东盟^{R}AS^R,澳^{R}AU^R,日^{R}JP^R,新西兰^{R}NZ^R,柬KH,港HK,澳门MO,韩^{R}KR^R	0 受惠国LD	0
538	0601.1099	----其他 ----Other	5	0	东盟AS,智CL,巴PK,新西兰NZ,秘PE,哥CR,瑞CH,冰IS,韩KR,澳AU,格GE,毛MU,东盟^{R}AS^R,澳^{R}AU^R,日^{R}JP^R,新西兰^{R}NZ^R,柬KH,港HK,澳门MO,韩^{R}KR^R	0 受惠国LD,老LA	40
				2.5	亚太AP		
539	0601.2000	-生长或开花的鳞茎、块茎、块根、球茎、根颈及根茎;菊苣植物及其根 -Bulbs, tubers, tuberous roots, corms, crowns and rhizomes, in growth or in flower; chicory plants and roots	15	0	东盟AS,智CL,新西兰NZ,秘PE,哥CR,瑞CH,冰IS,澳AU,格GE,毛MU,东盟^{R}AS^R,澳^{R}AU^R,新西兰^{R}NZ^R,柬KH,港HK,澳门MO	0 受惠国LD	80
				1.5	韩KR		
				4.5	巴PK		
				7.5	亚太AP		
				12	韩^{R}KR^R		
				12.3	日^{R}JP^R		
	06.02	**其他活植物(包括其根)、插枝及接穗;蘑菇菌丝:** **Other live plants (including their roots), cuttings and slips; mushroom spawn:**					
540	0602.1000	-无根插枝及接穗 -Unrooted cuttings and slips	0	0	东盟AS,智CL,巴PK,新西兰NZ,秘PE,哥CR,瑞CH,冰IS,韩KR,澳AU,格GE,毛MU,东盟^{R}AS^R,澳^{R}AU^R,日^{R}JP^R,新西兰^{R}NZ^R,柬KH,港HK,澳门MO,韩^{R}KR^R	0 受惠国LD	0
		-食用水果或食用坚果的树、灌木, 不论是否嫁接: -Trees, shrubs and bushes, grafted or not, of kinds which bear edible fruit or nuts:					
541	0602.2010	---种用苗木 ---Seedlings	0	0	东盟AS,智CL,巴PK,新西兰NZ,秘PE,哥CR,瑞CH,冰IS,韩KR,澳AU,格GE,毛MU,东盟^{R}AS^R,澳^{R}AU^R,日^{R}JP^R,新西兰^{R}NZ^R,柬KH,港HK,澳门MO,韩^{R}KR^R	0 受惠国LD	0

序号 No.	税则号列 Tariff Line	货品名称 Article Description	最惠国税率 MFN(%)	协定税率 Agreement(%)		特惠税率 SP(%)	普通税率 Gen(%)
542	0602.2090	---其他 ---Other	10	0	东盟AS,智CL,新西兰NZ,秘PE, 哥CR,瑞CH,冰IS,澳AU,格GE, 毛MU,东盟^RAS^R,澳^RAU^R,新西 兰^RNZ^R,柬KH,港HK,澳门MO	0 受惠国LD	80
				1	韩KR		
				3	巴PK		
				5	亚太AP		
				8	韩^RKR^R		
				8.2	日^RJP^R		
		-杜鹃，不论是否嫁接： -Rhododendrons and azaleas, grafted or not:					
543	0602.3010	---种用 ---Seedlings	0	0	东盟AS,智CL,巴PK,新西兰NZ, 秘PE,哥CR,瑞CH,冰IS,韩KR, 澳AU,格GE,毛MU,东盟^RAS^R, 澳^RAU^R,日^RJP^R,新西兰^RNZ^R,柬 KH,港HK,澳门MO,韩^RKR^R	0 受惠国LD	0
544	0602.3090	---其他 ---Other	15	0	东盟AS,智CL,新西兰NZ,秘PE, 哥CR,瑞CH,冰IS,澳AU,格GE, 毛MU,柬KH,港HK,澳门MO	0 受惠国LD	80
				1.5	韩KR		
				9.6	巴PK		
				12	东盟^RAS^R,澳^RAU^R,新西兰^RNZ^R, 韩^RKR^R		
		-玫瑰，不论是否嫁接： -Roses, grafted or not:					
545	0602.4010	---种用 ---Seed	0	0	东盟AS,智CL,巴PK,新西兰NZ, 秘PE,哥CR,瑞CH,冰IS,韩KR, 澳AU,格GE,毛MU,东盟^RAS^R, 澳^RAU^R,日^RJP^R,新西兰^RNZ^R,柬 KH,港HK,澳门MO,韩^RKR^R	0 受惠国LD	0
546	0602.4090	---其他 ---Other	15	0	东盟AS,智CL,新西兰NZ,秘PE, 哥CR,瑞CH,冰IS,澳AU,格GE, 毛MU,东盟^RAS^R,澳^RAU^R,新西 兰^RNZ^R,柬KH,港HK,澳门MO	0 受惠国LD	80
				1.5	韩KR		
				9.6	巴PK		
				12	韩^RKR^R		
				12.3	日^RJP^R		
		-其他： -Other:					
547	0602.9010	---蘑菇菌丝 ---Mushroom spawn	0	0	东盟AS,智CL,巴PK,新西兰NZ, 秘PE,哥CR,瑞CH,冰IS,韩KR, 澳AU,格GE,毛MU,东盟^RAS^R, 澳^RAU^R,日^RJP^R,新西兰^RNZ^R,柬 KH,港HK,澳门MO,韩^RKR^R	0 受惠国LD	0
		---其他： ---Other:					

序号 No.	税则号列 Tariff Line	货品名称 Article Description	最惠国税率 MFN(%)	协定税率 Agreement(%)		特惠税率 SP(%)	普通税率 Gen(%)
548	0602.9091	----种用苗木 ----Seedlings	0	0	东盟AS,智CL,巴PK,新西兰NZ, 秘PE,哥CR,瑞CH,冰IS,韩KR, 澳AU,格GE,毛MU,东盟^{R}AS^R, 澳^{R}AU^R,日^{R}JP^R,新西兰^{R}NZ^R,柬 KH,港HK,澳门MO,韩^{R}KR^R	0 受惠国LD	0
549	0602.9092	----兰花 ----Orchid	10	0	东盟AS,智CL,新西兰NZ,秘PE, 哥CR,瑞CH,冰IS,澳AU,格GE, 毛MU,东盟^{R}AS^R,澳^{R}AU^R,新西 兰^{R}NZ^R,柬KH,港HK,澳门MO	0 受惠国LD	80
				1	韩KR		
				3	巴PK		
				8	韩^{R}KR^R		
				8.2	日^{R}JP^R		
550	0602.9093	----菊花 ----Chrysathemum	10	0	东盟AS,智CL,新西兰NZ,秘PE, 哥CR,瑞CH,冰IS,澳AU,格GE, 毛MU,东盟^{R}AS^R,澳^{R}AU^R,新西 兰^{R}NZ^R,柬KH,港HK,澳门MO	0 受惠国LD	80
				1	韩KR		
				3	巴PK		
				8	韩^{R}KR^R		
				8.2	日^{R}JP^R		
551	0602.9094	----百合 ----Lily	10	0	东盟AS,智CL,新西兰NZ,秘PE, 哥CR,瑞CH,冰IS,澳AU,格GE, 毛MU,东盟^{R}AS^R,澳^{R}AU^R,新西 兰^{R}NZ^R,柬KH,港HK,澳门MO	0 受惠国LD	80
				1	韩KR		
				3	巴PK		
				8	韩^{R}KR^R		
				8.2	日^{R}JP^R		
552	0602.9095	----康乃馨 ----Carnation	10	0	东盟AS,智CL,新西兰NZ,秘PE, 哥CR,瑞CH,冰IS,澳AU,格GE, 毛MU,东盟^{R}AS^R,澳^{R}AU^R,新西 兰^{R}NZ^R,柬KH,港HK,澳门MO	0 受惠国LD	80
				1	韩KR		
				3	巴PK		
				8	韩^{R}KR^R		
				8.2	日^{R}JP^R		
553	0602.9099	----其他 ----Other	10	0	东盟AS,智CL,新西兰NZ,秘PE, 哥CR,瑞CH,冰IS,澳AU,格GE, 毛MU,柬KH,港HK,澳门MO	0 受惠国LD	80
				1	韩KR		
				3	巴PK		
				5	亚太AP		
				8	东盟^{R}AS^R,澳^{R}AU^R,新西兰^{R}NZ^R, 韩^{R}KR^R		

序号 No.	税则号列 Tariff Line	货品名称 Article Description	最惠国税率 MFN(%)	协定税率 Agreement(%)		特惠税率 SP(%)	普通税率 Gen(%)
	06.03	制花束或装饰用的插花及花蕾,鲜、干、染色、漂白、浸渍或用其他方法处理的: Cut flowers and flower buds of a kind suitable for bouquets or for ornamental purposes, fresh, dried, dyed, bleached, impregnated or otherwise prepared:					
		-鲜的: -Fresh:					
554	0603.1100	--玫瑰 --Roses	10	0	东盟AS,智CL,新西兰NZ,秘PE,哥CR,瑞CH,冰IS,澳AU,格GE,毛MU,东盟^{R}AS^R,澳^{R}AU^R,新西兰^{R}NZ^R,柬KH,港HK,澳门MO	0 受惠国LD,老LA	100
				1	韩KR		
				3	巴PK		
				5	亚太AP		
				8	韩^{R}KR^R		
				8.2	日^{R}JP^R		
555	0603.1200	--康乃馨 --Carnations	10	0	东盟AS,智CL,新西兰NZ,秘PE,哥CR,瑞CH,冰IS,澳AU,格GE,毛MU,东盟^{R}AS^R,澳^{R}AU^R,新西兰^{R}NZ^R,柬KH,港HK,澳门MO	0 受惠国LD,老LA	100
				1	韩KR		
				3	巴PK		
				5	亚太AP		
				8	韩^{R}KR^R		
				8.2	日^{R}JP^R		
556	0603.1300	--兰花 --Orchids	10	0	东盟AS,智CL,新西兰NZ,秘PE,哥CR,瑞CH,冰IS,澳AU,格GE,毛MU,东盟^{R}AS^R,澳^{R}AU^R,新西兰^{R}NZ^R,柬KH,港HK,澳门MO,台TW	0 受惠国LD,老LA	100
				1	韩KR		
				3	巴PK		
				5	亚太AP		
				8	韩^{R}KR^R		
				8.2	日^{R}JP^R		
557	0603.1400	--菊花 --Chrysanthemums	10	0	东盟AS,智CL,新西兰NZ,秘PE,哥CR,瑞CH,冰IS,澳AU,格GE,毛MU,东盟^{R}AS^R,澳^{R}AU^R,新西兰^{R}NZ^R,柬KH,港HK,澳门MO	0 受惠国LD,老LA	100
				1	韩KR		
				3	巴PK		
				5	亚太AP		
				8	韩^{R}KR^R		
				8.2	日^{R}JP^R		

序号 No.	税则号列 Tariff Line	货品名称 Article Description	最惠国税率 MFN(%)	协定税率 Agreement(%)		特惠税率 SP(%)		普通税率 Gen(%)
558	0603.1500	--百合花（百合属） --Lilies (*Lilium spp.*)	10	0	东盟AS,智CL,新西兰NZ,秘PE,哥CR,瑞CH,冰IS,澳AU,格GE,毛MU,东盟^{R}AS^R,澳^{R}AU^R,新西兰^{R}NZ^R,柬KH,港HK,澳门MO	0	受惠国LD,老LA	100
				1	韩KR			
				3	巴PK			
				5	亚太AP			
				8	韩^{R}KR^R			
				8.2	日^{R}JP^R			
559	0603.1900	--其他 --Other	10	0	东盟AS,智CL,新西兰NZ,秘PE,哥CR,瑞CH,冰IS,澳AU,格GE,毛MU,东盟^{R}AS^R,澳^{R}AU^R,新西兰^{R}NZ^R,柬KH,港HK,澳门MO	0	受惠国LD,老LA	100
				1	韩KR			
				3	巴PK			
				5	亚太AP			
				8	韩^{R}KR^R			
				8.2	日^{R}JP^R			
560	0603.9000	-其他 -Other	23	0	东盟AS,智CL,新西兰NZ,秘PE,哥CR,瑞CH,冰IS,澳AU,格GE,柬KH,港HK,澳门MO	0	受惠国LD,老LA	100
				6.9	巴PK			
				9.2	毛MU			
				11.5	亚太AP			
				12.6	韩KR			
				20.7	东盟^{R}AS^R,澳^{R}AU^R,新西兰^{R}NZ^R			
				20.8	日^{R}JP^R			
				23	韩^{R}KR^R			
	06.04	制花束或装饰用的不带花及花蕾的植物枝、叶或其他部分、草、苔藓及地衣，鲜、干、染色、漂白、浸渍或用其他方法处理的： Foliage, branches and other parts of plants, without flowers or flower buds, and grasses, mosses and lichens, being goods of a kind suitable for bouquets or for ornamental purposes, fresh, dried, dyed, bleached, impregnated or otherwise prepared: -鲜的： -Fresh:						
561	0604.2010	---苔藓及地衣 ---Mosses and lichens	23	0	东盟AS,智CL,新西兰NZ,秘PE,哥CR,瑞CH,冰IS,澳AU,格GE,东盟^{R}AS^R,澳^{R}AU^R,新西兰^{R}NZ^R,柬KH,港HK,澳门MO	0	受惠国LD	100
				2.3	韩KR			
				9.2	毛MU			
				18.4	巴PK,韩^{R}KR^R			
				18.8	日^{R}JP^R			

序号 No.	税则号列 Tariff Line	货品名称 Article Description	最惠国税率 MFN(%)	协定税率 Agreement(%)		特惠税率 SP(%)	普通税率 Gen(%)
562	0604.2090	---其他 ---Other	10	0	东盟AS,智CL,新西兰NZ,秘PE,哥CR,瑞CH,冰IS,澳AU,格GE,毛MU,东盟^{R}AS^R,澳^{R}AU^R,新西兰^{R}NZ^R,柬KH,港HK,澳门MO	0 受惠国LD	100
				1	韩KR		
				3	巴PK		
				8	韩^{R}KR^R		
				8.2	日^{R}JP^R		
		-其他: -Other:					
563	0604.9010	---苔藓及地衣 ---Mosses and lichens	23	0	东盟AS,智CL,新西兰NZ,秘PE,哥CR,瑞CH,冰IS,澳AU,格GE,东盟^{R}AS^R,澳^{R}AU^R,新西兰^{R}NZ^R,柬KH,港HK,澳门MO	0 受惠国LD	100
				2.3	韩KR		
				9.2	毛MU		
				18.4	巴PK,韩^{R}KR^R		
				18.8	日^{R}JP^R		
564	0604.9090	---其他 ---Other	10	0	东盟AS,智CL,新西兰NZ,秘PE,哥CR,瑞CH,冰IS,澳AU,格GE,毛MU,东盟^{R}AS^R,澳^{R}AU^R,新西兰^{R}NZ^R,柬KH,港HK,澳门MO	0 受惠国LD	100
				1	韩KR		
				3	巴PK		
				8	韩^{R}KR^R		
				8.2	日^{R}JP^R		

第七章
食用蔬菜、根及块茎

注释:

一、本章不包括税目12.14的草料。

二、税目07.09、07.10、07.11及07.12所称"蔬菜",包括食用的蘑菇、块菌、油橄榄、刺山柑、菜葫芦、南瓜、茄子、甜玉米、辣椒、茴香菜、欧芹、细叶芹、龙蒿、水芹、甜茉乔栾那。

三、税目07.12包括干制的归入税目07.01至07.11的各种蔬菜,但下列各项除外:

(一)作蔬菜用的脱荚干豆(税目07.13);

(二)税目11.02至11.04所列形状的甜玉米;

(三)马铃薯细粉、粗粉、粉末、粉片、颗粒及团粒(税目11.05);

(四)用税目07.13的干豆制成的细粉、粗粉及粉末(税目11.06)。

四、本章不包括辣椒干及辣椒粉(税目09.04)。

五、税目07.11适用于使用前在运输或贮存时仅为暂时保藏而进行处理(例如,使用二氧化硫气体、盐水、亚硫酸水或其他防腐液)的蔬菜,但不适于直接食用。

Chapter 7
Edible vegetables and certain roots and tubers

Notes:

1. This Chapter does not cover forage products of heading 12.14.

2. In headings 07.09, 07.10, 07.11 and 07.12 the word "vegetables" includes edible mushrooms, truffles, olives, capers, marrows, pumpkins, aubergines, sweet corn (*Zea may svar. saccharata*), fruits of the genus *Capsicum* or of the genus *Pimenta*, fennel, parsley, chervil, tarragon, cress and sweet marjoram (*Majorana hortensis or Origanum majorana*).

3. Heading 07.12 covers all dried vegetables of the kinds falling in headings 07.01 to 07.11, other than:

(a) Dried leguminous vegetables, shelled (heading 07.13);

(b) Sweet corn in the forms specified in headings 11.02 to 11.04;

(c) Flour, meal, powder, flakes, granules and pellets of potatoes (heading 11.05);

(d) Flour, meal and powder of the dried leguminous vegetables of heading 07.13 (heading 11.06).

4. However, dried or crushed or ground fruits of the genus *Capsicum* or of the genus *Pimenta* are excluded from this *Chapter* (heading 09.04).

5. Heading 07.11 applies to vegetables which have been treated solely to ensure their provisional preservation during transport or storage prior to use (for example, by sulphur dioxide gas, in brine, in sulphur water or in other preservative solutions), provided they remain unsuitable for immediate consumption in that state.

序号 No.	税则号列 Tariff Line	货品名称 Article Description	最惠国税率 MFN(%)	协定税率 Agreement(%)		特惠税率 SP(%)		普通税率 Gen(%)
	07.01	**鲜或冷藏的马铃薯:** **Potatoes, fresh or chilled:**						
565	0701.1000	-种用 -Seeds	13	0	东盟AS,智CL,新西兰NZ,秘PE,哥CR,瑞CH,澳AU,格GE,毛MU,东盟ᴿASᴿ,澳ᴿAUᴿ,新西兰ᴿNZᴿ,柬KH,港HK,澳门MO	0	受惠国LD	70
				1.3	韩KR			
				3.9	巴PK			
				10.4	韩ᴿKRᴿ			
				10.6	日ᴿJPᴿ			
566	0701.9000	-其他 -Other	13	0	东盟AS,智CL,新西兰NZ,秘PE,哥CR,瑞CH,冰IS,澳AU,格GE,毛MU,东盟ᴿASᴿ,澳ᴿAUᴿ,新西兰ᴿNZᴿ,柬KH,港HK,澳门MO	0	受惠国LD,柬KH	70
				1.3	韩KR			
				3	巴PK			
				9	亚太AP			
				10.4	韩ᴿKRᴿ			
				10.6	日ᴿJPᴿ			

序号 No.	税则号列 Tariff Line	货品名称 Article Description	最惠国税率 MFN(%)	协定税率 Agreement(%)		特惠税率 SP(%)	普通税率 Gen(%)
	07.02	鲜或冷藏的番茄: Tomatoes, fresh or chilled:					
567	0702.0000	鲜或冷藏的番茄 Tomatoes, fresh or chilled	13	0	东盟AS,智CL,新西兰NZ,秘PE,哥CR,瑞CH,冰IS,澳AU,格GE,毛MU,东盟^{R}AS^R,澳^{R}AU^R,新西兰^{R}NZ^R,柬KH,港HK,澳门MO	0 受惠国LD	70
				1.3	韩KR		
				3.9	巴PK		
				10.4	韩^{R}KR^R		
				10.6	日^{R}JP^R		
	07.03	鲜或冷藏的洋葱、青葱、大蒜、韭葱及其他葱属蔬菜: Onions, shallots, garlic, leeks and other alliaceous vegetables, fresh or chilled:					
		-洋葱及青葱: -Onions and shallots:					
568	0703.1010	---洋葱 ---Onions	13	0	东盟AS,智CL,新西兰NZ,秘PE,哥CR,瑞CH,冰IS,澳AU,格GE,毛MU,东盟^{R}AS^R,澳^{R}AU^R,新西兰^{R}NZ^R,柬KH,港HK,澳门MO	0 受惠国LD,柬KH,缅MM	70
				1.3	韩KR		
				3	巴PK		
				6.5	亚太AP		
				10.4	韩^{R}KR^R		
				10.6	日^{R}JP^R		
569	0703.1020	---青葱 ---Shallots	13	0	东盟AS,智CL,新西兰NZ,秘PE,哥CR,瑞CH,冰IS,澳AU,格GE,毛MU,东盟^{R}AS^R,澳^{R}AU^R,新西兰^{R}NZ^R,柬KH,港HK,澳门MO	0 受惠国LD,柬KH,缅MM	70
				1.3	韩KR		
				3	巴PK		
				6.5	亚太AP		
				10.4	韩^{R}KR^R		
				10.6	日^{R}JP^R		
		-大蒜: -Garlic:					
570	0703.2010	---蒜头 ---Garlic bulbs	13	0	东盟AS,智CL,巴PK,新西兰NZ,秘PE,哥CR,瑞CH,冰IS,澳AU,格GE,毛MU,东盟^{R}AS^R,澳^{R}AU^R,新西兰^{R}NZ^R,柬KH,港HK,澳门MO	0 受惠国LD	70
				1.3	韩KR		
				6.5	亚太AP		
				10.4	韩^{R}KR^R		
				10.6	日^{R}JP^R		

序号 No.	税则号列 Tariff Line	货品名称 Article Description	最惠国税率 MFN(%)	协定税率 Agreement(%)		特惠税率 SP(%)		普通税率 Gen(%)
571	0703.2020	---蒜苔及蒜苗（青蒜） ---Garlic stems, garlic seedlings	13	0	东盟AS,智CL,巴PK,新西兰NZ,秘PE,哥CR,瑞CH,冰IS,澳AU,格GE,毛MU,东盟^RAS^R,澳^RAU^R,新西兰^RNZ^R,柬KH,港HK,澳门MO	0 受惠国LD		70
				1.3	韩KR			
				6.5	亚太AP			
				10.4	韩^RKR^R			
				10.6	日^RJP^R			
572	0703.2090	---其他 ---Other	13	0	东盟AS,智CL,巴PK,新西兰NZ,秘PE,哥CR,瑞CH,冰IS,澳AU,格GE,毛MU,东盟^RAS^R,澳^RAU^R,新西兰^RNZ^R,柬KH,港HK,澳门MO	0 受惠国LD		70
				1.3	韩KR			
				6.5	亚太AP			
				10.4	韩^RKR^R			
				10.6	日^RJP^R			
		-韭葱及其他葱属蔬菜： -Leeks and other alliaceous vegetables:							
573	0703.9010	---韭葱 ---Leeks	13	0	东盟AS,智CL,新西兰NZ,秘PE,哥CR,瑞CH,冰IS,澳AU,格GE,毛MU,东盟^RAS^R,澳^RAU^R,新西兰^RNZ^R,柬KH,港HK,澳门MO	0 受惠国LD,柬KH		70
				1.3	韩KR			
				3.9	巴PK			
				10.4	韩^RKR^R			
				10.6	日^RJP^R			
574	0703.9020	---大葱 ---Scallion	13	0	东盟AS,智CL,新西兰NZ,秘PE,哥CR,瑞CH,冰IS,澳AU,格GE,毛MU,东盟^RAS^R,澳^RAU^R,新西兰^RNZ^R,柬KH,港HK,澳门MO	0 受惠国LD,柬KH		70
				1.3	韩KR			
				3.9	巴PK			
				10.4	韩^RKR^R			
				10.6	日^RJP^R			
575	0703.9090	---其他 ---Other	13	0	东盟AS,智CL,新西兰NZ,秘PE,哥CR,瑞CH,冰IS,澳AU,格GE,毛MU,东盟^RAS^R,澳^RAU^R,新西兰^RNZ^R,柬KH,港HK,澳门MO	0 受惠国LD,柬KH		70
				1.3	韩KR			
				3.9	巴PK			
				10.4	韩^RKR^R			
				10.6	日^RJP^R			
	07.04	鲜或冷藏的卷心菜、菜花、球茎甘蓝、羽衣甘蓝及类似的食用芥菜类蔬菜： Cabbages, cauliflowers, kohlrabi, kale and similar edible brassicas, fresh or chilled:							

序号 No.	税则号列 Tariff Line	货品名称 Article Description	最惠国税率 MFN(%)	协定税率 Agreement(%)		特惠税率 SP(%)	普通税率 Gen(%)
		-菜花及西兰花: -Cauliflowers and broccoli:					
576	0704.1010	---菜花 ---Cauliflowers	10	0	东盟AS,智CL,新西兰NZ,秘PE,哥CR,瑞CH,澳AU,格GE,毛MU,东盟^{R}AS^R,澳^{R}AU^R,新西兰NZ^R,柬KH,港HK,澳门MO	0 受惠国LD	70
				1	韩KR		
				3	巴PK		
				8	韩^{R}KR^R		
				8.2	日^{R}JP^R		
577	0704.1090	---其他 ---Other	11	0	东盟AS,智CL,新西兰NZ,秘PE,哥CR,瑞CH,冰IS,澳AU,格GE,毛MU,东盟^{R}AS^R,澳^{R}AU^R,新西兰^{R}NZ^R,柬KH,港HK,澳门MO	0 受惠国LD,老LA	70
				1.2	韩KR		
				3.5	巴PK		
				8	韩^{R}KR^R		
				8.2	日^{R}JP^R		
578	0704.2000	-抱子甘蓝 -Brussels sprouts	13	0	东盟AS,智CL,新西兰NZ,秘PE,哥CR,瑞CH,冰IS,澳AU,格GE,毛MU,东盟^{R}AS^R,澳^{R}AU^R,新西兰^{R}NZ^R,柬KH,港HK,澳门MO	0 受惠国LD	70
				1.3	韩KR		
				3.9	巴PK		
				10.4	韩^{R}KR^R		
				10.6	日^{R}JP^R		
		-其他: -Other:						
579	0704.9010	---卷心菜 ---Cabbages	13	0	东盟AS,智CL,新西兰NZ,秘PE,哥CR,瑞CH,冰IS,澳AU,格GE,毛MU,东盟^{R}AS^R,澳^{R}AU^R,新西兰^{R}NZ^R,柬KH,港HK,澳门MO	0 受惠国LD,老LA	70
				1.3	韩KR		
				3.9	巴PK		
				10.4	韩^{R}KR^R		
				10.6	日^{R}JP^R		
580	0704.9090	---其他 ---Other	13	0	东盟AS,智CL,新西兰NZ,秘PE,哥CR,瑞CH,冰IS,澳AU,格GE,毛MU,东盟^{R}AS^R,澳^{R}AU^R,新西兰^{R}NZ^R,柬KH,港HK,澳门MO	0 受惠国LD,老LA	70
				1.3	韩KR		
				3.9	巴PK		
				10.4	韩^{R}KR^R		
				10.6	日^{R}JP^R		

序号 No.	税则号列 Tariff Line	货品名称 Article Description	最惠国税率 MFN(%)	协定税率 Agreement(%)	特惠税率 SP(%)	普通税率 Gen(%)

序号 No.	税则号列 Tariff Line	货品名称 Article Description	最惠国税率 MFN(%)	协定税率 Agreement(%)		特惠税率 SP(%)	普通税率 Gen(%)
	07.05	鲜或冷藏的莴苣及菊苣: Lettuce (*Lactuca sativa*) and chicory (*Cichorium spp.*), fresh or chilled:					
		-莴苣: -Lettuce:					
581	0705.1100	--结球莴苣(包心生菜) --Cabbage lettuce (head lettuce)	10	0	东盟AS,智CL,巴PK,新西兰NZ,秘PE,哥CR,瑞CH,冰IS,澳AU,格GE,毛MU,东盟^RAS^R,澳^RAU^R,新西兰^RNZ^R,柬KH,港HK,澳门MO	0 受惠国LD	70
				1	韩KR		
				8	韩^RKR^R		
				8.2	日^RJP^R		
582	0705.1900	--其他 --Other	10	0	东盟AS,智CL,巴PK,新西兰NZ,秘PE,哥CR,瑞CH,冰IS,澳AU,格GE,毛MU,东盟^RAS^R,澳^RAU^R,新西兰^RNZ^R,柬KH,港HK,澳门MO	0 受惠国LD	70
				1	韩KR		
				8	韩^RKR^R		
				8.2	日^RJP^R		
		-菊苣: -Chicory:					
583	0705.2100	--维特罗夫菊苣 (*Cichoriym intybus var. foliosum*)	13	0	东盟AS,智CL,巴PK,新西兰NZ,秘PE,哥CR,瑞CH,冰IS,澳AU,格GE,毛MU,东盟^RAS^R,澳^RAU^R,新西兰^RNZ^R,柬KH,港HK,澳门MO	0 受惠国LD	70
				1.3	韩KR		
				10.4	韩^RKR^R		
				10.6	日^RJP^R		
584	0705.2900	--其他 --Other	13	0	东盟AS,智CL,巴PK,新西兰NZ,秘PE,哥CR,瑞CH,冰IS,澳AU,格GE,毛MU,东盟^RAS^R,澳^RAU^R,新西兰^RNZ^R,柬KH,港HK,澳门MO	0 受惠国LD	70
				1.3	韩KR		
				10.4	韩^RKR^R		
				10.6	日^RJP^R		
	07.06	鲜或冷藏的胡萝卜、芜菁、色拉甜菜根、婆罗门参、块根芹、萝卜及类似的食用根茎: Carrots, turnips, salad beetroot, salsify, celeriac, radishes and similar edible roots, fresh or chilled:					

序号 No.	税则号列 Tariff Line	货品名称 Article Description	最惠国税率 MFN(%)	协定税率 Agreement(%)		特惠税率 SP(%)		普通税率 Gen(%)
585	0706.1000	-胡萝卜及芜菁 -Carrots and turnips	13	0	东盟AS,智CL,新西兰NZ,秘PE,哥CR,瑞CH,澳AU,格GE,毛MU,东盟^RAS^R,澳^RAU^R,新西兰^RNZ^R,柬KH,港HK,澳门MO	0	受惠国LD	70
				1.3	韩KR			
				3.9	巴PK			
				10.4	韩^RKR^R			
				10.6	日^RJP^R			
586	0706.9000	-其他 -Other	13	0	东盟AS,智CL,新西兰NZ,秘PE,哥CR,瑞CH,冰IS,澳AU,格GE,毛MU,东盟^RAS^R,澳^RAU^R,新西兰^RNZ^R,柬KH,港HK,澳门MO	0	受惠国LD	70
				1.3	韩KR			
				3.9	巴PK			
				10.4	韩^RKR^R			
				10.6	日^RJP^R			
	07.07	**鲜或冷藏的黄瓜及小黄瓜:** **Cucumbers and gherkins, fresh or chilled:**						
587	0707.0000	鲜或冷藏的黄瓜及小黄瓜 Cucumbers and gherkins, fresh or chilled	13	0	东盟AS,智CL,新西兰NZ,秘PE,哥CR,瑞CH,冰IS,澳AU,格GE,毛MU,东盟^RAS^R,澳^RAU^R,新西兰^RNZ^R,柬KH,港HK,澳门MO	0	受惠国LD,柬KH	70
				1.3	韩KR			
				3	巴PK			
				6.5	亚太AP			
				10.4	韩^RKR^R			
				10.6	日^RJP^R			
	07.08	**鲜或冷藏的豆类蔬菜, 不论是否脱荚:** **Leguminous vegetables, shelled or unshelled, fresh or chilled:**						
588	0708.1000	-豌豆 -Peas (*Pisum sativum*)	13	0	东盟AS,智CL,巴PK,新西兰NZ,秘PE,哥CR,瑞CH,冰IS,澳AU,格GE,毛MU,东盟^RAS^R,澳^RAU^R,新西兰^RNZ^R,柬KH,港HK,澳门MO	0	受惠国LD,柬KH	70
				1.3	韩KR			
				6.5	亚太AP			
				10.4	韩^RKR^R			
				10.6	日^RJP^R			
589	0708.2000	-豇豆及菜豆 -Beans (*Vigna spp., Phaseolus spp.*)	13	0	东盟AS,智CL,巴PK,新西兰NZ,秘PE,哥CR,瑞CH,冰IS,澳AU,格GE,毛MU,东盟^RAS^R,澳^RAU^R,新西兰^RNZ^R,柬KH,港HK,澳门MO	0	受惠国LD,柬KH,老LA	70
				1.3	韩KR			
				6.5	亚太AP			
				10.4	韩^RKR^R			
				10.6	日^RJP^R			

序号 No.	税则号列 Tariff Line	货品名称 Article Description	最惠国税率 MFN(%)	协定税率 Agreement(%)		特惠税率 SP(%)	普通税率 Gen(%)
590	0708.9000	-其他豆类蔬菜 -Other leguminous vegetables	13	0	东盟AS,智CL,巴PK,新西兰NZ,秘PE,哥CR,瑞CH,冰IS,澳AU,格GE,毛MU,东盟^{R}AS^R,澳^{R}AU^R,新西兰^{R}NZ^R,柬KH,港HK,澳门MO	0 受惠国LD,柬KH	70
				1.3	韩KR		
				6.5	亚太AP		
				10.4	韩^{R}KR^R		
				10.6	日^{R}JP^R		
07.09		鲜或冷藏的其他蔬菜: Other vegetables, fresh or chilled:					
591	0709.2000	-芦笋 -Asparagus	13	0	东盟AS,智CL,巴PK,新西兰NZ,秘PE,哥CR,瑞CH,冰IS,澳AU,格GE,毛MU,东盟^{R}AS^R,澳^{R}AU^R,新西兰^{R}NZ^R,柬KH,港HK,澳门MO	0 受惠国LD	70
				1.3	韩KR		
				6.5	亚太AP		
				10.4	韩^{R}KR^R		
				10.6	日^{R}JP^R		
592	0709.3000	-茄子 -Aubergines (egg-plants)	13	0	东盟AS,智CL,巴PK,新西兰NZ,秘PE,哥CR,瑞CH,冰IS,澳AU,格GE,毛MU,东盟^{R}AS^R,澳^{R}AU^R,新西兰^{R}NZ^R,柬KH,港HK,澳门MO	0 受惠国LD	70
				1.3	韩KR		
				6.5	亚太AP		
				10.4	韩^{R}KR^R		
				10.6	日^{R}JP^R		
593	0709.4000	-芹菜, 但块根芹除外 -Celery other than celeriac	10	0	东盟AS,智CL,巴PK,新西兰NZ,秘PE,哥CR,瑞CH,冰IS,澳AU,格GE,毛MU,东盟^{R}AS^R,澳^{R}AU^R,新西兰^{R}NZ^R,柬KH,港HK,澳门MO	0 受惠国LD	70
				1	韩KR		
				8	韩^{R}KR^R		
				8.2	日^{R}JP^R		
		-蘑菇及块菌: -Mushrooms and truffles:						
594	0709.5100	--伞菌属蘑菇 --Mushrooms of the genus Agaricus	13	0	东盟AS,智CL,巴PK,新西兰NZ,秘PE,哥CR,瑞CH,冰IS,澳AU,格GE,毛MU,东盟^{R}AS^R,澳^{R}AU^R,新西兰^{R}NZ^R,柬KH,港HK,澳门MO	0 受惠国LD,柬KH	90
				1.3	韩KR		
				10.4	韩^{R}KR^R		
				10.6	日^{R}JP^R		

序号 No.	税则号列 Tariff Line	货品名称 Article Description	最惠国税率 MFN(%)	协定税率 Agreement(%)		特惠税率 SP(%)	普通税率 Gen(%)
595	0709.5200	--牛肝菌属蘑菇 --Mushrooms of the genus Boletus	13	0	东盟AS,智CL,巴PK,新西兰NZ,秘PE,哥CR,瑞CH,冰IS,澳AU,格GE,毛MU,东盟^{R}AS^R,澳^{R}AU^R,新西兰^{R}NZ^R,柬KH,港HK,澳门MO	0 受惠国LD,柬KH	90
				1.3	韩KR		
				10.4	韩^{R}KR^R		
				10.6	日^{R}JP^R		
596	0709.5300	--鸡油菌属蘑菇 --Mushrooms of the genus Cantharellus	13	0	东盟AS,智CL,巴PK,新西兰NZ,秘PE,哥CR,瑞CH,冰IS,澳AU,格GE,毛MU,东盟^{R}AS^R,澳^{R}AU^R,新西兰^{R}NZ^R,柬KH,港HK,澳门MO	0 受惠国LD,柬KH	90
				1.3	韩KR		
				10.4	韩^{R}KR^R		
				10.6	日^{R}JP^R		
597	0709.5400	--香菇 --Shiitake (*Lentinus edodes*)	13	0	东盟AS,智CL,巴PK,新西兰NZ,秘PE,哥CR,瑞CH,冰IS,澳AU,格GE,毛MU,东盟^{R}AS^R,澳^{R}AU^R,新西兰^{R}NZ^R,柬KH,港HK,澳门MO	0 受惠国LD,柬KH	90
				1.3	韩KR		
				10.4	韩^{R}KR^R		
				10.6	日^{R}JP^R		
598	0709.5500	--松茸（松口蘑、美洲松口蘑、雪松口蘑、甜味松口蘑、欧洲松口蘑） --Matsutake (*Tricholoma matsutake, Tricholoma magnivelare, Tricholoma anatolicum, Tricholoma dulciolens, Tricholoma caligatum*)	13	0	东盟AS,智CL,巴PK,新西兰NZ,秘PE,哥CR,瑞CH,冰IS,澳AU,格GE,毛MU,东盟^{R}AS^R,澳^{R}AU^R,新西兰^{R}NZ^R,柬KH,港HK,澳门MO	0 受惠国LD,柬KH	90
				1.3	韩KR		
				10.4	韩^{R}KR^R		
				10.6	日^{R}JP^R		
599	0709.5600	--块菌（松露属） --Truffles (*Tuber spp.*)	13	0	东盟AS,智CL,巴PK,新西兰NZ,秘PE,哥CR,瑞CH,冰IS,澳AU,格GE,毛MU,东盟^{R}AS^R,澳^{R}AU^R,新西兰^{R}NZ^R,柬KH,港HK,澳门MO	0 受惠国LD	90
				1.3	韩KR		
				10.4	韩^{R}KR^R		
				10.6	日^{R}JP^R		
		--其他: --Other:					
600	0709.5910	---其他松茸 ---Other matsutake	13	0	东盟AS,智CL,巴PK,新西兰NZ,秘PE,哥CR,瑞CH,冰IS,澳AU,格GE,毛MU,东盟^{R}AS^R,澳^{R}AU^R,新西兰^{R}NZ^R,柬KH,港HK,澳门MO	0 受惠国LD,柬KH	90
				1.3	韩KR		
				10.4	韩^{R}KR^R		
				10.6	日^{R}JP^R		

序号 No.	税则号列 Tariff Line	货品名称 Article Description	最惠国税率 MFN(%)	协定税率 Agreement(%)		特惠税率 SP(%)		普通税率 Gen(%)
601	0709.5930	---金针菇 ---Enoki mushroom	13	0	东盟AS,智CL,巴PK,新西兰NZ, 秘PE,哥CR,瑞CH,冰IS,澳AU, 格GE,毛MU,东盟^RAS^R,澳^RAU^R, 新西兰^RNZ^R,柬KH,港HK,澳门 MO,台TW	0	受惠国LD, 柬KH	90
				1.3	韩KR			
				10.4	韩^RKR^R			
				10.6	日^RJP^R			
602	0709.5940	---草菇 ---Paddy Straw mushroom	13	0	东盟AS,智CL,巴PK,新西兰NZ, 秘PE,哥CR,瑞CH,冰IS,澳AU,格 GE,毛MU,东盟^RAS^R,澳^RAU^R,新 西兰^RNZ^R,柬KH,港HK,澳门MO	0	受惠国LD, 柬KH	90
				1.3	韩KR			
				10.4	韩^RKR^R			
				10.6	日^RJP^R			
603	0709.5950	---口蘑 ---Tricholoma mongolicum Imai	13	0	东盟AS,智CL,巴PK,新西兰NZ, 秘PE,哥CR,瑞CH,冰IS,澳AU,格 GE,毛MU,东盟^RAS^R,澳^RAU^R,新 西兰^RNZ^R,柬KH,港HK,澳门MO	0	受惠国LD, 柬KH	90
				1.3	韩KR			
				10.4	韩^RKR^R			
				10.6	日^RJP^R			
604	0709.5960	---其他块菌 ---Other truffle	13	0	东盟AS,智CL,巴PK,新西兰NZ, 秘PE,哥CR,瑞CH,冰IS,澳AU,格 GE,毛MU,东盟^RAS^R,澳^RAU^R,新 西兰^RNZ^R,柬KH,港HK,澳门MO	0	受惠国LD	90
				1.3	韩KR			
				10.4	韩^RKR^R			
				10.6	日^RJP^R			
605	0709.5990	---其他 ---Other	13	0	东盟AS,智CL,巴PK,新西兰NZ, 秘PE,哥CR,瑞CH,冰IS,澳AU,格 GE,毛MU,东盟^RAS^R,澳^RAU^R,新 西兰^RNZ^R,柬KH,港HK,澳门MO	0	受惠国LD, 柬KH	90
				1.3	韩KR			
				10.4	韩^RKR^R			
				10.6	日^RJP^R			
606	0709.6000	-辣椒属及多香果属的果实 -Fruits of the genus Capsicum or of the genus Pimenta	13	0	东盟AS,智CL,巴PK,新西兰NZ, 秘PE,哥CR,瑞CH,冰IS,澳AU,格 GE,毛MU,东盟^RAS^R,澳^RAU^R,新 西兰^RNZ^R,柬KH,港HK,澳门MO	0	受惠国LD, 柬KH	70
				1.3	韩KR			
				6.5	亚太AP			
				10.4	韩^RKR^R			
				10.6	日^RJP^R			

序号 No.	税则号列 Tariff Line	货品名称 Article Description	最惠国税率 MFN(%)	协定税率 Agreement(%)		特惠税率 SP(%)		普通税率 Gen(%)
607	0709.7000	-菠菜 -Spinach, New Zealand spinach and orache spinach (garden spinach)	13	0	东盟AS,智CL,巴PK,新西兰NZ,秘PE,哥CR,瑞CH,冰IS,澳AU,格GE,毛MU,东盟^RAS^R,澳^RAU^R,新西兰^RNZ^R,柬KH,港HK,澳门MO	0	受惠国LD	70
				1.3	韩KR			
				10.4	韩^RKR^R			
				10.6	日^RJP^R			
		-其他: -Other:						
608	0709.9100	--洋蓟 --Globe artichokes	13	0	东盟AS,智CL,巴PK,新西兰NZ,秘PE,哥CR,瑞CH,冰IS,澳AU,格GE,毛MU,东盟^RAS^R,澳^RAU^R,新西兰^RNZ^R,柬KH,港HK,澳门MO	0	受惠国LD,柬KH	70
				1.3	韩KR			
				10.4	韩^RKR^R			
				10.6	日^RJP^R			
609	0709.9200	--油橄榄 --Olives	13	0	东盟AS,智CL,巴PK,新西兰NZ,秘PE,哥CR,瑞CH,冰IS,澳AU,格GE,毛MU,东盟^RAS^R,澳^RAU^R,新西兰^RNZ^R,柬KH,港HK,澳门MO	0	受惠国LD,柬KH	70
				1.3	韩KR			
				10.4	韩^RKR^R			
				10.6	日^RJP^R			
610	0709.9300	--南瓜、笋瓜及瓠瓜(南瓜属) --Pumpkins, squash and gourds (Cucurbita spp.)	13	0	东盟AS,智CL,巴PK,新西兰NZ,秘PE,哥CR,瑞CH,冰IS,澳AU,格GE,毛MU,东盟^RAS^R,澳^RAU^R,新西兰^RNZ^R,柬KH,港HK,澳门MO	0	受惠国LD,柬KH	70
				1.3	韩KR			
				10.4	韩^RKR^R			
				10.6	日^RJP^R			
		--其他: --Other:						
611	0709.9910	---竹笋 ---Bamboo shoots	13	0	东盟AS,智CL,巴PK,新西兰NZ,秘PE,哥CR,瑞CH,冰IS,澳AU,格GE,毛MU,东盟^RAS^R,澳^RAU^R,新西兰^RNZ^R,柬KH,港HK,澳门MO	0	受惠国LD,柬KH,老LA	70
				1.3	韩KR			
				10.4	韩^RKR^R			
				10.6	日^RJP^R			
612	0709.9990	---其他 ---Other	13	0	东盟AS,智CL,巴PK,新西兰NZ,秘PE,哥CR,瑞CH,冰IS,澳AU,格GE,毛MU,东盟^RAS^R,澳^RAU^R,新西兰^RNZ^R,柬KH,港HK,澳门MO	0	受惠国LD,柬KH	70
				1.3	韩KR			
				10.4	韩^RKR^R			
				10.6	日^RJP^R			

序号 No.	税则号列 Tariff Line	货品名称 Article Description	最惠国税率 MFN(%)	协定税率 Agreement(%)		特惠税率 SP(%)	普通税率 Gen(%)
	07.10	冷冻蔬菜（不论是否蒸煮）： **Vegetables (uncooked or cooked by steaming or boiling in water), frozen:**					
613	0710.1000	-马铃薯 -Potatoes	13	0	东盟AS,智CL,新西兰NZ,秘PE,哥CR,瑞CH,澳AU,格GE,毛MU,东盟^RAS^R,澳^RAU^R,新西兰^RNZ^R,柬KH,港HK,澳门MO	0 受惠国LD	70
				1.3	韩KR		
				3.9	巴PK		
				10.4	韩^RKR^R		
				10.6	日^RJP^R		
		-豆类蔬菜, 不论是否脱荚： -Leguminous vegetables, shelled or unshelled:						
614	0710.2100	--豌豆 --Peas (*Pisum sativum*)	13	0	东盟AS,智CL,新西兰NZ,秘PE,哥CR,瑞CH,冰IS,澳AU,格GE,毛MU,东盟^RAS^R,澳^RAU^R,新西兰^RNZ^R,柬KH,港HK,澳门MO	0 受惠国LD	70
				1.3	韩KR		
				3.9	巴PK		
				10.4	韩^RKR^R		
				10.6	日^RJP^R		
		--豇豆及菜豆： --Beans (*Vigna spp., Phaseolus spp.*):						
615	0710.2210	---红小豆（赤豆） ---Adzuki beans	13	0	东盟AS,智CL,新西兰NZ,秘PE,哥CR,瑞CH,冰IS,澳AU,格GE,毛MU,东盟^RAS^R,澳^RAU^R,新西兰^RNZ^R,柬KH,港HK,澳门MO	0 受惠国LD,柬KH	70
				1.3	韩KR		
				3.9	巴PK		
				10.4	韩^RKR^R		
				10.6	日^RJP^R		
616	0710.2290	---其他 ---Other	13	0	东盟AS,智CL,新西兰NZ,秘PE,哥CR,瑞CH,冰IS,澳AU,格GE,毛MU,东盟^RAS^R,澳^RAU^R,新西兰^RNZ^R,柬KH,港HK,澳门MO	0 受惠国LD,柬KH	70
				1.3	韩KR		
				3.9	巴PK		
				10.4	韩^RKR^R		
				10.6	日^RJP^R		

序号 No.	税则号列 Tariff Line	货品名称 Article Description	最惠国税率 MFN(%)	协定税率 Agreement(%)	特惠税率 SP(%)	普通税率 Gen(%)

序号 No.	税则号列 Tariff Line	货品名称 Article Description	最惠国税率 MFN(%)	协定税率 Agreement(%)		特惠税率 SP(%)	普通税率 Gen(%)
617	0710.2900	--其他 --Other	13	0	东盟AS,智CL,新西兰NZ,秘PE,哥CR,瑞CH,冰IS,澳AU,格GE,毛MU,东盟^RAS^R,澳^RAU^R,新西兰^RNZ^R,柬KH,港HK,澳门MO	0 受惠国LD,柬KH	70
				1.3	韩KR		
				3.9	巴PK		
				10.4	韩^RKR^R		
				10.6	日^RJP^R		
618	0710.3000	-菠菜 -Spinach, New Zealand spinach and orache spinach (garden spinach)	13	0	东盟AS,智CL,新西兰NZ,秘PE,哥CR,瑞CH,冰IS,澳AU,格GE,毛MU,东盟^RAS^R,澳^RAU^R,新西兰^RNZ^R,柬KH,港HK,澳门MO	0 受惠国LD	70
				1.3	韩KR		
				3.9	巴PK		
				10.4	韩^RKR^R		
				10.6	日^RJP^R		
619	0710.4000	-甜玉米 -Sweet corn	10	0	东盟AS,智CL,新西兰NZ,秘PE,哥CR,瑞CH,冰IS,澳AU,格GE,毛MU,东盟^RAS^R,澳^RAU^R,新西兰^RNZ^R,柬KH,港HK,澳门MO	0 受惠国LD	70
				1	韩KR		
				3	巴PK		
				8	韩^RKR^R		
				8.2	日^RJP^R		
		-其他蔬菜: -Other vegetables:					
620	0710.8010	---松茸 ---Sungmo	13	0	东盟AS,智CL,新西兰NZ,秘PE,哥CR,瑞CH,冰IS,澳AU,格GE,毛MU,东盟^RAS^R,澳^RAU^R,新西兰^RNZ^R,柬KH,港HK,澳门MO	0 受惠国LD,柬KH	70
				1.3	韩KR		
				3.9	巴PK		
				10.4	韩^RKR^R		
				10.6	日^RJP^R		
621	0710.8020	---蒜苔及蒜苗（青蒜） ---Garlic stems, garlic seedlings	13	0	东盟AS,智CL,新西兰NZ,秘PE,哥CR,瑞CH,冰IS,澳AU,格GE,毛MU,东盟^RAS^R,澳^RAU^R,新西兰^RNZ^R,柬KH,港HK,澳门MO	0 受惠国LD,柬KH	70
				1.3	韩KR		
				3.9	巴PK		
				10.4	韩^RKR^R		
				10.6	日^RJP^R		

序号 No.	税则号列 Tariff Line	货品名称 Article Description	最惠国税率 MFN(%)	协定税率 Agreement(%)		特惠税率 SP(%)	普通税率 Gen(%)
622	0710.8030	---蒜头 ---Garlic bulbs	13	0	东盟AS,智CL,新西兰NZ,秘PE, 哥CR,瑞CH,冰IS,澳AU,格GE, 毛MU,东盟^RAS^R,澳^RAU^R,新西 兰^RNZ^R,柬KH,港HK,澳门MO	0 受惠国LD, 柬KH	70
				1.3	韩KR		
				3.9	巴PK		
				10.4	韩^RKR^R		
				10.6	日^RJP^R		
623	0710.8040	---牛肝菌 ---Boletus	13	0	东盟AS,智CL,新西兰NZ,秘PE, 哥CR,瑞CH,冰IS,澳AU,格GE, 毛MU,东盟^RAS^R,澳^RAU^R,新西 兰^RNZ^R,柬KH,港HK,澳门MO	0 受惠国LD, 柬KH	70
				1.3	韩KR		
				3.9	巴PK		
				10.4	韩^RKR^R		
				10.6	日^RJP^R		
624	0710.8090	---其他 ---Other	13	0	东盟AS,智CL,新西兰NZ,秘PE, 哥CR,瑞CH,冰IS,澳AU,格GE, 毛MU,东盟^RAS^R,澳^RAU^R,新西 兰^RNZ^R,柬KH,港HK,澳门MO	0 受惠国LD, 柬KH	70
				1.3	韩KR		
				3.9	巴PK		
				10.4	韩^RKR^R		
				10.6	日^RJP^R		
625	0710.9000	-什锦蔬菜 -Mixtures of vegetables	10	0	东盟AS,智CL,新西兰NZ,秘PE, 哥CR,瑞CH,冰IS,澳AU,格GE, 毛MU,东盟^RAS^R,澳^RAU^R,新西 兰^RNZ^R,柬KH,港HK,澳门MO	0 受惠国LD, 柬KH	70
				1	韩KR		
				3	巴PK		
				8	韩^RKR^R		
				8.2	日^RJP^R		
	07.11	暂时保藏的蔬菜，但不适于直接食用的: Vegetables provisionally preserved, but unsuitable in that state for immediate consumption:					
626	0711.2000	-油橄榄 -Olives	13	0	东盟AS,智CL,巴PK,新西兰NZ, 秘PE,哥CR,瑞CH,冰IS,澳AU,格 GE,毛MU,东盟^RAS^R,澳^RAU^R,新 西兰^RNZ^R,柬KH,港HK,澳门MO	0 受惠国LD	70
				1.3	韩KR		
				10.4	韩^RKR^R		
				10.6	日^RJP^R		

序号 No.	税则号列 Tariff Line	货品名称 Article Description	最惠国税率 MFN(%)	协定税率 Agreement(%)		特惠税率 SP(%)		普通税率 Gen(%)
627	0711.4000	-黄瓜及小黄瓜 -Cucumbers and gherkins	13	0	东盟AS,智CL,巴PK,新西兰NZ,秘PE,哥CR,瑞CH,冰IS,澳AU,格GE,毛MU,东盟^RAS^R,澳^RAU^R,新西兰^RNZ^R,柬KH,港HK,澳门MO	0	受惠国LD	70
				1.3	韩KR			
				10.4	韩^RKR^R			
				10.6	日^RJP^R			
		-蘑菇及块菌: -Mushrooms and truffles:						
		--伞菌属蘑菇: --Mushrooms of the genus *Agaricus*:						
		---盐水的: ---In brine:						
628	0711.5112	----白蘑菇 ----White mushroom	13	0	东盟AS,智CL,巴PK,新西兰NZ,秘PE,哥CR,瑞CH,冰IS,澳AU,格GE,毛MU,东盟^RAS^R,澳^RAU^R,新西兰^RNZ^R,柬KH,港HK,澳门MO	0	受惠国LD	90
				1.3	韩KR			
				10.4	韩^RKR^R			
				10.6	日^RJP^R			
629	0711.5119	----其他 ----Other	13	0	东盟AS,智CL,巴PK,新西兰NZ,秘PE,哥CR,瑞CH,冰IS,澳AU,格GE,毛MU,东盟^RAS^R,澳^RAU^R,新西兰^RNZ^R,柬KH,港HK,澳门MO	0	受惠国LD	90
				1.3	韩KR			
				10.4	韩^RKR^R			
				10.6	日^RJP^R			
630	0711.5190	---其他 ---Other	13	0	东盟AS,智CL,巴PK,新西兰NZ,秘PE,哥CR,瑞CH,冰IS,澳AU,格GE,毛MU,东盟^RAS^R,澳^RAU^R,新西兰^RNZ^R,柬KH,港HK,澳门MO	0	受惠国LD	90
				1.3	韩KR			
				10.4	韩^RKR^R			
				10.6	日^RJP^R			
		--其他: --Other:						
		---盐水的: ---In brine:						
631	0711.5911	----松茸 ----Sungmo	13	0	东盟AS,智CL,巴PK,新西兰NZ,秘PE,哥CR,瑞CH,冰IS,澳AU,格GE,毛MU,东盟^RAS^R,澳^RAU^R,新西兰^RNZ^R,柬KH,港HK,澳门MO	0	受惠国LD	90
				1.3	韩KR			
				10.4	韩^RKR^R			
				10.6	日^RJP^R			

序号 No.	税则号列 Tariff Line	货品名称 Article Description	最惠国税率 MFN(%)	协定税率 Agreement(%)		特惠税率 SP(%)		普通税率 Gen(%)
632	0711.5919	----其他 ----Other	13	0	东盟AS,智CL,巴PK,新西兰NZ,秘PE,哥CR,瑞CH,冰IS,澳AU,格GE,毛MU,东盟^{R}AS^R,澳^{R}AU^R,新西兰^{R}NZ^R,柬KH,港HK,澳门MO	0	受惠国LD	90
				1.3	韩KR			
				10.4	韩^{R}KR^R			
				10.6	日^{R}JP^R			
633	0711.5990	---其他 ---Other	13	0	东盟AS,智CL,巴PK,新西兰NZ,秘PE,哥CR,瑞CH,冰IS,澳AU,格GE,毛MU,东盟^{R}AS^R,澳^{R}AU^R,新西兰^{R}NZ^R,柬KH,港HK,澳门MO	0	受惠国LD	90
				1.3	韩KR			
				10.4	韩^{R}KR^R			
				10.6	日^{R}JP^R			
		-其他蔬菜; 什锦蔬菜: -Other vegetables; mixtures of vegetables:						
		---盐水的: ---In brine:						
634	0711.9031	----竹笋 ----Bamboo shoots	13	0	东盟AS,智CL,巴PK,新西兰NZ,秘PE,哥CR,瑞CH,冰IS,澳AU,格GE,毛MU,东盟^{R}AS^R,澳^{R}AU^R,新西兰^{R}NZ^R,柬KH,港HK,澳门MO	0	受惠国LD	70
				1.3	韩KR			
				6.5	亚太AP			
				10.4	韩^{R}KR^R			
				10.6	日^{R}JP^R			
635	0711.9034	----大蒜 ----Garlic	13	0	东盟AS,智CL,巴PK,新西兰NZ,秘PE,哥CR,瑞CH,冰IS,澳AU,格GE,毛MU,东盟^{R}AS^R,澳^{R}AU^R,新西兰^{R}NZ^R,柬KH,港HK,澳门MO	0	受惠国LD	70
				1.3	韩KR			
				6.5	亚太AP			
				10.4	韩^{R}KR^R			
				10.6	日^{R}JP^R			
636	0711.9039	----其他 ----Other	13	0	东盟AS,智CL,巴PK,新西兰NZ,秘PE,哥CR,瑞CH,冰IS,澳AU,格GE,毛MU,东盟^{R}AS^R,澳^{R}AU^R,新西兰^{R}NZ^R,柬KH,港HK,澳门MO	0	受惠国LD	70
				1.3	韩KR			
				6.5	亚太AP			
				10.4	韩^{R}KR^R			
				10.6	日^{R}JP^R			

序号 No.	税则号列 Tariff Line	货品名称 Article Description	最惠国税率 MFN(%)	协定税率 Agreement(%)		特惠税率 SP(%)	普通税率 Gen(%)
637	0711.9090	---其他 ---Other	13	0	东盟AS,智CL,巴PK,新西兰NZ,秘PE,哥CR,瑞CH,冰IS,澳AU,格GE,毛MU,东盟^{R}AS^R,澳^{R}AU^R,新西兰^{R}NZ^R,柬KH,港HK,澳门MO	0 受惠国LD	90
				1.3	韩KR		
				6.5	亚太AP		
				10.4	韩^{R}KR^R		
				10.6	日^{R}JP^R		
07.12		干蔬菜,整个、切块、切片、破碎或制成粉状,但未经进一步加工的: Dried vegetables, whole, cut, sliced, broken or in powder, but not further prepared:					
638	0712.2000	-洋葱 -Onions	13	0	东盟AS,智CL,新西兰NZ,秘PE,哥CR,瑞CH,冰IS,澳AU,格GE,毛MU,东盟^{R}AS^R,澳^{R}AU^R,新西兰^{R}NZ^R,柬KH,港HK,澳门MO	0 受惠国LD	80
				1.3	韩KR		
				3.9	巴PK		
				10.4	韩^{R}KR^R		
				10.6	日^{R}JP^R		
		-蘑菇、木耳、银耳及块菌: -Mushrooms, wood ears (Auri-cularia spp.), jelly fungi (Tremella spp.) and truffles:					
639	0712.3100	--伞菌属蘑菇 --Mushrooms of the genus Agaricus	13	0	东盟AS,智CL,新西兰NZ,秘PE,哥CR,瑞CH,冰IS,澳AU,格GE,毛MU,东盟^{R}AS^R,澳^{R}AU^R,新西兰^{R}NZ^R,柬KH,港HK,澳门MO	0 受惠国LD	80
				1.3	韩KR		
				3	巴PK		
				9	亚太AP		
				10.4	韩^{R}KR^R		
				10.6	日^{R}JP^R		
640	0712.3200	--木耳 --Wood ears (Auricularia spp.)	13	0	东盟AS,智CL,新西兰NZ,秘PE,哥CR,瑞CH,冰IS,澳AU,格GE,毛MU,东盟^{R}AS^R,澳^{R}AU^R,新西兰^{R}NZ^R,柬KH,港HK,澳门MO	0 受惠国LD	100
				1.3	韩KR		
				3.9	巴PK		
				10.4	韩^{R}KR^R		
				10.6	日^{R}JP^R		

序号 No.	税则号列 Tariff Line	货品名称 Article Description	最惠国税率 MFN(%)	协定税率 Agreement(%)		特惠税率 SP(%)	普通税率 Gen(%)
641	0712.3300	--银耳 --Jelly fungi (*Tremella spp.*)	13	0	东盟AS,智CL,新西兰NZ,秘PE, 哥CR,瑞CH,冰IS,澳AU,格GE, 毛MU,东盟^RAS^R,澳^RAU^R,新西 兰^RNZ^R,柬KH,港HK,澳门MO	0 受惠国LD	90
				1.3	韩KR		
				3.9	巴PK		
				10.4	韩^RKR^R		
				10.6	日^RJP^R		
642	0712.3400	--香菇 --Shiitake (*Lentinus edodes*)	13	0	东盟AS,智CL,新西兰NZ,秘PE, 哥CR,瑞CH,冰IS,澳AU,格GE, 毛MU,东盟^RAS^R,澳^RAU^R,新西 兰^RNZ^R,柬KH,港HK,澳门MO	0 受惠国LD	100
				1.3	韩KR		
				3	巴PK		
				9	亚太AP		
				10.4	韩^RKR^R		
				10.6	日^RJP^R		
		--其他: --Other:					
643	0712.3920	---金针菇 ---Enoki mushroom	13	0	东盟AS,智CL,新西兰NZ,秘PE, 哥CR,瑞CH,冰IS,澳AU,格GE, 毛MU,东盟^RAS^R,澳^RAU^R,新西 兰^RNZ^R,柬KH,港HK,澳门MO	0 受惠国LD	100
				1.3	韩KR		
				3	巴PK		
				9	亚太AP		
				10.4	韩^RKR^R		
				10.6	日^RJP^R		
644	0712.3950	---牛肝菌 ---Boletus	13	0	东盟AS,智CL,新西兰NZ,秘PE, 哥CR,瑞CH,冰IS,澳AU,格GE, 毛MU,东盟^RAS^R,澳^RAU^R,新西 兰^RNZ^R,柬KH,港HK,澳门MO	0 受惠国LD	100
				1.3	韩KR		
				3	巴PK		
				9	亚太AP		
				10.4	韩^RKR^R		
				10.6	日^RJP^R		
		---其他: ---Other:					

序号 No.	税则号列 Tariff Line	货品名称 Article Description	最惠国税率 MFN(%)		协定税率 Agreement(%)	特惠税率 SP(%)		普通税率 Gen(%)
645	0712.3991	----羊肚菌 ----Morchella vulgaris	13	0	东盟AS,智CL,新西兰NZ,秘PE, 哥CR,瑞CH,冰IS,澳AU,格GE, 毛MU,东盟^{R}AS^R,澳^{R}AU^R,新西 兰^{R}NZ^R,柬KH,港HK,澳门MO	0	受惠国LD	100
				1.3	韩KR			
				9	亚太AP,巴PK			
				10.4	韩^{R}KR^R			
				10.6	日^{R}JP^R			
646	0712.3999	----其他 ----Other	13	0	东盟AS,智CL,新西兰NZ,秘PE, 哥CR,瑞CH,冰IS,澳AU,格GE, 毛MU,东盟^{R}AS^R,澳^{R}AU^R,新西 兰^{R}NZ^R,柬KH,港HK,澳门MO	0	受惠国LD	100
				1.3	韩KR			
				9	亚太AP,巴PK			
				10.4	韩^{R}KR^R			
				10.6	日^{R}JP^R			
		-其他蔬菜；什锦蔬菜： -Other vegetables; mixtures of vegetables:						
647	0712.9010	---笋干丝 ---Bamboo shoots	13	0	东盟AS,智CL,新西兰NZ,秘PE, 哥CR,瑞CH,冰IS,澳AU,格GE, 毛MU,东盟^{R}AS^R,澳^{R}AU^R,新西 兰^{R}NZ^R,柬KH,港HK,澳门MO	0	受惠国LD	80
				1.3	韩KR			
				3.9	巴PK			
				10.4	韩^{R}KR^R			
				10.6	日^{R}JP^R			
648	0712.9020	---紫萁（薇菜干） ---Osmund	13	0	东盟AS,智CL,新西兰NZ,秘PE, 哥CR,瑞CH,冰IS,澳AU,格GE, 毛MU,东盟^{R}AS^R,澳^{R}AU^R,新西 兰^{R}NZ^R,柬KH,港HK,澳门MO	0	受惠国LD	80
				1.3	韩KR			
				3.9	巴PK			
				10.4	韩^{R}KR^R			
				10.6	日^{R}JP^R			
649	0712.9030	---金针菜（黄花菜） ---Day lily flowers	13	0	东盟AS,智CL,新西兰NZ,秘PE, 哥CR,瑞CH,冰IS,澳AU,格GE, 毛MU,东盟^{R}AS^R,澳^{R}AU^R,新西 兰^{R}NZ^R,柬KH,港HK,澳门MO	0	受惠国LD	80
				1.3	韩KR			
				3.9	巴PK			
				10.4	韩^{R}KR^R			
				10.6	日^{R}JP^R			

序号 No.	税则号列 Tariff Line	货品名称 Article Description	最惠国税率 MFN(%)	协定税率 Agreement(%)		特惠税率 SP(%)	普通税率 Gen(%)
650	0712.9040	---蕨菜 ---Wild brake	13	0	东盟AS,智CL,新西兰NZ,秘PE,哥CR,瑞CH,冰IS,澳AU,格GE,毛MU,东盟^RAS^R,澳^RAU^R,新西兰^RNZ^R,柬KH,港HK,澳门MO	0 受惠国LD	80
				1.3	韩KR		
				3.9	巴PK		
				10.4	韩^RKR^R		
				10.6	日^RJP^R		
651	0712.9050	---大蒜 ---Garlic	13	0	东盟AS,智CL,新西兰NZ,秘PE,哥CR,瑞CH,冰IS,澳AU,格GE,毛MU,东盟^RAS^R,澳^RAU^R,新西兰^RNZ^R,柬KH,港HK,澳门MO	0 受惠国LD	80
				1.3	韩KR		
				3.9	巴PK		
				10.4	韩^RKR^R		
				10.6	日^RJP^R		
		---其他: ---Other:					
652	0712.9091	----辣根 ----Horseradish	13	0	东盟AS,智CL,新西兰NZ,秘PE,哥CR,瑞CH,冰IS,澳AU,格GE,毛MU,东盟^RAS^R,澳^RAU^R,新西兰^RNZ^R,柬KH,港HK,澳门MO	0 受惠国LD	80
				1.3	韩KR		
				3.9	巴PK		
				10.4	韩^RKR^R		
				10.6	日^RJP^R		
653	0712.9099	----其他 ----Other	13	0	东盟AS,智CL,新西兰NZ,秘PE,哥CR,瑞CH,冰IS,澳AU,格GE,毛MU,东盟^RAS^R,澳^RAU^R,新西兰^RNZ^R,柬KH,港HK,澳门MO	0 受惠国LD	80
				1.3	韩KR		
				3.9	巴PK		
				10.4	韩^RKR^R		
				10.6	日^RJP^R		
	07.13	脱荚的干豆, 不论是否去皮或分瓣: Dried leguminous vegetables, shelled, whether or not skinned or split:					
		-豌豆: -Peas (*Pisum sativum*):					
654	0713.1010	---种用 ---Seed	0	0	东盟AS,智CL,巴PK,新西兰NZ,秘PE,哥CR,瑞CH,冰IS,韩KR,澳AU,格GE,毛MU,东盟^RAS^R,澳^RAU^R,日^RJP^R,新西兰^RNZ^R,柬KH,港HK,澳门MO,韩^RKR^R	0 受惠国LD	0

序号 No.	税则号列 Tariff Line	货品名称 Article Description	最惠国税率 MFN(%)	协定税率 Agreement(%)		特惠税率 SP(%)	普通税率 Gen(%)
655	0713.1090	---其他 ---Other	5	0	东盟AS,智CL,巴PK,新西兰NZ,秘PE,哥CR,瑞CH,冰IS,韩KR,澳AU,格GE,毛MU,东盟^RAS^R,澳^RAU^R,日^RJP^R,新西兰^RNZ^R,柬KH,港HK,澳门MO,韩^RKR^R	0 受惠国LD	20
		-鹰嘴豆： -Chickpeas (garbanzos):					
656	0713.2010	---种用 ---Seed	0	0	东盟AS,智CL,巴PK,新西兰NZ,秘PE,哥CR,瑞CH,冰IS,韩KR,澳AU,格GE,毛MU,东盟^RAS^R,澳^RAU^R,日^RJP^R,新西兰^RNZ^R,柬KH,港HK,澳门MO,韩^RKR^R	0 受惠国LD	0
657	0713.2090	---其他 ---Other	7	0 1	东盟AS,智CL,新西兰NZ,秘PE,哥CR,瑞CH,冰IS,韩KR,澳AU,格GE,毛MU,东盟^RAS^R,澳^RAU^R,日^RJP^R,新西兰^RNZ^R,柬KH,港HK,澳门MO,韩^RKR^R 巴PK	0 受惠国LD	20
		-豇豆属及菜豆属： -Beans (*Vigna spp., Phaseolus spp.*):					
		--绿豆： --Beans of the species *Vigna mungo* (L.) Hepper or *Vigna radiata* (L.) Wilczek:					
658	0713.3110	---种用 ---Seed	0	0	东盟AS,智CL,巴PK,新西兰NZ,秘PE,哥CR,瑞CH,冰IS,韩KR,澳AU,格GE,毛MU,东盟^RAS^R,澳^RAU^R,日^RJP^R,新西兰^RNZ^R,柬KH,港HK,澳门MO,韩^RKR^R	0 受惠国LD	0
659	0713.3190	---其他 ---Other	3	0 1.5 2.4	东盟AS,智CL,巴PK,新西兰NZ,秘PE,哥CR,瑞CH,冰IS,韩KR,澳AU,格GE,毛MU,东盟^RAS^R,日^RJP^R,柬KH,港HK,澳门MO,韩^RKR^R 亚太AP 澳^RAU^R,新西兰^RNZ^R	0 受惠国LD,柬KH,缅MM	11
		--红小豆（赤豆）： --Small red (Adzuki) beans (*Phaseolus* or *Vigna angularis*):					
660	0713.3210	---种用 ---Seed	0	0	东盟AS,智CL,巴PK,新西兰NZ,秘PE,哥CR,瑞CH,冰IS,韩KR,澳AU,格GE,毛MU,东盟^RAS^R,澳^RAU^R,日^RJP^R,新西兰^RNZ^R,柬KH,港HK,澳门MO,韩^RKR^R	0 受惠国LD	0

序号 No.	税则号列 Tariff Line	货品名称 Article Description	最惠国税率 MFN(%)	协定税率 Agreement(%)		特惠税率 SP(%)	普通税率 Gen(%)
661	0713.3290	---其他 ---Other	3	0	东盟AS,智CL,巴PK,新西兰NZ,秘PE,哥CR,瑞CH,冰IS,韩KR,澳AU,格GE,毛MU,东盟^{R}AS^R,澳^{R}AU^R,日^{R}JP^R,新西兰^{R}NZ^R,柬KH,港HK,澳门MO,韩^{R}KR^R	0	受惠国LD,柬KH	14
		--芸豆: --Kidney beans, including white pea beans (*Phaseolus vulgaris*):					
662	0713.3310	---种用 ---Seed	0	0	东盟AS,智CL,巴PK,新西兰NZ,秘PE,哥CR,瑞CH,冰IS,韩KR,澳AU,格GE,毛MU,东盟^{R}AS^R,澳^{R}AU^R,日^{R}JP^R,新西兰^{R}NZ^R,柬KH,港HK,澳门MO,韩^{R}KR^R	0	受惠国LD	0
663	0713.3390	---其他 ---Other	7.5	0 1	东盟AS,智CL,新西兰NZ,秘PE,哥CR,瑞CH,冰IS,韩KR,澳AU,格GE,毛MU,东盟^{R}AS^R,澳^{R}AU^R,日^{R}JP^R,新西兰^{R}NZ^R,柬KH,港HK,澳门MO,韩^{R}KR^R 巴PK	0	受惠国LD,柬KH	20
664	0713.3400	--巴姆巴拉豆 --Bambara beans (*Vigna subterranea or Voandzeia subterranea*)	7	0 3.5	东盟AS,智CL,巴PK,新西兰NZ,秘PE,哥CR,瑞CH,冰IS,韩KR,澳AU,格GE,毛MU,东盟^{R}AS^R,澳^{R}AU^R,日^{R}JP^R,新西兰^{R}NZ^R,柬KH,港HK,澳门MO,韩^{R}KR^R 亚太AP	0	受惠国LD,柬KH	20
665	0713.3500	--牛豆(豇豆) --Cow peas (*Vigna unguiculata*)	7	0 3.5	东盟AS,智CL,巴PK,新西兰NZ,秘PE,哥CR,瑞CH,冰IS,韩KR,澳AU,格GE,毛MU,东盟^{R}AS^R,澳^{R}AU^R,日^{R}JP^R,新西兰^{R}NZ^R,柬KH,港HK,澳门MO,韩^{R}KR^R 亚太AP	0	受惠国LD,柬KH	20
666	0713.3900	--其他 --Other	7	0 3.5	东盟AS,智CL,巴PK,新西兰NZ,秘PE,哥CR,瑞CH,冰IS,韩KR,澳AU,格GE,毛MU,东盟^{R}AS^R,澳^{R}AU^R,日^{R}JP^R,新西兰^{R}NZ^R,柬KH,港HK,澳门MO,韩^{R}KR^R 亚太AP	0	受惠国LD,柬KH	20
		-扁豆: -Lentils:					
667	0713.4010	---种用 ---Seed	0	0	东盟AS,智CL,巴PK,新西兰NZ,秘PE,哥CR,瑞CH,冰IS,韩KR,澳AU,格GE,毛MU,东盟^{R}AS^R,澳^{R}AU^R,日^{R}JP^R,新西兰^{R}NZ^R,柬KH,港HK,澳门MO,韩^{R}KR^R	0	受惠国LD	0

序号 No.	税则号列 Tariff Line	货品名称 Article Description	最惠国税率 MFN(%)	协定税率 Agreement(%)		特惠税率 SP(%)	普通税率 Gen(%)
668	0713.4090	---其他 ---Other	7	0	东盟AS,智CL,新西兰NZ,秘PE, 哥CR,瑞CH,冰IS,韩KR,澳AU, 格GE,毛MU,东盟^RAS^R,澳^RAU^R, 日^RJP^R,新西兰^RNZ^R,柬KH,港 HK,澳门MO,韩^RKR^R	0 受惠国LD	20
				1	巴PK		
		-蚕豆: -Broad beans (*Vicia faba* var. *major*) and horse beans (*Vicia faba* var. *equina*, *Vicia faba* var. *minor*):					
669	0713.5010	---种用 ---Seed	0	0	东盟AS,智CL,巴PK,新西兰NZ, 秘PE,哥CR,瑞CH,冰IS,韩KR, 澳AU,格GE,毛MU,东盟^RAS^R, 澳^RAU^R,日^RJP^R,新西兰^RNZ^R,柬 KH,港HK,澳门MO,韩^RKR^R	0 受惠国LD	0
670	0713.5090	---其他 ---Other	7	0	东盟AS,智CL,新西兰NZ,秘PE, 哥CR,瑞CH,冰IS,韩KR,澳AU, 格GE,毛MU,东盟^RAS^R,澳^RAU^R, 日^RJP^R,新西兰^RNZ^R,柬KH,港 HK,澳门MO,韩^RKR^R	0 受惠国LD	20
				1	巴PK		
		-木豆(木豆属): -Pigeon peas (*Cajanus cajan*):					
671	0713.6010	---种用 ---Seed	0	0	东盟AS,智CL,巴PK,新西兰NZ, 秘PE,哥CR,瑞CH,冰IS,韩KR, 澳AU,格GE,毛MU,东盟^RAS^R, 澳^RAU^R,日^RJP^R,新西兰^RNZ^R,柬 KH,港HK,澳门MO,韩^RKR^R	0 受惠国LD	0
672	0713.6090	---其他 ---Other	7	0	东盟AS,智CL,新西兰NZ,秘PE, 哥CR,瑞CH,冰IS,韩KR,澳AU, 格GE,毛MU,东盟^RAS^R,澳^RAU^R, 日^RJP^R,新西兰^RNZ^R,柬KH,港 HK,澳门MO,韩^RKR^R	0 受惠国LD	20
				1	巴PK		
		-其他: -Other:					
673	0713.9010	---种用干豆 ---Seed	0	0	东盟AS,智CL,巴PK,新西兰NZ, 秘PE,哥CR,瑞CH,冰IS,韩KR, 澳AU,格GE,毛MU,东盟^RAS^R, 澳^RAU^R,日^RJP^R,新西兰^RNZ^R,柬 KH,港HK,澳门MO,韩^RKR^R	0 受惠国LD	0
674	0713.9090	---其他 ---Other	7	0	东盟AS,智CL,新西兰NZ,秘PE, 哥CR,瑞CH,冰IS,韩KR,澳AU, 格GE,毛MU,东盟^RAS^R,澳^RAU^R, 日^RJP^R,新西兰^RNZ^R,柬KH,港 HK,澳门MO,韩^RKR^R	0 受惠国LD	20
				5	巴PK		

序号 No.	税则号列 Tariff Line	货品名称 Article Description	最惠国税率 MFN(%)	协定税率 Agreement(%)		特惠税率 SP(%)	普通税率 Gen(%)
	07.14	鲜、冷、冻或干的木薯、竹芋、兰科植物块茎、菊芋、甘薯及含有高淀粉或菊粉的类似根茎，不论是否切片或制成团粒；西谷茎髓： Manioc, arrowroot, salep, Jerusalem artichoes, sweet potatoes and similar roots and tubers with high starch or inulin content, fresh, chilled, frozen or dried, whether or not sliced or in the form of pellets; sago pith:					
		-木薯： -Manioc (cassava):					
675	0714.1010	---鲜的 ---Fresh	10	0	东盟AS,智CL,新西兰NZ,秘PE,哥CR,瑞CH,冰IS,韩KR,澳AU,格GE,毛MU,东盟^RAS^R,澳^RAU^R,新西兰^RNZ^R,柬KH,港HK,澳门MO,韩^RKR^R	0 受惠国LD,柬KH,老LA	30
				3	巴PK		
				8.2	日^RJP^R		
676	0714.1020	---干的 ---Dried	5	0	东盟AS,智CL,巴PK,新西兰NZ,秘PE,哥CR,瑞CH,冰IS,韩KR,澳AU,格GE,毛MU,东盟^RAS^R,澳^RAU^R,日^RJP^R,新西兰^RNZ^R,柬KH,港HK,澳门MO,韩^RKR^R	0 受惠国LD,柬KH,老LA	30
677	0714.1030	---冷或冻的 ---Chilled or frozen	10	0	东盟AS,智CL,新西兰NZ,秘PE,哥CR,瑞CH,冰IS,澳AU,格GE,毛MU,东盟^RAS^R,澳^RAU^R,新西兰^RNZ^R,柬KH,港HK,澳门MO	0 受惠国LD,柬KH,老LA	80
				1	韩KR		
				3	巴PK		
				8	韩^RKR^R		
				8.2	日^RJP^R		
		-甘薯： -Sweet potatoes:					
		---鲜的： ---Fresh:					
678	0714.2011	----种用 ----For cultivation	0	0	东盟AS,智CL,巴PK,新西兰NZ,秘PE,哥CR,瑞CH,冰IS,韩KR,澳AU,格GE,毛MU,东盟^RAS^R,澳^RAU^R,日^RJP^R,新西兰^RNZ^R,柬KH,港HK,澳门MO,韩^RKR^R	0 受惠国LD,柬KH,老LA	50

序号 No.	税则号列 Tariff Line	货品名称 Article Description	最惠国税率 MFN(%)	协定税率 Agreement(%)		特惠税率 SP(%)		普通税率 Gen(%)
679	0714.2019	----其他 ----Other	13	0 1.3 3 6.5 10.4 10.6	东盟AS,智CL,新西兰NZ,秘PE, 哥CR,瑞CH,冰IS,澳AU,格GE, 毛MU,东盟^RAS^R,澳^RAU^R,新西 兰^RNZ^R,柬KH,港HK,澳门MO 韩KR 巴PK 亚太AP 韩^RKR^R 日^RJP^R	0	受惠国LD, 柬KH,老LA	50
680	0714.2020	---干的 ---Dried	13	0 1.3 3 6.5 10.4 10.6	东盟AS,智CL,新西兰NZ,秘PE, 哥CR,瑞CH,冰IS,澳AU,格GE, 毛MU,东盟^RAS^R,澳^RAU^R,新西 兰^RNZ^R,柬KH,港HK,澳门MO 韩KR 巴PK 亚太AP 韩^RKR^R 日^RJP^R	0	受惠国LD, 柬KH,老LA	50
681	0714.2030	---冷或冻的 ---Chilled or frozen	13	0 1.3 3 6.5 10.4 10.6	东盟AS,智CL,新西兰NZ,秘PE, 哥CR,瑞CH,冰IS,澳AU,格GE, 毛MU,东盟^RAS^R,澳^RAU^R,新西 兰^RNZ^R,柬KH,港HK,澳门MO 韩KR 巴PK 亚太AP 韩^RKR^R 日^RJP^R	0	受惠国LD, 柬KH,老LA	80
682	0714.3000	-山药 -Yams (*Dioscorea spp.*)	13	0 1.3 3 6.5 10.4 10.6	东盟AS,智CL,新西兰NZ,秘PE, 哥CR,瑞CH,冰IS,澳AU,格GE, 毛MU,东盟^RAS^R,澳^RAU^R,新西 兰^RNZ^R,柬KH,港HK,澳门MO 韩KR 巴PK 亚太AP 韩^RKR^R 日^RJP^R	0	受惠国LD, 柬KH,老LA	50
683	0714.4000	-芋头（芋属） -Taro (*Colocasia spp.*)	13	0 1.3 3 6.5 10.4 10.6	东盟AS,智CL,新西兰NZ,秘PE, 哥CR,瑞CH,冰IS,澳AU,格GE, 毛MU,东盟^RAS^R,澳^RAU^R,新西 兰^RNZ^R,柬KH,港HK,澳门MO 韩KR 巴PK 亚太AP 韩^RKR^R 日^RJP^R	0	受惠国LD	50

序号 No.	税则号列 Tariff Line	货品名称 Article Description	最惠国税率 MFN(%)	协定税率 Agreement(%)		特惠税率 SP(%)		普通税率 Gen(%)
684	0714.5000	-箭叶黄体芋（黄肉芋属） -Yautia (*Xanthosoma spp.*)	13	0	东盟AS,智CL,新西兰NZ,秘PE, 哥CR,瑞CH,冰IS,澳AU,格GE, 毛MU,东盟^RAS^R,澳^RAU^R,新西 兰^RNZ^R,柬KH,港HK,澳门MO	0	受惠国LD, 柬KH,老LA	50
				1.3	韩KR			
				3	巴PK			
				6.5	亚太AP			
				10.4	韩^RKR^R			
				10.6	日^RJP^R			
		-其他： -Other:						
685	0714.9010	---荸荠 ---Water chestnut	13	0	东盟AS,智CL,新西兰NZ,秘PE, 哥CR,瑞CH,冰IS,澳AU,格GE, 毛MU,东盟^RAS^R,澳^RAU^R,新西 兰^RNZ^R,柬KH,港HK,澳门MO	0	受惠国LD, 柬KH,老LA	50
				1.3	韩KR			
				3	巴PK			
				6.5	亚太AP			
				10.4	韩^RKR^R			
				10.6	日^RJP^R			
		---藕： ---Lotus (*Nelumbo nucifera*) rootstock:						
686	0714.9021	----种用 ----For cultivation	0	0	东盟AS,智CL,巴PK,新西兰NZ, 秘PE,哥CR,瑞CH,冰IS,韩KR, 澳AU,格GE,毛MU,东盟^RAS^R, 澳^RAU^R,日^RJP^R,新西兰^RNZ^R,柬 KH,港HK,澳门MO,韩^RKR^R	0	受惠国LD	0
687	0714.9029	----其他 ----Other	13	0	东盟AS,智CL,新西兰NZ,秘PE, 哥CR,瑞CH,冰IS,澳AU,格GE, 毛MU,东盟^RAS^R,澳^RAU^R,新西 兰^RNZ^R,柬KH,港HK,澳门MO	0	受惠国LD, 柬KH,老LA	50
				1.3	韩KR			
				3	巴PK			
				6.5	亚太AP			
				10.4	韩^RKR^R			
				10.6	日^RJP^R			
688	0714.9090	---其他 ---Other	13	0	东盟AS,智CL,新西兰NZ,秘PE, 哥CR,瑞CH,冰IS,澳AU,格GE, 毛MU,东盟^RAS^R,澳^RAU^R,新西 兰^RNZ^R,柬KH,港HK,澳门MO	0	受惠国LD, 柬KH,老LA	50
				1.3	韩KR			
				3	巴PK			
				6.5	亚太AP			
				10.4	韩^RKR^R			
				10.6	日^RJP^R			

第八章
食用水果及坚果；
柑橘属水果或甜瓜的果皮

Chapter 8
Edible fruit and nuts;
peel of citrus fruit or melons

注释：

一、本章不包括非供食用的坚果或水果。

二、冷藏的水果和坚果应按相应的鲜果税目归类。

三、本章的干果可以部分复水或为下列目的进行其他处理：

（一）为保藏或保持其稳定性（例如，经适度热处理或硫化处理、添加山梨酸或山梨酸钾）；

（二）为改进或保持其外观（例如，添加植物油或少量葡萄糖浆）。

但必须保持干果的特征。

四、税目08.12适用于使用前在运输或贮存时仅为暂时保藏而进行处理（例如，使用二氧化硫气体、盐水、亚硫酸水或其他防腐液）的水果及坚果，但不适于直接食用。

Notes:

1. This Chapter does not cover inedible nuts or fruits.

2. Chilled fruits and nuts are to be classified in the same headings as the corresponding fresh fruits and nuts.

3. Dried fruit or dried nuts of this Chapter may be partially rehydrated, or treated for the following purposes:

(a) For additional preservation or stabilization (for example, by moderate heat treatment, sulphuring, the addition of sorbic acid or potassium sorbate);

(b) To improve or maintain their appearance (for example, by the addition of vegetable oil or small quantities of glucose syrup).

Provided that they retain the character of dried fruit or dried nuts.

4. Heading 08.12 applies to fruit and nuts which have been treated solely to ensure their provisional preservation during transport or storage prior to use (for example, by sulphur dioxide gas, in brine, in sulphur water or in other preservative solutions), provided they remain unsuitable for immediate consumption in that state.

序号 No.	税则号列 Tariff Line	货品名称 Article Description	最惠国税率 MFN(%)	协定税率 Agreement(%)		特惠税率 SP(%)		普通税率 Gen(%)
	08.01	鲜或干的椰子、巴西果及腰果，不论是否去壳或去皮： **Coconuts, Brazil nuts and cashew nuts, fresh or dried, whether or not shelled or peeled:**						
		-椰子： -Coconuts:						
689	0801.1100	--干的 --Desiccated	12△7	0	东盟AS,智CL,新西兰NZ,秘PE,瑞CH,冰IS,韩KR,澳AU,格GE,毛MU,东盟ᴿASᴿ,澳ᴿAUᴿ,新西兰ᴿNZᴿ,柬KH,港HK,澳门MO,韩ᴿKRᴿ	0	受惠国LD,柬KH	80
				1.6	哥CR			
				3	巴PK			
				6	亚太AP			
				9.8	日ᴿJPᴿ			
690	0801.1200	--未去内壳（内果皮） --In the inner shell (endocarp)	12	0	东盟AS,智CL,新西兰NZ,秘PE,瑞CH,冰IS,韩KR,澳AU,格GE,毛MU,柬KH,港HK,澳门MO	0	受惠国LD,柬KH	80
				1.6	哥CR			
				3	巴PK			
				6	亚太AP			
				9.6	东盟ᴿASᴿ,澳ᴿAUᴿ,新西兰ᴿNZᴿ,韩ᴿKRᴿ			
				9.8	日ᴿJPᴿ			

序号 No.	税则号列 Tariff Line	货品名称 Article Description	最惠国税率 MFN(%)	协定税率 Agreement(%)		特惠税率 SP(%)		普通税率 Gen(%)
		--其他: --Other:						
691	0801.1910	---种用 ---Seeds	0	0	东盟AS,智CL,巴PK,新西兰NZ,秘PE,哥CR,瑞CH,冰IS,韩KR,澳AU,格GE,毛MU,东盟^RAS^R,澳^RAU^R,日^RJP^R,新西兰^RNZ^R,柬KH,港HK,澳门MO,韩^RKR^R	0 受惠国LD		0
692	0801.1990	---其他 ---Other	12	0	东盟AS,智CL,新西兰NZ,秘PE,瑞CH,冰IS,韩KR,澳AU,格GE,毛MU,东盟^RAS^R,澳^RAU^R,新西兰^RNZ^R,柬KH,港HK,澳门MO,韩^RKR^R	0 受惠国LD,柬KH		80
				1.6	哥CR			
				3	巴PK			
				6	亚太AP			
				9.8	日^RJP^R			
		-巴西果: -Brazil nuts:						
693	0801.2100	--未去壳 --In shell	10Δ7	0	东盟AS,智CL,新西兰NZ,秘PE,瑞CH,冰IS,韩KR,澳AU,格GE,毛MU,东盟^RAS^R,澳^RAU^R,新西兰^RNZ^R,柬KH,港HK,澳门MO,韩^RKR^R	0 受惠国LD		80
				1.3	哥CR			
				3	巴PK			
				8.2	日^RJP^R			
694	0801.2200	--去壳 --Shelled	10Δ7	0	东盟AS,智CL,新西兰NZ,秘PE,瑞CH,冰IS,韩KR,澳AU,格GE,毛MU,东盟^RAS^R,澳^RAU^R,新西兰^RNZ^R,柬KH,港HK,澳门MO,韩^RKR^R	0 受惠国LD		80
				1.3	哥CR			
				3	巴PK			
				8.2	日^RJP^R			
		-腰果: -Cashew nuts:						
695	0801.3100	--未去壳 --In shell	20Δ5	0	东盟AS,智CL,新西兰NZ,秘PE,瑞CH,冰IS,澳AU,格GE,毛MU,东盟^RAS^R,澳^RAU^R,新西兰^RNZ^R,柬KH,港HK,澳门MO	0 受惠国LD,柬KH		70
				2	韩KR			
				2.7	哥CR			
				16	韩^RKR^R			
				16.4	日^RJP^R			

序号 No.	税则号列 Tariff Line	货品名称 Article Description	最惠国税率 MFN(%)	协定税率 Agreement(%)		特惠税率 SP(%)		普通税率 Gen(%)
696	0801.3200	--去壳 --Shelled	10△7	0	东盟AS,智CL,新西兰NZ,秘PE,瑞CH,冰IS,澳AU,格GE,毛MU,柬KH,港HK,澳门MO	0	受惠国LD,柬KH,缅MM	70
				1	韩KR			
				1.3	哥CR			
				3	巴PK			
				8	东盟^{R}AS^R,澳^{R}AU^R,新西兰^{R}NZ^R,韩^{R}KR^R			
				8.2	日^{R}JP^R			
	08.02	鲜或干的其他坚果,不论是否去壳或去皮: **Other nuts, fresh or dried, whether or not shelled or peeled:**						
		-扁桃核及仁: -Almonds:						
697	0802.1100	--未去壳 --In shell	24△10	0	东盟AS,智CL,新西兰NZ,秘PE,瑞CH,冰IS,澳AU,格GE,东盟^{R}AS^R,澳^{R}AU^R,新西兰^{R}NZ^R,柬KH,港HK,澳门MO	0	受惠国LD	70
				2.4	韩KR			
				3.2	哥CR			
				9.6	毛MU			
				19.2	韩^{R}KR^R			
				19.6	日^{R}JP^R			
698	0802.1200	--去壳 --Shelled	10	0	东盟AS,智CL,新西兰NZ,秘PE,瑞CH,冰IS,澳AU,格GE,毛MU,东盟^{R}AS^R,澳^{R}AU^R,新西兰^{R}NZ^R,柬KH,港HK,澳门MO	0	受惠国LD	70
				1	韩KR			
				1.3	哥CR			
				3	巴PK			
				8	韩^{R}KR^R			
				8.2	日^{R}JP^R			
		-榛子: -Hazelnuts or filberts (*Corylus spp.*):							
699	0802.2100	--未去壳 --In shell	25	0	东盟AS,智CL,新西兰NZ,秘PE,瑞CH,冰IS,澳AU,格GE,柬KH,港HK,澳门MO	0	受惠国LD	70
				3.3	哥CR			
				10	毛MU			
				13.7	韩KR			
				22.5	东盟^{R}AS^R,澳^{R}AU^R,新西兰^{R}NZ^R,韩^{R}KR^R			
				22.6	日^{R}JP^R			

序号 No.	税则号列 Tariff Line	货品名称 Article Description	最惠国税率 MFN(%)	协定税率 Agreement(%)		特惠税率 SP(%)	普通税率 Gen(%)
700	0802.2200	--去壳 --Shelled	10	0	东盟AS,智CL,新西兰NZ,秘PE, 瑞CH,冰IS,澳AU,格GE,毛MU, 东盟^RAS^R,澳^RAU^R,新西兰^RNZ^R, 柬KH,港HK,澳门MO	0 受惠国LD	70
				1	韩KR		
				1.3	哥CR		
				3	巴PK		
				8	韩^RKR^R		
				8.2	日^RJP^R		
		-核桃: -Walnuts:					
701	0802.3100	--未去壳 --In shell	25	0	东盟AS,智CL,新西兰NZ,秘PE, 瑞CH,冰IS,澳AU,格GE,柬KH, 港HK,澳门MO	0 受惠国LD	70
				3.3	哥CR		
				10	毛MU		
				13.7	韩KR		
				22.5	东盟^RAS^R,澳^RAU^R,新西兰^RNZ^R, 韩^RKR^R		
702	0802.3200	--去壳 --Shelled	20	0	东盟AS,智CL,新西兰NZ,秘PE, 瑞CH,冰IS,澳AU,格GE,毛MU, 柬KH,港HK,澳门MO	0 受惠国LD	70
				2.7	哥CR		
				8	韩KR		
				16	东盟^RAS^R,韩^RKR^R		
				16.4	日^RJP^R		
				18	澳^RAU^R,新西兰^RNZ^R		
		-栗子: -Chestnuts (*Castanea spp.*):					
		--未去壳: --In shell:					
703	0802.4110	---板栗 ---Chestnuts	25	0	东盟AS,智CL,新西兰NZ,秘PE, 瑞CH,冰IS,澳AU,格GE,柬KH, 港HK,澳门MO	0 受惠国LD	70
				3.3	哥CR		
				10	毛MU		
				22.5	东盟^RAS^R,澳^RAU^R,新西兰^RNZ^R		
704	0802.4190	---其他 ---Other	25	0	东盟AS,智CL,新西兰NZ,秘PE, 瑞CH,冰IS,澳AU,格GE,柬KH, 港HK,澳门MO	0 受惠国LD	70
				3.3	哥CR		
				10	毛MU		
				13.7	韩KR		
				22.5	东盟^RAS^R,澳^RAU^R,新西兰^RNZ^R, 韩^RKR^R		
				22.6	日^RJP^R		

序号 No.	税则号列 Tariff Line	货品名称 Article Description	最惠国税率 MFN(%)	协定税率 Agreement(%)		特惠税率 SP(%)	普通税率 Gen(%)
		--去壳: --Shelled:					
705	0802.4210	---板栗 ---Chestnuts	25	0	东盟AS,智CL,新西兰NZ,秘PE, 瑞CH,冰IS,澳AU,格GE,柬KH, 港HK,澳门MO	0 受惠国LD	70
				3.3	哥CR		
				10	毛MU		
				13.7	韩KR		
				22.5	东盟^{R}AS^R,澳^{R}AU^R,新西兰^{R}NZ^R, 韩^{R}KR^R		
				22.6	日^{R}JP^R		
706	0802.4290	---其他 ---Other	25	0	东盟AS,智CL,新西兰NZ,秘PE, 瑞CH,冰IS,澳AU,格GE,柬KH, 港HK,澳门MO	0 受惠国LD	70
				3.3	哥CR		
				10	毛MU		
				13.7	韩KR		
				22.5	东盟^{R}AS^R,澳^{R}AU^R,新西兰^{R}NZ^R, 韩^{R}KR^R		
				22.6	日^{R}JP^R		
		-阿月浑子果（开心果）: -Pistachios:					
707	0802.5100	--未去壳 --In shell	10△5	0	东盟AS,智CL,新西兰NZ,秘PE, 瑞CH,冰IS,澳AU,格GE,毛MU, 东盟^{R}AS^R,澳^{R}AU^R,新西兰^{R}NZ^R, 柬KH,港HK,澳门MO	0 受惠国LD	70
				1	韩KR		
				1.3	哥CR		
				3	巴PK		
				8	韩^{R}KR^R		
				8.2	日^{R}JP^R		
708	0802.5200	--去壳 --Shelled	10△5	0	东盟AS,智CL,新西兰NZ,秘PE, 瑞CH,冰IS,澳AU,格GE,毛MU, 东盟^{R}AS^R,澳^{R}AU^R,新西兰^{R}NZ^R, 柬KH,港HK,澳门MO	0 受惠国LD	70
				1	韩KR		
				1.3	哥CR		
				3	巴PK		
				8	韩^{R}KR^R		
				8.2	日^{R}JP^R		
		-马卡达姆坚果（夏威夷果）: -Macadamia nuts:					
		--未去壳: --In shell:					

序号 No.	税则号列 Tariff Line	货品名称 Article Description	最惠国税率 MFN(%)		协定税率 Agreement(%)	特惠税率 SP(%)		普通税率 Gen(%)
709	0802.6110	---种用 ---Seed	0	0	东盟AS,智CL,巴PK,新西兰NZ,秘PE,哥CR,瑞CH,冰IS,韩KR,澳AU,格GE,毛MU,东盟^{R}AS^R,澳^{R}AU^R,日^{R}JP^R,新西兰^{R}NZ^R,柬KH,港HK,澳门MO,韩^{R}KR^R	0	受惠国LD	70
710	0802.6190	---其他 ---Other	24Δ12	0	东盟AS,智CL,新西兰NZ,秘PE,瑞CH,冰IS,澳AU,格GE,东盟^{R}AS^R,澳^{R}AU^R,新西兰^{R}NZ^R,柬KH,港HK,澳门MO	0	受惠国LD	70
				2.4	韩KR			
				3.2	哥CR			
				9.6	毛MU			
				19.2	韩^{R}KR^R			
				19.6	日^{R}JP^R			
711	0802.6200	--去壳 --Shelled	24Δ12	0	东盟AS,智CL,新西兰NZ,秘PE,瑞CH,冰IS,澳AU,格GE,东盟^{R}AS^R,澳^{R}AU^R,新西兰^{R}NZ^R,柬KH,港HK,澳门MO	0	受惠国LD	70
				2.4	韩KR			
				3.2	哥CR			
				9.6	毛MU			
				19.2	韩^{R}KR^R			
				19.6	日^{R}JP^R			
712	0802.7000	-可乐果（可乐果属） -Kola nuts (*Cola spp.*)	24	0	东盟AS,智CL,新西兰NZ,秘PE,瑞CH,冰IS,澳AU,格GE,柬KH,港HK,澳门MO	0	受惠国LD	70
				3.2	哥CR			
				9.6	毛MU			
				13.2	韩KR			
				21.6	东盟^{R}AS^R,澳^{R}AU^R,新西兰^{R}NZ^R,韩^{R}KR^R			
				21.7	日^{R}JP^R			
713	0802.8000	-槟榔果 -Areca nuts	10	0	东盟AS,智CL,新西兰NZ,秘PE,瑞CH,冰IS,澳AU,格GE,毛MU,东盟^{R}AS^R,澳^{R}AU^R,新西兰^{R}NZ^R,柬KH,港HK,澳门MO	0	受惠国LD	30
				1	韩KR			
				1.3	哥CR			
				3	巴PK			
				5	亚太AP			
				8	韩^{R}KR^R			
				8.2	日^{R}JP^R			
		-其他: -Other:							

序号 No.	税则号列 Tariff Line	货品名称 Article Description	最惠国税率 MFN(%)	协定税率 Agreement(%)		特惠税率 SP(%)	普通税率 Gen(%)
714	0802.9100	--未去壳松子 --Pine nuts, in shell	24Δ10	0	东盟AS,智CL,巴PK,新西兰NZ, 秘PE,瑞CH,冰IS,澳AU,格GE,柬 KH,港HK,澳门MO	0 受惠国LD	70
				3.2	哥CR		
				9.6	毛MU		
				13.2	韩KR		
				21.6	东盟^RAS^R,澳^RAU^R,新西兰^RNZ^R, 韩^RKR^R		
715	0802.9200	--去壳松子 --Pine nuts, shelled	25Δ10	0	东盟AS,智CL,巴PK,新西兰NZ, 秘PE,瑞CH,冰IS,澳AU,格GE,柬 KH,港HK,澳门MO	0 受惠国LD	70
				3.3	哥CR		
				10	毛MU		
				13.7	韩KR		
				22.5	东盟^RAS^R,澳^RAU^R,新西兰^RNZ^R, 韩^RKR^R		
				22.6	日^RJP^R		
		--其他: --Other:					
716	0802.9910	---白果 ---Gingko nuts	25Δ20	0	东盟AS,智CL,新西兰NZ,秘PE, 瑞CH,冰IS,澳AU,格GE,柬KH, 港HK,澳门MO	0 受惠国LD	70
				3.3	哥CR		
				10	毛MU		
				13.7	韩KR		
				22.5	东盟^RAS^R,澳^RAU^R,新西兰^RNZ^R, 韩^RKR^R		
				22.6	日^RJP^R		
717	0802.9990	---其他 ---Other	24	0	东盟AS,智CL,巴PK,新西兰NZ, 秘PE,瑞CH,冰IS,澳AU,格GE,柬 KH,港HK,澳门MO	0 受惠国LD	70
				3.2	哥CR		
				9.6	毛MU		
				13.2	韩KR		
				21.6	东盟^RAS^R,澳^RAU^R,新西兰^RNZ^R, 韩^RKR^R		
	ex08029990	鲜或干的碧根果 Pecan, fresh or dried	Δ7				
	08.03	鲜或干的香蕉, 包括芭蕉: **Bananas, including plantains, fresh or dried:**					

序号 No.	税则号列 Tariff Line	货品名称 Article Description	最惠国税率 MFN(%)		协定税率 Agreement(%)	特惠税率 SP(%)		普通税率 Gen(%)
718	0803.1000	-芭蕉 -Plantains	10	0	东盟AS,智CL,新西兰NZ,秘PE,瑞CH,冰IS,澳AU,格GE,毛MU,东盟^RAS^R,澳^RAU^R,新西兰^RNZ^R,柬KH,港HK,澳门MO,台TW	0	受惠国LD,柬KH,老LA	40
				1	韩KR			
				1.3	哥CR			
				3	巴PK			
				6.9	亚太AP			
				8	韩^RKR^R			
				8.2	日^RJP^R			
719	0803.9000	-其他 -Other	10	0	东盟AS,智CL,新西兰NZ,秘PE,瑞CH,冰IS,澳AU,格GE,毛MU,东盟^RAS^R,澳^RAU^R,新西兰^RNZ^R,柬KH,港HK,澳门MO,台TW	0	受惠国LD,柬KH,老LA	40
				1	韩KR			
				1.3	哥CR			
				3	巴PK			
				6.9	亚太AP			
				8	韩^RKR^R			
				8.2	日^RJP^R			
	08.04	鲜或干的椰枣、无花果、菠萝、鳄梨、番石榴、芒果及山竹果: Dates, figs, pineapples, avocados, guavas, mangoes and mangosteens, fresh or dried:						
720	0804.1000	-椰枣 -Dates	15	0	东盟AS,智CL,巴PK,新西兰NZ,秘PE,瑞CH,冰IS,澳AU,格GE,毛MU,东盟^RAS^R,澳^RAU^R,新西兰^RNZ^R,柬KH,港HK,澳门MO	0	受惠国LD	40
				1.5	韩KR			
				2	哥CR			
				12	韩^RKR^R			
				12.3	日^RJP^R			
721	0804.2000	-无花果 -Figs	30	0	东盟AS,智CL,巴PK,新西兰NZ,秘PE,冰IS,澳AU,格GE,柬KH,港HK,澳门MO	0	受惠国LD	70
				4	哥CR			
				12	瑞CH,毛MU			
				16.5	韩KR			
				27	东盟^RAS^R,澳^RAU^R,新西兰^RNZ^R,韩^RKR^R			
				27.1	日^RJP^R			

序号 No.	税则号列 Tariff Line	货品名称 Article Description	最惠国税率 MFN(%)	协定税率 Agreement(%)		特惠税率 SP(%)	普通税率 Gen(%)
722	0804.3000	-菠萝 -Pineapples	12	0	东盟AS,智CL,巴PK,新西兰NZ,秘PE,瑞CH,冰IS,澳AU,格GE,毛MU,柬KH,港HK,澳门MO	0 受惠国LD,柬KH	80
				1.2	韩KR		
				1.6	哥CR		
				7.9	亚太AP		
				9.6	东盟^{R}AS^R,澳^{R}AU^R,新西兰^{R}NZ^R,韩^{R}KR^R		
				9.8	日^{R}JP^R		
723	0804.4000	-鳄梨 -Avocados	25Δ7	0	东盟AS,智CL,巴PK,新西兰NZ,秘PE,瑞CH,冰IS,澳AU,格GE,柬KH,港HK,澳门MO	0 受惠国LD,柬KH	80
				3.3	哥CR		
				10	毛MU		
				12.5	亚太AP		
				13.7	韩KR		
				22.5	东盟^{R}AS^R,澳^{R}AU^R,新西兰^{R}NZ^R,韩^{R}KR^R		
				22.6	日^{R}JP^R		
		-番石榴、芒果及山竹果: -Guavas, mangoes and mangosteens:					
724	0804.5010	---番石榴 ---Guavas	15	0	东盟AS,智CL,巴PK,新西兰NZ,秘PE,瑞CH,冰IS,澳AU,格GE,毛MU,东盟^{R}AS^R,澳^{R}AU^R,新西兰^{R}NZ^R,柬KH,港HK,澳门MO	0 受惠国LD	80
				1.5	韩KR		
				2	哥CR		
				7.5	亚太AP		
				12	韩^{R}KR^R		
				12.3	日^{R}JP^R		
725	0804.5020	---芒果 ---Mangoes	15	0	东盟AS,智CL,巴PK,新西兰NZ,秘PE,瑞CH,冰IS,澳AU,格GE,毛MU,东盟^{R}AS^R,澳^{R}AU^R,新西兰^{R}NZ^R,柬KH,港HK,澳门MO	0 受惠国LD	80
				1.5	韩KR		
				2	哥CR		
				10.7	亚太AP		
				12	韩^{R}KR^R		
				12.3	日^{R}JP^R		

序号 No.	税则号列 Tariff Line	货品名称 Article Description	最惠国税率 MFN(%)	协定税率 Agreement(%)		特惠税率 SP(%)	普通税率 Gen(%)
726	0804.5030	---山竹果 ---Mangosteens	15	0	东盟AS,智CL,巴PK,新西兰NZ,秘PE,瑞CH,冰IS,澳AU,格GE,毛MU,东盟^{R}AS^R,澳^{R}AU^R,新西兰^{R}NZ^R,柬KH,港HK,澳门MO	0 受惠国LD	80
				1.5	韩KR		
				2	哥CR		
				7.5	亚太AP		
				12	韩^{R}KR^R		
				12.3	日^{R}JP^R		
08.05		**鲜或干的柑橘属水果:** **Citrus fruit, fresh or dried:**					
727	0805.1000	-橙 -Oranges	11	0	东盟AS,智CL,巴PK,新西兰NZ,秘PE,瑞CH,冰IS,澳AU,格GE,毛MU,东盟^{R}AS^R,新西兰^{R}NZ^R,柬KH,港HK,澳门MO,台TW	0 受惠国LD	100
				1.1	韩KR		
				1.5	哥CR		
				8.8	澳^{R}AU^R,韩^{R}KR^R		
				9	日^{R}JP^R		
		-柑橘(包括小蜜橘及萨摩蜜柑橘); 克里曼丁橘、韦尔金橘及类似的杂交柑橘: -Mandarins (including tangerines and satsumas); clementines, wilkings and similar citrus hybrids:					
		--柑橘(包括小蜜橘及萨摩蜜柑橘): --Mandarins (including tangerines and satsumas):					
728	0805.2110	---蕉柑 ---Chiao-Kan	12	0	东盟AS,智CL,巴PK,新西兰NZ,秘PE,瑞CH,冰IS,澳AU,格GE,毛MU,东盟^{R}AS^R,新西兰^{R}NZ^R,柬KH,港HK,澳门MO	0 . 受惠国LD	100
				1.2	韩KR		
				1.6	哥CR		
				9.6	澳^{R}AU^R,韩^{R}KR^R		
				9.8	日^{R}JP^R		
729	0805.2190	---其他 ---Other	12	0	东盟AS,智CL,巴PK,新西兰NZ,秘PE,瑞CH,冰IS,澳AU,格GE,毛MU,东盟^{R}AS^R,新西兰^{R}NZ^R,柬KH,港HK,澳门MO	0 受惠国LD	100
				1.2	韩KR		
				1.6	哥CR		
				9.6	澳^{R}AU^R,韩^{R}KR^R		
				9.8	日^{R}JP^R		

序号 No.	税则号列 Tariff Line	货品名称 Article Description	最惠国税率 MFN(%)	协定税率 Agreement(%)		特惠税率 SP(%)		普通税率 Gen(%)
730	0805.2200	--克里曼丁橘 --Clementines	12	0	东盟AS,智CL,巴PK,新西兰NZ,秘PE,瑞CH,冰IS,澳AU,格GE,毛MU,东盟^RAS^R,新西兰^RNZ^R,柬KH,港HK,澳门MO	0	受惠国LD	100
				1.2	韩KR			
				1.6	哥CR			
				9.6	澳^RAU^R,韩^RKR^R			
				9.8	日^RJP^R			
731	0805.2900	--其他 --Other	12	0	东盟AS,智CL,巴PK,新西兰NZ,秘PE,瑞CH,冰IS,澳AU,格GE,毛MU,东盟^RAS^R,新西兰^RNZ^R,柬KH,港HK,澳门MO	0	受惠国LD	100
				1.2	韩KR			
				1.6	哥CR			
				9.6	澳^RAU^R,韩^RKR^R			
				9.8	日^RJP^R			
732	0805.4000	-葡萄柚及柚 -Grapefruit and pomelos	12	0	东盟AS,智CL,巴PK,新西兰NZ,秘PE,瑞CH,冰IS,澳AU,格GE,毛MU,东盟^RAS^R,新西兰^RNZ^R,柬KH,港HK,澳门MO	0	受惠国LD	100
				1.2	韩KR			
				1.6	哥CR			
				9.6	澳^RAU^R,韩^RKR^R			
				9.8	日^RJP^R			
733	0805.5000	-柠檬及酸橙 -Lemons (*Citrus limon, Citrus limonum*) and limes (*Citrus aurantifolia*)	11	0	东盟AS,智CL,巴PK,新西兰NZ,秘PE,瑞CH,冰IS,澳AU,格GE,毛MU,东盟^RAS^R,新西兰^RNZ^R,柬KH,港HK,澳门MO,台TW	0	受惠国LD	100
				1.1	韩KR			
				1.5	哥CR			
				5.5	亚太AP			
				8.8	澳^RAU^R,韩^RKR^R			
				9	日^RJP^R			
734	0805.9000	-其他 -Other	30	0	东盟AS,智CL,巴PK,新西兰NZ,秘PE,冰IS,澳AU,格GE,柬KH,港HK,澳门MO	0	受惠国LD	100
				4	哥CR			
				12	瑞CH,毛MU			
				15	亚太AP			
				16.5	韩KR			
				27	东盟^RAS^R,澳^RAU^R,新西兰^RNZ^R,韩^RKR^R			
				27.1	日^RJP^R			
	08.06	鲜或干的葡萄: Grapes, fresh or dried:						

序号 No.	税则号列 Tariff Line	货品名称 Article Description	最惠国税率 MFN(%)	协定税率 Agreement(%)		特惠税率 SP(%)	普通税率 Gen(%)
735	0806.1000	-鲜的 -Fresh	13	0	东盟AS,智CL,新西兰NZ,秘PE,哥CR,瑞CH,冰IS,澳AU,格GE,毛MU,东盟^{R}AS^R,澳^{R}AU^R,新西兰^{R}NZ^R,柬KH,港HK,澳门MO	0 受惠国LD	80
				1.3	韩KR		
				3.9	巴PK		
				10.4	韩^{R}KR^R		
				10.6	日^{R}JP^R		
736	0806.2000	-干的 -Dried	10	0	东盟AS,智CL,新西兰NZ,秘PE,哥CR,瑞CH,冰IS,澳AU,格GE,毛MU,东盟^{R}AS^R,澳^{R}AU^R,新西兰^{R}NZ^R,柬KH,港HK,澳门MO	0 受惠国LD	80
				1	韩KR		
				3	巴PK		
				8	韩^{R}KR^R		
				8.2	日^{R}JP^R		
	08.07	**鲜的甜瓜(包括西瓜) 及番木瓜:** **Melons (including watermelons) and** **papaws (papayas),fresh:**					
		-甜瓜, 包括西瓜: -Melons (including watermelons):					
737	0807.1100	--西瓜 --Watermelons	25	0	东盟AS,智CL,新西兰NZ,秘PE,哥CR,瑞CH,冰IS,澳AU,格GE,柬KH,港HK,澳门MO	0 受惠国$_1$LD$_1$	70
				7.5	巴PK		
				10	毛MU		
				12.5	亚太AP		
				13.7	韩KR		
				22.5	东盟^{R}AS^R,澳^{R}AU^R,新西兰^{R}NZ^R,韩^{R}KR^R		
		--其他: --Other:					
738	0807.1910	---哈密瓜 ---Hami melons	12	0	东盟AS,智CL,新西兰NZ,秘PE,哥CR,瑞CH,冰IS,澳AU,格GE,毛MU,东盟^{R}AS^R,澳^{R}AU^R,新西兰^{R}NZ^R,柬KH,港HK,澳门MO,台TW	0 受惠国LD	70
				1.2	韩KR		
				3	巴PK		
				6	亚太AP		
				9.6	韩^{R}KR^R		
				9.8	日^{R}JP^R		

序号 No.	税则号列 Tariff Line	货品名称 Article Description	最惠国税率 MFN(%)		协定税率 Agreement(%)	特惠税率 SP(%)	普通税率 Gen(%)
739	0807.1920	---罗马甜瓜及加勒比甜瓜 ---Cantaloupe and Galia melons	12	0	东盟AS,智CL,新西兰NZ,秘PE,哥CR,瑞CH,冰IS,澳AU,格GE,毛MU,东盟^RAS^R,澳^RAU^R,新西兰^RNZ^R,柬KH,港HK,澳门MO	0 受惠国LD	70
				1.2	韩KR		
				3	巴PK		
				6	亚太AP		
				9.6	韩^RKR^R		
				9.8	日^RJP^R		
740	0807.1990	---其他 ---Other	12	0	东盟AS,智CL,新西兰NZ,秘PE,哥CR,瑞CH,冰IS,澳AU,格GE,毛MU,东盟^RAS^R,澳^RAU^R,新西兰^RNZ^R,柬KH,港HK,澳门MO	0 受惠国LD	70
				1.2	韩KR		
				3	巴PK		
				6	亚太AP		
				9.6	韩^RKR^R		
				9.8	日^RJP^R		
741	0807.2000	-番木瓜 -Papaws (papayas)	25	0	东盟AS,智CL,新西兰NZ,秘PE,哥CR,瑞CH,冰IS,澳AU,格GE,东盟^RAS^R,澳^RAU^R,新西兰^RNZ^R,柬KH,港HK,澳门MO	0 受惠国LD,柬KH	70
				2.5	韩KR		
				10	毛MU		
				15	巴PK		
				20	韩^RKR^R		
				20.5	日^RJP^R		
	08.08	**鲜的苹果、梨及榅桲:** **Apples, pears and quinces, fresh:**					
742	0808.1000	-苹果 -Apples	10	0	东盟AS,智CL,新西兰NZ,秘PE,哥CR,瑞CH,冰IS,澳AU,格GE,毛MU,东盟^RAS^R,澳^RAU^R,新西兰^RNZ^R,柬KH,港HK,澳门MO	0 受惠国LD	100
				1	韩KR		
				3	巴PK		
				8	韩^RKR^R		
				8.2	日^RJP^R		
		-梨: -Pears:					

序号 No.	税则号列 Tariff Line	货品名称 Article Description	最惠国税率 MFN(%)		协定税率 Agreement(%)	特惠税率 SP(%)		普通税率 Gen(%)
743	0808.3010	---鸭梨及雪梨 ---Ya pears, Hsueh pears	12	0	东盟AS,智CL,新西兰NZ,秘PE,哥CR,瑞CH,冰IS,澳AU,格GE,毛MU,东盟^RAS^R,澳^RAU^R,新西兰^RNZ^R,柬KH,港HK,澳门MO	0	受惠国LD	100
				1.2	韩KR			
				3	巴PK			
				9.6	韩^RKR^R			
				9.8	日^RJP^R			
				10	亚太AP			
744	0808.3020	---香梨 ---Xiang pears	12	0	东盟AS,智CL,新西兰NZ,秘PE,哥CR,瑞CH,冰IS,澳AU,格GE,毛MU,东盟^RAS^R,澳^RAU^R,新西兰^RNZ^R,柬KH,港HK,澳门MO	0	受惠国LD	100
				1.2	韩KR			
				3	巴PK			
				9.6	韩^RKR^R			
				9.8	日^RJP^R			
				10	亚太AP			
745	0808.3090	---其他 ---Other	10	0	东盟AS,智CL,新西兰NZ,秘PE,哥CR,瑞CH,冰IS,澳AU,格GE,毛MU,东盟^RAS^R,澳^RAU^R,新西兰^RNZ^R,柬KH,港HK,澳门MO	0	受惠国LD	100
				1	韩KR			
				3	巴PK			
				8	韩^RKR^R			
				8.2	日^RJP^R			
746	0808.4000	-榅桲 -Quinces	16	0	东盟AS,智CL,新西兰NZ,秘PE,哥CR,瑞CH,冰IS,澳AU,格GE,毛MU,柬KH,港HK,澳门MO	0	受惠国LD	100
				6.4	韩KR			
				10.2	巴PK			
				12.8	东盟^RAS^R,澳^RAU^R,新西兰^RNZ^R,韩^RKR^R			
				14	日^RJP^R			
	08.09	鲜的杏、樱桃、桃(包括油桃)、李及黑刺李: Apricots,cherries,peaches (including nectarines),plums and sloes,fresh:						
747	0809.1000	-杏 -Apricots	25	0	东盟AS,智CL,新西兰NZ,秘PE,哥CR,瑞CH,冰IS,澳AU,格GE,柬KH,港HK,澳门MO	0	受惠国LD	70
				10	毛MU			
				13.7	韩KR			
				20	巴PK			
				22.5	东盟^RAS^R,澳^RAU^R,新西兰^RNZ^R,韩^RKR^R			
				22.6	日^RJP^R			

序号 No.	税则号列 Tariff Line	货品名称 Article Description	最惠国税率 MFN(%)	协定税率 Agreement(%)		特惠税率 SP(%)		普通税率 Gen(%)
		-樱桃: -Cherries:						
748	0809.2100	--欧洲酸樱桃 --Sour cherries (*Prunus cerasus*)	10	0	东盟AS,智CL,新西兰NZ,秘PE,哥CR,瑞CH,冰IS,澳AU,格GE,毛MU,东盟^RAS^R,澳^RAU^R,新西兰^RNZ^R,柬KH,港HK,澳门MO	0	受惠国LD	70
				1	韩KR			
				3	巴PK			
				8	韩^RKR^R			
				8.2	日^RJP^R			
749	0809.2900	--其他 --Other	10	0	东盟AS,智CL,巴PK,新西兰NZ,秘PE,哥CR,瑞CH,冰IS,澳AU,格GE,毛MU,东盟^RAS^R,澳^RAU^R,新西兰^RNZ^R,柬KH,港HK,澳门MO	0	受惠国LD	70
				1	韩KR			
				8	韩^RKR^R			
				8.2	日^RJP^R			
750	0809.3000	-桃, 包括油桃 -Peaches, including nectarines	10	0	东盟AS,智CL,新西兰NZ,秘PE,哥CR,瑞CH,冰IS,澳AU,格GE,毛MU,东盟^RAS^R,澳^RAU^R,新西兰^RNZ^R,柬KH,港HK,澳门MO	0	受惠国LD	70
				1	韩KR			
				3	巴PK			
				8	韩^RKR^R			
				8.2	日^RJP^R			
751	0809.4000	-李及黑刺李 -Plums and sloes	10	0	东盟AS,智CL,新西兰NZ,秘PE,哥CR,瑞CH,冰IS,澳AU,格GE,毛MU,东盟^RAS^R,澳^RAU^R,新西兰^RNZ^R,柬KH,港HK,澳门MO	0	受惠国LD	70
				1	韩KR			
				3	巴PK			
				8	韩^RKR^R			
				8.2	日^RJP^R			
	08.10	其他鲜果: Other fruit, fresh:						
752	0810.1000	-草莓 -Strawberries	14	0	东盟AS,智CL,新西兰NZ,秘PE,哥CR,瑞CH,冰IS,澳AU,格GE,毛MU,东盟^RAS^R,澳^RAU^R,新西兰^RNZ^R,柬KH,港HK,澳门MO	0	受惠国LD	80
				1.4	韩KR			
				8.4	巴PK			
				11.2	韩^RKR^R			
				11.5	日^RJP^R			

序号 No.	税则号列 Tariff Line	货品名称 Article Description	最惠国税率 MFN(%)		协定税率 Agreement(%)	特惠税率 SP(%)	普通税率 Gen(%)
753	0810.2000	-木莓、黑莓、桑椹及罗甘莓 -Raspberries, blackberries, mulberries and loganberries	25	0	东盟AS,智CL,新西兰NZ,秘PE, 哥CR,瑞CH,冰IS,澳AU,格GE, 柬KH,港HK,澳门MO	0 受惠国LD	80
				10	毛MU		
				13.7	韩KR		
				20	巴PK		
				22.5	东盟^{R}AS^R,澳^{R}AU^R,新西兰^{R}NZ^R, 韩^{R}KR^R		
				22.6	日^{R}JP^R		
754	0810.3000	-黑、白或红的穗醋栗（加仑子）及醋栗 -Black, white or red currants and gooseberries	25	0	东盟AS,智CL,新西兰NZ,秘PE, 哥CR,瑞CH,冰IS,澳AU,格GE, 柬KH,港HK,澳门MO	0 受惠国LD	80
				10	毛MU		
				13.7	韩KR		
				20	巴PK		
				22.5	东盟^{R}AS^R,澳^{R}AU^R,新西兰^{R}NZ^R, 韩^{R}KR^R		
				22.6	日^{R}JP^R		
755	0810.4000	-蔓越橘、越橘及其他越橘属植物果实 -Cranberries,bilberries and other fruits of the genus Vaccinium	30∆15	0	东盟AS,智CL,新西兰NZ,秘PE, 哥CR,冰IS,澳AU,格GE,柬KH, 港HK,澳门MO	0 受惠国$_l$LD$_l$	80
				12	瑞CH,毛MU		
				16.5	韩KR		
				24	巴PK		
				27	东盟^{R}AS^R,澳^{R}AU^R,新西兰^{R}NZ^R, 韩^{R}KR^R		
				27.1	日^{R}JP^R		
756	0810.5000	-猕猴桃 -Kiwifruit	20	0	东盟AS,智CL,新西兰NZ,秘PE, 哥CR,瑞CH,冰IS,澳AU,格GE, 毛MU,柬KH,港HK,澳门MO	0 受惠国LD	80
				8	韩KR		
				16	巴PK		
				16.4	亚太AP		
				18	东盟^{R}AS^R,澳^{R}AU^R,新西兰^{R}NZ^R, 韩^{R}KR^R		
757	0810.6000	-榴莲 -Durian	20	0	东盟AS,智CL,新西兰NZ,秘PE, 哥CR,瑞CH,冰IS,澳AU,格GE, 毛MU,东盟^{R}AS^R,澳^{R}AU^R,新西 兰^{R}NZ^R,柬KH,港HK,澳门MO	0 受惠国LD, 柬KH	80
				2	韩KR		
				12	巴PK		
				16	韩^{R}KR^R		
				16.4	日^{R}JP^R		

序号 No.	税则号列 Tariff Line	货品名称 Article Description	最惠国税率 MFN(%)	协定税率 Agreement(%)		特惠税率 SP(%)	普通税率 Gen(%)
758	0810.7000	-柿子 -Persimmons	20	0	东盟AS,智CL,新西兰NZ,秘PE,哥CR,瑞CH,冰IS,澳AU,格GE,毛MU,柬KH,港HK,澳门MO	0 受惠国LD	80
				8	韩KR		
				12.8	巴PK		
				16	东盟^RAS^R,澳^RAU^R,新西兰^RNZ^R,韩^RKR^R		
				16.4	亚太AP		
		-其他: -Other:					
759	0810.9010	---荔枝 ---Lychee	30	0	东盟AS,智CL,新西兰NZ,秘PE,哥CR,冰IS,澳AU,格GE,柬KH,港HK,澳门MO	0 受惠国LD	80
				12	巴PK,瑞CH,毛MU		
				16.5	韩KR		
				20.1	亚太AP		
				27	东盟^RAS^R,澳^RAU^R,新西兰^RNZ^R,韩^RKR^R		
760	0810.9030	---龙眼 ---Longan	12	0	东盟AS,智CL,新西兰NZ,秘PE,哥CR,瑞CH,冰IS,澳AU,格GE,毛MU,东盟^RAS^R,澳^RAU^R,新西兰^RNZ^R,柬KH,港HK,澳门MO	0 受惠国LD,柬KH	80
				1.2	韩KR		
				3.6	巴PK		
				9.6	韩^RKR^R		
				9.8	日^RJP^R		
761	0810.9040	---红毛丹 ---Rambutan	20	0	东盟AS,智CL,新西兰NZ,秘PE,哥CR,瑞CH,冰IS,澳AU,格GE,毛MU,东盟^RAS^R,澳^RAU^R,新西兰^RNZ^R,柬KH,港HK,澳门MO	0 受惠国LD	80
				2	韩KR		
				12	巴PK		
				16	韩^RKR^R		
				16.4	日^RJP^R		
762	0810.9050	---番荔枝 ---Sugar apple	20	0	东盟AS,智CL,新西兰NZ,秘PE,哥CR,瑞CH,冰IS,澳AU,格GE,毛MU,东盟^RAS^R,澳^RAU^R,新西兰^RNZ^R,柬KH,港HK,澳门MO	0 受惠国LD	80
				2	韩KR		
				12	巴PK		
				16	韩^RKR^R		
				16.4	日^RJP^R		

序号 No.	税则号列 Tariff Line	货品名称 Article Description	最惠国税率 MFN(%)		协定税率 Agreement(%)	特惠税率 SP(%)	普通税率 Gen(%)
763	0810.9060	---杨桃 ---Carambola	20	0	东盟AS,智CL,新西兰NZ,秘PE,哥CR,瑞CH,冰IS,澳AU,格GE,毛MU,柬KH,港HK,澳门MO	0 受惠国LD	80
				8	韩KR		
				12	巴PK		
				16	东盟^{R}AS^R,澳^{R}AU^R,新西兰^{R}NZ^R,韩^{R}KR^R		
				17.5	日^{R}JP^R		
764	0810.9070	---莲雾 ---Wax apple	20	0	东盟AS,智CL,新西兰NZ,秘PE,哥CR,瑞CH,冰IS,澳AU,格GE,毛MU,东盟^{R}AS^R,澳^{R}AU^R,新西兰^{R}NZ^R,柬KH,港HK,澳门MO	0 受惠国LD	80
				2	韩KR		
				9.6	巴PK		
				16	韩^{R}KR^R		
				16.4	亚太AP,日^{R}JP^R		
765	0810.9080	---火龙果 ---Dragon fruit	20	0	东盟AS,智CL,新西兰NZ,秘PE,哥CR,瑞CH,冰IS,澳AU,格GE,毛MU,东盟^{R}AS^R,澳^{R}AU^R,新西兰^{R}NZ^R,柬KH,港HK,澳门MO,台TW	0 受惠国LD	80
				2	韩KR		
				12.8	巴PK		
				16	韩^{R}KR^R		
				16.4	亚太AP,日^{R}JP^R		
766	0810.9090	---其他 ---Other	20	0	东盟AS,智CL,巴PK,新西兰NZ,秘PE,哥CR,瑞CH,冰IS,澳AU,格GE,毛MU,柬KH,港HK,澳门MO	0 受惠国LD	80
				8	韩KR		
				16.4	亚太AP		
				17.3	东盟^{R}AS^R,韩^{R}KR^R		
				17.5	日^{R}JP^R		
				18	澳^{R}AU^R,新西兰^{R}NZ^R		
	08.11	冷冻水果及坚果,不论是否蒸煮、加糖或其他甜物质: Fruit and nuts, uncooked or cooked by steaming or boiling in water, frozen, whether or not containing added sugar or other sweetening matter:					
767	0811.1000	-草莓 -Strawberries	30	0	东盟AS,智CL,巴PK,新西兰NZ,秘PE,哥CR,冰IS,澳AU,格GE,柬KH,港HK,澳门MO	0 受惠国LD	80
				12	毛MU		
				16.5	韩KR		
				27	东盟^{R}AS^R,澳^{R}AU^R,新西兰^{R}NZ^R,韩^{R}KR^R		
				27.1	日^{R}JP^R		

序号 No.	税则号列 Tariff Line	货品名称 Article Description	最惠国税率 MFN(%)	协定税率 Agreement(%)		特惠税率 SP(%)	普通税率 Gen(%)
768	0811.2000	-木莓、黑莓、桑椹、罗甘莓, 黑、白或红的穗醋栗 (加仑子) 及醋栗 -Raspberries, blackberries, mulberries, loganberries, black, white or red currants and gooseberries	30	0	东盟AS,智CL,新西兰NZ,秘PE,哥CR,冰IS,澳AU,格GE,柬KH,港HK,澳门MO	0 受惠国LD	80
				12	毛MU		
				16.5	韩KR		
				27	东盟^{R}AS^R,澳^{R}AU^R,新西兰^{R}NZ^R,韩^{R}KR^R		
		-其他: -Other:					
769	0811.9010	---栗子, 未去壳 ---Chestnuts, in shell	30	0	东盟AS,智CL,新西兰NZ,秘PE,哥CR,冰IS,澳AU,格GE,柬KH,港HK,澳门MO	0 受惠国LD	80
				12	毛MU		
				16.5	韩KR		
				27	东盟^{R}AS^R,澳^{R}AU^R,新西兰^{R}NZ^R,韩^{R}KR^R		
				27.1	日^{R}JP^R		
770	0811.9090	---其他 ---Other	30	0	东盟AS,智CL,新西兰NZ,秘PE,哥CR,冰IS,澳AU,格GE,柬KH,港HK,澳门MO	0 受惠国LD$_1$	80
				12	毛MU		
				16.5	韩KR		
				27	东盟^{R}AS^R,澳^{R}AU^R,新西兰^{R}NZ^R,韩^{R}KR^R		
	ex08119090	冷冻鳄梨 Avocados, frozen	Δ7				
08.12		暂时保藏的水果及坚果, 但不适于直接食用的: **Fruit and nuts provisionally preserved, but unsuitable in that state for immediate consumption:**					
771	0812.1000	-樱桃 -Cherries	30	0	东盟AS,智CL,新西兰NZ,秘PE,哥CR,冰IS,澳AU,格GE,柬KH,港HK,澳门MO	0 受惠国$_1$LD$_1$	80
				12	毛MU		
				16.5	韩KR		
				27	东盟^{R}AS^R,澳^{R}AU^R,新西兰^{R}NZ^R,韩^{R}KR^R		
772	0812.9000	-其他 -Other	25	0	东盟AS,智CL,新西兰NZ,秘PE,哥CR,瑞CH,冰IS,澳AU,格GE,柬KH,港HK,澳门MO	0 受惠国LD	80
				10	毛MU		
				13.7	韩KR		
				22.5	东盟^{R}AS^R,澳^{R}AU^R,新西兰^{R}NZ^R,韩^{R}KR^R		
				22.6	日^{R}JP^R		

序号 No.	税则号列 Tariff Line	货品名称 Article Description	最惠国税率 MFN(%)	协定税率 Agreement(%)		特惠税率 SP(%)		普通税率 Gen(%)
	08.13	税目08.01至08.06以外的干果；本章的什锦坚果或干果： Fruit, dried, other than that of headings 08.01 to 08.06; mixtures of nuts or dried fruits of this chapter:						
773	0813.1000	-杏 -Apricots	25	0	东盟AS,智CL,新西兰NZ,秘PE,哥CR,瑞CH,冰IS,澳AU,格GE,柬KH,港HK,澳门MO	0	受惠国LD	70
				10	毛MU			
				13.7	韩KR			
				22.5	东盟^{R}AS^R,澳^{R}AU^R,新西兰^{R}NZ^R,韩^{R}KR^R			
774	0813.2000	-梅及李 -Prunes	25	0	东盟AS,智CL,新西兰NZ,秘PE,哥CR,瑞CH,冰IS,澳AU,格GE,柬KH,港HK,澳门MO	0	受惠国LD	70
				10	毛MU			
				13.7	韩KR			
				22.5	东盟^{R}AS^R,澳^{R}AU^R,新西兰^{R}NZ^R,韩^{R}KR^R			
775	0813.3000	-苹果 -Apples	25	0	东盟AS,智CL,新西兰NZ,秘PE,哥CR,瑞CH,冰IS,澳AU,格GE,柬KH,港HK,澳门MO	0	受惠国LD	70
				10	毛MU			
				13.7	韩KR			
				22.5	东盟^{R}AS^R,澳^{R}AU^R,新西兰^{R}NZ^R,韩^{R}KR^R			
		-其他干果： -Other fruit:						
776	0813.4010	---龙眼干、肉 ---Longans and longan pulps	20	0	东盟AS,智CL,巴PK,新西兰NZ,秘PE,哥CR,瑞CH,冰IS,澳AU,格GE,毛MU,东盟^{R}AS^R,澳^{R}AU^R,新西兰^{R}NZ^R,柬KH,港HK,澳门MO	0	受惠国LD,柬KH	70
				2	韩KR			
				16	韩^{R}KR^R			
				16.4	日^{R}JP^R			
777	0813.4020	---柿饼 ---Persimmons	25	0	东盟AS,智CL,巴PK,新西兰NZ,秘PE,哥CR,瑞CH,冰IS,澳AU,格GE,柬KH,港HK,澳门MO	0	受惠国LD,柬KH	70
				10	毛MU			
				13.7	韩KR			
				22.5	东盟^{R}AS^R,澳^{R}AU^R,新西兰^{R}NZ^R,韩^{R}KR^R			

序号 No.	税则号列 Tariff Line	货品名称 Article Description	最惠国税率 MFN(%)	协定税率 Agreement(%)		特惠税率 SP(%)	普通税率 Gen(%)
778	0813.4030	---红枣 ---Red jujubes	25	0	东盟AS,智CL,新西兰NZ,秘PE, 哥CR,瑞CH,冰IS,澳AU,格GE, 柬KH,港HK,澳门MO	0 受惠国LD, 柬KH	70
				10	毛MU		
				13.7	韩KR		
				22.5	东盟^{R}AS^R,澳^{R}AU^R,新西兰^{R}NZ^R		
				22.6	日^{R}JP^R		
				25	韩^{R}KR^R		
779	0813.4040	---荔枝干 ---Preserved litchi	25	0	东盟AS,智CL,新西兰NZ,秘PE, 哥CR,瑞CH,冰IS,澳AU,格GE, 东盟^{R}AS^R,澳^{R}AU^R,新西兰^{R}NZ^R, 柬KH,港HK,澳门MO	0 受惠国LD, 柬KH	70
				2.5	韩KR		
				10	毛MU		
				20	韩^{R}KR^R		
				20.5	日^{R}JP^R		
780	0813.4090	---其他 ---Other	25	0	东盟AS,智CL,巴PK,新西兰NZ, 秘PE,哥CR,瑞CH,冰IS,澳AU,格 GE,柬KH,港HK,澳门MO	0 受惠国LD, 柬KH	70
				10	毛MU		
				13.7	韩KR		
				22.5	东盟^{R}AS^R,澳^{R}AU^R,新西兰^{R}NZ^R, 韩^{R}KR^R		
	ex08134090	蔓越橘干 Cranberries, dried	Δ15				
781	0813.5000	-本章的什锦坚果或干果 -Mixtures of nuts or dried fruits of this Chapter	18	0	东盟AS,智CL,新西兰NZ,秘PE, 哥CR,瑞CH,冰IS,澳AU,格GE, 毛MU,柬KH,港HK,澳门MO	0 受惠国LD	70
				7.2	韩KR		
				14.4	巴PK,东盟^{R}AS^R,澳^{R}AU^R,新西兰 ^{R}NZ^R,韩^{R}KR^R		
	08.14	**柑橘属水果或甜瓜(包括西瓜)的果 皮,鲜、冻、干或用盐水、亚硫酸水或其 他防腐液暂时保藏的:** **Peel of citrus fruit or melons (including watermelons), fresh, frozen, dried or provisionally preserved in brine, in sulphur water or in other preservative solutions:**					
782	0814.0000	柑橘属水果或甜瓜(包括西瓜)的果 皮,鲜、冻、干或用盐水、亚硫酸水或其 他防腐液暂时保藏的 Peel of citrus fruit or melons (including watermelons), fresh, frozen, dried or provisionally preserved in brine, in sulphur water or in other preservative solutions	25	0	东盟AS,智CL,新西兰NZ,秘PE, 哥CR,瑞CH,冰IS,澳AU,格GE, 柬KH,港HK,澳门MO	0 受惠国LD	70
				10	毛MU		
				13.7	韩KR		
				22.5	东盟^{R}AS^R,澳^{R}AU^R,新西兰^{R}NZ^R, 韩^{R}KR^R		

注释：

一、税目09.04至09.10所列产品的混合物，应按下列规定归类：

（一）同一税目的两种或两种以上产品的混合物仍应归入该税目。

（二）不同税目的两种或两种以上产品的混合物应归入税目09.10。

税目09.04至09.10的产品（或上述（一）或（二）项的混合物）如添加了其他物质，只要所得的混合物保持了原产品的基本特性，其归类应不受影响。基本特性已经改变的，则不应归入本章；构成混合调味品的，应归入税目21.03。

二、本章不包括荜澄茄椒或税目12.11的其他产品。

Notes:

1. Mixtures of the products of headings 09.04 to 09.10 are to be classified as follows:

(a) Mixtures of two or more of the products of the same heading are to be classified in that heading.

(b) Mixtures of two or more of the products of different headings are to be classified in heading 09.10.

The addition of other substances to the products of headings 09.04 to 09.10 (or to the mixtures referred to in paragraph (a) or (b) above) shall not affect their classification provided the resulting mixtures retain the essential character of the goods of those headings. Otherwise such mixtures are not classified in this Chapter; those constituting mixed condiments or mixed seasonings are classified in heading 21.03.

2. This Chapter does not cover Cubeb pepper (Piper cubeba) or other products of heading 12.11.

序号 No.	税则号列 Tariff Line	货品名称 Article Description	最惠国税率 MFN(%)	协定税率 Agreement(%)		特惠税率 SP(%)	普通税率 Gen(%)
	09.01	咖啡，不论是否焙炒或浸除咖啡碱；咖啡豆荚及咖啡豆皮；含咖啡的咖啡代用品： Coffee, whether or not roasted or decaffeinated; coffee husks and skins; coffee substitutes containing coffee in any proportion:					
		-未焙炒的咖啡： -Coffee, not roasted:					
783	0901.1100	--未浸除咖啡碱 --Not decaffeinated	8	0 3.2 5	智CL,新西兰NZ,哥CR,瑞CH,冰IS,韩KR,澳AU,柬KH,港HK,澳门MO 毛MU 东盟AS,东盟^{R}AS^R,澳^{R}AU^R,新西兰^{R}NZ^R	0 受惠国LD,柬KH,老LA	50
784	0901.1200	--已浸除咖啡碱 --Decaffeinated	8	0 3.2 5	智CL,新西兰NZ,瑞CH,冰IS,韩KR,澳AU,柬KH,港HK,澳门MO 毛MU 东盟AS,东盟^{R}AS^R,澳^{R}AU^R,新西兰^{R}NZ^R	0 受惠国LD,柬KH,老LA	50
		-已焙炒的咖啡： -Coffee, roasted:					
785	0901.2100	--未浸除咖啡碱 --Not decaffeinated	15	0 1.5 5 6	智CL,新西兰NZ,哥CR,冰IS,澳AU,柬KH,港HK,澳门MO 韩KR 东盟AS 瑞CH,毛MU	0 受惠国LD,柬KH,老LA	80

序号 No.	税则号列 Tariff Line	货品名称 Article Description	最惠国税率 MFN(%)	协定税率 Agreement(%)		特惠税率 SP(%)	普通税率 Gen(%)
786	0901.2200	--已浸除咖啡碱 --Decaffeinated	15	0	东盟AS,智CL,新西兰NZ,瑞CH,冰IS,澳AU,东盟^{R}AS^R,澳^{R}AU^R,新西兰^{R}NZ^R,柬KH,港HK,澳门MO	0 受惠国LD,柬KH,老LA	80
				1.5	韩KR		
				6	毛MU		
				12	巴PK		
				12.3	日^{R}JP^R		
		-其他: -Other:					
787	0901.9010	---咖啡豆荚及咖啡豆皮 ---Coffee husks and skins	10	0	东盟AS,智CL,新西兰NZ,新加坡SG,秘PE,哥CR,瑞CH,冰IS,澳AU,东盟^{R}AS^R,澳^{R}AU^R,新西兰^{R}NZ^R,柬KH,港HK,澳门MO	0 受惠国LD,柬KH,老LA	30
				1	韩KR		
				3	巴PK		
				4	毛MU		
				8	韩^{R}KR^R		
				8.2	日^{R}JP^R		
788	0901.9020	---含咖啡的咖啡代用品 ---Coffee substitutes containing coffee	30	0	东盟AS,智CL,新西兰NZ,新加坡SG,冰IS,澳AU,柬KH,港HK,澳门MO	0 受惠国LD,柬KH,老LA	80
				12	毛MU		
				16.5	韩KR		
				27	东盟^{R}AS^R,澳^{R}AU^R,新西兰^{R}NZ^R,韩^{R}KR^R		
				27.1	日^{R}JP^R		
	09.02	茶, 不论是否加香料: Tea, whether or not flavoured:					
		-绿茶（未发酵）, 内包装每件净重不超过3千克: -Green tea (not fermented) in immediate packings of a content not exceeding 3kg:					
		---花茶: ---Scented tea:					
789	0902.1011	----茉莉花茶 ----Jasmine tea	15	0	东盟AS,智CL,新西兰NZ,新加坡SG,秘PE,哥CR,瑞CH,冰IS,澳AU,格GE,东盟^{R}AS^R,澳^{R}AU^R,新西兰^{R}NZ^R,柬KH,港HK,澳门MO	0 受惠国LD	100
				1.5	韩KR		
				7.5	亚太AP,巴PK		
				12	韩^{R}KR^R		
				12.3	日^{R}JP^R		

序号 No.	税则号列 Tariff Line	货品名称 Article Description	最惠国税率 MFN(%)	协定税率 Agreement(%)		特惠税率 SP(%)	普通税率 Gen(%)
790	0902.1019	----其他 ----Other	15	0	东盟AS,智CL,新西兰NZ,新加坡SG,秘PE,哥CR,瑞CH,冰IS,澳AU,格GE,东盟^RAS^R,澳^RAU^R,新西兰^RNZ^R,柬KH,港HK,澳门MO	0 受惠国LD	100
				1.5	韩KR		
				7.5	亚太AP,巴PK		
				12	韩^RKR^R		
				12.3	日^RJP^R		
791	0902.1020	---白茶 ---White tea	15	0	东盟AS,智CL,新西兰NZ,新加坡SG,秘PE,哥CR,瑞CH,冰IS,澳AU,格GE,东盟^RAS^R,澳^RAU^R,新西兰^RNZ^R,柬KH,港HK,澳门MO,台TW	0 受惠国LD	100
				1.5	韩KR		
				7.5	亚太AP,巴PK		
				12	韩^RKR^R		
				12.3	日^RJP^R		
792	0902.1090	---其他 ---Other	15	0	东盟AS,智CL,新西兰NZ,新加坡SG,秘PE,哥CR,瑞CH,冰IS,澳AU,格GE,东盟^RAS^R,澳^RAU^R,新西兰^RNZ^R,柬KH,港HK,澳门MO,台TW	0 受惠国LD	100
				1.5	韩KR		
				7.5	亚太AP,巴PK		
				12	韩^RKR^R		
				12.3	日^RJP^R		
		-其他绿茶（未发酵）： -Other green tea (not fermented): ---花茶： ---Flavoured:					
793	0902.2011	----茉莉花茶 ----Jasmine tea	15	0	东盟AS,智CL,新西兰NZ,新加坡SG,秘PE,哥CR,瑞CH,冰IS,澳AU,格GE,东盟^RAS^R,澳^RAU^R,新西兰^RNZ^R,柬KH,港HK,澳门MO	0 受惠国LD	100
				1.5	韩KR		
				7.5	亚太AP,巴PK		
				12	韩^RKR^R		
				12.3	日^RJP^R		
794	0902.2019	----其他 ----Other	15	0	东盟AS,智CL,新西兰NZ,新加坡SG,秘PE,哥CR,瑞CH,冰IS,澳AU,格GE,东盟^RAS^R,澳^RAU^R,新西兰^RNZ^R,柬KH,港HK,澳门MO	0 受惠国LD	100
				1.5	韩KR		
				7.5	亚太AP,巴PK		
				12	韩^RKR^R		
				12.3	日^RJP^R		

序号 No.	税则号列 Tariff Line	货品名称 Article Description	最惠国税率 MFN(%)	协定税率 Agreement(%)		特惠税率 SP(%)		普通税率 Gen(%)
795	0902.2020	---白茶 ---White tea	15	0	东盟AS,智CL,新西兰NZ,新加坡SG,秘PE,哥CR,瑞CH,冰IS,澳AU,格GE,东盟^RAS^R,澳^RAU^R,新西兰^RNZ^R,柬KH,港HK,澳门MO,台TW	0	受惠国LD	100
				1.5	韩KR			
				7.5	亚太AP,巴PK			
				12	韩^RKR^R			
				12.3	日^RJP^R			
796	0902.2090	---其他 ---Other	15	0	东盟AS,智CL,新西兰NZ,新加坡SG,秘PE,哥CR,瑞CH,冰IS,澳AU,格GE,东盟^RAS^R,澳^RAU^R,新西兰^RNZ^R,柬KH,港HK,澳门MO,台TW	0	受惠国LD	100
				1.5	韩KR			
				7.5	亚太AP,巴PK			
				12	韩^RKR^R			
				12.3	日^RJP^R			
		-红茶（已发酵）及部分发酵茶，内包装每件净重不超过3千克： -Black tea (fermented) and partly fermented tea,in immediate packings of a content not exceeding 3kg:						
797	0902.3010	---乌龙茶 ---Oolong tea	15	0	东盟AS,智CL,新西兰NZ,新加坡SG,秘PE,哥CR,瑞CH,冰IS,澳AU,格GE,东盟^RAS^R,澳^RAU^R,新西兰^RNZ^R,柬KH,港HK,澳门MO,台TW	0	受惠国LD	100
				1.5	韩KR			
				7.5	亚太AP,巴PK			
				12	韩^RKR^R			
				12.3	日^RJP^R			
		---黑茶： ---Dark tea:						
798	0902.3031	----普洱茶（熟茶） ----Puer tea (ripe tea)	15	0	东盟AS,智CL,新西兰NZ,新加坡SG,秘PE,哥CR,瑞CH,冰IS,澳AU,格GE,东盟^RAS^R,澳^RAU^R,新西兰^RNZ^R,柬KH,港HK,澳门MO	0	受惠国LD	100
				1.5	韩KR			
				7.5	亚太AP,巴PK			
				8.6	毛MU			
				12	韩^RKR^R			
				12.3	日^RJP^R			

序号 No.	税则号列 Tariff Line	货品名称 Article Description	最惠国税率 MFN(%)	协定税率 Agreement(%)		特惠税率 SP(%)	普通税率 Gen(%)
799	0902.3039	----其他 ----Other	15	0	东盟AS,智CL,新西兰NZ,新加坡SG,秘PE,哥CR,瑞CH,冰IS,澳AU,格GE,东盟^{R}AS^R,澳^{R}AU^R,新西兰^{R}NZ^R,柬KH,港HK,澳门MO,台TW	0 受惠国LD	100
				1.5	韩KR		
				7.5	亚太AP,巴PK		
				8.6	毛MU		
				12	韩^{R}KR^R		
				12.3	日^{R}JP^R		
800	0902.3090	---其他 ---Other	15	0	东盟AS,智CL,新西兰NZ,新加坡SG,秘PE,哥CR,瑞CH,冰IS,澳AU,格GE,东盟^{R}AS^R,澳^{R}AU^R,新西兰^{R}NZ^R,柬KH,港HK,澳门MO,台TW	0 受惠国LD	100
				1.5	韩KR	·	
				7.5	亚太AP,巴PK		
				8.6	毛MU		
				12	韩^{R}KR^R		
				12.3	日^{R}JP^R		
		-其他红茶(已发酵)及部分发酵茶: -Other black tea (fermented) and other partly fermented tea:					
801	0902.4010	---乌龙茶 ---Oolong tea	15	0	东盟AS,智CL,新西兰NZ,新加坡SG,秘PE,哥CR,瑞CH,冰IS,澳AU,格GE,东盟^{R}AS^R,澳^{R}AU^R,新西兰^{R}NZ^R,柬KH,港HK,澳门MO,台TW	0 受惠国LD,柬KH,老LA,缅MM	100
				1.5	韩KR		
				7.5	亚太AP,巴PK		
				12	韩^{R}KR^R		
				12.3	日^{R}JP^R		
		---黑茶: ---Dark tea:					
802	0902.4031	----普洱茶(熟茶) ----Puer tea (ripe tea)	15	0	东盟AS,智CL,新西兰NZ,新加坡SG,秘PE,哥CR,瑞CH,冰IS,澳AU,格GE,东盟^{R}AS^R,澳^{R}AU^R,新西兰^{R}NZ^R,柬KH,港HK,澳门MO	0 受惠国LD,柬KH,老LA,缅MM	100
				1.5	韩KR		
				7.5	亚太AP,巴PK		
				8.6	毛MU		
				12	韩^{R}KR^R		
				12.3	日^{R}JP^R		

序号 No.	税则号列 Tariff Line	货品名称 Article Description	最惠国税率 MFN(%)	协定税率 Agreement(%)		特惠税率 SP(%)		普通税率 Gen(%)
803	0902.4039	----其他 ----Other	15	0	东盟AS,智CL,新西兰NZ,新加坡SG,秘PE,哥CR,瑞CH,冰IS,澳AU,格GE,东盟^RAS^R,澳^RAU^R,新西兰^RNZ^R,柬KH,港HK,澳门MO,台TW	0	受惠国LD,柬KH,老LA,缅MM	100
				1.5	韩KR			
				7.5	亚太AP,巴PK			
				8.6	毛MU			
				12	韩^RKR^R			
				12.3	日^RJP^R			
804	0902.4090	---其他 ---Other	15	0	东盟AS,智CL,新西兰NZ,新加坡SG,秘PE,哥CR,瑞CH,冰IS,澳AU,格GE,东盟^RAS^R,澳^RAU^R,新西兰^RNZ^R,柬KH,港HK,澳门MO,台TW	0	受惠国LD,柬KH,老LA,缅MM	100
				1.5	韩KR			
				7.5	亚太AP,巴PK			
				8.6	毛MU			
				12	韩^RKR^R			
				12.3	日^RJP^R			
	09.03	马黛茶: Maté:						
805	0903.0000	马黛茶 Maté	10	0	东盟AS,智CL,新西兰NZ,新加坡SG,秘PE,哥CR,瑞CH,冰IS,澳AU,格GE,毛MU,东盟^RAS^R,澳^RAU^R,新西兰^RNZ^R,柬KH,港HK,澳门MO	0	受惠国LD	100
				1	韩KR			
				3	巴PK			
				8	韩^RKR^R			
				8.2	日^RJP^R			
	09.04	胡椒; 辣椒干及辣椒粉: Pepper of the genus *Piper*; dried or crushed or ground fruit of the genus *Capsicum* or of the genus *Pimenta*:						
		-胡椒: -Pepper:						
806	0904.1100	--未磨 --Neither crushed nor ground	20	0	智CL,新西兰NZ,秘PE,哥CR,瑞CH,冰IS,澳AU,格GE,港HK,澳门MO	0	受惠国LD	70
				5	东盟AS			
				8	韩KR,毛MU			
				16	柬KH			
				18	东盟^RAS^R,韩^RKR^R			
				19	澳^RAU^R,新西兰^RNZ^R			
807	0904.1200	--已磨 --Crushed or ground	20	0	智CL,新西兰NZ,秘PE,哥CR,瑞CH,冰IS,澳AU,格GE,毛MU,港HK,澳门MO	0	受惠国LD	70
				5	东盟AS,柬KH			
				8	韩KR			
				10	亚太AP,巴PK			

序号 No.	税则号列 Tariff Line	货品名称 Article Description	最惠国税率 MFN(%)	协定税率 Agreement(%)		特惠税率 SP(%)		普通税率 Gen(%)
		-辣椒: -Fruit of the genus *Capsicum* or of the genus *Pimenta*:						
808	0904.2100	--干, 未磨 --Dried, neither crushed nor ground	20	0	东盟AS,智CL,新西兰NZ,新加坡SG,秘PE,哥CR,瑞CH,冰IS,澳AU,格GE,毛MU,东盟^RAS^R,澳^RAU^R,新西兰^RNZ^R,柬KH,港HK,澳门MO	0 受惠国LD	70
				8	韩KR		
				10	亚太AP,巴PK		
				10.4	韩^RKR^R		
				10.6	日^RJP^R		
809	0904.2200	--已磨 --Crushed or ground	20	0	东盟AS,智CL,新西兰NZ,新加坡SG,秘PE,哥CR,瑞CH,冰IS,澳AU,格GE,毛MU,东盟^RAS^R,澳^RAU^R,新西兰^RNZ^R,柬KH,港HK,澳门MO	0 受惠国LD	70
				8	韩KR		
				10	亚太AP,巴PK		
				10.4	韩^RKR^R		
				10.6	日^RJP^R		
	09.05	香子兰豆: **Vanilla:**					
810	0905.1000	-未磨 -Neither crushed nor ground	15	0	东盟AS,智CL,新西兰NZ,新加坡SG,秘PE,哥CR,瑞CH,冰IS,澳AU,格GE,毛MU,东盟^RAS^R,澳^RAU^R,新西兰^RNZ^R,柬KH,港HK,澳门MO	0 受惠国LD	50
				1.5	韩KR		
				12	巴PK,韩^RKR^R		
				12.3	日^RJP^R		
811	0905.2000	-已磨 -Crushed or ground	15	0	东盟AS,智CL,新西兰NZ,新加坡SG,秘PE,哥CR,瑞CH,冰IS,澳AU,格GE,毛MU,东盟^RAS^R,澳^RAU^R,新西兰^RNZ^R,柬KH,港HK,澳门MO	0 受惠国LD	50
				1.5	韩KR		
				12	巴PK,韩^RKR^R		
				12.3	日^RJP^R		
	09.06	肉桂及肉桂花: **Cinnamon and cinnamon-tree flowers:**					
		-未磨: -Neither crushed nor ground:					
812	0906.1100	--锡兰肉桂 --Cinnamon (*Cinnamomum zeylanicum blume*)	5	0	东盟AS,智CL,巴PK,新西兰NZ,秘PE,哥CR,瑞CH,冰IS,韩KR,澳AU,格GE,毛MU,东盟^RAS^R,澳^RAU^R,日^RJP^R,新西兰^RNZ^R,柬KH,港HK,澳门MO,韩^RKR^R	0 受惠国LD	50

序号 No.	税则号列 Tariff Line	货品名称 Article Description	最惠国税率 MFN(%)	协定税率 Agreement(%)		特惠税率 SP(%)		普通税率 Gen(%)
813	0906.1900	--其他 --Other	5	0	东盟AS,智CL,巴PK,新西兰NZ,秘PE,哥CR,瑞CH,冰IS,韩KR,澳AU,格GE,毛MU,东盟^{R}AS^R,澳^{R}AU^R,日^{R}JP^R,新西兰^{R}NZ^R,柬KH,港HK,澳门MO,韩^{R}KR^R	0	受惠国LD	50
814	0906.2000	-已磨 -Crushed or ground	15	0	东盟AS,智CL,新西兰NZ,新加坡SG,秘PE,哥CR,瑞CH,冰IS,澳AU,格GE,毛MU,东盟^{R}AS^R,澳^{R}AU^R,新西兰^{R}NZ^R,柬KH,港HK,澳门MO	0	受惠国LD	50
				1.5	韩KR			
				12	巴PK,韩^{R}KR^R			
				12.3	日^{R}JP^R			
	09.07	丁香（母丁香、公丁香及丁香梗）： Cloves (whole fruit, cloves and stems):						
815	0907.1000	-未磨 -Neither crushed nor ground	3	0	东盟AS,智CL,巴PK,新西兰NZ,秘PE,哥CR,瑞CH,冰IS,韩KR,澳AU,格GE,毛MU,东盟^{R}AS^R,澳^{R}AU^R,日^{R}JP^R,新西兰^{R}NZ^R,柬KH,港HK,澳门MO,韩^{R}KR^R	0	受惠国LD,柬KH	14
816	0907.2000	-已磨 -Crushed or ground	3	0	东盟AS,智CL,巴PK,新西兰NZ,秘PE,哥CR,瑞CH,冰IS,韩KR,澳AU,格GE,毛MU,东盟^{R}AS^R,澳^{R}AU^R,日^{R}JP^R,新西兰^{R}NZ^R,柬KH,港HK,澳门MO,韩^{R}KR^R	0	受惠国LD,柬KH	14
	09.08	肉豆蔻、肉豆蔻衣及豆蔻： Nutmeg, mace and cardamoms:						
		-肉豆蔻： -Nutmeg:						
817	0908.1100	--未磨 --Neither crushed nor ground	8	0	东盟AS,智CL,新西兰NZ,秘PE,哥CR,瑞CH,冰IS,韩KR,澳AU,格GE,毛MU,东盟^{R}AS^R,澳^{R}AU^R,新西兰^{R}NZ^R,柬KH,港HK,澳门MO,韩^{R}KR^R	0	受惠国LD,柬KH,老LA	30
				1	巴PK			
				6.5	日^{R}JP^R			
818	0908.1200	--已磨 --Crushed or ground	8	0	东盟AS,智CL,新西兰NZ,秘PE,哥CR,瑞CH,冰IS,韩KR,澳AU,格GE,毛MU,东盟^{R}AS^R,澳^{R}AU^R,新西兰^{R}NZ^R,柬KH,港HK,澳门MO,韩^{R}KR^R	0	受惠国LD,柬KH,老LA	30
				1	巴PK			
				6.5	日^{R}JP^R			
		-肉豆蔻衣： -Mace:						

序号 No.	税则号列 Tariff Line	货品名称 Article Description	最惠国税率 MFN(%)	协定税率 Agreement(%)		特惠税率 SP(%)	普通税率 Gen(%)
819	0908.2100	--未磨 --Neither crushed nor ground	8	0	东盟AS,智CL,新西兰NZ,秘PE,哥CR,瑞CH,冰IS,韩KR,澳AU,格GE,毛MU,东盟^RAS^R,澳^RAU^R,新西兰^RNZ^R,柬KH,港HK,澳门MO,韩^RKR^R	0 受惠国LD,柬KH,老LA	30
				1	巴PK		
				6.5	日^RJP^R		
820	0908.2200	--已磨 --Crushed or ground	8	0	东盟AS,智CL,新西兰NZ,哥CR,瑞CH,冰IS,韩KR,澳AU,格GE,毛MU,东盟^RAS^R,澳^RAU^R,新西兰^RNZ^R,柬KH,港HK,澳门MO,韩^RKR^R	0 受惠国LD,柬KH,老LA	30
				1	巴PK		
				6.5	日^RJP^R		
		-豆蔻: -Cardamoms:					
821	0908.3100	--未磨 --Neither crushed nor ground	3	0	东盟AS,智CL,巴PK,新西兰NZ,秘PE,哥CR,瑞CH,冰IS,韩KR,澳AU,格GE,毛MU,东盟^RAS^R,澳^RAU^R,日^RJP^R,新西兰^RNZ^R,柬KH,港HK,澳门MO,韩^RKR^R	0 受惠国LD,柬KH,老LA	14
822	0908.3200	--已磨 --Crushed or ground	3	0	东盟AS,智CL,巴PK,新西兰NZ,秘PE,哥CR,瑞CH,冰IS,韩KR,澳AU,格GE,毛MU,东盟^RAS^R,澳^RAU^R,日^RJP^R,新西兰^RNZ^R,柬KH,港HK,澳门MO,韩^RKR^R	0 受惠国LD,柬KH,老LA	14
09.09		茴芹子、八角茴香、小茴香子、芫荽子、枯茗子及黄蒿子;杜松果: Seeds of anise, badian, fennel, coriander, cumin or caraway; juniper berries:					
		-芫荽子: -Seeds of coriander:					
823	0909.2100	--未磨 --Neither crushed nor ground	15	0	东盟AS,智CL,新西兰NZ,新加坡SG,秘PE,哥CR,瑞CH,冰IS,澳AU,格GE,毛MU,东盟^RAS^R,澳^RAU^R,新西兰^RNZ^R,柬KH,港HK,澳门MO	0 受惠国LD	50
				1.5	韩KR		
				12	巴PK,韩^RKR^R		
				12.3	日^RJP^R		
824	0909.2200	--已磨 --Crushed or ground	15	0	东盟AS,智CL,新西兰NZ,新加坡SG,秘PE,哥CR,瑞CH,冰IS,澳AU,格GE,毛MU,东盟^RAS^R,澳^RAU^R,新西兰^RNZ^R,柬KH,港HK,澳门MO	0 受惠国LD	50
				1.5	韩KR		
				12	巴PK,韩^RKR^R		
				12.3	日^RJP^R		

序号 No.	税则号列 Tariff Line	货品名称 Article Description	最惠国税率 MFN(%)	协定税率 Agreement(%)		特惠税率 SP(%)	普通税率 Gen(%)
		-枯茗子: -Seeds of cumin:					
825	0909.3100	--未磨 --Neither crushed nor ground	15	0	东盟AS,智CL,新西兰NZ,新加坡SG,秘PE,哥CR,瑞CH,冰IS,澳AU,格GE,毛MU,东盟^RAS^R,澳^RAU^R,新西兰NZ^R,柬KH,港HK,澳门MO	0 受惠国LD	50
				1.5	韩KR		
				4.5	巴PK		
				7.5	亚太AP		
				12	韩^RKR^R		
				12.3	日^RJP^R		
826	0909.3200	--已磨 --Crushed or ground	15	0	东盟AS,智CL,新西兰NZ,新加坡SG,秘PE,哥CR,瑞CH,冰IS,澳AU,格GE,毛MU,东盟^RAS^R,澳^RAU^R,新西兰NZ^R,柬KH,港HK,澳门MO	0 受惠国LD	50
				1.5	韩KR		
				4.5	巴PK		
				7.5	亚太AP		
				12	韩^RKR^R		
				12.3	日^RJP^R		
		-茴芹子或八角茴香、黄蒿子或小茴香子；杜松果: -Seeds of anise, badian, caraway or fennel; juniper berries:						
		--未磨: --Neither crushed nor ground:						
827	0909.6110	---八角茴香 ---Star aniseed	20	0	东盟AS,智CL,新西兰NZ,新加坡SG,秘PE,哥CR,瑞CH,冰IS,澳AU,格GE,毛MU,柬KH,港HK,澳门MO	0 受惠国LD	90
				8	韩KR		
				16	东盟^RAS^R,澳^RAU^R,新西兰NZ^R,韩^RKR^R		
				17.5	日^RJP^R		
828	0909.6190	---其他 ---Other	15	0	东盟AS,智CL,新西兰NZ,新加坡SG,秘PE,哥CR,瑞CH,冰IS,澳AU,格GE,毛MU,东盟^RAS^R,澳^RAU^R,新西兰^RNZ^R,柬KH,港HK,澳门MO	0 受惠国LD	50
				1.5	韩KR		
				12	巴PK,韩^RKR^R		
				12.3	日^RJP^R		
		--已磨: --Crushed or ground:						

序号 No.	税则号列 Tariff Line	货品名称 Article Description	最惠国税率 MFN(%)	协定税率 Agreement(%)		特惠税率 SP(%)	普通税率 Gen(%)
829	0909.6210	---八角茴香 ---Star aniseed	20	0	东盟AS,智CL,新西兰NZ,新加坡SG,秘PE,哥CR,瑞CH,冰IS,澳AU,格GE,毛MU,柬KH,港HK,澳门MO	0 受惠国LD	90
				8	韩KR		
				16	东盟^{R}AS^R,澳^{R}AU^R,新西兰^{R}NZ^R,韩^{R}KR^R		
				17.5	日^{R}JP^R		
830	0909.6290	---其他 ---Other	15	0	东盟AS,智CL,新西兰NZ,新加坡SG,秘PE,哥CR,瑞CH,冰IS,澳AU,格GE,毛MU,东盟^{R}AS^R,澳^{R}AU^R,新西兰^{R}NZ^R,柬KH,港HK,澳门MO	0 受惠国LD	50
				1.5	韩KR		
				12	巴PK,韩^{R}KR^R		
				12.3	日^{R}JP^R		
	09.10	姜、番红花、姜黄、麝香草、月桂叶、咖喱及其他调味香料: **Ginger, saffron, turmeric (curcuma), thyme, bay leaves, curry and other spices:**					
		-姜: -Ginger:					
831	0910.1100	--未磨 --Neither crushed nor ground	15	0	东盟AS,智CL,新西兰NZ,新加坡SG,秘PE,哥CR,瑞CH,冰IS,澳AU,格GE,毛MU,东盟^{R}AS^R,澳^{R}AU^R,新西兰^{R}NZ^R,柬KH,港HK,澳门MO	0 受惠国LD,柬KH,老LA	50
				1.5	韩KR		
				4.5	巴PK		
				7.5	亚太AP		
				12	韩^{R}KR^R		
				12.3	日^{R}JP^R		
832	0910.1200	--已磨 --Crushed or ground	15	0	东盟AS,智CL,新西兰NZ,新加坡SG,秘PE,哥CR,瑞CH,冰IS,澳AU,格GE,毛MU,东盟^{R}AS^R,澳^{R}AU^R,新西兰^{R}NZ^R,柬KH,港HK,澳门MO	0 受惠国LD,柬KH,老LA	50
				1.5	韩KR		
				4.5	巴PK		
				7.5	亚太AP		
				12	韩^{R}KR^R		
				12.3	日^{R}JP^R		
833	0910.2000	-番红花 -Saffron	2	0	东盟AS,智CL,巴PK,新西兰NZ,秘PE,哥CR,瑞CH,冰IS,韩KR,澳AU,格GE,毛MU,东盟^{R}AS^R,澳^{R}AU^R,日^{R}JP^R,新西兰^{R}NZ^R,柬KH,港HK,澳门MO,韩^{R}KR^R	0 受惠国LD	14

序号 No.	税则号列 Tariff Line	货品名称 Article Description	最惠国税率 MFN(%)	协定税率 Agreement(%)		特惠税率 SP(%)	普通税率 Gen(%)
834	0910.3000	-姜黄 -Turmeric(curcuma)	15	0	东盟AS,智CL,新西兰NZ,新加坡SG,秘PE,哥CR,瑞CH,冰IS,澳AU,格GE,毛MU,东盟^{R}AS^R,澳^{R}AU^R,新西兰NZ^R,柬KH,港HK,澳门MO	0 受惠国LD,柬KH	50
				1.5	韩KR		
				4.5	巴PK		
				7.5	亚太AP		
				12	韩^{R}KR^R		
				12.3	日^{R}JP^R		
		-其他调味香料: -Other spices:					
835	0910.9100	--本章注释一（二）所述的混合物 --Mixtures referred to in Note1 (b) to this Chapter	15	0	东盟AS,智CL,巴PK,新西兰NZ,新加坡SG,秘PE,哥CR,瑞CH,冰IS,澳AU,格GE,毛MU,东盟^{R}AS^R,澳^{R}AU^R,新西兰NZ^R,柬KH,港HK,澳门MO	0 受惠国LD	50
				1.5	韩KR		
				7.5	亚太AP		
				12	韩^{R}KR^R		
				12.3	日^{R}JP^R		
		--其他: --Other:					
836	0910.9910	---花椒、竹叶花椒和青花椒 ---Zanthoxylum bungeanum Maxim. Z.armatum DC. and Z.schinifolium Sieb.et Zucc.	15	0	东盟AS,智CL,巴PK,新西兰NZ,新加坡SG,秘PE,哥CR,瑞CH,冰IS,澳AU,格GE,毛MU,东盟^{R}AS^R,澳^{R}AU^R,新西兰NZ^R,柬KH,港HK,澳门MO	0 受惠国LD	50
				1.5	韩KR		
				12.3	日^{R}JP^R		
837	0910.9990	---其他 ---Other	15	0	东盟AS,智CL,巴PK,新西兰NZ,新加坡SG,秘PE,哥CR,瑞CH,冰IS,澳AU,格GE,毛MU,东盟^{R}AS^R,澳^{R}AU^R,新西兰NZ^R,柬KH,港HK,澳门MO	0 受惠国LD	50
				1.5	韩KR		
				12.3	日^{R}JP^R		

注释：

一、

（一）本章各税目所列产品必须带有谷粒，不论是否成穗或带杆。

（二）本章不包括已去壳或经其他加工的谷物。但去壳、碾磨、磨光、上光、半熟或破碎的稻米仍应归入税目10.06。同样，已全部或部分去皮以分离皂苷，但没有经过任何其他加工的昆诺阿藜仍应归入税目10.08。

二、税目10.05不包括甜玉米（第七章）。

子目注释：

所称"硬粒小麦"，是指硬粒小麦属的小麦及以该属具有相同染色体数目（28）的小麦种间杂交所得的小麦。

Notes:

1.

(a) The products specified in the headings of this Chapter are to be classified in those headings only if grains are present, whether or not in the ear or on the stalk.

(b) This Chapter does not cover grains which have been hulled or otherwise worked. However, rice, husked, milled, polished, glazed, parboiled or broken remains classified in heading 10.06. Similarly, quinoa from which the pericarp has been wholly or partly removed in order to separate the saponin, but which has not undergone any other processes, remains classified in heading 10.08.

2. Heading 10.05 does not cover sweet corn (Chapter 7).

Subheading Note:

The term "durum wheat" means wheat of the *Triticum durum* species and the hybrids derived from the inter-specific crossing of *Triticum durum* which have the same number (28) of chromosomes as that species.

序号 No.	税则号列 Tariff Line	货品名称 Article Description	最惠国税率 MFN(%)	协定税率 Agreement(%)		特惠税率 SP(%)	普通税率 Gen(%)
	10.01	**小麦及混合麦：** **Wheat and meslin:**					
		-硬粒小麦： -Durum wheat:					
838	1001.1100	--种用 --Seed	65①	0 5	港HK,澳门MO 东盟AS		180
839	1001.1900	--其他 --Other	65②	0 5	港HK,澳门MO 东盟AS		180
		-其他： -Other:					
840	1001.9100	--种用 --Seed	65③	0 5	港HK,澳门MO 东盟AS		180
841	1001.9900	--其他 --Other	65④	0 5	港HK,澳门MO 东盟AS		180
	10.02	**黑麦：** **Rye:**					

---

① 关税配额税率：1。
In-quota Tariff Rate: 1.

② 关税配额税率：1。
In-quota Tariff Rate: 1.

③ 关税配额税率：1。
In-quota Tariff Rate: 1.

④ 关税配额税率：1。
In-quota Tariff Rate: 1.

序号 No.	税则号列 Tariff Line	货品名称 Article Description	最惠国税率 MFN(%)	协定税率 Agreement(%)		特惠税率 SP(%)	普通税率 Gen(%)
842	1002.1000	-种用 -Seed	0	0	东盟AS,智CL,巴PK,新西兰NZ,秘PE,哥CR,瑞CH,冰IS,韩KR,澳AU,格GE,毛MU,东盟^{R}AS^R,澳^{R}AU^R,日^{R}JP^R,新西兰^{R}NZ^R,柬KH,港HK,澳门MO,韩^{R}KR^R	0 受惠国LD	0
843	1002.9000	-其他 -Other	3	0 2.5	东盟AS,智CL,巴PK,新西兰NZ,秘PE,哥CR,瑞CH,冰IS,韩KR,澳AU,格GE,毛MU,东盟^{R}AS^R,澳^{R}AU^R,新西兰^{R}NZ^R,柬KH,港HK,澳门MO,韩^{R}KR^R 日^{R}JP^R	0 受惠国LD	8
	10.03	大麦: **Barley:**					
844	1003.1000	-种用 -Seed	0	0	东盟AS,智CL,巴PK,新西兰NZ,秘PE,哥CR,瑞CH,冰IS,韩KR,澳AU,格GE,毛MU,东盟^{R}AS^R,澳^{R}AU^R,日^{R}JP^R,新西兰^{R}NZ^R,柬KH,港HK,澳门MO,韩^{R}KR^R	0 受惠国LD	160
845	1003.9000	-其他 -Other	3	0 2.5	亚太AP,东盟AS,智CL,巴PK,新西兰NZ,秘PE,哥CR,瑞CH,冰IS,韩KR,澳AU,格GE,毛MU,东盟^{R}AS^R,澳^{R}AU^R,新西兰^{R}NZ^R,柬KH,港HK,澳门MO,韩^{R}KR^R 日^{R}JP^R	0 受惠国LD	160
	10.04	燕麦: **Oats:**					
846	1004.1000	-种用 -Seed	0	0	东盟AS,智CL,巴PK,新西兰NZ,秘PE,哥CR,瑞CH,冰IS,韩KR,澳AU,格GE,毛MU,东盟^{R}AS^R,澳^{R}AU^R,日^{R}JP^R,新西兰^{R}NZ^R,柬KH,港HK,澳门MO,韩^{R}KR^R	0 受惠国LD	0
847	1004.9000	-其他 -Other	2	0 1.6	东盟AS,智CL,巴PK,新西兰NZ,秘PE,哥CR,瑞CH,冰IS,韩KR,澳AU,格GE,毛MU,柬KH,港HK,澳门MO 东盟^{R}AS^R,澳^{R}AU^R,日^{R}JP^R,新西兰^{R}NZ^R,韩^{R}KR^R	0 受惠国LD	8
	10.05	玉米: **Maize (corn):**					
848	1005.1000	-种用 -Seed	20①	0	港HK,澳门MO		180
849	1005.9000	-其他 -Other	65②	0 50	港HK,澳门MO 东盟AS		180

① 关税配额税率：1。
  In-quota Tariff Rate: 1.

② 关税配额税率：1。
  In-quota Tariff Rate: 1.

序号 No.	税则号列 Tariff Line	货品名称 Article Description	最惠国税率 MFN(%)	协定税率 Agreement(%)		特惠税率 SP(%)	普通税率 Gen(%)
	10.06	**稻谷、大米：** **Rice:**					
		-稻谷： -Rice in the husk (paddy or rough):					
		---种用： ---Seed:					
850	1006.1021	----长粒米 ----Long grain	65①	0 50	港HK,澳门MO 东盟AS		180
851	1006.1029	----其他 ----Other	65②	0 50	港HK,澳门MO 东盟AS		180
		---其他： ---Other:					
852	1006.1081	----长粒米 ----Long grain	65③	0 50	港HK,澳门MO 东盟AS		180
853	1006.1089	----其他 ----Other	65④	0 50	港HK,澳门MO 东盟AS		180
		-糙米： -Husked (brown) rice:					
854	1006.2020	---长粒米 ---Long grain	65⑤	0 50	港HK,澳门MO 东盟AS		180
855	1006.2080	---其他 ---Other	65⑥	0 50	港HK,澳门MO 东盟AS		180
		-精米，不论是否磨光或上光： -Semi-milled or wholly milled rice, whether or not polished or glazed:					
856	1006.3020	---长粒米 ---Long grain	65⑦	0 50	港HK,澳门MO 东盟AS		180
857	1006.3080	---其他 ---Other	65⑧	0 50	港HK,澳门MO 东盟AS		180
		-碎米： -Broken rice:					

① 关税配额税率：1。
   In-quota Tariff Rate: 1.
② 关税配额税率：1。
   In-quota Tariff Rate: 1.
③ 关税配额税率：1。
   In-quota Tariff Rate: 1.
④ 关税配额税率：1。
   In-quota Tariff Rate: 1.
⑤ 关税配额税率：1。
   In-quota Tariff Rate: 1.
⑥ 关税配额税率：1。
   In-quota Tariff Rate: 1.
⑦ 关税配额税率：1。
   In-quota Tariff Rate: 1.
⑧ 关税配额税率：1。
   In-quota Tariff Rate: 1.

序号 No.	税则号列 Tariff Line	货品名称 Article Description	最惠国税率 MFN(%)	协定税率 Agreement(%)		特惠税率 SP(%)	普通税率 Gen(%)
858	1006.4020	---长粒米 ---Long grain	10①	0 5	港HK,澳门MO 东盟AS		180
859	1006.4080	---其他 ---Other	10②	0 5	港HK,澳门MO 东盟AS		180
	10.07	食用高粱: Grain sorghum:					
860	1007.1000	-种用 -Seed	0	0	东盟AS,智CL,巴PK,新西兰NZ,秘PE,哥CR,瑞CH,冰IS,韩KR,澳AU,格GE,毛MU,东盟^RAS^R,澳^RAU^R,日^RJP^R,新西兰^RNZ^R,柬KH,港HK,澳门MO,韩^RKR^R	0 受惠国LD	0
861	1007.9000	-其他 -Other	2	0 1.6	东盟AS,智CL,巴PK,新西兰NZ,秘PE,哥CR,瑞CH,冰IS,韩KR,澳AU,格GE,毛MU,东盟^RAS^R,澳^RAU^R,新西兰^RNZ^R,柬KH,港HK,澳门MO,韩^RKR^R 日^RJP^R	0 受惠国LD	8
	10.08	荞麦、谷子及加那利草子;其他谷物: Buckwheat, millet and canary seed; other cereals:					
862	1008.1000	-荞麦 -Buckwheat	2	0 1.6	东盟AS,智CL,巴PK,新西兰NZ,秘PE,哥CR,瑞CH,冰IS,韩KR,澳AU,格GE,毛MU,东盟^RAS^R,澳^RAU^R,新西兰^RNZ^R,柬KH,港HK,澳门MO,韩^RKR^R 日^RJP^R	0 受惠国LD	8
		-谷子: -Millet:					
863	1008.2100	--种用 --Seed	2	0	东盟AS,智CL,巴PK,新西兰NZ,秘PE,哥CR,瑞CH,冰IS,韩KR,澳AU,格GE,毛MU,东盟^RAS^R,澳^RAU^R,日^RJP^R,新西兰^RNZ^R,柬KH,港HK,澳门MO,韩^RKR^R	0 受惠国LD,老LA	8
864	1008.2900	--其他 --Other	2	0 1.6	东盟AS,智CL,巴PK,新西兰NZ,秘PE,哥CR,瑞CH,冰IS,韩KR,澳AU,格GE,毛MU,东盟^RAS^R,澳^RAU^R,新西兰^RNZ^R,柬KH,港HK,澳门MO,韩^RKR^R 日^RJP^R	0 受惠国LD,老LA	8
865	1008.3000	-加那利草子 -Canary seeds	2	0	东盟AS,智CL,巴PK,新西兰NZ,秘PE,哥CR,瑞CH,冰IS,韩KR,澳AU,格GE,毛MU,东盟^RAS^R,澳^RAU^R,日^RJP^R,新西兰^RNZ^R,柬KH,港HK,澳门MO,韩^RKR^R	0 受惠国LD,老LA	8
		-直长马唐(马唐属): -Fonio (*Digitaria* spp.):					

---

① 关税配额税率：1。
  In-quota Tariff Rate: 1.

② 关税配额税率：1。
  In-quota Tariff Rate: 1.

序号 No.	税则号列 Tariff Line	货品名称 Article Description	最惠国税率 MFN(%)	协定税率 Agreement(%)		特惠税率 SP(%)		普通税率 Gen(%)
866	1008.4010	---种用 ---Seed	0	0	东盟AS,智CL,巴PK,新西兰NZ, 秘PE,哥CR,瑞CH,冰IS,韩KR, 澳AU,格GE,毛MU,东盟^RAS^R, 澳^RAU^R,日^RJP^R,新西兰^RNZ^R,柬 KH,港HK,澳门MO,韩^RKR^R	0	受惠国LD	0
867	1008.4090	---其他 ---Other	3	0	东盟AS,智CL,巴PK,新西兰NZ, 秘PE,哥CR,瑞CH,冰IS,韩KR, 澳AU,格GE,毛MU,东盟^RAS^R, 澳^RAU^R,日^RJP^R,新西兰^RNZ^R,柬 KH,港HK,澳门MO,韩^RKR^R	0	受惠国LD, 老LA	8
		-昆诺阿藜: -Quinoa (*Chenopodium quinoa*):						
868	1008.5010	---种用 ---Seed	0	0	东盟AS,智CL,巴PK,新西兰NZ, 秘PE,哥CR,瑞CH,冰IS,韩KR, 澳AU,格GE,毛MU,东盟^RAS^R, 澳^RAU^R,日^RJP^R,新西兰^RNZ^R,柬 KH,港HK,澳门MO,韩^RKR^R	0	受惠国LD	0
869	1008.5090	---其他 ---Other	3	0	东盟AS,智CL,巴PK,新西兰NZ, 秘PE,哥CR,瑞CH,冰IS,韩KR, 澳AU,格GE,毛MU,东盟^RAS^R, 澳^RAU^R,日^RJP^R,新西兰^RNZ^R,柬 KH,港HK,澳门MO,韩^RKR^R	0	受惠国LD, 老LA	8
		-黑小麦: -Triticale:						
870	1008.6010	---种用 ---Seed	0	0	东盟AS,智CL,巴PK,新西兰NZ, 秘PE,哥CR,瑞CH,冰IS,韩KR, 澳AU,格GE,毛MU,东盟^RAS^R, 澳^RAU^R,日^RJP^R,新西兰^RNZ^R,柬 KH,港HK,澳门MO,韩^RKR^R	0	受惠国LD	0
871	1008.6090	---其他 ---Other	3	0	东盟AS,智CL,巴PK,新西兰NZ, 秘PE,哥CR,瑞CH,冰IS,韩KR, 澳AU,格GE,毛MU,东盟^RAS^R, 澳^RAU^R,日^RJP^R,新西兰^RNZ^R,柬 KH,港HK,澳门MO,韩^RKR^R	0	受惠国LD, 老LA	8
		-其他谷物: -Other cereals:						
872	1008.9010	---种用 ---Seed	0	0	东盟AS,智CL,巴PK,新西兰NZ, 秘PE,哥CR,瑞CH,冰IS,韩KR, 澳AU,格GE,毛MU,东盟^RAS^R, 澳^RAU^R,日^RJP^R,新西兰^RNZ^R,柬 KH,港HK,澳门MO,韩^RKR^R	0	受惠国LD	0
873	1008.9090	---其他 ---Other	3	0 2.5	东盟AS,智CL,巴PK,新西兰NZ, 秘PE,哥CR,瑞CH,冰IS,韩KR, 澳AU,格GE,毛MU,东盟^RAS^R,澳 ^RAU^R,新西兰^RNZ^R,柬KH,港HK, 澳门MO,韩^RKR^R 日^RJP^R	0	受惠国LD, 老LA	8

第十一章
制粉工业产品；麦芽；淀粉；菊粉；面筋

Chapter 11
Products of the milling industry; malt; starches; inulin; wheat gluten

注释：

一、本章不包括：

（一）作为咖啡代用品的焙制麦芽（税目09.01或21.01）；

（二）税目19.01的经制作的细粉、粗粒、粗粉或淀粉；

（三）税目19.04的玉米片及其他产品；

（四）税目20.01、20.04或20.05的经制作或保藏的蔬菜；

（五）药品（第三十章）；或

（六）具有芳香料制品或化妆盥洗品性质的淀粉（第三十三章）。

二、

（一）下表所列谷物碾磨产品按干制品重量计如果同时符合以下两个条件，应归入本章；但是，整粒、滚压、制片或磨碎的谷物胚芽均应归入税目11.04：

1.淀粉含量（按修订的尤艾斯旋光法测定）超过表列第（2）栏的比例；

2.灰分含量（除去任何添加的矿物质）不超过表列第（3）栏的比例。

否则，应归入税目23.02。

（二）符合上述规定归入本章的产品，如果用表列第（4）栏或第（5）栏规定孔径的金属丝网筛过筛，其通过率按重量计不低于表列比例的，应归入税目11.01或11.02。

否则，应归入税目11.03或11.04。

Notes:

1. This Chapter does not cover:

(a) Roasted malt put up as coffee substitutes (heading 09.01 or 21.01);

(b) Prepared flours, groats, meals or starches of heading 19.01;

(c) Corn flakes or other products of heading 19.04;

(d) Vegetables, prepared or preserved, of heading 20.01, 20.04 or 20.05;

(e) Pharmaceutical products (Chapter 30); or

(f) Starches having the character of perfumery, cosmetic or toilet preparations (Chapter 33).

2.

(A) Products from the milling of the cereals listed in the table below fall in this Chapter if they have, by weight on the dry product (However, germ of cereals, whole, rolled, flaked or ground is always classified in heading 11.04):

(a) A starch content (determined by the modified Ewers polarimetric method) exceeding that indicated in Column (2); and

(b) An ash content (after deduction of any added minerals) not exceeding that indicated in Column (3).

Otherwise, they fall in heading 23.02.

(B) Products falling in this Chapter under the above provisions shall be classified in heading 11.01 or 11.02 if the percentage passing through a woven metal wire cloth sieve with the aperture indicated in Column (4) or (5) is not less, by weight, than that shown against the cereal concerned.

Otherwise, they fall in heading 11.03 or 11.04.

谷 物 (1)	淀粉含量 (2)	灰分含量 (3)	通过下列孔径筛子的比率	
			315微米 (4)	500微米 (5)
小麦及黑麦	45%	2.5%	80%	—
大麦	45%	3%	80%	—
燕麦	45%	5%	80%	—
玉米及高粱	45%	2%	—	90%
大米	45%	1.6%	80%	—
荞麦	45%	4%	80%	—

Cereal (1)	Starch content (2)	Ash content (3)	Rate of passage through a sieve with an aperture of	
			315 micrometres (microns) (4)	500 micrometres (microns) (5)
Wheat and rye	45%	2.5%	80%	—
Barley	45%	3%	80%	—
Oats	45%	5%	80%	—
Maize (corn) and grain Sorghum	45%	2%	—	90%
Rice	45%	1.6%	80%	—
Buckwheat	45%	4%	80%	—

三、税目11.03所称"粗粒"及"粗粉"，是指谷物经碾碎所得的下列产品：

（一）玉米产品，用2毫米孔径的金属丝网筛过筛，通过率按重量计不低于95%的；

（二）其他谷物产品，用1.25毫米孔径的金属丝网筛过筛，通过率按重量计不低于95%的。

3. For the purposes of heading 11.03, the terms "groats" and "meal" mean products obtained by the fragmentation of cereal grains, of which:

(a) In the case of maize (corn) products, at least 95% by weight passes through a woven metal wire cloth sieve with an aperture of 2mm;

(b) In the case of other cereal products, at least 95% by weight passes through a woven metal wire cloth sieve with an aperture of 1.25mm.

序号 No.	税则号列 Tariff Line	货品名称 Article Description	最惠国税率 MFN(%)		协定税率 Agreement(%)	特惠税率 SP(%)	普通税率 Gen(%)
	11.01	小麦或混合麦的细粉: **Wheat or meslin flour:**					
874	1101.0000	小麦或混合麦的细粉 Wheat or maslin flour	65①	0 50	港HK,澳门MO 东盟AS		130
	11.02	其他谷物细粉,但小麦或混合麦的细粉除外: **Cereal flours other than of wheat or meslin:**					
875	1102.2000	-玉米细粉 -Maize (corn) flour	40②	0	港HK,澳门MO		130
		-其他: -Other:					
		---大米细粉: ---Rice flour:					
876	1102.9021	----长粒米的 ----Of long grain	40③	0	港HK,澳门MO		130
877	1102.9029	----其他 ----Other	40④	0 40	港HK,澳门MO 东盟AS		130
878	1102.9090	---其他 ---Other	5	0 4.1	东盟AS,智CL,巴PK,新西兰NZ, 秘PE,哥CR,瑞CH,冰IS,韩KR, 澳AU,格GE,毛MU,东盟ᴿASᴿ,澳 ᴿAUᴿ,新西兰ᴿNZᴿ,柬KH,港HK, 澳门MO,韩ᴿKRᴿ 日ᴿJPᴿ	0 受惠国LD, 柬KH	14
	11.03	谷物的粗粒、粗粉及团粒: **Cereal groats, meal and pellets:**					
		-粗粒及粗粉: -Groats and meal:					
879	1103.1100	--小麦的 --Of wheat	65⑤	0 50	港HK,澳门MO 东盟AS		130
880	1103.1300	--玉米的 --Of maize (corn)	65⑥	0 50	港HK,澳门MO 东盟AS		130
		--其他: --Of other cereals:					

① 关税配额税率：6。
In-quota Tariff Rate: 6.

② 关税配额税率：9。
In-quota Tariff Rate: 9.

③ 关税配额税率：9。
In-quota Tariff Rate: 9.

④ 关税配额税率：9。
In-quota Tariff Rate: 9.

⑤ 关税配额税率：9。
In-quota Tariff Rate: 9.

⑥ 关税配额税率：9。
In-quota Tariff Rate: 9.

序号 No.	税则号列 Tariff Line	货品名称 Article Description	最惠国税率 MFN(%)	协定税率 Agreement(%)		特惠税率 SP(%)	普通税率 Gen(%)
881	1103.1910	---燕麦的 ---Of oats	5	0	东盟AS,智CL,巴PK,新西兰NZ, 秘PE,哥CR,瑞CH,冰IS,韩KR,澳 AU,格GE,毛MU,东盟^{R}AS^R,澳^R AU^R,新西兰NZ^R,柬KH,港HK, 澳门MO,韩^{R}KR^R	0 受惠国LD	14
				4.1	日^{R}JP^R		
		---大米的: ---Of rice:					
882	1103.1931	----长粒米的 ----Of long grain	10①	0 5	港HK,澳门MO 东盟AS		70
883	1103.1939	----其他 ----Other	10②	0 5	港HK,澳门MO 东盟AS		70
884	1103.1990	---其他 ---Other	5	0	东盟AS,智CL,巴PK,新西兰NZ, 秘PE,哥CR,瑞CH,冰IS,韩KR,澳 AU,格GE,毛MU,东盟^{R}AS^R,澳^R AU^R,新西兰NZ^R,柬KH,港HK, 澳门MO,韩^{R}KR^R	0 受惠国LD, 柬KH	14
				4.1	日^{R}JP^R		
		-团粒: -Pellets:					
885	1103.2010	---小麦的 ---Of wheat	65③	0 50	港HK,澳门MO 东盟AS		180
886	1103.2090	---其他 ---Other	20	0	东盟AS,智CL,新西兰NZ,新加 坡SG,秘PE,哥CR,瑞CH,冰IS,澳 AU,毛MU,柬KH,港HK,澳门MO	0 受惠国LD	50
				8	韩KR		
				16	东盟^{R}AS^R,澳^{R}AU^R,新西兰NZ^R, 韩^{R}KR^R		
				17.5	日^{R}JP^R		
	11.04	经其他加工的谷物(例如,去壳、滚压、 制片、制成粒状、切片或粗磨),但税目 10.06的稻谷、大米除外;谷物胚芽,整 粒、滚压、制片或磨碎的: Cereal grains otherwise worked (for example, hulled, rolled, flaked, pearled, sliced or kibbled), except rice of heading 10.06; germ of cereals, whole, rolled, flaked or ground:					
		-滚压或制片的谷物: -Rolled or flaked grains:					

---

① 关税配额税率: 9。
In-quota Tariff Rate: 9.

② 关税配额税率: 9。
In-quota Tariff Rate: 9.

③ 关税配额税率: 10。
In-quota Tariff Rate: 10.

序号 No.	税则号列 Tariff Line	货品名称 Article Description	最惠国税率 MFN(%)	协定税率 Agreement(%)		特惠税率 SP(%)	普通税率 Gen(%)
887	1104.1200	--燕麦的 --Of oats	20	0	东盟AS,智CL,新西兰NZ,新加坡SG,秘PE,哥CR,瑞CH,冰IS,澳AU,毛MU,柬KH,港HK,澳门MO	0 受惠国LD	50
				8	韩KR		
				16	东盟^{R}AS^R,澳^{R}AU^R,新西兰^{R}NZ^R,韩^{R}KR^R		
				17.5	日^{R}JP^R		
		--其他: --Of other cereals:					
888	1104.1910	---大麦的 ---Of barley	20	0	东盟AS,智CL,新西兰NZ,新加坡SG,秘PE,哥CR,瑞CH,冰IS,澳AU,毛MU,柬KH,港HK,澳门MO	0 受惠国LD	50
				8	韩KR		
				16	东盟^{R}AS^R,澳^{R}AU^R,新西兰^{R}NZ^R,韩^{R}KR^R		
				17.5	日^{R}JP^R		
889	1104.1990	---其他 ---Other	20	0	东盟AS,智CL,新西兰NZ,新加坡SG,秘PE,哥CR,瑞CH,冰IS,澳AU,毛MU,柬KH,港HK,澳门MO	0 受惠国LD	50
				8	韩KR		
				16	东盟^{R}AS^R,澳^{R}AU^R,新西兰^{R}NZ^R,韩^{R}KR^R		
				17.5	日^{R}JP^R		
		-经其他加工的谷物（例如，去壳、制成粒状、切片或粗磨）: -Other worked grains (for example, hulled, pearled, sliced or kibbled):					
890	1104.2200	--燕麦的 --Of oats	20	0	东盟AS,智CL,新西兰NZ,新加坡SG,秘PE,哥CR,瑞CH,冰IS,澳AU,毛MU,柬KH,港HK,澳门MO	0 受惠国LD	50
				8	韩KR		
				16	东盟^{R}AS^R,澳^{R}AU^R,新西兰^{R}NZ^R,韩^{R}KR^R		
				17.5	日^{R}JP^R		
891	1104.2300	--玉米的 --Of maize (corn)	65①	0	港HK,澳门MO		180
				50	东盟AS		
		--其他: --Of other cereals:					
892	1104.2910	---大麦的 ---Of barley	65	0	东盟AS,智CL,新西兰NZ,新加坡SG,秘PE,哥CR,澳AU,柬KH,港HK,澳门MO	0 受惠国LD	114
				26	毛MU		
				58.5	东盟^{R}AS^R		
				58.8	日^{R}JP^R		
				61.8	澳^{R}AU^R,新西兰^{R}NZ^R		
				65	韩^{R}KR^R		

---

① 关税配额税率：10。
In-quota Tariff Rate: 10.

序号 No.	税则号列 Tariff Line	货品名称 Article Description	最惠国税率 MFN(%)	协定税率 Agreement(%)		特惠税率 SP(%)		普通税率 Gen(%)
893	1104.2990	---其他 ---Other	20	0	东盟AS,智CL,新西兰NZ,新加 坡SG,秘PE,哥CR,瑞CH,冰IS,澳 AU,毛MU,柬KH,港HK,澳门MO	0	受惠国LD	50
				8	韩KR			
				17.3	东盟^RAS^R,韩^RKR^R			
				17.5	日^RJP^R			
				18	澳^RAU^R,新西兰^RNZ^R			
894	1104.3000	-谷物胚芽, 整粒、滚压、制片或磨碎的 -Germ of cereals, whole, rolled, flaked or ground	20	0	东盟AS,智CL,新西兰NZ,新加 坡SG,秘PE,哥CR,瑞CH,冰IS,澳 AU,格GE,毛MU,柬KH,港HK,澳 门MO	0	受惠国LD	50
				8	韩KR			
				16	东盟^RAS^R,澳^RAU^R,新西兰^RNZ^R, 韩^RKR^R			
				17.5	日^RJP^R			
	11.05	马铃薯的细粉、粗粉、粉末、粉片、颗粒 及团粒: **Flour, meal, powder, flakes, granules and pellets of potatoes:**						
895	1105.1000	-细粉、粗粉及粉末 -Flour, meal and powder	15	0	东盟AS,智CL,新西兰NZ,新加 坡SG,秘PE,哥CR,瑞CH,冰IS,澳 AU,毛MU,东盟^RAS^R,澳^RAU^R,新 西兰^RNZ^R,柬KH,港HK,澳门MO	0	受惠国LD	50
				1.5	韩KR			
				12	巴PK,韩^RKR^R			
				12.3	日^RJP^R			
896	1105.2000	-粉片、颗粒及团粒 -Flakes, granules and pellets	15	0	东盟AS,智CL,新西兰NZ,新加 坡SG,秘PE,哥CR,瑞CH,冰IS,澳 AU,毛MU,东盟^RAS^R,澳^RAU^R,新 西兰^RNZ^R,柬KH,港HK,澳门MO	0	受惠国LD	50
				1.5	韩KR			
				12	巴PK,韩^RKR^R			
				12.3	日^RJP^R			
	11.06	用税目07.13的干豆或税目07.14的西谷 茎髓及植物根茎、块茎制成的细粉、粗 粉及粉末; 用第八章的产品制成的细 粉、粗粉及粉末: **Flour, meal and powder of the dried leguminous vegetables of heading 07.13, of sago or of roots or tubers of heading 07.14 or of the products of Chapter 8:**						
897	1106.1000	-用税目07.13的干豆制成的 -Of the dried leguminous vegetables of heading 07.13	10	0	东盟AS,智CL,新西兰NZ,新加 坡SG,秘PE,哥CR,瑞CH,冰IS,澳 AU,格GE,毛MU,东盟^RAS^R,澳 ^RAU^R,新西兰^RNZ^R,柬KH,港HK, 澳门MO	0	受惠国LD, 柬KH	30
				1	韩KR			
				8	韩^RKR^R			
				8.2	日^RJP^R			

序号 No.	税则号列 Tariff Line	货品名称 Article Description	最惠国税率 MFN(%)	协定税率 Agreement(%)		特惠税率 SP(%)		普通税率 Gen(%)
898	1106.2000	-用税目07.14的西谷茎髓及植物根茎、块茎制成的 -Of sago or of roots or tubers of heading 07.14	20	0	东盟AS,智CL,新西兰NZ,新加坡SG,秘PE,哥CR,瑞CH,冰IS,澳AU,格GE,毛MU,柬KH,港HK,澳门MO	0	受惠国LD,柬KH,老LA,缅MM	50
				8	韩KR			
				17.3	东盟^RAS^R,韩^RKR^R			
				17.5	日^RJP^R			
				18	澳^RAU^R,新西兰^RNZ^R			
899	1106.3000	-用第八章的产品制成的 -Of the products of Chapter 8	20	0	东盟AS,智CL,新西兰NZ,新加坡SG,秘PE,哥CR,瑞CH,冰IS,澳AU,格GE,毛MU,柬KH,港HK,澳门MO	0	受惠国LD	80
				8	韩KR			
				10	亚太AP,巴PK			
				17.3	东盟^RAS^R,韩^RKR^R			
				17.5	日^RJP^R			
				18	澳^RAU^R,新西兰^RNZ^R			
	11.07	麦芽, 不论是否焙制: **Malt, whether or not roasted:**						
900	1107.1000	-未焙制 -Not roasted	10	0	东盟AS,智CL,新西兰NZ,新加坡SG,秘PE,哥CR,瑞CH,冰IS,澳AU,格GE,毛MU,东盟^RAS^R,澳^RAU^R,新西兰^RNZ^R,柬KH,港HK,澳门MO	0	受惠国LD	50
				1	韩KR			
				3	巴PK			
				8	韩^RKR^R			
				8.2	日^RJP^R			
901	1107.2000	-已焙制 -Roasted	10	0	东盟AS,智CL,新西兰NZ,新加坡SG,秘PE,哥CR,瑞CH,冰IS,澳AU,格GE,毛MU,东盟^RAS^R,澳^RAU^R,新西兰^RNZ^R,柬KH,港HK,澳门MO	0	受惠国LD	50
				1	韩KR			
				3	巴PK			
				8	韩^RKR^R			
				8.2	日^RJP^R			
	11.08	淀粉; 菊粉: **Starches; inulin:**						
		-淀粉: -Starches:						
902	1108.1100	--小麦淀粉 --Wheat starch	20	0	东盟AS,智CL,新西兰NZ,新加坡SG,秘PE,哥CR,瑞CH,冰IS,澳AU,毛MU,柬KH,港HK,澳门MO	0	受惠国LD	50
				8	韩KR			
				16	东盟^RAS^R,澳^RAU^R,新西兰^RNZ^R,韩^RKR^R			
				17.5	日^RJP^R			

序号 No.	税则号列 Tariff Line	货品名称 Article Description	最惠国税率 MFN(%)	协定税率 Agreement(%)		特惠税率 SP(%)		普通税率 Gen(%)
903	1108.1200	--玉米淀粉 --Maize (corn) starch	20	0	东盟AS,智CL,新西兰NZ,新加坡SG,秘PE,哥CR,瑞CH,冰IS,澳AU,毛MU,柬KH,港HK,澳门MO	0	受惠国LD	50
				8	韩KR			
				16	东盟^{R}AS^R,澳^{R}AU^R,新西兰^{R}NZ^R,韩^{R}KR^R			
				17.5	日^{R}JP^R			
904	1108.1300	--马铃薯淀粉 --Potato starch	15	0	东盟AS,智CL,新西兰NZ,新加坡SG,秘PE,哥CR,瑞CH,冰IS,澳AU,毛MU,东盟^{R}AS^R,澳^{R}AU^R,新西兰^{R}NZ^R,柬KH,港HK,澳门MO	0	受惠国LD	50
				1.5	韩KR			
				12	巴PK,韩^{R}KR^R			
				12.3	日^{R}JP^R			
905	1108.1400	--木薯淀粉 --Manioc (cassava) starch	10	0	东盟AS,智CL,新西兰NZ,新加坡SG,秘PE,哥CR,瑞CH,冰IS,澳AU,毛MU,东盟^{R}AS^R,澳^{R}AU^R,新西兰^{R}NZ^R,柬KH,港HK,澳门MO	0	受惠国LD	50
				1	韩KR			
				5	巴PK			
				8	韩^{R}KR^R			
				8.2	日^{R}JP^R			
906	1108.1900	--其他 --Other starches	20	0	东盟AS,智CL,新西兰NZ,新加坡SG,秘PE,哥CR,瑞CH,冰IS,澳AU,毛MU,柬KH,港HK,澳门MO	0	受惠国LD	50
				8	韩KR			
				16	东盟^{R}AS^R,澳^{R}AU^R,新西兰^{R}NZ^R,韩^{R}KR^R			
				17.5	日^{R}JP^R			
907	1108.2000	-菊粉 -Inulin	20	0	东盟AS,智CL,新西兰NZ,新加坡SG,秘PE,哥CR,瑞CH,冰IS,澳AU,格GE,毛MU,东盟^{R}AS^R,澳^{R}AU^R,新西兰^{R}NZ^R,柬KH,港HK,澳门MO	0	受惠国LD	50
				2	韩KR			
				16	韩^{R}KR^R			
				16.4	日^{R}JP^R			
	11.09	面筋, 不论是否干制: **Wheat gluten, whether or not dried:**						
908	1109.0000	面筋, 不论是否干制 Wheat gluten, whether or not dried	18	0	东盟AS,智CL,新西兰NZ,新加坡SG,秘PE,哥CR,瑞CH,冰IS,澳AU,格GE,毛MU,柬KH,港HK,澳门MO	0	受惠国LD	80
				7.2	韩KR			
				14.4	巴PK,东盟^{R}AS^R,澳^{R}AU^R,新西兰^{R}NZ^R,韩^{R}KR^R			
				15.8	日^{R}JP^R			

第十二章
含油子仁及果实；杂项子仁及果实；工业用或药用植物；稻草、秸秆及饲料

注释：

一、税目12.07主要包括棕榈果及棕榈仁、棉子、蓖麻子、芝麻、芥子、红花子、罂粟子、牛油树果。但不包括税目08.01或08.02的产品及油橄榄（第七章或第二十章）。

二、税目12.08不仅包括未脱脂的细粉和粗粉，而且包括部分或全部脱脂以及用其本身的油料全部或部分复脂的细粉和粗粉。但不包括税目23.04至23.06的残渣。

三、甜菜子、草子及其他草本植物种子、观赏用花的种子、蔬菜种子、林木种子、果树种子、巢菜子（蚕豆除外）、羽扇豆属植物种子，可一律视为种植用种子，归入税目12.09。

但下列各项即使作种子用，也不归入税目12.09：

（一）豆类蔬菜或甜玉米（第七章）；
（二）第九章的调味香料及其他产品；
（三）谷物（第十章）；或
（四）税目12.01至12.07或12.11的产品。

四、税目12.11主要包括下列植物或这些植物的某部分：罗勒、琉璃苣、人参、海索草、甘草、薄荷、迷迭香、芸香、鼠尾草及苦艾。但税目12.11不包括：

（一）第三十章的药品；
（二）第三十三章的芳香料制品及化妆盥洗品；或
（三）税目38.08的杀虫剂、杀菌剂、除草剂、消毒剂及类似产品。

五、税目12.12的"海草及其他藻类"不包括：

（一）税目21.02的已死的单细胞微生物；
（二）税目30.02的培养微生物；或
（三）税目31.01或31.05的肥料。

子目注释：

子目1205.10所称"低芥子酸油菜子"，是指所获取的固定油中芥子酸含量按重量计低于2%，以及所得的固体成分每克葡萄糖苷酸（酯）含量低于30微摩尔的油菜子。

Chapter 12
Oil seeds and oleaginous fruits; miscellaneous grains, seeds and fruit; industrial or medicinal plants; straw and fodder

Notes:

1. Heading 12.07 applies, inter alia, to palm nuts and kernels, cotton seeds, castor oil seeds, sesamum seeds, mustard seeds, safflower seeds, poppy seeds and shea nuts (karite nuts). It does not apply to products of heading 08.01 or 08.02 or to olives (Chapter 7 or Chapter 20).

2. Heading 12.08 applies not only to non-defatted flours and meals but also to flours and meals which have been defatted or partially defatted and wholly or partially refatted with their original oils. It does not, however, apply to residues of headings 23.04 to 23.06.

3. For the purposes of heading 12.09, beet seeds, grass and other herbage seeds, seeds of ornamental flowers, vegetable seeds, seeds of forest trees, seeds of fruit trees, seeds of vetches(other than those of the species Vicia faba) or of lupines are to be regarded as "seeds of a kind used for sowing". Heading 12.09 does not, however, apply to the following even if for sowing:

(a) Laguminous vegetables or sweet corn (Chapter 7);

(b) Spices or other products of Chapter 9;

(c) Cereals (Chapter 10); or

(d) Products of headings 12.01 to 12.07 or 12.11.

4. Heading 12.11 applies, inter alia, to the following plants or parts thereof: Basil, borage, ginseng, hyssop, liquorice, all species of mint, rosemary, rue, sage and wormwood. Heading 12.11 does not, however, apply to:

(a) Medicaments of Chapter 30;

(b) Perfumery, cosmetic or toilet preparations of Chapter 33; or

(c) Insecticides, fungicides, herbicides, disinfectants or similar products of heading 38.08.

5. For the purposes of heading 12.12, the term "seaweeds and other algae" does not include:

(a) Dead singlecell micro-organisms of heading 21.02;

(b) Cultures of micro-organisms of heading 30.02; or

(c) Fertillizers of heading 31.01 or 31.05.

Subheading Note:

For the purposes of subheading 1205.10, the expression "low erucic acid rape or colza seeds" means rape of colza seeds yielding a fixed oil which has an erucic acid content of less than 2% by weight and yielding a solid component which contains less than 30 micromoles of glucosinolates per gram.

序号 No.	税则号列 Tariff Line	货品名称 Article Description	最惠国税率 MFN(%)	协定税率 Agreement(%)		特惠税率 SP(%)	普通税率 Gen(%)
	12.01	**大豆, 不论是否破碎:** **Soya beans, whether or not broken:**					
909	1201.1000	-种用 -Seed	0	0	东盟AS,智CL,巴PK,新西兰NZ, 秘PE,哥CR,瑞CH,冰IS,韩KR, 澳AU,格GE,毛MU,东盟^RAS^R, 澳^RAU^R,日^RJP^R,新西兰^RNZ^R,柬 KH,港HK,澳门MO,韩^RKR^R	0 受惠国LD	180
		-其他 -Other:					
		---黄大豆: ---Yellow soya beans:					
910	1201.9011	----非转基因 ----Non genetically modified	3	0	亚太AP,东盟AS,智CL,巴PK,新 西兰NZ,秘PE,哥CR,瑞CH,冰IS, 韩KR,柬KH,港HK,澳门MO	0 受惠国LD, 柬KH,老LA	180
911	1201.9019	----其他 ----Other	3	0	亚太AP,东盟AS,智CL,巴PK,新 西兰NZ,秘PE,哥CR,瑞CH,冰IS, 韩KR,柬KH,港HK,澳门MO	0 受惠国LD, 柬KH,老LA	180
912	1201.9020	---黑大豆 ---Black soya beans	3	0	亚太AP,东盟AS,智CL,巴PK,新 西兰NZ,秘PE,哥CR,瑞CH,冰IS, 韩KR,柬KH,港HK,澳门MO	0 受惠国LD, 柬KH,老LA	180
913	1201.9030	---青大豆 ---Green soya beans	3	0	亚太AP,东盟AS,智CL,巴PK,新 西兰NZ,秘PE,哥CR,瑞CH,冰IS, 韩KR,柬KH,港HK,澳门MO	0 受惠国LD, 柬KH,老LA	180
914	1201.9090	---其他 ---Other	3	0	亚太AP,东盟AS,智CL,巴PK,新 西兰NZ,秘PE,哥CR,瑞CH,冰IS, 韩KR,柬KH,港HK,澳门MO	0 受惠国LD	180
	12.02	**未焙炒或未烹煮的花生, 不论是否去壳 或破碎:** **Groundnuts, not roasted or otherwise cooked, whether or not shelled or broken:**					
915	1202.3000	-种用 -Seed	0	0	东盟AS,智CL,巴PK,新西兰NZ, 秘PE,哥CR,瑞CH,冰IS,韩KR, 澳AU,格GE,毛MU,东盟^RAS^R, 澳^RAU^R,日^RJP^R,新西兰^RNZ^R,柬 KH,港HK,澳门MO,韩^RKR^R	0 受惠国LD	0
		-其他: -Other:					
916	1202.4100	--未去壳 --In shell	15	0 1.5 12 12.3	东盟AS,智CL,巴PK,新西兰NZ, 新加坡SG,秘PE,哥CR,瑞CH, 冰IS,澳AU,毛MU,东盟^RAS^R,澳 ^RAU^R,新西兰^RNZ^R,柬KH,港HK, 澳门MO 韩KR 韩^RKR^R 日^RJP^R	0 受惠国LD, 老LA	70

序号 No.	税则号列 Tariff Line	货品名称 Article Description	最惠国税率 MFN(%)		协定税率 Agreement(%)	特惠税率 SP(%)		普通税率 Gen(%)
917	1202.4200	--去壳, 不论是否破碎 --Shelled, whether or not broken	15	0	东盟AS,智CL,巴PK,新西兰NZ, 新加坡SG,秘PE,哥CR,瑞CH, 冰IS,澳AU,毛MU,东盟^RAS^R,澳 ^RAU^R,新西兰^RNZ^R,柬KH,港HK, 澳门MO	0	受惠国LD, 老LA	70
				1.5	韩KR			
				12	韩^RKR^R			
				12.3	日^RJP^R			
	12.03	干椰子肉: Copra:						
918	1203.0000	干椰子肉 Copra	15	0	东盟AS,智CL,新西兰NZ,新加 坡SG,秘PE,哥CR,瑞CH,冰IS,澳 AU,格GE,毛MU,东盟^RAS^R,澳 ^RAU^R,新西兰^RNZ^R,柬KH,港HK, 澳门MO	0	受惠国LD, 柬KH	30
				1.5	韩KR			
				4.5	巴PK			
				7.5	亚太AP			
				12	韩^RKR^R			
				12.3	日^RJP^R			
	12.04	亚麻子, 不论是否破碎: Linseed, whether or not broken:						
919	1204.0000	亚麻子, 不论是否破碎 Linseed, whether or not broken	15Δ9	0	东盟AS,智CL,新西兰NZ,新加 坡SG,秘PE,哥CR,瑞CH,冰IS,澳 AU,毛MU,东盟^RAS^R,澳^RAU^R,新 西兰^RNZ^R,柬KH,港HK,澳门MO	0	受惠国LD	70
				1.5	韩KR			
				12	巴PK,韩^RKR^R			
				12.3	日^RJP^R			
	12.05	油菜子, 不论是否破碎: Rape or colza seeds, whether or not broken: -低芥子酸油菜子: -Low erucic acid rape or colza seeds:						
920	1205.1010	---种用 ---Seed	0	0	东盟AS,智CL,巴PK,新西兰NZ, 秘PE,哥CR,瑞CH,冰IS,韩KR,澳 AU,格GE,东盟^RAS^R,澳^RAU^R,日 ^RJP^R,新西兰^RNZ^R,柬KH,港HK, 澳门MO,韩^RKR^R	0	受惠国LD	80
921	1205.1090	---其他 ---Other	9	0	亚太AP,东盟AS,智CL,巴PK,新 西兰NZ,秘PE,哥CR,瑞CH,冰IS, 韩KR,柬KH,港HK,澳门MO	0	受惠国LD	80
		-其他: -Other:						

序号 No.	税则号列 Tariff Line	货品名称 Article Description	最惠国税率 MFN(%)	协定税率 Agreement(%)		特惠税率 SP(%)	普通税率 Gen(%)
922	1205.9010	---种用 ---Seed	0	0	东盟AS,智CL,巴PK,新西兰NZ, 秘PE,哥CR,瑞CH,冰IS,韩KR, 澳AU,格GE,毛MU,东盟^{R}AS^R, 澳^{R}AU^R,日^{R}JP^R,新西兰^{R}NZ^R,柬 KH,港HK,澳门MO,韩^{R}KR^R	0 受惠国LD	80
923	1205.9090	---其他 ---Other	9	0	亚太AP,东盟AS,智CL,巴PK,新 西兰NZ,秘PE,哥CR,瑞CH,冰IS, 韩KR,毛MU,柬KH,港HK,澳门 MO	0 受惠国LD	80
	12.06	葵花子, 不论是否破碎: Sunflower seeds, whether or not broken:					
924	1206.0010	---种用 ---Seed	0	0	东盟AS,智CL,巴PK,新西兰NZ, 秘PE,哥CR,瑞CH,冰IS,韩KR, 澳AU,格GE,毛MU,东盟^{R}AS^R, 澳^{R}AU^R,日^{R}JP^R,新西兰^{R}NZ^R,柬 KH,港HK,澳门MO,韩^{R}KR^R	0 受惠国LD	0
925	1206.0090	---其他 ---Other	15Δ9	0 1.5 12 12.3	东盟AS,智CL,新西兰NZ,新加 坡SG,秘PE,哥CR,瑞CH,冰IS,澳 AU,毛MU,东盟^{R}AS^R,澳^{R}AU^R,新 西兰^{R}NZ^R,柬KH,港HK,澳门MO 韩KR 巴PK,韩^{R}KR^R 日^{R}JP^R	0 受惠国LD	70
	12.07	其他含油子仁及果实, 不论是否破碎: Other oil seeds and oleaginous fruits, whether or not broken:					
		-棕榈果及棕榈仁: -Palm nuts and kernels:					
926	1207.1010	---种用 ---Seed	0	0	东盟AS,智CL,巴PK,新西兰NZ, 秘PE,哥CR,瑞CH,冰IS,韩KR, 澳AU,格GE,毛MU,东盟^{R}AS^R, 澳^{R}AU^R,日^{R}JP^R,新西兰^{R}NZ^R,柬 KH,港HK,澳门MO,韩^{R}KR^R	0 受惠国LD	0
927	1207.1090	---其他 ---Other	10	0 1 3 8 8.2	东盟AS,智CL,新西兰NZ,新加 坡SG,秘PE,哥CR,瑞CH,冰IS,澳 AU,格GE,毛MU,东盟^{R}AS^R,澳 ^{R}AU^R,新西兰^{R}NZ^R,柬KH,港HK, 澳门MO 韩KR 巴PK 韩^{R}KR^R 日^{R}JP^R	0 受惠国LD, 柬KH	70
		-棉子: -Cotton seeds:					

序号 No.	税则号列 Tariff Line	货品名称 Article Description	最惠国税率 MFN(%)		协定税率 Agreement(%)	特惠税率 SP(%)	普通税率 Gen(%)
928	1207.2100	--种用 --Seed	0	0	东盟AS,智CL,巴PK,新西兰NZ, 秘PE,哥CR,瑞CH,冰IS,韩KR, 澳AU,格GE,毛MU,东盟^RAS^R, 澳^RAU^R,日^RJP^R,新西兰^RNZ^R,柬 KH,港HK,澳门MO,韩^RKR^R	0 受惠国LD	0
929	1207.2900	--其他 --Other	15	0	东盟AS,智CL,新西兰NZ,新加 坡SG,秘PE,哥CR,瑞CH,冰IS,澳 AU,毛MU,东盟^RAS^R,澳^RAU^R,新 西兰^RNZ^R,柬KH,港HK,澳门MO	0 受惠国LD	70
				1.5	韩KR		
				12	巴PK,韩^RKR^R		
				12.3	日^RJP^R		
		-蓖麻子: -Castor oil seeds:					
930	1207.3010	---种用 ---Seed	0	0	东盟AS,智CL,巴PK,新西兰NZ, 秘PE,哥CR,瑞CH,冰IS,韩KR, 澳AU,格GE,毛MU,东盟^RAS^R, 澳^RAU^R,日^RJP^R,新西兰^RNZ^R,柬 KH,港HK,澳门MO,韩^RKR^R	0 受惠国LD	0
931	1207.3090	---其他 ---Other	15	0	东盟AS,智CL,新西兰NZ,新加 坡SG,秘PE,哥CR,瑞CH,冰IS,澳 AU,毛MU,东盟^RAS^R,澳^RAU^R,新 西兰^RNZ^R,柬KH,港HK,澳门MO	0 受惠国LD, 柬KH,老 LA,缅MM	70
				1.5	韩KR		
				12	韩^RKR^R		
				12.3	日^RJP^R		
		-芝麻: -Sesamum seeds:					
932	1207.4010	---种用 ---Seed	0	0	东盟AS,智CL,巴PK,新西兰NZ, 秘PE,哥CR,瑞CH,冰IS,韩KR, 澳AU,格GE,毛MU,东盟^RAS^R, 澳^RAU^R,日^RJP^R,新西兰^RNZ^R,柬 KH,港HK,澳门MO,韩^RKR^R	0 受惠国LD	0
933	1207.4090	---其他 ---Other	10	0	东盟AS,智CL,巴PK,新西兰NZ, 新加坡SG,秘PE,哥CR,瑞CH, 冰IS,澳AU,毛MU,东盟^RAS^R,澳 ^RAU^R,新西兰^RNZ^R,柬KH,港HK, 澳门MO	0 受惠国LD, 柬KH,老 LA,缅MM	70
				1	韩KR		
				8	韩^RKR^R		
				8.2	日^RJP^R		
				9	亚太AP		
		-芥子: -Mustard seeds:					

序号 No.	税则号列 Tariff Line	货品名称 Article Description	最惠国税率 MFN(%)	协定税率 Agreement(%)		特惠税率 SP(%)	普通税率 Gen(%)
934	1207.5010	---种用 ---Seed	0	0	东盟AS,智CL,巴PK,新西兰NZ,秘PE,哥CR,瑞CH,冰IS,韩KR,澳AU,格GE,毛MU,东盟^{R}AS^R,澳^{R}AU^R,日^{R}JP^R,新西兰^{R}NZ^R,柬KH,港HK,澳门MO,韩^{R}KR^R	0 受惠国LD	0
935	1207.5090	---其他 ---Other	15	0 1.5 12 12.3	东盟AS,智CL,新西兰NZ,新加坡SG,秘PE,哥CR,瑞CH,冰IS,澳AU,格GE,毛MU,东盟^{R}AS^R,澳^{R}AU^R,新西兰^{R}NZ^R,柬KH,港HK,澳门MO 韩KR 巴PK,韩^{R}KR^R 日^{R}JP^R	0 受惠国LD	70
		-红花子: -Safflower (*Carthamus tinctorius*) seeds:					
936	1207.6010	---种用 ---Seed	0	0	东盟AS,智CL,巴PK,新西兰NZ,秘PE,哥CR,瑞CH,冰IS,韩KR,澳AU,格GE,毛MU,东盟^{R}AS^R,澳^{R}AU^R,日^{R}JP^R,新西兰^{R}NZ^R,柬KH,港HK,澳门MO,韩^{R}KR^R	0 受惠国LD	0
937	1207.6090	----其他 ---Other	20	0 8 16 17.5	东盟AS,智CL,新西兰NZ,新加坡SG,秘PE,哥CR,瑞CH,冰IS,澳AU,格GE,毛MU,柬KH,港HK,澳门MO 韩KR 东盟^{R}AS^R,澳^{R}AU^R,新西兰^{R}NZ^R,韩^{R}KR^R 日^{R}JP^R	0 受惠国LD	70
		-甜瓜的子: -Melon seeds:					
938	1207.7010	---种用 ---Seed	0	0	东盟AS,智CL,巴PK,新西兰NZ,秘PE,哥CR,瑞CH,冰IS,韩KR,澳AU,格GE,毛MU,东盟^{R}AS^R,澳^{R}AU^R,日^{R}JP^R,新西兰^{R}NZ^R,柬KH,港HK,澳门MO,韩^{R}KR^R	0 受惠国LD	0
		---其他: ---Other:					
939	1207.7091	----黑瓜子 ----Black watermelon seeds	20	0 8 16 17.5	东盟AS,智CL,新西兰NZ,新加坡SG,秘PE,哥CR,瑞CH,冰IS,澳AU,格GE,毛MU,柬KH,港HK,澳门MO 韩KR 东盟^{R}AS^R,澳^{R}AU^R,新西兰^{R}NZ^R,韩^{R}KR^R 日^{R}JP^R	0 受惠国LD	80

序号 No.	税则号列 Tariff Line	货品名称 Article Description	最惠国税率 MFN(%)	协定税率 Agreement(%)		特惠税率 SP(%)	普通税率 Gen(%)
940	1207.7092	----红瓜子 ----Red watermelon seeds	20	0	东盟AS,智CL,新西兰NZ,新加坡SG,秘PE,哥CR,瑞CH,冰IS,澳AU,格GE,毛MU,柬KH,港HK,澳门MO	0 受惠国LD	80
				8	韩KR		
				16	东盟^RAS^R,澳^RAU^R,新西兰^RNZ^R,韩^RKR^R		
				17.5	日^RJP^R		
941	1207.7099	----其他 ----Other	30	0	东盟AS,智CL,新西兰NZ,秘PE,哥CR,冰IS,澳AU,格GE,柬KH,港HK,澳门MO	0 受惠国LD	70
				12	毛MU		
				16.5	韩KR		
				27	东盟^RAS^R,澳^RAU^R,新西兰^RNZ^R,韩^RKR^R		
				27.1	日^RJP^R		
		-其他: -Other:					
942	1207.9100	--罂粟子 --Poppy seeds	20	0	东盟AS,智CL,新西兰NZ,新加坡SG,秘PE,哥CR,瑞CH,冰IS,澳AU,格GE,毛MU,柬KH,港HK,澳门MO	0 受惠国LD	70
				8	韩KR		
				16	东盟^RAS^R,澳^RAU^R,新西兰^RNZ^R,韩^RKR^R		
				17.5	日^RJP^R		
		--其他: --Other:					
943	1207.9910	---种用 ---Seed	0	0	东盟AS,智CL,巴PK,新西兰NZ,秘PE,哥CR,瑞CH,冰IS,韩KR,澳AU,格GE,毛MU,东盟^RAS^R,澳^RAU^R,日^RJP^R,新西兰^RNZ^R,柬KH,港HK,澳门MO,韩^RKR^R	0 受惠国LD	0
		---其他: ---Other:					
944	1207.9991	----牛油树果 ----Shea nuts (karite nuts)	20	0	东盟AS,智CL,新西兰NZ,新加坡SG,秘PE,哥CR,瑞CH,冰IS,澳AU,格GE,毛MU,柬KH,港HK,澳门MO	0 受惠国LD,缅MM	70
				8	韩KR		
				16	东盟^RAS^R,澳^RAU^R,新西兰^RNZ^R,韩^RKR^R		
				17.5	日^RJP^R		

序号 No.	税则号列 Tariff Line	货品名称 Article Description	最惠国税率 MFN(%)		协定税率 Agreement(%)	特惠税率 SP(%)	普通税率 Gen(%)
945	1207.9999	----其他 ----Other	10	0	东盟AS,智CL,新西兰NZ,新加坡SG,秘PE,哥CR,瑞CH,冰IS,澳AU,毛MU,东盟^RAS^R,澳^RAU^R,新西兰^RNZ^R,柬KH,港HK,澳门MO	0 受惠国LD,柬KH,老LA,缅MM	70
				1	韩KR		
				5	巴PK		
				8	韩^RKR^R		
				8.2	日^RJP^R		
	12.08	含油子仁或果实的细粉及粗粉,但芥子粉除外: Flours and meals of oil seeds or oleaginous fruits, other than those of mustard:					
946	1208.1000	-大豆粉 -Of soya beans	9	0	东盟AS,智CL,新西兰NZ,秘PE,哥CR,瑞CH,冰IS,韩KR,澳AU,格GE,毛MU,东盟^RAS^R,澳^RAU^R,新西兰^RNZ^R,柬KH,港HK,澳门MO,韩^RKR^R	0 受惠国LD,柬KH	70
				5	巴PK		
				7.4	日^RJP^R		
947	1208.9000	-其他 -Other	15	0	东盟AS,智CL,新西兰NZ,新加坡SG,秘PE,哥CR,瑞CH,冰IS,澳AU,毛MU,东盟^RAS^R,澳^RAU^R,新西兰^RNZ^R,柬KH,港HK,澳门MO	0 受惠国LD,柬KH	80
				1.5	韩KR		
				12	巴PK,韩^RKR^R		
				12.3	日^RJP^R		
	12.09	种植用的种子、果实及孢子: Seeds, fruit and spores, of a kind used for sowing:					
948	1209.1000	-糖甜菜子 -Sugar beet seeds	0	0	东盟AS,智CL,巴PK,新西兰NZ,秘PE,哥CR,瑞CH,冰IS,韩KR,澳AU,格GE,毛MU,东盟^RAS^R,澳^RAU^R,日^RJP^R,新西兰^RNZ^R,柬KH,港HK,澳门MO,韩^RKR^R	0 受惠国LD	0
		-饲料植物种子: -Seeds of forage plants:					
949	1209.2100	--紫苜蓿子 --Lucerne (alfalfa) seeds	0	0	东盟AS,智CL,巴PK,新西兰NZ,秘PE,哥CR,瑞CH,冰IS,韩KR,澳AU,格GE,毛MU,东盟^RAS^R,澳^RAU^R,日^RJP^R,新西兰^RNZ^R,柬KH,港HK,澳门MO,韩^RKR^R	0 受惠国LD	0

序号 No.	税则号列 Tariff Line	货品名称 Article Description	最惠国税率 MFN(%)	协定税率 Agreement(%)			特惠税率 SP(%)	普通税率 Gen(%)
950	1209.2200	--三叶草子 --Clover (*Trifolium spp.*) seeds	0	0	东盟AS,智CL,巴PK,新西兰NZ, 秘PE,哥CR,瑞CH,冰IS,韩KR, 澳AU,格GE,毛MU,东盟^RAS^R, 澳^RAU^R,日^RJP^R,新西兰^RNZ^R,柬 KH,港HK,澳门MO,韩^RKR^R	0 受惠国LD	0
951	1209.2300	--羊茅子 --Fescue seeds	0	0	东盟AS,智CL,巴PK,新西兰NZ, 秘PE,哥CR,瑞CH,冰IS,韩KR, 澳AU,格GE,毛MU,东盟^RAS^R, 澳^RAU^R,日^RJP^R,新西兰^RNZ^R,柬 KH,港HK,澳门MO,韩^RKR^R	0 受惠国LD	0
952	1209.2400	--草地早熟禾子 --Kentucky blue grass (*Poa pratensis L.*) seeds	0	0	东盟AS,智CL,巴PK,新西兰NZ, 秘PE,哥CR,瑞CH,冰IS,韩KR, 澳AU,格GE,毛MU,东盟^RAS^R, 澳^RAU^R,日^RJP^R,新西兰^RNZ^R,柬 KH,港HK,澳门MO,韩^RKR^R	0 受惠国LD	0
953	1209.2500	--黑麦草种子 --Rye grass (*Lolium multiflorum Lam.*, *Lolium perenne L.*) seeds	0	0	东盟AS,智CL,巴PK,新西兰NZ, 秘PE,哥CR,瑞CH,冰IS,韩KR, 澳AU,格GE,毛MU,东盟^RAS^R, 澳^RAU^R,日^RJP^R,新西兰^RNZ^R,柬 KH,港HK,澳门MO,韩^RKR^R	0 受惠国LD	0
		--其他: --Other:						
954	1209.2910	---甜菜子, 糖甜菜子除外 ---Beet seed, excluding sugar beet seed	0	0	东盟AS,智CL,巴PK,新西兰NZ, 秘PE,哥CR,瑞CH,冰IS,韩KR, 澳AU,格GE,毛MU,东盟^RAS^R, 澳^RAU^R,日^RJP^R,新西兰^RNZ^R,柬 KH,港HK,澳门MO,韩^RKR^R	0 受惠国LD	0
955	1209.2990	---其他 ---Other	0	0	东盟AS,智CL,巴PK,新西兰NZ, 秘PE,哥CR,瑞CH,冰IS,韩KR, 澳AU,格GE,毛MU,东盟^RAS^R, 澳^RAU^R,日^RJP^R,新西兰^RNZ^R,柬 KH,港HK,澳门MO,韩^RKR^R	0 受惠国LD	0
956	1209.3000	-草本花卉植物种子 -Seeds of herbaceous plants cultivated principally for their flowers	0	0	东盟AS,智CL,巴PK,新西兰NZ, 秘PE,哥CR,瑞CH,冰IS,韩KR, 澳AU,格GE,毛MU,东盟^RAS^R, 澳^RAU^R,日^RJP^R,新西兰^RNZ^R,柬 KH,港HK,澳门MO,韩^RKR^R	0 受惠国LD	0
		-其他: -Other:						
		--蔬菜种子: --Vegetable seeds:						
957	1209.9110	---胡萝卜种子 ---Carrot seed	0	0	东盟AS,智CL,巴PK,新西兰NZ, 秘PE,哥CR,瑞CH,冰IS,韩KR, 澳AU,格GE,毛MU,东盟^RAS^R, 澳^RAU^R,日^RJP^R,新西兰^RNZ^R,柬 KH,港HK,澳门MO,韩^RKR^R	0 受惠国LD	0

序号 No.	税则号列 Tariff Line	货品名称 Article Description	最惠国税率 MFN(%)	协定税率 Agreement(%)		特惠税率 SP(%)	普通税率 Gen(%)
958	1209.9120	---西兰花种子 ---Broccoli seed	0	0	东盟AS,智CL,巴PK,新西兰NZ, 秘PE,哥CR,瑞CH,冰IS,韩KR, 澳AU,格GE,毛MU,东盟^RAS^R, 澳^RAU^R,日^RJP^R,新西兰^RNZ^R,柬 KH,港HK,澳门MO,韩^RKR^R	0 受惠国LD	0
959	1209.9130	---番茄种子 ---Tomato seed	0	0	东盟AS,智CL,巴PK,新西兰NZ, 秘PE,哥CR,瑞CH,冰IS,韩KR, 澳AU,格GE,毛MU,东盟^RAS^R, 澳^RAU^R,日^RJP^R,新西兰^RNZ^R,柬 KH,港HK,澳门MO,韩^RKR^R	0 受惠国LD	0
960	1209.9140	---洋葱种子 ---Onion seed	0	0	东盟AS,智CL,巴PK,新西兰NZ, 秘PE,哥CR,瑞CH,冰IS,韩KR, 澳AU,格GE,毛MU,东盟^RAS^R, 澳^RAU^R,日^RJP^R,新西兰^RNZ^R,柬 KH,港HK,澳门MO,韩^RKR^R	0 受惠国LD	0
961	1209.9150	---菠菜种子 ---Spinach seed	0	0	东盟AS,智CL,巴PK,新西兰NZ, 秘PE,哥CR,瑞CH,冰IS,韩KR, 澳AU,格GE,毛MU,东盟^RAS^R, 澳^RAU^R,日^RJP^R,新西兰^RNZ^R,柬 KH,港HK,澳门MO,韩^RKR^R	0 受惠国LD	0
962	1209.9190	---其他 ---Other	0	0	东盟AS,智CL,巴PK,新西兰NZ, 秘PE,哥CR,瑞CH,冰IS,韩KR, 澳AU,格GE,毛MU,东盟^RAS^R, 澳^RAU^R,日^RJP^R,新西兰^RNZ^R,柬 KH,港HK,澳门MO,韩^RKR^R	0 受惠国LD	0
963	1209.9900	--其他 --Other	0	0	东盟AS,智CL,巴PK,新西兰NZ, 秘PE,哥CR,瑞CH,冰IS,韩KR, 澳AU,格GE,毛MU,东盟^RAS^R, 澳^RAU^R,日^RJP^R,新西兰^RNZ^R,柬 KH,港HK,澳门MO,韩^RKR^R	0 受惠国LD	0
	12.10	鲜或干的啤酒花, 不论是否研磨或制成 团粒; 蛇麻腺: **Hop cones, fresh or dried, whether or not ground, powdered or in the form of pellets;lupulin:**					
964	1210.1000	-啤酒花, 未经研磨也未制成团粒 -Hop cones, neither ground nor powdered nor in the form of pellets	20	0	东盟AS,智CL,新西兰NZ,新加 坡SG,秘PE,哥CR,瑞CH,冰IS,澳 AU,格GE,毛MU,柬KH,港HK,澳 门MO	0 受惠国LD	50
				8	韩KR		
				16	巴PK,东盟^RAS^R,澳^RAU^R,新西兰 ^RNZ^R,韩^RKR^R		
				17.5	日^RJP^R		

序号 No.	税则号列 Tariff Line	货品名称 Article Description	最惠国税率 MFN(%)	协定税率 Agreement(%)		特惠税率 SP(%)	普通税率 Gen(%)
965	1210.2000	-啤酒花，经研磨或制成团粒；蛇麻腺 -Hop cones, ground, powdered or in the form of pellets; lupulin	10	0	东盟AS,智CL,新西兰NZ,新加坡SG,秘PE,哥CR,瑞CH,冰IS,澳AU,格GE,毛MU,东盟^RAS^R,澳^RAU^R,新西兰^RNZ^R,柬KH,港HK,澳门MO	0 受惠国LD	50
				1	韩KR		
				3	巴PK		
				8	韩^RKR^R		
				8.2	日^RJP^R		
	12.11	主要用作香料、药料、杀虫、杀菌或类似用途的植物或这些植物的某部分（包括子仁及果实），鲜、冷、冻或干的，不论是否切割、压碎或研磨成粉： **Plants and parts of plants (including seeds and fruits), of a kind used primarily in perfumery, in pharmacy or for insecticidal, fungicidal or similar purposes, fresh, chilled, frozen or dried, whether or not cut, crushed or powdered:**					
		-人参： -Ginseng roots:					
		---西洋参： ---American ginseng:					
966	1211.2011	----鲜的或干的 ----Fresh or dried	7.5	0	东盟AS,智CL,新西兰NZ,新加坡SG,秘PE,哥CR,瑞CH,冰IS,韩KR,澳AU,格GE,毛MU,东盟^RAS^R,澳^RAU^R,日^RJP^R,新西兰^RNZ^R,柬KH,港HK,澳门MO,韩^RKR^R	0 受惠国LD	70
				1	巴PK		
967	1211.2019	----其他 ----Other	7.5	0	东盟AS,智CL,新西兰NZ,新加坡SG,秘PE,哥CR,瑞CH,冰IS,韩KR,澳AU,格GE,毛MU,东盟^RAS^R,澳^RAU^R,新西兰^RNZ^R,柬KH,港HK,澳门MO	0 受惠国LD	70
				1	巴PK		
				12	韩^RKR^R		
				12.3	日^RJP^R		
		---野山参（西洋参除外）： ---Wild ginseng (other than American ginseng):					

序号 No.	税则号列 Tariff Line	货品名称 Article Description	最惠国税率 MFN(%)	协定税率 Agreement(%)		特惠税率 SP(%)		普通税率 Gen(%)
968	1211.2021	----鲜的或干的 ----Fresh or dried	20	0	东盟AS,智CL,新西兰NZ,新加坡SG,秘PE,哥CR,瑞CH,冰IS,澳AU,格GE,毛MU,柬KH,港HK,澳门MO	0	受惠国LD	90
				8	韩KR			
				16	巴PK,东盟^RAS^R,澳^RAU^R,新西兰^RNZ^R,韩^RKR^R			
				16.4	亚太AP			
				17.5	日^RJP^R			
969	1211.2029	----其他 ----Other	20	0	东盟AS,智CL,新西兰NZ,新加坡SG,秘PE,哥CR,瑞CH,冰IS,澳AU,格GE,毛MU,东盟^RAS^R,澳^RAU^R,新西兰^RNZ^R,柬KH,港HK,澳门MO	0	受惠国LD	90
				8	韩KR			
				12	韩^RKR^R			
				12.3	日^RJP^R			
				16	巴PK			
				16.4	亚太AP			
		---其他: ---Other:						
970	1211.2091	----鲜的 ----Fresh	20	0	东盟AS,智CL,新西兰NZ,新加坡SG,秘PE,哥CR,瑞CH,冰IS,澳AU,格GE,毛MU,柬KH,港HK,澳门MO	0	受惠国LD	50
				8	韩KR			
				17.3	东盟^RAS^R			
				17.5	日^RJP^R			
				18	澳^RAU^R,新西兰^RNZ^R			
971	1211.2092	----干的 ----Dried	20	0	东盟AS,智CL,新西兰NZ,新加坡SG,秘PE,哥CR,瑞CH,冰IS,澳AU,格GE,毛MU,柬KH,港HK,澳门MO	0	受惠国LD	50
				18	东盟^RAS^R,澳^RAU^R,新西兰^RNZ^R			
972	1211.2099	----其他 ----Other	20	0	东盟AS,智CL,新西兰NZ,新加坡SG,秘PE,哥CR,瑞CH,冰IS,澳AU,格GE,毛MU,东盟^RAS^R,澳^RAU^R,新西兰^RNZ^R,柬KH,港HK,澳门MO	0	受惠国LD	50
				12	韩^RKR^R			
				12.3	日^RJP^R			

序号 No.	税则号列 Tariff Line	货品名称 Article Description	最惠国税率 MFN(%)	协定税率 Agreement(%)		特惠税率 SP(%)		普通税率 Gen(%)
973	1211.3000	-古柯叶 -Coca leaf	9	0	东盟AS,智CL,新西兰NZ,秘PE,哥CR,瑞CH,冰IS,韩KR,澳AU,格GE,毛MU,东盟^RAS^R,澳^RAU^R,新西兰^RNZ^R,柬KH,港HK,澳门MO,韩^RKR^R	0	受惠国LD,柬KH	50
				1	巴PK			
				7.4	日^RJP^R			
974	1211.4000	-罂粟秆 -Poppy straw	9	0	东盟AS,智CL,新西兰NZ,秘PE,哥CR,瑞CH,冰IS,韩KR,澳AU,格GE,毛MU,东盟^RAS^R,澳^RAU^R,新西兰^RNZ^R,柬KH,港HK,澳门MO,韩^RKR^R	0	受惠国LD,柬KH	50
				1	巴PK			
				7.4	日^RJP^R			
975	1211.5000	-麻黄 -Ephedra	9	0	东盟AS,智CL,巴PK,新西兰NZ,秘PE,哥CR,瑞CH,冰IS,韩KR,澳AU,格GE,毛MU,东盟^RAS^R,澳^RAU^R,新西兰^RNZ^R,柬KH,港HK,澳门MO,韩^RKR^R	0	受惠国LD,柬KH	30
				4.5	亚太AP			
				7.4	日^RJP^R			
976	1211.6000	-非洲李的树皮 -Bark of African cherry (*Prunus africana*)	6	0	东盟AS,智CL,巴PK,新西兰NZ,秘PE,哥CR,瑞CH,冰IS,韩KR,澳AU,格GE,毛MU,东盟^RAS^R,澳^RAU^R,日^RJP^R,新西兰^RNZ^R,柬KH,港HK,澳门MO,韩^RKR^R	0	受惠国LD,柬KH,老LA,缅MM	20
				3	亚太AP			
		-其他: -Other:							
		---主要用作药料的植物及其某部分: ---Of a kind used primarily in pharmacy:							
977	1211.9011	----当归 ----Radix angelicae sinensis	6	0	东盟AS,智CL,巴PK,新西兰NZ,秘PE,哥CR,瑞CH,冰IS,韩KR,澳AU,格GE,毛MU,东盟^RAS^R,澳^RAU^R,日^RJP^R,新西兰^RNZ^R,柬KH,港HK,澳门MO,韩^RKR^R	0	受惠国LD,柬KH	30
				3	亚太AP			
978	1211.9012	----三七(田七) ----Radix pseudoginseng	6	0	东盟AS,智CL,巴PK,新西兰NZ,秘PE,哥CR,瑞CH,冰IS,韩KR,澳AU,格GE,毛MU,东盟^RAS^R,澳^RAU^R,日^RJP^R,新西兰^RNZ^R,柬KH,港HK,澳门MO,韩^RKR^R	0	受惠国LD,柬KH	20
				3	亚太AP			

序号 No.	税则号列 Tariff Line	货品名称 Article Description	最惠国税率 MFN(%)	协定税率 Agreement(%)		特惠税率 SP(%)	普通税率 Gen(%)
979	1211.9013	----党参 ----Radix codonopsitis	6	0	东盟AS,智CL,巴PK,新西兰NZ,秘PE,哥CR,瑞CH,冰IS,韩KR,澳AU,格GE,毛MU,东盟^RAS^R,澳^RAU^R,日^RJP^R,新西兰^RNZ^R,柬KH,港HK,澳门MO,韩^RKR^R	0 受惠国LD	20
				3	亚太AP		
980	1211.9014	----黄连 ----Rhizoma coptidis	6	0	东盟AS,智CL,巴PK,新西兰NZ,秘PE,哥CR,瑞CH,冰IS,韩KR,澳AU,格GE,毛MU,东盟^RAS^R,澳^RAU^R,日^RJP^R,新西兰^RNZ^R,柬KH,港HK,澳门MO,韩^RKR^R	0 受惠国LD	20
				3	亚太AP		
981	1211.9015	----菊花 ----Flos chrysanthemi	6	0	东盟AS,智CL,巴PK,新西兰NZ,秘PE,哥CR,瑞CH,冰IS,韩KR,澳AU,格GE,毛MU,东盟^RAS^R,澳^RAU^R,日^RJP^R,新西兰^RNZ^R,柬KH,港HK,澳门MO,韩^RKR^R	0 受惠国LD,柬KH	20
				3	亚太AP		
982	1211.9016	----冬虫夏草 ----Cordyceps sinensis	6	0	东盟AS,智CL,巴PK,新西兰NZ,秘PE,哥CR,瑞CH,冰IS,韩KR,澳AU,格GE,毛MU,东盟^RAS^R,澳^RAU^R,日^RJP^R,新西兰^RNZ^R,柬KH,港HK,澳门MO,韩^RKR^R	0 受惠国LD,柬KH	20
				3	亚太AP		
983	1211.9017	----贝母 ----Bulbs fritillariae thunbergii	6	0	东盟AS,智CL,巴PK,新西兰NZ,秘PE,哥CR,瑞CH,冰IS,韩KR,澳AU,格GE,毛MU,东盟^RAS^R,澳^RAU^R,日^RJP^R,新西兰^RNZ^R,柬KH,港HK,澳门MO,韩^RKR^R	0 受惠国LD,柬KH	20
				3	亚太AP		
984	1211.9018	----川芎 ----Rhizoma ligustici	6	0	东盟AS,智CL,巴PK,新西兰NZ,秘PE,哥CR,瑞CH,冰IS,韩KR,澳AU,格GE,毛MU,东盟^RAS^R,澳^RAU^R,日^RJP^R,新西兰^RNZ^R,柬KH,港HK,澳门MO,韩^RKR^R	0 受惠国LD,柬KH	20
				3	亚太AP		
985	1211.9019	----半夏 ----Rhizoma pinelliae	6	0	东盟AS,智CL,巴PK,新西兰NZ,秘PE,哥CR,瑞CH,冰IS,韩KR,澳AU,格GE,毛MU,东盟^RAS^R,澳^RAU^R,日^RJP^R,新西兰^RNZ^R,柬KH,港HK,澳门MO,韩^RKR^R	0 受惠国LD,柬KH	20
				3	亚太AP		

序号 No.	税则号列 Tariff Line	货品名称 Article Description	最惠国税率 MFN(%)		协定税率 Agreement(%)	特惠税率 SP(%)		普通税率 Gen(%)
986	1211.9021	----白芍 ----Radix paeoniae lactifiorae	6	0	东盟AS,智CL,巴PK,新西兰NZ, 秘PE,哥CR,瑞CH,冰IS,韩KR, 澳AU,格GE,毛MU,东盟^{R}AS^R, 澳^{R}AU^R,日^{R}JP^R,新西兰^{R}NZ^R,柬 KH,港HK,澳门MO,韩^{R}KR^R	0	受惠国LD, 柬KH	20
				3	亚太AP			
987	1211.9022	----天麻 ----Rhizoma gastrodiae	6	0	东盟AS,智CL,巴PK,新西兰NZ, 秘PE,哥CR,瑞CH,冰IS,韩KR, 澳AU,格GE,毛MU,东盟^{R}AS^R, 澳^{R}AU^R,日^{R}JP^R,新西兰^{R}NZ^R,柬 KH,港HK,澳门MO,韩^{R}KR^R	0	受惠国LD, 柬KH	20
				3	亚太AP			
988	1211.9023	----黄芪 ----Radix astragali	6	0	东盟AS,智CL,巴PK,新西兰NZ, 秘PE,哥CR,瑞CH,冰IS,韩KR, 澳AU,格GE,毛MU,东盟^{R}AS^R, 澳^{R}AU^R,日^{R}JP^R,新西兰^{R}NZ^R,柬 KH,港HK,澳门MO,韩^{R}KR^R	0	受惠国LD, 柬KH	30
				3	亚太AP			
989	1211.9024	----大黄、籽黄 ----Rhubarb	6	0	东盟AS,智CL,巴PK,新西兰NZ, 秘PE,哥CR,瑞CH,冰IS,韩KR, 澳AU,格GE,毛MU,东盟^{R}AS^R, 澳^{R}AU^R,日^{R}JP^R,新西兰^{R}NZ^R,柬 KH,港HK,澳门MO,韩^{R}KR^R	0	受惠国LD, 柬KH	20
				3	亚太AP			
990	1211.9025	----白术 ----Rhizoma atractylodis macrocephalae	6	0	东盟AS,智CL,巴PK,新西兰NZ, 秘PE,哥CR,瑞CH,冰IS,韩KR, 澳AU,格GE,毛MU,东盟^{R}AS^R, 澳^{R}AU^R,日^{R}JP^R,新西兰^{R}NZ^R,柬 KH,港HK,澳门MO,韩^{R}KR^R	0	受惠国LD, 柬KH	20
				3	亚太AP			
991	1211.9026	----地黄 ----Radix rehmanniae	6	0	东盟AS,智CL,巴PK,新西兰NZ, 秘PE,哥CR,瑞CH,冰IS,韩KR, 澳AU,格GE,毛MU,东盟^{R}AS^R, 澳^{R}AU^R,日^{R}JP^R,新西兰^{R}NZ^R,柬 KH,港HK,澳门MO,韩^{R}KR^R	0	受惠国LD, 柬KH	20
				3	亚太AP			
992	1211.9027	----槐米 ----Flos sophorae	6	0	东盟AS,智CL,巴PK,新西兰NZ, 秘PE,哥CR,瑞CH,冰IS,韩KR, 澳AU,格GE,毛MU,东盟^{R}AS^R, 澳^{R}AU^R,日^{R}JP^R,新西兰^{R}NZ^R,柬 KH,港HK,澳门MO,韩^{R}KR^R	0	受惠国LD, 柬KH	20
				3	亚太AP			

序号 No.	税则号列 Tariff Line	货品名称 Article Description	最惠国税率 MFN(%)	协定税率 Agreement(%)		特惠税率 SP(%)		普通税率 Gen(%)
993	1211.9028	----杜仲 ----Cortex eucommiae	6	0	东盟AS,智CL,巴PK,新西兰NZ,秘PE,哥CR,瑞CH,冰IS,韩KR,澳AU,格GE,毛MU,东盟^{R}AS^R,澳^{R}AU^R,日^{R}JP^R,新西兰^{R}NZ^R,柬KH,港HK,澳门MO,韩^{R}KR^R	0	受惠国LD,柬KH	20
				3	亚太AP			
994	1211.9029	----茯苓 ----Poria	6	0	东盟AS,智CL,巴PK,新西兰NZ,秘PE,哥CR,瑞CH,冰IS,韩KR,澳AU,格GE,毛MU,东盟^{R}AS^R,澳^{R}AU^R,日^{R}JP^R,新西兰^{R}NZ^R,柬KH,港HK,澳门MO,韩^{R}KR^R	0	受惠国LD,柬KH,老LA,缅MM	20
				3	亚太AP			
995	1211.9031	----枸杞 ----Fructus lycii	6	0	东盟AS,智CL,巴PK,新西兰NZ,秘PE,哥CR,瑞CH,冰IS,韩KR,澳AU,格GE,毛MU,东盟^{R}AS^R,澳^{R}AU^R,日^{R}JP^R,新西兰^{R}NZ^R,柬KH,港HK,澳门MO,韩^{R}KR^R	0	受惠国LD,柬KH	30
				3	亚太AP			
996	1211.9032	----大海子 ----Bantaroi seeds	6	0	东盟AS,智CL,巴PK,新西兰NZ,秘PE,哥CR,瑞CH,冰IS,韩KR,澳AU,格GE,毛MU,东盟^{R}AS^R,澳^{R}AU^R,日^{R}JP^R,新西兰^{R}NZ^R,柬KH,港HK,澳门MO,韩^{R}KR^R	0	受惠国LD,柬KH	20
				3	亚太AP			
997	1211.9033	----沉香 ----Aloes wood	3	0	东盟AS,智CL,巴PK,新西兰NZ,秘PE,哥CR,瑞CH,冰IS,韩KR,澳AU,格GE,毛MU,东盟^{R}AS^R,澳^{R}AU^R,日^{R}JP^R,新西兰^{R}NZ^R,柬KH,港HK,澳门MO,韩^{R}KR^R	0	受惠国LD,柬KH	20
				1.5	亚太AP			
998	1211.9034	----沙参 ----Adenophora axilliflora	6	0	东盟AS,智CL,巴PK,新西兰NZ,秘PE,哥CR,瑞CH,冰IS,韩KR,澳AU,格GE,毛MU,东盟^{R}AS^R,澳^{R}AU^R,日^{R}JP^R,新西兰^{R}NZ^R,柬KH,港HK,澳门MO,韩^{R}KR^R	0	受惠国LD,柬KH	20
				3	亚太AP			
999	1211.9035	----青蒿 ----Southernwood	6	0	东盟AS,智CL,新西兰NZ,秘PE,哥CR,瑞CH,冰IS,韩KR,澳AU,格GE,毛MU,东盟^{R}AS^R,澳^{R}AU^R,日^{R}JP^R,新西兰^{R}NZ^R,柬KH,港HK,澳门MO,韩^{R}KR^R	0	受惠国LD,柬KH	20
				5	巴PK			

序号 No.	税则号列 Tariff Line	货品名称 Article Description	最惠国税率 MFN(%)	协定税率 Agreement(%)		特惠税率 SP(%)		普通税率 Gen(%)
1000	1211.9036	----甘草 ----Liquorice roots	6	0	东盟AS,智CL,巴PK,新西兰NZ,秘PE,哥CR,瑞CH,冰IS,韩KR,澳AU,格GE,毛MU,东盟^RAS^R,澳^RAU^R,新西兰^RNZ^R,柬KH,港HK,澳门MO,韩^RKR^R	0	受惠国LD	30
				4.9	日^RJP^R			
1001	1211.9037	----黄芩 ----Radix astragali	6	0	东盟AS,智CL,巴PK,新西兰NZ,秘PE,哥CR,瑞CH,冰IS,韩KR,澳AU,格GE,毛MU,东盟^RAS^R,澳^RAU^R,日^RJP^R,新西兰^RNZ^R,柬KH,港HK,澳门MO,韩^RKR^R	0	受惠国LD,柬KH,老LA,缅MM	20
				3	亚太AP			
1002	1211.9038	----椴树(欧椴)花及叶 ----Linden flower and leaf	6	0	东盟AS,智CL,巴PK,新西兰NZ,秘PE,哥CR,瑞CH,冰IS,韩KR,澳AU,格GE,毛MU,东盟^RAS^R,澳^RAU^R,日^RJP^R,新西兰^RNZ^R,柬KH,港HK,澳门MO,韩^RKR^R	0	受惠国LD,柬KH,老LA,缅MM	20
				3	亚太AP			
1003	1211.9039	----其他 ----Other	6	0	东盟AS,智CL,巴PK,新西兰NZ,秘PE,哥CR,瑞CH,冰IS,韩KR,澳AU,格GE,毛MU,东盟^RAS^R,澳^RAU^R,日^RJP^R,新西兰^RNZ^R,柬KH,港HK,澳门MO,韩^RKR^R	0	受惠国LD,柬KH,老LA,缅MM	20
				3	亚太AP			
1004	1211.9050	---主要用作香料的植物及其某部分 ---Of a kind used primarily in perfumery	8	0	东盟AS,智CL,巴PK,新西兰NZ,秘PE,哥CR,瑞CH,冰IS,韩KR,澳AU,格GE,东盟^RAS^R,澳^RAU^R,新西兰^RNZ^R,柬KH,港HK,澳门MO,韩^RKR^R	0	受惠国LD,柬KH	50
				4	亚太AP			
				4.6	毛MU			
				6.5	日^RJP^R			
		---其他: ---Other:						
1005	1211.9091	----鱼藤根、除虫菊 ----Derris roots and pyrethrum	3	0	东盟AS,智CL,巴PK,新西兰NZ,秘PE,哥CR,瑞CH,冰IS,韩KR,澳AU,格GE,毛MU,东盟^RAS^R,澳^RAU^R,日^RJP^R,新西兰^RNZ^R,柬KH,港HK,澳门MO,韩^RKR^R	0	受惠国LD,柬KH	11
				1.5	亚太AP			

序号 No.	税则号列 Tariff Line	货品名称 Article Description	最惠国税率 MFN(%)	协定税率 Agreement(%)		特惠税率 SP(%)		普通税率 Gen(%)
1006	1211.9099	----其他 ----Other	9	0	东盟AS,智CL,新西兰NZ,秘PE, 哥CR,瑞CH,冰IS,韩KR,澳AU, 格GE,毛MU,东盟^{R}AS^R,澳^{R}AU^R, 新西兰^{R}NZ^R,柬KH,港HK,澳门 MO,韩^{R}KR^R	0	受惠国LD, 柬KH	30
				0.9	巴PK			
				4.5	亚太AP			
				7.4	日^{R}JP^R			
12.12		鲜、冷、冻或干的刺槐豆、海草及其他藻类、甜菜及甘蔗,不论是否碾磨;主要供人食用的其他税目未列名的果核、果仁及植物产品(包括未焙制的菊苣根): Locust beans, seaweeds and other algae, sugar beet and sugar cane, fresh, chilled, frozen or dried, whether or not ground; fruit stones and kernels and other vegetable products (including unroasted chicory roots of the variety Cichorium intybus sativum) of a kind used primarily for human consumption, not elsewhere specified or included:						
		-海草及其他藻类: -Seaweeds and other algae:						
		--适合供人食用的: --Fit for human consumption:						
1007	1212.2110	---海带 ---Sea tangle	20	0	东盟AS,智CL,新西兰NZ,新加坡SG,秘PE,哥CR,瑞CH,冰IS,澳AU,格GE,毛MU,柬KH,港HK,澳门MO	0	受惠国LD	70
				6	巴PK			
				8	韩KR			
				10	亚太AP			
				17.3	东盟^{R}AS^R			
				17.5	日^{R}JP^R			
				18	澳^{R}AU^R,新西兰^{R}NZ^R			
1008	1212.2120	---发菜 ---Blackmoss	20	0	东盟AS,智CL,新西兰NZ,新加坡SG,秘PE,哥CR,瑞CH,冰IS,澳AU,格GE,毛MU,柬KH,港HK,澳门MO	0	受惠国LD	70
				6	巴PK			
				8	韩KR			
				10	亚太AP			
				16	东盟^{R}AS^R,澳^{R}AU^R,新西兰^{R}NZ^R,韩^{R}KR^R			
				17.5	日^{R}JP^R			

序号 No.	税则号列 Tariff Line	货品名称 Article Description	最惠国税率 MFN(%)	协定税率 Agreement(%)		特惠税率 SP(%)		普通税率 Gen(%)
		---裙带菜: ---Pinnatifida:						
1009	1212.2131	----干的 ----Dried	15	0	东盟AS,智CL,新西兰NZ,新加坡SG,秘PE,哥CR,瑞CH,冰IS,澳AU,格GE,毛MU,东盟^{R}AS^R,澳^{R}AU^R,新西兰^{R}NZ^R,柬KH,港HK,澳门MO	0	受惠国LD	70
				1.5	韩KR			
				4.5	巴PK			
				7.5	亚太AP			
				12	韩^{R}KR^R			
				12.3	日^{R}JP^R			
1010	1212.2132	----鲜的 ----Fresh	15	0	东盟AS,智CL,新西兰NZ,新加坡SG,秘PE,哥CR,瑞CH,冰IS,澳AU,格GE,毛MU,东盟^{R}AS^R,澳^{R}AU^R,新西兰^{R}NZ^R,柬KH,港HK,澳门MO	0	受惠国LD	70
				1.5	韩KR			
				4.5	巴PK			
				7.5	亚太AP			
				12	韩^{R}KR^R			
				12.3	日^{R}JP^R			
1011	1212.2139	----其他 ----Other	15	0	东盟AS,智CL,新西兰NZ,新加坡SG,秘PE,哥CR,瑞CH,冰IS,澳AU,格GE,毛MU,东盟^{R}AS^R,澳^{R}AU^R,新西兰^{R}NZ^R,柬KH,港HK,澳门MO	0	受惠国LD	70
				1.5	韩KR			
				4.5	巴PK			
				7.5	亚太AP			
				12	韩^{R}KR^R			
				12.3	日^{R}JP^R			
		---紫菜: ---Laver:						
1012	1212.2141	----干的 ----Dried	15	0	东盟AS,智CL,新西兰NZ,新加坡SG,秘PE,哥CR,瑞CH,冰IS,澳AU,格GE,毛MU,东盟^{R}AS^R,澳^{R}AU^R,新西兰^{R}NZ^R,柬KH,港HK,澳门MO	0	受惠国LD	70
				1.5	韩KR			
				4.5	巴PK			
				7.5	亚太AP			
				12	韩^{R}KR^R			
				12.3	日^{R}JP^R			

序号 No.	税则号列 Tariff Line	货品名称 Article Description	最惠国税率 MFN(%)	协定税率 Agreement(%)		特惠税率 SP(%)	普通税率 Gen(%)
1013	1212.2142	----鲜的 ----Fresh	15	0	东盟AS,智CL,新西兰NZ,新加坡SG,秘PE,哥CR,瑞CH,冰IS,澳AU,格GE,毛MU,东盟^{R}AS^R,澳^{R}AU^R,新西兰^{R}NZ^R,柬KH,港HK,澳门MO	0 受惠国LD	70
				1.5	韩KR		
				4.5	巴PK		
				7.5	亚太AP		
				12	韩^{R}KR^R		
				12.3	日^{R}JP^R		
1014	1212.2149	----其他 ----Other	15	0	东盟AS,智CL,新西兰NZ,新加坡SG,秘PE,哥CR,瑞CH,冰IS,澳AU,格GE,毛MU,东盟^{R}AS^R,澳^{R}AU^R,新西兰^{R}NZ^R,柬KH,港HK,澳门MO	0 受惠国LD	70
				1.5	韩KR		
				4.5	巴PK		
				7.5	亚太AP		
				12	韩^{R}KR^R		
				12.3	日^{R}JP^R		
		---麒麟菜: ---Eucheuma:					
1015	1212.2161	----干的 ----Dried	15	0	东盟AS,智CL,新西兰NZ,秘PE,哥CR,瑞CH,冰IS,澳AU,格GE,毛MU,东盟^{R}AS^R,澳^{R}AU^R,新西兰^{R}NZ^R,柬KH,港HK,澳门MO	0 受惠国LD	70
				1.5	韩KR		
				4.5	巴PK		
				7.5	亚太AP		
				12	韩^{R}KR^R		
				12.3	日^{R}JP^R		
1016	1212.2169	----其他 ----Other	15	0	东盟AS,智CL,新西兰NZ,秘PE,哥CR,瑞CH,冰IS,澳AU,格GE,毛MU,东盟^{R}AS^R,澳^{R}AU^R,新西兰^{R}NZ^R,柬KH,港HK,澳门MO	0 受惠国LD	70
				1.5	韩KR		
				4.5	巴PK		
				7.5	亚太AP		
				12	韩^{R}KR^R		
				12.3	日^{R}JP^R		
		---江蓠: ---Gracilaria:					

序号 No.	税则号列 Tariff Line	货品名称 Article Description	最惠国税率 MFN(%)	协定税率 Agreement(%)		特惠税率 SP(%)		普通税率 Gen(%)
1017	1212.2171	----干的 ----Dried	15	0	东盟AS,智CL,新西兰NZ,秘PE,哥CR,瑞CH,冰IS,澳AU,格GE,毛MU,东盟^{R}AS^R,澳^{R}AU^R,新西兰^{R}NZ^R,柬KH,港HK,澳门MO	0	受惠国LD	70
				1.5	韩KR			
				4.5	巴PK			
				7.5	亚太AP			
				12	韩^{R}KR^R			
				12.3	日^{R}JP^R			
1018	1212.2179	----其他 ----Other	15	0	东盟AS,智CL,新西兰NZ,秘PE,哥CR,瑞CH,冰IS,澳AU,格GE,毛MU,东盟^{R}AS^R,澳^{R}AU^R,新西兰^{R}NZ^R,柬KH,港HK,澳门MO	0	受惠国LD	70
				1.5	韩KR			
				4.5	巴PK			
				7.5	亚太AP			
				12	韩^{R}KR^R			
				12.3	日^{R}JP^R			
1019	1212.2190	---其他 ---Other	15Δ2	0	东盟AS,智CL,新西兰NZ,新加坡SG,秘PE,哥CR,瑞CH,冰IS,澳AU,格GE,毛MU,东盟^{R}AS^R,澳^{R}AU^R,新西兰^{R}NZ^R,柬KH,港HK,澳门MO	0	受惠国LD	70
				1.5	韩KR			
				4.5	巴PK			
				7.5	亚太AP			
				12	韩^{R}KR^R			
				12.3	日^{R}JP^R			
		--其他: --Other:						
1020	1212.2910	---马尾藻 ---Sargassum	15Δ2	0	东盟AS,智CL,新西兰NZ,新加坡SG,秘PE,哥CR,瑞CH,冰IS,韩KR,澳AU,格GE,毛MU,柬KH,港HK,澳门MO	0	受惠国LD	70
				4.5	巴PK			
				7.5	亚太AP			
				12	东盟^{R}AS^R,澳^{R}AU^R,新西兰^{R}NZ^R,韩^{R}KR^R			
1021	1212.2990	---其他 ---Other	15Δ2	0	东盟AS,智CL,新西兰NZ,新加坡SG,秘PE,哥CR,瑞CH,冰IS,韩KR,澳AU,格GE,毛MU,柬KH,港HK,澳门MO	0	受惠国LD	70
				4.5	巴PK			
				7.5	亚太AP			
				12	东盟^{R}AS^R,澳^{R}AU^R,新西兰^{R}NZ^R,韩^{R}KR^R			

序号 No.	税则号列 Tariff Line	货品名称 Article Description	最惠国税率 MFN(%)	协定税率 Agreement(%)		特惠税率 SP(%)		普通税率 Gen(%)
		-其他: -Other:						
1022	1212.9100	--甜菜 --Sugar beet	20	0	东盟AS,智CL,新西兰NZ,新加坡SG,秘PE,哥CR,瑞CH,冰IS,澳AU,格GE,毛MU,柬KH,港HK,澳门MO	0	受惠国LD	70
				8	韩KR			
				16	东盟^{R}AS^R,澳^{R}AU^R,新西兰^{R}NZ^R,韩^{R}KR^R			
				17.5	日^{R}JP^R			
1023	1212.9200	--刺槐豆 --Locust beans (carob)	20	0	东盟AS,智CL,新西兰NZ,新加坡SG,秘PE,哥CR,瑞CH,冰IS,澳AU,格GE,毛MU,柬KH,港HK,澳门MO	0	受惠国LD	70
				8	韩KR			
				10	亚太AP,巴PK			
				16	东盟^{R}AS^R,澳^{R}AU^R,新西兰^{R}NZ^R,韩^{R}KR^R			
				17.5	日^{R}JP^R			
1024	1212.9300	--甘蔗 --Sugar cane	20	0	东盟AS,智CL,新西兰NZ,秘PE,哥CR,瑞CH,冰IS,澳AU,格GE,毛MU,柬KH,港HK,澳门MO	0	受惠国LD,柬KH,老LA,缅MM	70
				2	韩KR			
				16	东盟^{R}AS^R,澳^{R}AU^R,新西兰^{R}NZ^R,韩^{R}KR^R			
				16.4	日^{R}JP^R			
1025	1212.9400	--菊苣根 --Chicory roots	20	0	东盟AS,智CL,新西兰NZ,秘PE,哥CR,冰IS,澳AU,格GE,毛MU,柬KH,港HK,澳门MO	0	受惠国LD	70
				8	韩KR			
				16	东盟^{R}AS^R,澳^{R}AU^R,新西兰^{R}NZ^R,韩^{R}KR^R			
				17.5	日^{R}JP^R			
		--其他: --Other: ---杏、桃(包括油桃)、梅或李的核及核仁: ---Apricot, peach (including nectarine) or plum stones and kernels:							
1026	1212.9911	----苦杏仁 ----Bitter apricot kernels	20	0	东盟AS,智CL,新西兰NZ,新加坡SG,秘PE,哥CR,瑞CH,冰IS,澳AU,格GE,毛MU,柬KH,港HK,澳门MO	0	受惠国LD	80
				8	韩KR			
				16	东盟^{R}AS^R,澳^{R}AU^R,新西兰^{R}NZ^R,韩^{R}KR^R			
				17.5	日^{R}JP^R			

序号 No.	税则号列 Tariff Line	货品名称 Article Description	最惠国税率 MFN(%)	协定税率 Agreement(%)		特惠税率 SP(%)		普通税率 Gen(%)
1027	1212.9912	----甜杏仁 ----Sweet apricot kernels	20	0	东盟AS,智CL,新西兰NZ,新加坡SG,秘PE,哥CR,瑞CH,冰IS,澳AU,格GE,毛MU,柬KH,港HK,澳门MO	0	受惠国LD	80
				8	韩KR			
				16	东盟^{R}AS^R,澳^{R}AU^R,新西兰^{R}NZ^R,韩^{R}KR^R			
				17.5	日^{R}JP^R			
1028	1212.9919	----其他 ----Other	20	0	东盟AS,智CL,新西兰NZ,新加坡SG,秘PE,哥CR,瑞CH,冰IS,澳AU,格GE,毛MU,柬KH,港HK,澳门MO	0	受惠国LD	80
				8	韩KR			
				16	东盟^{R}AS^R,澳^{R}AU^R,新西兰^{R}NZ^R,韩^{R}KR^R			
				17.5	日^{R}JP^R			
		---其他: ---Other:						
1029	1212.9993	----白瓜子 ----Pumpkin seeds	20	0	东盟AS,智CL,新西兰NZ,新加坡SG,秘PE,哥CR,瑞CH,冰IS,澳AU,格GE,毛MU,柬KH,港HK,澳门MO	0	受惠国LD	80
				8	韩KR			
				16	东盟^{R}AS^R,澳^{R}AU^R,新西兰^{R}NZ^R,韩^{R}KR^R			
				17.5	日^{R}JP^R			
1030	1212.9994	---莲子 ----Lotus seeds (*Semen Nelumbinis*)	20	0	东盟AS,智CL,新西兰NZ,新加坡SG,秘PE,哥CR,瑞CH,冰IS,澳AU,格GE,毛MU,柬KH,港HK,澳门MO	0	受惠国LD	80
				8	韩KR			
				16	东盟^{R}AS^R,澳^{R}AU^R,新西兰^{R}NZ^R,韩^{R}KR^R			
				17.5	日^{R}JP^R			
1031	1212.9996	----甜叶菊叶 ----stevia leaf	30	0	东盟AS,智CL,新西兰NZ,新加坡SG,秘PE,哥CR,冰IS,澳AU,格GE,柬KH,港HK,澳门MO	0	受惠国LD	70
				12	毛MU			
				27	东盟^{R}AS^R,澳^{R}AU^R,新西兰^{R}NZ^R			
1032	1212.9999	----其他 ----Other	30	0	东盟AS,智CL,新西兰NZ,新加坡SG,秘PE,哥CR,冰IS,澳AU,格GE,柬KH,港HK,澳门MO	0	受惠国LD	70
				12	毛MU			
				27	东盟^{R}AS^R,澳^{R}AU^R,新西兰^{R}NZ^R			

序号 No.	税则号列 Tariff Line	货品名称 Article Description	最惠国税率 MFN(%)	协定税率 Agreement(%)		特惠税率 SP(%)		普通税率 Gen(%)
	12.13	未经处理的谷类植物的茎、秆及谷壳，不论是否切碎、碾磨、挤压或制成团粒： Cereal straw and husks, unprepared, whether or not chopped, ground, pressed or in the form of pellets:						
1033	1213.0000	未经处理的谷类植物的茎、秆及谷壳，不论是否切碎、碾磨、挤压或制成团粒 Cereal straw and husks, unprepared, whether or not chopped, ground, pressed or in the form of pellets	12	0	东盟AS,智CL,新西兰NZ,新加坡SG,秘PE,哥CR,瑞CH,冰IS,澳AU,格GE,毛MU,东盟^{R}AS^R,澳^{R}AU^R,新西兰^{R}NZ^R,柬KH,港HK,澳门MO	0	受惠国LD,柬KH	35
				1.2	韩KR			
				3.6	巴PK			
				9.6	韩^{R}KR^R			
				9.8	日^{R}JP^R			
	12.14	芜菁甘蓝、饲料甜菜、饲料用根、干草、紫苜蓿、三叶草、驴喜豆、饲料羽衣甘蓝、羽扇豆、巢菜及类似饲料，不论是否制成团粒： Swedes, mangolds, fodder roots, hay, lucerne (alfalfa), clover, sainfoin, forage kale, lupines, vetches and similar forage products, whether or not in the form of pellets:						
1034	1214.1000	-紫苜蓿粗粉及团粒 -Lucerne (alfalfa) meal and pellets	5	0	东盟AS,智CL,巴PK,新西兰NZ,秘PE,哥CR,瑞CH,冰IS,韩KR,澳AU,格GE,毛MU,东盟^{R}AS^R,澳^{R}AU^R,日^{R}JP^R,新西兰^{R}NZ^R,柬KH,港HK,澳门MO,韩^{R}KR^R	0	受惠国LD,柬KH	35
1035	1214.9000	-其他 -Other	9	0	东盟AS,智CL,新西兰NZ,秘PE,哥CR,瑞CH,冰IS,韩KR,澳AU,格GE,毛MU,东盟^{R}AS^R,澳^{R}AU^R,新西兰^{R}NZ^R,柬KH,港HK,澳门MO,韩^{R}KR^R	0	受惠国LD,柬KH	35
				1	巴PK			
				7.4	日^{R}JP^R			
	ex12149000	其他紫苜蓿（粗粉及团粒除外） Other lucerne (alfalfa), excluding meal and pellets	Δ7					
	ex12149000	以除紫苜蓿外的禾本科和豆科为主的多种混合天然饲草 Mixed non-artificial forage grass majorly composed of poaceae and fabaceae other than lucerne	Δ4					

<table>
<tr><td colspan="2">

第十三章

虫胶；树胶、树脂及其他植物液、汁

</td><td colspan="2">

Chapter 13
Lac; gums, resins and other vegetable saps and extracts

</td></tr>
</table>

注释：

税目13.02主要包括甘草、除虫菊、啤酒花、芦荟的浸膏及鸦片，但不包括：

一、按重量计蔗糖含量在10%以上或制成糖食的甘草浸膏（税目17.04）；

二、麦芽膏（税目19.01）；

三、咖啡精、茶精、马黛茶精（税目21.01）；

四、构成含酒精饮料的植物汁、液（第二十二章）；

五、樟脑、甘草甜及税目29.14或29.38的其他产品；

六、婴粟秆浓缩物，按重量计生物碱含量不低于50%（税目29.39）；

七、税目30.03或30.04的药品及税目38.22的血型试剂；

八、鞣料或染料的浸膏（税目32.01或32.03）；

九、精油、浸膏、净油、香膏、提取的油树脂或精油的水馏液及水溶液；饮料制造业用的以芳香物质为基料的制剂（第三十三章）；或

十、天然橡胶、巴拉塔胶、古塔波胶、银胶菊胶、糖胶树胶或类似的天然树胶（税目40.01）。

本国子目注释：

子目1302.1100的鸦片，我国禁止进口。

Notes:

Heading 13.02 applies, inter alia, to liquorice extract and extract of pyrethrum, extract of hops, extract of aloes and opium. The heading does not apply to:

1. Liquorice extract containing more than 10% by weight of sucrose or put up as confectionery (heading 17.04);

2. Malt extract (heading 19.01);

3. Extracts of coffee, tea or mate (heading 21.01);

4. Vegetable saps or extracts constituting alcoholic beverages (Chapter 22);

5. Camphor, glycyrrhizin or other products of heading 29.14 or 29.38;

6. Concentrates of poppy straw containing not less than 50% by weight of alkaloids (heading 29.39);

7. Medicaments of heading 30.03 or 30.04 or bloodgrouping reagents (heading 38.22);

8. Tanning or dyeing extracts (heading 32.01 or 32.03);

9. Essential oils, concretes, absolutes, resinoids, extracted oleoresins, aqueous distillates or aqueous solutions of essential oils or preparations based on odoriferous substances of a kind used for the manufacture of beverages (Chapter 33); or

10. Natural rubber, balata, guttapercha, guayule, chicle or similar natural gums (heading 40.01).

Domestic Subheading Note:

Opium of Subheading 1302.1100 is subject to import ban.

序号 No.	税则号列 Tariff Line	货品名称 Article Description	最惠国税率 MFN(%)	协定税率 Agreement(%)		特惠税率 SP(%)	普通税率 Gen(%)
	13.01	虫胶；天然树胶、树脂、树胶脂及油树脂（例如，香树脂）： **Lac; natural gums, resins, gum-resins and oleoresins (for example, balsams):**					
1036	1301.2000	-阿拉伯胶 -Gum Arabic	15	0 1.5 12 12.3	东盟AS,智CL,巴PK,新西兰NZ,新加坡SG,秘PE,哥CR,瑞CH,冰IS,澳AU,格GE,毛MU,东盟ᴿASᴿ,澳ᴿAUᴿ,新西兰ᴿNZᴿ,柬KH,港HK,澳门MO 韩KR 韩ᴿKRᴿ 日ᴿJPᴿ	0 受惠国LD	40
		-其他： -Other:					

序号 No.	税则号列 Tariff Line	货品名称 Article Description	最惠国税率 MFN(%)	协定税率 Agreement(%)		特惠税率 SP(%)		普通税率 Gen(%)
1037	1301.9010	---胶黄耆树胶（卡喇杆胶） ---Gum tragacanth	15	0	东盟AS,智CL,巴PK,新西兰NZ,新加坡SG,秘PE,哥CR,瑞CH,冰IS,澳AU,格GE,毛MU,东盟^RAS^R,澳^RAU^R,新西兰^RNZ^R,柬KH,港HK,澳门MO	0	受惠国LD	40
				1.5	韩KR			
				12	韩^RKR^R			
				12.3	日^RJP^R			
1038	1301.9020	---乳香、没药及血竭 ---Olibanum, myrrh and dragon's blood	3	0	东盟AS,智CL,巴PK,新西兰NZ,秘PE,哥CR,瑞CH,冰IS,韩KR,澳AU,格GE,毛MU,东盟^RAS^R,澳^RAU^R,日^RJP^R,新西兰^RNZ^R,柬KH,港HK,澳门MO,韩^RKR^R	0	受惠国LD	17
1039	1301.9030	---阿魏 ---Asafoetida	3	0	东盟AS,智CL,巴PK,新西兰NZ,秘PE,哥CR,瑞CH,冰IS,韩KR,澳AU,格GE,毛MU,东盟^RAS^R,澳^RAU^R,日^RJP^R,新西兰^RNZ^R,柬KH,港HK,澳门MO,韩^RKR^R	0	受惠国LD	17
1040	1301.9040	---松脂 ---Pine-resin	15	0	东盟AS,智CL,巴PK,新西兰NZ,新加坡SG,秘PE,哥CR,瑞CH,冰IS,澳AU,格GE,毛MU,东盟^RAS^R,澳^RAU^R,新西兰^RNZ^R,柬KH,港HK,澳门MO	0	受惠国LD	45
				1.5	韩KR			
				12	韩^RKR^R			
				12.3	日^RJP^R			
1041	1301.9090	---其他 ---Other	15	0	东盟AS,智CL,巴PK,新西兰NZ,新加坡SG,秘PE,哥CR,瑞CH,冰IS,澳AU,格GE,毛MU,东盟^RAS^R,澳^RAU^R,新西兰^RNZ^R,柬KH,港HK,澳门MO	0	受惠国LD	45
				1.5	韩KR			
				12	韩^RKR^R			
				12.3	日^RJP^R			
	13.02	植物液汁及浸膏；果胶、果胶酸盐及果胶酸酯；从植物产品制得的琼脂、其他胶液及增稠剂，不论是否改性： Vegetable saps and extracts; pectic substances, pectinates and pectates; agar-agar and other mucilages and thickeners, whether or not modified, derived from vegetable products:						
		-植物液汁及浸膏： -Vegetable saps and extracts:						

序号 No.	税则号列 Tariff Line	货品名称 Article Description	最惠国税率 MFN(%)	协定税率 Agreement(%)		特惠税率 SP(%)	普通税率 Gen(%)
1042	1302.1100	--鸦片 --Opium	0	0	东盟AS,智CL,巴PK,新西兰NZ,秘PE,哥CR,瑞CH,冰IS,韩KR,澳AU,格GE,毛MU,东盟^{R}AS^R,澳^{R}AU^R,日^{R}JP^R,新西兰^{R}NZ^R,柬KH,港HK,澳门MO,韩^{R}KR^R	0 受惠国LD	0
1043	1302.1200	--甘草的 --Of liquorice	6	0	东盟AS,智CL,巴PK,新西兰NZ,秘PE,哥CR,瑞CH,冰IS,韩KR,澳AU,格GE,毛MU,东盟^{R}AS^R,澳^{R}AU^R,日^{R}JP^R,新西兰^{R}NZ^R,柬KH,港HK,澳门MO,韩^{R}KR^R	0 受惠国LD	20
1044	1302.1300	--啤酒花的 --Of hops	10	0	东盟AS,智CL,新西兰NZ,新加坡SG,秘PE,哥CR,瑞CH,冰IS,澳AU,格GE,毛MU,东盟^{R}AS^R,澳^{R}AU^R,新西兰^{R}NZ^R,柬KH,港HK,澳门MO	0 受惠国LD	80
				1	韩KR		
				3	巴PK		
				8	韩^{R}KR^R		
				8.2	日^{R}JP^R		
1045	1302.1400	--麻黄的 --Of ephedra	9.5	0	东盟AS,智CL,巴PK,新西兰NZ,新加坡SG,秘PE,哥CR,瑞CH,冰IS,澳AU,格GE,毛MU,柬KH,港HK,澳门MO	0 受惠国LD	80
				7.1	亚太AP		
				8	韩KR		
				17.3	东盟^{R}AS^R,韩^{R}KR^R		
				17.5	日^{R}JP^R		
				18	澳^{R}AU^R,新西兰^{R}NZ^R		
		--其他: --Other:					
1046	1302.1910	---生漆 ---Crude lacquer	20	0	东盟AS,智CL,新西兰NZ,新加坡SG,秘PE,哥CR,瑞CH,冰IS,澳AU,格GE,毛MU,柬KH,港HK,澳门MO	0 受惠国LD	90
				8	韩KR		
				16	东盟^{R}AS^R,澳^{R}AU^R,新西兰^{R}NZ^R,韩^{R}KR^R		
				17.5	日^{R}JP^R		
1047	1302.1920	---印楝素 ---Azadirachtin	3	0	东盟AS,智CL,巴PK,新西兰NZ,秘PE,哥CR,瑞CH,冰IS,韩KR,澳AU,格GE,毛MU,东盟^{R}AS^R,澳^{R}AU^R,日^{R}JP^R,新西兰^{R}NZ^R,柬KH,港HK,澳门MO,韩^{R}KR^R	0 受惠国LD	11

序号 No.	税则号列 Tariff Line	货品名称 Article Description	最惠国税率 MFN(%)	协定税率 Agreement(%)		特惠税率 SP(%)	普通税率 Gen(%)
1048	1302.1930	---除虫菊的或含鱼藤酮植物根茎的 ---Of pyrethrum or of the roots of plants containing rotenone	3	0	东盟AS,智CL,巴PK,新西兰NZ,秘PE,哥CR,瑞CH,冰IS,韩KR,澳AU,格GE,毛MU,东盟^{R}AS^R,澳^{R}AU^R,日^{R}JP^R,新西兰^{R}NZ^R,柬KH,港HK,澳门MO,韩^{R}KR^R	0 受惠国LD	11
1049	1302.1940	---银杏的 ---Of ginkgo	9.5	0	东盟AS,智CL,新西兰NZ,新加坡SG,秘PE,哥CR,瑞CH,冰IS,澳AU,格GE,毛MU,柬KH,港HK,澳门MO	0 受惠国LD	80
				7.1	亚太AP		
				8	韩KR		
				15	巴PK		
				16	东盟^{R}AS^R,澳^{R}AU^R,新西兰^{R}NZ^R,韩^{R}KR^R		
				17.5	日^{R}JP^R		
1050	1302.1990	---其他 ---Other	9.5	0	东盟AS,智CL,巴PK,新西兰NZ,新加坡SG,秘PE,哥CR,瑞CH,冰IS,澳AU,格GE,毛MU,柬KH,港HK,澳门MO	0 受惠国LD	80
				7.1	亚太AP		
				8	韩KR		
				17.3	东盟^{R}AS^R,韩^{R}KR^R		
				17.5	日^{R}JP^R		
				18	澳^{R}AU^R,新西兰^{R}NZ^R		
1051	1302.2000	-果胶、果胶酸盐及果胶酸酯 -Pectic substances, pectinates and pectates	20	0	东盟AS,智CL,新西兰NZ,新加坡SG,秘PE,哥CR,瑞CH,冰IS,澳AU,格GE,毛MU,柬KH,港HK,澳门MO	0 受惠国LD	80
				8	韩KR		
				16	东盟^{R}AS^R,澳^{R}AU^R,新西兰^{R}NZ^R,韩^{R}KR^R		
				17.5	日^{R}JP^R		
		-从植物产品制得的胶液及增稠剂,不论是否改性: -Mucilages and thickeners, whether or not modified, derived from vegetable products:					
1052	1302.3100	--琼脂 --Agar-agar	10	0	东盟AS,智CL,新西兰NZ,新加坡SG,秘PE,哥CR,瑞CH,冰IS,澳AU,格GE,毛MU,东盟^{R}AS^R,澳^{R}AU^R,新西兰^{R}NZ^R,柬KH,港HK,澳门MO	0 受惠国LD	80
				1	韩KR		
				3	巴PK		
				8	韩^{R}KR^R		
				8.2	日^{R}JP^R		

序号 No.	税则号列 Tariff Line	货品名称 Article Description	最惠国税率 MFN(%)		协定税率 Agreement(%)	特惠税率 SP(%)	普通税率 Gen(%)
1053	1302.3200	--从刺槐豆、刺槐豆子或瓜尔豆制得的胶液及增稠剂，不论是否改性 --Mucilages and thickeners, whether or not modified, derived from locust beans locust bean seeds or guar seeds	10	0	东盟AS,智CL,巴PK,新西兰NZ,新加坡SG,秘PE,哥CR,瑞CH,冰IS,澳AU,格GE,毛MU,柬KH,港HK,澳门MO	0 受惠国LD	80
				1.5	韩KR		
				6.7	亚太AP		
				12	东盟^{R}AS^R,澳^{R}AU^R,新西兰^{R}NZ^R,韩^{R}KR^R		
				12.3	日^{R}JP^R		
		--其他： --Other:					
		---海草及其他藻类制品： ---Preparations of seaweeds and other algae:					
1054	1302.3911	----卡拉胶 ----Carrageenan	8	0	东盟AS,智CL,新西兰NZ,新加坡SG,秘PE,哥CR,瑞CH,冰IS,澳AU,格GE,毛MU,东盟^{R}AS^R,澳^{R}AU^R,新西兰^{R}NZ^R,柬KH,港HK,澳门MO	0 受惠国LD	80
				1.5	韩KR		
				12	巴PK,韩^{R}KR^R		
				12.3	日^{R}JP^R		
1055	1302.3912	----褐藻胶 ----Algin	8	0	东盟AS,智CL,新西兰NZ,新加坡SG,秘PE,哥CR,瑞CH,冰IS,澳AU,格GE,毛MU,东盟^{R}AS^R,澳^{R}AU^R,新西兰^{R}NZ^R,柬KH,港HK,澳门MO	0 受惠国LD	80
				1.5	韩KR		
				12	巴PK,韩^{R}KR^R		
				12.3	日^{R}JP^R		
1056	1302.3919	----其他 ----Other	8	0	东盟AS,智CL,新西兰NZ,新加坡SG,哥CR,瑞CH,冰IS,澳AU,格GE,毛MU,东盟^{R}AS^R,澳^{R}AU^R,新西兰^{R}NZ^R,柬KH,港HK,澳门MO	0 受惠国LD	80
				1.5	韩KR		
				2.6	秘PE		
				12	巴PK,韩^{R}KR^R		
				12.3	日^{R}JP^R		
1057	1302.3990	---其他 ---Other	8	0	东盟AS,智CL,新西兰NZ,新加坡SG,秘PE,哥CR,瑞CH,冰IS,澳AU,格GE,毛MU,东盟^{R}AS^R,澳^{R}AU^R,新西兰^{R}NZ^R,柬KH,港HK,澳门MO	0 受惠国LD	80
				1.5	韩KR		
				12	巴PK,韩^{R}KR^R		
				12.3	日^{R}JP^R		

第十四章
编结用植物材料；
其他植物产品

Chapter 14
Vegetable plaiting materials; vegetable products not elsewhere specified or included

注释：

一、本章不包括归入第十一类的下列产品：

　　主要供纺织用的植物材料或植物纤维，不论其加工程度如何；或经过处理使其只能作为纺织原料用的其他植物材料。

二、税目14.01主要包括竹（不论是否劈开、纵锯、切段、圆端、漂白、磨光、染色或进行不燃处理）、劈开的柳条、芦苇及类似品和藤心、藤丝、藤片。但不包括木片条（税目44.04）。

三、税目14.04不包括木丝（税目44.05）及供制帚、制刷用成束、成簇的材料（税目96.03）。

Notes:

1. This Chapter does not cover the following products which are to be classified in Section XI:
Vegetable materials or fibres of vegetable materials of a kind used primarily in the manufacture of textiles, however prepared, or other vegetable materials which have undergone treatment so as to render them suitable for use only as textile materials.

2. Heading 14.01 applies, inter alia, to bamboos (whether or not split, sawn lengthwise, cut to length, rounded at the ends, bleached, rendered non-in-flammable, polished or dyed), split osier, reeds and the like, to rattan cores and to drawn or split rattans.The heading does not apply to chip-wood (heading 44.04).

3. Heading 14.04 does not apply to wood wool (heading 44.05) and prepared knots or tufts for broom or brush making (heading 96.03).

序号 No.	税则号列 Tariff Line	货品名称 Article Description	最惠国税率 MFN(%)	协定税率 Agreement(%)		特惠税率 SP(%)	普通税率 Gen(%)
	14.01	主要作编结用的植物材料（例如，竹、藤、芦苇、灯芯草、柳条、酒椰叶，已净、漂白或染色的谷类植物的茎秆，椴树皮）： Vegetable materials of a kind used primarily for plaiting (for example, bamboos, rattans, reeds, rushes, osier, raffia, cleaned, bleached or dyed cereal straw, and lime bark):					
1058	1401.1000	-竹 -Bamboos	10	0	东盟AS,智CL,新西兰NZ,新加坡SG,秘PE,哥CR,瑞CH,冰IS,澳AU,格GE,毛MU,东盟ᴿASᴿ,澳ᴿAUᴿ,新西兰ᴿNZᴿ,柬KH,港HK,澳门MO	0 受惠国LD,柬KH,老LA	70
				1	韩KR		
				3	巴PK		
				8	韩ᴿKRᴿ		
				8.2	日ᴿJPᴿ		
1059	1401.2000	-藤 -Rattans	10	0	东盟AS,智CL,新西兰NZ,新加坡SG,秘PE,哥CR,瑞CH,冰IS,澳AU,格GE,毛MU,柬KH,港HK,澳门MO	0 受惠国LD,柬KH,老LA	35
				1	韩KR		
				3	巴PK		
				8	东盟ᴿASᴿ,澳ᴿAUᴿ,新西兰ᴿNZᴿ,韩ᴿKRᴿ		
				8.2	日ᴿJPᴿ		

序号 No.	税则号列 Tariff Line	货品名称 Article Description	最惠国税率 MFN(%)	协定税率 Agreement(%)		特惠税率 SP(%)		普通税率 Gen(%)
		-其他： -Other:						
1060	1401.9010	---谷类植物的茎秆（麦秸除外） ---Cereal straw (other than wheat straw)	10	0	东盟AS,智CL,新西兰NZ,新加坡SG,秘PE,哥CR,瑞CH,冰IS,澳AU,格GE,毛MU,东盟^RAS^R,澳^RAU^R,新西兰^RNZ^R,柬KH,港HK,澳门MO	0	受惠国LD,柬KH	70
				1	韩KR			
				3	巴PK			
				8	韩^RKR^R			
				8.2	日^RJP^R			
1061	1401.9020	---芦苇 ---Reeds	10	0	东盟AS,智CL,新西兰NZ,新加坡SG,秘PE,哥CR,瑞CH,冰IS,澳AU,格GE,毛MU,东盟^RAS^R,澳^RAU^R,新西兰^RNZ^R,柬KH,港HK,澳门MO	0	受惠国LD,柬KH	70
				1	韩KR			
				3	巴PK			
				8	韩^RKR^R			
				8.2	日^RJP^R			
		---灯芯草属： ---Rushes:						
1062	1401.9031	----蔺草 ----Mat rush	10	0	东盟AS,智CL,新西兰NZ,新加坡SG,秘PE,哥CR,瑞CH,冰IS,澳AU,格GE,毛MU,东盟^RAS^R,澳^RAU^R,新西兰^RNZ^R,柬KH,港HK,澳门MO	0	受惠国LD,柬KH	70
				1	韩KR			
				3	巴PK			
				8	韩^RKR^R			
				8.2	日^RJP^R			
1063	1401.9039	----其他 ----Other	10	0	东盟AS,智CL,新西兰NZ,新加坡SG,秘PE,哥CR,瑞CH,冰IS,澳AU,格GE,毛MU,东盟^RAS^R,澳^RAU^R,新西兰^RNZ^R,柬KH,港HK,澳门MO	0	受惠国LD,柬KH	70
				1	韩KR			
				3	巴PK			
				8	韩^RKR^R			
				8.2	日^RJP^R			

序号 No.	税则号列 Tariff Line	货品名称 Article Description	最惠国税率 MFN(%)	协定税率 Agreement(%)		特惠税率 SP(%)		普通税率 Gen(%)
1064	1401.9090	---其他 ---Other	10	0	东盟AS,智CL,新西兰NZ,新加坡SG,秘PE,哥CR,瑞CH,冰IS,澳AU,格GE,毛MU,东盟^RAS^R,澳^RAU^R,新西兰^RNZ^R,柬KH,港HK,澳门MO	0	受惠国LD,柬KH	70
				1	韩KR			
				3	巴PK			
				8	韩^RKR^R			
				8.2	日^RJP^R			
14.04		**其他税目未列名的植物产品:** **Vegetable products not elsewhere specified or included:**						
1065	1404.2000	-棉短绒 -Cotton linters	4	0	东盟AS,智CL,巴PK,新西兰NZ,秘PE,哥CR,瑞CH,冰IS,韩KR,澳AU,格GE,毛MU,东盟^RAS^R,日^RJP^R,柬KH,港HK,澳门MO,韩^RKR^R	0	受惠国LD	30
				3.2	澳^RAU^R,新西兰^RNZ^R			
		-其他: -Other:						
1066	1404.9010	---主要供染料、鞣料用的植物原料 ---Raw vegetable materials of a kind used primarily in dyeing or tanning	5	0	东盟AS,智CL,巴PK,新西兰NZ,秘PE,哥CR,瑞CH,冰IS,韩KR,澳AU,格GE,毛MU,东盟^RAS^R,澳^RAU^R,新西兰^RNZ^R,柬KH,港HK,澳门MO,韩^RKR^R	0	受惠国LD	45
				4.1	日^RJP^R			
				4.3	亚太AP			
1067	1404.9090	---其他 ---Other	15	0	东盟AS,智CL,巴PK,新西兰NZ,新加坡SG,秘PE,哥CR,瑞CH,冰IS,澳AU,格GE,毛MU,柬KH,港HK,澳门MO	0	受惠国LD	70
				1.5	韩KR			
				12	东盟^RAS^R,澳^RAU^R,新西兰^RNZ^R,韩^RKR^R			
				12.3	日^RJP^R			
	ex14049090	椰糠（条/块） Coconut coir, in bars, slabs or blocks	Δ4					

第三类
动、植物或微生物油、脂及其分解产品；
精制的食用油脂；动、植物蜡

SECTION Ⅲ
ANIMAL, VEGETABLE OR MICROBIAL FATS AND OILS AND THEIR CLEAVAGE PRODUCTS; PREPARED EDIBLE FATS;ANIMAL OR VEGETABLE WAXES

第十五章
动、植物或微生物油、脂及其分解产品；
精制的食用油脂；动、植物蜡

Chapter 15
Animal, vegetable or microbial fats and oils and their cleavage products; prepared edible fats; animal or vegetable waxes

注释：

一、本章不包括：
  （一）税目 02.09 的猪脂肪及家禽脂肪；
  （二）可可脂、可可油（税目 18.04）；
  （三）按重量计税目 04.05 所列产品的含量超过 15% 的食品（通常归入第二十一章）；
  （四）税目 23.01 的油渣或税目 23.04 至 23.06 的残渣；
  （五）第六类的脂肪酸、精制蜡、药品、油漆、清漆、肥皂、芳香料制品、化妆盥洗品、磺化油及其他货品；或
  （六）从油类提取的油膏（税目 40.02）。

二、税目 15.09 不包括用溶剂提取的橄榄油（税目 15.10）。

三、税目 15.18 不包括变性的油、脂及其分离品，这些货品应归入其相应的未变性油、脂及其分离品的税目。

四、皂料、油脚、硬脂沥青、甘油沥青及羊毛脂残渣，归入税目 15.22。

子目注释：

一、子目 1509.30 所称"初榨油橄榄油"，游离酸度（以油酸计）不超过 2.0 克 /100 克，可根据《食品法典标准》（33-1981）与其他初榨油橄榄油类别加以区分。

二、子目 1514.11 及 1514.19 所称"低芥子酸菜子油"，是指按重量计芥子酸含量低于 2% 的固定油。

Notes:

1. This Chapter does not cover:
  (a) Pig fat or poultry fat of heading 02.09;
  (b) Cocoa butter, fat or oil (heading 18.04);
  (c) Edible preparations containing by weight more than 15% of the products of heading 04.05 (generally Chapter 21);
  (d) Greaves (heading 23.01) or residues of headings 23.04 to 23.06;
  (e) Fatty acids, prepared waxes, medicaments, paints, varnishes, soap, perfumery, cosmetic or toilet preparations, sulphonated oils or other goods of SectionVI; or
  (f) Factice derived from oils (heading 40.02).
2. Heading 15.09 does not apply to oils obtained from olives by solvent extraction (heading 15.10).
3. Heading 15.18 does not cover fats or oils or their fractions, merely denatured, which are to be classified in the heading appropriate to the corresponding undenatured fats and oils and their fractions.
4. Soap-stocks, oil foots and dregs, stearin pitch, glycerol pitch and wool grease residues fall in heading 15.22.

Subheading Notes:

1. For the purposes of subheading 1509.30, virgin olive oil has a free acidity expressed as oleic acid not exceeding 2.0 g/100 g and can be distinguished from the other virgin olive oil categories according to the characteristics indicated in the Codex Alimentarius Standard 33-1981.
2. For the purposes of subheadings 1514.11 and 1514.19, the expression "low erucic acid rape of colza oil" means the fixed oil which has an erucic acid content of less than 2% by weight.

序号 No.	税则号列 Tariff Line	货品名称 Article Description	最惠国税率 MFN(%)	协定税率 Agreement(%)	特惠税率 SP(%)	普通税率 Gen(%)
	15.01	猪脂肪（包括已炼制的猪油）及家禽脂肪，但税目02.09及15.03的货品除外： Pig fat (including lard) and poultry fat, other than that of heading 02.09 or 15.03:				

序号 No.	税则号列 Tariff Line	货品名称 Article Description	最惠国税率 MFN(%)	协定税率 Agreement(%)		特惠税率 SP(%)	普通税率 Gen(%)
1068	1501.1000	-猪油 -Lard	10	0	东盟AS,智CL,新西兰NZ,新加坡SG,秘PE,哥CR,瑞CH,冰IS,澳AU,格GE,毛MU,东盟^RAS^R,澳^RAU^R,新西兰^RNZ^R,柬KH,港HK,澳门MO	0 受惠国LD	35
				1	韩KR		
				8	韩^RKR^R		
				8.2	日^RJP^R		
1069	1501.2000	-其他猪脂肪 -Other pig fat	10	0	东盟AS,智CL,新西兰NZ,新加坡SG,秘PE,哥CR,瑞CH,冰IS,澳AU,格GE,毛MU,东盟^RAS^R,澳^RAU^R,新西兰^RNZ^R,柬KH,港HK,澳门MO	0 受惠国LD	35
				1	韩KR		
				8	韩^RKR^R		
				8.2	日^RJP^R		
1070	1501.9000	-其他 -Other	10	0	东盟AS,智CL,新西兰NZ,新加坡SG,秘PE,哥CR,瑞CH,冰IS,澳AU,格GE,毛MU,东盟^RAS^R,澳^RAU^R,新西兰^RNZ^R,柬KH,港HK,澳门MO	0 受惠国LD	35
				1	韩KR		
				8	韩^RKR^R		
				8.2	日^RJP^R		
	15.02	牛、羊脂肪, 但税目15.03的货品除外: **Fats of bovine animals, sheep or goats, other than those of heading 15.03:**					
1071	1502.1000	-牛、羊油脂 -Tallow	8△2	0	亚太AP,东盟AS,智CL,巴PK,新西兰NZ,秘PE,哥CR,瑞CH,冰IS,韩KR,澳AU,格GE,毛MU,东盟^RAS^R,澳^RAU^R,新西兰^RNZ^R,柬KH,港HK,澳门MO,韩^RKR^R	0 受惠国LD	30
				6.5	日^RJP^R		
1072	1502.9000	-其他 -Other	8△4	0	亚太AP,东盟AS,智CL,巴PK,新西兰NZ,秘PE,哥CR,瑞CH,冰IS,韩KR,澳AU,格GE,毛MU,柬KH,港HK,澳门MO	0 受惠国LD	70
				6.4	东盟^RAS^R,澳^RAU^R,新西兰^RNZ^R,韩^RKR^R		
				6.5	日^RJP^R		
	15.03	猪油硬脂、液体猪油、油硬脂、食用或非食用脂油, 未经乳化、混合或其他方法制作: **Lard stearin, lard oil, oleostearin, oleo oil and tallow oil, not emulsified or mixed or otherwise prepared:**					

序号 No.	税则号列 Tariff Line	货品名称 Article Description	最惠国税率 MFN(%)	协定税率 Agreement(%)		特惠税率 SP(%)	普通税率 Gen(%)
1073	1503.0000	猪油硬脂、液体猪油、油硬脂、食用或非食用脂油，未经乳化、混合或其他方法制作 Lard stearin, lard oil, oleostearin, oleo oil and tallow oil, not emulsified or mixed or otherwise prepared	10	0	东盟AS,智CL,新西兰NZ,新加坡SG,秘PE,哥CR,瑞CH,冰IS,澳AU,格GE,毛MU,东盟^RAS^R,澳^RAU^R,新西兰^RNZ^R,柬KH,港HK,澳门MO	0 受惠国LD	30
				1	韩KR		
				8	韩^RKR^R		
				8.2	日^RJP^R		
	15.04	鱼或海生哺乳动物的油、脂及其分离品，不论是否精制，但未经化学改性： Fats and oils and their fractions, of fish or marine mammals, whether or not refined, but not chemically modified:					
1074	1504.1000	-鱼肝油及其分离品 -Fish-liver oils and their fractions	12	0	东盟AS,智CL,新西兰NZ,新加坡SG,秘PE,哥CR,瑞CH,冰IS,澳AU,格GE,毛MU,东盟^RAS^R,澳^RAU^R,新西兰^RNZ^R,柬KH,港HK,澳门MO	0 受惠国LD	30
				1.2	韩KR		
				9.6	韩^RKR^R		
				9.8	日^RJP^R		
1075	1504.2000	-除鱼肝油以外的鱼油、脂及其分离品 -Fats and oils and their fractions, of fish, other than liver oils	12	0	东盟AS,智CL,新西兰NZ,新加坡SG,秘PE,哥CR,冰IS,澳AU,格GE,柬KH,港HK,澳门MO	0 受惠国LD	50
				1.2	韩KR		
				4.8	瑞CH,毛MU		
				9.6	东盟^RAS^R,澳^RAU^R,新西兰^RNZ^R,韩^RKR^R		
				9.8	日^RJP^R		
	ex15042000	鱼油软胶囊 Fish oil capsule	Δ6				
1076	1504.3000	-海生哺乳动物的油、脂及其分离品 -Fats and oils and their fractions of marine mammals	14	0	东盟AS,智CL,新西兰NZ,新加坡SG,秘PE,哥CR,瑞CH,冰IS,澳AU,格GE,毛MU,东盟^RAS^R,澳^RAU^R,新西兰^RNZ^R,柬KH,港HK,澳门MO	0 受惠国LD	50
				1.4	韩KR		
				11.5	韩^RKR^R		
				11.8	日^RJP^R		
	15.05	羊毛脂及从羊毛脂制得的脂肪物质（包括纯净的羊毛脂）： Wool grease and fatty substances derived therefrom (including lanolin):					
1077	1505.0000	羊毛脂及从羊毛脂制得的脂肪物质（包括纯净的羊毛脂） Wool grease and fatty substances derived therefrom (including lanolin)	20	0	东盟AS,智CL,新西兰NZ,新加坡SG,秘PE,哥CR,瑞CH,冰IS,澳AU,格GE,毛MU,柬KH,港HK,澳门MO	0 受惠国LD	70
				8	韩KR		
				16	东盟^RAS^R,澳^RAU^R,新西兰^RNZ^R,韩^RKR^R		
				17.5	日^RJP^R		

序号 No.	税则号列 Tariff Line	货品名称 Article Description	最惠国税率 MFN(%)	协定税率 Agreement(%)		特惠税率 SP(%)	普通税率 Gen(%)
	15.06	其他动物油、脂及其分离品, 不论是否精制, 但未经化学改性: **Other animal fats and oils and their fractions, whether or not refined, but not chemically modified:**					
1078	1506.0000	其他动物油、脂及其分离品, 不论是否精制, 但未经化学改性 Other animal fats and oils and their fractions, whether or not refined, but not chemically modified	20	0 8 16 17.5	东盟AS,智CL,新西兰NZ,新加坡SG,秘PE,哥CR,瑞CH,冰IS,澳AU,格GE,毛MU,柬KH,港HK,澳门MO 韩KR 东盟[R]AS[R],澳[R]AU[R],新西兰[R]NZ[R],韩[R]KR[R] 日[R]JP[R]	0 受惠国LD	70
	15.07	豆油及其分离品, 不论是否精制, 但未经化学改性: **Soya-bean oil and its fractions, whether or not refined, but not chemically modified:**					
1079	1507.1000	-初榨的, 不论是否脱胶 -Crude oil whether or not degummed	9	0	港HK,澳门MO		190
1080	1507.9000	-其他 -Other	9	0	港HK,澳门MO		190
	15.08	花生油及其分离品, 不论是否精制, 但未经化学改性: **Groundnut oil and its fractions, whether or not refined, but not chemically modified:**					
1081	1508.1000	-初榨的 -Crude oil	10	0	东盟AS,新加坡SG,柬KH,港HK,澳门MO	0 受惠国₂LD₂	100
1082	1508.9000	-其他 -Other	10	0	东盟AS,新加坡SG,柬KH,港HK,澳门MO	0 受惠国₂LD₂	100
	15.09	油橄榄油及其分离品, 不论是否精制, 但未经化学改性: **Olive oil and its fractions, whether or not refined, but not chemically modified:**					
1083	1509.2000	-特级初榨油橄榄油 -Extra virgin olive oil	10	0 1	东盟AS,智CL,新西兰NZ,新加坡SG,秘PE,哥CR,瑞CH,冰IS,柬KH,港HK,澳门MO 韩KR	0 受惠国LD	30
1084	1509.3000	-初榨油橄榄油 -Virgin olive oil	10	0 1	东盟AS,智CL,新西兰NZ,新加坡SG,秘PE,哥CR,瑞CH,冰IS,柬KH,港HK,澳门MO 韩KR	0 受惠国LD	30
1085	1509.4000	-其他初榨油橄榄油 -Other virgin olive oils	10	0 1	东盟AS,智CL,新西兰NZ,新加坡SG,秘PE,哥CR,瑞CH,冰IS,柬KH,港HK,澳门MO 韩KR	0 受惠国LD	30

序号 No.	税则号列 Tariff Line	货品名称 Article Description	最惠国税率 MFN(%)	协定税率 Agreement(%)		特惠税率 SP(%)	普通税率 Gen(%)
1086	1509.9000	-其他 -Other	10	0	东盟AS,智CL,新西兰NZ,新加坡SG,秘PE,哥CR,瑞CH,冰IS,柬KH,港HK,澳门MO	0 受惠国LD	30
				1	韩KR		
	15.10	**其他橄榄油及其分离品,不论是否精制,但未经化学改性,包括掺有税目15.09的油或分离品的混合物:** **Other oils and their fractions, obtained solely from olives, whether or not refined,but not chemically modified, including blends of these oils or fractions with oils or fractions of heading 15.09:**					
1087	1510.1000	-粗提油橄榄果渣油 -Crude olive pomace oil	10	0	东盟AS,智CL,新西兰NZ,新加坡SG,秘PE,哥CR,瑞CH,冰IS,柬KH,港HK,澳门MO	0 受惠国LD	30
				1	韩KR		
1088	1510.9000	-其他 -Other	10	0	东盟AS,智CL,新西兰NZ,新加坡SG,秘PE,哥CR,瑞CH,冰IS,柬KH,港HK,澳门MO	0 受惠国LD	30
				1	韩KR		
	15.11	**棕榈油及其分离品,不论是否精制,但未经化学改性:** **Palm oil and its fractions, whether or not refined, but not chemically modified:**					
1089	1511.1000	-初榨的 -Crude oil	9	0	港HK,澳门MO		60
		-其他: -Other:					
1090	1511.9010	---棕榈液油(熔点19摄氏度-24摄氏度) ---Palm olein(melting point:19℃-24℃)	9	0	港HK,澳门MO		60
1091	1511.9020	---棕榈硬脂(熔点44摄氏度-56摄氏度) ---Palm stearin(melting point: 44℃-56℃)	8	0	港HK,澳门MO		60
	ex15119020	固态棕榈硬脂(50摄氏度≤熔点≤56摄氏度) Solid palm stearin (50℃≤melting point≤56℃)	Δ2				
1092	1511.9090	---其他 ---Other	9	0	港HK,澳门MO		60
	15.12	**葵花油、红花油或棉子油及其分离品,不论是否精制,但未经化学改性:** **Sunflower-seed, safflower or cotton-seed oil and fractions thereof, whether or not refined, but not chemically modified:**					
		-葵花油或红花油及其分离品: -Sunflower-seed or safflower oil and fractions thereof:					

序号 No.	税则号列 Tariff Line	货品名称 Article Description	最惠国税率 MFN(%)	协定税率 Agreement(%)		特惠税率 SP(%)	普通税率 Gen(%)
1093	1512.1100	--初榨的 --Crude oil	9	0	东盟AS,柬KH,港HK,澳门MO	0 受惠国$_2$LD$_2$	160
1094	1512.1900	--其他 --Other	9	0	东盟AS,柬KH,港HK,澳门MO	0 受惠国$_2$LD$_2$	160
		-棉子油及其分离品: -Cotton-seed oil and its fractions:					
1095	1512.2100	--初榨的, 不论是否去除棉子酚 --Crude oil, whether or not gossypol has been removed	10	0	东盟AS,新加坡SG,柬KH,港HK, 澳门MO	0 受惠国$_2$LD$_2$	70
1096	1512.2900	--其他 --Other	10	0	东盟AS,新加坡SG,柬KH,港HK, 澳门MO	0 受惠国$_2$LD$_2$	70
	15.13	椰子油、棕榈仁油或巴巴苏棕榈果油及 其分离品, 不论是否精制, 但未经化学 改性: Coconut (copra), palm kernel or babassu oil and fractions thereof, whether or not refined, but not chemically modified:					
		-椰子油及其分离品: -Coconut (copra) oil and its fractions:					
1097	1513.1100	--初榨的 --Crude oil	9	0 4.5 8.1 8.6	东盟AS,智CL,新西兰NZ,秘PE, 哥CR,瑞CH,冰IS,韩KR,柬KH, 港HK,澳门MO 亚太AP,巴PK 东盟^{R}AS^R,日^{R}JP^R,韩^{R}KR^R 澳^{R}AU^R,新西兰^{R}NZ^R	0 受惠国LD	40
1098	1513.1900	--其他 --Other	9	0 4.5 8.1 8.6	东盟AS,智CL,新西兰NZ,秘PE, 哥CR,瑞CH,冰IS,韩KR,柬KH, 港HK,澳门MO 亚太AP,巴PK 东盟^{R}AS^R,日^{R}JP^R,韩^{R}KR^R 澳^{R}AU^R,新西兰^{R}NZ^R	0 受惠国LD	40
		-棕榈仁油或巴巴苏棕榈果油及其分 离品: -Palm kernel or babassu oil and fractions thereof:					
1099	1513.2100	--初榨的 --Crude oil	9	0	东盟AS,智CL,新西兰NZ,秘PE, 哥CR,瑞CH,冰IS,韩KR,柬KH, 港HK,澳门MO	0 受惠国LD	40
1100	1513.2900	--其他 --Other	9	0	东盟AS,智CL,新西兰NZ,秘PE, 哥CR,瑞CH,冰IS,韩KR,柬KH, 港HK,澳门MO	0 受惠国LD	40
	15.14	菜子油或芥子油及其分离品, 不论是否 精制, 但未经化学改性: Rape, colza or mustard oil and fractions thereof, whether or not refined, but not chemically modified:					
		-低芥子酸菜子油及其分离品: -Low-erucic-acid rape or colza oil and its fractions:					

序号 No.	税则号列 Tariff Line	货品名称 Article Description	最惠国税率 MFN(%)		协定税率 Agreement(%)	特惠税率 SP(%)		普通税率 Gen(%)
1101	1514.1100	--初榨的 --Crude oil	9	0	港HK,澳门MO			170
1102	1514.1900	--其他 --Other	9	0	港HK,澳门MO			170
		-其他: -Other:						
		--初榨的: --Crude oil:						
1103	1514.9110	---菜子油 ---Rape oil	9	0 9	港HK,澳门MO 东盟AS			170
1104	1514.9190	---芥子油 ---Mustard oil	9	0	港HK,澳门MO			170
1105	1514.9900	--其他 --Other	9	0 9	港HK,澳门MO 东盟AS			170
	15.15	其他固定植物或微生物油、脂(包括希蒙得木油)及其分离品,不论是否精制,但未经化学改性: **Other fixed vegetable or microbial fats and oils (including jojoba oil) and their fractions, whether or not refined, but not chemically modified:**						
		-亚麻子油及其分离品: -Linseed oil and its fractions:						
1106	1515.1100	--初榨的 --Crude oil	15	0 1.5	东盟AS,智CL,新西兰NZ,新加坡SG,秘PE,哥CR,瑞CH,冰IS,柬KH,港HK,澳门MO 韩KR	0	受惠国LD	30
1107	1515.1900	--其他 --Other	15	0 1.5	东盟AS,智CL,新西兰NZ,新加坡SG,秘PE,哥CR,瑞CH,冰IS,柬KH,港HK,澳门MO 韩KR	0	受惠国LD	30
		-玉米油及其分离品: -Maize (corn) oil and its fractions:						
1108	1515.2100	--初榨的 --Crude oil	10	0	东盟AS,新加坡SG,柬KH,港HK,澳门MO	0	受惠国LD,柬KH,老LA	160
1109	1515.2900	--其他 --Other	10	0	东盟AS,新加坡SG,柬KH,港HK,澳门MO	0	受惠国LD,柬KH,老LA	160
1110	1515.3000	-蓖麻油及其分离品 -Castor oil and its fractions	10	0 1 8.2 10	东盟AS,智CL,新西兰NZ,新加坡SG,秘PE,哥CR,瑞CH,冰IS,澳AU,东盟^{R}AS^R,澳^{R}AU^R,新西兰^{R}NZ^R,柬KH,港HK,澳门MO 韩KR 日^{R}JP^R 韩^{R}KR^R	0	受惠国LD,柬KH,老LA	70

序号 No.	税则号列 Tariff Line	货品名称 Article Description	最惠国税率 MFN(%)	协定税率 Agreement(%)		特惠税率 SP(%)		普通税率 Gen(%)
1111	1515.5000	-芝麻油及其分离品 -Sesame oil and its fractions	12	0	东盟AS,智CL,新西兰NZ,新加坡SG,秘PE,哥CR,瑞CH,冰IS,澳AU,东盟^{R}AS^R,澳^{R}AU^R,新西兰^{R}NZ^R,柬KH,港HK,澳门MO	0	受惠国LD,柬KH,老LA	20
				1.2	韩KR			
				9.6	韩^{R}KR^R			
				9.8	日^{R}JP^R			
1112	1515.6000	-微生物油、脂及其分离品 -Microbial fats and oils and their fractions	20	0	东盟AS,智CL,新西兰NZ,新加坡SG,哥CR,瑞CH,冰IS,澳AU,柬KH,港HK,澳门MO	0	受惠国LD,柬KH,老LA,缅MM	70
				5	东盟^{R}AS^R,澳^{R}AU^R,新西兰^{R}NZ^R			
		-其他: -Other:						
1113	1515.9010	---希蒙得木油及其分离品 ---Jojoba oil and its fractions	20	0	东盟AS,智CL,新西兰NZ,新加坡SG,哥CR,瑞CH,冰IS,澳AU,柬KH,港HK,澳门MO	0	受惠国LD,柬KH	70
				8	韩KR			
				16	东盟^{R}AS^R,澳^{R}AU^R,新西兰^{R}NZ^R,韩^{R}KR^R			
				17.5	日^{R}JP^R			
1114	1515.9020	---印棟油及其分离品 ---Neemoil and its fractions	20	0	东盟AS,智CL,新西兰NZ,新加坡SG,哥CR,瑞CH,冰IS,澳AU,柬KH,港HK,澳门MO	0	受惠国LD	70
				8	韩KR			
				16	东盟^{R}AS^R,澳^{R}AU^R,新西兰^{R}NZ^R,韩^{R}KR^R			
				17.5	日^{R}JP^R			
1115	1515.9030	---桐油及其分离品 ---Tung oil and its fractions	20	0	东盟AS,智CL,新西兰NZ,新加坡SG,哥CR,瑞CH,冰IS,澳AU,柬KH,港HK,澳门MO	0	受惠国LD,柬KH	70
				8	韩KR			
				16	东盟^{R}AS^R,澳^{R}AU^R,新西兰^{R}NZ^R,韩^{R}KR^R			
				17.5	日^{R}JP^R			
1116	1515.9040	---茶籽油及其分离品 ---Camellia seed oil and its fractions	20	0	东盟AS,智CL,新西兰NZ,新加坡SG,哥CR,瑞CH,冰IS,澳AU,柬KH,港HK,澳门MO	0	受惠国LD,柬KH,老LA,缅MM	70
				5	东盟^{R}AS^R,澳^{R}AU^R,新西兰^{R}NZ^R			
1117	1515.9090	---其他 ---Other	20	0	东盟AS,智CL,新西兰NZ,新加坡SG,哥CR,瑞CH,冰IS,澳AU,柬KH,港HK,澳门MO	0	受惠国LD,柬KH,老LA,缅MM	70
				5	东盟^{R}AS^R,澳^{R}AU^R,新西兰^{R}NZ^R			
	15.16	动、植物或微生物油、脂及其分离品,全部或部分氢化、相互酯化、再酯化或反油酸化,不论是否精制,但未经进一步加工: Animal, vegetable or microbial fats and oils and their fractions, partly or wholly hydrogenated, inter-esterified, re-esterified or elaidinised, whether or not refined, but not further prepared:						

序号 No.	税则号列 Tariff Line	货品名称 Article Description	最惠国税率 MFN(%)		协定税率 Agreement(%)	特惠税率 SP(%)	普通税率 Gen(%)
1118	1516.1000	-动物油、脂及其分离品 -Animal fats and oils and fractions 　thereof	5	0	东盟AS,智CL,新西兰NZ,秘PE, 哥CR,瑞CH,冰IS,韩KR,澳AU, 格GE,毛MU,东盟^{R}AS^R,澳^{R}AU^R, 日^{R}JP^R,新西兰^{R}NZ^R,柬KH,港 HK,澳门MO,韩^{R}KR^R	0 受惠国LD	70
1119	1516.2000	-植物油、脂及其分离品 -Vegetable fats and oils and fractions 　thereof	25	0	东盟AS,智CL,巴PK,新西兰NZ, 秘PE,哥CR,冰IS,澳AU,柬KH,港 HK,澳门MO	0 受惠国LD	70
				5	东盟^{R}AS^R,澳^{R}AU^R,新西兰^{R}NZ^R		
				10	毛MU		
1120	1516.3000	-微生物油、脂及其分离品 -Microbial fats and oils and their 　fractions	25	0	东盟AS,智CL,巴PK,新西兰NZ, 秘PE,哥CR,冰IS,澳AU,柬KH,港 HK,澳门MO	0 受惠国LD	70
				5	东盟^{R}AS^R,澳^{R}AU^R,新西兰^{R}NZ^R		
				10	毛MU		
	15.17	**人造黄油；本章各种动、植物或微生物 油、脂及其分离品混合制成的食用油、 脂或制品，但税目15.16的食用油、脂及 其分离品除外：** **Margarine; edible mixtures or preparations of animal, vegetable or microbial fats or oils or of fractions of different fats or oils of this Chapter, other than edible fats and oils or their fractions of heading 15.16:**					
1121	1517.1000	-人造黄油，但不包括液态的 -Margarine, excluding liquid margarine	30	0	东盟AS,智CL,新西兰NZ,新加坡 SG,哥CR,澳AU,柬KH,港HK,澳 门MO	0 受惠国$_2$LD$_2$	80
				12	毛MU		
				27	东盟^{R}AS^R,澳^{R}AU^R,新西兰^{R}NZ^R		
				27.1	日^{R}JP^R		
				30	韩^{R}KR^R		
		-其他： -Other:					
1122	1517.9010	---起酥油 ---Shortening	25	0	东盟AS,智CL,新西兰NZ,秘PE, 哥CR,瑞CH,冰IS,澳AU,柬KH, 港HK,澳门MO	0 受惠国LD	70
				10	毛MU		
				22.5	东盟^{R}AS^R,澳^{R}AU^R,新西兰^{R}NZ^R		
				22.6	日^{R}JP^R		
				25	韩^{R}KR^R		
1123	1517.9090	---其他 ---Other	25	0	东盟AS,智CL,新西兰NZ,秘PE, 哥CR,冰IS,柬KH,港HK,澳门 MO	0 受惠国LD	70
				10	瑞CH		

序号 No.	税则号列 Tariff Line	货品名称 Article Description	最惠国税率 MFN(%)	协定税率 Agreement(%)		特惠税率 SP(%)		普通税率 Gen(%)
	15.18	动、植物或微生物油、脂及其分离品，经过熟练、氧化、脱水、硫制、吹制或在真空、惰性气体中加热聚合及用其他化学方法改性的，但税目15.16的产品除外；本章各种油、脂及其分离品混合制成的其他税目未列名的非食用油、脂或制品： Animal, vegetable or microbial fats and oils and their fractions, boiled, oxidised, dehydrated, sulphurised, blown, polymerised by heat in vacuum or in inert gas or otherwise chemically modified, excluding those of heading 15.16; inedible mixtures or preparations of animal, vegetable or microbial fats or oils or of fractions of different fats or oils of this Chapter, not elsewhere specified or included:						
1124	1518.0000	动、植物或微生物油、脂及其分离品，经过熟炼、氧化、脱水、硫化、吹制或在真空、惰性气体中加热聚合及用其他化学方法改性的，但税目15.16的产品除外；本章各种油、脂及其分离品混合制成的其他税号未列名的非食用油、脂或制品 Animal, vegetable or microbial fats and oils and their fractions, boiled, oxidised, dehydrated, sulphurised, blown, polymerised by heat in vacuum or in inert gas or otherwise chemically modified, excluding those of heading 15.16; inedible mixtures or preparations of animal, vegetable or microbial fats or oils or of fractions of different fats or oils of this Chapter, not elsewhere specified or included	10	0 5.5	东盟AS,智CL,新西兰NZ,新加坡SG,秘PE,哥CR,瑞CH,冰IS,毛MU,柬KH,港HK,澳门MO 韩KR	0	受惠国LD	70
	15.20	粗甘油；甘油水及甘油碱液： Glycerol, crude; glycerol waters and glycerol lyes:						
1125	1520.0000	粗甘油；甘油水及甘油碱液 Glycerol, crude; glycerol waters and glycerol lyes	20Δ6	0 8 17.3 17.5 18	东盟AS,智CL,新西兰NZ,新加坡SG,秘PE,哥CR,瑞CH,冰IS,澳AU,格GE,毛MU,柬KH,港HK,澳门MO 韩KR 东盟^RAS^R,韩^RKR^R 日^RJP^R 澳^RAU^R,新西兰^RNZ^R	0	受惠国LD	50
	15.21	植物蜡（甘油三酯除外）、蜂蜡、其他虫蜡及鲸蜡，不论是否精制或着色： Vegetable waxes (other than triglycerides), beeswax, other insect waxes and spermaceti, whether or not refined or coloured:						

序号 No.	税则号列 Tariff Line	货品名称 Article Description	最惠国税率 MFN(%)	协定税率 Agreement(%)		特惠税率 SP(%)	普通税率 Gen(%)
1126	1521.1000	-植物蜡 -Vegetable waxes	20	0	东盟AS,智CL,新西兰NZ,新加坡SG,秘PE,哥CR,瑞CH,冰IS,澳AU,格GE,毛MU,柬KH,港HK,澳门MO	0　受惠国LD	80
				8	韩KR		
				16	东盟^{R}AS^R,韩^{R}KR^R		
				16.4	日^{R}JP^R		
				18	澳^{R}AU^R,新西兰^{R}NZ^R		
		-其他: -Other:					
1127	1521.9010	---蜂蜡 ---Beeswax	20	0	东盟AS,智CL,新西兰NZ,新加坡SG,秘PE,哥CR,瑞CH,冰IS,澳AU,格GE,毛MU,柬KH,港HK,澳门MO	0　受惠国LD	80
				8	韩KR		
				16	东盟^{R}AS^R,澳^{R}AU^R,新西兰^{R}NZ^R,韩^{R}KR^R		
				17.5	日^{R}JP^R		
1128	1521.9090	---其他 ---Other	20	0	东盟AS,智CL,新西兰NZ,新加坡SG,秘PE,哥CR,瑞CH,冰IS,澳AU,格GE,毛MU,柬KH,港HK,澳门MO	0　受惠国LD	80
				8	韩KR		
				18	东盟^{R}AS^R,澳^{R}AU^R,新西兰^{R}NZ^R		
				18.1	日^{R}JP^R		
				20	韩^{R}KR^R		
	15.22	油鞣回收脂; 加工处理油脂物质及动、植物蜡所剩的残渣: Degras; residues resulting from the treatment of fatty substances or animal or vegetable waxes:					
1129	1522.0000	油鞣回收脂; 加工处理油脂物质及动、植物蜡所剩的残渣 Degras; residues resulting from the treatment of fatty substances of animal or vegetable waxes	20	0	东盟AS,智CL,新西兰NZ,新加坡SG,秘PE,哥CR,瑞CH,冰IS,澳AU,格GE,毛MU,柬KH,港HK,澳门MO	0　受惠国LD	50
				8	韩KR		
				16	东盟^{R}AS^R,澳^{R}AU^R,新西兰^{R}NZ^R,韩^{R}KR^R		
				17.5	日^{R}JP^R		

食品；饮料、酒及醋；烟草、烟草及烟草代用品的制品；非经燃烧吸用的产品，不论是否含有尼古丁；其他供人体摄入尼古丁的含尼古丁的产品

PREPARED FOODSTUFFS; BEVERAGES, SPIRITS AND VINEGAR; TOBACCO AND MANUFACTURED TOBACCO SUBSTITUTES; PRODUCTS, WHETHER OR NOT CONTAINING NICOTINE, INTENDED FOR INHALATION WITHOUT COMBUSTION; OTHER NICOTINE CONTAINING PRODUCTS INTENDED FOR THE INTAKE OF NICOTINE INTO THE HUMAN BODY

注释：

　　本类所称"团粒"，是指直接挤压或加入按重量计比例不超过3%的粘合剂制成的粒状产品。

Note:

In this Section the term "pellets" means products which have been agglomerated either directly by compression or by the addition of a binder in a proportion not exceeding 3% by weight.

第十六章
肉、鱼、甲壳动物、软体动物及其他水生无脊椎动物、以及昆虫的制品

Chapter 16
Preparations of meat, of fish, crustaceans, molluscs or other aquatic invertebrates, or of insects

注释：

一、本章不包括用第二章、第三章、第四章注释六及税目05.04所列方法制作或保藏的肉、食用杂碎、鱼、甲壳动物、软体动物或其他水生无脊椎动物及昆虫。

二、本章的食品按重量计必须含有20%以上的香肠、肉、食用杂碎、动物血、昆虫、鱼、甲壳动物、软体动物或其他水生无脊椎动物及其混合物。对于含有两种或两种以上前述产品的食品，则应按其中重量最大的产品归入第十六章的相应税目。但本条规定不适用于税目19.02的包馅食品和税目21.03及21.04的食品。

Notes:

1. This Chapter does not cover meat, meat offal, fish, crustaceans, molluscs or other aquatic invertebrates, as well as insects, prepared or preserved by the processes specified in Chapter 2 or 3, Note 6 to Chapter 4 or in heading 05.04.
2. Food preparations fall in this Chapter provided that they contain more than 20% by weight of sausage, meat, meat offal, blood, insects, fish or crustaceans, molluscs or other aquatic invertebrates, or any combination thereof. In cases where the preparation contains two or more of the products mentioned above, it is classified in the heading of Chapter 16 corresponding to the component or components which predominate by weight. These provisions do not apply to the stuffed products of heading 19.02 or to the preparations of heading 21.03 or 21.04.

子目注释：

一、子目1602.10的"均化食品"，是指用肉、食用杂碎、动物血或昆虫经精细均化制成适合供婴幼儿食用或营养用的零售包装食品（每件净重不超过250克）。为了调味、保藏或其他目的，均化食品中可以加入少量其他配料，还可以含有少量可见的肉粒、食用杂碎粒或昆虫碎粒。归类时该子目优先于税目16.02的其他子目。

二、税目16.04或16.05项下各子目所列的是鱼、甲壳动物、软体动物及其他水生无脊椎动物的俗名，它们与第三章中相同名称的鱼、甲壳动物、软体动物及其他水生无脊椎动物种类范围相同。

Subheading Notes:

1. For the purposes of subheading 1602.10, the expression "homogenised preparations" means preparations of meat, meat offal, blood or insects, finely homogenised, put up for retail sale as food suitable for infants or young children or for dietetic purposes, in containers of a net weight content not exceeding 250 g. For the application of this definition no account is to be taken of small quantities of any ingredients which may have been added to the preparation for seasoning, preservation or other purposes. These preparations may contain a small quantity of visible pieces of meat, meat offal or insects. This subheading takes precedence over all other subheadings of heading 16.02.
2. The fish, crustaceans, mollusks and other aquatic invertebrates specified in the subheahings of heading 16.04 or 16.05 under their common names only, are of the same species as those mentioned in Chapter 3 under the same name.

序号 No.	税则号列 Tariff Line	货品名称 Article Description	最惠国税率 MFN(%)	协定税率 Agreement(%)		特惠税率 SP(%)		普通税率 Gen(%)
	16.01	肉、食用杂碎、动物血或昆虫制成的香肠及类似产品；用香肠制成的食品： Sausages and similar products, of meat, meat offal, blood or insects; food preparations based on these products:						
1130	1601.0010	---用天然肠衣做外包装的香肠及类似产品 ---Sausages and similar products, with a natural casing	5	0	东盟AS,智CL,新西兰NZ,新加坡SG,秘PE,哥CR,瑞CH,冰IS,澳AU,格GE,毛MU,东盟^{R}AS^R,澳^{R}AU^R,新西兰^{R}NZ^R,柬KH,港HK,澳门MO	0	受惠国LD	83
				1.5	韩KR			
				12	巴PK,韩^{R}KR^R			
				12.3	日^{R}JP^R			
1131	1601.0020	---其他香肠及类似产品 ---Other sausages and similar products	5	0	东盟AS,智CL,新西兰NZ,新加坡SG,秘PE,哥CR,瑞CH,冰IS,澳AU,格GE,毛MU,东盟^{R}AS^R,澳^{R}AU^R,新西兰^{R}NZ^R,柬KH,港HK,澳门MO	0	受惠国LD	83
				1.5	韩KR			
				12	巴PK,韩^{R}KR^R			
				12.3	日^{R}JP^R			
1132	1601.0030	---用香肠制成的食品 ---Food preparations based on sausages and similar produts	5	0	东盟AS,智CL,新西兰NZ,新加坡SG,秘PE,哥CR,瑞CH,冰IS,澳AU,格GE,毛MU,东盟^{R}AS^R,澳^{R}AU^R,新西兰^{R}NZ^R,柬KH,港HK,澳门MO	0	受惠国LD	83
				1.5	韩KR			
				12	巴PK,韩^{R}KR^R			
				12.3	日^{R}JP^R			
	16.02	其他方法制作或保藏的肉、食用杂碎、动物血或昆虫： Other prepared or preserved meat, meat offal, blood or insects:						
1133	1602.1000	-均化食品 -Homogenized preparations	5	0	东盟AS,智CL,新西兰NZ,新加坡SG,秘PE,哥CR,瑞CH,冰IS,澳AU,格GE,毛MU,东盟^{R}AS^R,澳^{R}AU^R,新西兰^{R}NZ^R,柬KH,港HK,澳门MO	0	受惠国LD	83
				1.5	韩KR			
				12	巴PK,韩^{R}KR^R			
				12.3	日^{R}JP^R			

序号 No.	税则号列 Tariff Line	货品名称 Article Description	最惠国税率 MFN(%)	协定税率 Agreement(%)		特惠税率 SP(%)	普通税率 Gen(%)
1134	1602.2000	-动物肝 -Of liver of any animal	5	0	东盟AS,智CL,新西兰NZ,新加坡SG,秘PE,哥CR,瑞CH,冰IS,澳AU,格GE,毛MU,东盟ᴿASᴿ,澳ᴿAUᴿ,新西兰ᴿNZᴿ,柬KH,港HK,澳门MO	0 受惠国LD	90
				1.5	韩KR		
				12	巴PK,韩ᴿKRᴿ		
				12.3	日ᴿJPᴿ		
		-税目01.05的家禽的: -Of poultry of heading 01.05:					
1135	1602.3100	--火鸡的 --Of turkeys	5	0	东盟AS,智CL,新西兰NZ,新加坡SG,秘PE,哥CR,瑞CH,冰IS,澳AU,格GE,毛MU,东盟ᴿASᴿ,澳ᴿAUᴿ,新西兰ᴿNZᴿ,柬KH,港HK,澳门MO	0 受惠国LD	90
				1.5	韩KR		
				12	巴PK,韩ᴿKRᴿ		
				12.3	日ᴿJPᴿ		
		--鸡的: --Of fowls of the species Gallus domesticus:					
1136	1602.3210	---罐头 ---In airtight containers	5	0	东盟AS,智CL,新西兰NZ,新加坡SG,秘PE,哥CR,瑞CH,冰IS,澳AU,格GE,毛MU,东盟ᴿASᴿ,澳ᴿAUᴿ,新西兰ᴿNZᴿ,柬KH,港HK,澳门MO	0 受惠国LD	90
				1.5	韩KR		
				12	巴PK,韩ᴿKRᴿ		
				12.3	日ᴿJPᴿ		
		---其他: ---Other:					
1137	1602.3291	----鸡胸肉 ----Chicken breast filets	5	0	东盟AS,智CL,新西兰NZ,新加坡SG,秘PE,哥CR,瑞CH,冰IS,澳AU,格GE,毛MU,东盟ᴿASᴿ,澳ᴿAUᴿ,新西兰ᴿNZᴿ,柬KH,港HK,澳门MO	0 受惠国LD	90
				1.5	韩KR		
				12	巴PK,韩ᴿKRᴿ		
				12.3	日ᴿJPᴿ		
1138	1602.3292	----鸡腿肉 ----Chicken leg meat	5	0	东盟AS,智CL,新西兰NZ,新加坡SG,秘PE,哥CR,瑞CH,冰IS,澳AU,格GE,毛MU,东盟ᴿASᴿ,澳ᴿAUᴿ,新西兰ᴿNZᴿ,柬KH,港HK,澳门MO	0 受惠国LD	90
				1.5	韩KR		
				12	巴PK,韩ᴿKRᴿ		
				12.3	日ᴿJPᴿ		

序号 No.	税则号列 Tariff Line	货品名称 Article Description	最惠国税率 MFN(%)	协定税率 Agreement(%)		特惠税率 SP(%)	普通税率 Gen(%)
1139	1602.3299	----其他 ----Other	5	0	东盟AS,智CL,新西兰NZ,新加坡SG,秘PE,哥CR,瑞CH,冰IS,澳AU,格GE,毛MU,东盟^RAS^R,澳^RAU^R,新西兰^RNZ^R,柬KH,港HK,澳门MO	0 受惠国LD	90
				1.5	韩KR		
				12	巴PK,韩^RKR^R		
				12.3	日^RJP^R		
		--其他: --Other:					
1140	1602.3910	---罐头 ---In airtight containers	5	0	东盟AS,智CL,新西兰NZ,新加坡SG,秘PE,哥CR,瑞CH,冰IS,澳AU,格GE,毛MU,东盟^RAS^R,澳^RAU^R,新西兰^RNZ^R,柬KH,港HK,澳门MO	0 受惠国LD	90
				1.5	韩KR		
				12	巴PK,韩^RKR^R		
				12.3	日^RJP^R		
		---其他: ---Other:					
1141	1602.3991	----鸭的 ----Of duck	5	0	东盟AS,智CL,新西兰NZ,新加坡SG,秘PE,哥CR,瑞CH,冰IS,澳AU,格GE,毛MU,东盟^RAS^R,澳^RAU^R,新西兰^RNZ^R,柬KH,港HK,澳门MO	0 受惠国LD	90
				1.5	韩KR		
				12	巴PK,韩^RKR^R		
				12.3	日^RJP^R		
1142	1602.3999	----其他 ----Other	5	0	东盟AS,智CL,新西兰NZ,新加坡SG,秘PE,哥CR,瑞CH,冰IS,澳AU,格GE,毛MU,东盟^RAS^R,澳^RAU^R,新西兰^RNZ^R,柬KH,港HK,澳门MO	0 受惠国LD	90
				1.5	韩KR		
				12	巴PK,韩^RKR^R		
				12.3	日^RJP^R		
		-猪的: -Of swine:					
1143	1602.4100	--后腿及其肉块 --Hams and cuts thereof	5	0	东盟AS,智CL,新西兰NZ,新加坡SG,秘PE,哥CR,瑞CH,冰IS,澳AU,格GE,毛MU,东盟^RAS^R,澳^RAU^R,新西兰^RNZ^R,柬KH,港HK,澳门MO	0 受惠国LD	90
				1.5	韩KR		
				12	巴PK,韩^RKR^R		
				12.3	日^RJP^R		

序号 No.	税则号列 Tariff Line	货品名称 Article Description	最惠国税率 MFN(%)	协定税率 Agreement(%)		特惠税率 SP(%)	普通税率 Gen(%)
1144	1602.4200	--前腿及其肉块 --Shoulders and cuts thereof	5	0	东盟AS,智CL,新西兰NZ,新加坡SG,秘PE,哥CR,瑞CH,冰IS,澳AU,格GE,毛MU,东盟^RAS^R,澳^RAU^R,新西兰^RNZ^R,柬KH,港HK,澳门MO	0 受惠国LD	90
				1.5	韩KR		
				12	巴PK,韩^RKR^R		
				12.3	日^RJP^R		
		--其他，包括混合的肉: --Other, including mixtures:					
1145	1602.4910	---罐头 ---In airtight containers	5	0	东盟AS,智CL,新西兰NZ,新加坡SG,秘PE,哥CR,瑞CH,冰IS,澳AU,格GE,毛MU,东盟^RAS^R,澳^RAU^R,新西兰^RNZ^R,柬KH,港HK,澳门MO	0 受惠国LD	90
				1.5	韩KR		
				12	巴PK,韩^RKR^R		
				12.3	日^RJP^R		
1146	1602.4990	---其他 ---Other	5	0	东盟AS,智CL,新西兰NZ,新加坡SG,秘PE,哥CR,瑞CH,冰IS,澳AU,格GE,毛MU,东盟^RAS^R,澳^RAU^R,新西兰^RNZ^R,柬KH,港HK,澳门MO	0 受惠国LD	90
				1.5	韩KR		
				12	巴PK,韩^RKR^R		
				12.3	日^RJP^R		
		-牛的: -Of bovine animals:					
1147	1602.5010	---罐头 ---In airtight containers	5	0	东盟AS,智CL,新西兰NZ,新加坡SG,秘PE,哥CR,瑞CH,冰IS,澳AU,格GE,毛MU,东盟^RAS^R,澳^RAU^R,新西兰^RNZ^R,柬KH,港HK,澳门MO	0 受惠国LD	90
				1.2	韩KR		
				6	巴PK		
				9.6	韩^RKR^R		
				9.8	日^RJP^R		
1148	1602.5090	---其他 ---Other	5	0	东盟AS,智CL,新西兰NZ,新加坡SG,秘PE,哥CR,瑞CH,冰IS,澳AU,格GE,毛MU,东盟^RAS^R,澳^RAU^R,新西兰^RNZ^R,柬KH,港HK,澳门MO	0 受惠国LD	90
				1.2	韩KR		
				6	巴PK		
				9.6	韩^RKR^R		
				9.8	日^RJP^R		

序号 No.	税则号列 Tariff Line	货品名称 Article Description	最惠国税率 MFN(%)	协定税率 Agreement(%)		特惠税率 SP(%)		普通税率 Gen(%)
		-其他，包括动物血的食品： -Other, including preparations of blood of any animal:						
1149	1602.9010	---罐头 ---In airtight containers	5	0	东盟AS,智CL,新西兰NZ,新加坡SG,秘PE,哥CR,瑞CH,冰IS,澳AU,格GE,毛MU,东盟^RAS^R,澳^RAU^R,新西兰^RNZ^R,柬KH,港HK,澳门MO	0 受惠国LD		72
				1.5	韩KR			
				6.4	韩^RKR^R			
				6.5	日^RJP^R			
				12	巴PK			
1150	1602.9090	---其他 ---Other	5	0	东盟AS,智CL,新西兰NZ,新加坡SG,秘PE,哥CR,瑞CH,冰IS,澳AU,格GE,毛MU,东盟^RAS^R,澳^RAU^R,新西兰^RNZ^R,柬KH,港HK,澳门MO	0 受惠国LD		72
				1.5	韩KR			
				6.4	韩^RKR^R			
				6.5	日^RJP^R			
				12	巴PK			
	16.03	肉、鱼、甲壳动物、软体动物或其他水生无脊椎动物的精及汁： Extracts and juices of meat, fish or crustaceans, molluscs or other aquatic invertebrates:						
1151	1603.0000	肉、鱼、甲壳动物、软体动物或其他水生无脊椎动物的精及汁 Extracts and juices of meat, fish or crustaceans, molluscs or other aquatic invertebrates	5	0	东盟AS,智CL,新西兰NZ,新加坡SG,秘PE,哥CR,瑞CH,冰IS,澳AU,格GE,柬KH,港HK,澳门MO	0 受惠国LD		90
				9.2	毛MU			
				12.6	韩KR			
				20.7	东盟^RAS^R,澳^RAU^R,新西兰^RNZ^R			
				20.8	日^RJP^R			
				23	韩^RKR^R			
	16.04	制作或保藏的鱼；鲟鱼子酱及鱼卵制的鲟鱼子酱代用品： Prepared or preserved fish; caviar and caviar substitutes prepared from fish eggs:						
		-鱼，整条或切块，但未绞碎： -Fish, whole or in pieces, but not minced:						
		--鲑鱼： --Salmon:						

序号 No.	税则号列 Tariff Line	货品名称 Article Description	最惠国税率 MFN(%)	协定税率 Agreement(%)		特惠税率 SP(%)	普通税率 Gen(%)
1152	1604.1110	---大西洋鲑鱼 ---Atlantic salmon	10	0	东盟AS,智CL,新西兰NZ,新加坡SG,哥CR,冰IS,澳AU,格GE,毛MU,东盟^{R}AS^R,澳^{R}AU^R,新西兰^{R}NZ^R,柬KH,港HK,澳门MO	0 受惠国LD	90
				1.2	韩KR		
				3.6	巴PK		
				9.6	韩^{R}KR^R		
				9.8	日^{R}JP^R		
1153	1604.1190	---其他 ---Other	10	0	东盟AS,智CL,新西兰NZ,新加坡SG,哥CR,冰IS,澳AU,格GE,毛MU,东盟^{R}AS^R,澳^{R}AU^R,新西兰^{R}NZ^R,柬KH,港HK,澳门MO	0 受惠国LD	90
				1.2	韩KR		
				3.6	巴PK		
				9.6	韩^{R}KR^R		
				9.8	日^{R}JP^R		
1154	1604.1200	--鲱鱼 --Herrings	5	0	东盟AS,智CL,新西兰NZ,新加坡SG,秘PE,哥CR,瑞CH,冰IS,澳AU,格GE,毛MU,东盟^{R}AS^R,澳^{R}AU^R,新西兰^{R}NZ^R,柬KH,港HK,澳门MO	0 受惠国LD	90
				1.2	韩KR		
				3.6	巴PK		
				9.6	韩^{R}KR^R		
				9.8	日^{R}JP^R		
1155	1604.1300	--沙丁鱼、小沙丁鱼属、黍鲱或西鲱 --Sardines, sardinella, brisling or sprats	5	0	东盟AS,智CL,巴PK,新西兰NZ,秘PE,哥CR,瑞CH,冰IS,韩KR,澳AU,格GE,毛MU,东盟^{R}AS^R,澳^{R}AU^R,日^{R}JP^R,新西兰^{R}NZ^R,柬KH,港HK,澳门MO,韩^{R}KR^R	0 受惠国LD, 柬KH	90
1156	1604.1400	--金枪鱼、鲣及狐鲣(狐鲣属) --Tunas, skipjack tuna and bonito (Sarda spp.)	5	0	东盟AS,智CL,巴PK,新西兰NZ,秘PE,哥CR,瑞CH,冰IS,韩KR,澳AU,格GE,毛MU,东盟^{R}AS^R,澳^{R}AU^R,日^{R}JP^R,新西兰^{R}NZ^R,柬KH,港HK,澳门MO,韩^{R}KR^R	0 受惠国LD, 柬KH	90
1157	1604.1500	--鲭鱼 --Mackerel	5	0	东盟AS,智CL,新西兰NZ,新加坡SG,秘PE,哥CR,瑞CH,冰IS,澳AU,格GE,毛MU,东盟^{R}AS^R,澳^{R}AU^R,新西兰^{R}NZ^R,柬KH,港HK,澳门MO	0 受惠国LD	90
				1.2	韩KR		
				3.6	巴PK		
				9.6	韩^{R}KR^R		
				9.8	日^{R}JP^R		

序号 No.	税则号列 Tariff Line	货品名称 Article Description	最惠国税率 MFN(%)	协定税率 Agreement(%)		特惠税率 SP(%)		普通税率 Gen(%)
1158	1604.1600	--鳀鱼 --Anchovies	5	0	东盟AS,智CL,新西兰NZ,新加坡 SG,秘PE,哥CR,瑞CH,冰IS,澳AU, 格GE,毛MU,东盟^RAS^R,澳^RAU^R,新 西兰^RNZ^R,柬KH,港HK,澳门MO	0 受惠国LD	90
				1.2	韩KR		
				3.6	巴PK		
				9.6	韩^RKR^R		
				9.8	日^RJP^R		
1159	1604.1700	--鳗鱼 --Eels	5	0	东盟AS,智CL,新西兰NZ,新加 坡SG,哥CR,瑞CH,冰IS,澳AU,格 GE,毛MU,东盟^RAS^R,澳^RAU^R,新 西兰^RNZ^R,柬KH,港HK,澳门MO	0 受惠国LD	90
				1.2	韩KR		
				3	巴PK		
				4.1	亚太AP		
				9.6	韩^RKR^R		
				9.8	日^RJP^R		
1160	1604.1800	--鲨鱼翅 --Shark fins	12	0	东盟AS,智CL,新西兰NZ,新加 坡SG,哥CR,瑞CH,冰IS,澳AU, 格GE,东盟^RAS^R,澳^RAU^R,新西兰 ^RNZ^R,柬KH,港HK,澳门MO	0 受惠国LD	90
				1.2	韩KR		
				3	巴PK		
				9.6	韩^RKR^R		
				9.8	亚太AP,日^RJP^R		
		--其他: --Other:					
1161	1604.1920	---罗非鱼 ---Tilapia	5	0	东盟AS,智CL,新西兰NZ,新加 坡SG,哥CR,瑞CH,冰IS,澳AU,格 GE,毛MU,东盟^RAS^R,澳^RAU^R,新 西兰^RNZ^R,柬KH,港HK,澳门MO	0 受惠国LD	90
				1.2	韩KR		
				3.6	巴PK		
				9.6	韩^RKR^R		
				9.8	日^RJP^R		
		---叉尾鮰鱼: ---Ictalurus:					
1162	1604.1931	----斑点叉尾鮰鱼 ----Channel catfish (*Ictalurus punctatus*)	5	0	东盟AS,智CL,新西兰NZ,新加 坡SG,哥CR,瑞CH,冰IS,澳AU,格 GE,毛MU,东盟^RAS^R,澳^RAU^R,新 西兰^RNZ^R,柬KH,港HK,澳门MO	0 受惠国LD	90
				1.2	韩KR		
				3	巴PK		
				4.1	亚太AP		
				9.6	韩^RKR^R		
				9.8	日^RJP^R		

序号 No.	税则号列 Tariff Line	货品名称 Article Description	最惠国税率 MFN(%)	协定税率 Agreement(%)		特惠税率 SP(%)	普通税率 Gen(%)
1163	1604.1939	----其他 ----Other	5	0	东盟AS,智CL,新西兰NZ,新加坡SG,哥CR,瑞CH,冰IS,澳AU,格GE,毛MU,东盟^{R}AS^R,澳^{R}AU^R,新西兰^{R}NZ^R,柬KH,港HK,澳门MO	0 受惠国LD	90
				1.2	韩KR		
				3	巴PK		
				4.1	亚太AP		
				9.6	韩^{R}KR^R		
				9.8	日^{R}JP^R		
1164	1604.1990	---其他 ---Other	5	0	东盟AS,智CL,新西兰NZ,新加坡SG,哥CR,瑞CH,冰IS,澳AU,格GE,毛MU,东盟^{R}AS^R,澳^{R}AU^R,新西兰^{R}NZ^R,柬KH,港HK,澳门MO	0 受惠国LD	90
				1.2	韩KR		
				3	巴PK		
				4.1	亚太AP		
				9.6	韩^{R}KR^R		
				9.8	日^{R}JP^R		
		-其他制作或保藏的鱼: -Other prepared or preserved fish:					
		---罐头: ---In airtight containers:					
1165	1604.2011	----鱼翅 ----Shark fins	12	0	东盟AS,智CL,新西兰NZ,新加坡SG,秘PE,哥CR,瑞CH,冰IS,格GE,毛MU,柬KH,港HK,澳门MO	0 受惠国LD	90
				3	巴PK		
				9.8	亚太AP		
				10.8	东盟^{R}AS^R		
				10.9	日^{R}JP^R		
				11.4	澳^{R}AU^R,新西兰^{R}NZ^R		
				12	韩^{R}KR^R		
1166	1604.2019	----其他 ----Other	5	0	东盟AS,智CL,新西兰NZ,新加坡SG,秘PE,哥CR,瑞CH,冰IS,澳AU,格GE,毛MU,东盟^{R}AS^R,澳^{R}AU^R,新西兰^{R}NZ^R,柬KH,港HK,澳门MO	0 受惠国LD	90
				1.2	韩KR		
				3	巴PK		
				4.1	亚太AP		
				9.6	韩^{R}KR^R		
				9.8	日^{R}JP^R		
		---其他: ---Other:					

序号 No.	税则号列 Tariff Line	货品名称 Article Description	最惠国税率 MFN(%)		协定税率 Agreement(%)	特惠税率 SP(%)		普通税率 Gen(%)
1167	1604.2091	----鱼翅 ----Shark fins	12	0	东盟AS,智CL,新西兰NZ,新加坡SG,秘PE,哥CR,瑞CH,冰IS,格GE,毛MU,柬KH,港HK,澳门MO	0	受惠国LD	90
				3	巴PK			
				9.8	亚太AP			
				10.8	东盟^{R}AS^R			
				10.9	日^{R}JP^R			
				11.4	澳^{R}AU^R,新西兰^{R}NZ^R			
				12	韩^{R}KR^R			
1168	1604.2099	----其他 ----Other	5	0	东盟AS,智CL,新西兰NZ,新加坡SG,秘PE,哥CR,瑞CH,冰IS,澳AU,格GE,毛MU,柬KH,港HK,澳门MO	0	受惠国LD	90
				1.2	韩KR			
				3	巴PK			
				4.1	亚太AP			
				9.6	东盟^{R}AS^R,澳^{R}AU^R,新西兰^{R}NZ^R,韩^{R}KR^R			
				9.8	日^{R}JP^R			
		-鲟鱼子酱及鲟鱼子酱代用品: -Caviar and caviar substitutes:						
1169	1604.3100	--鲟鱼子酱 --Caviar	5	0	东盟AS,智CL,新西兰NZ,新加坡SG,秘PE,哥CR,瑞CH,冰IS,澳AU,格GE,毛MU,东盟^{R}AS^R,澳^{R}AU^R,新西兰^{R}NZ^R,柬KH,港HK,澳门MO	0	受惠国LD	90
				1.2	韩KR			
				3.6	巴PK			
				9.6	韩^{R}KR^R			
				9.8	日^{R}JP^R			
1170	1604.3200	--鲟鱼子酱代用品 --Caviar substitutes	5	0	东盟AS,智CL,新西兰NZ,新加坡SG,秘PE,哥CR,瑞CH,冰IS,澳AU,格GE,毛MU,东盟^{R}AS^R,澳^{R}AU^R,新西兰^{R}NZ^R,柬KH,港HK,澳门MO	0	受惠国LD	90
				1.2	韩KR			
				3.6	巴PK			
				9.6	韩^{R}KR^R			
				9.8	日^{R}JP^R			
	16.05	制作或保藏的甲壳动物、软体动物及其他水生无脊椎动物: Crustaceans, molluscs and other aquatic invertebrates, prepared or preserved:						
1171	1605.1000	-蟹 -Crab	5	0	东盟AS,智CL,巴PK,新西兰NZ,秘PE,哥CR,瑞CH,冰IS,韩KR,澳AU,格GE,毛MU,东盟^{R}AS^R,澳^{R}AU^R,日^{R}JP^R,新西兰^{R}NZ^R,柬KH,港HK,澳门MO,韩^{R}KR^R	0	受惠国LD	90

序号 No.	税则号列 Tariff Line	货品名称 Article Description	最惠国税率 MFN(%)	协定税率 Agreement(%)		特惠税率 SP(%)	普通税率 Gen(%)
		-小虾及对虾: -Shrimps and prawns:					
1172	1605.2100	--非密封包装 --Not in airtight container	5	0	东盟AS,智CL,巴PK,新西兰NZ, 秘PE,哥CR,瑞CH,冰IS,韩KR, 澳AU,格GE,毛MU,东盟^RAS^R, 澳^RAU^R,日^RJP^R,新西兰^RNZ^R,柬 KH,港HK,澳门MO,韩^RKR^R	0 受惠国LD, 柬KH	90
1173	1605.2900	--其他 --Other	5	0	东盟AS,智CL,巴PK,新西兰NZ, 秘PE,哥CR,瑞CH,冰IS,韩KR, 澳AU,格GE,毛MU,东盟^RAS^R, 澳^RAU^R,日^RJP^R,新西兰^RNZ^R,柬 KH,港HK,澳门MO,韩^RKR^R	0 受惠国LD, 柬KH	90
1174	1605.3000	-龙虾 -Lobster	5	0	东盟AS,智CL,巴PK,新西兰NZ, 秘PE,哥CR,瑞CH,冰IS,韩KR, 澳AU,格GE,毛MU,东盟^RAS^R, 澳^RAU^R,日^RJP^R,新西兰^RNZ^R,柬 KH,港HK,澳门MO,韩^RKR^R	0 受惠国LD, 柬KH	90
		-其他甲壳动物: -Other crustaceans:					
		---淡水小龙虾: ---Freshwater crawfish:					
1175	1605.4011	----虾仁 ----Shelled	5	0	东盟AS,智CL,巴PK,新西兰NZ, 秘PE,哥CR,瑞CH,冰IS,韩KR, 澳AU,格GE,毛MU,东盟^RAS^R, 澳^RAU^R,日^RJP^R,新西兰^RNZ^R,柬 KH,港HK,澳门MO,韩^RKR^R	0 受惠国LD, 柬KH	90
1176	1605.4019	----其他 ----Other	5	0	东盟AS,智CL,巴PK,新西兰NZ, 秘PE,哥CR,瑞CH,冰IS,韩KR, 澳AU,格GE,毛MU,东盟^RAS^R, 澳^RAU^R,日^RJP^R,新西兰^RNZ^R,柬 KH,港HK,澳门MO,韩^RKR^R	0 受惠国LD, 柬KH	90
1177	1605.4090	---其他 ---Other	5	0	东盟AS,智CL,巴PK,新西兰NZ, 秘PE,哥CR,瑞CH,冰IS,韩KR, 澳AU,格GE,毛MU,东盟^RAS^R, 澳^RAU^R,日^RJP^R,新西兰^RNZ^R,柬 KH,港HK,澳门MO,韩^RKR^R	0 受惠国LD, 柬KH	90
		-软体动物: -Molluscs:					
1178	1605.5100	--牡蛎（蚝） --Oysters	5	0 3.9	东盟AS,智CL,巴PK,新西兰NZ, 秘PE,哥CR,瑞CH,冰IS,韩KR, 澳AU,格GE,毛MU,东盟^RAS^R, 澳^RAU^R,日^RJP^R,新西兰^RNZ^R,柬 KH,港HK,澳门MO,韩^RKR^R 亚太AP	0 受惠国LD	90

序号 No.	税则号列 Tariff Line	货品名称 Article Description	最惠国税率 MFN(%)		协定税率 Agreement(%)	特惠税率 SP(%)		普通税率 Gen(%)
1179	1605.5200	--扇贝, 包括海扇 --Scallops, including queen scallops	5	0	东盟AS,智CL,巴PK,新西兰NZ, 秘PE,哥CR,瑞CH,冰IS,韩KR, 澳AU,格GE,毛MU,东盟^RAS^R, 澳^RAU^R,日^RJP^R,新西兰^RNZ^R,柬 KH,港HK,澳门MO,韩^RKR^R	0	受惠国LD	90
				3.9	亚太AP			
1180	1605.5300	--贻贝 --Mussels	5	0	东盟AS,智CL,巴PK,新西兰NZ, 秘PE,哥CR,瑞CH,冰IS,韩KR, 澳AU,格GE,毛MU,东盟^RAS^R, 澳^RAU^R,日^RJP^R,新西兰^RNZ^R,柬 KH,港HK,澳门MO,韩^RKR^R	0	受惠国LD	90
				3.9	亚太AP			
1181	1605.5400	--墨鱼及鱿鱼 --Cuttle fish and squid	5	0	东盟AS,智CL,巴PK,新西兰NZ, 秘PE,哥CR,瑞CH,冰IS,韩KR, 澳AU,格GE,毛MU,东盟^RAS^R, 澳^RAU^R,日^RJP^R,新西兰^RNZ^R,柬 KH,港HK,澳门MO,韩^RKR^R	0	受惠国LD	90
				3.9	亚太AP			
1182	1605.5500	--章鱼 --Octopus	5	0	东盟AS,智CL,巴PK,新西兰NZ, 秘PE,哥CR,瑞CH,冰IS,韩KR, 澳AU,格GE,毛MU,东盟^RAS^R, 澳^RAU^R,日^RJP^R,新西兰^RNZ^R,柬 KH,港HK,澳门MO,韩^RKR^R	0	受惠国LD	90
				3.9	亚太AP			
		--蛤、鸟蛤及舟贝: --Clams, cockles and arkshells:						
1183	1605.5610	---蛤 ---Clams	5	0	东盟AS,智CL,巴PK,新西兰NZ, 哥CR,瑞CH,冰IS,韩KR,澳AU, 格GE,毛MU,东盟^RAS^R,澳^RAU^R, 新西兰^RNZ^R,柬KH,港HK,澳门 MO,韩^RKR^R	0	受惠国LD	90
				3.9	亚太AP			
				4.1	日^RJP^R			
1184	1605.5620	---鸟蛤及舟贝 ---Cockles and arkshells	5	0	东盟AS,智CL,巴PK,新西兰NZ, 秘PE,哥CR,瑞CH,冰IS,韩KR, 澳AU,格GE,毛MU,东盟^RAS^R, 澳^RAU^R,日^RJP^R,新西兰^RNZ^R,柬 KH,港HK,澳门MO,韩^RKR^R	0	受惠国LD	90
				3.9	亚太AP			
1185	1605.5700	--鲍鱼 --Abalone	5	0	东盟AS,智CL,巴PK,新西兰NZ, 秘PE,哥CR,瑞CH,冰IS,韩KR, 澳AU,格GE,毛MU,东盟^RAS^R, 澳^RAU^R,日^RJP^R,新西兰^RNZ^R,柬 KH,港HK,澳门MO,韩^RKR^R	0	受惠国LD	90
				3.9	亚太AP			

序号 No.	税则号列 Tariff Line	货品名称 Article Description	最惠国税率 MFN(%)	协定税率 Agreement(%)		特惠税率 SP(%)	普通税率 Gen(%)
1186	1605.5800	--蜗牛及螺，海螺除外 --Snails, other than sea snails	5	0	东盟AS,智CL,巴PK,新西兰NZ, 秘PE,哥CR,瑞CH,冰IS,韩KR, 澳AU,格GE,毛MU,东盟^RAS^R, 澳^RAU^R,日^RJP^R,新西兰^RNZ^R,柬 KH,港HK,澳门MO,韩^RKR^R	0 受惠国LD	90
				3.9	亚太AP		
1187	1605.5900	--其他 --Other	5	0	东盟AS,智CL,巴PK,新西兰NZ, 秘PE,哥CR,瑞CH,冰IS,韩KR, 澳AU,格GE,毛MU,东盟^RAS^R, 澳^RAU^R,日^RJP^R,新西兰^RNZ^R,柬 KH,港HK,澳门MO,韩^RKR^R	0 受惠国LD	90
				3.9	亚太AP		
		-其他水生无脊椎动物: -Other aquatic invertebrates:					
1188	1605.6100	--海参 --Sea cucumbers	5	0	东盟AS,智CL,巴PK,新西兰NZ, 秘PE,哥CR,瑞CH,冰IS,韩KR, 澳AU,格GE,毛MU,东盟^RAS^R, 澳^RAU^R,日^RJP^R,新西兰^RNZ^R,柬 KH,港HK,澳门MO,韩^RKR^R	0 受惠国LD	90
				3.9	亚太AP		
1189	1605.6200	--海胆 --Sea urchins	5	0	东盟AS,智CL,巴PK,新西兰NZ, 秘PE,哥CR,瑞CH,冰IS,韩KR, 澳AU,格GE,毛MU,东盟^RAS^R, 澳^RAU^R,日^RJP^R,新西兰^RNZ^R,柬 KH,港HK,澳门MO,韩^RKR^R	0 受惠国LD	90
				3.9	亚太AP		
1190	1605.6300	--海蜇 --Jellyfish	5	0	东盟AS,智CL,新西兰NZ,新加 坡SG,哥CR,瑞CH,冰IS,澳AU,格 GE,毛MU,东盟^RAS^R,澳^RAU^R,新 西兰^RNZ^R,柬KH,港HK,澳门MO	0 受惠国LD	90
				1.5	韩KR		
				12	巴PK,韩^RKR^R		
				12.3	日^RJP^R		
1191	1605.6900	--其他 --Other	5	0	东盟AS,智CL,巴PK,新西兰NZ, 秘PE,哥CR,瑞CH,冰IS,韩KR, 澳AU,格GE,毛MU,东盟^RAS^R, 澳^RAU^R,日^RJP^R,新西兰^RNZ^R,柬 KH,港HK,澳门MO,韩^RKR^R	0 受惠国LD	90
				3.9	亚太AP		

第十七章
糖及糖食

Chapter 17
Sugars and sugar confectionery

注释：

本章不包括：

一、含有可可的糖食（税目 18.06）；

二、税目 29.40 的化学纯糖（蔗糖、乳糖、麦芽糖、葡萄糖及果糖除外）及其他产品；或

三、第三十章的药品及其他产品。

子目注释：

一、子目 1701.12、1701.13 及 1701.14 所称"原糖"，是指按重量计干燥状态的蔗糖含量对应的旋光读数低于 99.5 度的糖。

二、子目 1701.13 仅包括非离心甘蔗糖,其按重量计干燥状态的蔗糖含量对应的旋光读数不低于 69 度但低于 93 度。该产品仅含肉眼不可见的不规则形状天然他形微晶，外被糖蜜残余及其他甘蔗成分。

本国子目注释：

本国子目 1702.9012 所称"蔗糖含量超过 50% 的甘蔗糖、甜菜糖与其他糖的简单固体混合物"，是指蔗糖含量超过 50% 的甘蔗糖、甜菜糖与其他糖进行简单混合形成的预混粉类产品。本子目可以加入少量其他食品原料，只要保持糖的原有特征。

Notes:

This Chapter does not cover:

1. Sugar confectionery containing cocoa (heading 18.06);

2. Chemically pure sugars (other than sucrose, lactose, maltose, glucose and fructose) or other products of heading 29.40; or

3. Medicaments or other products of Chapter 30.

Subheading Notes:

1. For the purposes of subheadings 1701.12, 1701.13 and 1701.14, "raw sugar" means sugar whose content of sucrose by weight, in the dry state, corresponds to a polarimeter reading of less than 99.5°.

2. Subheading 1701.13 covers only cane sugar obtained without centrifugation, whose content of sucrose by weight, in the dry state, corresponds to a polarimeter reading of 69° or more but less than 93°. The product contains only natural anhedral microcrystals, of irregular shape, not visible to the naked eye, which are surrounded by residues of molasses and other constituents of sugar cane.

Domestic Subheading Note:

Domestic Subheading 1702.9012: "Simple solid mixture of cane sugar, beet sugar and other sugars with sucrose content of more than 50%" refers to premixed powder products formed by simple mixing of cane sugar, beet sugar and other sugars with sucrose content of more than 50%. The products of this subheading may add a small quantity of other food ingredients, as long as the products retain their original character as sugar.

序号 No.	税则号列 Tariff Line	货品名称 Article Description	最惠国税率 MFN(%)	协定税率 Agreement(%)		特惠税率 SP(%)	普通税率 Gen(%)
	17.01	**固体甘蔗糖、甜菜糖及化学纯蔗糖:** **Cane or beet sugar and chemically pure sucrose, in solid form:**					
		-未加香料或着色剂的原糖: -Raw sugar not containing added flavouring or colouring matter:					
1192	1701.1200	--甜菜糖 --Beet sugar	50①	0 ②	港HK,澳门MO 毛MU		125

① 关税配额税率：15。
   In-quota Tariff Rate: 15.

② 国别关税配额税率：15；国别关税配额外的，根据相关规定征收关税。
   Import quantity within Country-specific tariff quota, 15; import quantity beyond Country-specific tariff quota, corresponding tariff rates shall apply in accordance with relevant regulations.

序号 No.	税则号列 Tariff Line	货品名称 Article Description	最惠国税率 MFN(%)	协定税率 Agreement(%)		特惠税率 SP(%)	普通税率 Gen(%)
1193	1701.1300	--本章子目注释二所述的甘蔗糖 --Cane sugar specified in Subheading Note 2 to this Chapter	50①	0	港HK,澳门MO		125
				②	毛MU		
1194	1701.1400	--其他甘蔗糖 --Other cane sugar	50③	0	港HK,澳门MO		125
				④	毛MU		
		-其他: -Other:					
1195	1701.9100	--加有香料或着色剂 --Containing added flavouring or colouring matter	50⑤	0	港HK,澳门MO		125
				⑥	毛MU		
		--其他: --Other:					
1196	1701.9910	---砂糖 ---Granulated sugar	50⑦	0	港HK,澳门MO		125
				⑧	毛MU		
1197	1701.9920	---绵白糖 ---Superfine sugar	50⑨	0	港HK,澳门MO		125
				⑩	毛MU		
1198	1701.9990	---其他 ---Other	50⑪	0	港HK,澳门MO		125
				⑫	毛MU		

---

① 关税配额税率：15。
  In-quota Tariff Rate: 15.

② 国别关税配额税率：15；国别关税配额外的，根据相关规定征收关税。
  Import quantity within Country-specific tariff quota, 15; Import quantity beyond Country-specific tariff quota, corresponding tariff rates shall apply in accordance with relevant regulations.

③ 关税配额税率：15。
  In-quota Tariff Rate: 15.

④ 国别关税配额税率：15；国别关税配额外的，根据相关规定征收关税。
  Import quantity within Country-specific tariff quota, 15; Import quantity beyond Country-specific tariff quota, corresponding tariff rates shall apply in accordance with relevant regulations.

⑤ 关税配额税率：15。
  In-quota Tariff Rate: 15.

⑥ 国别关税配额税率：15；国别关税配额外的，根据相关规定征收关税。
  Import quantity within Country-specific tariff quota, 15; Import quantity beyond Country-specific tariff quota, corresponding tariff rates shall apply in accordance with relevant regulations.

⑦ 关税配额税率：15。
  In-quota Tariff Rate: 15.

⑧ 国别关税配额税率：15；国别关税配额外的，根据相关规定征收关税。
  Import quantity within Country-specific tariff quota, 15; Import quantity beyond Country-specific tariff quota, corresponding tariff rates shall apply in accordance with relevant regulations.

⑨ 关税配额税率：15。
  In-quota Tariff Rate: 15.

⑩ 国别关税配额税率：15；国别关税配额外的，根据相关规定征收关税。
  Import quantity within Country-specific tariff quota, 15; Import quantity beyond Country-specific tariff quota, corresponding tariff rates shall apply in accordance with relevant regulations.

⑪ 关税配额税率：15。
  In-quota Tariff Rate: 15.

⑫ 国别关税配额税率：15；国别关税配额外的，根据相关规定征收关税。
  Import quantity within Country-specific tariff quota, 15; Import quantity beyond Country-specific tariff quota, corresponding tariff rates shall apply in accordance with relevant regulations.

序号 No.	税则号列 Tariff Line	货品名称 Article Description	最惠国税率 MFN(%)	协定税率 Agreement(%)		特惠税率 SP(%)	普通税率 Gen(%)
	17.02	其他固体糖,包括化学纯乳糖、麦芽糖、葡萄糖及果糖;未加香料或着色剂的糖浆;人造蜜,不论是否掺有天然蜂蜜;焦糖: Other sugars, including chemically pure lactose, maltose, glucose and fructose, in solid form; sugar syrups not containing added flavouring or colouring matter; artificial honey, whether or not mixed with natural honey; caramel:					
		-乳糖及乳糖浆: -Lactose and lactose syrup:					
1199	1702.1100	--按重量计干燥无水乳糖含量在99%及以上 --Containing by weight 99% or more lactose, expressed as anhydrous lactose, calculated on the dry matter	10△5	0	东盟AS,智CL,新西兰NZ,新加坡SG,秘PE,哥CR,瑞CH,澳AU,格GE,毛MU,东盟ᴿASᴿ,澳ᴿAUᴿ,新西兰ᴿNZᴿ,柬KH,港HK,澳门MO	0 受惠国LD	80
				1	韩KR		
				5	巴PK		
				8	韩ᴿKRᴿ		
				8.2	日ᴿJPᴿ		
1200	1702.1900	--其他 --Other	10	0	东盟AS,智CL,新西兰NZ,新加坡SG,秘PE,哥CR,瑞CH,澳AU,格GE,毛MU,东盟ᴿASᴿ,澳ᴿAUᴿ,新西兰ᴿNZᴿ,柬KH,港HK,澳门MO	0 受惠国LD	80
				1	韩KR		
				5	巴PK		
				8	韩ᴿKRᴿ		
				8.2	日ᴿJPᴿ		
1201	1702.2000	-槭糖及槭糖浆 -Maple sugar and maple syrup	30	0	东盟AS,智CL,新西兰NZ,新加坡SG,秘PE,哥CR,澳AU,柬KH,港HK,澳门MO	0 受惠国₁LD₁	80
				12	毛MU		
				16.5	韩KR		
				27	东盟ᴿASᴿ,澳ᴿAUᴿ,新西兰ᴿNZᴿ,韩ᴿKRᴿ		
				27.1	日ᴿJPᴿ		
1202	1702.3000	-葡萄糖及葡萄糖浆,不含果糖或按重量计干燥状态的果糖含量在20%以下 -Glucose and glucose syrup, not containing fructose or containing in the dry state less than 20% by weight of fructose	30	0	东盟AS,智CL,巴PK,新西兰NZ,新加坡SG,秘PE,哥CR,澳AU,柬KH,港HK,澳门MO	0 受惠国₁LD₁	80
				5	东盟ᴿASᴿ,澳ᴿAUᴿ,新西兰ᴿNZᴿ		
				12	毛MU		

序号 No.	税则号列 Tariff Line	货品名称 Article Description	最惠国税率 MFN(%)		协定税率 Agreement(%)	特惠税率 SP(%)	普通税率 Gen(%)
1203	1702.4000	-葡萄糖及葡萄糖浆, 按重量计干燥状态的果糖含量在20%及以上, 但在50%以下, 不包括转化糖 -Glucose and glucose syrup, containing in the dry state at least 20% but less than 50% by weight of fructose, excluding invert sugar	30	0 5 12	东盟AS,智CL,新西兰NZ,新加坡SG,秘PE,哥CR,澳AU,柬KH,港HK,澳门MO 东盟^RAS^R,澳^RAU^R,新西兰^RNZ^R 毛MU	0 受惠国₁LD₁	80
1204	1702.5000	-化学纯果糖 -Chemically pure fructose	30	0 5 12	东盟AS,智CL,新西兰NZ,新加坡SG,秘PE,哥CR,冰IS,澳AU,柬KH,港HK,澳门MO 东盟^RAS^R,澳^RAU^R,新西兰^RNZ^R 毛MU	0 受惠国₁LD₁	80
1205	1702.6000	-其他果糖及果糖浆, 按重量计干燥状态的果糖含量在50%以上, 不包括转化糖 -Other fructose and fructose syrup, containing in the dry state more than 50% by weight of fructose, excluding invert sugar	30	0 5 12	东盟AS,智CL,新西兰NZ,新加坡SG,秘PE,哥CR,冰IS,澳AU,柬KH,港HK,澳门MO 东盟^RAS^R,澳^RAU^R,新西兰^RNZ^R 毛MU	0 受惠国₁LD₁	80
		-其他, 包括转化糖及其他按重量计干燥状态的果糖含量为50%的糖及糖浆混合物: -Other, including invert sugar and other sugar and sugar syrup blends containing in the dry state 50% by weight of fructose:					
		---甘蔗糖或甜菜糖水溶液; 蔗糖含量超过50%的甘蔗糖、甜菜糖与其他糖的简单固体混合物: ---Aqueous solution of cane sugar or beet sugar; simple solid mixtures of cane sugar, beet sugar and other sugar containing more than 50% by weight of cane sugar:					
1206	1702.9011	----甘蔗糖或甜菜糖水溶液 ----Aqueous solution of cane sugar or beet sugar	30	0 5 5.3 12	东盟AS,智CL,新西兰NZ,新加坡SG,哥CR,冰IS,澳AU,柬KH,港HK,澳门MO 东盟^RAS^R,澳^RAU^R,新西兰^RNZ^R 秘PE 瑞CH,毛MU	0 受惠国LD	80
1207	1702.9012	----蔗糖含量超过50%的甘蔗糖、甜菜糖与其他糖的简单固体混合物 ----Simple solid mixtures of cane sugar, beet sugar and other sugar containing more than 50% by weight of cane sugar	30	0 5 5.3 12	东盟AS,智CL,新西兰NZ,新加坡SG,哥CR,冰IS,澳AU,柬KH,港HK,澳门MO 东盟^RAS^R,澳^RAU^R,新西兰^RNZ^R 秘PE 瑞CH,毛MU	0 受惠国LD	80

序号 No.	税则号列 Tariff Line	货品名称 Article Description	最惠国税率 MFN(%)		协定税率 Agreement(%)	特惠税率 SP(%)		普通税率 Gen(%)
1208	1702.9090	---其他 ---Other	30	0	东盟AS,智CL,新西兰NZ,新加坡SG,哥CR,冰IS,澳AU,柬KH,港HK,澳门MO	0	受惠国LD	80
				5	东盟^{R}AS^R,澳^{R}AU^R,新西兰^{R}NZ^R			
				5.3	秘PE			
				12	瑞CH,毛MU			
	17.03	制糖后所剩的糖蜜: Molasses resulting from the extraction or refining of sugar:						
1209	1703.1000	-甘蔗糖蜜 -Cane molasses	8	0	东盟AS,智CL,新西兰NZ,秘PE,哥CR,瑞CH,冰IS,韩KR,澳AU,格GE,毛MU,东盟^{R}AS^R,澳^{R}AU^R,新西兰^{R}NZ^R,柬KH,港HK,澳门MO,韩^{R}KR^R	0	受惠国LD	50
				5	巴PK			
				6.5	日^{R}JP^R			
1210	1703.9000	-其他 -Other	8	0	东盟AS,智CL,新西兰NZ,秘PE,哥CR,瑞CH,冰IS,韩KR,澳AU,格GE,毛MU,东盟^{R}AS^R,澳^{R}AU^R,新西兰^{R}NZ^R,柬KH,港HK,澳门MO,韩^{R}KR^R	0	受惠国LD	50
				5	巴PK			
				6.5	日^{R}JP^R			
	17.04	不含可可的糖食(包括白巧克力): Sugar confectionery (including white chocolate), not containing cocoa:						
1211	1704.1000	-口香糖, 不论是否裹糖 -Chewing gum, whether or not sugarcoated	12	0	东盟AS,智CL,巴PK,新西兰NZ,新加坡SG,哥CR,瑞CH,冰IS,澳AU,格GE,毛MU,柬KH,港HK,澳门MO	0	受惠国LD	50
				2.1	秘PE			
				9.5	亚太AP			
				10.8	东盟^{R}AS^R,澳^{R}AU^R,新西兰^{R}NZ^R			
1212	1704.9000	-其他 -Other	10	0	东盟AS,智CL,巴PK,新西兰NZ,新加坡SG,秘PE,哥CR,瑞CH,冰IS,澳AU,格GE,毛MU,柬KH,港HK,澳门MO	0	受惠国LD	50
				5.5	韩KR			
				8.2	亚太AP			
				9	东盟^{R}AS^R,澳^{R}AU^R,新西兰^{R}NZ^R			

注释:

一、本章不包括:

（一）按重量计含香肠、肉、食用杂碎、动物血、昆虫、鱼、甲壳动物、软体动物或其他水生无脊椎动物及其混合物超过20%的食品（第十六章）；

（二）税目04.03、19.01、19.02、19.04、19.05、22.02、22.08、30.03、30.04的制品。

二、税目18.06包括含有可可的糖食及注释一以外的其他含可可的食品。

Notes:

1. This Chapter does not cover :

(a) Food preparations containing more than 20% by weight of sausage, meat, meat offal, blood, insects, fish or crustaceans, molluscs or other aquatic invertebrates, or any combination thereof (Chapter 16);

(b) Preparations of headings 04.03, 19.01, 19.02, 19.04, 19.05, 21.05, 22.02, 22.08, 30.03 or 30.04.

2. Heading 18.06 includes sugar confectionery containing cocoa and, subject to Note 1 to this Chapter, other food preparations containing cocoa.

序号 No.	税则号列 Tariff Line	货品名称 Article Description	最惠国税率 MFN(%)	协定税率 Agreement(%)		特惠税率 SP(%)	普通税率 Gen(%)
	18.01	整颗或破碎的可可豆, 生的或焙炒的: Cocoa beans, whole or broken, raw or roasted:					
1213	1801.0000	整颗或破碎的可可豆, 生的或焙炒的 Cocoa beans, whole or broken, raw or roasted	8△0	0 1 6.4 6.5	东盟AS,智CL,新西兰NZ,秘PE,哥CR,瑞CH,冰IS,韩KR,澳AU,格GE,毛MU,柬KH,港HK,澳门MO 巴PK 东盟ᴿASᴿ,澳ᴿAUᴿ,新西兰ᴿNZᴿ,韩ᴿKRᴿ 日ᴿJPᴿ	0 受惠国LD	30
	18.02	可可荚、壳、皮及废料: Cocoa shells, husks, skins and other cocoa waste:					
1214	1802.0000	可可荚、壳、皮及废料 Cocoa shells, husks, skins and other cocoa waste	10	0 1 3 8 8.2	东盟AS,智CL,新西兰NZ,新加坡SG,秘PE,哥CR,瑞CH,冰IS,澳AU,格GE,毛MU,东盟ᴿASᴿ,澳ᴿAUᴿ,新西兰ᴿNZᴿ,柬KH,港HK,澳门MO 韩KR 巴PK 韩ᴿKRᴿ 日ᴿJPᴿ	0 受惠国LD	30
	18.03	可可膏, 不论是否脱脂: Cocoa paste, whether or not defatted:					
1215	1803.1000	-未脱脂 -Not defatted	10	0 1 3 8 8.2	东盟AS,智CL,新西兰NZ,秘PE,哥CR,瑞CH,冰IS,澳AU,格GE,毛MU,柬KH,港HK,澳门MO 韩KR 巴PK 东盟ᴿASᴿ,澳ᴿAUᴿ,新西兰ᴿNZᴿ,韩ᴿKRᴿ 日ᴿJPᴿ	0 受惠国LD	30

序号 No.	税则号列 Tariff Line	货品名称 Article Description	最惠国税率 MFN(%)	协定税率 Agreement(%)		特惠税率 SP(%)		普通税率 Gen(%)
1216	1803.2000	-全脱脂或部分脱脂 -Wholly or partly defatted	10	0	东盟AS,智CL,新西兰NZ,秘PE, 哥CR,瑞CH,冰IS,澳AU,格GE, 毛MU,东盟^RAS^R,澳^RAU^R,新西 兰^RNZ^R,柬KH,港HK,澳门MO	0	受惠国LD	30
				1	韩KR			
				3	巴PK			
				8	韩^RKR^R			
				8.2	日^RJP^R			
	18.04	**可可脂、可可油:** **Cocoa butter, fat and oil:**						
1217	1804.0000	可可脂、可可油 Cocoa butter, fat and oil	22△10	0	东盟AS,智CL,新西兰NZ,秘PE, 哥CR,瑞CH,冰IS,澳AU,格GE, 柬KH,港HK,澳门MO	0	受惠国LD	70
				8.8	毛MU			
				12.1	韩KR			
				19.8	东盟^RAS^R,澳^RAU^R,新西兰^RNZ^R, 韩^RKR^R			
	18.05	**未加糖或其他甜物质的可可粉:** **Cocoa powder, not containing added** **sugar or other sweetening matter:**						
1218	1805.0000	未加糖或其他甜物质的可可粉 Cocoa powder, not containing added sugar or other sweetening matter	15	0	东盟AS,智CL,新西兰NZ,秘PE, 哥CR,瑞CH,冰IS,澳AU,格GE, 毛MU,东盟^RAS^R,澳^RAU^R,新西 兰^RNZ^R,柬KH,港HK,澳门MO	0	受惠国LD	40
				1.5	韩KR			
				12	巴PK,韩^RKR^R			
				12.3	日^RJP^R			
	18.06	**巧克力及其他含可可的食品:** **Chocolate and other food** **preparations containing cocoa:**						
1219	1806.1000	-加糖或其他甜物质的可可粉 -Cocoa powder, containing added sugar or other sweetening matter	10	0	东盟AS,智CL,新西兰NZ,秘PE, 哥CR,瑞CH,冰IS,澳AU,格GE, 毛MU,东盟^RAS^R,澳^RAU^R,新西 兰^RNZ^R,柬KH,港HK,澳门MO	0	受惠国LD	50
				1	韩KR			
				3	巴PK			
				8	韩^RKR^R			
				8.2	日^RJP^R			
1220	1806.2000	-其他重量超过2千克的块状或条状含 可可食品, 或液状、膏状、粉状、粒状 或其他散装形状的含可可食品, 容器 包装或内包装每件净重超过2千克的 -Other preparations in blocks, slabs or bars weighing more than 2kg or in liquid, paste, powder, granular or other bulk form in containers or immediate packings, of a content exceeding 2kg	10	0	东盟AS,智CL,新西兰NZ,新加坡 SG,秘PE,哥CR,瑞CH,冰IS,澳AU, 格GE,毛MU,东盟^RAS^R,澳^RAU^R, 新西兰^RNZ^R,柬KH,港HK,澳门MO	0	受惠国LD	50
				1	韩KR			
				3	巴PK			
				7.7	亚太AP			
				8	韩^RKR^R			
				8.2	日^RJP^R			

序号 No.	税则号列 Tariff Line	货品名称 Article Description	最惠国税率 MFN(%)	协定税率 Agreement(%)		特惠税率 SP(%)	普通税率 Gen(%)
		-其他块状或条状的含可可食品: -Other, in blocks, slabs or bars:					
1221	1806.3100	--夹心 --Filled	8	0	东盟AS,智CL,新西兰NZ,秘PE,哥CR,瑞CH,冰IS,澳AU,格GE,毛MU,柬KH,港HK,澳门MO	0 受惠国LD	50
				3.2	韩KR		
				4	巴PK		
				6.4	亚太AP		
				6.9	东盟^{R}AS^R,韩^{R}KR^R		
				7	日^{R}JP^R		
				7.2	澳^{R}AU^R,新西兰^{R}NZ^R		
1222	1806.3200	--不夹心 --Not filled	10	0	东盟AS,智CL,新西兰NZ,新加坡SG,秘PE,哥CR,瑞CH,冰IS,澳AU,格GE,毛MU,柬KH,港HK,澳门MO	0 受惠国LD	50
				4	巴PK,韩KR		
				7.7	亚太AP		
				8.7	东盟^{R}AS^R,韩^{R}KR^R		
				8.8	日^{R}JP^R		
				9	澳^{R}AU^R,新西兰^{R}NZ^R		
1223	1806.9000	-其他 -Other	8	0	东盟AS,智CL,新西兰NZ,秘PE,哥CR,瑞CH,冰IS,澳AU,格GE,毛MU,柬KH,港HK,澳门MO	0 受惠国LD	50
				3.2	韩KR		
				4	巴PK		
				6.4	亚太AP		
				6.9	东盟^{R}AS^R,韩^{R}KR^R		
				7	日^{R}JP^R		
				7.2	澳^{R}AU^R,新西兰^{R}NZ^R		

第十九章
谷物、粮食粉、淀粉或
乳的制品；糕饼点心

注释：

一、本章不包括：

（一）按重量计含香肠、肉、食用杂碎、动物血、昆虫、鱼、甲壳动物，软体动物、其他水生无脊椎动物及其混合物超过20%的食品（第十六章），但税目19.02的包馅食品除外；

（二）用粮食粉或淀粉制的专作动物饲料用的饼干及其他制品（税目23.09）；或

（三）第三十章的药品及其他产品。

二、税目19.01所称：

（一）"粗粒"是指第十一章谷物的粗粒；

（二）"细粉"及"粗粉"，是指：

1. 第十一章谷物的细粉及粗粉；

2. 其他章植物的细粉、粗粉及粉末，但不包括干蔬菜、马铃薯和干豆类的细粉、粗粉及粉末（应分别归入税目07.12、11.05和11.06）。

三、税目19.04不包括按重量计全脱脂可可含量超过6%或用巧克力完全包裹的食品以及其他含可可食品（税目18.06）。

四、税目19.04所称"其他方法制作的"，是指制作或加工程度超过第十章或第十一章各税目或注释所规定范围的。

Chapter 19
Preparations of cereals, flour,
starch or milk; pastry cook's products

Notes:

1. This Chapter does not cover:

(a) Except in the case of stuffed products of heading 19.02, food preparations containing more than 20% by weight of sausage, meat, meat offal, blood, insects, fish or crustaceans, molluscs or other aquatic invertebrates, or any combination thereof (Chapter 16);

(b) Biscuits or other articles made from flour or from starch, specially prepared for use in animal feeding (heading 23.09); or

(c) Medicaments or other products of Chapter 30.

2. For the purposes of heading 19.01:

(a) The term "groats" means cereal groats of Chapter 11;

(b) The terms "flour" and "meal" mean:

(1) Cereal flour and meal of Chapter 11; and

(2) Flour, meal and powder of vegetable origin of any Chapter, other than flour, meal or powder of dried vegetables (heading 07.12), of potatoes (heading 11.05) or of dried leguminous vegetables (heading 11.06).

3. Heading 19.04 does not cover preparations containing more than 6% by weight of cocoa calculated on a totally defatted basis or completely coated with chocolate or other food preparations containing cocoa (heading 18.06).

4. For the purposes of heading 19.04, the expression "otherwise prepared" means prepared or processed to an extent beyond that provided for in the headings of or Notes to Chapter 10 or Chapter 11.

序号 No.	税则号列 Tariff Line	货品名称 Article Description	最惠国税率 MFN(%)	协定税率 Agreement(%)	特惠税率 SP(%)	普通税率 Gen(%)
	19.01	麦精；细粉、粗粒、粗粉、淀粉或麦精制的其他税号未列名的食品，不含可可或按重量计全脱脂可可含量低于40%；税目04.01至04.04所列货品制的其他税号未列名的食品，不含可可或按重量计全脱脂可可含量低于5%： **Malt extract; food preparations of flour, groats, meal, starch or malt extract, not containing cocoa or containing less than 40% by weight of cocoa calculated on a totally defatted basis, not elsewhere specified or included; food preparations of goods of headings 04.01 to 04.04, not containing cocoa or containing less than 5% by weight of cocoa calculated on a totally defatted basis, not elsewhere specified or included:**				

序号 No.	税则号列 Tariff Line	货品名称 Article Description	最惠国税率 MFN(%)	协定税率 Agreement(%)		特惠税率 SP(%)	普通税率 Gen(%)
		-供婴幼儿食用的零售包装食品： -Preparations suitable for infants or young children, put up for retail sale:					
1224	1901.1010	---配方奶粉 ---Powdered formulas	15	0 5	东盟AS,智CL,巴PK,新西兰NZ, 新加坡SG,秘PE,哥CR,瑞CH,冰 IS,澳AU,毛MU,柬KH,港HK,澳 门MO 东盟^RAS^R,澳^RAU^R,新西兰^RNZ^R	0 受惠国LD	40
	ex19011010	供婴幼儿食用的零售包装配方奶粉〔早产/低出生体重婴儿配方（乳基）、母乳营养补充剂（乳基）特殊婴幼儿配方食品除外〕 Powdered formulas for infants or young children (other than formulas for infants or children with special medical purposes intended of premature or low birth weight infant formula (milk-based) and breast milk supplements (milk-based)), put up for retail sale	Δ5				
	ex19011010	早产/低出生体重婴儿配方（乳基）、母乳营养补充剂（乳基）特殊婴幼儿配方食品 Formulas for infants or children with special medical purposes intended of premature or low birth weight infant formula (milk-based) and breast milk supplements (milk-based)	Δ0				
1225	1901.1090	---其他 ---Other	15Δ2	0 5	东盟AS,智CL,巴PK,新西兰NZ,新加坡SG,秘PE,哥CR,瑞CH,冰IS,澳AU,毛MU,柬KH,港HK,澳门MO 东盟^RAS^R,澳^RAU^R,新西兰^RNZ^R	0 受惠国LD	40
1226	1901.2000	-供烘焙税目19.05所列面包糕饼用的调制品及面团 -Mixes and doughs for the pre-paration of bakers wares of heading 19.05	10	0 10 13.7 22.5 22.6	东盟AS,智CL,新西兰NZ,新加坡SG,秘PE,哥CR,瑞CH,冰IS,澳AU,格GE,柬KH,港HK,澳门MO 毛MU 韩KR 东盟^RAS^R,澳^RAU^R,新西兰^RNZ^R 日^RJP^R	0 受惠国LD	80
1227	1901.9000	-其他 -Other	10Δ5	0 4 8.7 8.8 9	东盟AS,智CL,巴PK,新西兰NZ,新加坡SG,秘PE,哥CR,瑞CH,冰IS,澳AU,格GE,毛MU,柬KH,港HK,澳门MO 韩KR 东盟^RAS^R,韩^RKR^R 日^RJP^R 澳^RAU^R,新西兰^RNZ^R	0 受惠国LD	80

序号 No.	税则号列 Tariff Line	货品名称 Article Description	最惠国税率 MFN(%)	协定税率 Agreement(%)		特惠税率 SP(%)	普通税率 Gen(%)
	19.02	面食,不论是否煮熟、包馅(肉馅或其他馅)或其他方法制作,例如,通心粉、面条、汤团、馄饨、饺子、奶油面卷;古斯古斯面食,不论是否制作: Pasta, whether or not cooked or stuffed (with meat or other substances) or otherwise prepared, such as spaghetti, macaroni, noodles, lasagne, gnocchi, ravioli, cannelloni; couscous, whether or not prepared:					
		-生的面食,未包馅或未经其他方法制作: -Uncooked pasta, not stuffed or otherwise prepared:					
1228	1902.1100	--含蛋 --Containing eggs	10	0	东盟AS,智CL,新西兰NZ,新加坡SG,秘PE,哥CR,瑞CH,澳AU,格GE,毛MU,东盟^{R}AS^R,澳^{R}AU^R,新西兰^{R}NZ^R,柬KH,港HK,澳门MO	0 受惠国LD	80
				1.5	韩KR		
				12	巴PK,韩^{R}KR^R		
				12.3	日^{R}JP^R		
1229	1902.1900	--其他 --Other	10△8	0	东盟AS,智CL,巴PK,新西兰NZ,新加坡SG,秘PE,哥CR,瑞CH,澳AU,格GE,毛MU,柬KH,港HK,澳门MO	0 受惠国LD	80
				6	韩KR		
				13	东盟^{R}AS^R,韩^{R}KR^R		
				13.1	日^{R}JP^R		
				13.5	澳^{R}AU^R,新西兰^{R}NZ^R		
1230	1902.2000	-包馅面食,不论是否烹煮或经其他方法制作 -Stuffed pasta, whether or not cooked or otherwise prepared	10	0	东盟AS,智CL,新西兰NZ,新加坡SG,秘PE,哥CR,冰IS,澳AU,格GE,毛MU,柬KH,港HK,澳门MO	0 受惠国LD	80
				6	韩KR		
				12	巴PK		
				13	东盟^{R}AS^R,韩^{R}KR^R		
				13.1	日^{R}JP^R		
				13.5	澳^{R}AU^R,新西兰^{R}NZ^R		
		-其他面食: -Other pasta:					
1231	1902.3010	---米粉干 ---Rice vermicelli, cooked	10	0	东盟AS,智CL,新西兰NZ,新加坡SG,秘PE,哥CR,瑞CH,冰IS,澳AU,格GE,毛MU,东盟^{R}AS^R,澳^{R}AU^R,新西兰^{R}NZ^R,柬KH,港HK,澳门MO	0 受惠国LD	80
				1.5	韩KR		
				12	巴PK,韩^{R}KR^R		
				12.3	日^{R}JP^R		

序号 No.	税则号列 Tariff Line	货品名称 Article Description	最惠国税率 MFN(%)	协定税率 Agreement(%)		特惠税率 SP(%)	普通税率 Gen(%)
1232	1902.3020	---粉丝 ---Bean vermicelli, cooked	10	0	东盟AS,智CL,新西兰NZ,新加坡SG,秘PE,哥CR,瑞CH,冰IS,澳AU,格GE,毛MU,东盟^RAS^R,澳^RAU^R,新西兰^RNZ^R,柬KH,港HK,澳门MO	0 受惠国LD	80
				1.5	韩KR		
				12	巴PK,韩^RKR^R		
				12.3	日^RJP^R		
1233	1902.3030	---即食或快熟面条 ---Instant noodle	10	0	东盟AS,智CL,新西兰NZ,新加坡SG,秘PE,哥CR,瑞CH,冰IS,澳AU,格GE,毛MU,柬KH,港HK,澳门MO	0 受惠国LD	80
				7.5	巴PK		
				8.2	韩KR		
				8.7	亚太AP		
				13.5	东盟^RAS^R,澳^RAU^R,新西兰^RNZ^R		
1234	1902.3090	---其他 ---Other	10	0	东盟AS,智CL,新西兰NZ,新加坡SG,秘PE,哥CR,冰IS,澳AU,格GE,毛MU,柬KH,港HK,澳门MO	0 受惠国LD	80
				6	韩KR		
				7.5	巴PK		
				8.7	亚太AP		
				13	东盟^RAS^R,韩^RKR^R		
				13.1	日^RJP^R		
				13.5	澳^RAU^R,新西兰^RNZ^R		
1235	1902.4000	-古斯古斯面食 -Couscous	10	0	东盟AS,智CL,新西兰NZ,新加坡SG,秘PE,哥CR,瑞CH,冰IS,澳AU,格GE,柬KH,港HK,澳门MO	0 受惠国LD	80
				10	毛MU		
				13.7	韩KR		
				22.5	东盟^RAS^R,澳^RAU^R,新西兰^RNZ^R,韩^RKR^R		
				22.6	日^RJP^R		
	19.03	珍粉及淀粉制成的珍粉代用品,片、粒、珠、粉或类似形状的: Tapioca and substitutes therefor prepared from starch, in the form of flakes, grains, pearls, siftings or in similar forms:					
1236	1903.0000	珍粉及淀粉制成的珍粉代用品,片、粒、珠、粉或类似形状的 Tapioca and substitutes therefor prepared from starch, in the form of flakes, grains, pearls, siftings or in similar forms	10	0	东盟AS,智CL,新西兰NZ,新加坡SG,秘PE,哥CR,瑞CH,冰IS,澳AU,格GE,毛MU,东盟^RAS^R,澳^RAU^R,新西兰^RNZ^R,柬KH,港HK,澳门MO	0 受惠国LD	80
				1.5	韩KR		
				12	巴PK,韩^RKR^R		
				12.3	日^RJP^R		

序号 No.	税则号列 Tariff Line	货品名称 Article Description	最惠国税率 MFN(%)	协定税率 Agreement(%)		特惠税率 SP(%)		普通税率 Gen(%)
	19.04	谷物或谷物产品经膨化或烘炒制成的食品（例如，玉米片）；其他税号未列名的预煮或经其他方法制作的谷粒（玉米除外）、谷物片或经其他加工的谷粒（细粉、粗粒及粗粉除外）： Prepared foods obtained by the swelling or roasting of cereals or cerealproducts (for example, corn flakes); cereals (other than maize (corn)) in grain form or in the form of flakes or other worked grains (except flour, groats and meal), precooked or otherwise specified or included:						
1237	1904.1000	-谷物或谷物产品经膨化或烘炒制成的食品 -Prepared foods obtained by the swelling or roasting of cereals or cereal products	10	0	东盟AS,智CL,新西兰NZ,新加坡SG,秘PE,哥CR,冰IS,澳AU,格GE,柬KH,港HK,澳门MO	0	受惠国LD	80
				4.2	瑞CH			
				10	毛MU			
				13.7	韩KR			
				22.5	东盟^{R}AS^R,澳^{R}AU^R,新西兰^{R}NZ^R			
				22.6	日^{R}JP^R			
1238	1904.2000	-未烘炒谷物片制成的食品及未烘炒的谷物片与烘炒的谷物片或膨化的谷物混合制成的食品 -Prepared foods obtained from unroasted cereal flakes or from mixtures of unroasted cereal flakes and roasted cereal flakes or swelled cereals	10	0	东盟AS,智CL,新西兰NZ,新加坡SG,哥CR,瑞CH,冰IS,澳AU,格GE,柬KH,港HK,澳门MO	0	受惠国$_l$LD$_l$	80
				2	秘PE			
				12	毛MU			
				16.5	韩KR			
				27	东盟^{R}AS^R,澳^{R}AU^R,新西兰^{R}NZ^R,韩^{R}KR^R			
1239	1904.3000	-碾碎的干小麦 -Bulgur wheat	10	0	东盟AS,智CL,新西兰NZ,新加坡SG,哥CR,冰IS,澳AU,格GE,柬KH,港HK,澳门MO	0	受惠国$_l$LD$_l$	80
				2	秘PE			
				12	毛MU			
				16.5	韩KR			
				27	东盟^{R}AS^R,澳^{R}AU^R,新西兰^{R}NZ^R,韩^{R}KR^R			
				27.1	日^{R}JP^R			
1240	1904.9000	-其他 -Other	10	0	东盟AS,智CL,新西兰NZ,新加坡SG,秘PE,哥CR,瑞CH,冰IS,澳AU,格GE,柬KH,港HK,澳门MO	0	受惠国$_l$LD$_l$	80
				12	毛MU			
				16.5	韩KR			
				27	东盟^{R}AS^R,澳^{R}AU^R,新西兰^{R}NZ^R			
				27.1	日^{R}JP^R			

序号 No.	税则号列 Tariff Line	货品名称 Article Description	最惠国税率 MFN(%)	协定税率 Agreement(%)		特惠税率 SP(%)	普通税率 Gen(%)
	19.05	面包、糕点、饼干及其他烘焙糕饼,不论是否含可可;圣餐饼、装药空囊、封碱、糯米纸及类似制品: Bread, pastry, cakes, biscuits and other bakers' wares, whether or not containing cocoa; communion wafers, empty cachets of a kind suitable for pharmaceutical use, sealing wafers, rice paper and similar products:					
1241	1905.1000	-黑麦脆面包片 -Crispbread	10	0	东盟AS,智CL,新西兰NZ,新加坡SG,秘PE,哥CR,瑞CH,冰IS,澳AU,格GE,毛MU,柬KH,港HK,澳门MO	0 受惠国LD	80
				8	韩KR		
				16	东盟^{R}AS^R,澳^{R}AU^R,新西兰^{R}NZ^R,韩^{R}KR^R		
				17.5	日^{R}JP^R		
1242	1905.2000	-姜饼及类似品 -Gingerbread and the like	10	0	东盟AS,智CL,新西兰NZ,新加坡SG,秘PE,哥CR,瑞CH,冰IS,澳AU,格GE,毛MU,柬KH,港HK,澳门MO	0 受惠国LD	80
				8	韩KR		
				16	东盟^{R}AS^R,澳^{R}AU^R,新西兰^{R}NZ^R,韩^{R}KR^R		
				17.5	日^{R}JP^R		
		-甜饼干; 华夫饼干及圣餐饼: -Sweet biscuits; waffles and wafers:					
1243	1905.3100	--甜饼干 --Sweet biscuits	10	0	东盟AS,智CL,巴PK,新西兰NZ,新加坡SG,秘PE,哥CR,冰IS,澳AU,格GE,毛MU,柬KH,港HK,澳门MO	0 受惠国LD	80
				2.5	瑞CH	5 亚太AP	
				6	韩KR		
				8.2	亚太AP		
				13	东盟^{R}AS^R,韩^{R}KR^R		
				13.1	日^{R}JP^R		
				13.5	澳^{R}AU^R,新西兰^{R}NZ^R		
1244	1905.3200	--华夫饼干及圣餐饼 --Waffles and wafers	10	0	东盟AS,智CL,新西兰NZ,新加坡SG,秘PE,哥CR,瑞CH,冰IS,澳AU,格GE,毛MU,柬KH,港HK,澳门MO	0 受惠国LD	80
				6	韩KR	5 亚太AP	
				7.5	巴PK		
				8.2	亚太AP		
				13	东盟^{R}AS^R,韩^{R}KR^R		
				13.1	日^{R}JP^R		
				13.5	澳^{R}AU^R,新西兰^{R}NZ^R		

序号 No.	税则号列 Tariff Line	货品名称 Article Description	最惠国税率 MFN(%)		协定税率 Agreement(%)	特惠税率 SP(%)		普通税率 Gen(%)
1245	1905.4000	-面包干、吐司及类似的烤面包 -Rusks, toasted bread and similar toasted products	10	0	东盟AS,智CL,新西兰NZ,新加坡SG,秘PE,哥CR,瑞CH,澳AU,格GE,毛MU,柬KH,港HK,澳门MO	0	受惠国LD	80
				8	韩KR			
				17.3	东盟^{R}AS^R,韩^{R}KR^R			
				17.5	日^{R}JP^R			
				18	澳^{R}AU^R,新西兰^{R}NZ^R			
1246	1905.9000	-其他 -Other	10	0	东盟AS,智CL,巴PK,新西兰NZ,新加坡SG,秘PE,哥CR,瑞CH,冰IS,澳AU,格GE,毛MU,柬KH,港HK,澳门MO	0	受惠国LD	80
				8.6	亚太AP	5	亚太AP	
				11	韩KR			
				18	东盟^{R}AS^R,澳^{R}AU^R,新西兰^{R}NZ^R			
				18.1	日^{R}JP^R			

第二十章
蔬菜、水果、坚果或植物
其他部分的制品

注释：

一、本章不包括：

（一）用第七章、第八章或第十一章所列方法制作或保藏的蔬菜、水果或坚果；

（二）植物油、脂（第十五章）；

（三）按重量计含香肠、肉、食用杂碎、动物血、昆虫、鱼、甲壳动物、软体动物、其他水生无脊椎动物及其混合物超过20%的食品（第十六章）；

（四）税目19.05的烘焙糕饼及其他制品；或

（五）税目21.04的均化混合食品。

二、税目20.07及20.08不包括制成糖食的果冻、果膏、糖衣杏仁或类似品（税目17.04）及巧克力糖食（税目18.06）。

三、税目20.01、20.04及20.05仅酌情包括用本章注释一（一）以外的方法制作或保藏的第七章或税目11.05、11.06的产品（第八章产品的细粉、粗粉除外）。

四、干重量在7%及以上的番茄汁归入税目20.02。

五、税目20.07所称"烹煮的"是指，在常压或减压下，通过减少水分或其他方法增加产品粘稠度的热处理。

六、税目20.09所称"未发酵及未加酒精的水果汁"，是指按容量计酒精浓度（标准见第二十二章注释二）不超过0.5%的水果汁。

子目注释：

一、子目2005.10所称"均化蔬菜"，是指蔬菜经精细均化制成适合供婴幼儿食用或营养用的零售包装食品（每件净重不超过250克）。为了调味、保藏或其他目的，均化蔬菜中可以加入少量其他配料，还可以含有少量可见的蔬菜粒。归类时，子目2005.10优先于税目20.05的其他子目。

Chapter 20
Preparations of vegetables,
fruit, nuts or other parts of plants

Notes:

1. This Chapter does not cover:

   (a) Vegetables, fruit or nuts, prepared or preserved by the processes specified in Chapter 7, 8 or 11;

   (b) Vegetable fats and oils (Chapter 15);

   (c) Food preparations containing more than 20% by weight of sausage, meat, meat offal, blood, insects, fish or crustaceans, molluscs or other aquatic invertebrates, or any combination thereof(Chapter 16);

   (d) Bakers' wares and other products of heading 19.05; or

   (e) Homogenized composite food preparations of heading 21.04.

2. Headings 20.07 and 20.08 do not apply to fruit jellies, fruit pastes, sugar-coated almonds or the like in the form of sugar confectionery (heading 17.04) or chocolate confectionery (heading 18.06) .

3. Headings 20.01, 20.04 and 20.05 cover, as the case may be, only those products of Chapter 7 or of heading 11.05 or 11.06 (other than flour, meal and powder of the products of Chapter 8) which have been prepared or preserved by processes other than those referred to in Note 1(a).

4. Tomato juice, the dry weight content of which is 7% or more, is to be classified in heading 20.02.

5. For the purposes of heading 20.07, the expression "obtained by cooking" means obtained by heat treatment at atmospheric pressure or under reduced pressure to increase the viscosity of a product through reduction of water content or other means.

6. For the purposes of heading 20.09, the expression"juices, unfermented and not containing added spirit"means juices of an alcoholic strength by volume (see Note 2 to Chapter 22) not exceeding 0.5% vol.

Subheading Notes:

1. For the purposes of subheading 2005.10, the expression "homogenized vegetables" means preparations of vegetables, finely homogenized, put up for retail sale as food suitable for infants or young children or for dietetic purposes, in containers of a net weight content not exceeding 250g. For the application of this definition no account is to be taken of small quantities of any ingredients which may have been added to the preparation for seasoning, preparation or other purposes. These preparations may contain a small quantity of visible pieces of vegetables. Subheading 2005.10 takes precedence over all other subheadings of heading 20.05.

二、子目 2007.10 所称"均化食品",是指果实经精细均化制成适合供婴幼儿食用或营养用的零售包装食品（每件净重不超过 250 克）。为了调味、保藏或其他目的，均化食品中可以加入少量其他配料，还可以含有少量可见的果粒。归类时，子目 2007.10 优先于税目 20.07 的其他子目。

三、子目 2009.12、2009.21、2009.31、2009.41、2009.61 及 2009.71 所称"白利糖度值",是指直接从白利糖度计读取的度数或在 20 摄氏度时从折射计读取的以蔗糖百分比含量计的折射率，在其他温度下读取的数值应折算为 20 摄氏度时的折射率。

本国子目注释：

本国子目 2008.9934 所称"烤紫菜",是指以干紫菜为主要原料，未加调味料经烘烤而制成的可直接食用的食品，理化指标为：水分含量 ≤ 5.0%；感官要求为：色泽呈绿色，具有品种固有的香脆滋味，无正常视力可见的不可食用的外来异物。

2. For the purposes of subheading 2007.10, the expression "homogenized preparations" means preparations of fruit, finely homogenized, put up for retail sale as food suitable for infants or young children or for dietetic purposes, in containers of a net weight content not exceeding 250g. For the application of this definition no account is to be taken of small quantities of any ingredients which may have been added to the preparation for seasoning, preservation or other purposes. These preparations may contain a small quantity of visible pieces of fruit. Subheading 2007.10 takes precedence over all other subheadings of heading 20.07.

3. For the purposes of subheadings 2009.12, 2009.21, 2009.31, 2009.41, 2009.61 and 2009.71, the expression "Brix value" means the direct reading of degrees Brix obtained from a Brix hydrometer of refractive index expressed in terms of percentage sucrose content obtained from a refractometer, at a temperature of 20℃ or corrected for 20℃ if the reading is made at a different temperature.

Domestic Subheading Note:

Domestic Subheading 2008.9934: "roasted laver" means food with dired laver as main raw materials, unseasoned, are made by baking and eaten directly. Moisture content is not exceeding 5.0%. Sense technical requirements: green color, having inherent crisp taste, no inedible foreign materials visible with normal vision.

序号 No.	税则号列 Tariff Line	货品名称 Article Description	最惠国税率 MFN(%)	协定税率 Agreement(%)		特惠税率 SP(%)	普通税率 Gen(%)
	20.01	蔬菜、水果、坚果及植物的其他食用部分，用醋或醋酸制作或保藏的： **Vegetables, fruit, nuts and other edible parts of plants, prepared or preserved by vinegar or acetic acid:**					
1247	2001.1000	-黄瓜及小黄瓜 -Cucumbers and gherkins	5	0	东盟 AS,智 CL,新西兰 NZ,新加坡 SG,秘 PE,哥 CR,瑞 CH,冰 IS,澳 AU,格 GE,柬 KH,港 HK,澳门 MO	0 受惠国 LD	70
				10	毛 MU		
				13.7	韩 KR		
				15	巴 PK		
				22.5	东盟ᴿASᴿ,澳ᴿAUᴿ,新西兰ᴿNZᴿ,韩ᴿKRᴿ		
				22.6	日ᴿJPᴿ		
		-其他： -Other:					

序号 No.	税则号列 Tariff Line	货品名称 Article Description	最惠国税率 MFN(%)	协定税率 Agreement(%)		特惠税率 SP(%)	普通税率 Gen(%)
1248	2001.9010	---大蒜 ---Garlic	5	0	东盟AS,智CL,新西兰NZ,新加坡SG,秘PE,哥CR,瑞CH,冰IS,澳AU,格GE,柬KH,港HK,澳门MO	0 受惠国LD	70
				10	毛MU	2.5 亚太AP	
				13.7	韩KR		
				20	巴PK		
				22.5	东盟^RAS^R,澳^RAU^R,新西兰^RNZ^R,韩^RKR^R		
				22.6	日^RJP^R		
1249	2001.9090	---其他 ---Other	5	0	东盟AS,智CL,新西兰NZ,新加坡SG,秘PE,哥CR,瑞CH,冰IS,澳AU,格GE,柬KH,港HK,澳门MO	0 受惠国LD	70
				10	毛MU	2.5 亚太AP	
				13.7	韩KR		
				22.5	东盟^RAS^R,澳^RAU^R,新西兰^RNZ^R,韩^RKR^R		
				22.6	日^RJP^R		
	20.02	**番茄,用醋或醋酸以外的其他方法制作或保藏的:** **Tomatoes prepared or preserved otherwise than by vinegar or acetic acid:**					
		-番茄,整个或切片: -Tomatoes, whole or in pieces:					
1250	2002.1010	---罐头 ---In airtight containers	5	0	东盟AS,智CL,新西兰NZ,新加坡SG,秘PE,哥CR,瑞CH,冰IS,澳AU,格GE,毛MU,柬KH,港HK,澳门MO	0 受惠国LD	80
				7.6	韩KR		
				15.2	巴PK,东盟^RAS^R,澳^RAU^R,新西兰^RNZ^R,韩^RKR^R		
				16.6	日^RJP^R		
1251	2002.1090	---其他 ---Other	5'	0	东盟AS,智CL,新西兰NZ,新加坡SG,秘PE,哥CR,瑞CH,冰IS,澳AU,格GE,柬KH,港HK,澳门MO	0 受惠国LD	70
				10	毛MU		
				13.7	韩KR		
				20	巴PK		
				22.5	东盟^RAS^R,澳^RAU^R,新西兰^RNZ^R,韩^RKR^R		
				22.6	日^RJP^R		
		-其他: -Other:					
		---番茄酱罐头: ---Tomato paste, in airtight containers:					

序号 No.	税则号列 Tariff Line	货品名称 Article Description	最惠国税率 MFN(%)	协定税率 Agreement(%)		特惠税率 SP(%)	普通税率 Gen(%)
1252	2002.9011	----重量不超过5千克的 ----weighing not more than 5kg	5	0	东盟AS,智CL,新西兰NZ,新加坡SG,秘PE,哥CR,瑞CH,冰IS,澳AU,格GE,毛MU,柬KH,港HK,澳门MO	0 受惠国LD	80
				8	韩KR		
				16	巴PK,东盟^RAS^R,澳^RAU^R,新西兰^RNZ^R,韩^RKR^R		
				17.5	日^RJP^R		
1253	2002.9019	----重量超过5千克的 ----weighing more than 5kg	5	0	东盟AS,智CL,新西兰NZ,新加坡SG,秘PE,哥CR,瑞CH,冰IS,澳AU,格GE,毛MU,东盟^RAS^R,澳^RAU^R,新西兰^RNZ^R,柬KH,港HK,澳门MO	0 受惠国LD	80
				2	韩KR		
				16	巴PK,韩^RKR^R		
				16.4	日^RJP^R		
1254	2002.9090	---其他 ---Other	5	0	东盟AS,智CL,新西兰NZ,新加坡SG,秘PE,哥CR,瑞CH,冰IS,澳AU,格GE,毛MU,柬KH,港HK,澳门MO	0 受惠国LD	70
				7.2	韩KR		
				11.5	巴PK		
				14.4	东盟^RAS^R,澳^RAU^R,新西兰^RNZ^R,韩^RKR^R		
				15.8	日^RJP^R		
	20.03	蘑菇及块菌,用醋或醋酸以外的其他方法制作或保藏的: Mushrooms and truffles, prepared or preserved otherwise than by vinegar or acetic acid:					
		-伞菌属蘑菇: -Mushrooms of the genus Agaricus:					
		--罐头: ---In airtight containers:					
1255	2003.1011	----小白蘑菇 ----Small white agaric	5	0	东盟AS,智CL,新西兰NZ,新加坡SG,秘PE,哥CR,瑞CH,冰IS,澳AU,格GE,东盟^RAS^R,澳^RAU^R,新西兰^RNZ^R,柬KH,港HK,澳门MO	0 受惠国LD	90
				2.5	韩KR		
				10	毛MU		
				20	韩^RKR^R		
				20.5	日^RJP^R		

序号 No.	税则号列 Tariff Line	货品名称 Article Description	最惠国税率 MFN(%)	协定税率 Agreement(%)		特惠税率 SP(%)	普通税率 Gen(%)
1256	2003.1019	----其他 ----Other	5	0	东盟AS,智CL,新西兰NZ,新加坡SG,秘PE,哥CR,瑞CH,冰IS,澳AU,格GE,东盟^RAS^R,澳^RAU^R,新西兰^RNZ^R,柬KH,港HK,澳门MO	0 受惠国LD	90
				2.5	韩KR		
				10	毛MU		
				20	韩^RKR^R		
				20.5	日^RJP^R		
1257	2003.1090	---其他 ---Other	5	0	东盟AS,智CL,新西兰NZ,新加坡SG,秘PE,哥CR,瑞CH,冰IS,澳AU,格GE,东盟^RAS^R,澳^RAU^R,新西兰^RNZ^R,柬KH,港HK,澳门MO	0 受惠国LD	90
				2.5	韩KR		
				10	毛MU		
				20	韩^RKR^R		
				20.5	日^RJP^R		
		-其他: -Other:					
1258	2003.9010	---罐头 ---In airtight containers	5	0	东盟AS,智CL,新西兰NZ,新加坡SG,秘PE,哥CR,瑞CH,冰IS,澳AU,格GE,东盟^RAS^R,澳^RAU^R,新西兰^RNZ^R,柬KH,港HK,澳门MO	0 受惠国LD	90
				2.5	韩KR		
				10	毛MU		
				20	韩^RKR^R		
				20.5	日^RJP^R		
1259	2003.9090	----其他 ---Other	5	0	东盟AS,智CL,新西兰NZ,新加坡SG,秘PE,哥CR,瑞CH,冰IS,澳AU,格GE,东盟^RAS^R,澳^RAU^R,新西兰^RNZ^R,柬KH,港HK,澳门MO	0 受惠国LD	90
				2.5	韩KR		
				10	毛MU		
				20	韩^RKR^R		
				20.5	日^RJP^R		
	20.04	其他冷冻蔬菜,用醋或醋酸以外的其他方法制作或保藏的,但税目20.06的产品除外: Other vegetables prepared or preserved otherwise than by vinegar or acetic acid, frozen, other than products of heading 20.06:					

序号 No.	税则号列 Tariff Line	货品名称 Article Description	最惠国税率 MFN(%)	协定税率 Agreement(%)		特惠税率 SP(%)	普通税率 Gen(%)
1260	2004.1000	-马铃薯 -Potatoes	5	0	东盟AS,智CL,新西兰NZ,新加坡SG,秘PE,哥CR,瑞CH,澳AU,格GE,毛MU,东盟^RAS^R,澳^RAU^R,新西兰^RNZ^R,柬KH,港HK,澳门MO	0 受惠国LD	70
				1.3	韩KR		
				3.9	巴PK		
				10.4	韩^RKR^R		
				10.6	日^RJP^R		
1261	2004.9000	-其他蔬菜及什锦蔬菜 -Other vegetables and mixtures of vegetables	5	0	东盟AS,智CL,新西兰NZ,新加坡SG,秘PE,哥CR,瑞CH,冰IS,澳AU,格GE,东盟^RAS^R,澳^RAU^R,新西兰^RNZ^R,柬KH,港HK,澳门MO	0 受惠国LD	70
				2.5	韩KR		
				10	毛MU		
				20	韩^RKR^R		
				20.5	日^RJP^R		
	20.05	其他未冷冻蔬菜,用醋或醋酸以外的其他方法制作或保藏的,但税目20.06的产品除外: Other vegetables prepared or preserved otherwise than by vinegar or acetic acid, not frozen, other than products of heading 20.06:					
1262	2005.1000	-均化蔬菜 -Homogenized vegetables	5	0	东盟AS,智CL,新西兰NZ,新加坡SG,秘PE,哥CR,瑞CH,冰IS,澳AU,格GE,东盟^RAS^R,澳^RAU^R,新西兰^RNZ^R,柬KH,港HK,澳门MO	0 受惠国LD	70
				2.5	韩KR		
				10	毛MU		
				20	韩^RKR^R		
				20.5	日^RJP^R		
1263	2005.2000	-马铃薯 -Potatoes	5	0	东盟AS,智CL,巴PK,新西兰NZ,新加坡SG,秘PE,哥CR,瑞CH,澳AU,格GE,毛MU,东盟^RAS^R,澳^RAU^R,新西兰^RNZ^R,柬KH,港HK,澳门MO	0 受惠国LD	70
				1.5	韩KR		
				12	韩^RKR^R		
				12.3	日^RJP^R		
1264	2005.4000	-豌豆 -Peas (*Pisum sativum*)	5	0	东盟AS,智CL,新西兰NZ,新加坡SG,秘PE,哥CR,瑞CH,冰IS,澳AU,格GE,东盟^RAS^R,澳^RAU^R,新西兰^RNZ^R,柬KH,港HK,澳门MO	0 受惠国LD	70
				2.5	韩KR		
				10	毛MU		
				20	韩^RKR^R		
				20.5	日^RJP^R		

序号 No.	税则号列 Tariff Line	货品名称 Article Description	最惠国税率 MFN(%)	协定税率 Agreement(%)		特惠税率 SP(%)		普通税率 Gen(%)
		-豇豆及菜豆: -Beans (*Vigna* spp., *Phaseolus* spp.):						
		--脱荚的: --Beans, shelled:						
		---罐头: ---In airtight containers:						
1265	2005.5111	----赤豆馅 ----Red bean paste	5	0	东盟AS,智CL,新西兰NZ,新加坡SG,秘PE,哥CR,瑞CH,冰IS,澳AU,格GE,东盟^RAS^R,澳^RAU^R,新西兰^RNZ^R,柬KH,港HK,澳门MO	0	受惠国LD	80
				2.5	韩KR			
				10	毛MU			
				20	韩^RKR^R			
				20.5	日^RJP^R			
1266	2005.5119	----其他 ----Other	5	0	东盟AS,智CL,新西兰NZ,新加坡SG,秘PE,哥CR,瑞CH,冰IS,澳AU,格GE,柬KH,港HK,澳门MO	0	受惠国LD	80
				10	毛MU			
				13.7	韩KR			
				22.5	东盟^RAS^R,澳^RAU^R,新西兰^RNZ^R,韩^RKR^R			
				22.6	日^RJP^R			
		---其他: ---Other:						
1267	2005.5191	----赤豆馅 ----Red bean paste	5	0	东盟AS,智CL,新西兰NZ,新加坡SG,秘PE,哥CR,瑞CH,冰IS,澳AU,格GE,东盟^RAS^R,澳^RAU^R,新西兰^RNZ^R,柬KH,港HK,澳门MO	0	受惠国LD	70
				2.5	韩KR			
				10	毛MU			
				20	韩^RKR^R			
				20.5	日^RJP^R			
1268	2005.5199	----其他 ----Other	5	0	东盟AS,智CL,新西兰NZ,新加坡SG,秘PE,哥CR,瑞CH,澳AU,格GE,柬KH,港HK,澳门MO	0	受惠国LD	70
				10	毛MU			
				13.7	韩KR			
				22.5	东盟^RAS^R,澳^RAU^R,新西兰^RNZ^R,韩^RKR^R			
				22.6	日^RJP^R			
		--其他: --Other:						

序号 No.	税则号列 Tariff Line	货品名称 Article Description	最惠国税率 MFN(%)		协定税率 Agreement(%)	特惠税率 SP(%)		普通税率 Gen(%)
1269	2005.5910	---罐头 ---In airtight containers	5	0	东盟AS,智CL,新西兰NZ,新加坡SG,秘PE,哥CR,瑞CH,澳AU,格GE,东盟^RAS^R,澳^RAU^R,新西兰^RNZ^R,柬KH,港HK,澳门MO	0	受惠国LD	80
				2.5	韩KR			
				10	毛MU			
				20	韩^RKR^R			
				20.5	日^RJP^R			
1270	2005.5990	---其他 ---Other	5	0	东盟AS,智CL,新西兰NZ,新加坡SG,秘PE,哥CR,瑞CH,澳AU,格GE,东盟^RAS^R,澳^RAU^R,新西兰^RNZ^R,柬KH,港HK,澳门MO	0	受惠国LD	70
				2.5	韩KR			
				10	毛MU			
				20	韩^RKR^R			
				20.5	日^RJP^R			
		-芦笋: -Asparagus:						
1271	2005.6010	---罐头 ---In airtight containers	5	0	东盟AS,智CL,新西兰NZ,新加坡SG,秘PE,哥CR,瑞CH,澳AU,格GE,东盟^RAS^R,澳^RAU^R,新西兰^RNZ^R,柬KH,港HK,澳门MO	0	受惠国LD	80
				2.5	韩KR			
				10	毛MU			
				20	韩^RKR^R			
				20.5	日^RJP^R			
1272	2005.6090	---其他 ---Other	5	0	东盟AS,智CL,新西兰NZ,新加坡SG,秘PE,哥CR,瑞CH,冰IS,澳AU,格GE,东盟^RAS^R,澳^RAU^R,新西兰^RNZ^R,柬KH,港HK,澳门MO	0	受惠国LD	70
				2.5	韩KR			
				10	毛MU			
				20	韩^RKR^R			
				20.5	日^RJP^R			
1273	2005.7000	-油橄榄 -Olives	5	0	东盟AS,智CL,新西兰NZ,新加坡SG,秘PE,哥CR,瑞CH,冰IS,澳AU,格GE,毛MU,东盟^RAS^R,澳^RAU^R,新西兰^RNZ^R,柬KH,港HK,澳门MO	0	受惠国LD	70
				1	韩KR			
				3	巴PK			
				8	韩^RKR^R			
				8.2	日^RJP^R			

序号 No.	税则号列 Tariff Line	货品名称 Article Description	最惠国税率 MFN(%)	协定税率 Agreement(%)		特惠税率 SP(%)	普通税率 Gen(%)
1274	2005.8000	-甜玉米 -Sweet corn (*Zea mays var. saccharata*)	5	0	东盟AS,智CL,新西兰NZ,新加坡SG,秘PE,哥CR,瑞CH,冰IS,澳AU,格GE,毛MU,东盟^RAS^R,澳^RAU^R,新西兰^RNZ^R,柬KH,港HK,澳门MO	0　受惠国LD	80
				1	韩KR		
				3	巴PK		
				8	韩^RKR^R		
				8.2	日^RJP^R		
		-其他蔬菜及什锦蔬菜: -Other vegetables and mixtures of vegetables:					
		--竹笋: --Bamboo shoots:					
1275	2005.9110	---竹笋罐头 ---Bamboo shoots,In airtight containers	5	0	东盟AS,智CL,新西兰NZ,新加坡SG,秘PE,哥CR,瑞CH,冰IS,澳AU,格GE,东盟^RAS^R,澳^RAU^R,新西兰^RNZ^R,柬KH,港HK,澳门MO	0　受惠国LD	80
				2.5	韩KR		
				10	毛MU		
				20	韩^RKR^R		
				20.5	日^RJP^R		
1276	2005.9190	---其他 ---Other	5	0	东盟AS,智CL,新西兰NZ,新加坡SG,秘PE,哥CR,瑞CH,冰IS,澳AU,格GE,东盟^RAS^R,澳^RAU^R,新西兰^RNZ^R,柬KH,港HK,澳门MO	0　受惠国LD	70
				2.5	韩KR		
				10	毛MU		
				20	韩^RKR^R		
				20.5	日^RJP^R		
		--其他: --Other:					
1277	2005.9920	---蚕豆罐头 ---Broad beans, in airtight containers	5	0	东盟AS,智CL,新西兰NZ,新加坡SG,秘PE,哥CR,瑞CH,冰IS,澳AU,格GE,东盟^RAS^R,澳^RAU^R,新西兰^RNZ^R,柬KH,港HK,澳门MO	0　受惠国LD	80
				2.5	韩KR		
				10	毛MU		
				15	巴PK		
				20	韩^RKR^R		
				20.5	日^RJP^R		

序号 No.	税则号列 Tariff Line	货品名称 Article Description	最惠国税率 MFN(%)	协定税率 Agreement(%)		特惠税率 SP(%)		普通税率 Gen(%)
1278	2005.9940	---榨菜 ---Hot pickled mustard tubers	5	0	东盟AS,智CL,新西兰NZ,新加 坡SG,秘PE,哥CR,瑞CH,冰IS,澳 AU,格GE,东盟^RAS^R,澳^RAU^R,新 西兰^RNZ^R,柬KH,港HK,澳门MO	0	受惠国LD	70
				2.5	韩KR			
				10	毛MU			
				15	巴PK			
				20	韩^RKR^R			
				20.5	日^RJP^R			
1279	2005.9950	---咸蕨菜 ---Chueh tsai (fiddle-head), salted	5	0	东盟AS,智CL,新西兰NZ,新加 坡SG,秘PE,哥CR,瑞CH,冰IS,澳 AU,格GE,东盟^RAS^R,澳^RAU^R,新 西兰^RNZ^R,柬KH,港HK,澳门MO	0	受惠国LD	70
				2.5	韩KR			
				10	毛MU			
				15	巴PK			
				20	韩^RKR^R			
				20.5	日^RJP^R			
1280	2005.9960	---咸藠头 ---Scallion, salted	5	0	东盟AS,智CL,新西兰NZ,新加 坡SG,秘PE,哥CR,瑞CH,冰IS,澳 AU,格GE,东盟^RAS^R,澳^RAU^R,新 西兰^RNZ^R,柬KH,港HK,澳门MO	0	受惠国LD	70
				2.5	韩KR			
				10	毛MU			
				15	巴PK			
				20	韩^RKR^R			
				20.5	日^RJP^R			
1281	2005.9970	---蒜制品 ---Garlic products	5	0	东盟AS,智CL,新西兰NZ,新加 坡SG,秘PE,哥CR,冰IS,澳AU,格 GE,柬KH,港HK,澳门MO	0	受惠国LD	70
				5	瑞CH			
				10	毛MU			
				13.7	韩KR			
				22.5	东盟^RAS^R,澳^RAU^R,新西兰^RNZ^R, 韩^RKR^R			
				22.6	日^RJP^R			
		---其他: ---Other:						
1282	2005.9991	----罐头 ----In airtight containers	5	0	东盟AS,智CL,新西兰NZ,新加 坡SG,秘PE,哥CR,瑞CH,冰IS,澳 AU,格GE,柬KH,港HK,澳门MO	0	受惠国LD	70
				10	毛MU			
				13.7	韩KR			
				22.5	东盟^RAS^R,澳^RAU^R,新西兰^RNZ^R, 韩^RKR^R			
				22.6	日^RJP^R			

序号 No.	税则号列 Tariff Line	货品名称 Article Description	最惠国税率 MFN(%)	协定税率 Agreement(%)		特惠税率 SP(%)	普通税率 Gen(%)
1283	2005.9999	----其他 ----Other	5	0	东盟AS,智CL,新西兰NZ,新加坡SG,秘PE,哥CR,冰IS,澳AU,格GE,柬KH,港HK,澳门MO	0 受惠国LD	70
				5	瑞CH		
				10	毛MU		
				13.7	韩KR		
				22.5	东盟^RAS^R,澳^RAU^R,新西兰^RNZ^R		
	20.06	糖渍蔬菜、水果、坚果、果皮及植物的其他部分（沥干、糖渍或裹糖的）： Vegetables, fruit, nuts, fruit-peel and other parts of plants, preserved by sugar (drained, glacé or crystallised):					
1284	2006.0010	---蜜枣 ---Preserved jujubes	5	0	东盟AS,智CL,新西兰NZ,新加坡SG,秘PE,哥CR,冰IS,澳AU,格GE,柬KH,港HK,澳门MO	0 受惠国LD,缅MM	90
				12	毛MU		
				16.5	韩KR		
				27	东盟^RAS^R,澳^RAU^R,新西兰^RNZ^R,韩^RKR^R		
				27.1	日^RJP^R		
1285	2006.0020	---橄榄 ---Preserved olives	5	0	东盟AS,智CL,新西兰NZ,新加坡SG,哥CR,冰IS,澳AU,格GE,柬KH,港HK,澳门MO	0 受惠国LD,缅MM	90
				5.3	秘PE		
				12	毛MU		
				16.5	韩KR		
				27	东盟^RAS^R,澳^RAU^R,新西兰^RNZ^R,韩^RKR^R		
				27.1	日^RJP^R		
1286	2006.0090	---其他 ---Other	5	0	东盟AS,智CL,新西兰NZ,新加坡SG,哥CR,瑞CH,冰IS,澳AU,格GE,柬KH,港HK,澳门MO	0 受惠国LD,缅MM	90
				5.3	秘PE		
				12	毛MU		
				16.5	韩KR		
				27	东盟^RAS^R,澳^RAU^R,新西兰^RNZ^R		
	20.07	烹煮的果酱、果冻、柑橘酱、果泥及果膏，不论是否加糖或其他甜物质： Jams, fruit jellies, marmalades, fruit or nut purée and fruit or nut pastes, obtained by cooking, whether or not containing added sugar or other sweetening matter:					

序号 No.	税则号列 Tariff Line	货品名称 Article Description	最惠国税率 MFN(%)		协定税率 Agreement(%)	特惠税率 SP(%)		普通税率 Gen(%)
1287	2007.1000	-均化食品 -Homogenized preparations	5	0	东盟AS,智CL,新西兰NZ,新加坡SG,哥CR,瑞CH,冰IS,澳AU,格GE,柬KH,港HK,澳门MO	0	受惠国LD₁	80
				5.3	秘PE			
				12	毛MU			
				16.5	韩KR			
				27	东盟ᴿASᴿ,澳ᴿAUᴿ,新西兰ᴿNZᴿ,韩ᴿKRᴿ			
				27.1	日ᴿJPᴿ			
		-其他: -Other:						
1288	2007.9100	--柑橘属水果的 --Citrus fruit	5	0	东盟AS,智CL,新西兰NZ,新加坡SG,秘PE,哥CR,瑞CH,冰IS,澳AU,格GE,柬KH,港HK,澳门MO	0	受惠国LD,缅MM	80
				12	毛MU			
				16.5	韩KR			
				27	东盟ᴿASᴿ,澳ᴿAUᴿ,新西兰ᴿNZᴿ,韩ᴿKRᴿ			
				27.1	日ᴿJPᴿ			
		--其他: --Other:						
1289	2007.9910	---罐头 ---In airtight containers	5	0	东盟AS,智CL,巴PK,新西兰NZ,秘PE,哥CR,瑞CH,冰IS,韩KR,澳AU,格GE,毛MU,东盟ᴿASᴿ,澳ᴿAUᴿ,日ᴿJPᴿ,新西兰ᴿNZᴿ,柬KH,港HK,澳门MO,韩ᴿKRᴿ	0	受惠国LD	80
						2.5	亚太AP	
1290	2007.9990	---其他 ---Other	5	0	东盟AS,智CL,巴PK,新西兰NZ,秘PE,瑞CH,冰IS,韩KR,澳AU,格GE,毛MU,东盟ᴿASᴿ,澳ᴿAUᴿ,新西兰ᴿNZᴿ,柬KH,港HK,澳门MO,韩ᴿKRᴿ	0	受惠国LD	80
				0.7	哥CR	2.5	亚太AP	
				4.1	日ᴿJPᴿ			
	20.08	用其他方法制作或保藏的其他税目未列名水果、坚果及植物的其他食用部分,不论是否加酒、加糖或其他甜物质: **Fruit, nuts and other edible parts of plants, otherwise prepared, or preserved, whether or not containing added sugar or other sweetening matter or spirit, not elsewhere specified or included:**						
		-坚果、花生及其他子仁, 不论是否混合: -Nuts, ground-nuts and other seeds, whether or not mixed together:						

序号 No.	税则号列 Tariff Line	货品名称 Article Description	最惠国税率 MFN(%)	协定税率 Agreement(%)		特惠税率 SP(%)	普通税率 Gen(%)
		--花生： --Ground-nuts:					
1291	2008.1110	---花生米罐头 ---ground-nut kernels, in airtight containers	5	0	东盟AS,智CL,新西兰NZ,新加坡SG,哥CR,冰IS,澳AU,格GE,柬KH,港HK,澳门MO	0 受惠国LD₁	90
				12	毛MU		
				16.5	韩KR		
				27	东盟ᴿASᴿ,澳ᴿAUᴿ,新西兰ᴿNZᴿ,韩ᴿKRᴿ		
1292	2008.1120	---烘焙花生 ---Roasted ground-Nuts	5	0	东盟AS,智CL,新西兰NZ,新加坡SG,哥CR,冰IS,澳AU,格GE,柬KH,港HK,澳门MO	0 受惠国LD,柬KH	80
				12	毛MU		
				16.5	韩KR		
				27	东盟ᴿASᴿ,澳ᴿAUᴿ,新西兰ᴿNZᴿ,韩ᴿKRᴿ		
1293	2008.1130	---花生酱 ---Ground-nut butter	5	0	东盟AS,智CL,新西兰NZ,新加坡SG,哥CR,冰IS,澳AU,格GE,柬KH,港HK,澳门MO	0 受惠国LD₁	90
				12	毛MU		
				16.5	韩KR		
				27	东盟ᴿASᴿ,澳ᴿAUᴿ,新西兰ᴿNZᴿ,韩ᴿKRᴿ		
				27.1	日ᴿJPᴿ		
1294	2008.1190	---其他 ---Other	5	0	东盟AS,智CL,新西兰NZ,新加坡SG,哥CR,冰IS,澳AU,格GE,柬KH,港HK,澳门MO	0 受惠国LD₁	80
				12	毛MU		
				16.5	韩KR		
				27	东盟ᴿASᴿ,澳ᴿAUᴿ,新西兰ᴿNZᴿ,韩ᴿKRᴿ		
				27.1	日ᴿJPᴿ		
		--其他,包括什锦坚果及其他子仁： --Other, including mixtures:					
1295	2008.1910	---核桃仁罐头 ---Walnut meats, in airtight containers	5	0	东盟AS,智CL,新西兰NZ,新加坡SG,秘PE,哥CR,瑞CH,冰IS,澳AU,格GE,毛MU,柬KH,港HK,澳门MO	0 受惠国LD,柬KH,老LA	90
				2.5	亚太AP		
				8	韩KR		
				10	巴PK		
				16	东盟ᴿASᴿ,澳ᴿAUᴿ,新西兰ᴿNZᴿ,韩ᴿKRᴿ		
				17.5	日ᴿJPᴿ		

序号 No.	税则号列 Tariff Line	货品名称 Article Description	最惠国税率 MFN(%)		协定税率 Agreement(%)	特惠税率 SP(%)		普通税率 Gen(%)
1296	2008.1920	---其他果仁罐头 ---Other nuts, in airtight containers	5	0	东盟AS,智CL,新西兰NZ,新加坡SG,秘PE,哥CR,瑞CH,冰IS,澳AU,格GE,毛MU,东盟^RAS^R,澳^RAU^R,新西兰^RNZ^R,柬KH,港HK,澳门MO	0	受惠国LD,柬KH,老LA	90
				1.3	韩KR			
				2.5	亚太AP			
				3	巴PK			
				10.4	韩^RKR^R			
				10.6	日^RJP^R			
		---其他: ---Other:						
1297	2008.1991	----栗仁 ----Chestnut seed	5	0	东盟AS,智CL,新西兰NZ,新加坡SG,秘PE,哥CR,冰IS,澳AU,格GE,毛MU,东盟^RAS^R,澳^RAU^R,新西兰^RNZ^R,柬KH,港HK,澳门MO	0	受惠国LD,柬KH,老LA	80
				1	韩KR			
				2.5	亚太AP			
				3	巴PK			
				4	瑞CH			
				8	韩^RKR^R			
				8.2	日^RJP^R			
1298	2008.1992	----芝麻 ----Sesame	5	0	东盟AS,智CL,新西兰NZ,新加坡SG,秘PE,哥CR,瑞CH,澳AU,格GE,毛MU,东盟^RAS^R,澳^RAU^R,新西兰^RNZ^R,柬KH,港HK,澳门MO	0	受惠国LD	80
				1	韩KR			
				2.5	亚太AP			
				3	巴PK			
				8	韩^RKR^R			
				8.2	日^RJP^R			
1299	2008.1999	----其他 ----Other	5	0	东盟AS,智CL,新西兰NZ,新加坡SG,秘PE,哥CR,瑞CH,冰IS,澳AU,格GE,毛MU,东盟^RAS^R,澳^RAU^R,新西兰^RNZ^R,柬KH,港HK,澳门MO	0	受惠国LD,柬KH,老LA	80
				1	韩KR			
				2.5	亚太AP			
				3	巴PK			
				8	韩^RKR^R			
				8.2	日^RJP^R			
		-菠萝: -Pineapples:						

序号 No.	税则号列 Tariff Line	货品名称 Article Description	最惠国税率 MFN(%)	协定税率 Agreement(%)		特惠税率 SP(%)	普通税率 Gen(%)
1300	2008.2010	---罐头 ---In airtight containers	5	0	智CL,新西兰NZ,秘PE,瑞CH,冰IS,澳AU,格GE,毛MU,港HK,澳门MO	0 受惠国LD, 老LA	90
				1.5	韩KR		
				2	哥CR		
				5	东盟AS		
				12	柬KH		
				13.5	东盟^{R}AS^R,韩^{R}KR^R		
				14.3	澳^{R}AU^R,新西兰^{R}NZ^R		
1301	2008.2090	---其他 ---Other	5	0	智CL,新西兰NZ,秘PE,瑞CH,冰IS,澳AU,格GE,毛MU,港HK,澳门MO	0 受惠国LD, 老LA	80
				1.5	韩KR		
				2	哥CR		
				5	东盟AS		
				12	柬KH		
				13.5	东盟^{R}AS^R,韩^{R}KR^R		
				14.3	澳^{R}AU^R,新西兰^{R}NZ^R		
		-柑橘属水果: -Citrus fruit:					
1302	2008.3010	---罐头 ---In airtight containers	5	0	东盟AS,智CL,新西兰NZ,新加坡SG,秘PE,瑞CH,冰IS,澳AU,格GE,毛MU,柬KH,港HK,澳门MO	0 受惠国LD, 老LA	90
				2.7	哥CR		
				8	韩KR		
				16	东盟^{R}AS^R,韩^{R}KR^R		
				16.4	日^{R}JP^R		
				18	澳^{R}AU^R,新西兰^{R}NZ^R		
1303	2008.3090	---其他 ---Other	5	0	东盟AS,智CL,新西兰NZ,新加坡SG,秘PE,哥CR,瑞CH,冰IS,澳AU,格GE,毛MU,柬KH,港HK,澳门MO	0 受惠国LD, 老LA	80
				11	韩KR		
				18	东盟^{R}AS^R,澳^{R}AU^R,新西兰^{R}NZ^R		
		-梨: -Pears:					
1304	2008.4010	---罐头 ---In airtight containers	5	0	东盟AS,智CL,新西兰NZ,新加坡SG,秘PE,哥CR,瑞CH,冰IS,澳AU,格GE,毛MU,柬KH,港HK,澳门MO	0 受惠国LD, 老LA	90
				8	韩KR		
				16	东盟^{R}AS^R,澳^{R}AU^R,新西兰^{R}NZ^R,韩^{R}KR^R		
				17.5	日^{R}JP^R		

序号 No.	税则号列 Tariff Line	货品名称 Article Description	最惠国税率 MFN(%)		协定税率 Agreement(%)	特惠税率 SP(%)		普通税率 Gen(%)
1305	2008.4090	---其他 ---Other	5	0	东盟AS,智CL,新西兰NZ,新加坡SG,秘PE,哥CR,瑞CH,冰IS,澳AU,格GE,毛MU,柬KH,港HK,澳门MO	0	受惠国LD,老LA	80
				8	韩KR			
				16	东盟^RAS^R,澳^RAU^R,新西兰^RNZ^R,韩^RKR^R			
				17.5	日^RJP^R			
1306	2008.5000	-杏 -Apricots	5	0	东盟AS,智CL,新西兰NZ,新加坡SG,秘PE,哥CR,瑞CH,冰IS,澳AU,格GE,毛MU,柬KH,港HK,澳门MO	0	受惠国LD	90
				8	韩KR			
				16	东盟^RAS^R,澳^RAU^R,新西兰^RNZ^R,韩^RKR^R			
				17.5	日^RJP^R			
		-樱桃: -Cherries:						
1307	2008.6010	---罐头 ---In airtight containers	5	0	东盟AS,智CL,新西兰NZ,新加坡SG,秘PE,哥CR,瑞CH,冰IS,澳AU,格GE,毛MU,柬KH,港HK,澳门MO	0	受惠国LD	90
				8	韩KR			
				16	东盟^RAS^R,澳^RAU^R,新西兰^RNZ^R,韩^RKR^R			
				17.5	日^RJP^R			
1308	2008.6090	---其他 ---Other	5	0	东盟AS,智CL,新西兰NZ,新加坡SG,秘PE,哥CR,瑞CH,冰IS,澳AU,格GE,毛MU,柬KH,港HK,澳门MO	0	受惠国LD	90
				8	韩KR			
				16	东盟^RAS^R,澳^RAU^R,新西兰^RNZ^R,韩^RKR^R			
				17.5	日^RJP^R			
		-桃,包括油桃: -Peaches, including nectarines:						
1309	2008.7010	---罐头 ---In airtight containers	5	0	东盟AS,智CL,新西兰NZ,新加坡SG,秘PE,哥CR,瑞CH,冰IS,澳AU,格GE,毛MU,东盟^RAS^R,澳^RAU^R,新西兰^RNZ^R,柬KH,港HK,澳门MO	0	受惠国LD,老LA	90
				1	韩KR			
				3	巴PK			
				8	韩^RKR^R			
				8.2	日^RJP^R			

序号 No.	税则号列 Tariff Line	货品名称 Article Description	最惠国税率 MFN(%)	协定税率 Agreement(%)		特惠税率 SP(%)		普通税率 Gen(%)
1310	2008.7090	---其他 ---Other	5	0	东盟AS,智CL,新西兰NZ,新加坡SG,秘PE,哥CR,瑞CH,冰IS,澳AU,格GE,毛MU,柬KH,港HK,澳门MO	0	受惠国LD,老LA	80
				8	韩KR			
				16	东盟^RAS^R,澳^RAU^R,新西兰^RNZ^R,韩^RKR^R			
				17.5	日^RJP^R			
1311	2008.8000	-草莓 -Strawberries	5	0	东盟AS,智CL,新西兰NZ,新加坡SG,秘PE,哥CR,瑞CH,冰IS,澳AU,格GE,毛MU,东盟^RAS^R,澳^RAU^R,新西兰^RNZ^R,柬KH,港HK,澳门MO	0	受惠国LD	90
				1.5	韩KR			
				12	巴PK,韩^RKR^R			
				12.3	日^RJP^R			
		-其他, 包括子目2008.19以外的什锦果实: -Other, including mixtures other than those of subheading 2008.19:						
1312	2008.9100	--棕榈芯 --Palm hearts	5	0	东盟AS,智CL,巴PK,新西兰NZ,秘PE,哥CR,瑞CH,冰IS,韩KR,澳AU,格GE,毛MU,东盟^RAS^R,澳^RAU^R,日^RJP^R,新西兰^RNZ^R,柬KH,港HK,澳门MO,韩^RKR^R	0	受惠国LD,柬KH	80
1313	2008.9300	--蔓越橘（大果蔓越橘、小果蔓越橘）、越橘 --Cranberries (Vaccinium macrocarpon, Vaccinium oxycoccos); lingonberries (Vaccinium vitis-idaea)	15	0	东盟AS,智CL,新西兰NZ,新加坡SG,秘PE,哥CR,瑞CH,冰IS,澳AU,格GE,毛MU,东盟^RAS^R,澳^RAU^R,新西兰^RNZ^R,柬KH,港HK,澳门MO	0	受惠国LD,柬KH	80
				1.5	韩KR			
				12	巴PK,韩^RKR^R			
				12.3	日^RJP^R			
1314	2008.9700	--什锦果实 --Mixtures	5	0	东盟AS,智CL,新西兰NZ,新加坡SG,秘PE,哥CR,瑞CH,冰IS,澳AU,格GE,毛MU,东盟^RAS^R,澳^RAU^R,新西兰^RNZ^R,柬KH,港HK,澳门MO	0	受惠国LD,柬KH	80
				1	韩KR			
				3	巴PK			
				8	韩^RKR^R			
				8.2	日^RJP^R			
		--其他: --Other:						

序号 No.	税则号列 Tariff Line	货品名称 Article Description	最惠国税率 MFN(%)	协定税率 Agreement(%)		特惠税率 SP(%)	普通税率 Gen(%)
1315	2008.9910	---荔枝罐头 ---Lychee can	5	0	东盟AS,智CL,新西兰NZ,新加坡SG,秘PE,哥CR,瑞CH,冰IS,澳AU,格GE,毛MU,柬KH,港HK,澳门MO	0	受惠国LD	90
				8	韩KR			
				16	东盟^RAS^R,澳^RAU^R,新西兰^RNZ^R,韩^RKR^R			
				17.5	日^RJP^R			
1316	2008.9920	---龙眼罐头 ---Longan can	5	0	智CL,新西兰NZ,秘PE,哥CR,瑞CH,冰IS,澳AU,格GE,毛MU,柬KH,港HK,澳门MO	0	受惠国LD,柬KH	80
				1.5	韩KR			
				5	东盟AS			
				14.3	东盟^RAS^R,澳^RAU^R,新西兰^RNZ^R			
		---海草及其他藻类制品: ---Preparations of seaweeds and other algae:						
1317	2008.9931	----调味紫菜 ----Seasoned laver	15	0	东盟AS,智CL,巴PK,新西兰NZ,新加坡SG,秘PE,哥CR,瑞CH,冰IS,澳AU,格GE,毛MU,柬KH,港HK,澳门MO	0	受惠国LD,柬KH	90
				8.2	韩KR			
				13.5	东盟^RAS^R,澳^RAU^R,新西兰^RNZ^R			
				13.8	亚太AP			
1318	2008.9932	----盐腌海带 ----Sea tangle, salted	10	0	东盟AS,智CL,新西兰NZ,秘PE,哥CR,瑞CH,冰IS,澳AU,格GE,毛MU,东盟^RAS^R,澳^RAU^R,新西兰^RNZ^R,柬KH,港HK,澳门MO	0	受惠国LD,柬KH	80
				1.5	韩KR			
				12	巴PK,韩^RKR^R			
				12.3	日^RJP^R			
1319	2008.9933	----盐腌裙带菜 ----Pinnatifida, salted	10	0	东盟AS,智CL,巴PK,新西兰NZ,秘PE,哥CR,瑞CH,冰IS,澳AU,格GE,毛MU,东盟^RAS^R,澳^RAU^R,新西兰^RNZ^R,柬KH,港HK,澳门MO	0	受惠国LD,柬KH	80
				1.5	韩KR			
				12	韩^RKR^R			
				12.3	日^RJP^R			
1320	2008.9934	----烤紫菜 ----Laver,baked	10	0	东盟AS,智CL,新西兰NZ,秘PE,哥CR,瑞CH,冰IS,澳AU,格GE,毛MU,东盟^RAS^R,澳^RAU^R,新西兰^RNZ^R,柬KH,港HK,澳门MO	0	受惠国LD,柬KH	80
				1.5	韩KR			
				7.2	巴PK			
				12	韩^RKR^R			
				12.3	日^RJP^R			

序号 No.	税则号列 Tariff Line	货品名称 Article Description	最惠国税率 MFN(%)	协定税率 Agreement(%)		特惠税率 SP(%)	普通税率 Gen(%)
1321	2008.9939	----其他 ----Other	10	0	东盟AS,智CL,新西兰NZ,秘PE,哥CR,瑞CH,冰IS,澳AU,格GE,毛MU,东盟^{R}AS^R,澳^{R}AU^R,新西兰^{R}NZ^R,柬KH,港HK,澳门MO	0	受惠国LD,柬KH	80
				1.5	韩KR		
				7.2	巴PK		
				12	韩^{R}KR^R		
				12.3	日^{R}JP^R		
1322	2008.9940	---清水荸荠（马蹄）罐头 ---Water chestnut, in airtight containers	5	0	东盟AS,智CL,新西兰NZ,新加坡SG,秘PE,哥CR,瑞CH,冰IS,澳AU,格GE,东盟^{R}AS^R,澳^{R}AU^R,新西兰^{R}NZ^R,柬KH,港HK,澳门MO	0	受惠国LD	80
				2.5	韩KR		
				10	毛MU		
				15	巴PK		
				20	韩^{R}KR^R		
				20.5	日^{R}JP^R		
1323	2008.9950	---姜制品 ---Ginger products	5	0	东盟AS,智CL,巴PK,新西兰NZ,新加坡SG,秘PE,哥CR,瑞CH,冰IS,澳AU,格GE,毛MU,东盟^{R}AS^R,澳^{R}AU^R,新西兰^{R}NZ^R,柬KH,港HK,澳门MO	0	受惠国LD,柬KH	80
				1.5	韩KR		
				12	韩^{R}KR^R		
				12.3	日^{R}JP^R		
1324	2008.9990	---其他 ---Other	5	0	东盟AS,智CL,巴PK,新西兰NZ,新加坡SG,秘PE,哥CR,瑞CH,冰IS,澳AU,格GE,毛MU,东盟^{R}AS^R,澳^{R}AU^R,新西兰^{R}NZ^R,柬KH,港HK,澳门MO	0	受惠国LD,柬KH	80
				1.5	韩KR		
				12	韩^{R}KR^R		
				12.3	日^{R}JP^R		
	20.09	未发酵及未加酒精的水果汁或坚果汁（包括酿酒葡萄汁及椰子水）、蔬菜汁,不论是否加糖或其他甜物质: Fruit or nut juices (including grape must and coconut water) and vegetable juices, unfermented and not containing added spirit, whether or not containing added sugar or other sweetening matter:					
		-橙汁: -Orange juice:					

序号 No.	税则号列 Tariff Line	货品名称 Article Description	最惠国税率 MFN(%)	协定税率 Agreement(%)		特惠税率 SP(%)		普通税率 Gen(%)
1325	2009.1100	--冷冻的 --Frozen	7.5	0	东盟AS,智CL,新西兰NZ,秘PE,哥CR,瑞CH,冰IS,韩KR,澳AU,格GE,毛MU,东盟^RAS^R,新西兰^RNZ^R,柬KH,港HK,澳门MO,韩^RKR^R	0	受惠国LD,柬KH,老LA	90
				1	巴PK			
				6	澳^RAU^R			
				6.1	日^RJP^R			
1326	2009.1200	--非冷冻的, 白利糖度值不超过20的 --Not frozen, of a Brix value not exceeding 20	30	0	东盟AS,智CL,新西兰NZ,新加坡SG,秘PE,瑞CH,冰IS,澳AU,格GE,柬KH,港HK,澳门MO	0	受惠国LD,柬KH,老LA	90
				16.5	韩KR			
				27	东盟^RAS^R,澳^RAU^R,新西兰^RNZ^R,韩^RKR^R			
	ex20091200	白利糖度值不超过20的非冷冻橙汁, 最小独立包装净重不低于180千克 Not-frozen orange juice (Brix value≤20), minimum individual package net weight≥180kg	Δ20					
1327	2009.1900	--其他 --Other	30	0	东盟AS,智CL,新西兰NZ,新加坡SG,秘PE,冰IS,澳AU,格GE,柬KH,港HK,澳门MO	0	受惠国LD,柬KH,老LA	90
				16.5	韩KR			
				27	东盟^RAS^R,澳^RAU^R,新西兰^RNZ^R,韩^RKR^R			
	ex20091900	白利糖度值超过20的非冷冻橙汁, 最小独立包装净重不低于180千克 Not-frozen orange juice (Brix value>20), minimum individual package net weight≥180kg	Δ20					
		-葡萄柚汁; 柚汁: -Grapefruit juice; pomelo juice:						
1328	2009.2100	--白利糖度值不超过20的 --Of a Brix value not exceeding 20	5	0	东盟AS,智CL,新西兰NZ,新加坡SG,秘PE,哥CR,瑞CH,冰IS,澳AU,格GE,毛MU,东盟^RAS^R,澳^RAU^R,新西兰^RNZ^R,柬KH,港HK,澳门MO	0	受惠国LD,老LA	90
				1.5	韩KR			
				12	巴PK,韩^RKR^R			
				12.3	日^RJP^R			
1329	2009.2900	--其他 --Other	5	0	东盟AS,智CL,新西兰NZ,新加坡SG,秘PE,哥CR,瑞CH,冰IS,澳AU,格GE,毛MU,东盟^RAS^R,澳^RAU^R,新西兰^RNZ^R,柬KH,港HK,澳门MO	0	受惠国LD,老LA	90
				1.5	韩KR			
				12	巴PK,韩^RKR^R			
				12.3	日^RJP^R			

序号 No.	税则号列 Tariff Line	货品名称 Article Description	最惠国税率 MFN(%)	协定税率 Agreement(%)		特惠税率 SP(%)		普通税率 Gen(%)
		-其他未混合的柑橘属水果汁： -Juice of any other single citrus fruit:						
		--白利糖度值不超过20的： --Of a Brix value not exceeding 20:						
1330	2009.3110	---柠檬汁 ---Lemon juice	5	0	东盟AS,智CL,新西兰NZ,新加坡SG,秘PE,哥CR,瑞CH,冰IS,澳AU,格GE,毛MU,柬KH,港HK,澳门MO	0	受惠国LD,柬KH	90
				4.7	亚太AP	2.5	亚太AP	
				7.2	韩KR			
				14.4	巴PK,东盟^RAS^R,澳^RAU^R,新西兰^RNZ^R,韩^RKR^R			
				15.8	日^RJP^R			
1331	2009.3190	---其他 ---Other	5	0	东盟AS,智CL,新西兰NZ,新加坡SG,秘PE,哥CR,瑞CH,冰IS,澳AU,格GE,毛MU,柬KH,港HK,澳门MO	0	受惠国LD,柬KH	90
				4.7	亚太AP	2.5	亚太AP	
				7.2	韩KR			
				14.4	巴PK			
				15.6	东盟^RAS^R,韩^RKR^R			
				15.8	日^RJP^R			
				16.2	澳^RAU^R,新西兰^RNZ^R			
		--其他： --Other:						
1332	2009.3910	---柠檬汁 ---Lemon juice	5	0	东盟AS,智CL,新西兰NZ,新加坡SG,秘PE,哥CR,瑞CH,冰IS,澳AU,格GE,毛MU,柬KH,港HK,澳门MO	0	受惠国LD,柬KH	90
				4.7	亚太AP	2.5	亚太AP	
				7.2	韩KR			
				14.4	巴PK,东盟^RAS^R,澳^RAU^R,新西兰^RNZ^R,韩^RKR^R			
				15.8	日^RJP^R			
1333	2009.3990	---其他 ---Other	5	0	东盟AS,智CL,新西兰NZ,新加坡SG,秘PE,哥CR,瑞CH,冰IS,澳AU,格GE,毛MU,柬KH,港HK,澳门MO	0	受惠国LD,柬KH	90
				4.7	亚太AP	2.5	亚太AP	
				7.2	韩KR			
				14.4	巴PK,东盟^RAS^R,澳^RAU^R,新西兰^RNZ^R,韩^RKR^R			
				15.8	日^RJP^R			
		-菠萝汁： -Pineapple juice:						

序号 No.	税则号列 Tariff Line	货品名称 Article Description	最惠国税率 MFN(%)	协定税率 Agreement(%)		特惠税率 SP(%)	普通税率 Gen(%)
1334	2009.4100	--白利糖度值不超过20的 --Of a Brix value not exceeding 20	5	0	智CL,新西兰NZ,秘PE,哥CR,瑞CH,冰IS,澳AU,格GE,毛MU,港HK,澳门MO	0 受惠国LD,柬KH,老LA	90
				1	韩KR		
				5	东盟AS		
				8	柬KH		
				9	东盟^{R}AS^R,韩^{R}KR^R		
				9.5	澳^{R}AU^R,新西兰^{R}NZ^R		
1335	2009.4900	--其他 --Other	5	0	智CL,新西兰NZ,秘PE,哥CR,瑞CH,冰IS,澳AU,格GE,港HK,澳门MO	0 受惠国LD,柬KH,老LA	90
				1	韩KR		
				5	东盟AS		
				8	柬KH		
				9	东盟^{R}AS^R,韩^{R}KR^R		
				9.5	澳^{R}AU^R,新西兰^{R}NZ^R		
1336	2009.5000	-番茄汁 -Tomato juice	5	0	东盟AS,智CL,新西兰NZ,新加坡SG,秘PE,哥CR,冰IS,澳AU,格GE,柬KH,港HK,澳门MO	0 受惠国LD,老LA	80
				16.5	韩KR	2.5 亚太AP	
				27	东盟^{R}AS^R,澳^{R}AU^R,新西兰^{R}NZ^R,韩^{R}KR^R		
				27.1	日^{R}JP^R		
		-葡萄汁,包括酿酒葡萄汁: -Grape juice (including grape must):						
1337	2009.6100	--白利糖度值不超过30的 --Of a Brix value not exceeding 30	5	0	东盟AS,智CL,新西兰NZ,新加坡SG,秘PE,哥CR,瑞CH,冰IS,澳AU,格GE,毛MU,柬KH,港HK,澳门MO	0 受惠国LD	90
				8	韩KR		
				17.3	东盟^{R}AS^R,韩^{R}KR^R		
				17.5	日^{R}JP^R		
				18	澳^{R}AU^R,新西兰^{R}NZ^R		
1338	2009.6900	--其他 --Other	5	0	东盟AS,智CL,新西兰NZ,新加坡SG,秘PE,哥CR,瑞CH,冰IS,澳AU,格GE,毛MU,柬KH,港HK,澳门MO	0 受惠国LD	90
				8	韩KR		
				16	东盟^{R}AS^R,澳^{R}AU^R,新西兰^{R}NZ^R,韩^{R}KR^R		
				17.5	日^{R}JP^R		
		-苹果汁: -Apple juice:						

序号 No.	税则号列 Tariff Line	货品名称 Article Description	最惠国税率 MFN(%)	协定税率 Agreement(%)		特惠税率 SP(%)	普通税率 Gen(%)
1339	2009.7100	--白利糖度值不超过20的 --Of a Brix value not exceeding 20	5	0	东盟AS,智CL,新西兰NZ,新加坡SG,秘PE,哥CR,瑞CH,冰IS,澳AU,格GE,毛MU,柬KH,港HK,澳门MO	0 受惠国LD	90
				8	韩KR		
				16	东盟^RAS^R,澳^RAU^R,新西兰^RNZ^R,韩^RKR^R		
				17.5	日^RJP^R		
1340	2009.7900	--其他 --Other	10	0	东盟AS,智CL,新西兰NZ,新加坡SG,秘PE,哥CR,瑞CH,冰IS,澳AU,格GE,毛MU,柬KH,港HK,澳门MO	0 受惠国LD	90
				8	韩KR		
				16	东盟^RAS^R,澳^RAU^R,新西兰^RNZ^R,韩^RKR^R		
				17.5	日^RJP^R		
		-其他未混合的水果汁、坚果汁或蔬菜汁: -Juice of any other single fruit, nut or vegetable:					
1341	2009.8100	--蔓越橘汁(大果蔓越橘、小果蔓越橘)、越橘汁 --Cranberry (Vaccinium macrocarpon, Vaccinium oxycoccos) juice; lingonberry (Vaccinium vitis-idaea) juice	5	0	东盟AS,智CL,新西兰NZ,新加坡SG,秘PE,哥CR,瑞CH,冰IS,澳AU,格GE,毛MU,柬KH,港HK,澳门MO	0 受惠国LD,老LA,缅MM	90
				2.5	亚太AP		
				8	韩KR		
				10	巴PK		
				16	东盟^RAS^R,澳^RAU^R,新西兰^RNZ^R,韩^RKR^R		
				17.5	日^RJP^R		
		--其他: --Other:					
		---水果汁或坚果汁: ---Juice of fruit or nut:					
1342	2009.8912	----芒果汁 ----Mango juice	5	0	东盟AS,智CL,巴PK,新西兰NZ,新加坡SG,秘PE,哥CR,瑞CH,冰IS,澳AU,格GE,毛MU,柬KH,港HK,澳门MO	0 受惠国LD,老LA,缅MM	90
				4.4	亚太AP		
				8	韩KR		
				17.3	东盟^RAS^R,韩^RKR^R		
				17.5	日^RJP^R		
				18	澳^RAU^R,新西兰^RNZ^R		

序号 No.	税则号列 Tariff Line	货品名称 Article Description	最惠国税率 MFN(%)	协定税率 Agreement(%)		特惠税率 SP(%)		普通税率 Gen(%)
1343	2009.8913	----西番莲果汁 ----Passion-fruit juice	5	0	东盟AS,智CL,新西兰NZ,新加坡SG,秘PE,哥CR,瑞CH,冰IS,澳AU,格GE,毛MU,柬KH,港HK,澳门MO	0	受惠国LD,老LA,缅MM	90
				4.4	亚太AP			
				8	韩KR			
				16	巴PK,东盟^{R}AS^R,澳^{R}AU^R,新西兰^{R}NZ^R,韩^{R}KR^R			
				17.5	日^{R}JP^R			
1344	2009.8914	----番石榴果汁 ----Guva juice	5	0	东盟AS,智CL,新西兰NZ,新加坡SG,秘PE,哥CR,瑞CH,冰IS,澳AU,格GE,毛MU,柬KH,港HK,澳门MO	0	受惠国LD,老LA,缅MM	90
				4.4	亚太AP			
				8	韩KR			
				16	巴PK,东盟^{R}AS^R,澳^{R}AU^R,新西兰^{R}NZ^R,韩^{R}KR^R			
				17.5	日^{R}JP^R			
1345	2009.8915	----梨汁 ----Pear juice	5	0	东盟AS,智CL,巴PK,新西兰NZ,新加坡SG,秘PE,哥CR,瑞CH,冰IS,澳AU,格GE,毛MU,柬KH,港HK,澳门MO	0	受惠国LD,老LA,缅MM	90
				2.5	亚太AP			
				8	韩KR			
				16	东盟^{R}AS^R,澳^{R}AU^R,新西兰^{R}NZ^R,韩^{R}KR^R			
				17.5	日^{R}JP^R			
1346	2009.8916	----沙棘汁 ----Seabuckthorn juice	5	0	东盟AS,智CL,巴PK,新西兰NZ,新加坡SG,秘PE,哥CR,瑞CH,冰IS,澳AU,格GE,毛MU,柬KH,港HK,澳门MO	0	受惠国LD,老LA,缅MM	90
				2.5	亚太AP			
				8	韩KR			
				16	东盟^{R}AS^R,澳^{R}AU^R,新西兰^{R}NZ^R,韩^{R}KR^R			
				17.5	日^{R}JP^R			
1347	2009.8919	----其他 ----Other	5	0	东盟AS,智CL,巴PK,新西兰NZ,新加坡SG,秘PE,哥CR,瑞CH,冰IS,澳AU,格GE,毛MU,柬KH,港HK,澳门MO	0	受惠国LD,老LA,缅MM	90
				2.5	亚太AP			
				8	韩KR			
				16	东盟^{R}AS^R,澳^{R}AU^R,新西兰^{R}NZ^R,韩^{R}KR^R			
				17.5	日^{R}JP^R			

序号 No.	税则号列 Tariff Line	货品名称 Article Description	最惠国税率 MFN(%)		协定税率 Agreement(%)	特惠税率 SP(%)		普通税率 Gen(%)
1348	2009.8920	---蔬菜汁 ---Vegetable juice	5	0	东盟AS,智CL,新西兰NZ,新加坡SG,秘PE,哥CR,瑞CH,冰IS,澳AU,格GE,毛MU,柬KH,港HK,澳门MO	0	受惠国LD,缅MM	80
				2.5	亚太AP			
				8	韩KR			
				10	巴PK			
				16	东盟^RAS^R,澳^RAU^R,新西兰^RNZ^R,韩^RKR^R			
				17.5	日^RJP^R			
		-混合汁: -Mixtures of juices:						
1349	2009.9010	---水果汁 ---Of fruit juices	5	0	东盟AS,智CL,巴PK,新西兰NZ,新加坡SG,秘PE,哥CR,瑞CH,冰IS,澳AU,格GE,毛MU,柬KH,港HK,澳门MO	0	受惠国LD,柬KH,老LA	90
				4.4	亚太AP	2.5	亚太AP	
				8	韩KR			
				17.3	东盟^RAS^R,韩^RKR^R			
				17.5	日^RJP^R			
				18	澳^RAU^R,新西兰^RNZ^R			
1350	2009.9090	---其他 ---Other	5	0	东盟AS,智CL,巴PK,新西兰NZ,新加坡SG,秘PE,哥CR,瑞CH,冰IS,澳AU,格GE,毛MU,柬KH,港HK,澳门MO	0	受惠国LD,柬KH,老LA	80
				8	韩KR	2.5	亚太AP	
				16	东盟^RAS^R,澳^RAU^R,新西兰^RNZ^R,韩^RKR^R			
				17.5	日^RJP^R			

第二十一章
杂项食品

Chapter 21
Miscellaneous edible preparations

注释：

一、本章不包括：

（一）税目07.12的什锦蔬菜；

（二）含咖啡的焙炒咖啡代用品（税目09.01）；

（三）加香料的茶（税目09.02）；

（四）税目09.04至09.10的调味香料或其他产品；

（五）按重量计含香肠、肉、食用杂碎、动物血、昆虫、鱼、甲壳动物，软体动物、其他水生无脊椎动物及其混合物超过20%的食品（第十六章），但税目21.03或21.04的产品除外；

（六）税目24.04的产品；

（七）税目30.03或30.04的药用酵母及其他产品；或

（八）税目35.07的酶制品。

二、上述注释一（二）所述咖啡代用品的精汁归入税目21.01。

三、税目21.04所称"均化混合食品"，是指两种或两种以上的基本配料，例如，肉、鱼、蔬菜或果实等，经精细均化制成适合供婴幼儿食用或营养用的零售包装食品（每件净重不超过250克）。为了调味、保藏或其他目的，可以加入少量其他配料，还可以含有少量可见的小块配料。

Notes:

1. This Chapter does not cover:

   (a) Mixed vegetables of heading 07.12;

   (b) Roasted coffee substitutes containing coffee in any proportion (heading 09.01) ;

   (c) Flavoured tea (heading 09.02) ;

   (d) Spices or other products of headings 09.04 to 09.10;

   (e) Food preparations,other than the products described in heading 21.03 or 21.04,containing more than 20% by weight of sausage,meat,meat offal,blood,insects,fish or crustaceans,molluscs or other aquatic invertebrates,or any combination thereof (Chapter 16) ;

   (f) Products of heading 24.04;

   (g) Yeast put up as a medicament or other products of heading 30.03 or 30.04; or

   (h) Prepared enzymes of heading 35.07.

2. Extracts of the substitutes referred to in Note 1(b) above are to be classified in heading 21.01.

3. For the purposes of heading 21.04, the expression "homogenized composite food preparations" means preparations consisting of a finely homogenized mixture of two or more basic ingredients such as meat, fish, vegetables, fruit or nuts, put up for retail sale as food suitable for infants or young children or for dietetic purposes, in containers of a net weight content not exceeding 250g. For the application of this definition, no account is to be taken of small quantities of any ingredients which may be added to the mixture for seasoning, preservation or other purposes. Such preparations may contain a small quantity of visible pieces of ingredients.

本国子目注释：

一、本国子目2106.9061所称"含香料或着色剂的甘蔗糖或甜菜糖水溶液"，包括添加香料或着色剂的甘蔗糖水溶液或甜菜糖水溶液，以及上述水溶液的混合物。同时，本子目可以含有少量其他糖或其他物质，只要保持添加香料或着色剂的甘蔗糖或甜菜糖水溶液的原有特征。

二、本国子目2106.9062所称"蔗糖含量超过50%的甘蔗糖、甜菜糖与其他食品原料的简单固体混合物"，是指蔗糖含量超过50%的甘蔗糖、甜菜糖与其他食品原料（可可除外）进行简单混合形成的预混粉类产品。

Domestic Subheading Notes:

1. Domestic Subheading 2106.9061: "aqueous solution of cane sugar or beet sugar containing added flavoring matter and coloring matter" includes cane sugar aqueous solution or beet sugar aqueous solution with flavoring matter and coloring matter, and mixtures of the aforementioned aqueous solutions. At the same time, the products of this subheading may add a small quantity of other sugars or substances, as long as the products retain their original character as aqueous solution of cane sugar or beet sugar containing added flavoring matter and coloring matter.

2. Domestic Subheading 2106.9062: "Simple solid mixture of cane sugar or beet sugar, and other food ingredients with sucrose content of more than 50%" refers to premixed powder products formed by simple mixing of cane sugar, beet sugar and other food ingredients (except cocoa) with sucrose content of more than 50%.

序号 No.	税则号列 Tariff Line	货品名称 Article Description	最惠国税率 MFN(%)	协定税率 Agreement(%)		特惠税率 SP(%)	普通税率 Gen(%)
	21.01	咖啡、茶、马黛茶的浓缩精汁及以其为基本成分或以咖啡、茶、马黛茶为基本成分的制品；烘焙菊苣和其他烘焙咖啡代用品及其浓缩精汁： Extracts, essences and concentrates, of coffee, tea or maté and preparations with a basis of these products or with a basis of coffee, tea or maté; roasted chicory and other roasted coffee substitutes, and extracts, essences and concentrates thereof:					
		-咖啡浓缩精汁及以其为基本成分或以咖啡为基本成分的制品： -Extracts, essences and concentrates, of coffee, and preparations with a basis of these extracts, essences or concentrates or with a basis of coffee:					
1351	2101.1100	--浓缩精汁 --Extracts, essences and concentrates	12	0 6.8 13.6 14.7 14.9 15.3	东盟AS,智CL,新西兰NZ,新加坡SG,哥CR,冰IS,澳AU,格GE,毛MU,柬KH,港HK,澳门MO 韩KR 巴PK 东盟^RAS^R 日^RJP^R 澳^RAU^R,新西兰^RNZ^R	0 受惠国LD	130
1352	2101.1200	--以浓缩精汁或咖啡为基本成分的制品 --Preparations with a basis of extracts, essences or concentrates or with a basis of coffee	12	0 12 16.5 27	东盟AS,智CL,新西兰NZ,新加坡SG,哥CR,冰IS,澳AU,格GE,柬KH,港HK,澳门MO 毛MU 韩KR 东盟^RAS^R,澳^RAU^R,新西兰^RNZ^R	0 受惠国ₗLDₗ	130
1353	2101.2000	-茶、马黛茶浓缩精汁及以其为基本成分或以茶、马黛茶为基本成分的制品 -Extracts, essences and concentrates, of tea or maté, and preparations with a basis of these extracts, essences or concentrates or with a basis of tea or mate	12	0 6 12.8 16 28.8	东盟AS,智CL,新西兰NZ,新加坡SG,秘PE,哥CR,瑞CH,冰IS,澳AU,格GE,柬KH,港HK,澳门MO 亚太AP 毛MU 巴PK 东盟^RAS^R,澳^RAU^R,新西兰^RNZ^R	0 受惠国LD	130
1354	2101.3000	-烘焙菊苣和其他烘焙咖啡代用品及其浓缩精汁 -Roasted chicory and other roasted coffee substitutes, and extracts, essences and concentrates thereof	12	0 12.8 17.6 28.8 29	东盟AS,智CL,新西兰NZ,新加坡SG,哥CR,澳AU,格GE,柬KH,港HK,澳门MO 毛MU 韩KR 东盟^RAS^R,澳^RAU^R,新西兰^RNZ^R 日^RJP^R	0 受惠国LD	130

序号 No.	税则号列 Tariff Line	货品名称 Article Description	最惠国税率 MFN(%)	协定税率 Agreement(%)		特惠税率 SP(%)	普通税率 Gen(%)
	21.02	酵母（活性或非活性）；已死的其他单细胞微生物（不包括税目30.02的疫苗）；发酵粉： Yeasts (active or inactive); other single-cell micro-organisms, dead (but not including vaccines of heading 30.02); prepared baking powders:					
1355	2102.1000	-活性酵母 -Active yeasts	25	0	东盟AS,智CL,新西兰NZ,新加坡SG,秘PE,哥CR,瑞CH,冰IS,澳AU,格GE,柬KH,港HK,澳门MO	0 受惠国LD	80
				10	毛MU		
				13.7	韩KR		
				20	巴PK		
				22.5	东盟ᴿASᴿ,澳ᴿAUᴿ,新西兰ᴿNZᴿ		
1356	2102.2000	-非活性酵母；已死的其他单细胞微生物 -Inactive yeasts; other single-cell micro-organisms, dead	25	0	东盟AS,智CL,新西兰NZ,新加坡SG,秘PE,哥CR,瑞CH,冰IS,澳AU,格GE,柬KH,港HK,澳门MO	0 受惠国LD	70
				10	毛MU		
				13.7	韩KR		
				15	巴PK		
				22.5	东盟ᴿASᴿ,澳ᴿAUᴿ,新西兰ᴿNZᴿ,韩ᴿKRᴿ		
1357	2102.3000	-发酵粉 -Prepared baking powders	25	0	东盟AS,智CL,新西兰NZ,新加坡SG,秘PE,哥CR,冰IS,澳AU,格GE,柬KH,港HK,澳门MO	0 受惠国LD	70
				10	毛MU		
				13.7	韩KR		
				15	巴PK		
				22.5	东盟ᴿASᴿ,澳ᴿAUᴿ,新西兰ᴿNZᴿ,韩ᴿKRᴿ		
				22.6	日ᴿJPᴿ		
	21.03	调味汁及其制品；混合调味品；芥子粉及其调制品： Sauces and preparations therefor; mixed condiments and mixed seasonings; mustard flour and meal and prepared mustard:					
1358	2103.1000	-酱油 -Soya sauce	12	0	东盟AS,智CL,新西兰NZ,新加坡SG,秘PE,哥CR,瑞CH,冰IS,澳AU,格GE,柬KH,港HK,澳门MO	0 受惠国LD,柬KH	90
				11.2	毛MU		
				15.4	韩KR		
				16.8	巴PK		
				25.2	东盟ᴿASᴿ,澳ᴿAUᴿ,新西兰ᴿNZᴿ		
				25.3	日ᴿJPᴿ		

序号 No.	税则号列 Tariff Line	货品名称 Article Description	最惠国税率 MFN(%)	协定税率 Agreement(%)		特惠税率 SP(%)		普通税率 Gen(%)
1359	2103.2000	-番茄沙司及其他番茄调味汁 -Tomato ketchup and other tomato sauces	12	0	东盟AS,智CL,新西兰NZ,新加坡SG,秘PE,哥CR,瑞CH,澳AU,格GE,毛MU,东盟^{R}AS^R,澳^{R}AU^R,新西兰^{R}NZ^R,柬KH,港HK,澳门MO	0	受惠国LD,柬KH	90
				1.5	韩KR			
				12	巴PK,韩^{R}KR^R			
				12.3	日^{R}JP^R			
1360	2103.3000	-芥子粉及其调制品 -Mustard flour and meal and prepared mustard	12	0	东盟AS,智CL,新西兰NZ,新加坡SG,秘PE,哥CR,瑞CH,澳AU,格GE,毛MU,东盟^{R}AS^R,澳^{R}AU^R,新西兰^{R}NZ^R,柬KH,港HK,澳门MO	0	受惠国LD,柬KH	70
				1.5	韩KR			
				12	巴PK,韩^{R}KR^R			
				12.3	日^{R}JP^R			
		-其他: -Other:						
1361	2103.9010	---味精 ---Gourmet powder	12	0	东盟AS,智CL,新西兰NZ,新加坡SG,秘PE,哥CR,瑞CH,冰IS,澳AU,格GE,毛MU,柬KH,港HK,澳门MO	0	受惠国LD	130
				10.4	亚太AP			
				10.9	巴PK			
				11.5	韩KR			
				20	东盟^{R}AS^R,澳^{R}AU^R,新西兰^{R}NZ^R			
1362	2103.9020	---别特酒（Aromaticbitters），按体积计酒精含量44.2%—49.2%，按重量计含1.5%—6%的香料、各种配料以及4%—10%的糖 ---Aromatic bitters, 44.2%–49.2% of which is alcoholic strength by volume, 1.5%–6% of which is spiles and various ingredients by weight and 4%–10% of which is sugar by weight	12	0	东盟AS,智CL,新西兰NZ,新加坡SG,哥CR,瑞CH,冰IS,澳AU,格GE,毛MU,柬KH,港HK,澳门MO	0	受惠国LD	90
				3.7	秘PE			
				11.5	韩KR			
				18.9	东盟^{R}AS^R,澳^{R}AU^R,新西兰^{R}NZ^R,韩^{R}KR^R			
				19	日^{R}JP^R			
1363	2103.9090	---其他 ---Other	12	0	东盟AS,智CL,新西兰NZ,新加坡SG,秘PE,哥CR,冰IS,澳AU,格GE,毛MU,柬KH,港HK,澳门MO	0	受惠国LD	90
				3.5	瑞CH			
				10.6	亚太AP			
				11.5	韩KR			
				18.4	巴PK			
				18.9	东盟^{R}AS^R,澳^{R}AU^R,新西兰^{R}NZ^R			
				19	日^{R}JP^R			
	21.04	汤料及其制品；均化混合食品： **Soups and broths and preparations therefor; homogenised composite food preparations:**						

序号 No.	税则号列 Tariff Line	货品名称 Article Description	最惠国税率 MFN(%)	协定税率 Agreement(%)		特惠税率 SP(%)		普通税率 Gen(%)
1364	2104.1000	-汤料及其制品 -Soups and broths and preparations therefor	12	0	东盟AS,智CL,新西兰NZ,新加坡SG,秘PE,哥CR,瑞CH,冰IS,澳AU,格GE,毛MU,东盟^RAS^R,澳^RAU^R,新西兰^RNZ^R,柬KH,港HK,澳门MO	0	受惠国LD	90
				1.5	韩KR			
				12	巴PK,韩^RKR^R			
				12.3	日^RJP^R			
1365	2104.2000	-均化混合食品 -Homogenized composite food preparations	12△6	0	东盟AS,智CL,新西兰NZ,新加坡SG,秘PE,哥CR,澳AU,格GE,柬KH,港HK,澳门MO	0	受惠国LD	90
				12.8	毛MU			
				17.6	韩KR			
				28.8	东盟^RAS^R,澳^RAU^R,新西兰^RNZ^R			
				29	日^RJP^R			
	21.05	**冰淇淋及其他冰制食品,不论是否含可可:** **Ice cream and other edible ice, whether or not containing cocoa:**						
1366	2105.0000	冰淇淋及其他冰制食品,不论是否含可可 Ice cream and other edible ice, whether or not containing cocoa	12	0	东盟AS,智CL,巴PK,新西兰NZ,新加坡SG,秘PE,哥CR,瑞CH,冰IS,澳AU,格GE,毛MU,柬KH,港HK,澳门MO	0	受惠国LD	90
				17.1	东盟^RAS^R,澳^RAU^R,新西兰^RNZ^R			
	21.06	**其他税号未列名的食品:** **Food preparations not elsewhere specified or included:**						
1367	2106.1000	-浓缩蛋白质及人造蛋白物质 -Protein concentrates and textured protein substances	10	0	东盟AS,智CL,新西兰NZ,新加坡SG,秘PE,哥CR,瑞CH,冰IS,澳AU,格GE,毛MU,东盟^RAS^R,澳^RAU^R,新西兰^RNZ^R,柬KH,港HK,澳门MO	0	受惠国LD	90
				1	韩KR			
				3	巴PK			
				8	韩^RKR^R			
				8.2	日^RJP^R			
		-其他: -Other:						
1368	2106.9010	---制造碳酸饮料的浓缩物 ---Beverage bases	12	0	东盟AS,智CL,新西兰NZ,新加坡SG,秘PE,哥CR,冰IS,澳AU,格GE,柬KH,港HK,澳门MO	0	受惠国LD	100
				14	毛MU			
				19.2	韩KR			
				31.5	东盟^RAS^R,澳^RAU^R,新西兰^RNZ^R,韩^RKR^R			

序号 No.	税则号列 Tariff Line	货品名称 Article Description	最惠国税率 MFN(%)	协定税率 Agreement(%)		特惠税率 SP(%)		普通税率 Gen(%)
1369	2106.9020	---制造饮料用的复合酒精制品 ---Compound alcoholic preparations of a kind used for the manufacture of beverages	12	0	东盟AS,智CL,新西兰NZ,新加坡SG,秘PE,哥CR,瑞CH,冰IS,澳AU,格GE,毛MU,柬KH,港HK,澳门MO	0	受惠国LD	180
				8	韩KR			
				16	东盟^{R}AS^R,澳^{R}AU^R,新西兰^{R}NZ^R,韩^{R}KR^R			
				17.5	日^{R}JP^R			
1370	2106.9030	---蜂王浆制剂 ---Royal jelly, put up as tonic essences	3	0	东盟AS,智CL,巴PK,新西兰NZ,秘PE,哥CR,瑞CH,冰IS,韩KR,澳AU,格GE,毛MU,东盟^{R}AS^R,澳^{R}AU^R,日^{R}JP^R,新西兰^{R}NZ^R,柬KH,港HK,澳门MO,韩^{R}KR^R	0	受惠国LD,老LA	80
1371	2106.9040	---椰子汁 ---Coconut juice	10	0	智CL,新西兰NZ,秘PE,哥CR,瑞CH,冰IS,澳AU,格GE,毛MU,港HK,澳门MO	0	受惠国LD,老LA,缅MM	90
				1	韩KR			
				5	东盟AS			
				8	柬KH			
				9	亚太AP,巴PK,东盟^{R}AS^R,韩^{R}KR^R			
				9.5	澳^{R}AU^R,新西兰^{R}NZ^R			
1372	2106.9050	---海豹油胶囊 ---Seal oil capsules	5	0	东盟AS,智CL,新西兰NZ,新加坡SG,秘PE,哥CR,冰IS,澳AU,格GE,毛MU,柬KH,港HK,澳门MO	0	受惠国LD	90
				3.3	瑞CH			
				4.6	亚太AP			
				18	东盟^{R}AS^R,澳^{R}AU^R,新西兰^{R}NZ^R			
				18.4	巴PK,韩KR			
		---含香料或着色剂的甘蔗糖或甜菜糖水溶液；蔗糖含量超过50%的甘蔗糖、甜菜糖与其他食品原料的简单固体混合物: ---Aqueous solution of cane sugar or beet sugar containing flavouring and colouring matter; simple solid mixtures of cane sugar, beet sugar and other food ingredients containing more than 50% by weight of sugar:						
1373	2106.9061	----含香料或着色剂的甘蔗糖或甜菜糖水溶液 ----Aqueous solution of cane sugar or beet sugar containing flavouring and colouring matter	12	0	东盟AS,智CL,巴PK,新西兰NZ,新加坡SG,秘PE,哥CR,冰IS,澳AU,柬KH,港HK,澳门MO	0	受惠国LD	90
				3.3	瑞CH			
				8	毛MU			
				11	亚太AP			
				18	东盟^{R}AS^R,澳^{R}AU^R,新西兰^{R}NZ^R			
				18.1	日^{R}JP^R			
				18.4	韩KR			
				20	韩^{R}KR^R			

序号 No.	税则号列 Tariff Line	货品名称 Article Description	最惠国税率 MFN(%)	协定税率 Agreement(%)		特惠税率 SP(%)	普通税率 Gen(%)
1374	2106.9062	----蔗糖含量超过50%的甘蔗糖、甜菜糖与其他食品原料的简单固体混合物 ----Simple solid mixtures of cane sugar, beet sugar and other food ingredients containing more than 50% by weight of cane sugar	12	0	东盟AS,智CL,巴PK,新西兰NZ,新加坡SG,秘PE,哥CR,冰IS,澳AU,柬KH,港HK,澳门MO	0 受惠国LD	90
				3.3	瑞CH		
				8	毛MU		
				11	亚太AP		
				18	东盟^{R}AS^R,澳^{R}AU^R,新西兰^{R}NZ^R		
				18.1	日^{R}JP^R		
				18.4	韩KR		
				20	韩^{R}KR^R		
1375	2106.9090	---其他 ---Other	12	0	东盟AS,智CL,巴PK,新西兰NZ,新加坡SG,秘PE,哥CR,冰IS,澳AU,柬KH,港HK,澳门MO	0 受惠国LD	90
				3.3	瑞CH		
				8	毛MU		
				11	亚太AP		
				18	东盟^{R}AS^R,澳^{R}AU^R,新西兰^{R}NZ^R		
				18.1	日^{R}JP^R		
				18.4	韩KR		
				20	韩^{R}KR^R		
	ex21069090	无乳糖配方或低乳糖配方、乳蛋白部分水解配方、乳蛋白深度水解配方或氨基酸配方、早产/低出生体重婴儿配方（非乳基）、氨基酸代谢障碍配方、母乳营养补充剂（非乳基）特殊婴幼儿配方食品 Formulas for infants or children with special medical purposes intended of no or low lactose formula, Lactoprotein partly hydrolyzed formula, Lactoprotein deeply hydrolyzed formula or Amino acid formula, premature or low birth weight infant formula (non-milk-based), Amino acid metabolism disorder formula, and breast milk supplements (non-milk-based)	Δ0				

第二十二章
饮料、酒及醋

Chapter 22
Beverages, spirits and vinegar

注释：

一、本章不包括：

（一）本章的产品（税目22.09的货品除外）经配制后，用于烹饪而不适于作为饮料的制品（通常归入税目21.03）；

（二）海水（税目25.01）；

（三）蒸馏水、导电水及类似的纯净水（税目28.53）；

（四）按重量计浓度超过10%的醋酸（税目29.15）；

（五）税目30.03或30.04的药品；或

（六）芳香料制品及盥洗品（第三十三章）。

二、本章及第二十章和第二十一章所称"按容量计酒精浓度"，应是温度在20摄氏度时测得的浓度。

三、税目22.02所称"无酒精饮料"，是指按容量计酒精浓度不超过0.5%的饮料。含酒精饮料应分别归入税目22.03至22.06或税目22.08。

子目注释：

子目2204.10所称"汽酒"，是指温度在20摄氏度时装在密封容器中超过大气压力3巴及以上的酒。

本国子目注释：

本国子目2206.0010所称"黄酒"，是指以稻米、黍米、小米、玉米、小麦、水等为主要原料，经加曲和/或部分酶制剂、酵母等糖化发酵剂酿制而成的发酵酒。

Notes:

1. This Chapter does not cover:

(a) Products of this Chapter (other than those of heading 22.09) prepared for culinary purposes and thereby rendered unsuitable for consumption as beverages (generally heading 21.03) ;

(b) Sea water (heading 25.01) ;

(c) Distilled or conductivity water or water of similar purity (heading 28.53) ;

(d) Acetic acid of a concentration exceeding 10% by weight of acetic acid (heading 29.15) ;

(e) Medicaments of heading 30.03 or 30.04;or

(f) Perfumery or toilet preparations (Chapter 33) .

2. For the purposes of this Chapter and of Chapter 20 and 21, the "alcoholic strength by volume" shall be determined at a temperature of 20°C.

3. For the purposes of heading 22.02, the term "non-alcoholic beverages" means beverages of an alcoholic strength by volume not exceeding 0.5% vol. Alcoholic beverages are classified in headings 22.03 to 22.06 or heading 22.08 as appropriate.

Subheading Note:

For the purposes of subheading 2204.10, the expression "sparkling wine" means wine which, when kept at a temperature of 20°C in closed containers, has an excess pressure of not less than 3 bars.

Domestic Subheading Note:

Domestie Subheading 2206.0010: "Huangjiu" is a brewed wine with rice, millet, corn, wheat, water, and etc. as the main raw materials, and is made by adding qu and/or enzymes, yeast and other saccharifying starters.

序号 No.	税则号列 Tariff Line	货品名称 Article Description	最惠国税率 MFN(%)	协定税率 Agreement(%)	特惠税率 SP(%)	普通税率 Gen(%)
	22.01	未加糖或其他甜物质及未加味的水, 包括天然或人造矿泉水及汽水; 冰及雪: **Waters, including natural or artificial mineral waters and aerated waters, not containing added sugar or other sweetening matter nor flavoured; ice and snow:**				
		-矿泉水及汽水: -Mineral waters and aerated waters:				

序号 No.	税则号列 Tariff Line	货品名称 Article Description	最惠国税率 MFN(%)	协定税率 Agreement(%)		特惠税率 SP(%)		普通税率 Gen(%)
1376	2201.1010	---矿泉水 ---Mineral waters	5	0	东盟AS,智CL,新西兰NZ,新加坡SG,秘PE,哥CR,瑞CH,冰IS,澳AU,格GE,毛MU,柬KH,港HK,澳门MO	0	受惠国LD	90
				11	韩KR			
				16	巴PK			
				18	东盟^{R}AS^R,澳^{R}AU^R,新西兰^{R}NZ^R			
1377	2201.1020	---汽水 ---Aerated waters	5	0	东盟AS,智CL,新西兰NZ,新加坡SG,秘PE,哥CR,瑞CH,冰IS,澳AU,格GE,毛MU,柬KH,港HK,澳门MO	0	受惠国LD	90
				8	韩KR			
				12	巴PK			
				16	东盟^{R}AS^R,澳^{R}AU^R,新西兰^{R}NZ^R,韩^{R}KR^R			
				17.5	日^{R}JP^R			
		-其他: -Other:						
		---天然水: ---Natural waters:						
1378	2201.9011	----已包装 ----Packed	5	0	东盟AS,智CL,新西兰NZ,新加坡SG,秘PE,哥CR,瑞CH,冰IS,澳AU,格GE,毛MU,东盟^{R}AS^R,澳^{R}AU^R,新西兰^{R}NZ^R,柬KH,港HK,澳门MO	0	受惠国$_2$LD$_2$	30
				1	韩KR			
				3	巴PK			
				8	韩^{R}KR^R			
				8.2	日^{R}JP^R			
1379	2201.9019	----其他 ----Other	5	0	东盟AS,智CL,新西兰NZ,新加坡SG,秘PE,哥CR,瑞CH,冰IS,澳AU,格GE,毛MU,东盟^{R}AS^R,澳^{R}AU^R,新西兰^{R}NZ^R,柬KH,港HK,澳门MO	0	受惠国$_2$LD$_2$	30
				1	韩KR			
				3	巴PK			
				8	韩^{R}KR^R			
				8.2	日^{R}JP^R			
1380	2201.9090	---其他 ---Other	5	0	东盟AS,智CL,新西兰NZ,新加坡SG,秘PE,哥CR,瑞CH,冰IS,澳AU,格GE,毛MU,东盟^{R}AS^R,澳^{R}AU^R,新西兰^{R}NZ^R,柬KH,港HK,澳门MO	0	受惠国LD	30
				1	韩KR			
				3	巴PK			
				8	韩^{R}KR^R			
				8.2	日^{R}JP^R			

序号 No.	税则号列 Tariff Line	货品名称 Article Description	最惠国税率 MFN(%)	协定税率 Agreement(%)		特惠税率 SP(%)	普通税率 Gen(%)
	22.02	加味、加糖或其他甜物质的水，包括矿泉水及汽水，其他无酒精饮料，但不包括税目20.09的水果汁、坚果汁或蔬菜汁： **Waters, including mineral waters and aerated waters, containing added sugar or other sweetening matter or flavoured, and other non-alcoholic beverages, not including fruit, nut or vegetable juices of heading 20.09:**					
1381	2202.1000	-加味、加糖或其他甜物质的水，包括矿泉水及汽水 -Waters, including mineral waters and aerated waters, containing added sugar or other sweetening matter or flavoured	5	0	东盟AS,智CL,巴PK,新西兰NZ,新加坡SG,秘PE,哥CR,瑞CH,冰IS,澳AU,格GE,毛MU,柬KH,港HK,澳门MO	0 受惠国LD	100
				11	韩KR		
				18	东盟^{R}AS^R,澳^{R}AU^R,新西兰^{R}NZ^R		
				18.1	日^{R}JP^R		
		-其他： -Other:					
1382	2202.9100	--无醇啤酒 --Non-alcoholic beer	5	0	东盟AS,智CL,新西兰NZ,新加坡SG,秘PE,哥CR,冰IS,澳AU,格GE,柬KH,港HK,澳门MO	0 受惠国LD	100
				4.2	亚太AP		
				5	瑞CH		
				14	毛MU		
				19.2	韩KR		
				29.5	巴PK		
				31.5	东盟^{R}AS^R,澳^{R}AU^R,新西兰^{R}NZ^R		
1383	2202.9900	--其他 --Other	5	0	东盟AS,智CL,新西兰NZ,新加坡SG,秘PE,哥CR,冰IS,澳AU,格GE,柬KH,港HK,澳门MO	0 受惠国LD	100
				4.2	亚太AP		
				5	瑞CH		
				14	毛MU		
				19.2	韩KR		
				29.5	巴PK		
				31.5	东盟^{R}AS^R,澳^{R}AU^R,新西兰^{R}NZ^R		
	22.03	麦芽酿造的啤酒： **Beer made from malt:**					
1384	2203.0000	麦芽酿造的啤酒 Beer made from malt	0	0	东盟AS,智CL,巴PK,新西兰NZ,秘PE,哥CR,瑞CH,冰IS,韩KR,澳AU,格GE,毛MU,东盟^{R}AS^R,澳^{R}AU^R,日^{R}JP^R,新西兰^{R}NZ^R,柬KH,港HK,澳门MO,韩^{R}KR^R	0 受惠国LD	①

---

① 普通税率：7.5元/升。
General Tariff Rate: 7.5¥/L.

序号 No.	税则号列 Tariff Line	货品名称 Article Description	最惠国税率 MFN(%)	协定税率 Agreement(%)		特惠税率 SP(%)		普通税率 Gen(%)
	22.04	鲜葡萄酿造的酒，包括加酒精的；税目20.09以外的酿酒葡萄汁： Wine of fresh grapes, including fortified wines; grape must other than that of heading 20.09:						
1385	2204.1000	-汽酒 -Sparkling wine	14	0	东盟AS,智CL,新西兰NZ,新加坡SG,秘PE,哥CR,瑞CH,冰IS,澳AU,格GE,毛MU,东盟^RAS^R,澳^RAU^R,新西兰^RNZ^R,柬KH,港HK,澳门MO	0	受惠国LD	180
				1.4	韩KR			
				11.2	巴PK,韩^RKR^R			
				11.5	日^RJP^R			
		-其他酒；加酒精抑制发酵的酿酒葡萄汁： -Other wine; grape must with fermentation prevented or arrested by the addition of alcohol:						
1386	2204.2100	--装入2升及以下容器的 --In containers holding 2L or less	14	0	东盟AS,智CL,新西兰NZ,新加坡SG,哥CR,瑞CH,冰IS,澳AU,格GE,毛MU,东盟^RAS^R,澳^RAU^R,新西兰^RNZ^R,柬KH,港HK,澳门MO	0	受惠国LD	180
				0.9	秘PE			
				1.4	韩KR			
				11.2	巴PK,韩^RKR^R			
				11.5	日^RJP^R			
1387	2204.2200	--装入2升以上但不超过10升容器的 --In containers holding more than 2L but not more than 10L	20	0	东盟AS,智CL,新西兰NZ,新加坡SG,哥CR,瑞CH,冰IS,澳AU,格GE,毛MU,柬KH,港HK,澳门MO	0	受惠国LD	180
				1.3	秘PE			
				8	韩KR			
				17.3	东盟^RAS^R,韩^RKR^R			
				17.5	日^RJP^R			
				18	澳^RAU^R,新西兰^RNZ^R			
1388	2204.2900	--其他 --Other	20	0	东盟AS,智CL,新西兰NZ,新加坡SG,哥CR,瑞CH,冰IS,澳AU,格GE,毛MU,柬KH,港HK,澳门MO	0	受惠国LD	180
				1.3	秘PE			
				8	韩KR			
				17.3	东盟^RAS^R,韩^RKR^R			
				17.5	日^RJP^R			
				18	澳^RAU^R,新西兰^RNZ^R			

序号 No.	税则号列 Tariff Line	货品名称 Article Description	最惠国税率 MFN(%)		协定税率 Agreement(%)	特惠税率 SP(%)		普通税率 Gen(%)
1389	2204.3000	-其他酿酒葡萄汁 -Other grape must	30	0	东盟AS,智CL,新西兰NZ,新加坡SG,秘PE,哥CR,冰IS,澳AU,格GE,柬KH,港HK,澳门MO	0	受惠国₂LD₂	90
				12	毛MU			
				16.5	韩KR			
				28.5	东盟ᴿASᴿ,澳ᴿAUᴿ,新西兰ᴿNZᴿ			
22.05		味美思酒及其他加植物或香料的用鲜葡萄酿造的酒: **Vermouth and other wine of fresh grapes flavoured with plants or aromatic substances:**						
1390	2205.1000	-装入2升及以下容器的 -In containers holding 2L or less	65Δ14	0	东盟AS,智CL,新西兰NZ,新加坡SG,秘PE,哥CR,澳AU,格GE,柬KH,港HK,澳门MO	0	受惠国₂LD₂	180
				26	毛MU			
				35.7	韩KR			
				61.8	东盟ᴿASᴿ,澳ᴿAUᴿ,新西兰ᴿNZᴿ			
1391	2205.9000	-其他 -Other	65	0	东盟AS,智CL,新西兰NZ,新加坡SG,秘PE,哥CR,澳AU,格GE,柬KH,港HK,澳门MO	0	受惠国₂LD₂	180
				26	毛MU			
				35.7	韩KR			
				61.8	东盟ᴿASᴿ,澳ᴿAUᴿ,新西兰ᴿNZᴿ			
22.06		其他发酵饮料(例如,苹果酒、梨酒、蜂蜜酒、清酒);其他税目未列名的发酵饮料的混合物及发酵饮料与无酒精饮料的混合物: **Other fermented beverages (for example, cider, perry, mead, saké); mixtures of fermented beverages and mixtures of fermented beverages and non-alcoholic beverages, not elsewhere specified or included:**						
1392	2206.0010	---黄酒 ---Chinese rice wine	40	0	东盟AS,智CL,新西兰NZ,新加坡SG,秘PE,哥CR,冰IS,澳AU,格GE,柬KH,港HK,澳门MO	0	受惠国LD	180
				16	毛MU			
				22	韩KR			
				36	东盟ᴿASᴿ,澳ᴿAUᴿ,新西兰ᴿNZᴿ			
1393	2206.0090	---其他 ---Other	40	0	东盟AS,智CL,新西兰NZ,新加坡SG,秘PE,哥CR,冰IS,澳AU,格GE,柬KH,港HK,澳门MO	0	受惠国LD	180
				16	毛MU			
				22	韩KR			
				36	东盟ᴿASᴿ,澳ᴿAUᴿ,新西兰ᴿNZᴿ			
				36.2	日ᴿJPᴿ			

序号 No.	税则号列 Tariff Line	货品名称 Article Description	最惠国税率 MFN(%)	协定税率 Agreement(%)		特惠税率 SP(%)	普通税率 Gen(%)
	22.07	未改性乙醇，按容量计酒精浓度在80%及以上；任何浓度的改性乙醇及其他酒精： Undenatured ethyl alcohol of an alcoholic strength by volume of 80% vol or higher; ethyl alcohol and other spirits, denatured, of any strength:					
1394	2207.1000	-未改性乙醇，按容量计酒精浓度在80%及以上 -Undenatured ethyl alcohol of an alcoholic strength by volume of 80% vol or higher	40	0	东盟AS,智CL,巴PK,新西兰NZ,新加坡SG,秘PE,哥CR,冰IS,澳AU,格GE,柬KH,港HK,澳门MO	0 受惠国LD	100
				16	毛MU		
				22	韩KR		
				36	东盟^RAS^R,澳^RAU^R,新西兰^RNZ^R,韩^RKR^R		
1395	2207.2000	-任何浓度的改性乙醇及其他酒精 -Ethyl alcohol and other spirits, denatured, of any strength	30	0	东盟AS,智CL,巴PK,新西兰NZ,新加坡SG,秘PE,哥CR,冰IS,澳AU,格GE,柬KH,港HK,澳门MO	0 受惠国LD	80
				12	毛MU		
				16.5	韩KR		
				27	东盟^RAS^R,澳^RAU^R,新西兰^RNZ^R,韩^RKR^R		
	22.08	未改性乙醇，按容量计酒精浓度在80%以下；蒸馏酒、利口酒及其他酒精饮料： Undenatured ethyl alcohol of an alcoholic strength by volume of less than 80% vol; spirits, liqueurs and other spirituous beverages:					
1396	2208.2000	-蒸馏葡萄酒制得的烈性酒 -Spirits obtained by distilling grape wine or grape marc	10△5	0	东盟AS,智CL,新西兰NZ,新加坡SG,秘PE,哥CR,瑞CH,冰IS,澳AU,格GE,毛MU,东盟^RAS^R,澳^RAU^R,新西兰^RNZ^R,柬KH,港HK,澳门MO	0 受惠国LD	180
				1	韩KR		
				5	巴PK		
				8	韩^RKR^R		
				8.2	日^RJP^R		
1397	2208.3000	-威士忌酒 -Whiskies	10△5	0	东盟AS,智CL,新西兰NZ,新加坡SG,秘PE,哥CR,瑞CH,冰IS,澳AU,格GE,毛MU,东盟^RAS^R,澳^RAU^R,新西兰^RNZ^R,柬KH,港HK,澳门MO	0 受惠国LD	180
				1	韩KR		
				5	巴PK		
				8.2	日^RJP^R		

序号 No.	税则号列 Tariff Line	货品名称 Article Description	最惠国税率 MFN(%)	协定税率 Agreement(%)		特惠税率 SP(%)		普通税率 Gen(%)
1398	2208.4000	-朗姆酒及蒸馏已发酵甘蔗产品制得的 其他烈性酒 -Rum and other spirit obtained by distilling fermented sugarcane products	10	0 1 5 8 8.2	东盟AS,智CL,新西兰NZ,新加 坡SG,秘PE,哥CR,瑞CH,冰IS,澳 AU,格GE,毛MU,东盟ᴿASᴿ,澳ᴿ AUᴿ,新西兰ᴿNZᴿ,柬KH,港HK, 澳门MO 韩KR 巴PK 韩ᴿKRᴿ 日ᴿJPᴿ	0	受惠国LD	180
1399	2208.5000	-杜松子酒 -Gin and geneva	10	0 1 3 8 8.2	东盟AS,智CL,新西兰NZ,新加坡 SG,秘PE,哥CR,瑞CH,澳AU,格 GE,毛MU,东盟ᴿASᴿ,澳ᴿAUᴿ,新 西兰ᴿNZᴿ,柬KH,港HK,澳门MO 韩KR 巴PK 韩ᴿKRᴿ 日ᴿJPᴿ	0	受惠国LD	180
1400	2208.6000	-伏特加酒 -Vodka	10	0 1 3 8.2 8.8	东盟AS,智CL,新西兰NZ,新加坡 SG,秘PE,哥CR,瑞CH,澳AU,格 GE,毛MU,东盟ᴿASᴿ,澳ᴿAUᴿ,新 西兰ᴿNZᴿ,柬KH,港HK,澳门MO 韩KR 巴PK 日ᴿJPᴿ 亚太AP	0	受惠国LD	180
1401	2208.7000	-利口酒及柯迪尔酒 -Liqueurs and cordials	10	0 1 3 8.2 8.8	东盟AS,智CL,新西兰NZ,新加 坡SG,秘PE,哥CR,瑞CH,冰IS,澳 AU,格GE,毛MU,东盟ᴿASᴿ,澳ᴿ AUᴿ,新西兰ᴿNZᴿ,柬KH,港HK, 澳门MO 韩KR 巴PK 日ᴿJPᴿ 亚太AP	0	受惠国LD	180
		-其他: -Other:						
1402	2208.9010	---龙舌兰酒 ---Tequila, Mezcal	10	0 1 3 8 8.2 8.8	东盟AS,智CL,新西兰NZ,新加 坡SG,秘PE,哥CR,瑞CH,冰IS,澳 AU,格GE,毛MU,东盟ᴿASᴿ,澳ᴿ AUᴿ,新西兰ᴿNZᴿ,柬KH,港HK, 澳门MO 韩KR 巴PK 韩ᴿKRᴿ 日ᴿJPᴿ 亚太AP	0	受惠国LD	180

序号 No.	税则号列 Tariff Line	货品名称 Article Description	最惠国税率 MFN(%)	协定税率 Agreement(%)		特惠税率 SP(%)		普通税率 Gen(%)
1403	2208.9020	---白酒 ---Chinese Baijiu	10	0	东盟AS,智CL,新西兰NZ,新加坡SG,秘PE,哥CR,瑞CH,冰IS,澳AU,格GE,毛MU,东盟^{R}AS^R,澳^{R}AU^R,新西兰^{R}NZ^R,柬KH,港HK,澳门MO	0	受惠国LD	180
				1	韩KR			
				3	巴PK			
				8	韩^{R}KR^R			
				8.2	日^{R}JP^R			
				8.8	亚太AP			
1404	2208.9090	---其他 ---Other	10	0	东盟AS,智CL,新西兰NZ,新加坡SG,秘PE,哥CR,瑞CH,冰IS,澳AU,格GE,毛MU,柬KH,港HK,澳门MO	0	受惠国LD	180
				5	巴PK			
				5.5	韩KR			
				8.8	亚太AP			
				9	东盟^{R}AS^R,澳^{R}AU^R,日^{R}JP^R,新西兰^{R}NZ^R			
	22.09	醋及用醋酸制得的醋代用品： **Vinegar and substitutes for vinegar obtained from acetic acid:**						
1405	2209.0000	醋及用醋酸制得的醋代用品 Vinegar and substitutes for vinegar obtained from acetic acid	5	0	东盟AS,智CL,新西兰NZ,新加坡SG,秘PE,哥CR,瑞CH,冰IS,澳AU,格GE,毛MU,柬KH,港HK,澳门MO	0	受惠国LD	70
				8	韩KR			
				17.3	东盟^{R}AS^R,韩^{R}KR^R			
				17.5	日^{R}JP^R			
				18	澳^{R}AU^R,新西兰^{R}NZ^R			

第二十三章
食品工业的残渣及废料；
配制的动物饲料

Chapter 23
Residues and waste from the food industries; prepared animal fodder

注释：

税目23.09包括其他税目未列号的配制动物饲料，这些饲料是由动、植物原料加工而成的，并且已改变了原料的基本特性，但加工过程中的植物废料、植物残渣及副产品除外。

Note:

Heading 23.09 includes products of a kind used in animal feeding, not elsewhere specified or included, obtained by processing vegetable or animal materials to such an extent that they have lost the essential characteristics of the original material, other than vegetable waste, vegetable residues and by-products of such processing.

子目注释：

子目2306.41所称"低芥子酸油菜子"，是指第十二章子目注释一所定义的油菜子。

Subheading Note:

For the purposes of subheading 2306.41, the expression "low erucic acid rape or colza seeds" means seeds as defined in Subheading Note 1 to Chapter 12.

序号 No.	税则号列 Tariff Line	货品名称 Article Description	最惠国税率 MFN(%)	协定税率 Agreement(%)		特惠税率 SP(%)	普通税率 Gen(%)
	23.01	不适于供人食用的肉、杂碎、鱼、甲壳动物、软体动物或其他水生无脊椎动物的渣粉及团粒；油渣： **Flours, meals and pellets, of meat or meat offal, of fish or of crustaceans, molluscs or other aquatic invertebrates, unfit for human consumption; greaves:**					
		-肉、杂碎的渣粉及团粒；油渣： -Flours, meals and pellets, of meat or meat offal; greaves:					
		---肉骨粉： ---Flours and meals, of meat bones:					
1406	2301.1011	----含牛羊成分的 -----Of bovine and sheep	2	0	东盟AS,智CL,巴PK,新西兰NZ,秘PE,哥CR,瑞CH,冰IS,韩KR,澳AU,格GE,毛MU,东盟ᴿASᴿ,澳ᴿAUᴿ,日ᴿJPᴿ,新西兰ᴿNZᴿ,柬KH,港HK,澳门MO,韩ᴿKRᴿ	0 受惠国LD	11
1407	2301.1019	----其他 ----Other	2	0	东盟AS,智CL,巴PK,新西兰NZ,秘PE,哥CR,瑞CH,冰IS,韩KR,澳AU,格GE,毛MU,东盟ᴿASᴿ,澳ᴿAUᴿ,日ᴿJPᴿ,新西兰ᴿNZᴿ,柬KH,港HK,澳门MO,韩ᴿKRᴿ	0 受惠国LD	11
1408	2301.1020	---油渣 ---Greaves	5	0	东盟AS,智CL,巴PK,新西兰NZ,秘PE,哥CR,瑞CH,冰IS,韩KR,澳AU,格GE,毛MU,东盟ᴿASᴿ,澳ᴿAUᴿ,日ᴿJPᴿ,新西兰ᴿNZᴿ,柬KH,港HK,澳门MO,韩ᴿKRᴿ	0 受惠国LD	50

序号 No.	税则号列 Tariff Line	货品名称 Article Description	最惠国税率 MFN(%)		协定税率 Agreement(%)	特惠税率 SP(%)		普通税率 Gen(%)
1409	2301.1090	---其他 ---Other	5	0	东盟AS,智CL,巴PK,新西兰NZ,秘PE,哥CR,瑞CH,冰IS,韩KR,澳AU,格GE,毛MU,东盟^RAS^R,澳^RAU^R,日^RJP^R,新西兰^RNZ^R,柬KH,港HK,澳门MO,韩^RKR^R	0	受惠国LD	30
		-鱼、甲壳动物、软体动物或其他水生无脊椎动物的渣粉及团粒: -Flours, meals and pellets, of fish or of crustaceans, molluscs or other aquatic invertebrates:						
1410	2301.2010	---饲料用鱼粉 ---Flours and meals of fish, of a kind used in animal feeding	2	0	亚太AP,东盟AS,智CL,巴PK,新西兰NZ,秘PE,哥CR,瑞CH,冰IS,韩KR,澳AU,格GE,毛MU,东盟^RAS^R,澳^RAU^R,新西兰^RNZ^R,柬KH,港HK,澳门MO,韩^RKR^R 1.6　日^RJP^R	0	受惠国LD	11
1411	2301.2090	---其他 ---Other	5	0	亚太AP,东盟AS,智CL,巴PK,新西兰NZ,秘PE,哥CR,瑞CH,冰IS,韩KR,澳AU,格GE,毛MU,东盟^RAS^R,澳^RAU^R,日^RJP^R,新西兰^RNZ^R,柬KH,港HK,澳门MO,韩^RKR^R	0	受惠国LD	30
	23.02	**谷物或豆类植物在筛、碾或其他加工过程中所产生的糠、麸及其他残渣, 不论是否制成团粒:** **Bran, sharps and other residues, whether or not in the form of pellets, derived from the sifting, milling or other working of cereals or of leguminous plants:**						
1412	2302.1000	-玉米的 -Of maize (corn)	5	0	东盟AS,智CL,巴PK,新西兰NZ,秘PE,哥CR,瑞CH,冰IS,韩KR,澳AU,格GE,毛MU,东盟^RAS^R,澳^RAU^R,新西兰^RNZ^R,柬KH,港HK,澳门MO,韩^RKR^R 4.1　日^RJP^R	0	受惠国LD	30
1413	2302.3000	-小麦的 -Of wheat	3	0	东盟AS,智CL,巴PK,新西兰NZ,秘PE,哥CR,瑞CH,冰IS,韩KR,澳AU,格GE,毛MU,东盟^RAS^R,澳^RAU^R,新西兰^RNZ^R,柬KH,港HK,澳门MO,韩^RKR^R 2.5　日^RJP^R	0	受惠国LD	30
1414	2302.4000	-其他谷物的 -Of other cereals	5	0	东盟AS,智CL,巴PK,新西兰NZ,秘PE,哥CR,瑞CH,冰IS,韩KR,澳AU,格GE,毛MU,东盟^RAS^R,澳^RAU^R,新西兰^RNZ^R,柬KH,港HK,澳门MO,韩^RKR^R 4.1　日^RJP^R	0	受惠国LD	30

序号 No.	税则号列 Tariff Line	货品名称 Article Description	最惠国税率 MFN(%)	协定税率 Agreement(%)		特惠税率 SP(%)		普通税率 Gen(%)
1415	2302.5000	-豆类植物的 -Of leguminous plants	5	0	东盟AS,智CL,巴PK,新西兰NZ,秘PE,哥CR,瑞CH,冰IS,韩KR,澳AU,格GE,毛MU,东盟^RAS^R,澳^RAU^R,新西兰^RNZ^R,柬KH,港HK,澳门MO,韩^RKR^R	0	受惠国LD	30
				4.1	日^RJP^R			
	23.03	制造淀粉过程中的残渣及类似的残渣,甜菜渣、甘蔗渣及制糖过程中的其他残渣,酿造及蒸馏过程中的糟粕及残渣,不论是否制成团粒: Residues of starch manufacture and similar residues, beet-pulp, bagasse and other waste of sugar manufacture, brewing or distilling dregs and waste, whether or not in the form of pellets:						
1416	2303.1000	-制造淀粉过程中的残渣及类似的残渣 -Residues of starch manufacture and similar residues	5	0	东盟AS,智CL,巴PK,新西兰NZ,秘PE,哥CR,瑞CH,冰IS,韩KR,澳AU,格GE,毛MU,柬KH,港HK,澳门MO	0	受惠国LD	30
				4	东盟^RAS^R,澳^RAU^R,新西兰^RNZ^R,韩^RKR^R			
				4.1	日^RJP^R			
1417	2303.2000	-甜菜渣、甘蔗渣及制糖过程中的其他残渣 -Beet-pulp, bagasses and other waste of sugar manufacture	5	0	东盟AS,智CL,巴PK,新西兰NZ,秘PE,哥CR,瑞CH,冰IS,韩KR,澳AU,格GE,毛MU,东盟^RAS^R,澳^RAU^R,新西兰^RNZ^R,柬KH,港HK,澳门MO,韩^RKR^R	0	受惠国LD	30
				4.1	日^RJP^R			
1418	2303.3000	-酿造及蒸馏过程中的糟粕及残渣 -Brewing or distilling dregs and waste	5	0	东盟AS,智CL,巴PK,新西兰NZ,秘PE,哥CR,瑞CH,冰IS,韩KR,澳AU,格GE,毛MU,东盟^RAS^R,澳^RAU^R,新西兰^RNZ^R,柬KH,港HK,澳门MO,韩^RKR^R	0	受惠国LD	30
				4.1	日^RJP^R			
	23.04	提炼豆油所得的油渣饼及其他固体残渣,不论是否碾磨或制成团粒: Oilcake and other solid residues, whether or not ground or in the form of pellets, resulting from the extraction of soya-bean oil:						
1419	2304.0010	---油渣饼 ---Oil-cake	5	0	亚太AP,东盟AS,智CL,巴PK,新西兰NZ,秘PE,哥CR,瑞CH,冰IS,韩KR,澳AU,格GE,毛MU,东盟^RAS^R,澳^RAU^R,新西兰^RNZ^R,柬KH,港HK,澳门MO,韩^RKR^R	0	受惠国LD	30
				4.1	日^RJP^R			

序号 No.	税则号列 Tariff Line	货品名称 Article Description	最惠国税率 MFN(%)	协定税率 Agreement(%)		特惠税率 SP(%)		普通税率 Gen(%)
1420	2304.0090	---其他 ---Other	5	0	亚太AP,东盟AS,智CL,巴PK,新西兰NZ,秘PE,哥CR,瑞CH,冰IS,韩KR,澳AU,格GE,毛MU,东盟^{R}AS^R,澳^{R}AU^R,新西兰^{R}NZ^R,柬KH,港HK,澳门MO,韩^{R}KR^R	0	受惠国LD	30
				4.1	日^{R}JP^R			
	23.05	提炼花生油所得的油渣饼及其他固体残渣,不论是否碾磨或制成团粒: Oil-cake and other solid residues, whether or not ground or in the form of pellets, resulting from the extraction of groundnut oil:						
1421	2305.0000	提炼花生油所得的油渣饼及其他固体残渣,不论是否碾磨或制成团粒 Oil-cake and other solid residues, whether or not ground or in the form of pellets, resulting from the extraction of groundnut oil	5Δ0	0	东盟AS,智CL,巴PK,新西兰NZ,秘PE,哥CR,瑞CH,冰IS,韩KR,澳AU,格GE,毛MU,东盟^{R}AS^R,澳^{R}AU^R,新西兰^{R}NZ^R,柬KH,港HK,澳门MO,韩^{R}KR^R	0	受惠国LD	30
				4.1	日^{R}JP^R			
	23.06	税目23.04或23.05以外的提炼植物或微生物油脂所得的油渣饼及其他固体残渣,不论是否碾磨或制成团粒: Oil-cake and other solid residues, whether or not ground or in the form of pellets, resulting from the extraction of vegetable or microbial fats or oils, other than those of heading 23.04 or 23.05:						
1422	2306.1000	-棉子的 -Of cotton seeds	5Δ0	0	东盟AS,智CL,巴PK,新西兰NZ,秘PE,哥CR,瑞CH,冰IS,韩KR,澳AU,格GE,毛MU,东盟^{R}AS^R,澳^{R}AU^R,新西兰^{R}NZ^R,柬KH,港HK,澳门MO,韩^{R}KR^R	0	受惠国LD	30
				4.1	日^{R}JP^R			
1423	2306.2000	-亚麻子的 -Of linseed	5Δ0	0	东盟AS,智CL,巴PK,新西兰NZ,秘PE,哥CR,瑞CH,冰IS,韩KR,澳AU,格GE,毛MU,东盟^{R}AS^R,澳^{R}AU^R,新西兰^{R}NZ^R,柬KH,港HK,澳门MO,韩^{R}KR^R	0	受惠国LD,老LA	30
				4.1	日^{R}JP^R			
1424	2306.3000	-葵花子的 -Of sunflower seeds	5Δ0	0	东盟AS,智CL,巴PK,新西兰NZ,秘PE,哥CR,瑞CH,冰IS,韩KR,澳AU,格GE,毛MU,东盟^{R}AS^R,澳^{R}AU^R,新西兰^{R}NZ^R,柬KH,港HK,澳门MO,韩^{R}KR^R	0	受惠国LD	30
				4.1	日^{R}JP^R			
		-油菜子的: -Of rape or colza seeds:						

序号 No.	税则号列 Tariff Line	货品名称 Article Description	最惠国税率 MFN(%)	协定税率 Agreement(%)		特惠税率 SP(%)		普通税率 Gen(%)
1425	2306.4100	--低芥子酸的 --Of low erucic acid rape or colza seeds	5Δ0	0	东盟AS,智CL,巴PK,新西兰NZ,秘PE,哥CR,瑞CH,冰IS,韩KR,澳AU,格GE,毛MU,东盟^RAS^R,澳^RAU^R,新西兰^RNZ^R,柬KH,港HK,澳门MO,韩^RKR^R	0	受惠国LD	30
				4.1	日^RJP^R			
1426	2306.4900	--其他 --Other	5Δ0	0	东盟AS,智CL,巴PK,新西兰NZ,秘PE,哥CR,瑞CH,冰IS,韩KR,澳AU,格GE,毛MU,东盟^RAS^R,澳^RAU^R,新西兰^RNZ^R,柬KH,港HK,澳门MO,韩^RKR^R	0	受惠国LD	30
				4.1	日^RJP^R			
1427	2306.5000	-椰子或干椰肉的 -Of coconut or copra	5Δ0	0	东盟AS,智CL,巴PK,新西兰NZ,秘PE,哥CR,瑞CH,冰IS,韩KR,澳AU,格GE,毛MU,东盟^RAS^R,日^RJP^R,柬KH,港HK,澳门MO,韩^RKR^R	0	受惠国LD,柬KH	30
				2.5	亚太AP			
				4	澳^RAU^R,新西兰^RNZ^R			
1428	2306.6000	-棕榈果或棕榈仁的 -Of palm nuts or kernels	5Δ0	0	东盟AS,智CL,巴PK,新西兰NZ,秘PE,哥CR,瑞CH,冰IS,韩KR,澳AU,格GE,毛MU,东盟^RAS^R,澳^RAU^R,日^RJP^R,新西兰^RNZ^R,柬KH,港HK,澳门MO,韩^RKR^R	0	受惠国LD,柬KH	30
1429	2306.9000	-其他 -Other	5Δ0	0	东盟AS,智CL,巴PK,新西兰NZ,秘PE,哥CR,瑞CH,冰IS,韩KR,澳AU,格GE,毛MU,东盟^RAS^R,澳^RAU^R,新西兰^RNZ^R,柬KH,港HK,澳门MO,韩^RKR^R	0	受惠国LD,老LA	30
				4.1	日^RJP^R			
	23.07	葡萄酒渣; 粗酒石: **Wine lees; argol:**						
1430	2307.0000	葡萄酒渣; 粗酒石 Wine lees; argol	5	0	东盟AS,智CL,巴PK,新西兰NZ,秘PE,哥CR,瑞CH,冰IS,韩KR,澳AU,格GE,毛MU,东盟^RAS^R,澳^RAU^R,日^RJP^R,新西兰^RNZ^R,柬KH,港HK,澳门MO,韩^RKR^R	0	受惠国LD	30
	23.08	动物饲料用的其他税目未列名的植物原料、废料、残渣及副产品, 不论是否制成团粒: **Vegetable materials and vegetable waste, vegetable residues and by-products, whether or not in the form of pellets, of a kind used in animal feeding, not elsewhere specified or included:**						

序号 No.	税则号列 Tariff Line	货品名称 Article Description	最惠国税率 MFN(%)		协定税率 Agreement(%)	特惠税率 SP(%)	普通税率 Gen(%)
1431	2308.0000	动物饲料用的其他税目未列名的植物原料、废料、残渣及副产品，不论是否制成团粒 Vegetable materials and vegetable waste, vegetable residues and by-products, whether or not in the form of pellets, of a kind used in animal feeding, not elsewhere specified or included	5△0	0	东盟AS,智CL,巴PK,新西兰NZ,秘PE,哥CR,瑞CH,冰IS,韩KR,澳AU,格GE,毛MU,东盟^RAS^R,澳^RAU^R,日^RJP^R,新西兰^RNZ^R,柬KH,港HK,澳门MO,韩^RKR^R	0 受惠国LD	35
	23.09	配制的动物饲料： Preparations of a kind used in animal feeding:					
		-零售包装的狗食或猫食： -Dog or cat food, put up for retail sale:					
1432	2309.1010	---罐头 ---In airtight containers	15△4	0	东盟AS,智CL,新西兰NZ,新加坡SG,秘PE,哥CR,瑞CH,冰IS,澳AU,格GE,毛MU,东盟^RAS^R,澳^RAU^R,新西兰^RNZ^R,柬KH,港HK,澳门MO	0 受惠国LD	90
				1.5	韩KR		
				12	巴PK,韩^RKR^R		
				12.3	日^RJP^R		
1433	2309.1090	---其他 ---Other	15△4	0	东盟AS,智CL,新西兰NZ,新加坡SG,秘PE,哥CR,瑞CH,冰IS,澳AU,格GE,毛MU,东盟^RAS^R,澳^RAU^R,新西兰^RNZ^R,柬KH,港HK,澳门MO	0 受惠国LD	90
				1.5	韩KR		
				12	巴PK,韩^RKR^R		
				12.3	日^RJP^R		
		-其他： -Other:					
1434	2309.9010	---制成的饲料添加剂 ---Preparations for use in making the complete feeds or supplementary feeds	5	0	东盟AS,智CL,巴PK,新西兰NZ,秘PE,哥CR,瑞CH,冰IS,韩KR,澳AU,格GE,毛MU,东盟^RAS^R,澳^RAU^R,日^RJP^R,新西兰^RNZ^R,柬KH,港HK,澳门MO,韩^RKR^R	0 受惠国LD	14
				2.5	亚太AP		
1435	2309.9090	---其他 ---Other	6.5△4	0	东盟AS,智CL,巴PK,新西兰NZ,秘PE,哥CR,瑞CH,冰IS,澳AU,格GE,毛MU,柬KH,港HK,澳门MO	0 受惠国LD	14
				0.6	韩KR		
				3.3	亚太AP		
				5.2	东盟^RAS^R,澳^RAU^R,新西兰^RNZ^R,韩^RKR^R		
				5.3	日^RJP^R		

第二十四章	Chapter 24
烟草及烟草代用品的制品；非经燃烧吸用的产品，不论是否含有尼古丁；其他供人体摄入尼古丁的含尼古丁的产品	Tobacco and manufactured tobacco substitutes; products, whether or not containing nicotine, intended for inhalation without combustion; other nicotine containing products intended for the intake of nicotine into the human body

注释：

一、本章不包括药用卷烟（第三十章）。

二、既可归入税目24.04又可归入本章其他税目的产品，应归入税目24.04。

三、税目24.04所称"非经燃烧吸用"，是指不通过燃烧，而是通过加热或其他方式吸用。

子目注释：

子目2403.11所称"水烟料"，是指由烟草和甘油混合而成用水烟筒吸用的烟草，不论是否含有芳香油及提取物、糖蜜或糖，也不论是否用水果调味，但供在水烟筒中吸用的非烟草产品不归入该子目。

Note:

1.This Chapter does not cover medicinal cigarettes (Chapter 30).

2.Any products classifiable in heading 24.04 and any other heading of the Chapter are to be classified in heading 24.04.

3.For the purposes of heading 24.04, the expression "inhalation without combustion" means inhalation through heated delivery or other means, without combustion.

Subheading note:

For the purposes of subheading 2403.11, the expression "water pipe tobacco" means tobacco intended for smoking in a water pipe and which consists of a mixture of tobacco and glycerol, whether or not containing aromatic oils and extracts, molasses or sugar, and whether or not flavoured with fruit. However, tobacco-free products intended for smoking in a water pipe are excluded from this subheading.

序号 No.	税则号列 Tariff Line	货品名称 Article Description	最惠国税率 MFN(%)	协定税率 Agreement(%)		特惠税率 SP(%)	普通税率 Gen(%)
	24.01	烟草；烟草废料： Unmanufactured tobacco; tobacco refuse:					
		-未去梗的烟草： -Tobacco, not stemmed/stripped:					
1436	2401.1010	---烤烟 ---Flue-cured	10	0 5 9.4	智CL,新西兰NZ,港HK,澳门MO 东盟AS 亚太AP,巴PK		70
1437	2401.1090	---其他 ---Other	10	0 5	智CL,新西兰NZ,港HK,澳门MO 东盟AS		70
		-部分或全部去梗的烟草： -Tobacco, partly or wholly stemmed/stripped:					
1438	2401.2010	---烤烟 ---Flue-cured	10	0 5	智CL,新西兰NZ,港HK,澳门MO 东盟AS		70
1439	2401.2090	---其他 ---Other	10	0 5	智CL,新西兰NZ,港HK,澳门MO 东盟AS		70
1440	2401.3000	-烟草废料 -Tobacco refuse	10	0 5	智CL,新西兰NZ,秘PE,港HK,澳门MO 东盟AS	0 受惠国LD	70
	24.02	烟草或烟草代用品制成的雪茄烟及卷烟： Cigars, cheroots, cigarillos and cigarettes, of tobacco or of tobacco substitutes:					

序号 No.	税则号列 Tariff Line	货品名称 Article Description	最惠国税率 MFN(%)	协定税率 Agreement(%)		特惠税率 SP(%)	普通税率 Gen(%)
1441	2402.1000	-烟草制的雪茄烟 -Cigars, cheroots and cigarillos, containing tobacco	25	0	智CL,新西兰NZ,港HK,澳门MO		180
1442	2402.2000	-烟草制的卷烟 -Cigarettes containing tobacco	25	0	智CL,新西兰NZ,港HK,澳门MO		180
1443	2402.9000	-其他 -Other	25	0	智CL,新西兰NZ,港HK,澳门MO		180
	24.03	其他烟草及烟草代用品的制品；"均化"或"再造"烟草；烟草精汁： Other manufactured tobacco and manufactured tobacco substitutes; "homogenized" or "reconstituted" tobacco; tobacco extracts and essences:					
		-供吸用的烟草, 不论是否含有任何比例的烟草代用品： -Smoking tobacco, whether or not containing tobacco substitutes in any proportion:					
1444	2403.1100	--本章子目注释所述的水烟料 --Water pipe tobacco specified in subheading Note of this Chapter	57	0 50 50.2	智CL,新西兰NZ,港HK,澳门MO 东盟AS,巴PK 亚太AP		180
1445	2403.1900	--其他 --Other	57	0 50 50.2	智CL,新西兰NZ,港HK,澳门MO 东盟AS,巴PK 亚太AP		180
		-其他： -Other:					
1446	2403.9100	--"均化"或"再造"烟草 --"Homogenized" or "reconstituted" tobacco	57	0 50	智CL,新西兰NZ,港HK,澳门MO 东盟AS		180
1447	2403.9900	--其他 --Other	57	0 50	智CL,新西兰NZ,港HK,澳门MO 东盟AS	0 受惠国$_2$LD$_2$	180
	24.04	含烟草、再造烟草、尼古丁、或烟草或尼古丁代用品, 非经燃烧吸用的产品；其他供人体摄入尼古丁的含尼古丁的产品： Products containing tobacco, reconstituted tobacco, nicotine, or tobacco or nicotine substitutes, intended for inhalation without combustion; other nicotine containing products intended for the intake of nicotine into the human body:					
		-非经燃烧吸用的产品： -Products intended for inhalation without combustion:					
1448	2404.1100	--含烟草或再造烟草的 --Containing tobacco or reconstituted tobacco	57	0 50	智CL,新西兰NZ,港HK,澳门MO 东盟AS	0 受惠国$_2$LD$_2$	180

序号 No.	税则号列 Tariff Line	货品名称 Article Description	最惠国税率 MFN(%)	协定税率 Agreement(%)		特惠税率 SP(%)	普通税率 Gen(%)
1449	2404.1200	--其他,含尼古丁的 --Other, containing nicotine	6.5	0	东盟AS,智CL,巴PK,新西兰NZ,新加坡SG,秘PE,哥CR,冰IS,澳AU,格GE,毛MU,柬KH,港HK,澳门MO	0 受惠国LD	35
				2.6	韩KR		
				4.2	亚太AP		
				5.2	东盟^{R}AS^R,澳^{R}AU^R,新西兰^{R}NZ^R,韩^{R}KR^R		
				5.7	日^{R}JP^R		
		--其他: --Other:					
1450	2404.1910	---其他,含烟草代用品的 ---Other,containing tobacco subsitutes	57	0	智CL,新西兰NZ,港HK,澳门MO		180
				50	东盟AS		
1451	2404.1990	---其他 ---Other	6.5	0	东盟AS,智CL,巴PK,新西兰NZ,新加坡SG,秘PE,哥CR,冰IS,澳AU,格GE,毛MU,柬KH,港HK,澳门MO	0 受惠国LD	35
				2.6	韩KR		
				4.2	亚太AP		
				5.2	东盟^{R}AS^R,澳^{R}AU^R,新西兰^{R}NZ^R,韩^{R}KR^R		
				5.7	日^{R}JP^R		
		-其他: -Other:					
1452	2404.9100	--经口腔摄入的 --For oral application	12	0	东盟AS,智CL,巴PK,新西兰NZ,新加坡SG,秘PE,哥CR,冰IS,澳AU,柬KH,港HK,澳门MO	0 受惠国LD	90
				3.3	瑞CH		
				8	毛MU		
				11	亚太AP		
				18	东盟^{R}AS^R,澳^{R}AU^R,新西兰^{R}NZ^R		
				18.1	日^{R}JP^R		
				18.4	韩KR		
				20	韩^{R}KR^R		
1453	2404.9200	--经皮肤摄入的 --For transdermal application	6.5	0	东盟AS,智CL,巴PK,新西兰NZ,新加坡SG,秘PE,哥CR,冰IS,澳AU,格GE,毛MU,柬KH,港HK,澳门MO	0 受惠国LD	35
				2.6	韩KR		
				4.2	亚太AP		
				5.2	东盟^{R}AS^R,澳^{R}AU^R,新西兰^{R}NZ^R,韩^{R}KR^R		
				5.7	日^{R}JP^R		
1454	2404.9900	--其他 --Other	6.5	0	东盟AS,智CL,巴PK,新西兰NZ,新加坡SG,秘PE,哥CR,冰IS,澳AU,格GE,毛MU,柬KH,港HK,澳门MO	0 受惠国LD	35
				2.6	韩KR		
				4.2	亚太AP		
				5.2	东盟^{R}AS^R,澳^{R}AU^R,新西兰^{R}NZ^R,韩^{R}KR^R		
				5.7	日^{R}JP^R		

第五类
矿产品

SECTION V
MINERAL PRODUCTS

第二十五章
盐；硫磺；泥土及石料；
石膏料、石灰及水泥

Chapter 25
Salt; sulphur; earths and stone;
plastering materials, lime and cement

注释：

一、除条文及注释四另有规定的以外，本章各税目只包括原产状态的矿产品，或只经过洗涤（包括用化学物质清除杂质而未改变产品结构的）、破碎、磨碎、研粉、淘洗、筛分以及用浮选、磁选和其他机械物理方法（不包括结晶法）精选过的货品，但不得经过焙烧、煅烧、混合或超过税目所列的加工范围。

本章产品可含有添加的抗尘剂，但所加剂料并不使原产品改变其一般用途而适合于某些特殊用途。

二、本章不包括：

（一）升华硫磺、沉淀硫磺及胶态硫磺（税目28.02）；

（二）土色料，按重量计三氧化二铁含量在70%及以上（税目28.21）；

（三）第三十章的药品及其他产品；

（四）芳香料制品及化妆盥洗品（第三十三章）；

（五）夯混白云石（税目38.16）；

（六）长方砌石、路缘石、扁平石（税目68.01）、镶嵌石或类似石料（税目68.02）及铺屋顶、饰墙面或防潮用的板岩（税目68.03）；

（七）宝石或半宝石（税目71.02或71.03）；

（八）每颗重量不低于2.5克的氯化钠或氧化镁培养晶体（光学元件除外）（税目38.24）；氯化钠或氧化镁制的光学元件（税目90.01）；

（九）台球用粉块（税目95.04）；或

（十）书写或绘画用粉笔及裁缝划粉（税目96.09）。

三、既可归入税目25.17又可归入本章其他税目的产品，应归入税目25.17。

四、税目25.30主要包括：未膨胀的蛭石、珍珠岩及绿泥石；不论是否煅烧或混合的土色料；天然云母氧化铁；海泡石（不论是否磨光成块）；琥珀；模制后未经进一步加工的片、条、杆或类似形状的粘聚海泡石及粘聚琥珀；黑玉；菱锶矿（不论是否煅烧），但不包括氧化锶；破碎陶器；砖或混凝土的碎块。

Notes:

1. Except where their context or Note 4 to this Chapter otherwise requires, the headings of this Chapter cover only products which are in the crude state or which have been washed (even with chemical substances eliminating the impurities without changing the structure of the product), crushed, ground, powdered, levigated, sifted, screened, concentrated by flotation, magnetic separation or other mechanical or physical processes (except crystallization), but not products which have been roasted, calcined, obtained by mixing or subjected to processing beyond that mentioned in each heading.

   The products of this Chapter may contain an added antidusting agent, provided that such addition does not render the product particularly suitable for specific use rather than for general use.

2. This Chapter does not cover:

   (a) Sublimed sulphur, precipitated sulphur or colloidal sulphur (heading 28.02);

   (b) Earth colours containing 70% or more by weight of combined iron evaluated as Fe_2O_3 (heading 28.21);

   (c) Medicaments or other products of Chapter 30;

   (d) Perfumery, cosmetic or toilet preparations (Chapter 33);

   (e) Dolomite ramming mix (heading 38.16);

   (f) Setts, curbstones or flagstones (heading 68.01); mosaic cubes or the like (heading 68.02); roofing, facing or damp course slates (heading 68.03);

   (g) Precious or semi-precious stones (heading 71.02 or 71.03);

   (h) Cultured crystals (other than optical elements) weighing not less than 2.5g each, of sodium chloride or of magnesium oxide, of heading 38.24; optical elements of sodium chloride or of magnesium oxide (heading 90.01);

   (i) Billiard chalks (heading 95.04); or

   (j) Writing or drawing chalks or tailors' chalks (heading 96.09).

3. Any products classifiable in heading 25.17 and any other heading of this Chapter are to be classified in heading 25.17.

4. Heading 25.30 applies, *inter alia*, to: vermiculite, perlite and chlorites, unexpanded; earth colours, whether or not calcined or mixed together; natural micaceous iron oxides; meerschaum (whether or not in polished pieces); amber; agglomerated meerschaum and agglomerated amber, in plates, rods, sticks or similar forms, not worked after moulding; jet; strontianite (whether or not calcined), other than strontium oxide; broken pieces of pottery, brick or concrete.

序号 No.	税则号列 Tariff Line	货品名称 Article Description	最惠国税率 MFN(%)		协定税率 Agreement(%)	特惠税率 SP(%)	普通税率 Gen(%)
	25.01	盐（包括精制盐及变性盐）及纯氯化钠，不论是否为水溶液，也不论是否添加抗结块剂或松散剂；海水： Salt (including table salt and denatured salt) and pure sodium chloride, whether or not in aqueous solution or containing added anti-caking or free-flowing agents; sea water:					
		---盐： ---Salt:					
1455	2501.0011	----食用盐 ----Edible salt	0	0	东盟AS,智CL,巴PK,新西兰NZ,秘PE,哥CR,瑞CH,冰IS,韩KR,澳AU,格GE,毛MU,东盟^RAS^R,澳^RAU^R,日^RJP^R,新西兰^RNZ^R,柬KH,港HK,澳门MO,韩^RKR^R	0 受惠国LD	0
1456	2501.0019	----其他 ----Other	0	0	东盟AS,智CL,巴PK,新西兰NZ,秘PE,哥CR,瑞CH,冰IS,韩KR,澳AU,格GE,毛MU,东盟^RAS^R,澳^RAU^R,日^RJP^R,新西兰^RNZ^R,柬KH,港HK,澳门MO,韩^RKR^R	0 受惠国LD	0
1457	2501.0020	---纯氯化钠 ---Pure sodium chloride	3	0 1.5	东盟AS,智CL,巴PK,新西兰NZ,秘PE,哥CR,瑞CH,冰IS,韩KR,澳AU,格GE,毛MU,东盟^RAS^R,澳^RAU^R,日^RJP^R,新西兰^RNZ^R,柬KH,港HK,澳门MO,韩^RKR^R 亚太AP	0 受惠国LD,老LA	35
1458	2501.0030	---海水 ---Sea water	0	0	东盟AS,智CL,巴PK,新西兰NZ,秘PE,哥CR,瑞CH,冰IS,韩KR,澳AU,格GE,毛MU,东盟^RAS^R,澳^RAU^R,日^RJP^R,新西兰^RNZ^R,柬KH,港HK,澳门MO,韩^RKR^R	0 受惠国LD	0
	25.02	未焙烧的黄铁矿： Unroasted iron pyrites:					
1459	2502.0000	未焙烧的黄铁矿 Unroasted iron pyrite	3△1	0 1.5	东盟AS,智CL,巴PK,新西兰NZ,秘PE,哥CR,瑞CH,冰IS,韩KR,澳AU,格GE,毛MU,东盟^RAS^R,澳^RAU^R,日^RJP^R,新西兰^RNZ^R,柬KH,港HK,澳门MO,韩^RKR^R 亚太AP	0 受惠国LD	20
	25.03	各种硫磺，但升华硫磺、沉淀硫磺及胶态硫磺除外： Sulphur of all kinds, other than sublimed sulphur, precipitated sulphur and colloidal sulphur:					
1460	2503.0000	各种硫磺，但升华硫磺、沉淀硫磺及胶态硫磺除外 Sulphur of all kinds, other than sublimed sulphur, precipitated sulphur and colloidal sulphur	3△1	0 1.5	东盟AS,智CL,巴PK,新西兰NZ,秘PE,哥CR,瑞CH,冰IS,韩KR,澳AU,格GE,毛MU,东盟^RAS^R,澳^RAU^R,日^RJP^R,新西兰^RNZ^R,柬KH,港HK,澳门MO,韩^RKR^R 亚太AP	0 受惠国LD	17
	25.04	天然石墨： Natural graphite:					

序号 No.	税则号列 Tariff Line	货品名称 Article Description	最惠国税率 MFN(%)	协定税率 Agreement(%)		特惠税率 SP(%)	普通税率 Gen(%)
		-粉末或粉片: -In powder or in flakes:					
1461	2504.1010	---鳞片 ---In flakes	3△1	0	东盟AS,智CL,巴PK,新西兰NZ,秘PE,哥CR,瑞CH,冰IS,韩KR,澳AU,格GE,毛MU,东盟ᴿASᴿ,澳ᴿAUᴿ,新西兰ᴿNZᴿ,柬KH,港HK,澳门MO,韩ᴿKRᴿ	0 受惠国LD	30
				1.5	亚太AP		
				2.5	日ᴿJPᴿ		
		---其他: ---Other:					
1462	2504.1091	----球化石墨 ----Spherical Graphite	3	0	东盟AS,智CL,巴PK,新西兰NZ,秘PE,哥CR,瑞CH,冰IS,韩KR,澳AU,格GE,毛MU,东盟ᴿASᴿ,澳ᴿAUᴿ,日ᴿJPᴿ,新西兰ᴿNZᴿ,柬KH,港HK,澳门MO,韩ᴿKRᴿ	0 受惠国LD	30
1463	2504.1099	----其他 ----Other	3	0	东盟AS,智CL,巴PK,新西兰NZ,秘PE,哥CR,瑞CH,冰IS,韩KR,澳AU,格GE,毛MU,东盟ᴿASᴿ,澳ᴿAUᴿ,日ᴿJPᴿ,新西兰ᴿNZᴿ,柬KH,港HK,澳门MO,韩ᴿKRᴿ	0 受惠国LD	30
				1.5	亚太AP		
1464	2504.9000	-其他 -Other	3	0	东盟AS,智CL,巴PK,新西兰NZ,秘PE,哥CR,瑞CH,冰IS,韩KR,澳AU,格GE,毛MU,东盟ᴿASᴿ,澳ᴿAUᴿ,日ᴿJPᴿ,新西兰ᴿNZᴿ,柬KH,港HK,澳门MO,韩ᴿKRᴿ	0 受惠国LD	30
				1.5	亚太AP		
	25.05	各种天然砂,不论是否着色,但第二十六章的含金属矿砂除外: Natural sands of all kinds, whether or not coloured, other than metal-bearing sands of Chapter 26:					
1465	2505.1000	-硅砂及石英砂 -Silica sands and quartz sands	3△1	0	东盟AS,智CL,巴PK,新西兰NZ,秘PE,哥CR,瑞CH,冰IS,韩KR,澳AU,格GE,毛MU,东盟ᴿASᴿ,澳ᴿAUᴿ,日ᴿJPᴿ,新西兰ᴿNZᴿ,柬KH,港HK,澳门MO,韩ᴿKRᴿ	0 受惠国LD	40
1466	2505.9000	-其他 -Other	3△1	0	东盟AS,智CL,巴PK,新西兰NZ,秘PE,哥CR,瑞CH,冰IS,韩KR,澳AU,格GE,毛MU,东盟ᴿASᴿ,澳ᴿAUᴿ,日ᴿJPᴿ,新西兰ᴿNZᴿ,柬KH,港HK,澳门MO,韩ᴿKRᴿ	0 受惠国LD	40
				1.5	亚太AP		
	25.06	石英(天然砂除外);石英岩,不论是否粗加修整或仅用锯或其他方法切割成矩形(包括正方形)的板、块: Quartz (other than natural sands); quartzite, whether or not roughly trimmed or merely cut, by sawing or otherwise, into blocks or slabs of a rectangular (including square) shape:					

序号 No.	税则号列 Tariff Line	货品名称 Article Description	最惠国税率 MFN(%)	协定税率 Agreement(%)		特惠税率 SP(%)	普通税率 Gen(%)
1467	2506.1000	-石英 -Quartz	3Δ1	0	东盟AS,智CL,巴PK,新西兰NZ, 秘PE,哥CR,瑞CH,冰IS,韩KR, 澳AU,格GE,毛MU,东盟^RAS^R, 澳^RAU^R,日^RJP^R,新西兰^RNZ^R,柬 KH,港HK,澳门MO,韩^RKR^R	0 受惠国LD	40
				1.5	亚太AP		
1468	2506.2000	-石英岩 -Quartzite	3Δ1	0	东盟AS,智CL,巴PK,新西兰NZ, 秘PE,哥CR,瑞CH,冰IS,韩KR, 澳AU,格GE,毛MU,东盟^RAS^R, 澳^RAU^R,日^RJP^R,新西兰^RNZ^R,柬 KH,港HK,澳门MO,韩^RKR^R	0 受惠国LD	40
				1.5	亚太AP		
	25.07	高岭土及类似土, 不论是否煅烧: **Kaolin and other kaolinic clays, whether or not calcined:**					
1469	2507.0010	---高岭土 ---Kaolin	3Δ1	0	东盟AS,智CL,巴PK,新西兰NZ, 秘PE,哥CR,瑞CH,冰IS,韩KR, 澳AU,格GE,毛MU,东盟^RAS^R, 澳^RAU^R,日^RJP^R,新西兰^RNZ^R,柬 KH,港HK,澳门MO,韩^RKR^R	0 受惠国LD	50
1470	2507.0090	---其他 ---Other	3Δ1	0	东盟AS,智CL,巴PK,新西兰NZ, 秘PE,哥CR,瑞CH,冰IS,韩KR, 澳AU,格GE,毛MU,东盟^RAS^R, 澳^RAU^R,日^RJP^R,新西兰^RNZ^R,柬 KH,港HK,澳门MO,韩^RKR^R	0 受惠国LD	50
	25.08	其他粘土(不包括税目68.06的膨胀粘 土)、红柱石、蓝晶石及硅线石, 不论是否 煅烧; 富铝红柱石; 火泥及第纳斯土: **Other clays (not including expanded clays of heading 6806), andalusite, kyanite and sillimanite, whether or not calcined; mullite; chamotte or dinas earths:**					
1471	2508.1000	-膨润土 -Bentonite	3	0	东盟AS,智CL,巴PK,新西兰NZ, 秘PE,哥CR,瑞CH,冰IS,韩KR, 澳AU,格GE,毛MU,东盟^RAS^R, 澳^RAU^R,日^RJP^R,新西兰^RNZ^R,柬 KH,港HK,澳门MO,韩^RKR^R	0 受惠国LD	50
				1.5	亚太AP		
	ex25081000	钠基膨润土 Sodium bentonite	Δ1				
1472	2508.3000	-耐火粘土 -Fire-clay	3Δ1	0	东盟AS,智CL,巴PK,新西兰NZ, 秘PE,哥CR,瑞CH,冰IS,韩KR, 澳AU,格GE,毛MU,东盟^RAS^R, 澳^RAU^R,日^RJP^R,新西兰^RNZ^R,柬 KH,港HK,澳门MO,韩^RKR^R	0 受惠国LD	20
				1.5	亚太AP		
1473	2508.4000	-其他粘土 -Other clays	3	0	东盟AS,智CL,巴PK,新西兰NZ, 秘PE,哥CR,瑞CH,冰IS,韩KR, 澳AU,格GE,毛MU,东盟^RAS^R, 澳^RAU^R,日^RJP^R,新西兰^RNZ^R,柬 KH,港HK,澳门MO,韩^RKR^R	0 受惠国LD	50

序号 No.	税则号列 Tariff Line	货品名称 Article Description	最惠国税率 MFN(%)	协定税率 Agreement(%)		特惠税率 SP(%)		普通税率 Gen(%)
1474	2508.5000	-红柱石、蓝晶石及硅线石 -Andalusite, kyanite and sillimanite	3	0	东盟AS,智CL,巴PK,新西兰NZ,秘PE,哥CR,瑞CH,冰IS,韩KR,澳AU,格GE,毛MU,东盟^RAS^R,澳^RAU^R,日^RJP^R,新西兰^RNZ^R,柬KH,港HK,澳门MO,韩^RKR^R	0 受惠国LD		40
				1.5	亚太AP			
1475	2508.6000	-富铝红柱石 -Mullite	3	0	东盟AS,智CL,巴PK,新西兰NZ,秘PE,哥CR,瑞CH,冰IS,韩KR,澳AU,格GE,毛MU,东盟^RAS^R,澳^RAU^R,日^RJP^R,新西兰^RNZ^R,柬KH,港HK,澳门MO,韩^RKR^R	0 受惠国LD		40
1476	2508.7000	-火泥及第纳斯土 -Chamotte or dinas earths	3	0	东盟AS,智CL,巴PK,新西兰NZ,秘PE,哥CR,瑞CH,冰IS,韩KR,澳AU,格GE,毛MU,东盟^RAS^R,澳^RAU^R,新西兰^RNZ^R,柬KH,港HK,澳门MO,韩^RKR^R	0 受惠国LD		20
				2.5	日^RJP^R			
	25.09	**白垩:** **Chalk:**						
1477	2509.0000	白垩 Chalk	3	0	东盟AS,智CL,巴PK,新西兰NZ,秘PE,哥CR,瑞CH,冰IS,韩KR,澳AU,格GE,毛MU,东盟^RAS^R,澳^RAU^R,日^RJP^R,新西兰^RNZ^R,柬KH,港HK,澳门MO,韩^RKR^R	0 受惠国LD		45
	25.10	**天然磷酸钙、天然磷酸铝钙及磷酸盐白垩:** **Natural calcium phosphates, natural aluminium calcium phosphates and phosphatic chalk:**						
		-未碾磨: -Unground:						
1478	2510.1010	---磷灰石 ---Apatite	3Δ0	0	东盟AS,智CL,巴PK,新西兰NZ,秘PE,哥CR,瑞CH,冰IS,韩KR,澳AU,格GE,毛MU,东盟^RAS^R,澳^RAU^R,日^RJP^R,新西兰^RNZ^R,柬KH,港HK,澳门MO,韩^RKR^R	0 受惠国LD		11
1479	2510.1090	---其他 ---Other	3	0	东盟AS,智CL,巴PK,新西兰NZ,秘PE,哥CR,瑞CH,冰IS,韩KR,澳AU,格GE,毛MU,东盟^RAS^R,澳^RAU^R,日^RJP^R,新西兰^RNZ^R,柬KH,港HK,澳门MO,韩^RKR^R	0 受惠国LD		20
		-已碾磨: -Ground:						
1480	2510.2010	---磷灰石 ---Apatite	3Δ0	0	东盟AS,智CL,巴PK,新西兰NZ,秘PE,哥CR,瑞CH,冰IS,韩KR,澳AU,格GE,毛MU,东盟^RAS^R,澳^RAU^R,日^RJP^R,新西兰^RNZ^R,柬KH,港HK,澳门MO,韩^RKR^R	0 受惠国LD		11

序号 No.	税则号列 Tariff Line	货品名称 Article Description	最惠国税率 MFN(%)	协定税率 Agreement(%)		特惠税率 SP(%)	普通税率 Gen(%)
1481	2510.2090	---其他 ---Other	3	0	东盟AS,智CL,巴PK,新西兰NZ, 秘PE,哥CR,瑞CH,冰IS,韩KR, 澳AU,格GE,毛MU,东盟^RAS^R, 澳^RAU^R,日^RJP^R,新西兰^RNZ^R,柬 KH,港HK,澳门MO,韩^RKR^R	0 受惠国LD	20
	25.11	天然硫酸钡（重晶石）；天然碳酸钡 （毒重石），不论是否煅烧，但税目 28.16的氧化钡除外： Natural barium sulphate (barytes); natural barium carbonate (witherite), whether or not calcined, other than barium oxide of heading 28.16:					
1482	2511.1000	-天然硫酸钡（重晶石） -Natural barium sulphate (barytes)	3	0	东盟AS,智CL,巴PK,新西兰NZ, 秘PE,哥CR,瑞CH,冰IS,韩KR, 澳AU,格GE,毛MU,东盟^RAS^R, 澳^RAU^R,日^RJP^R,新西兰^RNZ^R,柬 KH,港HK,澳门MO,韩^RKR^R	0 受惠国LD	45
				1.5	亚太AP		
1483	2511.2000	-天然碳酸钡（毒重石） -Natural barium carbonate (witherite)	3	0	东盟AS,智CL,巴PK,新西兰NZ, 秘PE,哥CR,瑞CH,冰IS,韩KR, 澳AU,格GE,毛MU,东盟^RAS^R, 澳^RAU^R,日^RJP^R,新西兰^RNZ^R,柬 KH,港HK,澳门MO,韩^RKR^R	0 受惠国LD	45
	25.12	硅质化石粗粉（例如各种硅藻土）及类 似的硅质土，不论是否煅烧，其表观比 重不超过1： Siliceous fossil meals (for example, kieselguhr, tripolite and diatomite) and similar siliceous earths, whether or not calcined, of an apparent specific gravity of 1 or less:					
1484	2512.0010	---硅藻土 ---Kieselguhr	3	0	东盟AS,智CL,巴PK,新西兰NZ, 秘PE,哥CR,瑞CH,冰IS,韩KR, 澳AU,格GE,毛MU,东盟^RAS^R, 澳^RAU^R,日^RJP^R,新西兰^RNZ^R,柬 KH,港HK,澳门MO,韩^RKR^R	0 受惠国LD	40
				1.5	亚太AP		
1485	2512.0090	---其他 ---Other	3	0	东盟AS,智CL,巴PK,新西兰NZ, 秘PE,哥CR,瑞CH,冰IS,韩KR, 澳AU,格GE,毛MU,东盟^RAS^R, 澳^RAU^R,日^RJP^R,新西兰^RNZ^R,柬 KH,港HK,澳门MO,韩^RKR^R	0 受惠国LD	40
				1.5	亚太AP		
	25.13	浮石；刚玉岩；天然刚玉砂；天然石榴 石及其他天然磨料，不论是否热处理： Pumice stone; emery; natural corundum; natural garnet and other natural abrasives, whether or not heat-treated:					

序号 No.	税则号列 Tariff Line	货品名称 Article Description	最惠国税率 MFN(%)	协定税率 Agreement(%)		特惠税率 SP(%)	普通税率 Gen(%)
1486	2513.1000	-浮石 -Pumice stone	3	0	东盟AS,智CL,巴PK,新西兰NZ, 秘PE,哥CR,瑞CH,冰IS,韩KR, 澳AU,格GE,毛MU,东盟ᴿASᴿ, 澳ᴿAUᴿ,日ᴿJPᴿ,新西兰ᴿNZᴿ,柬 KH,港HK,澳门MO,韩ᴿKRᴿ	0 受惠国LD	35
1487	2513.2000	-刚玉岩、天然刚玉砂、天然石榴石及其 他天然磨料 -Emery, natural corundum, natural garnet and other natural abrasives	3	0	东盟AS,智CL,巴PK,新西兰NZ, 秘PE,哥CR,瑞CH,冰IS,韩KR, 澳AU,格GE,毛MU,东盟ᴿASᴿ, 澳ᴿAUᴿ,日ᴿJPᴿ,新西兰ᴿNZᴿ,柬 KH,港HK,澳门MO,韩ᴿKRᴿ	0 受惠国LD	17
				1.5	亚太AP		
	25.14	板岩,不论是否粗加修整或仅用锯或 其他方法切割成矩形(包括正方形)的 板、块: Slate, whether or not roughly trimmed or merely cut, by sawing or otherwise, into blocks or slabs of a rectangular (including square) shape:					
1488	2514.0000	板岩,不论是否粗加修整或仅用锯或 其他方法切割成矩形(包括正方形)的 板、块 Slate, whether or not roughly trimmed or merely cut, by sawing or otherwise, into blocks or slabs of a rectangular (including square) shape	3	0	东盟AS,智CL,巴PK,新西兰NZ, 秘PE,哥CR,瑞CH,冰IS,韩KR, 澳AU,格GE,毛MU,东盟ᴿASᴿ, 澳ᴿAUᴿ,日ᴿJPᴿ,新西兰ᴿNZᴿ,柬 KH,港HK,澳门MO,韩ᴿKRᴿ	0 受惠国LD	50
				1.5	亚太AP		
	25.15	大理石、石灰华及其他石灰质碑用或建 筑用石,表观比重为2.5及以上,蜡石, 不论是否粗加修整或仅用锯或其他方法 切割成矩形(包括正方形)的板、块: Marble, travertine, ecaussine and other calcareous monumental or building stone of an apparent specific gravity of 2.5 or more, and alabaster, whether or not roughly trimmed or merely cut, by sawing or otherwise, into blocks or slabs of a rectangular (including square) shape:					
		-大理石及石灰华: -Marble and travertine:					
1489	2515.1100	--原状或粗加修整 --Crude or roughly trimmed	4△0	0	东盟AS,智CL,巴PK,新西兰NZ, 秘PE,哥CR,瑞CH,冰IS,韩KR, 澳AU,格GE,毛MU,东盟ᴿASᴿ, 澳ᴿAUᴿ,日ᴿJPᴿ,新西兰ᴿNZᴿ,柬 KH,港HK,澳门MO,韩ᴿKRᴿ	0 受惠国LD	80
				2	亚太AP		
1490	2515.1200	--用锯或其他方法切割成矩形(包括正 方形)的板、块 --Merely cut, by sawing or otherwise, into blocks or slabs of a rectangular (including square) shape	4△0	0	东盟AS,智CL,巴PK,新西兰NZ,秘 PE,哥CR,瑞CH,冰IS,韩KR,澳AU, 格GE,毛MU,东盟ᴿASᴿ,日ᴿJPᴿ, 柬KH,港HK,澳门MO,韩ᴿKRᴿ	0 受惠国LD	80
				2	亚太AP		
				3.2	澳ᴿAUᴿ,新西兰ᴿNZᴿ		

序号 No.	税则号列 Tariff Line	货品名称 Article Description	最惠国税率 MFN(%)	协定税率 Agreement(%)		特惠税率 SP(%)	普通税率 Gen(%)
1491	2515.2000	-其他石灰质碑用或建筑用石蜡石 -Ecaussine and other calcareous 　monumental or building stone; 　alabaster	3△0	0	东盟AS,智CL,巴PK,新西兰NZ,秘 PE,哥CR,瑞CH,冰IS,韩KR,澳AU,格 GE,毛MU,东盟ᴿASᴿ,澳ᴿAUᴿ,新西兰 ᴿNZᴿ,柬KH,港HK,澳门MO,韩ᴿKRᴿ	0 受惠国LD	50
				2.5	日ᴿJPᴿ		
25.16		花岗岩、斑岩、玄武岩、砂岩以及其他 碑用或建筑用石,不论是否粗加修整或 仅用锯或其他方法切割成矩形(包括正 方形)的板、块: **Granite, porphyry, basalt, sandstone** **and other monumental or building** **stone, whether or not roughly** **trimmed or merely cut, by sawing or** **otherwise, into blocks or slabs of a** **rectangular (including square) shape:**					
		-花岗岩: -Granite:					
1492	2516.1100	--原状或粗加修整 --Crude or roughly trimmed	4△0	0	东盟AS,智CL,巴PK,新西兰NZ, 秘PE,哥CR,瑞CH,冰IS,韩KR, 澳AU,格GE,毛MU,东盟ᴿASᴿ, 澳ᴿAUᴿ,日ᴿJPᴿ,新西兰ᴿNZᴿ,柬 KH,港HK,澳门MO,韩ᴿKRᴿ	0 受惠国LD	50
				2	亚太AP		
1493	2516.1200	--仅用锯或其他方法切割成矩形(包括 　正方形)的板、块 --Merely cut, by sawing or otherwise, 　into blocks or slabs of a rectangular 　(including square) shape	4△0	0	东盟AS,智CL,巴PK,新西兰NZ, 秘PE,哥CR,瑞CH,冰IS,韩KR, 澳AU,格GE,毛MU,东盟ᴿASᴿ, 日ᴿJPᴿ,柬KH,港HK,澳门MO, 韩ᴿKRᴿ	0 受惠国LD	50
				2	亚太AP		
				3.2	澳ᴿAUᴿ,新西兰ᴿNZᴿ		
1494	2516.2000	-砂岩 -Sandstone	3△0	0	东盟AS,智CL,巴PK,新西兰NZ, 秘PE,哥CR,瑞CH,冰IS,韩KR, 澳AU,格GE,毛MU,东盟ᴿASᴿ, 澳ᴿAUᴿ,日ᴿJPᴿ,新西兰ᴿNZᴿ,柬 KH,港HK,澳门MO,韩ᴿKRᴿ	0 受惠国LD	50
				2.1	亚太AP		
1495	2516.9000	-其他碑用或建筑用石 -Other monumental or building stone	3△0	0	东盟AS,智CL,巴PK,新西兰NZ, 秘PE,哥CR,瑞CH,冰IS,韩KR, 澳AU,格GE,毛MU,东盟ᴿASᴿ, 澳ᴿAUᴿ,日ᴿJPᴿ,新西兰ᴿNZᴿ,柬 KH,港HK,澳门MO,韩ᴿKRᴿ	0 受惠国LD	50
				2.1	亚太AP		

序号 No.	税则号列 Tariff Line	货品名称 Article Description	最惠国税率 MFN(%)	协定税率 Agreement(%)		特惠税率 SP(%)	普通税率 Gen(%)
	25.17	通常作混凝土粒料、铺路、铁道路基或其他路基用的卵石、砾石及碎石，圆石子及燧石，不论是否热处理；矿渣、浮渣及类似的工业残渣，不论是否混有本税目第一部分所列的材料；沥青碎石；税目25.15、25.16所列各种石料的碎粒、碎屑及粉末，不论是否热处理： Pebbles, gravel, broken or crushed stone, of a kind commonly used for concrete aggregates, for road metalling or for railway or other ballast, shingle and flint, whether or not heat-treated; macadam of slag, dross or similar industrial waste, whether or not incorporating the materials cited in the first part of the heading; tarred macadam; granules, chippings and powder, of stones of heading 25.15 or 25.16, whether or not heat-treated:					
1496	2517.1000	-通常作混凝土粒料、铺路、铁道路基或其他路基用的卵石、砾石及碎石，圆石子及燧石，不论是否热处理 -Pebbles, gravel, broken or crushed stone, of a kind commonly used for concrete aggregates, for road metalling or for railway or other ballast, shingle and flint, whether or not heat-treated	4	0	东盟AS,智CL,巴PK,新西兰NZ,秘PE,哥CR,瑞CH,冰IS,韩KR,澳AU,格GE,毛MU,东盟^{R}AS^R,澳^{R}AU^R,日^{R}JP^R,新西兰^{R}NZ^R,柬KH,港HK,澳门MO,韩^{R}KR^R 2 亚太AP	0 受惠国LD	50
1497	2517.2000	-矿渣、浮渣及类似的工业残渣，不论是否混有子目2517.10所列的材料 -Macadam of slag, dross or similar industrial waste, whether or not incorporating the materials cited in subheading 2517.10	3	0	东盟AS,智CL,巴PK,新西兰NZ,秘PE,哥CR,瑞CH,冰IS,韩KR,澳AU,格GE,毛MU,东盟^{R}AS^R,澳^{R}AU^R,日^{R}JP^R,新西兰^{R}NZ^R,柬KH,港HK,澳门MO,韩^{R}KR^R	0 受惠国LD	50
1498	2517.3000	-沥青碎石 -Tarred macadam	3	0	东盟AS,智CL,巴PK,新西兰NZ,秘PE,哥CR,瑞CH,冰IS,韩KR,澳AU,格GE,毛MU,东盟^{R}AS^R,澳^{R}AU^R,日^{R}JP^R,新西兰^{R}NZ^R,柬KH,港HK,澳门MO,韩^{R}KR^R	0 受惠国LD	50
		-税目25.15及25.16所列各种石料的碎粒、碎屑及粉末，不论是否热处理： -Granules, chippings and powder, of stones of heading 25.15 or 25.16, whether or not heat-treated:					
1499	2517.4100	--大理石的 --Of marble	3	0	东盟AS,智CL,巴PK,新西兰NZ,秘PE,哥CR,瑞CH,冰IS,韩KR,澳AU,格GE,毛MU,东盟^{R}AS^R,澳^{R}AU^R,日^{R}JP^R,新西兰^{R}NZ^R,柬KH,港HK,澳门MO,韩^{R}KR^R 1.5 亚太AP	0 受惠国LD	50

序号 No.	税则号列 Tariff Line	货品名称 Article Description	最惠国税率 MFN(%)	协定税率 Agreement(%)		特惠税率 SP(%)		普通税率 Gen(%)
1500	2517.4900	--其他 --Other	3	0	东盟AS,智CL,巴PK,新西兰NZ, 秘PE,哥CR,瑞CH,冰IS,韩KR, 澳AU,格GE,毛MU,东盟^RAS^R, 澳^RAU^R,日^RJP^R,新西兰^RNZ^R,柬 KH,港HK,澳门MO,韩^RKR^R	0	受惠国LD	50
	25.18	白云石,不论是否煅烧或烧结、粗加修整或仅用锯或其他方法切割成矩形(包括正方形)的板、块: **Dolomite, whether or not calcined or sintered, including dolomite roughly trimmed or merely cut, by sawing or otherwise, into blocks or slabs of a rectangular (including square) shape:**						
1501	2518.1000	-未煅烧或烧结的白云石 -Dolomite, not calcinecd or sintered	3Δ0	0 1.5	东盟AS,智CL,巴PK,新西兰NZ, 秘PE,哥CR,瑞CH,冰IS,韩KR, 澳AU,格GE,毛MU,东盟^RAS^R, 澳^RAU^R,日^RJP^R,新西兰^RNZ^R,柬 KH,港HK,澳门MO,韩^RKR^R 亚太AP	0	受惠国LD	40
1502	2518.2000	-已煅烧或烧结的白云石 -Calcined or sintered dolomite	3Δ0	0	东盟AS,智CL,巴PK,新西兰NZ, 秘PE,哥CR,瑞CH,冰IS,韩KR, 澳AU,格GE,毛MU,东盟^RAS^R, 澳^RAU^R,日^RJP^R,新西兰^RNZ^R,柬 KH,港HK,澳门MO,韩^RKR^R	0	受惠国LD	40
	25.19	天然碳酸镁(菱镁矿);熔凝镁氧矿;烧结镁氧矿,不论烧结前是否加入少量其他氧化物;其他氧化镁,不论是否纯净: **Natural magnesium carbonate (magnesite); fused magnesia; dead-burned (sintered) magnesia, whether or not containing small quantities of other oxides added before sintering; other magnesium oxide, whether or not pure:**						
1503	2519.1000	-天然碳酸镁(菱镁矿) -Natural magnesium carbonate (magnesite)	3Δ1	0	东盟AS,智CL,巴PK,新西兰NZ, 秘PE,哥CR,瑞CH,冰IS,韩KR, 澳AU,格GE,毛MU,东盟^RAS^R, 澳^RAU^R,日^RJP^R,新西兰^RNZ^R,柬 KH,港HK,澳门MO,韩^RKR^R	0	受惠国LD	40
		-其他: -Other:						
1504	2519.9010	---熔凝镁氧矿 ---Fused magnesia	3Δ1	0	东盟AS,智CL,巴PK,新西兰NZ, 秘PE,哥CR,瑞CH,冰IS,韩KR, 澳AU,格GE,毛MU,东盟^RAS^R, 澳^RAU^R,日^RJP^R,新西兰^RNZ^R,柬 KH,港HK,澳门MO,韩^RKR^R	0	受惠国LD	40
1505	2519.9020	---烧结镁氧矿(重烧镁) ---Dead-burned (sintered) magnesia	3Δ1	0	东盟AS,智CL,巴PK,新西兰NZ, 秘PE,哥CR,瑞CH,冰IS,韩KR, 澳AU,格GE,毛MU,东盟^RAS^R, 澳^RAU^R,日^RJP^R,新西兰^RNZ^R,柬 KH,港HK,澳门MO,韩^RKR^R	0	受惠国LD	40

序号 No.	税则号列 Tariff Line	货品名称 Article Description	最惠国税率 MFN(%)	协定税率 Agreement(%)		特惠税率 SP(%)	普通税率 Gen(%)
1506	2519.9030	---碱烧镁（轻烧镁） ---Light-burned magnesia	3Δ1	0	东盟AS,智CL,巴PK,新西兰NZ,秘PE,哥CR,瑞CH,冰IS,韩KR,澳AU,格GE,毛MU,东盟^RAS^R,澳^RAU^R,日^RJP^R,新西兰^RNZ^R,柬KH,港HK,澳门MO,韩^RKR^R	0 受惠国LD	40
		---其他: ---Other:					
1507	2519.9091	----化学纯氧化镁 -----Magnesium oxide, chemically pure	3	0 2.4	东盟AS,智CL,巴PK,新西兰NZ,秘PE,哥CR,瑞CH,冰IS,韩KR,澳AU,格GE,毛MU,东盟^RAS^R,日^RJP^R,柬KH,港HK,澳门MO,韩^RKR^R 澳^RAU^R,新西兰^RNZ^R	0 受惠国LD	35
1508	2519.9099	----其他 ----Other	3	0	东盟AS,智CL,巴PK,新西兰NZ,秘PE,哥CR,瑞CH,冰IS,韩KR,澳AU,格GE,毛MU,东盟^RAS^R,澳^RAU^R,日^RJP^R,新西兰^RNZ^R,柬KH,港HK,澳门MO,韩^RKR^R	0 受惠国LD	40
	ex25199099	其它氧化镁含量在70%（含70%）以上的矿产品 Other mineral substances,containing MgO 70% or more	Δ1				
	25.20	**生石膏; 硬石膏; 熟石膏（由煅烧的生石膏或硫酸钙构成），不论是否着色, 也不论是否带有少量促凝剂或缓凝剂:** **Gypsum; anhydrite; plasters (consisting of calcined gypsum or calcium sulphate) whether or not coloured, with or without small quantities of accelerators or retarders:**					
1509	2520.1000	-生石膏; 硬石膏 -Gypsum; anhydrite	5	0 2.5 4.1	东盟AS,智CL,巴PK,新西兰NZ,秘PE,哥CR,瑞CH,冰IS,韩KR,澳AU,格GE,毛MU,东盟^RAS^R,澳^RAU^R,新西兰^RNZ^R,柬KH,港HK,澳门MO,韩^RKR^R 亚太AP 日^RJP^R	0 受惠国LD,老LA	80
		-熟石膏: -Plasters:					
1510	2520.2010	---牙科用 ---For dental use	5	0	东盟AS,智CL,巴PK,新西兰NZ,秘PE,哥CR,瑞CH,冰IS,韩KR,澳AU,格GE,毛MU,东盟^RAS^R,澳^RAU^R,日^RJP^R,新西兰^RNZ^R,柬KH,港HK,澳门MO,韩^RKR^R	0 受惠国LD,老LA	40
1511	2520.2090	---其他 ---Other	5	0 0.5 4 4.1	东盟AS,智CL,巴PK,新西兰NZ,秘PE,哥CR,瑞CH,冰IS,澳AU,格GE,毛MU,东盟^RAS^R,澳^RAU^R,新西兰^RNZ^R,柬KH,港HK,澳门MO 韩KR 韩^RKR^R 日^RJP^R	0 受惠国LD,老LA	80

序号 No.	税则号列 Tariff Line	货品名称 Article Description	最惠国税率 MFN(%)	协定税率 Agreement(%)		特惠税率 SP(%)	普通税率 Gen(%)
	25.21	石灰石助熔剂；通常用于制造石灰或水泥的石灰石及其他钙质石： Limestone flux; limestone and other calcareous stone, of a kind used for the manufacture of lime or cement:					
1512	2521.0000	石灰石助熔剂；通常用于制造石灰或水泥的石灰石及其他钙质石 Limestone flux; limestone and other calcareous stone, of a kind used for the manufacture of lime or cement	5	0	东盟AS,智CL,巴PK,新西兰NZ,秘PE,哥CR,瑞CH,冰IS,韩KR,澳AU,格GE,毛MU,东盟^{R}AS^R,澳^{R}AU^R,日^{R}JP^R,新西兰^{R}NZ^R,柬KH,港HK,澳门MO,韩^{R}KR^R 2.5 亚太AP	0 受惠国LD	50
	25.22	生石灰、熟石灰及水硬石灰,但税目28.25的氧化钙及氢氧化钙除外： Quicklime, slaked lime and hydraulic lime, other than calcium oxide and hydroxide of heading 28.25:					
1513	2522.1000	-生石灰 -Quicklime	5	0	东盟AS,智CL,巴PK,新西兰NZ,秘PE,哥CR,瑞CH,冰IS,韩KR,澳AU,格GE,毛MU,东盟^{R}AS^R,澳^{R}AU^R,日^{R}JP^R,新西兰^{R}NZ^R,柬KH,港HK,澳门MO,韩^{R}KR^R 2.5 亚太AP	0 受惠国LD	80
1514	2522.2000	-熟石灰 -Slaked lime	5	0	东盟AS,智CL,巴PK,新西兰NZ,秘PE,哥CR,瑞CH,冰IS,韩KR,澳AU,格GE,毛MU,东盟^{R}AS^R,澳^{R}AU^R,日^{R}JP^R,新西兰^{R}NZ^R,柬KH,港HK,澳门MO,韩^{R}KR^R 2.5 亚太AP	0 受惠国LD	80
1515	2522.3000	-水硬石灰 -Hydraulic lime	5	0	东盟AS,智CL,巴PK,新西兰NZ,秘PE,哥CR,瑞CH,冰IS,韩KR,澳AU,格GE,毛MU,东盟^{R}AS^R,澳^{R}AU^R,日^{R}JP^R,新西兰^{R}NZ^R,柬KH,港HK,澳门MO,韩^{R}KR^R	0 受惠国LD	80
	25.23	硅酸盐水泥、矾土水泥、矿渣水泥、富硫酸盐水泥及类似的水凝水泥,不论是否着色,包括水泥熟料： Portland cement, aluminous cement, slag cement, supersulphate cement and similar hydraulic cements, whether or not coloured or in the form of clinkers:					
1516	2523.1000	-水泥熟料 -Cement clinkers	5	0	东盟AS,智CL,新西兰NZ,秘PE,哥CR,瑞CH,冰IS,韩KR,澳AU,格GE,毛MU,东盟^{R}AS^R,澳^{R}AU^R,新西兰^{R}NZ^R,柬KH,港HK,澳门MO,台TW,韩^{R}KR^R 1 巴PK 2.5 亚太AP 6.5 日^{R}JP^R	0 受惠国LD	30
		-硅酸盐水泥： -Portland cement:					

序号 No.	税则号列 Tariff Line	货品名称 Article Description	最惠国税率 MFN(%)	协定税率 Agreement(%)		特惠税率 SP(%)		普通税率 Gen(%)
1517	2523.2100	--白水泥, 不论是否人工着色 --White cement, whether or not artificially coloured	5	0	东盟AS,智CL,巴PK,新西兰NZ, 秘PE,哥CR,瑞CH,冰IS,韩KR, 澳AU,格GE,毛MU,东盟^RAS^R,澳 ^RAU^R,日^RJP^R,新西兰^RNZ^R,柬KH, 港HK,澳门MO,台TW,韩^RKR^R	0 受惠国LD		30
				3.8	亚太AP			
1518	2523.2900	--其他 --Other	5	0	东盟AS,智CL,巴PK,新西兰NZ, 秘PE,哥CR,瑞CII,冰IS,韩KR, 澳AU,格GE,毛MU,东盟^RAS^R, 澳^RAU^R,新西兰^RNZ^R,柬KH,港 HK,澳门MO,台TW,韩^RKR^R	0 受惠国LD		30
				3.8	亚太AP			
				6.5	日^RJP^R			
1519	2523.3000	-矾土水泥 -Aluminous cement	5	0	东盟AS,智CL,新西兰NZ,秘PE, 哥CR,瑞CH,冰IS,韩KR,澳AU, 格GE,毛MU,东盟^RAS^R,澳^RAU^R, 日^RJP^R,新西兰^RNZ^R,柬KH,港 HK,澳门MO,韩^RKR^R	0 受惠国LD		30
				2.5	亚太AP			
				4	巴PK			
1520	2523.9000	-其他水凝水泥 -Other hydraulic cements	5	0	东盟AS,智CL,新西兰NZ,秘PE, 哥CR,瑞CH,冰IS,韩KR,澳AU, 格GE,毛MU,东盟^RAS^R,澳^RAU^R, 新西兰^RNZ^R,柬KH,港HK,澳门 MO,韩^RKR^R	0 受惠国LD		30
				1	巴PK			
				6.5	日^RJP^R			
	25.24	石棉: Asbestos:						
1521	2524.1000	-青石棉 -Crocidolite	5	0	东盟AS,智CL,巴PK,新西兰NZ, 秘PE,哥CR,瑞CH,冰IS,韩KR, 澳AU,格GE,毛MU,东盟^RAS^R, 澳^RAU^R,日^RJP^R,新西兰^RNZ^R,柬 KH,港HK,澳门MO,韩^RKR^R	0 受惠国LD		30
		-其他: -Other:						
1522	2524.9010	---长纤维石棉 ---Of long staple	5	0	东盟AS,智CL,巴PK,新西兰NZ, 秘PE,哥CR,瑞CH,冰IS,韩KR, 澳AU,格GE,毛MU,东盟^RAS^R, 澳^RAU^R,日^RJP^R,新西兰^RNZ^R,柬 KH,港HK,澳门MO,韩^RKR^R	0 受惠国LD		30
1523	2524.9090	---其他 ---Other	5	0	东盟AS,智CL,巴PK,新西兰NZ, 秘PE,哥CR,瑞CH,冰IS,韩KR, 澳AU,格GE,毛MU,东盟^RAS^R, 澳^RAU^R,日^RJP^R,新西兰^RNZ^R,柬 KH,港HK,澳门MO,韩^RKR^R	0 受惠国LD		35
	25.25	云母, 包括云母片; 云母废料: Mica, including splittings; mica waste:						

序号 No.	税则号列 Tariff Line	货品名称 Article Description	最惠国税率 MFN(%)	协定税率 Agreement(%)		特惠税率 SP(%)	普通税率 Gen(%)
1524	2525.1000	-原状云母及劈开的云母片 -Crude mica and mica rifted into sheets or splittings	5Δ1	0	东盟AS,智CL,巴PK,新西兰NZ, 秘PE,哥CR,瑞CH,冰IS,韩KR, 澳AU,格GE,毛MU,东盟^RAS^R, 日^RJP^R,柬KH,港HK,澳门MO, 韩^RKR^R	0 受惠国LD	30
				2.5	亚太AP		
				4	澳^RAU^R,新西兰^RNZ^R		
1525	2525.2000	-云母粉 -Mica powder	5	0	东盟AS,智CL,巴PK,新西兰NZ, 秘PE,哥CR,瑞CH,冰IS,韩KR, 澳AU,格GE,毛MU,东盟^RAS^R, 澳^RAU^R,日^RJP^R,新西兰^RNZ^R,柬 KH,港HK,澳门MO,韩^RKR^R	0 受惠国LD	30
				2.5	亚太AP		
1526	2525.3000	-云母废料[*] -Mica waste	5	0	东盟AS,智CL,巴PK,新西兰NZ, 秘PE,哥CR,瑞CH,冰IS,韩KR, 澳AU,格GE,毛MU,东盟^RAS^R, 澳^RAU^R,日^RJP^R,新西兰^RNZ^R,柬 KH,港HK,澳门MO,韩^RKR^R	0 受惠国LD	30
	25.26	天然冻石,不论是否粗加修整或仅用锯 或其他方法切割成矩形(包括正方形) 的板、块; 滑石: Natural steatite, whether or not roughly trimmed or merely cut, by sawing or otherwise, into blocks or slabs of a rectangular (including square) shape; talc:					
		-未破碎及未研粉: -Not crushed, not powdered:					
1527	2526.1010	---天然冻石 ---Natural steatite	3	0	东盟AS,智CL,巴PK,新西兰NZ, 秘PE,哥CR,瑞CH,冰IS,韩KR, 澳AU,格GE,毛MU,东盟^RAS^R, 澳^RAU^R,日^RJP^R,新西兰^RNZ^R,柬 KH,港HK,澳门MO,韩^RKR^R	0 受惠国LD	50
1528	2526.1020	---滑石 ---Talc	3Δ1	0	东盟AS,智CL,巴PK,新西兰NZ, 秘PE,哥CR,瑞CH,冰IS,韩KR, 澳AU,格GE,毛MU,东盟^RAS^R, 澳^RAU^R,日^RJP^R,新西兰^RNZ^R,柬 KH,港HK,澳门MO,韩^RKR^R	0 受惠国LD	50
				1.5	亚太AP		
		-已破碎或已研粉: -Crushed or powdered:					
1529	2526.2010	---天然冻石 ---Natural steatite	3	0	东盟AS,智CL,巴PK,新西兰NZ, 秘PE,哥CR,瑞CH,冰IS,韩KR, 澳AU,格GE,毛MU,东盟^RAS^R, 澳^RAU^R,日^RJP^R,新西兰^RNZ^R,柬 KH,港HK,澳门MO,韩^RKR^R	0 受惠国LD	50
1530	2526.2020	---滑石 ---Talc	3Δ1	0	东盟AS,智CL,巴PK,新西兰NZ, 秘PE,哥CR,瑞CH,冰IS,韩KR, 澳AU,格GE,毛MU,东盟^RAS^R, 澳^RAU^R,日^RJP^R,新西兰^RNZ^R,柬 KH,港HK,澳门MO,韩^RKR^R	0 受惠国LD	50

序号 No.	税则号列 Tariff Line	货品名称 Article Description	最惠国税率 MFN(%)		协定税率 Agreement(%)	特惠税率 SP(%)	普通税率 Gen(%)
	25.28	天然硼酸盐及其精矿（不论是否煅烧），但不包括从天然盐水析离的硼酸盐；天然粗硼酸，含硼酸干重不超过85%： Natural borates and concentrates thereof (whether or not calcined), but not including borates separated from natural brine; natural boric acid containing not more than 85% of H_3BO_3 calculated on the dry weight:					
1531	2528.0010	----天然硼砂及其精矿（不论是否煅烧） ----Natural sodium borates and concentrates thereof (whether or not calcined)	3Δ0	0	东盟AS,智CL,巴PK,新西兰NZ,秘PE,哥CR,瑞CH,冰IS,韩KR,澳AU,格GE,毛MU,东盟^{R}AS^R,澳^{R}AU^R,日^{R}JP^R,新西兰^{R}NZ^R,柬KH,港HK,澳门MO,韩^{R}KR^R	0 受惠国LD	30
1532	2528.0090	----其他 ----Other	5Δ0	0	东盟AS,智CL,巴PK,新西兰NZ,秘PE,哥CR,瑞CH,冰IS,韩KR,澳AU,格GE,毛MU,东盟^{R}AS^R,澳^{R}AU^R,日^{R}JP^R,新西兰^{R}NZ^R,柬KH,港HK,澳门MO,韩^{R}KR^R	0 受惠国LD	30
	25.29	长石：白榴石；霞石及霞石正长岩；萤石（氟石）： Feldspar; leucite; nepheline and nepheline syenite; fluorspar:					
1533	2529.1000	-长石 -Feldspar	3Δ1	0	东盟AS,智CL,巴PK,新西兰NZ,秘PE,哥CR,瑞CH,冰IS,韩KR,澳AU,格GE,毛MU,东盟^{R}AS^R,澳^{R}AU^R,日^{R}JP^R,新西兰^{R}NZ^R,柬KH,港HK,澳门MO,韩^{R}KR^R	0 受惠国LD	50
				1.5	亚太AP		
		-萤石： -Fluorspar:					
1534	2529.2100	--按重量计氟化钙含量在97%及以下 --Containing by weight 97% or less of calcium fluoride	3	0	东盟AS,智CL,巴PK,新西兰NZ,秘PE,哥CR,瑞CH,冰IS,韩KR,澳AU,格GE,毛MU,东盟^{R}AS^R,澳^{R}AU^R,日^{R}JP^R,新西兰^{R}NZ^R,柬KH,港HK,澳门MO,韩^{R}KR^R	0 受惠国LD	50
				1.5	亚太AP		
1535	2529.2200	--按重量计氟化钙含量在97%以上 --Containing by weight more than 97% of calcium fluoride	3	0	东盟AS,智CL,巴PK,新西兰NZ,秘PE,哥CR,瑞CH,冰IS,韩KR,澳AU,格GE,毛MU,东盟^{R}AS^R,澳^{R}AU^R,日^{R}JP^R,新西兰^{R}NZ^R,柬KH,港HK,澳门MO,韩^{R}KR^R	0 受惠国LD	50
1536	2529.3000	-白榴石；霞石及霞石正长岩 -Leucite; nepheline and nepheline syenite	5	0	东盟AS,智CL,巴PK,新西兰NZ,秘PE,哥CR,瑞CH,冰IS,韩KR,澳AU,格GE,毛MU,东盟^{R}AS^R,澳^{R}AU^R,日^{R}JP^R,新西兰^{R}NZ^R,柬KH,港HK,澳门MO,韩^{R}KR^R	0 受惠国LD	50
	25.30	其他税目未列名的矿产品： Mineral substances not elsewhere specified or included:					

序号 No.	税则号列 Tariff Line	货品名称 Article Description	最惠国税率 MFN(%)		协定税率 Agreement(%)	特惠税率 SP(%)		普通税率 Gen(%)
		-未膨胀的蛭石、珍珠岩及绿泥石： -Vermiculite, perlite and chlorites, 　unexpanded:						
1537	2530.1010	---绿泥石 ---Chlorites	5	0	东盟AS,智CL,巴PK,新西兰NZ, 秘PE,哥CR,瑞CH,冰IS,韩KR, 澳AU,格GE,毛MU,东盟^RAS^R, 澳^RAU^R,日^RJP^R,新西兰^RNZ^R,柬 KH,港HK,澳门MO,韩^RKR^R	0	受惠国LD	30
1538	2530.1020	---未膨胀的蛭石和珍珠岩 ---Vermiculite, perlite unexpanded	5	0	东盟AS,智CL,巴PK,新西兰NZ, 秘PE,哥CR,瑞CH,冰IS,韩KR, 澳AU,格GE,毛MU,东盟^RAS^R, 澳^RAU^R,日^RJP^R,新西兰^RNZ^R,柬 KH,港HK,澳门MO,韩^RKR^R	0	受惠国LD	30
				2.5	亚太AP			
1539	2530.2000	-硫镁矾矿及泻盐矿（天然硫酸镁） -Kieserite, epsomite (natural magnesium 　sulphates)	3	0	东盟AS,智CL,巴PK,新西兰NZ, 秘PE,哥CR,瑞CH,冰IS,韩KR, 澳AU,格GE,毛MU,东盟^RAS^R, 澳^RAU^R,日^RJP^R,新西兰^RNZ^R,柬 KH,港HK,澳门MO,韩^RKR^R	0	受惠国LD	30
		-其他： -Other:						
1540	2530.9010	---矿物性药材 ---Mineral medicinal substances	3	0	东盟AS,智CL,巴PK,新西兰NZ, 秘PE,哥CR,瑞CH,冰IS,韩KR, 澳AU,格GE,毛MU,东盟^RAS^R, 澳^RAU^R,日^RJP^R,新西兰^RNZ^R,柬 KH,港HK,澳门MO,韩^RKR^R	0	受惠国LD	30
1541	2530.9020	---稀土金属矿 ---Ores of rare earth metals	0	0	东盟AS,智CL,巴PK,新西兰NZ, 秘PE,哥CR,瑞CH,冰IS,韩KR, 澳AU,格GE,毛MU,东盟^RAS^R, 澳^RAU^R,日^RJP^R,新西兰^RNZ^R,柬 KH,港HK,澳门MO,韩^RKR^R	0	受惠国LD	0
		---其他： ---Other:						
1542	2530.9091	----硅灰石 ----Wollastonite	3	0	东盟AS,智CL,巴PK,新西兰NZ, 秘PE,哥CR,瑞CH,冰IS,韩KR, 澳AU,格GE,毛MU,东盟^RAS^R, 澳^RAU^R,日^RJP^R,新西兰^RNZ^R,柬 KH,港HK,澳门MO,韩^RKR^R	0	受惠国LD	50
				1.5	亚太AP			
1543	2530.9099	----其他 ----Other	3△0	0	东盟AS,智CL,巴PK,新西兰NZ, 秘PE,哥CR,瑞CH,韩KR,澳AU, 格GE,毛MU,东盟^RAS^R,澳^RAU^R, 新西兰^RNZ^R,柬KH,港HK,澳门 MO,韩^RKR^R	0	受惠国LD	50
				1.5	亚太AP			
				2.5	日^RJP^R			

第二十六章
矿砂、矿渣及矿灰

注释:

一、本章不包括:

（一）铺路用的矿渣及类似的工业废渣（税目25.17）；

（二）天然碳酸镁（菱镁矿），不论是否煅烧（税目25.19）；

（三）储油罐的淤渣，主要成分为税目27.10项下的油品；

（四）第三十一章的碱性熔渣；

（五）矿物棉（税目68.06）；

（六）贵金属或包贵金属的废碎料；主要用于回收贵金属的含贵金属或贵金属化合物的其他废碎料（税目71.12或85.49）；或

（七）通过熔炼所产生的铜锍、镍锍或钴锍（第十五类）。

二、税目26.01至26.17所称"矿砂"，是指冶金工业中提炼汞、税目28.44的金属以及第十四类、第十五类金属的矿物，即使这些矿物不用于冶金工业，也包括在内。但税目26.01至26.17不包括不是以冶金工业正常加工方法处理的各种矿物。

三、税目26.20只适用于:

（一）在工业上提炼金属或作为生产金属化合物基本原料的矿渣、矿灰及残渣，但焚化城市垃圾所产生的灰、渣除外（税目26.21）；

（二）含有砷的矿渣、矿灰及残渣，不论其是否含有金属，用于提取或生产砷、金属及其化合物。

子目注释:

一、子目2620.21所称"含铅汽油的淤渣及含铅抗震化合物的淤渣"，是指取自含铅汽油及含铅抗震化合物（例如，四乙铅）储罐的淤渣，主要含有铅、铅化合物以及铁的氧化物。

二、含有砷、汞、铊及其混合物的矿渣、矿灰及残渣，用于提取或生产砷、汞、铊及其化合物，归入子目2620.60。

Chapter 26
Ores, slag and ash

Notes:

1. This Chapter does not cover：

(a) Slag or similar industrial waste prepared as macadam (heading 25.17) ;

(b) Natural magnesium carbonate (magnesite), whether or not calcined (heading 25.19) ;

(c) Sludges from the storage tanks of petroleum oils, consisting mainly of such oils(heading 27.10) ;

(d) Basic slag of Chapter 31;

(e) Slag wool, rock wool or similar mineral wools (heading 68.06) ;

(f) Waste or scrap of precious metal or of metal clad with precious metal; other waste or scrap containing precious metal or precious metal compounds,of a kind used principally for the recovery of precious metal (heading 71.12 or 85.49) ; or

(g) Copper, nickel or cobalt mattes produced by any process of smelting (Section XV) .

2. For the purposes of headings 26.01 to 26.17, the term "ores" means minerals of mineralogical species actually used in the metallurgical industry for the extraction of mercury, of the metals of heading 28.44 or of the metals of Section XIV or XV, even if they are intended for non-metallurgical purposes. Headings 26.01 to 26.17 do not, however, include minerals which have been submitted to processes not normal to the metallurgical industry.

3. Heading 26.20 applies only to:

(a) Slag, ash and residues of a kind used in industry either for the extraction of metals or as a basis for the manufacture of chemical compounds of metals, excluding ash and residues from the incineration of municipul waste (heading 26.21); and

(b) Slag, ash and residues containing arsenic, whether or not containing metals, of a kind used either for the extraction of arsenic or metals or for the manufacture of their chemical compounds.

Subheading Notes:

1. For the purposes of subheading 2620.21, "leaded gasoline sludges and leaded anti-knock compound sludges" mean sludges obtained from storage tanks of leaded gasoline and leaded anti-knock compounds (for example, tetraethyl lead), and consisting essentially of lead, lead compounds and iron oxide.

2. Slag, ash and residues containing arsenic, mercury, thallium or their mixtures, of a kind used for the extraction of arsenic or those metals classified in subheading 2620.60.

序号 No.	税则号列 Tariff Line	货品名称 Article Description	最惠国税率 MFN(%)	协定税率 Agreement(%)		特惠税率 SP(%)	普通税率 Gen(%)
	26.01	**铁矿砂及其精矿, 包括焙烧黄铁矿:** **Iron ores and concentrates, including** **roasted iron pyrites:**					
		-铁矿砂及其精矿, 但焙烧黄铁矿除外: -Iron ores and concentrates, other than roasted iron pyrites:					
		--未烧结: --Non-agglomerated:					
1544	2601.1110	---平均粒度小于0.8毫米的 ---Of a granularity less than 0.8mm	0	0	东盟AS,智CL,巴PK,新西兰NZ, 秘PE,哥CR,瑞CH,冰IS,韩KR, 澳AU,格GE,毛MU,东盟^{R}AS^R, 澳^{R}AU^R,日^{R}JP^R,新西兰^{R}NZ^R,柬 KH,港HK,澳门MO,韩^{R}KR^R	0 受惠国LD	0
1545	2601.1120	---平均粒度不小于0.8毫米, 但不大于 6.3毫米的 ---Of a granularity of 0.8mm or more, but not exceeding 6.3mm	0	0	东盟AS,智CL,巴PK,新西兰NZ, 秘PE,哥CR,瑞CH,冰IS,韩KR, 澳AU,格GE,毛MU,东盟^{R}AS^R, 澳^{R}AU^R,日^{R}JP^R,新西兰^{R}NZ^R,柬 KH,港HK,澳门MO,韩^{R}KR^R	0 受惠国LD	0
1546	2601.1190	---其他 ---Other	0	0	东盟AS,智CL,巴PK,新西兰NZ, 秘PE,哥CR,瑞CH,冰IS,韩KR, 澳AU,格GE,毛MU,东盟^{R}AS^R, 澳^{R}AU^R,日^{R}JP^R,新西兰^{R}NZ^R,柬 KH,港HK,澳门MO,韩^{R}KR^R	0 受惠国LD	0
1547	2601.1200	--已烧结 --Agglomerated	0	0	东盟AS,智CL,巴PK,新西兰NZ, 秘PE,哥CR,瑞CH,冰IS,韩KR, 澳AU,格GE,毛MU,东盟^{R}AS^R, 澳^{R}AU^R,日^{R}JP^R,新西兰^{R}NZ^R,柬 KH,港HK,澳门MO,韩^{R}KR^R	0 受惠国LD	0
1548	2601.2000	-焙烧黄铁矿 -Roasted iron pyrites	0	0	东盟AS,智CL,巴PK,新西兰NZ, 秘PE,哥CR,瑞CH,冰IS,韩KR, 澳AU,格GE,毛MU,东盟^{R}AS^R, 澳^{R}AU^R,日^{R}JP^R,新西兰^{R}NZ^R,柬 KH,港HK,澳门MO,韩^{R}KR^R	0 受惠国LD	0
	26.02	**锰矿砂及其精矿, 包括以干重计含锰量** **在20%及以上的锰铁矿及其精矿:** **Manganese ores and concentrates,** **including ferruginous manganese ores** **and concentrates with a manganese** **content of 20% or more, calculated on** **the dry weight:**					
1549	2602.0000	锰矿砂及其精矿, 包括以干重计含锰量 在20%及以上的锰铁矿及其精矿 Manganese ores and concentrates, including ferruginous manganese ores and concentrates with a manganese content of 20% or more, calculated on the dry weight	0	0	东盟AS,智CL,巴PK,新西兰NZ, 秘PE,哥CR,瑞CH,冰IS,韩KR, 澳AU,格GE,毛MU,东盟^{R}AS^R, 澳^{R}AU^R,日^{R}JP^R,新西兰^{R}NZ^R,柬 KH,港HK,澳门MO,韩^{R}KR^R	0 受惠国LD	0

序号 No.	税则号列 Tariff Line	货品名称 Article Description	最惠国税率 MFN(%)	协定税率 Agreement(%)		特惠税率 SP(%)	普通税率 Gen(%)
	26.03	铜矿砂及其精矿: Copper ores and concentrates:					
1550	2603.0000	铜矿砂及其精矿 Copper ores and concentrates	0	0	东盟AS,智CL,巴PK,新西兰NZ,秘PE,哥CR,瑞CH,冰IS,韩KR,澳AU,格GE,毛MU,东盟^RAS^R,澳^RAU^R,日^RJP^R,新西兰^RNZ^R,柬KH,港HK,澳门MO,韩^RKR^R	0 受惠国LD	0
	26.04	镍矿砂及其精矿: Nickel ores and concentrates:					
1551	2604.0000	镍矿砂及其精矿 Nickel ores and concentrates	0	0	东盟AS,智CL,巴PK,新西兰NZ,秘PE,哥CR,瑞CH,冰IS,韩KR,澳AU,格GE,毛MU,东盟^RAS^R,澳^RAU^R,日^RJP^R,新西兰^RNZ^R,柬KH,港HK,澳门MO,韩^RKR^R	0 受惠国LD	0
	26.05	钴矿砂及其精矿: Cobalt ores and concentrates:					
1552	2605.0000	钴矿砂及其精矿 Cobalt ores and concentrates	0	0	东盟AS,智CL,巴PK,新西兰NZ,秘PE,哥CR,瑞CH,冰IS,韩KR,澳AU,格GE,毛MU,东盟^RAS^R,澳^RAU^R,日^RJP^R,新西兰^RNZ^R,柬KH,港HK,澳门MO,韩^RKR^R	0 受惠国LD	0
	26.06	铝矿砂及其精矿: Aluminium ores and concentrates:					
1553	2606.0000	铝矿砂及其精矿 Aluminium ores and concentrates	0	0	东盟AS,智CL,巴PK,新西兰NZ,秘PE,哥CR,瑞CH,冰IS,韩KR,澳AU,格GE,毛MU,东盟^RAS^R,澳^RAU^R,日^RJP^R,新西兰^RNZ^R,柬KH,港HK,澳门MO,韩^RKR^R	0 受惠国LD	0
	26.07	铅矿砂及其精矿: Lead ores and concentrates:					
1554	2607.0000	铅矿砂及其精矿 Lead ores and concentrates	0	0	东盟AS,智CL,巴PK,新西兰NZ,秘PE,哥CR,瑞CH,冰IS,韩KR,澳AU,格GE,毛MU,东盟^RAS^R,澳^RAU^R,日^RJP^R,新西兰^RNZ^R,柬KH,港HK,澳门MO,韩^RKR^R	0 受惠国LD	0
	26.08	锌矿砂及其精矿: Zinc ores and concentrates:					
1555	2608.0000	锌矿砂及其精矿 Zinc ores and concentrates	0	0	东盟AS,智CL,巴PK,新西兰NZ,秘PE,哥CR,瑞CH,冰IS,韩KR,澳AU,格GE,毛MU,东盟^RAS^R,澳^RAU^R,日^RJP^R,新西兰^RNZ^R,柬KH,港HK,澳门MO,韩^RKR^R	0 受惠国LD	0
	26.09	锡矿砂及其精矿: Tin ores and concentrates:					

序号 No.	税则号列 Tariff Line	货品名称 Article Description	最惠国税率 MFN(%)	协定税率 Agreement(%)		特惠税率 SP(%)	普通税率 Gen(%)
1556	2609.0000	锡矿砂及其精矿 Tin ores and concentrates	0	0	东盟AS,智CL,巴PK,新西兰NZ, 秘PE,哥CR,瑞CH,冰IS,韩KR, 澳AU,格GE,毛MU,东盟^RAS^R, 澳^RAU^R,日^RJP^R,新西兰^RNZ^R,柬 KH,港HK,澳门MO,韩^RKR^R	0 受惠国LD	0
	26.10	铬矿砂及其精矿: **Chromium ores and concentrates:**					
1557	2610.0000	铬矿砂及其精矿 Chromium ores and concentrates	0	0	东盟AS,智CL,巴PK,新西兰NZ, 秘PE,哥CR,瑞CH,冰IS,韩KR, 澳AU,格GE,毛MU,东盟^RAS^R, 澳^RAU^R,日^RJP^R,新西兰^RNZ^R,柬 KH,港HK,澳门MO,韩^RKR^R	0 受惠国LD	0
	26.11	钨矿砂及其精矿: **Tungsten ores and concentrates:**					
1558	2611.0000	钨矿砂及其精矿 Tungsten ores and concentrates	0	0	东盟AS,智CL,巴PK,新西兰NZ, 秘PE,哥CR,瑞CH,冰IS,韩KR, 澳AU,格GE,毛MU,东盟^RAS^R, 澳^RAU^R,日^RJP^R,新西兰^RNZ^R,柬 KH,港HK,澳门MO,韩^RKR^R	0 受惠国LD	0
	26.12	铀或钍矿砂及其精矿: **Uranium or thorium ores and concentrates:**					
1559	2612.1000	-铀矿砂及其精矿 -Uranium ores and concentrates	0	0	东盟AS,智CL,巴PK,新西兰NZ, 秘PE,哥CR,瑞CH,冰IS,韩KR, 澳AU,格GE,毛MU,东盟^RAS^R, 澳^RAU^R,日^RJP^R,新西兰^RNZ^R,柬 KH,港HK,澳门MO,韩^RKR^R	0 受惠国LD	0
1560	2612.2000	-钍矿砂及其精矿 -Thorium ores and concentrates	0	0	东盟AS,智CL,巴PK,新西兰NZ, 秘PE,哥CR,瑞CH,冰IS,韩KR, 澳AU,格GE,毛MU,东盟^RAS^R, 澳^RAU^R,日^RJP^R,新西兰^RNZ^R,柬 KH,港HK,澳门MO,韩^RKR^R	0 受惠国LD	0
	26.13	钼矿砂及其精矿: **Molybdenum ores and concentrates:**					
1561	2613.1000	-已焙烧 -Roasted	0	0	东盟AS,智CL,巴PK,新西兰NZ, 秘PE,哥CR,瑞CH,冰IS,韩KR, 澳AU,格GE,毛MU,东盟^RAS^R, 澳^RAU^R,日^RJP^R,新西兰^RNZ^R,柬 KH,港HK,澳门MO,韩^RKR^R	0 受惠国LD	0
1562	2613.9000	-其他 -Other	0	0	东盟AS,智CL,巴PK,新西兰NZ, 秘PE,哥CR,瑞CH,冰IS,韩KR, 澳AU,格GE,毛MU,东盟^RAS^R, 澳^RAU^R,日^RJP^R,新西兰^RNZ^R,柬 KH,港HK,澳门MO,韩^RKR^R	0 受惠国LD	0
	26.14	钛矿砂及其精矿: **Titanium ores and concentrates:**					

序号 No.	税则号列 Tariff Line	货品名称 Article Description	最惠国税率 MFN(%)	协定税率 Agreement(%)		特惠税率 SP(%)		普通税率 Gen(%)
1563	2614.0000	钛矿砂及其精矿 Titanium ores and concentrates	0	0	东盟AS,智CL,巴PK,新西兰NZ, 秘PE,哥CR,瑞CH,冰IS,韩KR, 澳AU,格GE,毛MU,东盟^{R}AS^R, 澳^{R}AU^R,日^{R}JP^R,新西兰^{R}NZ^R,柬 KH,港HK,澳门MO,韩^{R}KR^R	0	受惠国LD	0
	26.15	铌、钽、钒或锆矿砂及其精矿: Niobium, tantalum, vanadium or zirconium ores and concentrates:						
1564	2615.1000	-锆矿砂及其精矿 -Zirconium ores and concentrates	0	0	东盟AS,智CL,巴PK,新西兰NZ, 秘PE,哥CR,瑞CH,冰IS,韩KR, 澳AU,格GE,毛MU,东盟^{R}AS^R, 澳^{R}AU^R,日^{R}JP^R,新西兰^{R}NZ^R,柬 KH,港HK,澳门MO,韩^{R}KR^R	0	受惠国LD	0
		-其他: -Other:						

1565	2615.9010	---水合钽铌原料 (钽铌矿富集物)
		---(Hydrated Tantalum/Niobium
		  materials or enriched materials from
		  Tantalum/ Niobium Ore)
			0	0	东盟AS,智CL,巴PK,新西兰NZ,
					秘PE,哥CR,瑞CH,冰IS,韩KR,
					澳AU,格GE,毛MU,东盟^{R}AS^R,
					澳^{R}AU^R,日^{R}JP^R,新西兰^{R}NZ^R,柬
					KH,港HK,澳门MO,韩^{R}KR^R
						0	受惠国LD	0

1566	2615.9090	---其他 ---Other	0	0	东盟AS,智CL,巴PK,新西兰NZ, 秘PE,哥CR,瑞CH,冰IS,韩KR, 澳AU,格GE,毛MU,东盟^{R}AS^R, 澳^{R}AU^R,日^{R}JP^R,新西兰^{R}NZ^R,柬 KH,港HK,澳门MO,韩^{R}KR^R	0	受惠国LD	0
	26.16	贵金属矿砂及其精矿: Precious-metal ores and concentrates:						
1567	2616.1000	-银矿砂及其精矿 -Silver ores and concentrates	0	0	东盟AS,智CL,巴PK,新西兰NZ, 秘PE,哥CR,瑞CH,冰IS,韩KR, 澳AU,格GE,毛MU,东盟^{R}AS^R, 澳^{R}AU^R,日^{R}JP^R,新西兰^{R}NZ^R,柬 KH,港HK,澳门MO,韩^{R}KR^R	0	受惠国LD	0
1568	2616.9000	-其他 -Other	0	0	东盟AS,智CL,巴PK,新西兰NZ, 秘PE,哥CR,瑞CH,冰IS,韩KR, 澳AU,格GE,毛MU,东盟^{R}AS^R, 澳^{R}AU^R,日^{R}JP^R,新西兰^{R}NZ^R,柬 KH,港HK,澳门MO,韩^{R}KR^R	0	受惠国LD	0
	26.17	其他矿砂及其精矿: Other ores and concentrates:						
		-锑矿砂及其精矿: -Antimony ores and concentrates:						

1569	2617.1010	---生锑 (锑精矿, 选矿产品)
		---Crude antimony (Antimony
		  concentrates which are mineral
		  products)
			0	0	东盟AS,智CL,巴PK,新西兰NZ,
					秘PE,哥CR,瑞CH,冰IS,韩KR,
					澳AU,格GE,毛MU,东盟^{R}AS^R,
					澳^{R}AU^R,日^{R}JP^R,新西兰^{R}NZ^R,柬
					KH,港HK,澳门MO,韩^{R}KR^R
						0	受惠国LD	0

序号 No.	税则号列 Tariff Line	货品名称 Article Description	最惠国税率 MFN(%)		协定税率 Agreement(%)	特惠税率 SP(%)	普通税率 Gen(%)
1570	2617.1090	---其他 ---Other	0	0	东盟AS,智CL,巴PK,新西兰NZ, 秘PE,哥CR,瑞CH,冰IS,韩KR, 澳AU,格GE,毛MU,东盟^{R}AS^R, 澳^{R}AU^R,日^{R}JP^R,新西兰^{R}NZ^R,柬 KH,港HK,澳门MO,韩^{R}KR^R	0 受惠国LD	0
		-其他: -Other:					
1571	2617.9010	---朱砂(辰砂) ---Cinnabar	3	0	东盟AS,智CL,巴PK,新西兰NZ, 秘PE,哥CR,瑞CH,冰IS,韩KR, 澳AU,格GE,毛MU,东盟^{R}AS^R, 澳^{R}AU^R,日^{R}JP^R,新西兰^{R}NZ^R,柬 KH,港HK,澳门MO,韩^{R}KR^R	0 受惠国LD	14
1572	2617.9090	---其他 ---Other	0	0	东盟AS,智CL,巴PK,新西兰NZ, 秘PE,哥CR,瑞CH,冰IS,韩KR, 澳AU,格GE,毛MU,东盟^{R}AS^R, 澳^{R}AU^R,日^{R}JP^R,新西兰^{R}NZ^R,柬 KH,港HK,澳门MO,韩^{R}KR^R	0 受惠国LD	0
	26.18	冶炼钢铁所产生的粒状熔渣(熔 渣砂): Granulated slag (slag sand) from the manufacture of iron or steel:					
1573	2618.0010	---主要含锰 ---Containing mainly manganese	4	0	东盟AS,智CL,巴PK,新西兰NZ, 秘PE,哥CR,瑞CH,冰IS,韩KR, 澳AU,格GE,毛MU,东盟^{R}AS^R, 澳^{R}AU^R,日^{R}JP^R,新西兰^{R}NZ^R,柬 KH,港HK,澳门MO,韩^{R}KR^R	0 受惠国LD	35
1574	2618.0090	---其他 ---Other	4	0 3.2	东盟AS,智CL,巴PK,新西兰NZ, 秘PE,哥CR,瑞CH,冰IS,韩KR, 澳AU,格GE,毛MU,东盟^{R}AS^R, 澳^{R}AU^R,日^{R}JP^R,新西兰^{R}NZ^R,柬 KH,港HK,澳门MO,韩^{R}KR^R 亚太AP	0 受惠国LD	35
	26.19	冶炼钢铁所产生的熔渣、浮渣(粒状熔 渣除外)、氧化皮及其他废料: Slag, dross (other than granulated slag), scalings and other waste from the manufacture of iron or steel:					
1575	2619.0000	冶炼钢铁所产生的熔渣、浮渣(粒状熔 渣除外)、氧化皮及其他废料 Slag, dross (other than granulated slag), scalings and other waste from the manufacture of iron or steel	4	0	东盟AS,智CL,巴PK,新西兰NZ, 秘PE,哥CR,瑞CH,冰IS,韩KR, 澳AU,格GE,毛MU,东盟^{R}AS^R, 澳^{R}AU^R,日^{R}JP^R,新西兰^{R}NZ^R,柬 KH,港HK,澳门MO,韩^{R}KR^R	0 受惠国LD	35
	26.20	含有金属、砷及其化合物的矿渣、矿灰及 残渣(冶炼钢铁所产生的灰、渣除外): Slag, ash and residues (other than from the manufacture of iron or steel) containing metals, arsenic or their compounds:					

序号 No.	税则号列 Tariff Line	货品名称 Article Description	最惠国税率 MFN(%)	协定税率 Agreement(%)		特惠税率 SP(%)		普通税率 Gen(%)
		-主要含锌： -Containing mainly zinc:						
1576	2620.1100	--含硬锌 --Hard zinc spelter	4	0	东盟AS,智CL,巴PK,新西兰NZ,秘PE,哥CR,瑞CH,冰IS,韩KR,澳AU,格GE,毛MU,东盟^{R}AS^R,澳^{R}AU^R,日^{R}JP^R,新西兰^{R}NZ^R,柬KH,港HK,澳门MO,韩^{R}KR^R	0	受惠国LD	35
1577	2620.1900	--其他 --Other	4	0	东盟AS,智CL,巴PK,新西兰NZ,秘PE,哥CR,瑞CH,冰IS,韩KR,澳AU,格GE,毛MU,东盟^{R}AS^R,澳^{R}AU^R,日^{R}JP^R,新西兰^{R}NZ^R,柬KH,港HK,澳门MO,韩^{R}KR^R	0	受惠国LD	35
		-主要含铅： -Containing mainly lead:						
1578	2620.2100	--含铅汽油的淤渣及含铅抗震化合物的淤渣 --Leaded gasoline sludges and leaded anti-knock compound sludges	4	0	东盟AS,智CL,巴PK,新西兰NZ,秘PE,哥CR,瑞CH,冰IS,韩KR,澳AU,格GE,毛MU,东盟^{R}AS^R,澳^{R}AU^R,日^{R}JP^R,新西兰^{R}NZ^R,柬KH,港HK,澳门MO,韩^{R}KR^R	0	受惠国LD	35
1579	2620.2900	--其他 --Other	4	0	东盟AS,智CL,巴PK,新西兰NZ,秘PE,哥CR,瑞CH,冰IS,韩KR,澳AU,格GE,毛MU,东盟^{R}AS^R,澳^{R}AU^R,日^{R}JP^R,新西兰^{R}NZ^R,柬KH,港HK,澳门MO,韩^{R}KR^R	0	受惠国LD	35
1580	2620.3000	-主要含铜 -Containing mainly copper	4	0	东盟AS,智CL,巴PK,新西兰NZ,秘PE,哥CR,瑞CH,冰IS,韩KR,澳AU,格GE,毛MU,东盟^{R}AS^R,澳^{R}AU^R,日^{R}JP^R,新西兰^{R}NZ^R,柬KH,港HK,澳门MO,韩^{R}KR^R	0	受惠国LD	35
1581	2620.4000	-主要含铝 -Containing mainly aluminium	4	0	东盟AS,智CL,巴PK,新西兰NZ,秘PE,哥CR,瑞CH,冰IS,韩KR,澳AU,格GE,毛MU,东盟^{R}AS^R,澳^{R}AU^R,日^{R}JP^R,新西兰^{R}NZ^R,柬KH,港HK,澳门MO,韩^{R}KR^R	0	受惠国LD	35
1582	2620.6000	-含砷、汞、铊及其混合物,用于提取或生产砷、汞、铊及其化合物 -Containing arsenic, mercury, thallium or their mixtures, of a kind used for the extraction of arsenic or those metals or for the manufacture of their chemical compounds	4	0	东盟AS,智CL,巴PK,新西兰NZ,秘PE,哥CR,瑞CH,冰IS,韩KR,澳AU,格GE,毛MU,东盟^{R}AS^R,澳^{R}AU^R,日^{R}JP^R,新西兰^{R}NZ^R,柬KH,港HK,澳门MO,韩^{R}KR^R	0	受惠国LD	35
		-其他： -Other:						

序号 No.	税则号列 Tariff Line	货品名称 Article Description	最惠国税率 MFN(%)		协定税率 Agreement(%)	特惠税率 SP(%)	普通税率 Gen(%)
1583	2620.9100	--含锑、铍、镉、铬及其混合物 --Containing antimony, beryllium, cadmium, chromium or their mixtures	4	0	东盟AS,智CL,巴PK,新西兰NZ,秘PE,哥CR,瑞CH,冰IS,韩KR,澳AU,格GE,毛MU,东盟^{R}AS^R,澳^{R}AU^R,日^{R}JP^R,新西兰^{R}NZ^R,柬KH,港HK,澳门MO,韩^{R}KR^R	0 受惠国LD	35
		--其他: --Other:					
1584	2620.9910	---主要含钨 ---Containing mainly tungsten	4	0	东盟AS,智CL,巴PK,新西兰NZ,秘PE,哥CR,瑞CH,冰IS,韩KR,澳AU,格GE,毛MU,东盟^{R}AS^R,澳^{R}AU^R,日^{R}JP^R,新西兰^{R}NZ^R,柬KH,港HK,澳门MO,韩^{R}KR^R	0 受惠国LD	35
1585	2620.9990	---其他 ---Other	4	0	东盟AS,智CL,巴PK,新西兰NZ,秘PE,哥CR,瑞CH,冰IS,韩KR,澳AU,格GE,毛MU,东盟^{R}AS^R,澳^{R}AU^R,日^{R}JP^R,新西兰^{R}NZ^R,柬KH,港HK,澳门MO,韩^{R}KR^R	0 受惠国LD	35
	26.21	其他矿渣及矿灰,包括海藻灰(海草灰);焚化城市垃圾所产生的灰、渣: Other slag and ash, including seaweed ash (kelp); ash and residues from the incineration of municipal waste:					
1586	2621.1000	-焚化城市垃圾所产生的灰、渣 -Ash and residues from the incineration of municipal waste	4	0	东盟AS,智CL,巴PK,新西兰NZ,秘PE,哥CR,瑞CH,冰IS,澳AU,格GE,毛MU,柬KH,港HK,澳门MO	0 受惠国LD	35
				3.8	东盟^{R}AS^R,澳^{R}AU^R,新西兰^{R}NZ^R		
1587	2621.9000	-其他 -Other	4	0	东盟AS,智CL,巴PK,新西兰NZ,秘PE,哥CR,瑞CH,冰IS,韩KR,澳AU,格GE,毛MU,东盟^{R}AS^R,澳^{R}AU^R,日^{R}JP^R,新西兰^{R}NZ^R,柬KH,港HK,澳门MO,韩^{R}KR^R	0 受惠国LD	35

Chapter 27
Mineral fuels, mineral oils and products of their distillation; bituminous substances; mineral waxes

注释：

一、本章不包括：

（一）单独的已有化学定义的有机化合物，但纯甲烷及纯丙烷应归入税目27.11；

（二）税目30.03及30.04的药品；或

（三）税目33.01、33.02及38.05的不饱和烃混合物。

二、税目27.10所称"石油及从沥青矿物提取的油类"，不仅包括石油、从沥青矿物提取的油及类似油，还包括那些用任何方法提取的主要含有不饱和烃混合物的油，但其非芳族成分的重量必须超过芳族成分。然而，它不包括温度在300摄氏度时，压力转为1013毫巴后减压蒸馏出的液体合成聚烯烃以体积计小于60%的货品（第三十九章）。

三、税目27.10所称"废油"，是指主要含石油及从沥青矿物提取的油类（参见本章注释二）的废油，不论其是否与水混合。它们包括：

（一）不再适于作为原产品使用的废油（例如，用过的润滑油、液压油及变压器油）；

（二）石油储罐的淤渣油，主要含有石油及高浓度的在生产原产品时使用的添加剂（例如，化学品）；

（三）水乳浊液状或与水混合的废油，例如，浮油、清洗油罐所得的油或机械加工中已用过的切削油。

子目注释：

一、子目2701.11所称"无烟煤"，是指含挥发物（以干燥、无矿物质计）不超过14%的煤。

二、子目2701.12所称"烟煤"，是指含挥发物（以干燥、无矿物质计）超过14%，并且热值（以潮湿、无矿物质计）等于或大于5833大卡／千克的煤。

三、子目2707.10、2707.20、2707.30及2707.40所称"粗苯"、"粗甲苯"、"粗二甲苯"、"萘"，是分别指按重量计苯、甲苯、二甲苯、萘的含量在50%以上的产品。

四、子目2710.12所称"轻油及其制品"，是指根据ISO 3405方法（等同于ASTM D 86方法），温度在210摄氏度时以体积计馏出量（包括损耗）在90%及以上的产品。

Notes:

1. This Chapter does not cover：
   (a) Separate chemically defined organic compounds, other than pure methane and propane which are to be classified in heading 27.11;
   (b) Medicaments of heading 30.03 or 30.04; or
   (c) Mixed unsaturated hydrocarbons of heading 33.01, 33.02 or 38.05.

2. References in heading 27.10 to "petroleum oils and oils obtained from bituminous minerals" include not only petroleum oils and oils obtained from bituminous minerals but also similar oils, as well as those consisting mainly of mixed unsaturated hydrocarbons, obtained by any process, provided that the weight of the non-aromatic constituents exceeds that of the aromatic constituents. However, the references do not include liquid synthetic polyolefins of which less than 60% by volume distils at 300℃, after conversion to 1013 millibars when a reduced-pressure distillation method is used (Chapter 39).

3. For the purposes of heading 27.10, "waste oils" means waste containing mainly petroleum oils and oils obtained from bituminous minerals (as described in Note 2 to this Chapter), whether or not mixed with water. These include:
   (a) Such oils no longer fit for use as primary products (for example, used lubricating oils, used hydraulic oils and used transformer oils) ;
   (b) Sludge oils from the storage tanks of petroleum oils, mainly containing such oils and a high concentration of additives (for example, chemicals) used in the manufacture of the primary products; and
   (c) Such oils in the form of emulsions in water or mixtures with water, such as those resulting from oil spills, storage tank washings, or from the use of cutting oils for machining operations.

Subheading Notes:

1. For the purposes of subheading 2701.11, "anthracite" means coal having a volatile matter limit (on a dry, mineral-matter-free basis) not exceeding 14%.

2. For the purposes of subheading 2701.12, "bituminous coal" means coal having a volatile matter limit (on a dry, mineral-matter-free basis) exceeding 14% and a calorific value limit (on a moist, mineral-matter-free basis) equal to or greater than 5833 kcal/kg.

3. For the purposes of subheadings 2707.10, 2707.20, 2707.30 and 2707.40, the terms "benzole (benzene)", "toluole (toluene)" , "xylole (xylenes)", and "naphthalene" apply to products which contain more than 50% by weight of benzene, toluene, xylene or naphthalene, respectively.

4. For the purposes of subheading 2710.12, "light oils and preparations" are those of which 90% or more by volume (including losses) distil at 210℃ according to the ISO 3405 method (equivalent to the ASTM D 86 method) .

五、税目27.10的子目所称"生物柴油",是指从动植物油脂或微生物油脂(不论是否使用过)得到的用作燃料的脂肪酸单烷基酯。

5. For the purposes of the subheadings of heading 27.10, the term "biodiesel" means mono-alkyl esters of fatty acids of a kind used as a fuel, derived from animal, vegetable or microbial fats and oils whether or not used.

序号 No.	税则号列 Tariff Line	货品名称 Article Description	最惠国税率 MFN(%)	协定税率 Agreement(%)		特惠税率 SP(%)	普通税率 Gen(%)
	27.01	煤;煤砖、煤球及用煤制成的类似固体燃料: **Coal; briquettes, ovoids and similar solid fuels manufactured from coal:**					
		-煤,不论是否粉化,但未制成型: -Coal, whether or not pulverised, but not agglomerated:					
1588	2701.1100	--无烟煤 --Anthracite	3△①	0	东盟AS,智CL,巴PK,新西兰NZ,秘PE,哥CR,瑞CH,冰IS,韩KR,澳AU,格GE,毛MU,东盟ᴿASᴿ,澳ᴿAUᴿ,日ᴿJPᴿ,新西兰ᴿNZᴿ,柬KH,港HK,澳门MO,韩ᴿKRᴿ	0 受惠国LD,老LA	20
		--烟煤: --Bituminous coal:					
1589	2701.1210	---炼焦煤 ----Coking coal	3△②	0	东盟AS,智CL,巴PK,新西兰NZ,秘PE,哥CR,瑞CH,冰IS,韩KR,澳AU,格GE,毛MU,东盟ᴿASᴿ,澳ᴿAUᴿ,日ᴿJPᴿ,新西兰ᴿNZᴿ,柬KH,港HK,澳门MO,韩ᴿKRᴿ	0 受惠国LD,老LA	20
1590	2701.1290	---其他 ---Other	6△③	0	东盟AS,智CL,巴PK,新西兰NZ,秘PE,哥CR,瑞CH,冰IS,韩KR,澳AU,格GE,毛MU,东盟ᴿASᴿ,澳ᴿAUᴿ,日ᴿJPᴿ,新西兰ᴿNZᴿ,柬KH,港HK,澳门MO,韩ᴿKRᴿ	0 受惠国LD,老LA	20
1591	2701.1900	--其他煤 --Other coal	5△④	0 3.5	东盟AS,智CL,巴PK,新西兰NZ,秘PE,哥CR,瑞CH,冰IS,韩KR,澳AU,格GE,毛MU,东盟ᴿASᴿ,澳ᴿAUᴿ,日ᴿJPᴿ,新西兰ᴿNZᴿ,柬KH,港HK,澳门MO,韩ᴿKRᴿ 亚太AP	0 受惠国LD,老LA	20

① 最惠国暂定税率:1-3月:0。
   MFN Temporary Tariff Rate: January to March: 0.
② 最惠国暂定税率:1-3月:0。
   MFN Temporary Tariff Rate: January to March: 0.
③ 最惠国暂定税率:1-3月:0。
   MFN Temporary Tariff Rate: January to March: 0.
④ 最惠国暂定税率:1-3月:0。
   MFN Temporary Tariff Rate: January to March: 0.

序号 No.	税则号列 Tariff Line	货品名称 Article Description	最惠国税率 MFN(%)	协定税率 Agreement(%)		特惠税率 SP(%)	普通税率 Gen(%)
1592	2701.2000	-煤砖、煤球及用煤制成的类似固体燃料 -Briquettes, ovoids and similar solid fuels manufactured from coal	5△①	0	东盟AS,智CL,巴PK,新西兰NZ,秘PE,哥CR,瑞CH,冰IS,韩KR,澳AU,格GE,毛MU,东盟ᴿASᴿ,澳ᴿAUᴿ,日ᴿJPᴿ,新西兰ᴿNZᴿ,柬KH,港HK,澳门MO,韩ᴿKRᴿ	0 受惠国LD,老LA	50
	27.02	褐煤,不论是否制成型,但不包括黑玉: **Lignite, whether or not agglomerated, excluding jet:**					
1593	2702.1000	-褐煤,不论是否粉化,但未制成型 -Lignite, whether or not pulverized, but not agglomerated	3△②	0	东盟AS,智CL,巴PK,新西兰NZ,秘PE,哥CR,瑞CH,冰IS,韩KR,澳AU,格GE,毛MU,东盟ᴿASᴿ,澳ᴿAUᴿ,日ᴿJPᴿ,新西兰ᴿNZᴿ,柬KH,港HK,澳门MO,韩ᴿKRᴿ	0 受惠国LD	20
1594	2702.2000	-制成型的褐煤 -Agglomerated lignite	3△③	0	东盟AS,智CL,巴PK,新西兰NZ,秘PE,哥CR,瑞CH,冰IS,韩KR,澳AU,格GE,毛MU,东盟ᴿASᴿ,澳ᴿAUᴿ,日ᴿJPᴿ,新西兰ᴿNZᴿ,柬KH,港HK,澳门MO,韩ᴿKRᴿ	0 受惠国LD	20
	27.03	泥煤(包括肥料用泥煤),不论是否制成型: **Peat (including peat litter), whether or not agglomerated:**					
1595	2703.0000	泥煤(包括肥料用泥煤),不论是否制成型 Peat (including peat litter), whether or not agglomerated	5△3	0 2.5	东盟AS,智CL,巴PK,新西兰NZ,秘PE,哥CR,瑞CH,冰IS,韩KR,澳AU,格GE,毛MU,东盟ᴿASᴿ,澳ᴿAUᴿ,日ᴿJPᴿ,新西兰ᴿNZᴿ,柬KH,港HK,澳门MO,韩ᴿKRᴿ 亚太AP	0 受惠国LD	20
	27.04	煤、褐煤或泥煤制成的焦炭及半焦炭,不论是否制成型;甑炭: **Coke and semi-coke of coal, of lignite or of peat, whether or not agglomerated; retort carbon:**					
1596	2704.0010	---焦炭及半焦炭 ---Coke and semi-coke	5△0	0 2.5	东盟AS,智CL,巴PK,新西兰NZ,秘PE,哥CR,瑞CH,冰IS,韩KR,澳AU,格GE,毛MU,东盟ᴿASᴿ,澳ᴿAUᴿ,日ᴿJPᴿ,新西兰ᴿNZᴿ,柬KH,港HK,澳门MO,韩ᴿKRᴿ 亚太AP	0 受惠国LD	11

---

① 最惠国暂定税率：1–3月：0。
MFN Temporary Tariff Rate: January to March: 0.
② 最惠国暂定税率：1–3月：0。
MFN Temporary Tariff Rate: January to March: 0.
③ 最惠国暂定税率：1–3月：0。
MFN Temporary Tariff Rate: January to March: 0.

序号 No.	税则号列 Tariff Line	货品名称 Article Description	最惠国税率 MFN(%)	协定税率 Agreement(%)		特惠税率 SP(%)		普通税率 Gen(%)
1597	2704.0090	---其他 ---Other	5Δ0	0	东盟AS,智CL,巴PK,新西兰NZ, 秘PE,哥CR,瑞CH,冰IS,韩KR, 澳AU,格GE,毛MU,东盟^{R}AS^R, 澳^{R}AU^R,日^{R}JP^R,新西兰^{R}NZ^R,柬 KH,港HK,澳门MO,韩^{R}KR^R	0	受惠国LD	11
				2.5	亚太AP			
	27.05	煤气、水煤气、炉煤气及类似气体,但 石油气及其他烃类气除外: Coal gas, water gas, producer gas and similar gases, other than petroleum gases and other gaseous hydrocarbons:						
1598	2705.0000	煤气、水煤气、炉煤气及类似气体,但 石油气及其他烃类气除外 Coal gas, water gas, producer gas and similar gases, other than petroleum gases and other gaseous hydrocarbons	5Δ1	0	东盟AS,智CL,巴PK,新西兰NZ, 秘PE,哥CR,瑞CH,冰IS,韩KR, 澳AU,格GE,毛MU,东盟^{R}AS^R, 澳^{R}AU^R,日^{R}JP^R,新西兰^{R}NZ^R,柬 KH,港HK,澳门MO,韩^{R}KR^R	0	受惠国LD	20
	27.06	从煤、褐煤或泥煤蒸馏所得的焦油及 其他矿物焦油,不论是否脱水或部分蒸 馏,包括再造焦油: Tar distilled from coal, from lignite or from peat, and other mineral tars, whether or not dehydrated or partially distilled, including reconstituted tars:						
1599	2706.0000	从煤、褐煤或泥煤蒸馏所得的焦油及其 他矿物焦油,不论是否脱水或部分蒸 馏,包括再造焦油 Tar distilled from coal, from lignite or from peat, and other mineral tars, whether or not dehydrated or partially distilled, including reconstituted tars	6Δ1	0	东盟AS,智CL,新西兰NZ,秘PE, 哥CR,瑞CH,冰IS,韩KR,澳AU, 格GE,毛MU,东盟^{R}AS^R,澳^{R}AU^R, 日^{R}JP^R,新西兰^{R}NZ^R,柬KH,港 HK,澳门MO,韩^{R}KR^R	0	受惠国LD	30
				3	巴PK			
	27.07	蒸馏高温煤焦油所得的油类及其他产 品;芳族成分重量超过非芳族成分的 类似产品: Oils and other products of the distillation of high temperature coal tar; similar products in which the weight of the aromatic constituents exceeds that of the non-aromatic constituents:						
1600	2707.1000	-粗苯 -Benzole	6	0	东盟AS,智CL,新西兰NZ,秘PE,哥 CR,瑞CH,冰IS,澳AU,格GE,毛MU, 东盟^{R}AS^R,柬KH,港HK,澳门MO	0	受惠国LD	20
				2.4	韩KR			
				3	巴PK			
				4.8	澳^{R}AU^R,新西兰^{R}NZ^R,韩^{R}KR^R			
				4.9	日^{R}JP^R			

序号 No.	税则号列 Tariff Line	货品名称 Article Description	最惠国税率 MFN(%)		协定税率 Agreement(%)	特惠税率 SP(%)		普通税率 Gen(%)
1601	2707.2000	-粗甲苯 -Toluole	6	0	东盟AS,智CL,新西兰NZ,秘PE,哥CR,瑞CH,冰IS,韩KR,澳AU,格GE,毛MU,东盟^RAS^R,澳^RAU^R,日^RJP^R,新西兰^RNZ^R,柬KH,港HK,澳门MO,韩^RKR^R	0	受惠国LD	30
				3	巴PK			
1602	2707.3000	-粗二甲苯 -Xylole	6Δ2	0	东盟AS,智CL,新西兰NZ,新加坡SG,秘PE,哥CR,瑞CH,冰IS,澳AU,格GE,毛MU,东盟^RAS^R,柬KH,港HK,澳门MO	0	受惠国LD	20
				2.4	韩KR			
				3	巴PK			
				4.8	澳^RAU^R,新西兰^RNZ^R,韩^RKR^R			
				5.3	日^RJP^R			
1603	2707.4000	-萘 -Naphthalene	7	0	东盟AS,智CL,新西兰NZ,新加坡SG,秘PE,哥CR,瑞CH,冰IS,澳AU,格GE,毛MU,柬KH,港HK,澳门MO	0	受惠国LD	30
				1	巴PK			
				2.8	韩KR			
				5	东盟^RAS^R,澳^RAU^R,新西兰^RNZ^R			
				6	亚太AP			
1604	2707.5000	-其他芳烃混合物,根据ISO 3405方法（等同于ASTM D 86方法）,温度在250摄氏度时的馏出量以体积计（包括损耗）在65%及以上 -Other aromatic hydrocarbon mixtures of which 65% or more by volume (including losses) distils at 250℃ by the ISO 3405 method (equivalent to the ASTM D 86 method)	7	0	东盟AS,智CL,新西兰NZ,新加坡SG,秘PE,哥CR,瑞CH,冰IS,澳AU,格GE,毛MU,东盟^RAS^R,柬KH,港HK,澳门MO	0	受惠国LD	30
				1	巴PK			
				2.8	韩KR			
				5.6	澳^RAU^R,新西兰^RNZ^R,韩^RKR^R			
				6.1	日^RJP^R			
		-其他: -Other:						
1605	2707.9100	--杂酚油 --Creosote oils	7	0	东盟AS,智CL,新西兰NZ,秘PE,哥CR,瑞CH,冰IS,澳AU,格GE,毛MU,东盟^RAS^R,澳^RAU^R,新西兰^RNZ^R,柬KH,港HK,澳门MO	0	受惠国LD	30
				0.7	韩KR			
				1	巴PK			
				5.6	韩^RKR^R			
				5.7	日^RJP^R			
		--其他: --Other:						

序号 No.	税则号列 Tariff Line	货品名称 Article Description	最惠国税率 MFN(%)	协定税率 Agreement(%)		特惠税率 SP(%)	普通税率 Gen(%)
1606	2707.9910	---酚 ---Phenols	7	0	东盟AS,智CL,新西兰NZ,新加坡SG,秘PE,哥CR,瑞CH,冰IS,韩KR,澳AU,格GE,毛MU,东盟^{R}AS^R,澳^{R}AU^R,新西兰^{R}NZ^R,柬KH,港HK,澳门MO,韩^{R}KR^R	0 受惠国LD	30
				1	巴PK		
				5.7	日^{R}JP^R		
1607	2707.9990	---其他 ---Other	7	0	东盟AS,智CL,新西兰NZ,新加坡SG,秘PE,哥CR,瑞CH,冰IS,澳AU,格GE,毛MU,柬KH,港HK,澳门MO	0 受惠国LD	30
				1	巴PK		
				2.8	韩KR		
				5.6	东盟^{R}AS^R,澳^{R}AU^R,新西兰^{R}NZ^R,韩^{R}KR^R		
				6.1	日^{R}JP^R		
	27.08	从煤焦油或其他矿物焦油所得的沥青及沥青焦： Pitch and pitch coke, obtained from coal tar or from other mineral tars:					
1608	2708.1000	-沥青 -Pitch	7	0	东盟AS,智CL,新西兰NZ,秘PE,哥CR,瑞CH,冰IS,韩KR,澳AU,格GE,毛MU,东盟^{R}AS^R,澳^{R}AU^R,新西兰^{R}NZ^R,柬KH,港HK,澳门MO,韩^{R}KR^R	0 受惠国LD	35
				1	巴PK		
				5.7	日^{R}JP^R		
1609	2708.2000	-沥青焦 -Pitch coke	6	0	东盟AS,智CL,新西兰NZ,秘PE,哥CR,瑞CH,冰IS,澳AU,格GE,毛MU,柬KH,港HK,澳门MO	0 受惠国LD	11
				0.6	韩KR		
				3	巴PK		
				4.8	东盟^{R}AS^R,澳^{R}AU^R,新西兰^{R}NZ^R,韩^{R}KR^R		
				5.3	日^{R}JP^R		
	ex27082000	针状沥青焦 Needle Pitch coke	△3				
	27.09	石油原油及从沥青矿物提取的原油： Petroleum oils and oils obtained from bituminous minerals, crude:					
1610	2709.0000	石油原油及从沥青矿物提取的原油 Petroleum oils and oils obtained from bituminous minerals, crude	0	0	东盟AS,智CL,巴PK,新西兰NZ,秘PE,哥CR,瑞CH,冰IS,韩KR,澳AU,格GE,毛MU,东盟^{R}AS^R,澳^{R}AU^R,日^{R}JP^R,新西兰^{R}NZ^R,柬KH,港HK,澳门MO,韩^{R}KR^R	0 受惠国LD	①

① 普通税率：85元/吨。
General Tariff Rate: 85¥/T.

序号 No.	税则号列 Tariff Line	货品名称 Article Description	最惠国税率 MFN(%)	协定税率 Agreement(%)		特惠税率 SP(%)	普通税率 Gen(%)
	27.10	石油及从沥青矿物提取的油类，但原油除外；以上述油为基本成分（按重量计不低于70%）的其他税目未列名制品；废油： **Petroleum oils and oils obtained from bituminous minerals, other than crude; preparations not elsewhere specified or included, containing by weight 70% or more of petroleum oils or of oils obtained from bituminous minerals, these oils being the basic constituents of the preparations; waste oils:**					
		-石油及从沥青矿物提取的油类（但原油除外）以及以上述油为基本成分（按重量计不低于70%）的其他税目未列名制品，不含有生物柴油，但废油除外： -Petroleum oils and oils obtained from bituminous minerals (other than crude) and preparations not elsewhere specified or included, containing by weight 70% or more of petroleum oils or of oils obtained from bituminous minerals, these oils being the basic constituents of the preparations, other than those containing biodiesel and other than waste oils:					
		--轻油及其制品： --Light oils and preparations:					
1611	2710.1210	---车用汽油及航空汽油 ---Motor gasoline, aviation gasoline	5Δ1	0	东盟AS,智CL,巴PK,新西兰NZ,新加坡SG,哥CR,瑞CH,冰IS,澳AU,格GE,毛MU,东盟^{R}AS^R,柬KH,港HK,澳门MO	0 受惠国LD	14
				2	韩KR		
				4	澳^{R}AU^R,新西兰^{R}NZ^R,韩^{R}KR^R		
				4.4	日^{R}JP^R		
1612	2710.1220	---石脑油 ---Naphtha	6Δ0	0	东盟AS,智CL,巴PK,新西兰NZ,新加坡SG,哥CR,瑞CH,冰IS,澳AU,格GE,毛MU,东盟^{R}AS^R,柬KH,港HK,澳门MO	0 受惠国LD	20
				2.4	韩KR		
				4.8	澳^{R}AU^R,新西兰^{R}NZ^R,韩^{R}KR^R		
				5.3	日^{R}JP^R		
				5.4	亚太AP		
1613	2710.1230	---橡胶溶剂油, 油漆溶剂油、抽提溶剂油 ---Rubber solvent, paint solvent, extractive solvent	6	0	智CL,新西兰NZ,哥CR,瑞CH,冰IS,澳AU,格GE,毛MU,柬KH,港HK,澳门MO	0 受惠国LD₁	30
				2.4	韩KR		
				5	东盟AS		
				5.4	东盟^{R}AS^R,澳^{R}AU^R,日^{R}JP^R		
				5.7	新西兰^{R}NZ^R		
				6	韩^{R}KR^R		

序号 No.	税则号列 Tariff Line	货品名称 Article Description	最惠国税率 MFN(%)		协定税率 Agreement(%)	特惠税率 SP(%)		普通税率 Gen(%)
		---其他: ---Other:						
1614	2710.1291	----壬烯 ----Nonene	9	0	智CL,新西兰NZ,哥CR,瑞CH,冰IS,澳AU,格GE,毛MU,柬KH,港HK,澳门MO	0	受惠国$_1$LD$_1$	20
				3.6	韩KR			
				5	东盟AS			
				8.1	东盟^{R}AS^R,澳^{R}AU^R,日^{R}JP^R			
				8.6	新西兰^{R}NZ^R			
				9	韩^{R}KR^R			
	ex27101291	壬烯(碳九混合异构体含量高于90%) Nonene (C9>90%)	Δ4					
1615	2710.1299	----其他 ----Other	9	0	智CL,新西兰NZ,哥CR,瑞CH,冰IS,澳AU,格GE,毛MU,柬KH,港HK,澳门MO	0	受惠国$_1$LD$_1$	20
				3.6	韩KR			
				5	东盟AS			
				8.1	东盟^{R}AS^R,日^{R}JP^R			
				8.6	澳^{R}AU^R,新西兰^{R}NZ^R			
				9	韩^{R}KR^R			
	ex27101299	异戊烯同分异构体混合物 Ios pentene	Δ5					
		--其他: --Other:						
		---煤油馏分: ---Kerosene distillages:						
1616	2710.1911	----航空煤油 ----Aviation kerosene	9Δ0	0	东盟AS,智CL,新西兰NZ,新加坡SG,秘PE,哥CR,瑞CH,冰IS,韩KR,澳AU,格GE,毛MU,东盟^{R}AS^R,澳^{R}AU^R,新西兰^{R}NZ^R,柬KH,港HK,澳门MO,台TW,韩^{R}KR^R	0	受惠国LD	14
				1	巴PK			
				7.4	日^{R}JP^R			
1617	2710.1912	----灯用煤油 ----Lamp-kerosene	9	0	智CL,新西兰NZ,秘PE,哥CR,瑞CH,冰IS,澳AU,格GE,毛MU,柬KH,港HK,澳门MO	0	受惠国$_1$LD$_1$	14
				3.6	韩KR			
				5	东盟AS,东盟^{R}AS^R,澳^{R}AU^R,新西兰^{R}NZ^R			
1618	2710.1919	----其他 ----Other	6	0	东盟AS,智CL,巴PK,新西兰NZ,新加坡SG,秘PE,哥CR,瑞CH,冰IS,韩KR,澳AU,格GE,毛MU,东盟^{R}AS^R,澳^{R}AU^R,日^{R}JP^R,新西兰^{R}NZ^R,柬KH,港HK,澳门MO,台TW,韩^{R}KR^R	0	受惠国LD	20
		---柴油及其他燃料油: ---Diesel oils and other fuel oils:						

序号 No.	税则号列 Tariff Line	货品名称 Article Description	最惠国税率 MFN(%)		协定税率 Agreement(%)	特惠税率 SP(%)	普通税率 Gen(%)
1619	2710.1922	----5~7号燃料油 ----Fuel oils No.5~No.7	6△1	0	东盟AS,智CL,新西兰NZ,新加坡SG,秘PE,哥CR,瑞CH,冰IS,韩KR,澳AU,格GE,毛MU,东盟^RAS^R,澳^RAU^R,新西兰^RNZ^R,柬KH,港HK,澳门MO,韩^RKR^R	0 受惠国LD	20
				3	巴PK		
				5.3	日^RJP^R		
1620	2710.1923	----柴油 ----Diesel oil	6△1	0	智CL,新西兰NZ,秘PE,哥CR,瑞CH,冰IS,澳AU,格GE,毛MU,港HK,澳门MO	0 受惠国₂LD₂	11
				2.4	韩KR		
				5	东盟AS		
				5.4	东盟^RAS^R,日^RJP^R,柬KH		
				5.7	澳^RAU^R,新西兰^RNZ^R		
				6	韩^RKR^R		
1621	2710.1929	----其他 ----Other	6	0	东盟AS,智CL,新西兰NZ,新加坡SG,秘PE,哥CR,瑞CH,冰IS,澳AU,格GE,毛MU,柬KH,港HK,澳门MO	0 受惠国₁LD₁	20
				2.4	韩KR		
				3	巴PK		
				4.8	东盟^RAS^R,澳^RAU^R,新西兰^RNZ^R,韩^RKR^R		
				5.3	日^RJP^R		
	ex27101929	350度以下馏出物体积百分比小于20%,550度以下馏出物体积百分比大于80%的蜡油 Paraffin oils: 350℃ distillage<20%, 550℃ distillage>80%	△0				
		---润滑油、润滑脂及其他重油: ---Lubricating oils, lubricating greases and other heavy oils:					
1622	2710.1991	----润滑油 ----Lubricating oils	6	0	东盟AS,智CL,巴PK,新西兰NZ,新加坡SG,秘PE,哥CR,瑞CH,冰IS,澳AU,格GE,毛MU,东盟^RAS^R,柬KH,港HK,澳门MO	0 受惠国LD	17
				2.4	韩KR		
				4.8	澳^RAU^R,新西兰^RNZ^R,韩^RKR^R		
				5.3	日^RJP^R		
				5.4	亚太AP		
1623	2710.1992	----润滑脂 ----Lubricating grease	6	0	东盟AS,智CL,巴PK,新西兰NZ,新加坡SG,秘PE,哥CR,瑞CH,冰IS,澳AU,格GE,毛MU,东盟^RAS^R,柬KH,港HK,澳门MO	0 受惠国LD	17
				2.4	韩KR		
				4.8	澳^RAU^R,新西兰^RNZ^R,韩^RKR^R		
				5.3	日^RJP^R		
				5.4	亚太AP		

序号 No.	税则号列 Tariff Line	货品名称 Article Description	最惠国税率 MFN(%)	协定税率 Agreement(%)		特惠税率 SP(%)	普通税率 Gen(%)
1624	2710.1993	----润滑油基础油 ----Basic oils for lubricating oils	6	0	东盟AS,智CL,新西兰NZ,新加坡SG,秘PE,哥CR,瑞CH,冰IS,澳AU,格GE,毛MU,东盟^RAS^R,柬KH,港HK,澳门MO,台TW	0 受惠国LD	17
				1	巴PK		
				2.4	韩KR		
				4.8	澳^RAU^R,新西兰^RNZ^R,韩^RKR^R		
				5.3	日^RJP^R		
1625	2710.1994	----液体石蜡和重质液体石蜡 ----Liquid paraffin and heavy liquid paraffin	6	0	东盟AS,智CL,巴PK,新西兰NZ,新加坡SG,秘PE,哥CR,瑞CH,冰IS,韩KR,澳AU,格GE,毛MU,东盟^RAS^R,日^RJP^R,柬KH,港HK,澳门MO,台TW,韩^RKR^R	0 受惠国LD	20
				4.8	澳^RAU^R,新西兰^RNZ^R		
				5.4	亚太AP		
1626	2710.1999	----其他 ----Other	6	0	东盟AS,智CL,巴PK,新西兰NZ,新加坡SG,秘PE,哥CR,瑞CH,冰IS,澳AU,格GE,毛MU,柬KH,港HK,澳门MO	0 受惠国LD	20
				3.3	韩KR		
				5.4	东盟^RAS^R,澳^RAU^R,日^RJP^R,新西兰^RNZ^R		
				6	韩^RKR^R		
1627	2710.2000	-石油及从沥青矿物提取的油类(但原油除外)以及以上述油为基本成分(按重量计不低于70%)的其他税目未列名制品,含有生物柴油,但废油除外 -Petroleum oils and oils obtained from bituminous minerals (other than crude) and preparations not elsewhere specified or included, containing by weight 70% or more of petroleum oils or of oils obtained from bituminous minerals, these oils being the basic constituents of the preparations, containing biodiesel, other than waste oils	6	0	东盟AS,智CL,巴PK,新西兰NZ,新加坡SG,哥CR,瑞CH,冰IS,澳AU,格GE,毛MU,柬KH,港HK,澳门MO,台TW	0 受惠国LD	20
				2.4	韩KR		
				4.8	东盟^RAS^R,澳^RAU^R,新西兰^RNZ^R,韩^RKR^R		
				5.3	日^RJP^R		
		-废油: -Waste oils:					
1628	2710.9100	--含多氯联苯(PCBs)、多氯三联(PCTs)或多溴联苯(PBBs)的 --Containing poly chlorinated biphenyls (PCBs), polychlorinated terphenyls(PCTs) or polybrominated biphenyls(PBBs)	6	0	东盟AS,智CL,新西兰NZ,秘PE,哥CR,瑞CH,冰IS,澳AU,格GE,毛MU,柬KH,港HK,澳门MO	0 受惠国LD	20
				1	巴PK		
				5	东盟^RAS^R,澳^RAU^R,新西兰^RNZ^R		
1629	2710.9900	--其他 --Other	6	0	东盟AS,智CL,新西兰NZ,新加坡SG,秘PE,哥CR,瑞CH,冰IS,韩KR,澳AU,格GE,毛MU,东盟^RAS^R,澳^RAU^R,日^RJP^R,新西兰^RNZ^R,柬KH,港HK,澳门MO,韩^RKR^R	0 受惠国LD	20
				1	巴PK		

序号 No.	税则号列 Tariff Line	货品名称 Article Description	最惠国税率 MFN(%)		协定税率 Agreement(%)	特惠税率 SP(%)	普通税率 Gen(%)
	27.11	石油气及其他烃类气: Petroleum gases and other gaseous hydrocarbons:					
		-液化的: -Liquefied:					
1630	2711.1100	--天然气 --Natural gas	0	0	东盟AS,智CL,巴PK,新西兰NZ,秘PE,哥CR,瑞CH,冰IS,韩KR,澳AU,格GE,毛MU,东盟^RAS^R,澳^RAU^R,日^RJP^R,新西兰^RNZ^R,柬KH,港HK,澳门MO,韩^RKR^R	0 受惠国LD	20
1631	2711.1200	--丙烷 --Propane	5Δ1	0	东盟AS,智CL,巴PK,新西兰NZ,新加坡SG,秘PE,哥CR,瑞CH,冰IS,韩KR,澳AU,格GE,毛MU,东盟^RAS^R,澳^RAU^R,日^RJP^R,新西兰^RNZ^R,柬KH,港HK,澳门MO,韩^RKR^R	0 受惠国LD	20
				3.5	亚太AP		
		--丁烷: --Butanes:					
1632	2711.1310	---直接灌注香烟打火机及类似打火器用,其包装容器的容积超过300立方厘米 ---Liquid or liquefied-gas fuels in containers of a kind used for filling or refilling cigarette or similar lighters and of a capacity exceeding 300cm³	5	0	东盟AS,智CL,新西兰NZ,新加坡SG,秘PE,哥CR,瑞CH,冰IS,澳AU,格GE,毛MU,东盟^RAS^R,澳^RAU^R,新西兰^RNZ^R,柬KH,港HK,澳门MO	0 受惠国LD	80
				1.1	韩KR		
				3	巴PK		
				8.8	韩^RKR^R		
				9	日^RJP^R		
1633	2711.1390	---其他 ---Other	5Δ1	0	东盟AS,智CL,巴PK,新西兰NZ,新加坡SG,秘PE,哥CR,瑞CH,冰IS,澳AU,格GE,毛MU,东盟^RAS^R,澳^RAU^R,新西兰^RNZ^R,柬KH,港HK,澳门MO	0 受惠国LD₁	20
				0.5	韩KR		
				4	韩^RKR^R		
				4.1	日^RJP^R		
1634	2711.1400	--乙烯、丙烯、丁烯及丁二烯 --Ethylene, propylene, butylene and butadiene	5	0	东盟AS,智CL,巴PK,新西兰NZ,新加坡SG,秘PE,哥CR,瑞CH,冰IS,澳AU,格GE,毛MU,东盟^RAS^R,柬KH,港HK,澳门MO	0 受惠国LD	20
				2	韩KR		
				4	澳^RAU^R,新西兰^RNZ^R,韩^RKR^R		
				4.4	日^RJP^R		
		--其他: --Other:					

序号 No.	税则号列 Tariff Line	货品名称 Article Description	最惠国税率 MFN(%)	协定税率 Agreement(%)		特惠税率 SP(%)	普通税率 Gen(%)
1635	2711.1910	---直接灌注香烟打火机及类似打火器用的燃料,其包装容器的容积超过300立方厘米 ---Liquid or liquefied-gas fuels in containers of a kind used for filling or refilling cigarette or similar lighters and of a capacity exceeding 300cm³	5	0	东盟AS,智CL,新西兰NZ,新加坡SG,秘PE,哥CR,瑞CH,冰IS,澳AU,格GE,毛MU,东盟ᴿASᴿ,澳ᴿAUᴿ,新西兰ᴿNZᴿ,柬KH,港HK,澳门MO	0 受惠国LD	80
				1	韩KR		
				3	巴PK		
				3.5	亚太AP		
				8	韩ᴿKRᴿ		
				8.2	日ᴿJPᴿ		
1636	2711.1990	---其他 ---Other	3	0	东盟AS,智CL,巴PK,新西兰NZ,新加坡SG,秘PE,哥CR,瑞CH,冰IS,韩KR,澳AU,格GE,毛MU,东盟ᴿASᴿ,澳ᴿAUᴿ,日ᴿJPᴿ,新西兰ᴿNZᴿ,柬KH,港HK,澳门MO,韩ᴿKRᴿ	0 受惠国LD₁	20
				2.1	亚太AP		
		-气态的: -In gaseous state:					
1637	2711.2100	--天然气 --Natural gas	0	0	东盟AS,智CL,巴PK,新西兰NZ,秘PE,哥CR,瑞CH,冰IS,韩KR,澳AU,格GE,毛MU,东盟ᴿASᴿ,澳ᴿAUᴿ,日ᴿJPᴿ,新西兰ᴿNZᴿ,柬KH,港HK,澳门MO,韩ᴿKRᴿ	0 受惠国LD	20
1638	2711.2900	--其他 --Other	5	0	东盟AS,智CL,巴PK,新西兰NZ,新加坡SG,秘PE,哥CR,瑞CH,冰IS,韩KR,澳AU,格GE,毛MU,东盟ᴿASᴿ,澳ᴿAUᴿ,日ᴿJPᴿ,新西兰ᴿNZᴿ,柬KH,港HK,澳门MO,韩ᴿKRᴿ	0 受惠国LD	20
	27.12	凡士林;石蜡、微晶石蜡、疏松石蜡、地蜡、褐煤蜡、泥煤蜡、其他矿物蜡及用合成或其他方法制得的类似产品,不论是否着色: Petroleum jelly; paraffin wax, microcrystalline petroleum wax, slack wax, ozokerite, lignite wax, peat wax, other mineral waxes, and similar products obtained by synthesis or by other processes, whether or not coloured:					
1639	2712.1000	-凡士林 -Petroleum jelly	8	0	东盟AS,智CL,新西兰NZ,秘PE,哥CR,瑞CH,冰IS,韩KR,澳AU,格GE,毛MU,东盟ᴿASᴿ,澳ᴿAUᴿ,新西兰ᴿNZᴿ,柬KH,港HK,澳门MO,韩ᴿKRᴿ	0 受惠国LD	45
				1	巴PK		
				6.5	日ᴿJPᴿ		

序号 No.	税则号列 Tariff Line	货品名称 Article Description	最惠国税率 MFN(%)	协定税率 Agreement(%)		特惠税率 SP(%)	普通税率 Gen(%)
1640	2712.2000	-石蜡, 按重量计含油量小于0.75% -Paraffin wax containing by weight less than 0.75% of oil	8	0	东盟AS,智CL,新西兰NZ,秘PE, 哥CR,瑞CH,冰IS,澳AU,格GE, 东盟^RAS^R,澳^RAU^R,新西兰^RNZ^R, 柬KH,港HK,澳门MO	0 受惠国LD	45
				0.8	韩KR		
				1	巴PK		
				3.2	毛MU		
				6.4	韩^RKR^R		
				6.5	日^RJP^R		
		-其他: -Other:					
1641	2712.9010	---微晶石蜡 ---Microcrystalline petroleum wax	8	0	东盟AS,智CL,新西兰NZ,新加坡 SG,秘PE,哥CR,瑞CH,冰IS,澳AU, 格GE,毛MU,东盟^RAS^R,澳^RAU^R,新 西兰^RNZ^R,柬KH,港HK,澳门MO	0 受惠国LD	45
				0.8	韩KR		
				1	巴PK		
				6.4	韩^RKR^R		
				6.5	日^RJP^R		
1642	2712.9090	---其他 ---Other	8	0	东盟AS,智CL,新西兰NZ,新加坡 SG,秘PE,哥CR,瑞CH,冰IS,澳AU, 格GE,毛MU,柬KH,港HK,澳门MO	0 受惠国LD	45
				0.8	韩KR		
				1	巴PK		
				6.4	东盟^RAS^R,澳^RAU^R,新西兰^RNZ^R, 韩^RKR^R		
				6.5	日^RJP^R		
	27.13	石油焦、石油沥青及其他石油或从沥青 矿物提取的油类的残渣: **Petroleum coke, petroleum bitumen and other residues of petroleum oils or of oils obtained from bituminous minerals:**					
		-石油焦: -Petroleum coke:					
		--未煅烧: --Not calcined:					
1643	2713.1110	---硫的重量百分比小于3%的 ---Containing by weight less than 3% of Sulphur	3	0	东盟AS,智CL,巴PK,新西兰NZ, 秘PE,哥CR,瑞CH,冰IS,澳AU,格 GE,毛MU,柬KH,港HK,澳门MO	0 受惠国LD	11
				1.2	韩KR		
				2.4	东盟^RAS^R,澳^RAU^R,新西兰^RNZ^R, 韩^RKR^R		
				2.6	日^RJP^R		

序号 No.	税则号列 Tariff Line	货品名称 Article Description	最惠国税率 MFN(%)	协定税率 Agreement(%)		特惠税率 SP(%)	普通税率 Gen(%)
1644	2713.1190	---其他 ---Other	3	0	东盟AS,智CL,巴PK,新西兰NZ,秘PE,哥CR,瑞CH,冰IS,澳AU,格GE,毛MU,柬KH,港HK,澳门MO	0 受惠国LD	11
				1.2	韩KR		
				2.4	东盟^RAS^R,澳^RAU^R,新西兰^RNZ^R,韩^RKR^R		
				2.6	日^RJP^R		
		--已煅烧: --Calcined:					
1645	2713.1210	---硫的重量百分比小于0.8%的 ---Containing by weight less than 0.8% of Sulphur	3	0	东盟AS,智CL,巴PK,新西兰NZ,秘PE,哥CR,瑞CH,冰IS,澳AU,格GE,毛MU,柬KH,港HK,澳门MO	0 受惠国LD	11
				1.2	韩KR		
				2.4	东盟^RAS^R,澳^RAU^R,新西兰^RNZ^R,韩^RKR^R		
				2.6	日^RJP^R		
1646	2713.1290	---其他 ---Other	3	0	东盟AS,智CL,巴PK,新西兰NZ,秘PE,哥CR,瑞CH,冰IS,澳AU,格GE,毛MU,柬KH,港HK,澳门MO	0 受惠国LD	11
				1.2	韩KR		
				2.4	东盟^RAS^R,澳^RAU^R,新西兰^RNZ^R,韩^RKR^R		
				2.6	日^RJP^R		
1647	2713.2000	-石油沥青 -Petroleum bitumen	8	0	东盟AS,智CL,新西兰NZ,新加坡SG,秘PE,哥CR,瑞CH,冰IS,澳AU,格GE,毛MU,东盟^RAS^R,柬KH,港HK,澳门MO	0 受惠国LD	35
				1	巴PK		
				3.2	韩KR		
				5.6	亚太AP		
				6.4	澳^RAU^R,新西兰^RNZ^R,韩^RKR^R		
				7	日^RJP^R		
1648	2713.9000	-其他石油或从沥青矿物提取的油类的残渣 -Other residues of petroleum oils or of oils obtained from bituminous minerals	6	0	东盟AS,智CL,巴PK,新西兰NZ,新加坡SG,秘PE,哥CR,瑞CH,冰IS,韩KR,澳AU,格GE,毛MU,东盟^RAS^R,澳^RAU^R,日^RJP^R,新西兰^RNZ^R,柬KH,港HK,澳门MO,韩^RKR^R	0 受惠国LD	35
	27.14	天然沥青(地沥青)、沥青页岩、油页岩及焦油砂；沥青岩: Bitumen and asphalt, natural; bituminous or oil-shale and tar sands; asphaltites and asphaltic rocks:					
1649	2714.1000	-沥青页岩、油页岩及焦油砂 -Bituminous or oil shale and tar sands	6	0	东盟AS,智CL,新西兰NZ,新加坡SG,秘PE,哥CR,瑞CH,冰IS,韩KR,澳AU,格GE,毛MU,东盟^RAS^R,澳^RAU^R,日^RJP^R,新西兰^RNZ^R,柬KH,港HK,澳门MO,韩^RKR^R	0 受惠国LD	20
				3	巴PK		
		-其他: -Other:					

序号 No.	税则号列 Tariff Line	货品名称 Article Description	最惠国税率 MFN(%)		协定税率 Agreement(%)	特惠税率 SP(%)	普通税率 Gen(%)
1650	2714.9010	---天然沥青（地沥青） ---Natural bitumen and asphalt	8Δ4	0	东盟AS,智CL,新西兰NZ,新加坡SG,秘PE,哥CR,瑞CH,冰IS,澳AU,格GE,毛MU,柬KH,港HK,澳门MO	0 受惠国LD	35
				1	巴PK		
				3.2	韩KR		
				6.9	东盟^RAS^R,韩^RKR^R		
				7	日^RJP^R		
				7.2	澳^RAU^R,新西兰^RNZ^R		
1651	2714.9020	---乳化沥青 ---Emulsified bitumen and asphalt	0	0	东盟AS,智CL,巴PK,新西兰NZ,秘PE,哥CR,瑞CH,冰IS,韩KR,澳AU,格GE,毛MU,东盟^RAS^R,澳^RAU^R,日^RJP^R,新西兰^RNZ^R,柬KH,港HK,澳门MO,韩^RKR^R	0 受惠国LD	20
1652	2714.9090	---其他 ---Other	3	0	东盟AS,智CL,巴PK,新西兰NZ,新加坡SG,秘PE,哥CR,瑞CH,冰IS,韩KR,澳AU,格GE,毛MU,东盟^RAS^R,澳^RAU^R,日^RJP^R,新西兰^RNZ^R,柬KH,港HK,澳门MO,韩^RKR^R	0 受惠国LD	20
	27.15	以天然沥青（地沥青）、石油沥青、矿物焦油或矿物焦油沥青为基本成分的沥青混合物（例如，沥青胶粘剂、稀释沥青）： **Bituminous mixtures based on natural asphalt, on natural bitumen, on petroleum bitumen, on mineral tar or on mineral tar pitch (for example, bituminous mastics, cut-backs):**					
1653	2715.0000	以天然沥青（地沥青）、石油沥青、矿物焦油或矿物焦油沥青为基本成分的沥青混合物（例如，沥青胶粘剂、稀释沥青） Bituminous mixtures based on natural asphalt, on natural bitumen, on petroleum bitumen, on mineral tar or on mineral tar pitch (for example, bituminous mastics, cut-backs)	8	0	东盟AS,智CL,新西兰NZ,新加坡SG,秘PE,哥CR,瑞CH,冰IS,澳AU,格GE,毛MU,东盟^RAS^R,澳^RAU^R,新西兰^RNZ^R,柬KH,港HK,澳门MO	0 受惠国LD	35
				0.8	韩KR		
				1	巴PK		
				6.4	韩^RKR^R		
				6.5	日^RJP^R		
	27.16	电力： **Electrical energy:**					
1654	2716.0000	电力 Electrical energy	0	0	东盟AS,智CL,巴PK,新西兰NZ,秘PE,哥CR,瑞CH,冰IS,韩KR,澳AU,格GE,毛MU,东盟^RAS^R,澳^RAU^R,日^RJP^R,新西兰^RNZ^R,柬KH,港HK,澳门MO,韩^RKR^R	0 受惠国LD	8

注释:

一、

（一）凡符合税目28.44或28.45规定的货品（放射性矿砂除外），应分别归入以上税目而不归入本目录的其他税目；

（二）除上述（一）款另有规定的以外，凡符合税目28.43、28.46或28.52规定的货品，应分别归入这三个税目而不归入本类的其他税目。

二、除上述注释一另有规定的以外，凡由于按一定剂量或作为零售包装而可归入税目30.04、30.05、30.06、32.12、33.03、33.04、33.05、33.06、33.07、35.06、37.07或38.08的货品，应分别归入以上税目，而不归入本目录的其他税目。

三、由两种或两种以上单独成分配套的货品，其部分或全部成分属于本类范围以内，混合后则构成第六类或第七类的货品，应按混合后产品归入相应的税目，但其组成成分必须同时符合下列条件：

（一）其包装形式足以表明这些成分不需经过改装就可一起使用的；

（二）一起进口或出口的；

（三）这些成分的属性及相互比例足以表明是相互配用的。

四、其列名或功能既符合第六类中一个或多个税目的规定，又符合税目38.27的规定的产品，应按列名或功能归入相应税目，而不归入税目38.27。

第二十八章
无机化学品；贵金属、稀土金属、放射性元素及其同位素的有机及无机化合物

注释:

一、除条文另有规定的以外，本章各税目只适用于：

（一）单独的化学元素及单独的已有化学定义的化合物，不论是否含有杂质；

（二）上述（一）款产品的水溶液；

（三）溶于其他溶剂的上述（一）款产品，但该产品处于溶液状态只是为了安全或运输所采取的正常必要方法，其所用溶剂并不使该产品改变其

Notes:

1.

(a) Goods (other than radioactive ores) answering to a description in heading 28.44 or 28.45 are to be classified in those headings and in no other heading of the Nomenclature;

(b) Subject to paragraph (a) above, goods answering to a description in heading 28.43, 28.46 or 28.52 are to be classified in those headings and in no other heading of this Section.

2. Subject to Note 1 above, goods classifiable in heading 30.04, 30.05, 30.06, 32.12, 33.03, 33.04, 33.05, 33.06, 33.07, 35.06, 37.07, or 38.08 by reason of being put up in measured doses or for retail sale are to be classified in those headings and in no other headings of the Nomenclature.

3. Goods put up in sets consisting of two or more separate constituents, some or all of which fall in this Section and are intended to be mixed together to obtain a product of Section VI or VII, are to be classified in the heading appropriate to that product, provided that the constituents are:

(a) having regard to the manner in which they are put up, clearly identifiable as being intended to be used together without first being repacked;

(b) presented together; and

(c) identifiable, whether by their nature or by the relative proportions in which they are present, as being complementary one to another.

4. Where a product answers to a description in one or more of the headings in Section VI by virtue of being described by name or function and also to heading 38.27, then it is classifiable in a heading that references the product by name or function and not under heading 38.27.

Chapter 28
Inorganic chemicals; organic or
inorganic compounds of precious metals,
of rare-earth metals of radioactive
elements or of isotopes

Notes:

1. Except where the context otherwise requires, the headings of this Chapter apply only to:

(a) Separate chemical elements and separate chemically defined compounds, whether or not containing impurities;

(b) The products mentioned in (a) above dissolved in water;

(c) The products mentioned in (a) above dissolved in other solvents, provided that the solution constitutes a normal and necessary method of putting up these products ad-

一般用途而适合于某些特殊用途；

（四）为了保存或运输需要，加入稳定剂（包括抗结块剂）的上述（一）、（二）、（三）款产品；

（五）为了便于识别或安全起见，加入抗尘剂或着色剂的上述（一）、（二）、（三）、（四）款产品，但所加剂料并不使原产品改变其一般用途而适合于某些特殊用途。

二、除以有机物质稳定的连二亚硫酸盐及次硫酸盐（税目28.31），无机碱的碳酸盐及过碳酸盐（税目28.36），无机碱的氰化物、氧氰化物及氰络合物（税目28.37），无机碱的雷酸盐、氰酸盐及硫氰酸盐（税目28.42），税目28.43至28.46及28.52的有机产品，以及碳化物（税目28.49）之外，本章仅包括下列碳化合物：

（一）碳的氧化物，氰化氢及雷酸、异氰酸、硫氰酸及其他简单或络合氰酸（税目28.11）；

（二）碳的卤氧化物（税目28.12）；

（三）二硫化碳（税目28.13）；

（四）硫代碳酸盐、硒代碳酸盐、碲代碳酸盐、硒代氰酸盐、碲代氰酸盐、四氰硫基二氨基络酸盐及其他无机碱络合氰酸盐（税目28.42）；

（五）用尿素固化的过氧化氢（税目28.47）、氧硫化碳、硫代羰基卤化物、氰、卤化氰、氨基氰及其金属衍生物（税目28.53），不论是否纯净，但氰氨化钙除外（第三十一章）。

三、除第六类注释一另有规定的以外，本章不包括：

（一）氯化钠或氧化镁（不论是否纯净）及第五类的其他产品；

（二）上述注释二所述以外的有机—无机化合物；

（三）第三十一章注释二、三、四或五所述的产品；

（四）税目32.06的用作发光剂的无机产品；税目32.07的搪瓷玻璃料及其他玻璃，呈粉、粒或粉片状的；

（五）人造石墨（税目38.01）；税目38.13的灭火器的装配药及已装药的灭火弹；税目38.24的零售包装的除墨剂；税目38.24的每颗重量不少于2.5克的碱金属或碱土金属卤化物的培养晶体（光学元件除外）；

（六）宝石或半宝石（天然、合成或再造）及这些宝石、半宝石的粉末（税目71.02至71.05），第七十一章的贵金属及贵金属合金；

opted solely for reasons of safety or for transport, and that the solvent does not render the product particularly suitable for specific use rather than for general use;

(d) The products mentioned in (a), (b) or (c) above with an added stabilizer(including an anti-caking agent) necessary for their preservation or transport;

(e) The products mentioned in (a), (b), (c) or (d) above with an added antidusting agent or a colouring substance added to facilitate their identification or for safety reasons, provided that the additions do not render the product particularly suitable for specific use rather than for general use.

2. In addition to dithionites and sulphoxylates, stabilized with organic substances (heading 28.31), carbonates and peroxocarbonates of inorganic bases (heading 28.36), cyanides, cyanide oxides and complex cyanides of inorganic bases (heading 28.37), fulminates, cyanates and thiocyanates, of inorganic bases (heading 28.42), organic products included in headings 28.43 to 28.46 and 28.52 and carbides (heading 28.49), only the following compounds of carbon are to the classified in this Chapter:

(a) Oxides of carbon, hydrogen cyanide and fulminic, isocyanic, thiocyanic and other simple or complex cyanogen acids (heading 28.11)；

(b) Halide oxides of carbon (heading 28.12)；

(c) Carbon disulphide (heading 28.13)；

(d) Thiocarbonates, selenocarbonates, tellurocarbonates, selenocyanates, tellurocyanates, tetrathiocyanato diamminochromates (reineckates) and other complex cyanates, of inorganic bases (heading 28.42)；

(e) Hydrogen peroxide, solidified with urea (heading 28.47), carbon oxysulphide, thiocarbonyl halides, cyanogen, cyanogen halides and cyanamide and its metal derivatives (heading 28.53) other than calcium cyanamide, whether or not pure (Chapter 31).

3. Subject to the provisions of Note 1 to Section Ⅵ, this Chapter does not cover:

(a) Sodium chloride or magnesium oxide, whether or not pure, or other products of Section Ⅴ；

(b) Organo-inorganic compounds other than those mentioned in Note 2 above;

(c) Products mentioned in Note 2, 3, 4 or 5 to Chapter 31;

(d) Inorganic products of a kind used as luminophores, of heading 32.06; glass frit and other glass in the form of powder, granules or flakes, of heading 32.07;

(e) Artificial graphite (heading 38.01)；products put up as charges for fire-extinguishers or put up in fire-extinguishing grenades, of heading 38.13; ink removers put up in packings for retail sale, of heading 38.24, cultured crystals (other than optical elements) weighing not less than 2.5g each, of the halides of the alkali or alkaline-earth metals, of heading 38.24;

(f) Precious or semi-precious stones (natural, synthetic or reconstructed) or dust or powder of such stones (headings 71.02 to 71.05), or precious metals or precious metal alloys of Chapter 71;

（七）第十五类的金属（不论是否纯净）、金属合金或金属陶瓷，包括硬质合金（与金属烧结的金属碳化物）；或

（八）光学元件，例如用碱金属或碱土金属卤化物制成的（税目90.01）。

四、由本章第二分章的非金属酸和第四分章的金属酸所构成的已有化学定义的络酸，应归入税目28.11。

五、税目28.26至28.42只适用于金属盐、铵盐及过氧酸盐。除条文另有规定的以外，复盐及络盐应归入税目28.42。

六、税目28.44只适用于：

（一）锝（原子序数43）、钷（原子序数61）、钋（原子序数84）及原子序数大于84的所有化学元素；

（二）天然或人造放射性同位素（包括第十四类及第十五类的贵金属和贱金属的放射性同位素），不论是否混合；

（三）上述元素或同位素的无机或有机化合物，不论是否已有化学定义或是否混合；

（四）含有上述元素或同位素及其无机或有机化合物并且具有某种放射性强度超过74贝克勒尔/克（0.002微居里/克）的合金、分散体（包括金属陶瓷）、陶瓷产品及混合物；

（五）核反应堆已耗尽（已辐照）的燃料元件（释热元件）；

（六）放射性的残渣，不论是否有用。

税目28.44、28.45及本注释所称"同位素"，是指：

1. 单独的核素，但不包括自然界中以单一同位素状态存在的核素；

2. 同一元素的同位素混合物，其中一种或几种同位素已被浓缩，即人工地改变了该元素同位素的自然构成。

七、税目28.53包括按重量计含磷量超过15%的磷化铜（磷铜）。

八、经掺杂用于电子工业的化学元素（例如，硅、硒），如果拉制后未经加工或呈圆筒形、棒形，应归入本章；如果已切成圆片、薄片或类似形状，则归入税目38.18。

子目注释：

子目2852.10所称"已有化学定义"是指符合第二十八章注释一（一）至（五）或第二十九章注释一（一）至（八）规定的汞的无机或有机化合物。

(g) The metals, whether or not pure, metal alloys or cermets, including sintered metal carbides (metal carbides sintered with a metal), of Section XV; or

(h) Optical elements, for example, of the halides of the alkali or alkaline-earth metals (heading 90.01).

4. Chemically defined complex acids consisting of a nonmetalacid of sub-Chapter II and a metal acid of sub-Chapter IV are to be lassified in heading 28.11.

5. Headings 28.26 to 28.42 apply only to metal or ammonium salts or peroxysalts. Except where the context otherwise requires, double or complex salts are to be classified in heading 28.42.

6. Heading 28.44 applies only to:

(a) Technetium (atomic 43), promethium (atomic 61), polonium (atomic 84) and all elements with an atomic number greater than 84;

(b) Natural or artificial radioactive isotopes (including those of the precious metals or of the base metals of Sections XIV and XV), whether or not mixed together;

(c) Compounds, inorganic or organic, of these elements or isotopes, whether or not chemically defined, whether or not mixed together;

(d) Alloys, dispersions (including cermets), ceramic products and mixtures containing these elements or istopes or inorganic or organic compounds thereof and having a specific radioactivity exceeding 74 Bq/g (0.002μC i/g);

(e) Spent (irradiated) fuel elements (cartridges) of nuclear reactors;

(f) Radioactive residues whether or not usable. The term "isotopes", for the purposes of this Note and of the wording of headings 28.44 and 28.45, refers to:

-individual nuclides, excluding, however, those existing in nature in the monoisotopic state;

-mixtures of isotopes of one and the same element, enriched in one or several of the said isotopes, that is, elements of which the natural isotopic composition has been artificially modified.

7. Heading 28.53 includes copper phosphide (phosphor copper) containing more than 15% by weight of phosphorus.

8. Chemical elements (for example, silicon and selenium) doped for use in electronics are to be classified in this Chapter, provided that they are in forms unworked as drawn, or in the form of cylinders or rods. When cut in the form of discs, wafers or similar forms, they fall in heading 38.18.

Subheading Note:

For the purposes of subheading 2852.10, the expression "chemically defined" means all organic or inorganic compounds of mercury meeting the requirements of paragraphs (a) to (e) of Note 1 to Chapter 28 or paragraphs (a) to (h) of Note 1 to Chapter 29.

序号 No.	税则号列 Tariff Line	货品名称 Article Description	最惠国税率 MFN(%)		协定税率 Agreement(%)	特惠税率 SP(%)		普通税率 Gen(%)
		第一分章　化学元素 Ⅰ. CHEMICAL ELEMENTS						
	28.01	**氟、氯、溴及碘:** **Fluorine, chlorine, bromine and** **iodine:**						
1655	2801.1000	-氯 -Chlorine	5	0	东盟AS,智CL,巴PK,新西兰NZ, 秘PE,哥CR,瑞CH,冰IS,韩KR, 澳AU,格GE,毛MU,东盟ᴿASᴿ, 澳ᴿAUᴿ,日ᴿJPᴿ,新西兰ᴿNZᴿ,柬 KH,港HK,澳门MO,韩ᴿKRᴿ	0	受惠国LD	80
1656	2801.2000	-碘 -Iodine	5Δ1	0	东盟AS,巴PK,新西兰NZ,哥CR, 瑞CH,冰IS,韩KR,澳AU,格GE, 毛MU,东盟ᴿASᴿ,澳ᴿAUᴿ,新西 兰ᴿNZᴿ,柬KH,港HK,澳门MO, 韩ᴿKRᴿ	0	受惠国LD	30
				4.5	日ᴿJPᴿ			
		-氟; 溴: -Fluorine; bromine:						
1657	2801.3010	---氟 ---Fluorine	5	0	东盟AS,智CL,巴PK,新西兰NZ, 秘PE,哥CR,瑞CH,冰IS,韩KR, 澳AU,格GE,毛MU,东盟ᴿASᴿ, 澳ᴿAUᴿ,日ᴿJPᴿ,新西兰ᴿNZᴿ,柬 KH,港HK,澳门MO,韩ᴿKRᴿ	0	受惠国LD	30
				4.5	亚太AP			
1658	2801.3020	---溴 ---Bromine	5Δ1	0	东盟AS,智CL,巴PK,新西兰NZ, 秘PE,哥CR,瑞CH,冰IS,韩KR, 澳AU,格GE,毛MU,东盟ᴿASᴿ, 澳ᴿAUᴿ,日ᴿJPᴿ,新西兰ᴿNZᴿ,柬 KH,港HK,澳门MO,韩ᴿKRᴿ	0	受惠国LD	30
	28.02	**升华硫磺、沉淀硫磺; 胶态硫磺:** **Sulphur, sublimed or precipitated;** **colloidal sulphur:**						
1659	2802.0000	升华硫磺、沉淀硫磺; 胶态硫磺 Sulphur, sublimed or precipitated; colloidal sulphur	5Δ1	0	东盟AS,智CL,巴PK,新西兰NZ, 秘PE,哥CR,瑞CH,冰IS,韩KR, 澳AU,格GE,毛MU,东盟ᴿASᴿ, 澳ᴿAUᴿ,日ᴿJPᴿ,新西兰ᴿNZᴿ,柬 KH,港HK,澳门MO,韩ᴿKRᴿ	0	受惠国LD	17
	28.03	**碳(碳黑及其他税目未列名的其他形态** **的碳):** **Carbon (carbon blacks and other** **forms of carbon not elsewhere** **specified or included):**						

序号 No.	税则号列 Tariff Line	货品名称 Article Description	最惠国税率 MFN(%)	协定税率 Agreement(%)		特惠税率 SP(%)		普通税率 Gen(%)
1660	2803.0000	碳（碳黑及其他税目未列名的其他形态的碳） Carbon (carbon blacks and other forms of carbon not elsewhere specified or included)	5	0	东盟AS,智CL,巴PK,新西兰NZ,秘PE,哥CR,瑞CH,澳AU,格GE,毛MU,柬KH,港HK,澳门MO,台TW	0	受惠国LD	35
				2.2	韩KR			
				3.3	亚太AP			
				4.4	东盟^{R}AS^R,澳^{R}AU^R,新西兰^{R}NZ^R,韩^{R}KR^R			
				4.8	日^{R}JP^R			
28.04		**氢、稀有气体及其他非金属：** **Hydrogen, rare gases and other non-metals:**						
1661	2804.1000	-氢 -Hydrogen	5	0	东盟AS,智CL,巴PK,新西兰NZ,秘PE,哥CR,瑞CH,冰IS,澳AU,格GE,毛MU,东盟^{R}AS^R,澳^{R}AU^R,新西兰^{R}NZ^R,柬KH,港HK,澳门MO	0	受惠国LD	30
				0.5	韩KR			
				4.4	韩^{R}KR^R			
				4.5	日^{R}JP^R			
		-稀有气体： -Rare gases:						
1662	2804.2100	--氩 --Argon	5	0	东盟AS,智CL,巴PK,新西兰NZ,秘PE,哥CR,瑞CH,冰IS,韩KR,澳AU,格GE,毛MU,东盟^{R}AS^R,澳^{R}AU^R,日^{R}JP^R,新西兰^{R}NZ^R,柬KH,港HK,澳门MO,韩^{R}KR^R	0	受惠国LD	30
1663	2804.2900	--其他 --Other	5	0	东盟AS,智CL,巴PK,新西兰NZ,秘PE,哥CR,瑞CH,冰IS,韩KR,澳AU,格GE,毛MU,东盟^{R}AS^R,澳^{R}AU^R,日^{R}JP^R,新西兰^{R}NZ^R,柬KH,港HK,澳门MO,韩^{R}KR^R	0	受惠国LD	30
	ex28042900	氦 Helium	Δ1					
1664	2804.3000	-氮 -Nitrogen	5	0	东盟AS,智CL,巴PK,新西兰NZ,秘PE,哥CR,瑞CH,冰IS,韩KR,澳AU,格GE,毛MU,东盟^{R}AS^R,澳^{R}AU^R,日^{R}JP^R,新西兰^{R}NZ^R,柬KH,港HK,澳门MO,韩^{R}KR^R	0	受惠国LD	30
1665	2804.4000	-氧 -Oxygen	5	0	东盟AS,智CL,巴PK,新西兰NZ,秘PE,哥CR,瑞CH,冰IS,韩KR,澳AU,格GE,毛MU,东盟^{R}AS^R,澳^{R}AU^R,日^{R}JP^R,新西兰^{R}NZ^R,柬KH,港HK,澳门MO,韩^{R}KR^R	0	受惠国LD	80
1666	2804.5000	-硼；碲 -Boron; tellurium	5	0	东盟AS,智CL,巴PK,新西兰NZ,秘PE,哥CR,瑞CH,冰IS,韩KR,澳AU,格GE,毛MU,东盟^{R}AS^R,澳^{R}AU^R,日^{R}JP^R,新西兰^{R}NZ^R,柬KH,港HK,澳门MO,韩^{R}KR^R	0	受惠国LD	17

序号 No.	税则号列 Tariff Line	货品名称 Article Description	最惠国税率 MFN(%)	协定税率 Agreement(%)		特惠税率 SP(%)		普通税率 Gen(%)
	ex28045000	碲 Tellurium	Δ0					
		-硅: -Silicon:						
		--按重量计含硅量不少于99.99%: --Containing by weight not less than 99.99% of silicon:						
		---经掺杂用于电子工业的直径在7.5厘米及以上的单晶硅棒: ---Monocrystals doped for use in electronics, in the form of cylinders or rods, 7.5cm or more in diameter:						
1667	2804.6117	----直径在30厘米及以上的 ----30cm or more in diameter	4	0	东盟AS,智CL,巴PK,新西兰NZ,秘PE,哥CR,瑞CH,冰IS,韩KR,澳AU,格GE,毛MU,东盟^RAS^R,澳^RAU^R,日^RJP^R,新西兰^RNZ^R,柬KH,港HK,澳门MO,韩^RKR^R	0	受惠国LD	11
1668	2804.6119	----其他 ----Other	4	0	东盟AS,智CL,巴PK,新西兰NZ,秘PE,哥CR,瑞CH,冰IS,澳AU,格GE,毛MU,柬KH,港HK,澳门MO	0	受惠国LD	11
				3.8	东盟^RAS^R,澳^RAU^R,新西兰^RNZ^R			
1669	2804.6120	---经掺杂用于电子工业的其他单晶硅棒 ---Other monocrystals doped for use in electronics, in the form of cylinders or rods	4	0	东盟AS,智CL,巴PK,新西兰NZ,秘PE,哥CR,瑞CH,冰IS,韩KR,澳AU,格GE,毛MU,东盟^RAS^R,澳^RAU^R,日^RJP^R,新西兰^RNZ^R,柬KH,港HK,澳门MO,韩^RKR^R	0	受惠国LD	17
				3.6	亚太AP			
1670	2804.6190	---其他 ---Other	4	0	东盟AS,智CL,巴PK,新西兰NZ,秘PE,哥CR,瑞CH,冰IS,澳AU,格GE,毛MU,柬KH,港HK,澳门MO	0	受惠国LD	30
				1.6	韩KR			
				3.2	东盟^RAS^R,澳^RAU^R,新西兰^RNZ^R,韩^RKR^R			
				3.5	日^RJP^R			
1671	2804.6900	--其他 --Other	4	0	东盟AS,智CL,巴PK,新西兰NZ,秘PE,哥CR,瑞CH,冰IS,韩KR,澳AU,格GE,毛MU,东盟^RAS^R,澳^RAU^R,日^RJP^R,新西兰^RNZ^R,柬KH,港HK,澳门MO,韩^RKR^R	0	受惠国LD	30
		-磷: -Phosphorus:						
1672	2804.7010	---黄磷(白磷) ---Yellow phosphorus (white phosphorus)	5	0	东盟AS,智CL,巴PK,新西兰NZ,秘PE,哥CR,瑞CH,冰IS,韩KR,澳AU,格GE,毛MU,东盟^RAS^R,澳^RAU^R,日^RJP^R,新西兰^RNZ^R,柬KH,港HK,澳门MO,韩^RKR^R	0	受惠国LD	30

序号 No.	税则号列 Tariff Line	货品名称 Article Description	最惠国税率 MFN(%)	协定税率 Agreement(%)		特惠税率 SP(%)	普通税率 Gen(%)
1673	2804.7090	---其他 ---Other	5	0	东盟AS,智CL,巴PK,新西兰NZ, 秘PE,哥CR,瑞CH,冰IS,澳AU,格 GE,毛MU,东盟^{R}AS^R,澳^{R}AU^R,新 西兰^{R}NZ^R,柬KH,港HK,澳门MO	0 受惠国LD	30
				0.5	韩KR		
				4.4	韩^{R}KR^R		
				4.5	日^{R}JP^R		
1674	2804.8000	-砷 -Arsenic	5	0	东盟AS,智CL,巴PK,新西兰NZ, 秘PE,哥CR,瑞CH,冰IS,韩KR, 澳AU,格GE,毛MU,东盟^{R}AS^R, 澳^{R}AU^R,日^{R}JP^R,新西兰^{R}NZ^R,柬 KH,港HK,澳门MO,韩^{R}KR^R	0 受惠国LD	30
		-硒: -Selenium:					
1675	2804.9010	---经掺杂用于电子工业的晶体棒 ---Crystals doped for use in electronics, in the form of cylinders or rods	4	0	东盟AS,智CL,巴PK,新西兰NZ, 秘PE,哥CR,瑞CH,冰IS,韩KR, 澳AU,格GE,毛MU,东盟^{R}AS^R, 澳^{R}AU^R,日^{R}JP^R,新西兰^{R}NZ^R,柬 KH,港HK,澳门MO,韩^{R}KR^R	0 受惠国LD	17
				3.2	亚太AP		
1676	2804.9090	---其他 ---Other	5Δ0	0	东盟AS,智CL,巴PK,新西兰NZ, 哥CR,瑞CH,冰IS,韩KR,澳AU, 格GE,毛MU,东盟^{R}AS^R,澳^{R}AU^R, 新西兰^{R}NZ^R,柬KH,港HK,澳门 MO,韩^{R}KR^R	0 受惠国LD	30
				0.8	秘PE		
				4.5	日^{R}JP^R		
	28.05	碱金属、碱土金属; 稀土金属、钪及钇, 不论是否相互混合或相互熔合; 汞: **Alkali or alkaline-earth metals; rare-earth metals, scandium and yttrium, whether or not intermixed or interalloyed; mercury:**					
		-碱金属及碱土金属: -Alkali or alkaline-earth metals:					
1677	2805.1100	--钠 --Sodium	5	0	东盟AS,智CL,巴PK,新西兰NZ, 秘PE,哥CR,瑞CH,冰IS,韩KR, 澳AU,格GE,毛MU,东盟^{R}AS^R, 澳^{R}AU^R,日^{R}JP^R,新西兰^{R}NZ^R,柬 KH,港HK,澳门MO,韩^{R}KR^R	0 受惠国LD	30
1678	2805.1200	--钙 --Calcium	5Δ1	0	东盟AS,智CL,巴PK,新西兰NZ, 秘PE,哥CR,瑞CH,冰IS,韩KR, 澳AU,格GE,毛MU,东盟^{R}AS^R, 澳^{R}AU^R,日^{R}JP^R,新西兰^{R}NZ^R,柬 KH,港HK,澳门MO,韩^{R}KR^R	0 受惠国LD	30
		--其他: --Other:					

序号 No.	税则号列 Tariff Line	货品名称 Article Description	最惠国税率 MFN(%)		协定税率 Agreement(%)	特惠税率 SP(%)		普通税率 Gen(%)
1679	2805.1910	---锂 ---Lithium	5Δ1	0 4.5	东盟AS,智CL,巴PK,新西兰NZ, 秘PE,哥CR,瑞CH,冰IS,韩KR, 澳AU,格GE,毛MU,东盟ᴿASᴿ, 澳ᴿAUᴿ,新西兰ᴿNZᴿ,柬KH,港 HK,澳门MO,韩ᴿKRᴿ 日ᴿJPᴿ	0	受惠国LD	30
1680	2805.1990	---其他 ---Other	5Δ1	0 4.5	东盟AS,智CL,巴PK,新西兰NZ, 秘PE,哥CR,瑞CH,冰IS,韩KR, 澳AU,格GE,毛MU,东盟ᴿASᴿ, 澳ᴿAUᴿ,新西兰ᴿNZᴿ,柬KH,港 HK,澳门MO,韩ᴿKRᴿ 日ᴿJPᴿ	0	受惠国LD	30
		-稀土金属、钪及钇,不论是否相互混合 或相互熔合: -Rare-earth metals, scandium and yttrium, whether or not intermixed or interalloyed:						
		---稀土金属、钪及钇,未相互混合或相 互熔合: ---Not intermixed or interalloyed:						
1681	2805.3011	----钕 ----Neodymium	5Δ0	0	东盟AS,智CL,巴PK,新西兰NZ, 秘PE,哥CR,瑞CH,冰IS,韩KR, 澳AU,格GE,毛MU,东盟ᴿASᴿ, 澳ᴿAUᴿ,日ᴿJPᴿ,新西兰ᴿNZᴿ,柬 KH,港HK,澳门MO,韩ᴿKRᴿ	0	受惠国LD	30
1682	2805.3012	----镝 ----Dysprosium	5Δ0	0	东盟AS,智CL,巴PK,新西兰NZ, 秘PE,哥CR,瑞CH,冰IS,韩KR, 澳AU,格GE,毛MU,东盟ᴿASᴿ, 澳ᴿAUᴿ,日ᴿJPᴿ,新西兰ᴿNZᴿ,柬 KH,港HK,澳门MO,韩ᴿKRᴿ	0	受惠国LD	30
1683	2805.3013	----铽 ----Terbium	5Δ0	0	东盟AS,智CL,巴PK,新西兰NZ, 秘PE,哥CR,瑞CH,冰IS,韩KR, 澳AU,格GE,毛MU,东盟ᴿASᴿ, 澳ᴿAUᴿ,日ᴿJPᴿ,新西兰ᴿNZᴿ,柬 KH,港HK,澳门MO,韩ᴿKRᴿ	0	受惠国LD	30
1684	2805.3014	----镧 ----Lanthanum	5Δ0	0	东盟AS,智CL,巴PK,新西兰NZ, 秘PE,哥CR,瑞CH,冰IS,韩KR, 澳AU,格GE,毛MU,东盟ᴿASᴿ, 澳ᴿAUᴿ,日ᴿJPᴿ,新西兰ᴿNZᴿ,柬 KH,港HK,澳门MO,韩ᴿKRᴿ	0	受惠国LD	30
1685	2805.3015	----铈 ----Cerium	5Δ0	0	东盟AS,智CL,巴PK,新西兰NZ, 秘PE,哥CR,瑞CH,冰IS,韩KR, 澳AU,格GE,毛MU,东盟ᴿASᴿ, 澳ᴿAUᴿ,日ᴿJPᴿ,新西兰ᴿNZᴿ,柬 KH,港HK,澳门MO,韩ᴿKRᴿ	0	受惠国LD	30

序号 No.	税则号列 Tariff Line	货品名称 Article Description	最惠国税率 MFN(%)		协定税率 Agreement(%)	特惠税率 SP(%)		普通税率 Gen(%)
1686	2805.3016	----镨 ----Praseodymium	5△0	0	东盟AS,智CL,巴PK,新西兰NZ,秘PE,哥CR,瑞CH,冰IS,韩KR,澳AU,格GE,毛MU,东盟^RAS^R,澳^RAU^R,日^RJP^R,新西兰^RNZ^R,柬KH,港HK,澳门MO,韩^RKR^R	0	受惠国LD	30
1687	2805.3017	----钇 ----Yttrium	5△0	0	东盟AS,智CL,巴PK,新西兰NZ,秘PE,哥CR,瑞CH,冰IS,韩KR,澳AU,格GE,毛MU,东盟^RAS^R,澳^RAU^R,日^RJP^R,新西兰^RNZ^R,柬KH,港HK,澳门MO,韩^RKR^R	0	受惠国LD	30
1688	2805.3018	----钪 ----Scandium	5△0	0	东盟AS,智CL,巴PK,新西兰NZ,秘PE,哥CR,瑞CH,冰IS,韩KR,澳AU,格GE,毛MU,东盟^RAS^R,澳^RAU^R,日^RJP^R,新西兰^RNZ^R,柬KH,港HK,澳门MO,韩^RKR^R	0	受惠国LD	30
1689	2805.3019	----其他 ----Other	5△0	0	东盟AS,智CL,巴PK,新西兰NZ,秘PE,哥CR,瑞CH,冰IS,韩KR,澳AU,格GE,毛MU,东盟^RAS^R,澳^RAU^R,日^RJP^R,新西兰^RNZ^R,柬KH,港HK,澳门MO,韩^RKR^R	0	受惠国LD	30
		---稀土金属、钪及钇，相互混合或相互熔合： ---Intermixed or interalloyed:						
1690	2805.3021	----电池级 ----Battery grade	5△0	0	东盟AS,智CL,巴PK,新西兰NZ,秘PE,哥CR,瑞CH,冰IS,韩KR,澳AU,格GE,毛MU,东盟^RAS^R,澳^RAU^R,日^RJP^R,新西兰^RNZ^R,柬KH,港HK,澳门MO,韩^RKR^R	0	受惠国LD	30
1691	2805.3029	----其他 ----Other	5△0	0	东盟AS,智CL,巴PK,新西兰NZ,秘PE,哥CR,瑞CH,冰IS,韩KR,澳AU,格GE,毛MU,东盟^RAS^R,澳^RAU^R,日^RJP^R,新西兰^RNZ^R,柬KH,港HK,澳门MO,韩^RKR^R	0	受惠国LD	30
1692	2805.4000	-汞 -Mercury	5	0	东盟AS,智CL,巴PK,新西兰NZ,秘PE,哥CR,瑞CH,冰IS,韩KR,澳AU,格GE,毛MU,东盟^RAS^R,澳^RAU^R,日^RJP^R,新西兰^RNZ^R,柬KH,港HK,澳门MO,韩^RKR^R	0	受惠国LD	17
		第二分章　无机酸及非金属无机氧化物 Ⅱ. INORGANIC ACIDS AND INORGANIC OXYGEN COMPOUNDS OF NON-METALS						
	28.06	氯化氢（盐酸）；氯磺酸： Hydrogen chloride (hydrochloric acid); chlorosulphuric acid:						

序号 No.	税则号列 Tariff Line	货品名称 Article Description	最惠国税率 MFN(%)	协定税率 Agreement(%)		特惠税率 SP(%)		普通税率 Gen(%)
1693	2806.1000	-氯化氢（盐酸） -Hydrogen chloride(hydrochloric acid)	5	0	东盟AS,智CL,巴PK,新西兰NZ,秘PE,哥CR,瑞CH,冰IS,韩KR,澳AU,格GE,毛MU,东盟^RAS^R,澳^RAU^R,日^RJP^R,新西兰^RNZ^R,柬KH,港HK,澳门MO,韩^RKR^R	0	受惠国LD	80
1694	2806.2000	-氯磺酸 -Chlorosulphuric acid	5	0	东盟AS,智CL,巴PK,新西兰NZ,秘PE,哥CR,瑞CH,冰IS,韩KR,澳AU,格GE,毛MU,东盟^RAS^R,澳^RAU^R,日^RJP^R,新西兰^RNZ^R,柬KH,港HK,澳门MO,韩^RKR^R	0	受惠国LD	40
	28.07	硫酸；发烟硫酸： **Sulphuric acid; oleum:**						
1695	2807.0000	硫酸；发烟硫酸 Sulphuric acid; oleum	5Δ1	0 4.4	东盟AS,智CL,巴PK,新西兰NZ,秘PE,哥CR,瑞CH,冰IS,韩KR,澳AU,格GE,毛MU,东盟^RAS^R,日^RJP^R,柬KH,港HK,澳门MO,韩^RKR^R 澳^RAU^R,新西兰^RNZ^R	0	受惠国LD	35
	28.08	硝酸；磺硝酸： **Nitric acid; sulphonitric acids:**						
1696	2808.0000	硝酸；磺硝酸 Nitric acid; sulphonitric acids	5	0	东盟AS,智CL,巴PK,新西兰NZ,秘PE,哥CR,瑞CH,冰IS,韩KR,澳AU,格GE,毛MU,东盟^RAS^R,澳^RAU^R,日^RJP^R,新西兰^RNZ^R,柬KH,港HK,澳门MO,韩^RKR^R	0	受惠国LD	40
	28.09	五氧化二磷；磷酸；多磷酸，不论是否已有化学定义： **Diphosphorus pentaoxide; phosphoric acid; polyphosphoric acids, whether or not chemically defined:**						
1697	2809.1000	-五氧化二磷 -Diphosphorus pentaoxide	1	0	东盟AS,智CL,巴PK,新西兰NZ,秘PE,哥CR,瑞CH,冰IS,韩KR,澳AU,格GE,毛MU,东盟^RAS^R,澳^RAU^R,日^RJP^R,新西兰^RNZ^R,柬KH,港HK,澳门MO,韩^RKR^R	0	受惠国LD	8
		-磷酸及多磷酸： -Phosphoric acid and polyphosphoric acids: ---磷酸及偏磷酸、焦磷酸： ---Phosphoric acid, metaphosphoric acid and pyrophosphoric acid:						
1698	2809.2011	----食品级磷酸 ----Phosphoric acid, food grade	1	0	东盟AS,智CL,巴PK,新西兰NZ,秘PE,哥CR,瑞CH,冰IS,韩KR,澳AU,格GE,毛MU,东盟^RAS^R,澳^RAU^R,日^RJP^R,新西兰^RNZ^R,柬KH,港HK,澳门MO,韩^RKR^R	0	受惠国LD	8

序号 No.	税则号列 Tariff Line	货品名称 Article Description	最惠国税率 MFN(%)	协定税率 Agreement(%)		特惠税率 SP(%)	普通税率 Gen(%)
1699	2809.2019	----其他 ----Other	1	0	东盟AS,智CL,巴PK,新西兰NZ,秘PE,哥CR,瑞CH,冰IS,澳AU,格GE,毛MU,东盟^{R}AS^R,澳^{R}AU^R,新西兰^{R}NZ^R,柬KH,港HK,澳门MO	0 受惠国LD	8
				0.1	韩KR		
				0.8	日^{R}JP^R,韩^{R}KR^R		
1700	2809.2090	---其他 ---Other	5	0	东盟AS,智CL,巴PK,新西兰NZ,秘PE,哥CR,瑞CH,冰IS,韩KR,澳AU,格GE,毛MU,东盟^{R}AS^R,澳^{R}AU^R,日^{R}JP^R,新西兰^{R}NZ^R,柬KH,港HK,澳门MO,韩^{R}KR^R	0 受惠国LD	35
	28.10	硼的氧化物；硼酸: **Oxides of boron; boric acids:**					
1701	2810.0010	---硼的氧化物 ---Oxides of boron	5	0	东盟AS,智CL,巴PK,新西兰NZ,秘PE,哥CR,瑞CH,冰IS,韩KR,澳AU,格GE,毛MU,东盟^{R}AS^R,澳^{R}AU^R,日^{R}JP^R,新西兰^{R}NZ^R,柬KH,港HK,澳门MO,韩^{R}KR^R	0 受惠国LD	30
				4.5	亚太AP		
1702	2810.0020	---硼酸 ---Boric acids	5Δ2	0	东盟AS,智CL,巴PK,新西兰NZ,秘PE,哥CR,瑞CH,冰IS,韩KR,澳AU,格GE,毛MU,东盟^{R}AS^R,澳^{R}AU^R,日^{R}JP^R,新西兰^{R}NZ^R,柬KH,港HK,澳门MO,韩^{R}KR^R	0 受惠国LD	30
	28.11	其他无机酸及非金属无机氧化物: **Other inorganic acids and other inorganic oxygen compounds of non-metals:**					
		-其他无机酸: -Other inorganic acids:					
		--氟化氢(氢氟酸): --Hydrofluoric acid:					
1703	2811.1110	---电子级氢氟酸 ---Electron level	5.5	0	东盟AS,智CL,巴PK,新西兰NZ,秘PE,哥CR,瑞CH,冰IS,韩KR,澳AU,格GE,东盟^{R}AS^R,澳^{R}AU^R,新西兰^{R}NZ^R,柬KH,港HK,澳门MO,韩^{R}KR^R	0 受惠国LD	35
				4.5	日^{R}JP^R		
1704	2811.1190	---其他 ---Other	5	0	东盟AS,智CL,巴PK,新西兰NZ,秘PE,哥CR,瑞CH,冰IS,韩KR,澳AU,格GE,毛MU,东盟^{R}AS^R,澳^{R}AU^R,新西兰^{R}NZ^R,柬KH,港HK,澳门MO,韩^{R}KR^R	0 受惠国LD	35
				4.5	日^{R}JP^R		

序号 No.	税则号列 Tariff Line	货品名称 Article Description	最惠国税率 MFN(%)	协定税率 Agreement(%)		特惠税率 SP(%)	普通税率 Gen(%)
1705	2811.1200	--氰化氢（氢氰酸） --Hydrogen cyanide (hydrocyanic acid)	5	0	东盟AS,智CL,巴PK,新西兰NZ,秘PE,哥CR,瑞CH,冰IS,韩KR,澳AU,格GE,毛MU,东盟^{R}AS^R,澳^{R}AU^R,日^{R}JP^R,新西兰^{R}NZ^R,柬KH,港HK,澳门MO,韩^{R}KR^R	0 受惠国LD	35
				4	亚太AP		
		--其他: --Other:					
1706	2811.1920	---硒化氢 ---Hydrogen selenide	5	0	东盟AS,智CL,巴PK,新西兰NZ,秘PE,哥CR,瑞CH,冰IS,澳AU,格GE,毛MU,东盟^{R}AS^R,澳^{R}AU^R,新西兰^{R}NZ^R,柬KH,港HK,澳门MO	0 受惠国LD	35
				0.5	韩KR		
				4.4	韩^{R}KR^R		
				4.5	日^{R}JP^R		
1707	2811.1990	---其他 ---Other	5	0	东盟AS,智CL,巴PK,新西兰NZ,秘PE,哥CR,瑞CH,冰IS,澳AU,格GE,毛MU,东盟^{R}AS^R,澳^{R}AU^R,新西兰^{R}NZ^R,柬KH,港HK,澳门MO	0 受惠国LD	35
				0.5	韩KR		
				4.4	韩^{R}KR^R		
				4.5	日^{R}JP^R		
		-其他非金属无机氧化物: -Other inorganic oxygen compounds of non-metals:					
1708	2811.2100	--二氧化碳 --Carbon dioxide	5	0	东盟AS,智CL,巴PK,新西兰NZ,秘PE,哥CR,瑞CH,冰IS,韩KR,澳AU,格GE,毛MU,东盟^{R}AS^R,澳^{R}AU^R,日^{R}JP^R,新西兰^{R}NZ^R,柬KH,港HK,澳门MO,韩^{R}KR^R	0 受惠国LD	30
		--二氧化硅: --Silicon dioxide:					
1709	2811.2210	---硅胶 ---Silica gel	5	0	东盟AS,智CL,巴PK,新西兰NZ,秘PE,哥CR,瑞CH,冰IS,韩KR,澳AU,格GE,毛MU,东盟^{R}AS^R,日^{R}JP^R,柬KH,港HK,澳门MO,韩^{R}KR^R	0 受惠国LD	30
				4.4	澳^{R}AU^R,新西兰^{R}NZ^R		
1710	2811.2290	---其他 ---Other	5	0	东盟AS,智CL,巴PK,新西兰NZ,秘PE,哥CR,瑞CH,冰IS,韩KR,澳AU,格GE,毛MU,东盟^{R}AS^R,日^{R}JP^R,柬KH,港HK,澳门MO,韩^{R}KR^R	0 受惠国LD	30
				4.4	澳^{R}AU^R,新西兰^{R}NZ^R		
1711	2811.2900	--其他 --Other	5	0	东盟AS,智CL,巴PK,新西兰NZ,秘PE,哥CR,瑞CH,冰IS,韩KR,澳AU,格GE,毛MU,东盟^{R}AS^R,澳^{R}AU^R,日^{R}JP^R,新西兰^{R}NZ^R,柬KH,港HK,澳门MO,韩^{R}KR^R	0 受惠国LD	30

序号 No.	税则号列 Tariff Line	货品名称 Article Description	最惠国税率 MFN(%)		协定税率 Agreement(%)	特惠税率 SP(%)		普通税率 Gen(%)
		第三分章　非金属卤化物及硫化物 Ⅲ. HALOGEN OR SULPHUR COMPOUNDS OF NON-METALS						
	28.12	**非金属卤化物及卤氧化物:** **Halides and halide oxides of non-metals:**						
		-氯化物及氯氧化物: -Chlorides and chloride oxides:						
1712	2812.1100	--碳酰二氯（光气） --Carbonyl dichloride (phosgene)	5	0	东盟AS,智CL,巴PK,新西兰NZ,秘PE,哥CR,瑞CH,冰IS,韩KR,澳AU,格GE,毛MU,东盟^RAS^R,澳^RAU^R,日^RJP^R,新西兰^RNZ^R,柬KH,港HK,澳门MO,韩^RKR^R	0	受惠国LD	30
1713	2812.1200	--氧氯化磷 --Phosphorus oxychloride	5	0	东盟AS,智CL,巴PK,新西兰NZ,秘PE,哥CR,瑞CH,冰IS,韩KR,澳AU,格GE,毛MU,东盟^RAS^R,澳^RAU^R,日^RJP^R,新西兰^RNZ^R,柬KH,港HK,澳门MO,韩^RKR^R	0	受惠国LD	30
1714	2812.1300	--三氯化磷 --Phosphorus trichloride	5	0	东盟AS,智CL,巴PK,新西兰NZ,秘PE,哥CR,瑞CH,冰IS,韩KR,澳AU,格GE,毛MU,东盟^RAS^R,澳^RAU^R,日^RJP^R,新西兰^RNZ^R,柬KH,港HK,澳门MO,韩^RKR^R	0	受惠国LD	30
1715	2812.1400	--五氯化磷 --Phosphorus pentachloride	5	0	东盟AS,智CL,巴PK,新西兰NZ,秘PE,哥CR,瑞CH,冰IS,韩KR,澳AU,格GE,毛MU,东盟^RAS^R,澳^RAU^R,日^RJP^R,新西兰^RNZ^R,柬KH,港HK,澳门MO,韩^RKR^R	0	受惠国LD	30
1716	2812.1500	--一氯化硫 --Sulphur monochloride	5	0	东盟AS,智CL,巴PK,新西兰NZ,秘PE,哥CR,瑞CH,冰IS,韩KR,澳AU,格GE,毛MU,东盟^RAS^R,澳^RAU^R,日^RJP^R,新西兰^RNZ^R,柬KH,港HK,澳门MO,韩^RKR^R	0	受惠国LD	30
1717	2812.1600	--二氯化硫 --Sulphur dichloride	5	0	东盟AS,智CL,巴PK,新西兰NZ,秘PE,哥CR,瑞CH,冰IS,韩KR,澳AU,格GE,毛MU,东盟^RAS^R,澳^RAU^R,日^RJP^R,新西兰^RNZ^R,柬KH,港HK,澳门MO,韩^RKR^R	0	受惠国LD	30
1718	2812.1700	--亚硫酰氯 --Thionyl chloride	5	0 4.5	东盟AS,智CL,巴PK,新西兰NZ,秘PE,哥CR,瑞CH,冰IS,韩KR,澳AU,格GE,毛MU,东盟^RAS^R,澳^RAU^R,新西兰^RNZ^R,柬KH,港HK,澳门MO,韩^RKR^R 日^RJP^R	0	受惠国LD	30
		--其他: --Other:						

序号 No.	税则号列 Tariff Line	货品名称 Article Description	最惠国税率 MFN(%)		协定税率 Agreement(%)	特惠税率 SP(%)		普通税率 Gen(%)
1719	2812.1910	---氯化物 ---Chlorides	5	0	东盟AS,智CL,巴PK,新西兰NZ,秘PE,哥CR,瑞CH,冰IS,韩KR,澳AU,格GE,毛MU,东盟^RAS^R,澳^RAU^R,新西兰^RNZ^R,柬KH,港HK,澳门MO,韩^RKR^R	0	受惠国LD	30
				4.5	日^RJP^R			
1720	2812.1990	---其他 ---Other	5	0	东盟AS,智CL,巴PK,新西兰NZ,秘PE,哥CR,瑞CH,冰IS,韩KR,澳AU,格GE,毛MU,东盟^RAS^R,澳^RAU^R,日^RJP^R,新西兰^RNZ^R,柬KH,港HK,澳门MO,韩^RKR^R	0	受惠国LD	30
		-其他: -Other:						
		---氟化物及氟氧化物: ---Fluorid and oxyfluoride:						
1721	2812.9011	----三氟化氮 ----Nitrogen trifluoride	5	0	东盟AS,智CL,巴PK,新西兰NZ,秘PE,哥CR,瑞CH,冰IS,澳AU,格GE,毛MU,柬KH,港HK,澳门MO	0	受惠国LD	30
				2.2	韩KR			
				4.4	东盟^RAS^R,澳^RAU^R,新西兰^RNZ^R,韩^RKR^R			
				4.8	日^RJP^R			
1722	2812.9012	----六氟化硫 ----Sulphur hexafluoride	5	0	东盟AS,智CL,巴PK,新西兰NZ,秘PE,哥CR,瑞CH,冰IS,韩KR,澳AU,格GE,毛MU,东盟^RAS^R,澳^RAU^R,新西兰^RNZ^R,柬KH,港HK,澳门MO,韩^RKR^R	0	受惠国LD	30
				4.5	日^RJP^R			
1723	2812.9019	----其他 ----Other	5	0	东盟AS,智CL,巴PK,新西兰NZ,秘PE,哥CR,瑞CH,冰IS,韩KR,澳AU,格GE,毛MU,东盟^RAS^R,澳^RAU^R,新西兰^RNZ^R,柬KH,港HK,澳门MO,韩^RKR^R	0	受惠国LD	30
				4.5	日^RJP^R			
	ex28129019	三氟化磷 Phosphorus trifluoride	Δ3					
	ex28129019	三氟化硼 Boron trifluoride	Δ3					
1724	2812.9090	---其他 ---Other	5	0	东盟AS,智CL,巴PK,新西兰NZ,秘PE,哥CR,瑞CH,冰IS,澳AU,格GE,毛MU,东盟^RAS^R,澳^RAU^R,新西兰^RNZ^R,柬KH,港HK,澳门MO	0	受惠国LD	30
				0.5	韩KR			
				4.4	韩^RKR^R			
				4.5	日^RJP^R			

序号 No.	税则号列 Tariff Line	货品名称 Article Description	最惠国税率 MFN(%)	协定税率 Agreement(%)		特惠税率 SP(%)		普通税率 Gen(%)
	28.13	非金属硫化物；商品三硫化二磷： **Sulphides of non-metals; commercial phosphorus trisulphide:**						
1725	2813.1000	-二硫化碳 -Carbon disulphide	5	0	东盟AS,智CL,巴PK,新西兰NZ,秘PE,哥CR,瑞CH,冰IS,韩KR,澳AU,格GE,毛MU,东盟^RAS^R,澳^RAU^R,日^RJP^R,新西兰^RNZ^R,柬KH,港HK,澳门MO,韩^RKR^R	0 受惠国LD	30
1726	2813.9000	-其他 -Other	5	0	东盟AS,智CL,巴PK,新西兰NZ,秘PE,哥CR,瑞CH,冰IS,韩KR,澳AU,格GE,毛MU,东盟^RAS^R,澳^RAU^R,日^RJP^R,新西兰^RNZ^R,柬KH,港HK,澳门MO,韩^RKR^R	0 受惠国LD	30
		第四分章　无机碱和金属氧化物、氢氧化物及过氧化物 Ⅳ. INORGANIC BASES AND OXIDES, HYDROXIDES AND PEROXIDES OF METALS						
	28.14	氨及氨水： **Ammonia, anhydrous or in aqueous solution:**						
1727	2814.1000	-氨 -Anhydrous ammonia	5Δ0	0	东盟AS,智CL,巴PK,新西兰NZ,秘PE,哥CR,瑞CH,冰IS,韩KR,澳AU,格GE,毛MU,东盟^RAS^R,澳^RAU^R,日^RJP^R,新西兰^RNZ^R,柬KH,港HK,澳门MO,韩^RKR^R	0 受惠国LD	35
1728	2814.2000	-氨水 -Ammonia in aqueous solution	5Δ0	0	东盟AS,智CL,巴PK,新西兰NZ,秘PE,哥CR,瑞CH,冰IS,韩KR,澳AU,格GE,毛MU,东盟^RAS^R,澳^RAU^R,日^RJP^R,新西兰^RNZ^R,柬KH,港HK,澳门MO,韩^RKR^R	0 受惠国LD	35
	28.15	氢氧化钠（烧碱）；氢氧化钾（苛性钾）；过氧化钠及过氧化钾： **Sodium hydroxide (caustic soda); potassium hydroxide (caustic potash); peroxides of sodium or potassium:**						
		-氢氧化钠（烧碱）： -Sodium hydroxide (caustic soda):						
1729	2815.1100	--固体 --Solid	5	0	智CL,新西兰NZ,秘PE,哥CR,瑞CH,冰IS,澳AU,格GE,毛MU,柬KH,港HK,澳门MO	0 受惠国LD	35
				1	韩KR		
				3.3	亚太AP		
				5	东盟AS		
				7	巴PK		

序号 No.	税则号列 Tariff Line	货品名称 Article Description	最惠国税率 MFN(%)		协定税率 Agreement(%)	特惠税率 SP(%)		普通税率 Gen(%)
1730	2815.1200	--水溶液（氢氧化钠浓溶液及液体烧碱） --In aqueous solution (soda lye or liquid soda)	5	0	智CL,新西兰NZ,秘PE,哥CR,瑞CH,冰IS,澳AU,格GE,毛MU,柬KH,港HK,澳门MO	0	受惠国LD	35
				0.8	韩KR			
				3.3	亚太AP			
				5	东盟AS,东盟^RAS^R,澳^RAU^R,新西兰^RNZ^R			
				5.6	巴PK			
1731	2815.2000	-氢氧化钾（苛性钾） -Potassium hydroxide (caustic potash)	5	0	东盟AS,智CL,巴PK,新西兰NZ,秘PE,哥CR,瑞CH,冰IS,韩KR,澳AU,格GE,毛MU,东盟^RAS^R,澳^RAU^R,日^RJP^R,新西兰^RNZ^R,柬KH,港HK,澳门MO,韩^RKR^R	0	受惠国LD	30
1732	2815.3000	-过氧化钠及过氧化钾 -Peroxides of sodium or potassium	5	0	东盟AS,智CL,巴PK,新西兰NZ,秘PE,哥CR,瑞CH,冰IS,韩KR,澳AU,格GE,毛MU,东盟^RAS^R,澳^RAU^R,日^RJP^R,新西兰^RNZ^R,柬KH,港HK,澳门MO,韩^RKR^R	0	受惠国LD	30
	28.16	氢氧化镁及过氧化镁；锶或钡的氧化物、氢氧化物及过氧化物: Hydroxide and peroxide of magnesium; oxides, hydroxides and peroxides, of strontium or barium:						
1733	2816.1000	-氢氧化镁及过氧化镁 -Hydroxide and peroxide of magnesium	5	0	东盟AS,智CL,巴PK,新西兰NZ,秘PE,哥CR,瑞CH,冰IS,澳AU,格GE,毛MU,东盟^RAS^R,澳^RAU^R,新西兰^RNZ^R,柬KH,港HK,澳门MO	0	受惠国LD	30
				0.5	韩KR			
				4.4	韩^RKR^R			
				4.5	日^RJP^R			
1734	2816.4000	-锶或钡的氧化物、氢氧化物及过氧化物 -Oxides, hydroxides and peroxides, of strontium or barium	5Δ2	0	东盟AS,智CL,巴PK,新西兰NZ,秘PE,哥CR,瑞CH,冰IS,韩KR,澳AU,格GE,毛MU,东盟^RAS^R,澳^RAU^R,日^RJP^R,新西兰^RNZ^R,柬KH,港HK,澳门MO,韩^RKR^R	0	受惠国LD	30
	28.17	氧化锌及过氧化锌: Zinc oxide; zinc peroxide:						
1735	2817.0010	---氧化锌 ---Zinc oxide	5	0	东盟AS,智CL,巴PK,新西兰NZ,秘PE,哥CR,瑞CH,冰IS,韩KR,澳AU,格GE,毛MU,东盟^RAS^R,澳^RAU^R,日^RJP^R,新西兰^RNZ^R,柬KH,港HK,澳门MO,韩^RKR^R	0	受惠国LD	40
1736	2817.0090	---过氧化锌 ---Zinc peroxide	5	0	东盟AS,智CL,巴PK,新西兰NZ,秘PE,哥CR,瑞CH,冰IS,韩KR,澳AU,格GE,毛MU,东盟^RAS^R,澳^RAU^R,日^RJP^R,新西兰^RNZ^R,柬KH,港HK,澳门MO,韩^RKR^R	0	受惠国LD	30
				4.5	亚太AP			

序号 No.	税则号列 Tariff Line	货品名称 Article Description	最惠国税率 MFN(%)		协定税率 Agreement(%)	特惠税率 SP(%)		普通税率 Gen(%)
28.18		人造刚玉，不论是否已有化学定义；氧化铝；氢氧化铝： **Artificial corundum, whether or not chemically defined; aluminium oxide; aluminium hydroxide:**						
		-人造刚玉，不论是否已有化学定义： -Artificial corundum, whether or not chemically defined:						
1737	2818.1010	---棕刚玉 ---Brown corundum	5	0 0.5 4.4 4.5	东盟AS,智CL,巴PK,新西兰NZ,秘PE,哥CR,瑞CH,冰IS,澳AU,格GE,毛MU,东盟^{R}AS^R,澳^{R}AU^R,新西兰^{R}NZ^R,柬KH,港HK,澳门MO 韩KR 韩^{R}KR^R 日^{R}JP^R	0	受惠国LD	20
1738	2818.1090	---其他 ---Other	5	0 4.4	东盟AS,智CL,巴PK,新西兰NZ,秘PE,哥CR,瑞CH,冰IS,韩KR,澳AU,格GE,毛MU,东盟^{R}AS^R,日^{R}JP^R,柬KH,港HK,澳门MO,韩^{R}KR^R 澳^{R}AU^R,新西兰^{R}NZ^R	0	受惠国LD	20
1739	2818.2000	-氧化铝，但人造刚玉除外 -Aluminium oxide, other than artificial corundum	5Δ0	0 1 6.5	东盟AS,智CL,新西兰NZ,新加坡SG,秘PE,哥CR,瑞CH,冰IS,韩KR,澳AU,格GE,毛MU,东盟^{R}AS^R,澳^{R}AU^R,新西兰^{R}NZ^R,柬KH,港HK,澳门MO,韩^{R}KR^R 巴PK 日^{R}JP^R	0	受惠国LD	30
1740	2818.3000	-氢氧化铝 -Aluminium hydroxide	5	0	东盟AS,智CL,巴PK,新西兰NZ,秘PE,哥CR,瑞CH,冰IS,韩KR,澳AU,格GE,毛MU,东盟^{R}AS^R,澳^{R}AU^R,日^{R}JP^R,新西兰^{R}NZ^R,柬KH,港HK,澳门MO,韩^{R}KR^R	0	受惠国LD	30
28.19		铬的氧化物及氢氧化物： **Chromium oxides and hydroxides:**						
1741	2819.1000	-三氧化铬 -Chromium trioxide	5	0 0.5 4.4 4.5	东盟AS,智CL,巴PK,新西兰NZ,秘PE,哥CR,瑞CH,冰IS,澳AU,格GE,毛MU,东盟^{R}AS^R,澳^{R}AU^R,新西兰^{R}NZ^R,柬KH,港HK,澳门MO 韩KR 韩^{R}KR^R 日^{R}JP^R	0	受惠国LD	20
1742	2819.9000	-其他 -Other	5	0	东盟AS,智CL,巴PK,新西兰NZ,秘PE,哥CR,瑞CH,冰IS,韩KR,澳AU,格GE,毛MU,东盟^{R}AS^R,澳^{R}AU^R,日^{R}JP^R,新西兰^{R}NZ^R,柬KH,港HK,澳门MO,韩^{R}KR^R	0	受惠国LD	30

序号 No.	税则号列 Tariff Line	货品名称 Article Description	最惠国税率 MFN(%)		协定税率 Agreement(%)	特惠税率 SP(%)		普通税率 Gen(%)
	28.20	锰的氧化物: **Manganese oxide:**						
1743	2820.1000	-二氧化锰 -Manganese dioxide	5	0	东盟AS,智CL,巴PK,新西兰NZ,秘PE,哥CR,瑞CH,冰IS,韩KR,澳AU,格GE,毛MU,东盟^RAS^R,澳^RAU^R,日^RJP^R,新西兰^RNZ^R,柬KH,港HK,澳门MO,韩^RKR^R	0	受惠国LD	40
1744	2820.9000	-其他 -Other	5	0	东盟AS,智CL,巴PK,新西兰NZ,秘PE,哥CR,瑞CH,冰IS,韩KR,澳AU,格GE,毛MU,东盟^RAS^R,澳^RAU^R,日^RJP^R,新西兰^RNZ^R,柬KH,港HK,澳门MO,韩^RKR^R	0	受惠国LD	30
	28.21	铁的氧化物及氢氧化物; 土色料, 按重量计三氧化二铁含量在70%及以上: **Iron oxides and hydroxides; earth colours containing 70% or more by weight of combined iron evaluated as Fe₂O₃:**						
1745	2821.1000	-铁的氧化物及氢氧化物 -Iron oxides and hydroxides	5	0	东盟AS,智CL,巴PK,新西兰NZ,秘PE,哥CR,瑞CH,冰IS,澳AU,格GE,毛MU,柬KH,港HK,澳门MO	0	受惠国LD	30
				2.2	韩KR			
				4.4	东盟^RAS^R,澳^RAU^R,新西兰^RNZ^R,韩^RKR^R			
				4.8	日^RJP^R			
1746	2821.2000	-土色料 -Earth colours	5	0	东盟AS,智CL,巴PK,新西兰NZ,秘PE,哥CR,瑞CH,冰IS,澳AU,格GE,毛MU,东盟^RAS^R,澳^RAU^R,新西兰^RNZ^R,柬KH,港HK,澳门MO	0	受惠国LD	45
				0.5	韩KR			
				4.4	韩^RKR^R			
				4.5	日^RJP^R			
	28.22	钴的氧化物及氢氧化物; 商品氧化钴: **Cobalt oxides and hydroxides; commercial cobalt oxides:**						
1747	2822.0010	---四氧化三钴 ---Cobalt tetroxide	5Δ2	0	东盟AS,智CL,巴PK,新西兰NZ,秘PE,哥CR,瑞CH,冰IS,韩KR,澳AU,格GE,毛MU,东盟^RAS^R,澳^RAU^R,日^RJP^R,新西兰^RNZ^R,柬KH,港HK,澳门MO,韩^RKR^R	0	受惠国LD	30
1748	2822.0090	---其他 ---Other	5Δ2	0	东盟AS,智CL,巴PK,新西兰NZ,秘PE,哥CR,瑞CH,冰IS,韩KR,澳AU,格GE,毛MU,东盟^RAS^R,澳^RAU^R,日^RJP^R,新西兰^RNZ^R,柬KH,港HK,澳门MO,韩^RKR^R	0	受惠国LD	30
	28.23	钛的氧化物: **Titanium oxides:**						

序号 No.	税则号列 Tariff Line	货品名称 Article Description	最惠国税率 MFN(%)	协定税率 Agreement(%)		特惠税率 SP(%)		普通税率 Gen(%)
1749	2823.0000	钛的氧化物 Titanium oxides	5	0	东盟AS,智CL,巴PK,新西兰NZ,秘PE,哥CR,瑞CH,冰IS,韩KR,澳AU,格GE,毛MU,东盟^RAS^R,澳^RAU^R,日^RJP^R,新西兰^RNZ^R,柬KH,港HK,澳门MO,韩^RKR^R	0	受惠国LD	30
	28.24	**铅的氧化物; 铅丹及铅橙:** **Lead oxides; red lead and orange lead:**						
1750	2824.1000	-一氧化铅（铅黄、黄丹） -Lead monoxide (litharge, massicot)	5	0	东盟AS,智CL,巴PK,新西兰NZ,秘PE,哥CR,瑞CH,冰IS,韩KR,澳AU,格GE,毛MU,东盟^RAS^R,澳^RAU^R,日^RJP^R,新西兰^RNZ^R,柬KH,港HK,澳门MO,韩^RKR^R	0	受惠国LD	30
		-其他: -Other:						
1751	2824.9010	---铅丹及铅橙 ---Red lead and orange lead	5	0	东盟AS,智CL,巴PK,新西兰NZ,秘PE,哥CR,瑞CH,冰IS,韩KR,澳AU,格GE,毛MU,东盟^RAS^R,澳^RAU^R,日^RJP^R,新西兰^RNZ^R,柬KH,港HK,澳门MO,韩^RKR^R	0	受惠国LD	45
1752	2824.9090	---其他 ---Other	5	0	东盟AS,智CL,巴PK,新西兰NZ,秘PE,哥CR,瑞CH,冰IS,韩KR,澳AU,格GE,毛MU,东盟^RAS^R,澳^RAU^R,日^RJP^R,新西兰^RNZ^R,柬KH,港HK,澳门MO,韩^RKR^R	0	受惠国LD	30
	28.25	**肼（联氨）、胲（羟胺）及其无机盐; 其他无机碱; 其他金属氧化物、氢氧化物及过氧化物:** **Hydrazine and hydroxylamine and their inorganic salts; other inorganic bases; other metal oxides, hydroxides and peroxides:**						
		-肼（联氨）、胲（羟胺）及其无机盐: -Hydrazine and hydroxylamine and their inorganic salts:						
1753	2825.1010	---水合肼 ---Hydrazine hydrate	5	0 0.5 4.4 4.5	东盟AS,智CL,巴PK,新西兰NZ,秘PE,哥CR,瑞CH,冰IS,澳AU,格GE,毛MU,东盟^RAS^R,澳^RAU^R,新西兰^RNZ^R,柬KH,港HK,澳门MO 韩KR 韩^RKR^R 日^RJP^R	0	受惠国LD	30

序号 No.	税则号列 Tariff Line	货品名称 Article Description	最惠国税率 MFN(%)	协定税率 Agreement(%)		特惠税率 SP(%)		普通税率 Gen(%)
1754	2825.1020	---硫酸羟胺 ---Hydroxyamine sulfate	5	0	东盟AS,智CL,巴PK,新西兰NZ,秘PE,哥CR,瑞CH,冰IS,澳AU,格GE,毛MU,东盟^RAS^R,澳^RAU^R,新西兰^RNZ^R,柬KH,港HK,澳门MO	0	受惠国LD	30
				0.5	韩KR			
				4.4	韩^RKR^R			
				4.5	日^RJP^R			
1755	2825.1090	---其他 ---Other	5	0	东盟AS,智CL,巴PK,新西兰NZ,秘PE,哥CR,瑞CH,冰IS,韩KR,澳AU,格GE,毛MU,东盟^RAS^R,澳^RAU^R,日^RJP^R,新西兰^RNZ^R,柬KH,港HK,澳门MO,韩^RKR^R	0	受惠国LD	30
		-锂的氧化物及氢氧化物: -Lithium oxide and hydroxide:						
1756	2825.2010	---氢氧化锂 ---Lithium hydroxide	5	0	东盟AS,智CL,巴PK,新西兰NZ,秘PE,哥CR,瑞CH,冰IS,韩KR,澳AU,格GE,毛MU,东盟^RAS^R,澳^RAU^R,日^RJP^R,新西兰^RNZ^R,柬KH,港HK,澳门MO,韩^RKR^R	0	受惠国LD	30
1757	2825.2090	---其他 ---Other	5	0	东盟AS,智CL,巴PK,新西兰NZ,秘PE,哥CR,瑞CH,冰IS,韩KR,澳AU,格GE,毛MU,东盟^RAS^R,澳^RAU^R,日^RJP^R,新西兰^RNZ^R,柬KH,港HK,澳门MO,韩^RKR^R	0	受惠国LD	30
		-钒的氧化物及氢氧化物: -Vanadium oxides and hydroxides:						
1758	2825.3010	---五氧化二钒 ---Divanadium pentaoxide	5	0	东盟AS,智CL,巴PK,新西兰NZ,秘PE,哥CR,瑞CH,冰IS,澳AU,格GE,毛MU,东盟^RAS^R,澳^RAU^R,新西兰^RNZ^R,柬KH,港HK,澳门MO	0	受惠国LD	30
				0.5	韩KR			
				4.4	韩^RKR^R			
				4.5	日^RJP^R			
1759	2825.3090	---其他 ---Other	5	0	东盟AS,智CL,巴PK,新西兰NZ,秘PE,哥CR,瑞CH,冰IS,韩KR,澳AU,格GE,毛MU,东盟^RAS^R,澳^RAU^R,日^RJP^R,新西兰^RNZ^R,柬KH,港HK,澳门MO,韩^RKR^R	0	受惠国LD	30
1760	2825.4000	-镍的氧化物及氢氧化物 -Nickel oxides and hydroxides	5△2	0	东盟AS,智CL,巴PK,新西兰NZ,秘PE,哥CR,瑞CH,冰IS,韩KR,澳AU,格GE,毛MU,东盟^RAS^R,澳^RAU^R,日^RJP^R,新西兰^RNZ^R,柬KH,港HK,澳门MO,韩^RKR^R	0	受惠国LD	30

序号 No.	税则号列 Tariff Line	货品名称 Article Description	最惠国税率 MFN(%)	协定税率 Agreement(%)		特惠税率 SP(%)		普通税率 Gen(%)
1761	2825.5000	-铜的氧化物及氢氧化物 -Copper oxides and hydroxides	5	0	东盟AS,智CL,巴PK,新西兰NZ,秘PE,哥CR,瑞CH,冰IS,韩KR,澳AU,格GE,毛MU,东盟^RAS^R,澳^RAU^R,日^RJP^R,新西兰^RNZ^R,柬KH,港HK,澳门MO,韩^RKR^R	0	受惠国LD	30
1762	2825.6000	-锗的氧化物及二氧化锆 -Germanium oxides and zirconium dioxide	5	0	东盟AS,智CL,巴PK,新西兰NZ,秘PE,哥CR,瑞CH,冰IS,韩KR,澳AU,格GE,毛MU,东盟^RAS^R,澳^RAU^R,日^RJP^R,新西兰^RNZ^R,柬KH,港HK,澳门MO,韩^RKR^R	0	受惠国LD	30
1763	2825.7000	-钼的氧化物及氢氧化物 -Molybdenum oxides and hydroxides	5	0 4.5	东盟AS,智CL,巴PK,新西兰NZ,哥CR,瑞CH,冰IS,韩KR,澳AU,格GE,毛MU,东盟^RAS^R,澳^RAU^R,新西兰^RNZ^R,柬KH,港HK,澳门MO,韩^RKR^R 日^RJP^R	0	受惠国LD	30
1764	2825.8000	-锑的氧化物 -Antimony oxides	5	0	东盟AS,智CL,巴PK,新西兰NZ,秘PE,哥CR,瑞CH,冰IS,韩KR,澳AU,格GE,毛MU,东盟^RAS^R,澳^RAU^R,日^RJP^R,新西兰^RNZ^R,柬KH,港HK,澳门MO,韩^RKR^R	0	受惠国LD	30
		-其他: -Other:						
		---钨的氧化物及氢氧化物: ---Tungsten oxides and hydroxides:						
1765	2825.9011	----钨酸 ----Tungstic acid	5	0	东盟AS,智CL,巴PK,新西兰NZ,秘PE,哥CR,瑞CH,冰IS,韩KR,澳AU,格GE,毛MU,东盟^RAS^R,澳^RAU^R,日^RJP^R,新西兰^RNZ^R,柬KH,港HK,澳门MO,韩^RKR^R	0	受惠国LD	30
1766	2825.9012	----三氧化钨 ----Tungstic oxide	5	0	东盟AS,智CL,巴PK,新西兰NZ,秘PE,哥CR,瑞CH,冰IS,韩KR,澳AU,格GE,毛MU,东盟^RAS^R,澳^RAU^R,日^RJP^R,新西兰^RNZ^R,柬KH,港HK,澳门MO,韩^RKR^R	0	受惠国LD	30
1767	2825.9019	----其他 ----Other	5	0	东盟AS,智CL,巴PK,新西兰NZ,秘PE,哥CR,瑞CH,冰IS,韩KR,澳AU,格GE,毛MU,东盟^RAS^R,澳^RAU^R,日^RJP^R,新西兰^RNZ^R,柬KH,港HK,澳门MO,韩^RKR^R	0	受惠国LD	30
		---铋的氧化物及氢氧化物: ---Bismuth oxides and hydroxides:						
1768	2825.9021	----三氧化二铋 ----Bismuth trioxide	5	0	东盟AS,智CL,巴PK,新西兰NZ,秘PE,哥CR,瑞CH,冰IS,韩KR,澳AU,格GE,毛MU,东盟^RAS^R,澳^RAU^R,日^RJP^R,新西兰^RNZ^R,柬KH,港HK,澳门MO,韩^RKR^R	0	受惠国LD	30

序号 No.	税则号列 Tariff Line	货品名称 Article Description	最惠国税率 MFN(%)		协定税率 Agreement(%)	特惠税率 SP(%)		普通税率 Gen(%)
1769	2825.9029	----其他 ----Other	5	0	东盟AS,智CL,巴PK,新西兰NZ, 秘PE,哥CR,瑞CH,冰IS,韩KR, 澳AU,格GE,毛MU,东盟^{R}AS^R, 澳^{R}AU^R,日^{R}JP^R,新西兰^{R}NZ^R,柬 KH,港HK,澳门MO,韩^{R}KR^R	0	受惠国LD	30
		---锡的氧化物及氢氧化物: ---Tin oxides and hydroxides:						
1770	2825.9031	----二氧化锡 ----Tin dioxide	5	0	东盟AS,智CL,巴PK,新西兰NZ, 秘PE,哥CR,瑞CH,冰IS,韩KR, 澳AU,格GE,毛MU,东盟^{R}AS^R, 澳^{R}AU^R,日^{R}JP^R,新西兰^{R}NZ^R,柬 KH,港HK,澳门MO,韩^{R}KR^R	0	受惠国LD	30
1771	2825.9039	----其他 ----Other	5	0	东盟AS,智CL,巴PK,新西兰NZ, 秘PE,哥CR,瑞CH,冰IS,韩KR, 澳AU,格GE,毛MU,东盟^{R}AS^R, 澳^{R}AU^R,日^{R}JP^R,新西兰^{R}NZ^R,柬 KH,港HK,澳门MO,韩^{R}KR^R	0	受惠国LD	30
		---铌的氧化物及氢氧化物: ---Niobium oxide and hydroxide:						
1772	2825.9041	----一氧化铌 ----Columbium monoxide	5	0	东盟AS,智CL,巴PK,新西兰NZ, 秘PE,哥CR,瑞CH,冰IS,韩KR, 澳AU,格GE,毛MU,东盟^{R}AS^R, 澳^{R}AU^R,日^{R}JP^R,新西兰^{R}NZ^R,柬 KH,港HK,澳门MO,韩^{R}KR^R	0	受惠国LD	30
1773	2825.9049	----其他 ----Other	5	0	东盟AS,智CL,巴PK,新西兰NZ, 秘PE,哥CR,瑞CH,冰IS,韩KR, 澳AU,格GE,毛MU,东盟^{R}AS^R, 澳^{R}AU^R,日^{R}JP^R,新西兰^{R}NZ^R,柬 KH,港HK,澳门MO,韩^{R}KR^R	0	受惠国LD	30
	ex28259049	五氧化二铌 Niobium pentoxide	Δ2					
1774	2825.9090	---其他 ---Other	5	0	东盟AS,智CL,巴PK,新西兰NZ, 秘PE,哥CR,瑞CH,冰IS,韩KR, 澳AU,格GE,毛MU,东盟^{R}AS^R, 澳^{R}AU^R,日^{R}JP^R,新西兰^{R}NZ^R,柬 KH,港HK,澳门MO,韩^{R}KR^R	0	受惠国LD	30
		第五分章　无机酸盐、无机过氧酸盐 及金属酸盐、金属过氧酸盐 V. SALTS AND PEROXYSALTS, OFINORGANIC ACIDS AND METALS						
	28.26	氟化物; 氟硅酸盐、氟铝酸盐及其他氟 络盐: Fluorides; fluorosilicates, fluoroaluminates and other complex fluorine salts:						
		-氟化物: -Fluorides:						

序号 No.	税则号列 Tariff Line	货品名称 Article Description	最惠国税率 MFN(%)	协定税率 Agreement(%)		特惠税率 SP(%)		普通税率 Gen(%)
		--氟化铝: --Of aluminium:						
1775	2826.1210	---无水氟化铝 ---Anhydrous fluorides of aluminium	5.5	0	东盟AS,智CL,巴PK,新西兰NZ, 秘PE,哥CR,瑞CH,冰IS,韩KR, 澳AU,格GE,毛MU,东盟^RAS^R, 澳^RAU^R,日^RJP^R,新西兰^RNZ^R,柬 KH,港HK,澳门MO,韩^RKR^R	0	受惠国LD	30
1776	2826.1290	---其他 ---Other	5	0	东盟AS,智CL,巴PK,新西兰NZ, 秘PE,哥CR,瑞CH,冰IS,韩KR, 澳AU,格GE,毛MU,东盟^RAS^R, 澳^RAU^R,日^RJP^R,新西兰^RNZ^R,柬 KH,港HK,澳门MO,韩^RKR^R	0	受惠国LD	30
		--其他: --Other:						
1777	2826.1910	---铵的氟化物 ---Of ammonium	5	0	东盟AS,智CL,巴PK,新西兰NZ, 秘PE,哥CR,瑞CH,冰IS,韩KR, 澳AU,格GE,毛MU,东盟^RAS^R, 澳^RAU^R,日^RJP^R,新西兰^RNZ^R,柬 KH,港HK,澳门MO,韩^RKR^R	0	受惠国LD	30
1778	2826.1920	---钠的氟化物 ---Of sodium	5	0	东盟AS,智CL,巴PK,新西兰NZ, 秘PE,哥CR,瑞CH,冰IS,韩KR, 澳AU,格GE,毛MU,东盟^RAS^R, 澳^RAU^R,日^RJP^R,新西兰^RNZ^R,柬 KH,港HK,澳门MO,韩^RKR^R	0	受惠国LD	30
1779	2826.1930	---六氟化钨 ---Tungsten hexafluoride	5	0	东盟AS,智CL,巴PK,新西兰NZ, 秘PE,哥CR,瑞CH,冰IS,韩KR, 澳AU,格GE,毛MU,东盟^RAS^R, 澳^RAU^R,日^RJP^R,新西兰^RNZ^R,柬 KH,港HK,澳门MO,韩^RKR^R	0	受惠国LD	30
1780	2826.1990	---其他 ---Other	5	0	东盟AS,智CL,巴PK,新西兰NZ, 秘PE,哥CR,瑞CH,冰IS,韩KR, 澳AU,格GE,毛MU,东盟^RAS^R, 澳^RAU^R,日^RJP^R,新西兰^RNZ^R,柬 KH,港HK,澳门MO,韩^RKR^R	0	受惠国LD	30
1781	2826.3000	-六氟铝酸钠（人造冰晶石） -Sodium hexafluoroaluminate (synthetic cryolite)	5	0	东盟AS,智CL,巴PK,新西兰NZ, 秘PE,哥CR,瑞CH,冰IS,韩KR, 澳AU,格GE,毛MU,东盟^RAS^R, 澳^RAU^R,日^RJP^R,新西兰^RNZ^R,柬 KH,港HK,澳门MO,韩^RKR^R	0	受惠国LD	30
		-其他: -Other:						
1782	2826.9010	---氟硅酸盐 ---Fluorosilicates	5	0 0.5 4.4 4.5	东盟AS,智CL,巴PK,新西兰NZ, 秘PE,哥CR,瑞CH,冰IS,澳AU,格 GE,毛MU,东盟^RAS^R,澳^RAU^R,新 西兰^RNZ^R,柬KH,港HK,澳门MO 韩KR 韩^RKR^R 日^RJP^R	0	受惠国LD	30

序号 No.	税则号列 Tariff Line	货品名称 Article Description	最惠国税率 MFN(%)		协定税率 Agreement(%)	特惠税率 SP(%)		普通税率 Gen(%)
1783	2826.9020	---六氟磷酸锂 ---Lithium hexafluorophate	5.5	0 2.2 4.4 4.8	东盟AS,智CL,巴PK,新西兰NZ,秘PE,哥CR,瑞CH,冰IS,澳AU,格GE,毛MU,柬KH,港HK,澳门MO 韩KR 东盟^RAS^R,澳^RAU^R,新西兰^RNZ^R,韩^RKR^R 日^RJP^R	0	受惠国LD	30
1784	2826.9090	---其他 ---Other	5	0 2.2 4.4 4.8	东盟AS,智CL,巴PK,新西兰NZ,秘PE,哥CR,瑞CH,冰IS,澳AU,格GE,毛MU,柬KH,港HK,澳门MO 韩KR 东盟^RAS^R,澳^RAU^R,新西兰^RNZ^R,韩^RKR^R 日^RJP^R	0	受惠国LD	30
	ex28269090	氟钽酸钾 Potassium fluotantalate	Δ0					
28.27		**氯化物、氯氧化物及氢氧基氯化物；溴化物及溴氧化物；碘化物及碘氧化物:** **Chlorides, chloride oxides and chloride hydrooxides; bromides and bromide oxides; iodides and iodide oxides:**						
		-氯化铵: -Ammonium chloride:						
1785	2827.1010	---肥料用 ---For use as fertilizer	4	0 3.3	东盟AS,智CL,巴PK,新西兰NZ,秘PE,哥CR,瑞CH,冰IS,韩KR,澳AU,格GE,毛MU,东盟^RAS^R,澳^RAU^R,新西兰^RNZ^R,柬KH,港HK,澳门MO,韩^RKR^R 日^RJP^R	0	受惠国LD	11
1786	2827.1090	---其他 ---Other	5	0	东盟AS,智CL,巴PK,新西兰NZ,秘PE,哥CR,瑞CH,冰IS,韩KR,澳AU,格GE,毛MU,东盟^RAS^R,澳^RAU^R,日^RJP^R,新西兰^RNZ^R,柬KH,港HK,澳门MO,韩^RKR^R	0	受惠国LD	30
1787	2827.2000	-氯化钙 -Calcium chloride	5	0	东盟AS,智CL,巴PK,新西兰NZ,秘PE,哥CR,瑞CH,冰IS,韩KR,澳AU,格GE,毛MU,东盟^RAS^R,澳^RAU^R,日^RJP^R,新西兰^RNZ^R,柬KH,港HK,澳门MO,韩^RKR^R	0	受惠国LD	50
		-其他氯化物: -Other chlorides:						
1788	2827.3100	--氯化镁 --Of magnesium	5	0 0.5 4.4 4.5	东盟AS,智CL,巴PK,新西兰NZ,秘PE,哥CR,瑞CH,冰IS,澳AU,格GE,毛MU,东盟^RAS^R,澳^RAU^R,新西兰^RNZ^R,柬KH,港HK,澳门MO 韩KR 韩^RKR^R 日^RJP^R	0	受惠国LD	30

序号 No.	税则号列 Tariff Line	货品名称 Article Description	最惠国税率 MFN(%)		协定税率 Agreement(%)	特惠税率 SP(%)		普通税率 Gen(%)
1789	2827.3200	--氯化铝 --Of aluminium	5	0	东盟AS,智CL,巴PK,新西兰NZ,秘PE,哥CR,瑞CH,冰IS,韩KR,澳AU,格GE,毛MU,东盟^RAS^R,澳^RAU^R,日^RJP^R,新西兰^RNZ^R,柬KH,港HK,澳门MO,韩^RKR^R	0	受惠国LD	30
1790	2827.3500	--氯化镍 --Of nickel	5	0	东盟AS,智CL,巴PK,新西兰NZ,秘PE,哥CR,瑞CH,冰IS,韩KR,澳AU,格GE,毛MU,东盟^RAS^R,澳^RAU^R,日^RJP^R,新西兰^RNZ^R,柬KH,港HK,澳门MO,韩^RKR^R	0	受惠国LD	30
		--其他: --Other:						
1791	2827.3910	---氯化锂 ---Lithium chloride	5	0 3.3 4.5	东盟AS,智CL,巴PK,新西兰NZ,哥CR,瑞CH,冰IS,韩KR,澳AU,格GE,毛MU,东盟^RAS^R,澳^RAU^R,新西兰^RNZ^R,柬KH,港HK,澳门MO,韩^RKR^R 亚太AP 日^RJP^R	0	受惠国LD	30
1792	2827.3920	---氯化钡 ---Barium chleride	5	0 3.3 4.5	东盟AS,智CL,巴PK,新西兰NZ,哥CR,冰IS,韩KR,澳AU,格GE,毛MU,东盟^RAS^R,澳^RAU^R,新西兰^RNZ^R,柬KH,港HK,澳门MO,韩^RKR^R 亚太AP 日^RJP^R	0	受惠国LD	30
1793	2827.3930	---氯化钴 ---Cobalt chleride	5	0 3.3	东盟AS,智CL,巴PK,新西兰NZ,秘PE,哥CR,瑞CH,冰IS,韩KR,澳AU,格GE,毛MU,东盟^RAS^R,澳^RAU^R,日^RJP^R,新西兰^RNZ^R,柬KH,港HK,澳门MO,韩^RKR^R 亚太AP	0	受惠国LD	30
1794	2827.3990	---其他 ---Other	5	0 3.3 4.5	东盟AS,智CL,巴PK,新西兰NZ,哥CR,瑞CH,冰IS,韩KR,澳AU,格GE,毛MU,东盟^RAS^R,澳^RAU^R,新西兰^RNZ^R,柬KH,港HK,澳门MO,韩^RKR^R 亚太AP 日^RJP^R	0	受惠国LD	30
		-氯氧化物及氢氧基氯化物: -Chloride oxides and chloride hydroxides:						
1795	2827.4100	--铜的氯氧化物及氢氧基氯化物 --Of copper	5	0	东盟AS,智CL,巴PK,新西兰NZ,秘PE,哥CR,瑞CH,冰IS,韩KR,澳AU,格GE,毛MU,东盟^RAS^R,澳^RAU^R,日^RJP^R,新西兰^RNZ^R,柬KH,港HK,澳门MO,韩^RKR^R	0	受惠国LD	30

序号 No.	税则号列 Tariff Line	货品名称 Article Description	最惠国税率 MFN(%)		协定税率 Agreement(%)	特惠税率 SP(%)		普通税率 Gen(%)
		--其他: --Other:						
1796	2827.4910	---锆的氯氧化物及氢氧基氯化物 ---Of Zirconium	5	0	东盟AS,智CL,巴PK,新西兰NZ,秘PE,哥CR,瑞CH,冰IS,韩KR,澳AU,格GE,毛MU,东盟^{R}AS^R,澳^{R}AU^R,日^{R}JP^R,新西兰^{R}NZ^R,柬KH,港HK,澳门MO,韩^{R}KR^R	0	受惠国LD	30
1797	2827.4990	---其他 ---Other	5	0	东盟AS,智CL,巴PK,新西兰NZ,秘PE,哥CR,瑞CH,冰IS,韩KR,澳AU,格GE,毛MU,东盟^{R}AS^R,澳^{R}AU^R,日^{R}JP^R,新西兰^{R}NZ^R,柬KH,港HK,澳门MO,韩^{R}KR^R	0	受惠国LD	30
		-溴化物及溴氧化物: -Bromides and bromide oxides:						
1798	2827.5100	--溴化钠及溴化钾 --Bromides of sodium or of potassium	5	0	东盟AS,智CL,巴PK,新西兰NZ,秘PE,哥CR,瑞CH,冰IS,韩KR,澳AU,格GE,毛MU,东盟^{R}AS^R,澳^{R}AU^R,日^{R}JP^R,新西兰^{R}NZ^R,柬KH,港HK,澳门MO,韩^{R}KR^R	0	受惠国LD	30
1799	2827.5900	--其他 --Other	5	0 0.5 4.4 4.5	东盟AS,智CL,巴PK,新西兰NZ,秘PE,哥CR,瑞CH,冰IS,澳AU,格GE,毛MU,东盟^{R}AS^R,澳^{R}AU^R,新西兰^{R}NZ^R,柬KH,港HK,澳门MO 韩KR 韩^{R}KR^R 日^{R}JP^R	0	受惠国LD	30
1800	2827.6000	-碘化物及碘氧化物 -Iodides and iodide oxides	5	0 4.5	东盟AS,智CL,巴PK,新西兰NZ,哥CR,瑞CH,冰IS,韩KR,澳AU,格GE,毛MU,东盟^{R}AS^R,澳^{R}AU^R,新西兰^{R}NZ^R,柬KH,港HK,澳门MO,韩^{R}KR^R 日^{R}JP^R	0	受惠国LD	30
	28.28	次氯酸盐; 商品次氯酸钙; 亚氯酸盐; 次溴酸盐: Hypochlorites; commercial calcium hypochlorite; chlorites; hypobromites:						
1801	2828.1000	-商品次氯酸钙及其他钙的次氯酸盐 -Commercial calcium hypochlorite and other calcium hypochlorites	5	0 1.2 3 3.3 9.6 9.8	东盟AS,智CL,新西兰NZ,新加坡SG,秘PE,哥CR,瑞CH,冰IS,澳AU,格GE,毛MU,东盟^{R}AS^R,澳^{R}AU^R,新西兰^{R}NZ^R,柬KH,港HK,澳门MO 韩KR 巴PK 亚太AP 韩^{R}KR^R 日^{R}JP^R	0	受惠国LD	80

序号 No.	税则号列 Tariff Line	货品名称 Article Description	最惠国税率 MFN(%)		协定税率 Agreement(%)	特惠税率 SP(%)		普通税率 Gen(%)
1802	2828.9000	-其他 -Other	5	0	东盟AS,智CL,巴PK,新西兰NZ,秘PE,哥CR,瑞CH,冰IS,韩KR,澳AU,格GE,毛MU,东盟^RAS^R,澳^RAU^R,日^RJP^R,新西兰^RNZ^R,柬KH,港HK,澳门MO,韩^RKR^R	0	受惠国LD	30
	28.29	氯酸盐及高氯酸盐；溴酸盐及过溴酸盐；碘酸盐及高碘酸盐： Chlorates and perchlorates; bromates and perbromates; iodates and periodates:						
		-氯酸盐： -Chlorates:						
1803	2829.1100	--氯酸钠 --Of sodium	5	0 1.2 6 9.6 9.8	东盟AS,智CL,新西兰NZ,新加坡SG,秘PE,哥CR,瑞CH,冰IS,澳AU,格GE,毛MU,东盟^RAS^R,澳^RAU^R,新西兰^RNZ^R,柬KH,港HK,澳门MO 韩KR 巴PK 韩^RKR^R 日^RJP^R	0	受惠国LD	30
		--其他： --Other:						
1804	2829.1910	---氯酸钾（洋硝） ---Potassium chlorate	5	0	东盟AS,智CL,巴PK,新西兰NZ,秘PE,哥CR,瑞CH,冰IS,韩KR,澳AU,格GE,毛MU,东盟^RAS^R,澳^RAU^R,日^RJP^R,新西兰^RNZ^R,柬KH,港HK,澳门MO,韩^RKR^R	0	受惠国LD	20
1805	2829.1990	---其他 ---Other	5	0	东盟AS,智CL,巴PK,新西兰NZ,秘PE,哥CR,瑞CH,冰IS,韩KR,澳AU,格GE,毛MU,东盟^RAS^R,澳^RAU^R,日^RJP^R,新西兰^RNZ^R,柬KH,港HK,澳门MO,韩^RKR^R	0	受惠国LD	30
1806	2829.9000	-其他 -Other	5	0	东盟AS,智CL,巴PK,新西兰NZ,秘PE,哥CR,瑞CH,冰IS,韩KR,澳AU,格GE,毛MU,东盟^RAS^R,澳^RAU^R,日^RJP^R,新西兰^RNZ^R,柬KH,港HK,澳门MO,韩^RKR^R	0	受惠国LD	30
	28.30	硫化物；多硫化物,无论是否已有化学定义： Sulphides; polysulphides, whether or not chemically defined:						
		-钠的硫化物： -Sodium sulphides:						

序号 No.	税则号列 Tariff Line	货品名称 Article Description	最惠国税率 MFN(%)	协定税率 Agreement(%)		特惠税率 SP(%)	普通税率 Gen(%)
1807	2830.1010	---硫化钠 ---Sodium sulphide	5	0	东盟AS,智CL,巴PK,新西兰NZ,秘PE,哥CR,瑞CH,冰IS,韩KR,澳AU,格GE,毛MU,东盟^{R}AS^R,澳^{R}AU^R,日^{R}JP^R,新西兰^{R}NZ^R,柬KH,港HK,澳门MO,韩^{R}KR^R	0 受惠国LD	40
1808	2830.1090	---其他 ---Other	5	0	东盟AS,智CL,巴PK,新西兰NZ,秘PE,哥CR,瑞CH,冰IS,韩KR,澳AU,格GE,毛MU,东盟^{R}AS^R,澳^{R}AU^R,日^{R}JP^R,新西兰^{R}NZ^R,柬KH,港HK,澳门MO,韩^{R}KR^R	0 受惠国LD	30
		-其他: -Other:					
1809	2830.9020	---硫化锑 ---Antimony sulphide	5	0	东盟AS,智CL,巴PK,新西兰NZ,秘PE,哥CR,瑞CH,冰IS,韩KR,澳AU,格GE,毛MU,东盟^{R}AS^R,澳^{R}AU^R,日^{R}JP^R,新西兰^{R}NZ^R,柬KH,港HK,澳门MO,韩^{R}KR^R	0 受惠国LD	45
1810	2830.9030	---硫化钴 ---Cobalt sulphide	5	0 0.5 4.4 4.5	东盟AS,智CL,巴PK,新西兰NZ,秘PE,哥CR,瑞CH,冰IS,澳AU,格GE,毛MU,东盟^{R}AS^R,澳^{R}AU^R,新西兰^{R}NZ^R,柬KH,港HK,澳门MO 韩KR 韩^{R}KR^R 日^{R}JP^R	0 受惠国LD	30
1811	2830.9090	---其他 ---Other	5	0	东盟AS,智CL,巴PK,新西兰NZ,秘PE,哥CR,瑞CH,冰IS,韩KR,澳AU,格GE,毛MU,东盟^{R}AS^R,澳^{R}AU^R,日^{R}JP^R,新西兰^{R}NZ^R,柬KH,港HK,澳门MO,韩^{R}KR^R	0 受惠国LD	30
	28.31	连二亚硫酸盐及次硫酸盐: Dithionites and sulphoxylates:					
		-钠的连二亚硫酸盐及次硫酸盐: -Of sodium:					
1812	2831.1010	---钠的连二亚硫酸盐 ---Disulfite of sodium	5	0	东盟AS,智CL,巴PK,新西兰NZ,秘PE,哥CR,瑞CH,冰IS,韩KR,澳AU,格GE,毛MU,东盟^{R}AS^R,澳^{R}AU^R,日^{R}JP^R,新西兰^{R}NZ^R,柬KH,港HK,澳门MO,韩^{R}KR^R	0 受惠国LD	30
1813	2831.1020	---钠的次硫酸盐 ---Sulphoxylates	5	0	东盟AS,智CL,巴PK,新西兰NZ,秘PE,哥CR,瑞CH,冰IS,韩KR,澳AU,格GE,毛MU,东盟^{R}AS^R,澳^{R}AU^R,日^{R}JP^R,新西兰^{R}NZ^R,柬KH,港HK,澳门MO,韩^{R}KR^R	0 受惠国LD	30

序号 No.	税则号列 Tariff Line	货品名称 Article Description	最惠国税率 MFN(%)		协定税率 Agreement(%)	特惠税率 SP(%)		普通税率 Gen(%)
1814	2831.9000	-其他 -Other	5	0	东盟AS,智CL,巴PK,新西兰NZ,秘PE,哥CR,瑞CH,冰IS,韩KR,澳AU,格GE,毛MU,东盟^RAS^R,澳^RAU^R,日^RJP^R,新西兰^RNZ^R,柬KH,港HK,澳门MO,韩^RKR^R	0	受惠国LD	30
	28.32	亚硫酸盐; 硫代硫酸盐: **Sulphites; thiosulphates:**						
1815	2832.1000	-钠的亚硫酸盐 -Sodium sulphites	5	0	东盟AS,智CL,巴PK,新西兰NZ,秘PE,哥CR,瑞CH,冰IS,韩KR,澳AU,格GE,毛MU,东盟^RAS^R,澳^RAU^R,日^RJP^R,新西兰^RNZ^R,柬KH,港HK,澳门MO,韩^RKR^R	0	受惠国LD	30
1816	2832.2000	-其他亚硫酸盐 -Other sulphites	5	0	东盟AS,智CL,巴PK,新西兰NZ,秘PE,哥CR,瑞CH,冰IS,韩KR,澳AU,格GE,毛MU,东盟^RAS^R,澳^RAU^R,日^RJP^R,新西兰^RNZ^R,柬KH,港HK,澳门MO,韩^RKR^R	0	受惠国LD	30
1817	2832.3000	-硫代硫酸盐 -Thiosulphates	5	0	东盟AS,智CL,巴PK,新西兰NZ,秘PE,哥CR,瑞CH,冰IS,韩KR,澳AU,格GE,毛MU,东盟^RAS^R,澳^RAU^R,日^RJP^R,新西兰^RNZ^R,柬KH,港HK,澳门MO,韩^RKR^R	0	受惠国LD	30
	28.33	硫酸盐; 矾; 过硫酸盐: **Sulphates; alums; peroxosulphates (persulphates):**						
		-钠的硫酸盐: -Sodium sulphates:						
1818	2833.1100	--硫酸钠 --Disodium sulphate	5	0	东盟AS,智CL,巴PK,新西兰NZ,秘PE,哥CR,瑞CH,冰IS,韩KR,澳AU,格GE,毛MU,东盟^RAS^R,澳^RAU^R,新西兰^RNZ^R,柬KH,港HK,澳门MO,韩^RKR^R	0	受惠国LD	40
				2.5	亚太AP			
				4.5	日^RJP^R			
1819	2833.1900	--其他 --Other	5	0	东盟AS,智CL,巴PK,新西兰NZ,秘PE,哥CR,瑞CH,冰IS,韩KR,澳AU,格GE,毛MU,东盟^RAS^R,澳^RAU^R,日^RJP^R,新西兰^RNZ^R,柬KH,港HK,澳门MO,韩^RKR^R	0	受惠国LD	30
		-其他硫酸盐: -Other sulphates:						
1820	2833.2100	--硫酸镁 --Of magnesium	5	0	东盟AS,智CL,巴PK,新西兰NZ,秘PE,哥CR,瑞CH,冰IS,韩KR,澳AU,格GE,毛MU,东盟^RAS^R,澳^RAU^R,日^RJP^R,新西兰^RNZ^R,柬KH,港HK,澳门MO,韩^RKR^R	0	受惠国LD	30

序号 No.	税则号列 Tariff Line	货品名称 Article Description	最惠国税率 MFN(%)		协定税率 Agreement(%)	特惠税率 SP(%)		普通税率 Gen(%)
1821	2833.2200	--硫酸铝 --Of aluminium	5	0	东盟AS,智CL,巴PK,新西兰NZ,秘PE,哥CR,瑞CH,冰IS,韩KR,澳AU,格GE,毛MU,东盟^RAS^R,澳^RAU^R,日^RJP^R,新西兰^RNZ^R,柬KH,港HK,澳门MO,韩^RKR^R	0	受惠国LD	30
1822	2833.2400	--镍的硫酸盐 --Of nickel	5Δ2	0	东盟AS,智CL,巴PK,新西兰NZ,秘PE,哥CR,瑞CH,冰IS,韩KR,澳AU,格GE,毛MU,东盟^RAS^R,澳^RAU^R,日^RJP^R,新西兰^RNZ^R,柬KH,港HK,澳门MO,韩^RKR^R	0	受惠国LD	30
1823	2833.2500	--铜的硫酸盐 --Of copper	5	0	东盟AS,智CL,巴PK,新西兰NZ,秘PE,哥CR,瑞CH,冰IS,韩KR,澳AU,格GE,毛MU,东盟^RAS^R,澳^RAU^R,日^RJP^R,新西兰^RNZ^R,柬KH,港HK,澳门MO,韩^RKR^R	0	受惠国LD	30
1824	2833.2700	--硫酸钡 --Of barium	5	0 0.5 4.4 4.5	东盟AS,智CL,巴PK,新西兰NZ,秘PE,哥CR,瑞CH,冰IS,澳AU,格GE,毛MU,东盟^RAS^R,澳^RAU^R,新西兰^RNZ^R,柬KH,港HK,澳门MO 韩KR 韩^RKR^R 日^RJP^R	0	受惠国LD	30
		--其他: --Other:						
1825	2833.2910	---硫酸亚铁 ---Ferrous sulphate	5	0	东盟AS,智CL,巴PK,新西兰NZ,秘PE,哥CR,瑞CH,冰IS,韩KR,澳AU,格GE,毛MU,东盟^RAS^R,澳^RAU^R,日^RJP^R,新西兰^RNZ^R,柬KH,港HK,澳门MO,韩^RKR^R	0	受惠国LD	45
1826	2833.2920	---铬的硫酸盐 ---Of chromium	5	0	东盟AS,智CL,巴PK,新西兰NZ,秘PE,哥CR,瑞CH,冰IS,韩KR,澳AU,格GE,毛MU,东盟^RAS^R,澳^RAU^R,日^RJP^R,新西兰^RNZ^R,柬KH,港HK,澳门MO,韩^RKR^R	0	受惠国LD	30
1827	2833.2930	---硫酸锌 ---Of zinc	5	0 0.5 4.4 4.5	东盟AS,智CL,巴PK,新西兰NZ,秘PE,哥CR,瑞CH,冰IS,澳AU,格GE,毛MU,东盟^RAS^R,澳^RAU^R,新西兰^RNZ^R,柬KH,港HK,澳门MO 韩KR 韩^RKR^R 日^RJP^R	0	受惠国LD	30
1828	2833.2990	---其他 ---Other	5	0 4.5	东盟AS,智CL,巴PK,新西兰NZ,秘PE,哥CR,瑞CH,冰IS,韩KR,澳AU,格GE,毛MU,东盟^RAS^R,澳^RAU^R,新西兰^RNZ^R,柬KH,港HK,澳门MO,韩^RKR^R 日^RJP^R	0	受惠国LD	30

序号 No.	税则号列 Tariff Line	货品名称 Article Description	最惠国税率 MFN(%)	协定税率 Agreement(%)		特惠税率 SP(%)	普通税率 Gen(%)
	ex28332990	钴的硫酸盐 Cobalt sulpahte	Δ2				
		-矾: -Alums:					
1829	2833.3010	---钾铝矾 ---Potassium aluminum sulfate	5	0	东盟AS,智CL,巴PK,新西兰NZ,秘PE,哥CR,瑞CH,冰IS,澳AU,格GE,毛MU,东盟^{R}AS^R,澳^{R}AU^R,新西兰^{R}NZ^R,柬KH,港HK,澳门MO	0 受惠国LD	45
				0.5	韩KR		
				4.4	韩^{R}KR^R		
				4.5	日^{R}JP^R		
1830	2833.3090	---其他 ---Other	5	0	东盟AS,智CL,巴PK,新西兰NZ,秘PE,哥CR,瑞CH,冰IS,澳AU,格GE,毛MU,东盟^{R}AS^R,澳^{R}AU^R,新西兰^{R}NZ^R,柬KH,港HK,澳门MO	0 受惠国LD	30
				0.5	韩KR		
				4.4	韩^{R}KR^R		
				4.5	日^{R}JP^R		
1831	2833.4000	-过硫酸盐 -Peroxosulphates(persulphates)	5	0	东盟AS,智CL,巴PK,新西兰NZ,秘PE,哥CR,瑞CH,冰IS,澳AU,格GE,毛MU,东盟^{R}AS^R,澳^{R}AU^R,新西兰^{R}NZ^R,柬KH,港HK,澳门MO	0 受惠国LD	30
				0.5	韩KR		
				4.4	韩^{R}KR^R		
				4.5	日^{R}JP^R		
	28.34	亚硝酸盐; 硝酸盐: Nitrites; nitrates:					
1832	2834.1000	-亚硝酸盐 -Nitrites	5	0	东盟AS,智CL,巴PK,新西兰NZ,秘PE,哥CR,瑞CH,冰IS,韩KR,澳AU,格GE,毛MU,东盟^{R}AS^R,澳^{R}AU^R,日^{R}JP^R,新西兰^{R}NZ^R,柬KH,港HK,澳门MO,韩^{R}KR^R	0 受惠国LD	30
		-硝酸盐: -Nitrates:					
		--硝酸钾: --Of potassium:					
1833	2834.2110	---肥料用 ---For use as fertilizer	4Δ0	0	东盟AS,智CL,巴PK,新西兰NZ,秘PE,哥CR,瑞CH,冰IS,韩KR,澳AU,毛MU,东盟^{R}AS^R,澳^{R}AU^R,新西兰^{R}NZ^R,柬KH,港HK,澳门MO,韩^{R}KR^R	0 受惠国LD	11
				3.3	日^{R}JP^R		
1834	2834.2190	---其他 ---Other	5	0	东盟AS,智CL,巴PK,新西兰NZ,秘PE,哥CR,瑞CH,冰IS,韩KR,澳AU,格GE,毛MU,东盟^{R}AS^R,澳^{R}AU^R,日^{R}JP^R,新西兰^{R}NZ^R,柬KH,港HK,澳门MO,韩^{R}KR^R	0 受惠国LD	30

序号 No.	税则号列 Tariff Line	货品名称 Article Description	最惠国税率 MFN(%)	协定税率 Agreement(%)		特惠税率 SP(%)	普通税率 Gen(%)
		--其他: --Other:					
1835	2834.2910	---硝酸钴 ---Of cobalt	5	0	东盟AS,智CL,巴PK,新西兰NZ, 秘PE,哥CR,瑞CH,冰IS,韩KR, 澳AU,格GE,毛MU,东盟^RAS^R, 澳^RAU^R,日^RJP^R,新西兰^RNZ^R,柬 KH,港HK,澳门MO,韩^RKR^R	0 受惠国LD	30
1836	2834.2990	---其他 ---Other	5	0	东盟AS,智CL,巴PK,新西兰NZ, 秘PE,哥CR,瑞CH,冰IS,韩KR, 澳AU,格GE,毛MU,东盟^RAS^R, 澳^RAU^R,日^RJP^R,新西兰^RNZ^R,柬 KH,港HK,澳门MO,韩^RKR^R	0 受惠国LD	30
	ex28342990	硝酸钡 Barium nitrate	Δ2				
	28.35	次磷酸盐、亚磷酸盐、磷酸盐及多磷酸 盐,无论是否已有化学定义: Phosphinates (hypophosphites), phosphonates (phosphites) and phosphates; polyphosphates, whether or not chemically defined:					
1837	2835.1000	-次磷酸盐及亚磷酸盐 -Phosphinates (hypophosphites) and phosphonates (phosphites)	5	0	东盟AS,智CL,巴PK,新西兰NZ, 秘PE,哥CR,瑞CH,冰IS,韩KR, 澳AU,格GE,毛MU,东盟^RAS^R, 澳^RAU^R,日^RJP^R,新西兰^RNZ^R,柬 KH,港HK,澳门MO,韩^RKR^R	0 受惠国LD	20
		-磷酸盐: -Phosphates:					
1838	2835.2200	--磷酸一钠及磷酸二钠 --Of mono-or disodium	5	0 0.5 4.4 4.5	东盟AS,智CL,巴PK,新西兰NZ, 秘PE,哥CR,瑞CH,冰IS,澳AU,格 GE,毛MU,东盟^RAS^R,澳^RAU^R,新 西兰^RNZ^R,柬KH,港HK,澳门MO 韩KR 韩^RKR^R 日^RJP^R	0 受惠国LD	20
1839	2835.2400	--钾的磷酸盐 --Of potassium	5	0	东盟AS,智CL,巴PK,新西兰NZ, 秘PE,哥CR,瑞CH,冰IS,韩KR, 澳AU,格GE,毛MU,东盟^RAS^R, 澳^RAU^R,日^RJP^R,新西兰^RNZ^R,柬 KH,港HK,澳门MO,韩^RKR^R	0 受惠国LD	20
		--正磷酸氢钙(磷酸二钙): --Calcium hydrogenorthophosphate (dicalcium phosphate):					
1840	2835.2510	---饲料级的 ---Feed Grade	5	0	东盟AS,智CL,巴PK,新西兰NZ, 秘PE,哥CR,瑞CH,冰IS,韩KR, 澳AU,格GE,毛MU,东盟^RAS^R, 澳^RAU^R,日^RJP^R,新西兰^RNZ^R,柬 KH,港HK,澳门MO,韩^RKR^R	0 受惠国LD	20

序号 No.	税则号列 Tariff Line	货品名称 Article Description	最惠国税率 MFN(%)	协定税率 Agreement(%)		特惠税率 SP(%)		普通税率 Gen(%)
1841	2835.2520	---食品级的 ---Food Grade	5	0	东盟AS,智CL,巴PK,新西兰NZ,秘PE,哥CR,瑞CH,冰IS,韩KR,澳AU,格GE,毛MU,东盟^{R}AS^R,澳^{R}AU^R,日^{R}JP^R,新西兰^{R}NZ^R,柬KH,港HK,澳门MO,韩^{R}KR^R	0	受惠国LD	20
1842	2835.2590	---其他 ---Other	5	0	东盟AS,智CL,巴PK,新西兰NZ,秘PE,哥CR,冰IS,韩KR,澳AU,格GE,毛MU,东盟^{R}AS^R,澳^{R}AU^R,新西兰^{R}NZ^R,柬KH,港HK,澳门MO,韩^{R}KR^R	0	受惠国LD	20
				2.2	瑞CH			
				4.5	日^{R}JP^R			
1843	2835.2600	--其他磷酸钙 --Other phosphates of calcium	5	0	东盟AS,智CL,巴PK,新西兰NZ,秘PE,哥CR,瑞CH,冰IS,澳AU,格GE,毛MU,东盟^{R}AS^R,澳^{R}AU^R,新西兰^{R}NZ^R,柬KH,港HK,澳门MO	0	受惠国LD	20
				0.5	韩KR			
				4.4	韩^{R}KR^R			
				4.5	日^{R}JP^R			
		--其他: --Other:						
1844	2835.2910	---磷酸三钠 ---Of trisodium	5	0	东盟AS,智CL,巴PK,新西兰NZ,秘PE,哥CR,瑞CH,冰IS,韩KR,澳AU,格GE,毛MU,东盟^{R}AS^R,澳^{R}AU^R,日^{R}JP^R,新西兰^{R}NZ^R,柬KH,港HK,澳门MO,韩^{R}KR^R	0	受惠国LD	20
1845	2835.2990	---其他 ---Other	5	0	东盟AS,智CL,巴PK,新西兰NZ,秘PE,哥CR,瑞CH,冰IS,澳AU,格GE,毛MU,东盟^{R}AS^R,澳^{R}AU^R,新西兰^{R}NZ^R,柬KH,港HK,澳门MO	0	受惠国LD	20
				0.5	韩KR			
				4.4	韩^{R}KR^R			
				4.5	日^{R}JP^R			
		-多磷酸盐: -Polyphosphates:						
		--三磷酸钠(三聚磷酸钠): --Sodium triphosphate (sodium tripolyphosphate):						
1846	2835.3110	---食品级的 ---Food Grade	5	0	东盟AS,智CL,巴PK,新西兰NZ,秘PE,哥CR,瑞CH,冰IS,韩KR,澳AU,格GE,毛MU,东盟^{R}AS^R,澳^{R}AU^R,日^{R}JP^R,新西兰^{R}NZ^R,柬KH,港HK,澳门MO,韩^{R}KR^R	0	受惠国LD	20

序号 No.	税则号列 Tariff Line	货品名称 Article Description	最惠国税率 MFN(%)	协定税率 Agreement(%)		特惠税率 SP(%)		普通税率 Gen(%)
1847	2835.3190	---其他 ---Other	5	0	东盟AS,智CL,巴PK,新西兰NZ,秘PE,哥CR,瑞CH,冰IS,澳AU,格GE,毛MU,东盟^RAS^R,澳^RAU^R,新西兰^RNZ^R,柬KH,港HK,澳门MO	0	受惠国LD	20
				0.5	韩KR			
				4.4	韩^RKR^R			
				4.5	日^RJP^R			
		--其他: --Other:						
		---六偏磷酸钠: ---Sodium Hexametaphosphate:						
1848	2835.3911	----食品级的 ----Food Grade	5	0	东盟AS,智CL,巴PK,新西兰NZ,秘PE,哥CR,瑞CH,冰IS,韩KR,澳AU,格GE,毛MU,东盟^RAS^R,澳^RAU^R,日^RJP^R,新西兰^RNZ^R,柬KH,港HK,澳门MO,韩^RKR^R	0	受惠国LD	20
1849	2835.3919	----其他 ----Other	5	0	东盟AS,智CL,巴PK,新西兰NZ,秘PE,哥CR,瑞CH,冰IS,澳AU,格GE,毛MU,东盟^RAS^R,澳^RAU^R,新西兰^RNZ^R,柬KH,港HK,澳门MO	0	受惠国LD	20
				0.5	韩KR			
				4.4	韩^RKR^R			
				4.5	日^RJP^R			
1850	2835.3990	---其他 ---Other	5	0	东盟AS,智CL,巴PK,新西兰NZ,秘PE,哥CR,瑞CH,韩KR,澳AU,格GE,毛MU,东盟^RAS^R,澳^RAU^R,新西兰^RNZ^R,柬KH,港HK,澳门MO,韩^RKR^R	0	受惠国LD	20
				4.5	日^RJP^R			
	28.36	碳酸盐; 过碳酸盐; 含氨基甲酸铵的商品碳酸铵: **Carbonates; peroxocarbonates (percarbonates); commercial ammonium carbonate containing ammonium carbamate:**						
1851	2836.2000	-碳酸钠 (纯碱) -Disodium carbonate	5	0	东盟AS,智CL,巴PK,新西兰NZ,秘PE,哥CR,瑞CH,冰IS,韩KR,澳AU,格GE,毛MU,东盟^RAS^R,澳^RAU^R,日^RJP^R,新西兰^RNZ^R,柬KH,港HK,澳门MO,韩^RKR^R	0	受惠国LD	35
1852	2836.3000	-碳酸氢钠 (小苏打) -Sodium hydrogencarbonate (sodium bicar bonate)	5	0	东盟AS,智CL,巴PK,新西兰NZ,秘PE,哥CR,瑞CH,冰IS,澳AU,格GE,毛MU,东盟^RAS^R,澳^RAU^R,新西兰^RNZ^R,柬KH,港HK,澳门MO	0	受惠国LD	45
				0.5	韩KR			
				4.4	韩^RKR^R			
				4.5	日^RJP^R			

序号 No.	税则号列 Tariff Line	货品名称 Article Description	最惠国税率 MFN(%)	协定税率 Agreement(%)		特惠税率 SP(%)		普通税率 Gen(%)
1853	2836.4000	-钾的碳酸盐 -Potassium carbonates	5	0	东盟AS,智CL,巴PK,新西兰NZ, 秘PE,哥CR,瑞CH,冰IS,韩KR, 澳AU,格GE,毛MU,东盟^RAS^R, 澳^RAU^R,日^RJP^R,新西兰^RNZ^R,柬 KH,港HK,澳门MO,韩^RKR^R	0	受惠国LD	30
1854	2836.5000	-碳酸钙 -Calcium carbonate	5	0	东盟AS,智CL,巴PK,新西兰NZ, 秘PE,哥CR,瑞CH,冰IS,韩KR, 澳AU,格GE,毛MU,东盟^RAS^R, 澳^RAU^R,日^RJP^R,新西兰^RNZ^R,柬 KH,港HK,澳门MO,韩^RKR^R	0	受惠国LD	45
1855	2836.6000	-碳酸钡 -Barium carbonate	5Δ1	0	东盟AS,智CL,巴PK,新西兰NZ, 秘PE,哥CR,瑞CH,冰IS,韩KR, 澳AU,格GE,毛MU,东盟^RAS^R, 澳^RAU^R,日^RJP^R,新西兰^RNZ^R,柬 KH,港HK,澳门MO,韩^RKR^R	0	受惠国LD	40
		-其他: -Other:						
1856	2836.9100	--锂的碳酸盐 --Lithium carbonates	5Δ2	0 4.5	东盟AS,智CL,巴PK,新西兰NZ, 哥CR,瑞CH,冰IS,韩KR,澳AU, 格GE,毛MU,东盟^RAS^R,澳^RAU^R, 新西兰^RNZ^R,柬KH,港HK,澳门 MO,韩^RKR^R 日^RJP^R	0	受惠国LD	30
1857	2836.9200	--锶的碳酸盐 --Strontium carbonate	5Δ2	0	东盟AS,智CL,巴PK,新西兰NZ, 秘PE,哥CR,瑞CH,冰IS,韩KR, 澳AU,格GE,毛MU,东盟^RAS^R, 澳^RAU^R,日^RJP^R,新西兰^RNZ^R,柬 KH,港HK,澳门MO,韩^RKR^R	0	受惠国LD	30
		--其他: --Other:						
1858	2836.9910	---碳酸镁 ---Magnesium carbonate	5	0 0.5 4.4 4.5	东盟AS,智CL,巴PK,新西兰NZ, 秘PE,哥CR,瑞CH,冰IS,澳AU,格 GE,毛MU,东盟^RAS^R,澳^RAU^R,新 西兰^RNZ^R,柬KH,港HK,澳门MO 韩KR 韩^RKR^R 日^RJP^R	0	受惠国LD	45
1859	2836.9930	---碳酸钴 ---Cobalt carbonate	5Δ2	0 4	东盟AS,智CL,巴PK,新西兰NZ, 秘PE,哥CR,瑞CH,冰IS,韩KR, 澳AU,格GE,毛MU,东盟^RAS^R, 澳^RAU^R,日^RJP^R,新西兰^RNZ^R,柬 KH,港HK,澳门MO,韩^RKR^R 亚太AP	0	受惠国LD	30

序号 No.	税则号列 Tariff Line	货品名称 Article Description	最惠国税率 MFN(%)	协定税率 Agreement(%)		特惠税率 SP(%)		普通税率 Gen(%)
1860	2836.9940	---商品碳酸铵及其他铵的碳酸盐 ---Commercial ammonium carbonate and other ammonium carbonates	5	0	东盟AS,智CL,巴PK,新西兰NZ, 秘PE,哥CR,瑞CH,冰IS,韩KR, 澳AU,格GE,毛MU,东盟^RAS^R, 澳^RAU^R,日^RJP^R,新西兰^RNZ^R,柬 KH,港HK,澳门MO,韩^RKR^R	0	受惠国LD	30
1861	2836.9950	---碳酸锆 ---Zirconium carbonates	5	0	东盟AS,智CL,巴PK,新西兰NZ, 秘PE,哥CR,瑞CH,冰IS,韩KR, 澳AU,格GE,毛MU,东盟^RAS^R, 澳^RAU^R,日^RJP^R,新西兰^RNZ^R,柬 KH,港HK,澳门MO,韩^RKR^R	0	受惠国LD	30
1862	2836.9990	---其他 ---Other	5	0	东盟AS,智CL,巴PK,新西兰NZ, 秘PE,哥CR,瑞CH,冰IS,韩KR, 澳AU,格GE,毛MU,东盟^RAS^R, 澳^RAU^R,日^RJP^R,新西兰^RNZ^R,柬 KH,港HK,澳门MO,韩^RKR^R	0	受惠国LD	30
	28.37	氰化物、氧氰化物及氰络合物: **Cyanides, cyanide oxides and complex** **cyanides:**						
		-氰化物及氧氰化物: -Cyanides and cyanide oxides:						
		--氰化钠及氧氰化钠: --Of sodium:						
1863	2837.1110	---氰化钠 ---Sodium cyanide	5	0 2.2 4.4 4.8	东盟AS,智CL,巴PK,新西兰NZ, 秘PE,哥CR,瑞CH,冰IS,澳AU,格 GE,毛MU,柬KH,港HK,澳门MO 韩KR 东盟^RAS^R,澳^RAU^R,新西兰^RNZ^R, 韩^RKR^R 日^RJP^R	0	受惠国LD	20
1864	2837.1120	---氧氰化钠 ---Sodium cyanide oxide	5	0 3.3	东盟AS,智CL,巴PK,新西兰NZ, 秘PE,哥CR,瑞CH,冰IS,韩KR, 澳AU,格GE,毛MU,东盟^RAS^R, 澳^RAU^R,日^RJP^R,新西兰^RNZ^R,柬 KH,港HK,澳门MO,韩^RKR^R 亚太AP	0	受惠国LD	30
		--其他: --Other:						
1865	2837.1910	---氰化钾 ---Potassium cyanide	5	0 4	东盟AS,智CL,巴PK,新西兰NZ, 秘PE,哥CR,瑞CH,冰IS,韩KR, 澳AU,格GE,毛MU,东盟^RAS^R, 澳^RAU^R,日^RJP^R,新西兰^RNZ^R,柬 KH,港HK,澳门MO,韩^RKR^R 亚太AP	0	受惠国LD	20

序号 No.	税则号列 Tariff Line	货品名称 Article Description	最惠国税率 MFN(%)	协定税率 Agreement(%)		特惠税率 SP(%)		普通税率 Gen(%)
1866	2837.1990	---其他 ---Other	5	0	东盟AS,智CL,巴PK,新西兰NZ,秘PE,哥CR,瑞CH,冰IS,澳AU,格GE,毛MU,柬KH,港HK,澳门MO	0	受惠国LD	30
				2.2	韩KR			
				4.4	东盟^RAS^R,澳^RAU^R,新西兰^RNZ^R,韩^RKR^R			
				4.8	日^RJP^R			
1867	2837.2000	-氰络合物 -Complex cyanides	5	0	东盟AS,智CL,巴PK,新西兰NZ,秘PE,哥CR,瑞CH,冰IS,韩KR,澳AU,格GE,毛MU,东盟^RAS^R,澳^RAU^R,日^RJP^R,新西兰^RNZ^R,柬KH,港HK,澳门MO,韩^RKR^R	0	受惠国LD	30
	28.39	硅酸盐; 商品碱金属硅酸盐: **Silicates; commercial alkali metal silicates:**						
		-钠盐: -Of sodium:						
1868	2839.1100	--偏硅酸钠 --Sodium metasilicates	5	0	东盟AS,智CL,巴PK,新西兰NZ,秘PE,哥CR,瑞CH,冰IS,澳AU,格GE,毛MU,东盟^RAS^R,澳^RAU^R,新西兰^RNZ^R,柬KH,港HK,澳门MO	0	受惠国LD	40
				0.5	韩KR			
				4.4	韩^RKR^R			
				4.5	日^RJP^R			
		--其他: --Other:						
1869	2839.1910	---硅酸钠 ---Sodium silicate	5	0	东盟AS,智CL,巴PK,新西兰NZ,秘PE,哥CR,瑞CH,冰IS,澳AU,格GE,毛MU,东盟^RAS^R,澳^RAU^R,新西兰^RNZ^R,柬KH,港HK,澳门MO	0	受惠国LD	30
				0.5	韩KR			
				4.4	韩^RKR^R			
				4.5	日^RJP^R			
1870	2839.1990	---其他 ---Other	5	0	东盟AS,智CL,巴PK,新西兰NZ,秘PE,哥CR,瑞CH,冰IS,澳AU,格GE,毛MU,东盟^RAS^R,澳^RAU^R,新西兰^RNZ^R,柬KH,港HK,澳门MO	0	受惠国LD	30
				0.5	韩KR			
				4.4	韩^RKR^R			
				4.5	日^RJP^R			
1871	2839.9000	-其他 -Other	5	0	东盟AS,智CL,巴PK,新西兰NZ,秘PE,哥CR,瑞CH,冰IS,韩KR,澳AU,格GE,毛MU,东盟^RAS^R,澳^RAU^R,新西兰^RNZ^R,柬KH,港HK,澳门MO,韩^RKR^R	0	受惠国LD	30
				4.5	日^RJP^R			

序号 No.	税则号列 Tariff Line	货品名称 Article Description	最惠国税率 MFN(%)	协定税率 Agreement(%)		特惠税率 SP(%)		普通税率 Gen(%)
	ex28399000	锆的硅酸盐 Ziconium silicate	Δ2					
	28.40	**硼酸盐及过硼酸盐：** **Borates; peroxoborates (perborates):**						
		-四硼酸钠（精炼硼砂）： -Disodium tetraborate (refined borax):						
1872	2840.1100	--无水四硼酸钠 --Anhydrous	5Δ2	0	东盟AS,智CL,巴PK,新西兰NZ,秘PE,哥CR,瑞CH,冰IS,韩KR,澳AU,格GE,毛MU,东盟ᴿASᴿ,澳ᴿAUᴿ,日ᴿJPᴿ,新西兰ᴿNZᴿ,柬KH,港HK,澳门MO,韩ᴿKRᴿ	0	受惠国LD	20
1873	2840.1900	--其他 --Other	5Δ2	0	东盟AS,智CL,巴PK,新西兰NZ,秘PE,哥CR,瑞CH,冰IS,韩KR,澳AU,格GE,毛MU,东盟ᴿASᴿ,澳ᴿAUᴿ,日ᴿJPᴿ,新西兰ᴿNZᴿ,柬KH,港HK,澳门MO,韩ᴿKRᴿ	0	受惠国LD	20
1874	2840.2000	-其他硼酸盐 -Other borates	5	0 0.5 4.4 4.5	东盟AS,智CL,巴PK,新西兰NZ,秘PE,哥CR,瑞CH,冰IS,澳AU,格GE,毛MU,东盟ᴿASᴿ,澳ᴿAUᴿ,新西兰ᴿNZᴿ,柬KH,港HK,澳门MO 韩KR 韩ᴿKRᴿ 日ᴿJPᴿ	0	受惠国LD	30
1875	2840.3000	-过硼酸盐 -Peroxoborates (perborates)	5	0	东盟AS,智CL,巴PK,新西兰NZ,秘PE,哥CR,瑞CH,冰IS,韩KR,澳AU,格GE,毛MU,东盟ᴿASᴿ,澳ᴿAUᴿ,日ᴿJPᴿ,新西兰ᴿNZᴿ,柬KH,港HK,澳门MO,韩ᴿKRᴿ	0	受惠国LD	30
	28.41	**金属酸盐及过金属酸盐：** **Salts of oxometallic or peroxometallic acids:**						
1876	2841.3000	-重铬酸钠 -Sodium dichromate	5.5	0	东盟AS,智CL,巴PK,新西兰NZ,秘PE,哥CR,瑞CH,冰IS,韩KR,澳AU,格GE,毛MU,东盟ᴿASᴿ,澳ᴿAUᴿ,日ᴿJPᴿ,新西兰ᴿNZᴿ,柬KH,港HK,澳门MO,韩ᴿKRᴿ	0	受惠国LD	20
1877	2841.5000	-其他铬酸盐及重铬酸盐；过铬酸盐 -Other chromates and dichromates; peroxochromates	5.5	0	东盟AS,智CL,巴PK,新西兰NZ,秘PE,哥CR,瑞CH,冰IS,韩KR,澳AU,格GE,毛MU,东盟ᴿASᴿ,澳ᴿAUᴿ,日ᴿJPᴿ,新西兰ᴿNZᴿ,柬KH,港HK,澳门MO,韩ᴿKRᴿ	0	受惠国LD	30
		-亚锰酸盐、锰酸盐及高锰酸盐： -Manganites, manganates and permanganates:						

序号 No.	税则号列 Tariff Line	货品名称 Article Description	最惠国税率 MFN(%)	协定税率 Agreement(%)		特惠税率 SP(%)		普通税率 Gen(%)
1878	2841.6100	--高锰酸钾 --Potassium permanganate	5.5	0	东盟AS,智CL,巴PK,新西兰NZ,秘PE,哥CR,瑞CH,冰IS,韩KR,澳AU,格GE,毛MU,东盟^{R}AS^R,澳^{R}AU^R,日^{R}JP^R,新西兰^{R}NZ^R,柬KH,港HK,澳门MO,韩^{R}KR^R	0	受惠国LD	30
		--其他: --Other:						
1879	2841.6910	---锰酸锂 ---Lithium manganate	5.5	0	东盟AS,智CL,巴PK,新西兰NZ,秘PE,哥CR,瑞CH,冰IS,韩KR,澳AU,格GE,毛MU,东盟^{R}AS^R,澳^{R}AU^R,日^{R}JP^R,新西兰^{R}NZ^R,柬KH,港HK,澳门MO,韩^{R}KR^R	0	受惠国LD	30
1880	2841.6990	---其他 ---Other	5.5	0	东盟AS,智CL,巴PK,新西兰NZ,秘PE,哥CR,瑞CH,冰IS,韩KR,澳AU,格GE,毛MU,东盟^{R}AS^R,澳^{R}AU^R,日^{R}JP^R,新西兰^{R}NZ^R,柬KH,港HK,澳门MO,韩^{R}KR^R	0	受惠国LD	30
		-钼酸盐: -Molybdates:						
1881	2841.7010	---钼酸铵 ---Ammonium molybdates	5.5	0 2.8	东盟AS,智CL,巴PK,新西兰NZ,秘PE,哥CR,瑞CH,冰IS,韩KR,澳AU,格GE,毛MU,东盟^{R}AS^R,澳^{R}AU^R,日^{R}JP^R,新西兰^{R}NZ^R,柬KH,港HK,澳门MO,韩^{R}KR^R 亚太AP	0	受惠国LD	30
1882	2841.7090	---其他 ---Other	5.5	0	东盟AS,智CL,巴PK,新西兰NZ,秘PE,哥CR,瑞CH,冰IS,韩KR,澳AU,格GE,毛MU,东盟^{R}AS^R,澳^{R}AU^R,日^{R}JP^R,新西兰^{R}NZ^R,柬KH,港HK,澳门MO,韩^{R}KR^R	0	受惠国LD	30
		-钨酸盐: -Tungstates (wolframates):						
1883	2841.8010	---仲钨酸铵 ---Ammonium paratungstate	5.5	0	东盟AS,智CL,巴PK,新西兰NZ,秘PE,哥CR,瑞CH,冰IS,韩KR,澳AU,格GE,毛MU,东盟^{R}AS^R,澳^{R}AU^R,日^{R}JP^R,新西兰^{R}NZ^R,柬KH,港HK,澳门MO,韩^{R}KR^R	0	受惠国LD	30
1884	2841.8020	---钨酸钠 ---Sodium tungstate	5.5	0	东盟AS,智CL,巴PK,新西兰NZ,秘PE,哥CR,瑞CH,冰IS,韩KR,澳AU,格GE,毛MU,东盟^{R}AS^R,澳^{R}AU^R,日^{R}JP^R,新西兰^{R}NZ^R,柬KH,港HK,澳门MO,韩^{R}KR^R	0	受惠国LD	30
1885	2841.8030	---钨酸钙 ---Calcium wolframate	5.5	0	东盟AS,智CL,巴PK,新西兰NZ,秘PE,哥CR,瑞CH,冰IS,韩KR,澳AU,格GE,毛MU,东盟^{R}AS^R,澳^{R}AU^R,日^{R}JP^R,新西兰^{R}NZ^R,柬KH,港HK,澳门MO,韩^{R}KR^R	0	受惠国LD	30

序号 No.	税则号列 Tariff Line	货品名称 Article Description	最惠国税率 MFN(%)		协定税率 Agreement(%)	特惠税率 SP(%)		普通税率 Gen(%)
1886	2841.8040	---偏钨酸铵 ---Ammonium metatungstate	5.5	0	东盟AS,智CL,巴PK,新西兰NZ,秘PE,哥CR,瑞CH,冰IS,韩KR,澳AU,格GE,毛MU,东盟^RAS^R,澳^RAU^R,日^RJP^R,新西兰^RNZ^R,柬KH,港HK,澳门MO,韩^RKR^R	0	受惠国LD	30
1887	2841.8090	---其他 ---Other	5.5	0 2.8	东盟AS,智CL,巴PK,新西兰NZ,秘PE,哥CR,瑞CH,冰IS,韩KR,澳AU,格GE,毛MU,东盟^RAS^R,澳^RAU^R,日^RJP^R,新西兰^RNZ^R,柬KH,港HK,澳门MO,韩^RKR^R 亚太AP	0	受惠国LD	30
1888	2841.9000	-其他 -Other	5.5	0 0.5 4.4 4.5	东盟AS,智CL,巴PK,新西兰NZ,秘PE,哥CR,瑞CH,冰IS,澳AU,格GE,毛MU,东盟^RAS^R,澳^RAU^R,新西兰^RNZ^R,柬KH,港HK,澳门MO 韩KR 韩^RKR^R 日^RJP^R	0	受惠国LD	30
	ex28419000	钴酸锂 Lithium cobaltate	Δ2					
	ex28419000	铼酸盐及高铼酸盐 Rhenate and Perrhenate	Δ0					
	ex28419000	铌酸锂 Lithium niobate	Δ2					
	28.42	**其他无机酸盐及过氧酸盐(包括不论是否已有化学定义的硅铝酸盐),但迭氮化物除外:** **Other salts of inorganic acids or peroxoacids (including aluminosilicates whether or not chemically defined), other than azides:**						
1889	2842.1000	-硅酸复盐及硅酸络盐(包括不论是否已有化学定义的硅铝酸盐) -Double or complex silicates, including aluminosilicates whether or not chemically defined	5.5	0 2.2 4.5	东盟AS,智CL,巴PK,新西兰NZ,秘PE,哥CR,冰IS,韩KR,澳AU,格GE,毛MU,东盟^RAS^R,澳^RAU^R,新西兰^RNZ^R,柬KH,港HK,澳门MO,韩^RKR^R 瑞CH 日^RJP^R	0	受惠国LD	30
		-其他: -Other:						
		---雷酸盐、氰酸盐及硫氰酸盐: ---Fulminates, cyanates and thiocyanates:						
1890	2842.9011	----硫氰酸钠 ----Sodium sulfocyanate	5.5	0	东盟AS,智CL,巴PK,新西兰NZ,秘PE,哥CR,瑞CH,冰IS,韩KR,澳AU,格GE,毛MU,东盟^RAS^R,澳^RAU^R,日^RJP^R,新西兰^RNZ^R,柬KH,港HK,澳门MO,韩^RKR^R	0	受惠国LD	30

序号 No.	税则号列 Tariff Line	货品名称 Article Description	最惠国税率 MFN(%)	协定税率 Agreement(%)		特惠税率 SP(%)		普通税率 Gen(%)
1891	2842.9019	----其他 ----Other	5.5	0	东盟AS,智CL,巴PK,新西兰NZ,秘PE,哥CR,瑞CH,冰IS,韩KR,澳AU,格GE,毛MU,东盟^RAS^R,澳^RAU^R,日^RJP^R,新西兰^RNZ^R,柬KH,港HK,澳门MO,韩^RKR^R	0	受惠国LD	30
1892	2842.9020	---碲化镉 ---Cadmium telluride	5.5	0	东盟AS,智CL,巴PK,新西兰NZ,秘PE,哥CR,瑞CH,冰IS,韩KR,澳AU,格GE,毛MU,东盟^RAS^R,澳^RAU^R,日^RJP^R,新西兰^RNZ^R,柬KH,港HK,澳门MO,韩^RKR^R	0	受惠国LD	30
1893	2842.9030	---锂镍钴锰氧化物 ---Lithium nickel cobalt manganese oxide	5.5	0	东盟AS,智CL,巴PK,新西兰NZ,秘PE,哥CR,瑞CH,冰IS,韩KR,澳AU,格GE,毛MU,东盟^RAS^R,澳^RAU^R,日^RJP^R,新西兰^RNZ^R,柬KH,港HK,澳门MO,韩^RKR^R	0	受惠国LD	30
1894	2842.9040	---磷酸铁锂 ---Lithium iron phosphate	5.5	0 0.5 4.4 4.5	东盟AS,智CL,巴PK,新西兰NZ,秘PE,哥CR,瑞CH,冰IS,澳AU,格GE,毛MU,东盟^RAS^R,澳^RAU^R,新西兰^RNZ^R,柬KH,港HK,澳门MO 韩KR 韩^RKR^R 日^RJP^R	0	受惠国LD	30
1895	2842.9050	---硒酸盐及亚硒酸盐 ---Selenate and selenite	5.5	0	东盟AS,智CL,巴PK,新西兰NZ,秘PE,哥CR,瑞CH,冰IS,韩KR,澳AU,格GE,毛MU,东盟^RAS^R,澳^RAU^R,日^RJP^R,新西兰^RNZ^R,柬KH,港HK,澳门MO,韩^RKR^R	0	受惠国LD	30
1896	2842.9060	---锂镍钴铝氧化物 ---Lithium nickel cobalt aluminium oxide	5.5	0	东盟AS,智CL,巴PK,新西兰NZ,秘PE,哥CR,瑞CH,冰IS,韩KR,澳AU,格GE,毛MU,东盟^RAS^R,澳^RAU^R,日^RJP^R,新西兰^RNZ^R,柬KH,港HK,澳门MO,韩^RKR^R	0	受惠国LD	30
1897	2842.9090	---其他 ---Other	5.5	0	东盟AS,智CL,巴PK,新西兰NZ,秘PE,哥CR,瑞CH,冰IS,韩KR,澳AU,格GE,毛MU,东盟^RAS^R,澳^RAU^R,日^RJP^R,新西兰^RNZ^R,柬KH,港HK,澳门MO,韩^RKR^R	0	受惠国LD	30
		第六分章 杂项产品 VI. MISCELLANEOUS						
	28.43	胶态贵金属；贵金属的无机或有机化合物，不论是否已有化学定义；贵金属汞齐： Colloidal precious metals; inorganic or organic compounds of precious metals, whether or not chemically defined; amalgams of precious metals:						

序号 No.	税则号列 Tariff Line	货品名称 Article Description	最惠国税率 MFN(%)		协定税率 Agreement(%)	特惠税率 SP(%)		普通税率 Gen(%)
1898	2843.1000	-胶态贵金属 -Colloidal precious metals	5.5	0	东盟AS,智CL,巴PK,新西兰NZ, 秘PE,哥CR,瑞CH,冰IS,韩KR, 澳AU,格GE,毛MU,东盟^{R}AS^R, 澳^{R}AU^R,日^{R}JP^R,新西兰^{R}NZ^R,柬 KH,港HK,澳门MO,韩^{R}KR^R	0	受惠国LD	30
		-银化合物: -Silver compounds:						
1899	2843.2100	--硝酸银 --Silver nitrate	5.5	0	东盟AS,智CL,巴PK,新西兰NZ, 秘PE,哥CR,瑞CH,冰IS,韩KR, 澳AU,格GE,毛MU,东盟^{R}AS^R, 澳^{R}AU^R,日^{R}JP^R,新西兰^{R}NZ^R,柬 KH,港HK,澳门MO,韩^{R}KR^R	0	受惠国LD	30
1900	2843.2900	--其他 --Other	5.5	0	东盟AS,智CL,巴PK,新西兰NZ, 秘PE,哥CR,瑞CH,冰IS,韩KR, 澳AU,格GE,毛MU,东盟^{R}AS^R, 澳^{R}AU^R,日^{R}JP^R,新西兰^{R}NZ^R,柬 KH,港HK,澳门MO,韩^{R}KR^R	0	受惠国LD	30
1901	2843.3000	-金化合物 -Gold compounds	5.5	0 4.4	东盟AS,智CL,巴PK,新西兰NZ, 秘PE,哥CR,瑞CH,冰IS,韩KR, 澳AU,格GE,毛MU,东盟^{R}AS^R, 澳^{R}AU^R,日^{R}JP^R,新西兰^{R}NZ^R,柬 KH,港HK,澳门MO,韩^{R}KR^R 亚太AP	0	受惠国LD	30
1902	2843.9000	-其他贵金属化合物; 贵金属汞齐 -Other compounds; amalgams	5.5	0 4.5	东盟AS,智CL,巴PK,新西兰NZ, 秘PE,哥CR,冰IS,韩KR,澳AU, 格GE,毛MU,东盟^{R}AS^R,澳^{R}AU^R, 新西兰^{R}NZ^R,柬KH,港HK,澳门 MO,韩^{R}KR^R 日^{R}JP^R	0	受惠国LD	30
	ex28439000	抗癌药原料(奥沙利铂、卡铂、奈达 铂、顺铂) Materials of anticancerogen (Oxaliplatin, Carboplatin, Nedaplatin, Cis-platinum complexes)	Δ0					
	ex28439000	燃料电池用氧化铱(铱含量75%及以 上, 粒径40-100纳米, 金属杂质总量小 于500ppm) Iridium oxide for fuel cells(Iridium content 75% and above,particle size 40-100nm,the total amount of metal impurities is less than 500 ppm)	Δ2					

序号 No.	税则号列 Tariff Line	货品名称 Article Description	最惠国税率 MFN(%)	协定税率 Agreement(%)		特惠税率 SP(%)		普通税率 Gen(%)
	28.44	放射性化学元素及放射性同位素（包括可裂变或可转换的化学元素及同位素）及其化合物；含上述产品的混合物及残渣： Radioactive chemical elements and radioactive isotopes (including the fissile or fertile chemical elements and isotopes) and their compounds; mixtures and residues containing these products:						
1903	2844.1000	-天然铀及其化合物；含天然铀或天然铀化合物的合金、分散体（包括金属陶瓷）、陶瓷产品及混合物 -Natural uranium and its compounds; aloys, dispersions (including cermets), ceramic products and mixtures containing natural uranium or natural uranium compounds	5	0	东盟AS,智CL,巴PK,新西兰NZ,秘PE,哥CR,瑞CH,冰IS,韩KR,澳AU,格GE,毛MU,东盟^{R}AS^R,澳^{R}AU^R,日^{R}JP^R,新西兰^{R}NZ^R,柬KH,港HK,澳门MO,韩^{R}KR^R	0	受惠国LD	30
	ex28441000	天然铀及其化合物 Nature uranium and its compounds	Δ0					
1904	2844.2000	-铀235浓缩铀及其化合物；钚及其化合物；含铀235浓缩铀、钚或它们的化合物的合金、分散体（包括金属陶瓷）、陶瓷产品及混合物 -Uranium enriched in U$_{235}$ and its compounds; plutonium and its compounds;alloys dispersion (including cermets), ceramic products and mixtures containing uranium enriched in U$_{235}$, plutonium or compounds of these products	5	0	东盟AS,智CL,巴PK,新西兰NZ,秘PE,哥CR,瑞CH,冰IS,韩KR,澳AU,格GE,毛MU,东盟^{R}AS^R,澳^{R}AU^R,日^{R}JP^R,新西兰^{R}NZ^R,柬KH,港HK,澳门MO,韩^{R}KR^R	0	受惠国LD	30
	ex28442000	含铀235浓度低于5%的低浓铀及其化合物 Uranium (including enriched U$_{235}$ less than 5%) and its compounds	Δ0					
1905	2844.3000	-铀235贫化铀及其化合物；钍及其化合物；含铀235贫化铀、钍或它们的化合物的合金、分散体（包括金属陶瓷）、陶瓷产品及混合物 -Uranium depleted in U$_{235}$ and its compounds; thorium and its compounds; alloys, dispersions (including cermets), ceramic products and mixtures containing uranium depleted in U$_{235}$, thorium or compounds of these products	5	0	东盟AS,智CL,巴PK,新西兰NZ,秘PE,哥CR,瑞CH,冰IS,韩KR,澳AU,格GE,毛MU,东盟^{R}AS^R,澳^{R}AU^R,日^{R}JP^R,新西兰^{R}NZ^R,柬KH,港HK,澳门MO,韩^{R}KR^R	0	受惠国LD	30

序号 No.	税则号列 Tariff Line	货品名称 Article Description	最惠国税率 MFN(%)	协定税率 Agreement(%)		特惠税率 SP(%)		普通税率 Gen(%)
		-除子目2844.10、2844.20及2844.30以外的放射性元素、同位素及其化合物；含这些元素、同位素及其化合物的合金、分散体（包括金属陶瓷）、陶瓷产品及混合物；放射性残渣： -Radioactive elements and isotopes and compounds other than those of subheading 2844.10, 2844.20 or 2844.30; alloys, dispersions (including cermets), ceramic products and mixtures containing these elements, isotopes or compounds; radioactive residues:						
1906	2844.4100	--氚及其化合物；含氚及其化合物的合金、分散体（包括金属陶瓷）、陶瓷产品及混合物 --Tritium and its compounds; alloys, dispersions (including cermets), ceramic products and mixtures containing tritium or its compounds	5	0	东盟AS,智CL,巴PK,新西兰NZ,秘PE,哥CR,瑞CH,冰IS,韩KR,澳AU,格GE,毛MU,东盟^RAS^R,澳^RAU^R,日^RJP^R,新西兰^RNZ^R,柬KH,港HK,澳门MO,韩^RKR^R	0	受惠国LD	30
		--锕-225、锕-227、锎-253、锔-240、锔-241、锔-242、锔-243、锔-244、锿-253、锿-254、钆-148、钋-208、钋-209、钋-210、镭-223、铀-230或铀-232及其化合物；含这些元素及其化合物的合金、分散体（包括金属陶瓷）、陶瓷产品及混合物： --Actinium-225, actinium-227, californium-253, curium-240, curium-241, curium-242, curium-243, curium-244, einsteinium-253, einsteinium-254, gadolinium-148, polonium-208, polonium-209, polonium-210, radium-223, uranium-230 or uranium-232, and their compounds; alloys, dispersions (including cermets), ceramic products and mixtures containing these elements or compounds:						
1907	2844.4210	---镭-223及镭-223盐 ---Radium-223 and its salts	4	0	东盟AS,智CL,巴PK,新西兰NZ,秘PE,哥CR,瑞CH,冰IS,韩KR,澳AU,格GE,毛MU,东盟^RAS^R,澳^RAU^R,日^RJP^R,新西兰^RNZ^R,柬KH,港HK,澳门MO,韩^RKR^R	0	受惠国LD	14
	ex28444210	氯化镭［223Ra］注射液 Radium［223Ra］Chloride Injection	Δ0					

序号 No.	税则号列 Tariff Line	货品名称 Article Description	最惠国税率 MFN(%)	协定税率 Agreement(%)		特惠税率 SP(%)		普通税率 Gen(%)
1908	2844.4290	---其他 ---Other	5	0	东盟AS,智CL,巴PK,新西兰NZ,秘PE,哥CR,瑞CH,冰IS,韩KR,澳AU,格GE,毛MU,东盟^RAS^R,澳^RAU^R,日^RJP^R,新西兰^RNZ^R,柬KH,港HK,澳门MO,韩^RKR^R	0	受惠国LD	30
		--其他放射性元素、同位素及其化合物；其他含这些元素、同位素及其化合物的合金、分散体（包括金属陶瓷）、陶瓷产品及混合物： --Other radioactive elements and isotopes and compounds; other alloys, dispersions (including cermets), ceramic products and mixtures containing these elements, isotopes or compounds:						
1909	2844.4310	---除镭-223及镭-223盐外的镭及镭盐 ---Radium and its salts,other than radium-223 and its salts	4	0	东盟AS,智CL,巴PK,新西兰NZ,秘PE,哥CR,瑞CH,冰IS,韩KR,澳AU,格GE,毛MU,东盟^RAS^R,澳^RAU^R,日^RJP^R,新西兰^RNZ^R,柬KH,港HK,澳门MO,韩^RKR^R	0	受惠国LD	14
1910	2844.4320	---钴及钴盐 ---Cobalt and its salts	4	0	东盟AS,智CL,巴PK,新西兰NZ,秘PE,哥CR,瑞CH,冰IS,韩KR,澳AU,格GE,毛MU,东盟^RAS^R,澳^RAU^R,日^RJP^R,新西兰^RNZ^R,柬KH,港HK,澳门MO,韩^RKR^R	0	受惠国LD	14
1911	2844.4390	---其他 ---Other	5	0	东盟AS,智CL,巴PK,新西兰NZ,秘PE,哥CR,瑞CH,冰IS,韩KR,澳AU,格GE,毛MU,东盟^RAS^R,澳^RAU^R,日^RJP^R,新西兰^RNZ^R,柬KH,港HK,澳门MO,韩^RKR^R	0	受惠国LD	30
1912	2844.4400	--放射性残渣 --Radioactive residues	5	0	东盟AS,智CL,巴PK,新西兰NZ,秘PE,哥CR,瑞CH,冰IS,韩KR,澳AU,格GE,毛MU,东盟^RAS^R,澳^RAU^R,日^RJP^R,新西兰^RNZ^R,柬KH,港HK,澳门MO,韩^RKR^R	0	受惠国LD	30
1913	2844.5000	-核反应堆已耗尽（已辐照）的燃料元件（释热元件） -Spent (irradiated) fuel elements (cartridges) of nuclear reactors	5	0	东盟AS,智CL,巴PK,新西兰NZ,秘PE,哥CR,瑞CH,冰IS,韩KR,澳AU,格GE,毛MU,东盟^RAS^R,澳^RAU^R,日^RJP^R,新西兰^RNZ^R,柬KH,港HK,澳门MO,韩^RKR^R	0	受惠国LD	30
	28.45	**税目28.44以外的同位素；这些同位素的无机或有机化合物，不论是否已有化学定义：** **Isotopes other than those of heading 28.44; compounds, inorganic or organic, of such isotopes, whether or not chemically defined:**						

序号 No.	税则号列 Tariff Line	货品名称 Article Description	最惠国税率 MFN(%)		协定税率 Agreement(%)	特惠税率 SP(%)	普通税率 Gen(%)
1914	2845.1000	-重水（氧化氘） -Heavy water (deuterium oxide)	5	0	东盟AS,智CL,巴PK,新西兰NZ, 秘PE,哥CR,瑞CH,冰IS,韩KR, 澳AU,格GE,毛MU,东盟^{R}AS^R, 澳^{R}AU^R,日^{R}JP^R,新西兰^{R}NZ^R,柬 KH,港HK,澳门MO,韩^{R}KR^R	0 受惠国LD	30
1915	2845.2000	-硼-10浓缩硼及其化合物 -Boron enriched in boron-10 and its compounds	5	0	东盟AS,智CL,巴PK,新西兰NZ, 秘PE,哥CR,瑞CH,冰IS,韩KR, 澳AU,格GE,毛MU,东盟^{R}AS^R, 澳^{R}AU^R,日^{R}JP^R,新西兰^{R}NZ^R,柬 KH,港HK,澳门MO,韩^{R}KR^R	0 受惠国LD	30
1916	2845.3000	-锂-6浓缩锂及其化合物 -Lithium enriched in lithium-6 and its compounds	5	0	东盟AS,智CL,巴PK,新西兰NZ, 秘PE,哥CR,瑞CH,冰IS,韩KR, 澳AU,格GE,毛MU,东盟^{R}AS^R, 澳^{R}AU^R,日^{R}JP^R,新西兰^{R}NZ^R,柬 KH,港HK,澳门MO,韩^{R}KR^R	0 受惠国LD	30
1917	2845.4000	-氦-3 -Helium-3	5	0	东盟AS,智CL,巴PK,新西兰NZ, 秘PE,哥CR,瑞CH,冰IS,韩KR, 澳AU,格GE,毛MU,东盟^{R}AS^R, 澳^{R}AU^R,日^{R}JP^R,新西兰^{R}NZ^R,柬 KH,港HK,澳门MO,韩^{R}KR^R	0 受惠国LD	30
1918	2845.9000	-其他 -Other	5	0	东盟AS,智CL,巴PK,新西兰NZ, 秘PE,哥CR,瑞CH,冰IS,韩KR, 澳AU,格GE,毛MU,东盟^{R}AS^R, 澳^{R}AU^R,日^{R}JP^R,新西兰^{R}NZ^R,柬 KH,港HK,澳门MO,韩^{R}KR^R	0 受惠国LD	30
	28.46	**稀土金属、钇、钪及其混合物的无机或 有机化合物:** **Compounds, inorganic or organic, of rare-earth metals, of yttrium or of scandium or of mixtures of these metals:** -铈的化合物: -Cerium compounds:					
1919	2846.1010	---氧化铈 ---Cerium oxide	5Δ0	0 2.5	东盟AS,智CL,巴PK,新西兰NZ, 秘PE,哥CR,瑞CH,冰IS,韩KR, 澳AU,格GE,毛MU,东盟^{R}AS^R, 澳^{R}AU^R,日^{R}JP^R,新西兰^{R}NZ^R,柬 KH,港HK,澳门MO,韩^{R}KR^R 亚太AP	0 受惠国LD	30
1920	2846.1020	---氢氧化铈 ---Cerium hydroxide	5Δ0	0 2.5	东盟AS,智CL,巴PK,新西兰NZ, 秘PE,哥CR,瑞CH,冰IS,韩KR, 澳AU,格GE,毛MU,东盟^{R}AS^R, 澳^{R}AU^R,日^{R}JP^R,新西兰^{R}NZ^R,柬 KH,港HK,澳门MO,韩^{R}KR^R 亚太AP	0 受惠国LD	30

序号 No.	税则号列 Tariff Line	货品名称 Article Description	最惠国税率 MFN(%)	协定税率 Agreement(%)		特惠税率 SP(%)	普通税率 Gen(%)
1921	2846.1030	---碳酸铈 ---Cerium carbonate	5△0	0	东盟AS,智CL,巴PK,新西兰NZ, 秘PE,哥CR,瑞CH,冰IS,韩KR, 澳AU,格GE,毛MU,东盟^RAS^R, 澳^RAU^R,日^RJP^R,新西兰^RNZ^R,柬 KH,港HK,澳门MO,韩^RKR^R	0 受惠国LD	30
				2.5	亚太AP		
1922	2846.1090	---其他 ---Other	5△0	0	东盟AS,智CL,巴PK,新西兰NZ, 秘PE,哥CR,瑞CH,冰IS,韩KR, 澳AU,格GE,毛MU,东盟^RAS^R, 澳^RAU^R,日^RJP^R,新西兰^RNZ^R,柬 KH,港HK,澳门MO,韩^RKR^R	0 受惠国LD	30
				2.5	亚太AP		
		-其他: -Other:					
		---氧化稀土(氧化铈除外): ---Rare-earth oxides (other than cerium oxide):					
1923	2846.9011	----氧化钇 ----Yttrium oxide	5△0	0	东盟AS,智CL,巴PK,新西兰NZ, 秘PE,哥CR,瑞CH,冰IS,韩KR, 澳AU,格GE,毛MU,东盟^RAS^R, 澳^RAU^R,日^RJP^R,新西兰^RNZ^R,柬 KH,港HK,澳门MO,韩^RKR^R	0 受惠国LD	30
1924	2846.9012	----氧化镧 ----Lanthanum oxide	5△0	0	东盟AS,智CL,巴PK,新西兰NZ, 秘PE,哥CR,瑞CH,冰IS,韩KR, 澳AU,格GE,毛MU,东盟^RAS^R, 澳^RAU^R,日^RJP^R,新西兰^RNZ^R,柬 KH,港HK,澳门MO,韩^RKR^R	0 受惠国LD	30
1925	2846.9013	----氧化钕 ----Neodymium oxide	5△0	0	东盟AS,智CL,巴PK,新西兰NZ, 秘PE,哥CR,瑞CH,冰IS,韩KR, 澳AU,格GE,毛MU,东盟^RAS^R, 澳^RAU^R,日^RJP^R,新西兰^RNZ^R,柬 KH,港HK,澳门MO,韩^RKR^R	0 受惠国LD	30
1926	2846.9014	----氧化铕 ----Europium oxide	5△0	0	东盟AS,智CL,巴PK,新西兰NZ, 秘PE,哥CR,瑞CH,冰IS,韩KR, 澳AU,格GE,毛MU,东盟^RAS^R, 澳^RAU^R,日^RJP^R,新西兰^RNZ^R,柬 KH,港HK,澳门MO,韩^RKR^R	0 受惠国LD	30
1927	2846.9015	----氧化镝 ----Dysprosium oxide	5△0	0	东盟AS,智CL,巴PK,新西兰NZ, 秘PE,哥CR,瑞CH,冰IS,韩KR, 澳AU,格GE,毛MU,东盟^RAS^R, 澳^RAU^R,日^RJP^R,新西兰^RNZ^R,柬 KH,港HK,澳门MO,韩^RKR^R	0 受惠国LD	30
1928	2846.9016	----氧化铽 ----Terbium oxide	5△0	0	东盟AS,智CL,巴PK,新西兰NZ, 秘PE,哥CR,瑞CH,冰IS,韩KR, 澳AU,格GE,毛MU,东盟^RAS^R, 澳^RAU^R,日^RJP^R,新西兰^RNZ^R,柬 KH,港HK,澳门MO,韩^RKR^R	0 受惠国LD	30

序号 No.	税则号列 Tariff Line	货品名称 Article Description	最惠国税率 MFN(%)	协定税率 Agreement(%)		特惠税率 SP(%)		普通税率 Gen(%)
1929	2846.9017	----氧化镨 ----Praseodymium oxide	5Δ0	0	东盟AS,智CL,巴PK,新西兰NZ,秘PE,哥CR,瑞CH,冰IS,韩KR,澳AU,格GE,毛MU,东盟^{R}AS^R,澳^{R}AU^R,日^{R}JP^R,新西兰^{R}NZ^R,柬KH,港HK,澳门MO,韩^{R}KR^R	0	受惠国LD	30
1930	2846.9018	----氧化镥 ----Lutecia	5Δ0	0	东盟AS,智CL,巴PK,新西兰NZ,秘PE,哥CR,瑞CH,冰IS,韩KR,澳AU,格GE,毛MU,东盟^{R}AS^R,澳^{R}AU^R,日^{R}JP^R,新西兰^{R}NZ^R,柬KH,港HK,澳门MO,韩^{R}KR^R	0	受惠国LD	30
1931	2846.9019	----其他 ----Other	5Δ0	0	东盟AS,智CL,巴PK,新西兰NZ,秘PE,哥CR,瑞CH,冰IS,韩KR,澳AU,格GE,毛MU,东盟^{R}AS^R,澳^{R}AU^R,日^{R}JP^R,新西兰^{R}NZ^R,柬KH,港HK,澳门MO,韩^{R}KR^R	0	受惠国LD	30
		---氯化稀土: ---Rare-earth chlorides:						
1932	2846.9021	----氯化铽 ----Terbium chlorinates	5Δ0	0	东盟AS,智CL,巴PK,新西兰NZ,秘PE,哥CR,瑞CH,冰IS,韩KR,澳AU,格GE,毛MU,东盟^{R}AS^R,澳^{R}AU^R,日^{R}JP^R,新西兰^{R}NZ^R,柬KH,港HK,澳门MO,韩^{R}KR^R	0	受惠国LD	30
1933	2846.9022	----氯化镝 ----Dysprosium chlorinates	5Δ0	0	东盟AS,智CL,巴PK,新西兰NZ,秘PE,哥CR,瑞CH,冰IS,韩KR,澳AU,格GE,毛MU,东盟^{R}AS^R,澳^{R}AU^R,日^{R}JP^R,新西兰^{R}NZ^R,柬KH,港HK,澳门MO,韩^{R}KR^R	0	受惠国LD	30
1934	2846.9023	----氯化镧 ----Lanthanum chlorinates	5Δ0	0	东盟AS,智CL,巴PK,新西兰NZ,秘PE,哥CR,瑞CH,冰IS,韩KR,澳AU,格GE,毛MU,东盟^{R}AS^R,澳^{R}AU^R,日^{R}JP^R,新西兰^{R}NZ^R,柬KH,港HK,澳门MO,韩^{R}KR^R	0	受惠国LD	30
1935	2846.9024	----氯化钕 ----Neodymium chlorinates	5Δ0	0	东盟AS,智CL,巴PK,新西兰NZ,秘PE,哥CR,瑞CH,冰IS,韩KR,澳AU,格GE,毛MU,东盟^{R}AS^R,澳^{R}AU^R,日^{R}JP^R,新西兰^{R}NZ^R,柬KH,港HK,澳门MO,韩^{R}KR^R	0	受惠国LD	30
1936	2846.9025	----氯化镨 ----Praseodymium chlorinates	5Δ0	0	东盟AS,智CL,巴PK,新西兰NZ,秘PE,哥CR,瑞CH,冰IS,韩KR,澳AU,格GE,毛MU,东盟^{R}AS^R,澳^{R}AU^R,日^{R}JP^R,新西兰^{R}NZ^R,柬KH,港HK,澳门MO,韩^{R}KR^R	0	受惠国LD	30
1937	2846.9026	----氯化钇 ----Yttrium chlorinates	5Δ0	0	东盟AS,智CL,巴PK,新西兰NZ,秘PE,哥CR,瑞CH,冰IS,韩KR,澳AU,格GE,毛MU,东盟^{R}AS^R,澳^{R}AU^R,日^{R}JP^R,新西兰^{R}NZ^R,柬KH,港HK,澳门MO,韩^{R}KR^R	0	受惠国LD	30

序号 No.	税则号列 Tariff Line	货品名称 Article Description	最惠国税率 MFN(%)		协定税率 Agreement(%)	特惠税率 SP(%)		普通税率 Gen(%)
1938	2846.9028	----混合氯化稀土 ----Mixture of rareearth chlorides	5Δ0	0	东盟AS,智CL,巴PK,新西兰NZ,秘PE,哥CR,瑞CH,冰IS,韩KR,澳AU,格GE,毛MU,东盟^RAS^R,澳^RAU^R,日^RJP^R,新西兰^RNZ^R,柬KH,港HK,澳门MO,韩^RKR^R	0	受惠国LD	30
1939	2846.9029	----其他 ----Other	5Δ0	0	东盟AS,智CL,巴PK,新西兰NZ,秘PE,哥CR,瑞CH,冰IS,韩KR,澳AU,格GE,毛MU,东盟^RAS^R,澳^RAU^R,日^RJP^R,新西兰^RNZ^R,柬KH,港HK,澳门MO,韩^RKR^R	0	受惠国LD	30
		---氟化稀土: ---Rare-earth fluorides:						
1940	2846.9031	----氟化铽 ----Terbium fluorides	5Δ0	0	东盟AS,智CL,巴PK,新西兰NZ,秘PE,哥CR,瑞CH,冰IS,韩KR,澳AU,格GE,毛MU,东盟^RAS^R,澳^RAU^R,日^RJP^R,新西兰^RNZ^R,柬KH,港HK,澳门MO,韩^RKR^R	0	受惠国LD	30
1941	2846.9032	----氟化镝 ----Dysprosium fluorides	5Δ0	0	东盟AS,智CL,巴PK,新西兰NZ,秘PE,哥CR,瑞CH,冰IS,韩KR,澳AU,格GE,毛MU,东盟^RAS^R,澳^RAU^R,日^RJP^R,新西兰^RNZ^R,柬KH,港HK,澳门MO,韩^RKR^R	0	受惠国LD	30
1942	2846.9033	----氟化镧 ----Lanthanum fluorides	5Δ0	0	东盟AS,智CL,巴PK,新西兰NZ,秘PE,哥CR,瑞CH,冰IS,韩KR,澳AU,格GE,毛MU,东盟^RAS^R,澳^RAU^R,日^RJP^R,新西兰^RNZ^R,柬KH,港HK,澳门MO,韩^RKR^R	0	受惠国LD	30
1943	2846.9034	----氟化钕 ----Neodymium fluorides	5Δ0	0	东盟AS,智CL,巴PK,新西兰NZ,秘PE,哥CR,瑞CH,冰IS,韩KR,澳AU,格GE,毛MU,东盟^RAS^R,澳^RAU^R,日^RJP^R,新西兰^RNZ^R,柬KH,港HK,澳门MO,韩^RKR^R	0	受惠国LD	30
1944	2846.9035	----氟化镨 ----Praseodymium fluorides	5Δ0	0	东盟AS,智CL,巴PK,新西兰NZ,秘PE,哥CR,瑞CH,冰IS,韩KR,澳AU,格GE,毛MU,东盟^RAS^R,澳^RAU^R,日^RJP^R,新西兰^RNZ^R,柬KH,港HK,澳门MO,韩^RKR^R	0	受惠国LD	30
1945	2846.9036	----氟化钇 ----Yttrium fluorides	5Δ0	0	东盟AS,智CL,巴PK,新西兰NZ,秘PE,哥CR,瑞CH,冰IS,韩KR,澳AU,格GE,毛MU,东盟^RAS^R,澳^RAU^R,日^RJP^R,新西兰^RNZ^R,柬KH,港HK,澳门MO,韩^RKR^R	0	受惠国LD	30
1946	2846.9039	----其他 ----Other	5Δ0	0	东盟AS,智CL,巴PK,新西兰NZ,秘PE,哥CR,瑞CH,冰IS,韩KR,澳AU,格GE,毛MU,东盟^RAS^R,澳^RAU^R,日^RJP^R,新西兰^RNZ^R,柬KH,港HK,澳门MO,韩^RKR^R	0	受惠国LD	30

序号 No.	税则号列 Tariff Line	货品名称 Article Description	最惠国税率 MFN(%)		协定税率 Agreement(%)	特惠税率 SP(%)		普通税率 Gen(%)
		---碳酸稀土： ---Rare-earth carbonate:						
1947	2846.9041	----碳酸镧 ----Lanthanum carbonates	5Δ0	0	东盟AS,智CL,巴PK,新西兰NZ,秘PE,哥CR,瑞CH,冰IS,韩KR,澳AU,格GE,毛MU,东盟^RAS^R,澳^RAU^R,日^RJP^R,新西兰^RNZ^R,柬KH,港HK,澳门MO,韩^RKR^R	0	受惠国LD	30
1948	2846.9042	----碳酸铽 ----Terbium carbonates	5Δ0	0	东盟AS,智CL,巴PK,新西兰NZ,秘PE,哥CR,瑞CH,冰IS,韩KR,澳AU,格GE,毛MU,东盟^RAS^R,澳^RAU^R,日^RJP^R,新西兰^RNZ^R,柬KH,港HK,澳门MO,韩^RKR^R	0	受惠国LD	30
1949	2846.9043	----碳酸镝 ----Dysprosium carbonates	5Δ0	0	东盟AS,智CL,巴PK,新西兰NZ,秘PE,哥CR,瑞CH,冰IS,韩KR,澳AU,格GE,毛MU,东盟^RAS^R,澳^RAU^R,日^RJP^R,新西兰^RNZ^R,柬KH,港HK,澳门MO,韩^RKR^R	0	受惠国LD	30
1950	2846.9044	----碳酸钕 ----Neodymium carbonates	5Δ0	0	东盟AS,智CL,巴PK,新西兰NZ,秘PE,哥CR,瑞CH,冰IS,韩KR,澳AU,格GE,毛MU,东盟^RAS^R,澳^RAU^R,日^RJP^R,新西兰^RNZ^R,柬KH,港HK,澳门MO,韩^RKR^R	0	受惠国LD	30
1951	2846.9045	----碳酸镨 ----Praseodymium carbonates	5Δ0	0	东盟AS,智CL,巴PK,新西兰NZ,秘PE,哥CR,瑞CH,冰IS,韩KR,澳AU,格GE,毛MU,东盟^RAS^R,澳^RAU^R,日^RJP^R,新西兰^RNZ^R,柬KH,港HK,澳门MO,韩^RKR^R	0	受惠国LD	30
1952	2846.9046	----碳酸钇 ----Yttrium carbonates	5Δ0	0	东盟AS,智CL,巴PK,新西兰NZ,秘PE,哥CR,瑞CH,冰IS,韩KR,澳AU,格GE,毛MU,东盟^RAS^R,澳^RAU^R,日^RJP^R,新西兰^RNZ^R,柬KH,港HK,澳门MO,韩^RKR^R	0	受惠国LD	30
1953	2846.9048	----混合碳酸稀土 ----Mixture of rare-earth carbonate	5Δ0	0	东盟AS,智CL,巴PK,新西兰NZ,秘PE,哥CR,瑞CH,冰IS,韩KR,澳AU,格GE,毛MU,东盟^RAS^R,澳^RAU^R,日^RJP^R,新西兰^RNZ^R,柬KH,港HK,澳门MO,韩^RKR^R	0	受惠国LD	30
1954	2846.9049	----其他 ----Other	5Δ0	0	东盟AS,智CL,巴PK,新西兰NZ,秘PE,哥CR,瑞CH,冰IS,韩KR,澳AU,格GE,毛MU,东盟^RAS^R,澳^RAU^R,日^RJP^R,新西兰^RNZ^R,柬KH,港HK,澳门MO,韩^RKR^R	0	受惠国LD	30
		---其他： ---Other:						

序号 No.	税则号列 Tariff Line	货品名称 Article Description	最惠国税率 MFN(%)	协定税率 Agreement(%)		特惠税率 SP(%)	普通税率 Gen(%)
1955	2846.9091	----镧的其他化合物 ----Of Lanthanum	5Δ0	0	东盟AS,智CL,巴PK,新西兰NZ,秘PE,哥CR,瑞CH,冰IS,韩KR,澳AU,格GE,毛MU,东盟^RAS^R,澳^RAU^R,日^RJP^R,新西兰^RNZ^R,柬KH,港HK,澳门MO,韩^RKR^R	0 受惠国LD	30
1956	2846.9092	----钕的其他化合物 ----Of Neodymium	5Δ0	0	东盟AS,智CL,巴PK,新西兰NZ,秘PE,哥CR,瑞CH,冰IS,韩KR,澳AU,格GE,毛MU,东盟^RAS^R,澳^RAU^R,日^RJP^R,新西兰^RNZ^R,柬KH,港HK,澳门MO,韩^RKR^R	0 受惠国LD	30
1957	2846.9093	----铽的其他化合物 ----Of Terbium	5Δ0	0	东盟AS,智CL,巴PK,新西兰NZ,秘PE,哥CR,瑞CH,冰IS,韩KR,澳AU,格GE,毛MU,东盟^RAS^R,澳^RAU^R,日^RJP^R,新西兰^RNZ^R,柬KH,港HK,澳门MO,韩^RKR^R	0 受惠国LD	30
1958	2846.9094	----镝的其他化合物 ----Of Dysprosium	5Δ0	0	东盟AS,智CL,巴PK,新西兰NZ,秘PE,哥CR,瑞CH,冰IS,韩KR,澳AU,格GE,毛MU,东盟^RAS^R,澳^RAU^R,日^RJP^R,新西兰^RNZ^R,柬KH,港HK,澳门MO,韩^RKR^R	0 受惠国LD	30
1959	2846.9095	----镨的其他化合物 ----Of Praseodymium	5Δ0	0	东盟AS,智CL,巴PK,新西兰NZ,秘PE,哥CR,瑞CH,冰IS,韩KR,澳AU,格GE,毛MU,东盟^RAS^R,澳^RAU^R,日^RJP^R,新西兰^RNZ^R,柬KH,港HK,澳门MO,韩^RKR^R	0 受惠国LD	30
1960	2846.9096	----钇的其他化合物 ----Of Yttrium	5Δ0	0	东盟AS,智CL,巴PK,新西兰NZ,秘PE,哥CR,瑞CH,冰IS,韩KR,澳AU,格GE,毛MU,东盟^RAS^R,澳^RAU^R,日^RJP^R,新西兰^RNZ^R,柬KH,港HK,澳门MO,韩^RKR^R	0 受惠国LD	30
1961	2846.9099	----其他 ----Other	5Δ0	0	东盟AS,智CL,巴PK,新西兰NZ,秘PE,哥CR,瑞CH,冰IS,韩KR,澳AU,格GE,毛MU,东盟^RAS^R,澳^RAU^R,日^RJP^R,新西兰^RNZ^R,柬KH,港HK,澳门MO,韩^RKR^R	0 受惠国LD	30
	28.47	**过氧化氢, 不论是否用尿素固化:** **Hydrogen peroxide, whether or not solidified with urea:**					
1962	2847.0000	过氧化氢, 不论是否用尿素固化 Hydrogen peroxide, whether or not solidified with urea	5.5	0 2.2 4.4 4.8	东盟AS,智CL,巴PK,新西兰NZ,秘PE,哥CR,瑞CH,冰IS,澳AU,格GE,毛MU,柬KH,港HK,澳门MO 韩KR 东盟^RAS^R,澳^RAU^R,新西兰^RNZ^R,韩^RKR^R 日^RJP^R	0 受惠国LD	30

序号 No.	税则号列 Tariff Line	货品名称 Article Description	最惠国税率 MFN(%)	协定税率 Agreement(%)		特惠税率 SP(%)	普通税率 Gen(%)
	28.49	碳化物, 不论是否已有化学定义: Carbides, whether or not chemically defined:					
1963	2849.1000	-碳化钙 -Of calcium	5.5	0	东盟AS,智CL,巴PK,新西兰NZ,秘PE,哥CR,瑞CH,冰IS,韩KR,澳AU,格GE,毛MU,东盟^RAS^R,澳^RAU^R,日^RJP^R,新西兰^RNZ^R,柬KH,港HK,澳门MO,韩^RKR^R	0 受惠国LD	45
1964	2849.2000	-碳化硅 -Of silicon	5.5	0 0.5 4.4 4.5	东盟AS,智CL,巴PK,新西兰NZ,秘PE,哥CR,瑞CH,冰IS,澳AU,格GE,毛MU,东盟^RAS^R,澳^RAU^R,新西兰^RNZ^R,柬KH,港HK,澳门MO 韩KR 韩^RKR^R 日^RJP^R	0 受惠国LD	30
		-其他: -Other:					
1965	2849.9010	---碳化硼 ---Of boron	5.5	0	东盟AS,智CL,巴PK,新西兰NZ,秘PE,哥CR,瑞CH,冰IS,韩KR,澳AU,格GE,毛MU,东盟^RAS^R,澳^RAU^R,日^RJP^R,新西兰^RNZ^R,柬KH,港HK,澳门MO,韩^RKR^R	0 受惠国LD	30
1966	2849.9020	---碳化钨 ---Of tungsten	5.5	0	东盟AS,智CL,巴PK,新西兰NZ,秘PE,哥CR,瑞CH,冰IS,韩KR,澳AU,格GE,毛MU,东盟^RAS^R,澳^RAU^R,日^RJP^R,新西兰^RNZ^R,柬KH,港HK,澳门MO,韩^RKR^R	0 受惠国LD	30
1967	2849.9090	---其他 ---Other	5.5	0	东盟AS,智CL,巴PK,新西兰NZ,秘PE,哥CR,瑞CH,冰IS,韩KR,澳AU,格GE,毛MU,东盟^RAS^R,澳^RAU^R,日^RJP^R,新西兰^RNZ^R,柬KH,港HK,澳门MO,韩^RKR^R	0 受惠国LD	30
	28.50	氢化物、氮化物、迭氮化物、硅化物及硼化物, 不论是否已有化学定义, 但可归入税目28.49的碳化物除外: Hydrides, nitrides, azides, silicides and borides, whether or not chemically defined, other than compounds which are also carbides of heading 28.49: ---氮化物: ---Nitrides:					

序号 No.	税则号列 Tariff Line	货品名称 Article Description	最惠国税率 MFN(%)	协定税率 Agreement(%)		特惠税率 SP(%)		普通税率 Gen(%)
1968	2850.0011	----氮化锰 ----Manganese nitride	5.5	0	东盟AS,智CL,巴PK,新西兰NZ,秘PE,哥CR,瑞CH,冰IS,韩KR,澳AU,格GE,毛MU,东盟^RAS^R,澳^RAU^R,日^RJP^R,新西兰^RNZ^R,柬KH,港HK,澳门MO,韩^RKR^R	0	受惠国LD	30
				3.6	亚太AP			
1969	2850.0012	----氮化硼 ----Boron nitride	5.5	0	东盟AS,智CL,巴PK,新西兰NZ,秘PE,哥CR,瑞CH,冰IS,韩KR,澳AU,格GE,毛MU,东盟^RAS^R,澳^RAU^R,日^RJP^R,新西兰^RNZ^R,柬KH,港HK,澳门MO,韩^RKR^R	0	受惠国LD	30
				3.6	亚太AP			
1970	2850.0019	----其他 ----Other	5.5	0	东盟AS,智CL,巴PK,新西兰NZ,秘PE,哥CR,瑞CH,冰IS,韩KR,澳AU,格GE,毛MU,东盟^RAS^R,澳^RAU^R,日^RJP^R,新西兰^RNZ^R,柬KH,港HK,澳门MO,韩^RKR^R	0	受惠国LD	30
				3.6	亚太AP			
1971	2850.0090	---其他 ---Other	5.5	0	东盟AS,智CL,巴PK,新西兰NZ,秘PE,哥CR,瑞CH,冰IS,澳AU,格GE,毛MU,柬KH,港HK,澳门MO	0	受惠国LD	30
				2.2	韩KR			
				3.6	亚太AP			
				4.4	东盟^RAS^R,澳^RAU^R,新西兰^RNZ^R,韩^RKR^R			
				4.8	日^RJP^R			
	ex28500090	砷烷 Arsine	Δ3					
	28.52	**汞的无机或有机化合物, 不论是否已有化学定义, 汞齐除外:** **Inorganic or organic compounds of mercury, whether or not chemically defined, excluding amalgams:**						
1972	2852.1000	-已有化学定义的 -Chemically defined	5.5	0	东盟AS,智CL,巴PK,新西兰NZ,秘PE,哥CR,瑞CH,冰IS,韩KR,澳AU,格GE,毛MU,东盟^RAS^R,澳^RAU^R,日^RJP^R,新西兰^RNZ^R,柬KH,港HK,澳门MO,韩^RKR^R	0	受惠国LD	30
1973	2852.9000	-其他 -Other	5.5	0	东盟AS,智CL,巴PK,新西兰NZ,秘PE,哥CR,瑞CH,冰IS,韩KR,澳AU,格GE,毛MU,东盟^RAS^R,澳^RAU^R,日^RJP^R,新西兰^RNZ^R,柬KH,港HK,澳门MO,韩^RKR^R	0	受惠国LD	30

序号 No.	税则号列 Tariff Line	货品名称 Article Description	最惠国税率 MFN(%)	协定税率 Agreement(%)		特惠税率 SP(%)		普通税率 Gen(%)
	28.53	磷化物, 不论是否已有化学定义, 但磷铁除外; 其他无机化合物(包括蒸馏水、导电水及类似的纯净水); 液态空气(不论是否除去稀有气体); 压缩空气; 汞齐, 但贵金属汞齐除外: **Phosphides, whether or not chemically defined, excluding ferrophosphorus; other inorganic compounds (including distilled or conductivity water and water of similar purity); liquid air (whether or not rare gases have been removed); compressed air; amalgams, other than amalgams of precious metals:**						
1974	2853.1000	-氯化氰 -Cyanogen chloride (chlorcyan)	5.5	0	东盟AS,智CL,巴PK,新西兰NZ,秘PE,哥CR,瑞CH,冰IS,韩KR,澳AU,格GE,毛MU,东盟^RAS^R,澳^RAU^R,日^RJP^R,新西兰^RNZ^R,柬KH,港HK,澳门MO,韩^RKR^R	0	受惠国LD	30
		-其他: -Other:						
1975	2853.9010	---饮用蒸馏水 ---Distilled water for human consumption	5.5	0	东盟AS,智CL,巴PK,新西兰NZ,秘PE,哥CR,瑞CH,冰IS,韩KR,澳AU,格GE,毛MU,东盟^RAS^R,澳^RAU^R,日^RJP^R,新西兰^RNZ^R,柬KH,港HK,澳门MO,韩^RKR^R	0	受惠国LD	70
1976	2853.9030	---镍钴锰氢氧化物 ---Nickel cobalt manganese composite hydrogenoxide	6.5	0 3 5.3	东盟AS,智CL,新西兰NZ,秘PE,哥CR,瑞CH,冰IS,韩KR,澳AU,格GE,毛MU,东盟^RAS^R,澳^RAU^R,新西兰^RNZ^R,柬KH,港HK,澳门MO,韩^RKR^R 巴PK 日^RJP^R	0	受惠国LD	30
1977	2853.9040	---磷化物, 不论是否已有化学定义, 但不包括磷铁 ---Phosphides, whether or not chemically defined, excluding ferrophophorus	5.5	0 0.5 4.4 4.5	东盟AS,智CL,巴PK,新西兰NZ,秘PE,哥CR,瑞CH,冰IS,澳AU,格GE,毛MU,东盟^RAS^R,澳^RAU^R,新西兰^RNZ^R,柬KH,港HK,澳门MO 韩KR 韩^RKR^R 日^RJP^R	0	受惠国LD	20
	ex28539040	磷烷 Phosphorane	Δ3					
1978	2853.9050	---镍钴铝氢氧化物 ---Nickel cobalt aluminium composite hydrogenoxide	5.5	0	东盟AS,智CL,巴PK,新西兰NZ,秘PE,哥CR,瑞CH,冰IS,韩KR,澳AU,格GE,毛MU,东盟^RAS^R,澳^RAU^R,日^RJP^R,新西兰^RNZ^R,柬KH,港HK,澳门MO,韩^RKR^R	0	受惠国LD	30
1979	2853.9090	---其他 ---Other	5.5	0	东盟AS,智CL,巴PK,新西兰NZ,秘PE,哥CR,瑞CH,冰IS,韩KR,澳AU,格GE,毛MU,东盟^RAS^R,澳^RAU^R,日^RJP^R,新西兰^RNZ^R,柬KH,港HK,澳门MO,韩^RKR^R	0	受惠国LD	30

Chapter 29
Organic chemicals

注释:

一、除条文另有规定的以外，本章各税目只适用于:

（一）单独的已有化学定义的有机化合物，不论是否含有杂质;

（二）同一有机化合物的两种或两种以上异构体的混合物（不论是否含有杂质），但无环烃异构体的混合物（立体异构体除外），不论是否饱和，应归入第二十七章;

（三）税目29.36至29.39的产品，税目29.40的糖醚、糖缩醛、糖酯及其盐类和税目29.41的产品，不论是否已有化学定义;

（四）上述（一）、（二）、（三）款产品的水溶液;

（五）溶于其他溶剂的上述（一）、（二）、（三）款的产品，但该产品处于溶液状态只是为了安全或运输所采取的正常必要方法，其所用溶剂并不使该产品改变其一般用途而适合于某些特殊用途;

（六）为了保存或运输的需要，加入稳定剂（包括抗结块剂）的上述（一）、（二）、（三）、（四）、（五）各款产品;

（七）为了便于识别或安全起见，加入抗尘剂、着色剂、气味剂或催吐剂的上述（一）、（二）、（三）、（四）、（五）、（六）各款产品，但所加剂料并不使原产品改变其一般用途而适合于某些特殊用途;

（八）为生产偶氮染料而稀释至标准浓度的下列产品：重氮盐，用于重氮盐、可重氮化的胺及其盐类的耦合剂。

二、本章不包括:

（一）税目15.04的货品及税目15.20的粗甘油;

（二）乙醇（税目22.07或22.08）;

（三）甲烷及丙烷（税目27.11）;

（四）第二十八章注释二所述的碳化合物;

（五）税目30.02的免疫制品;

（六）尿素（税目31.02或31.05）;

（七）植物性或动物性着色料（税目32.03）、合成有机着色料、用作荧光增白剂或发光体的合成有机产品（税目32.04）及零售包装的染料或其他着色剂（税目32.12）;

Notes:

1. Except where the context otherwise requires, the headings of this Chapter apply only to:

(a) Separate chemically defined organic compounds, whether or not containing impurities;

(b) Mixtures of two or more isomers of the same organic compound (whether or not containing impurities), except mixtures of acyclic hydrocarbon isomers (other than stereoisomers), whether or not saturated (Chapter 27) ;

(c) The products of headings 29.36 to 29.39 or the sugar ethers, sugar acetals and sugar esters, and their salts, of heading 29.40, or the products of heading 29.41, whether or not chemically defined;

(d) The products mentioned in (a), (b) or (c) above dissolved in water;

(e) The products mentioned in (a), (b) or (c) above dissolved in other slovents provided that the solution constitutes a normal and necessary method of putting up these products adopted solely for reasons of safety or for transport and that the solvent does not render the product particularly suitable for specific use rather than for general use;

(f) The products mentioned in (a), (b), (c), (d) or (e) above with an added stabilizer (including an anticaking agent) necessary for their preservation or transport;

(g) The products mentioned in (a), (b), (c), (d), (e) or (f) above with an added anti-dusting agent or a colouring or odoriferous substance or an emetic added to facilitate their identification or for safety reasons, provided that the additions do not render the product particularly suitable for specific use rather than for general use;

(h) The following products, diluted to standard strengths, for the production of azo dyes: diazonium salts, couplers used for these salts and diazotisable amines and their salts.

2. This Chapter does not cover:

(a) Goods of heading 15.04 or crude glycerol of heading 15.20;

(b) Ethyl alcohol (heading 22.07 or 22.08) ;

(c) Methane or propane (heading 27.11) ;

(d) The compounds of carbon mentioned in Note 2 to Chapter 28;

(e) Immunological products of heading 30.02;

(f) Urea (heading 31.02 or 31.05) ;

(g) Colouring matter of vegetable or animal origin (heading 32.03) , synthetic organic colouring matter, synthetic organic products of a kind used as fluorescent brightening agents or as luminophores (heading 32.04) or dyes or other colouring matter put up in forms or packings for retail sale (heading 32.12) ;

（八）酶（税目 35.07）；

（九）聚乙醛、六亚甲基四胺（乌洛托品）及类似物质，制成片、条或类似形状作为燃料用的，以及包装容器的容积不超过 300 立方厘米的直接灌注香烟打火机及类似打火器用的液体燃料或液化气体燃料（税目 36.06）；

（十）灭火器的装配药及已装药的灭火弹（税目 38.13）；零售包装的除墨剂（税目 38.24）；或

（十一）光学元件，例如用酒石酸乙二胺制成的（税目 90.01）。

三、可以归入本章两个或两个以上税目的货品，应归入有关税目中的最后一个税目。

四、税目 29.04 至 29.06、29.08 至 29.11 及 29.13 至 29.20 的卤化、磺化、硝化或亚硝化衍生物均包括复合衍生物，例如，卤磺化、卤硝化、磺硝化及卤磺硝化衍生物。

硝基及亚硝基不作为税目 29.29 的含氮基官能团。

税目 29.11、29.12、29.14、29.18 及 29.22 所称"含氧基"，仅限于税目 29.05 至 29.20 的各种含氧基（其特征为有机含氧基）。

五、

（一）本章第一分章至第七分章的酸基有机化合物与这些分章的有机化合物构成的酯应归入有关税目中的最后一个税目。

（二）乙醇与本章第一分章至第七分章的酸基有机化合物所构成的酯，应按有关酸基化合物归类。

（三）除第六类注释一及第二十八章注释二另有规定的以外：

1. 第一分章至第十分章及税目 29.42 的有机化合物的无机盐，例如，含酸基、酚基或烯醇基的化合物及有机碱的无机盐，应归入相应的有机化合物的税目；

2. 第一分章至第十分章及税目 29.42 的有机化合物之间生成的盐，应按生成该盐的碱或酸（包括酚基或烯醇基化合物）归入本章有关税目中的最后一个税目；

(h) Enzymes (heading 35.07)；

(i) Metaldehyde, hexamethylenetetramine or similar substances, put up in forms (for example, tablets, sticks or similar forms) for use as fuels, or liquid or liquefied-gas fuels in containers of a kind used for filling or refilling cigarette or similar lighters and of a capacity not exceeding $300cm^3$ (heading 36.06)；

(j) Products put up as charges for fire-extinguishers or put up in fire-extinguishing grenades, of heading 38.13; ink removers put up in packings for retail sale, of heading 38.24; or

(k) Optical elements, for example, of ethylenediamine tartrate (heading 90.01).

3. Goods which could be included in two or more of the headings of this Chapter are to be classified in that one of those headings which occurs last in numerical order.

4. In headings 29.04 to 29.06, 29.08 to 29.11 and 29.13 to 29.20, any reference to halogenated, sulphonated, nitrated or nitrosated derivatives includes a reference to compound derivatives, such as sulphohalogenated, nitrohalogenated, nitrosulphonated or nitrosulphohalogenated derivatives.

Nitro or nitroso groups are not to be taken as "nitrogenfunctions" for the purpose of heading 29.29.

For the purposes of headings 29.11, 29.12, 29.14, 29.18 and 29.22, "oxygen-function" is to be restricted to the functions (the characteristic organic oxygen-containing groups) referred to in headings 29.05 to 29.20.

5.

(a) The esters of acid-function organic compounds of subChapters I to VII with organic compounds of these subChapters are to be classified with that compound which is classified in the heading which occurs last in numerical order in these sub-Chapters.

(b) Esters of ethyl alcohol with acid-function organic compounds of sub-Chapters I to VII are to be classified in the same heading as the corresponding acid-function compounds.

(c) Subject to Note 1 to Section VI and Note 2 to Chapter 28:

(1) Inorganic salts of organic compounds such as acid, phenol or enol-function compounds or organic bases, of sub-Chapters I to X or heading 29.42, are to be classified in the heading appropriate to the organic compound；

(2) Salts formed between organic compounds of subChapters I to X or heading 29.42 are to be classified in the heading appropriate to the base or to the acid (including phenol or enol-function compounds) from which they are formed, whichever occurs last in numerical order in the Chapter; and

3. 除第十一分章或税目 29.41 的产品外，配位化合物应按该化合物所有金属键（金属—碳键除外）"断开"所形成的片段归入第二十九章有关税目中的最后一个税目。

（四）除乙醇外，金属醇化物应按相应的醇归类（税目 29.05）。

（五）羧酸酰卤化物应按相应的酸归类。

六、税目 29.30 及 29.31 的化合物是指有机化合物，其分子中除含氢、氧或氮原子外，还含有与碳原子直接连接的其他非金属或金属原子（例如，硫、砷或铅）。

税目 29.30（有机硫化合物）及税目 29.31（其他有机—无机化合物）不包括某些磺化或卤化衍生物（含复合衍生物）。这些衍生物分子中除氢、氧、氮之外，只有具有磺化或卤化衍生物（或复合衍生物）性质的硫原子或卤素原子与碳原子直接连接。

七、税目 29.32、29.33 及 29.34 不包括三节环环氧化物、过氧化酮、醛或硫醛的环聚合物、多元羧酸酐、多元醇或酚与多元酸构成的环酯及多元酸酰亚胺。

本条规定只适用于由本条所列环化功能形成环内杂原子的化合物。

八、税目 29.37 所称：
（一）"激素"包括激素释放因子、激素刺激和释放因子、激素抑制剂以及激素抗体；

（二）"主要起激素作用"，不仅适用于激素衍生物以及主要起激素作用的结构类似物，也适用于在本税目所列产品合成过程中主要用作中间体的激素衍生物以及结构类似物。

子目注释：

一、属于本章任一税目项下的一种（组）化合物的衍生物，如果该税目其他子目未明确将其包括在内，而且有关的子目中又无列名为"其他"的子目，则应与该种（组）化合物归入同一子目。

二、第二十九章注释三不适用于本章的子目。

---

(3) Co-ordination compounds, other than products classifiable in sub-Chapter XI or heading 29.41, are to be classified in the heading which occurs last in numerical order in Chapter 29, among those appropriate to the fragments formed by "cleaving" of all metal bonds, other than metal carbon bonds.

(d) Metal alcoholates are to be classified in the same heading as the corresponding alcohols except in the case of ethanol (heading 29.05).

(e) Halides of carboxylic acids are to be classified in the same heading as the corresponding acids.

6. The compounds of headings 29.30 and 29.31 are organic compounds the molecules of which contain, in addition to atoms of hydrogen, oxygen or nitrogen, atoms of other nonmetals of or metals (such as sulphur, arsenic or lead) directly linked to carbon atoms.

Heading 29.30 (organo-sulphur compounds) and heading 29.31 (other organo-inorganic compounds) do not include sulphonated or halogenated derivatives (including compound derivatives) which, apart from hydrogen, oxygen and nitrogen, only have directly linked to carbon the atoms of sulphur or of a halogen which give them their nature of sulphonated or halogenated derivatives (or compound derivatives).

7. Headings 29.32, 29.33 and 29.34 do not include epoxides with a three-membered ring, ketone peroxides, cyclic polymers of aldehydes or of thioaldehydes, anhydrides of polybasic carboxylic acids, cyclic esters of polyhydric alcohols or phenols with polybasic acids, and imides of polybasic acids.

These provisions apply only when the ring-position heteroatoms are those resulting solely form the cyclising function or functions here listed.

8. For the purposes of heading 29.37:
(a) the term "hormones" includes hormone-releasing or hormone-stimulating factors, hormone inhibitors and hormone antagonists (anti-hormones);

(b) the expression "used primarily as hormones" applies not only to hormone derivatives and structural analogues used primarily for their hormonal effect, but also to those derivatives and structural analogues used primarily as intermediates in the synthesis of products of this heading.

Subheading Notes:

1. Within any one heading of this Chapter, derivatives of a chemical compound (or group of chemical compounds) are to be classified in the same subheading as that compound (or group of compounds) provided that they are not more specifically covered by any other subheading and that there is no residual subheading named "other" in the series of subheadings concerned.

2. Note 3 to Chapter 29 does not apply to the subheadings of this Chapter.

序号 No.	税则号列 Tariff Line	货品名称 Article Description	最惠国税率 MFN(%)		协定税率 Agreement(%)	特惠税率 SP(%)		普通税率 Gen(%)
		第一分章　烃类及其卤化、磺化、硝化或亚硝化衍生物 Ⅰ. HYDROCARBONS AND THEIR HALOGENATED, SULPHONATED, NITRATED OR NITROSATED DERIVATIVES						
	29.01	无环烃: Acyclic hydrocarbons:						
1980	2901.1000	-饱和 -Saturated	2	0 1.6	东盟AS,智CL,巴PK,新西兰NZ,秘PE,哥CR,瑞CH,冰IS,韩KR,澳AU,格GE,毛MU,东盟ᴿASᴿ,日ᴿJPᴿ,柬KH,港HK,澳门MO,韩ᴿKRᴿ 澳ᴿAUᴿ,新西兰ᴿNZᴿ	0	受惠国LD	30
		-不饱和: -Unsaturated:						
1981	2901.2100	--乙烯 --Ethylene	2Δ1	0 0.2 1.6 1.8	东盟AS,智CL,巴PK,新西兰NZ,新加坡SG,秘PE,哥CR,瑞CH,冰IS,澳AU,格GE,毛MU,东盟ᴿASᴿ,澳ᴿAUᴿ,新西兰ᴿNZᴿ,柬KH,港HK,澳门MO 韩KR 韩ᴿKRᴿ 日ᴿJPᴿ	0	受惠国LD	20
1982	2901.2200	--丙烯 --Propene(propylene)	2Δ1	0 0.2 1.6 1.8	东盟AS,智CL,巴PK,新西兰NZ,秘PE,哥CR,瑞CH,冰IS,澳AU,格GE,毛MU,东盟ᴿASᴿ,澳ᴿAUᴿ,新西兰ᴿNZᴿ,柬KH,港HK,澳门MO,台TW 韩KR 韩ᴿKRᴿ 日ᴿJPᴿ	0	受惠国LD	20
		--丁烯及其异构体: --Butene (butylene) and isomers thereof:						
1983	2901.2310	---1-丁烯 ---1-butene	2	0 0.2 1.6	东盟AS,智CL,巴PK,新西兰NZ,秘PE,哥CR,瑞CH,冰IS,澳AU,格GE,毛MU,东盟ᴿASᴿ,澳ᴿAUᴿ,新西兰ᴿNZᴿ,柬KH,港HK,澳门MO 韩KR 日ᴿJPᴿ,韩ᴿKRᴿ	0	受惠国LD	20
1984	2901.2320	---2-丁烯 ---2-butene	2	0 1.6	东盟AS,智CL,巴PK,新西兰NZ,秘PE,哥CR,瑞CH,冰IS,韩KR,澳AU,格GE,毛MU,东盟ᴿASᴿ,澳ᴿAUᴿ,日ᴿJPᴿ,新西兰ᴿNZᴿ,柬KH,港HK,澳门MO,韩ᴿKRᴿ 亚太AP	0	受惠国LD	20
1985	2901.2330	---2-甲基丙烯 ---2-methyl-propene	2	0 1.6	东盟AS,智CL,巴PK,新西兰NZ,秘PE,哥CR,瑞CH,冰IS,韩KR,澳AU,格GE,毛MU,东盟ᴿASᴿ,日ᴿJPᴿ,柬KH,港HK,澳门MO,韩ᴿKRᴿ 澳ᴿAUᴿ,新西兰ᴿNZᴿ	0	受惠国LD	20

序号 No.	税则号列 Tariff Line	货品名称 Article Description	最惠国税率 MFN(%)		协定税率 Agreement(%)	特惠税率 SP(%)	普通税率 Gen(%)
		--1,3-丁二烯及异戊二烯: --Buta-1,3-diene and isoprene:					
1986	2901.2410	---1,3-丁二烯 ---Buta-1,3-diene	2	0 0.2 1.6	东盟AS,智CL,巴PK,新西兰NZ,秘PE,哥CR,瑞CH,冰IS,澳AU,格GE,毛MU,东盟^RAS^R,澳^RAU^R,新西兰^RNZ^R,柬KH,港HK,澳门MO,台TW 韩KR 日^RJP^R,韩^RKR^R	0 受惠国LD	20
1987	2901.2420	---异戊二烯 ---Isoprene	2	0 0.8 1.6 1.8	东盟AS,智CL,巴PK,新西兰NZ,秘PE,哥CR,瑞CH,冰IS,澳AU,格GE,毛MU,柬KH,港HK,澳门MO,台TW 韩KR 东盟^RAS^R,澳^RAU^R,新西兰^RNZ^R,韩^RKR^R 日^RJP^R	0 受惠国LD	20
		--其他: --Other:					
1988	2901.2910	---异戊烯 ---Isopentene	2	0 1.6	东盟AS,智CL,巴PK,新西兰NZ,秘PE,哥CR,瑞CH,冰IS,韩KR,澳AU,格GE,毛MU,东盟^RAS^R,澳^RAU^R,日^RJP^R,新西兰^RNZ^R,柬KH,港HK,澳门MO,韩^RKR^R 亚太AP	0 受惠国LD	30
1989	2901.2920	---乙炔 ---Acetylene	2	0 1.6	东盟AS,智CL,巴PK,新西兰NZ,秘PE,哥CR,瑞CH,冰IS,韩KR,澳AU,格GE,毛MU,东盟^RAS^R,澳^RAU^R,日^RJP^R,新西兰^RNZ^R,柬KH,港HK,澳门MO,韩^RKR^R 亚太AP	0 受惠国LD	45
1990	2901.2990	---其他 ---Other	2	0 0.2 1.6	东盟AS,智CL,巴PK,新西兰NZ,秘PE,哥CR,瑞CH,冰IS,澳AU,格GE,毛MU,东盟^RAS^R,澳^RAU^R,新西兰^RNZ^R,柬KH,港HK,澳门MO 韩KR 日^RJP^R,韩^RKR^R	0 受惠国LD	30
	29.02	环烃: **Cyclic hydrocarbons:**					
		-环烷烃、环烯及环萜烯: -Cyclanes, cyclenes and cycloterpenes:					
1991	2902.1100	--环己烷 --Cyclohexane	2	0	东盟AS,智CL,巴PK,新西兰NZ,秘PE,哥CR,瑞CH,冰IS,韩KR,澳AU,格GE,毛MU,东盟^RAS^R,澳^RAU^R,日^RJP^R,新西兰^RNZ^R,柬KH,港HK,澳门MO,韩^RKR^R	0 受惠国LD	30
		--其他: --Other:					

序号 No.	税则号列 Tariff Line	货品名称 Article Description	最惠国税率 MFN(%)	协定税率 Agreement(%)		特惠税率 SP(%)	普通税率 Gen(%)
1992	2902.1910	---蒎烯 ---Pinene	2	0	东盟AS,智CL,巴PK,新西兰NZ,秘PE,哥CR,瑞CH,冰IS,韩KR,澳AU,格GE,毛MU,东盟^{R}AS^R,澳^{R}AU^R,日^{R}JP^R,新西兰^{R}NZ^R,柬KH,港HK,澳门MO,韩^{R}KR^R	0 受惠国LD	30
1993	2902.1920	---4-烷基-4′-烷基双环己烷 ---4-alkyl-4′-alkyl-bicyclohexyl	2	0	东盟AS,智CL,巴PK,新西兰NZ,秘PE,哥CR,瑞CH,冰IS,韩KR,澳AU,格GE,毛MU,东盟^{R}AS^R,澳^{R}AU^R,日^{R}JP^R,新西兰^{R}NZ^R,柬KH,港HK,澳门MO,韩^{R}KR^R	0 受惠国LD	30
1994	2902.1990	---其他 ---Other	2	0	东盟AS,智CL,巴PK,新西兰NZ,秘PE,哥CR,瑞CH,冰IS,韩KR,澳AU,格GE,毛MU,东盟^{R}AS^R,日^{R}JP^R,柬KH,港HK,澳门MO,韩^{R}KR^R	0 受惠国LD	30
				1.6	澳^{R}AU^R,新西兰^{R}NZ^R		
1995	2902.2000	-苯 -Benzene	2	0	东盟AS,智CL,巴PK,新西兰NZ,秘PE,哥CR,瑞CH,冰IS,澳AU,格GE,毛MU,东盟^{R}AS^R,柬KH,港HK,澳门MO	0 受惠国LD	20
				0.8	韩KR		
				1.6	澳^{R}AU^R,新西兰^{R}NZ^R,韩^{R}KR^R		
				1.8	日^{R}JP^R		
1996	2902.3000	-甲苯 -Toluene	2	0	东盟AS,智CL,巴PK,新西兰NZ,新加坡SG,秘PE,哥CR,瑞CH,冰IS,澳AU,格GE,毛MU,柬KH,港HK,澳门MO	0 受惠国LD	30
				0.8	韩KR		
				1.6	东盟^{R}AS^R,澳^{R}AU^R,新西兰^{R}NZ^R,韩^{R}KR^R		
				1.8	日^{R}JP^R		
		-二甲苯: -Xylenes:					
1997	2902.4100	--邻二甲苯 --*o*-Xylene	2	0	东盟AS,智CL,巴PK,新西兰NZ,秘PE,哥CR,瑞CH,冰IS,澳AU,格GE,毛MU,东盟^{R}AS^R,澳^{R}AU^R,新西兰^{R}NZ^R,柬KH,港HK,澳门MO,台TW	0 受惠国LD	20
				0.2	韩KR		
				1.6	日^{R}JP^R,韩^{R}KR^R		
1998	2902.4200	--间二甲苯 --*m*-Xylene	2	0	东盟AS,智CL,巴PK,新西兰NZ,秘PE,哥CR,瑞CH,冰IS,韩KR,澳AU,格GE,毛MU,东盟^{R}AS^R,澳^{R}AU^R,新西兰^{R}NZ^R,柬KH,港HK,澳门MO,台TW,韩^{R}KR^R	0 受惠国LD	20
				1.6	日^{R}JP^R		
1999	2902.4300	--对二甲苯 --*p*-Xylene	2	0	东盟AS,智CL,巴PK,新西兰NZ,新加坡SG,秘PE,哥CR,瑞CH,冰IS,澳AU,毛MU,柬KH,港HK,澳门MO,台TW	0 受惠国LD	20
				1.8	东盟^{R}AS^R,澳^{R}AU^R,新西兰^{R}NZ^R		

序号 No.	税则号列 Tariff Line	货品名称 Article Description	最惠国税率 MFN(%)	协定税率 Agreement(%)		特惠税率 SP(%)	普通税率 Gen(%)
2000	2902.4400	--混合二甲苯异构体 ---Mixed xylene isomers	2	0	东盟AS,智CL,巴PK,新西兰NZ,秘PE,哥CR,瑞CH,冰IS,韩KR,澳AU,格GE,毛MU,东盟^RAS^R,澳^RAU^R,新西兰^RNZ^R,柬KH,港HK,澳门MO,台TW,韩^RKR^R	0 受惠国LD	20
				1.6	日^RJP^R		
2001	2902.5000	-苯乙烯 -Styrene	2	0	智CL,巴PK,新西兰NZ,秘PE,哥CR,瑞CH,冰IS,澳AU,格GE,毛MU,港HK,澳门MO	0 受惠国₂LD₂	30
				1.1	韩KR		
				1.3	亚太AP		
				1.8	东盟^RAS^R,澳^RAU^R,日^RJP^R,柬KH		
				1.9	新西兰^RNZ^R		
				2	韩^RKR^R		
2002	2902.6000	-乙苯 -Ethylbenzene	2	0	东盟AS,智CL,巴PK,新西兰NZ,秘PE,哥CR,瑞CH,冰IS,澳AU,格GE,毛MU,柬KH,港HK,澳门MO	0 受惠国LD	30
				0.2	韩KR		
				1.6	东盟^RAS^R,澳^RAU^R,新西兰^RNZ^R,韩^RKR^R		
				1.8	日^RJP^R		
2003	2902.7000	-异丙基苯 -Cumene	2	0	东盟AS,智CL,巴PK,新西兰NZ,新加坡SG,秘PE,哥CR,瑞CH,冰IS,韩KR,澳AU,格GE,毛MU,东盟^RAS^R,澳^RAU^R,日^RJP^R,新西兰^RNZ^R,柬KH,港HK,澳门MO,韩^RKR^R	0 受惠国LD	30
		-其他: -Other:					
2004	2902.9010	---四氢萘 ---Tetrahydronaphthalene(tetralin)	2	0	东盟AS,智CL,巴PK,新西兰NZ,秘PE,哥CR,瑞CH,冰IS,韩KR,澳AU,格GE,毛MU,东盟^RAS^R,澳^RAU^R,日^RJP^R,新西兰^RNZ^R,柬KH,港HK,澳门MO,韩^RKR^R	0 受惠国LD	11
2005	2902.9020	---精萘 ---Naphthalene	2	0	东盟AS,智CL,巴PK,新西兰NZ,秘PE,哥CR,瑞CH,冰IS,澳AU,格GE,毛MU,柬KH,港HK,澳门MO	0 受惠国LD	35
				0.8	韩KR		
				1.6	亚太AP,东盟^RAS^R,澳^RAU^R,新西兰^RNZ^R,韩^RKR^R		
				1.8	日^RJP^R		
2006	2902.9030	---十二烷基苯 ---Dodecylbenzene	2	0	东盟AS,智CL,巴PK,新西兰NZ,秘PE,哥CR,瑞CH,冰IS,澳AU,格GE,毛MU,柬KH,港HK,澳门MO,台TW	0 受惠国LD	30
				1.9	东盟^RAS^R,澳^RAU^R,新西兰^RNZ^R		

序号 No.	税则号列 Tariff Line	货品名称 Article Description	最惠国税率 MFN(%)		协定税率 Agreement(%)	特惠税率 SP(%)	普通税率 Gen(%)
2007	2902.9040	---4-（4′-烷基环己基）环己基乙烯 ---4-(4′-alkylcyclohexyl) cyclohexylethene	2	0	东盟AS,智CL,巴PK,新西兰NZ,秘PE,哥CR,瑞CH,冰IS,韩KR,澳AU,格GE,毛MU,东盟^RAS^R,澳^RAU^R,日^RJP^R,新西兰NZ^R,柬KH,港HK,澳门MO,韩^RKR^R	0 受惠国LD	30
2008	2902.9050	---1-烷基-4-（4-烷烯基-1,1′-双环己基）苯 ---1-alkyl-4-(4-alkenyl-1,1′-bicyclohexyl) benzene	2	0	东盟AS,智CL,巴PK,新西兰NZ,秘PE,哥CR,瑞CH,冰IS,韩KR,澳AU,格GE,毛MU,东盟^RAS^R,日^RJP^R,柬KH,港HK,澳门MO,韩^RKR^R	0 受惠国LD	30
				1.6	澳^RAU^R,新西兰^RNZ^R		
2009	2902.9090	---其他 ---Other	2	0	东盟AS,智CL,巴PK,新西兰NZ,秘PE,哥CR,瑞CH,冰IS,韩KR,澳AU,格GE,毛MU,东盟^RAS^R,日^RJP^R,柬KH,港HK,澳门MO,韩^RKR^R	0 受惠国LD	30
				1.6	澳^RAU^R,新西兰^RNZ^R		
	29.03	烃的卤化衍生物: **Halogenated derivatives of hydrocarbons:** -无环烃的饱和氯化衍生物: -Saturated chlorinated derivatives of acyclic hydrocarbons:					
2010	2903.1100	--一氯甲烷及氯乙烷 --Chloromethane (methyl chloride) and chloroethane (ethyl chloride)	5.5	0	东盟AS,智CL,巴PK,新西兰NZ,秘PE,哥CR,瑞CH,冰IS,韩KR,澳AU,格GE,毛MU,东盟^RAS^R,澳^RAU^R,日^RJP^R,新西兰^RNZ^R,柬KH,港HK,澳门MO,韩^RKR^R	0 受惠国LD	30
2011	2903.1200	--二氯甲烷 --Dichloromethane (methylene chloride)	8	0	东盟AS,智CL,新西兰NZ,秘PE,哥CR,瑞CH,冰IS,澳AU,格GE,毛MU,柬KH,港HK,澳门MO	0 受惠国LD	30
				1	巴PK		
				3.2	韩KR		
				6.9	东盟^RAS^R,韩^RKR^R		
				7	日^RJP^R		
				7.2	澳^RAU^R,新西兰^RNZ^R		
2012	2903.1300	--氯仿（三氯甲烷） --Chloroform (trichloromethane)	10	0	东盟AS,智CL,新西兰NZ,秘PE,哥CR,瑞CH,冰IS,澳AU,格GE,毛MU,东盟^RAS^R,澳^RAU^R,新西兰^RNZ^R,柬KH,港HK,澳门MO,台TW	0 受惠国LD	30
				1	韩KR		
				3	巴PK		
				8	韩^RKR^R		
				8.2	日^RJP^R		
				9	亚太AP		
2013	2903.1400	--四氯化碳 --Carbon tetrachloride	8	0	东盟AS,智CL,新西兰NZ,秘PE,哥CR,瑞CH,冰IS,韩KR,澳AU,格GE,毛MU,东盟^RAS^R,澳^RAU^R,新西兰^RNZ^R,柬KH,港HK,澳门MO,韩^RKR^R	0 受惠国LD	30
				1	巴PK		
				6.5	日^RJP^R		

序号 No.	税则号列 Tariff Line	货品名称 Article Description	最惠国税率 MFN(%)		协定税率 Agreement(%)	特惠税率 SP(%)	普通税率 Gen(%)
2014	2903.1500	--1，2-二氯乙烷（ISO） --1,2- Dichloroethane（ISO）(ethylene dichloride)	5.5Δ1	0	智CL,新西兰NZ,哥CR,瑞CH,冰IS,韩KR,澳AU,格GE,毛MU,柬KH,港HK,澳门MO	0 受惠国₁LD₁	30
				5	东盟AS,东盟ᴿASᴿ,澳ᴿAUᴿ,新西兰ᴿNZᴿ		
		--其他： --Other:					
2015	2903.1910	---1，1，1-三氯乙烷（甲基氯仿） ---1,1,1-Trichloroethane (methylchloro form)	8	0	东盟AS,智CL,新西兰NZ,秘PE,哥CR,瑞CH,冰IS,韩KR,澳AU,格GE,毛MU,东盟ᴿASᴿ,澳ᴿAUᴿ,新西兰ᴿNZᴿ,柬KH,港HK,澳门MO,韩ᴿKRᴿ	0 受惠国LD	30
				1	巴PK		
				6.5	日ᴿJPᴿ		
2016	2903.1990	---其他 ---Other	5.5	0	东盟AS,智CL,新西兰NZ,秘PE,哥CR,瑞CH,冰IS,澳AU,格GE,毛MU,东盟ᴿASᴿ,澳ᴿAUᴿ,新西兰ᴿNZᴿ,柬KH,港HK,澳门MO	0 受惠国LD	30
				0.5	韩KR		
				4	巴PK		
				4.4	韩ᴿKRᴿ		
				4.5	日ᴿJPᴿ		
		-无环烃的不饱和氯化衍生物： -Unsaturated chlorinated derivatives of acyclic hydrocarbons:					
2017	2903.2100	--氯乙烯 --Vinyl chloride (chloroethylene)	5.5Δ1	0	东盟AS,智CL,巴PK,新西兰NZ,秘PE,哥CR,瑞CH,冰IS,韩KR,澳AU,格GE,毛MU,东盟ᴿASᴿ,澳ᴿAUᴿ,新西兰ᴿNZᴿ,柬KH,港HK,澳门MO,台TW,韩ᴿKRᴿ	0 受惠国LD	30
				3.6	亚太AP		
				4.8	日ᴿJPᴿ		
2018	2903.2200	--三氯乙烯 --Trichloroethylene	8	0	东盟AS,智CL,新西兰NZ,秘PE,哥CR,瑞CH,冰IS,澳AU,格GE,毛MU,柬KH,港HK,澳门MO	0 受惠国LD	30
				1	巴PK		
				3.2	韩KR		
				6.4	东盟ᴿASᴿ,澳ᴿAUᴿ,新西兰ᴿNZᴿ,韩ᴿKRᴿ		
				6.5	日ᴿJPᴿ		
2019	2903.2300	--四氯乙烯（全氯乙烯） --Tetrachloroethylene (perchloroethylene)	5.5	0	东盟AS,智CL,巴PK,新西兰NZ,秘PE,哥CR,瑞CH,冰IS,韩KR,澳AU,格GE,毛MU,东盟ᴿASᴿ,澳ᴿAUᴿ,日ᴿJPᴿ,新西兰ᴿNZᴿ,柬KH,港HK,澳门MO,韩ᴿKRᴿ	0 受惠国LD	30
				4.4	亚太AP		
		--其他： --Other:					

序号 No.	税则号列 Tariff Line	货品名称 Article Description	最惠国税率 MFN(%)	协定税率 Agreement(%)		特惠税率 SP(%)	普通税率 Gen(%)
2020	2903.2910	---3-氯-1-丙烯（氯丙烯） ---3-Chloro-1-propene (Chloropropene)	5.5	0	东盟AS,智CL,巴PK,新西兰NZ,秘PE,哥CR,瑞CH,冰IS,韩KR,澳AU,格GE,毛MU,东盟ᴿASᴿ,澳ᴿAUᴿ,日ᴿJPᴿ,新西兰ᴿNZᴿ,柬KH,港HK,澳门MO,韩ᴿKRᴿ	0 受惠国LD	30
2021	2903.2990	---其他 ---Other	5.5	0	东盟AS,智CL,巴PK,新西兰NZ,秘PE,哥CR,瑞CH,冰IS,韩KR,澳AU,格GE,毛MU,东盟ᴿASᴿ,澳ᴿAUᴿ,日ᴿJPᴿ,新西兰ᴿNZᴿ,柬KH,港HK,澳门MO,韩ᴿKRᴿ	0 受惠国LD	30
		-无环烃的饱和氟化衍生物: -Saturated fluorinated derivatives of acyclic hydrocarbons:					
2022	2903.4100	--三氟甲烷（HFC-23） --Trifluoromethane (HFC-23)	5.5	0	东盟AS,智CL,新西兰NZ,秘PE,哥CR,瑞CH,冰IS,韩KR,澳AU,格GE,毛MU,东盟ᴿASᴿ,日ᴿJPᴿ,柬KH,港HK,澳门MO,韩ᴿKRᴿ	0 受惠国LD	30
				3	巴PK		
				4.4	澳ᴿAUᴿ,新西兰ᴿNZᴿ		
2023	2903.4200	--二氟甲烷（HFC-32） --Difluoromethane (HFC-32)	5.5	0	东盟AS,智CL,新西兰NZ,秘PE,哥CR,瑞CH,冰IS,韩KR,澳AU,格GE,毛MU,东盟ᴿASᴿ,日ᴿJPᴿ,柬KH,港HK,澳门MO,韩ᴿKRᴿ	0 受惠国LD	30
				3	巴PK		
				4.4	澳ᴿAUᴿ,新西兰ᴿNZᴿ		
2024	2903.4300	--一氟甲烷（HFC-41）、1,2-二氟乙烷（HFC-152）及1,1-二氟乙烷（HFC-152a） --Fluoromethane (HFC-41), 1,2-difluoroethane (HFC-152) and 1,1-difluoroethane (HFC-152a)	5.5	0	东盟AS,智CL,新西兰NZ,秘PE,哥CR,瑞CH,冰IS,韩KR,澳AU,格GE,毛MU,东盟ᴿASᴿ,日ᴿJPᴿ,柬KH,港HK,澳门MO,韩ᴿKRᴿ	0 受惠国LD	30
				3	巴PK		
				4.4	澳ᴿAUᴿ,新西兰ᴿNZᴿ		
2025	2903.4400	--五氟乙烷（HFC-125）、1,1,1-三氟乙烷（HFC-143a）及1,1,2-三氟乙烷（HFC-143） --Pentafluoroethane (HFC-125), 1,1,1-trifluoroethane (HFC-143a) and 1,1,2-trifluoroethane (HFC-143)	5.5	0	东盟AS,智CL,新西兰NZ,秘PE,哥CR,瑞CH,冰IS,韩KR,澳AU,格GE,毛MU,东盟ᴿASᴿ,日ᴿJPᴿ,柬KH,港HK,澳门MO,韩ᴿKRᴿ	0 受惠国LD	30
				3	巴PK		
				4.4	澳ᴿAUᴿ,新西兰ᴿNZᴿ		
2026	2903.4500	--1,1,1,2-四氟乙烷（HFC-134a）及1,1,2,2-四氟乙烷（HFC-134） --1,1,1,2-Tetrafluoroethane (HFC-134a) and 1,1,2,2-tetrafluoroethane (HFC-134)	5.5	0	东盟AS,智CL,新西兰NZ,秘PE,哥CR,瑞CH,冰IS,韩KR,澳AU,格GE,毛MU,东盟ᴿASᴿ,日ᴿJPᴿ,柬KH,港HK,澳门MO,韩ᴿKRᴿ	0 受惠国LD	30
				3	巴PK		
				4.4	澳ᴿAUᴿ,新西兰ᴿNZᴿ		

序号 No.	税则号列 Tariff Line	货品名称 Article Description	最惠国税率 MFN(%)	协定税率 Agreement(%)		特惠税率 SP(%)		普通税率 Gen(%)
2027	2903.4600	--1，1，1，2，3，3，3-七氟丙烷（HFC-227ea）、1，1，1，2，2，3-六氟丙烷（HFC-236cb）、1，1，1，2，3，3-六氟丙烷（HFC-236ea）、1，1，1，3，3，3-六氟丙烷（HFC-236fa） --1,1,1,2,3,3,3-Heptafluor opropane (HFC-227ea), 1,1,1,2,2,3-hexafluoropropane (HFC-236cb), 1,1,1,2,3,3-hexafluoropropane(HFC-236ea) and 1,1,1,3,3,3-hexafluoropropane (HFC-236fa)	5.5	0	东盟AS,智CL,新西兰NZ,秘PE,哥CR,瑞CH,冰IS,韩KR,澳AU,格GE,毛MU,东盟^{R}AS^R,日^{R}JP^R,柬KH,港HK,澳门MO,韩^{R}KR^R	0	受惠国LD	30
				3	巴PK			
				4.4	澳^{R}AU^R,新西兰^{R}NZ^R			
2028	2903.4700	--1，1，1，3，3-五氟丙烷（HFC-245fa）及1，1，2，2，3-五氟丙烷（HFC-245ca） --1,1,1,3,3-Pentafluoropropane (HFC-245fa) and ,1,2,2,3-pentafluoropropane (HFC-245ca)	5.5	0	东盟AS,智CL,新西兰NZ,秘PE,哥CR,瑞CH,冰IS,韩KR,澳AU,格GE,毛MU,东盟^{R}AS^R,日^{R}JP^R,柬KH,港HK,澳门MO,韩^{R}KR^R	0	受惠国LD	30
				3	巴PK			
				4.4	澳^{R}AU^R,新西兰^{R}NZ^R			
2029	2903.4800	--1，1，1，3，3-五氟丁烷（HFC-365mfc）及1，1，1，2，2，3，4，5，5，5-十氟戊烷（HFC-43-10mee） --1,1,1,3,3-Pentafluorobutane (HFC-365mfc) and 1,1,1,2,2,3,4,5,5,5-decafluoropentane (HFC-43-10mee)	5.5	0	东盟AS,智CL,新西兰NZ,秘PE,哥CR,瑞CH,冰IS,韩KR,澳AU,格GE,毛MU,东盟^{R}AS^R,日^{R}JP^R,柬KH,港HK,澳门MO,韩^{R}KR^R	0	受惠国LD	30
				3	巴PK			
				4.4	澳^{R}AU^R,新西兰^{R}NZ^R			
2030	2903.4900	--其他 --Other	5.5	0	东盟AS,智CL,新西兰NZ,秘PE,哥CR,瑞CH,冰IS,韩KR,澳AU,格GE,毛MU,东盟^{R}AS^R,日^{R}JP^R,柬KH,港HK,澳门MO,韩^{R}KR^R	0	受惠国LD	30
				3	巴PK			
				4.4	澳^{R}AU^R,新西兰^{R}NZ^R			
		-无环烃的不饱和氟化衍生物： -Unsaturated fluorinated derivatives of acyclic hydrocarbons:							
2031	2903.5100	--2，3，3，3-四氟丙烯（HFO-1234yf）、1，3，3，3-四氟丙烯（HFO-1234ze）及（Z）-1，1，1，4，4，4-六氟-2-丁烯（HFO-1336mzz） --2,3,3,3-Tetrafluoropropene (HFO-1234yf), 1,3,3,3-tetrafluoropropene (HFO-1234ze) and (Z)-1,1,1,4,4,4-hexafluoro-2-butene (HFO-1336mzz)	5.5	0	东盟AS,智CL,新西兰NZ,秘PE,哥CR,瑞CH,冰IS,韩KR,澳AU,格GE,毛MU,东盟^{R}AS^R,日^{R}JP^R,柬KH,港HK,澳门MO,韩^{R}KR^R	0	受惠国LD	30
				3	巴PK			
				4.4	澳^{R}AU^R,新西兰^{R}NZ^R			
		--其他： --Other:							
2032	2903.5910	---1，1，3，3，3-五氟-2三氟甲基-1-丙烯（全氟异丁烯；八氟异丁烯） ---1,1,3,3,3-Pentafluro-2-trifluromethyl-1-propene (Perfluorolisobutylene, isobutylene octafluoride)	5.5	0	东盟AS,智CL,巴PK,新西兰NZ,秘PE,哥CR,瑞CH,冰IS,韩KR,澳AU,格GE,毛MU,东盟^{R}AS^R,澳^{R}AU^R,日^{R}JP^R,新西兰^{R}NZ^R,柬KH,港HK,澳门MO,韩^{R}KR^R	0	受惠国LD	30

序号 No.	税则号列 Tariff Line	货品名称 Article Description	最惠国税率 MFN(%)	协定税率 Agreement(%)		特惠税率 SP(%)		普通税率 Gen(%)
2033	2903.5990	---其他 ---Other	5.5	0	东盟AS,智CL,新西兰NZ,秘PE,哥CR,瑞CH,冰IS,韩KR,澳AU,格GE,毛MU,东盟^RAS^R,日^RJP^R,柬KH,港HK,澳门MO,韩^RKR^R	0	受惠国LD	30
				3	巴PK			
				4.4	澳^RAU^R,新西兰^RNZ^R			
		-无环烃的溴化或碘化衍生物： -Brominated or iodinated derivatives of acyclic hydrocarbons:						
2034	2903.6100	--甲基溴（溴甲烷） --Methyl bromide (bromomethane)	5.5	0	东盟AS,智CL,新西兰NZ,秘PE,哥CR,瑞CH,冰IS,韩KR,澳AU,格GE,毛MU,东盟^RAS^R,日^RJP^R,柬KH,港HK,澳门MO,韩^RKR^R	0	受惠国LD	30
				3	巴PK			
				4.4	澳^RAU^R,新西兰^RNZ^R			
2035	2903.6200	--二溴乙烷（ISO）（1, 2-二溴乙烷） --Ethylene dibromide (ISO) (1,2-dibromoethane)	5.5	0	东盟AS,智CL,新西兰NZ,秘PE,哥CR,瑞CH,冰IS,韩KR,澳AU,格GE,毛MU,东盟^RAS^R,澳^RAU^R,日^RJP^R,新西兰^RNZ^R,柬KH,港HK,澳门MO,韩^RKR^R	0	受惠国LD	30
				3	巴PK			
2036	2903.6900	--其他 --Other	5.5	0	东盟AS,智CL,新西兰NZ,秘PE,哥CR,瑞CH,冰IS,韩KR,澳AU,格GE,毛MU,东盟^RAS^R,日^RJP^R,柬KH,港HK,澳门MO,韩^RKR^R	0	受惠国LD	30
				3	巴PK			
				4.4	澳^RAU^R,新西兰^RNZ^R			
		-含有两种或两种以上不同卤素的无环烃卤化衍生物： -Halogenated derivatives of acyclic hydrocarbons containing two or more different halogens:						
2037	2903.7100	--一氯二氟甲烷（HCFC-22） --Chlorodifluoromethane (HCFC-22)	5.5	0	东盟AS,智CL,新西兰NZ,秘PE,哥CR,瑞CH,冰IS,韩KR,澳AU,格GE,毛MU,东盟^RAS^R,澳^RAU^R,日^RJP^R,新西兰^RNZ^R,柬KH,港HK,澳门MO,韩^RKR^R	0	受惠国LD	30
				3	巴PK			
2038	2903.7200	--二氯三氟乙烷（HCFC-123） --Dichlorotrifluoroethanes (HCFC-123)	5.5	0	东盟AS,智CL,新西兰NZ,秘PE,哥CR,瑞CH,冰IS,韩KR,澳AU,格GE,毛MU,东盟^RAS^R,澳^RAU^R,日^RJP^R,新西兰^RNZ^R,柬KH,港HK,澳门MO,韩^RKR^R	0	受惠国LD	30
				3	巴PK			
2039	2903.7300	--二氯一氟乙烷（HCFC-141, 141b） --Dichlorofluoroethanes (HCFC-141, 141b)	5.5	0	东盟AS,智CL,新西兰NZ,秘PE,哥CR,瑞CH,冰IS,韩KR,澳AU,格GE,毛MU,东盟^RAS^R,澳^RAU^R,日^RJP^R,新西兰^RNZ^R,柬KH,港HK,澳门MO,韩^RKR^R	0	受惠国LD	30
				3	巴PK			

序号 No.	税则号列 Tariff Line	货品名称 Article Description	最惠国税率 MFN(%)	协定税率 Agreement(%)		特惠税率 SP(%)	普通税率 Gen(%)
2040	2903.7400	--一氯二氟乙烷（HCFC-142, 142b） --Chlorodifluoroethanes (HCFC-142, 142b)	5.5	0	东盟AS,智CL,新西兰NZ,秘PE,哥CR,瑞CH,冰IS,韩KR,澳AU,格GE,毛MU,东盟^{R}AS^R,澳^{R}AU^R,日^{R}JP^R,新西兰^{R}NZ^R,柬KH,港HK,澳门MO,韩^{R}KR^R	0 受惠国LD	30
				3	巴PK		
2041	2903.7500	--二氯五氟丙烷（HCFC-225, 225ca, 225cb） --Dichloropentafluoropropanes (HCFC-225, 225ca, 225cb)	5.5	0	东盟AS,智CL,新西兰NZ,秘PE,哥CR,瑞CH,冰IS,韩KR,澳AU,格GE,毛MU,东盟^{R}AS^R,澳^{R}AU^R,日^{R}JP^R,新西兰^{R}NZ^R,柬KH,港HK,澳门MO,韩^{R}KR^R	0 受惠国LD	30
				3	巴PK		
2042	2903.7600	--溴氯二氟甲烷（Halon-1211）、一溴三氟甲烷（Halon-1301）及二溴四氟乙烷（Halon-2402） --Bromochlorodifluoromethane (Halon-1211), bromotrifluoromethane (Halon-1301) and dibromotetrafluoroethanes (Halon-2402)	5.5	0	东盟AS,智CL,巴PK,新西兰NZ,秘PE,哥CR,瑞CH,冰IS,韩KR,澳AU,格GE,毛MU,东盟^{R}AS^R,澳^{R}AU^R,日^{R}JP^R,新西兰^{R}NZ^R,柬KH,港HK,澳门MO,韩^{R}KR^R	0 受惠国LD	30
		--其他, 仅含氟和氯的全卤化物: --Other perhalogenated derivatives only with fluorine and chlorine:					
2043	2903.7710	---三氯氟甲烷 ---Trichlorofluoromethane	5.5	0	东盟AS,智CL,新西兰NZ,秘PE,哥CR,瑞CH,冰IS,韩KR,澳AU,格GE,毛MU,东盟^{R}AS^R,澳^{R}AU^R,日^{R}JP^R,新西兰^{R}NZ^R,柬KH,港HK,澳门MO,韩^{R}KR^R	0 受惠国LD	30
				3	巴PK		
2044	2903.7720	---其他仅含氟和氯的甲烷、乙烷及丙烷的全卤化物 ---Other methane, ethane and propane perhalogenated derivatives only with fluorine and chlorine:	5.5	0	东盟AS,智CL,巴PK,新西兰NZ,秘PE,哥CR,瑞CH,冰IS,韩KR,澳AU,格GE,毛MU,东盟^{R}AS^R,澳^{R}AU^R,日^{R}JP^R,新西兰^{R}NZ^R,柬KH,港HK,澳门MO,韩^{R}KR^R	0 受惠国LD	30
2045	2903.7790	---其他 ---Other	5.5	0	东盟AS,智CL,新西兰NZ,秘PE,哥CR,瑞CH,冰IS,澳AU,格GE,毛MU,东盟^{R}AS^R,澳^{R}AU^R,新西兰^{R}NZ^R,柬KH,港HK,澳门MO	0 受惠国LD	30
				0.5	韩KR		
				3	巴PK		
				4.4	韩^{R}KR^R		
				4.5	日^{R}JP^R		
2046	2903.7800	--其他全卤化衍生物 --Other perhalogenated derivatives	5.5	0	东盟AS,智CL,巴PK,新西兰NZ,秘PE,哥CR,瑞CH,冰IS,韩KR,澳AU,格GE,毛MU,东盟^{R}AS^R,澳^{R}AU^R,日^{R}JP^R,新西兰^{R}NZ^R,柬KH,港HK,澳门MO,韩^{R}KR^R	0 受惠国LD	30
		--其他: --Other:					

序号 No.	税则号列 Tariff Line	货品名称 Article Description	最惠国税率 MFN(%)		协定税率 Agreement(%)	特惠税率 SP(%)		普通税率 Gen(%)
2047	2903.7910	---其他仅含氟和氯的甲烷、乙烷及丙烷的卤化衍生物 ---Other methane, ethane and propane halogenated derivatives only with fluorine and chlorine	5.5	0	东盟AS,智CL,新西兰NZ,秘PE,哥CR,瑞CH,冰IS,韩KR,澳AU,格GE,毛MU,东盟^{R}AS^R,澳^{R}AU^R,日^{R}JP^R,新西兰^{R}NZ^R,柬KH,港HK,澳门MO,韩^{R}KR^R	0	受惠国LD	30
				3	巴PK			
2048	2903.7990	---其他 ---Other	5.5	0	东盟AS,智CL,巴PK,新西兰NZ,秘PE,哥CR,瑞CH,冰IS,韩KR,澳AU,格GE,毛MU,东盟^{R}AS^R,澳^{R}AU^R,日^{R}JP^R,新西兰^{R}NZ^R,柬KH,港HK,澳门MO,韩^{R}KR^R	0	受惠国LD	30
		-环烷烃、环烯烃或环萜烯烃的卤化衍生物: -Halogenated derivatives of cyclanic, cyclenic or cycloterpenic hydrocarbons:						
2049	2903.8100	--1, 2, 3, 4, 5, 6-六氯环己烷〔六六六(ISO)〕,包括林丹(ISO, INN) --1, 2, 3, 4, 5,6-Hexachlorocyclohexane (HCH(ISO)), including linadne (ISO, INN)	5.5	0	东盟AS,智CL,巴PK,新西兰NZ,秘PE,哥CR,瑞CH,冰IS,韩KR,澳AU,格GE,毛MU,东盟^{R}AS^R,澳^{R}AU^R,日^{R}JP^R,新西兰^{R}NZ^R,柬KH,港HK,澳门MO,韩^{R}KR^R	0	受惠国LD	30
2050	2903.8200	--艾氏剂(ISO)、氯丹(ISO)及七氯(ISO) --Aldrin (ISO), chlordane (ISO) and heptachlor (ISO)	5.5	0	东盟AS,智CL,巴PK,新西兰NZ,秘PE,哥CR,瑞CH,冰IS,韩KR,澳AU,格GE,毛MU,东盟^{R}AS^R,澳^{R}AU^R,日^{R}JP^R,新西兰^{R}NZ^R,柬KH,港HK,澳门MO,韩^{R}KR^R	0	受惠国LD	30
2051	2903.8300	--灭蚁灵(ISO) --Mirex (ISO)	5.5	0	东盟AS,智CL,巴PK,新西兰NZ,秘PE,哥CR,瑞CH,冰IS,韩KR,澳AU,格GE,毛MU,东盟^{R}AS^R,澳^{R}AU^R,日^{R}JP^R,新西兰^{R}NZ^R,柬KH,港HK,澳门MO,韩^{R}KR^R	0	受惠国LD	30
2052	2903.8900	--其他 --Other	5.5	0	东盟AS,智CL,巴PK,新西兰NZ,秘PE,哥CR,瑞CH,冰IS,韩KR,澳AU,格GE,毛MU,东盟^{R}AS^R,澳^{R}AU^R,日^{R}JP^R,新西兰^{R}NZ^R,柬KH,港HK,澳门MO,韩^{R}KR^R	0	受惠国LD	30
		-芳烃卤化衍生物: -Halogenated derivatives of aromatic hydrocarbons:						
		--氯苯、邻二氯苯及对二氯苯: --Chlorobenzene, o-dichlorobenzene and P-dichlorobenzene:						
2053	2903.9110	---邻二氯苯 ---O-Dichlorobenzene	5.5	0	东盟AS,智CL,巴PK,新西兰NZ,秘PE,哥CR,瑞CH,冰IS,澳AU,格GE,毛MU,东盟^{R}AS^R,澳^{R}AU^R,新西兰^{R}NZ^R,柬KH,港HK,澳门MO	0	受惠国LD	30
				0.5	韩KR			
				4.4	韩^{R}KR^R			
				4.5	日^{R}JP^R			

序号 No.	税则号列 Tariff Line	货品名称 Article Description	最惠国税率 MFN(%)	协定税率 Agreement(%)		特惠税率 SP(%)	普通税率 Gen(%)
2054	2903.9190	---其他 ---Other	5.5	0	东盟AS,智CL,巴PK,新西兰NZ,秘PE,哥CR,瑞CH,冰IS,韩KR,澳AU,格GE,毛MU,东盟^RAS^R,澳^RAU^R,日^RJP^R,新西兰^RNZ^R,柬KH,港HK,澳门MO,韩^RKR^R	0 受惠国LD	30
2055	2903.9200	--六氯苯（ISO）及滴滴涕（ISO, INN）[1,1,1-三氯-2,2-双（4-氯苯基）乙烷] --Hexachlorobenzene (ISO) and DDT (ISO)(clofenotane (INN), 1,1,1-trichloro -2,2-bis (p-chlorophenyl) ethane)	5.5	0	东盟AS,智CL,巴PK,新西兰NZ,秘PE,哥CR,瑞CH,冰IS,韩KR,澳AU,格GE,毛MU,东盟^RAS^R,澳^RAU^R,日^RJP^R,新西兰^RNZ^R,柬KH,港HK,澳门MO,韩^RKR^R	0 受惠国LD	30
2056	2903.9300	--五氯苯（ISO） --Pentachlorobenzene (ISO)	5.5	0	东盟AS,智CL,巴PK,新西兰NZ,秘PE,哥CR,瑞CH,冰IS,韩KR,澳AU,格GE,毛MU,东盟^RAS^R,澳^RAU^R,日^RJP^R,新西兰^RNZ^R,柬KH,港HK,澳门MO,韩^RKR^R	0 受惠国LD	30
2057	2903.9400	--六溴联苯 --Hexabromobiphenyls	5.5	0	东盟AS,智CL,巴PK,新西兰NZ,秘PE,哥CR,瑞CH,冰IS,韩KR,澳AU,格GE,毛MU,东盟^RAS^R,澳^RAU^R,日^RJP^R,新西兰^RNZ^R,柬KH,港HK,澳门MO,韩^RKR^R	0 受惠国LD	30
		--其他: --Other:					
2058	2903.9910	---对氯甲苯 ---P-Chlorotoluene	5.5	0	东盟AS,智CL,巴PK,新西兰NZ,秘PE,哥CR,瑞CH,冰IS,韩KR,澳AU,格GE,毛MU,东盟^RAS^R,澳^RAU^R,日^RJP^R,新西兰^RNZ^R,柬KH,港HK,澳门MO,韩^RKR^R	0 受惠国LD	30
2059	2903.9920	---3,4-二氯三氟甲苯 ---3,4-Dichlorotrifluoride toluene	5.5	0 4.4	东盟AS,智CL,巴PK,新西兰NZ,秘PE,哥CR,瑞CH,冰IS,韩KR,澳AU,格GE,毛MU,东盟^RAS^R,澳^RAU^R,日^RJP^R,新西兰^RNZ^R,柬KH,港HK,澳门MO,韩^RKR^R 亚太AP	0 受惠国LD	30
2060	2903.9930	---4-(4′-烷基苯基)-1-(4′-烷基苯基)-2-氟苯 ---4-(4′-alkylphenyl)-1-(4′-alkylphenyl)-2-fluorobenzene	5.5	0	东盟AS,智CL,巴PK,新西兰NZ,秘PE,哥CR,瑞CH,冰IS,韩KR,澳AU,格GE,毛MU,东盟^RAS^R,澳^RAU^R,日^RJP^R,新西兰^RNZ^R,柬KH,港HK,澳门MO,韩^RKR^R	0 受惠国LD	30
2061	2903.9990	---其他 ---Other	5.5	0	东盟AS,智CL,巴PK,新西兰NZ,秘PE,哥CR,瑞CH,冰IS,韩KR,澳AU,格GE,毛MU,东盟^RAS^R,澳^RAU^R,日^RJP^R,新西兰^RNZ^R,柬KH,港HK,澳门MO,韩^RKR^R	0 受惠国LD	30
	29.04	烃的磺化、硝化或亚硝化衍生物，不论是否卤化: Sulphonated, nitrated or nitrosated derivatives of hydrocarbons, whether or not halogenated:					

序号 No.	税则号列 Tariff Line	货品名称 Article Description	最惠国税率 MFN(%)	协定税率 Agreement(%)		特惠税率 SP(%)		普通税率 Gen(%)
2062	2904.1000	-仅含磺基的衍生物及其盐和乙酯 -Derivatives containing only sulpho groups, their salts and ethyl esters	5.5	0	东盟AS,智CL,巴PK,新西兰NZ, 秘PE,哥CR,瑞CH,冰IS,韩KR, 澳AU,格GE,毛MU,东盟^RAS^R, 澳^RAU^R,日^RJP^R,新西兰^RNZ^R,柬 KH,港HK,澳门MO,韩^RKR^R	0	受惠国LD	30
		-仅含硝基或亚硝基的衍生物: -Derivatives containing only nitro or only nitroso groups:							
2063	2904.2010	---硝基苯 ---Nitrobenzene	5.5	0	东盟AS,智CL,巴PK,新西兰NZ, 秘PE,哥CR,瑞CH,冰IS,韩KR, 澳AU,格GE,毛MU,东盟^RAS^R, 澳^RAU^R,日^RJP^R,新西兰^RNZ^R,柬 KH,港HK,澳门MO,韩^RKR^R	0	受惠国LD	20
				4.4	亚太AP			
2064	2904.2020	---硝基甲苯 ---Nitrotoluene and nitrochlorobenzene	5.5	0	东盟AS,智CL,巴PK,新西兰NZ, 秘PE,哥CR,瑞CH,冰IS,韩KR, 澳AU,格GE,毛MU,东盟^RAS^R, 澳^RAU^R,日^RJP^R,新西兰^RNZ^R,柬 KH,港HK,澳门MO,韩^RKR^R	0	受惠国LD	30
2065	2904.2030	---二硝基甲苯 ---Dinitrotoluene and dinitrochlorobenzene	5.5	0	东盟AS,智CL,巴PK,新西兰NZ, 秘PE,哥CR,瑞CH,冰IS,韩KR, 澳AU,格GE,毛MU,东盟^RAS^R, 澳^RAU^R,日^RJP^R,新西兰^RNZ^R,柬 KH,港HK,澳门MO,韩^RKR^R	0	受惠国LD	20
				4.4	亚太AP			
2066	2904.2040	---三硝基甲苯（TNT） ---Trinitrotoluene	5.5	0	东盟AS,智CL,巴PK,新西兰NZ, 秘PE,哥CR,瑞CH,冰IS,韩KR, 澳AU,格GE,毛MU,东盟^RAS^R, 澳^RAU^R,日^RJP^R,新西兰^RNZ^R,柬 KH,港HK,澳门MO,韩^RKR^R	0	受惠国LD	40
				4.4	亚太AP			
2067	2904.2090	---其他 ---Other	5.5	0	东盟AS,智CL,巴PK,新西兰NZ, 秘PE,哥CR,瑞CH,冰IS,韩KR, 澳AU,格GE,毛MU,东盟^RAS^R, 澳^RAU^R,日^RJP^R,新西兰^RNZ^R,柬 KH,港HK,澳门MO,韩^RKR^R	0	受惠国LD	30
		-全氟辛基磺酸及其盐和全氟辛基磺酰氟: -Perfluorooctane sulphonic acid, its salts and perfluorooctane sulphonyl fluoride :							
2068	2904.3100	--全氟辛基磺酸 --Perfluorooctane sulphonic acid	5.5	0	东盟AS,智CL,巴PK,新西兰NZ, 秘PE,哥CR,瑞CH,冰IS,韩KR, 澳AU,格GE,毛MU,东盟^RAS^R, 澳^RAU^R,日^RJP^R,新西兰^RNZ^R,柬 KH,港HK,澳门MO,韩^RKR^R	0	受惠国LD	30
2069	2904.3200	--全氟辛基磺酸铵· --Ammonium perfluorooctane sulphonate	5.5	0	东盟AS,智CL,巴PK,新西兰NZ, 秘PE,哥CR,瑞CH,冰IS,韩KR, 澳AU,格GE,毛MU,东盟^RAS^R, 澳^RAU^R,日^RJP^R,新西兰^RNZ^R,柬 KH,港HK,澳门MO,韩^RKR^R	0	受惠国LD	30

序号 No.	税则号列 Tariff Line	货品名称 Article Description	最惠国税率 MFN(%)		协定税率 Agreement(%)	特惠税率 SP(%)		普通税率 Gen(%)
2070	2904.3300	--全氟辛基磺酸锂 --Lithium perfluorooctane sulphonate	5.5	0	东盟AS,智CL,巴PK,新西兰NZ,秘PE,哥CR,瑞CH,冰IS,韩KR,澳AU,格GE,毛MU,东盟^RAS^R,澳^RAU^R,日^RJP^R,新西兰^RNZ^R,柬KH,港HK,澳门MO,韩^RKR^R	0	受惠国LD	30
2071	2904.3400	--全氟辛基磺酸钾 --Potassium perfluorooctane sulphonate	5.5	0	东盟AS,智CL,巴PK,新西兰NZ,秘PE,哥CR,瑞CH,冰IS,韩KR,澳AU,格GE,毛MU,东盟^RAS^R,澳^RAU^R,日^RJP^R,新西兰^RNZ^R,柬KH,港HK,澳门MO,韩^RKR^R	0	受惠国LD	30
2072	2904.3500	--其他全氟辛基磺酸盐 --Other salts of perfluorooctane sulphonic acid	5.5	0	东盟AS,智CL,巴PK,新西兰NZ,秘PE,哥CR,瑞CH,冰IS,韩KR,澳AU,格GE,毛MU,东盟^RAS^R,澳^RAU^R,日^RJP^R,新西兰^RNZ^R,柬KH,港HK,澳门MO,韩^RKR^R	0	受惠国LD	30
2073	2904.3600	--全氟辛基磺酰氟 --Perfluorooctane sulphonyl fluoride	5.5	0	东盟AS,智CL,巴PK,新西兰NZ,秘PE,哥CR,瑞CH,冰IS,韩KR,澳AU,格GE,毛MU,东盟^RAS^R,澳^RAU^R,日^RJP^R,新西兰^RNZ^R,柬KH,港HK,澳门MO,韩^RKR^R	0	受惠国LD	30
		-其他: -Other:						
2074	2904.9100	--三氯硝基甲烷（氯化苦） --Trichloronitromethane (chloropicrin)	5.5	0	东盟AS,智CL,巴PK,新西兰NZ,秘PE,哥CR,瑞CH,冰IS,韩KR,澳AU,格GE,毛MU,东盟^RAS^R,澳^RAU^R,日^RJP^R,新西兰^RNZ^R,柬KH,港HK,澳门MO,韩^RKR^R	0	受惠国LD	30
2075	2904.9900	--其他 --Other	5.5	0	东盟AS,智CL,巴PK,新西兰NZ,秘PE,哥CR,瑞CH,冰IS,韩KR,澳AU,格GE,毛MU,东盟^RAS^R,澳^RAU^R,日^RJP^R,新西兰^RNZ^R,柬KH,港HK,澳门MO,韩^RKR^R	0	受惠国LD	30
		第二分章　醇类及其卤化、磺化、硝化或亚硝化衍生物 Ⅱ. ALCOHOLS AND THEIR HALOGENATED, SULPHONATED, NITRATED OR NITROSATED DERIVATIVES						
	29.05	无环醇及其卤化、磺化、硝化或亚硝化衍生物: Acyclic alcohols and their halogenated, sulphonated, nitrated or nitrosated derivatives:						
		-饱和一元醇: -Saturated monohydric alcohols:						
2076	2905.1100	--甲醇 --Methanol(methyl alcohol)	5.5	0	东盟AS,智CL,巴PK,新西兰NZ,哥CR,瑞CH,冰IS,澳AU,格GE,毛MU,柬KH,港HK,澳门MO	0	受惠国₂LD₂	30
				5	东盟^RAS^R,澳^RAU^R,新西兰^RNZ^R			
		--丙醇及异丙醇: --Propan-1-ol (propyl alcohol) and propan-2-ol (isopropyl alcohol):						

序号 No.	税则号列 Tariff Line	货品名称 Article Description	最惠国税率 MFN(%)	协定税率 Agreement(%)		特惠税率 SP(%)	普通税率 Gen(%)
2077	2905.1210	---丙醇 ---Propan-1-ol(propyl alcohol)	5.5	0	东盟AS,智CL,巴PK,新西兰NZ,秘PE,哥CR,瑞CH,冰IS,澳AU,格GE,毛MU,东盟^{R}AS^R,柬KH,港HK,澳门MO	0 受惠国LD	30
				2.2	韩KR		
				4.4	澳^{R}AU^R,新西兰^{R}NZ^R,韩^{R}KR^R		
				4.8	日^{R}JP^R		
2078	2905.1220	---异丙醇 ---Propan-2-ol(isopropyl alcohol)	5.5	0	东盟AS,智CL,巴PK,新西兰NZ,秘PE,哥CR,瑞CH,冰IS,澳AU,格GE,毛MU,东盟^{R}AS^R,柬KH,港HK,澳门MO,台TW	0 受惠国LD	30
				2.2	韩KR		
				4.4	澳^{R}AU^R,新西兰^{R}NZ^R,韩^{R}KR^R		
				4.8	日^{R}JP^R		
2079	2905.1300	--正丁醇 --Butan-1-ol(n-butyl alcohol)	5.5	0	东盟AS,智CL,巴PK,新西兰NZ,秘PE,哥CR,瑞CH,冰IS,澳AU,格GE,毛MU,东盟^{R}AS^R,柬KH,港HK,澳门MO,台TW	0 受惠国LD	30
				2.2	韩KR		
				4.4	澳^{R}AU^R,新西兰^{R}NZ^R,韩^{R}KR^R		
				4.8	日^{R}JP^R		
		--其他丁醇: --Other butanols:					
2080	2905.1410	---异丁醇 ---Iso-butyl alcohol	5.5	0	东盟AS,智CL,巴PK,新西兰NZ,秘PE,哥CR,瑞CH,冰IS,澳AU,格GE,毛MU,东盟^{R}AS^R,柬KH,港HK,澳门MO,台TW	0 受惠国LD	30
				2.2	韩KR		
				4.4	澳^{R}AU^R,新西兰^{R}NZ^R,韩^{R}KR^R		
				4.8	日^{R}JP^R		
2081	2905.1420	---仲丁醇 ---Sec-butyl alcohol	5.5	0	东盟AS,智CL,巴PK,新西兰NZ,秘PE,哥CR,瑞CH,冰IS,澳AU,格GE,毛MU,东盟^{R}AS^R,柬KH,港HK,澳门MO	0 受惠国LD	30
				2.2	韩KR		
				4.4	澳^{R}AU^R,新西兰^{R}NZ^R,韩^{R}KR^R		
				4.8	日^{R}JP^R		
2082	2905.1430	---叔丁醇 ---Tert-butgl alcohol	5.5	0	东盟AS,智CL,巴PK,新西兰NZ,秘PE,哥CR,瑞CH,冰IS,澳AU,格GE,毛MU,东盟^{R}AS^R,柬KH,港HK,澳门MO	0 受惠国LD	30
				2.2	韩KR		
				4.4	澳^{R}AU^R,新西兰^{R}NZ^R,韩^{R}KR^R		
				4.8	日^{R}JP^R		
		--辛醇及其异构体: --Octanol (octyl alcohol) and isomers thereof:					

序号 No.	税则号列 Tariff Line	货品名称 Article Description	最惠国税率 MFN(%)	协定税率 Agreement(%)		特惠税率 SP(%)	普通税率 Gen(%)
2083	2905.1610	---正辛醇 ---N-octyl alchol	5.5	0	东盟AS,智CL,巴PK,新西兰NZ,哥CR,瑞CH,冰IS,澳AU,格GE,毛MU,柬KH,港HK,澳门MO	0 受惠国$_2$LD$_2$	30
				4.4	东盟^{R}AS^R		
				5	澳^{R}AU^R,新西兰^{R}NZ^R		
2084	2905.1690	---其他 ---Other	5.5	0	东盟AS,智CL,巴PK,新西兰NZ,哥CR,瑞CH,冰IS,澳AU,格GE,毛MU,柬KH,港HK,澳门MO	0 受惠国$_2$LD$_2$	30
				5	东盟^{R}AS^R,澳^{R}AU^R,新西兰^{R}NZ^R		
2085	2905.1700	--十二醇、十六醇及十八醇 --Dodecan-1-ol(lauryl alcohol), hexade can-1-ol(cetyl alcohol) and octadecan- 1-ol (stearyl alcohol)	7	0	东盟AS,智CL,新西兰NZ,秘PE,哥CR,瑞CH,冰IS,澳AU,格GE,毛MU,东盟^{R}AS^R,柬KH,港HK,澳门MO	0 受惠国LD	30
				1	巴PK		
				2.8	韩KR		
				5.6	澳^{R}AU^R,新西兰^{R}NZ^R,韩^{R}KR^R		
				6.1	日^{R}JP^R		
		--其他: --Other:					
2086	2905.1910	---3, 3-二甲基丁-2-醇（频哪基醇） ---3, 3-Dimethyl-2-butanol (pinacolyl alcohol)	5.5	0	东盟AS,智CL,巴PK,新西兰NZ,秘PE,哥CR,瑞CH,冰IS,韩KR,澳AU,格GE,毛MU,东盟^{R}AS^R,澳^{R}AU^R,日^{R}JP^R,新西兰^{R}NZ^R,柬KH,港HK,澳门MO,韩^{R}KR^R	0 受惠国LD	30
				4.4	亚太AP		
2087	2905.1990	---其他 ---Other	5.5	0	东盟AS,智CL,巴PK,新西兰NZ,秘PE,哥CR,瑞CH,冰IS,韩KR,澳AU,格GE,毛MU,东盟^{R}AS^R,澳^{R}AU^R,新西兰^{R}NZ^R,柬KH,港HK,澳门MO,韩^{R}KR^R	0 受惠国LD	30
				4.5	日^{R}JP^R		
		-不饱和一元醇: -Unsaturated monohydric alcohols:					
		--无环萜烯醇: --Acyclic terpene alcohols:					
2088	2905.2210	---香叶醇、橙花醇（3, 7-二甲基-2, 6-辛 二烯-1-醇） ---Geraniol, nerol (cis-3, 7-Dimethyl-2, 6-octadien-1-ol)	5.5	0	东盟AS,智CL,巴PK,新西兰NZ,秘PE,哥CR,瑞CH,冰IS,韩KR,澳AU,格GE,毛MU,东盟^{R}AS^R,澳^{R}AU^R,日^{R}JP^R,新西兰^{R}NZ^R,柬KH,港HK,澳门MO,韩^{R}KR^R	0 受惠国LD	30
2089	2905.2220	---香茅醇（3, 7-二甲基-6-辛烯-1-醇） ---Citronellol (3, 7-Dimethyl-6-octen- 1-ol)	5.5	0	东盟AS,智CL,巴PK,新西兰NZ,秘PE,哥CR,瑞CH,冰IS,韩KR,澳AU,格GE,毛MU,东盟^{R}AS^R,澳^{R}AU^R,日^{R}JP^R,新西兰^{R}NZ^R,柬KH,港HK,澳门MO,韩^{R}KR^R	0 受惠国LD	30
2090	2905.2230	---芳樟醇 ---Linalool	5.5	0	东盟AS,智CL,巴PK,新西兰NZ,秘PE,哥CR,冰IS,韩KR,澳AU,格GE,毛MU,东盟^{R}AS^R,澳^{R}AU^R,新西兰^{R}NZ^R,柬KH,港HK,澳门MO,韩^{R}KR^R	0 受惠国LD	30
				4.5	日^{R}JP^R		

序号 No.	税则号列 Tariff Line	货品名称 Article Description	最惠国税率 MFN(%)	协定税率 Agreement(%)		特惠税率 SP(%)		普通税率 Gen(%)
2091	2905.2290	---其他 ---Other	5.5	0	东盟AS,智CL,巴PK,新西兰NZ,秘PE,哥CR,冰IS,韩KR,澳AU,格GE,毛MU,东盟^{R}AS^R,澳^{R}AU^R,新西兰^{R}NZ^R,柬KH,港HK,澳门MO,韩^{R}KR^R	0	受惠国LD	30
				2.2	瑞CH			
				4.5	日^{R}JP^R			
2092	2905.2900	--其他 --Other	5.5	0	东盟AS,智CL,巴PK,新西兰NZ,秘PE,哥CR,瑞CH,冰IS,韩KR,澳AU,格GE,毛MU,东盟^{R}AS^R,日^{R}JP^R,柬KH,港HK,澳门MO,韩^{R}KR^R	0	受惠国LD	30
				4.4	澳^{R}AU^R,新西兰^{R}NZ^R			
		-二元醇: -Diols:						
2093	2905.3100	--1, 2-乙二醇 --Ethylene glycol(ethanediol)	5.5	0	智CL,新西兰NZ,哥CR,冰IS,澳AU,毛MU,港HK,澳门MO	0	受惠国$_2$LD$_2$	30
				5	东盟AS,东盟^{R}AS^R,澳^{R}AU^R,新西兰^{R}NZ^R,柬KH			
2094	2905.3200	--1, 2-丙二醇 --Propylene glycol(propane-1, 2-diol)	5.5Δ3	0	东盟AS,智CL,巴PK,新西兰NZ,秘PE,哥CR,瑞CH,冰IS,澳AU,格GE,毛MU,东盟^{R}AS^R,柬KH,港HK,澳门MO	0	受惠国LD	30
				0.5	韩KR			
				4.4	澳^{R}AU^R,新西兰^{R}NZ^R,韩^{R}KR^R			
				4.5	日^{R}JP^R			
		--其他: --Other:						
2095	2905.3910	---2, 5-二甲基己二醇 ---2, 5-dimethyl hexandiol	4	0	东盟AS,智CL,巴PK,新西兰NZ,秘PE,哥CR,瑞CH,冰IS,韩KR,澳AU,格GE,毛MU,东盟^{R}AS^R,澳^{R}AU^R,日^{R}JP^R,新西兰^{R}NZ^R,柬KH,港HK,澳门MO,韩^{R}KR^R	0	受惠国LD	11
2096	2905.3990	---其他 ---Other	5.5	0	东盟AS,智CL,巴PK,新西兰NZ,秘PE,哥CR,瑞CH,冰IS,澳AU,格GE,毛MU,柬KH,港HK,澳门MO	0	受惠国LD	30
				5	东盟^{R}AS^R,澳^{R}AU^R,新西兰^{R}NZ^R			
	ex29053990	抗癌药原料（白消安） Materials of anticancerogen (Busulfan)	Δ0					
	ex29053990	1, 3-丙二醇 1, 3-dihydroxypropare	Δ3					
		-其他多元醇: -Other polyhydric alcohols:						
2097	2905.4100	--2-乙基-2-（羟甲基）丙烷-1, 3-二醇（三羟甲基丙烷） --2-Ethyl-2-(hydroxymethyl)propa-ne-1, 3-diol(trimethylolpropane)	5.5	0	东盟AS,智CL,巴PK,新西兰NZ,秘PE,哥CR,瑞CH,冰IS,韩KR,澳AU,格GE,毛MU,东盟^{R}AS^R,澳^{R}AU^R,日^{R}JP^R,新西兰^{R}NZ^R,柬KH,港HK,澳门MO,韩^{R}KR^R	0	受惠国LD	30

序号 No.	税则号列 Tariff Line	货品名称 Article Description	最惠国税率 MFN(%)	协定税率 Agreement(%)		特惠税率 SP(%)	普通税率 Gen(%)
2098	2905.4200	--季戊四醇 --Pentaerythritol	5.5	0	东盟AS,智CL,巴PK,新西兰NZ, 秘PE,哥CR,瑞CH,冰IS,澳AU,格 GE,毛MU,东盟^{R}AS^R,澳^{R}AU^R,新 西兰^{R}NZ^R,柬KH,港HK,澳门MO	0 受惠国LD	30
				0.5	韩KR		
				4.4	韩^{R}KR^R		
				4.5	日^{R}JP^R		
2099	2905.4300	--甘露糖醇 --Mannitol	8	0	东盟AS,智CL,新西兰NZ,秘PE, 哥CR,瑞CH,冰IS,韩KR,澳AU, 格GE,毛MU,东盟^{R}AS^R,澳^{R}AU^R, 新西兰^{R}NZ^R,柬KH,港HK,澳门 MO,韩^{R}KR^R	0 受惠国LD	30
				1	巴PK		
				6.5	日^{R}JP^R		
2100	2905.4400	--山梨醇 --D-glucitol(sorbitol)	8	0	东盟AS,智CL,新西兰NZ,新加坡 SG,秘PE,哥CR,瑞CH,冰IS,澳AU, 格GE,毛MU,东盟^{R}AS^R,澳^{R}AU^R,新 西兰^{R}NZ^R,柬KH,港HK,澳门MO	0 受惠国LD	40
				1.4	韩KR		
				11.2	巴PK,韩^{R}KR^R		
				11.5	日^{R}JP^R		
2101	2905.4500	--丙三醇（甘油） --Glycerol	8Δ3	0	东盟AS,智CL,新西兰NZ,新加 坡SG,秘PE,哥CR,瑞CH,冰IS,澳 AU,格GE,毛MU,东盟^{R}AS^R,澳 ^{R}AU^R,新西兰^{R}NZ^R,柬KH,港HK, 澳门MO	0 受惠国LD	50
				1.4	韩KR		
				5.2	亚太AP		
				7	巴PK		
				11.2	韩^{R}KR^R		
				11.5	日^{R}JP^R		
		--其他: --Other:					
2102	2905.4910	---木糖醇 ---Xylitol	5.5	0	东盟AS,智CL,巴PK,新西兰NZ, 秘PE,哥CR,瑞CH,冰IS,韩KR, 澳AU,格GE,毛MU,东盟^{R}AS^R, 澳^{R}AU^R,日^{R}JP^R,新西兰^{R}NZ^R,柬 KH,港HK,澳门MO,韩^{R}KR^R	0 受惠国LD	30
2103	2905.4990	---其他 ---Other	5.5	0	东盟AS,智CL,巴PK,新西兰NZ, 秘PE,哥CR,瑞CH,冰IS,韩KR, 澳AU,格GE,毛MU,东盟^{R}AS^R, 澳^{R}AU^R,日^{R}JP^R,新西兰^{R}NZ^R,柬 KH,港HK,澳门MO,韩^{R}KR^R	0 受惠国LD	30
		-无环醇的卤化、磺化、硝化或亚硝化 衍生物: -Halogenated, sulphonated, nitrated or nitrosated derivatives of acyclic alcohols:					

序号 No.	税则号列 Tariff Line	货品名称 Article Description	最惠国税率 MFN(%)		协定税率 Agreement(%)	特惠税率 SP(%)	普通税率 Gen(%)
2104	2905.5100	--乙氯维诺（INN） --Ethchlorvynol(INN)	5.5	0	东盟AS,智CL,巴PK,新西兰NZ, 秘PE,哥CR,瑞CH,冰IS,韩KR, 澳AU,格GE,毛MU,东盟^RAS^R, 澳^RAU^R,日^RJP^R,新西兰^RNZ^R,柬 KH,港HK,澳门MO,韩^RKR^R	0 受惠国LD	30
2105	2905.5900	--其他 --Other	5.5	0	东盟AS,智CL,巴PK,新西兰NZ, 秘PE,哥CR,瑞CH,冰IS,澳AU,格 GE,毛MU,东盟^RAS^R,澳^RAU^R,新 西兰^RNZ^R,柬KH,港HK,澳门MO	0 受惠国LD	30
				0.5	韩KR		
				4.4	韩^RKR^R		
				4.5	日^RJP^R		
	29.06	环醇及其卤化、磺化、硝化或亚硝化衍生物： **Cyclic alcohols and their halogenated, sulphonated, nitrated or nitrosated derivatives:**					
		-环烷醇、环烯醇及环萜烯醇： -Cyclanic, cyclenic or cycloterpenic:					
2106	2906.1100	--薄荷醇 --Menthol	5	0	东盟AS,智CL,巴PK,新西兰NZ, 秘PE,哥CR,瑞CH,冰IS,韩KR, 澳AU,格GE,毛MU,东盟^RAS^R, 澳^RAU^R,日^RJP^R,新西兰^RNZ^R,柬 KH,港HK,澳门MO,韩^RKR^R	0 受惠国LD	70
2107	2906.1200	--环己醇、甲基环己醇及二甲基环己醇 --Cyclohexanol, methylcyclohexanols and dimethylcyclohexanols	5.5	0	东盟AS,智CL,巴PK,新西兰NZ, 秘PE,哥CR,瑞CH,冰IS,韩KR, 澳AU,格GE,毛MU,东盟^RAS^R, 澳^RAU^R,日^RJP^R,新西兰^RNZ^R,柬 KH,港HK,澳门MO,韩^RKR^R	0 受惠国LD	30
		--固醇及肌醇： --Sterols and inositols:					
2108	2906.1310	---固醇 ---Sterol	5.5△3	0	东盟AS,智CL,巴PK,新西兰NZ, 秘PE,哥CR,瑞CH,冰IS,澳AU,格 GE,毛MU,东盟^RAS^R,澳^RAU^R,新 西兰^RNZ^R,柬KH,港HK,澳门MO	0 受惠国LD	30
				0.5	韩KR		
				4.4	韩^RKR^R		
				4.5	日^RJP^R		
2109	2906.1320	---肌醇 ---Inositol	5.5	0	东盟AS,智CL,巴PK,新西兰NZ, 秘PE,哥CR,瑞CH,冰IS,韩KR, 澳AU,格GE,毛MU,东盟^RAS^R, 澳^RAU^R,日^RJP^R,新西兰^RNZ^R,柬 KH,港HK,澳门MO,韩^RKR^R	0 受惠国LD	30
		--其他： --Other:					
2110	2906.1910	---萜品醇 ---Terpineols	5.5	0	东盟AS,智CL,巴PK,新西兰NZ, 秘PE,哥CR,瑞CH,冰IS,韩KR, 澳AU,格GE,毛MU,东盟^RAS^R, 澳^RAU^R,日^RJP^R,新西兰^RNZ^R,柬 KH,港HK,澳门MO,韩^RKR^R	0 受惠国LD	30

序号 No.	税则号列 Tariff Line	货品名称 Article Description	最惠国税率 MFN(%)		协定税率 Agreement(%)	特惠税率 SP(%)	普通税率 Gen(%)
2111	2906.1990	---其他 ---Other	5.5	0 4.5	东盟AS,智CL,巴PK,新西兰NZ, 秘PE,哥CR,冰IS,韩KR,澳AU, 格GE,毛MU,东盟^RAS^R,澳^RAU^R, 新西兰^RNZ^R,柬KH,港HK,澳门 MO,韩^RKR^R 日^RJP^R	0 受惠国LD	30
		-芳香醇: -Aromatic:					
2112	2906.2100	--苄醇 --Benzyl alcohol	5	0	东盟AS,智CL,巴PK,新西兰NZ, 秘PE,哥CR,瑞CH,冰IS,韩KR, 澳AU,格GE,毛MU,东盟^RAS^R, 澳^RAU^R,日^RJP^R,新西兰^RNZ^R,柬 KH,港HK,澳门MO,韩^RKR^R	0 受惠国LD	30
		--其他: --Other:					
2113	2906.2910	---2-苯基乙醇 ---2-Phenyl ethyl alcohol	5.5	0	东盟AS,智CL,巴PK,新西兰NZ, 秘PE,哥CR,瑞CH,冰IS,韩KR, 澳AU,格GE,毛MU,东盟^RAS^R, 澳^RAU^R,日^RJP^R,新西兰^RNZ^R,柬 KH,港HK,澳门MO,韩^RKR^R	0 受惠国LD	30
2114	2906.2990	---其他 ---Other	5.5	0 0.5 2.2 4.4 4.5	东盟AS,智CL,巴PK,新西兰NZ, 秘PE,哥CR,冰IS,澳AU,格GE,毛 MU,东盟^RAS^R,澳^RAU^R,新西兰 ^RNZ^R,柬KH,港HK,澳门MO 韩KR 瑞CH 韩^RKR^R 日^RJP^R	0 受惠国LD	30
		第三分章　酚、酚醇及其卤化、磺化、 硝化或亚硝化衍生物 Ⅲ. PHENOLS, PHENOL-ALCOHOLS, AND THEIR HALOGENATED, SULPHONATED, NITRATED OR NITROSATED DERIVATIVES					
	29.07	酚；酚醇: **Phenols; phenol - alcohols:**					
		-一元酚: -Monophenols:					
		--苯酚及其盐: --Phenol (hydroxybenzene) and its salts:					
2115	2907.1110	---苯酚 ---Phenol	5.5	0 5	东盟AS,智CL,巴PK,新西兰NZ, 秘PE,哥CR,瑞CH,冰IS,澳AU,格 GE,毛MU,柬KH,港HK,澳门MO 东盟^RAS^R,澳^RAU^R,新西兰^RNZ^R	0 受惠国LD	30
2116	2907.1190	---其他 ---Other	5.5	0 5	东盟AS,智CL,巴PK,新西兰NZ, 秘PE,哥CR,瑞CH,冰IS,澳AU,格 GE,毛MU,柬KH,港HK,澳门MO 东盟^RAS^R,澳^RAU^R,新西兰^RNZ^R	0 受惠国LD	30
		--甲酚及其盐: --Cresols and their salts:					

序号 No.	税则号列 Tariff Line	货品名称 Article Description	最惠国税率 MFN(%)		协定税率 Agreement(%)	特惠税率 SP(%)	普通税率 Gen(%)
		---甲酚: ---Cresol:					
2117	2907.1211	-----间甲酚 -----*m*-Cresol	5.5	0	东盟AS,智CL,巴PK,新西兰NZ, 秘PE,哥CR,瑞CH,冰IS,韩KR, 澳AU,格GE,毛MU,东盟ᴿASᴿ, 澳ᴿAUᴿ,日ᴿJPᴿ,新西兰ᴿNZᴿ,柬 KH,港HK,澳门MO,韩ᴿKRᴿ	0 受惠国LD	30
2118	2907.1212	----邻甲酚 ----*o*-Cresol	5.5	0	东盟AS,智CL,巴PK,新西兰NZ, 秘PE,哥CR,瑞CH,冰IS,韩KR, 澳AU,格GE,毛MU,东盟ᴿASᴿ, 澳ᴿAUᴿ,日ᴿJPᴿ,新西兰ᴿNZᴿ,柬 KH,港HK,澳门MO,韩ᴿKRᴿ	0 受惠国LD	30
2119	2907.1219	----其他 ----Other	5.5	0	东盟AS,智CL,巴PK,新西兰NZ, 秘PE,哥CR,瑞CH,冰IS,澳AU,格 GE,毛MU,东盟ᴿASᴿ,澳ᴿAUᴿ,新 西兰ᴿNZᴿ,柬KH,港HK,澳门MO	0 受惠国LD	30
				0.5	韩KR		
				4.4	韩ᴿKRᴿ		
				4.5	日ᴿJPᴿ		
2120	2907.1290	---其他 ---Other	5.5	0	东盟AS,智CL,巴PK,新西兰NZ, 秘PE,哥CR,瑞CH,冰IS,韩KR, 澳AU,格GE,毛MU,东盟ᴿASᴿ, 澳ᴿAUᴿ,日ᴿJPᴿ,新西兰ᴿNZᴿ,柬 KH,港HK,澳门MO,韩ᴿKRᴿ	0 受惠国LD	30
		--辛基酚、壬基酚及其异构体以及它们 的盐: --Octylphenol, nonylphenol and their isomers; salts thereof:					
2121	2907.1310	---壬基酚 ---Nonylphenol	5.5	0	东盟AS,智CL,巴PK,新西兰NZ, 秘PE,哥CR,瑞CH,冰IS,澳AU,格 GE,毛MU,柬KH,港HK,澳门MO	0 受惠国LD	30
				5	东盟ᴿASᴿ,澳ᴿAUᴿ,新西兰ᴿNZᴿ		
2122	2907.1390	---其他 ---Other	5.5	0	东盟AS,智CL,巴PK,新西兰NZ, 秘PE,哥CR,瑞CH,冰IS,澳AU,格 GE,毛MU,柬KH,港HK,澳门MO	0 受惠国LD	30
				2.2	韩KR		
				4.4	东盟ᴿASᴿ,澳ᴿAUᴿ,新西兰ᴿNZᴿ, 韩ᴿKRᴿ		
				4.8	日ᴿJPᴿ		
		--萘酚及其盐: --Naphthols and their salts:					
2123	2907.1510	---2-萘酚（β-萘酚） ---2-Naphthols (β-Naphthols)	5.5	0	东盟AS,智CL,巴PK,新西兰NZ, 秘PE,哥CR,瑞CH,冰IS,韩KR, 澳AU,格GE,毛MU,东盟ᴿASᴿ, 澳ᴿAUᴿ,日ᴿJPᴿ,新西兰ᴿNZᴿ,柬 KH,港HK,澳门MO,韩ᴿKRᴿ	0 受惠国LD	30
2124	2907.1590	---其他 ---Other	5.5	0	东盟AS,智CL,巴PK,新西兰NZ, 秘PE,哥CR,瑞CH,冰IS,韩KR, 澳AU,格GE,毛MU,东盟ᴿASᴿ, 澳ᴿAUᴿ,日ᴿJPᴿ,新西兰ᴿNZᴿ,柬 KH,港HK,澳门MO,韩ᴿKRᴿ	0 受惠国LD	30

序号 No.	税则号列 Tariff Line	货品名称 Article Description	最惠国税率 MFN(%)		协定税率 Agreement(%)	特惠税率 SP(%)	普通税率 Gen(%)
		--其他: --Other:					
2125	2907.1910	---邻仲丁基酚、邻异丙基酚 ---O-Sec-butyl phenol, o-isopropyl phenol	4Δ2	0 3.3	东盟AS,智CL,巴PK,新西兰NZ, 秘PE,哥CR,瑞CH,冰IS,韩KR, 澳AU,格GE,毛MU,东盟^RAS^R,澳 ^RAU^R,新西兰^RNZ^R,柬KH,港HK, 澳门MO,韩^RKR^R 日^RJP^R	0 受惠国LD	11
2126	2907.1990	---其他 ---Other	5.5	0 4.4 4.5	东盟AS,智CL,巴PK,新西兰NZ, 秘PE,哥CR,瑞CH,冰IS,韩KR,澳 AU,格GE,毛MU,柬KH,港HK,澳 门MO 东盟^RAS^R,澳^RAU^R,新西兰^RNZ^R, 韩^RKR^R 日^RJP^R	0 受惠国LD	30
		-多元酚；酚醇: -Polyphenols; phenol-alcohols:					
2127	2907.2100	--间苯二酚及其盐 --M-Dihydroxybenzene (resorcinol) and its salts	5.5	0 0.5 4.4 4.8	东盟AS,智CL,巴PK,新西兰NZ, 秘PE,哥CR,瑞CH,冰IS,澳AU,格 GE,毛MU,柬KH,港HK,澳门MO 韩KR 东盟^RAS^R,澳^RAU^R,新西兰^RNZ^R, 韩^RKR^R 日^RJP^R	0 受惠国LD	30
		--对苯二酚及其盐: --Hydroquinone (quinol) and its salts:					
2128	2907.2210	---对苯二酚 ---Hydroquinone	5.5	0	东盟AS,智CL,巴PK,新西兰NZ, 秘PE,哥CR,瑞CH,冰IS,韩KR, 澳AU,格GE,毛MU,东盟^RAS^R, 澳^RAU^R,日^RJP^R,新西兰^RNZ^R,柬 KH,港HK,澳门MO,韩^RKR^R	0 受惠国LD	30
2129	2907.2290	---其他 ---Other	5.5	0	东盟AS,智CL,巴PK,新西兰NZ, 秘PE,哥CR,瑞CH,冰IS,韩KR, 澳AU,格GE,毛MU,东盟^RAS^R, 澳^RAU^R,日^RJP^R,新西兰^RNZ^R,柬 KH,港HK,澳门MO,韩^RKR^R	0 受惠国LD	30
2130	2907.2300	--4，4′-异亚丙基联苯酚（双酚A，二苯 基酚丙烷）及其盐 --4, 4′-Isopropylidenediphenol (bisph- enol A, diphenylolpropane) and its salts	5.5	0 5	东盟AS,智CL,巴PK,新西兰NZ, 秘PE,哥CR,瑞CH,冰IS,澳AU,格 GE,毛MU,柬KH,港HK,澳门MO 东盟^RAS^R,澳^RAU^R,新西兰^RNZ^R	0 受惠国LD	30
		--其他: --Other:					
2131	2907.2910	---邻苯二酚 ---O-Dihydroxybenzene (catechol, pyrocatechol)	4	0 3.8	东盟AS,智CL,巴PK,新西兰NZ, 秘PE,哥CR,瑞CH,冰IS,澳AU,格 GE,毛MU,柬KH,港HK,澳门MO 东盟^RAS^R,澳^RAU^R,新西兰^RNZ^R	0 受惠国LD	11

序号 No.	税则号列 Tariff Line	货品名称 Article Description	最惠国税率 MFN(%)	协定税率 Agreement(%)		特惠税率 SP(%)	普通税率 Gen(%)
2132	2907.2990	---其他 ---Other	5.5	0	东盟AS,智CL,巴PK,新西兰NZ, 秘PE,哥CR,瑞CH,冰IS,澳AU,格 GE,毛MU,柬KH,港HK,澳门MO	0 受惠国LD	30
				2.2	韩KR		
				4.4	东盟^RAS^R,澳^RAU^R,新西兰^RNZ^R, 韩^RKR^R		
				4.8	日^RJP^R		
	29.08	**酚及酚醇的卤化、磺化、硝化或亚硝化衍生物:** **Halogenated, sulphonated, nitrated or nitrosated derivatives of phenols or phenol - alcohols:**					
		-仅含卤素取代基的衍生物及其盐: -Derivatives containing only halogen substituents and their salts:					
2133	2908.1100	--五氯苯酚（ISO） --Pentachlorophenol (ISO)	5.5	0	东盟AS,智CL,巴PK,新西兰NZ, 秘PE,哥CR,瑞CH,冰IS,韩KR, 澳AU,格GE,毛MU,东盟^RAS^R, 澳^RAU^R,日^RJP^R,新西兰^RNZ^R,柬 KH,港HK,澳门MO,韩^RKR^R	0 受惠国LD	30
		--其他: --Other:					
2134	2908.1910	---对氯苯酚 ---P-Chlorophenol	4	0	东盟AS,智CL,巴PK,新西兰NZ, 秘PE,哥CR,瑞CH,冰IS,韩KR, 澳AU,格GE,毛MU,东盟^RAS^R, 澳^RAU^R,日^RJP^R,新西兰^RNZ^R,柬 KH,港HK,澳门MO,韩^RKR^R	0 受惠国LD	11
2135	2908.1990	---其他 ---Other	5.5	0	东盟AS,智CL,巴PK,新西兰NZ, 秘PE,哥CR,瑞CH,冰IS,韩KR, 澳AU,格GE,毛MU,东盟^RAS^R, 澳^RAU^R,日^RJP^R,新西兰^RNZ^R,柬 KH,港HK,澳门MO,韩^RKR^R	0 受惠国LD	30
		-其他: -Other:					
2136	2908.9100	--地乐酚（ISO）及其盐 --Dinoseb (ISO) and its salts	5.5	0	东盟AS,智CL,巴PK,新西兰NZ, 秘PE,哥CR,瑞CH,冰IS,韩KR, 澳AU,格GE,毛MU,东盟^RAS^R, 澳^RAU^R,日^RJP^R,新西兰^RNZ^R,柬 KH,港HK,澳门MO,韩^RKR^R	0 受惠国LD	30
2137	2908.9200	--4, 6-二硝基邻甲酚［二硝酚（ISO）］及其盐 --4,6-Dinitro-o-cresol (DNOC (ISO)) and its salts	5.5	0	东盟AS,智CL,巴PK,新西兰NZ, 秘PE,哥CR,瑞CH,冰IS,韩KR, 澳AU,格GE,毛MU,东盟^RAS^R, 澳^RAU^R,日^RJP^R,新西兰^RNZ^R,柬 KH,港HK,澳门MO,韩^RKR^R	0 受惠国LD	30
		--其他: --Other:					
2138	2908.9910	---对硝基酚、对硝基酚钠 ---P-Nitrophenol, sodium p-nitro-phenolate	5.5	0	东盟AS,智CL,巴PK,新西兰NZ, 秘PE,哥CR,瑞CH,冰IS,韩KR, 澳AU,格GE,毛MU,东盟^RAS^R, 澳^RAU^R,日^RJP^R,新西兰^RNZ^R,柬 KH,港HK,澳门MO,韩^RKR^R	0 受惠国LD	30

序号 No.	税则号列 Tariff Line	货品名称 Article Description	最惠国税率 MFN(%)	协定税率 Agreement(%)		特惠税率 SP(%)	普通税率 Gen(%)
2139	2908.9990	---其他 ---Other	5.5	0	东盟AS,智CL,巴PK,新西兰NZ,秘PE,哥CR,瑞CH,冰IS,澳AU,格GE,毛MU,东盟^{R}AS^R,澳^{R}AU^R,新西兰^{R}NZ^R,柬KH,港HK,澳门MO	0 受惠国LD	30
				0.5	韩KR		
				4.4	韩^{R}KR^R		
				4.5	日^{R}JP^R		
		第四分章　醚、过氧化醇、过氧化醚、缩醛及半缩醛过氧化物、过氧化酮、三节环环氧化物、缩醛及半缩醛及其卤化、磺化、硝化或亚硝化衍生物 IV. ETHERS, ALCOHOL PEROXIDES, ETHER PEROXIDES, ACETAL AND HEMIACETAL PEROXIDES,KETONE PEROXIDES, EPOXIDES WITH A THREE-MEM-BERED RING, ACETALS AND HEMIACETALS, AND THEIR HALOGENATED, SULPHONATED, NITRATED OR NITROSATED DERIVATIVES					
	29.09	醚、醚醇、醚酚、醚醇酚、过氧化醇、过氧化醚、缩醛及半缩醛过氧化物、过氧化酮（不论是否已有化学定义）及其卤化、磺化、硝化或亚硝化衍生物： Ethers, ether-alcohols, ether-phenols, ether-alcohol-phenols, alcohol peroxides, ether peroxides, acetal and hemiacetal peroxides,ketone peroxides (whether or not chemically defined), and their halogenated, sulphonated, nitrated or nitrosated derivatives:					
		-无环醚及其卤化、磺化、硝化或亚硝化衍生物： -Acyclic ethers and their halogenated, sulphonated, nitrated or nitrosated derivatives:					
2140	2909.1100	--乙醚 --Diethyl ether	5.5	0	东盟AS,智CL,巴PK,新西兰NZ,秘PE,哥CR,瑞CH,冰IS,韩KR,澳AU,格GE,毛MU,东盟^{R}AS^R,澳^{R}AU^R,日^{R}JP^R,新西兰^{R}NZ^R,柬KH,港HK,澳门MO,韩^{R}KR^R	0 受惠国LD	30
		--其他： --Other:					
2141	2909.1910	---甲醚 ---Methyl ether	5.5	0	东盟AS,智CL,巴PK,新西兰NZ,哥CR,瑞CH,冰IS,澳AU,格GE,毛MU,柬KH,港HK,澳门MO	0 受惠国LD	30
				2.2	韩KR		
				4.4	东盟^{R}AS^R,澳^{R}AU^R,新西兰^{R}NZ^R,韩^{R}KR^R		
				4.8	日^{R}JP^R		

序号 No.	税则号列 Tariff Line	货品名称 Article Description	最惠国税率 MFN(%)	协定税率 Agreement(%)		特惠税率 SP(%)		普通税率 Gen(%)
2142	2909.1990	---其他 ---Other	5.5	0	东盟AS,智CL,巴PK,新西兰NZ, 哥CR,瑞CH,冰IS,澳AU,格GE, 毛MU,柬KH,港HK,澳门MO	0	受惠国,LD₁	30
				2.2	韩KR			
				4.4	东盟ᴿASᴿ,澳ᴿAUᴿ,新西兰ᴿNZᴿ, 韩ᴿKRᴿ			
				4.8	日ᴿJPᴿ			
2143	2909.2000	-环烷醚、环烯醚或环萜烯醚及其卤化、 磺化、硝化或亚硝化衍生物 -Cyclanic, cyclenic or cycloterpenic ethers and their halogenated, sulphonated, nitrated or nitrosated derivatives	5.5	0	东盟AS,智CL,巴PK,新西兰NZ, 秘PE,哥CR,瑞CH,冰IS,韩KR, 澳AU,格GE,毛MU,东盟ᴿASᴿ, 澳ᴿAUᴿ,日ᴿJPᴿ,新西兰ᴿNZᴿ,柬 KH,港HK,澳门MO,韩ᴿKRᴿ	0	受惠国LD	30
		-芳香醚及其卤化、磺化、硝化或亚硝 化衍生物: -Aromatic ethers and their halogenated, sulphonated, nitrated or nitrosated derivatives:						
2144	2909.3010	---1-烷氧基-4-(4-乙烯基环己基)-2, 3-二氟苯 ---1-alkoxy-4-(4-vinylcyclohexyl)-2,3- difluorobenzene	5.5	0	东盟AS,智CL,巴PK,新西兰NZ, 秘PE,哥CR,瑞CH,冰IS,韩KR, 澳AU,格GE,毛MU,东盟ᴿASᴿ, 澳ᴿAUᴿ,日ᴿJPᴿ,新西兰ᴿNZᴿ,柬 KH,港HK,澳门MO,韩ᴿKRᴿ	0	受惠国LD	30
2145	2909.3020	---4-(4-烷氧基苯基)-4′-烷烯基-1, 1′- 双环己烷及其氟代衍生物 ---4-(4-alkoxyphenyl)-4′-alkenyl-1, 1′-bicyclohexane and fluorosubstituted derivative	5.5	0	东盟AS,智CL,巴PK,新西兰NZ, 秘PE,哥CR,瑞CH,冰IS,韩KR, 澳AU,格GE,毛MU,东盟ᴿASᴿ, 澳ᴿAUᴿ,日ᴿJPᴿ,新西兰ᴿNZᴿ,柬 KH,港HK,澳门MO,韩ᴿKRᴿ	0	受惠国LD	30
2146	2909.3090	---其他 ---Other	5.5	0	东盟AS,智CL,巴PK,新西兰NZ, 秘PE,哥CR,瑞CH,冰IS,韩KR, 澳AU,格GE,毛MU,东盟ᴿASᴿ, 澳ᴿAUᴿ,日ᴿJPᴿ,新西兰ᴿNZᴿ,柬 KH,港HK,澳门MO,韩ᴿKRᴿ	0	受惠国LD	30
		-醚醇及其卤化、磺化、硝化或亚硝化衍 生物: -Ether-alcohols and their halogenated, sulphonated, nitrated or nitrosated derivatives:						
2147	2909.4100	--2, 2′-氧联二乙醇(二甘醇) --2, 2′-Oxydiethanol (diethylene glycol, digol)	5.5△3	0	东盟AS,智CL,巴PK,新西兰NZ, 哥CR,瑞CH,冰IS,韩KR,澳AU, 格GE,毛MU,东盟ᴿASᴿ,澳ᴿAUᴿ, 新西兰ᴿNZᴿ,柬KH,港HK,澳门 MO,台TW,韩ᴿKRᴿ	0	受惠国,LD₁	30
				4.5	日ᴿJPᴿ			
2148	2909.4300	--乙二醇或二甘醇的单丁醚 --Monobutyl ethers of ethylene glycol or of diethylene glycol	5.5	0	东盟AS,智CL,巴PK,新西兰NZ, 秘PE,哥CR,瑞CH,冰IS,韩KR, 澳AU,格GE,毛MU,东盟ᴿASᴿ, 澳ᴿAUᴿ,日ᴿJPᴿ,新西兰ᴿNZᴿ,柬 KH,港HK,澳门MO,台TW,韩 ᴿKRᴿ	0	受惠国LD	30

序号 No.	税则号列 Tariff Line	货品名称 Article Description	最惠国税率 MFN(%)	协定税率 Agreement(%)		特惠税率 SP(%)	普通税率 Gen(%)
2149	2909.4400	--乙二醇或二甘醇的其他单烷基醚 --Other monoalkylethers of ethylene glycol or of diethylene glycol	5.5	0	东盟AS,智CL,巴PK,新西兰NZ,秘PE,哥CR,瑞CH,冰IS,澳AU,格GE,毛MU,柬KH,港HK,澳门MO	0 受惠国LD	30
				2.2	韩KR		
				4.4	东盟^{R}AS^R,澳^{R}AU^R,新西兰^{R}NZ^R,韩^{R}KR^R		
				4.8	日^{R}JP^R		
		--其他: --Other:					
2150	2909.4910	---间苯氧基苄醇 ---M-Phenoxy benzalcohol	4	0	东盟AS,智CL,巴PK,新西兰NZ,秘PE,哥CR,瑞CH,冰IS,韩KR,澳AU,格GE,毛MU,东盟^{R}AS^R,澳^{R}AU^R,日^{R}JP^R,新西兰^{R}NZ^R,柬KH,港HK,澳门MO,韩^{R}KR^R	0 受惠国LD	11
2151	2909.4990	---其他 ---Other	5.5	0	东盟AS,智CL,巴PK,新西兰NZ,秘PE,哥CR,瑞CH,冰IS,澳AU,格GE,毛MU,柬KH,港HK,澳门MO	0 受惠国LD	30
				2.2	韩KR		
				4.4	东盟^{R}AS^R,澳^{R}AU^R,新西兰^{R}NZ^R,韩^{R}KR^R		
				4.8	日^{R}JP^R		
2152	2909.5000	-醚酚、醚醇酚及其卤化、磺化、硝化或亚硝化衍生物 -Ether-phenols, ether-alcohol-phenols and their halogenated, sulphonated, nitrated or nitrosated derivatives	5.5	0	东盟AS,智CL,巴PK,新西兰NZ,秘PE,哥CR,瑞CH,澳AU,格GE,毛MU,柬KH,港HK,澳门MO	0 受惠国LD	30
				2.2	韩KR		
				4.4	东盟^{R}AS^R,澳^{R}AU^R,新西兰^{R}NZ^R,韩^{R}KR^R		
				4.8	日^{R}JP^R		
		-过氧化醇、过氧化醚、缩醛及半缩醛过氧化物、过氧化酮及其卤化、磺化、硝化或亚硝化衍生物: -Alcohol peroxides, ether peroxides,acetal and hemiacetal peroxides, ketone peroxides and their halogenated, sulphonated, nitrated or nitrosated derivatives:					
2153	2909.6010	---缩醛及半缩醛过氧化物, 及其卤化、磺化、硝化或亚硝化衍生物 ---Acetal and hemiacetal peroxides and their halogenated,sulphonated,nitrated or nitrosated derivatives	5.5	0	东盟AS,智CL,巴PK,新西兰NZ,秘PE,哥CR,冰IS,澳AU,格GE,毛MU,东盟^{R}AS^R,澳^{R}AU^R,新西兰^{R}NZ^R,柬KH,港HK,澳门MO	0 受惠国LD	30
				0.5	韩KR		
				2.2	瑞CH		
				4.4	韩^{R}KR^R		
				4.5	日^{R}JP^R		
2154	2909.6090	---其他 ---Other	5.5	0	东盟AS,智CL,巴PK,新西兰NZ,秘PE,哥CR,瑞CH,冰IS,澳AU,格GE,毛MU,柬KH,港HK,澳门MO	0 受惠国LD	30
				2.2	韩KR		
				4.4	东盟^{R}AS^R,澳^{R}AU^R,新西兰^{R}NZ^R,韩^{R}KR^R		
				4.8	日^{R}JP^R		

序号 No.	税则号列 Tariff Line	货品名称 Article Description	最惠国税率 MFN(%)	协定税率 Agreement(%)		特惠税率 SP(%)		普通税率 Gen(%)
	29.10	三节环氧化物、环氧醇、环氧酚、环氧醚及其卤化、磺化、硝化或亚硝化衍生物: **Epoxides, epoxyalcohols, epoxyphenols and epoxyethers, with a three-membered ring, and their halogenated, sulphonated, nitrated or nitrosated derivatives:**						
2155	2910.1000	-环氧乙烷(氧化乙烯) -Oxirane(ethylene oxide)	5.5	0 2.2 4.4 4.5	东盟AS,智CL,巴PK,新西兰NZ,秘PE,哥CR,瑞CH,冰IS,澳AU,格GE,毛MU,柬KH,港HK,澳门MO 韩KR 东盟^RAS^R,澳^RAU^R,新西兰^RNZ^R,韩^RKR^R 日^RJP^R	0	受惠国LD	30
2156	2910.2000	-甲基环氧乙烷(氧化丙烯) -Methyloxirane(propylene oxide)	5.5	0 2.2 4.4 4.8	东盟AS,智CL,巴PK,新西兰NZ,秘PE,哥CR,瑞CH,冰IS,澳AU,格GE,毛MU,柬KH,港HK,澳门MO 韩KR 东盟^RAS^R,澳^RAU^R,新西兰^RNZ^R,韩^RKR^R 日^RJP^R	0	受惠国LD	30
2157	2910.3000	-1-氯-2,3-环氧丙烷(表氯醇) -1-Chloro-2,3-epoxypropane (epichlorohydrin)	5.5	0 0.5 4.4 4.5	东盟AS,智CL,巴PK,新西兰NZ,秘PE,哥CR,瑞CH,冰IS,澳AU,格GE,毛MU,柬KH,港HK,澳门MO,台TW 韩KR 东盟^RAS^R,澳^RAU^R,新西兰^RNZ^R,韩^RKR^R 日^RJP^R	0	受惠国LD	30
2158	2910.4000	-狄氏剂(ISO, INN) -Dieldrin (ISO, INN)	5.5	0	东盟AS,智CL,巴PK,新西兰NZ,秘PE,哥CR,瑞CH,冰IS,韩KR,澳AU,格GE,毛MU,东盟^RAS^R,澳^RAU^R,日^RJP^R,新西兰^RNZ^R,柬KH,港HK,澳门MO,韩^RKR^R	0	受惠国LD	30
2159	2910.5000	-异狄氏剂(ISO) - Endrin (ISO)	5.5	0 2.2 4.5	东盟AS,智CL,巴PK,新西兰NZ,秘PE,哥CR,冰IS,韩KR,澳AU,格GE,毛MU,东盟^RAS^R,澳^RAU^R,新西兰^RNZ^R,柬KH,港HK,澳门MO,韩^RKR^R 瑞CH 日^RJP^R	0	受惠国LD	30
2160	2910.9000	-其他 -Other	5.5	0 2.2 4.5	东盟AS,智CL,巴PK,新西兰NZ,秘PE,哥CR,冰IS,韩KR,澳AU,格GE,毛MU,东盟^RAS^R,澳^RAU^R,新西兰^RNZ^R,柬KH,港HK,澳门MO,韩^RKR^R 瑞CH 日^RJP^R	0	受惠国LD	30

序号 No.	税则号列 Tariff Line	货品名称 Article Description	最惠国税率 MFN(%)	协定税率 Agreement(%)		特惠税率 SP(%)	普通税率 Gen(%)
	29.11	缩醛及半缩醛，不论是否含有其他含氧基，及其卤化、磺化、硝化或亚硝化衍生物： **Acetals and hemiacetals, whether or not with other oxygen function, and their halogenated, sulphonated, nitrated or nitrosated derivatives:**					
2161	2911.0000	缩醛及半缩醛，不论是否含有其他含氧基，及其卤化、磺化、硝化或亚硝化衍生物 Acetals and hemiacetals, whether or not with other oxygen function, and their haogenated, sulphonated, nitrated or nitrosated derivatives	5.5	0 东盟AS,智CL,巴PK,新西兰NZ,秘PE,哥CR,冰IS,澳AU,格GE,毛MU,东盟^{R}AS^R,澳^{R}AU^R,新西兰^{R}NZ^R,柬KH,港HK,澳门MO 0.5 韩KR 2.2 瑞CH 4.4 韩^{R}KR^R 4.5 日^{R}JP^R		0 受惠国LD	30
		第五分章　醛基化合物 V. ALDEHYDEFUNCTION COMPOUNDS					
	29.12	醛，不论是否含有其他含氧基；环聚醛；多聚甲醛： **Aldehydes, whether or not with other oxygen function; cyclic polymers of aldehydes; paraformaldehyde:**					
		-不含其他含氧基的无环醛： -Acyclic aldehydes without other oxygen function:					
2162	2912.1100	--甲醛 --Methanal(formaldehyde)	5.5	0 东盟AS,智CL,巴PK,新西兰NZ,秘PE,哥CR,瑞CH,冰IS,韩KR,澳AU,格GE,毛MU,东盟^{R}AS^R,澳^{R}AU^R,日^{R}JP^R,新西兰^{R}NZ^R,柬KH,港HK,澳门MO,韩^{R}KR^R		0 受惠国LD	30
2163	2912.1200	--乙醛 --Ethanal(acetaldehyde)	5.5	0 东盟AS,智CL,巴PK,新西兰NZ,秘PE,哥CR,瑞CH,冰IS,韩KR,澳AU,格GE,毛MU,东盟^{R}AS^R,澳^{R}AU^R,日^{R}JP^R,新西兰^{R}NZ^R,柬KH,港HK,澳门MO,韩^{R}KR^R		0 受惠国LD	30
2164	2912.1900	--其他 --Other	5.5	0 东盟AS,智CL,巴PK,新西兰NZ,秘PE,哥CR,瑞CH,冰IS,澳AU,格GE,毛MU,柬KH,港HK,澳门MO 2.2 韩KR 4.4 东盟^{R}AS^R,澳^{R}AU^R,新西兰^{R}NZ^R,韩^{R}KR^R 4.8 日^{R}JP^R		0 受惠国LD	30
	ex29121900	乙二醛 Glyoxal (Ethanedial)	Δ3				
		-不含其他含氧基的环醛： -Cyclic aldehydes without other oxygen function:					

序号 No.	税则号列 Tariff Line	货品名称 Article Description	最惠国税率 MFN(%)	协定税率 Agreement(%)		特惠税率 SP(%)	普通税率 Gen(%)
2165	2912.2100	--苯甲醛 --Benzaldehyde	5.5	0	东盟AS,智CL,巴PK,新西兰NZ,秘PE,哥CR,瑞CH,冰IS,韩KR,澳AU,格GE,毛MU,东盟^{R}AS^R,澳^{R}AU^R,日^{R}JP^R,新西兰^{R}NZ^R,柬KH,港HK,澳门MO,韩^{R}KR^R	0 受惠国LD	30
		--其他: --Other:					
2166	2912.2910	---铃兰醛（对叔丁基-α-甲基-氧化肉桂醛） ---Lilial(p-tert-butyl-α-methyl-oxocinnamaldehyde)	5.5	0	东盟AS,智CL,巴PK,新西兰NZ,秘PE,哥CR,瑞CH,冰IS,韩KR,澳AU,格GE,毛MU,东盟^{R}AS^R,澳^{R}AU^R,日^{R}JP^R,新西兰^{R}NZ^R,柬KH,港HK,澳门MO,韩^{R}KR^R	0 受惠国LD	30
				4.4	亚太AP		
2167	2912.2990	---其他 ---Other	5.5	0	东盟AS,智CL,巴PK,新西兰NZ,秘PE,哥CR,冰IS,韩KR,澳AU,格GE,毛MU,东盟^{R}AS^R,澳^{R}AU^R,新西兰^{R}NZ^R,柬KH,港HK,澳门MO,韩^{R}KR^R	0 受惠国LD	30
				2.2	瑞CH		
				4.5	日^{R}JP^R		
		-醛醇、醛醚、醛酚及含其他含氧基的醛: -Aldehyde-alcohols, aldehyde-ethers, aldehyde-phenols and aldehydes with other oxygen function:					
2168	2912.4100	--香草醛（3-甲氧基-4-羟基苯甲醛） --Vanillin(4-hydroxy-3-methoxybenzaldehyde)	5.5	0	东盟AS,智CL,巴PK,新西兰NZ,秘PE,哥CR,瑞CH,冰IS,韩KR,澳AU,格GE,毛MU,东盟^{R}AS^R,澳^{R}AU^R,日^{R}JP^R,新西兰^{R}NZ^R,柬KH,港HK,澳门MO,韩^{R}KR^R	0 受惠国LD	30
2169	2912.4200	--乙基香草醛（3-乙氧基-4-羟基苯甲醛） --Ethylvanillin(3-ethoxy-4-hydrox-ybenzaldehyde)	5.5	0	东盟AS,智CL,巴PK,新西兰NZ,秘PE,哥CR,瑞CH,冰IS,韩KR,澳AU,格GE,毛MU,东盟^{R}AS^R,澳^{R}AU^R,日^{R}JP^R,新西兰^{R}NZ^R,柬KH,港HK,澳门MO,韩^{R}KR^R	0 受惠国LD	30
		--其他: --Other:					
2170	2912.4910	---醛醇 ---Aldehyde-alcohols	5.5	0	东盟AS,智CL,巴PK,新西兰NZ,秘PE,哥CR,瑞CH,冰IS,韩KR,澳AU,格GE,毛MU,东盟^{R}AS^R,澳^{R}AU^R,日^{R}JP^R,新西兰^{R}NZ^R,柬KH,港HK,澳门MO,韩^{R}KR^R	0 受惠国LD	30
2171	2912.4990	---其他 ---Other	5.5	0	东盟AS,智CL,巴PK,新西兰NZ,秘PE,哥CR,瑞CH,冰IS,韩KR,澳AU,格GE,毛MU,东盟^{R}AS^R,澳^{R}AU^R,日^{R}JP^R,新西兰^{R}NZ^R,柬KH,港HK,澳门MO,韩^{R}KR^R	0 受惠国LD	30

序号 No.	税则号列 Tariff Line	货品名称 Article Description	最惠国税率 MFN(%)	协定税率 Agreement(%)		特惠税率 SP(%)	普通税率 Gen(%)
2172	2912.5000	-环聚醛 -Cyclic-polymers of aldehydes	5.5	0	东盟AS,智CL,巴PK,新西兰NZ, 秘PE,哥CR,冰IS,澳AU,格GE,毛 MU,柬KH,港HK,澳门MO	0 受惠国LD	30
				2.2	韩KR		
				4.4	东盟^RAS^R,澳^RAU^R,新西兰NZ^R, 韩^RKR^R		
				4.8	日^RJP^R		
2173	2912.6000	-多聚甲醛 -Paraformaldehyde	5.5	0	东盟AS,智CL,巴PK,新西兰NZ, 秘PE,哥CR,瑞CH,冰IS,澳AU,格 GE,毛MU,柬KH,港HK,澳门MO	0 受惠国LD	30
				2.2	韩KR		
				4.4	东盟^RAS^R,澳^RAU^R,新西兰NZ^R, 韩^RKR^R		
				4.8	日^RJP^R		
	29.13	**税目29.12所列产品的卤化、磺化、硝化 或亚硝化衍生物：** **Halogenated, sulphonated, nitrated or nitrosated derivatives of products of heading 29.12:**					
2174	2913.0000	税目29.12所列产品的卤化、磺化、硝化 或亚硝化衍生物 Halogenated, sulphonated, nitrated or nitrosated derivatives of products of heading 29.12	5.5	0	东盟AS,智CL,新西兰NZ,秘PE, 哥CR,瑞CH,冰IS,韩KR,澳AU, 格GE,毛MU,东盟^RAS^R,澳^RAU^R, 日^RJP^R,新西兰^RNZ^R,柬KH,港 HK,澳门MO,韩^RKR^R	0 受惠国LD	30
				4	巴PK		
		第六分章 酮基化合物及醌基化合物 **VI. KETONE-FUNCTION COMPOUNDS AND QUINONE- FUNCTION COMPOUNDS**					
	29.14	**酮及醌，不论是否含有其他含氧基，及 其卤化、磺化、硝化或亚硝化衍生物：** **Ketones and quinones, whether or not with other oxygen function, and their halogenated, sulphonated, nitrated or nitrosated derivatives:**					
		-不含其他含氧基的无环酮： -Acyclic ketones without other oxygen function:					
2175	2914.1100	--丙酮 --Acetone	5.5	0	东盟AS,智CL,巴PK,新西兰NZ, 秘PE,哥CR,瑞CH,冰IS,澳AU,格 GE,毛MU,柬KH,港HK,澳门MO	0 受惠国LD	20
				5	东盟^RAS^R,澳^RAU^R,新西兰^RNZ^R		
2176	2914.1200	--丁酮［甲基乙基（甲）酮］ --Butanone (methyl ethyl ketone)	5.5	0	东盟AS,智CL,巴PK,新西兰NZ, 秘PE,哥CR,瑞CH,冰IS,澳AU,格 GE,毛MU,柬KH,港HK,澳门MO	0 受惠国LD	30
				5	东盟^RAS^R,澳^RAU^R,新西兰^RNZ^R		
2177	2914.1300	--4-甲基-2-戊酮［甲基异丁基（甲）酮］ ---4-Methyl-2-pentanone(isobutyl methyl ketone)	5.5	0	东盟AS,智CL,巴PK,新西兰NZ, 秘PE,哥CR,瑞CH,冰IS,澳AU,格 GE,毛MU,柬KH,港HK,澳门MO	0 受惠国LD	30
				2.2	韩KR		
				4.4	东盟^RAS^R,澳^RAU^R,新西兰^RNZ^R, 韩^RKR^R		
				4.8	日^RJP^R		

序号 No.	税则号列 Tariff Line	货品名称 Article Description	最惠国税率 MFN(%)	协定税率 Agreement(%)		特惠税率 SP(%)	普通税率 Gen(%)
2178	2914.1900	--其他 --Other	5.5	0	东盟AS,智CL,巴PK,新西兰NZ,秘PE,哥CR,瑞CH,冰IS,澳AU,格GE,毛MU,柬KH,港HK,澳门MO	0 受惠国LD	30
				2.2	韩KR		
				4.4	东盟^{R}AS^R,澳^{R}AU^R,新西兰^{R}NZ^R,韩^{R}KR^R		
				4.8	日^{R}JP^R		
		-不含其他含氧基的环烷酮、环烯酮或环萜烯酮： -Cyclanic, cyclenic or cycloterpenic ketones without other oxygen function:					
2179	2914.2200	--环己酮及甲基环己酮 --Cyclohexanone and methylcyclo- hexanone	5.5	0	东盟AS,智CL,巴PK,新西兰NZ,秘PE,哥CR,瑞CH,冰IS,澳AU,格GE,毛MU,柬KH,港HK,澳门MO	0 受惠国LD	30
				2.2	韩KR		
				4.4	东盟^{R}AS^R,澳^{R}AU^R,新西兰^{R}NZ^R,韩^{R}KR^R		
				4.8	日^{R}JP^R		
2180	2914.2300	--芷香酮及甲基芷香酮 --Iononess and methylionones	5.5	0	东盟AS,智CL,巴PK,新西兰NZ,秘PE,哥CR,冰IS,韩KR,澳AU,格GE,毛MU,东盟^{R}AS^R,澳^{R}AU^R,新西兰^{R}NZ^R,柬KH,港HK,澳门MO,韩^{R}KR^R	0 受惠国LD	30
				4.5	日^{R}JP^R		
		--其他： --Other:					
2181	2914.2910	---樟脑 ---Camphor	5.5	0	东盟AS,智CL,巴PK,新西兰NZ,秘PE,哥CR,瑞CH,冰IS,韩KR,澳AU,格GE,毛MU,东盟^{R}AS^R,澳^{R}AU^R,日^{R}JP^R,新西兰^{R}NZ^R,柬KH,港HK,澳门MO,韩^{R}KR^R	0 受惠国LD	40
2182	2914.2990	---其他 ---Other	5.5	0	东盟AS,智CL,巴PK,新西兰NZ,秘PE,哥CR,冰IS,澳AU,格GE,毛MU,东盟^{R}AS^R,澳^{R}AU^R,新西兰^{R}NZ^R,柬KH,港HK,澳门MO	0 受惠国LD	30
				0.5	韩KR		
				4.4	韩^{R}KR^R		
				4.5	日^{R}JP^R		
		-不含其他含氧基的芳香酮： -Aromatic ketones without other oxygen function:					
2183	2914.3100	--苯丙酮（苯基丙-2-酮） --Propiophenone(phenyl-propan-2-one)	5.5	0	东盟AS,智CL,巴PK,新西兰NZ,秘PE,哥CR,瑞CH,冰IS,韩KR,澳AU,格GE,毛MU,东盟^{R}AS^R,澳^{R}AU^R,日^{R}JP^R,新西兰^{R}NZ^R,柬KH,港HK,澳门MO,韩^{R}KR^R	0 受惠国LD	30
		--其他： --Other:					
2184	2914.3910	---苯乙酮 ---Acetophenone	4	0	东盟AS,智CL,巴PK,新西兰NZ,秘PE,哥CR,瑞CH,冰IS,韩KR,澳AU,格GE,毛MU,东盟^{R}AS^R,澳^{R}AU^R,日^{R}JP^R,新西兰^{R}NZ^R,柬KH,港HK,澳门MO,韩^{R}KR^R	0 受惠国LD	11

序号 No.	税则号列 Tariff Line	货品名称 Article Description	最惠国税率 MFN(%)	协定税率 Agreement(%)		特惠税率 SP(%)	普通税率 Gen(%)
2185	2914.3990	---其他 ---Other	5.5	0	东盟AS,智CL,巴PK,新西兰NZ, 秘PE,哥CR,瑞CH,冰IS,韩KR, 澳AU,格GE,毛MU,东盟^RAS^R,澳 ^RAU^R,新西兰^RNZ^R,柬KH,港HK, 澳门MO,韩^RKR^R	0 受惠国LD	30
				4.5	日^RJP^R		
2186	2914.4000	-酮醇及酮醛 -Ketone-alcohols and ketonealde-hydes	5.5	0	东盟AS,智CL,巴PK,新西兰NZ, 秘PE,哥CR,瑞CH,冰IS,韩KR, 澳AU,格GE,毛MU,东盟^RAS^R,澳 ^RAU^R,新西兰^RNZ^R,柬KH,港HK, 澳门MO,韩^RKR^R	0 受惠国LD	30
				4.5	日^RJP^R		
		-酮酚及含有其他含氧基的酮: -Ketone-phenols and ketones with other oxygen function:					
		---酮酚: ---Ketene-alcohols:					
2187	2914.5011	----覆盆子酮 ----Raspberry ketone	5.5	0	东盟AS,智CL,巴PK,新西兰NZ, 秘PE,哥CR,瑞CH,冰IS,韩KR, 澳AU,格GE,毛MU,东盟^RAS^R, 澳^RAU^R,日^RJP^R,新西兰^RNZ^R,柬 KH,港HK,澳门MO,韩^RKR^R	0 受惠国LD	30
2188	2914.5019	----其他 ----Other	5.5	0	东盟AS,智CL,巴PK,新西兰NZ, 秘PE,哥CR,瑞CH,冰IS,韩KR, 澳AU,格GE,毛MU,东盟^RAS^R,澳 ^RAU^R,新西兰^RNZ^R,柬KH,港HK, 澳门MO,韩^RKR^R	0 受惠国LD	30
				4.5	日^RJP^R		
2189	2914.5020	---2-羟基-4-甲氧基二苯甲酮 ---2-hydroxy-4-methoxybenzophe-none	5.5	0	东盟AS,智CL,巴PK,新西兰NZ, 秘PE,哥CR,瑞CH,冰IS,韩KR, 澳AU,格GE,毛MU,东盟^RAS^R, 澳^RAU^R,日^RJP^R,新西兰^RNZ^R,柬 KH,港HK,澳门MO,韩^RKR^R	0 受惠国LD	30
2190	2914.5090	---其他 ---Other	5.5	0	东盟AS,智CL,巴PK,新西兰NZ, 秘PE,哥CR,瑞CH,冰IS,澳AU,格 GE,毛MU,东盟^RAS^R,澳^RAU^R,新 西兰^RNZ^R,柬KH,港HK,澳门MO	0 受惠国LD	30
				0.5	韩KR		
				4.4	韩^RKR^R		
				4.5	日^RJP^R		
		-醌: -Quinones:					
2191	2914.6100	--蒽醌 --Anthraquinone	5.5	0	东盟AS,智CL,巴PK,新西兰NZ, 秘PE,哥CR,瑞CH,冰IS,澳AU,格 GE,毛MU,东盟^RAS^R,澳^RAU^R,新 西兰^RNZ^R,柬KH,港HK,澳门MO	0 受惠国LD	30
				0.5	韩KR		
				4.4	韩^RKR^R		
				4.5	日^RJP^R		

序号 No.	税则号列 Tariff Line	货品名称 Article Description	最惠国税率 MFN(%)		协定税率 Agreement(%)	特惠税率 SP(%)		普通税率 Gen(%)
2192	2914.6200	--辅酶Q10 [癸烯醌（INN）] --Coenzyme Q10 (ubidecarenone (INN))	5.5	0	东盟AS,智CL,巴PK,新西兰NZ,秘PE,哥CR,瑞CH,冰IS,澳AU,格GE,毛MU,柬KH,港HK,澳门MO	0	受惠国LD	30
				0.5	韩KR			
				4.4	东盟^RAS^R,澳^RAU^R,新西兰^RNZ^R,韩^RKR^R			
				4.8	日^RJP^R			
2193	2914.6900	--其他 --Other	5.5	0	东盟AS,智CL,巴PK,新西兰NZ,秘PE,哥CR,瑞CH,冰IS,澳AU,格GE,毛MU,柬KH,港HK,澳门MO	0	受惠国LD	30
				0.5	韩KR			
				4.4	东盟^RAS^R,澳^RAU^R,新西兰^RNZ^R,韩^RKR^R			
				4.8	日^RJP^R			
		-卤化、磺化、硝化或亚硝化衍生物： -Halogenated, sulphonated, nitrated or nitrosated derivatives :						
2194	2914.7100	--十氯酮（ISO） --Chlordecone (ISO)	5.5	0	东盟AS,智CL,巴PK,新西兰NZ,秘PE,哥CR,冰IS,澳AU,格GE,毛MU,东盟^RAS^R,澳^RAU^R,新西兰^RNZ^R,柬KH,港HK,澳门MO	0	受惠国LD	30
				0.5	韩KR			
				4.4	韩^RKR^R			
				4.5	日^RJP^R			
2195	2914.7900	--其他 --Other	5.5	0	东盟AS,智CL,巴PK,新西兰NZ,秘PE,哥CR,冰IS,澳AU,格GE,毛MU,东盟^RAS^R,澳^RAU^R,新西兰^RNZ^R,柬KH,港HK,澳门MO	0	受惠国LD	30
				0.5	韩KR			
				4.4	韩^RKR^R			
				4.5	日^RJP^R			
		第七分章　羧酸及其酸酐、酰卤化物、过氧化物和过氧酸以及它们的卤化、磺化、硝化或亚硝化衍生物 Ⅶ. CARBOXYLIC ACIDS AND THEIR ANHYDRIDES, HALIDES, PEROXIDES AND PEROXYACIDS AND THEIR HALOGENATED, SULPHONATED, NITRATED OR NITROSATED DERIVATIVES						
	29.15	饱和无环一元羧酸及其酸酐、酰卤化物、过氧化物和过氧酸以及它们的卤化、磺化、硝化或亚硝化衍生物： Saturated acyclic monocarboxylic acids and their anhydrides, halides, peroxides and peroxyacids; their halogenated, sulphonated, nitrated or nitrosated derivatives:						
		-甲酸及其盐和酯： -Formic acid, its salts and esters:						

序号 No.	税则号列 Tariff Line	货品名称 Article Description	最惠国税率 MFN(%)	协定税率 Agreement(%)		特惠税率 SP(%)	普通税率 Gen(%)
2196	2915.1100	--甲酸 --Formic acid	5.5	0	东盟AS,智CL,新西兰NZ,秘PE,哥CR,瑞CH,冰IS,澳AU,格GE,毛MU,东盟^{R}AS^R,澳^{R}AU^R,新西兰^{R}NZ^R,柬KH,港HK,澳门MO	0 受惠国LD	40
				0.5	韩KR		
				4	巴PK		
				4.4	韩^{R}KR^R		
				4.5	日^{R}JP^R		
2197	2915.1200	--甲酸盐 --Salts of formic acid	5.5	0	东盟AS,智CL,新西兰NZ,秘PE,哥CR,瑞CH,冰IS,澳AU,格GE,毛MU,东盟^{R}AS^R,澳^{R}AU^R,新西兰^{R}NZ^R,柬KH,港HK,澳门MO	0 受惠国LD	30
				0.5	韩KR		
				4	巴PK		
				4.4	韩^{R}KR^R		
				4.5	日^{R}JP^R		
2198	2915.1300	--甲酸酯 --Esters of formic acid	5.5	0	东盟AS,智CL,新西兰NZ,秘PE,哥CR,瑞CH,冰IS,韩KR,澳AU,格GE,毛MU,东盟^{R}AS^R,澳^{R}AU^R,日^{R}JP^R,新西兰^{R}NZ^R,柬KH,港HK,澳门MO,韩^{R}KR^R	0 受惠国LD	30
				4	巴PK		
		-乙酸及其盐；乙酸酐： -Acetic acid and its salts; acetic anhydride:						
		--乙酸： --Acetic acid:						
		---冰乙酸： ---Acetic acid, glacial:						
2199	2915.2111	----食品级的 ----Food grade	5.5	0	东盟AS,智CL,新西兰NZ,秘PE,哥CR,瑞CH,冰IS,韩KR,澳AU,格GE,毛MU,东盟^{R}AS^R,澳^{R}AU^R,日^{R}JP^R,新西兰^{R}NZ^R,柬KH,港HK,澳门MO,台TW,韩^{R}KR^R	0 受惠国LD	30
				4	巴PK		
2200	2915.2119	----其他 ----Other	5.5	0	东盟AS,智CL,新西兰NZ,秘PE,哥CR,瑞CH,冰IS,韩KR,澳AU,格GE,毛MU,东盟^{R}AS^R,澳^{R}AU^R,日^{R}JP^R,新西兰^{R}NZ^R,柬KH,港HK,澳门MO,台TW,韩^{R}KR^R	0 受惠国LD	30
				4	巴PK		
2201	2915.2190	---其他 ---Other	5.5	0	东盟AS,智CL,新西兰NZ,秘PE,哥CR,瑞CH,冰IS,韩KR,澳AU,格GE,毛MU,东盟^{R}AS^R,澳^{R}AU^R,日^{R}JP^R,新西兰^{R}NZ^R,柬KH,港HK,澳门MO,韩^{R}KR^R	0 受惠国LD	50
				4	巴PK		

序号 No.	税则号列 Tariff Line	货品名称 Article Description	最惠国税率 MFN(%)	协定税率 Agreement(%)		特惠税率 SP(%)		普通税率 Gen(%)
2202	2915.2400	--乙酸酐 --Acetic anhydride	5.5	0	东盟AS,智CL,巴PK,新西兰NZ, 秘PE,哥CR,瑞CH,冰IS,韩KR, 澳AU,格GE,毛MU,东盟^RAS^R, 澳^RAU^R,日^RJP^R,新西兰^RNZ^R,柬 KH,港HK,澳门MO,韩^RKR^R	0	受惠国LD	50
				4.4	亚太AP			
		--其他: --Other:						
2203	2915.2910	---乙酸钠 ---Sodium acetate	5.5	0	东盟AS,智CL,新西兰NZ,秘PE, 哥CR,瑞CH,冰IS,韩KR,澳AU, 格GE,毛MU,东盟^RAS^R,澳^RAU^R, 日^RJP^R,新西兰^RNZ^R,柬KH,港 HK,澳门MO,韩^RKR^R	0	受惠国LD	50
				4	巴PK			
2204	2915.2990	---其他 ---Other	5.5	0	东盟AS,智CL,新西兰NZ,秘PE, 哥CR,瑞CH,冰IS,澳AU,格GE, 毛MU,东盟^RAS^R,澳^RAU^R,新西 兰^RNZ^R,柬KH,港HK,澳门MO	0	受惠国LD	50
				0.5	韩KR			
				4	巴PK			
				4.4	韩^RKR^R			
				4.5	日^RJP^R			
		-乙酸酯: -Esters of acetic acid:						
2205	2915.3100	--乙酸乙酯 --Ethyl acetate	5.5	0	东盟AS,智CL,新西兰NZ,秘PE, 哥CR,瑞CH,冰IS,韩KR,澳AU, 格GE,毛MU,东盟^RAS^R,澳^RAU^R, 日^RJP^R,新西兰^RNZ^R,柬KH,港 HK,澳门MO,韩^RKR^R	0	受惠国LD	30
				4	巴PK			
2206	2915.3200	--乙酸乙烯酯 --Vinyl acetate	5.5	0	东盟AS,智CL,新西兰NZ,秘PE, 哥CR,瑞CH,冰IS,韩KR,澳AU, 格GE,毛MU,东盟^RAS^R,日^RJP^R, 柬KH,港HK,澳门MO,台TW,韩 ^RKR^R	0	受惠国LD	30
				4	巴PK			
				4.4	澳^RAU^R,新西兰^RNZ^R			
2207	2915.3300	--乙酸(正)丁酯 --N-Butyl acetate	5.5	0	东盟AS,智CL,巴PK,新西兰NZ, 秘PE,哥CR,瑞CH,冰IS,澳AU,格 GE,毛MU,柬KH,港HK,澳门MO	0	受惠国LD	30
				2.2	韩KR			
				4.4	东盟^RAS^R,澳^RAU^R,新西兰^RNZ^R, 韩^RKR^R			
				4.8	日^RJP^R			
2208	2915.3600	--地乐酚(ISO)乙酸酯 --Dinoseb (ISO) acetate	5.5	0	东盟AS,智CL,新西兰NZ,秘PE, 哥CR,瑞CH,冰IS,韩KR,澳AU, 格GE,毛MU,东盟^RAS^R,澳^RAU^R, 日^RJP^R,新西兰^RNZ^R,柬KH,港 HK,澳门MO,韩^RKR^R	0	受惠国LD	30
				4	巴PK			

序号 No.	税则号列 Tariff Line	货品名称 Article Description	最惠国税率 MFN(%)		协定税率 Agreement(%)	特惠税率 SP(%)		普通税率 Gen(%)
2209	2915.3900	--其他 --Other	5.5	0	东盟AS,智CL,新西兰NZ,秘PE,哥CR,瑞CH,冰IS,澳AU,格GE,毛MU,柬KH,港HK,澳门MO	0	受惠国LD	30
				2.2	韩KR			
				4	巴PK			
				4.4	东盟^RAS^R,澳^RAU^R,新西兰^RNZ^R,韩^RKR^R			
				4.8	日^RJP^R			
2210	2915.4000	--一氯代乙酸、二氯乙酸或三氯乙酸及其盐和酯 -Mono-, di-or trichloroacetic acids, their salts and esters	5.5	0	东盟AS,智CL,新西兰NZ,秘PE,哥CR,瑞CH,冰IS,韩KR,澳AU,格GE,毛MU,东盟^RAS^R,澳^RAU^R,日^RJP^R,新西兰^RNZ^R,柬KH,港HK,澳门MO,韩^RKR^R	0	受惠国LD	30
				4	巴PK			
		-丙酸及其盐和酯: -Propionic acid, its salts and esters:						
2211	2915.5010	---丙酸 ---Propionic acid	5.5	0	东盟AS,智CL,新西兰NZ,秘PE,哥CR,瑞CH,冰IS,韩KR,澳AU,格GE,毛MU,东盟^RAS^R,澳^RAU^R,日^RJP^R,新西兰^RNZ^R,柬KH,港HK,澳门MO,韩^RKR^R	0	受惠国LD	30
				4	巴PK			
2212	2915.5090	---其他 ---Other	5.5	0	东盟AS,智CL,新西兰NZ,秘PE,哥CR,瑞CH,冰IS,澳AU,格GE,毛MU,柬KH,港HK,澳门MO	0	受惠国LD	30
				2.2	韩KR			
				4	巴PK			
				4.4	东盟^RAS^R,澳^RAU^R,新西兰^RNZ^R,韩^RKR^R			
				4.8	日^RJP^R			
2213	2915.6000	-丁酸、戊酸及其盐和酯 -Butanoic acids, pentanoic acids, their salts and esters	5.5	0	东盟AS,智CL,新西兰NZ,秘PE,哥CR,瑞CH,冰IS,澳AU,格GE,毛MU,东盟^RAS^R,澳^RAU^R,新西兰^RNZ^R,柬KH,港HK,澳门MO	0	受惠国LD	30
				0.5	韩KR			
				4	巴PK			
				4.4	韩^RKR^R			
				4.5	日^RJP^R			
		-棕榈酸、硬脂酸及其盐和酯: -Palmitic acid, stearic acid, their salts and esters:						
2214	2915.7010	---硬脂酸 ---Stearic acid	7	0	东盟AS,智CL,新西兰NZ,秘PE,哥CR,瑞CH,冰IS,韩KR,澳AU,格GE,毛MU,东盟^RAS^R,澳^RAU^R,新西兰^RNZ^R,柬KH,港HK,澳门MO,韩^RKR^R	0	受惠国LD	50
				1	巴PK			
				5.7	日^RJP^R			

序号 No.	税则号列 Tariff Line	货品名称 Article Description	最惠国税率 MFN(%)	协定税率 Agreement(%)		特惠税率 SP(%)	普通税率 Gen(%)
2215	2915.7090	---其他 ---Other	5.5	0	东盟AS,智CL,新西兰NZ,秘PE,哥CR,瑞CH,冰IS,澳AU,格GE,毛MU,柬KH,港HK,澳门MO	0 受惠国LD	30
				2.2	韩KR		
				4	巴PK		
				4.4	东盟^RAS^R,澳^RAU^R,新西兰^RNZ^R,韩^RKR^R		
				4.8	日^RJP^R		
2216	2915.9000	-其他 -Other	5.5	0	东盟AS,智CL,巴PK,新西兰NZ,秘PE,哥CR,瑞CH,冰IS,韩KR,澳AU,格GE,毛MU,东盟^RAS^R,澳^RAU^R,新西兰^RNZ^R,柬KH,港HK,澳门MO,韩^RKR^R	0 受惠国LD	30
				4.5	日^RJP^R		
	29.16	不饱和无环一元羧酸、环一元羧酸及其酸酐、酰卤化物、过氧化物和过氧酸以及它们的卤化、磺化、硝化或亚硝化衍生物： Unsaturated acyclic monocarboxylic acids, cyclic monocarboxylic acids, their anhydrides, halides, peroxides and peroxyacids; their halogenated, sulphonated, nitrated or nitrosated derivatives:					
		-不饱和无环一元羧酸及其酸酐、酰卤化物、过氧化物和过氧酸以及它们的衍生物： -Unsaturated acyclic monocarboxylic acids, their anhydrides, halides, peroxides, peroxyacids and their derivatives:					
2217	2916.1100	--丙烯酸及其盐 --Acrylic acid and its salts	6.5	0	东盟AS,智CL,新西兰NZ,秘PE,哥CR,瑞CH,冰IS,澳AU,格GE,毛MU,东盟^RAS^R,柬KH,港HK,澳门MO	0 受惠国LD	30
				2.6	韩KR		
				5.2	澳^RAU^R,新西兰^RNZ^R,韩^RKR^R		
				5.7	日^RJP^R		
		--丙烯酸酯： --Esters of acrylic acid:					
2218	2916.1210	---丙烯酸甲酯 ---Methacylate	6.5	0	东盟AS,智CL,新西兰NZ,新加坡SG,秘PE,哥CR,冰IS,澳AU,格GE,毛MU,柬KH,港HK,澳门MO	0 受惠国LD	30
				2.6	瑞CH,韩KR		
				4	巴PK		
				5.2	东盟^RAS^R,澳^RAU^R,新西兰^RNZ^R,韩^RKR^R		
				5.7	日^RJP^R		

序号 No.	税则号列 Tariff Line	货品名称 Article Description	最惠国税率 MFN(%)	协定税率 Agreement(%)		特惠税率 SP(%)		普通税率 Gen(%)
2219	2916.1220	---丙烯酸乙酯 ---Ethyl Acrylate	6.5	0	东盟AS,智CL,新西兰NZ,新加坡SG,秘PE,哥CR,瑞CH,冰IS,澳AU,格GE,毛MU,柬KH,港HK,澳门MO	0	受惠国LD	30
				2.6	韩KR			
				4	巴PK			
				5.2	东盟^{R}AS^R,澳^{R}AU^R,新西兰^{R}NZ^R,韩^{R}KR^R			
				5.7	日^{R}JP^R			
2220	2916.1230	---丙烯酸丁酯 ---N-Butyl Acrylate	6.5	0	东盟AS,智CL,新西兰NZ,新加坡SG,秘PE,哥CR,瑞CH,冰IS,澳AU,格GE,毛MU,柬KH,港HK,澳门MO	0	受惠国LD	30
				4	巴PK			
				5	东盟^{R}AS^R,澳^{R}AU^R,新西兰^{R}NZ^R			
2221	2916.1240	---丙烯酸异辛酯 ---2-Ethylhexyl acrylate	6.5	0	东盟AS,智CL,新西兰NZ,新加坡SG,秘PE,哥CR,瑞CH,冰IS,澳AU,格GE,毛MU,东盟^{R}AS^R,柬KH,港HK,澳门MO	0	受惠国LD	30
				2.6	韩KR			
				4	巴PK			
				5.2	澳^{R}AU^R,新西兰^{R}NZ^R,韩^{R}KR^R			
				5.7	日^{R}JP^R			
2222	2916.1290	---其他 ---Other	6.5	0	东盟AS,智CL,新西兰NZ,新加坡SG,秘PE,哥CR,瑞CH,冰IS,澳AU,格GE,毛MU,柬KH,港HK,澳门MO	0	受惠国LD	30
				4	巴PK			
				5	东盟^{R}AS^R,澳^{R}AU^R,新西兰^{R}NZ^R			
2223	2916.1300	--甲基丙烯酸及其盐 --Methacrylic acid and its salts	6.5	0	东盟AS,智CL,新西兰NZ,秘PE,哥CR,瑞CH,冰IS,韩KR,澳AU,格GE,毛MU,东盟^{R}AS^R,澳^{R}AU^R,日^{R}JP^R,新西兰^{R}NZ^R,柬KH,港HK,澳门MO,台TW,韩^{R}KR^R	0	受惠国LD	80
				4	巴PK			
2224	2916.1400	--甲基丙烯酸酯 --Esters of methacrylic acid	6.5	0	东盟AS,智CL,巴PK,新西兰NZ,秘PE,哥CR,瑞CH,冰IS,韩KR,澳AU,格GE,毛MU,东盟^{R}AS^R,澳^{R}AU^R,新西兰^{R}NZ^R,柬KH,港HK,澳门MO,台TW,韩^{R}KR^R	0	受惠国LD	80
				5.3	日^{R}JP^R			
2225	2916.1500	--油酸、亚油酸或亚麻酸及其盐和酯 --Oleic, linoleic or linolenic acids, their salts and esters	6.5	0	东盟AS,智CL,新西兰NZ,秘PE,哥CR,瑞CH,冰IS,澳AU,格GE,毛MU,柬KH,港HK,澳门MO	0	受惠国LD	30
				2.6	韩KR			
				4	巴PK			
				5.2	东盟^{R}AS^R,澳^{R}AU^R,新西兰^{R}NZ^R,韩^{R}KR^R			
				5.7	日^{R}JP^R			

序号 No.	税则号列 Tariff Line	货品名称 Article Description	最惠国税率 MFN(%)	协定税率 Agreement(%)		特惠税率 SP(%)		普通税率 Gen(%)
2226	2916.1600	--乐杀螨（ISO) --Binapacryl (ISO)	6.5	0	东盟AS,智CL,新西兰NZ,秘PE,哥CR,瑞CH,冰IS,韩KR,澳AU,格GE,毛MU,东盟^{R}AS^R,澳^{R}AU^R,新西兰^{R}NZ^R,柬KH,港HK,澳门MO,韩^{R}KR^R	0	受惠国LD	30
				4	巴PK			
				5.3	日^{R}JP^R			
2227	2916.1900	--其他 --Other	6.5	0	东盟AS,智CL,新西兰NZ,秘PE,哥CR,冰IS,韩KR,澳AU,格GE,毛MU,东盟^{R}AS^R,澳^{R}AU^R,新西兰^{R}NZ^R,柬KH,港HK,澳门MO,韩^{R}KR^R	0	受惠国LD	30
				4	巴PK			
				5.3	日^{R}JP^R			
		-环烷一元羧酸、环烯一元羧酸或环萜烯一元羧酸及其酸酐、酰卤化物、过氧化物和过氧酸以及它们的衍生物： -Cyclanic, cyclenic or cycloterpenic monocarboxylic acids, their anhydrides, halides, peroxides, peroxyacids and their derivatives:						
2228	2916.2010	---二溴菊酸、DV菊酸甲酯 ---Dibromochrysanthemicacid, DV chrysanthemimono carboxylate	4	0	东盟AS,智CL,巴PK,新西兰NZ,秘PE,哥CR,瑞CH,冰IS,韩KR,澳AU,格GE,毛MU,东盟^{R}AS^R,澳^{R}AU^R,日^{R}JP^R,新西兰^{R}NZ^R,柬KH,港HK,澳门MO,韩^{R}KR^R	0	受惠国LD	11
2229	2916.2090	---其他 ---Other	6.5	0	东盟AS,智CL,新西兰NZ,秘PE,哥CR,冰IS,韩KR,澳AU,格GE,毛MU,柬KH,港HK,澳门MO	0	受惠国LD	30
				2.6	瑞CH			
				4	巴PK			
				5.2	东盟^{R}AS^R,澳^{R}AU^R,新西兰^{R}NZ^R,韩^{R}KR^R			
				5.3	日^{R}JP^R			
		-芳香一元羧酸及其酸酐、酰卤化物、过氧化物和过氧酸以及它们的衍生物： -Aromatic monocarboxylic acids, their anhydrides, halides, peroxides, peroxyacids and their derivatives:						
2230	2916.3100	--苯甲酸及其盐和酯 --Benzoic acid, its salts and esters	6.5	0	东盟AS,智CL,新西兰NZ,秘PE,哥CR,冰IS,澳AU,格GE,毛MU,东盟^{R}AS^R,澳^{R}AU^R,新西兰^{R}NZ^R,柬KH,港HK,澳门MO	0	受惠国LD	30
				0.6	韩KR			
				4	巴PK			
				5.2	韩^{R}KR^R			
				5.3	日^{R}JP^R			

序号 No.	税则号列 Tariff Line	货品名称 Article Description	最惠国税率 MFN(%)	协定税率 Agreement(%)		特惠税率 SP(%)		普通税率 Gen(%)
2231	2916.3200	--过氧化苯甲酰及苯甲酰氯 --Benzoyl peroxide and benzoyl chloride	6.5	0	东盟AS,智CL,新西兰NZ,秘PE,哥CR,瑞CH,冰IS,澳AU,格GE,毛MU,东盟^{R}AS^R,澳^{R}AU^R,新西兰^{R}NZ^R,柬KH,港HK,澳门MO	0	受惠国LD	30
				0.6	韩KR			
				4	巴PK			
				5.2	韩^{R}KR^R			
				5.3	日^{R}JP^R			
2232	2916.3400	--苯乙酸及其盐 --Phenylacetic acid and its salts	6.5	0	东盟AS,智CL,新西兰NZ,秘PE,哥CR,冰IS,韩KR,澳AU,格GE,毛MU,东盟^{R}AS^R,澳^{R}AU^R,新西兰^{R}NZ^R,柬KH,港HK,澳门MO,韩^{R}KR^R	0	受惠国LD	30
				4	巴PK			
				5.3	日^{R}JP^R			
		--其他: --Other:						
2233	2916.3910	---邻甲基苯甲酸 ---M-Methylbenzoic acid	6.5	0	东盟AS,智CL,新西兰NZ,秘PE,哥CR,瑞CH,冰IS,韩KR,澳AU,格GE,毛MU,东盟^{R}AS^R,澳^{R}AU^R,新西兰^{R}NZ^R,柬KH,港HK,澳门MO,韩^{R}KR^R	0	受惠国LD	30
				4	巴PK			
				5.3	日^{R}JP^R			
2234	2916.3920	---布洛芬 ---Brufen(Ibuprofen)	6.5	0	东盟AS,智CL,新西兰NZ,秘PE,哥CR,瑞CH,冰IS,韩KR,澳AU,格GE,毛MU,东盟^{R}AS^R,澳^{R}AU^R,新西兰^{R}NZ^R,柬KH,港HK,澳门MO,韩^{R}KR^R	0	受惠国LD	30
				4	巴PK			
				5.3	日^{R}JP^R			
2235	2916.3930	---2-（3-碘-4-乙基苯基）-2-甲基丙酸 ---2-(3-iodo phenyl-4-ethyl phenyl)-2-methyl propionic acid	6.5	0	东盟AS,智CL,新西兰NZ,秘PE,哥CR,冰IS,韩KR,澳AU,格GE,毛MU,东盟^{R}AS^R,澳^{R}AU^R,新西兰^{R}NZ^R,柬KH,港HK,澳门MO,韩^{R}KR^R	0	受惠国LD	30
				2.6	瑞CH			
				4	巴PK			
				5.3	日^{R}JP^R			
2236	2916.3990	---其他 ---Other	6.5	0	东盟AS,智CL,新西兰NZ,秘PE,哥CR,冰IS,韩KR,澳AU,格GE,毛MU,东盟^{R}AS^R,澳^{R}AU^R,新西兰^{R}NZ^R,柬KH,港HK,澳门MO,韩^{R}KR^R	0	受惠国LD	30
				2.6	瑞CH			
				4	巴PK			
				5.3	日^{R}JP^R			

序号 No.	税则号列 Tariff Line	货品名称 Article Description	最惠国税率 MFN(%)	协定税率 Agreement(%)		特惠税率 SP(%)	普通税率 Gen(%)
	29.17	多元羧酸及其酸酐、酰卤化物、过氧化物和过氧酸以及它们的卤化、磺化、硝化或亚硝化衍生物: **Polycarboxylic acids, their anhydrides, halides, peroxides and peroxyacids; their halogenated, sulphonated, nitrated or nitrosated derivatives:**					
		-无环多元羧酸及其酸酐、酰卤化物、过氧化物和过氧酸以及它们的衍生物: -Acyclic polycarboxylic acids, their anhydrides, halides, peroxides, peroxyacids and their derivatives:					
		--草酸及其盐和酯: --Oxalic acid, its salts and esters:					
2237	2917.1110	---草酸 ---Oxalic acid	6.5	0	东盟AS,智CL,新西兰NZ,秘PE,哥CR,瑞CH,冰IS,澳AU,格GE,毛MU,东盟^RAS^R,澳^RAU^R,新西兰^RNZ^R,柬KH,港HK,澳门MO	0 受惠国LD	40
				0.6	韩KR		
				4	巴PK		
				5.2	韩^RKR^R		
				5.3	日^RJP^R		
2238	2917.1120	---草酸钴 ---Cobalt oxalate	9	0	东盟AS,智CL,新西兰NZ,秘PE,哥CR,瑞CH,冰IS,韩KR,澳AU,格GE,毛MU,东盟^RAS^R,澳^RAU^R,新西兰^RNZ^R,柬KH,港HK,澳门MO,韩^RKR^R	0 受惠国LD	30
				1	巴PK		
				7.4	日^RJP^R		
2239	2917.1190	---其他 ---Other	6.5	0	东盟AS,智CL,新西兰NZ,秘PE,哥CR,瑞CH,冰IS,澳AU,格GE,毛MU,东盟^RAS^R,澳^RAU^R,新西兰^RNZ^R,柬KH,港HK,澳门MO	0 受惠国LD	30
				0.6	韩KR		
				4	巴PK		
				5.2	韩^RKR^R		
				5.3	日^RJP^R		
2240	2917.1200	--己二酸及其盐和酯 --Adipic acid, its salts and esters	6.5	0	东盟AS,智CL,新西兰NZ,秘PE,哥CR,瑞CH,冰IS,澳AU,格GE,毛MU,柬KH,港HK,澳门MO	0 受惠国LD	30
				4	巴PK		
				5	东盟^RAS^R,澳^RAU^R,新西兰^RNZ^R		
		--壬二酸、癸二酸及其盐和酯: --Azelaic acid, sebacic acid, their salts and esters:					

序号 No.	税则号列 Tariff Line	货品名称 Article Description	最惠国税率 MFN(%)	协定税率 Agreement(%)		特惠税率 SP(%)	普通税率 Gen(%)
2241	2917.1310	---癸二酸及其盐和酯 ---Sebacic acid, its salts and esters	6.5	0	东盟AS,智CL,新西兰NZ,秘PE, 哥CR,瑞CH,冰IS,澳AU,格GE, 毛MU,柬KH,港HK,澳门MO	0 受惠国LD	30
				2.6	韩KR		
				4	巴PK		
				5.2	东盟^{R}AS^R,澳^{R}AU^R,新西兰^{R}NZ^R, 韩^{R}KR^R		
				5.7	日^{R}JP^R		
2242	2917.1390	---其他 ---Other	6.5	0	东盟AS,智CL,新西兰NZ,秘PE, 哥CR,瑞CH,冰IS,韩KR,澳AU, 格GE,毛MU,东盟^{R}AS^R,澳^{R}AU^R, 新西兰^{R}NZ^R,柬KH,港HK,澳门 MO,韩^{R}KR^R	0 受惠国LD	30
				4	巴PK		
				5.2	亚太AP		
				5.3	日^{R}JP^R		
2243	2917.1400	--马来酐 --Maleic anhydride	6.5	0	东盟AS,智CL,新西兰NZ,秘PE, 哥CR,瑞CH,冰IS,澳AU,格GE, 毛MU,东盟^{R}AS^R,澳^{R}AU^R,新西 兰^{R}NZ^R,柬KH,港HK,澳门MO	0 受惠国LD	30
				0.6	韩KR		
				4	巴PK		
				5.2	韩^{R}KR^R		
				5.3	日^{R}JP^R		
2244	2917.1900	--其他 --Other	6.5	0	东盟AS,智CL,新西兰NZ,秘PE, 哥CR,瑞CH,冰IS,韩KR,澳AU, 格GE,毛MU,东盟^{R}AS^R,澳^{R}AU^R, 新西兰^{R}NZ^R,柬KH,港HK,澳门 MO,韩^{R}KR^R	0 受惠国LD	30
				4	巴PK		
				5.3	日^{R}JP^R		
		-环烷多元羧酸、环烯多元羧酸、环萜烯 多元羧酸及其酸酐、酰卤化物、过氧化 物和过氧酸以及它们的衍生物: -Cyclanic, cyclenic or cycloterpenic polycarboxylic acids, their anhydrides, halides, peroxides, peroxyacids and their derivatives:					
2245	2917.2010	---四氢苯酐 ---Tetrahydro benzoic anhydride	4	0	东盟AS,智CL,巴PK,新西兰NZ, 秘PE,哥CR,瑞CH,冰IS,澳AU,格 GE,柬KH,港HK,澳门MO	0 受惠国LD	11
				1.6	韩KR		
				3.2	东盟^{R}AS^R,澳^{R}AU^R,新西兰^{R}NZ^R, 韩^{R}KR^R		
				3.5	日^{R}JP^R		

序号 No.	税则号列 Tariff Line	货品名称 Article Description	最惠国税率 MFN(%)	协定税率 Agreement(%)		特惠税率 SP(%)		普通税率 Gen(%)
2246	2917.2090	---其他 ---Other	6.5	0	东盟AS,智CL,新西兰NZ, 哥CR,瑞CH,冰IS,澳AU,格GE, 毛MU,柬KH,港HK,澳门MO	0	受惠国LD	30
				2.6	韩KR			
				4	巴PK			
				5.2	东盟^RAS^R,澳^RAU^R,新西兰^RNZ^R, 韩^RKR^R			
				5.7	日^RJP^R			
		-芳香多元羧酸及其酸酐、酰卤化物、过 氧化物和过氧酸以及它们的衍生物: -Aromatic polycarboxylic acids, their anhydrides, halides, peroxides, peroxyacids and their derivatives:						
2247	2917.3200	--邻苯二甲酸二辛酯 --Dioctyl orthophthalates	6.5	0	东盟AS,智CL,巴PK,新西兰NZ, 秘PE,哥CR,瑞CH,冰IS,澳AU, 格GE,毛MU,柬KH,港HK,澳门 MO,台TW	0	受惠国LD	30
				5	东盟^RAS^R,澳^RAU^R,新西兰^RNZ^R			
2248	2917.3300	--邻苯二甲酸二壬酯及邻苯二甲酸二 癸酯 --Dinonyl or didecyl orthophthalates	6.5	0	东盟AS,智CL,新西兰NZ,秘PE, 哥CR,瑞CH,冰IS,韩KR,澳AU, 格GE,毛MU,东盟^RAS^R,澳^RAU^R, 日^RJP^R,新西兰^RNZ^R,柬KH,港 HK,澳门MO,台TW,韩^RKR^R	0	受惠国LD	30
				4	巴PK			
		--其他邻苯二甲酸酯: --Other esters of orthophthalic acid:						
2249	2917.3410	---邻苯二甲酸二丁酯 ---Dibutyl orthophthalates	6.5	0	东盟AS,智CL,新西兰NZ,秘PE, 哥CR,瑞CH,冰IS,澳AU,格GE, 毛MU,东盟^RAS^R,澳^RAU^R,新西 兰^RNZ^R,柬KH,港HK,澳门MO	0	受惠国LD	30
				0.6	韩KR			
				4	巴PK			
				5.2	韩^RKR^R			
				5.3	日^RJP^R			
2250	2917.3490	---其他 ---Other	6.5	0	东盟AS,智CL,新西兰NZ,秘PE, 哥CR,瑞CH,冰IS,韩KR,澳AU, 格GE,毛MU,东盟^RAS^R,澳^RAU^R, 日^RJP^R,新西兰^RNZ^R,柬KH,港 HK,澳门MO,台TW,韩^RKR^R	0	受惠国LD	30
				4	巴PK			
2251	2917.3500	--邻苯二甲酸酐 --Phthalic anhydride	6.5	0	东盟AS,智CL,巴PK,新西兰NZ, 秘PE,哥CR,瑞CH,冰IS,澳AU,格 GE,毛MU,柬KH,港HK,澳门MO	0	受惠国LD	30
				5	东盟^RAS^R,澳^RAU^R,新西兰^RNZ^R			
		--对苯二甲酸及其盐: --Terephthalic acid and its salts:						
		---对苯二甲酸: ---Terephthalic acid:						

序号 No.	税则号列 Tariff Line	货品名称 Article Description	最惠国税率 MFN(%)	协定税率 Agreement(%)		特惠税率 SP(%)	普通税率 Gen(%)
2252	2917.3611	----精对苯二甲酸 ----Pure terephthalic acid	6.5	0	东盟AS,智CL,巴PK,新西兰NZ,新加坡SG,哥CR,冰IS,澳AU,毛MU,柬KH,港HK,澳门MO	0 受惠国LD	30
				2.6	瑞CH		
				5.9	东盟^{R}AS^R,澳^{R}AU^R,新西兰^{R}NZ^R		
				6	亚太AP		
2253	2917.3619	----其他 ----Other	6.5	0	东盟AS,智CL,巴PK,新西兰NZ,新加坡SG,秘PE,哥CR,冰IS,澳AU,格GE,毛MU,柬KH,港HK,澳门MO	0 受惠国LD	30
				2.6	瑞CH		
				5.9	东盟^{R}AS^R,澳^{R}AU^R,新西兰^{R}NZ^R		
				6	亚太AP		
2254	2917.3690	---其他 ---Other	6.5	0	东盟AS,智CL,新西兰NZ,秘PE,哥CR,瑞CH,冰IS,澳AU,格GE,毛MU,柬KH,港HK,澳门MO	0 受惠国LD	30
				4	巴PK		
				5	东盟^{R}AS^R,澳^{R}AU^R,新西兰^{R}NZ^R		
2255	2917.3700	--对苯二甲酸二甲酯 --Dimethyl terephthalate	6.5	0	东盟AS,智CL,新西兰NZ,秘PE,哥CR,瑞CH,冰IS,澳AU,格GE,毛MU,柬KH,港HK,澳门MO	0 受惠国LD	30
				2.6	韩KR		
				4	巴PK		
				5.2	东盟^{R}AS^R,澳^{R}AU^R,新西兰^{R}NZ^R,韩^{R}KR^R		
				5.7	日^{R}JP^R		
		--其他: --Other:					
2256	2917.3910	---间苯二甲酸 ---Isophthalic acid	6.5	0	东盟AS,智CL,巴PK,新西兰NZ,秘PE,哥CR,瑞CH,冰IS,澳AU,格GE,毛MU,柬KH,港HK,澳门MO	0 受惠国LD	30
				5	东盟^{R}AS^R,澳^{R}AU^R,新西兰^{R}NZ^R		
2257	2917.3990	---其他 ---Other	6.5	0	东盟AS,智CL,巴PK,新西兰NZ,秘PE,哥CR,瑞CH,冰IS,澳AU,格GE,毛MU,东盟^{R}AS^R,柬KH,港HK,澳门MO	0 受惠国LD	30
				2.6	韩KR		
				5.2	澳^{R}AU^R,新西兰^{R}NZ^R,韩^{R}KR^R		
				5.7	日^{R}JP^R		
	29.18	含附加含氧基的羧酸及其酸酐、酰卤化物、过氧化物和过氧酸以及它们的卤化、磺化、硝化或亚硝化衍生物： Carboxylic acids with additional oxygen function and their anhydrides, halides, peroxides and peroxyacids; their halogenated, sulphonated, nitrated or nitrosated derivatives:					

序号 No.	税则号列 Tariff Line	货品名称 Article Description	最惠国税率 MFN(%)	协定税率 Agreement(%)		特惠税率 SP(%)	普通税率 Gen(%)
		-含醇基但不含其他含氧基的羧酸及其酸酐、酰卤化物、过氧化物和过氧酸以及它们的衍生物： -Carboxylic acids with alcohol function but without other oxygen function, their anhydrides, halides, peroxides, peroxyacids and their derivatives:					
2258	2918.1100	--乳酸及其盐和酯 --Lactic acid, its salts and esters	6.5	0	东盟AS,智CL,新西兰NZ,秘PE,哥CR,瑞CH,冰IS,澳AU,格GE,毛MU,东盟^RAS^R,澳^RAU^R,新西兰^RNZ^R,柬KH,港HK,澳门MO	0 受惠国LD	30
				0.6	韩KR		
				4	巴PK		
				5.2	韩^RKR^R		
				5.3	日^RJP^R		
2259	2918.1200	--酒石酸 --Tartaric acid	6.5	0	东盟AS,智CL,新西兰NZ,秘PE,哥CR,瑞CH,冰IS,韩KR,澳AU,格GE,毛MU,东盟^RAS^R,澳^RAU^R,新西兰^RNZ^R,柬KH,港HK,澳门MO,韩^RKR^R	0 受惠国LD	35
				4	巴PK		
				5.3	日^RJP^R		
2260	2918.1300	--酒石酸盐及酒石酸酯 --Salts and esters of tartaric acid	6.5	0	东盟AS,智CL,新西兰NZ,秘PE,哥CR,瑞CH,冰IS,韩KR,澳AU,格GE,毛MU,东盟^RAS^R,澳^RAU^R,新西兰^RNZ^R,柬KH,港HK,澳门MO,韩^RKR^R	0 受惠国LD	30
				4	巴PK		
				5.3	日^RJP^R		
2261	2918.1400	--柠檬酸 --Citric acid	6.5	0	东盟AS,智CL,新西兰NZ,秘PE,哥CR,瑞CH,冰IS,澳AU,格GE,毛MU,东盟^RAS^R,澳^RAU^R,新西兰^RNZ^R,柬KH,港HK,澳门MO	0 受惠国LD	35
				0.6	韩KR		
				4	巴PK		
				5.2	韩^RKR^R		
				5.3	日^RJP^R		
2262	2918.1500	--柠檬酸盐及柠檬酸酯 --Salts and esters of citric acid	6.5	0	东盟AS,智CL,新西兰NZ,秘PE,哥CR,瑞CH,冰IS,韩KR,澳AU,格GE,毛MU,东盟^RAS^R,澳^RAU^R,新西兰^RNZ^R,柬KH,港HK,澳门MO,韩^RKR^R	0 受惠国LD	30
				4	巴PK		
				5.3	日^RJP^R		
2263	2918.1600	--葡糖酸及其盐和酯 --Gluconic acid, its salts and esters	6.5	0	东盟AS,智CL,新西兰NZ,秘PE,哥CR,瑞CH,冰IS,韩KR,澳AU,格GE,毛MU,东盟^RAS^R,澳^RAU^R,新西兰^RNZ^R,柬KH,港HK,澳门MO,韩^RKR^R	0 受惠国LD	30
				4	巴PK		
				5.3	日^RJP^R		

序号 No.	税则号列 Tariff Line	货品名称 Article Description	最惠国税率 MFN(%)	协定税率 Agreement(%)		特惠税率 SP(%)		普通税率 Gen(%)
2264	2918.1700	--2, 2-二苯基-2-羟基乙酸（二苯基乙醇酸） --2,2-Diphenyl-2-hydroxyacetic acid (benzilic acid)	6.5	0	东盟AS,智CL,新西兰NZ,秘PE,哥CR,瑞CH,冰IS,韩KR,澳AU,格GE,毛MU,东盟^RAS^R,澳^RAU^R,新西兰^RNZ^R,柬KH,港HK,澳门MO,韩^RKR^R	0 受惠国LD		30
				4	巴PK			
				5.3	日^RJP^R			
2265	2918.1800	--乙酯杀螨醇（ISO） --Chlorobenzilate (ISO)	6.5	0	东盟AS,智CL,新西兰NZ,秘PE,哥CR,瑞CH,冰IS,韩KR,澳AU,格GE,毛MU,东盟^RAS^R,澳^RAU^R,新西兰^RNZ^R,柬KH,港HK,澳门MO,韩^RKR^R	0 受惠国LD		30
				4	巴PK			
				5.3	日^RJP^R			
2266	2918.1900	--其他 --Other	6.5	0	东盟AS,智CL,新西兰NZ,秘PE,哥CR,瑞CH,冰IS,韩KR,澳AU,格GE,毛MU,东盟^RAS^R,澳^RAU^R,新西兰^RNZ^R,柬KH,港HK,澳门MO,韩^RKR^R	0 受惠国LD		30
				4	巴PK			
				5.3	日^RJP^R			
		-含酚基但不含其他含氧基的羧酸及其酸酐、酰卤化物、过氧化物和过氧酸以及它们的衍生物： -Carboxylic acids with phenol function but without other oxygen function, their anhydrides, halides, peroxides, peroxyacids and their derivatives:							
		--水杨酸及其盐： --Salicylic acid and its salts:							
2267	2918.2110	---水杨酸、水杨酸钠 ---Salicylic acid and sodium salicylate	6.5	0	东盟AS,智CL,新西兰NZ,秘PE,哥CR,冰IS,澳AU,格GE,毛MU,东盟^RAS^R,澳^RAU^R,新西兰^RNZ^R,柬KH,港HK,澳门MO	0 受惠国LD		20
				0.6	韩KR			
				2.6	瑞CH			
				4	巴PK			
				5.2	韩^RKR^R			
				5.3	日^RJP^R			
2268	2918.2190	---其他 ---Other	6.5	0	东盟AS,智CL,新西兰NZ,秘PE,哥CR,瑞CH,冰IS,韩KR,澳AU,格GE,毛MU,东盟^RAS^R,澳^RAU^R,新西兰^RNZ^R,柬KH,港HK,澳门MO,韩^RKR^R	0 受惠国LD		30
				4	巴PK			
				5.3	日^RJP^R			
		--邻乙酰水杨酸及其盐和酯： --o-Acetylsalicylic acid, its salts and esters:							

序号 No.	税则号列 Tariff Line	货品名称 Article Description	最惠国税率 MFN(%)	协定税率 Agreement(%)		特惠税率 SP(%)		普通税率 Gen(%)
2269	2918.2210	---邻乙酰水杨酸（阿司匹林） ---Acetylsalicylic acid	6	0	东盟AS,智CL,新西兰NZ,秘PE,哥CR,瑞CH,冰IS,韩KR,澳AU,格GE,毛MU,东盟^{R}AS^R,澳^{R}AU^R,日^{R}JP^R,新西兰^{R}NZ^R,柬KH,港HK,澳门MO,韩^{R}KR^R	0	受惠国LD	20
				5	巴PK			
2270	2918.2290	---其他 ---Other	6.5	0	东盟AS,智CL,新西兰NZ,秘PE,哥CR,瑞CH,冰IS,韩KR,澳AU,格GE,毛MU,东盟^{R}AS^R,澳^{R}AU^R,新西兰^{R}NZ^R,柬KH,港HK,澳门MO,韩^{R}KR^R	0	受惠国LD	30
				5	巴PK			
				5.3	日^{R}JP^R			
2271	2918.2300	--水杨酸的其他酯及其盐 --Other esters of salicylic acid and their salts	6.5	0	东盟AS,智CL,新西兰NZ,秘PE,哥CR,冰IS,韩KR,澳AU,格GE,毛MU,东盟^{R}AS^R,澳^{R}AU^R,新西兰^{R}NZ^R,柬KH,港HK,澳门MO,韩^{R}KR^R	0	受惠国LD	30
				3	巴PK			
				5.3	日^{R}JP^R			
2272	2918.2900	--其他 --Other	6.5	0	东盟AS,智CL,新西兰NZ,秘PE,哥CR,瑞CH,冰IS,澳AU,格GE,毛MU,柬KH,港HK,澳门MO	0	受惠国LD	30
				2.6	韩KR			
				5	巴PK			
				5.2	东盟^{R}AS^R,澳^{R}AU^R,新西兰^{R}NZ^R,韩^{R}KR^R			
				5.7	日^{R}JP^R			
2273	2918.3000	-含醛基或酮基但不含其他含氧基的羧酸及其酸酐、酰卤化物、过氧化物和过氧酸以及它们的衍生物 -Carboxylic acids with aldehyde or ketone function but without other oxygen function, their anhydrides, halides, peroxides, peroxyacids and their derivatives	6.5	0	东盟AS,智CL,新西兰NZ,秘PE,哥CR,冰IS,韩KR,澳AU,格GE,毛MU,东盟^{R}AS^R,澳^{R}AU^R,新西兰^{R}NZ^R,柬KH,港HK,澳门MO,韩^{R}KR^R	0	受惠国LD	30
				2.6	瑞CH			
				5	巴PK			
				5.3	日^{R}JP^R			
		-其他： -Other:							
2274	2918.9100	--2，4，5-涕（ISO）（2，4，5-三氯苯氧基乙酸）及其盐和酯 --2, 4, 5-T (ISO) (2, 4, 5-trichlorophenoxyacetic acid), its salts and esters	6.5	0	东盟AS,智CL,新西兰NZ,秘PE,哥CR,瑞CH,冰IS,韩KR,澳AU,格GE,毛MU,东盟^{R}AS^R,澳^{R}AU^R,新西兰^{R}NZ^R,柬KH,港HK,澳门MO,韩^{R}KR^R	0	受惠国LD	30
				5	巴PK			
				5.3	日^{R}JP^R			
2275	2918.9900	--其他 --Other	6.5	0	东盟AS,智CL,新西兰NZ,秘PE,哥CR,冰IS,韩KR,澳AU,格GE,毛MU,东盟^{R}AS^R,澳^{R}AU^R,新西兰^{R}NZ^R,柬KH,港HK,澳门MO,韩^{R}KR^R	0	受惠国LD	30
				2.6	瑞CH			
				5	巴PK			
				5.3	日^{R}JP^R			

序号 No.	税则号列 Tariff Line	货品名称 Article Description	最惠国税率 MFN(%)	协定税率 Agreement(%)		特惠税率 SP(%)	普通税率 Gen(%)
		第八分章　非金属无机酸酯及其盐以及它们的卤化、磺化、硝化或亚硝化衍生物 Ⅷ. ESTERS OF INORGANIC ACIDS OF NON-METALS AND THEIR SALTS, AND THEIR HALOGENATED, SULPHONATED, NITRATED OR NITROSATED DERIVATIVES					
	29.19	磷酸酯及其盐,包括乳磷酸盐,以及它们的卤化、磺化、硝化或亚硝化衍生物: Phosphoric esters and their salts, including lactophosphates; their halogenated, sulphonated, nitrated or nitrosated derivatives:					
2276	2919.1000	-三(2,3-二溴丙基)磷酸酯 -Tris (2, 3-dibromopropyl) phosphate	6.5	0	东盟AS,智CL,新西兰NZ,秘PE,哥CR,瑞CH,冰IS,韩KR,澳AU,格GE,毛MU,东盟ᴿASᴿ,澳ᴿAUᴿ,新西兰ᴿNZᴿ,柬KH,港HK,澳门MO,韩ᴿKRᴿ	0　受惠国LD	30
				5	巴PK		
				5.3	日ᴿJPᴿ		
2277	2919.9000	-其他 -Other	6.5	0	东盟AS,智CL,新西兰NZ,秘PE,哥CR,瑞CH,冰IS,韩KR,澳AU,格GE,毛MU,柬KH,港HK,澳门MO	0　受惠国LD	30
				5	巴PK		
				5.2	东盟ᴿASᴿ,澳ᴿAUᴿ,新西兰ᴿNZᴿ,韩ᴿKRᴿ		
				5.3	日ᴿJPᴿ		
	29.20	其他非金属无机酸酯(不包括卤化氢的酯)及其盐以及它们的卤化、磺化、硝化或亚硝化衍生物: Esters of other inorganic acids of non-metals(excluding esters of hydrogen halides)and their salts; their halogenated, sulphonated, nitrated or nitrosated derivatives:					
		-硫代磷酸酯及其盐以及它们的卤化、磺化、硝化或亚硝化衍生物: -Thiophosphoric esters (phosphorothioates) and their salts; their halogenated, sulphonated, nitrated or nitrosated derivatives:					
2278	2920.1100	--对硫磷(ISO)及甲基对硫磷(ISO) --Parathion (ISO) and parathion-methyl (ISO) (methyl-parathion)	6.5	0	东盟AS,智CL,新西兰NZ,秘PE,哥CR,瑞CH,冰IS,韩KR,澳AU,格GE,毛MU,东盟ᴿASᴿ,澳ᴿAUᴿ,新西兰ᴿNZᴿ,柬KH,港HK,澳门MO,韩ᴿKRᴿ	0　受惠国LD	30
				5	巴PK		
				5.3	日ᴿJPᴿ		

序号 No.	税则号列 Tariff Line	货品名称 Article Description	最惠国税率 MFN(%)	协定税率 Agreement(%)		特惠税率 SP(%)		普通税率 Gen(%)
2279	2920.1900	--其他 --Other	6.5	0	东盟AS,智CL,新西兰NZ,秘PE, 哥CR,瑞CH,冰IS,韩KR,澳AU, 格GE,毛MU,东盟^RAS^R,澳^RAU^R, 新西兰^RNZ^R,柬KH,港HK,澳门 MO,韩^RKR^R	0 受惠国LD	30
				5	巴PK		
				5.3	日^RJP^R		
		-亚磷酸酯及其盐以及它们的卤化、磺化、硝化或亚硝化衍生物: -Phosphite esters and their salts; their halogenated, sulphonated, nitrated or nitrosated derivatives :						
2280	2920.2100	--亚磷酸二甲酯 --Dimethyl phosphite	6.5	0	东盟AS,智CL,新西兰NZ,秘PE, 哥CR,瑞CH,冰IS,韩KR,澳AU, 格GE,毛MU,东盟^RAS^R,澳^RAU^R, 新西兰^RNZ^R,柬KH,港HK,澳门 MO,韩^RKR^R	0 受惠国LD	30
				5	巴PK		
				5.2	亚太AP		
				5.3	日^RJP^R		
2281	2920.2200	--亚磷酸二乙酯 -- Diethyl phosphite	6.5	0	东盟AS,智CL,新西兰NZ,秘PE, 哥CR,瑞CH,冰IS,韩KR,澳AU, 格GE,毛MU,东盟^RAS^R,澳^RAU^R, 新西兰^RNZ^R,柬KH,港HK,澳门 MO,韩^RKR^R	0 受惠国LD	30
				5	巴PK		
				5.2	亚太AP		
				5.3	日^RJP^R		
2282	2920.2300	--亚磷酸三甲酯 --Trimethyl phosphite	6.5	0	东盟AS,智CL,新西兰NZ,秘PE, 哥CR,瑞CH,冰IS,韩KR,澳AU, 格GE,毛MU,东盟^RAS^R,澳^RAU^R, 新西兰^RNZ^R,柬KH,港HK,澳门 MO,韩^RKR^R	0 受惠国LD	30
				5	巴PK		
				5.2	亚太AP		
				5.3	日^RJP^R		
2283	2920.2400	--亚磷酸三乙酯 --Triethyl phosphite	6.5	0	东盟AS,智CL,新西兰NZ,秘PE, 哥CR,瑞CH,冰IS,韩KR,澳AU, 格GE,毛MU,东盟^RAS^R,澳^RAU^R, 新西兰^RNZ^R,柬KH,港HK,澳门 MO,韩^RKR^R	0 受惠国LD	30
				5	巴PK		
				5.2	亚太AP		
				5.3	日^RJP^R		
		--其他: --Other:						
2284	2920.2910	---其他亚磷酸酯 ---Other phosphite esters	6.5	0	东盟AS,智CL,新西兰NZ,秘PE, 哥CR,瑞CH,冰IS,韩KR,澳AU, 格GE,毛MU,东盟^RAS^R,澳^RAU^R, 新西兰^RNZ^R,柬KH,港HK,澳门 MO,韩^RKR^R	0 受惠国LD	30
				5	巴PK		
				5.3	日^RJP^R		

序号 No.	税则号列 Tariff Line	货品名称 Article Description	最惠国税率 MFN(%)		协定税率 Agreement(%)	特惠税率 SP(%)	普通税率 Gen(%)
2285	2920.2990	---其他 ---Other	6.5	0	东盟AS,智CL,新西兰NZ,秘PE,哥CR,瑞CH,冰IS,韩KR,澳AU,格GE,毛MU,柬KH,港HK,澳门MO	0 受惠国LD	30
				5	巴PK		
				5.2	东盟^RAS^R,澳^RAU^R,新西兰^RNZ^R,韩^RKR^R		
				5.3	日^RJP^R		
2286	2920.3000	-硫丹（ISO） -Endosulfan (ISO)	6.5	0	东盟AS,智CL,新西兰NZ,秘PE,哥CR,瑞CH,冰IS,韩KR,澳AU,格GE,毛MU,柬KH,港HK,澳门MO	0 受惠国LD	30
				5	巴PK		
				5.2	东盟^RAS^R,澳^RAU^R,新西兰^RNZ^R,韩^RKR^R		
				5.3	日^RJP^R		
2287	2920.9000	-其他 -Other	6.5	0	东盟AS,智CL,新西兰NZ,秘PE,哥CR,瑞CH,冰IS,韩KR,澳AU,格GE,毛MU,柬KH,港HK,澳门MO	0 受惠国LD	30
				5	巴PK		
				5.2	东盟^RAS^R,澳^RAU^R,新西兰^RNZ^R,韩^RKR^R		
				5.3	日^RJP^R		
	ex29209000	碳酸二苯酯 Diphenyl carbonate	Δ2				

第九分章　含氮基化合物
IX. NITROGEN-FUNCTION COMPOUNDS

29.21	氨基化合物: Amine-function compounds:						
		-无环单胺及其衍生物以及它们的盐: -Acyclic monoamines and their derivatives; salts thereof:					
2288	2921.1100	--甲胺、二甲胺或三甲胺及其盐 --Methylamine, di-or trimethylamine and their salts	6.5	0	东盟AS,智CL,新西兰NZ,秘PE,哥CR,瑞CH,冰IS,韩KR,澳AU,格GE,毛MU,东盟^RAS^R,澳^RAU^R,新西兰^RNZ^R,柬KH,港HK,澳门MO,韩^RKR^R	0 受惠国LD	30
				5	巴PK		
				5.3	日^RJP^R		
2289	2921.1200	--2-（N, N-二甲基氨基）氯乙烷盐酸盐 --2-(N,N-Dimethylamino) ethylchloride hydrochloride	6.5	0	东盟AS,智CL,新西兰NZ,秘PE,哥CR,瑞CH,冰IS,韩KR,澳AU,格GE,毛MU,东盟^RAS^R,澳^RAU^R,新西兰^RNZ^R,柬KH,港HK,澳门MO,韩^RKR^R	0 受惠国LD	30
				5	巴PK		
				5.3	日^RJP^R		
2290	2921.1300	--2-（N, N-二乙基氨基）氯乙烷盐酸盐 --2-(N,N-Diethylamino) ethylchloride hydrochloride	6.5	0	东盟AS,智CL,新西兰NZ,秘PE,哥CR,瑞CH,冰IS,韩KR,澳AU,格GE,毛MU,东盟^RAS^R,澳^RAU^R,新西兰^RNZ^R,柬KH,港HK,澳门MO,韩^RKR^R	0 受惠国LD	30
				5	巴PK		
				5.3	日^RJP^R		

序号 No.	税则号列 Tariff Line	货品名称 Article Description	最惠国税率 MFN(%)		协定税率 Agreement(%)	特惠税率 SP(%)		普通税率 Gen(%)
2291	2921.1400	--2-（N, N-二异丙基氨基）氯乙烷盐酸盐 --2-(N,N-Diisopropylamino) ethylchloride hydrochloride	6.5	0	东盟AS,智CL,新西兰NZ,秘PE,哥CR,瑞CH,冰IS,韩KR,澳AU,格GE,毛MU,东盟^{R}AS^R,澳^{R}AU^R,新西兰^{R}NZ^R,柬KH,港HK,澳门MO,韩^{R}KR^R	0	受惠国LD	30
				5	巴PK			
				5.3	日^{R}JP^R			
		--其他: --Other:						
2292	2921.1910	---二正丙胺 ---Di-n-propylamine	4	0	东盟AS,智CL,巴PK,新西兰NZ,秘PE,哥CR,瑞CH,冰IS,韩KR,澳AU,格GE,毛MU,东盟^{R}AS^R,澳^{R}AU^R,日^{R}JP^R,新西兰^{R}NZ^R,柬KH,港HK,澳门MO,韩^{R}KR^R	0	受惠国LD	11
				3.6	亚太AP			
2293	2921.1920	---异丙胺 ---Isopropyl amine	6.5	0	东盟AS,智CL,新西兰NZ,秘PE,哥CR,瑞CH,冰IS,韩KR,澳AU,格GE,毛MU,东盟^{R}AS^R,澳^{R}AU^R,日^{R}JP^R,新西兰^{R}NZ^R,柬KH,港HK,澳门MO,韩^{R}KR^R	0	受惠国LD	30
				5	巴PK			
2294	2921.1930	---N, N-二(2-氯乙基)乙胺 ---N, N-Bis (2-chloroethyl) ethylamine	6.5	0	东盟AS,智CL,新西兰NZ,秘PE,哥CR,瑞CH,冰IS,韩KR,澳AU,格GE,毛MU,东盟^{R}AS^R,澳^{R}AU^R,新西兰^{R}NZ^R,柬KH,港HK,澳门MO,韩^{R}KR^R	0	受惠国LD	30
				5	巴PK			
				5.2	亚太AP			
				5.3	日^{R}JP^R			
2295	2921.1940	---N, N-二(2-氯乙基)甲胺 ---N, N-Bis (2-chloroethyl) methylamine	6.5	0	东盟AS,智CL,新西兰NZ,秘PE,哥CR,瑞CH,冰IS,韩KR,澳AU,格GE,毛MU,东盟^{R}AS^R,澳^{R}AU^R,新西兰^{R}NZ^R,柬KH,港HK,澳门MO,韩^{R}KR^R	0	受惠国LD	30
				5	巴PK			
				5.2	亚太AP			
				5.3	日^{R}JP^R			
2296	2921.1950	---三(2-氯乙基)胺 ---Tri- (2-chloroethyl) amine	6.5	0	东盟AS,智CL,新西兰NZ,秘PE,哥CR,瑞CH,冰IS,韩KR,澳AU,格GE,毛MU,东盟^{R}AS^R,澳^{R}AU^R,新西兰^{R}NZ^R,柬KH,港HK,澳门MO,韩^{R}KR^R	0	受惠国LD	30
				5	巴PK			
				5.2	亚太AP			
				5.3	日^{R}JP^R			
2297	2921.1960	---二烷(甲、乙、正丙或异丙)氨基乙基-2-氯及其质子化盐 ---N, N-Dialkyl (Me, Et, n-Pr or i-Pr) aminoethyl-2-chlorides and corresponking protonated salts	6.5	0	东盟AS,智CL,新西兰NZ,秘PE,哥CR,瑞CH,冰IS,韩KR,澳AU,格GE,毛MU,东盟^{R}AS^R,澳^{R}AU^R,新西兰^{R}NZ^R,柬KH,港HK,澳门MO,韩^{R}KR^R	0	受惠国LD	30
				5	巴PK			
				5.2	亚太AP			
				5.3	日^{R}JP^R			

序号 No.	税则号列 Tariff Line	货品名称 Article Description	最惠国税率 MFN(%)		协定税率 Agreement(%)	特惠税率 SP(%)	普通税率 Gen(%)
2298	2921.1990	---其他 ---Other	6.5	0	东盟AS,智CL,新西兰NZ,秘PE,哥CR,瑞CH,冰IS,韩KR,澳AU,格GE,毛MU,东盟^RAS^R,澳^RAU^R,新西兰^RNZ^R,柬KH,港HK,澳门MO,韩^RKR^R	0 受惠国LD	30
				5	巴PK		
				5.3	日^RJP^R		
		-无环多胺及其衍生物以及它们的盐: -Acyclic polyamines and their derivatives; salts thereof:					
		--乙二胺及其盐: --Ethylenediamine and its salts:					
2299	2921.2110	---乙二胺 ---Ethylenediamine	6.5	0	东盟AS,智CL,新西兰NZ,秘PE,哥CR,瑞CH,冰IS,澳AU,格GE,毛MU,柬KH,港HK,澳门MO	0 受惠国LD	30
				2.6	韩KR		
				5	巴PK		
				5.2	东盟^RAS^R,澳^RAU^R,新西兰^RNZ^R,韩^RKR^R		
				5.7	日^RJP^R		
2300	2921.2190	---其他 ---Other	6.5	0	东盟AS,智CL,新西兰NZ,秘PE,哥CR,冰IS,澳AU,格GE,毛MU,东盟^RAS^R,澳^RAU^R,新西兰^RNZ^R,柬KH,港HK,澳门MO	0 受惠国LD	30
				0.6	韩KR		
				2.6	瑞CH		
				5	巴PK		
				5.2	韩^RKR^R		
				5.3	日^RJP^R		
		--六亚甲基二胺及其盐: --Hexamethylenediamine and its salts:					
2301	2921.2210	---己二酸己二胺盐（尼龙-66盐） ---Nylon-66 salt	6.5	0	东盟AS,智CL,新西兰NZ,秘PE,哥CR,瑞CH,冰IS,韩KR,澳AU,格GE,毛MU,东盟^RAS^R,澳^RAU^R,新西兰^RNZ^R,柬KH,港HK,澳门MO,韩^RKR^R	0 受惠国LD	20
				5	巴PK		
				5.2	亚太AP		
				5.3	日^RJP^R		
2302	2921.2290	---其他 ---Other	6.5	0	东盟AS,智CL,新西兰NZ,秘PE,哥CR,瑞CH,冰IS,澳AU,格GE,毛MU,东盟^RAS^R,澳^RAU^R,新西兰^RNZ^R,柬KH,港HK,澳门MO	0 受惠国LD	30
				0.6	韩KR		
				5	巴PK		
				5.2	韩^RKR^R		
				5.3	日^RJP^R		

序号 No.	税则号列 Tariff Line	货品名称 Article Description	最惠国税率 MFN(%)		协定税率 Agreement(%)	特惠税率 SP(%)	普通税率 Gen(%)
2303	2921.2900	--其他 --Other	6.5	0	东盟AS,智CL,巴PK,新西兰NZ, 秘PE,哥CR,瑞CH,冰IS,澳AU,格 GE,毛MU,柬KH,港HK,澳门MO	0 受惠国LD	30
				0.6	韩KR		
				5.2	东盟^{R}AS^R,澳^{R}AU^R,新西兰^{R}NZ^R, 韩^{R}KR^R		
				5.3	日^{R}JP^R		
2304	2921.3000	-环烷单胺或多胺、环烯单胺或多胺、环 萜烯单胺或多胺及其衍生物以及它们 的盐 -Cyclanic, cyclenic or cycloterpenic monoor polyamines, and their derivatives; salts thereof	6.5	0	东盟AS,智CL,新西兰NZ,秘PE, 哥CR,瑞CH,冰IS,韩KR,澳AU, 格GE,毛MU,柬KH,港HK,澳门 MO	0 受惠国LD	30
				5	巴PK		
				5.2	东盟^{R}AS^R,澳^{R}AU^R,新西兰^{R}NZ^R, 韩^{R}KR^R		
				5.3	日^{R}JP^R		
		-芳香单胺及其衍生物以及它们的盐: -Aromatic monoamines and their derivatives; salts thereof:					
		--苯胺及其盐: --Aniline and its salts:					
2305	2921.4110	---苯胺 ---Aniline	6.5	0	东盟AS,智CL,新西兰NZ,秘PE, 哥CR,瑞CH,冰IS,韩KR,澳AU, 格GE,毛MU,东盟^{R}AS^R,澳^{R}AU^R, 新西兰^{R}NZ^R,柬KH,港HK,澳门 MO,韩^{R}KR^R	0 受惠国LD	20
				5	巴PK		
				5.2	亚太AP		
				5.3	日^{R}JP^R		
2306	2921.4190	---其他 ---Other	6.5	0	东盟AS,智CL,新西兰NZ,秘PE, 哥CR,冰IS,韩KR,澳AU,格GE, 毛MU,东盟^{R}AS^R,澳^{R}AU^R,新西 兰^{R}NZ^R,柬KH,港HK,澳门MO, 韩^{R}KR^R	0 受惠国LD	30
				5	巴PK		
				5.3	日^{R}JP^R		
2307	2921.4200	--苯胺衍生物及其盐 --Aniline derivatives and their salts	6.5	0	东盟AS,智CL,巴PK,新西兰NZ, 秘PE,哥CR,冰IS,澳AU,格GE,毛 MU,柬KH,港HK,澳门MO	0 受惠国LD	30
				0.6	韩KR		
				5.2	东盟^{R}AS^R,澳^{R}AU^R,新西兰^{R}NZ^R, 韩^{R}KR^R		
				5.3	日^{R}JP^R		
2308	2921.4300	--甲苯胺及其衍生物以及它们的盐 --Toluidines and their derivatives;salts thereof	6.5	0	东盟AS,智CL,新西兰NZ,秘PE, 哥CR,瑞CH,冰IS,澳AU,格GE, 毛MU,柬KH,港HK,澳门MO	0 受惠国LD	30
				2.6	韩KR		
				5	巴PK		
				5.2	东盟^{R}AS^R,澳^{R}AU^R,新西兰^{R}NZ^R, 韩^{R}KR^R		
				5.7	日^{R}JP^R		

序号 No.	税则号列 Tariff Line	货品名称 Article Description	最惠国税率 MFN(%)	协定税率 Agreement(%)		特惠税率 SP(%)		普通税率 Gen(%)
2309	2921.4400	--二苯胺及其衍生物以及它们的盐 --Diphenylamine and its derivatives; salts thereof	6.5	0	东盟AS,智CL,新西兰NZ,秘PE, 哥CR,冰IS,澳AU,格GE,毛MU, 东盟^RAS^R,澳^RAU^R,新西兰^RNZ^R, 柬KH,港HK,澳门MO	0 受惠国LD		30
				0.6	韩KR			
				5	巴PK			
				5.2	韩^RKR^R			
				5.3	日^RJP^R			
2310	2921.4500	--1-萘胺（α-萘胺）、2-萘胺（β-萘胺） 及其衍生物以及它们的盐 --1-Naphthylamine(α-naphthy- lamine),2-naphthylamine(β- naphthylamine)and their derivatives; salts thereof	6.5	0	东盟AS,智CL,新西兰NZ,秘PE, 哥CR,冰IS,韩KR,澳AU,格GE, 毛MU,东盟^RAS^R,澳^RAU^R,新西 兰^RNZ^R,柬KH,港HK,澳门MO, 韩^RKR^R	0 受惠国LD		30
				5	巴PK			
				5.3	日^RJP^R			
2311	2921.4600	--安非他明（INN）、苄非他明（INN）、 右苯丙胺（INN）、乙非他明（INN）、 芬坎法明（INN）、利非他明（INN）、 左苯丙胺（INN）、美芬雷司（INN）、 苯丁胺（INN）以及它们的盐 --Amfetamine(INN), benzfetamine(INN), dexamfetamine(INN), etilamfetamine(INN), fencamfamin(INN), lefetamine(INN), levamfetamine(INN), mefenorex(INN)and phentermine(INN); salts thereof	6.5	0	东盟AS,智CL,新西兰NZ,秘PE, 哥CR,瑞CH,冰IS,韩KR,澳AU, 格GE,毛MU,东盟^RAS^R,澳^RAU^R, 新西兰^RNZ^R,柬KH,港HK,澳门 MO,韩^RKR^R	0 受惠国LD		30
				5	巴PK			
				5.3	日^RJP^R			
		--其他： --Other:						
2312	2921.4910	---对异丙基苯胺 ---P-Isopropyl-aniline	4	0	东盟AS,智CL,巴PK,新西兰NZ, 秘PE,哥CR,瑞CH,冰IS,韩KR, 澳AU,格GE,毛MU,东盟^RAS^R, 澳^RAU^R,日^RJP^R,新西兰^RNZ^R,柬 KH,港HK,澳门MO,韩^RKR^R	0 受惠国LD		11
2313	2921.4920	---二甲基苯胺 ---Dimethylanilines	6.5	0	东盟AS,智CL,新西兰NZ,秘PE, 哥CR,瑞CH,冰IS,澳AU,格GE, 毛MU,东盟^RAS^R,澳^RAU^R,新西 兰^RNZ^R,柬KH,港HK,澳门MO	0 受惠国LD		20
				0.6	韩KR			
				5	巴PK			
				5.2	韩^RKR^R			
				5.3	日^RJP^R			
2314	2921.4930	---2,6-甲基乙基苯胺 ---2, 6-Methyl ethyl aniline	4	0	东盟AS,智CL,巴PK,新西兰NZ, 秘PE,哥CR,瑞CH,冰IS,韩KR, 澳AU,格GE,毛MU,东盟^RAS^R, 澳^RAU^R,日^RJP^R,新西兰^RNZ^R,柬 KH,港HK,澳门MO,韩^RKR^R	0 受惠国LD		11
				3.2	亚太AP			

序号 No.	税则号列 Tariff Line	货品名称 Article Description	最惠国税率 MFN(%)	协定税率 Agreement(%)		特惠税率 SP(%)	普通税率 Gen(%)
2315	2921.4940	---2, 6-二乙基苯胺 ---2, 6-Diethylaniline	6.5	0	东盟AS,智CL,新西兰NZ,秘PE,哥CR,冰IS,韩KR,澳AU,格GE,毛MU,东盟^RAS^R,澳^RAU^R,新西兰^RNZ^R,柬KH,港HK,澳门MO,韩^RKR^R	0 受惠国LD	20
				5	巴PK		
				5.3	日^RJP^R		
2316	2921.4990	---其他 ---Other	6.5	0	东盟AS,智CL,新西兰NZ,秘PE,哥CR,冰IS,韩KR,澳AU,格GE,毛MU,东盟^RAS^R,澳^RAU^R,新西兰^RNZ^R,柬KH,港HK,澳门MO,韩^RKR^R	0 受惠国LD	30
				5	巴PK		
				5.3	日^RJP^R		
		-芳香多胺及其衍生物以及它们的盐: -Aromatic polyamines and their derivatives; salts thereof:					
		--邻-、间-、对-苯二胺、二氨基甲苯及其衍生物以及它们的盐: --o-, m-, p-Phenylenediamine, diaminotoluenes, and their derivatives; salts thereof:					
2317	2921.5110	---邻苯二胺 ---O-Phenylenediamine	4	0	东盟AS,智CL,巴PK,新西兰NZ,秘PE,哥CR,瑞CH,冰IS,韩KR,澳AU,格GE,毛MU,东盟^RAS^R,澳^RAU^R,日^RJP^R,新西兰^RNZ^R,柬KH,港HK,澳门MO,韩^RKR^R	0 受惠国LD	11
				3.2	亚太AP		
2318	2921.5190	---其他 ---Other	6.5	0	东盟AS,智CL,新西兰NZ,秘PE,哥CR,瑞CH,冰IS,韩KR,澳AU,格GE,毛MU,东盟^RAS^R,澳^RAU^R,新西兰^RNZ^R,柬KH,港HK,澳门MO,韩^RKR^R	0 受惠国LD	30
				5	巴PK		
				5.3	日^RJP^R		
2319	2921.5900	--其他 --Other	6.5	0	东盟AS,智CL,新西兰NZ,秘PE,哥CR,冰IS,澳AU,格GE,毛MU,东盟^RAS^R,澳^RAU^R,新西兰^RNZ^R,柬KH,港HK,澳门MO	0 受惠国LD	30
				0.6	韩KR		
				5	巴PK		
				5.2	韩^RKR^R		
				5.3	日^RJP^R		
	29.22	**含氧基氨基化合物:** **Oxygen-function amino-compounds:**					
		-氨基醇(但含有一种以上含氧基的除外)及其醚和酯, 以及它们的盐: -Amino-alcohols, other than those containing more than one kind of oxygen function, their ethers and esters; salts thereof:					

序号 No.	税则号列 Tariff Line	货品名称 Article Description	最惠国税率 MFN(%)	协定税率 Agreement(%)		特惠税率 SP(%)	普通税率 Gen(%)
2320	2922.1100	--单乙醇胺及其盐 --Monoethanolamine and its salts	6.5	0	东盟AS,智CL,新西兰NZ,秘PE,哥CR,瑞CH,冰IS,澳AU,格GE,毛MU,柬KH,港HK,澳门MO	0 受惠国LD	30
				5	巴PK,东盟^RAS^R,澳^RAU^R,新西兰^RNZ^R		
2321	2922.1200	--二乙醇胺及其盐 --Diethanolamine and its salts	6.5	0	东盟AS,智CL,新西兰NZ,秘PE,哥CR,瑞CH,冰IS,澳AU,格GE,毛MU,柬KH,港HK,澳门MO	0 受惠国LD	30
				5	巴PK,东盟^RAS^R,澳^RAU^R,新西兰^RNZ^R		
2322	2922.1400	--右丙氧吩（INN）及其盐 --Dextropropoxyphene (INN) and its salts	6.5	0	东盟AS,智CL,新西兰NZ,秘PE,哥CR,瑞CH,冰IS,韩KR,澳AU,格GE,毛MU,东盟^RAS^R,澳^RAU^R,新西兰^RNZ^R,柬KH,港HK,澳门MO,韩^RKR^R	0 受惠国LD	30
				5	巴PK		
				5.3	日^RJP^R		
2323	2922.1500	--三乙醇胺 --Triethanolamine	6.5	0	东盟AS,智CL,新西兰NZ,秘PE,哥CR,瑞CH,冰IS,澳AU,格GE,毛MU,柬KH,港HK,澳门MO	0 受惠国LD	30
				2.6	韩KR		
				5	巴PK		
				5.2	东盟^RAS^R,澳^RAU^R,新西兰^RNZ^R,韩^RKR^R		
				5.7	日^RJP^R		
2324	2922.1600	--全氟辛基磺酸二乙醇铵 --Diethanolammonium perfluorooctane sulphonate	6.5	0	东盟AS,智CL,新西兰NZ,秘PE,哥CR,瑞CH,冰IS,韩KR,澳AU,格GE,毛MU,东盟^RAS^R,澳^RAU^R,新西兰^RNZ^R,柬KH,港HK,澳门MO,韩^RKR^R	0 受惠国LD	30
				5	巴PK		
				5.3	日^RJP^R		
2325	2922.1700	--甲基二乙醇胺和乙基二乙醇胺 --Methyldiethanolamine and ethyldiethanolamine	6.5	0	东盟AS,智CL,新西兰NZ,秘PE,哥CR,瑞CH,冰IS,韩KR,澳AU,格GE,毛MU,东盟^RAS^R,澳^RAU^R,新西兰^RNZ^R,柬KH,港HK,澳门MO,韩^RKR^R	0 受惠国LD	30
				5	巴PK		
				5.3	日^RJP^R		
2326	2922.1800	--2-（N, N-二异丙基氨基）乙醇 --2-(N,N-Diisopropylamino) ethanol	6.5	0	东盟AS,智CL,新西兰NZ,秘PE,哥CR,瑞CH,冰IS,韩KR,澳AU,格GE,毛MU,东盟^RAS^R,澳^RAU^R,新西兰^RNZ^R,柬KH,港HK,澳门MO,韩^RKR^R	0 受惠国LD	30
				5	巴PK		
				5.3	日^RJP^R		
		--其他： --Other:					

序号 No.	税则号列 Tariff Line	货品名称 Article Description	最惠国税率 MFN(%)	协定税率 Agreement(%)		特惠税率 SP(%)	普通税率 Gen(%)
2327	2922.1910	---乙胺丁醇 ---Ethylamino butanol (Ethambutol)	6.5	0	东盟AS,智CL,新西兰NZ,秘PE,哥CR,瑞CH,冰IS,韩KR,澳AU,格GE,毛MU,东盟^RAS^R,澳^RAU^R,新西兰^RNZ^R,柬KH,港HK,澳门MO,韩^RKR^R	0 受惠国LD	30
				5	巴PK		
				5.3	日^RJP^R		
		---二烷（甲、乙、正丙或异丙）氨基乙-2-醇及其质子化盐: ---N, N-Dialkyl-(Me, Et, n-Pr or i-Pr) aminoethane-2-ols and cornesponding protonated salts:					
2328	2922.1921	----二甲氨基乙醇及其质子化盐 ----N, N-Dimethylaminoethanol and corresponding protonated salts	6.5	0	东盟AS,智CL,新西兰NZ,秘PE,哥CR,瑞CH,冰IS,韩KR,澳AU,格GE,毛MU,东盟^RAS^R,澳^RAU^R,新西兰^RNZ^R,柬KH,港HK,澳门MO,韩^RKR^R	0 受惠国LD	30
				5	巴PK		
				5.3	日^RJP^R		
2329	2922.1922	----二乙氨基乙醇及其质子化盐 ----N, N-Diethylaminoethanol and corresponding protonated salts	6.5	0	东盟AS,智CL,新西兰NZ,秘PE,哥CR,瑞CH,冰IS,韩KR,澳AU,格GE,毛MU,东盟^RAS^R,澳^RAU^R,新西兰^RNZ^R,柬KH,港HK,澳门MO,韩^RKR^R	0 受惠国LD	30
				5	巴PK		
				5.3	日^RJP^R		
2330	2922.1929	----其他 ----Other	6.5	0	东盟AS,智CL,新西兰NZ,秘PE,哥CR,瑞CH,冰IS,韩KR,澳AU,格GE,毛MU,东盟^RAS^R,澳^RAU^R,新西兰^RNZ^R,柬KH,港HK,澳门MO,韩^RKR^R	0 受惠国LD	30
				5	巴PK		
				5.2	亚太AP		
				5.3	日^RJP^R		
2331	2922.1930	---乙基二乙醇胺的盐 ---Salt of ethyldiethanolamine	6.5	0	东盟AS,智CL,新西兰NZ,秘PE,哥CR,瑞CH,冰IS,韩KR,澳AU,格GE,毛MU,东盟^RAS^R,澳^RAU^R,新西兰^RNZ^R,柬KH,港HK,澳门MO,韩^RKR^R	0 受惠国LD	30
				5	巴PK		
				5.2	亚太AP		
				5.3	日^RJP^R		
2332	2922.1940	---甲基二乙醇胺的盐 ---Salt of methyldiethanolamine	6.5	0	东盟AS,智CL,新西兰NZ,秘PE,哥CR,瑞CH,冰IS,韩KR,澳AU,格GE,毛MU,东盟^RAS^R,澳^RAU^R,新西兰^RNZ^R,柬KH,港HK,澳门MO,韩^RKR^R	0 受惠国LD	30
				5	巴PK		
				5.2	亚太AP		
				5.3	日^RJP^R		

序号 No.	税则号列 Tariff Line	货品名称 Article Description	最惠国税率 MFN(%)	协定税率 Agreement(%)		特惠税率 SP(%)		普通税率 Gen(%)
2333	2922.1950	---本芴醇 ---Iumefantrine	6.5	0	东盟AS,智CL,新西兰NZ,秘PE,哥CR,瑞CH,冰IS,韩KR,澳AU,格GE,毛MU,东盟^RAS^R,澳^RAU^R,新西兰^RNZ^R,柬KH,港HK,澳门MO,韩^RKR^R	0	受惠国LD	30
				5	巴PK			
				5.3	日^RJP^R			
2334	2922.1990	---其他 ---Other	6.5	0	东盟AS,智CL,新西兰NZ,秘PE,哥CR,瑞CH,冰IS,韩KR,澳AU,格GE,毛MU,东盟^RAS^R,澳^RAU^R,新西兰^RNZ^R,柬KH,港HK,澳门MO,韩^RKR^R	0	受惠国LD	30
				5	巴PK			
				5.3	日^RJP^R			
		-氨基萘酚和其他氨基酚（但含有一种以上含氧基的除外）及其醚和酯，以及它们的盐： -Amino-naphthols and other amino-phenols, other than those containing more than one kind of oxygen function, their ethers and esters; salts thereof:						
2335	2922.2100	--氨基羟基萘磺酸及其盐 --Aminohydroxynaphthalenesulphonic acid and their salts	6.5	0	东盟AS,智CL,新西兰NZ,秘PE,哥CR,瑞CH,冰IS,澳AU,格GE,毛MU,东盟^RAS^R,澳^RAU^R,新西兰^RNZ^R,柬KH,港HK,澳门MO	0	受惠国LD	30
				0.6	韩KR			
				5	巴PK			
				5.2	韩^RKR^R			
				5.3	日^RJP^R			
		--其他： --Other:						
2336	2922.2910	---茴香胺、二茴香胺、氨基苯乙醚及其盐 ---Anisidine, dianisidine, phenetidine and their salts	6.5	0	东盟AS,智CL,新西兰NZ,秘PE,哥CR,瑞CH,冰IS,澳AU,格GE,毛MU,东盟^RAS^R,澳^RAU^R,新西兰^RNZ^R,柬KH,港HK,澳门MO	0	受惠国LD	30
				0.6	韩KR			
				5	巴PK			
				5.2	韩^RKR^R			
				5.3	日^RJP^R			
2337	2922.2990	---其他 ---Other	6.5	0	东盟AS,智CL,新西兰NZ,秘PE,哥CR,瑞CH,冰IS,韩KR,澳AU,格GE,毛MU,东盟^RAS^R,澳^RAU^R,新西兰^RNZ^R,柬KH,港HK,澳门MO,韩^RKR^R	0	受惠国LD	30
				5	巴PK			
				5.3	日^RJP^R			
		-氨基醛、氨基酮和氨基醌，但含有一种以上含氧基的除外，以及它们的盐： -Amino-aldehydes, amino-ketones and amino-quinones, other than those containing more than one kind of oxygen function; salts thereof:						

序号 No.	税则号列 Tariff Line	货品名称 Article Description	最惠国税率 MFN(%)		协定税率 Agreement(%)	特惠税率 SP(%)		普通税率 Gen(%)
2338	2922.3100	--安非拉酮（INN）、美沙酮（INN）和去甲美沙酮（INN）以及它们的盐 --Amfepramone(INN), methadone(INN) and normethadone(INN); salts thereof	6.5	0	东盟AS,智CL,新西兰NZ,秘PE,哥CR,瑞CH,冰IS,韩KR,澳AU,格GE,毛MU,东盟^RAS^R,澳^RAU^R,新西兰^RNZ^R,柬KH,港HK,澳门MO,韩^RKR^R	0	受惠国LD	30
				5	巴PK			
				5.3	日^RJP^R			
		--其他： --Other:						
2339	2922.3910	---4-甲基甲卡西酮 ---4-methyl-methcathinone	6.5	0	东盟AS,智CL,新西兰NZ,秘PE,哥CR,瑞CH,冰IS,韩KR,澳AU,格GE,毛MU,东盟^RAS^R,澳^RAU^R,新西兰^RNZ^R,柬KH,港HK,澳门MO,韩^RKR^R	0	受惠国LD	30
				5	巴PK			
				5.3	日^RJP^R			
2340	2922.3920	---安非他酮及其盐 ---Bupropion and its salt	6.5	0	东盟AS,智CL,新西兰NZ,秘PE,哥CR,瑞CH,冰IS,韩KR,澳AU,格GE,毛MU,东盟^RAS^R,澳^RAU^R,新西兰^RNZ^R,柬KH,港HK,澳门MO,韩^RKR^R	0	受惠国LD	30
				5	巴PK			
				5.3	日^RJP^R			
2341	2922.3990	---其他 ---Other	6.5	0	东盟AS,智CL,新西兰NZ,秘PE,哥CR,瑞CH,冰IS,韩KR,澳AU,格GE,毛MU,东盟^RAS^R,澳^RAU^R,新西兰^RNZ^R,柬KH,港HK,澳门MO,韩^RKR^R	0	受惠国LD	30
				5	巴PK			
				5.3	日^RJP^R			
		-氨基酸（但含有一种以上含氧基的除外）及其酯以及它们的盐： -Amino-acids, other than those containing more than one kind of oxygen function, and their esters; salts thereof:						
		--赖氨酸及其酯以及它们的盐： --Lysine and its esters; salts thereof:						
2342	2922.4110	---赖氨酸 ---Lysine	5	0	东盟AS,智CL,巴PK,新西兰NZ,秘PE,哥CR,瑞CH,冰IS,澳AU,格GE,毛MU,柬KH,港HK,澳门MO	0	受惠国LD	20
				2	韩KR			
				4	东盟^RAS^R,澳^RAU^R,新西兰^RNZ^R,韩^RKR^R			
				4.4	日^RJP^R			
2343	2922.4190	---其他 ---Other	6	0	东盟AS,智CL,新西兰NZ,秘PE,哥CR,瑞CH,冰IS,韩KR,澳AU,格GE,毛MU,东盟^RAS^R,澳^RAU^R,日^RJP^R,新西兰^RNZ^R,柬KH,港HK,澳门MO,韩^RKR^R	0	受惠国LD	30
				5	巴PK			

序号 No.	税则号列 Tariff Line	货品名称 Article Description	最惠国税率 MFN(%)	协定税率 Agreement(%)		特惠税率 SP(%)	普通税率 Gen(%)
		--谷氨酸及其盐： --Glutamic acid and its salts:					
2344	2922.4210	---谷氨酸 ---Glutamic acid	5	0	东盟AS,智CL,新西兰NZ,新加坡SG,秘PE,哥CR,瑞CH,冰IS,澳AU,格GE,毛MU,东盟^RAS^R,澳^RAU^R,新西兰^RNZ^R,柬KH,港HK,澳门MO	0　受惠国LD	90
				1	韩KR		
				3	巴PK		
				3.3	亚太AP		
				8	韩^RKR^R		
				8.2	日^RJP^R		
2345	2922.4220	---谷氨酸钠 ---Sodium glutamate	5	0	东盟AS,智CL,新西兰NZ,新加坡SG,秘PE,哥CR,瑞CH,冰IS,澳AU,格GE,毛MU,东盟^RAS^R,澳^RAU^R,新西兰^RNZ^R,柬KH,港HK,澳门MO	0　受惠国LD	130
				1	韩KR		
				3	巴PK		
				8	韩^RKR^R		
				8.2	日^RJP^R		
2346	2922.4290	---其他 ---Other	6.5	0	东盟AS,智CL,新西兰NZ,秘PE,哥CR,瑞CH,冰IS,韩KR,澳AU,格GE,毛MU,东盟^RAS^R,澳^RAU^R,新西兰^RNZ^R,柬KH,港HK,澳门MO,韩^RKR^R	0　受惠国LD	30
				5	巴PK		
				5.3	日^RJP^R		
		--邻氨基苯甲酸（氨茴酸）及其盐： --Anthranilic acid and its salts:						
2347	2922.4310	---邻氨基苯甲酸（氨茴酸） ---Anthranilic acid	6.5	0	东盟AS,智CL,新西兰NZ,秘PE,哥CR,瑞CH,冰IS,韩KR,澳AU,格GE,毛MU,东盟^RAS^R,澳^RAU^R,新西兰^RNZ^R,柬KH,港HK,澳门MO,韩^RKR^R	0　受惠国LD	20
				5	巴PK		
				5.3	日^RJP^R		
2348	2922.4390	---其他 ---Other	6.5	0	东盟AS,智CL,新西兰NZ,秘PE,哥CR,瑞CH,冰IS,韩KR,澳AU,格GE,毛MU,东盟^RAS^R,澳^RAU^R,新西兰^RNZ^R,柬KH,港HK,澳门MO,韩^RKR^R	0　受惠国LD	30
				5	巴PK		
				5.3	日^RJP^R		
2349	2922.4400	--替利定（INN）及其盐 --Tilidine(INN)and its salts	6.5	0	东盟AS,智CL,新西兰NZ,秘PE,哥CR,瑞CH,冰IS,韩KR,澳AU,格GE,毛MU,东盟^RAS^R,澳^RAU^R,新西兰^RNZ^R,柬KH,港HK,澳门MO,韩^RKR^R	0　受惠国LD	30
				5	巴PK		
				5.3	日^RJP^R		

序号 No.	税则号列 Tariff Line	货品名称 Article Description	最惠国税率 MFN(%)		协定税率 Agreement(%)	特惠税率 SP(%)		普通税率 Gen(%)
		--其他: --Other:						
		---其他氨基酸: ---Amino acids:			.			
2350	2922.4911	----氨甲环酸 ----Tranexamic acid	6.5	0	东盟AS,智CL,新西兰NZ,秘PE, 哥CR,瑞CH,冰IS,澳AU,格GE, 毛MU,柬KH,港HK,澳门MO	0	受惠国LD	20
				2.6	韩KR			
				5	巴PK			
				5.2	东盟^RAS^R,澳^RAU^R,新西兰^RNZ^R, 韩^RKR^R			
				5.7	日^RJP^R			
2351	2922.4919	----其他 ----Other	6.5	0	东盟AS,智CL,新西兰NZ,秘PE, 哥CR,瑞CH,冰IS,澳AU,格GE, 毛MU,柬KH,港HK,澳门MO	0	受惠国LD	20
				2.6	韩KR			
				5	巴PK			
				5.2	东盟^RAS^R,澳^RAU^R,新西兰^RNZ^R, 韩^RKR^R			
				5.7	日^RJP^R			
		---其他: ---Other:						
2352	2922.4991	----普鲁卡因及其盐 ----Procaine and its salts	6	0	东盟AS,智CL,新西兰NZ,秘PE, 哥CR,瑞CH,冰IS,韩KR,澳AU, 格GE,毛MU,东盟^RAS^R,澳^RAU^R, 日^RJP^R,新西兰^RNZ^R,柬KH,港 HK,澳门MO,韩^RKR^R	0	受惠国LD	20
				3.6	亚太AP			
				5	巴PK			
2353	2922.4999	----其他 ----Other	6.5	0	东盟AS,智CL,新西兰NZ,秘PE, 哥CR,瑞CH,冰IS,韩KR,澳AU, 格GE,毛MU,东盟^RAS^R,澳^RAU^R, 新西兰^RNZ^R,柬KH,港HK,澳门 MO,韩^RKR^R	0	受惠国LD	30
				5	巴PK			
				5.3	日^RJP^R			
		-氨基醇酚、氨基酸酚及其他含氧基氨 基化合物: -Amino-alcohol-phenols, amino-acid- phenols and other amino-compounds with oxygen function:						
2354	2922.5010	---对羟基苯甘氨酸及其邓钾盐 ---Potassium-((3-ethoxy-1-methyl- 3-oxoprop-1-enyl)amino)(4- hydroxyphenyl)acetate	6.5	0	东盟AS,智CL,新西兰NZ,秘PE, 哥CR,瑞CH,冰IS,韩KR,澳AU, 格GE,毛MU,东盟^RAS^R,澳^RAU^R, 新西兰^RNZ^R,柬KH,港HK,澳门 MO,韩^RKR^R	0	受惠国LD	30
				5	巴PK			
				5.3	日^RJP^R			

序号 No.	税则号列 Tariff Line	货品名称 Article Description	最惠国税率 MFN(%)	协定税率 Agreement(%)		特惠税率 SP(%)	普通税率 Gen(%)
2355	2922.5020	---莱克多巴胺和盐酸莱克多巴胺 ---Ractopamine; Ractopamine hydrochloride	6.5	0	东盟AS,智CL,新西兰NZ,秘PE,哥CR,瑞CH,冰IS,澳AU,格GE,毛MU,柬KH,港HK,澳门MO	0 受惠国LD	30
				2.6	韩KR		
				5	巴PK		
				5.2	东盟^{R}AS^R,澳^{R}AU^R,新西兰^{R}NZ^R,韩^{R}KR^R		
				5.3	日^{R}JP^R		
2356	2922.5090	---其他 ---Other	6.5	0	东盟AS,智CL,新西兰NZ,秘PE,哥CR,瑞CH,冰IS,澳AU,格GE,毛MU,东盟^{R}AS^R,澳^{R}AU^R,新西兰^{R}NZ^R,柬KH,港HK,澳门MO	0 受惠国LD	30
				0.6	韩KR		
				5	巴PK		
				5.2	韩^{R}KR^R		
				5.3	日^{R}JP^R		
	ex29225090	抗癌药原料（盐酸米托蒽醌） Materials of anticancerogen (Mitoxantrone Hydrochloride)	Δ0				
	29.23	**季铵盐及季铵碱；卵磷脂及其他磷氨基类脂，不论是否已有化学定义：** **Quaternary ammonium salts and hydroxides; lecithins and other phosphoaminolipids, whether or not chemically defined:**					
2357	2923.1000	-胆碱及其盐 -Choline and its salts	6.5	0	东盟AS,智CL,新西兰NZ,秘PE,哥CR,瑞CH,冰IS,韩KR,澳AU,格GE,毛MU,东盟^{R}AS^R,澳^{R}AU^R,新西兰^{R}NZ^R,柬KH,港HK,澳门MO,韩^{R}KR^R	0 受惠国LD	30
				5	巴PK		
				5.3	日^{R}JP^R		
2358	2923.2000	-卵磷脂及其他磷氨基类脂 -Lecithins and other phosphoamin-olipids	6.5	0	东盟AS,智CL,新西兰NZ,秘PE,哥CR,瑞CH,冰IS,澳AU,格GE,毛MU,东盟^{R}AS^R,澳^{R}AU^R,新西兰^{R}NZ^R,柬KH,港HK,澳门MO	0 受惠国LD	30
				0.6	韩KR		
				5	巴PK		
				5.2	韩^{R}KR^R		
				5.3	日^{R}JP^R		
2359	2923.3000	-全氟辛基磺酸四乙基铵 -Tetraethylammonium perfluorooctane sulphonate	6.5	0	东盟AS,智CL,新西兰NZ,秘PE,哥CR,瑞CH,冰IS,韩KR,澳AU,格GE,毛MU,柬KH,港HK,澳门MO	0 受惠国LD	30
				5	巴PK		
				5.2	东盟^{R}AS^R,澳^{R}AU^R,新西兰^{R}NZ^R,韩^{R}KR^R		
				5.3	日^{R}JP^R		

序号 No.	税则号列 Tariff Line	货品名称 Article Description	最惠国税率 MFN(%)	协定税率 Agreement(%)		特惠税率 SP(%)		普通税率 Gen(%)
2360	2923.4000	-全氟辛基磺酸二癸基二甲基铵 -Didecyldimethylammonium 　perfluorooctane sulphonate	6.5	0	东盟AS,智CL,新西兰NZ,秘PE, 哥CR,瑞CH,冰IS,韩KR,澳AU,格 GE,毛MU,柬KH,港HK,澳门MO	0 受惠国LD	30
				5	巴PK		
				5.2	东盟^{R}AS^R,澳^{R}AU^R,新西兰^{R}NZ^R, 韩^{R}KR^R		
				5.3	日^{R}JP^R		
2361	2923.9000	-其他 -Other	6.5	0	东盟AS,智CL,新西兰NZ,秘PE, 哥CR,瑞CH,冰IS,韩KR,澳AU,格 GE,毛MU,柬KH,港HK,澳门MO	0 受惠国LD	30
				5	巴PK		
				5.2	东盟^{R}AS^R,澳^{R}AU^R,新西兰^{R}NZ^R, 韩^{R}KR^R		
				5.3	日^{R}JP^R		
	29.24	羧基酰胺基化合物; 碳酸酰胺基化 合物: Carboxyamide-function compounds; amide-function compounds of carbonic acid:					
		-无环酰胺（包括无环氨基甲酸酯）及 　其衍生物以及它们的盐: -Acyclic amides (including acyclic 　carbamates) and their derivatives; salts 　thereof:					
2362	2924.1100	--甲丙氨酯（INN） --Meprobamate(INN)	6.5	0	东盟AS,智CL,新西兰NZ,秘PE, 哥CR,瑞CH,冰IS,韩KR,澳AU, 格GE,毛MU,东盟^{R}AS^R,澳^{R}AU^R, 新西兰^{R}NZ^R,柬KH,港HK,澳门 MO,韩^{R}KR^R	0 受惠国LD	30
				5	巴PK		
				5.3	日^{R}JP^R		
2363	2924.1200	--氟乙酰胺（ISO）、久效磷（ISO）及磷 胺（ISO） --Fluoroacetamide (ISO), 　monocrotophos(ISO) and 　phosphamidon (ISO)	6.5	0	东盟AS,智CL,新西兰NZ,秘PE, 哥CR,瑞CH,冰IS,韩KR,澳AU, 格GE,毛MU,东盟^{R}AS^R,澳^{R}AU^R, 新西兰^{R}NZ^R,柬KH,港HK,澳门 MO,韩^{R}KR^R	0 受惠国LD	30
				5	巴PK		
				5.3	日^{R}JP^R		
		--其他: --Other:					
2364	2924.1910	---二甲基甲酰胺 ---N, N-dimethylformamide	6.5	0	东盟AS,智CL,新西兰NZ,秘PE, 哥CR,瑞CH,冰IS,韩KR,澳AU, 格GE,毛MU,东盟^{R}AS^R,澳^{R}AU^R, 日^{R}JP^R,新西兰^{R}NZ^R,柬KH,港 HK,澳门MO,台TW,韩^{R}KR^R	0 受惠国LD	30
				5	巴PK		
2365	2924.1990	---其他 ---Other	6.5	0	东盟AS,智CL,新西兰NZ,秘PE, 哥CR,瑞CH,冰IS,澳AU,格GE, 毛MU,柬KH,港HK,澳门MO	0 受惠国LD	30
				2.6	韩KR		
				5	巴PK		
				5.2	东盟^{R}AS^R,澳^{R}AU^R,新西兰^{R}NZ^R, 韩^{R}KR^R		
				5.7	日^{R}JP^R		

序号 No.	税则号列 Tariff Line	货品名称 Article Description	最惠国税率 MFN(%)	协定税率 Agreement(%)		特惠税率 SP(%)		普通税率 Gen(%)
		-环酰胺（包括环氨基甲酸酯）及其衍生物以及它们的盐： -Cyclic amides (including cyclic carbamates) and their derivatives; salts thereof:						
2366	2924.2100	--烷基脲及其衍生物以及它们的盐 --Ureides and their derivatives;salts thereof	6.5	0	东盟AS,智CL,新西兰NZ,秘PE,哥CR,瑞CH,冰IS,韩KR,澳AU,格GE,毛MU,东盟^RAS^R,澳^RAU^R,新西兰^RNZ^R,柬KH,港HK,澳门MO,韩^RKR^R	0	受惠国LD	30
				5	巴PK			
				5.3	日^RJP^R			
2367	2924.2300	--2-乙酰氨基苯甲酸（N-乙酰邻氨基苯甲酸）及其盐 --2-Acetamidobenzoic acid (N-acety-lanthranilic acid) and its salts	6.5	0	东盟AS,智CL,新西兰NZ,秘PE,哥CR,冰IS,韩KR,澳AU,格GE,毛MU,东盟^RAS^R,澳^RAU^R,新西兰^RNZ^R,柬KH,港HK,澳门MO,韩^RKR^R	0	受惠国LD	30
				5	巴PK			
				5.3	日^RJP^R			
2368	2924.2400	--炔己蚁胺（INN） --Ethinamate(INN)	6.5	0	东盟AS,智CL,新西兰NZ,秘PE,哥CR,瑞CH,冰IS,韩KR,澳AU,格GE,毛MU,东盟^RAS^R,澳^RAU^R,新西兰^RNZ^R,柬KH,港HK,澳门MO,韩^RKR^R	0	受惠国LD	30
				5	巴PK			
				5.3	日^RJP^R			
2369	2924.2500	--甲草胺（ISO） --Alachlor (ISO)	6.5	0	东盟AS,智CL,巴PK,新西兰NZ,秘PE,哥CR,瑞CH,冰IS,韩KR,澳AU,格GE,毛MU,东盟^RAS^R,澳^RAU^R,新西兰^RNZ^R,柬KH,港HK,澳门MO,韩^RKR^R	0	受惠国LD	30
				5.3	日^RJP^R			
		--其他： --Other:						
2370	2924.2910	---对乙酰氨基苯乙醚（非那西丁） ---Phenacetin	6	0	东盟AS,智CL,巴PK,新西兰NZ,秘PE,哥CR,瑞CH,冰IS,韩KR,澳AU,格GE,毛MU,东盟^RAS^R,澳^RAU^R,日^RJP^R,新西兰^RNZ^R,柬KH,港HK,澳门MO,韩^RKR^R	0	受惠国LD	30
				4.8	亚太AP			
2371	2924.2920	---对乙酰氨基酚（扑热息痛） ---P-Acetaminophenol (paracetanol)	6	0	东盟AS,智CL,巴PK,新西兰NZ,秘PE,哥CR,瑞CH,冰IS,韩KR,澳AU,格GE,毛MU,东盟^RAS^R,澳^RAU^R,日^RJP^R,新西兰^RNZ^R,柬KH,港HK,澳门MO,韩^RKR^R	0	受惠国LD	30
				4.8	亚太AP			
2372	2924.2930	---阿斯巴甜 ---Aspartame	6.5	0	东盟AS,智CL,巴PK,新西兰NZ,秘PE,哥CR,瑞CH,冰IS,韩KR,澳AU,格GE,毛MU,东盟^RAS^R,澳^RAU^R,新西兰^RNZ^R,柬KH,港HK,澳门MO,韩^RKR^R	0	受惠国LD	30
				5.3	日^RJP^R			

序号 No.	税则号列 Tariff Line	货品名称 Article Description	最惠国税率 MFN(%)	协定税率 Agreement(%)		特惠税率 SP(%)		普通税率 Gen(%)
2373	2924.2990	---其他 ---Other	6.5	0	东盟AS,智CL,巴PK,新西兰NZ,秘PE,哥CR,瑞CH,冰IS,韩KR,澳AU,格GE,毛MU,东盟^RAS^R,澳^RAU^R,新西兰^RNZ^R,柬KH,港HK,澳门MO,韩^RKR^R	0 受惠国LD	30
				5.3	日^RJP^R		
	ex29242990	抗癌药原料（氟他胺） Materials of anticancerogen (Flutamide)	Δ0				
	29.25	**羧基酰亚胺化合物（包括糖精及其盐）及亚胺基化合物:** **Carboxyimide-function compounds (including saccharin and its salts) and imine - function compounds:**					
		-酰亚胺及其衍生物以及它们的盐: -Imides and their derivatives; salts thereof:					
2374	2925.1100	--糖精及其盐 --Saccharin and its salts	9	0	东盟AS,智CL,新西兰NZ,秘PE,哥CR,瑞CH,冰IS,澳AU,毛MU,东盟^RAS^R,澳^RAU^R,新西兰^RNZ^R,柬KH,港HK,澳门MO	0 受惠国LD	90
				0.9	韩KR		
				1	巴PK		
				7.2	韩^RKR^R		
				7.4	日^RJP^R		
2375	2925.1200	--格鲁米特（INN） --Glutethimide(INN)	6.5	0	东盟AS,智CL,新西兰NZ,秘PE,哥CR,瑞CH,冰IS,韩KR,澳AU,格GE,毛MU,东盟^RAS^R,澳^RAU^R,新西兰^RNZ^R,柬KH,港HK,澳门MO,韩^RKR^R	0 受惠国LD	30
				5	巴PK		
				5.3	日^RJP^R		
2376	2925.1900	--其他 --Other	6.5	0	东盟AS,智CL,新西兰NZ,秘PE,哥CR,冰IS,韩KR,澳AU,格GE,毛MU,东盟^RAS^R,澳^RAU^R,新西兰^RNZ^R,柬KH,港HK,澳门MO,韩^RKR^R	0 受惠国LD	30
				2.6	瑞CH		
				5	巴PK		
				5.3	日^RJP^R		
		-亚胺及其衍生物以及它们的盐: -Imines and their derivatives; salts thereof:					
2377	2925.2100	--杀虫脒（ISO） --Chlordimeform (ISO)	6.5	0	东盟AS,智CL,新西兰NZ,秘PE,哥CR,瑞CH,冰IS,韩KR,澳AU,格GE,毛MU,东盟^RAS^R,澳^RAU^R,新西兰^RNZ^R,柬KH,港HK,澳门MO,韩^RKR^R	0 受惠国LD	30
				5	巴PK		
				5.3	日^RJP^R		

序号 No.	税则号列 Tariff Line	货品名称 Article Description	最惠国税率 MFN(%)		协定税率 Agreement(%)	特惠税率 SP(%)	普通税率 Gen(%)
2378	2925.2900	--其他 --Other	6.5	0	东盟AS,智CL,新西兰NZ,秘PE,哥CR,瑞CH,冰IS,韩KR,澳AU,格GE,毛MU,东盟^RAS^R,澳^RAU^R,新西兰^RNZ^R,柬KH,港HK,澳门MO,韩^RKR^R	0 受惠国LD	30
				5	巴PK		
				5.3	日^RJP^R		
	29.26	腈基化合物： Nitrile-function compounds:					
2379	2926.1000	-丙烯腈 -Acrylonitrile	6.5△3	0	智CL,新西兰NZ,秘PE,哥CR,瑞CH,冰IS,澳AU,毛MU,柬KH,港HK,澳门MO	0 受惠国LD	30
				5	东盟AS,东盟^RAS^R,澳^RAU^R,新西兰^RNZ^R		
2380	2926.2000	-1-氰基胍（双氰胺） -1-cyanoguanidine (dicyandiamide)	6.5	0	东盟AS,智CL,新西兰NZ,秘PE,哥CR,瑞CH,冰IS,澳AU,格GE,毛MU,东盟^RAS^R,澳^RAU^R,新西兰^RNZ^R,柬KH,港HK,澳门MO	0 受惠国LD	30
				0.6	韩KR		
				5	巴PK		
				5.2	韩^RKR^R		
				5.3	日^RJP^R		
2381	2926.3000	-芬普雷司（INN）及其盐；美沙酮（INN）中间体（4-氰基-2-二甲氨基-4，4-二苯基丁烷） -Fenproporex(INN)and its salts; methadone(INN)intermediate (4-cyano-2-dimethylamino-4, 4-diphenylbutane)	6.5	0	东盟AS,智CL,新西兰NZ,秘PE,哥CR,瑞CH,冰IS,韩KR,澳AU,格GE,毛MU,东盟^RAS^R,澳^RAU^R,新西兰^RNZ^R,柬KH,港HK,澳门MO,韩^RKR^R	0 受惠国LD	30
				5	巴PK		
				5.3	日^RJP^R		
2382	2926.4000	-α-苯基乙酰基乙腈 -alpha-Phenylacetoacetonitrile	6.5	0	东盟AS,智CL,巴PK,新西兰NZ,秘PE,哥CR,瑞CH,冰IS,韩KR,澳AU,格GE,毛MU,柬KH,港HK,澳门MO	0 受惠国LD	30
				5.2	东盟^RAS^R,澳^RAU^R,新西兰^RNZ^R,韩^RKR^R		
				5.3	日^RJP^R		
		-其他： -Other:					
2383	2926.9010	---对氯氰苄 ---P-Chlorobenzyl cyanide	4	0	东盟AS,智CL,巴PK,新西兰NZ,秘PE,哥CR,瑞CH,冰IS,韩KR,澳AU,格GE,毛MU,东盟^RAS^R,澳^RAU^R,日^RJP^R,新西兰^RNZ^R,柬KH,港HK,澳门MO,韩^RKR^R	0 受惠国LD	11
2384	2926.9020	---间苯二甲腈 ---M-Phthalonitrile	6.5	0	东盟AS,智CL,新西兰NZ,秘PE,哥CR,瑞CH,冰IS,韩KR,澳AU,格GE,毛MU,东盟^RAS^R,澳^RAU^R,新西兰^RNZ^R,柬KH,港HK,澳门MO,韩^RKR^R	0 受惠国LD	30
				5	巴PK		
				5.2	亚太AP		
				5.3	日^RJP^R		

序号 No.	税则号列 Tariff Line	货品名称 Article Description	最惠国税率 MFN(%)		协定税率 Agreement(%)	特惠税率 SP(%)	普通税率 Gen(%)
2385	2926.9090	---其他 ---Other	6.5	0	东盟AS,智CL,巴PK,新西兰NZ,秘PE,哥CR,瑞CH,冰IS,韩KR,澳AU,格GE,毛MU,柬KH,港HK,澳门MO	0 受惠国LD	30
				5.2	东盟^RAS^R,澳^RAU^R,新西兰^RNZ^R,韩^RKR^R		
				5.3	日^RJP^R		
	ex29269090	己二腈 Hexanedinitrile	△1				
	29.27	**重氮化合物、偶氮化合物及氧化偶氮化合物:** **Diazo-, azo- or azoxy-compounds:**					
2386	2927.0000	重氮化合物、偶氮化合物及氧化偶氮化合物 Diazo-, azo- or azoxy-compounds	6.5	0	东盟AS,智CL,新西兰NZ,秘PE,哥CR,瑞CH,冰IS,韩KR,澳AU,格GE,毛MU,东盟^RAS^R,澳^RAU^R,新西兰^RNZ^R,柬KH,港HK,澳门MO,韩^RKR^R	0 受惠国LD	30
				5	巴PK		
				5.3	日^RJP^R		
	29.28	**肼(联氨)及胲(羟胺)的有机衍生物:** **Organic derivatives of hydrazine or of hydroxylamine:**					
2387	2928.0000	肼(联氨)及胲(羟胺)的有机衍生物 Organic derivatives of hydrazine or of hydroxylamine	6.5	0	东盟AS,智CL,新西兰NZ,秘PE,哥CR,瑞CH,冰IS,澳AU,格GE,毛MU,东盟^RAS^R,澳^RAU^R,新西兰^RNZ^R,柬KH,港HK,澳门MO	0 受惠国LD	20
				0.6	韩KR		
				5	巴PK		
				5.2	韩^RKR^R		
				5.3	日^RJP^R		
	29.29	**其他含氮基化合物:** **Compounds with other nitrogen function:**					
		-异氰酸酯: -Isocyanate:					
2388	2929.1010	---2, 4-和2, 6-甲苯二异氰酸酯混合物(甲苯二异氰酸酯TDI) ---Toluene diisocyanate	6.5	0	东盟AS,智CL,巴PK,新西兰NZ,秘PE,哥CR,瑞CH,冰IS,澳AU,格GE,毛MU,柬KH,港HK,澳门MO,台TW	0 受惠国LD	30
				2.6	韩KR		
				5.2	东盟^RAS^R,澳^RAU^R,新西兰^RNZ^R,韩^RKR^R		
				5.7	日^RJP^R		
2389	2929.1020	---二甲苯二异氰酸酯(TODI) ---O-Xylene diisocyanate	6.5	0	东盟AS,智CL,新西兰NZ,秘PE,哥CR,冰IS,韩KR,澳AU,格GE,毛MU,东盟^RAS^R,澳^RAU^R,新西兰^RNZ^R,柬KH,港HK,澳门MO,韩^RKR^R	0 受惠国LD	30
				5	巴PK		
				5.3	日^RJP^R		

序号 No.	税则号列 Tariff Line	货品名称 Article Description	最惠国税率 MFN(%)	协定税率 Agreement(%)		特惠税率 SP(%)		普通税率 Gen(%)
2390	2929.1030	---二苯基甲烷二异氰酸酯（纯MDI） ---Diphenylmethane diisocyanate	6.5	0	东盟AS,智CL,巴PK,新西兰NZ,秘PE,哥CR,瑞CH,冰IS,澳AU,格GE,毛MU,柬KH,港HK,澳门MO	0	受惠国LD	30
				5	东盟^{R}AS^R,澳^{R}AU^R,新西兰^{R}NZ^R			
2391	2929.1040	---六亚甲基二异氰酸酯 ---Hexamethelene diisocyanate	6.5	0	东盟AS,智CL,新西兰NZ,秘PE,哥CR,瑞CH,冰IS,澳AU,格GE,毛MU,柬KH,港HK,澳门MO	0	受惠国LD	30
				0.6	韩KR			
				5	巴PK			
				5.2	东盟^{R}AS^R,澳^{R}AU^R,新西兰^{R}NZ^R,韩^{R}KR^R			
				5.7	日^{R}JP^R			
2392	2929.1090	---其他 ---Other	6.5	0	东盟AS,智CL,巴PK,新西兰NZ,秘PE,哥CR,瑞CH,冰IS,韩KR,澳AU,格GE,毛MU,柬KH,港HK,澳门MO	0	受惠国LD	30
				5.2	东盟^{R}AS^R,澳^{R}AU^R,新西兰^{R}NZ^R,韩^{R}KR^R			
				5.3	日^{R}JP^R			
		-其他： -Other:						
2393	2929.9010	---环已基氨基磺酸钠（甜蜜素） ---Sodium cyclamate	9	0	东盟AS,智CL,新西兰NZ,秘PE,哥CR,瑞CH,冰IS,韩KR,澳AU,格GE,毛MU,东盟^{R}AS^R,澳^{R}AU^R,新西兰NZ^R,柬KH,港HK,澳门MO,韩^{R}KR^R	0	受惠国LD	90
				1	巴PK			
				7.2	亚太AP			
				7.4	日^{R}JP^R			
2394	2929.9020	---二烷（甲、乙、正丙或异丙）氨基膦酰二卤 ---N, N-Dialkyl(Me, Et, n-Pr or i-Pr) phosphoramidic dihalides	6.5	0	东盟AS,智CL,新西兰NZ,秘PE,哥CR,瑞CH,冰IS,韩KR,澳AU,格GE,毛MU,东盟^{R}AS^R,澳^{R}AU^R,新西兰^{R}NZ^R,柬KH,港HK,澳门MO,韩^{R}KR^R	0	受惠国LD	30
				5	巴PK			
				5.2	亚太AP			
				5.3	日^{R}JP^R			
2395	2929.9030	---二烷（甲、乙、正丙或异丙）氨基膦酸二烷（甲、乙、正丙或异丙）酯 ---Dialkyl(Me, Et, n-Pr or i-Pr)N, Ndialkyl(Me, Et, n-Pr or i-Pr)-phosphoramidates	6.5	0	东盟AS,智CL,新西兰NZ,秘PE,哥CR,瑞CH,冰IS,韩KR,澳AU,格GE,毛MU,东盟^{R}AS^R,澳^{R}AU^R,新西兰^{R}NZ^R,柬KH,港HK,澳门MO,韩^{R}KR^R	0	受惠国LD	30
				5	巴PK			
				5.2	亚太AP			
				5.3	日^{R}JP^R			
2396	2929.9040	---乙酰甲胺磷 ---Acephate	6.5	0	东盟AS,智CL,新西兰NZ,秘PE,哥CR,瑞CH,冰IS,韩KR,澳AU,格GE,毛MU,东盟^{R}AS^R,澳^{R}AU^R,新西兰^{R}NZ^R,柬KH,港HK,澳门MO,韩^{R}KR^R	0	受惠国LD	30
				5	巴PK			
				5.3	日^{R}JP^R			

序号 No.	税则号列 Tariff Line	货品名称 Article Description	最惠国税率 MFN(%)	协定税率 Agreement(%)		特惠税率 SP(%)		普通税率 Gen(%)
2397	2929.9090	---其他 ---Other	6.5	0	东盟AS,智CL,新西兰NZ,秘PE,哥CR,瑞CH,冰IS,澳AU,格GE,毛MU,柬KH,港HK,澳门MO	0	受惠国LD	30
				2.6	韩KR			
				5	巴PK			
				5.2	东盟^{R}AS^R,澳^{R}AU^R,新西兰^{R}NZ^R,韩^{R}KR^R			
				5.7	日^{R}JP^R			
		第十分章　有机—无机化合物、杂环化合物、核酸及其盐以及磺（酰）胺 X. ORGANO-INORGANIC COMPOUNDS, HETEROCYCLIC COMPOUNDS, NUCLEIC ACIDS AND THEIR SALTS, AND SULPHONAMIDES						
	29.30	有机硫化合物： Organo-sulphur compounds:						
2398	2930.1000	-2-（N，N-二甲基氨基）乙硫醇 -2-(N,N-Dimethylamino) ethanethiol	6.5	0	东盟AS,智CL,新西兰NZ,秘PE,哥CR,瑞CH,冰IS,韩KR,澳AU,格GE,毛MU,东盟^{R}AS^R,澳^{R}AU^R,新西兰^{R}NZ^R,柬KH,港HK,澳门MO,韩^{R}KR^R	0	受惠国LD	30
				5	巴PK			
				5.3	日^{R}JP^R			
2399	2930.2000	-硫代氨基甲酸盐（或酯）及二硫代氨基甲酸盐 -Thiocarbamates and dithiocarbamates	6.5	0	东盟AS,智CL,新西兰NZ,秘PE,哥CR,瑞CH,冰IS,韩KR,澳AU,格GE,毛MU,东盟^{R}AS^R,澳^{R}AU^R,新西兰^{R}NZ^R,柬KH,港HK,澳门MO,韩^{R}KR^R	0	受惠国LD	30
				5	巴PK			
				5.3	日^{R}JP^R			
2400	2930.3000	-一硫化二烃氨基硫羰、二硫化二烃氨基硫羰及四硫化二烃氨基硫羰 -Thiuram mono-, di or tetrasulphide	6.5	0	东盟AS,智CL,新西兰NZ,秘PE,哥CR,瑞CH,冰IS,韩KR,澳AU,格GE,毛MU,东盟^{R}AS^R,澳^{R}AU^R,新西兰^{R}NZ^R,柬KH,港HK,澳门MO,韩^{R}KR^R	0	受惠国LD	30
				5	巴PK			
				5.3	日^{R}JP^R			
2401	2930.4000	-甲硫氨酸（蛋氨酸） -Methionine	6.5△5	0	东盟AS,智CL,巴PK,新西兰NZ,秘PE,哥CR,瑞CH,冰IS,韩KR,澳AU,格GE,毛MU,东盟^{R}AS^R,澳^{R}AU^R,新西兰^{R}NZ^R,柬KH,港HK,澳门MO,韩^{R}KR^R	0	受惠国LD	30
				5.3	日^{R}JP^R			
2402	2930.6000	-2-（N，N-二乙基氨基）乙硫醇 -2-(N,N-Diethylamino) ethanethiol	6.5	0	东盟AS,智CL,新西兰NZ,秘PE,哥CR,瑞CH,冰IS,韩KR,澳AU,格GE,毛MU,东盟^{R}AS^R,澳^{R}AU^R,新西兰^{R}NZ^R,柬KH,港HK,澳门MO,韩^{R}KR^R	0	受惠国LD	30
				5	巴PK			
				5.3	日^{R}JP^R			

序号 No.	税则号列 Tariff Line	货品名称 Article Description	最惠国税率 MFN(%)	协定税率 Agreement(%)		特惠税率 SP(%)	普通税率 Gen(%)
2403	2930.7000	-二（2-羟乙基）硫醚［硫二甘醇 （INN）］ -Bis (2-hydroxyethyl) sulfide (thiodiglycol (INN))	6.5	0	东盟AS,智CL,新西兰NZ,秘PE, 哥CR,瑞CH,冰IS,韩KR,澳AU, 格GE,毛MU,东盟^RAS^R,澳AU^R, 新西兰^RNZ^R,柬KH,港HK,澳门 MO,韩^RKR^R	0 受惠国LD	30
				5	巴PK		
				5.3	日^RJP^R		
2404	2930.8000	-涕灭威（ISO）、敌菌丹（ISO）及甲胺磷 （ISO） -Aldicarb (ISO), captafol (ISO) and methamidophos (ISO)	6.5	0	东盟AS,智CL,新西兰NZ,秘PE, 哥CR,瑞CH,冰IS,韩KR,澳AU, 格GE,毛MU,东盟^RAS^R,澳^RAU^R, 新西兰^RNZ^R,柬KH,港HK,澳门 MO,韩^RKR^R	0 受惠国LD	30
				5	巴PK		
				5.3	日^RJP^R		
		-其他: -Other:					
2405	2930.9010	---双巯丙氨酸（胱氨酸） ---Cystine	6.5	0	东盟AS,智CL,新西兰NZ,秘PE, 哥CR,瑞CH,冰IS,韩KR,澳AU, 格GE,毛MU,东盟^RAS^R,澳^RAU^R, 新西兰^RNZ^R,柬KH,港HK,澳门 MO,韩^RKR^R	0 受惠国LD	30
				5	巴PK		
				5.3	日^RJP^R		
2406	2930.9020	---二硫代碳酸酯（或盐）［黄原酸酯 （或盐）］ ---Dithiocarbonates (xanthates)	6.5	0	东盟AS,智CL,新西兰NZ,秘PE, 哥CR,瑞CH,冰IS,韩KR,澳AU, 格GE,毛MU,东盟^RAS^R,澳^RAU^R, 新西兰^RNZ^R,柬KH,港HK,澳门 MO,韩^RKR^R	0 受惠国LD	30
				5	巴PK		
				5.3	日^RJP^R		
2407	2930.9090	---其他 ---Other	6.5	0	东盟AS,智CL,新西兰NZ,秘PE, 哥CR,瑞CH,冰IS,韩KR,澳AU, 格GE,毛MU,东盟^RAS^R,澳^RAU^R, 新西兰^RNZ^R,柬KH,港HK,澳门 MO,韩^RKR^R	0 受惠国LD	30
				5	巴PK		
				5.3	日^RJP^R		
	ex29309090	抗癌药原料（比卡鲁胺） Materials of anticancerogen (Bicalutamide)	Δ0				
	ex29309090	罕见病药原料（青霉胺） Materials of Rare disease medicine (Penicillamine)	Δ0				
	29.31	**其他有机—无机化合物:** **Other organo-inorganic compounds:**					
2408	2931.1000	-四甲基铅及四乙基铅 -Tetramethyl lead and tetraethyl lead	6.5	0	东盟AS,智CL,新西兰NZ,秘PE, 哥CR,瑞CH,冰IS,韩KR,澳AU, 格GE,毛MU,东盟^RAS^R,澳^RAU^R, 新西兰^RNZ^R,柬KH,港HK,澳门 MO,韩^RKR^R	0 受惠国LD	30
				5	巴PK		
				5.3	日^RJP^R		

序号 No.	税则号列 Tariff Line	货品名称 Article Description	最惠国税率 MFN(%)	协定税率 Agreement(%)		特惠税率 SP(%)		普通税率 Gen(%)
2409	2931.2000	-三丁基锡化合物 -Tributyltin compounds	6.5	0	东盟AS,智CL,新西兰NZ,秘PE,哥CR,瑞CH,冰IS,韩KR,澳AU,格GE,毛MU,东盟^{R}AS^R,澳^{R}AU^R,新西兰^{R}NZ^R,柬KH,港HK,澳门MO,韩^{R}KR^R	0	受惠国LD	30
				5	巴PK			
				5.3	日^{R}JP^R			
		-非卤化有机磷衍生物: -Non-halogenated organo-phosphorous derivatives:						
2410	2931.4100	--甲基膦酸二甲酯 --Dimethyl methylphosphonate	6.5	0	东盟AS,智CL,新西兰NZ,秘PE,哥CR,瑞CH,冰IS,韩KR,澳AU,格GE,毛MU,东盟^{R}AS^R,澳^{R}AU^R,新西兰^{R}NZ^R,柬KH,港HK,澳门MO,韩^{R}KR^R	0	受惠国LD	30
				5	巴PK			
				5.3	日^{R}JP^R			
2411	2931.4200	--丙基膦酸二甲酯 --Dimethyl propylphosphonate	6.5	0	东盟AS,智CL,新西兰NZ,秘PE,哥CR,瑞CH,冰IS,韩KR,澳AU,格GE,毛MU,东盟^{R}AS^R,澳^{R}AU^R,新西兰^{R}NZ^R,柬KH,港HK,澳门MO,韩^{R}KR^R	0	受惠国LD	30
				5	巴PK			
				5.3	日^{R}JP^R			
2412	2931.4300	--乙基膦酸二乙酯 --Diethyl ethylphosphonate	6.5	0	东盟AS,智CL,新西兰NZ,秘PE,哥CR,瑞CH,冰IS,韩KR,澳AU,格GE,毛MU,东盟^{R}AS^R,澳^{R}AU^R,新西兰^{R}NZ^R,柬KH,港HK,澳门MO,韩^{R}KR^R	0	受惠国LD	30
				5	巴PK			
				5.3	日^{R}JP^R			
2413	2931.4400	--甲基膦酸 --Methylphosphonic acid	6.5	0	东盟AS,智CL,新西兰NZ,秘PE,哥CR,瑞CH,冰IS,韩KR,澳AU,格GE,毛MU,东盟^{R}AS^R,澳^{R}AU^R,新西兰^{R}NZ^R,柬KH,港HK,澳门MO,韩^{R}KR^R	0	受惠国LD	30
				5	巴PK			
				5.3	日^{R}JP^R			
2414	2931.4500	--甲基膦酸和脒基尿素(1:1)生成的盐 --Salt of methylphosphonic acid and (aminoiminomethyl)urea (1 : 1)	6.5	0	东盟AS,智CL,新西兰NZ,秘PE,哥CR,瑞CH,冰IS,韩KR,澳AU,格GE,毛MU,东盟^{R}AS^R,澳^{R}AU^R,新西兰^{R}NZ^R,柬KH,港HK,澳门MO,韩^{R}KR^R	0	受惠国LD	30
				5	巴PK			
				5.3	日^{R}JP^R			
2415	2931.4600	--1-丙基磷酸环酐 --2,4,6-Tripropyl-1,3,5,2,4,6-trioxatriphosphinane 2,4,6-trioxide	6.5	0	东盟AS,智CL,新西兰NZ,秘PE,哥CR,瑞CH,冰IS,韩KR,澳AU,格GE,毛MU,东盟^{R}AS^R,澳^{R}AU^R,新西兰^{R}NZ^R,柬KH,港HK,澳门MO,韩^{R}KR^R	0	受惠国LD	30
				5	巴PK			
				5.3	日^{R}JP^R			

序号 No.	税则号列 Tariff Line	货品名称 Article Description	最惠国税率 MFN(%)	协定税率 Agreement(%)		特惠税率 SP(%)		普通税率 Gen(%)
2416	2931.4700	-- (5-乙基-2-甲基-2-氧代-1, 3, 2-二氧磷杂环己-5-基) 甲基膦酸二甲酯 --(5-Ethyl-2-methyl-2-oxido-1,3,2-dioxaphosphinan-5-yl) methyl methyl methylphosphonate	6.5	0	东盟AS,智CL,新西兰NZ,秘PE,哥CR,瑞CH,冰IS,韩KR,澳AU,格GE,毛MU,东盟^{R}AS^R,澳^{R}AU^R,新西兰^{R}NZ^R,柬KH,港HK,澳门MO,韩^{R}KR^R	0	受惠国LD	30
				5	巴PK			
				5.3	日^{R}JP^R			
2417	2931.4800	--3, 9-二甲基-2, 4, 8, 10-四氧杂-3, 9-二磷杂螺〔5，5〕十一烷-3, 9二氧化物 --3,9-Dimethyl-2,4,8,10-tetraoxa-3,9-diphosphaspiro〔5.5〕undecane 3,9-dioxide	6.5	0	东盟AS,智CL,新西兰NZ,秘PE,哥CR,瑞CH,冰IS,韩KR,澳AU,格GE,毛MU,东盟^{R}AS^R,澳^{R}AU^R,新西兰^{R}NZ^R,柬KH,港HK,澳门MO,韩^{R}KR^R	0	受惠国LD	30
				5	巴PK			
				5.3	日^{R}JP^R			
		--其他: --Other:						
2418	2931.4910	---双甘膦 ---N-(Phosphonomethyl) iminodiacetic acid	6.5	0	东盟AS,智CL,新西兰NZ,秘PE,哥CR,瑞CH,冰IS,韩KR,澳AU,格GE,毛MU,东盟^{R}AS^R,澳^{R}AU^R,新西兰^{R}NZ^R,柬KH,港HK,澳门MO,韩^{R}KR^R	0	受惠国LD	30
				5	巴PK			
				5.3	日^{R}JP^R			
2419	2931.4990	---其他 ---Other	6.5	0	东盟AS,智CL,新西兰NZ,秘PE,哥CR,瑞CH,冰IS,韩KR,澳AU,格GE,毛MU,东盟^{R}AS^R,澳^{R}AU^R,新西兰^{R}NZ^R,柬KH,港HK,澳门MO,韩^{R}KR^R	0	受惠国LD	30
				5	巴PK			
				5.3	日^{R}JP^R			
		-卤化有机磷衍生物: -Halogenated organo-phosphorous derivatives:						
2420	2931.5100	--甲基膦酰二氯 --Methylphosphonic dichloride	6.5	0	东盟AS,智CL,新西兰NZ,秘PE,哥CR,瑞CH,冰IS,韩KR,澳AU,格GE,毛MU,东盟^{R}AS^R,澳^{R}AU^R,新西兰^{R}NZ^R,柬KH,港HK,澳门MO,韩^{R}KR^R	0	受惠国LD	30
				5	巴PK			
				5.3	日^{R}JP^R			
2421	2931.5200	--丙基膦酰二氯 --Propylphosphonic dichloride	6.5	0	东盟AS,智CL,新西兰NZ,秘PE,哥CR,瑞CH,冰IS,韩KR,澳AU,格GE,毛MU,东盟^{R}AS^R,澳^{R}AU^R,新西兰^{R}NZ^R,柬KH,港HK,澳门MO,韩^{R}KR^R	0	受惠国LD	30
				5	巴PK			
				5.3	日^{R}JP^R			
2422	2931.5300	--O- (3-氯丙基) O-〔4-硝基-3- (三氟甲基) 苯基〕甲基硫代膦酸酯 --O-(3-chloropropyl) O-〔4-nitro-3-(trifluoromethyl)phenyl〕methylphosphonothionate	6.5	0	东盟AS,智CL,新西兰NZ,秘PE,哥CR,瑞CH,冰IS,韩KR,澳AU,格GE,毛MU,东盟^{R}AS^R,澳^{R}AU^R,新西兰^{R}NZ^R,柬KH,港HK,澳门MO,韩^{R}KR^R	0	受惠国LD	30
				5	巴PK			
				5.3	日^{R}JP^R			

序号 No.	税则号列 Tariff Line	货品名称 Article Description	最惠国税率 MFN(%)	协定税率 Agreement(%)		特惠税率 SP(%)		普通税率 Gen(%)
2423	2931.5400	--敌百虫（ISO） --Trichlorfon (ISO)	6.5	0	东盟AS,智CL,新西兰NZ,秘PE, 哥CR,瑞CH,冰IS,韩KR,澳AU, 格GE,毛MU,东盟^RAS^R,澳^RAU^R, 新西兰^RNZ^R,柬KH,港HK,澳门 MO,韩^RKR^R	0 受惠国LD	30
				5	巴PK		
				5.3	日^RJP^R		
2424	2931.5900	--其他 --Other	6.5	0	东盟AS,智CL,新西兰NZ,秘PE, 哥CR,瑞CH,冰IS,韩KR,澳AU, 格GE,毛MU,东盟^RAS^R,澳^RAU^R, 新西兰^RNZ^R,柬KH,港HK,澳门 MO,韩^RKR^R	0 受惠国LD	30
				5	巴PK		
				5.3	日^RJP^R		
2425	2931.9000	-其他 -Other	6.5	0	东盟AS,智CL,新西兰NZ,秘PE, 哥CR,瑞CH,冰IS,韩KR,澳AU, 格GE,毛MU,柬KH,港HK,澳门 MO	0 受惠国LD	30
				5	巴PK		
				5.2	东盟^RAS^R,澳^RAU^R,新西兰^RNZ^R, 韩^RKR^R		
				5.3	日^RJP^R		
	29.32	**仅含有氧杂原子的杂环化合物:** **Heterocyclic compounds with oxygen hetero-atom (s) only:**					
		-结构上含有一个非稠合呋喃环（不论是否氢化）的化合物: -Compounds containing an unfused furan ring (whether or not hydrogenated) in the structure:					
2426	2932.1100	--四氢呋喃 --Tetrahydrofuran	6	0	东盟AS,智CL,新西兰NZ,秘PE, 哥CR,瑞CH,冰IS,韩KR,澳AU, 格GE,毛MU,东盟^RAS^R,日^RJP^R, 柬KH,港HK,澳门MO,台TW,韩 ^RKR^R	0 受惠国LD	20
				4.8	澳^RAU^R,新西兰^RNZ^R		
				5	巴PK		
2427	2932.1200	--2-糠醛 --2-Furaldehyde (furfuraldehyde)	6	0	东盟AS,智CL,新西兰NZ,秘PE, 哥CR,瑞CH,冰IS,韩KR,澳AU, 格GE,毛MU,东盟^RAS^R,澳^RAU^R, 日^RJP^R,新西兰^RNZ^R,柬KH,港 HK,澳门MO,韩^RKR^R	0 受惠国LD	20
				5	巴PK		
2428	2932.1300	--糠醇及四氢糠醇 --Furfuryl alcohol and tetrahydrofurfuryl alcohol	6	0	东盟AS,智CL,新西兰NZ,秘PE, 哥CR,瑞CH,冰IS,韩KR,澳AU, 格GE,毛MU,东盟^RAS^R,澳^RAU^R, 日^RJP^R,新西兰^RNZ^R,柬KH,港 HK,澳门MO,韩^RKR^R	0 受惠国LD	20
				5	巴PK		

序号 No.	税则号列 Tariff Line	货品名称 Article Description	最惠国税率 MFN(%)	协定税率 Agreement(%)		特惠税率 SP(%)		普通税率 Gen(%)
2429	2932.1400	--三氯蔗糖 --Sucralose	6.5	0	东盟AS,智CL,新西兰NZ,秘PE,哥CR,冰IS,韩KR,澳AU,格GE,毛MU,东盟^RAS^R,澳^RAU^R,新西兰^RNZ^R,柬KH,港HK,澳门MO,韩^RKR^R	0 受惠国LD	20
				5	巴PK		
				5.3	日^RJP^R		
2430	2932.1900	--其他 --Other	6.5	0	东盟AS,智CL,新西兰NZ,秘PE,哥CR,冰IS,韩KR,澳AU,格GE,毛MU,东盟^RAS^R,澳^RAU^R,新西兰^RNZ^R,柬KH,港HK,澳门MO,韩^RKR^R	0 受惠国LD	20
				5	巴PK		
				5.3	日^RJP^R		
	ex29321900	恩格列净 Empagliflozin	Δ0				
		-内酯: -Lactones:					
2431	2932.2010	---香豆素、甲基香豆素及乙基香豆素 ---Coumarin, methylcoumarins and ethylcoumarins	6.5	0	东盟AS,智CL,新西兰NZ,秘PE,哥CR,瑞CH,冰IS,韩KR,澳AU,格GE,毛MU,东盟^RAS^R,澳^RAU^R,新西兰^RNZ^R,柬KH,港HK,澳门MO,韩^RKR^R	0 受惠国LD	20
				5	巴PK		
				5.3	日^RJP^R		
2432	2932.2090	---其他内酯 ---Other lactones	6.5	0	东盟AS,智CL,新西兰NZ,秘PE,哥CR,瑞CH,冰IS,韩KR,澳AU,格GE,毛MU,柬KH,港HK,澳门MO	0 受惠国LD	20
				5	巴PK		
				5.2	东盟^RAS^R,澳^RAU^R,新西兰^RNZ^R,韩^RKR^R		
				5.3	日^RJP^R		
		-其他: -Other:					
2433	2932.9100	--4-丙烯基-1, 2-亚甲二氧基苯（异黄樟脑） --Isosafrole	6.5	0	东盟AS,智CL,新西兰NZ,秘PE,哥CR,瑞CH,冰IS,韩KR,澳AU,格GE,毛MU,东盟^RAS^R,澳^RAU^R,新西兰^RNZ^R,柬KH,港HK,澳门MO,韩^RKR^R	0 受惠国LD	20
				5	巴PK		
				5.3	日^RJP^R		
2434	2932.9200	--1-（1, 3-苯并二噁茂-5-基)丙烷-2-酮 --1-(1,3-Benzodioxol-5-yl) propan-2-one	6.5	0	东盟AS,智CL,新西兰NZ,秘PE,哥CR,瑞CH,冰IS,韩KR,澳AU,格GE,毛MU,东盟^RAS^R,澳^RAU^R,新西兰^RNZ^R,柬KH,港HK,澳门MO,韩^RKR^R	0 受惠国LD	20
				5	巴PK		
				5.3	日^RJP^R		

序号 No.	税则号列 Tariff Line	货品名称 Article Description	最惠国税率 MFN(%)	协定税率 Agreement(%)		特惠税率 SP(%)		普通税率 Gen(%)
2435	2932.9300	--3,4-亚甲二氧基苯甲醛（胡椒醛） --Piperonal	6.5	0	东盟AS,智CL,新西兰NZ,秘PE,哥CR,瑞CH,冰IS,韩KR,澳AU,格GE,毛MU,东盟^RAS^R,澳^RAU^R,新西兰^RNZ^R,柬KH,港HK,澳门MO,韩^RKR^R	0 受惠国LD	20
				5	巴PK		
				5.3	日^RJP^R		
2436	2932.9400	--4-烯丙基-1,2-亚甲二氧基苯（黄樟脑） --Safrole	6.5	0	东盟AS,智CL,新西兰NZ,秘PE,哥CR,瑞CH,冰IS,韩KR,澳AU,格GE,毛MU,东盟^RAS^R,澳^RAU^R,新西兰^RNZ^R,柬KH,港HK,澳门MO,韩^RKR^R	0 受惠国LD	20
				5	巴PK		
				5.3	日^RJP^R		
2437	2932.9500	--四氢大麻酚（所有的异构体） --Tetrahydrocannabinols (all isomers)	6.5	0	东盟AS,智CL,新西兰NZ,秘PE,哥CR,瑞CH,冰IS,韩KR,澳AU,格GE,毛MU,东盟^RAS^R,澳^RAU^R,新西兰^RNZ^R,柬KH,港HK,澳门MO,韩^RKR^R	0 受惠国LD	20
				5	巴PK		
				5.3	日^RJP^R		
2438	2932.9600	--克百威（ISO） --Carbofuran (ISO)	6.5	0	东盟AS,智CL,巴PK,新西兰NZ,秘PE,哥CR,瑞CH,冰IS,韩KR,澳AU,格GE,毛MU,柬KH,港HK,澳门MO	0 受惠国LD	20
				5.2	东盟^RAS^R,澳^RAU^R,新西兰^RNZ^R,韩^RKR^R		
				5.3	日^RJP^R		
		--其他： --Other:					
2439	2932.9910	---7-羟基苯并呋喃（呋喃酚） ---Furan phenol	4	0	东盟AS,智CL,巴PK,新西兰NZ,秘PE,哥CR,瑞CH,冰IS,澳AU,格GE,毛MU,柬KH,港HK,澳门MO	0 受惠国LD	11
				1.6	韩KR		
				3.2	东盟^RAS^R,澳^RAU^R,新西兰^RNZ^R,韩^RKR^R		
				3.5	日^RJP^R		
				3.6	亚太AP		
2440	2932.9920	---2,2'-双甲氧羰基-4,4'-双甲氧基-5,5',6,6'-双亚甲二氧基联苯（联苯双酯） ---Bifendate	6.5	0	东盟AS,智CL,新西兰NZ,秘PE,哥CR,瑞CH,冰IS,韩KR,澳AU,格GE,毛MU,东盟^RAS^R,澳^RAU^R,新西兰^RNZ^R,柬KH,港HK,澳门MO,韩^RKR^R	0 受惠国LD	20
				5	巴PK		
				5.2	亚太AP		
				5.3	日^RJP^R		
2441	2932.9930	---蒿甲醚 ---Artemether	6.5	0	东盟AS,智CL,新西兰NZ,秘PE,哥CR,瑞CH,冰IS,韩KR,澳AU,格GE,毛MU,东盟^RAS^R,澳^RAU^R,新西兰^RNZ^R,柬KH,港HK,澳门MO,韩^RKR^R	0 受惠国LD	20
				5	巴PK		
				5.3	日^RJP^R		

序号 No.	税则号列 Tariff Line	货品名称 Article Description	最惠国税率 MFN(%)	协定税率 Agreement(%)		特惠税率 SP(%)	普通税率 Gen(%)
2442	2932.9990	---其他 ---Other	6.5	0	东盟AS,智CL,巴PK,新西兰NZ, 秘PE,哥CR,瑞CH,冰IS,韩KR,澳 AU,格GE,毛MU,柬KH,港HK,澳 门MO	0 受惠国LD	20
				5.2	东盟^{R}AS^R,澳^{R}AU^R,新西兰^{R}NZ^R, 韩^{R}KR^R		
				5.3	日^{R}JP^R		
	ex29329990	贝前列素钠 Beraprost sodium	Δ0				
	ex29329990	抗癌药原料(多西他赛、紫杉醇) Materials of anticancerogen (Docetaxel, Taxinol)	Δ0				
	ex29329990	阿卡波糖水合物 Acarbose hydrate	Δ0				
	29.33	仅含有氮杂原子的杂环化合物: Heterocyclic compounds with nitrogen hetero-atom (s) only:					
		-结构上含有一个非稠合吡唑环(不论 是否氢化)的化合物: -Compounds containing an unfused pyrazole ring (whether or not hydrogenated) in the structure:					
2443	2933.1100	--二甲基苯基吡唑酮(安替比林)及其 衍生物 --Phenazone (antipyrin) and its derivatives	6.5	0	东盟AS,智CL,新西兰NZ,秘PE, 哥CR,瑞CH,冰IS,韩KR,澳AU, 格GE,毛MU,东盟^{R}AS^R,澳^{R}AU^R, 新西兰^{R}NZ^R,柬KH,港HK,澳门 MO,韩^{R}KR^R	0 受惠国LD	20
				4.2	亚太AP		
				5	巴PK		
				5.3	日^{R}JP^R		
		--其他: --Other:					
2444	2933.1920	---安乃近 ---Analgin	6	0	东盟AS,智CL,新西兰NZ,秘PE, 哥CR,瑞CH,冰IS,韩KR,澳AU, 格GE,毛MU,东盟^{R}AS^R,澳^{R}AU^R, 日^{R}JP^R,新西兰^{R}NZ^R,柬KH,港 HK,澳门MO,韩^{R}KR^R	0 受惠国LD	20
				4.8	亚太AP		
				5	巴PK		
2445	2933.1990	---其他 ---Other	6.5	0	东盟AS,智CL,新西兰NZ,秘PE, 哥CR,瑞CH,冰IS,韩KR,澳AU, 格GE,毛MU,东盟^{R}AS^R,澳^{R}AU^R, 新西兰^{R}NZ^R,柬KH,港HK,澳门 MO,韩^{R}KR^R	0 受惠国LD	20
				5	巴PK		
				5.3	日^{R}JP^R		
		-结构上含有一个非稠合咪唑环(不论 是否氢化)的化合物: -Compounds containing an unfused imidazole ring (whether or not hydrogenated) in the structure:					

序号 No.	税则号列 Tariff Line	货品名称 Article Description	最惠国税率 MFN(%)	协定税率 Agreement(%)		特惠税率 SP(%)		普通税率 Gen(%)
2446	2933.2100	--乙内酰脲及其衍生物 --Hydantoin and its derivatives	6.5	0	东盟AS,智CL,新西兰NZ,秘PE,哥CR,瑞CH,冰IS,韩KR,澳AU,格GE,毛MU,东盟^RAS^R,澳^RAU^R,新西兰^RNZ^R,柬KH,港HK,澳门MO,韩^RKR^R	0 受惠国LD	30
				5	巴PK		
				5.3	日^RJP^R		
2447	2933.2900	--其他 --Other	6.5	0	东盟AS,智CL,新西兰NZ,秘PE,哥CR,冰IS,澳AU,格GE,毛MU,柬KH,港HK,澳门MO	0 受惠国LD	20
				0.6	韩KR		
				2.6	瑞CH		
				5	巴PK		
				5.2	东盟^RAS^R,澳^RAU^R,新西兰^RNZ^R,韩^RKR^R		
				5.3	日^RJP^R		
		-结构上含有一个非稠合吡啶环(不论是否氢化)的化合物: -Compounds containing an unfused pyridine ring (whether or not hydrogenated) in the structure:					
2448	2933.3100	--吡啶及其盐 --Pyridine and its salts	6	0	东盟AS,智CL,新西兰NZ,秘PE,哥CR,瑞CH,冰IS,韩KR,澳AU,格GE,毛MU,东盟^RAS^R,日^RJP^R,柬KH,港HK,澳门MO,台TW,韩^RKR^R	0 受惠国LD	20
				4.8	澳^RAU^R,新西兰^RNZ^R		
				5	巴PK		
		--六氢吡啶(哌啶)及其盐: --Piperidine and its salts:					
2449	2933.3210	---六氢吡啶(哌啶) ---Hexahydropyridine (piperidine)	4	0	东盟AS,智CL,巴PK,新西兰NZ,秘PE,哥CR,瑞CH,冰IS,韩KR,澳AU,格GE,毛MU,东盟^RAS^R,澳^RAU^R,日^RJP^R,新西兰^RNZ^R,柬KH,港HK,澳门MO,韩^RKR^R	0 受惠国LD	11
2450	2933.3220	---六氢吡啶(哌啶)盐 ---Isoniazidum	6.5	0	东盟AS,智CL,新西兰NZ,秘PE,哥CR,瑞CH,冰IS,韩KR,澳AU,格GE,毛MU,东盟^RAS^R,澳^RAU^R,新西兰^RNZ^R,柬KH,港HK,澳门MO,韩^RKR^R	0 受惠国LD	20
				5	巴PK		
				5.3	日^RJP^R		

序号 No.	税则号列 Tariff Line	货品名称 Article Description	最惠国税率 MFN(%)	协定税率 Agreement(%)		特惠税率 SP(%)	普通税率 Gen(%)
2451	2933.3300	--阿芬太尼（INN）、阿尼利定（INN）、苯氰米特（INN）、溴西泮（INN）、卡芬太尼（INN）、地芬诺新（INN）、地芬诺酯（INN）、地匹哌酮（INN）、芬太尼（INN）、凯托米酮（INN）、哌醋甲酯（INN）、喷他左辛（INN）、哌替啶（INN）、哌替啶中间体A（INN）、苯环利定（INN）、苯哌利定（INN）、哌苯甲醇（INN）、哌氰米特（INN）、哌丙吡胺（INN）、瑞芬太尼（INN）和三甲利定（INN）以及它们的盐 --Alfentanil (INN), anileridine (INN), bezitramide (INN), bromazepam(INN), carfentanil (INN), difenoxin (INN), diphenoxylate (INN), dipipanone (INN), fentanyl (INN), ketobemidone (INN), methylphenidate (INN), pentazocine (INN), pethidine (INN), pethidine (INN) intermediate A, phencyclidine (INN) (PCP), phenoperidine (INN), pipradrol (INN), piritramide (INN), propiram (INN), remifentanil (INN) and trimeperidine (INN); salts thereof	6.5	0 1.3 5 5.2 5.3	东盟AS,智CL,新西兰NZ,秘PE,哥CR,瑞CH,冰IS,澳AU,格GE,毛MU,柬KH,港HK,澳门MO 韩KR 巴PK 东盟^{R}AS^R,澳^{R}AU^R,新西兰^{R}NZ^R,韩^{R}KR^R 日^{R}JP^R	0 受惠国LD	20
2452	2933.3400	--其他芬太尼及它们的衍生物 --Other fentanyls and their derivatives	6.5	0 5.2 5.3	东盟AS,智CL,巴PK,新西兰NZ,秘PE,哥CR,瑞CH,冰IS,韩KR,澳AU,格GE,毛MU,柬KH,港HK,澳门MO 东盟^{R}AS^R,澳^{R}AU^R,新西兰^{R}NZ^R,韩^{R}KR^R 日^{R}JP^R	0 受惠国LD	20
2453	2933.3500	--奎宁环-3-醇（3-奎宁醇） --3-Quinuclidinol	6.5	0 5 5.2 5.3	东盟AS,智CL,新西兰NZ,秘PE,哥CR,瑞CH,冰IS,韩KR,澳AU,格GE,毛MU,东盟^{R}AS^R,澳^{R}AU^R,新西兰^{R}NZ^R,柬KH,港HK,澳门MO,韩^{R}KR^R 巴PK 亚太AP 日^{R}JP^R	0 受惠国LD	20
2454	2933.3600	--4-苯氨基-N-苯乙基哌啶（ANPP） --4-Anilino-N-phenethylpiperidine (ANPP)	6.5	0 5.2 5.3	东盟AS,智CL,巴PK,新西兰NZ,秘PE,哥CR,瑞CH,冰IS,韩KR,澳AU,格GE,毛MU,柬KH,港HK,澳门MO 东盟^{R}AS^R,澳^{R}AU^R,新西兰^{R}NZ^R,韩^{R}KR^R 日^{R}JP^R	0 受惠国LD	20

序号 No.	税则号列 Tariff Line	货品名称 Article Description	最惠国税率 MFN(%)		协定税率 Agreement(%)	特惠税率 SP(%)	普通税率 Gen(%)
2455	2933.3700	--N-苯乙基-4-哌啶酮（NPP） --N-Phenethyl-4-piperidone (NPP)	6.5	0	东盟AS,智CL,巴PK,新西兰NZ,秘PE,哥CR,瑞CH,冰IS,韩KR,澳AU,格GE,毛MU,柬KH,港HK,澳门MO	0 受惠国LD	20
				5.2	东盟^RAS^R,澳^RAU^R,新西兰^RNZ^R,韩^RKR^R		
				5.3	日^RJP^R		
		--其他： --Other:					
2456	2933.3910	---二苯乙醇酸-3-奎宁环脂 ---Benzilic acid-3-quinuclidinate	6.5	0	东盟AS,智CL,新西兰NZ,秘PE,哥CR,瑞CH,冰IS,韩KR,澳AU,格GE,毛MU,东盟^RAS^R,澳^RAU^R,新西兰^RNZ^R,柬KH,港HK,澳门MO,韩^RKR^R	0 受惠国LD	20
				5	巴PK		
				5.2	亚太AP		
				5.3	日^RJP^R		
2457	2933.3990	---其他 ---Other	6.5	0	东盟AS,智CL,巴PK,新西兰NZ,秘PE,哥CR,瑞CH,冰IS,韩KR,澳AU,格GE,毛MU,柬KH,港HK,澳门MO	0 受惠国LD	20
				5.2	东盟^RAS^R,澳^RAU^R,新西兰^RNZ^R,韩^RKR^R		
				5.3	日^RJP^R		
	ex29333990	抗癌药原料（吉美嘧啶、甲磺酸阿帕替尼、西达本胺、甲苯磺酸尼拉帕利） Materials of anticancerogen (Gimeracil, Apatinib Mesylate, Cetaben Amine, Niraparin toluenesulfonate)	Δ0				
		-结构上含有一个喹啉或异喹啉环系（不论是否氢化）的化合物，但未经进一步稠合的： -Compounds containing a quinoline or isoquinoline ring-system (whether or not hydrogenated), not further fused:					
2458	2933.4100	--左非诺（INN）及其盐 --Levorpharol (INN) and its salts	6.5	0	东盟AS,智CL,新西兰NZ,秘PE,哥CR,瑞CH,冰IS,韩KR,澳AU,格GE,毛MU,东盟^RAS^R,澳^RAU^R,新西兰^RNZ^R,柬KH,港HK,澳门MO,韩^RKR^R	0 受惠国LD	20
				5	巴PK		
				5.3	日^RJP^R		
2459	2933.4900	--其他 --Other	6.5	0	东盟AS,智CL,新西兰NZ,秘PE,哥CR,瑞CH,冰IS,韩KR,澳AU,格GE,毛MU,东盟^RAS^R,澳^RAU^R,新西兰^RNZ^R,柬KH,港HK,澳门MO,韩^RKR^R	0 受惠国LD	20
				5	巴PK		
				5.3	日^RJP^R		
	ex29334900	抗癌药原料（马来酸吡咯替尼） Materials of anticancerogen (Pyrrolitinib maleate)	Δ0				

序号 No.	税则号列 Tariff Line	货品名称 Article Description	最惠国税率 MFN(%)	协定税率 Agreement(%)		特惠税率 SP(%)		普通税率 Gen(%)
		-结构上含有一个嘧啶环（不论是否氢化）或哌嗪环的化合物： -Compounds containing a pyrimidine ring (whether or not hydrogenated) or piperazine ring in the structure:						
2460	2933.5200	--丙二酰脲（巴比土酸）及其盐 --Malonylurea (barbituric acid) and its salts	6.5	0	东盟AS,智CL,新西兰NZ,秘PE,哥CR,瑞CH,冰IS,韩KR,澳AU,格GE,毛MU,东盟^{R}AS^R,澳^{R}AU^R,新西兰^{R}NZ^R,柬KH,港HK,澳门MO,韩^{R}KR^R	0	受惠国LD	20
				5	巴PK			
				5.3	日^{R}JP^R			
2461	2933.5300	--阿洛巴比妥（INN）、异戊巴比妥（INN）、巴比妥（INN）、布他比妥（INN）、正丁巴比妥（INN）、环己巴比妥（INN）、甲苯巴比妥（INN）、戊巴比妥（INN）、苯巴比妥（INN）、仲丁巴比妥（INN）、司可巴比妥（INN）和乙烯比妥（INN）以及它们的盐 --Allobarbital (INN), amobarbital(INN), barbital (INN), butalbital (INN), butobarbital (INN),cyclobarbital (INN), methylphenobarbital (INN), pentobarbital (INN), phenobarbital (INN),secbutabarbital (INN), secobarbital (INN) and vinylbital (INN); salts thereof	6.5	0	东盟AS,智CL,新西兰NZ,秘PE,哥CR,瑞CH,冰IS,韩KR,澳AU,格GE,毛MU,东盟^{R}AS^R,澳^{R}AU^R,新西兰^{R}NZ^R,柬KH,港HK,澳门MO,韩^{R}KR^R	0	受惠国LD	20
				5	巴PK			
				5.3	日^{R}JP^R			
2462	2933.5400	--其他丙二酰脲（巴比土酸）的衍生物，以及它们的盐 --Other derivatives of malonylurea (barbituric acid); salts thereof	6.5	0	东盟AS,智CL,新西兰NZ,秘PE,哥CR,瑞CH,冰IS,韩KR,澳AU,格GE,毛MU,东盟^{R}AS^R,澳^{R}AU^R,新西兰^{R}NZ^R,柬KH,港HK,澳门MO,韩^{R}KR^R	0	受惠国LD	20
				5	巴PK			
				5.3	日^{R}JP^R			
2463	2933.5500	--氯普唑仑（INN）、甲氯喹酮（INN）、甲喹酮（INN）和齐培丙醇（INN），以及它们的盐 --Loprazolam (INN), mecloqualone (INN), methaqualone (INN) and zipeprol (INN); salts thereof	6.5	0	东盟AS,智CL,新西兰NZ,秘PE,哥CR,瑞CH,冰IS,韩KR,澳AU,格GE,毛MU,东盟^{R}AS^R,澳^{R}AU^R,新西兰^{R}NZ^R,柬KH,港HK,澳门MO,韩^{R}KR^R	0	受惠国LD	20
				5	巴PK			
				5.3	日^{R}JP^R			
		--其他： --Other:						
2464	2933.5910	---胞嘧啶 ---Cytosine	6.5	0	东盟AS,智CL,巴PK,新西兰NZ,秘PE,哥CR,瑞CH,冰IS,韩KR,澳AU,格GE,毛MU,东盟^{R}AS^R,澳^{R}AU^R,新西兰^{R}NZ^R,柬KH,港HK,澳门MO,韩^{R}KR^R	0	受惠国LD	20
				4.2	亚太AP			
				5.3	日^{R}JP^R			

序号 No.	税则号列 Tariff Line	货品名称 Article Description	最惠国税率 MFN(%)	协定税率 Agreement(%)		特惠税率 SP(%)	普通税率 Gen(%)
2465	2933.5920	---环丙氟哌酸 ---Ciprofloxacin	6.5	0	东盟AS,智CL,新西兰NZ,秘PE,哥CR,瑞CH,冰IS,韩KR,澳AU,格GE,毛MU,东盟^RAS^R,澳^RAU^R,新西兰^RNZ^R,柬KH,港HK,澳门MO,韩^RKR^R	0 受惠国LD	20
				4.2	亚太AP		
				5	巴PK		
				5.3	日^RJP^R		
2466	2933.5990	---其他 ---Other	6.5	0	东盟AS,智CL,巴PK,新西兰NZ,秘PE,哥CR,瑞CH,冰IS,韩KR,澳AU,格GE,毛MU,东盟^RAS^R,澳^RAU^R,新西兰^RNZ^R,柬KH,港HK,澳门MO,韩^RKR^R	0 受惠国LD	20
				4.2	亚太AP		
				5.3	日^RJP^R		
	ex29335990	恩替卡韦 Entecavir	△0				
	ex29335990	利格列汀 Linagliptin	△0				
	ex29335990	抗癌药原料（甲磺酸伊马替尼、硫唑嘌呤、培美曲塞二钠、左亚叶酸钙、甲磺酸氟马替尼、甲磺酸阿美替尼、泽布替尼） Materials of anticancerogen (Imatinib mesylate, Imuran, Pemetrexed Disodium, Calcium Levofolinate,Flumatinib mesylate, Amitriptine mesylate,Zebutin)	△0				
		-结构上含有一个非稠合三嗪环（不论是否氢化）的化合物： -Compounds containing an unfused triazine ring (whether or not hydrogenated) in the structure:					
2467	2933.6100	--三聚氰胺（蜜胺） --Melamine	6.5	0	东盟AS,智CL,新西兰NZ,秘PE,哥CR,瑞CH,冰IS,韩KR,澳AU,格GE,毛MU,东盟^RAS^R,澳^RAU^R,新西兰^RNZ^R,柬KH,港HK,澳门MO,韩^RKR^R	0 受惠国LD	20
				5	巴PK		
				5.3	日^RJP^R		
		--其他： --Other:					
2468	2933.6910	---三聚氰氯 ---Cyanuric chloride	6	0	东盟AS,智CL,新西兰NZ,秘PE,哥CR,瑞CH,冰IS,韩KR,澳AU,格GE,毛MU,东盟^RAS^R,澳^RAU^R,日^RJP^R,新西兰^RNZ^R,柬KH,港HK,澳门MO,韩^RKR^R	0 受惠国LD	20
				5	巴PK		
				5.4	亚太AP		
		---异氰脲酸氯化衍生物： ---Chloroisocyanurate:					

序号 No.	税则号列 Tariff Line	货品名称 Article Description	最惠国税率 MFN(%)	协定税率 Agreement(%)		特惠税率 SP(%)		普通税率 Gen(%)
2469	2933.6921	----二氯异氰脲酸 ----Dichloroisooyanurate acid	6.5	0	东盟AS,智CL,新西兰NZ,秘PE,哥CR,瑞CH,冰IS,韩KR,澳AU,格GE,毛MU,东盟^{R}AS^R,澳^{R}AU^R,新西兰^{R}NZ^R,柬KH,港HK,澳门MO,韩^{R}KR^R	0	受惠国LD	20
				5	巴PK			
				5.2	亚太AP			
				5.3	日^{R}JP^R			
2470	2933.6922	----三氯异氰脲酸 ----Trichloroisocyanurate acid	6.5	0	东盟AS,智CL,新西兰NZ,秘PE,哥CR,瑞CH,冰IS,韩KR,澳AU,格GE,毛MU,东盟^{R}AS^R,澳^{R}AU^R,新西兰^{R}NZ^R,柬KH,港HK,澳门MO,韩^{R}KR^R	0	受惠国LD	20
				5	巴PK			
				5.3	日^{R}JP^R			
2471	2933.6929	----其他 ----Other	6.5	0	东盟AS,智CL,新西兰NZ,秘PE,哥CR,瑞CH,冰IS,韩KR,澳AU,格GE,毛MU,东盟^{R}AS^R,澳^{R}AU^R,新西兰^{R}NZ^R,柬KH,港HK,澳门MO,韩^{R}KR^R	0	受惠国LD	20
				5	巴PK			
				5.3	日^{R}JP^R			
2472	2933.6990	---其他 ---Other	6.5	0	东盟AS,智CL,新西兰NZ,秘PE,哥CR,瑞CH,冰IS,澳AU,格GE,毛MU,柬KH,港HK,澳门MO	0	受惠国LD	20
				0.6	韩KR			
				5	巴PK			
				5.2	东盟^{R}AS^R,澳^{R}AU^R,新西兰^{R}NZ^R,韩^{R}KR^R			
				5.3	日^{R}JP^R			
	ex29336990	抗癌药原料（奥替拉西钾） Materials of anticancerogen (Otilassi Potassium)	Δ0					
		-内酰胺： -Lactams:						
2473	2933.7100	--6-己内酰胺 --6-Hexanolactam (epsilon-caprolactam)	9	0	智CL,新西兰NZ,哥CR,瑞CH,冰IS,澳AU,格GE,毛MU,港HK,澳门MO	0	受惠国$_2$LD$_2$	35
				5	东盟AS,东盟^{R}AS^R,澳^{R}AU^R,新西兰^{R}NZ^R,柬KH			
2474	2933.7200	--氯巴占（INN）和甲乙哌酮（INN） --Clobazam (INN) and methyprylon (INN)	9	0	东盟AS,智CL,新西兰NZ,秘PE,哥CR,瑞CH,冰IS,韩KR,澳AU,格GE,毛MU,东盟^{R}AS^R,澳^{R}AU^R,新西兰^{R}NZ^R,柬KH,港HK,澳门MO,韩^{R}KR^R	0	受惠国LD	15
				1	巴PK			
				7.4	日^{R}JP^R			
2475	2933.7900	--其他内酰胺 --Other lactams	9	0	东盟AS,智CL,新西兰NZ,秘PE,哥CR,冰IS,韩KR,澳AU,格GE,毛MU,东盟^{R}AS^R,澳^{R}AU^R,新西兰^{R}NZ^R,柬KH,港HK,澳门MO,韩^{R}KR^R	0	受惠国LD	20
				1	巴PK			
				7.4	日^{R}JP^R			

序号 No.	税则号列 Tariff Line	货品名称 Article Description	最惠国税率 MFN(%)		协定税率 Agreement(%)	特惠税率 SP(%)	普通税率 Gen(%)
	ex29337900	抗癌药原料（来那度胺） Materials of anticancerogen (Lenalidomide)	Δ0				
	ex29337900	罕见病药原料（吡非尼酮） Materials of Rare disease medicine (Pifenidone)	Δ0				
	ex29337900	抗新型冠状病毒药原料（奈玛特韦） Materials of anti novel coronavirus drugs (nirmatrelvir)	Δ0				
		-其他： -Other:					
2476	2933.9100	--阿普唑仑（INN）、卡马西泮（INN）、氯氮卓（INN）、氯硝西泮（INN）、氯拉卓酸、地洛西泮（INN）、地西泮（INN）、艾司唑仑（INN）、氯氟卓乙酯（INN）、氟地西泮（INN）、氟硝西泮（INN）、氟西泮（INN）、哈拉西泮（INN）、劳拉西泮（INN）、氯甲西泮（INN）、马吲哚（INN）、美达西泮（INN）、咪达唑仑（INN）、硝甲西泮（INN）、硝西泮（INN）、去甲西泮（INN）、奥沙西泮（INN）、匹那西泮（INN）、普拉西泮（INN）、吡咯戊酮（INN）、替马西泮（INN）、四氢西泮（INN）和三唑仑（INN），以及它们的盐 --Alprazolam (INN), camazepam (INN), chlordiazepoxide (INN), clonazepam (INN), clorazepate, delorazepam (INN), diazepam (INN), estazolam (INN), ethyl loflazepate (INN), fludiazepam (INN),flunitrazepam (INN), flurazepam (INN), halazepam (INN), lorazepam (INN), lormetazepam (INN), mazindol (INN), medazepam (INN), midazolam (INN), nimetazepam (INN), nitrazepam (INN),nordazepam (INN), oxazepam (INN), pinazepam (INN), prazepam (INN), pyrovalerone (INN),temazepam (INN), tetrazepam (INN) and triazolam (INN); salts thereof	6.5	0 5 5.3	东盟AS,智CL,新西兰NZ,秘PE,哥CR,瑞CH,冰IS,韩KR,澳AU,格GE,毛MU,东盟^RAS^R,澳^RAU^R,新西兰NZ^R,柬KH,港HK,澳门MO,韩^RKR^R 巴PK 日^RJP^R	0 受惠国LD	20
2477	2933.9200	--甲基谷硫磷（ISO） --Azinphos-methyl (ISO)	6.5	0 2.6 5.2 5.3	东盟AS,智CL,巴PK,新西兰NZ,秘PE,哥CR,冰IS,韩KR,澳AU,格GE,毛MU,柬KH,港HK,澳门MO 瑞CH 东盟^RAS^R,澳^RAU^R,新西兰^RNZ^R,韩^RKR^R 日^RJP^R	0 受惠国LD	20
2478	2933.9900	--其他 --Other	6.5	0 2.6 5.2 5.3	东盟AS,智CL,巴PK,新西兰NZ,秘PE,哥CR,冰IS,韩KR,澳AU,格GE,毛MU,柬KH,港HK,澳门MO 瑞CH 东盟^RAS^R,澳^RAU^R,新西兰^RNZ^R,韩^RKR^R 日^RJP^R	0 受惠国LD	20

序号 No.	税则号列 Tariff Line	货品名称 Article Description	最惠国税率 MFN(%)	协定税率 Agreement(%)		特惠税率 SP(%)	普通税率 Gen(%)
	ex29339900	抗癌药原料（阿那曲唑、来曲唑、硼替佐米、替莫唑胺） Materials of anticancerogen (Anastrozole, Letrozole, Bortezomib, Temozolomide)	Δ0				
	ex29339900	阿托伐他汀钙 Atorvatatin calcium	Δ0				
	ex29339900	维格列汀 Vildaglitpin	Δ0				
	29.34	核酸及其盐，无论是否已有化学定义；其他杂环化合物： Nucleic acids and their salts, whether or not chemically defined; Other heteroeyclic compounds:					
		-结构上含有一个非稠合噻唑环（不论是否氢化）的化合物： -Compounds containing an unfused thiazole ring (whether or not hydrogenated) in the structure:					
2479	2934.1010	---三苯甲基氨噻肟酸 ---Triphenylmethylaminothiaoxime acid	6.5	0	东盟AS,智CL,新西兰NZ,秘PE,哥CR,瑞CH,冰IS,澳AU,格GE,毛MU,柬KH,港HK,澳门MO	0 受惠国LD	20
				2.6	韩KR		
				5	巴PK		
				5.2	东盟^{R}AS^R,澳^{R}AU^R,新西兰^{R}NZ^R,韩^{R}KR^R		
				5.7	日^{R}JP^R		
2480	2934.1090	---其他 ---Other	6.5	0	东盟AS,智CL,新西兰NZ,秘PE,哥CR,瑞CH,冰IS,澳AU,格GE,毛MU,柬KH,港HK,澳门MO	0 受惠国LD	20
				2.6	韩KR		
				5	巴PK		
				5.2	东盟^{R}AS^R,澳^{R}AU^R,新西兰^{R}NZ^R,韩^{R}KR^R		
				5.7	日^{R}JP^R		
	ex29341090	抗癌药原料（达沙替尼） Materials of anticancerogen (Dasatinib)	Δ0				
2481	2934.2000	-结构上含有一个苯并噻唑环系（不论是否氢化）的化合物，但未经进一步稠合的 -Compounds containing in the structure a benzothiazole ring-system (whether or not hydrogenated),not further fused	6.5	0	东盟AS,智CL,新西兰NZ,秘PE,哥CR,瑞CH,冰IS,澳AU,格GE,毛MU,东盟^{R}AS^R,澳^{R}AU^R,新西兰^{R}NZ^R,柬KH,港HK,澳门MO	0 受惠国LD	20
				0.6	韩KR		
				5	巴PK		
				5.2	韩^{R}KR^R		
				5.3	日^{R}JP^R		
	ex29342000	罕见病药原料（利鲁唑） Materials of Rare disease medicine (Riluzole)	Δ0				

序号 No.	税则号列 Tariff Line	货品名称 Article Description	最惠国税率 MFN(%)		协定税率 Agreement(%)	特惠税率 SP(%)	普通税率 Gen(%)
2482	2934.3000	-结构上含有一个吩噻嗪环系（不论是否氢化）的化合物，但未经进一步稠合的 -Compounds containing in the structure a phenothiazine ring-system (whether or not hydrogenated), not further fused	6.5	0 5 5.3	东盟AS,智CL,新西兰NZ,秘PE,哥CR,瑞CH,冰IS,韩KR,澳AU,格GE,毛MU,东盟^RAS^R,澳^RAU^R,新西兰^RNZ^R,柬KH,港HK,澳门MO,韩^RKR^R 巴PK 日^RJP^R	0 受惠国LD	20
		-其他： -Other:					
2483	2934.9100	--阿米雷司（INN），溴替唑仑（INN），氯噻西泮（INN），氯恶唑仑（INN），右吗拉胺（INN），卤恶唑仑（INN），凯他唑仑（INN），美索卡（INN），恶唑仑（INN），匹莫林（INN），苯巴曲嗪（INN），芬美曲嗪（INN）和舒芬太尼（INN），以及它们的盐 --Aminorex (INN), brotizolam (INN), clotiazepam (INN), cloxazolam (INN), dextromoramide (INN), haloxazolam (INN), ketazolam (INN), mesocarb (INN), oxazolam (INN), pemoline (INN), phendimet razine (INN), phenmetrazine (INN) and sufentanil (INN); salts thereof	6.5	0 5 5.3	东盟AS,智CL,新西兰NZ,秘PE,哥CR,瑞CH,冰IS,韩KR,澳AU,格GE,毛MU,东盟^RAS^R,澳^RAU^R,新西兰^RNZ^R,柬KH,港HK,澳门MO,韩^RKR^R 巴PK 日^RJP^R	0 受惠国LD	20
2484	2934.9200	--其他芬太尼以及它们的衍生物 --Other fentanyls and their derivatives	6.5	0 5.2 5.3	东盟AS,智CL,巴PK,新西兰NZ,秘PE,哥CR,瑞CH,冰IS,韩KR,澳AU,格GE,毛MU,柬KH,港HK,澳门MO 东盟^RAS^R,澳^RAU^R,新西兰^RNZ^R,韩^RKR^R 日^RJP^R	0 受惠国LD	20
		--其他： --Other:					
2485	2934.9910	---磺内酯及磺内酰胺 ---Sultones and sultams	6.5	0 5 5.3	东盟AS,智CL,新西兰NZ,秘PE,哥CR,瑞CH,冰IS,韩KR,澳AU,格GE,毛MU,东盟^RAS^R,澳^RAU^R,新西兰^RNZ^R,柬KH,港HK,澳门MO,韩^RKR^R 巴PK 日^RJP^R	0 受惠国LD	30
2486	2934.9920	---呋喃唑酮 ---Furazolidone	6	0 4.8 4.9 5	东盟AS,智CL,新西兰NZ,秘PE,哥CR,冰IS,韩KR,澳AU,格GE,毛MU,东盟^RAS^R,澳^RAU^R,新西兰^RNZ^R,柬KH,港HK,澳门MO,韩^RKR^R 亚太AP 日^RJP^R 巴PK	0 受惠国LD	20
2487	2934.9930	---核酸及其盐 ---Nucleic acids and their salts	6.5	0 3 5.3	东盟AS,智CL,新西兰NZ,秘PE,哥CR,瑞CH,冰IS,韩KR,澳AU,格GE,毛MU,东盟^RAS^R,澳^RAU^R,新西兰^RNZ^R,柬KH,港HK,澳门MO,韩^RKR^R 巴PK 日^RJP^R	0 受惠国LD	35

序号 No.	税则号列 Tariff Line	货品名称 Article Description	最惠国税率 MFN(%)	协定税率 Agreement(%)		特惠税率 SP(%)	普通税率 Gen(%)
2488	2934.9940	---奈韦拉平、依发韦仑、利托那韦及它们的盐 ---Nevirapine, Efavirenz, Ritonavir and their salts	6.5	0	东盟AS,智CL,新西兰NZ,秘PE,哥CR,瑞CH,冰IS,韩KR,澳AU,格GE,毛MU,东盟^RAS^R,澳^RAU^R,新西兰^RNZ^R,柬KH,港HK,澳门MO,韩^RKR^R	0 受惠国LD	20
				5	巴PK		
				5.3	日^RJP^R		
2489	2934.9950	---克拉维酸及其盐 ---Clavulanic acid and its salts	6.5	0	东盟AS,智CL,新西兰NZ,秘PE,哥CR,瑞CH,冰IS,韩KR,澳AU,格GE,毛MU,东盟^RAS^R,澳^RAU^R,新西兰^RNZ^R,柬KH,港HK,澳门MO,韩^RKR^R	0 受惠国LD	20
				5	巴PK		
				5.3	日^RJP^R		
2490	2934.9960	---7-苯乙酰氨基-3-氯甲基-4-头孢烷酸对甲氧基苄酯、7-氨基头孢烷酸、7-氨基脱乙酰氧基头孢烷酸 ---7-phenylacetylamino-3-chloromethyl-4-cephalosporanic acid p-methoxybenzyl ester, 7-aminocephalosporianic acid, 7-aminodeacetoxycefanoic acid	6	0	东盟AS,智CL,巴PK,新西兰NZ,秘PE,哥CR,瑞CH,冰IS,韩KR,澳AU,格GE,毛MU,东盟^RAS^R,澳^RAU^R,日^RJP^R,新西兰^RNZ^R,柬KH,港HK,澳门MO,韩^RKR^R	0 受惠国LD	20
				5	亚太AP		
2491	2934.9970	----6-氨基青霉烷酸(6-APA) ----6-Aminopenicillanic acid	4	0	东盟AS,智CL,巴PK,新西兰NZ,秘PE,哥CR,瑞CH,冰IS,韩KR,澳AU,格GE,毛MU,东盟^RAS^R,澳^RAU^R,日^RJP^R,新西兰^RNZ^R,柬KH,港HK,澳门MO,韩^RKR^R	0 受惠国LD	20
2492	2934.9990	---其他 ---Other	6.5	0	东盟AS,智CL,巴PK,新西兰NZ,秘PE,哥CR,瑞CH,冰IS,韩KR,澳AU,格GE,毛MU,柬KH,港HK,澳门MO	0 受惠国LD	20
				5.2	东盟^RAS^R,澳^RAU^R,新西兰^RNZ^R,韩^RKR^R		
				5.3	日^RJP^R		
	ex29349990	抗癌药原料（地西他滨、氟脲苷、环磷酰胺、吉非替尼、卡培他滨、雷替曲塞、磷酸氟达拉滨、替加氟、阿糖胞苷、盐酸阿糖胞苷、盐酸埃克替尼、盐酸吉西他滨、异环磷酰胺、呋喹替尼） Materials of anticancerogen (Decitabine, Fluorourea Glycoside, Cyclophosphamide, Gifetini, Capecitabine, Raltitrexed, Fludarabine Phosphate, Tegafur, Cytarabine Hydrochloride, Ectinine Hydrochloride, Gemcitabine Hydrochloride, Ifosfamide,Fluoroquinotene)	Δ0				
	29.35	磺（酰）胺： Sulphonamides:					

序号 No.	税则号列 Tariff Line	货品名称 Article Description	最惠国税率 MFN(%)	协定税率 Agreement(%)		特惠税率 SP(%)	普通税率 Gen(%)
2493	2935.1000	-N-甲基全氟辛基磺酰胺 -N-Methylperfluorooctane sulphonamide	6.5	0	东盟AS,智CL,巴PK,新西兰NZ,秘PE,哥CR,冰IS,韩KR,澳AU,格GE,毛MU,东盟^RAS^R,澳^RAU^R,新西兰^RNZ^R,柬KH,港HK,澳门MO,韩^RKR^R	0 受惠国LD	35
				2.6	瑞CH		
				5.3	日^RJP^R		
2494	2935.2000	-N-乙基全氟辛基磺酰胺 -N-Ethylperfluorooctane sulphonamide	6.5	0	东盟AS,智CL,巴PK,新西兰NZ,秘PE,哥CR,冰IS,韩KR,澳AU,格GE,毛MU,东盟^RAS^R,澳^RAU^R,新西兰^RNZ^R,柬KH,港HK,澳门MO,韩^RKR^R	0 受惠国LD	35
				2.6	瑞CH		
				5.3	日^RJP^R		
2495	2935.3000	-N-乙基-N-（2-羟乙基）全氟辛基磺酰胺 -N-Ethyl-N-(2-hydroxyethyl) perfluorooctane sulphonamide	6.5	0	东盟AS,智CL,巴PK,新西兰NZ,秘PE,哥CR,冰IS,韩KR,澳AU,格GE,毛MU,东盟^RAS^R,澳^RAU^R,新西兰^RNZ^R,柬KH,港HK,澳门MO,韩^RKR^R	0 受惠国LD	35
				2.6	瑞CH		
				5.3	日^RJP^R		
2496	2935.4000	-N-（2-羟乙基）-N-甲基全氟辛基磺酰胺 -N-(2-Hydroxyethyl)-N-methylperfluorooctane sulphonamide	6.5	0	东盟AS,智CL,巴PK,新西兰NZ,秘PE,哥CR,冰IS,韩KR,澳AU,格GE,毛MU,东盟^RAS^R,澳^RAU^R,新西兰^RNZ^R,柬KH,港HK,澳门MO,韩^RKR^R	0 受惠国LD	35
				2.6	瑞CH		
				5.3	日^RJP^R		
2497	2935.5000	-其他全氟辛基磺酰胺 -Other perfluorooctane sulphonamides	6.5	0	东盟AS,智CL,巴PK,新西兰NZ,秘PE,哥CR,冰IS,韩KR,澳AU,格GE,毛MU,东盟^RAS^R,澳^RAU^R,新西兰^RNZ^R,柬KH,港HK,澳门MO,韩^RKR^R	0 受惠国LD	35
				2.6	瑞CH		
				5.3	日^RJP^R		
2498	2935.9000	-其他 -Other	6.5	0	东盟AS,智CL,巴PK,新西兰NZ,秘PE,哥CR,冰IS,韩KR,澳AU,格GE,毛MU,东盟^RAS^R,澳^RAU^R,新西兰^RNZ^R,柬KH,港HK,澳门MO,韩^RKR^R	0 受惠国LD	35
				2.6	瑞CH		
				5.3	日^RJP^R		
	ex29359000	罕见病药原料（波生坦） Materials of Rare disease medicine (Bosentan)	△0				
		第十一分章　维生素原、维生素及激素 XI. PROVITAMINS, VITAMINS AND HORMONES					

序号 No.	税则号列 Tariff Line	货品名称 Article Description	最惠国税率 MFN(%)	协定税率 Agreement(%)		特惠税率 SP(%)	普通税率 Gen(%)
	29.36	天然或合成再制的维生素原和维生素（包括天然浓缩物）及其主要用作维生素的衍生物，上述产品的混合物，不论是否溶于溶剂： Provitamins and vitamins, natural or reproduced by synthesis (including natural concentrates), derivatives thereof used primarily as vitamins, and intermixtures of the foregoing, whether or not in any solvent:					
		-未混合的维生素及其衍生物： -Vitamins and their derivatives, unmixed:					
2499	2936.2100	--维生素A及其衍生物 --Vitamins A and their derivatives	4	0	东盟AS,智CL,巴PK,新西兰NZ,秘PE,哥CR,冰IS,韩KR,澳AU,格GE,毛MU,东盟^{R}AS^R,澳^{R}AU^R,新西兰^{R}NZ^R,柬KH,港HK,澳门MO,韩^{R}KR^R	0　受惠国LD	20
				1.6	瑞CH		
				3.3	日^{R}JP^R		
2500	2936.2200	--维生素B$_1$及其衍生物 --Vitamin B$_1$ and its derivatives	4	0	东盟AS,智CL,巴PK,新西兰NZ,秘PE,哥CR,瑞CH,冰IS,韩KR,澳AU,格GE,毛MU,东盟^{R}AS^R,澳^{R}AU^R,日^{R}JP^R,新西兰^{R}NZ^R,柬KH,港HK,澳门MO,韩^{R}KR^R	0　受惠国LD	20
2501	2936.2300	--维生素B$_2$及其衍生物 --Vitamin B$_2$ and its derivatives	4	0	东盟AS,智CL,巴PK,新西兰NZ,秘PE,哥CR,瑞CH,冰IS,韩KR,澳AU,格GE,毛MU,东盟^{R}AS^R,澳^{R}AU^R,日^{R}JP^R,新西兰^{R}NZ^R,柬KH,港HK,澳门MO,韩^{R}KR^R	0　受惠国LD	20
2502	2936.2400	--D或DL-泛酸（维生素B$_5$）及其衍生物 --D- or DL-Pantothenic acid (Vitamin B$_5$) and its derivatives	4	0	东盟AS,智CL,巴PK,新西兰NZ,秘PE,哥CR,瑞CH,冰IS,韩KR,澳AU,格GE,毛MU,东盟^{R}AS^R,澳^{R}AU^R,日^{R}JP^R,新西兰^{R}NZ^R,柬KH,港HK,澳门MO,韩^{R}KR^R	0　受惠国LD	20
2503	2936.2500	--维生素B$_6$及其衍生物 --Vitamin B$_6$ and its derivatives	4	0	东盟AS,智CL,巴PK,新西兰NZ,秘PE,哥CR,瑞CH,冰IS,韩KR,澳AU,格GE,毛MU,东盟^{R}AS^R,澳^{R}AU^R,日^{R}JP^R,新西兰^{R}NZ^R,柬KH,港HK,澳门MO,韩^{R}KR^R	0　受惠国LD	20
2504	2936.2600	--维生素B$_{12}$及其衍生物 --Vitamin B$_{12}$ and its derivatives	4	0	东盟AS,智CL,巴PK,新西兰NZ,秘PE,哥CR,瑞CH,冰IS,韩KR,澳AU,格GE,毛MU,东盟^{R}AS^R,澳^{R}AU^R,新西兰^{R}NZ^R,柬KH,港HK,澳门MO,韩^{R}KR^R	0　受惠国LD	20
				3.3	日^{R}JP^R		
2505	2936.2700	--维生素C及其衍生物 --Vitamin C and its derivatives	4	0	东盟AS,智CL,巴PK,新西兰NZ,秘PE,哥CR,瑞CH,冰IS,韩KR,澳AU,格GE,毛MU,东盟^{R}AS^R,澳^{R}AU^R,日^{R}JP^R,新西兰^{R}NZ^R,柬KH,港HK,澳门MO,韩^{R}KR^R	0　受惠国LD	20

序号 No.	税则号列 Tariff Line	货品名称 Article Description	最惠国税率 MFN(%)	协定税率 Agreement(%)		特惠税率 SP(%)	普通税率 Gen(%)
2506	2936.2800	--维生素E及其衍生物 --Vitamin E and its derivatives	4	0	东盟AS,智CL,巴PK,新西兰NZ,秘PE,哥CR,瑞CH,冰IS,韩KR,澳AU,格GE,毛MU,东盟^RAS^R,澳^RAU^R,新西兰^RNZ^R,柬KH,港HK,澳门MO,韩^RKR^R	0 受惠国LD	20
				3.3	日^RJP^R		
2507	2936.2900	--其他维生素及其衍生物 --Other vitamins and their derivatives	4	0	东盟AS,智CL,巴PK,新西兰NZ,秘PE,哥CR,瑞CH,冰IS,韩KR,澳AU,格GE,毛MU,东盟^RAS^R,澳^RAU^R,新西兰^RNZ^R,柬KH,港HK,澳门MO,韩^RKR^R	0 受惠国LD	20
				3.3	日^RJP^R		
		-其他,包括天然浓缩物: --Other, including natural concentrates:					
2508	2936.9010	---维生素AD₃ ---Vitamins AD₃	4	0	东盟AS,智CL,巴PK,新西兰NZ,秘PE,哥CR,瑞CH,冰IS,韩KR,澳AU,格GE,毛MU,东盟^RAS^R,澳^RAU^R,新西兰^RNZ^R,柬KH,港HK,澳门MO,韩^RKR^R	0 受惠国LD	20
				3.3	日^RJP^R		
2509	2936.9090	---其他 ---Other	4	0	东盟AS,智CL,巴PK,新西兰NZ,秘PE,哥CR,瑞CH,冰IS,韩KR,澳AU,格GE,毛MU,东盟^RAS^R,澳^RAU^R,新西兰^RNZ^R,柬KH,港HK,澳门MO,韩^RKR^R	0 受惠国LD	20
				3.3	日^RJP^R		
	29.37	**天然或合成再制的激素、前列腺素、血栓烷、血细胞三烯及其衍生物和结构类似物,包括主要用作激素的改性链多肽:** **Hormones, prostaglandins, thromboxanes and leukotrienes, natural or reproduced by synthesis; derivatives and structural analogues thereof, including chain modified polypeptides, used primarily as hormones:**					
		-多肽激素、蛋白激素、糖蛋白激素及其衍生物和结构类似物: -Polypeptide hormones, protein hormones and glycoprotein hormones, their derivatives and structural analogues:					
2510	2937.1100	--生长激素及其衍生物和结构类似物 --Somatotropin, its derivatives and structural analogues	4	0	东盟AS,智CL,巴PK,新西兰NZ,秘PE,哥CR,瑞CH,冰IS,韩KR,澳AU,格GE,毛MU,东盟^RAS^R,澳^RAU^R,日^RJP^R,新西兰^RNZ^R,柬KH,港HK,澳门MO,韩^RKR^R	0 受惠国LD	20
		--胰岛素及其盐: --Insulin and its salts:					
2511	2937.1210	---重组人胰岛素及其盐 ---Recombinant human insulin and its salts	4Δ0	0	东盟AS,智CL,巴PK,新西兰NZ,秘PE,哥CR,瑞CH,冰IS,韩KR,澳AU,格GE,毛MU,东盟^RAS^R,澳^RAU^R,日^RJP^R,新西兰^RNZ^R,柬KH,港HK,澳门MO,韩^RKR^R	0 受惠国LD	20

序号 No.	税则号列 Tariff Line	货品名称 Article Description	最惠国税率 MFN(%)	协定税率 Agreement(%)		特惠税率 SP(%)	普通税率 Gen(%)
2512	2937.1290	---其他 ---Other	4Δ0	0	东盟AS,智CL,巴PK,新西兰NZ, 秘PE,哥CR,瑞CH,冰IS,韩KR, 澳AU,格GE,毛MU,东盟^RAS^R, 澳^RAU^R,日^RJP^R,新西兰^RNZ^R,柬 KH,港HK,澳门MO,韩^RKR^R	0 受惠国LD	20
2513	2937.1900	--其他 --Other	4	0	东盟AS,智CL,巴PK,新西兰NZ, 秘PE,哥CR,瑞CH,冰IS,韩KR, 澳AU,格GE,毛MU,东盟^RAS^R,澳 ^RAU^R,新西兰^RNZ^R,柬KH,港HK, 澳门MO,韩^RKR^R	0 受惠国LD	20
				3.3	日^RJP^R		
	ex29371900	抗癌药原料（醋酸曲普瑞林） Materials of anticancerogen (Triplatin Acetate)	Δ0				
		-甾族激素及其衍生物和结构类似物： -Steroidal hormones, their derivatives and structural analogues:					
2514	2937.2100	--可的松、氢化可的松、脱氢可的松及脱氢皮质醇 --Cortisone, hydrocortisone, prednisone (dehydrocortisone) and prednisolone (dehydrocortisone)	4	0	东盟AS,智CL,巴PK,新西兰NZ, 秘PE,哥CR,瑞CH,冰IS,韩KR, 澳AU,格GE,毛MU,东盟^RAS^R, 澳^RAU^R,日^RJP^R,新西兰^RNZ^R,柬 KH,港HK,澳门MO,韩^RKR^R	0 受惠国LD	20
		--皮质甾类激素的卤化衍生物： --Halogenated derivatives of corticosteroidal hormones:					
2515	2937.2210	---地塞米松 ---Dexamethasone	4	0	东盟AS,智CL,巴PK,新西兰NZ, 秘PE,哥CR,瑞CH,冰IS,韩KR, 澳AU,格GE,毛MU,东盟^RAS^R, 澳^RAU^R,日^RJP^R,新西兰^RNZ^R,柬 KH,港HK,澳门MO,韩^RKR^R	0 受惠国LD	30
2516	2937.2290	---其他 ---Other	4	0	东盟AS,智CL,巴PK,新西兰NZ, 秘PE,哥CR,瑞CH,冰IS,韩KR, 澳AU,格GE,毛MU,东盟^RAS^R, 澳^RAU^R,日^RJP^R,新西兰^RNZ^R,柬 KH,港HK,澳门MO,韩^RKR^R	0 受惠国LD	30
		--雌（甾）激素和孕激素： --Oestrogens and progestogens:					
		---动物源的： ---Of animals:					
2517	2937.2311	----孕马结合雌激素 ----Pregnant mare congugated estrogens	4	0	东盟AS,智CL,巴PK,新西兰NZ, 秘PE,哥CR,瑞CH,冰IS,韩KR, 澳AU,格GE,毛MU,东盟^RAS^R, 澳^RAU^R,日^RJP^R,新西兰^RNZ^R,柬 KH,港HK,澳门MO,韩^RKR^R	0 受惠国LD	30
2518	2937.2319	----其他 ----Other	4	0	东盟AS,智CL,巴PK,新西兰NZ, 秘PE,哥CR,瑞CH,冰IS,韩KR, 澳AU,格GE,毛MU,东盟^RAS^R, 澳^RAU^R,日^RJP^R,新西兰^RNZ^R,柬 KH,港HK,澳门MO,韩^RKR^R	0 受惠国LD	30
	ex29372319	抗癌药原料（福美坦） Materials of anticancerogen (Formestane)	Δ0				

序号 No.	税则号列 Tariff Line	货品名称 Article Description	最惠国税率 MFN(%)		协定税率 Agreement(%)	特惠税率 SP(%)	普通税率 Gen(%)
2519	2937.2390	---其他 ---Other	4	0	东盟AS,智CL,巴PK,新西兰NZ,秘PE,哥CR,瑞CH,冰IS,韩KR,澳AU,格GE,毛MU,东盟^RAS^R,澳^RAU^R,日^RJP^R,新西兰^RNZ^R,柬KH,港HK,澳门MO,韩^RKR^R	0 受惠国LD	30
2520	2937.2900	--其他 --Other	4	0	东盟AS,智CL,巴PK,新西兰NZ,秘PE,哥CR,瑞CH,冰IS,韩KR,澳AU,格GE,毛MU,东盟^RAS^R,澳^RAU^R,日^RJP^R,新西兰^RNZ^R,柬KH,港HK,澳门MO,韩^RKR^R	0 受惠国LD	30
	ex29372900	抗癌药原料（依西美坦） Materials of anticancerogen (Exemestane)	Δ0				
2521	2937.5000	-前列腺素、血栓烷和白细胞三烯及其衍生物和结构类似物 -Prostaglandins, thromboxanes and leukotrienes, their derivatives and structural analogues	4	0	东盟AS,智CL,巴PK,新西兰NZ,秘PE,哥CR,瑞CH,冰IS,韩KR,澳AU,格GE,毛MU,东盟^RAS^R,澳^RAU^R,日^RJP^R,新西兰^RNZ^R,柬KH,港HK,澳门MO,韩^RKR^R	0 受惠国LD	30
2522	2937.9000	-其他 -Other	4	0	东盟AS,智CL,巴PK,新西兰NZ,秘PE,哥CR,瑞CH,冰IS,韩KR,澳AU,格GE,毛MU,东盟^RAS^R,澳^RAU^R,日^RJP^R,新西兰^RNZ^R,柬KH,港HK,澳门MO,韩^RKR^R	0 受惠国LD	30
		第十二分章　天然或合成再制的苷（配糖物）、植物碱及其盐、醚、酯和其他衍生物 XII. GLYCOSIDES AND VEGETABLE ALKALOIDS, NATURAL OR REPRODUCED BY SYNTHESIS, AND THEIR SALTS, ETHERS, ESTERS AND OTHER DERIVATIVES					
	29.38	天然或合成再制的苷（配糖物）及其盐、醚、酯和其他衍生物： Glycosides, natural or reproduced by synthesis, and their salts, ethers, esters and other derivatives:					
2523	2938.1000	-芸香苷（芦丁）及其衍生物 -Rutoside(rutin)and its derivatives	6.5	0	东盟AS,智CL,新西兰NZ,秘PE,哥CR,瑞CH,冰IS,韩KR,澳AU,格GE,毛MU,东盟^RAS^R,澳^RAU^R,新西兰^RNZ^R,柬KH,港HK,澳门MO,韩^RKR^R	0 受惠国LD	20
				5	巴PK		
				5.3	日^RJP^R		
		-其他： -Other:					
2524	2938.9010	---齐多夫定、拉米夫定、司他夫定、地达诺新及它们的盐 ---Zidovudine, Lamivudine, Stavudine, Didanosine and their salts	6.5	0	东盟AS,智CL,新西兰NZ,秘PE,哥CR,瑞CH,冰IS,韩KR,澳AU,格GE,毛MU,东盟^RAS^R,澳^RAU^R,新西兰^RNZ^R,柬KH,港HK,澳门MO,韩^RKR^R	0 受惠国LD	20
				5	巴PK		
				5.3	日^RJP^R		

序号 No.	税则号列 Tariff Line	货品名称 Article Description	最惠国税率 MFN(%)	协定税率 Agreement(%)		特惠税率 SP(%)	普通税率 Gen(%)
2525	2938.9090	---其他 ---Other	6.5	0	东盟AS,智CL,新西兰NZ,秘PE,哥CR,瑞CH,冰IS,韩KR,澳AU,格GE,毛MU,东盟^RAS^R,澳^RAU^R,新西兰^RNZ^R,柬KH,港HK,澳门MO,韩^RKR^R	0 受惠国LD	20
				5	巴PK		
				5.3	日^RJP^R		
	ex29389090	甘草酸 Glycyrrhizic acid	Δ3				
	29.39	天然或合成再制的生物碱及其盐、醚、酯和其他衍生物： **Alkaloids, natural or reproduced by synthesis, and their salts, ethers, esters and other derivatives:**					
		-鸦片碱及其衍生物，以及它们的盐： -Alkaloids of opium and their derivatives; salts thereof:					
2526	2939.1100	--罂粟秆浓缩物、丁丙诺啡（INN）、可待因、双氢可待因（INN）、乙基吗啡、埃托啡（INN）、海洛因、氢可酮（INN）、氢吗啡酮（INN）、吗啡、尼可吗啡（INN）、羟考酮（INN）、羟吗啡酮（INN）、福尔可定（INN）、醋氢可酮（INN）和蒂巴因，以及它们的盐 --Concentrates of poppy straw; buprenorphine (INN), codeine, dihydrocodeine (INN), ethylmorphine, etorphine (INN), heroin, hydrocodone (INN), hydromorphone (INN), morphine, nicomorphine (INN), oxycodone (INN), oxymorphone (INN), pholcodine (INN), thebacon (INN)and thebaine; salts thereof	4	0	东盟AS,智CL,巴PK,新西兰NZ,秘PE,哥CR,瑞CH,冰IS,韩KR,澳AU,格GE,毛MU,东盟^RAS^R,澳^RAU^R,日^RJP^R,新西兰^RNZ^R,柬KH,港HK,澳门MO,韩^RKR^R	0 受惠国LD	50
2527	2939.1900	--其他 --Other	4	0	东盟AS,智CL,巴PK,新西兰NZ,秘PE,哥CR,瑞CH,冰IS,韩KR,澳AU,格GE,毛MU,东盟^RAS^R,澳^RAU^R,日^RJP^R,新西兰^RNZ^R,柬KH,港HK,澳门MO,韩^RKR^R	0 受惠国LD	50
2528	2939.2000	-金鸡纳生物碱及其衍生物，以及它们的盐 -Alkaloids of cinchona and their derivatives; salts thereof	4	0	东盟AS,智CL,巴PK,新西兰NZ,秘PE,哥CR,瑞CH,冰IS,韩KR,澳AU,格GE,毛MU,东盟^RAS^R,澳^RAU^R,日^RJP^R,新西兰^RNZ^R,柬KH,港HK,澳门MO,韩^RKR^R	0 受惠国LD	20
2529	2939.3000	-咖啡因及其盐 -Caffeine and its salts	4	0	东盟AS,智CL,巴PK,新西兰NZ,秘PE,哥CR,瑞CH,冰IS,韩KR,澳AU,格GE,毛MU,东盟^RAS^R,澳^RAU^R,日^RJP^R,新西兰^RNZ^R,柬KH,港HK,澳门MO,韩^RKR^R	0 受惠国LD	20
		-麻黄生物碱及其衍生物，以及它们的盐： -Alkaloids of ephedra and their derivatives; salts thereof:					

序号 No.	税则号列 Tariff Line	货品名称 Article Description	最惠国税率 MFN(%)		协定税率 Agreement(%)	特惠税率 SP(%)		普通税率 Gen(%)
2530	2939.4100	--麻黄碱及其盐 --Ephedrine and its salts	4	0	东盟AS,智CL,巴PK,新西兰NZ, 秘PE,哥CR,瑞CH,冰IS,韩KR, 澳AU,格GE,毛MU,东盟^RAS^R, 澳^RAU^R,日^RJP^R,新西兰NZ^R,柬 KH,港HK,澳门MO,韩^RKR^R	0	受惠国LD	20
2531	2939.4200	--假麻黄碱(INN)及其盐 --Pseudoephedrine (INN) and its salts	4	0	东盟AS,智CL,巴PK,新西兰NZ, 秘PE,哥CR,瑞CH,冰IS,韩KR, 澳AU,格GE,毛MU,东盟^RAS^R, 澳^RAU^R,日^RJP^R,新西兰NZ^R,柬 KH,港HK,澳门MO,韩^RKR^R	0	受惠国LD	20
2532	2939.4300	--d-去甲假麻黄碱(INN)及其盐 --Cathine (INN) and its salts	4	0	东盟AS,智CL,巴PK,新西兰NZ, 秘PE,哥CR,瑞CH,冰IS,韩KR, 澳AU,格GE,毛MU,东盟^RAS^R, 澳^RAU^R,日^RJP^R,新西兰NZ^R,柬 KH,港HK,澳门MO,韩^RKR^R	0	受惠国LD	20
2533	2939.4400	--去甲麻黄碱及其盐 --Norephedrine and its salts	4	0	东盟AS,智CL,巴PK,新西兰NZ, 秘PE,哥CR,瑞CH,冰IS,韩KR, 澳AU,格GE,毛MU,东盟^RAS^R, 澳^RAU^R,日^RJP^R,新西兰NZ^R,柬 KH,港HK,澳门MO,韩^RKR^R	0	受惠国LD	20
2534	2939.4500	--左甲苯丙胺、去氧麻黄碱(INN)、去 氧麻黄碱外消旋体以及它们的盐 --Levometamfetamine, metamfetamine (INN), metamfetamine racemate and their salts	4	0	东盟AS,智CL,巴PK,新西兰NZ, 秘PE,哥CR,瑞CH,冰IS,韩KR, 澳AU,格GE,毛MU,东盟^RAS^R, 澳^RAU^R,日^RJP^R,新西兰NZ^R,柬 KH,港HK,澳门MO,韩^RKR^R	0	受惠国LD	20
2535	2939.4900	--其他 --Other	4	0	东盟AS,智CL,巴PK,新西兰NZ, 秘PE,哥CR,瑞CH,冰IS,韩KR, 澳AU,格GE,毛MU,东盟^RAS^R, 澳^RAU^R,日^RJP^R,新西兰NZ^R,柬 KH,港HK,澳门MO,韩^RKR^R	0	受惠国LD	20
		-茶碱和氨茶碱及其衍生物,以及它们 的盐: -Theophylline and aminophylline (theophylline-ethylenediamine) and their derivatives; salts thereof:						
2536	2939.5100	--芬乙茶碱(INN)及其盐 --Fenetylline (INN) and its salts	4	0	东盟AS,智CL,巴PK,新西兰NZ, 秘PE,哥CR,瑞CH,冰IS,韩KR, 澳AU,格GE,毛MU,东盟^RAS^R, 澳^RAU^R,日^RJP^R,新西兰^RNZ^R,柬 KH,港HK,澳门MO,韩^RKR^R	0	受惠国LD	20
2537	2939.5900	--其他 --Other	4	0	东盟AS,智CL,巴PK,新西兰NZ, 秘PE,哥CR,瑞CH,冰IS,韩KR, 澳AU,格GE,毛MU,东盟^RAS^R, 澳^RAU^R,日^RJP^R,新西兰^RNZ^R,柬 KH,港HK,澳门MO,韩^RKR^R	0	受惠国LD	20
		-麦角生物碱及其衍生物,以及它们 的盐: -Alkaloids of rye ergot and their derivatives; salts thereof:						
2538	2939.6100	--麦角新碱(INN)及其盐 --Ergometrine (INN) and its salts	4	0	东盟AS,智CL,巴PK,新西兰NZ, 秘PE,哥CR,瑞CH,冰IS,韩KR, 澳AU,格GE,毛MU,东盟^RAS^R, 澳^RAU^R,日^RJP^R,新西兰^RNZ^R,柬 KH,港HK,澳门MO,韩^RKR^R	0	受惠国LD	20

序号 No.	税则号列 Tariff Line	货品名称 Article Description	最惠国税率 MFN(%)	协定税率 Agreement(%)		特惠税率 SP(%)	普通税率 Gen(%)
2539	2939.6200	--麦角胺（INN）及其盐 --Ergotamine (INN) and its salts	4	0	东盟AS,智CL,巴PK,新西兰NZ, 秘PE,哥CR,瑞CH,冰IS,韩KR, 澳AU,格GE,毛MU,东盟^{R}AS^R, 澳^{R}AU^R,日^{R}JP^R,新西兰^{R}NZ^R,柬 KH,港HK,澳门MO,韩^{R}KR^R	0 受惠国LD	20
2540	2939.6300	--麦角酸及其盐 --Lysergic acid and its salts	4	0	东盟AS,智CL,巴PK,新西兰NZ, 秘PE,哥CR,瑞CH,冰IS,韩KR, 澳AU,格GE,毛MU,东盟^{R}AS^R, 澳^{R}AU^R,日^{R}JP^R,新西兰^{R}NZ^R,柬 KH,港HK,澳门MO,韩^{R}KR^R	0 受惠国LD	20
2541	2939.6900	--其他 --Other	4	0 3.3	东盟AS,智CL,巴PK,新西兰NZ, 秘PE,哥CR,瑞CH,冰IS,韩KR, 澳AU,格GE,毛MU,东盟^{R}AS^R,澳 ^{R}AU^R,新西兰^{R}NZ^R,柬KH,港HK, 澳门MO,韩^{R}KR^R 日^{R}JP^R	0 受惠国LD	20
		-其他，植物来源的： -Other, of vegetal origin:					
		--可卡因、芽子碱，它们的盐、酯及其他 衍生物： --Cocaine, ecgonine; salts, esters and other derivatives thereof:					
2542	2939.7210	---可卡因及其盐 ---Cocaine and its salts	4	0	东盟AS,智CL,巴PK,新西兰NZ, 秘PE,哥CR,瑞CH,冰IS,韩KR, 澳AU,格GE,毛MU,东盟^{R}AS^R, 澳^{R}AU^R,日^{R}JP^R,新西兰^{R}NZ^R,柬 KH,港HK,澳门MO,韩^{R}KR^R	0 受惠国LD	20
2543	2939.7290	---其他 ---Other	4	0	东盟AS,智CL,巴PK,新西兰NZ, 秘PE,哥CR,瑞CH,冰IS,韩KR, 澳AU,格GE,毛MU,东盟^{R}AS^R, 澳^{R}AU^R,日^{R}JP^R,新西兰^{R}NZ^R,柬 KH,港HK,澳门MO,韩^{R}KR^R	0 受惠国LD	20
		--其他： --Other:					
2544	2939.7910	---烟碱及其盐 ---Nicotine and its salts	4	0	东盟AS,智CL,巴PK,新西兰NZ, 秘PE,哥CR,瑞CH,冰IS,韩KR, 澳AU,格GE,毛MU,东盟^{R}AS^R, 澳^{R}AU^R,日^{R}JP^R,新西兰^{R}NZ^R,柬 KH,港HK,澳门MO,韩^{R}KR^R	0 受惠国LD	20
2545	2939.7920	---番木鳖碱（士的年）及其盐 ---Strychnine and its salts	4	0	东盟AS,智CL,巴PK,新西兰NZ, 秘PE,哥CR,瑞CH,冰IS,韩KR, 澳AU,格GE,毛MU,东盟^{R}AS^R, 澳^{R}AU^R,日^{R}JP^R,新西兰^{R}NZ^R,柬 KH,港HK,澳门MO,韩^{R}KR^R	0 受惠国LD	17
2546	2939.7990	---其他 ---Other	4	0 3.3	东盟AS,智CL,巴PK,新西兰NZ, 秘PE,哥CR,瑞CH,冰IS,韩KR, 澳AU,格GE,毛MU,东盟^{R}AS^R,澳 ^{R}AU^R,新西兰^{R}NZ^R,柬KH,港HK, 澳门MO,韩^{R}KR^R 日^{R}JP^R	0 受惠国LD	20
	ex29397990	抗癌药原料（酒石酸长春瑞滨、硫酸 长春新碱、盐酸托泊替康、盐酸伊立 替康） Materials of anticancerogen (Vinorelbine Tartrate, Vincristine Sulfate, Topotecan Hydrochloride, Irinotecan Hydrochloride)	Δ0				

序号 No.	税则号列 Tariff Line	货品名称 Article Description	最惠国税率 MFN(%)		协定税率 Agreement(%)	特惠税率 SP(%)	普通税率 Gen(%)
		-其他: -Other:					
2547	2939.8010	---石房蛤毒素 ---Saxitoxin	3	0	东盟AS,智CL,巴PK,新西兰NZ,秘PE,哥CR,瑞CH,冰IS,韩KR,澳AU,格GE,毛MU,东盟^{R}AS^R,澳^{R}AU^R,日^{R}JP^R,新西兰^{R}NZ^R,柬KH,港HK,澳门MO,韩^{R}KR^R	0 受惠国LD	20
2548	2939.8090	---其他 ---Other	4	0	东盟AS,智CL,巴PK,新西兰NZ,秘PE,哥CR,瑞CH,冰IS,韩KR,澳AU,格GE,毛MU,东盟^{R}AS^R,澳^{R}AU^R,新西兰^{R}NZ^R,柬KH,港HK,澳门MO,韩^{R}KR^R	0 受惠国LD	20
				3.3	日^{R}JP^R		
		第十三分章　其他有机化合物 XIII. OTHER ORGANIC COMPOUNDS					
	29.40	化学纯糖,但蔗糖、乳糖、麦芽糖、葡萄糖及果糖除外;糖醚、糖缩醛、糖酯及其盐,但不包括税目29.37、29.38及29.39的产品: Sugars, chemically pure, other than sucrose, lactose, maltose, glucose and fructose;sugar ethers, sugar acetals and sugar esters, and their salts, other than products of heading 29.37, 29.38 or 29.39:					
2549	2940.0010	---木糖 ---Wood sugar	6	0	东盟AS,智CL,新西兰NZ,秘PE,哥CR,瑞CH,冰IS,澳AU,毛MU,东盟^{R}AS^R,澳^{R}AU^R,新西兰^{R}NZ^R,柬KH,港HK,澳门MO	0 受惠国LD	30
				0.6	韩KR		
				4.8	韩^{R}KR^R		
				4.9	日^{R}JP^R		
				5	巴PK		
2550	2940.0090	---其他 ---Other	6	0	东盟AS,智CL,新西兰NZ,秘PE,哥CR,瑞CH,冰IS,澳AU,毛MU,东盟^{R}AS^R,澳^{R}AU^R,新西兰^{R}NZ^R,柬KH,港HK,澳门MO	0 受惠国LD	30
				0.6	韩KR		
				4.8	韩^{R}KR^R		
				4.9	日^{R}JP^R		
				5	巴PK		
	29.41	抗菌素: Antibiotics:					
		-青霉素和具有青霉烷酸结构的青霉素衍生物及其盐: -Penicillins and their derivatives with a penicillanic acid structure; salts thereof:					
		---氨苄青霉素及其盐: ---Ampicillin and its salts:					

序号 No.	税则号列 Tariff Line	货品名称 Article Description	最惠国税率 MFN(%)	协定税率 Agreement(%)		特惠税率 SP(%)	普通税率 Gen(%)
2551	2941.1011	----氨苄青霉素 ----Ampicillin	6	0	东盟AS,智CL,巴PK,新西兰NZ,秘PE,哥CR,瑞CH,冰IS,韩KR,澳AU,格GE,毛MU,东盟^{R}AS^R,澳^{R}AU^R,日^{R}JP^R,新西兰^{R}NZ^R,柬KH,港HK,澳门MO,韩^{R}KR^R	0 受惠国LD	20
				3	亚太AP		
2552	2941.1012	----氨苄青霉素三水酸 ----Ampicillin trihydrate	6	0	东盟AS,智CL,巴PK,新西兰NZ,秘PE,哥CR,瑞CH,冰IS,韩KR,澳AU,格GE,毛MU,东盟^{R}AS^R,澳^{R}AU^R,日^{R}JP^R,新西兰^{R}NZ^R,柬KH,港HK,澳门MO,韩^{R}KR^R	0 受惠国LD	20
				3	亚太AP		
2553	2941.1019	----其他 ----Other	6	0	东盟AS,智CL,巴PK,新西兰NZ,秘PE,哥CR,瑞CH,冰IS,韩KR,澳AU,格GE,毛MU,东盟^{R}AS^R,澳^{R}AU^R,日^{R}JP^R,新西兰^{R}NZ^R,柬KH,港HK,澳门MO,韩^{R}KR^R	0 受惠国LD	20
				3	亚太AP		
		---其他: ---Other:					
2554	2941.1091	----羟氨苄青霉素 ----Amoxycillin	4	0	东盟AS,智CL,巴PK,新西兰NZ,秘PE,哥CR,瑞CH,冰IS,韩KR,澳AU,格GE,毛MU,东盟^{R}AS^R,澳^{R}AU^R,日^{R}JP^R,新西兰^{R}NZ^R,柬KH,港HK,澳门MO,韩^{R}KR^R	0 受惠国LD	20
2555	2941.1092	----羟氨苄青霉素三水酸 ----Amoxycillin trihydrate	4	0	东盟AS,智CL,巴PK,新西兰NZ,秘PE,哥CR,瑞CH,冰IS,韩KR,澳AU,格GE,毛MU,东盟^{R}AS^R,澳^{R}AU^R,日^{R}JP^R,新西兰^{R}NZ^R,柬KH,港HK,澳门MO,韩^{R}KR^R	0 受惠国LD	20
				3.2	亚太AP		
2556	2941.1094	----青霉素V ----Penicillin V	4	0	东盟AS,智CL,巴PK,新西兰NZ,秘PE,哥CR,瑞CH,冰IS,韩KR,澳AU,格GE,毛MU,东盟^{R}AS^R,澳^{R}AU^R,日^{R}JP^R,新西兰^{R}NZ^R,柬KH,港HK,澳门MO,韩^{R}KR^R	0 受惠国LD	20
2557	2941.1095	----磺苄青霉素 ----Sulfobenzylpenicillin	4	0	东盟AS,智CL,巴PK,新西兰NZ,秘PE,哥CR,瑞CH,冰IS,韩KR,澳AU,格GE,毛MU,东盟^{R}AS^R,澳^{R}AU^R,日^{R}JP^R,新西兰^{R}NZ^R,柬KH,港HK,澳门MO,韩^{R}KR^R	0 受惠国LD	20
2558	2941.1096	----邻氯青霉素 ----Cloxacillin	4	0	东盟AS,智CL,巴PK,新西兰NZ,秘PE,哥CR,瑞CH,冰IS,韩KR,澳AU,格GE,毛MU,东盟^{R}AS^R,澳^{R}AU^R,日^{R}JP^R,新西兰^{R}NZ^R,柬KH,港HK,澳门MO,韩^{R}KR^R	0 受惠国LD	20
2559	2941.1099	----其他 ----Other	4	0	东盟AS,智CL,巴PK,新西兰NZ,秘PE,哥CR,瑞CH,冰IS,韩KR,澳AU,格GE,毛MU,东盟^{R}AS^R,日^{R}JP^R,柬KH,港HK,澳门MO,韩^{R}KR^R	0 受惠国LD	20
				3.2	澳^{R}AU^R,新西兰^{R}NZ^R		

序号 No.	税则号列 Tariff Line	货品名称 Article Description	最惠国税率 MFN(%)		协定税率 Agreement(%)	特惠税率 SP(%)	普通税率 Gen(%)
2560	2941.2000	-链霉素及其衍生物以及它们的盐 -Streptomycins and their derivatives; salts thereof	4	0	东盟AS,智CL,巴PK,新西兰NZ, 秘PE,哥CR,瑞CH,冰IS,韩KR, 澳AU,格GE,毛MU,东盟^{R}AS^R, 澳^{R}AU^R,日^{R}JP^R,新西兰^{R}NZ^R,柬 KH,港HK,澳门MO,韩^{R}KR^R	0 受惠国LD	20
		-四环素及其衍生物以及它们的盐: -Tetracyclines and their derivatives; salts thereof:					
		---四环素及其盐: ---Tetracyclines and their salts:					
2561	2941.3011	----四环素 ----Tetracyclines	4	0	东盟AS,智CL,巴PK,新西兰NZ, 秘PE,哥CR,瑞CH,冰IS,韩KR, 澳AU,格GE,毛MU,东盟^{R}AS^R, 澳^{R}AU^R,日^{R}JP^R,新西兰^{R}NZ^R,柬 KH,港HK,澳门MO,韩^{R}KR^R	0 受惠国LD	20
2562	2941.3012	----四环素盐 ----Salts of tetracyclines	4	0	东盟AS,智CL,巴PK,新西兰NZ, 秘PE,哥CR,瑞CH,冰IS,韩KR, 澳AU,格GE,毛MU,东盟^{R}AS^R, 澳^{R}AU^R,日^{R}JP^R,新西兰^{R}NZ^R,柬 KH,港HK,澳门MO,韩^{R}KR^R	0 受惠国LD	20
2563	2941.3020	---四环素衍生物及其盐 ---Tetracyclines derivatives and their salts	4	0	东盟AS,智CL,巴PK,新西兰NZ, 秘PE,哥CR,瑞CH,冰IS,韩KR, 澳AU,格GE,毛MU,东盟^{R}AS^R, 澳^{R}AU^R,日^{R}JP^R,新西兰^{R}NZ^R,柬 KH,港HK,澳门MO,韩^{R}KR^R	0 受惠国LD	20
2564	2941.4000	-氯霉素及其衍生物以及它们的盐 -Chloramphenicol and its derivatives; salts thereof	4	0	东盟AS,智CL,巴PK,新西兰NZ, 秘PE,哥CR,瑞CH,冰IS,韩KR, 澳AU,格GE,毛MU,东盟^{R}AS^R, 澳^{R}AU^R,日^{R}JP^R,新西兰^{R}NZ^R,柬 KH,港HK,澳门MO,韩^{R}KR^R	0 受惠国LD	20
2565	2941.5000	-红霉素及其衍生物以及它们的盐 -Erythromycin and its derivatives; salts thereof	4	0	东盟AS,智CL,巴PK,新西兰NZ, 秘PE,哥CR,瑞CH,冰IS,韩KR, 澳AU,格GE,毛MU,东盟^{R}AS^R, 澳^{R}AU^R,日^{R}JP^R,新西兰^{R}NZ^R,柬 KH,港HK,澳门MO,韩^{R}KR^R	0 受惠国LD	20
		-其他: -Other:					
2566	2941.9010	---庆大霉素及其衍生物以及它们的盐 ---Gentamycin and its derivatives; salts thereof	4	0	东盟AS,智CL,巴PK,新西兰NZ, 秘PE,哥CR,瑞CH,冰IS,韩KR, 澳AU,格GE,毛MU,东盟^{R}AS^R, 澳^{R}AU^R,日^{R}JP^R,新西兰^{R}NZ^R,柬 KH,港HK,澳门MO,韩^{R}KR^R	0 受惠国LD	20
2567	2941.9020	---卡那霉素及其衍生物以及它们的盐 ---Kanamycin and its derivatives; salts thereof	4	0	东盟AS,智CL,巴PK,新西兰NZ, 秘PE,哥CR,瑞CH,冰IS,韩KR, 澳AU,格GE,毛MU,东盟^{R}AS^R, 澳^{R}AU^R,日^{R}JP^R,新西兰^{R}NZ^R,柬 KH,港HK,澳门MO,韩^{R}KR^R	0 受惠国LD	20
2568	2941.9030	---利福平及其衍生物以及它们的盐 ---Rifampicin(RFP); salts thereof	4	0	东盟AS,智CL,巴PK,新西兰NZ, 秘PE,哥CR,瑞CH,冰IS,韩KR, 澳AU,格GE,毛MU,东盟^{R}AS^R, 澳^{R}AU^R,日^{R}JP^R,新西兰^{R}NZ^R,柬 KH,港HK,澳门MO,韩^{R}KR^R	0 受惠国LD	20

序号 No.	税则号列 Tariff Line	货品名称 Article Description	最惠国税率 MFN(%)		协定税率 Agreement(%)	特惠税率 SP(%)	普通税率 Gen(%)
2569	2941.9040	---林可霉素及其衍生物以及它们的盐 ---Lincomycin and its derivatives; salts thereof	4	0	东盟AS,智CL,巴PK,新西兰NZ,秘PE,哥CR,瑞CH,冰IS,韩KR,澳AU,格GE,毛MU,东盟^RAS^R,澳^RAU^R,日^RJP^R,新西兰^RNZ^R,柬KH,港HK,澳门MO,韩^RKR^R	0 受惠国LD	20
		---头孢菌素及其衍生物以及它们的盐: ---Cephamycin and its derivatives; salts thereof:					
2570	2941.9052	-----头孢氨苄及其盐 -----Cefalexin and its salts	6	0	东盟AS,智CL,巴PK,新西兰NZ,秘PE,哥CR,瑞CH,冰IS,韩KR,澳AU,格GE,毛MU,东盟^RAS^R,澳^RAU^R,日^RJP^R,新西兰^RNZ^R,柬KH,港HK,澳门MO,韩^RKR^R	0 受惠国LD	20
				3.9	亚太AP		
2571	2941.9053	-----头孢唑啉及其盐 -----Cefazolin and its salts	6	0	东盟AS,智CL,巴PK,新西兰NZ,秘PE,哥CR,瑞CH,冰IS,韩KR,澳AU,格GE,毛MU,东盟^RAS^R,澳^RAU^R,日^RJP^R,新西兰^RNZ^R,柬KH,港HK,澳门MO,韩^RKR^R	0 受惠国LD	20
				3	亚太AP		
2572	2941.9054	-----头孢拉啶及其盐 -----Cefradine and its salts	6	0	东盟AS,智CL,巴PK,新西兰NZ,秘PE,哥CR,瑞CH,冰IS,韩KR,澳AU,格GE,毛MU,东盟^RAS^R,澳^RAU^R,日^RJP^R,新西兰^RNZ^R,柬KH,港HK,澳门MO,韩^RKR^R	0 受惠国LD	20
				3	亚太AP		
2573	2941.9055	-----头孢三嗪（头孢曲松）及其盐 -----Ceftriaxone and its salts	6Δ0	0	东盟AS,智CL,巴PK,新西兰NZ,秘PE,哥CR,冰IS,韩KR,澳AU,格GE,毛MU,东盟^RAS^R,澳^RAU^R,新西兰^RNZ^R,柬KH,港HK,澳门MO,韩^RKR^R	0 受惠国LD	20
				2.4	瑞CH		
				3	亚太AP		
				4.9	日^RJP^R		
2574	2941.9056	-----头孢哌酮及其盐 -----Cefoperazone and its salts	6	0	东盟AS,智CL,巴PK,新西兰NZ,秘PE,哥CR,瑞CH,冰IS,韩KR,澳AU,格GE,毛MU,东盟^RAS^R,澳^RAU^R,日^RJP^R,新西兰^RNZ^R,柬KH,港HK,澳门MO,韩^RKR^R	0 受惠国LD	20
				3	亚太AP		
2575	2941.9057	-----头孢噻肟及其盐 -----Cefotaxime and its salts	6	0	东盟AS,智CL,巴PK,新西兰NZ,秘PE,哥CR,瑞CH,冰IS,韩KR,澳AU,格GE,毛MU,东盟^RAS^R,澳^RAU^R,日^RJP^R,新西兰^RNZ^R,柬KH,港HK,澳门MO,韩^RKR^R	0 受惠国LD	20
				3	亚太AP		
2576	2941.9058	-----头孢克罗及其盐 -----Cefaclor and its salts	6	0	东盟AS,智CL,巴PK,新西兰NZ,秘PE,哥CR,瑞CH,冰IS,韩KR,澳AU,格GE,毛MU,东盟^RAS^R,日^RJP^R,柬KH,港HK,澳门MO,韩^RKR^R	0 受惠国LD	20
				4.8	澳^RAU^R,新西兰^RNZ^R		
				5	亚太AP		

序号 No.	税则号列 Tariff Line	货品名称 Article Description	最惠国税率 MFN(%)	协定税率 Agreement(%)		特惠税率 SP(%)	普通税率 Gen(%)
2577	2941.9059	----其他 ----Other	6	0	东盟AS,智CL,巴PK,新西兰NZ,秘PE,哥CR,瑞CH,冰IS,澳AU,格GE,毛MU,柬KH,港HK,澳门MO	0 受惠国LD	20
				0.6	韩KR		
				4.8	东盟^RAS^R,澳^RAU^R,新西兰^RNZ^R,韩^RKR^R		
				4.9	日^RJP^R		
				5	亚太AP		
2578	2941.9060	---麦迪霉素及其衍生物以及它们的盐 ---Midecamycin and its derivatives; salts thereof	6	0	东盟AS,智CL,巴PK,新西兰NZ,秘PE,哥CR,瑞CH,冰IS,韩KR,澳AU,格GE,毛MU,东盟^RAS^R,澳^RAU^R,日^RJP^R,新西兰^RNZ^R,柬KH,港HK,澳门MO,韩^RKR^R	0 受惠国LD	20
				3	亚太AP		
2579	2941.9070	---乙酰螺旋霉素及其衍生物以及它们的盐 ---Acetyl-spiramycin and its derivatives; salts thereof	4	0	东盟AS,智CL,巴PK,新西兰NZ,秘PE,哥CR,瑞CH,冰IS,韩KR,澳AU,格GE,毛MU,东盟^RAS^R,澳^RAU^R,日^RJP^R,新西兰^RNZ^R,柬KH,港HK,澳门MO,韩^RKR^R	0 受惠国LD	20
2580	2941.9090	---其他 ---Other	6	0	东盟AS,智CL,巴PK,新西兰NZ,秘PE,哥CR,瑞CH,冰IS,韩KR,澳AU,格GE,毛MU,东盟^RAS^R,日^RJP^R,柬KH,港HK,澳门MO,韩^RKR^R	0 受惠国LD	20
				3.9	亚太AP		
				4.8	澳^RAU^R,新西兰^RNZ^R		
	ex29419090	抗癌药原料（吡柔比星、丝裂霉素、盐酸表柔比星、盐酸多柔比星、盐酸平阳霉素、盐酸柔红霉素、盐酸伊达比星） Materials of anticancerogen (Pirarubicin, Mitomycin, Epirubicin Hydrochloride, Doxorubicin Hydrochloride, Bleomycin Hydrocloride, Daunorubicin Hydrochloride, Idarubicin Hydrochloride)	Δ0				
	ex29419090	吗替麦考酚酯 Mycophenolate Mofetil	Δ0				
	ex29419090	盐酸阿柔比星 Aclarubicin Hydrochloride	Δ0				
29.42		**其他有机化合物：** **Other organic compounds:**					
2581	2942.0000	其他有机化合物 Other organic compounds	6.5	0	东盟AS,智CL,新西兰NZ,秘PE,哥CR,瑞CH,冰IS,韩KR,澳AU,格GE,毛MU,东盟^RAS^R,澳^RAU^R,新西兰^RNZ^R,柬KH,港HK,澳门MO,韩^RKR^R	0 受惠国LD	30
				5	巴PK		
				5.3	日^RJP^R		

第三十章
药品

注释:

一、本章不包括:

(一)食品及饮料(例如,营养品、糖尿病食品、强化食品、保健食品、滋补饮料及矿泉水)(第四类),但不包括供静脉摄入用的滋养品;

(二)含尼古丁并用于帮助吸烟者戒烟的产品,例如,片剂、咀嚼胶或透皮贴片(税目24.04);

(三)经特殊煅烧或精细研磨的牙科用熟石膏(税目25.20);

(四)适合医药用的精油水馏液及水溶液(税目33.01);

(五)税目33.03至33.07的制品,不论是否具有治疗及预防疾病的作用;

(六)加有药料的肥皂及税目34.01的其他产品;

(七)以熟石膏为基本成分的牙科用制品(税目34.07);

(八)不作治疗及预防疾病用的血清蛋白(税目35.02);或

(九)税目38.22的诊断试剂。

二、税目30.02所称的"免疫制品"是指直接参与免疫过程调节的多肽及蛋白质(税目29.37的货品除外),例如,单克隆抗体(MAB)、抗体片段、抗体偶联物及抗体片段偶联物、白介素、干扰素(IFN)、趋化因子及特定的肿瘤坏死因子(TNF)、生长因子(GF)、促红细胞生成素及集落刺激因子(CSF)。

三、税目30.03及30.04以及本章注释四(四)所述的非混合产品及混合产品,按下列规定处理:

(一)非混合产品:

1. 溶于水的非混合产品;

2. 第二十八章及第二十九章的所有货品;

3. 税目13.02的单一植物浸膏,只经标定或溶于溶剂的。

(二)混合产品:

1. 胶体溶液及悬浮液(胶态硫磺除外);

2. 从植物性混合物加工所得的植物浸膏;

3. 蒸发天然矿质水所得的盐及浓缩物。

四、税目30.06仅适用于下列物品(这些物品只能归入税目30.06而不得归入本目录其他税目):

(一)无菌外科肠线、类似的无菌缝合材料(包括外科或牙科用无菌可吸收缝线)及外伤创口闭合

Chapter 30
Pharmaceutical products

Notes:

1. This Chapter does not cover:

(a) Foods or beverages (such as dietetic,diabetic or fortified foods, food supplements,tonic beverages and mineral waters) other than nutritional preparations for intravenous administration (Section IV) ;

(b) Products, such as tablets, chewing gum or patches (transdermal systems), containing nicotine and intended to assist tobacco use cessation (heading 24.04);

(c) Plasters specially calcined or finely ground for use in dentistry (heading 25.20) ;

(d) Aqueous distillates or aqueous solutions of essential oils, suitable for medicinal uses (heading 33.01) ;

(e) Preparations of headings 33.03 to 33.07, even if they have therapeutic or prophylactic properties;

(f) Soap or other products of heading 34.01 containing added medicaments;

(g) Preparations with a basis of plaster for use in dentistry (heading 34.07);

(h) Blood albumin not prepared for therapeutic or prophylactic uses(heading 35.02); or

(i) Diagnostic reagents of heading 38.22.

2. For the purposes of heading 30.02, the expression "immunological products" applies to peptides and proteins (other than goods of heading 29.37) which are directly involved in the regulation of immunological processes, such as monoclonal antibodies (MAB), antibody fragments, antibody conjugates and antibody fragment conjugates, interleukins, interferons (IFN), chemokines and certain tumor necrosis factors (TNF), growth factors (GF), hematopoietins and colony stimulating factors (CSF).

3. For the purposes of headings 30.03 and 30.04 and of Note4 (d) to this Chapter, the following are to be treated:

(a) As unmixed products:

(1) Unmixed products dissolved in water;

(2) All goods of Chapter 28 or 29; and

(3) Simple vegetable extracts of heading 13.02, merely standardised or dissolved in any solvent.

(b) As products which have been mixed:

(1) Colloidal solutions and suspensions (other than colloidal sulphur) ;

(2) Vegetable extracts obtained by the treatment of mixtures of vegetable materials; and

(3) Salts and concentrates obtained by evaporating natural mineral waters.

4. Heading 30.06 applies only to the following,which are to be classified in that heading and in no other heading of the nomenclature:

(a) Sterile surgical catgut, similar sterile suture materials (including sterile absorbable surgical or dental yarns) and

用的无菌粘合胶布；

（二）无菌昆布及无菌昆布塞条；

（三）外科或牙科用无菌吸收性止血材料；外科或牙科用无菌抗粘连阻隔材料，不论是否可吸收；

（四）用于病人的X光检查造影剂及其他诊断试剂，这些药剂是由单一产品配定剂量或由两种以上成分混合而成的；

（五）安慰剂和盲法（或双盲法）临床试验试剂盒，用于经许可的临床试验，已配定剂量，即使它们可能含有活性药物；

（六）牙科粘固剂及其他牙科填料；骨骼粘固剂；

（七）急救药箱、药包；

（八）以激素、税目29.37的其他产品或杀精子剂为基本成分的化学避孕药物；

（九）专用于人类或作兽药用的凝胶制品，作为外科手术或体检时躯体部位的润滑剂，或者作为躯体和医疗器械之间的耦合剂；

（十）废药物即那些因超过有效保存期等原因而不适于作原用途的药品；

（十一）可确定用于造口术的用具，即裁切成型的结肠造口术、回肠造口术、尿道造口术用袋及其具有粘性的片或底盘。

子目注释：

一、子目3002.13及3002.14所述的非混合产品、纯物质及混合产品，按下列规定处理：

（一）非混合产品或纯物质，不论是否含有杂质；

（二）混合产品：

1. 上述（一）款所述的产品溶于水或其他溶剂的；
2. 为保存或运输需要，上述（一）款及（二）1项所述的产品加入稳定剂的；以及
3. 上述（一）款、（二）1项及（二）2项所述的产品添加其他添加剂的。

二、子目3003.60及3004.60包括的药品含有与其他药用活性成分配伍的口服用青蒿素（INN），或者含有下列任何一种活性成分，不论是否与其他药用活性成分配伍：阿莫地喹（INN）、蒿醚林酸及其盐（INN）、双氢青蒿素（INN）、蒿乙醚（INN）、蒿甲醚（INN）、青蒿琥酯（INN）、氯喹（INN）、二氢青蒿素（INN）、苯芴醇（INN）、甲氟喹（INN）、哌喹（INN）、乙胺嘧啶（INN）或磺胺多辛（INN）。

sterile tissue adhesives for surgical wound closure;

(b) Sterile laminaria and sterile laminaria tents;

(c) Sterile absorbable surgical or dental haemostatics; sterile surgical or dental adhesion barriers, whether or not absorbable;

(d) Opacifying preparations for X-ray examinations and diagnostic reagents designed to be administered to the patient, being unmixed products put up in measured doses or products consisting of two or more ingredients which have been mixed together for such uses;

(e) Placebos and blinded (or double-blinded) clinical trial kits for use in recognised clinical trials, put up in measured doses, even if they might contain active medicaments;

(f) Dental cements and other dental fillings; bone reconstruction cements;

(g) First-aid boxes and kits;

(h) Chemical contraceptive preparations based on hormones, on other products or heading 29.37 or on spermicides;

(i) Gel preparations designed to be used in human or veterinary medicine as a lubricant for parts of the body for surgical operations or physical examinations or as a coupling agent between the body and medical instruments;

(j) Waste pharmaceuticals,that is, pharmaceutical products which are unfit for their original intended purpose due to, for example, expiry of shelf life; and

(k) Appliances identifiable for ostomy use, that is, colostomy, ileostomy and urostomy pouches cut to shape and their adhesive wafers or faceplates.

Subheading Notes:

1. For the purposes of subheadings 3002.13 and 3002.14, the following are to be treated :

(a) As unmixed products, pure products, whether or not containing impurities;

(b) As products which have been mixed :

(1) The products mentioned in (a) above dissolved in water or in other solvents;

(2) The products mentioned in (a) and (b) (1) above with an added stabiliser necessary for their preservation or transport; and

(3) The products mentioned in (a), (b) (1) and (b) (2) above with any other additive.

2. Subheadings 3003.60 and 3004.60 cover medicaments containing artemisinin (INN) for oral ingestion combined with other pharmaceutical active ingredients, or containing any of the following active principles, whether or not combined with other pharmaceutical active ingredients: amodiaquine (INN); artelinic acid or its salts; artenimol (INN); artemotil (INN); artemether (INN); artesunate (INN); chloroquine (INN); dihydroartemisinin (INN); lumefantrine (INN); mefloquine (INN); piperaquine (INN); pyrimethamine (INN) or sulfadoxine (INN).

序号 No.	税则号列 Tariff Line	货品名称 Article Description	最惠国税率 MFN(%)		协定税率 Agreement(%)	特惠税率 SP(%)		普通税率 Gen(%)
	30.01	已干燥的器官疗法用腺体及其他器官,不论是否制成粉末; 器官疗法用腺体、其他器官及其分泌物的提取物; 肝素及其盐; 其他供治疗或预防疾病用的其他税目未列名的人体或动物制品: Glands and other organs for organo-therapeutic uses, dried, whether or not powdered; extracts of glands or other organs or of their secretions for organo-therapeutic uses; heparin and its salts; other human or animal substances prepared for therapeutic or prophylactic uses, not elsewhere specified or included:						
2582	3001.2000	-腺体、其他器官及其分泌物的提取物 -Extracts of glands or other organs or of their secretions	3	0	东盟AS,智CL,巴PK,新西兰NZ,秘PE,哥CR,瑞CH,冰IS,韩KR,澳AU,格GE,毛MU,东盟^{R}AS^R,澳^{R}AU^R,日^{R}JP^R,新西兰^{R}NZ^R,柬KH,港HK,澳门MO,韩^{R}KR^R	0	受惠国LD	30
		-其他: -Other:						
2583	3001.9010	---肝素及其盐 ---Heparin and its salts	3	0	东盟AS,智CL,巴PK,新西兰NZ,秘PE,哥CR,瑞CH,冰IS,韩KR,澳AU,格GE,毛MU,东盟^{R}AS^R,澳^{R}AU^R,日^{R}JP^R,新西兰^{R}NZ^R,柬KH,港HK,澳门MO,韩^{R}KR^R	0	受惠国LD	30
2584	3001.9090	---其他 ---Other	3	0	东盟AS,智CL,巴PK,新西兰NZ,秘PE,哥CR,瑞CH,冰IS,韩KR,澳AU,格GE,毛MU,东盟^{R}AS^R,澳^{R}AU^R,日^{R}JP^R,新西兰^{R}NZ^R,柬KH,港HK,澳门MO,韩^{R}KR^R	0	受惠国LD	30
	30.02	人血; 治病、防病或诊断用的动物血制品; 抗血清、其他血份及免疫制品,不论是否修饰或通过生物工艺加工制得; 疫苗、毒素、培养微生物(不包括酵母)及类似产品; 细胞培养物,不论是否修饰: Human blood; animal blood prepared for therapeutic, prophylactic or diagnostic uses; antisera, other blood fractions and immunological products, whether or not modified or obtained by means of biotechnological processes; vaccines, toxins, cultures of micro-organisms (excluding yeasts) and similar products; cell cultures, whether or not modified:						

序号 No.	税则号列 Tariff Line	货品名称 Article Description	最惠国税率 MFN(%)	协定税率 Agreement(%)		特惠税率 SP(%)	普通税率 Gen(%)
		-抗血清、其他血份及免疫制品，不论是否修饰或通过生物工艺加工制得： -Antisera and other blood fractions and immunological products, whether or not modified or obtained by means of biotechnological processes:					
2585	3002.1200	--抗血清及其他血份 --Antisera and other blood fractions	3Δ0	0	东盟AS,智CL,巴PK,新西兰NZ,秘PE,哥CR,冰IS,韩KR,澳AU,格GE,毛MU,东盟^RAS^R,澳^RAU^R,新西兰^RNZ^R,柬KH,港HK,澳门MO,韩^RKR^R	0 受惠国LD	20
				1.2	瑞CH		
				2.5	日^RJP^R		
2586	3002.1300	--非混合的免疫制品，未配定剂量或制成零售包装 --Immunological products, unmixed, not put up in measured doses or in forms or packings for retail sale	3Δ0	0	东盟AS,智CL,巴PK,新西兰NZ,秘PE,哥CR,冰IS,韩KR,澳AU,格GE,毛MU,东盟^RAS^R,澳^RAU^R,新西兰^RNZ^R,柬KH,港HK,澳门MO,韩^RKR^R	0 受惠国LD	20
				1.2	瑞CH		
				2.5	日^RJP^R		
2587	3002.1400	--混合的免疫制品，未配定剂量或制成零售包装 --Immunological products, mixed, not put up in measured doses or in forms or packings for retail sale	3Δ0	0	东盟AS,智CL,巴PK,新西兰NZ,秘PE,哥CR,冰IS,韩KR,澳AU,格GE,毛MU,东盟^RAS^R,澳^RAU^R,新西兰^RNZ^R,柬KH,港HK,澳门MO,韩^RKR^R	0 受惠国LD	20
				1.2	瑞CH		
				2.5	日^RJP^R		
2588	3002.1500	--免疫制品，已配定剂量或制成零售包装 --Immunological products, put up in measured doses or in forms or packings for retail sale	3Δ0	0	东盟AS,智CL,巴PK,新西兰NZ,秘PE,哥CR,冰IS,韩KR,澳AU,格GE,毛MU,东盟^RAS^R,澳^RAU^R,新西兰^RNZ^R,柬KH,港HK,澳门MO,韩^RKR^R	0 受惠国LD	20
				1.2	瑞CH		
				2.5	日^RJP^R		
		-疫苗、毒素、培养微生物(不包括酵母)及类似产品： -Vaccines, toxins, cultures of micro-organisms (excluding yeasts) and similar products:					
2589	3002.4100	--人用疫苗 --Vaccines for human medicine	3Δ0	0	东盟AS,智CL,巴PK,新西兰NZ,秘PE,哥CR,瑞CH,冰IS,韩KR,澳AU,格GE,毛MU,东盟^RAS^R,澳^RAU^R,新西兰^RNZ^R,柬KH,港HK,澳门MO,韩^RKR^R	0 受惠国LD	20
				2.5	日^RJP^R		

序号 No.	税则号列 Tariff Line	货品名称 Article Description	最惠国税率 MFN(%)		协定税率 Agreement(%)	特惠税率 SP(%)	普通税率 Gen(%)
2590	3002.4200	--兽用疫苗 --Vaccines for veterinary medicine	3	0	东盟AS,智CL,巴PK,新西兰NZ,秘PE,哥CR,瑞CH,冰IS,韩KR,澳AU,格GE,毛MU,东盟^RAS^R,澳^RAU^R,日^RJP^R,新西兰^RNZ^R,柬KH,港HK,澳门MO,韩^RKR^R	0 受惠国LD	20
		--其他: --Other:					
2591	3002.4920	---蓖麻毒素 ---Ricitoxin	3	0	东盟AS,智CL,巴PK,新西兰NZ,秘PE,哥CR,瑞CH,冰IS,韩KR,澳AU,格GE,毛MU,东盟^RAS^R,澳^RAU^R,日^RJP^R,新西兰^RNZ^R,柬KH,港HK,澳门MO,韩^RKR^R	0 受惠国LD	20
2592	3002.4930	---细菌及病毒 ---Bacteria and virus	3	0 2.5	东盟AS,智CL,巴PK,新西兰NZ,秘PE,哥CR,瑞CH,冰IS,韩KR,澳AU,格GE,毛MU,东盟^RAS^R,澳^RAU^R,新西兰^RNZ^R,柬KH,港HK,澳门MO,韩^RKR^R 日^RJP^R	0 受惠国LD	20
2593	3002.4990	---其他 ---Other	3Δ0	0	东盟AS,智CL,巴PK,新西兰NZ,秘PE,哥CR,瑞CH,冰IS,韩KR,澳AU,格GE,毛MU,东盟^RAS^R,澳^RAU^R,日^RJP^R,新西兰^RNZ^R,柬KH,港HK,澳门MO,韩^RKR^R	0 受惠国LD	20
		-细胞培养物, 不论是否修饰: -Cell cultures, whether or not modified:					
2594	3002.5100	--细胞治疗产品 --Cell therapy products	3Δ0	0	东盟AS,智CL,巴PK,新西兰NZ,秘PE,哥CR,瑞CH,冰IS,韩KR,澳AU,格GE,毛MU,东盟^RAS^R,澳^RAU^R,日^RJP^R,新西兰^RNZ^R,柬KH,港HK,澳门MO,韩^RKR^R	0 受惠国LD	20
2595	3002.5900	--其他 --Other	3Δ0	0	东盟AS,智CL,巴PK,新西兰NZ,秘PE,哥CR,瑞CH,冰IS,韩KR,澳AU,格GE,毛MU,东盟^RAS^R,澳^RAU^R,日^RJP^R,新西兰^RNZ^R,柬KH,港HK,澳门MO,韩^RKR^R	0 受惠国LD	20
		-其他: -Other:					
2596	3002.9040	---遗传物质和基因修饰生物体 ---Genetics material and gene modified organism	3Δ0	0	东盟AS,智CL,巴PK,新西兰NZ,秘PE,哥CR,瑞CH,冰IS,韩KR,澳AU,格GE,毛MU,东盟^RAS^R,澳^RAU^R,日^RJP^R,新西兰^RNZ^R,柬KH,港HK,澳门MO,韩^RKR^R	0 受惠国LD	20
2597	3002.9090	---其他 ---Other	3Δ0	0	东盟AS,智CL,巴PK,新西兰NZ,秘PE,哥CR,瑞CH,冰IS,韩KR,澳AU,格GE,毛MU,东盟^RAS^R,澳^RAU^R,日^RJP^R,新西兰^RNZ^R,柬KH,港HK,澳门MO,韩^RKR^R	0 受惠国LD	20

序号 No.	税则号列 Tariff Line	货品名称 Article Description	最惠国税率 MFN(%)	协定税率 Agreement(%)		特惠税率 SP(%)	普通税率 Gen(%)
	30.03	两种或两种以上成分混合而成的治病或防病用药品(不包括税目30.02、30.05或30.06的货品),未配定剂量或制成零售包装: Medicaments (excluding goods of heading 30.02, 30.05 or 30.06) consisting of two or more constituents which have been mixed together for therapeutic or prophylactic uses, not put up in measured doses or in forms or packings for retail sale:					
		-含有青霉素及具有青霉烷酸结构的青霉素衍生物或链霉素及其衍生物: -Containing penicillins or derivatives thereof, with a penicillanic acid structure, or streptomycins or their derivatives:					
		---青霉素: ---Containing penicillins:					
2598	3003.1011	----氨苄青霉素 ----Ampicillin	0	0	亚太AP,东盟AS,智CL,巴PK,新西兰NZ,秘PE,哥CR,瑞CH,冰IS,韩KR,澳AU,格GE,毛MU,东盟^RAS^R,澳^RAU^R,新西兰^RNZ^R,柬KH,港HK,澳门MO,韩^RKR^R 4.9　日^RJP^R	0 受惠国LD	30
2599	3003.1012	----羟氨苄青霉素 ----Amoxycillin	0	0	亚太AP,东盟AS,智CL,巴PK,新西兰NZ,秘PE,哥CR,瑞CH,冰IS,韩KR,澳AU,格GE,毛MU,东盟^RAS^R,澳^RAU^R,新西兰^RNZ^R,柬KH,港HK,澳门MO,韩^RKR^R 4.9　日^RJP^R	0 受惠国LD	30
2600	3003.1013	----青霉素V ----Penicillin V	0	0	亚太AP,东盟AS,智CL,巴PK,新西兰NZ,秘PE,哥CR,瑞CH,冰IS,韩KR,澳AU,格GE,毛MU,东盟^RAS^R,澳^RAU^R,新西兰^RNZ^R,柬KH,港HK,澳门MO,韩^RKR^R 4.9　日^RJP^R	0 受惠国LD	30
2601	3003.1019	----其他 ----Other	0	0	亚太AP,东盟AS,智CL,巴PK,新西兰NZ,秘PE,哥CR,瑞CH,冰IS,韩KR,澳AU,格GE,毛MU,东盟^RAS^R,澳^RAU^R,新西兰^RNZ^R,柬KH,港HK,澳门MO,韩^RKR^R 4.9　日^RJP^R	0 受惠国LD	30

序号 No.	税则号列 Tariff Line	货品名称 Article Description	最惠国税率 MFN(%)	协定税率 Agreement(%)		特惠税率 SP(%)	普通税率 Gen(%)
2602	3003.1090	---其他 ---Other	0	0	亚太AP,东盟AS,智CL,巴PK,新西兰NZ,秘PE,哥CR,瑞CH,冰IS,韩KR,澳AU,格GE,毛MU,东盟ᴿASᴿ,澳ᴿAUᴿ,新西兰ᴿNZᴿ,柬KH,港HK,澳门MO,韩ᴿKRᴿ	0 受惠国LD	30
				4.9	日ᴿJPᴿ		
		-其他,含有抗菌素: -Other, containing antibiotics:					
		---头孢菌素: ---Containing cephamycins:					
2603	3003.2011	----头孢噻肟 ----Cefotaxime	0	0	亚太AP,东盟AS,智CL,巴PK,新西兰NZ,秘PE,哥CR,瑞CH,冰IS,韩KR,澳AU,格GE,毛MU,东盟ᴿASᴿ,澳ᴿAUᴿ,新西兰ᴿNZᴿ,柬KH,港HK,澳门MO,韩ᴿKRᴿ	0 受惠国LD	30
				4.9	日ᴿJPᴿ		
2604	3003.2012	----头孢他啶 ----Ceftazidime	0	0	亚太AP,东盟AS,智CL,巴PK,新西兰NZ,秘PE,哥CR,瑞CH,冰IS,韩KR,澳AU,格GE,毛MU,东盟ᴿASᴿ,澳ᴿAUᴿ,新西兰ᴿNZᴿ,柬KH,港HK,澳门MO,韩ᴿKRᴿ	0 受惠国LD	30
				4.9	日ᴿJPᴿ		
2605	3003.2013	----头孢西丁 ----Cefoxitin	0	0	亚太AP,东盟AS,智CL,巴PK,新西兰NZ,秘PE,哥CR,瑞CH,冰IS,韩KR,澳AU,格GE,毛MU,东盟ᴿASᴿ,澳ᴿAUᴿ,新西兰ᴿNZᴿ,柬KH,港HK,澳门MO,韩ᴿKRᴿ	0 受惠国LD	30
				4.9	日ᴿJPᴿ		
2606	3003.2014	----头孢替唑 ----Ceftezole	0	0	亚太AP,东盟AS,智CL,巴PK,新西兰NZ,秘PE,哥CR,瑞CH,冰IS,韩KR,澳AU,格GE,毛MU,东盟ᴿASᴿ,澳ᴿAUᴿ,新西兰ᴿNZᴿ,柬KH,港HK,澳门MO,韩ᴿKRᴿ	0 受惠国LD	30
				4.9	日ᴿJPᴿ		
2607	3003.2015	----头孢克罗 ----Cefaclor	0	0	亚太AP,东盟AS,智CL,巴PK,新西兰NZ,秘PE,哥CR,瑞CH,冰IS,韩KR,澳AU,格GE,毛MU,东盟ᴿASᴿ,澳ᴿAUᴿ,新西兰ᴿNZᴿ,柬KH,港HK,澳门MO,韩ᴿKRᴿ	0 受惠国LD	30
				4.9	日ᴿJPᴿ		
2608	3003.2016	----头孢呋辛 ----Cefuroxime	0	0	亚太AP,东盟AS,智CL,巴PK,新西兰NZ,秘PE,哥CR,瑞CH,冰IS,韩KR,澳AU,格GE,毛MU,东盟ᴿASᴿ,澳ᴿAUᴿ,新西兰ᴿNZᴿ,柬KH,港HK,澳门MO,韩ᴿKRᴿ	0 受惠国LD	30
				4.9	日ᴿJPᴿ		

序号 No.	税则号列 Tariff Line	货品名称 Article Description	最惠国税率 MFN(%)	协定税率 Agreement(%)		特惠税率 SP(%)	普通税率 Gen(%)
2609	3003.2017	----头孢三嗪（头孢曲松） ----Ceftriaxone	0	0	亚太AP,东盟AS,智CL,巴PK,新西兰NZ,秘PE,哥CR,瑞CH,冰IS,韩KR,澳AU,格GE,毛MU,东盟^{R}AS^R,澳^{R}AU^R,新西兰^{R}NZ^R,柬KH,港HK,澳门MO,韩^{R}KR^R	0 受惠国LD	30
				4.9	日^{R}JP^R		
2610	3003.2018	----头孢哌酮 ----Cefoperazone	0	0	亚太AP,东盟AS,智CL,巴PK,新西兰NZ,秘PE,哥CR,瑞CH,冰IS,韩KR,澳AU,格GE,毛MU,东盟^{R}AS^R,澳^{R}AU^R,新西兰^{R}NZ^R,柬KH,港HK,澳门MO,韩^{R}KR^R	0 受惠国LD	30
				4.9	日^{R}JP^R		
2611	3003.2019	----其他 ----Other	0	0	亚太AP,东盟AS,智CL,巴PK,新西兰NZ,秘PE,哥CR,瑞CH,冰IS,韩KR,澳AU,格GE,毛MU,东盟^{R}AS^R,澳^{R}AU^R,新西兰^{R}NZ^R,柬KH,港HK,澳门MO,韩^{R}KR^R	0 受惠国LD	30
				4.9	日^{R}JP^R		
2612	3003.2090	---其他 ---Other	0	0	亚太AP,东盟AS,智CL,巴PK,新西兰NZ,秘PE,哥CR,瑞CH,冰IS,韩KR,澳AU,格GE,毛MU,东盟^{R}AS^R,澳^{R}AU^R,新西兰^{R}NZ^R,柬KH,港HK,澳门MO,韩^{R}KR^R	0 受惠国LD	30
				4.9	日^{R}JP^R		
		-其他,含有激素或税目29.37的其他产品： -Other, containing hormones or other products of heading 29.37 :					
2613	3003.3100	--含有胰岛素 --Containing insulin	0	0	亚太AP,东盟AS,智CL,巴PK,新西兰NZ,秘PE,哥CR,瑞CH,冰IS,韩KR,澳AU,格GE,毛MU,东盟^{R}AS^R,澳^{R}AU^R,新西兰^{R}NZ^R,柬KH,港HK,澳门MO,韩^{R}KR^R	0 受惠国LD	30
				4.1	日^{R}JP^R		
2614	3003.3900	--其他 --Other	0	0	亚太AP,东盟AS,智CL,巴PK,新西兰NZ,秘PE,哥CR,瑞CH,冰IS,韩KR,澳AU,格GE,毛MU,东盟^{R}AS^R,澳^{R}AU^R,新西兰^{R}NZ^R,柬KH,港HK,澳门MO,韩^{R}KR^R	0 受惠国LD	30
				4.9	日^{R}JP^R		
		-其他,含有生物碱及其衍生物： -Other, containing alkaloids or derivatives thereof :					

序号 No.	税则号列 Tariff Line	货品名称 Article Description	最惠国税率 MFN(%)	协定税率 Agreement(%)		特惠税率 SP(%)	普通税率 Gen(%)
2615	3003.4100	--含有麻黄碱及其盐 --Containing ephedrine or its salts	5	0	东盟AS,智CL,巴PK,新西兰NZ,秘PE,哥CR,瑞CH,冰IS,韩KR,澳AU,格GE,毛MU,东盟^RAS^R,澳^RAU^R,日^RJP^R,新西兰^RNZ^R,柬KH,港HK,澳门MO,韩^RKR^R	0 受惠国LD	30
2616	3003.4200	--含有伪麻黄碱（INN）及其盐 --Containing pseudoephedrine (INN) or its salts	5	0	东盟AS,智CL,巴PK,新西兰NZ,秘PE,哥CR,瑞CH,冰IS,韩KR,澳AU,格GE,毛MU,东盟^RAS^R,澳^RAU^R,日^RJP^R,新西兰^RNZ^R,柬KH,港HK,澳门MO,韩^RKR^R	0 受惠国LD	30
2617	3003.4300	--含有去甲麻黄碱及其盐 --Containing norephedrine or its salts	5	0	东盟AS,智CL,巴PK,新西兰NZ,秘PE,哥CR,瑞CH,冰IS,韩KR,澳AU,格GE,毛MU,东盟^RAS^R,澳^RAU^R,日^RJP^R,新西兰^RNZ^R,柬KH,港HK,澳门MO,韩^RKR^R	0 受惠国LD	30
2618	3003.4900	--其他 --Other	5	0	东盟AS,智CL,巴PK,新西兰NZ,秘PE,哥CR,瑞CH,冰IS,韩KR,澳AU,格GE,毛MU,东盟^RAS^R,澳^RAU^R,日^RJP^R,新西兰^RNZ^R,柬KH,港HK,澳门MO,韩^RKR^R	0 受惠国LD	30
		-其他,含有本章子目注释二所列抗疟疾活性成分的: -Other, containing antimalarial active principles described in Subheading Note 2 to this Chapter:					
2619	3003.6010	---含有青蒿素及其衍生物 ---Containing artemisinins and their derivatives	0	0 4.1	东盟AS,智CL,巴PK,新西兰NZ,秘PE,哥CR,瑞CH,冰IS,韩KR,澳AU,格GE,毛MU,东盟^RAS^R,澳^RAU^R,新西兰^RNZ^R,柬KH,港HK,澳门MO,韩^RKR^R 日^RJP^R	0 受惠国LD	30
2620	3003.6090	---其他 ---Other	0	0 4.1	东盟AS,智CL,巴PK,新西兰NZ,秘PE,哥CR,瑞CH,冰IS,韩KR,澳AU,格GE,毛MU,东盟^RAS^R,澳^RAU^R,新西兰^RNZ^R,柬KH,港HK,澳门MO,韩^RKR^R 日^RJP^R	0 受惠国LD	30
2621	3003.9000	-其他 -Other	0	0 4.1	东盟AS,智CL,巴PK,新西兰NZ,秘PE,哥CR,瑞CH,冰IS,韩KR,澳AU,格GE,毛MU,东盟^RAS^R,澳^RAU^R,新西兰^RNZ^R,柬KH,港HK,澳门MO,韩^RKR^R 日^RJP^R	0 受惠国LD	30

序号 No.	税则号列 Tariff Line	货品名称 Article Description	最惠国税率 MFN(%)		协定税率 Agreement(%)	特惠税率 SP(%)	普通税率 Gen(%)
	30.04	由混合或非混合产品构成的治病或防病用药品(不包括税目30.02、30.05或30.06的货品),已配定剂量(包括制成皮肤摄入形式的)或制成零售包装: Medicaments (excluding goods of heading 30.02, 30.05 or 30.06) consisting of mixed or unmixed products for therapeutic or prophylactic uses, put up in measured doses (including those in the form of transdermal administration systems) or in forms or packings for retail sale:					
		-含有青霉素及具有青霉烷酸结构的青霉素衍生物或链霉素及其衍生物: -Containing penicillins or derivatives thereof, with a penicillanic acid structure, or streptomycins or their derivatives:					
		---青霉素: ---Containing penicillins:					
2622	3004.1011	----氨苄青霉素制剂 ----Ampicillin	0	0 4.9	亚太AP,东盟AS,智CL,巴PK,新西兰NZ,秘PE,哥CR,瑞CH,冰IS,韩KR,澳AU,格GE,毛MU,东盟^{R}AS^R,澳^{R}AU^R,新西兰^{R}NZ^R,柬KH,港HK,澳门MO,韩^{R}KR^R 日^{R}JP^R	0 受惠国LD	30
2623	3004.1012	----羟氨苄青霉素制剂 ----Amoxycillin	0	0 4.9	亚太AP,东盟AS,智CL,巴PK,新西兰NZ,秘PE,哥CR,瑞CH,冰IS,韩KR,澳AU,格GE,毛MU,东盟^{R}AS^R,澳^{R}AU^R,新西兰^{R}NZ^R,柬KH,港HK,澳门MO,韩^{R}KR^R 日^{R}JP^R	0 受惠国LD	30
2624	3004.1013	----青霉素V制剂 ----Penicillin V	0	0 4.9	亚太AP,东盟AS,智CL,巴PK,新西兰NZ,秘PE,哥CR,瑞CH,冰IS,韩KR,澳AU,格GE,毛MU,东盟^{R}AS^R,澳^{R}AU^R,新西兰^{R}NZ^R,柬KH,港HK,澳门MO,韩^{R}KR^R 日^{R}JP^R	0 受惠国LD	30
2625	3004.1019	----其他 ----Other	0	0 4.9	亚太AP,东盟AS,智CL,巴PK,新西兰NZ,秘PE,哥CR,瑞CH,冰IS,韩KR,澳AU,格GE,毛MU,东盟^{R}AS^R,澳^{R}AU^R,新西兰^{R}NZ^R,柬KH,港HK,澳门MO,韩^{R}KR^R 日^{R}JP^R	0 受惠国LD	30
2626	3004.1090	---其他 ---Other	0	0 4.9	亚太AP,东盟AS,智CL,巴PK,新西兰NZ,秘PE,哥CR,瑞CH,冰IS,韩KR,澳AU,格GE,毛MU,东盟^{R}AS^R,澳^{R}AU^R,新西兰^{R}NZ^R,柬KH,港HK,澳门MO,韩^{R}KR^R 日^{R}JP^R	0 受惠国LD	30
		-其他,含有抗菌素: -Other, containing antibiotics:					

序号 No.	税则号列 Tariff Line	货品名称 Article Description	最惠国税率 MFN(%)	协定税率 Agreement(%)		特惠税率 SP(%)		普通税率 Gen(%)
		---头孢菌素: ---Containing cephamycins:						
2627	3004.2011	----头孢噻肟制剂 ----Cefotaxime	0	0	亚太AP,东盟AS,智CL,巴PK,新西兰NZ,秘PE,哥CR,瑞CH,冰IS,韩KR,澳AU,格GE,毛MU,东盟^RAS^R,澳^RAU^R,新西兰^RNZ^R,柬KH,港HK,澳门MO,韩^RKR^R	0	受惠国LD	30
				4.9	日^RJP^R			
2628	3004.2012	----头孢他啶制剂 ----Ceftazidime	0	0	亚太AP,东盟AS,智CL,巴PK,新西兰NZ,秘PE,哥CR,瑞CH,冰IS,韩KR,澳AU,格GE,毛MU,东盟^RAS^R,澳^RAU^R,新西兰^RNZ^R,柬KH,港HK,澳门MO,韩^RKR^R	0	受惠国LD	30
				4.9	日^RJP^R			
2629	3004.2013	----头孢西丁制剂 ----Cefoxitin	0	0	亚太AP,东盟AS,智CL,巴PK,新西兰NZ,秘PE,哥CR,瑞CH,冰IS,韩KR,澳AU,格GE,毛MU,东盟^RAS^R,澳^RAU^R,新西兰^RNZ^R,柬KH,港HK,澳门MO,韩^RKR^R	0	受惠国LD	30
				4.9	日^RJP^R			
2630	3004.2014	----头孢替唑制剂 ----Ceftezole	0	0	亚太AP,东盟AS,智CL,巴PK,新西兰NZ,秘PE,哥CR,瑞CH,冰IS,韩KR,澳AU,格GE,毛MU,东盟^RAS^R,澳^RAU^R,新西兰^RNZ^R,柬KH,港HK,澳门MO,韩^RKR^R	0	受惠国LD	30
				4.9	日^RJP^R			
2631	3004.2015	----头孢克罗制剂 ----Cefaclor	0	0	亚太AP,东盟AS,智CL,巴PK,新西兰NZ,秘PE,哥CR,瑞CH,冰IS,韩KR,澳AU,格GE,毛MU,东盟^RAS^R,澳^RAU^R,新西兰^RNZ^R,柬KH,港HK,澳门MO,韩^RKR^R	0	受惠国LD	30
				4.9	日^RJP^R			
2632	3004.2016	----头孢呋辛制剂 ----Cefuroxime	0	0	亚太AP,东盟AS,智CL,巴PK,新西兰NZ,秘PE,哥CR,瑞CH,冰IS,韩KR,澳AU,格GE,毛MU,东盟^RAS^R,澳^RAU^R,新西兰^RNZ^R,柬KH,港HK,澳门MO,韩^RKR^R	0	受惠国LD	30
				4.9	日^RJP^R			
2633	3004.2017	----头孢三嗪(头孢曲松)制剂 ----Ceftriaxone	0	0	亚太AP,东盟AS,智CL,巴PK,新西兰NZ,秘PE,哥CR,瑞CH,冰IS,韩KR,澳AU,格GE,毛MU,东盟^RAS^R,澳^RAU^R,新西兰^RNZ^R,柬KH,港HK,澳门MO,韩^RKR^R	0	受惠国LD	30
				4.9	日^RJP^R			
2634	3004.2018	----头孢哌酮制剂 ----Cefoperazone	0	0	亚太AP,东盟AS,智CL,巴PK,新西兰NZ,秘PE,哥CR,瑞CH,冰IS,韩KR,澳AU,格GE,毛MU,东盟^RAS^R,澳^RAU^R,新西兰^RNZ^R,柬KH,港HK,澳门MO,韩^RKR^R	0	受惠国LD	30
				4.9	日^RJP^R			

序号 No.	税则号列 Tariff Line	货品名称 Article Description	最惠国税率 MFN(%)	协定税率 Agreement(%)		特惠税率 SP(%)	普通税率 Gen(%)
2635	3004.2019	----其他 ----Other	0	0	亚太AP,东盟AS,智CL,巴PK,新西兰NZ,秘PE,哥CR,瑞CH,冰IS,澳AU,格GE,毛MU,柬KH,港HK,澳门MO	0 受惠国LD	30
				0.6	韩KR		
				4.8	东盟^RAS^R,澳^RAU^R,新西兰^RNZ^R,韩^RKR^R		
				4.9	日^RJP^R		
2636	3004.2090	---其他 ---Other	0	0	亚太AP,东盟AS,智CL,巴PK,新西兰NZ,秘PE,哥CR,瑞CH,冰IS,韩KR,澳AU,格GE,毛MU,东盟^RAS^R,澳^RAU^R,新西兰^RNZ^R,柬KH,港HK,澳门MO,韩^RKR^R	0 受惠国LD	30
				4.9	日^RJP^R		
		-其他,含有激素或税目29.37的其他产品: -Other, containing hormones or other products of heading 29.37:					
		--含有胰岛素: --Containing insulin:					
2637	3004.3110	---含有重组人胰岛素的 ---Containing recombinant human insulin	0	0	亚太AP,东盟AS,智CL,巴PK,新西兰NZ,秘PE,哥CR,瑞CH,冰IS,韩KR,澳AU,格GE,毛MU,东盟^RAS^R,澳^RAU^R,新西兰^RNZ^R,柬KH,港HK,澳门MO,韩^RKR^R	0 受惠国LD	30
				4.1	日^RJP^R		
2638	3004.3190	---其他 ---Other	0	0	亚太AP,东盟AS,智CL,巴PK,新西兰NZ,秘PE,哥CR,瑞CH,冰IS,韩KR,澳AU,格GE,毛MU,东盟^RAS^R,澳^RAU^R,新西兰^RNZ^R,柬KH,港HK,澳门MO,韩^RKR^R	0 受惠国LD	30
				4.1	日^RJP^R		
2639	3004.3200	--含有皮质甾类激素及其衍生物或结构类似物 --Containing corticosteroid hormones, their derivatives and structural analogues	0	0	亚太AP,东盟AS,智CL,巴PK,新西兰NZ,秘PE,哥CR,瑞CH,冰IS,韩KR,澳AU,格GE,毛MU,东盟^RAS^R,澳^RAU^R,新西兰^RNZ^R,柬KH,港HK,澳门MO,韩^RKR^R	0 受惠国LD	30
				4.1	日^RJP^R		
2640	3004.3900	--其他 --Other	0	0	亚太AP,东盟AS,智CL,巴PK,新西兰NZ,秘PE,哥CR,瑞CH,冰IS,韩KR,澳AU,格GE,毛MU,柬KH,港HK,澳门MO	0 受惠国LD	30
				4	东盟^RAS^R,澳^RAU^R,新西兰^RNZ^R,韩^RKR^R		
				4.1	日^RJP^R		
		-其他,含有生物碱及其衍生物: -Other, containing alkaloids or derivatives thereof:					

序号 No.	税则号列 Tariff Line	货品名称 Article Description	最惠国税率 MFN(%)	协定税率 Agreement(%)		特惠税率 SP(%)	普通税率 Gen(%)
2641	3004.4100	--含有麻黄碱及其盐 --Containing ephedrine or its salts	5	0	东盟AS,智CL,巴PK,新西兰NZ,秘PE,哥CR,瑞CH,冰IS,韩KR,澳AU,格GE,毛MU,东盟^{R}AS^R,日^{R}JP^R,柬KH,港HK,澳门MO,韩^{R}KR^R	0 受惠国LD	30
				4	澳^{R}AU^R,新西兰^{R}NZ^R		
2642	3004.4200	--含有伪麻黄碱（INN）及其盐 --Containing pseudoephedrine (INN) or its salts	5	0	东盟AS,智CL,巴PK,新西兰NZ,秘PE,哥CR,瑞CH,冰IS,韩KR,澳AU,格GE,毛MU,东盟^{R}AS^R,日^{R}JP^R,柬KH,港HK,澳门MO,韩^{R}KR^R	0 受惠国LD	30
				4	澳^{R}AU^R,新西兰^{R}NZ^R		
2643	3004.4300	--含有去甲麻黄碱及其盐 --Containing norephedrine or its salts	5	0	东盟AS,智CL,巴PK,新西兰NZ,秘PE,哥CR,瑞CH,冰IS,韩KR,澳AU,格GE,毛MU,东盟^{R}AS^R,日^{R}JP^R,柬KH,港HK,澳门MO,韩^{R}KR^R	0 受惠国LD	30
				4	澳^{R}AU^R,新西兰^{R}NZ^R		
2644	3004.4900	--其他 --Other	5	0	东盟AS,智CL,巴PK,新西兰NZ,秘PE,哥CR,瑞CH,冰IS,韩KR,澳AU,格GE,毛MU,东盟^{R}AS^R,澳^{R}AU^R,日^{R}JP^R,新西兰^{R}NZ^R,柬KH,港HK,澳门MO,韩^{R}KR^R	0 受惠国LD	30
	ex30044900	具有抗癌作用的含有生物碱及其衍生物的药品（混合或非混合，治病或防病用已配定剂量或零售包装） Anti Cancer Medicanents containing alkaloids or their derivatives (mixed or unmixed, put in measured does or in forms of packing for vetail scle)	Δ0				
	ex30044900	噻托溴铵粉吸入剂、噻托溴铵喷雾剂、吸入用复方异丙托溴铵溶液、异丙托溴铵气雾剂 Tiotropium bromide powder for inhalation,Tiotropium bromide spray, Compound ipratropium bromide solution for inhalation, Ipratropium bromide aerosol	Δ0				
	ex30044900	盐酸羟考酮缓释片 Oxycodone hydrochloride prolonged-release tablets	Δ0				
2645	3004.5000	-其他，含有维生素或税目29.36所列产品 -Other, containing vitamins or other products of heading 29.36	0	0	亚太AP,东盟AS,智CL,巴PK,新西兰NZ,秘PE,哥CR,瑞CH,冰IS,韩KR,澳AU,格GE,毛MU,东盟^{R}AS^R,澳^{R}AU^R,新西兰^{R}NZ^R,柬KH,港HK,澳门MO,韩^{R}KR^R	0 受惠国LD	40
				4.9	日^{R}JP^R		
		-其他，含有本章子目注释二所列抗疟疾活性成分的： -Other, containing antimalarial active principles described in Subheading Note 2 to this Chapter:					

序号 No.	税则号列 Tariff Line	货品名称 Article Description	最惠国税率 MFN(%)		协定税率 Agreement(%)	特惠税率 SP(%)	普通税率 Gen(%)
2646	3004.6010	---含有青蒿素及其衍生物 ---Containing artemisinins and their derivatives	0	0	东盟AS,智CL,巴PK,新西兰NZ,秘PE,哥CR,瑞CH,冰IS,韩KR,澳AU,格GE,毛MU,东盟^{R}AS^R,澳^{R}AU^R,新西兰^{R}NZ^R,柬KH,港HK,澳门MO,韩^{R}KR^R	0 受惠国LD	30
				3.3	日^{R}JP^R		
2647	3004.6090	---其他 ---Other	0	0	亚太AP,东盟AS,智CL,巴PK,新西兰NZ,秘PE,哥CR,瑞CH,冰IS,韩KR,澳AU,格GE,毛MU,东盟^{R}AS^R,澳^{R}AU^R,新西兰^{R}NZ^R,柬KH,港HK,澳门MO,韩^{R}KR^R	0 受惠国LD	30
				2.5	日^{R}JP^R		
		-其他: -Other:					
2648	3004.9010	---含有磺胺类 ---Containing sulfa drugs	0	0	亚太AP,东盟AS,智CL,巴PK,新西兰NZ,秘PE,哥CR,瑞CH,冰IS,韩KR,澳AU,格GE,毛MU,东盟^{R}AS^R,澳^{R}AU^R,新西兰^{R}NZ^R,柬KH,港HK,澳门MO,韩^{R}KR^R	0 受惠国LD	40
				4.9	日^{R}JP^R		
2649	3004.9020	---含有联苯双酯 ---Containing biphenyl dicarbxybte	4	0	东盟AS,智CL,巴PK,新西兰NZ,秘PE,哥CR,瑞CH,冰IS,韩KR,澳AU,格GE,毛MU,东盟^{R}AS^R,澳^{R}AU^R,日^{R}JP^R,新西兰^{R}NZ^R,柬KH,港HK,澳门MO,韩^{R}KR^R	0 受惠国LD	30
				2	亚太AP		
		---中式成药: ---Medicaments of Chinese type:					
2650	3004.9051	----中药酒 ----Medicated liquors or wines	0	0	亚太AP,东盟AS,智CL,巴PK,新西兰NZ,秘PE,哥CR,瑞CH,冰IS,韩KR,澳AU,格GE,毛MU,东盟^{R}AS^R,澳^{R}AU^R,新西兰^{R}NZ^R,柬KH,港HK,澳门MO,韩^{R}KR^R	0 受惠国LD	30
				2.5	日^{R}JP^R		
2651	3004.9052	----片仔癀 ----Pien Tzu Huang	3	0	东盟AS,智CL,巴PK,新西兰NZ,秘PE,哥CR,瑞CH,冰IS,韩KR,澳AU,格GE,毛MU,东盟^{R}AS^R,澳^{R}AU^R,日^{R}JP^R,新西兰^{R}NZ^R,柬KH,港HK,澳门MO,韩^{R}KR^R	0 受惠国LD	30
				1.5	亚太AP		
2652	3004.9053	----白药 ----Bai Yao	3	0	东盟AS,智CL,巴PK,新西兰NZ,秘PE,哥CR,瑞CH,冰IS,韩KR,澳AU,格GE,毛MU,东盟^{R}AS^R,澳^{R}AU^R,日^{R}JP^R,新西兰^{R}NZ^R,柬KH,港HK,澳门MO,韩^{R}KR^R	0 受惠国LD	30
				1.5	亚太AP		
2653	3004.9054	----清凉油 ----Essential balm	0	0	亚太AP,东盟AS,智CL,巴PK,新西兰NZ,秘PE,哥CR,瑞CH,冰IS,韩KR,澳AU,格GE,毛MU,东盟^{R}AS^R,澳^{R}AU^R,新西兰^{R}NZ^R,柬KH,港HK,澳门MO,韩^{R}KR^R	0 受惠国LD	30
				2.5	日^{R}JP^R		

序号 No.	税则号列 Tariff Line	货品名称 Article Description	最惠国税率 MFN(%)	协定税率 Agreement(%)		特惠税率 SP(%)		普通税率 Gen(%)
2654	3004.9055	----安宫牛黄丸 ----Angong niuhuang wan	3	0	东盟AS,智CL,巴PK,新西兰NZ,秘PE,哥CR,瑞CH,冰IS,韩KR,澳AU,格GE,毛MU,东盟^RAS^R,澳^RAU^R,日^RJP^R,新西兰^RNZ^R,柬KH,港HK,澳门MO,韩^RKR^R	0	受惠国LD	30
				1.5	亚太AP			
2655	3004.9059	----其他 ----Other	0	0	亚太AP,东盟AS,智CL,巴PK,新西兰NZ,秘PE,哥CR,瑞CH,冰IS,韩KR,澳AU,格GE,毛MU,柬KH,港HK,澳门MO	0	受惠国LD	30
				2.4	东盟^RAS^R,澳^RAU^R,新西兰^RNZ^R,韩^RKR^R			
				2.5	日^RJP^R			
2656	3004.9090	---其他 ---Other	0	0	亚太AP,东盟AS,智CL,巴PK,新西兰NZ,秘PE,哥CR,瑞CH,冰IS,韩KR,澳AU,格GE,毛MU,东盟^RAS^R,澳^RAU^R,新西兰^RNZ^R,柬KH,港HK,澳门MO,韩^RKR^R	0	受惠国LD	30
				3.3	日^RJP^R			
	30.05	软填料、纱布、绷带及类似物品(例如,敷料、橡皮膏、泥罨剂),经过药物浸涂或制成零售包装供医疗、外科、牙科或兽医用: Wadding, gauze, bandages and similar articles (for example, dressings, adhesive plasters, poultices), impregnated or coated with pharmaceutical substances or put up in forms or packings for retail sale for medical, surgical, dental or veterinary purposes: -胶粘敷料及有胶粘涂层的其他物品: -Adhesive dressings and other articles having an adhesive layer:						
2657	3005.1010	---橡皮膏 ---Adhesive plasters	5	0	东盟AS,智CL,巴PK,新西兰NZ,秘PE,哥CR,瑞CH,冰IS,韩KR,澳AU,格GE,毛MU,东盟^RAS^R,澳^RAU^R,日^RJP^R,新西兰^RNZ^R,柬KH,港HK,澳门MO,韩^RKR^R	0	受惠国LD	70
				4	亚太AP			
2658	3005.1090	---其他 ---Other	5	0	东盟AS,智CL,巴PK,新西兰NZ,秘PE,哥CR,瑞CH,韩KR,澳AU,格GE,毛MU,东盟^RAS^R,澳^RAU^R,新西兰^RNZ^R,柬KH,港HK,澳门MO,韩^RKR^R	0	受惠国LD	35
				4.1	日^RJP^R			
		-其他: -Other:						

序号 No.	税则号列 Tariff Line	货品名称 Article Description	最惠国税率 MFN(%)	协定税率 Agreement(%)		特惠税率 SP(%)		普通税率 Gen(%)
2659	3005.9010	---药棉、纱布、绷带 ---Absorbent cotton, gauze, bandages	5	0	东盟AS,智CL,巴PK,新西兰NZ,秘PE,哥CR,瑞CH,冰IS,韩KR,澳AU,格GE,毛MU,东盟^RAS^R,澳^RAU^R,日^RJP^R,新西兰^RNZ^R,柬KH,港HK,澳门MO,韩^RKR^R	0	受惠国LD	70
				3	亚太AP			
2660	3005.9090	---其他 ---Other	5	0	东盟AS,智CL,巴PK,新西兰NZ,秘PE,哥CR,瑞CH,韩KR,澳AU,格GE,毛MU,东盟^RAS^R,澳^RAU^R,新西兰^RNZ^R,柬KH,港HK,澳门MO,韩^RKR^R	0	受惠国LD	35
				4.1	日^RJP^R			
	30.06	**本章注释四所规定的医药用品:** **Pharmaceutical goods specified in Note 4 to this Chapter:**						
2661	3006.1000	-无菌外科肠线、类似的无菌缝合材料（包括外科或牙科用无菌可吸收缝线）及外伤创口闭合用的无菌黏合胶布；无菌昆布及无菌昆布塞条；外科或牙科用无菌吸收性止血材料；外科或牙科用无菌抗粘连阻隔材料,不论是否可吸收 -Sterile surgical catgut, similar sterile suture materials (including sterile absorbable surgical or dental yarns) and sterile tissue adhesives for surgical wound closure; sterile laminaria and sterile laminaria tents; sterile absorbable surgical or dental haemostatics; sterile surgical or dental adhesion barriers, whether or not absorbable	5	0	东盟AS,智CL,巴PK,新西兰NZ,秘PE,哥CR,瑞CH,冰IS,韩KR,澳AU,格GE,毛MU,东盟^RAS^R,日^RJP^R,柬KH,港HK,澳门MO,韩^RKR^R	0	受惠国LD	30
				4	澳^RAU^R,新西兰^RNZ^R			
2662	3006.3000	-X光检查造影剂；用于病人的诊断试剂 -Opacifying preparations for X-ray examinations;diagnostic reagents designed to be administered to the patient	4	0	东盟AS,智CL,巴PK,新西兰NZ,秘PE,哥CR,瑞CH,冰IS,韩KR,澳AU,格GE,毛MU,东盟^RAS^R,澳^RAU^R,日^RJP^R,新西兰^RNZ^R,柬KH,港HK,澳门MO,韩^RKR^R	0	受惠国LD	30
	ex30063000	碘普罗胺注射液、钆布醇注射液 Iopromide Injection, Gadobutrol Injcetion	Δ2					
2663	3006.4000	-牙科粘固剂及其他牙科填料；骨骼粘固剂 -Dental cements and other dental fillings; bone reconstruction cements	5	0	东盟AS,智CL,巴PK,新西兰NZ,秘PE,哥CR,瑞CH,冰IS,澳AU,格GE,毛MU,东盟^RAS^R,澳^RAU^R,新西兰^RNZ^R,柬KH,港HK,澳门MO	0	受惠国LD	30
				0.5	韩KR			
				4	韩^RKR^R			
				4.1	日^RJP^R			
2664	3006.5000	-急救药箱、药包 -First-aid boxes and kits	5	0	东盟AS,智CL,巴PK,新西兰NZ,秘PE,哥CR,瑞CH,冰IS,韩KR,澳AU,格GE,毛MU,东盟^RAS^R,澳^RAU^R,日^RJP^R,新西兰^RNZ^R,柬KH,港HK,澳门MO,韩^RKR^R	0	受惠国LD	30

序号 No.	税则号列 Tariff Line	货品名称 Article Description	最惠国税率 MFN(%)		协定税率 Agreement(%)	特惠税率 SP(%)	普通税率 Gen(%)
		-以激素、税目29.37的其他产品或杀精子剂为基本成分的化学避孕药物: -Chemical contraceptive preparations based on hormones, on other products of heading 29.37 or on spermicides:					
2665	3006.6010	---以激素为基本成分的避孕药 ---Contraceptive preparations based on hormones	0	0	东盟AS,智CL,巴PK,新西兰NZ,秘PE,哥CR,瑞CH,冰IS,韩KR,澳AU,格GE,毛MU,东盟^RAS^R,澳^RAU^R,日^RJP^R,新西兰^RNZ^R,柬KH,港HK,澳门MO,韩^RKR^R	0 受惠国LD	0
2666	3006.6090	---其他 ---Other	0	0	东盟AS,智CL,巴PK,新西兰NZ,秘PE,哥CR,瑞CH,冰IS,韩KR,澳AU,格GE,毛MU,东盟^RAS^R,澳^RAU^R,日^RJP^R,新西兰^RNZ^R,柬KH,港HK,澳门MO,韩^RKR^R	0 受惠国LD	0
2667	3006.7000	-专用于人类或作兽药用的凝胶制品,作为外科手术或体检时躯体部位的润滑剂,或者作为躯体和医疗器械之间的耦合剂 -Gel preparations designed to be used in human or veterinary medicine as a lubricant for parts of the body for surgical operations or physical examinations or as a coupling agent between the body and medical instruments	6.5	0 3 5.3	东盟AS,智CL,新西兰NZ,秘PE,哥CR,瑞CH,冰IS,韩KR,澳AU,格GE,毛MU,东盟^RAS^R,澳^RAU^R,新西兰^RNZ^R,柬KH,港HK,澳门MO,韩^RKR^R 巴PK 日^RJP^R	0 受惠国LD	30
		-其他: -Other:					
2668	3006.9100	--可确定用于造口术的用具 --Appliances identifiable for ostomy use	10Δ5	0 1 5 8 8.2 9.2	东盟AS,智CL,新西兰NZ,新加坡SG,秘PE,哥CR,瑞CH,冰IS,澳AU,格GE,毛MU,东盟^RAS^R,澳^RAU^R,新西兰^RNZ^R,柬KH,港HK,澳门MO 韩KR 亚太AP 韩^RKR^R 日^RJP^R 巴PK	0 受惠国LD	80
2669	3006.9200	--废药物 --Waste pharmaceuticals	5	0	东盟AS,智CL,巴PK,新西兰NZ,秘PE,哥CR,瑞CH,冰IS,韩KR,澳AU,格GE,毛MU,东盟^RAS^R,澳^RAU^R,日^RJP^R,新西兰^RNZ^R,柬KH,港HK,澳门MO,韩^RKR^R	0 受惠国LD	30
2670	3006.9300	--安慰剂和盲法(或双盲法)临床试验试剂盒,用于经许可的临床试验,已配定剂量 --Placebos and blinded (or double-blinded) clinical trial kits for a recognised clinical trial, put up in measured doses	0	0	东盟AS,智CL,巴PK,新西兰NZ,新加坡SG,秘PE,哥CR,瑞CH,冰IS,韩KR,澳AU,格GE,毛MU,东盟^RAS^R,澳^RAU^R,日^RJP^R,新西兰^RNZ^R,柬KH,港HK,澳门MO,韩^RKR^R	0 受惠国LD	34

第三十一章
肥料

注释：

一、本章不包括：

（一）税目 05.11 的动物血；

（二）单独的已有化学定义的化合物（符合下列注释二（一）、三（一）、四（一）或五所规定的化合物除外）；或

（三）税目 38.24 的每颗重量不低于 2.5 克的氯化钾培养晶体（光学元件除外）；氯化钾光学元件（税目 90.01）。

二、税目 31.02 只适用于下列货品，但未制成税目 31.05 所述形状或包装：

（一）符合下列任何一条规定的货品：

1. 硝酸钠，不论是否纯净；

2. 硝酸铵，不论是否纯净；

3. 硫酸铵及硝酸铵的复盐，不论是否纯净；

4. 硫酸铵，不论是否纯净；

5. 硝酸钙及硝酸铵的复盐（不论是否纯净）或硝酸钙及硝酸铵的混合物；

6. 硝酸钙及硝酸镁的复盐（不论是否纯净）或硝酸钙及硝酸镁的混合物；

7. 氰氨化钙，不论是否纯净或用油处理；

8. 尿素，不论是否纯净。

（二）由上述（一）款任何货品相互混合的肥料。

（三）由氯化铵或上述（一）或（二）款任何货品与白垩、石膏或其他无肥效无机物混合而成的肥料。

（四）由上述（一）2 或 8 项的货品或其混合物溶于水或液氨的液体肥料。

三、税目 31.03 只适用于下列货品，但未制成税目 31.05 所述形状或包装：

（一）符合下列任何一条规定的货品：

1. 碱性熔渣；

2. 税目 25.10 的天然磷酸盐，已焙烧或经过超出清除杂质范围的热处理；

3. 过磷酸钙（一过磷酸钙、二过磷酸钙或三过磷酸钙）；

4. 磷酸氢钙，按干燥无水产品重量计含氟量不低于 0.2%。

Chapter 31
Fertilizers

Notes:

1. This Chapter does not cover:

(a) Animal blood of heading 05.11;

(b) Separate chemically defined compounds (other than those answering to the descriptions in Note 2(a), 3(a), 4(a) or 5 below); or

(c) Cultured potassium chloride crystals (other than optical elements) weighing not less than 2.5g each, of heading 38.24; optical elements of potassium chloride (heading 90.01).

2. Heading 31.02 applies only to the following goods, provided that they are not put up in the forms or packages described in heading 31.05:

(a) Goods which answer to one or other of the descriptions given below:

(1) Sodium nitrate, whether or not pure;

(2) Ammonium nitrate, whether or not pure;

(3) Double salts, whether or not pure, of ammonium sulphate and ammonium nitrate;

(4) Ammonium sulphate, whether or not pure;

(5) Double salts (whether or not pure) or mixtures of calcium nitrate and ammonium nitrate;

(6) Double salts (whether or not pure) or mixtures of calcium nitrate and magnesium nitrate;

(7) Calcium cyanamide, whether or not pure or treated with oil;

(8) Urea, whether or not pure.

(b) Fertilizers consisting of any of the goods described in (a) above mixed together.

(c) Fertilizers consisting of ammonium chloride or of any of the goods described in (a) or (b) above mixed with chalk, gypsum or other inorganic nonfertilizing substances.

(d) Liquid fertilizers consisting of the goods of subparagraph (a) (2) or (8) above, or of mixtures of those goods, in an aqueous or ammoniacal solution.

3. Heading 31.03 applies only to the following goods, provided that they are not put up in the forms or packages described in heading 31.05:

(a) Goods which answer to one or other of the descriptions given below:

(1) Basic slag;

(2) Natural phosphates of heading 25.10, calcined or further heat-treated than for the removal of impurities;

(3) Superphosphates (single, double or triple);

(4) Calcium hydrogen phosphate containing not less than 0.2% by weight of flourine calculated on the dry anhydrous product.

（二）由上述（一）款的任何货品相互混合的肥料，不论含氟量多少。

（三）由上述（一）或（二）款的任何货品与白垩、石膏或其他无肥效无机物混合而成的肥料，不论含氟量多少。

四、税目31.04只适用于下列货品，但未制成税目31.05所述形状或包装：

（一）符合下列任何一条规定的货品：

　　1.天然粗钾盐（例如，光卤石、钾盐镁矾及钾盐）；

　　2.氯化钾，不论是否纯净，但上述注释一（三）所述的产品除外；

　　3.硫酸钾，不论是否纯净；

　　4.硫酸镁钾，不论是否纯净。

（二）由上述（一）款任何货品相互混合的肥料。

五、磷酸二氢铵及磷酸氢二铵（不论是否纯净）及其相互之间的混合物应归入税目31.05。

六、税目31.05所称"其他肥料"，仅适用于其基本成分至少含有氮、磷、钾中一种肥效元素的肥料用产品。

(b) Fertilizers consisting of any of the goods described in (a) above mixed together, but with no account being taken of the fluorine content limit.

(c) Fertilizers consisting of any of the goods described in (a) or (b) above, but with no account being taken of the fluorine content limit, mixed with chalk, gypsum or other inorganic non-fertilizing substances.

4. Heading 31.04 applies only to the following goods, provided that they are not put up in the forms or packages described in heading 31.05:

(a) Goods which answer to one or other of the descriptions given below:

　(1) Crude natural potassium salts (for example, carnallite, kainite and sylvite);

　(2) Potassium chloride, whether or not pure, except as provided in Note1 (c) above;

　(3) Potassium sulphate, whether or not pure;

　(4) Magnesium potassium sulphate, whether or not pure.

(b) Fertilizers consisting of any of the goods described in (a) above mixed together.

5. Ammonium dihydrogen phosphate (monoammonium phosphate) and diammonium hydrogenorthophosphate (di-ammonium phosphate), whether or not pure, and intermixtures thereof, are to be classified in heading 31.05.

6. For the purposes of heading 31.05, the term "other fertilizers" applies only to products of a kind used as fertilizers and containing, as an essential constituent, at least one of the fertilizing elements nitrogen, phosphorus or potassium.

序号 No.	税则号列 Tariff Line	货品名称 Article Description	最惠国税率 MFN(%)		协定税率 Agreement(%)	特惠税率 SP(%)	普通税率 Gen(%)
	31.01	动物或植物肥料，不论是否相互混合或经化学处理；动植物产品经混合或化学处理制成的肥料： **Animal or vegetable fertilizers, whether or not mixed together or chemically treated; fertilizers produced by the mixing or chemical treatment of animal or vegetable products:**					
		---未经化学处理： ---Not chemically treated:					
2671	3101.0011	----鸟粪 ----Guano	3	0	东盟AS,智CL,巴PK,新西兰NZ,秘PE,哥CR,瑞CH,冰IS,韩KR,澳AU,格GE,毛MU,东盟^{R}AS^R,澳^{R}AU^R,日^{R}JP^R,新西兰^{R}NZ^R,柬KH,港HK,澳门MO,韩^{R}KR^R	0　受惠国LD	11

序号 No.	税则号列 Tariff Line	货品名称 Article Description	最惠国税率 MFN(%)	协定税率 Agreement(%)		特惠税率 SP(%)	普通税率 Gen(%)
2672	3101.0019	----其他 ----Other	6.5	0	东盟AS,智CL,新西兰NZ,秘PE,哥CR,瑞CH,冰IS,韩KR,澳AU,格GE,毛MU,东盟^{R}AS^R,澳^{R}AU^R,新西兰^{R}NZ^R,柬KH,港HK,澳门MO,韩^{R}KR^R	0 受惠国LD	30
				3	巴PK		
				3.3	亚太AP		
				5.3	日^{R}JP^R		
2673	3101.0090	---其他 ---Other	4	0	东盟AS,智CL,巴PK,新西兰NZ,秘PE,哥CR,瑞CH,冰IS,澳AU,格GE,毛MU,柬KH,港HK,澳门MO	0 受惠国LD	11
				1.6	韩KR		
				3.2	东盟^{R}AS^R,澳^{R}AU^R,新西兰^{R}NZ^R,韩^{R}KR^R		
				3.5	日^{R}JP^R		
	31.02	矿物氮肥及化学氮肥: **Mineral or chemical fertilizers, nitrogenous:**					
2674	3102.1000	-尿素, 不论是否水溶液 -Urea, whether or not in aqueous solution	50①	0	港HK,澳门MO		150
				40	亚太AP,巴PK		
		-硫酸铵; 硫酸铵和硝酸铵的复盐及混合物: -Ammonium sulphate; double salts and mixtures of ammonium sulphate and ammonium nitrate:					
2675	3102.2100	--硫酸铵 --Ammonium sulphate	4	0	东盟AS,智CL,巴PK,新西兰NZ,秘PE,哥CR,瑞CH,冰IS,韩KR,澳AU,格GE,毛MU,东盟^{R}AS^R,澳^{R}AU^R,日^{R}JP^R,新西兰^{R}NZ^R,柬KH,港HK,澳门MO,韩^{R}KR^R	0 受惠国LD	11
2676	3102.2900	--其他 --Other	4	0	东盟AS,智CL,巴PK,新西兰NZ,秘PE,哥CR,瑞CH,冰IS,韩KR,澳AU,格GE,毛MU,东盟^{R}AS^R,澳^{R}AU^R,日^{R}JP^R,新西兰^{R}NZ^R,柬KH,港HK,澳门MO,韩^{R}KR^R	0 受惠国LD	11
2677	3102.3000	-硝酸铵, 不论是否水溶液 -Ammonium nitrate, whether or not in aqueous solution	4	0	东盟AS,智CL,巴PK,新西兰NZ,秘PE,哥CR,瑞CH,冰IS,韩KR,澳AU,格GE,毛MU,东盟^{R}AS^R,澳^{R}AU^R,日^{R}JP^R,新西兰^{R}NZ^R,柬KH,港HK,澳门MO,韩^{R}KR^R	0 受惠国LD	11

① 关税配额税率: 4。
  关税配额暂定税率: 1。
  In-quota Tariff Rate: 4.
  Temporary In-quota Tariff Rate: 1.

序号 No.	税则号列 Tariff Line	货品名称 Article Description	最惠国税率 MFN(%)	协定税率 Agreement(%)		特惠税率 SP(%)	普通税率 Gen(%)
2678	3102.4000	-硝酸铵与碳酸钙或其他无肥效无机物的混合物 -Mixtures of ammonium nitrate with calcium carbonate or other inorganic nonfertilizing substances	4	0	东盟AS,智CL,巴PK,新西兰NZ,秘PE,哥CR,瑞CH,冰IS,韩KR,澳AU,格GE,毛MU,东盟^RAS^R,澳^RAU^R,日^RJP^R,新西兰^RNZ^R,柬KH,港HK,澳门MO,韩^RKR^R	0 受惠国LD	11
2679	3102.5000	-硝酸钠 -Sodium nitrate	4	0	东盟AS,智CL,巴PK,新西兰NZ,秘PE,哥CR,瑞CH,冰IS,韩KR,澳AU,格GE,毛MU,东盟^RAS^R,澳^RAU^R,日^RJP^R,新西兰^RNZ^R,柬KH,港HK,澳门MO,韩^RKR^R	0 受惠国LD	11
2680	3102.6000	-硝酸钙和硝酸铵的复盐及混合物 -Double salts and mixtures of calcium nitrate and ammonium nitrate	4	0	东盟AS,智CL,巴PK,新西兰NZ,秘PE,哥CR,瑞CH,冰IS,韩KR,澳AU,格GE,毛MU,东盟^RAS^R,澳^RAU^R,日^RJP^R,新西兰^RNZ^R,柬KH,港HK,澳门MO,韩^RKR^R	0 受惠国LD	11
2681	3102.8000	-尿素及硝酸铵混合物的水溶液或氨水溶液 -Mixtures of urea and ammonium nitrate in aqueous or ammoniacal solution	4	0 3.3	东盟AS,智CL,巴PK,新西兰NZ,秘PE,哥CR,瑞CH,冰IS,韩KR,澳AU,格GE,毛MU,东盟^RAS^R,澳^RAU^R,新西兰^RNZ^R,柬KH,港HK,澳门MO,韩^RKR^R 日^RJP^R	0 受惠国LD	11
		-其他,包括上述子目未列名的混合物: -Other, including mixtures not specified in the foregoing subheadings:					
2682	3102.9010	---氰氨化钙 ---Calcium cyanamide	4	0	东盟AS,智CL,巴PK,新西兰NZ,秘PE,哥CR,瑞CH,冰IS,韩KR,澳AU,格GE,毛MU,东盟^RAS^R,澳^RAU^R,日^RJP^R,新西兰^RNZ^R,柬KH,港HK,澳门MO,韩^RKR^R	0 受惠国LD	11
2683	3102.9090	---其他 ---Other	4	0	东盟AS,智CL,巴PK,新西兰NZ,秘PE,哥CR,瑞CH,冰IS,韩KR,澳AU,格GE,毛MU,东盟^RAS^R,澳^RAU^R,日^RJP^R,新西兰^RNZ^R,柬KH,港HK,澳门MO,韩^RKR^R	0 受惠国LD	11
	31.03	矿物磷肥及化学磷肥: Mineral or chemical fertilizers, phosphatic:					
		-过磷酸钙: -Superphosphates :					
		--按重量计五氧化二磷（P_2O_5）含量在35%及以上: --Containing by weight 35% or more of diphosphorus pentaoxide (P_2O_5):					

序号 No.	税则号列 Tariff Line	货品名称 Article Description	最惠国税率 MFN(%)		协定税率 Agreement(%)	特惠税率 SP(%)	普通税率 Gen(%)
2684	3103.1110	---重过磷酸钙 ---Triple superphosphates	4Δ1	0	东盟AS,智CL,巴PK,新西兰NZ,秘PE,哥CR,瑞CH,冰IS,韩KR,澳AU,格GE,毛MU,东盟^RAS^R,澳^RAU^R,日^RJP^R,新西兰^RNZ^R,柬KH,港HK,澳门MO,韩^RKR^R	0 受惠国LD	11
2685	3103.1190	---其他 ---Other	4Δ1	0	东盟AS,智CL,巴PK,新西兰NZ,秘PE,哥CR,瑞CH,冰IS,韩KR,澳AU,格GE,毛MU,东盟^RAS^R,澳^RAU^R,日^RJP^R,新西兰^RNZ^R,柬KH,港HK,澳门MO,韩^RKR^R	0 受惠国LD	11
2686	3103.1900	--其他 --Other	4Δ1	0	东盟AS,智CL,巴PK,新西兰NZ,秘PE,哥CR,瑞CH,冰IS,韩KR,澳AU,格GE,毛MU,东盟^RAS^R,澳^RAU^R,日^RJP^R,新西兰^RNZ^R,柬KH,港HK,澳门MO,韩^RKR^R	0 受惠国LD	11
2687	3103.9000	-其他 -Other	4Δ1	0 3.3	东盟AS,智CL,巴PK,新西兰NZ,秘PE,哥CR,瑞CH,冰IS,韩KR,澳AU,格GE,毛MU,东盟^RAS^R,澳^RAU^R,新西兰^RNZ^R,柬KH,港HK,澳门MO,韩^RKR^R 日^RJP^R	0 受惠国LD	11
	31.04	**矿物钾肥及化学钾肥：** **Mineral or chemical fertilizers, potassic:**					
		-氯化钾： -Potassium chloride:					
2688	3104.2020	---纯氯化钾 ---Pure	3Δ0	0	东盟AS,智CL,巴PK,新西兰NZ,秘PE,哥CR,瑞CH,冰IS,韩KR,澳AU,格GE,毛MU,东盟^RAS^R,澳^RAU^R,日^RJP^R,新西兰^RNZ^R,柬KH,港HK,澳门MO,韩^RKR^R	0 受惠国LD	11
2689	3104.2090	---其他 ---Other	3Δ0	0	东盟AS,智CL,巴PK,新西兰NZ,秘PE,哥CR,瑞CH,冰IS,韩KR,澳AU,格GE,毛MU,东盟^RAS^R,澳^RAU^R,日^RJP^R,新西兰^RNZ^R,柬KH,港HK,澳门MO,韩^RKR^R	0 受惠国LD	11
2690	3104.3000	-硫酸钾 -Potassium sulphate	3Δ0	0 1.2 2.4 2.6	东盟AS,智CL,巴PK,新西兰NZ,秘PE,哥CR,瑞CH,冰IS,澳AU,格GE,毛MU,柬KH,港HK,澳门MO 韩KR 东盟^RAS^R,澳^RAU^R,新西兰^RNZ^R,韩^RKR^R 日^RJP^R	0 受惠国LD	11
		-其他： -Other:					

序号 No.	税则号列 Tariff Line	货品名称 Article Description	最惠国税率 MFN(%)		协定税率 Agreement(%)	特惠税率 SP(%)	普通税率 Gen(%)
2691	3104.9010	---光卤石、钾盐及其他天然粗钾盐 ---Carnallite, sylvite and other crude natural potassium salts	3Δ0	0	东盟AS,智CL,巴PK,新西兰NZ,秘PE,哥CR,瑞CH,冰IS,韩KR,澳AU,格GE,毛MU,东盟^RAS^R,澳^RAU^R,日^RJP^R,新西兰^RNZ^R,柬KH,港HK,澳门MO,韩^RKR^R	0 受惠国LD	11
2692	3104.9090	---其他 ---Other	3Δ0	0	东盟AS,智CL,巴PK,新西兰NZ,秘PE,哥CR,瑞CH,冰IS,韩KR,澳AU,毛MU,东盟^RAS^R,澳^RAU^R,新西兰^RNZ^R,柬KH,港HK,澳门MO,韩^RKR^R	0 受惠国LD	11
				2.5	日^RJP^R		
	31.05	含氮、磷、钾中两种或三种肥效元素的矿物肥料或化学肥料；其他肥料；制成片及类似形状或每包毛重不超过10千克的本章各项货品： Mineral or chemical fertilizers containing two or three of the fertilising elements nitrogen, phosphorus and potassium; other fertilizers; goods of this Chapter in tablets or similar forms or in packages of a gross weight not exceeding 10kg:					
2693	3105.1000	-制成片及类似形状或每包毛重不超过10千克的本章各项货品 -Goods of this Chapter in tablets or similar forms or in packages of a gross weight not exceeding10kg	4Δ1	0	东盟AS,智CL,巴PK,新西兰NZ,秘PE,哥CR,瑞CH,冰IS,韩KR,澳AU,格GE,毛MU,东盟^RAS^R,澳^RAU^R,日^RJP^R,新西兰^RNZ^R,柬KH,港HK,澳门MO,韩^RKR^R	0 受惠国LD	11
2694	3105.2000	-含氮、磷、钾三种肥效元素的矿物肥料或化学肥料 -Mineral or chemical fertilizers containing the three fertilizing elements nitrogen, phosphorus and potassium	50①	0	港HK,澳门MO		150
2695	3105.3000	-磷酸氢二铵 -Diammonium hy drogenorthophosphate (diammonium phosphate)	50②	0	港HK,澳门MO		150

---

① 关税配额税率：4。
　关税配额暂定税率：1。
　In-quota Tariff Rate: 4.
　Temporary In-quota Tariff Rate: 1.
② 关税配额税率：4。
　关税配额暂定税率：1。
　In-quota Tariff Rate: 4.
　Temporary In-quota Tariff Rate: 1.

序号 No.	税则号列 Tariff Line	货品名称 Article Description	最惠国税率 MFN(%)	协定税率 Agreement(%)		特惠税率 SP(%)		普通税率 Gen(%)
2696	3105.4000	-磷酸二氢铵及磷酸二氢铵与磷酸氢二铵的混合物 -Ammonium dihydrogenorthophosphate (monoammonium phosphate) and mixtures thereof with diammonium hydrogenorthophosphate (diammonium phosphate)	4Δ1	0	东盟AS,智CL,巴PK,新西兰NZ,秘PE,哥CR,瑞CH,冰IS,韩KR,澳AU,格GE,毛MU,东盟^RAS^R,澳^RAU^R,日^RJP^R,新西兰^RNZ^R,柬KH,港HK,澳门MO,韩^RKR^R	0	受惠国LD	11
		-其他含氮、磷两种肥效元素的矿物肥料或化学肥料: -Other mineral or chemical fertilizers containing the two fertilising elements nitrogen and phosphorus:						
2697	3105.5100	--含有硝酸盐及磷酸盐 --Containing nitrates and phosphates	4Δ1	0 3.3	东盟AS,智CL,巴PK,新西兰NZ,秘PE,哥CR,瑞CH,冰IS,韩KR,澳AU,格GE,毛MU,东盟^RAS^R,澳^RAU^R,新西兰^RNZ^R,柬KH,港HK,澳门MO,韩^RKR^R 日^RJP^R	0	受惠国LD	11
2698	3105.5900	--其他 --Other	4Δ1	0 3.3	东盟AS,智CL,巴PK,新西兰NZ,秘PE,哥CR,瑞CH,冰IS,韩KR,澳AU,格GE,毛MU,东盟^RAS^R,澳^RAU^R,新西兰^RNZ^R,柬KH,港HK,澳门MO,韩^RKR^R 日^RJP^R	0	受惠国LD	11
2699	3105.6000	-含磷、钾两种肥效元素的矿物肥料或化学肥料 -Mineral or chemical fertilizers containing the two fertilizing elements phosphorus and potassium	4Δ1	0 3.3	东盟AS,智CL,巴PK,新西兰NZ,秘PE,哥CR,瑞CH,冰IS,韩KR,澳AU,格GE,毛MU,东盟^RAS^R,澳^RAU^R,新西兰^RNZ^R,柬KH,港HK,澳门MO,韩^RKR^R 日^RJP^R	0	受惠国LD	11
		-其他: -Other:						
2700	3105.9010	---有机—无机复混肥料 ---Organic inorganic fertilizer	4Δ1	0 3.3	东盟AS,智CL,巴PK,新西兰NZ,秘PE,哥CR,瑞CH,冰IS,韩KR,澳AU,格GE,毛MU,东盟^RAS^R,澳^RAU^R,新西兰^RNZ^R,柬KH,港HK,澳门MO,韩^RKR^R 日^RJP^R	0	受惠国LD	11
2701	3105.9090	---其他 ---Other	4Δ1	0 3.3	东盟AS,智CL,巴PK,新西兰NZ,秘PE,哥CR,瑞CH,冰IS,韩KR,澳AU,格GE,毛MU,东盟^RAS^R,澳^RAU^R,新西兰^RNZ^R,柬KH,港HK,澳门MO,韩^RKR^R 日^RJP^R	0	受惠国LD	11

鞣料浸膏及染料浸膏；鞣酸及其
衍生物；染料、颜料及其他着色料；
油漆及清漆；油灰及其他类似胶粘剂；墨水、油墨

Chapter 32
Tanning or dyeing extracts; tannins and their derivatives; dyes, pigments and other colouring matter; paints and varnishes; putty and other mastics; inks

注释：

一、本章不包括：

（一）单独的已有化学定义的化学元素及化合物（税目 32.03 及 32.04 的货品、税目 32.06 的用作发光体的无机产品、税目 32.07 所述形状的熔融石英或其他熔融硅石制成的玻璃及税目 32.12 的零售形状或零售包装的染料及其他着色料除外）；

（二）税目 29.36 至 29.39、29.41 及 35.01 至 35.04 的鞣酸盐及其他鞣酸衍生物；或

（三）沥青胶粘剂（税目 27.15）。

二、税目 32.04 包括生产偶氮染料用的稳定重氮盐与耦合物的混合物。

三、税目 32.03、32.04、32.05 及 32.06 也包括以着色料为基本成分的制品（例如，税目 32.06，包括以税目 25.30 或第二十八章的颜料，金属粉片及金属粉末为基本成分的制品）。该制品是用作原材料着色剂的拼料。但以上税目不包括分散在非水介质中呈液状或浆状的制漆用颜料，例如，税目 32.12 的瓷漆及税目 32.07、32.08、32.09、32.10、32.12、32.13 及 32.15 的其他制品。

四、税目 32.08 包括由税目 39.01 至 39.13 所列产品溶于挥发性有机溶剂的溶液（胶棉除外），但溶剂重量必须超过溶液重量的 50%。

五、本章所称"着色料"，不包括作为油漆填料的产品，不论这些产品能否用于水浆涂料的着色。

六、税目 32.12 所称"压印箔"，只包括用以压印诸如书本封面或帽带之类的薄片，这些薄片由以下材料构成：

（一）金属粉（包括贵金属粉）或颜料经胶水、明胶及其他粘合剂凝结而成的；或

（二）金属（包括贵金属）或颜料沉积于任何材料衬片上的。

Notes:

1. This Chapter does not cover:

   (a) Separate chemically defined elements or compounds (except those of heading 32.03 or 32.04, inorganic products of a kind used as luminophores (heading 32.06), glass obtained from fused quartz or other fused silica in the forms provided for in heading 32.07, and also dyes and other colouring matter put up in forms or packings for retail sale, of heading 32.12);

   (b) Tannates or other tannin derivatives of products of headings 29.36 to 29.39, 29.41 or 35.01 to 35.04; or

   (c) Mastics of asphalt or other bituminous mastics (heading 27.15).

2. Heading 32.04 includes mixtures of stabilized diazonium salts and couplers for the production of azo dyes.

3. Headings 32.03, 32.04, 32.05 and 32.06 apply also to preparations based on colouring matter (including, in the case of heading 32.06, colouring pigments of heading 25.30 or Chapter 28, metal flakes and metal powders), of a kind used for colouring any material or used as ingredients in the manufacture of colouring preparations. The headings do not apply, however, to pigments dispersed in nonaqueous media, in liquid or paste form, of a kind used in the manufacture of paints, including enamels (heading 32.12), or to other preparations of heading 32.07, 32.08, 32.09, 32.10, 32.12, 32.13 or 32.15.

4. Heading 32.08 includes solutions (other than collodions) consisting of any of the products specified in headings 39.01 to 39.13 in volatile organic solvents when the weight of the solvent exceeds 50% of the weight of the solution.

5. The expression "colouring matter" in this Chapter does not include products of a kind used as extenders in oil paints, whether or not they are also suitable for colouring distempers.

6. The expression "stamping foils" in heading 32.12 aplies only to thin sheets of a kind used for printing, for example, book covers or hat bands, and consisting of:

   (a) Metallic powder (including powder of precious metal) or pigment, agglomerated with glue, gelatin or other binder; or

   (b) Metal (including precious metal) or pigment, deposited on a supporting sheet of any material.

序号 No.	税则号列 Tariff Line	货品名称 Article Description	最惠国税率 MFN(%)		协定税率 Agreement(%)	特惠税率 SP(%)		普通税率 Gen(%)
	32.01	植物鞣料浸膏；鞣酸及其盐、醚、酯和其他衍生物： Tanning extracts of vegetable origin; tannins and their salts, ethers, esters and other derivatives:						
2702	3201.1000	-坚木浸膏 -Quebracho extract	5	0	东盟AS,智CL,巴PK,新西兰NZ,秘PE,哥CR,瑞CH,冰IS,韩KR,澳AU,格GE,毛MU,东盟ᴿASᴿ,澳ᴿAUᴿ,日ᴿJPᴿ,新西兰ᴿNZᴿ,柬KH,港HK,澳门MO,韩ᴿKRᴿ	0	受惠国LD	35
2703	3201.2000	-荆树皮浸膏 -Wattle extract	6.5	0	东盟AS,智CL,新西兰NZ,秘PE,哥CR,瑞CH,冰IS,韩KR,澳AU,格GE,毛MU,东盟ᴿASᴿ,澳ᴿAUᴿ,新西兰ᴿNZᴿ,柬KH,港HK,澳门MO,韩ᴿKRᴿ	0	受惠国LD	35
				3	巴PK			
				5.3	日ᴿJPᴿ			
		-其他： -Other:						
2704	3201.9010	---其他鞣料浸膏 ---Other tanning extracts	6.5	0	东盟AS,智CL,新西兰NZ,秘PE,哥CR,瑞CH,冰IS,韩KR,澳AU,格GE,毛MU,东盟ᴿASᴿ,澳ᴿAUᴿ,新西兰ᴿNZᴿ,柬KH,港HK,澳门MO,韩ᴿKRᴿ	0	受惠国LD	40
				3	巴PK			
				5.3	日ᴿJPᴿ			
2705	3201.9090	---其他 ---Other	6.5	0	东盟AS,智CL,新西兰NZ,秘PE,哥CR,瑞CH,冰IS,韩KR,澳AU,格GE,毛MU,东盟ᴿASᴿ,澳ᴿAUᴿ,新西兰ᴿNZᴿ,柬KH,港HK,澳门MO,韩ᴿKRᴿ	0	受惠国LD	35
				1	巴PK			
				5.3	日ᴿJPᴿ			
	32.02	有机合成鞣料；无机鞣料；鞣料制剂，不论是否含有天然鞣料；预鞣用酶制剂： Synthetic organic tanning substances; inorganic tanning substances; tanning preparations, whether or not containing natural tanning substances; enzymatic preparations for pre-tanning:						

序号 No.	税则号列 Tariff Line	货品名称 Article Description	最惠国税率 MFN(%)	协定税率 Agreement(%)		特惠税率 SP(%)	普通税率 Gen(%)
2706	3202.1000	-有机合成鞣料 -Synthetic organic tanning substances	6.5	0	东盟AS,智CL,巴PK,新西兰NZ,秘PE,哥CR,瑞CH,冰IS,韩KR,澳AU,格GE,毛MU,柬KH,港HK,澳门MO	0 受惠国LD	35
				5.2	东盟^RAS^R,澳^RAU^R,新西兰^RNZ^R,韩^RKR^R		
				5.3	日^RJP^R		
2707	3202.9000	-其他 -Other	6.5	0	东盟AS,智CL,新西兰NZ,秘PE,哥CR,瑞CH,冰IS,韩KR,澳AU,格GE,毛MU,东盟^RAS^R,澳^RAU^R,新西兰^RNZ^R,柬KH,港HK,澳门MO,韩^RKR^R	0 受惠国LD	35
				1	巴PK		
				5.3	日^RJP^R		
	ex32029000	无铬鞣剂 Tanning agent, with out chromium	Δ3				
	32.03	**动植物质着色料（包括染料浸膏，但动物炭黑除外），不论是否已有化学定义；本章注释三所述的以动植物质着色料为基本成分的制品：** **Colouring matter of vegetable or animal origin (including dyeing extracts but excluding animal black), whether or not chemically defined; preparations as specified in Note 3 to this Chapter based on colouring matter of vegetable or animal origin:**					
		---植物质着色料及以其为基本成分的制品： ---Colouring matter of vegetable origin and preparations based thereon:					
2708	3203.0011	----天然靛蓝及以其为基本成分的制品 ----Natural indigo and preparations based thereon	6.5	0	东盟AS,智CL,新西兰NZ,哥CR,瑞CH,冰IS,韩KR,澳AU,格GE,毛MU,东盟^RAS^R,澳^RAU^R,新西兰^RNZ^R,柬KH,港HK,澳门MO,韩^RKR^R	0 受惠国LD	80
				0.9	秘PE		
				1	巴PK		
				5.3	日^RJP^R		
2709	3203.0019	----其他 ----Other	6.5	0	东盟AS,智CL,新西兰NZ,哥CR,瑞CH,冰IS,韩KR,澳AU,格GE,毛MU,东盟^RAS^R,澳^RAU^R,新西兰^RNZ^R,柬KH,港HK,澳门MO,韩^RKR^R	0 受惠国LD	45
				0.9	秘PE		
				4	巴PK		
				5.3	日^RJP^R		

序号 No.	税则号列 Tariff Line	货品名称 Article Description	最惠国税率 MFN(%)	协定税率 Agreement(%)		特惠税率 SP(%)	普通税率 Gen(%)
2710	3203.0020	---动物质着色料及以其为基本成分的制品 ---Colouring matter of animal origin and preparations based thereon	6.5	0	东盟AS,智CL,新西兰NZ,哥CR,瑞CH,冰IS,韩KR,澳AU,格GE,毛MU,东盟^RAS^R,澳^RAU^R,新西兰^RNZ^R,柬KH,港HK,澳门MO,韩^RKR^R	0 受惠国LD	50
				0.9	秘PE		
				1	巴PK		
				5.3	日^RJP^R		
	32.04	有机合成着色料,不论是否已有化学定义;本章注释三所述的以有机合成着色料为基本成分的制品;用作荧光增白剂或发光体的有机合成产品,不论是否已有化学定义: Synthetic organic colouring matter, whether or not chemically defined; preparations as specified in Note 3 to this Chapter based on synthetic organic colouring natter; synthetic organic products of a kind used as fluorescent brightening agents or as luminophores, whether or not chemically defined:					
		-有机合成着色料及本章注释三所述的以有机合成着色料为基本成分的制品: -Synthetic organic colouring matter and preparations based thereon as specified in Note 3 to this Chapter:					
2711	3204.1100	--分散染料及以其为基本成分的制品 --Disperse dyes and preparations based thereon	6.5	0	东盟AS,智CL,巴PK,新西兰NZ,秘PE,哥CR,冰IS,韩KR,澳AU,格GE,毛MU,柬KH,港HK,澳门MO	0 受惠国LD	35
				4.2	亚太AP		
				5.2	东盟^RAS^R,澳^RAU^R,新西兰^RNZ^R,韩^RKR^R		
				5.3	日^RJP^R		
2712	3204.1200	--酸性染料(不论是否预金属络合)及以其为基本成分的制品;媒染染料及以其为基本成分的制品 --Acid dyes, whether or not premetallized, and preparations based thereon; mordant dyes and preparations based thereon	6.5	0	东盟AS,智CL,巴PK,新西兰NZ,秘PE,哥CR,冰IS,韩KR,澳AU,格GE,毛MU,柬KH,港HK,澳门MO,台TW	0 受惠国LD	35
				2.6	瑞CH		
				4.2	亚太AP		
				5.2	东盟^RAS^R,澳^RAU^R,新西兰^RNZ^R,韩^RKR^R		
				5.3	日^RJP^R		

序号 No.	税则号列 Tariff Line	货品名称 Article Description	最惠国税率 MFN(%)		协定税率 Agreement(%)	特惠税率 SP(%)	普通税率 Gen(%)
2713	3204.1300	--碱性染料及以其为基本成分的制品 --Basic dyes and preparations based thereon	6.5	0	东盟AS,智CL,巴PK,新西兰NZ, 秘PE,哥CR,瑞CH,冰IS,韩KR, 澳AU,格GE,毛MU,东盟^RAS^R,澳 ^RAU^R,新西兰^RNZ^R,柬KH,港HK, 澳门MO,韩^RKR^R	0 受惠国LD	35
				4.2	亚太AP		
				5.3	日^RJP^R		
2714	3204.1400	--直接染料及以其为基本成分的制品 --Direct dyes and preparations based thereon	6.5	0	东盟AS,智CL,巴PK,新西兰NZ, 秘PE,哥CR,瑞CH,冰IS,韩KR, 澳AU,格GE,毛MU,东盟^RAS^R,澳 ^RAU^R,新西兰^RNZ^R,柬KH,港HK, 澳门MO,台TW,韩^RKR^R	0 受惠国LD	35
				4.2	亚太AP		
				5.3	日^RJP^R		
		--瓮染料(包括颜料用的)及以其为基 本成分的制品: --Vat dyes (including those usable in that state as pigments) and preparations based thereon:					
2715	3204.1510	---合成靛蓝(还原靛蓝) ---Synthetic indigo (reductive indigo)	6.5	0	东盟AS,智CL,巴PK,新西兰NZ, 秘PE,哥CR,瑞CH,冰IS,澳AU,格 GE,毛MU,东盟^RAS^R,澳^RAU^R,新 西兰^RNZ^R,柬KH,港HK,澳门MO	0 受惠国LD	35
				0.6	韩KR		
				4.2	亚太AP		
				5.2	韩^RKR^R		
				5.3	日^RJP^R		
2716	3204.1590	---其他 ---Other	6.5	0	东盟AS,智CL,巴PK,新西兰NZ, 秘PE,哥CR,瑞CH,冰IS,澳AU,格 GE,毛MU,东盟^RAS^R,澳^RAU^R,新 西兰^RNZ^R,柬KH,港HK,澳门MO	0 受惠国LD	35
				0.6	韩KR		
				4.2	亚太AP		
				5.2	韩^RKR^R		
				5.3	日^RJP^R		
2717	3204.1600	--活性染料及以其为基本成分的制品 --Reactive dyes and preparations based thereon	6.5	0	东盟AS,智CL,巴PK,新西兰NZ, 秘PE,哥CR,冰IS,韩KR,澳AU, 格GE,毛MU,东盟^RAS^R,澳^RAU^R, 新西兰^RNZ^R,柬KH,港HK,澳门 MO,台TW,韩^RKR^R	0 受惠国LD	35
				2.6	瑞CH		
				4.2	亚太AP		
				5.3	日^RJP^R		

序号 No.	税则号列 Tariff Line	货品名称 Article Description	最惠国税率 MFN(%)	协定税率 Agreement(%)		特惠税率 SP(%)	普通税率 Gen(%)
2718	3204.1700	--颜料及以其为基本成分的制品 --Pigments and preparations based thereon	6.5	0	东盟AS,智CL,巴PK,新西兰NZ,秘PE,哥CR,瑞CH,冰IS,韩KR,澳AU,格GE,毛MU,东盟^{R}AS^R,澳^{R}AU^R,新西兰^{R}NZ^R,柬KH,港HK,澳门MO,台TW,韩^{R}KR^R	0 受惠国LD	35
				4.2	亚太AP		
				5.3	日^{R}JP^R		
	ex32041700	彩色光刻胶用光刻胶颜料分散液 Pigment dispersion of photoresist for color photoresist	Δ3				
		--类胡萝卜素着色料及以其为基本成分的制品： --Carotenoid colouring matters and preparations based thereon:					
2719	3204.1810	---类胡萝卜素（包括胡萝卜素） ---Carotenoid (including carotene)	6.5	0	东盟AS,智CL,巴PK,新西兰NZ,秘PE,哥CR,瑞CH,冰IS,韩KR,澳AU,格GE,毛MU,东盟^{R}AS^R,澳^{R}AU^R,新西兰^{R}NZ^R,柬KH,港HK,澳门MO,韩^{R}KR^R	0 受惠国LD	20
				4.2	亚太AP		
				5.3	日^{R}JP^R		
2720	3204.1820	---以类胡萝卜素（包括胡萝卜素）为基本成分的制品 ---Preparations based on carotenoid (including carotene)	6.5	0	东盟AS,智CL,巴PK,新西兰NZ,秘PE,哥CR,冰IS,韩KR,澳AU,格GE,毛MU,东盟^{R}AS^R,澳^{R}AU^R,新西兰^{R}NZ^R,柬KH,港HK,澳门MO,台TW,韩^{R}KR^R	0 受惠国LD	35
				4.2	亚太AP		
				5.3	日^{R}JP^R		
		--其他,包括由子目3204.11至3204.19中两个或多个子目所列着色料组成的混合物： --Other, including mixtures of colouring matter of two or more of the subheadings 3204.11 to 3204.19:					
		---硫化染料及以其为基本成分的制品： ---Sulphur dyes and preparations based thereon:					
2721	3204.1911	----硫化黑（硫化青）及以其为基本成分的制品 ----Sulphur black and preparations based thereon	6.5	0	东盟AS,智CL,巴PK,新西兰NZ,秘PE,哥CR,瑞CH,冰IS,澳AU,格GE,毛MU,东盟^{R}AS^R,澳^{R}AU^R,新西兰^{R}NZ^R,柬KH,港HK,澳门MO	0 受惠国LD	35
				0.6	韩KR		
				4.2	亚太AP		
				5.2	韩^{R}KR^R		
				5.3	日^{R}JP^R		

序号 No.	税则号列 Tariff Line	货品名称 Article Description	最惠国税率 MFN(%)	协定税率 Agreement(%)		特惠税率 SP(%)	普通税率 Gen(%)
2722	3204.1919	----其他 ----Other	6.5	0	东盟AS,智CL,巴PK,新西兰NZ,秘PE,哥CR,瑞CH,冰IS,澳AU,格GE,毛MU,东盟^RAS^R,澳^RAU^R,新西兰^RNZ^R,柬KH,港HK,澳门MO	0 受惠国LD	35
				0.6	韩KR		
				4.2	亚太AP		
				5.2	韩^RKR^R		
				5.3	日^RJP^R		
2723	3204.1990	---其他 ---Other	6.5	0	东盟AS,智CL,巴PK,新西兰NZ,秘PE,哥CR,冰IS,韩KR,澳AU,格GE,毛MU,东盟^RAS^R,澳^RAU^R,新西兰^RNZ^R,柬KH,港HK,澳门MO,台TW,韩^RKR^R	0 受惠国LD	35
				4.2	亚太AP		
				5.3	日^RJP^R		
2724	3204.2000	-用作荧光增白剂的有机合成产品 -Synthetic organic products of a kind used as flourescent brightening agents	6.5	0	东盟AS,智CL,巴PK,新西兰NZ,秘PE,哥CR,冰IS,韩KR,澳AU,格GE,毛MU,东盟^RAS^R,澳^RAU^R,新西兰^RNZ^R,柬KH,港HK,澳门MO,台TW,韩^RKR^R	0 受惠国LD	40
				2.6	瑞CH		
				4.2	亚太AP		
				5.3	日^RJP^R		
		-其他: -Other:					
2725	3204.9010	---生物染色剂及染料指示剂 ---Biological stains and dye indicators	6.5	0	东盟AS,智CL,巴PK,新西兰NZ,秘PE,哥CR,瑞CH,冰IS,韩KR,澳AU,格GE,毛MU,柬KH,港HK,澳门MO	0 受惠国LD	20
				4.2	亚太AP		
				5.2	东盟^RAS^R,澳^RAU^R,新西兰^RNZ^R,韩^RKR^R		
				5.7	日^RJP^R		
2726	3204.9090	---其他 ---Other	6.5	0	东盟AS,智CL,巴PK,新西兰NZ,秘PE,哥CR,瑞CH,冰IS,韩KR,澳AU,格GE,毛MU,东盟^RAS^R,澳^RAU^R,新西兰^RNZ^R,柬KH,港HK,澳门MO,韩^RKR^R	0 受惠国LD	40
				4.2	亚太AP		
				5.3	日^RJP^R		
	32.05	色淀;本章注释三所述的以色淀为基本成分的制品: Colour lakes; preparations as specified in Note 3 to this Chapter based on colour lakes:					

序号 No.	税则号列 Tariff Line	货品名称 Article Description	最惠国税率 MFN(%)		协定税率 Agreement(%)	特惠税率 SP(%)	普通税率 Gen(%)
2727	3205.0000	色淀；本章注释三所述的以色淀为基本成分的制品 Colour lakes;preparations as specified in Note 3 to this Chapter based on colour lakes	6.5	0	东盟AS,智CL,新西兰NZ,秘PE,哥CR,瑞CH,冰IS,澳AU,格GE,毛MU,柬KH,港HK,澳门MO	0 受惠国LD	35
				1	巴PK		
				2.6	韩KR		
				5.2	东盟^{R}AS^R,澳^{R}AU^R,新西兰^{R}NZ^R,韩^{R}KR^R		
				5.7	日^{R}JP^R		
	32.06	其他着色料；本章注释三所述的制品，但税目32.03、32.04及32.05的货品除外；用作发光体的无机产品，不论是否已有化学定义： Other colouring matter; preparations as specified in Note 3 to this Chapter, other than those of headings 32.03, 32.04 and 32.05; inorganic products of a kind used as luminophores, whether or not chemically defined:					
		-以二氧化钛为基本成分的颜料及制品： -Pigments and preparations based on titanium dioxide:					
		--以干物质计二氧化钛含量在80%及以上的： --Containing 80% or more by weight of titanium dioxide calculated on the dry matter:					
2728	3206.1110	---钛白粉 ---Titanium White	6.5	0	东盟AS,智CL,新西兰NZ,秘PE,哥CR,瑞CH,冰IS,韩KR,澳AU,格GE,毛MU,东盟^{R}AS^R,澳^{R}AU^R,日^{R}JP^R,新西兰^{R}NZ^R,柬KH,港HK,澳门MO,台TW,韩^{R}KR^R	0 受惠国LD	30
				1	巴PK		
2729	3206.1190	---其他 ---Other	6.5	0	东盟AS,智CL,新西兰NZ,秘PE,哥CR,瑞CH,冰IS,韩KR,澳AU,格GE,毛MU,东盟^{R}AS^R,澳^{R}AU^R,新西兰^{R}NZ^R,柬KH,港HK,澳门MO,韩^{R}KR^R	0 受惠国LD	30
				1	巴PK		
				5.3	日^{R}JP^R		
2730	3206.1900	--其他 --Other	10	0	东盟AS,智CL,新西兰NZ,新加坡SG,秘PE,哥CR,瑞CH,冰IS,澳AU,格GE,毛MU,柬KH,港HK,澳门MO,台TW	0 受惠国LD	30
				1	韩KR		
				3	巴PK		
				8	东盟^{R}AS^R,澳^{R}AU^R,新西兰^{R}NZ^R,韩^{R}KR^R		
				8.2	日^{R}JP^R		

序号 No.	税则号列 Tariff Line	货品名称 Article Description	最惠国税率 MFN(%)	协定税率 Agreement(%)		特惠税率 SP(%)		普通税率 Gen(%)
2731	3206.2000	-以铬化合物为基本成分的颜料及制品 -Pigments and preparations based on chromium compounds	6.5	0	东盟AS,智CL,新西兰NZ,秘PE,哥CR,瑞CH,冰IS,韩KR,澳AU,格GE,毛MU,东盟^RAS^R,澳^RAU^R,新西兰^RNZ^R,柬KH,港HK,澳门MO,韩^RKR^R	0 受惠国LD	35
				1	巴PK		
				5.3	日^RJP^R		
		-其他着色料及其他制品: -Other colouring matter and other preparations:					
2732	3206.4100	--群青及以其为基本成分的制品 --Ultramarine and preparations based thereon	6.5	0	东盟AS,智CL,新西兰NZ,秘PE,哥CR,瑞CH,冰IS,韩KR,澳AU,格GE,毛MU,东盟^RAS^R,澳^RAU^R,新西兰^RNZ^R,柬KH,港HK,澳门MO,韩^RKR^R	0 受惠国LD	35
				1	巴PK		
				5.3	日^RJP^R		
		--锌钡白及以硫化锌为基本成分的其他颜料和制品: --Lithopone and other pigments and preparations based on zinc sulphide:					
2733	3206.4210	---锌钡白 ---Lithopone	6.5	0	东盟AS,智CL,新西兰NZ,秘PE,哥CR,瑞CH,冰IS,韩KR,澳AU,格GE,毛MU,东盟^RAS^R,澳^RAU^R,新西兰^RNZ^R,柬KH,港HK,澳门MO,韩^RKR^R	0 受惠国LD	30
				1	巴PK		
				5.3	日^RJP^R		
2734	3206.4290	---其他 ---Other	6.5	0	东盟AS,智CL,新西兰NZ,秘PE,哥CR,瑞CH,冰IS,澳AU,格GE,毛MU,东盟^RAS^R,澳^RAU^R,新西兰^RNZ^R,柬KH,港HK,澳门MO	0 受惠国LD	30
				0.6	韩KR		
				1	巴PK		
				5.2	韩^RKR^R		
				5.3	日^RJP^R		
		--其他: --Other:					
		---以铋化合物为基本成分的颜料及制品: ---Pigments and preparations based on Bismuth compounds:					

序号 No.	税则号列 Tariff Line	货品名称 Article Description	最惠国税率 MFN(%)	协定税率 Agreement(%)		特惠税率 SP(%)	普通税率 Gen(%)
2735	3206.4911	----以钒酸铋为基本成分的颜料及制品 ----Pigments and preparations based on Bismuth vanadium tetraoxide	6.5	0	东盟AS,智CL,巴PK,新西兰NZ, 秘PE,哥CR,瑞CH,冰IS,澳AU, 格GE,毛MU,柬KH,港HK,澳门 MO,台TW	0 受惠国LD	35
				0.6	韩KR		
				3.3	亚太AP		
				5.2	东盟^{R}AS^R,澳^{R}AU^R,新西兰^{R}NZ^R, 韩^{R}KR^R		
				5.3	日^{R}JP^R		
2736	3206.4919	----其他 ----Other	6.5	0	东盟AS,智CL,巴PK,新西兰NZ, 秘PE,哥CR,瑞CH,冰IS,澳AU, 格GE,毛MU,柬KH,港HK,澳门 MO,台TW	0 受惠国LD	35
				0.6	韩KR		
				3.3	亚太AP		
				5.2	东盟^{R}AS^R,澳^{R}AU^R,新西兰^{R}NZ^R, 韩^{R}KR^R		
				5.3	日^{R}JP^R		
2737	3206.4990	---其他 ---Other	6.5	0	东盟AS,智CL,巴PK,新西兰NZ, 秘PE,哥CR,瑞CH,冰IS,澳AU, 格GE,毛MU,柬KH,港HK,澳门 MO,台TW	0 受惠国LD	35
				0.6	韩KR		
				3.3	亚太AP		
				5.2	东盟^{R}AS^R,澳^{R}AU^R,新西兰^{R}NZ^R, 韩^{R}KR^R		
				5.3	日^{R}JP^R		
2738	3206.5000	-用作发光体的无机产品 -Inorganic products of a kind used as luminophores	6.5	0	东盟AS,智CL,新西兰NZ,秘PE, 哥CR,瑞CH,冰IS,澳AU,格GE, 毛MU,东盟^{R}AS^R,澳^{R}AU^R,新西 兰^{R}NZ^R,柬KH,港HK,澳门MO	0 受惠国LD	35
				0.6	韩KR		
				4	巴PK		
				4.2	亚太AP		
				5.2	韩^{R}KR^R		
				5.3	日^{R}JP^R		
	32.07	陶瓷、搪瓷及玻璃工业用的调制颜料、遮光剂、着色剂、珐琅和釉料、釉底料（泥釉）、光瓷釉以及类似产品；搪瓷玻璃料及其他玻璃，呈粉、粒或粉片状的： Prepared pigments, prepared opacifiers and prepared colours, vitrifiable enamels and glazes, engobes (slips), liquid lustres and similar preparations, of a kind used in the ceramic, enamelling or glass industry; glass frit and other glass, in the form of powder, granules or flakes:					

序号 No.	税则号列 Tariff Line	货品名称 Article Description	最惠国税率 MFN(%)		协定税率 Agreement(%)	特惠税率 SP(%)	普通税率 Gen(%)
2739	3207.1000	-调制颜料、遮光剂、着色剂及类似制品 -Prepared pigments, prepared opacifiers, prepared colours and similar preparations	5	0	东盟AS,智CL,巴PK,新西兰NZ,秘PE,哥CR,瑞CH,冰IS,澳AU,格GE,毛MU,东盟^RAS^R,澳^RAU^R,新西兰^RNZ^R,柬KH,港HK,澳门MO	0 受惠国LD	50
				0.5	韩KR		
				4	韩^RKR^R		
				4.1	日^RJP^R		
2740	3207.2000	-珐琅和釉料、釉底料（泥釉）及类似制品 -Vitrifiable enamels and glazes, engobes(slips) and similar preparations	5	0	东盟AS,智CL,巴PK,新西兰NZ,秘PE,哥CR,瑞CH,冰IS,澳AU,格GE,毛MU,柬KH,港HK,澳门MO	0 受惠国LD	50
				2	韩KR		
				4	东盟^RAS^R,澳^RAU^R,新西兰^RNZ^R,韩^RKR^R		
				4.4	日^RJP^R		
2741	3207.3000	-光瓷釉及类似制品 -Liquid lustres and similar preparations	5	0	东盟AS,智CL,巴PK,新西兰NZ,秘PE,哥CR,瑞CH,冰IS,韩KR,澳AU,格GE,毛MU,东盟^RAS^R,澳^RAU^R,日^RJP^R,新西兰^RNZ^R,柬KH,港HK,澳门MO,韩^RKR^R	0 受惠国LD	50
2742	3207.4000	-搪瓷玻璃料及其他玻璃, 呈粉、粒或粉片状的 -Glass frit and other glass, in the form of powder, granules or flakes	5	0	东盟AS,智CL,巴PK,新西兰NZ,秘PE,哥CR,瑞CH,冰IS,韩KR,澳AU,格GE,毛MU,东盟^RAS^R,澳^RAU^R,日^RJP^R,新西兰^RNZ^R,柬KH,港HK,澳门MO,韩^RKR^R	0 受惠国LD	50
	32.08	以合成聚合物或化学改性天然聚合物为基本成分的油漆及清漆（包括瓷漆及大漆），分散于或溶于非水介质的; 本章注释四所述的溶液: Paints and varnishes (including enamels and lacquers) based on synthetic polymers or chemically modified natural polymers, dispersed or dissolved in a non-aqueous medium; solutions as defined in Note 4 to this Chapter:					
2743	3208.1000	-以聚酯为基本成分 -Based on polyesters	10	0	东盟AS,智CL,新西兰NZ,新加坡SG,秘PE,哥CR,瑞CH,冰IS,澳AU,格GE,毛MU,柬KH,港HK,澳门MO,台TW	0 受惠国LD	50
				3	巴PK		
				5.5	韩KR		
				9	亚太AP,东盟^RAS^R,澳^RAU^R,日^RJP^R,新西兰^RNZ^R,韩^RKR^R		
		-以丙烯酸聚合物或乙烯聚合物为基本成分: -Based on acrylic or vinyl polymers:					

序号 No.	税则号列 Tariff Line	货品名称 Article Description	最惠国税率 MFN(%)		协定税率 Agreement(%)	特惠税率 SP(%)		普通税率 Gen(%)
2744	3208.2010	---以丙烯酸聚合物为基本成分 ---Based on acrylic polymers	10	0	东盟AS,智CL,新西兰NZ,新加坡SG,秘PE,哥CR,瑞CH,冰IS,澳AU,格GE,毛MU,柬KH,港HK,澳门MO,台TW	0	受惠国LD	50
				4	巴PK			
				5.5	韩KR			
				9	亚太AP,东盟^{R}AS^R,澳^{R}AU^R,日^{R}JP^R,新西兰^{R}NZ^R,韩^{R}KR^R			
2745	3208.2020	---以乙烯聚合物为基本成分 ---Based on vinyl polymers	10	0	东盟AS,智CL,新西兰NZ,秘PE,哥CR,瑞CH,冰IS,澳AU,格GE,毛MU,东盟^{R}AS^R,澳^{R}AU^R,新西兰^{R}NZ^R,柬KH,港HK,澳门MO	0	受惠国LD	50
				1	韩KR			
				3	巴PK			
				8	韩^{R}KR^R			
				8.2	日^{R}JP^R			
				9	亚太AP			
		-其他: -Other:						
2746	3208.9010	---以聚胺酯类化合物为基本成分 ---Based on polyurethane polymers	10	0	东盟AS,智CL,新西兰NZ,新加坡SG,秘PE,哥CR,瑞CH,冰IS,澳AU,格GE,毛MU,柬KH,港HK,澳门MO	0	受惠国LD	50
				1	韩KR			
				3	巴PK			
				8	东盟^{R}AS^R,澳^{R}AU^R,新西兰^{R}NZ^R,韩^{R}KR^R			
				8.2	日^{R}JP^R			
				9	亚太AP			
2747	3208.9090	---其他 ---Other	10	0	东盟AS,智CL,新西兰NZ,新加坡SG,秘PE,哥CR,瑞CH,冰IS,澳AU,格GE,毛MU,柬KH,港HK,澳门MO,台TW	0	受惠国LD	50
				3	巴PK			
				5.5	韩KR			
				9	亚太AP,东盟^{R}AS^R,澳^{R}AU^R,日^{R}JP^R,新西兰^{R}NZ^R,韩^{R}KR^R			
	32.09	以合成聚合物或化学改性天然聚合物为基本成分的油漆及清漆（包括瓷漆及大漆），分散于或溶于水介质的: Paints and varnishes (including enamels and lacquers) based on synthetic polymers or chemically modified natural polymers, dispersed or dissolved in an aqueous medium:						

557

序号 No.	税则号列 Tariff Line	货品名称 Article Description	最惠国税率 MFN(%)		协定税率 Agreement(%)	特惠税率 SP(%)	普通税率 Gen(%)
2748	3209.1000	-以丙烯酸聚合物或乙烯聚合物为基本成分 -Based on acrylic or vinyl polymers	10	0	东盟AS,智CL,新西兰NZ,新加坡SG,秘PE,哥CR,瑞CH,冰IS,澳AU,格GE,毛MU,东盟^RAS^R,澳^RAU^R,新西兰^RNZ^R,柬KH,港HK,澳门MO	0 受惠国LD	50
				1	韩KR		
				3	巴PK		
				6.5	亚太AP		
				8	韩^RKR^R		
				8.2	日^RJP^R		
		-其他: -Other:					
2749	3209.9010	---以环氧树脂为基本成分 ---Based on epoxy resin	10	0	东盟AS,智CL,新西兰NZ,新加坡SG,秘PE,哥CR,瑞CH,冰IS,澳AU,格GE,毛MU,柬KH,港HK,澳门MO,台TW	0 受惠国LD	50
				3	巴PK		
				5.5	韩KR		
				9	东盟^RAS^R,澳^RAU^R,新西兰^RNZ^R		
2750	3209.9020	---以氟树脂为基本成分 ---Based on fluororesin	10	0	东盟AS,智CL,新西兰NZ,新加坡SG,秘PE,哥CR,瑞CH,冰IS,澳AU,格GE,毛MU,柬KH,港HK,澳门MO	0 受惠国LD	50
				1	韩KR		
				3	巴PK		
				8	东盟^RAS^R,澳^RAU^R,新西兰^RNZ^R,韩^RKR^R		
				8.2	日^RJP^R		
2751	3209.9090	---其他 ---Other	10	0	东盟AS,智CL,新西兰NZ,新加坡SG,秘PE,哥CR,瑞CH,冰IS,澳AU,格GE,毛MU,柬KH,港HK,澳门MO,台TW	0 受惠国LD	50
				3	巴PK		
				5.5	韩KR		
				9	东盟^RAS^R,澳^RAU^R,新西兰^RNZ^R		
	32.10	其他油漆及清漆（包括瓷漆、大漆及水浆涂料）；加工皮革用的水性颜料: Other paints and varnishes (including enamels, lacquers and distempers);prepared water pigments of a kind used for finishing leather:					

序号 No.	税则号列 Tariff Line	货品名称 Article Description	最惠国税率 MFN(%)		协定税率 Agreement(%)	特惠税率 SP(%)	普通税率 Gen(%)
2752	3210.0000	其他油漆及清漆（包括瓷漆、大漆及水浆涂料）；加工皮革用的水性颜料 Other paints and varnishes (including enamels, lacquers and distempers); prepared water pigments of a kind used for finishing leather	10	0	东盟AS,智CL,新西兰NZ,新加坡SG,秘PE,哥CR,瑞CH,冰IS,韩KR,澳AU,格GE,毛MU,柬KH,港HK,澳门MO,台TW	0 受惠国LD	50
				4	巴PK		
				6.5	亚太AP		
				8	东盟^{R}AS^R,澳^{R}AU^R,新西兰^{R}NZ^R,韩^{R}KR^R		
				8.2	日^{R}JP^R		
	32.11	**配制的催干剂：** **Prepared driers:**					
2753	3211.0000	配制的催干剂 Prepared driers	10	0	东盟AS,智CL,新西兰NZ,新加坡SG,秘PE,哥CR,瑞CH,冰IS,澳AU,格GE,毛MU,柬KH,港HK,澳门MO	0 受惠国LD	50
				3	巴PK		
				4	韩KR		
				8.7	东盟^{R}AS^R,韩^{R}KR^R		
				8.8	日^{R}JP^R		
				9	澳^{R}AU^R,新西兰^{R}NZ^R		
	32.12	制造油漆（含瓷漆）用的颜料（包括金属粉末或金属粉片），分散于非水介质中呈液状或浆状的；压印箔；零售形状及零售包装的染料或其他着色料： **Pigments (including metallic powders and flakes) dispersed in non-aqueous media, in liquid or paste form, of a kind used in the manufacture of paints (including enamels); stamping foils; dyes and other colouring matter put up in forms or packings for retail sale:**					
2754	3212.1000	-压印箔 -Stamping foils	15	0	东盟AS,智CL,新西兰NZ,新加坡SG,秘PE,哥CR,瑞CH,冰IS,澳AU,格GE,毛MU,柬KH,港HK,澳门MO	0 受惠国LD	80
				1.5	韩KR		
				12	巴PK,东盟^{R}AS^R,澳^{R}AU^R,新西兰^{R}NZ^R,韩^{R}KR^R		
				12.3	日^{R}JP^R		
2755	3212.9000	-其他 -Other	10	0	东盟AS,智CL,新西兰NZ,新加坡SG,秘PE,哥CR,瑞CH,冰IS,澳AU,格GE,毛MU,柬KH,港HK,澳门MO	0 受惠国LD	50
				1	韩KR		
				3	巴PK		
				8	东盟^{R}AS^R,澳^{R}AU^R,新西兰^{R}NZ^R,韩^{R}KR^R		
				8.2	日^{R}JP^R		

序号 No.	税则号列 Tariff Line	货品名称 Article Description	最惠国税率 MFN(%)	协定税率 Agreement(%)		特惠税率 SP(%)	普通税率 Gen(%)
	32.13	艺术家、学生和广告美工用的颜料、调色料、文娱颜料及类似品, 片状、管装、罐装、瓶装、扁盒装以及类似形状或包装的: Artists', students' or signboard painters' colours, modifying tints, amusement colours and the like, in tablets, tubes, jars, bottles, pans or in similar forms or packings:					
2756	3213.1000	-成套的颜料 -Colours in sets	6.5	0	东盟AS,智CL,新西兰NZ,秘PE,哥CR,瑞CH,冰IS,澳AU,格GE,毛MU,东盟^RAS^R,澳^RAU^R,新西兰^RNZ^R,柬KH,港HK,澳门MO	0 受惠国LD	70
				1	韩KR		
				3	巴PK		
				8	韩^RKR^R		
				8.2	日^RJP^R		
2757	3213.9000	-其他 -Other	6.5	0	东盟AS,智CL,新西兰NZ,秘PE,哥CR,瑞CH,冰IS,澳AU,格GE,东盟^RAS^R,澳^RAU^R,新西兰^RNZ^R,柬KH,港HK,澳门MO	0 受惠国LD	70
				1	韩KR		
				3	巴PK		
				4	毛MU		
				4.2	亚太AP		
				8	韩^RKR^R		
				8.2	日^RJP^R		
	32.14	安装玻璃用油灰、接缝用油灰、树脂胶泥、嵌缝胶及其他类似胶粘剂; 漆工用填料; 非耐火涂面制剂, 涂门面、内墙、地板、天花板等用: Glaziers' putty, grafting putty, resin cements, caulking compounds and other mastics; painters' fillings; non-refractory surfacing preparations for facades, indoor walls, floors, ceilings or the like:					
		-安装玻璃用油灰、接缝用油灰、树脂胶泥、嵌缝胶及其他类似胶粘剂; 漆工用填料: -Glaziers' putty, grafting putty, resin cements, caulking compounds and other mastics; painters' fillings:					
2758	3214.1010	---半导体器件封装材料 ---Encapsulation materials for semiconductor device	9	0	东盟AS,智CL,新西兰NZ,秘PE,哥CR,瑞CH,冰IS,澳AU,格GE,毛MU,柬KH,港HK,澳门MO	0 受惠国LD	70
				1	巴PK		
				5	东盟^RAS^R,澳^RAU^R,新西兰^RNZ^R		

560

序号 No.	税则号列 Tariff Line	货品名称 Article Description	最惠国税率 MFN(%)	协定税率 Agreement(%)		特惠税率 SP(%)	普通税率 Gen(%)
2759	3214.1090	---其他 ---Other	9	0	东盟AS,智CL,新西兰NZ,秘PE,哥CR,瑞CH,冰IS,韩KR,澳AU,格GE,毛MU,柬KH,港HK,澳门MO	0 受惠国LD	70
				1	巴PK		
				7.2	东盟^{R}AS^R,澳^{R}AU^R,新西兰^{R}NZ^R,韩^{R}KR^R		
				7.4	日^{R}JP^R		
2760	3214.9000	-其他 -Other	9	0	东盟AS,智CL,新西兰NZ,秘PE,哥CR,瑞CH,冰IS,澳AU,格GE,毛MU,柬KH,港HK,澳门MO	0 受惠国LD	70
				3.6	韩KR		
				4	巴PK		
				7.8	东盟^{R}AS^R,韩^{R}KR^R		
				7.9	日^{R}JP^R		
				8.1	澳^{R}AU^R,新西兰^{R}NZ^R		
	32.15	印刷油墨、书写或绘图墨水及其他墨类,不论是否固体或浓缩: Printing ink, writing or drawing ink and other inks, whether or not concentrated or solid:					
		-印刷油墨: -Printing ink:					
2761	3215.1100	--黑色 --Black	6.5	0	东盟AS,智CL,巴PK,新西兰NZ,秘PE,哥CR,瑞CH,冰IS,韩KR,澳AU,格GE,毛MU,柬KH,港HK,澳门MO	0 受惠国LD	45
				4.2	亚太AP		
				5.2	东盟^{R}AS^R,澳^{R}AU^R,新西兰^{R}NZ^R,韩^{R}KR^R		
				5.3	日^{R}JP^R		
	ex32151100	黑色,用于装入税目8443.31、8443.32或8443.39所列设备的工程形态的固体油墨 Black, solid ink in engineered shapes for insertion into apparatus of subheadings 8443.31, 8443.32 or 8443.39	0				
2762	3215.1900	--其他 --Other	6.5	0	东盟AS,智CL,巴PK,新西兰NZ,秘PE,哥CR,瑞CH,冰IS,澳AU,格GE,毛MU,东盟^{R}AS^R,澳^{R}AU^R,新西兰^{R}NZ^R,柬KH,港HK,澳门MO,台TW	0 受惠国LD	45
				0.6	韩KR		
				4.6	亚太AP		
				5.2	韩^{R}KR^R		
				5.7	日^{R}JP^R		

序号 No.	税则号列 Tariff Line	货品名称 Article Description	最惠国税率 MFN(%)	协定税率 Agreement(%)		特惠税率 SP(%)		普通税率 Gen(%)
	ex32151900	其他，用于装入税目8443.31、8443.32或8443.39所列设备的工程形态的固体油墨 Other, solid ink in engineered shapes for insertion into apparatus of subheadings 8443.31, 8443.32 or 8443.39	0					
		-其他： -Other:						
2763	3215.9010	---书写墨水 ---Writing or drawing inks	5	0	东盟AS,智CL,新西兰NZ,秘PE,哥CR,瑞CH,冰IS,韩KR,澳AU,格GE,毛MU,东盟^{R}AS^R,澳^{R}AU^R,新西兰^{R}NZ^R,柬KH,港HK,澳门MO,韩^{R}KR^R	0	受惠国LD	70
				1	巴PK			
				5.3	日^{R}JP^R			
2764	3215.9020	---水性喷墨墨水 ---Water based inkjet ink	10	0	东盟AS,智CL,新西兰NZ,新加坡SG,秘PE,哥CR,瑞CH,冰IS,韩KR,澳AU,格GE,毛MU,柬KH,港HK,澳门MO	0	受惠国LD	70
				3	巴PK			
				8	东盟^{R}AS^R,澳^{R}AU^R,新西兰^{R}NZ^R,韩^{R}KR^R			
				8.2	日^{R}JP^R			
2765	3215.9090	---其他 ---Other	10	0	东盟AS,智CL,新西兰NZ,新加坡SG,秘PE,哥CR,瑞CH,冰IS,韩KR,澳AU,格GE,毛MU,柬KH,港HK,澳门MO	0	受惠国LD	70
				3	巴PK			
				8	东盟^{R}AS^R,澳^{R}AU^R,新西兰^{R}NZ^R,韩^{R}KR^R			
				8.2	日^{R}JP^R			

第三十三章
精油及香膏；芳香料制品
及化妆盥洗品

Chapter 33
Essential oils and resinoids;
perfumery, cosmetic or toilet preparations

注释:

一、本章不包括：

（一）税目 13.01 及 13.02 的天然油树脂及植物浸膏；

（二）税目 34.01 的肥皂及其他产品；或

（三）税目 38.05 的脂松节油、木松节油和硫酸盐松节油及其他产品。

二、税目 33.02 所称"香料"，仅指税目 33.01 所列的物质、从这些物质离析出来的香料组分以及合成芳香剂。

三、税目 33.03 至 33.07 主要包括适合作这些税目所列用途的零售包装产品，不论其是否混合（精油水馏液及水溶液除外）。

四、税目 33.07 所称"芳香料制品及化妆盥洗品"，主要适用于下列产品：香袋；通过燃烧散发香气的制品；香纸及用化妆品浸渍或涂布的纸；隐形眼镜片或假眼用的溶液；用香水或化妆品浸渍、涂布、包覆的絮胎、毡呢及无纺织物；动物用盥洗品。

Notes:

1. This Chapter does not cover:

   (a) Natural oleoresins or vegetable extracts of heading 13.01 or 13.02;

   (b) Soap or other products of heading 34.01;or

   (c) Gum, wood or sulphate turpentine or other products of heading 38.05.

2. The expression "odoriferous substances" in heading 33.02 refers only to the substances of heading 33.01, to odoriferous constituents isolated from those substances or to synthetic aromatics.

3. Headings 33.03 to 33.07 apply, *inter alia*, to products, whether or not mixed (other than aqueous distillates and aqueous solutions of essential oils), suitable for use as goods of these headings and put up in packings of a kind sold by retail for such use.

4. The expression "perfumery, cosmetic or toilet preparations" in heading 33.07 applies, *inter alia*, to the following products: scented sachets; odoriferous preparations which operate by burning; perfumed papers and papers impregnated or coated with cosmetics; contact lens or artificial eye solutions; wadding, felt and nonwovens, impregnated, coated or covered with perfume or cosmetics; animal toilet preparations.

序号 No.	税则号列 Tariff Line	货品名称 Article Description	最惠国税率 MFN(%)	协定税率 Agreement(%)	特惠税率 SP(%)	普通税率 Gen(%)
	33.01	精油（无萜或含萜），包括浸膏及净油；香膏；提取的油树脂；用花香吸取法或浸渍法制成的含浓缩精油的脂肪、固定油、蜡及类似品；精油脱萜时所得的萜烯副产品；精油水馏液及水溶液： Essential oils (terpeneless or not), including concretes and absolutes; resinoids; extracted oleoresins; concentrates of essential oils in fats, in fixed oils, in waxes or the like, obtained by enfleurage or maceration; terpenic by-products of the deterpenation of essential oils; aqueous distillates and aqueous solutions of essential oils:				
		-柑桔属果实的精油： -Essential oils of citrus fruit:				

序号 No.	税则号列 Tariff Line	货品名称 Article Description	最惠国税率 MFN(%)	协定税率 Agreement(%)		特惠税率 SP(%)	普通税率 Gen(%)
2766	3301.1200	--橙油 --Of orange	20△10	0	东盟AS,智CL,新西兰NZ,新加坡SG,秘PE,哥CR,冰IS,澳AU,格GE,毛MU,柬KH,港HK,澳门MO	0 受惠国LD	80
				3.3	瑞CH		
				8	韩KR		
				16	东盟^{R}AS^R,澳^{R}AU^R,新西兰^{R}NZ^R,韩^{R}KR^R		
				17.5	日^{R}JP^R		
2767	3301.1300	--柠檬油 --Of lemon	20	0	东盟AS,智CL,新西兰NZ,新加坡SG,秘PE,哥CR,瑞CH,冰IS,澳AU,格GE,毛MU,柬KH,港HK,澳门MO	0 受惠国LD	80
				8	韩KR		
				17.3	东盟^{R}AS^R,韩^{R}KR^R		
				17.5	日^{R}JP^R		
				18	澳^{R}AU^R,新西兰^{R}NZ^R		
		--其他: --Other:					
2768	3301.1910	---白柠檬油(酸橙油) ---Of lime	20	0	东盟AS,智CL,新西兰NZ,新加坡SG,秘PE,哥CR,瑞CH,冰IS,澳AU,格GE,毛MU,柬KH,港HK,澳门MO	0 受惠国LD	80
				8	韩KR		
				16	东盟^{R}AS^R,澳^{R}AU^R,新西兰^{R}NZ^R,韩^{R}KR^R		
				17.5	日^{R}JP^R		
2769	3301.1990	---其他 ---Other	20	0	东盟AS,智CL,新西兰NZ,新加坡SG,秘PE,哥CR,瑞CH,冰IS,澳AU,格GE,毛MU,柬KH,港HK,澳门MO	0 受惠国LD	80
				8	韩KR		
				17.3	东盟^{R}AS^R,韩^{R}KR^R		
				17.5	日^{R}JP^R		
				18	澳^{R}AU^R,新西兰^{R}NZ^R		
		-非柑桔属果实的精油: -Essential oils other than those of citrus fruit:					
2770	3301.2400	--胡椒薄荷油 --Of peppermint(Mentha piperita)	20△10	0	东盟AS,智CL,新西兰NZ,新加坡SG,秘PE,哥CR,瑞CH,冰IS,澳AU,格GE,毛MU,柬KH,港HK,澳门MO	0 受惠国LD	90
				8	韩KR		
				17.3	东盟^{R}AS^R,韩^{R}KR^R		
				17.5	日^{R}JP^R		
				18	澳^{R}AU^R,新西兰^{R}NZ^R		

序号 No.	税则号列 Tariff Line	货品名称 Article Description	最惠国税率 MFN(%)	协定税率 Agreement(%)		特惠税率 SP(%)	普通税率 Gen(%)
2771	3301.2500	--其他薄荷油 --Of other mints	15Δ5	0	东盟AS,智CL,新西兰NZ,新加坡SG,秘PE,哥CR,瑞CH,冰IS,澳AU,格GE,毛MU,东盟^{R}AS^R,澳^{R}AU^R,新西兰^{R}NZ^R,柬KH,港HK,澳门MO	0 受惠国LD	90
				1.5	韩KR		
				12	巴PK,韩^{R}KR^R		
				12.3	日^{R}JP^R		
				14	亚太AP		
		--其他: --Other:					
2772	3301.2910	---樟脑油 ---Of camphor	20	0	东盟AS,智CL,新西兰NZ,新加坡SG,秘PE,哥CR,瑞CH,冰IS,澳AU,格GE,毛MU,柬KH,港HK,澳门MO	0 受惠国LD	90
				8	韩KR		
				16	东盟^{R}AS^R,澳^{R}AU^R,新西兰^{R}NZ^R,韩^{R}KR^R		
				17.5	日^{R}JP^R		
2773	3301.2920	---香茅油 ---Of citronella	15	0	东盟AS,智CL,新西兰NZ,新加坡SG,秘PE,哥CR,瑞CH,冰IS,澳AU,格GE,毛MU,东盟^{R}AS^R,澳^{R}AU^R,新西兰^{R}NZ^R,柬KH,港HK,澳门MO	0 受惠国LD	70
				1.5	韩KR		
				12	巴PK,韩^{R}KR^R		
				12.3	日^{R}JP^R		
2774	3301.2930	---茴香油 ---Of aniseed	20	0	东盟AS,智CL,新西兰NZ,新加坡SG,秘PE,哥CR,瑞CH,冰IS,澳AU,格GE,毛MU,柬KH,港HK,澳门MO	0 受惠国LD	80
				8	韩KR		
				16	东盟^{R}AS^R,澳^{R}AU^R,新西兰^{R}NZ^R,韩^{R}KR^R		
				17.5	日^{R}JP^R		
2775	3301.2940	---桂油 ---Of cassia	20	0	东盟AS,智CL,新西兰NZ,新加坡SG,秘PE,哥CR,瑞CH,冰IS,澳AU,格GE,毛MU,柬KH,港HK,澳门MO	0 受惠国LD	80
				8	韩KR		
				16	东盟^{R}AS^R,澳^{R}AU^R,新西兰^{R}NZ^R,韩^{R}KR^R		
				17.5	日^{R}JP^R		

序号 No.	税则号列 Tariff Line	货品名称 Article Description	最惠国税率 MFN(%)	协定税率 Agreement(%)		特惠税率 SP(%)	普通税率 Gen(%)
2776	3301.2950	---山苍子油 ---Of litsea cubeba	20	0	东盟AS,智CL,新西兰NZ,新加坡SG,秘PE,哥CR,瑞CH,冰IS,澳AU,格GE,毛MU,柬KH,港HK,澳门MO	0 受惠国LD	80
				8	韩KR		
				16	东盟^RAS^R,澳^RAU^R,新西兰^RNZ^R,韩^RKR^R		
				17.5	日^RJP^R		
2777	3301.2960	---桉叶油 ---Of eucalyptus	20	0	东盟AS,智CL,新西兰NZ,新加坡SG,秘PE,哥CR,瑞CH,冰IS,澳AU,格GE,毛MU,柬KH,港HK,澳门MO	0 受惠国LD	80
				8	韩KR		
				16	东盟^RAS^R,澳^RAU^R,新西兰^RNZ^R,韩^RKR^R		
				17.5	日^RJP^R		
		---其他: ---Other:					
2778	3301.2991	----老鹳草油(香叶油) ----Of geranium	20	0	东盟AS,智CL,新西兰NZ,新加坡SG,秘PE,哥CR,瑞CH,冰IS,澳AU,格GE,毛MU,柬KH,港HK,澳门MO	0 受惠国LD	80
				8	韩KR		
				16	东盟^RAS^R,澳^RAU^R,新西兰^RNZ^R,韩^RKR^R		
				17.5	日^RJP^R		
2779	3301.2999	----其他 ----Other	15	0	东盟AS,智CL,新西兰NZ,新加坡SG,秘PE,哥CR,瑞CH,冰IS,澳AU,格GE,毛MU,柬KH,港HK,澳门MO	0 受惠国LD	80
				6	韩KR		
				12	巴PK,东盟^RAS^R,韩^RKR^R		
				12.3	日^RJP^R		
				13.5	澳^RAU^R,新西兰^RNZ^R		
	ex33012999	黄樟油 Sassafras oil	Δ7				
		-香膏: -Resinoids:					
2780	3301.3010	---鸢尾凝脂 ---Balsam of irises	20Δ10	0	东盟AS,智CL,新西兰NZ,新加坡SG,秘PE,哥CR,瑞CH,冰IS,澳AU,格GE,毛MU,柬KH,港HK,澳门MO	0 受惠国LD	80
				8	韩KR		
				16	东盟^RAS^R,澳^RAU^R,新西兰^RNZ^R,韩^RKR^R		
				17.5	日^RJP^R		

序号 No.	税则号列 Tariff Line	货品名称 Article Description	最惠国税率 MFN(%)	协定税率 Agreement(%)		特惠税率 SP(%)	普通税率 Gen(%)
2781	3301.3090	---其他 ---Other	20	0	东盟AS,智CL,新西兰NZ,新加坡 SG,秘PE,哥CR,瑞CH,冰IS,澳AU, 格GE,毛MU,柬KH,港HK,澳门MO	0 受惠国LD	80
				8	韩KR		
				16	东盟^{R}AS^R,澳^{R}AU^R,新西兰^{R}NZ^R, 韩^{R}KR^R		
				17.5	日^{R}JP^R		
		-其他: -Other:					
2782	3301.9010	---提取的油树脂 ---Extracted oleoresins	20	0	东盟AS,智CL,新西兰NZ,新加坡 SG,秘PE,哥CR,瑞CH,冰IS,澳AU, 格GE,毛MU,柬KH,港HK,澳门MO	0 受惠国LD	80
				8	韩KR		
				13	亚太AP		
				17.3	东盟^{R}AS^R,韩^{R}KR^R		
				17.5	日^{R}JP^R		
				18	巴PK,澳^{R}AU^R,新西兰^{R}NZ^R		
2783	3301.9020	---柑桔属果实的精油脱萜的萜烯副 产品 ---Terpenic byproducts of the deterpenation of essential oils of citrus fruit	20	0	东盟AS,智CL,新西兰NZ,新加坡 SG,秘PE,哥CR,瑞CH,冰IS,澳AU, 格GE,毛MU,柬KH,港HK,澳门MO	0 受惠国LD	80
				8	韩KR		
				13	亚太AP		
				16	东盟^{R}AS^R,澳^{R}AU^R,新西兰^{R}NZ^R, 韩^{R}KR^R		
				17.5	日^{R}JP^R		
				18	巴PK		
2784	3301.9090	---其他 ---Other	20	0	东盟AS,智CL,新西兰NZ,新加坡 SG,秘PE,哥CR,瑞CH,冰IS,澳AU, 格GE,毛MU,柬KH,港HK,澳门MO	0 受惠国LD	80
				8	韩KR		
				13	亚太AP		
				17.3	东盟^{R}AS^R,韩^{R}KR^R		
				17.5	日^{R}JP^R		
				18	巴PK,澳^{R}AU^R,新西兰^{R}NZ^R		
	33.02	工业原料用的混合香料以及以一种或 多种香料为基本成分的混合物（包括酒 精溶液）；生产饮料用的以香料为基本 成分的其他制品： **Mixtures of odoriferous substances and mixtures (including alcoholic solutions) with a basis of one or more of these substances, of a kind used as raw materials in industry; other preparations based on odoriferous substances, of a kind used for the manufacture of beverages:**					

序号 No.	税则号列 Tariff Line	货品名称 Article Description	最惠国税率 MFN(%)	协定税率 Agreement(%)		特惠税率 SP(%)	普通税率 Gen(%)
		-食品或饮料工业用: -Of a kind used in the food or drink industries:					
2785	3302.1010	---生产饮料用的以香料为基本成分的制品,按容量计酒精浓度不超过0.5%的 ---Preparations based on odoriferous substances, of a kind used for the manufacture of beverages, alcoholic strength by volume not exceeding 0.5% vol.	15	0	东盟AS,智CL,巴PK,新西兰NZ,新加坡SG,秘PE,哥CR,瑞CH,冰IS,澳AU,格GE,毛MU,东盟^{R}AS^R,澳^{R}AU^R,新西兰^{R}NZ^R,柬KH,港HK,澳门MO	0 受惠国LD	90
				1.5	韩KR		
				9.8	亚太AP		
				12	韩^{R}KR^R		
				12.3	日^{R}JP^R		
2786	3302.1090	---其他 ---Other	15	0	东盟AS,智CL,巴PK,新西兰NZ,新加坡SG,秘PE,哥CR,瑞CH,冰IS,澳AU,格GE,毛MU,东盟^{R}AS^R,澳^{R}AU^R,新西兰^{R}NZ^R,柬KH,港HK,澳门MO	0 受惠国LD	130
				1.5	韩KR		
				12	韩^{R}KR^R		
				12.3	日^{R}JP^R		
2787	3302.9000	-其他 -Other	10	0	东盟AS,智CL,新西兰NZ,新加坡SG,秘PE,哥CR,瑞CH,冰IS,澳AU,格GE,毛MU,东盟^{R}AS^R,澳^{R}AU^R,新西兰^{R}NZ^R,柬KH,港HK,澳门MO	0 受惠国LD	130
				1	韩KR		
				3	巴PK		
				8	韩^{R}KR^R		
				8.2	日^{R}JP^R		
	33.03	香水及花露水: Perfumes and toilet waters:					
2788	3303.0000	香水及花露水 Perfumes and toilet waters	3	0	东盟AS,智CL,新西兰NZ,新加坡SG,秘PE,哥CR,瑞CH,冰IS,澳AU,格GE,毛MU,柬KH,港HK,澳门MO	0 受惠国LD	150
				2	亚太AP		
				3	巴PK,东盟^{R}AS^R,澳^{R}AU^R,新西兰^{R}NZ^R		
	33.04	美容品或化妆品及护肤品(药品除外),包括防晒油或晒黑油;指(趾)甲化妆品: Beauty or make-up preparations and preparations for the care of the skin (other than medicaments), including sunscreen or suntan preparations; manicure or pedicure preparations:					

序号 No.	税则号列 Tariff Line	货品名称 Article Description	最惠国税率 MFN(%)		协定税率 Agreement(%)	特惠税率 SP(%)	普通税率 Gen(%)
2789	3304.1000	-唇用化妆品 -Lip make-up preparations	5	0 3 5	东盟AS,智CL,新西兰NZ,新加坡SG,秘PE,哥CR,瑞CH,冰IS,澳AU,格GE,毛MU,柬KH,港HK,澳门MO 巴PK 东盟^RAS^R,澳^RAU^R,新西兰^RNZ^R	0 受惠国LD	150
2790	3304.2000	-眼用化妆品 -Eye make-up preparations	5	0 3 5	东盟AS,智CL,新西兰NZ,新加坡SG,秘PE,哥CR,瑞CH,冰IS,澳AU,格GE,毛MU,柬KH,港HK,澳门MO 巴PK 东盟^RAS^R,澳^RAU^R,新西兰^RNZ^R	0 受惠国LD	150
2791	3304.3000	-指(趾)甲化妆品 -Manicure or pedicure preparations	5	0 5	东盟AS,智CL,巴PK,新西兰NZ,新加坡SG,秘PE,哥CR,瑞CH,冰IS,澳AU,格GE,毛MU,柬KH,港HK,澳门MO 东盟^RAS^R,澳^RAU^R,新西兰^RNZ^R	0 受惠国LD	150
		-其他: -Other:					
2792	3304.9100	--粉, 不论是否压紧 --Powders, whether or not compressed	5	0 3 5	东盟AS,智CL,新西兰NZ,新加坡SG,秘PE,哥CR,瑞CH,冰IS,澳AU,格GE,毛MU,柬KH,港HK,澳门MO 巴PK 东盟^RAS^R,澳^RAU^R,新西兰^RNZ^R	0 受惠国LD	150
2793	3304.9900	--其他 --Other	1	0 5.2 5.9	东盟AS,智CL,巴PK,新西兰NZ,新加坡SG,秘PE,哥CR,瑞CH,冰IS,澳AU,格GE,毛MU,柬KH,港HK,澳门MO 韩KR 东盟^RAS^R,澳^RAU^R,新西兰^RNZ^R	0 受惠国LD	150
	33.05	护发品: **Preparations for use on the hair:**					
2794	3305.1000	-洗发剂(香波) -Shampoos	3Δ2	0 1 2 3 4.2	东盟AS,智CL,新西兰NZ,新加坡SG,秘PE,哥CR,瑞CH,澳AU,格GE,毛MU,柬KH,港HK,澳门MO 巴PK 亚太AP 东盟^RAS^R,澳^RAU^R,新西兰^RNZ^R 韩KR	0 受惠国LD	150
2795	3305.2000	-烫发剂 -Preparations for permanent waving or straightening	3	0 3 12	东盟AS,智CL,新西兰NZ,新加坡SG,秘PE,哥CR,瑞CH,冰IS,澳AU,格GE,毛MU,柬KH,港HK,澳门MO 东盟^RAS^R,澳^RAU^R,新西兰^RNZ^R 巴PK	0 受惠国LD	150

序号 No.	税则号列 Tariff Line	货品名称 Article Description	最惠国税率 MFN(%)	协定税率 Agreement(%)		特惠税率 SP(%)	普通税率 Gen(%)
2796	3305.3000	-定型剂 -Hair lacquers	3	0	东盟AS,智CL,新西兰NZ,新加坡SG,秘PE,哥CR,瑞CH,冰IS,澳AU,格GE,毛MU,柬KH,港HK,澳门MO	0 受惠国LD	150
				3	东盟^{R}AS^R,澳^{R}AU^R,新西兰^{R}NZ^R		
				12	巴PK		
2797	3305.9000	-其他 -Other	3	0	东盟AS,智CL,新西兰NZ,新加坡SG,秘PE,哥CR,瑞CH,澳AU,格GE,毛MU,柬KH,港HK,澳门MO	0 受惠国LD	150
				2	亚太AP		
				3	东盟^{R}AS^R,澳^{R}AU^R,新西兰^{R}NZ^R		
				4	巴PK		
				6.5	韩KR		
	33.06	口腔及牙齿清洁剂,包括假牙稳固剂及粉;清洁牙缝用的纱线(牙线),单独零售包装的: Preparations for oral or dental hygiene,including denture fixative pastes and powders;yarn used to clean between the teeth(dental floss),in individual retail package:					
		-洁齿品: -Dentifrices:					
2798	3306.1010	---牙膏 ---Toothpastes	3	0	东盟AS,智CL,新西兰NZ,新加坡SG,秘PE,哥CR,瑞CH,冰IS,澳AU,格GE,毛MU,东盟^{R}AS^R,澳^{R}AU^R,新西兰^{R}NZ^R,柬KH,港HK,澳门MO	0 受惠国LD	150
				1	韩KR		
				2	亚太AP		
				3	巴PK		
				8	韩^{R}KR^R		
				8.2	日^{R}JP^R		
2799	3306.1090	---其他 ---Other	3	0	东盟AS,智CL,新西兰NZ,新加坡SG,秘PE,哥CR,瑞CH,冰IS,澳AU,格GE,毛MU,东盟^{R}AS^R,澳^{R}AU^R,新西兰^{R}NZ^R,柬KH,港HK,澳门MO	0 受惠国LD	150
				1	韩KR		
				2	亚太AP		
				3	巴PK		
				8	韩^{R}KR^R		
				8.2	日^{R}JP^R		

序号 No.	税则号列 Tariff Line	货品名称 Article Description	最惠国税率 MFN(%)	协定税率 Agreement(%)		特惠税率 SP(%)	普通税率 Gen(%)
2800	3306.2000	-清洁牙缝用的纱线（牙线） -Yarn used to clean between the teeth(dental floss)	3	0	东盟AS,智CL,新西兰NZ,秘PE,哥CR,瑞CH,冰IS,澳AU,格GE,毛MU,东盟^{R}AS^R,澳^{R}AU^R,新西兰^{R}NZ^R,柬KH,港HK,澳门MO	0 受惠国LD	70
				1	韩KR		
				2	亚太AP		
				3	巴PK		
				8	韩^{R}KR^R		
				8.2	日^{R}JP^R		
		-其他： -Other:					
2801	3306.9010	---漱口剂 ---Mouth washes	3	0	东盟AS,智CL,新西兰NZ,新加坡SG,秘PE,哥CR,瑞CH,冰IS,澳AU,格GE,毛MU,东盟^{R}AS^R,澳^{R}AU^R,新西兰^{R}NZ^R,柬KH,港HK,澳门MO	0 受惠国LD	70
				1	韩KR		
				3	巴PK		
				8	韩^{R}KR^R		
				8.2	日^{R}JP^R		
2802	3306.9090	---其他 ---Other	3	0	东盟AS,智CL,新西兰NZ,新加坡SG,秘PE,哥CR,瑞CH,冰IS,澳AU,格GE,毛MU,东盟^{R}AS^R,澳^{R}AU^R,新西兰^{R}NZ^R,柬KH,港HK,澳门MO	0 受惠国LD	70
				1	韩KR		
				3	巴PK		
				8	韩^{R}KR^R		
				8.2	日^{R}JP^R		
	33.07	剃须用制剂、人体除臭剂、泡澡用制剂、脱毛剂和其他税目未列名的芳香料制品及化妆盥洗品；室内除臭剂，不论是否加香水或消毒剂： **Pre-shave,shaving or after-shave preparations,personal deodorants,bath preparations, depilatories and other perfumery, cosmetic or toilet preparations,not elsewhere specified or included; prepared room deodorizers, whether or not perfumed or having disinfectant properties:**					
2803	3307.1000	-剃须用制剂 -Pre-shave, shaving or after-shave preparations	3	0	东盟AS,智CL,新西兰NZ,新加坡SG,秘PE,哥CR,瑞CH,冰IS,澳AU,格GE,毛MU,柬KH,港HK,澳门MO	0 受惠国LD	150
				2	亚太AP		
				3	巴PK,东盟^{R}AS^R,澳^{R}AU^R,新西兰^{R}NZ^R		

序号 No.	税则号列 Tariff Line	货品名称 Article Description	最惠国税率 MFN(%)	协定税率 Agreement(%)		特惠税率 SP(%)	普通税率 Gen(%)
2804	3307.2000	-人体除臭剂及止汗剂 -Personal deodorants and antiperspirants	3	0	东盟AS,智CL,新西兰NZ,新加坡SG,秘PE,哥CR,瑞CH,冰IS,澳AU,格GE,毛MU,柬KH,港HK,澳门MO	0 受惠国LD	150
				2	亚太AP		
				3	巴PK,东盟^RAS^R,澳^RAU^R,新西兰^RNZ^R		
2805	3307.3000	-香浴盐及其他泡澡用制剂 -Perfumed bath salts and other bath preparations	3	0	东盟AS,智CL,新西兰NZ,新加坡SG,秘PE,哥CR,瑞CH,冰IS,澳AU,格GE,毛MU,柬KH,港HK,澳门MO	0 受惠国LD	150
				2	亚太AP		
				3	巴PK,东盟^RAS^R,澳^RAU^R,新西兰^RNZ^R		
				6.5	韩KR		
		-室内散香或除臭制品,包括宗教仪式用的香: -Preparations for perfuming or deodorising rooms, including odoriferous preparations used during religious rites:					
2806	3307.4100	--神香及其他通过燃烧散发香气的制品 --Agarbatti and other odoriferous preparations which operate by burning	3	0	东盟AS,智CL,新西兰NZ,新加坡SG,秘PE,哥CR,瑞CH,冰IS,澳AU,格GE,毛MU,东盟^RAS^R,澳^RAU^R,新西兰^RNZ^R,柬KH,港HK,澳门MO	0 受惠国LD	150
				1	韩KR		
				4	巴PK		
				8	韩^RKR^R		
				8.2	日^RJP^R		
2807	3307.4900	--其他 --Other	3	0	东盟AS,智CL,新西兰NZ,新加坡SG,秘PE,哥CR,瑞CH,冰IS,澳AU,格GE,毛MU,东盟^RAS^R,澳^RAU^R,新西兰^RNZ^R,柬KH,港HK,澳门MO	0 受惠国LD	150
				1	韩KR		
				3	巴PK		
				8	韩^RKR^R		
				8.2	日^RJP^R		
2808	3307.9000	-其他 -Other	3	0	东盟AS,智CL,新西兰NZ,秘PE,哥CR,瑞CH,冰IS,澳AU,格GE,毛MU,柬KH,港HK,澳门MO	0 受惠国LD	150
				2	亚太AP		
				3	东盟^RAS^R,澳^RAU^R,新西兰^RNZ^R		
				4	巴PK		
				5.8	韩KR		

第三十四章
肥皂、有机表面活性剂、洗涤剂、
润滑剂、人造蜡、调制蜡、光洁剂、
蜡烛及类似品、塑型用膏、"牙科用蜡"
及牙科用熟石膏制剂

Chapter 34
Soap, organic surface-active agents, washing preparations, lubricating preparations, artificial waxes, prepared waxes, polishing or scouring preparations, candles and similar articles, modelling pastes, "dental waxes" and dental preparations with a basis of plaster

注释:

一、本章不包括:

（一）用作脱模剂的食用动植物或微生物油、脂混合物或制品（税目15.17）;

（二）单独的已有化学定义的化合物; 或

（三）含肥皂或其他有机表面活性剂的洗发剂、洁齿品、剃须膏及泡澡用制剂（税目33.05、33.06及33.07）。

二、税目34.01所称"肥皂"，只适用于水溶性肥皂。税目34.01的肥皂及其他产品可以含有添加料（例如，消毒剂、磨料粉、填料或药料）。含磨料粉的产品，只有条状、块状或模制形状可以归入税目34.01。其他形状的应作为"去污粉及类似品"归入税目34.05。

三、税目34.02所称"有机表面活性剂"，是指温度在20摄氏度时与水混合配成0.5%浓度的水溶液，并在同样温度下搁置一小时后与下列规定相符的产品:

（一）成为透明或半透明的液体或稳定的乳浊液而未离析出不溶解物质;

（二）将水的表面张力减低到每厘米45达因及以下。

四、税目34.03所称"石油及从沥青矿物提取的油类"，适用于第二十七章注释二所规定的产品。

五、税目34.04所称"人造蜡及调制蜡"，仅适用于:

（一）用化学方法生产的具有蜡质特性的有机产品，不论是否为水溶性的;

（二）各种蜡混合制成的产品;

（三）以一种或几种蜡为基本原料并含有油脂、树脂、矿物质或其他原料的具有蜡质特性的产品。

本税目不包括:

（一）税目15.16、34.02或38.23的产品，不论是否具有蜡质特性;

（二）税目15.21的未混合的动物蜡或未混合的植物蜡，不论是否精制或着色;

（三）税目27.12的矿物蜡或类似产品，不论是否相互混合或仅经着色; 或

（四）混合、分散或溶解于液体溶剂的蜡（税目34.05、38.09等）。

Notes:

1. This Chapter does not cover:

    (a) Edible mixtures or preparations of animal, vegetable or microbial fats or oils of a kind used as mould release preparations (heading 15.17);

    (b) Separate chemically defined compounds; or

    (c) Shampoos, dentifrices, shaving creams and foams, or bath preparations, containing soap or other organic surface-active agents (heading 33.05, 33.06 or 33.07).

2. For the purposes of heading 34.01, the expression "soap" applies only to soap soluble in water. Soap and the other products of heading 34.01may contain added sub-stances (for example, disinfectants, abrasive powders, fillers or medicaments). Products containing abrasive powders remain classified in heading 34.01 only if in the form of bars, cakes or moulded pieces or shapes. In other forms they are to be classified in heading 34.05 as "scouring powders and similar preparations".

3. For the purposes of heading 34.02, "organic surface active agents" are products which when mixed with water at a concentration of 0.5% at 20°Cand left to stand for one hour at the same temperature:

    (a) Give a transparent or translucent liquid or stable emulsion without separation of insoluble matter ; and

    (b) Reduce the surface tension of water to 4.5×10^{-2}N/m (45 dyen/cm) or less.

4. In heading 34.03 the expression "petroleum oils and oils obtained from bituminous minerals" applies to the products defined in Note 2 to Chapter 27.

5. In heading 34.04, subject to the exclusions provided below, the expression "artificial waxes and prepared waxes" applies only to:

    (a) Chemically produced organic products of a waxy character, whether or not water-soluble;

    (b) Products obtained by mixing different waxes;

    (c) Products of a waxy character with a basis of one or more-waxes and containing fats, resins, mineral substances or other materials.

The heading does not apply to:

    (a) Products of heading 15.16, 34.02 or 38.23, even if having a waxy character;

    (b) Unmixed animal waxes or unmixed vegetable waxes, whether or not refined or coloured, of heading 15.21;

    (c) Mineral waxes or similar products of heading 27.12, whether or not intermixed or merely coloured;or

    (d) Waxes mixed with, dispersed in or dissolved in a liquid medium (headings 34.05, 38.09, etc.).

序号 No.	税则号列 Tariff Line	货品名称 Article Description	最惠国税率 MFN(%)	协定税率 Agreement(%)		特惠税率 SP(%)	普通税率 Gen(%)
	34.01	肥皂；做肥皂用的有机表面活性产品及制品，条状、块状或模制形状的，不论是否含有肥皂；洁肤用的有机表面活性产品及制品，液状或膏状并制成零售包装的，不论是否含有肥皂；用肥皂或洗涤剂浸渍、涂面或包覆的纸、絮胎、毡呢及无纺织物： Soap; organic surface-active products and preparations for use as soap, in the form of bars, cakes, moulded pieces or shapes, whether or not containing soap; organic surface-active products and preparations for washing the skin, in the form of liquid or cream and put up for retail sale, whether or not containing soap; paper, wadding, felt and nonwovens, impregnated, coated or covered with soap or detergent:					
		-肥皂及有机表面活性产品及制品，条状、块状或模制形状的，以及用肥皂或洗涤剂浸渍、涂面或包覆的纸、絮胎、毡呢及无纺织物： -Soap and organic surface-active products and preparations, in the form of bars, cakes, moulded pieces or shapes, and paper, wadding, felt and nonwovens, impregnated, coated or covered with soap or detergent:					
2809	3401.1100	--盥洗用（包括含有药物的产品） --For toilet use (including medicated products)	6.5	0 1 4.2 8 8.2	东盟AS,智CL,巴PK,新西兰NZ,新加坡SG,秘PE,哥CR,瑞CH,冰IS,澳AU,格GE,毛MU,东盟^RAS^R,澳^RAU^R,新西兰^RNZ^R,柬KH,港HK,澳门MO 韩KR 亚太AP 韩^RKR^R 日^RJP^R	0	受惠国LD,亚太AP	130
		--其他： --Other:					
2810	3401.1910	---洗衣皂 ---Laundry soap	6.5	0 3 6.5	东盟AS,智CL,新西兰NZ,新加坡SG,秘PE,哥CR,瑞CH,冰IS,澳AU,格GE,毛MU,柬KH,港HK,澳门MO 巴PK 东盟^RAS^R,澳^RAU^R,新西兰^RNZ^R	0	受惠国LD	80

序号 No.	税则号列 Tariff Line	货品名称 Article Description	最惠国税率 MFN(%)		协定税率 Agreement(%)	特惠税率 SP(%)	普通税率 Gen(%)
2811	3401.1990	---其他 ---Other	6.5	0	东盟AS,智CL,巴PK,新西兰NZ,秘PE,哥CR,瑞CH,冰IS,澳AU,格GE,毛MU,东盟^{R}AS^R,澳^{R}AU^R,新西兰^{R}NZ^R,柬KH,港HK,澳门MO	0 受惠国LD	130
				1.5	韩KR		
				12	韩^{R}KR^R		
				12.3	日^{R}JP^R		
2812	3401.2000	-其他形状的肥皂 -Soap in other forms	6.5	0	东盟AS,智CL,巴PK,新西兰NZ,秘PE,哥CR,瑞CH,冰IS,澳AU,格GE,毛MU,柬KH,港HK,澳门MO	0 受惠国LD, 亚太AP	130
				1.5	韩KR		
				4.2	亚太AP		
				12	东盟^{R}AS^R,澳^{R}AU^R,新西兰^{R}NZ^R,韩^{R}KR^R		
				12.3	日^{R}JP^R		
2813	3401.3000	-洁肤用的有机表面活性产品及制品,液状或膏状并制成零售包装的,不论是否含有肥皂 -Organic surface-active products and preparations for washing the skin, in the form of liquid or cream and put up for retail sale, whether or not containing soap	6.5	0	东盟AS,智CL,新西兰NZ,新加坡SG,秘PE,哥CR,瑞CH,冰IS,澳AU,格GE,毛MU,东盟^{R}AS^R,澳^{R}AU^R,新西兰^{R}NZ^R,柬KH,港HK,澳门MO	0 受惠国LD	130
				1	韩KR		
				3	巴PK		
				8	韩^{R}KR^R		
				8.2	日^{R}JP^R		
	34.02	有机表面活性剂(肥皂除外);表面活性剂制品、洗涤剂(包括助洗剂)及清洁剂,不论是否含有肥皂,但税目34.01的产品除外: Organic surface-active agents (other than soap); surface-active preparations, washing preparations (including auxiliary washing preparations) and cleaning preparations, whether or not containing soap, other than those of heading 34.01: -阴离子型有机表面活性剂,不论是否零售包装: -Anionic organic surface active agents, whether or not put up for retail sale:					
2814	3402.3100	--直链烷基苯磺酸及其盐 --Linear alkylbenzene sulphonic acids and their salts	6.5	0	东盟AS,智CL,新西兰NZ,秘PE,哥CR,瑞CH,冰IS,澳AU,格GE,毛MU,柬KH,港HK,澳门MO	0 受惠国LD	30
				4	巴PK		
				4.2	亚太AP,韩KR		
				5	东盟^{R}AS^R,澳^{R}AU^R,新西兰^{R}NZ^R		

序号 No.	税则号列 Tariff Line	货品名称 Article Description	最惠国税率 MFN(%)	协定税率 Agreement(%)		特惠税率 SP(%)		普通税率 Gen(%)
2815	3402.3900	--其他 --Other	6.5	0	东盟AS,智CL,新西兰NZ,秘PE, 哥CR,瑞CH,冰IS,澳AU,格GE, 毛MU,柬KH,港HK,澳门MO	0	受惠国LD	30
				4	巴PK			
				4.2	亚太AP,韩KR			
				5	东盟^{R}AS^R,澳^{R}AU^R,新西兰^{R}NZ^R			
		-其他有机表面活性剂, 不论是否零售 包装: -Other organic surface active agents, whether or not put up for retail sale:						
2816	3402.4100	--阳离子型 --Cationic	6.5	0	东盟AS,智CL,新西兰NZ,秘PE, 哥CR,瑞CH,冰IS,澳AU,格GE, 毛MU,柬KH,港HK,澳门MO	0	受惠国LD	30
				1	巴PK			
				4.2	亚太AP,韩KR			
				5	东盟^{R}AS^R,澳^{R}AU^R,新西兰^{R}NZ^R			
2817	3402.4200	--非离子型 --Non-ionic	6.5	0	东盟AS,智CL,巴PK,新西兰NZ, 新加坡SG,秘PE,哥CR,瑞CH,冰 IS,澳AU,格GE,毛MU,柬KH,港 HK,澳门MO,台TW	0	受惠国LD	30
				2.6	韩KR			
				4.2	亚太AP			
				5.2	东盟^{R}AS^R,澳^{R}AU^R,新西兰^{R}NZ^R, 韩^{R}KR^R			
				5.7	日^{R}JP^R			
2818	3402.4900	--其他 --Other	6.5	0	东盟AS,智CL,新西兰NZ,秘PE, 哥CR,瑞CH,冰IS,澳AU,格GE, 毛MU,柬KH,港HK,澳门MO	0	受惠国LD	30
				1	巴PK			
				4.2	亚太AP,韩KR			
				5	东盟^{R}AS^R,澳^{R}AU^R,新西兰^{R}NZ^R			
		-零售包装的制品: -Preparations put up for retail sale:						
2819	3402.5010	---合成洗涤粉 ---Synthetic detergents in powder form	6.5	0	东盟AS,智CL,新西兰NZ,新加 坡SG,秘PE,哥CR,瑞CH,冰IS,澳 AU,格GE,毛MU,柬KH,港HK,澳 门MO	0	受惠国LD	80
				3	巴PK			
				4.2	亚太AP			
				6.5	韩KR,东盟^{R}AS^R,澳^{R}AU^R,新西兰 ^{R}NZ^R			

序号 No.	税则号列 Tariff Line	货品名称 Article Description	最惠国税率 MFN(%)	协定税率 Agreement(%)		特惠税率 SP(%)		普通税率 Gen(%)
2820	3402.5090	---其他 ---Other	6.5	0	东盟AS,智CL,新西兰NZ,新加坡SG,秘PE,哥CR,瑞CH,冰IS,澳AU,格GE,毛MU,柬KH,港HK,澳门MO	0	受惠国LD	80
				3	巴PK			
				4.2	亚太AP			
				6.5	韩KR,东盟^RAS^R,澳^RAU^R,新西兰^RNZ^R			
2821	3402.9000	-其他 -Other	6.5	0	东盟AS,智CL,巴PK,新西兰NZ,新加坡SG,秘PE,哥CR,瑞CH,冰IS,韩KR,澳AU,格GE,毛MU,东盟^RAS^R,澳^RAU^R,新西兰^RNZ^R,柬KH,港HK,澳门MO,韩^RKR^R	0	受惠国LD	80
				4.2	亚太AP			
				7.4	日^RJP^R			
	34.03	润滑剂(包括以润滑剂为基本成分的切削油制剂、螺栓或螺母松开剂、防锈或防腐蚀制剂及脱模剂)及用于纺织材料、皮革、毛皮或其他材料油脂处理的制剂,但不包括以石油或从沥青矿物提取的油类为基本成分(按重量计不低于70%)的制剂: Lubricating preparations (including cutting-oil preparations, bolt or nut release preparations, anti-rust or anti-corrosion preparations and mould-release preparations, based on lubricants) and preparations of a kind used for the oil or grease treatment of textile materials, leather, furskins or other materials, but excluding preparations containing, as basic constituents, 70% or more by weight of petroleum oils or of oils obtained from bituminous minerals:						
		-含有石油或从沥青矿物提取的油类: -Containing petroleum oils or oils obtained from bituminous minerals:						
2822	3403.1100	--处理纺织材料、皮革、毛皮或其他材料的制剂 --Preparations for the treatment of textile materials, leather, furskins or other materials	10	0	东盟AS,智CL,新西兰NZ,新加坡SG,秘PE,哥CR,瑞CH,冰IS,澳AU,格GE,毛MU,东盟^RAS^R,澳^RAU^R,新西兰^RNZ^R,柬KH,港HK,澳门MO	0	受惠国LD	50
				1	韩KR			
				3	巴PK			
				6.5	亚太AP			
				8	韩^RKR^R			
				8.8	日^RJP^R			

序号 No.	税则号列 Tariff Line	货品名称 Article Description	最惠国税率 MFN(%)	协定税率 Agreement(%)		特惠税率 SP(%)	普通税率 Gen(%)
2823	3403.1900	--其他 --Other	10	0	东盟AS,智CL,新西兰NZ,新加坡SG,秘PE,哥CR,瑞CH,冰IS,韩KR,澳AU,格GE,毛MU,柬KH,港HK,澳门MO	0 受惠国LD	50
				4	巴PK		
				8	东盟^{R}AS^R,澳^{R}AU^R,新西兰NZ^R,韩^{R}KR^R		
				8.2	日^{R}JP^R		
		-其他: -Other:					
2824	3403.9100	--处理纺织材料、皮革、毛皮或其他材料的制剂 --Preparations for the treatment of textile materials, leather, furskins or other materials	10	0	东盟AS,智CL,新西兰NZ,新加坡SG,秘PE,哥CR,瑞CH,冰IS,韩KR,澳AU,格GE,毛MU,东盟^{R}AS^R,澳^{R}AU^R,新西兰NZ^R,柬KH,港HK,澳门MO,韩^{R}KR^R	0 受惠国LD	50
				3	巴PK		
				8.2	日^{R}JP^R		
2825	3403.9900	--其他 --Other	10	0	东盟AS,智CL,新西兰NZ,新加坡SG,秘PE,哥CR,瑞CH,冰IS,韩KR,澳AU,格GE,毛MU,东盟^{R}AS^R,澳^{R}AU^R,新西兰NZ^R,柬KH,港HK,澳门MO,韩^{R}KR^R	0 受惠国LD	50
				3	巴PK		
				8.8	日^{R}JP^R		
	34.04	人造蜡及调制蜡: Artificial waxes and prepared waxes:					
2826	3404.2000	-聚氧乙烯（聚乙二醇）蜡 -Of poly (oxyethylene) (polyethylene glycol)	10	0	东盟AS,智CL,新西兰NZ,秘PE,哥CR,瑞CH,冰IS,澳AU,格GE,毛MU,柬KH,港HK,澳门MO	0 受惠国LD	70
				3	巴PK		
				5	东盟^{R}AS^R,澳^{R}AU^R,新西兰^{R}NZ^R		
2827	3404.9000	-其他 -Other	10	0	东盟AS,智CL,巴PK,新西兰NZ,秘PE,哥CR,瑞CH,冰IS,韩KR,澳AU,格GE,毛MU,东盟^{R}AS^R,澳^{R}AU^R,新西兰NZ^R,柬KH,港HK,澳门MO,韩^{R}KR^R	0 受惠国LD	70
				8.2	日^{R}JP^R		
	34.05	鞋靴、家具、地板、车身、玻璃或金属用的光洁剂、擦洗膏、去污粉及类似制品（包括用这类制剂浸渍、涂面或包覆的纸、絮胎、毡呢、无纺织物、泡沫塑料或海绵橡胶），但不包括税目34.04的蜡: Polishes and creams, for footwear, furniture, floors, coachwork, glass or metal, scouring pastes and powders and similar preparations (whether or not in the form of paper, wadding, felt, nonwovens, cellular plastics or cellular rubber, impregnated, coated or covered with such preparations), excluding waxes of heading 34.04:					

序号 No.	税则号列 Tariff Line	货品名称 Article Description	最惠国税率 MFN(%)	协定税率 Agreement(%)		特惠税率 SP(%)		普通税率 Gen(%)
2828	3405.1000	-鞋靴或皮革用的上光剂及类似制品 -Polishes, creams and similar preparations for footwear or leather	6.5	0	东盟AS,智CL,新西兰NZ,新加坡SG,秘PE,哥CR,瑞CH,冰IS,澳AU,格GE,毛MU,东盟^{R}AS^R,澳^{R}AU^R,新西兰^{R}NZ^R,柬KH,港HK,澳门MO	0	受惠国LD	80
				1	韩KR			
				3	巴PK			
				8	韩^{R}KR^R			
				8.2	日^{R}JP^R			
2829	3405.2000	-保养木制家具、地板或其他木制品用的上光剂及类似制品 -Polishes, creams and similar preparations for the maintenance of wooden furniture, floors or other woodwork	6.5	0	东盟AS,智CL,新西兰NZ,新加坡SG,秘PE,哥CR,瑞CH,冰IS,澳AU,格GE,毛MU,东盟^{R}AS^R,澳^{R}AU^R,新西兰^{R}NZ^R,柬KH,港HK,澳门MO	0	受惠国LD	80
				1	韩KR			
				3	巴PK			
				8	韩^{R}KR^R			
				8.2	日^{R}JP^R			
2830	3405.3000	-车身用的上光剂及类似制品,但金属用的光洁剂除外 -Polishes and similar preparations for coachwork, other than metal polishes	6.5	0	东盟AS,智CL,新西兰NZ,新加坡SG,秘PE,哥CR,瑞CH,冰IS,澳AU,格GE,毛MU,东盟^{R}AS^R,澳^{R}AU^R,新西兰^{R}NZ^R,柬KH,港HK,澳门MO	0	受惠国LD	80
				1	韩KR			
				3	巴PK			
				8	韩^{R}KR^R			
				8.2	日^{R}JP^R			
2831	3405.4000	-擦洗膏、去污粉及类似制品 -Scouring pastes and powders and other scouring preparations	6.5	0	东盟AS,智CL,新西兰NZ,秘PE,哥CR,瑞CH,冰IS,澳AU,格GE,毛MU,东盟^{R}AS^R,澳^{R}AU^R,新西兰^{R}NZ^R,柬KH,港HK,澳门MO	0	受惠国LD	80
				1	韩KR			
				3	巴PK			
				8	韩^{R}KR^R			
				8.2	日^{R}JP^R			
2832	3405.9000	-其他 -Other	6.5	0	东盟AS,智CL,新西兰NZ,新加坡SG,秘PE,哥CR,瑞CH,冰IS,韩KR,澳AU,格GE,毛MU,东盟^{R}AS^R,澳^{R}AU^R,新西兰^{R}NZ^R,柬KH,港HK,澳门MO,韩^{R}KR^R	0	受惠国LD	80
				3	巴PK			
				4.2	亚太AP			
				8.2	日^{R}JP^R			
	34.06	各种蜡烛及类似品: Candles, tapers and the like:						

序号 No.	税则号列 Tariff Line	货品名称 Article Description	最惠国税率 MFN(%)		协定税率 Agreement(%)	特惠税率 SP(%)	普通税率 Gen(%)
2833	3406.0000	各种蜡烛及类似品 Candles, tapers and the like	6.5	0 1 3 8 8.2	东盟AS,智CL,新西兰NZ,新加坡SG,秘PE,哥CR,瑞CH,冰IS,澳AU,格GE,毛MU,东盟^RAS^R,澳^RAU^R,新西兰^RNZ^R,柬KH,港HK,澳门MO 韩KR 巴PK 韩^RKR^R 日^RJP^R	0 受惠国LD	130
	34.07	塑型用膏,包括供儿童娱乐用的在内;通称为"牙科用蜡"或"牙科造型膏"的制品,成套、零售包装或制成片状、马蹄形、条状及类似形状的;以熟石膏(煅烧石膏或硫酸钙)为基本成分的牙科用其他制品: Modelling pastes, including those put up for children's amusement; preparations known as "dental wax" or as "dental impression compounds", put up in sets, in packings for retail sale or in plates, horseshoe shapes, sticks or similar forms; other preparations for use in dentistry, with a basis of plaster (of calcined gypsum or calcium sulphate):					
2834	3407.0010	---牙科用蜡及造型膏 ---Preparations of a kind known as "dental wax" or as "dental impression compounds"	6.5	0 0.6 1 5.2 5.3	东盟AS,智CL,新西兰NZ,秘PE,哥CR,瑞CH,冰IS,澳AU,格GE,毛MU,东盟^RAS^R,澳^RAU^R,新西兰^RNZ^R,柬KH,港HK,澳门MO 韩KR 巴PK 韩^RKR^R 日^RJP^R	0 受惠国LD	30
2835	3407.0020	---以熟石膏为基本成分的牙科用其他制品 ---Other preparations for use in dentistry, with a basis of plaster	6.5	0 1 5.3	东盟AS,智CL,新西兰NZ,秘PE,哥CR,瑞CH,冰IS,韩KR,澳AU,格GE,毛MU,东盟^RAS^R,澳^RAU^R,新西兰^RNZ^R,柬KH,港HK,澳门MO,韩^RKR^R 巴PK 日^RJP^R	0 受惠国LD	40
2836	3407.0090	---其他 ---Other	10	0 1 3 8 8.2	东盟AS,智CL,新西兰NZ,秘PE,哥CR,瑞CH,冰IS,澳AU,格GE,毛MU,东盟^RAS^R,澳^RAU^R,新西兰^RNZ^R,柬KH,港HK,澳门MO 韩KR 巴PK 韩^RKR^R 日^RJP^R	0 受惠国LD	100

<table>
<tr><td colspan="2" align="center">第三十五章
蛋白类物质；改性淀粉；胶；酶</td><td colspan="2" align="center">Chapter 35
Albuminoidal substances;
modified starches; glues; enzymes</td></tr>
</table>

注释:

一、本章不包括：

（一）酵母（税目21.02）；

（二）第三十章的血份（非治病、防病用的血清白蛋白除外）、药品及其他产品；

（三）预鞣用酶制剂（税目32.02）；

（四）第三十四章的加酶的浸透剂、洗涤剂及其他产品；

（五）硬化蛋白（税目39.13）；或

（六）印刷工业用的明胶产品（第四十九章）。

二、税目35.05所称"糊精"，是指淀粉的降解产品，其还原糖含量以右旋糖的干重量计不超过10%。

如果还原糖含量超过10%，应归入税目17.02。

Notes:

1. This Chapter does not cover:

(a) Yeasts (heading 21.02);

(b) Blood fractions (other than blood albumin not prepared for therapeutic or prophylactic uses), medicaments or other products of Chapter 30;

(c) Enzymatic preparations for pre-tanning (heading 32.02);

(d) Enzymatic soaking or washing preparations or other products of Chapter 34;

(e) Hardened proteins (heading 39.13); or

(f) Gelatin products of the printing industry (Chapter 49).

2. For the purposes of heading 35.05, the term "dextrins" means starch degradation products with a reducing sugar content, expressed as dextrose on the dry substance, not exceeding 10%.

Such products with a reducing sugar content exceeding 10% fall in heading 17.02.

序号 No.	税则号列 Tariff Line	货品名称 Article Description	最惠国税率 MFN(%)	协定税率 Agreement(%)		特惠税率 SP(%)	普通税率 Gen(%)
	35.01	酪蛋白、酪蛋白酸盐及其他酪蛋白衍生物；酪蛋白胶： **Casein, caseinates and other casein derivatives; casein glues:**					
2837	3501.1000	-酪蛋白 -Casein	10	0	东盟AS,智CL,新西兰NZ,新加坡SG,秘PE,哥CR,瑞CH,冰IS,澳AU,格GE,毛MU,东盟^{R}AS^R,澳^{R}AU^R,新西兰^{R}NZ^R,柬KH,港HK,澳门MO	0 受惠国LD	35
				1	韩KR		
				4	巴PK		
				8	韩^{R}KR^R		
				8.2	日^{R}JP^R		
2838	3501.9000	-其他 -Other	10	0	东盟AS,智CL,新西兰NZ,秘PE,哥CR,瑞CH,冰IS,澳AU,格GE,毛MU,东盟^{R}AS^R,澳^{R}AU^R,新西兰^{R}NZ^R,柬KH,港HK,澳门MO	0 受惠国LD	35
				1	韩KR		
				3	巴PK		
				8	韩^{R}KR^R		
				8.2	日^{R}JP^R		

序号 No.	税则号列 Tariff Line	货品名称 Article Description	最惠国税率 MFN(%)		协定税率 Agreement(%)	特惠税率 SP(%)	普通税率 Gen(%)
	35.02	白蛋白（包括按重量计干质成分的乳清蛋白含量超过80%的两种或两种以上的乳清蛋白浓缩物）、白蛋白盐及其他白蛋白衍生物： Albumins (including concentrates of two or more whey proteins, containing by weight more than 80% whey proteins, calculated on the dry matter), albuminates and other albumin derivatives:					
		-卵清蛋白： -Egg albumin:					
2839	3502.1100	--干的 --Dried	10	0 1 3 8 8.2	东盟AS,智CL,新西兰NZ,秘PE,哥CR,瑞CH,冰IS,澳AU,格GE,毛MU,东盟ᴿASᴿ,澳ᴿAUᴿ,新西兰ᴿNZᴿ,柬KH,港HK,澳门MO 韩KR 巴PK 韩ᴿKRᴿ 日ᴿJPᴿ	0 受惠国LD	80
2840	3502.1900	--其他 --Other	10	0 1 3 8 8.2	东盟AS,智CL,新西兰NZ,秘PE,哥CR,瑞CH,冰IS,澳AU,格GE,毛MU,东盟ᴿASᴿ,澳ᴿAUᴿ,新西兰ᴿNZᴿ,柬KH,港HK,澳门MO 韩KR 巴PK 韩ᴿKRᴿ 日ᴿJPᴿ	0 受惠国LD	80
2841	3502.2000	-乳白蛋白,包括两种或两种以上的乳清蛋白浓缩物 -Milk albumin, including concentrates of two or more whey proteins	10	0 1 3 8 8.2	东盟AS,智CL,新西兰NZ,秘PE,哥CR,瑞CH,冰IS,澳AU,格GE,毛MU,柬KH,港HK,澳门MO 韩KR 巴PK 东盟ᴿASᴿ,澳ᴿAUᴿ,新西兰ᴿNZᴿ,韩ᴿKRᴿ 日ᴿJPᴿ	0 受惠国LD	35
	ex35022000	乳清蛋白粉（按重量计干质成分的乳清蛋白含量超过80%） Whey protein powder (containing by weight more than 80% whey proteins, calculated on the dry matter)	Δ5				
	ex35022000	乳铁蛋白 Lactoferrin	Δ5				

序号 No.	税则号列 Tariff Line	货品名称 Article Description	最惠国税率 MFN(%)	协定税率 Agreement(%)		特惠税率 SP(%)	普通税率 Gen(%)
2842	3502.9000	-其他 -Other	10	0	东盟AS,智CL,新西兰NZ,秘PE,哥CR,瑞CH,冰IS,澳AU,格GE,毛MU,东盟^{R}AS^R,澳^{R}AU^R,新西兰^{R}NZ^R,柬KH,港HK,澳门MO	0 受惠国LD	35
				1	韩KR		
				3	巴PK		
				8	韩^{R}KR^R		
				8.2	日^{R}JP^R		
	35.03	明胶（包括长方形、正方形明胶薄片,不论是否表面加工或着色）及其衍生物；鱼鳔胶；其他动物胶,但不包括税目35.01的酪蛋白胶: Gelatin (including gelatin in rectangular (including square) sheets, whether or not surface-worked or coloured) and gelatin derivatives; isinglass; other glues of animal origin, excluding casein glues of heading 35.01:					
2843	3503.0010	---明胶及其衍生物 ---Gelatin and gelatin derivatives	12	0	东盟AS,智CL,巴PK,新西兰NZ,新加坡SG,秘PE,哥CR,瑞CH,冰IS,澳AU,格GE,毛MU,东盟^{R}AS^R,澳^{R}AU^R,新西兰^{R}NZ^R,柬KH,港HK,澳门MO	0 受惠国LD	35
				1.2	韩KR		
				9.6	亚太AP,韩^{R}KR^R		
				9.8	日^{R}JP^R		
2844	3503.0090	---其他 ---Other	12	0	东盟AS,智CL,新西兰NZ,新加坡SG,秘PE,哥CR,瑞CH,冰IS,澳AU,格GE,毛MU,东盟^{R}AS^R,澳^{R}AU^R,新西兰^{R}NZ^R,柬KH,港HK,澳门MO	0 受惠国LD	50
				1.2	韩KR		
				6	巴PK		
				9.6	亚太AP,韩^{R}KR^R		
				9.8	日^{R}JP^R		
	35.04	蛋白胨及其衍生物；其他税目未列名的蛋白质及其衍生物；皮粉,不论是否加入铬矾: Peptones and their derivatives; other protein substances and their derivatives, not elsewhere specified or included; hide powder, whether or not chromed:					

序号 No.	税则号列 Tariff Line	货品名称 Article Description	最惠国税率 MFN(%)	协定税率 Agreement(%)		特惠税率 SP(%)		普通税率 Gen(%)
2845	3504.0010	---蛋白胨 ---Peptones	3	0	东盟AS,智CL,巴PK,新西兰NZ,秘PE,哥CR,瑞CH,冰IS,韩KR,澳AU,格GE,毛MU,东盟^{R}AS^R,澳^{R}AU^R,日^{R}JP^R,新西兰^{R}NZ^R,柬KH,港HK,澳门MO,韩^{R}KR^R	0	受惠国LD	11
2846	3504.0090	---其他 ---Other	8	0	东盟AS,智CL,新西兰NZ,秘PE,哥CR,瑞CH,冰IS,韩KR,澳AU,格GE,毛MU,东盟^{R}AS^R,澳^{R}AU^R,新西兰^{R}NZ^R,柬KH,港HK,澳门MO,韩^{R}KR^R	0	受惠国LD	35
				1	巴PK			
				6.5	日^{R}JP^R			
	35.05	糊精及其他改性淀粉（例如，预凝化淀粉或酯化淀粉）；以淀粉、糊精或其他改性淀粉为基本成分的胶： Dextrins and other modified starches (for example, pregelatinised or esterified starches); glues based on starches, or on dextrins or other modified starches:						
2847	3505.1000	-糊精及其他改性淀粉 -Dextrins and other modified starches	12△6	0	东盟AS,智CL,新西兰NZ,新加坡SG,秘PE,哥CR,瑞CH,冰IS,澳AU,格GE,毛MU,东盟^{R}AS^R,澳^{R}AU^R,新西兰^{R}NZ^R,柬KH,港HK,澳门MO	0	受惠国LD	50
				1.2	韩KR			
				4.8	巴PK			
				9.6	韩^{R}KR^R			
				9.8	日^{R}JP^R			
2848	3505.2000	-胶 -Glues	20	0	东盟AS,智CL,新西兰NZ,新加坡SG,秘PE,哥CR,瑞CH,冰IS,澳AU,格GE,毛MU,柬KH,港HK,澳门MO	0	受惠国LD	50
				8	韩KR			
				16	东盟^{R}AS^R,澳^{R}AU^R,新西兰^{R}NZ^R,韩^{R}KR^R			
				17.5	日^{R}JP^R			
	35.06	其他税目未列名的调制胶及其他调制粘合剂；适于作胶或粘合剂用的产品，零售包装每件净重不超过1千克： Prepared glues and other prepared adhesives, not elsewhere specified or included; products suitable for use as glues or adhesives, put up for retail sale as glues or adhesives, not exceeding a net weight of 1kg:						

序号 No.	税则号列 Tariff Line	货品名称 Article Description	最惠国税率 MFN(%)		协定税率 Agreement(%)	特惠税率 SP(%)		普通税率 Gen(%)
2849	3506.1000	-适于作胶或粘合剂用的产品, 零售包装每件净重不超过1千克 -Products suitable for use as glues or adhesives, put up for retail sale as glues or adhesives, not exceeding a net weight of 1kg	10	0	东盟AS,智CL,新西兰NZ,新加坡SG,秘PE,哥CR,瑞CH,韩KR,澳AU,格GE,毛MU,东盟^RAS^R,澳^RAU^R,新西兰^RNZ^R,柬KH,港HK,澳门MO,台TW,韩^RKR^R	0	受惠国LD	90
				3	巴PK			
				6.5	亚太AP			
				8.8	日^RJP^R			
		-其他: -Other:						
		--以橡胶或税目39.01至39.13的聚合物为基本成分的粘合剂: --Adhesives based on polymers of headings 39.01 to 39.13 or on rubber:						
2850	3506.9110	---以聚酰胺为基本成分的 ---Based on polyamide	10	0	东盟AS,智CL,新西兰NZ,新加坡SG,秘PE,哥CR,瑞CH,冰IS,澳AU,格GE,毛MU,柬KH,港HK,澳门MO,台TW	0	受惠国LD	90
				3	巴PK			
				4	韩KR			
				7	亚太AP			
				8.7	东盟^RAS^R,韩^RKR^R			
				8.8	日^RJP^R			
				9	澳^RAU^R,新西兰^RNZ^R			
2851	3506.9120	---以环氧树脂为基本成分的 ---Based on epoxy resin	10	0	东盟AS,智CL,新西兰NZ,新加坡SG,秘PE,哥CR,瑞CH,冰IS,澳AU,格GE,毛MU,柬KH,港HK,澳门MO,台TW	0	受惠国LD	90
				3	巴PK			
				5.5	韩KR			
				6.5	亚太AP			
				9	东盟^RAS^R,澳^RAU^R,日^RJP^R,新西兰^RNZ^R,韩^RKR^R			
2852	3506.9190	---其他 ---Other	10	0	东盟AS,智CL,新西兰NZ,新加坡SG,秘PE,哥CR,瑞CH,冰IS,澳AU,格GE,毛MU,东盟^RAS^R,澳^RAU^R,新西兰^RNZ^R,柬KH,港HK,澳门MO,台TW	0	受惠国LD	90
				1	韩KR			
				3	巴PK			
				7	亚太AP			
				8	韩^RKR^R			
				8.8	日^RJP^R			
	ex35069190	专门或主要用于显示屏或触摸屏制造的光学透明膜黏合剂和光固化液体黏合剂 Optically clear free-film adhesives and optically clear curable liquid adhesives of a kind used solely or principally for the manufacture of flat panel displays or touch-sensitive screen panels	0					

序号 No.	税则号列 Tariff Line	货品名称 Article Description	最惠国税率 MFN(%)	协定税率 Agreement(%)		特惠税率 SP(%)	普通税率 Gen(%)
2853	3506.9900	--其他 --Other	10	0	东盟AS,智CL,新西兰NZ,新加坡SG,秘PE,哥CR,瑞CH,冰IS,澳AU,格GE,毛MU,柬KH,港HK,澳门MO,台TW	0 受惠国LD	90
				3	巴PK		
				5.5	韩KR		
				6.5	亚太AP		
				9	东盟^RAS^R,澳^RAU^R,日^RJP^R,新西兰^RNZ^R,韩^RKR^R		
	35.07	酶;其他税目未列名的酶制品: Enzymes; prepared enzymes not elsewhere specified or included:					
2854	3507.1000	-粗制凝乳酶及其浓缩物 -Rennet and concentrates thereof	6	0	东盟AS,智CL,巴PK,新西兰NZ,秘PE,哥CR,瑞CH,冰IS,韩KR,澳AU,格GE,毛MU,东盟^RAS^R,澳^RAU^R,日^RJP^R,新西兰^RNZ^R,柬KH,港HK,澳门MO,韩^RKR^R	0 受惠国LD	30
		-其他: -Other:					
2855	3507.9010	---碱性蛋白酶 ---Basic proteinase	6	0	东盟AS,智CL,巴PK,新西兰NZ,秘PE,哥CR,瑞CH,冰IS,澳AU,格GE,毛MU,东盟^RAS^R,澳^RAU^R,新西兰^RNZ^R,柬KH,港HK,澳门MO	0 受惠国LD	30
				0.6	韩KR		
				4.8	韩^RKR^R		
				4.9	日^RJP^R		
2856	3507.9020	---碱性脂肪酶 ---Basic lipase	6	0	东盟AS,智CL,巴PK,新西兰NZ,秘PE,哥CR,瑞CH,冰IS,澳AU,格GE,毛MU,东盟^RAS^R,澳^RAU^R,新西兰^RNZ^R,柬KH,港HK,澳门MO	0 受惠国LD	30
				0.6	韩KR		
				4.8	韩^RKR^R		
				4.9	日^RJP^R		
2857	3507.9090	---其他 ---Other	6	0	东盟AS,智CL,巴PK,新西兰NZ,秘PE,哥CR,瑞CH,冰IS,韩KR,澳AU,格GE,毛MU,柬KH,港HK,澳门MO	0 受惠国LD	30
				4.8	东盟^RAS^R,澳^RAU^R,新西兰^RNZ^R,韩^RKR^R		
				4.9	日^RJP^R		
	ex35079090	抗癌药原料(门冬酰胺酶) Materials of anticancerogen (L-Asparaginasum)	△0				

<table>
<tr><td colspan="2"></td><td></td><td></td><td></td><td></td></tr>
</table>

第三十六章
炸药；烟火制品；火柴；
引火合金；易燃材料制品

Chapter 36
Explosives; pyrotechnic products; matches; pyrophoric alloys; certain combustible preparations

注释：

一、本章不包括单独的已有化学定义的化合物，但下列注释二（一）、（二）所述物品除外。

二、税目36.06所称"易燃材料制品"，只适用于：

（一）聚乙醛、六甲撑四胺及类似物质，已制成片、棒或类似形状作燃料用的；以酒精为基本成分的固体或半固体燃料及类似的配制燃料；

（二）直接灌注香烟打火机及类似打火器用的液体燃料或液化气体燃料，其包装容器的容积不超过300立方厘米；

（三）树脂火炬、引火物及类似品。

Notes:

1. This Chapter does not cover separate chemically defined compounds other than those described in Note 2 (a) or (b) below.

2. The expression "articles of combustible materials" in heading 36.06 applies only to:

(a) Metaldehyde, hexamethylenetetramine and similar substances, put up in forms (for example, tablets, sticks or similar forms) for use as fuels; fuels with as basis of alcohol, and similar prepared fuels, in solid or semi-solid form;

(b) Liquid or liquefied-gas fuels in containers of a kind used for filling or refilling cigarette or similar lighters and of a capacity not exceeding 300cm^3;and

(c) Resin torches,firelighters and the like.

序号 No.	税则号列 Tariff Line	货品名称 Article Description	最惠国税率 MFN(%)	协定税率 Agreement(%)		特惠税率 SP(%)	普通税率 Gen(%)
	36.01	发射药: **Propellent powders:**					
2858	3601.0000	发射药 Propellent powders	9	0	东盟AS,智CL,新西兰NZ,秘PE,哥CR,瑞CH,冰IS,韩KR,澳AU,格GE,毛MU,东盟^{R}AS^R,澳^{R}AU^R,新西兰^{R}NZ^R,柬KH,港HK,澳门MO,韩^{R}KR^R	0 受惠国LD	50
				1	巴PK		
				7.4	日^{R}JP^R		
	36.02	配制炸药, 但发射药除外: **Prepared explosives, other than propellent powders:**					
2859	3602.0010	---硝铵炸药 ---Based on ammonals nitrate	9	0	东盟AS,智CL,新西兰NZ,秘PE,哥CR,瑞CH,冰IS,韩KR,澳AU,格GE,毛MU,东盟^{R}AS^R,澳^{R}AU^R,新西兰^{R}NZ^R,柬KH,港HK,澳门MO,韩^{R}KR^R	0 受惠国LD	50
				1	巴PK		
				7.4	日^{R}JP^R		
2860	3602.0090	---其他 ---Other	9	0	东盟AS,智CL,新西兰NZ,秘PE,哥CR,瑞CH,冰IS,韩KR,澳AU,格GE,毛MU,东盟^{R}AS^R,澳^{R}AU^R,新西兰^{R}NZ^R,柬KH,港HK,澳门MO,韩^{R}KR^R	0 受惠国LD	50
				1	巴PK		
				7.4	日^{R}JP^R		

序号 No.	税则号列 Tariff Line	货品名称 Article Description	最惠国税率 MFN(%)	协定税率 Agreement(%)		特惠税率 SP(%)	普通税率 Gen(%)
	36.03	安全导火索；导爆索；火帽或雷管；引爆器；电雷管： Safety fuses; detonating cords; percussion or detonating caps; igniters; electric detonators:					
2861	3603.1000	-安全导火索 -Safety fuses	9	0	东盟AS,智CL,新西兰NZ,秘PE,哥CR,瑞CH,冰IS,韩KR,澳AU,格GE,毛MU,柬KH,港HK,澳门MO	0 受惠国LD	50
				1	巴PK		
				7.2	东盟^RAS^R,澳^RAU^R,新西兰^RNZ^R,韩^RKR^R		
				7.4	日^RJP^R		
2862	3603.2000	-导爆索 -Detonating cords	9	0	东盟AS,智CL,新西兰NZ,秘PE,哥CR,瑞CH,冰IS,韩KR,澳AU,格GE,毛MU,柬KH,港HK,澳门MO	0 受惠国LD	50
				1	巴PK		
				7.2	东盟^RAS^R,澳^RAU^R,新西兰^RNZ^R,韩^RKR^R		
				7.4	日^RJP^R		
2863	3603.3000	-火帽 -Percussion caps	9	0	东盟AS,智CL,新西兰NZ,秘PE,哥CR,瑞CH,冰IS,韩KR,澳AU,格GE,毛MU,柬KH,港HK,澳门MO	0 受惠国LD	50
				1	巴PK		
				7.2	东盟^RAS^R,澳^RAU^R,新西兰^RNZ^R,韩^RKR^R		
				7.4	日^RJP^R		
2864	3603.4000	-雷管 -Detonating caps	9	0	东盟AS,智CL,新西兰NZ,秘PE,哥CR,瑞CH,冰IS,韩KR,澳AU,格GE,毛MU,柬KH,港HK,澳门MO	0 受惠国LD	50
				1	巴PK		
				7.2	东盟^RAS^R,澳^RAU^R,新西兰^RNZ^R,韩^RKR^R		
				7.4	日^RJP^R		
2865	3603.5000	-引爆器 -Igniters	9	0	东盟AS,智CL,新西兰NZ,秘PE,哥CR,瑞CH,冰IS,韩KR,澳AU,格GE,毛MU,柬KH,港HK,澳门MO	0 受惠国LD	50
				1	巴PK		
				7.2	东盟^RAS^R,澳^RAU^R,新西兰^RNZ^R,韩^RKR^R		
				7.4	日^RJP^R		

序号 No.	税则号列 Tariff Line	货品名称 Article Description	最惠国税率 MFN(%)	协定税率 Agreement(%)		特惠税率 SP(%)		普通税率 Gen(%)
2866	3603.6000	-电雷管 -Electric detonators	9	0	东盟AS,智CL,新西兰NZ,秘PE, 哥CR,瑞CH,冰IS,韩KR,澳AU, 格GE,毛MU,柬KH,港HK,澳门 MO	0	受惠国LD	50
				1	巴PK			
				7.2	东盟^RAS^R,澳^RAU^R,新西兰^RNZ^R, 韩^RKR^R			
				7.4	日^RJP^R			
	36.04	烟花、爆竹、信号弹、降雨火箭、浓雾信 号弹及其他烟火制品: Fireworks, signalling flares, rain rockets, fog signals and other pyrotechnic articles:						
2867	3604.1000	-烟花、爆竹 -Fireworks	6	0	东盟AS,智CL,巴PK,新西兰NZ, 秘PE,哥CR,瑞CH,冰IS,韩KR, 澳AU,格GE,毛MU,东盟^RAS^R, 澳^RAU^R,日^RJP^R,新西兰^RNZ^R,柬 KH,港HK,澳门MO,韩^RKR^R	0	受惠国LD	130
2868	3604.9000	-其他 -Other	6	0	东盟AS,智CL,巴PK,新西兰NZ, 秘PE,哥CR,瑞CH,冰IS,韩KR, 澳AU,格GE,毛MU,东盟^RAS^R, 澳^RAU^R,日^RJP^R,新西兰^RNZ^R,柬 KH,港HK,澳门MO,韩^RKR^R	0	受惠国LD	100
	36.05	火柴, 但税目36.04的烟火制品除外: Matches, other than pyrotechnic articles of heading 36.04:						
2869	3605.0000	火柴, 但税目36.04的烟火制品除外 Matches, other than pyrotechnic articles of heading 36.04	6	0	东盟AS,智CL,巴PK,新西兰NZ, 秘PE,哥CR,瑞CH,冰IS,韩KR, 澳AU,格GE,毛MU,东盟^RAS^R, 澳^RAU^R,日^RJP^R,新西兰^RNZ^R,柬 KH,港HK,澳门MO,韩^RKR^R	0	受惠国LD	100
	36.06	各种形状的铈铁及其他引火合金; 本章 注释二所述的易燃材料制品: Ferro-cerium and other pyrophoric alloys in all forms; articles of combustible materials as specified in Note 2 to this Chapter:						
2870	3606.1000	-直接灌注香烟打火机及类似打火器用 的液体燃料或液化气体燃料, 其包装容 器的容积不超过300立方厘米 -Liquid or liquefied-gas fuels in containers of a kind used for filling or refilling cigarette or similar lighters and of a capacity not exceeding 300cm³	6	0	东盟AS,智CL,新西兰NZ,秘PE, 哥CR,瑞CH,冰IS,澳AU,格GE, 毛MU,东盟^RAS^R,澳^RAU^R,新西 兰^RNZ^R,柬KH,港HK,澳门MO	0	受惠国LD	80
				1	韩KR			
				3	巴PK			
				8	韩^RKR^R			
				8.2	日^RJP^R			

序号 No.	税则号列 Tariff Line	货品名称 Article Description	最惠国税率 MFN(%)	协定税率 Agreement(%)		特惠税率 SP(%)	普通税率 Gen(%)
		-其他: -Other:					
		---铈铁及其他引火合金: ---Ferro-cerium and other pyrophoric alloys:					
2871	3606.9011	----已切成形可直接使用 ----Cut to shape, for immediate use	6	0	东盟AS,智CL,新西兰NZ,秘PE, 哥CR,瑞CH,冰IS,韩KR,澳AU, 格GE,毛MU,东盟^{R}AS^R,澳^{R}AU^R, 新西兰^{R}NZ^R,柬KH,港HK,澳门 MO,韩^{R}KR^R	0 受惠国LD	80
				1	巴PK		
				7.4	日^{R}JP^R		
2872	3606.9019	----其他 ----Other	6	0	东盟AS,智CL,新西兰NZ,秘PE, 哥CR,瑞CH,冰IS,韩KR,澳AU, 格GE,毛MU,东盟^{R}AS^R,澳^{R}AU^R, 新西兰^{R}NZ^R,柬KH,港HK,澳门 MO,韩^{R}KR^R	0 受惠国LD	50
				1	巴PK		
				7.4	日^{R}JP^R		
2873	3606.9090	----其他 ---Other	6	0	东盟AS,智CL,新西兰NZ,秘PE, 哥CR,瑞CH,冰IS,韩KR,澳AU, 格GE,毛MU,东盟^{R}AS^R,澳^{R}AU^R, 新西兰^{R}NZ^R,柬KH,港HK,澳门 MO,韩^{R}KR^R	0 受惠国LD	80
				1	巴PK		
				7.4	日^{R}JP^R		

注释：

一、本章不包括废碎料。

二、本章所称"摄影"，是指光或其他射线作用于感光面（包括热敏面）上直接或间接形成可见影像的过程。

Notes:

1. This Chapter does not cover waste or scrap.

2. In this Chapter the word "photographic" relates to the process by which visible images are formed, directly or indirectly, by the action of light or other forms of radiation on photosensitive, including thermosensitive, surfaces.

序号 No.	税则号列 Tariff Line	货品名称 Article Description	最惠国税率 MFN(%)	协定税率 Agreement(%)		特惠税率 SP(%)		普通税率 Gen(%)
	37.01	未曝光的摄影感光硬片及平面软片,用纸、纸板及纺织物以外任何材料制成;未曝光的一次成像感光平片,不论是否分装: Photographic plates and film in the flat, sensitised, unexposed, of any material other than paper, paperboard or textiles; instant print film in the flat, sensitised, unexposed, whether or not in packs:						
2874	3701.1000	-X光用 -For X-ray	20△10	0	智CL,新西兰NZ,秘PE,哥CR,瑞CH,冰IS,澳AU,格GE,毛MU,柬KH,港HK,澳门MO	0	受惠国LD	40
				5	东盟AS			
				16	亚太AP,韩KR			
2875	3701.2000	-一次成像平片 -Instant print film	5	0	东盟AS,智CL,巴PK,新西兰NZ,秘PE,哥CR,冰IS,澳AU,格GE,毛MU,柬KH,港HK,澳门MO	0	受惠国LD	40
				0.5	韩KR			
				2	瑞CH			
				4	东盟^{R}AS^R,澳^{R}AU^R,新西兰^{R}NZ^R,韩^{R}KR^R			
				4.1	日^{R}JP^R			
		-其他硬片及软片,任何一边超过255毫米: -Other plates and film, with any side exceeding 255mm:						
		---照相制版用: ---For preparing printing plates or cylinders:						

序号 No.	税则号列 Tariff Line	货品名称 Article Description	最惠国税率 MFN(%)	协定税率 Agreement(%)		特惠税率 SP(%)	普通税率 Gen(%)
2876	3701.3021	----激光照排片 ----Laser phototypesetting film	0	0	智CL,新西兰NZ,秘PE,哥CR,瑞CH,冰IS,澳AU,格GE,毛MU,东盟^RAS^R,日^RJP^R,柬KH,港HK,澳门MO	0 受惠国LD	50
				5	东盟AS		
				8	澳^RAU^R,新西兰^RNZ^R,韩^RKR^R		
				①	韩KR		
2877	3701.3022	----PS版 ----Precoated sensitized plate	0	0	亚太AP,智CL,新西兰NZ,秘PE,哥CR,瑞CH,冰IS,澳AU,格GE,毛MU,东盟^RAS^R,日^RJP^R,柬KH,港HK,澳门MO	0 受惠国LD	50
				5	东盟AS		
				8	澳^RAU^R,新西兰^RNZ^R,韩^RKR^R		
				②	韩KR		
2878	3701.3024	----CTP版 ----CTP plate	0	0	东盟AS,智CL,新西兰NZ,秘PE,哥CR,瑞CH,冰IS,澳AU,格GE,毛MU,东盟^RAS^R,澳^RAU^R,日^RJP^R,新西兰^RNZ^R,柬KH,港HK,澳门MO	0 受惠国LD	50
				1	巴PK		
				8	韩^RKR^R		
				③	韩KR		
2879	3701.3025	----柔性印刷版 ----Flexographic plate	0	0	东盟AS,智CL,新西兰NZ,秘PE,哥CR,瑞CH,冰IS,澳AU,格GE,毛MU,东盟^RAS^R,澳^RAU^R,日^RJP^R,新西兰^RNZ^R,柬KH,港HK,澳门MO	0 受惠国LD	50
				8	韩^RKR^R		
				④	韩KR		
2880	3701.3029	----其他 ----Other	0	0	智CL,新西兰NZ,秘PE,哥CR,瑞CH,冰IS,澳AU,格GE,毛MU,东盟^RAS^R,日^RJP^R,柬KH,港HK,澳门MO,韩^RKR^R	0 受惠国LD	50
				5	东盟AS		
				8	澳^RAU^R,新西兰^RNZ^R		
				⑤	韩KR		

---

① 协定税率：0.3元/平方米。
Agreement Tariff Rate: 0.3¥/m².
② 协定税率：0.8元/平方米。
Agreement Tariff Rate: 0.8¥/m².
③ 协定税率：0.8元/平方米。
Agreement Tariff Rate: 0.8¥/m².
④ 协定税率：1.5元/平方米。
Agreement Tariff Rate: 1.5¥/m².
⑤ 协定税率：0元/平方米。
Agreement Tariff Rate: 0¥/m².

序号 No.	税则号列 Tariff Line	货品名称 Article Description	最惠国税率 MFN(%)	协定税率 Agreement(%)		特惠税率 SP(%)		普通税率 Gen(%)
2881	3701.3090	---其他 ---Other	0	0	亚太AP,东盟AS,智CL,新西兰NZ, 新加坡SG,秘PE,哥CR,瑞CH,冰 IS,澳AU,格GE,毛MU,东盟^{R}AS^R, 日^{R}JP^R,柬KH,港HK,澳门MO	0	受惠国LD	70
				8	韩KR			
				16	澳^{R}AU^R,新西兰^{R}NZ^R,韩^{R}KR^R			
		-其他: -Other:						
2882	3701.9100	--彩色摄影用 --For colour photography (polychrome)	20	0	东盟AS,智CL,新西兰NZ,新加 坡SG,秘PE,哥CR,瑞CH,冰IS,澳 AU,格GE,柬KH,港HK,澳门MO	0	受惠国LD	70
				5	东盟^{R}AS^R,澳^{R}AU^R,新西兰^{R}NZ^R			
				8.8	毛MU			
		--其他: --Other:						
2883	3701.9920	---照相制版用 ---For preparing printing plates or cylinders	1.3#0	0	东盟AS,智CL,新西兰NZ,秘PE, 哥CR,瑞CH,冰IS,澳AU,格GE, 毛MU,东盟^{R}AS^R,澳^{R}AU^R,新西 兰^{R}NZ^R,柬KH,港HK,澳门MO	0	受惠国LD	40
				1	韩KR			
				3	巴PK			
				8	韩^{R}KR^R			
				8.2	日^{R}JP^R			
2884	3701.9990	---其他 ---Other	3.1#0	0	东盟AS,智CL,新西兰NZ,新加 坡SG,秘PE,哥CR,瑞CH,冰IS,澳 AU,格GE,毛MU,东盟^{R}AS^R,澳^R AU^R,新西兰^{R}NZ^R,柬KH,港HK, 澳门MO	0	受惠国LD	70
				20	韩^{R}KR^R			
				20.5	日^{R}JP^R			
	37.02	成卷的未曝光摄影感光胶片,用纸、纸 板及纺织物以外任何材料制成;未曝 光的一次成像感光卷片: **Photographic film in rolls, sensitised, unexposed, of any material other than paper, paperboard or textiles; instant print film in rolls, sensitised, unexposed:**						
2885	3702.1000	-X光用 -For X-ray	10	0	智CL,新西兰NZ,秘PE,哥CR,瑞 CH,冰IS,澳AU,格GE,柬KH,港 HK,澳门MO	0	受惠国LD	40
				4	韩KR			
				5	东盟AS			
				5.7	毛MU			
				8	亚太AP			
				9	东盟^{R}AS^R,澳^{R}AU^R,日^{R}JP^R,韩 ^{R}KR^R			
				9.5	新西兰^{R}NZ^R			

序号 No.	税则号列 Tariff Line	货品名称 Article Description	最惠国税率 MFN(%)	协定税率 Agreement(%)		特惠税率 SP(%)	普通税率 Gen(%)
		-无齿孔的其他胶片，宽度不超过105毫米： -Other film, without perforations, of a width not exceeding 105mm:					
		--彩色摄影用： --For colour photography (polychrome):					
2886	3702.3110	---一次成像卷片 ---Instant print film	5	0	东盟AS,智CL,巴PK,新西兰NZ,秘PE,哥CR,瑞CH,冰IS,韩KR,澳AU,格GE,东盟^RAS^R,澳^RAU^R,日^RJP^R,新西兰^RNZ^R,柬KH,港HK,澳门MO,韩^RKR^R	0 受惠国LD	40
				2.9	毛MU		
2887	3702.3190	---其他 ---Other	①	0	东盟AS,智CL,新西兰NZ,新加坡SG,秘PE,哥CR,冰IS,澳AU,格GE,柬KH,港HK,澳门MO	0 受惠国LD	②
				5	东盟^RAS^R,澳^RAU^R,新西兰^RNZ^R		
				22.9	毛MU		
		--其他涂卤化银乳液的： --Other, with silver halide emulsion:					
2888	3702.3210	---一次成像卷片 ---Instant print film	5	0	东盟AS,智CL,巴PK,新西兰NZ,秘PE,哥CR,瑞CH,冰IS,韩KR,澳AU,格GE,东盟^RAS^R,澳^RAU^R,日^RJP^R,新西兰^RNZ^R,柬KH,港HK,澳门MO,韩^RKR^R	0 受惠国LD	40
				2.9	毛MU		
2889	3702.3220	---照相制版用 ---For preparing printing plates or cylinders	③	0	东盟AS,智CL,新西兰NZ,秘PE,哥CR,瑞CH,冰IS,澳AU,格GE,东盟^RAS^R,澳^RAU^R,新西兰^RNZ^R,柬KH,港HK,澳门MO	0 受惠国LD	④
				5.7	毛MU		
				8	韩^RKR^R		
				8.2	日^RJP^R		
				⑤	韩KR		
				⑥	巴PK		

---

① 最惠国税率：56元/平方米。
MFN Tariff Rate: 56¥/m².
② 普通税率：433元/平方米。
General Tariff Rate: 433¥/m².
③ 最惠国税率：4.5元/平方米。
MFN Tariff Rate: 4.5¥/m².
④ 普通税率：104元/平方米。
General Tariff Rate: 104¥/m².
⑤ 协定税率：0.4元/平方米。
Agreement Tariff Rate: 0.4¥/m².
⑥ 协定税率：0.5元/平方米。
Agreement Tariff Rate: 0.5¥/m².

序号 No.	税则号列 Tariff Line	货品名称 Article Description	最惠国税率 MFN(%)	协定税率 Agreement(%)		特惠税率 SP(%)	普通税率 Gen(%)
2890	3702.3290	---其他 ---Other	①	0	东盟AS,智CL,新西兰NZ,新加坡SG,秘PE,哥CR,瑞CH,冰IS,澳AU,格GE,柬KH,港HK,澳门MO	0 受惠国LD	②
				12.6	毛MU		
				19.8	东盟^{R}AS^R,澳^{R}AU^R,新西兰^{R}NZ^R,韩^{R}KR^R		
				③	韩KR		
		--其他: --Other:					
2891	3702.3920	---照相制版用 ---For preparing printing plates or cylinders	④	0	东盟AS,智CL,新西兰NZ,秘PE,哥CR,瑞CH,冰IS,澳AU,格GE,柬KH,港HK,澳门MO	0 受惠国LD	⑤
				5.7	毛MU		
				8	东盟^{R}AS^R,澳^{R}AU^R,新西兰^{R}NZ^R,韩^{R}KR^R		
				8.8	日^{R}JP^R		
				⑥	巴PK,韩KR		
2892	3702.3990	---其他 ---Other	⑦	0	东盟AS,智CL,新西兰NZ,新加坡SG,秘PE,哥CR,瑞CH,冰IS,澳AU,格GE,柬KH,港HK,澳门MO	0 受惠国LD	⑧
				12.6	毛MU		
				19.8	东盟^{R}AS^R,澳^{R}AU^R,新西兰^{R}NZ^R,韩^{R}KR^R		
				⑨	韩KR		
		-无齿孔的其他胶片, 宽度超过105毫米: -Other film, without perforations, of a width exceeding 105mm:					

① 最惠国税率：21元/平方米。
MFN Tariff Rate: 21¥/m².
② 普通税率：202元/平方米。
General Tariff Rate: 202¥/m².
③ 协定税率：11.5元/平方米。
Agreement Tariff Rate: 11.5¥/m².
④ 最惠国税率：12元/平方米。
MFN Tariff Rate: 12¥/m².
⑤ 普通税率：104元/平方米。
General Tariff Rate: 104¥/m².
⑥ 协定税率：1.2元/平方米。
Agreement Tariff Rate: 1.2¥/m².
⑦ 最惠国税率：24元/平方米。
MFN Tariff Rate: 24¥/m².
⑧ 普通税率：202元/平方米。
General Tariff Rate: 202¥/m².
⑨ 协定税率：13.2元/平方米。
Agreement Tariff Rate:13.2¥/m².

序号 No.	税则号列 Tariff Line	货品名称 Article Description	最惠国税率 MFN(%)		协定税率 Agreement(%)	特惠税率 SP(%)	普通税率 Gen(%)
2893	3702.4100	--彩色摄影用, 宽度超过610毫米, 长度超过200米 --Of a width exceeding 610mm and of a length exceeding 200m, for colour photography (polychrome)	①	0 9.1	智CL,新西兰NZ,秘PE,哥CR,瑞CH,冰IS,澳AU,格GE,柬KH,港HK,澳门MO 毛MU	0 受惠国LD	②
		--非彩色摄影用, 宽度超过610毫米, 长度超过200米: --Of a width exceeding 610mm and of a length exceeding 200m, other than for colour photography:					
		---照相制版用: ---For preparing printing plates or cylinders:					
2894	3702.4221	----印刷电路板制造用光致抗蚀干膜 ----Wide anticorrosive photographic plate for printed circuit processing	③	0 5 5.7 ⑤	东盟AS,智CL,新西兰NZ,新加坡SG,秘PE,哥CR,瑞CH,冰IS,澳AU,格GE,柬KH,港HK,澳门MO 东盟^{R}AS^R,澳^{R}AU^R,新西兰^{R}NZ^R 毛MU 巴PK	0 受惠国LD	④
2895	3702.4229	----其他 ----Other	⑥Δ⑦	0 5.7 8 8.2 ⑨ ⑩	东盟AS,智CL,新西兰NZ,秘PE,哥CR,瑞CH,冰IS,澳AU,格GE,柬KH,港HK,澳门MO 毛MU 亚太AP,东盟^{R}AS^R,澳^{R}AU^R,新西兰^{R}NZ^R,韩^{R}KR^R 日^{R}JP^R 韩KR 巴PK	0 受惠国LD	⑧
		---其他: ---Other:					

① 最惠国税率: 7.1元/平方米。
　MFN Tariff Rate: 7.1¥/m².

② 普通税率: 202元/平方米。
　General Tariff Rate: 202¥/m².

③ 最惠国税率: 0.6元/平方米。
　MFN Tariff Rate:0.6¥/m².

④ 普通税率: 110元/平方米。
　General Tariff Rate:110¥/m².

⑤ 协定税率: 0.1元/平方米。
　Agreement Tariff Rate:0.1¥/m².

⑥ 最惠国税率: 1.6元/平方米。
　MFN Tariff Rate: 1.6¥/m².

⑦ 最惠国暂定税率: 1.0元/平方米。
　MFN Temporary Tariff Rate: 1.0¥/m².

⑧ 普通税率: 110元/平方米。
　General Tariff Rate: 110¥/m².

⑨ 协定税率: 0.1元/平方米。
　Agreement Tariff Rate:0.1¥/m².

⑩ 协定税率: 0.2元/平方米。
　Agreement Tariff Rate:0.2¥/m².

序号 No.	税则号列 Tariff Line	货品名称 Article Description	最惠国税率 MFN(%)		协定税率 Agreement(%)	特惠税率 SP(%)	普通税率 Gen(%)
2896	3702.4292	----红色或红外激光胶片 ----Red or infra-red laser film	①	0	东盟AS,智CL,新西兰NZ,新加坡SG,秘PE,哥CR,瑞CH,冰IS,澳AU,格GE,柬KH,港HK,澳门MO	0 受惠国LD	②
				9.1	毛MU		
				12.8	亚太AP,东盟^RAS^R,澳^RAU^R,新西兰^RNZ^R,韩^RKR^R		
				13.1	日^RJP^R		
				③	韩KR		
	ex37024292	红色或红外激光胶片, 宽度>80cm, 长度>1000m Red or infra-red laser film width>80cm, length>1000m	△④				
2897	3702.4299	----其他 ----Other	⑤	0	东盟AS,智CL,新西兰NZ,新加坡SG,秘PE,哥CR,瑞CH,冰IS,澳AU,格GE,东盟^RAS^R,澳^RAU^R,新西兰^RNZ^R,柬KH,港HK,澳门MO	0 受惠国LD	⑥
				9.1	毛MU		
				12.8	亚太AP,韩^RKR^R		
				13.1	日^RJP^R		
				⑦	韩KR		
		--宽度超过610毫米, 长度不超过200米: --Of a width exceeding 610mm and of a length not exceeding 200m:					
		---照相制版用: ---For preparing printing plates or cylinders:					

---

① 最惠国税率: 2.4元/平方米。
MFN Tariff Rate: 2.4¥/m^2.
② 普通税率: 213元/平方米。
General Tariff Rate: 213¥/m^2.
③ 协定税率: 0.2元/平方米。
Agreement Tariff Rate: 0.2¥/m^2.
④ 最惠国暂定税率: 0.5元/平方米。
MFN Temporary Tariff Rate: 0.5¥/m^2.
⑤ 最惠国税率: 7元/平方米。
MFN Tariff Rate: 7¥/m^2.
⑥ 普通税率: 213元/平方米。
General Tariff Rate: 213¥/m^2.
⑦ 协定税率: 0.7元/平方米。
Agreement Tariff Rate: 0.7¥/m^2.

序号 No.	税则号列 Tariff Line	货品名称 Article Description	最惠国税率 MFN(%)	协定税率 Agreement(%)		特惠税率 SP(%)		普通税率 Gen(%)
2898	3702.4321	----激光照排片 ----Laser phototypesetting film	10	0	东盟AS,智CL,新西兰NZ,秘PE,哥CR,瑞CH,冰IS,澳AU,格GE,柬KH,港HK,澳门MO	0	受惠国LD	①
				5.7	毛MU			
				8	亚太AP			
				9	东盟^RAS^R,澳^RAU^R,新西兰^RNZ^R,韩^RKR^R			
				②	韩KR			
				③	巴PK			
2899	3702.4329	----其他 ----Other	④	0	东盟AS,智CL,新西兰NZ,秘PE,哥CR,瑞CH,冰IS,澳AU,格GE,东盟^RAS^R,澳^RAU^R,新西兰^RNZ^R,柬KH,港HK,澳门MO	0	受惠国LD	⑤
				5.7	毛MU			
				8	韩^RKR^R			
				8.2	日^RJP^R			
				9	亚太AP			
				⑥	韩KR			
				⑦	巴PK			
2900	3702.4390	---其他 ---Other	⑧	0	东盟AS,智CL,新西兰NZ,新加坡SG,秘PE,哥CR,瑞CH,冰IS,澳AU,格GE,柬KH,港HK,澳门MO	0	受惠国LD	⑨
				11.4	毛MU			
				16	亚太AP,东盟^RAS^R,澳^RAU^R,新西兰^RNZ^R,韩^RKR^R			
				17.5	日^RJP^R			
				⑩	韩KR			
		--宽度超过105毫米,但不超过610毫米: --Of a width exceeding 105mm but not exceeding 610mm:						

---

① 普通税率：104元/平方米。
  General Tariff Rate: 104¥/m².
② 协定税率：0.1元/平方米。
  Agreement Tariff Rate: 0.1¥/m².
③ 协定税率：0.2元/平方米。
  Agreement Tariff Rate: 0.2¥/m².
④ 最惠国税率：3.7元/平方米。
  MFN Tariff Rate: 3.7¥/m².
⑤ 普通税率：104元/平方米。
  General Tariff Rate: 104¥/m².
⑥ 协定税率：0.3元/平方米。
  Agreement Tariff Rate: 0.3¥/m².
⑦ 协定税率：0.4元/平方米。
  Agreement Tariff Rate: 0.4¥/m².
⑧ 最惠国税率：17元/平方米。
  MFN Tariff Rate: 17¥/m².
⑨ 普通税率：202元/平方米。
  General Tariff Rate: 202¥/m².
⑩ 协定税率：6.8元/平方米。
  Agreement Tariff Rate: 6.8¥/m².

序号 No.	税则号列 Tariff Line	货品名称 Article Description	最惠国税率 MFN(%)	协定税率 Agreement(%)		特惠税率 SP(%)	普通税率 Gen(%)
		---照相制版用: ---For preparing printing plates or cylinders:					
2901	3702.4421	----激光照排片 ----Laser phototypesetting film	①	0	东盟AS,智CL,新西兰NZ,秘PE,哥CR,瑞CH,冰IS,澳AU,格GE,东盟^RAS^R,澳^RAU^R,新西兰^RNZ^R,柬KH,港HK,澳门MO	0 受惠国LD	②
				5.7	毛MU		
				8	韩^RKR^R		
				8.2	日^RJP^R		
				9	亚太AP		
				③	巴PK,韩KR		
2902	3702.4422	----印刷电路板制造用光致抗蚀干膜 ----Narrow anticorrosive photographic plate for printed circuit processing	④	0	东盟AS,智CL,新西兰NZ,秘PE,哥CR,瑞CH,冰IS,澳AU,格GE,柬KH,港HK,澳门MO	0 受惠国LD	⑤
				5	东盟^RAS^R,澳^RAU^R,新西兰^RNZ^R		
				5.7	毛MU		
				⑥	巴PK		
2903	3702.4429	----其他 ----Other	⑦	0	东盟AS,智CL,新西兰NZ,秘PE,哥CR,瑞CH,冰IS,澳AU,格GE,东盟^RAS^R,澳^RAU^R,新西兰^RNZ^R,柬KH,港HK,澳门MO	0 受惠国LD	⑧
				5.7	毛MU		
				8	韩^RKR^R		
				8.2	日^RJP^R		
				⑨	韩KR		
				⑩	巴PK		

---

① 最惠国税率: 2元/平方米。
   MFN Tariff Rate: 2¥/m².
② 普通税率: 115元/平方米。
   General Tariff Rate: 115¥/m².
③ 协定税率: 0.2元/平方米。
   Agreement Tariff Rate: 0.2¥/m².
④ 最惠国税率: 5元/平方米。
   MFN Tariff Rate: 5¥/m².
⑤ 普通税率: 115元/平方米。
   General Tariff Rate: 115¥/m².
⑥ 协定税率: 0.1元/平方米。
   Agreement Tariff Rate: 0.1¥/m².
⑦ 最惠国税率: 2.9元/平方米。
   MFN Tariff Rate: 2.9¥/m².
⑧ 普通税率: 115元/平方米。
   General Tariff Rate: 115¥/m².
⑨ 协定税率: 0.2元/平方米。
   Agreement Tariff Rate: 0.2¥/m².
⑩ 协定税率: 0.3元/平方米。
   Agreement Tariff Rate: 0.3¥/m².

序号 No.	税则号列 Tariff Line	货品名称 Article Description	最惠国税率 MFN(%)	协定税率 Agreement(%)		特惠税率 SP(%)	普通税率 Gen(%)
2904	3702.4490	----其他 ----Other	①	0	东盟AS,智CL,新西兰NZ,新加坡SG,秘PE,哥CR,瑞CH,冰IS,澳AU,格GE,柬KH,港HK,澳门MO	0 受惠国LD	②
				11.4	毛MU		
				16	亚太AP,东盟^{R}AS^R,澳^{R}AU^R,新西兰^{R}NZ^R,韩^{R}KR^R		
				17.5	日^{R}JP^R		
				③	韩KR		
		-彩色摄影用的其他胶片: -Other film, for colour photography (polychrome):					
2905	3702.5200	--宽度不超过16毫米 --Of a width not exceeding 16mm	④	0	东盟AS,智CL,新西兰NZ,新加坡SG,秘PE,哥CR,冰IS,澳AU,格GE,柬KH,港HK,澳门MO	0 受惠国LD	⑤
				5	东盟^{R}AS^R,澳^{R}AU^R,新西兰^{R}NZ^R		
				26.9	毛MU		
2906	3702.5300	--幻灯片用,宽度超过16毫米,但不超过35毫米,长度不超过30米 --Of a width exceeding 16mm but not exceeding 35mm and of a length not exceeding 30m, for slides	⑥	0	东盟AS,智CL,新西兰NZ,新加坡SG,秘PE,哥CR,冰IS,澳AU,格GE,柬KH,港HK,澳门MO	0 受惠国LD	⑦
				5	东盟^{R}AS^R,澳^{R}AU^R,新西兰^{R}NZ^R		
				26.9	毛MU		
		--非幻灯片用,宽度超过16毫米,但不超过35毫米,长度不超过30米: --Of a width exceeding 16mm but not exceeding 35mm and of a length not exceeding 30m, other than for slides:					

① 最惠国税率:27元/平方米。
MFN Tariff Rate: 27¥/m².
② 普通税率:202元/平方米。
General Tariff Rate: 202¥/m².
③ 协定税率:10.8元/平方米。
Agreement Tariff Rate: 10.8¥/m².
④ 最惠国税率:91元/平方米。
MFN Tariff Rate: 91¥/m².
⑤ 普通税率:433元/平方米。
General Tariff Rate: 433¥/m².
⑥ 最惠国税率:122.6元/平方米。
MFN Tariff Rate: 122.6¥/m².
⑦ 普通税率:433元/平方米。
General Tariff Rate: 433¥/m².

序号 No.	税则号列 Tariff Line	货品名称 Article Description	最惠国税率 MFN(%)	协定税率 Agreement(%)		特惠税率 SP(%)	普通税率 Gen(%)
2907	3702.5410	---宽度为35毫米, 长度不超过2米 ---Of a width 35mm and of a length not exceeding 2m	①	0	智CL,新西兰NZ,秘PE,哥CR,瑞CH,冰IS,澳AU,格GE,柬KH,港HK,澳门MO	0 受惠国LD	②
				5	东盟AS		
				8	亚太AP		
				10.3	毛MU		
				17.1	东盟^{R}AS^R,澳^{R}AU^R,新西兰^{R}NZ^R		
				③	韩KR		
2908	3702.5490	---其他 ---Other	④	0	智CL,新西兰NZ,秘PE,哥CR,瑞CH,冰IS,澳AU,格GE,柬KH,港HK,澳门MO	0 受惠国LD	⑤
				5	东盟AS		
				10.3	毛MU		
				14.4	亚太AP		
				⑥	韩KR		
		--宽度超过16毫米, 但不超过35毫米, 长度超过30米: --Of a width exceeding 16mm but not exceeding 35mm and of a length exceeding 30m:					
2909	3702.5520	---电影胶片 ---Cinematographic film	⑦	0	智CL,新西兰NZ,秘PE,哥CR,冰IS,澳AU,格GE,柬KH,港HK,澳门MO	0 受惠国LD	⑧
				5	东盟AS		
				14.9	毛MU		
				20	亚太AP		

---

① 最惠国税率: 10元/平方米。
MFN Tariff Rate: 10¥/m².
② 普通税率: 433元/平方米。
General Tariff Rate: 433¥/m².
③ 协定税率: 8.8元/平方米。
Agreement Tariff Rate: 8.8¥/m².
④ 最惠国税率: 24元/平方米。
MFN Tariff Rate: 24¥/m².
⑤ 普通税率: 433元/平方米。
General Tariff Rate: 433¥/m².
⑥ 协定税率: 9.6元/平方米。
Agreement Tariff Rate: 9.6¥/m².
⑦ 最惠国税率: 8.7元/平方米。
MFN Tariff Rate: 8.7¥/m².
⑧ 普通税率: 232元/平方米。
General Tariff Rate: 232¥/m².

序号 No.	税则号列 Tariff Line	货品名称 Article Description	最惠国税率 MFN(%)	协定税率 Agreement(%)		特惠税率 SP(%)		普通税率 Gen(%)
2910	3702.5590	---其他 ---Other	①	0	智CL,新西兰NZ,哥CR,冰IS,澳AU,格GE,柬KH,港HK,澳门MO	0	受惠国LD₁	②
				5	东盟AS			
				22.9	毛MU			
				32	亚太AP			
		--宽度超过35毫米: --Of a width exceeding 35mm:						
2911	3702.5620	---电影胶片 ---Cinematographic film	③	0	东盟AS,智CL,新西兰NZ,新加坡SG,秘PE,哥CR,瑞CH,冰IS,澳AU,格GE,柬KH,港HK,澳门MO	0	受惠国LD	④
				13.7	毛MU			
				21.6	东盟ᴿASᴿ,澳ᴿAUᴿ,新西兰ᴿNZᴿ,韩ᴿKRᴿ			
				⑤	韩KR			
2912	3702.5690	---其他 ---Other	⑥	0	东盟AS,智CL,新西兰NZ,新加坡SG,秘PE,哥CR,冰IS,澳AU,格GE,柬KH,港HK,澳门MO	0	受惠国LD	⑦
				5	东盟ᴿASᴿ,澳ᴿAUᴿ,新西兰ᴿNZᴿ			
				22.9	毛MU			
		-其他: -Other:						
2913	3702.9600	--宽度不超过35毫米,长度不超过30米 --Of a width not exceeding 35mm and of a length not exceeding 30m	⑧	0	智CL,新西兰NZ,秘PE,哥CR,瑞CH,冰IS,澳AU,格GE,柬KH,港HK,澳门MO	0	受惠国LD	⑨
				5	东盟AS			
				11.4	毛MU			
				⑩	韩KR			

---

① 最惠国税率：27元/平方米。
MFN Tariff Rate: 27¥/m².
② 普通税率：433元/平方米。
General Tariff Rate: 433¥/m².
③ 最惠国税率：13元/平方米。
MFN Tariff Rate: 13¥/m².
④ 普通税率：232元/平方米。
General Tariff Rate: 232¥/m².
⑤ 协定税率：7.1元/平方米。
Agreement Tariff Rate: 7.1¥/m².
⑥ 最惠国税率：74元/平方米。
MFN Tariff Rate: 74¥/m².
⑦ 普通税率：433元/平方米。
General Tariff Rate: 433¥/m².
⑧ 最惠国税率：21元/平方米。
MFN Tariff Rate: 21¥/m².
⑨ 普通税率：210元/平方米。
General Tariff Rate: 210¥/m².
⑩ 协定税率：8.4元/平方米。
Agreement Tariff Rate: 8.4¥/m².

序号 No.	税则号列 Tariff Line	货品名称 Article Description	最惠国税率 MFN(%)	协定税率 Agreement(%)		特惠税率 SP(%)	普通税率 Gen(%)
2914	3702.9700	--宽度不超过35毫米，长度超过30米 --Of a width not exceeding 35mm and of a length exceeding 30m	①	0	智CL,新西兰NZ,秘PE,哥CR,瑞CH,冰IS,澳AU,格GE,柬KH,港HK,澳门MO	0 受惠国LD	②
				5	东盟AS		
				10.3	毛MU		
				③	韩KR		
2915	3702.9800	--宽度超过35毫米 --Of a width exceeding 35mm	④	0	东盟AS,智CL,新西兰NZ,新加坡SG,秘PE,哥CR,瑞CH,冰IS,澳AU,格GE,东盟^{R}AS^R,澳^{R}AU^R,新西兰^{R}NZ^R,柬KH,港HK,澳门MO	0 受惠国LD	⑤
				10.3	毛MU		
				14.4	韩^{R}KR^R		
				14.7	日^{R}JP^R		
				⑥	韩KR		
				⑦	巴PK		
	37.03	未曝光的摄影感光纸、纸板及纺织物： Photographic paper, paperboard and textiles, sensitised, unexposed:					
		-成卷, 宽度超过610毫米： -In rolls of a width exceeding 610mm:					
2916	3703.1010	---感光纸及纸板 ---Photographic paper and paperboard	18	0	智CL,新西兰NZ,秘PE,哥CR,瑞CH,冰IS,澳AU,格GE,柬KH,港HK,澳门MO	0 受惠国LD	100
				5	东盟AS		
				7.2	韩KR		
				10.3	毛MU		
				14.4	亚太AP		
				17.1	东盟^{R}AS^R,澳^{R}AU^R,新西兰^{R}NZ^R		

① 最惠国税率：9元/平方米。
  MFN Tariff Rate: 9¥/m².
② 普通税率：210元/平方米。
  General Tariff Rate: 210¥/m².
③ 协定税率：3.6元/平方米。
  Agreement Tariff Rate: 3.6¥/m².
④ 最惠国税率：10元/平方米。
  MFN Tariff Rate: 10¥/m².
⑤ 普通税率：210元/平方米。
  General Tariff Rate: 210¥/m².
⑥ 协定税率：1元/平方米。
  Agreement Tariff Rate: 1¥/m².
⑦ 协定税率：8元/平方米。
  Agreement Tariff Rate: 8¥/m².

序号 No.	税则号列 Tariff Line	货品名称 Article Description	最惠国税率 MFN(%)	协定税率 Agreement(%)		特惠税率 SP(%)	普通税率 Gen(%)
2917	3703.1090	---其他 ---Other	18	0	智CL,新西兰NZ,秘PE,哥CR,瑞CH,冰IS,澳AU,格GE,柬KH,港HK,澳门MO	0 受惠国LD	70
				5	东盟AS		
				7.2	韩KR		
				10.3	毛MU		
				14.4	亚太AP		
		-其他,彩色摄影用: -Other, for colour photography (polychrome):					
2918	3703.2010	---感光纸及纸板 ---Photographic paper and paperboard	35	0	智CL,新西兰NZ,哥CR,冰IS,澳AU,格GE,柬KH,港HK,澳门MO	0 受惠国₁LD₁	100
				5	东盟AS		
				20	毛MU		
2919	3703.2090	---其他 ---Other	18	0	智CL,新西兰NZ,秘PE,哥CR,瑞CH,冰IS,澳AU,格GE,柬KH,港HK,澳门MO	0 受惠国LD	70
				5	东盟AS		
				7.2	韩KR		
				10.3	毛MU		
				17.1	东盟ᴿASᴿ,澳ᴿAUᴿ,新西兰ᴿNZᴿ		
		-其他: -Other:					
2920	3703.9010	---感光纸及纸板 ---Photographic paper and paperboard	35	0	智CL,新西兰NZ,哥CR,冰IS,澳AU,格GE,柬KH,港HK,澳门MO	0 受惠国₁LD₁	100
				5	东盟AS		
				20	毛MU		
2921	3703.9090	---其他 ---Other	18	0	智CL,新西兰NZ,秘PE,哥CR,瑞CH,冰IS,澳AU,格GE,柬KH,港HK,澳门MO	0 受惠国LD	70
				5	东盟AS		
				7.2	韩KR		
				10.3	毛MU		
				17.1	东盟ᴿASᴿ,澳ᴿAUᴿ,新西兰ᴿNZᴿ		
	37.04	已曝光未冲洗的摄影硬片、软片、纸、纸板及纺织物: Photographic plates, film, paper, paperboard and textiles, exposed but not developed:					
2922	3704.0010	---电影胶片 ---Cinematographic film	6.5	0	东盟AS,智CL,新西兰NZ,秘PE,哥CR,瑞CH,冰IS,韩KR,澳AU,格GE,毛MU,东盟ᴿASᴿ,澳ᴿAUᴿ,新西兰ᴿNZᴿ,柬KH,港HK,澳门MO,韩ᴿKRᴿ	0 受惠国LD	30
				1	巴PK		
				5.3	日ᴿJPᴿ		

序号 No.	税则号列 Tariff Line	货品名称 Article Description	最惠国税率 MFN(%)	协定税率 Agreement(%)		特惠税率 SP(%)	普通税率 Gen(%)
2923	3704.0090	---其他 ---Other	18	0	东盟AS,智CL,新西兰NZ,新加坡SG,秘PE,哥CR,瑞CH,冰IS,澳AU,格GE,毛MU,东盟^{R}AS^R,澳^{R}AU^R,新西兰^{R}NZ^R,柬KH,港HK,澳门MO	0 受惠国LD	70
				1.8	韩KR		
				14.4	巴PK,韩^{R}KR^R		
				14.7	日^{R}JP^R		
	37.05	已曝光已冲洗的摄影硬片及软片,但电影胶片除外: **Photographic plates and film, exposed and developed, other than cinematographic film:**					
2924	3705.0010	---教学专用幻灯片 ---Lantern slides, for educational use only	0	0	东盟AS,智CL,巴PK,新西兰NZ,秘PE,哥CR,瑞CH,冰IS,韩KR,澳AU,格GE,毛MU,东盟^{R}AS^R,澳^{R}AU^R,日^{R}JP^R,新西兰^{R}NZ^R,柬KH,港HK,澳门MO,韩^{R}KR^R	0 受惠国LD	0
		---缩微胶片: ---Microfilms:					
2925	3705.0021	----书籍、报刊的 ----For printed books and newspapers	0	0	东盟AS,智CL,巴PK,新西兰NZ,秘PE,哥CR,瑞CH,冰IS,韩KR,澳AU,格GE,毛MU,东盟^{R}AS^R,澳^{R}AU^R,日^{R}JP^R,新西兰^{R}NZ^R,柬KH,港HK,澳门MO,韩^{R}KR^R	0 受惠国LD	0
2926	3705.0029	----其他 ----Other	0	0	东盟AS,智CL,巴PK,新西兰NZ,秘PE,哥CR,瑞CH,冰IS,韩KR,澳AU,格GE,毛MU,东盟^{R}AS^R,澳^{R}AU^R,日^{R}JP^R,新西兰^{R}NZ^R,柬KH,港HK,澳门MO,韩^{R}KR^R	0 受惠国LD	14.
2927	3705.0090	---其他 ---Other	0	0	东盟AS,智CL,新西兰NZ,新加坡SG,秘PE,哥CR,瑞CH,冰IS,澳AU,格GE,毛MU,东盟^{R}AS^R,澳^{R}AU^R,日^{R}JP^R,新西兰^{R}NZ^R,柬KH,港HK,澳门MO	0 受惠国LD	70
				1.8	韩KR		
				14.4	巴PK,韩^{R}KR^R		
	37.06	已曝光已冲洗的电影胶片,不论是否配有声道或仅有声道: **Cinematographic film, exposed and developed, whether or not incorporating soundtrack or consisting only of soundtrack:**					
		-宽度在35毫米及以上: -Of a width of 35mm or more:					

序号 No.	税则号列 Tariff Line	货品名称 Article Description	最惠国税率 MFN(%)	协定税率 Agreement(%)		特惠税率 SP(%)	普通税率 Gen(%)
2928	3706.1010	---教学专用 ---For educational use only	0	0	东盟AS,智CL,巴PK,新西兰NZ,秘PE,哥CR,瑞CH,冰IS,韩KR,澳AU,格GE,毛MU,东盟^{R}AS^R,澳^{R}AU^R,日^{R}JP^R,新西兰^{R}NZ^R,柬KH,港HK,澳门MO,韩^{R}KR^R	0 受惠国LD	0
2929	3706.1090	---其他 ---Other	5	0	东盟AS,智CL,巴PK,新西兰NZ,秘PE,哥CR,瑞CH,冰IS,澳AU,格GE,毛MU,柬KH,港HK,澳门MO	0 受惠国LD	14
				2	韩KR		
				4	东盟^{R}AS^R,澳^{R}AU^R,新西兰^{R}NZ^R,韩^{R}KR^R		
				4.4	日^{R}JP^R		
		-其他: -Other:					
2930	3706.9010	---教学专用 ---For educational use only	0	0	东盟AS,智CL,巴PK,新西兰NZ,秘PE,哥CR,瑞CH,冰IS,韩KR,澳AU,格GE,毛MU,东盟^{R}AS^R,澳^{R}AU^R,日^{R}JP^R,新西兰^{R}NZ^R,柬KH,港HK,澳门MO,韩^{R}KR^R	0 受惠国LD	0
2931	3706.9090	---其他 ---Other	4	0	东盟AS,智CL,巴PK,新西兰NZ,秘PE,哥CR,瑞CH,冰IS,韩KR,澳AU,格GE,毛MU,东盟^{R}AS^R,澳^{R}AU^R,日^{R}JP^R,新西兰^{R}NZ^R,柬KH,港HK,澳门MO,韩^{R}KR^R	0 受惠国LD	14
	37.07	摄影用化学制剂(不包括上光漆、胶水、粘合剂及类似制剂);摄影用未混合产品;定量包装或零售包装可立即使用的: Chemical preparations for photographic uses (other than varnishes, glues, adhesives and similar preparations); unmixed products for photographic uses, put up in measured portions or put up for retail sale in a form ready for use:					
2932	3707.1000	-感光乳液 -Sensitizing emulsions	8	0	东盟AS,智CL,新西兰NZ,秘PE,哥CR,瑞CH,冰IS,澳AU,格GE,毛MU,柬KH,港HK,澳门MO	0 受惠国LD	35
				1	巴PK		
				3.2	韩KR		
				6.4	东盟^{R}AS^R,澳^{R}AU^R,新西兰^{R}NZ^R,韩^{R}KR^R		
				7	日^{R}JP^R		
	ex37071000	感光乳剂(不含银的) Sensitizing emulsions (without silver component)	△4				

序号 No.	税则号列 Tariff Line	货品名称 Article Description	最惠国税率 MFN(%)		协定税率 Agreement(%)	特惠税率 SP(%)	普通税率 Gen(%)
		-其他: -Other:					
2933	3707.9010	---冲洗照相胶卷及相片用 ---For use in developing photographic film and photographs	2#0	0	东盟AS,智CL,新西兰NZ,新加 坡SG,秘PE,哥CR,瑞CH,冰IS,澳 AU,格GE,毛MU,东盟^RAS^R,澳 ^RAU^R,新西兰^RNZ^R,柬KH,港HK, 澳门MO	0 受惠国LD	100
				6.4	韩KR		
				12.8	巴PK,韩^RKR^R		
				13.1	日^RJP^R		
2934	3707.9020	---复印机用 ---For use in photo-copying apparatus	1.3#0	0	东盟AS,智CL,新西兰NZ,新加 坡SG,秘PE,哥CR,瑞CH,冰IS,澳 AU,格GE,毛MU,东盟^RAS^R,澳 ^RAU^R,新西兰^RNZ^R,柬KH,港HK, 澳门MO	0 受惠国LD	45
				1	韩KR		
				3	巴PK		
				8	韩^RKR^R		
				8.2	日^RJP^R		
2935	3707.9090	---其他 ---Other	1#0	0	东盟AS,智CL,新西兰NZ,秘PE, 哥CR,瑞CH,冰IS,澳AU,格GE, 毛MU,东盟^RAS^R,澳^RAU^R,新西 兰^RNZ^R,柬KH,港HK,澳门MO	0 受惠国LD	35
				0.8	韩KR		
				1	巴PK		
				6.4	韩^RKR^R		
				6.5	日^RJP^R		

第三十八章

杂项化学产品

Chapter 38
Miscellaneous chemical products

注释：

一、本章不包括：

（一）单独的已有化学定义的元素及化合物，但下列各项除外：

1.人造石墨（税目38.01）；

2.制成税目38.08所述的形状或包装的杀虫剂、杀鼠剂、杀菌剂、除草剂、抗萌剂、植物生长调节剂、消毒剂及类似产品；

3.灭火器的装配药及已装药的灭火弹（税目38.13）；

4.下列注释二所规定的有证标准样品；

5.下列注释三（一）及三（三）所规定的产品。

（二）配制食品用的与食物或其他营养物质混合的化学品（一般归入税目21.06）。

（三）税目24.04的产品。

（四）符合第二十六章注释三（一）或三（二）的规定，含有金属，砷及其混合物的矿渣、矿灰及残渣（包括淤渣，但下水道淤泥除外）（税目26.20）。

（五）药品（税目30.03及30.04）。

（六）用于提取贱金属或生产贱金属化合物的废催化剂（税目26.20），主要用于回收贵金属的废催化剂（税目71.12），或某种形状（例如，精细粉末或纱网状）的金属或金属合金催化剂（第十四类或第十五类）。

二、

（一）税目38.22所称的"有证标准样品"，是指附有证书的参照物，该证书标明了参照物属性的指标、确定这些指标的方法以及与每一指标相关的确定度，这些参照物适用于分析、校准和比较；

（二）除第二十八章和二十九章的产品外，有证标准样品在本目录中应优先归入税目38.22。

三、税目38.24包括不归入本目录其他税目的下列货品：

（一）每颗重量不小于2.5克的氧化镁、碱金属或碱土金属卤化物制成的培养晶体（光学元件除外）；

Notes:

1. This Chapter does not cover:

(a) Separate chemically defined elements or compounds with the exception of the following:

(1) Artificial graphite (heading 38.01) ;

(2) Insecticides, rodenticides, fungicides, herbicides, anti-sprouting products and plant-growth regulators, disinfectants and similar products, put up as described in heading 38.08;

(3) Products put up as charges for fire-extinguishers or put up in fire-extinguishing grenades (heading 38.13) ;

(4) Certified reference materials specified in Note 2 below;

(5) Products specified in Note 3(a) or 3(c) below;

(b) Mixtures of chemicals with foodstuffs or other substances with nutritive value, of a kind used in the preparations of human foodstuffs (generally heading 21.06) .

(c) Products of heading 24.04.

(d) Slag, ash and residues (including sludges, other than sewage sludge), containing metals, arsenic or their mixtures and meeting the requirements of Note 3(a) or 3 (b) to Chapter 26 (heading 26.20) .

(e) Medicaments (heading 30.03 or 30.04) .

(f) Spent catalysts of a kind used for the extraction of base metals or for the manufacture of chemical compounds of base metals (heading 26.20), spent catalysts of a kind used princi pally for the recovery of precious metal (heading 71.12) or catalysts consisting or metals of metal alloys in the form of, for example, finely divided powder or woven gauze (Section XIV or XV) .

2.

(a) For the purpose of heading 38.22, the expression "certified reference materials" means reference materials which are accompanied by a certificate which indicates the values of the certified properties, the methods used to determine these values and the degree of certainty associated with each value and which are suitable for analytical, calibrating or referencing purboses;

(b) With the exception of the products of Chapter 28 or 29, for the classification of certified reference materials, heading 38.22 shall take precedence over any other heading in the Nomenclature.

3. Heading 38.24 includes the following goods which are not to be classified in any other heading of the Nomenclature:

(a) Cultured crystals (other than optical elements) weighing not less than 2.5g each, of magnesium oxide or of the ha-

（二）杂醇油；骨焦油；

（三）零售包装的除墨剂；

（四）零售包装的蜡纸改正液，其他改正液及改正带（税目96.12的产品除外）；以及

（五）可熔性陶瓷测温器（例如，塞格测温锥）。

四、本目录所称"城市垃圾"是指一种从家庭、宾馆、餐馆、医院、商店、办公室等收集来的废物、马路和人行道的垃圾以及建筑垃圾或废墟废物。城市垃圾通常含有大量各种各样的材料，例如，塑料、橡胶、木材、纸张、纺织品、玻璃、金属、食物、破碎家具和其他已损坏或被丢弃的物品，但不包括：

（一）已从垃圾中分拣出来的单独的材料或物品，例如，废的塑料、橡胶、木材、纸张、纺织品、玻璃、金属和电子电气废弃物及碎料（包括废电池），这些材料或物品应归入本目录中适当税目；

（二）工业废物；

（三）在第三十章注释四（十）所规定的废药物；或

（四）本章注释六（一）所规定的医疗废物。

五、税目38.25所称"下水道淤泥"，是指城市污水处理厂产生的淤渣，包括预处理的废物、洗涤污垢和性质不稳定的淤泥。但适合作为肥料用的性质稳定的淤泥除外（第三十一章）。

六、税目38.25所称"其他废物"适用于：

（一）医疗废物，即医学研究、诊断、治疗以及其他内科、外科、牙科或兽医治疗所产生的被污染的废物，通常含有病菌和药物，需作专门的处理（例如，脏的敷料、用过的手套和注射器）；

（二）废有机溶剂；

（三）废的金属酸洗液、液压油、制动油和防冻液；

（四）其他化学工业及相关工业的废物。
　　但不包括主要含有石油及从沥青矿物提取的油类的废油（税目27.10）。

七、税目38.26所称的"生物柴油"，是指从动植物或微生物油脂（不论是否使用过）得到的用作燃料的脂肪酸单烷基酯。

lides of the alkali or alkaline-earth metals;

(b) Fusel oil; Dippel's oil;

(c) Ink removers put up in packings for retail sale;

(d) Stencil correctors, other correcting fluids and correction tapes (other than those of heading 96.12), put up in packings for retail sale; and

(e) Ceramic firing testers, fusible (for example, Seger-cones).

4. Throughout the Nomenclature "municipal waste" means waste of a kind collected from households, hotels, restaurants, hospitals, shops, offices, etc., road and pave-ment sweepings, as well as construction and demolition waste. Municipal waste generally contains a large variety of materials such as plastics, rubber, wood, paper, textiles, glass, metals, food materials, broken furniture and other damaged or discarded articles. The term "municipal waste", however, does not cover:

(a) Individual materials or articles segregated from the waste, for example wastes of plastics, rubber, wood, paper, textiles, glass or metals, electrical and electronic waste and scrap (including spent batteries) which fall in their appropriate headings of the Nomenclature;

(b) Industrial waste;

(c) Waste pharmaceuticals, as defined in Note 4(k) to Chapter 30; or

(d) Clinical waste, as defined in Note 6(a) below.

5. For the purposes of heading 38.25, "sewage sludge" means sludge arising from urban effluent treatment plant and includes pretreatment waste, scourings and unstabilised sludge. Stabilised sludge when suitable for use as fertiliser is excluded (Chapter 31) .

6. For the purposes of heading 38.25, the expression "other wastes" applies to:

(a) Clinical waste, that is, contaminated waste arising from medical research, diagnosis, treatment or other medical, surgical, dental or veterinary procedures, which often contain pathogens and pharmaceutical substances and require special disposal procedures (for example, soiled dressings, used gloves and used syringes) ;

(b) Waste organic solvents;

(c) Wastes of metal pickling liquors, hydraulic fluids, brake fluids and antifreezing fluids; and

(d) Other wastes from chemical or allied industries.
　　The expression "other wastes" does not, however, cover wastes which contain mainly petroleum oils or oils obtained from bituminous minerals (heading 27.10) .

7. For the purposes of heading 38.26, the term "biodiesel" means mono-alkyl esters of fatty acids of a kind used as a fuel, derived from animal, vegetable or microbial fats and oils whether or not used.

一、子目3808.52及3808.59仅包括税目38.08的货品，含有一种或多种下列物质：甲草胺（ISO）、涕灭威（ISO）、艾氏剂（ISO）、谷硫磷（ISO）、乐杀螨（ISO）、毒杀芬（ISO）、敌菌丹（ISO）、克百威（ISO）、氯丹（ISO）、杀虫脒（ISO）、乙酯杀螨醇（ISO）、滴滴涕（ISO，INN）〔1,1,1-三氯-2,2-双（4-氯苯基）乙烷〕、狄氏剂（ISO，INN）、4,6-二硝基邻甲酚〔二硝酚（ISO）〕及其盐、地乐酚（ISO）及其盐或酯、硫丹（ISO）、1,2-二溴乙烷（ISO）、1,2-二氯乙烷（ISO）、氟乙酰胺（ISO）、七氯（ISO）、六氯苯（ISO）、1,2,3,4,5,6-六氯环己烷〔六六六（ISO）〕，包括林丹（ISO，INN）、汞化合物、甲胺磷（ISO）、久效磷（ISO）、环氧乙烷（氧化乙烯）、对硫磷（ISO）、甲基对硫磷（ISO）、五氯苯酚（ISO）及其盐或酯、全氟辛基磺酸及其盐、全氟辛基磺胺、全氟辛基磺酰氯、磷胺（ISO）、2,4,5-涕（ISO）（2,4,5-三氯苯氧基乙酸）及其盐或酯、三丁基锡化合物、敌百虫（ISO）。

二、子目3808.61至3808.69仅包括税目38.08项下含有下列物质的货品：α-氯氰菊酯（ISO）、恶虫威（ISO）、联苯菊酯（ISO）、虫螨腈（ISO）、氟氯氰菊酯（ISO）、溴氯菊酯（INN，ISO）、醚菊酯（INN）、杀螟硫磷（ISO）、高效氯氟氰菊酯（ISO）、马拉硫磷（ISO）、甲基嘧啶磷（ISO）或残杀威（ISO）。

三、子目3824.81至3824.89仅包括含有下列一种或多种物质的混合物及制品：环氧乙烷（氧化乙烯）、多溴联苯（PBBs）、多氯联苯（PCBs）、多氯三联苯（PCTs）、三（2,3-二溴丙基）磷酸酯、艾氏剂（ISO）、毒杀芬（ISO）、氯丹（ISO）、十氯酮（ISO）、滴滴涕（ISO，INN）〔1,1,1-三氯-2,2-双（4-氯苯基）乙烷〕、狄氏剂（ISO，INN）、硫丹（ISO）、异狄氏剂（ISO）、七氯（ISO）、灭蚁灵（ISO）、1,2,3,4,5,6-六氯环己烷〔六六六（ISO）〕，包括林丹（ISO，INN）、五氯苯（ISO）、六氯苯（ISO）、全氟辛基磺酸及其盐、全氟辛基磺胺、全氟辛基磺酰氯、四、五、六、七或八溴联苯醚、短链氯化石蜡。

短链氯化石蜡是指分子式为CxH（2x-y+2）Cly（其中x=10-13，y=1-13），按重量计氯含量大于48%的化合物的混合物。

四、子目3825.41和3825.49所称"废有机溶剂"，是指主要含有有机溶剂的废物，不适合再作原产品使用，不论其是否用于回收溶剂。

1. Subheadings 3808.52 and 3808.59 cover only goods of heading 38.08, containing one or more of the following substances : alachlor (ISO); aldicarb (ISO); aldrin (ISO); azinphos-methyl (ISO); binapacryl (ISO); camphechlor (ISO) (toxaphene); captafol (ISO); carbofuran (ISO); chlordane (ISO); chlordimeform (ISO); chlorobenzilate (ISO); DDT (ISO) (clofenotane (INN), 1,1,1-trihloro-2,2-bis(p-chlorophenyl)ethane); dieldrin (ISO, INN); 4,6-dinitro-o-cresol (DNOC (ISO)) or its salts; dinoseb (ISO), its salts or its esters; endosulfan (ISO); ethylene dibromide (ISO) (1,2-dibromoethane); ethylene dichloride (ISO) (1,2-dichloroethane); fluoroacetamide (ISO); heptachlor (ISO); hexachlorobenzene (ISO); 1,2,3,4,5,6-hexachlorocyclohexane (HCH (ISO)), including lindane (ISO, INN); mercury compounds; methamidophos (ISO); monocrotophos (ISO); oxirane (ethylene oxide); parathion (ISO); parathion-methyl (ISO) (methyl-parathion); pentachlorophenol (ISO), its salts or its esters; perfluorooctane sulphonic acid and its salts; perfluorooctane sulphonamides; perfluorooctane sulphonyl fluoride; phosphamidon (ISO); 2,4,5-T (ISO) (2,4,5-trichlorophenoxyacetic acid), its salts or its esters; tributyltin compounds; trichlorfon (ISO).

2. Subheadings 3808.61 to 3808.69 cover only goods of heading 38.08, containing alpha-cypermethrin (ISO), bendiocarb (ISO), bifenthrin (ISO), chlorfenapyr (ISO), cyfluth- rin (ISO), deltamethrin (INN, ISO), etofenprox (INN), fenitrothion (ISO), lambda-cyhalothrin (ISO), malathion (ISO), pirimiphos-methyl (ISO) or propoxur (ISO).

3. Subheadings 3824.81 to 3824.89 cover only mixtures and preparations containing one or more of the following substances : oxirane (ethylene oxide); polybrominated biphenyls (PBBs); polychlorinated biphenyls (PCBs); polychlorinated terphenyls (PCTs); tris(2,3-dibromopropyl) phosphate; aldrin (ISO); camphechlor (ISO) (toxaphene); chlordane (ISO); chlordecone (ISO); DDT (ISO) (clofenotane (INN); 1,1,1-trichloro-2,2-bis(p-chlorophenyl)ethane); dieldrin (ISO, INN); endosulfan (ISO); endrin (ISO); heptachlor (ISO); mirex (ISO); 1,2,3,4,5,6-hexachlorocyclohexane (HCH (ISO)), including lindane (ISO, INN); pentachlorobenzene (ISO); hexachlorobenzene (ISO); perfluorooctane sulphonic acid, its salts; perfluorooctane sulphonamides; perfluorooctane sulphonyl fluoride; tetra-, penta-, hexa-, hepta-or octabromodiphenyl ethers; short-chain chlorinated paraffins.

Short-chain chlorinated paraffins are mixtures of compounds, with a chlorination degree of more than 48% by weight, with the following molecular formula : CxH(2x-y+2)Cly, where x=10-13 and y=1-13.

4. For the purposes of subheadings 3825.41 and 3825.49, "waste organic solvents" are wastes containing mainly organic solvents, not fit for further use as presented as primary products, whether or not intended for recovery of the solvents.

序号 No.	税则号列 Tariff Line	货品名称 Article Description	最惠国税率 MFN(%)	协定税率 Agreement(%)		特惠税率 SP(%)	普通税率 Gen(%)
	38.01	**人造石墨；胶态或半胶态石墨；以石墨或其他碳为基本成分的糊状、块状、板状制品或其他半制品：** **Artificial graphite; colloidal or semi-colloidal graphite; preparations based on graphite or other carbon in the form of pastes, blocks, plates or other semi-manufactures:**					
2936	3801.1000	-人造石墨 -Artificial graphite	6.5△3	0	东盟AS,智CL,巴PK,新西兰NZ,秘PE,哥CR,瑞CH,冰IS,澳AU,格GE,毛MU,东盟^{R}AS^R,澳^{R}AU^R,新西兰^{R}NZ^R,柬KH,港HK,澳门MO	0 受惠国LD	30
				0.6	韩KR		
				5.2	韩^{R}KR^R		
				5.3	日^{R}JP^R		
2937	3801.2000	-胶态或半胶态石墨 -Colloidal or semi-colloidal graphite	6.5	0	东盟AS,智CL,新西兰NZ,秘PE,哥CR,瑞CH,冰IS,澳AU,格GE,毛MU,柬KH,港HK,澳门MO	0 受惠国LD	30
				1	巴PK		
				2.6	韩KR		
				5.2	东盟^{R}AS^R,澳^{R}AU^R,新西兰^{R}NZ^R,韩^{R}KR^R		
				5.7	日^{R}JP^R		
2938	3801.3000	-电极用碳糊及炉衬用的类似糊 -Carbonaceous pastes for electrodes and similar pastes for furnace linings	6.5	0	东盟AS,智CL,新西兰NZ,秘PE,哥CR,瑞CH,冰IS,韩KR,澳AU,格GE,毛MU,东盟^{R}AS^R,澳^{R}AU^R,新西兰^{R}NZ^R,柬KH,港HK,澳门MO,韩^{R}KR^R	0 受惠国LD	35
				1	巴PK		
				5.3	日^{R}JP^R		
		-其他： -Other:					
2939	3801.9010	---表面处理的球化石墨 ---Surface modified spherical graphite	6.5	0	东盟AS,智CL,新西兰NZ,秘PE,哥CR,瑞CH,冰IS,韩KR,澳AU,格GE,毛MU,东盟^{R}AS^R,澳^{R}AU^R,新西兰^{R}NZ^R,柬KH,港HK,澳门MO,韩^{R}KR^R	0 受惠国LD	35
				1	巴PK		
				5.3	日^{R}JP^R		
2940	3801.9090	---其他 ---Other	6.5	0	东盟AS,智CL,巴PK,新西兰NZ,秘PE,哥CR,瑞CH,冰IS,韩KR,澳AU,格GE,毛MU,柬KH,港HK,澳门MO	0 受惠国LD	35
				5.2	东盟^{R}AS^R,澳^{R}AU^R,新西兰^{R}NZ^R,韩^{R}KR^R		
				5.3	日^{R}JP^R		

序号 No.	税则号列 Tariff Line	货品名称 Article Description	最惠国税率 MFN(%)	协定税率 Agreement(%)		特惠税率 SP(%)	普通税率 Gen(%)
	38.02	活性炭; 活性天然矿产品; 动物炭黑, 包括废动物炭黑: **Activated carbon; activated natural mineral products; animal black, including spent animal black:**					
		-活性炭: -Activated carbon:					
2941	3802.1010	---木质的 ---Of wood	6.5	0	东盟AS,智CL,新西兰NZ,秘PE,哥CR,瑞CH,冰IS,韩KR,澳AU,格GE,毛MU,东盟^{R}AS^R,澳^{R}AU^R,新西兰^{R}NZ^R,柬KH,港HK,澳门MO,韩^{R}KR^R	0 受惠国LD	20
				1	巴PK		
				4.2	亚太AP		
				5.3	日^{R}JP^R		
2942	3802.1090	---其他 ---Other	6.5	0	东盟AS,智CL,新西兰NZ,秘PE,哥CR,瑞CH,冰IS,韩KR,澳AU,格GE,毛MU,柬KH,港HK,澳门MO	0 受惠国LD	20
				1	巴PK		
				4.2	亚太AP		
				5.2	东盟^{R}AS^R,澳^{R}AU^R,新西兰^{R}NZ^R,韩^{R}KR^R		
				5.3	日^{R}JP^R		
2943	3802.9000	-其他 -Other	10	0	东盟AS,智CL,新西兰NZ,新加坡SG,秘PE,哥CR,瑞CH,冰IS,澳AU,格GE,毛MU,东盟^{R}AS^R,澳^{R}AU^R,新西兰^{R}NZ^R,柬KH,港HK,澳门MO	0 受惠国LD	45
				1	韩KR		
				3	巴PK		
				8	韩^{R}KR^R		
				8.2	日^{R}JP^R		
	38.03	妥尔油, 不论是否精炼: **Tall oil, whether or not refined:**					
2944	3803.0000	妥尔油, 不论是否精炼 Tall oil, whether or not refined	6.5	0	东盟AS,智CL,新西兰NZ,秘PE,哥CR,瑞CH,冰IS,韩KR,澳AU,格GE,毛MU,东盟^{R}AS^R,澳^{R}AU^R,新西兰^{R}NZ^R,柬KH,港HK,澳门MO,韩^{R}KR^R	0 受惠国LD	35
				1	巴PK		
				5.3	日^{R}JP^R		

序号 No.	税则号列 Tariff Line	货品名称 Article Description	最惠国税率 MFN(%)	协定税率 Agreement(%)		特惠税率 SP(%)	普通税率 Gen(%)
	38.04	木浆残余碱液,不论是否浓缩、脱糖或经化学处理,包括木素磺酸盐,但不包括税目38.03的妥尔油: Residual lyes from the manufacture of wood pulp, whether or not concentrated, desugared or chemically treated, including lignin sulphonates, but excluding tall oil of heading 38.03:					
2945	3804.0000	木浆残余碱液,不论是否浓缩、脱糖或经化学处理,包括木素磺酸盐,但不包括税目38.03的妥尔油 Residual lyes from the manufacture of wood pulp, whether or not concentrated, desugared or chemically treated, including lignin sulphonates, but excluding tall oil of heading 38.03	6.5	0 东盟AS,智CL,新西兰NZ,秘PE,哥CR,瑞CH,冰IS,澳AU,格GE,毛MU,东盟^{R}AS^R,澳^{R}AU^R,新西兰^{R}NZ^R,柬KH,港HK,澳门MO 0.6 韩KR 1 巴PK 5.2 韩^{R}KR^R 5.3 日^{R}JP^R		0 受惠国LD	35
	38.05	脂松节油、木松节油和硫酸盐松节油及其他萜烯油,用蒸馏或其他方法从针叶木制得;粗制二聚戊烯;亚硫酸盐松节油及其他粗制对异丙基苯甲烷;以a-萜品醇为基本成分的松油: Gum, wood or sulphate turpentine and other terpenic oils produced by the distillation or other treatment of coniferous woods; crude dipentene; sulphite turpentine and other crude para-cymene; pine oil containing alpha-terpineol as the main constituent:					
2946	3805.1000	-脂松节油、木松节油和硫酸盐松节油 -Gum, wood or sulphate turpentine oils	6.5	0 东盟AS,智CL,新西兰NZ,秘PE,哥CR,瑞CH,冰IS,韩KR,澳AU,格GE,毛MU,东盟^{R}AS^R,澳^{R}AU^R,新西兰^{R}NZ^R,柬KH,港HK,澳门MO,韩^{R}KR^R 1 巴PK 5.3 日^{R}JP^R		0 受惠国LD	50
		-其他: -Other:					
2947	3805.9010	---松油 ---Pine oil	6.5	0 东盟AS,智CL,新西兰NZ,秘PE,哥CR,瑞CH,冰IS,韩KR,澳AU,格GE,毛MU,东盟^{R}AS^R,澳^{R}AU^R,新西兰^{R}NZ^R,柬KH,港HK,澳门MO,韩^{R}KR^R 1 巴PK 5.3 日^{R}JP^R		0 受惠国LD	50

序号 No.	税则号列 Tariff Line	货品名称 Article Description	最惠国税率 MFN(%)		协定税率 Agreement(%)	特惠税率 SP(%)		普通税率 Gen(%)
2948	3805.9090	---其他 ---Other	6.5	0	东盟AS,智CL,新西兰NZ,秘PE,哥CR,瑞CH,冰IS,韩KR,澳AU,格GE,毛MU,东盟^{R}AS^R,澳^{R}AU^R,新西兰^{R}NZ^R,柬KH,港HK,澳门MO,韩^{R}KR^R	0	受惠国LD	50
				1	巴PK			
				5.3	日^{R}JP^R			
38.06		松香和树脂酸及其衍生物；松香精及松香油；再熔胶： Rosin and resin acids, and derivatives thereof; rosin spirit and rosin oils; run gums:						
		-松香及树脂酸： -Rosin and resin acids:						
2949	3806.1010	---松香 ---Rosin	10	0	东盟AS,智CL,新西兰NZ,新加坡SG,秘PE,哥CR,瑞CH,冰IS,澳AU,格GE,毛MU,柬KH,港HK,澳门MO	0	受惠国LD	70
				1	韩KR			
				3	巴PK			
				8	东盟^{R}AS^R,澳^{R}AU^R,新西兰^{R}NZ^R,韩^{R}KR^R			
				8.2	日^{R}JP^R			
2950	3806.1020	---树脂酸 ---Resin acides	10	0	东盟AS,智CL,新西兰NZ,秘PE,哥CR,瑞CH,冰IS,澳AU,格GE,毛MU,东盟^{R}AS^R,澳^{R}AU^R,新西兰^{R}NZ^R,柬KH,港HK,澳门MO	0	受惠国LD	70
				1	韩KR			
				3	巴PK			
				8	韩^{R}KR^R			
				8.2	日^{R}JP^R			
		-松香盐、树脂酸盐及松香或树脂酸衍生物的盐，但松香加合物的盐除外： -Salts of rosin, of resin acids or of derivatives of rosin or resin acids, other than salts of rosin adducts:						
2951	3806.2010	---松香盐及树脂酸盐 ---Salts of rosin, of resin acids	6.5	0	东盟AS,智CL,新西兰NZ,秘PE,哥CR,瑞CH,冰IS,韩KR,澳AU,格GE,毛MU,东盟^{R}AS^R,澳^{R}AU^R,新西兰^{R}NZ^R,柬KH,港HK,澳门MO,韩^{R}KR^R	0	受惠国LD	40
				1	巴PK			
				5.3	日^{R}JP^R			

序号 No.	税则号列 Tariff Line	货品名称 Article Description	最惠国税率 MFN(%)		协定税率 Agreement(%)	特惠税率 SP(%)	普通税率 Gen(%)
2952	3806.2090	---其他 ---Other	6.5	0	东盟AS,智CL,新西兰NZ,秘PE,哥CR,瑞CH,冰IS,韩KR,澳AU,格GE,毛MU,东盟^RAS^R,澳^RAU^R,新西兰^RNZ^R,柬KH,港HK,澳门MO,韩^RKR^R	0 受惠国LD	40
				1	巴PK		
				5.3	日^RJP^R		
2953	3806.3000	-酯胶 -Ester gums	6.5	0	东盟AS,智CL,新西兰NZ,秘PE,哥CR,瑞CH,冰IS,韩KR,澳AU,格GE,毛MU,东盟^RAS^R,澳^RAU^R,新西兰^RNZ^R,柬KH,港HK,澳门MO,韩^RKR^R	0 受惠国LD	50
				1	巴PK		
				5.3	日^RJP^R		
2954	3806.9000	-其他 -Other	6.5	0	东盟AS,智CL,新西兰NZ,秘PE,哥CR,瑞CH,冰IS,韩KR,澳AU,格GE,毛MU,东盟^RAS^R,澳^RAU^R,新西兰^RNZ^R,柬KH,港HK,澳门MO,韩^RKR^R	0 受惠国LD	40
				1	巴PK		
				5.3	日^RJP^R		
	38.07	木焦油；精制木焦油；木杂酚油；粗木精；植物沥青；以松香、树脂酸或植物沥青为基本成分的啤酒桶沥青及类似制品： **Wood tar; wood tar oils; wood creosote; wood naphtha; vegetable pitch; brewers' pitch and similar preparations based on rosin, resin acids or on vegetable pitch:**					
2955	3807.0000	木焦油；精制木焦油；木杂酚油；粗木精；植物沥青；以松香、树脂酸或植物沥青为基本成分的啤酒桶沥青及类似制品 Wood tar; wood tar oils; wood creosote; wood naphtha; vegetable pitch; brewers' pitch and similar preparations based on rosin, resin acids or on vegetable pitch	6.5	0	东盟AS,智CL,新西兰NZ,秘PE,哥CR,瑞CH,冰IS,韩KR,澳AU,格GE,毛MU,东盟^RAS^R,澳^RAU^R,新西兰^RNZ^R,柬KH,港HK,澳门MO,韩^RKR^R	0 受惠国LD	35
				1	巴PK		
				5.3	日^RJP^R		
	38.08	杀虫剂、杀鼠剂、杀菌剂、除草剂、抗萌剂、植物生长调节剂、消毒剂及类似产品，零售形状、零售包装或制成制剂及成品（例如，经硫磺处理的带子、杀虫灯芯、蜡烛及捕蝇纸）： **Insecticides, rodenticides, fungicides, herbicides, anti-sprouting products and plantgrowth regulators, disinfectants and similar products, put up in forms or packings for retail sale or as preparations or articles (for example, sulphur-treated bands, wicks and candles, and fly-papers):**					

序号 No.	税则号列 Tariff Line	货品名称 Article Description	最惠国税率 MFN(%)	协定税率 Agreement(%)		特惠税率 SP(%)	普通税率 Gen(%)
		-本章子目注释一所列货品: -Goods specified in Subheading Note 1 to this Chapter:					
2956	3808.5200	--DDT（ISO）[滴滴涕（INN）]，每包 净重不超过300克 --DDT (ISO) (clofenotane (INN)), in packings of a net weight content not exceeding 300g	9	0	东盟AS,智CL,新西兰NZ,秘PE, 哥CR,瑞CH,冰IS,韩KR,澳AU, 格GE,毛MU,东盟^RAS^R,澳^RAU^R, 新西兰^RNZ^R,柬KH,港HK,澳门 MO,韩^RKR^R	0　受惠国LD	35
				1	巴PK		
				7.4	日^RJP^R		
		--其他: --Other:					
2957	3808.5920	---零售包装的 ---Put up for retail sale	9	0	东盟AS,智CL,新西兰NZ,秘PE, 哥CR,瑞CH,冰IS,澳AU,格GE, 毛MU,东盟^RAS^R,澳^RAU^R,新西 兰^RNZ^R,柬KH,港HK,澳门MO, 韩^RKR^R	0　受惠国LD	37
				0.2	韩KR		
				1.6	巴PK		
				7.4	日^RJP^R		
2958	3808.5990	---其他 ---Other	6.5	0	东盟AS,智CL,新西兰NZ,秘PE, 哥CR,瑞CH,冰IS,韩KR,澳AU, 格GE,毛MU,东盟^RAS^R,澳^RAU^R, 日^RJP^R,新西兰^RNZ^R,柬KH,港 HK,澳门MO,韩^RKR^R	0　受惠国LD	15
				0.6	巴PK		
		-本章子目注释二所列货品: -Goods specified in Subheading Note 2 to this Chapter:					
2959	3808.6100	--每包净重不超过300克 --In packings of a net weight content not exceeding 300g	10	0	东盟AS,智CL,巴PK,新西兰NZ, 秘PE,哥CR,瑞CH,冰IS,澳AU,格 GE,毛MU,东盟^RAS^R,澳^RAU^R,新 西兰^RNZ^R,柬KH,港HK,澳门MO	0　受惠国$_2$LD$_2$	35
				1	韩KR		
				6.5	亚太AP		
				8	韩^RKR^R		
				8.2	日^RJP^R		
2960	3808.6200	--每包净重超过300克，但不超过7.5 千克 --In packings of a net weight content exceeding 300g but not exceeding 7.5kg	10	0	东盟AS,智CL,巴PK,新西兰NZ, 秘PE,哥CR,瑞CH,冰IS,澳AU,格 GE,毛MU,东盟^RAS^R,澳^RAU^R,新 西兰^RNZ^R,柬KH,港HK,澳门MO	0　受惠国LD	35
				1	韩KR		
				6.5	亚太AP		
				8	韩^RKR^R		
				8.2	日^RJP^R		

序号 No.	税则号列 Tariff Line	货品名称 Article Description	最惠国税率 MFN(%)		协定税率 Agreement(%)	特惠税率 SP(%)	普通税率 Gen(%)
2961	3808.6900	---其他 ---Other	6	0	东盟AS,智CL,巴PK,新西兰NZ,秘PE,哥CR,瑞CH,冰IS,韩KR,澳AU,格GE,毛MU,柬KH,港HK,澳门MO	0 受惠国LD	11
				3.9	亚太AP		
				4.8	东盟^RAS^R,澳^RAU^R,新西兰^RNZ^R,韩^RKR^R		
				4.9	日^RJP^R		
		-其他: -Other: --杀虫剂: --Insecticides: ---零售包装: ---Put up for retail sale:					
2962	3808.9111	----蚊香 ----Mosquito smudges	10	0	亚太AP,东盟AS,智CL,巴PK,新西兰NZ,秘PE,哥CR,瑞CH,冰IS,韩KR,澳AU,格GE,毛MU,东盟^RAS^R,澳^RAU^R,新西兰^RNZ^R,柬KH,港HK,澳门MO,韩^RKR^R	0 受惠国LD	80
				8.2	日^RJP^R		
2963	3808.9112	----生物杀虫剂 ----Biopesticide	10	0	东盟AS,智CL,新西兰NZ,秘PE,哥CR,瑞CH,冰IS,澳AU,格GE,毛MU,东盟^RAS^R,澳^RAU^R,新西兰^RNZ^R,柬KH,港HK,澳门MO	0 受惠国LD	35
				1	韩KR		
				3	巴PK		
				6.5	亚太AP		
				8	韩^RKR^R		
				8.2	日^RJP^R		
2964	3808.9119	----其他 ----Other	10	0	东盟AS,智CL,新西兰NZ,秘PE,哥CR,瑞CH,冰IS,澳AU,格GE,毛MU,东盟^RAS^R,澳^RAU^R,新西兰^RNZ^R,柬KH,港HK,澳门MO	0 受惠国LD	35
				1	韩KR		
				3	巴PK		
				6.5	亚太AP		
				8	韩^RKR^R		
				8.2	日^RJP^R		
2965	3808.9190	---其他 ---Other	6	0	东盟AS,智CL,巴PK,新西兰NZ,秘PE,哥CR,瑞CH,冰IS,韩KR,澳AU,格GE,毛MU,柬KH,港HK,澳门MO	0 受惠国LD	11
				3.9	亚太AP		
				4.8	东盟^RAS^R,澳^RAU^R,新西兰^RNZ^R,韩^RKR^R		
				4.9	日^RJP^R		

序号 No.	税则号列 Tariff Line	货品名称 Article Description	最惠国税率 MFN(%)	协定税率 Agreement(%)		特惠税率 SP(%)	普通税率 Gen(%)
		--杀菌剂: --Fungicides:					
2966	3808.9210	---零售包装 ---Put up for retail sale	9	0	东盟AS,智CL,新西兰NZ,秘PE,哥CR,瑞CH,冰IS,韩KR,澳AU,格GE,毛MU,东盟^{R}AS^R,澳^{R}AU^R,新西兰^{R}NZ^R,柬KH,港HK,澳门MO,韩^{R}KR^R	0 受惠国LD	35
				1	巴PK		
				7.4	日^{R}JP^R		
2967	3808.9290	---其他 ---Other	6	0	东盟AS,智CL,巴PK,新西兰NZ,秘PE,哥CR,瑞CH,冰IS,韩KR,澳AU,格GE,毛MU,柬KH,港HK,澳门MO	0 受惠国LD	11
				4.8	东盟^{R}AS^R,澳^{R}AU^R,新西兰^{R}NZ^R,韩^{R}KR^R		
				4.9	日^{R}JP^R		
		--除草剂、抗萌剂及植物生长调节剂: --Herbicides, anti-sprouting products and plant-growth regulators:					
		---除草剂: ---Herbicides:					
2968	3808.9311	----零售包装 ----Put up for retail sale	9	0	东盟AS,智CL,新西兰NZ,秘PE,哥CR,瑞CH,冰IS,韩KR,澳AU,格GE,毛MU,柬KH,港HK,澳门MO	0 受惠国LD	35
				1	巴PK		
				7.2	东盟^{R}AS^R,澳^{R}AU^R,新西兰^{R}NZ^R,韩^{R}KR^R		
				7.4	日^{R}JP^R		
2969	3808.9319	----其他 ----Other	5	0	东盟AS,智CL,巴PK,新西兰NZ,秘PE,哥CR,瑞CH,冰IS,韩KR,澳AU,格GE,毛MU,东盟^{R}AS^R,澳^{R}AU^R,新西兰^{R}NZ^R,柬KH,港HK,澳门MO,韩^{R}KR^R	0 受惠国LD	11
				3.3	亚太AP		
				4.1	日^{R}JP^R		
		---其他: ---Other:					
2970	3808.9391	----零售包装 ----Put up for retail sale	9	0	东盟AS,智CL,新西兰NZ,秘PE,哥CR,瑞CH,冰IS,韩KR,澳AU,格GE,毛MU,东盟^{R}AS^R,澳^{R}AU^R,新西兰^{R}NZ^R,柬KH,港HK,澳门MO,韩^{R}KR^R	0 受惠国LD	35
				1	巴PK		
				5.9	亚太AP		
				7.4	日^{R}JP^R		

序号 No.	税则号列 Tariff Line	货品名称 Article Description	最惠国税率 MFN(%)	协定税率 Agreement(%)		特惠税率 SP(%)		普通税率 Gen(%)
2971	3808.9399	----其他 ----Other	6	0	东盟AS,智CL,巴PK,新西兰NZ,秘PE,哥CR,瑞CH,冰IS,韩KR,澳AU,格GE,毛MU,东盟^{R}AS^R,澳^{R}AU^R,日^{R}JP^R,新西兰^{R}NZ^R,柬KH,港HK,澳门MO,韩^{R}KR^R	0	受惠国LD	14
				3.9	亚太AP			
2972	3808.9400	--消毒剂 --Disinfectants	9	0	东盟AS,智CL,新西兰NZ,秘PE,哥CR,瑞CH,冰IS,韩KR,澳AU,格GE,毛MU,柬KH,港HK,澳门MO	0	受惠国LD	35
				3	巴PK			
				7.2	东盟^{R}AS^R,澳^{R}AU^R,新西兰^{R}NZ^R,韩^{R}KR^R			
				7.4	日^{R}JP^R			
		--其他: --Other:						
2973	3808.9910	---零售包装 ---Put up for retail sale	9	0	东盟AS,智CL,新西兰NZ,秘PE,哥CR,瑞CH,冰IS,韩KR,澳AU,格GE,毛MU,东盟^{R}AS^R,澳^{R}AU^R,新西兰^{R}NZ^R,柬KH,港HK,澳门MO,韩^{R}KR^R	0	受惠国LD	35
				1	巴PK			
				7.4	日^{R}JP^R			
2974	3808.9990	---其他 ---Other	9	0	东盟AS,智CL,新西兰NZ,秘PE,哥CR,瑞CH,冰IS,韩KR,澳AU,格GE,毛MU,东盟^{R}AS^R,澳^{R}AU^R,新西兰^{R}NZ^R,柬KH,港HK,澳门MO,韩^{R}KR^R	0	受惠国LD	14
				1	巴PK			
				7.4	日^{R}JP^R			
	38.09	纺织、造纸、制革及类似工业用的其他税目未列名的整理剂、染料加速着色或固色助剂及其他产品和制剂(例如,修整剂及媒染剂): Finishing agents, dye carriers to accelerate the dyeing or fixing of dyestuffs and other products and preparations (for example, dressings and mordants), of a kind used in the textile, paper, leather or like industries, not elsewhere specified or included:						

序号 No.	税则号列 Tariff Line	货品名称 Article Description	最惠国税率 MFN(%)	协定税率 Agreement(%)		特惠税率 SP(%)	普通税率 Gen(%)
2975	3809.1000	-以淀粉物质为基本成分 -With a basis of amylaceous substances	10	0	东盟AS,智CL,巴PK,新西兰NZ,新加坡SG,秘PE,哥CR,瑞CH,冰IS,澳AU,格GE,毛MU,东盟^RAS^R,澳^RAU^R,新西兰^RNZ^R,柬KH,港HK,澳门MO	0 受惠国LD	35
				1	韩KR		
				8	韩^RKR^R		
				8.2	日^RJP^R		
		-其他: -Other:					
2976	3809.9100	--纺织工业及类似工业用 --Of a kind used in the textile or like industries	6.5	0	东盟AS,智CL,巴PK,新西兰NZ,秘PE,哥CR,瑞CH,冰IS,韩KR,澳AU,格GE,毛MU,东盟^RAS^R,澳^RAU^R,新西兰^RNZ^R,柬KH,港HK,澳门MO,韩^RKR^R	0 受惠国LD	35
				5.3	日^RJP^R		
				6	亚太AP		
2977	3809.9200	--造纸工业及类似工业用 --Of a kind used in the paper or like industries	6.5	0	东盟AS,智CL,巴PK,新西兰NZ,秘PE,哥CR,瑞CH,冰IS,澳AU,格GE,毛MU,柬KH,港HK,澳门MO	0 受惠国LD	35
				0.6	韩KR		
				5.2	东盟^RAS^R,澳^RAU^R,新西兰^RNZ^R,韩^RKR^R		
				5.3	日^RJP^R		
2978	3809.9300	--制革工业及类似工业用 --Of a kind used in the leather or like industries	6.5	0	东盟AS,智CL,巴PK,新西兰NZ,秘PE,哥CR,瑞CH,冰IS,韩KR,澳AU,格GE,毛MU,柬KH,港HK,澳门MO	0 受惠国LD	35
				5.2	东盟^RAS^R,澳^RAU^R,新西兰^RNZ^R,韩^RKR^R		
				5.3	日^RJP^R		
	38.10	金属表面酸洗剂；焊接用的焊剂及其他辅助剂；金属及其他材料制成的焊粉或焊膏；作焊条芯子或焊条涂料用的制品： Pickling preparations for metal surfaces; fluxes and other auxiliary preparations for soldering, brazing or welding; soldering, brazing or welding powders and pastes consisting of metal and other materials; preparations of a kind used as cores or coatings for welding electrodes or rods:					

序号 No.	税则号列 Tariff Line	货品名称 Article Description	最惠国税率 MFN(%)	协定税率 Agreement(%)		特惠税率 SP(%)	普通税率 Gen(%)
2979	3810.1000	-金属表面酸洗剂; 金属及其他材料制成的焊粉或焊膏 -Pickling preparations for metal surfaces; soldering, brazing or welding powders and pastes consisting of metal and other materials	6.5	0	东盟AS,智CL,巴PK,新西兰NZ,秘PE,哥CR,瑞CH,冰IS,澳AU,格GE,毛MU,柬KH,港HK,澳门MO	0 受惠国LD	35
				2.6	韩KR		
				5.2	东盟^{R}AS^R,澳^{R}AU^R,新西兰^{R}NZ^R,韩^{R}KR^R		
				5.7	日^{R}JP^R		
				6	亚太AP		
2980	3810.9000	-其他 -Other	6.5	0	东盟AS,智CL,巴PK,新西兰NZ,秘PE,哥CR,瑞CH,冰IS,澳AU,格GE,毛MU,柬KH,港HK,澳门MO	0 受惠国LD	35
				2.6	韩KR		
				5.2	东盟^{R}AS^R,澳^{R}AU^R,新西兰^{R}NZ^R,韩^{R}KR^R		
				5.7	日^{R}JP^R		
	38.11	抗震剂、抗氧剂、防胶剂、黏度改良剂、防腐蚀制剂及其他配制添加剂,用于矿物油(包括汽油)或与矿物油同样用途的其他液体: Anti-knock preparations, oxidation inhibitors, gum inhibitors, viscosity improvers, anti-corrosive preparations and other prepared additives, for mineral oils (including gasoline) or for other liquids used for the same purposes as mineral oils:					
		-抗震剂: -Anti-knock preparations:					
2981	3811.1100	--以铅化合物为基本成分 --Based on lead compounds	6.5	0	东盟AS,智CL,新西兰NZ,秘PE,哥CR,瑞CH,冰IS,韩KR,澳AU,格GE,毛MU,东盟^{R}AS^R,澳^{R}AU^R,新西兰^{R}NZ^R,柬KH,港HK,澳门MO,韩^{R}KR^R	0 受惠国LD	35
				1	巴PK		
				5.3	日^{R}JP^R		
2982	3811.1900	--其他 --Other	6.5	0	东盟AS,智CL,新西兰NZ,秘PE,哥CR,瑞CH,冰IS,韩KR,澳AU,格GE,毛MU,东盟^{R}AS^R,澳^{R}AU^R,新西兰^{R}NZ^R,柬KH,港HK,澳门MO,韩^{R}KR^R	0 受惠国LD	35
				1	巴PK		
				5.3	日^{R}JP^R		
		-润滑油添加剂: -Additives for lubricating oils:					

序号 No.	税则号列 Tariff Line	货品名称 Article Description	最惠国税率 MFN(%)	协定税率 Agreement(%)		特惠税率 SP(%)	普通税率 Gen(%)
2983	3811.2100	--含有石油或从沥青矿物提取的油类 --Containing petroleum oils or oils 　　obtained from bituminous minerals	6.5	0	东盟AS,智CL,巴PK,新西兰NZ, 秘PE,哥CR,瑞CH,冰IS,韩KR, 澳AU,格GE,毛MU,东盟^{R}AS^R,澳 ^{R}AU^R,新西兰NZ^R,柬KH,港HK, 澳门MO,韩^{R}KR^R	0 受惠国LD	35
				5.3	日^{R}JP^R		
2984	3811.2900	--其他 --Other	6.5	0	东盟AS,智CL,新西兰NZ,秘PE, 哥CR,瑞CH,冰IS,澳AU,格GE, 毛MU,柬KH,港HK,澳门MO	0 受惠国LD	35
				0.6	韩KR		
				1	巴PK		
				5.2	东盟^{R}AS^R,澳^{R}AU^R,新西兰NZ^R, 韩^{R}KR^R		
				5.3	日^{R}JP^R		
				5.5	亚太AP		
2985	3811.9000	-其他 -Other	6.5	0	东盟AS,智CL,新西兰NZ,秘PE, 哥CR,瑞CH,冰IS,韩KR,澳AU, 格GE,毛MU,柬KH,港HK,澳门 MO	0 受惠国LD	35
				1	巴PK		
				5.2	东盟^{R}AS^R,澳^{R}AU^R,新西兰NZ^R, 韩^{R}KR^R		
				5.3	日^{R}JP^R		
	38.12	配制的橡胶促进剂;其他税目未列名的 橡胶或塑料用复合增塑剂;橡胶或塑料 用抗氧制剂及其他复合稳定剂: **Prepared rubber accelerators;** **compound plasticisers for rubber or** **plastics, not elsewhere specified or** **included; anti-oxidising preparations** **and other compound stabilisers for** **rubber or plastics:**					
2986	3812.1000	-配制的橡胶促进剂 -Prepared rubber accelerators	6	0	东盟AS,智CL,巴PK,新西兰NZ, 秘PE,哥CR,瑞CH,冰IS,澳AU,格 GE,毛MU,柬KH,港HK,澳门MO	0 受惠国LD	20
				2.4	韩KR		
				4.8	东盟^{R}AS^R,澳^{R}AU^R,新西兰NZ^R, 韩^{R}KR^R		
				5.3	日^{R}JP^R		
2987	3812.2000	-橡胶或塑料用复合增塑剂 -Compound plasticizers for rubber or 　plastics	6.5	0	东盟AS,智CL,巴PK,新西兰NZ, 秘PE,哥CR,瑞CH,冰IS,澳AU,格 GE,毛MU,柬KH,港HK,澳门MO	0 受惠国LD	35
				2.6	韩KR		
				5.2	东盟^{R}AS^R,澳^{R}AU^R,新西兰NZ^R, 韩^{R}KR^R		
				5.7	日^{R}JP^R		

序号 No.	税则号列 Tariff Line	货品名称 Article Description	最惠国税率 MFN(%)		协定税率 Agreement(%)	特惠税率 SP(%)		普通税率 Gen(%)
		-橡胶或塑料用抗氧制剂及其他复合稳定剂： -Anti-oxidising preparations and other compound stabilizers for rubber or plastics :						
2988	3812.3100	--2，2，4-三甲基-1，2-二氢化喹啉（TMQ）低聚体混合物 --Mixtures of oligomers of 2,2,4-trimethyl- 1,2-dihydroquinoline (TMQ)	6	0	东盟AS,智CL,巴PK,新西兰NZ,秘PE,哥CR,瑞CH,冰IS,澳AU,格GE,毛MU,柬KH,港HK,澳门MO	0	受惠国LD	20
				2.4	韩KR			
				4.8	东盟^RAS^R,澳^RAU^R,新西兰^RNZ^R,韩^RKR^R			
				5.3	日^RJP^R			
		--其他： -- Other:						
2989	3812.3910	---其他橡胶防老剂 ---Rubber antioxidants	6	0	东盟AS,智CL,巴PK,新西兰NZ,秘PE,哥CR,瑞CH,冰IS,澳AU,格GE,毛MU,柬KH,港HK,澳门MO	0	受惠国LD	20
				2.4	韩KR			
				4.8	东盟^RAS^R,澳^RAU^R,新西兰^RNZ^R,韩^RKR^R			
				5.3	日^RJP^R			
2990	3812.3990	---其他 ---Other	6.5	0	东盟AS,智CL,巴PK,新西兰NZ,秘PE,哥CR,瑞CH,冰IS,韩KR,澳AU,格GE,毛MU,东盟^RAS^R,澳^RAU^R,新西兰^RNZ^R,柬KH,港HK,澳门MO,韩^RKR^R	0	受惠国LD	35
				4.6	亚太AP			
				5.3	日^RJP^R			
	38.13	灭火器的装配药；已装药的灭火弹： Preparations and charges for fire-extinguishers; charged fire-extinguishing grenades:						
2991	3813.0010	---灭火器的装配药 ---Preparations and charges for ire-extinguishers	6.5	0	东盟AS,智CL,新西兰NZ,秘PE,哥CR,瑞CH,冰IS,澳AU,格GE,毛MU,东盟^RAS^R,澳^RAU^R,新西兰^RNZ^R,柬KH,港HK,澳门MO	0	受惠国LD	35
				0.6	韩KR			
				1	巴PK			
				5.2	韩^RKR^R			
				5.3	日^RJP^R			
2992	3813.0020	---已装药的灭火弹 ---Charged fire-extinguishing grenades	10	0	东盟AS,智CL,新西兰NZ,秘PE,哥CR,瑞CH,冰IS,澳AU,格GE,毛MU,东盟^RAS^R,澳^RAU^R,新西兰^RNZ^R,柬KH,港HK,澳门MO	0	受惠国LD	70
				1	韩KR			
				3	巴PK			
				8	韩^RKR^R			
				8.2	日^RJP^R			

序号 No.	税则号列 Tariff Line	货品名称 Article Description	最惠国税率 MFN(%)	协定税率 Agreement(%)		特惠税率 SP(%)	普通税率 Gen(%)
	38.14	其他税目未列名的有机复合溶剂及稀释剂; 除漆剂: **Organic composite solvents and thinners, not elsewhere specified or included; prepared paint or varnish removers:**					
2993	3814.0000	其他税目未列名的有机复合溶剂及稀释剂; 除漆剂 Organic composite solvents and thinners, not elsewhere specified or included; prepared paint or varnish removers	10	0	东盟AS,智CL,新西兰NZ,新加坡SG,秘PE,哥CR,瑞CH,冰IS,澳AU,格GE,毛MU,柬KH,港HK,澳门MO	0 受惠国LD	50
				3	巴PK		
				5.5	韩KR		
				9	亚太AP,东盟^{R}AS^R,澳^{R}AU^R,日^{R}JP^R,新西兰^{R}NZ^R		
	38.15	其他税目未列名的反应引发剂、反应促进剂、催化剂: **Reaction initiators, reaction accelerators and catalytic preparations, not elsewhere specified or included:**					
		-载体催化剂: -Supported catalysts:					
2994	3815.1100	--以镍及其化合物为活性物的 --With nickel or nickel compounds as the active substance	6.5	0	东盟AS,智CL,新西兰NZ,秘PE,哥CR,瑞CH,冰IS,澳AU,格GE,毛MU,东盟^{R}AS^R,澳^{R}AU^R,新西兰^{R}NZ^R,柬KH,港HK,澳门MO	0 受惠国LD	35
				0.6	韩KR		
				1	巴PK		
				5.2	韩^{R}KR^R		
				5.3	日^{R}JP^R		
2995	3815.1200	--以贵金属及其化合物为活性物的 --With precious metal or precious metal compounds as the active substance	6.5Δ4	0	东盟AS,智CL,巴PK,新西兰NZ,秘PE,哥CR,瑞CH,冰IS,澳AU,格GE,毛MU,东盟^{R}AS^R,澳^{R}AU^R,新西兰^{R}NZ^R,柬KH,港HK,澳门MO	0 受惠国LD	35
				0.6	韩KR		
				5.2	韩^{R}KR^R		
				5.3	日^{R}JP^R		
2996	3815.1900	--其他 --Other	6.5	0	东盟AS,智CL,巴PK,新西兰NZ,秘PE,哥CR,瑞CH,冰IS,韩KR,澳AU,格GE,毛MU,东盟^{R}AS^R,澳^{R}AU^R,新西兰^{R}NZ^R,柬KH,港HK,澳门MO,韩^{R}KR^R	0 受惠国LD	35
				4.6	亚太AP		
				5.3	日^{R}JP^R		

序号 No.	税则号列 Tariff Line	货品名称 Article Description	最惠国税率 MFN(%)	协定税率 Agreement(%)		特惠税率 SP(%)	普通税率 Gen(%)
2997	3815.9000	-其他 -Other	6.5	0	东盟AS,智CL,巴PK,新西兰NZ, 秘PE,哥CR,瑞CH,冰IS,韩KR, 澳AU,格GE,毛MU,东盟^RAS^R,澳 ^RAU^R,新西兰^RNZ^R,柬KH,港HK, 澳门MO,韩^RKR^R	0 受惠国LD	35
				4.2	亚太AP		
				5.3	日^RJP^R		
	38.16	耐火的水泥、灰泥、混凝土及类似耐 火混合制品, 包括夯混白云石, 但税目 38.01的产品除外: Refractory cements, mortars, concretes and similar compositions, including dolomite ramming mix, other than products of heading 38.01:					
2998	3816.0010	---夯混白云石 ---Dolomite ramming mix	3	0	东盟AS,智CL,巴PK,新西兰NZ, 秘PE,哥CR,瑞CH,冰IS,韩KR, 澳AU,格GE,毛MU,东盟^RAS^R, 澳^RAU^R,日^RJP^R,新西兰^RNZ^R,柬 KH,港HK,澳门MO,韩^RKR^R	0 受惠国LD	40
2999	3816.0020	---其他 ---Other	6.5	0	东盟AS,智CL,新西兰NZ,秘PE, 哥CR,瑞CH,冰IS,韩KR,澳AU, 格GE,毛MU,东盟^RAS^R,澳^RAU^R, 新西兰^RNZ^R,柬KH,港HK,澳门 MO,韩^RKR^R	0 受惠国LD	35
				1	巴PK		
				5.3	日^RJP^R		
	38.17	混合烷基苯及混合烷基萘, 但税目 27.07及29.02的货品除外: Mixed alkylbenzenes and mixed alkylnaphthalenes, other than those of heading 27.07 or 29.02:					
3000	3817.0000	混合烷基苯及混合烷基萘 Mixed alkylbenzenes and alkylnaphthalenes 3818	6.5	0	东盟AS,智CL,新西兰NZ,秘PE, 哥CR,瑞CH,冰IS,澳AU,格GE,毛 MU,柬KH,港HK,澳门MO,台TW	0 受惠国LD	35
				1	巴PK		
				2.6	韩KR		
				5.2	东盟^RAS^R,澳^RAU^R,新西兰^RNZ^R, 韩^RKR^R		
				5.7	日^RJP^R		
	38.18	经掺杂用于电子工业的化学元素, 已切 成圆片、薄片或类似形状; 经掺杂用于 电子工业的化合物: Chemical elements doped for use in electronics, in the form of discs, wafers or similar forms; chemical compounds doped for use in electronics:					

序号 No.	税则号列 Tariff Line	货品名称 Article Description	最惠国税率 MFN(%)	协定税率 Agreement(%)		特惠税率 SP(%)	普通税率 Gen(%)
		---直径在7.5厘米及以上的单晶硅切片: ---Monocrystalline sillicon, in the form of discs, wafers or similar form, 7.5cm or more in diameter:					
3001	3818.0011	----直径在15.24厘米及以下的 ----Diameter not exceeding 15.24cm	0	0	东盟AS,智CL,巴PK,新西兰NZ,秘PE,哥CR,瑞CH,冰IS,韩KR,澳AU,格GE,毛MU,东盟^{R}AS^R,澳^{R}AU^R,日^{R}JP^R,新西兰^{R}NZ^R,柬KH,港HK,澳门MO,韩^{R}KR^R	0 受惠国LD	11
3002	3818.0019	----其他 ----Other *	0	0	东盟AS,智CL,巴PK,新西兰NZ,秘PE,哥CR,瑞CH,冰IS,韩KR,澳AU,格GE,毛MU,东盟^{R}AS^R,澳^{R}AU^R,日^{R}JP^R,新西兰^{R}NZ^R,柬KH,港HK,澳门MO,韩^{R}KR^R	0 受惠国LD	11
3003	3818.0090	---其他 ---Other	0	0	东盟AS,智CL,巴PK,新西兰NZ,秘PE,哥CR,瑞CH,冰IS,韩KR,澳AU,格GE,毛MU,东盟^{R}AS^R,澳^{R}AU^R,日^{R}JP^R,新西兰^{R}NZ^R,柬KH,港HK,澳门MO,韩^{R}KR^R	0 受惠国LD	17
	38.19	闸用液压油及其他液压传动用液体,不含石油或从沥青矿物提取的油类,或者按重量计石油或从沥青矿物提取的油类含量低于70%: Hydraulic brake fluids and other prepared liquids for hydraulic transmission, not containing or containing less than 70% by weight of petroleum oils or oils obtained from bituminous minerals:					
3004	3819.0000	闸用液压油及其他液压传动用液体,不含石油或从沥青矿物提取的油类,或者按重量计石油或从沥青矿物提取的油类含量低于70% Hydraulic brake fluids and other prepared liquids for hydraulic transmission, not containing or containing less than 70% by weight of petroleum oils or oils obtained from bituminous minerals	6.5	0 4 5.3	东盟AS,智CL,新西兰NZ,秘PE,哥CR,瑞CH,冰IS,韩KR,澳AU,格GE,毛MU,东盟^{R}AS^R,澳^{R}AU^R,新西兰^{R}NZ^R,柬KH,港HK,澳门MO,韩^{R}KR^R 巴PK 日^{R}JP^R	0 受惠国LD	35
	38.20	防冻剂及解冻剂: Anti-freezing preparations and prepared deicing fluids:					

序号 No.	税则号列 Tariff Line	货品名称 Article Description	最惠国税率 MFN(%)		协定税率 Agreement(%)	特惠税率 SP(%)	普通税率 Gen(%)
3005	3820.0000	防冻剂及解冻剂 Anti-freezing preparations and prepared decing fluids	10	0	东盟AS,智CL,新西兰NZ,新加坡SG,秘PE,哥CR,瑞CH,冰IS,澳AU,格GE,毛MU,东盟^RAS^R,澳^RAU^R,新西兰^RNZ^R,柬KH,港HK,澳门MO	0 受惠国LD	35
				1	韩KR		
				3	巴PK		
				8	韩^RKR^R		
				8.2	日^RJP^R		
	38.21	**制成的供微生物（包括病毒及类似品）或植物、人体、动物细胞生长或维持用的培养基：** **Prepared culture media for the development or maintenance of micro-organisms (including viruses and the like) or of plant, human or animal cells:**					
3006	3821.0000	制成的供微生物（包括病毒及类似品）或植物、人体、动物细胞生长或维持用的培养基 Prepared culture media for the development or maintenance of micro-organisms (including viruses and the like) or of plant, human or animal cells	3Δ2	0	东盟AS,智CL,巴PK,新西兰NZ,秘PE,哥CR,瑞CH,冰IS,韩KR,澳AU,格GE,毛MU,东盟^RAS^R,澳^RAU^R,日^RJP^R,新西兰^RNZ^R,柬KH,港HK,澳门MO,韩^RKR^R	0 受惠国LD	11
	38.22	**附于衬背上的诊断或实验用试剂及不论是否附于衬背上的诊断或实验用配制试剂,不论是否制成试剂盒形式,但税目30.06的货品除外；有证标准样品：** **Diagnostic or laboratory reagents on a backing, prepared diagnostic or laboratory reagents whether or not on a backing, whether or not put up in the form of kits, other than those of heading 30.06; certified reference materials:**					
		-附于衬背上的诊断或实验用试剂及不论是否附于衬背上的诊断或实验用配制试剂,不论是否制成试剂盒形式,但税目30.06的货品除外： -Diagnostic or laboratory reagents on a backing, prepared diagnostic or laboratory reagents whether or not on a backing, whether or not put up in the form of kits:					

序号 No.	税则号列 Tariff Line	货品名称 Article Description	最惠国税率 MFN(%)	协定税率 Agreement(%)		特惠税率 SP(%)		普通税率 Gen(%)
3007	3822.1100	--疟疾用 --For malaria	3Δ0	0	东盟AS,智CL,巴PK,新西兰NZ, 秘PE,哥CR,冰IS,韩KR,澳AU, 格GE,毛MU,东盟^{R}AS^R,澳^{R}AU^R, 新西兰^{R}NZ^R,柬KH,港HK,澳门 MO,韩^{R}KR^R	0	受惠国LD	20
				1.2	瑞CH			
				2.5	日^{R}JP^R			
3008	3822.1200	--寨卡病毒及由伊蚊属蚊子传播的其他 疾病用 --For Zika and other diseases transmitted by mosquitoes of the genus Aedes	3	0	东盟AS,智CL,巴PK,新西兰NZ, 秘PE,哥CR,冰IS,韩KR,澳AU,格 GE,毛MU,东盟^{R}AS^R,澳^{R}AU^R,日 ^{R}JP^R,新西兰^{R}NZ^R,柬KH,港HK, 澳门MO,韩^{R}KR^R	0	受惠国LD	26
				1.2	瑞CH			
3009	3822.1300	--血型鉴定用 --For blood-grouping	3	0	东盟AS,智CL,巴PK,新西兰NZ, 秘PE,哥CR,瑞CH,冰IS,韩KR, 澳AU,格GE,毛MU,东盟^{R}AS^R,澳 ^{R}AU^R,新西兰^{R}NZ^R,柬KH,港HK, 澳门MO,韩^{R}KR^R	0	受惠国LD	20
				2.5	日^{R}JP^R			
3010	3822.1900	--其他 --Other	3	0	东盟AS,智CL,巴PK,新西兰NZ, 秘PE,哥CR,冰IS,韩KR,澳AU,格 GE,毛MU,东盟^{R}AS^R,澳^{R}AU^R,日 ^{R}JP^R,新西兰^{R}NZ^R,柬KH,港HK, 澳门MO,韩^{R}KR^R	0	受惠国LD	26
				1.2	瑞CH			
3011	3822.9000	-其他 -Other	4.5	0	东盟AS,智CL,巴PK,新西兰NZ, 秘PE,哥CR,瑞CH,冰IS,韩KR, 澳AU,格GE,毛MU,东盟^{R}AS^R, 澳^{R}AU^R,日^{R}JP^R,新西兰^{R}NZ^R,柬 KH,港HK,澳门MO,韩^{R}KR^R	0	受惠国LD	35
	38.23	工业用单羧脂肪酸;精炼所得的酸性 油;工业用脂肪醇: Industrial monocarboxylic fatty acids; acid oils from refining; industrial fatty alcohols:						
		-工业用单羧脂肪酸;精炼所得的酸 性油: -Industrial monocarboxylic fatty acids; acid oils from refining:						
3012	3823.1100	--硬脂酸 --Stearic acid	16	0	东盟AS,智CL,新西兰NZ,秘PE, 哥CR,瑞CH,澳AU,格GE,毛MU, 柬KH,港HK,澳门MO	0	受惠国LD	50
				6.4	韩KR			
				12.8	巴PK			
				13.9	东盟^{R}AS^R,韩^{R}KR^R			
				14	日^{R}JP^R			
				14.4	澳^{R}AU^R,新西兰^{R}NZ^R			

序号 No.	税则号列 Tariff Line	货品名称 Article Description	最惠国税率 MFN(%)	协定税率 Agreement(%)		特惠税率 SP(%)		普通税率 Gen(%)
3013	3823.1200	--油酸 --Oleic acid	16Δ8	0	东盟AS,智CL,新西兰NZ,新加坡SG,秘PE,哥CR,瑞CH,澳AU,格GE,毛MU,柬KH,港HK,澳门MO	0	受惠国LD	50
				6.4	韩KR			
				12.8	巴PK			
				13.9	东盟^RAS^R,韩^RKR^R			
				14	日^RJP^R			
				14.4	澳^RAU^R,新西兰^RNZ^R			
3014	3823.1300	--妥尔油脂肪酸 --Tall oil fatty acids	16	0	东盟AS,智CL,新西兰NZ,新加坡SG,秘PE,哥CR,瑞CH,冰IS,澳AU,格GE,毛MU,柬KH,港HK,澳门MO	0	受惠国LD	50
				6.4	韩KR			
				12.8	巴PK,东盟^RAS^R,澳^RAU^R,新西兰^RNZ^R,韩^RKR^R			
				14	日^RJP^R			
3015	3823.1900	--其他 --Other	16	0	东盟AS,智CL,新西兰NZ,新加坡SG,秘PE,哥CR,瑞CH,冰IS,澳AU,格GE,毛MU,柬KH,港HK,澳门MO	0	受惠国LD	50
				6.4	韩KR			
				12.8	巴PK			
				13.9	东盟^RAS^R,韩^RKR^R			
				14	日^RJP^R			
				14.4	澳^RAU^R,新西兰^RNZ^R			
	ex38231900	植物酸性油 Botanic acid oil	Δ5					
3016	3823.7000	-工业用脂肪醇 -Industrial fatty alcohols	13Δ9	0	东盟AS,智CL,新西兰NZ,新加坡SG,秘PE,哥CR,瑞CH,冰IS,澳AU,格GE,毛MU,柬KH,港HK,澳门MO	0	受惠国LD	50
				5.2	韩KR			
				6.5	巴PK			
				11.3	东盟^RAS^R,韩^RKR^R			
				11.4	日^RJP^R			
				11.7	澳^RAU^R,新西兰^RNZ^R			
	38.24	铸模及铸芯用粘合剂; 其他税目未列名的化学工业及其相关工业的化学产品及配制品(包括由天然产品混合组成的): **Prepared binders for foundry moulds or cores; chemical products and preparations of the chemical or allied industries (including those consisting of mixtures of natural products), not elsewhere specified or included:**						

序号 No.	税则号列 Tariff Line	货品名称 Article Description	最惠国税率 MFN(%)		协定税率 Agreement(%)	特惠税率 SP(%)		普通税率 Gen(%)
3017	3824.1000	-铸模及铸芯用粘合剂 -Prepared binders for foundry moulds or cores	6.5	0	东盟AS,智CL,新西兰NZ,秘PE,哥CR,瑞CH,冰IS,澳AU,格GE,毛MU,东盟^{R}AS^R,澳^{R}AU^R,新西兰^{R}NZ^R,柬KH,港HK,澳门MO	0	受惠国LD	35
				0.6	韩KR			
				1	巴PK			
				5.2	韩^{R}KR^R			
				5.3	日^{R}JP^R			
3018	3824.3000	-自身混合或与金属粘合剂混合的未烧结金属碳化物 -Non-agglomerated metal carbides mixed together or with metallic binders	6.5	0	东盟AS,智CL,新西兰NZ,秘PE,哥CR,瑞CH,冰IS,韩KR,澳AU,格GE,毛MU,东盟^{R}AS^R,澳^{R}AU^R,新西兰^{R}NZ^R,柬KH,港HK,澳门MO,韩^{R}KR^R	0	受惠国LD	35
				1	巴PK			
				5.3	日^{R}JP^R			
		-水泥、灰泥及混凝土用添加剂: -Prepared additives for cements, mortars or concretes:						
3019	3824.4010	---高效减水剂 ---High efficiency water reducing agent	6.5	0	东盟AS,智CL,新西兰NZ,秘PE,哥CR,瑞CH,冰IS,澳AU,格GE,毛MU,柬KH,港HK,澳门MO	0	受惠国LD	35
				1	巴PK			
				2.6	韩KR			
				5.2	东盟^{R}AS^R,澳^{R}AU^R,新西兰^{R}NZ^R,韩^{R}KR^R			
				5.7	日^{R}JP^R			
3020	3824.4090	---其他 ---Other	6.5	0	东盟AS,智CL,新西兰NZ,秘PE,哥CR,瑞CH,冰IS,韩KR,澳AU,格GE,毛MU,东盟^{R}AS^R,澳^{R}AU^R,新西兰^{R}NZ^R,柬KH,港HK,澳门MO,韩^{R}KR^R	0	受惠国LD	35
				1	巴PK			
				5.3	日^{R}JP^R			
3021	3824.5000	-非耐火的灰泥及混凝土 -Non-refractory mortars and concretes	6.5	0	东盟AS,智CL,新西兰NZ,秘PE,哥CR,瑞CH,冰IS,韩KR,澳AU,格GE,毛MU,东盟^{R}AS^R,澳^{R}AU^R,新西兰^{R}NZ^R,柬KH,港HK,澳门MO,韩^{R}KR^R	0	受惠国LD	35
				1	巴PK			
				5.3	日^{R}JP^R			
3022	3824.6000	-子目2905.44以外的山梨醇 -Sorbitol other than that of subheading 2905.44	14	0	东盟AS,智CL,新西兰NZ,新加坡SG,秘PE,哥CR,瑞CH,冰IS,澳AU,格GE,毛MU,东盟^{R}AS^R,澳^{R}AU^R,新西兰^{R}NZ^R,柬KH,港HK,澳门MO	0	受惠国LD	40
				1.4	韩KR			
				11.2	巴PK,韩^{R}KR^R			
				11.5	日^{R}JP^R			

序号 No.	税则号列 Tariff Line	货品名称 Article Description	最惠国税率 MFN(%)	协定税率 Agreement(%)		特惠税率 SP(%)	普通税率 Gen(%)
		-本章子目注释三所列货品: -Goods specified in Subheading Note 3 to this Chapter:					
3023	3824.8100	--含环氧乙烷(氧化乙烯)的 --Containing oxirane (ethylene oxide)	6.5	0	东盟AS,智CL,新西兰NZ,秘PE, 哥CR,瑞CH,冰IS,韩KR,澳AU, 格GE,毛MU,东盟^{R}AS^R,澳^{R}AU^R, 新西兰^{R}NZ^R,柬KH,港HK,澳门 MO,韩^{R}KR^R	0 受惠国LD	35
				1	巴PK		
				4.2	亚太AP		
				5.3	日^{R}JP^R		
3024	3824.8200	--含多氯联苯(PCBs)、多氯三联苯 (PCTs)或多溴联苯(PBBs)的 --Containing polychlorinated biphenyls (PCBs), polychlorinated terphenyls (PCTs) or polybrominated biphenyls (PBBs)	6.5	0	东盟AS,智CL,新西兰NZ,秘PE, 哥CR,瑞CH,冰IS,韩KR,澳AU, 格GE,毛MU,东盟^{R}AS^R,澳^{R}AU^R, 新西兰^{R}NZ^R,柬KH,港HK,澳门 MO,韩^{R}KR^R	0 受惠国LD	35
				1	巴PK		
				4.2	亚太AP		
				5.3	日^{R}JP^R		
3025	3824.8300	--含三(2,3-二溴丙基)磷酸酯的 --Containing tris (2,3-dibromopropyl) phosphate	6.5	0	东盟AS,智CL,新西兰NZ,秘PE, 哥CR,瑞CH,冰IS,韩KR,澳AU, 格GE,毛MU,东盟^{R}AS^R,澳^{R}AU^R, 新西兰^{R}NZ^R,柬KH,港HK,澳门 MO,韩^{R}KR^R	0 受惠国LD	35
				1	巴PK		
				4.2	亚太AP		
				5.3	日^{R}JP^R		
3026	3824.8400	--含艾氏剂(ISO)、毒杀芬(ISO)、氯丹 (ISO)、十氯酮(ISO)、DDT(ISO) [滴滴涕(INN)、1,1,1-三氯-2,2-双 (4-氯苯基)乙烷]、狄氏剂(ISO, INN)、硫丹(ISO)、异狄氏剂(ISO)、 七氯(ISO)或灭蚁灵(ISO)的 -- Containing aldrin (ISO), camphechlor (ISO) (toxaphene), chlordane (ISO), chlordecone (ISO), DDT (ISO) (clofenotane (INN) 1,1,1-trichloro-2,2- bis (p-chlorophenyl) ethane), dieldrin (ISO, INN), endosulfan (ISO), endrin (ISO), heptachlor (ISO) or mirex (ISO)	6.5	0	东盟AS,智CL,巴PK,新西兰NZ, 新加坡SG,秘PE,哥CR,冰IS,澳 AU,格GE,毛MU,柬KH,港HK,澳 门MO	0 受惠国LD	35
				2.6	韩KR		
				4.2	亚太AP		
				5.2	东盟^{R}AS^R,澳^{R}AU^R,新西兰^{R}NZ^R, 韩^{R}KR^R		
				5.7	日^{R}JP^R		
3027	3824.8500	--含1,2,3,4,5,6-六氯环己烷〔六六六 (ISO)〕,包括林丹(ISO,INN)的 --Containing 1,2,3,4,5,6-hexachlorocyclo hexane (HCH (ISO)), including lindane (ISO, INN)	6.5	0	东盟AS,智CL,巴PK,新西兰NZ, 新加坡SG,秘PE,哥CR,冰IS,澳 AU,格GE,毛MU,柬KH,港HK,澳 门MO	0 受惠国LD	35
				2.6	韩KR		
				4.2	亚太AP		
				5.2	东盟^{R}AS^R,澳^{R}AU^R,新西兰^{R}NZ^R, 韩^{R}KR^R		
				5.7	日^{R}JP^R		

序号 No.	税则号列 Tariff Line	货品名称 Article Description	最惠国税率 MFN(%)	协定税率 Agreement(%)		特惠税率 SP(%)	普通税率 Gen(%)
3028	3824.8600	--含五氯苯(ISO)或六氯苯(ISO)的 --Containing pentachlorobenzene (ISO) or hexachlorobenzene (ISO)	6.5	0	东盟AS,智CL,巴PK,新西兰NZ,新加坡SG,秘PE,哥CR,冰IS,澳AU,格GE,毛MU,柬KH,港HK,澳门MO	0 受惠国LD	35
				2.6	韩KR		
				4.2	亚太AP		
				5.2	东盟^{R}AS^R,澳^{R}AU^R,新西兰^{R}NZ^R,韩^{R}KR^R		
				5.7	日^{R}JP^R		
3029	3824.8700	--含全氟辛基磺酸及其盐,全氟辛基磺胺或全氟辛基磺酰氯的 --Containing perfluorooctane sulphonic acid, its salts, perfluorooctane sulphonamides, or perfluorooctane sulphonyl fluoride	6.5	0	东盟AS,智CL,巴PK,新西兰NZ,新加坡SG,秘PE,哥CR,冰IS,澳AU,格GE,毛MU,柬KH,港HK,澳门MO	0 受惠国LD	35
				2.6	韩KR		
				4.2	亚太AP		
				5.2	东盟^{R}AS^R,澳^{R}AU^R,新西兰^{R}NZ^R,韩^{R}KR^R		
				5.7	日^{R}JP^R		
3030	3824.8800	--含四、五、六、七或八溴联苯醚的 --Containing tetra-, penta-, hexa-, hepta- or octabromodiphenyl ethers	6.5	0	东盟AS,智CL,巴PK,新西兰NZ,新加坡SG,秘PE,哥CR,冰IS,澳AU,格GE,毛MU,柬KH,港HK,澳门MO	0 受惠国LD	35
				2.6	韩KR		
				4.2	亚太AP		
				5.2	东盟^{R}AS^R,澳^{R}AU^R,新西兰^{R}NZ^R,韩^{R}KR^R		
				5.7	日^{R}JP^R		
3031	3824.8900	--含短链氯化石蜡的 --Containing short-chain chlorinated paraffins	6.5	0	东盟AS,智CL,巴PK,新西兰NZ,新加坡SG,秘PE,哥CR,冰IS,澳AU,格GE,毛MU,柬KH,港HK,澳门MO	0 受惠国LD	35
				2.6	韩KR		
				4.2	亚太AP		
				5.2	东盟^{R}AS^R,澳^{R}AU^R,新西兰^{R}NZ^R,韩^{R}KR^R		
				5.7	日^{R}JP^R		
		-其他: -Other:					
3032	3824.9100	--主要由(5-乙基-2-甲基-2氧代-1,3,2-二氧磷杂环己-5-基)甲基膦酸二甲酯和双[(5-乙基-2-甲基-2氧代-1,3,2-二氧磷杂环己-5-基)甲基]甲基膦酸酯(阻燃剂FRC-1)组成的混合物及制品 --Mixtures and preparations consisting mainly of (5-ethyl-2-methyl-2-oxido-1,3,2-dioxaphosphinan-5-yl) methyl methyl methylphosphonate and bis ((5-ethyl-2-methyl-2-oxido-1,3,2-dioxaphosphinan-5-yl)methyl) methylphosphonate	6.5	0	东盟AS,智CL,巴PK,新西兰NZ,新加坡SG,秘PE,哥CR,冰IS,澳AU,格GE,毛MU,柬KH,港HK,澳门MO	0 受惠国LD	35
				2.6	韩KR		
				4.2	亚太AP		
				5.2	东盟^{R}AS^R,澳^{R}AU^R,新西兰^{R}NZ^R,韩^{R}KR^R		
				5.7	日^{R}JP^R		

序号 No.	税则号列 Tariff Line	货品名称 Article Description	最惠国税率 MFN(%)	协定税率 Agreement(%)		特惠税率 SP(%)		普通税率 Gen(%)
3033	3824.9200	--甲基膦酸聚乙二醇酯 --Polyglycol esters of methylphosphonic acid	6.5	0	东盟AS,智CL,巴PK,新西兰NZ,新加坡SG,秘PE,哥CR,冰IS,澳AU,格GE,毛MU,柬KH,港HK,澳门MO	0	受惠国LD	35
				2.6	韩KR			
				4.2	亚太AP			
				5.2	东盟^{R}AS^R,澳^{R}AU^R,新西兰^{R}NZ^R,韩^{R}KR^R			
				5.7	日^{R}JP^R			
		--其他: --Other:						
3034	3824.9910	---杂醇油 ---Fusel oil	6.5	0	东盟AS,智CL,新西兰NZ,新加坡SG,秘PE,哥CR,瑞CH,冰IS,澳AU,格GE,毛MU,东盟^{R}AS^R,澳^{R}AU^R,新西兰^{R}NZ^R,柬KH,港HK,澳门MO	0	受惠国LD	40
				0.6	韩KR			
				4	巴PK			
				4.2	亚太AP			
				5.2	韩^{R}KR^R			
				5.3	日^{R}JP^R			
3035	3824.9920	---除墨剂、蜡纸改正液及类似品 ---Ink-removers, stencil correctors and the like	9	0	东盟AS,智CL,新西兰NZ,新加坡SG,秘PE,哥CR,瑞CH,冰IS,韩KR,澳AU,格GE,毛MU,东盟^{R}AS^R,澳^{R}AU^R,新西兰^{R}NZ^R,柬KH,港HK,澳门MO,韩^{R}KR^R	0	受惠国LD	80
				1	巴PK			
				5.9	亚太AP			
				7.4	日^{R}JP^R			
3036	3824.9930	---增炭剂 ---Carburetant	6.5	0	东盟AS,智CL,新西兰NZ,新加坡SG,秘PE,哥CR,瑞CH,冰IS,韩KR,澳AU,格GE,毛MU,东盟^{R}AS^R,澳^{R}AU^R,新西兰^{R}NZ^R,柬KH,港HK,澳门MO,韩^{R}KR^R	0	受惠国LD	35
				1	巴PK			
				5.2	亚太AP			
				5.3	日^{R}JP^R			
		---其他: ---Other:						
3037	3824.9991	----按重量计含滑石50%以上的混合物 ----Mixtures containing more than 50% by weight of talc	6.5	0	东盟AS,智CL,新西兰NZ,新加坡SG,秘PE,哥CR,瑞CH,冰IS,韩KR,澳AU,格GE,毛MU,东盟^{R}AS^R,澳^{R}AU^R,新西兰^{R}NZ^R,柬KH,港HK,澳门MO,韩^{R}KR^R	0	受惠国LD	35
				1	巴PK			
				4.2	亚太AP			
				5.3	日^{R}JP^R			

序号 No.	税则号列 Tariff Line	货品名称 Article Description	最惠国税率 MFN(%)	协定税率 Agreement(%)		特惠税率 SP(%)	普通税率 Gen(%)
3038	3824.9992	----按重量计含氧化镁70%以上的混合物 ----Mixtures containing more than 70% by weight of magnesium oxide	6.5	0	东盟AS,智CL,新西兰NZ,新加坡SG,秘PE,哥CR,瑞CH,冰IS,韩KR,澳AU,格GE,毛MU,东盟^RAS^R,澳^RAU^R,新西兰^RNZ^R,柬KH,港HK,澳门MO,韩^RKR^R	0 受惠国LD	35
				1	巴PK		
				4.2	亚太AP		
				5.3	日^RJP^R		
3039	3824.9993	----表面包覆钴化物的氢氧化镍（掺杂碳） ----Nickelous hydroxide (doped carbon) covered on the face side with cobalt compound	6.5	0	东盟AS,智CL,新西兰NZ,新加坡SG,秘PE,哥CR,冰IS,澳AU,格GE,毛MU,柬KH,港HK,澳门MO	0 受惠国LD	35
				1	巴PK		
				2.6	韩KR		
				4.2	亚太AP		
				5.2	东盟^RAS^R,澳^RAU^R,新西兰^RNZ^R,韩^RKR^R		
				5.7	日^RJP^R		
3040	3824.9999	----其他 ----Other	6.5	0	东盟AS,智CL,巴PK,新西兰NZ,新加坡SG,秘PE,哥CR,冰IS,澳AU,格GE,毛MU,柬KH,港HK,澳门MO	0 受惠国LD	35
				2.6	韩KR		
				4.2	亚太AP		
				5.2	东盟^RAS^R,澳^RAU^R,新西兰^RNZ^R,韩^RKR^R		
				5.7	日^RJP^R		
	ex38249999	用于生产聚酰胺的发酵液（含氨基酸、有机酸、有机胺、有机醇、核苷酸、多糖等） Fermentation broth for the production of polyamide (containing amino acids, organic acids, organic amines, organic alcohols, nucleotides, polysaccharides, etc)	Δ0				
	ex38249999	载金炭 Gold Carbon	Δ0				
	ex38249999	高钛渣（二氧化钛质量百分含量大于70%的） High titannium slag (containing more than 70% titanium dioxide by mass)	Δ0				
	ex38249999	按重量计氧化锌含量在50%及以上的混合物 Mixtures containing 50% or more zinc oxide by weight	Δ3				
	38.25	其他税目未列名的化学工业及其相关工业的副产品；城市垃圾；下水道淤泥；本章注释六所规定的其他废物： Residual products of the chemical or allied industries, not elsewhere specified or included; municipal waste; sewage sludge; other wastes specified in Note 6 to this Chapter:					

序号 No.	税则号列 Tariff Line	货品名称 Article Description	最惠国税率 MFN(%)		协定税率 Agreement(%)	特惠税率 SP(%)	普通税率 Gen(%)
3041	3825.1000	-城市垃圾 -Municipal waste	6.5	0	东盟AS,智CL,新西兰NZ,秘PE,哥CR,瑞CH,冰IS,韩KR,澳AU,格GE,毛MU,东盟^RAS^R,澳^RAU^R,新西兰^RNZ^R,柬KH,港HK,澳门MO,韩^RKR^R	0 受惠国LD	35
				1	巴PK		
				5.3	日^RJP^R		
3042	3825.2000	-下水道淤泥 -Sewage sludge	6.5	0	东盟AS,智CL,新西兰NZ,秘PE,哥CR,瑞CH,冰IS,韩KR,澳AU,格GE,毛MU,东盟^RAS^R,澳^RAU^R,新西兰^RNZ^R,柬KH,港HK,澳门MO,韩^RKR^R	0 受惠国LD	35
				1	巴PK		
				5.3	日^RJP^R		
3043	3825.3000	-医疗废物 -Clinical waste	6.5	0	东盟AS,智CL,新西兰NZ,秘PE,哥CR,瑞CH,冰IS,韩KR,澳AU,格GE,毛MU,东盟^RAS^R,澳^RAU^R,新西兰^RNZ^R,柬KH,港HK,澳门MO,韩^RKR^R	0 受惠国LD	35
				1	巴PK		
				5.3	日^RJP^R		
		-废有机溶剂: -Waste organic solvents:					
3044	3825.4100	--卤化物的 --Halogenated	6.5	0	东盟AS,智CL,新西兰NZ,秘PE,哥CR,瑞CH,冰IS,韩KR,澳AU,格GE,毛MU,东盟^RAS^R,澳^RAU^R,新西兰^RNZ^R,柬KH,港HK,澳门MO,韩^RKR^R	0 受惠国LD	35
				1	巴PK		
				5.3	日^RJP^R		
3045	3825.4900	--其他 --Other	6.5	0	东盟AS,智CL,新西兰NZ,秘PE,哥CR,瑞CH,冰IS,韩KR,澳AU,格GE,毛MU,东盟^RAS^R,澳^RAU^R,新西兰^RNZ^R,柬KH,港HK,澳门MO,韩^RKR^R	0 受惠国LD	35
				1	巴PK		
				5.3	日^RJP^R		
3046	3825.5000	-废的金属酸液、液压油、制动油及防冻液 -Wastes of metal pickling liquors, hydraulic fluids, brake fluids and antifreeze fluids	6.5	0	东盟AS,智CL,新西兰NZ,新加坡SG,秘PE,哥CR,瑞CH,冰IS,韩KR,澳AU,格GE,毛MU,东盟^RAS^R,澳^RAU^R,新西兰^RNZ^R,柬KH,港HK,澳门MO,韩^RKR^R	0 受惠国LD	35
				1	巴PK		
				5.3	日^RJP^R		
		-其他化学工业及相关工业的废物: -Other wastes from chemical or allied industries:					

序号 No.	税则号列 Tariff Line	货品名称 Article Description	最惠国税率 MFN(%)		协定税率 Agreement(%)	特惠税率 SP(%)	普通税率 Gen(%)
3047	3825.6100	--主要含有有机成分的 --Mainly containing organic constituents	6.5	0	东盟AS,智CL,新西兰NZ,秘PE,哥CR,瑞CH,冰IS,韩KR,澳AU,格GE,毛MU,东盟^{R}AS^R,澳^{R}AU^R,新西兰^{R}NZ^R,柬KH,港HK,澳门MO,韩^{R}KR^R	0 受惠国LD	35
				1	巴PK		
				5.3	日^{R}JP^R		
3048	3825.6900	--其他 --Other	6.5	0	东盟AS,智CL,新西兰NZ,秘PE,哥CR,瑞CH,冰IS,韩KR,澳AU,格GE,毛MU,东盟^{R}AS^R,澳^{R}AU^R,新西兰^{R}NZ^R,柬KH,港HK,澳门MO,韩^{R}KR^R	0 受惠国LD	35
				1	巴PK		
				5.3	日^{R}JP^R		
3049	3825.9000	-其他 -Other	6.5	0	东盟AS,智CL,新西兰NZ,秘PE,哥CR,瑞CH,冰IS,韩KR,澳AU,格GE,毛MU,东盟^{R}AS^R,澳^{R}AU^R,新西兰^{R}NZ^R,柬KH,港HK,澳门MO,韩^{R}KR^R	0 受惠国LD	35
				1	巴PK		
				5.3	日^{R}JP^R		
	38.26	生物柴油及其混合物,不含或含有按重量计低于70%的石油或从沥青矿物提取的油类: Biodiesel and mixtures thereof, not containing or containing less than 70% by weight of petroleum oils or oils obtained from bituminous minerals:					
3050	3826.0000	生物柴油及其混合物,不含或含有按重量计低于70%的石油或从沥青矿物提取的油类 Biodiesel and mixtures thereof, not containing or containing less than 70% by weight of petroleum oils or oils obtained from bituminous minerals	6.5	0	东盟AS,智CL,新西兰NZ,秘PE,哥CR,冰IS,澳AU,格GE,毛MU,柬KH,港HK,澳门MO	0 受惠国LD	35
				1	巴PK		
				2.6	韩KR		
				4.2	亚太AP		
				5.2	东盟^{R}AS^R,澳^{R}AU^R,新西兰^{R}NZ^R,韩^{R}KR^R		
				5.7	日^{R}JP^R		
	38.27	其他税目未列名的,含甲烷、乙烷或丙烷的卤化衍生物的混合物: Mixtures containing halogenated derivatives of methane, ethane or propane, not elsewhere specified or included:					

序号 No.	税则号列 Tariff Line	货品名称 Article Description	最惠国税率 MFN(%)	协定税率 Agreement(%)		特惠税率 SP(%)		普通税率 Gen(%)
		-含全氯氟烃（CFCs）的，不论是否含氢氯氟烃（HCFCs）、全氟烃（PFCs）或氢氟烃（HFCs）；含氢溴氟烃（HBFCs）的；含四氯化碳的；含1，1，1-三氯乙烷（甲基氯仿）的： -Containing chlorofluorocarbons (CFCs), whether or not containing hydrochlorofluorocarbons (HCFCs), perfluorocarbons (PFCs) or hydrofluorocarbons (HFCs); containing hydrobromofluorocarbons (HBFCs); containing carbon tetrachloride; containing 1,1,1- trichloroethane (methyl chloroform):						
3051	3827.1100	--含全氯氟烃（CFCs）的，不论是否含氢氯氟烃（HCFCs）、全氟烃（PFCs）或氢氟烃（HFCs） --Containing chlorofluorocarbons (CFCs), whether or not containing hydrochlorofluorocarbons (HCFCs), perfluorocarbons (PFCs) or hydrofluorocarbons (HFCs)	6.5	0 1 5.3	东盟AS,智CL,新西兰NZ,秘PE,哥CR,瑞CH,冰IS,韩KR,澳AU,格GE,毛MU,东盟^{R}AS^R,澳^{R}AU^R,新西兰^{R}NZ^R,柬KH,港HK,澳门MO,韩^{R}KR^R 巴PK 日^{R}JP^R	0	受惠国LD	35
3052	3827.1200	--含氢溴氟烃（HBFCs）的 --Containing hydrobromofluorocarbons (HBFCs)	6.5	0 1 5.3	东盟AS,智CL,新西兰NZ,秘PE,哥CR,瑞CH,冰IS,韩KR,澳AU,格GE,毛MU,东盟^{R}AS^R,澳^{R}AU^R,新西兰^{R}NZ^R,柬KH,港HK,澳门MO,韩^{R}KR^R 巴PK 日^{R}JP^R	0	受惠国LD	35
3053	3827.1300	--含四氯化碳的 --Containing carbon tetrachloride	6.5	0 1 4.2 5.3	东盟AS,智CL,新西兰NZ,秘PE,哥CR,瑞CH,冰IS,韩KR,澳AU,格GE,毛MU,东盟^{R}AS^R,澳^{R}AU^R,新西兰^{R}NZ^R,柬KH,港HK,澳门MO,韩^{R}KR^R 巴PK 亚太AP 日^{R}JP^R	0	受惠国LD	35
3054	3827.1400	--含1，1，1-三氯乙烷（甲基氯仿）的 --Containing 1,1,1-trichloroethane (methyl chloroform)	6.5	0 1 4.2 5.3	东盟AS,智CL,新西兰NZ,秘PE,哥CR,瑞CH,冰IS,韩KR,澳AU,格GE,毛MU,东盟^{R}AS^R,澳^{R}AU^R,新西兰^{R}NZ^R,柬KH,港HK,澳门MO,韩^{R}KR^R 巴PK 亚太AP 日^{R}JP^R	0	受惠国LD	35
3055	3827.2000	-含溴氯二氟甲烷（Halon-1211）、三氟溴甲烷（Halon-1301）或二溴四氟乙烷（Halon-2402）的 -Containing bromochlorodifluoromethane (Halon-1211), bromotrifluoromethane (Halon-1301) or dibromotetrafluoroethanes (Halon-2402)	6.5	0 1 5.3	东盟AS,智CL,新西兰NZ,秘PE,哥CR,瑞CH,冰IS,韩KR,澳AU,格GE,毛MU,东盟^{R}AS^R,澳^{R}AU^R,新西兰^{R}NZ^R,柬KH,港HK,澳门MO,韩^{R}KR^R 巴PK 日^{R}JP^R	0	受惠国LD	35

序号 No.	税则号列 Tariff Line	货品名称 Article Description	最惠国税率 MFN(%)	协定税率 Agreement(%)		特惠税率 SP(%)	普通税率 Gen(%)
		-含氢氯氟烃（HCFCs）的，不论 是否含全氟烃（PFCs）或氢氟 烃（HFCs），但不含氯氟烃 （CFCs）： -Containing hydrochlorofluorocarbons (HCFCs), whether or not containing perfluorocarbons (PFCs) or hydrofluorocarbons (HFCs), but not containing chlorofluorocarbons (CFCs):					
3056	3827.3100	--含子目2903.41至2903.48物质的 --Containing substances of subheadings 2903.41 to 2903.48	6.5	0 1 5.3	东盟AS,智CL,新西兰NZ,秘PE, 哥CR,瑞CH,冰IS,韩KR,澳AU, 格GE,毛MU,东盟^{R}AS^R,澳^{R}AU^R, 新西兰^{R}NZ^R,柬KH,港HK,澳门 MO,韩^{R}KR^R 巴PK 日^{R}JP^R	0 受惠国LD	35
3057	3827.3200	--其他，含子目2903.71至2903.75物质的 --Other, containing substances of subheadings 2903.71 to 2903.75	6.5	0 1 5.3	东盟AS,智CL,新西兰NZ,秘PE, 哥CR,瑞CH,冰IS,韩KR,澳AU, 格GE,毛MU,东盟^{R}AS^R,澳^{R}AU^R, 新西兰^{R}NZ^R,柬KH,港HK,澳门 MO,韩^{R}KR^R 巴PK 日^{R}JP^R	0 受惠国LD	35
3058	3827.3900	--其他 --Other	6.5	0 1 5.3	东盟AS,智CL,新西兰NZ,秘PE, 哥CR,瑞CH,冰IS,韩KR,澳AU, 格GE,毛MU,东盟^{R}AS^R,澳^{R}AU^R, 新西兰^{R}NZ^R,柬KH,港HK,澳门 MO,韩^{R}KR^R 巴PK 日^{R}JP^R	0 受惠国LD	35
3059	3827.4000	-含溴化甲烷（甲基溴）或溴氯甲烷的 -Containing methyl bromide (bromomethane) or bromochloromethane	6.5	0 1 5.3	东盟AS,智CL,新西兰NZ,秘PE, 哥CR,瑞CH,冰IS,韩KR,澳AU, 格GE,毛MU,东盟^{R}AS^R,澳^{R}AU^R, 新西兰^{R}NZ^R,柬KH,港HK,澳门 MO,韩^{R}KR^R 巴PK 日^{R}JP^R	0 受惠国LD	35
		-含三氟甲烷（HFC-23）或全氟烃 （PFCs），但不含氯氟烃（CFCs）或 氢氯氟烃（HCFCs）的： -Containing trifluoromethane (HFC- 23) or perfluorocarbons (PFCs) but not containing chlorofluorocarbons (CFCs) or hydrochlorofluorocarbons (HCFCs):					
3060	3827.5100	--含三氟甲烷（HFC-23）的 --Containing trifluoromethane (HFC-23)	6.5	0 1 4.2 5.3	东盟AS,智CL,新西兰NZ,秘PE, 哥CR,瑞CH,冰IS,韩KR,澳AU, 格GE,毛MU,东盟^{R}AS^R,澳^{R}AU^R, 新西兰^{R}NZ^R,柬KH,港HK,澳门 MO,韩^{R}KR^R 巴PK 亚太AP 日^{R}JP^R	0 受惠国LD	35

序号 No.	税则号列 Tariff Line	货品名称 Article Description	最惠国税率 MFN(%)	协定税率 Agreement(%)		特惠税率 SP(%)	普通税率 Gen(%)
3061	3827.5900	--其他 --Other	6.5	0	东盟AS,智CL,新西兰NZ,秘PE,哥CR,瑞CH,冰IS,韩KR,澳AU,格GE,毛MU,东盟^RAS^R,澳^RAU^R,新西兰^RNZ^R,柬KH,港HK,澳门MO,韩^RKR^R	0 受惠国LD	35
				1	巴PK		
				4.2	亚太AP		
				5.3	日^RJP^R		
		-含其他氢氟烃(HFCs),但不含全氯氟烃(CFCs)或氢氯氟烃(HCFCs)的: -Containing other hydrofluorocarbons (HFCs) but not containing chlorofluorocarbons (CFCs) or hydrochlorofluorocarbons (HCFCs):					
3062	3827.6100	--按重量计含15%及以上1,1,1-三氟乙烷(HFC-143a)的 --Containing 15 % or more by mass of 1,1,1-trifluoroethane (HFC-143a)	6.5	0	东盟AS,智CL,新西兰NZ,秘PE,哥CR,瑞CH,冰IS,韩KR,澳AU,格GE,毛MU,东盟^RAS^R,澳^RAU^R,新西兰^RNZ^R,柬KH,港HK,澳门MO,韩^RKR^R	0 受惠国LD	35
				1	巴PK		
				4.2	亚太AP		
				5.3	日^RJP^R		
3063	3827.6200	--其他,不归入上述子目,按重量计含55%及以上五氟乙烷(HFC-125),但不含无环烃的不饱和氟化衍生物(HFOs)的 --Other, not included in the subheading above, containing 55 % or more by mass of pentafluoroethane (HFC-125) but not containing unsaturated fluorinated derivatives of acyclic hydrocarbons (HFOs)	6.5	0	东盟AS,智CL,新西兰NZ,秘PE,哥CR,瑞CH,冰IS,韩KR,澳AU,格GE,毛MU,东盟^RAS^R,澳^RAU^R,新西兰^RNZ^R,柬KH,港HK,澳门MO,韩^RKR^R	0 受惠国LD	35
				1	巴PK		
				4.2	亚太AP		
				5.3	日^RJP^R		
3064	3827.6300	--其他,不归入上述子目,按重量计含40%及以上五氟乙烷(HFC-125)的 --Other, not included in the subheadings above, containing 40 % or more by mass of pentafluoroethane (HFC-125)	6.5	0	东盟AS,智CL,新西兰NZ,秘PE,哥CR,瑞CH,冰IS,韩KR,澳AU,格GE,毛MU,东盟^RAS^R,澳^RAU^R,新西兰^RNZ^R,柬KH,港HK,澳门MO,韩^RKR^R	0 受惠国LD	35
				1	巴PK		
				4.2	亚太AP		
				5.3	日^RJP^R		
3065	3827.6400	--其他,不归入上述子目,按重量计含30%及以上1,1,1,2-四氟乙烷(HFC-134a)的,但不含无环烃的不饱和氟化衍生物(HFOs) --Other, not included in the subheadings above, containing 30% or more by mass of 1,1,1,2-tetrafluoroethane (HFC-134a) but not containing unsaturated fluorinated derivatives of acyclic hydrocarbons (HFOs)	6.5	0	东盟AS,智CL,新西兰NZ,秘PE,哥CR,瑞CH,冰IS,韩KR,澳AU,格GE,毛MU,东盟^RAS^R,澳^RAU^R,新西兰^RNZ^R,柬KH,港HK,澳门MO,韩^RKR^R	0 受惠国LD	35
				1	巴PK		
				4.2	亚太AP		
				5.3	日^RJP^R		

序号 No.	税则号列 Tariff Line	货品名称 Article Description	最惠国税率 MFN(%)		协定税率 Agreement(%)	特惠税率 SP(%)		普通税率 Gen(%)
3066	3827.6500	--其他, 不归入上述子目的, 按重量计含20%及以上二氟甲烷(HFC-32)和20%及以上五氟乙烷(HFC-125)的 --Other, not included in the subheadings above, containing 20% or more by mass of difluoromethane (HFC-32) and 20% or more by mass of pentafluoroethane (HFC-125)	6.5	0 1 4.2 5.3	东盟AS,智CL,新西兰NZ,秘PE,哥CR,瑞CH,冰IS,韩KR,澳AU,格GE,毛MU,东盟^{R}AS^R,澳^{R}AU^R,新西兰^{R}NZ^R,柬KH,港HK,澳门MO,韩^{R}KR^R 巴PK 亚太AP 日^{R}JP^R	0	受惠国LD	35
3067	3827.6800	--其他, 不归入上述子目, 含子目2903.41至2903.48所列物质的 --Other, not included in the subheadings above, containing substances of subheadings 2903.41 to 2903.48	6.5	0 1 4.2 5.3	东盟AS,智CL,新西兰NZ,秘PE,哥CR,瑞CH,冰IS,韩KR,澳AU,格GE,毛MU,东盟^{R}AS^R,澳^{R}AU^R,新西兰^{R}NZ^R,柬KH,港HK,澳门MO,韩^{R}KR^R 巴PK 亚太AP 日^{R}JP^R	0	受惠国LD	35
3068	3827.6900	--其他 --Other	6.5	0 1 4.2 5.3	东盟AS,智CL,新西兰NZ,秘PE,哥CR,瑞CH,冰IS,韩KR,澳AU,格GE,毛MU,东盟^{R}AS^R,澳^{R}AU^R,新西兰^{R}NZ^R,柬KH,港HK,澳门MO,韩^{R}KR^R 巴PK 亚太AP 日^{R}JP^R	0	受惠国LD	35
3069	3827.9000	-其他 -Other	6.5	0 1 5.3	东盟AS,智CL,新西兰NZ,秘PE,哥CR,瑞CH,冰IS,韩KR,澳AU,格GE,毛MU,东盟^{R}AS^R,澳^{R}AU^R,新西兰^{R}NZ^R,柬KH,港HK,澳门MO,韩^{R}KR^R 巴PK 日^{R}JP^R	0	受惠国LD	35

第七类
塑料及其制品；
橡胶及其制品

注释：

一、由两种或两种以上单独成分配套的货品，其部分或全部成分属于本类范围以内，混合后则构成第六类或第七类的货品，应按混合后产品归入相应的税目，但其组成成分必须同时符合下列条件：

（一）其包装形式足以表明这些成分不需经过改装就可以一起使用的；

（二）一起进口或出口的；

（三）这些成分的属性及相互比例足以表明是相互配用的。

二、除税目39.18或39.19的货品外，印有花纹、文字、图画的塑料、橡胶及其制品，如果所印花纹、字画作为其主要用途，应归入第四十九章。

第三十九章
塑料及其制品

注释：

一、本目录所称"塑料"，是指税目39.01至39.14的材料，这些材料能够在聚合时或聚合后在外力（一般是热力和压力，必要时加入溶剂或增塑剂）作用下通过模制、浇铸、挤压、滚轧或其他工序制成一定的形状，成形后除去外力，其形状仍保持不变。

本目录所称"塑料"，还应包括钢纸，但不包括第十一类的纺织材料。

二、本章不包括：

（一）税目27.10或34.03的润滑油；

（二）税目27.12或34.04的蜡；

（三）单独的已有化学定义的有机化合物（第二十九章）；

（四）肝素及其盐（税目30.01）；

（五）税目39.01至39.13所列的任何产品溶于挥发性有机溶剂的溶液（胶棉除外），但溶剂的重量必须超过溶液重量的50%（税目32.08）；税目32.12的压印箔；

（六）有机表面活性剂或税目34.02的制剂；

（七）再熔胶及酯胶（税目38.06）；

（八）配制的添加剂，用于矿物油（包括汽油）或与矿物油同样用途的其他液体（税目38.11）；

（九）以第三十九章的聚乙二醇、聚硅氧烷或其他聚

SECTION VII
PLASTICS AND ARTICLES THEREOF;
RUBBER AND ARTICLES THEREOF

Notes:

1. Goods put up in sets consisting of two or more separate constituents, some or all of which fall in this Section and are intended to be mixed together to obtain a product of Section VI or VII, are to be classified in the heading appropriate to that product, provided that the constituents are:

   (a) having regard to the manner in which they are put up, clearly identifiable as being intended to be used together without first being repacked;

   (b) presented together; and

   (c) identifiable, whether by their nature or by the relative proportions in which they are present, as being complementary one to another.

2. Except for the goods of heading 39.18 or 39.19, plastics, rubber, and articles thereof, printed with motifs, characters or pictorial representations, which are not merely incidental to the primary use of the goods, fall in Chapter 49.

Chapter 39
Plastics and articles thereof

Notes:

1. Throughout the Nomenclature the expression "plastics" means those materials of headings 39.01 to 39.14 which are or have been capable, either at the moment of polymerization or at some subsequent stage, of being formed under external influence (usually heat and pressure, if necessary with a solvent or plasticizer) by moulding, casting, extruding, rolling or other process into shapes which are retained on the removal of the external influence.

   Throughout the Nomenclature any reference to "plastics" also includes vulcanized fibre. The expression, however, does not apply to materials regarded as textile materials of Section XI.

2. This Chapter does not cover:

   (a) Lubricating preparations of heading 27.10 or 34.03;

   (b) Waxes of heading 27.12 or 34.04;

   (c) Separate chemically defined organic compounds (Chapter 29);

   (d) Heparin or its salts (heading 30.01) ;

   (e) Solutions (other than collodions) consisting of any of the products specified in headings 39.01 to 39.13 in volatile organic solvents when the weight of the solvent exceeds 50% of the weight of the solution (heading 32.08); stamping foils of heading 32.12;

   (f) Organic surface-active agents or preparations of heading 34.02;

   (g) Run gums or ester gums (heading 38.06) ;

   (h) Prepared additives for mineral oils (including gasoline) or for other liquids used for the same purposes as mineral oils (heading 38.11) ;

   (i) Prepared hydraulic fluids based on polyglycols, silicones

合物为基本成分的液压用液体（税目38.19）；

（十）附于塑料衬背上的诊断或实验用试剂（税目38.22）；

（十一）第四十章规定的合成橡胶及其制品；

（十二）鞍具及挽具（税目42.01），税目42.02的衣箱、提箱、手提包及其他容器；

（十三）第四十六章的缏条、编结品及其他制品；

（十四）税目48.14的壁纸；

（十五）第十一类的货品（纺织原料及纺织制品）；

（十六）第十二类的物品（例如，鞋靴、帽类、雨伞、阳伞、手杖、鞭子、马鞭及其零件）；

（十七）税目71.17的仿首饰；

（十八）第十六类的物品（机器、机械器具或电气器具）；

（十九）第十七类的航空器零件及车辆零件；

（二十）第九十章的物品（例如，光学元件、眼镜架及绘图仪器）；

（二十一）第九十一章的物品（例如，钟壳及表壳）；

（二十二）第九十二章的物品（例如，乐器及其零件）；

（二十三）第九十四章的物品（例如，家具、灯具、照明装置、灯箱及活动房屋）；

（二十四）第九十五章的物品（例如，玩具、游戏品及运动用品）；或

（二十五）第九十六章的物品（例如，刷子、钮扣、拉链、梳子、烟斗的嘴及柄、香烟嘴及类似品、保温瓶的零件及类似品、钢笔、活动铅笔、独脚架、双脚架、三脚架及类似品）。

三、税目39.01至39.11仅适用于化学合成的下列货品：

（一）温度在300摄氏度时，压力转为1013毫巴后减压蒸馏出的液体合成聚烯烃以体积计小于60%的货品（税目39.01及39.02）；

（二）非高度聚合的苯并呋喃—茚树脂（税目39.11）；

（三）平均至少有五个单体单元的其他合成聚合物；

（四）聚硅氧烷（税目39.10）；

（五）甲阶酚醛树脂（税目39.09）及其他预聚物。

四、所称"共聚物"，包括在整个聚合物中按重量计没有一种单体单元的含量在95%及以上的各种聚合物。

在本章中，除条文另有规定的以外，共聚物（包括共缩聚物、共加聚物、段段共聚物及接枝共聚物）及聚合物混合体应按聚合物中重量最大的那种共聚单体单元所构成的聚合物归入相应税目。在本注释中，归入同一税目的聚合物的共聚单体单元应作为一种单体单元对待。

or other polymers of Chapter 39 (heading 38.19);

(j) Diagnostic or laboratory reagents on a backing of plastics (heading 38.22);

(k) Synthetic rubber, as defined for the purposes of Chapter 40, or articles thereof;

(l) Sadlery or harness (heading 42.01) or trunks, suitcases, handbags or other containers of heading 42.02;

(m) Plaits, wickerwork or other articles of Chapter 46;

(n) Wall coverings of heading 48.14;

(o) Goods of SectionXI(textiles and textile articles);

(p) Articles of Section XII(for example, footwear, headgear, umbrellas, sun umbrellas, walking-sticks, whips, riding-crops or parts thereof);

(q) Imitation jewellery of heading 71.17;

(r) Articles of Section XVI (machines and mechanical or electrical appliances);

(s) Parts of aircraft or vehicles of Section XVII;

(t) Articles of Chapter 90 (for example, optical elements, spectacle frames, drawing instruments);

(u) Articles of Chapter 91 (for example, clock or watch cases);

(v) Articles of Chapter 92 (for example, musical instruments or parts thereof);

(w) Articles of Chapter 94 (for example, furniture, lamps and lighting fittings, illuminated signs, prefabricated buildings);

(x) Articles of Chapter 95 (for example, toys, games, sports requisites);or

(y) Articles of Chapter 96 (for example, brushes, buttons, slide fasteners, combs, mouthpieces or stems for smoking pipes, cigarette-holders or the like, parts of vacuum flasks or the like, pens, propelling pencils, and monopods, bipods, tripods and similar articles).

3. Headings 39.01 to 39.11 apply only to goods of a kind produced by chemical synthesis, falling in the following categories:

(a) Liquid synthetic polyolefins of which less than 60% by volume distils at 300℃, after conversion to 1013 millibars when a reduced-pressure distillation method is used (headings 39.01 and 39.02);

(b) Resins, not highly polymerized, of the coumarone-indene type (heading 39.11);

(c) Other synthetic polymers with an average of at least 5 monomer units;

(d) Silicones (heading 39.10);

(e) Resols (heading 39.09) and other prepolymers.

4. The expression "copolymers" covers all polymers in which no single monomer unit contributes 95% or more by weight to the total polymer content.

For the purposes of this Chapter, except where the context otherwise requires, copolymers (including copolyconden-sates, co polyaddition products, block copolymers and graft copolymers) and polymer blends are to be classified in the heading covering polymers of that comonomet unit which predominates by weight over every other single comonomer unit. For the purposes of this Note, constituent comonomer units of polymers falling in the same heading shall be taken together.

如果没有任何一种共聚单体单元重量为最大，共聚物或聚合物混合体应按号列顺序归入其可归入的最末一个税目。

五、化学改性聚合物，即聚合物主链上的支链通过化学反应发生了变化的聚合物，应按未改性的聚合物的相应税目归类。本规定不适用于接枝共聚物。

六、税目39.01至39.14所称"初级形状"，只限于下列各种形状：

（一）液状及糊状，包括分散体（乳浊液及悬浮液）及溶液；

（二）不规则形状的块、团、粉（包括压型粉）、颗粒、粉片及类似的散装形状。

七、税目39.15不适用于已制成初级形状的单一的热塑材料废碎料及下脚料（税目39.01至39.14）。

八、税目39.17所称"管子"，是指通常用于输送或供给气体或液体的空心制品或半制品（例如，肋纹浇花软管、多孔管），还包括香肠用肠衣及其他扁平管。除肠衣及扁平管外，内截面如果不呈圆形、椭圆形、矩形（其长度不超过宽度的1.5倍）或正几何形，则不能视为管子，而应作为异型材。

九、税目39.18所称"塑料糊墙品"，适用于墙壁或天花板装饰用的宽度不小于45厘米的成卷产品，这类产品是将塑料牢固地附着在除纸张以外任何材料的衬背上，并且在塑料面起纹、压花、着色、印制图案或用其他方法装饰。

十、税目39.20及39.21所称"板、片、膜、箔、扁条"，只适用于未切割或仅切割成矩形（包括正方形）（含切割后即可供使用的）；但未经进一步加工的板、片、膜、箔、扁条（第五十四章的物品除外）及正几何形块，不论是否经过印制或其他表面加工。

十一、税目39.25只适用于第二分章以前各税目未包括的下列物品：

（一）容积超过300升的囤、柜（包括化粪池）、罐、桶及类似容器；

（二）用于地板、墙壁、隔墙、天花板或屋顶等方面的结构件；

（三）槽管及其附件；

（四）门、窗及其框架和门槛；

（五）阳台、栏杆、栅栏、栅门及类似品；

（六）窗板、百叶窗（包括威尼斯式百叶窗）或类似品及其零件、附件；

（七）商店、工棚、仓库等用的拼装式固定大型

If no single comonomer unit predominates, copolymens or polymer blends, as the case may be, are to be classified in the heading which occurs last in numerical order among those which equally merit consideration.

5. Chemically modified polymers, that is those in which only appendages to the main polymer chain have been changed by chemical reaction, are to be classified in the heading appropriate to the unmodified polymer. This provision does not apply to graft copolymers.

6. In headings 39.01 to 39.04, the expression "primary forms" applies only to the following forms:

(a) Liquids and pastes, including dispersions (emulsions and suspensions) and solutions;

(b) Blocks of irregular shape, lumps, powders (including moulding powders), granules, flakes and similar bulk forms.

7. Heading 39.15 does not apply to waste, parings and scrap of a single thermoplastic material, transformed into primary forms (headings 39.01 to 39.14).

8. For the purposes of heading 39.17, the expression "tubes, pipes and hoses" means hollow products, whether semi-manufactures or finished products, of a kind generally used for conveying, conducting or distributing gases or liquids (for example, ribbed garden hose, perforated tubes). This expression also includes sausage casings and other layflattubing. However, except for the last-mentioned, those having an internal cross-section other than round, oval, rectangular (in which the length does not exceed 1.5 times the width) or in the shape of a regular polygon are not to be regarded as tubes, pipes and hoses but as profile shapes.

9. For the purposes of heading 39.18, the expression "wall or ceiling coverings of plastics" applies to products in rolls, of a width not less than 45 cm, suitable for wall or ceiling decoration, consisting of plastics fixed permanently on a backing of any material other than paper, the layer of plastics (on the face side) being grained, embossed, coloured, design-printed or otherwise decorated.

10. In headings 39.20 and 39.21, the expression "plates, sheets, film, foil and strip" applies only to plates, sheets, film, foil and strip (other than those of Chapter 54) and to blocks of regular geometric shape, whether or not printed or otherwise surface-woked, uncut or cut into rectangles (including squares) but not further worked (even if when so cut they become articles ready for use).

11. Heading 39.25 applies only to the following articles, not being products covered by any of the earlier headings of sub-Chapter II:

(a) Reservoirs, tanks (including septic tanks), vats and similar containers, of a capacity exceeding 300L;

(b) Structural elements used, for example, in floors, walls or partitions, ceilings or roofs;

(c) Gutters and fittings therefor;

(d) Doors, windows and their frames and thresholds for doors;

(e) Balconies, balustrades, fencing, gates and similar barriers;

(f) Shutters, blinds (including Venetian blinds) and similar articles and parts and fittings thereof;

(g) Large-scale shelving for assembly and permanent installa-

货架；

（八）建筑用的特色（例如，凹槽、圆顶及鸽棚式）装饰件；以及

（九）固定装于门窗、楼梯、墙壁或建筑物其他部位的附件及架座，例如，球形把手、拉手、挂钩、托架、毛巾架、开关板及其他护板。

(h) Ornamental architectural features, for example, flutings, cupolas, dovecotes; and

(i) Fittings and mountings intended for permanent installation in or on doors, windows, staircases, walls or other parts of buildings, for example, knobs, handles, hooks, brackets, towel rails, switch-plates and other protective plates.

子目注释：

属于本章任一税目项下的聚合物（包括共聚物）及化学改性聚合物应按下列规则归类：

一、在同级子目中有一个"其他"子目的：

（一）子目所列聚合物名称冠有"聚（多）"的（例如，聚乙烯及聚酰胺-6，6），是指列名的该种聚合物单体单元含量在整个聚合物中按重量计必须占95%及以上。

（二）子目3901.30、3901.40、3903.20、3903.30及3904.30所列的共聚物，如果该种共聚单体单元含量在整个聚合物中按重量计占95%及以上，应归入上述子目。

（三）化学改性聚合物如未在其他子目具体列名，应归入列明为"其他"的子目内。

（四）不符合上述（一）、（二）、（三）款规定的聚合物，应按聚合物中重量最大的那种单体单元（与其他各种单一的共聚单体单元相比）所构成的聚合物归入该级其他相应子目。为此，归入同一子目的聚合物单体单元应作为一种单体单元对待。只有在同级子目中的聚合物共聚单体单元才可以进行比较。

二、在同级子目中没有"其他"子目的：

（一）聚合物应按聚合物中重量最大的那种单体单元（与其他各种单一的共聚单体单元相比）所构成的聚合物归入该级相应子目。为此，归入同一子目的聚合物单体单元应作为一种单体单元对待。只有在同级子目中的聚合物共聚单体单元才可以进行比较。

（二）化学改性聚合物应按相应的未改性聚合物的子目归类。聚合物混合体应按单体单元比例相等、种类相同的聚合物归入相应子目。

三、子目3920.43所称"增塑剂"，包括"次级增塑剂"。

Subheading Notes:

Within any one heading of this Chapter, polymers (including copolymers) and chemically modified polymers are to be classified according to the following provisions:

1. Where there is a subheading named "Other" in the same series:

(a) The designation in a subheading of a polymer by the prefix "poly" (for example, polyethylene and polyamide-6, 6) means that the constituent monomer unit or monomer units of the named polymer taken together must contribute 95% or more by weight of the total polymer content.

(b) The copolymers named in subheadings 3901.30, 3901.40, 3903.20, 3903.30 and 3904.30 are to be classified in those subheadings, provided that the comonomer units of the named copolymers contribute 95% or more by weight of the total polymer content.

(c) Chemically modified polymers are to be classified in the subheading named "Other", provided that the chemically modified polymers are not more specifically covered by another subheading.

(d) Polymers not meeting (a), (b) or (c) above, are to be classified in the subheading, among the remaining subheadings in the series, covering polymers of that monomer unit which predominates by weight over every other single comonomer unit. For this purpose, constituent monomer units of polymers falling in the same subheading shall be taken together. Only the constituent comonomer units of the polymers in the series of subheadings under consideration are to be compared.

2. Where there is no subheading named "Other" in the same series:

(a) Polymers are to be classified in the subheading covering polymers of that monomer unit which predominates by weight over every other single comonomer unit. For this purpose, constituent monomer units of polymers falling in the same subheading shall be taken together. Only the constituent comonomer units of the polymers in the series under consideration are to be compared.

(b) Chemically modified polymers are to be classified in the subheading appropriate to the unmodified polymer. Polymer blends are to be classified in the same subheading as polymers of the same monomer units in the same proportions.

3. For the purposes of subheading 3920.43, the term "plasticisers" includes "secondary plasticisers".

序号 No.	税则号列 Tariff Line	货品名称 Article Description	最惠国税率 MFN(%)	协定税率 Agreement(%)		特惠税率 SP(%)	普通税率 Gen(%)
		第一分章 初级形状 I. PRIMARY FORMS					
	39.01	**初级形状的乙烯聚合物:** **Polymers of ethylene, in primary forms:**					
3070	3901.1000	-聚乙烯, 比重小于0.94 -Polyethylene having a specific gravity of less than 0.94	6.5	0 2.6 5.9 6	智CL,新西兰NZ,哥CR,冰IS,澳 AU,毛MU,港HK,澳门MO 瑞CH 韩KR 亚太AP,巴PK	0 受惠国$_2$LD$_2$	45
	ex39011000	比重小于0.94的聚乙烯（进口CIF价高于3800美元/吨） Polyethylene, gravity<0.94,(import CIF≥3800$/t)	△3				
3071	3901.2000	-聚乙烯, 比重在0.94及以上 -Polyethylene having a specific gravity of 0.94 or more	6.5	0 2.6 5.9 6	智CL,新西兰NZ,哥CR,冰IS,澳 AU,毛MU,港HK,澳门MO 瑞CH 韩KR 亚太AP,巴PK	0 受惠国$_2$LD$_2$	45
	ex39012000	比重在0.94及以上的聚乙烯（进口CIF价高于3800美元/吨） Polyethylene, gravity≥0.94,(import CIF≥3800$/t)	△3				
3072	3901.3000	-乙烯-乙酸乙烯酯共聚物 -Ethylene-vinyl acetate copolymers	6.5	0 4 5.9 6	东盟AS,智CL,新西兰NZ,新加 坡SG,秘PE,哥CR,瑞CH,冰IS,澳 AU,毛MU,柬KH,港HK,澳门MO 巴PK 韩KR,东盟^{R}AS^R,澳^{R}AU^R,新西兰 ^{R}NZ^R 亚太AP	0 受惠国LD	45
		-乙烯-α-烯烃共聚物,比重小于0.94: -Ethylene-alpha-olefin copolymers, having a specific gravity of less than 0.94:					
3073	3901.4010	---乙烯丙烯共聚物（乙丙橡胶） ---Ethylene-propylene copolymers	6.5	0 2.6 5.2 5.7	东盟AS,智CL,巴PK,新西兰NZ, 新加坡SG,秘PE,哥CR,瑞CH,冰 IS,澳AU,格GE,毛MU,柬KH,港 HK,澳门MO 韩KR 东盟^{R}AS^R,澳^{R}AU^R,新西兰^{R}NZ^R, 韩^{R}KR^R 日^{R}JP^R	0 受惠国LD	45
3074	3901.4020	---线型低密度聚乙烯 ---Linearity low density polyethylene	6.5	0 5.9	东盟AS,智CL,巴PK,新西兰NZ, 新加坡SG,哥CR,冰IS,澳AU,毛 MU,柬KH,港HK,澳门MO 东盟^{R}AS^R,澳^{R}AU^R,新西兰^{R}NZ^R	0 受惠国LD	45

序号 No.	税则号列 Tariff Line	货品名称 Article Description	最惠国税率 MFN(%)	协定税率 Agreement(%)		特惠税率 SP(%)	普通税率 Gen(%)
3075	3901.4090	---其他 ---Other	6.5	0	东盟AS,智CL,巴PK,新西兰NZ, 新加坡SG,秘PE,哥CR,瑞CH,冰 IS,澳AU,格GE,毛MU,柬KH,港 HK,澳门MO	0 受惠国LD	45
				4.2	亚太AP,韩KR		
				5.9	东盟^{R}AS^R,澳^{R}AU^R,新西兰^{R}NZ^R		
		-其他: -Other:					
3076	3901.9010	---乙烯丙烯共聚物（乙丙橡胶） ---Ethylene-propylene copolymers	6.5	0	东盟AS,智CL,巴PK,新西兰NZ, 新加坡SG,秘PE,哥CR,瑞CH,冰 IS,澳AU,格GE,毛MU,柬KH,港 HK,澳门MO	0 受惠国LD	45
				2.6	韩KR		
				5.2	东盟^{R}AS^R,澳^{R}AU^R,新西兰^{R}NZ^R, 韩^{R}KR^R		
				5.7	日^{R}JP^R		
3077	3901.9090	---其他 ---Other	6.5	0	东盟AS,智CL,巴PK,新西兰NZ, 新加坡SG,秘PE,哥CR,瑞CH,冰 IS,澳AU,格GE,毛MU,柬KH,港 HK,澳门MO	0 受惠国LD	45
				4.2	亚太AP,韩KR		
				5.9	东盟^{R}AS^R,澳^{R}AU^R,新西兰^{R}NZ^R		
	39.02	初级形状的丙烯或其他烯烃聚合物: **Polymers of propylene or of other olefins, in primary forms:**					
3078	3902.1000	-聚丙烯 -Polypropylene	6.5	0	东盟AS,智CL,新西兰NZ,新加坡 SG,哥CR,冰IS,澳AU,毛MU,东 盟^{R}AS^R,柬KH,港HK,澳门MO	0 受惠国$_2$LD$_2$	45
				2.6	瑞CH		
				4	巴PK		
				5.9	澳^{R}AU^R,新西兰^{R}NZ^R		
	ex39021000	电工级初级形状聚丙烯树脂(灰分含量 不大于30ppm) Electrotechonical polypropylene resin in primary forms (Ash content not more than 30ppm)	Δ3				
3079	3902.2000	-聚异丁烯 -Polyisobutylene	6.5	0	东盟AS,智CL,新西兰NZ,秘PE, 哥CR,瑞CH,冰IS,澳AU,格GE, 毛MU,柬KH,港HK,澳门MO	0 受惠国LD	45
				1	巴PK		
				5	东盟^{R}AS^R,澳^{R}AU^R,新西兰^{R}NZ^R		
		-丙烯共聚物: -Propylene copolymers:					

序号 No.	税则号列 Tariff Line	货品名称 Article Description	最惠国税率 MFN(%)		协定税率 Agreement(%)	特惠税率 SP(%)		普通税率 Gen(%)
3080	3902.3010	---乙烯-丙烯共聚物（乙丙橡胶） ----Ethylene-propylene copolymers	6.5	0	东盟AS,智CL,巴PK,新西兰NZ,新加坡SG,秘PE,哥CR,瑞CH,冰IS,澳AU,格GE,毛MU,东盟^{R}AS^R,柬KH,港HK,澳门MO,台TW	0	受惠国LD	45
				2.6	韩KR			
				5.2	澳^{R}AU^R,新西兰^{R}NZ^R,韩^{R}KR^R			
				5.7	日^{R}JP^R			
				6	亚太AP			
3081	3902.3090	---其他 ----Other	6.5	0	东盟AS,智CL,新西兰NZ,新加坡SG,秘PE,哥CR,瑞CH,冰IS,澳AU,毛MU,东盟^{R}AS^R,柬KH,港HK,澳门MO	0	受惠国LD	45
				4	巴PK			
				5	澳^{R}AU^R,新西兰^{R}NZ^R			
				5.9	韩KR			
				6	亚太AP			
3082	3902.9000	-其他 -Other	6.5	0	东盟AS,智CL,巴PK,新西兰NZ,新加坡SG,秘PE,哥CR,瑞CH,冰IS,澳AU,格GE,毛MU,柬KH,港HK,澳门MO,台TW	0	受惠国LD	45
				5	东盟^{R}AS^R,澳^{R}AU^R,新西兰^{R}NZ^R			
	39.03	**初级形状的苯乙烯聚合物:** **Polymers of styrene, in primary** **forms:**						
		-聚苯乙烯: -Polystyrene:						
3083	3903.1100	--可发性的 --Expansible	6.5	0	东盟AS,智CL,巴PK,新西兰NZ,新加坡SG,秘PE,哥CR,瑞CH,冰IS,澳AU,格GE,毛MU,柬KH,港HK,澳门MO	0	受惠国LD	45
				5	东盟^{R}AS^R,澳^{R}AU^R,新西兰^{R}NZ^R			
				5.9	韩KR			
				6	亚太AP			
		--其他: --Other:						
3084	3903.1910	---改性的 ---Modified	6.5	0	东盟AS,智CL,巴PK,新西兰NZ,新加坡SG,秘PE,哥CR,瑞CH,冰IS,澳AU,毛MU,柬KH,港HK,澳门MO	0	受惠国LD	45
				3.5	韩KR			
				5.9	东盟^{R}AS^R,澳^{R}AU^R,日^{R}JP^R,新西兰^{R}NZ^R,韩^{R}KR^R			
				6	亚太AP			

序号 No.	税则号列 Tariff Line	货品名称 Article Description	最惠国税率 MFN(%)	协定税率 Agreement(%)		特惠税率 SP(%)		普通税率 Gen(%)
3085	3903.1990	---其他 ---Other	6.5	0	东盟AS,智CL,巴PK,新西兰NZ,新加坡SG,秘PE,哥CR,瑞CH,冰IS,澳AU,毛MU,柬KH,港HK,澳门MO	0	受惠国LD	45
				3.5	韩KR			
				5.9	东盟^RAS^R,澳^RAU^R,日^RJP^R,新西兰^RNZ^R,韩^RKR^R			
				6	亚太AP			
3086	3903.2000	-苯乙烯-丙烯腈（SAN）共聚物 -Styrene-acrylonitrile (SAN) copolymers	12	0	东盟AS,智CL,新西兰NZ,新加坡SG,秘PE,哥CR,瑞CH,冰IS,澳AU,格GE,毛MU,柬KH,港HK,澳门MO,台TW	0	受惠国LD	45
				5	澳^RAU^R,新西兰^RNZ^R			
				6	巴PK			
				9.6	韩KR,东盟^RAS^R			
		-丙烯腈-丁二烯-苯乙烯（ABS）共 聚物： -Acrylonitrile-butadiene-styrene (ABS) copolymers:						
3087	3903.3010	---改性的 ---Modified	6.5	0	东盟AS,智CL,新西兰NZ,新加坡SG,秘PE,哥CR,冰IS,澳AU,毛MU,柬KH,港HK,澳门MO	0	受惠国LD	45
				2.6	瑞CH			
				3.5	韩KR			
				4	巴PK			
				5.9	东盟^RAS^R,澳^RAU^R,日^RJP^R,新西兰^RNZ^R,韩^RKR^R			
				6	亚太AP			
3088	3903.3090	---其他 ---Other	6.5	0	东盟AS,智CL,新西兰NZ,新加坡SG,秘PE,哥CR,瑞CH,冰IS,澳AU,毛MU,柬KH,港HK,澳门MO	0	受惠国LD	45
				3.5	韩KR			
				4	巴PK			
				5.9	东盟^RAS^R,澳^RAU^R,日^RJP^R,新西兰^RNZ^R,韩^RKR^R			
				6	亚太AP			
3089	3903.9000	-其他 -Other	6.5	0	东盟AS,智CL,巴PK,新西兰NZ,新加坡SG,秘PE,哥CR,瑞CH,冰IS,澳AU,格GE,毛MU,柬KH,港HK,澳门MO,台TW	0	受惠国LD	45
				2.6	韩KR			
				5.2	东盟^RAS^R,澳^RAU^R,新西兰^RNZ^R,韩^RKR^R			
				5.7	日^RJP^R			
				6	亚太AP			

序号 No.	税则号列 Tariff Line	货品名称 Article Description	最惠国税率 MFN(%)	协定税率 Agreement(%)		特惠税率 SP(%)		普通税率 Gen(%)
	39.04	初级形状的氯乙烯或其他卤化烯烃聚合物: Polymers of vinyl chloride or of other halogenated olefins, in primary forms:						
		-聚氯乙烯, 未掺其他物质: -Poly(vinyl chloride), not mixed with any other substances:						
3090	3904.1010	---糊树脂 ---Paste Poly(vinyl chloride)	6.5	0	东盟AS,智CL,巴PK,新西兰NZ,新加坡SG,秘PE,哥CR,瑞CH,冰IS,澳AU,格GE,毛MU,柬KH,港HK,澳门MO	0	受惠国LD	45
				3.5	韩KR			
				4.2	亚太AP			
				5.9	东盟^RAS^R,澳^RAU^R,日^RJP^R,新西兰^RNZ^R,韩^RKR^R			
3091	3904.1090	---其他 ---Other	6.5	0	东盟AS,智CL,巴PK,新西兰NZ,新加坡SG,秘PE,哥CR,瑞CH,冰IS,澳AU,毛MU,柬KH,港HK,澳门MO	0	受惠国LD	45
				4.2	亚太AP,韩KR			
				5	澳^RAU^R,新西兰^RNZ^R			
				5.2	东盟^RAS^R			
		-其他聚氯乙烯: -Other poly(vinyl chloride):						
3092	3904.2100	--未塑化 --Non-plasticized	6.5	0	东盟AS,智CL,新西兰NZ,新加坡SG,秘PE,哥CR,瑞CH,冰IS,澳AU,格GE,毛MU,柬KH,港HK,澳门MO	0	受惠国LD	45
				1	巴PK			
				3.5	韩KR			
				5.9	东盟^RAS^R,澳^RAU^R,新西兰^RNZ^R			
3093	3904.2200	--已塑化 --Plasticized	6.5	0	东盟AS,智CL,新西兰NZ,新加坡SG,秘PE,哥CR,瑞CH,冰IS,澳AU,毛MU,柬KH,港HK,澳门MO	0	受惠国LD	45
				3.5	韩KR			
				5.9	东盟^RAS^R,澳^RAU^R,新西兰^RNZ^R			
3094	3904.3000	-氯乙烯-乙酸乙烯酯共聚物 -Vinyl chloride-vinyl acetate copolymers	9	0	东盟AS,智CL,新西兰NZ,秘PE,哥CR,瑞CH,冰IS,澳AU,格GE,毛MU,柬KH,港HK,澳门MO	0	受惠国LD	45
				1	巴PK			
				3.6	韩KR			
				7.8	东盟^RAS^R,韩^RKR^R			
				7.9	日^RJP^R			
				8.1	澳^RAU^R,新西兰^RNZ^R			
				8.6	亚太AP			

序号 No.	税则号列 Tariff Line	货品名称 Article Description	最惠国税率 MFN(%)	协定税率 Agreement(%)		特惠税率 SP(%)		普通税率 Gen(%)
3095	3904.4000	-其他氯乙烯共聚物 -Other vinyl chloride copolymers	12	0	东盟AS,智CL,新西兰NZ,新加坡SG,秘PE,哥CR,瑞CH,冰IS,澳AU,格GE,毛MU,柬KH,港HK,澳门MO	0	受惠国LD	45
				4.8	韩KR			
				6	巴PK			
				7.8	亚太AP			
				10.4	东盟^{R}AS^R,韩^{R}KR^R			
				10.5	日^{R}JP^R			
				10.8	澳^{R}AU^R,新西兰^{R}NZ^R			
3096	3904.5000	-偏二氯乙烯聚合物 -Vinylidene chloride polymers	6.5	0	东盟AS,智CL,新西兰NZ,秘PE,哥CR,瑞CH,冰IS,韩KR,澳AU,格GE,毛MU,东盟^{R}AS^R,日^{R}JP^R,柬KH,港HK,澳门MO,韩^{R}KR^R	0	受惠国LD	45
				1	巴PK			
				5.2	澳^{R}AU^R,新西兰^{R}NZ^R			
		-氟聚合物: -Fluoropolymers:						
3097	3904.6100	--聚四氟乙烯 --Polytetrafl uoroethylene	10	0	东盟AS,智CL,新西兰NZ,新加坡SG,秘PE,哥CR,瑞CH,冰IS,澳AU,格GE,毛MU,柬KH,港HK,澳门MO	0	受惠国LD	45
				1	韩KR			
				3	巴PK			
				8	东盟^{R}AS^R,澳^{R}AU^R,新西兰^{R}NZ^R,韩^{R}KR^R			
				8.2	日^{R}JP^R			
3098	3904.6900	--其他 --Other	6.5	0	东盟AS,智CL,新西兰NZ,秘PE,哥CR,瑞CH,冰IS,韩KR,澳AU,格GE,毛MU,东盟^{R}AS^R,澳^{R}AU^R,日^{R}JP^R,新西兰^{R}NZ^R,柬KH,港HK,澳门MO,韩^{R}KR^R	0	受惠国LD	45
				1	巴PK			
3099	3904.9000	-其他 -Other	10	0	东盟AS,智CL,新西兰NZ,秘PE,哥CR,瑞CH,冰IS,澳AU,格GE,毛MU,柬KH,港HK,澳门MO	0	受惠国LD	45
				3	巴PK			
				4	韩KR			
				8.7	东盟^{R}AS^R,韩^{R}KR^R			
				8.8	日^{R}JP^R			
				9	澳^{R}AU^R,新西兰^{R}NZ^R			
	39.05	初级形状的乙酸乙酯或其他乙烯酯聚合物; 初级形状的其他乙烯基聚合物: Polymers of vinyl acetate or of other vinyl esters, in primary forms; other vinyl polymers in primary forms:						

序号 No.	税则号列 Tariff Line	货品名称 Article Description	最惠国税率 MFN(%)	协定税率 Agreement(%)		特惠税率 SP(%)		普通税率 Gen(%)
		-聚乙酸乙烯酯: -Poly(vinyl acetate):						
3100	3905.1200	--水分散体 --In aqueous dispersion	10	0	东盟AS,智CL,新西兰NZ,新加 坡SG,秘PE,哥CR,瑞CH,冰IS,澳 AU,格GE,毛MU,柬KH,港HK,澳 门MO	0	受惠国LD	45
				4	韩KR			
				8.7	东盟^{R}AS^R,韩^{R}KR^R			
				8.8	日^{R}JP^R			
				9	澳^{R}AU^R,新西兰^{R}NZ^R			
3101	3905.1900	--其他 --Other	10	0	东盟AS,智CL,新西兰NZ,秘PE, 哥CR,瑞CH,冰IS,澳AU,格GE, 毛MU,柬KH,港HK,澳门MO	0	受惠国LD	45
				3	巴PK			
				4	韩KR			
				8.7	东盟^{R}AS^R,韩^{R}KR^R			
				8.8	日^{R}JP^R			
				9	澳^{R}AU^R,新西兰^{R}NZ^R			
		-乙酸乙烯酯共聚物: -Vinyl acetate copolymers:						
3102	3905.2100	--水分散体 --In aqueous dispersion	10	0	东盟AS,智CL,新西兰NZ,新加 坡SG,秘PE,哥CR,瑞CH,冰IS,澳 AU,格GE,毛MU,柬KH,港HK,澳 门MO,台TW	0	受惠国LD	45
				3	巴PK			
				4	韩KR			
				8.7	东盟^{R}AS^R,韩^{R}KR^R			
				8.8	日^{R}JP^R			
				9	澳^{R}AU^R,新西兰^{R}NZ^R			
3103	3905.2900	--其他 --Other	10	0	东盟AS,智CL,新西兰NZ,新加 坡SG,秘PE,哥CR,冰IS,澳AU,格 GE,毛MU,柬KH,港HK,澳门MO	0	受惠国LD	45
				3	巴PK			
				4	韩KR			
				8.7	东盟^{R}AS^R,韩^{R}KR^R			
				8.8	日^{R}JP^R			
				9	澳^{R}AU^R,新西兰^{R}NZ^R			
3104	3905.3000	-聚乙烯醇, 不论是否含有未水解的乙 酸酯基 -Poly(vinyl alcohol), whether or not containing unhydrolyzed acetate groups	14	0	东盟AS,智CL,新西兰NZ,新加 坡SG,秘PE,哥CR,瑞CH,冰IS,澳 AU,格GE,毛MU,柬KH,港HK,澳 门MO,台TW	0	受惠国LD	45
				1.4	韩KR			
				5	东盟^{R}AS^R,澳^{R}AU^R,新西兰^{R}NZ^R			
				11.2	巴PK			
		-其他: -Other:						

序号 No.	税则号列 Tariff Line	货品名称 Article Description	最惠国税率 MFN(%)		协定税率 Agreement(%)	特惠税率 SP(%)		普通税率 Gen(%)
3105	3905.9100	--共聚物 --Copolymers	10	0	东盟AS,智CL,新西兰NZ,秘PE,哥CR,瑞CH,冰IS,澳AU,格GE,毛MU,柬KH,港HK,澳门MO	0	受惠国LD	45
				3	巴PK			
				4	韩KR			
				8.7	东盟^RAS^R,韩^RKR^R			
				8.8	日^RJP^R			
				9	澳^RAU^R,新西兰^RNZ^R			
3106	3905.9900	--其他 --Other	10	0	东盟AS,智CL,新西兰NZ,秘PE,哥CR,瑞CH,冰IS,澳AU,格GE,毛MU,柬KH,港HK,澳门MO	0	受惠国LD	45
				4	韩KR			
				8.7	东盟^RAS^R,韩^RKR^R			
				8.8	日^RJP^R			
				9	澳^RAU^R,新西兰^RNZ^R			
	39.06	初级形状的丙烯酸聚合物: Acrylic polymers in primary forms:						
3107	3906.1000	-聚甲基丙烯酸甲酯 -Poly(methyl methacrylate)	6.5	0	东盟AS,智CL,新西兰NZ,秘PE,哥CR,瑞CH,冰IS,澳AU,格GE,毛MU,柬KH,港HK,澳门MO,台TW	0	受惠国LD	45
				1	巴PK			
				5.9	韩KR,东盟^RAS^R,澳^RAU^R,新西兰^RNZ^R			
				6	亚太AP			
		-其他: -Other:						
3108	3906.9010	---聚丙烯酰胺 ---Polyacrylamide	6.5	0	东盟AS,智CL,巴PK,新西兰NZ,秘PE,哥CR,瑞CH,冰IS,澳AU,格GE,毛MU,柬KH,港HK,澳门MO,台TW	0	受惠国LD	45
				5	东盟^RAS^R,澳^RAU^R,新西兰^RNZ^R			
				5.9	韩KR			
				6	亚太AP			
3109	3906.9020	---丙烯酸-丙烯酸钠交联共聚物 ---Acrylic acid-acrylic acid sodium cross-linked copolymer	6.5	0	东盟AS,智CL,巴PK,新西兰NZ,秘PE,哥CR,瑞CH,冰IS,澳AU,格GE,毛MU,东盟^RAS^R,澳^RAU^R,新西兰^RNZ^R,柬KH,港HK,澳门MO,台TW	0	受惠国LD	45
				0.6	韩KR			
				5.2	韩^RKR^R			
				5.7	日^RJP^R			
				6	亚太AP			

序号 No.	税则号列 Tariff Line	货品名称 Article Description	最惠国税率 MFN(%)		协定税率 Agreement(%)	特惠税率 SP(%)	普通税率 Gen(%)
3110	3906.9090	---其他 ---Other	6.5	0	东盟AS,智CL,巴PK,新西兰NZ, 秘PE,哥CR,瑞CH,冰IS,澳AU, 格GE,毛MU,东盟^RAS^R,澳^RAU^R, 新西兰^RNZ^R,柬KH,港HK,澳门 MO,台TW	0 受惠国LD	45
				0.6	韩KR		
				5.2	韩^RKR^R		
				5.7	日^RJP^R		
				6	亚太AP		
	39.07	初级形状的聚缩醛、其他聚醚及环氧树脂；初级形状的聚碳酸酯、醇酸树脂、聚烯丙基酯及其他聚酯： Polyacetals, other polyethers and epoxide resins, in primary forms;polycarbonates, alkyd resins, polyallyl esters and other polyesters, in primary forms:					
		-聚缩醛： -Polyacetals:					
3111	3907.1010	---聚甲醛 ---Polyoxymethylene (POM)	6.5	0	东盟AS,智CL,巴PK,新西兰NZ, 新加坡SG,秘PE,哥CR,瑞CH,冰 IS,澳AU,格GE,毛MU,柬KH,港 HK,澳门MO,台TW	0 受惠国LD	45
				2.6	韩KR		
				5.2	东盟^RAS^R,澳^RAU^R,新西兰^RNZ^R, 韩^RKR^R		
				5.7	日^RJP^R		
				6.1	亚太AP		
3112	3907.1090	---其他 ---Other	6.5	0	东盟AS,智CL,新西兰NZ,新加 坡SG,秘PE,哥CR,瑞CH,冰IS, 韩KR,澳AU,格GE,毛MU,东盟 ^RAS^R,澳^RAU^R,新西兰^RNZ^R,柬 KH,港HK,澳门MO,韩^RKR^R	0 受惠国LD	45
				1	巴PK		
				4.2	亚太AP		
				5.3	日^RJP^R		
		-其他聚醚： -Other polyethers:					
3113	3907.2100	--双（聚氧乙烯）甲基膦酸酯 --Bis (polyoxyethylene) methylphosphonate	6.5	0	东盟AS,智CL,巴PK,新西兰NZ, 新加坡SG,秘PE,哥CR,瑞CH,冰 IS,澳AU,格GE,毛MU,柬KH,港 HK,澳门MO	0 受惠国LD	45
				2.6	韩KR		
				5.2	东盟^RAS^R,澳^RAU^R,新西兰^RNZ^R, 韩^RKR^R		
				5.7	日^RJP^R		
				6.1	亚太AP		

序号 No.	税则号列 Tariff Line	货品名称 Article Description	最惠国税率 MFN(%)	协定税率 Agreement(%)		特惠税率 SP(%)	普通税率 Gen(%)
		--其他: --Other:					
3114	3907.2910	---聚四亚甲基醚二醇 ---Polytetramethylene ether glycol (PTMEG)	6.5Δ3	0	东盟AS,智CL,巴PK,新西兰NZ,新加坡SG,秘PE,哥CR,瑞CH,冰IS,韩KR,澳AU,格GE,毛MU,东盟^RAS^R,日^RJP^R,柬KH,港HK,澳门MO,台TW,韩^RKR^R	0 受惠国LD	45
				5.2	澳^RAU^R,新西兰^RNZ^R		
				6.1	亚太AP		
3115	3907.2990	---其他 ---Other	6.5	0	东盟AS,智CL,巴PK,新西兰NZ,新加坡SG,秘PE,哥CR,瑞CH,冰IS,澳AU,格GE,毛MU,柬KH,港HK,澳门MO	0 受惠国LD	45
				2.6	韩KR		
				5.2	东盟^RAS^R,澳^RAU^R,新西兰^RNZ^R,韩^RKR^R		
				5.7	日^RJP^R		
				6.1	亚太AP		
3116	3907.3000	-环氧树脂 -Epoxide resins	6.5	0	东盟AS,智CL,巴PK,新西兰NZ,新加坡SG,秘PE,哥CR,冰IS,澳AU,格GE,毛MU,柬KH,港HK,澳门MO,台TW	0 受惠国LD	45
				2.6	瑞CH,韩KR		
				5.2	东盟^RAS^R,澳^RAU^R,新西兰^RNZ^R,韩^RKR^R		
				5.7	日^RJP^R		
				6.1	亚太AP		
	ex39073000	溴的质量百分含量在18%及以上或进口CIF价格高于3800美元/吨的环氧树脂（如溶于溶剂,以纯环氧树脂折算溴的百分含量） Epoxyresins containing by weight more than 18% Bromine or import CIF>3800$/t (base on pure epoxyresins if dissolved in solvent)	Δ4				
3117	3907.4000	-聚碳酸酯 -Polycarbonates	6.5	0	东盟AS,智CL,巴PK,新西兰NZ,新加坡SG,秘PE,哥CR,瑞CH,冰IS,澳AU,格GE,毛MU,柬KH,港HK,澳门MO,台TW	0 受惠国LD	45
				2.6	韩KR		
				5.2	东盟^RAS^R,澳^RAU^R,新西兰^RNZ^R,韩^RKR^R		
				5.7	日^RJP^R		
				6.1	亚太AP		

序号 No.	税则号列 Tariff Line	货品名称 Article Description	最惠国税率 MFN(%)		协定税率 Agreement(%)	特惠税率 SP(%)		普通税率 Gen(%)
3118	3907.5000	-醇酸树脂 -Alkyd resins	10	0	东盟AS,智CL,新西兰NZ,新加坡SG,秘PE,哥CR,瑞CH,冰IS,澳AU,格GE,毛MU,东盟^{R}AS^R,澳^{R}AU^R,新西兰^{R}NZ^R,柬KH,港HK,澳门MO,台TW	0	受惠国LD	45
				1	韩KR			
				3	巴PK			
				6.5	亚太AP			
				8	韩^{R}KR^R			
				8.2	日^{R}JP^R			
		-聚对苯二甲酸乙二酯: -Poly (ethylene terephthalate): --粘数在78毫升/克或以上: --Having a viscosity number of 78 ml/g or higher:						
3119	3907.6110	---切片 ---In the form of slices or chips	6.5	0	智CL,新西兰NZ,秘PE,哥CR,瑞CH,冰IS,澳AU,格GE,毛MU,柬KH,港HK,澳门MO	0	受惠国LD	45
				3.5	韩KR			
				5	东盟AS			
				5.9	东盟^{R}AS^R			
				6.2	澳^{R}AU^R,新西兰^{R}NZ^R			
3120	3907.6190	---其他 ---Other	6.5	0	东盟AS,智CL,巴PK,新西兰NZ,新加坡SG,秘PE,哥CR,瑞CH,冰IS,澳AU,格GE,毛MU,柬KH,港HK,澳门MO	0	受惠国LD	45
				2.6	韩KR			
				5.2	东盟^{R}AS^R,澳^{R}AU^R,新西兰^{R}NZ^R,韩^{R}KR^R			
				5.7	日^{R}JP^R			
		--其他: --Other:						
3121	3907.6910	---切片 ---In the form of slices or chips	6.5	0	智CL,巴PK,新西兰NZ,秘PE,哥CR,瑞CH,冰IS,澳AU,毛MU,柬KH,港HK,澳门MO	0	受惠国LD	45
				3.5	韩KR			
				5	东盟AS			
				5.9	东盟^{R}AS^R			
				6.2	澳^{R}AU^R,新西兰^{R}NZ^R			
3122	3907.6990	---其他 ---Other	6.5	0	东盟AS,智CL,巴PK,新西兰NZ,新加坡SG,秘PE,哥CR,瑞CH,冰IS,澳AU,格GE,毛MU,柬KH,港HK,澳门MO	0	受惠国LD	45
				2.6	韩KR			
				5.2	东盟^{R}AS^R,澳^{R}AU^R,新西兰^{R}NZ^R,韩^{R}KR^R			
				5.7	日^{R}JP^R			

序号 No.	税则号列 Tariff Line	货品名称 Article Description	最惠国税率 MFN(%)	协定税率 Agreement(%)		特惠税率 SP(%)	普通税率 Gen(%)
3123	3907.7000	-聚乳酸 -Poly (lactic acid)	6.5△3	0	东盟AS,智CL,新西兰NZ,秘PE, 哥CR,瑞CH,冰IS,韩KR,澳AU, 格GE,毛MU,东盟^{R}AS^R,澳^{R}AU^R, 新西兰^{R}NZ^R,柬KH,港HK,澳门 MO,韩^{R}KR^R	0 受惠国LD	45
				1	巴PK		
				4.2	亚太AP		
				5.3	日^{R}JP^R		
		-其他聚酯: -Other polyesters:					
3124	3907.9100	--不饱和 --Unsaturated	6.5	0	东盟AS,智CL,巴PK,新西兰NZ, 新加坡SG,秘PE,哥CR,瑞CH,冰 IS,澳AU,格GE,毛MU,柬KH,港 HK,澳门MO,台TW	0 受惠国LD	45
				0.6	韩KR		
				5.2	东盟^{R}AS^R,澳^{R}AU^R,新西兰^{R}NZ^R, 韩^{R}KR^R		
				5.3	日^{R}JP^R		
		--其他: --Other:					
3125	3907.9910	---聚对苯二甲酸丁二酯 ---Polybutylene terephthalate	6.5	0	东盟AS,智CL,巴PK,新西兰NZ, 新加坡SG,秘PE,哥CR,瑞CH, 冰IS,澳AU,毛MU,东盟^{R}AS^R,柬 KH,港HK,澳门MO	0 受惠国LD	45
				2.6	韩KR		
				4.2	亚太AP		
				5.2	澳^{R}AU^R,新西兰^{R}NZ^R,韩^{R}KR^R		
				5.7	日^{R}JP^R		
		---其他: ---Other:					
3126	3907.9991	----聚对苯二甲酸-己二酸-丁二醇酯 ----Poly (terephthalic acid-hexanediol- butanediol ester)	6.5	0	东盟AS,智CL,巴PK,新西兰NZ, 新加坡SG,秘PE,哥CR,瑞CH,冰 IS,韩KR,澳AU,格GE,毛MU,东 盟^{R}AS^R,澳^{R}AU^R,日^{R}JP^R,新西兰 ^{R}NZ^R,柬KH,港HK,澳门MO,台 TW,韩^{R}KR^R	0 受惠国LD	45
				4.2	亚太AP		
	ex39079991	热塑性液晶芳香族聚酯共聚物 Thermoplastic liquid crystal aromatic polyester copolymers	0				

序号 No.	税则号列 Tariff Line	货品名称 Article Description	最惠国税率 MFN(%)	协定税率 Agreement(%)		特惠税率 SP(%)	普通税率 Gen(%)
3127	3907.9999	----其他 ----Other	6.5	0	东盟AS,智CL,巴PK,新西兰NZ,新加坡SG,秘PE,哥CR,瑞CH,冰IS,韩KR,澳AU,格GE,毛MU,东盟^RAS^R,澳^RAU^R,新西兰^RNZ^R,柬KH,港HK,澳门MO,台TW,韩^RKR^R	0 受惠国LD	45
				4.2	亚太AP		
				5.3	日^RJP^R		
	ex39079999	热塑性液晶芳香族聚酯共聚物 Thermoplastic liquid crystal aromatic polyester copolymers	0				
	39.08	初级形状的聚酰胺: Polyamides in primary forms:					
		-聚酰胺-6、-11、-12、-6, 6、-6, 9、-6, 10或-6, 12: -Polyamide-6, -11, -12, -6,6, -6,9, -6,10 or -6,12:					
		---切片: ---In the form of slices or chips:					
3128	3908.1011	----聚酰胺-6, 6切片 ----Of polyamide-6, 6	6.5	0	东盟AS,智CL,新西兰NZ,新加坡SG,秘PE,哥CR,瑞CH,冰IS,澳AU,毛MU,柬KH,港HK,澳门MO	0 受惠国LD	45
				1	巴PK		
				5.9	东盟^RAS^R,澳^RAU^R,新西兰^RNZ^R		
3129	3908.1012	----聚酰胺-6切片 ----Of polyamide-6	6.5	0	东盟AS,智CL,新西兰NZ,新加坡SG,秘PE,哥CR,冰IS,澳AU,毛MU,柬KH,港HK,澳门MO	0 受惠国LD	45
				1	巴PK		
				2.6	瑞CH		
				5.9	东盟^RAS^R,澳^RAU^R,新西兰^RNZ^R		
3130	3908.1019	----其他 ----Other	6.5	0	东盟AS,智CL,新西兰NZ,新加坡SG,秘PE,哥CR,冰IS,澳AU,毛MU,柬KH,港HK,澳门MO	0 受惠国LD	45
				1	巴PK		
				2.6	瑞CH		
				5	东盟^RAS^R,澳^RAU^R,新西兰^RNZ^R		
3131	3908.1090	---其他 ---Other	6.5	0	东盟AS,智CL,新西兰NZ,新加坡SG,秘PE,哥CR,瑞CH,冰IS,澳AU,毛MU,柬KH,港HK,澳门MO	0 受惠国LD	45
				1	巴PK		
				5	东盟^RAS^R,澳^RAU^R,新西兰^RNZ^R		
		-其他: -Other:					

序号 No.	税则号列 Tariff Line	货品名称 Article Description	最惠国税率 MFN(%)		协定税率 Agreement(%)	特惠税率 SP(%)	普通税率 Gen(%)
3132	3908.9010	---芳香族聚酰胺及其共聚物 ---Aromatic polyamide and copolymers	10	0 3 5	东盟AS,智CL,新西兰NZ,新加坡SG,秘PE,哥CR,冰IS,澳AU,毛MU,柬KH,港HK,澳门MO 巴PK 东盟^RAS^R,澳^RAU^R,新西兰^RNZ^R	0 受惠国LD	45
3133	3908.9020	---半芳香族聚酰胺及其共聚物 ---Semi-aromatic polyamide and copolymers	10	0 3 5	东盟AS,智CL,新西兰NZ,新加坡SG,秘PE,哥CR,冰IS,澳AU,毛MU,柬KH,港HK,澳门MO 巴PK 东盟^RAS^R,澳^RAU^R,新西兰^RNZ^R	0 受惠国LD	45
3134	3908.9090	---其他 ---Other	10	0 3 5	东盟AS,智CL,新西兰NZ,新加坡SG,秘PE,哥CR,冰IS,澳AU,毛MU,柬KH,港HK,澳门MO 巴PK 东盟^RAS^R,澳^RAU^R,新西兰^RNZ^R	0 受惠国LD	45
	39.09	初级形状的氨基树脂、酚醛树脂及聚氨酯类: Amino-resins, phenolic resins and polyurethanes, in primary forms:					
3135	3909.1000	-尿素树脂; 硫脲树脂 -Urea resins; thiourea resins	6.5	0 1 4.2	东盟AS,智CL,新西兰NZ,秘PE,哥CR,瑞CH,冰IS,韩KR,澳AU,格GE,毛MU,东盟^RAS^R,澳^RAU^R,日^RJP^R,新西兰^RNZ^R,柬KH,港HK,澳门MO,台TW,韩^RKR^R 巴PK 亚太AP	0 受惠国LD	45
3136	3909.2000	-蜜胺树脂 -Melamine resins	6.5	0 1 4.2 5.2	东盟AS,智CL,新西兰NZ,秘PE,哥CR,瑞CH,冰IS,韩KR,澳AU,格GE,毛MU,东盟^RAS^R,日^RJP^R,柬KH,港HK,澳门MO,台TW,韩^RKR^R 巴PK 亚太AP 澳^RAU^R,新西兰^RNZ^R	0 受惠国LD	45
		-其他氨基树脂: -Other amino-resins:					
3137	3909.3100	--聚(亚甲基苯基异氰酸酯)(粗MDI、聚合MDI) --Poly (methylene phenyl isocyanate) (crude MDI, polymeric MDI)	6.5	0 2.6 5.2 5.7 6.1	东盟AS,智CL,巴PK,新西兰NZ,新加坡SG,秘PE,哥CR,瑞CH,冰IS,澳AU,格GE,毛MU,柬KH,港HK,澳门MO 韩KR 东盟^RAS^R,澳^RAU^R,新西兰^RNZ^R,韩^RKR^R 日^RJP^R 亚太AP	0 受惠国LD	35

序号 No.	税则号列 Tariff Line	货品名称 Article Description	最惠国税率 MFN(%)	协定税率 Agreement(%)		特惠税率 SP(%)		普通税率 Gen(%)
3138	3909.3900	--其他 --Other	6.5	0	东盟AS,智CL,新西兰NZ,新加坡SG,秘PE,哥CR,瑞CH,冰IS,韩KR,澳AU,格GE,毛MU,东盟^RAS^R,澳^RAU^R,日^RJP^R,新西兰^RNZ^R,柬KH,港HK,澳门MO,台TW,韩^RKR^R	0 受惠国LD	45
				1	巴PK		
3139	3909.4000	-酚醛树脂 -Phenolic resins	6.5	0	东盟AS,智CL,巴PK,新西兰NZ,秘PE,哥CR,瑞CH,冰IS,澳AU,格GE,毛MU,东盟^RAS^R,澳^RAU^R,新西兰^RNZ^R,柬KH,港HK,澳门MO,台TW	0 受惠国LD	45
				0.6	韩KR		
				5.2	韩^RKR^R		
				5.3	日^RJP^R		
				6.1	亚太AP		
3140	3909.5000	-聚氨基甲酸酯 -Polyurethanes	6.5	0	东盟AS,智CL,新西兰NZ,新加坡SG,秘PE,哥CR,瑞CH,冰IS,韩KR,澳AU,格GE,毛MU,东盟^RAS^R,澳^RAU^R,日^RJP^R,新西兰^RNZ^R,柬KH,港HK,澳门MO,台TW,韩^RKR^R	0 受惠国LD	45
				4	巴PK		
				4.2	亚太AP		
	39.10	初级形状的聚硅氧烷: Silicones in primary forms:					
3141	3910.0000	初级形状的聚硅氧烷 Silicones in primary forms	6.5	0	东盟AS,智CL,新西兰NZ,秘PE,哥CR,瑞CH,冰IS,澳AU,格GE,毛MU,东盟^RAS^R,澳^RAU^R,新西兰^RNZ^R,柬KH,港HK,澳门MO,台TW	0 受惠国LD	45
				0.6	韩KR		
				4	巴PK		
				5.2	韩^RKR^R		
				5.7	日^RJP^R		
				6.1	亚太AP		
	39.11	初级形状的石油树脂、苯并呋喃-茚树脂、多萜树脂、多硫化物、聚砜及本章注释三所规定的其他税号未列名产品: Petroleum resins, eonmarone-indene resins, polyterpenes, polysulphides, polysulphones and other products specified in Note 3 to this Chapter, not elsewhere specified or included, in primary forms:					

序号 No.	税则号列 Tariff Line	货品名称 Article Description	最惠国税率 MFN(%)	协定税率 Agreement(%)		特惠税率 SP(%)	普通税率 Gen(%)
3142	3911.1000	-石油树脂、苯并呋喃树脂、茚树脂、苯并呋喃-茚树脂及多萜树脂 -Petroleum resins, coumarone, indene or coumarone-indene resins and polyterpenes	6.5	0	东盟AS,智CL,新西兰NZ,秘PE,哥CR,瑞CH,冰IS,澳AU,格GE,毛MU,柬KH,港HK,澳门MO,台TW	0 受惠国LD	45
				1	巴PK		
				2.6	韩KR		
				4.2	亚太AP		
				5.2	东盟^{R}AS^R,澳^{R}AU^R,新西兰^{R}NZ^R,韩^{R}KR^R		
				5.7	日^{R}JP^R		
3143	3911.2000	-聚（1，3-亚苯基甲基膦酸酯） -Poly (1,3-phenylene methylphosphonate)	6.5	0	东盟AS,智CL,巴PK,新西兰NZ,秘PE,哥CR,瑞CH,冰IS,韩KR,澳AU,格GE,毛MU,东盟^{R}AS^R,澳^{R}AU^R,新西兰^{R}NZ^R,柬KH,港HK,澳门MO,韩^{R}KR^R	0 受惠国LD	45
				5.3	日^{R}JP^R		
3144	3911.9000	-其他 -Other	6.5	0	东盟AS,智CL,巴PK,新西兰NZ,秘PE,哥CR,瑞CH,冰IS,韩KR,澳AU,格GE,毛MU,东盟^{R}AS^R,澳^{R}AU^R,新西兰^{R}NZ^R,柬KH,港HK,澳门MO,韩^{R}KR^R	0 受惠国LD	45
				5.3	日^{R}JP^R		
	ex39119000	偏苯三酸酐和异氰酸预缩聚物 Precondensed polymer of Trimellitic anhydride and isocyanic acid	△3				
	ex39119000	芳基酸与芳基胺预缩聚物 Precondensed polymer of aryl acid and arylamine	△3				
	ex39119000	改性三羟乙基脲酸酯类预缩聚物 Precondensed polymer of modified trihydroxy acetate	△3				
	39.12	初级形状的其他税目未列名的纤维素及其化学衍生物： Cellulose and its chemical derivatives, not elsewhere specified or included, in primary forms:					
		-乙酸纤维素： -Cellulose acetates:					
3145	3912.1100	--未塑化 --Non-plasticized	6.5	0	东盟AS,智CL,新西兰NZ,秘PE,哥CR,瑞CH,冰IS,澳AU,格GE,毛MU,东盟^{R}AS^R,澳^{R}AU^R,新西兰NZ^R,柬KH,港HK,澳门MO	0 受惠国LD	40
				0.6	韩KR		
				1	巴PK		
				5.2	韩^{R}KR^R		
				5.3	日^{R}JP^R		

序号 No.	税则号列 Tariff Line	货品名称 Article Description	最惠国税率 MFN(%)		协定税率 Agreement(%)	特惠税率 SP(%)		普通税率 Gen(%)
3146	3912.1200	--已塑化 --Plasticized	6.5	0 1 5.3 5.9	东盟AS,智CL,新西兰NZ,秘PE, 哥CR,瑞CH,冰IS,韩KR,澳AU, 格GE,毛MU,东盟^RAS^R,澳^RAU^R, 新西兰^RNZ^R,柬KH,港HK,澳门 MO,韩^RKR^R 巴PK 日^RJP^R 亚太AP	0	受惠国LD	40
3147	3912.2000	-硝酸纤维素（包括胶棉） -Cellulose nitrates(including collodions)	6.5	0 1 5.3	东盟AS,智CL,新西兰NZ,秘PE, 哥CR,瑞CH,冰IS,韩KR,澳AU, 格GE,毛MU,东盟^RAS^R,澳^RAU^R, 新西兰^RNZ^R,柬KH,港HK,澳门 MO,韩^RKR^R 巴PK 日^RJP^R	0	受惠国LD	45
		-纤维素醚： -Cellulose ethers:						
3148	3912.3100	--羧甲基纤维素及其盐 --Carboxymethylcellulose and its salts	6.5	0 1 5.3	东盟AS,智CL,新西兰NZ,秘PE, 哥CR,瑞CH,冰IS,韩KR,澳AU, 格GE,毛MU,东盟^RAS^R,澳^RAU^R, 新西兰^RNZ^R,柬KH,港HK,澳门 MO,韩^RKR^R 巴PK 日^RJP^R	0	受惠国LD	45
3149	3912.3900	--其他 --Other	6.5	0 1 5.3	东盟AS,智CL,新西兰NZ,秘PE, 哥CR,瑞CH,冰IS,韩KR,澳AU, 格GE,毛MU,东盟^RAS^R,澳^RAU^R, 新西兰^RNZ^R,柬KH,港HK,澳门 MO,韩^RKR^R 巴PK 日^RJP^R	0	受惠国LD	45
3150	3912.9000	-其他 -Other	6.5	0	东盟AS,智CL,巴PK,新西兰NZ, 秘PE,哥CR,瑞CH,冰IS,韩KR, 澳AU,格GE,毛MU,东盟^RAS^R, 澳^RAU^R,日^RJP^R,新西兰^RNZ^R,柬 KH,港HK,澳门MO,韩^RKR^R	0	受惠国LD	45
	39.13	初级形状的其他税目未列名的天然聚 合物（例如，藻酸）及改性天然聚合物 （例如，硬化蛋白、天然橡胶的化学衍 生物）： **Natural polymers (for example, alginic acid) and modified natural polymers (for example, hardened proteins, chemical derivatives of natural rubber), not elsewhere specified or included, in primary forms:**						

序号 No.	税则号列 Tariff Line	货品名称 Article Description	最惠国税率 MFN(%)		协定税率 Agreement(%)	特惠税率 SP(%)	普通税率 Gen(%)
3151	3913.1000	-藻酸及其盐和酯 -Alginic acid, its salts and esters	10	0	东盟AS,智CL,新西兰NZ,新加坡SG,哥CR,瑞CH,冰IS,澳AU,格GE,毛MU,东盟^{R}AS^R,澳^{R}AU^R,新西兰^{R}NZ^R,柬KH,港HK,澳门MO	0 受惠国LD	45
				1	韩KR		
				3	巴PK		
				8	韩^{R}KR^R		
				8.2	日^{R}JP^R		
3152	3913.9000	-其他 -Other	6.5	0	东盟AS,智CL,新西兰NZ,秘PE,哥CR,瑞CH,冰IS,韩KR,澳AU,格GE,毛MU,东盟^{R}AS^R,澳^{R}AU^R,新西兰^{R}NZ^R,柬KH,港HK,澳门MO,韩^{R}KR^R	0 受惠国LD	50
				1	巴PK		
				5.3	日^{R}JP^R		
	39.14	初级形状的离子交换剂,以税目39.01至39.13的聚合物为基本成分的: Ion-exchangers based on polymers of headings 39.01 to 39.13, in primary forms:					
3153	3914.0000	初级形状的离子交换剂,以税目39.01至39.13的聚合物为基本成分的 Ion-exchangers based on polymers of headings 39.01 to 39.13, in primary forms	6.5	0	东盟AS,智CL,新西兰NZ,秘PE,哥CR,瑞CH,韩KR,澳AU,格GE,毛MU,柬KH,港HK,澳门MO	0 受惠国LD	45
				1	巴PK		
				5.2	东盟^{R}AS^R,澳^{R}AU^R,新西兰^{R}NZ^R,韩^{R}KR^R		
				5.3	日^{R}JP^R		
		第二分章　废碎料及下脚料;半制品;制成品 Ⅱ. WASTE, PARINGS AND SCRAP; SEMI MANUFACTURES;ARTICLES					
	39.15	塑料的废碎料及下脚料: Waste, parings and scrap, of plastics:					
3154	3915.1000	-乙烯聚合物的 -Of polymers of ethylene	6.5	0	东盟AS,智CL,巴PK,新西兰NZ,新加坡SG,秘PE,哥CR,瑞CH,冰IS,澳AU,格GE,毛MU,东盟^{R}AS^R,柬KH,港HK,澳门MO	0 受惠国LD	50
				2.6	韩KR		
				5.2	澳^{R}AU^R,新西兰^{R}NZ^R,韩^{R}KR^R		
				5.7	日^{R}JP^R		

序号 No.	税则号列 Tariff Line	货品名称 Article Description	最惠国税率 MFN(%)	协定税率 Agreement(%)		特惠税率 SP(%)	普通税率 Gen(%)
3155	3915.2000	-苯乙烯聚合物的 -Of polymers of styrene	6.5	0	东盟AS,智CL,新西兰NZ,新加坡SG,秘PE,哥CR,瑞CH,冰IS,澳AU,格GE,毛MU,东盟^RAS^R,柬KH,港HK,澳门MO	0 受惠国LD	50
				2.6	韩KR		
				4	巴PK		
				5.2	澳^RAU^R,新西兰^RNZ^R,韩^RKR^R		
				5.7	日^RJP^R		
3156	3915.3000	-氯乙烯聚合物的 -Of polymers of vinyl chloride	6.5	0	东盟AS,智CL,新西兰NZ,新加坡SG,秘PE,哥CR,瑞CH,冰IS,澳AU,格GE,毛MU,东盟^RAS^R,柬KH,港HK,澳门MO	0 受惠国LD	50
				2.6	韩KR		
				4	巴PK		
				5.2	澳^RAU^R,新西兰^RNZ^R,韩^RKR^R		
				5.7	日^RJP^R		
		-其他塑料的: -Of other plastics:					
3157	3915.9010	---聚对苯二甲酸乙二酯的 ---Of pdyethylene glycol tevephthalate	6.5	0	东盟AS,智CL,巴PK,新西兰NZ,新加坡SG,秘PE,哥CR,瑞CH,冰IS,澳AU,格GE,毛MU,东盟^RAS^R,柬KH,港HK,澳门MO	0 受惠国LD	50
				2.6	韩KR		
				5.2	澳^RAU^R,新西兰^RNZ^R,韩^RKR^R		
				5.7	日^RJP^R		
3158	3915.9090	---其他 ---Other	6.5	0	东盟AS,智CL,巴PK,新西兰NZ,新加坡SG,秘PE,哥CR,瑞CH,冰IS,澳AU,格GE,毛MU,东盟^RAS^R,柬KH,港HK,澳门MO	0 受惠国LD	50
				2.6	韩KR		
				5.2	澳^RAU^R,新西兰^RNZ^R,韩^RKR^R		
				5.7	日^RJP^R		
	39.16	**塑料制的单丝(截面直径超过1毫米)、条、杆、型材及异型材, 不论是否经表面加工, 但未经其他加工:** **Monofilament of which any cross-sectional dimension exceeds 1 mm, rods, sticks and profile shapes, whether or not surface-worked but not otherwise worked, of plastics:**					

序号 No.	税则号列 Tariff Line	货品名称 Article Description	最惠国税率 MFN(%)		协定税率 Agreement(%)	特惠税率 SP(%)	普通税率 Gen(%)
3159	3916.1000	-乙烯聚合物制 -Of polymers of ethylene	10	0	东盟AS,智CL,新西兰NZ,新加坡SG,秘PE,哥CR,瑞CH,冰IS,澳AU,格GE,毛MU,东盟^RAS^R,澳^RAU^R,新西兰^RNZ^R,柬KH,港HK,澳门MO	0 受惠国LD	45
				1	韩KR		
				3	巴PK		
				8	韩^RKR^R		
				8.2	日^RJP^R		
		-氯乙烯聚合物制: -Of polymers of vinyl chloride:					
3160	3916.2010	---异型材 ---Profile shapes	10	0	东盟AS,智CL,新西兰NZ,秘PE,哥CR,瑞CH,冰IS,澳AU,格GE,毛MU,东盟^RAS^R,澳^RAU^R,新西兰^RNZ^R,柬KH,港HK,澳门MO	0 受惠国LD	45
				1	韩KR		
				3	巴PK		
				6.5	亚太AP		
				8	韩^RKR^R		
				8.2	日^RJP^R		
3161	3916.2090	---其他 ---Other	10	0	东盟AS,智CL,新西兰NZ,秘PE,哥CR,瑞CH,冰IS,澳AU,格GE,毛MU,东盟^RAS^R,澳^RAU^R,新西兰^RNZ^R,柬KH,港HK,澳门MO	0 受惠国LD	45
				1	韩KR		
				3	巴PK		
				6.5	亚太AP		
				8	韩^RKR^R		
				8.2	日^RJP^R		
		-其他塑料制: -Of other plastics:					
3162	3916.9010	---聚酰胺制 ---Of polyamides	10	0	东盟AS,智CL,新西兰NZ,新加坡SG,秘PE,哥CR,瑞CH,冰IS,澳AU,格GE,毛MU,东盟^RAS^R,澳^RAU^R,新西兰^RNZ^R,柬KH,港HK,澳门MO	0 受惠国LD	45
				1	韩KR		
				3	巴PK		
				8	韩^RKR^R		
				8.2	日^RJP^R		

序号 No.	税则号列 Tariff Line	货品名称 Article Description	最惠国税率 MFN(%)		协定税率 Agreement(%)	特惠税率 SP(%)	普通税率 Gen(%)
3163	3916.9090	---其他 ---Other	10	0	东盟AS,智CL,新西兰NZ,新加坡SG,秘PE,哥CR,瑞CH,冰IS,澳AU,格GE,毛MU,柬KH,港HK,澳门MO	0 受惠国LD	45
				1	韩KR		
				3	巴PK		
				8	东盟^{R}AS^R,澳^{R}AU^R,新西兰^{R}NZ^R,韩^{R}KR^R		
				8.2	日^{R}JP^R		
	39.17	塑料制的管子及其附件（例如，接头、肘管、法兰）： **Tubes, pipes and hoses, and fittings therefor (for example, joints, elbows, flanges), of plastics:**					
3164	3917.1000	-硬化蛋白或纤维素材料制的人造肠衣（香肠用肠衣） -Artificial guts(sausage casings) of hardened protein or of cellulosic materials	10	0	东盟AS,智CL,新西兰NZ,秘PE,哥CR,瑞CH,冰IS,澳AU,格GE,毛MU,东盟^{R}AS^R,澳^{R}AU^R,新西兰^{R}NZ^R,柬KH,港HK,澳门MO	0 受惠国LD	50
				1	韩KR		
				3	巴PK		
				8	亚太AP,韩^{R}KR^R		
				8.2	日^{R}JP^R		
		-硬管： -Tubes, pipes and hoses, rigid:					
3165	3917.2100	--乙烯聚合物制 --Of polymers of ethylene	10	0	东盟AS,智CL,新西兰NZ,新加坡SG,秘PE,哥CR,瑞CH,冰IS,澳AU,格GE,毛MU,东盟^{R}AS^R,澳^{R}AU^R,新西兰^{R}NZ^R,柬KH,港HK,澳门MO	0 受惠国LD	45
				1	韩KR		
				3	巴PK		
				8	韩^{R}KR^R		
				8.2	日^{R}JP^R		
3166	3917.2200	--丙烯聚合物制 --Of polymers of propylene	10	0	东盟AS,智CL,巴PK,新西兰NZ,秘PE,哥CR,瑞CH,冰IS,澳AU,格GE,毛MU,东盟^{R}AS^R,澳^{R}AU^R,新西兰^{R}NZ^R,柬KH,港HK,澳门MO	0 受惠国LD	45
				1	韩KR		
				8	韩^{R}KR^R		
				8.2	日^{R}JP^R		

序号 No.	税则号列 Tariff Line	货品名称 Article Description	最惠国税率 MFN(%)	协定税率 Agreement(%)		特惠税率 SP(%)		普通税率 Gen(%)
3167	3917.2300	--氯乙烯聚合物制 --Of polymers of vinyl chloride	10	0	东盟AS,智CL,新西兰NZ,新加坡SG,秘PE,哥CR,瑞CH,冰IS,澳AU,格GE,毛MU,东盟^RAS^R,澳^RAU^R,新西兰^RNZ^R,柬KH,港HK,澳门MO	0 受惠国LD	45
				1	韩KR		
				3	巴PK		
				8	韩^RKR^R		
				8.2	日^RJP^R		
3168	3917.2900	--其他塑料制 --Of other plastics	10	0	东盟AS,智CL,新西兰NZ,新加坡SG,秘PE,哥CR,瑞CH,冰IS,澳AU,格GE,毛MU,柬KH,港HK,澳门MO	0 受惠国LD	45
				1	韩KR		
				3	巴PK		
				8	东盟^RAS^R,澳^RAU^R,新西兰^RNZ^R,韩^RKR^R		
				8.2	日^RJP^R		
		-其他管: -Other tubes, pipes and hoses:					
3169	3917.3100	--软管,最小爆破压力为27.6兆帕斯卡 --Flexible tubes, pipes and hoses, having a minimum burst pressure of 27.6MPa	10	0	东盟AS,智CL,新西兰NZ,新加坡SG,秘PE,哥CR,瑞CH,冰IS,韩KR,澳AU,格GE,毛MU,柬KH,港HK,澳门MO	0 受惠国LD	45
				3	巴PK		
				6.5	亚太AP		
				8	东盟^RAS^R,澳^RAU^R,新西兰^RNZ^R,韩^RKR^R		
				8.2	日^RJP^R		
3170	3917.3200	--其他未装有附件的管子,未经加强也未与其他材料合制 --Other, not reinforced or otherwise combined with other materials, without fittings	6.5	0	东盟AS,智CL,巴PK,新西兰NZ,秘PE,哥CR,瑞CH,冰IS,韩KR,澳AU,格GE,毛MU,东盟^RAS^R,澳^RAU^R,新西兰^RNZ^R,柬KH,港HK,澳门MO,韩^RKR^R	0 受惠国LD	45
				4.6	亚太AP		
				5.3	日^RJP^R		
3171	3917.3300	--其他装有附件的管子,未经加强也未与其他材料合制 --Other, not reinforced or otherwise combined with other materials, with fittings	6.5	0	东盟AS,智CL,巴PK,新西兰NZ,秘PE,哥CR,瑞CH,冰IS,韩KR,澳AU,格GE,毛MU,东盟^RAS^R,澳^RAU^R,新西兰^RNZ^R,柬KH,港HK,澳门MO,韩^RKR^R	0 受惠国LD	45
				4.2	亚太AP		
				5.3	日^RJP^R		

序号 No.	税则号列 Tariff Line	货品名称 Article Description	最惠国税率 MFN(%)		协定税率 Agreement(%)	特惠税率 SP(%)	普通税率 Gen(%)
3172	3917.3900	--其他 --Other	6.5	0	东盟AS,智CL,巴PK,新西兰NZ, 新加坡SG,秘PE,哥CR,瑞CH,冰 IS,澳AU,格GE,毛MU,柬KH,港 HK,澳门MO	0 受惠国LD	45
				2.6	韩KR		
				4.2	亚太AP		
				5.2	东盟^RAS^R,澳^RAU^R,新西兰^RNZ^R, 韩^RKR^R		
				5.7	日^RJP^R		
3173	3917.4000	-管子附件 -Fittings	10	0	东盟AS,智CL,新西兰NZ,新加 坡SG,秘PE,哥CR,瑞CH,冰IS,韩 KR,澳AU,格GE,毛MU,柬KH,港 HK,澳门MO	0 受惠国LD	45
				3	巴PK		
				6.5	亚太AP		
				8	东盟^RAS^R,澳^RAU^R,新西兰^RNZ^R, 韩^RKR^R		
				8.2	日^RJP^R		
	39.18	块状或成卷的塑料铺地制品，不论是 否胶粘；本章注释九所规定的塑料糊 墙品： Floor coverings of plastics, whether or not self-adhesive, in rolls or in the form of tiles; wall or ceiling coverings of plastics, as defined in Note 9 to this Chapter:					
		-氯乙烯聚合物制： -Of polymers of vinyl chloride:					
3174	3918.1010	---糊墙品 ---Wall or ceiling coverings	10	0	东盟AS,智CL,新西兰NZ,秘PE, 哥CR,瑞CH,冰IS,澳AU,格GE, 毛MU,东盟^RAS^R,澳^RAU^R,新西 兰^RNZ^R,柬KH,港HK,澳门MO	0 受惠国LD	45
				1	韩KR		
				3	巴PK		
				8	韩^RKR^R		
				8.2	日^RJP^R		
3175	3918.1090	---其他 ---Other	10	0	东盟AS,智CL,新西兰NZ,秘PE, 哥CR,瑞CH,冰IS,澳AU,格GE, 毛MU,柬KH,港HK,澳门MO	0 受惠国LD	45
				3	巴PK		
				5	东盟^RAS^R,澳^RAU^R,新西兰^RNZ^R		
		-其他塑料制： -Of other plastics:					

序号 No.	税则号列 Tariff Line	货品名称 Article Description	最惠国税率 MFN(%)	协定税率 Agreement(%)		特惠税率 SP(%)	普通税率 Gen(%)
3176	3918.9010	---糊墙品 ---Wall or ceiling coverings	10	0	东盟AS,智CL,新西兰NZ,秘PE,哥CR,瑞CH,冰IS,澳AU,格GE,毛MU,东盟^{R}AS^R,澳^{R}AU^R,新西兰^{R}NZ^R,柬KH,港HK,澳门MO	0 受惠国LD	45
				1	韩KR		
				3	巴PK		
				8	韩^{R}KR^R		
				8.2	日^{R}JP^R		
3177	3918.9090	---其他 ---Other	10	0	东盟AS,智CL,新西兰NZ,秘PE,哥CR,瑞CH,冰IS,澳AU,格GE,毛MU,东盟^{R}AS^R,澳^{R}AU^R,新西兰^{R}NZ^R,柬KH,港HK,澳门MO	0 受惠国LD	45
				1	韩KR		
				3	巴PK		
				8	韩^{R}KR^R		
				8.2	日^{R}JP^R		
	39.19	自粘的塑料板、片、膜、箔、带、扁条及其他扁平形状材料,不论是否成卷: Self-adhesive plates, sheets, film, foil, tape, strip and other flat shapes, of plastics, whether or not in rolls:					
		-成卷, 宽度不超过20厘米: -In rolls of a width not exceeding 20cm:					
3178	3919.1010	---丙烯酸树脂类为基本成分 ---Based on acrylic resin	6.5	0	东盟AS,智CL,巴PK,新西兰NZ,秘PE,哥CR,瑞CH,冰IS,韩KR,澳AU,格GE,毛MU,柬KH,港HK,澳门MO	0 受惠国LD	45
				5.2	东盟^{R}AS^R,澳^{R}AU^R,新西兰^{R}NZ^R,韩^{R}KR^R		
				5.3	日^{R}JP^R		
		---其他: ---Other:					
3179	3919.1091	----胶囊型反光膜 ----Encapsulant reflective film	6.5	0	东盟AS,智CL,巴PK,新西兰NZ,秘PE,哥CR,瑞CH,冰IS,韩KR,澳AU,格GE,毛MU,东盟^{R}AS^R,澳^{R}AU^R,新西兰^{R}NZ^R,柬KH,港HK,澳门MO,韩^{R}KR^R	0 受惠国LD	45
				5.3	日^{R}JP^R		
3180	3919.1099	----其他 ----Other	6.5	0	东盟AS,智CL,巴PK,新西兰NZ,秘PE,哥CR,瑞CH,冰IS,澳AU,格GE,毛MU,柬KH,港HK,澳门MO,台TW	0 受惠国LD	45
				5	澳^{R}AU^R,新西兰^{R}NZ^R		
				5.2	东盟^{R}AS^R		
				5.3	日^{R}JP^R		

序号 No.	税则号列 Tariff Line	货品名称 Article Description	最惠国税率 MFN(%)	协定税率 Agreement(%)		特惠税率 SP(%)		普通税率 Gen(%)
		-其他: -Other:						
3181	3919.9010	---胶囊型反光膜 ---Encapsulant reflective film	6.5	0	东盟AS,智CL,巴PK,新西兰NZ,秘PE,哥CR,瑞CH,冰IS,澳AU,格GE,毛MU,柬KH,港HK,澳门MO	0	受惠国LD	45
				2.6	韩KR			
				4.2	亚太AP			
				5.2	东盟^{R}AS^R,澳^{R}AU^R,新西兰^{R}NZ^R,韩^{R}KR^R			
				5.7	日^{R}JP^R			
3182	3919.9090	---其他 ---Other	6.5	0	东盟AS,智CL,巴PK,新西兰NZ,秘PE,哥CR,瑞CH,冰IS,澳AU,格GE,毛MU,柬KH,港HK,澳门MO,台TW	0	受惠国LD	45
				2.6	韩KR			
				4.6	亚太AP			
				5.2	东盟^{R}AS^R,澳^{R}AU^R,新西兰^{R}NZ^R,韩^{R}KR^R			
				5.7	日^{R}JP^R			
	ex39199090	半导体晶圆制造用自粘式圆形抛光垫 Self-adhesive circular polishing pads of a kind used for the manufacture of semiconductor wafers	0					
	39.20	其他非泡沫塑料的板、片、膜、箔及扁条，未用其他材料强化、层压、支撑或用类似方法合制: Other plates, sheets, film, foil and strip, of plastics, non-cellular and not reinforced, laminated, supported or similarly combined with other materials:						
		-乙烯聚合物制: -Of polymers of ethylene:						
3183	3920.1010	---乙烯聚合物制电池隔膜 ---Battery separator, of polymers of ethylene	6.5△3	0	东盟AS,智CL,巴PK,新西兰NZ,秘PE,哥CR,瑞CH,冰IS,澳AU,格GE,毛MU,东盟^{R}AS^R,澳^{R}AU^R,新西兰^{R}NZ^R,柬KH,港HK,澳门MO	0	受惠国LD	45
				0.6	韩KR			
				4.2	亚太AP			
				5.2	韩^{R}KR^R			
				5.7	日^{R}JP^R			

序号 No.	税则号列 Tariff Line	货品名称 Article Description	最惠国税率 MFN(%)	协定税率 Agreement(%)		特惠税率 SP(%)	普通税率 Gen(%)
3184	3920.1090	---其他 ---Other	6.5	0	东盟AS,智CL,巴PK,新西兰NZ,秘PE,哥CR,瑞CH,冰IS,澳AU,格GE,毛MU,柬KH,港HK,澳门MO,台TW	0 受惠国LD	45
				2.6	韩KR		
				4.6	亚太AP		
				5.2	东盟^{R}AS^R,澳^{R}AU^R,新西兰^{R}NZ^R,韩^{R}KR^R		
				5.7	日^{R}JP^R		
		-丙烯聚合物制: -Of polymers of propylene:					
3185	3920.2010	--丙烯聚合物制电池隔膜 ---Battery separator, of polymers of propylene	6.5	0	东盟AS,智CL,巴PK,新西兰NZ,秘PE,哥CR,瑞CH,冰IS,澳AU,格GE,毛MU,柬KH,港HK,澳门MO	0 受惠国LD	45
				5	东盟^{R}AS^R,澳^{R}AU^R,新西兰^{R}NZ^R		
3186	3920.2090	---其他 ---Other	6.5	0	东盟AS,智CL,巴PK,新西兰NZ,秘PE,哥CR,瑞CH,冰IS,澳AU,格GE,毛MU,东盟^{R}AS^R,澳^{R}AU^R,新西兰^{R}NZ^R,柬KH,港HK,澳门MO,台TW	0 受惠国LD	45
				0.6	韩KR		
				5.2	韩^{R}KR^R		
				5.3	日^{R}JP^R		
3187	3920.3000	-苯乙烯聚合物制 -Of polymers of styrene	6.5	0	东盟AS,智CL,巴PK,新西兰NZ,秘PE,哥CR,瑞CH,冰IS,澳AU,格GE,毛MU,柬KH,港HK,澳门MO,台TW	0 受惠国LD	45
				0.6	韩KR		
				4.2	亚太AP		
				5.2	东盟^{R}AS^R,澳^{R}AU^R,新西兰^{R}NZ^R,韩^{R}KR^R		
				5.3	日^{R}JP^R		
		-氯乙烯聚合物制: -Of polymers of vinyl chloride:					
3188	3920.4300	--按重量计增塑剂含量不小于6% --Containing by weight not less than 6% of plasticisers	6.5	0	东盟AS,智CL,巴PK,新西兰NZ,新加坡SG,秘PE,哥CR,瑞CH,冰IS,澳AU,格GE,毛MU,柬KH,港HK,澳门MO,台TW	0 受惠国LD	45
				0.6	韩KR		
				4.2	亚太AP		
				5.2	东盟^{R}AS^R,澳^{R}AU^R,新西兰^{R}NZ^R,韩^{R}KR^R		
				5.3	日^{R}JP^R		

序号 No.	税则号列 Tariff Line	货品名称 Article Description	最惠国税率 MFN(%)	协定税率 Agreement(%)		特惠税率 SP(%)	普通税率 Gen(%)
3189	3920.4900	--其他 --Other	6.5	0	东盟AS,智CL,巴PK,新西兰NZ, 秘PE,哥CR,瑞CH,冰IS,澳AU, 格GE,毛MU,柬KH,港HK,澳门 MO,台TW	0 受惠国LD	45
				2.6	韩KR		
				4.2	亚太AP		
				5.2	东盟^{R}AS^R,澳^{R}AU^R,新西兰^{R}NZ^R, 韩^{R}KR^R		
				5.7	日^{R}JP^R		
		-丙烯酸聚合物制: -Of acrylic polymers:					
3190	3920.5100	--聚甲基丙烯酸甲酯制 --Of poly(methyl methacrylate)	6.5	0	东盟AS,智CL,巴PK,新西兰NZ, 秘PE,哥CR,瑞CH,冰IS,澳AU, 格GE,毛MU,东盟^{R}AS^R,澳^{R}AU^R, 新西兰^{R}NZ^R,柬KH,港HK,澳门 MO,台TW	0 受惠国LD	45
				0.6	韩KR		
				4.6	亚太AP		
				5.2	韩^{R}KR^R		
				5.3	日^{R}JP^R		
3191	3920.5900	--其他 --Other	6.5	0	东盟AS,智CL,新西兰NZ,秘PE, 哥CR,瑞CH,冰IS,澳AU,格GE, 毛MU,柬KH,港HK,澳门MO	0 受惠国LD	45
				1	巴PK		
				2.6	韩KR		
				5.2	东盟^{R}AS^R,澳^{R}AU^R,新西兰^{R}NZ^R, 韩^{R}KR^R		
				5.7	日^{R}JP^R		
		-聚碳酸酯、醇酸树脂、聚烯丙酯或其 他聚酯制: -Of polycarbonates, alkyd resins, polyallyl esters or other polyesters:					
3192	3920.6100	--聚碳酸酯制 --Of polycarbonates	6.5	0	东盟AS,智CL,巴PK,新西兰NZ, 秘PE,哥CR,瑞CH,冰IS,澳AU, 格GE,毛MU,柬KH,港HK,澳门 MO,台TW	0 受惠国LD	45
				2.6	韩KR		
				4.6	亚太AP		
				5.2	东盟^{R}AS^R,澳^{R}AU^R,新西兰^{R}NZ^R, 韩^{R}KR^R		
				5.7	日^{R}JP^R		

序号 No.	税则号列 Tariff Line	货品名称 Article Description	最惠国税率 MFN(%)	协定税率 Agreement(%)		特惠税率 SP(%)	普通税率 Gen(%)
3193	3920.6200	--聚对苯二甲酸乙二酯制 --Of poly(ethylene terephthalate)	6.5	0	东盟AS,智CL,巴PK,新西兰NZ,秘PE,哥CR,瑞CH,冰IS,澳AU,格GE,毛MU,柬KH,港HK,澳门MO,台TW	0 受惠国LD	45
				2.6	韩KR		
				4.6	亚太AP		
				5.2	东盟^{R}AS^R,澳^{R}AU^R,新西兰^{R}NZ^R,韩^{R}KR^R		
				5.7	日^{R}JP^R		
3194	3920.6300	--不饱和聚酯制 --Of unsaturated polyesters	10	0	东盟AS,智CL,新西兰NZ,秘PE,哥CR,瑞CH,冰IS,澳AU,格GE,毛MU,东盟^{R}AS^R,澳^{R}AU^R,新西兰^{R}NZ^R,柬KH,港HK,澳门MO	0 受惠国LD	45
				1	韩KR		
				3	巴PK		
				8	韩^{R}KR^R		
				8.2	日^{R}JP^R		
3195	3920.6900	--其他聚酯制 --Of other polyesters	10	0	东盟AS,智CL,新西兰NZ,新加坡SG,秘PE,哥CR,瑞CH,冰IS,澳AU,格GE,毛MU,柬KH,港HK,澳门MO,台TW	0 受惠国LD	45
				3	巴PK		
				5.5	韩KR		
				6.5	亚太AP		
				9	东盟^{R}AS^R,澳^{R}AU^R,日^{R}JP^R,新西兰^{R}NZ^R		
		-纤维素及其化学衍生物制: -Of cellulose or its chemical derivatives:					
3196	3920.7100	--再生纤维素制 --Of regenerated cellulose	6.5	0	东盟AS,智CL,新西兰NZ,秘PE,哥CR,瑞CH,冰IS,澳AU,格GE,毛MU,东盟^{R}AS^R,澳^{R}AU^R,新西兰^{R}NZ^R,柬KH,港HK,澳门MO	0 受惠国LD	45
				0.6	韩KR		
				1	巴PK		
				5.2	韩^{R}KR^R		
				5.3	日^{R}JP^R		
3197	3920.7300	--乙酸纤维素制 --Of cellulose acetate	6.5	0	东盟AS,智CL,新西兰NZ,秘PE,哥CR,瑞CH,冰IS,韩KR,澳AU,格GE,毛MU,柬KH,港HK,澳门MO	0 受惠国LD	45
				1	巴PK		
				5.2	东盟^{R}AS^R,澳^{R}AU^R,新西兰^{R}NZ^R,韩^{R}KR^R		
				5.3	日^{R}JP^R		

序号 No.	税则号列 Tariff Line	货品名称 Article Description	最惠国税率 MFN(%)	协定税率 Agreement(%)		特惠税率 SP(%)		普通税率 Gen(%)
3198	3920.7900	--其他纤维素衍生物制 --Of other cellulose derivatives	10	0	东盟AS,智CL,新西兰NZ,秘PE,哥CR,瑞CH,冰IS,澳AU,格GE,毛MU,东盟^{R}AS^R,澳^{R}AU^R,新西兰^{R}NZ^R,柬KH,港HK,澳门MO	0	受惠国LD	45
				1	韩KR			
				3	巴PK			
				8	韩^{R}KR^R			
				8.2	日^{R}JP^R			
		-其他塑料制: -Of other plastics:						
3199	3920.9100	--聚乙烯醇缩丁醛制 --Of poly(vinyl butyral)	6.5	0	东盟AS,智CL,巴PK,新西兰NZ,秘PE,哥CR,瑞CH,冰IS,澳AU,格GE,毛MU,柬KH,港HK,澳门MO	0	受惠国LD	45
				2.6	韩KR			
				5.2	东盟^{R}AS^R,澳^{R}AU^R,新西兰^{R}NZ^R,韩^{R}KR^R			
				5.7	日^{R}JP^R			
	ex39209100	聚乙烯醇缩丁醛膜（厚度不超过3毫米） Polyvinyl butyral membrane (thickness≤3mm)	△3					
3200	3920.9200	--聚酰胺制 --Of polyamides	10	0	东盟AS,智CL,新西兰NZ,新加坡SG,秘PE,哥CR,瑞CH,冰IS,韩KR,澳AU,格GE,毛MU,柬KH,港HK,澳门MO	0	受惠国LD	45
				3	巴PK			
				8	东盟^{R}AS^R,澳^{R}AU^R,新西兰^{R}NZ^R,韩^{R}KR^R			
				8.2	日^{R}JP^R			
3201	3920.9300	--氨基树脂制 --Of amino-resins	6.5	0	东盟AS,智CL,新西兰NZ,秘PE,哥CR,瑞CH,冰IS,韩KR,澳AU,格GE,毛MU,东盟^{R}AS^R,澳^{R}AU^R,新西兰^{R}NZ^R,柬KH,港HK,澳门MO,韩^{R}KR^R	0	受惠国LD	45
				1	巴PK			
				5.3	日^{R}JP^R			
3202	3920.9400	--酚醛树脂制 --Of phenolic resins	10	0	东盟AS,智CL,新西兰NZ,新加坡SG,秘PE,哥CR,瑞CH,冰IS,澳AU,格GE,毛MU,东盟^{R}AS^R,澳^{R}AU^R,新西兰^{R}NZ^R,柬KH,港HK,澳门MO	0	受惠国LD	45
				1	韩KR			
				3	巴PK			
				6.5	亚太AP			
				8	韩^{R}KR^R			
				8.2	日^{R}JP^R			

序号 No.	税则号列 Tariff Line	货品名称 Article Description	最惠国税率 MFN(%)	协定税率 Agreement(%)		特惠税率 SP(%)	普通税率 Gen(%)
		--其他塑料制: --Of other plastics:					
3203	3920.9910	---聚四氟乙烯制 ---Of polytetrafluoroethylene	6.5	0	东盟AS,智CL,巴PK,新西兰NZ, 秘PE,哥CR,瑞CH,冰IS,澳AU,格 GE,毛MU,柬KH,港HK,澳门MO	0 受惠国LD	45
				2.6	韩KR		
				5.2	东盟^{R}AS^R,澳^{R}AU^R,新西兰^{R}NZ^R, 韩^{R}KR^R		
				5.7	日^{R}JP^R		
3204	3920.9990	---其他塑料制 ---Of other plastics	6.5	0	东盟AS,智CL,巴PK,新西兰NZ, 秘PE,哥CR,瑞CH,冰IS,澳AU, 格GE,毛MU,东盟^{R}AS^R,澳^{R}AU^R, 新西兰^{R}NZ^R,柬KH,港HK,澳门 MO,台TW	0 受惠国LD	45
				0.6	韩KR		
				5.2	韩^{R}KR^R		
				5.7	日^{R}JP^R		
	ex39209990	聚酰亚胺膜（厚度不超过0.03毫米） Membrane of polyimide (thickness≤0.03mm)	Δ3				
	39.21	其他塑料板、片、膜、箔、扁条: Other plates, sheets, film, foil and strip, of plastics:					
		-泡沫塑料的: -Cellular:					
3205	3921.1100	--苯乙烯聚合物制 --Of polymers of styrene	10	0	东盟AS,智CL,新西兰NZ,秘PE, 哥CR,瑞CH,冰IS,澳AU,格GE, 毛MU,东盟^{R}AS^R,澳^{R}AU^R,新西 兰^{R}NZ^R,柬KH,港HK,澳门MO	0 受惠国LD	45
				1	韩KR		
				3	巴PK		
				6.5	亚太AP		
				8	韩^{R}KR^R		
				8.2	日^{R}JP^R		
		--氯乙烯聚合物制: --Of polymers of vinyl chloride:					
3206	3921.1210	---人造革及合成革 ---Combined with textile fabrics	9	0	东盟AS,智CL,新西兰NZ,新加 坡SG,秘PE,哥CR,瑞CH,冰IS,澳 AU,格GE,毛MU,柬KH,港HK,澳 门MO,台TW	0 受惠国LD	70
				1	巴PK		
				3.6	韩KR		
				7.8	东盟^{R}AS^R,韩^{R}KR^R		
				7.9	日^{R}JP^R		
				8.1	澳^{R}AU^R,新西兰^{R}NZ^R		

序号 No.	税则号列 Tariff Line	货品名称 Article Description	最惠国税率 MFN(%)	协定税率 Agreement(%)		特惠税率 SP(%)		普通税率 Gen(%)
3207	3921.1290	---其他 ---Other	6.5	0	东盟AS,智CL,巴PK,新西兰NZ,秘PE,哥CR,瑞CH,冰IS,韩KR,澳AU,格GE,毛MU,东盟^RAS^R,澳^RAU^R,新西兰^RNZ^R,柬KH,港HK,澳门MO,韩^RKR^R	0 受惠国LD	45
				5.3	日^RJP^R		
		--氨酯聚合物制: --Of polyurethanes:					
3208	3921.1310	---人造革及合成革 ---Combined with textile fabrics	9	0	东盟AS,智CL,新西兰NZ,新加坡SG,秘PE,哥CR,瑞CH,冰IS,澳AU,格GE,毛MU,柬KH,港HK,澳门MO,台TW	0 受惠国LD	70
				1	巴PK		
				3.6	韩KR		
				5.9	亚太AP		
				7.8	东盟^RAS^R,韩^RKR^R		
				7.9	日^RJP^R		
				8.1	澳^RAU^R,新西兰^RNZ^R		
3209	3921.1390	---其他 ---Other	6.5	0	东盟AS,智CL,巴PK,新西兰NZ,秘PE,哥CR,瑞CH,冰IS,澳AU,格GE,毛MU,东盟^RAS^R,澳^RAU^R,新西兰^RNZ^R,柬KH,港HK,澳门MO	0 受惠国LD	45
				0.6	韩KR		
				4.6	亚太AP		
				5.2	韩^RKR^R		
				5.3	日^RJP^R		
3210	3921.1400	--再生纤维素制 --Of regenerated cellulose	10	0	东盟AS,智CL,新西兰NZ,秘PE,哥CR,瑞CH,冰IS,澳AU,格GE,毛MU,东盟^RAS^R,澳^RAU^R,新西兰^RNZ^R,柬KH,港HK,澳门MO	0 受惠国LD	45
				1	韩KR		
				3	巴PK		
				8	韩^RKR^R		
				8.2	日^RJP^R		
		--其他塑料制: --Of other plastics:					
3211	3921.1910	---人造革及合成革 ---Combined with textile fabrics	9	0	东盟AS,智CL,新西兰NZ,秘PE,哥CR,瑞CH,冰IS,澳AU,格GE,毛MU,柬KH,港HK,澳门MO	0 受惠国LD	45
				1	巴PK		
				3.6	韩KR		
				6.3	亚太AP		
				7.8	东盟^RAS^R,韩^RKR^R		
				7.9	日^RJP^R		
				8.1	澳^RAU^R,新西兰^RNZ^R		

序号 No.	税则号列 Tariff Line	货品名称 Article Description	最惠国税率 MFN(%)	协定税率 Agreement(%)		特惠税率 SP(%)	普通税率 Gen(%)
3212	3921.1990	---其他 ---Other	6.5	0	东盟AS,智CL,巴PK,新西兰NZ, 秘PE,哥CR,瑞CH,冰IS,澳AU, 格GE,毛MU,柬KH,港HK,澳门 MO,台TW	0 受惠国LD	45
				2.6	韩KR		
				4.2	亚太AP		
				5.2	东盟^RAS^R,澳^RAU^R,新西兰^RNZ^R, 韩^RKR^R		
				5.7	日^RJP^R		
	ex39211990	电池隔膜 Battery separator	Δ3				
		-其他: -Other:					
3213	3921.9020	---聚乙烯嵌有玻璃纤维的板、片 ---Plates, sheets of polyethylene with glass fibres	6.5	0	东盟AS,智CL,巴PK,新西兰NZ, 秘PE,哥CR,瑞CH,冰IS,韩KR, 澳AU,格GE,毛MU,东盟^RAS^R,澳 ^RAU^R,新西兰^RNZ^R,柬KH,港HK, 澳门MO,韩^RKR^R	0 受惠国LD	45
				4.2	亚太AP		
				5.3	日^RJP^R		
3214	3921.9030	---聚异丁烯为基本成分的附有人造毛毡 的板、片、卷材 ---Plates, sheets, coils of polyisobutylene with man-made felt	6.5	0	东盟AS,智CL,巴PK,新西兰NZ, 秘PE,哥CR,瑞CH,冰IS,澳AU,格 GE,毛MU,东盟^RAS^R,澳^RAU^R,新 西兰^RNZ^R,柬KH,港HK,澳门MO	0 受惠国LD	45
				0.6	韩KR		
				4.2	亚太AP		
				5.2	韩^RKR^R		
				5.3	日^RJP^R		
3215	3921.9090	---其他 ---Other	6.5	0	东盟AS,智CL,巴PK,新西兰NZ, 秘PE,哥CR,瑞CH,冰IS,澳AU, 格GE,毛MU,柬KH,港HK,澳门 MO,台TW	0 受惠国LD	45
				2.6	韩KR		
				4.6	亚太AP		
				5.2	东盟^RAS^R,澳^RAU^R,新西兰^RNZ^R, 韩^RKR^R		
				5.7	日^RJP^R		
	ex39219090	离子交换膜 Ion exchange membrane	Δ5				
	39.22	塑料浴缸、淋浴盘、洗涤槽、盥洗盆、坐 浴盆、便盆、马桶座圈及盖、抽水箱及 类似卫生洁具: Baths, shower-baths, sinks, washbasins, bidets, lavatory pans, seats and covers, flushing cisterns and similar sanitary ware, of plastics:					

序号 No.	税则号列 Tariff Line	货品名称 Article Description	最惠国税率 MFN(%)	协定税率 Agreement(%)		特惠税率 SP(%)	普通税率 Gen(%)
3216	3922.1000	-浴缸、淋浴盘、洗涤槽及盥洗盆 -Baths, shower-baths, sinks and washbasins	6.5	0	东盟AS,智CL,新西兰NZ,秘PE, 哥CR,瑞CH,冰IS,澳AU,格GE, 毛MU,东盟^{R}AS^R,澳^{R}AU^R,新西 兰^{R}NZ^R,柬KH,港HK,澳门MO	0 受惠国LD, 老LA	80
				1	韩KR		
				3	巴PK		
				8	韩^{R}KR^R		
				8.2	日^{R}JP^R		
3217	3922.2000	-马桶座圈及盖 -Lavatory seats and covers	6.5	0	东盟AS,智CL,新西兰NZ,秘PE, 哥CR,瑞CH,冰IS,澳AU,格GE, 毛MU,东盟^{R}AS^R,澳^{R}AU^R,新西 兰^{R}NZ^R,柬KH,港HK,澳门MO	0 受惠国LD, 老LA	80
				1	韩KR		
				3	巴PK		
				8	韩^{R}KR^R		
				8.2	日^{R}JP^R		
3218	3922.9000	-其他 -Other	6.5	0	东盟AS,智CL,新西兰NZ,秘PE, 哥CR,瑞CH,冰IS,澳AU,格GE, 毛MU,东盟^{R}AS^R,澳^{R}AU^R,新西 兰^{R}NZ^R,柬KH,港HK,澳门MO	0 受惠国LD	80
				1	韩KR		
				3	巴PK		
				8	韩^{R}KR^R		
				8.2	日^{R}JP^R		
	39.23	供运输或包装货物用的塑料制品；塑料 制的塞子、盖子及类似品： Articles for the conveyance or packing of goods, of plastics; stoppers, lids, caps and other closures, of plastics:					
3219	3923.1000	-盒、箱(包括板条箱)及类似品 -Boxes, cases, crates and similar articles	10	0	东盟AS,智CL,新西兰NZ,新加 坡SG,秘PE,哥CR,瑞CH,冰IS,澳 AU,格GE,毛MU,柬KH,港HK,澳 门MO,台TW	0 受惠国LD	80
				4	巴PK		
				5.5	韩KR		
				6.5	亚太AP		
				9	东盟^{R}AS^R,澳^{R}AU^R,日^{R}JP^R,新西 兰^{R}NZ^R,韩^{R}KR^R		
	ex39231000	税目3923.10或8486.90的,具有特定形 状或装置,供运输或包装半导体晶圆、 掩模或光罩的塑料盒、箱、板条箱及类 似物品 Boxes, cases, crates and similar articles, of plastic, specially shaped or fitted for the conveyance or packing of semiconductor wafers, masks, or reticles , of subheading 3923.10 or 8486.90	0				

序号 No.	税则号列 Tariff Line	货品名称 Article Description	最惠国税率 MFN(%)		协定税率 Agreement(%)	特惠税率 SP(%)	普通税率 Gen(%)
		-袋及包(包括锥形的): -Sacks and bags (including cones):					
3220	3923.2100	--乙烯聚合物制 --Of polymers of ethylene	10	0	东盟AS,智CL,巴PK,新西兰NZ,新加坡SG,秘PE,哥CR,瑞CH,冰IS,韩KR,澳AU,格GE,毛MU,柬KH,港HK,澳门MO	0 受惠国LD	80
				8	东盟^RAS^R,澳^RAU^R,新西兰^RNZ^R,韩^RKR^R		
				8.2	日^RJP^R		
3221	3923.2900	--其他塑料制 --Of other plastics	10	0	东盟AS,智CL,新西兰NZ,新加坡SG,秘PE,哥CR,瑞CH,冰IS,澳AU,格GE,柬KH,港HK,澳门MO	0 受惠国LD	80
				3	巴PK		
				4	韩KR,毛MU		
				8.7	东盟^RAS^R,韩^RKR^R		
				8.8	日^RJP^R		
				9	澳^RAU^R,新西兰^RNZ^R		
3222	3923.3000	-坛、瓶及类似品 -Carboys, bottles, flasks and similar articles	6.5	0	东盟AS,智CL,新西兰NZ,新加坡SG,哥CR,瑞CH,冰IS,澳AU,格GE,毛MU,柬KH,港HK,澳门MO	0 受惠国LD	80
				2.6	韩KR		
				4	巴PK		
				5.2	东盟^RAS^R,澳^RAU^R,新西兰^RNZ^R,韩^RKR^R		
				5.7	日^RJP^R		
3223	3923.4000	-卷轴、纤子、筒管及类似品 -Spools, cops, bobbins and similar supports	10	0	东盟AS,智CL,新西兰NZ,新加坡SG,秘PE,哥CR,瑞CH,冰IS,澳AU,格GE,毛MU,柬KH,港HK,澳门MO	0 受惠国LD	35
				3	巴PK		
				4	韩KR		
				6.5	亚太AP		
				8.7	东盟^RAS^R,韩^RKR^R		
				8.8	日^RJP^R		
				9	澳^RAU^R,新西兰^RNZ^R		
3224	3923.5000	-塞子、盖子及类似品 -Stoppers, lids, caps and other closures	10	0	东盟AS,智CL,新西兰NZ,新加坡SG,秘PE,哥CR,瑞CH,冰IS,澳AU,格GE,毛MU,东盟^RAS^R,澳^RAU^R,新西兰^RNZ^R,柬KH,港HK,澳门MO,台TW	0 受惠国LD	80
				1	韩KR		
				3	巴PK		
				8	韩^RKR^R		
				8.2	日^RJP^R		

序号 No.	税则号列 Tariff Line	货品名称 Article Description	最惠国税率 MFN(%)		协定税率 Agreement(%)	特惠税率 SP(%)	普通税率 Gen(%)
3225	3923.9000	-其他 -Other	10	0	东盟AS,智CL,新西兰NZ,新加坡SG,秘PE,哥CR,瑞CH,冰IS,澳AU,格GE,毛MU,柬KH,港HK,澳门MO,台TW	0 受惠国LD	80
				3	巴PK		
				5.5	韩KR		
				6.5	亚太AP		
				9	东盟^{R}AS^R,澳^{R}AU^R,日^{R}JP^R,新西兰^{R}NZ^R,韩^{R}KR^R		
	39.24	塑料制的餐具、厨房用具、其他家庭用具及卫生或盥洗用具: Tableware, kitchenware, other household articles and hygienic or toilet articles, of plastics:					
3226	3924.1000	-餐具及厨房用具 -Tableware and kitchenware	6.5	0	东盟AS,智CL,新西兰NZ,新加坡SG,秘PE,哥CR,瑞CH,冰IS,澳AU,格GE,柬KH,港HK,澳门MO	0 受惠国LD,亚太AP	80
				3	巴PK		
				4	韩KR,毛MU		
				8.7	东盟^{R}AS^R,韩^{R}KR^R		
				8.8	日^{R}JP^R		
				9	澳^{R}AU^R,新西兰^{R}NZ^R		
3227	3924.9000	-其他 -Other	6.5	0	东盟AS,智CL,巴PK,新西兰NZ,新加坡SG,秘PE,哥CR,瑞CH,冰IS,澳AU,格GE,柬KH,港HK,澳门MO	0 受惠国LD	80
				1	韩KR		
				4	毛MU		
				8	东盟^{R}AS^R,澳^{R}AU^R,新西兰^{R}NZ^R,韩^{R}KR^R		
				8.2	日^{R}JP^R		
	39.25	其他税目未列名的建筑用塑料制品: Builders' ware of plastics, not elsewhere specified or included:					
3228	3925.1000	-固、柜、罐、桶及类似容器,容积超过300升 -Reservoirs, tanks, vats and similar containers, of a capacity exceeding 300L	6.5	0	东盟AS,智CL,新西兰NZ,秘PE,哥CR,瑞CH,冰IS,澳AU,格GE,毛MU,东盟^{R}AS^R,澳^{R}AU^R,新西兰^{R}NZ^R,柬KH,港HK,澳门MO	0 受惠国LD	80
				1	韩KR		
				3	巴PK		
				8	韩^{R}KR^R		
				8.2	日^{R}JP^R		

序号 No.	税则号列 Tariff Line	货品名称 Article Description	最惠国税率 MFN(%)	协定税率 Agreement(%)		特惠税率 SP(%)	普通税率 Gen(%)
3229	3925.2000	-门、窗及其框架、门槛 -Doors, windows and their frames and thresholds for doors	6.5	0	东盟AS,智CL,新西兰NZ,秘PE,哥CR,瑞CH,冰IS,澳AU,格GE,毛MU,东盟^RAS^R,澳^RAU^R,新西兰^RNZ^R,柬KH,港HK,澳门MO	0 受惠国LD	80
				1	韩KR		
				3	巴PK		
				4.2	亚太AP		
				8	韩^RKR^R		
				8.2	日^RJP^R		
3230	3925.3000	-窗板、百叶窗(包括威尼斯式百叶窗)或类似制品及其零件 -Shutters, blinds (including Venetian blinds) and similar articles and parts thereof	6.5	0	东盟AS,智CL,新西兰NZ,秘PE,哥CR,瑞CH,冰IS,澳AU,格GE,毛MU,东盟^RAS^R,澳^RAU^R,新西兰^RNZ^R,柬KH,港HK,澳门MO	0 受惠国LD	80
				1	韩KR		
				3	巴PK		
				8	韩^RKR^R		
				8.2	日^RJP^R		
3231	3925.9000	-其他 -Other	6.5	0	东盟AS,智CL,新西兰NZ,秘PE,哥CR,冰IS,澳AU,格GE,毛MU,柬KH,港HK,澳门MO	0 受惠国LD	80
				1	韩KR		
				3	巴PK		
				4	瑞CH		
				8	东盟^RAS^R,澳^RAU^R,新西兰^RNZ^R,韩^RKR^R		
				8.2	日^RJP^R		
	39.26	其他塑料制品及税目39.01至39.14所列其他材料的制品： Other articles of plastics and articles of other materials of headings 39.01 to 39.14:					
3232	3926.1000	-办公室或学校用品 -Office or school supplies	10	0	东盟AS,智CL,新西兰NZ,新加坡SG,秘PE,哥CR,瑞CH,冰IS,澳AU,格GE,毛MU,东盟^RAS^R,澳^RAU^R,新西兰^RNZ^R,柬KH,港HK,澳门MO	0 受惠国LD	80
				1	韩KR		
				3	巴PK		
				8	韩^RKR^R		
				8.2	日^RJP^R		
		-衣服及衣着附件(包括分指手套、连指手套及露指手套)： -Articles of apparel and clothing accessories (including gloves, mittens and mitts):					

序号 No.	税则号列 Tariff Line	货品名称 Article Description	最惠国税率 MFN(%)	协定税率 Agreement(%)		特惠税率 SP(%)	普通税率 Gen(%)
		---手套（包括分指手套、连指手套及露指手套）： ---Gloves, mittens and mitts:					
3233	3926.2011	----聚氯乙烯制 ----Of Poly(vinyl chloride)	6.5	0	东盟AS,智CL,新西兰NZ,新加坡SG,秘PE,哥CR,瑞CH,冰IS,澳AU,格GE,毛MU,东盟^RAS^R,澳^RAU^R,新西兰^RNZ^R,柬KH,港HK,澳门MO	0 受惠国LD	90
				1	韩KR		
				8	韩^RKR^R		
				8.2	日^RJP^R		
3234	3926.2019	----其他 ----Other	6.5	0	东盟AS,智CL,新西兰NZ,新加坡SG,秘PE,哥CR,瑞CH,冰IS,澳AU,格GE,毛MU,东盟^RAS^R,澳^RAU^R,新西兰^RNZ^R,柬KH,港HK,澳门MO	0 受惠国LD	90
				1	韩KR		
				8	韩^RKR^R		
				8.2	日^RJP^R		
3235	3926.2090	---其他 ---Other	6.5	0	东盟AS,智CL,新西兰NZ,新加坡SG,秘PE,哥CR,瑞CH,冰IS,澳AU,格GE,毛MU,东盟^RAS^R,澳^RAU^R,新西兰^RNZ^R,柬KH,港HK,澳门MO	0 受惠国LD	90
				1	韩KR		
				8	韩^RKR^R		
				8.2	日^RJP^R		
3236	3926.3000	-家具、车厢或类似品的附件 -Fittings for furniture, coachwork or the like	10	0	东盟AS,智CL,新西兰NZ,新加坡SG,秘PE,哥CR,瑞CH,冰IS,澳AU,格GE,毛MU,柬KH,港HK,澳门MO	0 受惠国LD	80
				3	巴PK		
				4	韩KR		
				8.7	东盟^RAS^R,韩^RKR^R		
				8.8	日^RJP^R		
				9	澳^RAU^R,新西兰^RNZ^R		
3237	3926.4000	-小雕塑品及其他装饰品 -Statuettes and other ornamental articles	6.5	0	东盟AS,智CL,新西兰NZ,秘PE,哥CR,瑞CH,冰IS,澳AU,格GE,毛MU,东盟^RAS^R,澳^RAU^R,新西兰^RNZ^R,柬KH,港HK,澳门MO	0 受惠国LD	100
				1	韩KR		
				4	巴PK		
				4.2	亚太AP		
				8	韩^RKR^R		
				8.2	日^RJP^R		

序号 No.	税则号列 Tariff Line	货品名称 Article Description	最惠国税率 MFN(%)	协定税率 Agreement(%)		特惠税率 SP(%)	普通税率 Gen(%)
		-其他: -Other:					
3238	3926.9010	---机器及仪器用零件 ---Of a kind for used in machines or instruments	10	0	东盟AS,智CL,巴PK,新西兰NZ,新加坡SG,秘PE,哥CR,瑞CH,冰IS,澳AU,格GE,毛MU,东盟^{R}AS^R,澳^{R}AU^R,新西兰^{R}NZ^R,柬KH,港HK,澳门MO,台TW	0 受惠国LD	35
				1	韩KR		
				6.5	亚太AP		
				8	韩^{R}KR^R		
				8.8	日^{R}JP^R		
3239	3926.9090	---其他 ---Other	10	0	东盟AS,智CL,新西兰NZ,新加坡SG,秘PE,哥CR,瑞CH,冰IS,澳AU,格GE,毛MU,东盟^{R}AS^R,澳^{R}AU^R,新西兰^{R}NZ^R,柬KH,港HK,澳门MO,台TW	0 受惠国LD	80
				1	韩KR		
				6.5	亚太AP		
				8	韩^{R}KR^R		
				8.8	日^{R}JP^R		
				9.2	巴PK		
	ex39269090	聚氨酯制避孕套 Condom of polyurethane	Δ0				

注释:

一、除条文另有规定的以外,本目录所称"橡胶",是指不论是否硫化或硬化的下列产品:天然橡胶、巴拉塔胶、古塔波胶、银胶菊胶、糖胶树胶及类似的天然树胶、合成橡胶、从油类中提取的油膏以及上述物品的再生品。

二、本章不包括:

（一）第十一类的货品（纺织原料及纺织制品）;

（二）第六十四章的鞋靴及其零件;

（三）第六十五章的帽类及其零件（包括游泳帽）;

（四）第十六类的硬质橡胶制的机械器具、电气器具及其零件（包括各种电气用品）;

（五）第九十章、第九十二章、第九十四章或第九十六章的物品;或

（六）第九十五章的物品（运动用分指手套、连指手套、露指手套及税目40.11至40.13的制品除外）。

三、税目40.01至40.03及40.05所称"初级形状",只限于下列形状:

（一）液状及糊状,包括胶乳（不论是否预硫化）及其他分散体和溶液;

（二）不规则形状的块、团、包、粉、粒、碎屑及类似的散装形状。

四、本章注释一和税目40.02所称"合成橡胶",适用于:

（一）不饱和合成物质,即用硫磺硫化能使其不可逆地变为非热塑物质,这种物质能在温度18摄氏度至29摄氏度之间被拉长到其原长度的三倍而不致断裂,拉长到原长度的两倍时,在五分钟内能回复到不超过原长度的一倍半。为了进行上述试验,可以加入交联所需的硫化活化剂或促进剂;也允许含有注释五（二）2及3所述的物质。但不能加入非交联所需的物质,例如,增量剂、增塑剂及填料;

（二）聚硫橡胶（TM）;

（三）与塑料接枝共聚或混合而改性的天然橡胶、解聚天然橡胶以及不饱和合成物质与饱和合成高聚物的混合物,但这些产品必须符合以上（一）款关于硫化、延伸及回复的要求。

Notes:

1. Except where the context otherwise requires, throughout the Nomenclature the expression "rubber" means the following products, whether or not vulcanized or hard: natural rubber, balata, gutta-percha, guayule, chicle and similar natural gums, synthetic rubber, factice derived from oils, and such substances reclaimed.

2. This Chapter does not cover:

(a) Goods of Section XI (texitils and textile articles) ;

(b) Footwear or parts thereof of Chapter 64;

(c) Headgear or parts thereof (including bathing caps) of Chapter 65 ;

(d) Mechanical or electrical appliances or parts thereof of Section XVI (including electrical goods of all kinds) , of hard rubber;

(e) Articles of Chapter 90, 92, 94 or 96; or

(f) Articles of Chapter 95 (other than sports gloves, mittens and mitts and articles of headings 40.11 to 40.13) .

3. In headings 40.01 to 40.03 and 40.05, the expression "primary forms" applies only to the following forms:

(a) Liquids and pastes (including latex, whether or not pre-vulcanized, and other dispersions and solutions) ;

(b) Blocks of irregular shape, lumps, bales, powders, granules, crumbs and similar bulk forms.

4. In Note 1 to this Chapter and in heading 40.02, the expression "synthetic rubber" applies to:

(a) Unsaturated synthetic substances which can be irreversibly transformed by vulcanization with sulphur into non-thermoplastic substances which, at a temperature between 18℃ and 29℃, will not break on being extended to three times their original length and will return, after being extended to twice their original length, within a period of five minutes, to a length not greater than one and a half times their original length. For the purposes of this test, substances necessary for the cross-linking, such as vulcanizing activators or accelerators, may be added; the presence of substances as provided for by Note 5 (b) (2) and (3) is also permitted. However, the presence of any substances not necessary for the cross-linking, such as extenders, plasticizers and fillers, is not permitted;

(b) Thioplasts (TM); and

(c) Natural rubber modified by grafting or mixing with plastics, depolymerized natural rubber, mixtures of unsaturated synthetic substances with saturated synthetic high polymers provided that all the above-mentioned products comply with the requirements concerning vulcanization, elongation and recovery in (a) above.

五、

（一）税目 40.01 及 40.02 不适用于任何凝结前或凝结后与下列物质相混合的橡胶或橡胶混合物：

1. 硫化剂、促进剂、防焦剂或活性剂（为制造预硫胶乳所加入的除外）；

2. 颜料或其他着色料，但仅为易于识别而加入的除外；

3. 增塑剂或增量剂（用油增量的橡胶中所加的矿物油除外）、填料、增强剂、有机溶剂或其他物质，但以下（二）款所述的除外。

（二）含有下列物质的橡胶或橡胶混合物，只要仍具有原料的基本特性，应归入税目 40.01 或 40.02：

1. 乳化剂或防粘剂；

2. 少量的乳化剂分解产品；

3. 微量的下列物质：热敏剂（一般为制造热敏胶乳用）、阳离子表面活性剂（一般为制造阳性胶乳用）、抗氧剂、凝固剂、碎裂剂、抗冻剂、胶溶剂、保存剂、稳定剂、粘度控制剂或类似的特殊用途添加剂。

六、税目 40.04 所称"废碎料及下脚料"，是指在橡胶或橡胶制品生产或加工过程中由于切割、磨损或其他原因明显不能按橡胶或橡胶制品使用的废橡胶及下脚料。

七、全部用硫化橡胶制成的线，其任一截面的尺寸超过 5 毫米的，应作为带、杆或型材及异型材归入税目 40.08。

八、税目 40.10 包括用橡胶浸渍、涂布、包覆或层压的织物制成的或用橡胶浸渍、涂布、包覆或套裹的纱线或绳制成的传动带、输送带。

九、税目 40.01、40.02、40.03、40.05 及 40.08 所称"板"、"片"、"带"，仅指未切割或只简单切割成矩形（包括正方形）的板、片、带及正几何形块，不论是否具有成品的特征，也不论是否经过印制或其他表面加工，但未切割成其他形状或进一步加工。

税目 40.08 所称"杆"或"型材及异型材"，仅指不论是否切割成一定长度或表面加工，但未经进一步加工的该类产品。

5.

(a) Headings 40.01 and 40.02 do not apply to any rubber or mixture of rubbers which has been compounded, before or after coagulation, with:

(1) Vulcanizing agents, accelerators, retarders or activators (other than those added for the preparation of pre-vulcanized rubber latex);

(2) Pigments or other colouring matter, other than those added solely for the purpose of identification;

(3) Plasticizers or extenders (except mineral oil in the case of oil-extended rubber), fillers, reinforcing agents, organic solvents or any other substances, except those permitted under (b).

(b) The presence of the following substances in any rubber or mixture of rubbers shall not affect its classification in heading 40.01 or 40.02, as the case may be, provided that such rubber or mixture of rubbers retains its essential character as a raw material:

(1) Emulsifiers or anti-tack agents;

(2) Small amounts of breakdown products of emulsifiers;

(3) Very small amounts of the following: heat-sensitive agents (generally for obtaining thermosensitive rubber latexes), cationic surface-active agents (generally for obtaining electro-positive rubber latexes), antioxidants, coagulants, crumbling agents, freeze- resisting agents, peptizers, preservatives, stabilizers, viscosity-control agents, or similar special-purpose additives.

6. For the purposes of heading 40.04, the expression "waste, parings and scrap" means rubber waste, parings and scrap from the manufacture or working of rubber and rubber goods definitely not usable as such because of cutting-up, wear or other reasons.

7. Thread wholly of vulcanized rubber, of which any cross-sectional dimension exceeds 5mm, is to be classified as strip, rods or profile shapes, of heading 40.08.

8. Heading 40.10 includes conveyor or transmission belts or belting of textile fabric impregnated, coated, covered or laminated with rubber or made from textile yarn or cord impregnated, coated, covered or sheathed with rubber.

9. In headings 40.01, 40.02, 40.03, 40.05, and 40.08, the expressions "plates", "sheets" and "strip" apply only to plates, sheets and strip and to blocks of regular geometric shape, uncut or simply cut to rectangular (including square) shape, whether or not having the character of articles and whether or not printed or otherwise surface-worked, but not otherwise cut to shape or further worked.

In heading 40.08 the expressions "rods" and "profile shapes" apply only to such products, whether or not cut to length or surface-worked but not otherwise worked.

序号 No.	税则号列 Tariff Line	货品名称 Article Description	最惠国税率 MFN(%)	协定税率 Agreement(%)		特惠税率 SP(%)	普通税率 Gen(%)
	40.01	天然橡胶、巴拉塔胶、古塔波胶、银胶菊胶、糖胶树胶及类似的天然树胶，初级形状或板、片、带： Natural rubber, balata, gutta-percha, guayule, chicle and similar natural gums, in primary forms or in plates, sheets or strip:					
3240	4001.1000	-天然胶乳，不论是否预硫化 -Natural rubber latex, whether or not prevulcanized	20△①	0	智CL,新西兰NZ,哥CR,瑞CH,冰IS,澳AU,港HK,澳门MO		40
				8	韩KR		
		-其他形状的天然橡胶： -Natural rubber in other forms:					
3241	4001.2100	--烟胶片 --Smoked sheets	20△②	0	智CL,新西兰NZ,哥CR,瑞CH,冰IS,澳AU,港HK,澳门MO		40
				8	韩KR		
				17	亚太AP,巴PK		
3242	4001.2200	--技术分类天然橡胶（TSNR） --Technically specified natural rubber(TSNR)	20△③	0	智CL,新西兰NZ,哥CR,瑞CH,冰IS,澳AU,港HK,澳门MO		40
3243	4001.2900	--其他 --Other	20	0	智CL,新西兰NZ,哥CR,瑞CH,冰IS,澳AU,港HK,澳门MO		40
				17	亚太AP,巴PK		
3244	4001.3000	-巴拉塔胶、古塔波胶、银胶菊胶、糖胶树胶及类似的天然树胶 -Balata, gutta-percha, guayule, chicle and similar natural gums	20	0	东盟AS,智CL,新西兰NZ,新加坡SG,秘PE,哥CR,瑞CH,冰IS,澳AU,格GE,柬KH,港HK,澳门MO	0 受惠国LD	40
				8	韩KR		
				16	东盟^{R}AS^R,澳^{R}AU^R,新西兰^{R}NZ^R,韩^{R}KR^R		
				17.5	日^{R}JP^R		
	40.02	合成橡胶及从油类提取的油膏，初级形状或板、片、带；税目40.01所列产品与本税目所列产品的混合物，初级形状或板、片、带： Synthetic rubber and factice derived from oils, in primary forms or in plates, sheets or strip; mixtures of any product of heading 40.01 with any product of this heading, in primary forms or in plates, sheets or strip:					

---

① 最惠国暂定税率：10%或900元/吨，两者从低。
　MFN Temporary Tariff Rate: 10% or 900¥/T, the less.
② 最惠国暂定税率：20%或1500元/吨，两者从低。
　MFN Temporary Tariff Rate: 20% or 1500¥/T, the less.
③ 最惠国暂定税率：20%或1500元/吨，两者从低。
　MFN Temporary Tariff Rate: 20% or 1500¥/T, the less.

序号 No.	税则号列 Tariff Line	货品名称 Article Description	最惠国税率 MFN(%)	协定税率 Agreement(%)		特惠税率 SP(%)		普通税率 Gen(%)
		-丁苯橡胶（SBR）；羧基丁苯橡胶 （XSBR）： -Styrene-butadiene rubber (SBR); carboxylated styrene-butadiene rubber (XSBR):						
		--胶乳： --Latex:						
3245	4002.1110	---羧基丁苯橡胶 ---Carboxylated styrene-butadiene rubber(XSBR)	7.5	0	东盟AS,智CL,新西兰NZ,秘PE, 哥CR,瑞CH,冰IS,澳AU,格GE, 毛MU,柬KH,港HK,澳门MO	0 受惠国LD		14
				1	巴PK			
				3	韩KR			
				6	东盟^RAS^R,澳^RAU^R,新西兰^RNZ^R, 韩^RKR^R			
				6.6	日^RJP^R			
3246	4002.1190	---其他 ---Other	7.5	0	东盟AS,智CL,新西兰NZ,秘PE, 哥CR,瑞CH,冰IS,澳AU,格GE, 毛MU,柬KH,港HK,澳门MO	0 受惠国LD		14
				1	巴PK			
				3	韩KR			
				6	东盟^RAS^R,澳^RAU^R,新西兰^RNZ^R, 韩^RKR^R			
				6.6	日^RJP^R			
		--其他： --Other:						
		---初级形状的： ---In primary forms:						
3247	4002.1911	----未经任何加工的丁苯橡胶（溶聚的 除外） ----SBR,except for SSBR,not worked	7.5	0	东盟AS,智CL,新西兰NZ,新加 坡SG,秘PE,哥CR,瑞CH,冰IS,澳 AU,格GE,毛MU,柬KH,港HK,澳 门MO	0 受惠国LD		14
				1	巴PK			
				3	韩KR			
				6	东盟^RAS^R,澳^RAU^R,新西兰^RNZ^R, 韩^RKR^R			
				6.6	日^RJP^R			
3248	4002.1912	----充油丁苯橡胶（溶聚的除外） ----SBR,except for SSBR,oil-filled	7.5	0	东盟AS,智CL,新西兰NZ,新加 坡SG,秘PE,哥CR,瑞CH,冰IS,澳 AU,格GE,毛MU,柬KH,港HK,澳 门MO	0 受惠国LD		14
				1	巴PK			
				3	韩KR			
				6	东盟^RAS^R,澳^RAU^R,新西兰^RNZ^R, 韩^RKR^R			
				6.6	日^RJP^R			

序号 No.	税则号列 Tariff Line	货品名称 Article Description	最惠国税率 MFN(%)	协定税率 Agreement(%)		特惠税率 SP(%)		普通税率 Gen(%)
3249	4002.1913	----热塑丁苯橡胶 ----SBR, thermo-plasticated	7.5	0	东盟AS,智CL,新西兰NZ,新加坡SG,秘PE,哥CR,瑞CH,冰IS,澳AU,格GE,毛MU,柬KH,港HK,澳门MO	0 受惠国LD	14
				1	巴PK		
				3	韩KR		
				6	东盟^{R}AS^R,澳^{R}AU^R,新西兰^{R}NZ^R,韩^{R}KR^R		
				6.6	日^{R}JP^R		
3250	4002.1914	----充油热塑丁苯橡胶 ----SBR, oil-filled and thermo-plasticated	7.5	0	东盟AS,智CL,新西兰NZ,新加坡SG,秘PE,哥CR,瑞CH,冰IS,澳AU,格GE,毛MU,柬KH,港HK,澳门MO	0 受惠国LD	14
				1	巴PK		
				3	韩KR		
				6	东盟^{R}AS^R,澳^{R}AU^R,新西兰^{R}NZ^R,韩^{R}KR^R		
				6.6	日^{R}JP^R		
3251	4002.1915	----未经任何加工的溶聚丁苯橡胶 ----SSBR,not worked	7.5	0	东盟AS,智CL,新西兰NZ,新加坡SG,秘PE,哥CR,瑞CH,冰IS,澳AU,格GE,毛MU,柬KH,港HK,澳门MO	0 受惠国LD	14
				1	巴PK		
				3	韩KR		
				6	东盟^{R}AS^R,澳^{R}AU^R,新西兰^{R}NZ^R,韩^{R}KR^R		
				6.6	日^{R}JP^R		
3252	4002.1916	----充油溶聚丁苯橡胶 ----SSBR,oil-filled	7.5	0	东盟AS,智CL,新西兰NZ,新加坡SG,秘PE,哥CR,瑞CH,冰IS,澳AU,格GE,毛MU,柬KH,港HK,澳门MO	0 受惠国LD	14
				1	巴PK		
				3	韩KR		
				6	东盟^{R}AS^R,澳^{R}AU^R,新西兰^{R}NZ^R,韩^{R}KR^R		
				6.6	日^{R}JP^R		
3253	4002.1919	----其他 ----Other	7.5	0	智CL,新西兰NZ,秘PE,哥CR,瑞CH,冰IS,澳AU,格GE,毛MU,柬KH,港HK,澳门MO	0 受惠国LD	14
				3	韩KR		
				5	东盟AS		
				6.8	东盟^{R}AS^R		
				7.1	澳^{R}AU^R,新西兰^{R}NZ^R		

序号 No.	税则号列 Tariff Line	货品名称 Article Description	最惠国税率 MFN(%)	协定税率 Agreement(%)		特惠税率 SP(%)	普通税率 Gen(%)
3254	4002.1990	---其他 ---Other	7.5	0	东盟AS,智CL,新西兰NZ,新加坡SG,秘PE,哥CR,瑞CH,冰IS,澳AU,格GE,毛MU,柬KH,港HK,澳门MO	0 受惠国LD	35
				1	巴PK		
				3	韩KR		
				4.9	亚太AP		
				6	东盟^{R}AS^R,澳^{R}AU^R,新西兰^{R}NZ^R,韩^{R}KR^R		
				6.6	日^{R}JP^R		
		-丁二烯橡胶（BR）： -Butadiene rubber (BR):					
3255	4002.2010	---初级形状的 ---In primary forms	7.5	0	东盟AS,智CL,新西兰NZ,秘PE,哥CR,瑞CH,冰IS,澳AU,格GE,毛MU,柬KH,港HK,澳门MO	0 受惠国LD	14
				1	巴PK		
				3	韩KR		
				6	东盟^{R}AS^R,澳^{R}AU^R,新西兰^{R}NZ^R,韩^{R}KR^R		
				6.6	日^{R}JP^R		
3256	4002.2090	---其他 ---Other	7.5	0	东盟AS,智CL,新西兰NZ,秘PE,哥CR,瑞CH,冰IS,澳AU,格GE,毛MU,柬KH,港HK,澳门MO	0 受惠国LD	35
				1	巴PK		
				3	韩KR		
				6	东盟^{R}AS^R,澳^{R}AU^R,新西兰^{R}NZ^R,韩^{R}KR^R		
				6.6	日^{R}JP^R		
				7	亚太AP		
		-异丁烯-异戊二烯（丁基）橡胶（IIR）； 卤代丁基橡胶（CIIR或BIIR）： -Isobutene-isoprene (butyl) rubber (IIR); halo-isobutene-isoprene rubber (CIIR or BIIR):					
		--异丁烯-异戊二烯（丁基）橡胶（IIR）： --Isobutene-isoprene (butyl) rubber (IIR):					
3257	4002.3110	---初级形状的 ---In primary forms	6	0	东盟AS,智CL,巴PK,新西兰NZ,秘PE,哥CR,瑞CH,冰IS,澳AU,格GE,毛MU,柬KH,港HK,澳门MO	0 受惠国LD	14
				2.4	韩KR		
				3.9	亚太AP		
				4.8	东盟^{R}AS^R,澳^{R}AU^R,新西兰^{R}NZ^R,韩^{R}KR^R		
				5.3	日^{R}JP^R		

序号 No.	税则号列 Tariff Line	货品名称 Article Description	最惠国税率 MFN(%)	协定税率 Agreement(%)		特惠税率 SP(%)		普通税率 Gen(%)
3258	4002.3190	---其他 ---Other	7.5	0	东盟AS,智CL,新西兰NZ,秘PE, 哥CR,瑞CH,冰IS,澳AU,格GE, 毛MU,柬KH,港HK,澳门MO	0	受惠国LD	35
				1	巴PK			
				3	韩KR			
				4.9	亚太AP			
				6	东盟^{R}AS^R,澳^{R}AU^R,新西兰^{R}NZ^R, 韩^{R}KR^R			
				6.6	日^{R}JP^R			
		--其他: --Other:						
3259	4002.3910	---初级形状的 ---In pimary forms	7.5	0	东盟AS,智CL,新西兰NZ,秘PE, 哥CR,瑞CH,冰IS,澳AU,格GE, 毛MU,柬KH,港HK,澳门MO	0	受惠国LD	14
				1	巴PK			
				3	韩KR			
				6	东盟^{R}AS^R,澳^{R}AU^R,新西兰^{R}NZ^R, 韩^{R}KR^R			
				6.6	日^{R}JP^R			
3260	4002.3990	---其他 ---Other	7.5	0	东盟AS,智CL,新西兰NZ,秘PE, 哥CR,瑞CH,冰IS,澳AU,格GE, 毛MU,柬KH,港HK,澳门MO	0	受惠国LD	35
				1	巴PK			
				3	韩KR			
				4.9	亚太AP			
				6	东盟^{R}AS^R,澳^{R}AU^R,新西兰^{R}NZ^R, 韩^{R}KR^R			
				6.6	日^{R}JP^R			
		-氯丁二烯(氯丁)橡胶(CR): -Chloroprene (chlorobutadiene) rubber (CR):						
3261	4002.4100	--胶乳 --Latex	7.5	0	东盟AS,智CL,新西兰NZ,秘PE, 哥CR,瑞CH,冰IS,韩KR,澳AU, 格GE,毛MU,东盟^{R}AS^R,澳^{R}AU^R, 新西兰^{R}NZ^R,柬KH,港HK,澳门 MO,韩^{R}KR^R	0	受惠国LD	14
				1	巴PK			
				4.9	亚太AP			
				6.1	日^{R}JP^R			
		--其他: --Other:						
3262	4002.4910	---初级形状的 ---In primary forms	7.5	0	东盟AS,智CL,新西兰NZ,秘PE, 哥CR,瑞CH,冰IS,澳AU,格GE, 毛MU,柬KH,港HK,澳门MO	0	受惠国LD	14
				1	巴PK			
				5	东盟^{R}AS^R,澳^{R}AU^R,新西兰^{R}NZ^R			

序号 No.	税则号列 Tariff Line	货品名称 Article Description	最惠国税率 MFN(%)	协定税率 Agreement(%)		特惠税率 SP(%)	普通税率 Gen(%)
3263	4002.4990	---其他 ---Other	7.5	0	东盟AS,智CL,新西兰NZ,秘PE, 哥CR,瑞CH,冰IS,澳AU,格GE, 毛MU,柬KH,港HK,澳门MO	0 受惠国LD	35
				1	巴PK		
				3	韩KR		
				4.9	亚太AP		
				6	东盟^{R}AS^R,澳^{R}AU^R,新西兰^{R}NZ^R, 韩^{R}KR^R		
				6.6	日^{R}JP^R		
		-丁腈橡胶（NBR）： -Acrylonitrile-butadiene rubber (NBR):					
3264	4002.5100	--胶乳 --Latex	7.5	0	东盟AS,智CL,新西兰NZ,秘PE, 哥CR,瑞CH,冰IS,澳AU,格GE, 毛MU,柬KH,港HK,澳门MO	0 受惠国LD	14
				1	巴PK		
				3	韩KR		
				4.9	亚太AP		
				6	东盟^{R}AS^R,澳^{R}AU^R,新西兰^{R}NZ^R, 韩^{R}KR^R		
				6.6	日^{R}JP^R		
		--其他： --Other:					
3265	4002.5910	---初级形状的 ---In primary forms	7.5	0	东盟AS,智CL,新西兰NZ,秘PE, 哥CR,瑞CH,冰IS,澳AU,格GE, 毛MU,柬KH,港HK,澳门MO	0 受惠国LD	14
				1	巴PK		
				3	韩KR		
				6	东盟^{R}AS^R,澳^{R}AU^R,新西兰^{R}NZ^R, 韩^{R}KR^R		
				6.6	日^{R}JP^R		
3266	4002.5990	---其他 ---Other	7.5	0	东盟AS,智CL,新西兰NZ,秘PE, 哥CR,瑞CH,冰IS,澳AU,格GE, 毛MU,柬KH,港HK,澳门MO	0 受惠国LD	35
				1	巴PK		
				3	韩KR		
				6	东盟^{R}AS^R,澳^{R}AU^R,新西兰^{R}NZ^R, 韩^{R}KR^R		
				6.6	日^{R}JP^R		
		-异戊二烯橡胶（IR）： -Isoprene rubber (IR):					
3267	4002.6010	---初级形状的 ---In primary forms	3	0	东盟AS,智CL,巴PK,新西兰NZ, 秘PE,哥CR,瑞CH,冰IS,澳AU,格 GE,毛MU,柬KH,港HK,澳门MO	0 受惠国LD	14
				1.2	韩KR		
				2.4	东盟^{R}AS^R,澳^{R}AU^R,新西兰^{R}NZ^R, 韩^{R}KR^R		
				2.6	日^{R}JP^R		

序号 No.	税则号列 Tariff Line	货品名称 Article Description	最惠国税率 MFN(%)	协定税率 Agreement(%)		特惠税率 SP(%)		普通税率 Gen(%)
3268	4002.6090	---其他 ---Other	5	0	东盟AS,智CL,巴PK,新西兰NZ, 秘PE,哥CR,瑞CH,冰IS,澳AU,格 GE,毛MU,柬KH,港HK,澳门MO	0	受惠国LD	35
				2	韩KR			
				3.3	亚太AP			
				4	东盟^{R}AS^R,澳^{R}AU^R,新西兰^{R}NZ^R, 韩^{R}KR^R			
				4.4	日^{R}JP^R			
		-乙丙非共轭二烯橡胶（EPDM）： -Ethylene-propylene-non-conjugated diene rubber (EPDM):						
3269	4002.7010	---初级形状的 ---In primary forms	7.5	0	东盟AS,智CL,新西兰NZ,秘PE, 哥CR,瑞CH,冰IS,澳AU,格GE, 毛MU,柬KH,港HK,澳门MO	0	受惠国LD	14
				1	巴PK			
				3	韩KR			
				6	东盟^{R}AS^R,澳^{R}AU^R,新西兰^{R}NZ^R, 韩^{R}KR^R			
				6.6	日^{R}JP^R			
3270	4002.7090	---其他 ---Other	7.5	0	东盟AS,智CL,新西兰NZ,秘PE, 哥CR,瑞CH,冰IS,澳AU,格GE, 毛MU,柬KH,港HK,澳门MO	0	受惠国LD	35
				1	巴PK			
				3	韩KR			
				6	东盟^{R}AS^R,澳^{R}AU^R,新西兰^{R}NZ^R, 韩^{R}KR^R			
				6.6	日^{R}JP^R			
				7.1	亚太AP			
3271	4002.8000	-税目40.01所列产品与本税目所列产品 的混合物 -Mixtures of any product of heading 40.01 with any product of this heading	7.5	0	东盟AS,智CL,新西兰NZ,秘PE, 哥CR,瑞CH,冰IS,澳AU,格GE, 毛MU,柬KH,港HK,澳门MO	0	受惠国LD	35
				1	巴PK			
				3	韩KR			
				6	东盟^{R}AS^R,澳^{R}AU^R,新西兰^{R}NZ^R, 韩^{R}KR^R			
				6.6	日^{R}JP^R			
		-其他： -Other:						
3272	4002.9100	--胶乳 --Latex	7.5	0	东盟AS,智CL,新西兰NZ,秘PE, 哥CR,瑞CH,冰IS,澳AU,格GE, 毛MU,柬KH,港HK,澳门MO	0	受惠国LD	14
				1	巴PK			
				3	韩KR			
				6	东盟^{R}AS^R,澳^{R}AU^R,新西兰^{R}NZ^R, 韩^{R}KR^R			
				6.6	日^{R}JP^R			

序号 No.	税则号列 Tariff Line	货品名称 Article Description	最惠国税率 MFN(%)	协定税率 Agreement(%)		特惠税率 SP(%)	普通税率 Gen(%)
		--其他: --Other:					
		---其他合成橡胶: ---Other synthetic rubber:					
3273	4002.9911	----初级形状的 ----In primary forms	7.5	0	东盟AS,智CL,新西兰NZ,秘PE,哥CR,瑞CH,冰IS,澳AU,格GE,毛MU,柬KH,港HK,澳门MO,台TW	0 受惠国LD	14
				1	巴PK		
				3	韩KR		
				6	东盟^RAS^R,澳^RAU^R,新西兰^RNZ^R,韩^RKR^R		
				6.6	日^RJP^R		
3274	4002.9919	----其他 ----Other	7.5	0	东盟AS,智CL,新西兰NZ,秘PE,哥CR,瑞CH,冰IS,澳AU,格GE,毛MU,柬KH,港HK,澳门MO	0 受惠国LD	35
				1	巴PK		
				3	韩KR		
				6	东盟^RAS^R,澳^RAU^R,新西兰^RNZ^R,韩^RKR^R		
				6.6	日^RJP^R		
3275	4002.9990	---其他 ---Other	4	0	东盟AS,智CL,巴PK,新西兰NZ,秘PE,哥CR,瑞CH,冰IS,韩KR,澳AU,格GE,毛MU,东盟^RAS^R,澳^RAU^R,日^RJP^R,新西兰^RNZ^R,柬KH,港HK,澳门MO,韩^RKR^R	0 受惠国LD	14
	40.03	**再生橡胶,初级形状或板、片、带:** **Reclaimed rubber in primary forms or in plates, sheets or strip:**					
3276	4003.0000	再生橡胶,初级形状或板、片、带 Reclaimed rubber in primary forms or in plates, sheets or strip	8	0	东盟AS,智CL,新西兰NZ,秘PE,哥CR,瑞CH,冰IS,澳AU,格GE,毛MU,柬KH,澳门MO	0 受惠国LD	30
				1	巴PK		
				3.2	韩KR		
				6.9	东盟^RAS^R,韩^RKR^R		
				7	日^RJP^R		
				7.2	澳^RAU^R,新西兰^RNZ^R		
	40.04	**橡胶(硬质橡胶的除外)的废碎料、下脚料及其粉、粒:** **Waste, parings and scrap of rubber (other than hard rubber) and powders and granules obtained therefrom:**					

序号 No.	税则号列 Tariff Line	货品名称 Article Description	最惠国税率 MFN(%)	协定税率 Agreement(%)		特惠税率 SP(%)	普通税率 Gen(%)
3277	4004.0000	橡胶(硬质橡胶的除外)的废碎料、下脚料及其粉、粒 Waste, parings and scrap of rubber (other than hard rubber) and powders and granules obtained therefrom	8	0	东盟AS,智CL,新西兰NZ,秘PE,哥CR,瑞CH,冰IS,韩KR,澳AU,格GE,毛MU,东盟^RAS^R,澳^RAU^R,新西兰^RNZ^R,柬KH,港HK,澳门MO,韩^RKR^R	0 受惠国LD	30
				1	巴PK		
				5.2	亚太AP		
				6.5	日^RJP^R		
	40.05	**未硫化的复合橡胶,初级形状或板、片、带:** **Compounded rubber, unvulcanised, in primary forms or in plates, sheets or strip:**					
3278	4005.1000	-与碳黑或硅石混合 -Compounded with carbon black or silica	8	0	东盟AS,智CL,新西兰NZ,秘PE,哥CR,瑞CH,冰IS,澳AU,毛MU,柬KH,港HK,澳门MO	0 受惠国LD	35
				1	巴PK		
				3.2	韩KR		
				6.4	东盟^RAS^R,澳^RAU^R,新西兰^RNZ^R,韩^RKR^R		
				7	日^RJP^R		
3279	4005.2000	-溶液;子目4005.10以外的分散体 -Solutions; dispersions other than those of subheading 4005.10	8	0	东盟AS,智CL,新西兰NZ,秘PE,哥CR,瑞CH,冰IS,澳AU,毛MU,柬KH,港HK,澳门MO	0 受惠国LD	35
				1	巴PK		
				3.2	韩KR		
				6.9	东盟^RAS^R,韩^RKR^R		
				7	日^RJP^R		
				7.2	澳^RAU^R,新西兰^RNZ^R		
		-其他: -Other:					
3280	4005.9100	--板、片、带 --Plates, sheets and strip	8	0	东盟AS,智CL,新西兰NZ,秘PE,哥CR,瑞CH,冰IS,韩KR,澳AU,毛MU,东盟^RAS^R,澳^RAU^R,新西兰^RNZ^R,柬KH,港HK,澳门MO,韩^RKR^R	0 受惠国LD	35
				1	巴PK		
				6.5	日^RJP^R		
3281	4005.9900	--其他 --Other	8	0	东盟AS,智CL,新西兰NZ,秘PE,哥CR,瑞CH,冰IS,澳AU,毛MU,柬KH,港HK,澳门MO	0 受惠国LD	35
				1	巴PK		
				3.2	韩KR		
				6.4	东盟^RAS^R,澳^RAU^R,新西兰^RNZ^R,韩^RKR^R		
				7	日^RJP^R		

序号 No.	税则号列 Tariff Line	货品名称 Article Description	最惠国税率 MFN(%)		协定税率 Agreement(%)	特惠税率 SP(%)	普通税率 Gen(%)
	40.06	其他形状(例如,杆、管或型材及异型材)的未硫化橡胶及未硫化橡胶制品(例如,盘、环): **Other forms (for example, rods, tubes and profile shapes) and articles (for example, discs and rings), of unvulcanised rubber:**					
3282	4006.1000	-轮胎翻新用胎面补料胎条 -Camel-back strips for retreading rubber tyres	8	0	东盟AS,智CL,新西兰NZ,秘PE,哥CR,瑞CH,冰IS,韩KR,澳AU,格GE,毛MU,东盟^{R}AS^R,澳^{R}AU^R,新西兰^{R}NZ^R,柬KH,港HK,澳门MO,韩^{R}KR^R	0 受惠国LD	35
				1	巴PK		
				6.5	日^{R}JP^R		
		-其他: -Other:					
3283	4006.9010	---其他形状的未硫化橡胶 ---Other forms of unvulcanized rubber	8	0	东盟AS,智CL,新西兰NZ,秘PE,哥CR,瑞CH,冰IS,澳AU,格GE,毛MU,东盟^{R}AS^R,澳^{R}AU^R,新西兰^{R}NZ^R,柬KH,港HK,澳门MO	0 受惠国LD	35
				0.8	韩KR		
				1	巴PK		
				6.4	韩^{R}KR^R		
				6.5	日^{R}JP^R		
3284	4006.9020	---未硫化橡胶制品 ---Articles of unvulcanized rubber	14	0	东盟AS,智CL,新西兰NZ,新加坡SG,秘PE,哥CR,瑞CH,冰IS,澳AU,格GE,毛MU,东盟^{R}AS^R,澳^{R}AU^R,新西兰^{R}NZ^R,柬KH,港HK,澳门MO	0 受惠国LD	80
				1.4	韩KR		
				11.2	巴PK,韩^{R}KR^R		
				11.5	日^{R}JP^R		
	40.07	硫化橡胶线及绳: **Vulcanised rubber thread and cord:**					
3285	4007.0000	硫化橡胶线及绳 Vulcanized rubber thread and cord	14	0	东盟AS,智CL,新西兰NZ,新加坡SG,秘PE,哥CR,瑞CH,冰IS,澳AU,格GE,毛MU,东盟^{R}AS^R,澳^{R}AU^R,新西兰^{R}NZ^R,柬KH,港HK,澳门MO	0 受惠国LD	80
				1.4	韩KR		
				11.2	巴PK,韩^{R}KR^R		
				11.5	日^{R}JP^R		
	40.08	硫化橡胶(硬质橡胶除外)制的板、片、带、杆或型材及异型材: **Plates, sheets, strip, rods and profile shapes, of vulcanised rubber other than hard rubber:**					

序号 No.	税则号列 Tariff Line	货品名称 Article Description	最惠国税率 MFN(%)	协定税率 Agreement(%)		特惠税率 SP(%)	普通税率 Gen(%)
		-海绵橡胶制: -Of cellular rubber:					
3286	4008.1100	--板、片、带 --Plates, sheets and strip	8	0	东盟AS,智CL,新西兰NZ,秘PE, 哥CR,瑞CH,冰IS,澳AU,格GE, 毛MU,柬KH,港HK,澳门MO	0 受惠国LD	35
				1	巴PK		
				3.2	韩KR		
				6.9	东盟^{R}AS^R,韩^{R}KR^R		
				7	日^{R}JP^R		
				7.2	澳^{R}AU^R,新西兰^{R}NZ^R		
3287	4008.1900	--其他 --Other	8	0	东盟AS,智CL,新西兰NZ,秘PE, 哥CR,瑞CH,冰IS,韩KR,澳AU, 格GE,毛MU,东盟^{R}AS^R,澳^{R}AU^R, 新西兰^{R}NZ^R,柬KH,港HK,澳门 MO,韩^{R}KR^R	0 受惠国LD	35
				1	巴PK		
				6.5	日^{R}JP^R		
		-非海绵橡胶制: -Of non-cellular rubber:					
3288	4008.2100	--板、片、带 --Plates, sheets and strip	8	0	东盟AS,智CL,新西兰NZ,秘PE, 哥CR,瑞CH,冰IS,韩KR,澳AU, 格GE,毛MU,柬KH,港HK,澳门 MO	0 受惠国LD	35
				1	巴PK		
				6.4	东盟^{R}AS^R,澳^{R}AU^R,新西兰^{R}NZ^R, 韩^{R}KR^R		
				6.5	日^{R}JP^R		
3289	4008.2900	--其他 --Other	8	0	东盟AS,智CL,新西兰NZ,秘PE, 哥CR,瑞CH,冰IS,韩KR,澳AU, 格GE,毛MU,东盟^{R}AS^R,澳^{R}AU^R, 新西兰^{R}NZ^R,柬KH,港HK,澳门 MO,韩^{R}KR^R	0 受惠国LD	35
				1	巴PK		
				6.5	日^{R}JP^R		
	40.09	硫化橡胶(硬质橡胶除外)制的管子, 不论是否装有附件(例如,接头、肘管、 法兰): Tubes, pipes and hoses, of vulcanised rubber other than hard rubber, with or without their fittings (for example, joints, elbows, flanges):					
		-未经加强或未与其他材料合制: -Not reinforced or otherwise combined with other materials:					

序号 No.	税则号列 Tariff Line	货品名称 Article Description	最惠国税率 MFN(%)	协定税率 Agreement(%)		特惠税率 SP(%)	普通税率 Gen(%)
3290	4009.1100	--未装有附件 --Without fittings	10	0	东盟AS,智CL,新西兰NZ,新加坡SG,秘PE,哥CR,瑞CH,冰IS,澳AU,格GE,毛MU,柬KH,港HK,澳门MO	0 受惠国LD	40
				1	韩KR		
				3	巴PK		
				8.4	东盟^RAS^R,澳^RAU^R,新西兰^RNZ^R,韩^RKR^R		
				8.6	日^RJP^R		
3291	4009.1200	--装有附件 --With fittings	10	0	东盟AS,智CL,新西兰NZ,秘PE,哥CR,瑞CH,冰IS,澳AU,格GE,毛MU,东盟^RAS^R,澳^RAU^R,新西兰^RNZ^R,柬KH,港HK,澳门MO	0 受惠国LD	40
				1	韩KR		
				3	巴PK		
				8	韩^RKR^R		
				8.2	日^RJP^R		
		-用金属加强或只与金属合制: -Reinforced or otherwise combined only with metal:					
3292	4009.2100	--未装有附件 --Without fittings	10	0	东盟AS,智CL,新西兰NZ,新加坡SG,秘PE,哥CR,瑞CH,冰IS,澳AU,格GE,毛MU,柬KH,港HK,澳门MO	0 受惠国LD	40
				1	韩KR		
				3	巴PK		
				8.4	东盟^RAS^R,澳^RAU^R,新西兰^RNZ^R,韩^RKR^R		
				8.6	日^RJP^R		
3293	4009.2200	--装有附件 --With fittings	10	0	东盟AS,智CL,新西兰NZ,新加坡SG,秘PE,哥CR,瑞CH,冰IS,澳AU,格GE,毛MU,柬KH,港HK,澳门MO	0 受惠国LD	40
				1	韩KR		
				3	巴PK		
				8	东盟^RAS^R,澳^RAU^R,新西兰^RNZ^R,韩^RKR^R		
				8.2	日^RJP^R		
		-用纺织材料加强或只与纺织材料合制: -Reinforced or otherwise combined only with textile materials:					

序号 No.	税则号列 Tariff Line	货品名称 Article Description	最惠国税率 MFN(%)	协定税率 Agreement(%)		特惠税率 SP(%)		普通税率 Gen(%)
3294	4009.3100	--未装有附件 --Without fittings	10	0	东盟AS,智CL,新西兰NZ,新加坡SG,秘PE,哥CR,瑞CH,冰IS,澳AU,格GE,毛MU,柬KH,港HK,澳门MO	0	受惠国LD	40
				3	巴PK			
				5.7	韩KR			
				9.5	东盟^RAS^R,澳^RAU^R,日^RJP^R,新西兰^RNZ^R			
3295	4009.3200	--装有附件 --With fittings	10	0	东盟AS,智CL,新西兰NZ,秘PE,哥CR,瑞CH,冰IS,澳AU,格GE,毛MU,柬KH,港HK,澳门MO	0	受惠国LD	40
				1	韩KR			
				3	巴PK			
				8	东盟^RAS^R,澳^RAU^R,新西兰^RNZ^R,韩^RKR^R			
				8.2	日^RJP^R			
		-用其他材料加强或与其他材料合制: -Reinforced or otherwise combined with other materials:						
3296	4009.4100	--未装有附件 --Without fittings	10	0	东盟AS,智CL,新西兰NZ,新加坡SG,秘PE,哥CR,瑞CH,冰IS,澳AU,格GE,毛MU,东盟^RAS^R,澳^RAU^R,新西兰^RNZ^R,柬KH,港HK,澳门MO	0	受惠国LD	40
				1	韩KR			
				3	巴PK			
				8.4	韩^RKR^R			
				8.6	日^RJP^R			
3297	4009.4200	--装有附件 --With fittings	10	0	东盟AS,智CL,新西兰NZ,新加坡SG,秘PE,哥CR,瑞CH,冰IS,澳AU,格GE,毛MU,东盟^RAS^R,澳^RAU^R,新西兰^RNZ^R,柬KH,港HK,澳门MO	0	受惠国LD	40
				1	韩KR			
				3	巴PK			
				8	韩^RKR^R			
				8.2	日^RJP^R			
	40.10	硫化橡胶制的传动带或输送带及带料: Conveyor or transmission belts or belting, of vulcanized rubber:						
		-输送带及带料: -Conveyor belts or belting:						

序号 No.	税则号列 Tariff Line	货品名称 Article Description	最惠国税率 MFN(%)	协定税率 Agreement(%)		特惠税率 SP(%)	普通税率 Gen(%)
3298	4010.1100	--仅用金属加强的 --Reinforced only with metal	10	0	东盟AS,智CL,新西兰NZ,秘PE, 哥CR,冰IS,澳AU,格GE,毛MU, 东盟^RAS^R,澳^RAU^R,新西兰^RNZ^R, 柬KH,港HK,澳门MO	0 受惠国LD	35
				1	韩KR		
				1.7	瑞CH		
				3	巴PK		
				8	韩^RKR^R		
				8.2	日^RJP^R		
3299	4010.1200	--仅用纺织材料加强的 --Reinforced only with textile materials	10	0	东盟AS,智CL,新西兰NZ,秘PE, 哥CR,瑞CH,冰IS,澳AU,格GE, 毛MU,东盟^RAS^R,澳^RAU^R,新西 兰^RNZ^R,柬KH,港HK,澳门MO	0 受惠国LD	35
				1	韩KR		
				3	巴PK		
				8	韩^RKR^R		
				8.2	日^RJP^R		
3300	4010.1900	--其他 --Other	10	0	东盟AS,智CL,新西兰NZ,秘PE, 哥CR,瑞CH,冰IS,澳AU,格GE, 毛MU,东盟^RAS^R,澳^RAU^R,新西 兰^RNZ^R,柬KH,港HK,澳门MO	0 受惠国LD	35
				1	韩KR		
				3	巴PK		
				8	韩^RKR^R		
				8.2	日^RJP^R		
		-传动带及带料: -Transmission belts or belting:					
3301	4010.3100	梯形截面的环形传动带(三角带),V 形肋状的,外周长超过60厘米,但不 超过180厘米 --Endless transmission belts of trapezoidal cross-section (V-belts), V-ribbed, of a circumference exceeding 60cm but not exceeding 180cm	8	0	东盟AS,智CL,新西兰NZ,秘PE, 哥CR,瑞CH,冰IS,韩KR,澳AU, 格GE,毛MU,柬KH,港HK,澳门 MO	0 受惠国LD	35
				1	巴PK		
				6.4	东盟^RAS^R,澳^RAU^R,新西兰^RNZ^R, 韩^RKR^R		
				6.5	日^RJP^R		
3302	4010.3200	--梯形截面的环形传动带(三角带),外 周长超过60厘米,但不超过180厘米, V形肋状的除外 --Endless transmission belts of trapezoidal cross-section (V-belts), other than V-ribbed, of an outside circumference exceeding 60cm but not exceeding 180cm	8	0	东盟AS,智CL,新西兰NZ,秘PE, 哥CR,瑞CH,冰IS,韩KR,澳AU, 格GE,毛MU,东盟^RAS^R,澳^RAU^R, 新西兰^RNZ^R,柬KH,港HK,澳门 MO,韩^RKR^R	0 受惠国LD	35
				1	巴PK		
				6.5	日^RJP^R		

序号 No.	税则号列 Tariff Line	货品名称 Article Description	最惠国税率 MFN(%)	协定税率 Agreement(%)		特惠税率 SP(%)	普通税率 Gen(%)
3303	4010.3300	--梯形截面的环形传动带（三角带），V形肋状的，外周长超过180厘米，但不超过240厘米 --Endless transmission belts of trapezoidal cross-section (V-belts), V-ribbed, of an outside circumference exceeding 180cm but not exceeding 240cm	8	0	东盟AS,智CL,新西兰NZ,秘PE,哥CR,瑞CH,冰IS,韩KR,澳AU,格GE,毛MU,东盟^{R}AS^R,澳^{R}AU^R,新西兰^{R}NZ^R,柬KH,港HK,澳门MO,韩^{R}KR^R	0 受惠国LD	35
				1	巴PK		
				6.5	日^{R}JP^R		
3304	4010.3400	--梯形截面的环形传动带（三角带），外周长超过180厘米，但不超过240厘米，V形肋状的除外 --Endless transmission belts of trapezoidal cross-section (V-belts), Vribbed, of an outside circumference exceeding 180cm but not exceeding 240cm	8	0	东盟AS,智CL,新西兰NZ,秘PE,哥CR,瑞CH,冰IS,韩KR,澳AU,格GE,毛MU,东盟^{R}AS^R,澳^{R}AU^R,新西兰^{R}NZ^R,柬KH,港HK,澳门MO,韩^{R}KR^R	0 受惠国LD	35
				1	巴PK		
				6.5	日^{R}JP^R		
3305	4010.3500	--环形同步带，外周长超过60厘米，但不超过150厘米 --Endless transmission belts of trapezoidal cross-section (V-belts), other than Vribbed, of an outside circumference exceeding 60cm but not exceeding 150cm	10	0	东盟AS,智CL,新西兰NZ,新加坡SG,秘PE,哥CR,瑞CH,冰IS,澳AU,格GE,毛MU,东盟^{R}AS^R,澳^{R}AU^R,新西兰^{R}NZ^R,柬KH,港HK,澳门MO	0 受惠国LD	35
				1	韩KR		
				3	巴PK		
				8	韩^{R}KR^R		
				8.2	日^{R}JP^R		
3306	4010.3600	--环形同步带，外周长超过150厘米，但不超过198厘米 --Endless synchronous belts, of an outside circumference exceeding 150cm but not exceeding 198cm	10	0	东盟AS,智CL,新西兰NZ,秘PE,哥CR,瑞CH,冰IS,澳AU,格GE,毛MU,东盟^{R}AS^R,澳^{R}AU^R,新西兰^{R}NZ^R,柬KH,港HK,澳门MO	0 受惠国LD	35
				1	韩KR		
				3	巴PK		
				8	韩^{R}KR^R		
				8.2	日^{R}JP^R		
3307	4010.3900	--其他 --Other	8	0	东盟AS,智CL,新西兰NZ,秘PE,哥CR,瑞CH,冰IS,韩KR,澳AU,格GE,毛MU,东盟^{R}AS^R,澳^{R}AU^R,新西兰^{R}NZ^R,柬KH,港HK,澳门MO,韩^{R}KR^R	0 受惠国LD	35
				1	巴PK		
				5.2	亚太AP		
				6.5	日^{R}JP^R		
	40.11	新的充气橡胶轮胎: New pneumatic tyres, of rubber:					

序号 No.	税则号列 Tariff Line	货品名称 Article Description	最惠国税率 MFN(%)	协定税率 Agreement(%)		特惠税率 SP(%)	普通税率 Gen(%)
3308	4011.1000	-机动小客车（包括旅行小客车及赛车）用 -Of a kind used on motor cars (including station wagons and racing cars)	10	0	东盟AS,智CL,新西兰NZ,新加坡SG,哥CR,瑞CH,冰IS,澳AU,格GE,毛MU,柬KH,港HK,澳门MO,台TW	0 受惠国LD	50
				4	巴PK,韩KR		
				6.5	亚太AP		
				8.7	东盟^{R}AS^R,韩^{R}KR^R		
				8.8	日^{R}JP^R		
				9	澳^{R}AU^R,新西兰^{R}NZ^R		
3309	4011.2000	-客运机动车辆或货运机动车辆用 -Of a kind used on buses or lorries	10	0	东盟AS,智CL,新西兰NZ,新加坡SG,秘PE,哥CR,瑞CH,冰IS,澳AU,格GE,毛MU,柬KH,港HK,澳门MO,台TW	0 受惠国LD	50
				3	巴PK		
				4	韩KR		
				6.5	亚太AP		
				8.7	东盟^{R}AS^R,韩^{R}KR^R		
				8.8	日^{R}JP^R		
				9	澳^{R}AU^R,新西兰^{R}NZ^R		
3310	4011.3000	-航空器用 -Of a kind used on aircraft	1	0	东盟AS,智CL,巴PK,新西兰NZ,秘PE,哥CR,瑞CH,冰IS,韩KR,澳AU,格GE,毛MU,东盟^{R}AS^R,日^{R}JP^R,柬KH,港HK,澳门MO,韩^{R}KR^R	0 受惠国LD	11
				0.8	澳^{R}AU^R,新西兰^{R}NZ^R		
3311	4011.4000	-摩托车用 -Of a kind used on motorcycles	15	0	东盟AS,智CL,新西兰NZ,新加坡SG,秘PE,哥CR,瑞CH,冰IS,澳AU,格GE,毛MU,柬KH,港HK,澳门MO,台TW	0 受惠国LD	80
				6	韩KR		
				12	巴PK		
				13	东盟^{R}AS^R,韩^{R}KR^R		
				13.1	日^{R}JP^R		
				13.5	澳^{R}AU^R,新西兰^{R}NZ^R		
3312	4011.5000	-自行车用 -Of a kind used on bicycles	20	0	东盟AS,智CL,新西兰NZ,新加坡SG,秘PE,哥CR,瑞CH,冰IS,澳AU,格GE,毛MU,柬KH,港HK,澳门MO,台TW	0 受惠国LD	80
				8	韩KR		
				17.3	东盟^{R}AS^R,韩^{R}KR^R		
				17.5	日^{R}JP^R		
				18	澳^{R}AU^R,新西兰^{R}NZ^R		
		-农业或林业车辆及机器用： -Of a kind used on agricultural or forestry vehicles and machines:					

序号 No.	税则号列 Tariff Line	货品名称 Article Description	最惠国税率 MFN(%)		协定税率 Agreement(%)	特惠税率 SP(%)	普通税率 Gen(%)
3313	4011.7010	---人字形胎面或类似胎面 ---Having a "herring-bone" or similar tread	17	0 1.7 14 14.3	东盟AS,智CL,新西兰NZ,新加坡SG,秘PE,哥CR,瑞CH,冰IS,澳AU,格GE,毛MU,东盟^RAS^R,澳^RAU^R,新西兰^RNZ^R,柬KH,港HK,澳门MO,台TW 韩KR 巴PK,韩^RKR^R 日^RJP^R	0 受惠国LD	50
3314	4011.7090	---其他 ---Other	25	0 10 13.7 22.5	东盟AS,智CL,新西兰NZ,新加坡SG,哥CR,冰IS,澳AU,格GE,柬KH,港HK,澳门MO,台TW 毛MU 韩KR 东盟^RAS^R,澳^RAU^R,新西兰^RNZ^R,韩^RKR^R	0 受惠国LD	50
		-建筑业、采矿业或工业搬运车辆及机器用： -Of a kind used on construction, mining or industrial handling vehicles and machines: ---人字形胎面或类似胎面： ---Having a "herring-bone" or similar tread:					
3315	4011.8011	----辋圈尺寸不超过61厘米 ----Having a rim size not exceeding 61cm	17	0 1.7 14 14.3	东盟AS,智CL,新西兰NZ,新加坡SG,秘PE,哥CR,瑞CH,冰IS,澳AU,格GE,毛MU,东盟^RAS^R,澳^RAU^R,新西兰^RNZ^R,柬KH,港HK,澳门MO 韩KR 巴PK,韩^RKR^R 日^RJP^R	0 受惠国LD	50
3316	4011.8012	----辋圈尺寸超过61厘米 ----Having a rim size exceeding 61cm	17	0 1.7 14 14.3	东盟AS,智CL,新西兰NZ,新加坡SG,秘PE,哥CR,瑞CH,冰IS,澳AU,格GE,毛MU,东盟^RAS^R,澳^RAU^R,新西兰^RNZ^R,柬KH,港HK,澳门MO 韩KR 巴PK,韩^RKR^R 日^RJP^R	0 受惠国LD	50
		---其他： ---Other:					
3317	4011.8091	----辋圈尺寸不超过61厘米 ----Having a rim size not exceeding 61cm	25	0 10 13.7 22.5	东盟AS,智CL,新西兰NZ,新加坡SG,哥CR,冰IS,澳AU,格GE,柬KH,港HK,澳门MO 毛MU 韩KR 东盟^RAS^R,澳^RAU^R,新西兰^RNZ^R	0 受惠国LD₁	50

序号 No.	税则号列 Tariff Line	货品名称 Article Description	最惠国税率 MFN(%)	协定税率 Agreement(%)		特惠税率 SP(%)	普通税率 Gen(%)
3318	4011.8092	----辋圈尺寸超过61厘米 ----Having a rim size exceeding 61cm	25	0	东盟AS,智CL,新西兰NZ,新加坡SG,哥CR,冰IS,澳AU,格GE,柬KH,港HK,澳门MO	0 受惠国$_1$LD$_1$	50
				5	东盟^{R}AS^R,澳^{R}AU^R,新西兰^{R}NZ^R		
				10	毛MU		
				13.7	韩KR		
		-其他: -Other:					
3319	4011.9010	---人字形胎面或类似胎面的 ---Having a "herring-bone" or similar tread	17	0	东盟AS,智CL,新西兰NZ,新加坡SG,秘PE,哥CR,瑞CH,冰IS,澳AU,格GE,毛MU,东盟^{R}AS^R,澳^{R}AU^R,新西兰^{R}NZ^R,柬KH,港HK,澳门MO,台TW	0 受惠国LD	50
				1.7	韩KR		
				14	巴PK,韩^{R}KR^R		
				14.3	日^{R}JP^R		
3320	4011.9090	---其他 ---Other	25	0	东盟AS,智CL,新西兰NZ,新加坡SG,哥CR,冰IS,澳AU,格GE,柬KH,港HK,澳门MO	0 受惠国$_1$LD$_1$	50
				10	毛MU		
				13.7	韩KR		
				22.5	东盟^{R}AS^R,澳^{R}AU^R,新西兰^{R}NZ^R,韩^{R}KR^R		
	40.12	**翻新的或旧的充气橡胶轮胎;实心或半实心橡胶轮胎、橡胶胎面及橡胶轮胎衬带:** **Retreaded or used pneumatic tyres of rubber; solid or cushion tyres, tyre treads and tyre flaps, of rubber:**					
		-翻新轮胎: -Retreaded tyres:					
3321	4012.1100	--机动小客车(包括旅行小客车及赛车)用 --Of a kind used on motor cars, (including station wagons and racing cars)	20	0	东盟AS,智CL,新西兰NZ,新加坡SG,秘PE,哥CR,瑞CH,冰IS,澳AU,格GE,毛MU,柬KH,港HK,澳门MO	0 受惠国LD	50
				8	韩KR		
				16	东盟^{R}AS^R,澳^{R}AU^R,新西兰^{R}NZ^R,韩^{R}KR^R		
				17.5	日^{R}JP^R		
3322	4012.1200	--机动大客车或货运机动车辆用 --Of a kind used on buses or corries	20	0	东盟AS,智CL,新西兰NZ,新加坡SG,秘PE,哥CR,瑞CH,冰IS,澳AU,格GE,毛MU,柬KH,港HK,澳门MO	0 受惠国LD	50
				8	韩KR		
				16	东盟^{R}AS^R,澳^{R}AU^R,新西兰^{R}NZ^R,韩^{R}KR^R		
				16.4	日^{R}JP^R		

序号 No.	税则号列 Tariff Line	货品名称 Article Description	最惠国税率 MFN(%)	协定税率 Agreement(%)		特惠税率 SP(%)		普通税率 Gen(%)
3323	4012.1300	--航空器用 --Of a kind used on aircraft	20Δ4	0	东盟AS,智CL,新西兰NZ,新加坡SG,秘PE,哥CR,瑞CH,冰IS,澳AU,格GE,毛MU,柬KH,港HK,澳门MO	0	受惠国LD	50
				8	韩KR			
				17.3	东盟^{R}AS^R,韩^{R}KR^R			
				17.5	日^{R}JP^R			
				18	澳^{R}AU^R,新西兰^{R}NZ^R			
3324	4012.1900	--其他 --Other	20	0	东盟AS,智CL,新西兰NZ,新加坡SG,秘PE,哥CR,瑞CH,冰IS,澳AU,格GE,毛MU,柬KH,港HK,澳门MO	0	受惠国LD	50
				8	韩KR			
				16	东盟^{R}AS^R,澳^{R}AU^R,新西兰^{R}NZ^R,韩^{R}KR^R			
				17.5	日^{R}JP^R			
		-旧的充气轮胎: -Used pneumatic tyres:						
3325	4012.2010	---汽车用 ---Of a kind used on motor cars, buses or lorries	25	0	东盟AS,智CL,新西兰NZ,新加坡SG,哥CR,冰IS,澳AU,格GE,柬KH,港HK,澳门MO			50
				10	毛MU			
				13.7	韩KR			
				22.5	东盟^{R}AS^R,澳^{R}AU^R,新西兰^{R}NZ^R,韩^{R}KR^R			
3326	4012.2090	---其他 ---Other	25	0	东盟AS,智CL,新西兰NZ,新加坡SG,哥CR,冰IS,澳AU,格GE,柬KH,港HK,澳门MO			80
				10	毛MU			
				13.7	韩KR			
				22.5	东盟^{R}AS^R,澳^{R}AU^R,新西兰^{R}NZ^R,韩^{R}KR^R			
		-其他: -Other:						
3327	4012.9010	---航空器用 ---Of a kind used on aircraft	3	0	东盟AS,智CL,巴PK,新西兰NZ,秘PE,哥CR,瑞CH,冰IS,韩KR,澳AU,格GE,毛MU,东盟^{R}AS^R,澳^{R}AU^R,日^{R}JP^R,新西兰^{R}NZ^R,柬KH,港HK,澳门MO,韩^{R}KR^R	0	受惠国LD	11
3328	4012.9020	---汽车用 ---Of a kind used on motor cars, buses or lorries	22	0	东盟AS,智CL,新西兰NZ,新加坡SG,秘PE,哥CR,瑞CH,冰IS,澳AU,格GE,柬KH,港HK,澳门MO	0	受惠国LD	50
				8.8	毛MU			
				12.1	韩KR			
				19.8	东盟^{R}AS^R,澳^{R}AU^R,新西兰^{R}NZ^R			

序号 No.	税则号列 Tariff Line	货品名称 Article Description	最惠国税率 MFN(%)	协定税率 Agreement(%)		特惠税率 SP(%)	普通税率 Gen(%)
3329	4012.9090	----其他 ----Other	22	0	东盟AS,智CL,新西兰NZ,新加坡SG,秘PE,哥CR,瑞CH,冰IS,澳AU,格GE,柬KH,港HK,澳门MO	0 受惠国LD	50
				8.8	毛MU		
				12.1	韩KR		
				19.8	东盟^RAS^R,澳^RAU^R,新西兰^RNZ^R		
	40.13	**橡胶内胎：** **Inner tubes, of rubber:**					
3330	4013.1000	-机动小客车（包括旅行小客车及赛车）、客运机动车辆或货运机动车辆用 -Of a kind used on motor cars (including station wagons and racing cars), buses or lorries	15	0	东盟AS,智CL,新西兰NZ,新加坡SG,秘PE,哥CR,瑞CH,冰IS,澳AU,格GE,毛MU,柬KH,港HK,澳门MO	0 受惠国LD	50
				6	韩KR		
				7.5	巴PK		
				12	东盟^RAS^R,澳^RAU^R,新西兰^RNZ^R,韩^RKR^R		
				13.1	亚太AP,日^RJP^R		
3331	4013.2000	-自行车用 -Of a kind used on bicycles	15	0	东盟AS,智CL,新西兰NZ,新加坡SG,秘PE,哥CR,瑞CH,冰IS,澳AU,格GE,毛MU,东盟^RAS^R,澳^RAU^R,新西兰^RNZ^R,柬KH,港HK,澳门MO	0 受惠国LD	80
				1.5	韩KR		
				12	巴PK,韩^RKR^R		
				12.3	日^RJP^R		
		-其他： -Other:					
3332	4013.9010	----航空器用 ----Of a kind used on aircraft	3	0	东盟AS,智CL,巴PK,新西兰NZ,秘PE,哥CR,瑞CH,冰IS,韩KR,澳AU,格GE,毛MU,东盟^RAS^R,澳^RAU^R,日^RJP^R,新西兰^RNZ^R,柬KH,港HK,澳门MO,韩^RKR^R	0 受惠国LD	11
				1.8	亚太AP		
3333	4013.9090	----其他 ----Other	15	0	东盟AS,智CL,新西兰NZ,新加坡SG,秘PE,哥CR,瑞CH,冰IS,澳AU,格GE,毛MU,东盟^RAS^R,澳^RAU^R,新西兰^RNZ^R,柬KH,港HK,澳门MO	0 受惠国LD	50
				1.5	韩KR		
				12	巴PK,韩^RKR^R		
				12.3	日^RJP^R		
	40.14	**硫化橡胶（硬质橡胶除外）制的卫生及医疗用品（包括奶嘴），不论是否装有硬质橡胶制的附件：** **Hygienic or pharmaceutical articles (including teats), of vulcanised rubber other than hard rubber, with or without fittings of hard rubber:**					

序号 No.	税则号列 Tariff Line	货品名称 Article Description	最惠国税率 MFN(%)		协定税率 Agreement(%)	特惠税率 SP(%)		普通税率 Gen(%)
3334	4014.1000	-避孕套 -Sheath contraceptives	0	0	东盟AS,智CL,巴PK,新西兰NZ,秘PE,哥CR,瑞CH,冰IS,韩KR,澳AU,格GE,毛MU,东盟^{R}AS^R,澳^{R}AU^R,日^{R}JP^R,新西兰^{R}NZ^R,柬KH,港HK,澳门MO,韩^{R}KR^R	0	受惠国LD	0
3335	4014.9000	-其他 -Other	17	0	东盟AS,智CL,新西兰NZ,新加坡SG,秘PE,哥CR,瑞CH,冰IS,澳AU,格GE,毛MU,东盟^{R}AS^R,澳^{R}AU^R,新西兰^{R}NZ^R,柬KH,港HK,澳门MO	0	受惠国LD	50
				1.7	韩KR			
				14	巴PK,韩^{R}KR^R			
				14.3	日^{R}JP^R			
	40.15	硫化橡胶（硬质橡胶除外）制的衣着用品及附件（包括分指手套、连指手套及露指手套）： Articles of apparel and clothing accessories (including gloves, mittens and mitts), for all purposes, of vulcanized rubber other than hard rubber:						
		-分指手套、连指手套及露指手套： -Gloves, mittens and mitts:						
3336	4015.1200	--医疗、外科、牙科或兽医用 --Of a kind used for medical, surgical, dental or veterinary purposes	8	0	东盟AS,智CL,新西兰NZ,新加坡SG,秘PE,哥CR,瑞CH,冰IS,韩KR,澳AU,格GE,毛MU,东盟^{R}AS^R,澳^{R}AU^R,新西兰^{R}NZ^R,柬KH,港HK,澳门MO,韩^{R}KR^R	0	受惠国LD	55
				1	巴PK			
				6.5	日^{R}JP^R			
3337	4015.1900	--其他 --Other	10	0	东盟AS,智CL,新西兰NZ,新加坡SG,秘PE,哥CR,瑞CH,冰IS,澳AU,格GE,毛MU,东盟^{R}AS^R,澳^{R}AU^R,新西兰^{R}NZ^R,柬KH,港HK,澳门MO	0	受惠国LD	80
				1.8	韩KR			
				14.4	韩^{R}KR^R			
				14.7	日^{R}JP^R			
		-其他： -Other:						
3338	4015.9010	---医疗、外科、牙科或兽医用 ---Of a kind used for medical, surgical, dental or veterinary purposes	8	0	东盟AS,智CL,新西兰NZ,秘PE,哥CR,瑞CH,韩KR,澳AU,格GE,毛MU,东盟^{R}AS^R,澳^{R}AU^R,新西兰^{R}NZ^R,柬KH,港HK,澳门MO,韩^{R}KR^R	0	受惠国LD	30
				1	巴PK			
				6.5	日^{R}JP^R			

序号 No.	税则号列 Tariff Line	货品名称 Article Description	最惠国税率 MFN(%)	协定税率 Agreement(%)		特惠税率 SP(%)	普通税率 Gen(%)
3339	4015.9090	---其他 ---Other	10	0	东盟AS,智CL,新西兰NZ,新加坡SG,秘PE,哥CR,瑞CH,冰IS,澳AU,格GE,毛MU,东盟^RAS^R,澳^RAU^R,新西兰^RNZ^R,柬KH,港HK,澳门MO	0 受惠国LD	90
				1.5	韩KR		
				12	韩KR^R		
				12.3	日^RJP^R		
	40.16	**硫化橡胶(硬质橡胶除外)的其他制品:** **Other articles of vulcanised rubber other than hard rubber:**					
		-海绵橡胶制: -Of cellular rubber:					
3340	4016.1010	---机器及仪器用零件 ---Of a kind used in machines or instruments	8	0	东盟AS,智CL,新西兰NZ,秘PE,哥CR,瑞CH,冰IS,澳AU,格GE,毛MU,柬KH,港HK,澳门MO	0 受惠国LD	30
				1	巴PK		
				3.2	韩KR		
				6.9	东盟^RAS^R,韩^RKR^R		
				7	日^RJP^R		
				7.2	澳^RAU^R,新西兰^RNZ^R		
3341	4016.1090	---其他 ---Other	15	0	东盟AS,智CL,新西兰NZ,新加坡SG,秘PE,哥CR,瑞CH,冰IS,澳AU,格GE,毛MU,东盟^RAS^R,澳^RAU^R,新西兰^RNZ^R,柬KH,港HK,澳门MO	0 受惠国LD	80
				1.5	韩KR		
				12	巴PK,韩^RKR^R		
				12.3	日^RJP^R		
		-其他: -Other:					
3342	4016.9100	--铺地制品及门垫 --Floor coverings and mats	10	0	东盟AS,智CL,新西兰NZ,新加坡SG,秘PE,哥CR,瑞CH,冰IS,澳AU,格GE,毛MU,东盟^RAS^R,澳^RAU^R,新西兰^RNZ^R,柬KH,港HK,澳门MO	0 受惠国LD	80
				1.8	韩KR		
				14.4	韩^RKR^R		
				14.7	日^RJP^R		
3343	4016.9200	--橡皮擦 --Erasers	10	0	东盟AS,智CL,新西兰NZ,秘PE,哥CR,瑞CH,冰IS,澳AU,格GE,毛MU,东盟^RAS^R,澳^RAU^R,新西兰^RNZ^R,柬KH,港HK,澳门MO	0 受惠国LD	80
				1.8	韩KR		
				14.4	韩^RKR^R		
				14.7	日^RJP^R		

序号 No.	税则号列 Tariff Line	货品名称 Article Description	最惠国税率 MFN(%)	协定税率 Agreement(%)		特惠税率 SP(%)		普通税率 Gen(%)
		--垫片、垫圈及其他密封垫: --Gaskets, washers and other seals:						
3344	4016.9310	---机器及仪器用 ---Of a kind used in machines or instruments	8	0	东盟AS,智CL,新西兰NZ,秘PE,哥CR,瑞CH,冰IS,韩KR,澳AU,格GE,毛MU,东盟^RAS^R,澳^RAU^R,新西兰NZ^R,柬KH,港HK,澳门MO,韩^RKR^R	0 受惠国LD	30
				4	巴PK		
				7	日^RJP^R		
3345	4016.9390	---其他 ---Other	15	0	东盟AS,智CL,新西兰NZ,新加坡SG,秘PE,哥CR,瑞CH,冰IS,韩KR,澳AU,格GE,毛MU,东盟^RAS^R,澳^RAU^R,新西兰^RNZ^R,柬KH,港HK,澳门MO,韩^RKR^R	0 受惠国LD	80
				13.1	日^RJP^R		
3346	4016.9400	--船舶或码头的碰垫,不论是否可充气 --Boat or dock fenders, whether or not inflatable	18	0	东盟AS,智CL,新西兰NZ,新加坡SG,秘PE,哥CR,瑞CH,冰IS,澳AU,格GE,毛MU,东盟^RAS^R,澳^RAU^R,新西兰^RNZ^R,柬KH,港HK,澳门MO	0 受惠国LD	80
				1.8	韩KR		
				14.4	韩^RKR^R		
				14.7	日^RJP^R		
3347	4016.9500	--其他可充气制品 --Other inflatable articles	18	0	东盟AS,智CL,新西兰NZ,新加坡SG,秘PE,哥CR,瑞CH,冰IS,澳AU,格GE,毛MU,东盟^RAS^R,澳^RAU^R,新西兰^RNZ^R,柬KH,港HK,澳门MO	0 受惠国LD	80
				1.8	韩KR		
				14.4	韩^RKR^R		
				14.7	日^RJP^R		
	ex40169500	轨道机车用气囊升弓装置 Airbag pantograph-rising device for rail locomotives	Δ9				
		--其他: --Other:						
3348	4016.9910	---机器及仪器用零件 ---Of a kind used in machines or instruments	8	0	东盟AS,智CL,新西兰NZ,秘PE,哥CR,瑞CH,冰IS,澳AU,格GE,毛MU,柬KH,港HK,澳门MO	0 受惠国LD	30
				1	巴PK		
				3.2	韩KR		
				6.4	东盟^RAS^R,澳^RAU^R,新西兰^RNZ^R,韩^RKR^R		
				7	日^RJP^R		
				7.6	亚太AP		

序号 No.	税则号列 Tariff Line	货品名称 Article Description	最惠国税率 MFN(%)	协定税率 Agreement(%)		特惠税率 SP(%)	普通税率 Gen(%)
	ex40169910	内衬 Liner	Δ4				
3349	4016.9990	---其他 ---Other	10	0	东盟AS,智CL,新西兰NZ,新加坡SG,秘PE,哥CR,瑞CH,冰IS,澳AU,格GE,毛MU,东盟^{R}AS^R,澳^{R}AU^R,新西兰^{R}NZ^R,柬KH,港HK,澳门MO	0 受惠国LD	80
				1	韩KR		
				4	巴PK		
				6.5	亚太AP		
				8	韩^{R}KR^R		
				8.8	日^{R}JP^R		
	ex40169990	动车组用胶囊、外风挡板 Locomotive fording intercar barrier, gangway bellows	Δ5				
	40.17	**各种形状的硬质橡胶(例如纯硬质胶),包括废碎料;硬质橡胶制品:** **Hard rubber (for example, ebonite) in all forms, including waste and scrap; articles of hard rubber:**					
3350	4017.0010	---各种形状的硬质橡胶,包括废碎料 ---Hard rubber in all forms, including waste and scrap	8	0	东盟AS,智CL,新西兰NZ,秘PE,哥CR,瑞CH,冰IS,澳AU,格GE,毛MU,东盟^{R}AS^R,澳^{R}AU^R,新西兰^{R}NZ^R,柬KH,港HK,澳门MO	0 受惠国LD	35
				0.8	韩KR		
				1	巴PK		
				4.8	亚太AP		
				6.4	韩^{R}KR^R		
				6.5	日^{R}JP^R		
3351	4017.0020	---硬质橡胶制品 ---Articles of hard rubber	15	0	东盟AS,智CL,新西兰NZ,新加坡SG,秘PE,哥CR,瑞CH,冰IS,澳AU,格GE,毛MU,东盟^{R}AS^R,澳^{R}AU^R,新西兰^{R}NZ^R,柬KH,港HK,澳门MO	0 受惠国LD	90
				1.5	韩KR		
				12	巴PK,韩^{R}KR^R		
				12.3	日^{R}JP^R		

第八类
生皮、皮革、毛皮及其制品；鞍具及挽具；旅行用品、手提包及类似容器；动物肠线（蚕胶丝除外）制品

SECTION VIII
RAW HIDES AND SKINS，LEATHER，FURSKINS AND ARTICLES THEREOF; SADDLERY AND HARNESS; TRAVEL GOODS，HANDBAGS AND SIMILAR CONTAINERS; ARTICLES OF ANIMAL GUT（OTHER THAN SILK-WORM GUT）

第四十一章
生皮（毛皮除外）及皮革

Chapter 41
Raw hides and skins (other than furskins) and leather

注释：

一、本章不包括：

（一）生皮的边角废料（税目05.11）；

（二）税目05.05或67.01的带羽毛或羽绒的整张或部分鸟皮；或

（三）带毛生皮或已鞣的带毛皮张（第四十三章）：但下列动物的带毛生皮应归入第四十一章、牛（包括水牛）、马、绵羊及羔羊（不包括阿斯特拉罕羔羊、大尾羔羊、卡拉库尔羔羊、波斯羔羊或类似羔羊、印度羔羊、中国羔羊或蒙古羔羊）、山羊或小山羊（不包括也门或蒙古山羊及小山羊）、猪（包括西貒）、小羚羊、瞪羚、骆驼（包括单峰骆驼）、驯鹿、麋、鹿、狍或狗。

二、

（一）税目41.04至41.06不包括经退鞣（包括预鞣）加工的皮（酌情归入税目41.01至41.03）；

（二）税目41.04至41.06所称"坯革"包括在干燥前经复鞣、染色或加油（加脂）的皮。

三、本目录所称"再生皮革"，仅指税目41.15的皮革。

Notes:

1. This Chapter does not cover:

   (a) Parings or similar waste, of raw hides or skins (heading 05.11);

   (b) Birdskins or parts of birdskins,with their feathers or down,of heading 05.05 or 67.01; or

   (c) Hides or skins, with the hair or wool on, raw, tanned or dressed (Chapter 43); the following are, however, to be classified in Chapter 41, namely, raw hides and skins with the hair or wool on, of bovine animals (including buffalo), of equine animals, of sheep or lambs (except Astrakhan, Broadtail, Caracul, Persian or similar lambs, Indian, Chinese, Mongolian or Tibetan lambs), of goats or kids (except Yemen, Mongolian or Tibetan goats and kids), of swine (including peccary), of chamois, of gazelle, of camels (including dromedaries), of reindeer, of elk, of deer, of roebucks or of dogs.

2.

   (a) Headings 41.04 to 41.06 do not cover hides and skins which have undergone a tanning (including pre-tanning) process which is reversible (headings 41.01 to 41.03, as the case may be);

   (b) For the purposes of headings 41.04 to 41.06, the term"crust" includes hides and skins that have been re-tanned, coloured or fat-liquored (stuffed) prior to drying.

3. Throughout the Nomenclature the expression "composition leather" means only substances of the kind referred to in heading 41.15.

序号 No.	税则号列 Tariff Line	货品名称 Article Description	最惠国税率 MFN(%)	协定税率 Agreement(%)		特惠税率 SP(%)	普通税率 Gen(%)
	41.01	生牛皮（包括水牛皮）、生马科动物皮（鲜的、盐腌的、干的、石灰浸渍的、浸酸的或以其他方法保藏，但未鞣制、未经羊皮纸化处理或进一步加工的），不论是否去毛或剖层： Raw hides and skins of bovine (including buffalo) or equine animals (fresh, or salted, dried, limed, pickled or otherwise preserved, but not tanned, parchment-dressed or further prepared), whether or not dehaired or split:					
		-未剖层的整张皮，仅经过简单干燥处理的每张重量不超过8千克，干盐腌的不超过10千克，鲜的、湿盐腌的或以其他方法保藏的不超过16千克： -Whole hides and skins, unsplit, of a weight per skin not exceeding 8kg when simply dried, 10kg when dry-salted, or 16kg when fresh, wet-salted or otherwise preserved:					
		---牛皮： ---Of bovine animals:					
3352	4101.2011	----经退鞣处理的 ----Have undergone a reversible tanning process	8	0	东盟AS,智CL,新西兰NZ,秘PE,哥CR,瑞CH,冰IS,韩KR,澳AU,格GE,毛MU,东盟^{R}AS^R,新西兰^{R}NZ^R,柬KH,港HK,澳门MO,韩^{R}KR^R	0 受惠国LD	17
				1	巴PK		
				6	亚太AP		
				6.4	澳^{R}AU^R		
				6.5	日^{R}JP^R		
3353	4101.2019	----其他 ----Other	5	0	东盟AS,智CL,巴PK,新西兰NZ,秘PE,哥CR,瑞CH,冰IS,韩KR,澳AU,格GE,毛MU,东盟^{R}AS^R,日^{R}JP^R,新西兰^{R}NZ^R,柬KH,港HK,澳门MO,韩^{R}KR^R	0 受惠国LD,柬KH,老LA	17
				4	澳^{R}AU^R		
3354	4101.2020	---马科动物皮 ---Of equine animals	5	0	东盟AS,智CL,巴PK,新西兰NZ,秘PE,哥CR,瑞CH,冰IS,韩KR,澳AU,格GE,毛MU,东盟^{R}AS^R,澳^{R}AU^R,新西兰^{R}NZ^R,柬KH,港HK,澳门MO,韩^{R}KR^R	0 受惠国LD,柬KH,老LA	30
				4.1	日^{R}JP^R		
	ex41012020	生驴皮 Donkey skin	Δ2				

序号 No.	税则号列 Tariff Line	货品名称 Article Description	最惠国税率 MFN(%)	协定税率 Agreement(%)		特惠税率 SP(%)	普通税率 Gen(%)
		-整张皮,重量超过16千克: -Whole hides and skins, of a weight exceeding 16kg:					
		---牛皮: ---Of bovine animals:					
3355	4101.5011	----经退鞣处理的 ----Have undergone a reversible tanning process	8	0	东盟AS,智CL,新西兰NZ,秘PE,哥CR,瑞CH,冰IS,韩KR,澳AU,格GE,毛MU,东盟^RAS^R,新西兰^RNZ^R,柬KH,港HK,澳门MO,韩^RKR^R	0 受惠国LD	17
				1	巴PK		
				6.6	亚太AP		
				6.7	澳^RAU^R		
				6.9	日^RJP^R		
3356	4101.5019	----其他 ----Other	5	0	东盟AS,智CL,巴PK,新西兰NZ,秘PE,哥CR,瑞CH,冰IS,韩KR,澳AU,格GE,毛MU,东盟^RAS^R,日^RJP^R,新西兰^RNZ^R,柬KH,港HK,澳门MO,韩^RKR^R	0 受惠国LD,柬KH,老LA	17
				4	澳^RAU^R		
3357	4101.5020	---马科动物皮 ---Of equine animals	5	0	东盟AS,智CL,巴PK,新西兰NZ,秘PE,哥CR,瑞CH,冰IS,韩KR,澳AU,格GE,毛MU,东盟^RAS^R,澳^RAU^R,新西兰^RNZ^R,柬KH,港HK,澳门MO,韩^RKR^R	0 受惠国LD,柬KH,老LA	30
				4.1	日^RJP^R		
		-其他,包括臀皮、背皮及腹皮: -Other, including butts, bends and bellies:					
		---牛皮: ---Of bovine animals:					
3358	4101.9011	----经退鞣处理的 ----Have undergone a reversible tanning process	8	0	东盟AS,智CL,新西兰NZ,秘PE,哥CR,瑞CH,冰IS,韩KR,澳AU,格GE,毛MU,东盟^RAS^R,新西兰^RNZ^R,柬KH,港HK,澳门MO,韩^RKR^R	0 受惠国LD	17
				1	巴PK		
				6.6	亚太AP		
				6.7	澳^RAU^R		
				6.9	日^RJP^R		
3359	4101.9019	----其他 ----Other	5	0	东盟AS,智CL,巴PK,新西兰NZ,秘PE,哥CR,瑞CH,冰IS,韩KR,澳AU,格GE,毛MU,东盟^RAS^R,日^RJP^R,新西兰^RNZ^R,柬KH,港HK,澳门MO,韩^RKR^R	0 受惠国LD,柬KH,老LA	17
				4	澳^RAU^R		

序号 No.	税则号列 Tariff Line	货品名称 Article Description	最惠国税率 MFN(%)		协定税率 Agreement(%)	特惠税率 SP(%)		普通税率 Gen(%)
3360	4101.9020	----马科动物皮 ----Of equine animals	5	0	东盟AS,智CL,巴PK,新西兰NZ,秘PE,哥CR,瑞CH,冰IS,韩KR,澳AU,格GE,毛MU,东盟^RAS^R,澳^RAU^R,新西兰^RNZ^R,柬KH,港HK,澳门MO,韩^RKR^R	0	受惠国LD,柬KH,老LA	30
				4.1	日^RJP^R			
	41.02	绵羊或羔羊生皮(鲜的、盐腌的、干的、石灰浸渍的、浸酸的或经其他方法保藏,但未鞣制、未经羊皮纸化处理或未进一步加工的),不论是否带毛或剖层,但本章注释一(三)所述不包括的生皮除外: Raw skins of sheep or lambs (fresh, or salted, dried, limed, pickled or otherwise preserved, but not tanned, parchment-dressed or further prepared), whether or not with wool on or split, other than those excluded by Note 1(c) to this Chapter:						
3361	4102.1000	-带毛 -With wool on	7	0	东盟AS,智CL,新西兰NZ,哥CR,瑞CH,冰IS,韩KR,澳AU,格GE,毛MU,东盟^RAS^R,澳^RAU^R,新西兰^RNZ^R,柬KH,港HK,澳门MO,韩^RKR^R	0	受惠国LD	30
				1	巴PK			
				5.7	日^RJP^R			
		-不带毛: -Without wool on:						
		--浸酸的: --Pickled:						
3362	4102.2110	----经退鞣处理的 ----Have undergone a reversible tanning process	14	0	东盟AS,智CL,新西兰NZ,新加坡SG,哥CR,瑞CH,冰IS,澳AU,格GE,毛MU,东盟^RAS^R,新西兰^RNZ^R,柬KH,港HK,澳门MO	0	受惠国LD	30
				1.4	韩KR			
				11.2	巴PK,澳^RAU^R,韩^RKR^R			
				11.5	日^RJP^R			
3363	4102.2190	----其他 ----Other	9	0	东盟AS,智CL,新西兰NZ,秘PE,哥CR,瑞CH,冰IS,韩KR,澳AU,格GE,毛MU,柬KH,港HK,澳门MO	0	受惠国LD	30
				1	巴PK			
				7.2	东盟^RAS^R,澳^RAU^R,新西兰^RNZ^R,韩^RKR^R			
				7.4	日^RJP^R			
				8	亚太AP			

序号 No.	税则号列 Tariff Line	货品名称 Article Description	最惠国税率 MFN(%)	协定税率 Agreement(%)		特惠税率 SP(%)	普通税率 Gen(%)
		--其他: --Other:					
3364	4102.2910	---经退鞣处理的 ---Have undergone a reversible tanning process	14	0	东盟AS,智CL,新西兰NZ,新加坡SG,秘PE,哥CR,瑞CH,冰IS,澳AU,格GE,毛MU,东盟^RAS^R,新西兰^RNZ^R,柬KH,港HK,澳门MO	0 受惠国LD	30
				1.4	韩KR		
				7	巴PK		
				11.2	澳^RAU^R,韩^RKR^R		
				11.5	日^RJP^R		
3365	4102.2990	---其他 ---Other	7	0	东盟AS,智CL,新西兰NZ,秘PE,哥CR,瑞CH,冰IS,韩KR,澳AU,格GE,毛MU,东盟^RAS^R,新西兰^RNZ^R,柬KH,港HK,澳门MO,韩^RKR^R	0 受惠国LD	30
				1	巴PK		
				5.6	澳^RAU^R		
				5.7	日^RJP^R		
				6	亚太AP		
	41.03	其他生皮(鲜的、盐腌的、干的、石灰浸渍的、浸酸的或以其他方法保藏,但未鞣制、未经羊皮纸化处理或未进一步加工的),不论是否去毛或剖层,但本章注释一(二)或(三)所述不包括的生皮除外: Other raw hides and skins (fresh, or salted, dried, limed, pickled or otherwise preserved, but not tanned, parchment-dressed or further prepared), whether or not dehaired or split, other than those excluded by Note 1(b) or 1(c) to this Chapter:					
3366	4103.2000	-爬行动物皮 -Of reptiles	9	0	东盟AS,智CL,新西兰NZ,秘PE,哥CR,瑞CH,冰IS,韩KR,澳AU,格GE,毛MU,东盟^RAS^R,新西兰^RNZ^R,柬KH,港HK,澳门MO,韩^RKR^R	0 受惠国LD	30
				1	巴PK		
				7.2	澳^RAU^R		
				7.4	日^RJP^R		
3367	4103.3000	-猪皮 -Of swine	9	0	东盟AS,智CL,新西兰NZ,秘PE,哥CR,瑞CH,冰IS,韩KR,澳AU,格GE,毛MU,东盟^RAS^R,澳^RAU^R,新西兰^RNZ^R,柬KH,港HK,澳门MO,韩^RKR^R	0 受惠国LD,缅MM	30
				1	巴PK		
				7.4	日^RJP^R		

序号 No.	税则号列 Tariff Line	货品名称 Article Description	最惠国税率 MFN(%)	协定税率 Agreement(%)		特惠税率 SP(%)		普通税率 Gen(%)
		-其他: -Other:						
		---山羊板皮: ---Dried hides and skins of goats:						
3368	4103.9011	----经退鞣处理的 ----Have undergone a reversible tanning process	14	0	东盟AS,智CL,新西兰NZ,新加坡SG,秘PE,哥CR,瑞CH,冰IS,澳AU,格GE,毛MU,东盟^{R}AS^R,新西兰^{R}NZ^R,柬KH,港HK,澳门MO	0	受惠国LD	35
				1.4	韩KR			
				7	巴PK			
				11.2	澳^{R}AU^R,韩^{R}KR^R			
				11.5	日^{R}JP^R			
3369	4103.9019	----其他 ----Other	9	0	东盟AS,智CL,新西兰NZ,秘PE,哥CR,瑞CH,冰IS,韩KR,澳AU,格GE,毛MU,东盟^{R}AS^R,澳^{R}AU^R,新西兰^{R}NZ^R,柬KH,港HK,澳门MO,韩^{R}KR^R	0	受惠国LD	35
				1	巴PK			
				7.4	日^{R}JP^R			
		---其他山羊或小山羊皮: ---Other hides and skins of goats or of kids:						
3370	4103.9021	----经退鞣处理的 ----Have undergone a reversible tanning process	14	0	东盟AS,智CL,新西兰NZ,新加坡SG,秘PE,哥CR,瑞CH,冰IS,澳AU,格GE,毛MU,东盟^{R}AS^R,新西兰^{R}NZ^R,柬KH,港HK,澳门MO	0	受惠国LD	30
				1.4	韩KR			
				7	巴PK			
				11.2	澳^{R}AU^R,韩^{R}KR^R			
				11.5	日^{R}JP^R			
3371	4103.9029	----其他 ----Other	9	0	东盟AS,智CL,新西兰NZ,秘PE,哥CR,瑞CH,冰IS,韩KR,澳AU,格GE,毛MU,东盟^{R}AS^R,澳^{R}AU^R,新西兰^{R}NZ^R,柬KH,港HK,澳门MO,韩^{R}KR^R	0	受惠国LD	30
				1	巴PK			
				7.4	日^{R}JP^R			
3372	4103.9090	---其他 ---Other	9	0	东盟AS,智CL,新西兰NZ,秘PE,哥CR,瑞CH,冰IS,韩KR,澳AU,格GE,毛MU,东盟^{R}AS^R,澳^{R}AU^R,新西兰^{R}NZ^R,柬KH,港HK,澳门MO,韩^{R}KR^R	0	受惠国LD,缅MM	30
				1	巴PK			
				7.4	日^{R}JP^R			

序号 No.	税则号列 Tariff Line	货品名称 Article Description	最惠国税率 MFN(%)	协定税率 Agreement(%)		特惠税率 SP(%)	普通税率 Gen(%)
	41.04	经鞣制的不带毛牛皮（包括水牛皮）、马科动物皮及其坯革，不论是否剖层，但未经进一步加工： Tanned or crust hides and skins of bovine (including buffalo) or equine animals, without hair on, whether or not split, but not further prepared:					
		-湿革（包括蓝湿皮）： -In the wet state (including wet-blue):					
		--全粒面未剖层革；粒面剖层革： --Full grains, unsplit; grain splits:					
		---牛皮： ---Of bovine animals:					
3373	4104.1111	----蓝湿的 ----Wet-blue	6Δ3	0	东盟AS,智CL,巴PK,新西兰NZ,秘PE,哥CR,瑞CH,冰IS,韩KR,澳AU,格GE,毛MU,东盟^RAS^R,澳^RAU^R,新西兰^RNZ^R,柬KH,港HK,澳门MO,韩^RKR^R	0 受惠国LD	17
				3	亚太AP	1.2 亚太AP	
				5.7	日^RJP^R		
3374	4104.1119	----其他 ----Other	6	0	东盟AS,智CL,巴PK,新西兰NZ,秘PE,哥CR,瑞CH,冰IS,韩KR,澳AU,格GE,毛MU,东盟^RAS^R,澳^RAU^R,新西兰^RNZ^R,柬KH,港HK,澳门MO,韩^RKR^R	0 受惠国LD	35
				3	亚太AP	1.5 亚太AP	
				6.5	日^RJP^R		
3375	4104.1120	---马科动物皮 ---Of equine animals	5	0	东盟AS,智CL,巴PK,新西兰NZ,秘PE,哥CR,瑞CH,冰IS,韩KR,澳AU,格GE,毛MU,东盟^RAS^R,澳^RAU^R,新西兰^RNZ^R,柬KH,港HK,澳门MO,韩^RKR^R	0 受惠国LD	35
				2.5	亚太AP	2 亚太AP	
				4.1	日^RJP^R		
		--其他： --Other:					
		---牛皮： ---Of bovine animals:					
3376	4104.1911	----蓝湿的 ----Wet-blue	6Δ3	0	东盟AS,智CL,新西兰NZ,秘PE,哥CR,瑞CH,冰IS,韩KR,澳AU,格GE,毛MU,柬KH,港HK,澳门MO	0 受惠国LD	17
				3	亚太AP,巴PK	1.5 亚太AP	
				4.8	东盟^RAS^R,澳^RAU^R,新西兰^RNZ^R,韩^RKR^R		
				4.9	日^RJP^R		

序号 No.	税则号列 Tariff Line	货品名称 Article Description	最惠国税率 MFN(%)		协定税率 Agreement(%)	特惠税率 SP(%)	普通税率 Gen(%)
3377	4104.1919	----其他 ----Other	7	0 3.5 5.7	东盟AS,智CL,巴PK,新西兰NZ,秘PE,哥CR,瑞CH,冰IS,韩KR,澳AU,格GE,毛MU,东盟^{R}AS^R,澳^{R}AU^R,新西兰^{R}NZ^R,柬KH,港HK,澳门MO,韩^{R}KR^R 亚太AP 日^{R}JP^R	0 受惠国LD 1.8 亚太AP	35
3378	4104.1920	---马科动物皮 ---Of equine animals	5	0 2.5 5.7	东盟AS,智CL,巴PK,新西兰NZ,秘PE,哥CR,瑞CH,冰IS,韩KR,澳AU,格GE,毛MU,东盟^{R}AS^R,澳^{R}AU^R,新西兰^{R}NZ^R,柬KH,港HK,澳门MO,韩^{R}KR^R 亚太AP 日^{R}JP^R	0 受惠国LD 1.5 亚太AP	35
		-干革（坯革）： -In the dry state (crust):					
3379	4104.4100	--全粒面未剖层革；粒面剖层革 --Full grain, unsplit; grain splits	5Δ3	0 3.5 4 4.1	东盟AS,智CL,巴PK,新西兰NZ,秘PE,哥CR,瑞CH,冰IS,韩KR,澳AU,格GE,毛MU,柬KH,港HK,澳门MO 亚太AP 东盟^{R}AS^R,澳^{R}AU^R,新西兰^{R}NZ^R,韩^{R}KR^R 日^{R}JP^R	0 受惠国LD 2 亚太AP	35
		--其他： --Other:					
3380	4104.4910	---机器带用牛、马皮革 ---For machinery belting	5	0 3.5 4.1	东盟AS,智CL,巴PK,新西兰NZ,秘PE,哥CR,瑞CH,冰IS,韩KR,澳AU,格GE,毛MU,东盟^{R}AS^R,澳^{R}AU^R,新西兰^{R}NZ^R,柬KH,港HK,澳门MO,韩^{R}KR^R 亚太AP 日^{R}JP^R	0 受惠国LD, 亚太AP	20
3381	4104.4990	---其他 ---Other	7	0 2.8 4.9 5.6 6.1	东盟AS,智CL,巴PK,新西兰NZ,秘PE,哥CR,瑞CH,冰IS,澳AU,格GE,毛MU,柬KH,港HK,澳门MO 韩KR 亚太AP 东盟^{R}AS^R,澳^{R}AU^R,新西兰^{R}NZ^R,韩^{R}KR^R 日^{R}JP^R	0 受惠国LD 2.1 亚太AP	35
	41.05	经鞣制的不带毛绵羊或者羔羊皮及其坯革，不论是否剖层，但未经进一步加工： Tanned or crust skins of sheep or lambs, without wool on, whether or not split, but not further prepared:					

序号 No.	税则号列 Tariff Line	货品名称 Article Description	最惠国税率 MFN(%)	协定税率 Agreement(%)		特惠税率 SP(%)	普通税率 Gen(%)
		-湿革（包括蓝湿皮）： -In the wet state (including wet-blue):					
3382	4105.1010	----蓝湿的 ---Wet-blue	14△10	0	东盟AS,智CL,新西兰NZ,新加坡SG,哥CR,瑞CH,冰IS,澳AU,格GE,毛MU,东盟^RAS^R,澳^RAU^R,新西兰^RNZ^R,柬KH,港HK,澳门MO	0 受惠国LD	50
				1.4	韩KR	2.1 亚太AP	
				4	巴PK		
				7	亚太AP		
				11.2	韩^RKR^R		
				11.5	日^RJP^R		
3383	4105.1090	----其他 ---Other	10	0	东盟AS,智CL,新西兰NZ,秘PE,哥CR,瑞CH,冰IS,澳AU,格GE,毛MU,东盟^RAS^R,澳^RAU^R,新西兰^RNZ^R,柬KH,港HK,澳门MO	0 受惠国LD	50
				1	韩KR	2 亚太AP	
				4	巴PK		
				5	亚太AP		
				8	韩^RKR^R		
				8.2	日^RJP^R		
3384	4105.3000	-干革（坯革） -In the dry state (crust)	8	0	东盟AS,智CL,新西兰NZ,秘PE,哥CR,瑞CH,冰IS,澳AU,格GE,毛MU,东盟^RAS^R,澳^RAU^R,新西兰^RNZ^R,柬KH,港HK,澳门MO	0 受惠国LD	50
				0.8	韩KR	4.8 亚太AP	
				5.6	亚太AP,巴PK		
				6.4	韩^RKR^R		
				6.5	日^RJP^R		
	41.06	经鞣制的其他不带毛动物皮及其坯革，不论是否剖层，但未经进一步加工： Tanned or crust hides and skins of other animals, without wool or hair on, whether or not split, but not further prepared:					
		-山羊或小山羊的： -Of goats or kids:					
3385	4106.2100	--湿革（包括蓝湿皮） --In the wet state (including wet-blue)	14	0	东盟AS,智CL,新西兰NZ,新加坡SG,秘PE,哥CR,瑞CH,冰IS,澳AU,格GE,毛MU,东盟^RAS^R,澳^RAU^R,新西兰^RNZ^R,柬KH,港HK,澳门MO	0 受惠国LD	50
				1.4	韩KR	2.1 亚太AP	
				11.2	韩^RKR^R		
				11.5	日^RJP^R		
				12	亚太AP,巴PK		

序号 No.	税则号列 Tariff Line	货品名称 Article Description	最惠国税率 MFN(%)	协定税率 Agreement(%)		特惠税率 SP(%)	普通税率 Gen(%)
	ex41062100	蓝湿山羊皮 Goat skin leather, in the wet-blue state, without hair on, but not further prepared, whether or not split	Δ10				
3386	4106.2200	--干革（坯革） --In the dry state (crust)	14	0	东盟AS,智CL,巴PK,新西兰NZ,新加坡SG,哥CR,瑞CH,冰IS,澳AU,格GE,毛MU,东盟^{R}AS^R,澳^{R}AU^R,新西兰^{R}NZ^R,柬KH,港HK,澳门MO	0 受惠国LD	50
				1.4	韩KR	8.4 亚太AP	
				9.8	亚太AP		
				11.2	韩^{R}KR^R		
				11.5	日^{R}JP^R		
		-猪的： -Of swine:					
		--湿革（包括蓝湿皮）： --In the wet state (including wet-blue):					
3387	4106.3110	---蓝湿的 ---Wet-blue	14Δ10	0	东盟AS,智CL,新西兰NZ,新加坡SG,秘PE,哥CR,瑞CH,冰IS,澳AU,格GE,毛MU,东盟^{R}AS^R,澳^{R}AU^R,新西兰^{R}NZ^R,柬KH,港HK,澳门MO	0 受惠国LD	50
				1.4	韩KR	4.2 亚太AP	
				11.2	巴PK,韩^{R}KR^R		
				11.5	日^{R}JP^R		
3388	4106.3190	---其他 ---Other	14	0	东盟AS,智CL,新西兰NZ,新加坡SG,秘PE,哥CR,瑞CH,冰IS,澳AU,格GE,毛MU,东盟^{R}AS^R,澳^{R}AU^R,新西兰^{R}NZ^R,柬KH,港HK,澳门MO	0 受惠国LD	50
				1.4	韩KR	4.2 亚太AP	
				7	巴PK		
				11.2	韩^{R}KR^R		
				11.5	日^{R}JP^R		
3389	4106.3200	--干革（坯革） --In the dry state(crust)	14	0	东盟AS,智CL,新西兰NZ,新加坡SG,秘PE,哥CR,瑞CH,冰IS,澳AU,格GE,毛MU,东盟^{R}AS^R,澳^{R}AU^R,新西兰^{R}NZ^R,柬KH,港HK,澳门MO	0 受惠国LD	50
				1.4	韩KR	4.2 亚太AP	
				11.2	巴PK,韩^{R}KR^R		
				11.5	日^{R}JP^R		

序号 No.	税则号列 Tariff Line	货品名称 Article Description	最惠国税率 MFN(%)	协定税率 Agreement(%)		特惠税率 SP(%)	普通税率 Gen(%)
3390	4106.4000	-爬行动物的 -Of reptiles	14	0	东盟AS,智CL,新西兰NZ,新加坡SG,秘PE,哥CR,瑞CH,冰IS,澳AU,格GE,毛MU,东盟^RAS^R,澳^RAU^R,新西兰^RNZ^R,柬KH,港HK,澳门MO	0 受惠国LD, 亚太AP	50
				1.4	韩KR		
				7	巴PK		
				11.2	韩^RKR^R		
				11.5	日^RJP^R		
		-其他: -Other:					
3391	4106.9100	--湿革（包括蓝湿皮） --In the wet state (including wet-blue)	14	0	东盟AS,智CL,新西兰NZ,新加坡SG,秘PE,哥CR,瑞CH,冰IS,澳AU,格GE,毛MU,东盟^RAS^R,澳^RAU^R,新西兰^RNZ^R,柬KH,港HK,澳门MO	0 受惠国LD, 亚太AP	50
				1.4	韩KR		
				11.2	巴PK,韩^RKR^R		
				11.5	日^RJP^R		
3392	4106.9200	--干革（坯革） --In the dry state (crust)	14	0	东盟AS,智CL,巴PK,新西兰NZ,新加坡SG,秘PE,哥CR,瑞CH,冰IS,澳AU,格GE,毛MU,东盟^RAS^R,澳^RAU^R,新西兰^RNZ^R,柬KH,港HK,澳门MO	0 受惠国LD, 亚太AP	50
				1.4	韩KR		
				11.2	韩^RKR^R		
				11.5	日^RJP^R		
	41.07	经鞣制或半硝处理后进一步加工的不带毛的牛皮革（包括水牛皮革）及马科动物皮革,包括羊皮纸化处理的皮革,不论是否剖层,但税目41.14的皮革除外: Leather further prepared after tanning or crusting, including parchment-dressed leather, of bovine (including buffalo) or equine animals, without hair on, whether or not split, other than leather of heading 41.14:					
		-整张的: -Whole hides and skins:					
		--全粒面未剖层革: --Full grains, unsplit:					

序号 No.	税则号列 Tariff Line	货品名称 Article Description	最惠国税率 MFN(%)		协定税率 Agreement(%)	特惠税率 SP(%)	普通税率 Gen(%)
3393	4107.1110	---牛皮 ---Of bovine animals	6	0 3.2 6.9 7 7.2	东盟AS,智CL,巴PK,新西兰NZ, 哥CR,瑞CH,冰IS,澳AU,格GE, 柬KH,港HK,澳门MO 韩KR,毛MU 东盟^{R}AS^R,韩^{R}KR^R 日^{R}JP^R 澳^{R}AU^R,新西兰^{R}NZ^R	0 受惠国$_2$LD$_2$	50
3394	4107.1120	---马科动物皮 ---Of equine animals	5	0 4.1	东盟AS,智CL,巴PK,新西兰NZ, 秘PE,哥CR,瑞CH,冰IS,韩KR, 澳AU,格GE,毛MU,东盟^{R}AS^R,澳 ^{R}AU^R,新西兰^{R}NZ^R,柬KH,港HK, 澳门MO,韩^{R}KR^R 日^{R}JP^R	0 受惠国LD	50
		--粒面剖层革: --Grain splits:					
3395	4107.1210	---牛皮 ---Of bovine animals	6	0 0.8 6.4 6.5	东盟AS,智CL,巴PK,新西兰NZ, 哥CR,瑞CH,冰IS,澳AU,格GE, 毛MU,柬KH,港HK,澳门MO 韩KR 东盟^{R}AS^R,澳^{R}AU^R,新西兰^{R}NZ^R, 韩^{R}KR^R 日^{R}JP^R	0 受惠国$_2$LD$_2$	50
3396	4107.1220	---马科动物皮 ---Of equine animals	5	0 4.1	东盟AS,智CL,巴PK,新西兰NZ, 秘PE,哥CR,瑞CH,冰IS,韩KR, 澳AU,格GE,毛MU,东盟^{R}AS^R,澳 ^{R}AU^R,新西兰^{R}NZ^R,柬KH,港HK, 澳门MO,韩^{R}KR^R 日^{R}JP^R	0 受惠国LD	50
		--其他: --Other:					
3397	4107.1910	---机器带用 ---For machinery belting	5	0 0.5 4 4.1	东盟AS,智CL,巴PK,新西兰NZ, 秘PE,哥CR,瑞CH,冰IS,澳AU,格 GE,毛MU,东盟^{R}AS^R,澳^{R}AU^R,新 西兰^{R}NZ^R,柬KH,港HK,澳门MO 韩KR 韩^{R}KR^R 日^{R}JP^R	0 受惠国LD	50
3398	4107.1990	---其他 ---Other	7	0 5.6 5.7	东盟AS,智CL,新西兰NZ,哥CR, 瑞CH,冰IS,韩KR,澳AU,格GE, 毛MU,柬KH,港HK,澳门MO 东盟^{R}AS^R,澳^{R}AU^R,新西兰^{R}NZ^R, 韩^{R}KR^R 日^{R}JP^R	0 受惠国$_2$LD$_2$	50
		-其他,包括半张的: -Other, including sides:					

序号 No.	税则号列 Tariff Line	货品名称 Article Description	最惠国税率 MFN(%)	协定税率 Agreement(%)		特惠税率 SP(%)	普通税率 Gen(%)
3399	4107.9100	--全粒面未剖层革 --Full grains, un split	5	0	东盟AS,智CL,巴PK,新西兰NZ, 秘PE,哥CR,瑞CH,冰IS,澳AU,格 GE,毛MU,东盟^{R}AS^R,澳^{R}AU^R,新 西兰^{R}NZ^R,柬KH,港HK,澳门MO	0 受惠国LD	50
				0.5	韩KR		
				4	韩^{R}KR^R		
				4.1	日^{R}JP^R		
3400	4107.9200	--粒面剖层革 --Grain splits	5	0	东盟AS,智CL,巴PK,新西兰NZ, 秘PE,哥CR,瑞CH,冰IS,澳AU,格 GE,毛MU,柬KH,港HK,澳门MO	0 受惠国LD	50
				2	韩KR		
				4	东盟^{R}AS^R,澳^{R}AU^R,新西兰^{R}NZ^R, 韩^{R}KR^R		
				4.4	日^{R}JP^R		
		--其他: --Other:					
3401	4107.9910	---机器带用 ---For machinery belting	5	0	东盟AS,智CL,巴PK,新西兰NZ, 秘PE,哥CR,瑞CH,冰IS,韩KR, 澳AU,格GE,毛MU,东盟^{R}AS^R,澳 ^{R}AU^R,新西兰^{R}NZ^R,柬KH,港HK, 澳门MO,韩^{R}KR^R	0 受惠国LD	50
				4.1	日^{R}JP^R		
3402	4107.9990	---其他 ---Other	7	0	东盟AS,智CL,新西兰NZ,秘PE, 哥CR,瑞CH,冰IS,澳AU,格GE, 毛MU,柬KH,港HK,澳门MO	0 受惠国LD	50
				2.8	韩KR		
				5.6	东盟^{R}AS^R,澳^{R}AU^R,新西兰^{R}NZ^R, 韩^{R}KR^R		
				6.1	日^{R}JP^R		
	41.12	经鞣制或半硝处理后进一步加工的不 带毛的绵羊或羔羊皮革,包括羊皮纸化 处理的,不论是否剖层,但税目41.14的 皮革除外: **Leather further prepared after tanning or crusting, including parchment- dressed leather, of sheep or lamb, without wool on, whether or not split, other than leather of heading 41.14:**					
3403	4112.0000	经鞣制或半硝处理后进一步加工的不 带毛的绵羊或羔羊皮革,包括羊皮纸化 处理的,不论是否剖层,但税目41.14的 皮革除外 Leather further prepared after tanning or crusting, including parchment- dressed leather, of sheep or lamb, without wool on, whether or not split, other than leather of heading 41.14	8	0	东盟AS,智CL,巴PK,新西兰NZ, 秘PE,哥CR,瑞CH,冰IS,澳AU,格 GE,毛MU,柬KH,港HK,澳门MO	0 受惠国LD	50
				3.2	韩KR		
				5.6	亚太AP		
				6.9	东盟^{R}AS^R,韩^{R}KR^R		
				7	日^{R}JP^R		
				7.2	澳^{R}AU^R,新西兰^{R}NZ^R		

序号 No.	税则号列 Tariff Line	货品名称 Article Description	最惠国税率 MFN(%)	协定税率 Agreement(%)		特惠税率 SP(%)	普通税率 Gen(%)
	41.13	经鞣制或半硝处理后进一步加工的不带毛的其他动物皮革，包括羊皮纸化处理的，不论是否剖层，但税目41.14的皮革除外： **Leather further prepared after tanning or crusting, including parchment-dressed leather, of other animals, without wool or hair on, whether or not split, other than leather of heading 41.14:**					
3404	4113.1000	-山羊或小山羊皮的 -Of goats or kids	14	0	东盟AS,智CL,巴PK,新西兰NZ,新加坡SG,哥CR,瑞CH,澳AU,格GE,毛MU,东盟^RAS^R,澳^RAU^R,新西兰^RNZ^R,柬KH,港HK,澳门MO	0 受惠国LD	50
				1.4	韩KR		
				9.8	亚太AP		
				11.2	韩^RKR^R		
				11.5	日^RJP^R		
3405	4113.2000	-猪皮的 -Of swine	14	0	东盟AS,智CL,新西兰NZ,新加坡SG,秘PE,哥CR,瑞CH,冰IS,澳AU,格GE,毛MU,东盟^RAS^R,澳^RAU^R,新西兰^RNZ^R,柬KH,港HK,澳门MO	0 受惠国LD	50
				1.4	韩KR		
				11.2	韩^RKR^R		
				11.5	日^RJP^R		
3406	4113.3000	-爬行动物皮的 -Of reptiles	14	0	东盟AS,智CL,巴PK,新西兰NZ,新加坡SG,秘PE,哥CR,瑞CH,澳AU,格GE,毛MU,东盟^RAS^R,澳^RAU^R,新西兰^RNZ^R,柬KH,港HK,澳门MO	0 受惠国LD	50
				1.4	韩KR		
				11.2	韩^RKR^R		
				11.5	日^RJP^R		
3407	4113.9000	-其他 -Other	14	0	东盟AS,智CL,巴PK,新西兰NZ,新加坡SG,秘PE,哥CR,瑞CH,冰IS,澳AU,格GE,毛MU,东盟^RAS^R,澳^RAU^R,新西兰^RNZ^R,柬KH,港HK,澳门MO	0 受惠国LD	50
				1.4	韩KR		
				11.2	韩^RKR^R		
				11.5	日^RJP^R		
	41.14	油鞣皮革（包括结合鞣制的油鞣皮革）；漆皮及层压漆皮；镀金属皮革： **Chamois (including combination chamois) leather; patent leather and patent laminated leather; metallised leather:**					

序号 No.	税则号列 Tariff Line	货品名称 Article Description	最惠国税率 MFN(%)	协定税率 Agreement(%)		特惠税率 SP(%)	普通税率 Gen(%)
3408	4114.1000	-油鞣皮革(包括结合鞣制的油鞣皮革) -Chamois (including combination chamois) leather	14	0	东盟AS,智CL,新西兰NZ,新加坡SG,秘PE,哥CR,瑞CH,冰IS,澳AU,格GE,毛MU,东盟RASR,澳RAUR,新西兰RNZR,柬KH,港HK,澳门MO	0 受惠国LD	50
				1.4	韩KR		
				11.2	韩RKRR		
				11.5	日RJPR		
3409	4114.2000	-漆皮及层压漆皮;镀金属皮革 -Patent leather and patent laminated leather; metallised leather	10	0	东盟AS,智CL,新西兰NZ,新加坡SG,哥CR,瑞CH,冰IS,澳AU,格GE,毛MU,柬KH,港HK,澳门MO	0 受惠国₂LD₂	50
				5.5	韩KR		
				9	亚太AP,巴PK,东盟RASR,澳RAUR,新西兰RNZR		
	41.15	以皮革或皮革纤维为基本成分的再生皮革,成块、成张或成条的,不论是否成卷;皮革或再生皮革的边角废料;不适宜作皮革制品用;皮革粉末: Composition leather with a basis of leather or leather fibre, in slabs, sheets or strip, whether or not in rolls; parings and other waste of leather or of composition leather, not suitable for the manufacture of leather articles; leather dust, powder and flour:					
3410	4115.1000	-以皮革或皮革纤维为基本成分的再生皮革,成块、成张或成条,不论是否成卷 -Composition leather with a basis of leather or leather fibre, in slabs, sheets or strip, whether or not in rolls	14	0	东盟AS,智CL,新西兰NZ,新加坡SG,哥CR,瑞CH,冰IS,澳AU,格GE,毛MU,东盟RASR,澳RAUR,新西兰RNZR,柬KH,港HK,澳门MO	0 受惠国₂LD₂	50
				1.4	韩KR		
				11.2	韩RKRR		
				11.5	日RJPR		
3411	4115.2000	-皮革或再生皮革的边角废料,不适宜作皮革制品用;皮革粉末 -Parings and other waste of leather or of composition leather, not suitable for the manufacture of leather articles; leather dust, powder and flour	14	0	东盟AS,智CL,新西兰NZ,新加坡SG,秘PE,哥CR,瑞CH,冰IS,澳AU,格GE,毛MU,东盟RASR,澳RAUR,新西兰RNZR,柬KH,港HK,澳门MO	0 受惠国LD	50
				1.4	韩KR	4.2 亚太AP	
				11.2	韩RKRR		
				11.5	日RJPR		

<table>
<tr><td>

第四十二章
皮革制品；鞍具及挽具；旅行用品、
手提包及类似容器；动物肠线
（蚕胶丝除外）制品

</td><td>

Chapter 42
Articles of leather; saddlery and harness; travel goods, handbags and similar containers; articles of animal gut (other than silk-worm gut)

</td></tr>
</table>

注释：

一、本章所称的"皮革"包括油鞣皮革（包括结合鞣制的油鞣皮革）、漆皮、层压漆皮和镀金属皮革。

二、本章不包括：
（一）外科用无菌肠线或类似的无菌缝合材料（税目30.06）；
（二）以毛皮或人造毛皮衬里或作面（仅饰边的除外）的衣服及衣着附件（分指手套、连指手套及露指手套除外）（税目43.03或43.04）；
（三）网线袋及类似品（税目56.08）；
（四）第六十四章的物品；
（五）第六十五章的帽类及其零件；
（六）税目66.02的鞭子、马鞭或其他物品；
（七）袖扣、手镯或其他仿首饰（税目71.17）；
（八）单独进口或出口的挽具附件或装饰物，例如，马镫、马嚼子、马铃铛及类似品、带扣（一般归入第十五类）；
（九）弦线、鼓面皮或类似品及其他乐器零件（税目92.09）；
（十）第九十四章的物品（例如，家具、灯具及照明装置）；
（十一）第九十五章的物品（例如，玩具、游戏品及运动用品）；或
（十二）税目96.06的钮扣、揿扣、钮扣芯或这些物品的其他零件、钮扣坯。

三、
（一）除上述注释二所规定的以外，税目42.02也不包括：
　　1.非供长期使用的带把手塑料薄膜袋，不论是否印制（税目39.23）；
　　2.编结材料制品（税目46.02）。
（二）税目42.02及42.03的制品，如果装有用贵金属、包贵金属、天然或养殖珍珠、宝石或半宝石（天然、合成或再造）制的零件，即使这些零件不是仅作为小配件或小饰物的，只要其未构成物品的基本特征，仍应归入上述税目。但如果这些零件已构成物品的基本特征，则应归入第七十一章。

四、税目42.03所称"衣服及衣着附件"，主要包括分指手套、连指手套及露指手套（包括运动及防护手套）、围裙及其他防护用衣着、裤吊带、腰带、子弹带及腕带，但不包括表带（税目91.13）。

Notes:

1. For the purposes of this Chapter, the term "leather" includes chamois (including combination chamois) leather, patent leather, patent laminated leather and metallised leather.

2. This Chapter does not cover:
   (a) Sterile surgical catgut or similar sterile suture materials (heading 30.06);
   (b) Articles of apparel or clothing accessories (except gloves, mittens and mitts), lined with furskin or artificial fur or to which furskin or artificial fur is attached on the outside except as mere trimming (heading 43.03 or 43.04);
   (c) Made up articles of netting (heading 56.08);
   (d) Articles of Chapter 64;
   (e) Headgear or parts thereof of Chapter 65;
   (f) Whips, riding-crops or other articles of heading 66.02;
   (g) Cuff-links, bracelets or other imitation jewellery (heading 71.17);
   (h) Fittings or trimmings for harness, such as stirrups, bits, horse brasses and buckles, separately presented (generally Section XV);
   (i) Strings, skins for drums or the like, or other parts of musical instruments (heading 92.09);
   (j) Articles of Chapter 94 (for example, furniture, lamps and lighting fittings);
   (k) Articles of Chapter 95 (for example, toys, games, sports requisites); or
   (l) Buttons, press-fasteners, snap-fasteners, press-studs, button moulds or other parts of these articles, button blanks, of heading 96.06.

3.
   (a) In addition to the provisions of Note 1 above, heading 42.02 does not cover:
       (1) Bags made of sheeting of plastics, whether or not printed, with handles, not designed for prolonged use (heading 39.23);
       (2) Articles of plaiting materials (heading 46.02) .
   (b) Articles of headings 42.02 and 42.03 which have parts of precious metal or metal clad with precious metal, of natural or cultured pearls, of precious or semi-precious stones (natural, synthetic or reconstructed) remain classified in those headings even if such parts constitute more than minor fittings or minor ornamentation, provided that these parts do not give the articles their essential character. If, on the other hand, the parts give the articles their essential character, the articles are to be classified in Chapter 71.

4. For the purposes of heading 42.03, the expression "articles of apparel and clothing accessories" applies, *inter alia*, to gloves, mittens and mitts (including those for sport or for protection), aprons and other protective clothing, braces, belts, bandoliers and wrist straps, but excluding watch straps (heading 91.13) .

序号 No.	税则号列 Tariff Line	货品名称 Article Description	最惠国税率 MFN(%)	协定税率 Agreement(%)		特惠税率 SP(%)	普通税率 Gen(%)
	42.01	各种材料制成的鞍具及挽具（包括缰绳、挽绳、护膝垫、口套、鞍褥、马褡裢、狗外套及类似品），适合各种动物用： Saddlery and harness for any animal (including traces, leads, knee pads, muzzles, saddle-cloths, saddlebags, dog coats and the like), of any material:					
3412	4201.0000	各种材料制成的鞍具及挽具（包括缰绳、挽绳、护膝垫、口套、鞍褥、马褡裢、狗外套及类似品），适合各种动物用 Saddlery and harness for any animal (including traces, leads, knee pads, muzzles, saddle cloths, saddle bags, dog coats and the like), of any material	10	0 东盟AS,智CL,新西兰NZ,新加坡SG,秘PE,哥CR,瑞CH,冰IS,澳AU,格GE,毛MU,柬KH,港HK,澳门MO 6 亚太AP 8 韩KR 10 巴PK 16 东盟^RAS^R,澳^RAU^R,新西兰^RNZ^R,韩^RKR^R 17.5 日^RJP^R		0 受惠国LD 4 亚太AP	100
	42.02	衣箱、提箱、小手袋、公文箱、公文包、书包、眼镜盒、望远镜盒、照相机套、乐器盒、枪套及类似容器；旅行包、食品或饮料保温包、化妆包、帆布包、手提包、购物袋、钱夹、钱包、地图盒、烟盒、烟袋、工具包、运动包、瓶盒、首饰盒、粉盒、刀叉餐具盒及类似容器，用皮革或再生皮革、塑料片、纺织材料、钢纸或纸板制成，或者全部或主要用上述材料或纸包覆制成： Trunks, suitcases, vanity cases, executive-cases, briefcases, school satchels, spectacle cases, binocular cases, camera cases, musical instrument cases, gun cases, holsters and similar containers; travelling-bags, insulated food or beverages bags, toilet bags, rucksacks, handbags, shopping-bags, wallets, purses, map-cases, cigarette-cases, tobacco-pouches, tool bags, sports bags, bottle-cases, jewellery boxes, powder boxes, cutlery cases and similar containers, of leather or of composition leather, of sheeting of plastics, of textile materials, of vulcanised fibre or of paperboard, or wholly or mainly covered with such materials or with paper:					

序号 No.	税则号列 Tariff Line	货品名称 Article Description	最惠国税率 MFN(%)	协定税率 Agreement(%)		特惠税率 SP(%)	普通税率 Gen(%)
		-衣箱、提箱、小手袋、公文箱、公文包、 书包及类似容器: -Trunks, suitcases, vanity cases, executive-cases, briefcases, school satchels and similar containers:					
		--以皮革或再生皮革作面: --With outer surface of leather or of composition leather:					
3413	4202.1110	---衣箱 ---Trunks	8	0	东盟AS,智CL,新西兰NZ,新加 坡SG,秘PE,哥CR,瑞CH,冰IS,澳 AU,格GE,毛MU,东盟ᴿASᴿ,澳ᴿ AUᴿ,新西兰ᴿNZᴿ,柬KH,港HK, 澳门MO	0 受惠国LD	100
				1.5	韩KR	4.4 亚太AP	
				12	巴PK,韩ᴿKRᴿ		
				12.3	日ᴿJPᴿ		
3414	4202.1190	---其他 ---Other	6	0	东盟AS,智CL,新西兰NZ,秘PE, 哥CR,瑞CH,冰IS,澳AU,格GE, 毛MU,东盟ᴿASᴿ,澳ᴿAUᴿ,新西 兰ᴿNZᴿ,柬KH,港HK,澳门MO	0 受惠国LD	100
				1	韩KR	4.8 亚太AP	
				4	巴PK		
				8	韩ᴿKRᴿ		
				8.2	日ᴿJPᴿ		
		--以塑料或纺织材料作面: --With outer surface of plastics or of textile materials:					
3415	4202.1210	---衣箱 ---Trunks	10	0	东盟AS,智CL,巴PK,新西兰NZ, 新加坡SG,秘PE,哥CR,瑞CH,冰 IS,澳AU,格GE,毛MU,柬KH,港 HK,澳门MO,台TW	0 受惠国LD	100
				6.5	亚太AP		
				8	韩KR		
				17.3	东盟ᴿASᴿ		
				17.5	日ᴿJPᴿ		
				18	澳ᴿAUᴿ,新西兰ᴿNZᴿ		
3416	4202.1290	---其他 ---Other	10	0	东盟AS,智CL,巴PK,新西兰NZ, 新加坡SG,秘PE,哥CR,瑞CH,冰 IS,澳AU,格GE,柬KH,港HK,澳 门MO,台TW	0 受惠国LD	100
				2	韩KR		
				6.5	亚太AP		
				8	毛MU		
				16	东盟ᴿASᴿ,澳ᴿAUᴿ,新西兰ᴿNZᴿ, 韩ᴿKRᴿ		
				16.4	日ᴿJPᴿ		

序号 No.	税则号列 Tariff Line	货品名称 Article Description	最惠国税率 MFN(%)		协定税率 Agreement(%)	特惠税率 SP(%)		普通税率 Gen(%)
3417	4202.1900	--其他 --Other	10	0	东盟AS,智CL,巴PK,新西兰NZ, 新加坡SG,秘PE,哥CR,瑞CH,冰 IS,澳AU,格GE,毛MU,柬KH,港 HK,澳门MO,台TW	0	受惠国LD	100
				8	韩KR	4	亚太AP	
				16	东盟^{R}AS^R,澳^{R}AU^R,新西兰^{R}NZ^R, 韩^{R}KR^R			
				17.5	日^{R}JP^R			
		-手提包, 不论是否有背带, 包括无把 手的: -Handbags, whether or not with shoulder strap, including those without handle:						
3418	4202.2100	--以皮革或再生皮革作面 --With outer surface of leather or composition leather	6	0	东盟AS,智CL,巴PK,新西兰NZ, 秘PE,哥CR,瑞CH,冰IS,澳AU,格 GE,毛MU,柬KH,港HK,澳门MO	0	受惠国LD	100
				1	韩KR			
				3.9	亚太AP			
				8	东盟^{R}AS^R,澳^{R}AU^R,新西兰^{R}NZ^R, 韩^{R}KR^R			
				8.2	日^{R}JP^R			
3419	4202.2200	--以塑料片或纺织材料作面 --With outer surface of plastic sheeting or of textile materials	6	0	东盟AS,智CL,巴PK,新西兰NZ, 新加坡SG,秘PE,哥CR,瑞CH, 冰IS,澳AU,格GE,东盟^{R}AS^R,澳 ^{R}AU^R,新西兰^{R}NZ^R,柬KH,港HK, 澳门MO,台TW	0	受惠国LD	100
				1	韩KR			
				3.9	亚太AP			
				4	毛MU			
				8	韩^{R}KR^R			
				8.2	日^{R}JP^R			
3420	4202.2900	--其他 --Other	10	0	东盟AS,智CL,新西兰NZ,新加 坡SG,秘PE,哥CR,瑞CH,冰IS,澳 AU,格GE,毛MU,柬KH,港HK,澳 门MO	0	受惠国LD	100
				6.5	亚太AP	4	亚太AP	
				8	韩KR			
				14	巴PK			
				16	东盟^{R}AS^R,澳^{R}AU^R,新西兰^{R}NZ^R, 韩^{R}KR^R			
				17.5	日^{R}JP^R			
		-通常置于口袋或手提包内的物品: -Articles of a kind normally carried in the pocket or in the handbag:						

序号 No.	税则号列 Tariff Line	货品名称 Article Description	最惠国税率 MFN(%)		协定税率 Agreement(%)	特惠税率 SP(%)		普通税率 Gen(%)
3421	4202.3100	--以皮革或再生皮革作面 --With outer surface of leather or composition leather	6	0	东盟AS,智CL,新西兰NZ,秘PE,哥CR,瑞CH,冰IS,澳AU,格GE,毛MU,东盟^RAS^R,澳^RAU^R,新西兰^RNZ^R,柬KH,港HK,澳门MO	0	受惠国LD	100
				1	韩KR			
				3.9	亚太AP			
				4	巴PK			
				8	韩^RKR^R			
				8.2	日^RJP^R			
3422	4202.3200	--以塑料片或纺织材料作面 --With outer surface of plastic sheeting or of textile materials	10	0	东盟AS,智CL,新西兰NZ,新加坡SG,秘PE,哥CR,瑞CH,冰IS,澳AU,格GE,东盟^RAS^R,澳^RAU^R,新西兰^RNZ^R,柬KH,港HK,澳门MO	0	受惠国LD	100
				2	韩KR			
				6.5	亚太AP			
				8	毛MU			
				14	巴PK			
				16	韩^RKR^R			
				16.4	日^RJP^R			
3423	4202.3900	--其他 --Other	10	0	东盟AS,智CL,新西兰NZ,新加坡SG,秘PE,哥CR,瑞CH,冰IS,澳AU,格GE,毛MU,柬KH,港HK,澳门MO	0	受惠国LD	100
				6.5	亚太AP	4	亚太AP	
				8	韩KR			
				14	巴PK			
				16	东盟^RAS^R,澳^RAU^R,新西兰^RNZ^R,韩^RKR^R			
				17.5	日^RJP^R			
		-其他: -Other:						
3424	4202.9100	--以皮革或再生皮革作面 --With outer surface of leather or composition leather	6	0	东盟AS,智CL,新西兰NZ,秘PE,哥CR,瑞CH,冰IS,澳AU,格GE,毛MU,东盟^RAS^R,澳^RAU^R,新西兰^RNZ^R,柬KH,港HK,澳门MO	0	受惠国LD	100
				1	韩KR			
				3	巴PK			
				3.9	亚太AP			
				8	韩^RKR^R			
				8.2	日^RJP^R			

序号 No.	税则号列 Tariff Line	货品名称 Article Description	最惠国税率 MFN(%)	协定税率 Agreement(%)		特惠税率 SP(%)	普通税率 Gen(%)
3425	4202.9200	--以塑料片或纺织材料作面 --With outer surface of plastic sheeting or of textile materials	6	0	东盟AS,智CL,巴PK,新西兰NZ,新加坡SG,秘PE,哥CR,瑞CH,冰IS,澳AU,格GE,毛MU,柬KH,港HK,澳门MO	0 受惠国LD	100
				1	韩KR		
				3.9	亚太AP		
				8	东盟^RAS^R,澳^RAU^R,新西兰^RNZ^R,韩^RKR^R		
				8.2	日^RJP^R		
3426	4202.9900	--其他 --Other	10	0	东盟AS,智CL,新西兰NZ,新加坡SG,秘PE,哥CR,冰IS,澳AU,格GE,柬KH,港HK,澳门MO	0 受惠国LD	100
				8	瑞CH,韩KR,毛MU		
				17.3	东盟^RAS^R,韩^RKR^R		
				17.5	日^RJP^R		
				18	澳^RAU^R,新西兰^RNZ^R		
	42.03	皮革或再生皮革制的衣服及衣着附件： Articles of apparel and clothing accessories, of leather or of composition leather:					
3427	4203.1000	-衣服 -Articles of apparel	6	0	东盟AS,智CL,巴PK,新西兰NZ,秘PE,哥CR,瑞CH,冰IS,韩KR,澳AU,格GE,毛MU,柬KH,港HK,澳门MO	0 受惠国LD	100
				8	东盟^RAS^R,澳^RAU^R,新西兰^RNZ^R,韩^RKR^R	4.8 亚太AP	
				8.2	日^RJP^R		
		-手套,包括连指或露指的： -Gloves, mittens and mitts:						
3428	4203.2100	--专供运动用 --Specially designed for use in sports	10	0	东盟AS,智CL,巴PK,新西兰NZ,新加坡SG,秘PE,哥CR,瑞CH,澳AU,格GE,毛MU,柬KH,港HK,澳门MO	0 受惠国LD	100
				6.5	亚太AP		
				8	韩KR		
				17.3	东盟^RAS^R,韩^RKR^R		
				17.5	日^RJP^R		
				18	澳^RAU^R,新西兰^RNZ^R		
		--其他： --Other:						

序号 No.	税则号列 Tariff Line	货品名称 Article Description	最惠国税率 MFN(%)	协定税率 Agreement(%)		特惠税率 SP(%)	普通税率 Gen(%)
3429	4203.2910	---劳保手套 ---Working gloves	10	0	东盟AS,智CL,巴PK,新西兰NZ, 新加坡SG,秘PE,哥CR,瑞CH,澳 AU,格GE,毛MU,柬KH,港HK,澳 门MO	0 受惠国LD	100
				8	韩KR	4 亚太AP	
				17.3	东盟ᴿASᴿ,韩ᴿKRᴿ		
				17.5	日ᴿJPᴿ		
				18	澳ᴿAUᴿ,新西兰ᴿNZᴿ		
3430	4203.2990	---其他 ---Other	10	0	东盟AS,智CL,巴PK,新西兰NZ, 新加坡SG,秘PE,哥CR,瑞CH,澳 AU,格GE,毛MU,柬KH,港HK,澳 门MO	0 受惠国LD	100
				8	韩KR	4 亚太AP	
				17.3	东盟ᴿASᴿ,韩ᴿKRᴿ		
				17.5	日ᴿJPᴿ		
				18	澳ᴿAUᴿ,新西兰ᴿNZᴿ		
		-腰带及子弹带: -Belts and bandoliers:					
3431	4203.3010	---腰带 ---Belts	6	0	东盟AS,智CL,巴PK,新西兰NZ, 秘PE,哥CR,瑞CH,冰IS,澳AU,格 GE,毛MU,东盟ᴿASᴿ,澳ᴿAUᴿ,新 西兰ᴿNZᴿ,柬KH,港HK,澳门MO	0 受惠国LD	100
				1	韩KR	4.8 亚太AP	
				8	韩ᴿKRᴿ		
				8.2	日ᴿJPᴿ		
3432	4203.3020	---子弹带 ---Bandoliers	6	0	东盟AS,智CL,巴PK,新西兰NZ, 秘PE,哥CR,瑞CH,冰IS,澳AU,格 GE,毛MU,东盟ᴿASᴿ,澳ᴿAUᴿ,新 西兰ᴿNZᴿ,柬KH,港HK,澳门MO	0 受惠国LD	100
				1	韩KR	4.8 亚太AP	
				5.4	亚太AP		
				8	韩ᴿKRᴿ		
				8.2	日ᴿJPᴿ		
3433	4203.4000	-其他衣着附件 -Other clothing accessories	10	0	东盟AS,智CL,巴PK,新西兰NZ, 新加坡SG,秘PE,哥CR,瑞CH,澳 AU,格GE,毛MU,柬KH,港HK,澳 门MO	0 受惠国LD	100
				8	韩KR	4 亚太AP	
				17.3	东盟ᴿASᴿ		
				17.5	日ᴿJPᴿ		
				18	澳ᴿAUᴿ,新西兰ᴿNZᴿ		
	42.05	皮革或再生皮革的其他制品: Other articles of leather or of composition leather:					

序号 No.	税则号列 Tariff Line	货品名称 Article Description	最惠国税率 MFN(%)		协定税率 Agreement(%)	特惠税率 SP(%)	普通税率 Gen(%)
3434	4205.0010	---座套 ---Cover of seat	6	0	东盟AS,智CL,巴PK,新西兰NZ,新加坡SG,秘PE,哥CR,瑞CH,冰IS,澳AU,格GE,毛MU,柬KH,港HK,澳门MO	0 受惠国LD	100
				6	东盟^RAS^R,澳^RAU^R,新西兰^RNZ^R	3.9 亚太AP	
3435	4205.0020	---机器、机械器具或其他专门技术用途的 ---Of a kind used in machinery or mechanical appliances or for other technical uses	6	0	东盟AS,智CL,新西兰NZ,秘PE,哥CR,冰IS,澳AU,格GE,毛MU,东盟^RAS^R,澳^RAU^R,新西兰^RNZ^R,柬KH,港HK,澳门MO	0 受惠国LD	35
				0.8	韩KR		
				1	巴PK		
				3.2	瑞CH		
				6.4	韩^RKR^R		
				6.5	日^RJP^R		
3436	4205.0090	---其他 ---Other	6	0	东盟AS,智CL,巴PK,新西兰NZ,新加坡SG,秘PE,哥CR,瑞CH,冰IS,澳AU,格GE,柬KH,港HK,澳门MO	0 受惠国LD	100
				4.8	韩KR,毛MU	3.9 亚太AP	
				10.4	东盟^RAS^R,韩^RKR^R		
				10.5	日^RJP^R		
				10.8	澳^RAU^R,新西兰^RNZ^R		
	42.06	肠线(蚕胶丝除外)、肠膜、膀胱或筋腱制品: Articles of gut (other than silkworm gut), of goldbeater's skin, of bladders or of tendons:					
3437	4206.0000	肠线(蚕胶丝除外)、肠膜、膀胱或筋腱制品 Articles of gut (other than silk-worm gut), of goldbeater's skin, of bladders or of tendons	10	0	东盟AS,智CL,新西兰NZ,新加坡SG,秘PE,哥CR,瑞CH,冰IS,澳AU,格GE,毛MU,柬KH,港HK,澳门MO	0 受惠国LD	90
				8	韩KR		
				16	东盟^RAS^R,澳^RAU^R,新西兰^RNZ^R,韩^RKR^R		
				17.5	日^RJP^R		

第四十三章
毛皮、人造毛皮及其制品

Chapter 43
Furskins and artificial fur; manufactures thereof

注释:

一、本目录所称"毛皮",是指已鞣的各种动物的带毛毛皮,但不包括税目43.01的生毛皮。

二、本章不包括:
（一）带羽毛或羽绒的整张或部分鸟皮（税目05.05或67.01）;
（二）第四十一章的带毛生皮［见该章注释一（三）］;
（三）用皮革与毛皮或用皮革与人造毛皮制成的分指手套、连指手套及露指手套（税目42.03）;
（四）第六十四章的物品;
（五）第六十五章的帽类及其零件; 或
（六）第九十五章的物品（例如, 玩具、游戏品及运动用品）。

三、税目43.03包括加有其他材料缝合的毛皮和毛皮部分品, 以及缝合成衣服、衣服部分品、衣着附件或其他制品的毛皮和毛皮部分品。

四、以毛皮或人造毛皮衬里或作面（仅饰边的除外）的衣服及衣着附件（不包括注释二所述的货品）, 应分别归入税目43.03或43.04, 但毛皮或人造毛皮仅作为装饰的除外。

五、本目录所称"人造毛皮", 是指以毛、发或其他纤维粘附或缝合于皮革、织物或其他材料之上而构成的仿毛皮, 但不包括以机织或针织方法制得的仿毛皮（一般应归入税目58.01或60.01）。

Notes:

1. Throughout the Nomenclature references to "furskins", other than to raw furskins of heading 43.01, apply to hides or skins of all animals which have been tanned or dressed with the hair or wool on.

2. This Chapter does not cover:
   (a) Birdskins or parts of birdskins, with their feathers or down (heading 05.05 or 67.01);
   (b) Raw hides or skins, with the hair or wool on, of Chapter 41 (see Note 1 (c) to that Chapter);
   (c) Gloves, mittens and mitts consisting of leather and furskin or of leather and artificial fur (heading 42.03);
   (d) Articles of Chapter 64;
   (e) Headgear or parts thereof of Chapter 65; or
   (f) Articles of Chapter 95 (for example, toys, games, sports requisites).

3. Heading 43.03 includes furskins and parts thereof, assembled with the addition of other materials, and furskins and parts thereof, sewn together in the form of garments or parts or accessories of garments or in the form of other articles.

4. Articles of apparel and clothing accessories (except those excluded by Note 2) lined with furskin or artificial fur or to which furskin or artificial fur is attached on the outside except as mere trimming are to be classified in heading 43.03 or 43.04 as the case may be.

5. Throughout the Nomenclature the expression "artificial fur" means any imitation of furskin consisting of wool, hair or other fibres gummed or sewn on to leather, woven fabric or other materials, but does not include imitation furskins obtained by weaving or knitting (generally, heading 58.01 or 60.01).

序号 No.	税则号列 Tariff Line	货品名称 Article Description	最惠国税率 MFN(%)	协定税率 Agreement(%)		特惠税率 SP(%)	普通税率 Gen(%)
	43.01	生毛皮（包括适合加工皮货用的头、尾、爪及其他块、片）, 但税目41.01、41.02或41.03的生皮除外: **Raw furskins (including heads, tails, paws and other pieces or cuttings, suitable for furriers' use), other than raw hides and skins of heading 41.01, 41.02 or 41.03:**					
3438	4301.1000	-整张水貂皮, 不论是否带头、尾或爪 -Of mink, whole, with or without head, tail or paws	15△10	0	东盟AS,智CL,新西兰NZ,新加坡SG,秘PE,哥CR,瑞CH,冰IS,澳AU,格GE,毛MU,东盟ᴿASᴿ,澳ᴿAUᴿ,新西兰ᴿNZᴿ,柬KH,港HK,澳门MO	0 受惠国LD	100
				1.5	韩KR		
				12	亚太AP,巴PK,韩ᴿKRᴿ		
				12.3	日ᴿJPᴿ		

序号 No.	税则号列 Tariff Line	货品名称 Article Description	最惠国税率 MFN(%)	协定税率 Agreement(%)		特惠税率 SP(%)	普通税率 Gen(%)
3439	4301.3000	-下列羔羊的整张毛皮,不论是否带头、尾或爪: 阿斯特拉罕羔羊、大尾羔羊、卡拉库尔羔羊、波斯羔羊及类似羔羊、印度、中国或蒙古羔羊 -Of lamb, the following: Astrakhan, Broadtail, Caracul, Persian and similar lamb, Indian, Chinese, Mongolian or Tibetan lamb, whole, with or without head, tail or paws	20	0	东盟AS,智CL,新西兰NZ,新加坡SG,秘PE,哥CR,瑞CH,冰IS,澳AU,格GE,毛MU,柬KH,港HK,澳门MO	0 受惠国LD	90
				8	韩KR		
				16	东盟^R AS^R,澳^R AU^R,新西兰^R NZ^R,韩^R KR^R		
				17.5	日^R JP^R		
3440	4301.6000	-整张狐皮,不论是否带头、尾或爪 -Of fox, whole, with or without head, tail or paws	20Δ10	0	东盟AS,智CL,新西兰NZ,新加坡SG,秘PE,哥CR,瑞CH,冰IS,澳AU,格GE,毛MU,柬KH,港HK,澳门MO	0 受惠国LD	100
				8	韩KR		
				14	亚太AP		
				16	东盟^R AS^R,澳^R AU^R,新西兰^R NZ^R,韩^R KR^R		
				17.5	日^R JP^R		
		-整张的其他毛皮,不论是否带头、尾或爪: -Other furskins, whole, with or without head, tail or paws:					
3441	4301.8010	---整张兔皮,不论是否带头、尾或爪 ---Of rabbit or hare, whole, with or without head, tail or paws	20	0	东盟AS,智CL,新西兰NZ,新加坡SG,秘PE,哥CR,瑞CH,冰IS,澳AU,格GE,毛MU,柬KH,港HK,澳门MO	0 受惠国LD	90
				8	韩KR		
				14	亚太AP		
				16	东盟^R AS^R,澳^R AU^R,新西兰^R NZ^R,韩^R KR^R		
				17.5	日^R JP^R		
3442	4301.8090	---其他 ---Other	20Δ10	0	东盟AS,智CL,新西兰NZ,新加坡SG,秘PE,哥CR,瑞CH,冰IS,澳AU,格GE,毛MU,柬KH,港HK,澳门MO	0 受惠国LD	90
				8	韩KR		
				14	亚太AP		
				16	东盟^R AS^R,澳^R AU^R,新西兰^R NZ^R,韩^R KR^R		
				17.5	日^R JP^R		
		-适合加工皮货用的头、尾、爪及其他块、片: -Heads, tails, paws and other pieces or cuttings, suitable for furriers use:					
3443	4301.9010	---黄鼠狼尾 ---Weasel tails	20	0	东盟AS,智CL,新西兰NZ,新加坡SG,秘PE,哥CR,瑞CH,冰IS,澳AU,格GE,毛MU,柬KH,港HK,澳门MO	0 受惠国LD	50
				8	韩KR		
				16	东盟^R AS^R,澳^R AU^R,新西兰^R NZ^R,韩^R KR^R		
				17.5	日^R JP^R		

序号 No.	税则号列 Tariff Line	货品名称 Article Description	最惠国税率 MFN(%)	协定税率 Agreement(%)		特惠税率 SP(%)		普通税率 Gen(%)
3444	4301.9090	---其他 ---Other	20	0	东盟AS,智CL,新西兰NZ,新加坡SG,秘PE,哥CR,瑞CH,冰IS,澳AU,格GE,毛MU,柬KH,港HK,澳门MO	0	受惠国LD	90
				8	韩KR			
				16	东盟^RAS^R,澳^RAU^R,新西兰^RNZ^R,韩^RKR^R			
				17.5	日^RJP^R			
	43.02	未缝制或已缝制(不加其他材料)的已鞣毛皮(包括头、尾、爪及其他块、片),但税目43.03的货品除外: Tanned or dressed furskins (including heads, tails, paws and other pieces or cuttings), unassembled, or assembled (without the addition of other materials) other than those of heading 43.03:						
		-未缝制的整张毛皮,不论是否带头、尾或爪: -Whole skins, with or without head, tail or paws, not assembled:						
3445	4302.1100	--水貂皮 --Of mink	12	0	东盟AS,智CL,新西兰NZ,新加坡SG,秘PE,哥CR,瑞CH,冰IS,澳AU,格GE,毛MU,东盟^RAS^R,澳^RAU^R,新西兰^RNZ^R,柬KH,港HK,澳门MO	0	受惠国LD	130
				1.2	韩KR			
				6	巴PK			
				8.4	亚太AP			
				9.6	韩^RKR^R			
				9.8	日^RJP^R			
		--其他: --Other:						
3446	4302.1910	---灰鼠皮、白鼬皮、其他貂皮、狐皮、水獭皮、旱獭皮及猞猁皮 ---Of grey squirrel, ermine, other marten, fox, otter, marmot and lynx	10	0	东盟AS,智CL,新西兰NZ,秘PE,哥CR,瑞CH,冰IS,澳AU,格GE,毛MU,东盟^RAS^R,澳^RAU^R,新西兰^RNZ^R,柬KH,港HK,澳门MO	0	受惠国LD	130
				1	韩KR			
				3	巴PK			
				7	亚太AP			
				8	韩^RKR^R			
				8.2	日^RJP^R			
3447	4302.1920	---兔皮 ---Of rabbit or hare	10	0	东盟AS,智CL,新西兰NZ,秘PE,哥CR,瑞CH,冰IS,澳AU,格GE,毛MU,东盟^RAS^R,澳^RAU^R,新西兰^RNZ^R,柬KH,港HK,澳门MO	0	受惠国LD	100
				1	韩KR			
				3	巴PK			
				8	韩^RKR^R			
				8.2	日^RJP^R			

序号 No.	税则号列 Tariff Line	货品名称 Article Description	最惠国税率 MFN(%)		协定税率 Agreement(%)	特惠税率 SP(%)		普通税率 Gen(%)
3448	4302.1930	---下列羔羊皮: 阿斯特拉罕羔羊、大尾羔羊、卡拉库尔羔羊、波斯羔羊及类似羔羊,印度、中国或蒙古羔羊 ---Of lamb, the following: Astrakhan, Broadtail, Caracul, Persian and similar lamb, Indian, Chinese or Mongolian lamb	20	0 8 16 17.5	东盟AS,智CL,新西兰NZ,新加坡SG,秘PE,哥CR,瑞CH,澳AU,格GE,毛MU,柬KH,港HK,澳门MO 韩KR 东盟^{R}AS^R,澳^{R}AU^R,新西兰^{R}NZ^R,韩^{R}KR^R 日^{R}JP^R	0	受惠国LD	100
3449	4302.1990	---其他 ---Other	10	0 1 8 8.2	东盟AS,智CL,新西兰NZ,秘PE,哥CR,瑞CH,冰IS,澳AU,格GE,毛MU,东盟^{R}AS^R,澳^{R}AU^R,新西兰^{R}NZ^R,柬KH,港HK,澳门MO 韩KR 韩^{R}KR^R 日^{R}JP^R	0	受惠国LD	100
3450	4302.2000	-未缝制的头、尾、爪及其他块、片 -Heads, tails, paws and other pieces or cuttings, not assembled	20	0 8 17.3 17.5 18	东盟AS,智CL,新西兰NZ,新加坡SG,秘PE,哥CR,瑞CH,冰IS,澳AU,格GE,毛MU,柬KH,港HK,澳门MO 韩KR 东盟^{R}AS^R 日^{R}JP^R 澳^{R}AU^R,新西兰^{R}NZ^R	0	受惠国LD	100
		-已缝制的整张毛皮及其块、片: -Whole skins and pieces or cuttings thereof, assembled:						
3451	4302.3010	---灰鼠、白鼬、貂、狐、水獭、旱獭及猞猁的整张毛皮及其块、片 ---Of grey squirrel, ermine, other marten, fox, otter, marmot and lynx	20	0 8 16 16.4	东盟AS,智CL,新西兰NZ,新加坡SG,秘PE,哥CR,瑞CH,冰IS,澳AU,格GE,毛MU,柬KH,港HK,澳门MO 韩KR 东盟^{R}AS^R,澳^{R}AU^R,新西兰^{R}NZ^R,韩^{R}KR^R 日^{R}JP^R	0	受惠国LD	130
3452	4302.3090	---其他 ---Other	20	0 8 16 17.5	东盟AS,智CL,新西兰NZ,新加坡SG,秘PE,哥CR,瑞CH,澳AU,格GE,毛MU,柬KH,港HK,澳门MO 韩KR 东盟^{R}AS^R,澳^{R}AU^R,新西兰^{R}NZ^R,韩^{R}KR^R 日^{R}JP^R	0	受惠国LD	100
	43.03	毛皮制的衣服、衣着附件及其他物品: **Articles of apparel, clothing accessories and other articles of furskin:**						
		-衣服及衣着附件: -Articles of apparel and clothing accessories:						

序号 No.	税则号列 Tariff Line	货品名称 Article Description	最惠国税率 MFN(%)	协定税率 Agreement(%)		特惠税率 SP(%)		普通税率 Gen(%)
3453	4303.1010	---毛皮衣服 ---Articles of appare	10	0	东盟AS,智CL,新西兰NZ,新加坡SG,秘PE,哥CR,瑞CH,澳AU,格GE,柬KH,港HK,澳门MO	0	受惠国LD	150
				9.2	毛MU	4.5	亚太AP	
				12.6	韩KR			
				20.7	东盟^{R}AS^R,澳^{R}AU^R,新西兰^{R}NZ^R			
3454	4303.1020	---毛皮衣着附件 ---Clothing accessories	10	0	东盟AS,智CL,新西兰NZ,新加坡SG,秘PE,哥CR,瑞CH,澳AU,格GE,毛MU,东盟^{R}AS^R,澳^{R}AU^R,新西兰^{R}NZ^R,柬KH,港HK,澳门MO	0	受惠国LD	150
				1.8	韩KR	5.5	亚太AP	
				14.4	韩^{R}KR^R			
				14.7	日^{R}JP^R			
3455	4303.9000	-其他 -Other	10	0	东盟AS,智CL,新西兰NZ,新加坡SG,秘PE,哥CR,瑞CH,澳AU,格GE,毛MU,东盟^{R}AS^R,澳^{R}AU^R,新西兰^{R}NZ^R,柬KH,港HK,澳门MO	0	受惠国LD	150
				1.8	韩KR	5.5	亚太AP	
				14.4	巴PK,韩^{R}KR^R			
				14.7	日^{R}JP^R			
	43.04	人造毛皮及其制品: Artificial fur and articles thereof:						
3456	4304.0010	---人造毛皮 ---Artificial fur	10	0	东盟AS,智CL,新西兰NZ,新加坡SG,秘PE,哥CR,瑞CH,澳AU,格GE,毛MU,东盟^{R}AS^R,澳^{R}AU^R,新西兰^{R}NZ^R,柬KH,港HK,澳门MO	0	受惠国LD	130
				1.8	韩KR	6	亚太AP	
				14.4	韩^{R}KR^R			
				14.7	日^{R}JP^R			
3457	4304.0020	---人造毛皮制品 ---Articles of artificial fur	10	0	东盟AS,智CL,新西兰NZ,新加坡SG,秘PE,哥CR,瑞CH,澳AU,格GE,毛MU,东盟^{R}AS^R,澳^{R}AU^R,新西兰^{R}NZ^R,柬KH,港HK,澳门MO	0	受惠国LD	150
				1.8	韩KR	6	亚太AP	
				14.4	巴PK,韩^{R}KR^R			
				14.7	日^{R}JP^R			

第九类
木及木制品；木炭；软木及软木
制品；稻草、秸秆、针茅或其他
编结材料制品；篮筐及柳条编结品

SECTION IX
WOOD AND ARTICLES OF WOOD;
WOOD CHARCOAL; CORK AND
ARTICLES OF CORK; MANUFACTURES
OF STRAW, OF ESPARTO OR
OF OTHER PLAITING MATERIALS;
BASKETWARE AND WICKERWORK

第四十四章
木及木制品；木炭

注释：

一、本章不包括：

（一）主要作香料、药料、杀虫、杀菌或类似用途的木片、刨花、碎木、木粒或木粉（税目12.11）；

（二）竹或主要作编结用的其他木质材料，呈原木状，不论是否劈开、纵锯或切段（税目14.01）；

（三）主要作染料或鞣料用的木片、刨花、木粒或木粉（税目14.04）；

（四）活性炭（税目38.02）；

（五）税目42.02的物品；

（六）第四十六章的货品；

（七）第六十四章的鞋靴及其零件；

（八）第六十六章的货品（例如，伞、手杖及其零件）；

（九）税目68.08的货品；

（十）税目71.17的仿首饰；

（十一）第十六类或第十七类的货品（例如，机器零件，机器及器具的箱、罩、壳，车辆部件）；

（十二）第十八类的货品（例如，钟壳、乐器及其零件）；

（十三）火器的零件（税目93.05）；

（十四）第九十四章的物品（例如，家具、灯具及照明器具、活动房屋）；

（十五）第九十五章的物品（例如，玩具、游戏品及运动用品）；

（十六）第九十六章的物品（例如，烟斗及其零件、钮扣、铅笔、独脚架、双脚架、三脚架及类似品），但税目96.03所列物品的木身及木柄除外；

（十七）第九十七章的物品（例如，艺术品）。

二、本章所称"强化木"，是指经过化学或物理方法处理（对于多层粘合木材，其处理应超出一般粘合需要），从而增加了密度或硬度并改善了机械强度、抗化学或

Chapter 44
Wood and articles of wood; wood charcoal

Notes:

1. This Chapter does not cover:

(a) Wood, in chips, in shavings, crushed, ground or powdered, of a kind used primarily in perfumery, in pharmacy, or for insecticidal, fungicidal or similar purposes (heading 12.11);

(b) Bamboos or other materials of a woody nature of a kind used primarily for plaiting, in the rough, whether or not split, sawn lengthwise or cut to length (heading 14.01);

(c) Wood, in chips, in shavings, ground or powdered, of a kind used primarily in dyeing or in tanning (heading 14.04);

(d) Activated charcoal (heading 38.02);

(e) Articles of heading 42.02;

(f) Goods of Chapter 46;

(g) Footwear or parts thereof of Chapter 64;

(h) Goods of Chapter 66 (for example, umbrellas and walking-sticks and parts thereof) ;

(i) Goods of heading 68.08;

(j) Imitation jewellery of heading 71.17;

(k) Goods of Section XVI or Section XVII (for example, machine parts, cases, covers, cabinets for machines and apparatus and wheel wrights' wares);

(l) Goods of Section XVIII (for example, clock cases and musical instruments and parts thereof);

(m) Parts of firearms (heading 93.05);

(n) Articles of Chapter 94 (for example, furniture, lamps and lighting fittings, prefabricated buildings);

(o) Articles of Chapter 95 (for example, toys, games, sports requisites);

(p) Articles of Chapter 96 (for example, smoking pipes and parts thereof, buttons, pencils, and monopods, bipods, tripods and similar articles) excluding bodies and handles, of wood, for articles of heading 96.03;

(q) Articles, of Chapter 97 (for example, works of art).

2. In this Chapter, the expression "densified wood" means wood which has been subjected to chemical or physical treatment (being, in the case of layers bonded together, treat-

抗电性能的木材。

ment in excess of that needed to ensure a good bond), and which has thereby acquired increased density or hardness together with improved mechanical strength or resistance to chemical or electrical agencies.

三、税目44.14至44.21适用于木质碎料板或类似木质材料板、纤维板、层压板或强化木的制品。

3. Headings 44.14 to 44.21 apply to articles of the respective descriptions of particle board or similar board, fibreboard, laminated wood or densified wood as they apply to such articles of wood.

四、税目44.10、44.11或44.12的产品，可以加工成税目44.09所述的各种形状，也可以加工成弯曲、瓦楞、多孔或其他形状（正方形或矩形除外），以及经其他任何加工，但未具有其他税目所列制品的特性。

4. Products of heading 44.10, 44.11 or 44.12 may be worked to form the shapes provided for in respect of the goods of heading 44.09, curved, corrugated, perforated, cut or formed to shapes other than square or rectangular or submitted to any other operation provided it does not give them the character of articles of other headings.

五、税目44.17不包括装有第八十二章注释一所述材料制成的刀片、工作刃、工作面或其他工作部件的工具。

5. Heading 44.17 does not apply to tools in which the blade, working edge, working surface or other working part is formed by any of the materials specified in Note 1 to Chapter 82.

六、除上述注释一及其他条文另有规定的以外，本章税目中所称"木"，也包括竹及其他木质材料。

6. Subject to Note 1 above and except where the context otherwise requires, any reference to "wood" in a heading of this Chapter applies also to bamboos and other materials of a woody nature.

子目注释：

一、子目4401.31所称"木屑棒"是指由木材加工业、家具制造业及其他木材加工活动中产生的副产品（例如，刨花、锯末及碎木片）直接压制而成或加入按重量计不超过3%的粘合剂后粘聚而成的产品。此类产品呈圆柱状，其直径不超过25毫米，长度不超过100毫米。

二、子目4401.32所称的"木屑块"是指由木材加工业、家具制造业及其他木材加工活动中产生的副产品（例如，刨花、锯末及碎木片）直接压制而成或加入按重量计不超过3%的粘合剂后粘聚而成的产品。此类产品呈立方体，多面体或圆柱状，其最小横截面尺寸大于25毫米。

三、子目4407.13所称"云杉-松木-冷杉"是指来源于云杉、松木、冷杉混合林的木材，其各树种的比例是未知的且各不相同。

四、子目4407.14所称"铁杉-冷杉"是指来源于西部铁杉、冷杉混合林的木材，其各树种的比例是未知的且各不相同。

Subheading Notes:

1. For the purposes of subheading 4401.31, the expression "wood pellets" means by-products such as cutter shavings, sawdust or chips, of the mechanical wood processing industry, furniture-making industry or other wood transformation activities, which have been agglomerated either directly by compression or by the addition of a binder in a proportion not exceeding 3% by weight. Such pellets are cylindrical, with a diameter not exceeding 25mm and a length not exceeding 100mm.

2. For the purposes of subheading 4401.32, the expression "wood briquettes" means by products such as cutter shavings, saw dust or chips, of the mechanical wood processing industry, furniture making or other wood transformation activities, which have been agglomerated either directly by compression or by addition of a binder in a proportion not exceeding 3% by weight. Such briquettes are in the form of cubiform, polyhedral or cylindrical units with the minimum cross-sectional dimension greater than 25 mm.

3. For the purposes of subheading 4407.13, "S-P-F" refers to wood sourced from mixed stands of spruce, pine and fir where the proportion of each species varies and is unknown.

4. For the purposes of subheading 4407.14, "Hem-fir" refers to wood sourced from mixed stands of Western hemlock and fir where the proportion of each species varies and is unknown.

本国子目注释：

一、本国子目4412.1093、4412.4911、4412.5911、4412.9920所称"热带木"，是指下列木材：大叶帽柱木、非洲桃花心木、西非红豆木、箭毒木、阿兰木、圭亚那苦油楝木、非洲甘比山榄木、杜楝木、非洲栎柞木、婆罗双木、美洲轻木、白驼峰楝木、黑驼峰楝木、卡蒂沃木、雪松木、西非褐红椴木、深红色红柳桉木，非洲核桃楝木、阿夫苏木、象牙海岸榄仁木、破布木、吉贝木、丝棉木、乔状黄牛木、安哥拉丛花木、巴西胡桃木、皮蚁木、伊罗科木、拟爱神木、夹竹桃木、巴西红木、绒根木、龙脑香木、开姆帕斯木、羯布罗香木、康多非洲楝木、象牙海岸褐红椴木、象牙海岸翼梧桐木、浅红色红柳桉木、非洲榄仁木、南美樟木、圭亚那铁线子木、西印度桃花心木、猴子果木、肖氏夸利亚木、曼孙梧桐木、马来蝴蝶木、巴栳红柳桉木、粗轴坡垒木、印茄木、斯温漆木、异翅香木、非洲梨木、非洲银叶木、胶木、非洲白梧桐木、加蓬榄木、蓖麻木、爱里古夷苏木、奥文科尔木、中非蜡烛木、紫檀木、人面子木、危地马拉黑黄檀木、印度黑黄檀木、巴西黑黄檀木、巴西柚、巴西花梨木、白坚木、鸡骨常山木、印马四出香木、大沃契希亚木、东西亚棱柱木、萨撒列木、萌生木棉木、苏帕楠木、西波木、苏古皮拉木、红椿木、圭亚那考拉玉蕊木、柚木、安哥拉香桃花心木、非洲阿勃木、南美肉豆蔻木、白柳桉木、白色红柳桉木、白色柳桉木、黄色红柳桉木。

Domestic Subheading Note:

1.Domestic Subheading 4412.1093, 4412.4911, 4412.5911, 4412.9920: "tropical wood" means one of the following types of wood: Abura, Acajou d'Afrique, Afrormosia, Ako, Alan, Andiroba, Aningré, Avodiré, Azobé, Balau, Balsa, Bossé clair, Bossé foncé, Cativo, Cedro, Dabema, Dark Red Meranti, Dibétou, Doussié, Framiré, Freijo, Fromager, Fuma, Geronggang, Ilomba, Imb uia, Ipé, Iroko, Jaboty, Jelutong, Jequitiba, Jongkong, Kapur, Kempas, Keruing, Kosipo, Kotib, KotoLight Red Meranti, Limba, Louroé, Macaranduba, Mahogany, Makor, Mandioqueira, Mansonia, Mengkulang, Meranti Bakau, Merawan, Merbau, Merpauh, Mersawa, Moabi, Niangon, Nyatoh, Obeche, Okoum, Onzabili, Orey, Ovengkol, Ozigo, Padauk, Paldao, Palissandre de Guatemala, Palissandre de Para, Palissandre de Rio, Palissandre de Rose, Pau Amarelo, Pau Marfim, Pulai, Punah, Quaruba, Ramin, Sapelli, Saqui-Saqui, Sepetir, Sipo, Sucupira, Suren, Tauari, Teak, Tiama, Tola, Virola, White Lauan, White Meranti, White Seraya, Yellow Meranti.

序号 No.	税则号列 Tariff Line	货品名称 Article Description	最惠国税率 MFN(%)	协定税率 Agreement(%)		特惠税率 SP(%)	普通税率 Gen(%)
	44.01	薪柴（圆木段、块、枝、成捆或类似形状）；木片或木粒；锯末、木废料及碎片，不论是否粘结成圆木段、块、片或类似形状： Fuel wood, in logs, in billets, in twigs, in faggots or in similar forms; wood in chips or particles; sawdust and wood waste and scrap, whether or not agglomerated in logs, briquettes, pellets or similar forms:					
		-薪柴（圆木段、块、枝、成捆或类似形状）： -Fuel wood, in logs, in billets, in twigs, in faggots or in similar forms:					
3458	4401.1100	--针叶木 --Coniferous	0	0	东盟AS,智CL,巴PK,新西兰NZ,秘PE,哥CR,瑞CH,冰IS,韩KR,澳AU,格GE,毛MU,东盟^{R}AS^R,澳^{R}AU^R,日^{R}JP^R,新西兰^{R}NZ^R,柬KH,港HK,澳门MO,韩^{R}KR^R	0 受惠国LD	70
3459	4401.1200	--非针叶木 --Non-coniferous	0	0	东盟AS,智CL,巴PK,新西兰NZ,秘PE,哥CR,瑞CH,冰IS,韩KR,澳AU,格GE,毛MU,东盟^{R}AS^R,澳^{R}AU^R,日^{R}JP^R,新西兰^{R}NZ^R,柬KH,港HK,澳门MO,韩^{R}KR^R	0 受惠国LD	70

序号 No.	税则号列 Tariff Line	货品名称 Article Description	最惠国税率 MFN(%)	协定税率 Agreement(%)		特惠税率 SP(%)		普通税率 Gen(%)
		-木片或木粒: -Wood in chips or particles:						
3460	4401.2100	--针叶木 --Coniferous	0	0	东盟AS,智CL,巴PK,新西兰NZ, 秘PE,哥CR,瑞CH,冰IS,韩KR, 澳AU,格GE,毛MU,东盟^RAS^R, 澳^RAU^R,日^RJP^R,新西兰^RNZ^R,柬 KH,港HK,澳门MO,韩^RKR^R	0	受惠国LD	8
3461	4401.2200	--非针叶木 --Non-coniferous	0	0	东盟AS,智CL,巴PK,新西兰NZ, 秘PE,哥CR,瑞CH,冰IS,韩KR, 澳AU,格GE,毛MU,东盟^RAS^R, 澳^RAU^R,日^RJP^R,新西兰^RNZ^R,柬 KH,港HK,澳门MO,韩^RKR^R	0	受惠国LD	8
		-锯末、木废料及碎片, 粘结成圆木段、 块、片或类似形状: -Sawdust and wood waste and scrap, agglomerated in logs, briquettes, pellets or similar:						
3462	4401.3100	--木屑棒 --Wood pellets	0	0	东盟AS,智CL,巴PK,新西兰NZ, 秘PE,哥CR,瑞CH,冰IS,韩KR, 澳AU,格GE,毛MU,东盟^RAS^R, 澳^RAU^R,日^RJP^R,新西兰^RNZ^R,柬 KH,港HK,澳门MO,韩^RKR^R	0	受惠国LD	8
3463	4401.3200	--木屑块 --Wood briquettes	0	0	东盟AS,智CL,巴PK,新西兰NZ, 秘PE,哥CR,瑞CH,冰IS,韩KR, 澳AU,格GE,毛MU,东盟^RAS^R, 澳^RAU^R,日^RJP^R,新西兰^RNZ^R,柬 KH,港HK,澳门MO,韩^RKR^R	0	受惠国LD	8
3464	4401.3900	--其他 --Other	0	0	东盟AS,智CL,巴PK,新西兰NZ, 秘PE,哥CR,瑞CH,冰IS,韩KR, 澳AU,格GE,毛MU,东盟^RAS^R, 澳^RAU^R,日^RJP^R,新西兰^RNZ^R,柬 KH,港HK,澳门MO,韩^RKR^R	0	受惠国LD	8
		-锯末、木废料及碎片, 未粘结的: -Sawdust and wood waste and scrap, not agglomerated:						
3465	4401.4100	--锯末 --Sawdust	0	0	东盟AS,智CL,巴PK,新西兰NZ, 秘PE,哥CR,瑞CH,冰IS,韩KR, 澳AU,格GE,毛MU,东盟^RAS^R, 澳^RAU^R,日^RJP^R,新西兰^RNZ^R,柬 KH,港HK,澳门MO,韩^RKR^R	0	受惠国LD	8
3466	4401.4900	--其他 --Other	0	0	东盟AS,智CL,巴PK,新西兰NZ, 秘PE,哥CR,瑞CH,冰IS,韩KR, 澳AU,格GE,毛MU,东盟^RAS^R, 澳^RAU^R,日^RJP^R,新西兰^RNZ^R,柬 KH,港HK,澳门MO,韩^RKR^R	0	受惠国LD	8
	44.02	木炭(包括果壳炭及果核炭), 不论是 否结块: **Wood charcoal (including shell or nut charcoal), whether or not agglomerated:**						

序号 No.	税则号列 Tariff Line	货品名称 Article Description	最惠国税率 MFN(%)	协定税率 Agreement(%)		特惠税率 SP(%)	普通税率 Gen(%)
3467	4402.1000	-竹的 -Of bamboo	6△0	0	东盟AS,智CL,新西兰NZ,新加坡SG,秘PE,哥CR,瑞CH,冰IS,澳AU,毛MU,东盟^{R}AS^R,澳^{R}AU^R,新西兰^{R}NZ^R,柬KH,港HK,澳门MO	0 受惠国LD	70
				1	韩KR		
				3	巴PK		
				8.4	韩^{R}KR^R		
				8.6	日^{R}JP^R		
3468	4402.2000	-果壳的或果核的 -Of shell or nut	6△0	0	东盟AS,智CL,新西兰NZ,新加坡SG,秘PE,哥CR,瑞CH,冰IS,澳AU,毛MU,柬KH,港HK,澳门MO	0 受惠国LD	70
				1	韩KR		
				3	巴PK		
				8.4	东盟^{R}AS^R,澳^{R}AU^R,新西兰^{R}NZ^R,韩^{R}KR^R		
				8.6	日^{R}JP^R		
3469	4402.9000	-其他 -Other	6△0	0	东盟AS,智CL,新西兰NZ,新加坡SG,秘PE,哥CR,瑞CH,冰IS,澳AU,毛MU,柬KH,港HK,澳门MO	0 受惠国LD	70
				1	韩KR		
				3	巴PK		
				8.4	东盟^{R}AS^R,澳^{R}AU^R,新西兰^{R}NZ^R,韩^{R}KR^R		
				8.6	日^{R}JP^R		
	44.03	原木,不论是否去皮、去边材或粗锯成方: Wood in the rough, whether or not stripped of bark or sapwood, or roughly squared:					
		-用油漆、着色剂、杂酚油或其他防腐剂处理: -Treated with paint, stains, creosote or other preservatives:					
3470	4403.1100	--针叶木 --Coniferous	0	0	东盟AS,智CL,巴PK,新西兰NZ,秘PE,哥CR,瑞CH,冰IS,韩KR,澳AU,格GE,毛MU,东盟^{R}AS^R,澳^{R}AU^R,日^{R}JP^R,新西兰^{R}NZ^R,柬KH,港HK,澳门MO,韩^{R}KR^R	0 受惠国LD	8
3471	4403.1200	--非针叶木 --Non-coniferous	0	0	东盟AS,智CL,巴PK,新西兰NZ,秘PE,哥CR,瑞CH,冰IS,韩KR,澳AU,格GE,毛MU,东盟^{R}AS^R,澳^{R}AU^R,日^{R}JP^R,新西兰^{R}NZ^R,柬KH,港HK,澳门MO,韩^{R}KR^R	0 受惠国LD	8
		-其他,针叶木: -Other, coniferous:					
		--松木(松属),最小截面尺寸在15厘米及以上: --Of pine (Pinus spp.), of which the smallest cross-sectional dimension is 15 cm or more:					

序号 No.	税则号列 Tariff Line	货品名称 Article Description	最惠国税率 MFN(%)		协定税率 Agreement(%)	特惠税率 SP(%)		普通税率 Gen(%)
3472	4403.2110	---红松和樟子松 ---Korean pine and Mongolian scotch pine	0	0	东盟AS,智CL,巴PK,新西兰NZ,秘PE,哥CR,瑞CH,冰IS,韩KR,澳AU,格GE,毛MU,东盟^RAS^R,澳^RAU^R,日^RJP^R,新西兰^RNZ^R,柬KH,港HK,澳门MO,韩^RKR^R	0	受惠国LD	8
3473	4403.2120	---辐射松 ---Radiata pine	0	0	东盟AS,智CL,巴PK,新西兰NZ,秘PE,哥CR,瑞CH,冰IS,韩KR,澳AU,格GE,毛MU,东盟^RAS^R,澳^RAU^R,日^RJP^R,新西兰^RNZ^R,柬KH,港HK,澳门MO,韩^RKR^R	0	受惠国LD	8
3474	4403.2190	---其他 ---Other	0	0	东盟AS,智CL,巴PK,新西兰NZ,秘PE,哥CR,瑞CH,冰IS,韩KR,澳AU,格GE,毛MU,东盟^RAS^R,澳^RAU^R,日^RJP^R,新西兰^RNZ^R,柬KH,港HK,澳门MO,韩^RKR^R	0	受惠国LD	8
		--其他松木（松属）： --Of pine (*Pinus spp.*), other:						
3475	4403.2210	---红松和樟子松 ---Korean pine and Mongolian scotch pine	0	0	东盟AS,智CL,巴PK,新西兰NZ,秘PE,哥CR,瑞CH,冰IS,韩KR,澳AU,格GE,毛MU,东盟^RAS^R,澳^RAU^R,日^RJP^R,新西兰^RNZ^R,柬KH,港HK,澳门MO,韩^RKR^R	0	受惠国LD	8
3476	4403.2220	---辐射松 ---Radiata pine	0	0	东盟AS,智CL,巴PK,新西兰NZ,秘PE,哥CR,瑞CH,冰IS,韩KR,澳AU,格GE,毛MU,东盟^RAS^R,澳^RAU^R,日^RJP^R,新西兰^RNZ^R,柬KH,港HK,澳门MO,韩^RKR^R	0	受惠国LD	8
3477	4403.2290	---其他 ---Other	0	0	东盟AS,智CL,巴PK,新西兰NZ,秘PE,哥CR,瑞CH,冰IS,韩KR,澳AU,格GE,毛MU,东盟^RAS^R,澳^RAU^R,日^RJP^R,新西兰^RNZ^R,柬KH,港HK,澳门MO,韩^RKR^R	0	受惠国LD	8
3478	4403.2300	--冷杉和云杉，最小截面尺寸在15厘米及以上 --Of fir (*Abies spp.*) and spruce (*Picea spp.*), of which the smallest cross-sectional dimension is 15 cm or more	0	0	东盟AS,智CL,巴PK,新西兰NZ,秘PE,哥CR,瑞CH,冰IS,韩KR,澳AU,格GE,毛MU,东盟^RAS^R,澳^RAU^R,日^RJP^R,新西兰^RNZ^R,柬KH,港HK,澳门MO,韩^RKR^R	0	受惠国LD	8
3479	4403.2400	--其他冷杉和云杉 --Of fir (*Abies spp.*) and spruce (*Picea spp.*), other	0	0	东盟AS,智CL,巴PK,新西兰NZ,秘PE,哥CR,瑞CH,冰IS,韩KR,澳AU,格GE,毛MU,东盟^RAS^R,澳^RAU^R,日^RJP^R,新西兰^RNZ^R,柬KH,港HK,澳门MO,韩^RKR^R	0	受惠国LD	8
		--其他，最小截面尺寸在15厘米及以上： --Other, of which the smallest cross-sectional dimension is 15 cm or more:						
3480	4403.2510	---落叶松 ---Larch	0	0	东盟AS,智CL,巴PK,新西兰NZ,秘PE,哥CR,瑞CH,冰IS,韩KR,澳AU,格GE,毛MU,东盟^RAS^R,澳^RAU^R,日^RJP^R,新西兰^RNZ^R,柬KH,港HK,澳门MO,韩^RKR^R	0	受惠国LD	8

序号 No.	税则号列 Tariff Line	货品名称 Article Description	最惠国税率 MFN(%)		协定税率 Agreement(%)	特惠税率 SP(%)	普通税率 Gen(%)
3481	4403.2520	---花旗松 ---Douglas fir	0	0	东盟AS,智CL,巴PK,新西兰NZ,秘PE,哥CR,瑞CH,冰IS,韩KR,澳AU,格GE,毛MU,东盟^RAS^R,澳^RAU^R,日^RJP^R,新西兰^RNZ^R,柬KH,港HK,澳门MO,韩^RKR^R	0 受惠国LD	8
3482	4403.2590	---其他 ---Other	0	0	东盟AS,智CL,巴PK,新西兰NZ,秘PE,哥CR,瑞CH,冰IS,韩KR,澳AU,格GE,毛MU,东盟^RAS^R,澳^RAU^R,日^RJP^R,新西兰^RNZ^R,柬KH,港HK,澳门MO,韩^RKR^R	0 受惠国LD	8
		--其他: --Other:					
3483	4403.2610	---落叶松 ---Larch	0	0	东盟AS,智CL,巴PK,新西兰NZ,秘PE,哥CR,瑞CH,冰IS,韩KR,澳AU,格GE,毛MU,东盟^RAS^R,澳^RAU^R,日^RJP^R,新西兰^RNZ^R,柬KH,港HK,澳门MO,韩^RKR^R	0 受惠国LD	8
3484	4403.2620	--花旗松 ---Douglas fir	0	0	东盟AS,智CL,巴PK,新西兰NZ,秘PE,哥CR,瑞CH,冰IS,韩KR,澳AU,格GE,毛MU,东盟^RAS^R,澳^RAU^R,日^RJP^R,新西兰^RNZ^R,柬KH,港HK,澳门MO,韩^RKR^R	0 受惠国LD	8
3485	4403.2690	---其他 ---Other	0	0	东盟AS,智CL,巴PK,新西兰NZ,秘PE,哥CR,瑞CH,冰IS,韩KR,澳AU,格GE,毛MU,东盟^RAS^R,澳^RAU^R,日^RJP^R,新西兰^RNZ^R,柬KH,港HK,澳门MO,韩^RKR^R	0 受惠国LD	8
		-其他,热带木: -Other, of tropical wood:					
3486	4403.4100	--深红色红柳桉木、浅红色红柳桉木及巴栲红柳桉木 --Dark Red Meranti, Light Red Meranti and Meranti Bakau	0	0	东盟AS,智CL,巴PK,新西兰NZ,秘PE,哥CR,瑞CH,冰IS,韩KR,澳AU,格GE,毛MU,东盟^RAS^R,澳^RAU^R,日^RJP^R,新西兰^RNZ^R,柬KH,港HK,澳门MO,韩^RKR^R	0 受惠国LD	8
3487	4403.4200	--柚木 --Teak	0	0	东盟AS,智CL,巴PK,新西兰NZ,秘PE,哥CR,瑞CH,冰IS,韩KR,澳AU,格GE,毛MU,东盟^RAS^R,澳^RAU^R,日^RJP^R,新西兰^RNZ^R,柬KH,港HK,澳门MO,韩^RKR^R	0 受惠国LD	35
		--其他: --Other:					
3488	4403.4920	---奥克曼(奥克榄) ---Okoume (*Aukoumed Klaineana*)	0	0	东盟AS,智CL,巴PK,新西兰NZ,秘PE,哥CR,瑞CH,冰IS,韩KR,澳AU,格GE,毛MU,东盟^RAS^R,澳^RAU^R,日^RJP^R,新西兰^RNZ^R,柬KH,港HK,澳门MO,韩^RKR^R	0 受惠国LD	35
3489	4403.4930	---龙脑香木(克隆) ---Dipterocarpus spp. (*Keruing*)	0	0	东盟AS,智CL,巴PK,新西兰NZ,秘PE,哥CR,瑞CH,冰IS,韩KR,澳AU,格GE,毛MU,东盟^RAS^R,澳^RAU^R,日^RJP^R,新西兰^RNZ^R,柬KH,港HK,澳门MO,韩^RKR^R	0 受惠国LD	35

序号 No.	税则号列 Tariff Line	货品名称 Article Description	最惠国税率 MFN(%)		协定税率 Agreement(%)	特惠税率 SP(%)	普通税率 Gen(%)
3490	4403.4940	---山樟（香木） ---Kapur (*Dryobalanops spp.*)	0	0	东盟AS,智CL,巴PK,新西兰NZ,秘PE,哥CR,瑞CH,冰IS,韩KR,澳AU,格GE,毛MU,东盟^RAS^R,澳^RAU^R,日^RJP^R,新西兰^RNZ^R,柬KH,港HK,澳门MO,韩^RKR^R	0 受惠国LD	35
3491	4403.4950	---印加木（波罗格） ---Intsia spp. (*Mengaris*)	0	0	东盟AS,智CL,巴PK,新西兰NZ,秘PE,哥CR,瑞CH,冰IS,韩KR,澳AU,格GE,毛MU,东盟^RAS^R,澳^RAU^R,日^RJP^R,新西兰^RNZ^R,柬KH,港HK,澳门MO,韩^RKR^R	0 受惠国LD	35
3492	4403.4960	---大干巴豆（门格里斯或康派斯） ---Koompassia spp. (*Mengaris or Kempas*)	0	0	东盟AS,智CL,巴PK,新西兰NZ,秘PE,哥CR,瑞CH,冰IS,韩KR,澳AU,格GE,毛MU,东盟^RAS^R,澳^RAU^R,日^RJP^R,新西兰^RNZ^R,柬KH,港HK,澳门MO,韩^RKR^R	0 受惠国LD	35
3493	4403.4970	---异翅香木 ---Anisopter spp.	0	0	东盟AS,智CL,巴PK,新西兰NZ,秘PE,哥CR,瑞CH,冰IS,韩KR,澳AU,格GE,毛MU,东盟^RAS^R,澳^RAU^R,日^RJP^R,新西兰^RNZ^R,柬KH,港HK,澳门MO,韩^RKR^R	0 受惠国LD	35
3494	4403.4980	---红木 ---Of rosewood	0	0	东盟AS,智CL,巴PK,新西兰NZ,秘PE,哥CR,瑞CH,冰IS,韩KR,澳AU,格GE,毛MU,东盟^RAS^R,澳^RAU^R,日^RJP^R,新西兰^RNZ^R,柬KH,港HK,澳门MO,韩^RKR^R	0 受惠国LD	35
3495	4403.4990	---其他 ---Other	0	0	东盟AS,智CL,巴PK,新西兰NZ,秘PE,哥CR,瑞CH,冰IS,韩KR,澳AU,格GE,毛MU,东盟^RAS^R,澳^RAU^R,日^RJP^R,新西兰^RNZ^R,柬KH,港HK,澳门MO,韩^RKR^R	0 受惠国LD	8
		-其他： -Other:					
3496	4403.9100	--栎木（橡木） --Of oak (*Quercus spp.*)	0	0	东盟AS,智CL,巴PK,新西兰NZ,秘PE,哥CR,瑞CH,冰IS,韩KR,澳AU,格GE,毛MU,东盟^RAS^R,澳^RAU^R,日^RJP^R,新西兰^RNZ^R,柬KH,港HK,澳门MO,韩^RKR^R	0 受惠国LD	8
3497	4403.9300	--水青冈木（山毛榉木），最小截面尺寸在15厘米及以上 --Of beech (*Fagus spp.*), of which the smallest cross-sectional dimension is 15cm or more	0	0	东盟AS,智CL,巴PK,新西兰NZ,秘PE,哥CR,瑞CH,冰IS,韩KR,澳AU,格GE,毛MU,东盟^RAS^R,澳^RAU^R,日^RJP^R,新西兰^RNZ^R,柬KH,港HK,澳门MO,韩^RKR^R	0 受惠国LD	8
3498	4403.9400	--其他水青冈木（山毛榉木） --Of beech (*Fagus spp.*), other	0	0	东盟AS,智CL,巴PK,新西兰NZ,秘PE,哥CR,瑞CH,冰IS,韩KR,澳AU,格GE,毛MU,东盟^RAS^R,澳^RAU^R,日^RJP^R,新西兰^RNZ^R,柬KH,港HK,澳门MO,韩^RKR^R	0 受惠国LD	8
3499	4403.9500	--桦木，最小截面尺寸在15厘米及以上 --Of birch (*Betula spp.*), of which the smallest cross-sectional dimension is 15cm or more	0	0	东盟AS,智CL,巴PK,新西兰NZ,秘PE,哥CR,瑞CH,冰IS,韩KR,澳AU,格GE,毛MU,东盟^RAS^R,澳^RAU^R,日^RJP^R,新西兰^RNZ^R,柬KH,港HK,澳门MO,韩^RKR^R	0 受惠国LD	8

序号 No.	税则号列 Tariff Line	货品名称 Article Description	最惠国税率 MFN(%)	协定税率 Agreement(%)		特惠税率 SP(%)		普通税率 Gen(%)
3500	4403.9600	--其他桦木 --Of birch (*Betula spp.*), other	0	0	东盟AS,智CL,巴PK,新西兰NZ,秘PE,哥CR,瑞CH,冰IS,韩KR,澳AU,格GE,毛MU,东盟^RAS^R,澳^RAU^R,日^RJP^R,新西兰^RNZ^R,柬KH,港HK,澳门MO,韩^RKR^R	0	受惠国LD	8
3501	4403.9700	--杨木 --Of poplar and aspen (*Populus spp.*)	0	0	东盟AS,智CL,巴PK,新西兰NZ,秘PE,哥CR,瑞CH,冰IS,韩KR,澳AU,格GE,毛MU,东盟^RAS^R,澳^RAU^R,日^RJP^R,新西兰^RNZ^R,柬KH,港HK,澳门MO,韩^RKR^R	0	受惠国LD	8
3502	4403.9800	--桉木 --Of eucalyptus (*Eucalyptus spp.*)	0	0	东盟AS,智CL,巴PK,新西兰NZ,秘PE,哥CR,瑞CH,冰IS,韩KR,澳AU,格GE,毛MU,东盟^RAS^R,澳^RAU^R,日^RJP^R,新西兰^RNZ^R,柬KH,港HK,澳门MO,韩^RKR^R	0	受惠国LD	8
		--其他: --Other:						
3503	4403.9930	---红木, 但税号4403.4980所列热带红木除外 ---Of rosewood, other than tropical wood of subheading 4403.4980	0	0	东盟AS,智CL,巴PK,新西兰NZ,秘PE,哥CR,瑞CH,冰IS,韩KR,澳AU,格GE,毛MU,东盟^RAS^R,澳^RAU^R,日^RJP^R,新西兰^RNZ^R,柬KH,港HK,澳门MO,韩^RKR^R	0	受惠国LD	35
3504	4403.9940	---泡桐木 ---Of Kiri (*Paulownia*)	0	0	东盟AS,智CL,巴PK,新西兰NZ,秘PE,哥CR,瑞CH,冰IS,韩KR,澳AU,格GE,毛MU,东盟^RAS^R,澳^RAU^R,日^RJP^R,新西兰^RNZ^R,柬KH,港HK,澳门MO,韩^RKR^R	0	受惠国LD	8
3505	4403.9950	---水曲柳 ---Ash (*Fraxinus mandshurica*)	0	0	东盟AS,智CL,巴PK,新西兰NZ,秘PE,哥CR,瑞CH,冰IS,韩KR,澳AU,格GE,毛MU,东盟^RAS^R,澳^RAU^R,日^RJP^R,新西兰^RNZ^R,柬KH,港HK,澳门MO,韩^RKR^R	0	受惠国LD	8
3506	4403.9960	---北美硬阔叶木 ---North American hard wood	0	0	东盟AS,智CL,巴PK,新西兰NZ,秘PE,哥CR,瑞CH,冰IS,韩KR,澳AU,格GE,毛MU,东盟^RAS^R,澳^RAU^R,日^RJP^R,新西兰^RNZ^R,柬KH,港HK,澳门MO,韩^RKR^R	0	受惠国LD	8
3507	4403.9980	---其他未列名的温带非针叶木 ---Other temperate non-coniferous not specified	0	0	东盟AS,智CL,巴PK,新西兰NZ,秘PE,哥CR,瑞CH,冰IS,韩KR,澳AU,格GE,毛MU,东盟^RAS^R,澳^RAU^R,日^RJP^R,新西兰^RNZ^R,柬KH,港HK,澳门MO,韩^RKR^R	0	受惠国LD	8
3508	4403.9990	---其他 ---Other	0	0	东盟AS,智CL,巴PK,新西兰NZ,秘PE,哥CR,瑞CH,冰IS,韩KR,澳AU,格GE,毛MU,东盟^RAS^R,澳^RAU^R,日^RJP^R,新西兰^RNZ^R,柬KH,港HK,澳门MO,韩^RKR^R	0	受惠国LD	8

序号 No.	税则号列 Tariff Line	货品名称 Article Description	最惠国税率 MFN(%)		协定税率 Agreement(%)	特惠税率 SP(%)		普通税率 Gen(%)
	44.04	箍木；木劈条；已削尖但未经纵锯的木桩；粗加修整但未经车圆、弯曲或其他方式加工的木棒，适合制手杖、伞柄、工具把柄及类似品；木片条及类似品： Hoopwood; split poles; piles, pickets and stakes of wood, pointed but not sawn lengthwise; wooden sticks, roughly trimmed but not turned, bent or otherwise worked, suitable for the manufacture of walking sticks, umbrellas, tool handles or the like; chipwood and the like:						
3509	4404.1000	-针叶木的 -Coniferous	6△0	0	东盟AS,智CL,新西兰NZ,新加坡SG,秘PE,哥CR,瑞CH,冰IS,韩KR,澳AU,毛MU,东盟^RAS^R,澳^RAU^R,新西兰^RNZ^R,柬KH,港HK,澳门MO,韩^RKR^R	0	受惠国LD	50
				1	巴PK			
				6.5	日^RJP^R			
3510	4404.2000	-非针叶木的 -Non-coniferous	6△0	0	东盟AS,智CL,新西兰NZ,新加坡SG,秘PE,哥CR,瑞CH,冰IS,韩KR,澳AU,毛MU,东盟^RAS^R,澳^RAU^R,新西兰^RNZ^R,柬KH,港HK,澳门MO,韩^RKR^R	0	受惠国LD	50
				1	巴PK			
				6.5	日^RJP^R			
	44.05	木丝；木粉： Wood wool; wood flour:						
3511	4405.0000	木丝；木粉 Wood wool; wood flour	6△0	0	东盟AS,智CL,新西兰NZ,新加坡SG,秘PE,哥CR,瑞CH,冰IS,韩KR,澳AU,毛MU,东盟^RAS^R,澳^RAU^R,新西兰^RNZ^R,柬KH,港HK,澳门MO,韩^RKR^R	0	受惠国LD	40
				1	巴PK			
				6.5	日^RJP^R			
	44.06	铁道及电车道枕木： Railway or tramway sleepers (cross-ties) of wood:						
		-未浸渍： -Not impregnated:						
3512	4406.1100	--针叶木 --Coniferous	0	0	东盟AS,智CL,巴PK,新西兰NZ,秘PE,哥CR,瑞CH,冰IS,韩KR,澳AU,格GE,毛MU,东盟^RAS^R,澳^RAU^R,日^RJP^R,新西兰^RNZ^R,柬KH,港HK,澳门MO,韩^RKR^R	0	受惠国LD	14
3513	4406.1200	--非针叶木 --Non-coniferous	0	0	东盟AS,智CL,巴PK,新西兰NZ,秘PE,哥CR,瑞CH,冰IS,韩KR,澳AU,格GE,毛MU,东盟^RAS^R,澳^RAU^R,日^RJP^R,新西兰^RNZ^R,柬KH,港HK,澳门MO,韩^RKR^R	0	受惠国LD	14
		-其他： -Other:						

序号 No.	税则号列 Tariff Line	货品名称 Article Description	最惠国税率 MFN(%)	协定税率 Agreement(%)		特惠税率 SP(%)	普通税率 Gen(%)
3514	4406.9100	--针叶木 --Coniferous	0	0	东盟AS,智CL,巴PK,新西兰NZ, 秘PE,哥CR,瑞CH,冰IS,韩KR, 澳AU,格GE,毛MU,东盟^RAS^R, 澳^RAU^R,日^RJP^R,新西兰^RNZ^R,柬 KH,港HK,澳门MO,韩^RKR^R	0 受惠国LD	14
3515	4406.9200	--非针叶木 --Non-coniferous	0	0	东盟AS,智CL,巴PK,新西兰NZ, 秘PE,哥CR,瑞CH,冰IS,韩KR, 澳AU,格GE,毛MU,东盟^RAS^R, 澳^RAU^R,日^RJP^R,新西兰^RNZ^R,柬 KH,港HK,澳门MO,韩^RKR^R	0 受惠国LD	14
	44.07	经纵锯、纵切、刨切或旋切的木材, 不论是否刨平、砂光或端部接合, 厚度超过6毫米: **Wood sawn or chipped lengthwise, sliced or peeled, whether or not planed, sanded or end-jointed, of a thickness exceeding 6mm:**					
		-针叶木: -Coniferous:					
		--松木(松属): --Of pine (*Pinus spp.*):					
3516	4407.1110	---红松和樟子松 ---Korean pine and Mongolian scotch pine	0	0	东盟AS,智CL,巴PK,新西兰NZ, 秘PE,哥CR,瑞CH,冰IS,韩KR, 澳AU,格GE,毛MU,东盟^RAS^R, 澳^RAU^R,日^RJP^R,新西兰^RNZ^R,柬 KH,港HK,澳门MO,韩^RKR^R	0 受惠国LD	14
3517	4407.1120	---辐射松 ---Rediata pine	0	0	东盟AS,智CL,巴PK,新西兰NZ, 秘PE,哥CR,瑞CH,冰IS,韩KR, 澳AU,格GE,毛MU,东盟^RAS^R, 澳^RAU^R,日^RJP^R,新西兰^RNZ^R,柬 KH,港HK,澳门MO,韩^RKR^R	0 受惠国LD	14
3518	4407.1190	---其他 ---Other	0	0	东盟AS,智CL,巴PK,新西兰NZ, 秘PE,哥CR,瑞CH,冰IS,韩KR, 澳AU,格GE,毛MU,东盟^RAS^R, 澳^RAU^R,日^RJP^R,新西兰^RNZ^R,柬 KH,港HK,澳门MO,韩^RKR^R	0 受惠国LD	14
3519	4407.1200	--冷杉及云杉 --Of fir (*Abies spp.*) and spruce (*Picea spp.*)	0	0	东盟AS,智CL,巴PK,新西兰NZ, 秘PE,哥CR,瑞CH,冰IS,韩KR, 澳AU,格GE,毛MU,东盟^RAS^R, 澳^RAU^R,日^RJP^R,新西兰^RNZ^R,柬 KH,港HK,澳门MO,韩^RKR^R	0 受惠国LD	14
3520	4407.1300	--云杉-松木-冷杉 --Of S-P-F (spruce (*Picea spp.*), pine (*Pinus spp.*) and fir (*Abies spp.*))	0	0	东盟AS,智CL,巴PK,新西兰NZ, 秘PE,哥CR,瑞CH,冰IS,韩KR, 澳AU,格GE,毛MU,东盟^RAS^R, 澳^RAU^R,日^RJP^R,新西兰^RNZ^R,柬 KH,港HK,澳门MO,韩^RKR^R	0 受惠国LD	14
3521	4407.1400	--铁杉-冷杉 --Of Hem-fir (Western hemlock (*Tsuga heterophylla*) and fir (*Abies spp.*))	0	0	东盟AS,智CL,巴PK,新西兰NZ, 秘PE,哥CR,瑞CH,冰IS,韩KR, 澳AU,格GE,毛MU,东盟^RAS^R, 澳^RAU^R,日^RJP^R,新西兰^RNZ^R,柬 KH,港HK,澳门MO,韩^RKR^R	0 受惠国LD	14
		--其他: --Other:					

序号 No.	税则号列 Tariff Line	货品名称 Article Description	最惠国税率 MFN(%)		协定税率 Agreement(%)	特惠税率 SP(%)		普通税率 Gen(%)
3522	4407.1910	---花旗松 ---Douglas fir	0	0	东盟AS,智CL,巴PK,新西兰NZ, 秘PE,哥CR,瑞CH,冰IS,韩KR, 澳AU,格GE,毛MU,东盟^RAS^R, 澳^RAU^R,日^RJP^R,新西兰^RNZ^R,柬 KH,港HK,澳门MO,韩^RKR^R	0	受惠国LD	14
3523	4407.1990	---其他 ---Other	0	0	东盟AS,智CL,巴PK,新西兰NZ, 秘PE,哥CR,瑞CH,冰IS,韩KR, 澳AU,格GE,毛MU,东盟^RAS^R, 澳^RAU^R,日^RJP^R,新西兰^RNZ^R,柬 KH,港HK,澳门MO,韩^RKR^R	0	受惠国LD	14
		-热带木: -Of tropical wood :						
3524	4407.2100	--美洲桃花心木 --Mahogany (*Swietenia spp.*)	0	0	东盟AS,智CL,巴PK,新西兰NZ, 秘PE,哥CR,瑞CH,冰IS,韩KR, 澳AU,格GE,毛MU,东盟^RAS^R, 澳^RAU^R,日^RJP^R,新西兰^RNZ^R,柬 KH,港HK,澳门MO,韩^RKR^R	0	受惠国LD	14
3525	4407.2200	--苏里南肉豆蔻木、细孔绿心樟及美洲 轻木 --Virola, Imbuia and Balsa	0	0	东盟AS,智CL,巴PK,新西兰NZ, 秘PE,哥CR,瑞CH,冰IS,韩KR, 澳AU,格GE,毛MU,东盟^RAS^R, 澳^RAU^R,日^RJP^R,新西兰^RNZ^R,柬 KH,港HK,澳门MO,韩^RKR^R	0	受惠国LD	14
3526	4407.2300	--柚木 --Teak	0	0	东盟AS,智CL,巴PK,新西兰NZ, 秘PE,哥CR,瑞CH,冰IS,韩KR, 澳AU,格GE,毛MU,东盟^RAS^R, 澳^RAU^R,日^RJP^R,新西兰^RNZ^R,柬 KH,港HK,澳门MO,韩^RKR^R	0	受惠国LD	40
3527	4407.2500	--深红色红柳桉木、浅红色红柳桉木及 巴栲红柳桉木 --Dark Red Meranti, Light Red Metanti and Meranti Bakau	0	0	东盟AS,智CL,巴PK,新西兰NZ, 秘PE,哥CR,瑞CH,冰IS,韩KR, 澳AU,格GE,毛MU,东盟^RAS^R, 澳^RAU^R,日^RJP^R,新西兰^RNZ^R,柬 KH,港HK,澳门MO,韩^RKR^R	0	受惠国LD	14
3528	4407.2600	--白柳桉木、白色红柳桉木、白色柳桉 木、黄色红柳桉木及阿兰木 --White Lauan, White Meranti, White Seraya, Yellow Meranti and Alan	0	0	东盟AS,智CL,巴PK,新西兰NZ, 秘PE,哥CR,瑞CH,冰IS,韩KR, 澳AU,格GE,毛MU,东盟^RAS^R, 澳^RAU^R,日^RJP^R,新西兰^RNZ^R,柬 KH,港HK,澳门MO,韩^RKR^R	0	受惠国LD	14
3529	4407.2700	--沙比利 --Sapelli	0	0	东盟AS,智CL,巴PK,新西兰NZ, 秘PE,哥CR,瑞CH,冰IS,韩KR, 澳AU,格GE,毛MU,东盟^RAS^R, 澳^RAU^R,日^RJP^R,新西兰^RNZ^R,柬 KH,港HK,澳门MO,韩^RKR^R	0	受惠国LD	40
3530	4407.2800	--伊罗科木 --Iroko	0	0	东盟AS,智CL,巴PK,新西兰NZ, 秘PE,哥CR,瑞CH,冰IS,韩KR, 澳AU,格GE,毛MU,东盟^RAS^R, 澳^RAU^R,日^RJP^R,新西兰^RNZ^R,柬 KH,港HK,澳门MO,韩^RKR^R	0	受惠国LD	14
		--其他: --Other:						

序号 No.	税则号列 Tariff Line	货品名称 Article Description	最惠国税率 MFN(%)	协定税率 Agreement(%)		特惠税率 SP(%)		普通税率 Gen(%)
3531	4407.2920	---非洲桃花心木 ---Acajou	0	0	东盟AS,智CL,巴PK,新西兰NZ, 秘PE,哥CR,瑞CH,冰IS,韩KR, 澳AU,格GE,毛MU,东盟^RAS^R, 澳^RAU^R,日^RJP^R,新西兰^RNZ^R,柬 KH,港HK,澳门MO,韩^RKR^R	0	受惠国LD	40
3532	4407.2930	---波罗格 ---Merbau	0	0	东盟AS,智CL,巴PK,新西兰NZ, 秘PE,哥CR,瑞CH,冰IS,韩KR, 澳AU,格GE,毛MU,东盟^RAS^R, 澳^RAU^R,日^RJP^R,新西兰^RNZ^R,柬 KH,港HK,澳门MO,韩^RKR^R	0	受惠国LD	40
3533	4407.2940	---红木 ---Of rosewood	0	0	东盟AS,智CL,巴PK,新西兰NZ, 秘PE,哥CR,瑞CH,冰IS,韩KR, 澳AU,格GE,毛MU,东盟^RAS^R, 澳^RAU^R,日^RJP^R,新西兰^RNZ^R,柬 KH,港HK,澳门MO,韩^RKR^R	0	受惠国LD	40
3534	4407.2990	---其他 ---Other	0	0	东盟AS,智CL,巴PK,新西兰NZ, 秘PE,哥CR,瑞CH,冰IS,韩KR, 澳AU,格GE,毛MU,东盟^RAS^R, 澳^RAU^R,日^RJP^R,新西兰^RNZ^R,柬 KH,港HK,澳门MO,韩^RKR^R	0	受惠国LD	14
		-其他: -Other:						
3535	4407.9100	--栎木(橡木) --Of oak (*Quercus spp.*)	0	0	东盟AS,智CL,巴PK,新西兰NZ, 秘PE,哥CR,瑞CH,冰IS,韩KR, 澳AU,格GE,毛MU,东盟^RAS^R, 澳^RAU^R,日^RJP^R,新西兰^RNZ^R,柬 KH,港HK,澳门MO,韩^RKR^R	0	受惠国LD	14
3536	4407.9200	--水青冈木(山毛榉木) --Of beech (*Fagus spp.*)	0	0	东盟AS,智CL,巴PK,新西兰NZ, 秘PE,哥CR,瑞CH,冰IS,韩KR, 澳AU,格GE,毛MU,东盟^RAS^R, 澳^RAU^R,日^RJP^R,新西兰^RNZ^R,柬 KH,港HK,澳门MO,韩^RKR^R	0	受惠国LD	14
3537	4407.9300	--槭木(枫木) --Of maple (*Acer spp.*)	0	0	东盟AS,智CL,巴PK,新西兰NZ, 秘PE,哥CR,瑞CH,冰IS,韩KR, 澳AU,格GE,毛MU,东盟^RAS^R, 澳^RAU^R,日^RJP^R,新西兰^RNZ^R,柬 KH,港HK,澳门MO,韩^RKR^R	0	受惠国LD	14
3538	4407.9400	--樱桃木 --Of cherry (*Prunus spp.*)	0	0	东盟AS,智CL,巴PK,新西兰NZ, 秘PE,哥CR,瑞CH,冰IS,韩KR, 澳AU,格GE,毛MU,东盟^RAS^R, 澳^RAU^R,日^RJP^R,新西兰^RNZ^R,柬 KH,港HK,澳门MO,韩^RKR^R	0	受惠国LD	14
3539	4407.9500	--白蜡木 --Of ash (*Fraxinus spp.*)	0	0	东盟AS,智CL,巴PK,新西兰NZ, 秘PE,哥CR,瑞CH,冰IS,韩KR, 澳AU,格GE,毛MU,东盟^RAS^R, 澳^RAU^R,日^RJP^R,新西兰^RNZ^R,柬 KH,港HK,澳门MO,韩^RKR^R	0	受惠国LD	14
3540	4407.9600	--桦木 --Of birch (*Betula spp.*)	0	0	东盟AS,智CL,巴PK,新西兰NZ, 秘PE,哥CR,瑞CH,冰IS,澳AU,格 GE,毛MU,东盟^RAS^R,澳^RAU^R,日 ^RJP^R,新西兰^RNZ^R,柬KH,港HK, 澳门MO,韩^RKR^R	0	受惠国LD	14

序号 No.	税则号列 Tariff Line	货品名称 Article Description	最惠国税率 MFN(%)		协定税率 Agreement(%)	特惠税率 SP(%)	普通税率 Gen(%)
3541	4407.9700	--杨木 --Of poplar and aspen (*Populus spp.*)	0	0	东盟AS,智CL,巴PK,新西兰NZ,秘PE,哥CR,瑞CH,冰IS,澳AU,格GE,毛MU,东盟^RAS^R,澳^RAU^R,日^RJP^R,新西兰^RNZ^R,柬KH,港HK,澳门MO,韩^RKR^R	0 受惠国LD	14
		--其他: --Other:					
3542	4407.9910	---红木, 但税号4407.2940所列热带红木除外 ---Of rosewood, other than tropical wood of subheading 4407.2940	0	0	东盟AS,智CL,巴PK,新西兰NZ,秘PE,哥CR,瑞CH,冰IS,韩KR,澳AU,格GE,毛MU,东盟^RAS^R,澳^RAU^R,日^RJP^R,新西兰^RNZ^R,柬KH,港HK,澳门MO,韩^RKR^R	0 受惠国LD	40
3543	4407.9920	---泡桐木 ---Of Paulownia	0	0	东盟AS,智CL,巴PK,新西兰NZ,秘PE,哥CR,瑞CH,冰IS,韩KR,澳AU,格GE,毛MU,东盟^RAS^R,澳^RAU^R,日^RJP^R,新西兰^RNZ^R,柬KH,港HK,澳门MO,韩^RKR^R	0 受惠国LD	14
3544	4407.9930	---北美硬阔叶木 ---North American hard wood	0	0	东盟AS,智CL,巴PK,新西兰NZ,秘PE,哥CR,瑞CH,冰IS,韩KR,澳AU,格GE,毛MU,东盟^RAS^R,澳^RAU^R,日^RJP^R,新西兰^RNZ^R,柬KH,港HK,澳门MO,韩^RKR^R	0 受惠国LD	14
3545	4407.9980	---其他未列名的温带非针叶木 ---Other temperate non-coniferous wood, not elsewhere specified or included	0	0	东盟AS,智CL,巴PK,新西兰NZ,秘PE,哥CR,瑞CH,冰IS,韩KR,澳AU,格GE,毛MU,东盟^RAS^R,澳^RAU^R,日^RJP^R,新西兰^RNZ^R,柬KH,港HK,澳门MO,韩^RKR^R	0 受惠国LD	14
3546	4407.9990	---其他 ---Other	0	0	东盟AS,智CL,巴PK,新西兰NZ,秘PE,哥CR,瑞CH,冰IS,韩KR,澳AU,格GE,毛MU,东盟^RAS^R,澳^RAU^R,日^RJP^R,新西兰^RNZ^R,柬KH,港HK,澳门MO,韩^RKR^R	0 受惠国LD	14
	44.08	饰面用单板(包括刨切积层木获得的单板)、制胶合板或类似多层板用单板以及其他经纵锯、刨切或旋切的木材,不论是否刨平、砂光、拼接或端部结合,厚度不超过6毫米: Sheets for veneering (including those obtained by slicing laminated wood), for plywood or for similar laminated wood and other wood, sawn lengthwise, sliced or peeled, whether or not planed, sanded, spliced or end-jointed, of a thickness not exceeding 6mm:					
		-针叶木: -Coniferous:					
		---饰面用单板: ---Veneer sheets:					

序号 No.	税则号列 Tariff Line	货品名称 Article Description	最惠国税率 MFN(%)	协定税率 Agreement(%)		特惠税率 SP(%)	普通税率 Gen(%)
3547	4408.1011	----用胶合板等多层板制的 ----Of laminated plywood	6Δ0	0	智CL,新西兰NZ,秘PE,哥CR,瑞CH,冰IS,澳AU,毛MU,柬KH,港HK,澳门MO	0 受惠国$_1$LD$_1$	40
				3.2	韩KR		
				5	东盟AS		
				7.6	东盟^{R}AS^R,澳^{R}AU^R,新西兰^{R}NZ^R		
3548	4408.1019	----其他 ----Other	4Δ0	0	东盟AS,智CL,巴PK,新西兰NZ,新加坡SG,秘PE,哥CR,瑞CH,冰IS,韩KR,澳AU,毛MU,东盟^{R}AS^R,澳^{R}AU^R,新西兰^{R}NZ^R,柬KH,港HK,澳门MO,韩^{R}KR^R	0 受惠国LD	40
				3.3	日^{R}JP^R		
3549	4408.1020	---制胶合板用单板 ---Sheets for plywood	4Δ0	0	东盟AS,智CL,巴PK,新西兰NZ,新加坡SG,秘PE,哥CR,瑞CH,冰IS,韩KR,澳AU,毛MU,东盟^{R}AS^R,澳^{R}AU^R,新西兰^{R}NZ^R,柬KH,港HK,澳门MO,韩^{R}KR^R	0 受惠国LD	17
				3.3	日^{R}JP^R		
3550	4408.1090	---其他 ---Other	4Δ0	0	东盟AS,智CL,巴PK,新西兰NZ,新加坡SG,秘PE,哥CR,瑞CH,冰IS,韩KR,澳AU,毛MU,东盟^{R}AS^R,澳^{R}AU^R,新西兰^{R}NZ^R,柬KH,港HK,澳门MO,韩^{R}KR^R	0 受惠国LD	30
				3.3	日^{R}JP^R		
		-热带木: -Of tropical wood:					
		--深红色红柳桉木、浅红色红柳桉木及巴栳红柳桉木: --Of dark red meranti,light red meranti and meranti bakau:					
		---饰面用单板: ---Veneer sheets:					
3551	4408.3111	----用胶合板等多层板制的 ----Of laminated plywood	6Δ0	0	智CL,新西兰NZ,秘PE,哥CR,瑞CH,冰IS,澳AU,毛MU,柬KH,港HK,澳门MO	0 受惠国$_1$LD$_1$	40
				4	韩KR		
				5	东盟AS		
				9.5	东盟^{R}AS^R,澳^{R}AU^R,新西兰^{R}NZ^R		
3552	4408.3119	----其他 ----Other	4Δ0	0	东盟AS,智CL,巴PK,新西兰NZ,新加坡SG,秘PE,哥CR,瑞CH,冰IS,韩KR,澳AU,毛MU,东盟^{R}AS^R,澳^{R}AU^R,新西兰^{R}NZ^R,柬KH,港HK,澳门MO,韩^{R}KR^R	0 受惠国LD	40
				3.3	日^{R}JP^R		
3553	4408.3120	---制胶合板用单板 ---Sheets for plywood	4Δ0	0	东盟AS,智CL,巴PK,新西兰NZ,新加坡SG,秘PE,哥CR,瑞CH,冰IS,韩KR,澳AU,毛MU,东盟^{R}AS^R,澳^{R}AU^R,新西兰^{R}NZ^R,柬KH,港HK,澳门MO,韩^{R}KR^R	0 受惠国LD	17
				3.3	日^{R}JP^R		

序号 No.	税则号列 Tariff Line	货品名称 Article Description	最惠国税率 MFN(%)	协定税率 Agreement(%)		特惠税率 SP(%)	普通税率 Gen(%)
3554	4408.3190	---其他 ---Other	4Δ0	0	东盟AS,智CL,巴PK,新西兰NZ, 新加坡SG,秘PE,哥CR,瑞CH, 冰IS,韩KR,澳AU,毛MU,东盟 ^{R}AS^R,澳^{R}AU^R,新西兰^{R}NZ^R,柬 KH,港HK,澳门MO,韩^{R}KR^R	0 受惠国LD	30
				3.3	日^{R}JP^R		
		--其他: --Other:					
		---饰面用单板: ---Veneer sheets:					
3555	4408.3911	----用胶合板等多层板制的 ----Of laminated plywood	6Δ0	0	智CL,新西兰NZ,秘PE,哥CR,瑞 CH,冰IS,澳AU,毛MU,柬KH,港 HK,澳门MO	0 受惠国$_1$LD$_1$	40
				3.8	东盟^{R}AS^R,澳^{R}AU^R,新西兰^{R}NZ^R		
				4	韩KR		
				4.2	亚太AP		
				5	东盟AS		
3556	4408.3919	----其他 ----Other	4Δ0	0	东盟AS,智CL,巴PK,新西兰NZ, 新加坡SG,秘PE,哥CR,瑞CH, 冰IS,韩KR,澳AU,毛MU,东盟 ^{R}AS^R,澳^{R}AU^R,新西兰^{R}NZ^R,柬 KH,港HK,澳门MO,韩^{R}KR^R	0 受惠国LD	40
				2.5	日^{R}JP^R		
3557	4408.3920	---制胶合板用单板 ---Sheets for plywood	4Δ0	0	东盟AS,智CL,巴PK,新西兰NZ, 新加坡SG,秘PE,哥CR,瑞CH, 冰IS,韩KR,澳AU,毛MU,东盟 ^{R}AS^R,澳^{R}AU^R,新西兰^{R}NZ^R,柬 KH,港HK,澳门MO,韩^{R}KR^R	0 受惠国LD	17
				2.5	日^{R}JP^R		
				3.6	亚太AP		
3558	4408.3990	---其他 ---Other	4Δ0	0	东盟AS,智CL,巴PK,新西兰NZ, 新加坡SG,秘PE,哥CR,瑞CH, 冰IS,韩KR,澳AU,毛MU,东盟 ^{R}AS^R,澳^{R}AU^R,新西兰^{R}NZ^R,柬 KH,港HK,澳门MO,韩^{R}KR^R	0 受惠国LD	30
				2.5	日^{R}JP^R		
		-其他: -Other:					
		---饰面用单板: ---Veneer sheets:					
3559	4408.9011	----用胶合板等多层板制的 ----Of laminated plywood	4Δ0	0	智CL,新西兰NZ,秘PE,哥CR,瑞 CH,冰IS,澳AU,毛MU,柬KH,港 HK,澳门MO	0 受惠国$_1$LD$_1$	40
				1.6	韩KR		
				2.8	亚太AP		
				3.8	东盟^{R}AS^R,澳^{R}AU^R,新西兰^{R}NZ^R		

序号 No.	税则号列 Tariff Line	货品名称 Article Description	最惠国税率 MFN(%)	协定税率 Agreement(%)		特惠税率 SP(%)		普通税率 Gen(%)
3560	4408.9012	----温带非针叶木制 ----Of temperate non-coniferous wood	3Δ0	0	东盟AS,智CL,巴PK,新西兰NZ,新加坡SG,秘PE,哥CR,瑞CH,冰IS,韩KR,澳AU,毛MU,东盟^RAS^R,澳^RAU^R,新西兰^RNZ^R,柬KH,港HK,澳门MO,韩^RKR^R	0 受惠国LD	40
				2.5	日^RJP^R		
3561	4408.9013	----竹制 ----Of bamboo	4Δ0	0	智CL,新西兰NZ,秘PE,哥CR,瑞CH,冰IS,澳AU,毛MU,柬KH,港HK,澳门MO	0 受惠国LD₁	40
				1.6	韩KR		
				2.8	亚太AP		
				3.8	东盟^RAS^R,澳^RAU^R,新西兰^RNZ^R		
3562	4408.9019	----其他 ----Other	3Δ0	0	东盟AS,智CL,巴PK,新西兰NZ,新加坡SG,秘PE,哥CR,瑞CH,冰IS,韩KR,澳AU,毛MU,东盟^RAS^R,澳^RAU^R,新西兰^RNZ^R,柬KH,港HK,澳门MO,韩^RKR^R	0 受惠国LD	40
				2.5	日^RJP^R		
		---制胶合板用单板: ---Sheets for plywood:					
3563	4408.9021	----温带非针叶木制 ----Of temperate non-coniferous wood	3Δ0	0	东盟AS,智CL,巴PK,新西兰NZ,新加坡SG,秘PE,哥CR,瑞CH,冰IS,韩KR,澳AU,毛MU,东盟^RAS^R,澳^RAU^R,新西兰^RNZ^R,柬KH,港HK,澳门MO,韩^RKR^R	0 受惠国LD	17
				2.5	日^RJP^R		
3564	4408.9029	----其他 ----Other	3Δ0	0	东盟AS,智CL,巴PK,新西兰NZ,新加坡SG,秘PE,哥CR,瑞CH,冰IS,韩KR,澳AU,毛MU,柬KH,港HK,澳门MO	0 受惠国LD	17
				2.4	东盟^RAS^R,澳^RAU^R,新西兰^RNZ^R,韩^RKR^R		
				2.5	日^RJP^R		
		---其他: ---Other:					
3565	4408.9091	----温带非针叶木制 ----Of temperate non-coniferous wood	3Δ0	0	东盟AS,智CL,巴PK,新西兰NZ,新加坡SG,秘PE,哥CR,瑞CH,冰IS,韩KR,澳AU,毛MU,东盟^RAS^R,澳^RAU^R,新西兰^RNZ^R,柬KH,港HK,澳门MO,韩^RKR^R	0 受惠国LD	30
				2.5	日^RJP^R		
3566	4408.9099	----其他 ----Other	3Δ0	0	东盟AS,智CL,巴PK,新西兰NZ,新加坡SG,秘PE,哥CR,瑞CH,冰IS,韩KR,澳AU,毛MU,东盟^RAS^R,澳^RAU^R,新西兰^RNZ^R,柬KH,港HK,澳门MO,韩^RKR^R	0 受惠国LD	30
				2.5	日^RJP^R		

序号 No.	税则号列 Tariff Line	货品名称 Article Description	最惠国税率 MFN(%)	协定税率 Agreement(%)		特惠税率 SP(%)	普通税率 Gen(%)
	44.09	任何一边、端或面制成连续形状（舌榫、槽榫、半槽榫、斜角、V形接头、珠榫、缘饰、刨圆及类似形状）的木材（包括未装拼的拼花地板用板条及缘板），不论其任意一边或面是否刨平、砂光或端部接合： Wood (including strips and friezes for parquet flooring, not assembled) continuously shaped (tongued, grooved, rebated, chamfered, V-jointed, beaded, moulded, rounded or the like) along any of its edges, ends or faces, whether or not planed, sanded or end-jointed:					
		-针叶木： -Coniferous:					
3567	4409.1010	---地板条（块） ---Floor board strips	6Δ0	0	东盟AS,智CL,新西兰NZ,新加坡SG,秘PE,哥CR,瑞CH,冰IS,澳AU,毛MU,东盟ᴿASᴿ,澳ᴿAUᴿ,新西兰ᴿNZᴿ,柬KH,港HK,澳门MO	0 受惠国LD	50
				0.7	韩KR		
				1	巴PK		
				6	韩ᴿKRᴿ		
				6.1	日ᴿJPᴿ		
3568	4409.1090	---其他 ---Other	6Δ0	0	东盟AS,智CL,新西兰NZ,新加坡SG,秘PE,哥CR,瑞CH,冰IS,韩KR,澳AU,毛MU,东盟ᴿASᴿ,澳ᴿAUᴿ,新西兰ᴿNZᴿ,柬KH,港HK,澳门MO,韩ᴿKRᴿ	0 受惠国LD	50
				1	巴PK		
				6.1	日ᴿJPᴿ		
		-非针叶木： -Non-coniferous:					
		--竹的： --Of bamboo:					
3569	4409.2110	---地板条（块） ---Floor board strips	4Δ0	0	东盟AS,智CL,巴PK,新西兰NZ,新加坡SG,秘PE,哥CR,瑞CH,冰IS,韩KR,澳AU,毛MU,东盟ᴿASᴿ,澳ᴿAUᴿ,新西兰ᴿNZᴿ,柬KH,港HK,澳门MO,韩ᴿKRᴿ	0 受惠国LD	50
				3.3	日ᴿJPᴿ		
3570	4409.2190	---其他 ---Other	4Δ0	0	东盟AS,智CL,巴PK,新西兰NZ,新加坡SG,秘PE,哥CR,瑞CH,冰IS,韩KR,澳AU,格GE,毛MU,东盟ᴿASᴿ,澳ᴿAUᴿ,日ᴿJPᴿ,新西兰ᴿNZᴿ,柬KH,港HK,澳门MO,韩ᴿKRᴿ	0 受惠国LD	50
		--热带木的： --Of tropical wood:					

序号 No.	税则号列 Tariff Line	货品名称 Article Description	最惠国税率 MFN(%)	协定税率 Agreement(%)		特惠税率 SP(%)	普通税率 Gen(%)
3571	4409.2210	---地板条（块） ---Floor board strips	4△0	0	东盟AS,智CL,巴PK,新西兰NZ, 新加坡SG,秘PE,哥CR,瑞CH, 冰IS,韩KR,澳AU,毛MU,东盟 ^{R}AS^R,澳^{R}AU^R,新西兰^{R}NZ^R,柬 KH,港HK,澳门MO,韩^{R}KR^R	0 受惠国LD	50
				3.3	日^{R}JP^R		
3572	4409.2290	---其他 ---Other	4△0	0	东盟AS,智CL,巴PK,新西兰NZ, 新加坡SG,秘PE,哥CR,瑞CH, 冰IS,韩KR,澳AU,毛MU,东盟 ^{R}AS^R,澳^{R}AU^R,新西兰^{R}NZ^R,柬 KH,港HK,澳门MO,韩^{R}KR^R	0 受惠国LD	50
				3.3	日^{R}JP^R		
		--其他： --Other:					
3573	4409.2910	---地板条（块） ---Floor board strips	4△0	0	东盟AS,智CL,巴PK,新西兰NZ, 新加坡SG,秘PE,哥CR,瑞CH, 冰IS,韩KR,澳AU,毛MU,东盟 ^{R}AS^R,澳^{R}AU^R,新西兰^{R}NZ^R,柬 KH,港HK,澳门MO,韩^{R}KR^R	0 受惠国LD	50
				3.3	日^{R}JP^R		
3574	4409.2990	---其他 ---Other	4△0	0	东盟AS,智CL,巴PK,新西兰NZ, 新加坡SG,秘PE,哥CR,瑞CH, 冰IS,韩KR,澳AU,毛MU,东盟 ^{R}AS^R,澳^{R}AU^R,新西兰^{R}NZ^R,柬 KH,港HK,澳门MO,韩^{R}KR^R	0 受惠国LD	50
				3.3	日^{R}JP^R		
	44.10	碎料板、定向刨花板（OSB）及类似板 （例如，华夫板），木或其他木质材料 制，不论是否用树脂或其他有机粘合剂 粘合： Particle board, oriented strand board (OSB) and similar board (for example, waferboard) of wood or other ligneous materials, whether or not agglomerated with resins or other organic binding substances:					
		-木制： -Of wood:					
3575	4410.1100	--碎料板 --Particle board	4△0	0	智CL,新西兰NZ,瑞CH,毛MU, 柬KH,港HK,澳门MO	0 受惠国$_2$LD$_2$	40
3576	4410.1200	--定向刨花板 --Oriented standard board (OSB)	4△0	0	智CL,新西兰NZ,瑞CH,毛MU, 柬KH,港HK,澳门MO	0 受惠国$_2$LD$_2$	40
3577	4410.1900	--其他 --Other	4△0	0	智CL,新西兰NZ,瑞CH,毛MU, 柬KH,港HK,澳门MO	0 受惠国$_2$LD$_2$	40
		-其他： -Other:					
		---碎料板： ---Particle board:					
3578	4410.9011	----麦稻秸秆制 ----Of wheat/rice straw	6				40

序号 No.	税则号列 Tariff Line	货品名称 Article Description	最惠国税率 MFN(%)	协定税率 Agreement(%)		特惠税率 SP(%)	普通税率 Gen(%)
3579	4410.9019	----其他 ----Other	6				40
3580	4410.9090	---其他 ---Other	6				40
	44.11	木纤维板或其他木质材料纤维板， 不论是否用树脂或其他有机粘合剂 粘合： Fibreboard of wood or other ligneous materials, whether or not bonded with resins or other organic substances:					
		-中密度纤维板： -Medium density fibreboard (MDF):					
		--厚度不超过5毫米： --Of a thickness not exceeding 5mm:					
		---密度超过每立方厘米0.8克： ---Of a density exceeding 0.8g/cm^3:					
3581	4411.1211	----未经机械加工或盖面的 ----Not mechanically worked or surface covered	4Δ0	0 1.6 3.8	智CL,新西兰NZ,瑞CH,毛MU, 柬KH,港HK,澳门MO 韩KR 东盟^{R}AS^R,澳^{R}AU^R,新西兰^{R}NZ^R	0 受惠国$_2$LD$_2$	40
3582	4411.1219	----其他 ----Other	6Δ0	0	智CL,新西兰NZ,瑞CH,韩KR,毛 MU,柬KH,港HK,澳门MO	0 受惠国$_2$LD$_2$	40
		---密度超过每立方厘米0.5克，但未超 过每立方厘米0.8克： ---Of a density exceeding 0.5g/cm^3 but not exceeding 0.8g/cm^3:					
3583	4411.1221	----辐射松制的 ----Of radiata pine	4Δ0	0 1.6 3.8	智CL,新西兰NZ,瑞CH,澳AU,毛 MU,柬KH,港HK,澳门MO 韩KR 东盟^{R}AS^R,澳^{R}AU^R,新西兰^{R}NZ^R	0 受惠国$_1$LD$_1$	40
3584	4411.1229	----其他 ----Other	4Δ0	0 1.6 3.8	智CL,新西兰NZ,瑞CH,毛MU, 柬KH,港HK,澳门MO 韩KR 东盟^{R}AS^R,澳^{R}AU^R,新西兰^{R}NZ^R	0 受惠国$_2$LD$_2$	40
		---其他： ---Other:					
3585	4411.1291	----未经机械加工或盖面的 ----Not mechanically worked or surface covered	6Δ0	0 3 5 7.1	智CL,新西兰NZ,瑞CH,毛MU, 柬KH,港HK,澳门MO 韩KR 东盟AS 东盟^{R}AS^R,澳^{R}AU^R,新西兰^{R}NZ^R	0 受惠国$_2$LD$_2$	40
3586	4411.1299	----其他 ----Other	4Δ0	0 1.6 3.8	新西兰NZ,瑞CH,毛MU,柬KH, 港HK,澳门MO 韩KR 东盟^{R}AS^R,澳^{R}AU^R,新西兰^{R}NZ^R	0 受惠国$_2$LD$_2$	40
		--厚度超过5毫米但未超过9毫米： --Of a thickness exceeding 5mm but not exceeding 9mm:					

序号 No.	税则号列 Tariff Line	货品名称 Article Description	最惠国税率 MFN(%)	协定税率 Agreement(%)		特惠税率 SP(%)	普通税率 Gen(%)
		---密度超过每立方厘米0.8克: ---Of a density exceeding 0.8g/cm³:					
3587	4411.1311	----未经机械加工或盖面的 ----Not mechanically worked or surface covered	4Δ0	0	新西兰NZ,瑞CH,毛MU,柬KH,港HK,澳门MO	0 受惠国₂LD₂	40
3588	4411.1319	----其他 ----Other	6Δ0	0 3	新西兰NZ,毛MU 瑞CH	0 受惠国₂LD₂	40
		---密度超过每立方厘米0.5克,但未超过每立方厘米0.8克: ---Of a density exceeding 0.5g/cm³ but not exceeding 0.8g/cm³:					
3589	4411.1321	----辐射松制的 ----Of radiata pine	4Δ0	0	智CL,新西兰NZ,瑞CH,澳AU,毛MU,柬KH,港HK,澳门MO	0 受惠国₁LD₁	40
3590	4411.1329	----其他 ----Other	4Δ0	0	智CL,新西兰NZ,瑞CH,毛MU,柬KH,港HK,澳门MO	0 受惠国₂LD₂	40
		---其他: ---Other:					
3591	4411.1391	----未经机械加工或盖面的 ----Not mechanically worked or surface covered	6Δ0	0 5	智CL,新西兰NZ,瑞CH,毛MU,柬KH,港HK,澳门MO 东盟AS	0 受惠国₂LD₂	40
3592	4411.1399	----其他 ----Other	4Δ0	0 1.6	智CL,新西兰NZ,瑞CH,毛MU,柬KH,港HK,澳门MO 韩KR	0 受惠国₂LD₂	40
		--厚度超过9毫米: --Of a thickness exceeding 9mm:					
		---密度超过每立方厘米0.8克: ---Of a density exceeding 0.8g/cm³:					
3593	4411.1411	----未经机械加工或盖面的 ----Not mechanically worked or surface covered	4Δ0	0 1.6	新西兰NZ,瑞CH,毛MU,柬KH,港HK,澳门MO 韩KR	0 受惠国₂LD₂	40
3594	4411.1419	----其他 ----Other	6Δ0	0 3	新西兰NZ,毛MU 瑞CH,韩KR	0 受惠国₂LD₂	40
		---密度超过每立方厘米0.5克,但未超过每立方厘米0.8克: ---Of a density exceeding 0.5g/cm³ but not exceeding 0.8g/cm³:					
3595	4411.1421	----辐射松制的 ----Of radiata pine	4Δ0	0 1.6 3.8	智CL,新西兰NZ,瑞CH,澳AU,毛MU,柬KH,港HK,澳门MO 韩KR 东盟ᴿASᴿ,澳ᴿAUᴿ,新西兰ᴿNZᴿ	0 受惠国₁LD₁	40
3596	4411.1429	----其他 ----Other	4Δ0	0 1.6 3.8	智CL,新西兰NZ,瑞CH,毛MU,柬KH,港HK,澳门MO 韩KR 东盟ᴿASᴿ,澳ᴿAUᴿ,新西兰ᴿNZᴿ	0 受惠国₂LD₂	40
		---其他: ---Other:					

序号 No.	税则号列 Tariff Line	货品名称 Article Description	最惠国税率 MFN(%)	协定税率 Agreement(%)		特惠税率 SP(%)	普通税率 Gen(%)
3597	4411.1491	----未经机械加工或盖面的 ----Not mechanically worked or surface covered	6Δ0	0 3 5 7.1	智CL,新西兰NZ,瑞CH,毛MU,柬KH,港HK,澳门MO 韩KR 东盟AS 东盟^{R}AS^R,澳^{R}AU^R,新西兰^{R}NZ^R	0 受惠国$_2$LD$_2$	40
3598	4411.1499	----其他 ----Other	4Δ0	0 1.6 3.8	智CL,新西兰NZ,瑞CH,毛MU,柬KH,港HK,澳门MO 韩KR 东盟^{R}AS^R,澳^{R}AU^R,新西兰^{R}NZ^R	0 受惠国$_2$LD$_2$	40
		-其他: -Other:					
		--密度超过每立方厘米0.8克: --Of a density exceeding 0.8g/cm^3:					
3599	4411.9210	---未经机械加工或盖面的 ---Not mechanically worked or surface covered	4Δ0	0 1.6 3.8	智CL,新西兰NZ,瑞CH,毛MU,柬KH,港HK,澳门MO 韩KR 东盟^{R}AS^R,澳^{R}AU^R,新西兰^{R}NZ^R	0 受惠国$_2$LD$_2$	40
3600	4411.9290	---其他 ---Other	6Δ0	0 3	智CL,新西兰NZ,瑞CH,毛MU,柬KH,港HK,澳门MO 韩KR	0 受惠国$_2$LD$_2$	40
		--密度超过每立方厘米0.5克,但未超过每立方厘米0.8克: --Of a density exceeding 0.5g/cm^3 but not exceeding 0.8g/cm^3:					
3601	4411.9310	---辐射松制的 ---Of radiata pine	4Δ0	0	新西兰NZ,瑞CH,澳AU,毛MU,柬KH,港HK,澳门MO	0 受惠国$_1$LD$_1$	40
3602	4411.9390	---其他 ---Other	4Δ0	0	智CL,新西兰NZ,瑞CH,毛MU,柬KH,港HK,澳门MO	0 受惠国$_2$LD$_2$	40
		--密度未超过每立方厘米0.5克: --Of a density not exceeding 0.5g/cm^3:					
3603	4411.9410	---密度超过每立方厘米0.35克,但未过每立方厘米0.5克 ---Of a density exceeding 0.35g/cm^3 but not exceeding 0.5g/cm^3	6Δ0	0 3 5	智CL,新西兰NZ,瑞CH,毛MU,柬KH,港HK,澳门MO 韩KR 东盟AS	0 受惠国$_2$LD$_2$	40
		---密度未超过每立方厘米0.35克: ---Of a density not exceeding 0.35g/cm^3:					
3604	4411.9421	----未经机械加工或盖面的 ----Not mechanically worked or surface covered	6Δ0	0 3	新西兰NZ,瑞CH,毛MU,柬KH,港HK,澳门MO 韩KR	0 受惠国$_2$LD$_2$	40
3605	4411.9429	----其他 ----Other	4Δ0	0 1.6	新西兰NZ,瑞CH,毛MU,柬KH,港HK,澳门MO 韩KR	0 受惠国$_2$LD$_2$	40
	44.12	胶合板、单板饰面板及类似的多层板: Plywood, veneered panels and similar laminated wood:					
		-竹制的: -Of bamboo:					

序号 No.	税则号列 Tariff Line	货品名称 Article Description	最惠国税率 MFN(%)	协定税率 Agreement(%)		特惠税率 SP(%)		普通税率 Gen(%)
		---仅由薄板制的胶合板, 每层厚度不超过6毫米: ---Plywood consisting solely of sheets of wood, each ply not exceeding 6mm thickness:						
3606	4412.1011	----至少有一表层是热带木 ----With at least one outer ply of tropical wood	6Δ0	0	智CL,新西兰NZ,秘PE,哥CR,瑞CH,冰IS,澳AU,毛MU,柬KH,港HK,澳门MO	0	受惠国₁LD₁	30
				4	东盟ᴿASᴿ,澳ᴿAUᴿ,新西兰ᴿNZᴿ			
				4.8	韩KR			
				5	东盟AS			
3607	4412.1019	----其他 ----Other	4Δ0	0	新西兰NZ,瑞CH,毛MU,柬KH,港HK,澳门MO	0	受惠国₂LD₂	30
				1.6	韩KR			
3608	4412.1020	---其他, 至少有一表层是非针叶木 ---Other, with at least one outer ply of non-coniferous wood	6Δ0	0	新西兰NZ,秘PE,哥CR,瑞CH,澳AU,毛MU,柬KH,港HK,澳门MO	0	受惠国₁LD₁	30
				3	巴PK			
				4	韩KR			
				5	东盟AS			
				9.5	东盟ᴿASᴿ,澳ᴿAUᴿ,新西兰ᴿNZᴿ			
		---其他: ---Other:						
3609	4412.1093	---中间至少有一层是本章本国注释一所列的热带木 ----With at least one inner ply of tropical wood, specified in domestic subheading note 1 to this Chapter	6Δ0	0	新西兰NZ,瑞CH,毛MU,柬KH,港HK,澳门MO	0	受惠国₂LD₂	30
				3.2	韩KR			
3610	4412.1094	----其他, 中间至少有一层是其他热带木 ----Other,with at least one inner ply of other tropical wood	6Δ0	0	新西兰NZ,瑞CH,毛MU,东盟ᴿASᴿ,澳ᴿAUᴿ,新西兰ᴿNZᴿ,柬KH,港HK,澳门MO,韩ᴿKRᴿ	0	受惠国₂LD₂	30
				3.2	韩KR			
				3.3	日ᴿJPᴿ			
3611	4412.1095	----其他, 中间至少含有一层木碎料板 ----Other,containing at least one inner layer of particle board	6Δ0	0	新西兰NZ,瑞CH,毛MU,柬KH,港HK,澳门MO	0	受惠国₂LD₂	30
				4	韩KR			
3612	4412.1099	----其他 ----Other	4Δ0	0	东盟AS,智CL,巴PK,新西兰NZ,新加坡SG,秘PE,哥CR,瑞CH,冰IS,韩KR,澳AU,毛MU,东盟ᴿASᴿ,澳ᴿAUᴿ,新西兰ᴿNZᴿ,柬KH,港HK,澳门MO,韩ᴿKRᴿ	0	受惠国LD	30
				3.3	日ᴿJPᴿ			
		-仅由薄木板制的其他胶合板(竹制除外), 每层厚度不超过6毫米: -Other plywood, consisting solely of sheets of wood (other than bamboo), each ply not exceeding 6mm thickness:						

序号 No.	税则号列 Tariff Line	货品名称 Article Description	最惠国税率 MFN(%)	协定税率 Agreement(%)		特惠税率 SP(%)	普通税率 Gen(%)
3613	4412.3100	--至少有一表层是热带木 ----With at least one outer ply of tropical wood	6△0	0	智CL,新西兰NZ,秘PE,哥CR,瑞CH,冰IS,澳AU,毛MU,柬KH,港HK,澳门MO	0 受惠国₁LD₁	30
				4	东盟ᴿASᴿ,澳ᴿAUᴿ,新西兰ᴿNZᴿ		
				4.8	韩KR		
				5	东盟AS		
3614	4412.3300	--其他,至少有一表层是下列非针叶木:桤木、白蜡木、水青冈木(山毛榉木)、桦木、樱桃木、栗木、榆木、桉木、山核桃、七叶树、椴木、槭木、栎木(橡木)、悬铃木、杨木、刺槐木、鹅掌楸或核桃木 -- Other, with at least one outer ply of non-coniferous wood of the species alder (*Alnus spp.*), ash (*Fraxinus spp.*), beech (*Fagus spp.*), birch (*Betula spp.*), cherry (*Prunus spp.*), chestnut (*Castanea spp.*), elm (*Ulmus spp.*), eucalyptus (*eucalyptus spp.*), hickory (*Carya spp.*), horse chestnut (*Aesculus spp.*), lime (*Tilia spp.*), maple (*Acer spp.*), oak (*Quercus spp.*), plane tree (*Platanus spp.*), poplar and aspen (*Populus spp.*), robinia (*robinia spp.*), tulipwood (*Liriodendron spp.*) or walnut (*Juglans spp.*)	4△0	0	新西兰NZ,瑞CH,毛MU,柬KH,港HK,澳门MO	0 受惠国₂LD₂	30
				1.6	韩KR		
		--其他,至少有一表层为子目4412.3300未具体列名的非针叶木: --Other, with at least one outer ply of non-coniferous wood not specified under subheading 4412.3300:					
3615	4412.3410	---其他,至少有一表层是温带非针叶木(税号4412.3300的非针叶木除外) ---With at least one outer ply of temperate non-coniferous wood(other than non-coniferous wood of subheading 4412.3300)	4△0	0	新西兰NZ,瑞CH,毛MU,柬KH,港HK,澳门MO	0 受惠国₂LD₂	30
				1.6	韩KR		
3616	4412.3490	---其他 ---Other	4△0	0	新西兰NZ,瑞CH,毛MU,柬KH,港HK,澳门MO	0 受惠国₂LD₂	30
				1.6	韩KR		
3617	4412.3900	--其他,上下表层均为针叶木 --Other, with both outer plies of coniferous wood	4△0	0	东盟AS,智CL,巴PK,新西兰NZ,新加坡SG,秘PE,哥CR,瑞CH,冰IS,韩KR,澳AU,毛MU,东盟ᴿASᴿ,澳ᴿAUᴿ,新西兰ᴿNZᴿ,柬KH,港HK,澳门MO,韩ᴿKRᴿ	0 受惠国LD	30
				3.3	日ᴿJPᴿ		
		-单板层积材: -Laminated veneered lumber (LVL):					
3618	4412.4100	--至少有一表层是热带木 --With at least one outer ply of tropical wood	6△0	0	智CL,新西兰NZ,瑞CH,毛MU,柬KH,港HK,澳门MO	0 受惠国₂LD₂	30
				3	巴PK		
				4	韩KR		
				5	东盟AS		

序号 No.	税则号列 Tariff Line	货品名称 Article Description	最惠国税率 MFN(%)		协定税率 Agreement(%)	特惠税率 SP(%)		普通税率 Gen(%)
3619	4412.4200	--其他，至少有一表层是非针叶木 --Other, with at least one outer ply of non-coniferous wood	6Δ0	0 3 4 5	智CL,新西兰NZ,瑞CH,毛MU, 柬KH,港HK,澳门MO 巴PK 韩KR 东盟AS	0	受惠国₂LD₂	30
		--其他，上下表层均为针叶木： --Other, with both outer plies of coniferous wood:						
		---中间至少有一层是热带木： ---With at least one inner ply of tropical wood:						
3620	4412.4911	----中间至少有一层是本章本国注释一所列的热带木 ----With at least one inner ply of tropical wood,specified in domestic subheading note 1 to this Chapter	6Δ0	0 3.2	智CL,新西兰NZ,瑞CH,毛MU, 柬KH,港HK,澳门MO 韩KR	0	受惠国₂LD₂	30
3621	4412.4919	----其他，中间至少有一层是其他热带木 ----Other,with at least one inner ply of other tropical wood	6Δ0	0 3.2 3.3	智CL,新西兰NZ,瑞CH,毛MU, 东盟ᴿASᴿ,澳ᴿAUᴿ,新西兰ᴿNZᴿ, 柬KH,港HK,澳门MO,韩ᴿKRᴿ 韩KR 日ᴿJPᴿ	0	受惠国₂LD₂	30
3622	4412.4920	---其他，中间至少含有一层木碎料板 ---Other,containing at least one inner layer of particle board	6Δ0	0 4	智CL,新西兰NZ,瑞CH,毛MU, 柬KH,港HK,澳门MO 韩KR	0	受惠国₂LD₂	30
3623	4412.4990	---其他 ---Other	4Δ0	0 2.8 3.3	东盟AS,智CL,巴PK,新西兰NZ, 新加坡SG,秘PE,哥CR,瑞CH, 冰IS,韩KR,澳AU,毛MU,东盟 ᴿASᴿ,澳ᴿAUᴿ,新西兰ᴿNZᴿ,柬 KH,港HK,澳门MO,韩ᴿKRᴿ 亚太AP 日ᴿJPᴿ	0	受惠国LD	30
		-木块芯胶合板、侧板条芯胶合板及板条芯胶合板： -Blockboard, laminboard and battenboard:						
3624	4412.5100	--至少有一表层是热带木 --With at least one outer ply of tropical wood	6Δ0	0 3 4 5	智CL,新西兰NZ,瑞CH,毛MU, 柬KH,港HK,澳门MO 巴PK 韩KR 东盟AS	0	受惠国₂LD₂	30
3625	4412.5200	--其他，至少有一表层是非针叶木 --Other, with at least one outer ply of non-coniferous wood	6Δ0	0 3 4 5	智CL,新西兰NZ,瑞CH,毛MU, 柬KH,港HK,澳门MO 巴PK 韩KR 东盟AS	0	受惠国₂LD₂	30
		--其他，上下表层均为针叶木： --Other, with both outer plies of coniferous wood:						

序号 No.	税则号列 Tariff Line	货品名称 Article Description	最惠国税率 MFN(%)	协定税率 Agreement(%)		特惠税率 SP(%)	普通税率 Gen(%)
		---中间至少有一层是热带木: ---With at least one inner ply of tropical wood:					
3626	4412.5911	----中间至少有一层是本章本国注释一所列的热带木 ----With at least one inner ply of tropical wood,specified in domestic subheading note 1 to this Chapter	6Δ0	0 3.2	智CL,新西兰NZ,瑞CH,毛MU,柬KH,港HK,澳门MO 韩KR	0 受惠国$_2$LD$_2$	30
3627	4412.5919	----其他,中间至少有一层是其他热带木 ----Other,with at least one inner ply of other tropical wood	6Δ0	0 3.2 3.3	智CL,新西兰NZ,瑞CH,毛MU,东盟^{R}AS^R,澳^{R}AU^R,新西兰^{R}NZ^R,柬KH,港HK,澳门MO,韩^{R}KR^R 韩KR 日^{R}JP^R	0 受惠国$_2$LD$_2$	30
3628	4412.5920	---其他,中间至少含有一层木碎料板 ---Other,containing at least one inner layer of particle board	6Δ0	0 4	智CL,新西兰NZ,瑞CH,毛MU,柬KH,港HK,澳门MO 韩KR	0 受惠国$_2$LD$_2$	30
3629	4412.5990	----其他 ----Other	4Δ0	0 3.3	东盟AS,智CL,巴PK,新西兰NZ,新加坡SG,秘PE,哥CR,瑞CH,冰IS,韩KR,澳AU,毛MU,东盟^{R}AS^R,澳^{R}AU^R,新西兰^{R}NZ^R,柬KH,港HK,澳门MO,韩^{R}KR^R 日^{R}JP^R	0 受惠国LD	30
		-其他: -Other:					
3630	4412.9100	--至少有一表层是热带木 --With at least one outer ply of tropical wood	6Δ0	0 3 4 5	智CL,新西兰NZ,瑞CH,毛MU,柬KH,港HK,澳门MO 巴PK 韩KR 东盟AS	0 受惠国$_2$LD$_2$	30
3631	4412.9200	--其他,至少有一表层是非针叶木 --Other, with at least one outer ply of non-coniferous wood	6Δ0	0 3 4 5	智CL,新西兰NZ,瑞CH,毛MU,柬KH,港HK,澳门MO 巴PK 韩KR 东盟AS	0 受惠国$_2$LD$_2$	30
		--其他,上下表层均为针叶木: --Other, with both outer plies of coniferous wood:					
3632	4412.9920	----中间至少有一层是本章本国注释一所列的热带木 ----With at least one inner ply of tropical wood,specified in domestic subheading note 1 to this Chapter	6Δ0	0 3.2	智CL,新西兰NZ,瑞CH,毛MU,柬KH,港HK,澳门MO 韩KR	0 受惠国$_2$LD$_2$	30
3633	4412.9930	---其他,中间至少有一层是其他热带木 ----Other,with at least one inner ply of other tropical wood	6Δ0	0 3.2 3.3	智CL,新西兰NZ,瑞CH,毛MU,东盟^{R}AS^R,澳^{R}AU^R,新西兰^{R}NZ^R,柬KH,港HK,澳门MO,韩^{R}KR^R 韩KR 日^{R}JP^R	0 受惠国$_2$LD$_2$	30
3634	4412.9940	---其他,中间至少含有一层木碎料板 ---Other,containing at least one inner layer of particle board	6Δ0	0 4	智CL,新西兰NZ,瑞CH,毛MU,柬KH,港HK,澳门MO 韩KR	0 受惠国$_2$LD$_2$	30

序号 No.	税则号列 Tariff Line	货品名称 Article Description	最惠国税率 MFN(%)	协定税率 Agreement(%)		特惠税率 SP(%)	普通税率 Gen(%)
3635	4412.9990	---其他 ----Other	4Δ0	0	东盟AS,智CL,巴PK,新西兰NZ, 新加坡SG,秘PE,哥CR,瑞CH, 冰IS,韩KR,澳AU,毛MU,东盟 ^{R}AS^R,澳^{R}AU^R,新西兰^{R}NZ^R,柬 KH,港HK,澳门MO,韩^{R}KR^R	0 受惠国LD	30
				2.8	亚太AP		
				3.3	日^{R}JP^R		
	44.13	强化木，成块、板、条或异型的： Densified wood, in blocks, plates, strips or profile shapes:					
3636	4413.0000	强化木，成块、板、条或异型的 Densified wood, in blocks, plates, strips or profile shapes	6Δ0	0	东盟AS,智CL,巴PK,新西兰NZ, 新加坡SG,秘PE,哥CR,瑞CH, 冰IS,澳AU,毛MU,东盟^{R}AS^R,澳 ^{R}AU^R,新西兰^{R}NZ^R,柬KH,港HK, 澳门MO	0 受惠国LD	20
				0.6	韩KR		
				4.8	韩^{R}KR^R		
				4.9	日^{R}JP^R		
	44.14	木制的画框、相框、镜框及类似品： Wooden frames for paintings, photographs, mirrors or similar objects:					
3637	4414.1000	-热带木的 -Of tropical wood	7				100
		-其他： -Other:					
3638	4414.9010	---辐射松制的 ---Of radiata pine	7Δ0	0	智CL,新西兰NZ,澳AU,毛MU,柬 KH,港HK,澳门MO	0 受惠国$_1$LD$_1$	100
3639	4414.9090	---其他 ---Other	7			0 受惠国$_2$LD$_2$	100
	44.15	包装木箱、木盒、板条箱、圆桶及类似 的木制包装容器；木制电缆卷筒；木托 板、箱形托盘及其他装载用木板；木制 的托盘护框： Packing cases, boxes, crates, drums and similar packings, of wood; cable- drums of wood; pallets, box pallets and other load boards, of wood; pallet collars of wood:					
3640	4415.1000	-箱、盒、板条箱、圆桶及类似的包装容 器；电缆卷筒 -Cases, boxes, crates, drums and similar packing; cable-drums	6Δ0	0	东盟AS,智CL,新西兰NZ,新加 坡SG,秘PE,哥CR,瑞CH,冰IS,澳 AU,毛MU,东盟^{R}AS^R,澳^{R}AU^R,新 西兰^{R}NZ^R,柬KH,港HK,澳门MO	0 受惠国LD	80
				0.7	韩KR		
				1	巴PK		
				6	韩^{R}KR^R		
				6.1	日^{R}JP^R		
		-木托板、箱形托盘及其他装载用木 板；木制的托盘护框： -Pallets, box pallets and other load boards; pallet collars:					

序号 No.	税则号列 Tariff Line	货品名称 Article Description	最惠国税率 MFN(%)	协定税率 Agreement(%)		特惠税率 SP(%)	普通税率 Gen(%)
3641	4415.2010	---辐射松制的 ---Of radiata pine	6△0	0	智CL,新西兰NZ,澳AU,毛MU,柬KH,港HK,澳门MO	0 受惠国₁LD₁	80
				5	东盟AS,东盟ᴿASᴿ,澳ᴿAUᴿ,新西兰ᴿNZᴿ		
3642	4415.2090	---其他 ---Other	6△3	5	东盟AS,新西兰NZ,柬KH		80
	44.16	木制大桶、琵琶桶、盆和其他木制箍桶及其零件,包括桶板: Casks, barrels, vats, tubs and other coopers' products and parts thereof, of wood, including staves:					
3643	4416.0010	---辐射松制的 ---Of radiata pine	12△0	0	智CL,新西兰NZ,澳AU,毛MU,柬KH,港HK,澳门MO	0 受惠国₁LD₁	80
3644	4416.0090	---其他 ---Other	12				80
	ex44160090	橡木制大桶、琵琶桶、盆和其他木制箍桶及其零件,包括桶板 Casks, barrels, vats, tubs, and other coopers' products and parts thereof made of radiata pine, incl. staves	△5				
	44.17	木制的工具、工具支架、工具柄、扫帚及刷子的身及柄;木制鞋靴楦及楦头: Tools, tool bodies, tool handles, broom or brush bodies and handles, of wood; boot or shoe lasts and trees, of wood:					
3645	4417.0010	---辐射松制的 ---Of radiata pine	12△0	0	智CL,新西兰NZ,澳AU,毛MU,柬KH,港HK,澳门MO	0 受惠国₁LD₁	80
3646	4417.0090	---其他 ---Other	12				80
	44.18	建筑用木工制品,包括蜂窝结构木镶板、已装拼的地板、木瓦及盖屋板: Builders' joinery and carpentry of wood, including cellular wood panels, assembled flooring panels, shingles and shakes:					
		-窗、法兰西式(落地)窗及其框架: -Windows, French-windows and their frames:					
3647	4418.1100	--热带木的 --Of tropical wood	4△0	0	毛MU,柬KH,港HK,澳门MO	0 受惠国₁LD₁	70
		--其他: --Other:					
3648	4418.1910	---辐射松制的 ---Of radiata pine	4△0	0	新西兰NZ,澳AU,毛MU,柬KH,港HK,澳门MO	0 受惠国₁LD₁	70
3649	4418.1990	---其他 ---Other	4△0	0	毛MU,柬KH,港HK,澳门MO	0 受惠国₁LD₁	70
		-门及其框架和门槛: -Doors and their frames and thresholds:					

序号 No.	税则号列 Tariff Line	货品名称 Article Description	最惠国税率 MFN(%)	协定税率 Agreement(%)		特惠税率 SP(%)	普通税率 Gen(%)
3650	4418.2100	--热带木的 --Of tropical wood	4Δ0	0	东盟AS,智CL,巴PK,新西兰NZ, 新加坡SG,秘PE,哥CR,瑞CH, 冰IS,韩KR,澳AU,毛MU,东盟 ^RAS^R,澳^RAU^R,新西兰^RNZ^R,柬 KH,港HK,澳门MO,韩^RKR^R	0 受惠国LD	70
				3.3	日^RJP^R		
3651	4418.2900	--其他 --Other	4Δ0	0	东盟AS,智CL,巴PK,新西兰NZ, 新加坡SG,秘PE,哥CR,瑞CH, 冰IS,韩KR,澳AU,毛MU,东盟 ^RAS^R,澳^RAU^R,新西兰^RNZ^R,柬 KH,港HK,澳门MO,韩^RKR^R	0 受惠国LD	70
				3.3	日^RJP^R		
3652	4418.3000	-柱及梁, 子目4418.81至4418.89的货品 除外 -Posts and beams other than products of subheadings 4418.81 to 4418.89	4Δ0	0	东盟AS,智CL,巴PK,新西兰NZ, 新加坡SG,秘PE,哥CR,瑞CH, 冰IS,韩KR,澳AU,毛MU,东盟 ^RAS^R,澳^RAU^R,新西兰^RNZ^R,柬 KH,港HK,澳门MO,韩^RKR^R	0 受惠国LD	70
				3.3	日^RJP^R		
3653	4418.4000	-水泥构件的模板 -Shuttering for concrete constructional work	4Δ0	0	东盟AS,智CL,巴PK,新西兰NZ, 秘PE,哥CR,瑞CH,冰IS,韩KR, 澳AU,毛MU,东盟^RAS^R,澳^RAU^R, 新西兰^RNZ^R,柬KH,港HK,澳门 MO,韩^RKR^R	0 受惠国LD	70
				3.3	日^RJP^R		
3654	4418.5000	-木瓦及盖屋板 -Shingles and shakes	6Δ0	0	东盟AS,智CL,新西兰NZ,秘PE, 哥CR,瑞CH,冰IS,韩KR,澳AU, 毛MU,东盟^RAS^R,澳^RAU^R,新西 兰^RNZ^R,柬KH,港HK,澳门MO, 韩^RKR^R	0 受惠国LD	70
				1	巴PK		
				6.1	日^RJP^R		
		-已装拼的地板: -Assembled flooring panels:					
		--竹的或至少顶层(耐磨层)是竹的: --Of bamboo or with at least the top layer (wear layer) of bamboo:					
3655	4418.7310	---马赛克地板用 ---For mosaic floors	4Δ0	0	东盟AS,智CL,巴PK,新西兰NZ, 新加坡SG,秘PE,哥CR,瑞CH, 冰IS,韩KR,澳AU,毛MU,东盟 ^RAS^R,澳^RAU^R,新西兰^RNZ^R,柬 KH,港HK,澳门MO,韩^RKR^R	0 受惠国LD	70
				3.3	日^RJP^R		
3656	4418.7320	---其他, 竹制多层的 ---Other, multilayer of bamboo	4Δ0	0	东盟AS,智CL,巴PK,新西兰NZ, 新加坡SG,秘PE,哥CR,瑞CH, 冰IS,韩KR,澳AU,毛MU,东盟 ^RAS^R,澳^RAU^R,新西兰^RNZ^R,柬 KH,港HK,澳门MO,韩^RKR^R	0 受惠国LD	70
				3.3	日^RJP^R		
3657	4418.7390	---其他 ---Other	4Δ0	0	东盟AS,智CL,巴PK,新西兰NZ, 新加坡SG,秘PE,哥CR,瑞CH, 冰IS,韩KR,澳AU,毛MU,东盟 ^RAS^R,澳^RAU^R,新西兰^RNZ^R,柬 KH,港HK,澳门MO,韩^RKR^R	0 受惠国LD	70
				3.3	日^RJP^R		

序号 No.	税则号列 Tariff Line	货品名称 Article Description	最惠国税率 MFN(%)	协定税率 Agreement(%)		特惠税率 SP(%)	普通税率 Gen(%)
3658	4418.7400	--其他, 马赛克地板用 --Other, for mosaic floors	4△0	0	东盟AS,智CL,巴PK,新西兰NZ,新加坡SG,秘PE,哥CR,瑞CH,冰IS,韩KR,澳AU,毛MU,东盟^RAS^R,澳^RAU^R,新西兰^RNZ^R,柬KH,港HK,澳门MO,韩^RKR^R	0 受惠国LD	70
				3.3	日^RJP^R		
3659	4418.7500	--其他, 多层的 --Other, multilayer	4△0	0	东盟AS,智CL,巴PK,新西兰NZ,新加坡SG,秘PE,哥CR,瑞CH,冰IS,韩KR,澳AU,格GE,毛MU,东盟^RAS^R,澳^RAU^R,新西兰^RNZ^R,柬KH,港HK,澳门MO,韩^RKR^R	0 受惠国LD	70
				3.3	日^RJP^R		
3660	4418.7900	--其他 --Other	4△0	0	东盟AS,智CL,巴PK,新西兰NZ,新加坡SG,秘PE,哥CR,瑞CH,冰IS,韩KR,澳AU,毛MU,东盟^RAS^R,澳^RAU^R,新西兰^RNZ^R,柬KH,港HK,澳门MO,韩^RKR^R	0 受惠国LD	70
				3.3	日^RJP^R		
		-工程结构木制品: -Engineered structural timber products:					
3661	4418.8100	--集成材 --Glue-laminated timber (glulam)	4△0	0	东盟AS,智CL,巴PK,新西兰NZ,新加坡SG,秘PE,哥CR,瑞CH,冰IS,韩KR,澳AU,毛MU,东盟^RAS^R,澳^RAU^R,新西兰^RNZ^R,柬KH,港HK,澳门MO,韩^RKR^R	0 受惠国LD	70
				3.3	日^RJP^R		
3662	4418.8200	--正交胶合木 --Cross-laminated timber (CLT or X-lam)	4△0	0	东盟AS,智CL,巴PK,新西兰NZ,新加坡SG,秘PE,哥CR,瑞CH,冰IS,韩KR,澳AU,毛MU,东盟^RAS^R,澳^RAU^R,新西兰^RNZ^R,柬KH,港HK,澳门MO,韩^RKR^R	0 受惠国LD	70
				3.3	日^RJP^R		
3663	4418.8300	--工字梁 --I beams	4△0	0	东盟AS,智CL,巴PK,新西兰NZ,新加坡SG,秘PE,哥CR,瑞CH,冰IS,韩KR,澳AU,毛MU,东盟^RAS^R,澳^RAU^R,新西兰^RNZ^R,柬KH,港HK,澳门MO,韩^RKR^R	0 受惠国LD	70
				3.3	日^RJP^R		
3664	4418.8900	--其他 --Other	4△0	0	东盟AS,智CL,巴PK,新西兰NZ,新加坡SG,秘PE,哥CR,瑞CH,冰IS,韩KR,澳AU,毛MU,东盟^RAS^R,澳^RAU^R,新西兰^RNZ^R,柬KH,港HK,澳门MO,韩^RKR^R	0 受惠国LD	70
				3.3	日^RJP^R		
		-其他: -Other:					
3665	4418.9100	--竹的 --Of bamboo	4△0	0	东盟AS,智CL,巴PK,新西兰NZ,新加坡SG,秘PE,哥CR,瑞CH,冰IS,韩KR,澳AU,毛MU,东盟^RAS^R,澳^RAU^R,新西兰^RNZ^R,柬KH,港HK,澳门MO,韩^RKR^R	0 受惠国LD	70
				3.3	日^RJP^R		

序号 No.	税则号列 Tariff Line	货品名称 Article Description	最惠国税率 MFN(%)	协定税率 Agreement(%)		特惠税率 SP(%)	普通税率 Gen(%)
3666	4418.9200	--蜂窝结构木镶板 --Cellular wood panels	4Δ0	0	东盟AS,智CL,巴PK,新西兰NZ, 新加坡SG,秘PE,哥CR,瑞CH, 冰IS,韩KR,澳AU,毛MU,东盟 ^RAS^R,澳^RAU^R,新西兰^RNZ^R,柬 KH,港HK,澳门MO,韩^RKR^R	0 受惠国LD	70
				3.3	日^RJP^R		
3667	4418.9900	--其他 ---Other	4Δ0	0	东盟AS,智CL,巴PK,新西兰NZ, 新加坡SG,秘PE,哥CR,瑞CH, 冰IS,韩KR,澳AU,毛MU,东盟 ^RAS^R,澳^RAU^R,新西兰^RNZ^R,柬 KH,港HK,澳门MO,韩^RKR^R	0 受惠国LD	70
				3.3	日^RJP^R		
	44.19	木制餐具及厨房用具: Tableware and kitchenware, of wood:					
		-竹的: -Of bamboo :					
3668	4419.1100	--切面包板、砧板及类似板 --Bread boards, chopping boards and similar boards	0	0	东盟AS,智CL,巴PK,新西兰NZ, 秘PE,哥CR,瑞CH,冰IS,韩KR, 澳AU,格GE,毛MU,东盟^RAS^R, 澳^RAU^R,日^RJP^R,新西兰^RNZ^R,柬 KH,港HK,澳门MO,韩^RKR^R	0 受惠国LD	100
		--筷子: --Chopsticks:					
3669	4419.1210	-----次性筷子 ---One-time chopsticks	0	0	东盟AS,智CL,巴PK,新西兰NZ, 秘PE,哥CR,瑞CH,冰IS,韩KR, 澳AU,格GE,毛MU,东盟^RAS^R, 澳^RAU^R,日^RJP^R,新西兰^RNZ^R,柬 KH,港HK,澳门MO,韩^RKR^R	0 受惠国LD	100
3670	4419.1290	---其他 ---Other	0	0	东盟AS,智CL,巴PK,新西兰NZ, 秘PE,哥CR,瑞CH,冰IS,韩KR, 澳AU,格GE,毛MU,东盟^RAS^R, 澳^RAU^R,日^RJP^R,新西兰^RNZ^R,柬 KH,港HK,澳门MO,韩^RKR^R	0 受惠国LD	100
3671	4419.1900	--其他 --Other	0	0	东盟AS,智CL,巴PK,新西兰NZ, 秘PE,哥CR,瑞CH,冰IS,韩KR, 澳AU,格GE,毛MU,东盟^RAS^R, 澳^RAU^R,日^RJP^R,新西兰^RNZ^R,柬 KH,港HK,澳门MO,韩^RKR^R	0 受惠国LD	100
3672	4419.2000	-热带木的 -Of tropical wood	0	0	东盟AS,智CL,巴PK,新西兰NZ, 秘PE,哥CR,瑞CH,冰IS,韩KR, 澳AU,格GE,毛MU,东盟^RAS^R, 澳^RAU^R,日^RJP^R,新西兰^RNZ^R,柬 KH,港HK,澳门MO,韩^RKR^R	0 受惠国LD	100
		-其他: -Other:					
3673	4419.9010	-----次性筷子 ---One-time chopsticks	0	0	东盟AS,智CL,巴PK,新西兰NZ, 秘PE,哥CR,瑞CH,冰IS,韩KR, 澳AU,格GE,毛MU,东盟^RAS^R, 澳^RAU^R,日^RJP^R,新西兰^RNZ^R,柬 KH,港HK,澳门MO,韩^RKR^R	0 受惠国LD	100
3674	4419.9090	---其他 ---Other	0	0	东盟AS,智CL,巴PK,新西兰NZ, 秘PE,哥CR,瑞CH,冰IS,韩KR, 澳AU,格GE,毛MU,东盟^RAS^R, 澳^RAU^R,日^RJP^R,新西兰^RNZ^R,柬 KH,港HK,澳门MO,韩^RKR^R	0 受惠国LD	100

序号 No.	税则号列 Tariff Line	货品名称 Article Description	最惠国税率 MFN(%)		协定税率 Agreement(%)	特惠税率 SP(%)	普通税率 Gen(%)
	44.20	镶嵌木（包括细工镶嵌木）；装珠宝或刀具用的木制盒子和小匣子及类似品；木制小雕像及其他装饰品；第九十四章以外的木制家具： Wood marquetry and inlaid wood; caskets and cases for jewellery or cutlery, and similar articles, of wood; statuettes and other ornaments, of wood; wooden articles or furniture not falling in Chapter 94:					
		-木制小雕像及其他装饰品： -Statuettes and other ornaments:					
		--热带木的： --Of tropical wood:					
3675	4420.1110	---木刻 ----Wood carvings	0	0	东盟AS,智CL,巴PK,新西兰NZ,秘PE,哥CR,瑞CH,冰IS,韩KR,澳AU,格GE,毛MU,东盟^RAS^R,澳^RAU^R,日^RJP^R,新西兰^RNZ^R,柬KH,港HK,澳门MO,韩^RKR^R	0 受惠国LD	100
3676	4420.1120	---木扇 ----Wooden fans	0	0	东盟AS,智CL,巴PK,新西兰NZ,秘PE,哥CR,瑞CH,冰IS,韩KR,澳AU,格GE,毛MU,东盟^RAS^R,澳^RAU^R,日^RJP^R,新西兰^RNZ^R,柬KH,港HK,澳门MO,韩^RKR^R	0 受惠国LD	100
3677	4420.1190	---其他 ---Other	0	0	东盟AS,智CL,巴PK,新西兰NZ,秘PE,哥CR,瑞CH,冰IS,韩KR,澳AU,格GE,毛MU,东盟^RAS^R,澳^RAU^R,日^RJP^R,新西兰^RNZ^R,柬KH,港HK,澳门MO,韩^RKR^R	0 受惠国LD	100
		--其他： --Other:					
		---木刻及竹刻： ---Wood or bamboo carvings:					
3678	4420.1911	----木刻 ----Wood carvings	0	0	东盟AS,智CL,巴PK,新西兰NZ,秘PE,哥CR,瑞CH,冰IS,韩KR,澳AU,格GE,毛MU,东盟^RAS^R,澳^RAU^R,日^RJP^R,新西兰^RNZ^R,柬KH,港HK,澳门MO,韩^RKR^R	0 受惠国LD	100
3679	4420.1912	----竹刻 ----Bamboo carvings	0	0	东盟AS,智CL,巴PK,新西兰NZ,秘PE,哥CR,瑞CH,冰IS,韩KR,澳AU,格GE,毛MU,东盟^RAS^R,澳^RAU^R,日^RJP^R,新西兰^RNZ^R,柬KH,港HK,澳门MO,韩^RKR^R	0 受惠国LD	100
3680	4420.1920	---木扇 ---Wooden fans	0	0	东盟AS,智CL,巴PK,新西兰NZ,秘PE,哥CR,瑞CH,冰IS,韩KR,澳AU,格GE,毛MU,东盟^RAS^R,澳^RAU^R,日^RJP^R,新西兰^RNZ^R,柬KH,港HK,澳门MO,韩^RKR^R	0 受惠国LD	100
3681	4420.1990	---其他 ---Other	0	0	东盟AS,智CL,巴PK,新西兰NZ,秘PE,哥CR,瑞CH,冰IS,韩KR,澳AU,格GE,毛MU,东盟^RAS^R,澳^RAU^R,日^RJP^R,新西兰^RNZ^R,柬KH,港HK,澳门MO,韩^RKR^R	0 受惠国LD	100
		-其他： -Other:					

序号 No.	税则号列 Tariff Line	货品名称 Article Description	最惠国税率 MFN(%)	协定税率 Agreement(%)		特惠税率 SP(%)	普通税率 Gen(%)
3682	4420.9010	---镶嵌木 ---Wood marquetry and inlaid wood	0	0	东盟AS,智CL,巴PK,新西兰NZ,秘PE,哥CR,瑞CH,冰IS,韩KR,澳AU,格GE,毛MU,东盟ᴿASᴿ,澳ᴿAUᴿ,日ᴿJPᴿ,新西兰ᴿNZᴿ,柬KH,港HK,澳门MO,韩ᴿKRᴿ	0 受惠国LD	45
3683	4420.9090	---其他 ---Other	0	0	东盟AS,智CL,巴PK,新西兰NZ,秘PE,哥CR,瑞CH,冰IS,韩KR,澳AU,格GE,毛MU,东盟ᴿASᴿ,澳ᴿAUᴿ,日ᴿJPᴿ,新西兰ᴿNZᴿ,柬KH,港HK,澳门MO,韩ᴿKRᴿ	0 受惠国LD	100
	44.21	**其他木制品:** **Other articles of wood:**					
3684	4421.1000	-衣架 -Clothes hangers	0	0	东盟AS,智CL,巴PK,新西兰NZ,秘PE,哥CR,瑞CH,冰IS,韩KR,澳AU,格GE,毛MU,东盟ᴿASᴿ,澳ᴿAUᴿ,日ᴿJPᴿ,新西兰ᴿNZᴿ,柬KH,港HK,澳门MO,韩ᴿKRᴿ	0 受惠国LD	90
3685	4421.2000	-棺材 -Coffins	0	0	东盟AS,智CL,巴PK,新西兰NZ,秘PE,哥CR,瑞CH,冰IS,韩KR,澳AU,格GE,毛MU,东盟ᴿASᴿ,澳ᴿAUᴿ,日ᴿJPᴿ,新西兰ᴿNZᴿ,柬KH,港HK,澳门MO,韩ᴿKRᴿ	0 受惠国LD	35
		-其他: -Other:					
		--竹的: --Of bamboo:					
3686	4421.9110	---圆签、圆棒、冰果棒、压舌片及类似一次性制品 ---Circle sticks, circle bars, popsicle sticks, spatula and the like	0	0	东盟AS,智CL,巴PK,新西兰NZ,秘PE,哥CR,瑞CH,冰IS,韩KR,澳AU,格GE,毛MU,东盟ᴿASᴿ,澳ᴿAUᴿ,日ᴿJPᴿ,新西兰ᴿNZᴿ,柬KH,港HK,澳门MO,韩ᴿKRᴿ	0 受惠国LD	35
3687	4421.9190	---其他 ---Other	0	0	东盟AS,智CL,巴PK,新西兰NZ,秘PE,哥CR,瑞CH,冰IS,韩KR,澳AU,格GE,毛MU,东盟ᴿASᴿ,澳ᴿAUᴿ,日ᴿJPᴿ,新西兰ᴿNZᴿ,柬KH,港HK,澳门MO,韩ᴿKRᴿ	0 受惠国LD	35
		--其他: --Other:					
3688	4421.9910	---木制圆签、圆棒、冰果棒、压舌片及类似一次性制品 ---Of wood, circle sticks, circle bars, popsicle sticks, spatula and the like	0	0	东盟AS,智CL,巴PK,新西兰NZ,秘PE,哥CR,瑞CH,冰IS,韩KR,澳AU,格GE,毛MU,东盟ᴿASᴿ,澳ᴿAUᴿ,日ᴿJPᴿ,新西兰ᴿNZᴿ,柬KH,港HK,澳门MO,韩ᴿKRᴿ	0 受惠国LD	35
3689	4421.9990	---其他 ---Other	0	0	东盟AS,智CL,巴PK,新西兰NZ,秘PE,哥CR,瑞CH,冰IS,韩KR,澳AU,格GE,毛MU,东盟ᴿASᴿ,澳ᴿAUᴿ,日ᴿJPᴿ,新西兰ᴿNZᴿ,柬KH,港HK,澳门MO,韩ᴿKRᴿ	0 受惠国LD	35

第四十五章
软木及软木制品

Chapter 45
Cork and articles of cork

注释:

本章不包括:

一、第六十四章的鞋靴及其零件;

二、第六十五章的帽类及其零件;或

三、第九十五章的物品(例如,玩具、游戏品及运动
用品)。

Notes:

This Chapter does not cover:

(a) Footwear or parts of footwear of Chapter 64;

(b) Headgear or parts of headgear of Chapter 65; or

(c) Articles of Chapter 95 (or example, toys, games, sports requisites).

序号 No.	税则号列 Tariff Line	货品名称 Article Description	最惠国税率 MFN(%)	协定税率 Agreement(%)		特惠税率 SP(%)	普通税率 Gen(%)
	45.01	未加工或简单加工的天然软木;软木废料;碎的、粒状的或粉状的软木: Natural cork, raw or simply prepared; waste cork; crushed, granulated or ground cork:					
3690	4501.1000	-未加工或简单加工的天然软木 -Natural cork, raw or simply prepared	6△0	0 4.9	东盟AS,智CL,巴PK,新西兰NZ,秘PE,哥CR,瑞CH,冰IS,韩KR,澳AU,毛MU,东盟^{R}AS^R,澳^{R}AU^R,新西兰^{R}NZ^R,柬KH,港HK,澳门MO,韩^{R}KR^R 日^{R}JP^R	0 受惠国LD	17
		-其他: -Other:					
3691	4501.9010	---软木废料 ---Waste cork	0	0	东盟AS,智CL,巴PK,新西兰NZ,秘PE,哥CR,瑞CH,冰IS,韩KR,澳AU,格GE,毛MU,东盟^{R}AS^R,澳^{R}AU^R,日^{R}JP^R,新西兰^{R}NZ^R,柬KH,港HK,澳门MO,韩^{R}KR^R	0 受惠国LD	17
3692	4501.9020	---碎的、粉粒状的或粉状的软木(软木碎、软木粒或软木粉) ---Crushed, granulated or ground cork	0	0	东盟AS,智CL,巴PK,新西兰NZ,秘PE,哥CR,瑞CH,冰IS,韩KR,澳AU,格GE,毛MU,东盟^{R}AS^R,澳^{R}AU^R,日^{R}JP^R,新西兰^{R}NZ^R,柬KH,港HK,澳门MO,韩^{R}KR^R	0 受惠国LD	17
	45.02	天然软木,除去表皮或粗切成方形,或成长方块、正方块、板、片或条状(包括作塞子用的方块坯料): Natural cork, debacked or roughly squared, or in rectangular (including square) blocks, plates, sheets or strip (including sharp-edged blanks for corks or stoppers):					

序号 No.	税则号列 Tariff Line	货品名称 Article Description	最惠国税率 MFN(%)		协定税率 Agreement(%)	特惠税率 SP(%)	普通税率 Gen(%)
3693	4502.0000	天然软木, 除去表皮或粗切成方形, 或成长方块、正方块、板、片或条状(包括作塞子用的方块坯料) Natural cork, debarked or roughly squared, or in rectangular (including square) blocks, plates, sheets or strip (including sharp- edged blanks for corks or stoppers)	8Δ0	0 1 6.5	东盟AS,智CL,新西兰NZ,秘PE,哥CR,瑞CH,冰IS,韩KR,澳AU,毛MU,东盟ᴿASᴿ,澳ᴿAUᴿ,新西兰ᴿNZᴿ,柬KH,港HK,澳门MO,韩ᴿKRᴿ 巴PK 日ᴿJPᴿ	0 受惠国LD	30
	45.03	天然软木制品: Articles of natural cork:					
3694	4503.1000	-塞子 -Corks and stoppers	8Δ0	0 1 6.5	东盟AS,智CL,新西兰NZ,秘PE,哥CR,瑞CH,冰IS,韩KR,澳AU,毛MU,东盟ᴿASᴿ,澳ᴿAUᴿ,新西兰ᴿNZᴿ,柬KH,港HK,澳门MO,韩ᴿKRᴿ 巴PK 日ᴿJPᴿ	0 受惠国LD	50
3695	4503.9000	-其他 -Other	8Δ0	0 1 3 8.4 8.6	东盟AS,智CL,新西兰NZ,新加坡SG,秘PE,哥CR,瑞CH,冰IS,澳AU,毛MU,东盟ᴿASᴿ,澳ᴿAUᴿ,新西兰ᴿNZᴿ,柬KH,港HK,澳门MO 韩KR 巴PK 韩ᴿKRᴿ 日ᴿJPᴿ	0 受惠国LD	50
	45.04	压制软木(不论是否使用粘合剂压成)及其制品: Agglomerated cork (with or without a binding substance) and articles of agglomerated cork:					
3696	4504.1000	-块、板、片及条; 任何形状的砖、瓦; 实心圆柱体, 包括圆片 -Blocks, plates, sheets and strip; tiles of any shape; solid cylinders, including discs	8Δ0	0 0.8 1 6.7 6.9	东盟AS,智CL,新西兰NZ,秘PE,哥CR,瑞CH,冰IS,澳AU,毛MU,东盟ᴿASᴿ,澳ᴿAUᴿ,新西兰ᴿNZᴿ,柬KH,港HK,澳门MO 韩KR 巴PK 韩ᴿKRᴿ 日ᴿJPᴿ	0 受惠国LD	30
3697	4504.9000	-其他 -Other	0	0	东盟AS,智CL,巴PK,新西兰NZ,秘PE,哥CR,瑞CH,冰IS,韩KR,澳AU,格GE,毛MU,东盟ᴿASᴿ,澳ᴿAUᴿ,日ᴿJPᴿ,新西兰ᴿNZᴿ,柬KH,港HK,澳门MO,韩ᴿKRᴿ	0 受惠国LD	50

第四十六章
稻草、秸秆、针茅或其他编结
材料制品；篮筐及柳条编结品

Chapter 46
Manufactures of straw, of esparto
or of other plaiting materials;
basketware and wickerwork

注释：

一、本章所称"编结材料"，是指其状态或形状适于编结、交织或类似加工的材料，包括稻草、秸秆、柳条、竹、藤、灯芯草、芦苇、木片条、其他植物材料扁条（例如，树皮条、狭叶、酒椰叶纤维或其他从阔叶获取的条）、未纺的天然纺织纤维、塑料单丝及扁条、纸带，但不包括皮革、再生皮革、毡呢或无纺织物的扁条、人发、马毛、纺织粗纱或纱线以及第五十四章的单丝和扁条。

二、本章不包括：

（一）税目48.14的壁纸；

（二）不论是否编结而成的线、绳、索、缆（税目56.07）；

（三）第六十四章和第六十五章的鞋靴、帽类及其零件；

（四）编结而成的车辆或车身（第八十七章）；或

（五）第九十四章的物品（例如，家具、灯具及照明装置）。

三、税目46.01所称"平行连结的成片编结材料、缠条或类似的编结材料产品"，是指编结材料、缠条及类似的编结材料产品平行排列连结成片的制品，其连结材料不论是否为纺制的纺织材料。

Notes:

1. In this Chapter the expression "plaiting materials" means materi-als in a state or form suitable for plaiting, interlacing or similar processes; it includes straw, osier or willow, bamboos, rattans, rushes, reeds, strips of wood, strips of other vegetable material (for example, strips of bark, narrow leaves and raffia or other strips obtained from broad leaves), unspun natural textile fibres, monofilament and strip and the like of plastics and strips of paper, but not strips of leather or composition leather or of felt or nonwovens, human hair, horsehair, textile rovings or yarns, or monofilament and strip and the like of Chapter 54.

2. This Chapter does not cover:

(a) Wall coverings of heading 48.14;

(b) Twine, cordage, ropes or cables, plaited or not (heading 56.07);

(c) Footwear or headgear or parts thereof of Chapter 64 or 65;

(d) Vehicles or bodies for vehicles of basketware (Chapter 87); or

(e) Articles of Chapter 94 (for example, furniture, lamps and lighting fittings).

3. For the purposes of heading 46.01, the expression "plaiting materials, plaits and similar products of plaiting materials, bound together in parallel strands" means plaiting materials, plaits and similar products of plaiting materials, placed side by side and bound together, in the form of sheets, whether or not the binding materials are to spun textile materials.

序号 No.	税则号列 Tariff Line	货品名称 Article Description	最惠国税率 MFN(%)	协定税率 Agreement(%)	特惠税率 SP(%)	普通税率 Gen(%)
	46.01	用编结材料编成的缠条及类似产品，不论是否缝合成宽条；平行连结或编结的成片材料、缠条或类似的编结材料产品，不论是否制成品（例如，席子、席料、帘子）： Plaits and similar products of plaiting materials, whether or not assembled into strips; plaiting materials, plaits and similar products of plaiting materials, bound together in parallel strands or woven, in sheet form, whether or not being finished articles (for example, mats, matting, screens):				

序号 No.	税则号列 Tariff Line	货品名称 Article Description	最惠国税率 MFN(%)	协定税率 Agreement(%)		特惠税率 SP(%)	普通税率 Gen(%)
		-植物材料制的席子、席料及帘子: -Mats, matting and screens of vegetable materials:					
3698	4601.2100	--竹制的 --Of bamboo	7Δ0	0	东盟AS,智CL,新西兰NZ,秘PE,哥CR,瑞CH,冰IS,韩KR,澳AU,格GE,毛MU,东盟^RAS^R,澳^RAU^R,新西兰^RNZ^R,柬KH,港HK,澳门MO,韩^RKR^R	0 受惠国LD,老LA	90
				1	巴PK		
				7.4	日^RJP^R		
3699	4601.2200	--藤制的 --Of rattan	7Δ0	0	东盟AS,智CL,新西兰NZ,秘PE,哥CR,瑞CH,冰IS,韩KR,澳AU,格GE,毛MU,东盟^RAS^R,澳^RAU^R,新西兰^RNZ^R,柬KH,港HK,澳门MO,韩^RKR^R	0 受惠国LD,老LA	100
				1	巴PK		
				7.4	日^RJP^R		
		--其他: --Other:					
		---草制的: ---Of grass or straw:					
3700	4601.2911	----灯心草属材料制的 ----Of rush	7Δ0	0	东盟AS,智CL,新西兰NZ,秘PE,哥CR,瑞CH,冰IS,韩KR,澳AU,格GE,毛MU,东盟^RAS^R,澳^RAU^R,新西兰^RNZ^R,柬KH,港HK,澳门MO,韩^RKR^R	0 受惠国LD,老LA	90
				1	巴PK		
				7.4	日^RJP^R		
3701	4601.2919	----其他 ----Other	7Δ0	0	东盟AS,智CL,新西兰NZ,秘PE,哥CR,瑞CH,冰IS,韩KR,澳AU,格GE,毛MU,东盟^RAS^R,澳^RAU^R,新西兰^RNZ^R,柬KH,港HK,澳门MO,韩^RKR^R	0 受惠国LD,老LA	90
				1	巴PK		
				7.4	日^RJP^R		
		---芦苇制的: ---Of reed:					
3702	4601.2921	----苇帘 ----Screens of reed	7Δ0	0	东盟AS,智CL,新西兰NZ,秘PE,哥CR,瑞CH,冰IS,韩KR,澳AU,格GE,毛MU,东盟^RAS^R,澳^RAU^R,新西兰^RNZ^R,柬KH,港HK,澳门MO,韩^RKR^R	0 受惠国LD,老LA	90
				1	巴PK		
				7.4	日^RJP^R		

序号 No.	税则号列 Tariff Line	货品名称 Article Description	最惠国税率 MFN(%)		协定税率 Agreement(%)	特惠税率 SP(%)		普通税率 Gen(%)
3703	4601.2929	----其他 ----Other	7Δ0	0 1 7.4	东盟AS,智CL,新西兰NZ,秘PE, 哥CR,瑞CH,冰IS,韩KR,澳AU, 格GE,毛MU,东盟^RAS^R,澳^RAU^R, 新西兰^RNZ^R,柬KH,港HK,澳门 MO,韩^RKR^R 巴PK 日^RJP^R	0	受惠国LD, 老LA	90
3704	4601.2990	---其他 ---Other	7Δ0	0 1 7.4	东盟AS,智CL,新西兰NZ,秘PE, 哥CR,瑞CH,冰IS,韩KR,澳AU, 格GE,毛MU,东盟^RAS^R,澳^RAU^R, 新西兰^RNZ^R,柬KH,港HK,澳门 MO,韩^RKR^R 巴PK 日^RJP^R	0	受惠国LD, 老LA	90
		-其他: -Other:						
		--竹制的: --Of bamboo:						
3705	4601.9210	---缏条及类似产品,不论是否缝合成 宽条 ---Plaits and similar products of plaiting materials, whether or not assembled into strips	7Δ0	0 1 7.4	东盟AS,智CL,新西兰NZ,秘PE, 哥CR,瑞CH,冰IS,韩KR,澳AU, 格GE,毛MU,东盟^RAS^R,澳^RAU^R, 新西兰^RNZ^R,柬KH,港HK,澳门 MO,韩^RKR^R 巴PK 日^RJP^R	0	受惠国LD, 老LA	100
3706	4601.9290	---其他 ---Other	7Δ0	0 1 7.4	东盟AS,智CL,新西兰NZ,秘PE, 哥CR,瑞CH,冰IS,韩KR,澳AU, 格GE,毛MU,东盟^RAS^R,澳^RAU^R, 新西兰^RNZ^R,柬KH,港HK,澳门 MO,韩^RKR^R 巴PK 日^RJP^R	0	受惠国LD	90
		--藤制的: --Of rattan:						
3707	4601.9310	---缏条及类似产品,不论是否缝合成 宽条 ---Plaits and similar products of plaiting materials, whether or not assembled into strips	7Δ0	0 1 7.4	东盟AS,智CL,新西兰NZ,秘PE, 哥CR,瑞CH,冰IS,韩KR,澳AU, 格GE,毛MU,东盟^RAS^R,澳^RAU^R, 新西兰^RNZ^R,柬KH,港HK,澳门 MO,韩^RKR^R 巴PK 日^RJP^R	0	受惠国LD, 老LA	100
3708	4601.9390	---其他 ---Other	7Δ0	0 1 7.4	东盟AS,智CL,新西兰NZ,哥CR, 瑞CH,冰IS,韩KR,澳AU,格GE, 毛MU,东盟^RAS^R,澳^RAU^R,新西 兰^RNZ^R,柬KH,港HK,澳门MO, 韩^RKR^R 巴PK 日^RJP^R	0	受惠国_iLD_i	90

序号 No.	税则号列 Tariff Line	货品名称 Article Description	最惠国税率 MFN(%)	协定税率 Agreement(%)		特惠税率 SP(%)	普通税率 Gen(%)
		--其他植物材料制: --Of other vegetable materials:					
		---稻草制的: ---Of straw:					
3709	4601.9411	----缏条（绳） ----Plaits	7Δ0	0	东盟AS,智CL,新西兰NZ,秘PE,哥CR,瑞CH,冰IS,澳AU,格GE,毛MU,东盟^RAS^R,澳^RAU^R,新西兰^RNZ^R,柬KH,港HK,澳门MO	0 受惠国LD	90
				1	韩KR		
				3	巴PK		
				8	韩^RKR^R		
				8.2	日^RJP^R		
3710	4601.9419	----其他 ----Other	7Δ0	0	东盟AS,智CL,新西兰NZ,秘PE,哥CR,瑞CH,冰IS,澳AU,格GE,毛MU,东盟^RAS^R,澳^RAU^R,新西兰^RNZ^R,柬KH,港HK,澳门MO	0 受惠国LD	90
				1	韩KR		
				3	巴PK		
				8	韩^RKR^R		
				8.2	日^RJP^R		
		---其他: ---Other:					
3711	4601.9491	----缏条及类似产品，不论是否缝合成宽条 ----Plaits and similar products of plaiting materials, whether or not assembled into strips	7Δ0	0	东盟AS,智CL,新西兰NZ,秘PE,哥CR,瑞CH,冰IS,韩KR,澳AU,格GE,毛MU,东盟^RAS^R,澳^RAU^R,新西兰^RNZ^R,柬KH,港HK,澳门MO,韩^RKR^R	0 受惠国LD,老LA	100
				1	巴PK		
				7.4	日^RJP^R		
3712	4601.9499	----其他 ----Other	7Δ0	0	东盟AS,智CL,新西兰NZ,秘PE,哥CR,瑞CH,冰IS,韩KR,澳AU,格GE,毛MU,东盟^RAS^R,澳^RAU^R,新西兰^RNZ^R,柬KH,港HK,澳门MO,韩^RKR^R	0 受惠国LD	90
				1	巴PK		
				7.4	日^RJP^R		
		--其他: --Other:					
3713	4601.9910	---缏条及类似产品，不论是否缝合成宽条 ---Plaits and similar products of plaiting materials, whether or not assembled into strips	7Δ0	0	东盟AS,智CL,新西兰NZ,秘PE,哥CR,瑞CH,冰IS,韩KR,澳AU,格GE,毛MU,东盟^RAS^R,澳^RAU^R,新西兰^RNZ^R,柬KH,港HK,澳门MO,韩^RKR^R	0 受惠国LD,老LA	90
				1	巴PK		
				7.4	日^RJP^R		

序号 No.	税则号列 Tariff Line	货品名称 Article Description	最惠国税率 MFN(%)	协定税率 Agreement(%)		特惠税率 SP(%)	普通税率 Gen(%)
3714	4601.9990	---其他 ---Other	7Δ0	0	东盟AS,智CL,新西兰NZ,秘PE,哥CR,瑞CH,冰IS,澳AU,格GE,毛MU,东盟^RAS^R,澳^RAU^R,新西兰^RNZ^R,柬KH,港HK,澳门MO	0 受惠国LD	90
				0.9	韩KR		
				1	巴PK		
				7.2	韩^RKR^R		
				7.4	日^RJP^R		
	46.02	用编结材料直接编成或用税目46.01所列货品制成的篮筐、柳条编结品及其他制品；丝瓜络制品： Basketwork, wickerwork and other articles, made directly to shape from plaiting materials or made up from goods of heading 46.01; articles of loofah:					
		-植物材料制： -Of vegetable materials:					
3715	4602.1100	--竹制的 --Of bamboo	7Δ0	0	东盟AS,智CL,新西兰NZ,秘PE,哥CR,瑞CH,冰IS,韩KR,澳AU,格GE,毛MU,东盟^RAS^R,澳^RAU^R,新西兰^RNZ^R,柬KH,港HK,澳门MO,韩^RKR^R	0 受惠国LD,柬KH	100
				1	巴PK		
				4.2	亚太AP		
				7.4	日^RJP^R		
3716	4602.1200	--藤制的 --Of rattan	7Δ0	0	东盟AS,智CL,新西兰NZ,哥CR,瑞CH,冰IS,韩KR,澳AU,格GE,毛MU,东盟^RAS^R,澳^RAU^R,新西兰^RNZ^R,柬KH,港HK,澳门MO,韩^RKR^R	0 受惠国LD,柬KH	100
				1	巴PK		
				4.2	亚太AP		
				7.4	日^RJP^R		
		--其他： --Other:					
3717	4602.1910	---草制的 ---Of grass or straw	7Δ0	0	东盟AS,智CL,新西兰NZ,秘PE,哥CR,瑞CH,冰IS,韩KR,澳AU,格GE,毛MU,东盟^RAS^R,澳^RAU^R,新西兰^RNZ^R,柬KH,港HK,澳门MO,韩^RKR^R	0 受惠国LD,柬KH	100
				1	巴PK		
				7.4	日^RJP^R		

序号 No.	税则号列 Tariff Line	货品名称 Article Description	最惠国税率 MFN(%)	协定税率 Agreement(%)		特惠税率 SP(%)		普通税率 Gen(%)
3718	4602.1920	---玉米皮制的 ---Of maize-shuck	7Δ0	0	东盟AS,智CL,新西兰NZ,秘PE,哥CR,瑞CH,冰IS,韩KR,澳AU,格GE,毛MU,东盟^RAS^R,澳^RAU^R,新西兰^RNZ^R,柬KH,港HK,澳门MO,韩^RKR^R	0	受惠国LD,柬KH	100
				1	巴PK			
				7.4	日^RJP^R			
3719	4602.1930	---柳条制的 ---Of osier	7Δ0	0	东盟AS,智CL,新西兰NZ,秘PE,哥CR,瑞CH,冰IS,韩KR,澳AU,格GE,毛MU,东盟^RAS^R,澳^RAU^R,新西兰^RNZ^R,柬KH,港HK,澳门MO,韩^RKR^R	0	受惠国LD,柬KH	100
				1	巴PK			
				7.4	日^RJP^R			
3720	4602.1990	---其他 ---Other	7Δ0	0	东盟AS,智CL,新西兰NZ,哥CR,瑞CH,冰IS,韩KR,澳AU,格GE,毛MU,东盟^RAS^R,澳^RAU^R,新西兰^RNZ^R,柬KH,港HK,澳门MO,韩^RKR^R	0	受惠国LD,柬KH	100
				1	巴PK			
				7.4	日^RJP^R			
3721	4602.9000	-其他 -Other	7Δ0	0	东盟AS,智CL,新西兰NZ,秘PE,哥CR,瑞CH,冰IS,韩KR,澳AU,格GE,毛MU,东盟^RAS^R,澳^RAU^R,新西兰^RNZ^R,柬KH,港HK,澳门MO,韩^RKR^R	0	受惠国LD,柬KH	100
				1	巴PK			
				4.6	亚太AP			
				7.4	日^RJP^R			

第十类
木浆及其他纤维状纤维素浆；
回收（废碎）纸或纸板；纸、
纸板及其制品

SECTION X
PULP OF WOOD OR OF OTHER
FIBROUS CELLULOSIC MATERIAL;
RERCOVERED（WASTE AND SCRAP）
PAPER OR PAPERBOARD; PAPER AND
PAPERBOARD AND ARTICLES THEREOF

第四十七章
木浆及其他纤维状纤维素浆；
回收（废碎）纸或纸板

Chapter 47
Pulp of wood or of other fibrous
cellulosic material; recovered
(waste and scrap) paper or paperboard

注释：

税目47.02所称"化学木浆，溶解级"，是指温度在20摄氏度时浸入含18%氢氧化钠的苛性碱溶液内，一小时后，按重量计含有92%及以上的不溶级分的碱木浆或硫酸盐木浆，或者含有88%及以上的不溶级分的亚硫酸盐木浆。对于亚硫酸盐木浆，按重量计灰分含量不得超过0.15%。

Note:

For the purposes of heading 47.02, the expression "chemical wood pulp, dissolving grades" means chemical wood pulp having by weight an insoluble fraction of 92% or more for soda or sulphate wood pulp of 88% or more for sulphite wood pulp after one hour in a caustic soda solution containing 18% sodium bydroxide (NaOH) at 20℃, and for sulphite wood pulp an ash content that does not exceed 0.15% by weight.

序号 No.	税则号列 Tariff Line	货品名称 Article Description	最惠国税率 MFN(%)		协定税率 Agreement(%)	特惠税率 SP(%)	普通税率 Gen(%)
	47.01	机械木浆： **Mechanical wood pulp:**					
3722	4701.0000	机械木浆 Mechanical wood pulp	0	0	东盟AS,智CL,巴PK,新西兰NZ, 秘PE,哥CR,瑞CH,冰IS,韩KR, 澳AU,格GE,毛MU,东盟ᴿASᴿ, 澳ᴿAUᴿ,日ᴿJPᴿ,新西兰ᴿNZᴿ,柬 KH,港HK,澳门MO,韩ᴿKRᴿ	0 受惠国LD	8
	47.02	化学木浆, 溶解级： **Chemical wood pulp, dissolving grades:**					
3723	4702.0000	化学木浆, 溶解级 Chemical wood pulp, dissolving grades	0	0	东盟AS,智CL,巴PK,新西兰NZ, 秘PE,哥CR,瑞CH,冰IS,韩KR, 澳AU,格GE,毛MU,东盟ᴿASᴿ, 澳ᴿAUᴿ,日ᴿJPᴿ,新西兰ᴿNZᴿ,柬 KH,港HK,澳门MO,韩ᴿKRᴿ	0 受惠国LD	8
	47.03	碱木浆或硫酸盐木浆, 但溶解级的 除外： **Chemical wood pulp, soda or sulphate, other than dissolving grades:**					
		-未漂白： -Unbleached:					

序号 No.	税则号列 Tariff Line	货品名称 Article Description	最惠国税率 MFN(%)	协定税率 Agreement(%)		特惠税率 SP(%)	普通税率 Gen(%)
3724	4703.1100	--针叶木的 --Coniferous	0	0	东盟AS,智CL,巴PK,新西兰NZ, 秘PE,哥CR,瑞CH,冰IS,韩KR, 澳AU,格GE,毛MU,东盟^RAS^R, 澳^RAU^R,日^RJP^R,新西兰^RNZ^R,柬 KH,港HK,澳门MO,韩^RKR^R	0 受惠国LD	8
3725	4703.1900	--非针叶木的 --Non-coniferous	0	0	东盟AS,智CL,巴PK,新西兰NZ, 秘PE,哥CR,瑞CH,冰IS,韩KR, 澳AU,格GE,毛MU,东盟^RAS^R, 澳^RAU^R,日^RJP^R,新西兰^RNZ^R,柬 KH,港HK,澳门MO,韩^RKR^R	0 受惠国LD	8
		-半漂白或漂白: -Semi-bleached or bleached:					
3726	4703.2100	--针叶木的 --Coniferous	0	0	东盟AS,智CL,巴PK,新西兰NZ, 秘PE,哥CR,瑞CH,冰IS,韩KR, 澳AU,格GE,毛MU,东盟^RAS^R, 澳^RAU^R,日^RJP^R,新西兰^RNZ^R,柬 KH,港HK,澳门MO,韩^RKR^R	0 受惠国LD	8
3727	4703.2900	--非针叶木的 --Non-coniferous	0	0	东盟AS,智CL,巴PK,新西兰NZ, 秘PE,哥CR,瑞CH,冰IS,韩KR, 澳AU,格GE,毛MU,东盟^RAS^R, 澳^RAU^R,日^RJP^R,新西兰^RNZ^R,柬 KH,港HK,澳门MO,韩^RKR^R	0 受惠国LD	8
	47.04	亚硫酸盐木浆, 但溶解级的除外: Chemical wood pulp, sulphite, other than dissolving grades:					
		-未漂白: -Unbleached:					
3728	4704.1100	--针叶木的 --Coniferous	0	0	东盟AS,智CL,巴PK,新西兰NZ, 秘PE,哥CR,瑞CH,冰IS,韩KR, 澳AU,格GE,毛MU,东盟^RAS^R, 澳^RAU^R,日^RJP^R,新西兰^RNZ^R,柬 KH,港HK,澳门MO,韩^RKR^R	0 受惠国LD	8
3729	4704.1900	--非针叶木的 --Non-coniferous	0	0	东盟AS,智CL,巴PK,新西兰NZ, 秘PE,哥CR,瑞CH,冰IS,韩KR, 澳AU,格GE,毛MU,东盟^RAS^R, 澳^RAU^R,日^RJP^R,新西兰^RNZ^R,柬 KH,港HK,澳门MO,韩^RKR^R	0 受惠国LD	8
		-半漂白或漂白: -Semi-bleached or bleached:					
3730	4704.2100	--针叶木的 --Coniferous	0	0	东盟AS,智CL,巴PK,新西兰NZ, 秘PE,哥CR,瑞CH,冰IS,韩KR, 澳AU,格GE,毛MU,东盟^RAS^R, 澳^RAU^R,日^RJP^R,新西兰^RNZ^R,柬 KH,港HK,澳门MO,韩^RKR^R	0 受惠国LD	8

序号 No.	税则号列 Tariff Line	货品名称 Article Description	最惠国税率 MFN(%)		协定税率 Agreement(%)	特惠税率 SP(%)	普通税率 Gen(%)
3731	4704.2900	--非针叶木的 --Non-coniferous	0	0	东盟AS,智CL,巴PK,新西兰NZ, 秘PE,哥CR,瑞CH,冰IS,韩KR, 澳AU,格GE,毛MU,东盟^RAS^R, 澳^RAU^R,日^RJP^R,新西兰^RNZ^R,柬 KH,港HK,澳门MO,韩^RKR^R	0 受惠国LD	8
	47.05	用机械与化学联合制浆法制得的木浆: **Wood pulp obtained by a combination of mechanical and chemical pulping processes:**					
3732	4705.0000	用机械与化学联合制浆法制得的木浆 Wood pulp obtained by a combination of mechanical and chemical pulping processes	0	0	东盟AS,智CL,巴PK,新西兰NZ, 秘PE,哥CR,瑞CH,冰IS,韩KR, 澳AU,格GE,毛MU,东盟^RAS^R, 澳^RAU^R,日^RJP^R,新西兰^RNZ^R,柬 KH,港HK,澳门MO,韩^RKR^R	0 受惠国LD	8
	47.06	从回收(废碎)纸或纸板提取的纤维浆或其他纤维状纤维素浆: **Pulps of fibres derived from recovered (waste and scrap) paper or paperboard or of other fibrous cellulosic material:**					
3733	4706.1000	-棉短绒纸浆 -Cotton linters pulp	0	0	东盟AS,智CL,巴PK,新西兰NZ, 秘PE,哥CR,瑞CH,冰IS,韩KR, 澳AU,格GE,毛MU,东盟^RAS^R, 澳^RAU^R,日^RJP^R,新西兰^RNZ^R,柬 KH,港HK,澳门MO,韩^RKR^R	0 受惠国LD	8
3734	4706.2000	-从回收(废碎)纸或纸板提取的纤维浆 -Pulps of fibres derived from recovered (waste and scrap) paper or paperboard	0	0	东盟AS,智CL,巴PK,新西兰NZ, 秘PE,哥CR,瑞CH,冰IS,韩KR, 澳AU,格GE,毛MU,东盟^RAS^R, 澳^RAU^R,日^RJP^R,新西兰^RNZ^R,柬 KH,港HK,澳门MO,韩^RKR^R	0 受惠国LD	8
3735	4706.3000	-其他,竹浆 -Other, of bamboo	0	0	东盟AS,智CL,巴PK,新西兰NZ, 秘PE,哥CR,瑞CH,冰IS,韩KR, 澳AU,格GE,毛MU,东盟^RAS^R, 澳^RAU^R,日^RJP^R,新西兰^RNZ^R,柬 KH,港HK,澳门MO,韩^RKR^R	0 受惠国LD	8
		-其他: -Other:					
3736	4706.9100	--机械浆 --Mechanical	0	0	东盟AS,智CL,巴PK,新西兰NZ, 秘PE,哥CR,瑞CH,冰IS,韩KR, 澳AU,格GE,毛MU,东盟^RAS^R, 澳^RAU^R,日^RJP^R,新西兰^RNZ^R,柬 KH,港HK,澳门MO,韩^RKR^R	0 受惠国LD	8
3737	4706.9200	--化学浆 --Chemical	0	0	东盟AS,智CL,巴PK,新西兰NZ, 秘PE,哥CR,瑞CH,冰IS,韩KR, 澳AU,格GE,毛MU,东盟^RAS^R, 澳^RAU^R,日^RJP^R,新西兰^RNZ^R,柬 KH,港HK,澳门MO,韩^RKR^R	0 受惠国LD	8

序号 No.	税则号列 Tariff Line	货品名称 Article Description	最惠国税率 MFN(%)		协定税率 Agreement(%)	特惠税率 SP(%)	普通税率 Gen(%)
3738	4706.9300	--用机械和化学联合法制得的浆 --Obtained by a combination of mechanical and chemical processes	0	0	东盟AS,智CL,巴PK,新西兰NZ, 秘PE,哥CR,瑞CH,冰IS,韩KR, 澳AU,格GE,毛MU,东盟^RAS^R, 澳^RAU^R,日^RJP^R,新西兰^RNZ^R,柬 KH,港HK,澳门MO,韩^RKR^R	0 受惠国LD	8
	47.07	回收（废碎）纸或纸板： Recovered (waste and scrap) paper or paperboard:					
3739	4707.1000	-未漂白的牛皮纸或纸板及瓦楞纸或 纸板 -Unbleached kraft paper or paperboard or of corrugated paper or paperboard	0	0	东盟AS,智CL,巴PK,新西兰NZ, 秘PE,哥CR,瑞CH,冰IS,韩KR, 澳AU,格GE,毛MU,东盟^RAS^R, 澳^RAU^R,日^RJP^R,新西兰^RNZ^R,柬 KH,港HK,澳门MO,韩^RKR^R	0 受惠国LD	8
3740	4707.2000	-主要由漂白化学木浆制成未经本体染 色的其他纸和纸板 -Other paper or paperboard made mainly of bleached chemical pulp, not coloured in the mass	0	0	东盟AS,智CL,巴PK,新西兰NZ, 秘PE,哥CR,瑞CH,冰IS,韩KR, 澳AU,格GE,毛MU,东盟^RAS^R, 澳^RAU^R,日^RJP^R,新西兰^RNZ^R,柬 KH,港HK,澳门MO,韩^RKR^R	0 受惠国LD	8
3741	4707.3000	-主要由机械浆制成的纸或纸板（例如， 报纸、杂志及类似印刷品） -Paper or paperboard made mainly of mechanical pulp (for example, news-papers, journals and similar printed matter)	0	0	东盟AS,智CL,巴PK,新西兰NZ, 秘PE,哥CR,瑞CH,冰IS,韩KR, 澳AU,格GE,毛MU,东盟^RAS^R, 澳^RAU^R,日^RJP^R,新西兰^RNZ^R,柬 KH,港HK,澳门MO,韩^RKR^R	0 受惠国LD	8
3742	4707.9000	-其他,包括未分选的废碎品 -Other, including unsorted waste and scrap	0	0	东盟AS,智CL,巴PK,新西兰NZ, 秘PE,哥CR,瑞CH,冰IS,韩KR, 澳AU,格GE,毛MU,东盟^RAS^R, 澳^RAU^R,日^RJP^R,新西兰^RNZ^R,柬 KH,港HK,澳门MO,韩^RKR^R	0 受惠国LD	8

注释：

一、除条文另有规定的以外，本章所称"纸"包括"纸板"（不论其厚度或每平方米重量如何）。

二、本章不包括：

（一）第三十章的物品；

（二）税目32.12的压印箔；

（三）香纸及用化妆品浸渍或涂布的纸（第三十三章）；

（四）用肥皂或洗涤剂浸渍、覆盖或涂布的纸或纤维素絮纸（税目34.01）和用光洁剂、擦光膏及类似制剂浸渍、覆盖或涂布的纸或纤维素絮纸（税目34.05）；

（五）税目37.01至37.04的感光纸或感光纸板；

（六）用诊断或实验用试剂浸渍的纸（税目38.22）；

（七）第三十九章的用纸强化的层压塑料板，用塑料覆盖或涂布的单层纸或纸板（塑料部分占总厚度的一半以上），以及上述材料的制品，但税目48.14的壁纸除外；

（八）税目42.02的物品（例如，旅行用品）；

（九）第四十六章的物品（编结材料制品）；

（十）纸纱线或纸纱线纺织物（第十一类）；

（十一）第六十四章或第六十五章的物品；

（十二）税目68.05的砂纸或税目68.14的用纸或纸板衬底的云母（但涂布云母粉的纸及纸板归入本章）；

（十三）用纸或纸板衬底的金属箔（通常为第十四类或第十五类）；

（十四）税目92.09的制品；

（十五）第九十五章的物品（例如，玩具、游戏品及运动用品）；或

（十六）第九十六章的物品[例如，纽扣、卫生巾（护垫）及卫生棉条、尿布及尿布衬里]。

三、除注释七另有规定的以外，税目48.01至48.05包括经研光、高度研光、釉光或类似处理、仿水印、表面施胶的纸及纸板；同时还包括用各种方法本体着色或染成斑纹的纸、纸板、纤维素絮纸及纤维素纤维网纸。除税目48.03另有规定的以外，上述税目不适用于经过其他方法加工的纸、纸板、纤维素絮纸或纤维素纤维网纸。

四、本章所称"新闻纸"，是指所含用机械或化学－机械方法制得的木纤维不少于全部纤维重量的50%的未经涂布的报刊用纸，未施胶或微施胶，每面粗糙度〔帕克

Notes:

1. For the purposes of this Chapter, except where the context otherwise requires, a reference to "paper" includes references to paperboard (irrespective of thickness or weight per m²).

2. This Chapter does not cover:

(a) Articles of Chapter 30;

(b) Stamping foils of heading 32.12;

(c) Perfumed papers or papers impregnated or coated with cosmetics (Chapter 33) ;

(d) Paper or cellulose wadding impregnated, coated or covered with soap or detergent (heading 34.01), or with polishes, creams or similar preparations (heading 34.05) ;

(e) Sensitized paper or paperboard of headings 37.01 to 37.04;

(f) Paper impregnated with diagnostic or laboratory reagents (heading 38.22) ;

(g) Paper-reinforced stratified sheeting of plastics, or one layer of paper or paperboard coated or covered with a layer of plastics, the latter constituting more than half the total thickness, or articles of such materials, other than wall coverings of heading 48.14 (Chapter 39) ;

(h) Articles of heading 42.02 (for example, travel goods) ;

(i) Articles of Chapter 46 (manufactures of plaiting material) ;

(j) Paper yarn or textile articles of paper yarn (Section XI) ;

(k) Articles of Chapter 64 or 65;

(l) Abrasive paper or paperboard (heading 68.05) or paper- or paperboard-backed mica (heading 68.14) (paper and paperboard coated with mica powder are, however, to be classified in this Chapter) ;

(m) Metal foil backed with paper or paperboard (generally Section XIV or XV) ;

(n) Articles of heading 92.09;

(o) Articles of Chapter 95 (for example, toys, games, sports requisites) ; or

(p) Articles of Chapter 96 (for example, buttons, sanitary towels (pads) and tampons, napkins (diapers) and napkin liners).

3. Subject to the provisions of Note 7, headings 48.01 to 48.05 include paper and paperboard which have been subjected to calendering, super-calendering, glazing or similar finishing, false watermarking or surface sizing, and also paper, paperboard, cellulose wadding and webs of cellulose fibres, coloured or marbled throughout the mass by any method. Except where heading 48.03 otherwise requires, these headings do not apply to paper, paperboard, cellulose wadding or webs of cellulose fibres which have been otherwise processed.

4. In this Chapter the expression "newsprint" means uncoated paper of a kind used for the printing of newspapers, of which not less than 50% by weight of the total fibre content

印刷表面粗糙度（1兆帕斯卡）〕超过2.5微米，每平方米重量不小于40克，但不超过65克，并且仅适用于下列规格的纸：

（一）成条或成卷，宽度超过28厘米；或

（二）成张矩形（包括正方形），一边超过28厘米，另一边超过15厘米（以未折叠计）。

五、税目48.02所称"书写、印刷或类似用途的纸及纸板"、"未打孔的穿孔卡片和穿孔纸带纸"，是指主要用漂白纸浆或用机械或化学–机械方法制得的纸浆制成的纸及纸板，并且符合下列任一标准：

（一）每平方米重量不超过150克的纸或纸板：
  1.用机械或化学–机械方法制得的纤维含量在10%及以上，并且
    （1）每平方米重量不超过80克；或
    （2）本体着色；或
  2.灰分含量在8%以上，并且
    （1）每平方米重量不超过80克；或
    （2）本体着色；或
  3.灰分含量在3%以上，亮度在60%及以上；或

  4.灰分含量在3%以上，但不超过8%，亮度低于60%，耐破指数等于或小于2.5千帕斯卡·平方米/克；或

  5.灰分含量在3%及以下，亮度在60%及以上，耐破指数等于或小于2.5千帕斯卡·平方米/克。

（二）每平方米重量超过150克的纸或纸板：
  1.本体着色；或
  2.亮度在60%及以上，并且
    （1）厚度在225微米及以下；或
    （2）厚度在225微米以上，但不超过508微米，灰分含量在3%以上；或
  3.亮度低于60%，厚度不超过254微米，灰分含量在8%以上。

税目48.02不包括滤纸及纸板（含茶袋纸）或毡纸及纸板。

六、本章所称"牛皮纸及纸板"，是指所含用硫酸盐法或烧碱法制得的纤维不少于全部纤维重量的80%的纸及纸板。

七、除税目条文另有规定的以外，符合税目48.01至48.11中两个或两个以上税目所规定的纸、纸板、纤维素絮纸及纤维素纤维网纸，应按号列顺序归入有关税目中的最末一个税目。

八、税目48.03至48.09仅适用于下列规格的纸、纸板、纤维素絮纸及纤维素纤维网纸：
（一）成条或成卷，宽度超过36厘米；或
（二）成张矩形（包括正方形），一边超过36厘米，另

---

consists of wood fibres obtained by a mechanical or chemi-mechanical process, unsized or very lightly sized, having a surface roughness Parker Print Surf (1MPa) on each side exceeding 2.5μm (microns), weighing not less than 40g/m² and not more than 65g/m², and apply only to paper :
(a) in strips or rolls of a width exceeding 28cm;or
(b) in rectangular (including square) sheets with one side exceeding 28cm and the other side exceeding 15cm in the unfolded state.

5. For the purposes of heading 48.02, the expressions "paper and paperboard, of a kind used for writing, printing or other graphic purposes" and "non perforated punch-cards and punch tape paper" mean paper and paperboard made mainly from bleached pulp or from pulp obtained by a mechanical or chemi-mechanical process and satisfying any of the following criteria :
(a) For paper or paperboard weighing not more than 150 g/m²:
  (1) containing 10% or more of fibres obtained by a mechanical or chemi-mechanical process, and
    (i) weighing not more than 80g/m², or
    (ii) coloured throughout the mass; or
  (2) containing more than 8% ash, and
    (i) weighing not more than 80 g/m², or
    (ii) coloured throughout the mass; or
  (3) containing more than 3% ash and having a brightness of 60% or more; or
  (4) containing more than 3% but not more than 8% ash, having a brightness less than 60%, and a burst index equal to or less than 2.5 kPa·m²/g; or
  (5) containing 3% ash or less, having a brightness of 60% or more and a burst index equal to or less than 2.5kPa·m²/g.
(b) For paper or paperboard weighing more than 150 g/m² :
  (1) coloured throughout the mass; or
  (2) having a brightness of 60% or more, and
    (i) a caliper of 225 micrometres (microns) or less, or
    (ii) a caliper of more than 225 micrometres (microns) but not mor than 3%; or
  (3) having a brightness of less than 60%, a caliper of 254 micrometres (microns) or less and an ash content of more than 8%.

Heading 48.02 does not, however, cover filter paper or paperboard (including tea-bag paper) or felt paper or paperboard.

6. In this Chapter "kraft paper and paperboard" means paper and paperhoard of which not less than 80% by weight of the total fibre content consists of fibres obtained by the chemical sulphate or soda processes.

7. Except where the terms of the headings otherwise require, paper, paperboard, cellulose wadding and webs of cellulose fibres answering to a description in two or more of the headings 48.01 to 48.11 are to be classified under that one of such headings which occurs last in numerical order in the Nomenclature.

8. Headings 48.03 to 48.09 apply only to paper, paperboard, cellulose wadding and webs of cellulose fibres :
(a) in strips or rolls of a width exceeding 36cm; or
(b) in rectangular (including square) sheets with one side ex-

一边超过15厘米（以未折叠计）.

九、税目48.14所称"壁纸及类似品"，仅限于：

（一）适合作墙壁或天花板装饰用的成卷纸张，宽度不小于45厘米，但不超过160厘米：

1. 起纹、压花、染面、印有图案或经其他装饰的（例如起绒），不论是否用透明的防护塑料涂布或覆盖；

2. 表面饰有木粒或草粒而凹凸不平的；

3. 表面用塑料涂布或覆盖并起纹、压花、染面、印有图案或经其他装饰的；或

4. 表面用不论是否平行连结或编织的编结材料覆盖的。

（二）适于装饰墙壁或天花板用的经上述加工的纸边及纸条，不论是否成卷。

（三）由几幅拼成的壁纸，成卷或成张，贴到墙上可组成印刷的风景或图案。

既可作铺地制品，也可作壁纸的以纸或纸板为底的产品，应归入税目48.23。

十、税目48.20不包括切成一定尺寸的活页纸张或卡片，不论是否印制、压花、打孔。

十一、税目48.23主要适用于提花机或类似机器用的穿孔纸或卡片，以及纸花边。

十二、除税目48.14及48.21的货品外，印有图案、文字或图画的纸、纸板、纤维素絮纸及其制品，如果所印图案、文字或图画作为其主要用途，应归入第四十九章。

子目注释：

一、子目4804.11及4804.19所称"牛皮挂面纸"，是指所含用硫酸盐法或烧碱法制得的木纤维不少于全部纤维重量的80%的成卷机器上光或研光纸及纸板，每平方米重量超过115克，并且最低缪伦耐破度符合下表所示（其他重量的耐破度可参照下表换算）：

重量 （克/平方米）	最低耐破度 （千帕斯卡）
115	393
125	417
200	637
300	824
400	961

二、子目4804.21及4804.29所称"袋用牛皮纸"，是指所含

ceeding 36cm and the other side exceeding 15cm in the unfolded state.

9. For the purposes of heading 48.14, the expression "wallpaper and similar wall coverings" applies only to:

(a) Paper in rolls, of a width of not less than 45cm and not more than 160cm, suitable for wall or ceiling decoration:

(1) Grained, embossed, surface-coloured, design-printed or otherwise surface-decorated (e.g., with textile flock), whether or not coated or covered with transparent protective plastics;

(2) With an uneven surface resulting from the incorporation of particles of wood, straw, etc.;

(3) Coated or covered on the face side with plastics, the layer of plastics being grained, embossed, coloured, design-printed or otherwise decorated; or

(4) Covered on the face side with plaiting material, whether or not bound together in parallel strands or woven.

(b) Borders and friezes, of paper, treated as above, whether or not in rolls, suitable for wall or ceiling decoration.

(c) Wall coverings of paper made up of several panels, in rolls or sheets, printed so as to make up a scene, design or motif when applied to a wall.

Products on a base of paper or paperboard, suitable for use both as floor coverings and as wall coverings, are to be classified in heading 48.23.

10. Heading 48.20 does not cover loose sheets or cards, cut to size, whether or not printed, embossed or perforated.

11. Heading 48.23 applies, *inter alia*, to perforated paper or paperboard cards for Jacquard or similar machines and paper lace.

12. Except for the goods of heading 48.14 or 48.21, paper, paperboard, cellulose wadding and articles thereof, printed with motifs, characters or pictorial representations, which are not merely subsidiary to the primary use of the goods, fall in Chapter 49.

Subheading Notes:

1. For the purposes of subheadings 4804.11 and 4804.19. "kraftliner" means machine-finished or machine-glazed paper and paperboard, of which not less than 80% by weight of the total fibre content consists of wood fibres obtained by the chemical sulphate or soda processes, in rolls, weighing more than $115g/m^2$ and having a minimum Mullen bursting strength as indicated in the following table or the linearly interpolated or extrapolated equi-valent for any other weight:

Weight (g/m^2)	Minimum Mullen bursting strength (kPa)
115	393
125	417
200	637
300	824
400	961

2. For the purposes of subheadings 4804.21 and 4804.29, "sack

用硫酸盐法或烧碱法制得的木纤维不少于全部纤维重量的80%的成卷机器上光纸，每平方米重量不小于60克，但不超过115克，并且符合下列一种规格：

（一）缪伦耐破指数不小于3.7千帕斯卡·平方米/克，并且横向伸长率大于4.5%，纵向伸长率大于2%。

（二）至少能达到下表所示的最小撕裂度和抗张强度（其他重量的可参照下表换算）：

重 量 克/平方米	最小撕裂度 毫牛顿		最小抗张强度 千牛顿/米	
	纵向	纵向加横向	横向	纵向加横向
60	700	1510	1.9	6
70	830	1790	2.3	7.2
80	965	2070	2.8	8.3
100	1230	2635	3.7	10.6
115	1425	3060	4.4	12.3

三、子目4805.11所称"半化学的瓦楞纸"，是指所含用机械和化学联合法制得的未漂白硬木纤维不少于全部纤维重量的65%的成卷纸张，并且在温度为23摄氏度和相对湿度为50%时，经过30分钟的瓦楞芯纸平压强度测定（CMT30），抗压强度超过1.8牛顿/克/平方米。

四、子目4805.12包括主要用机械和化学联合法制得的草浆制成的成卷纸张，每平方米重量在130克及以上，并且在温度为23摄氏度和相对湿度为50%时，经过30分钟瓦楞芯纸平压强度测定（CMT30），抗压强度超过1.4牛顿/克/平方米。

五、子目4805.24及4805.25包括全部或主要用回收（废碎）纸及纸板制得的纸浆制成的纸及纸板，强韧箱纸板也可以有一面用染色纸或由漂白或未漂白的非再生浆制得的纸做表层，这些产品缪伦耐破指数不小于2千帕斯卡·平方米/克。

六、子目4805.30所称"亚硫酸盐包装纸"，是指所含用亚硫酸盐法制得的木纤维超过全部纤维重量的40%的机器研光纸，灰分含量不超过8%，并且缪伦耐破指数不小于1.47千帕斯卡·平方米/克。

七、子目4810.22所称"轻质涂布纸"，是指双面涂布纸，其每平方米总重量不超过72克，每面每平方米的涂层重量不超过15克，原纸中所含用机械方法制得的木纤维不少于全部纤维重量的50%。

kraft paper" means machine-finished paper, of which not less than 80% by weight of the total fibre content consists of fibres obtained by the chemical sulphate or soda processes, in rolls, weighing not less than $60g/m^2$ but not more than $115g/m^2$ and meeting one of the following sets of specifications:

(a) Having a Mullen burst index of not less than $3.7kPa·m^2/g$ and a stretch factor of more than 4.5% in the cross direction and of more than 2% in the machine direction.

(b) Having minima for tear and tensile as indicated in the following table or the linearly interpolated equivalent for any other eight:

Weight g/m^2	Minimum tear mN		Minimum tensile kN/m	
	Machine direction	Machine direction plus cross direction	Cross direction	Machine direction plus cross direction
60	700	1510	1.9	6
70	830	1790	2.3	7.2
80	965	2070	2.8	8.3
100	1230	2635	3.7	10.6
115	1425	3060	4.4	12.3

3. For the purposes of subheading 4805.11, "semi-chemical fluting paper" means paper, in rolls, of which not less than 65% by weight of the total fibre content consists of unbleached hardwood fibres obtained by a combination of mechanical and chemical pulping processes, and having a CMT30 (Corrugated Medium Test with 30 minutes of conditioning) crush resistance exceeding $1.8 N/g/m^2$ at 50% relative humidity, at 23℃.

4. Subheading 4805.12 covers paper, in rolls, made mainly of straw pulp obtained by a combination of mechanical and chemical processes, weighing $130g/m^2$ or more, and having a CMT30 (Corrugated Medium Test with 30 minutes of conditioning) crush resistance exceeding $1.4 N/g/m^2$ at 50% relative humidity, at 23℃.

5. Subheadings 4805.24 and 4805.25 cover paper and paperboard made wholly or mainly of pulp of recovered (waste and scrap) paper or paperboard. Testliner may also have a surface layer of dyed paper or of paper made of bleached or unbleached non-recovered pulp. These products have a Mullen burst index of not less than $2kPa·m^2/g$.

6. For the purposes of subheading 4805.30, "sulphite wrapping paper" means machine-glazed paper, of which more than 40% by weight of the total fibre content consists of wood fibres obtained by the chemical sulphoite process, having an ash content not exceeding 8% and having a Mullen burst index of not less than $1.47kPa·m^2/g$.

7. For the purposes of subheading 4810.22, "lightweight coated paper" means paper, coated on both sides, of a total weight not exceeding $72g/m^2$, with a coating weight not exceeding $15g/m^2$ per side, on a base of which not less than 50% by weight of the total fibre content consists of wood fibres obtained by a mechanical process.

序号 No.	税则号列 Tariff Line	货品名称 Article Description	最惠国税率 MFN(%)	协定税率 Agreement(%)		特惠税率 SP(%)	普通税率 Gen(%)
	48.01	成卷或成张的新闻纸: Newsprint, in rolls or sheets:					
3743	4801.0010	---成卷的 ---In rolls	5				30
3744	4801.0090	---其他 ---Other	5				30
	48.02	书写、印刷或类似用途的未经涂布的纸及纸板、未打孔的穿孔卡片及穿孔纸带纸,成卷或成张矩形(包括正方形),任何尺寸,但税目48.01或48.03的纸除外;手工制纸及纸板: Uncoated paper and paperboard, of a kind used for writing, printing or other graphic purposes, and non-perforated punchcards and punch-tape paper, in rolls or rectangular (including square) sheets, of any size, other than paper of heading 48.01 or 48.03; handmade paper and paperboard:					
		-手工制纸及纸板: -Handmade paper and paperboard:					
3745	4802.1010	---宣纸 ---Xuan paper	6△4	5	东盟AS,新西兰NZ,柬KH		70
3746	4802.1090	---其他 ---Other	6△5	5	东盟AS,新西兰NZ,柬KH		70
		-光敏、热敏、电敏纸及纸板的原纸和原纸板: -Paper and paperboard of a kind used as a base for photosensitive, heat-sensitive or electrosensitive paper or paperboard:					
3747	4802.2010	---照相原纸 ---Photo poper base	6△0	0	毛MU,柬KH,港HK,澳门MO	0 受惠国₁LD₁	40
3748	4802.2090	---其他 ---Other	6△0	0 5	新西兰NZ,毛MU,柬KH,港HK, 澳门MO 东盟AS	0 受惠国₁LD₁	40
3749	4802.4000	-壁纸原纸 -Wallpaper base	6△0	0	毛MU,柬KH,港HK,澳门MO	0 受惠国₁LD₁	40
		-其他纸及纸板,不含用机械或化学—机械方法制得的纤维或所含前述纤维不超过全部纤维重量的10%: -Other paper and paperboard, not containing fibres obtained by a mechanical or chemi-mechanical process or of which not more than 10% by weight of the total fibre content consists of such fibres:					
3750	4802.5400	--每平方米重量小于40克 --Weighing less than 40g/m^2	6△0	0	毛MU,柬KH,港HK,澳门MO	0 受惠国₁LD₁	30
3751	4802.5500	--每平方米重量在40克及以上,但不超过150克,成卷的 --Weighing 40g/m^2 or more but not more than 150g/m^2, in rolls	5△0	0	毛MU,柬KH,港HK,澳门MO	0 受惠国₁LD₁	30

序号 No.	税则号列 Tariff Line	货品名称 Article Description	最惠国税率 MFN(%)	协定税率 Agreement(%)		特惠税率 SP(%)	普通税率 Gen(%)
3752	4802.5600	--每平方米重量在40克及以上, 但不超过150克, 成张的, 以未折叠计一边不超过435毫米, 另一边不超过297毫米 --Weighing 40g/m² or more but not more than 150g/m², in sheets with one side not exceeding 435mm and the other side not exceeding 297mm in the unfolded state	5Δ0	0	毛MU,柬KH,港HK,澳门MO	0 受惠国₁LD₁	30
3753	4802.5700	--其他, 每平方米重量在40克及以上, 但不超过150克 --Other, weighing 40g/m² or more but not more than 150g/m²	5Δ0	0	毛MU,柬KH,港HK,澳门MO	0 受惠国₁LD₁	30
3754	4802.5800	--每平方米重量超过150克 --Weighing more than 150g/m²	5Δ0	0	毛MU,柬KH,港HK,澳门MO	0 受惠国₁LD₁	30
		-其他纸及纸板, 所含用机械或化学—机械方法制得的纤维超过全部纤维重量的10%: -Other paper and paperboard, of which more than 10% by weight of the total fibre content consists of fibres obtained by a mechanical or chemi-mechanical process:					
3755	4802.6100	--成卷的 --In rolls	5Δ0	0	毛MU,港HK,澳门MO	0 受惠国₁LD₁	30
3756	4802.6200	--成张的, 以未折叠计一边不超过435毫米, 另一边不超过297毫米 --In sheets with one side not exceeding 435mm and the other side not exceeding 297mm in the unfolded state	5Δ0	0	毛MU,柬KH,港HK,澳门MO	0 受惠国₁LD₁	30
3757	4802.6900	--其他 --Other	5Δ0	0	毛MU,港HK,澳门MO	0 受惠国₁LD₁	30
	48.03	卫生纸、面巾纸、餐巾纸以及家庭或卫生用的类似纸、纤维素絮纸和纤维素纤维网纸, 不论是否起纹、压花、打孔、染面、饰面或印花, 成卷或成张的: Toilet or facial tissue stock, towel or napkin stock and similar paper of a kind used for household or sanitary purposes, cellulose wadding and webs of cellulose fibres, whether or not creped, crinkled, embossed, perforated, surface-coloured, surface-decorated or printed, in rolls or sheets:					
3758	4803.0000	卫生纸、面巾纸、餐巾纸以及家庭或卫生用的类似纸、纤维素絮纸和纤维素纤维网纸, 不论是否起纹、压花、打孔、染面、饰面或印花, 成卷或成张的 Toilet or facial tissue stock, towel or napkin stock and similar paper of a kind used for household or sanitary purposes, cellulose wadding and webs of cellulose fibres, whether or not creped, crinkled, embossed, perforated, surface-coloured, surface-decorated or printed, in rolls or sheets	5	6	新西兰NZ		40

序号 No.	税则号列 Tariff Line	货品名称 Article Description	最惠国税率 MFN(%)	协定税率 Agreement(%)	特惠税率 SP(%)	普通税率 Gen(%)
	48.04	成卷或成张的未经涂布的牛皮纸及纸板，但不包括税目48.02或48.03的货品： Uncoated kraft paper and paperboard, in rolls or sheets, other than that of heading 48.02 or 48.03:				
		-牛皮挂面纸： -Kraftliner:				
3759	4804.1100	--未漂白 --Unbleached	5			30
3760	4804.1900	--其他 --Other	5			30
		-袋用牛皮纸： -Sack kraft paper:				
3761	4804.2100	--未漂白 --Unbleached	5			30
3762	4804.2900	--其他 --Other	5			30
		-其他牛皮纸及纸板，每平方米重量不超过150克： -Other kraft paper and paperboard weighing 150g/m² or less:				
3763	4804.3100	--未漂白 --Unbleached	2			30
3764	4804.3900	--其他 --Other	2			30
		-其他牛皮纸及纸板，每平方米重量超过150克，但小于225克： -Other kraft paper and paperboard weighing more than 150g/m² but less than 225g/m²:				
3765	4804.4100	--未漂白 --Unbleached	2			30
3766	4804.4200	--本体均匀漂白，所含用化学方法制得的木纤维超过全部纤维重量的95% --Bleached uniformly throughout the mass and of which more than 95% by weight of the total fibre content consists of wood fibres obtained by a chemical process	5			30
3767	4804.4900	--其他 --Other	2			30
		-其他牛皮纸及纸板，每平方米重量在225克及以上： -Other kraft paper and paperboard weighing 225g/m² or more:				
3768	4804.5100	--未漂白 --Unbleached	2			30
3769	4804.5200	--本体均匀漂白，所含用化学方法制得的木纤维超过全部纤维重量的95% --Bleached uniformly throughout the mass and of which more than 95% by weight of the total fibre content consists of wood fibres obtained by a chemical process	5			30

序号 No.	税则号列 Tariff Line	货品名称 Article Description	最惠国税率 MFN(%)	协定税率 Agreement(%)		特惠税率 SP(%)	普通税率 Gen(%)
3770	4804.5900	--其他 --Other	2				30
	48.05	成卷或成张的其他未经涂布的纸及纸板，加工程度不超过本章注释三所列范围： Other uncoated paper and paperboard, in rolls or sheets, not further worked or processed than as specified in Note 3 to this Chapter:					
		-瓦楞原纸： -Fluting paper:					
3771	4805.1100	--半化学的瓦楞原纸 --Semi-chemical fluting paper	6Δ0	0	毛MU,柬KH,港HK,澳门MO	0 受惠国₁LD₁	30
3772	4805.1200	--草浆瓦楞原纸 --Straw fluting paper	6Δ0	0	毛MU,柬KH,港HK,澳门MO	0 受惠国₁LD₁	30
3773	4805.1900	--其他 --Other	6Δ0	0 5	毛MU,柬KH,港HK,澳门MO 东盟AS	0 受惠国₁LD₁	30
		-强韧箱纸板（再生挂面纸板）： -Testliner (recycled liner board):					
3774	4805.2400	--每平方米重量在150克及以下 --Weighing 150g/m² or less	6Δ0	0	毛MU,柬KH,港HK,澳门MO	0 受惠国₁LD₁	30
3775	4805.2500	--每平方米重量超过150克 --Weighing more than 150g/m²	6Δ0	0	毛MU,柬KH,港HK,澳门MO	0 受惠国₁LD₁	30
3776	4805.3000	-亚硫酸盐包装纸 -Sulphite wrapping paper	6				30
3777	4805.4000	-滤纸及纸板 -Filter paper and paperboard	6				30
3778	4805.5000	-毡纸及纸板 -Felt paper and paperboard	6				30
		-其他： -Other:					
		--每平方米重量在150克及以下： --Weighing 150g/m² or less:					
3779	4805.9110	---电解电容器原纸 ---Paper for electrolytic capacitor	6	0 5	新西兰NZ,毛MU,柬KH,港HK,澳门MO 东盟AS	0 受惠国₁LD₁	30
3780	4805.9190	---其他 ---Other	6Δ0	0 5	新西兰NZ,毛MU,柬KH,港HK,澳门MO 东盟AS	0 受惠国₁LD₁	30
3781	4805.9200	--每平方米重量超过150克，但小于225克 --Weighing more than 150g/m² but less than 225g/m²	6				30
3782	4805.9300	--每平方米重量在225克及以上 --Weighing 225g/m² or more	6Δ0	0	毛MU,柬KH,港HK,澳门MO	0 受惠国₁LD₁	30
	48.06	成卷或成张的植物羊皮纸、防油纸、描图纸、半透明纸及其他高光泽透明或半透明纸： Vegetable parchment, greaseproof papers, tracing papers and glassine and other glazed transparent or translucent papers, in rolls or sheets:					

序号 No.	税则号列 Tariff Line	货品名称 Article Description	最惠国税率 MFN(%)		协定税率 Agreement(%)	特惠税率 SP(%)	普通税率 Gen(%)
3783	4806.1000	-植物羊皮纸 -Vegetable parchment	6△5	5	东盟AS,新西兰NZ,柬KH		40
3784	4806.2000	-防油纸 -Greaseproof papers	6△5	5	东盟AS,新西兰NZ,柬KH		40
3785	4806.3000	-描图纸 -Tracing papers	6△5	5	东盟AS,新西兰NZ,柬KH		30
3786	4806.4000	-高光泽透明或半透明纸 -Glassine and other glazed transparent or translucent papers	6△5	5	东盟AS,新西兰NZ,柬KH		40
	48.07	成卷或成张的复合纸及纸板（用粘合剂粘合各层纸或纸板制成），未经表面涂布或未浸渍，不论内层是否有加强材料： Composite paper and paperboard (made by sticking flat layers of paper or paperboard together with an adhesive), not surface-coated or impregnated, whether or not internally reinforced, in rolls or sheets:					
3787	4807.0000	成卷或成张的复合纸及纸板（用粘合剂粘合各层纸或纸板制成），未经表面涂布或未浸渍，不论内层是否有加强材料 Composite paper and paperboard (made by sticking flat layers of paper or paperboard together with an adhesive), not surface-coated or impregnated, whether or not internally reinforced, in rolls or sheets	6△5				40
	48.08	成卷或成张的瓦楞纸及纸板（不论是否与平面纸胶合）、皱纹纸及纸板、压纹纸及纸板、穿孔纸及纸板，但税目48.03的纸除外： Paper and paperboard, corrugated (with or without glued flat surface sheets), creped, crinkled, embossed or perforated, in rolls or sheets, other than paper of the kind described in heading 48.03:					
3788	4808.1000	-瓦楞纸及纸板,不论是否穿孔 -Corrugated paper and paperboard, whether or not perforated	6△0	0 3	新西兰NZ,毛MU 瑞CH	0 受惠国₂LD₂	30
3789	4808.4000	-皱纹牛皮纸,不论是否压花或穿孔 -Kraft paper, creped or crinkled, whether or not embossed or perforated	6				40
3790	4808.9000	-其他 -Other	6				40
	48.09	复写纸、自印复写纸及其他拷贝或转印纸（包括涂布或浸渍的油印蜡纸或胶印版纸），不论是否印制，成卷或成张的： Carbon paper, self-copy paper and other copying or transfer papers (including coated or impregnated paper for duplicator stencils or offset plates), whether or not printed, in rolls or sheets:					

序号 No.	税则号列 Tariff Line	货品名称 Article Description	最惠国税率 MFN(%)		协定税率 Agreement(%)	特惠税率 SP(%)	普通税率 Gen(%)
3791	4809.2000	-自印复写纸 -Self-copy paper	6				40
3792	4809.9000	-其他 -Other	6				40
	48.10	成卷或成张矩形（包括正方形）的任何尺寸的单面或双面涂布高岭土或其他无机物质（不论是否加粘合剂）的纸及纸板，未涂布其他涂料，不论是否染面、饰面或印花： Paper and paperboard, coated on one or both sides with kaolin (China clay) or other inorganic substances, with or without a binder, and with no other coating, whether or not surface-coloured, surface-decorated or printed, in rolls or rectangular (including square) sheets, of any size:					
		-书写、印刷或类似用途的纸及纸板，不含用机械或化学—机械方法制得的纤维或所含前述纤维不超过全部纤维重量的10%： -Paper and paperboard of a kind used for writing, printing or other graphic purposes, not containing fibres obtained by a mechanical or chemi-mechanical process or of which not more than 10% by weight of the total fibre content consists of such fibres:					
3793	4810.1300	--成卷的 --In rolls	5Δ0	0 4	毛MU,柬KH,港HK,澳门MO 新西兰NZ,东盟^RAS^R	0 受惠国₁LD₁	40
3794	4810.1400	--成张的，一边不超过435毫米，另一边不超过297毫米（以未折叠计） --In sheets with one side not exceeding 435mm and the other side not exceeding 297mm in the unfolded state	5Δ0	0 4	毛MU,柬KH,港HK,澳门MO 新西兰NZ,东盟^RAS^R	0 受惠国₁LD₁	40
3795	4810.1900	--其他 --Other	5Δ0	0 4	毛MU,柬KH,港HK,澳门MO 新西兰NZ,东盟^RAS^R	0 受惠国₁LD₁	40
		-书写、印刷或类似用途的纸及纸板，所含用机械或化学—机械方法制得的纤维超过全部纤维重量的10%： -Paper and paperboard of a kind used for writing, printing or other graphic purposes, of which more than 10% by weight of the total fibre content consists of fibres obtained by a mechanical or chemi-mechanical process:					
3796	4810.2200	--轻质涂布纸 --Light-weight coated paper	5	4	新西兰NZ		40
3797	4810.2900	--其他 --Other	5Δ0	0 4	毛MU,柬KH,港HK,澳门MO 新西兰NZ	0 受惠国₁LD₁	40
		-牛皮纸及纸板，但书写、印刷或类似用途的除外： -Kraft paper and paperboard, other than that of a kind used for writing, printing or other graphic purposes:					

序号 No.	税则号列 Tariff Line	货品名称 Article Description	最惠国税率 MFN(%)	协定税率 Agreement(%)		特惠税率 SP(%)	普通税率 Gen(%)
3798	4810.3100	--本体均匀漂白, 所含用化学方法制得的木纤维超过全部纤维重量的95%, 每平方米重量不超过150克 --Bleached uniformly throughout the mass and of which more than 95% by weight of the total fibre content consists of wood fibres obtained by a chemical process, and weighing 150g/m^2 or less	5△0	0	毛MU,柬KH,港HK,澳门MO	0 受惠国₁LD₁	40
3799	4810.3200	--本体均匀漂白, 所含用化学方法制得的木纤维超过全部纤维重量的95%, 每平方米重量超过150克 --Bleached uniformly throughout the mass and of which more than 95% by weight of the total fibre content consists of wood fibres obtained by a chemical process, and weighing more than 150g/m^2	5△0	0 4	毛MU,柬KH,港HK,澳门MO 新西兰NZ	0 受惠国₁LD₁	40
3800	4810.3900	--其他 --Other	5△0	0 4	毛MU,柬KH,港HK,澳门MO 新西兰NZ	0 受惠国₁LD₁	40
		-其他纸及纸板: -Other paper and paperboard:					
3801	4810.9200	--多层的 --Multi-ply	5△0	0 4	毛MU,柬KH,港HK,澳门MO 新西兰NZ	0 受惠国₁LD₁	40
3802	4810.9900	--其他 --Other	6△0	0 5	新西兰NZ,毛MU,柬KH,港HK,澳门MO 东盟AS	0 受惠国₁LD₁	40
	48.11	成卷或成张矩形(包括正方形)的任何尺寸的经涂布、浸渍、覆盖、染面、饰面或印花的纸、纸板、纤维素絮纸及纤维素纤维网纸, 但税目48.03、48.09或48.10的货品除外: Paper, paperboard, cellulose wadding and webs of cellulose fibres, coated, impregnated, covered, surface-coloured, surface-decorated or printed, in rolls or rectangular (including square) sheets, of any size, other than goods of the kind described in heading 48.03, 48.09 or 48.10:					
3803	4811.1000	-焦油纸及纸板、沥青纸及纸板 -Tarred, bituminised or asphalted paper and paperboard	6△0	0 5	新西兰NZ,毛MU,柬KH,港HK,澳门MO 东盟AS	0 受惠国₁LD₁	40
		-胶粘纸及纸板: -Gummed or adhesive paper and paperboard:					
3804	4811.4100	--自粘的 --Self-adhesive	6△0	0 5 6	新西兰NZ,毛MU,柬KH,港HK,澳门MO 东盟AS 东盟ᴿASᴿ	0 受惠国₁LD₁	40
3805	4811.4900	--其他 --Other	6△0	0 5	新西兰NZ,毛MU,柬KH,港HK,澳门MO 东盟AS	0 受惠国₁LD₁	40

序号 No.	税则号列 Tariff Line	货品名称 Article Description	最惠国税率 MFN(%)	协定税率 Agreement(%)		特惠税率 SP(%)	普通税率 Gen(%)
		-用塑料（不包括粘合剂）涂布、浸渍或覆盖的纸及纸板： -Paper and paperboard, coated, impregnated or covered with plastics (excluding adhesives):					
		--漂白的, 每平方米重量超过150克： --Bleached, weighing more than 150g/m²:					
3806	4811.5110	---彩色相纸用双面涂塑纸 ---Paper coated on both sides with plastics for colour photography	6Δ0	0	新西兰NZ,毛MU,柬KH,港HK,澳门MO	0 受惠国₁LD₁	40
				5	东盟AS		
		---其他： ---Other:					
3807	4811.5191	----纸塑铝复合材料 ----Paper-aluminum-plastic materials	6Δ0	0	新西兰NZ,毛MU,柬KH,港HK,澳门MO	0 受惠国₁LD₁	40
				5	东盟AS		
3808	4811.5199	----其他 ----Other	6Δ0	0	毛MU,柬KH,港HK,澳门MO	0 受惠国₁LD₁	40
		--其他： --Other:					
3809	4811.5910	---绝缘纸及纸板 ---Insulating paper and paperboard	6Δ0	0	新西兰NZ,毛MU,柬KH,港HK,澳门MO	0 受惠国₁LD₁	30
				5	东盟AS		
		---其他： ---Other:					
3810	4811.5991	----镀铝的 ----Aluminized	6Δ0	0	新西兰NZ,毛MU,柬KH,港HK,澳门MO	0 受惠国₁LD₁	40
				5	东盟AS		
3811	4811.5999	----其他 ----Other	6Δ0	0	新西兰NZ,毛MU,柬KH,港HK,澳门MO	0 受惠国₁LD₁	40
				5	东盟AS		
		-用蜡、石蜡、硬脂精、油或甘油涂布、浸渍、覆盖的纸及纸板： -Paper and paperboard, coated, impregnated or covered with wax, paraffin wax, stearin, oil or glycerol:					
3812	4811.6010	---绝缘纸及纸板 ---Insulating paper and paperboard	6Δ0	0	新西兰NZ,毛MU,柬KH,港HK,澳门MO	0 受惠国₁LD₁	30
				5	东盟AS		
3813	4811.6090	---其他 ---Other	6Δ0	0	新西兰NZ,毛MU,柬KH,港HK,澳门MO	0 受惠国₁LD₁	40
				5	东盟AS		
3814	4811.9000	-其他纸、纸板、纤维素絮纸及纤维素纤维网纸 -Other paper, paperboard, cellulose wadding and webs of cellulose fibres	6Δ0	0	新西兰NZ,毛MU,柬KH,港HK,澳门MO	0 受惠国₁LD₁	40
				5	东盟AS		
	48.12	纸浆制的滤块、滤板及滤片： Filter blocks, slabs and plates, of paper pulp:					
3815	4812.0000	纸浆制的滤块、滤板及滤片 Filter blocks, slabs and plates, of paper pulp	6				40

序号 No.	税则号列 Tariff Line	货品名称 Article Description	最惠国税率 MFN(%)	协定税率 Agreement(%)		特惠税率 SP(%)	普通税率 Gen(%)
	48.13	烟卷纸, 不论是否切成一定尺寸、成小本或管状: Cigarette paper, whether or not cut to size or in the form of booklets or tubes:					
3816	4813.1000	-成小本或管状 -In the form of booklets or tubes	7.5				100
3817	4813.2000	-宽度不超过5厘米成卷的 -In rolls of a width not exceeding 5cm	7.5				100
3818	4813.9000	-其他 -Other	7.5				100
	48.14	壁纸及类似品; 窗用透明纸: Wallpaper and similar wallcoverings; window transparencies of paper:					
3819	4814.2000	-用塑料涂面或盖面的壁纸及类似品, 起纹、压花、着色、印刷图案或经其他装饰 -Wallpaper and similar wall coverings, consisting of paper coated or covered, on the face side, with a grained, embossed, coloured, design-printed or otherwise decorated layer of plastics	6Δ5	5	东盟AS,新西兰NZ,柬KH		50
3820	4814.9000	-其他 -Other	6Δ5	5	东盟AS,新西兰NZ,柬KH		50
	48.16	复写纸、自印复写纸及其他拷贝或转印纸(不包括税目48.09的纸)、油印蜡纸或胶印版纸, 不论是否盒装: Carbon paper, self-copy paper and other copying or transfer papers (other than those of heading 48.09), duplicator stencils and offset plates, of paper, whether or not put up in boxes:					
3821	4816.2000	-自印复写纸 -Self-copy paper	6				70
		-其他: -Other:					
3822	4816.9010	---热敏转印纸 ---Heat transfer paper	6				40
3823	4816.9090	---其他 ---Other	6				70
	48.17	纸或纸板制的信封、封缄信片及素色明信片及通信卡片; 纸或纸板制的盒子、袋子及夹子, 内装各种纸制文具: Envelopes, letter cards, plain postcards and correspondence cards, of paper or paperboard; boxes, pouches, wallets and writing compendiums, of paper or paperboard, containing an assortment of paper stationery:					
3824	4817.1000	-信封 -Envelopes	5	5	东盟AS,柬KH		80

序号 No.	税则号列 Tariff Line	货品名称 Article Description	最惠国税率 MFN(%)	协定税率 Agreement(%)		特惠税率 SP(%)	普通税率 Gen(%)
3825	4817.2000	-封缄信片、素色明信片及通信卡片 -Letter cards, plain postcards and correspondence cards	5	5	东盟AS,柬KH		80
3826	4817.3000	-纸或纸板制的盒子、袋子及夹子, 内装各种纸制文具 -Boxes, pouches, wallets and writing compendiums, of paper or paperboard, containing an assortment of paper stationery	5	5	东盟AS,柬KH		80
	48.18	卫生纸及类似纸, 家庭或卫生用纤维素絮纸及纤维素纤维网纸,成卷宽度不超过36厘米或切成一定尺寸或形状的;纸浆、纸、纤维素絮纸或纤维素纤维网纸制的手帕、面巾、台布、餐巾、床单及类似的家庭、卫生或医院用品、衣服及衣着附件: Toilet paper and similar paper, cellulose wadding or webs of cellulose fibres, of a kind used for household or sanitary purposes, in rolls of a width not exceeding 36cm, or cut to size or shape; handkerchiefs, cleansing tissues, towels, tablecloths, serviettes, bedsheets and similar household, sanitary or hospital articles, articles of apparel and clothing accessories, of paper pulp, paper, cellulose wadding or webs of cellulose fibres:					
3827	4818.1000	-卫生纸 -Toilet paper	5				80
3828	4818.2000	-纸手帕及纸面巾 -Handkerchiefs, cleansing or facial tissues and towels	5				90
3829	4818.3000	-纸台布及纸餐巾 -Tablecloths and serviettes	5	5	东盟AS,柬KH		90
3830	4818.5000	-衣服及衣着附件 -Articles of apparel and clothing accessories	5△0	0 1 6.1	东盟AS,智CL,新西兰NZ,秘PE,哥CR,瑞CH,冰IS,韩KR,澳AU,毛MU,东盟^{R}AS^R,澳^{R}AU^R,新西兰^{R}NZ^R,柬KH,港HK,澳门MO,韩^{R}KR^R 巴PK 日^{R}JP^R	0 受惠国LD	90
3831	4818.9000	-其他 -Other	5				90
	48.19	纸、纸板、纤维素絮纸或纤维素纤维网纸制的箱、盒、匣、袋及其他包装容器;纸或纸板制的卷宗盒、信件盘及类似品,供办公室、商店及类似场所使用的: Cartons, boxes, cases, bags and other packing containers, of paper, paperboard, cellulose wadding or webs of cellulose fibres; box files, letter trays, and similar articles, of paper or paperboard, of a kind used in offices, shops or the like:					

序号 No.	税则号列 Tariff Line	货品名称 Article Description	最惠国税率 MFN(%)	协定税率 Agreement(%)		特惠税率 SP(%)	普通税率 Gen(%)
3832	4819.1000	-瓦楞纸或纸板制的箱、盒、匣 -Cartons, boxes and cases, of corrugated paper or paperboard	5Δ0	0	毛MU,柬KH,港HK,澳门MO	0 受惠国₁LD₁	80
3833	4819.2000	-非瓦楞纸或纸板制的可折叠箱、盒、匣 -Folding cartons, boxes and cases, of non-corrugated paper or paperboard	5Δ0	0	毛MU,柬KH,港HK,澳门MO	0 受惠国₁LD₁	80
3834	4819.3000	-底宽40厘米及以上的纸袋 -Sacks and bags, having a base of a width of 40cm or more	6Δ0	0 1 6.1	东盟AS,智CL,新西兰NZ,新加坡SG,秘PE,哥CR,瑞CH,冰IS,韩KR,澳AU,毛MU,东盟ᴿASᴿ,澳ᴿAUᴿ,新西兰ᴿNZᴿ,柬KH,港HK,澳门MO,韩ᴿKRᴿ 巴PK 日ᴿJPᴿ	0 受惠国LD	80
3835	4819.4000	-其他纸袋,包括锥形袋 -Other sacks and bags, including cones	5	5	东盟AS,柬KH		80
3836	4819.5000	-其他包装容器,包括唱片套 -Other packing containers, including record sleeves	5	5	东盟AS,柬KH		80
3837	4819.6000	-办公室、商店及类似场所使用的卷宗盒、信件盘、存储盒及类似品 -Box files, letter trays, storage boxes and similar articles, of a kind used in offices, shops or the like	5	5	东盟AS,柬KH		80
	48.20	纸或纸板制的登记本、账本、笔记本、订货本、收据本、信笺本、记事本、日记本及类似品、练习本、吸墨纸本、活动封面(活页及非活页)、文件夹、卷宗皮、多联商业表格纸、页间夹有复写纸的本及其他文具用品;纸或纸板制的样品簿、粘贴簿及书籍封面: Registers, account books, note books, order books, receipt books, letter pads, memorandum pads, diaries and similar articles, exercise books, blotting-pads, binders (loose-leaf or other), folders, file covers, manifold business forms, interleaved carbon sets and other articles of stationery, of paper or paperboard; albums for samples or for collections and book covers, of paper or paperboard:					
3838	4820.1000	-登记本、账本、笔记本、订货本、收据本、信笺本、记事本、日记本及类似品 -Registers, account books, note nooks, order books, receipt books, letter pads, memorandum pads, diaries and similar articles	5	5	东盟AS,柬KH		80
3839	4820.2000	-练习本 -Exercise books	5	5	东盟AS,柬KH		80
3840	4820.3000	-活动封面(书籍封面除外)、文件夹及卷宗皮 -Binders (other than book covers), folders and file covers	5	5	东盟AS,柬KH		80

序号 No.	税则号列 Tariff Line	货品名称 Article Description	最惠国税率 MFN(%)	协定税率 Agreement(%)		特惠税率 SP(%)	普通税率 Gen(%)
3841	4820.4000	-多联商业表格纸、页间夹有复写纸的本 -Manifold business forms and interleaved carbon sets	5Δ0	0	东盟AS,智CL,新西兰NZ,秘PE,哥CR,瑞CH,冰IS,澳AU,毛MU,东盟^RAS^R,澳^RAU^R,新西兰^RNZ^R,柬KH,港HK,澳门MO	0 受惠国LD	80
				0.7	韩KR		
				3	巴PK		
				6	韩^RKR^R		
				6.1	日^RJP^R		
3842	4820.5000	-样品簿及粘贴簿 -Albums for samples or for collections	5	5	东盟AS,柬KH		80
3843	4820.9000	-其他 -Other	5	5	东盟AS,柬KH		80
	48.21	纸或纸板制的各种标签, 不论是否印制: Paper or paperboard labels of all kinds, whether or not printed:					
3844	4821.1000	-印制 -Printed	6Δ0	0	新西兰NZ,毛MU,柬KH,港HK,澳门MO	0 受惠国₁LD₁	50
				5	东盟AS		
				6	东盟^RAS^R		
3845	4821.9000	-其他 -Other	6Δ5	5	东盟AS,新西兰NZ,柬KH		50
	48.22	纸浆、纸或纸板(不论是否穿孔或硬化)制的简管、卷轴、纡子及类似品: Bobbins, spools, cops and similar supports, of paper pulp, paper or paperboard (whether or not perforated or hardened):					
3846	4822.1000	-纺织纱线用 -Of a kind used for winding textile yarn	6Δ5	5	东盟AS,新西兰NZ,柬KH		35
3847	4822.9000	-其他 -Other	6Δ5	5	东盟AS,新西兰NZ,柬KH		70
	48.23	切成一定尺寸或形状的其他纸、纸板、纤维素絮纸及纤维素纤维网纸; 纸浆、纸、纸板、纤维素絮纸及纤维素纤维网纸制的其他物品: Other paper, paperboard, cellulose wadding and webs of cellulose fibres, cut to size or shape; other articles of paper pulp, paper, paperboard, cellulose wadding or webs of cellulose fibres:					
3848	4823.2000	-滤纸及纸板 -Filter paper and paperboard	6				30
3849	4823.4000	-已印制的自动记录器用打印纸卷、纸张及纸盘 -Rolls, sheets and dials, printed for self-recording apparatus	6Δ5	5	东盟AS,柬KH		30
		-纸或纸板制的盘、碟、盆、杯及类似品: -Trays, dishes, plates, cups and the like, of paper or paperboard:					

序号 No.	税则号列 Tariff Line	货品名称 Article Description	最惠国税率 MFN(%)	协定税率 Agreement(%)		特惠税率 SP(%)	普通税率 Gen(%)
3850	4823.6100	--竹浆纸制 --Of bamboo	5△0	0	东盟AS,智CL,新西兰NZ,秘PE,哥CR,瑞CH,冰IS,韩KR,澳AU,毛MU,东盟^RAS^R,澳^RAU^R,新西兰^RNZ^R,柬KH,港HK,澳门MO,韩^RKR^R	0 受惠国LD	90
				1	巴PK		
				6.1	日^RJP^R		
		--其他: --Other:					
3851	4823.6910	---非木植物浆制 ---Of vegetable pulp, other than wood pulp	5△0	0	东盟AS,智CL,新西兰NZ,秘PE,哥CR,瑞CH,冰IS,澳AU,毛MU,东盟^RAS^R,澳^RAU^R,新西兰^RNZ^R,柬KH,港HK,澳门MO	0 受惠国LD	90
				0.7	韩KR		
				1	巴PK		
				6	韩^RKR^R		
				6.1	日^RJP^R		
3852	4823.6990	---其他 ---Other	5△0	0	东盟AS,智CL,新西兰NZ,秘PE,哥CR,瑞CH,冰IS,澳AU,东盟^RAS^R,澳^RAU^R,新西兰^RNZ^R,柬KH,港HK,澳门MO	0 受惠国LD	90
				0.7	韩KR		
				1	巴PK		
				3	毛MU		
				6	韩^RKR^R		
				6.1	日^RJP^R		
3853	4823.7000	-压制或模制纸浆制品 -Moulded or pressed articles of paper pulp	6△5	5	东盟AS,新西兰NZ,柬KH		90
		-其他: -Other:					
3854	4823.9010	----以纸或纸板为底制成的铺地制品 ---Floor coverings on a base of paper or of paperboard	6△0	0	新西兰NZ,瑞CH,毛MU,柬KH,港HK,澳门MO	0 受惠国₂LD₂	90
				3	韩KR		
				5	东盟AS		
3855	4823.9020	---神纸及类似用品 ---Joss paper and the like	6△0	0	东盟AS,智CL,新西兰NZ,秘PE,哥CR,瑞CH,冰IS,韩KR,澳AU,毛MU,东盟^RAS^R,澳^RAU^R,新西兰^RNZ^R,柬KH,港HK,澳门MO,韩^RKR^R	0 受惠国LD	180
				1	巴PK		
				6.1	日^RJP^R		
3856	4823.9030	---纸扇 ---Paper fans	5△0	0	东盟AS,智CL,新西兰NZ,秘PE,哥CR,瑞CH,冰IS,韩KR,澳AU,毛MU,东盟^RAS^R,澳^RAU^R,新西兰^RNZ^R,柬KH,港HK,澳门MO,韩^RKR^R	0 受惠国LD	90
				1	巴PK		
				6.1	日^RJP^R		
3857	4823.9090	---其他 ---Other	6△0	0	柬KH,港HK,澳门MO	0 受惠国₁LD₁	90

第四十九章
书籍、报纸、印刷图画及其他印刷品；手稿、打字稿及设计图纸

注释:

一、本章不包括:

（一）透明基的照相负片或正片（第三十七章）；

（二）立体地图、设计图表或地球仪、天体仪，不论是否印刷（税目90.23）；

（三）第九十五章的游戏纸牌或其他物品；或

（四）雕版画、印刷画、石印画的原本（税目97.02），税目97.04的邮票、印花税票、纪念封、首日封、邮政信笺及类似品，以及第九十七章的超过一百年的古物或其他物品。

二、第四十九章所称"印刷"，也包括用胶版复印机、油印机印制，在自动数据处理设备控制下打印绘制，压印、冲印、感光复印、热敏复印或打字。

三、用纸以外材料装订成册的报纸、杂志和期刊，以及一期以上装订在同一封面里的成套报纸、杂志和期刊，应归入税目49.01，不论是否有广告材料。

四、税目49.01还包括:

（一）附有说明文字，每页编有号数以便装订成一册或几册的整集印刷复制品，例如，美术作品、绘画；

（二）随同成册书籍的图画附刊；

（三）供装订书籍或小册子用的散页、集页或书帖形式的印刷品，已构成一部作品的全部或部分。

但没有说明文字的印刷图画或图解，不论是否散页或书帖形式，应归入税目49.11。

五、除本章注释三另有规定的以外，税目49.01不包括主要作广告用的出版物（例如，小册子，散页印刷品、商业目录、同业公会出版的年鉴、旅游宣传品），这类出版物应归入税目49.11。

六、税目49.03所称"儿童图画书"，是指以图画为主、文字为辅，供儿童阅览的书籍。

Chapter 49
Printed books, newspapers, pictures and other products of the printing industry; manuscripts, typescripts and plans

Notes:

1. This Chapter does not cover:

(a) Photographic negatives or positives on transparent bases (Chapter 37);

(b) Maps, plans or globes, in relief, whether or not printed (heading 90.23);

(c) Playing cards or other goods of Chapter 95; or

(d) Original engravings, prints or lithographs (heading 97.02), postage or revenue stamps, stamp-post-marks, first-day covers, postal stationery or the like of heading 97.04, antiques of an age exceeding one hundred years or other articles of Chapter 97.

2. For the purposes of Chapter 49, the term "printed" also means reproduced by means of a duplicating machine, produced under the control of an automatic data processing machine, embossed, photographed, photocopied, thermocopied or typewritten.

3. Newspapers, journals and periodicals which are bound otherwise than in paper, and sets of newspapers, journals or periodicals comprising more than one number under a single cover are to be classified in heading 49.01, whether or not containing advertising material.

4. Heading 49.01 also covers:

(a) A collection of printed reproductions of, for example, works of art or drawings, with a relative text, put up with numbered pages in a form suitable for binding into one or more volumes;

(b) A pictorial supplement accompanying, and subsidiary to, a bound volume; and

(c) Printed parts of books or booklets, in the form of assembled or separate sheets or signatures, constituting the whole or a part of a complete work and designed for binding.

However, printed pictures or illustrations not bearing a text, whether in the form of signatures or separate sheets, fall in heading 49.11.

5. Subject to Note 3 to this Chapter, heading 49.01 does not cover publications which are essentially devoted to advertising (for example, brochures, pamphlets, leaflets, trade catalogues, year books published by trade associations, tourist propaganda). Such publications are to be classified in heading 49.11.

6. For the purposes of heading 49.03, the expression "children's picture books" means books for children in which the pictures form the principal interest and the text is subsidiary.

序号 No.	税则号列 Tariff Line	货品名称 Article Description	最惠国税率 MFN(%)	协定税率 Agreement(%)		特惠税率 SP(%)	普通税率 Gen(%)
	49.01	书籍、小册子、散页印刷品及类似印刷品,不论是否单张: Printed books, brochures, leaf lets and similar printed matter, whether or not in single sheets:					
3858	4901.1000	-单张的,不论是否折叠 -In single sheets, whether or not folded	0	0	东盟AS,智CL,巴PK,新西兰NZ,秘PE,哥CR,瑞CH,冰IS,韩KR,澳AU,格GE,毛MU,东盟^{R}AS^R,澳^{R}AU^R,日^{R}JP^R,新西兰^{R}NZ^R,柬KH,港HK,澳门MO,韩^{R}KR^R	0 受惠国LD	0
		-其他: -Other:					
3859	4901.9100	--字典或百科全书及其连续出版的分册 --Dictionaries and encyclopaedias, and serial instalments thereof	0	0	东盟AS,智CL,巴PK,新西兰NZ,秘PE,哥CR,瑞CH,冰IS,韩KR,澳AU,格GE,毛MU,东盟^{R}AS^R,澳^{R}AU^R,日^{R}JP^R,新西兰^{R}NZ^R,柬KH,港HK,澳门MO,韩^{R}KR^R	0 受惠国LD	0
3860	4901.9900	--其他 --Other	0	0	东盟AS,智CL,巴PK,新西兰NZ,秘PE,哥CR,瑞CH,冰IS,韩KR,澳AU,格GE,毛MU,东盟^{R}AS^R,澳^{R}AU^R,日^{R}JP^R,新西兰^{R}NZ^R,柬KH,港HK,澳门MO,韩^{R}KR^R	0 受惠国LD	0
	49.02	报纸、杂志及期刊,不论有无插图或广告材料: Newspapers, journals and periodicals, whether or not illustrated or containing advertising material:					
3861	4902.1000	-每周至少出版四次 -Appearing at least four times a week	0	0	东盟AS,智CL,巴PK,新西兰NZ,秘PE,哥CR,瑞CH,冰IS,韩KR,澳AU,格GE,毛MU,东盟^{R}AS^R,澳^{R}AU^R,日^{R}JP^R,新西兰^{R}NZ^R,柬KH,港HK,澳门MO,韩^{R}KR^R	0 受惠国LD	0
3862	4902.9000	-其他 -Other	0	0	东盟AS,智CL,巴PK,新西兰NZ,秘PE,哥CR,瑞CH,冰IS,韩KR,澳AU,格GE,毛MU,东盟^{R}AS^R,澳^{R}AU^R,日^{R}JP^R,新西兰^{R}NZ^R,柬KH,港HK,澳门MO,韩^{R}KR^R	0 受惠国LD	0
	49.03	儿童图画书、绘画或涂色书: Children's picture, drawing or colouring books:					
3863	4903.0000	儿童图画书、绘画或涂色书 Children's picture, drawing or colouring books	0	0	东盟AS,智CL,巴PK,新西兰NZ,秘PE,哥CR,瑞CH,冰IS,韩KR,澳AU,格GE,毛MU,东盟^{R}AS^R,澳^{R}AU^R,日^{R}JP^R,新西兰^{R}NZ^R,柬KH,港HK,澳门MO,韩^{R}KR^R	0 受惠国LD	0
	49.04	乐谱原稿或印本,不论是否装订或印有插图: Music, printed or in manuscript, whether or not bound or illustrated:					
3864	4904.0000	乐谱原稿或印本,不论是否装订或印有插图 Music, printed or in manuscript, whether or not bound or illustrated	0	0	东盟AS,智CL,巴PK,新西兰NZ,秘PE,哥CR,瑞CH,冰IS,韩KR,澳AU,格GE,毛MU,东盟^{R}AS^R,澳^{R}AU^R,日^{R}JP^R,新西兰^{R}NZ^R,柬KH,港HK,澳门MO,韩^{R}KR^R	0 受惠国LD	0

序号 No.	税则号列 Tariff Line	货品名称 Article Description	最惠国税率 MFN(%)	协定税率 Agreement(%)		特惠税率 SP(%)	普通税率 Gen(%)
	49.05	各种印刷的地图、水道图及类似图表，包括地图册、挂图、地形图及地球仪、天体仪： Maps and hydrographic or similar charts of all kinds, including atlases, wall maps, topographical plans and globes, printed:					
3865	4905.2000	-成册的 -In book form	0	0	东盟AS,智CL,巴PK,新西兰NZ,秘PE,哥CR,瑞CH,冰IS,韩KR,澳AU,格GE,毛MU,东盟ᴿASᴿ,澳ᴿAUᴿ,日ᴿJPᴿ,新西兰ᴿNZᴿ,柬KH,港HK,澳门MO,韩ᴿKRᴿ	0 受惠国LD	0
3866	4905.9000	-其他 -Other	0	0	东盟AS,智CL,巴PK,新西兰NZ,秘PE,哥CR,瑞CH,冰IS,韩KR,澳AU,格GE,毛MU,东盟ᴿASᴿ,澳ᴿAUᴿ,日ᴿJPᴿ,新西兰ᴿNZᴿ,柬KH,港HK,澳门MO,韩ᴿKRᴿ	0 受惠国LD	0
	49.06	手绘的建筑、工程、工业、商业、地形或类似用途的设计图纸原稿；手稿；用感光纸照相复印或用复写纸誊写的上述物品复制件： Plans and drawings for architectural, engineering, industrial, commercial, topographical or similar purposes, being originals drawn by hand; handwritten texts; photographic reproductions on sensitised paper and carbon copies of the foregoing:					
3867	4906.0000	手绘的建筑、工程、工业、商业、地形或类似用途的设计图纸原稿；手稿；用感光纸照相复印或用复写纸誊写的上述物品复制件 Plans and drawings for architectural, engineering, industrial, commercial topographical or similar purposes, being originals drawn by hand; hand-written text; photographic reproductions on sensitized paper and carbon copies of the foregoing	0	0	东盟AS,智CL,巴PK,新西兰NZ,秘PE,哥CR,瑞CH,冰IS,韩KR,澳AU,格GE,毛MU,东盟ᴿASᴿ,澳ᴿAUᴿ,日ᴿJPᴿ,新西兰ᴿNZᴿ,柬KH,港HK,澳门MO,韩ᴿKRᴿ	0 受惠国LD	0
	49.07	在承认或将承认其面值的国家流通或新发行并且未经使用的邮票、印花税票及类似票证；印有邮票或印花税票的纸品；钞票；空白支票；股票、债券及类似所有权凭证： Unused postage, revenue or similar stamps of current or new issue in the country in which they have, or will have, a recognised face value; stamp-impressed paper; banknotes; cheque forms; stock, share or bond certificates and similar documents of title:					
3868	4907.0010	---邮票 ---Postage	6Δ0	0	新西兰NZ,瑞CH,毛MU,柬KH,港HK,澳门MO	0 受惠国LD	50
				3	韩KR		
				5	东盟AS		
				7.1	东盟ᴿASᴿ,澳ᴿAUᴿ,新西兰ᴿNZᴿ		

序号 No.	税则号列 Tariff Line	货品名称 Article Description	最惠国税率 MFN(%)	协定税率 Agreement(%)		特惠税率 SP(%)	普通税率 Gen(%)
3869	4907.0020	---钞票 ---Banknotes	0	0	东盟AS,智CL,巴PK,新西兰NZ, 秘PE,哥CR,瑞CH,冰IS,韩KR, 澳AU,格GE,毛MU,东盟^{R}AS^R, 澳^{R}AU^R,日^{R}JP^R,新西兰^{R}NZ^R,柬 KH,港HK,澳门MO,韩^{R}KR^R	0 受惠国LD	50
3870	4907.0030	---证券凭证 ---Documents of title	0	0	东盟AS,智CL,巴PK,新西兰NZ, 秘PE,哥CR,瑞CH,冰IS,韩KR, 澳AU,格GE,毛MU,东盟^{R}AS^R, 澳^{R}AU^R,日^{R}JP^R,新西兰^{R}NZ^R,柬 KH,港HK,澳门MO,韩^{R}KR^R	0 受惠国LD	50
3871	4907.0090	---其他 ---Other	6Δ0	0 3 5 7.1	新西兰NZ,瑞CH,毛MU,柬KH, 港HK,澳门MO 韩KR 东盟AS 东盟^{R}AS^R,澳^{R}AU^R,新西兰^{R}NZ^R	0 受惠国LD	50
	ex49070090	给予存取、安装、复制或使用软件(含游戏)、数据、互联网内容物(含游戏内或应用程序内内容物)、服务或电信服务(含移动服务)权利的印刷品① Printed matter which grants the right to access, install, reproduce or otherwise use software (including games), data, internet content (including in-game or in-application content) or services, or telecommunications services (including mobile services)	0				
	49.08	转印贴花纸（移画印花法用图案纸）： Transfers (decalcomanias):					
3872	4908.1000	-釉转印贴花纸（移画印花法用图案纸） -Transfers (decalcomanias), vitrifiable	6Δ0	0 3 5 7.1	新西兰NZ,瑞CH,毛MU,柬KH, 港HK,澳门MO 韩KR 东盟AS 东盟^{R}AS^R,澳^{R}AU^R,新西兰^{R}NZ^R	0 受惠国LD	50
3873	4908.9000	-其他 -Other	6Δ0	0 3 5 7.1	新西兰NZ,瑞CH,毛MU,柬KH, 港HK,澳门MO 韩KR 东盟AS 东盟^{R}AS^R,澳^{R}AU^R,新西兰^{R}NZ^R	0 受惠国LD	50

---

① 取消印刷品的关税仅影响参加方有关货物贸易的权利和义务，即不影响关税以外的其他市场准入。ITA扩围协议不妨碍ITA成员监管此类货物的内容物，其中包括互联网内容物。ITA扩围协议不影响一成员有关服务贸易市场准入的权利和义务，也不妨碍其监管服务市场。
The tariff elimination for printed matter shall only affect the rights and obligations with respect to trade in goods, that is, it shall not affect market access other than tariffs of the participants. Nothing in the ITA expansion agreement shall prevent an ITA member from regulating the content of suchgoods, including Internet content, among other things. Nothing in the ITA expansion agreement shall affect a member's market access rights and obligations on trade in services or prevent a member from regulating its services market.

序号 No.	税则号列 Tariff Line	货品名称 Article Description	最惠国税率 MFN(%)	协定税率 Agreement(%)		特惠税率 SP(%)	普通税率 Gen(%)
	49.09	印刷或有图画的明信片; 印有个人问候、祝贺、通告的卡片, 不论是否有图画、带信封或饰边: Printed or illustrated postcards; printed cards bearing personal greetings, messages or announcements, whether or not illustrated, with or without envelopes or trimmings:					
3874	4909.0010	---印刷或有图画的明信片 ---Printed or illustrated postcards	6Δ0	0 3 5	新西兰NZ,瑞CH,毛MU,柬KH,港HK,澳门MO 韩KR 东盟AS	0 受惠国LD	50
3875	4909.0090	---其他 ---Other	6Δ0	0 3 5	新西兰NZ,瑞CH,毛MU,柬KH,港HK,澳门MO 韩KR 东盟AS	0 受惠国LD	50
	49.10	印刷的各种日历, 包括日历芯: Calendars of any kind, printed, including calendar blocks:					
3876	4910.0000	印刷的各种日历, 包括日历芯 Calendars of any kind, printed, including calendar blocks	6Δ0	0 3 5	新西兰NZ,瑞CH,柬KH,港HK,澳门MO 韩KR,毛MU 东盟AS	0 受惠国LD	50
	49.11	其他印刷品, 包括印刷的图片及照片: Other printed matter, including printed pictures and photographs:					
		-商业广告品、商品目录及类似印刷品: -Trade advertising material, commercial catalogues and the like:					
3877	4911.1010	---无商业价值的 ---No commercial value	0	0	东盟AS,智CL,巴PK,新西兰NZ,秘PE,哥CR,瑞CH,冰IS,韩KR,澳AU,格GE,毛MU,东盟[R]AS[R],澳[R]AU[R],日[R]JP[R],新西兰[R]NZ[R],柬KH,港HK,澳门MO,韩[R]KR[R]	0 受惠国LD	0
3878	4911.1090	---其他 ---Other	6Δ0	0 3 5	新西兰NZ,瑞CH,柬KH,港HK,澳门MO 韩KR,毛MU 东盟AS	0 受惠国LD	50
		-其他: -Other:					
3879	4911.9100	--图片、设计图样及照片 --Pictures, designs and photographs	6Δ0	0 3 5	新西兰NZ,瑞CH,毛MU,柬KH,港HK,澳门MO 韩KR 东盟AS	0 受惠国LD	50
		--其他: --Other:					
3880	4911.9910	---纸质的 ---Of paper	6Δ0	0 3 5	新西兰NZ,冰IS,毛MU,柬KH,港HK,澳门MO 瑞CH,韩KR 东盟AS	0 受惠国LD	50

序号 No.	税则号列 Tariff Line	货品名称 Article Description	最惠国税率 MFN(%)	协定税率 Agreement(%)		特惠税率 SP(%)		普通税率 Gen(%)
	ex49119910	给予存取、安装、复制或使用软件(含游戏)、数据、互联网内容物(含游戏内或应用程序内内容物)、服务或电信服务(含移动服务)权利的印刷品① Printed matter which grants the right to access, install, reproduce or otherwise use software (including games), data, internet content (including in-game or in-application content) or services, or telecommunications services (including mobile services)	0					
3881	4911.9990	---其他 ---Other	6△0	0	新西兰NZ,冰IS,柬KH,港HK,澳门MO	0	受惠国LD	50
				3	瑞CH,韩KR,毛MU			
				5	东盟AS			
	ex49119990	给予存取、安装、复制或使用软件(含游戏)、数据、互联网内容物(含游戏内或应用程序内内容物)、服务或电信服务(含移动服务)权利的印刷品② Printed matter which grants the right to access, install, reproduce or otherwise use software (including games), data, internet content (including in-game or in-application content) or services, or telecommunications services (including mobile services)	0					

---

① 取消印刷品的关税仅影响参加方有关货物贸易的权利和义务，即不影响关税以外的其他市场准入。ITA扩围协议不妨碍ITA成员监管此类货物的内容物，其中包括互联网内容物。ITA扩围协议不影响一成员有关服务贸易市场准入的权利和义务，也不妨碍其监管服务市场。
The tariff elimination for printed matter shall only affect the rights and obligations with respect to trade in goods, that is, it shall not affect market access other than tariffs of the participants. Nothing in the ITA expansion agreement shall prevent an ITA member from regulating the content of suchgoods, including Internet content, among other things. Nothing in the ITA expansion agreement shall affect a member's market access rights and obligations on trade in services or prevent a member from regulating its services market.

② 取消印刷品的关税仅影响参加方有关货物贸易的权利和义务，即不影响关税以外的其他市场准入。ITA扩围协议不妨碍ITA成员监管此类货物的内容物，其中包括互联网内容物。ITA扩围协议不影响一成员有关服务贸易市场准入的权利和义务，也不妨碍其监管服务市场。
The tariff elimination for printed matter shall only affect the rights and obligations with respect to trade in goods, that is, it shall not affect market access other than tariffs of the participants. Nothing in the ITA expansion agreement shall prevent an ITA member from regulating the content of suchgoods, including Internet content, among other things. Nothing in the ITA expansion agreement shall affect a member's market access rights and obligations on trade in services or prevent a member from regulating its services market.

第十一类
纺织原料及纺织制品

注释:

一、本类不包括:

（一）制刷用的动物鬃、毛（税目05.02）；马毛及废马毛（税目05.11）；

（二）人发及人发制品（税目05.01、67.03或67.04），但通常用于榨油机或类似机器的滤布除外（税目59.11）；

（三）第十四章的棉短绒或其他植物材料；

（四）税目25.24的石棉、税目68.12或68.13的石棉制品或其他产品；

（五）税目30.05或30.06的物品；税目33.06的用于清洁牙缝的纱线（牙线），单独零售包装的；

（六）税目37.01至37.04的感光布；

（七）截面尺寸超过1毫米的塑料单丝和表面宽度超过5毫米的塑料扁条及类似品（例如，人造草）（第三十九章），以及上述单丝或扁条的缏条、织物、篮筐或柳条编结品（第四十六章）；

（八）第三十九章的用塑料浸渍、涂布、包覆或层压的机织物、针织物或钩编织物、毡呢或无纺织物及其制品；

（九）第四十章的用橡胶浸渍、涂布、包覆或层压的机织物、针织物或钩编织物、毡呢或无纺织物及其制品；

（十）带毛皮张（第四十一章或第四十三章）、税目43.03或43.04的毛皮制品、人造毛皮及其制品；

（十一）税目42.01或42.02的用纺织材料制成的物品；

（十二）第四十八章的产品或物品（例如纤维素絮纸）；

（十三）第六十四章的鞋靴及其零件、护腿、裹腿及类似品；

（十四）第六十五章的发网、其他帽类及其零件；

（十五）第六十七章的货品；

（十六）涂有研磨料的纺织材料（税目68.05）以及税目68.15的碳纤维及其制品；

（十七）玻璃纤维及其制品，但可见底布的玻璃线刺绣品除外（第七十章）；

（十八）第九十四章的物品（例如，家具、寝具、灯具及照明装置）；

（十九）第九十五章的物品（例如，玩具、游戏品、运动用品及网具）；

（二十）第九十六章的物品[例如：刷子、旅行用成套缝纫用具、拉链、打字机色带、卫生巾（护垫）及卫生棉条、尿布及尿布衬里]；或

SECTION XI
TEXTILES AND TEXTILE ARTICLES

Notes:

1. This Section does not cover:

(a) Animal brush-making bristles or hair (heading 05.02); horsehair or horsehair waste (heading 05.11) ;

(b) Human hair or articles of human hair (heading 05.01, 67.03 or 67.04) , except filtering or straining cloth of a kind commonly used in oil presses or the like (heading 59.11) ;

(c) Cotton linters or other vegetable materials of Chapter 14;

(d) Asbestos of heading 25.24 or articles of asbestos or other products of heading 68.12 or 68.13;

(e) Articles of heading 30.05 or 30.06; yarn used to clean between the teeth (dental floss), in individual retail packages, of heading 33.06;

(f) Sensitized textiles of headings 37.01 to 37.04;

(g) Monofilament of which any cross-sectional dimension exceeds 1mm or strip or the like (for example, artificial straw) of an apparent width exceeding 5mm, of plastics (Chapter 39) , or plaits or fabrics or other basketware or wickerwork of such monofi-lament or strip (Chapter 46) ;

(h) Woven, knitted or crocheted fabrics, felt or nonwovens, impregnated, coated, covered or laminated with plastics, or articles thereof, of Chapter 39;

(i) Woven, knitted or crocheted fabrics, felt or nonwovens, impregnated, coated, covered or laminated with rubber, or articles thereof, of Chapter 40;

(j) Hides or skins with their hair or wool on (Chapter 41 or 43) or artcles of furskin, artificial fur or articles thereof, of heading 43.03 or 43.04;

(k) Articles of textile materials of heading 42.01 or 42.02;

(l) Products or articles of Chapter 48 (for example, cellulose wadding) ;

(m) Footwear or parts of footwear, gaiters or leggings or similar articles of Chapter 64;

(n) Hair-nets or other headgear or parts thereof of Chapter 65;

(o) Goods of Chapter 67;

(p) Abrasive-coated textile material (Heading 68.05) and also carbon fibres or articles of carbon fibres of heading 68.15;

(q) Glass fibres or articles of glass fibres, other than embroidery with glass thread on a visible ground of fabric (Chapter 70) ;

(r) Articles of Chapter 94 (for example, furniture, bedding, luminaires and lighting fittings) ;

(s) Articles of Chapter 95 (for example, toys games, sports requisites and nets) ;

(t) Articles of Chapter 96 (for example, brushes, travel sets for sewing, slide fasteners, typewriter ribbons, sanitary towels (pads) and tampons, napkins (diapers) and napkin liners); or

（二十一）第九十七章的物品。

二、

（一）可归入第五十章至第五十五章及税目58.09或59.02的由两种或两种以上纺织材料混合制成的货品，应按其中重量最大的那种纺织材料归类。

当没有一种纺织材料重量较大时，应按可归入的有关税目中最后一个税目所列的纺织材料归类。

（二）应用上述规定时：

1. 马毛粗松螺旋花线（税目51.10）和含金属纱线（税目56.05）均应作为一种单一的纺织材料，其重量应为它们在纱线中的合计重量；在机织物的归类中，金属线应作为一种纺织材料；

2. 在选择合适的税目时，应首先确定章，然后再确定该章的有关税目，至于不归入该章的其他材料可不予考虑；

3. 当归入第五十四章及第五十五章的货品与其他章的货品进行比较时，应将这两章作为一个单一的章对待；

4. 同一章或同一税目所列各种不同的纺织材料应作为单一的纺织材料对待。

（三）上述（一）、（二）两款规定亦适用于以下注释三、四、五或六所述纱线。

三、

（一）本类的纱线（单纱、多股纱线或缆线）除下列（二）款另有规定的以外，凡符合以下规格的应作为"线、绳、索、缆"：

1. 丝或绢丝纱线，细度在20000分特以上；

2. 化学纤维纱线（包括第五十四章的用两根及以上单丝纺成的纱线），细度在10000分特以上；

3. 大麻或亚麻纱线：
   （1）加光或上光的，细度在1429分特及以上；
   （2）未加光或上光的，细度在20000分特以上；

4. 三股或三股以上的椰壳纤维纱线；

5. 其他植物纤维纱线，细度在20000分特以上；

6. 用金属线加强的纱线。

（二）下列各项不按上述（一）款规定办理：

1. 羊毛或其他动物毛纱线及纸纱线，但用金属线

(u) Articles of Chapter 97.

2.

(a) Goods classifiable in Chapters 50 to 55 or in heading 58.09 or 59.02 and of a mixture of two or more textile materials are to be classified as if consisting wholly of that one textile material which predominates by weight over any other single textile material.

When no one textile material predominates by weight, the goods are to be classified as if consisting wholly of that one textile material which is covered by the heading which occurs last in numerical order among those which equally merit consideration.

(b) For the purposes of the above rule:

(1) Gimped horsehair yarn (heading 51.10) and metallized yarn (heading 56.05) are to be treated as a single textile material the weight of which is to be taken as the aggregate of the weights of its components;for the classification of woven fabrics, metal thread is to be regarded as a textile material;

(2) The choice of appropriate heading shall be effected by determining first the Chapter and then the applicable heading within that Chapter, disregarding any materials not classified in that Chapter;

(3) When both Chapters 54 and 55 are involved with any other Chapter, Chapters 54 and 55 are to be treated as a single Chapter;

(4) Where a Chapter or a heading refers to goods of different textile materials, such materials are to be treated as a single textile material.

(c) The provisions of paragraphs (a) and (b) above apply also to the yarns referred to in Notes 3, 4, 5 or 6 below.

3.

(a) For the purposes of this Section, and subject to the exceptions in paragraph (b) below, yarns (single, multiple (folded) or cabled) of the following descriptions are to be treated as"twine, cordage, ropes and cables":

(1) Of silk or waste silk, measuring more than 20000 decitex;

(2) Of man-made fibres (including yarn of two or more monofilaments of Chapter 54) , measuring more than 10000 decitex;

(3) Of true hemp or flax:
   (i) Polished or glazed, measuring 1429 decitex or more; or
   (ii) Not polished or glzed, measuring more than 20000 decitex;

(4) Of coir, consisting of three or more plies;

(5) Of other vegetable fibres, measuring more than 20000 decitex; or

(6) Reinforced with metal thread.

(b) Exceptions:

(1) Yarn of wool or other animal hair and paper yarn,

加强的纱线除外；

2.第五十五章的化学纤维长丝丝束以及第五十四章的未加捻或捻度每米少于5转的复丝纱线；

3.税目50.06的蚕胶丝及第五十四章的单丝；

4.税目56.05的含金属纱线；但用金属线加强的纱线按上述（一）款6项规定办理；

5.税目56.06的绳绒线、粗松螺旋花线及纵行起圈纱线。

四、

（一）除下列（二）款另有规定的以外，第五十章、第五十一章、第五十二章、第五十四章和第五十五章所称"供零售用"纱线，是指以下列方式包装的纱线（单纱、股纱线或揽线）：

1.绕于纸板、线轴、纱管或类似芯子上，其重量（含线芯）符合下列规定：

（1）丝、绢丝或化学纤维长丝纱线，不超过85克；或

（2）其他纱线，不超过125克。

2.绕成团、绞或束，其重量符合下列规定：

（1）细度在3000分特以下的化学纤维长丝纱线，丝或绢丝纱线，不超过85克；

（2）细度在2000分特以下的任何其他纱线，不超过125克；或

（3）其他纱线，不超过500克。

3.绕成绞或束，每绞或每束中有若干用线分开的小绞或小束，每小绞或小束的重量相等，并且符合下列规定：

（1）丝、绢丝或化学纤维长丝纱线，不超过85克；或

（2）其他纱线，不超过125克。

（二）下列各项不按上述（一）款规定办理：

1.各种纺织材料制的单纱，但下列两种除外：

（1）未漂白的羊毛或动物细毛单纱；

（2）漂白、染色或印色的羊毛或动物细毛单纱，细度在5000分特以上。

2.未漂白的多股纱线或缆线：

（1）丝或绢丝制的，不论何种包装；或

（2）除羊毛或动物细毛外其他纺织材料制，成绞或成束的。

3.漂白、染色或印色丝或绢丝制的多股纱线或缆线，细度在133分特及以下；

4.任何纺织材料制的单纱、多股纱线或缆线：

（1）交叉绕成绞或束的；或

（2）绕于纱芯上或以其他方式卷绕，明显用于纺织工业的（例如，绕于纱管、加捻管、

---

other than yarn, rein forced with metal thread;

(2) Man-made filament tow of Chapter 55 and multifilament yarn without twist or with a twist of less than 5 turns per metre of Chapter 54;

(3) Silk worm gut of heading 50.06, and monofilaments of Chapter 54;

(4) Metallized yarn of Heading 56.05; yarn reinforced with metal thread is subject to paragraph (a) (6) above; and

(5) Chenille, yarn, gimped yarn and loop wale-yarn of heading 56.06.

4.

(a) For the purposes of Chapters 50, 51, 52, 54 and 55, the expression "put up for retail sale" in relation to yarn means, subject to the exceptions in paragraph (b) below, yarn (single, multiple (folded) or cabled) put up:

(1) On cards, reels, tubes or similar supports, of a weight (including support) not exceeding:

(i) 85g in the case of silk, waste silk or manmade filament yarn; or

(ii) 125g in other cases;

(2) In balls, hanks or skeins of a weight not exceeding:

(i) 85g in the case of man-made filament yarn of less than 3000 decitex, silk or silk waste;

(ii) 125g in the case of all other yarns of less than 2000 decitex;or

(iii) 500g in other cases.

(3) In hanks or skeins comprising several smaller hanks or skeins separated by dividing threads which render them independent one of the other, each of uniform weight not exceeding:

(i) 85g in the case of silk, waste silk or manmade filament yarn; or

(ii) 125g in other cases.

(b) Exceptions:

(1) Single yarn of any textile material, except:

(i) Single yarn of wool or fine animal hair, unbleached; and

(ii) Single yarn of wool or fine animal hair, bleached, dyed or printed, measuring more than 5000 decitex.

(2) Multiple (folded) or cabled yarn, unbleached:

(i) Of silk or waste silk, however put up; or

(ii) Of other textile material except wool or fine animal hair, in hanks or skeins.

(3) Multiple (folded) or cabled yarn of silk or waste silk, bleached, dyed or printed, measuring 133 decitex or less; and

(4) Single, multiple (folded) or cabled yarn of any textile material:

(i) In cross-reeled hanks or skeins;or

(ii) Put up on supports or in some other manner indicating its use in the textile industry (for example,

纬纱管、锥形筒管或锭子上的或者绕成蚕茧状以供绣花机使用的纱线）。

五、税目52.04、54.01及55.08所称"缝纫线"，是指下列多股纱线或缆线：

（一）绕于芯子（例如，线轴、纱管）上，重量（包括纱芯）不超过1000克；

（二）作为缝纫线上过浆的；

（三）终捻为反手（Z）捻的。

六、本类所称"高强力纱"，是指断裂强度大于下列标准的纱线：

尼龙、其他聚酰胺或聚酯制的单纱——60厘牛顿/特克斯；

尼龙、其他聚酰胺或聚酯制的多股纱线或缆线——53厘牛顿/特克斯；

粘胶纤维制的单纱、多股纱线或缆线——27厘牛顿/特克斯。

七、本类所称"制成的"，是指：

（一）裁剪成除正方形或长方形以外的其他形状的；

（二）呈制成状态，无需缝纫或其他进一步加工（或仅需剪断分隔联线）即可使用的（例如，某些抹布、毛巾、台布、方披巾、毯子）；

（三）裁剪成一定尺寸，至少有一边为带有可见的锥形或压平形的热封边，其余各边经本注释其他各项所述加工，但不包括为防止剪边脱纱而用热切法或其他简单方法处理的织物；

（四）已缝边或滚边，或者在任一边带有结制的流苏，但不包括为防止剪边脱纱而锁边或用其他简单方法处理的织物；

（五）裁剪成一定尺寸并经抽纱加工的；

（六）缝合、胶合或用其他方法拼合而成的（将两段或两段以上相同料子的织物首尾连接而成的匹头，以及由两层或两层以上的织物，不论中间有无胎料，层叠而成的匹头除外）；

（七）针织或钩编成一定形状，不论进口或出口时是单件还是以若干件相连成幅的。

八、对于第五十章至第六十章：

（一）第五十章至第五十五章和第六十章，以及除条文另有规定以外的第五十六章至第五十九章，不适用于上述注释七所规定的制成货品；

（二）第五十章至第五十五章及第六十章不包括第五十六章至第五十九章的货品。

九、第五十章至第五十五章的机织物包括由若干层平行纱线以锐角或直角相互层叠，在纱线交叉点用粘合剂或以

on cops, twisting mill tubes, pirns, conical bobbins or spindles, or reeled in the form of cocoons for embroidery looms).

5. For the purposes of headings 52.04、54.01 and 55.08 the expression"sewing thread"means multiple (folded) or cabled yarn:

(a) Put up on supports (for example, reels, tubes) of a weight (including support) not exceeding 1000g;

(b) Dressed for use as sewing thread;and

(c) With a final "Z" twist.

6. For the purposes of this Section, the expression "high tenacity yarn" means yarn having a tenacity, expressed in cN/tex (centinewtons per tex), greater than the following:

Single yarn of nylon or other polyamides, or of polyesters 60cN/tex;

Multiple (folded) or cabled yarn of nylon or other polyamides, or of polyesters 53cN/tex;

Single, multiple (folded) or cabled yarn of viscose rayon 27cN/tex.

7. For the purposes of this Section, the expression "made up" means:

(a) Cut otherwise than into squares or rectangles;

(b) Produced in the finished state, ready for use (or merely needing separation by cutting dividing threads) without sewing or other working (for example, certain dusters, towels, table cloths, scarf squares, blankets);

(c) Cut to size and with at least one heat-sealed edge with a visibly tapered or compressed border and the other edges treated as described in any other subparagraph of this Note, but excluding fabrics the cut edges of which have been prevented from unravelling by hot cutting or by other simple means;

(d) Hemmed or with rolled edges, or with a knotted fringe at any of the edges, but excluding fabrics the cut deges of which have been prevented from unravelling by whipping or by other simple means;

(e) Cut to size and having undergone a process of drawn thread work;

(f) Assembled by sewing, gumming or otherwise (other than piece goods consisting of two or more lengths of identical material joined end to end and piece goods composed of two or more textiles assembled in layers, whether or not padded);

(g) Knitted or crocheted to shape, whether presented as separate items or in the form of a number of items in the length.

8. For the purposes of Chapters 50 to 60:

(a) Chapters 50 to 55 and 60, and except where the context otherwise requires, Chapters 56 to 59 do not apply to goods made up within the meaning of Note 7 above; and

(b) Chapters 50 to 55 and 60 do not apply to goods of Chapters 56 to 59.

9. The woven fabrics of Chapters 50 to 55 include fabrics consisting of layers of parallel textile yarns superimposed on

热粘合法粘合而成的织物。

十、用纺织材料和橡胶线制成的弹性产品归入本类。

十一、本类所称"浸渍"，包括"浸泡"。

十二、本类所称"聚酰胺"，包括"芳族聚酰胺"。

十三、本类及本目录所称"弹性纱线"是指合成纤维纺织材料制成的长丝纱线（包括单丝，变形纱线除外）。这些纱线可拉伸至原长的三倍而不断裂，并可在拉伸至原长两倍后五分钟内回复到不超过原长度的一倍半。

十四、除条文另有规定的以外，各种服装即使成套包装供零售用，也应按各自税目分别归类。本注释所称"纺织服装"，是指税目61.01至61.14及税目62.01至62.11所列的各种服装。

十五、除本类注释一另有规定的以外，装有用作附加功能的化学、机械或电子组件（无论是作为内置组件还是组合在纤维或织物内）的纺织品、服装和其他纺织物，如果其具有本类货品的基本特征，应归入本类相应税目中。

子目注释：

一、本类及本目录所用有关名词解释如下：

（一）未漂白纱线：

1.带有纤维自然色泽并且未经漂染（不论是否整体染色）或印色的纱线；

2.从回收纤维制得，色泽未定的纱线（本色纱）。

这种纱线可用无色浆料或易褪色染料（可轻易地用肥皂洗去）处理，如果是化学纤维纱线，则整体用消光剂（例如二氧化钛）进行处理。

（二）漂白纱线：

1.经漂白加工、用漂白纤维制得或经染白（除条文另有规定的以外）（不论是否整体染色）及用白浆料处理的纱线；

2.用未漂白纤维和漂白纤维混纺制得的纱线；

each other at acute or right angles. These layers are bonded at the intersections of the yarns by an adhesive or by thermal bonding;

10. Elastic products consisting of textile materials combined with rubber threads are classified in this Section.

11. For the purposes of this Section, the expression "impregnated" includes "dipped".

12. For the purposes of this Section, the expression "polyamides" includes "aramides".

13. For the purposes of this Section and, where applicable, throughout the nomenclature, the expression "elastomeric yarn" means filament yarn, including monofilament, of synthetic textile material, other than textured yarn, which does not break on being extended to three times its original length and which returns, after being extended to twice its original length, within a period of five minutes, to a length not greater than one and a half times its original length.

14. Unless the context otherwise requires, textile garments of different headings are to be classified in their own headings even if put up in sets for retail sale. For the purposes of this Note, the expression "textile garments" means garments of headings 61.01 to 61.14 and headings 62.01 to 62.11.

15. Subject to Note 1 to Section XI, textiles, garments and other textile articles, incorporating chemical, mechanical or electronic components for additional functionality, whether incorporated as built-in components or within the fibre or fabric, are classified in their respective headings in Section XI provided that they retain the essential character of the goods of this Section.

Subheading Notes:

1. In the Section, where applicable, throughout the Nomenclature, the following expressions have the meanings hereby assigned to them:

(a) Unbleached yarn

Yarn which:

(1) has the natural colour of its constituent fibres and has not been bleached, dyed (whether or not in the mass) or printed; or

(2) is of indeterminate colour ("grey yarn") , manufactured from garnetted stock.

Such yarn may have been treated with a colourless dressing or fugitive dye (which disappears after simple washing with soap) and, in the case of man-made fibres, treated in the mass with delustring agent (for example, titanium dioxide) .

(b) Bleached yarn

Yarn which:

(1) has undergone a bleaching process, is made of bleached fibres or, unless the context otherwise requires, has been dyed white (whether or not in the mass) or treated with a white dressing;

(2) consists of a mixture of unbleached and bleached fi-

3.用未漂白纱和漂白纱纺成多股纱线或缆线。

（三）着色（染色或印色）纱线：

    1.染成彩色（不论是否整体染色，但白色或易褪色除外）或印色的纱线，以及用染色或印色纤维纺制的纱线；

    2.用各色染色纤维混合纺制或用未漂白或漂白纤维与着色纤维混合制得的纱线（夹色纱或混色纱），以及用一种或几种颜色间隔印色而获得点纹印迹的纱线；

    3.用已经印色的纱条或粗纱纺制的纱线；

    4.用未漂白纱和漂白纱与着色纱纺成的多股纱线或缆线。
    上述定义作相应调整后适用于第五十四章的单丝、扁条或类似产品。

（四）未漂白机织物：
    用未漂白纱线织成后未经漂白、染色或印花的机织物。这类织物可用无色浆料或易褪色染料处理。

（五）漂白机织物：

    1.经漂白、染白或用白浆料处理（除条文另有规定的以外）的成匹机织物；

    2.用漂白纱线织成的机织物；
    3.用未漂白纱线和漂白纱线织成的机织物；

（六）染色机织物：

    1.除条文另有规定的以外，染成白色以外的其他单一颜色或用白色以外的其他有色整理剂处理的成匹机织物；

    2.用单一颜色的着色纱线织成的机织物。

（七）色织机织物：
    除印花机织物以外的下列机织物：
    1.用各种不同颜色纱线或同一颜色不同深浅（纤维的自然色彩除外）纱线织成的机织物；

    2.用未漂白或漂白与着色纱线织成的机织物；

    3.用夹色纱线或混色纱线织成的机织物。
    不论何种情况，布边或布头的纱线均可忽略不计。

（八）印花机织物：
    成匹印花的机织物，不论是否用各色纱线织成。用刷子或喷枪，经转印纸转印、植绒或蜡防印花等方法印成花纹图案的机织物亦可视为印花机织物。

---

bres; or

(3) is multiple (folded) or cabled and consists of unbleached and bleached yarns.

(c) Coloured (dyed or printed) yarn
Yarn which:

(1) is dyed (whether or not in the mass) other than white or in a fugitive colour, or printed, or made from dyed or printed fibres;

(2) consists of a mixture of dyed fibres of different colours or of a mixture of unbleached or bleached fibres with coloured fibres (marl or mixture yarns) , or is printed in one or more colours at intervals to give the impression of dots;

(3) is obtained from slivers or rovings which have been printed; or

(4) is multiple (folded) or cabled and consists of unbleached or bleached yarn and coloured yarn.

The above definitions also apply, *mutatis mutandis*, to monofilament and to strip or the like of Chapter 54.

(d) Unbleached woven fabric:
Woven fabric made from unbleached yarn and which has not been bleached, dyed or printed. Such fabric may have treated with a colourless dressing or a fugitive dye.

(e) Bleached woven fabric
Woven fabric which:

(1) has been bleached or, unless the context otherwise requires, dyed white or treated with a white dressing, in the piece;

(2) consists of bleached yarn; or

(3) consists of unbleached and bleached yarn.

(f) Dyed woven fabric
Woven fabric which:

(1) is dyed a single uniform colour other than white (unless the context otherwise requires) or has been treated with a coloured finish other than white (unless the context otherwise requires), in the piece; or

(2) consists of coloured yarn of a single uniform colour.

(g) Woven fabric of yarns of different colours:
Woven fabric (other than printed woven fabric) which:

(1) consists of yarns of different colours or yarns of different shades of the same colour (other than the natural colour of the constituent fibres) ;

(2) consists of unbleached or bleached yarn and coloured yarn; or

(3) consists of marl or mixture yarns.

(In all cases, the yarn used in selvedges and piece ends is not taken into consideration.)

(h) Printed woven fabric:
Woven fabric which has been printed in the piece, whether or not made from yarns of different colours.
(The following are also regarded as printed woven fabrics: woven fabrics bearing designs made, for example, with a brush or spray gun, by means of transfer paper, by flocking or by the batik process.)

上述各类纱线或织物如经丝光工艺处理并不影响其归类。上述（四）至（八）的定义在作必要修改后适用于针织或钩编织物。

（九）平纹组织：

每根纬纱在并排的经纱间上下交错而过，而每根经纱也在并排的纬纱间上下交错而过的织物组织。

二、

（一）含有两种或两种以上纺织材料的第五十六章至第六十三章的产品，应根据本类注释二对第五十章至第五十五章或税目58.09的此类纺织材料产品归类的规定来确定归类。

（二）运用本条规定时：

1.应酌情考虑按归类总规则第三条来确定归类；

2.对由底布和绒面或毛圈面构成的纺织品，在归类时可不考虑底布的属性；

3.对税目58.10的刺绣品及其制品，归类时应只考虑底布的属性，但不见底布的刺绣品及其制品应根据绣线的属性确定归类。

The process of mercerization does not affect the classification of yarns or fabrics within the above categories. The definitions at (d) to (h) above apply, *mutatis mutandis*, or to knitted crocheted fabrics.

(i) Plain weave:

A fabric construction in which each yarn of the weft passes alternately over and under successive yarns of the warp and each yarn of the warp passes alternately over and under successive yarns of the weft.

2.

(a) Products of Chapters 56 to 63 containing two or more textile materials are to be regarded as consisting wholly of that textile material which would be selected under Note 2 to this Section for the classification of the product of Chapters 50 to 55 or of heading 58.09 consisting of the same textile materials.

(b) For the application of this rule:

(1) where appropriate, only the part which determines the classification under interpretative Rule 3 shall be taken into account;

(2) in the case of textile products consisting of a ground fabric and a pile or looped surface, no account shall be taken of the ground fabric;

(3) in the case of embroidery of heading 58.10 and goods thereof, only the ground fabric shall be taken into account. However, embroidery without visible ground, and goods thereof, shall be classified with reference to the embroidering threads alone.

第五十章
蚕　丝

Chapter 50
Silk

序号 No.	税则号列 Tariff Line	货品名称 Article Description	最惠国税率 MFN(%)	协定税率 Agreement(%)		特惠税率 SP(%)	普通税率 Gen(%)
	50.01	**适于缫丝的蚕茧:** **Silkworm cocoons suitable for reeling:**					
3882	5001.0010	---适于缫丝的桑蚕茧 ---Bombyx mori cocoons (Mulberry feeding silk-worm cocoons)	6	0	东盟AS,智CL,新西兰NZ,秘PE,哥CR,瑞CH,冰IS,韩KR,澳AU,格GE,毛MU,东盟^{R}AS^R,澳^{R}AU^R,日^{R}JP^R,新西兰^{R}NZ^R,柬KH,港HK,澳门MO,韩^{R}KR^R	0　受惠国LD	70
				3	巴PK		
3883	5001.0090	---其他 ---Other	6	0	东盟AS,智CL,新西兰NZ,秘PE,哥CR,瑞CH,冰IS,韩KR,澳AU,格GE,毛MU,东盟^{R}AS^R,澳^{R}AU^R,日^{R}JP^R,新西兰^{R}NZ^R,柬KH,港HK,澳门MO,韩^{R}KR^R	0　受惠国LD	70
				4	巴PK		
	50.02	**生丝（未加捻）:** **Raw silk (not thrown):**					

序号 No.	税则号列 Tariff Line	货品名称 Article Description	最惠国税率 MFN(%)	协定税率 Agreement(%)		特惠税率 SP(%)	普通税率 Gen(%)
		---桑蚕丝: ---Steam filature silk:					
3884	5002.0011	----厂丝 ----Plant reeled (filature silk)	9	0	东盟AS,智CL,新西兰NZ,秘PE, 哥CR,瑞CH,冰IS,韩KR,澳AU, 格GE,毛MU,东盟^{R}AS^R,澳^{R}AU^R, 新西兰^{R}NZ^R,柬KH,港HK,澳门 MO,韩^{R}KR^R	0 受惠国LD	80
				1	巴PK		
				7.4	日^{R}JP^R		
3885	5002.0012	----土丝 ----Home reeled	9	0	东盟AS,智CL,新西兰NZ,秘PE, 哥CR,瑞CH,冰IS,韩KR,澳AU, 格GE,毛MU,东盟^{R}AS^R,澳^{R}AU^R, 新西兰^{R}NZ^R,柬KH,港HK,澳门 MO,韩^{R}KR^R	0 受惠国LD	80
				1	巴PK		
				7.4	日^{R}JP^R		
3886	5002.0013	----双宫丝 ----Doupion	9	0	东盟AS,智CL,新西兰NZ,秘PE, 哥CR,瑞CH,冰IS,韩KR,澳AU, 格GE,毛MU,东盟^{R}AS^R,澳^{R}AU^R, 新西兰^{R}NZ^R,柬KH,港HK,澳门 MO,韩^{R}KR^R	0 受惠国LD	80
				1	巴PK		
				7.4	日^{R}JP^R		
3887	5002.0019	----其他 ----Other	9	0	东盟AS,智CL,新西兰NZ,秘PE, 哥CR,瑞CH,冰IS,韩KR,澳AU, 格GE,毛MU,东盟^{R}AS^R,澳^{R}AU^R, 新西兰^{R}NZ^R,柬KH,港HK,澳门 MO,韩^{R}KR^R	0 受惠国LD	80
				1	巴PK		
				7.4	日^{R}JP^R		
3888	5002.0020	---柞蚕丝 ---Tussah silk	9	0	东盟AS,智CL,新西兰NZ,秘PE, 哥CR,瑞CH,冰IS,韩KR,澳AU, 格GE,毛MU,东盟^{R}AS^R,澳^{R}AU^R, 新西兰^{R}NZ^R,柬KH,港HK,澳门 MO,韩^{R}KR^R	0 受惠国LD	80
				1	巴PK		
				7.4	日^{R}JP^R		
3889	5002.0090	---其他 ---Other	9	0	东盟AS,智CL,新西兰NZ,秘PE, 哥CR,瑞CH,冰IS,韩KR,澳AU, 格GE,毛MU,东盟^{R}AS^R,澳^{R}AU^R, 新西兰^{R}NZ^R,柬KH,港HK,澳门 MO,韩^{R}KR^R	0 受惠国LD	80
				1	巴PK		
				7.4	日^{R}JP^R		

序号 No.	税则号列 Tariff Line	货品名称 Article Description	最惠国税率 MFN(%)	协定税率 Agreement(%)		特惠税率 SP(%)	普通税率 Gen(%)
	50.03	废丝（包括不适于缫丝的蚕茧、废纱及回收纤维）： **Silk waste (including cocoons unsuitable for reeling, yarn waste and garnetted stock):**					
		---未梳： ---Not carded or combed:					
3890	5003.0011	----下茧、茧衣、长吐、滞头 ----Inferior cocoon (cocoon unsuitable for reeling), cocoon outer floss, frison and frigon (knub from reeling)	9	0	东盟AS,智CL,新西兰NZ,秘PE,哥CR,瑞CH,冰IS,韩KR,澳AU,格GE,毛MU,东盟^{R}AS^R,澳^{R}AU^R,新西兰^{R}NZ^R,柬KH,港HK,澳门MO,韩^{R}KR^R	0 受惠国LD	70
				1	巴PK		
				7.4	日^{R}JP^R		
3891	5003.0012	----回收纤维 ----Garnetted stock	9	0	东盟AS,智CL,新西兰NZ,秘PE,哥CR,瑞CH,冰IS,韩KR,澳AU,格GE,毛MU,东盟^{R}AS^R,澳^{R}AU^R,新西兰^{R}NZ^R,柬KH,港HK,澳门MO,韩^{R}KR^R	0 受惠国LD	70
				1	巴PK		
				7.4	日^{R}JP^R		
3892	5003.0019	----其他 ----Other	9	0	东盟AS,智CL,新西兰NZ,秘PE,哥CR,瑞CH,冰IS,韩KR,澳AU,格GE,毛MU,东盟^{R}AS^R,澳^{R}AU^R,新西兰^{R}NZ^R,柬KH,港HK,澳门MO,韩^{R}KR^R	0 受惠国LD	70
				1	巴PK		
				7.4	日^{R}JP^R		
		---其他： ---Other:					
3893	5003.0091	----绵球 ----Silk tops	9	0	东盟AS,智CL,新西兰NZ,秘PE,哥CR,瑞CH,冰IS,韩KR,澳AU,格GE,毛MU,东盟^{R}AS^R,澳^{R}AU^R,新西兰^{R}NZ^R,柬KH,港HK,澳门MO,韩^{R}KR^R	0 受惠国LD	70
				1	巴PK		
				7.4	日^{R}JP^R		
3894	5003.0099	----其他 ----Other	9	0	东盟AS,智CL,新西兰NZ,秘PE,哥CR,瑞CH,冰IS,韩KR,澳AU,格GE,毛MU,东盟^{R}AS^R,澳^{R}AU^R,新西兰^{R}NZ^R,柬KH,港HK,澳门MO,韩^{R}KR^R	0 受惠国LD	70
				1	巴PK		
				7.4	日^{R}JP^R		

序号 No.	税则号列 Tariff Line	货品名称 Article Description	最惠国税率 MFN(%)	协定税率 Agreement(%)		特惠税率 SP(%)	普通税率 Gen(%)
	50.04	丝纱线（绢纺纱线除外），非供零售用： Silk yarn (other than yarn spun from silk waste) not put up for retail sale:					
3895	5004.0000	丝纱线（绢纺纱线除外），非供零售用 Silk yarn (other than yarn spun from silk waste) not put up for retail sale	6	0	东盟AS,智CL,巴PK,新西兰NZ,秘PE,哥CR,瑞CH,冰IS,韩KR,澳AU,格GE,毛MU,东盟^{R}AS^R,澳^{R}AU^R,日^{R}JP^R,新西兰^{R}NZ^R,柬KH,港HK,澳门MO,韩^{R}KR^R	0 受惠国LD	90
	50.05	绢纺纱线，非供零售用： Yarn spun from silk waste, not put up for retail sale:					
3896	5005.0010	---细丝纱线 ---Spun from noil	6	0	东盟AS,智CL,巴PK,新西兰NZ,秘PE,哥CR,瑞CH,冰IS,韩KR,澳AU,格GE,毛MU,东盟^{R}AS^R,澳^{R}AU^R,日^{R}JP^R,新西兰^{R}NZ^R,柬KH,港HK,澳门MO,韩^{R}KR^R	0 受惠国LD	90
3897	5005.0090	---其他 ---Other	6	0	东盟AS,智CL,巴PK,新西兰NZ,秘PE,哥CR,瑞CH,冰IS,韩KR,澳AU,格GE,毛MU,东盟^{R}AS^R,澳^{R}AU^R,日^{R}JP^R,新西兰^{R}NZ^R,柬KH,港HK,澳门MO,韩^{R}KR^R	0 受惠国LD	90
	50.06	丝纱线及绢纺纱线, 供零售用; 蚕胶丝: Silk yarn and yarn spun from silk waste, put up for retail sale; silkworm gut:					
3898	5006.0000	丝纱线及绢纺纱线, 供零售用; 蚕胶丝 Silk yarn and yarn spun from silk waste, put up for retail sale; silk-worm gut	6	0	东盟AS,智CL,巴PK,新西兰NZ,秘PE,哥CR,瑞CH,冰IS,韩KR,澳AU,格GE,毛MU,东盟^{R}AS^R,澳^{R}AU^R,日^{R}JP^R,新西兰^{R}NZ^R,柬KH,港HK,澳门MO,韩^{R}KR^R	0 受惠国LD	100
	50.07	丝或绢丝机织物: Woven fabrics of silk or of silk waste: -细丝机织物: -Fabrics of noil silk:					
3899	5007.1010	---未漂白（包括未练白或练白）或漂白 ---Unbleached (unscoured or scoured) or bleached	8	0 3 8.2	东盟AS,智CL,新西兰NZ,秘PE,哥CR,瑞CH,冰IS,韩KR,澳AU,格GE,毛MU,东盟^{R}AS^R,澳^{R}AU^R,新西兰^{R}NZ^R,柬KH,港HK,澳门MO,韩^{R}KR^R 巴PK 日^{R}JP^R	0 受惠国LD, 老LA	130
3900	5007.1090	---其他 ---Other	8	0 3 8.2	东盟AS,智CL,新西兰NZ,秘PE,哥CR,瑞CH,冰IS,韩KR,澳AU,格GE,毛MU,东盟^{R}AS^R,澳^{R}AU^R,新西兰^{R}NZ^R,柬KH,港HK,澳门MO,韩^{R}KR^R 巴PK 日^{R}JP^R	0 受惠国LD, 老LA	130

序号 No.	税则号列 Tariff Line	货品名称 Article Description	最惠国税率 MFN(%)	协定税率 Agreement(%)		特惠税率 SP(%)		普通税率 Gen(%)
		-其他机织物, 按重量计丝或绢丝(细丝除外)含量在85%及以上: -Other fabrics, containing 85% or more by weight of silk or of silk waste other than noil silk:						
		---桑蚕丝机织物: ---Of Bombyx mori silk:						
3901	5007.2011	----未漂白(包括未练白或练白)或漂白 ----Unbleached (unscoured or scoured) or bleached	8	0	东盟AS,智CL,新西兰NZ,秘PE,哥CR,瑞CH,冰IS,韩KR,澳AU,格GE,毛MU,东盟^{R}AS^R,澳^{R}AU^R,新西兰^{R}NZ^R,柬KH,港HK,澳门MO,韩^{R}KR^R	0	受惠国LD,老LA	130
				3	巴PK			
				5.2	亚太AP			
				8.2	日^{R}JP^R			
3902	5007.2019	----其他 ----Other	8	0	东盟AS,智CL,新西兰NZ,秘PE,哥CR,瑞CH,冰IS,澳AU,格GE,毛MU,柬KH,港HK,澳门MO	0	受惠国LD,老LA	130
				3	巴PK			
				4	韩KR			
				5.2	亚太AP			
				8.7	东盟^{R}AS^R,韩^{R}KR^R			
				8.8	日^{R}JP^R			
				9	澳^{R}AU^R,新西兰^{R}NZ^R			
		---柞蚕丝机织物: ---Of tussah silk:						
3903	5007.2021	----未漂白(包括未练白或练白)或漂白 ----Unbleached (unscoured or scoured) or bleached	8	0	东盟AS,智CL,新西兰NZ,秘PE,哥CR,瑞CH,冰IS,韩KR,澳AU,格GE,毛MU,东盟^{R}AS^R,澳^{R}AU^R,新西兰^{R}NZ^R,柬KH,港HK,澳门MO,韩^{R}KR^R	0	受惠国LD,老LA	130
				3	巴PK			
				5.2	亚太AP			
				8.2	日^{R}JP^R			
3904	5007.2029	----其他 ----Other	8	0	东盟AS,智CL,新西兰NZ,秘PE,哥CR,瑞CH,冰IS,韩KR,澳AU,格GE,毛MU,东盟^{R}AS^R,澳^{R}AU^R,新西兰^{R}NZ^R,柬KH,港HK,澳门MO,韩^{R}KR^R	0	受惠国LD,老LA	130
				3	巴PK			
				5.2	亚太AP			
				8.2	日^{R}JP^R			
		---绢丝机织物: ---Of silk waste other than noil silk:						

序号 No.	税则号列 Tariff Line	货品名称 Article Description	最惠国税率 MFN(%)	协定税率 Agreement(%)		特惠税率 SP(%)	普通税率 Gen(%)
3905	5007.2031	----未漂白（包括未练白或练白）或漂白 ----Unbleached (unscoured or scoured) 　　or bleached	8	0	东盟AS,智CL,新西兰NZ,秘PE, 哥CR,瑞CH,冰IS,韩KR,澳AU, 格GE,毛MU,东盟^{R}AS^R,澳^{R}AU^R, 新西兰^{R}NZ^R,柬KH,港HK,澳门 MO,韩^{R}KR^R	0　受惠国LD, 　　老LA	130
				3	巴PK		
				5.2	亚太AP		
				8.2	日^{R}JP^R		
3906	5007.2039	----其他 ----Other	8	0	东盟AS,智CL,新西兰NZ,秘PE, 哥CR,瑞CH,冰IS,韩KR,澳AU, 格GE,毛MU,东盟^{R}AS^R,澳^{R}AU^R, 新西兰^{R}NZ^R,柬KH,港HK,澳门 MO,韩^{R}KR^R	0　受惠国LD, 　　老LA	130
				3	巴PK		
				5.2	亚太AP		
				8.2	日^{R}JP^R		
3907	5007.2090	---其他 ---Other	8	0	东盟AS,智CL,新西兰NZ,秘PE, 哥CR,瑞CH,冰IS,韩KR,澳AU, 格GE,毛MU,东盟^{R}AS^R,澳^{R}AU^R, 新西兰^{R}NZ^R,柬KH,港HK,澳门 MO,韩^{R}KR^R	0　受惠国LD, 　　老LA	130
				3	巴PK		
				5.2	亚太AP		
				8.2	日^{R}JP^R		
		-其他机织物: -Other fabrics:					
3908	5007.9010	---未漂白（包括未练白或练白）或漂白 ---Unbleached (unscoured or scoured) 　　or bleached	8	0	东盟AS,智CL,新西兰NZ,秘PE, 哥CR,瑞CH,冰IS,韩KR,澳AU, 格GE,毛MU,东盟^{R}AS^R,澳^{R}AU^R, 新西兰^{R}NZ^R,柬KH,港HK,澳门 MO,韩^{R}KR^R	0　受惠国LD, 　　老LA	130
				3	巴PK		
				5.2	亚太AP		
				8.2	日^{R}JP^R		
3909	5007.9090	---其他 ---Other	8	0	东盟AS,智CL,新西兰NZ,秘PE, 哥CR,瑞CH,冰IS,韩KR,澳AU, 格GE,毛MU,东盟^{R}AS^R,澳^{R}AU^R, 新西兰^{R}NZ^R,柬KH,港HK,澳门 MO,韩^{R}KR^R	0　受惠国LD, 　　老LA	130
				3	巴PK		
				5.2	亚太AP		
				8.2	日^{R}JP^R		

Chapter 51
Wool, fine or coarse animal hair;
horsehair yarn and woven fabric

注释：

本目录所称：

一、"羊毛"，是指绵羊或羔羊身上长的天然纤维；

二、"动物细毛"，是指下列动物的毛：羊驼、美洲驼、驼马、骆驼（包括单峰骆驼）、牦牛、安哥拉山羊、西藏山羊、喀什米尔山羊及类似山羊（普通山羊除外）、家兔（包括安哥拉兔）、野兔、海狸、河狸鼠或麝鼠；

三、"动物粗毛"，是指以上未提及的其他动物的毛，但不包括制刷用鬃、毛（税目05.02）以及马毛（税目05.11）。

Note:

Throughout the Nomenclature:

1. "Wool" means the natural fibre grown by sheep or lambs;

2. "Fine animal hair" means the hair of alpaca, llama, vicuna, camel (including dromedary), yak, Angora, Tibetan, Kashmir or similar goats (but not common goats) , rabbit (including Angora rabbit), hare, beaver, nutria or muskrat;

3. "Coarse animal hair" means the hair of animals not mentioned above, excluding brush-making hair and bristles (heading 05.02) and horsehair (heading 05.11).

序号 No.	税则号列 Tariff Line	货品名称 Article Description	最惠国税率 MFN(%)	协定税率 Agreement(%)		特惠税率 SP(%)	普通税率 Gen(%)
	51.01	**未梳的羊毛：** **Wool, not carded or combed:**					
		-含脂羊毛，包括剪前水洗毛： -Greasy, including fleece-washed wool:					
3910	5101.1100	--剪羊毛 --Shorn wool	38①	0 5 ②	港HK,澳门MO 东盟AS 新西兰NZ,澳AU		50
3911	5101.1900	--其他 --Other	38③	0 5 ④	港HK,澳门MO 东盟AS 新西兰NZ,澳AU		50
		-脱脂羊毛，未碳化： -Degreased, not carbonised:					
3912	5101.2100	--剪羊毛 --Shorn wool	38⑤	0 5 ⑥	港HK,澳门MO 东盟AS 新西兰NZ,澳AU		50

① 关税配额税率：1。
In-quota Tariff: 1.

② 国别关税配额内的，0；国别关税配额外的，根据相关规定征收关税。
Import quantity within country-specific tariff quota, 0; Import quantity beyond country-specific tariff quota,corresponding tariff rates shall apply in accordance with relevant regulations.

③ 关税配额税率：1。
In-quota Tariff: 1.

④ 国别关税配额内的，0；国别关税配额外的，根据相关规定征收关税。
Import quantity within country-specific tariff quota, 0; Import quantity beyond country-specific tariff quota,corresponding tariff rates shall apply in accordance with relevant regulations.

⑤ 关税配额税率：1。
In-quota Tariff: 1.

⑥ 国别关税配额内的，0；国别关税配额外的，根据相关规定征收关税。
Import quantity within country-specific tariff quota, 0; Import quantity beyond country-specific tariff quota,corresponding tariff rates shall apply in accordance with relevant regulations.

序号 No.	税则号列 Tariff Line	货品名称 Article Description	最惠国税率 MFN(%)	协定税率 Agreement(%)		特惠税率 SP(%)	普通税率 Gen(%)
3913	5101.2900	--其他 --Other	38①	0	港HK,澳门MO		50
				5	东盟AS		
				②	新西兰NZ,澳AU		
3914	5101.3000	-碳化羊毛 -Carbonized	38③	0	港HK,澳门MO		50
				5	东盟AS		
				④	新西兰NZ,澳AU		
	51.02	**未梳的动物细毛或粗毛：** **Fine or coarse animal hair, not** **carded or combed:**					
		-细毛： -Fine animal hair:					
3915	5102.1100	--喀什米尔山羊的 --Of kashmir (cashmere) goats	9	0	东盟AS,智CL,新西兰NZ,秘PE, 哥CR,瑞CH,冰IS,韩KR,澳AU, 格GE,毛MU,东盟^{R}AS^R,澳^{R}AU^R, 新西兰^{R}NZ^R,柬KH,港HK,澳门 MO,韩^{R}KR^R	0 受惠国LD	45
				1	巴PK		
				7.4	日^{R}JP^R		
		--其他： --Other:					
3916	5102.1910	---兔毛 ---Of rabbit and hare	9	0	东盟AS,智CL,新西兰NZ,秘PE, 哥CR,瑞CH,冰IS,韩KR,澳AU, 格GE,毛MU,东盟^{R}AS^R,澳^{R}AU^R, 新西兰^{R}NZ^R,柬KH,港HK,澳门 MO,韩^{R}KR^R	0 受惠国LD	50
				1	巴PK		
				7.4	日^{R}JP^R		
3917	5102.1920	---其他山羊绒 ---Of other goats	9	0	东盟AS,智CL,新西兰NZ,秘PE, 哥CR,瑞CH,冰IS,韩KR,澳AU, 格GE,毛MU,东盟^{R}AS^R,澳^{R}AU^R, 新西兰^{R}NZ^R,柬KH,港HK,澳门 MO,韩^{R}KR^R	0 受惠国LD	45
				4	巴PK		
				7.4	日^{R}JP^R		
3918	5102.1930	---骆驼毛、骆驼绒 ---Of camel	9	0	东盟AS,智CL,新西兰NZ,秘PE, 哥CR,瑞CH,冰IS,韩KR,澳AU, 格GE,毛MU,东盟^{R}AS^R,澳^{R}AU^R, 新西兰^{R}NZ^R,柬KH,港HK,澳门 MO,韩^{R}KR^R	0 受惠国LD	45
				1	巴PK		
				7.4	日^{R}JP^R		

---

① 关税配额税率：1。
  In-quota Tariff: 1.
② 国别关税配额内的，0；国别关税配额外的，根据相关规定征收关税。
  Import quantity within country-specific tariff quota, 0; Import quantity beyond country-specific tariff quota, corresponding tariff rates shall apply in accordance with relevant regulations.
③ 关税配额税率：1。
  In-quota Tariff: 1.
④ 国别关税配额内的，0；国别关税配额外的，根据相关规定征收关税。
  Import quantity within country-specific tariff quota, 0; Import quantity beyond country-specific tariff quota, corresponding tariff rates shall apply in accordance with relevant regulations.

序号 No.	税则号列 Tariff Line	货品名称 Article Description	最惠国税率 MFN(%)		协定税率 Agreement(%)	特惠税率 SP(%)	普通税率 Gen(%)
3919	5102.1990	---其他 ---Other	9	0	东盟AS,智CL,新西兰NZ,秘PE, 哥CR,瑞CH,冰IS,韩KR,澳AU, 格GE,毛MU,东盟^RAS^R,澳^RAU^R, 新西兰^RNZ^R,柬KH,港HK,澳门 MO,韩^RKR^R	0 受惠国LD	45
				1	巴PK		
				7.4	日^RJP^R		
3920	5102.2000	-粗毛 -Coarse animal hair	9	0	东盟AS,智CL,新西兰NZ,秘PE, 哥CR,瑞CH,冰IS,韩KR,澳AU, 格GE,毛MU,东盟^RAS^R,澳^RAU^R, 新西兰^RNZ^R,柬KH,港HK,澳门 MO,韩^RKR^R	0 受惠国LD	50
				4	巴PK		
				7.4	日^RJP^R		
	51.03	羊毛或动物细毛或粗毛的废料,包括废 纱线,但不包括回收纤维: **Waste of wool or of fine or coarse animal hair, including yarn waste but excluding garnetted stock:**					
		-羊毛或动物细毛的落毛: -Noils of wool or of fine animal hair:					
3921	5103.1010	---羊毛落毛 ---Of wool	38①	0	港HK,澳门MO		50
				5	东盟AS		
				②	新西兰NZ,澳AU		
3922	5103.1090	---其他 ---Other	9	0	东盟AS,智CL,新西兰NZ,秘PE, 哥CR,瑞CH,冰IS,韩KR,澳AU, 格GE,毛MU,东盟^RAS^R,澳^RAU^R, 新西兰^RNZ^R,柬KH,港HK,澳门 MO,韩^RKR^R	0 受惠国LD	50
				1	巴PK		
				7.4	日^RJP^R		
		-羊毛或动物细毛的其他废料: -Other waste of wool or of fine animal hair:					
3923	5103.2010	---羊毛废料 ---Of wool	13.5	0	东盟AS,智CL,新西兰NZ,新加 坡SG,秘PE,哥CR,瑞CH,冰IS,澳 AU,格GE,毛MU,东盟^RAS^R,澳 ^RAU^R,新西兰^RNZ^R,柬KH,港HK, 澳门MO	0 受惠国LD	20
				1.3	韩KR		
				6.8	巴PK		
				10.8	韩^RKR^R		
				11	日^RJP^R		

---

① 关税配额税率: 1。
In-quota Tariff: 1.
② 国别关税配额内的, 0; 国别关税配额外的, 根据相关规定征收关税。
Import quantity within country-specific tariff quota, 0; Import quantity beyond country-specific tariff quota,corresponding tariff rates shall apply in accordance with relevant regulations.

序号 No.	税则号列 Tariff Line	货品名称 Article Description	最惠国税率 MFN(%)	协定税率 Agreement(%)		特惠税率 SP(%)	普通税率 Gen(%)
3924	5103.2090	---其他 ---Other	9	0	东盟AS,智CL,新西兰NZ,秘PE,哥CR,瑞CH,冰IS,韩KR,澳AU,格GE,毛MU,东盟^{R}AS^R,澳^{R}AU^R,新西兰^{R}NZ^R,柬KH,港HK,澳门MO,韩^{R}KR^R	0 受惠国LD	50
				1	巴PK		
				7.4	日^{R}JP^R		
3925	5103.3000	-动物粗毛废料 -Waste of coarse animal hair	9	0	东盟AS,智CL,新西兰NZ,秘PE,哥CR,瑞CH,冰IS,韩KR,澳AU,格GE,毛MU,东盟^{R}AS^R,澳^{R}AU^R,新西兰^{R}NZ^R,柬KH,港HK,澳门MO,韩^{R}KR^R	0 受惠国LD	50
				1	巴PK		
				7.4	日^{R}JP^R		
	51.04	羊毛或动物细毛或粗毛的回收纤维: Garnetted stock of wool or of fine or coarse animal hair:					
3926	5104.0010	---羊毛的回收纤维 ---Of wool	15	0	东盟AS,智CL,新西兰NZ,新加坡SG,秘PE,哥CR,瑞CH,冰IS,澳AU,格GE,毛MU,东盟^{R}AS^R,澳^{R}AU^R,新西兰^{R}NZ^R,柬KH,港HK,澳门MO	0 受惠国LD	20
				1.5	韩KR		
				12	巴PK,韩^{R}KR^R		
				12.3	日^{R}JP^R		
3927	5104.0090	---其他 ---Other	5	0	东盟AS,智CL,巴PK,新西兰NZ,秘PE,哥CR,瑞CH,冰IS,韩KR,澳AU,格GE,毛MU,东盟^{R}AS^R,澳^{R}AU^R,日^{R}JP^R,新西兰^{R}NZ^R,柬KH,港HK,澳门MO,韩^{R}KR^R	0 受惠国LD	50
	51.05	已梳的羊毛及动物细毛或粗毛(包括精梳片毛): Wool and fine or coarse animal hair, carded or combed (including combed wool in fragments):					
3928	5105.1000	-粗梳羊毛 -Carded wool	38①	0	港HK,澳门MO		50
				②	新西兰NZ		
		-羊毛条及其他精梳羊毛: -Wool tops and other combed wool:					
3929	5105.2100	--精梳片毛 --Combed wool in fragments	38③	0	港HK,澳门MO		50
				④	新西兰NZ		

① 关税配额税率:3。
In-quota Tariff: 3.
② 国别关税配额内的,0;国别关税配额外的,根据相关规定征收关税。
Import quantity within country-specific tariff quota, 0; Import quantity beyond country-specific tariff quota,corresponding tariff rates shall apply in accordance with relevant regulations.
③ 关税配额税率:3。
In-quota Tariff: 3.
④ 国别关税配额内的,0;国别关税配额外的,根据相关规定征收关税。
Import quantity within country-specific tariff quota, 0; Import quantity beyond country-specific tariff quota,corresponding tariff rates shall apply in accordance with relevant regulations.

序号 No.	税则号列 Tariff Line	货品名称 Article Description	最惠国税率 MFN(%)	协定税率 Agreement(%)		特惠税率 SP(%)	普通税率 Gen(%)
3930	5105.2900	--其他 --Other	38①	0	港HK,澳门MO		50
				②	新西兰NZ		
		-已梳动物细毛: -Fine animal hair, carded or combed:					
3931	5105.3100	--喀什米尔山羊的 --Of kashmir (cashmere) goats	5	0	东盟AS,智CL,巴PK,新西兰NZ, 秘PE,哥CR,瑞CH,冰IS,韩KR, 澳AU,格GE,毛MU,东盟ᴿASᴿ, 澳ᴿAUᴿ,日ᴿJPᴿ,新西兰ᴿNZᴿ,柬 KH,港HK,澳门MO,韩ᴿKRᴿ	0 受惠国LD	50
		--其他: --Other:					
3932	5105.3910	---兔毛 ---Of rabbit or hare	5	0	东盟AS,智CL,巴PK,新西兰NZ, 哥CR,瑞CH,冰IS,韩KR,澳AU, 格GE,毛MU,东盟ᴿASᴿ,澳ᴿAUᴿ, 新西兰ᴿNZᴿ,柬KH,港HK,澳门 MO,韩ᴿKRᴿ	0 受惠国LD	70
				3.5	亚太AP		
				4.1	日ᴿJPᴿ		
		---其他山羊绒: ---Of other goats:					
3933	5105.3921	----无毛山羊绒 ----Dehaired goats wool	5	0	东盟AS,智CL,巴PK,新西兰NZ, 哥CR,瑞CH,冰IS,韩KR,澳AU, 格GE,毛MU,东盟ᴿASᴿ,澳ᴿAUᴿ, 新西兰ᴿNZᴿ,柬KH,港HK,澳门 MO,韩ᴿKRᴿ	0 受惠国LD	50
				3.5	亚太AP		
				4.1	日ᴿJPᴿ		
3934	5105.3929	----其他 ----Other	5	0	东盟AS,智CL,巴PK,新西兰NZ, 哥CR,瑞CH,冰IS,韩KR,澳AU, 格GE,毛MU,东盟ᴿASᴿ,澳ᴿAUᴿ, 新西兰ᴿNZᴿ,柬KH,港HK,澳门 MO,韩ᴿKRᴿ	0 受惠国LD	50
				3.5	亚太AP		
				4.1	日ᴿJPᴿ		
3935	5105.3990	---其他 ---Other	5	0	东盟AS,智CL,巴PK,新西兰NZ, 哥CR,瑞CH,冰IS,韩KR,澳AU, 格GE,毛MU,东盟ᴿASᴿ,澳ᴿAUᴿ, 新西兰ᴿNZᴿ,柬KH,港HK,澳门 MO,韩ᴿKRᴿ	0 受惠国LD	50
				3.5	亚太AP		
				4.1	日ᴿJPᴿ		
3936	5105.4000	-已梳动物粗毛 -Coarse animal hair, carded or combed	5	0	东盟AS,智CL,巴PK,新西兰NZ, 哥CR,瑞CH,冰IS,韩KR,澳AU, 格GE,毛MU,东盟ᴿASᴿ,澳ᴿAUᴿ, 新西兰ᴿNZᴿ,柬KH,港HK,澳门 MO,韩ᴿKRᴿ	0 受惠国LD	50
				4.1	日ᴿJPᴿ		

① 关税配额税率：3。
　In-quota Tariff: 3.
② 国别关税配额内的，0；国别关税配额外的，根据相关规定征收关税。
　Import quantity within country-specific tariff quota, 0; Import quantity beyond country-specific tariff quota,corresponding tariff rates shall apply in accordance with relevant regulations.

序号 No.	税则号列 Tariff Line	货品名称 Article Description	最惠国税率 MFN(%)	协定税率 Agreement(%)		特惠税率 SP(%)	普通税率 Gen(%)
	51.06	粗梳羊毛纱线, 非供零售用: **Yarn of carded wool, not put up for retail sale:**					
3937	5106.1000	-按重量计羊毛含量在85%及以上 -Containing 85% or more by weight of wool	5	0	东盟AS,智CL,巴PK,新西兰NZ,秘PE,哥CR,瑞CH,冰IS,韩KR,澳AU,格GE,毛MU,东盟^RAS^R,澳^RAU^R,日^RJP^R,新西兰^RNZ^R,柬KH,港HK,澳门MO,韩^RKR^R	0 受惠国LD	70
3938	5106.2000	-按重量计羊毛含量在85%以下 -Containing less than 85% by weight of wool	5	0	东盟AS,智CL,巴PK,新西兰NZ,秘PE,哥CR,瑞CH,冰IS,韩KR,澳AU,格GE,毛MU,东盟^RAS^R,澳^RAU^R,日^RJP^R,新西兰^RNZ^R,柬KH,港HK,澳门MO,韩^RKR^R	0 受惠国LD	70
	51.07	精梳羊毛纱线, 非供零售用: **Yarn of combed wool, not put up for retail sale:**					
3939	5107.1000	-按重量计羊毛含量在85%及以上 -Containing 85% or more by weight of wool	5	0	东盟AS,智CL,巴PK,新西兰NZ,秘PE,哥CR,瑞CH,韩KR,澳AU,格GE,毛MU,东盟^RAS^R,澳^RAU^R,新西兰^RNZ^R,柬KH,港HK,澳门MO,韩^RKR^R	0 受惠国LD	70
				2.5	亚太AP		
				4.1	日^RJP^R		
3940	5107.2000	-按重量计羊毛含量在85%以下 -Containing less than 85% by weight of wool	5	0	东盟AS,智CL,巴PK,新西兰NZ,秘PE,哥CR,瑞CH,冰IS,韩KR,澳AU,格GE,毛MU,东盟^RAS^R,澳^RAU^R,日^RJP^R,新西兰^RNZ^R,柬KH,港HK,澳门MO,韩^RKR^R	0 受惠国LD	70
	51.08	动物细毛(粗梳或精梳)纱线, 非供零售用: **Yarn of fine animal hair (carded or combed), not put up for retail sale:**					
		-粗梳: -Carded:					
		---按重量计动物细毛含量在85%及以上的: ---Containing 85% or more by weight of fine animal hair:					
3941	5108.1011	----山羊绒的 ----Of cashmere	5	0	东盟AS,智CL,巴PK,新西兰NZ,秘PE,哥CR,瑞CH,冰IS,韩KR,澳AU,格GE,毛MU,东盟^RAS^R,澳^RAU^R,日^RJP^R,新西兰^RNZ^R,柬KH,港HK,澳门MO,韩^RKR^R	0 受惠国LD	70
				3.3	亚太AP		
3942	5108.1019	----其他 ----Other	5	0	东盟AS,智CL,巴PK,新西兰NZ,秘PE,哥CR,瑞CH,冰IS,韩KR,澳AU,格GE,毛MU,东盟^RAS^R,澳^RAU^R,日^RJP^R,新西兰^RNZ^R,柬KH,港HK,澳门MO,韩^RKR^R	0 受惠国LD	70
				3.3	亚太AP		

序号 No.	税则号列 Tariff Line	货品名称 Article Description	最惠国税率 MFN(%)	协定税率 Agreement(%)		特惠税率 SP(%)	普通税率 Gen(%)
3943	5108.1090	---其他 ---Other	5	0	东盟AS,智CL,巴PK,新西兰NZ,秘PE,哥CR,瑞CH,冰IS,韩KR,澳AU,格GE,毛MU,东盟^RAS^R,澳^RAU^R,日^RJP^R,新西兰^RNZ^R,柬KH,港HK,澳门MO,韩^RKR^R	0 受惠国LD	70
				3.3	亚太AP		
		-精梳: -Combed:					
		---按重量计动物细毛含量在85%及以上的: ---Containing 85% or more by weight of fine animal hair:					
3944	5108.2011	----山羊绒的 ----Of cashmere	5	0	东盟AS,智CL,巴PK,新西兰NZ,哥CR,瑞CH,冰IS,韩KR,澳AU,格GE,毛MU,东盟^RAS^R,澳^RAU^R,新西兰^RNZ^R,柬KH,港HK,澳门MO,韩^RKR^R	0 受惠国LD	70
				4.1	日^RJP^R		
3945	5108.2019	----其他 ----Other	5	0	东盟AS,智CL,巴PK,新西兰NZ,哥CR,瑞CH,冰IS,韩KR,澳AU,格GE,毛MU,东盟^RAS^R,澳^RAU^R,新西兰^RNZ^R,柬KH,港HK,澳门MO,韩^RKR^R	0 受惠国LD	70
				4.1	日^RJP^R		
3946	5108.2090	---其他 ---Other	5	0	东盟AS,智CL,巴PK,新西兰NZ,哥CR,瑞CH,冰IS,韩KR,澳AU,格GE,毛MU,东盟^RAS^R,澳^RAU^R,新西兰^RNZ^R,柬KH,港HK,澳门MO,韩^RKR^R	0 受惠国LD	70
				4.1	日^RJP^R		
	51.09	羊毛或动物细毛的纱线, 供零售用: Yarn of wool or of fine animal hair, put up for retail sale:					
		-按重量计羊毛或动物细毛含量在85%及以上: -Containing 85% or more by weight of wool or of fine animal hair:					
		---动物细毛的: ---Of fine animal hair:					
3947	5109.1011	----山羊绒的 ----Of cashmere	6	0	东盟AS,智CL,巴PK,新西兰NZ,秘PE,哥CR,瑞CH,冰IS,韩KR,澳AU,格GE,毛MU,东盟^RAS^R,澳^RAU^R,日^RJP^R,新西兰^RNZ^R,柬KH,港HK,澳门MO,韩^RKR^R	0 受惠国LD	80
3948	5109.1019	----其他 ----Other	6	0	东盟AS,智CL,巴PK,新西兰NZ,秘PE,哥CR,瑞CH,冰IS,韩KR,澳AU,格GE,毛MU,东盟^RAS^R,澳^RAU^R,日^RJP^R,新西兰^RNZ^R,柬KH,港HK,澳门MO,韩^RKR^R	0 受惠国LD	80
3949	5109.1090	---其他 ---Other	6	0	东盟AS,智CL,巴PK,新西兰NZ,秘PE,哥CR,瑞CH,冰IS,韩KR,澳AU,格GE,毛MU,东盟^RAS^R,澳^RAU^R,日^RJP^R,新西兰^RNZ^R,柬KH,港HK,澳门MO,韩^RKR^R	0 受惠国LD	80

序号 No.	税则号列 Tariff Line	货品名称 Article Description	最惠国税率 MFN(%)	协定税率 Agreement(%)		特惠税率 SP(%)	普通税率 Gen(%)
		-其他: -Other:					
		---动物细毛的: ---Of fine animal hair:					
3950	5109.9011	----山羊绒的 ----Of cashmere	6	0	东盟AS,智CL,巴PK,新西兰NZ, 哥CR,瑞CH,冰IS,韩KR,澳AU, 格GE,毛MU,东盟^RAS^R,澳^RAU^R, 新西兰^RNZ^R,柬KH,港HK,澳门 MO,韩^RKR^R	0 受惠国LD	80
				4.2	亚太AP		
				4.9	日^RJP^R		
3951	5109.9019	----其他 ----Other	6	0	东盟AS,智CL,巴PK,新西兰NZ, 哥CR,瑞CH,冰IS,韩KR,澳AU, 格GE,毛MU,东盟^RAS^R,澳^RAU^R, 新西兰^RNZ^R,柬KH,港HK,澳门 MO,韩^RKR^R	0 受惠国LD	80
				4.2	亚太AP		
				4.9	日^RJP^R		
3952	5109.9090	---其他 ---Other	6	0	东盟AS,智CL,巴PK,新西兰NZ, 哥CR,瑞CH,冰IS,韩KR,澳AU, 格GE,毛MU,东盟^RAS^R,澳^RAU^R, 新西兰^RNZ^R,柬KH,港HK,澳门 MO,韩^RKR^R	0 受惠国LD	80
				4.9	日^RJP^R		
	51.10	**动物粗毛或马毛的纱线(包括马毛粗松 螺旋花线),不论是否供零售用:** **Yarn of coarse animal hair or of horsehair (including gimped horsehair yarn), whether or not put up for retail sale:**					
3953	5110.0000	动物粗毛或马毛的纱线(包括马毛粗松 螺旋花线),不论是否供零售用 Yarn of coarse animal hair or of horsehair (including gimped horsehair yarn), whether or not put up for retail sale	6	0	东盟AS,智CL,巴PK,新西兰NZ, 秘PE,哥CR,瑞CH,冰IS,韩KR, 澳AU,格GE,毛MU,东盟^RAS^R, 澳^RAU^R,日^RJP^R,新西兰^RNZ^R,柬 KH,港HK,澳门MO,韩^RKR^R	0 受惠国LD	70
	51.11	**粗梳羊毛或粗梳动物细毛的机织物:** **Woven fabrics of carded wool or of carded fine animal hair:**					
		-按重量计羊毛或动物细毛含量在85% 及以上: -Containing 85% or more by weight of wool or of fine animal hair:					
		--每平方米重量不超过300克: --Of a weight not exceeding 300g/m²:					
		---动物细毛的: ---Of fine animal hair:					
3954	5111.1111	----山羊绒的 ----Of cashmere	10	0	东盟AS,智CL,新西兰NZ,新加 坡SG,秘PE,哥CR,瑞CH,冰IS, 韩KR,澳AU,格GE,毛MU,东盟 ^RAS^R,澳^RAU^R,新西兰^RNZ^R,柬 KH,港HK,澳门MO,韩^RKR^R	0 受惠国LD	130
				3	巴PK		
				6.5	亚太AP		
				8.2	日^RJP^R		

序号 No.	税则号列 Tariff Line	货品名称 Article Description	最惠国税率 MFN(%)	协定税率 Agreement(%)		特惠税率 SP(%)	普通税率 Gen(%)
3955	5111.1119	----其他 ----Other	10	0	东盟AS,智CL,新西兰NZ,新加坡SG,秘PE,哥CR,瑞CH,冰IS,韩KR,澳AU,格GE,毛MU,东盟^{R}AS^R,澳^{R}AU^R,新西兰^{R}NZ^R,柬KH,港HK,澳门MO,韩^{R}KR^R	0 受惠国LD	130
				3	巴PK		
				6.5	亚太AP		
				8.2	日^{R}JP^R		
3956	5111.1190	---其他 ---Other	10	0	东盟AS,智CL,新西兰NZ,新加坡SG,秘PE,哥CR,瑞CH,冰IS,韩KR,澳AU,格GE,毛MU,东盟^{R}AS^R,澳^{R}AU^R,新西兰^{R}NZ^R,柬KH,港HK,澳门MO,韩^{R}KR^R	0 受惠国LD	130
				3	巴PK		
				6.5	亚太AP		
				8.2	日^{R}JP^R		
		--其他: --Other:					
		---动物细毛的: ---Of fine animal hair:					
3957	5111.1911	----山羊绒的 ----Of cashmere	10	0	东盟AS,智CL,新西兰NZ,新加坡SG,秘PE,哥CR,瑞CH,冰IS,韩KR,澳AU,格GE,毛MU,东盟^{R}AS^R,澳^{R}AU^R,新西兰^{R}NZ^R,柬KH,港HK,澳门MO,韩^{R}KR^R	0 受惠国LD	130
				3	巴PK		
				6.5	亚太AP		
				8.2	日^{R}JP^R		
3958	5111.1919	----其他 ----Other	10	0	东盟AS,智CL,新西兰NZ,新加坡SG,秘PE,哥CR,瑞CH,冰IS,韩KR,澳AU,格GE,毛MU,东盟^{R}AS^R,澳^{R}AU^R,新西兰^{R}NZ^R,柬KH,港HK,澳门MO,韩^{R}KR^R	0 受惠国LD	130
				3	巴PK		
				6.5	亚太AP		
				8.2	日^{R}JP^R		
3959	5111.1990	---其他 ---Other	10	0	东盟AS,智CL,新西兰NZ,新加坡SG,秘PE,哥CR,瑞CH,冰IS,韩KR,澳AU,格GE,毛MU,东盟^{R}AS^R,澳^{R}AU^R,新西兰^{R}NZ^R,柬KH,港HK,澳门MO,韩^{R}KR^R	0 受惠国LD	130
				4	巴PK		
				6.5	亚太AP		
				8.2	日^{R}JP^R		
3960	5111.2000	-其他,主要或仅与化学纤维长丝混纺 -Other, mixed mainly or solely with manmade filaments	8	0	东盟AS,智CL,新西兰NZ,新加坡SG,秘PE,哥CR,瑞CH,冰IS,韩KR,澳AU,格GE,毛MU,东盟^{R}AS^R,澳^{R}AU^R,新西兰^{R}NZ^R,柬KH,港HK,澳门MO,韩^{R}KR^R	0 受惠国LD	130
				3	巴PK		
				8.2	日^{R}JP^R		

序号 No.	税则号列 Tariff Line	货品名称 Article Description	最惠国税率 MFN(%)		协定税率 Agreement(%)	特惠税率 SP(%)	普通税率 Gen(%)
3961	5111.3000	-其他，主要或仅与化学纤维短纤混纺 -Other, mixed mainly or solely with manmade staple fibres	8	0	东盟AS,智CL,新西兰NZ,新加坡SG,秘PE,哥CR,瑞CH,冰IS,韩KR,澳AU,格GE,毛MU,东盟^RAS^R,澳^RAU^R,新西兰^RNZ^R,柬KH,港HK,澳门MO,韩^RKR^R	0 受惠国LD	130
				3	巴PK		
				5.2	亚太AP		
				8.2	日^RJP^R		
3962	5111.9000	-其他 -Other	8	0	东盟AS,智CL,新西兰NZ,新加坡SG,秘PE,哥CR,瑞CH,韩KR,澳AU,格GE,毛MU,东盟^RAS^R,澳^RAU^R,新西兰^RNZ^R,柬KH,港HK,澳门MO,韩^RKR^R	0 受惠国LD	130
				3	巴PK		
				8.2	日^RJP^R		
	51.12	精梳羊毛或精梳动物细毛的机织物: **Woven fabrics of combed wool or of combed fine animal hair:**					
		-按重量计羊毛或动物细毛含量在85%及以上: -Containing 85% or more by weight of wool or of fine animal hair:					
3963	5112.1100	--每平方米重量不超过200克 --Of a weight not exceeding 200g/m^2	8	0	东盟AS,智CL,新西兰NZ,新加坡SG,秘PE,哥CR,瑞CH,冰IS,韩KR,澳AU,格GE,毛MU,柬KH,港HK,澳门MO	0 受惠国LD	130
				3	巴PK		
				4	亚太AP		
				8	东盟^RAS^R,澳^RAU^R,新西兰^RNZ^R,韩^RKR^R		
				8.2	日^RJP^R		
3964	5112.1900	--其他 --Other	8	0	东盟AS,智CL,新西兰NZ,新加坡SG,秘PE,哥CR,瑞CH,冰IS,韩KR,澳AU,格GE,毛MU,东盟^RAS^R,澳^RAU^R,新西兰^RNZ^R,柬KH,港HK,澳门MO,韩^RKR^R	0 受惠国LD,柬KH,老LA,缅MM	130
				3	巴PK		
				4	亚太AP		
				8.2	日^RJP^R		
3965	5112.2000	-其他，主要或仅与化学纤维长丝混纺 -Other, mixed mainly or solely with manmade filaments	8	0	东盟AS,智CL,新西兰NZ,新加坡SG,秘PE,哥CR,瑞CH,冰IS,韩KR,澳AU,格GE,毛MU,东盟^RAS^R,澳^RAU^R,新西兰^RNZ^R,柬KH,港HK,澳门MO,韩^RKR^R	0 受惠国LD	130
				3	巴PK		
				8.2	日^RJP^R		

序号 No.	税则号列 Tariff Line	货品名称 Article Description	最惠国税率 MFN(%)	协定税率 Agreement(%)		特惠税率 SP(%)		普通税率 Gen(%)
3966	5112.3000	-其他, 主要或仅与化学纤维短纤混纺 -Other, mixed mainly or solely with manmade staple fibres	8	0	东盟AS,智CL,新西兰NZ,新加坡SG,秘PE,哥CR,瑞CH,冰IS,韩KR,澳AU,格GE,毛MU,柬KH,港HK,澳门MO	0 受惠国LD		130
				3	巴PK			
				8	东盟^RAS^R,澳^RAU^R,新西兰^RNZ^R,韩^RKR^R			
				8.2	日^RJP^R			
3967	5112.9000	-其他 -Other	8	0	东盟AS,智CL,新西兰NZ,新加坡SG,秘PE,哥CR,瑞CH,冰IS,韩KR,澳AU,格GE,毛MU,东盟^RAS^R,澳^RAU^R,新西兰^RNZ^R,柬KH,港HK,澳门MO,韩^RKR^R	0 受惠国LD		130
				3	巴PK			
				8.2	日^RJP^R			
	51.13	动物粗毛或马毛的机织物: Woven fabrics of coarse animal hair or of horsehair:						
3968	5113.0000	动物粗毛或马毛的机织物 Woven fabrics of coarse animal hair or of horsehair	8	0	东盟AS,智CL,新西兰NZ,新加坡SG,秘PE,哥CR,瑞CH,冰IS,韩KR,澳AU,格GE,毛MU,东盟^RAS^R,澳^RAU^R,新西兰^RNZ^R,柬KH,港HK,澳门MO,韩^RKR^R	0 受惠国LD		130
				3	巴PK			
				8.2	日^RJP^R			

第五十二章
棉花

Chapter 52
Cotton

子目注释:

子目5209.42及5211.42所称"粗斜纹布(劳动布)",是指用不同颜色的纱线织成的三线或四线斜纹织物,包括破斜纹组织的织物,这种织物以经纱为面,经纱染成一种相同的颜色,纬纱未漂白或经漂白、染成灰色或比经纱精浅的颜色。

Subheading Note:

For the purposes of subheadings 5209.42 and 5211.42, the expression "denim" means fabrics of yarns of different colours, of 3-thread or 4-thread twill, including broken twill, warp faced, the warp yarns of which are of one and the same colour and the weft yarns of which are unbleached, bleached, dyed grey or coloured a lighter shade of the colour of the warp yarns.

序号 No.	税则号列 Tariff Line	货品名称 Article Description	最惠国税率 MFN(%)	协定税率 Agreement(%)		特惠税率 SP(%)	普通税率 Gen(%)
	52.01	**未梳的棉花:** **Cotton, not carded or combed:**					
3969	5201.0000	未梳的棉花 Cotton, not carded or combed	40①	0 5	港HK,澳门MO 东盟AS		125
	52.02	**废棉(包括废棉纱线及回收纤维):** **Cotton waste (including yarn waste and garnetted stock):**					
3970	5202.1000	-废棉纱线(包括废棉线) -Yarn waste (including thread waste)	10	0 1 8 8.2	东盟AS,智CL,巴PK,新西兰NZ,新加坡SG,秘PE,哥CR,瑞CH,冰IS,澳AU,柬KH,港HK,澳门MO 韩KR 东盟ᴿASᴿ,澳ᴿAUᴿ,新西兰ᴿNZᴿ 日ᴿJPᴿ	0 受惠国LD	30
		-其他: -Other:					
3971	5202.9100	--回收纤维 --Garnetted stock	10	0 8.2	东盟AS,智CL,新西兰NZ,新加坡SG,秘PE,哥CR,瑞CH,冰IS,韩KR,澳AU,东盟ᴿASᴿ,澳ᴿAUᴿ,新西兰ᴿNZᴿ,柬KH,港HK,澳门MO,韩ᴿKRᴿ 日ᴿJPᴿ	0 受惠国LD	30
3972	5202.9900	--其他 --Other	10	0 1 8	东盟AS,智CL,巴PK,新西兰NZ,新加坡SG,哥CR,瑞CH,冰IS,澳AU,柬KH,港HK,澳门MO 韩KR 东盟ᴿASᴿ,澳ᴿAUᴿ,新西兰ᴿNZᴿ		30

---

① 关税配额税率:1。

对配额外进口的一定数量棉花,适用滑准税形式暂定关税,具体方式如下:

1. 当进口棉花完税价格高于或等于14.000元/千克时,按0.280元/千克计征从量税;

2. 当进口棉花完税价格低于14.000元/千克时,暂定从价税率按下式计算:

$Ri=9.0/Pi +2.69\% \times Pi -1$;

对上式计算结果四舍五入保留3位小数。其中Ri为暂定从价税率,当按上式计算值高于40%时,Ri取值40%;

Pi为关税完税价格,单位为元/千克。

In-quota Tariff Rate:1.

Temporary In-quota Tariff Rate: The following Sliding-Scale Interim Tariff (SIT) should be applied on certain amount of out-quota imported cotton.

1. Price ≥ 14.000¥/kg: SIT Specific Rate=0.280¥/kg;

2. Price < 14.000¥/kg: SIT ad valorem Rate=9.0/Price+2.69% × Price-1.

SIT ad valorem rate ≤ 40%, round up to 3rd digit.

序号 No.	税则号列 Tariff Line	货品名称 Article Description	最惠国税率 MFN(%)	协定税率 Agreement(%)		特惠税率 SP(%)		普通税率 Gen(%)
	52.03	已梳的棉花: Cotton, carded or combed:						
3973	5203.0000	已梳的棉花 Cotton, carded or combed	40①	0	港HK,澳门MO			125
	52.04	棉制缝纫线,不论是否供零售用: Cotton sewing thread, whether or not put up for retail sale:						
		-非供零售用: -Not put up for retail sale:						
3974	5204.1100	--按重量计含棉量在85%及以上 --Containing 85% or more by weight of cotton	5	0	东盟AS,智CL,巴PK,新西兰NZ,秘PE,哥CR,瑞CH,冰IS,韩KR,澳AU,格GE,东盟ᴿASᴿ,澳ᴿAUᴿ,日ᴿJPᴿ,新西兰ᴿNZᴿ,柬KH,港HK,澳门MO,韩ᴿKRᴿ	0	受惠国LD,老LA	40
3975	5204.1900	--其他 --Other	5	0	东盟AS,智CL,巴PK,新西兰NZ,秘PE,哥CR,瑞CH,冰IS,韩KR,澳AU,格GE,东盟ᴿASᴿ,澳ᴿAUᴿ,日ᴿJPᴿ,新西兰ᴿNZᴿ,柬KH,港HK,澳门MO,韩ᴿKRᴿ	0	受惠国LD	40
3976	5204.2000	-供零售用 -Put up for retail sale	5	0	东盟AS,智CL,巴PK,新西兰NZ,秘PE,哥CR,瑞CH,冰IS,韩KR,澳AU,格GE,东盟ᴿASᴿ,澳ᴿAUᴿ,日ᴿJPᴿ,新西兰ᴿNZᴿ,柬KH,港HK,澳门MO,韩ᴿKRᴿ	0	受惠国LD,老LA	50
	52.05	棉纱线(缝纫线除外),按重量计含棉量在85%及以上,非供零售用: Cotton yarn (other than sewing thread), containing 85% or more by weight of cotton, not put up for retail sale:						
		-未精梳纤维纺制的单纱: -Single yarn, of uncombed fibres:						
3977	5205.1100	--细度在714.29分特及以上(不超过14公支) --Measuring 714.29 decitex or more (not exceeding 14 metric number)	5	0 2 3.5 4 4.4	东盟AS,智CL,巴PK,新西兰NZ,秘PE,哥CR,瑞CH,冰IS,澳AU,格GE,柬KH,港HK,澳门MO,台TW 韩KR 亚太AP 东盟ᴿASᴿ,澳ᴿAUᴿ,新西兰ᴿNZᴿ,韩ᴿKRᴿ 日ᴿJPᴿ	0	受惠国LD,柬KH,老LA,缅MM	40
3978	5205.1200	--细度在714.29分特以下,但不细于232.56分特(超过14公支,但不超过43公支) --Measuring less than 714.29 decitex but not less than 232.56 decitex (exceeding 14 metric number but not exceeding 43 metric number)	5	0 2 3.5 4 4.4	东盟AS,智CL,巴PK,新西兰NZ,秘PE,哥CR,瑞CH,冰IS,澳AU,格GE,柬KH,港HK,澳门MO,台TW 韩KR 亚太AP 东盟ᴿASᴿ,澳ᴿAUᴿ,新西兰ᴿNZᴿ,韩ᴿKRᴿ 日ᴿJPᴿ	0	受惠国LD,柬KH,老LA,缅MM	40

① 关税配额税率: 1。
In-quota Tariff Rate: 1.

829

序号 No.	税则号列 Tariff Line	货品名称 Article Description	最惠国税率 MFN(%)	协定税率 Agreement(%)		特惠税率 SP(%)		普通税率 Gen(%)
3979	5205.1300	--细度在232.56分特以下, 但不细于192.31分特 (超过43公支, 但不超过52公支) --Measuring less than 232.56 decitex but not less than 192.31 decitex (exceeding 43 metric number but not exceeding 52 metric number)	5	0	东盟AS,智CL,巴PK,新西兰NZ,秘PE,哥CR,瑞CH,冰IS,澳AU,格GE,柬KH,港HK,澳门MO	0	受惠国LD	40
				2	韩KR			
				3.5	亚太AP			
				4	东盟^{R}AS^R,澳^{R}AU^R,新西兰^{R}NZ^R,韩^{R}KR^R			
				4.4	日^{R}JP^R			
3980	5205.1400	--细度在192.31分特以下, 但不细于125分特 (超过52公支, 但不超过80公支) --Measuring less than 192.31 decitex but not less than 125 decitex (exceeding 52 metric number but not exceeding 80 metric number)	5	0	东盟AS,智CL,巴PK,新西兰NZ,秘PE,哥CR,瑞CH,冰IS,澳AU,格GE,柬KH,港HK,澳门MO	0	受惠国LD,老LA,缅MM	40
				3.5	亚太AP,韩KR			
				4.5	东盟^{R}AS^R,澳^{R}AU^R,新西兰^{R}NZ^R			
3981	5205.1500	--细度在125分特以下 (超过80公支) --Measuring less than 125 decitex (exceeding 80 metric number)	5	0	东盟AS,智CL,新西兰NZ,秘PE,哥CR,瑞CH,冰IS,澳AU,格GE,柬KH,港HK,澳门MO	0	受惠国LD	40
				2	韩KR			
				3.5	亚太AP,巴PK			
				4	东盟^{R}AS^R,澳^{R}AU^R,新西兰^{R}NZ^R,韩^{R}KR^R			
				4.4	日^{R}JP^R			
		-精梳纤维纺制的单纱: -Single yarn, of combed fibres:							
3982	5205.2100	--细度在714.29分特及以上 (不超过14公支) --Measuring 714.29 decitex or more(not exceeding 14 metric number)	5	0	东盟AS,智CL,巴PK,新西兰NZ,秘PE,哥CR,瑞CH,冰IS,澳AU,格GE,柬KH,港HK,澳门MO	0	受惠国LD,缅MM	40
				2	韩KR			
				3.5	亚太AP			
				4	东盟^{R}AS^R,澳^{R}AU^R,新西兰^{R}NZ^R,韩^{R}KR^R			
				4.4	日^{R}JP^R			
3983	5205.2200	--细度在714.29分特以下, 但不细于232.56分特 (超过14公支, 但不超过43公支) --Measuring less than 714.29 decitex but not less than 232.56 decitex (exceeding 14 metric number but not exceeding 43 metric number)	5	0	东盟AS,智CL,巴PK,新西兰NZ,秘PE,哥CR,瑞CH,冰IS,澳AU,格GE,柬KH,港HK,澳门MO	0	受惠国LD	40
				2	韩KR			
				3.5	亚太AP			
				4	东盟^{R}AS^R,澳^{R}AU^R,新西兰^{R}NZ^R,韩^{R}KR^R			
				4.4	日^{R}JP^R			
3984	5205.2300	--细度在232.56分特以下, 但不细于192.31分特 (超过43公支, 但不超过52公支) --Measuring less than 232.56 decitex but not less than 192.31 decitex (exceeding 43 metric number but not exceeding 52 metric number)	5	0	东盟AS,智CL,巴PK,新西兰NZ,秘PE,哥CR,瑞CH,冰IS,澳AU,格GE,东盟^{R}AS^R,新西兰^{R}NZ^R,柬KH,港HK,澳门MO	0	受惠国LD	40
				0.5	韩KR			
				3.5	亚太AP			
				4	澳^{R}AU^R			

序号 No.	税则号列 Tariff Line	货品名称 Article Description	最惠国税率 MFN(%)	协定税率 Agreement(%)		特惠税率 SP(%)	普通税率 Gen(%)
3985	5205.2400	--细度在192.31分特以下, 但不细于 125分特 (超过52公支, 但不超过80 公支) --Measuring less than 192.31 decitex but not less than 125 decitex(exceeding 52 metric number but not exceeding 80 metric number)	5	0 0.5 3.5 4	东盟AS,智CL,巴PK,新西兰NZ, 秘PE,哥CR,瑞CH,冰IS,澳AU,格 GE,东盟^RAS^R,新西兰^RNZ^R,柬 KH,港HK,澳门MO 韩KR 亚太AP 澳^RAU^R	0 受惠国LD, 老LA,缅 MM	40
3986	5205.2600	--细度在125分特以下, 但不细于106.38 分特 (超过80公支, 但不超过94 公支) --Measuring less than 125 decitex but not less than 106.38 decitex (exceeding 80 metric number but not exceeding 94 metric number)	5	0 2 4 4.4	东盟AS,智CL,巴PK,新西兰NZ, 秘PE,哥CR,瑞CH,冰IS,澳AU,格 GE,柬KH,港HK,澳门MO 韩KR 东盟^RAS^R,澳^RAU^R,新西兰^RNZ^R, 韩^RKR^R 日^RJP^R	0 受惠国LD	40
3987	5205.2700	--细度在106.38分特以下, 但不细于 83.33分特 (超过94公支, 但不超过 120公支) --Measuring less than 106.38 decitex but not less than 83.33 decitex (exceeding 94 metric number but not exceeding 120 metric number)	5	0 2 4 4.4	东盟AS,智CL,新西兰NZ,秘PE, 哥CR,瑞CH,冰IS,澳AU,格GE, 柬KH,港HK,澳门MO 韩KR 东盟^RAS^R,澳^RAU^R,新西兰^RNZ^R, 韩^RKR^R 日^RJP^R	0 受惠国LD	40
3988	5205.2800	--细度在83.33分特以下 (超过120 公支) --Measuring less than 83.33 decitex (exceeding 120 metric number)	5	0 2 4 4.4	东盟AS,智CL,新西兰NZ,秘PE, 哥CR,瑞CH,冰IS,澳AU,格GE, 柬KH,港HK,澳门MO 韩KR 东盟^RAS^R,澳^RAU^R,新西兰^RNZ^R, 韩^RKR^R 日^RJP^R	0 受惠国LD	40
		-未精梳纤维纺制的多股纱线或缆线: -Multiple (folded) or cabled yarn, of uncombed fibres:					
3989	5205.3100	--每根单纱细度在714.29分特及以上 (每根单纱不超过14公支) --Measuring per single yarn 714.29 decitex or more (not exceeding 14 metric number per single yarn)	5	0 2 4 4.4 4.5	东盟AS,智CL,巴PK,新西兰NZ, 哥CR,瑞CH,冰IS,澳AU,格GE, 柬KH,港HK,澳门MO 韩KR 东盟^RAS^R,澳^RAU^R,新西兰^RNZ^R, 韩^RKR^R 日^RJP^R 亚太AP	0 受惠国₂LD₂	40
3990	5205.3200	--每根单纱细度在714.29分特以下, 但 不细于232.56分特 (每根单纱超过14 公支, 但不超过43公支) --Measuring per single yarn less than 714.29 decitex but not less than 232.56 decitex (exceeding 14 metric number but not exceeding 43 metric number per single yarn)	5	0 2 3.5 4 4.4	东盟AS,智CL,巴PK,新西兰NZ, 秘PE,哥CR,瑞CH,冰IS,澳AU,格 GE,柬KH,港HK,澳门MO 韩KR 亚太AP 东盟^RAS^R,澳^RAU^R,新西兰^RNZ^R, 韩^RKR^R 日^RJP^R	0 受惠国LD	40

序号 No.	税则号列 Tariff Line	货品名称 Article Description	最惠国税率 MFN(%)	协定税率 Agreement(%)		特惠税率 SP(%)	普通税率 Gen(%)
3991	5205.3300	--每根单纱细度在232.56分特以下,但不细于192.31分特(每根单纱超过43公支,但不超过52公支) --Measuring per single yarn less than 232.56 decitex but not less than 192.31 decitex (exceeding 43 metric number but not exceeding 52 metric number per single yarn)	5	0	东盟AS,智CL,新西兰NZ,秘PE,哥CR,瑞CH,冰IS,澳AU,格GE,柬KH,港HK,澳门MO	0 受惠国LD	40
				2	韩KR		
				4	东盟^{R}AS^R,澳^{R}AU^R,新西兰^{R}NZ^R,韩^{R}KR^R		
				4.4	日^{R}JP^R		
3992	5205.3400	--每根单纱细度在192.31分特以下,但不细于125分特(每根单纱超过52公支,但不超过80公支) --Measuring per single yarn less than 192.31 decitex but not less than 125 decitex(exceeding 52 metric number but not exceeding 80 metric number per single yarn)	5	0	东盟AS,智CL,巴PK,新西兰NZ,秘PE,哥CR,瑞CH,冰IS,澳AU,格GE,柬KH,港HK,澳门MO	0 受惠国LD	40
				2	韩KR		
				4	东盟^{R}AS^R,澳^{R}AU^R,新西兰^{R}NZ^R,韩^{R}KR^R		
				4.4	日^{R}JP^R		
3993	5205.3500	--每根单纱细度在125分特以下(每根单纱超过80公支) --Measuring per single yarn less than 125 decitex (exceeding 80 metric number per single yarn)	5	0	东盟AS,智CL,新西兰NZ,秘PE,哥CR,瑞CH,冰IS,澳AU,格GE,柬KH,港HK,澳门MO	0 受惠国LD	40
				2	韩KR		
				4	东盟^{R}AS^R,澳^{R}AU^R,新西兰^{R}NZ^R,韩^{R}KR^R		
				4.4	日^{R}JP^R		
		-精梳纤维纺制的多股纱线或缆线: -Multiple (folded) or cabled yarn, of combed fibres:						
3994	5205.4100	--每根单纱细度在714.29分特及以上(每根单纱不超过14公支) --Measuring per single yarn 714.29 decitex or more (not exceeding 14 metric number per single yarn)	5	0	东盟AS,智CL,新西兰NZ,哥CR,瑞CH,冰IS,澳AU,格GE,柬KH,港HK,澳门MO	0 受惠国LD	40
				2	韩KR		
				4	东盟^{R}AS^R,澳^{R}AU^R,新西兰^{R}NZ^R,韩^{R}KR^R		
				4.4	日^{R}JP^R		
				4.5	亚太AP,巴PK		
3995	5205.4200	--每根单纱细度在714.29分特以下,但不细于232.56分特(每根单纱超过14公支,但不超过43公支) --Measuring per single yarn less than 714.29 decitex but not less than 232.56 decitex(exceeding 14 metric number but not exceeding 43 metric number per single yarn)	5	0	智CL,巴PK,新西兰NZ,秘PE,哥CR,瑞CH,冰IS,澳AU,格GE,柬KH,港HK,澳门MO	0 受惠国LD	40
				3.5	亚太AP,韩KR		
3996	5205.4300	--每根单纱细度在232.56分特以下,但不细于192.31分特(每根单纱超过43公支,但不超过52公支) --Measuring per singleyarn less than 232.56 decitex but not less than 192.31 decitex(exceeding 43 metric number but not exceeding 52 metric number per single yarn)	5	0	东盟AS,智CL,新西兰NZ,哥CR,瑞CH,冰IS,澳AU,格GE,柬KH,港HK,澳门MO	0 受惠国LD	40
				2	韩KR		
				4	巴PK,东盟^{R}AS^R,澳^{R}AU^R,新西兰^{R}NZ^R,韩^{R}KR^R		
				4.4	日^{R}JP^R		

序号 No.	税则号列 Tariff Line	货品名称 Article Description	最惠国税率 MFN(%)	协定税率 Agreement(%)		特惠税率 SP(%)	普通税率 Gen(%)
3997	5205.4400	--每根单纱细度在192.31分特以下, 但不细于125分特（每根单纱超过52公支, 但不超过80公支） --Measuring per single yarn less than 192.31 decitex but not less than 125 decitex(exceeding 52 metric number but not exceeding 80 metric number per single yarn)	5	0	东盟AS,智CL,巴PK,新西兰NZ,秘PE,哥CR,瑞CH,冰IS,澳AU,格GE,柬KH,港HK,澳门MO	0 受惠国LD	40
				2	韩KR		
				4	东盟^{R}AS^R,澳^{R}AU^R,新西兰^{R}NZ^R,韩^{R}KR^R		
				4.4	日^{R}JP^R		
3998	5205.4600	--每根单纱细度在125分特以下, 但不细于106.38分特（每根单纱超过80公支, 但不超过94公支） --Measuring per single yarn less than 125 decitex but not less than 106.38 decitex(exceeding 80 metric number but not exceeding 94 metric number per single yarn)	5	0	东盟AS,智CL,新西兰NZ,秘PE,哥CR,瑞CH,冰IS,澳AU,格GE,柬KH,港HK,澳门MO	0 受惠国LD	40
				2	韩KR		
				3.6	巴PK		
				4	东盟^{R}AS^R,澳^{R}AU^R,新西兰^{R}NZ^R,韩^{R}KR^R		
				4.4	日^{R}JP^R		
				4.5	亚太AP		
3999	5205.4700	--每根单纱细度在106.38分特以下, 但不细于83.33分特（每根单纱超过94公支, 但不超过120公支） --Measuring per single yarn less than 106.38 decitex but not less than 83.33 decitex(exceeding 94 metric number but not exceeding 120 metric number per single yarn)	5	0	东盟AS,智CL,新西兰NZ,秘PE,哥CR,瑞CH,冰IS,澳AU,格GE,柬KH,港HK,澳门MO	0 受惠国LD	40
				2	韩KR		
				3.6	巴PK		
				4	东盟^{R}AS^R,澳^{R}AU^R,新西兰^{R}NZ^R,韩^{R}KR^R		
				4.4	日^{R}JP^R		
				4.5	亚太AP		
4000	5205.4800	--每根单纱细度在83.33分特以下（每根单纱超过120公支） --Measuring per single yarn less than 83.33 decitex(exceeding 120 metric number per single yarn)	5	0	东盟AS,智CL,新西兰NZ,秘PE,哥CR,瑞CH,冰IS,澳AU,格GE,柬KH,港HK,澳门MO	0 受惠国LD	40
				2	韩KR		
				4	东盟^{R}AS^R,澳^{R}AU^R,新西兰^{R}NZ^R,韩^{R}KR^R		
				4.4	日^{R}JP^R		
				4.5	亚太AP,巴PK		
	52.06	棉纱线（缝纫线除外）, 按重量计含棉量在85%以下, 非供零售用: Cotton yarn (other than sewing thread), containing less than 85% by weight of cotton, not put up for retail sale:					
		-未精梳纤维纺制的单纱: -Single yarn, of uncombed fibres:					
4001	5206.1100	--细度在714.29分特及以上（不超过14公支） --Measuring 714.29 decitex or more (not exceeding 14 metric number)	5	0	东盟AS,智CL,新西兰NZ,哥CR,瑞CH,冰IS,澳AU,格GE,柬KH,港HK,澳门MO	0 受惠国$_2$LD$_2$	40
				2	韩KR		
				2.8	巴PK		
				3.5	亚太AP		
				4	东盟^{R}AS^R,澳^{R}AU^R,新西兰^{R}NZ^R,韩^{R}KR^R		
				4.4	日^{R}JP^R		

序号 No.	税则号列 Tariff Line	货品名称 Article Description	最惠国税率 MFN(%)	协定税率 Agreement(%)		特惠税率 SP(%)	普通税率 Gen(%)
4002	5206.1200	--细度在714.29分特以下，但不细于232.56分特（超过14公支，但不超过43公支） --Measuring less than 714.29 decitex but not less than 232.56 decitex(exceeding 14 metric number but not exceeding 43 metric number)	5	0	东盟AS,智CL,巴PK,新西兰NZ,秘PE,哥CR,瑞CH,冰IS,澳AU,格GE,柬KH,港HK,澳门MO,台TW	0 受惠国LD	40
				2	韩KR		
				3.5	亚太AP		
				4	东盟^{R}AS^R,澳^{R}AU^R,新西兰^{R}NZ^R,韩^{R}KR^R		
				4.4	日^{R}JP^R		
4003	5206.1300	--细度在232.56分特以下，但不细于192.31分特（超过43公支，但不超过52公支） --Measuring less than 232.56 decitex but not less than 192.31 decitex(exceeding 43 metric number but not exceeding 52 metric number)	5	0	东盟AS,智CL,新西兰NZ,秘PE,哥CR,瑞CH,冰IS,澳AU,格GE,柬KH,港HK,澳门MO	0 受惠国LD	40
				2	韩KR		
				4	东盟^{R}AS^R,澳^{R}AU^R,新西兰^{R}NZ^R,韩^{R}KR^R		
				4.4	日^{R}JP^R		
4004	5206.1400	--细度在192.31分特以下，但不细于125分特（超过52公支，但不超过80公支） --Measuring less than 192.31 decitex but not less than 125 decitex(exceeding 52 metric number but not exceeding 80 metric number)	5	0	东盟AS,智CL,新西兰NZ,秘PE,哥CR,瑞CH,冰IS,澳AU,格GE,柬KH,港HK,澳门MO	0 受惠国LD	40
				2	韩KR		
				4	巴PK,东盟^{R}AS^R,澳^{R}AU^R,新西兰^{R}NZ^R,韩^{R}KR^R		
				4.4	日^{R}JP^R		
4005	5206.1500	--细度在125分特以下（超过80公支） --Measuring less than 125 decitex(exceeding 80 metric number)	5	0	东盟AS,智CL,新西兰NZ,秘PE,哥CR,瑞CH,冰IS,澳AU,格GE,柬KH,港HK,澳门MO	0 受惠国LD	40
				2	韩KR		
				3.5	亚太AP,巴PK		
				4	东盟^{R}AS^R,澳^{R}AU^R,新西兰^{R}NZ^R,韩^{R}KR^R		
				4.4	日^{R}JP^R		
		-精梳纤维纺制的单纱： -Single yarn, of combed fibres:					
4006	5206.2100	--细度在714.29分特及以上（不超过14公支） --Measuring 714.29 decitex or more(not exceeding 14 metric number)	5	0	东盟AS,智CL,新西兰NZ,秘PE,哥CR,瑞CH,冰IS,澳AU,格GE,柬KH,港HK,澳门MO	0 受惠国LD	40
				2	韩KR		
				4	东盟^{R}AS^R,澳^{R}AU^R,新西兰^{R}NZ^R,韩^{R}KR^R		
				4.4	日^{R}JP^R		
				4.5	亚太AP,巴PK		
4007	5206.2200	--细度在714.29分特以下，但不细于232.56分特（超过14公支，但不超过43公支） --Measuring less than 714.29 decitex but not less than 232.56 decitex(exceeding 14 metric number but not exceeding 43 metric number)	5	0	东盟AS,智CL,巴PK,新西兰NZ,秘PE,哥CR,瑞CH,冰IS,澳AU,格GE,柬KH,港HK,澳门MO,台TW	0 受惠国LD	40
				2	韩KR		
				4	东盟^{R}AS^R,澳^{R}AU^R,新西兰^{R}NZ^R,韩^{R}KR^R		
				4.4	日^{R}JP^R		

序号 No.	税则号列 Tariff Line	货品名称 Article Description	最惠国税率 MFN(%)	协定税率 Agreement(%)		特惠税率 SP(%)	普通税率 Gen(%)
4008	5206.2300	--细度在232.56分特以下, 但不细于192.31分特（超过43公支, 但不超过52公支） --Measuring less than 232.56 decitex but not less than 192.31 decite(exceeding 43 metric number but not exceeding 52 metric number)	5	0	东盟AS,智CL,新西兰NZ,秘PE,哥CR,瑞CH,冰IS,澳AU,格GE,柬KH,港HK,澳门MO	0 受惠国LD	40
				2	韩KR		
				4	东盟^{R}AS^R,澳^{R}AU^R,新西兰^{R}NZ^R,韩^{R}KR^R		
				4.4	日^{R}JP^R		
4009	5206.2400	--细度在192.31分特以下, 但不细于125分特（超过52公支, 但不超过80公支） --Measuring less than 192.31 decitex but not less than 125 decitex(exceeding 52 metric number but not exceeding 80 metric number)	5	0	东盟AS,智CL,新西兰NZ,秘PE,哥CR,瑞CH,冰IS,澳AU,格GE,柬KH,港HK,澳门MO,台TW	0 受惠国LD	40
				2	韩KR		
				4	巴PK,东盟^{R}AS^R,澳^{R}AU^R,新西兰^{R}NZ^R,韩^{R}KR^R		
				4.4	日^{R}JP^R		
4010	5206.2500	--细度在125分特以下（超过80公支） --Measuring less than 125 decitex(exceeding 80 metric number)	5	0	东盟AS,智CL,新西兰NZ,秘PE,哥CR,瑞CH,冰IS,澳AU,格GE,柬KH,港HK,澳门MO	0 受惠国LD	40
				2	韩KR		
				4	东盟^{R}AS^R,澳^{R}AU^R,新西兰^{R}NZ^R,韩^{R}KR^R		
				4.4	日^{R}JP^R		
		-未精梳纤维纺制的多股纱线或缆线: -Multiple (folded) or cabled yarn, of uncombed fibres:					
4011	5206.3100	--每根单纱细度在714.29分特及以上（每根单纱不超过14公支） --Measuring per single yarn 714.29 decitex or more(not exceeding 14 metric number per single yarn)	5	0	东盟AS,智CL,新西兰NZ,秘PE,哥CR,瑞CH,冰IS,澳AU,格GE,柬KH,港HK,澳门MO	0 受惠国LD	40
				2	韩KR		
				4	东盟^{R}AS^R,澳^{R}AU^R,新西兰^{R}NZ^R,韩^{R}KR^R		
				4.4	日^{R}JP^R		
4012	5206.3200	--每根单纱细度在714.29分特以下, 但不细于232.56分特（每根单纱超过14公支, 但不超过43公支） --Measuring per single yarn less than 714.29 decitex but not less than 232.56 decitex(exceeding 14 metric number but not exceeding 43 metric number per single yarn)	5	0	东盟AS,智CL,巴PK,新西兰NZ,秘PE,哥CR,瑞CH,冰IS,澳AU,格GE,柬KH,港HK,澳门MO	0 受惠国LD	40
				2	韩KR		
				4	东盟^{R}AS^R,澳^{R}AU^R,新西兰^{R}NZ^R,韩^{R}KR^R		
				4.4	日^{R}JP^R		
4013	5206.3300	--每根单纱细度在232.56分特以下, 但不细于192.31分特（每根单纱超过43公支, 但不超过52公支） --Measuring per single yarn less than 232.56 decitex but not less than 192.31 decitex(exceeding 43 metric number but not exceeding 52 metric number per single yarn)	5	0	东盟AS,智CL,新西兰NZ,秘PE,哥CR,瑞CH,冰IS,澳AU,格GE,柬KH,港HK,澳门MO	0 受惠国LD	40
				2	韩KR		
				4	东盟^{R}AS^R,澳^{R}AU^R,新西兰^{R}NZ^R,韩^{R}KR^R		
				4.4	日^{R}JP^R		

序号 No.	税则号列 Tariff Line	货品名称 Article Description	最惠国税率 MFN(%)		协定税率 Agreement(%)	特惠税率 SP(%)	普通税率 Gen(%)
4014	5206.3400	--每根单纱细度在192.31分特以下,但不细于125分特(每根单纱超过52公支,但不超过80公支) --Measuring per single yarn less than 192.31 decitex but not less than 125 decitex(exceeding 52 metric number but not exceeding 80 metric number per single yarn)	5	0 2 4 4.4	东盟AS,智CL,新西兰NZ,秘PE,哥CR,瑞CH,冰IS,澳AU,格GE,柬KH,港HK,澳门MO 韩KR 东盟^{R}AS^R,澳^{R}AU^R,新西兰^{R}NZ^R,韩^{R}KR^R 日^{R}JP^R	0 受惠国LD	40
4015	5206.3500	--每根单纱细度在125分特以下(每根单纱超过80公支) --Measuring per single yarn less than 125 decitex(exceeding 80 metric number per single yarn)	5	0 2 4 4.4	东盟AS,智CL,新西兰NZ,秘PE,哥CR,瑞CH,冰IS,澳AU,格GE,柬KH,港HK,澳门MO 韩KR 东盟^{R}AS^R,澳^{R}AU^R,新西兰^{R}NZ^R,韩^{R}KR^R 日^{R}JP^R	0 受惠国LD	40
		-精梳纤维纺制的多股纱线或缆线: -Multiple (folded) or cabled yarn, of combed fibres:					
4016	5206.4100	--每根单纱细度在714.29分特及以上(每根单纱不超过14公支) --Measuring per single yarn 714.29 decitex or more(not exceeding 14 metric number per single yarn)	5	0 2 4 4.4	东盟AS,智CL,新西兰NZ,秘PE,哥CR,瑞CH,冰IS,澳AU,格GE,柬KH,港HK,澳门MO 韩KR 东盟^{R}AS^R,澳^{R}AU^R,新西兰^{R}NZ^R,韩^{R}KR^R 日^{R}JP^R	0 受惠国LD	40
4017	5206.4200	--每根单纱细度在714.29分特以下,但不细于232.56分特(每根单纱超过14公支,但不超过43公支) --Measuring per single yarn less than 714.29 decitex but not less than 232.56 decitex(exceeding 14 metric number but not exceeding 43 metric number per single yarn)	5	0 2 4 4.4	东盟AS,智CL,新西兰NZ,秘PE,哥CR,瑞CH,冰IS,澳AU,格GE,柬KH,港HK,澳门MO 韩KR 东盟^{R}AS^R,澳^{R}AU^R,新西兰^{R}NZ^R,韩^{R}KR^R 日^{R}JP^R	0 受惠国LD	40
4018	5206.4300	--每根单纱细度在232.56分特以下,但不细于192.31分特(每根单纱超过43公支,但不超过52公支) --Measuring per single yarn less than 232.56 decitex but not less then 192.31 decitex(exceeding 43 metric number but not exceeding 52 metric number per single yarn)	5	0 2 4 4.4	东盟AS,智CL,新西兰NZ,秘PE,哥CR,瑞CH,冰IS,澳AU,格GE,柬KH,港HK,澳门MO 韩KR 东盟^{R}AS^R,澳^{R}AU^R,新西兰^{R}NZ^R,韩^{R}KR^R 日^{R}JP^R	0 受惠国LD	40
4019	5206.4400	--每根单纱细度在192.31分特以下,但不细于125分特(每根单纱超过52公支,但不超过80公支) --Measuring per single yarn less than 192.31 decitex but not less than 125 decitex(exceeding 52 metric number but not exceeding 80 metric number per single yarn)	5	0 2 4 4.4	东盟AS,智CL,新西兰NZ,秘PE,哥CR,瑞CH,冰IS,澳AU,格GE,柬KH,港HK,澳门MO 韩KR 东盟^{R}AS^R,澳^{R}AU^R,新西兰^{R}NZ^R,韩^{R}KR^R 日^{R}JP^R	0 受惠国LD	40

序号 No.	税则号列 Tariff Line	货品名称 Article Description	最惠国税率 MFN(%)	协定税率 Agreement(%)		特惠税率 SP(%)	普通税率 Gen(%)
4020	5206.4500	--每根单纱细度在125分特以下（每根单纱超过80公支） --Measuring per single yarn less than 125 decitex(exceeding 80 metric number per single yarn)	5	0	东盟AS,智CL,新西兰NZ,秘PE,哥CR,瑞CH,冰IS,澳AU,格GE,柬KH,港HK,澳门MO	0 受惠国LD	40
				2	韩KR		
				4	东盟^RAS^R,澳^RAU^R,新西兰^RNZ^R,韩^RKR^R		
				4.4	日^RJP^R		
	52.07	**棉纱线（缝纫线除外），供零售用：** **Cotton yarn (other than sewing thread) put up for retail sale:**					
4021	5207.1000	-按重量计含棉量在85%及以上 -Containing 85% or more by weight of cotton	5	0	东盟AS,智CL,新西兰NZ,秘PE,哥CR,瑞CH,冰IS,韩KR,澳AU,格GE,东盟^RAS^R,澳^RAU^R,日^RJP^R,新西兰^RNZ^R,柬KH,港HK,澳门MO,韩^RKR^R	0 受惠国LD	50
				4	巴PK		
				4.2	亚太AP		
4022	5207.9000	-其他 -Other	5	0	东盟AS,智CL,新西兰NZ,秘PE,哥CR,瑞CH,冰IS,韩KR,澳AU,格GE,东盟^RAS^R,澳^RAU^R,日^RJP^R,新西兰^RNZ^R,柬KH,港HK,澳门MO,韩^RKR^R	0 受惠国LD	50
				3	巴PK		
	52.08	**棉机织物，按重量计含棉量在85%及以上，每平方米重量不超过200克：** **Woven fabrics of cotton, containing 85% or more by weight of cotton, weighing not more than 200g/m²:**					
		-未漂白： -Unbleached:					
4023	5208.1100	--平纹机织物，每平方米重量不超过100克 --Plain weave, weighing not more than 100g/m²	8	0	东盟AS,智CL,巴PK,新西兰NZ,秘PE,哥CR,瑞CH,冰IS,韩KR,澳AU,格GE,毛MU,东盟^RAS^R,澳^RAU^R,新西兰^RNZ^R,柬KH,港HK,澳门MO,韩^RKR^R	0 受惠国LD	70
				8.2	日^RJP^R		
4024	5208.1200	--平纹机织物，每平方米重量超过100克 --Plain weave, weighing more than 100g/m²	8	0	东盟AS,智CL,巴PK,新西兰NZ,新加坡SG,秘PE,哥CR,瑞CH,冰IS,韩KR,澳AU,格GE,毛MU,东盟^RAS^R,澳^RAU^R,新西兰^RNZ^R,柬KH,港HK,澳门MO,韩^RKR^R	0 受惠国LD	70
				8.2	日^RJP^R		
4025	5208.1300	--三线或四线斜纹机织物,包括双面斜纹机织物 --3-thread or 4-thread twill, including cross twill	8	0	东盟AS,智CL,巴PK,新西兰NZ,秘PE,哥CR,瑞CH,冰IS,澳AU,格GE,毛MU,东盟^RAS^R,澳^RAU^R,新西兰^RNZ^R,柬KH,港HK,澳门MO	0 受惠国LD	70
				1	韩KR		
				5.2	亚太AP		
				8	韩^RKR^R		
				8.2	日^RJP^R		

序号 No.	税则号列 Tariff Line	货品名称 Article Description	最惠国税率 MFN(%)	协定税率 Agreement(%)		特惠税率 SP(%)		普通税率 Gen(%)
4026	5208.1900	--其他机织物 --Other fabrics	8	0	东盟AS,智CL,巴PK,新西兰NZ, 新加坡SG,秘PE,哥CR,瑞CH,冰 IS,韩KR,澳AU,格GE,毛MU,东 盟^RAS^R,澳^RAU^R,新西兰^RNZ^R,柬 KH,港HK,澳门MO,韩^RKR^R	0	受惠国LD	70
				8.2	日^RJP^R			
		-漂白: -Bleached:						
4027	5208.2100	--平纹机织物，每平方米重量不超过 100克 --Plain weave, weighing not more than 100g/m²	8	0	东盟AS,智CL,巴PK,新西兰NZ, 秘PE,哥CR,瑞CH,冰IS,韩KR, 澳AU,格GE,毛MU,东盟^RAS^R,澳 ^RAU^R,新西兰^RNZ^R,柬KH,港HK, 澳门MO,韩^RKR^R	0	受惠国LD	70
				8.2	日^RJP^R			
4028	5208.2200	--平纹机织物，每平方米重量超过 100克 --Plain weave, weighing more than 100g/m²	8	0	东盟AS,智CL,巴PK,新西兰NZ, 新加坡SG,秘PE,哥CR,瑞CH,冰 IS,韩KR,澳AU,格GE,毛MU,东 盟^RAS^R,澳^RAU^R,新西兰^RNZ^R,柬 KH,港HK,澳门MO,韩^RKR^R	0	受惠国LD, 柬KH,老 LA,缅MM	70
				8.2	日^RJP^R			
4029	5208.2300	--三线或四线斜纹机织物,包括双面斜 纹机织物 --3-thread or 4-thread twill, icluding cross twill	8	0	东盟AS,智CL,巴PK,新西兰NZ, 新加坡SG,秘PE,哥CR,冰IS,韩 KR,澳AU,格GE,毛MU,东盟 ^RAS^R,澳^RAU^R,新西兰^RNZ^R,柬 KH,港HK,澳门MO,韩^RKR^R	0	受惠国LD	70
				4.8	瑞CH			
				9.8	日^RJP^R			
4030	5208.2900	--其他机织物 --Other fabrics	8	0	东盟AS,智CL,巴PK,新西兰NZ, 秘PE,哥CR,瑞CH,冰IS,韩KR, 澳AU,格GE,毛MU,东盟^RAS^R,澳 ^RAU^R,新西兰^RNZ^R,柬KH,港HK, 澳门MO,韩^RKR^R	0	受惠国LD	70
				8.2	日^RJP^R			
		-染色: -Dyed:						
4031	5208.3100	--平纹机织物，每平方米重量不超过 100克 --Plain weave, weighing not more than 100g/m²	8	0	东盟AS,智CL,巴PK,新西兰NZ, 秘PE,哥CR,瑞CH,冰IS,韩KR, 澳AU,格GE,毛MU,东盟^RAS^R,澳 ^RAU^R,新西兰^RNZ^R,柬KH,港HK, 澳门MO,台TW,韩^RKR^R	0	受惠国LD	70
				8.2	日^RJP^R			
4032	5208.3200	--平纹机织物,每平方米重量超过100克 --Plain weave, weighing more than 100g/m²	8	0	东盟AS,智CL,巴PK,新西兰NZ, 新加坡SG,秘PE,哥CR,瑞CH,冰 IS,韩KR,澳AU,格GE,毛MU,东 盟^RAS^R,澳^RAU^R,新西兰^RNZ^R, 柬KH,港HK,澳门MO,台TW,韩 ^RKR^R	0	受惠国LD	70
				5.2	亚太AP			
				8.2	日^RJP^R			

序号 No.	税则号列 Tariff Line	货品名称 Article Description	最惠国税率 MFN(%)		协定税率 Agreement(%)	特惠税率 SP(%)	普通税率 Gen(%)
4033	5208.3300	--三线或四线斜纹机织物,包括双面斜纹机织物 --3-thread or 4-thread twill, including cross twill	8	0	东盟AS,智CL,巴PK,新西兰NZ,秘PE,哥CR,瑞CH,冰IS,韩KR,澳AU,格GE,毛MU,东盟^RAS^R,澳^RAU^R,新西兰NZ^R,柬KH,港HK,澳门MO,韩^RKR^R	0 受惠国LD,柬KH,老LA,缅MM	70
				5.2	亚太AP		
				8.2	日^RJP^R		
4034	5208.3900	--其他机织物 --Other fabrics	8	0	东盟AS,智CL,巴PK,新西兰NZ,新加坡SG,秘PE,哥CR,瑞CH,冰IS,韩KR,澳AU,格GE,毛MU,柬KH,港HK,澳门MO,台TW	0 受惠国LD	70
				5.2	亚太AP		
				8	东盟^RAS^R,澳^RAU^R,新西兰NZ^R,韩^RKR^R		
				8.2	日^RJP^R		
		-色织: -Of yarns of different colours:					
4035	5208.4100	--平纹机织物,每平方米重量不超过100克 --Plain weave, weighing not more than 100g/m^2	8	0	东盟AS,智CL,巴PK,新西兰NZ,新加坡SG,秘PE,哥CR,瑞CH,冰IS,韩KR,澳AU,格GE,毛MU,东盟^RAS^R,澳^RAU^R,新西兰NZ^R,柬KH,港HK,澳门MO,韩^RKR^R	0 受惠国LD	70
				8.2	日^RJP^R		
4036	5208.4200	--平纹机织物,每平方米重量超过100克 --Plain weave, weighing more than 100g/m^2	8	0	东盟AS,智CL,巴PK,新西兰NZ,新加坡SG,秘PE,哥CR,瑞CH,冰IS,韩KR,澳AU,格GE,柬KH,港HK,澳门MO,台TW	0 受惠国LD	70
				4	毛MU		
				5.2	亚太AP		
				8	东盟^RAS^R,澳^RAU^R,新西兰NZ^R,韩^RKR^R		
				8.2	日^RJP^R		
4037	5208.4300	--三线或四线斜纹机织物,包括双面斜纹机织物 --3-thread or 4-thread twill, including cross twill	8	0	东盟AS,智CL,巴PK,新西兰NZ,秘PE,哥CR,瑞CH,冰IS,韩KR,澳AU,格GE,毛MU,东盟^RAS^R,澳^RAU^R,新西兰NZ^R,柬KH,港HK,澳门MO,韩^RKR^R	0 受惠国LD	70
				8.2	日^RJP^R		
4038	5208.4900	--其他机织物 --Other fabrics	8	0	东盟AS,智CL,巴PK,新西兰NZ,新加坡SG,秘PE,哥CR,瑞CH,冰IS,韩KR,澳AU,格GE,东盟^RAS^R,澳^RAU^R,新西兰NZ^R,柬KH,港HK,澳门MO,韩^RKR^R	0 受惠国LD,柬KH,老LA,缅MM	70
				4	毛MU		
				5.2	亚太AP		
				8.2	日^RJP^R		
		-印花: -Printed:					

序号 No.	税则号列 Tariff Line	货品名称 Article Description	最惠国税率 MFN(%)	协定税率 Agreement(%)		特惠税率 SP(%)	普通税率 Gen(%)
4039	5208.5100	--平纹机织物，每平方米重量不超过100克 --Plain weave, weighing not more than 100g/m²	8	0	东盟AS,智CL,巴PK,新西兰NZ,秘PE,哥CR,瑞CH,冰IS,韩KR,澳AU,格GE,毛MU,东盟ᴿASᴿ,澳ᴿAUᴿ,新西兰ᴿNZᴿ,柬KH,港HK,澳门MO,韩ᴿKRᴿ	0 受惠国LD	70
				8.2	日ᴿJPᴿ		
4040	5208.5200	--平纹机织物，每平方米重量超过100克 --Plain weave, weighing more than 100g/m²	8	0	东盟AS,智CL,巴PK,新西兰NZ,新加坡SG,秘PE,哥CR,瑞CH,冰IS,澳AU,格GE,毛MU,柬KH,港HK,澳门MO	0 受惠国LD	70
				5.2	亚太AP		
				5.5	韩KR		
				9	东盟ᴿASᴿ,澳ᴿAUᴿ,新西兰ᴿNZᴿ		
		--其他机织物： --Other fabrics:					
4041	5208.5910	---三线或四线斜纹机织物, 包括双面斜纹机织物 ---3-thread or 4-thread twill, including cross twill	8	0	东盟AS,智CL,巴PK,新西兰NZ,秘PE,哥CR,瑞CH,冰IS,韩KR,澳AU,格GE,毛MU,东盟ᴿASᴿ,澳ᴿAUᴿ,新西兰ᴿNZᴿ,柬KH,港HK,澳门MO,韩ᴿKRᴿ	0 受惠国LD	70
				8.2	日ᴿJPᴿ		
4042	5208.5990	---其他 ---Other	8	0	东盟AS,智CL,巴PK,新西兰NZ,秘PE,哥CR,瑞CH,冰IS,韩KR,澳AU,格GE,毛MU,东盟ᴿASᴿ,澳ᴿAUᴿ,新西兰ᴿNZᴿ,柬KH,港HK,澳门MO,台TW,韩ᴿKRᴿ	0 受惠国LD	70
				5.2	亚太AP		
				8.2	日ᴿJPᴿ		
	52.09	棉机织物, 按重量计含棉量在85%及以上, 每平方米重量超过200克: Woven fabrics of cotton, containing 85% or more by weight of cotton, weighing more than 200g/m²:					
		-未漂白: -Unbleached:					
4043	5209.1100	--平纹机织物 --Plain weave	8	0	智CL,巴PK,新西兰NZ,哥CR,瑞CH,冰IS,澳AU,格GE,毛MU,柬KH,港HK,澳门MO	0 受惠国LD	70
				5	东盟AS		
				5.5	韩KR		
				9.5	东盟ᴿASᴿ,澳ᴿAUᴿ,新西兰ᴿNZᴿ		
4044	5209.1200	--三线或四线斜纹机织物, 包括双面斜纹机织物 --3-thread or 4-thread twill, including cross twill	8	0	东盟AS,智CL,巴PK,新西兰NZ,新加坡SG,秘PE,哥CR,瑞CH,冰IS,韩KR,澳AU,格GE,毛MU,东盟ᴿASᴿ,澳ᴿAUᴿ,新西兰ᴿNZᴿ,柬KH,港HK,澳门MO,韩ᴿKRᴿ	0 受惠国LD	70
				5.2	亚太AP		
				8.2	日ᴿJPᴿ		

序号 No.	税则号列 Tariff Line	货品名称 Article Description	最惠国税率 MFN(%)		协定税率 Agreement(%)	特惠税率 SP(%)	普通税率 Gen(%)
4045	5209.1900	--其他机织物 --Other fabrics	8	0	东盟AS,智CL,巴PK,新西兰NZ,新加坡SG,秘PE,哥CR,瑞CH,冰IS,韩KR,澳AU,格GE,毛MU,东盟^RAS^R,澳^RAU^R,新西兰NZ^R,柬KH,港HK,澳门MO,韩^RKR^R	0 受惠国LD	70
				8.2	日^RJP^R		
		-漂白: -Bleached:					
4046	5209.2100	--平纹机织物 --Plain weave	8	0	东盟AS,智CL,巴PK,新西兰NZ,新加坡SG,秘PE,哥CR,瑞CH,冰IS,韩KR,澳AU,格GE,毛MU,东盟^RAS^R,澳^RAU^R,新西兰NZ^R,柬KH,港HK,澳门MO,韩^RKR^R	0 受惠国LD	70
				9.8	日^RJP^R		
4047	5209.2200	--三线或四线斜纹机织物,包括双面斜纹机织物 --3-thread or 4-thread twill, including cross twill	8	0	东盟AS,智CL,巴PK,新西兰NZ,新加坡SG,秘PE,哥CR,瑞CH,冰IS,韩KR,澳AU,格GE,毛MU,东盟^RAS^R,澳^RAU^R,新西兰NZ^R,柬KH,港HK,澳门MO,韩^RKR^R	0 受惠国LD	70
				9.8	日^RJP^R		
4048	5209.2900	--其他机织物 --Other fabrics	8	0	东盟AS,智CL,巴PK,新西兰NZ,新加坡SG,秘PE,哥CR,瑞CH,冰IS,韩KR,澳AU,格GE,毛MU,东盟^RAS^R,澳^RAU^R,新西兰NZ^R,柬KH,港HK,澳门MO,韩^RKR^R	0 受惠国LD	70
				9.8	日^RJP^R		
		-染色: -Dyed:					
4049	5209.3100	--平纹机织物 --Plain weave	8	0	东盟AS,智CL,巴PK,新西兰NZ,新加坡SG,秘PE,哥CR,瑞CH,冰IS,韩KR,澳AU,格GE,毛MU,东盟^RAS^R,澳^RAU^R,新西兰NZ^R,柬KH,港HK,澳门MO,台TW,韩^RKR^R	0 受惠国LD,柬KH,老LA,缅MM	70
				5.2	亚太AP		
				8.2	日^RJP^R		
4050	5209.3200	--三线或四线斜纹机织物,包括双面斜纹机织物 --3-thread or 4-thread twill, including cross twill	8	0	东盟AS,智CL,巴PK,新西兰NZ,新加坡SG,秘PE,哥CR,瑞CH,冰IS,韩KR,澳AU,格GE,毛MU,东盟^RAS^R,澳^RAU^R,新西兰NZ^R,柬KH,港HK,澳门MO,台TW,韩^RKR^R	0 受惠国LD,柬KH,老LA,缅MM	70
				5.2	亚太AP		
				8.2	日^RJP^R		
4051	5209.3900	--其他机织物 --Other fabrics	8	0	东盟AS,智CL,巴PK,新西兰NZ,新加坡SG,秘PE,哥CR,瑞CH,冰IS,韩KR,澳AU,格GE,毛MU,柬KH,港HK,澳门MO,台TW	0 受惠国LD,柬KH,老LA,缅MM	70
				5.2	亚太AP		
				8	东盟^RAS^R,澳^RAU^R,新西兰^RNZ^R,韩^RKR^R		
				8.2	日^RJP^R		

序号 No.	税则号列 Tariff Line	货品名称 Article Description	最惠国税率 MFN(%)		协定税率 Agreement(%)	特惠税率 SP(%)	普通税率 Gen(%)
		-色织: -Of yarns of different colours:					
4052	5209.4100	--平纹机织物 --Plain weave	8	0	东盟AS,智CL,巴PK,新西兰NZ,新加坡SG,秘PE,哥CR,瑞CH,冰IS,韩KR,澳AU,格GE,毛MU,东盟^RAS^R,澳^RAU^R,新西兰^RNZ^R,柬KH,港HK,澳门MO,台TW,韩^RKR^R	0 受惠国LD	70
				8.2	日^RJP^R		
4053	5209.4200	--粗斜纹布(劳动布) --Denim	8	0	东盟AS,智CL,巴PK,新西兰NZ,新加坡SG,秘PE,哥CR,瑞CH,冰IS,韩KR,澳AU,格GE,毛MU,柬KH,港HK,澳门MO,台TW	0 受惠国LD,柬KH,老LA,缅MM	70
				5.2	亚太AP		
				8	东盟^RAS^R,澳^RAU^R,新西兰^RNZ^R,韩^RKR^R		
				8.2	日^RJP^R		
4054	5209.4300	--其他三线或四线斜纹机织物,包括双面斜纹机织物 --Other coloured 3 or 4-thread twill, including cross twill	8	0	东盟AS,智CL,巴PK,新西兰NZ,秘PE,哥CR,瑞CH,冰IS,韩KR,澳AU,格GE,毛MU,东盟^RAS^R,澳^RAU^R,新西兰^RNZ^R,柬KH,港HK,澳门MO,韩^RKR^R	0 受惠国LD	70
				5.2	亚太AP		
				8.2	日^RJP^R		
4055	5209.4900	--其他机织物 --Other fabrics	8	0	东盟AS,智CL,巴PK,新西兰NZ,新加坡SG,秘PE,哥CR,瑞CH,冰IS,澳AU,格GE,毛MU,柬KH,港HK,澳门MO	0 受惠国LD	70
				4	韩KR		
				8.7	东盟^RAS^R,韩^RKR^R		
				8.8	日^RJP^R		
				9	澳^RAU^R,新西兰^RNZ^R		
		-印花: -Printed:					
4056	5209.5100	--平纹机织物 --Plain weave	8	0	东盟AS,智CL,巴PK,新西兰NZ,新加坡SG,秘PE,哥CR,瑞CH,冰IS,韩KR,澳AU,格GE,毛MU,东盟^RAS^R,澳^RAU^R,新西兰^RNZ^R,柬KH,港HK,澳门MO,韩^RKR^R	0 受惠国LD	70
				5.2	亚太AP		
				8.2	日^RJP^R		
4057	5209.5200	--三线或四线斜纹机织物,包括双面斜纹机织物 --3-thread or 4-thread twill, including cross twill	8	0	东盟AS,智CL,巴PK,新西兰NZ,秘PE,哥CR,瑞CH,冰IS,韩KR,澳AU,格GE,毛MU,东盟^RAS^R,澳^RAU^R,新西兰^RNZ^R,柬KH,港HK,澳门MO,韩^RKR^R	0 受惠国LD	70
				8.2	日^RJP^R		

序号 No.	税则号列 Tariff Line	货品名称 Article Description	最惠国税率 MFN(%)	协定税率 Agreement(%)		特惠税率 SP(%)	普通税率 Gen(%)
4058	5209.5900	--其他机织物 --Other fabrics	8	0	东盟AS,智CL,巴PK,新西兰NZ, 秘PE,哥CR,瑞CH,冰IS,韩KR, 澳AU,格GE,毛MU,东盟^RAS^R,澳 ^RAU^R,新西兰^RNZ^R,柬KH,港HK, 澳门MO,韩^RKR^R	0 受惠国LD	70
				5.2	亚太AP		
				8.2	日^RJP^R		
	52.10	棉机织物,按重量计含棉量在85%以 下,主要或仅与化学纤维混纺,每平方 米重量不超过200克: Woven fabrics of cotton, containing less than 85% by weight of cotton, mixed mainly or solely with man- made fibres, weighing not more than 200g/m²:					
		-未漂白: -Unbleached:					
4059	5210.1100	--平纹机织物 --Plain weave	8Δ6	0	东盟AS,智CL,巴PK,新西兰NZ, 新加坡SG,秘PE,哥CR,瑞CH,冰 IS,韩KR,澳AU,格GE,毛MU,东 盟^RAS^R,澳^RAU^R,新西兰^RNZ^R,柬 KH,港HK,澳门MO,韩^RKR^R	0 受惠国LD	90
				5.2	亚太AP		
				9.8	日^RJP^R		
		--其他机织物: --Other fabrics:					
4060	5210.1910	---三线或四线斜纹机织物,包括双面斜 纹机织物 ---3-thread or 4-thread twill, including cross twill	8	0	东盟AS,智CL,巴PK,新西兰NZ, 新加坡SG,秘PE,哥CR,瑞CH,冰 IS,韩KR,澳AU,格GE,毛MU,东 盟^RAS^R,澳^RAU^R,新西兰^RNZ^R,柬 KH,港HK,澳门MO,韩^RKR^R	0 受惠国LD	90
				4.8	亚太AP		
				9.8	日^RJP^R		
4061	5210.1990	---其他 ---Other	8Δ6	0	东盟AS,智CL,巴PK,新西兰NZ, 新加坡SG,秘PE,哥CR,瑞CH,冰 IS,韩KR,澳AU,格GE,毛MU,东 盟^RAS^R,澳^RAU^R,新西兰^RNZ^R,柬 KH,港HK,澳门MO,韩^RKR^R	0 受惠国LD	90
				9.8	日^RJP^R		
		-漂白: -Bleached:					
4062	5210.2100	--平纹机织物 --Plain weave	8	0	东盟AS,智CL,巴PK,新西兰NZ, 新加坡SG,秘PE,哥CR,瑞CH,冰 IS,澳AU,格GE,毛MU,东盟^RAS^R, 澳^RAU^R,新西兰^RNZ^R,柬KH,港 HK,澳门MO	0 受惠国LD	90
				1.4	韩KR		
				11.2	韩^RKR^R		
				11.5	日^RJP^R		
		--其他机织物: --Other fabrics:					

序号 No.	税则号列 Tariff Line	货品名称 Article Description	最惠国税率 MFN(%)		协定税率 Agreement(%)	特惠税率 SP(%)	普通税率 Gen(%)
4063	5210.2910	---三线或四线斜纹机织物, 包括双面斜纹机织物 ---3-thread or 4-thread twill, including cross twill	8	0	东盟AS,智CL,巴PK,新西兰NZ,新加坡SG,秘PE,哥CR,瑞CH,冰IS,澳AU,格GE,毛MU,东盟^RAS^R,澳^RAU^R,新西兰^RNZ^R,柬KH,港HK,澳门MO	0 受惠国LD	90
				1.4	韩KR		
				11.2	韩^RKR^R		
				11.5	日^RJP^R		
4064	5210.2990	---其他 ---Other	8	0	东盟AS,智CL,巴PK,新西兰NZ,新加坡SG,秘PE,哥CR,瑞CH,冰IS,澳AU,格GE,毛MU,东盟^RAS^R,澳^RAU^R,新西兰^RNZ^R,柬KH,港HK,澳门MO	0 受惠国LD	90
				1.4	韩KR		
				11.2	韩^RKR^R		
				11.5	日^RJP^R		
		-染色: -Dyed:					
4065	5210.3100	--平纹机织物 --Plain weave	8	0	东盟AS,智CL,巴PK,新西兰NZ,新加坡SG,秘PE,哥CR,瑞CH,冰IS,澳AU,格GE,毛MU,柬KH,港HK,澳门MO,台TW	0 受惠国LD	90
				5.2	亚太AP		
				5.5	韩KR		
				9	东盟^RAS^R,澳^RAU^R,新西兰^RNZ^R		
4066	5210.3200	--三线或四线斜纹机织物, 包括双面斜纹机织物 --3-thread or 4-thread twill, including cross twill	8	0	东盟AS,智CL,巴PK,新西兰NZ,新加坡SG,秘PE,哥CR,瑞CH,冰IS,韩KR,澳AU,格GE,毛MU,东盟^RAS^R,澳^RAU^R,新西兰^RNZ^R,柬KH,港HK,澳门MO,韩^RKR^R	0 受惠国LD	90
				5.2	亚太AP		
				8.2	日^RJP^R		
4067	5210.3900	--其他机织物 ---Other fabrics	8	0	东盟AS,智CL,巴PK,新西兰NZ,新加坡SG,秘PE,哥CR,瑞CH,冰IS,澳AU,格GE,毛MU,柬KH,港HK,澳门MO,台TW	0 受惠国LD	90
				4	韩KR		
				5.2	亚太AP		
				8.7	东盟^RAS^R,韩^RKR^R		
				8.8	日^RJP^R		
				9	澳^RAU^R,新西兰^RNZ^R		
		-色织: -Of yarns of different colours:					
4068	5210.4100	--平纹机织物 --Plain weave	8	0	东盟AS,智CL,巴PK,新西兰NZ,新加坡SG,秘PE,哥CR,瑞CH,冰IS,韩KR,澳AU,格GE,毛MU,东盟^RAS^R,澳^RAU^R,新西兰^RNZ^R,柬KH,港HK,澳门MO,台TW,韩^RKR^R	0 受惠国LD	90
				8.2	日^RJP^R		
		--其他机织物: --Other fabrics:					

序号 No.	税则号列 Tariff Line	货品名称 Article Description	最惠国税率 MFN(%)	协定税率 Agreement(%)		特惠税率 SP(%)	普通税率 Gen(%)
4069	5210.4910	---三线或四线斜纹机织物, 包括双面斜纹机织物 ---3-thread or 4-thread twill, including cross twill	8	0	东盟AS,智CL,巴PK,新西兰NZ,新加坡SG,秘PE,哥CR,瑞CH,冰IS,韩KR,澳AU,格GE,毛MU,东盟^RAS^R,澳^RAU^R,新西兰^RNZ^R,柬KH,港HK,澳门MO,韩^RKR^R	0 受惠国LD	90
				8.2	日^RJP^R		
4070	5210.4990	---其他 ---Other	8	0	东盟AS,智CL,巴PK,新西兰NZ,新加坡SG,秘PE,哥CR,瑞CH,冰IS,韩KR,澳AU,格GE,毛MU,东盟^RAS^R,澳^RAU^R,新西兰^RNZ^R,柬KH,港HK,澳门MO,台TW,韩^RKR^R	0 受惠国LD	90
				8.2	日^RJP^R		
		-印花: -Printed:					
4071	5210.5100	--平纹机织物 --Plain weave	8	0	东盟AS,智CL,巴PK,新西兰NZ,秘PE,哥CR,瑞CH,冰IS,韩KR,澳AU,格GE,毛MU,东盟^RAS^R,澳^RAU^R,新西兰^RNZ^R,柬KH,港HK,澳门MO,韩^RKR^R	0 受惠国LD	90
				8.2	日^RJP^R		
		--其他机织物: --Other fabrics:					
4072	5210.5910	---三线或四线斜纹机织物, 包括双面斜纹机织物 ---3-thread or 4-thread twill, including cross twill	8	0	东盟AS,智CL,巴PK,新西兰NZ,秘PE,哥CR,瑞CH,冰IS,韩KR,澳AU,格GE,毛MU,东盟^RAS^R,澳^RAU^R,新西兰^RNZ^R,柬KH,港HK,澳门MO,韩^RKR^R	0 受惠国LD	90
				8.2	日^RJP^R		
4073	5210.5990	---其他机织物 ---Other fabrics	8	0	东盟AS,智CL,巴PK,新西兰NZ,秘PE,哥CR,瑞CH,冰IS,韩KR,澳AU,格GE,毛MU,东盟^RAS^R,澳^RAU^R,新西兰^RNZ^R,柬KH,港HK,澳门MO,韩^RKR^R	0 受惠国LD	90
				8.2	日^RJP^R		
	52.11	棉机织物, 按重量计含棉量在85%以下, 主要或仅与化学纤维混纺, 每平方米重量超过200克: Woven fabrics of cotton, containing less than 85% by weight of cotton, mixed mainly or solely with man-made fibres, weighing more than 200g/m²:					
		-未漂白: -Unbleached:					
4074	5211.1100	--平纹机织物 --Plain weave	8Δ6	0	东盟AS,智CL,巴PK,新西兰NZ,新加坡SG,秘PE,哥CR,瑞CH,冰IS,澳AU,格GE,毛MU,柬KH,港HK,澳门MO	0 受惠国LD	90
				4.8	韩KR		
				10.8	东盟^RAS^R,澳^RAU^R,新西兰^RNZ^R		

序号 No.	税则号列 Tariff Line	货品名称 Article Description	最惠国税率 MFN(%)	协定税率 Agreement(%)		特惠税率 SP(%)	普通税率 Gen(%)
4075	5211.1200	--三线或四线斜纹机织物,包括双面斜纹机织物 --3-thread or 4-thread twill, including cross twill	8Δ6	0	东盟AS,智CL,巴PK,新西兰NZ,新加坡SG,秘PE,哥CR,瑞CH,冰IS,韩KR,澳AU,格GE,毛MU,东盟^RAS^R,澳^RAU^R,新西兰^RNZ^R,柬KH,港HK,澳门MO,韩^RKR^R	0 受惠国LD	90
				9.8	日^RJP^R		
4076	5211.1900	--其他机织物 --Other fabrics	8	0	东盟AS,智CL,巴PK,新西兰NZ,新加坡SG,秘PE,哥CR,瑞CH,冰IS,韩KR,澳AU,格GE,毛MU,东盟^RAS^R,澳^RAU^R,新西兰^RNZ^R,柬KH,港HK,澳门MO,韩^RKR^R	0 受惠国LD	90
				9.8	日^RJP^R		
4077	5211.2000	-漂白 -Bleached	8	0	东盟AS,智CL,巴PK,新西兰NZ,新加坡SG,秘PE,哥CR,瑞CH,冰IS,澳AU,格GE,毛MU,东盟^RAS^R,澳^RAU^R,新西兰^RNZ^R,柬KH,港HK,澳门MO	0 受惠国LD	90
				1.4	韩KR		
				11.2	韩^RKR^R		
				11.5	日^RJP^R		
		-染色: -Dyed:					
4078	5211.3100	--平纹机织物 --Plain weave	8	0	东盟AS,智CL,巴PK,新西兰NZ,新加坡SG,秘PE,哥CR,瑞CH,冰IS,澳AU,格GE,毛MU,柬KH,港HK,澳门MO	0 受惠国LD	90
				6.8	亚太AP		
				8.5	韩KR		
				9	东盟^RAS^R,澳^RAU^R,新西兰^RNZ^R		
4079	5211.3200	--三线或四线斜纹机织物,包括双面斜纹机织物 --3-thread or 4-thread twill, including cross twill	8	0	东盟AS,智CL,巴PK,新西兰NZ,新加坡SG,秘PE,哥CR,瑞CH,冰IS,韩KR,澳AU,格GE,毛MU,东盟^RAS^R,澳^RAU^R,新西兰^RNZ^R,柬KH,港HK,澳门MO,韩^RKR^R	0 受惠国LD	90
				5.2	亚太AP		
				8.2	日^RJP^R		
4080	5211.3900	--其他机织物 --Other fabrics	8	0	东盟AS,智CL,巴PK,新西兰NZ,新加坡SG,秘PE,哥CR,瑞CH,冰IS,澳AU,格GE,毛MU,柬KH,港HK,澳门MO,台TW	0 受惠国LD	90
				4	韩KR		
				5.2	亚太AP		
				8.7	东盟^RAS^R,韩^RKR^R		
				8.8	日^RJP^R		
				9	澳^RAU^R,新西兰^RNZ^R		
		-色织: -Of yarns of different colours:					

序号 No.	税则号列 Tariff Line	货品名称 Article Description	最惠国税率 MFN(%)	协定税率 Agreement(%)		特惠税率 SP(%)	普通税率 Gen(%)
4081	5211.4100	--平纹机织物 --Plain weave	8	0	东盟AS,智CL,巴PK,新西兰NZ,秘PE,哥CR,瑞CH,冰IS,韩KR,澳AU,格GE,毛MU,东盟^{R}AS^R,澳^{R}AU^R,新西兰^{R}NZ^R,柬KH,港HK,澳门MO,韩^{R}KR^R	0 受惠国LD	90
				8.2	日^{R}JP^R		
4082	5211.4200	--粗斜纹布（劳动布） --Denim	8	0	东盟AS,智CL,巴PK,新西兰NZ,新加坡SG,秘PE,哥CR,瑞CH,冰IS,韩KR,澳AU,格GE,毛MU,柬KH,港HK,澳门MO	0 受惠国LD	90
				8	东盟^{R}AS^R,澳^{R}AU^R,新西兰^{R}NZ^R,韩^{R}KR^R		
				8.2	日^{R}JP^R		
4083	5211.4300	--其他三线或四线斜纹机织物,包括双面斜纹机织物 --Other coloured 3 or 4-thread twill, containing less than 85% of cotton by weight, more than 200g/m^2	8	0	东盟AS,智CL,巴PK,新西兰NZ,秘PE,哥CR,瑞CH,冰IS,韩KR,澳AU,格GE,毛MU,东盟^{R}AS^R,澳^{R}AU^R,新西兰^{R}NZ^R,柬KH,港HK,澳门MO,韩^{R}KR^R	0 受惠国LD	90
				8.2	日^{R}JP^R		
4084	5211.4900	--其他机织物 --Other fabrics	8	0	东盟AS,智CL,巴PK,新西兰NZ,新加坡SG,秘PE,哥CR,瑞CH,冰IS,澳AU,格GE,毛MU,柬KH,港HK,澳门MO	0 受惠国LD	90
				4	韩KR		
				8.7	东盟^{R}AS^R,韩^{R}KR^R		
				8.8	日^{R}JP^R		
				9	澳^{R}AU^R,新西兰^{R}NZ^R		
		-印花: -Printed:					
4085	5211.5100	--平纹机织物 --Plain weave	8	0	东盟AS,智CL,巴PK,新西兰NZ,秘PE,哥CR,瑞CH,冰IS,韩KR,澳AU,格GE,毛MU,东盟^{R}AS^R,澳^{R}AU^R,新西兰^{R}NZ^R,柬KH,港HK,澳门MO,韩^{R}KR^R	0 受惠国LD	90
				8.2	日^{R}JP^R		
4086	5211.5200	--三线或四线斜纹机织物,包括双面斜纹机织物 --3-thread or 4-thread twill, including cross twill	8	0	东盟AS,智CL,巴PK,新西兰NZ,秘PE,哥CR,瑞CH,冰IS,韩KR,澳AU,格GE,毛MU,东盟^{R}AS^R,澳^{R}AU^R,新西兰^{R}NZ^R,柬KH,港HK,澳门MO,韩^{R}KR^R	0 受惠国LD	90
				8.2	日^{R}JP^R		
4087	5211.5900	--其他机织物 --Other fabrics	8	0	东盟AS,智CL,巴PK,新西兰NZ,秘PE,哥CR,瑞CH,冰IS,韩KR,澳AU,格GE,毛MU,东盟^{R}AS^R,澳^{R}AU^R,新西兰^{R}NZ^R,柬KH,港HK,澳门MO,韩^{R}KR^R	0 受惠国LD	90
				5.2	亚太AP		
				8.2	日^{R}JP^R		
	52.12	其他棉机织物: **Other woven fabrics of cotton:**					
		-每平方米重量不超过200克: -Weighing not more than 200g/m^2:					

序号 No.	税则号列 Tariff Line	货品名称 Article Description	最惠国税率 MFN(%)	协定税率 Agreement(%)		特惠税率 SP(%)	普通税率 Gen(%)
4088	5212.1100	--未漂白 --Unbleached	8	0	东盟AS,智CL,巴PK,新西兰NZ,新加坡SG,秘PE,哥CR,瑞CH,冰IS,韩KR,澳AU,格GE,毛MU,东盟^RAS^R,澳^RAU^R,新西兰^RNZ^R,柬KH,港HK,澳门MO,韩^RKR^R	0 受惠国LD	80
				9.8	日^RJP^R		
4089	5212.1200	--漂白 --Bleached	8	0	东盟AS,智CL,巴PK,新西兰NZ,新加坡SG,秘PE,哥CR,瑞CH,冰IS,澳AU,格GE,毛MU,东盟^RAS^R,澳^RAU^R,新西兰^RNZ^R,柬KH,港HK,澳门MO	0 受惠国LD	80
				1.4	韩KR		
				11.2	韩^RKR^R		
				11.5	日^RJP^R		
4090	5212.1300	--染色 --Dyed	8	0	东盟AS,智CL,巴PK,新西兰NZ,秘PE,哥CR,瑞CH,冰IS,韩KR,澳AU,格GE,毛MU,东盟^RAS^R,澳^RAU^R,新西兰^RNZ^R,柬KH,港HK,澳门MO,韩^RKR^R	0 受惠国LD	80
				8.2	日^RJP^R		
4091	5212.1400	--色织 --Of yarns of different colours	8	0	东盟AS,智CL,巴PK,新西兰NZ,秘PE,哥CR,瑞CH,冰IS,韩KR,澳AU,格GE,毛MU,东盟^RAS^R,澳^RAU^R,新西兰^RNZ^R,柬KH,港HK,澳门MO,韩^RKR^R	0 受惠国LD	80
				8.2	日^RJP^R		
4092	5212.1500	--印花 --Printed	8	0	东盟AS,智CL,巴PK,新西兰NZ,秘PE,哥CR,瑞CH,冰IS,韩KR,澳AU,格GE,毛MU,东盟^RAS^R,澳^RAU^R,新西兰^RNZ^R,柬KH,港HK,澳门MO,韩^RKR^R	0 受惠国LD	80
				8.2	日^RJP^R		
		-每平方米重量超过200克: -Weighing more than 200g/m²:					
4093	5212.2100	--未漂白 --Unbleached	8Δ6	0	东盟AS,智CL,巴PK,新西兰NZ,新加坡SG,秘PE,哥CR,瑞CH,冰IS,韩KR,澳AU,格GE,毛MU,东盟^RAS^R,澳^RAU^R,新西兰^RNZ^R,柬KH,港HK,澳门MO,韩^RKR^R	0 受惠国LD	80
				9.8	日^RJP^R		
4094	5212.2200	--漂白 --Bleached	8	0	东盟AS,智CL,巴PK,新西兰NZ,新加坡SG,秘PE,哥CR,瑞CH,冰IS,澳AU,格GE,毛MU,东盟^RAS^R,澳^RAU^R,新西兰^RNZ^R,柬KH,港HK,澳门MO	0 受惠国LD	80
				1.4	韩KR		
				11.2	韩^RKR^R		
				11.5	日^RJP^R		

序号 No.	税则号列 Tariff Line	货品名称 Article Description	最惠国税率 MFN(%)	协定税率 Agreement(%)		特惠税率 SP(%)	普通税率 Gen(%)
4095	5212.2300	--染色 --Dyed	8	0	东盟AS,智CL,巴PK,新西兰NZ, 秘PE,哥CR,瑞CH,冰IS,韩KR, 澳AU,格GE,毛MU,东盟^RAS^R,澳 ^RAU^R,新西兰^RNZ^R,柬KH,港HK, 澳门MO,韩^RKR^R	0 受惠国LD	80
				8.2	日^RJP^R		
4096	5212.2400	--色织 --Of yarns of different colours	8	0	东盟AS,智CL,巴PK,新西兰NZ, 秘PE,哥CR,瑞CH,冰IS,韩KR, 澳AU,格GE,毛MU,东盟^RAS^R,澳 ^RAU^R,新西兰^RNZ^R,柬KH,港HK, 澳门MO,韩^RKR^R	0 受惠国LD	80
				8.2	日^RJP^R		
4097	5212.2500	--印花 --Printed	8	0	东盟AS,智CL,巴PK,新西兰NZ, 秘PE,哥CR,瑞CH,冰IS,韩KR, 澳AU,格GE,毛MU,东盟^RAS^R,澳 ^RAU^R,新西兰^RNZ^R,柬KH,港HK, 澳门MO,韩^RKR^R	0 受惠国LD	80
				8.2	日^RJP^R		

第五十三章
其他植物纺织纤维；
纸纱线及其机织物

Chapter 53
Other vegetable textile fibres;
paper yarn and woven fabrics of paper yarn

序号 No.	税则号列 Tariff Line	货品名称 Article Description	最惠国税率 MFN(%)		协定税率 Agreement(%)	特惠税率 SP(%)	普通税率 Gen(%)
	53.01	亚麻，生的或经加工但未纺制的；亚麻短纤及废麻（包括废麻纱线及回收纤维）： Flax, raw or processed but not spun; flax tow and waste (including yarn waste and garnetted stock):					
4098	5301.1000	-生的或经沤制的亚麻 -Flax, raw or retted	6	0	东盟AS,智CL,巴PK,新西兰NZ,秘PE,哥CR,瑞CH,冰IS,韩KR,澳AU,格GE,毛MU,东盟^{R}AS^R,澳^{R}AU^R,日^{R}JP^R,新西兰^{R}NZ^R,柬KH,港HK,澳门MO,韩^{R}KR^R	0 受惠国LD	30
		-破开、打成、栉梳或经其他加工但未纺制的亚麻： -Flax, broken, scutched, hackled or otherwise processed, but not spun:					
4099	5301.2100	--破开的或打成的 --Broken or scutched	6△1	0	东盟AS,智CL,巴PK,新西兰NZ,秘PE,哥CR,瑞CH,冰IS,韩KR,澳AU,格GE,毛MU,东盟^{R}AS^R,澳^{R}AU^R,日^{R}JP^R,新西兰^{R}NZ^R,柬KH,港HK,澳门MO,韩^{R}KR^R	0 受惠国LD	30
4100	5301.2900	--其他 --Other	6	0	东盟AS,智CL,巴PK,新西兰NZ,秘PE,哥CR,瑞CH,冰IS,韩KR,澳AU,格GE,毛MU,东盟^{R}AS^R,澳^{R}AU^R,日^{R}JP^R,新西兰^{R}NZ^R,柬KH,港HK,澳门MO,韩^{R}KR^R	0 受惠国LD	30
4101	5301.3000	-亚麻短纤及废麻 -Flax tow and waste	6△1	0	东盟AS,智CL,巴PK,新西兰NZ,秘PE,哥CR,瑞CH,冰IS,韩KR,澳AU,格GE,毛MU,东盟^{R}AS^R,澳^{R}AU^R,日^{R}JP^R,新西兰^{R}NZ^R,柬KH,港HK,澳门MO,韩^{R}KR^R	0 受惠国LD	30
	53.02	大麻，生的或经加工但未纺制的；大麻短纤及废麻（包括废麻纱线及回收纤维）： True hemp (Cannabis sativa L.), raw or processed but not spun; tow and waste of true hemp (including yarn waste and garnetted stock):					
4102	5302.1000	-生的或经沤制的大麻 -True hemp, raw or retted	6	0	东盟AS,智CL,巴PK,新西兰NZ,秘PE,哥CR,瑞CH,冰IS,韩KR,澳AU,格GE,毛MU,东盟^{R}AS^R,澳^{R}AU^R,日^{R}JP^R,新西兰^{R}NZ^R,柬KH,港HK,澳门MO,韩^{R}KR^R	0 受惠国LD	30
4103	5302.9000	-其他 -Other	6	0	东盟AS,智CL,巴PK,新西兰NZ,秘PE,哥CR,瑞CH,冰IS,韩KR,澳AU,格GE,毛MU,东盟^{R}AS^R,澳^{R}AU^R,日^{R}JP^R,新西兰^{R}NZ^R,柬KH,港HK,澳门MO,韩^{R}KR^R	0 受惠国LD	30

序号 No.	税则号列 Tariff Line	货品名称 Article Description	最惠国税率 MFN(%)	协定税率 Agreement(%)		特惠税率 SP(%)		普通税率 Gen(%)
	53.03	黄麻及其他纺织用韧皮纤维（不包括亚麻、大麻及苎麻），生的或经加工但未纺制的；上述纤维的短纤及废麻（包括废纱线及回收纤维）： Jute and other textile bast fibres (excluding flax, true hemp and ramie), raw or processed but not spun; tow and waste of these fibres (including yarn waste and garnetted stock):						
4104	5303.1000	-生的或经沤制的黄麻及其他纺织用韧皮纤维 -Jute and other textile bast fibres, raw or retted	5	0	东盟AS,智CL,巴PK,新西兰NZ,秘PE,哥CR,瑞CH,冰IS,韩KR,澳AU,格GE,毛MU,东盟^RAS^R,澳^RAU^R,日^RJP^R,新西兰^RNZ^R,柬KH,港HK,澳门MO,韩^RKR^R	0	受惠国LD,亚太AP,柬KH,老LA,缅MM	20
4105	5303.9000	-其他 -Other	5	0	东盟AS,智CL,巴PK,新西兰NZ,秘PE,哥CR,瑞CH,冰IS,韩KR,澳AU,格GE,毛MU,东盟^RAS^R,澳^RAU^R,日^RJP^R,新西兰^RNZ^R,柬KH,港HK,澳门MO,韩^RKR^R	0	受惠国LD,柬KH,老LA,缅MM	30
	53.05	椰壳纤维、蕉麻（马尼拉麻）、苎麻及其他税目未列名的纺织用植物纤维,生的或经加工但未纺制的；上述纤维的短纤、落麻及废料（包括废纱线及回收纤维）： Coconut, abaca (Manila hemp or *Musa textilis Nee*), ramie and other vegetable textile fibres, not elsewhere specified or included, raw or processed but not spun; tow, noils and waste of these fibres (including yarn waste and garnetted stock):						
		---苎麻： ---Ramie:						
4106	5305.0011	----生的 ----Raw	5	0	东盟AS,智CL,巴PK,新西兰NZ,秘PE,哥CR,瑞CH,冰IS,韩KR,澳AU,格GE,毛MU,东盟^RAS^R,澳^RAU^R,日^RJP^R,新西兰^RNZ^R,柬KH,港HK,澳门MO,韩^RKR^R	0	受惠国LD	30
4107	5305.0012	----经加工但未纺制的 ----Processed but not spun	5	0 3	东盟AS,智CL,巴PK,新西兰NZ,秘PE,哥CR,瑞CH,冰IS,韩KR,澳AU,格GE,毛MU,东盟^RAS^R,澳^RAU^R,日^RJP^R,新西兰^RNZ^R,柬KH,港HK,澳门MO,韩^RKR^R 亚太AP	0	受惠国LD	30
4108	5305.0013	----短纤及废料 ----Tow and waste	5	0 3	东盟AS,智CL,巴PK,新西兰NZ,秘PE,哥CR,瑞CH,冰IS,韩KR,澳AU,格GE,毛MU,东盟^RAS^R,澳^RAU^R,日^RJP^R,新西兰^RNZ^R,柬KH,港HK,澳门MO,韩^RKR^R 亚太AP	0	受惠国LD	30
4109	5305.0019	----其他 ----Other	5	0	东盟AS,智CL,巴PK,新西兰NZ,秘PE,哥CR,瑞CH,冰IS,韩KR,澳AU,格GE,毛MU,东盟^RAS^R,澳^RAU^R,日^RJP^R,新西兰^RNZ^R,柬KH,港HK,澳门MO,韩^RKR^R	0	受惠国LD	20

序号 No.	税则号列 Tariff Line	货品名称 Article Description	最惠国税率 MFN(%)	协定税率 Agreement(%)		特惠税率 SP(%)	普通税率 Gen(%)
4110	5305.0020	---蕉麻 ---Abaca	3	0	东盟AS,智CL,巴PK,新西兰NZ,秘PE,哥CR,瑞CH,冰IS,韩KR,澳AU,格GE,毛MU,东盟^RAS^R,澳^RAU^R,日^RJP^R,新西兰^RNZ^R,柬KH,港HK,澳门MO,韩^RKR^R	0 受惠国LD	20
				1.8	亚太AP		
		---其他: ---Other:					
4111	5305.0091	----西沙尔麻及其他纺织用龙舌兰类纤维 ----Sisal and other textile fibres of the genus Agave	5	0	东盟AS,智CL,巴PK,新西兰NZ,秘PE,哥CR,瑞CH,冰IS,韩KR,澳AU,格GE,毛MU,东盟^RAS^R,澳^RAU^R,日^RJP^R,新西兰^RNZ^R,柬KH,港HK,澳门MO,韩^RKR^R	0 受惠国LD	30
				3	亚太AP		
4112	5305.0092	----椰壳纤维 ----Coconut fibers	5	0	东盟AS,智CL,巴PK,新西兰NZ,秘PE,哥CR,瑞CH,冰IS,韩KR,澳AU,格GE,毛MU,东盟^RAS^R,澳^RAU^R,日^RJP^R,新西兰^RNZ^R,柬KH,港HK,澳门MO,韩^RKR^R	0 受惠国LD,柬KH,老LA,缅MM	30
				3.3	亚太AP		
4113	5305.0099	----其他 ----Other	5	0	东盟AS,智CL,巴PK,新西兰NZ,秘PE,哥CR,瑞CH,冰IS,韩KR,澳AU,格GE,毛MU,东盟^RAS^R,澳^RAU^R,日^RJP^R,新西兰^RNZ^R,柬KH,港HK,澳门MO,韩^RKR^R	0 受惠国LD	30
				3	亚太AP		
	53.06	亚麻纱线: Flax yarn:					
4114	5306.1000	-单纱 -Single	5	0	东盟AS,智CL,巴PK,新西兰NZ,秘PE,哥CR,瑞CH,冰IS,韩KR,澳AU,格GE,毛MU,东盟^RAS^R,澳^RAU^R,日^RJP^R,新西兰^RNZ^R,柬KH,港HK,澳门MO,韩^RKR^R	0 受惠国LD	50
4115	5306.2000	-多股纱线或缆线 -Multiple (folded) or cabled	5	0	东盟AS,智CL,新西兰NZ,秘PE,哥CR,瑞CH,冰IS,韩KR,澳AU,格GE,毛MU,东盟^RAS^R,澳^RAU^R,新西兰^RNZ^R,柬KH,港HK,澳门MO,韩^RKR^R	0 受惠国LD	50
				3	巴PK		
				8.2	日^RJP^R		
	53.07	黄麻纱线或税目53.03的其他纺织用韧皮纤维纱线: Yarn of jute or of other textile bast fibres of heading 53.03:					
4116	5307.1000	-单纱 -Single	5	0	东盟AS,智CL,巴PK,新西兰NZ,秘PE,哥CR,瑞CH,冰IS,韩KR,澳AU,格GE,毛MU,东盟^RAS^R,澳^RAU^R,日^RJP^R,新西兰^RNZ^R,柬KH,港HK,澳门MO,韩^RKR^R	0 受惠国LD,柬KH	35
				2.5	亚太AP		

序号 No.	税则号列 Tariff Line	货品名称 Article Description	最惠国税率 MFN(%)	协定税率 Agreement(%)		特惠税率 SP(%)	普通税率 Gen(%)
4117	5307.2000	-多股纱线或缆线 -Multiple(folded)or cabled	5	0	东盟AS,智CL,巴PK,新西兰NZ, 秘PE,哥CR,瑞CH,冰IS,韩KR, 澳AU,格GE,毛MU,东盟^{R}AS^R, 澳^{R}AU^R,日^{R}JP^R,新西兰^{R}NZ^R,柬 KH,港HK,澳门MO,韩^{R}KR^R	0 受惠国LD, 柬KH 2.5 亚太AP	35
	53.08	其他植物纺织纤维纱线; 纸纱线: **Yarn of other vegetable textile fibres;** **paper yarn:**					
4118	5308.1000	-椰壳纤维纱线 -Coir yarn	5	0	东盟AS,智CL,巴PK,新西兰NZ, 秘PE,哥CR,瑞CH,冰IS,韩KR, 澳AU,格GE,毛MU,东盟^{R}AS^R, 澳^{R}AU^R,日^{R}JP^R,新西兰^{R}NZ^R,柬 KH,港HK,澳门MO,韩^{R}KR^R	0 受惠国LD	45
4119	5308.2000	-大麻纱线 -True hemp yarn	5	0	东盟AS,智CL,巴PK,新西兰NZ, 秘PE,哥CR,瑞CH,冰IS,韩KR, 澳AU,格GE,毛MU,东盟^{R}AS^R, 澳^{R}AU^R,日^{R}JP^R,新西兰^{R}NZ^R,柬 KH,港HK,澳门MO,韩^{R}KR^R	0 受惠国LD	45
		-其他: -Other:					
		---苎麻纱线: ---Ramie yarn:					
4120	5308.9011	----按重量计苎麻含量在85%及以上的 未漂白或漂白纱线 ----Containing 85% or more by weight of ramie, unbleached or bleached yarn	5	0 3.5	东盟AS,智CL,巴PK,新西兰NZ, 秘PE,哥CR,瑞CH,冰IS,韩KR, 澳AU,格GE,毛MU,东盟^{R}AS^R, 澳^{R}AU^R,日^{R}JP^R,新西兰^{R}NZ^R,柬 KH,港HK,澳门MO,韩^{R}KR^R 亚太AP	0 受惠国LD	50
4121	5308.9012	----按重量计苎麻含量在85%及以上的 色纱线 ----Containing 85% or more by weight of ramie, coloured yarn	5	0 3.5	东盟AS,智CL,巴PK,新西兰NZ, 秘PE,哥CR,瑞CH,冰IS,韩KR, 澳AU,格GE,毛MU,东盟^{R}AS^R, 澳^{R}AU^R,日^{R}JP^R,新西兰^{R}NZ^R,柬 KH,港HK,澳门MO,韩^{R}KR^R 亚太AP	0 受惠国LD	50
4122	5308.9013	----按重量计苎麻含量在85%以下的未 漂白或漂白纱线 ----Containing less than 85% by weight of ramie, unbleached or bleached yarn	5	0 3.5	东盟AS,智CL,巴PK,新西兰NZ, 秘PE,哥CR,瑞CH,冰IS,韩KR, 澳AU,格GE,毛MU,东盟^{R}AS^R, 澳^{R}AU^R,日^{R}JP^R,新西兰^{R}NZ^R,柬 KH,港HK,澳门MO,韩^{R}KR^R 亚太AP	0 受惠国LD	50
4123	5308.9014	----按重量计苎麻含量在85%以下的色 纱线 ----Containing less than 85% by weight of ramie, coloured yarn	5	0 3.5	东盟AS,智CL,巴PK,新西兰NZ, 秘PE,哥CR,瑞CH,冰IS,韩KR, 澳AU,格GE,毛MU,东盟^{R}AS^R, 澳^{R}AU^R,日^{R}JP^R,新西兰^{R}NZ^R,柬 KH,港HK,澳门MO,韩^{R}KR^R 亚太AP	0 受惠国LD	50
		---其他: ---Other:					

序号 No.	税则号列 Tariff Line	货品名称 Article Description	最惠国税率 MFN(%)	协定税率 Agreement(%)		特惠税率 SP(%)	普通税率 Gen(%)
4124	5308.9091	----纸纱线 ----Paper yarn	5	0	东盟AS,智CL,巴PK,新西兰NZ, 秘PE,哥CR,瑞CH,冰IS,韩KR, 澳AU,格GE,毛MU,东盟^RAS^R, 澳^RAU^R,日^RJP^R,新西兰^RNZ^R,柬 KH,港HK,澳门MO,韩^RKR^R	0 受惠国LD	70
				3.5	亚太AP		
4125	5308.9099	----其他 ----Other	5	0	东盟AS,智CL,巴PK,新西兰NZ, 秘PE,哥CR,瑞CH,冰IS,韩KR, 澳AU,格GE,毛MU,东盟^RAS^R, 澳^RAU^R,日^RJP^R,新西兰^RNZ^R,柬 KH,港HK,澳门MO,韩^RKR^R	0 受惠国LD	45
	53.09	亚麻机织物: Woven fabrics of flax:					
		-按重量计亚麻含量在85%及以上: -Containing 85% or more by weight of flax:					
		--未漂白或漂白: --Unbleached or bleached:					
4126	5309.1110	---未漂白 ---Unbleached	8	0	东盟AS,智CL,巴PK,新西兰NZ, 秘PE,哥CR,瑞CH,冰IS,韩KR, 澳AU,格GE,毛MU,东盟^RAS^R,澳 ^RAU^R,新西兰^RNZ^R,柬KH,港HK, 澳门MO,韩^RKR^R	0 受惠国LD	80
				8.2	日^RJP^R		
4127	5309.1120	---漂白 ---Bleached	8	0	东盟AS,智CL,巴PK,新西兰NZ, 秘PE,哥CR,瑞CH,冰IS,韩KR, 澳AU,格GE,毛MU,东盟^RAS^R,澳 ^RAU^R,新西兰^RNZ^R,柬KH,港HK, 澳门MO,韩^RKR^R	0 受惠国LD	80
				8.2	日^RJP^R		
4128	5309.1900	--其他 --Other	8	0	东盟AS,智CL,巴PK,新西兰NZ, 秘PE,哥CR,瑞CH,冰IS,韩KR, 澳AU,格GE,毛MU,东盟^RAS^R,澳 ^RAU^R,新西兰^RNZ^R,柬KH,港HK, 澳门MO,韩^RKR^R	0 受惠国LD	80
				5.2	亚太AP		
				8.2	日^RJP^R		
		-按重量计亚麻含量在85%以下: -Containing less than 85% by weight of flax:					
		--未漂白或漂白: --Unbleached or bleached:					
4129	5309.2110	---未漂白 ---Unbleached	8	0	东盟AS,智CL,巴PK,新西兰NZ, 秘PE,哥CR,瑞CH,冰IS,韩KR, 澳AU,格GE,毛MU,东盟^RAS^R,澳 ^RAU^R,新西兰^RNZ^R,柬KH,港HK, 澳门MO,韩^RKR^R	0 受惠国LD	80
				8.2	日^RJP^R		
4130	5309.2120	---漂白 ---Bleached	8	0	东盟AS,智CL,巴PK,新西兰NZ, 秘PE,哥CR,瑞CH,冰IS,韩KR, 澳AU,格GE,毛MU,东盟^RAS^R,澳 ^RAU^R,新西兰^RNZ^R,柬KH,港HK, 澳门MO,韩^RKR^R	0 受惠国LD	80
				8.2	日^RJP^R		

序号 No.	税则号列 Tariff Line	货品名称 Article Description	最惠国税率 MFN(%)	协定税率 Agreement(%)		特惠税率 SP(%)		普通税率 Gen(%)
4131	5309.2900	--其他 --Other	8	0	东盟AS,智CL,巴PK,新西兰NZ,秘PE,哥CR,瑞CH,冰IS,韩KR,澳AU,格GE,毛MU,东盟^RAS^R,澳^RAU^R,新西兰^RNZ^R,柬KH,港HK,澳门MO,韩^RKR^R	0	受惠国LD	80
				5.2	亚太AP			
				8.2	日^RJP^R			
	53.10	**黄麻或税目53.03的其他纺织用韧皮纤维机织物:** **Woven fabrics of jute or of other textilebast fibres of heading 53.03:**						
4132	5310.1000	-未漂白 -Unbleached	8	0	东盟AS,智CL,新西兰NZ,秘PE,哥CR,瑞CH,冰IS,韩KR,澳AU,格GE,毛MU,东盟^RAS^R,澳^RAU^R,新西兰^RNZ^R,柬KH,港HK,澳门MO,韩^RKR^R	0	受惠国LD,柬KH	40
				3	巴PK	4	亚太AP	
				8.2	日^RJP^R			
4133	5310.9000	-其他 -Other	8	0	东盟AS,智CL,新西兰NZ,秘PE,哥CR,瑞CH,冰IS,韩KR,澳AU,格GE,毛MU,东盟^RAS^R,澳^RAU^R,新西兰^RNZ^R,柬KH,港HK,澳门MO,韩^RKR^R	0	受惠国LD,柬KH	40
				3	巴PK	4	亚太AP	
				8.2	日^RJP^R			
	53.11	**其他纺织用植物纤维机织物; 纸纱线机织物:** **Woven fabrics of other vegetable textile fibres; woven fabrics of paper yarn:**						
		---苎麻的: ---Of ramie:						
4134	5311.0012	----按重量计苎麻含量在85%及以上的未漂白机织物 ----Containing 85% or more by weight of ramie, unbleached woven fabrics	8	0	东盟AS,智CL,新西兰NZ,秘PE,哥CR,瑞CH,冰IS,韩KR,澳AU,格GE,毛MU,东盟^RAS^R,澳^RAU^R,新西兰^RNZ^R,柬KH,港HK,澳门MO,韩^RKR^R	0	受惠国LD	80
				3	巴PK			
				8.2	日^RJP^R			
4135	5311.0013	----按重量计苎麻含量在85%及以上的其他机织物 ----Containing 85% or more by weight of ramie, other woven fabrics	8	0	东盟AS,智CL,新西兰NZ,新加坡SG,秘PE,哥CR,瑞CH,冰IS,韩KR,澳AU,格GE,毛MU,东盟^RAS^R,澳^RAU^R,新西兰^RNZ^R,柬KH,港HK,澳门MO,韩^RKR^R	0	受惠国LD	80
				6	巴PK			
				9.8	日^RJP^R			

序号 No.	税则号列 Tariff Line	货品名称 Article Description	最惠国税率 MFN(%)	协定税率 Agreement(%)		特惠税率 SP(%)	普通税率 Gen(%)
4136	5311.0014	----按重量计苎麻含量在85%以下的未漂白机织物 ----Containing less than 85% by weight of ramie, unbleached woven fabrics	8	0	东盟AS,智CL,新西兰NZ,秘PE,哥CR,瑞CH,冰IS,韩KR,澳AU,格GE,毛MU,东盟^RAS^R,澳^RAU^R,新西兰^RNZ^R,柬KH,港HK,澳门MO,韩^RKR^R	0 受惠国LD	80
				3	巴PK		
				4.8	亚太AP		
				8.2	日^RJP^R		
4137	5311.0015	----按重量计苎麻含量在85%以下的其他机织物 ----Containing less than 85% by weight of ramie, other woven fabrics	8	0	东盟AS,智CL,新西兰NZ,新加坡SG,秘PE,哥CR,瑞CH,冰IS,韩KR,澳AU,格GE,毛MU,东盟^RAS^R,澳^RAU^R,新西兰^RNZ^R,柬KH,港HK,澳门MO,韩^RKR^R	0 受惠国LD	80
				6	巴PK		
				9.8	日^RJP^R		
4138	5311.0020	---纸纱线的 ---Of paper yarn	8	0	东盟AS,智CL,新西兰NZ,秘PE,哥CR,瑞CH,冰IS,韩KR,澳AU,格GE,毛MU,东盟^RAS^R,澳^RAU^R,新西兰^RNZ^R,柬KH,港HK,澳门MO,韩^RKR^R	0 受惠国LD	90
				3	巴PK		
				4.8	亚太AP		
				8.2	日^RJP^R		
4139	5311.0030	---大麻的 ---Of true hemp	8	0	东盟AS,智CL,新西兰NZ,秘PE,哥CR,瑞CH,冰IS,韩KR,澳AU,格GE,毛MU,东盟^RAS^R,澳^RAU^R,新西兰^RNZ^R,柬KH,港HK,澳门MO,韩^RKR^R	0 受惠国LD	50
				3	巴PK		
				5.2	亚太AP		
				8.2	日^RJP^R		
4140	5311.0090	---其他 ---Other	8	0	东盟AS,智CL,新西兰NZ,秘PE,哥CR,瑞CH,冰IS,韩KR,澳AU,格GE,毛MU,东盟^RAS^R,澳^RAU^R,新西兰^RNZ^R,柬KH,港HK,澳门MO,韩^RKR^R	0 受惠国LD	50
				3	巴PK		
				5.2	亚太AP		
				8.2	日^RJP^R		

第五十四章
化学纤维长丝；化学纤维纺织材料制扁条及
类似品

Chapter 54
Man-made filaments; strip and the like of man
made textile materials

注释：

一、本目录所称"化学纤维"，是指通过下列任一方法加工制得的有机聚合物的短纤或长丝：

（一）将有机单体物质加以聚合而制成聚合物，例如，聚酰胺、聚酯、聚烯烃、聚氨基甲酸酯；或通过上述加工将聚合物经化学改性制得（例如，聚乙酸乙烯酯水解得的聚乙烯醇）；或

（二）将天然有机聚合物（例如，纤维素）溶解或经化学处理制成聚合物，例如，铜铵纤维或粘胶纤维；或将天然有机聚合物（例如，纤维素、酪蛋白及其他蛋白质或藻酸）经化学改性制成聚合物，例如醋酸纤维素纤维或藻酸盐纤维。

对于化学纤维，所称"合成"，是指（一）款所述的纤维；所称"人造"，是指（二）款所述的纤维。税目54.04或54.05的扁条及类似品不视作化学纤维。

对于纺织材料，所称"化学纤维"、"合成纤维"及"人造纤维"，其含义应与上述解释相同。

二、税目54.02及54.03不适用于第五十五章的合成纤维或人造纤维的长丝丝束。

Notes:

1. Throughout the Nomenclature, the term "man-made fibres" means staple fibres and filaments of organic polymers produced by manufacturing processes, either:
(a) By polymerisation of organic monomers to produce polymers such as polyamides, polyesters, polyolefins or polyurethanes, or by chemical modification of polymers produced by this process (for example, poly (vinyl alcohol) prepared by the hydrolysis of poly (vinyl acetate)); or
(b) By dissolution or chemical treatment of natural organic polymers (for example, cellulose) to produce polymers such as cuprammonium rayon (cupro) or viscose rayon, or by chemical modification of natural organic polymers (for example, cellulose, casein and other proteins, or alginic acid), to produce polymers such as cellulose acetate or alginates.
The terms "synthetic" and "artificial", used in relation to fibres, mean: synthetic: fibres as defined at (a); artificial: fibres as defined at (b). Strip and the like of heading 54.04 or 54.05 are not considered to be man made fibres.
The terms "man-made", "synthetic" and "artificial" shall have the same meanings when used in relation to "textile materials".

2. Headings 54.02 and 54.03 do not apply to synthetic or artificial filament tow of Chapter 55.

序号 No.	税则号列 Tariff Line	货品名称 Article Description	最惠国税率 MFN(%)	协定税率 Agreement(%)		特惠税率 SP(%)	普通税率 Gen(%)
	54.01	**化学纤维长丝纺制的缝纫线，不论是否供零售用：** **Sewing thread of man-made filaments, whether or not put up for retail sale:**					
		-合成纤维长丝纺制： -Of synthetic filaments:					
4141	5401.1010	---非供零售用 ---Not put up for retail sale	5	0	东盟AS,智CL,巴PK,新西兰NZ,秘PE,哥CR,瑞CH,冰IS,澳AU,格GE,毛MU,柬KH,港HK,澳门MO,台TW	0 受惠国LD	70
				2	韩KR		
				4	东盟^{R}AS^R,澳^{R}AU^R,新西兰^{R}NZ^R,韩^{R}KR^R		
				4.4	日^{R}JP^R		

序号 No.	税则号列 Tariff Line	货品名称 Article Description	最惠国税率 MFN(%)		协定税率 Agreement(%)	特惠税率 SP(%)	普通税率 Gen(%)
4142	5401.1020	---供零售用 ---Put up for retail sale	5	0	东盟AS,智CL,巴PK,新西兰NZ,秘PE,哥CR,瑞CH,冰IS,韩KR,澳AU,格GE,毛MU,东盟^{R}AS^R,澳^{R}AU^R,日^{R}JP^R,新西兰^{R}NZ^R,柬KH,港HK,澳门MO,韩^{R}KR^R	0 受惠国LD	90
		-人造纤维长丝纺制： -Of artificial filaments:					
4143	5401.2010	---非供零售用 ---Not put up for retail sale	5	0	东盟AS,智CL,巴PK,新西兰NZ,秘PE,哥CR,瑞CH,冰IS,韩KR,澳AU,格GE,毛MU,东盟^{R}AS^R,澳^{R}AU^R,日^{R}JP^R,新西兰^{R}NZ^R,柬KH,港HK,澳门MO,韩^{R}KR^R	0 受惠国LD	35
4144	5401.2020	---供零售用 ---Put up for retail sale	5	0	东盟AS,智CL,巴PK,新西兰NZ,秘PE,哥CR,瑞CH,冰IS,韩KR,澳AU,格GE,毛MU,东盟^{R}AS^R,澳^{R}AU^R,日^{R}JP^R,新西兰^{R}NZ^R,柬KH,港HK,澳门MO,韩^{R}KR^R	0 受惠国LD	90
	54.02	合成纤维长丝纱线（缝纫线除外），非供零售用，包括细度在67分特以下的合成纤维单丝： **Synthetic filament yarn (other than sewing thread), not put up for retail sale, including synthetic monofilament of less than 67 decitex:**					
		-尼龙或其他聚酰胺纺制的高强力纱，不论是否经变形加工： -High tenacity yarn of nylon or other polyamides,whether or not textured:					
		--芳香族聚酰胺纺制： --Of aramids:					
4145	5402.1110	---聚间苯二甲酰间苯二胺纺制 ---Of polyisophthaloyl metaphenylene diamine	5	0 2 4.8	东盟AS,智CL,巴PK,新西兰NZ,秘PE,哥CR,瑞CH,冰IS,澳AU,格GE,毛MU,柬KH,港HK,澳门MO 韩KR 东盟^{R}AS^R,澳^{R}AU^R,新西兰^{R}NZ^R	0 受惠国LD	70
4146	5402.1120	---聚对苯二甲酰对苯二胺纺制 ---Of poly-p-phenylene terephthamide	5	0 2 4.5	东盟AS,智CL,巴PK,新西兰NZ,秘PE,哥CR,瑞CH,冰IS,澳AU,格GE,毛MU,柬KH,港HK,澳门MO 韩KR 东盟^{R}AS^R,澳^{R}AU^R,新西兰^{R}NZ^R	0 受惠国LD	70
4147	5402.1190	---其他 ---Other	5	0 2 4.5	东盟AS,智CL,巴PK,新西兰NZ,秘PE,哥CR,瑞CH,冰IS,澳AU,格GE,毛MU,柬KH,港HK,澳门MO 韩KR 东盟^{R}AS^R,澳^{R}AU^R,新西兰^{R}NZ^R	0 受惠国LD	70

序号 No.	税则号列 Tariff Line	货品名称 Article Description	最惠国税率 MFN(%)	协定税率 Agreement(%)		特惠税率 SP(%)		普通税率 Gen(%)
		--其他: --Other:						
4148	5402.1910	---聚酰胺-6（尼龙-6）纺制的 ---Of nylon-6	5	0	东盟AS,智CL,巴PK,新西兰NZ,秘PE,哥CR,瑞CH,冰IS,澳AU,格GE,毛MU,柬KH,港HK,澳门MO	0	受惠国LD	70
				4.5	东盟^RAS^R,澳^RAU^R,新西兰^RNZ^R			
4149	5402.1920	---聚酰胺-6,6（尼龙-6,6）纺制的 ---Of nylon-6,6	5	0	东盟AS,智CL,巴PK,新西兰NZ,秘PE,哥CR,瑞CH,冰IS,澳AU,格GE,毛MU,柬KH,港HK,澳门MO	0	受惠国LD	70
				4.5	东盟^RAS^R,澳^RAU^R,新西兰^RNZ^R			
4150	5402.1990	---其他 ---Other	5	0	东盟AS,智CL,巴PK,新西兰NZ,秘PE,哥CR,瑞CH,冰IS,澳AU,格GE,毛MU,柬KH,港HK,澳门MO	0	受惠国LD	70
				2	韩KR			
				4	东盟^RAS^R,澳^RAU^R,新西兰^RNZ^R,韩^RKR^R			
				4.4	日^RJP^R			
4151	5402.2000	-聚酯高强力纱,不论是否经变形加工 -High tenacity yarn of polyesters, whether or not textured	5	0	东盟AS,智CL,巴PK,新西兰NZ,秘PE,哥CR,瑞CH,冰IS,澳AU,格GE,毛MU,柬KH,港HK,澳门MO,台TW	0	受惠国LD	70
				2	韩KR			
				4	东盟^RAS^R,澳^RAU^R,新西兰^RNZ^R,韩^RKR^R			
				4.4	日^RJP^R			
		-变形纱线: -Textured yarn:						
		--尼龙或其他聚酰胺纺制,每根单纱细度不超过50分特: --Of nylon or other polyamides, measuring per single yarn not more than 50 tex:						
		---弹力丝: ---Elastic filament:						
4152	5402.3111	----聚酰胺-6（尼龙-6）纺制的 ----Of nylon-6	5	0	东盟AS,智CL,巴PK,新西兰NZ,秘PE,哥CR,瑞CH,冰IS,澳AU,格GE,毛MU,柬KH,港HK,澳门MO	0	受惠国LD	80
				4.5	东盟^RAS^R,澳^RAU^R,新西兰^RNZ^R			
4153	5402.3112	----聚酰胺-6,6（尼龙-6,6）纺制的 ----Of nylon-6,6	5	0	东盟AS,智CL,巴PK,新西兰NZ,秘PE,哥CR,瑞CH,冰IS,澳AU,格GE,毛MU,柬KH,港HK,澳门MO	0	受惠国LD	80
				4.5	东盟^RAS^R,澳^RAU^R,新西兰^RNZ^R			
4154	5402.3113	----芳香族聚酰胺纺制的 ----Of aramides	5	0	东盟AS,智CL,巴PK,新西兰NZ,秘PE,哥CR,瑞CH,冰IS,澳AU,格GE,毛MU,柬KH,港HK,澳门MO	0	受惠国LD	80
				3	亚太AP			
				4.8	东盟^RAS^R,澳^RAU^R,新西兰^RNZ^R			

序号 No.	税则号列 Tariff Line	货品名称 Article Description	最惠国税率 MFN(%)	协定税率 Agreement(%)		特惠税率 SP(%)	普通税率 Gen(%)
4155	5402.3119	----其他 ----Other	5	0 2 4 4.4	东盟AS,智CL,巴PK,新西兰NZ, 秘PE,哥CR,瑞CH,冰IS,澳AU,格 GE,毛MU,柬KH,港HK,澳门MO 韩KR 东盟^{R}AS^R,澳^{R}AU^R,新西兰^{R}NZ^R, 韩^{R}KR^R 日^{R}JP^R	0 受惠国LD	80
4156	5402.3190	---其他 ---Other	5	0 2 4 4.4	东盟AS,智CL,巴PK,新西兰NZ, 秘PE,哥CR,瑞CH,冰IS,澳AU,格 GE,毛MU,柬KH,港HK,澳门MO 韩KR 东盟^{R}AS^R,澳^{R}AU^R,新西兰^{R}NZ^R, 韩^{R}KR^R 日^{R}JP^R	0 受惠国LD	70
		--尼龙或其他聚酰胺纺制,每根单纱细 　度超过50分特: --Of nylon or other polyamides, 　measuring per single yarn more than 　50 tex:					
		---弹力丝: ---Elastic filament:					
4157	5402.3211	----聚酰胺-6(尼龙-6)纺制的 ----Of nylon-6	5	0 4.5	东盟AS,智CL,巴PK,新西兰NZ, 秘PE,哥CR,瑞CH,冰IS,澳AU,格 GE,毛MU,柬KH,港HK,澳门MO 东盟^{R}AS^R,澳^{R}AU^R,新西兰^{R}NZ^R	0 受惠国LD	80
4158	5402.3212	----聚酰胺-6,6(尼龙-6,6)纺制的 ----Of nylon-6,6	5	0 4.5	东盟AS,智CL,巴PK,新西兰NZ, 秘PE,哥CR,瑞CH,冰IS,澳AU,格 GE,毛MU,柬KH,港HK,澳门MO 东盟^{R}AS^R,澳^{R}AU^R,新西兰^{R}NZ^R	0 受惠国LD	80
4159	5402.3213	----芳香族聚酰胺纺制的 ----Of aramides	5	0 2 4.8	东盟AS,智CL,巴PK,新西兰NZ, 秘PE,哥CR,瑞CH,冰IS,澳AU,格 GE,毛MU,柬KH,港HK,澳门MO 韩KR 东盟^{R}AS^R,澳^{R}AU^R,新西兰^{R}NZ^R	0 受惠国LD	80
4160	5402.3219	----其他 ----Other	5	0 4.5	东盟AS,智CL,巴PK,新西兰NZ, 秘PE,哥CR,瑞CH,冰IS,澳AU,格 GE,毛MU,柬KH,港HK,澳门MO 东盟^{R}AS^R,澳^{R}AU^R,新西兰^{R}NZ^R	0 受惠国LD	80
4161	5402.3290	---其他 ---Other	5	0 3.2 3.3 4.5	东盟AS,智CL,巴PK,新西兰NZ, 秘PE,哥CR,瑞CH,冰IS,澳AU,格 GE,毛MU,柬KH,港HK,澳门MO 韩KR 亚太AP 东盟^{R}AS^R,澳^{R}AU^R,新西兰^{R}NZ^R	0 受惠国LD	70
		--聚酯纺制: --Of polyesters:					

序号 No.	税则号列 Tariff Line	货品名称 Article Description	最惠国税率 MFN(%)		协定税率 Agreement(%)	特惠税率 SP(%)	普通税率 Gen(%)
4162	5402.3310	---弹力丝 ---Elastic filament	5	0	东盟AS,智CL,巴PK,新西兰NZ,秘PE,哥CR,瑞CH,冰IS,韩KR,澳AU,格GE,毛MU,东盟^{R}AS^R,日^{R}JP^R,柬KH,港HK,澳门MO,台TW,韩^{R}KR^R	0 受惠国LD	90
				4	澳^{R}AU^R,新西兰^{R}NZ^R		
4163	5402.3390	---其他 ---Other	5	0	智CL,巴PK,新西兰NZ,秘PE,哥CR,瑞CH,冰IS,澳AU,格GE,毛MU,柬KH,港HK,澳门MO	0 受惠国LD	70
				0.5	韩KR		
				4.8	东盟^{R}AS^R,澳^{R}AU^R,新西兰^{R}NZ^R		
4164	5402.3400	--聚丙烯纺制 --Of polypropylene	5	0	东盟AS,智CL,巴PK,新西兰NZ,秘PE,哥CR,瑞CH,冰IS,澳AU,格GE,毛MU,东盟^{R}AS^R,澳^{R}AU^R,新西兰^{R}NZ^R,柬KH,港HK,澳门MO	0 受惠国LD	70
				0.5	韩KR		
				4	韩^{R}KR^R		
				4.1	日^{R}JP^R		
4165	5402.3900	--其他 --Other	5	0	东盟AS,智CL,巴PK,新西兰NZ,秘PE,哥CR,瑞CH,冰IS,澳AU,格GE,毛MU,东盟^{R}AS^R,澳^{R}AU^R,新西兰^{R}NZ^R,柬KH,港HK,澳门MO	0 受惠国LD	70
				0.5	韩KR		
				4	韩^{R}KR^R		
				4.1	日^{R}JP^R		
		-其他单纱,未加捻或捻度每米不超过50转: -Other yarn, single, untwisted or with a twist not exceeding 50 turns per metre:					
		--弹性纱线: --Elastomeric:					
4166	5402.4410	---氨纶纱线 ---Of polyurethane	5	0	东盟AS,智CL,巴PK,新西兰NZ,秘PE,哥CR,瑞CH,冰IS,澳AU,格GE,毛MU,柬KH,港HK,澳门MO	0 受惠国LD	70
				4.5	东盟^{R}AS^R,澳^{R}AU^R,新西兰^{R}NZ^R		
4167	5402.4490	---其他 ---Other	5	0	东盟AS,智CL,巴PK,新西兰NZ,秘PE,哥CR,瑞CH,冰IS,韩KR,澳AU,格GE,毛MU,东盟^{R}AS^R,澳^{R}AU^R,日^{R}JP^R,新西兰^{R}NZ^R,柬KH,港HK,澳门MO,韩^{R}KR^R	0 受惠国LD	70
				3.3	亚太AP		
		--其他,尼龙或其他聚酰胺纱线: --Other, of nylon or other polyamides:					

序号 No.	税则号列 Tariff Line	货品名称 Article Description	最惠国税率 MFN(%)	协定税率 Agreement(%)		特惠税率 SP(%)	普通税率 Gen(%)
4168	5402.4510	---聚酰胺-6（尼龙-6）纺制的 ---Of nylon-6	5	0	东盟AS,智CL,巴PK,新西兰NZ,秘PE,哥CR,瑞CH,冰IS,澳AU,格GE,毛MU,柬KH,港HK,澳门MO	0 受惠国LD	70
				3.2	韩KR		
				3.3	亚太AP		
				4.5	东盟^RAS^R,澳^RAU^R,新西兰^RNZ^R		
4169	5402.4520	---聚酰胺-6，6（尼龙-6，6）纺制的 ---Of nylon-6,6	5	0	东盟AS,智CL,巴PK,新西兰NZ,秘PE,哥CR,瑞CH,冰IS,澳AU,格GE,毛MU,柬KH,港HK,澳门MO	0 受惠国LD	70
				3.2	韩KR		
				3.3	亚太AP		
				4.5	东盟^RAS^R,澳^RAU^R,新西兰^RNZ^R		
4170	5402.4530	---芳香族聚酰胺纺制的 ---Of aramids	5	0	东盟AS,智CL,巴PK,新西兰NZ,秘PE,哥CR,瑞CH,冰IS,澳AU,格GE,毛MU,柬KH,港HK,澳门MO	0 受惠国LD	70
				2	韩KR		
				3.3	亚太AP		
				4.5	东盟^RAS^R,澳^RAU^R,新西兰^RNZ^R		
4171	5402.4590	---其他 ---Other	5	0	东盟AS,智CL,巴PK,新西兰NZ,秘PE,哥CR,瑞CH,冰IS,澳AU,格GE,毛MU,柬KH,港HK,澳门MO	0 受惠国LD	70
				3.2	韩KR		
				3.3	亚太AP		
				4.5	东盟^RAS^R,澳^RAU^R,新西兰^RNZ^R		
4172	5402.4600	--其他，部分定向聚酯纱线 --Other, of polyesters, partially oriented	5	0	智CL,巴PK,新西兰NZ,秘PE,哥CR,瑞CH,冰IS,澳AU,格GE,毛MU,柬KH,港HK,澳门MO	0 受惠国LD	70
				0.5	韩KR		
				4.8	东盟^RAS^R,澳^RAU^R,新西兰^RNZ^R		
4173	5402.4700	--其他，聚酯纱线 --Other, of polyesters	5	0	智CL,巴PK,新西兰NZ,秘PE,哥CR,瑞CH,冰IS,澳AU,格GE,毛MU,柬KH,港HK,澳门MO	0 受惠国LD	70
				3.2	韩KR		
				3.3	亚太AP		
				4.8	东盟^RAS^R,澳^RAU^R,新西兰^RNZ^R		
4174	5402.4800	--其他，聚丙烯纱线 --Other, of polypropylene	5	0	东盟AS,智CL,巴PK,新西兰NZ,秘PE,哥CR,瑞CH,冰IS,韩KR,澳AU,格GE,毛MU,东盟^RAS^R,澳^RAU^R,日^RJP^R,新西兰^RNZ^R,柬KH,港HK,澳门MO,韩^RKR^R	0 受惠国LD	70
		--其他： --Other:					

序号 No.	税则号列 Tariff Line	货品名称 Article Description	最惠国税率 MFN(%)	协定税率 Agreement(%)		特惠税率 SP(%)		普通税率 Gen(%)
4175	5402.4910	---断裂强度大于等于22厘牛/分特, 且初始模量大于等于750厘牛/分特的聚乙烯纱线 ---Of polyethylene, breaking strengths≥22cN/dtex, and initial modulus≥750cN/dtex	5	0	东盟AS,智CL,巴PK,新西兰NZ,秘PE,哥CR,瑞CH,冰IS,澳AU,格GE,毛MU,柬KH,港HK,澳门MO	0	受惠国LD	70
				4.8	东盟^RAS^R,澳^RAU^R,新西兰^RNZ^R			
4176	5402.4990	---其他 ---Other	5	0	东盟AS,智CL,巴PK,新西兰NZ,秘PE,哥CR,瑞CH,冰IS,澳AU,格GE,毛MU,柬KH,港HK,澳门MO	0	受惠国LD	70
				4.5	东盟^RAS^R,澳^RAU^R,新西兰^RNZ^R			
		-其他单纱, 捻度每米超过50转: -Other yarn, single, with a twist exceeding 50 turns per metre:						
		--尼龙或其他聚酰胺纱线: --Of nylon or other polyamides:						
4177	5402.5110	---聚酰胺-6（尼龙-6）纺制的 ---Of nylon-6	5	0	智CL,巴PK,新西兰NZ,秘PE,哥CR,瑞CH,冰IS,澳AU,格GE,毛MU,柬KH,港HK,澳门MO	0	受惠国LD	70
				4.8	东盟^RAS^R,澳^RAU^R,新西兰^RNZ^R			
4178	5402.5120	---聚酰胺-6, 6（尼龙-6, 6）纺制的 ---Of nylon-6,6	5	0	东盟AS,智CL,巴PK,新西兰NZ,秘PE,哥CR,瑞CH,冰IS,澳AU,格GE,毛MU,柬KH,港HK,澳门MO	0	受惠国LD	70
				4.5	亚太AP,东盟^RAS^R,澳^RAU^R,新西兰^RNZ^R			
4179	5402.5130	---芳香族聚酰胺纺制的 ---Of aramides	5	0	东盟AS,智CL,巴PK,新西兰NZ,秘PE,哥CR,瑞CH,冰IS,澳AU,格GE,毛MU,柬KH,港HK,澳门MO	0	受惠国LD	70
				2	韩KR			
				3.5	亚太AP			
				4.8	东盟^RAS^R,澳^RAU^R,新西兰^RNZ^R			
4180	5402.5190	---其他 ---Other	5	0	东盟AS,智CL,巴PK,新西兰NZ,秘PE,哥CR,瑞CH,冰IS,澳AU,格GE,毛MU,柬KH,港HK,澳门MO	0	受惠国LD	70
				2	韩KR			
				4	东盟^RAS^R,澳^RAU^R,新西兰^RNZ^R,韩^RKR^R			
				4.4	日^RJP^R			
4181	5402.5200	--聚酯纱线 --Of polyesters	5	0	智CL,巴PK,新西兰NZ,秘PE,哥CR,瑞CH,冰IS,澳AU,格GE,毛MU,柬KH,港HK,澳门MO	0	受惠国LD	70
				0.5	韩KR			
				3.3	亚太AP			
				4.8	东盟^RAS^R,澳^RAU^R,新西兰^RNZ^R			

序号 No.	税则号列 Tariff Line	货品名称 Article Description	最惠国税率 MFN(%)		协定税率 Agreement(%)	特惠税率 SP(%)	普通税率 Gen(%)
4182	5402.5300	--聚丙烯纱线 --Of polypropylene	5	0 4.1	东盟AS,智CL,巴PK,新西兰NZ, 秘PE,哥CR,瑞CH,冰IS,韩KR, 澳AU,格GE,毛MU,东盟^RAS^R,澳 ^RAU^R,新西兰^RNZ^R,柬KH,港HK, 澳门MO,韩^RKR^R 日^RJP^R	0 受惠国LD	70
		--其他： --Other:					
4183	5402.5920	---断裂强度大于等于22厘牛/分特，且 初始模量大于等于750厘牛/分特的 聚乙烯纱线 ---Of polyethylene, breaking strengths≥22cN/dtex, and initial modulus≥750cN/dtex	5	0	东盟AS,智CL,巴PK,新西兰NZ, 秘PE,哥CR,瑞CH,冰IS,韩KR, 澳AU,格GE,毛MU,东盟^RAS^R, 澳^RAU^R,日^RJP^R,新西兰^RNZ^R,柬 KH,港HK,澳门MO,韩^RKR^R	0 受惠国LD	70
4184	5402.5990	---其他 ---Other	5	0	东盟AS,智CL,巴PK,新西兰NZ, 秘PE,哥CR,瑞CH,冰IS,韩KR, 澳AU,格GE,毛MU,东盟^RAS^R, 澳^RAU^R,日^RJP^R,新西兰^RNZ^R,柬 KH,港HK,澳门MO,韩^RKR^R	0 受惠国LD	70
		-其他纱线（多股纱线或缆线）： -Other yarn, multiple (folded) or cabled:					
		--尼龙或其他聚酰胺纺制： --Of nylon or other polyamides:					
4185	5402.6110	---聚酰胺-6（尼龙-6）纺制的 ---Of nylon-6	5	0 2 4 4.4	东盟AS,智CL,巴PK,新西兰NZ, 秘PE,哥CR,瑞CH,冰IS,澳AU,格 GE,毛MU,柬KH,港HK,澳门MO 韩KR 东盟^RAS^R,澳^RAU^R,新西兰^RNZ^R, 韩^RKR^R 日^RJP^R	0 受惠国LD	70
4186	5402.6120	---聚酰胺-6,6（尼龙-6,6）纺制的 ---Of nylon-6,6	5	0 2 4 4.4	东盟AS,智CL,巴PK,新西兰NZ, 秘PE,哥CR,瑞CH,冰IS,澳AU,格 GE,毛MU,柬KH,港HK,澳门MO 韩KR 东盟^RAS^R,澳^RAU^R,新西兰^RNZ^R, 韩^RKR^R 日^RJP^R	0 受惠国LD	70
4187	5402.6130	---芳香族聚酰胺纺制的 ---Of aramides	5	0 2 4.5	东盟AS,智CL,巴PK,新西兰NZ, 秘PE,哥CR,瑞CH,冰IS,澳AU,格 GE,毛MU,柬KH,港HK,澳门MO 韩KR 东盟^RAS^R,澳^RAU^R,新西兰^RNZ^R	0 受惠国LD	70
4188	5402.6190	---其他 ---Other	5	0	东盟AS,智CL,巴PK,新西兰NZ, 秘PE,哥CR,瑞CH,冰IS,韩KR, 澳AU,格GE,毛MU,东盟^RAS^R, 澳^RAU^R,日^RJP^R,新西兰^RNZ^R,柬 KH,港HK,澳门MO,韩^RKR^R	0 受惠国LD	70

序号 No.	税则号列 Tariff Line	货品名称 Article Description	最惠国税率 MFN(%)	协定税率 Agreement(%)		特惠税率 SP(%)		普通税率 Gen(%)
4189	5402.6200	--聚酯纺制 --Of polyesters	5	0	东盟AS,智CL,巴PK,新西兰NZ,秘PE,哥CR,瑞CH,冰IS,韩KR,澳AU,格GE,毛MU,东盟^RAS^R,澳^RAU^R,日^RJP^R,新西兰^RNZ^R,柬KH,港HK,澳门MO,台TW,韩^RKR^R	0	受惠国LD	70
4190	5402.6300	--聚丙烯纺制 --Of polypropylene	5	0	东盟AS,智CL,巴PK,新西兰NZ,秘PE,哥CR,瑞CH,冰IS,澳AU,格GE,毛MU,柬KH,港HK,澳门MO	0	受惠国LD	70
				2	韩KR			
				4	东盟^RAS^R,澳^RAU^R,新西兰^RNZ^R,韩^RKR^R			
				4.4	日^RJP^R			
		--其他: --Other:						
4191	5402.6920	---氨纶纱线 ---Of polyurethane	5	0	东盟AS,智CL,巴PK,新西兰NZ,秘PE,哥CR,瑞CH,冰IS,澳AU,格GE,毛MU,柬KH,港HK,澳门MO	0	受惠国LD	70
				4.8	东盟^RAS^R,澳^RAU^R,新西兰^RNZ^R			
4192	5402.6990	---其他 ---Other	5	0	东盟AS,智CL,巴PK,新西兰NZ,秘PE,哥CR,瑞CH,冰IS,澳AU,格GE,毛MU,东盟^RAS^R,澳^RAU^R,新西兰^RNZ^R,柬KH,港HK,澳门MO	0	受惠国LD	70
				0.5	韩KR			
				4	韩^RKR^R			
				4.1	日^RJP^R			
	54.03	人造纤维长丝纱线(缝纫线除外),非供零售用,包括细度在67分特以下的人造纤维单丝: Artificial filament yarn (other than sewing thread), not put up for retail sale, including artificial monofilament of less than 67 decitex:						
4193	5403.1000	-粘胶纤维纺制的高强力纱 -High tenacity yarn of viscose rayon	5	0	东盟AS,智CL,巴PK,新西兰NZ,秘PE,哥CR,瑞CH,冰IS,韩KR,澳AU,格GE,毛MU,东盟^RAS^R,澳^RAU^R,日^RJP^R,新西兰^RNZ^R,柬KH,港HK,澳门MO,韩^RKR^R	0	受惠国LD	35
		-其他单纱: -Other yarn, single:						
		--粘胶纤维纺制,未加捻或捻度每米不超过120转: --Of viscose rayon, untwisted or with a twist not exceeding 120 turns per metre:						

序号 No.	税则号列 Tariff Line	货品名称 Article Description	最惠国税率 MFN(%)		协定税率 Agreement(%)	特惠税率 SP(%)	普通税率 Gen(%)
4194	5403.3110	---竹制 ---Of bamboo	5	0	东盟AS,智CL,巴PK,新西兰NZ, 秘PE,哥CR,瑞CH,冰IS,韩KR, 澳AU,格GE,毛MU,东盟^{R}AS^R, 澳^{R}AU^R,日^{R}JP^R,新西兰^{R}NZ^R,柬 KH,港HK,澳门MO,韩^{R}KR^R	0 受惠国LD	35
4195	5403.3190	---其他 ---Other	5	0	东盟AS,智CL,巴PK,新西兰NZ, 秘PE,哥CR,瑞CH,冰IS,韩KR, 澳AU,格GE,毛MU,东盟^{R}AS^R, 澳^{R}AU^R,日^{R}JP^R,新西兰^{R}NZ^R,柬 KH,港HK,澳门MO,韩^{R}KR^R	0 受惠国LD	35
		--粘胶纤维纺制, 捻度每米超过120转: --Of viscose rayon, with a twist exceeding 120 turns per metre:					
4196	5403.3210	---竹制 ---Of bamboo	5	0	东盟AS,智CL,巴PK,新西兰NZ, 秘PE,哥CR,瑞CH,冰IS,韩KR, 澳AU,格GE,毛MU,东盟^{R}AS^R, 澳^{R}AU^R,日^{R}JP^R,新西兰^{R}NZ^R,柬 KH,港HK,澳门MO,韩^{R}KR^R	0 受惠国LD	35
4197	5403.3290	---其他 ---Other	5	0	东盟AS,智CL,巴PK,新西兰NZ, 秘PE,哥CR,瑞CH,冰IS,韩KR, 澳AU,格GE,毛MU,东盟^{R}AS^R, 澳^{R}AU^R,日^{R}JP^R,新西兰^{R}NZ^R,柬 KH,港HK,澳门MO,韩^{R}KR^R	0 受惠国LD	35
		--醋酸纤维纺制: --Of cellulose acetate:					
4198	5403.3310	---二醋酸纤维纺制 ---Of cellulose diacetate	5	0	东盟AS,智CL,巴PK,新西兰NZ, 秘PE,哥CR,瑞CH,冰IS,韩KR, 澳AU,格GE,毛MU,东盟^{R}AS^R, 澳^{R}AU^R,日^{R}JP^R,新西兰^{R}NZ^R,柬 KH,港HK,澳门MO,韩^{R}KR^R	0 受惠国LD	40
4199	5403.3390	---其他 ---Other	5	0	东盟AS,智CL,巴PK,新西兰NZ, 秘PE,哥CR,瑞CH,冰IS,韩KR, 澳AU,格GE,毛MU,东盟^{R}AS^R, 澳^{R}AU^R,日^{R}JP^R,新西兰^{R}NZ^R,柬 KH,港HK,澳门MO,韩^{R}KR^R	0 受惠国LD	35
4200	5403.3900	--其他 --Other	5	0 4	东盟AS,智CL,巴PK,新西兰NZ,秘 PE,哥CR,瑞CH,冰IS,韩KR,澳AU, 格GE,毛MU,东盟^{R}AS^R,日^{R}JP^R, 柬KH,港HK,澳门MO,韩^{R}KR^R 澳^{R}AU^R,新西兰^{R}NZ^R	0 受惠国LD	35
		-其他纱线 (多股纱线或缆线): -Other yarn, multiple (folded) or cabled:					
4201	5403.4100	--粘胶纤维纺制 --Of viscose rayon	5	0	东盟AS,智CL,巴PK,新西兰NZ, 秘PE,哥CR,瑞CH,冰IS,韩KR, 澳AU,格GE,毛MU,东盟^{R}AS^R, 澳^{R}AU^R,日^{R}JP^R,新西兰^{R}NZ^R,柬 KH,港HK,澳门MO,韩^{R}KR^R	0 受惠国LD	35

序号 No.	税则号列 Tariff Line	货品名称 Article Description	最惠国税率 MFN(%)	协定税率 Agreement(%)		特惠税率 SP(%)	普通税率 Gen(%)
4202	5403.4200	--醋酸纤维纺制 --Of cellulose acetate	5	0	东盟AS,智CL,巴PK,新西兰NZ, 秘PE,哥CR,瑞CH,冰IS,韩KR, 澳AU,格GE,毛MU,东盟^RAS^R, 澳^RAU^R,日^RJP^R,新西兰^RNZ^R,柬 KH,港HK,澳门MO,韩^RKR^R	0 受惠国LD	35
4203	5403.4900	--其他 --Other	5	0	东盟AS,智CL,巴PK,新西兰NZ, 秘PE,哥CR,瑞CH,冰IS,韩KR, 澳AU,格GE,毛MU,东盟^RAS^R, 澳^RAU^R,日^RJP^R,新西兰^RNZ^R,柬 KH,港HK,澳门MO,韩^RKR^R	0 受惠国LD	35
	54.04	截面尺寸不超过1毫米,细度在67分特及以上的合成纤维单丝;表观宽度不超过5毫米的合成纤维纺织材料制扁条及类似品(例如人造草): Synthetic monofilament of 67 decitex or more and of which no cross-sectional dimension exceeds 1mm; strip and the like (for example, artificial straw), of synthetic textile materials, of an apparent width not exceeding 5mm:					
		-单丝: -Monofilament:					
4204	5404.1100	--弹性 --Elastomeric	5	0 2 4 4.4	东盟AS,智CL,巴PK,新西兰NZ, 秘PE,哥CR,瑞CH,冰IS,澳AU,格 GE,毛MU,柬KH,港HK,澳门MO 韩KR 东盟^RAS^R,澳^RAU^R,新西兰^RNZ^R, 韩^RKR^R 日^RJP^R	0 受惠国LD	80
4205	5404.1200	--其他,聚丙烯制 --Other, of polypropylene	5	0	东盟AS,智CL,巴PK,新西兰NZ, 秘PE,哥CR,瑞CH,冰IS,韩KR, 澳AU,格GE,毛MU,东盟^RAS^R, 澳^RAU^R,日^RJP^R,新西兰^RNZ^R,柬 KH,港HK,澳门MO,韩^RKR^R	0 受惠国LD	80
4206	5404.1900	--其他 --Other	5	0 0.5 4 4.1	东盟AS,智CL,巴PK,新西兰NZ, 秘PE,哥CR,瑞CH,冰IS,澳AU,格 GE,毛MU,东盟^RAS^R,澳^RAU^R,新 西兰^RNZ^R,柬KH,港HK,澳门MO 韩KR 韩^RKR^R 日^RJP^R	0 受惠国LD	80
4207	5404.9000	-其他 -Other	5	0 0.5 4 4.1	东盟AS,智CL,巴PK,新西兰NZ, 秘PE,哥CR,瑞CH,冰IS,澳AU,格 GE,毛MU,东盟^RAS^R,澳^RAU^R,新 西兰^RNZ^R,柬KH,港HK,澳门MO 韩KR 韩^RKR^R 日^RJP^R	0 受惠国LD	80

序号 No.	税则号列 Tariff Line	货品名称 Article Description	最惠国税率 MFN(%)	协定税率 Agreement(%)		特惠税率 SP(%)	普通税率 Gen(%)
	54.05	截面尺寸不超过1毫米、细度在67分特及以上的人造纤维单丝；表观宽度不超过5毫米的人造纤维纺织材料制扁条及类似品（例如人造草）： Artificial monofilament of 67 decitex or more and of which no cross-sectional dimension exceeds 1mm; strip and the like (for example, artificial straw), of artificial textile materials, of an apparent width not exceeding 5mm:					
4208	5405.0000	截面尺寸不超过1毫米、细度在67分特及以上的人造纤维单丝；表观宽度不超过5毫米的人造纤维纺织材料制扁条及类似品（例如人造草） Artificial monofilament of 67 decitex or more and of which no cross-sectional dimension exceeds 1mm; strip and the like (for example, artificial straw) of artificial textile materials of an apparent width not exceeding 5mm	5	0	东盟AS,智CL,巴PK,新西兰NZ,秘PE,哥CR,瑞CH,冰IS,韩KR,澳AU,格GE,毛MU,东盟^{R}AS^R,澳^{R}AU^R,日^{R}JP^R,新西兰^{R}NZ^R,柬KH,港HK,澳门MO,韩^{R}KR^R	0 受惠国LD	80
	54.06	化学纤维长丝纱线（缝纫线除外），供零售用： Man-made filament yarn (other than sewing thread), put up for retail sale:					
4209	5406.0010	---合成纤维长丝纱线 ---Synthetic filament yarn	5	0	东盟AS,智CL,巴PK,新西兰NZ,秘PE,哥CR,瑞CH,冰IS,韩KR,澳AU,格GE,毛MU,东盟^{R}AS^R,澳^{R}AU^R,日^{R}JP^R,新西兰^{R}NZ^R,柬KH,港HK,澳门MO,韩^{R}KR^R	0 受惠国LD	90
4210	5406.0020	---人造纤维长丝纱线 ---Artificial filament yarn	5	0	东盟AS,智CL,巴PK,新西兰NZ,秘PE,哥CR,瑞CH,冰IS,韩KR,澳AU,格GE,毛MU,东盟^{R}AS^R,澳^{R}AU^R,日^{R}JP^R,新西兰^{R}NZ^R,柬KH,港HK,澳门MO,韩^{R}KR^R	0 受惠国LD	90
	54.07	合成纤维长丝纱线的机织物，包括税目54.04所列材料的机织物： Woven fabrics of synthetic filament yarn, including woven fabrics obtained from materials of heading 54.04: -尼龙或其他聚酰胺高强力纱、聚酯高强力纱纺制的机织物： -Woven fabrics obtained from high-tenacity yarn of nylon or other polyamides or of polyesters:					

序号 No.	税则号列 Tariff Line	货品名称 Article Description	最惠国税率 MFN(%)		协定税率 Agreement(%)	特惠税率 SP(%)	普通税率 Gen(%)
4211	5407.1010	---尼龙或其他聚酰胺高强力纱纺制 ----Of nylon or other polyamides	8	0	东盟AS,智CL,巴PK,新西兰NZ,新加坡SG,秘PE,哥CR,瑞CH,冰IS,韩KR,澳AU,格GE,毛MU,柬KH,港HK,澳门MO,台TW	0 受惠国LD	130
				8	东盟^{R}AS^R,澳^{R}AU^R,新西兰^{R}NZ^R,韩^{R}KR^R		
				8.2	日^{R}JP^R		
4212	5407.1020	---聚酯高强力纱纺制 ----Of polyesters	8	0	东盟AS,智CL,巴PK,新西兰NZ,新加坡SG,秘PE,哥CR,瑞CH,冰IS,韩KR,澳AU,格GE,毛MU,东盟^{R}AS^R,澳^{R}AU^R,新西兰^{R}NZ^R,柬KH,港HK,澳门MO,台TW,韩^{R}KR^R	0 受惠国LD	130
				8.2	日^{R}JP^R		
4213	5407.2000	-扁条及类似品的机织物 -Woven fabrics obtained from strip or the like	8	0	东盟AS,智CL,巴PK,新西兰NZ,新加坡SG,秘PE,哥CR,瑞CH,冰IS,澳AU,格GE,毛MU,柬KH,港HK,澳门MO	0 受惠国LD	130
				5.5	韩KR		
				9	东盟^{R}AS^R,澳^{R}AU^R,新西兰^{R}NZ^R		
4214	5407.3000	-第十一类注释九所列的机织物 -Fabrics specified in Note 9 to Section XI	8	0	东盟AS,智CL,巴PK,新西兰NZ,新加坡SG,秘PE,哥CR,瑞CH,冰IS,韩KR,澳AU,格GE,毛MU,东盟^{R}AS^R,澳^{R}AU^R,新西兰^{R}NZ^R,柬KH,港HK,澳门MO,韩^{R}KR^R	0 受惠国LD	130
				8.2	日^{R}JP^R		
		-其他机织物, 按重量计尼龙或其他聚酰胺长丝含量在85%及以上: -Other woven fabrics, containing 85% or more by weight of filaments of nylon or other polyamides:					
4215	5407.4100	--未漂白或漂白 --Unbleached or bleached	8	0	东盟AS,智CL,巴PK,新西兰NZ,新加坡SG,秘PE,哥CR,瑞CH,冰IS,韩KR,澳AU,格GE,毛MU,东盟^{R}AS^R,澳^{R}AU^R,新西兰^{R}NZ^R,柬KH,港HK,澳门MO,台TW,韩^{R}KR^R	0 受惠国LD	130
				8.2	日^{R}JP^R		
4216	5407.4200	--染色 --Dyed	8	0	东盟AS,智CL,巴PK,新西兰NZ,新加坡SG,秘PE,哥CR,瑞CH,冰IS,澳AU,格GE,毛MU,柬KH,港HK,澳门MO,台TW	0 受惠国LD,柬KH,老LA,缅MM	130
				5.2	亚太AP		
				5.5	韩KR		
				9	东盟^{R}AS^R,澳^{R}AU^R,日^{R}JP^R,新西兰^{R}NZ^R,韩^{R}KR^R		

序号 No.	税则号列 Tariff Line	货品名称 Article Description	最惠国税率 MFN(%)	协定税率 Agreement(%)		特惠税率 SP(%)	普通税率 Gen(%)
4217	5407.4300	--色织 --Of yarns of different colours	8	0	东盟AS,智CL,巴PK,新西兰NZ,新加坡SG,秘PE,哥CR,瑞CH,冰IS,韩KR,澳AU,格GE,毛MU,东盟^{R}AS^R,澳^{R}AU^R,新西兰^{R}NZ^R,柬KH,港HK,澳门MO,台TW,韩^{R}KR^R	0 受惠国LD	130
				5.2	亚太AP		
				8.2	日^{R}JP^R		
4218	5407.4400	--印花 --Printed	8	0	东盟AS,智CL,巴PK,新西兰NZ,新加坡SG,秘PE,哥CR,瑞CH,冰IS,澳AU,格GE,毛MU,柬KH,港HK,澳门MO	0 受惠国LD	130
				5.5	韩KR		
				9	东盟^{R}AS^R,澳^{R}AU^R,新西兰^{R}NZ^R		
		-其他机织物, 按重量计聚酯变形长丝含量在85%及以上: -Other woven fabrics, containing 85% or more by weight of textured polyester filaments:					
4219	5407.5100	--未漂白或漂白 --Unbleached or bleached	8	0	东盟AS,智CL,巴PK,新西兰NZ,新加坡SG,秘PE,哥CR,瑞CH,冰IS,韩KR,澳AU,格GE,毛MU,东盟^{R}AS^R,澳^{R}AU^R,新西兰^{R}NZ^R,柬KH,港HK,澳门MO,台TW,韩^{R}KR^R	0 受惠国LD	130
				5.2	亚太AP		
				8.2	日^{R}JP^R		
4220	5407.5200	--染色 --Dyed	8	0	东盟AS,智CL,巴PK,新西兰NZ,新加坡SG,秘PE,哥CR,瑞CH,冰IS,澳AU,格GE,毛MU,柬KH,港HK,澳门MO,台TW	0 受惠国LD,柬KH,老LA,缅MM	130
				5.2	亚太AP		
				5.5	韩KR		
				9	东盟^{R}AS^R,澳^{R}AU^R,日^{R}JP^R,新西兰^{R}NZ^R,韩^{R}KR^R		
4221	5407.5300	--色织 --Of yarns of different colours	8	0	东盟AS,智CL,巴PK,新西兰NZ,新加坡SG,秘PE,哥CR,瑞CH,冰IS,韩KR,澳AU,格GE,毛MU,东盟^{R}AS^R,澳^{R}AU^R,新西兰^{R}NZ^R,柬KH,港HK,澳门MO,台TW,韩^{R}KR^R	0 受惠国LD	130
				8.2	日^{R}JP^R		

序号 No.	税则号列 Tariff Line	货品名称 Article Description	最惠国税率 MFN(%)		协定税率 Agreement(%)	特惠税率 SP(%)	普通税率 Gen(%)
4222	5407.5400	--印花 --Printed	8	0	东盟AS,智CL,巴PK,新西兰NZ,新加坡SG,秘PE,哥CR,瑞CH,冰IS,澳AU,格GE,毛MU,柬KH,港HK,澳门MO,台TW	0 受惠国LD	130
				4	韩KR		
				8.7	东盟^RAS^R,韩^RKR^R		
				8.8	日^RJP^R		
				9	澳^RAU^R,新西兰^RNZ^R		
		-其他机织物, 按重量计聚酯长丝含量在85%及以上: -Other woven fabrics, containing 85% or more by weight of polyester filaments:					
4223	5407.6100	--按重量计聚酯非变形长丝含量在85%及以上 --Containing 85% or more by weight of nontextured polyester filaments	8	0	东盟AS,智CL,巴PK,新西兰NZ,新加坡SG,秘PE,哥CR,瑞CH,冰IS,澳AU,格GE,毛MU,柬KH,港HK,澳门MO,台TW	0 受惠国LD	130
				5.2	亚太AP		
				5.5	韩KR		
				9	东盟^RAS^R,澳^RAU^R,日^RJP^R,新西兰^RNZ^R,韩^RKR^R		
4224	5407.6900	--其他 --Other	8	0	东盟AS,智CL,巴PK,新西兰NZ,新加坡SG,秘PE,哥CR,瑞CH,冰IS,澳AU,格GE,毛MU,柬KH,港HK,澳门MO,台TW	0 受惠国LD	130
				5.2	亚太AP		
				5.5	韩KR		
				9	东盟^RAS^R,澳^RAU^R,新西兰^RNZ^R		
		-其他机织物, 按重量计其他合成纤维长丝含量在85%及以上: -Other woven fabrics, containing 85% or more by weight of synthetic filaments:					
4225	5407.7100	--未漂白或漂白 --Unbleached or bleached	8	0	东盟AS,智CL,巴PK,新西兰NZ,新加坡SG,秘PE,哥CR,瑞CH,冰IS,韩KR,澳AU,格GE,毛MU,东盟^RAS^R,澳^RAU^R,新西兰^RNZ^R,柬KH,港HK,澳门MO,台TW,韩^RKR^R	0 受惠国LD	130
				5.2	亚太AP		
				8.2	日^RJP^R		

序号 No.	税则号列 Tariff Line	货品名称 Article Description	最惠国税率 MFN(%)	协定税率 Agreement(%)		特惠税率 SP(%)	普通税率 Gen(%)
4226	5407.7200	--染色 --Dyed	8	0	东盟AS,智CL,巴PK,新西兰NZ,新加坡SG,秘PE,哥CR,瑞CH,冰IS,澳AU,格GE,毛MU,柬KH,港HK,澳门MO,台TW	0 受惠国LD,柬KH,老LA,缅MM	130
				5.2	亚太AP		
				5.5	韩KR		
				9	东盟^{R}AS^R,澳^{R}AU^R,日^{R}JP^R,新西兰^{R}NZ^R		
				10	韩^{R}KR^R		
4227	5407.7300	--色织 --Of yarns of different colours	8	0	东盟AS,智CL,巴PK,新西兰NZ,新加坡SG,秘PE,哥CR,瑞CH,冰IS,澳AU,格GE,毛MU,柬KH,港HK,澳门MO	0 受惠国LD	130
				5.5	韩KR		
				9	东盟^{R}AS^R,澳^{R}AU^R,新西兰^{R}NZ^R		
4228	5407.7400	--印花 --Printed	8	0	东盟AS,智CL,巴PK,新西兰NZ,新加坡SG,秘PE,哥CR,瑞CH,冰IS,韩KR,澳AU,格GE,毛MU,东盟^{R}AS^R,澳^{R}AU^R,新西兰^{R}NZ^R,柬KH,港HK,澳门MO,韩^{R}KR^R	0 受惠国LD	130
				5.2	亚太AP		
				8.2	日^{R}JP^R		
		-其他机织物,按重量计其他合成纤维长丝含量在85%以下,主要或仅与棉混纺: -Other woven fabrics, containing less than 85% by weight of synthetic filaments, mixed mainly or solely with cotton:					
4229	5407.8100	--未漂白或漂白 --Unbleached or bleached	8	0	东盟AS,智CL,巴PK,新西兰NZ,新加坡SG,秘PE,哥CR,瑞CH,冰IS,韩KR,澳AU,格GE,毛MU,东盟^{R}AS^R,澳^{R}AU^R,新西兰^{R}NZ^R,柬KH,港HK,澳门MO,韩^{R}KR^R	0 受惠国LD	130
				8.2	日^{R}JP^R		
4230	5407.8200	--染色 --Dyed	8	0	东盟AS,智CL,巴PK,新西兰NZ,新加坡SG,秘PE,哥CR,瑞CH,冰IS,澳AU,格GE,毛MU,柬KH,港HK,澳门MO,台TW	0 受惠国LD	130
				5.5	韩KR		
				9	东盟^{R}AS^R,澳^{R}AU^R,日^{R}JP^R,新西兰^{R}NZ^R		

序号 No.	税则号列 Tariff Line	货品名称 Article Description	最惠国税率 MFN(%)	协定税率 Agreement(%)		特惠税率 SP(%)	普通税率 Gen(%)
4231	5407.8300	--色织 --Of yarns of different colours	8	0	东盟AS,智CL,巴PK,新西兰NZ,新加坡SG,秘PE,哥CR,瑞CH,冰IS,韩KR,澳AU,格GE,毛MU,东盟^{R}AS^R,澳^{R}AU^R,新西兰^{R}NZ^R,柬KH,港HK,澳门MO,台TW,韩^{R}KR^R	0 受惠国LD	130
				8.2	日^{R}JP^R		
4232	5407.8400	--印花 --Printed	8	0	东盟AS,智CL,巴PK,新西兰NZ,新加坡SG,秘PE,哥CR,瑞CH,冰IS,韩KR,澳AU,格GE,毛MU,东盟^{R}AS^R,澳^{R}AU^R,新西兰^{R}NZ^R,柬KH,港HK,澳门MO,韩^{R}KR^R	0 受惠国LD	130
				8.2	日^{R}JP^R		
		-其他机织物: -Other woven fabrics:					
4233	5407.9100	--未漂白或漂白 --Unbleached or bleached	8	0	东盟AS,智CL,巴PK,新西兰NZ,新加坡SG,秘PE,哥CR,瑞CH,冰IS,澳AU,格GE,毛MU,柬KH,港HK,澳门MO	0 受惠国LD	130
				5.5	韩KR		
				9	东盟^{R}AS^R,澳^{R}AU^R,新西兰^{R}NZ^R		
4234	5407.9200	--染色 --Dyed	8	0	东盟AS,智CL,巴PK,新西兰NZ,新加坡SG,秘PE,哥CR,瑞CH,冰IS,澳AU,格GE,毛MU,柬KH,港HK,澳门MO,台TW	0 受惠国LD,柬KH,老LA,缅MM	130
				5.5	韩KR		
				9	东盟^{R}AS^R,澳^{R}AU^R,新西兰^{R}NZ^R		
4235	5407.9300	--色织 --Of yarns of different colours	8	0	东盟AS,智CL,巴PK,新西兰NZ,新加坡SG,秘PE,哥CR,瑞CH,冰IS,韩KR,澳AU,格GE,毛MU,东盟^{R}AS^R,澳^{R}AU^R,新西兰^{R}NZ^R,柬KH,港HK,澳门MO,台TW,韩^{R}KR^R	0 受惠国LD	130
				8.2	日^{R}JP^R		
4236	5407.9400	--印花 --Printed	8	0	东盟AS,智CL,巴PK,新西兰NZ,新加坡SG,秘PE,哥CR,瑞CH,冰IS,韩KR,澳AU,格GE,毛MU,东盟^{R}AS^R,澳^{R}AU^R,新西兰^{R}NZ^R,柬KH,港HK,澳门MO,韩^{R}KR^R	0 受惠国LD	130
				8.2	日^{R}JP^R		
	54.08	人造纤维长丝纱线的机织物,包括税目54.05所列材料的机织物: Woven fabrics of artificial filament yarn, including woven fabrics obtained from materials of heading 54.05:					

序号 No.	税则号列 Tariff Line	货品名称 Article Description	最惠国税率 MFN(%)		协定税率 Agreement(%)	特惠税率 SP(%)	普通税率 Gen(%)
4237	5408.1000	-粘胶纤维高强力纱的机织物 -Woven fabrics obtained from high tenacity yarn of viscose rayon	8	0 8.2	东盟AS,智CL,巴PK,新西兰NZ,新加坡SG,秘PE,哥CR,瑞CH,冰IS,韩KR,澳AU,格GE,毛MU,东盟^RAS^R,澳^RAU^R,新西兰^RNZ^R,柬KH,港HK,澳门MO,韩^RKR^R 日^RJP^R	0 受惠国LD	130
		-其他机织物,按重量计人造纤维长丝、扁条或类似品含量在85%及以上: -Other woven fabrics, containing 85% or more by weight of artificial filament or strip or the like:					
		--未漂白或漂白: --Unbleached or bleached:					
4238	5408.2110	---粘胶纤维制 ---Of yarns of viscose rayon	8	0 9.8	东盟AS,智CL,巴PK,新西兰NZ,新加坡SG,秘PE,哥CR,瑞CH,冰IS,韩KR,澳AU,格GE,毛MU,东盟^RAS^R,澳^RAU^R,新西兰^RNZ^R,柬KH,港HK,澳门MO,韩^RKR^R 日^RJP^R	0 受惠国LD	130
4239	5408.2120	---醋纤纤维制 ---Of yarns of cellulose acetate	8	0 6.6 10.8	东盟AS,智CL,巴PK,新西兰NZ,新加坡SG,秘PE,哥CR,瑞CH,冰IS,澳AU,格GE,柬KH,港HK,澳门MO 韩KR 东盟^RAS^R,澳^RAU^R,新西兰^RNZ^R	0 受惠国LD	130
4240	5408.2190	---其他 ---Other	8	0 9.8	东盟AS,智CL,巴PK,新西兰NZ,新加坡SG,秘PE,哥CR,瑞CH,冰IS,韩KR,澳AU,格GE,毛MU,东盟^RAS^R,澳^RAU^R,新西兰^RNZ^R,柬KH,港HK,澳门MO,韩^RKR^R 日^RJP^R	0 受惠国LD	130
		--染色: --Dyed:					
4241	5408.2210	---粘胶纤维制 ---Of yarns of viscose rayon	8	0 8.2	东盟AS,智CL,巴PK,新西兰NZ,新加坡SG,秘PE,哥CR,瑞CH,冰IS,韩KR,澳AU,格GE,毛MU,东盟^RAS^R,澳^RAU^R,新西兰^RNZ^R,柬KH,港HK,澳门MO,韩^RKR^R 日^RJP^R	0 受惠国LD	130
4242	5408.2220	---醋纤纤维制 ---Of yarns of cellulose acetate	8	0 8.2	东盟AS,智CL,巴PK,新西兰NZ,新加坡SG,秘PE,哥CR,瑞CH,冰IS,韩KR,澳AU,格GE,毛MU,东盟^RAS^R,澳^RAU^R,新西兰^RNZ^R,柬KH,港HK,澳门MO,台TW,韩^RKR^R 日^RJP^R	0 受惠国LD	130

序号 No.	税则号列 Tariff Line	货品名称 Article Description	最惠国税率 MFN(%)	协定税率 Agreement(%)		特惠税率 SP(%)	普通税率 Gen(%)
4243	5408.2290	---其他 ---Other	8	0	东盟AS,智CL,巴PK,新西兰NZ,新加坡SG,秘PE,哥CR,瑞CH,冰IS,韩KR,澳AU,格GE,毛MU,柬KH,港HK,澳门MO,台TW	0 受惠国LD	130
				8	东盟^RAS^R,澳^RAU^R,新西兰^RNZ^R,韩^RKR^R		
				8.2	日^RJP^R		
		--色织: --Of yarns of different colours:					
4244	5408.2310	---粘胶纤维制 ---Of yarns of viscose rayon	8	0	东盟AS,智CL,巴PK,新西兰NZ,新加坡SG,秘PE,哥CR,瑞CH,冰IS,韩KR,澳AU,格GE,毛MU,东盟^RAS^R,澳^RAU^R,新西兰^RNZ^R,柬KH,港HK,澳门MO,韩^RKR^R	0 受惠国LD	130
				8.2	日^RJP^R		
4245	5408.2320	---醋纤纤维制 ---Of yarns of cellulose acetate	8	0	东盟AS,智CL,巴PK,新西兰NZ,新加坡SG,秘PE,哥CR,瑞CH,冰IS,韩KR,澳AU,格GE,毛MU,东盟^RAS^R,澳^RAU^R,新西兰^RNZ^R,柬KH,港HK,澳门MO,韩^RKR^R	0 受惠国LD	130
				8.2	日^RJP^R		
4246	5408.2390	---其他 ---Other	8	0	东盟AS,智CL,巴PK,新西兰NZ,新加坡SG,秘PE,哥CR,瑞CH,冰IS,韩KR,澳AU,格GE,毛MU,东盟^RAS^R,澳^RAU^R,新西兰^RNZ^R,柬KH,港HK,澳门MO,台TW,韩^RKR^R	0 受惠国LD	130
				8.2	日^RJP^R		
		--印花: --Printed:					
4247	5408.2410	---粘胶纤维制 ---Of yarns of viscose rayon	8	0	东盟AS,智CL,巴PK,新西兰NZ,新加坡SG,秘PE,哥CR,瑞CH,冰IS,韩KR,澳AU,格GE,毛MU,东盟^RAS^R,澳^RAU^R,新西兰^RNZ^R,柬KH,港HK,澳门MO,韩^RKR^R	0 受惠国LD	130
				8.2	日^RJP^R		
4248	5408.2420	---醋纤纤维制 ---Of yarns of cellulose acetate	8	0	东盟AS,智CL,巴PK,新西兰NZ,新加坡SG,秘PE,哥CR,瑞CH,冰IS,韩KR,澳AU,格GE,毛MU,东盟^RAS^R,澳^RAU^R,新西兰^RNZ^R,柬KH,港HK,澳门MO,韩^RKR^R	0 受惠国LD	130
				8.2	日^RJP^R		
4249	5408.2490	---其他 ---Other	8	0	东盟AS,智CL,巴PK,新西兰NZ,新加坡SG,秘PE,哥CR,瑞CH,冰IS,韩KR,澳AU,格GE,毛MU,东盟^RAS^R,澳^RAU^R,新西兰^RNZ^R,柬KH,港HK,澳门MO,韩^RKR^R	0 受惠国LD	130
				8.2	日^RJP^R		

序号 No.	税则号列 Tariff Line	货品名称 Article Description	最惠国税率 MFN(%)	协定税率 Agreement(%)		特惠税率 SP(%)	普通税率 Gen(%)
		-其他机织物: -Other woven fabrics:					
4250	5408.3100	--未漂白或漂白 --Unbleached or bleached	8	0	东盟AS,智CL,巴PK,新西兰NZ,新加坡SG,秘PE,哥CR,瑞CH,冰IS,韩KR,澳AU,格GE,毛MU,东盟^RAS^R,澳^RAU^R,新西兰^RNZ^R,柬KH,港HK,澳门MO,韩^RKR^R	0　受惠国LD	130
				8.2	日^RJP^R		
4251	5408.3200	--染色 --Dyed	8	0	东盟AS,智CL,巴PK,新西兰NZ,新加坡SG,秘PE,哥CR,瑞CH,冰IS,澳AU,格GE,毛MU,柬KH,港HK,澳门MO,台TW	0　受惠国LD	130
				4	韩KR		
				5.2	亚太AP		
				8.7	东盟^RAS^R,韩^RKR^R		
				8.8	日^RJP^R		
				9	澳^RAU^R,新西兰^RNZ^R		
4252	5408.3300	--色织 --Of yarns of different colours	8	0	东盟AS,智CL,巴PK,新西兰NZ,新加坡SG,秘PE,哥CR,瑞CH,冰IS,韩KR,澳AU,格GE,毛MU,东盟^RAS^R,澳^RAU^R,新西兰^RNZ^R,柬KH,港HK,澳门MO,韩^RKR^R	0　受惠国LD	130
				8.2	日^RJP^R		
4253	5408.3400	--印花 --Printed	8	0	东盟AS,智CL,巴PK,新西兰NZ,新加坡SG,秘PE,哥CR,瑞CH,冰IS,韩KR,澳AU,格GE,毛MU,东盟^RAS^R,澳^RAU^R,新西兰^RNZ^R,柬KH,港HK,澳门MO,韩^RKR^R	0　受惠国LD	130
				8.2	日^RJP^R		

注释:

税目55.01和55.02仅适用于每根与丝束长度相等的平行化学纤维长丝丝束。前述丝束应同时符合下列规格:

一、丝束长度超过2米;

二、捻度每米少于5转;

三、每根长丝细度在67分特以下;

四、合成纤维长丝丝束,须经拉伸处理,即本身不能被拉伸至超过本身长度的一倍;

五、丝束总细度大于20000分特。
丝束长度不超过2米的归入税目55.03或55.04。

Notes:

Headings 55.01 and 55.02 apply only to man-made filament tow, consisting of parallel filaments of a uniform length equal to the length of the tow, meeting the following specifications:
1. Length of tow exceeding 2m;
2. Twist less than 5 turns per metre;
3. Measuring per filament less than 67 decitex;
4. Synthetic filament tow only: the tow must be drawn, that is to say, be incapable of being stretched by more than 100% of its length;
5. Total measurement of tow more than 20000 decitex.
Tow of a length not exceeding 2m is to be classified in heading 55.03 or 55.04.

序号 No.	税则号列 Tariff Line	货品名称 Article Description	最惠国税率 MFN(%)	协定税率 Agreement(%)		特惠税率 SP(%)	普通税率 Gen(%)
	55.01	合成纤维长丝丝束: **Synthetic filament tow:**					
		-尼龙或其他聚酰胺制: -Of nylon or other polyamides:					
4254	5501.1100	--芳香族聚酰胺制 --Of aramids	5	0	东盟AS,智CL,巴PK,新西兰NZ,秘PE,哥CR,瑞CH,冰IS,韩KR,澳AU,格GE,毛MU,东盟^RAS^R,澳^RAU^R,日^RJP^R,新西兰^RNZ^R,柬KH,港HK,澳门MO,韩^RKR^R	0 受惠国LD	70
4255	5501.1900	--其他 --Other	5	0	东盟AS,智CL,巴PK,新西兰NZ,秘PE,哥CR,瑞CH,冰IS,韩KR,澳AU,格GE,毛MU,东盟^RAS^R,澳^RAU^R,日^RJP^R,新西兰^RNZ^R,柬KH,港HK,澳门MO,韩^RKR^R	0 受惠国LD	70
4256	5501.2000	-聚酯制 -Of polyesters	5	0 0.5	智CL,巴PK,新西兰NZ,秘PE,哥CR,瑞CH,冰IS,澳AU,格GE,毛MU,柬KH,港HK,澳门MO 韩KR	0 受惠国LD	70
4257	5501.3000	-聚丙烯腈或变性聚丙烯腈制 -Acrylic or modacrylic	5	0 2 3.3 4.8	智CL,巴PK,新西兰NZ,哥CR,瑞CH,冰IS,澳AU,格GE,毛MU,柬KH,港HK,澳门MO 韩KR 亚太AP 东盟^RAS^R,澳^RAU^R,新西兰^RNZ^R	0 受惠国LD	35
4258	5501.4000	-聚丙烯制 -Of polypropylene	5	0	东盟AS,智CL,巴PK,新西兰NZ,秘PE,哥CR,瑞CH,冰IS,韩KR,澳AU,格GE,毛MU,东盟^RAS^R,澳^RAU^R,日^RJP^R,新西兰^RNZ^R,柬KH,港HK,澳门MO,韩^RKR^R	0 受惠国LD	70

序号 No.	税则号列 Tariff Line	货品名称 Article Description	最惠国税率 MFN(%)	协定税率 Agreement(%)		特惠税率 SP(%)	普通税率 Gen(%)
4259	5501.9000	-其他 -Other	5	0	东盟AS,智CL,巴PK,新西兰NZ, 秘PE,哥CR,瑞CH,冰IS,澳AU,格 GE,毛MU,东盟^{R}AS^R,澳^{R}AU^R,新 西兰^{R}NZ^R,柬KH,港HK,澳门MO	0 受惠国LD	70
				0.5	韩KR		
				4	韩^{R}KR^R		
				4.1	日^{R}JP^R		
55.02		人造纤维长丝丝束: **Artificial filament tow:**					
		-醋酸纤维丝束: -Of cellulose acetate:					
4260	5502.1010	---二醋酸纤维丝束 ---Of cellulose diacetate filament tow	3	0	东盟AS,智CL,巴PK,新西兰NZ, 秘PE,哥CR,瑞CH,冰IS,韩KR, 澳AU,格GE,毛MU,东盟^{R}AS^R,澳 ^{R}AU^R,新西兰^{R}NZ^R,柬KH,港HK, 澳门MO,韩^{R}KR^R	0 受惠国LD	40
				2	亚太AP		
				2.5	日^{R}JP^R		
4261	5502.1090	---其他 ---Other	5	0	东盟AS,智CL,巴PK,新西兰NZ, 秘PE,哥CR,瑞CH,冰IS,澳AU,格 GE,毛MU,柬KH,港HK,澳门MO	0 受惠国LD	35
				2	韩KR		
				3.3	亚太AP		
				4	东盟^{R}AS^R,澳^{R}AU^R,新西兰^{R}NZ^R, 韩^{R}KR^R		
				4.4	日^{R}JP^R		
4262	5502.9000	-其他 -Other	5	0	东盟AS,智CL,巴PK,新西兰NZ, 秘PE,哥CR,瑞CH,冰IS,澳AU,格 GE,毛MU,柬KH,港HK,澳门MO	0 受惠国LD	35
				2	韩KR		
				3.3	亚太AP		
				4	东盟^{R}AS^R,澳^{R}AU^R,新西兰^{R}NZ^R, 韩^{R}KR^R		
				4.4	日^{R}JP^R		
55.03		合成纤维短纤,未梳或未经其他纺前 加工: **Synthetic staple fibres, not carded, combed or otherwise processed for spinning:**					
		-尼龙或其他聚酰胺制: -Of nylon or other polyamides:					
		--芳族聚酰胺纺制: --Of aramids:					
4263	5503.1110	---聚间苯二甲酰间苯二胺纺制 ---Of polyisophthaloyl metaphenylene diamine	5	0	东盟AS,智CL,巴PK,新西兰NZ, 秘PE,哥CR,瑞CH,冰IS,澳AU,格 GE,毛MU,柬KH,港HK,澳门MO	0 受惠国LD	70
				4.8	东盟^{R}AS^R,澳^{R}AU^R,新西兰^{R}NZ^R		

序号 No.	税则号列 Tariff Line	货品名称 Article Description	最惠国税率 MFN(%)	协定税率 Agreement(%)		特惠税率 SP(%)		普通税率 Gen(%)
4264	5503.1120	---聚对苯二甲酰对苯二胺纺制 ---Of poly-p-phenylene terephthamide	5	0	东盟AS,智CL,巴PK,新西兰NZ, 秘PE,哥CR,瑞CH,冰IS,澳AU,格 GE,毛MU,柬KH,港HK,澳门MO	0	受惠国LD	70
				4.8	东盟^RAS^R,澳^RAU^R,新西兰^RNZ^R			
4265	5503.1190	---其他 ---Other	5	0	东盟AS,智CL,巴PK,新西兰NZ, 秘PE,哥CR,瑞CH,冰IS,澳AU,格 GE,毛MU,柬KH,港HK,澳门MO	0	受惠国LD	70
				4.8	东盟^RAS^R,澳^RAU^R,新西兰^RNZ^R			
4266	5503.1900	--其他 --Other	5	0	东盟AS,智CL,巴PK,新西兰NZ, 秘PE,哥CR,瑞CH,冰IS,澳AU,格 GE,毛MU,东盟^RAS^R,澳^RAU^R,新 西兰^RNZ^R,柬KH,港HK,澳门MO	0	受惠国LD	70
				0.5	韩KR			
				4	韩^RKR^R			
				4.1	日^RJP^R			
4267	5503.2000	-聚酯制 -Of polyesters	5	0	智CL,巴PK,新西兰NZ,秘PE,哥 CR,瑞CH,冰IS,澳AU,格GE,毛 MU,柬KH,港HK,澳门MO	0	受惠国LD	70
				2	韩KR			
				3.3	亚太AP			
				4.8	东盟^RAS^R,澳^RAU^R,新西兰^RNZ^R			
4268	5503.3000	-聚丙烯腈或变性聚丙烯腈制 -Acrylic or modacrylic	5	0	智CL,巴PK,新西兰NZ,秘PE,哥 CR,瑞CH,冰IS,澳AU,格GE,毛 MU,柬KH,港HK,澳门MO	0	受惠国LD	35
				0.5	韩KR			
				3.3	亚太AP			
4269	5503.4000	-聚丙烯制 -Of polypropylene	5	0	东盟AS,智CL,巴PK,新西兰NZ, 秘PE,哥CR,瑞CH,冰IS,澳AU,格 GE,毛MU,东盟^RAS^R,澳^RAU^R,新 西兰^RNZ^R,柬KH,港HK,澳门MO	0	受惠国LD	70
				0.5	韩KR			
				4	韩^RKR^R			
				4.1	日^RJP^R			
		-其他: -Other:						
4270	5503.9010	---聚苯硫醚制 ---Of polyphenylene sulfide	5	0	东盟AS,智CL,巴PK,新西兰NZ, 秘PE,哥CR,瑞CH,冰IS,澳AU, 格GE,毛MU,柬KH,港HK,澳门 MO,台TW	0	受惠国LD	70
				0.5	韩KR			
				4	东盟^RAS^R,澳^RAU^R,新西兰^RNZ^R, 韩^RKR^R			
				4.1	日^RJP^R			

序号 No.	税则号列 Tariff Line	货品名称 Article Description	最惠国税率 MFN(%)	协定税率 Agreement(%)		特惠税率 SP(%)	普通税率 Gen(%)
4271	5503.9090	---其他 ---Other	5	0	东盟AS,智CL,巴PK,新西兰NZ,秘PE,哥CR,瑞CH,冰IS,韩KR,澳AU,格GE,毛MU,东盟^{R}AS^R,日^{R}JP^R,柬KH,港HK,澳门MO,台TW,韩^{R}KR^R	0 受惠国LD	70
				4	澳^{R}AU^R,新西兰^{R}NZ^R		
	55.04	**人造纤维短纤, 未梳或未经其他纺前加工:** **Artificial staple fibres, not carded, combed or otherwise processed for spinning:** -粘胶纤维制: -Of viscose rayon:					
4272	5504.1010	---竹制 ---Of bamboo	5	0	东盟AS,智CL,巴PK,新西兰NZ,秘PE,哥CR,瑞CH,冰IS,韩KR,澳AU,格GE,毛MU,东盟^{R}AS^R,澳^{R}AU^R,日^{R}JP^R,新西兰^{R}NZ^R,柬KH,港HK,澳门MO,韩^{R}KR^R	0 受惠国LD	35
				4.5	亚太AP		
		---木制: ---Of wood:					
4273	5504.1021	----阻燃的 ----Flame retardant	5	0	东盟AS,智CL,巴PK,新西兰NZ,秘PE,哥CR,瑞CH,冰IS,澳AU,格GE,毛MU,东盟^{R}AS^R,澳^{R}AU^R,新西兰^{R}NZ^R,柬KH,港HK,澳门MO	0 受惠国LD	35
				0.5	韩KR		
				4	亚太AP,韩^{R}KR^R		
				4.1	日^{R}JP^R		
4274	5504.1029	----其他 ----Other	5	0	东盟AS,智CL,巴PK,新西兰NZ,秘PE,哥CR,瑞CH,冰IS,澳AU,格GE,毛MU,柬KH,港HK,澳门MO	0 受惠国LD	35
				0.5	韩KR		
				4	东盟^{R}AS^R,澳^{R}AU^R,新西兰^{R}NZ^R,韩^{R}KR^R		
				4.1	日^{R}JP^R		
4275	5504.1090	---其他 ---Other	5	0	东盟AS,智CL,巴PK,新西兰NZ,秘PE,哥CR,瑞CH,冰IS,澳AU,格GE,毛MU,东盟^{R}AS^R,澳^{R}AU^R,新西兰^{R}NZ^R,柬KH,港HK,澳门MO	0 受惠国LD	35
				0.5	韩KR		
				4	韩^{R}KR^R		
				4.1	日^{R}JP^R		
4276	5504.9000	-其他 -Other	5	0	东盟AS,智CL,巴PK,新西兰NZ,秘PE,哥CR,瑞CH,冰IS,韩KR,澳AU,格GE,毛MU,东盟^{R}AS^R,澳^{R}AU^R,日^{R}JP^R,新西兰^{R}NZ^R,柬KH,港HK,澳门MO,台TW,韩^{R}KR^R	0 受惠国LD	35

序号 No.	税则号列 Tariff Line	货品名称 Article Description	最惠国税率 MFN(%)	协定税率 Agreement(%)		特惠税率 SP(%)		普通税率 Gen(%)
	55.05	化学纤维废料（包括落绵、废纱及回收纤维）： Waste (including noils, yarn waste and garnetted stock) of man-made fibres:						
4277	5505.1000	-合成纤维的 -Of synthetic fibres	5	0	东盟AS,智CL,巴PK,新西兰NZ,秘PE,哥CR,瑞CH,冰IS,澳AU,格GE,毛MU,柬KH,港HK,澳门MO	0	受惠国LD	70
				0.5	韩KR			
				4	东盟^RAS^R,澳^RAU^R,新西兰^RNZ^R,韩^RKR^R			
				4.1	日^RJP^R			
4278	5505.2000	-人造纤维的 -Of artificial fibres	5	0	东盟AS,智CL,巴PK,新西兰NZ,秘PE,哥CR,瑞CH,冰IS,澳AU,格GE,毛MU,东盟^RAS^R,澳^RAU^R,新西兰^RNZ^R,柬KH,港HK,澳门MO	0	受惠国LD	70
				0.5	韩KR			
				3.5	亚太AP			
				4	韩^RKR^R			
				4.1	日^RJP^R			
	55.06	合成纤维短纤,已梳或经其他纺前加工： Synthetic staple fibres, carded, combed or otherwise processed for spinning:						
		-尼龙或其他聚酰胺制： -Of nylon or other polyamides:						
		---芳族聚酰胺纺制： ---Of aramids:						
4279	5506.1011	----聚间苯二甲酰间苯二胺纺制 ----Of polyisophthaloyl metaphenylene diamine	5	0	东盟AS,智CL,巴PK,新西兰NZ,秘PE,哥CR,瑞CH,冰IS,澳AU,格GE,毛MU,柬KH,港HK,澳门MO	0	受惠国LD	70
				4.8	东盟^RAS^R,澳^RAU^R,新西兰^RNZ^R			
4280	5506.1012	----聚对苯二甲酰对苯二胺纺制 ----Of polyisophthaloyl paraphenylene diamine	5	0	东盟AS,智CL,巴PK,新西兰NZ,秘PE,哥CR,瑞CH,冰IS,澳AU,格GE,毛MU,柬KH,港HK,澳门MO	0	受惠国LD	70
				4.8	东盟^RAS^R,澳^RAU^R,新西兰^RNZ^R			
4281	5506.1019	----其他 ----Other	5	0	东盟AS,智CL,巴PK,新西兰NZ,秘PE,哥CR,瑞CH,冰IS,澳AU,格GE,毛MU,柬KH,港HK,澳门MO	0	受惠国LD	70
				2	韩KR			
				4.8	东盟^RAS^R,澳^RAU^R,新西兰^RNZ^R			
4282	5506.1090	---其他 ---Other	5	0	东盟AS,智CL,巴PK,新西兰NZ,秘PE,哥CR,瑞CH,冰IS,韩KR,澳AU,格GE,毛MU,东盟^RAS^R,澳^RAU^R,日^RJP^R,新西兰^RNZ^R,柬KH,港HK,澳门MO,韩^RKR^R	0	受惠国LD	70

序号 No.	税则号列 Tariff Line	货品名称 Article Description	最惠国税率 MFN(%)		协定税率 Agreement(%)	特惠税率 SP(%)	普通税率 Gen(%)
4283	5506.2000	-聚酯制 -Of polyesters	5	0	智CL,新西兰NZ,秘PE,哥CR,瑞CH,冰IS,澳AU,格GE,毛MU,柬KH,港HK,澳门MO	0 受惠国LD	70
				0.5	韩KR		
				3.3	亚太AP		
				4.5	巴PK		
4284	5506.3000	-聚丙烯腈或变性聚丙烯腈制 -Acrylic or modacrylic	5	0	智CL,新西兰NZ,秘PE,哥CR,瑞CH,冰IS,澳AU,格GE,毛MU,柬KH,港HK,澳门MO	0 受惠国LD	35
				0.5	韩KR		
				3.3	亚太AP		
				4.5	巴PK		
4285	5506.4000	-聚丙烯制 -Of polypropylence	5	0	东盟AS,智CL,巴PK,新西兰NZ,秘PE,哥CR,瑞CH,冰IS,澳AU,格GE,毛MU,柬KH,港HK,澳门MO	0 受惠国LD	70
				2	韩KR		
				4	东盟^{R}AS^R,澳^{R}AU^R,新西兰^{R}NZ^R,韩^{R}KR^R		
				4.4	日^{R}JP^R		
		-其他: -Other:					
4286	5506.9010	---聚苯硫醚制 ---Of polyphenylene sulfide	5	0	东盟AS,智CL,巴PK,新西兰NZ,秘PE,哥CR,瑞CH,冰IS,澳AU,格GE,毛MU,柬KH,港HK,澳门MO	0 受惠国LD	70
				2	韩KR		
				4.5	东盟^{R}AS^R,澳^{R}AU^R,新西兰^{R}NZ^R,韩^{R}KR^R		
4287	5506.9090	---其他 ---Other	5	0	东盟AS,智CL,巴PK,新西兰NZ,秘PE,哥CR,瑞CH,冰IS,澳AU,格GE,毛MU,柬KH,港HK,澳门MO	0 受惠国LD	70
				2	韩KR		
				4	东盟^{R}AS^R,澳^{R}AU^R,新西兰^{R}NZ^R,韩^{R}KR^R		
				4.4	日^{R}JP^R		
	55.07	人造纤维短纤,已梳或经其他纺前加工: **Artificial staple fibres, carded, combed or otherwise processed for spinning:**					
4288	5507.0000	人造纤维短纤,已梳或经其他纺前加工 Artificial staple fibres, carded, combed or otherwise processed for spinning	5	0	东盟AS,智CL,巴PK,新西兰NZ,秘PE,哥CR,瑞CH,冰IS,韩KR,澳AU,格GE,毛MU,东盟^{R}AS^R,澳^{R}AU^R,日^{R}JP^R,新西兰^{R}NZ^R,柬KH,港HK,澳门MO,韩^{R}KR^R	0 受惠国LD	35

序号 No.	税则号列 Tariff Line	货品名称 Article Description	最惠国税率 MFN(%)	协定税率 Agreement(%)		特惠税率 SP(%)	普通税率 Gen(%)
	55.08	化学纤维短纤纺制的缝纫线, 不论是否供零售用: Sewing thread of man-made staple fibres, whether or not put up for retail sale:					
4289	5508.1000	-合成纤维短纤纺制 -Of synthetic staple fibres	5	0	东盟AS,智CL,巴PK,新西兰NZ,秘PE,哥CR,瑞CH,冰IS,韩KR,澳AU,格GE,毛MU,东盟^RAS^R,澳^RAU^R,日^RJP^R,新西兰^RNZ^R,柬KH,港HK,澳门MO,韩^RKR^R 3.3 亚太AP	0 受惠国LD	90
4290	5508.2000	-人造纤维短纤纺制 -Of artificial staple fibres	5	0	东盟AS,智CL,巴PK,新西兰NZ,秘PE,哥CR,瑞CH,冰IS,韩KR,澳AU,格GE,毛MU,东盟^RAS^R,澳^RAU^R,日^RJP^R,新西兰^RNZ^R,柬KH,港HK,澳门MO,韩^RKR^R	0 受惠国LD	70
	55.09	合成纤维短纤纺制的纱线 (缝纫线除外), 非供零售用: Yarn (other than sewing thread) of synthetic staple fibres, not put up for retail sale: -按重量计尼龙或其他聚酰胺短纤含量在85%及以上: -Containing 85% or more by weight of staple fibres of nylon or other polyamides:					
4291	5509.1100	--单纱 --Single yarn	5	0	东盟AS,智CL,巴PK,新西兰NZ,秘PE,哥CR,瑞CH,冰IS,韩KR,澳AU,格GE,毛MU,东盟^RAS^R,澳^RAU^R,日^RJP^R,新西兰^RNZ^R,柬KH,港HK,澳门MO,韩^RKR^R	0 受惠国LD	90
4292	5509.1200	--多股纱线或缆线 --Multiple(folded)or cabled yarn	5	0	东盟AS,智CL,巴PK,新西兰NZ,秘PE,哥CR,瑞CH,冰IS,韩KR,澳AU,格GE,毛MU,东盟^RAS^R,澳^RAU^R,日^RJP^R,新西兰^RNZ^R,柬KH,港HK,澳门MO,韩^RKR^R	0 受惠国LD	90
		-按重量计聚酯短纤含量在85%及以上: -Containing 85% or more by weight of polyester staple fibres:					
4293	5509.2100	--单纱 --Single yarn	5	0	东盟AS,智CL,巴PK,新西兰NZ,秘PE,哥CR,瑞CH,冰IS,韩KR,澳AU,格GE,毛MU,东盟^RAS^R,澳^RAU^R,日^RJP^R,新西兰^RNZ^R,柬KH,港HK,澳门MO,韩^RKR^R	0 受惠国LD	90

序号 No.	税则号列 Tariff Line	货品名称 Article Description	最惠国税率 MFN(%)	协定税率 Agreement(%)		特惠税率 SP(%)	普通税率 Gen(%)
4294	5509.2200	--多股纱线或缆线 --Multiple (folded) or cabled yarn	5	0	东盟AS,智CL,巴PK,新西兰NZ, 秘PE,哥CR,瑞CH,冰IS,韩KR, 澳AU,格GE,毛MU,东盟^{R}AS^R, 澳^{R}AU^R,日^{R}JP^R,新西兰^{R}NZ^R,柬 KH,港HK,澳门MO,韩^{R}KR^R	0 受惠国LD	90
		-按重量计聚丙烯腈或变性聚丙烯腈短 纤含量在85%及以上: -Containing 85% or more by weight of acrylic or modacrylic staple fibres:					
4295	5509.3100	--单纱 --Single yarn	5	0	东盟AS,智CL,巴PK,新西兰NZ, 秘PE,哥CR,瑞CH,冰IS,韩KR, 澳AU,格GE,毛MU,东盟^{R}AS^R, 澳^{R}AU^R,日^{R}JP^R,新西兰^{R}NZ^R,柬 KH,港HK,澳门MO,韩^{R}KR^R	0 受惠国LD	90
4296	5509.3200	--多股纱线或缆线 --Multiple (folded) or cabled yarn	5	0	东盟AS,智CL,巴PK,新西兰NZ, 秘PE,哥CR,瑞CH,冰IS,韩KR, 澳AU,格GE,毛MU,东盟^{R}AS^R, 澳^{R}AU^R,日^{R}JP^R,新西兰^{R}NZ^R,柬 KH,港HK,澳门MO,台TW,韩 ^{R}KR^R	0 受惠国LD	90
				3.3	亚太AP		
		-其他纱线,按重量计合成纤维短纤含 量在85%及以上: -Other yarn, containing 85% or more by weight of synthetic staple fibres:					
4297	5509.4100	--单纱 --Single yarn	5	0	东盟AS,智CL,巴PK,新西兰NZ, 秘PE,哥CR,瑞CH,冰IS,韩KR, 澳AU,格GE,毛MU,东盟^{R}AS^R, 澳^{R}AU^R,日^{R}JP^R,新西兰^{R}NZ^R,柬 KH,港HK,澳门MO,韩^{R}KR^R	0 受惠国LD	90
4298	5509.4200	--多股纱线或缆线 --Multiple (folded) or cabled yarn	5	0	东盟AS,智CL,巴PK,新西兰NZ, 秘PE,哥CR,瑞CH,冰IS,澳AU,格 GE,毛MU,东盟^{R}AS^R,澳^{R}AU^R,新 西兰^{R}NZ^R,柬KH,港HK,澳门MO	0 受惠国LD	90
				0.5	韩KR		
				4	韩^{R}KR^R		
				4.1	日^{R}JP^R		
		-其他聚酯短纤纺制的纱线: -Other yarn, of polyester staple fibres:					
4299	5509.5100	--主要或仅与人造纤维短纤混纺 --Mixed mainly or solely with artificial staple fibres	5	0	东盟AS,智CL,巴PK,新西兰NZ, 秘PE,哥CR,瑞CH,冰IS,澳AU,格 GE,毛MU,东盟^{R}AS^R,澳^{R}AU^R,新 西兰^{R}NZ^R,柬KH,港HK,澳门MO	0 受惠国LD	90
				0.5	韩KR		
				4	韩^{R}KR^R		
				4.1	日^{R}JP^R		

序号 No.	税则号列 Tariff Line	货品名称 Article Description	最惠国税率 MFN(%)	协定税率 Agreement(%)		特惠税率 SP(%)		普通税率 Gen(%)
4300	5509.5200	--主要或仅与羊毛或动物细毛混纺 --Mixed mainly or solely with wool or fine animal hair	5	0	东盟AS,智CL,巴PK,新西兰NZ,秘PE,哥CR,瑞CH,冰IS,韩KR,澳AU,格GE,毛MU,东盟^RAS^R,澳^RAU^R,日^RJP^R,新西兰^RNZ^R,柬KH,港HK,澳门MO,韩^RKR^R	0 受惠国LD		90
4301	5509.5300	--主要或仅与棉混纺 --Mixed maninly or solely with cotton	5	0	东盟AS,智CL,巴PK,新西兰NZ,秘PE,哥CR,瑞CH,冰IS,韩KR,澳AU,格GE,毛MU,东盟^RAS^R,日^RJP^R,柬KH,港HK,澳门MO,台TW,韩^RKR^R	0 受惠国LD		90
				3.3	亚太AP			
				4	澳^RAU^R,新西兰^RNZ^R			
4302	5509.5900	--其他 --Other	5	0	东盟AS,智CL,巴PK,新西兰NZ,秘PE,哥CR,瑞CH,冰IS,韩KR,澳AU,格GE,毛MU,东盟^RAS^R,澳^RAU^R,日^RJP^R,新西兰^RNZ^R,柬KH,港HK,澳门MO,韩^RKR^R	0 受惠国LD		90
		-其他聚丙烯腈或变性聚丙烯腈短纤纺制的纱线: -Other yarn, of acrylic or modacrylic staple fibres:						
4303	5509.6100	--主要或仅与羊毛或动物细毛混纺 --Mixed mainly or solely with wool or fine animal hair	5	0	东盟AS,智CL,巴PK,新西兰NZ,秘PE,哥CR,瑞CH,冰IS,韩KR,澳AU,格GE,毛MU,东盟^RAS^R,澳^RAU^R,日^RJP^R,新西兰^RNZ^R,柬KH,港HK,澳门MO,韩^RKR^R	0 受惠国LD		90
4304	5509.6200	--主要或仅与棉混纺 --Mixed mainly or solely with cotton	5	0	东盟AS,智CL,巴PK,新西兰NZ,秘PE,哥CR,瑞CH,冰IS,韩KR,澳AU,格GE,毛MU,东盟^RAS^R,澳^RAU^R,日^RJP^R,新西兰^RNZ^R,柬KH,港HK,澳门MO,韩^RKR^R	0 受惠国LD		90
				3.3	亚太AP			
4305	5509.6900	--其他 --Other	5	0	东盟AS,智CL,巴PK,新西兰NZ,秘PE,哥CR,瑞CH,冰IS,韩KR,澳AU,格GE,毛MU,东盟^RAS^R,澳^RAU^R,日^RJP^R,新西兰^RNZ^R,柬KH,港HK,澳门MO,韩^RKR^R	0 受惠国LD		90
		-其他纱线: -Other yarn:						
4306	5509.9100	--主要或仅与羊毛或动物细毛混纺 --Mixed nainly or solely with wool or fine animal hair	5	0	东盟AS,智CL,巴PK,新西兰NZ,秘PE,哥CR,瑞CH,韩KR,澳AU,格GE,毛MU,东盟^RAS^R,澳^RAU^R,新西兰^RNZ^R,柬KH,港HK,澳门MO,韩^RKR^R	0 受惠国LD		90
				4.1	日^RJP^R			

序号 No.	税则号列 Tariff Line	货品名称 Article Description	最惠国税率 MFN(%)	协定税率 Agreement(%)		特惠税率 SP(%)		普通税率 Gen(%)
4307	5509.9200	--主要或仅与棉混纺 --Mixed mainly or solely with cotton	5	0	东盟AS,智CL,巴PK,新西兰NZ,秘PE,哥CR,瑞CH,冰IS,韩KR,澳AU,格GE,毛MU,东盟^RAS^R,澳^RAU^R,日^RJP^R,新西兰^RNZ^R,柬KH,港HK,澳门MO,台TW,韩^RKR^R	0	受惠国LD	90
4308	5509.9900	--其他 --Other	5	0	东盟AS,智CL,巴PK,新西兰NZ,秘PE,哥CR,瑞CH,冰IS,韩KR,澳AU,格GE,毛MU,东盟^RAS^R,澳^RAU^R,日^RJP^R,新西兰^RNZ^R,柬KH,港HK,澳门MO,韩^RKR^R	0	受惠国LD	90
	55.10	人造纤维短纤纺制的纱线（缝纫线除外），非供零售用： Yarn (other than sewing thread) of artificial staple fibres, not put up for retail sale:						
		-按重量计人造纤维短纤含量在85%及以上： -Containing 85% or more by weight of artificial staple fibres:						
4309	5510.1100	--单纱 --Single yarn	5	0 2 3.3 4 4.4	东盟AS,智CL,巴PK,新西兰NZ,秘PE,哥CR,瑞CH,冰IS,澳AU,格GE,毛MU,柬KH,港HK,澳门MO,台TW 韩KR 亚太AP 东盟^RAS^R,澳^RAU^R,新西兰^RNZ^R,韩^RKR^R 日^RJP^R	0	受惠国LD	70
4310	5510.1200	--多股纱线或缆线 --Multiple (folded) or cabled yarn	5	0 2 4 4.4	东盟AS,智CL,巴PK,新西兰NZ,秘PE,哥CR,瑞CH,冰IS,澳AU,格GE,毛MU,柬KH,港HK,澳门MO,台TW 韩KR 东盟^RAS^R,澳^RAU^R,新西兰^RNZ^R,韩^RKR^R 日^RJP^R	0	受惠国LD	70
4311	5510.2000	-其他纱线，主要或仅与羊毛或动物细毛混纺 -Other yarn, mixed mainly or solely with wool or fine animal hair	5	0	东盟AS,智CL,巴PK,新西兰NZ,秘PE,哥CR,瑞CH,冰IS,韩KR,澳AU,格GE,毛MU,东盟^RAS^R,澳^RAU^R,日^RJP^R,新西兰^RNZ^R,柬KH,港HK,澳门MO,韩^RKR^R	0	受惠国LD	70
4312	5510.3000	-其他纱线，主要或仅与棉混纺 -Other yarn, mixed mainly or solely with cotton	5	0 3.3	东盟AS,智CL,巴PK,新西兰NZ,秘PE,哥CR,瑞CH,冰IS,韩KR,澳AU,格GE,毛MU,东盟^RAS^R,澳^RAU^R,日^RJP^R,新西兰^RNZ^R,柬KH,港HK,澳门MO,台TW,韩^RKR^R 亚太AP	0	受惠国LD	70

序号 No.	税则号列 Tariff Line	货品名称 Article Description	最惠国税率 MFN(%)	协定税率 Agreement(%)		特惠税率 SP(%)		普通税率 Gen(%)
4313	5510.9000	-其他 -Other yarn	5	0	东盟AS,智CL,巴PK,新西兰NZ, 秘PE,哥CR,瑞CH,冰IS,澳AU,格 GE,毛MU,东盟^RAS^R,澳^RAU^R,新 西兰^RNZ^R,柬KH,港HK,澳门MO	0	受惠国LD	70
				0.5	韩KR			
				3.3	亚太AP			
				4	韩^RKR^R			
				4.1	日^RJP^R			
	55.11	**化学纤维短纤纺制的纱线（缝纫线除外），供零售用：** **Yarn (other than sewing thread) of man-made staple fibres, put up for retail sale:**						
4314	5511.1000	-按重量计合成纤维短纤含量在85%及以上 -Of synthetic staple fibres, containing 85% or more by weight of such fibres	5	0	东盟AS,智CL,巴PK,新西兰NZ, 秘PE,哥CR,瑞CH,冰IS,韩KR, 澳AU,格GE,毛MU,东盟^RAS^R, 澳^RAU^R,日^RJP^R,新西兰^RNZ^R,柬 KH,港HK,澳门MO,韩^RKR^R	0	受惠国LD	90
4315	5511.2000	-按重量计合成纤维短纤含量在85%以下 -Of synthetic staple fibres, containing less than 85% by weight of such fibres	5	0	东盟AS,智CL,巴PK,新西兰NZ, 秘PE,哥CR,瑞CH,冰IS,韩KR, 澳AU,格GE,毛MU,东盟^RAS^R, 澳^RAU^R,日^RJP^R,新西兰^RNZ^R,柬 KH,港HK,澳门MO,韩^RKR^R	0	受惠国LD	90
4316	5511.3000	-人造纤维短纤纺制 -Of artificial staple fibres	5	0	东盟AS,智CL,巴PK,新西兰NZ, 秘PE,哥CR,瑞CH,冰IS,韩KR, 澳AU,格GE,毛MU,东盟^RAS^R, 澳^RAU^R,日^RJP^R,新西兰^RNZ^R,柬 KH,港HK,澳门MO,韩^RKR^R	0	受惠国LD	90
	55.12	**合成纤维短纤纺制的机织物，按重量计合成纤维短纤含量在85%及以上：** **Woven fabrics of synthetic staple fibres, containing 85% or more by weight of synthetic staple fibres:**						
		-按重量计聚酯短纤含量在85%及以上： -Containing 85% or more by weight of polyester staple fibres:						
4317	5512.1100	--未漂白或漂白 --Unbleached or bleached	8	0	东盟AS,智CL,巴PK,新西兰NZ, 新加坡SG,秘PE,哥CR,瑞CH,冰 IS,澳AU,格GE,毛MU,东盟^RAS^R, 澳^RAU^R,新西兰^RNZ^R,柬KH,港 HK,澳门MO,台TW	0	受惠国LD	130
				1.5	韩KR			
				5.2	亚太AP			
				12	韩^RKR^R			
				12.3	日^RJP^R			

序号 No.	税则号列 Tariff Line	货品名称 Article Description	最惠国税率 MFN(%)	协定税率 Agreement(%)		特惠税率 SP(%)		普通税率 Gen(%)
4318	5512.1900	--其他 --Other	8	0	东盟AS,智CL,巴PK,新西兰NZ, 新加坡SG,秘PE,哥CR,瑞CH,冰 IS,澳AU,格GE,毛MU,柬KH,港 HK,澳门MO,台TW	0 受惠国LD	130
				5.5	韩KR		
				9	东盟^RAS^R,澳^RAU^R,日^RJP^R,新西 兰^RNZ^R,韩^RKR^R		
		-按重量计聚丙烯腈或变性聚丙烯腈短 纤含量在85%及以上: -Containing 85% or more by weight of acrylic or modacrylic staple fibres:					
4319	5512.2100	--未漂白或漂白 --Unbleached or bleached	8	0	东盟AS,智CL,巴PK,新西兰NZ, 新加坡SG,秘PE,哥CR,瑞CH,冰 IS,澳AU,格GE,毛MU,东盟^RAS^R, 澳^RAU^R,新西兰^RNZ^R,柬KH,港 HK,澳门MO	0 受惠国LD	130
				1.3	韩KR		
				10.4	韩^RKR^R		
				10.6	日^RJP^R		
4320	5512.2900	--其他 --Other	8	0	东盟AS,智CL,巴PK,新西兰NZ, 新加坡SG,秘PE,哥CR,瑞CH,冰 IS,韩KR,澳AU,格GE,毛MU,东 盟^RAS^R,澳^RAU^R,新西兰^RNZ^R,柬 KH,港HK,澳门MO,韩^RKR^R	0 受惠国LD	130
				5.2	亚太AP		
				8.2	日^RJP^R		
		-其他: -Other:					
4321	5512.9100	--未漂白或漂白 --Unbleached or bleached	8	0	东盟AS,智CL,巴PK,新西兰NZ, 新加坡SG,秘PE,哥CR,瑞CH,冰 IS,澳AU,格GE,毛MU,东盟^RAS^R, 澳^RAU^R,新西兰^RNZ^R,柬KH,港 HK,澳门MO	0 受惠国LD	130
				1.8	韩KR		
				14.4	韩^RKR^R		
				14.7	日^RJP^R		
4322	5512.9900	--其他 --Other	8	0	东盟AS,智CL,巴PK,新西兰NZ, 新加坡SG,秘PE,哥CR,瑞CH,冰 IS,澳AU,格GE,毛MU,柬KH,港 HK,澳门MO,台TW	0 受惠国LD, 柬KH,老 LA,缅MM	130
				4	韩KR		
				8.7	东盟^RAS^R,韩^RKR^R		
				8.8	日^RJP^R		
				9	澳^RAU^R,新西兰^RNZ^R		

序号 No.	税则号列 Tariff Line	货品名称 Article Description	最惠国税率 MFN(%)	协定税率 Agreement(%)		特惠税率 SP(%)	普通税率 Gen(%)
	55.13	合成纤维短纤纺制的机织物, 按重量计合成纤维短纤含量在85%以下, 主要或仅与棉混纺, 每平方米重量不超过170克: Woven fabrics of synthetic staple fibres, containing less than 85% by weight of such fibres, mixed mainly or solely with cotton, of a weight not exceeding 170g/m^2:					
		-未漂白或漂白: -Unbleached or bleached:					
		--聚酯短纤纺制的平纹机织物: --Of polyester staple fibres, plain weave:					
4323	5513.1110	---未漂白 ---Unbleached	8	0	东盟AS,智CL,巴PK,新西兰NZ,新加坡SG,秘PE,哥CR,瑞CH,冰IS,澳AU,格GE,毛MU,东盟^{R}AS^R,澳^{R}AU^R,新西兰^{R}NZ^R,柬KH,港HK,澳门MO	0 受惠国LD	130
				1.6	韩KR		
				4.8	亚太AP		
				12.8	韩^{R}KR^R		
				13.1	日^{R}JP^R		
4324	5513.1120	---漂白 ---Bleached	8	0	东盟AS,智CL,巴PK,新西兰NZ,新加坡SG,秘PE,哥CR,瑞CH,冰IS,澳AU,格GE,毛MU,东盟^{R}AS^R,澳^{R}AU^R,新西兰^{R}NZ^R,柬KH,港HK,澳门MO	0 受惠国LD	130
				1.5	韩KR		
				4.8	亚太AP		
				12	韩^{R}KR^R		
				12.3	日^{R}JP^R		
		--聚酯短纤纺制的三线或四线斜纹机织物, 包括双面斜纹机织物: --3-thread or 4-thread twill, including cross twill, of polyester staple fibres:					
4325	5513.1210	---未漂白 ---Unbleached	8	0	东盟AS,智CL,巴PK,新西兰NZ,新加坡SG,秘PE,哥CR,瑞CH,冰IS,澳AU,格GE,毛MU,东盟^{R}AS^R,澳^{R}AU^R,新西兰^{R}NZ^R,柬KH,港HK,澳门MO	0 受惠国LD	130
				1.6	韩KR		
				12.8	韩^{R}KR^R		
				13.1	日^{R}JP^R		

序号 No.	税则号列 Tariff Line	货品名称 Article Description	最惠国税率 MFN(%)	协定税率 Agreement(%)		特惠税率 SP(%)	普通税率 Gen(%)
4326	5513.1220	---漂白 ---Bleached	8	0	东盟AS,智CL,巴PK,新西兰NZ,新加坡SG,秘PE,哥CR,瑞CH,冰IS,澳AU,格GE,毛MU,东盟^{R}AS^R,澳^{R}AU^R,新西兰^{R}NZ^R,柬KH,港HK,澳门MO	0 受惠国LD	130
				1.8	韩KR		
				14.4	韩^{R}KR^R		
				14.7	日^{R}JP^R		
		--其他聚酯短纤纺制的机织物: --Other woven fabrics of polyester staple fibres:					
4327	5513.1310	---未漂白 ---Unbleached	8	0	东盟AS,智CL,巴PK,新西兰NZ,新加坡SG,秘PE,哥CR,瑞CH,冰IS,澳AU,格GE,毛MU,东盟^{R}AS^R,澳^{R}AU^R,新西兰^{R}NZ^R,柬KH,港HK,澳门MO	0 受惠国LD	130
				1.6	韩KR		
				7.2	亚太AP		
				12.8	韩^{R}KR^R		
				13.1	日^{R}JP^R		
4328	5513.1320	---漂白 ---Bleached	8	0	东盟AS,智CL,巴PK,新西兰NZ,新加坡SG,秘PE,哥CR,瑞CH,冰IS,澳AU,格GE,毛MU,东盟^{R}AS^R,澳^{R}AU^R,新西兰^{R}NZ^R,柬KH,港HK,澳门MO	0 受惠国LD	130
				1.8	韩KR		
				14.4	韩^{R}KR^R		
				14.7	日^{R}JP^R		
4329	5513.1900	--其他机织物 --Other woven fabrics	8	0	东盟AS,智CL,巴PK,新西兰NZ,新加坡SG,秘PE,哥CR,瑞CH,冰IS,澳AU,格GE,毛MU,东盟^{R}AS^R,澳^{R}AU^R,新西兰^{R}NZ^R,柬KH,港HK,澳门MO	0 受惠国LD	130
				1.8	韩KR		
				4.8	亚太AP		
				14.4	韩^{R}KR^R		
				14.7	日^{R}JP^R		
		-染色: -Dyed:					
4330	5513.2100	--聚酯短纤纺制的平纹机织物 --Of polyester staple fibres, plain weave	8	0	东盟AS,智CL,巴PK,新西兰NZ,新加坡SG,秘PE,哥CR,瑞CH,冰IS,韩KR,澳AU,格GE,毛MU,东盟^{R}AS^R,澳^{R}AU^R,新西兰^{R}NZ^R,柬KH,港HK,澳门MO,台TW,韩^{R}KR^R	0 受惠国LD	130
				5.2	亚太AP		
				8.2	日^{R}JP^R		

序号 No.	税则号列 Tariff Line	货品名称 Article Description	最惠国税率 MFN(%)	协定税率 Agreement(%)		特惠税率 SP(%)		普通税率 Gen(%)
		--其他聚酯短纤纺制的机织物: --Other woven fabrics of polyester staple fibres:						
4331	5513.2310	---聚酯短纤纺制的三线或四线斜纹机织物,包括双面斜纹机织物 ---3-thread or 4-thread twil, including cross twill, of polyester staple fibres	8	0	东盟AS,智CL,巴PK,新西兰NZ,新加坡SG,秘PE,哥CR,瑞CH,冰IS,韩KR,澳AU,格GE,毛MU,东盟^{R}AS^R,澳^{R}AU^R,新西兰^{R}NZ^R,柬KH,港HK,澳门MO,韩^{R}KR^R	0	受惠国LD	130
				8.2	日^{R}JP^R			
4332	5513.2390	---其他 ---Other	8	0	东盟AS,智CL,巴PK,新西兰NZ,新加坡SG,秘PE,哥CR,瑞CH,冰IS,澳AU,格GE,毛MU,东盟^{R}AS^R,澳^{R}AU^R,新西兰^{R}NZ^R,柬KH,港HK,澳门MO	0	受惠国LD	130
				1	韩KR			
				8	韩^{R}KR^R			
				8.2	日^{R}JP^R			
4333	5513.2900	--其他机织物 --Other woven fabrics	8	0	东盟AS,智CL,巴PK,新西兰NZ,新加坡SG,秘PE,哥CR,瑞CH,冰IS,韩KR,澳AU,格GE,毛MU,东盟^{R}AS^R,澳^{R}AU^R,新西兰^{R}NZ^R,柬KH,港HK,澳门MO,韩^{R}KR^R	0	受惠国LD	130
				8.2	日^{R}JP^R			
		-色织: -Of yarns of different colours:						
4334	5513.3100	--聚酯短纤纺制的平纹机织物 --Of polyester staple fibres, plain weave	8	0	东盟AS,智CL,巴PK,新西兰NZ,新加坡SG,秘PE,哥CR,瑞CH,冰IS,韩KR,澳AU,格GE,毛MU,东盟^{R}AS^R,澳^{R}AU^R,新西兰^{R}NZ^R,柬KH,港HK,澳门MO,韩^{R}KR^R	0	受惠国LD	130
				8.2	日^{R}JP^R			
		--其他机织物: --Other woven fabrics:						
4335	5513.3910	---聚酯短纤纺制的三线或四线斜纹机织物,包括双面斜纹机织物 ---3-thread or 4-thread twill, including cross twill, of polyester staple fibres	8	0	东盟AS,智CL,巴PK,新西兰NZ,新加坡SG,秘PE,哥CR,瑞CH,冰IS,韩KR,澳AU,格GE,毛MU,东盟^{R}AS^R,澳^{R}AU^R,新西兰^{R}NZ^R,柬KH,港HK,澳门MO,韩^{R}KR^R	0	受惠国LD	130
				5.2	亚太AP			
				8.2	日^{R}JP^R			
4336	5513.3920	---其他聚酯短纤纺制的机织物 ---Other woven fabrics of polyester staple fibres	8	0	东盟AS,智CL,巴PK,新西兰NZ,新加坡SG,秘PE,哥CR,瑞CH,冰IS,韩KR,澳AU,格GE,毛MU,东盟^{R}AS^R,澳^{R}AU^R,新西兰^{R}NZ^R,柬KH,港HK,澳门MO,韩^{R}KR^R	0	受惠国LD	130
				8.2	日^{R}JP^R			

序号 No.	税则号列 Tariff Line	货品名称 Article Description	最惠国税率 MFN(%)		协定税率 Agreement(%)	特惠税率 SP(%)		普通税率 Gen(%)
4337	5513.3990	---其他机织物 ---Other woven fabrics	8	0 8.2	东盟AS,智CL,巴PK,新西兰NZ,新加坡SG,秘PE,哥CR,瑞CH,冰IS,韩KR,澳AU,格GE,毛MU,东盟^RAS^R,澳^RAU^R,新西兰^RNZ^R,柬KH,港HK,澳门MO,韩^RKR^R 日^RJP^R	0	受惠国LD	130
		-印花: -Printed:						
4338	5513.4100	--聚酯短纤纺制的平纹机织物 --Of polyester staple fibres, plain weave	8	0 8.2	东盟AS,智CL,巴PK,新西兰NZ,新加坡SG,秘PE,哥CR,瑞CH,冰IS,韩KR,澳AU,格GE,毛MU,东盟^RAS^R,澳^RAU^R,新西兰^RNZ^R,柬KH,港HK,澳门MO,韩^RKR^R 日^RJP^R	0	受惠国LD,柬KH,老LA,缅MM	130
		--其他机织物: --Other woven fabrics:						
4339	5513.4910	---聚酯短纤纺制的三线或四线斜纹机织物,包括双面斜纹机织物 ---3-thread or 4-thread twill, including cross twill, of polyester staple fibres	8	0 8.2	东盟AS,智CL,巴PK,新西兰NZ,新加坡SG,秘PE,哥CR,瑞CH,冰IS,韩KR,澳AU,格GE,毛MU,东盟^RAS^R,澳^RAU^R,新西兰^RNZ^R,柬KH,港HK,澳门MO,韩^RKR^R 日^RJP^R	0	受惠国LD	130
4340	5513.4920	---其他聚酯短纤纺制的机织物 ---Other woven fabrics of polyester staple fibres	8	0 8.2	东盟AS,智CL,巴PK,新西兰NZ,新加坡SG,秘PE,哥CR,瑞CH,冰IS,韩KR,澳AU,格GE,毛MU,东盟^RAS^R,澳^RAU^R,新西兰^RNZ^R,柬KH,港HK,澳门MO,韩^RKR^R 日^RJP^R	0	受惠国LD	130
4341	5513.4990	---其他 ---Other	8	0 8.2	东盟AS,智CL,巴PK,新西兰NZ,新加坡SG,秘PE,哥CR,瑞CH,冰IS,韩KR,澳AU,格GE,毛MU,东盟^RAS^R,澳^RAU^R,新西兰^RNZ^R,柬KH,港HK,澳门MO,韩^RKR^R 日^RJP^R	0	受惠国LD	130
	55.14	合成纤维短纤纺制的机织物,按重量计合成纤维短纤含量在85%以下,主要或仅与棉混纺,每平方米重量超过170克: Woven fabrics of synthetic staple fibres, containing less than 85% by weight of such fibres, mixed mainly or solely with cotton, of a weight exceeding 170g/m²: -未漂白或漂白: -Unbleached or bleached: --聚酯短纤纺制的平纹机织物: --Of polyester staple fibres, plain weave:						

序号 No.	税则号列 Tariff Line	货品名称 Article Description	最惠国税率 MFN(%)	协定税率 Agreement(%)		特惠税率 SP(%)	普通税率 Gen(%)
4342	5514.1110	---未漂白 ---Unbleached	8	0	东盟AS,智CL,巴PK,新西兰NZ, 新加坡SG,秘PE,哥CR,瑞CH,冰 IS,澳AU,格GE,毛MU,东盟^{R}AS^R, 澳^{R}AU^R,新西兰^{R}NZ^R,柬KH,港 HK,澳门MO	0 受惠国LD	130
				1.6	韩KR		
				5.2	亚太AP		
				12.8	韩^{R}KR^R		
				13.1	日^{R}JP^R		
4343	5514.1120	---漂白 ---Bleached	8	0	东盟AS,智CL,巴PK,新西兰NZ, 新加坡SG,秘PE,哥CR,瑞CH,冰 IS,澳AU,格GE,毛MU,东盟^{R}AS^R, 澳^{R}AU^R,新西兰^{R}NZ^R,柬KH,港 HK,澳门MO	0 受惠国LD	130
				1.8	韩KR		
				14.4	韩^{R}KR^R		
				14.7	日^{R}JP^R		
		--聚酯短纤纺制的三线或四线斜纹机 织物, 包括双面斜纹机织物: --3-thread or 4-thread twill, including cross twill, of polyester staple fibres:					
4344	5514.1210	---未漂白 ---Unbleached	8	0	东盟AS,智CL,巴PK,新西兰NZ, 新加坡SG,秘PE,哥CR,瑞CH,冰 IS,澳AU,格GE,毛MU,东盟^{R}AS^R, 澳^{R}AU^R,新西兰^{R}NZ^R,柬KH,港 HK,澳门MO	0 受惠国LD	130
				1.6	韩KR		
				12.8	韩^{R}KR^R		
				13.1	日^{R}JP^R		
4345	5514.1220	---漂白 ---Bleached	8	0	东盟AS,智CL,巴PK,新西兰NZ, 新加坡SG,秘PE,哥CR,瑞CH,冰 IS,澳AU,格GE,毛MU,东盟^{R}AS^R, 澳^{R}AU^R,新西兰^{R}NZ^R,柬KH,港 HK,澳门MO	0 受惠国LD	130
				1.8	韩KR		
				14.4	韩^{R}KR^R		
				14.7	日^{R}JP^R		
		--其他机织物: --Other woven fabrics:					
		---聚酯短纤纺制的机织物: ---Other woven fabrics of polyester staple fibres:					

序号 No.	税则号列 Tariff Line	货品名称 Article Description	最惠国税率 MFN(%)	协定税率 Agreement(%)		特惠税率 SP(%)	普通税率 Gen(%)
4346	5514.1911	----未漂白 ----Unbleached	8	0	东盟AS,智CL,巴PK,新西兰NZ, 新加坡SG,秘PE,哥CR,瑞CH,冰 IS,澳AU,格GE,毛MU,东盟^{R}AS^R, 澳^{R}AU^R,新西兰^{R}NZ^R,柬KH,港 HK,澳门MO	0 受惠国LD	130
				1.6	韩KR		
				12.8	韩^{R}KR^R		
				13.1	日^{R}JP^R		
4347	5514.1912	----漂白 ----Bleached	8	0	东盟AS,智CL,巴PK,新西兰NZ, 新加坡SG,秘PE,哥CR,瑞CH,冰 IS,澳AU,格GE,毛MU,东盟^{R}AS^R, 澳^{R}AU^R,新西兰^{R}NZ^R,柬KH,港 HK,澳门MO	0 受惠国LD	130
				1.8	韩KR		
				14.4	韩^{R}KR^R		
				14.7	日^{R}JP^R		
4348	5514.1990	---其他 ---Other	8	0	东盟AS,智CL,巴PK,新西兰NZ, 新加坡SG,秘PE,哥CR,瑞CH,冰 IS,澳AU,格GE,毛MU,东盟^{R}AS^R, 澳^{R}AU^R,新西兰^{R}NZ^R,柬KH,港 HK,澳门MO	0 受惠国LD	130
				1.6	韩KR		
				5.2	亚太AP		
				12.8	韩^{R}KR^R		
				13.1	日^{R}JP^R		
		-染色: -Dyed:					
4349	5514.2100	--聚酯短纤纺制的平纹机织物 --Of polyester staple fibres, plain weave	8	0	东盟AS,智CL,巴PK,新西兰NZ, 新加坡SG,秘PE,哥CR,瑞CH,冰 IS,韩KR,澳AU,格GE,毛MU,东 盟^{R}AS^R,澳^{R}AU^R,新西兰^{R}NZ^R,柬 KH,港HK,澳门MO,韩^{R}KR^R	0 受惠国LD	130
				8.2	日^{R}JP^R		
4350	5514.2200	--聚酯短纤纺制的三线或四线斜纹机 织物,包括双面斜纹机织物 --3-thread or 4-thread twill, including cross twill, of polyester staple fibres	8	0	东盟AS,智CL,巴PK,新西兰NZ, 新加坡SG,秘PE,哥CR,瑞CH,冰 IS,韩KR,澳AU,格GE,毛MU,柬 KH,港HK,澳门MO	0 受惠国LD	130
				8	东盟^{R}AS^R,韩^{R}KR^R		
				8.2	日^{R}JP^R		
				9	澳^{R}AU^R,新西兰^{R}NZ^R		
4351	5514.2300	--其他聚酯短纤纺制的机织物 --Other woven fabrics of polyester staple fibres	8	0	东盟AS,智CL,巴PK,新西兰NZ, 新加坡SG,秘PE,哥CR,瑞CH,冰 IS,韩KR,澳AU,格GE,毛MU,东 盟^{R}AS^R,澳^{R}AU^R,新西兰^{R}NZ^R,柬 KH,港HK,澳门MO,韩^{R}KR^R	0 受惠国LD, 柬KH,老 LA,缅MM	130
				8.2	日^{R}JP^R		

序号 No.	税则号列 Tariff Line	货品名称 Article Description	最惠国税率 MFN(%)	协定税率 Agreement(%)		特惠税率 SP(%)	普通税率 Gen(%)
4352	5514.2900	--其他机织物 --Other woven fabrics	8	0 8.2	东盟AS,智CL,巴PK,新西兰NZ,新加坡SG,秘PE,哥CR,瑞CH,冰IS,韩KR,澳AU,格GE,毛MU,东盟^RAS^R,澳^RAU^R,新西兰^RNZ^R,柬KH,港HK,澳门MO,韩^RKR^R 日^RJP^R	0 受惠国LD	130
		-色织: -Of yarns of different colours:					
4353	5514.3010	---聚酯短纤纺制的平纹机织物 ---Of polyester staple fibres, plain weave	8	0 8.2	东盟AS,智CL,巴PK,新西兰NZ,新加坡SG,秘PE,哥CR,瑞CH,冰IS,韩KR,澳AU,格GE,毛MU,东盟^RAS^R,澳^RAU^R,新西兰^RNZ^R,柬KH,港HK,澳门MO,韩^RKR^R 日^RJP^R	0 受惠国LD	130
4354	5514.3020	---聚酯短纤纺制的三线或四线斜纹机织物,包括双面斜纹机织物 ---3-thread or 4-thread twill, including cross twill, of polyester staple fibres	8	0 8.2	东盟AS,智CL,巴PK,新西兰NZ,新加坡SG,秘PE,哥CR,瑞CH,冰IS,韩KR,澳AU,格GE,毛MU,东盟^RAS^R,澳^RAU^R,新西兰^RNZ^R,柬KH,港HK,澳门MO,韩^RKR^R 日^RJP^R	0 受惠国LD	130
4355	5514.3030	---其他聚酯短纤纺制的机织物 ---Other woven fabrics of polyester staple fibres	8	0 8.2	东盟AS,智CL,巴PK,新西兰NZ,新加坡SG,秘PE,哥CR,瑞CH,冰IS,韩KR,澳AU,格GE,毛MU,东盟^RAS^R,澳^RAU^R,新西兰^RNZ^R,柬KH,港HK,澳门MO,韩^RKR^R 日^RJP^R	0 受惠国LD	130
4356	5514.3090	---其他机织物 ---Other woven fabrics	8	0 8.2	东盟AS,智CL,巴PK,新西兰NZ,新加坡SG,秘PE,哥CR,瑞CH,冰IS,韩KR,澳AU,格GE,毛MU,东盟^RAS^R,澳^RAU^R,新西兰^RNZ^R,柬KH,港HK,澳门MO,韩^RKR^R 日^RJP^R	0 受惠国LD	130
		-印花: -Printed:					
4357	5514.4100	--聚酯短纤纺制的平纹机织物 --Of polyester staple fibres, plain weave	8	0 8.2	东盟AS,智CL,巴PK,新西兰NZ,新加坡SG,秘PE,哥CR,瑞CH,冰IS,韩KR,澳AU,格GE,毛MU,东盟^RAS^R,澳^RAU^R,新西兰^RNZ^R,柬KH,港HK,澳门MO,韩^RKR^R 日^RJP^R	0 受惠国LD	130
4358	5514.4200	--聚酯短纤纺制的三线或四线斜纹机织物,包括双面斜纹机织物 --3-thread or 4-thread twill, including cross twill, of polyester staple fibres	8	0 8.2	东盟AS,智CL,巴PK,新西兰NZ,新加坡SG,秘PE,哥CR,瑞CH,冰IS,韩KR,澳AU,格GE,毛MU,东盟^RAS^R,澳^RAU^R,新西兰^RNZ^R,柬KH,港HK,澳门MO,韩^RKR^R 日^RJP^R	0 受惠国LD	130

序号 No.	税则号列 Tariff Line	货品名称 Article Description	最惠国税率 MFN(%)	协定税率 Agreement(%)		特惠税率 SP(%)	普通税率 Gen(%)
4359	5514.4300	--其他聚酯短纤纺制的机织物 --Other woven fabrics of polyester 　staple fibres	8	0	东盟AS,智CL,巴PK,新西兰NZ, 新加坡SG,秘PE,哥CR,瑞CH,冰 IS,韩KR,澳AU,格GE,毛MU,东 盟^RAS^R,澳^RAU^R,新西兰^RNZ^R,柬 KH,港HK,澳门MO,韩^RKR^R	0　受惠国LD	130
				8.2	日^RJP^R		
4360	5514.4900	--其他机织物 --Other woven fabrics	8	0	东盟AS,智CL,巴PK,新西兰NZ, 新加坡SG,秘PE,哥CR,瑞CH,冰 IS,韩KR,澳AU,格GE,毛MU,东 盟^RAS^R,澳^RAU^R,新西兰^RNZ^R,柬 KH,港HK,澳门MO,韩^RKR^R	0　受惠国LD	130
				8.2	日^RJP^R		
	55.15	合成纤维短纤纺制的其他机织物: Other woven fabrics of synthetic staple fibres: -聚酯短纤纺制: -Of polyester staple fibres:					
4361	5515.1100	--主要或仅与粘胶纤维短纤混纺 --Mixed mainly or solely with viscose 　rayon staple fibres	8	0	东盟AS,智CL,巴PK,新西兰NZ, 新加坡SG,秘PE,哥CR,瑞CH,冰 IS,韩KR,澳AU,格GE,毛MU,东盟 ^RAS^R,澳^RAU^R,新西兰^RNZ^R,柬KH, 港HK,澳门MO,台TW,韩^RKR^R	0　受惠国LD	130
				5.2	亚太AP		
				8.2	日^RJP^R		
4362	5515.1200	--主要或仅与化学纤维长丝混纺 --Mixed mainly or solely with man- 　made filaments	8	0	东盟AS,智CL,巴PK,新西兰NZ, 新加坡SG,秘PE,哥CR,瑞CH,冰 IS,韩KR,澳AU,格GE,毛MU,东 盟^RAS^R,澳^RAU^R,新西兰^RNZ^R, 柬KH,港HK,澳门MO,台TW,韩 ^RKR^R	0　受惠国LD	130
				5.2	亚太AP		
				8.2	日^RJP^R		
4363	5515.1300	--主要或仅与羊毛或动物细毛混纺 --Mixed mainly or solely with wool or 　fine animal hair	8	0	东盟AS,智CL,巴PK,新西兰NZ, 新加坡SG,秘PE,哥CR,瑞CH,冰 IS,韩KR,澳AU,格GE,毛MU,柬 KH,港HK,澳门MO	0　受惠国LD	130
				8	东盟^RAS^R,澳^RAU^R,新西兰^RNZ^R, 韩^RKR^R		
				8.2	日^RJP^R		
4364	5515.1900	--其他 --Other	8	0	东盟AS,智CL,巴PK,新西兰NZ, 新加坡SG,秘PE,哥CR,瑞CH,冰 IS,韩KR,澳AU,格GE,毛MU,东 盟^RAS^R,澳^RAU^R,新西兰^RNZ^R,柬 KH,港HK,澳门MO,韩^RKR^R	0　受惠国LD	130
				5.2	亚太AP		
				8.2	日^RJP^R		

序号 No.	税则号列 Tariff Line	货品名称 Article Description	最惠国税率 MFN(%)	协定税率 Agreement(%)		特惠税率 SP(%)	普通税率 Gen(%)
		-聚丙烯腈或变性聚丙烯腈短纤纺制: -Of acrylic or modacrylic staple fibres:					
4365	5515.2100	--主要或仅与化学纤维长丝混纺 --Mixed mainly or solely with man-made filaments	8	0	东盟AS,智CL,巴PK,新西兰NZ,新加坡SG,秘PE,哥CR,瑞CH,冰IS,韩KR,澳AU,格GE,毛MU,东盟^RAS^R,澳^RAU^R,新西兰^RNZ^R,柬KH,港HK,澳门MO,韩^RKR^R	0 受惠国LD	130
				8.2	日^RJP^R		
4366	5515.2200	--主要或仅与羊毛或动物细毛混纺 --Mixed mainly or solely with wool or fine animal hair	8	0	东盟AS,智CL,巴PK,新西兰NZ,新加坡SG,秘PE,哥CR,瑞CH,冰IS,韩KR,澳AU,格GE,毛MU,东盟^RAS^R,澳^RAU^R,新西兰^RNZ^R,柬KH,港HK,澳门MO,韩^RKR^R	0 受惠国LD	130
				9.8	日^RJP^R		
4367	5515.2900	--其他 --Other	8	0	东盟AS,智CL,巴PK,新西兰NZ,新加坡SG,秘PE,哥CR,瑞CH,冰IS,韩KR,澳AU,格GE,毛MU,东盟^RAS^R,澳^RAU^R,新西兰^RNZ^R,柬KH,港HK,澳门MO,韩^RKR^R	0 受惠国LD	130
				8.2	日^RJP^R		
		-其他机织物: -Other woven fabrics:					
4368	5515.9100	--主要或仅与化学纤维长丝混纺 --Mixed mainly or solely with man-made filaments	8	0	东盟AS,智CL,巴PK,新西兰NZ,新加坡SG,秘PE,哥CR,瑞CH,冰IS,韩KR,澳AU,格GE,毛MU,东盟^RAS^R,澳^RAU^R,新西兰^RNZ^R,柬KH,港HK,澳门MO,韩^RKR^R	0 受惠国LD	130
				8.2	日^RJP^R		
4369	5515.9900	--其他 --Other	8	0	东盟AS,智CL,巴PK,新西兰NZ,新加坡SG,秘PE,哥CR,瑞CH,冰IS,韩KR,澳AU,格GE,毛MU,东盟^RAS^R,澳^RAU^R,新西兰^RNZ^R,柬KH,港HK,澳门MO,韩^RKR^R	0 受惠国LD	130
				5.2	亚太AP		
				8.2	日^RJP^R		
	55.16	人造纤维短纤纺制的机织物: Woven fabrics of artificial staple fibres:					
		-按重量计人造纤维短纤含量在85%及以上: -Containing 85% or more by weight of artificial staple fibres:					

序号 No.	税则号列 Tariff Line	货品名称 Article Description	最惠国税率 MFN(%)	协定税率 Agreement(%)		特惠税率 SP(%)	普通税率 Gen(%)
4370	5516.1100	--未漂白或漂白 --Unbleached or bleached	8	0	东盟AS,智CL,巴PK,新西兰NZ, 新加坡SG,秘PE,哥CR,瑞CH,冰 IS,韩KR,澳AU,格GE,毛MU,东 盟^RAS^R,澳^RAU^R,新西兰^RNZ^R,柬 KH,港HK,澳门MO,韩^RKR^R	0 受惠国LD	130
				9.8	日^RJP^R		
4371	5516.1200	--染色 --Dyed	8	0	东盟AS,智CL,巴PK,新西兰NZ, 新加坡SG,秘PE,哥CR,瑞CH,冰 IS,韩KR,澳AU,格GE,毛MU,东 盟^RAS^R,澳^RAU^R,新西兰^RNZ^R, 柬KH,港HK,澳门MO,台TW,韩 ^RKR^R	0 受惠国LD	130
				8.2	日^RJP^R		
4372	5516.1300	--色织 --Of yarns of different colours	8	0	东盟AS,智CL,巴PK,新西兰NZ, 新加坡SG,秘PE,哥CR,瑞CH,冰 IS,韩KR,澳AU,格GE,毛MU,东 盟^RAS^R,澳^RAU^R,新西兰^RNZ^R,柬 KH,港HK,澳门MO,韩^RKR^R	0 受惠国LD	130
				8.2	日^RJP^R		
4373	5516.1400	--印花 --Printed	8	0	东盟AS,智CL,巴PK,新西兰NZ, 新加坡SG,秘PE,哥CR,瑞CH,冰 IS,韩KR,澳AU,格GE,毛MU,东 盟^RAS^R,澳^RAU^R,新西兰^RNZ^R,柬 KH,港HK,澳门MO,韩^RKR^R	0 受惠国LD	130
				8.2	日^RJP^R		
		-按重量计人造纤维短纤含量在85%以 下,主要或仅与化学纤维长丝混纺: -Containing less than 85% by weight of artificial staple fibres, mixed mainly or solely with man-made filaments:					
4374	5516.2100	--未漂白或漂白 --Unbleached or bleached	8	0	东盟AS,智CL,巴PK,新西兰NZ, 新加坡SG,秘PE,哥CR,瑞CH,冰 IS,韩KR,澳AU,格GE,毛MU,东 盟^RAS^R,澳^RAU^R,新西兰^RNZ^R,柬 KH,港HK,澳门MO,韩^RKR^R	0 受惠国LD	130
				9.8	日^RJP^R		
4375	5516.2200	--染色 --Dyed	8	0	东盟AS,智CL,巴PK,新西兰NZ, 新加坡SG,秘PE,哥CR,瑞CH,冰 IS,澳AU,格GE,毛MU,柬KH,港 HK,澳门MO,台TW	0 受惠国LD	130
				4	韩KR		
				5.2	亚太AP		
				8.7	东盟^RAS^R,韩^RKR^R		
				8.8	日^RJP^R		
				9	澳^RAU^R,新西兰^RNZ^R		
4376	5516.2300	--色织 --Of yarns of different colours	8	0	东盟AS,智CL,巴PK,新西兰NZ, 新加坡SG,秘PE,哥CR,瑞CH,冰 IS,韩KR,澳AU,格GE,毛MU,东 盟^RAS^R,澳^RAU^R,新西兰^RNZ^R, 柬KH,港HK,澳门MO,韩^RKR^R	0 受惠国LD	130
				8.2	日^RJP^R		

序号 No.	税则号列 Tariff Line	货品名称 Article Description	最惠国税率 MFN(%)	协定税率 Agreement(%)		特惠税率 SP(%)	普通税率 Gen(%)
4377	5516.2400	--印花 --Printed	8	0	东盟AS,智CL,巴PK,新西兰NZ,新加坡SG,秘PE,哥CR,瑞CH,冰IS,韩KR,澳AU,格GE,毛MU,东盟^{R}AS^R,澳^{R}AU^R,新西兰^{R}NZ^R,柬KH,港HK,澳门MO,韩^{R}KR^R	0 受惠国LD	130
				8.2	日^{R}JP^R		
		-按重量计人造纤维短纤含量在85%以下, 主要或仅与羊毛或动物细毛混纺: -Containing less than 85% by weight of artificial staple fibres, mixed mainly or solely with wool or fine animal hair:					
4378	5516.3100	--未漂白或漂白 --Unbleached or bleached	8	0	东盟AS,智CL,巴PK,新西兰NZ,新加坡SG,秘PE,哥CR,瑞CH,冰IS,韩KR,澳AU,格GE,毛MU,东盟^{R}AS^R,澳^{R}AU^R,新西兰^{R}NZ^R,柬KH,港HK,澳门MO,韩^{R}KR^R	0 受惠国LD	130
				9.8	日^{R}JP^R		
4379	5516.3200	--染色 --Dyed	8	0	东盟AS,智CL,巴PK,新西兰NZ,新加坡SG,秘PE,哥CR,瑞CH,冰IS,韩KR,澳AU,格GE,毛MU,东盟^{R}AS^R,澳^{R}AU^R,新西兰^{R}NZ^R,柬KH,港HK,澳门MO,韩^{R}KR^R	0 受惠国LD	130
				8.2	日^{R}JP^R		
4380	5516.3300	--色织 --Of yarns of different colours	8	0	东盟AS,智CL,巴PK,新西兰NZ,新加坡SG,秘PE,哥CR,瑞CH,冰IS,韩KR,澳AU,格GE,毛MU,东盟^{R}AS^R,澳^{R}AU^R,新西兰^{R}NZ^R,柬KH,港HK,澳门MO,韩^{R}KR^R	0 受惠国LD	130
				8.2	日^{R}JP^R		
4381	5516.3400	--印花 --Printed	8	0	东盟AS,智CL,巴PK,新西兰NZ,新加坡SG,秘PE,哥CR,瑞CH,冰IS,韩KR,澳AU,格GE,毛MU,东盟^{R}AS^R,澳^{R}AU^R,新西兰^{R}NZ^R,柬KH,港HK,澳门MO,韩^{R}KR^R	0 受惠国LD	130
				8.2	日^{R}JP^R		
		-按重量计人造纤维短纤含量在85%以下, 主要或仅与棉混纺: -Containing less than 85% by weight of artificial staple fibres, mixed mainly or solely with cotton:					
4382	5516.4100	--未漂白或漂白 --Unbleached or bleached	8	0	东盟AS,智CL,巴PK,新西兰NZ,新加坡SG,秘PE,哥CR,瑞CH,冰IS,韩KR,澳AU,格GE,毛MU,东盟^{R}AS^R,澳^{R}AU^R,新西兰^{R}NZ^R,柬KH,港HK,澳门MO,韩^{R}KR^R	0 受惠国LD	130
				9.8	日^{R}JP^R		
4383	5516.4200	--染色 --Dyed	8	0	东盟AS,智CL,巴PK,新西兰NZ,新加坡SG,秘PE,哥CR,瑞CH,冰IS,韩KR,澳AU,格GE,毛MU,东盟^{R}AS^R,澳^{R}AU^R,新西兰^{R}NZ^R,柬KH,港HK,澳门MO,韩^{R}KR^R	0 受惠国LD	130
				9.8	日^{R}JP^R		

序号 No.	税则号列 Tariff Line	货品名称 Article Description	最惠国税率 MFN(%)	协定税率 Agreement(%)		特惠税率 SP(%)	普通税率 Gen(%)
4384	5516.4300	--色织 --Of yarns of different colours	8	0	东盟AS,智CL,巴PK,新西兰NZ,新加坡SG,秘PE,哥CR,瑞CH,冰IS,韩KR,澳AU,格GE,毛MU,东盟^RAS^R,澳^RAU^R,新西兰^RNZ^R,柬KH,港HK,澳门MO,韩^RKR^R	0 受惠国LD	130
				8.2	日^RJP^R		
4385	5516.4400	--印花 --Printed	8	0	东盟AS,智CL,巴PK,新西兰NZ,新加坡SG,秘PE,哥CR,瑞CH,冰IS,韩KR,澳AU,格GE,毛MU,东盟^RAS^R,澳^RAU^R,新西兰^RNZ^R,柬KH,港HK,澳门MO,韩^RKR^R	0 受惠国LD	130
				8.2	日^RJP^R		
		-其他: -Other:					
4386	5516.9100	--未漂白或漂白 --Unbleached or bleached	8	0	东盟AS,智CL,巴PK,新西兰NZ,新加坡SG,秘PE,哥CR,瑞CH,冰IS,韩KR,澳AU,格GE,毛MU,东盟^RAS^R,澳^RAU^R,新西兰^RNZ^R,柬KH,港HK,澳门MO,韩^RKR^R	0 受惠国LD	130
				9.8	日^RJP^R		
4387	5516.9200	--染色 --Dyed	8	0	东盟AS,智CL,巴PK,新西兰NZ,新加坡SG,秘PE,哥CR,瑞CH,冰IS,澳AU,格GE,毛MU,柬KH,港HK,澳门MO	0 受惠国LD	130
				4	韩KR		
				8.7	东盟^RAS^R,韩^RKR^R		
				8.8	日^RJP^R		
				9	澳^RAU^R,新西兰^RNZ^R		
4388	5516.9300	--色织 --Of yarns of different colours	8	0	东盟AS,智CL,巴PK,新西兰NZ,新加坡SG,秘PE,哥CR,瑞CH,冰IS,韩KR,澳AU,格GE,毛MU,东盟^RAS^R,澳^RAU^R,新西兰^RNZ^R,柬KH,港HK,澳门MO,韩^RKR^R	0 受惠国LD	130
				8.2	日^RJP^R		
4389	5516.9400	--印花 --Printed	8	0	东盟AS,智CL,巴PK,新西兰NZ,新加坡SG,秘PE,哥CR,瑞CH,冰IS,韩KR,澳AU,格GE,毛MU,东盟^RAS^R,澳^RAU^R,新西兰^RNZ^R,柬KH,港HK,澳门MO,韩^RKR^R	0 受惠国LD	130
				5.2	亚太AP		
				8.2	日^RJP^R		

Chapter 56
Wadding, felt and nonwovens; special
yarns; twine, cordage, ropes and
cables and articles thereof

注释：

一、本章不包括：

（一）用各种物质或制剂（例如，第三十三章的香水或化妆品、税目34.01的肥皂或洗涤剂、税目34.05的光洁剂、擦洗膏及类似制剂、税目38.09的织物柔软剂）浸渍、涂布、包覆的絮胎、毡呢或无纺织物，其中的纺织材料仅作为承载介质；

（二）税目58.11的纺织产品；

（三）以毡呢或无纺织物为底的砂布及类似品（税目68.05）；

（四）以毡呢或无纺织物为底的粘聚或复制云母（税目68.14）；

（五）以毡呢或无纺织物为底的金属箔（通常为第十四类或第十五类）；或

（六）税目96.19的卫生巾（护垫）及卫生棉条、尿布及尿布衬里和类似品。

二、所称"毡呢"，包括针刺机制毡呢以及纤维本身通过缝编工序增强了抱合力的纺织纤维网状织物。

三、税目56.02及56.03分别包括用各种性质（紧密结构或泡沫状）的塑料或橡胶浸渍、涂布、包覆或层压的毡呢及无纺织物。

税目56.03还包括用塑料或橡胶作粘合材料的无纺织物。

但税目56.02及56.03不包括：

（一）用塑料或橡胶浸渍、涂布、包覆或层压，按重量计纺织材料含量在50%及以下的毡呢或者完全嵌入塑料或橡胶之内的毡呢（第三十九章或第四十章）；

（二）完全嵌入塑料或橡胶之内的无纺织物，以及用肉眼可辨别出两面都用塑料或橡胶涂布、包覆的无纺织物，涂布或包覆所引起的颜色变化可不予考虑（第三十九章或第四十章）；

（三）与毡呢或无纺织物混制的泡沫塑料或海绵橡胶板、片或扁条，纺织材料仅在其中起增强作用（第三十九章或第四十章）。

四、税目56.04不包括用肉眼无法辨别出是否经过浸渍、涂布或包覆的纺织纱线或税目54.04或54.05的扁条及类似品（通常归入第五十章至第五十五章）；运用本条规定，可不考虑浸渍、涂布或包覆所引起的颜色变化。

Notes:

1. This Chapter does not cover:

   (a) Wadding, felt or nonwovens, impregnated, coated or covered with substances or preparations (for example, pefumes or cosmetics of Chapter 33, soaps or detergents of heading 34.01, polishes, creams or similar preparations of heading 34.05, fabric softeners of heading 38.09) where the textile material is present merely as a carrying medium;

   (b) Textile products of heading 58.11;

   (c) Natural or artificial abrasive powder or grain, on a backing of felt or nonwovens (heading 68.05);

   (d) Agglomerated or reconstituted mica, on a backing of felt or nonwovens (heading 68.14);

   (e) Metal foil on a backing of felt or nonwovens (Generelly Section XIV or Section XV); or

   (f) Sanitary towels (pads) and tampons, napkins (diapers) and napkin liners and similar articles of heading 96.19.

2. The term "felt" includes needleloom felt and fabrics consisting of a web of textile fibres the cohesion of which has been enhanced by a stitch-bonding process using fibres from the web itself.

3. Headings 56.02 and 56.03 cover respectively felt and nonwovens, impregnated, coated, covered or laminated with plastics or rubber whatever the nature of these materials (compact or cellular).

   Heading 56.03 also includes nonwovens in which plastics or rubber forms the bonding substance.

   Headings 56.02 and 56.03 do not, however, cover:

   (a) Felt impregnated, coated, covered or laminated with plastics or rubber, containing 50% or less by weight of textile material or felt completely embedded in plastics or rubber (Chapter 39 or 40);

   (b) Nonwovens, either completely embedded in plastics or rubber, or entirely coated or covered on both sides with such materials, provided that such coating or covering can be seen with the naked eye with no account being taken of any resulting change of colour (Chapter 39 or 40); or

   (c) Plates, sheets or strips of cellular plastics or cellular rubber combined with felt or nonwovens, where the textile material is present merely for reinforcing purposes (Chapter 39 or 40).

4. Heading 56.04 does not cover textile yarn, or strip or the like of heading 54.04 or 54.05, in which the impregnation, coating or covering cannot be seen with the naked eye (usually Chapters 50 to 55); for the purpose of this provision, no account should be taken of any resulting change of colour.

序号 No.	税则号列 Tariff Line	货品名称 Article Description	最惠国税率 MFN(%)	协定税率 Agreement(%)		特惠税率 SP(%)		普通税率 Gen(%)
	56.01	纺织材料絮胎及其制品；长度不超过5毫米的纺织纤维（纤维屑）、纤维粉末及球结： **Wadding of textile materials and articles thereof; textile fibres, not exceeding 5mm in length (flock), textile dust and mill neps:**						
		-纺织材料制的絮胎及其制品： -Wadding of textile materials and articles thereof:						
4390	5601.2100	--棉制 --Of cotton	8	0	东盟AS,智CL,新西兰NZ,新加坡SG,秘PE,哥CR,瑞CH,冰IS,韩KR,澳AU,格GE,毛MU,东盟^{R}AS^R,澳^{R}AU^R,新西兰^{R}NZ^R,柬KH,港HK,澳门MO,韩^{R}KR^R	0	受惠国LD	50
				3	巴PK			
				8.2	日^{R}JP^R			
		--化学纤维制： --Of man-made fibres:						
4391	5601.2210	---卷烟滤嘴 ---Cigarette filter tips	8	0	东盟AS,智CL,新西兰NZ,新加坡SG,秘PE,哥CR,瑞CH,冰IS,毛MU,柬KH,港HK,澳门MO	0	受惠国LD	100
				4.8	巴PK			
4392	5601.2290	---其他 ---Other	8	0	东盟AS,智CL,新西兰NZ,新加坡SG,秘PE,哥CR,瑞CH,冰IS,澳AU,格GE,毛MU,柬KH,港HK,澳门MO,台TW	0	受惠国LD	100
				4.8	韩KR			
				10.4	东盟^{R}AS^R,韩^{R}KR^R			
				10.5	日^{R}JP^R			
				10.8	澳^{R}AU^R,新西兰^{R}NZ^R			
4393	5601.2900	--其他 --Other	8	0	东盟AS,智CL,新西兰NZ,新加坡SG,秘PE,哥CR,瑞CH,冰IS,韩KR,澳AU,格GE,毛MU,东盟^{R}AS^R,澳^{R}AU^R,新西兰^{R}NZ^R,柬KH,港HK,澳门MO,韩^{R}KR^R	0	受惠国LD	90
				3	巴PK			
				8.2	日^{R}JP^R			
4394	5601.3000	-纤维屑、纤维粉末及球结 -Textile flock and dust and mill neps	8	0	东盟AS,智CL,新西兰NZ,新加坡SG,秘PE,哥CR,瑞CH,冰IS,韩KR,澳AU,格GE,毛MU,东盟^{R}AS^R,澳^{R}AU^R,新西兰^{R}NZ^R,柬KH,港HK,澳门MO,韩^{R}KR^R	0	受惠国LD	100
				3	巴PK			
				8.2	日^{R}JP^R			

序号 No.	税则号列 Tariff Line	货品名称 Article Description	最惠国税率 MFN(%)		协定税率 Agreement(%)	特惠税率 SP(%)	普通税率 Gen(%)
	ex56013000	由两种或两种以上有机聚合物纺制的纤维(横截面为皮芯结构或并列结构或海岛结构),长度不超过5毫米 Of two or more kinds of polymers (with cross section of skin-core or juxtapose or island structure), length not more than 5mm	Δ5				
	56.02	**毡呢, 不论是否浸渍、涂布、包覆或层压:** **Felt, whether or not impregnated, coated, covered or laminated:**					
4395	5602.1000	-针刺机制毡呢及纤维缝编织物 -Needleloom felt and stitch-bonded fibre fabrics	8	0 3 8.2	东盟AS,智CL,新西兰NZ,新加坡SG,秘PE,哥CR,瑞CH,冰IS,韩KR,澳AU,格GE,毛MU,东盟^RAS^R,澳^RAU^R,新西兰^RNZ^R,柬KH,港HK,澳门MO,韩^RKR^R 巴PK 日^RJP^R	0 受惠国LD	100
		-其他毡呢, 未浸渍、涂布、包覆或层压: -Other felt, not impregnated, coated, covered or laminated:					
4396	5602.2100	--羊毛或动物细毛制 --Of wool or fine animal hair	8	0 3 8.2	东盟AS,智CL,新西兰NZ,新加坡SG,秘PE,哥CR,瑞CH,冰IS,韩KR,澳AU,格GE,毛MU,东盟^RAS^R,澳^RAU^R,新西兰^RNZ^R,柬KH,港HK,澳门MO,韩^RKR^R 巴PK 日^RJP^R	0 受惠国LD	100
4397	5602.2900	--其他纺织材料制 --Of other textile materials	8	0 3 8.2	东盟AS,智CL,新西兰NZ,新加坡SG,秘PE,哥CR,瑞CH,冰IS,韩KR,澳AU,格GE,毛MU,东盟^RAS^R,澳^RAU^R,新西兰^RNZ^R,柬KH,港HK,澳门MO,韩^RKR^R 巴PK 日^RJP^R	0 受惠国LD	100
4398	5602.9000	-其他 -Other	8	0 3 8.2	东盟AS,智CL,新西兰NZ,新加坡SG,秘PE,哥CR,瑞CH,冰IS,韩KR,澳AU,格GE,毛MU,东盟^RAS^R,澳^RAU^R,新西兰^RNZ^R,柬KH,港HK,澳门MO,韩^RKR^R 巴PK 日^RJP^R	0 受惠国LD	100
	56.03	**无纺织物, 不论是否浸渍、涂布、包覆或层压:** **Nonwovens, whether or not impregnated, coated, covered or laminated:**					

序号 No.	税则号列 Tariff Line	货品名称 Article Description	最惠国税率 MFN(%)	协定税率 Agreement(%)		特惠税率 SP(%)		普通税率 Gen(%)
		-化学纤维长丝制: -Of man-made filaments:						
		--每平方米重量不超过25克: --Weighing not more than 25g/m²:						
4399	5603.1110	---经浸渍、涂布、包覆或层压 ---Impregnated, coated, covered or laminated	8	0	东盟AS,智CL,巴PK,新西兰NZ,新加坡SG,秘PE,哥CR,瑞CH,冰IS,韩KR,澳AU,格GE,毛MU,东盟^RAS^R,澳^RAU^R,新西兰^RNZ^R,柬KH,港HK,澳门MO,台TW,韩^RKR^R	0	受惠国LD,柬KH,老LA,缅MM	70
				5.2	亚太AP			
				8.2	日^RJP^R			
4400	5603.1190	---其他 ---Other	8	0	东盟AS,智CL,巴PK,新西兰NZ,新加坡SG,秘PE,哥CR,瑞CH,冰IS,澳AU,格GE,毛MU,柬KH,港HK,澳门MO	0	受惠国LD	130
				1	韩KR			
				6.8	亚太AP			
				8	东盟^RAS^R,澳^RAU^R,新西兰^RNZ^R,韩^RKR^R			
				8.2	日^RJP^R			
		--每平方米重量超过25克,但不超过70克: --Weighing more than 25g/m² but not more than 70g/m²:						
4401	5603.1210	---经浸渍、涂布、包覆或层压 ---Impregnated, coated, covered or laminated	8	0	东盟AS,智CL,巴PK,新西兰NZ,新加坡SG,秘PE,哥CR,瑞CH,冰IS,澳AU,格GE,毛MU,柬KH,港HK,澳门MO	0	受惠国LD,柬KH,老LA,缅MM	70
				4	韩KR			
				5.2	亚太AP			
				8.7	东盟^RAS^R,韩^RKR^R			
				8.8	日^RJP^R			
				9	澳^RAU^R,新西兰^RNZ^R			
4402	5603.1290	---其他 ---Other	8	0	东盟AS,智CL,巴PK,新西兰NZ,新加坡SG,秘PE,哥CR,瑞CH,冰IS,韩KR,澳AU,格GE,毛MU,东盟^RAS^R,澳^RAU^R,新西兰^RNZ^R,柬KH,港HK,澳门MO,台TW,韩^RKR^R	0	受惠国LD	130
				8.2	日^RJP^R			
		--每平方米重量超过70克,但不超过150克: --Weighing more than 70g/m² but not more than 150g/m²:						

序号 No.	税则号列 Tariff Line	货品名称 Article Description	最惠国税率 MFN(%)	协定税率 Agreement(%)		特惠税率 SP(%)		普通税率 Gen(%)
4403	5603.1310	---经浸渍、涂布、包覆或层压 ---Impregnated, coated, covered or laminated	8	0	东盟AS,智CL,巴PK,新西兰NZ,新加坡SG,秘PE,哥CR,瑞CH,冰IS,韩KR,澳AU,格GE,毛MU,东盟^{R}AS^R,澳^{R}AU^R,新西兰^{R}NZ^R,柬KH,港HK,澳门MO,台TW,韩^{R}KR^R	0	受惠国LD	70
				5.2	亚太AP			
				8.2	日^{R}JP^R			
4404	5603.1390	---其他 ---Other	8	0	东盟AS,智CL,巴PK,新西兰NZ,新加坡SG,秘PE,哥CR,瑞CH,冰IS,韩KR,澳AU,格GE,毛MU,柬KH,港HK,澳门MO,台TW	0	受惠国LD	130
				8	东盟^{R}AS^R,澳^{R}AU^R,新西兰^{R}NZ^R,韩^{R}KR^R			
				8.2	日^{R}JP^R			
		--每平方米重量超过150克: --Weighing more than 150g/m^2:						
4405	5603.1410	---经浸渍、涂布、包覆或层压 ---Impregnated, coated, covered or laminated	8	0	东盟AS,智CL,巴PK,新西兰NZ,新加坡SG,秘PE,哥CR,瑞CH,冰IS,澳AU,格GE,毛MU,柬KH,港HK,澳门MO,台TW	0	受惠国LD	70
				4	韩KR			
				5.2	亚太AP			
				8.7	东盟^{R}AS^R,韩^{R}KR^R			
				8.8	日^{R}JP^R			
				9	澳^{R}AU^R,新西兰^{R}NZ^R			
4406	5603.1490	---其他 ---Other	8	0	东盟AS,智CL,巴PK,新西兰NZ,新加坡SG,秘PE,哥CR,瑞CH,冰IS,韩KR,澳AU,格GE,毛MU,柬KH,港HK,澳门MO,台TW	0	受惠国LD	130
				5.2	亚太AP			
				8	东盟^{R}AS^R,澳^{R}AU^R,新西兰^{R}NZ^R,韩^{R}KR^R			
				8.2	日^{R}JP^R			
		-其他: -Other:						
		--每平方米重量不超过25克: --Weighing not more than 25g/m^2:						
4407	5603.9110	---经浸渍、涂布、包覆或层压 ---Impregnated, coated, covered or laminated	8	0	东盟AS,智CL,巴PK,新西兰NZ,新加坡SG,秘PE,哥CR,瑞CH,冰IS,澳AU,格GE,毛MU,东盟^{R}AS^R,澳^{R}AU^R,新西兰^{R}NZ^R,柬KH,港HK,澳门MO	0	受惠国LD	70
				1	韩KR			
				5.2	亚太AP			
				8	韩^{R}KR^R			
				8.2	日^{R}JP^R			

序号 No.	税则号列 Tariff Line	货品名称 Article Description	最惠国税率 MFN(%)	协定税率 Agreement(%)		特惠税率 SP(%)	普通税率 Gen(%)
	ex56039110	乙烯聚合物制电池隔膜基布 Base cloth for battery separator, of polymers of ethylene	Δ5				
4408	5603.9190	---其他 ---Other	8	0	东盟AS,智CL,巴PK,新西兰NZ,新加坡SG,秘PE,哥CR,瑞CH,冰IS,澳AU,格GE,毛MU,东盟^{R}AS^R,澳^{R}AU^R,新西兰^{R}NZ^R,柬KH,港HK,澳门MO	0 受惠国LD	85
				1	韩KR		
				6.8	亚太AP		
				8	韩^{R}KR^R		
				8.2	日^{R}JP^R		
		--每平方米重量超过25克,但不超过70克: --Weighing more than 25g/m² but not more than 70g/m²:					
4409	5603.9210	---经浸渍、涂布、包覆或层压 ---Impregnated, coated, covered or laminated	8	0	东盟AS,智CL,巴PK,新西兰NZ,新加坡SG,秘PE,哥CR,瑞CH,冰IS,澳AU,格GE,毛MU,东盟^{R}AS^R,澳^{R}AU^R,新西兰^{R}NZ^R,柬KH,港HK,澳门MO	0 受惠国LD	70
				1	韩KR		
				5.2	亚太AP		
				8	韩^{R}KR^R		
				8.2	日^{R}JP^R		
	ex56039210	乙烯聚合物制电池隔膜基布 Base cloth for battery separator, of polymers of ethylene	Δ5				
4410	5603.9290	---其他 ---Other	8	0	东盟AS,智CL,巴PK,新西兰NZ,秘PE,哥CR,瑞CH,冰IS,韩KR,澳AU,格GE,毛MU,柬KH,港HK,澳门MO,台TW	0 受惠国LD,柬KH,老LA,缅MM	85
				5.2	亚太AP		
				8	东盟^{R}AS^R,澳^{R}AU^R,新西兰^{R}NZ^R,韩^{R}KR^R		
				8.2	日^{R}JP^R		
		--每平方米重量超过70克,但不超过150克: --Weighing more than 70g/m² but not more than 150g/m²:					

序号 No.	税则号列 Tariff Line	货品名称 Article Description	最惠国税率 MFN(%)	协定税率 Agreement(%)		特惠税率 SP(%)	普通税率 Gen(%)
4411	5603.9310	---经浸渍、涂布、包覆或层压 ---Impregnated, coated, covered or laminated	8	0	东盟AS,智CL,巴PK,新西兰NZ, 新加坡SG,秘PE,哥CR,瑞CH,冰 IS,澳AU,格GE,毛MU,柬KH,港 HK,澳门MO	0 受惠国LD	70
				1	韩KR		
				5.2	亚太AP		
				8	东盟^RAS^R,澳^RAU^R,新西兰^RNZ^R, 韩^RKR^R		
				8.2	日^RJP^R		
	ex56039310	乙烯聚合物制电池隔膜基布 Base cloth for battery separator, of polymers of ethylene	△5				
4412	5603.9390	---其他 ---Other	8	0	东盟AS,智CL,巴PK,新西兰NZ, 新加坡SG,秘PE,哥CR,瑞CH,冰 IS,韩KR,澳AU,格GE,毛MU,东盟 ^RAS^R,澳^RAU^R,新西兰^RNZ^R,柬KH, 港HK,澳门MO,台TW,韩^RKR^R	0 受惠国LD	85
				5.2	亚太AP		
				8.2	日^RJP^R		
		--每平方米重量超过150克: --Weighing more than 150g/m²:					
4413	5603.9410	---经浸渍、涂布、包覆或层压 ---Impregnated, coated, covered or laminated	8	0	东盟AS,智CL,巴PK,新西兰NZ, 新加坡SG,秘PE,哥CR,瑞CH,冰 IS,韩KR,澳AU,格GE,毛MU,柬 KH,港HK,澳门MO,台TW	0 受惠国LD	70
				5.2	亚太AP		
				8	东盟^RAS^R,澳^RAU^R,新西兰^RNZ^R, 韩^RKR^R		
				8.2	日^RJP^R		
4414	5603.9490	---其他 ---Other	8	0	东盟AS,智CL,巴PK,新西兰NZ, 新加坡SG,秘PE,哥CR,瑞CH,冰 IS,澳AU,格GE,毛MU,柬KH,港 HK,澳门MO,台TW	0 受惠国LD, 柬KH,老 LA,缅MM	85
				4	韩KR		
				5.2	亚太AP		
				8.7	东盟^RAS^R,韩^RKR^R		
				8.8	日^RJP^R		
				9	澳^RAU^R,新西兰^RNZ^R		
	56.04	用纺织材料包覆的橡胶线及绳；用橡 胶或塑料浸渍、涂布、包覆或套裹的 纺织纱线及税目54.04或54.05的扁条 及类似品: Rubber thread and cord, textile covered; textile yarn, and strip and the like of heading 54.04 or 54.05, impregnated, coated, covered or sheathed with rubber or plastics:					

序号 No.	税则号列 Tariff Line	货品名称 Article Description	最惠国税率 MFN(%)	协定税率 Agreement(%)		特惠税率 SP(%)		普通税率 Gen(%)
4415	5604.1000	-用纺织材料包覆的橡胶线及绳 -Rubber thread and cord, textile covered	5	0	东盟AS,智CL,巴PK,新西兰NZ,秘PE,哥CR,瑞CH,冰IS,韩KR,澳AU,格GE,毛MU,东盟^RAS^R,澳^RAU^R,日^RJP^R,新西兰NZ^R,柬KH,港HK,澳门MO,韩^RKR^R	0	受惠国LD,柬KH,老LA,缅MM	80
4416	5604.9000	-其他 -Other	5	0 0.5 4 4.4	东盟AS,智CL,巴PK,新西兰NZ,秘PE,哥CR,瑞CH,冰IS,澳AU,格GE,毛MU,柬KH,港HK,澳门MO 韩KR 东盟^RAS^R,澳^RAU^R,新西兰^RNZ^R,韩^RKR^R 日^RJP^R	0	受惠国LD	80
	56.05	含金属纱线,不论是否螺旋花线,由纺织纱线或税目54.04或54.05的扁条及类似品与金属线、扁条或粉末混合制得或用金属包覆制得: Metallised yarn, whether or not gimped, being textile yarn, or strip or the like of heading 54.04 or 54.05, combined with metal in the form of thread, strip or powder or covered with metal:						
4417	5605.0000	含金属纱线,不论是否螺旋花线,由纺织纱线或税目54.04或54.05的扁条及类似品与金属线、扁条或粉末混合制得或用金属包覆制得 Metallzied yarn, whether or not gimped, being textile yarn, or strip or the like of heading 54.04 or 54.05, combined with metal in the form of thread, strip or powder or covered with metal	5	0	东盟AS,智CL,巴PK,新西兰NZ,秘PE,哥CR,瑞CH,冰IS,韩KR,澳AU,格GE,毛MU,东盟^RAS^R,澳^RAU^R,日^RJP^R,新西兰^RNZ^R,柬KH,港HK,澳门MO,韩^RKR^R	0	受惠国LD	70
	56.06	粗松螺旋花线,税目54.04或54.05的扁条及类似品制的螺旋花线(税目56.05的货品及马毛粗松螺旋花线除外);绳绒线(包括植绒绳绒线);纵行起圈纱线: Gimped yarn, and strip and the like of heading 54.04 or 54.05, gimped (other than those of heading 56.05 and gimped horsehair yarn); chenille yarn (including flock chenille yarn); loop wale yarn:						
4418	5606.0000	粗松螺旋花线,税目54.04或54.05的扁条及类似品制的螺旋花线(税目56.05的货品及马毛粗松螺旋花线除外);绳绒线(包括植绒绳绒线);纵行起圈纱线 Gimped yarn, and strip and the like of heading 54.04 or 54.05, gimped(other than those of heading 56.05 and gimped horsehair yarn); chenille yarn(including flock chenille yarn); loop wale yarn	5	0	东盟AS,智CL,巴PK,新西兰NZ,秘PE,哥CR,瑞CH,冰IS,韩KR,澳AU,格GE,毛MU,东盟^RAS^R,澳^RAU^R,日^RJP^R,新西兰^RNZ^R,柬KH,港HK,澳门MO,韩^RKR^R	0	受惠国LD	70

序号 No.	税则号列 Tariff Line	货品名称 Article Description	最惠国税率 MFN(%)		协定税率 Agreement(%)	特惠税率 SP(%)		普通税率 Gen(%)
	56.07	**线、绳、索、缆,不论是否编织或编结而成,也不论是否用橡胶或塑料浸渍,涂布、包覆或套裹:** **Twine, cordage, ropes and cables, whether or not plaited or braided and whether or not impregnated, coated, covered or sheathed with rubber or plastics:**						
		-西沙尔麻或其他纺织用龙舌兰类纤维纺制: -Of sisal or other textile fibres of the genus *Agave*:						
4419	5607.2100	--包扎用绳 --Binder or baler twine	5	0	东盟AS,智CL,巴PK,新西兰NZ,秘PE,哥CR,瑞CH,冰IS,韩KR,澳AU,格GE,毛MU,东盟ᴿASᴿ,澳ᴿAUᴿ,日ᴿJPᴿ,新西兰ᴿNZᴿ,柬KH,港HK,澳门MO,韩ᴿKRᴿ	0	受惠国LD	50
4420	5607.2900	--其他 --Other	5	0	东盟AS,智CL,巴PK,新西兰NZ,秘PE,哥CR,瑞CH,冰IS,韩KR,澳AU,格GE,毛MU,东盟ᴿASᴿ,澳ᴿAUᴿ,日ᴿJPᴿ,新西兰ᴿNZᴿ,柬KH,港HK,澳门MO,韩ᴿKRᴿ	0	受惠国LD	50
		-聚乙烯或聚丙烯纺制: -Of polyethylene or polypropylene:						
4421	5607.4100	--包扎用绳 --Binder or baler twine	5	0	东盟AS,智CL,巴PK,新西兰NZ,秘PE,哥CR,瑞CH,冰IS,韩KR,澳AU,格GE,毛MU,东盟ᴿASᴿ,澳ᴿAUᴿ,日ᴿJPᴿ,新西兰ᴿNZᴿ,柬KH,港HK,澳门MO,韩ᴿKRᴿ	0	受惠国LD	100
4422	5607.4900	--其他 --Other	5	0	东盟AS,智CL,巴PK,新西兰NZ,秘PE,哥CR,瑞CH,冰IS,韩KR,澳AU,格GE,毛MU,东盟ᴿASᴿ,澳ᴿAUᴿ,日ᴿJPᴿ,新西兰ᴿNZᴿ,柬KH,港HK,澳门MO,韩ᴿKRᴿ	0	受惠国LD	100
4423	5607.5000	-其他合成纤维纺制 -Of other synthetic fibres	5	0	东盟AS,智CL,巴PK,新西兰NZ,秘PE,哥CR,瑞CH,冰IS,韩KR,澳AU,格GE,毛MU,东盟ᴿASᴿ,澳ᴿAUᴿ,日ᴿJPᴿ,新西兰ᴿNZᴿ,柬KH,港HK,澳门MO,台TW,韩ᴿKRᴿ	0	受惠国LD	100
		-其他: -Other:						
4424	5607.9010	---蕉麻(马尼拉麻)或其他硬质(叶)纤维纺制 ---Of abaca (Manila hemp or Musa textilis Nee) or other hard (leaf) fibres	5	0	东盟AS,智CL,巴PK,新西兰NZ,秘PE,哥CR,瑞CH,冰IS,韩KR,澳AU,格GE,毛MU,东盟ᴿASᴿ,澳ᴿAUᴿ,日ᴿJPᴿ,新西兰ᴿNZᴿ,柬KH,港HK,澳门MO,韩ᴿKRᴿ	0	受惠国LD	50
4425	5607.9090	---其他 ---Other	5	0	东盟AS,智CL,巴PK,新西兰NZ,秘PE,哥CR,瑞CH,冰IS,韩KR,澳AU,格GE,毛MU,东盟ᴿASᴿ,澳ᴿAUᴿ,日ᴿJPᴿ,新西兰ᴿNZᴿ,柬KH,港HK,澳门MO,韩ᴿKRᴿ	0	受惠国LD,柬KH,老LA,缅MM 2.5 亚太AP	100

序号 No.	税则号列 Tariff Line	货品名称 Article Description	最惠国税率 MFN(%)	协定税率 Agreement(%)		特惠税率 SP(%)	普通税率 Gen(%)
	56.08	线、绳或索结制的网料；纺织材料制成的渔网及其他网： Knotted netting of twine, cordage or rope; made-up fishing nets and other made-up nets, of textile materials:					
		-化学纤维材料制： -Of man-made textile materials:					
4426	5608.1100	--制成的渔网 --Made up fishing nets	8	0	东盟AS,智CL,新西兰NZ,秘PE,哥CR,瑞CH,冰IS,韩KR,澳AU,格GE,毛MU,东盟^RAS^R,澳^RAU^R,新西兰^RNZ^R,柬KH,港HK,澳门MO,韩^RKR^R	0 受惠国LD	50
				3	巴PK		
				8.2	日^RJP^R		
4427	5608.1900	--其他 --Other	8	0	东盟AS,智CL,巴PK,新西兰NZ,新加坡SG,秘PE,哥CR,瑞CH,冰IS,韩KR,澳AU,格GE,毛MU,东盟^RAS^R,澳^RAU^R,新西兰^RNZ^R,柬KH,港HK,澳门MO,台TW,韩^RKR^R	0 受惠国LD	100
				9.8	日^RJP^R		
4428	5608.9000	-其他 -Other	8	0.	东盟AS,智CL,新西兰NZ,秘PE,哥CR,瑞CH,冰IS,韩KR,澳AU,格GE,毛MU,东盟^RAS^R,澳^RAU^R,新西兰^RNZ^R,柬KH,港HK,澳门MO,韩^RKR^R	0 受惠国LD	100
				3	巴PK		
				8.2	日^RJP^R		
	56.09	用纱线、税目54.04或54.05的扁条及类似品或线、绳、索、缆制成的其他税目未列名物品： Articles of yarn, strip or the like of heading 54.04 or 54.05, twine, cordage, rope or cables, not elsewhere specified or included:					
4429	5609.0000	用纱线、税目54.04或54.05的扁条及类似品或线、绳、索、缆制成的其他税目未列名物品 Articles of yarn, strip or the like of heading 54.04 or 54.05, twine, cordage, rope or cables, not elsewhere specified or included	8	0	东盟AS,智CL,新西兰NZ,秘PE,哥CR,瑞CH,冰IS,韩KR,澳AU,格GE,东盟^RAS^R,澳^RAU^R,新西兰^RNZ^R,柬KH,港HK,澳门MO,韩^RKR^R	0 受惠国LD, 亚太AP	100
				4	巴PK,毛MU		
				8.2	日^RJP^R		

注释:

一、本章所称"地毯及纺织材料的其他铺地制品",是指使用时以纺织材料作面的铺地制品,也包括具有纺织材料铺地制品特征但作其他用途的物品。

二、本章不包括铺地制品衬垫。

Notes:

1. For the purposes of this Chapter, the term "carpets and other textile floor coverings" means floor coverings in which textile materials serve as the exposed surface of the article when in use and includes articles having the characteristics of textile floor coverings but intended for use for other purposes.

2. This Chapter does not cover floor covering underlays.

序号 No.	税则号列 Tariff Line	货品名称 Article Description	最惠国税率 MFN(%)	协定税率 Agreement(%)		特惠税率 SP(%)		普通税率 Gen(%)
	57.01	结织栽绒地毯及纺织材料的其他结织栽绒铺地制品,不论是否制成的: Carpets and other textile floor coverings, knotted, whether or not made up:						
4430	5701.1000	-羊毛或动物细毛制 -Of wool or fine animal hair	6	0	东盟AS,智CL,巴PK,新西兰NZ,新加坡SG,秘PE,哥CR,瑞CH,冰IS,澳AU,格GE,毛MU,东盟^RAS^R,澳^RAU^R,新西兰^RNZ^R,柬KH,港HK,澳门MO	0	受惠国LD	130
				1.4	韩KR			
				11.2	韩^RKR^R			
				11.5	日^RJP^R			
		-其他纺织材料制: -Of other textile materials:						
4431	5701.9010	---化学纤维制 ---Of man-made textile materials	6	0	东盟AS,智CL,新西兰NZ,新加坡SG,秘PE,哥CR,瑞CH,冰IS,澳AU,格GE,毛MU,东盟^RAS^R,澳^RAU^R,新西兰^RNZ^R,柬KH,港HK,澳门MO	0	受惠国LD	130
				1.6	韩KR			
				12.8	巴PK,韩^RKR^R			
				13.1	日^RJP^R			
4432	5701.9020	---丝制 ---Of silk	6	0	东盟AS,智CL,新西兰NZ,新加坡SG,秘PE,哥CR,瑞CH,冰IS,澳AU,格GE,毛MU,东盟^RAS^R,澳^RAU^R,新西兰^RNZ^R,柬KH,港HK,澳门MO	0	受惠国LD	100
				1.4	韩KR			
				7	巴PK			
				11.2	韩^RKR^R			
				11.5	日^RJP^R			

序号 No.	税则号列 Tariff Line	货品名称 Article Description	最惠国税率 MFN(%)	协定税率 Agreement(%)		特惠税率 SP(%)		普通税率 Gen(%)
4433	5701.9090	---其他 ---Other	6	0	东盟AS,智CL,新西兰NZ,新加坡SG,秘PE,哥CR,瑞CH,冰IS,澳AU,格GE,毛MU,东盟^{R}AS^R,澳^{R}AU^R,新西兰^{R}NZ^R,柬KH,港HK,澳门MO	0	受惠国LD	100
				1.4	韩KR			
				7	巴PK			
				11.2	韩^{R}KR^R			
				11.5	日^{R}JP^R			
	57.02	机织地毯及纺织材料的其他机织铺地制品,未簇绒或未植绒,不论是否制成的,包括"开来姆""苏麦克""卡拉马尼"及类似的手织地毯: Carpets and other textile floor coverings, woven, not tufted or flocked, whether or not made up, including "Kelem", "Schumacks", "Karamanie" and similar hand-woven rugs:							
4434	5702.1000	- "开来姆""苏麦克""卡拉马尼"及类似的手织地毯 - "Kelem", "Schumacks", "Karamanie" and similar hand-woven rugs	6	0	东盟AS,智CL,巴PK,新西兰NZ,新加坡SG,秘PE,哥CR,瑞CH,冰IS,澳AU,格GE,毛MU,东盟^{R}AS^R,澳^{R}AU^R,新西兰^{R}NZ^R,柬KH,港HK,澳门MO	0	受惠国LD,亚太AP	130
				1.4	韩KR			
				11.2	韩^{R}KR^R			
				11.5	日^{R}JP^R			
4435	5702.2000	-椰壳纤维制的铺地制品 -Floor coverings of coconut fibres(coir)	6	0	东盟AS,智CL,巴PK,新西兰NZ,新加坡SG,秘PE,哥CR,瑞CH,冰IS,澳AU,格GE,毛MU,东盟^{R}AS^R,澳^{R}AU^R,新西兰^{R}NZ^R,柬KH,港HK,澳门MO	0	受惠国LD	100
				1.4	韩KR			
				11.2	韩^{R}KR^R			
				11.5	日^{R}JP^R			
		-其他起绒结构的铺地制品,未制成的: -Other, of pile construction, not made up:							
4436	5702.3100	--羊毛或动物细毛制 --Of wool or fine animal hair	4	0	东盟AS,智CL,巴PK,新西兰NZ,新加坡SG,秘PE,哥CR,瑞CH,冰IS,韩KR,澳AU,格GE,毛MU,东盟^{R}AS^R,澳^{R}AU^R,新西兰^{R}NZ^R,柬KH,港HK,澳门MO,韩^{R}KR^R	0	受惠国LD	130
				8.2	日^{R}JP^R			

序号 No.	税则号列 Tariff Line	货品名称 Article Description	最惠国税率 MFN(%)	协定税率 Agreement(%)		特惠税率 SP(%)	普通税率 Gen(%)
4437	5702.3200	--化学纤维制 --Of man-made textile materials	6	0	东盟AS,智CL,巴PK,新西兰NZ,新加坡SG,秘PE,哥CR,瑞CH,冰IS,澳AU,格GE,毛MU,东盟^{R}AS^R,澳^{R}AU^R,新西兰^{R}NZ^R,柬KH,港HK,澳门MO	0 受惠国LD	130
				1.6	韩KR		
				12.8	韩^{R}KR^R		
				13.1	日^{R}JP^R		
4438	5702.3900	--其他纺织材料制 --Of other textile materials	6	0	东盟AS,智CL,巴PK,新西兰NZ,新加坡SG,秘PE,哥CR,瑞CH,冰IS,澳AU,格GE,毛MU,东盟^{R}AS^R,澳^{R}AU^R,新西兰^{R}NZ^R,柬KH,港HK,澳门MO	0 受惠国LD, 亚太AP	100
				1.4	韩KR		
				11.2	韩^{R}KR^R		
				11.5	日^{R}JP^R		
		-其他起绒结构的铺地制品, 制成的: -Other, of pile construction, made up:					
4439	5702.4100	--羊毛或动物细毛制 --Of wool or fine animal hair	4	0	东盟AS,智CL,巴PK,新西兰NZ,新加坡SG,秘PE,哥CR,瑞CH,冰IS,韩KR,澳AU,格GE,毛MU,东盟^{R}AS^R,澳^{R}AU^R,新西兰^{R}NZ^R,柬KH,港HK,澳门MO,韩^{R}KR^R	0 受惠国LD	130
				8.2	日^{R}JP^R		
4440	5702.4200	--化学纤维制 --Of man-made textile materials	4	0	东盟AS,智CL,巴PK,新西兰NZ,新加坡SG,秘PE,哥CR,瑞CH,冰IS,韩KR,澳AU,格GE,毛MU,东盟^{R}AS^R,澳^{R}AU^R,新西兰^{R}NZ^R,柬KH,港HK,澳门MO,韩^{R}KR^R	0 受惠国LD	130
				8.2	日^{R}JP^R		
4441	5702.4900	--其他纺织材料制 --Of other textile materials	6	0	东盟AS,智CL,巴PK,新西兰NZ,新加坡SG,秘PE,哥CR,瑞CH,冰IS,澳AU,格GE,毛MU,东盟^{R}AS^R,澳^{R}AU^R,新西兰^{R}NZ^R,柬KH,港HK,澳门MO	0 受惠国LD	100
				1.4	韩KR		
				4	亚太AP		
				11.2	韩^{R}KR^R		
				11.5	日^{R}JP^R		
		-其他非起绒结构的铺地制品, 未制成的: -Other, not of pile construction, not made up:					

序号 No.	税则号列 Tariff Line	货品名称 Article Description	最惠国税率 MFN(%)	协定税率 Agreement(%)		特惠税率 SP(%)	普通税率 Gen(%)
4442	5702.5010	---羊毛或动物细毛制 ---Of wool or fine animal hair	6	0	东盟AS,智CL,巴PK,新西兰NZ,新加坡SG,秘PE,哥CR,瑞CH,冰IS,澳AU,格GE,毛MU,东盟^{R}AS^R,澳^{R}AU^R,新西兰^{R}NZ^R,柬KH,港HK,澳门MO	0 受惠国LD	130
				1.4	韩KR		
				11.2	韩^{R}KR^R		
				11.5	日^{R}JP^R		
4443	5702.5020	---化学纤维制 ---Of man-made textile materials	6	0	东盟AS,智CL,巴PK,新西兰NZ,新加坡SG,秘PE,哥CR,瑞CH,冰IS,澳AU,格GE,毛MU,东盟^{R}AS^R,澳^{R}AU^R,新西兰^{R}NZ^R,柬KH,港HK,澳门MO	0 受惠国LD	130
				1.6	韩KR		
				12.8	韩^{R}KR^R		
				13.1	日^{R}JP^R		
4444	5702.5090	---其他纺织材料制 ---Of other textile materials	6	0	东盟AS,智CL,巴PK,新西兰NZ,新加坡SG,秘PE,哥CR,瑞CH,冰IS,澳AU,格GE,毛MU,东盟^{R}AS^R,澳^{R}AU^R,新西兰^{R}NZ^R,柬KH,港HK,澳门MO	0 受惠国LD	100
				1.4	韩KR		
				11.2	韩^{R}KR^R		
				11.5	日^{R}JP^R		
		-其他非起绒结构的铺地制品,制成的: -Other, not of pile construction, made up:					
4445	5702.9100	--羊毛或动物细毛制 --Of wool or fine animal hair	6	0	东盟AS,智CL,巴PK,新西兰NZ,新加坡SG,秘PE,哥CR,瑞CH,冰IS,澳AU,格GE,毛MU,东盟^{R}AS^R,澳^{R}AU^R,新西兰^{R}NZ^R,柬KH,港HK,澳门MO	0 受惠国LD	130
				1.4	韩KR		
				11.2	韩^{R}KR^R		
				11.5	日^{R}JP^R		
4446	5702.9200	--化学纤维制 --Of man-made textile materials	6	0	东盟AS,智CL,巴PK,新西兰NZ,新加坡SG,秘PE,哥CR,瑞CH,冰IS,澳AU,格GE,毛MU,东盟^{R}AS^R,澳^{R}AU^R,新西兰^{R}NZ^R,柬KH,港HK,澳门MO	0 受惠国LD	130
				1.6	韩KR		
				12.8	韩^{R}KR^R		
				13.1	日^{R}JP^R		

序号 No.	税则号列 Tariff Line	货品名称 Article Description	最惠国税率 MFN(%)		协定税率 Agreement(%)	特惠税率 SP(%)		普通税率 Gen(%)
4447	5702.9900	--其他纺织材料制 --Of other textile materials	6	0 1.4 11.2 11.5	东盟AS,智CL,巴PK,新西兰NZ, 新加坡SG,秘PE,哥CR,瑞CH,冰 IS,澳AU,格GE,毛MU,东盟^RAS^R, 澳^RAU^R,新西兰^RNZ^R,柬KH,港 HK,澳门MO 韩KR 韩^RKR^R 日^RJP^R	0	受惠国LD	100
	57.03	簇绒地毯及纺织材料的其他簇绒铺地制品（包括人造草皮），不论是否制成的： Carpets and other textile floor coverings (including turf), tufted, whether or not made up:						
4448	5703.1000	-羊毛或动物细毛制 -Of wool or fine animal hair	6	0 1.4 11.2 11.5	东盟AS,智CL,新西兰NZ,新加坡SG,秘PE,哥CR,瑞CH,冰IS,澳AU,格GE,毛MU,东盟^RAS^R,澳^RAU^R,新西兰^RNZ^R,柬KH,港HK,澳门MO 韩KR 韩^RKR^R 日^RJP^R	0	受惠国LD	130
		-尼龙或其他聚酰胺制： -Of nylon or other polyamides:						
4449	5703.2100	--人造草皮 --Turf	4	0 3 5.5 9	东盟AS,智CL,新西兰NZ,新加坡SG,秘PE,哥CR,瑞CH,冰IS,澳AU,格GE,毛MU,柬KH,港HK,澳门MO 巴PK 韩KR 东盟^RAS^R,澳^RAU^R,新西兰^RNZ^R	0	受惠国LD	130
4450	5703.2900	--其他 --Other	4	0 3 5.5 9	东盟AS,智CL,新西兰NZ,新加坡SG,秘PE,哥CR,瑞CH,冰IS,澳AU,格GE,毛MU,柬KH,港HK,澳门MO 巴PK 韩KR 东盟^RAS^R,澳^RAU^R,新西兰^RNZ^R	0	受惠国LD	130
		-其他化学纤维制： -Of other man-made textile materials :						
4451	5703.3100	--人造草皮 --Turf	4	0 8.2	东盟AS,智CL,新西兰NZ,新加坡SG,秘PE,哥CR,瑞CH,冰IS,韩KR,澳AU,格GE,毛MU,东盟^RAS^R,澳^RAU^R,新西兰^RNZ^R,柬KH,港HK,澳门MO,韩^RKR^R 日^RJP^R	0	受惠国LD	130

序号 No.	税则号列 Tariff Line	货品名称 Article Description	最惠国税率 MFN(%)	协定税率 Agreement(%)		特惠税率 SP(%)	普通税率 Gen(%)
4452	5703.3900	--其他 --Other	4	0	东盟AS,智CL,新西兰NZ,新加坡SG,秘PE,哥CR,瑞CH,冰IS,韩KR,澳AU,格GE,毛MU,东盟^RAS^R,澳^RAU^R,新西兰^RNZ^R,柬KH,港HK,澳门MO,韩^RKR^R	0 受惠国LD	130
				8.2	日^RJP^R		
4453	5703.9000	-其他纺织材料制 -Of other textile materials	6	0	东盟AS,智CL,新西兰NZ,新加坡SG,秘PE,哥CR,瑞CH,冰IS,澳AU,格GE,毛MU,东盟^RAS^R,澳^RAU^R,新西兰^RNZ^R,柬KH,港HK,澳门MO	0 受惠国LD,亚太AP	100
				1.4	韩KR		
				11.2	巴PK,韩^RKR^R		
				11.5	日^RJP^R		
	57.04	毡呢地毯及纺织材料的其他毡呢铺地制品,未簇绒或未植绒,不论是否制成的: Carpets and other textile floor coverings, of felt, not tufted or flocked, whether or not made up:					
4454	5704.1000	-最大表面面积不超过0.3平方米 -Tiles, having a maximum surface area not exceeding 0.3m²	6	0	东盟AS,智CL,新西兰NZ,新加坡SG,秘PE,哥CR,瑞CH,冰IS,澳AU,格GE,毛MU,东盟^RAS^R,澳^RAU^R,新西兰^RNZ^R,柬KH,港HK,澳门MO	0 受惠国LD	130
				1.4	韩KR		
				7	巴PK		
				11.2	韩^RKR^R		
				11.5	日^RJP^R		
4455	5704.2000	-最大表面面积超过0.3平方米但不超过1平方米 -Tiles, having a maximum surface area exceeding 0.3m² but not exceeding 1m²	4	0	东盟AS,智CL,新西兰NZ,新加坡SG,秘PE,哥CR,瑞CH,冰IS,韩KR,澳AU,格GE,毛MU,东盟^RAS^R,澳^RAU^R,新西兰^RNZ^R,柬KH,港HK,澳门MO,韩^RKR^R	0 受惠国LD	130
				1	巴PK		
				8.2	日^RJP^R		
4456	5704.9000	-其他 -Other	4	0	东盟AS,智CL,新西兰NZ,新加坡SG,秘PE,哥CR,瑞CH,冰IS,韩KR,澳AU,格GE,毛MU,东盟^RAS^R,澳^RAU^R,新西兰^RNZ^R,柬KH,港HK,澳门MO,韩^RKR^R	0 受惠国LD	130
				1	巴PK		
				8.2	日^RJP^R		

序号 No.	税则号列 Tariff Line	货品名称 Article Description	最惠国税率 MFN(%)	协定税率 Agreement(%)		特惠税率 SP(%)		普通税率 Gen(%)
	57.05	其他地毯及纺织材料的其他铺地制品, 不论是否制成的: Other carpets and other textile floor coverings, whether or not made up:						
4457	5705.0010	---羊毛或动物细毛制 ---Of wool or fine animal hair	6	0	东盟AS,智CL,新西兰NZ,新加坡SG,秘PE,哥CR,瑞CH,冰IS,澳AU,格GE,毛MU,东盟^RAS^R,澳^RAU^R,新西兰^RNZ^R,柬KH,港HK,澳门MO	0	受惠国LD,亚太AP	130
				1.4	韩KR			
				11.2	巴PK,韩^RKR^R			
				11.5	日^RJP^R			
4458	5705.0020	---化学纤维制 ---Of man-made textile materials	4	0	东盟AS,智CL,新西兰NZ,新加坡SG,秘PE,哥CR,瑞CH,冰IS,韩KR,澳AU,格GE,毛MU,东盟^RAS^R,澳^RAU^R,新西兰^RNZ^R,柬KH,港HK,澳门MO,韩^RKR^R	0	受惠国LD,亚太AP	130
				4	巴PK			
				8.2	日^RJP^R			
4459	5705.0090	---其他纺织材料制 ---Of other textile materials	6	0	东盟AS,智CL,新西兰NZ,新加坡SG,秘PE,哥CR,瑞CH,冰IS,澳AU,格GE,毛MU,东盟^RAS^R,澳^RAU^R,新西兰^RNZ^R,柬KH,港HK,澳门MO	0	受惠国LD,亚太AP	100
				1.4	韩KR			
				11.2	巴PK,韩^RKR^R			
				11.5	日^RJP^R			

特种机织物；簇绒织物；花边；
装饰毯；装饰带；刺绣品

Chapter 58
Special woven fabrics; tufted textile fabrics;
lace; tapestries; trimmings; embroidery

注释:

一、本章不适用于经浸渍、涂布、包覆或层压的第五十九章注释一所述的纺织物或第五十九章的其他货品。

二、税目58.01也包括因未将浮纱割断而使表面无竖绒的纬起绒织物。

三、税目58.03所称"纱罗"，是指经线全部或部分由地经纱和绞经纱构成的织物，其中绞经纱绕地经纱半圈、一圈或几圈而形成圈状，纬纱从圈中穿过。

四、税目58.04不适用于税目56.08的线、绳、索结制的网状织物。

五、税目58.06所称"狭幅机织物"，是指:

（一）幅宽不超过30厘米的机织物，不论是否织成或从宽幅料剪成，但两侧必须有织成的、胶粘的或用其他方法制成的布边;

（二）压平宽度不超过30厘米的圆筒机织物;

（三）折边的斜裁滚条布，其未折边时的宽度不超过30厘米。

流苏状的狭幅织物归入税目58.08。

六、税目58.10所称"刺绣品"，除了一般纺织材料绣线绣制的刺绣品外，还包括在可见底布上用金属线或玻璃线刺绣的刺绣品，也包括用珠片、饰珠、纺织材料或其他材料制的装饰用花纹图案所缝绣的贴花织物。但不包括手工针绣嵌花装饰毯（税目58.05）。

七、除税目58.09的产品外，本章还包括金属线制的用于衣着、装饰及类似用途的物品。

Notes:

1. This Chapter does not apply to textile fabrics referred to in Note 1 to Chapter 59, impregnated, coated, covered or laminated, or to other goods of Chapter 59.

2. Heading 58.01 also includes woven weft pile fabrics which have not yet had the floats cut, at which stage they have no pile standing up.

3. For the purpose of heading 58.03, "gauze" means a fabric with a warp composed wholly or in part of standing or ground threads and crossing or doup threads which cross the standing or ground threads making a half turn, a complete turn or more to form loops through which weft threads pass.

4. Heading 58.04 does not apply to knotted net fabrics of twine, cordage or rope, of heading 56.08.

5. For the purposes of heading 58.06, the expression "narrow woven fabrics" means:

   (a) Woven fabrics of a width not exceeding 30cm, whether woven as such or cut from wider pieces, provided with selvedges (woven, gummed or otherwise made) on both edges;

   (b) Tubular woven fabrics of a flattened width not exceeding 30cm; and

   (c) Bias binding with folded edges, of a width when unfolded not exceeding 30cm.

   Narrow woven fabrics with woven fringes are to be classified in heading 58.08.

6. In heading 58.10, the expression "embroidery" means, *inter alia*, embroidery with metal or glass thread on a visible ground of textile fabric, and sewn applique work of sequins, beads or ornamental motifs of textile or other materials. The heading does not apply to needlework tapestry (heading 58.05).

7. In addition to the products of heading 58.09, this Chapter also includes articles made of metal thread and of a kind used in apparel, as furnishing fabrics or for similar purposes.

序号 No.	税则号列 Tariff Line	货品名称 Article Description	最惠国税率 MFN(%)	协定税率 Agreement(%)	特惠税率 SP(%)	普通税率 Gen(%)
	58.01	起绒机织物及绳绒织物，但税目58.02或58.06的织物除外: **Woven pile fabrics and chenille fabrics, other than fabrics of heading 58.02 or 58.06:**				

序号 No.	税则号列 Tariff Line	货品名称 Article Description	最惠国税率 MFN(%)	协定税率 Agreement(%)		特惠税率 SP(%)	普通税率 Gen(%)
4460	5801.1000	-羊毛或动物细毛制 -Of wool or fine animal hair	8	0	东盟AS,智CL,巴PK,新西兰NZ,新加坡SG,秘PE,哥CR,瑞CH,冰IS,韩KR,澳AU,格GE,毛MU,东盟^RAS^R,澳^RAU^R,新西兰^RNZ^R,柬KH,港HK,澳门MO,韩^RKR^R	0 受惠国LD	130
				8.2	日^RJP^R		
		-棉制: -Of cotton:					
4461	5801.2100	--不割绒的纬起绒织物 --Uncut weft pile fabrics	8	0	东盟AS,智CL,巴PK,新西兰NZ,新加坡SG,秘PE,哥CR,瑞CH,冰IS,韩KR,澳AU,格GE,毛MU,东盟^RAS^R,澳^RAU^R,新西兰^RNZ^R,柬KH,港HK,澳门MO,韩^RKR^R	0 受惠国LD	70
				9.8	日^RJP^R		
4462	5801.2200	--割绒的灯芯绒 --Cut corduroy	8	0	东盟AS,智CL,巴PK,新西兰NZ,秘PE,哥CR,瑞CH,冰IS,韩KR,澳AU,格GE,毛MU,东盟^RAS^R,澳^RAU^R,新西兰^RNZ^R,柬KH,港HK,澳门MO,台TW,韩^RKR^R	0 受惠国LD	70
				8.2	日^RJP^R		
4463	5801.2300	--其他纬起绒织物 --Other weft pile fabrics	8	0	东盟AS,智CL,巴PK,新西兰NZ,秘PE,哥CR,瑞CH,冰IS,澳AU,格GE,毛MU,东盟^RAS^R,澳^RAU^R,新西兰^RNZ^R,柬KH,港HK,澳门MO	0 受惠国LD	70
				1	韩KR		
				8	韩^RKR^R		
				8.2	日^RJP^R		
4464	5801.2600	--绳绒织物 --Chenille fabrics	8	0	东盟AS,智CL,巴PK,新西兰NZ,秘PE,哥CR,瑞CH,冰IS,韩KR,澳AU,格GE,毛MU,东盟^RAS^R,澳^RAU^R,新西兰^RNZ^R,柬KH,港HK,澳门MO,韩^RKR^R	0 受惠国LD	70
				8.2	日^RJP^R		
		--经起绒织物: --Warp pile fabrics:					
4465	5801.2710	---不割绒的(棱纹绸) ---Uncut (èpinglè)	8	0	东盟AS,智CL,巴PK,新西兰NZ,秘PE,哥CR,瑞CH,冰IS,韩KR,澳AU,格GE,毛MU,东盟^RAS^R,澳^RAU^R,新西兰^RNZ^R,柬KH,港HK,澳门MO,韩^RKR^R	0 受惠国LD	70
				8.2	日^RJP^R		
4466	5801.2720	---割绒的 ---Cut	8	0	东盟AS,智CL,巴PK,新西兰NZ,秘PE,哥CR,瑞CH,冰IS,韩KR,澳AU,格GE,毛MU,东盟^RAS^R,澳^RAU^R,新西兰^RNZ^R,柬KH,港HK,澳门MO,韩^RKR^R	0 受惠国LD	70
				8.2	日^RJP^R		

序号 No.	税则号列 Tariff Line	货品名称 Article Description	最惠国税率 MFN(%)	协定税率 Agreement(%)		特惠税率 SP(%)		普通税率 Gen(%)
		-化学纤维制: -Of man-made fibres:						
4467	5801.3100	--不割绒的纬起绒织物 --Uncut weft pile fabrics	8	0	东盟AS,智CL,巴PK,新西兰NZ,新加坡SG,秘PE,哥CR,瑞CH,冰IS,澳AU,格GE,毛MU,柬KH,港HK,澳门MO	0	受惠国LD	130
				4	韩KR			
				8.7	东盟ᴿASᴿ,韩ᴿKRᴿ			
				8.8	日ᴿJPᴿ			
				9	澳ᴿAUᴿ,新西兰ᴿNZᴿ			
4468	5801.3200	--割绒的灯芯绒 --Cut corduroy	8	0	东盟AS,智CL,巴PK,新西兰NZ,新加坡SG,秘PE,哥CR,瑞CH,冰IS,韩KR,澳AU,格GE,毛MU,东盟ᴿASᴿ,澳ᴿAUᴿ,新西兰ᴿNZᴿ,柬KH,港HK,澳门MO,韩ᴿKRᴿ	0	受惠国LD	130
				8.2	日ᴿJPᴿ			
4469	5801.3300	--其他纬起绒织物 --Other weft pile fabrics	8	0	东盟AS,智CL,巴PK,新西兰NZ,新加坡SG,秘PE,哥CR,瑞CH,冰IS,韩KR,澳AU,格GE,毛MU,东盟ᴿASᴿ,澳ᴿAUᴿ,新西兰ᴿNZᴿ,柬KH,港HK,澳门MO,台TW,韩ᴿKRᴿ	0	受惠国LD,柬KH,老LA,缅MM	130
				8.2	日ᴿJPᴿ			
4470	5801.3600	--绳绒织物 --Chenille fabrics	8	0	东盟AS,智CL,巴PK,新西兰NZ,新加坡SG,秘PE,哥CR,瑞CH,冰IS,韩KR,澳AU,格GE,毛MU,东盟ᴿASᴿ,澳ᴿAUᴿ,新西兰ᴿNZᴿ,柬KH,港HK,澳门MO,韩ᴿKRᴿ	0	受惠国LD	130
				8.2	日ᴿJPᴿ			
		--经起绒织物: --Warp pile fabrics:						
4471	5801.3710	---不割绒的(棱纹绸) ---Uncut (èpinglè)	8	0	东盟AS,智CL,巴PK,新西兰NZ,新加坡SG,秘PE,哥CR,瑞CH,冰IS,韩KR,澳AU,格GE,毛MU,东盟ᴿASᴿ,澳ᴿAUᴿ,新西兰ᴿNZᴿ,柬KH,港HK,澳门MO,韩ᴿKRᴿ	0	受惠国LD	130
				8.2	日ᴿJPᴿ			
4472	5801.3720	---割绒的 ---Cut	8	0	东盟AS,智CL,巴PK,新西兰NZ,新加坡SG,秘PE,哥CR,瑞CH,冰IS,韩KR,澳AU,格GE,毛MU,东盟ᴿASᴿ,澳ᴿAUᴿ,新西兰ᴿNZᴿ,柬KH,港HK,澳门MO,韩ᴿKRᴿ	0	受惠国LD	130
				8.2	日ᴿJPᴿ			
		-其他纺织材料制: -Of other textile materials:						

序号 No.	税则号列 Tariff Line	货品名称 Article Description	最惠国税率 MFN(%)	协定税率 Agreement(%)		特惠税率 SP(%)	普通税率 Gen(%)
4473	5801.9010	---丝及绢丝制 ---Of silk or silk waste	8	0	东盟AS,智CL,巴PK,新西兰NZ, 新加坡SG,秘PE,哥CR,瑞CH,冰 IS,韩KR,澳AU,格GE,毛MU,东 盟^RAS^R,澳^RAU^R,新西兰^RNZ^R,柬 KH,港HK,澳门MO,韩^RKR^R 8.2　日^RJP^R	0 受惠国LD	130
4474	5801.9090	---其他 ---Other	8	0	东盟AS,智CL,巴PK,新西兰NZ, 新加坡SG,秘PE,哥CR,瑞CH,冰 IS,韩KR,澳AU,格GE,毛MU,东 盟^RAS^R,澳^RAU^R,新西兰^RNZ^R,柬 KH,港HK,澳门MO,韩^RKR^R 8.2　日^RJP^R	0 受惠国LD	80
	58.02	毛巾织物及类似的毛圈机织物,但税目 58.06的狭幅织物除外;簇绒织物,但税 目57.03的产品除外: Terry towelling and similar woven terry fabrics, other than narrow fabrics of heading 58.06; tufted textile fabrics, other than products of heading 57.03:					
		-棉制毛巾织物及类似毛圈机织物: -Terry towelling and similar woven terry fabrics, of cotton:					
4475	5802.1010	---未漂白 ---Unbleached	8	0	东盟AS,智CL,巴PK,新西兰NZ, 新加坡SG,秘PE,哥CR,瑞CH,冰 IS,韩KR,澳AU,格GE,毛MU,东 盟^RAS^R,澳^RAU^R,新西兰^RNZ^R,柬 KH,港HK,澳门MO,韩^RKR^R 9.8　日^RJP^R	0 受惠国LD, 亚太AP	70
4476	5802.1090	---其他 ---Other	8	0	东盟AS,智CL,巴PK,新西兰NZ, 秘PE,哥CR,瑞CH,冰IS,韩KR, 澳AU,格GE,毛MU,东盟^RAS^R,澳 ^RAU^R,新西兰^RNZ^R,柬KH,港HK, 澳门MO,韩^RKR^R 8.2　日^RJP^R	0 受惠国LD	70
		-其他纺织材料制的毛巾织物及类似的 毛圈机织物: -Terry towelling and similar woven terry fabrics, of other textile materials:					
4477	5802.2010	---丝及绢丝制 ---Of silk or silk waste	8	0	东盟AS,智CL,巴PK,新西兰NZ, 新加坡SG,秘PE,哥CR,瑞CH,冰 IS,韩KR,澳AU,格GE,毛MU,东 盟^RAS^R,澳^RAU^R,新西兰^RNZ^R,柬 KH,港HK,澳门MO,韩^RKR^R 9.8　日^RJP^R	0 受惠国LD, 亚太AP	130

序号 No.	税则号列 Tariff Line	货品名称 Article Description	最惠国税率 MFN(%)	协定税率 Agreement(%)		特惠税率 SP(%)	普通税率 Gen(%)
4478	5802.2020	---羊毛或动物细毛制 ---Of wool or fine animal hair	8	0	东盟AS,智CL,巴PK,新西兰NZ,新加坡SG,秘PE,哥CR,瑞CH,冰IS,韩KR,澳AU,格GE,毛MU,东盟^{R}AS^R,澳^{R}AU^R,新西兰^{R}NZ^R,柬KH,港HK,澳门MO,韩^{R}KR^R	0 受惠国LD,亚太AP	130
				9.8	日^{R}JP^R		
4479	5802.2030	---化学纤维制 ---Of man-made fibres	8	0	东盟AS,智CL,巴PK,新西兰NZ,新加坡SG,秘PE,哥CR,瑞CH,冰IS,澳AU,格GE,毛MU,东盟^{R}AS^R,澳^{R}AU^R,新西兰^{R}NZ^R,柬KH,港HK,澳门MO	0 受惠国LD,亚太AP	130
				1.4	韩KR		
				11.2	韩^{R}KR^R		
				11.5	日^{R}JP^R		
4480	5802.2090	---其他 ---Other	8	0	东盟AS,智CL,巴PK,新西兰NZ,新加坡SG,秘PE,哥CR,瑞CH,冰IS,韩KR,澳AU,格GE,毛MU,东盟^{R}AS^R,澳^{R}AU^R,新西兰^{R}NZ^R,柬KH,港HK,澳门MO,韩^{R}KR^R	0 受惠国LD,亚太AP	80
				9.8	日^{R}JP^R		
		-簇绒织物: -Tufted textile fabrics:					
4481	5802.3010	---丝及绢丝制 ---Of silk or silk waste	8	0	东盟AS,智CL,巴PK,新西兰NZ,新加坡SG,秘PE,哥CR,瑞CH,冰IS,韩KR,澳AU,格GE,毛MU,东盟^{R}AS^R,澳^{R}AU^R,新西兰^{R}NZ^R,柬KH,港HK,澳门MO,韩^{R}KR^R	0 受惠国LD	130
				8.2	日^{R}JP^R		
4482	5802.3020	---羊毛或动物细毛制 ---Of wool or fine animal hair	8	0	东盟AS,智CL,巴PK,新西兰NZ,新加坡SG,秘PE,哥CR,瑞CH,冰IS,韩KR,澳AU,格GE,毛MU,东盟^{R}AS^R,澳^{R}AU^R,新西兰^{R}NZ^R,柬KH,港HK,澳门MO,韩^{R}KR^R	0 受惠国LD	130
				8.2	日^{R}JP^R		
4483	5802.3030	---棉或麻制 ---Of cotton or bast fibres	8	0	东盟AS,智CL,巴PK,新西兰NZ,秘PE,哥CR,瑞CH,冰IS,韩KR,澳AU,格GE,毛MU,东盟^{R}AS^R,澳^{R}AU^R,新西兰^{R}NZ^R,柬KH,港HK,澳门MO,韩^{R}KR^R	0 受惠国LD	70
				8.2	日^{R}JP^R		
4484	5802.3040	---化学纤维制 ---Of man-made fibres	8	0	东盟AS,智CL,巴PK,新西兰NZ,新加坡SG,秘PE,哥CR,瑞CH,冰IS,韩KR,澳AU,格GE,毛MU,东盟^{R}AS^R,澳^{R}AU^R,新西兰^{R}NZ^R,柬KH,港HK,澳门MO,韩^{R}KR^R	0 受惠国LD	130
				8.2	日^{R}JP^R		

序号 No.	税则号列 Tariff Line	货品名称 Article Description	最惠国税率 MFN(%)	协定税率 Agreement(%)		特惠税率 SP(%)		普通税率 Gen(%)
4485	5802.3090	---其他纺织材料制 ---Of other textile materials	8	0	东盟AS,智CL,巴PK,新西兰NZ,新加坡SG,秘PE,哥CR,瑞CH,冰IS,韩KR,澳AU,格GE,毛MU,东盟^RAS^R,澳^RAU^R,新西兰^RNZ^R,柬KH,港HK,澳门MO,韩^RKR^R	0	受惠国LD	80
				8.2	日^RJP^R			
	58.03	**纱罗, 但税目58.06的狭幅织物除外:** **Gauze, other than narrow fabrics of heading 58.06:**						
4486	5803.0010	---棉制 ---Of cotton	8	0	东盟AS,智CL,新西兰NZ,秘PE,哥CR,瑞CH,冰IS,韩KR,澳AU,格GE,毛MU,东盟^RAS^R,澳^RAU^R,新西兰^RNZ^R,柬KH,港HK,澳门MO,韩^RKR^R	0	受惠国LD	70
				1	巴PK			
				8.2	日^RJP^R			
4487	5803.0020	---丝及绢丝制 ---Of silk or silk waste	8	0	东盟AS,智CL,新西兰NZ,新加坡SG,秘PE,哥CR,瑞CH,冰IS,韩KR,澳AU,格GE,毛MU,东盟^RAS^R,澳^RAU^R,新西兰^RNZ^R,柬KH,港HK,澳门MO,韩^RKR^R	0	受惠国LD	130
				1	巴PK			
				8.2	日^RJP^R			
4488	5803.0030	---化学纤维制 ---Of man-made fibres	8	0	东盟AS,智CL,新西兰NZ,新加坡SG,秘PE,哥CR,瑞CH,冰IS,韩KR,澳AU,格GE,毛MU,东盟^RAS^R,澳^RAU^R,新西兰^RNZ^R,柬KH,港HK,澳门MO,韩^RKR^R	0	受惠国LD	130
				5	巴PK			
				8.2	日^RJP^R			
4489	5803.0090	---其他纺织材料制 ---Of other textile materials	8	0	东盟AS,智CL,新西兰NZ,新加坡SG,秘PE,哥CR,瑞CH,冰IS,韩KR,澳AU,格GE,毛MU,东盟^RAS^R,澳^RAU^R,新西兰^RNZ^R,柬KH,港HK,澳门MO,韩^RKR^R	0	受惠国LD	80
				1	巴PK			
				8.2	日^RJP^R			
	58.04	**网眼薄纱及其他网眼织物, 但不包括机织物、针织物或钩编织物; 成卷、成条或成小块图案的花边, 但税目60.02至60.06的织物除外:** **Tulles and other net fabrics, not including woven, knitted or crocheted fabrics; lace in the piece, in strips or in motifs, other than fabrics of headings 60.02 to 60.06:**							

序号 No.	税则号列 Tariff Line	货品名称 Article Description	最惠国税率 MFN(%)	协定税率 Agreement(%)		特惠税率 SP(%)	普通税率 Gen(%)
		-网眼薄纱及其他网眼织物: -Tulles and other net fabrics:					
4490	5804.1010	---丝及绢丝制 ---Of silk or silk waste	8	0	东盟AS,智CL,新西兰NZ,新加坡SG,秘PE,哥CR,瑞CH,冰IS,韩KR,澳AU,格GE,毛MU,东盟^RAS^R,澳^RAU^R,新西兰^RNZ^R,柬KH,港HK,澳门MO,韩^RKR^R	0 受惠国LD	130
				1	巴PK		
				5.2	亚太AP		
				8.2	日^RJP^R		
4491	5804.1020	---棉制 ---Of cotton	8	0	东盟AS,智CL,新西兰NZ,秘PE,哥CR,冰IS,韩KR,澳AU,格GE,毛MU,东盟^RAS^R,澳^RAU^R,新西兰^RNZ^R,柬KH,港HK,澳门MO,韩^RKR^R	0 受惠国LD	70
				1	巴PK		
				4	瑞CH		
				5.2	亚太AP		
				8.2	日^RJP^R		
4492	5804.1030	---化学纤维制 ---Of man-made fibres	8	0	东盟AS,智CL,新西兰NZ,新加坡SG,秘PE,哥CR,瑞CH,冰IS,澳AU,格GE,毛MU,柬KH,港HK,澳门MO,台TW	0 受惠国LD,柬KH,老LA,缅MM	130
				3	巴PK		
				5.2	亚太AP		
				6.6	韩KR		
				10.8	东盟^RAS^R,澳^RAU^R,新西兰^RNZ^R		
4493	5804.1090	---其他纺织材料制 ---Of other textile materials	8	0	东盟AS,智CL,新西兰NZ,新加坡SG,秘PE,哥CR,瑞CH,冰IS,韩KR,澳AU,格GE,毛MU,东盟^RAS^R,澳^RAU^R,新西兰^RNZ^R,柬KH,港HK,澳门MO,台TW,韩^RKR^R	0 受惠国LD	90
				1	巴PK		
				5.2	亚太AP		
				8.2	日^RJP^R		
		-机制花边: -Mechanically made lace:						
4494	5804.2100	--化学纤维制 --Of man-made fibres	8	0	东盟AS,智CL,新西兰NZ,新加坡SG,秘PE,哥CR,瑞CH,冰IS,韩KR,澳AU,格GE,毛MU,柬KH,港HK,澳门MO,台TW	0 受惠国LD	130
				4	巴PK		
				8	东盟^RAS^R,澳^RAU^R,新西兰^RNZ^R,韩^RKR^R		
				8.2	日^RJP^R		

序号 No.	税则号列 Tariff Line	货品名称 Article Description	最惠国税率 MFN(%)	协定税率 Agreement(%)		特惠税率 SP(%)	普通税率 Gen(%)
		--其他纺织材料制: --Of other textile materials:					
4495	5804.2910	---丝及绢丝制 ---Of silk or silk waste	8	0	东盟AS,智CL,新西兰NZ,新加坡SG,秘PE,哥CR,瑞CH,冰IS,韩KR,澳AU,格GE,毛MU,东盟^RAS^R,澳^RAU^R,新西兰NZ^R,柬KH,港HK,澳门MO,韩^RKR^R	0 受惠国LD	130
				1	巴PK		
				8.2	日^RJP^R		
4496	5804.2920	---棉制 ---Of cotton	8	0	东盟AS,智CL,新西兰NZ,秘PE,哥CR,瑞CH,冰IS,韩KR,澳AU,格GE,毛MU,东盟^RAS^R,澳^RAU^R,新西兰NZ^R,柬KH,港HK,澳门MO,韩^RKR^R	0 受惠国LD,柬KH,老LA,缅MM	70
				1	巴PK		
				8.2	日^RJP^R		
4497	5804.2990	---其他 ---Other	8	0	东盟AS,智CL,新西兰NZ,新加坡SG,秘PE,哥CR,瑞CH,冰IS,韩KR,澳AU,格GE,毛MU,东盟^RAS^R,澳^RAU^R,新西兰NZ^R,柬KH,港HK,澳门MO,韩^RKR^R	0 受惠国LD	90
				1	巴PK		
				8.2	日^RJP^R		
4498	5804.3000	-手工制花边 -Hand-made lace	8	0	东盟AS,智CL,新西兰NZ,新加坡SG,秘PE,哥CR,瑞CH,冰IS,韩KR,澳AU,格GE,毛MU,东盟^RAS^R,澳^RAU^R,新西兰^RNZ^R,柬KH,港HK,澳门MO,韩^RKR^R	0 受惠国LD	100
				1	巴PK		
				8.2	日^RJP^R		
	58.05	"哥白林"、"弗朗德"、"奥步生"、"波威"及类似式样的手织装饰毯,以及手工针绣嵌花装饰毯(例如,小针脚或十字绣),不论是否制成的: Hand-woven tapestries of the type "Gobelins", "Flanders", "Aubusson", "Beauvais" and the like, and needle-worked tapestries (for example, petit point, cross stitch), whether or not made up:					
4499	5805.0010	---手工针绣嵌花装饰毯 ---Needle-worked tapestries	6	0	东盟AS,智CL,新西兰NZ,新加坡SG,秘PE,哥CR,瑞CH,冰IS,韩KR,澳AU,格GE,毛MU,东盟^RAS^R,澳^RAU^R,新西兰NZ^R,柬KH,港HK,澳门MO,韩^RKR^R	0 受惠国LD	130
				6	巴PK		
				9.8	日^RJP^R		

序号 No.	税则号列 Tariff Line	货品名称 Article Description	最惠国税率 MFN(%)	协定税率 Agreement(%)		特惠税率 SP(%)	普通税率 Gen(%)
4500	5805.0090	---其他 ---Other	6	0	东盟AS,智CL,新西兰NZ,新加坡SG,秘PE,哥CR,瑞CH,冰IS,韩KR,澳AU,格GE,毛MU,东盟^{R}AS^R,澳^{R}AU^R,新西兰NZ^R,柬KH,港HK,澳门MO,韩^{R}KR^R	0 受惠国LD	130
				6	巴PK		
				9.8	日^{R}JP^R		
	58.06	狭幅机织物,但税目58.07的货品除外;用粘合剂粘合制成的有经纱而无纬纱的狭幅织物(包扎匹头用带): **Narrow woven fabrics, other than goods of heading 58.07; narrow fabrics consisting of warp without weft assembled by means of an adhesive (bolducs):**					
		-起绒机织物(包括毛巾织物及类似的毛圈织物)及绳绒织物: -Woven pile fabrics (including terry towelling and similar terry fabrics) and chenille fabrics:					
4501	5806.1010	---棉或麻制 ---Of cotton or bast fibres	8	0	东盟AS,智CL,新西兰NZ,秘PE,哥CR,瑞CH,冰IS,韩KR,澳AU,格GE,毛MU,东盟^{R}AS^R,澳^{R}AU^R,新西兰NZ^R,柬KH,港HK,澳门MO,韩^{R}KR^R	0 受惠国LD	70
				1	巴PK		
				6.4	亚太AP		
				8.2	日^{R}JP^R		
4502	5806.1090	---其他纺织材料制 ---Of other textile materials	8	0	东盟AS,智CL,新西兰NZ,新加坡SG,秘PE,哥CR,瑞CH,冰IS,韩KR,澳AU,格GE,毛MU,东盟^{R}AS^R,澳^{R}AU^R,新西兰NZ^R,柬KH,港HK,澳门MO,台TW,韩^{R}KR^R	0 受惠国LD, 柬KH,老LA,缅MM	80
				1	巴PK		
				5.2	亚太AP		
				8.2	日^{R}JP^R		
4503	5806.2000	-按重量计弹性纱线或橡胶线含量在5%及以上的其他机织物 -Other woven fabrics, containing by weight 5% or more of elastomeric yarn or rubber thread	8	0	东盟AS,智CL,新西兰NZ,新加坡SG,秘PE,哥CR,瑞CH,冰IS,韩KR,澳AU,格GE,毛MU,东盟^{R}AS^R,澳^{R}AU^R,新西兰NZ^R,柬KH,港HK,澳门MO,台TW,韩^{R}KR^R	0 受惠国LD, 柬KH,老LA,缅MM	100
				1	巴PK		
				8.2	日^{R}JP^R		

序号 No.	税则号列 Tariff Line	货品名称 Article Description	最惠国税率 MFN(%)		协定税率 Agreement(%)	特惠税率 SP(%)		普通税率 Gen(%)
		-其他机织物: -Other woven fabrics:						
4504	5806.3100	--棉制 --Of cotton	8	0 4 8.2	东盟AS,智CL,新西兰NZ,秘PE, 哥CR,瑞CH,冰IS,韩KR,澳AU, 格GE,毛MU,东盟^RAS^R,澳^RAU^R, 新西兰^RNZ^R,柬KH,港HK,澳门 MO,韩^RKR^R 巴PK 日^RJP^R	0	受惠国LD, 柬KH,老 LA,缅MM	70
4505	5806.3200	--化学纤维制 --Of man-made fibres	8	0 4 5.2 8.2	东盟AS,智CL,新西兰NZ,新加 坡SG,秘PE,哥CR,瑞CH,冰IS, 韩KR,澳AU,格GE,毛MU,东盟 ^RAS^R,澳^RAU^R,新西兰^RNZ^R,柬 KH,港HK,澳门MO,台TW,韩 ^RKR^R 巴PK 亚太AP 日^RJP^R	0	受惠国LD, 柬KH,老 LA,缅MM	130
		--其他纺织材料制: --Of other textile materials:						
4506	5806.3910	---丝及绢丝制 ---Of silk or silk waste	8	0 1 8.2	东盟AS,智CL,新西兰NZ,新加 坡SG,秘PE,哥CR,瑞CH,冰IS, 韩KR,澳AU,格GE,毛MU,东盟 ^RAS^R,澳^RAU^R,新西兰^RNZ^R,柬 KH,港HK,澳门MO,韩^RKR^R 巴PK 日^RJP^R	0	受惠国LD	130
4507	5806.3920	---羊毛或动物细毛制 ---Of wool or fine animal hair	8	0 1 8.2	东盟AS,智CL,新西兰NZ,新加 坡SG,秘PE,哥CR,瑞CH,冰IS, 韩KR,澳AU,格GE,毛MU,东盟 ^RAS^R,澳^RAU^R,新西兰^RNZ^R,柬 KH,港HK,澳门MO,韩^RKR^R 巴PK 日^RJP^R	0	受惠国LD	130
4508	5806.3990	---其他 ---Other	8	0 1 8.2	东盟AS,智CL,新西兰NZ,新加 坡SG,秘PE,哥CR,瑞CH,冰IS, 韩KR,澳AU,格GE,毛MU,东盟 ^RAS^R,澳^RAU^R,新西兰^RNZ^R,柬 KH,港HK,澳门MO,韩^RKR^R 巴PK 日^RJP^R	0	受惠国LD	80
		-用粘合剂粘合制成的有经纱而无纬纱 的织物(包扎匹头用带): -Fabrics consisting of warp without weft assembled by means of an adhesive (bolducs):						

序号 No.	税则号列 Tariff Line	货品名称 Article Description	最惠国税率 MFN(%)	协定税率 Agreement(%)		特惠税率 SP(%)		普通税率 Gen(%)
4509	5806.4010	---棉或麻制 ---Of cotton or bast fibres	8	0	东盟AS,智CL,新西兰NZ,秘PE,哥CR,瑞CH,冰IS,韩KR,澳AU,格GE,毛MU,东盟^RAS^R,澳^RAU^R,新西兰^RNZ^R,柬KH,港HK,澳门MO,韩^RKR^R	0	受惠国LD	70
				1	巴PK			
				4.8	亚太AP			
				8.2	日^RJP^R			
4510	5806.4090	---其他纺织材料制 ---Of other textile materials	8	0	东盟AS,智CL,新西兰NZ,新加坡SG,秘PE,哥CR,瑞CH,冰IS,韩KR,澳AU,格GE,毛MU,东盟^RAS^R,澳^RAU^R,新西兰^RNZ^R,柬KH,港HK,澳门MO,韩^RKR^R	0	受惠国LD	80
				1	巴PK			
				8.2	日^RJP^R			
	58.07	非绣制的纺织材料制标签、徽章及类似品,成匹、成条或裁成一定形状或尺寸: Labels, badges and similar articles of textile materials, in the piece, in strips or cut to shape or size, not embroidered:							
4511	5807.1000	-机织 -Woven	8	0	东盟AS,智CL,巴PK,新西兰NZ,新加坡SG,秘PE,哥CR,瑞CH,冰IS,韩KR,澳AU,格GE,毛MU,柬KH,港HK,澳门MO,台TW	0	受惠国LD,柬KH,老LA,缅MM	100
				5.2	亚太AP			
				8	东盟^RAS^R,澳^RAU^R,新西兰^RNZ^R,韩^RKR^R			
				8.2	日^RJP^R			
4512	5807.9000	-其他 -Other	8	0	东盟AS,智CL,新西兰NZ,新加坡SG,秘PE,哥CR,瑞CH,冰IS,韩KR,澳AU,格GE,毛MU,东盟^RAS^R,澳^RAU^R,新西兰^RNZ^R,柬KH,港HK,澳门MO,韩^RKR^R	0	受惠国LD	100
				1	巴PK			
				8.2	日^RJP^R			
	58.08	成匹的编带;非绣制的成匹装饰带,但针织或钩编的除外;流苏、绒球及类似品: Braids in the piece; ornamental trimmings in the piece, without embroidery, other than knitted or crocheted; tassels, pompons and similar articles:							

序号 No.	税则号列 Tariff Line	货品名称 Article Description	最惠国税率 MFN(%)	协定税率 Agreement(%)		特惠税率 SP(%)	普通税率 Gen(%)
4513	5808.1000	-成匹的编带 -Braids in the piece	8	0	东盟AS,智CL,新西兰NZ,新加坡SG,秘PE,哥CR,瑞CH,冰IS,韩KR,澳AU,格GE,毛MU,东盟^RAS^R,澳^RAU^R,新西兰^RNZ^R,柬KH,港HK,澳门MO,韩^RKR^R	0 受惠国LD	100
				8.2	日^RJP^R		
4514	5808.9000	-其他 -Other	8	0	东盟AS,智CL,新西兰NZ,新加坡SG,秘PE,哥CR,瑞CH,冰IS,韩KR,澳AU,格GE,毛MU,东盟^RAS^R,澳^RAU^R,新西兰^RNZ^R,柬KH,港HK,澳门MO,韩^RKR^R	0 受惠国LD,柬KH,老LA,缅MM	100
				4	巴PK		
				8.2	日^RJP^R		
	58.09	其他税目未列名的金属线机织物及税目56.05所列含金属纱线的机织物,用于衣着、装饰及类似用途: Woven fabrics of metal thread and woven fabrics of metallised yarn of heading 56.05, of a kind used in apparel, as furnishing fabrics or for similar purposes, not elsewhere specified or included:					
4515	5809.0010	---与棉混制 ---Combined with cotton	8	0	东盟AS,智CL,新西兰NZ,新加坡SG,秘PE,哥CR,瑞CH,冰IS,韩KR,澳AU,格GE,毛MU,东盟^RAS^R,澳^RAU^R,新西兰^RNZ^R,柬KH,港HK,澳门MO,韩^RKR^R	0 受惠国LD	90
				1	巴PK		
				8.2	日^RJP^R		
4516	5809.0020	---与化学纤维混制 ---Combined with man-made fibres	8	0	东盟AS,智CL,新西兰NZ,新加坡SG,秘PE,哥CR,瑞CH,冰IS,韩KR,澳AU,格GE,毛MU,东盟^RAS^R,澳^RAU^R,新西兰^RNZ^R,柬KH,港HK,澳门MO,韩^RKR^R	0 受惠国LD	130
				1	巴PK		
				8.2	日^RJP^R		
4517	5809.0090	---其他 ---Other	8	0	东盟AS,智CL,新西兰NZ,新加坡SG,秘PE,哥CR,瑞CH,冰IS,韩KR,澳AU,格GE,毛MU,东盟^RAS^R,澳^RAU^R,新西兰^RNZ^R,柬KH,港HK,澳门MO,韩^RKR^R	0 受惠国LD	100
				1	巴PK		
				8.2	日^RJP^R		
	58.10	成匹、成条或成小块图案的刺绣品: Embroidery in the piece, in strips or in motifs:					

序号 No.	税则号列 Tariff Line	货品名称 Article Description	最惠国税率 MFN(%)	协定税率 Agreement(%)		特惠税率 SP(%)	普通税率 Gen(%)
4518	5810.1000	-不见底布的刺绣品 -Embroidery without visible ground	8	0 1 8.2	东盟AS,智CL,新西兰NZ,新加坡SG,秘PE,哥CR,瑞CH,冰IS,韩KR,澳AU,格GE,毛MU,东盟^RAS^R,澳^RAU^R,新西兰^RNZ^R,柬KH,港HK,澳门MO,韩^RKR^R 巴PK 日^RJP^R	0 受惠国LD	130
		-其他刺绣品: -Other embroidery:					
4519	5810.9100	--棉制 --Of cotton	8	0 8.2	东盟AS,智CL,新西兰NZ,新加坡SG,秘PE,哥CR,瑞CH,冰IS,韩KR,澳AU,格GE,毛MU,东盟^RAS^R,澳^RAU^R,新西兰^RNZ^R,柬KH,港HK,澳门MO,韩^RKR^R 日^RJP^R	0 受惠国LD	130
4520	5810.9200	--化学纤维制 --Of man-made fibres	8	0 4 8.7 8.8 9	东盟AS,智CL,新西兰NZ,新加坡SG,秘PE,哥CR,瑞CH,冰IS,澳AU,格GE,毛MU,柬KH,港HK,澳门MO,台TW 巴PK,韩KR 东盟^RAS^R,韩^RKR^R 日^RJP^R 澳^RAU^R,新西兰^RNZ^R	0 受惠国LD	130
4521	5810.9900	--其他纺织材料制 --Of other textile materials	8	0 4 8.2	东盟AS,智CL,新西兰NZ,新加坡SG,秘PE,哥CR,瑞CH,冰IS,韩KR,澳AU,格GE,毛MU,东盟^RAS^R,澳^RAU^R,新西兰^RNZ^R,柬KH,港HK,澳门MO,韩^RKR^R 巴PK 日^RJP^R	0 受惠国LD	130
	58.11	用一层或几层纺织材料与胎料经绗缝或其他方法组合制成的被褥状纺织品,但税目58.10的刺绣品除外: Quilted textile products in the piece, composed of one or more layers of textile materials assembled with padding by stitching or otherwise, other than embroidery of heading 58.10:					
4522	5811.0010	---丝及绢丝制 ---Of silk or silk waste	8	0 5.6 8.2	东盟AS,智CL,巴PK,新西兰NZ,新加坡SG,秘PE,哥CR,瑞CH,冰IS,韩KR,澳AU,格GE,毛MU,东盟^RAS^R,澳^RAU^R,新西兰^RNZ^R,柬KH,港HK,澳门MO,韩^RKR^R 亚太AP 日^RJP^R	0 受惠国LD	130

序号 No.	税则号列 Tariff Line	货品名称 Article Description	最惠国税率 MFN(%)	协定税率 Agreement(%)		特惠税率 SP(%)		普通税率 Gen(%)
4523	5811.0020	---羊毛或动物细毛制 ---Of wool or fine animal hair	8	0	东盟AS,智CL,巴PK,新西兰NZ,新加坡SG,秘PE,哥CR,瑞CH,冰IS,韩KR,澳AU,格GE,毛MU,东盟^RAS^R,澳^RAU^R,新西兰^RNZ^R,柬KH,港HK,澳门MO,韩^RKR^R	0	受惠国LD	130
				8.2	日^RJP^R			
4524	5811.0030	---棉制 ---Of cotton	8	0	东盟AS,智CL,巴PK,新西兰NZ,秘PE,哥CR,瑞CH,冰IS,韩KR,澳AU,格GE,毛MU,东盟^RAS^R,澳^RAU^R,新西兰^RNZ^R,柬KH,港HK,澳门MO,韩^RKR^R	0	受惠国LD	80
				8.2	日^RJP^R			
4525	5811.0040	---化学纤维制 ---Of man-made fibres	8	0	东盟AS,智CL,巴PK,新西兰NZ,新加坡SG,秘PE,哥CR,瑞CH,冰IS,澳AU,格GE,毛MU,柬KH,港HK,澳门MO	0	受惠国LD	130
				6.6	韩KR			
				10.8	东盟^RAS^R,澳^RAU^R,新西兰^RNZ^R			
4526	5811.0090	---其他纺织材料制 ---Of other textile materials	8	0	东盟AS,智CL,巴PK,新西兰NZ,新加坡SG,秘PE,哥CR,瑞CH,冰IS,韩KR,澳AU,格GE,毛MU,东盟^RAS^R,澳^RAU^R,新西兰^RNZ^R,柬KH,港HK,澳门MO,韩^RKR^R	0	受惠国LD	90
				8.2	日^RJP^R			

Chapter 59
Impregnated, coated, covered or
laminated textile fabrics; textile articles
of a kind suitable for industrial use

注释:

一、除条文另有规定的以外，本章所称"纺织物"，仅适用于第五十章至第五十五章、税目58.03及58.06的机织物、税目58.08的成匹编带和装饰带及税目60.02至60.06的针织物或钩编织物。

二、税目59.03适用于:

（一）用塑料浸渍、涂布、包覆或层压的纺织物，不论每平方米重量多少以及塑料的性质如何（紧密结构或泡沫状的），但下列各项除外:

1. 用肉眼无法辨别出是否经过浸渍、涂布或包覆的织物（通常归入第五十章至第五十五章、第五十八章或第六十章），但由于浸渍、涂布或包覆所引起的颜色变化可予不考虑;

2. 温度在15摄氏度至30摄氏度时，用手工将其绕于直径7毫米的圆柱体上会发生断裂的产品（通常归入第三十九章）;

3. 纺织物完全嵌入塑料内或在其两面均用塑料完全包覆或涂布，而这种包覆或涂布用肉眼是能够辨别出的产品（但由于包覆或涂布所引起的颜色变化可予不考虑）（第三十九章）;

4. 用塑料部分涂布或包覆并由此而形成图案的织物（通常归入第五十章至第五十五章、第五十八章或第六十章）;

5. 与纺织物混制而其中纺织物仅起增强作用的泡沫塑料板、片或带（第三十九章）; 或

6. 税目58.11的纺织品。

（二）由税目56.04的用塑料浸渍、涂布、包覆或套裹的纱线、扁条或类似品制成的织物。

三、税目59.03所称"用塑料层压的纺织物"是指由一层或多层纺织物与一层或多层塑料片或膜以任何方式结合在一起的产品，不论其塑料片或膜从横截面上是否肉眼可见。

四、税目59.05所称"糊墙织物"，是指以纺织材料作面，固定在一衬背上或在背面进行处理（浸渍或涂布以便于裱糊），适于装饰墙壁或天花板，且宽度不小于45厘米的成卷产品。

但本税目不适用于以纺织纤维屑或粉末直接粘于纸上

Notes:

1. Except where the context otherwise requires, for the purposes of this Chapter the expression "textile fabrics" applies only to the woven fabrics of Chapters 50 to 55 and headings 58.03and 58.06, the braids and ornamental trimmings in the piece of heading 58.08 and the knitted or crocheted fabrics of headings 60.02 to 60.06.

2. Heading 59.03 applies to:

(a) Textile fabrics, impregnated, coated, covered or laminated with plastics, whatever the weight per square metre and whatever the nature of the plastic material (compact or cellular), other than:

(1) Fabrics in which the impregnation, coating, or covering cannot be seen with the naked eye (usually Chapters 50 to 55, 58 or 60); for the purpose of this provision, no account should be taken of any resulting change of colour;

(2) Products which cannot, without fracturing, be bent manually around a cylinder of a diameter of 7mm, at a temperature between 15℃ and 30℃ (usually Chapter 39);

(3) Products in which the textile fabric is either completely embedded in plastics or entirely coated or covered on both sides with such materal, provided that such coating or covering can be seen with the naked eye with no account being taken of any resulting change of colour (Chapter 39);

(4) Fabrics partially coated or partially covered with plastics and bearing designs resulting from these treatments (usually Chapters 50 to 55, 58 or 60);

(5) Plates, sheets of strip of cellular plastics, combined with textile fabric, where the textile fabric is present merely for reinforcing purposes (Chapter 39); or

(6) Textile products of heading 58.11;

(b) Fabrics made from yarn, strip or the like, impregnated, coated, covered or sheathed with plastics, of heading 56.04.

3. For the purposes of heading 59.03, "textile fabrics laminated with plastics" means products made by the assembly of one or more layers of fabrics with one or more sheets or film of plastics which are combined by any process that bonds the layers together, whether or not the sheets or film of plastics are visible to the naked eye in the cross section.

4. For the purposes of heading 59.05, the expression "textile wall coverings" applies to products in rolls, of a width of not less than 45cm, suitable for wall or ceiling decoration, consisting of a textile surface which has beenfixed on a backing or has been treated on the back (impregnated or coated to permit pasting).
This heading does not, however, apply to wall coverings

（税目48.14）或布底上（通常归入税目59.07）的糊墙物品。

五、税目59.06所称"用橡胶处理的纺织物"是指：

（一）用橡胶浸渍、涂布、包覆或层压的纺织物：

    1. 每平方米重量不超过1500克；或

    2. 每平方米重量超过1500克，按重量计纺织材料含量在50%以上。

（二）由税目56.04的用橡胶浸渍、涂布、包覆或套裹的纱线、扁条或类似品制成的织物。

（三）平行纺织纱线经橡胶粘合的织物，不论每平方米重量多少。

但本税目不包括与纺织物混制而其中纺织物仅起增强作用的海绵橡胶板、片或带（第四十章），也不包括税目58.11的纺织品。

六、税目59.07不适用于：

（一）用肉眼无法辨别出是否经过浸渍、涂布或包覆的织物（通常归入第五十章至第五十五章、第五十八章或第六十章），但由于浸渍、涂布或包覆所引起的颜色变化可不予考虑；

（二）绘有图画的织物（作为舞台、摄影布景或类似品的已绘制的画布除外）；

（三）用短绒、粉末、软木粉或类似品部分覆面并由此而形成图案的织物，但仿绒织物仍归入本税目；

（四）以淀粉或类似物质为基本成分的普通浆料上浆整理的织物；

（五）以纺织物为底的木饰面板（税目44.08）；

（六）以纺织物为底的砂布及类似品（税目68.05）；

（七）以纺织物为底的粘聚或复制云母片（税目68.14）；

（八）以纺织物为底的金属箔（通常为第十四类或第十五类）。

七、税目59.10不适用于：

（一）厚度小于3毫米的纺织材料制传动带或输送带；

（二）用橡胶浸渍、涂布、包覆或层压的织物制成的或用橡胶浸渍、涂布、包覆或套裹的纱线或绳制成的传动带及运输带（税目40.10）。

八、税目59.11适用于下列不能归入第十一类其他税目的货品：

（一）下列成匹的、裁成一定长度或仅裁成矩形（包括正方形）的纺织产品（具有税目59.08至59.10所列产品特征的产品除外）：

    1. 用橡胶、皮革或其他材料涂布、包覆或层压的作针布用的纺织物、毡呢及毡呢衬里机织

consisting of textile flock or dust fixed directly on backing of paper (heading 48.14) or on a textile backing (generally heading 59.07).

5. For the purposes of heading 59.06, the expression "rubberized textile fabrics" means:

(a) Textile fabrics impregnated, coated, covered or laminated with rubber:

(1) Weighing not more than 1500g/m^2; or

(2) Weighing more than 1500g/m^2 and containing more than 50% by weight of textile material.

(b) Fabrics made from yarn, strip or the like, impregnated, coated, covered or sheathed with rubber, of heading 56.04. and

(c) Fabrics composed of parallel textile yarns agglomerated with rubber, irrespective of their weight per square metre.

This heading does not, however, apply to plates, sheets or strip of cellular rubber, combined with textile fabric, where the textile fabric is present merely for reinforcing purposes (Chapter 40), or textile products of heading 58.11.

6. Heading 59.07 does not apply to:

(a) Fabrics in which the impregnation, coating or covering cannot be seen with the naked eye (usually Chapters 50 to 55, 58 or 60); for the purpose of this provision, no account should be taken of any resulting change of colour;

(b) Fabrics painted with designs (other than painted canvas being theatrical scenery, studio backcloths or the like);

(c) Fabrics partially covered with flock, dust, powdered cork or the like and bearing designs resulting from these treatments; however, imitation pile fabrics remain classified in this heading;

(d) Fabrics finished with normal dressings having a basis of amylaceous or similar substances;

(e) Wood veneered on a backing of textile fabrics (heading 44.08);

(f) Natural or artificial abrasive powder or grain, on a backing of textile fabrics (heading 68.05);

(g) Agglomerated or reconstituted mica, on a backing of fextile fabrics (heading 68.14); or

(h) Metal foil on a backing of textile fabrics (Generally Section XIV or Section XV).

7. Heading 59.10 does not apply to:

(a) Transmission or conveyor belting, of textile material, of a thickness of less than 3mm; or

(b) Transmission or conveyor belts or belting of textile fabric impregnated, coated, covered or laminated with rubber or made from textile yarn or cord impregnated, coated, covered or sheathed with rubber (heading 40.10).

8. Heading 59.11 applies to the following goods, which do not fall in any other heading of Section XI:

(a) Textile products in the piece, cut to length or simply cut to rectangular (including square) shape (other than those having the character of the products of headings 59.08 to 59.10), the following only:

(1) Textile fabrics, felt and felt lined woven fabrics, coated, covered or laminated with rubber, leather or other

物，以及其他专门技术用途的类似织物，包括用橡胶浸渍的用于包覆纺锤（织轴）的狭幅丝绒织物；

2. 筛布；
3. 用于榨油机器或类似机器的纺织材料制或人发制滤布；
4. 用多股经纱或纬纱平织而成的纺织物，不论是否毡化、浸渍或涂布，通常用于机械或其他专门技术用途；
5. 专门技术用途的用金属增强的纺织物；

6. 工业上作填塞或润滑材料的线绳、编带及类似品，不论是否涂布、浸渍或用金属加强。

（二）专门技术用途的纺织制品（税目59.08至59.10的货品除外），例如，造纸机器或类似机器（如制浆机或制石棉水泥的机器）用的环状或装有连接装置的纺织物或毡呢、密封垫、垫圈、抛光盘及其他机器零件。

material, of a kind used for card clothing, and similar fabrics of a kind used for other technical purposes, including narrow fabrics made of velvet impregnated with rubber, for covering weaving spindles (weaving beams);

(2) Bolting cloth;
(3) Straining cloth of a kind used in oil presses or the like, of textile material or of human hair;
(4) Flat woven textile fabrics with multiple warp or weft, whether or not felted, impregnated or coated, of a kind used in machinery or for other technical purposes;
(5) Textile fabrics reinforced with metal, of a kind used for technical purposes;
(6) Cords, braids and the like, whether or not coated, impregnated or reinforced with metal, of a kind used in industry as packing or lubricating materials.

(b) Textile articles (other than those of headings 59.08 to 59.10) of a kind used for technical purposes, for example, textile fabrics and felts, endless or fitted with linking devices, of a kind used in paper-making or similar machines (for example, for pulp or asbestos-cement), gaskets, washers, polishing discs and other machinery parts.

序号 No.	税则号列 Tariff Line	货品名称 Article Description	最惠国税率 MFN(%)	协定税率 Agreement(%)		特惠税率 SP(%)		普通税率 Gen(%)
	59.01	**用胶或淀粉物质涂布的纺织物，作书籍封面及类似用途的；描图布；制成的油画布；作帽里的硬衬布及类似硬挺纺织物：** **Textile fabrics coated with gum or amylaceous substances, of a kind used for the outer covers of books or the like; tracing cloth; prepared painting canvas; buckram and similar stiffened textile fabrics of a kind used for hat foundations:**						
		-用胶或淀粉物质涂布的纺织物，作书籍封面及类似用途的： -Textile fabrics coated with gum or amylaceous substances, of a kind used for the outer covers of books or the like:						
4527	5901.1010	---棉或麻制 ---Of cotton or bast fibres	8	0	东盟AS,智CL,新西兰NZ,新加坡SG,秘PE,哥CR,瑞CH,冰IS,澳AU,格GE,毛MU,东盟ᴿASᴿ,澳ᴿAUᴿ,新西兰ᴿNZᴿ,柬KH,港HK,澳门MO	0 受惠国LD		80
				1	巴PK,韩KR			
				8	韩ᴿKRᴿ			
				8.2	日ᴿJPᴿ			

序号 No.	税则号列 Tariff Line	货品名称 Article Description	最惠国税率 MFN(%)	协定税率 Agreement(%)		特惠税率 SP(%)		普通税率 Gen(%)
4528	5901.1020	---化学纤维制 ---Of man-made fibres	8	0	东盟AS,智CL,新西兰NZ,新加坡SG,秘PE,哥CR,瑞CH,冰IS,韩KR,澳AU,格GE,毛MU,东盟^RAS^R,澳^RAU^R,新西兰^RNZ^R,柬KH,港HK,澳门MO,韩^RKR^R	0	受惠国LD	130
				1	巴PK			
				8.2	日^RJP^R			
4529	5901.1090	---其他 ---Other	8	0	东盟AS,智CL,新西兰NZ,新加坡SG,秘PE,哥CR,瑞CH,冰IS,韩KR,澳AU,格GE,毛MU,东盟^RAS^R,澳^RAU^R,新西兰^RNZ^R,柬KH,港HK,澳门MO,韩^RKR^R	0	受惠国LD	100
				1	巴PK			
				8.2	日^RJP^R			
		-其他: -Other:						
4530	5901.9010	---制成的油画布 ---Prepared painting canvas	8	0	东盟AS,智CL,新西兰NZ,秘PE,哥CR,瑞CH,冰IS,韩KR,澳AU,格GE,毛MU,东盟^RAS^R,澳^RAU^R,新西兰^RNZ^R,柬KH,港HK,澳门MO,韩^RKR^R	0	受惠国LD	50
				3	巴PK			
				8.2	日^RJP^R			
		---其他: ---Other:						
4531	5901.9091	----棉或麻制 ----Of cotton or bast fibres	8	0	东盟AS,智CL,新西兰NZ,秘PE,哥CR,瑞CH,冰IS,韩KR,澳AU,格GE,毛MU,东盟^RAS^R,澳^RAU^R,新西兰^RNZ^R,柬KH,港HK,澳门MO,韩^RKR^R	0	受惠国LD,柬KH,老LA,缅MM	80
				3	巴PK			
				8.2	日^RJP^R			
4532	5901.9092	----化学纤维制 ----Of man-made fibres	8	0	东盟AS,智CL,新西兰NZ,秘PE,哥CR,瑞CH,冰IS,韩KR,澳AU,格GE,毛MU,东盟^RAS^R,澳^RAU^R,新西兰^RNZ^R,柬KH,港HK,澳门MO,韩^RKR^R	0	受惠国LD	130
				3	巴PK			
				8.2	日^RJP^R			
4533	5901.9099	----其他 ----Other	8	0	东盟AS,智CL,新西兰NZ,秘PE,哥CR,瑞CH,冰IS,韩KR,澳AU,格GE,毛MU,东盟^RAS^R,澳^RAU^R,新西兰^RNZ^R,柬KH,港HK,澳门MO,韩^RKR^R	0	受惠国LD	100
				3	巴PK			
				8.2	日^RJP^R			

序号 No.	税则号列 Tariff Line	货品名称 Article Description	最惠国税率 MFN(%)	协定税率 Agreement(%)		特惠税率 SP(%)	普通税率 Gen(%)
	59.02	尼龙或其他聚酰胺, 聚酯或粘胶纤维高强力纱制的帘子布: Tyre cord fabric of high-tenacity yarn of nylon or other polyamides, polyesters or viscose rayon:					
		-尼龙或其他聚酰胺制: -Of nylon or other polyamides:					
4534	5902.1010	---聚酰胺-6（尼龙-6）制 ---Of polyamide-6 (nylon-6)	8	0	东盟AS,智CL,新西兰NZ,新加坡SG,秘PE,哥CR,瑞CH,冰IS,澳AU,格GE,毛MU,柬KH,港HK,澳门MO	0 受惠国LD	40
				1	巴PK		
				5	东盟^{R}AS^R,澳^{R}AU^R,新西兰^{R}NZ^R		
				5.2	亚太AP		
				6.5	韩KR		
4535	5902.1020	---聚酰胺-6, 6（尼龙-6, 6）制 ---Of polyamide-6, 6 (nylon-6,6)	8	0	东盟AS,智CL,新西兰NZ,新加坡SG,秘PE,哥CR,瑞CH,冰IS,澳AU,格GE,毛MU,柬KH,港HK,澳门MO	0 受惠国LD	40
				1	巴PK		
				5	东盟^{R}AS^R,澳^{R}AU^R,新西兰^{R}NZ^R		
				5.2	亚太AP		
				6.5	韩KR		
4536	5902.1090	---其他 ---Other	8	0	东盟AS,智CL,新西兰NZ,新加坡SG,秘PE,哥CR,瑞CH,冰IS,澳AU,格GE,毛MU,东盟^{R}AS^R,澳^{R}AU^R,新西兰^{R}NZ^R,柬KH,港HK,澳门MO	0 受惠国LD	40
				1	巴PK,韩KR		
				5.2	亚太AP		
				8	韩^{R}KR^R		
				8.2	日^{R}JP^R		
4537	5902.2000	-聚酯制 -Of polyesters	8	0	东盟AS,智CL,新西兰NZ,新加坡SG,秘PE,哥CR,瑞CH,冰IS,澳AU,格GE,毛MU,柬KH,港HK,澳门MO	0 受惠国LD	40
				1	巴PK		
				5.2	亚太AP		
				5.5	韩KR		
				9	东盟^{R}AS^R,澳^{R}AU^R,新西兰^{R}NZ^R		
4538	5902.9000	-其他 -Other	8	0	东盟AS,智CL,新西兰NZ,秘PE,哥CR,瑞CH,冰IS,韩KR,澳AU,格GE,毛MU,东盟^{R}AS^R,澳^{R}AU^R,新西兰^{R}NZ^R,柬KH,港HK,澳门MO,韩^{R}KR^R	0 受惠国LD	40
				1	巴PK		
				8.2	日^{R}JP^R		

序号 No.	税则号列 Tariff Line	货品名称 Article Description	最惠国税率 MFN(%)	协定税率 Agreement(%)		特惠税率 SP(%)	普通税率 Gen(%)
	59.03	用塑料浸渍、涂布、包覆或层压的纺织物,但税目59.02的货品除外: Textile fabrics impregnated, coated, covered or laminated with plastics, other than those of heading 59.02:					
		-用聚氯乙烯浸渍、涂布、包覆或层压的: -With poly(vinyl chloride):					
4539	5903.1010	---绝缘布或带 ---Insulating cloth or tape	8	0	东盟AS,智CL,新西兰NZ,秘PE,哥CR,瑞CH,冰IS,韩KR,澳AU,格GE,毛MU,东盟ᴿASᴿ,澳ᴿAUᴿ,新西兰ᴿNZᴿ,柬KH,港HK,澳门MO,韩ᴿKRᴿ	0 受惠国LD	40
				1	巴PK		
				5.2	亚太AP		
				8.2	日ᴿJPᴿ		
4540	5903.1020	---人造革 ---Imitation leather	8	0	东盟AS,智CL,新西兰NZ,新加坡SG,秘PE,哥CR,瑞CH,冰IS,澳AU,格GE,毛MU,柬KH,港HK,澳门MO,台TW	0 受惠国LD	70
				4	巴PK		
				5.2	亚太AP		
				5.5	韩KR		
				9	东盟ᴿASᴿ,澳ᴿAUᴿ,日ᴿJPᴿ,新西兰ᴿNZᴿ		
4541	5903.1090	---其他 ---Other	8	0	东盟AS,智CL,新西兰NZ,新加坡SG,秘PE,哥CR,瑞CH,冰IS,澳AU,格GE,毛MU,柬KH,港HK,澳门MO,台TW	0 受惠国LD	90
				4	巴PK		
				5.2	亚太AP		
				5.5	韩KR		
				9	东盟ᴿASᴿ,澳ᴿAUᴿ,新西兰ᴿNZᴿ		
		-用聚氨基甲酸酯浸渍、涂布、包覆或层压的: -With polyurethane:					
4542	5903.2010	---绝缘布或带 ---Insulating cloth or tape	8	0	东盟AS,智CL,新西兰NZ,秘PE,哥CR,瑞CH,冰IS,韩KR,澳AU,格GE,毛MU,东盟ᴿASᴿ,澳ᴿAUᴿ,新西兰ᴿNZᴿ,柬KH,港HK,澳门MO,韩ᴿKRᴿ	0 受惠国LD	40
				3	巴PK		
				5.2	亚太AP		
				8.2	日ᴿJPᴿ		

序号 No.	税则号列 Tariff Line	货品名称 Article Description	最惠国税率 MFN(%)		协定税率 Agreement(%)	特惠税率 SP(%)	普通税率 Gen(%)
4543	5903.2020	---人造革 ---Imitation leather	8	0	东盟AS,智CL,巴PK,新西兰NZ,新加坡SG,秘PE,哥CR,瑞CH,冰IS,澳AU,格GE,毛MU,柬KH,港HK,澳门MO,台TW	0 受惠国LD	70
				5.2	亚太AP		
				5.5	韩KR		
				9	东盟^{R}AS^R,澳^{R}AU^R,日^{R}JP^R,新西兰^{R}NZ^R,韩^{R}KR^R		
4544	5903.2090	---其他 ---Other	8	0	东盟AS,智CL,巴PK,新西兰NZ,新加坡SG,秘PE,哥CR,瑞CH,冰IS,澳AU,格GE,毛MU,柬KH,港HK,澳门MO,台TW	0 受惠国LD	90
				5.2	亚太AP		
				5.5	韩KR		
				9	东盟^{R}AS^R,澳^{R}AU^R,日^{R}JP^R,新西兰^{R}NZ^R,韩^{R}KR^R		
		-其他: -Other:					
4545	5903.9010	---绝缘布或带 ---Insulating cloth or tape	8	0	东盟AS,智CL,新西兰NZ,秘PE,哥CR,瑞CH,冰IS,韩KR,澳AU,格GE,毛MU,东盟^{R}AS^R,澳^{R}AU^R,新西兰^{R}NZ^R,柬KH,港HK,澳门MO,韩^{R}KR^R	0 受惠国LD	40
				1	巴PK		
				5.2	亚太AP		
				8.2	日^{R}JP^R		
4546	5903.9020	---人造革 ---Imitation leather	8	0	东盟AS,智CL,新西兰NZ,新加坡SG,秘PE,哥CR,瑞CH,冰IS,澳AU,格GE,毛MU,柬KH,港HK,澳门MO,台TW	0 受惠国LD	70
				3	巴PK		
				4	韩KR		
				5.2	亚太AP		
				8.7	东盟^{R}AS^R,韩^{R}KR^R		
				8.8	日^{R}JP^R		
				9	澳^{R}AU^R,新西兰^{R}NZ^R		
4547	5903.9090	---其他 ---Other	8	0	东盟AS,智CL,新西兰NZ,新加坡SG,秘PE,哥CR,瑞CH,冰IS,澳AU,格GE,毛MU,柬KH,港HK,澳门MO,台TW	0 受惠国LD,柬KH,老LA,缅MM	90
				5.2	亚太AP		
				5.5	韩KR		
				8.5	巴PK		
				9	东盟^{R}AS^R,澳^{R}AU^R,日^{R}JP^R,新西兰^{R}NZ^R,韩^{R}KR^R		
	59.04	列诺伦（亚麻油地毡），不论是否剪切成形；以织物为底布经涂布或覆面的铺地制品，不论是否剪切成形： **Linoleum, whether or not cut to shape; floor coverings consisting of a coating or covering applied on a textile backing, whether or not cut to shape:**					

序号 No.	税则号列 Tariff Line	货品名称 Article Description	最惠国税率 MFN(%)	协定税率 Agreement(%)		特惠税率 SP(%)	普通税率 Gen(%)
4548	5904.1000	-列诺伦（亚麻油地毡） -Linoleum	6	0	东盟AS,智CL,新西兰NZ,新加坡SG,秘PE,哥CR,瑞CH,冰IS,澳AU,格GE,毛MU,东盟^RAS^R,澳^RAU^R,新西兰^RNZ^R,柬KH,港HK,澳门MO	0 受惠国LD	90
				1.4	韩KR		
				11.2	巴PK,韩^RKR^R		
				11.5	日^RJP^R		
4549	5904.9000	-其他 -Other	6	0	东盟AS,智CL,新西兰NZ,新加坡SG,秘PE,哥CR,瑞CH,冰IS,澳AU,格GE,毛MU,东盟^RAS^R,澳^RAU^R,新西兰^RNZ^R,柬KH,港HK,澳门MO	0 受惠国LD	90
				1.4	韩KR		
				7	巴PK		
				11.2	韩^RKR^R		
				11.5	日^RJP^R		
	59.05	糊墙织物： **Textile wall coverings:**					
4550	5905.0000	糊墙织物 Textile wall coverings	8	0	东盟AS,智CL,新西兰NZ,新加坡SG,秘PE,哥CR,瑞CH,冰IS,韩KR,澳AU,格GE,毛MU,东盟^RAS^R,澳^RAU^R,新西兰^RNZ^R,柬KH,港HK,澳门MO,韩^RKR^R	0 受惠国LD	80
				1	巴PK		
				8.2	日^RJP^R		
	59.06	用橡胶处理的纺织物，但税目59.02的货品除外： **Rubberised textile fabrics, other than those of heading 59.02:**					
		-宽度不超过20厘米的胶粘带： -Adhesive tape of a width not exceeding 20cm:					
4551	5906.1010	---绝缘带 ---Insulating tape	8	0	东盟AS,智CL,新西兰NZ,秘PE,哥CR,瑞CH,冰IS,韩KR,澳AU,格GE,毛MU,东盟^RAS^R,澳^RAU^R,新西兰^RNZ^R,柬KH,港HK,澳门MO,韩^RKR^R	0 受惠国LD	40
				1	巴PK		
				8.2	日^RJP^R		
4552	5906.1090	---其他 ---Other	8	0	东盟AS,智CL,新西兰NZ,新加坡SG,秘PE,哥CR,瑞CH,韩KR,澳AU,格GE,毛MU,东盟^RAS^R,澳^RAU^R,新西兰^RNZ^R,柬KH,港HK,澳门MO,韩^RKR^R	0 受惠国LD	100
				1	巴PK		
				8.2	日^RJP^R		
		-其他： -Other:					

序号 No.	税则号列 Tariff Line	货品名称 Article Description	最惠国税率 MFN(%)	协定税率 Agreement(%)		特惠税率 SP(%)	普通税率 Gen(%)
4553	5906.9100	--针织或钩编的 --Knitted or crocheted	8	0	东盟AS,智CL,新西兰NZ,新加坡 SG,秘PE,哥CR,瑞CH,冰IS,韩KR, 澳AU,格GE,毛MU,东盟^{R}AS^R,澳 ^{R}AU^R,新西兰^{R}NZ^R,柬KH,港HK, 澳门MO,台TW,韩^{R}KR^R	0 受惠国LD	130
				1	巴PK		
				8.2	日^{R}JP^R		
		--其他: --Other:					
4554	5906.9910	---绝缘布或带 ---Insulating cloth or tape	8	0	东盟AS,智CL,新西兰NZ,秘PE, 哥CR,瑞CH,冰IS,韩KR,澳AU, 格GE,毛MU,东盟^{R}AS^R,澳^{R}AU^R, 新西兰^{R}NZ^R,柬KH,港HK,澳门 MO,韩^{R}KR^R	0 受惠国LD	40
				1	巴PK		
				8.2	日^{R}JP^R		
4555	5906.9990	---其他 ---Other	8	0	东盟AS,智CL,新西兰NZ,新加坡 SG,秘PE,哥CR,瑞CH,冰IS,韩KR, 澳AU,格GE,毛MU,东盟^{R}AS^R,澳 ^{R}AU^R,新西兰^{R}NZ^R,柬KH,港HK, 澳门MO,台TW,韩^{R}KR^R	0 受惠国LD	100
				1	巴PK		
				8.2	日^{R}JP^R		
	59.07	用其他材料浸渍、涂布或包覆的纺织 物;作舞台、摄影布景或类似用途的已 绘制画布: Textile fabrics otherwise impregnated, coated or covered; painted canvas being theatrical scenery, studio backcloths or the like:					
4556	5907.0010	---绝缘布或带 ---Insulating cloth or tape	8	0	东盟AS,智CL,新西兰NZ,秘PE, 哥CR,瑞CH,冰IS,韩KR,澳AU, 格GE,毛MU,东盟^{R}AS^R,澳^{R}AU^R, 新西兰^{R}NZ^R,柬KH,港HK,澳门 MO,韩^{R}KR^R	0 受惠国LD	40
				3	巴PK		
				5.2	亚太AP		
				8.2	日^{R}JP^R		
4557	5907.0020	---已绘制画布 ---Painted canvas	8	0	东盟AS,智CL,新西兰NZ,秘PE, 哥CR,瑞CH,冰IS,韩KR,澳AU, 格GE,毛MU,东盟^{R}AS^R,澳^{R}AU^R, 新西兰^{R}NZ^R,柬KH,港HK,澳门 MO,韩^{R}KR^R	0 受惠国LD	50
				3	巴PK		
				5.2	亚太AP		
				8.2	日^{R}JP^R		

序号 No.	税则号列 Tariff Line	货品名称 Article Description	最惠国税率 MFN(%)	协定税率 Agreement(%)		特惠税率 SP(%)	普通税率 Gen(%)
4558	5907.0090	---其他 ---Other	8	0	东盟AS,智CL,新西兰NZ,新加坡SG,秘PE,哥CR,瑞CH,冰IS,澳AU,格GE,柬KH,港HK,澳门MO	0 受惠国LD	100
				3	巴PK		
				4	毛MU		
				5.2	亚太AP		
				5.5	韩KR		
				9	东盟^{R}AS^R,澳^{R}AU^R,新西兰^{R}NZ^R		
	59.08	用纺织材料机织、编结或针织而成的灯芯、炉芯、打火机芯、烛芯或类似品；煤气灯纱筒及纱罩, 不论是否浸渍： Textile wicks, woven, plaited or knitted, for lamps, stoves, lighters, candles or the like; incandescent gas mantles and tubular knitted gas mantle fabric therefor, whether or not impregnated:					
4559	5908.0000	用纺织材料机织、编结或针织而成的灯芯、炉芯、打火机芯、烛芯或类似品；煤气灯纱筒及纱罩, 不论是否浸渍 Textile wicks, woven, plaited or knitted, for lamps, stoves, lighters, candles or the like; incandescent gas mantles and tubular knitted gas mantle fabric therefor, whether or not impregnated	8	0	东盟AS,智CL,新西兰NZ,秘PE,哥CR,瑞CH,冰IS,韩KR,澳AU,格GE,毛MU,东盟^{R}AS^R,澳^{R}AU^R,新西兰^{R}NZ^R,柬KH,港HK,澳门MO,韩^{R}KR^R	0 受惠国LD	70
				1	巴PK		
				8.2	日^{R}JP^R		
	59.09	纺织材料制的水龙软管及类似的管子, 不论有无其他材料作衬里、护套或附件： Textile hosepiping and similar textile tubing, with or without lining, armour or accessories of other materials:					
4560	5909.0000	纺织材料制的水龙软管及类似的管子, 不论有无其他材料作衬里、护套或附件 Textile hosepiping and similar textile tubing, with or without lining, armour or accessories of other materials	8	0	东盟AS,智CL,新西兰NZ,秘PE,哥CR,瑞CH,冰IS,韩KR,澳AU,格GE,毛MU,东盟^{R}AS^R,澳^{R}AU^R,新西兰^{R}NZ^R,柬KH,港HK,澳门MO,韩^{R}KR^R	0 受惠国LD	35
				1	巴PK		
				6.5	日^{R}JP^R		
	59.10	纺织材料制的传动带或输送带及带料, 不论是否用塑料浸渍、涂布、包覆或压层, 也不论是否用金属或其他材料加强： Transmission or conveyor belts or belting, of textile material, whether or not impregnated, coated, covered or laminated with plastics, or reinforced with metal or other material:					
4561	5910.0000	纺织材料制的传动带或输送带及带料, 不论是否用塑料浸渍、涂布、包覆或压层, 也不论是否用金属或其他材料加强 Transmission or conveyor belts or belting, of textile material, whether or not impregnated, coated, covered or laminated with plastics, or reinforced with metal or other material	8	0	东盟AS,智CL,新西兰NZ,秘PE,哥CR,瑞CH,冰IS,韩KR,澳AU,格GE,毛MU,东盟^{R}AS^R,澳^{R}AU^R,新西兰^{R}NZ^R,柬KH,港HK,澳门MO,台TW,韩^{R}KR^R	0 受惠国LD	35
				1	巴PK		
				6.5	日^{R}JP^R		

序号 No.	税则号列 Tariff Line	货品名称 Article Description	最惠国税率 MFN(%)	协定税率 Agreement(%)		特惠税率 SP(%)	普通税率 Gen(%)
	59.11	本章注释八所规定的作专门技术用途的纺织产品及制品: Textile products and articles, for technical uses, specified in Note 8 to this Chapter:					
		-用橡胶、皮革或其他材料涂布、包覆或层压的作针布用的纺织物、毡呢及毡呢衬里机织物,以及作专门技术用途的类似织物,包括用橡胶浸渍的、用于包覆纺锤(织轴)的狭幅丝绒织物: -Textile fabrics, felt and felt-lined woven fabrics, coated, covered or laminated with rubber, leather or other material, of a kind used for card clothing, and similar fabrics of a kind used for other technical purposes, including narrow fabrics made of velvet impregnated with rubber, for covering weaving spindles (weaving beams):					
4562	5911.1010	---用橡胶浸渍的、用于包覆纺锤(织轴)的狭幅丝绒织物 ---Narrow fabrics made of velvet impregnated with rubber, for covering weaving spindles (weaving beams)	8	0 1 5.2 6.5	东盟AS,智CL,新西兰NZ,秘PE,哥CR,瑞CH,冰IS,韩KR,澳AU,格GE,毛MU,东盟^{R}AS^R,澳^{R}AU^R,新西兰^{R}NZ^R,柬KH,港HK,澳门MO,韩^{R}KR^R 巴PK 亚太AP 日^{R}JP^R	0 受惠国LD	75
4563	5911.1090	---其他 ---Other	8	0 1 6.5	东盟AS,智CL,新西兰NZ,秘PE,哥CR,瑞CH,冰IS,韩KR,澳AU,格GE,毛MU,东盟^{R}AS^R,澳^{R}AU^R,新西兰^{R}NZ^R,柬KH,港HK,澳门MO,韩^{R}KR^R 巴PK 日^{R}JP^R	0 受惠国LD	35
4564	5911.2000	-筛布,不论是否制成的 -Bolting cloth, whether or not made up	8	0 1 6.4 6.5	东盟AS,智CL,新西兰NZ,秘PE,哥CR,瑞CH,冰IS,韩KR,澳AU,格GE,毛MU,柬KH,港HK,澳门MO 巴PK 东盟^{R}AS^R,澳^{R}AU^R,新西兰^{R}NZ^R,韩^{R}KR^R 日^{R}JP^R	0 受惠国LD	35
		-环状或装有连接装置的纺织物及毡呢,用于造纸机器或类似机器(例如,制浆机或制石棉水泥的机器): -Textile fabrics and felts, endless or fitted with linking devices, of a kind used in paper-making or similar machines (for example, for pulp or asbestos-cement):					

序号 No.	税则号列 Tariff Line	货品名称 Article Description	最惠国税率 MFN(%)	协定税率 Agreement(%)		特惠税率 SP(%)		普通税率 Gen(%)
4565	5911.3100	--每平方米重量在650克以下 --Weighing less than 650g/m²	8	0	东盟AS,智CL,新西兰NZ,秘PE,哥CR,瑞CH,冰IS,韩KR,澳AU,格GE,毛MU,东盟ᴿASᴿ,澳ᴿAUᴿ,新西兰ᴿNZᴿ,柬KH,港HK,澳门MO,韩ᴿKRᴿ	0	受惠国LD	35
				1	巴PK			
				6.5	日ᴿJPᴿ			
4566	5911.3200	--每平方米重量在650克及以上 --Weighing 650g/m² or more	8	0	东盟AS,智CL,新西兰NZ,秘PE,哥CR,瑞CH,冰IS,韩KR,澳AU,格GE,毛MU,柬KH,港HK,澳门MO	0	受惠国LD	35
				1	巴PK			
				6.4	东盟ᴿASᴿ,澳ᴿAUᴿ,新西兰ᴿNZᴿ,韩ᴿKRᴿ			
				6.5	日ᴿJPᴿ			
4567	5911.4000	-用于榨油机器或类似机器的滤布,包括人发制滤布 -Filtering or straining cloth of a kind used in oil presses or the like, including that of human hair	8	0	东盟AS,智CL,新西兰NZ,秘PE,哥CR,瑞CH,冰IS,韩KR,澳AU,格GE,毛MU,东盟ᴿASᴿ,澳ᴿAUᴿ,新西兰ᴿNZᴿ,柬KH,港HK,澳门MO,韩ᴿKRᴿ	0	受惠国LD	35
				1	巴PK			
				6.5	日ᴿJPᴿ			
4568	5911.9000	-其他 -Other	8	0	东盟AS,智CL,新西兰NZ,秘PE,哥CR,瑞CH,冰IS,澳AU,格GE,毛MU,柬KH,港HK,澳门MO	0	受惠国LD	35
				1	巴PK			
				5	澳ᴿAUᴿ,新西兰ᴿNZᴿ			
				6.4	东盟ᴿASᴿ			
				6.5	日ᴿJPᴿ			
				7.2	韩ᴿKRᴿ			
	ex59119000	体外膜肺氧合机用聚甲基戊烯中空纤维膜 Hollow fiber membrane of polymethylpentene for extracorporeal membrane oxygenator(ECMO)	△3					
	ex59119000	半导体晶圆制造用自粘式圆形抛光垫 Self-adhesive circular polishing pads of a kind used for the manufacture of semiconductor wafers	0					

第六十章
针织物及钩编织物

注释：

一、本章不包括：

  （一）税目58.04的钩编花边；

  （二）税目58.07的针织或钩编的标签、徽章及类似品；或

  （三）第五十九章的经浸渍、涂布、包覆或层压的针织物及钩编织物。但经浸渍、涂布、包覆或层压的起绒针织物及起绒钩编织物仍归入税目60.01。

二、本章还包括用金属线制的用于衣着、装饰或类似用途的织物。

三、本目录所称"针织物"，包括由纺织纱线用链式针法构成的缝编织物。

子目注释：

一、子目6005.35包括由聚乙烯单丝或涤纶复丝制成的织物，重量不小于30克/平方米，但不超过55克/平方米，网眼尺寸不小于20孔/平方厘米，但不超过100孔/平方厘米，并且用α-氯氰菊酯（ISO）、虫螨腈(ISO)、溴氰菊酯(INN,ISO)、高效氯氟氰菊酯(ISO)、除虫菊酯(ISO)或甲基嘧啶磷(ISO)浸渍或涂层。

Chapter 60
Knitted or crocheted fabrics

Notes:

1. This Chapter does not cover:

  (a) Crochet lace of heading 58.04;

  (b) Labels, badges or similar articles, knitted or crocheted, of heading 58.07; or

  (c) Knitted or crocheted fabrics, impregnated, coated, covered or laminated, of Chapter 59. However, knitted or crocheted plie fabrics, impregnated, coated, covered or laminated, remain classified in heading 60.01.

2. This Chapter also includes fabrics made of metal thread and of a kind used in apparel, as furnishing fabrics or for similar purposes.

3. Throughout the Nomenclature any reference to "knitted" goods includes a reference to stitch-bonded goods in which the chain stitches are formed of textile yarn.

Subheading Note:

1. Subheading 6005.35 covers fabrics of polyethylene monofilament or of polyester multifilament, weighing not less than $30g/m^2$ and not more than $55g/m^2$, having a mesh size of not less than $20holes/cm^2$ and not more than $100holes/cm^2$, and impregnated or coated with alpha-cypermethrin (ISO), chlorfenapyr (ISO), deltamethrin (INN, ISO), lambda-cyhalothrin (ISO), permethrin (ISO) or pirimiphos-methyl (ISO)

序号 No.	税则号列 Tariff Line	货品名称 Article Description	最惠国税率 MFN(%)	协定税率 Agreement(%)		特惠税率 SP(%)	普通税率 Gen(%)
	60.01	**针织或钩编的起绒织物, 包括"长毛绒"织物及毛圈织物:** **Pile fabrics, including "long pile" fabrics and terry fabrics, knitted or crocheted:**					
4569	6001.1000	-"长毛绒"织物 - "Long pile" fabrics	8	0	东盟AS,智CL,巴PK,新西兰NZ,新加坡SG,秘PE,哥CR,瑞CH,冰IS,澳AU,格GE,毛MU,柬KH,港HK,澳门MO	0 受惠国LD	130
				4	韩KR		
				5.2	亚太AP		
				8.7	东盟^RAS^R,韩^RKR^R		
				8.8	日^RJP^R		
				9	澳^RAU^R,新西兰^RNZ^R		
		-毛圈绒头织物: -Looped pile fabrics:					

序号 No.	税则号列 Tariff Line	货品名称 Article Description	最惠国税率 MFN(%)	协定税率 Agreement(%)		特惠税率 SP(%)		普通税率 Gen(%)
4570	6001.2100	--棉制 --Of cotton	8	0	东盟AS,智CL,巴PK,新西兰NZ,秘PE,哥CR,瑞CH,冰IS,韩KR,澳AU,格GE,毛MU,东盟^RAS^R,澳^RAU^R,新西兰^RNZ^R,柬KH,港HK,澳门MO,韩^RKR^R	0	受惠国LD	70
				5.2	亚太AP			
				8.2	日^RJP^R			
4571	6001.2200	--化学纤维制 --Of man-made fibres	8	0	东盟AS,智CL,巴PK,新西兰NZ,新加坡SG,秘PE,哥CR,瑞CH,冰IS,韩KR,澳AU,格GE,毛MU,东盟^RAS^R,澳^RAU^R,新西兰^RNZ^R,柬KH,港HK,澳门MO,韩^RKR^R	0	受惠国LD	130
				5.2	亚太AP			
				8.2	日^RJP^R			
4572	6001.2900	--其他纺织材料制 --Of other textile materials	8	0	东盟AS,智CL,巴PK,新西兰NZ,新加坡SG,秘PE,哥CR,瑞CH,冰IS,韩KR,澳AU,格GE,毛MU,东盟^RAS^R,澳^RAU^R,新西兰^RNZ^R,柬KH,港HK,澳门MO,韩^RKR^R	0	受惠国LD	130
				9.8	日^RJP^R			
		-其他: -Other:						
4573	6001.9100	--棉制 --Of cotton	8	0	东盟AS,智CL,巴PK,新西兰NZ,秘PE,哥CR,瑞CH,冰IS,韩KR,澳AU,格GE,毛MU,东盟^RAS^R,澳^RAU^R,新西兰^RNZ^R,柬KH,港HK,澳门MO,韩^RKR^R	0	受惠国LD	70
				5.2	亚太AP			
				8.2	日^RJP^R			
4574	6001.9200	--化学纤维制 --Of man-made fibres	8	0	东盟AS,智CL,巴PK,新西兰NZ,新加坡SG,秘PE,哥CR,瑞CH,冰IS,澳AU,格GE,毛MU,柬KH,港HK,澳门MO,台TW	0	受惠国LD	130
				5.2	亚太AP			
				5.5	韩KR			
				9	东盟^RAS^R,澳^RAU^R,新西兰^RNZ^R			
4575	6001.9900	--其他纺织材料制 --Of other textile materials	8	0	东盟AS,智CL,巴PK,新西兰NZ,新加坡SG,秘PE,哥CR,瑞CH,冰IS,韩KR,澳AU,格GE,毛MU,东盟^RAS^R,澳^RAU^R,新西兰^RNZ^R,柬KH,港HK,澳门MO,韩^RKR^R	0	受惠国LD	130
				9.8	日^RJP^R			

序号 No.	税则号列 Tariff Line	货品名称 Article Description	最惠国税率 MFN(%)	协定税率 Agreement(%)		特惠税率 SP(%)	普通税率 Gen(%)
	60.02	宽度不超过30厘米,按重量计弹性纱线或橡胶线含量在5%及以上的针织物或钩编织物,但税目60.01的货品除外: Knitted or crocheted fabrics of a width not exceeding 30cm, containing by weight 5% or more of elastomeric yarn or rubber thread, other than those of heading 60.01:					
		-按重量计弹性纱线含量在5%及以上,但不含橡胶线: -Containing by weight 5% or more of elastomeric yarn, but not containing rubber thread:					
4576	6002.4010	---棉制 ---Of cotton	8	0	东盟AS,智CL,巴PK,新西兰NZ,秘PE,哥CR,瑞CH,冰IS,韩KR,澳AU,格GE,毛MU,东盟ᴿASᴿ,澳ᴿAUᴿ,新西兰ᴿNZᴿ,柬KH,港HK,澳门MO,韩ᴿKRᴿ	0 受惠国LD	70
				5.2	亚太AP		
				8.2	日ᴿJPᴿ		
4577	6002.4020	---丝及绢丝制 ---Of silk or silk waste	8	0	东盟AS,智CL,巴PK,新西兰NZ,新加坡SG,秘PE,哥CR,瑞CH,冰IS,韩KR,澳AU,格GE,毛MU,东盟ᴿASᴿ,澳ᴿAUᴿ,新西兰ᴿNZᴿ,柬KH,港HK,澳门MO,韩ᴿKRᴿ	0 受惠国LD	130
				5.2	亚太AP		
				8.2	日ᴿJPᴿ		
4578	6002.4030	---合成纤维制 ---Of synthetic fibres	8	0	东盟AS,智CL,巴PK,新西兰NZ,新加坡SG,秘PE,哥CR,瑞CH,冰IS,韩KR,澳AU,格GE,毛MU,东盟ᴿASᴿ,澳ᴿAUᴿ,新西兰ᴿNZᴿ,柬KH,港HK,澳门MO,韩ᴿKRᴿ	0 受惠国LD	130
				8.2	日ᴿJPᴿ		
4579	6002.4040	---人造纤维制 ---Of artificial fibres	8	0	东盟AS,智CL,巴PK,新西兰NZ,新加坡SG,秘PE,哥CR,瑞CH,冰IS,韩KR,澳AU,格GE,毛MU,东盟ᴿASᴿ,澳ᴿAUᴿ,新西兰ᴿNZᴿ,柬KH,港HK,澳门MO,韩ᴿKRᴿ	0 受惠国LD	130
				8.2	日ᴿJPᴿ		
4580	6002.4090	---其他 ---Other	8	0	东盟AS,智CL,巴PK,新西兰NZ,新加坡SG,秘PE,哥CR,瑞CH,冰IS,韩KR,澳AU,格GE,毛MU,东盟ᴿASᴿ,澳ᴿAUᴿ,新西兰ᴿNZᴿ,柬KH,港HK,澳门MO,韩ᴿKRᴿ	0 受惠国LD	130
				5.2	亚太AP		
				8.2	日ᴿJPᴿ		

序号 No.	税则号列 Tariff Line	货品名称 Article Description	最惠国税率 MFN(%)	协定税率 Agreement(%)		特惠税率 SP(%)		普通税率 Gen(%)
		-其他: -Other:						
4581	6002.9010	---棉制 ---Of cotton	8	0	东盟AS,智CL,巴PK,新西兰NZ,秘PE,哥CR,瑞CH,冰IS,韩KR,澳AU,格GE,毛MU,东盟ᴿASᴿ,澳ᴿAUᴿ,新西兰ᴿNZᴿ,柬KH,港HK,澳门MO,韩ᴿKRᴿ	0	受惠国LD,柬KH,老LA,缅MM	70
				5.2	亚太AP			
				8.2	日ᴿJPᴿ			
4582	6002.9020	---丝及绢丝制 ---Of silk or silk waste	8	0	东盟AS,智CL,巴PK,新西兰NZ,新加坡SG,秘PE,哥CR,瑞CH,冰IS,韩KR,澳AU,格GE,毛MU,东盟ᴿASᴿ,澳ᴿAUᴿ,新西兰ᴿNZᴿ,柬KH,港HK,澳门MO,韩ᴿKRᴿ	0	受惠国LD	130
				5.2	亚太AP			
				8.2	日ᴿJPᴿ			
4583	6002.9030	---合成纤维制 ---Of synthetic fibres	8	0	东盟AS,智CL,巴PK,新西兰NZ,新加坡SG,秘PE,哥CR,瑞CH,冰IS,澳AU,格GE,毛MU,柬KH,港HK,澳门MO	0	受惠国LD,柬KH,老LA,缅MM	130
				4	亚太AP,韩KR			
				8.7	东盟ᴿASᴿ,韩ᴿKRᴿ			
				8.8	日ᴿJPᴿ			
				9	澳ᴿAUᴿ,新西兰ᴿNZᴿ			
4584	6002.9040	---人造纤维制 ---Of artificial fibres	8	0	东盟AS,智CL,巴PK,新西兰NZ,新加坡SG,秘PE,哥CR,瑞CH,冰IS,韩KR,澳AU,格GE,毛MU,东盟ᴿASᴿ,澳ᴿAUᴿ,新西兰ᴿNZᴿ,柬KH,港HK,澳门MO,韩ᴿKRᴿ	0	受惠国LD	130
				4	亚太AP			
				8.2	日ᴿJPᴿ			
4585	6002.9090	---其他 ---Other	8	0	东盟AS,智CL,巴PK,新西兰NZ,新加坡SG,秘PE,哥CR,瑞CH,冰IS,韩KR,澳AU,格GE,毛MU,东盟ᴿASᴿ,澳ᴿAUᴿ,新西兰ᴿNZᴿ,柬KH,港HK,澳门MO,韩ᴿKRᴿ	0	受惠国LD	130
				5.2	亚太AP			
				8.2	日ᴿJPᴿ			
	60.03	宽度不超过30厘米的针织或钩编织物,但税目60.01或60.02的货品除外: Knitted or crocheted fabrics of a width not exceeding 30cm, other than those of heading 60.01 or 60.02:						

序号 No.	税则号列 Tariff Line	货品名称 Article Description	最惠国税率 MFN(%)	协定税率 Agreement(%)		特惠税率 SP(%)	普通税率 Gen(%)
4586	6003.1000	-羊毛或动物细毛制 -Of wool or fine animal hair	8	0	东盟AS,智CL,巴PK,新西兰NZ, 新加坡SG,秘PE,哥CR,瑞CH,冰 IS,韩KR,澳AU,格GE,毛MU,东 盟^{R}AS^R,澳^{R}AU^R,新西兰^{R}NZ^R,柬 KH,港HK,澳门MO,韩^{R}KR^R	0 受惠国LD	130
				8.2	日^{R}JP^R		
4587	6003.2000	-棉制 -Of cotton	8	0	东盟AS,智CL,巴PK,新西兰NZ, 秘PE,哥CR,瑞CH,冰IS,韩KR,澳 AU,格GE,毛MU,东盟^{R}AS^R,澳^R AU^R,新西兰^{R}NZ^R,柬KH,港HK, 澳门MO,韩^{R}KR^R	0 受惠国LD	70
				8.2	日^{R}JP^R		
4588	6003.3000	-合成纤维制 -Of synthetic fibres	8	0	东盟AS,智CL,巴PK,新西兰NZ, 新加坡SG,秘PE,哥CR,瑞CH,冰 IS,韩KR,澳AU,格GE,毛MU,东 盟^{R}AS^R,澳^{R}AU^R,新西兰^{R}NZ^R,柬 KH,港HK,澳门MO,韩^{R}KR^R	0 受惠国LD	130
				5.2	亚太AP		
				8.2	日^{R}JP^R		
4589	6003.4000	-人造纤维制 -Of artificial fibres	8	0	东盟AS,智CL,巴PK,新西兰NZ, 新加坡SG,秘PE,哥CR,瑞CH,冰 IS,韩KR,澳AU,格GE,毛MU,东 盟^{R}AS^R,澳^{R}AU^R,新西兰^{R}NZ^R,柬 KH,港HK,澳门MO,韩^{R}KR^R	0 受惠国LD	130
				5.2	亚太AP		
				8.2	日^{R}JP^R		
4590	6003.9000	-其他 -Other	8	0	东盟AS,智CL,巴PK,新西兰NZ, 新加坡SG,秘PE,哥CR,瑞CH,冰 IS,韩KR,澳AU,格GE,毛MU,东 盟^{R}AS^R,澳^{R}AU^R,新西兰^{R}NZ^R,柬 KH,港HK,澳门MO,韩^{R}KR^R	0 受惠国LD	130
				8.2	日^{R}JP^R		
	60.04	宽度超过30厘米,按重量计弹性纱线或橡胶线含量在5%及以上的针织物或钩编织物,但税目60.01的货品除外: Knitted or crocheted fabrics of a width exceeding 30cm, containing by weight 5% or more of elastomeric yarn or rubber thread, other than those of heading 60.01: -按重量计弹性纱线含量在5%及以上,但不含橡胶线: -Containing by weight 5% or more of elastomeric yarn, but not containing rubber thread:					

序号 No.	税则号列 Tariff Line	货品名称 Article Description	最惠国税率 MFN(%)	协定税率 Agreement(%)		特惠税率 SP(%)	普通税率 Gen(%)
4591	6004.1010	---棉制 ---Of cotton	8	0	东盟AS,智CL,巴PK,新西兰NZ,新加坡SG,秘PE,哥CR,瑞CH,冰IS,韩KR,澳AU,格GE,毛MU,东盟^RAS^R,澳^RAU^R,新西兰^RNZ^R,柬KH,港HK,澳门MO,韩^RKR^R	0 受惠国LD,柬KH,老LA,缅MM	70
				5.2	亚太AP		
				8.2	日^RJP^R		
4592	6004.1020	---丝及绢丝制 ---Of silk or silk waste	8	0	东盟AS,智CL,巴PK,新西兰NZ,新加坡SG,秘PE,哥CR,瑞CH,冰IS,韩KR,澳AU,格GE,毛MU,东盟^RAS^R,澳^RAU^R,新西兰^RNZ^R,柬KH,港HK,澳门MO,韩^RKR^R	0 受惠国LD	130
				5.2	亚太AP		
				8.2	日^RJP^R		
4593	6004.1030	--合成纤维制 ---Of synthetic fibres	8	0	东盟AS,智CL,巴PK,新西兰NZ,新加坡SG,秘PE,哥CR,瑞CH,冰IS,澳AU,格GE,毛MU,柬KH,港HK,澳门MO,台TW	0 受惠国LD	130
				5.5	韩KR		
				9	东盟^RAS^R,澳^RAU^R,日^RJP^R,新西兰^RNZ^R,韩^RKR^R		
4594	6004.1040	---人造纤维制 ---Of artificial fibres	8	0	东盟AS,智CL,巴PK,新西兰NZ,新加坡SG,秘PE,哥CR,瑞CH,冰IS,澳AU,格GE,毛MU,柬KH,港HK,澳门MO	0 受惠国LD	130
				4	韩KR		
				8.7	东盟^RAS^R,韩^RKR^R		
				8.8	日^RJP^R		
				9	澳^RAU^R,新西兰^RNZ^R		
4595	6004.1090	---其他 ---Other	8	0	东盟AS,智CL,巴PK,新西兰NZ,新加坡SG,秘PE,哥CR,瑞CH,冰IS,韩KR,澳AU,格GE,毛MU,东盟^RAS^R,澳^RAU^R,新西兰^RNZ^R,柬KH,港HK,澳门MO,台TW,韩^RKR^R	0 受惠国LD	130
				5.2	亚太AP		
				8.2	日^RJP^R		
		-其他: -Other:					
4596	6004.9010	---棉制 ---Of cotton	8	0	东盟AS,智CL,巴PK,新西兰NZ,秘PE,哥CR,瑞CH,冰IS,韩KR,澳AU,格GE,毛MU,东盟^RAS^R,澳^RAU^R,新西兰^RNZ^R,柬KH,港HK,澳门MO,韩^RKR^R	0 受惠国LD	70
				5.2	亚太AP		
				8.2	日^RJP^R		

序号 No.	税则号列 Tariff Line	货品名称 Article Description	最惠国税率 MFN(%)	协定税率 Agreement(%)		特惠税率 SP(%)	普通税率 Gen(%)
4597	6004.9020	---丝及绢丝制 ---Of silk or silk waste	8	0	东盟AS,智CL,巴PK,新西兰NZ,新加坡SG,秘PE,哥CR,瑞CH,冰IS,韩KR,澳AU,格GE,毛MU,东盟^{R}AS^R,澳^{R}AU^R,新西兰^{R}NZ^R,柬KH,港HK,澳门MO,韩^{R}KR^R	0 受惠国LD	130
				5.2	亚太AP		
				8.2	日^{R}JP^R		
4598	6004.9030	---合成纤维制 ---Of synthetic fibres	8	0	东盟AS,智CL,巴PK,新西兰NZ,新加坡SG,秘PE,哥CR,瑞CH,冰IS,澳AU,格GE,毛MU,柬KH,港HK,澳门MO,台TW	0 受惠国LD	130
				5.5	韩KR		
				9	东盟^{R}AS^R,澳^{R}AU^R,新西兰^{R}NZ^R		
4599	6004.9040	---人造纤维制 ---Of artificial fibres	8	0	东盟AS,智CL,巴PK,新西兰NZ,新加坡SG,秘PE,哥CR,瑞CH,冰IS,韩KR,澳AU,格GE,毛MU,东盟^{R}AS^R,澳^{R}AU^R,新西兰^{R}NZ^R,柬KH,港HK,澳门MO,韩^{R}KR^R	0 受惠国LD	130
				8.2	日^{R}JP^R		
4600	6004.9090	---其他 ---Other	8	0	东盟AS,智CL,巴PK,新西兰NZ,新加坡SG,秘PE,哥CR,瑞CH,冰IS,韩KR,澳AU,格GE,毛MU,东盟^{R}AS^R,澳^{R}AU^R,新西兰^{R}NZ^R,柬KH,港HK,澳门MO,台TW,韩^{R}KR^R	0 受惠国LD	130
				5.2	亚太AP		
				8.2	日^{R}JP^R		
	60.05	经编针织物（包括由镶边针织机织成的），但税目60.01至60.04的货品除外： **Warp knit fabrics (including those made on galloon knitting machines), other than those of headings 60.01 to 60.04:**					
		-棉制： -Of cotton:					
4601	6005.2100	--未漂白或漂白 --Unbleached or bleached	8	0	东盟AS,智CL,巴PK,新西兰NZ,秘PE,哥CR,瑞CH,冰IS,韩KR,澳AU,格GE,毛MU,东盟^{R}AS^R,澳^{R}AU^R,新西兰^{R}NZ^R,柬KH,港HK,澳门MO,韩^{R}KR^R	0 受惠国LD	70
				8.2	日^{R}JP^R		
4602	6005.2200	--染色 --Dyed	8	0	东盟AS,智CL,巴PK,新西兰NZ,秘PE,哥CR,瑞CH,冰IS,韩KR,澳AU,格GE,毛MU,东盟^{R}AS^R,澳^{R}AU^R,新西兰^{R}NZ^R,柬KH,港HK,澳门MO,韩^{R}KR^R	0 受惠国LD	70
				8.2	日^{R}JP^R		

序号 No.	税则号列 Tariff Line	货品名称 Article Description	最惠国税率 MFN(%)	协定税率 Agreement(%)		特惠税率 SP(%)		普通税率 Gen(%)
4603	6005.2300	--色织 --Of yarns of different colours	8	0	东盟AS,智CL,巴PK,新西兰NZ, 秘PE,哥CR,瑞CH,冰IS,韩KR, 澳AU,格GE,毛MU,东盟^RAS^R,澳 ^RAU^R,新西兰^RNZ^R,柬KH,港HK, 澳门MO,韩^RKR^R	0	受惠国LD	70
				8.2	日^RJP^R			
4604	6005.2400	--印花 --Printed	8	0	东盟AS,智CL,巴PK,新西兰NZ, 秘PE,哥CR,瑞CH,冰IS,韩KR, 澳AU,格GE,毛MU,东盟^RAS^R,澳 ^RAU^R,新西兰^RNZ^R,柬KH,港HK, 澳门MO,韩^RKR^R	0	受惠国LD	70
				8.2	日^RJP^R			
		-合成纤维制: -Of synthetic fibres:						
4605	6005.3500	--本章子目注释一所列织物 --Fabrics specified in Subheading Note 1 to this Chapter	8	0	东盟AS,智CL,巴PK,新西兰NZ, 新加坡SG,秘PE,哥CR,瑞CH,冰 IS,韩KR,澳AU,格GE,毛MU,东 盟^RAS^R,澳^RAU^R,新西兰^RNZ^R, 柬KH,港HK,澳门MO,台TW,韩 ^RKR^R	0	受惠国LD	130
				5.2	亚太AP			
				8.2	日^RJP^R			
4606	6005.3600	--其他, 未漂白或漂白 --Other, unbleached or bleached	8	0	东盟AS,智CL,巴PK,新西兰NZ, 新加坡SG,秘PE,哥CR,瑞CH,冰 IS,韩KR,澳AU,格GE,毛MU,东 盟^RAS^R,澳^RAU^R,新西兰^RNZ^R, 柬KH,港HK,澳门MO,台TW,韩 ^RKR^R	0	受惠国LD	130
				5.2	亚太AP			
				8.2	日^RJP^R			
4607	6005.3700	--其他, 染色 --Other, dyed	8	0	东盟AS,智CL,巴PK,新西兰NZ, 新加坡SG,秘PE,哥CR,瑞CH,冰 IS,澳AU,格GE,毛MU,柬KH,港 HK,澳门MO,台TW	0	受惠国LD, 柬KH,老 LA,缅MM	130
				5.2	亚太AP			
				5.5	韩KR			
				9	东盟^RAS^R,澳^RAU^R,新西兰^RNZ^R			
4608	6005.3800	--其他, 色织 --Oter, of yarns of different colours	8	0	东盟AS,智CL,巴PK,新西兰NZ, 新加坡SG,秘PE,哥CR,瑞CH,冰 IS,韩KR,澳AU,格GE,毛MU,东 盟^RAS^R,澳^RAU^R,新西兰^RNZ^R,柬 KH,港HK,澳门MO,韩^RKR^R	0	受惠国LD	130
				5.2	亚太AP			
				8.2	日^RJP^R			

序号 No.	税则号列 Tariff Line	货品名称 Article Description	最惠国税率 MFN(%)	协定税率 Agreement(%)		特惠税率 SP(%)	普通税率 Gen(%)
4609	6005.3900	--其他, 印花 --Other, printed	8	0	东盟AS,智CL,巴PK,新西兰NZ,新加坡SG,秘PE,哥CR,瑞CH,冰IS,韩KR,澳AU,格GE,毛MU,东盟^RAS^R,澳^RAU^R,新西兰^RNZ^R,柬KH,港HK,澳门MO,韩^RKR^R	0 受惠国LD	130
				5.2	亚太AP		
				8.2	日^RJP^R		
		-人造纤维制: -Of artificial fibres:					
4610	6005.4100	--未漂白或漂白 --Unbleached or bleached	8	0	东盟AS,智CL,巴PK,新西兰NZ,新加坡SG,秘PE,哥CR,瑞CH,冰IS,韩KR,澳AU,格GE,毛MU,东盟^RAS^R,澳^RAU^R,新西兰^RNZ^R,柬KH,港HK,澳门MO,韩^RKR^R	0 受惠国LD	130
				5.2	亚太AP		
				8.2	日^RJP^R		
4611	6005.4200	--染色 --Dyed	8	0	东盟AS,智CL,巴PK,新西兰NZ,新加坡SG,秘PE,哥CR,瑞CH,冰IS,韩KR,澳AU,格GE,毛MU,东盟^RAS^R,澳^RAU^R,新西兰^RNZ^R,柬KH,港HK,澳门MO,韩^RKR^R	0 受惠国LD	130
				5.2	亚太AP		
				8.2	日^RJP^R		
4612	6005.4300	--色织 --Of yarns of different colours	8	0	东盟AS,智CL,巴PK,新西兰NZ,新加坡SG,秘PE,哥CR,瑞CH,冰IS,韩KR,澳AU,格GE,毛MU,东盟^RAS^R,澳^RAU^R,新西兰^RNZ^R,柬KH,港HK,澳门MO,韩^RKR^R	0 受惠国LD	130
				5.2	亚太AP		
				8.2	日^RJP^R		
4613	6005.4400	--印花 --Printed	8	0	东盟AS,智CL,巴PK,新西兰NZ,新加坡SG,秘PE,哥CR,瑞CH,冰IS,韩KR,澳AU,格GE,毛MU,东盟^RAS^R,澳^RAU^R,新西兰^RNZ^R,柬KH,港HK,澳门MO,韩^RKR^R	0 受惠国LD	130
				5.2	亚太AP		
				8.2	日^RJP^R		
		-其他: -Other:					
4614	6005.9010	---羊毛或动物细毛制 ---Of wool or fine animal hair	8	0	东盟AS,智CL,巴PK,新西兰NZ,新加坡SG,秘PE,哥CR,瑞CH,冰IS,韩KR,澳AU,格GE,毛MU,东盟^RAS^R,澳^RAU^R,新西兰^RNZ^R,柬KH,港HK,澳门MO,韩^RKR^R	0 受惠国LD	130
				9.8	日^RJP^R		

序号 No.	税则号列 Tariff Line	货品名称 Article Description	最惠国税率 MFN(%)	协定税率 Agreement(%)		特惠税率 SP(%)	普通税率 Gen(%)
4615	6005.9090	---其他 ---Other	8	0	东盟AS,智CL,巴PK,新西兰NZ,新加坡SG,秘PE,哥CR,瑞CH,冰IS,韩KR,澳AU,格GE,毛MU,东盟^RAS^R,澳^RAU^R,新西兰^RNZ^R,柬KH,港HK,澳门MO,韩^RKR^R	0 受惠国LD	130
				9.8	日^RJP^R		
	60.06	**其他针织或钩编织物:** **Other knitted or crocheted fabrics:**					
4616	6006.1000	-羊毛或动物细毛制 -Of wool or fine animal hair	8	0	东盟AS,智CL,巴PK,新西兰NZ,新加坡SG,秘PE,哥CR,瑞CH,冰IS,韩KR,澳AU,格GE,毛MU,柬KH,港HK,澳门MO	0 受惠国LD	130
				9.6	东盟^RAS^R,澳^RAU^R,新西兰^RNZ^R,韩^RKR^R		
				9.8	日^RJP^R		
		-棉制: -Of cotton:					
4617	6006.2100	--未漂白或漂白 --Unbleached or bleached	8	0	东盟AS,智CL,巴PK,新西兰NZ,秘PE,哥CR,瑞CH,冰IS,澳AU,格GE,毛MU,柬KH,港HK,澳门MO	0 受惠国LD	70
				4	韩KR		
				5.2	亚太AP		
				8.7	东盟^RAS^R,韩^RKR^R		
				8.8	日^RJP^R		
				9	澳^RAU^R,新西兰^RNZ^R		
4618	6006.2200	--染色 --Dyed	8	0	东盟AS,智CL,巴PK,新西兰NZ,新加坡SG,秘PE,哥CR,瑞CH,冰IS,韩KR,澳AU,格GE,柬KH,港HK,澳门MO	0 受惠国LD,柬KH,老LA,缅MM	70
				4	毛MU		
				5.2	亚太AP		
				8	东盟^RAS^R,澳^RAU^R,新西兰^RNZ^R,韩^RKR^R		
				8.2	日^RJP^R		
4619	6006.2300	--色织 --Of yarns of different colours	8	0	东盟AS,智CL,巴PK,新西兰NZ,新加坡SG,秘PE,哥CR,瑞CH,冰IS,韩KR,澳AU,格GE,毛MU,东盟^RAS^R,澳^RAU^R,新西兰^RNZ^R,柬KH,港HK,澳门MO,韩^RKR^R	0 受惠国LD,柬KH,老LA,缅MM	70
				5.2	亚太AP		
				8.2	日^RJP^R		
4620	6006.2400	--印花 --Printed	8	0	东盟AS,智CL,巴PK,新西兰NZ,秘PE,哥CR,瑞CH,冰IS,韩KR,澳AU,格GE,毛MU,东盟^RAS^R,澳^RAU^R,新西兰^RNZ^R,柬KH,港HK,澳门MO,台TW,韩^RKR^R	0 受惠国LD	70
				5.2	亚太AP		
				8.2	日^RJP^R		

序号 No.	税则号列 Tariff Line	货品名称 Article Description	最惠国税率 MFN(%)		协定税率 Agreement(%)	特惠税率 SP(%)	普通税率 Gen(%)
		-合成纤维制: -Of synthetic fibres:					
4621	6006.3100	--未漂白或漂白 --Unbleached or bleached	8	0	东盟AS,智CL,巴PK,新西兰NZ,新加坡SG,秘PE,哥CR,瑞CH,冰IS,韩KR,澳AU,格GE,毛MU,东盟^{R}AS^R,澳^{R}AU^R,新西兰^{R}NZ^R,柬KH,港HK,澳门MO,台TW,韩^{R}KR^R	0 受惠国LD	130
				5.2	亚太AP		
				8.2	日^{R}JP^R		
4622	6006.3200	--染色 --Dyed	8	0	东盟AS,智CL,巴PK,新西兰NZ,新加坡SG,秘PE,哥CR,瑞CH,冰IS,澳AU,格GE,毛MU,柬KH,港HK,澳门MO,台TW	0 受惠国LD	130
				5.2	亚太AP		
				5.5	韩KR		
				9	东盟^{R}AS^R,澳^{R}AU^R,日^{R}JP^R,新西兰^{R}NZ^R,韩^{R}KR^R		
4623	6006.3300	--色织 --Of yarns of different colours	8	0	东盟AS,智CL,巴PK,新西兰NZ,新加坡SG,秘PE,哥CR,瑞CH,冰IS,澳AU,格GE,毛MU,柬KH,港HK,澳门MO,台TW	0 受惠国LD	130
				5.2	亚太AP		
				5.5	韩KR		
				9	东盟^{R}AS^R,澳^{R}AU^R,新西兰^{R}NZ^R		
4624	6006.3400	--印花 --Printed	8	0	东盟AS,智CL,巴PK,新西兰NZ,新加坡SG,秘PE,哥CR,瑞CH,冰IS,澳AU,格GE,毛MU,柬KH,港HK,澳门MO,台TW	0 受惠国LD	130
				5.2	亚太AP		
				5.5	韩KR		
				9	东盟^{R}AS^R,澳^{R}AU^R,新西兰^{R}NZ^R		
		-人造纤维制: -Of artificial fibres:					
4625	6006.4100	--未漂白或漂白 --Unbleached or bleached	8	0	东盟AS,智CL,巴PK,新西兰NZ,新加坡SG,秘PE,哥CR,瑞CH,冰IS,韩KR,澳AU,格GE,毛MU,东盟^{R}AS^R,澳^{R}AU^R,新西兰^{R}NZ^R,柬KH,港HK,澳门MO,韩^{R}KR^R	0 受惠国LD	130
				5.2	亚太AP		
				8.2	日^{R}JP^R		

序号 No.	税则号列 Tariff Line	货品名称 Article Description	最惠国税率 MFN(%)	协定税率 Agreement(%)		特惠税率 SP(%)		普通税率 Gen(%)
4626	6006.4200	--染色 --Dyed	8	0	东盟AS,智CL,巴PK,新西兰NZ, 新加坡SG,秘PE,哥CR,瑞CH,冰 IS,澳AU,格GE,毛MU,柬KH,港 HK,澳门MO,台TW	0 受惠国LD		130
				4	韩KR			
				5.2	亚太AP			
				8.7	东盟^{R}AS^R,韩^{R}KR^R			
				8.8	日^{R}JP^R			
				9	澳^{R}AU^R,新西兰^{R}NZ^R			
4627	6006.4300	--色织 --Of yarns of different colours	8	0	东盟AS,智CL,巴PK,新西兰NZ, 新加坡SG,秘PE,哥CR,瑞CH,冰 IS,韩KR,澳AU,格GE,毛MU,东 盟^{R}AS^R,澳^{R}AU^R,新西兰^{R}NZ^R,柬 KH,港HK,澳门MO,韩^{R}KR^R	0 受惠国LD		130
				5.2	亚太AP			
				8.2	日^{R}JP^R			
4628	6006.4400	--印花 --Printed	8	0	东盟AS,智CL,巴PK,新西兰NZ, 新加坡SG,秘PE,哥CR,瑞CH,冰 IS,韩KR,澳AU,格GE,毛MU,东 盟^{R}AS^R,澳^{R}AU^R,新西兰^{R}NZ^R,柬 KH,港HK,澳门MO,韩^{R}KR^R	0 受惠国LD		130
				5.2	亚太AP			
				8.2	日^{R}JP^R			
4629	6006.9000	-其他 -Other	8	0	东盟AS,智CL,巴PK,新西兰NZ, 新加坡SG,秘PE,哥CR,瑞CH,冰 IS,韩KR,澳AU,格GE,毛MU,东 盟^{R}AS^R,澳^{R}AU^R,新西兰^{R}NZ^R,柬 KH,港HK,澳门MO,韩^{R}KR^R	0 受惠国LD		130
				5.2	亚太AP			
				9.8	日^{R}JP^R			

注释:

一、本章仅适用于制成的针织品或钩编织品。

二、本章不包括:

（一）税目62.12的货品;

（二）税目63.09的旧衣着或其他旧物品; 或

（三）矫形器具、外科手术带、疝气带及类似品（税目90.21）。

三、税目61.03及61.04所称:

（一）"西服套装", 是指面料用相同的织物制成的两件套或三件套的下列成套服装:

一件人体上半身穿着的外套或短上衣, 除袖子外, 其面料数为四片或四片以上; 也可附带一件西服背心, 这件背心的前片面料应与套装其他各件的面料相同, 后片面料则应与外套或短上衣的衬里料相同;

以及一件人体下半身穿着的服装, 即不带背带或护胸的长裤、马裤、短裤（游泳裤除外）、裙子或裙裤。西服套装各件面料质地、颜色及构成必须相同, 其款式也必须相同, 尺寸大小还须相互般配, 但可以用不同织物滚边（缝口上缝入长条织物）。

如果数件人体下半身穿着的服装同时进口或出口（例如, 两条长裤、长裤与短裤、裙子或裙裤与长裤）, 构成西服套装下装的应是一条长裤, 而对于女式西服套装, 则应是一条裙子或裙裤, 其他服装应分别归类。

所称"西服套装", 包括不论是否完全符合上述条件的下列配套服装:

1.常礼服, 由一件后襟下垂并下端开圆弧形叉的素色短上衣和一条条纹长裤组成;

2.晚礼服（燕尾服）, 一般用黑色织物制成, 上衣前襟较短且不闭合, 背后有燕尾;

3.无燕尾套装夜礼服, 其中上衣款式与普通上衣相似（可以更为显露衬衣前胸）, 但有光滑丝质或仿丝质的翻领。

Notes:

1. This Chapter applies only to made up knitted or crocheted articles.

2. This Chapter does not cover:

(a) Goods of heading 62.12;

(b) Worn clothing or other worn articles of heading 63.09; or

(c) Orthopaedic appliances, surgical belts, trusses or the like (heaing 90.21).

3. For the purposes of headings 61.03 and 61.04:

(a) The term "suit" means a set of garments composed of two or three pieces made up, in respect of their outer surface, in identical fabric and comprising:

-One suit coat or jacket the outer shell of which, exclusive of sleeves, consists of four or more panels, designed to cover the upper part of the body, possibly with a tailored waistcoat in addition whose front panel is made from the same fabric as the outer shell of the other components of the set and whose rear panel is made from the same fabric as the lining of the suit coat or jacket; and

One garment designed to cover the lower part of the body and consisting of trousers, breeches or shorts (other than swimwear), a skirt or a divided skirt, having neither braces nor bibs. All of the components of a suit must be of the same fabric construction, colour and composition; they must also be of the same style and of corresponding or compatible size. However, these components may have piping (a strip of fabric sewn into the seam) in a different fabric.

If several separate components to cover the lower part of the body are presented together (for example, two pairs of trousers or trousers and shorts, or a skirt or divided skirt and trousers) , the constituent lower part shall be one pair of trousers or, in the case of women's or girls' suits, the skirt or divided skirt, the other garments being considered separately.

The term "suit" includes the following sets of garments, whether or not they fulfill all the above conditions:

(1) Morning dress, comprising a plain jacket (cutaway) with rounded tails hanging well down at the back and striped trousers;

(2) Evening dress (tailcoat), generally made of black fabric, the jacket of which is relatively short at the front, does not close and has narrow skirts cut in at the hips and hanging down behind;

(3) Dinner jacket suits, in which the jacket is similar in style to an ordinary jacket (though perhaps revealing more of the shirt front), but has shiny silk or imitation silk lapels.

（二）"便服套装"，是指面料相同并作零售包装的下列成套服装（西服套装及税目61.07、61.08或61.09的物品除外）：

一件人体上半身穿着的服装，但套衫及背心除外，因为套衫可在两件套服装中作为内衣，背心也可作为内衣；

以及一件或两件不同的人体下半身穿着的服装，即长裤、护胸背带工装裤、马裤、短裤（游泳裤除外）、裙子或裙裤。

便服套装各件面料质地、款式、颜色及构成必须相同；尺寸大小也须相互般配。所称"便服套装"，不包括税目61.12的运动服及滑雪服。

四、税目61.05及61.06不包括在腰围以下有口袋的服装、带有罗纹腰带及以其他方式收紧下摆的服装或其织物至少在10厘米×10厘米的面积内沿各方向的直线长度上平均每厘米少于10针的服装。税目61.05不包括无袖服装。

衬衫及仿男式女衬衫是指人体上身穿着并从领口处全开襟或半开襟的长袖或短袖衣服；罩衫也是上半身穿着的宽松服装，但可以无袖，领口处也可以不开襟。衬衫、仿男式女衬衫及罩衫可有衣领。

五、税目61.09不包括带有束带、罗纹腰带或其他方式收紧下摆的服装。

六、对于税目61.11：

（一）所称"婴儿服装及衣着附件"，是指用于身高不超过86厘米幼儿的服装；

（二）既可归入税目61.11，也可归入本章其他税目的物品，应归入税目61.11。

七、税目61.12所称"滑雪服"，是指从整个外观和织物质地来看，主要在滑雪（速度滑雪或高山滑雪）时穿着的下列服装或成套服装：

（一）"滑雪连身服"，即上下身连在一起的单件服装；除袖子和领子外，滑雪连身服可有口袋或脚带；或

(b) The term "ensemble" means a set of garments (other than suits and articles of heading 61.07, 61.08 or 61.09), composed of several pieces made up in identical fabric, put up for retail sale, and comprising:

One garment designed to cover the upper part of the body, with the exception of pullovers which may form a sceond upper garment in the sole context of twin sets, and of waistcoats which may also form a second upper garment; and

One or two different garments, designed to cover the lower part of the body and consisting of trousers, bib and brace overalls, breeches, shorts (other than swimwear), a skirt or a divided skirt.

All of the components of an ensemble must be of the same fabric construction, style, colour and composition; they also must be of corresponding or compatible size. The term "ensemble" does not apply to track suits or ski suits, of heading 61.12.

4. Headings 61.05 and 61.06 do not cover garments with pockets below the waist, with a ribbed waistband or other means of tightening at the bottom of the garment, or garments having an average of less than 10 stitches per linear centimetre in each direction counted on an area measuring at least 10cm×10cm. Heading 61.05 does not cover sleeveless garments.

"Shirts" and "shirt-blouses" are garments designed to cover the upper part of the body, having long or short sleeves and a full or partial opening starting at the neckline. "Blouses" are loose-fitting garments also designed to cover the upper part of the body but may be sleeveless and with or without an opening at the neckline. "Shirts", "shirt-blouses" and "blouses" may also have a collar.

5. Heading 61.09 does not cover garments with a drawstring, a ribbed waistband or other means of tightening at the bottom of the garment.

6. For the purposes of heading 61.11:

(a) The expression "babies garments and clothing accessories" means articles for young children of a body height not exceeding 86cm;

(b) Articles which are, *prima facie*, classifiable both in heading 61.11 and in other headings of this Chapter are to be classified in heading 61.11.

7. For the purposes of heading 61.12, "ski suits" means garments or sets of garments which, by their general appearance and texture, are identifiable as intended to be worn principally for skiing (cross-country or alpine). They consist either of:

(a) a "ski overall", that is, a one-piece garment designed to cover the upper and the lower parts of the body; in addition to sleeves and a collar the ski overall may have pockets or footstraps; or

（二）"滑雪套装"即由两件或三件构成一套并作零售包装的下列服装：

一件用一条拉链扣合的带风帽的厚夹克、防风衣、防风短上衣或类似的服装，可以附带一件背心；

以及一条不论是否过腰的长裤、一条马裤或一条护胸背带工装裤。

"滑雪套装"也可由一件类似以上（一）款所述的连身服和一件可套在连身服外面的有胎料背心组成。

"滑雪套装"各件颜色可以不同，但面料质地、款式及构成必须相同；尺寸大小也须相互般配。

八、既可归入税目61.13，也可归入本章其他税目的服装，除税目61.11所列的仍归入该税目外，其余的应一律归入税目61.13。

九、本章的服装，凡门襟为左压右的，应视为男式；右压左的，应视为女式。但本规定不适用于其式样已明显为男式或女式的服装。

无法区别是男式还是女式的服装，应按女式服装归入有关税目。

十、本章物品可用金属线制成。

(b) a "ski ensemble", that is, a set of garments composed of two or three pieces, put up for retail sale and comprising:

One garment such as an anorak, wind cheater, windjacket or similar article, closed by a slide fastener (zipper), possibly with a waistcoat in addition; and

One pair of trousers whether or not extending above waist-level, one pair of breeches or one bib and brace overall.

The "ski ensemble" may also consist of an overall similar to the one mentioned in paragraph (a) above and a type of padded, sleeveless jacket worn over the overall.

All the components of a "ski ensemble" must be made up in a fabric of the same texture, style and composition whether or not of the same colour; they also must be of corresponding or compatible size.

8. Garments which are, *prima facie*, classifiable both in heading 61.13 and in other headings of this Chapter, excluding heading 61.11, are to be classified in heading 61.13.

9. Garments of this Chapter desinged for left over right closure at the front shall be regarded as men's or boys' garments, and those designed for right over left closure at the front as women's or girls' garments. These provisions do not apply where the cut of the garment clearly indicates that it is designed for one or other of the sexes.

Garments which cannot be identified as either men's or boys' garments or as women's or girls' garments are to be classified in the headings covering women or girls garments.

10. Articles of this Chapter may be made of metal thread.

序号 No.	税则号列 Tariff Line	货品名称 Article Description	最惠国税率 MFN(%)	协定税率 Agreement(%)		特惠税率 SP(%)	普通税率 Gen(%)
	61.01	针织或钩编的男式大衣、短大衣、斗篷、短斗篷、带风帽的防寒短上衣（包括滑雪短上衣）、防风衣、防风短上衣及类似品，但税目61.03的货品除外： **Men's or boys' overcoats, car coats, capes, cloaks, anoraks (including ski jackets), windcheaters, windjackets and similar articles, knitted or crocheted, other than those of heading 61.03:**					
4630	6101.2000	-棉制 -Of cotton	8	0	东盟AS,智CL,新西兰NZ,新加坡SG,秘PE,哥CR,瑞CH,冰IS,澳AU,格GE,毛MU,东盟^{R}AS^R,澳^{R}AU^R,新西兰^{R}NZ^R,柬KH,港HK,澳门MO	0 受惠国LD	90
				1.7	韩KR		
				5.2	亚太AP		
				14	巴PK,韩^{R}KR^R		
				14.3	日^{R}JP^R		

序号 No.	税则号列 Tariff Line	货品名称 Article Description	最惠国税率 MFN(%)	协定税率 Agreement(%)		特惠税率 SP(%)	普通税率 Gen(%)
4631	6101.3000	-化学纤维制 -Of man-made fibres	8	0	东盟AS,智CL,巴PK,新西兰NZ, 新加坡SG,秘PE,哥CR,瑞CH, 冰IS,澳AU,格GE,东盟^{R}AS^R,澳^R AU^R,新西兰^{R}NZ^R,柬KH,港HK, 澳门MO	0 受惠国LD	130
				1.7	韩KR		
				5.2	亚太AP		
				7	毛MU		
				14	韩^{R}KR^R		
				14.3	日^{R}JP^R		
		-其他纺织材料制: -Of other textile materials:					
4632	6101.9010	---羊毛或动物细毛制 ---Of wool or fine animal hair	10	0	东盟AS,智CL,巴PK,新西兰NZ, 新加坡SG,秘PE,哥CR,瑞CH,冰 IS,澳AU,格GE,柬KH,港HK,澳 门MO	0 受惠国LD	130
				6.5	亚太AP		
				10	毛MU		
				13.7	韩KR		
				22.5	东盟^{R}AS^R,澳^{R}AU^R,新西兰^{R}NZ^R, 韩^{R}KR^R		
4633	6101.9090	---其他 ---Other	8	0	东盟AS,智CL,新西兰NZ,新加 坡SG,秘PE,哥CR,瑞CH,冰IS,澳 AU,格GE,毛MU,东盟^{R}AS^R,澳^R AU^R,新西兰^{R}NZ^R,柬KH,港HK, 澳门MO	0 受惠国LD	130
				1.7	韩KR		
				5.2	亚太AP		
				8.8	巴PK		
				14	韩^{R}KR^R		
				14.3	日^{R}JP^R		
	61.02	针织或钩编的女式大衣、短大衣、斗篷、短斗篷、带风帽的防寒短上衣(包括滑雪短上衣)、防风衣、防风短上衣及类似品,但税目61.04的货品除外: Women's or girls' overcoats, car coats, capes, cloaks, anoraks (including ski jackets), windcheaters, wind-jackets and similar articles, knitted or crocheted, other than those of heading 61.04:					

序号 No.	税则号列 Tariff Line	货品名称 Article Description	最惠国税率 MFN(%)	协定税率 Agreement(%)		特惠税率 SP(%)	普通税率 Gen(%)
4634	6102.1000	-羊毛或动物细毛制 -Of wool or fine animal hair	10	0	东盟AS,智CL,新西兰NZ,新加坡SG,秘PE,哥CR,瑞CH,冰IS,澳AU,格GE,柬KH,港HK,澳门MO	0 受惠国LD	130
				6.5	亚太AP		
				10	毛MU		
				13.7	韩KR		
				18	巴PK		
				22.5	东盟^{R}AS^R,澳^{R}AU^R,新西兰^{R}NZ^R		
4635	6102.2000	-棉制 -Of cotton	8	0	东盟AS,智CL,新西兰NZ,新加坡SG,哥CR,瑞CH,冰IS,澳AU,格GE,东盟^{R}AS^R,澳^{R}AU^R,新西兰^{R}NZ^R,柬KH,港HK,澳门MO	0 受惠国LD	90
				1.7	韩KR		
				5.2	亚太AP		
				7	毛MU		
				14	巴PK,韩^{R}KR^R		
				14.3	日^{R}JP^R		
4636	6102.3000	-化学纤维制 -Of man-made fibres	8	0	东盟AS,智CL,巴PK,新西兰NZ,新加坡SG,秘PE,哥CR,瑞CH,冰IS,澳AU,格GE,毛MU,东盟^{R}AS^R,澳^{R}AU^R,新西兰^{R}NZ^R,柬KH,港HK,澳门MO	0 受惠国LD	130
				1.7	韩KR		
				5.2	亚太AP		
				14	韩^{R}KR^R		
				14.3	日^{R}JP^R		
4637	6102.9000	-其他纺织材料制 -Of other textile materials	10	0	东盟AS,智CL,新西兰NZ,新加坡SG,秘PE,哥CR,瑞CH,冰IS,澳AU,格GE,毛MU,柬KH,港HK,澳门MO	0 受惠国LD	130
				6.5	亚太AP		
				8	韩KR		
				10	巴PK		
				16	东盟^{R}AS^R,澳^{R}AU^R,新西兰^{R}NZ^R,韩^{R}KR^R		
				17.5	日^{R}JP^R		
	61.03	针织或钩编的男式西服套装、便服套装、上衣、长裤、护胸背带工装裤、马裤及短裤(游泳裤除外): Men's or boys' suits, ensembles, jackets, blazers, trousers, bib and brace overalls, breeches and shorts (other than swimwear), knitted or crocheted:					
		-西服套装: -Suits:					

序号 No.	税则号列 Tariff Line	货品名称 Article Description	最惠国税率 MFN(%)	协定税率 Agreement(%)		特惠税率 SP(%)	普通税率 Gen(%)
4638	6103.1010	---羊毛或动物细毛制 ---Of wool or fine animal hair	10	0	东盟AS,智CL,新西兰NZ,新加坡SG,秘PE,哥CR,瑞CH,冰IS,澳AU,格GE,柬KH,港HK,澳门MO	0 受惠国LD	130
				6.5	亚太AP		
				10	毛MU		
				13.7	韩KR		
				18	巴PK		
				22.5	东盟^{R}AS^R,澳^{R}AU^R,新西兰^{R}NZ^R,韩^{R}KR^R		
4639	6103.1020	---合成纤维制 ---Of synthetic fibres	10	0	东盟AS,智CL,新西兰NZ,新加坡SG,秘PE,哥CR,瑞CH,冰IS,澳AU,格GE,柬KH,港HK,澳门MO	0 受惠国LD	130
				6.5	亚太AP		
				10	毛MU		
				13.7	韩KR		
				18	巴PK		
				22.5	东盟^{R}AS^R,澳^{R}AU^R,新西兰^{R}NZ^R,韩^{R}KR^R		
4640	6103.1090	---其他纺织材料制 ---Of other textile materials	8	0	东盟AS,智CL,新西兰NZ,新加坡SG,秘PE,哥CR,瑞CH,冰IS,澳AU,格GE,毛MU,东盟^{R}AS^R,澳^{R}AU^R,新西兰^{R}NZ^R,柬KH,港HK,澳门MO	0 受惠国LD,老LA	130
				1.7	韩KR		
				5.2	亚太AP		
				8.8	巴PK		
				14	韩^{R}KR^R		
				14.3	日^{R}JP^R		
		-便服套装: -Ensembles:					
4641	6103.2200	--棉制 --Of cotton	10	0	东盟AS,智CL,新西兰NZ,新加坡SG,秘PE,哥CR,瑞CH,冰IS,澳AU,格GE,毛MU,柬KH,港HK,澳门MO	0 受惠国LD,老LA	90
				6.5	亚太AP		
				8	韩KR		
				14.8	巴PK		
				18	东盟^{R}AS^R,澳^{R}AU^R,新西兰^{R}NZ^R		
4642	6103.2300	--合成纤维制 --Of synthetic fibres	10	0	东盟AS,智CL,新西兰NZ,新加坡SG,秘PE,哥CR,瑞CH,冰IS,澳AU,格GE,柬KH,港HK,澳门MO	0 受惠国LD	130
				6.5	亚太AP		
				10	毛MU		
				13.7	韩KR		
				18	巴PK		
				22.5	东盟^{R}AS^R,澳^{R}AU^R,新西兰^{R}NZ^R,韩^{R}KR^R		

序号 No.	税则号列 Tariff Line	货品名称 Article Description	最惠国税率 MFN(%)	协定税率 Agreement(%)		特惠税率 SP(%)	普通税率 Gen(%)
		--其他纺织材料制: --Of other textile materials:					
4643	6103.2910	---羊毛或动物细毛制 ---Of wool or fine animal hair	10	0	东盟AS,智CL,新西兰NZ,新加坡SG,秘PE,哥CR,瑞CH,冰IS,澳AU,格GE,柬KH,港HK,澳门MO	0	受惠国LD	130
				6.5	亚太AP		
				10	毛MU		
				13.7	韩KR		
				18	巴PK		
				22.5	东盟^{R}AS^R,澳^{R}AU^R,新西兰NZ^R,韩^{R}KR^R		
4644	6103.2990	---其他 ---Other	10	0	东盟AS,智CL,新西兰NZ,新加坡SG,秘PE,哥CR,瑞CH,冰IS,澳AU,格GE,柬KH,港HK,澳门MO	0	受惠国LD,老LA	130
				6.5	亚太AP		
				10	毛MU		
				13.7	韩KR		
				18	巴PK		
				22.5	东盟^{R}AS^R,澳^{R}AU^R,新西兰NZ^R,韩^{R}KR^R		
		-上衣: -Jackets and blazers:					
4645	6103.3100	--羊毛或动物细毛制 --Of wool or fine animal hair	6	0	东盟AS,智CL,新西兰NZ,新加坡SG,秘PE,哥CR,瑞CH,冰IS,澳AU,格GE,东盟^{R}AS^R,澳^{R}AU^R,新西兰NZ^R,柬KH,港HK,澳门MO	0	受惠国LD	130
				1.6	韩KR		
				3.9	亚太AP		
				6.4	毛MU		
				8	巴PK		
				12.8	韩^{R}KR^R		
				13.1	日^{R}JP^R		
4646	6103.3200	--棉制 --Of cotton	6	0	东盟AS,智CL,巴PK,新西兰NZ,新加坡SG,秘PE,哥CR,瑞CH,冰IS,澳AU,格GE,毛MU,东盟^{R}AS^R,澳^{R}AU^R,新西兰NZ^R,柬KH,港HK,澳门MO	0	受惠国LD,柬KH,老LA,缅MM	90
				1.6	韩KR		
				3.9	亚太AP		
				12.8	韩^{R}KR^R		
				13.1	日^{R}JP^R		

序号 No.	税则号列 Tariff Line	货品名称 Article Description	最惠国税率 MFN(%)	协定税率 Agreement(%)		特惠税率 SP(%)	普通税率 Gen(%)
4647	6103.3300	--合成纤维制 --Of synthetic fibres	8	0	东盟AS,智CL,巴PK,新西兰NZ, 新加坡SG,秘PE,哥CR,瑞CH, 冰IS,澳AU,格GE,东盟^{R}AS^R,澳^R AU^R,新西兰^{R}NZ^R,柬KH,港HK, 澳门MO	0 受惠国LD, 柬KH	130
				1.9	韩KR		
				5.2	亚太AP		
				7.6	毛MU		
				15.2	韩^{R}KR^R		
				15.5	日^{R}JP^R		
4648	6103.3900	--其他纺织材料制 --Of other textile materials	6	0	东盟AS,智CL,巴PK,新西兰NZ, 新加坡SG,秘PE,哥CR,瑞CH,冰 IS,澳AU,格GE,毛MU,东盟^{R}AS^R, 澳^{R}AU^R,新西兰^{R}NZ^R,柬KH,港 HK,澳门MO	0 受惠国LD, 柬KH,老LA	130
				1.6	韩KR		
				3.9	亚太AP		
				12.8	韩^{R}KR^R		
				13.1	日^{R}JP^R		
		-长裤、护胸背带工装裤、马裤及短裤： -Trousers, bib and brace overalls, breeches and shorts:					
4649	6103.4100	--羊毛或动物细毛制 --Of wool or fine animal hair	6	0	东盟AS,智CL,新西兰NZ,新加 坡SG,秘PE,哥CR,瑞CH,冰IS,澳 AU,格GE,东盟^{R}AS^R,澳^{R}AU^R,新 西兰^{R}NZ^R,柬KH,港HK,澳门MO	0 受惠国LD, 亚太AP	130
				1.6	韩KR		
				3.9	亚太AP		
				6.4	毛MU		
				8	巴PK		
				12.8	韩^{R}KR^R		
				13.1	日^{R}JP^R		
4650	6103.4200	--棉制 --Of cotton	6	0	东盟AS,智CL,巴PK,新西兰NZ, 新加坡SG,秘PE,哥CR,瑞CH,冰 IS,澳AU,格GE,毛MU,东盟^{R}AS^R, 澳^{R}AU^R,新西兰^{R}NZ^R,柬KH,港 HK,澳门MO	0 受惠国LD, 柬KH,老 LA,缅MM	90
				1.6	韩KR	2.4 亚太AP	
				3.9	亚太AP		
				12.8	韩^{R}KR^R		
				13.1	日^{R}JP^R		

序号 No.	税则号列 Tariff Line	货品名称 Article Description	最惠国税率 MFN(%)	协定税率 Agreement(%)		特惠税率 SP(%)	普通税率 Gen(%)
4651	6103.4300	--合成纤维制 --Of synthetic fibres	8	0	东盟AS,智CL,巴PK,新西兰NZ, 新加坡SG,秘PE,哥CR,瑞CH,冰 IS,澳AU,格GE,毛MU,东盟^{R}AS^R, 澳^{R}AU^R,新西兰^{R}NZ^R,柬KH,港 HK,澳门MO	0 受惠国LD, 亚太AP,柬 KH	130
				1.7	韩KR		
				5.2	亚太AP		
				14	韩^{R}KR^R		
				14.3	日^{R}JP^R		
4652	6103.4900	--其他纺织材料制 --Of other textile materials	6	0	东盟AS,智CL,巴PK,新西兰NZ, 新加坡SG,秘PE,哥CR,瑞CH,冰 IS,澳AU,格GE,毛MU,东盟^{R}AS^R, 澳^{R}AU^R,新西兰^{R}NZ^R,柬KH,港 HK,澳门MO	0 受惠国LD, 亚太AP,柬 KH,老LA	130
				1.6	韩KR		
				3.9	亚太AP		
				12.8	韩^{R}KR^R		
				13.1	日^{R}JP^R		
	61.04	针织或钩编的女式西服套装、便服套 装、上衣、连衣裙、裙子、裙裤、长裤、 护胸背带工装裤、马裤及短裤(游泳服 除外): Women's or girls' suits, ensembles, jackets, blazers, dresses, skirts, divided skirts, trousers, bib and brace overalls, breeches and shorts (other than swimwear), knitted or crocheted:					
		-西服套装: -Suits:					
4653	6104.1300	--合成纤维制 --Of synthetic fibres	10	0	东盟AS,智CL,新西兰NZ,新加 坡SG,秘PE,哥CR,瑞CH,冰IS,澳 AU,格GE,柬KH,港HK,澳门MO	0 受惠国LD	130
				6.5	亚太AP		
				10	毛MU		
				13.7	韩KR		
				18	巴PK		
				22.5	东盟^{R}AS^R,澳^{R}AU^R,新西兰^{R}NZ^R, 韩^{R}KR^R		
		--其他纺织材料制: --Of other textile materials:					

序号 No.	税则号列 Tariff Line	货品名称 Article Description	最惠国税率 MFN(%)	协定税率 Agreement(%)		特惠税率 SP(%)		普通税率 Gen(%)
4654	6104.1910	---羊毛或动物细毛制 ---Of wool or fine animal hair	8	0	东盟AS,智CL,新西兰NZ,新加坡SG,秘PE,哥CR,瑞CH,冰IS,澳AU,格GE,毛MU,东盟^RAS^R,澳^RAU^R,新西兰^RNZ^R,柬KH,港HK,澳门MO	0	受惠国LD	130
				1.7	韩KR			
				5.2	亚太AP			
				8.8	巴PK			
				14	韩^RKR^R			
				14.3	日^RJP^R			
4655	6104.1920	---棉制 ---Of cotton	8	0	东盟AS,智CL,新西兰NZ,新加坡SG,秘PE,哥CR,瑞CH,冰IS,澳AU,格GE,毛MU,东盟^RAS^R,澳^RAU^R,新西兰^RNZ^R,柬KH,港HK,澳门MO	0	受惠国LD,老LA	90
				1.7	韩KR			
				5.2	亚太AP			
				14	巴PK,韩^RKR^R			
				14.3	日^RJP^R			
4656	6104.1990	---其他 ---Other	8	0	东盟AS,智CL,新西兰NZ,新加坡SG,秘PE,哥CR,瑞CH,冰IS,澳AU,格GE,毛MU,东盟^RAS^R,澳^RAU^R,新西兰^RNZ^R,柬KH,港HK,澳门MO	0	受惠国LD,老LA	130
				1.7	韩KR			
				5.2	亚太AP			
				8.8	巴PK			
				14	韩^RKR^R			
				14.3	日^RJP^R			
		-便服套装: -Ensembles:							
4657	6104.2200	--棉制 --Of cotton	8	0	东盟AS,智CL,新西兰NZ,新加坡SG,秘PE,哥CR,瑞CH,冰IS,澳AU,格GE,毛MU,东盟^RAS^R,澳^RAU^R,新西兰^RNZ^R,柬KH,港HK,澳门MO	0	受惠国LD,老LA	90
				1.7	韩KR			
				5.2	亚太AP			
				14	巴PK,韩^RKR^R			
				14.3	日^RJP^R			

序号 No.	税则号列 Tariff Line	货品名称 Article Description	最惠国税率 MFN(%)	协定税率 Agreement(%)		特惠税率 SP(%)	普通税率 Gen(%)
4658	6104.2300	--合成纤维制 --Of synthetic fibres	10	0	东盟AS,智CL,新西兰NZ,新加坡SG,秘PE,哥CR,瑞CH,冰IS,澳AU,格GE,柬KH,港HK,澳门MO	0 受惠国LD	130
				6.5	亚太AP		
				10	毛MU		
				13.7	韩KR		
				18	巴PK		
				22.5	东盟^{R}AS^R,澳^{R}AU^R,新西兰^{R}NZ^R,韩^{R}KR^R		
		--其他纺织材料制: --Of other textile materials:					
4659	6104.2910	---羊毛或动物细毛制 ----Of wool or fine animal hair	8	0	东盟AS,智CL,新西兰NZ,新加坡SG,秘PE,哥CR,瑞CH,冰IS,澳AU,格GE,毛MU,东盟^{R}AS^R,澳^{R}AU^R,新西兰^{R}NZ^R,柬KH,港HK,澳门MO	0 受惠国LD	130
				1.7	韩KR		
				5.2	亚太AP		
				8.8	巴PK		
				14	韩^{R}KR^R		
				14.3	日^{R}JP^R		
4660	6104.2990	---其他纺织材料制 --- Of other textile materials	6	0	东盟AS,智CL,新西兰NZ,新加坡SG,秘PE,哥CR,瑞CH,冰IS,澳AU,格GE,毛MU,东盟^{R}AS^R,澳^{R}AU^R,新西兰^{R}NZ^R,柬KH,港HK,澳门MO	0 受惠国LD	130
				1.5	韩KR		
				3.9	亚太AP		
				7.5	巴PK		
				12	韩^{R}KR^R		
				12.3	日^{R}JP^R		
		-上衣: -Jackets and blazers:					
4661	6104.3100	--羊毛或动物细毛制 --Of wool or fine animal hair	6	0	东盟AS,智CL,新西兰NZ,新加坡SG,秘PE,哥CR,瑞CH,冰IS,澳AU,格GE,东盟^{R}AS^R,澳^{R}AU^R,新西兰^{R}NZ^R,柬KH,港HK,澳门MO	0 受惠国LD	130
				1.6	韩KR		
				3.9	亚太AP		
				6.4	毛MU		
				8	巴PK		
				12.8	韩^{R}KR^R		
				13.1	日^{R}JP^R		

序号 No.	税则号列 Tariff Line	货品名称 Article Description	最惠国税率 MFN(%)	协定税率 Agreement(%)		特惠税率 SP(%)	普通税率 Gen(%)
4662	6104.3200	--棉制 --Of cotton	6	0	东盟AS,智CL,巴PK,新西兰NZ,新加坡SG,秘PE,哥CR,瑞CH,冰IS,澳AU,格GE,毛MU,东盟^{R}AS^R,澳^{R}AU^R,新西兰^{R}NZ^R,柬KH,港HK,澳门MO	0 受惠国LD,柬KH,老LA,缅MM	90
				1.6	韩KR		
				3.9	亚太AP		
				12.8	韩^{R}KR^R		
				13.1	日^{R}JP^R		
4663	6104.3300	--合成纤维制 --Of synthetic fibres	10	0	东盟AS,智CL,新西兰NZ,新加坡SG,秘PE,哥CR,瑞CH,冰IS,澳AU,格GE,毛MU,东盟^{R}AS^R,澳^{R}AU^R,新西兰^{R}NZ^R,柬KH,港HK,澳门MO	0 受惠国LD,柬KH	130
				1.9	韩KR		
				6.5	亚太AP		
				7.6	巴PK		
				15.2	韩^{R}KR^R		
				15.5	日^{R}JP^R		
4664	6104.3900	--其他纺织材料制 --Of other textile materials	6	0	东盟AS,智CL,巴PK,新西兰NZ,新加坡SG,秘PE,哥CR,瑞CH,冰IS,澳AU,格GE,毛MU,东盟^{R}AS^R,澳^{R}AU^R,新西兰^{R}NZ^R,柬KH,港HK,澳门MO	0 受惠国LD,柬KH	130
				1.6	韩KR		
				3.9	亚太AP		
				12.8	韩^{R}KR^R		
				13.1	日^{R}JP^R		
		-连衣裙: -Dresses:					
4665	6104.4100	--羊毛或动物细毛制 --Of wool or fine animal hair	6	0	东盟AS,智CL,新西兰NZ,新加坡SG,秘PE,哥CR,瑞CH,冰IS,澳AU,格GE,东盟^{R}AS^R,澳^{R}AU^R,新西兰^{R}NZ^R,柬KH,港HK,澳门MO	0 受惠国LD	130
				1.6	韩KR		
				3.9	亚太AP		
				6.4	毛MU		
				8	巴PK		
				12.8	韩^{R}KR^R		
				13.1	日^{R}JP^R		

序号 No.	税则号列 Tariff Line	货品名称 Article Description	最惠国税率 MFN(%)		协定税率 Agreement(%)	特惠税率 SP(%)	普通税率 Gen(%)
4666	6104.4200	--棉制 --Of cotton	6	0	东盟AS,智CL,巴PK,新西兰NZ,新加坡SG,秘PE,哥CR,瑞CH,冰IS,澳AU,格GE,毛MU,东盟^{R}AS^R,澳^{R}AU^R,新西兰^{R}NZ^R,柬KH,港HK,澳门MO	0 受惠国LD	90
				1.6	韩KR		
				3.9	亚太AP		
				12.8	韩^{R}KR^R		
				13.1	日^{R}JP^R		
4667	6104.4300	--合成纤维制 --Of synthetic fibres	8	0	东盟AS,智CL,新西兰NZ,新加坡SG,秘PE,哥CR,瑞CH,冰IS,澳AU,格GE,毛MU,东盟^{R}AS^R,澳^{R}AU^R,新西兰^{R}NZ^R,柬KH,港HK,澳门MO	0 受惠国LD,柬KH	130
				1.7	韩KR		
				5.2	亚太AP		
				7	巴PK		
				14	韩^{R}KR^R		
				14.3	日^{R}JP^R		
4668	6104.4400	--人造纤维制 --Of artificial fibres	6	0	东盟AS,智CL,新西兰NZ,新加坡SG,秘PE,哥CR,瑞CH,冰IS,澳AU,格GE,毛MU,东盟^{R}AS^R,澳^{R}AU^R,新西兰^{R}NZ^R,柬KH,港HK,澳门MO	0 受惠国LD,柬KH	130
				1.6	韩KR		
				3.9	亚太AP		
				8	巴PK		
				12.8	韩^{R}KR^R		
				13.1	日^{R}JP^R		
4669	6104.4900	--其他纺织材料制 --Of other textile materials	6	0	东盟AS,智CL,巴PK,新西兰NZ,新加坡SG,秘PE,哥CR,瑞CH,冰IS,澳AU,格GE,毛MU,东盟^{R}AS^R,澳^{R}AU^R,新西兰^{R}NZ^R,柬KH,港HK,澳门MO	0 受惠国LD,柬KH	130
				1.6	韩KR		
				3.9	亚太AP		
				12.8	韩^{R}KR^R		
				13.1	日^{R}JP^R		
		-裙子及裙裤: -Skirts and divided skirts:					

序号 No.	税则号列 Tariff Line	货品名称 Article Description	最惠国税率 MFN(%)	协定税率 Agreement(%)		特惠税率 SP(%)	普通税率 Gen(%)
4670	6104.5100	--羊毛或动物细毛制 --Of wool or fine animal hair	6	0	东盟AS,智CL,新西兰NZ,新加坡SG,秘PE,哥CR,瑞CH,冰IS,澳AU,格GE,东盟^RAS^R,澳^RAU^R,新西兰^RNZ^R,柬KH,港HK,澳门MO	0 受惠国LD	130
				1.4	韩KR		
				3.9	亚太AP		
				7	巴PK		
				8	毛MU		
				11.2	韩^RKR^R		
				11.5	日^RJP^R		
4671	6104.5200	--棉制 --Of cotton	6	0	东盟AS,智CL,新西兰NZ,新加坡SG,秘PE,哥CR,瑞CH,冰IS,澳AU,格GE,东盟^RAS^R,澳^RAU^R,新西兰^RNZ^R,柬KH,港HK,澳门MO	0 受惠国LD	90
				1.4	韩KR		
				3.9	亚太AP		
				5.6	巴PK,毛MU		
				11.2	韩^RKR^R		
				11.5	日^RJP^R		
4672	6104.5300	--合成纤维制 --Of synthetic fibres	6	0	东盟AS,智CL,新西兰NZ,新加坡SG,秘PE,哥CR,瑞CH,冰IS,澳AU,格GE,毛MU,东盟^RAS^R,澳^RAU^R,新西兰^RNZ^R,柬KH,港HK,澳门MO	0 受惠国LD,柬KH	130
				1.6	韩KR		
				3.9	亚太AP		
				8	巴PK		
				12.8	韩^RKR^R		
				13.1	日^RJP^R		
4673	6104.5900	--其他纺织材料制 --Of other textile materials	6	0	东盟AS,智CL,新西兰NZ,新加坡SG,秘PE,哥CR,瑞CH,冰IS,澳AU,格GE,东盟^RAS^R,澳^RAU^R,新西兰^RNZ^R,柬KH,港HK,澳门MO	0 受惠国LD,柬KH,老LA,缅MM	130
				1.4	韩KR		
				3.9	亚太AP		
				5.6	毛MU		
				7	巴PK		
				11.2	韩^RKR^R		
				11.5	日^RJP^R		
		-长裤、护胸背带工装裤、马裤及短裤: -Trousers, bib and brace overalls, breeches and shorts:						

序号 No.	税则号列 Tariff Line	货品名称 Article Description	最惠国税率 MFN(%)		协定税率 Agreement(%)	特惠税率 SP(%)	普通税率 Gen(%)
4674	6104.6100	--羊毛或动物细毛制 --Of wool or fine animal hair	6	0	东盟AS,智CL,新西兰NZ,新加坡SG,秘PE,哥CR,瑞CH,冰IS,澳AU,格GE,东盟^{R}AS^R,澳^{R}AU^R,新西兰^{R}NZ^R,柬KH,港HK,澳门MO	0 受惠国LD	130
				1.6	韩KR		
				3.9	亚太AP		
				6.4	毛MU		
				8	巴PK		
				12.8	韩^{R}KR^R		
				13.1	日^{R}JP^R		
4675	6104.6200	--棉制 --Of cotton	6	0	东盟AS,智CL,巴PK,新西兰NZ,新加坡SG,秘PE,哥CR,瑞CH,冰IS,澳AU,格GE,毛MU,柬KH,港HK,澳门MO	0 受惠国LD	90
				1.6	韩KR	2.4 亚太AP	
				3.9	亚太AP		
				12.8	东盟^{R}AS^R,澳^{R}AU^R,新西兰^{R}NZ^R,韩^{R}KR^R		
				13.1	日^{R}JP^R		
4676	6104.6300	--合成纤维制 --Of synthetic fibres	8	0	东盟AS,智CL,巴PK,新西兰NZ,新加坡SG,秘PE,哥CR,瑞CH,冰IS,澳AU,格GE,毛MU,东盟^{R}AS^R,澳^{R}AU^R,新西兰^{R}NZ^R,柬KH,港HK,澳门MO	0 受惠国LD	130
				1.7	韩KR		
				5.2	亚太AP		
				14	韩^{R}KR^R		
				14.3	日^{R}JP^R		
4677	6104.6900	--其他纺织材料制 --Of other textile materials	6	0	东盟AS,智CL,巴PK,新西兰NZ,新加坡SG,秘PE,哥CR,瑞CH,冰IS,澳AU,格GE,东盟^{R}AS^R,澳^{R}AU^R,新西兰^{R}NZ^R,柬KH,港HK,澳门MO	0 受惠国LD, 亚太AP	130
				1.6	韩KR		
				3.9	亚太AP		
				6.4	毛MU		
				12.8	韩^{R}KR^R		
				13.1	日^{R}JP^R		
	61.05	针织或钩编的男衬衫: Men's or boys' shirts, knitted or crocheted:					

序号 No.	税则号列 Tariff Line	货品名称 Article Description	最惠国税率 MFN(%)		协定税率 Agreement(%)	特惠税率 SP(%)		普通税率 Gen(%)
4678	6105.1000	-棉制 -Of cotton	6	0	东盟AS,智CL,巴PK,新西兰NZ,新加坡SG,哥CR,瑞CH,冰IS,澳AU,格GE,毛MU,柬KH,港HK,澳门MO,台TW	0	受惠国LD,柬KH,老LA,缅MM	90
				1.6	韩KR	4.2	亚太AP	
				3.9	亚太AP			
				12.8	东盟^RAS^R,澳^RAU^R,新西兰^RNZ^R,韩^RKR^R			
				13.1	日^RJP^R			
4679	6105.2000	-化学纤维制 -Of man-made fibres	8	0	东盟AS,智CL,巴PK,新西兰NZ,新加坡SG,秘PE,哥CR,瑞CH,冰IS,澳AU,格GE,毛MU,东盟^RAS^R,澳^RAU^R,新西兰^RNZ^R,柬KH,港HK,澳门MO	0	受惠国LD,亚太AP	130
				1.7	韩KR			
				5.2	亚太AP			
				14	韩^RKR^R			
				14.3	日^RJP^R			
4680	6105.9000	-其他纺织材料制 -Of other textile materials	6	0	东盟AS,智CL,巴PK,新西兰NZ,新加坡SG,秘PE,哥CR,瑞CH,冰IS,澳AU,格GE,毛MU,东盟^RAS^R,澳^RAU^R,新西兰^RNZ^R,柬KH,港HK,澳门MO	0	受惠国LD,亚太AP	130
				1.6	韩KR			
				3.9	亚太AP			
				12.8	韩^RKR^R			
				13.1	日^RJP^R			
	61.06	针织或钩编的女衬衫: Women's or girls' blouses, shirts and shirt-blouses, knitted or crocheted:						
4681	6106.1000	-棉制 -Of cotton	6	0	东盟AS,智CL,巴PK,新西兰NZ,新加坡SG,秘PE,哥CR,瑞CH,冰IS,澳AU,格GE,东盟^RAS^R,澳^RAU^R,新西兰^RNZ^R,柬KH,港HK,澳门MO	0	受惠国LD,柬KH,老LA,缅MM	90
				1.6	韩KR	2.4	亚太AP	
				3.9	亚太AP			
				6.4	毛MU			
				12.8	韩^RKR^R			
				13.1	日^RJP^R			

序号 No.	税则号列 Tariff Line	货品名称 Article Description	最惠国税率 MFN(%)	协定税率 Agreement(%)		特惠税率 SP(%)		普通税率 Gen(%)
4682	6106.2000	-化学纤维制 -Of man-made fibres	8	0	东盟AS,智CL,新西兰NZ,新加坡SG,秘PE,哥CR,瑞CH,冰IS,澳AU,格GE,东盟^RAS^R,澳^RAU^R,新西兰^RNZ^R,柬KH,港HK,澳门MO	0	受惠国LD,亚太AP	130
				1.7	韩KR			
				5.2	亚太AP			
				7	毛MU			
				8.8	巴PK			
				14	韩^RKR^R			
				14.3	日^RJP^R			
4683	6106.9000	-其他纺织材料制 -Of other textile materials	6	0	东盟AS,智CL,巴PK,新西兰NZ,新加坡SG,秘PE,哥CR,瑞CH,冰IS,澳AU,格GE,东盟^RAS^R,澳^RAU^R,新西兰^RNZ^R,柬KH,港HK,澳门MO,台TW	0	受惠国LD,亚太AP	130
				1.6	韩KR			
				3.9	亚太AP			
				6.4	毛MU			
				12.8	韩^RKR^R			
				13.1	日^RJP^R			
	61.07	针织或钩编的男式内裤、三角裤、长睡衣、睡衣裤、浴衣、晨衣及类似品: Men's or boys' underpants, briefs, nightshirts, pyjamas, bathrobes, dressing gowns and similar articles, knitted or crocheted:						
		-内裤及三角裤: -Underpants and briefs:						
4684	6107.1100	--棉制 --Of cotton	6	0	东盟AS,智CL,巴PK,新西兰NZ,新加坡SG,秘PE,哥CR,瑞CH,冰IS,澳AU,格GE,东盟^RAS^R,澳^RAU^R,新西兰^RNZ^R,柬KH,港HK,澳门MO	0	受惠国LD,柬KH,老LA,缅MM	90
				1.4	韩KR	2.4	亚太AP	
				5.6	毛MU			
				11.2	韩^RKR^R			
				11.5	日^RJP^R			
4685	6107.1200	--化学纤维制 --Of man-made fibres	6	0	东盟AS,智CL,新西兰NZ,新加坡SG,秘PE,哥CR,瑞CH,冰IS,澳AU,格GE,东盟^RAS^R,澳^RAU^R,新西兰^RNZ^R,柬KH,港HK,澳门MO	0	受惠国LD	130
				1.6	韩KR			
				3.9	亚太AP			
				6.4	巴PK,毛MU			
				12.8	韩^RKR^R			
				13.1	日^RJP^R			

序号 No.	税则号列 Tariff Line	货品名称 Article Description	最惠国税率 MFN(%)	协定税率 Agreement(%)		特惠税率 SP(%)	普通税率 Gen(%)
		--其他纺织材料制: --Of other textile materials:					
4686	6107.1910	---丝及绢丝制 ---Of silk or silk waste	6	0	东盟AS,智CL,新西兰NZ,新加坡SG,秘PE,哥CR,瑞CH,冰IS,澳AU,格GE,毛MU,东盟^{R}AS^R,澳^{R}AU^R,新西兰^{R}NZ^R,柬KH,港HK,澳门MO	0 受惠国LD	130
				1.4	韩KR		
				3.9	亚太AP		
				7	巴PK		
				11.2	韩^{R}KR^R		
				11.5	日^{R}JP^R		
4687	6107.1990	---其他 ---Other	6	0	东盟AS,智CL,新西兰NZ,新加坡SG,秘PE,哥CR,瑞CH,冰IS,澳AU,格GE,毛MU,东盟^{R}AS^R,澳^{R}AU^R,新西兰^{R}NZ^R,柬KH,港HK,澳门MO	0 受惠国LD	130
				1.4	韩KR		
				3.9	亚太AP		
				7	巴PK		
				11.2	韩^{R}KR^R		
				11.5	日^{R}JP^R		
		-长睡衣及睡衣裤: -Nightshirts and pyjamas:					
4688	6107.2100	--棉制 --Of cotton	6	0	东盟AS,智CL,巴PK,新西兰NZ,新加坡SG,哥CR,瑞CH,冰IS,澳AU,格GE,毛MU,东盟^{R}AS^R,澳^{R}AU^R,新西兰^{R}NZ^R,柬KH,港HK,澳门MO	0 受惠国LD,柬KH,老LA,缅MM	90
				1.4	韩KR	2.4 亚太AP	
				11.2	韩^{R}KR^R		
				11.5	日^{R}JP^R		
4689	6107.2200	--化学纤维制 --Of man-made fibres	6	0	东盟AS,智CL,新西兰NZ,新加坡SG,秘PE,哥CR,瑞CH,冰IS,澳AU,格GE,毛MU,东盟^{R}AS^R,澳^{R}AU^R,新西兰^{R}NZ^R,柬KH,港HK,澳门MO	0 受惠国LD,亚太AP	130
				1.6	韩KR		
				3.9	亚太AP		
				8	巴PK		
				12.8	韩^{R}KR^R		
				13.1	日^{R}JP^R		
		--其他纺织材料制: --Of other textile materials:					

序号 No.	税则号列 Tariff Line	货品名称 Article Description	最惠国税率 MFN(%)		协定税率 Agreement(%)	特惠税率 SP(%)		普通税率 Gen(%)
4690	6107.2910	---丝及绢丝制 ---Of silk or silk waste	6	0	东盟AS,智CL,新西兰NZ,新加坡SG,秘PE,哥CR,瑞CH,冰IS,澳AU,格GE,毛MU,东盟^RAS^R,澳^RAU^R,新西兰^RNZ^R,柬KH,港HK,澳门MO	0	受惠国LD,亚太AP	130
				1.4	韩KR			
				3.9	亚太AP			
				7	巴PK			
				11.2	韩^RKR^R			
				11.5	日^RJP^R			
4691	6107.2990	---其他 ---Other	6	0	东盟AS,智CL,新西兰NZ,新加坡SG,秘PE,哥CR,瑞CH,冰IS,澳AU,格GE,毛MU,东盟^RAS^R,澳^RAU^R,新西兰^RNZ^R,柬KH,港HK,澳门MO	0	受惠国LD,亚太AP,柬KH,老LA,缅MM	130
				1.4	韩KR			
				3.9	亚太AP			
				7	巴PK			
				11.2	韩^RKR^R			
				11.5	日^RJP^R			
		-其他: -Other:						
4692	6107.9100	--棉制 --Of cotton	6	0	东盟AS,智CL,新西兰NZ,新加坡SG,秘PE,哥CR,瑞CH,冰IS,澳AU,格GE,毛MU,东盟^RAS^R,澳^RAU^R,新西兰^RNZ^R,柬KH,港HK,澳门MO	0	受惠国LD	90
				1.4	韩KR			
				5.6	巴PK			
				11.2	韩^RKR^R			
				11.5	日^RJP^R			
		--其他纺织材料制: --Of other textile materials:						
4693	6107.9910	---化学纤维制 ---Of man-made fibres	6	0	东盟AS,智CL,新西兰NZ,新加坡SG,秘PE,哥CR,瑞CH,冰IS,澳AU,格GE,毛MU,东盟^RAS^R,澳^RAU^R,新西兰^RNZ^R,柬KH,港HK,澳门MO	0	受惠国LD	130
				1.6	韩KR			
				3.9	亚太AP			
				8	巴PK			
				12.8	韩^RKR^R			
				13.1	日^RJP^R ·			

序号 No.	税则号列 Tariff Line	货品名称 Article Description	最惠国税率 MFN(%)	协定税率 Agreement(%)		特惠税率 SP(%)	普通税率 Gen(%)
4694	6107.9990	---其他 ---Other	6	0	东盟AS,智CL,新西兰NZ,新加 坡SG,秘PE,哥CR,瑞CH,冰IS,澳 AU,格GE,毛MU,东盟^RAS^R,澳^R AU^R,新西兰^RNZ^R,柬KH,港HK, 澳门MO	0 受惠国LD	130
				1.4	韩KR		
				3.9	亚太AP		
				7	巴PK		
				11.2	韩^RKR^R		
				11.5	日^RJP^R		
	61.08	针织或钩编的女式长衬裙、衬裙、三角 裤、短衬裤、睡衣、睡衣裤、浴衣、晨衣 及类似品: Women's or girls' slips, petticoats, briefs, panties, nightdresses, pyjamas, négligés, bathrobes, dressing gowns and similar articles, knitted or crocheted:					
		-长衬裙及衬裙: -Slips and petticoats:					
4695	6108.1100	--化学纤维制 --Of man-made fibres	6	0	东盟AS,智CL,新西兰NZ,新加 坡SG,秘PE,哥CR,瑞CH,冰IS,澳 AU,格GE,毛MU,东盟^RAS^R,澳^R AU^R,新西兰^RNZ^R,柬KH,港HK, 澳门MO	0 受惠国LD	130
				1.6	韩KR		
				3.9	亚太AP		
				8	巴PK		
				12.8	韩^RKR^R		
				13.1	日^RJP^R		
		--其他纺织材料制: --Of other textile materials:					
4696	6108.1910	---棉制 ---Of cotton	6	0	东盟AS,智CL,新西兰NZ,新加 坡SG,秘PE,哥CR,瑞CH,冰IS,澳 AU,格GE,毛MU,东盟^RAS^R,澳^R AU^R,新西兰^RNZ^R,柬KH,港HK, 澳门MO	0 受惠国LD	90
				1.4	韩KR		
				7	巴PK		
				11.2	韩^RKR^R		
				11.5	日^RJP^R		

序号 No.	税则号列 Tariff Line	货品名称 Article Description	最惠国税率 MFN(%)	协定税率 Agreement(%)		特惠税率 SP(%)	普通税率 Gen(%)
4697	6108.1920	---丝及绢丝制 ----Of silk or silk waste	6	0	东盟AS,智CL,新西兰NZ,新加坡SG,秘PE,哥CR,瑞CH,冰IS,澳AU,格GE,毛MU,东盟^RAS^R,澳^RAU^R,新西兰^RNZ^R,柬KH,港HK,澳门MO	0 受惠国LD	130
				1.4	韩KR		
				7	巴PK		
				11.2	韩^RKR^R		
				11.5	日^RJP^R		
4698	6108.1990	---其他 ---Other	6	0	东盟AS,智CL,新西兰NZ,新加坡SG,秘PE,哥CR,瑞CH,冰IS,澳AU,格GE,毛MU,东盟^RAS^R,澳^RAU^R,新西兰^RNZ^R,柬KH,港HK,澳门MO	0 受惠国LD	130
				1.4	韩KR		
				3.9	亚太AP		
				7	巴PK		
				11.2	韩^RKR^R		
				11.5	日^RJP^R		
		-三角裤及短衬裤: -Briefs and panties:					
4699	6108.2100	--棉制 --Of cotton	6	0	东盟AS,智CL,巴PK,新西兰NZ,新加坡SG,秘PE,哥CR,瑞CH,冰IS,澳AU,格GE,毛MU,东盟^RAS^R,澳^RAU^R,新西兰^RNZ^R,柬KH,港HK,澳门MO	0 受惠国LD, 柬KH,老 LA,缅MM	90
				1.4	韩KR		
				11.2	韩^RKR^R		
				11.5	日^RJP^R		
4700	6108.2200	--化学纤维制 --Of man-made fibres	6	0	东盟AS,智CL,新西兰NZ,新加坡SG,秘PE,哥CR,瑞CH,冰IS,澳AU,格GE,东盟^RAS^R,澳^RAU^R,新西兰^RNZ^R,柬KH,港HK,澳门MO	0 受惠国LD	130
				1.6	韩KR		
				3.9	亚太AP		
				6.4	毛MU		
				8	巴PK		
				12.8	韩^RKR^R		
				13.1	日^RJP^R		
		--其他纺织材料制: --Of other textile materials:					

序号 No.	税则号列 Tariff Line	货品名称 Article Description	最惠国税率 MFN(%)	协定税率 Agreement(%)		特惠税率 SP(%)		普通税率 Gen(%)
4701	6108.2910	---丝及绢丝制 ---Of silk or silk waste	6	0	东盟AS,智CL,新西兰NZ,新加坡SG,秘PE,哥CR,瑞CH,冰IS,澳AU,格GE,毛MU,东盟^{R}AS^R,澳^{R}AU^R,新西兰^{R}NZ^R,柬KH,港HK,澳门MO	0	受惠国LD	130
				1.4	韩KR			
				3.9	亚太AP			
				7	巴PK			
				11.2	韩^{R}KR^R			
				11.5	日^{R}JP^R			
4702	6108.2990	---其他 ---Other	6	0	东盟AS,智CL,新西兰NZ,新加坡SG,秘PE,哥CR,瑞CH,冰IS,澳AU,格GE,毛MU,东盟^{R}AS^R,澳^{R}AU^R,新西兰^{R}NZ^R,柬KH,港HK,澳门MO	0	受惠国LD	130
				1.4	韩KR			
				3.9	亚太AP			
				7	巴PK			
				11.2	韩^{R}KR^R			
				11.5	日^{R}JP^R			
		-睡衣及睡衣裤: -Nightdresses and pyjamas:							
4703	6108.3100	--棉制 --Of cotton	6	0	东盟AS,智CL,巴PK,新西兰NZ,新加坡SG,秘PE,哥CR,瑞CH,冰IS,澳AU,格GE,东盟^{R}AS^R,澳^{R}AU^R,新西兰^{R}NZ^R,柬KH,港HK,澳门MO	0	受惠国LD,柬KH,老LA,缅MM	90
				1.4	韩KR	2.4	亚太AP	
				5.6	毛MU			
				11.2	韩^{R}KR^R			
				11.5	日^{R}JP^R			
4704	6108.3200	--化学纤维制 --Of man-made fibres	6	0	东盟AS,智CL,新西兰NZ,新加坡SG,秘PE,哥CR,瑞CH,冰IS,澳AU,格GE,东盟^{R}AS^R,澳^{R}AU^R,新西兰^{R}NZ^R,柬KH,港HK,澳门MO	0	受惠国LD,亚太AP	130
				1.6	韩KR			
				3.9	亚太AP			
				6.4	毛MU			
				8	巴PK			
				12.8	韩^{R}KR^R			
				13.1	日^{R}JP^R			
		--其他纺织材料制: --Of other textile materials:							

序号 No.	税则号列 Tariff Line	货品名称 Article Description	最惠国税率 MFN(%)	协定税率 Agreement(%)		特惠税率 SP(%)		普通税率 Gen(%)
4705	6108.3910	---丝及绢丝制 ---Of silk or silk waste	6	0	东盟AS,智CL,新西兰NZ,新加坡SG,秘PE,哥CR,瑞CH,冰IS,澳AU,格GE,毛MU,东盟^{R}AS^R,澳^{R}AU^R,新西兰NZ^R,柬KH,港HK,澳门MO	0	受惠国LD,亚太AP	130
				1.4	韩KR			
				3.9	亚太AP			
				7	巴PK			
				11.2	韩^{R}KR^R			
				11.5	日^{R}JP^R			
4706	6108.3990	---其他 ---Other	6	0	东盟AS,智CL,新西兰NZ,新加坡SG,秘PE,哥CR,瑞CH,冰IS,澳AU,格GE,毛MU,东盟^{R}AS^R,澳^{R}AU^R,新西兰NZ^R,柬KH,港HK,澳门MO	0	受惠国LD,亚太AP	130
				1.4	韩KR			
				3.9	亚太AP			
				7	巴PK			
				11.2	韩^{R}KR^R			
				11.5	日^{R}JP^R			
		-其他: -Other:						
4707	6108.9100	--棉制 --Of cotton	6	0	东盟AS,智CL,新西兰NZ,新加坡SG,秘PE,哥CR,瑞CH,冰IS,澳AU,格GE,东盟^{R}AS^R,澳^{R}AU^R,新西兰NZ^R,柬KH,港HK,澳门MO	0	受惠国LD,柬KH,老LA,缅MM	90
				1.4	韩KR			
				5.6	毛MU			
				11.2	巴PK,韩^{R}KR^R			
				11.5	日^{R}JP^R			
4708	6108.9200	--化学纤维制 --Of man-made fibres	6	0	东盟AS,智CL,新西兰NZ,新加坡SG,秘PE,哥CR,瑞CH,冰IS,澳AU,格GE,东盟^{R}AS^R,澳^{R}AU^R,新西兰NZ^R,柬KH,港HK,澳门MO	0	受惠国LD	130
				1.6	韩KR			
				3.9	亚太AP			
				6.4	毛MU			
				8	巴PK			
				12.8	韩^{R}KR^R			
				13.1	日^{R}JP^R			

序号 No.	税则号列 Tariff Line	货品名称 Article Description	最惠国税率 MFN(%)	协定税率 Agreement(%)		特惠税率 SP(%)	普通税率 Gen(%)
4709	6108.9900	--其他纺织材料制 --Of other textile materials	6	0	东盟AS,智CL,新西兰NZ,新加坡SG,秘PE,哥CR,瑞CH,冰IS,澳AU,格GE,毛MU,东盟^RAS^R,澳^RAU^R,新西兰^RNZ^R,柬KH,港HK,澳门MO	0 受惠国LD	130
				1.4	韩KR		
				3.9	亚太AP		
				7	巴PK		
				11.2	韩^RKR^R		
				11.5	日^RJP^R		
	61.09	针织或钩编的T恤衫、汗衫及其他背心: **T-shirts, singlets and other vests, knitted or crocheted:**					
4710	6109.1000	-棉制 -Of cotton	6	0	东盟AS,智CL,巴PK,新西兰NZ,新加坡SG,秘PE,哥CR,瑞CH,冰IS,韩KR,澳AU,格GE,毛MU,柬KH,港HK,澳门MO	0 受惠国LD,柬KH,老LA,缅MM	90
				3.9	亚太AP		
				11.2	东盟^RAS^R,澳^RAU^R,新西兰^RNZ^R,韩^RKR^R		
				11.5	日^RJP^R		
		-其他纺织材料制: -Of other textile materials:					
4711	6109.9010	---丝及绢丝制 ---Of silk or silk waste	6	0	东盟AS,智CL,巴PK,新西兰NZ,新加坡SG,秘PE,哥CR,瑞CH,冰IS,澳AU,格GE,毛MU,东盟^RAS^R,澳^RAU^R,新西兰^RNZ^R,柬KH,港HK,澳门MO	0 受惠国LD,亚太AP	130
				1.4	韩KR		
				3.9	亚太AP		
				11.2	韩^RKR^R		
				11.5	日^RJP^R		
4712	6109.9090	---其他 ---Other	6	0	东盟AS,智CL,巴PK,新西兰NZ,新加坡SG,秘PE,哥CR,瑞CH,冰IS,澳AU,格GE,毛MU,柬KH,港HK,澳门MO	0 受惠国LD,亚太AP,柬KH,老LA,缅MM	130
				1.4	韩KR		
				3.9	亚太AP		
				11.2	东盟^RAS^R,澳^RAU^R,新西兰^RNZ^R,韩^RKR^R		
				11.5	日^RJP^R		

序号 No.	税则号列 Tariff Line	货品名称 Article Description	最惠国税率 MFN(%)	协定税率 Agreement(%)		特惠税率 SP(%)	普通税率 Gen(%)
	61.10	针织或钩编的套头衫、开襟衫、背心及类似品: **Jerseys, pullovers, cardigans, waistcoats and similar articles, knitted or crocheted:**					
		-羊毛或动物细毛制: -Of wool or fine animal hair:					
4713	6110.1100	--羊毛制 --Of wool	6	0	东盟AS,智CL,巴PK,新西兰NZ,新加坡SG,秘PE,哥CR,瑞CH,冰IS,韩KR,澳AU,格GE,东盟^{R}AS^R,澳^{R}AU^R,新西兰^{R}NZ^R,柬KH,港HK,澳门MO,台TW,韩^{R}KR^R	0 受惠国LD,亚太AP,柬KH,老LA,缅MM	130
				3.9	亚太AP		
				5.6	毛MU		
				11.5	日^{R}JP^R		
4714	6110.1200	--喀什米尔山羊细毛制 --Of kashmir (cashmere) goats	6△5	0	东盟AS,智CL,巴PK,新西兰NZ,新加坡SG,秘PE,哥CR,瑞CH,冰IS,澳AU,格GE,东盟^{R}AS^R,澳^{R}AU^R,新西兰^{R}NZ^R,柬KH,港HK,澳门MO	0 受惠国LD	130
				1.4	韩KR		
				3.9	亚太AP		
				5.6	毛MU		
				11.2	韩^{R}KR^R		
				11.5	日^{R}JP^R		
		--其他: --Other:					
4715	6110.1910	---其他山羊细毛制 ---Of other goats	6	0	东盟AS,智CL,巴PK,新西兰NZ,新加坡SG,秘PE,哥CR,瑞CH,冰IS,澳AU,格GE,毛MU,东盟^{R}AS^R,澳^{R}AU^R,新西兰^{R}NZ^R,柬KH,港HK,澳门MO	0 受惠国LD	130
				1.4	韩KR		
				3.9	亚太AP		
				11.2	韩^{R}KR^R		
				11.5	日^{R}JP^R		
4716	6110.1920	---兔毛制 ---Of rabbit and hare	6	0	东盟AS,智CL,巴PK,新西兰NZ,新加坡SG,秘PE,哥CR,瑞CH,冰IS,澳AU,格GE,毛MU,东盟^{R}AS^R,澳^{R}AU^R,新西兰^{R}NZ^R,柬KH,港HK,澳门MO	0 受惠国LD	130
				1.4	韩KR		
				3.9	亚太AP		
				11.2	韩^{R}KR^R		
				11.5	日^{R}JP^R		

序号 No.	税则号列 Tariff Line	货品名称 Article Description	最惠国税率 MFN(%)	协定税率 Agreement(%)		特惠税率 SP(%)	普通税率 Gen(%)
4717	6110.1990	---其他 ---Other	6	0	东盟AS,智CL,巴PK,新西兰NZ,新加坡SG,秘PE,哥CR,瑞CH,冰IS,澳AU,格GE,东盟^{R}AS^R,澳^{R}AU^R,新西兰^{R}NZ^R,柬KH,港HK,澳门MO	0 受惠国LD	130
				1.4	韩KR		
				3.9	亚太AP		
				8	毛MU		
				11.2	韩^{R}KR^R		
				11.5	日^{R}JP^R		
4718	6110.2000	-棉制 -Of cotton	6	0	东盟AS,智CL,巴PK,新西兰NZ,新加坡SG,秘PE,哥CR,瑞CH,冰IS,澳AU,格GE,毛MU,柬KH,港HK,澳门MO,台TW	0 受惠国LD,柬KH,老LA,缅MM	90
				1.4	韩KR	2.4 亚太AP	
				3.9	亚太AP		
				11.2	东盟^{R}AS^R,澳^{R}AU^R,新西兰^{R}NZ^R,韩^{R}KR^R		
				11.5	日^{R}JP^R		
4719	6110.3000	-化学纤维制 -Of man-made fibres	6	0	东盟AS,智CL,巴PK,新西兰NZ,新加坡SG,秘PE,哥CR,瑞CH,冰IS,澳AU,格GE,毛MU,柬KH,港HK,澳门MO,台TW	0 受惠国LD,亚太AP	130
				3.9	亚太AP		
				6.4	韩KR		
				13.9	东盟^{R}AS^R,韩^{R}KR^R		
				14	日^{R}JP^R		
				14.4	澳^{R}AU^R,新西兰^{R}NZ^R		
		-其他纺织材料制: -Of other textile materials:					
4720	6110.9010	---丝及绢丝制 ---Of silk or silk waste	6	0	东盟AS,智CL,巴PK,新西兰NZ,新加坡SG,秘PE,哥CR,瑞CH,冰IS,澳AU,格GE,毛MU,东盟^{R}AS^R,澳^{R}AU^R,新西兰^{R}NZ^R,柬KH,港HK,澳门MO	0 受惠国LD,亚太AP	130
				1.4	韩KR		
				3.9	亚太AP		
				11.2	韩^{R}KR^R		
				11.5	日^{R}JP^R		

序号 No.	税则号列 Tariff Line	货品名称 Article Description	最惠国税率 MFN(%)		协定税率 Agreement(%)	特惠税率 SP(%)	普通税率 Gen(%)
4721	6110.9090	---其他 ---Other	6	0	东盟AS,智CL,巴PK,新西兰NZ,新加坡SG,秘PE,哥CR,瑞CH,冰IS,澳AU,格GE,毛MU,东盟^RAS^R,澳^RAU^R,新西兰^RNZ^R,柬KH,港HK,澳门MO	0 受惠国LD, 亚太AP	130
				1.4	韩KR		
				3.9	亚太AP		
				11.2	韩^RKR^R		
				11.5	日^RJP^R		
	61.11	针织或钩编的婴儿服装及衣着附件: Babies' garments and clothing accessories, knitted or crocheted:					
4722	6111.2000	-棉制 -Of cotton	10Δ6	0	东盟AS,智CL,巴PK,新西兰NZ,新加坡SG,秘PE,哥CR,瑞CH,冰IS,澳AU,格GE,毛MU,柬KH,港HK,澳门MO	0 受惠国LD	90
				1.4	韩KR		
				11.2	东盟^RAS^R,澳^RAU^R,新西兰^RNZ^R,韩^RKR^R		
				11.5	日^RJP^R		
4723	6111.3000	-合成纤维制 -Of synthetic fibres	10Δ6	0	东盟AS,智CL,新西兰NZ,新加坡SG,秘PE,哥CR,瑞CH,冰IS,澳AU,格GE,东盟^RAS^R,澳^RAU^R,新西兰^RNZ^R,柬KH,港HK,澳门MO	0 受惠国LD	130
				1.6	韩KR		
				6.4	巴PK,毛MU		
				6.5	亚太AP		
				12.8	韩^RKR^R		
				13.1	日^RJP^R		
		-其他纺织材料制: -Of other textile materials:					
4724	6111.9010	---羊毛或动物细毛制 ---Of wool or fine animal hair	10Δ6	0	东盟AS,智CL,新西兰NZ,新加坡SG,秘PE,哥CR,瑞CH,冰IS,澳AU,格GE,东盟^RAS^R,澳^RAU^R,新西兰^RNZ^R,柬KH,港HK,澳门MO	0 受惠国LD	130
				1.4	韩KR		
				6.5	亚太AP		
				7	巴PK		
				8	毛MU		
				11.2	韩^RKR^R		
				11.5	日^RJP^R		

序号 No.	税则号列 Tariff Line	货品名称 Article Description	最惠国税率 MFN(%)	协定税率 Agreement(%)		特惠税率 SP(%)	普通税率 Gen(%)
4725	6111.9090	---其他 ---Other	10△6	0	东盟AS,智CL,新西兰NZ,新加坡SG,秘PE,哥CR,瑞CH,冰IS,澳AU,格GE,毛MU,东盟^RAS^R,澳^RAU^R,新西兰^RNZ^R,柬KH,港HK,澳门MO	0 受惠国LD	130
				1.4	韩KR		
				6.5	亚太AP		
				7	巴PK		
				11.2	韩^RKR^R		
				11.5	日^RJP^R		
	61.12	**针织或钩编的运动服、滑雪服及游泳服:** **Tracksuits, ski suits and swimwear, knitted or crocheted:**					
		-运动服: -Tracksuits:					
4726	6112.1100	--棉制 --Of cotton	6	0	东盟AS,智CL,新西兰NZ,新加坡SG,秘PE,哥CR,瑞CH,冰IS,澳AU,格GE,毛MU,东盟^RAS^R,澳^RAU^R,新西兰^RNZ^R,柬KH,港HK,澳门MO	0 受惠国LD	90
				1.6	韩KR		
				3.9	亚太AP		
				6.4	巴PK		
				12.8	韩^RKR^R		
				13.1	日^RJP^R		
4727	6112.1200	--合成纤维制 --Of synthetic fibres	8	0	东盟AS,智CL,巴PK,新西兰NZ,新加坡SG,秘PE,哥CR,瑞CH,冰IS,澳AU,格GE,毛MU,东盟^RAS^R,澳^RAU^R,新西兰^RNZ^R,柬KH,港HK,澳门MO	0 受惠国LD	130
				1.7	韩KR		
				5.2	亚太AP		
				14	韩^RKR^R		
				14.3	日^RJP^R		
4728	6112.1900	--其他纺织材料制 --Of other textile materials	6	0	东盟AS,智CL,新西兰NZ,新加坡SG,秘PE,哥CR,瑞CH,冰IS,澳AU,格GE,毛MU,东盟^RAS^R,澳^RAU^R,新西兰^RNZ^R,柬KH,港HK,澳门MO	0 受惠国LD	130
				1.6	韩KR		
				3.9	亚太AP		
				8	巴PK		
				12.8	韩^RKR^R		
				13.1	日^RJP^R		

序号 No.	税则号列 Tariff Line	货品名称 Article Description	最惠国税率 MFN(%)		协定税率 Agreement(%)	特惠税率 SP(%)	普通税率 Gen(%)
		-滑雪服: -Ski suits:					
4729	6112.2010	---棉制 ---Of cotton	6	0	东盟AS,智CL,新西兰NZ,新加坡SG,秘PE,哥CR,瑞CH,冰IS,澳AU,格GE,毛MU,东盟^RAS^R,澳^RAU^R,新西兰^RNZ^R,柬KH,港HK,澳门MO	0 受惠国LD	90
				1.6	韩KR		
				3.9	亚太AP		
				8	巴PK		
				12.8	韩^RKR^R		
				13.1	日^RJP^R		
4730	6112.2090	---其他 ---Other	10	0	东盟AS,智CL,新西兰NZ,新加坡SG,秘PE,哥CR,瑞CH,冰IS,澳AU,格GE,毛MU,东盟^RAS^R,澳^RAU^R,新西兰^RNZ^R,柬KH,港HK,澳门MO	0 受惠国LD	130
				1.9	韩KR		
				6.5	亚太AP		
				9.5	巴PK		
				15.2	韩^RKR^R		
				15.5	日^RJP^R		
		-男式游泳服: -Men's or boys' swimwear:					
4731	6112.3100	--合成纤维制 --Of synthetic fibres	8	0	东盟AS,智CL,新西兰NZ,新加坡SG,秘PE,哥CR,瑞CH,冰IS,澳AU,格GE,毛MU,东盟^RAS^R,澳^RAU^R,新西兰^RNZ^R,柬KH,港HK,澳门MO	0 受惠国LD	130
				1.7	韩KR		
				5.2	亚太AP		
				8.8	巴PK		
				14	韩^RKR^R		
				14.3	日^RJP^R		
4732	6112.3900	--其他纺织材料制 --Of other textile materials	6	0	东盟AS,智CL,新西兰NZ,新加坡SG,秘PE,哥CR,瑞CH,冰IS,澳AU,格GE,毛MU,东盟^RAS^R,澳^RAU^R,新西兰^RNZ^R,柬KH,港HK,澳门MO	0 受惠国LD	130
				1.6	韩KR		
				3.9	亚太AP		
				8	巴PK		
				12.8	韩^RKR^R		
				13.1	日^RJP^R		
		-女式游泳服: -Women's or girls' swimwear:					

序号 No.	税则号列 Tariff Line	货品名称 Article Description	最惠国税率 MFN(%)	协定税率 Agreement(%)		特惠税率 SP(%)	普通税率 Gen(%)
4733	6112.4100	--合成纤维制 --Of synthetic fibres	8	0	东盟AS,智CL,新西兰NZ,新加坡SG,秘PE,哥CR,瑞CH,冰IS,澳AU,格GE,毛MU,东盟^{R}AS^R,澳^{R}AU^R,新西兰^{R}NZ^R,柬KH,港HK,澳门MO,台TW	0 受惠国LD	130
				1.7	韩KR		
				5.2	亚太AP		
				8.8	巴PK		
				14	韩^{R}KR^R		
				14.3	日^{R}JP^R		
4734	6112.4900	--其他纺织材料制 --Of other textile materials	6	0	东盟AS,智CL,新西兰NZ,新加坡SG,秘PE,哥CR,瑞CH,冰IS,澳AU,格GE,毛MU,东盟^{R}AS^R,澳^{R}AU^R,新西兰^{R}NZ^R,柬KH,港HK,澳门MO	0 受惠国LD	130
				1.6	韩KR		
				3.9	亚太AP		
				8	巴PK		
				12.8	韩^{R}KR^R		
				13.1	日^{R}JP^R		
	61.13	用税目59.03、59.06或59.07的针织物或钩编织物制成的服装: Garments, made up of knitted or crocheted fabrics of heading 59.03, 59.06 or 59.07:					
4735	6113.0000	用税目59.03、59.06或59.07的针织物或钩编织物制成的服装 Garments, made up of knitted or crocheted fabrics of heading 59.03, 59.06 or 59.07	6	0	东盟AS,智CL,新西兰NZ,新加坡SG,秘PE,哥CR,瑞CH,冰IS,澳AU,格GE,毛MU,东盟^{R}AS^R,澳^{R}AU^R,新西兰^{R}NZ^R,柬KH,港HK,澳门MO	0 受惠国LD, 亚太AP	130
				1.6	韩KR		
				3.9	亚太AP		
				8	巴PK		
				12.8	韩^{R}KR^R		
				13.1	日^{R}JP^R		
	61.14	针织或钩编的其他服装: Other garments, knitted or crocheted:					
4736	6114.2000	-棉制 -Of cotton	6	0	东盟AS,智CL,巴PK,新西兰NZ,新加坡SG,哥CR,瑞CH,冰IS,澳AU,格GE,毛MU,东盟^{R}AS^R,澳^{R}AU^R,新西兰^{R}NZ^R,柬KH,港HK,澳门MO	0 受惠国LD	90
				1.6	韩KR	2.4 亚太AP	
				12.8	韩^{R}KR^R		
				13.1	日^{R}JP^R		

序号 No.	税则号列 Tariff Line	货品名称 Article Description	最惠国税率 MFN(%)		协定税率 Agreement(%)	特惠税率 SP(%)		普通税率 Gen(%)
4737	6114.3000	-化学纤维制 -Of man-made fibres	8	0	东盟AS,智CL,巴PK,新西兰NZ,新加坡SG,秘PE,哥CR,瑞CH,冰IS,澳AU,格GE,毛MU,东盟^RAS^R,澳^RAU^R,新西兰^RNZ^R,柬KH,港HK,澳门MO	0	受惠国LD	130
				1.7	韩KR			
				14	韩^RKR^R			
				14.3	日^RJP^R			
		-其他纺织材料制: -Of other textile materials:						
4738	6114.9010	---羊毛或动物细毛制 ---Of wool or fine animal hair	6	0	东盟AS,智CL,巴PK,新西兰NZ,新加坡SG,秘PE,哥CR,瑞CH,冰IS,澳AU,格GE,毛MU,东盟^RAS^R,澳^RAU^R,新西兰^RNZ^R,柬KH,港HK,澳门MO	0	受惠国LD	130
				1.6	韩KR			
				12.8	韩^RKR^R			
				13.1	日^RJP^R			
4739	6114.9090	---其他 ---Other	6	0	东盟AS,智CL,巴PK,新西兰NZ,新加坡SG,秘PE,哥CR,瑞CH,冰IS,澳AU,格GE,东盟^RAS^R,澳^RAU^R,新西兰^RNZ^R,柬KH,港HK,澳门MO	0	受惠国LD	130
				1.6	韩KR			
				6.4	毛MU			
				12.8	韩^RKR^R			
				13.1	日^RJP^R			
	61.15	针织或钩编的连裤袜、紧身裤袜、长统袜、短袜及其他袜类,包括用以治疗静脉曲张的长统袜和无外缝鞋底的鞋类: **Pantyhose, tights, stockings, socks and other hosiery, including graduated compression hosiery (for example, stockings for varicose veins) and footwear without applied soles, knitted or crocheted:**						
4740	6115.1000	-渐紧压袜类(例如,用以治疗静脉曲张的长统袜) -Stockings, gradually press tighted (including stockings for varicose veins and footwear without applied soles)	6	0	东盟AS,智CL,巴PK,新西兰NZ,新加坡SG,秘PE,哥CR,冰IS,澳AU,格GE,毛MU,东盟^RAS^R,澳^RAU^R,新西兰^RNZ^R,柬KH,港HK,澳门MO	0	受惠国LD	130
				1.6	韩KR			
				3.5	亚太AP			
				6	瑞CH			
				12.8	韩^RKR^R			
				13.1	日^RJP^R			

序号 No.	税则号列 Tariff Line	货品名称 Article Description	最惠国税率 MFN(%)	协定税率 Agreement(%)		特惠税率 SP(%)		普通税率 Gen(%)
		-其他连裤袜及紧身裤袜: -Other pantyhose and tights:						
4741	6115.2100	--每根单丝细度在67分特以下的合成纤维制 --Of synthetic fibres, measuring per single yarn less than 67 decitex	6	0	东盟AS,智CL,新西兰NZ,新加坡SG,秘PE,哥CR,瑞CH,冰IS,澳AU,格GE,毛MU,东盟^{R}AS^R,澳^{R}AU^R,新西兰^{R}NZ^R,柬KH,港HK,澳门MO	0	受惠国LD	130
				1.6	韩KR			
				3.9	亚太AP			
				12.8	巴PK,韩^{R}KR^R			
				13.1	日^{R}JP^R			
4742	6115.2200	--每根单丝细度在67分特及以上的合成纤维制 --Of synthetic fibres, measuring per single yarn 67 decitex or more	6	0	东盟AS,智CL,新西兰NZ,新加坡SG,秘PE,哥CR,瑞CH,冰IS,澳AU,格GE,毛MU,东盟^{R}AS^R,澳^{R}AU^R,新西兰^{R}NZ^R,柬KH,港HK,澳门MO,台TW	0	受惠国LD	130
				1.6	韩KR			
				3.9	亚太AP			
				8	巴PK			
				12.8	韩^{R}KR^R			
				13.1	日^{R}JP^R			
		--其他纺织材料制: --Of other textile materials:						
4743	6115.2910	---棉制 ---Of cotton	6	0	东盟AS,智CL,新西兰NZ,新加坡SG,秘PE,哥CR,瑞CH,冰IS,澳AU,格GE,毛MU,东盟^{R}AS^R,澳^{R}AU^R,新西兰^{R}NZ^R,柬KH,港HK,澳门MO	0	受惠国LD	90
				1.4	韩KR			
				11.2	巴PK,韩^{R}KR^R			
				11.5	日^{R}JP^R			
4744	6115.2990	---其他 ---Other	6	0	东盟AS,智CL,新西兰NZ,新加坡SG,秘PE,哥CR,瑞CH,冰IS,澳AU,格GE,毛MU,东盟^{R}AS^R,澳^{R}AU^R,新西兰^{R}NZ^R,柬KH,港HK,澳门MO,台TW	0	受惠国LD	130
				1.4	韩KR			
				3.9	亚太AP			
				7	巴PK			
				11.2	韩^{R}KR^R			
				11.5	日^{R}JP^R			

序号 No.	税则号列 Tariff Line	货品名称 Article Description	最惠国税率 MFN(%)		协定税率 Agreement(%)	特惠税率 SP(%)	普通税率 Gen(%)
4745	6115.3000	-女式长统袜及中统袜,每根单丝细度在67分特以下 -Women's full-length or knee-length hosiery, measuring per single yarn less than 67 decitex	6	0	东盟AS,智CL,巴PK,新西兰NZ,新加坡SG,秘PE,哥CR,瑞CH,冰IS,澳AU,格GE,毛MU,东盟^RAS^R,澳^RAU^R,新西兰^RNZ^R,柬KH,港HK,澳门MO	0 受惠国LD,亚太AP	130
				1.4	韩KR		
				3.9	亚太AP		
				11.2	韩^RKR^R		
				11.5	日^RJP^R		
		-其他: -Other:					
4746	6115.9400	--羊毛或动物细毛制 --Of wool or fine animal hair	6	0	东盟AS,智CL,新西兰NZ,新加坡SG,秘PE,哥CR,瑞CH,冰IS,澳AU,格GE,毛MU,东盟^RAS^R,澳^RAU^R,新西兰^RNZ^R,柬KH,港HK,澳门MO	0 受惠国LD	130
				1.4	韩KR		
				11.2	巴PK,韩^RKR^R		
				11.5	日^RJP^R		
4747	6115.9500	--棉制 --Of cotton	6	0	东盟AS,智CL,巴PK,新西兰NZ,新加坡SG,秘PE,哥CR,瑞CH,冰IS,澳AU,格GE,毛MU,东盟^RAS^R,澳^RAU^R,新西兰^RNZ^R,柬KH,港HK,澳门MO	0 受惠国LD	90
				1.4	韩KR		
				11.2	韩^RKR^R		
				11.5	日^RJP^R		
4748	6115.9600	--合成纤维制 --Of synthetic fibres	6	0	东盟AS,智CL,巴PK,新西兰NZ,新加坡SG,秘PE,哥CR,瑞CH,冰IS,澳AU,格GE,毛MU,东盟^RAS^R,澳^RAU^R,新西兰^RNZ^R,柬KH,港HK,澳门MO	0 受惠国LD	130
				1.6	韩KR		
				3.9	亚太AP		
				12.8	韩^RKR^R		
				13.1	日^RJP^R		
4749	6115.9900	--其他纺织材料制 --Of other textile materials	6	0	东盟AS,智CL,巴PK,新西兰NZ,新加坡SG,秘PE,哥CR,瑞CH,冰IS,澳AU,格GE,毛MU,东盟^RAS^R,澳^RAU^R,新西兰^RNZ^R,柬KH,港HK,澳门MO,台TW	0 受惠国LD	130
				1.4	韩KR		
				3.9	亚太AP		
				11.2	韩^RKR^R		
				11.5	日^RJP^R		

序号 No.	税则号列 Tariff Line	货品名称 Article Description	最惠国税率 MFN(%)	协定税率 Agreement(%)		特惠税率 SP(%)		普通税率 Gen(%)
	61.16	针织或钩编的分指手套、连指手套及露指手套: Gloves, mittens and mitts, knitted or crocheted:						
4750	6116.1000	-用塑料或橡胶浸渍、涂布、包覆或层压的 -Impregnated, coated, covered or laminated with plastics or rubber	6	0	东盟AS,智CL,巴PK,新西兰NZ,新加坡SG,秘PE,哥CR,瑞CH,冰IS,澳AU,格GE,毛MU,东盟^{R}AS^R,澳^{R}AU^R,新西兰^{R}NZ^R,柬KH,港HK,澳门MO	0	受惠国LD	122
				1.4	韩KR			
				11.2	韩^{R}KR^R			
				11.5	日^{R}JP^R			
		-其他: -Other:						
4751	6116.9100	--羊毛或动物细毛制 --Of wool of fine animal hair	6	0	东盟AS,智CL,巴PK,新西兰NZ,新加坡SG,秘PE,哥CR,瑞CH,冰IS,澳AU,格GE,毛MU,东盟^{R}AS^R,澳^{R}AU^R,新西兰^{R}NZ^R,柬KH,港HK,澳门MO	0	受惠国LD	130
				1.4	韩KR			
				11.2	韩^{R}KR^R			
				11.5	日^{R}JP^R			
4752	6116.9200	--棉制 --Of cotton	6	0	东盟AS,智CL,巴PK,新西兰NZ,新加坡SG,秘PE,哥CR,瑞CH,冰IS,澳AU,格GE,毛MU,东盟^{R}AS^R,澳^{R}AU^R,新西兰^{R}NZ^R,柬KH,港HK,澳门MO	0	受惠国LD	90
				1.4	韩KR			
				11.2	韩^{R}KR^R			
				11.5	日^{R}JP^R			
4753	6116.9300	--合成纤维制 --Of synthetic fibres	6	0	东盟AS,智CL,巴PK,新西兰NZ,新加坡SG,秘PE,哥CR,瑞CH,冰IS,澳AU,格GE,毛MU,东盟^{R}AS^R,澳^{R}AU^R,新西兰^{R}NZ^R,柬KH,港HK,澳门MO	0	受惠国LD	130
				1.6	韩KR			
				3.9	亚太AP			
				12.8	韩^{R}KR^R			
				13.1	日^{R}JP^R			
4754	6116.9900	--其他纺织材料制 --Of other textile materials	6	0	东盟AS,智CL,巴PK,新西兰NZ,新加坡SG,秘PE,哥CR,瑞CH,冰IS,澳AU,格GE,毛MU,东盟^{R}AS^R,澳^{R}AU^R,新西兰^{R}NZ^R,柬KH,港HK,澳门MO	0	受惠国LD	130
				1.4	韩KR			
				3.9	亚太AP			
				11.2	韩^{R}KR^R			
				11.5	日^{R}JP^R			

序号 No.	税则号列 Tariff Line	货品名称 Article Description	最惠国税率 MFN(%)	协定税率 Agreement(%)		特惠税率 SP(%)		普通税率 Gen(%)
	61.17	其他制成的针织或钩编的衣着附件；服装或衣着附件的针织或钩编的零件： Other made-up clothing accessories, knitted or crocheted; knitted or crocheted parts of garments or of clothing accessories:						
		-披巾、头巾、围巾、披纱、面纱及类似品： -Shawls, scarves, mufflers, mantillas, veils and the like:						
		---动物细毛制： ---Of fine animal hair:						
4755	6117.1011	----山羊绒制 ----Of cashmere	6	0	东盟AS,智CL,巴PK,新西兰NZ,新加坡SG,秘PE,哥CR,瑞CH,冰IS,澳AU,格GE,毛MU,东盟^{R}AS^R,澳^{R}AU^R,新西兰^{R}NZ^R,柬KH,港HK,澳门MO	0	受惠国LD	130
				1.4	韩KR			
				3.9	亚太AP			
				11.2	韩^{R}KR^R			
				11.5	日^{R}JP^R			
4756	6117.1019	----其他 ----Other	6	0	东盟AS,智CL,巴PK,新西兰NZ,新加坡SG,秘PE,哥CR,瑞CH,冰IS,澳AU,格GE,东盟^{R}AS^R,澳^{R}AU^R,新西兰^{R}NZ^R,柬KH,港HK,澳门MO	0	受惠国LD	130
				1.4	韩KR			
				3.9	亚太AP			
				8	毛MU			
				11.2	韩^{R}KR^R			
				11.5	日^{R}JP^R			
4757	6117.1020	---羊毛制 ---Of wool	6	0	东盟AS,智CL,巴PK,新西兰NZ,新加坡SG,秘PE,哥CR,瑞CH,冰IS,澳AU,格GE,东盟^{R}AS^R,澳^{R}AU^R,新西兰^{R}NZ^R,柬KH,港HK,澳门MO	0	受惠国LD	130
				1.4	韩KR			
				3.9	亚太AP			
				8	毛MU			
				11.2	韩^{R}KR^R			
				11.5	日^{R}JP^R			

序号 No.	税则号列 Tariff Line	货品名称 Article Description	最惠国税率 MFN(%)	协定税率 Agreement(%)		特惠税率 SP(%)	普通税率 Gen(%)
4758	6117.1090	---其他 ---Other	6	0	东盟AS,智CL,巴PK,新西兰NZ, 新加坡SG,秘PE,哥CR,瑞CH, 冰IS,澳AU,格GE,东盟^RAS^R,澳^R AU^R,新西兰^RNZ^R,柬KH,港HK, 澳门MO	0 受惠国LD	130
				1.4	韩KR		
				3.9	亚太AP		
				5.6	毛MU		
				11.2	韩^RKR^R		
				11.5	日^RJP^R		
		-其他附件: -Other accessories:					
4759	6117.8010	---领带及领结 ---Ties, bow ties and cravats	6	0	东盟AS,智CL,巴PK,新西兰NZ, 新加坡SG,秘PE,哥CR,瑞CH,冰 IS,澳AU,格GE,毛MU,东盟^RAS^R, 澳^RAU^R,新西兰^RNZ^R,柬KH,港 HK,澳门MO,台TW	0 受惠国LD	130
				1.4	韩KR		
				3.9	亚太AP		
				11.2	韩^RKR^R		
				11.5	日^RJP^R		
4760	6117.8090	---其他 ---Other	6	0	东盟AS,智CL,巴PK,新西兰NZ, 新加坡SG,秘PE,哥CR,瑞CH,冰 IS,澳AU,格GE,毛MU,东盟^RAS^R, 澳^RAU^R,新西兰^RNZ^R,柬KH,港 HK,澳门MO,台TW	0 受惠国LD	130
				1.4	韩KR		
				3.9	亚太AP		
				11.2	韩^RKR^R		
				11.5	日^RJP^R		
4761	6117.9000	-零件 -Parts	6	0	东盟AS,智CL,巴PK,新西兰NZ, 新加坡SG,秘PE,哥CR,瑞CH,冰 IS,澳AU,格GE,毛MU,东盟^RAS^R, 澳^RAU^R,新西兰^RNZ^R,柬KH,港 HK,澳门MO,台TW	0 受惠国LD	130
				1.4	韩KR		
				3	亚太AP		
				11.2	韩^RKR^R		
				11.5	日^RJP^R		

注释:

一、本章仅适用于除絮胎以外任何纺织物的制成品，但不适用于针织品或钩编织品（税目62.12的除外）。

二、本章不包括：

（一）税目63.09的旧衣着或其他旧物品；或

（二）矫形器具、外科手术带、疝气带及类似品（税目90.21）。

三、税目62.03及62.04所称：

（一）"西服套装"，是指面料用相同的织物制成的两件套或三件套的下列成套服装：

一件人体上半身穿着的外套或短上衣，除袖子外，其面料数为四片或四片以上；也可附带一件西服背心，这件背心的前片面料应与套装其他各件的面料相同，后片料则应与外套或短上衣的衬里料相同；

以及一件人体下半身穿着的服装，即不带背带或护胸的长裤、马裤、短裤（游泳裤除外）、裙子或裙裤。

西服套装各件面料质地、颜色及构成必须相同，其款式也必须相同，尺寸大小还须相互般配，但可以用不同织物滚边（缝口上缝入长条织物）。

如果数件人体下半身穿着的服装同时进口或出口（例如，两条长裤、长裤与短裤、裙子或裙裤与长裤），构成西服套装下装的应是一条长裤，而对于女式西服套装，则应是一条裙子或裙裤，其他服装应分别归类。

所称"西服套装"，包括不论是否完全符合上述条件的下列配套服装：

1. 常礼服，由一件后襟下垂并下端开圆弧形叉的素色短上衣和一条条纹长裤组成；

2. 晚礼服（燕尾服），一般用黑色织物制成，上衣前襟较短且不闭合，背后有燕尾；

3. 无燕尾套装夜礼服，其中上衣款式与普通上衣相似（可以更为显露衬衣前胸），但有光滑丝质或仿丝质的翻领。

（二）"便服套装"，是指面料相同并作零售包装的下列

Notes:

1. This Chapter applies only to made up articles of any textile fabric other than wadding, excluding knitted or rocheted articles (other than those of heading 62.12).

2. This Chapter does not cover:

(a) Worn clothing or other worn articles of heading 63.09; or

(b) Orthopaedic appliances, surgical belts, trusses or the like (heading 90.21).

3. For the purposes of headings 62.03 and 62.04:

(a) The term "suit" means a set of garments composed of two or three pieces made up in respect of their outer surface, in identical fabric and comprising:

One suit coat or jacket the outer shell of which, exclusive of sleeves, consists of four or more panels, designed to cover the upper part of the body, possibly with a tailored waistcoat in addition whose front panel is made from the same fabric as the outer shell of the other components of the set and whose rear panel is made from the same fabric as the lining of the suit coat or jacke; and

One garment designed to cover the lower part of the body and consisting of trousers, breeches or shorts (other than swimwear), a skirt or a divided skirt, having neither braces nor bibs.

All of the components of a "suit" must be of the same fabric construction, colour and composition; they must also be of the same style and of corresponding or compatible size. However, these components may have piping (a strip of fabric sewn into the seam) in a different fabric.

If several separate components to cover the lower part of the body are presented together (for example, two pairs of trousers or trousers and shorts, or a skirt or divided skirt and trousers), the constituent lower part shall be one pair of trousers, or, in the case of women's or girls' suits, the skirt or divided skirt, the other garments being considered separately.

The term "suit" includes the following sets of garments, whether or not they fulfil all the above conditions:

(1) Morning dress, comprising a plain jacket (cutaway) with rounded tails hanging well down at the back and striped trousers;

(2) Evening dress (tailcoat), generally made of black cloth, the jacket of which is relatively short at the front, does not close and has narrow skirts cut in at the hips and hanging down behind;

(3) Dinner jacket suits, in which the jacket is similar in style to an ordinary jacket (though perhaps revealing more of the shirt front), but has shiny silk or imitation silk lapels.

(b) The term "ensemble" means a set of garments (other than

成套服装（西服套装及税目62.07或62.08的物品除外）：

一件人体上半身穿着的服装，但背心除外，因为背心可作为内衣；

以及一件或两件不同的人体下半身穿着的服装，即长裤、护胸背带工装裤、马裤、短裤（泳裤除外）、裙子或裙裤。

便服套装各件面料质地、款式、颜色及构成必须相同；尺寸大小也须相互般配。所称"便服套装"，不包括税目62.11的运动服及滑雪服。

四、税目62.05及62.06不包括在腰围以下有口袋的服装带有罗纹腰带及以其他方式收紧下摆的服装。税目62.05不包括无袖服装。

衬衫及仿男式女衬衫是指人体上身穿着并从领口处全开襟或半开襟的长袖或短袖衣服；罩衫也是上半身穿着的宽松服装，但可以无袖，领口处也可以不开襟。衬衫、仿男式女衬衫及罩衫可有衣领。

五、对于税目62.09：

（一）所称"婴儿服装及衣着附件"，是指用于身高不超过86厘米幼儿的服装；

（二）既可归入税目62.09，也可归入本章其他税目的物品，应归入税目62.09。

六、既可归入税目62.10，也可归入本章其他税目的服装，除税目62.09所列的仍归入该税目外，其余的应一律归入税目62.10。

七、税目62.11所称"滑雪服"，是指从整个外观和织物质地来看，主要在滑雪（速度滑雪和高山滑雪）时穿着的下列服装或成套服装：

（一）"滑雪连身服"，即上下身连在一起的单件服装；除袖子和领子外，滑雪连身服可有口袋或脚带；或

（二）"滑雪套装"，即由两件或三件构成一套并作零售包装的下列服装：
一件用一条拉链扣合的带风帽的厚夹克、防风衣、防风短上衣或类似的服装，可以附带一件背心；
以及一条不论是否过腰的长裤、一条马裤或一条护胸背带工装裤。

suits and articles of heading 62.07 or 62.08) composed of several pieces made up in identical fabric, put up for retail sale, and comprising:
One garment designed to cover the upper part of the body, with the exception of waistcoats which may also form a second upper garment; and
One or two different garments, designed to cover the lower part of the body and consisting of trousers, bib and brace overalls, breeches, shorts (other than swimwear), a skirt or a divided skirt.
All of the components of an ensemble must be of the same fabric construction, style, colour and composition; they also must be of corresponding or compatible size. The term "ensemble" does not apply to track suits or ski suits, of heading 62.11.

4. Headings 62.05 and 62.06 do not cover garments with pockets below the waist, with a ribbed waistband or other means of tightening at the bottom of the garment. Heading 62.05 does not cover sleeveless garments.
"Shirts" and "shirt-blouses" are garments designed to cover the upper part of the body, having long or short sleeves and a full or partial opening starting at the neckline. "Blouses" are loose-fitting garments also designed to cover the upper part of the body but may be sleeveless and with or without an opening at the neckline. "Shirts", "shirt-blouses" and "blouses" may also have a collar.

5. For the purposes of heading 62.09:
(a) The expression "babies' garments and clothing accessories" means articles for young children of a body height not exceeding 86cm;
(b) Articles which are, *prima facie*, classifiable both in heading 62.09 and in other headings of this Chapter are to be classified in heading 62.09.

6. Garments which are, *prima facie*, classifiable both in heading 62.10 and in other headings of this Chapter, excluding heading 62.09, are to be classified in heading 62.10.

7. For the purposes of heading 62.11, "ski suits" means garments or sets of garments which, by their general appearance and texture, are identifiable as intended to be worn principally for skiing (cross-country or alpine). They consist either of:
(a) A "ski overall", that is, a one-piece garment designed to cover the upper and the lower parts of the body; in addition to sleeves and a collar the ski overall may have pockets or footstraps; or
(b) A "ski ensemble", that is, a set of garments composed of two or three pieces, put up for retail sale and comprising:
One garment such as an anorak, wind-cheater, wind-jacket or similar article, closed by a slide fastener (zipper), possibly with a waistcoat in addition; and
One pair of trousers whether or not extending above waist-level, one pair of breeches or one bib and brace overall.

"滑雪套装"也可由一件类似以上（一）款所述的连身服和一件可套在连身服外面的有胎料背心组成。

"滑雪套装"各件颜色可以不同，但面料质地、款式及构成必须相同；尺寸大小也须相互般配。

八、正方形或近似正方形的围巾及围巾式样的物品，如果每边均不超过60厘米，应作为手帕归类（税目62.13）。任何一边超过60厘米的手帕，应归入税目62.14。

九、本章的服装，凡门襟为左压右的，应视为男式；右压左的，应视为女式。但本规定不适用于其式样已明显为男式或女式的服装。

无法区别是男式还是女式的服装，应按女式服装归入有关税目。

十、本章物品可用金属线制成。

The "ski ensemble" may also consist of an overall similar to the one mentioned in paragraph (a) above and a type of padded, sleeveless jacket worn over the overall.

All the components of a "ski ensemble" must be made up in a fabric of the same texture, style and composition whether or not of the same colour; they also must be of corresponding or compatible size.

8. Scarves and articles of the scarf type, square or approximately square, of which no side exceeds 60cm, are to be classified as handkerchiefs (heading 62.13). Handkerchiefs of which any side exceeds 60cm are to be classified in heading 62.14.

9. Garments of this Chapter designed for left over right closure at the front shall be regarded as men's or boys' garments, and those designed for right over left closure at the front as women's or girls' garments. These provisions do not apply where the cut of the garment clearly indicates that it is designed for other of sexes.

Garments which cannot be identified as either men's or boys' garments or as women's or girls' garments are to be classified in the headings concerning women's or girls' garments.

10. Articles of this chapter may be made of metal thread.

序号 No.	税则号列 Tariff Line	货品名称 Article Description	最惠国税率 MFN(%)	协定税率 Agreement(%)		特惠税率 SP(%)		普通税率 Gen(%)
	62.01	男式大衣、短大衣、斗篷、短斗篷、带风帽的防寒短上衣（包括滑雪短上衣）、防风衣、防风短上衣及类似品，但税目62.03的货品除外： Men's or boys' overcoats, car-coats, capes, cloaks, anoraks (including ski-jackets), wind-cheaters, wind-jackets and similar articles, other than those of heading 62.03:						
4762	6201.2000	-羊毛或动物细毛制 -Of wool or fine animal hair	6	0	东盟AS,智CL,新西兰NZ,新加坡SG,秘PE,哥CR,瑞CH,冰IS,澳AU,格GE,东盟^RAS^R,澳^RAU^R,新西兰^RNZ^R,柬KH,港HK,澳门MO	0	受惠国LD	130
				1.6	韩KR			
				3.2	毛MU			
				3.9	亚太AP			
				8	巴PK			
				12.8	韩^RKR^R			
				13.1	日^RJP^R			
	ex62012000	毛制男式大衣、斗篷 Men's or boys' overcoats, etc, of wool or fine animal hair	Δ5					
		-棉制： -Of cotton:						

序号 No.	税则号列 Tariff Line	货品名称 Article Description	最惠国税率 MFN(%)	协定税率 Agreement(%)		特惠税率 SP(%)		普通税率 Gen(%)
4763	6201.3010	---羽绒服 ---Padded with feathers or down	6	0	东盟AS,智CL,新西兰NZ,新加坡SG,秘PE,哥CR,瑞CH,冰IS,澳AU,格GE,毛MU,东盟^{R}AS^R,澳^{R}AU^R,新西兰^{R}NZ^R,柬KH,港HK,澳门MO	0	受惠国LD	90
				1.6	韩KR			
				12.8	巴PK,韩^{R}KR^R			
				13.1	日^{R}JP^R			
4764	6201.3090	---其他 ---Other	6	0	东盟AS,智CL,新西兰NZ,新加坡SG,秘PE,哥CR,瑞CH,冰IS,澳AU,格GE,毛MU,东盟^{R}AS^R,澳^{R}AU^R,新西兰^{R}NZ^R,柬KH,港HK,澳门MO	0	受惠国LD,柬KH,老LA,缅MM	90
				1.6	韩KR			
				12.8	巴PK,韩^{R}KR^R			
				13.1	日^{R}JP^R			
	ex62013090	棉制男式大衣、斗篷 Men's or boys' overcoats, etc, of cotton, nes	Δ5					
		-化学纤维制: -Of man-made fibres:						
4765	6201.4010	---羽绒服 ---Padded with feathers or down	8	0	东盟AS,智CL,新西兰NZ,新加坡SG,秘PE,哥CR,瑞CH,冰IS,澳AU,毛MU,东盟^{R}AS^R,澳^{R}AU^R,新西兰^{R}NZ^R,柬KH,港HK,澳门MO	0	受惠国LD	130
				1.7	韩KR			
				4.4	巴PK			
				5.2	亚太AP			
				14	韩^{R}KR^R			
				14.3	日^{R}JP^R			
4766	6201.4090	---其他 ---Other	8	0	东盟AS,智CL,新西兰NZ,新加坡SG,秘PE,哥CR,瑞CH,冰IS,澳AU,格GE,毛MU,东盟^{R}AS^R,澳^{R}AU^R,新西兰^{R}NZ^R,柬KH,港HK,澳门MO	0	受惠国LD	130
				1.7	韩KR			
				4.4	巴PK			
				5.2	亚太AP			
				14	韩^{R}KR^R			
				14.3	日^{R}JP^R			

序号 No.	税则号列 Tariff Line	货品名称 Article Description	最惠国税率 MFN(%)	协定税率 Agreement(%)		特惠税率 SP(%)	普通税率 Gen(%)
4767	6201.9000	-其他纺织材料制 -Of other textile materials	6	0	东盟AS,智CL,新西兰NZ,新加坡SG,秘PE,哥CR,瑞CH,冰IS,澳AU,格GE,毛MU,东盟^{R}AS^R,澳^{R}AU^R,新西兰^{R}NZ^R,柬KH,港HK,澳门MO	0 受惠国LD,缅MM	100
				1.6	韩KR		
				3.9	亚太AP		
				8	巴PK		
				12.8	韩^{R}KR^R		
				13.1	日^{R}JP^R		
	62.02	女式大衣、短大衣、斗篷、短斗篷、带风帽的防寒短上衣（包括滑雪短上衣）、防风衣、防风短上衣及类似品,但税目62.04的货品除外: women's or girls' overcoats, car-coats, capes, cloaks, anoraks (including ski-jackets), wind-cheaters, wind-jackets and similar articles, other than those of heading 62.04:					
4768	6202.2000	-羊毛或动物细毛制 -Of wool or fine animal hair	6	0	东盟AS,智CL,新西兰NZ,新加坡SG,秘PE,哥CR,瑞CH,冰IS,澳AU,格GE,毛MU,东盟^{R}AS^R,澳^{R}AU^R,新西兰^{R}NZ^R,柬KH,港HK,澳门MO	0 受惠国LD	130
				1.6	韩KR		
				3.9	亚太AP		
				8	巴PK		
				12.8	韩^{R}KR^R		
				13.1	日^{R}JP^R		
	ex62022000	毛制女式大衣、斗篷 Women's or girls' overcoats, etc, of wool or fine animal hair	Δ5				
		-棉制: -Of cotton:					
4769	6202.3010	---羽绒服 ---Padded with feathers or down	6	0	东盟AS,智CL,新西兰NZ,新加坡SG,秘PE,哥CR,瑞CH,冰IS,澳AU,毛MU,东盟^{R}AS^R,澳^{R}AU^R,新西兰^{R}NZ^R,柬KH,港HK,澳门MO	0 受惠国LD	90
				1.6	韩KR		
				12.8	巴PK,韩^{R}KR^R		
				13.1	日^{R}JP^R		

序号 No.	税则号列 Tariff Line	货品名称 Article Description	最惠国税率 MFN(%)	协定税率 Agreement(%)		特惠税率 SP(%)	普通税率 Gen(%)
4770	6202.3090	---其他 ---Other	6	0	东盟AS,智CL,新西兰NZ,新加坡SG,秘PE,哥CR,瑞CH,冰IS,澳AU,格GE,毛MU,东盟^{R}AS^R,澳^{R}AU^R,新西兰^{R}NZ^R,柬KH,港HK,澳门MO	0 受惠国LD	90
				1.6	韩KR		
				12.8	巴PK,韩^{R}KR^R		
				13.1	日^{R}JP^R		
	ex62023090	棉制女式大衣、斗篷 Women's or girls' overcoats, etc, of cotton, nes	Δ5				
		-化学纤维制: -Of man-made fibres:					
4771	6202.4010	---羽绒服 ---Padded with feathers or down	9	0	东盟AS,智CL,新西兰NZ,新加坡SG,秘PE,哥CR,瑞CH,冰IS,澳AU,毛MU,东盟^{R}AS^R,澳^{R}AU^R,新西兰^{R}NZ^R,柬KH,港HK,澳门MO	0 受惠国LD	130
				1.8	韩KR		
				5.9	亚太AP		
				9.2	巴PK		
				14	韩^{R}KR^R		
				14.3	日^{R}JP^R		
4772	6202.4090	---其他 ---Other	9	0	东盟AS,智CL,新西兰NZ,新加坡SG,秘PE,哥CR,瑞CH,冰IS,澳AU,格GE,毛MU,东盟^{R}AS^R,澳^{R}AU^R,新西兰^{R}NZ^R,柬KH,港HK,澳门MO	0 受惠国LD	130
				1.8	韩KR		
				5.9	亚太AP		
				8.3	巴PK		
				14	韩^{R}KR^R		
				14.3	日^{R}JP^R		
4773	6202.9000	-其他纺织材料制 -Of other textile materials	6	0	东盟AS,智CL,新西兰NZ,新加坡SG,秘PE,哥CR,瑞CH,冰IS,澳AU,格GE,毛MU,东盟^{R}AS^R,澳^{R}AU^R,新西兰^{R}NZ^R,柬KH,港HK,澳门MO	0 受惠国LD	100
				1.6	韩KR		
				3.9	亚太AP		
				8	巴PK		
				12.8	韩^{R}KR^R		
				13.1	日^{R}JP^R		

序号 No.	税则号列 Tariff Line	货品名称 Article Description	最惠国税率 MFN(%)	协定税率 Agreement(%)		特惠税率 SP(%)	普通税率 Gen(%)
	62.03	男式西服套装、便服套装、上衣、长裤、护胸背带工装裤、马裤及短裤（游泳裤除外）： Men's or boys' suits, ensembles, jackets, blazers, trousers, bib and brace overalls, breeches and shorts (other than swimwear):					
		-西服套装： -Suits:					
4774	6203.1100	--羊毛或动物细毛制 --Of wool or fine animal hair	8△5	0	东盟AS,智CL,新西兰NZ,新加坡SG,秘PE,哥CR,瑞CH,冰IS,澳AU,格GE,东盟^RAS^R,澳^RAU^R,新西兰^RNZ^R,柬KH,港HK,澳门MO	0 受惠国LD	130
				1.7	韩KR		
				5.2	亚太AP		
				7	毛MU		
				8.8	巴PK		
				14	韩^RKR^R		
				14.3	日^RJP^R		
4775	6203.1200	--合成纤维制 --Of synthetic fibres	8	0	东盟AS,智CL,新西兰NZ,新加坡SG,秘PE,哥CR,瑞CH,冰IS,澳AU,格GE,毛MU,东盟^RAS^R,澳^RAU^R,新西兰^RNZ^R,柬KH,港HK,澳门MO	0 受惠国LD	130
				1.7	韩KR		
				5.2	亚太AP		
				8.8	巴PK		
				14	韩^RKR^R		
				14.3	日^RJP^R		
		--其他纺织材料制： --Of other textile materials:					
4776	6203.1910	---丝及绢丝制 ---Of silk or silk waste	8	0	东盟AS,智CL,巴PK,新西兰NZ,新加坡SG,秘PE,哥CR,瑞CH,冰IS,澳AU,格GE,毛MU,东盟^RAS^R,澳^RAU^R,新西兰^RNZ^R,柬KH,港HK,澳门MO	0 受惠国LD	100
				1.7	韩KR		
				5.2	亚太AP		
				14	韩^RKR^R		
				14.3	日^RJP^R		

序号 No.	税则号列 Tariff Line	货品名称 Article Description	最惠国税率 MFN(%)	协定税率 Agreement(%)		特惠税率 SP(%)		普通税率 Gen(%)
4777	6203.1990	---其他 ---Other	8	0	东盟AS,智CL,巴PK,新西兰NZ, 新加坡SG,秘PE,哥CR,冰IS,澳 AU,格GE,东盟^RAS^R,澳^RAU^R,新 西兰^RNZ^R,柬KH,港HK,澳门MO	0 受惠国LD		100
				1.7	韩KR		
				5.2	亚太AP		
				7	瑞CH,毛MU		
				14	韩^RKR^R		
				14.3	日^RJP^R		
		-便服套装: -Ensembles:					
4778	6203.2200	--棉制 --Of cotton	8	0	东盟AS,智CL,巴PK,新西兰NZ, 新加坡SG,秘PE,哥CR,瑞CH,冰 IS,澳AU,格GE,毛MU,东盟^RAS^R, 澳^RAU^R,新西兰^RNZ^R,柬KH,港 HK,澳门MO	0 受惠国LD		90
				1.7	韩KR		
				14	韩^RKR^R		
				14.3	日^RJP^R		
4779	6203.2300	--合成纤维制 --Of synthetic fibres	8	0	东盟AS,智CL,新西兰NZ,新加 坡SG,秘PE,哥CR,瑞CH,冰IS,澳 AU,格GE,毛MU,东盟^RAS^R,澳 ^RAU^R,新西兰^RNZ^R,柬KH,港HK, 澳门MO	0 受惠国LD		130
				1.7	韩KR		
				5.2	亚太AP		
				8.8	巴PK		
				14	韩^RKR^R		
				14.3	日^RJP^R		
		--其他纺织材料制: --Of other textile materials:					
4780	6203.2910	---丝及绢丝制 ---Of silk or silk waste	8	0	东盟AS,智CL,新西兰NZ,新加 坡SG,秘PE,哥CR,瑞CH,冰IS,澳 AU,格GE,毛MU,东盟^RAS^R,澳 ^RAU^R,新西兰^RNZ^R,柬KH,港HK, 澳门MO	0 受惠国LD		130
				1.7	韩KR		
				5.2	亚太AP		
				8.8	巴PK		
				14	韩^RKR^R		
				14.3	日^RJP^R		

序号 No.	税则号列 Tariff Line	货品名称 Article Description	最惠国税率 MFN(%)	协定税率 Agreement(%)		特惠税率 SP(%)	普通税率 Gen(%)
4781	6203.2920	---羊毛或动物细毛制 ---Of wool or fine animal hair	8	0	东盟AS,智CL,新西兰NZ,新加坡SG,秘PE,哥CR,瑞CH,冰IS,澳AU,格GE,毛MU,东盟^RAS^R,澳^RAU^R,新西兰^RNZ^R,柬KH,港HK,澳门MO	0 受惠国LD	130
				1.7	韩KR		
				5.2	亚太AP		
				8.8	巴PK		
				14	韩^RKR^R		
				14.3	日^RJP^R		
4782	6203.2990	---其他 ---Other	8	0	东盟AS,智CL,新西兰NZ,新加坡SG,秘PE,哥CR,瑞CH,冰IS,澳AU,格GE,毛MU,东盟^RAS^R,澳^RAU^R,新西兰^RNZ^R,柬KH,港HK,澳门MO	0 受惠国LD	100
				1.7	韩KR		
				5.2	亚太AP		
				8.8	巴PK		
				14	韩^RKR^R		
				14.3	日^RJP^R		
		-上衣: -Jackets and blazers:					
4783	6203.3100	--羊毛或动物细毛制 --Of wool or fine animal hair	6△5	0	东盟AS,智CL,新西兰NZ,新加坡SG,秘PE,哥CR,瑞CH,冰IS,澳AU,格GE,东盟^RAS^R,澳^RAU^R,新西兰^RNZ^R,柬KH,港HK,澳门MO	0 受惠国LD,柬KH,老LA,缅MM	130
				1.6	韩KR	3.6 亚太AP	
				3.9	亚太AP		
				6.4	毛MU		
				8	巴PK		
				12.8	韩^RKR^R		
				13.1	日^RJP^R		
4784	6203.3200	--棉制 --Of cotton	6	0	东盟AS,智CL,巴PK,新西兰NZ,新加坡SG,秘PE,哥CR,瑞CH,冰IS,澳AU,格GE,毛MU,东盟^RAS^R,澳^RAU^R,新西兰^RNZ^R,柬KH,港HK,澳门MO	0 受惠国LD,柬KH,老LA,缅MM	90
				1.6	韩KR	4.2 亚太AP	
				3.9	亚太AP		
				12.8	韩^RKR^R		
				13.1	日^RJP^R		

序号 No.	税则号列 Tariff Line	货品名称 Article Description	最惠国税率 MFN(%)		协定税率 Agreement(%)	特惠税率 SP(%)	普通税率 Gen(%)
4785	6203.3300	--合成纤维制 --Of synthetic fibres	12	0	东盟AS,智CL,巴PK,新西兰NZ, 新加坡SG,秘PE,哥CR,瑞CH,冰 IS,韩KR,澳AU,格GE,毛MU,东 盟^RAS^R,澳^RAU^R,新西兰NZ^R,柬 KH,港HK,澳门MO,韩^RKR^R	0 受惠国LD	130
				7.8	亚太AP		
				14.3	日^RJP^R		
		--其他纺织材料制: --Of other textile materials:					
4786	6203.3910	---丝及绢丝制 ---Of silk or silk waste	6	0	东盟AS,智CL,巴PK,新西兰NZ, 新加坡SG,秘PE,哥CR,瑞CH,冰 IS,澳AU,格GE,毛MU,东盟^RAS^R, 澳^RAU^R,新西兰^RNZ^R,柬KH,港 HK,澳门MO	0 受惠国LD	130
				1.6	韩KR	3.6 亚太AP	
				3.9	亚太AP		
				12.8	韩^RKR^R		
				13.1	日^RJP^R		
4787	6203.3990	---其他 ---Other	6	0	东盟AS,智CL,巴PK,新西兰NZ, 新加坡SG,秘PE,哥CR,瑞CH, 冰IS,澳AU,格GE,东盟^RAS^R,澳 ^RAU^R,新西兰^RNZ^R,柬KH,港HK, 澳门MO	0 受惠国LD	100
				1.6	韩KR	3.6 亚太AP	
				3.9	亚太AP		
				6.4	毛MU		
				12.8	韩^RKR^R		
				13.1	日^RJP^R		
		-长裤、护胸背带工装裤、马裤及短裤: -Trousers, bib and brace overalls, breeches and shorts:					
4788	6203.4100	--羊毛或动物细毛制 --Of wool or fine animal hair	6	0	东盟AS,智CL,巴PK,新西兰NZ, 新加坡SG,秘PE,哥CR,瑞CH, 冰IS,澳AU,格GE,东盟^RAS^R,澳 ^RAU^R,新西兰^RNZ^R,柬KH,港HK, 澳门MO	0 受惠国LD, 亚太AP	130
				1.6	韩KR		
				3.9	亚太AP		
				6.4	毛MU		
				12.8	韩^RKR^R		
				13.1	日^RJP^R		
		--棉制: --Of cotton:					

序号 No.	税则号列 Tariff Line	货品名称 Article Description	最惠国税率 MFN(%)	协定税率 Agreement(%)		特惠税率 SP(%)	普通税率 Gen(%)
4789	6203.4210	---阿拉伯裤 ---Arabian trousers	6	0	东盟AS,智CL,巴PK,新西兰NZ,新加坡SG,秘PE,哥CR,瑞CH,冰IS,澳AU,格GE,毛MU,东盟^{R}AS^R,澳^{R}AU^R,新西兰^{R}NZ^R,柬KH,港HK,澳门MO	0 受惠国LD	90
				1.6	韩KR	4.2 亚太AP	
				3.9	亚太AP		
				12.8	韩^{R}KR^R		
				13.1	日^{R}JP^R		
4790	6203.4290	---其他 ---Other	6	0	东盟AS,智CL,巴PK,新西兰NZ,新加坡SG,秘PE,哥CR,瑞CH,冰IS,澳AU,格GE,毛MU,柬KH,港HK,澳门MO	0 受惠国LD,柬KH,老LA,缅MM	90
				1.6	韩KR	4.2 亚太AP	
				3.9	亚太AP		
				12.8	东盟^{R}AS^R,澳^{R}AU^R,新西兰^{R}NZ^R,韩^{R}KR^R		
				13.1	日^{R}JP^R		
		--合成纤维制: --Of synthetic fibres:					
4791	6203.4310	---阿拉伯裤 ---Arabian trousers	8	0	东盟AS,智CL,新西兰NZ,新加坡SG,秘PE,哥CR,瑞CH,冰IS,澳AU,格GE,毛MU,东盟^{R}AS^R,澳^{R}AU^R,新西兰^{R}NZ^R,柬KH,港HK,澳门MO	0 受惠国LD	130
				1.7	韩KR		
				5.2	亚太AP		
				8.8	巴PK		
				14	韩^{R}KR^R		
				14.3	日^{R}JP^R		
4792	6203.4390	---其他 ---Other	12	0	东盟AS,智CL,巴PK,新西兰NZ,新加坡SG,秘PE,哥CR,瑞CH,冰IS,澳AU,格GE,柬KH,港HK,澳门MO	0 受惠国LD	130
				1.7	韩KR		
				7	毛MU		
				7.8	亚太AP		
				14	东盟^{R}AS^R,澳^{R}AU^R,新西兰^{R}NZ^R,韩^{R}KR^R		
				14.3	日^{R}JP^R		
		--其他纺织材料制: --Of other textile materials:					

序号 No.	税则号列 Tariff Line	货品名称 Article Description	最惠国税率 MFN(%)	协定税率 Agreement(%)		特惠税率 SP(%)		普通税率 Gen(%)
4793	6203.4910	---阿拉伯裤 ---Arabian trousers	6	0	东盟AS,智CL,新西兰NZ,新加坡SG,秘PE,哥CR,瑞CH,冰IS,澳AU,格GE,毛MU,东盟^RAS^R,澳^RAU^R,新西兰NZ^R,柬KH,港HK,澳门MO	0	受惠国LD,亚太AP	100
				1.6	韩KR			
				3.9	亚太AP			
				8	巴PK			
				12.8	韩^RKR^R			
				13.1	日^RJP^R			
4794	6203.4990	---其他 ---Other	6	0	东盟AS,智CL,巴PK,新西兰NZ,新加坡SG,秘PE,哥CR,瑞CH,冰IS,澳AU,格GE,毛MU,东盟^RAS^R,澳^RAU^R,新西兰NZ^R,柬KH,港HK,澳门MO	0	受惠国LD,亚太AP	100
				1.6	韩KR			
				3.9	亚太AP			
				12.8	韩^RKR^R			
				13.1	日^RJP^R			
	62.04	女式西服套装、便服套装、上衣、连衣裙、裙子、裙裤、长裤、护胸背带工装裤、马裤及短裤（游泳服除外）： Women's or girls' suits, ensembles, jackets, blazers, dresses, skirts, divided skirts, trousers, bib and brace overalls, breeches and shorts (other than swimwear):						
		-西服套装： -Suits:						
4795	6204.1100	--羊毛或动物细毛制 --Of wool or fine animal hair	8△5	0	东盟AS,智CL,新西兰NZ,新加坡SG,秘PE,哥CR,瑞CH,冰IS,澳AU,格GE,毛MU,东盟^RAS^R,澳^RAU^R,新西兰NZ^R,柬KH,港HK,澳门MO	0	受惠国LD	130
				1.7	韩KR			
				5.2	亚太AP			
				8.8	巴PK			
				14	韩^RKR^R			
				14.3	日^RJP^R			
4796	6204.1200	--棉制 --Of cotton	8	0	东盟AS,智CL,新西兰NZ,新加坡SG,秘PE,哥CR,瑞CH,冰IS,澳AU,格GE,毛MU,东盟^RAS^R,澳^RAU^R,新西兰NZ^R,柬KH,港HK,澳门MO	0	受惠国LD	90
				1.7	韩KR			
				14	巴PK,韩^RKR^R			
				14.3	日^RJP^R			

序号 No.	税则号列 Tariff Line	货品名称 Article Description	最惠国税率 MFN(%)	协定税率 Agreement(%)		特惠税率 SP(%)	普通税率 Gen(%)
4797	6204.1300	--合成纤维制 --Of synthetic fibres	8	0	东盟AS,智CL,新西兰NZ,新加坡SG,秘PE,哥CR,瑞CH,冰IS,澳AU,格GE,毛MU,东盟^{R}AS^R,澳^{R}AU^R,新西兰^{R}NZ^R,柬KH,港HK,澳门MO	0 受惠国LD	130
				1.7	韩KR		
				5.2	亚太AP		
				8.8	巴PK		
				14	韩^{R}KR^R		
				14.3	日^{R}JP^R		
		--其他纺织材料制： --Of other textile materials:					
4798	6204.1910	---丝及绢丝制 ----Of silk or silk waste	8	0	东盟AS,智CL,新西兰NZ,新加坡SG,秘PE,哥CR,瑞CH,冰IS,澳AU,格GE,毛MU,东盟^{R}AS^R,澳^{R}AU^R,新西兰^{R}NZ^R,柬KH,港HK,澳门MO	0 受惠国LD	100
				1.7	韩KR		
				5.2	亚太AP		
				8.8	巴PK		
				14	韩^{R}KR^R		
				14.3	日^{R}JP^R		
4799	6204.1990	---其他 ---Other	8	0	东盟AS,智CL,新西兰NZ,新加坡SG,秘PE,哥CR,瑞CH,冰IS,澳AU,格GE,毛MU,东盟^{R}AS^R,澳^{R}AU^R,新西兰^{R}NZ^R,柬KH,港HK,澳门MO	0 受惠国LD	100
				1.7	韩KR		
				5.2	亚太AP		
				8.8	巴PK		
				14	韩^{R}KR^R		
				14.3	日^{R}JP^R		
		-便服套装： -Ensembles:					
4800	6204.2100	--羊毛或动物细毛制 --Of wool or fine animal hair	8	0	东盟AS,智CL,新西兰NZ,新加坡SG,秘PE,哥CR,瑞CH,冰IS,澳AU,格GE,毛MU,东盟^{R}AS^R,澳^{R}AU^R,新西兰^{R}NZ^R,柬KH,港HK,澳门MO	0 受惠国LD	130
				1.7	韩KR		
				5.2	亚太AP		
				8.8	巴PK		
				14	韩^{R}KR^R		
				14.3	日^{R}JP^R		

序号 No.	税则号列 Tariff Line	货品名称 Article Description	最惠国税率 MFN(%)	协定税率 Agreement(%)		特惠税率 SP(%)		普通税率 Gen(%)
4801	6204.2200	--棉制 --Of cotton	8	0	东盟AS,智CL,巴PK,新西兰NZ,新加坡SG,秘PE,哥CR,瑞CH,冰IS,澳AU,格GE,毛MU,东盟^{R}AS^R,澳^{R}AU^R,新西兰^{R}NZ^R,柬KH,港HK,澳门MO	0	受惠国LD	90
				1.7	韩KR			
				14	韩^{R}KR^R			
				14.3	日^{R}JP^R			
4802	6204.2300	--合成纤维制 --Of synthetic fibres	10	0	东盟AS,智CL,新西兰NZ,新加坡SG,秘PE,哥CR,瑞CH,冰IS,澳AU,格GE,毛MU,柬KH,港HK,澳门MO	0	受惠国LD	130
				6.5	亚太AP			
				8	韩KR			
				10	巴PK			
				16	东盟^{R}AS^R,澳^{R}AU^R,新西兰^{R}NZ^R,韩^{R}KR^R			
				17.5	日^{R}JP^R			
		--其他纺织材料制: --Of other textile materials:						
4803	6204.2910	---丝及绢丝制 ---Of silk or silk waste	10	0	东盟AS,智CL,新西兰NZ,新加坡SG,秘PE,哥CR,瑞CH,冰IS,澳AU,格GE,毛MU,柬KH,港HK,澳门MO	0	受惠国LD	130
				6.5	亚太AP			
				8	韩KR			
				10	巴PK			
				16	东盟^{R}AS^R,澳^{R}AU^R,新西兰^{R}NZ^R,韩^{R}KR^R			
				17.5	日^{R}JP^R			
4804	6204.2990	---其他 ---Other	6	0	东盟AS,智CL,新西兰NZ,新加坡SG,秘PE,哥CR,瑞CH,冰IS,澳AU,格GE,毛MU,东盟^{R}AS^R,澳^{R}AU^R,新西兰^{R}NZ^R,柬KH,港HK,澳门MO	0	受惠国LD	100
				1.4	韩KR			
				3.9	亚太AP			
				7	巴PK			
				11.2	韩^{R}KR^R			
				11.5	日^{R}JP^R			
		-上衣: -Jackets and blazers:						

序号 No.	税则号列 Tariff Line	货品名称 Article Description	最惠国税率 MFN(%)		协定税率 Agreement(%)	特惠税率 SP(%)	普通税率 Gen(%)
4805	6204.3100	--羊毛或动物细毛制 --Of wool or fine animal hair	6△5	0	东盟AS,智CL,新西兰NZ,新加坡SG,秘PE,哥CR,瑞CH,冰IS,澳AU,格GE,东盟^RAS^R,澳^RAU^R,新西兰^RNZ^R,柬KH,港HK,澳门MO	0 受惠国LD	130
				1.6	韩KR		
				3.9	亚太AP		
				6.4	毛MU		
				8	巴PK		
				12.8	韩^RKR^R		
				13.1	日^RJP^R		
4806	6204.3200	--棉制 --Of cotton	6	0	东盟AS,智CL,巴PK,新西兰NZ,新加坡SG,秘PE,哥CR,瑞CH,冰IS,澳AU,格GE,东盟^RAS^R,澳^RAU^R,新西兰^RNZ^R,柬KH,港HK,澳门MO	0 受惠国LD,柬KH,老LA,缅MM	90
				1.6	韩KR	2.4 亚太AP	
				6.4	毛MU		
				12.8	韩^RKR^R		
				13.1	日^RJP^R		
4807	6204.3300	--合成纤维制 --Of synthetic fibres	12	0	东盟AS,智CL,新西兰NZ,新加坡SG,秘PE,哥CR,瑞CH,冰IS,澳AU,格GE,柬KH,港HK,澳门MO	0 受惠国LD,亚太AP	130
				7	巴PK,韩KR,毛MU		
				7.8	亚太AP		
				15.2	东盟^RAS^R,韩^RKR^R		
				15.3	日^RJP^R		
				15.8	澳^RAU^R,新西兰^RNZ^R		
		--其他纺织材料制: --Of other textile materials:					
4808	6204.3910	---丝及绢丝制 ---Of silk or silk waste	6	0	东盟AS,智CL,巴PK,新西兰NZ,新加坡SG,秘PE,哥CR,瑞CH,冰IS,澳AU,格GE,毛MU,东盟^RAS^R,澳^RAU^R,新西兰^RNZ^R,柬KH,港HK,澳门MO	0 受惠国LD,亚太AP	130
				1.6	韩KR		
				3.9	亚太AP		
				12.8	韩^RKR^R		
				13.1	日^RJP^R		
4809	6204.3990	---其他 ---Other	6	0	东盟AS,智CL,巴PK,新西兰NZ,新加坡SG,秘PE,哥CR,瑞CH,冰IS,澳AU,格GE,毛MU,东盟^RAS^R,澳^RAU^R,新西兰^RNZ^R,柬KH,港HK,澳门MO	0 受惠国LD,亚太AP	100
				1.6	韩KR		
				3.9	亚太AP		
				12.8	韩^RKR^R		
				13.1	日^RJP^R		

-连衣裙:
-Dresses:

序号 No.	税则号列 Tariff Line	货品名称 Article Description	最惠国税率 MFN(%)	协定税率 Agreement(%)		特惠税率 SP(%)	普通税率 Gen(%)
4810	6204.4100	--羊毛或动物细毛制 --Of wool or fine animal hair	6	0	东盟AS,智CL,新西兰NZ,新加坡SG,秘PE,哥CR,瑞CH,冰IS,澳AU,格GE,毛MU,东盟^RAS^R,澳^RAU^R,新西兰^RNZ^R,柬KH,港HK,澳门MO	0 受惠国LD	130
				1.6	韩KR		
				3.9	亚太AP		
				8	巴PK		
				12.8	韩^RKR^R		
				13.1	日^RJP^R		
4811	6204.4200	--棉制 --Of cotton	6	0	东盟AS,智CL,巴PK,新西兰NZ,新加坡SG,秘PE,哥CR,瑞CH,冰IS,澳AU,格GE,东盟^RAS^R,澳^RAU^R,新西兰^RNZ^R,柬KH,港HK,澳门MO	0 受惠国LD,柬KH,老LA,缅MM	90
				1.6	韩KR		
				6.4	毛MU		
				12.8	韩^RKR^R		
				13.1	日^RJP^R		
4812	6204.4300	--合成纤维制 --Of synthetic fibres	8	0	东盟AS,智CL,巴PK,新西兰NZ,新加坡SG,秘PE,哥CR,瑞CH,冰IS,澳AU,格GE,毛MU,柬KH,港HK,澳门MO	0 受惠国LD	130
				5.2	亚太AP		
				7	韩KR		
				15.2	东盟^RAS^R,韩^RKR^R		
				15.3	日^RJP^R		
				15.8	澳^RAU^R,新西兰^RNZ^R		
4813	6204.4400	--人造纤维制 --Of artificial fibres	6	0	东盟AS,智CL,新西兰NZ,新加坡SG,秘PE,哥CR,瑞CH,冰IS,澳AU,格GE,毛MU,东盟^RAS^R,澳^RAU^R,新西兰^RNZ^R,柬KH,港HK,澳门MO	0 受惠国LD	130
				1.6	韩KR		
				3.9	亚太AP		
				6.4	巴PK		
				12.8	韩^RKR^R		
				13.1	日^RJP^R		
		--其他纺织材料制: --Of other textile materials:					

序号 No.	税则号列 Tariff Line	货品名称 Article Description	最惠国税率 MFN(%)		协定税率 Agreement(%)	特惠税率 SP(%)		普通税率 Gen(%)
4814	6204.4910	---丝及绢丝制 ---Of silk or silk waste	6	0	东盟AS,智CL,巴PK,新西兰NZ, 新加坡SG,秘PE,哥CR,瑞CH,冰 IS,澳AU,格GE,毛MU,东盟^RAS^R, 澳^RAU^R,新西兰^RNZ^R,柬KH,港 HK,澳门MO	0	受惠国LD	130
				1.6	韩KR			
				3.9	亚太AP			
				12.8	韩^RKR^R			
				13.1	日^RJP^R			
4815	6204.4990	---其他 ---Other	6	0	东盟AS,智CL,新西兰NZ,新加坡 SG,秘PE,哥CR,瑞CH,冰IS,澳AU, 格GE,毛MU,东盟^RAS^R,澳^RAU^R,新 西兰^RNZ^R,柬KH,港HK,澳门MO	0	受惠国LD	100
				1.6	韩KR			
				3.9	亚太AP			
				8	巴PK			
				12.8	韩^RKR^R			
				13.1	日^RJP^R			
		-裙子及裙裤: -Skirts and divided skirts:						
4816	6204.5100	--羊毛或动物细毛制 --Of wool or fine animal hair	6	0	东盟AS,智CL,新西兰NZ,新加 坡SG,秘PE,哥CR,瑞CH,冰IS,澳 AU,格GE,毛MU,东盟^RAS^R,澳 ^RAU^R,新西兰^RNZ^R,柬KH,港HK, 澳门MO	0	受惠国LD	130
				1.4	韩KR			
				3.9	亚太AP			
				7	巴PK			
				11.2	韩^RKR^R			
				11.5	日^RJP^R			
4817	6204.5200	--棉制 --Of cotton	6	0	东盟AS,智CL,巴PK,新西兰NZ,新 加坡SG,秘PE,哥CR,瑞CH,冰IS, 澳AU,格GE,东盟^RAS^R,澳^RAU^R,新 西兰^RNZ^R,柬KH,港HK,澳门MO	0	受惠国LD	90
				1.4	韩KR			
				5.6	毛MU			
				11.2	韩^RKR^R			
				11.5	日^RJP^R			
4818	6204.5300	--合成纤维制 --Of synthetic fibres	6	0	东盟AS,智CL,新西兰NZ,新加坡 SG,秘PE,哥CR,瑞CH,冰IS,澳AU, 格GE,毛MU,东盟^RAS^R,澳^RAU^R,新 西兰^RNZ^R,柬KH,港HK,澳门MO	0	受惠国LD	130
				1.6	韩KR			
				3.9	亚太AP			
				6.4	巴PK			
				12.8	韩^RKR^R			
				13.1	日^RJP^R			

序号 No.	税则号列 Tariff Line	货品名称 Article Description	最惠国税率 MFN(%)	协定税率 Agreement(%)		特惠税率 SP(%)	普通税率 Gen(%)
		--其他纺织材料制: --Of other textile materials:					
4819	6204.5910	----丝及绢丝制 ----Of silk or silk waste	6	0	东盟AS,智CL,巴PK,新西兰NZ, 新加坡SG,秘PE,哥CR,瑞CH,冰 IS,澳AU,格GE,毛MU,东盟^RAS^R, 澳^RAU^R,新西兰^RNZ^R,柬KH,港 HK,澳门MO	0 受惠国LD	130
				1.4	韩KR		
				3.9	亚太AP		
				11.2	韩^RKR^R		
				11.5	日^RJP^R		
4820	6204.5990	----其他 ----Other	6	0	东盟AS,智CL,巴PK,新西兰NZ, 新加坡SG,秘PE,哥CR,瑞CH,冰 IS,澳AU,格GE,毛MU,东盟^RAS^R, 澳^RAU^R,新西兰^RNZ^R,柬KH,港 HK,澳门MO	0 受惠国LD	100
				1.4	韩KR		
				3.9	亚太AP		
				11.2	韩^RKR^R		
				11.5	日^RJP^R		
		-长裤、护胸背带工装裤、马裤及短裤: -Trousers, bib and brace overalls, breeches and shorts:					
4821	6204.6100	--羊毛或动物细毛制 --Of wool or fine animal hair	6	0	东盟AS,智CL,新西兰NZ,新加 坡SG,秘PE,哥CR,瑞CH,冰IS,澳 AU,格GE,东盟^RAS^R,澳^RAU^R,新 西兰^RNZ^R,柬KH,港HK,澳门MO	0 受惠国LD	130
				1.6	韩KR		
				3.9	亚太AP		
				6.4	毛MU		
				8	巴PK		
				12.8	韩^RKR^R		
				13.1	日^RJP^R		
4822	6204.6200	--棉制 --Of cotton	6	0	东盟AS,智CL,巴PK,新西兰NZ, 新加坡SG,秘PE,哥CR,瑞CH,冰 IS,韩KR,澳AU,格GE,毛MU,柬 KH,港HK,澳门MO	0 受惠国LD, 柬KH,老 LA,缅MM	90
				3.9	亚太AP	4.2 亚太AP	
				12.8	东盟^RAS^R,澳^RAU^R,新西兰^RNZ^R, 韩^RKR^R		
				13.1	日^RJP^R		

序号 No.	税则号列 Tariff Line	货品名称 Article Description	最惠国税率 MFN(%)	协定税率 Agreement(%)		特惠税率 SP(%)	普通税率 Gen(%)
4823	6204.6300	--合成纤维制 --Of synthetic fibres	12	0	东盟AS,智CL,巴PK,新西兰NZ, 新加坡SG,秘PE,哥CR,瑞CH, 冰IS,澳AU,格GE,东盟^RAS^R,澳 ^RAU^R,新西兰^RNZ^R,柬KH,港HK, 澳门MO	0 受惠国LD	130
				1.7	韩KR		
				7	毛MU		
				7.8	亚太AP		
				14	韩^RKR^R		
				14.3	日^RJP^R		
4824	6204.6900	--其他纺织材料制 --Of other textile materials	6	0	东盟AS,智CL,巴PK,新西兰NZ, 新加坡SG,秘PE,哥CR,瑞CH, 冰IS,澳AU,格GE,东盟^RAS^R,澳 ^RAU^R,新西兰^RNZ^R,柬KH,港HK, 澳门MO	0 受惠国LD	100
				1.6	韩KR		
				3.9	亚太AP		
				6.4	毛MU		
				12.8	韩^RKR^R		
				13.1	日^RJP^R		
	62.05	男衬衫: Men's or boys' shirts:					
4825	6205.2000	-棉制 -Of cotton	6	0	东盟AS,智CL,巴PK,新西兰NZ, 新加坡SG,秘PE,哥CR,瑞CH,冰 IS,澳AU,格GE,毛MU,柬KH,港 HK,澳门MO	0 受惠国LD, 柬KH,老 LA,缅MM	90
				1.6	韩KR	2.4 亚太AP	
				3	亚太AP		
				12.8	东盟^RAS^R,澳^RAU^R,新西兰^RNZ^R, 韩^RKR^R		
				13.1	日^RJP^R		
4826	6205.3000	-化学纤维制 -Of man-made fibres	6	0	东盟AS,智CL,新西兰NZ,新加 坡SG,秘PE,哥CR,瑞CH,冰IS,澳 AU,格GE,毛MU,东盟^RAS^R,澳 ^RAU^R,新西兰^RNZ^R,柬KH,港HK, 澳门MO	0 受惠国LD, 亚太AP	130
				1.6	韩KR		
				3.9	亚太AP		
				6.4	巴PK		
				12.8	韩^RKR^R		
				13.1	日^RJP^R		
		-其他: -Other:					

序号 No.	税则号列 Tariff Line	货品名称 Article Description	最惠国税率 MFN(%)	协定税率 Agreement(%)		特惠税率 SP(%)		普通税率 Gen(%)
4827	6205.9010	---丝及绢丝制 ---Of silk or silk waste	6	0	东盟AS,智CL,巴PK,新西兰NZ,新加坡SG,秘PE,哥CR,瑞CH,冰IS,澳AU,格GE,毛MU,东盟^RAS^R,澳^RAU^R,新西兰^RNZ^R,柬KH,港HK,澳门MO	0	受惠国LD,亚太AP	130
				1.6	韩KR			
				3.9	亚太AP			
				12.8	韩^RKR^R			
				13.1	日^RJP^R			
4828	6205.9020	---羊毛或动物细毛制 ---Of wool or fine animal hair	6	0	东盟AS,智CL,新西兰NZ,新加坡SG,秘PE,哥CR,瑞CH,冰IS,澳AU,格GE,毛MU,东盟^RAS^R,澳^RAU^R,新西兰^RNZ^R,柬KH,港HK,澳门MO	0	受惠国LD,亚太AP	100
				1.6	韩KR			
				3.9	亚太AP			
				8	巴PK			
				12.8	韩^RKR^R			
				13.1	日^RJP^R			
4829	6205.9090	---其他 ---Other	6	0	东盟AS,智CL,巴PK,新西兰NZ,新加坡SG,秘PE,哥CR,瑞CH,冰IS,澳AU,格GE,东盟^RAS^R,澳^RAU^R,新西兰^RNZ^R,柬KH,港HK,澳门MO	0	受惠国LD,亚太AP	100
				1.6	韩KR			
				3.9	亚太AP			
				6.4	毛MU			
				12.8	韩^RKR^R			
				13.1	日^RJP^R			
	62.06	女衬衫： Women's or girls' blouses, shirts and shirt-blouses:						
4830	6206.1000	-丝及绢丝制 -Of silk or silk waste	6	0	东盟AS,智CL,新西兰NZ,新加坡SG,秘PE,哥CR,瑞CH,冰IS,澳AU,格GE,毛MU,东盟^RAS^R,澳^RAU^R,新西兰^RNZ^R,柬KH,港HK,澳门MO	0	受惠国LD	130
				1.6	韩KR			
				3.9	亚太AP			
				8	巴PK			
				12.8	韩^RKR^R			
				13.1	日^RJP^R			

序号 No.	税则号列 Tariff Line	货品名称 Article Description	最惠国税率 MFN(%)	协定税率 Agreement(%)		特惠税率 SP(%)	普通税率 Gen(%)
4831	6206.2000	-羊毛或动物细毛制 -Of wool or fine animal hair	6	0	东盟AS,智CL,新西兰NZ,新加坡SG,秘PE,哥CR,瑞CH,冰IS,澳AU,格GE,毛MU,东盟^{R}AS^R,澳^{R}AU^R,新西兰^{R}NZ^R,柬KH,港HK,澳门MO	0 受惠国LD	130
				1.6	韩KR		
				3.9	亚太AP		
				8	巴PK		
				12.8	韩^{R}KR^R		
				13.1	日^{R}JP^R		
4832	6206.3000	-棉制 -Of cotton	6	0	东盟AS,智CL,巴PK,新西兰NZ,新加坡SG,秘PE,哥CR,瑞CH,冰IS,澳AU,格GE,柬KH,港HK,澳门MO	0 受惠国LD,柬KH,老LA,缅MM	90
				1.6	韩KR	2.4 亚太AP	
				3.9	亚太AP		
				6.4	毛MU		
				12.8	东盟^{R}AS^R,澳^{R}AU^R,新西兰^{R}NZ^R,韩^{R}KR^R		
				13.1	日^{R}JP^R		
4833	6206.4000	-化学纤维制 -Of man-made fibres	8	0	东盟AS,智CL,新西兰NZ,新加坡SG,秘PE,哥CR,瑞CH,冰IS,澳AU,格GE,东盟^{R}AS^R,澳^{R}AU^R,新西兰^{R}NZ^R,柬KH,港HK,澳门MO	0 受惠国LD	130
				1.7	韩KR		
				5.2	亚太AP		
				7	毛MU		
				8.8	巴PK		
				14	韩^{R}KR^R		
				14.3	日^{R}JP^R		
4834	6206.9000	-其他纺织材料制 -Of other textile materials	6	0	东盟AS,智CL,巴PK,新西兰NZ,新加坡SG,秘PE,哥CR,瑞CH,冰IS,澳AU,格GE,毛MU,东盟^{R}AS^R,澳^{R}AU^R,新西兰^{R}NZ^R,柬KH,港HK,澳门MO	0 受惠国LD,亚太AP	100
				1.6	韩KR		
				3.9	亚太AP		
				12.8	韩^{R}KR^R		
				13.1	日^{R}JP^R		
	62.07	男式背心及其他内衣、内裤、三角裤、长睡衣、睡衣裤、浴衣、晨衣及类似品: Men's or boys' singlets and other vests, underpants, briefs, nightshirts, pyjamas, bathrobes, dressing gowns and similar articles:					

序号 No.	税则号列 Tariff Line	货品名称 Article Description	最惠国税率 MFN(%)		协定税率 Agreement(%)	特惠税率 SP(%)		普通税率 Gen(%)
		-内裤及三角裤： -Underpants and briefs:						
4835	6207.1100	--棉制 --Of cotton	6	0	东盟AS,智CL,新西兰NZ,新加坡SG,秘PE,哥CR,瑞CH,冰IS,澳AU,格GE,毛MU,东盟^RAS^R,澳^RAU^R,新西兰^RNZ^R,柬KH,港HK,澳门MO	0	受惠国LD	90
				1.4	韩KR			
				3.9	亚太AP			
				7	巴PK			
				11.2	韩^RKR^R			
				11.5	日^RJP^R			
		--其他纺织材料制： --Of other textile materials:						
4836	6207.1910	---丝及绢丝制 ---Of silk or silk waste	6	0	东盟AS,智CL,新西兰NZ,新加坡SG,秘PE,哥CR,瑞CH,冰IS,澳AU,格GE,毛MU,东盟^RAS^R,澳^RAU^R,新西兰^RNZ^R,柬KH,港HK,澳门MO	0	受惠国LD	130
				1.4	韩KR			
				7	巴PK			
				11.2	韩^RKR^R			
				11.5	日^RJP^R			
4837	6207.1920	---化学纤维制 ---Of man-made fibres	6	0	东盟AS,智CL,新西兰NZ,新加坡SG,秘PE,哥CR,瑞CH,冰IS,澳AU,格GE,毛MU,东盟^RAS^R,澳^RAU^R,新西兰^RNZ^R,柬KH,港HK,澳门MO	0	受惠国LD	130
				1.6	韩KR			
				12.8	巴PK,韩^RKR^R			
				13.1	日^RJP^R			
4838	6207.1990	---其他 ---Other	6	0	东盟AS,智CL,新西兰NZ,新加坡SG,秘PE,哥CR,瑞CH,冰IS,澳AU,格GE,毛MU,东盟^RAS^R,澳^RAU^R,新西兰^RNZ^R,柬KH,港HK,澳门MO	0	受惠国LD	100
				1.4	韩KR			
				7	巴PK			
				11.2	韩^RKR^R			
				11.5	日^RJP^R			
		-长睡衣及睡衣裤： -Nightshirts and pyjamas:						

序号 No.	税则号列 Tariff Line	货品名称 Article Description	最惠国税率 MFN(%)	协定税率 Agreement(%)		特惠税率 SP(%)		普通税率 Gen(%)
4839	6207.2100	--棉制 --Of cotton	6	0	东盟AS,智CL,新西兰NZ,新加坡SG,秘PE,哥CR,瑞CH,冰IS,澳AU,格GE,毛MU,东盟^{R}AS^R,澳^{R}AU^R,新西兰^{R}NZ^R,柬KH,港HK,澳门MO	0	受惠国LD,柬KH,老LA,缅MM	90
				1.4	韩KR			
				11.2	巴PK,韩^{R}KR^R			
				11.5	日^{R}JP^R			
4840	6207.2200	--化学纤维制 --Of man-made fibres	6	0	东盟AS,智CL,新西兰NZ,新加坡SG,秘PE,哥CR,瑞CH,冰IS,澳AU,格GE,毛MU,东盟^{R}AS^R,澳^{R}AU^R,新西兰^{R}NZ^R,柬KH,港HK,澳门MO	0	受惠国LD	130
				1.6	韩KR			
				12.8	巴PK,韩^{R}KR^R			
				13.1	日^{R}JP^R			
		--其他纺织材料制: --Of other textile materials:						
4841	6207.2910	---丝及绢丝制 ---Of silk or silk waste	6	0	东盟AS,智CL,新西兰NZ,新加坡SG,秘PE,哥CR,瑞CH,冰IS,澳AU,格GE,毛MU,东盟^{R}AS^R,澳^{R}AU^R,新西兰^{R}NZ^R,柬KH,港HK,澳门MO	0	受惠国LD	130
				1.4	韩KR			
				7	巴PK			
				11.2	韩^{R}KR^R			
				11.5	日^{R}JP^R			
4842	6207.2990	---其他 ---Other	6	0	东盟AS,智CL,新西兰NZ,新加坡SG,秘PE,哥CR,瑞CH,冰IS,澳AU,格GE,毛MU,东盟^{R}AS^R,澳^{R}AU^R,新西兰^{R}NZ^R,柬KH,港HK,澳门MO	0	受惠国LD,柬KH,老LA,缅MM	100
				1.4	韩KR			
				7	巴PK			
				11.2	韩^{R}KR^R			
				11.5	日^{R}JP^R			
		-其他: -Other:						
4843	6207.9100	--棉制 --Of cotton	6	0	东盟AS,智CL,巴PK,新西兰NZ,新加坡SG,秘PE,哥CR,瑞CH,冰IS,澳AU,格GE,毛MU,东盟^{R}AS^R,澳^{R}AU^R,新西兰^{R}NZ^R,柬KH,港HK,澳门MO	0	受惠国LD	90
				1.4	韩KR			
				11.2	韩^{R}KR^R			
				11.5	日^{R}JP^R			

序号 No.	税则号列 Tariff Line	货品名称 Article Description	最惠国税率 MFN(%)	协定税率 Agreement(%)		特惠税率 SP(%)	普通税率 Gen(%)
		--其他纺织材料制: --Of other textile materials:					
4844	6207.9910	---丝及绢丝制 ---Of silk or silk waste	6	0	东盟AS,智CL,新西兰NZ,新加坡SG,秘PE,哥CR,瑞CH,冰IS,澳AU,格GE,毛MU,东盟^{R}AS^R,澳^{R}AU^R,新西兰^{R}NZ^R,柬KH,港HK,澳门MO	0 受惠国LD	130
				1.4	韩KR		
				3.9	亚太AP		
				7	巴PK		
				11.2	韩^{R}KR^R		
				11.5	日^{R}JP^R		
4845	6207.9920	---化学纤维制 ---Of man-made fibres	6	0	东盟AS,智CL,新西兰NZ,新加坡SG,秘PE,哥CR,瑞CH,冰IS,澳AU,格GE,毛MU,东盟^{R}AS^R,澳^{R}AU^R,新西兰^{R}NZ^R,柬KH,港HK,澳门MO	0 受惠国LD	130
				1.6	韩KR		
				12.8	巴PK,韩^{R}KR^R		
				13.1	日^{R}JP^R		
4846	6207.9990	---其他 ---Other	6	0	东盟AS,智CL,新西兰NZ,新加坡SG,秘PE,哥CR,瑞CH,冰IS,澳AU,格GE,毛MU,东盟^{R}AS^R,澳^{R}AU^R,新西兰^{R}NZ^R,柬KH,港HK,澳门MO	0 受惠国LD	100
				1.4	韩KR		
				3.9	亚太AP		
				7	巴PK		
				11.2	韩^{R}KR^R		
				11.5	日^{R}JP^R		
	62.08	女式背心及其他内衣、长衬裙、衬裙、三角裤、短衬裤、睡衣、睡衣裤、浴衣、晨衣及类似品: Women's or girls' singlets and other vests, slips, petticoats, briefs, panties, nightdresses, pyjamas, négligés, bathrobes, dressing gowns and similar articles:					
		-长衬裙及衬裙: -Slips and petticoats:					
4847	6208.1100	--化学纤维制 --Of man-made fibresr	6	0	东盟AS,智CL,新西兰NZ,新加坡SG,秘PE,哥CR,瑞CH,冰IS,澳AU,格GE,毛MU,东盟^{R}AS^R,澳^{R}AU^R,新西兰^{R}NZ^R,柬KH,港HK,澳门MO	0 受惠国LD	130
				1.6	韩KR		
				12.8	巴PK,韩^{R}KR^R		
				13.1	日^{R}JP^R		

序号 No.	税则号列 Tariff Line	货品名称 Article Description	最惠国税率 MFN(%)	协定税率 Agreement(%)		特惠税率 SP(%)	普通税率 Gen(%)
		--其他纺织材料制: --Of other textile materials:					
4848	6208.1910	---丝及绢丝制 ---Of silk or silk waste	6	0	东盟AS,智CL,新西兰NZ,新加坡SG,秘PE,哥CR,瑞CH,冰IS,澳AU,格GE,毛MU,东盟^RAS^R,澳^RAU^R,新西兰^RNZ^R,柬KH,港HK,澳门MO	0 受惠国LD	130
				1.4	韩KR		
				4.2	亚太AP		
				7	巴PK		
				11.2	韩^RKR^R		
				11.5	日^RJP^R		
4849	6208.1920	---棉制 ---Of cotton	6	0	东盟AS,智CL,新西兰NZ,新加坡SG,秘PE,哥CR,瑞CH,冰IS,澳AU,格GE,毛MU,东盟^RAS^R,澳^RAU^R,新西兰^RNZ^R,柬KH,港HK,澳门MO	0 受惠国LD	90
				1.4	韩KR		
				7	巴PK		
				11.2	韩^RKR^R		
				11.5	日^RJP^R		
4850	6208.1990	---其他 ---Other	6	0	东盟AS,智CL,新西兰NZ,新加坡SG,秘PE,哥CR,瑞CH,冰IS,澳AU,格GE,毛MU,东盟^RAS^R,澳^RAU^R,新西兰^RNZ^R,柬KH,港HK,澳门MO	0 受惠国LD	100
				1.4	韩KR		
				7	巴PK		
				11.2	韩^RKR^R		
				11.5	日^RJP^R		
		-睡衣及睡衣裤: -Nightdresses and pyjamas:					
4851	6208.2100	--棉制 --Of cotton	6	0	东盟AS,智CL,新西兰NZ,新加坡SG,秘PE,哥CR,瑞CH,冰IS,澳AU,格GE,毛MU,东盟^RAS^R,澳^RAU^R,新西兰^RNZ^R,柬KH,港HK,澳门MO	0 受惠国LD,柬KH,老LA,缅MM	90
				1.4	韩KR		
				3.9	亚太AP		
				5.6	巴PK		
				11.2	韩^RKR^R		
				11.5	日^RJP^R		

序号 No.	税则号列 Tariff Line	货品名称 Article Description	最惠国税率 MFN(%)	协定税率 Agreement(%)		特惠税率 SP(%)		普通税率 Gen(%)
4852	6208.2200	--化学纤维制 --Of man-made fibres	6	0	东盟AS,智CL,新西兰NZ,新加坡SG,秘PE,哥CR,瑞CH,冰IS,澳AU,格GE,毛MU,东盟^RAS^R,澳^RAU^R,新西兰^RNZ^R,柬KH,港HK,澳门MO	0	受惠国LD,柬KH,老LA,缅MM	130
				1.6	韩KR			
				12.8	巴PK,韩^RKR^R			
				13.1	日^RJP^R			
		--其他纺织材料制: --Of other textile materials:						
4853	6208.2910	---丝及绢丝制 ---Of silk or silk waste	6	0	东盟AS,智CL,新西兰NZ,新加坡SG,秘PE,哥CR,瑞CH,冰IS,澳AU,格GE,毛MU,东盟^RAS^R,澳^RAU^R,新西兰^RNZ^R,柬KH,港HK,澳门MO	0	受惠国LD	130
				1.4	韩KR			
				7	巴PK			
				11.2	韩^RKR^R			
				11.5	日^RJP^R			
4854	6208.2990	---其他 ---Other	6	0	东盟AS,智CL,新西兰NZ,新加坡SG,秘PE,哥CR,瑞CH,冰IS,澳AU,格GE,毛MU,东盟^RAS^R,澳^RAU^R,新西兰^RNZ^R,柬KH,港HK,澳门MO	0	受惠国LD	100
				1.4	韩KR			
				7	巴PK			
				11.2	韩^RKR^R			
				11.5	日^RJP^R			
		-其他: -Other:						
4855	6208.9100	--棉制 --Of cotton	6	0	东盟AS,智CL,巴PK,新西兰NZ,新加坡SG,秘PE,哥CR,瑞CH,冰IS,澳AU,格GE,东盟^RAS^R,澳^RAU^R,新西兰^RNZ^R,柬KH,港HK,澳门MO	0	受惠国LD,柬KH,老LA,缅MM	90
				1.4	韩KR			
				11.2	韩^RKR^R			
				11.5	日^RJP^R			
4856	6208.9200	--化学纤维制 --Of man-made fibres	6	0	东盟AS,智CL,新西兰NZ,新加坡SG,秘PE,哥CR,瑞CH,冰IS,澳AU,格GE,东盟^RAS^R,澳^RAU^R,新西兰^RNZ^R,柬KH,港HK,澳门MO,台TW	0	受惠国LD,柬KH,老LA,缅MM	130
				1.6	韩KR			
				6.4	毛MU			
				12.8	巴PK,韩^RKR^R			
				13.1	日^RJP^R			

序号 No.	税则号列 Tariff Line	货品名称 Article Description	最惠国税率 MFN(%)	协定税率 Agreement(%)		特惠税率 SP(%)	普通税率 Gen(%)
		--其他纺织材料制: --Of other textile materials:					
4857	6208.9910	---丝及绢丝制 ---Of silk or silk waste	6	0	东盟AS,智CL,新西兰NZ,新加坡SG,秘PE,哥CR,瑞CH,冰IS,澳AU,格GE,毛MU,东盟^RAS^R,澳^RAU^R,新西兰^RNZ^R,柬KH,港HK,澳门MO	0 受惠国LD	130
				1.4	韩KR		
				3.9	亚太AP		
				7	巴PK		
				11.2	韩^RKR^R		
				11.5	日^RJP^R		
4858	6208.9990	---其他 ---Other	6	0	东盟AS,智CL,新西兰NZ,新加坡SG,秘PE,哥CR,瑞CH,冰IS,澳AU,格GE,东盟^RAS^R,澳^RAU^R,新西兰^RNZ^R,柬KH,港HK,澳门MO	0 受惠国LD	100
				1.4	韩KR		
				3.9	亚太AP		
				5.6	毛MU		
				7	巴PK		
				11.2	韩^RKR^R		
				11.5	日^RJP^R		
	62.09	婴儿服装及衣着附件: Babies' garments and clothing accessories:					
4859	6209.2000	-棉制 -Of cotton	10△6	0	东盟AS,智CL,巴PK,新西兰NZ,新加坡SG,秘PE,哥CR,瑞CH,冰IS,澳AU,格GE,毛MU,东盟^RAS^R,澳^RAU^R,新西兰^RNZ^R,柬KH,港HK,澳门MO	0 受惠国LD	90
				1.4	韩KR		
				11.2	韩^RKR^R		
				11.5	日^RJP^R		
4860	6209.3000	-合成纤维制 -Of synthetic fibres	10△6	0	东盟AS,智CL,巴PK,新西兰NZ,新加坡SG,秘PE,哥CR,瑞CH,冰IS,澳AU,格GE,毛MU,东盟^RAS^R,澳^RAU^R,新西兰^RNZ^R,柬KH,港HK,澳门MO	0 受惠国LD	130
				1.6	韩KR		
				12.8	韩^RKR^R		
				13.1	日^RJP^R		
		-其他纺织材料制: -Of other textile materials:					

序号 No.	税则号列 Tariff Line	货品名称 Article Description	最惠国税率 MFN(%)		协定税率 Agreement(%)	特惠税率 SP(%)	普通税率 Gen(%)
4861	6209.9010	---羊毛或动物细毛制 ---Of wool or fine animal hair	10△6	0	东盟AS,智CL,新西兰NZ,新加坡SG,秘PE,哥CR,瑞CH,冰IS,澳AU,格GE,毛MU,东盟^RAS^R,澳^RAU^R,新西兰^RNZ^R,柬KH,港HK,澳门MO	0 受惠国LD	130
				1.4	韩KR		
				7	巴PK		
				11.2	韩^RKR^R		
				11.5	日^RJP^R		
4862	6209.9090	---其他 ---Other	10△6	0	东盟AS,智CL,新西兰NZ,新加坡SG,秘PE,哥CR,瑞CH,冰IS,澳AU,格GE,毛MU,东盟^RAS^R,澳^RAU^R,新西兰^RNZ^R,柬KH,港HK,澳门MO	0 受惠国LD	100
				1.4	韩KR		
				5.6	巴PK		
				11.2	韩^RKR^R		
				11.5	日^RJP^R		
	62.10	用税目56.02、56.03、59.03、59.06或59.07的织物制成的服装: **Garments, made up of fabrics of heading 56.02, 56.03, 59.03, 59.06 or 59.07:**					
		-用税目56.02或56.03的织物制成的服装: -Of fabrics of heading 56.02 or 56.03:					
4863	6210.1010	---羊毛或动物细毛制 ---Of wool or fine animal hair	6	0	东盟AS,智CL,新西兰NZ,新加坡SG,秘PE,哥CR,瑞CH,冰IS,澳AU,格GE,毛MU,东盟^RAS^R,澳^RAU^R,新西兰^RNZ^R,柬KH,港HK,澳门MO	0 受惠国LD,亚太AP	130
				1.6	韩KR		
				3.9	亚太AP		
				8	巴PK		
				12.8	韩^RKR^R		
				13.1	日^RJP^R		
4864	6210.1020	---棉或麻制 ---Of cotton or bast fibres	6	0	东盟AS,智CL,新西兰NZ,新加坡SG,秘PE,哥CR,瑞CH,冰IS,澳AU,格GE,毛MU,东盟^RAS^R,澳^RAU^R,新西兰^RNZ^R,柬KH,港HK,澳门MO	0 受惠国LD	90
				1.6	韩KR	2.4 亚太AP	
				12.8	巴PK,韩^RKR^R		
				13.1	日^RJP^R		

序号 No.	税则号列 Tariff Line	货品名称 Article Description	最惠国税率 MFN(%)	协定税率 Agreement(%)		特惠税率 SP(%)	普通税率 Gen(%)
4865	6210.1030	---化学纤维制 ---Of man-made fibres	8	0	东盟AS,智CL,新西兰NZ,新加坡 SG,秘PE,哥CR,瑞CH,冰IS,澳AU, 格GE,毛MU,东盟^RAS^R,澳^RAU^R,新 西兰^RNZ^R,柬KH,港HK,澳门MO	0 受惠国LD、 亚太AP	130
				1.7	韩KR		
				5.2	亚太AP		
				8.8	巴PK		
				14	韩^RKR^R		
				14.3	日^RJP^R		
4866	6210.1090	---其他纺织材料制 ---Of other textile materials	6	0	东盟AS,智CL,新西兰NZ,新加 坡SG,秘PE,哥CR,瑞CH,冰IS,澳 AU,格GE,毛MU,东盟^RAS^R,澳 ^RAU^R,新西兰^RNZ^R,柬KH,港HK, 澳门MO	0 受惠国LD、 亚太AP	100
				1.6	韩KR		
				12.8	巴PK,韩^RKR^R		
				13.1	日^RJP^R		
4867	6210.2000	-税目62.01所列类型的其他服装 -Other garments, of the type described in headings 62.01	6	0	东盟AS,智CL,新西兰NZ,新加 坡SG,秘PE,哥CR,瑞CH,冰IS,澳 AU,格GE,毛MU,东盟^RAS^R,澳 ^RAU^R,新西兰^RNZ^R,柬KH,港HK, 澳门MO	0 受惠国LD、 亚太AP	100
				1.6	韩KR		
				3.9	亚太AP		
				8	巴PK		
				12.8	韩^RKR^R		
				13.1	日^RJP^R		
4868	6210.3000	-税目62.02所列类型的其他服装 -Other garments, of the type described in headings 62.02	6	0	东盟AS,智CL,新西兰NZ,新加 坡SG,秘PE,哥CR,瑞CH,冰IS,澳 AU,格GE,毛MU,东盟^RAS^R,澳 ^RAU^R,新西兰^RNZ^R,柬KH,港HK, 澳门MO	0 受惠国LD	100
				1.6	韩KR		
				3.9	亚太AP		
				8	巴PK		
				12.8	韩^RKR^R		
				13.1	日^RJP^R		
4869	6210.4000	-其他男式服装 -Other men's or boys' garments	6	0	东盟AS,智CL,巴PK,新西兰NZ, 新加坡SG,秘PE,哥CR,瑞CH,冰 IS,澳AU,格GE,毛MU,柬KH,港 HK,澳门MO	0 受惠国LD、 亚太AP	100
				1.6	韩KR		
				3.9	亚太AP		
				12.8	东盟^RAS^R,澳^RAU^R,新西兰^RNZ^R, 韩^RKR^R		
				13.1	日^RJP^R		

序号 No.	税则号列 Tariff Line	货品名称 Article Description	最惠国税率 MFN(%)	协定税率 Agreement(%)		特惠税率 SP(%)	普通税率 Gen(%)
4870	6210.5000	-其他女式服装 -Other women's or girls' garments	6	0	东盟AS,智CL,新西兰NZ,新加坡SG,秘PE,哥CR,瑞CH,冰IS,澳AU,格GE,毛MU,东盟^{R}AS^R,澳^{R}AU^R,新西兰^{R}NZ^R,柬KH,港HK,澳门MO	0 受惠国LD, 亚太AP	100
				1.6	韩KR		
				3.9	亚太AP		
				6.4	巴PK		
				12.8	韩^{R}KR^R		
				13.1	日^{R}JP^R		
	62.11	**运动服、滑雪服及游泳服；其他服装：** **Tracksuits, ski suits and swimwear;** **other garments:**					
		-游泳服： -Swimwear:					
4871	6211.1100	--男式 --Men's or boys'	6	0	东盟AS,智CL,新西兰NZ,新加坡SG,秘PE,哥CR,瑞CH,冰IS,澳AU,格GE,东盟^{R}AS^R,澳^{R}AU^R,新西兰^{R}NZ^R,柬KH,港HK,澳门MO	0 受惠国LD	130
				1.6	韩KR		
				3.9	亚太AP		
				6.4	毛MU		
				8	巴PK		
				12.8	韩^{R}KR^R		
				13.1	日^{R}JP^R		
4872	6211.1200	--女式 --Women's or girls'	6	0	东盟AS,智CL,新西兰NZ,新加坡SG,秘PE,哥CR,瑞CH,冰IS,澳AU,格GE,东盟^{R}AS^R,澳^{R}AU^R,新西兰^{R}NZ^R,柬KH,港HK,澳门MO	0 受惠国LD	130
				1.6	韩KR		
				3.9	亚太AP		
				6.4	毛MU		
				8	巴PK		
				12.8	韩^{R}KR^R		
				13.1	日^{R}JP^R		
		-滑雪服： -Ski suits:					
4873	6211.2010	---棉制 ---Of cotton	6	0	东盟AS,智CL,新西兰NZ,新加坡SG,秘PE,哥CR,瑞CH,冰IS,澳AU,格GE,毛MU,东盟^{R}AS^R,澳^{R}AU^R,新西兰^{R}NZ^R,柬KH,港HK,澳门MO	0 受惠国LD	90
				1.6	韩KR		
				12.8	巴PK,韩^{R}KR^R		
				13.1	日^{R}JP^R		

序号 No.	税则号列 Tariff Line	货品名称 Article Description	最惠国税率 MFN(%)		协定税率 Agreement(%)	特惠税率 SP(%)	普通税率 Gen(%)
4874	6211.2090	---其他纺织材料制 ---Of other textile materials	10	0	东盟AS,智CL,新西兰NZ,新加坡 SG,秘PE,哥CR,瑞CH,冰IS,澳AU, 格GE,毛MU,东盟^{R}AS^R,澳^{R}AU^R,新 西兰^{R}NZ^R,柬KH,港HK,澳门MO	0 受惠国LD	130
				1.9	韩KR		
				6.5	亚太AP		
				9.5	巴PK		
				15.2	韩^{R}KR^R		
				15.5	日^{R}JP^R		
		-其他男式服装: -Other garments, men's or boys':					
		--棉制: --Of cotton:					
4875	6211.3210	---阿拉伯袍 ---Arabian robes	6	0	东盟AS,智CL,新西兰NZ,新加坡 SG,秘PE,哥CR,瑞CH,冰IS,澳AU, 格GE,毛MU,东盟^{R}AS^R,澳^{R}AU^R,新 西兰^{R}NZ^R,柬KH,港HK,澳门MO	0 受惠国LD	90
				1.6	韩KR		
				12.8	巴PK,韩^{R}KR^R		
				13.1	日^{R}JP^R		
4876	6211.3220	---运动服 ---Track suits	6	0	东盟AS,智CL,巴PK,新西兰NZ,新 加坡SG,秘PE,哥CR,瑞CH,冰IS, 澳AU,格GE,东盟^{R}AS^R,澳^{R}AU^R,新 西兰^{R}NZ^R,柬KH,港HK,澳门MO	0 受惠国LD	90
				1.6	韩KR		
				6.4	毛MU		
				12.8	韩^{R}KR^R		
				13.1	日^{R}JP^R		
4877	6211.3290	---其他 ---Other	6	0	东盟AS,智CL,巴PK,新西兰NZ, 新加坡SG,秘PE,哥CR,瑞CH,冰 IS,澳AU,格GE,毛MU,东盟^{R}AS^R, 澳^{R}AU^R,新西兰^{R}NZ^R,柬KH,港 HK,澳门MO	0 受惠国LD	90
				1.6	韩KR		
				12.8	韩^{R}KR^R		
				13.1	日^{R}JP^R		
		--化学纤维制: --Of man-made fibres:					
4878	6211.3310	---阿拉伯袍 ---Arabian robes	8	0	东盟AS,智CL,新西兰NZ,新加坡 SG,秘PE,哥CR,瑞CH,冰IS,澳AU, 格GE,毛MU,东盟^{R}AS^R,澳^{R}AU^R,新 西兰^{R}NZ^R,柬KH,港HK,澳门MO	0 受惠国LD	130
				1.7	韩KR		
				5.2	亚太AP		
				8.8	巴PK		
				14	韩^{R}KR^R		
				14.3	日^{R}JP^R		

序号 No.	税则号列 Tariff Line	货品名称 Article Description	最惠国税率 MFN(%)	协定税率 Agreement(%)		特惠税率 SP(%)	普通税率 Gen(%)
4879	6211.3320	---运动服 ---Track suits	8	0	东盟AS,智CL,巴PK,新西兰NZ,新加坡SG,秘PE,哥CR,瑞CH,冰IS,澳AU,格GE,毛MU,东盟^{R}AS^R,澳^{R}AU^R,新西兰^{R}NZ^R,柬KH,港HK,澳门MO	0 受惠国LD	130
				1.8	韩KR		
				5.2	亚太AP		
				14.4	韩^{R}KR^R		
				14.7	日^{R}JP^R		
4880	6211.3390	---其他 ---Other	8	0	东盟AS,智CL,巴PK,新西兰NZ,新加坡SG,秘PE,哥CR,瑞CH,冰IS,澳AU,格GE,毛MU,东盟^{R}AS^R,澳^{R}AU^R,新西兰^{R}NZ^R,柬KH,港HK,澳门MO	0 受惠国LD	130
				1.7	韩KR		
				5.2	亚太AP		
				14	韩^{R}KR^R		
				14.3	日^{R}JP^R		
		--其他纺织材料制: --Of other textile materials:					
4881	6211.3910	---丝及绢丝制 ---Of silk or silk waste	6	0	东盟AS,智CL,新西兰NZ,新加坡SG,秘PE,哥CR,瑞CH,冰IS,澳AU,格GE,毛MU,东盟^{R}AS^R,澳^{R}AU^R,新西兰^{R}NZ^R,柬KH,港HK,澳门MO	0 受惠国LD	130
				1.6	韩KR		
				3.9	亚太AP		
				8	巴PK		
				12.8	韩^{R}KR^R		
				13.1	日^{R}JP^R		
4882	6211.3920	---羊毛或动物细毛制 ---Of wool or fine animal hair	6	0	东盟AS,智CL,新西兰NZ,新加坡SG,秘PE,哥CR,瑞CH,冰IS,澳AU,格GE,东盟^{R}AS^R,澳^{R}AU^R,新西兰^{R}NZ^R,柬KH,港HK,澳门MO	0 受惠国LD	130
				1.6	韩KR		
				3.9	亚太AP		
				8	巴PK		
				9.1	毛MU		
				12.8	韩^{R}KR^R		
				13.1	日^{R}JP^R		

序号 No.	税则号列 Tariff Line	货品名称 Article Description	最惠国税率 MFN(%)	协定税率 Agreement(%)		特惠税率 SP(%)	普通税率 Gen(%)
4883	6211.3990	---其他 ---Other	6	0	东盟AS,智CL,新西兰NZ,新加坡SG,秘PE,哥CR,瑞CH,冰IS,澳AU,格GE,毛MU,东盟^{R}AS^R,澳^{R}AU^R,新西兰^{R}NZ^R,柬KH,港HK,澳门MO	0 受惠国LD	100
				1.6	韩KR		
				3.9	亚太AP		
				6.4	巴PK		
				12.8	韩^{R}KR^R		
				13.1	日^{R}JP^R		
		-其他女式服装: -Other garments, women's or girls':					
		--棉制: --Of cotton:					
4884	6211.4210	---运动服 ---Track suits	6	0	东盟AS,智CL,新西兰NZ,新加坡SG,秘PE,哥CR,瑞CH,冰IS,澳AU,格GE,毛MU,东盟^{R}AS^R,澳^{R}AU^R,新西兰^{R}NZ^R,柬KH,港HK,澳门MO	0 受惠国LD	90
				1.6	韩KR		
				12.8	巴PK,韩^{R}KR^R		
				13.1	日^{R}JP^R		
4885	6211.4290	---其他 ---Other	6	0	东盟AS,智CL,新西兰NZ,新加坡SG,秘PE,哥CR,瑞CH,冰IS,澳AU,格GE,东盟^{R}AS^R,澳^{R}AU^R,新西兰^{R}NZ^R,柬KH,港HK,澳门MO	0 受惠国LD	90
				1.6	韩KR		
				6.4	毛MU		
				12.8	巴PK,韩^{R}KR^R		
				13.1	日^{R}JP^R		
		--化学纤维制: --Of man-made fibres:					
4886	6211.4310	---运动服 ---Track suits	8	0	东盟AS,智CL,新西兰NZ,新加坡SG,秘PE,哥CR,瑞CH,冰IS,澳AU,格GE,毛MU,东盟^{R}AS^R,澳^{R}AU^R,新西兰^{R}NZ^R,柬KH,港HK,澳门MO	0 受惠国LD	130
				1.7	韩KR		
				5.2	亚太AP		
				8.8	巴PK		
				14	韩^{R}KR^R		
				14.3	日^{R}JP^R		

序号 No.	税则号列 Tariff Line	货品名称 Article Description	最惠国税率 MFN(%)	协定税率 Agreement(%)		特惠税率 SP(%)		普通税率 Gen(%)
4887	6211.4390	---其他 ---Other	8	0	东盟AS,智CL,新西兰NZ,新加坡SG,秘PE,哥CR,瑞CH,冰IS,澳AU,格GE,东盟^RAS^R,澳^RAU^R,新西兰^RNZ^R,柬KH,港HK,澳门MO	0 受惠国LD	130
				1.7	韩KR		
				5.2	亚太AP		
				7	巴PK,毛MU		
				14	韩^RKR^R		
				14.3	日^RJP^R		
		--其他纺织材料制: --Of other textile materials:					
4888	6211.4910	---丝及绢丝制 ---Of silk or silk waste	6	0	东盟AS,智CL,巴PK,新西兰NZ,新加坡SG,秘PE,哥CR,瑞CH,冰IS,澳AU,格GE,毛MU,东盟^RAS^R,澳^RAU^R,新西兰^RNZ^R,柬KH,港HK,澳门MO	0 受惠国LD	130
				1.6	韩KR		
				3.9	亚太AP		
				12.8	韩^RKR^R		
				13.1	日^RJP^R		
4889	6211.4990	---其他 ---Other	6	0	东盟AS,智CL,巴PK,新西兰NZ,新加坡SG,秘PE,哥CR,瑞CH,冰IS,澳AU,格GE,毛MU,东盟^RAS^R,澳^RAU^R,新西兰^RNZ^R,柬KH,港HK,澳门MO	0 受惠国LD	100
				1.6	韩KR		
				3.9	亚太AP		
				12.8	韩^RKR^R		
				13.1	日^RJP^R		
	62.12	胸罩、束腰带、紧身胸衣、吊裤带、吊袜带、束袜带和类似品及其零件,不论是否针织或钩编的: Brassières, girdles, corsets, braces, suspenders, garters and similar articles and parts thereof, whether or not knitted or crocheted:					
		-胸罩: -Brassières:					
4890	6212.1010	---化学纤维制 ---Of man-made fibres	6	0	东盟AS,智CL,新西兰NZ,新加坡SG,秘PE,哥CR,瑞CH,冰IS,澳AU,格GE,柬KH,港HK,澳门MO,台TW	0 受惠国LD,柬KH,老LA,缅MM	130
				1.6	韩KR		
				3.9	亚太AP		
				6.4	毛MU		
				12.8	巴PK,东盟^RAS^R,澳^RAU^R,新西兰^RNZ^R,韩^RKR^R		
				13.1	日^RJP^R		

序号 No.	税则号列 Tariff Line	货品名称 Article Description	最惠国税率 MFN(%)	协定税率 Agreement(%)		特惠税率 SP(%)	普通税率 Gen(%)
4891	6212.1090	---其他纺织材料制 ---Of other textile materials	6	0	东盟AS,智CL,新西兰NZ,新加坡SG,秘PE,哥CR,瑞CH,冰IS,澳AU,格GE,东盟^{R}AS^R,澳^{R}AU^R,新西兰NZ^R,柬KH,港HK,澳门MO,台TW	0 受惠国LD	100
				1.4	韩KR		
				3.9	亚太AP		
				5.6	毛MU		
				7	巴PK		
				11.2	韩^{R}KR^R		
				11.5	日^{R}JP^R		
		-束腰带及腹带: -Girdles and panty girdles:					
4892	6212.2010	---化学纤维制 ---Of man-made fibres	6	0	东盟AS,智CL,新西兰NZ,新加坡SG,秘PE,哥CR,瑞CH,冰IS,澳AU,格GE,毛MU,东盟^{R}AS^R,澳^{R}AU^R,新西兰NZ^R,柬KH,港HK,澳门MO,台TW	0 受惠国LD	130
				1.6	韩KR		
				12.8	巴PK,韩^{R}KR^R		
				13.1	日^{R}JP^R		
4893	6212.2090	---其他纺织材料制 ---Of other textile materials	6	0	东盟AS,智CL,新西兰NZ,新加坡SG,秘PE,哥CR,瑞CH,冰IS,澳AU,格GE,毛MU,东盟^{R}AS^R,澳^{R}AU^R,新西兰NZ^R,柬KH,港HK,澳门MO,台TW	0 受惠国LD	100
				1.4	韩KR		
				11.2	巴PK,韩^{R}KR^R		
				11.5	日^{R}JP^R		
		-束腰胸衣: -Corselettes:					
4894	6212.3010	---化学纤维制 ---Of man-made fibres	6	0	东盟AS,智CL,新西兰NZ,新加坡SG,秘PE,哥CR,瑞CH,冰IS,澳AU,格GE,东盟^{R}AS^R,澳^{R}AU^R,新西兰NZ^R,柬KH,港HK,澳门MO	0 受惠国LD	130
				1.6	韩KR		
				6.4	毛MU		
				12.8	巴PK,韩^{R}KR^R		
				13.1	日^{R}JP^R		

序号 No.	税则号列 Tariff Line	货品名称 Article Description	最惠国税率 MFN(%)	协定税率 Agreement(%)		特惠税率 SP(%)	普通税率 Gen(%)
4895	6212.3090	---其他纺织材料制 ---Of other textile materials	6	0	东盟AS,智CL,新西兰NZ,新加坡SG,秘PE,哥CR,瑞CH,冰IS,澳AU,格GE,毛MU,东盟^{R}AS^R,澳^{R}AU^R,新西兰^{R}NZ^R,柬KH,港HK,澳门MO	0 受惠国LD	100
				1.4	韩KR		
				7	巴PK		
				11.2	韩^{R}KR^R		
				11.5	日^{R}JP^R		
		-其他: -Other:					
4896	6212.9010	---化学纤维制 ---Of man-made fibres	6	0	东盟AS,智CL,新西兰NZ,新加坡SG,秘PE,哥CR,瑞CH,冰IS,澳AU,格GE,东盟^{R}AS^R,澳^{R}AU^R,新西兰^{R}NZ^R,柬KH,港HK,澳门MO,台TW	0 受惠国LD	130
				1.6	韩KR		
				3.9	亚太AP		
				6.4	毛MU		
				12.8	巴PK,韩^{R}KR^R		
				13.1	日^{R}JP^R		
4897	6212.9090	---其他纺织材料制 ---Of other textile materials	6	0	东盟AS,智CL,新西兰NZ,新加坡SG,秘PE,哥CR,瑞CH,冰IS,澳AU,格GE,东盟^{R}AS^R,澳^{R}AU^R,新西兰^{R}NZ^R,柬KH,港HK,澳门MO,台TW	0 受惠国LD	100
				1.4	韩KR		
				3.9	亚太AP		
				5.6	毛MU		
				7	巴PK		
				11.2	韩^{R}KR^R		
				11.5	日^{R}JP^R		
	62.13	**手帕:** **Handkerchiefs:**					
		-棉制: -Of cotton:					
4898	6213.2010	---刺绣的 ---Embroidered	6	0	东盟AS,智CL,新西兰NZ,新加坡SG,秘PE,哥CR,瑞CH,冰IS,澳AU,格GE,毛MU,东盟^{R}AS^R,澳^{R}AU^R,新西兰^{R}NZ^R,柬KH,港HK,澳门MO	0 受惠国LD,老LA	90
				1.4	韩KR		
				7	巴PK		
				11.2	韩^{R}KR^R		
				11.5	日^{R}JP^R		

序号 No.	税则号列 Tariff Line	货品名称 Article Description	最惠国税率 MFN(%)	协定税率 Agreement(%)		特惠税率 SP(%)	普通税率 Gen(%)
4899	6213.2090	---其他 ---Other	6	0	东盟AS,智CL,新西兰NZ,新加坡SG,秘PE,哥CR,瑞CH,冰IS,澳AU,格GE,毛MU,东盟^{R}AS^R,澳^{R}AU^R,新西兰^{R}NZ^R,柬KH,港HK,澳门MO	0 受惠国LD,老LA	90
				1.4	韩KR		
				11.2	巴PK,韩^{R}KR^R		
				11.5	日^{R}JP^R		
		-其他纺织材料制: -Of other textile materials:					
4900	6213.9020	---刺绣的 ---Embroidered	6	0	东盟AS,智CL,新西兰NZ,新加坡SG,秘PE,哥CR,瑞CH,冰IS,澳AU,格GE,毛MU,东盟^{R}AS^R,澳^{R}AU^R,新西兰^{R}NZ^R,柬KH,港HK,澳门MO	0 受惠国LD,老LA	100
				1.4	韩KR		
				7	巴PK		
				11.2	韩^{R}KR^R		
				11.5	日^{R}JP^R		
4901	6213.9090	---其他 ---Other	6	0	东盟AS,智CL,新西兰NZ,新加坡SG,秘PE,哥CR,瑞CH,冰IS,澳AU,格GE,毛MU,东盟^{R}AS^R,澳^{R}AU^R,新西兰^{R}NZ^R,柬KH,港HK,澳门MO	0 受惠国LD,老LA	100
				1.4	韩KR		
				7	巴PK		
				11.2	韩^{R}KR^R		
				11.5	日^{R}JP^R		
	62.14	披巾、领巾、围巾、披纱、面纱及类似品: Shawls, scarves, mufflers, mantillas, veils and the like:					
4902	6214.1000	-丝或绢丝制 -Of silk or silk waste	6△5	0	东盟AS,智CL,新西兰NZ,新加坡SG,秘PE,哥CR,瑞CH,冰IS,澳AU,格GE,毛MU,东盟^{R}AS^R,澳^{R}AU^R,新西兰^{R}NZ^R,柬KH,港HK,澳门MO	0 受惠国LD	130
				1.4	韩KR		
				11.2	巴PK,韩^{R}KR^R		
				11.5	日^{R}JP^R		
		-羊毛或动物细毛制: -Of wool or fine animal hair:					

序号 No.	税则号列 Tariff Line	货品名称 Article Description	最惠国税率 MFN(%)	协定税率 Agreement(%)		特惠税率 SP(%)	普通税率 Gen(%)
4903	6214.2010	---羊毛制 ---Of wool	6△5	0	东盟AS,智CL,新西兰NZ,新加坡SG,秘PE,哥CR,瑞CH,冰IS,澳AU,格GE,毛MU,东盟^RAS^R,澳^RAU^R,新西兰^RNZ^R,柬KH,港HK,澳门MO	0 受惠国LD	130
				1.4	韩KR		
				11.2	巴PK,韩^RKR^R		
				11.5	日^RJP^R		
4904	6214.2020	---山羊绒制 ---Of cashmere	6△5	0	东盟AS,智CL,新西兰NZ,新加坡SG,秘PE,哥CR,瑞CH,冰IS,澳AU,格GE,毛MU,东盟^RAS^R,澳^RAU^R,新西兰^RNZ^R,柬KH,港HK,澳门MO	0 受惠国LD	130
				1.4	韩KR		
				11.2	巴PK,韩^RKR^R		
				11.5	日^RJP^R		
4905	6214.2090	---其他 ---Other	6	0	东盟AS,智CL,新西兰NZ,新加坡SG,秘PE,哥CR,瑞CH,冰IS,澳AU,格GE,毛MU,东盟^RAS^R,澳^RAU^R,新西兰^RNZ^R,柬KH,港HK,澳门MO	0 受惠国LD	130
				1.4	韩KR		
				11.2	巴PK,韩^RKR^R		
				11.5	日^RJP^R		
4906	6214.3000	-合成纤维制 -Of synthetic fibres	6	0	东盟AS,智CL,新西兰NZ,新加坡SG,秘PE,哥CR,瑞CH,冰IS,澳AU,格GE,毛MU,东盟^RAS^R,澳^RAU^R,新西兰^RNZ^R,柬KH,港HK,澳门MO	0 受惠国LD	130
				1.6	韩KR		
				12.8	巴PK,韩^RKR^R		
				13.1	日^RJP^R		
4907	6214.4000	-人造纤维制 -Of artificial fibres	6	0	东盟AS,智CL,新西兰NZ,新加坡SG,秘PE,哥CR,瑞CH,冰IS,澳AU,格GE,毛MU,东盟^RAS^R,澳^RAU^R,新西兰^RNZ^R,柬KH,港HK,澳门MO	0 受惠国LD	130
				1.4	韩KR		
				11.2	巴PK,韩^RKR^R		
				11.5	日^RJP^R		

序号 No.	税则号列 Tariff Line	货品名称 Article Description	最惠国税率 MFN(%)	协定税率 Agreement(%)		特惠税率 SP(%)	普通税率 Gen(%)
4908	6214.9000	-其他纺织材料制 -Of other textile materials	6	0	东盟AS,智CL,巴PK,新西兰NZ,新加坡SG,秘PE,哥CR,瑞CH,冰IS,澳AU,格GE,毛MU,东盟^{R}AS^R,澳^{R}AU^R,新西兰^{R}NZ^R,柬KH,港HK,澳门MO	0 受惠国LD	100
				1.4	韩KR		
				11.2	韩^{R}KR^R		
				11.5	日^{R}JP^R		
62.15		领带及领结: **Ties, bow ties and cravats:**					
4909	6215.1000	-丝或绢丝制 -Of silk or silk waste	6	0	东盟AS,智CL,新西兰NZ,新加坡SG,秘PE,哥CR,瑞CH,冰IS,澳AU,格GE,毛MU,东盟^{R}AS^R,澳^{R}AU^R,新西兰^{R}NZ^R,柬KH,港HK,澳门MO	0 受惠国LD	130
				1.4	韩KR		
				11.2	巴PK,韩^{R}KR^R		
				11.5	日^{R}JP^R		
4910	6215.2000	-化学纤维制 -Of man-made fibres	6	0	东盟AS,智CL,新西兰NZ,新加坡SG,秘PE,哥CR,瑞CH,冰IS,澳AU,格GE,毛MU,东盟^{R}AS^R,澳^{R}AU^R,新西兰^{R}NZ^R,柬KH,港HK,澳门MO	0 受惠国LD	130
				1.6	韩KR		
				3.9	亚太AP		
				12.8	巴PK,韩^{R}KR^R		
				13.1	日^{R}JP^R		
4911	6215.9000	-其他纺织材料制 -Of other textile materials	6	0	东盟AS,智CL,新西兰NZ,新加坡SG,秘PE,哥CR,瑞CH,冰IS,澳AU,格GE,毛MU,东盟^{R}AS^R,澳^{R}AU^R,新西兰^{R}NZ^R,柬KH,港HK,澳门MO	0 受惠国LD	100
				1.4	韩KR		
				7	巴PK		
				11.2	韩^{R}KR^R		
				11.5	日^{R}JP^R		
62.16		分指手套、连指手套及露指手套: **Gloves, mittens and mitts:**					
4912	6216.0000	分指手套、连指手套及露指手套 Gloves, mittens and mitts	6	0	东盟AS,智CL,巴PK,新西兰NZ,新加坡SG,秘PE,哥CR,瑞CH,冰IS,澳AU,格GE,毛MU,东盟^{R}AS^R,澳^{R}AU^R,新西兰^{R}NZ^R,柬KH,港HK,澳门MO	0 受惠国LD	100
				1.4	韩KR		
				11.2	韩^{R}KR^R		
				11.5	日^{R}JP^R		

序号 No.	税则号列 Tariff Line	货品名称 Article Description	最惠国税率 MFN(%)		协定税率 Agreement(%)	特惠税率 SP(%)	普通税率 Gen(%)
	62.17	其他制成的衣着附件；服装或衣着附件的零件，但税目62.12的货品除外： Other made-up clothing accessories; parts of garments or of clothing accessories, other than those of heading 62.12:					
		-附件： -Accessories:					
4913	6217.1010	---袜子及袜套 ---Stocking, socks and sockettes	6	0	东盟AS,智CL,新西兰NZ,新加坡SG,秘PE,哥CR,瑞CH,冰IS,澳AU,格GE,毛MU,东盟^RAS^R,澳^RAU^R,新西兰^RNZ^R,柬KH,港HK,澳门MO,台TW	0 受惠国LD	130
				1.4	韩KR		
				3.9	亚太AP		
				7	巴PK		
				11.2	韩^RKR^R		
				11.5	日^RJP^R		
4914	6217.1020	---和服腰带 ---Kimono belts	6	0	东盟AS,智CL,新西兰NZ,新加坡SG,秘PE,哥CR,瑞CH,冰IS,澳AU,格GE,毛MU,东盟^RAS^R,澳^RAU^R,新西兰^RNZ^R,柬KH,港HK,澳门MO,台TW		100
				1.4	韩KR		
				3.9	亚太AP		
				5.6	巴PK		
				11.2	韩^RKR^R		
				11.5	日^RJP^R		
4915	6217.1090	---其他 ---Other	6	0	东盟AS,智CL,巴PK,新西兰NZ,新加坡SG,秘PE,哥CR,瑞CH,冰IS,澳AU,格GE,毛MU,东盟^RAS^R,澳^RAU^R,新西兰^RNZ^R,柬KH,港HK,澳门MO,台TW	0 受惠国LD,柬KH,老LA,缅MM	100
				1.4	韩KR		
				3.9	亚太AP		
				11.2	韩^RKR^R		
				11.5	日^RJP^R		
4916	6217.9000	-零件 -Parts	6	0	东盟AS,智CL,巴PK,新西兰NZ,新加坡SG,秘PE,哥CR,瑞CH,冰IS,澳AU,格GE,毛MU,柬KH,港HK,澳门MO,台TW	0 受惠国LD,柬KH,老LA,缅MM	100
				3.9	亚太AP		
				5.6	韩KR		
				12.1	东盟^RAS^R,韩^RKR^R		
				12.3	日^RJP^R		
				12.6	澳^RAU^R,新西兰^RNZ^R		

第六十三章
其他纺织制成品；成套物品；
旧衣着及旧纺织品；碎织物

Chapter 63
Other made up textile articles; sets; worn clothing and worn textile articles; rags

注释：

一、第一分章仅适用于各种纺织物制成的物品。

二、第一分章不包括：

（一）第五十六章至第六十二章的货品；或

（二）税目63.09的旧衣着或其他旧物品。

三、税目63.09仅适用于下列货品：

（一）纺织材料制品：

1. 衣着和衣着附件及其零件；

2. 毯子及旅行毯；

3. 床上、餐桌、盥洗及厨房用的织物制品；

4. 装饰用织物制品，但税目57.01至57.05的地毯及税目58.05的装饰毯除外。

（二）用石棉以外其他任何材料制成的鞋帽类。

上述物品只有同时符合下列两个条件才能归入本税目：

1. 必须明显看得出穿用过；

2. 必须以散装、捆装、袋装或类似的大包装形式进口或出口。

Notes:

1. Sub-Chapter 1 applies only to made up articles, of any textile fabric.

2. Sub-Chapter 1 does not cover:

(a) Goods of Chapters 56 to 62; or

(b) Worn clothing or other worn articles of heading 63.09.

3. Heading 63.09 applies only to the following goods:

(a) Articles of textile materials:

(1) Clothing and clothing accessories, and parts thereof;

(2) Blankets and travelling rugs;

(3) Bed linen, table linen, toilet lined and kitchen linen;

(4) Furnishing articles, other than carpets of headings 57.01 to 57.05 and tapestries of heading 58.05.

(b) Footwear and headgear of any material other than asbestos.

In order to be classified in this heading, the articles mentioned above must comply with both of the following requirements:

(1) they must show signs of appreciable wear; and

(2) they must be presented in bulk or in bales, sacks or similar packings.

子目注释：

子目6304.20包括用α-氯氰菊酯（ISO）、虫螨腈（ISO）、溴氰菊酯（INN，ISO）、高效氯氟氰菊酯（ISO）、除虫菊酯（ISO）或甲基嘧啶磷（ISO）浸渍或涂层的经编针织物制品。

Subheading Note:

Subheading 6304.20 covers articles made from warp knit fabrics, impregnated or coated with alpha-cypermethrin (ISO), chlorfenapyr (ISO), deltamethrin (INN, ISO), Iambda-cyhalothrin (ISO), permethrin (ISO) or pirimiphos-methyl (ISO).

序号 No.	税则号列 Tariff Line	货品名称 Article Description	最惠国税率 MFN(%)	协定税率 Agreement(%)		特惠税率 SP(%)		普通税率 Gen(%)
		第一分章 其他纺织制成品 I. OTHER MADE UP TEXTILE ARTICLES						
	63.01	**毯子及旅行毯：** **Blankets and travelling rugs:**						
4917	6301.1000	-电暖毯 -Electric blankets	6	0	东盟AS,智CL,新西兰NZ,新加坡SG,秘PE,哥CR,瑞CH,冰IS,澳AU,格GE,毛MU,东盟^{R}AS^R,澳^{R}AU^R,新西兰^{R}NZ^R,柬KH,港HK,澳门MO	0 受惠国LD		100
				1.6	韩KR			
				12.8	巴PK,韩^{R}KR^R			
				13.1	日^{R}JP^R			

序号 No.	税则号列 Tariff Line	货品名称 Article Description	最惠国税率 MFN(%)	协定税率 Agreement(%)		特惠税率 SP(%)		普通税率 Gen(%)
4918	6301.2000	-羊毛或动物细毛制的毯子(电暖毯除外)及旅行毯 -Blankets(other than electric blankets) and travelling rugs, of wool or of fine animal hair	6△5	0	东盟AS,智CL,新西兰NZ,新加坡SG,秘PE,哥CR,瑞CH,冰IS,澳AU,格GE,东盟^{R}AS^R,澳^{R}AU^R,新西兰^{R}NZ^R,柬KH,港HK,澳门MO	0	受惠国LD	130
				1.6	韩KR			
				9.1	毛MU			
				12.8	巴PK,韩^{R}KR^R			
				13.1	日^{R}JP^R			
4919	6301.3000	-棉制的毯子(电暖毯除外)及旅行毯 -Blankets(other than electric blankets) and travelling rugs, of cotton	6	0	东盟AS,智CL,新西兰NZ,新加坡SG,秘PE,哥CR,瑞CH,冰IS,澳AU,格GE,毛MU,东盟^{R}AS^R,澳^{R}AU^R,新西兰^{R}NZ^R,柬KH,港HK,澳门MO	0	受惠国LD	90
				1.6	韩KR			
				12.8	巴PK,韩^{R}KR^R			
				13.1	日^{R}JP^R			
4920	6301.4000	-合成纤维制的毯子(电暖毯除外)及旅行毯 -Blankets(other than electric blankets) and travelling rugs, of synthetic fibres	8	0	东盟AS,智CL,巴PK,新西兰NZ,新加坡SG,秘PE,哥CR,瑞CH,冰IS,澳AU,格GE,毛MU,东盟^{R}AS^R,澳^{R}AU^R,新西兰^{R}NZ^R,柬KH,港HK,澳门MO	0	受惠国LD	130
				1.7	韩KR			
				14	韩^{R}KR^R			
				14.3	日^{R}JP^R			
4921	6301.9000	-其他毯子及旅行毯 -Other blankets and travelling rugs	6	0	东盟AS,智CL,新西兰NZ,新加坡SG,秘PE,哥CR,瑞CH,冰IS,澳AU,格GE,毛MU,东盟^{R}AS^R,澳^{R}AU^R,新西兰^{R}NZ^R,柬KH,港HK,澳门MO,台TW	0	受惠国LD	90
				1.6	韩KR			
				12.8	巴PK,韩^{R}KR^R			
				13.1	日^{R}JP^R			
	63.02	床上、餐桌、盥洗及厨房用的织物制品: Bedlinen, table linen, toilet linen and kitchen linen:						
		-针织或钩编的床上用织物制品: -Bedlinen, knitted or crocheted:						
4922	6302.1010	---棉制 ---Of cotton	6	0	东盟AS,智CL,巴PK,新西兰NZ,新加坡SG,秘PE,哥CR,瑞CH,冰IS,澳AU,格GE,毛MU,东盟^{R}AS^R,澳^{R}AU^R,新西兰^{R}NZ^R,柬KH,港HK,澳门MO	0	受惠国LD	90
				1.4	韩KR			
				11.2	韩^{R}KR^R			
				11.5	日^{R}JP^R			

序号 No.	税则号列 Tariff Line	货品名称 Article Description	最惠国税率 MFN(%)	协定税率 Agreement(%)		特惠税率 SP(%)	普通税率 Gen(%)
4923	6302.1090	---其他纺织材料制 ---Other	6	0	东盟AS,智CL,巴PK,新西兰NZ,新加坡SG,秘PE,哥CR,瑞CH,冰IS,澳AU,格GE,毛MU,东盟^{R}AS^R,澳^{R}AU^R,新西兰^{R}NZ^R,柬KH,港HK,澳门MO	0 受惠国LD	130
				1.4	韩KR		
				11.2	韩^{R}KR^R		
				11.5	日^{R}JP^R		
		-其他印花的床上用织物制品: -Other bedlinen, printed:					
		--棉制: --Of cotton:					
4924	6302.2110	---床单 ---Bed sheets	6	0	东盟AS,智CL,巴PK,新西兰NZ,新加坡SG,秘PE,哥CR,冰IS,澳AU,格GE,毛MU,东盟^{R}AS^R,澳^{R}AU^R,新西兰^{R}NZ^R,柬KH,港HK,澳门MO	0 受惠国LD	90
				1.4	韩KR		
				5.6	瑞CH		
				11.2	韩^{R}KR^R		
				11.5	日^{R}JP^R		
4925	6302.2190	---其他 ---Other	6	0	东盟AS,智CL,巴PK,新西兰NZ,新加坡SG,秘PE,哥CR,瑞CH,冰IS,澳AU,格GE,毛MU,东盟^{R}AS^R,澳^{R}AU^R,新西兰^{R}NZ^R,柬KH,港HK,澳门MO	0 受惠国LD	90
				1.4	韩KR		
				11.2	韩^{R}KR^R		
				11.5	日^{R}JP^R		
		--化学纤维制: --Of man-made fibres:					
4926	6302.2210	---床单 ---Bed sheets	6	0	东盟AS,智CL,巴PK,新西兰NZ,新加坡SG,秘PE,哥CR,瑞CH,冰IS,澳AU,格GE,毛MU,东盟^{R}AS^R,澳^{R}AU^R,新西兰^{R}NZ^R,柬KH,港HK,澳门MO	0 受惠国LD	130
				1.6	韩KR		
				12.8	韩^{R}KR^R		
				13.1	日^{R}JP^R		
4927	6302.2290	---其他 ---Other	6	0	东盟AS,智CL,巴PK,新西兰NZ,新加坡SG,秘PE,哥CR,瑞CH,冰IS,澳AU,格GE,毛MU,东盟^{R}AS^R,澳^{R}AU^R,新西兰^{R}NZ^R,柬KH,港HK,澳门MO	0 受惠国LD	130
				1.6	韩KR		
				12.8	韩^{R}KR^R		
				13.1	日^{R}JP^R		

序号 No.	税则号列 Tariff Line	货品名称 Article Description	最惠国税率 MFN(%)		协定税率 Agreement(%)	特惠税率 SP(%)	普通税率 Gen(%)
		--其他纺织材料制: --Of other textile materials:					
4928	6302.2910	---丝及绢丝制 ---Of silk or silk waste	6	0	东盟AS,智CL,巴PK,新西兰NZ,新加坡SG,秘PE,哥CR,瑞CH,冰IS,澳AU,格GE,毛MU,东盟^RAS^R,澳^RAU^R,新西兰NZ^R,柬KH,港HK,澳门MO	0 受惠国LD	130
				1.4	韩KR		
				11.2	韩^RKR^R		
				11.5	日^RJP^R		
4929	6302.2920	---麻制 ---Of bast fibres	6	0	东盟AS,智CL,巴PK,新西兰NZ,新加坡SG,秘PE,哥CR,瑞CH,冰IS,澳AU,格GE,毛MU,东盟^RAS^R,澳^RAU^R,新西兰NZ^R,柬KH,港HK,澳门MO	0 受惠国LD	90
				1.4	韩KR		
				11.2	韩^RKR^R		
				11.5	日^RJP^R		
4930	6302.2990	---其他 ---Other	6	0	东盟AS,智CL,巴PK,新西兰NZ,新加坡SG,秘PE,哥CR,瑞CH,冰IS,澳AU,格GE,毛MU,东盟^RAS^R,澳^RAU^R,新西兰NZ^R,柬KH,港HK,澳门MO	0 受惠国LD	100
				1.4	韩KR		
				11.2	韩^RKR^R		
				11.5	日^RJP^R		
		-其他床上用织物制品: -Other bedlinen:					
		--棉制: --Of cotton:					
4931	6302.3110	---刺绣的 ---Embroidered	6	0	东盟AS,智CL,巴PK,新西兰NZ,新加坡SG,秘PE,哥CR,瑞CH,冰IS,澳AU,格GE,毛MU,东盟^RAS^R,澳^RAU^R,新西兰NZ^R,柬KH,港HK,澳门MO	0 受惠国LD	90
				1.4	韩KR		
				11.2	韩^RKR^R		
				11.5	日^RJP^R		
		---其他: ---Other:					
4932	6302.3191	----床单 ----Bed sheets	6	0	东盟AS,智CL,巴PK,新西兰NZ,新加坡SG,秘PE,哥CR,瑞CH,冰IS,澳AU,格GE,毛MU,东盟^RAS^R,澳^RAU^R,新西兰NZ^R,柬KH,港HK,澳门MO	0 受惠国LD	90
				1.4	韩KR		
				11.2	韩^RKR^R		
				11.5	日^RJP^R		

序号 No.	税则号列 Tariff Line	货品名称 Article Description	最惠国税率 MFN(%)	协定税率 Agreement(%)		特惠税率 SP(%)		普通税率 Gen(%)
4933	6302.3192	----毛巾被 ----Towelling coverlets	6	0	东盟AS,智CL,巴PK,新西兰NZ, 新加坡SG,秘PE,哥CR,瑞CH,冰 IS,澳AU,格GE,毛MU,东盟^RAS^R, 澳^RAU^R,新西兰^RNZ^R,柬KH,港 HK,澳门MO	0 受惠国LD	90
				1.4	韩KR		
				11.2	韩^RKR^R		
				11.5	日^RJP^R		
4934	6302.3199	----其他 ----Other	6	0	东盟AS,智CL,巴PK,新西兰NZ, 新加坡SG,秘PE,哥CR,瑞CH,冰 IS,澳AU,格GE,毛MU,东盟^RAS^R, 澳^RAU^R,新西兰^RNZ^R,柬KH,港 HK,澳门MO	0 受惠国LD	90
				1.4	韩KR		
				11.2	韩^RKR^R		
				11.5	日^RJP^R		
		--化学纤维制: --Of man-made fibres:					
4935	6302.3210	---刺绣的 ---Embroidered	6	0	东盟AS,智CL,巴PK,新西兰NZ, 新加坡SG,秘PE,哥CR,瑞CH,冰 IS,澳AU,格GE,毛MU,东盟^RAS^R, 澳^RAU^R,新西兰^RNZ^R,柬KH,港 HK,澳门MO	0 受惠国LD	130
				1.6	韩KR		
				12.8	韩^RKR^R		
				13.1	日^RJP^R		
4936	6302.3290	---其他 ---Other	6	0	东盟AS,智CL,巴PK,新西兰NZ, 新加坡SG,秘PE,哥CR,瑞CH,冰 IS,澳AU,格GE,毛MU,东盟^RAS^R, 澳^RAU^R,新西兰^RNZ^R,柬KH,港 HK,澳门MO	0 受惠国LD	130
				1.6	韩KR		
				12.8	韩^RKR^R		
				13.1	日^RJP^R		
		--其他纺织材料制: --Of other textile materials:					
4937	6302.3910	---丝及绢丝制 ---Of silk or silk waste	6	0	东盟AS,智CL,巴PK,新西兰NZ, 新加坡SG,秘PE,哥CR,瑞CH,冰 IS,澳AU,格GE,毛MU,东盟^RAS^R, 澳^RAU^R,新西兰^RNZ^R,柬KH,港 HK,澳门MO	0 受惠国LD	130
				1.4	韩KR		
				11.2	韩^RKR^R		
				11.5	日^RJP^R		
		---麻制: ---Of bast fibres:					

序号 No.	税则号列 Tariff Line	货品名称 Article Description	最惠国税率 MFN(%)	协定税率 Agreement(%)		特惠税率 SP(%)		普通税率 Gen(%)
4938	6302.3921	----刺绣的 ----Embroidered	6	0	东盟AS,智CL,巴PK,新西兰NZ, 新加坡SG,秘PE,哥CR,瑞CH,冰 IS,澳AU,格GE,毛MU,东盟^{R}AS^R, 澳^{R}AU^R,新西兰^{R}NZ^R,柬KH,港 HK,澳门MO	0	受惠国LD	90
				1.4	韩KR			
				11.2	韩^{R}KR^R			
				11.5	日^{R}JP^R			
4939	6302.3929	----其他 ----Other	6	0	东盟AS,智CL,巴PK,新西兰NZ, 新加坡SG,秘PE,哥CR,瑞CH,冰 IS,澳AU,格GE,毛MU,东盟^{R}AS^R, 澳^{R}AU^R,新西兰^{R}NZ^R,柬KH,港 HK,澳门MO	0	受惠国LD	90
				1.4	韩KR			
				11.2	韩^{R}KR^R			
				11.5	日^{R}JP^R			
		---其他: ---Other:						
4940	6302.3991	----刺绣的 ----Embroidered	6	0	东盟AS,智CL,巴PK,新西兰NZ, 新加坡SG,秘PE,哥CR,瑞CH,冰 IS,澳AU,格GE,毛MU,东盟^{R}AS^R, 澳^{R}AU^R,新西兰^{R}NZ^R,柬KH,港 HK,澳门MO	0	受惠国LD	100
				1.4	韩KR			
				11.2	韩^{R}KR^R			
				11.5	日^{R}JP^R			
4941	6302.3999	----其他 ----Other	6	0	东盟AS,智CL,巴PK,新西兰NZ, 新加坡SG,秘PE,哥CR,瑞CH, 冰IS,澳AU,格GE,东盟^{R}AS^R,澳^R AU^R,新西兰^{R}NZ^R,柬KH,港HK, 澳门MO	0	受惠国LD	100
				1.4	韩KR			
				5.6	毛MU			
				11.2	韩^{R}KR^R			
				11.5	日^{R}JP^R			
		-针织或钩编的餐桌用织物制品: -Table linen, knitted or crocheted:						
4942	6302.4010	---手工制 ---Hand-worked	6	0	东盟AS,智CL,巴PK,新西兰NZ, 新加坡SG,秘PE,哥CR,瑞CH,冰 IS,澳AU,格GE,毛MU,东盟^{R}AS^R, 澳^{R}AU^R,新西兰^{R}NZ^R,柬KH,港 HK,澳门MO	0	受惠国LD	100
				1.4	韩KR			
				11.2	韩^{R}KR^R			
				11.5	日^{R}JP^R			

序号 No.	税则号列 Tariff Line	货品名称 Article Description	最惠国税率 MFN(%)	协定税率 Agreement(%)		特惠税率 SP(%)	普通税率 Gen(%)
4943	6302.4090	---其他 ---Other	6	0	东盟AS,智CL,巴PK,新西兰NZ, 新加坡SG,秘PE,哥CR,瑞CH,冰 IS,澳AU,格GE,毛MU,东盟^RAS^R, 澳^RAU^R,新西兰^RNZ^R,柬KH,港 HK,澳门MO	0 受惠国LD	100
				1.4	韩KR		
				11.2	韩^RKR^R		
				11.5	日^RJP^R		
		-其他餐桌用织物制品: -Other table linen:					
		--棉制: --Of cotton:					
4944	6302.5110	---刺绣的 ---Embroidered	6	0	东盟AS,智CL,巴PK,新西兰NZ, 新加坡SG,秘PE,哥CR,瑞CH,冰 IS,澳AU,格GE,毛MU,东盟^RAS^R, 澳^RAU^R,新西兰^RNZ^R,柬KH,港 HK,澳门MO	0 受惠国LD	90
				1.4	韩KR		
				11.2	韩^RKR^R		
				11.5	日^RJP^R		
4945	6302.5190	---其他 ---Other	6	0	东盟AS,智CL,巴PK,新西兰NZ, 新加坡SG,秘PE,哥CR,瑞CH,冰 IS,澳AU,格GE,毛MU,东盟^RAS^R, 澳^RAU^R,新西兰^RNZ^R,柬KH,港 HK,澳门MO	0 受惠国LD	90
				1.4	韩KR		
				11.2	韩^RKR^R		
				11.5	日^RJP^R		
		--化学纤维制: --Of man-made fibres:					
4946	6302.5310	---刺绣的 ---Embroidered	6	0	东盟AS,智CL,巴PK,新西兰NZ, 新加坡SG,秘PE,哥CR,瑞CH,冰 IS,澳AU,格GE,毛MU,东盟^RAS^R, 澳^RAU^R,新西兰^RNZ^R,柬KH,港 HK,澳门MO	0 受惠国LD	130
				1.4	韩KR		
				11.2	韩^RKR^R		
				11.5	日^RJP^R		
4947	6302.5390	---其他 ---Other	6	0	东盟AS,智CL,巴PK,新西兰NZ, 新加坡SG,秘PE,哥CR,瑞CH,冰 IS,澳AU,格GE,毛MU,东盟^RAS^R, 澳^RAU^R,新西兰^RNZ^R,柬KH,港 HK,澳门MO	0 受惠国LD	130
				1.6	韩KR		
				12.8	韩^RKR^R		
				13.1	日^RJP^R		
		--其他纺织材料制: --Of other textile materials:					
		---亚麻制: ---Of flax:					

序号 No.	税则号列 Tariff Line	货品名称 Article Description	最惠国税率 MFN(%)		协定税率 Agreement(%)	特惠税率 SP(%)	普通税率 Gen(%)
4948	6302.5911	----刺绣的 ----Embroidered	6	0	东盟AS,智CL,巴PK,新西兰NZ, 新加坡SG,秘PE,哥CR,瑞CH,冰 IS,澳AU,格GE,毛MU,东盟^RAS^R, 澳^RAU^R,新西兰^RNZ^R,柬KH,港 HK,澳门MO	0 受惠国LD	90
				1.4	韩KR		
				11.2	韩^RKR^R		
				11.5	日^RJP^R		
4949	6302.5919	----其他 ----Other	6	0	东盟AS,智CL,巴PK,新西兰NZ, 新加坡SG,秘PE,哥CR,瑞CH,冰 IS,澳AU,格GE,毛MU,东盟^RAS^R, 澳^RAU^R,新西兰^RNZ^R,柬KH,港 HK,澳门MO	0 受惠国LD	90
				1.4	韩KR		
				11.2	韩^RKR^R		
				11.5	日^RJP^R		
4950	6302.5990	---其他 ---Other	6	0	东盟AS,智CL,巴PK,新西兰NZ, 新加坡SG,秘PE,哥CR,瑞CH,冰 IS,澳AU,格GE,毛MU,东盟^RAS^R, 澳^RAU^R,新西兰^RNZ^R,柬KH,港 HK,澳门MO	0 受惠国LD	100
				1.4	韩KR		
				11.2	韩^RKR^R		
				11.5	日^RJP^R		
		-盥洗及厨房用棉制毛巾织物或类似的 毛圈织物的制品: -Toilet linen and kitchen linen, of terry towelling or similar terry fabrics, of cotton:					
4951	6302.6010	---浴巾 ---Bath towels	6	0	东盟AS,智CL,巴PK,新西兰NZ, 新加坡SG,秘PE,哥CR,瑞CH,冰 IS,澳AU,格GE,毛MU,东盟^RAS^R, 澳^RAU^R,新西兰^RNZ^R,柬KH,港 HK,澳门MO,台TW	0 受惠国LD	90
				1.4	韩KR		
				11.2	韩^RKR^R		
				11.5	日^RJP^R		
4952	6302.6090	---其他 ---Other	6	0	东盟AS,智CL,巴PK,新西兰NZ, 新加坡SG,秘PE,哥CR,瑞CH,冰 IS,澳AU,格GE,毛MU,东盟^RAS^R, 澳^RAU^R,新西兰^RNZ^R,柬KH,港 HK,澳门MO,台TW	0 受惠国LD	90
				1.4	韩KR		
				11.2	韩^RKR^R		
				11.5	日^RJP^R		
		-其他: -Other:					

序号 No.	税则号列 Tariff Line	货品名称 Article Description	最惠国税率 MFN(%)	协定税率 Agreement(%)		特惠税率 SP(%)	普通税率 Gen(%)
4953	6302.9100	--棉制 --Of cotton	6	0	东盟AS,智CL,巴PK,新西兰NZ, 新加坡SG,秘PE,哥CR,瑞CH,冰 IS,澳AU,格GE,毛MU,东盟^RAS^R, 澳^RAU^R,新西兰^RNZ^R,柬KH,港 HK,澳门MO	0 受惠国LD	90
				1.4	韩KR		
				11.2	韩^RKR^R		
				11.5	日^RJP^R		
4954	6302.9300	--化学纤维制 --Of man-made fibres	6	0	东盟AS,智CL,巴PK,新西兰NZ, 新加坡SG,秘PE,哥CR,瑞CH,冰 IS,澳AU,格GE,毛MU,东盟^RAS^R, 澳^RAU^R,新西兰^RNZ^R,柬KH,港 HK,澳门MO	0 受惠国LD	130
				1.6	韩KR		
				12.8	韩^RKR^R		
				13.1	日^RJP^R		
		--其他纺织材料制: --Of other textile materials:					
4955	6302.9910	---亚麻制 ---Of flax	6	0	东盟AS,智CL,巴PK,新西兰NZ, 新加坡SG,秘PE,哥CR,瑞CH,冰 IS,澳AU,格GE,毛MU,东盟^RAS^R, 澳^RAU^R,新西兰^RNZ^R,柬KH,港 HK,澳门MO	0 受惠国LD	90
				1.4	韩KR		
				11.2	韩^RKR^R		
				11.5	日^RJP^R		
4956	6302.9990	---其他 ---Other	6	0	东盟AS,智CL,巴PK,新西兰NZ, 新加坡SG,秘PE,哥CR,瑞CH,冰 IS,澳AU,格GE,毛MU,东盟^RAS^R, 澳^RAU^R,新西兰^RNZ^R,柬KH,港 HK,澳门MO	0 受惠国LD	100
				1.4	韩KR		
				11.2	韩^RKR^R		
				11.5	日^RJP^R		
	63.03	窗帘(包括帷帘)及帐幔; 帘帷或床帷: Curtains (including drapes) and interior blinds; curtain or bed valances:					
		-针织或钩编的: -Knitted or crocheted:					
		--合成纤维制: --Of synthetic fibres:					
4957	6303.1210	---针织的 ---Knitted	6	0	东盟AS,智CL,巴PK,新西兰NZ, 新加坡SG,秘PE,哥CR,瑞CH,冰 IS,澳AU,格GE,毛MU,东盟^RAS^R, 澳^RAU^R,新西兰^RNZ^R,柬KH,港 HK,澳门MO	0 受惠国LD	130
				1.6	韩KR		
				12.8	韩^RKR^R		
				13.1	日^RJP^R		

序号 No.	税则号列 Tariff Line	货品名称 Article Description	最惠国税率 MFN(%)	协定税率 Agreement(%)		特惠税率 SP(%)	普通税率 Gen(%)
4958	6303.1220	----钩编的 ----Crocheted	6	0	东盟AS,智CL,巴PK,新西兰NZ, 新加坡SG,秘PE,哥CR,瑞CH,冰 IS,澳AU,格GE,毛MU,东盟^{R}AS^R, 澳^{R}AU^R,新西兰^{R}NZ^R,柬KH,港 HK,澳门MO	0 受惠国LD	130
				1.6	韩KR		
				12.8	韩^{R}KR^R		
				13.1	日^{R}JP^R		
		--其他纺织材料制: --Of other textile materials:					
		---棉制: ---Of cotton:					
4959	6303.1931	----针织的 ----Knitted	6	0	东盟AS,智CL,巴PK,新西兰NZ, 新加坡SG,秘PE,哥CR,瑞CH,冰 IS,澳AU,格GE,毛MU,东盟^{R}AS^R, 澳^{R}AU^R,新西兰^{R}NZ^R,柬KH,港 HK,澳门MO	0 受惠国LD	90
				1.4	韩KR		
				11.2	韩^{R}KR^R		
				11.5	日^{R}JP^R		
4960	6303.1932	----钩编的 ----Crocheted	6	0	东盟AS,智CL,巴PK,新西兰NZ, 新加坡SG,秘PE,哥CR,瑞CH,冰 IS,澳AU,格GE,毛MU,东盟^{R}AS^R, 澳^{R}AU^R,新西兰^{R}NZ^R,柬KH,港 HK,澳门MO	0 受惠国LD	90
				1.4	韩KR		
				11.2	韩^{R}KR^R		
				11.5	日^{R}JP^R		
		---其他: ---Other:					
4961	6303.1991	----针织的 ----Knitted	6	0	东盟AS,智CL,巴PK,新西兰NZ, 新加坡SG,秘PE,哥CR,瑞CH,冰 IS,澳AU,格GE,毛MU,东盟^{R}AS^R, 澳^{R}AU^R,新西兰^{R}NZ^R,柬KH,港 HK,澳门MO	0 受惠国LD	130
				1.4	韩KR		
				11.2	韩^{R}KR^R		
				11.5	日^{R}JP^R		
4962	6303.1992	----钩编的 ----Crocheted	6	0	东盟AS,智CL,巴PK,新西兰NZ, 新加坡SG,秘PE,哥CR,瑞CH,冰 IS,澳AU,格GE,毛MU,东盟^{R}AS^R, 澳^{R}AU^R,新西兰^{R}NZ^R,柬KH,港 HK,澳门MO	0 受惠国LD	130
				1.4	韩KR		
				11.2	韩^{R}KR^R		
				11.5	日^{R}JP^R		
		-其他: -Other:					

序号 No.	税则号列 Tariff Line	货品名称 Article Description	最惠国税率 MFN(%)	协定税率 Agreement(%)		特惠税率 SP(%)		普通税率 Gen(%)
4963	6303.9100	--棉制 --Of cotton	6	0	东盟AS,智CL,巴PK,新西兰NZ,新加坡SG,秘PE,哥CR,瑞CH,冰IS,澳AU,格GE,毛MU,东盟^RAS^R,澳^RAU^R,新西兰^RNZ^R,柬KH,港HK,澳门MO	0	受惠国LD	90
				1.4	韩KR			
				11.2	韩^RKR^R			
				11.5	日^RJP^R			
4964	6303.9200	--合成纤维制 --Of synthetic fibres	6	0	东盟AS,智CL,巴PK,新西兰NZ,新加坡SG,秘PE,哥CR,瑞CH,冰IS,澳AU,格GE,毛MU,东盟^RAS^R,澳^RAU^R,新西兰^RNZ^R,柬KH,港HK,澳门MO	0	受惠国LD	130
				1.6	韩KR			
				12.8	韩^RKR^R			
				13.1	日^RJP^R			
4965	6303.9900	--其他纺织材料制 --Of other textile materials	6	0	东盟AS,智CL,巴PK,新西兰NZ,新加坡SG,秘PE,哥CR,瑞CH,冰IS,澳AU,格GE,毛MU,东盟^RAS^R,澳^RAU^R,新西兰^RNZ^R,柬KH,港HK,澳门MO	0	受惠国LD	100
				1.4	韩KR			
				11.2	韩^RKR^R			
				11.5	日^RJP^R			
	63.04	其他装饰用织物制品,但税目94.04的货品除外: Other furnishing articles, excluding those of heading 94.04:						
		-床罩: -Bedspreads:						
		--针织或钩编的: --Knitted or crocheted:						
		---针织的: ---Knitted:						
4966	6304.1121	----手工制 ----Hand-worked	6	0	东盟AS,智CL,新西兰NZ,新加坡SG,秘PE,哥CR,瑞CH,冰IS,澳AU,格GE,毛MU,东盟^RAS^R,澳^RAU^R,新西兰^RNZ^R,柬KH,港HK,澳门MO	0	受惠国LD	100
				1.4	韩KR			
				7	巴PK			
				11.2	韩^RKR^R			
				11.5	日^RJP^R			
4967	6304.1129	----其他 ----Other	6	0	东盟AS,智CL,新西兰NZ,新加坡SG,秘PE,哥CR,瑞CH,冰IS,澳AU,格GE,毛MU,东盟^RAS^R,澳^RAU^R,新西兰^RNZ^R,柬KH,港HK,澳门MO	0	受惠国LD	100
				1.4	韩KR			
				5.6	巴PK			
				11.2	韩^RKR^R			
				11.5	日^RJP^R			

序号 No.	税则号列 Tariff Line	货品名称 Article Description	最惠国税率 MFN(%)	协定税率 Agreement(%)		特惠税率 SP(%)		普通税率 Gen(%)
		---钩编的: ---Crocheted:						
4968	6304.1131	----手工制 ----Hand-worked	6	0	东盟AS,智CL,新西兰NZ,新加坡SG,秘PE,哥CR,瑞CH,冰IS,澳AU,格GE,毛MU,东盟^{R}AS^R,澳^{R}AU^R,新西兰^{R}NZ^R,柬KH,港HK,澳门MO	0	受惠国LD	100
				1.4	韩KR			
				7	巴PK			
				11.2	韩^{R}KR^R			
				11.5	日^{R}JP^R			
4969	6304.1139	----其他 ----Other	6	0	东盟AS,智CL,新西兰NZ,新加坡SG,秘PE,哥CR,瑞CH,冰IS,澳AU,格GE,毛MU,东盟^{R}AS^R,澳^{R}AU^R,新西兰^{R}NZ^R,柬KH,港HK,澳门MO	0	受惠国LD	100
				1.4	韩KR			
				7	巴PK			
				11.2	韩^{R}KR^R			
				11.5	日^{R}JP^R			
		--其他: --Other:						
4970	6304.1910	---丝及绢丝制 ---Of silk or silk waste	6	0	东盟AS,智CL,巴PK,新西兰NZ,新加坡SG,秘PE,哥CR,瑞CH,冰IS,澳AU,格GE,毛MU,东盟^{R}AS^R,澳^{R}AU^R,新西兰^{R}NZ^R,柬KH,港HK,澳门MO	0	受惠国LD	130
				1.4	韩KR			
				11.2	韩^{R}KR^R			
				11.5	日^{R}JP^R			
		---棉或麻制: ---Of cotton or bast fibres:						
4971	6304.1921	----刺绣的 ----Embroidered	6	0	东盟AS,智CL,巴PK,新西兰NZ,新加坡SG,秘PE,哥CR,瑞CH,冰IS,澳AU,格GE,毛MU,东盟^{R}AS^R,澳^{R}AU^R,新西兰^{R}NZ^R,柬KH,港HK,澳门MO	0	受惠国LD	90
				1.4	韩KR			
				11.2	韩^{R}KR^R			
				11.5	日^{R}JP^R			
4972	6304.1929	----其他 ----Other	6	0	东盟AS,智CL,巴PK,新西兰NZ,新加坡SG,秘PE,哥CR,瑞CH,冰IS,澳AU,格GE,毛MU,东盟^{R}AS^R,澳^{R}AU^R,新西兰^{R}NZ^R,柬KH,港HK,澳门MO	0	受惠国LD	90
				1.4	韩KR			
				11.2	韩^{R}KR^R			
				11.5	日^{R}JP^R			

序号 No.	税则号列 Tariff Line	货品名称 Article Description	最惠国税率 MFN(%)	协定税率 Agreement(%)		特惠税率 SP(%)		普通税率 Gen(%)
		---化学纤维制: ---Of man-made fibres:						
4973	6304.1931	----刺绣的 ----Embroidered	6	0	东盟AS,智CL,新西兰NZ,新加 坡SG,秘PE,哥CR,瑞CH,冰IS,澳 AU,格GE,毛MU,东盟^RAS^R,澳^R AU^R,新西兰^RNZ^R,柬KH,港HK, 澳门MO	0 受惠国LD	130
				1.6	韩KR		
				12.8	巴PK,韩^RKR^R		
				13.1	日^RJP^R		
4974	6304.1939	----其他 ----Other	6	0	东盟AS,智CL,新西兰NZ,新加 坡SG,秘PE,哥CR,瑞CH,冰IS,澳 AU,格GE,毛MU,东盟^RAS^R,澳^R AU^R,新西兰^RNZ^R,柬KH,港HK, 澳门MO	0 受惠国LD	130
				1.6	韩KR		
				12.8	巴PK,韩^RKR^R		
				13.1	日^RJP^R		
		---其他纺织材料制: ---Of other textile materials:						
4975	6304.1991	----刺绣的 ----Embroidered	6	0	东盟AS,智CL,新西兰NZ,新加 坡SG,秘PE,哥CR,瑞CH,冰IS,澳 AU,格GE,毛MU,东盟^RAS^R,澳^R AU^R,新西兰^RNZ^R,柬KH,港HK, 澳门MO	0 受惠国LD	100
				1.4	韩KR		
				7	巴PK		
				11.2	韩^RKR^R		
				11.5	日^RJP^R		
4976	6304.1999	----其他 ----Other	6	0	东盟AS,智CL,新西兰NZ,新加 坡SG,秘PE,哥CR,瑞CH,冰IS,澳 AU,格GE,毛MU,东盟^RAS^R,澳^R AU^R,新西兰^RNZ^R,柬KH,港HK, 澳门MO	0 受惠国LD	100
				1.4	韩KR		
				7	巴PK		
				11.2	韩^RKR^R		
				11.5	日^RJP^R		
		-本章子目注释一所列的蚊帐: -Bet nets, specified in Subheading Note 1 to this Chapter:						
4977	6304.2010	---手工制 ---Hand-worked	6	0	东盟AS,智CL,新西兰NZ,新加 坡SG,秘PE,哥CR,瑞CH,冰IS,澳 AU,格GE,毛MU,东盟^RAS^R,澳^R AU^R,新西兰^RNZ^R,柬KH,港HK, 澳门MO	0 受惠国LD	100
				1.4	韩KR		
				7	巴PK		
				11.2	韩^RKR^R		
				11.5	日^RJP^R		

序号 No.	税则号列 Tariff Line	货品名称 Article Description	最惠国税率 MFN(%)		协定税率 Agreement(%)	特惠税率 SP(%)	普通税率 Gen(%)
4978	6304.2090	----其他 ----Other	6	0	东盟AS,智CL,新西兰NZ,新加坡SG,秘PE,哥CR,瑞CH,冰IS,澳AU,格GE,毛MU,东盟^RAS^R,澳^RAU^R,新西兰^RNZ^R,柬KH,港HK,澳门MO	0 受惠国LD	100
				1.4	韩KR		
				7	巴PK		
				11.2	韩^RKR^R		
				11.5	日^RJP^R		
		-其他: -Other:					
		--针织或钩编的: --Knitted or crocheted:					
		---针织的: ---Knitted:					
4979	6304.9121	----手工制 ----Hand-worked	6	0	东盟AS,智CL,新西兰NZ,新加坡SG,秘PE,哥CR,瑞CH,冰IS,澳AU,格GE,毛MU,东盟^RAS^R,澳^RAU^R,新西兰^RNZ^R,柬KH,港HK,澳门MO	0 受惠国LD	100
				1.4	韩KR		
				7	巴PK		
				11.2	韩^RKR^R		
				11.5	日^RJP^R		
4980	6304.9129	----其他 ----Other	6	0	东盟AS,智CL,新西兰NZ,新加坡SG,秘PE,哥CR,瑞CH,冰IS,澳AU,格GE,毛MU,东盟^RAS^R,澳^RAU^R,新西兰^RNZ^R,柬KH,港HK,澳门MO	0 受惠国LD	100
				1.4	韩KR		
				7	巴PK		
				11.2	韩^RKR^R		
				11.5	日^RJP^R		
		---钩编的: ---Crocheted:					
4981	6304.9131	----手工制 ----Hand-worked	6	0	东盟AS,智CL,新西兰NZ,新加坡SG,秘PE,哥CR,瑞CH,冰IS,澳AU,格GE,毛MU,东盟^RAS^R,澳^RAU^R,新西兰^RNZ^R,柬KH,港HK,澳门MO	0 受惠国LD	100
				1.4	韩KR		
				11.2	巴PK,韩^RKR^R		
				11.5	日^RJP^R		
4982	6304.9139	----其他 ----Other	6	0	东盟AS,智CL,新西兰NZ,新加坡SG,秘PE,哥CR,瑞CH,冰IS,澳AU,格GE,毛MU,东盟^RAS^R,澳^RAU^R,新西兰^RNZ^R,柬KH,港HK,澳门MO	0 受惠国LD	100
				1.4	韩KR		
				5.6	巴PK		
				11.2	韩^RKR^R		
				11.5	日^RJP^R		

序号 No.	税则号列 Tariff Line	货品名称 Article Description	最惠国税率 MFN(%)		协定税率 Agreement(%)	特惠税率 SP(%)	普通税率 Gen(%)

序号 No.	税则号列 Tariff Line	货品名称 Article Description	最惠国税率 MFN(%)		协定税率 Agreement(%)	特惠税率 SP(%)	普通税率 Gen(%)
		--非针织或非钩编的, 棉制: --Not knitted or crocheted, of cotton:					
4983	6304.9210	---刺绣的 ---Embroidered	6	0	东盟AS,智CL,新西兰NZ,新加坡SG,秘PE,哥CR,瑞CH,冰IS,澳AU,格GE,毛MU,东盟^{R}AS^R,澳^{R}AU^R,新西兰^{R}NZ^R,柬KH,港HK,澳门MO	0 受惠国LD	90
				1.4	韩KR		
				7	巴PK		
				11.2	韩^{R}KR^R		
				11.5	日^{R}JP^R		
4984	6304.9290	---其他 ---Other	6	0	东盟AS,智CL,巴PK,新西兰NZ,新加坡SG,秘PE,哥CR,瑞CH,冰IS,澳AU,格GE,毛MU,东盟^{R}AS^R,澳^{R}AU^R,新西兰^{R}NZ^R,柬KH,港HK,澳门MO	0 受惠国LD	90
				1.4	韩KR		
				11.2	韩^{R}KR^R		
				11.5	日^{R}JP^R		
		--非针织或非钩编的, 合成纤维制: --Not knitted or crocheted, of synthetic fibres:					
4985	6304.9310	---刺绣的 ---Embroidered	6	0	东盟AS,智CL,新西兰NZ,新加坡SG,秘PE,哥CR,瑞CH,冰IS,澳AU,格GE,毛MU,东盟^{R}AS^R,澳^{R}AU^R,新西兰^{R}NZ^R,柬KH,港HK,澳门MO	0 受惠国LD	130
				1.6	韩KR		
				12.8	巴PK,韩^{R}KR^R		
				13.1	日^{R}JP^R		
4986	6304.9390	---其他 ---Other	6	0	东盟AS,智CL,新西兰NZ,新加坡SG,秘PE,哥CR,瑞CH,冰IS,澳AU,格GE,毛MU,东盟^{R}AS^R,澳^{R}AU^R,新西兰^{R}NZ^R,柬KH,港HK,澳门MO	0 受惠国LD	130
				1.6	韩KR		
				12.8	巴PK,韩^{R}KR^R		
				13.1	日^{R}JP^R		
		--非针织或非钩编的, 其他纺织材料制: --Not knitted or crocheted, of other textile materials:					
4987	6304.9910	---丝及绢丝制 ---Of silk or silk waste	6	0	东盟AS,智CL,新西兰NZ,新加坡SG,秘PE,哥CR,瑞CH,冰IS,澳AU,格GE,毛MU,东盟^{R}AS^R,澳^{R}AU^R,新西兰^{R}NZ^R,柬KH,港HK,澳门MO	0 受惠国LD	130
				1.4	韩KR		
				7	巴PK		
				11.2	韩^{R}KR^R		
				11.5	日^{R}JP^R		

序号 No.	税则号列 Tariff Line	货品名称 Article Description	最惠国税率 MFN(%)		协定税率 Agreement(%)	特惠税率 SP(%)	普通税率 Gen(%)
		---麻制: ---Of bast fibres:					
4988	6304.9921	----刺绣的 ----Embroidered	6	0	东盟AS,智CL,新西兰NZ,新加坡SG,秘PE,哥CR,瑞CH,冰IS,澳AU,格GE,毛MU,东盟^RAS^R,澳^RAU^R,新西兰^RNZ^R,柬KH,港HK,澳门MO	0 受惠国LD	90
				1.4	韩KR		
				7	巴PK		
				11.2	韩^RKR^R		
				11.5	日^RJP^R		
4989	6304.9929	----其他 ----Other	6	0	东盟AS,智CL,新西兰NZ,新加坡SG,秘PE,哥CR,瑞CH,冰IS,澳AU,格GE,毛MU,东盟^RAS^R,澳^RAU^R,新西兰^RNZ^R,柬KH,港HK,澳门MO	0 受惠国LD	90
				1.4	韩KR		
				7	巴PK		
				11.2	韩^RKR^R		
				11.5	日^RJP^R		
4990	6304.9990	---其他 ---Other	6	0	东盟AS,智CL,巴PK,新西兰NZ,新加坡SG,秘PE,哥CR,瑞CH,冰IS,澳AU,格GE,毛MU,东盟^RAS^R,澳^RAU^R,新西兰^RNZ^R,柬KH,港HK,澳门MO	0 受惠国LD	100
				1.4	韩KR		
				11.2	韩^RKR^R		
				11.5	日^RJP^R		
	63.05	货物包装用袋: Sacks and bags, of a kind used for the packing of goods:					
4991	6305.1000	-黄麻或税目53.03的其他韧皮纺织纤维制 -Of jute or of other textile bast fibres of heading 53.03	4	0	东盟AS,智CL,新西兰NZ,秘PE,哥CR,瑞CH,冰IS,韩KR,澳AU,格GE,毛MU,东盟^RAS^R,澳^RAU^R,新西兰^RNZ^R,柬KH,港HK,澳门MO,韩^RKR^R	0 受惠国LD,亚太AP	40
				3	巴PK		
				8.2	日^RJP^R		
4992	6305.2000	-棉制 -Of cotton	6	0	东盟AS,智CL,巴PK,新西兰NZ,新加坡SG,秘PE,哥CR,瑞CH,冰IS,澳AU,格GE,毛MU,东盟^RAS^R,澳^RAU^R,新西兰^RNZ^R,柬KH,港HK,澳门MO	0 受惠国LD	90
				1.6	韩KR		
				12.8	韩^RKR^R		
				13.1	日^RJP^R		
		-化学纤维材料制: -Of man-made textile materials:					

序号 No.	税则号列 Tariff Line	货品名称 Article Description	最惠国税率 MFN(%)	协定税率 Agreement(%)		特惠税率 SP(%)	普通税率 Gen(%)
4993	6305.3200	--散装货物储运软袋 --Flexible intermediate bulk containers	6	0	东盟AS,智CL,新西兰NZ,新加坡SG,秘PE,哥CR,瑞CH,冰IS,澳AU,格GE,毛MU,东盟^RAS^R,澳^RAU^R,新西兰^RNZ^R,柬KH,港HK,澳门MO	0 受惠国LD	100
				1.6	韩KR		
				12.8	巴PK,韩^RKR^R		
				13.1	日^RJP^R		
4994	6305.3300	--其他, 聚乙烯、聚丙烯扁条或类似材料制 --Other, of polyethylene or polypropylene strip or the like	6	0	东盟AS,智CL,巴PK,新西兰NZ,新加坡SG,秘PE,哥CR,瑞CH,冰IS,澳AU,格GE,毛MU,东盟^RAS^R,澳^RAU^R,新西兰^RNZ^R,柬KH,港HK,澳门MO	0 受惠国LD	100
				1.6	韩KR		
				3.9	亚太AP		
				12.8	韩^RKR^R		
				13.1	日^RJP^R		
4995	6305.3900	--其他 --Other	6	0	东盟AS,智CL,巴PK,新西兰NZ,新加坡SG,秘PE,哥CR,瑞CH,冰IS,澳AU,格GE,毛MU,东盟^RAS^R,澳^RAU^R,新西兰^RNZ^R,柬KH,港HK,澳门MO	0 受惠国LD	100
				1.6	韩KR		
				12.8	韩^RKR^R		
				13.1	日^RJP^R		
4996	6305.9000	-其他纺织材料制 -Of other textile materials	6	0	东盟AS,智CL,巴PK,新西兰NZ,新加坡SG,秘PE,哥CR,瑞CH,冰IS,澳AU,格GE,毛MU,东盟^RAS^R,澳^RAU^R,新西兰^RNZ^R,柬KH,港HK,澳门MO	0 受惠国LD	90
				1.4	韩KR		
				11.2	韩^RKR^R		
				11.5	日^RJP^R		
	63.06	油苦布、天篷及遮阳篷；帐篷（包括临时顶篷及类似品）；风帆；野营用品： Tarpaulins, awnings and sunblinds; tents (including temporary canopies and similar articles); sails for boats, sailboards or landcraft; camping goods:					
		-油苦布、天篷及遮阳篷： -Tarpaulins, awnings and sunblinds:					
4997	6306.1200	--合成纤维制 --Of synthetic fibres	6	0	东盟AS,智CL,巴PK,新西兰NZ,新加坡SG,秘PE,哥CR,瑞CH,冰IS,澳AU,格GE,毛MU,东盟^RAS^R,澳^RAU^R,新西兰^RNZ^R,柬KH,港HK,澳门MO	0 受惠国LD	130
				1.6	韩KR		
				12.8	韩^RKR^R		
				13.1	日^RJP^R		

序号 No.	税则号列 Tariff Line	货品名称 Article Description	最惠国税率 MFN(%)	协定税率 Agreement(%)		特惠税率 SP(%)		普通税率 Gen(%)
		--其他纺织材料制: --Of other textile materials:						
4998	6306.1910	---麻制 ---Of bast fibres	6	0	东盟AS,智CL,巴PK,新西兰NZ, 新加坡SG,秘PE,哥CR,瑞CH,冰 IS,澳AU,格GE,毛MU,东盟^{R}AS^R, 澳^{R}AU^R,新西兰^{R}NZ^R,柬KH,港 HK,澳门MO	0	受惠国LD	80
				1.4	韩KR			
				11.2	韩^{R}KR^R			
				11.5	日^{R}JP^R			
4999	6306.1920	---棉制 ---Of cotton	6	0	东盟AS,智CL,巴PK,新西兰NZ, 新加坡SG,秘PE,哥CR,瑞CH,冰 IS,澳AU,格GE,毛MU,东盟^{R}AS^R, 澳^{R}AU^R,新西兰^{R}NZ^R,柬KH,港 HK,澳门MO	0	受惠国LD	80
				1.4	韩KR			
				11.2	韩^{R}KR^R			
				11.5	日^{R}JP^R			
5000	6306.1990	---其他 ---Other	6	0	东盟AS,智CL,巴PK,新西兰NZ, 新加坡SG,秘PE,哥CR,瑞CH,冰 IS,澳AU,格GE,毛MU,东盟^{R}AS^R, 澳^{R}AU^R,新西兰^{R}NZ^R,柬KH,港 HK,澳门MO	0	受惠国LD	100
				1.4	韩KR			
				11.2	韩^{R}KR^R			
				11.5	日^{R}JP^R			
		-帐篷(包括临时顶篷及类似品): -Tents (including temporary canopies and similar articles):						
5001	6306.2200	--合成纤维制 --Of synthetic fibres	6	0	东盟AS,智CL,巴PK,新西兰NZ, 新加坡SG,秘PE,哥CR,瑞CH,冰 IS,澳AU,格GE,毛MU,东盟^{R}AS^R, 澳^{R}AU^R,新西兰^{R}NZ^R,柬KH,港 HK,澳门MO	0	受惠国LD	130
				1.6	韩KR			
				12.8	韩^{R}KR^R			
				13.1	日^{R}JP^R			
		--其他纺织材料制: --Of other textile materials:						
5002	6306.2910	---棉制 ---Of cotton	6	0	东盟AS,智CL,巴PK,新西兰NZ, 新加坡SG,秘PE,哥CR,瑞CH,冰 IS,澳AU,格GE,毛MU,东盟^{R}AS^R, 澳^{R}AU^R,新西兰^{R}NZ^R,柬KH,港 HK,澳门MO	0	受惠国LD	80
				1.4	韩KR			
				11.2	韩^{R}KR^R			
				11.5	日^{R}JP^R			

序号 No.	税则号列 Tariff Line	货品名称 Article Description	最惠国税率 MFN(%)	协定税率 Agreement(%)		特惠税率 SP(%)	普通税率 Gen(%)
5003	6306.2990	---化学纤维制 ---Other	6	0	东盟AS,智CL,巴PK,新西兰NZ,新加坡SG,秘PE,哥CR,瑞CH,冰IS,澳AU,格GE,毛MU,东盟^RAS^R,澳^RAU^R,新西兰^RNZ^R,柬KH,港HK,澳门MO	0 受惠国LD	100
				1.4	韩KR		
				11.2	韩^RKR^R		
				11.5	日^RJP^R		
		-风帆: -Sails:					
5004	6306.3010	---合成纤维制 ---Of synthetic fibres	6	0	东盟AS,智CL,巴PK,新西兰NZ,新加坡SG,秘PE,哥CR,瑞CH,冰IS,澳AU,格GE,毛MU,东盟^RAS^R,澳^RAU^R,新西兰^RNZ^R,柬KH,港HK,澳门MO	0 受惠国LD	130
				1.6	韩KR		
				12.8	韩^RKR^R		
				13.1	日^RJP^R		
5005	6306.3090	---其他纺织材料制 ---Of other textile materials	6	0	东盟AS,智CL,巴PK,新西兰NZ,新加坡SG,秘PE,哥CR,瑞CH,冰IS,澳AU,格GE,毛MU,东盟^RAS^R,澳^RAU^R,新西兰^RNZ^R,柬KH,港HK,澳门MO	0 受惠国LD	100
				1.4	韩KR		
				11.2	韩^RKR^R		
				11.5	日^RJP^R		
		-充气褥垫: -Pneumatic mattresses:					
5006	6306.4010	---棉制 ---Of cotton	6	0	东盟AS,智CL,巴PK,新西兰NZ,新加坡SG,秘PE,哥CR,瑞CH,冰IS,澳AU,格GE,毛MU,东盟^RAS^R,澳^RAU^R,新西兰^RNZ^R,柬KH,港HK,澳门MO	0 受惠国LD	80
				1.4	韩KR		
				11.2	韩^RKR^R		
				11.5	日^RJP^R		
5007	6306.4020	---化学纤维制 ---Of man-made fibres	6	0	东盟AS,智CL,巴PK,新西兰NZ,新加坡SG,秘PE,哥CR,瑞CH,冰IS,澳AU,格GE,毛MU,东盟^RAS^R,澳^RAU^R,新西兰^RNZ^R,柬KH,港HK,澳门MO	0 受惠国LD	130
				1.6	韩KR		
				12.8	韩^RKR^R		
				13.1	日^RJP^R		
5008	6306.4090	---其他 ---Other	6	0	东盟AS,智CL,巴PK,新西兰NZ,新加坡SG,秘PE,哥CR,瑞CH,冰IS,澳AU,格GE,毛MU,东盟^RAS^R,澳^RAU^R,新西兰^RNZ^R,柬KH,港HK,澳门MO	0 受惠国LD	100
				1.4	韩KR		
				11.2	韩^RKR^R		
				11.5	日^RJP^R		

序号 No.	税则号列 Tariff Line	货品名称 Article Description	最惠国税率 MFN(%)	协定税率 Agreement(%)		特惠税率 SP(%)	普通税率 Gen(%)
		-其他: -Other:					
5009	6306.9010	---棉制 ---Of cotton	6	0	东盟AS,智CL,巴PK,新西兰NZ, 新加坡SG,秘PE,哥CR,瑞CH,冰 IS,澳AU,格GE,毛MU,东盟^{R}AS^R, 澳^{R}AU^R,新西兰^{R}NZ^R,柬KH,港 HK,澳门MO	0 受惠国LD	80
				1.4	韩KR		
				11.2	韩^{R}KR^R		
				11.5	日^{R}JP^R		
5010	6306.9020	---麻制 ---Of bast fibres	6	0	东盟AS,智CL,巴PK,新西兰NZ, 新加坡SG,秘PE,哥CR,瑞CH,冰 IS,澳AU,格GE,毛MU,东盟^{R}AS^R, 澳^{R}AU^R,新西兰^{R}NZ^R,柬KH,港 HK,澳门MO	0 受惠国LD	80
				1.4	韩KR		
				11.2	韩^{R}KR^R		
				11.5	日^{R}JP^R		
5011	6306.9030	---化学纤维制 ---Of man-made fibres	6	0	东盟AS,智CL,巴PK,新西兰NZ, 新加坡SG,秘PE,哥CR,瑞CH,冰 IS,澳AU,格GE,毛MU,东盟^{R}AS^R, 澳^{R}AU^R,新西兰^{R}NZ^R,柬KH,港 HK,澳门MO	0 受惠国LD	130
				1.6	韩KR		
				12.8	韩^{R}KR^R		
				13.1	日^{R}JP^R		
5012	6306.9090	---其他 ---Other	6	0	东盟AS,智CL,巴PK,新西兰NZ, 新加坡SG,秘PE,哥CR,瑞CH,冰 IS,澳AU,格GE,毛MU,东盟^{R}AS^R, 澳^{R}AU^R,新西兰^{R}NZ^R,柬KH,港 HK,澳门MO	0 受惠国LD	100
				1.4	韩KR		
				11.2	韩^{R}KR^R		
				11.5	日^{R}JP^R		
	63.07	其他制成品,包括服装裁剪样: Other made-up articles, including dress patterns:					
5013	6307.1000	-擦地布、擦碗布、抹布及类似擦拭 用布 -Floor-cloths, dish-cloths, dusters and similar cleaning cloths	6	0	东盟AS,智CL,巴PK,新西兰NZ, 新加坡SG,秘PE,哥CR,瑞CH,冰 IS,澳AU,格GE,毛MU,东盟^{R}AS^R, 澳^{R}AU^R,新西兰^{R}NZ^R,柬KH,港 HK,澳门MO,台TW	0 受惠国LD	130
				1.4	韩KR		
				3.9	亚太AP		
				11.2	韩^{R}KR^R		
				11.5	日^{R}JP^R		

序号 No.	税则号列 Tariff Line	货品名称 Article Description	最惠国税率 MFN(%)	协定税率 Agreement(%)		特惠税率 SP(%)	普通税率 Gen(%)
5014	6307.2000	-救生衣及安全带 -Life-jackets and life-belts	6	0	东盟AS,智CL,新西兰NZ,新加坡SG,秘PE,哥CR,瑞CH,冰IS,澳AU,格GE,毛MU,东盟^{R}AS^R,澳^{R}AU^R,新西兰^{R}NZ^R,柬KH,港HK,澳门MO	0 受惠国LD	70
				1.4	韩KR		
				11.2	巴PK,韩^{R}KR^R		
				11.5	日^{R}JP^R		
		-其他: -Other:					
5015	6307.9010	---口罩 ---Masks	6	0	东盟AS,智CL,巴PK,新西兰NZ,新加坡SG,秘PE,哥CR,瑞CH,冰IS,澳AU,格GE,毛MU,柬KH,港HK,澳门MO	0 受惠国LD,柬KH,老LA,缅MM	100
				5.6	韩KR		
				12.1	东盟^{R}AS^R,韩^{R}KR^R		
				12.3	日^{R}JP^R		
				12.6	澳^{R}AU^R,新西兰^{R}NZ^R		
5016	6307.9090	---其他 ---Other	6	0	东盟AS,智CL,巴PK,新西兰NZ,新加坡SG,秘PE,哥CR,瑞CH,冰IS,澳AU,格GE,毛MU,柬KH,港HK,澳门MO	0 受惠国LD,柬KH,老LA,缅MM	100
				5.6	韩KR		
				12.1	东盟^{R}AS^R,韩^{R}KR^R		
				12.3	日^{R}JP^R		
				12.6	澳^{R}AU^R,新西兰^{R}NZ^R		
		第二分章　成套物品 Ⅱ. SETS					
	63.08	由机织物及纱线构成的零售包装成套物品,不论是否带附件,用以制作小地毯、装饰毯、绣花台布、餐巾或类似的纺织物品: Sets consisting of woven fabric and yarn, whether or not with accessories, for making up into rugs, tapestries, embroidered tablecloths or serviettes, or similar textile articles, put up in packings for retail sale:					
5017	6308.0000	由机织物及纱线构成的零售包装成套物品,不论是否带附件,用以制作小地毯、装饰毯、绣花台布、餐巾或类似的纺织物品 Sets consisting of woven fabric and yarn, whether or not with accessories, for making up into rugs, tapestries, embroidered table cloths or serviettes, or similar textile articles, put up in packings for retail sale	6	0	东盟AS,智CL,新西兰NZ,新加坡SG,秘PE,哥CR,瑞CH,冰IS,澳AU,格GE,毛MU,东盟^{R}AS^R,澳^{R}AU^R,新西兰^{R}NZ^R,柬KH,港HK,澳门MO	0 受惠国LD	130
				1.4	韩KR		
				7	巴PK		
				11.2	韩^{R}KR^R		
				11.5	日^{R}JP^R		

序号 No.	税则号列 Tariff Line	货品名称 Article Description	最惠国税率 MFN(%)	协定税率 Agreement(%)		特惠税率 SP(%)	普通税率 Gen(%)
		第三分章　旧衣着及旧纺织品；碎织物 Ⅲ. WORN CLOTHING AND WORN TEXTILE ARTICLES; RAGS					
	63.09	旧衣物： Worn clothing and other worn articles:					
5018	6309.0000	旧衣物 Worn clothing and other worn articles	6	0	东盟AS,智CL,新西兰NZ,新加坡SG,秘PE,哥CR,瑞CH,冰IS,澳AU,格GE,毛MU,东盟^{R}AS^R,澳^{R}AU^R,新西兰^{R}NZ^R,柬KH,港HK,澳门MO	0　受惠国LD	130
				1.4	韩KR		
				7	巴PK		
				11.2	韩^{R}KR^R		
				11.5	日^{R}JP^R		
	63.10	纺织材料的新的或旧的碎织物及废线、绳、索、缆及其制品： Used or new rags, scrap twine, cordage, rope and cables and worn out articles of twine, cordage, rope or cables, of textile materials:					
5019	6310.1000	-经分拣的 -Sorted	6	0	东盟AS,智CL,巴PK,新西兰NZ,新加坡SG,秘PE,哥CR,瑞CH,冰IS,澳AU,格GE,柬KH,港HK,澳门MO	0　受惠国LD	50
				1.4	韩KR		
				5.6	毛MU		
				11.2	东盟^{R}AS^R,澳^{R}AU^R,新西兰^{R}NZ^R,韩^{R}KR^R		
				11.5	日^{R}JP^R		
5020	6310.9000	-其他 -Other	6	0	东盟AS,智CL,巴PK,新西兰NZ,新加坡SG,秘PE,哥CR,瑞CH,冰IS,澳AU,格GE,毛MU,柬KH,港HK,澳门MO	0　受惠国LD,柬KH,老LA,缅MM	50
				1.4	韩KR		
				11.2	东盟^{R}AS^R,澳^{R}AU^R,新西兰^{R}NZ^R,韩^{R}KR^R		
				11.5	日^{R}JP^R		

第十二类
鞋、帽、伞、杖、鞭及其零件；
已加工的羽毛及其制品；
人造花；人发制品

SECTION XII
FOOTWEAR, HEADGEAR, UMBRELLAS, SUN UMBRELLAS, WALKING-STICKS, SEAT-STICKS, WHIPS, RIDING-CROPS AND PARTS THEREOF; PREPARED FEATHERS AND ARTICLES MADE THEREWITH; ARTIFICIAL FLOWERS; ARTICLES OF HUMAN HAIR

第六十四章
鞋靴、护腿和类似品及其零件

Chapter 64
Footwear, gaiters and the like; parts of such articles

注释：

一、本章不包括：

（一）易损材料（例如，纸、塑料薄膜）制的无外缝鞋底的一次性鞋靴罩或套，这些产品应按其构成材料归类；

（二）纺织材料制的鞋靴，没有用粘、缝或其他方法将外底固定或安装在鞋面上的（第十一类）；

（三）税目63.09的旧鞋靴；

（四）石棉制品（税目68.12）；

（五）矫形鞋靴或其他矫形器具及其零件（税目90.21）；或

（六）玩具鞋及装有冰刀或轮子的滑冰鞋；护胫或类似的运动防护服装（第九十五章）。

二、税目64.06所称"零件"，不包括鞋钉、护鞋铁掌、鞋眼、鞋钩、鞋扣、饰物、编带、鞋带、绒球或其他装饰带（应分别归入相应税目）及税目96.06的钮扣或其他货品。

三、本章所称：

（一）"橡胶"及"塑料"，包括能用肉眼辨出其外表有一层橡胶或塑料的机织物或其他纺织产品，运用本款时，橡胶或塑料仅引起颜色变化的不计在内；

（二）"皮革"，是指税目41.07及41.12至41.14的货品。

四、除本章注释三另有规定的以外：

（一）鞋面的材料应以占表面面积最大的那种材料为准，计算表面面积可不考虑附件及加固件，例如，护踝、裹边、饰物、扣子、拉襻、鞋眼或类似附属件；

（二）外底的主要材料应以与地面接触最广的那种材料为准，计算接触面时可不考虑鞋底钉、铁掌或类似附属件。

Notes:

1. This Chapter does not cover :

(a) Disposable foot or shoe coverings of flimsy material (for example, paper, sheeting of plastics) without applied soles. These products are classified according to their constituent material;

(b) Footwear of textile material, without an outer sole glued, sewn or otherwise affixed or applied to the upper (Section XI);

(c) Worn footwear of heading 63.09;

(d) Articles of asbestos (heading 68.12);

(e) Orthopaedic footwear or other orthopaedic appliances, or parts thereof (heading 90.21); or

(f) Toy footwear or skating boots with ice or roller skates attached; shin guards or similar protective sportswear (Chapter 95) .

2. For the purposes of heading 64.06, the term "parts" does not include pegs, protectors, eyelets, hooks, buckles, ornaments, braid, laces, pompons or other trimmings (which are to be classified in their appropriate headings) or buttons or other goods of heading 96.06.

3. For the purposes of this Chapter:

(a) The terms "rubber" and "plastics" include woven fabrics or other textile products with an external layer of rubber or plastics being visible to the naked eye; for the purpose of this provision, no account should be taken of any resulting change of colour; and

(b) The term "leather" refers to the goods of headings 41.07 and 41.12 to 41.14.

4. Subject to Note 3 to this Chapter:

(a) The material of the upper shall be taken to be the constituent material having the greatest external surface area, no account being taken of accessories or reinforcements such as ankle patches, edging, ornamentation, buckles, tabs, eyelet stays or similar attachments;

(b) The constituent material of the outer sole shall be taken to be the material having the greatest surface area in contact with the ground, no account being taken of accessories or reinforcements such as spikes, bars, nails, protectors or similar attachments.

子目注释:

子目6402.12、6402.19、6403.12、6403.19及6404.11所称"运动鞋靴",仅适用于:

一、带有或可装鞋底钉、止滑柱、夹钳、马蹄掌或类似品的体育专用鞋靴;

二、滑冰靴、滑雪靴及越野滑雪用鞋靴、滑雪板靴、角力靴、拳击靴及赛车鞋。

Subheading Notes:

For the purposes of subheadings 6402.12, 6402.19, 6403.12, 6403.19 and 6404.11, the expression "sports footwear" applies only to:

1. Footwear which is designed for a sporting activity and has, or has provision for the attachment of, spikes, sprigs, stops, clips, bars or the like;

2. Skating boots, ski-boots and cross-country ski footwear, snowboard boots, wrestling boots, boxing boots and cycling shoes.

序号 No.	税则号列 Tariff Line	货品名称 Article Description	最惠国税率 MFN(%)	协定税率 Agreement(%)		特惠税率 SP(%)	普通税率 Gen(%)
	64.01	橡胶或塑料制外底及鞋面的防水鞋靴,其鞋面不是用缝、铆、钉、旋、塞或类似方法固定在鞋底上的: Waterproof footwear with outer soles and uppers of rubber or of plastics, the uppers of which are neither fixed to the sole nor assembled by stitching, riveting, nailing, screwing, plugging or similar processes:					
		-装有金属防护鞋头的鞋靴: -Footwear incorporating a protective metal toecap:					
5021	6401.1010	---橡胶制鞋面的 ---With uppers of rubber	10	0	东盟AS,智CL,新西兰NZ,新加坡SG,秘PE,哥CR,瑞CH,冰IS,澳AU,格GE,柬KH,港HK,澳门MO	0 受惠国LD	100
				5	亚太AP		
				9.6	毛MU		
				12	巴PK		
				13.2	韩KR		
				21.6	东盟^{R}AS^R,澳^{R}AU^R,新西兰^{R}NZ^R,韩^{R}KR^R		
				21.7	日^{R}JP^R		
5022	6401.1090	---塑料制鞋面的 ---With uppers of plastics	10	0	东盟AS,智CL,新西兰NZ,新加坡SG,秘PE,哥CR,瑞CH,冰IS,澳AU,格GE,柬KH,港HK,澳门MO	0 受惠国LD	100
				5	亚太AP		
				9.6	毛MU		
				12	巴PK		
				13.2	韩KR		
				21.6	东盟^{R}AS^R,澳^{R}AU^R,新西兰^{R}NZ^R,韩^{R}KR^R		
				21.7	日^{R}JP^R		

序号 No.	税则号列 Tariff Line	货品名称 Article Description	最惠国税率 MFN(%)	协定税率 Agreement(%)		特惠税率 SP(%)		普通税率 Gen(%)
		-其他鞋靴: -Other footwear:						
		--鞋靴(过踝但未到膝): --Covering the ankle but not covering the knee:						
5023	6401.9210	---橡胶制鞋面的 ---With uppers of rubber	10	0	东盟AS,智CL,新西兰NZ,新加坡SG,秘PE,哥CR,瑞CH,冰IS,澳AU,格GE,柬KH,港HK,澳门MO	0	受惠国LD	100
				5	亚太AP			
				9.6	毛MU			
				12	巴PK			
				13.2	韩KR			
				21.6	东盟^{R}AS^R,澳^{R}AU^R,新西兰^{R}NZ^R,韩^{R}KR^R			
				21.7	日^{R}JP^R			
5024	6401.9290	---塑料制鞋面的 ---With uppers of plastics	10	0	东盟AS,智CL,新西兰NZ,新加坡SG,秘PE,哥CR,瑞CH,冰IS,澳AU,格GE,柬KH,港HK,澳门MO	0	受惠国LD	100
				5	亚太AP			
				9.6	毛MU			
				12	巴PK			
				13.2	韩KR			
				21.6	东盟^{R}AS^R,澳^{R}AU^R,新西兰^{R}NZ^R,韩^{R}KR^R			
				21.7	日^{R}JP^R			
5025	6401.9900	--其他 --Other	10	0	东盟AS,智CL,新西兰NZ,新加坡SG,秘PE,哥CR,瑞CH,冰IS,澳AU,格GE,柬KH,港HK,澳门MO	0	受惠国LD	100
				5	亚太AP			
				9.6	毛MU			
				12	巴PK			
				13.2	韩KR			
				21.6	东盟^{R}AS^R,澳^{R}AU^R,新西兰^{R}NZ^R,韩^{R}KR^R			
				21.7	日^{R}JP^R			
	64.02	橡胶或塑料制外底及鞋面的其他鞋靴: **Other footwear with outer soles and uppers of rubber or plastics:**						
		-运动鞋靴: -Sports footwear:						

序号 No.	税则号列 Tariff Line	货品名称 Article Description	最惠国税率 MFN(%)		协定税率 Agreement(%)	特惠税率 SP(%)	普通税率 Gen(%)
5026	6402.1200	--滑雪靴、越野滑雪鞋靴及滑雪板靴 --Ski-boots, cross-country ski footwear and snowboard boots	4	0	东盟AS,智CL,新西兰NZ,秘PE,哥CR,瑞CH,冰IS,澳AU,格GE,毛MU,东盟^{R}AS^R,澳AU^R,新西兰^{R}NZ^R,柬KH,港HK,澳门MO	0 受惠国LD .	100
				1	巴PK,韩KR		
				2	亚太AP		
				8	韩^{R}KR^R		
				8.2	日^{R}JP^R		
5027	6402.1900	--其他 --Other	10	0	东盟AS,智CL,新西兰NZ,新加坡SG,秘PE,哥CR,瑞CH,冰IS,澳AU,格GE,柬KH,港HK,澳门MO	0 受惠国LD	100
				5	亚太AP		
				9.6	毛MU		
				12	巴PK		
				13.2	韩KR		
				21.6	东盟^{R}AS^R,澳^{R}AU^R,新西兰^{R}NZ^R		
5028	6402.2000	-用栓塞方法将鞋面条带装配在鞋底上的鞋 -Footwear with upper straps or thongs assembled to the sole by means of plugs	10	0	东盟AS,智CL,新西兰NZ,新加坡SG,秘PE,哥CR,瑞CH,冰IS,澳AU,格GE,柬KH,港HK,澳门MO	0 受惠国LD	100
				5	亚太AP		
				9.6	毛MU		
				12	巴PK		
				13.2	韩KR		
				21.6	东盟^{R}AS^R,澳^{R}AU^R,新西兰^{R}NZ^R,韩^{R}KR^R		
		-其他鞋靴: -Other footwear:					
5029	6402.9100	--鞋靴（过踝） --Covering the ankle	10	0	东盟AS,智CL,新西兰NZ,新加坡SG,秘PE,哥CR,瑞CH,冰IS,澳AU,格GE,柬KH,港HK,澳门MO	0 受惠国LD	100
				5	亚太AP		
				9.6	毛MU		
				12	巴PK		
				13.2	韩KR		
				21.6	东盟^{R}AS^R,澳^{R}AU^R,新西兰^{R}NZ^R		
		--其他: --Other:					
5030	6402.9910	---橡胶制鞋面的 ---With uppers of rubber	10	0	东盟AS,智CL,新西兰NZ,新加坡SG,秘PE,哥CR,瑞CH,冰IS,澳AU,格GE,柬KH,港HK,澳门MO	0 受惠国LD	100
				5	亚太AP		
				9.6	毛MU		
				12	巴PK		
				13.2	韩KR		
				21.6	东盟^{R}AS^R,澳^{R}AU^R,新西兰^{R}NZ^R,韩^{R}KR^R		
				21.7	日^{R}JP^R		

序号 No.	税则号列 Tariff Line	货品名称 Article Description	最惠国税率 MFN(%)	协定税率 Agreement(%)		特惠税率 SP(%)	普通税率 Gen(%)
		---塑料制鞋面的: ---With uppers of plastics:					
5031	6402.9921	----以机织物或其他纺织材料作衬底的 ----Woven fabrics or other textile products as substrate	10	0	东盟AS,智CL,巴PK,新西兰NZ,新加坡SG,秘PE,哥CR,瑞CH,冰IS,澳AU,格GE,柬KH,港HK,澳门MO	0 受惠国LD	100
				5	亚太AP		
				9.6	毛MU		
				13.2	韩KR		
				21.6	东盟^RAS^R,澳^RAU^R,新西兰^RNZ^R,韩^RKR^R		
5032	6402.9929	----其他 ----Other	10	0	东盟AS,智CL,巴PK,新西兰NZ,新加坡SG,秘PE,哥CR,瑞CH,冰IS,澳AU,格GE,柬KH,港HK,澳门MO	0 受惠国LD	100
				5	亚太AP		
				9.6	毛MU		
				13.2	韩KR		
				21.6	东盟^RAS^R,澳^RAU^R,新西兰^RNZ^R,韩^RKR^R		
				21.7	日^RJP^R		
	64.03	橡胶、塑料、皮革或再生皮革制外底,皮革制鞋面的鞋靴: Footwear with outer soles of rubber, plastics, leather or composition leather and uppers of leather:					
		-运动鞋靴: -Sports footwear:					
5033	6403.1200	--滑雪靴、越野滑雪鞋靴及滑雪板靴 --Ski-boots, cross-country ski footwear and snowboard boots	14Δ4	0	东盟AS,智CL,新西兰NZ,新加坡SG,秘PE,哥CR,瑞CH,冰IS,澳AU,格GE,柬KH,港HK,澳门MO	0 受惠国LD,柬KH	100
				9.6	毛MU		
				13.2	韩KR		
				21.6	东盟^RAS^R,澳^RAU^R,新西兰^RNZ^R,韩^RKR^R		
				21.7	日^RJP^R		
5034	6403.1900	--其他 --Other	10	0	东盟AS,智CL,新西兰NZ,新加坡SG,秘PE,哥CR,瑞CH,冰IS,澳AU,格GE,毛MU,东盟^RAS^R,澳^RAU^R,新西兰^RNZ^R,柬KH,港HK,澳门MO	0 受惠国LD,柬KH	100
				1.5	韩KR		
				12	巴PK,韩^RKR^R		
				12.3	日^RJP^R		

序号 No.	税则号列 Tariff Line	货品名称 Article Description	最惠国税率 MFN(%)	协定税率 Agreement(%)		特惠税率 SP(%)	普通税率 Gen(%)
5035	6403.2000	-皮革制外底,由交叉于脚背并绕大脚趾的皮革条带构成鞋面的鞋 -Footwear with outer soles of leather, and uppers which consist of leather straps across the instep and around the big toe	14	0	东盟AS,智CL,巴PK,新西兰NZ,新加坡SG,秘PE,哥CR,瑞CH,冰IS,澳AU,格GE,柬KH,港HK,澳门MO	0 受惠国LD,柬KH	100
				9.6	毛MU		
				13.2	韩KR		
				21.6	东盟^{R}AS^R,澳^{R}AU^R,新西兰^{R}NZ^R,韩^{R}KR^R		
				21.7	日^{R}JP^R		
5036	6403.4000	-装有金属防护鞋头的其他鞋靴 -Other footwear, incorporating a protective metal toe-cap	14	0	东盟AS,智CL,新西兰NZ,新加坡SG,秘PE,哥CR,瑞CH,冰IS,澳AU,格GE,柬KH,港HK,澳门MO	0 受惠国LD,柬KH	100
				9.6	毛MU		
				13.2	韩KR		
				21.6	东盟^{R}AS^R,澳^{R}AU^R,新西兰^{R}NZ^R		
		-皮革制外底的其他鞋靴: -Other footwear with outer soles of leather:					
		--鞋靴(过踝): --Covering the ankle:					
		---过脚踝但低于小腿的鞋靴, 按内底长度分类: ---Covering the ankle but not covering the calf,by length of inner soles:					
5037	6403.5111	----小于24厘米的 ----Of less than 24cm	8	0	东盟AS,智CL,新西兰NZ,秘PE,哥CR,瑞CH,冰IS,澳AU,格GE,毛MU,东盟^{R}AS^R,澳^{R}AU^R,新西兰^{R}NZ^R,柬KH,港HK,澳门MO	0 受惠国LD,柬KH	100
				1	巴PK,韩KR		
				8	韩^{R}KR^R		
				8.2	日^{R}JP^R		
5038	6403.5119	----其他 ----Other	8	0	东盟AS,智CL,新西兰NZ,秘PE,哥CR,瑞CH,冰IS,澳AU,格GE,毛MU,东盟^{R}AS^R,澳^{R}AU^R,新西兰^{R}NZ^R,柬KH,港HK,澳门MO	0 受惠国LD,柬KH	100
				1	巴PK,韩KR		
				8	韩^{R}KR^R		
				8.2	日^{R}JP^R		
		---其他, 按内底长度分类: ---Other, with insoles of a length:					
5039	6403.5191	----小于24厘米的 ----Of less than 24cm	8	0	东盟AS,智CL,新西兰NZ,秘PE,哥CR,瑞CH,冰IS,澳AU,格GE,毛MU,东盟^{R}AS^R,澳^{R}AU^R,新西兰^{R}NZ^R,柬KH,港HK,澳门MO	0 受惠国LD,柬KH	100
				1	巴PK,韩KR		
				8	韩^{R}KR^R		
				8.2	日^{R}JP^R		

序号 No.	税则号列 Tariff Line	货品名称 Article Description	最惠国税率 MFN(%)	协定税率 Agreement(%)		特惠税率 SP(%)		普通税率 Gen(%)
5040	6403.5199	----其他 ----Other	8	0	东盟AS,智CL,新西兰NZ,秘PE,哥CR,瑞CH,冰IS,澳AU,格GE,毛MU,东盟^{R}AS^R,澳^{R}AU^R,新西兰^{R}NZ^R,柬KH,港HK,澳门MO	0	受惠国LD,柬KH	100
				1	巴PK,韩KR			
				8	韩^{R}KR^R			
				8.2	日^{R}JP^R			
5041	6403.5900	--其他 --Other	8	0	东盟AS,智CL,新西兰NZ,秘PE,哥CR,瑞CH,冰IS,澳AU,格GE,毛MU,东盟^{R}AS^R,澳^{R}AU^R,新西兰^{R}NZ^R,柬KH,港HK,澳门MO	0	受惠国LD,柬KH	100
				1	巴PK,韩KR			
				8	韩^{R}KR^R			
				8.2	日^{R}JP^R			
		-其他鞋靴: -Other footwear:						
		--鞋靴(过踝): --Covering the ankle:						
		---过脚踝但低于小腿的鞋靴,按内底长度分类: ---Covering the ankle but not covering the calf,by length of inner soles:						
5042	6403.9111	----小于24厘米的 ----Of less than 24cm	8	0	东盟AS,智CL,新西兰NZ,新加坡SG,秘PE,哥CR,瑞CH,冰IS,澳AU,格GE,毛MU,东盟^{R}AS^R,澳^{R}AU^R,新西兰^{R}NZ^R,柬KH,港HK,澳门MO	0	受惠国LD,柬KH	100
				1	韩KR			
				3	巴PK			
				8	韩^{R}KR^R			
				8.2	日^{R}JP^R			
5043	6403.9119	----其他 ----Other	8	0	东盟AS,智CL,巴PK,新西兰NZ,新加坡SG,秘PE,哥CR,瑞CH,冰IS,澳AU,格GE,毛MU,柬KH,港HK,澳门MO	0	受惠国LD,柬KH	100
				1	韩KR			
				8	东盟^{R}AS^R,澳^{R}AU^R,新西兰^{R}NZ^R,韩^{R}KR^R			
				8.2	日^{R}JP^R			
		---其他,按内底长度分类: ---Other, with insoles of a length:						

序号 No.	税则号列 Tariff Line	货品名称 Article Description	最惠国税率 MFN(%)		协定税率 Agreement(%)	特惠税率 SP(%)	普通税率 Gen(%)
5044	6403.9191	----小于24厘米的 ----Of less than 24cm	8	0	东盟AS,智CL,巴PK,新西兰NZ, 新加坡SG,秘PE,哥CR,瑞CH,冰 IS,澳AU,格GE,毛MU,东盟^RAS^R, 澳^RAU^R,新西兰^RNZ^R,柬KH,港 HK,澳门MO	0 受惠国LD, 柬KH	100
				1	韩KR		
				8	韩^RKR^R		
				8.2	日^RJP^R		
5045	6403.9199	----其他 ----Other	8	0	东盟AS,智CL,巴PK,新西兰NZ, 新加坡SG,秘PE,哥CR,瑞CH,冰 IS,澳AU,格GE,毛MU,东盟^RAS^R, 澳^RAU^R,新西兰^RNZ^R,柬KH,港 HK,澳门MO	0 受惠国LD, 柬KH	100
				1	韩KR		
				8	韩^RKR^R		
				8.2	日^RJP^R		
5046	6403.9900	--其他 --Other	8	0	东盟AS,智CL,巴PK,新西兰NZ, 新加坡SG,秘PE,哥CR,瑞CH, 冰IS,澳AU,格GE,东盟^RAS^R,澳 ^RAU^R,新西兰^RNZ^R,柬KH,港HK, 澳门MO	0 受惠国LD, 柬KH	100
				1	韩KR		
				4	毛MU		
				5.2	亚太AP		
				8	韩^RKR^R		
				8.2	日^RJP^R		
	64.04	橡胶、塑料、皮革或再生皮革制外底, 用纺织材料制鞋面的鞋靴: Footwear with outer soles of rubber, plastics, leather or composition leather and uppers of textile materials: -橡胶或塑料制外底的鞋靴: -Footwear with outer soles of rubber or plastics:					
5047	6404.1100	--运动鞋靴;网球鞋、篮球鞋、体操鞋、 训练鞋及类似鞋 --Sports footwear, tennis shoes, basketball shoes, gym shoes, training shoes and the like	10	0	东盟AS,智CL,巴PK,新西兰NZ, 新加坡SG,秘PE,哥CR,瑞CH,冰 IS,澳AU,格GE,柬KH,港HK,澳 门MO	0 受惠国LD	100
				5	亚太AP		
				9.6	毛MU		
				13.2	韩KR		
				21.6	东盟^RAS^R,澳^RAU^R,新西兰^RNZ^R		
		--其他: --Other:					

序号 No.	税则号列 Tariff Line	货品名称 Article Description	最惠国税率 MFN(%)		协定税率 Agreement(%)	特惠税率 SP(%)	普通税率 Gen(%)
5048	6404.1910	---拖鞋 ---Slippers	10	0	东盟AS,智CL,新西兰NZ,新加坡SG,秘PE,哥CR,瑞CH,冰IS,澳AU,格GE,柬KH,港HK,澳门MO	0 受惠国$_2$LD$_2$	100
				5	亚太AP		
				9.6	巴PK,毛MU		
				13.2	韩KR		
				21.6	东盟^{R}AS^R,澳^{R}AU^R,新西兰^{R}NZ^R,韩^{R}KR^R		
				21.7	日^{R}JP^R		
5049	6404.1990	---其他 ---Other	10	0	东盟AS,智CL,新西兰NZ,新加坡SG,秘PE,哥CR,瑞CH,冰IS,澳AU,格GE,柬KH,港HK,澳门MO	0 受惠国$_2$LD$_2$	100
				5	亚太AP		
				9.6	巴PK,毛MU		
				13.2	韩KR		
				21.6	东盟^{R}AS^R,澳^{R}AU^R,新西兰^{R}NZ^R,韩^{R}KR^R		
				21.7	日^{R}JP^R		
		-皮革或再生皮革制外底的鞋靴: -Footwear with outer soles of leather or composition leather:						
5050	6404.2010	---拖鞋 ---Slippers	10	0	东盟AS,智CL,新西兰NZ,新加坡SG,秘PE,哥CR,瑞CH,冰IS,澳AU,格GE,柬KH,港HK,澳门MO	0 受惠国$_2$LD$_2$	100
				5	亚太AP		
				9.6	毛MU		
				12	巴PK		
				13.2	韩KR		
				21.6	东盟^{R}AS^R,澳^{R}AU^R,新西兰^{R}NZ^R,韩^{R}KR^R		
				21.7	日^{R}JP^R		
5051	6404.2090	---其他 ---Other	10	0	东盟AS,智CL,新西兰NZ,新加坡SG,秘PE,哥CR,瑞CH,冰IS,澳AU,格GE,柬KH,港HK,澳门MO	0 受惠国$_2$LD$_2$	100
				5	亚太AP		
				9.6	毛MU		
				12	巴PK		
				13.2	韩KR		
				21.6	东盟^{R}AS^R,澳^{R}AU^R,新西兰^{R}NZ^R,韩^{R}KR^R		
				21.7	日^{R}JP^R		
	64.05	**其他鞋靴:** **Other footwear:**					
		-皮革或再生皮革制鞋面的: -With uppers of leather or composition leather:						

序号 No.	税则号列 Tariff Line	货品名称 Article Description	最惠国税率 MFN(%)	协定税率 Agreement(%)		特惠税率 SP(%)		普通税率 Gen(%)
5052	6405.1010	---橡胶、塑料、皮革及再生皮革制外底的 ---With outer soles of rubber, plastics, leather or composition leather	12	0	东盟AS,智CL,新西兰NZ,新加坡SG,秘PE,哥CR,瑞CH,冰IS,澳AU,格GE,柬KH,港HK,澳门MO	0	受惠国LD	100
				6	亚太AP			
				9.6	毛MU			
				12	巴PK			
				13.2	韩KR			
				21.6	东盟^RAS^R,澳^RAU^R,新西兰^RNZ^R			
				21.7	日^RJP^R			
5053	6405.1090	---其他材料制外底的 ---With outer soles of other materials	12	0	东盟AS,智CL,新西兰NZ,新加坡SG,秘PE,哥CR,瑞CH,冰IS,澳AU,格GE,柬KH,港HK,澳门MO	0	受惠国LD	100
				6	亚太AP			
				9.6	毛MU			
				12	巴PK			
				13.2	韩KR			
				21.6	东盟^RAS^R,澳^RAU^R,新西兰^RNZ^R,韩^RKR^R			
				21.7	日^RJP^R			
5054	6405.2000	-纺织材料制鞋面的 -With uppers of textile material	10	0	东盟AS,智CL,新西兰NZ,新加坡SG,秘PE,哥CR,瑞CH,冰IS,澳AU,格GE,柬KH,港HK,澳门MO	0	受惠国LD	100
				5	亚太AP			
				8.8	毛MU			
				11	巴PK			
				12.1	韩KR			
				19.8	东盟^RAS^R,澳^RAU^R,新西兰^RNZ^R			
				19.9	日^RJP^R			
		-其他: -Other:						
5055	6405.9010	---橡胶、塑料、皮革及再生皮革制外底的 ---With outer soles of rubber, plastics, leather or composition leather	6	0	东盟AS,智CL,巴PK,新西兰NZ,新加坡SG,秘PE,哥CR,瑞CH,冰IS,澳AU,格GE,毛MU,东盟^RAS^R,澳^RAU^R,新西兰^RNZ^R,柬KH,港HK,澳门MO	0	受惠国LD	100
				1.5	韩KR			
				3.9	亚太AP			
				12	韩^RKR^R			
				12.3	日^RJP^R			

序号 No.	税则号列 Tariff Line	货品名称 Article Description	最惠国税率 MFN(%)		协定税率 Agreement(%)	特惠税率 SP(%)	普通税率 Gen(%)
5056	6405.9090	---其他材料制外底的 ---With outer soles of other materials	6	0	东盟AS,智CL,新西兰NZ,新加坡SG,秘PE,哥CR,瑞CH,冰IS,澳AU,格GE,毛MU,东盟^{R}AS^R,澳^{R}AU^R,新西兰^{R}NZ^R,柬KH,港HK,澳门MO	0 受惠国LD	100
				1.5	韩KR		
				3.9	亚太AP		
				7.5	巴PK		
				12	韩^{R}KR^R		
				12.3	日^{R}JP^R		
	64.06	鞋靴零件(包括鞋面,不论是否带有除外底以外的其他鞋底);活动式鞋内底、跟垫及类似品;护腿、裹腿和类似品及其零件: Parts of footwear (including uppers whether or not attached to soles other than outer soles); removable insoles, heel cushions and similar articles; gaiters, leggings and similar articles, and parts thereof:					
5057	6406.1000	-鞋面及其零件,但硬衬除外 -Uppers and parts thereof, other than stiffeners	6	0	东盟AS,智CL,新西兰NZ,新加坡SG,秘PE,哥CR,瑞CH,冰IS,澳AU,格GE,毛MU,柬KH,港HK,澳门MO,台TW	0 受惠国LD	90
				3.9	亚太AP		
				7.5	巴PK		
				8.2	韩KR		
				13.5	东盟^{R}AS^R,澳^{R}AU^R,新西兰^{R}NZ^R		
		-橡胶或塑料制的外底及鞋跟: -Outer soles and heels, of rubber or plastics:					
5058	6406.2010	---橡胶制的 ---Of rubber	6	0	东盟AS,智CL,新西兰NZ,新加坡SG,秘PE,哥CR,瑞CH,冰IS,澳AU,格GE,毛MU,柬KH,港HK,澳门MO,台TW	0 受惠国LD	90
				1.5	韩KR		
				12	巴PK,东盟^{R}AS^R,澳^{R}AU^R,新西兰^{R}NZ^R,韩^{R}KR^R		
				12.3	日^{R}JP^R		
5059	6406.2020	---塑料制的 ---Of plastics	6	0	东盟AS,智CL,新西兰NZ,新加坡SG,秘PE,哥CR,瑞CH,冰IS,澳AU,格GE,毛MU,东盟^{R}AS^R,澳^{R}AU^R,新西兰^{R}NZ^R,柬KH,港HK,澳门MO	0 受惠国LD	90
				1.5	韩KR		
				12	巴PK,韩^{R}KR^R		
				12.3	日^{R}JP^R		

序号 No.	税则号列 Tariff Line	货品名称 Article Description	最惠国税率 MFN(%)	协定税率 Agreement(%)		特惠税率 SP(%)	普通税率 Gen(%)
		-其他: -Other:					
5060	6406.9010	---木制 ---Of wood	6	0	东盟AS,智CL,新西兰NZ,新加坡SG,秘PE,哥CR,瑞CH,冰IS,澳AU,格GE,毛MU,东盟^RAS^R,澳^RAU^R,新西兰^RNZ^R,柬KH,港HK,澳门MO	0 受惠国LD	90
				1.5	韩KR		
				3.9	亚太AP		
				7.5	巴PK		
				12	韩^RKR^R		
				12.3	日^RJP^R		
		---其他材料制: ---Of other materials:					
5061	6406.9091	----活动式鞋内底、跟垫及类似品 ----Non-wood removable insoles, heel cushions and similar articles	6	0	东盟AS,智CL,新西兰NZ,新加坡SG,秘PE,哥CR,瑞CH,冰IS,澳AU,格GE,毛MU,柬KH,港HK,澳门MO,台TW	0 受惠国LD	90
				3.9	亚太AP		
				7.5	巴PK		
				8.2	韩KR		
				13.5	东盟^RAS^R,澳^RAU^R,新西兰^RNZ^R		
5062	6406.9092	----护腿、裹腿和类似品及其零件 ----Non-wood gaiters, leggings and similar articles, and parts thereof	6	0	东盟AS,智CL,新西兰NZ,新加坡SG,秘PE,哥CR,瑞CH,冰IS,澳AU,格GE,毛MU,柬KH,港HK,澳门MO,台TW	0 受惠国LD	90
				3.9	亚太AP		
				6	巴PK		
				8.2	韩KR		
				13.5	东盟^RAS^R,澳^RAU^R,新西兰^RNZ^R		
5063	6406.9099	----其他 ----Of other materials	6	0	东盟AS,智CL,新西兰NZ,新加坡SG,秘PE,哥CR,瑞CH,冰IS,澳AU,格GE,毛MU,柬KH,港HK,澳门MO,台TW	0 受惠国LD	90
				3.9	亚太AP		
				6	巴PK		
				8.2	韩KR		
				13.5	东盟^RAS^R,澳^RAU^R,新西兰^RNZ^R		

注释:

一、本章不包括:

（一）税目63.09的旧帽类;

（二）石棉制帽类（税目68.12）; 或

（三）第九十五章的玩偶帽、其他玩具帽或狂欢节用品。

二、税目65.02不包括缝制的帽坯, 但仅将条带缝成螺旋形的除外。

Notes:

1. This Chapter does not cover:

(a) Worn headgear of heading 63.09;

(b) Asbestos headgear (heading 68.12); or

(c) Dolls' hats, other toy hats or carnival articles of Chapter 95.

2. Heading 65.02 does not cover hat-shapes made by sewing, other than those obtained simply by sewing strips in spirals.

序号 No.	税则号列 Tariff Line	货品名称 Article Description	最惠国税率 MFN(%)	协定税率 Agreement(%)		特惠税率 SP(%)	普通税率 Gen(%)
	65.01	毡呢制的帽坯、帽身及帽兜, 未楦制成形, 也未加帽边; 毡呢制的圆帽片及制帽用的毡呢筒（包括裁开的毡呢筒）: Hat-forms, hat bodies and hoods of felt, neither blocked to shape nor with made brims; plateaux and manchons (including slit manchons), of felt:					
5064	6501.0000	毡呢制的帽坯、帽身及帽兜, 未楦制成形, 也未加帽边; 毡呢制的圆帽片及制帽用的毡呢筒（包括裁开的毡呢筒） Hat-forms, hat bodies and hoods of felt, neither blocked to shape nor with made brims;plateaux and manchons(including slit manchons), of felt	10	0 东盟AS,智CL,新西兰NZ,新加坡SG,秘PE,哥CR,瑞CH,冰IS,澳AU,格GE,柬KH,港HK,澳门MO 8.8 毛MU 12.1 韩KR 19.8 东盟ᴿASᴿ,澳ᴿAUᴿ,新西兰ᴿNZᴿ,韩ᴿKRᴿ 19.9 日ᴿJPᴿ		0 受惠国LD	100
	65.02	编结的帽坯或用任何材料的条带拼制而成的帽坯, 未楦制成形, 也未加帽边、衬里或装饰物: Hat-shapes, plaited or made by assembling strips of any material, neither blocked to shape, nor with made brims, nor lined, nor trimmed:					
5065	6502.0000	编结的帽坯或用任何材料的条带拼制而成的帽坯, 未楦制成形, 也未加帽边、衬里或装饰物 Hat-shapes, plaited or made by assembling strips of any material, neither blocked to shape, nor with made brims, nor lined, nor trimmed	8	0 东盟AS,智CL,新西兰NZ,新加坡SG,秘PE,哥CR,瑞CH,冰IS,澳AU,格GE,毛MU,柬KH,港HK,澳门MO 8 韩KR 16 东盟ᴿASᴿ,澳ᴿAUᴿ,新西兰ᴿNZᴿ,韩ᴿKRᴿ 17.5 日ᴿJPᴿ		0 受惠国LD	100

序号 No.	税则号列 Tariff Line	货品名称 Article Description	最惠国税率 MFN(%)	协定税率 Agreement(%)		特惠税率 SP(%)	普通税率 Gen(%)
	65.04	编结帽或用任何材料的条带拼制而成的帽类，不论有无衬里或装饰物： Hats and other headgear, plaited or made by assembling strips of any material, whether or not lined or trimmed:					
5066	6504.0000	编结帽或用任何材料的条带拼制而成的帽类，不论有无衬里或装饰物 Hats and other headgear, plaited or made by assembling strips of any material, whether or not lined or trimmed	8	0	东盟AS,智CL,新西兰NZ,新加坡SG,秘PE,哥CR,瑞CH,冰IS,澳AU,格GE,毛MU,柬KH,港HK,澳门MO	0 受惠国LD	130
				8	韩KR		
				16	东盟^{R}AS^R,澳^{R}AU^R,新西兰^{R}NZ^R,韩^{R}KR^R		
				17.5	日^{R}JP^R		
	65.05	针织或钩编的帽类，用成匹的花边、毡呢或其他纺织物（条带除外）制成的帽类，不论有无衬里或装饰物；任何材料制的发网，不论有无衬里或装饰物： Hats and other headgear, knitted or crocheted, or made up from lace, felt or other textile fabric, in the piece (but not in strips), whether or not lined or trimmed; hair-nets of any material, whether or not lined or trimmed:					
5067	6505.0010	---发网 ---Hair-nets	4	0	东盟AS,智CL,新西兰NZ,秘PE,哥CR,瑞CH,冰IS,澳AU,格GE,毛MU,东盟^{R}AS^R,澳^{R}AU^R,新西兰^{R}NZ^R,柬KH,港HK,澳门MO	0 受惠国LD	130
				1	巴PK,韩KR		
				8	韩^{R}KR^R		
				8.2	日^{R}JP^R		
5068	6505.0020	---钩编的帽类 ---Hats and other headgear, knitted or crocheted	8	0	东盟AS,智CL,新西兰NZ,新加坡SG,秘PE,哥CR,瑞CH,冰IS,澳AU,格GE,柬KH,港HK,澳门MO	0 受惠国LD	130
				5.2	亚太AP		
				8	韩KR,毛MU		
				16	东盟^{R}AS^R,澳^{R}AU^R,新西兰^{R}NZ^R,韩^{R}KR^R		
				17.5	日^{R}JP^R		
				19	巴PK		
		---其他： ---Other:					

序号 No.	税则号列 Tariff Line	货品名称 Article Description	最惠国税率 MFN(%)		协定税率 Agreement(%)	特惠税率 SP(%)	普通税率 Gen(%)
5069	6505.0091	----用税目65.01的帽身、帽兜或圆帽片制成的毡呢帽类, 不论有无衬里或装饰物 ----Felt hats and other felt headgear, made from the hat bodies, hoods or plateaux of heading 65.01, whether or not lined or trimmed	8	0	东盟AS,智CL,新西兰NZ,新加坡SG,秘PE,哥CR,瑞CH,冰IS,澳AU,格GE,柬KH,港HK,澳门MO	0 受惠国LD	130
				4.8	亚太AP		
				8.8	毛MU		
				12.1	韩KR		
				19.8	东盟^{R}AS^R,澳^{R}AU^R,新西兰^{R}NZ^R,韩^{R}KR^R		
				19.9	日^{R}JP^R		
5070	6505.0099	----其他 ----Other	8	0	东盟AS,智CL,新西兰NZ,新加坡SG,秘PE,哥CR,瑞CH,冰IS,澳AU,格GE,东盟^{R}AS^R,澳^{R}AU^R,新西兰^{R}NZ^R,柬KH,港HK,澳门MO	0 受惠国LD	130
				2	韩KR		
				5.2	亚太AP		
				8	毛MU		
				16	韩^{R}KR^R		
				16.4	日^{R}JP^R		
				19	巴PK		
	65.06	其他帽类, 不论有无衬里或装饰物: Other headgear, whether or not lined or trimmed:					
5071	6506.1000	-安全帽 -Safety headgear	4	0	东盟AS,智CL,新西兰NZ,秘PE,哥CR,瑞CH,冰IS,澳AU,格GE,毛MU,东盟^{R}AS^R,澳^{R}AU^R,新西兰^{R}NZ^R,柬KH,港HK,澳门MO	0 受惠国LD	100
				1	韩KR		
				4	巴PK		
				8	韩^{R}KR^R		
				8.2	日^{R}JP^R		
		-其他: -Other:						
5072	6506.9100	--橡胶或塑料制 --Of rubber or of plastics	4	0	东盟AS,智CL,新西兰NZ,秘PE,哥CR,瑞CH,冰IS,澳AU,格GE,毛MU,东盟^{R}AS^R,澳^{R}AU^R,新西兰^{R}NZ^R,柬KH,港HK,澳门MO	0 受惠国LD	100
				1	巴PK,韩KR		
				8	韩^{R}KR^R		
				8.2	日^{R}JP^R		
		--其他材料制: --Of other materials:						

序号 No.	税则号列 Tariff Line	货品名称 Article Description	最惠国税率 MFN(%)	协定税率 Agreement(%)		特惠税率 SP(%)	普通税率 Gen(%)
5073	6506.9910	---皮革制 ---Of leather	8	0	东盟AS,智CL,新西兰NZ,秘PE, 哥CR,瑞CH,冰IS,澳AU,格GE, 毛MU,东盟^{R}AS^R,澳^{R}AU^R,新西 兰^{R}NZ^R,柬KH,港HK,澳门MO	0 受惠国LD	130
				1	韩KR		
				4	巴PK		
				8	韩^{R}KR^R		
				8.2	日^{R}JP^R		
5074	6506.9920	---毛皮制 ---Of furskin	4	0	东盟AS,智CL,新西兰NZ,秘PE, 哥CR,瑞CH,冰IS,澳AU,格GE, 毛MU,东盟^{R}AS^R,澳^{R}AU^R,新西 兰^{R}NZ^R,柬KH,港HK,澳门MO	0 受惠国LD	130
				1	巴PK,韩KR		
				8	韩^{R}KR^R		
				8.2	日^{R}JP^R		
5075	6506.9990	---其他 ---Other	10	0	东盟AS,智CL,新西兰NZ,新加 坡SG,秘PE,哥CR,瑞CH,冰IS,澳 AU,格GE,柬KH,港HK,澳门MO	0 受惠国LD	100
				9.6	毛MU		
				13.2	韩KR		
				21.6	东盟^{R}AS^R,澳^{R}AU^R,新西兰^{R}NZ^R		
	65.07	帽圈、帽衬、帽套、帽帮、帽骨架、帽舌 及帽颔带: Head-bands, linings, covers, hat foundations, hat frames, peaks and chinstraps, for headgear:					
5076	6507.0000	帽圈、帽衬、帽套、帽帮、帽骨架、帽舌 及帽颔带 Head-bands, linings, covers, hat foundations, hat frames, peaks and chinstraps, for headgear	10	0	东盟AS,智CL,新西兰NZ,新加 坡SG,秘PE,哥CR,瑞CH,冰IS,澳 AU,格GE,柬KH,港HK,澳门MO	0 受惠国LD	100
				9.6	毛MU		
				13.2	韩KR		
				21.6	东盟^{R}AS^R,澳^{R}AU^R,新西兰^{R}NZ^R		

Chapter 66
Umbrellas, sun umbrellas,
walking-sticks, seat-sticks,
whips, riding-crops and parts thereof

注释:

一、本章不包括:

（一）丈量用杖及类似品（税目90.17）;

（二）火器手杖、刀剑手杖、加重手杖及类似品（第九十三章）; 或

（三）第九十五章的货品（例如，玩具雨伞、玩具阳伞）。

二、税目66.03不包括纺织材料制的零件、附件及装饰品或者任何材料制的罩套、流苏、鞭梢、伞套及类似品。此类货品即使与税目66.01或66.02的物品一同进口或出口，只要未装配在一起，则不应视为上述税目所列物品的组成零件，而应分别归入各有关税目。

Notes:

1. This Chapter does not cover:

(a) Measure walking-sticks or the like (heading 90.17);

(b) Firearm-sticks, sword-sticks, loaded walking-sticks or the like (Chapter 93); or

(c) Goods of Chapter 95 (for example, toy umbrellas, toy sun umbrellas).

2. Heading 66.03 does not cover parts, trimmings or accessories of textile material, or covers, tassels, thongs, umbrella cases or the like, of any material. Such goods presented with, but not fitted to, articles of heading 66.01 or 66.02 are to be classified separately and not to be treated as forming part of those articles.

序号 No.	税则号列 Tariff Line	货品名称 Article Description	最惠国税率 MFN(%)	协定税率 Agreement(%)		特惠税率 SP(%)		普通税率 Gen(%)
	66.01	**雨伞及阳伞（包括手杖伞、庭园用伞及类似伞）:** **Umbrellas and sun umbrellas (including walking-stick umbrellas, garden umbrellas and similar umbrellas):**						
5077	6601.1000	-庭园用伞及类似伞 -Garden or similar umbrellas	6	0	东盟AS,智CL,新西兰NZ,新加坡SG,秘PE,哥CR,瑞CH,冰IS,澳AU,格GE,毛MU,东盟^{R}AS^R,澳^{R}AU^R,新西兰^{R}NZ^R,柬KH,港HK,澳门MO	0	受惠国LD	130
				1.4	韩KR			
				7	巴PK			
				11.2	韩^{R}KR^R			
				11.5	日^{R}JP^R			
		-其他: -Other:						
5078	6601.9100	--折叠伞 --Having a telescopic shaft	4	0	东盟AS,智CL,新西兰NZ,秘PE,哥CR,瑞CH,冰IS,澳AU,格GE,毛MU,东盟^{R}AS^R,澳^{R}AU^R,新西兰^{R}NZ^R,柬KH,港HK,澳门MO	0	受惠国LD	130
				1	巴PK,韩KR			
				8	韩^{R}KR^R			
				8.2	日^{R}JP^R			

序号 No.	税则号列 Tariff Line	货品名称 Article Description	最惠国税率 MFN(%)	协定税率 Agreement(%)		特惠税率 SP(%)		普通税率 Gen(%)
5079	6601.9900	--其他 --Other	4	0	东盟AS,智CL,新西兰NZ,秘PE, 哥CR,瑞CH,冰IS,澳AU,格GE, 毛MU,东盟^RAS^R,澳^RAU^R,新西 兰^RNZ^R,柬KH,港HK,澳门MO	0 受惠国LD	130
				1	巴PK,韩KR		
				8	韩^RKR^R		
				8.2	日^RJP^R		
	66.02	**手杖、带座手杖、鞭子、马鞭及类 似品:** **Walking sticks, seat-sticks, whips, riding-crops and the like:**					
5080	6602.0000	手杖、带座手杖、鞭子、马鞭及类似品 Walking-sticks, seat-sticks, whips, riding-crops and the like	4	0	东盟AS,智CL,新西兰NZ,秘PE, 哥CR,瑞CH,冰IS,澳AU,格GE, 毛MU,东盟^RAS^R,澳^RAU^R,新西 兰^RNZ^R,柬KH,港HK,澳门MO	0 受惠国LD	130
				1	巴PK,韩KR		
				8	韩^RKR^R		
				8.2	日^RJP^R		
	66.03	**税目66.01或66.02所列物品的零件及装 饰品:** **Parts, trimmings and accessories of articles of heading 6601 or 6602:**					
5081	6603.2000	-伞骨, 包括装在伞柄上的伞骨 -Umbrella frames, including frames mounted on shafts(sticks)	6	0	东盟AS,智CL,新西兰NZ,新加 坡SG,秘PE,哥CR,瑞CH,冰IS,澳 AU,格GE,毛MU,东盟^RAS^R,澳 ^RAU^R,新西兰^RNZ^R,柬KH,港HK, 澳门MO	0 受惠国LD	130
				1.4	韩KR		
				11.2	巴PK,韩^RKR^R		
				11.5	日^RJP^R		
5082	6603.9000	-其他 -Other	6	0	东盟AS,智CL,新西兰NZ,新加 坡SG,秘PE,哥CR,瑞CH,冰IS,澳 AU,格GE,毛MU,东盟^RAS^R,澳 ^RAU^R,新西兰^RNZ^R,柬KH,港HK, 澳门MO	0 受惠国LD	130
				1.4	韩KR		
				11.2	巴PK,韩^RKR^R		
				11.5	日^RJP^R		

第六十七章
已加工羽毛、羽绒及其制品；
人造花；人发制品

Chapter 67
Prepared feathers and down and
articles made of feathers or of down;
artificial flowers; articles of human hair

注释：

一、本章不包括：

（一）人发制滤布（税目59.11）；

（二）花边、刺绣品或其他纺织物制成的花卉图案（第十一类）；

（三）鞋靴（第六十四章）；

（四）帽类及发网（第六十五章）；

（五）玩具、运动用品或狂欢节用品（第九十五章）；或

（六）羽毛掸帚、粉扑及人发制的筛子（第九十六章）。

二、税目67.01不包括：

（一）羽毛或羽绒仅在其中作为填充料的物品（例如税目94.04的寝具）；

（二）羽毛或羽绒仅作为饰物或填充料的衣服或衣着附件；或

（三）税目67.02的人造花、叶及其部分品，以及它们的制成品。

三、税目67.02不包括：

（一）玻璃制品（第七十章）；或

（二）用陶器、石料、金属、木料或其他材料经模铸、锻造、雕刻、冲压或其他方法整件制成形的人造花、叶或果实；用捆扎、胶粘及类似方法以外的其他方法将部分品组合而成的上述制品。

Notes:

1. This Chapter does not cover:

(a) Filtering or straining cloth of human hair (heading 59.11);

(b) Floral motifs of lace, of embroidery or other textile fabric (Section XI);

(c) Footwear (Chapter 64);

(d) Headgear or hair-nets (Chapter 65);

(e) Toys, sports requisites or carnival articles (Chapter 95); or

(f) Feather dusters, powder-puffs or hair sieves (Chapter 96).

2. Heading 67.01 does not cover:

(a) Articles in which feathers or down constitute only filling or padding (for example, bedding of heading 94.04);

(b) Articles of apparel or clothing accessories in which feathers or down constitute no more than mere trimming or padding; or

(c) Artificial flowers or foliage or parts thereof or made up articles of heading 67.02.

3. Heading 67.02 does not cover:

(a) Articles of glass (Chapter 70); or

(b) Artificial flowers, foliage or fruit of pottery, stone, metal, wood or other materials, obtained in one piece by moulding, forging, carving, stamping or other process, or consisting of parts assembled otherwise than by binding, glueing, fitting into one another or similar methods.

序号 No.	税则号列 Tariff Line	货品名称 Article Description	最惠国税率 MFN(%)	协定税率 Agreement(%)		特惠税率 SP(%)	普通税率 Gen(%)
	67.01	带羽毛或羽绒的鸟皮及鸟体其他部分、羽毛、部分羽毛、羽绒及其制品（税目05.05的货品和经加工的羽管及羽轴除外）： Skins and other parts of birds with their feathers or down, feathers, parts of feathers, down and articles thereof (other than goods of heading 05.05 and worked quills and scapes):					
5083	6701.0000	带羽毛或羽绒的鸟皮及鸟体其他部分、羽毛、部分羽毛、羽绒及其制品（税目05.05的货品和经加工的羽管及羽轴除外） Skins and other parts of birds with their feathers or down, feathers, parts of feathers, down and articles thereof (other than goods of heading 05.05 and worked quills and scapes)	8	0	东盟AS,智CL,新西兰NZ,新加坡SG,秘PE,哥CR,瑞CH,冰IS,澳AU,格GE,毛MU,柬KH,港HK,澳门MO	0 受惠国LD	130
				8	韩KR		
				17.3	东盟^{R}AS^R		
				17.5	日^{R}JP^R		
				18	澳^{R}AU^R,新西兰^{R}NZ^R		
	67.02	人造花、叶、果实及其零件；用人造花、叶或果实制成的物品： Artificial flowers, foliage and fruit and parts thereof; articles made of artificial flowers, foliage or fruit:					

序号 No.	税则号列 Tariff Line	货品名称 Article Description	最惠国税率 MFN(%)	协定税率 Agreement(%)		特惠税率 SP(%)	普通税率 Gen(%)
5084	6702.1000	-塑料制 -Of plastics	8	0	东盟AS,智CL,新西兰NZ,新加坡 SG,秘PE,哥CR,瑞CH,冰IS,澳AU, 格GE,毛MU,柬KH,港HK,澳门MO	0 受惠国LD	130
				8	韩KR		
				16	东盟^RAS^R,澳^RAU^R,新西兰^RNZ^R, 韩^RKR^R		
				17.5	日^RJP^R		
		-其他材料制: -Of other materials:					
5085	6702.9010	---羽毛制 ---Of feathers or down	8	0	东盟AS,智CL,新西兰NZ,新加坡 SG,秘PE,哥CR,瑞CH,冰IS,澳AU, 格GE,毛MU,柬KH,港HK,澳门MO	0 受惠国LD	130
				4.8	亚太AP		
				8	韩KR		
				16	东盟^RAS^R,澳^RAU^R,新西兰^RNZ^R, 韩^RKR^R		
				17.5	日^RJP^R		
5086	6702.9020	---丝及绢丝制 ---Of silk or silk waste	8	0	东盟AS,智CL,新西兰NZ,新加 坡SG,秘PE,哥CR,瑞CH,冰IS,澳 AU,格GE,柬KH,港HK,澳门MO	0 受惠国LD	130
				9.6	毛MU		
				13.2	韩KR		
				21.6	东盟^RAS^R,澳^RAU^R,新西兰^RNZ^R, 韩^RKR^R		
				21.7	日^RJP^R		
5087	6702.9030	---化学纤维制 ---Of man-made fibres	8	0	东盟AS,智CL,新西兰NZ,新加 坡SG,秘PE,哥CR,瑞CH,冰IS,澳 AU,格GE,柬KH,港HK,澳门MO	0 受惠国LD	130
				9.6	毛MU		
				13.2	韩KR		
				21.6	东盟^RAS^R,澳^RAU^R,新西兰^RNZ^R, 韩^RKR^R		
				21.7	日^RJP^R		
5088	6702.9090	---其他 ---Other	8	0	东盟AS,智CL,新西兰NZ,新加 坡SG,秘PE,哥CR,瑞CH,冰IS,澳 AU,格GE,毛MU,柬KH,港HK,澳 门MO	0 受惠国LD	130
				8	韩KR		
				16	东盟^RAS^R,澳^RAU^R,新西兰^RNZ^R, 韩^RKR^R		
				17.5	日^RJP^R		
	67.03	经梳理、稀疏、脱色或其他方法加工的人发;作假发及类似品用的羊毛、其他动物毛或其他纺织材料: Human hair, dressed, thinned, bleached or otherwise worked; wool or other animal hair or other textile materials, prepared for use in making wigs or the like:					

序号 No.	税则号列 Tariff Line	货品名称 Article Description	最惠国税率 MFN(%)		协定税率 Agreement(%)	特惠税率 SP(%)	普通税率 Gen(%)
5089	6703.0000	经梳理、稀疏、脱色或其他方法加工的人发；作假发及类似品用的羊毛、其他动物毛或其他纺织材料 Human hair, dressed, thinned, bleached or otherwise worked; wool or other animal hair or other textile materials, prepared for use in making wigs or the like	8	0	东盟AS,智CL,新西兰NZ,新加坡SG,秘PE,哥CR,瑞CH,冰IS,澳AU,格GE,毛MU,东盟^{R}AS^R,澳^{R}AU^R,新西兰^{R}NZ^R,柬KH,港HK,澳门MO	0 受惠国LD	100
				2	韩KR		
				5.2	亚太AP		
				16	韩^{R}KR^R		
				16.4	日^{R}JP^R		
				18	巴PK		
	67.04	人发、动物毛或纺织材料制的假发、假胡须、假眉毛、假睫毛及类似品；其他税目未列名的人发制品： Wigs, false beards, eyebrows and eyelashes, switches and the like, of human or animal hair or of textile materials; articles of human hair not elsewhere specified or included:					
		-合成纤维纺织材料制： -Of synthetic textile materials:					
5090	6704.1100	--整头假发 --Complete wigs	8	0	东盟AS,智CL,新西兰NZ,新加坡SG,秘PE,哥CR,冰IS,澳AU,格GE,柬KH,港HK,澳门MO	0 受惠国LD	130
				8	瑞CH		
				10	毛MU		
				13.7	韩KR		
				22.5	东盟^{R}AS^R,澳^{R}AU^R,新西兰^{R}NZ^R,韩^{R}KR^R		
				22.6	日^{R}JP^R		
5091	6704.1900	--其他 --Other	8	0	东盟AS,智CL,新西兰NZ,新加坡SG,秘PE,哥CR,冰IS,澳AU,格GE,柬KH,港HK,澳门MO	0 受惠国LD	130
				8	瑞CH		
				10	毛MU		
				13.7	韩KR		
				22.5	东盟^{R}AS^R,澳^{R}AU^R,新西兰^{R}NZ^R		
5092	6704.2000	-人发制 -Of human hair	6	0	东盟AS,智CL,新西兰NZ,新加坡SG,秘PE,哥CR,瑞CH,冰IS,澳AU,格GE,毛MU,东盟^{R}AS^R,澳^{R}AU^R,新西兰^{R}NZ^R,柬KH,港HK,澳门MO	0 受惠国LD	130
				1.5	韩KR		
				12	巴PK,韩^{R}KR^R		
				12.3	日^{R}JP^R		
5093	6704.9000	-其他材料制 -Of other materials	8	0	东盟AS,智CL,新西兰NZ,新加坡SG,秘PE,哥CR,冰IS,澳AU,格GE,柬KH,港HK,澳门MO	0 受惠国LD	130
				8	瑞CH		
				10	毛MU		
				13.7	韩KR		
				22.5	东盟^{R}AS^R,澳^{R}AU^R,新西兰^{R}NZ^R		

第十三类
石料、石膏、水泥、石棉、云母及
类似材料的制品；陶瓷产品；
玻璃及其制品

第六十八章
石料、石膏、水泥、石棉、
云母及类似材料的制品

注释:

一、本章不包括:
（一）第二十五章的货品；
（二）税目48.10或48.11的经涂布、浸渍或覆盖的纸及纸板（例如，用云母粉或石墨涂布的纸及纸板、沥青纸及纸板）；

（三）第五十六章或第五十九章的经涂布、浸渍或包覆的纺织物（例如，用云母粉涂布或包覆的织物、沥青织物）；
（四）第七十一章的物品；
（五）第八十二章的工具及其零件；
（六）税目84.42的印刷用石板；
（七）绝缘子（税目85.46）或绝缘材料制的零件（税目85.47）；
（八）牙科用磨锉（税目90.18）；
（九）第九十一章的物品（例如，钟及钟壳）；
（十）第九十四章的物品（例如，家具、灯具及照明装置、活动房屋）；
（十一）第九十五章的物品（例如，玩具、游戏品及运动用品）；
（十二）用第九十六章注释二（二）所述材料制成的税目96.02的物品或税目96.06的物品（例如，钮扣）、税目96.09的物品（例如，石笔）、税目96.10的物品（例如，绘画石板）或税目96.20的物品（独脚架、双脚架、三脚架及类似品）；或
（十三）第九十七章的物品（例如艺术品）。
二、税目68.02所称"已加工的碑石或建筑用石"，不仅适用于已加工的税目25.15、25.16的各种石料，也适用于所有经类似加工的其他天然石料（例如，石英岩、燧石、白云石及冻石），但不适用于板岩。

本国子目注释:

一、本国子目6802.9311所称"花岗岩制石刻墓碑石"，是指用天然花岗石材加工成的立在坟墓前面或后面的石碑套件，一般由墓碑和外栅组成，上面刻有相关文字图案和造型。

二、本国子目6815.1310所称"碳纤维预浸料"，是指碳纤维在各类树脂等基体树脂中浸渍而成的材料。

SECTION XIII
ARTICLES OF STONE, PLASTER, CEMENT, ASBESTOS, MICA OR SIMILAR MATERIALS; CERAMIC PRODUCTS; GLASS AND GLASSWARE

Chapter 68
Articles of stone, plaster, cement, asbestos, mica or similar materials

Notes:

1. This Chapter does not cover :
   (a) Goods of Chapter 25;
   (b) Coated, impregnated or covered paper and paperboard of heading 48.10 or 48.11 (for example, paper and paperboard coated with mica powder or graphite, bituminised or asphalted paper and paperboard);
   (c) Coated, impregnated or covered textile fabric of Chapter 56 or 59 (for example, fabric coated or covered with mica powder, bituminised or asphalted fabric);
   (d) Articles of Chapter 71;
   (e) Tools or parts of tools, of Chapter 82;
   (f) Lithographic stones of heading 84.42;
   (g) Electrical insulators (heading 85.46) or fittings of insulating material of heading 85.47;
   (h) Dental burrs (heading 90.18);
   (i) Articles of Chapter 91 (for example, clocks and clock cases);
   (j) Articles of Chapter 94 (for example, furniture, luminaires and lighting fittings, prefabricated buildings);
   (k) Articles of Chapter 95 (for example, toys, games and sports requisites);
   (l) Articles of heading 96.02, if made of materials specified in Note 2 (b) to Chapter 96, or of heading 96.06 (for example, buttons), of heading 96.09 (for example, slate pencils), heading 96.10 (for example, drawing slates) or of heading 96.20 (monopods, bipods, tripods and similar articles); or
   (m) Articles of Chapter 97 (for example, works of art) .
2. In heading 68.02, the expression "worked monumental or building stone" applies not only to the varieties of stone referred to in heading 25.15 or 25.16, but also to all other natural stone (for example, quartzite, flint, dolomite and steatite) similarly worked; it does not, however, apply to slate.

Domestic Subheading Notes:

1. Domestic Subheading 6802.9311:"tombstone of natural granite" means stone tablet set that stands in front of or behind the tomb processed from natural granite stone. It is generally composed of tombstone and outer grid, with relevant characters, patterns and shapes engraved on it.
2. Domestic Subheading 6815.1310:"carbon fibre prepreg"means materials made of carbon fiber soaked in various resins (matrix resins).

三、本国子目6815.9940所称"玄武岩纤维及其制品",是指以玄武岩为原料经高温熔融后拉制而成的无机纤维,以及由该无机纤维经纺织等工艺加工而成的纤维制品。

3. Domestic Subheading 6815.9940:"basalt fiber and its products" means inorganic fiber expanded from basalt after high-temperature melting, as well as the fiber products processed by the inorganic fiber through textile and other processes.

序号 No.	税则号列 Tariff Line	货品名称 Article Description	最惠国税率 MFN(%)	协定税率 Agreement(%)		特惠税率 SP(%)		普通税率 Gen(%)
	68.01	天然石料(不包括板岩)制的长方砌石、路缘石、扁平石: Setts, curbstones and flagstones, of natural stone (except slate):						
5094	6801.0000	天然石料(不包括板岩)制的长方砌石、路缘石、扁平石 Setts, curbstones and flagstones, of natural stone(except slate)	12	0	东盟AS,智CL,新西兰NZ,新加坡SG,秘PE,哥CR,瑞CH,冰IS,澳AU,格GE,毛MU,东盟^{R}AS^R,澳^{R}AU^R,新西兰^{R}NZ^R,柬KH,港HK,澳门MO	0	受惠国LD	70
				1.2	韩KR			
				6	巴PK			
				9.6	韩^{R}KR^R			
				9.8	日^{R}JP^R			
	68.02	已加工的碑石或建筑用石(不包括板岩)及其制品,但税目68.01的货品除外;天然石料(包括板岩)制的镶嵌石(马赛克)及类似品,不论是否有衬背;天然石料(包括板岩)制的人工染色石粒、石片及石粉: Worked monumental or building stone (except slate) and articles thereof, other than goods of heading 68.01; mosaic cubes and the like, of natural stone (including slate), whether or not on a backing; artificially co-loured granules, chippings and powder, of natural stone (including slate):						
		-砖、瓦、方块及类似品,不论是否为矩形(包括正方形),其最大面以可置入边长小于7厘米的方格为限;人工染色的石粒、石片及石粉: -Tiles, cubes and similar articles, whether or not rectangular (including square), the largest face of which is capable of being enclosed in a square the side of which is less than 7cm; artificially coloured granules, chippings and powder:						
5095	6802.1010	---大理石 ---Marble	15	0	东盟AS,智CL,巴PK,新西兰NZ,新加坡SG,秘PE,哥CR,瑞CH,冰IS,澳AU,格GE,柬KH,港HK,澳门MO	0	受惠国LD	90
				9.6	毛MU			
				9.8	亚太AP			
				13.2	韩KR			
				21.6	东盟^{R}AS^R,澳^{R}AU^R,新西兰^{R}NZ^R,韩^{R}KR^R			
				21.7	日^{R}JP^R			

序号 No.	税则号列 Tariff Line	货品名称 Article Description	最惠国税率 MFN(%)	协定税率 Agreement(%)		特惠税率 SP(%)		普通税率 Gen(%)
5096	6802.1090	---其他 ---Other	15	0	东盟AS,智CL,巴PK,新西兰NZ, 新加坡SG,秘PE,哥CR,瑞CH,冰 IS,澳AU,格GE,毛MU,柬KH,港 HK,澳门MO	0	受惠国LD	90
				8	韩KR			
				9.8	亚太AP			
				16	东盟^RAS^R,澳^RAU^R,新西兰^RNZ^R, 韩^RKR^R			
				17.5	日^RJP^R			
		-简单切削或锯开并具有一个平面的其 他碑石或建筑用石及其制品: -Other monumental or building stone and articles thereof, simply cut or sawn, with a flat or even surface: --大理石、石灰华及蜡石: --Marble, travertine and alabaster:						
5097	6802.2110	---大理石 ---Marble	10	0	东盟AS,智CL,巴PK,新西兰NZ, 秘PE,哥CR,瑞CH,冰IS,澳AU,格 GE,毛MU,东盟^RAS^R,澳^RAU^R,新 西兰^RNZ^R,柬KH,港HK,澳门MO	0	受惠国LD	90
				1	韩KR			
				8	韩^RKR^R			
				8.2	日^RJP^R			
5098	6802.2120	---石灰华 ---Travertine	15	0	东盟AS,智CL,巴PK,新西兰NZ,新 加坡SG,秘PE,哥CR,瑞CH,冰IS,澳 AU,格GE,柬KH,港HK,澳门MO	0	受惠国LD	90
				9.6	毛MU			
				10.5	亚太AP			
				13.2	韩KR			
				21.6	东盟^RAS^R,澳^RAU^R,新西兰^RNZ^R, 韩^RKR^R			
				21.7	日^RJP^R			
5099	6802.2190	---其他 ---Other	15	0	东盟AS,智CL,巴PK,新西兰NZ,新 加坡SG,秘PE,哥CR,瑞CH,冰IS,澳 AU,格GE,柬KH,港HK,澳门MO	0	受惠国LD	90
				9.6	毛MU			
				10.5	亚太AP			
				13.2	韩KR			
				21.6	东盟^RAS^R,澳^RAU^R,新西兰^RNZ^R, 韩^RKR^R			
				21.7	日^RJP^R			
5100	6802.2300	--花岗岩 --Granite	10	0	东盟AS,智CL,巴PK,新西兰NZ, 秘PE,哥CR,瑞CH,冰IS,澳AU,格 GE,毛MU,东盟^RAS^R,澳^RAU^R,新 西兰^RNZ^R,柬KH,港HK,澳门MO	0	受惠国LD	90
				1	韩KR			
				6.5	亚太AP			
				8	韩^RKR^R			
				8.2	日^RJP^R			

序号 No.	税则号列 Tariff Line	货品名称 Article Description	最惠国税率 MFN(%)	协定税率 Agreement(%)		特惠税率 SP(%)	普通税率 Gen(%)
		--其他石: --Other stone:					
5101	6802.2910	---其他石灰石 ---Other calcareous stone	15	0	东盟AS,智CL,巴PK,新西兰NZ,新加坡SG,秘PE,哥CR,瑞CH,冰IS,澳AU,格GE,柬KH,港HK,澳门MO	0 受惠国LD	90
				9.6	毛MU		
				13.2	韩KR		
				21.6	东盟^{R}AS^R,澳^{R}AU^R,新西兰^{R}NZ^R,韩^{R}KR^R		
				21.7	日^{R}JP^R		
5102	6802.2990	---其他 ---Other	15	0	东盟AS,智CL,巴PK,新西兰NZ,新加坡SG,秘PE,哥CR,瑞CH,冰IS,澳AU,格GE,毛MU,东盟^{R}AS^R,澳^{R}AU^R,新西兰^{R}NZ^R,柬KH,港HK,澳门MO	0 受惠国LD	90
				1.5	韩KR		
				12	韩^{R}KR^R		
				12.3	日^{R}JP^R		
		-其他: -Other:					
		--大理石、石灰华及蜡石: --Marble, travertine and alabaster:					
5103	6802.9110	---石刻 ---Carvings	15	0	东盟AS,智CL,巴PK,新西兰NZ,新加坡SG,秘PE,哥CR,瑞CH,冰IS,澳AU,格GE,柬KH,港HK,澳门MO	0 受惠国LD	90
				9.6	毛MU		
				13.2	韩KR		
				21.6	东盟^{R}AS^R,澳^{R}AU^R,新西兰^{R}NZ^R,韩^{R}KR^R		
				21.7	日^{R}JP^R		
5104	6802.9190	---其他 ---Other	10	0	东盟AS,智CL,巴PK,新西兰NZ,秘PE,哥CR,瑞CH,冰IS,澳AU,格GE,毛MU,东盟^{R}AS^R,澳^{R}AU^R,新西兰^{R}NZ^R,柬KH,港HK,澳门MO	0 受惠国LD	90
				1	韩KR		
				8	韩^{R}KR^R		
				8.2	日^{R}JP^R		
		--其他石灰石: --Other calcareous stone:					
5105	6802.9210	---石刻 ---Carvings	15	0	东盟AS,智CL,巴PK,新西兰NZ,新加坡SG,秘PE,哥CR,瑞CH,冰IS,澳AU,格GE,柬KH,港HK,澳门MO	0 受惠国LD	90
				9.6	毛MU		
				13.2	韩KR		
				21.6	东盟^{R}AS^R,澳^{R}AU^R,新西兰^{R}NZ^R,韩^{R}KR^R		
				21.7	日^{R}JP^R		

序号 No.	税则号列 Tariff Line	货品名称 Article Description	最惠国税率 MFN(%)	协定税率 Agreement(%)		特惠税率 SP(%)		普通税率 Gen(%)
5106	6802.9290	---其他 ---Other	10	0	东盟AS,智CL,巴PK,新西兰NZ,秘PE,哥CR,瑞CH,冰IS,澳AU,格GE,毛MU,东盟^RAS^R,澳^RAU^R,新西兰^RNZ^R,柬KH,港HK,澳门MO	0	受惠国LD	90
				1	韩KR			
				8	韩^RKR^R			
				8.2	日^RJP^R			
		--花岗岩: --Granite:						
		---石刻: ---Carvings:						
5107	6802.9311	----墓碑石 ----Tombstone	15	0	东盟AS,智CL,巴PK,新西兰NZ,新加坡SG,秘PE,哥CR,瑞CH,冰IS,澳AU,格GE,柬KH,港HK,澳门MO	0	受惠国LD	90
				9.6	毛MU			
				13.2	韩KR			
				21.6	东盟^RAS^R,澳^RAU^R,新西兰^RNZ^R,韩^RKR^R			
5108	6802.9319	----其他 ----Other	15	0	东盟AS,智CL,巴PK,新西兰NZ,新加坡SG,秘PE,哥CR,瑞CH,冰IS,澳AU,格GE,柬KH,港HK,澳门MO	0	受惠国LD	90
				9.6	毛MU			
				10.5	亚太AP			
				13.2	韩KR			
				21.6	东盟^RAS^R,澳^RAU^R,新西兰^RNZ^R,韩^RKR^R			
5109	6802.9390	---其他 ---Other	10	0	东盟AS,智CL,巴PK,新西兰NZ,秘PE,哥CR,瑞CH,冰IS,澳AU,格GE,毛MU,东盟^RAS^R,澳^RAU^R,新西兰^RNZ^R,柬KH,港HK,澳门MO	0	受惠国LD	90
				1	韩KR			
				6.5	亚太AP			
				8	韩^RKR^R			
				8.2	日^RJP^R			
		--其他石: --Other stone:						
5110	6802.9910	---石刻 ---Carvings	15	0	东盟AS,智CL,巴PK,新西兰NZ,新加坡SG,秘PE,哥CR,瑞CH,冰IS,澳AU,格GE,柬KH,港HK,澳门MO	0	受惠国LD	90
				9.6	毛MU			
				13.2	韩KR			
				21.6	东盟^RAS^R,澳^RAU^R,新西兰^RNZ^R,韩^RKR^R			
5111	6802.9990	---其他 ---Other	15	0	东盟AS,智CL,巴PK,新西兰NZ,新加坡SG,秘PE,哥CR,瑞CH,冰IS,澳AU,格GE,柬KH,港HK,澳门MO	0	受惠国LD	90
				9.6	毛MU			
				13.2	韩KR			
				21.6	东盟^RAS^R,澳^RAU^R,新西兰^RNZ^R,韩^RKR^R			

序号 No.	税则号列 Tariff Line	货品名称 Article Description	最惠国税率 MFN(%)	协定税率 Agreement(%)		特惠税率 SP(%)	普通税率 Gen(%)
	68.03	已加工的板岩及板岩或粘聚板岩的制品: Worked slate and articles of slate or of agglomerated slate:					
5112	6803.0010	---板岩制 ---Of slate	15	0	东盟AS,智CL,新西兰NZ,新加坡SG,秘PE,哥CR,瑞CH,冰IS,澳AU,格GE,毛MU,柬KH,港HK,澳门MO	0 受惠国LD	80
				8	韩KR		
				16	东盟^RAS^R,澳^RAU^R,新西兰^RNZ^R,韩^RKR^R		
				17.5	日^RJP^R		
5113	6803.0090	---其他 ---Other	15	0	东盟AS,智CL,新西兰NZ,新加坡SG,秘PE,哥CR,瑞CH,冰IS,澳AU,格GE,毛MU,柬KH,港HK,澳门MO	0 受惠国LD	80
				8	韩KR		
				16	东盟^RAS^R,澳^RAU^R,新西兰^RNZ^R,韩^RKR^R		
				17.5	日^RJP^R		
	68.04	未装支架的石磨、石碾、砂轮和类似品及其零件,用于研磨、磨刃、抛光、整形或切割,以及手用磨石、抛光石及其零件,用天然石料、粘聚的天然磨料、人造磨料或陶瓷制成,不论是否装有由其他材料制成的零件: Millstones, grindstones, grinding wheels and the like, without frameworks, for grinding, sharpening, polishing, trueing or cutting, hand sharpening or polishing stones, and parts thereof, of natural stone, of agglomerated natural or artificial abrasives, or of ceramics, with or without parts of other materials:					
5114	6804.1000	-碾磨或磨浆用石磨、石碾 -Millstones and grindstones for milling, grinding or pulping	8	0	东盟AS,智CL,新西兰NZ,秘PE,哥CR,瑞CH,冰IS,韩KR,澳AU,格GE,毛MU,东盟^RAS^R,澳^RAU^R,新西兰^RNZ^R,柬KH,港HK,澳门MO,韩^RKR^R	0 受惠国LD	40
				1	巴PK		
				6.5	日^RJP^R		
		-其他石磨、石碾、砂轮及类似品: -Other millstones, grindstones, grinding wheels and the like:						
		--粘聚合成或天然金刚石制: --Of agglomerated synthetic or natural diamond:						
5115	6804.2110	---砂轮 ---Grinding wheels	8	0	东盟AS,智CL,新西兰NZ,秘PE,哥CR,瑞CH,冰IS,澳AU,格GE,毛MU,柬KH,港HK,澳门MO	0 受惠国LD	17
				0.8	韩KR		
				1	巴PK		
				6.4	东盟^RAS^R,澳^RAU^R,新西兰^RNZ^R,韩^RKR^R		
				6.5	日^RJP^R		

序号 No.	税则号列 Tariff Line	货品名称 Article Description	最惠国税率 MFN(%)		协定税率 Agreement(%)	特惠税率 SP(%)		普通税率 Gen(%)
5116	6804.2190	---其他 ---Other	8	0	东盟AS,智CL,新西兰NZ,秘PE, 哥CR,瑞CH,冰IS,澳AU,格GE, 毛MU,柬KH,港HK,澳门MO	0	受惠国LD	17
				0.8	韩KR			
				1	巴PK			
				6.4	东盟^{R}AS^R,澳^{R}AU^R,新西兰^{R}NZ^R, 韩^{R}KR^R			
				6.5	日^{R}JP^R			
		--其他粘聚磨料制或陶瓷制: --Of other agglomerated abrasives or of ceramics:						
5117	6804.2210	---砂轮 ---Grinding wheels	8	0	东盟AS,智CL,新西兰NZ,秘PE, 哥CR,瑞CH,冰IS,韩KR,澳AU,格 GE,毛MU,柬KH,港HK,澳门MO	0	受惠国LD	17
				1	巴PK			
				6.4	东盟^{R}AS^R,澳^{R}AU^R,新西兰^{R}NZ^R, 韩^{R}KR^R			
				6.5	日^{R}JP^R			
5118	6804.2290	---其他 ---Other	8	0	东盟AS,智CL,新西兰NZ,秘PE,哥 CR,瑞CH,冰IS,韩KR,澳AU,格GE, 毛MU,东盟^{R}AS^R,澳^{R}AU^R,新西兰 ^{R}NZ^R,柬KH,港HK,澳门MO,韩^{R}KR^R	0	受惠国LD	40
				1	巴PK			
				6.5	日^{R}JP^R			
		--天然石料制: --Of natural stone:						
5119	6804.2310	---砂轮 ---Grinding wheels	8	0	东盟AS,智CL,新西兰NZ,秘PE, 哥CR,瑞CH,冰IS,韩KR,澳AU, 格GE,毛MU,东盟^{R}AS^R,澳^{R}AU^R, 新西兰^{R}NZ^R,柬KH,港HK,澳门 MO,韩^{R}KR^R	0	受惠国LD	17
				1	巴PK			
				6.5	日^{R}JP^R			
5120	6804.2390	---其他 ---Other	8	0	东盟AS,智CL,新西兰NZ,秘PE, 哥CR,瑞CH,冰IS,澳AU,格GE, 毛MU,东盟^{R}AS^R,澳^{R}AU^R,新西 兰^{R}NZ^R,柬KH,港HK,澳门MO	0	受惠国LD	40
				0.8	韩KR			
				1	巴PK			
				6.4	韩^{R}KR^R			
				6.5	日^{R}JP^R			
		-手用磨石及抛光石: -Hand sharpening or polishing stones:						
5121	6804.3010	---琢磨油石 ---Oilstones	8	0	东盟AS,智CL,新西兰NZ,秘PE,哥 CR,瑞CH,冰IS,韩KR,澳AU,格GE, 毛MU,东盟^{R}AS^R,澳^{R}AU^R,新西兰 ^{R}NZ^R,柬KH,港HK,澳门MO,韩^{R}KR^R	0	受惠国LD	17
				1	巴PK			
				5.2	亚太AP			
				6.5	日^{R}JP^R			

序号 No.	税则号列 Tariff Line	货品名称 Article Description	最惠国税率 MFN(%)	协定税率 Agreement(%)		特惠税率 SP(%)	普通税率 Gen(%)
5122	6804.3090	---其他 ---Other	8	0	东盟AS,智CL,新西兰NZ,秘PE,哥CR,瑞CH,冰IS,澳AU,格GE,毛MU,东盟^RAS^R,澳^RAU^R,新西兰^RNZ^R,柬KH,港HK,澳门MO	0 受惠国LD	40
				0.8	韩KR		
				1	巴PK		
				6.4	亚太AP,韩^RKR^R		
				6.5	日^RJP^R		
	68.05	砂布、砂纸及以其他材料为底的类似品,不论是否裁切、缝合或用其他方法加工成形: Natural or artificial abrasive powder or grain, on a base of textile material, of paper, of paperboard or of other materials, whether or not cut to shape or sewn or otherwise made up:					
5123	6805.1000	-砂布 -On a base of woven textile fabric only	8	0	东盟AS,智CL,新西兰NZ,秘PE,哥CR,瑞CH,冰IS,澳AU,格GE,毛MU,柬KH,港HK,澳门MO	0 受惠国LD	40
				1	巴PK		
				3.2	韩KR		
				6.9	东盟^RAS^R,韩^RKR^R		
				7	日^RJP^R		
				7.2	澳^RAU^R,新西兰^RNZ^R		
5124	6805.2000	-砂纸 -On a base of paper or paperboard only	8	0	东盟AS,智CL,新西兰NZ,秘PE,哥CR,瑞CH,冰IS,澳AU,格GE,毛MU,柬KH,港HK,澳门MO	0 受惠国LD	40
				0.8	韩KR		
				1	巴PK		
				6.4	东盟^RAS^R,澳^RAU^R,新西兰^RNZ^R,韩^RKR^R		
				6.5	日^RJP^R		
5125	6805.3000	-其他 -On a base of other materials	8	0	东盟AS,智CL,新西兰NZ,秘PE,哥CR,瑞CH,冰IS,澳AU,格GE,毛MU,柬KH,港HK,澳门MO	0 受惠国LD	40
				0.8	韩KR		
				1	巴PK		
				6.4	东盟^RAS^R,澳^RAU^R,新西兰^RNZ^R,韩^RKR^R		
				6.5	日^RJP^R		
	68.06	矿渣棉、岩石棉及类似的矿质棉;页状蛭石、膨胀粘土、泡沫矿渣及类似的膨胀矿物材料;具有隔热、隔音或吸音性能的矿物材料的混合物及制品,但税目68.11、68.12或第六十九章的货品除外: Slag-wool, rock-wool and similar mineral wools; exfoliated vermiculite, expanded clays, foamed slag and similar expanded mineral materials; mixtures and articles of heat-insulating, sound-insulating or sound-absorbing mineral materials, other than those of heading 68.11 or 68.12 or of Chapter 69:					

序号 No.	税则号列 Tariff Line	货品名称 Article Description	最惠国税率 MFN(%)	协定税率 Agreement(%)		特惠税率 SP(%)	普通税率 Gen(%)
		-矿渣棉、岩石棉及类似的矿质棉（包括其相互混合物），块状、成片或成卷： -Slag wool, rock wool and similar mineral wools (including intermixtures thereof), in bulk, sheets or rolls:					
5126	6806.1010	---硅酸铝纤维及其制品 ---Aluminium silicate fibre and its products	10	0	东盟AS,智CL,新西兰NZ,新加坡SG,秘PE,哥CR,瑞CH,冰IS,澳AU,格GE,毛MU,东盟^{R}AS^R,澳^{R}AU^R,新西兰^{R}NZ^R,柬KH,港HK,澳门MO	0 受惠国LD	40
				1	韩KR		
				3	巴PK		
				8.4	韩^{R}KR^R		
				8.6	日^{R}JP^R		
5127	6806.1090	---其他 ---Other	10	0	东盟AS,智CL,新西兰NZ,新加坡SG,秘PE,哥CR,瑞CH,冰IS,澳AU,格GE,毛MU,柬KH,港HK,澳门MO	0 受惠国LD	40
				1	韩KR		
				3	巴PK		
				8.4	东盟^{R}AS^R,澳^{R}AU^R,新西兰^{R}NZ^R,韩^{R}KR^R		
				8.6	日^{R}JP^R		
	ex68061090	矿物纤维,渣球含量小于5% Mineral fiber, of a shot content less than 5%	Δ5				
5128	6806.2000	-页状蛭石、膨胀粘土、泡沫矿渣及类似的膨胀矿物材料（包括其相互混合物） -Exfoliated vermiculite, expanded clays, foamed slag and similar expanded mineral materials (including intermixtures thereof)	10	0	东盟AS,智CL,新西兰NZ,新加坡SG,秘PE,哥CR,瑞CH,冰IS,澳AU,格GE,毛MU,东盟^{R}AS^R,澳^{R}AU^R,新西兰^{R}NZ^R,柬KH,港HK,澳门MO	0 受惠国LD	40
				1	韩KR		
				3	巴PK		
				8.4	韩^{R}KR^R		
				8.6	日^{R}JP^R		
5129	6806.9000	-其他 -Other	10	0	东盟AS,智CL,新西兰NZ,秘PE,哥CR,瑞CH,冰IS,澳AU,格GE,毛MU,柬KH,港HK,澳门MO	0 受惠国LD	50
				1	巴PK		
				4	韩KR		
				8.7	东盟^{R}AS^R,韩^{R}KR^R		
				8.8	日^{R}JP^R		
				9	澳^{R}AU^R,新西兰^{R}NZ^R		
	68.07	**沥青或类似原料（例如，石油沥青或煤焦油沥青）的制品：** **Articles of asphalt or of similar material (for example, petroleum bitumen or coal tar pitch):**					
5130	6807.1000	-成卷 -In rolls	10	0	东盟AS,智CL,新西兰NZ,新加坡SG,秘PE,哥CR,瑞CH,冰IS,澳AU,格GE,毛MU,东盟^{R}AS^R,澳^{R}AU^R,新西兰^{R}NZ^R,柬KH,港HK,澳门MO	0 受惠国LD	50
				1.2	韩KR		
				6	巴PK		
				9.6	韩^{R}KR^R		
				9.8	日^{R}JP^R		

序号 No.	税则号列 Tariff Line	货品名称 Article Description	最惠国税率 MFN(%)		协定税率 Agreement(%)	特惠税率 SP(%)	普通税率 Gen(%)
5131	6807.9000	-其他 -Other	10	0	东盟AS,智CL,新西兰NZ,新加坡SG,秘PE,哥CR,瑞CH,冰IS,澳AU,格GE,毛MU,东盟^RAS^R,澳^RAU^R,新西兰^RNZ^R,柬KH,港HK,澳门MO	0 受惠国LD	50
				1.2	韩KR		
				3	巴PK		
				8	亚太AP		
				9.6	韩^RKR^R		
				9.8	日^RJP^R		
	68.08	镶板、平板、瓦、砖及类似品,用水泥、石膏及其他矿物粘合材料粘合植物纤维、稻草、刨花、木片屑、木粉、锯末或木废料制成: Panels, boards, tiles, blocks and similar articles of vegetable fibre, of straw or of shavings, chips, particles, sawdust or other waste of wood, agglomerated with cement, plaster or other mineral binders:					
5132	6808.0000	镶板、平板、瓦、砖及类似品,用水泥、石膏及其他矿物粘合材料粘合植物纤维、稻草、刨花、木片屑、木粉、锯末或木废料制成 Panels, boards, tiles, blocks and similar articles of vegetable fibre, of straw or of shavings, chips, particles, sawdust or other waste, of wood, agglomerated with cement, plaster or other mineral binders	8	0	东盟AS,智CL,新西兰NZ,新加坡SG,秘PE,哥CR,瑞CH,冰IS,澳AU,格GE,毛MU,东盟^RAS^R,澳^RAU^R,新西兰^RNZ^R,柬KH,港HK,澳门MO	0 受惠国LD	40
				1	韩KR		
				3	巴PK		
				8.4	韩^RKR^R		
				8.6	日^RJP^R		
	68.09	石膏制品及以石膏为基本成分的混合材料制品: Articles of plaster or of compositions based on plaster:					
		-未经装饰的板、片、砖、瓦及类似品: -Boards, sheets, panels, tiles and similar articles, not ornamented:					
5133	6809.1100	--仅用纸、纸板贴面或加强的 --Faced or reinforced with paper or paper board only	15	0	东盟AS,智CL,新西兰NZ,新加坡SG,秘PE,哥CR,瑞CH,冰IS,澳AU,格GE,柬KH,港HK,澳门MO	0 受惠国LD	100
				5	东盟^RAS^R,澳^RAU^R,新西兰^RNZ^R		
				11.2	毛MU		
5134	6809.1900	--其他 --Other	15	0	东盟AS,智CL,新西兰NZ,新加坡SG,秘PE,哥CR,冰IS,澳AU,格GE,柬KH,港HK,澳门MO	0 受惠国LD	100
				10	毛MU		
				13.7	韩KR		
				22.5	东盟^RAS^R,澳^RAU^R,新西兰^RNZ^R		
5135	6809.9000	-其他制品 -Other articles	15	0	东盟AS,智CL,新西兰NZ,新加坡SG,秘PE,哥CR,冰IS,澳AU,格GE,柬KH,港HK,澳门MO	0 受惠国LD	100
				10	毛MU		
				13.7	韩KR		
				22.5	东盟^RAS^R,澳^RAU^R,新西兰^RNZ^R,韩^RKR^R		
				22.6	日^RJP^R		

序号 No.	税则号列 Tariff Line	货品名称 Article Description	最惠国税率 MFN(%)	协定税率 Agreement(%)		特惠税率 SP(%)	普通税率 Gen(%)
	68.10	水泥、混凝土或人造石制品，不论是否加强： Articles of cement, of concrete or of artificial stone, whether or not reinforced:					
		-砖、瓦、扁平石及类似品： -Tiles, flagstones, bricks and similar articles:					
5136	6810.1100	--建筑用砖及石砌块 --Building blocks and bricks	10	0	东盟AS,智CL,新西兰NZ,新加坡SG,秘PE,哥CR,瑞CH,冰IS,澳AU,格GE,毛MU,东盟^RAS^R,澳^RAU^R,新西兰^RNZ^R,柬KH,港HK,澳门MO	0 受惠国LD	40
				1	韩KR		
				3	巴PK		
				6.5	亚太AP		
				8.4	韩^RKR^R		
				8.6	日^RJP^R		
		--其他： --Other:					
5137	6810.1910	---人造石制 ---Of artificial stone	10	0	东盟AS,智CL,新西兰NZ,新加坡SG,秘PE,哥CR,瑞CH,冰IS,澳AU,格GE,毛MU,东盟^RAS^R,澳^RAU^R,新西兰^RNZ^R,柬KH,港HK,澳门MO	0 受惠国LD	70
				1	韩KR		
				3	巴PK		
				6.5	亚太AP		
				8.4	韩^RKR^R		
				8.6	日^RJP^R		
5138	6810.1990	---其他 ---Other	10	0	东盟AS,智CL,新西兰NZ,新加坡SG,秘PE,哥CR,瑞CH,冰IS,澳AU,格GE,毛MU,东盟^RAS^R,澳^RAU^R,新西兰^RNZ^R,柬KH,港HK,澳门MO	0 受惠国LD	70
				1	韩KR		
				3	巴PK		
				6.5	亚太AP		
				8.4	韩^RKR^R		
				8.6	日^RJP^R		
		-其他制品： -Other articles:					
		--建筑或土木工程用的预制结构件： --Prefabricated structural components for building or civil engineering:					
5139	6810.9110	---钢筋混凝土和预应力混凝土管、杆、板、桩等 ---Reinforced concrete and prestressed concrete tubes, pipes, rods, plates, piles and similar articles	10	0	东盟AS,智CL,新西兰NZ,新加坡SG,秘PE,哥CR,瑞CH,冰IS,澳AU,格GE,毛MU,东盟^RAS^R,澳^RAU^R,新西兰^RNZ^R,柬KH,港HK,澳门MO	0 受惠国LD	40
				1	韩KR		
				3	巴PK		
				8.4	韩^RKR^R		
				8.6	日^RJP^R		

序号 No.	税则号列 Tariff Line	货品名称 Article Description	最惠国税率 MFN(%)	协定税率 Agreement(%)		特惠税率 SP(%)	普通税率 Gen(%)
5140	6810.9190	---其他 ---Other	10	0	东盟AS,智CL,新西兰NZ,新加坡 SG,秘PE,哥CR,瑞CH,冰IS,澳AU, 格GE,毛MU,东盟^{R}AS^R,澳^{R}AU^R,新 西兰^{R}NZ^R,柬KH,港HK,澳门MO	0 受惠国LD	40
				1	韩KR		
				3	巴PK		
				8.4	韩^{R}KR^R		
				8.6	日^{R}JP^R		
		--其他: --Other:					
5141	6810.9910	---铁道用水泥枕 ---Railway sleepers of concrete	8	0	东盟AS,智CL,新西兰NZ,秘PE, 哥CR,瑞CH,冰IS,韩KR,澳AU, 格GE,毛MU,东盟^{R}AS^R,澳^{R}AU^R, 新西兰^{R}NZ^R,柬KH,港HK,澳门 MO,韩^{R}KR^R	0 受惠国LD	14
				1	巴PK		
				6.5	日^{R}JP^R		
5142	6810.9990	---其他 ---Other	10	0	东盟AS,智CL,新西兰NZ,新加坡 SG,秘PE,哥CR,瑞CH,冰IS,澳AU, 格GE,毛MU,东盟^{R}AS^R,澳^{R}AU^R,新 西兰^{R}NZ^R,柬KH,港HK,澳门MO	0 受惠国LD	70
				1	韩KR		
				3	巴PK		
				8.4	韩^{R}KR^R		
				8.6	日^{R}JP^R		
	68.11	石棉水泥、纤维素水泥或类似材料的制品: Articles of asbestos-cement, of cellulose fibre-cement or the like:					
		-含石棉的: -Containing asbestos:					
5143	6811.4010	---瓦楞板 ---Corrugated sheets	5	0	东盟AS,智CL,巴PK,新西兰NZ, 秘PE,哥CR,瑞CH,冰IS,韩KR, 澳AU,格GE,毛MU,东盟^{R}AS^R, 澳^{R}AU^R,日^{R}JP^R,新西兰^{R}NZ^R,柬 KH,港HK,澳门MO,韩^{R}KR^R	0 受惠国LD	40
5144	6811.4020	---其他片、板、砖、瓦及类似制品 ---Other sheets, panels, tiles and similar articles	8	0	东盟AS,智CL,新西兰NZ,新加坡 SG,秘PE,哥CR,瑞CH,冰IS,澳AU, 格GE,毛MU,东盟^{R}AS^R,澳^{R}AU^R,新 西兰^{R}NZ^R,柬KH,港HK,澳门MO	0 受惠国LD	40
				1	韩KR		
				3	巴PK		
				8.4	韩^{R}KR^R		
				8.6	日^{R}JP^R		
5145	6811.4030	---管子及管子附件 ---Tubes, pipes and tube or pipe fittings	8	0	东盟AS,智CL,新西兰NZ,秘PE, 哥CR,瑞CH,冰IS,韩KR,澳AU, 格GE,毛MU,东盟^{R}AS^R,澳^{R}AU^R, 新西兰^{R}NZ^R,柬KH,港HK,澳门 MO,韩^{R}KR^R	0 受惠国LD	40
				1	巴PK		
				6.5	日^{R}JP^R		

序号 No.	税则号列 Tariff Line	货品名称 Article Description	最惠国税率 MFN(%)	协定税率 Agreement(%)		特惠税率 SP(%)	普通税率 Gen(%)
5146	6811.4090	---其他制品 ---Other articles	8	0	东盟AS,智CL,新西兰NZ,秘PE, 哥CR,瑞CH,冰IS,澳AU,格GE, 毛MU,东盟^{R}AS^R,澳^{R}AU^R,新西 兰^{R}NZ^R,柬KH,港HK,澳门MO	0 受惠国LD	40
				0.8	韩KR		
				1	巴PK		
				6.7	韩^{R}KR^R		
				6.9	日^{R}JP^R		
		-不含石棉的: -Not containing asbestos:					
5147	6811.8100	--瓦楞板 --Corrugated sheets	5	0	东盟AS,智CL,巴PK,新西兰NZ, 秘PE,哥CR,瑞CH,冰IS,韩KR, 澳AU,格GE,毛MU,东盟^{R}AS^R, 澳^{R}AU^R,日^{R}JP^R,新西兰^{R}NZ^R,柬 KH,港HK,澳门MO,韩^{R}KR^R	0 受惠国LD	40
5148	6811.8200	--其他片、板、砖、瓦及类似制品 --Other sheets, panels, tiles and similar articles	8	0	东盟AS,智CL,新西兰NZ,新加 坡SG,秘PE,哥CR,冰IS,澳AU,格 GE,毛MU,东盟^{R}AS^R,澳^{R}AU^R,新 西兰^{R}NZ^R,柬KH,港HK,澳门MO	0 受惠国LD	40
				1	韩KR		
				3	巴PK		
				4.2	瑞CH		
				8.4	韩^{R}KR^R		
				8.6	日^{R}JP^R		
		--其他制品: --Other articles:					
5149	6811.8910	---管子及管子附件 ---Tubes, pipes and tube or pipe fittings	8	0	东盟AS,智CL,新西兰NZ,秘PE,哥 CR,瑞CH,冰IS,韩KR,澳AU,格GE,毛 MU,东盟^{R}AS^R,澳^{R}AU^R,新西兰^{R}NZ^R, 柬KH,港HK,澳门MO,韩^{R}KR^R	0 受惠国LD	40
				1	巴PK		
				6.5	日^{R}JP^R		
5150	6811.8990	---其他制品 ---Other articles	8	0	东盟AS,智CL,新西兰NZ,秘PE,哥 CR,瑞CH,冰IS,韩KR,澳AU,格GE,毛 MU,东盟^{R}AS^R,澳^{R}AU^R,新西兰^{R}NZ^R, 柬KH,港HK,澳门MO,韩^{R}KR^R	0 受惠国LD	40
				1	巴PK		
				6.9	日^{R}JP^R		
	68.12	已加工的石棉纤维;以石棉为基本成分或 以石棉和碳酸镁为基本成分的混合物;上 述混合物或石棉的制品(例如,纱线、机 织物、服装、帽类、鞋靴、衬垫),不论是 否加强,但税目68.11或68.13的货品除外: Fabricated asbestos fibres; mixtures with a basis of asbestos or with a basis of asbestos and magnesium carbonate; articles of such mixtures or of asbestos (for example, thread, woven fabric, clothing, headgear, footwear, gaskets), whether or not reinforced, other than goods of heading 68.11 or 68.13:					

序号 No.	税则号列 Tariff Line	货品名称 Article Description	最惠国税率 MFN(%)		协定税率 Agreement(%)	特惠税率 SP(%)		普通税率 Gen(%)
5151	6812.8000	-青石棉的 -Of crocidolite	10	0	东盟AS,智CL,新西兰NZ,新加坡SG,秘PE,哥CR,瑞CH,冰IS,澳AU,格GE,毛MU,东盟^{R}AS^R,澳^{R}AU^R,新西兰^{R}NZ^R,柬KH,港HK,澳门MO	0	受惠国LD	40
				1	韩KR			
				3	巴PK			
				8.4	韩^{R}KR^R			
				8.6	日^{R}JP^R			
		-其他: -Other:						
5152	6812.9100	--服装、衣着附件、帽类及鞋靴 --Clothing, clothing accessories, footwear and headgear	10	0	东盟AS,智CL,新西兰NZ,新加坡SG,秘PE,哥CR,瑞CH,冰IS,澳AU,格GE,毛MU,东盟^{R}AS^R,澳^{R}AU^R,新西兰^{R}NZ^R,柬KH,港HK,澳门MO	0	受惠国LD	40
				1	韩KR			
				3	巴PK			
				8.4	韩^{R}KR^R			
				8.6	日^{R}JP^R			
		--其他: --Other:						
5153	6812.9910	---纸、麻丝板及毡子 ---Paper, millboard and felt	10	0	东盟AS,智CL,新西兰NZ,新加坡SG,秘PE,哥CR,瑞CH,冰IS,澳AU,格GE,毛MU,东盟^{R}AS^R,澳^{R}AU^R,新西兰^{R}NZ^R,柬KH,港HK,澳门MO	0	受惠国LD	40
				1	韩KR			
				3	巴PK			
				8.4	韩^{R}KR^R			
				8.6	日^{R}JP^R			
5154	6812.9920	---成片或成卷的压缩石棉纤维接合材料 ---Compressed asbestos fibre jointing, in sheets or rolls	10	0	东盟AS,智CL,新西兰NZ,新加坡SG,秘PE,哥CR,瑞CH,冰IS,澳AU,格GE,毛MU,东盟^{R}AS^R,澳^{R}AU^R,新西兰^{R}NZ^R,柬KH,港HK,澳门MO	0	受惠国LD	40
				1	韩KR			
				3	巴PK			
				8.4	韩^{R}KR^R			
				8.6	日^{R}JP^R			
5155	6812.9990	---其他 ---Other	10	0	东盟AS,智CL,新西兰NZ,秘PE,哥CR,瑞CH,冰IS,澳AU,格GE,毛MU,东盟^{R}AS^R,澳^{R}AU^R,新西兰^{R}NZ^R,柬KH,港HK,澳门MO	0	受惠国LD	40
				1	巴PK,韩KR			
				8	韩^{R}KR^R			
				8.2	日^{R}JP^R			

序号 No.	税则号列 Tariff Line	货品名称 Article Description	最惠国税率 MFN(%)	协定税率 Agreement(%)		特惠税率 SP(%)	普通税率 Gen(%)
	68.13	以石棉、其他矿物质或纤维素为基本成分的未装配摩擦材料及其制品（例如，片、卷、带、盘、圈、垫及扇形），适于作制动器、离合器及类似品，不论是否与织物或其他材料结合而成： Friction material and articles thereof (for example, sheets, rolls, strips, segments, discs, washers, pads), not mounted, for brakes, for clutches or the like, with a basis of asbestos, of other mineral substances or of cellulose, whether or not combined with textile or other materials:					
		-含石棉的： -Containing asbestos:					
5156	6813.2010	---闸衬、闸垫 ---Brake linings and pads	10	0	东盟AS,智CL,新西兰NZ,秘PE,哥CR,瑞CH,冰IS,澳AU,格GE,毛MU,东盟^{R}AS^R,澳^{R}AU^R,新西兰^{R}NZ^R,柬KH,港HK,澳门MO	0 受惠国LD	40
				1	巴PK,韩KR		
				8	韩^{R}KR^R		
				8.2	日^{R}JP^R		
5157	6813.2090	---其他 ---Other	10	0	东盟AS,智CL,新西兰NZ,新加坡SG,秘PE,哥CR,瑞CH,冰IS,澳AU,格GE,毛MU,东盟^{R}AS^R,澳^{R}AU^R,新西兰^{R}NZ^R,柬KH,港HK,澳门MO	0 受惠国LD	40
				1.2	韩KR		
				6	巴PK		
				9.6	韩^{R}KR^R		
				9.8	日^{R}JP^R		
		-不含石棉的： -Not containing asbestos:					
5158	6813.8100	--闸衬、闸垫 --Brake linings and pads	10	0	东盟AS,智CL,新西兰NZ,秘PE,哥CR,瑞CH,冰IS,澳AU,格GE,毛MU,东盟^{R}AS^R,澳^{R}AU^R,新西兰^{R}NZ^R,柬KH,港HK,澳门MO	0 受惠国LD	40
				1	巴PK,韩KR		
				8	韩^{R}KR^R		
				8.2	日^{R}JP^R		
5159	6813.8900	--其他 --Other	10	0	东盟AS,智CL,新西兰NZ,新加坡SG,秘PE,哥CR,瑞CH,冰IS,澳AU,格GE,毛MU,柬KH,港HK,澳门MO	0 受惠国LD	40
				1.2	韩KR		
				6	巴PK		
				9.6	东盟^{R}AS^R,澳^{R}AU^R,新西兰^{R}NZ^R,韩^{R}KR^R		
				9.8	日^{R}JP^R		
	68.14	已加工的云母及其制品，包括粘聚或复制的云母，不论是否附于纸、纸板或其他材料上： Worked mica and articles of mica, including agglomerated or reconstituted mica, whether or not on a support of paper, paperboard or other materials:					

序号 No.	税则号列 Tariff Line	货品名称 Article Description	最惠国税率 MFN(%)	协定税率 Agreement(%)		特惠税率 SP(%)		普通税率 Gen(%)
5160	6814.1000	-粘聚或复制云母制的板、片、带, 不论是否附于其他材料上 -Plates, sheets and strips of agglomerated or reconstituted mica, whether or not on a support	8	0	东盟AS,智CL,新西兰NZ,新加坡SG,秘PE,哥CR,瑞CH,冰IS,澳AU,格GE,毛MU,东盟^{R}AS^R,澳^{R}AU^R,新西兰^{R}NZ^R,柬KH,港HK,澳门MO	0	受惠国LD	35
				1	韩KR			
				3	巴PK			
				8.4	韩^{R}KR^R			
				8.6	日^{R}JP^R			
5161	6814.9000	-其他 -Other	8	0	东盟AS,智CL,新西兰NZ,新加坡SG,秘PE,哥CR,瑞CH,冰IS,澳AU,格GE,毛MU,东盟^{R}AS^R,澳^{R}AU^R,新西兰^{R}NZ^R,柬KH,港HK,澳门MO	0	受惠国LD	35
				1	韩KR			
				3	巴PK			
				8.4	韩^{R}KR^R			
				8.6	日^{R}JP^R			
	68.15	其他税目未列名的石制品及其他矿物制品(包括碳纤维及其制品和泥煤制品): **Articles of stone or of other mineral substances (including carbon fibres, articles of carbon fibres and articles of peat), not elsewhere specified or included:**						
		-碳纤维; 非电气用的碳纤维制品; 其他非电气用的石墨或其他碳精制品: -Carbon fibres; articles of carbon fibres for non-electrical uses; other articles of graphite or other carbon for non-electrical uses :						
5162	6815.1100	--碳纤维 --Carbon fibres	17	0	东盟AS,智CL,新西兰NZ,新加坡SG,秘PE,哥CR,瑞CH,冰IS,澳AU,格GE,毛MU,柬KH,港HK,澳门MO	0	受惠国LD	70
				5	东盟^{R}AS^R,澳^{R}AU^R,新西兰^{R}NZ^R			
5163	6815.1200	--碳纤维织物 --Fabrics of carbon fibres	17	0	东盟AS,智CL,新西兰NZ,新加坡SG,秘PE,哥CR,瑞CH,冰IS,澳AU,格GE,毛MU,柬KH,港HK,澳门MO	0	受惠国LD	70
				5	东盟^{R}AS^R,澳^{R}AU^R,新西兰^{R}NZ^R			
		--其他碳纤维制品: --Other articles of carbon fibres:						
5164	6815.1310	---碳纤维预浸料 ---Carbon fibre prepreg	17	0	东盟AS,智CL,新西兰NZ,新加坡SG,秘PE,哥CR,瑞CH,冰IS,澳AU,格GE,毛MU,柬KH,港HK,澳门MO	0	受惠国LD	70
				5	东盟^{R}AS^R,澳^{R}AU^R,新西兰^{R}NZ^R			
5165	6815.1390	---其他 ----Other	17	0	东盟AS,智CL,新西兰NZ,新加坡SG,秘PE,哥CR,瑞CH,冰IS,澳AU,格GE,毛MU,柬KH,港HK,澳门MO	0	受惠国LD	70
				5	东盟^{R}AS^R,澳^{R}AU^R,新西兰^{R}NZ^R			

序号 No.	税则号列 Tariff Line	货品名称 Article Description	最惠国税率 MFN(%)		协定税率 Agreement(%)	特惠税率 SP(%)	普通税率 Gen(%)
5166	6815.1900	--其他 --Other	10	0	东盟AS,智CL,新西兰NZ,新加坡SG,秘PE,哥CR,瑞CH,冰IS,澳AU,格GE,毛MU,柬KH,港HK,澳门MO	0 受惠国LD	70
				5	东盟^RAS^R,澳^RAU^R,新西兰^RNZ^R		
				12	巴PK		
	ex68151900	碳化硅外延生产设备用石墨配件（金属含量≤5ppm） Graphite fittings for silicon carbide wafer manufacturing (Metal content≤5ppm)	Δ5				
5167	6815.2000	-泥煤制品 -Articles of peat	10	0	东盟AS,智CL,新西兰NZ,新加坡SG,秘PE,哥CR,瑞CH,冰IS,澳AU,格GE,毛MU,东盟^RAS^R,澳^RAU^R,新西兰^RNZ^R,柬KH,港HK,澳门MO	0 受惠国LD	70
				1.5	韩KR		
				12	巴PK,韩^RKR^R		
				12.3	日^RJP^R		
		-其他制品: -Other articles:					
5168	6815.9100	--含有菱镁矿、方镁石形态的氧化镁、白云石（包括煅烧形态）或铬铁矿的 --Containing magnesite, magnesia in the form of periclase, dolomite including in the form of dolime, or chromite	10	0	东盟AS,智CL,新西兰NZ,新加坡SG,秘PE,哥CR,瑞CH,冰IS,澳AU,格GE,毛MU,东盟^RAS^R,澳^RAU^R,新西兰^RNZ^R,柬KH,港HK,澳门MO	0 受惠国LD	70
				1.6	韩KR		
				12	巴PK,韩^RKR^R		
				12.3	日^RJP^R		
		--其他: --Other:					
5169	6815.9940	---玄武岩纤维及其制品 ---Basalt fiber and articles thereof	17	0	东盟AS,智CL,巴PK,新西兰NZ,新加坡SG,秘PE,哥CR,瑞CH,冰IS,澳AU,格GE,毛MU,东盟^RAS^R,澳^RAU^R,新西兰^RNZ^R,柬KH,港HK,澳门MO	0 受惠国LD	70
				1.7	韩KR		
				14	韩^RKR^R		
				14.3	日^RJP^R		
5170	6815.9990	---其他 ---Other	10	0	东盟AS,智CL,巴PK,新西兰NZ,新加坡SG,秘PE,哥CR,瑞CH,冰IS,澳AU,格GE,毛MU,东盟^RAS^R,澳^RAU^R,新西兰^RNZ^R,柬KH,港HK,澳门MO	0 受惠国LD	70
				1.7	韩KR		
				14	韩^RKR^R		
				14.3	日^RJP^R		
	ex68159990	电熔高锆质砖,氧化锆含量大于87% Zirconia fused cast refractories,ZrO$_2$ content above 87%	Δ8				

第六十九章
陶瓷产品

注释:

一、本章仅适用于成形后经过烧制的陶瓷产品:

（一）税目69.04至69.14仅适用于不能归入税目69.01至69.03的产品;

（二）为树脂固化、加速水合作用、除去水分或其他挥发成分等目的而将其加热至低于800℃的物品，不应视为经过烧制。这些物品不应归入第六十九章;以及

（三）陶瓷制品是用通常在室温下预先调制成形的无机非金属材料烧制而成的。原料主要包括:粘土、含硅材料（包括熔融硅石）、高熔点的材料（例如，氧化物、碳化物、氮化物、石墨或其他碳），有时还有诸如耐火粘土或磷酸盐的粘合剂。

二、本章不包括:
（一）税目28.44的产品;
（二）税目68.04的物品;
（三）第七十一章的物品（例如，仿首饰）;
（四）税目81.13的金属陶瓷;
（五）第八十二章的物品;
（六）绝缘子（税目85.46）或绝缘材料制的零件（税目85.47）;
（七）假牙（税目90.21）;
（八）第九十一章的物品（例如，钟及钟壳）;
（九）第九十四章的物品（例如，家具、灯具及照明装置、活动房屋）;
（十）第九十五章的物品（例如，玩具、游戏品及运动用品）;
（十一）税目96.06的物品（例如，钮扣）或税目96.14的物品（例如，烟斗）;或
（十二）第九十七章的物品（例如，艺术品）。

Chapter 69
Ceramic products

Notes:

1. This Chapter applies only to ceramic products which have been fired after shaping:

(a) Headings 69.04 to 69.14 apply only to such products other than those classifiable in headings 69.01 to 69.03;

(b) Articles heated to temperatures less than 800℃ for purposes such as curing of resins, accelerating hydration reactions, or for the removal of water or other volatile components, are not considered to be fired. Such articles are excluded from Chapter 69; and

(c) Ceramic articles are obtained by firing inorganic, non-metallic materials which have been prepared and shaped previously at, in general, room temperature. Raw materials comprise, inter alia, clays, siliceous materials including fused silica, materials with a high melting point, such as oxides, carbides, nitrides, graphite or other carbon, and in some cases binders such as refractory clays or phosphates.

2. This Chapter does not cover:
(a) Products of heading 28.44;
(b) Articles of heading 68.04;
(c) Articles of Chapter 71 (for example, imitation jewellery);
(d) Cermets of heading 81.13;
(e) Articles of Chapter 82;
(f) Electrical insulators (heading 85.46) or fittings of insulating material of heading 85.47;
(g) Artificial teeth (heading 90.21);
(h) Articles of Chapter 91 (for example, clocks and clock cases);
(i) Articles of Chapter 94 (for example, furniture, luminaires and lighting fittings, prefabricated buildings);
(j) Articles of Chapter 95 (for example, toys, games and sports requisites);
(k) Articles of heading 96.06 (for example, buttons) or of heading 96.14 (for example, smoking pipes); or
(l) Articles of Chapter 97 (for example, works of art).

序号 No.	税则号列 Tariff Line	货品名称 Article Description	最惠国税率 MFN(%)	协定税率 Agreement(%)	特惠税率 SP(%)	普通税率 Gen(%)
		第一分章　硅化石粉或类似硅土及耐火材料制品 I. GOODS OF SILICEOUS FOSSIL MEALS OR OF SIMILAR SILICEOUS EARTHS, AND REFRACTORY GOODS				

序号 No.	税则号列 Tariff Line	货品名称 Article Description	最惠国税率 MFN(%)		协定税率 Agreement(%)	特惠税率 SP(%)		普通税率 Gen(%)
	69.01	硅质化石粉（例如各种硅藻土）或类似硅土制的砖、块、瓦及其他陶瓷制品： Bricks, blocks, tiles and other ceramic goods of siliceous fossil meals (for example, kieselguhr, tripolite or diatomite) or of similar siliceous earths:						
5171	6901.0000	硅质化石粉（例如各种硅藻土）或类似硅土制的砖、块、瓦及其他陶瓷制品 Bricks, blocks, tiles and other ceramic goods of siliceous fossil meals (for example, kieselguhr, tripolite or diatomite)or of similar siliceous earths	8	0 1 5.2 6.5	东盟AS,智CL,新西兰NZ,秘PE,哥CR,瑞CH,冰IS,韩KR,澳AU,格GE,毛MU,东盟^{R}AS^R,澳^{R}AU^R,新西兰^{R}NZ^R,柬KH,港HK,澳门MO,韩^{R}KR^R 巴PK 亚太AP 日^{R}JP^R	0	受惠国LD	50
	69.02	耐火砖、块、瓦及类似耐火陶瓷建材制品,但硅质化石粉及类似硅土制的除外： Refractory bricks, blocks, tiles and similar refractory ceramic constructional goods, other than those of siliceous fossil meals or similar siliceous earths:						
5172	6902.1000	-单独或同时含有按重量计超过50%的镁、钙或铬（分别以氧化镁、氧化钙及三氧化二铬的含量计） -Containing by weight, singly or together, more than 50% of the elements Mg, Ca or Cr, expressed as MgO, CaO or Cr$_2$O$_3$	8	0 1 6.5	东盟AS,智CL,新西兰NZ,秘PE,哥CR,瑞CH,冰IS,韩KR,澳AU,格GE,毛MU,东盟^{R}AS^R,澳^{R}AU^R,新西兰^{R}NZ^R,柬KH,港HK,澳门MO,韩^{R}KR^R 巴PK 日^{R}JP^R	0	受惠国LD	30
5173	6902.2000	-含有按重量计超过50%的三氧化二铝、二氧化硅或其混合物或化合物 -Containing by weight more than 50% of alumina(Al$_2$O$_3$), of silica (SiO$_2$) or of a mixture or compound of these products	8	0 1 6.5	东盟AS,智CL,新西兰NZ,秘PE,哥CR,瑞CH,冰IS,韩KR,澳AU,格GE,毛MU,东盟^{R}AS^R,澳^{R}AU^R,新西兰^{R}NZ^R,柬KH,港HK,澳门MO,韩^{R}KR^R 巴PK 日^{R}JP^R	0	受惠国LD	30
5174	6902.9000	-其他 -Other	8	0 0.8 1 6.4 6.5	东盟AS,智CL,新西兰NZ,秘PE,哥CR,瑞CH,冰IS,澳AU,格GE,毛MU,东盟^{R}AS^R,澳^{R}AU^R,新西兰^{R}NZ^R,柬KH,港HK,澳门MO 韩KR 巴PK 韩^{R}KR^R 日^{R}JP^R	0	受惠国LD	30
	69.03	其他耐火陶瓷制品（例如,甑、坩埚、马弗罩、喷管、栓塞、支架、烤钵、管子、护套、棒条及滑阀式水口）,但硅质化石粉及类似硅土制的除外： Other refractory ceramic goods (for example, retorts, crucibles, muffles, nozzles, plugs, supports, cupels, tubes, pipes, sheaths, rods and slide gates), other than those of siliceous fossil meals or of similar siliceous earths:						

序号 No.	税则号列 Tariff Line	货品名称 Article Description	最惠国税率 MFN(%)	协定税率 Agreement(%)		特惠税率 SP(%)	普通税率 Gen(%)
5175	6903.1000	-含有按重量计超过50%的单体碳 -Containing, by weight, more than 50 % of free carbon	8	0	东盟AS,智CL,新西兰NZ,秘PE,哥CR,瑞CH,冰IS,澳AU,格GE,毛MU,东盟^RAS^R,澳^RAU^R,新西兰^RNZ^R,柬KH,港HK,澳门MO	0 受惠国LD, 老LA	20
				0.8	韩KR		
				1	巴PK		
				6.4	韩KR^R		
				6.5	日^RJP^R		
5176	6903.2000	-含有按重量计超过50%的三氧化二铝或三氧化二铝和二氧化硅的混合物或化合物 -Containing by weight more than 50% of alumina(Al$_2$O$_3$)or of a mixture of compound of alumina and of silica (SiO$_2$)	8	0	东盟AS,智CL,新西兰NZ,秘PE,哥CR,瑞CH,冰IS,韩KR,澳AU,格GE,毛MU,东盟^RAS^R,澳^RAU^R,新西兰^RNZ^R,柬KH,港HK,澳门MO,韩^RKR^R	0 受惠国LD, 老LA	20
				1	巴PK		
				6.5	日^RJP^R		
5177	6903.9000	-其他 -Other	8	0	东盟AS,智CL,新西兰NZ,秘PE,哥CR,瑞CH,冰IS,韩KR,澳AU,格GE,毛MU,东盟^RAS^R,澳^RAU^R,新西兰^RNZ^R,柬KH,港HK,澳门MO,韩^RKR^R	0 受惠国LD, 老LA	20
				1	巴PK		
				6.5	日^RJP^R		
		第二分章　其他陶瓷产品 Ⅱ. OTHER CERAMIC PRODUCTS					
	69.04	**陶瓷制建筑用砖、铺地砖、支撑或填充用砖及类似品:** **Ceramic building bricks, flooring blocks, support or filler tiles and the like:**					
5178	6904.1000	-建筑用砖 -Building bricks	15	0	东盟AS,智CL,新西兰NZ,新加坡SG,秘PE,哥CR,瑞CH,冰IS,澳AU,格GE,毛MU,东盟^RAS^R,澳^RAU^R,新西兰^RNZ^R,柬KH,港HK,澳门MO	0 受惠国LD	90
				1.5	韩KR		
				12	巴PK,韩^RKR^R		
				12.3	日^RJP^R		
5179	6904.9000	-其他 -Other	15	0	东盟AS,智CL,新西兰NZ,新加坡SG,秘PE,哥CR,瑞CH,冰IS,澳AU,格GE,柬KH,港HK,澳门MO	0 受惠国LD	90
				9.8	毛MU		
				13.4	韩KR		
				22.1	东盟^RAS^R,澳^RAU^R,新西兰^RNZ^R,韩^RKR^R		
				22.2	日^RJP^R		
	69.05	**屋顶瓦、烟囱罩、通风帽、烟囱衬壁、建筑装饰物及其他建筑用陶瓷制品:** **Roofing tiles, chimney pots, cowls, chimney liners, architectural ornaments and other ceramic constructional goods:**					

序号 No.	税则号列 Tariff Line	货品名称 Article Description	最惠国税率 MFN(%)		协定税率 Agreement(%)	特惠税率 SP(%)	普通税率 Gen(%)
5180	6905.1000	-屋顶瓦 -Roofing tiles	15	0	东盟AS,智CL,新西兰NZ,新加坡SG,秘PE,哥CR,瑞CH,冰IS,澳AU,格GE,柬KH,港HK,澳门MO	0 受惠国LD	90
				9.8	毛MU		
				13.4	韩KR		
				22.1	东盟^RAS^R,澳^RAU^R,新西兰^RNZ^R,韩^RKR^R		
5181	6905.9000	-其他 -Other	15	0	东盟AS,智CL,新西兰NZ,新加坡SG,秘PE,哥CR,瑞CH,冰IS,澳AU,格GE,柬KH,港HK,澳门MO	0 受惠国LD	90
				9.8	毛MU		
				13.4	韩KR		
				22.1	东盟^RAS^R,澳^RAU^R,新西兰^RNZ^R,韩^RKR^R		
				22.2	日^RJP^R		
	69.06	陶瓷套管、导管、槽管及管子附件: **Ceramic pipes, conduits, guttering and pipe fittings:**					
5182	6906.0000	陶瓷套管、导管、槽管及管子附件 Ceramic pipes, conduits, guttering and pipe fittings	15△10	0	东盟AS,智CL,新西兰NZ,新加坡SG,秘PE,哥CR,瑞CH,冰IS,澳AU,格GE,毛MU,东盟^RAS^R,澳^RAU^R,新西兰^RNZ^R,柬KH,港HK,澳门MO	0 受惠国LD	90
				1.5	韩KR		
				12	巴PK,韩^RKR^R		
				12.3	日^RJP^R		
	69.07	陶瓷贴面砖、铺面砖,包括炉面砖及墙面砖;陶瓷镶嵌砖(马赛克)及其类似品,不论是否有衬背;饰面陶瓷: **Ceramic flags and paving, hearth or wall tiles; ceramic mosaic cubes and the like, whether or not on a backing; finishing ceramics:**					
		-贴面砖、铺面砖,包括炉面砖及墙面砖,但子目6907.30和6907.40所列商品除外: -Flags and paving, hearth or wall tiles, other than those of subheadings 6907.30 and 6907.40:					
		--按重量计吸水率不超过0.5%: --Of a water absorption coefficient by weight not exceeding 0.5%:					
5183	6907.2110	----不论是否矩形,其最大表面积以可置入边长小于7厘米的方格为限 ---Whether or not rectangular, the largest surface area of which is capable of being enclosed in a square the side of which is less than 7cm	7	0	东盟AS,智CL,新西兰NZ,新加坡SG,秘PE,哥CR,瑞CH,冰IS,澳AU,格GE,毛MU,东盟^RAS^R,澳^RAU^R,新西兰^RNZ^R,柬KH,港HK,澳门MO	0 受惠国LD	100
				1.2	韩KR		
				3	巴PK		
				4.6	亚太AP		
				9.6	韩^RKR^R		
				9.8	日^RJP^R		

序号 No.	税则号列 Tariff Line	货品名称 Article Description	最惠国税率 MFN(%)		协定税率 Agreement(%)	特惠税率 SP(%)	普通税率 Gen(%)
5184	6907.2190	---其他 ---Other	7	0	东盟AS,智CL,新西兰NZ,新加坡SG,秘PE,哥CR,瑞CH,冰IS,澳AU,格GE,毛MU,东盟^RAS^R,澳^RAU^R,新西兰^RNZ^R,柬KH,港HK,澳门MO	0 受惠国LD	100
				1.2	韩KR		
				6	巴PK		
				9.6	韩^RKR^R		
				9.8	日^RJP^R		
		--按重量计吸水率超过0.5%,但不超过10%: --Of a water absorption coefficient by weight exceeding 0.5% but not exceeding 10%:					
5185	6907.2210	---不论是否矩形,其最大表面积以可置入边长小于7厘米的方格为限 ---Whether or not rectangular, the largest surface area of which is capable of being enclosed in a square the side of which is less than 7cm	7	0	东盟AS,智CL,新西兰NZ,新加坡SG,秘PE,哥CR,瑞CH,冰IS,澳AU,格GE,毛MU,东盟^RAS^R,澳^RAU^R,新西兰^RNZ^R,柬KH,港HK,澳门MO	0 受惠国LD	100
				1.2	韩KR		
				3	巴PK		
				4.6	亚太AP		
				9.6	韩^RKR^R		
				9.8	日^RJP^R		
5186	6907.2290	---其他 ---Other	7	0	东盟AS,智CL,新西兰NZ,新加坡SG,秘PE,哥CR,瑞CH,冰IS,澳AU,格GE,毛MU,东盟^RAS^R,澳^RAU^R,新西兰^RNZ^R,柬KH,港HK,澳门MO	0 受惠国LD	100
				1.2	韩KR		
				6	巴PK		
				9.6	韩^RKR^R		
				9.8	日^RJP^R		
		--按重量计吸水率超过10%: --Of a water absorption coefficient by weight exceeding 10%:					
5187	6907.2310	---不论是否矩形,其最大表面积以可置入边长小于7厘米的方格为限 ---Whether or not rectangular, the largest surface area of which is capable of being enclosed in a square the side of which is less than 7cm	7	0	东盟AS,智CL,新西兰NZ,新加坡SG,秘PE,哥CR,瑞CH,冰IS,澳AU,格GE,毛MU,东盟^RAS^R,澳^RAU^R,新西兰^RNZ^R,柬KH,港HK,澳门MO	0 受惠国LD	100
				1.2	韩KR		
				3	巴PK		
				4.6	亚太AP		
				9.6	韩^RKR^R		
				9.8	日^RJP^R		
5188	6907.2390	---其他 ---Other	7	0	东盟AS,智CL,新西兰NZ,新加坡SG,秘PE,哥CR,瑞CH,冰IS,澳AU,格GE,毛MU,东盟^RAS^R,澳^RAU^R,新西兰^RNZ^R,柬KH,港HK,澳门MO	0 受惠国LD	100
				1.2	韩KR		
				6	巴PK		
				9.6	韩^RKR^R		
				9.8	日^RJP^R		

序号 No.	税则号列 Tariff Line	货品名称 Article Description	最惠国税率 MFN(%)	协定税率 Agreement(%)		特惠税率 SP(%)	普通税率 Gen(%)
		-镶嵌砖（马赛克）及其类似品, 但子目6907.40的货品除外: -Mosaic cubes and the like, other than those of subheading 6907.40:					
5189	6907.3010	---不论是否矩形, 其最大表面积以可置入边长小于7厘米的方格为限 ---Whether or not rectangular, the largest surface area of which is capable of being enclosed in a square the side of which is less than 7cm	7	0 1.2 3 4.6 9.6 9.8	东盟AS,智CL,新西兰NZ,新加坡SG,秘PE,哥CR,瑞CH,冰IS,澳AU,格GE,毛MU,东盟^RAS^R,澳^RAU^R,新西兰^RNZ^R,柬KH,港HK,澳门MO 韩KR 巴PK 亚太AP 韩^RKR^R 日^RJP^R	0 受惠国LD	100
5190	6907.3090	---其他 ---Other	7	0 1.2 6 9.6 9.8	东盟AS,智CL,新西兰NZ,新加坡SG,秘PE,哥CR,瑞CH,冰IS,澳AU,格GE,毛MU,东盟^RAS^R,澳^RAU^R,新西兰^RNZ^R,柬KH,港HK,澳门MO 韩KR 巴PK 韩^RKR^R 日^RJP^R	0 受惠国LD	100
		-饰面陶瓷: -Finishing ceramics:					
5191	6907.4010	---不论是否矩形, 其最大表面积以可置入边长小于7厘米的方格为限 ---Whether or not rectangular, the largest surface area of which is capable of being enclosed in a square the side of which is less than 7cm	7	0 1.2 3 4.6 9.6 9.8	东盟AS,智CL,新西兰NZ,新加坡SG,秘PE,哥CR,瑞CH,冰IS,澳AU,格GE,毛MU,东盟^RAS^R,澳^RAU^R,新西兰^RNZ^R,柬KH,港HK,澳门MO 韩KR 巴PK 亚太AP 韩^RKR^R 日^RJP^R	0 受惠国LD	100
5192	6907.4090	---其他 ---Other	7	0 1.2 6 9.6 9.8	东盟AS,智CL,新西兰NZ,新加坡SG,秘PE,哥CR,瑞CH,冰IS,澳AU,格GE,毛MU,东盟^RAS^R,澳^RAU^R,新西兰^RNZ^R,柬KH,港HK,澳门MO 韩KR 巴PK 韩^RKR^R 日^RJP^R	0 受惠国LD	100
	69.09	实验室、化学或其他专门技术用途的陶瓷器; 农业用陶瓷槽、缸及类似容器; 通常供运输及盛装货物用的陶瓷罐、坛及类似品: Ceramic wares for laboratory, chemical or other technical uses; ceramic troughs, tubs and similar receptacles of a kind used in agriculture; ceramic pots, jars and similar articles of a kind used for the conveyance or packing of goods:					

序号 No.	税则号列 Tariff Line	货品名称 Article Description	最惠国税率 MFN(%)		协定税率 Agreement(%)	特惠税率 SP(%)		普通税率 Gen(%)
		-实验室、化学或其他专门技术用途的陶瓷器: -Ceramic wares for laboratory, chemical or other technical uses:						
5193	6909.1100	--瓷制 --Of porcelain or china	8	0	东盟AS,智CL,新西兰NZ,秘PE,哥CR,瑞CH,冰IS,韩KR,澳AU,格GE,毛MU,东盟^RAS^R,澳^RAU^R,新西兰^RNZ^R,柬KH,港HK,澳门MO,韩^RKR^R	0	受惠国LD	30
				1	巴PK			
				6.5	日^RJP^R			
5194	6909.1200	--莫氏硬度为9或以上的物品 --Articles having a hardness equivalent to 9 or more on the Mohs scale	8	0	东盟AS,智CL,新西兰NZ,秘PE,哥CR,瑞CH,冰IS,韩KR,澳AU,格GE,毛MU,东盟^RAS^R,澳^RAU^R,新西兰^RNZ^R,柬KH,港HK,澳门MO,韩^RKR^R	0	受惠国LD	30
				1	巴PK			
				6.5	日^RJP^R			
5195	6909.1900	--其他 --Other	8	0	东盟AS,智CL,新西兰NZ,秘PE,哥CR,瑞CH,冰IS,韩KR,澳AU,格GE,毛MU,柬KH,港HK,澳门MO	0	受惠国LD	30
				1	巴PK			
				6.4	东盟^RAS^R,澳^RAU^R,新西兰^RNZ^R,韩^RKR^R			
				6.5	日^RJP^R			
5196	6909.9000	-其他 -Other	15	0	东盟AS,智CL,新西兰NZ,新加坡SG,秘PE,哥CR,瑞CH,冰IS,澳AU,格GE,毛MU,柬KH,港HK,澳门MO	0	受惠国LD	90
				11.5	韩KR			
				18.9	东盟^RAS^R,澳^RAU^R,新西兰^RNZ^R,韩^RKR^R			
	69.10	陶瓷洗涤槽、脸盆、脸盆座、浴缸、坐浴盆、抽水马桶、水箱、小便池及类似的固定卫生设备: Ceramic sinks, wash basins, wash basin pedestals, baths, bidets, water closet pans, flushing cisterns, urinals and similar sanitary fixtures:						
5197	6910.1000	-瓷制 -Of porcelain or china	7	0	东盟AS,智CL,新西兰NZ,新加坡SG,秘PE,哥CR,瑞CH,冰IS,澳AU,格GE,毛MU,东盟^RAS^R,澳^RAU^R,新西兰^RNZ^R,柬KH,港HK,澳门MO	0	受惠国LD	100
				1	巴PK,韩KR			
				4.6	亚太AP			
				8	韩^RKR^R			
				8.2	日^RJP^R			
5198	6910.9000	-其他 -Other	7	0	东盟AS,智CL,新西兰NZ,新加坡SG,秘PE,哥CR,瑞CH,冰IS,澳AU,格GE,毛MU,东盟^RAS^R,澳^RAU^R,新西兰^RNZ^R,柬KH,港HK,澳门MO	0	受惠国LD	100
				1	巴PK,韩KR			
				8	韩^RKR^R			
				8.2	日^RJP^R			

序号 No.	税则号列 Tariff Line	货品名称 Article Description	最惠国税率 MFN(%)	协定税率 Agreement(%)		特惠税率 SP(%)		普通税率 Gen(%)
	69.11	瓷餐具、厨房器具及其他家用或盥洗用瓷器: Tableware, kitchenware, other household articles and toilet articles, of porcelain or china:						
		-餐具及厨房器具: -Tableware and kitchenware:						
		---餐具: ---Tableware:						
5199	6911.1011	----骨瓷 ----Bone porcelain	7	0	东盟AS,智CL,新西兰NZ,新加坡SG,秘PE,哥CR,瑞CH,冰IS,澳AU,格GE,毛MU,东盟^{R}AS^R,澳^{R}AU^R,新西兰^{R}NZ^R,柬KH,港HK,澳门MO	0	受惠国LD	100
				1.2	韩KR			
				3	巴PK			
				4.6	亚太AP			
				9.6	韩^{R}KR^R			
				9.8	日^{R}JP^R			
5200	6911.1019	----其他 ----Other	7	0	东盟AS,智CL,新西兰NZ,新加坡SG,秘PE,哥CR,瑞CH,冰IS,澳AU,格GE,毛MU,东盟^{R}AS^R,澳^{R}AU^R,新西兰^{R}NZ^R,柬KH,港HK,澳门MO	0	受惠国LD	100
				1.2	韩KR			
				3	巴PK			
				4.6	亚太AP			
				9.6	韩^{R}KR^R			
				9.8	日^{R}JP^R			
		---厨房器具: ---Kitchenware:						
5201	6911.1021	----刀具 ----Knife	7	0	东盟AS,智CL,新西兰NZ,新加坡SG,秘PE,哥CR,瑞CH,冰IS,澳AU,格GE,毛MU,东盟^{R}AS^R,澳^{R}AU^R,新西兰^{R}NZ^R,柬KH,港HK,澳门MO	0	受惠国LD	100
				1.5	韩KR			
				4.6	亚太AP			
				7.5	巴PK			
				12	韩^{R}KR^R			
				12.3	日^{R}JP^R			
5202	6911.1029	----其他 ----Other	7	0	东盟AS,智CL,新西兰NZ,新加坡SG,秘PE,哥CR,瑞CH,冰IS,澳AU,格GE,毛MU,东盟^{R}AS^R,澳^{R}AU^R,新西兰^{R}NZ^R,柬KH,港HK,澳门MO	0	受惠国LD	100
				1.5	韩KR			
				4.6	亚太AP			
				7.5	巴PK			
				12	韩^{R}KR^R			
				12.3	日^{R}JP^R			

序号 No.	税则号列 Tariff Line	货品名称 Article Description	最惠国税率 MFN(%)		协定税率 Agreement(%)	特惠税率 SP(%)	普通税率 Gen(%)
5203	6911.9000	-其他 -Other	7	0	东盟AS,智CL,新西兰NZ,新加坡SG,秘PE,哥CR,瑞CH,冰IS,澳AU,格GE,柬KH,港HK,澳门MO	0 受惠国LD	100
				4.6	亚太AP		
				9.8	毛MU		
				13.4	韩KR		
				20	巴PK		
				22.1	东盟^{R}AS^R,澳^{R}AU^R,新西兰^{R}NZ^R,韩^{R}KR^R		
				22.2	日^{R}JP^R		
	69.12	陶餐具、厨房器具及其他家用或盥洗用陶器: Ceramic tableware, kitchenware, other household articles and toilet articles, other than of porcelain or china:					
5204	6912.0010	---餐具 ---Tableware	7	0	东盟AS,智CL,新西兰NZ,新加坡SG,秘PE,哥CR,瑞CH,冰IS,澳AU,格GE,毛MU,东盟^{R}AS^R,澳^{R}AU^R,新西兰^{R}NZ^R,柬KH,港HK,澳门MO	0 受惠国LD	100
				1.5	韩KR		
				12	巴PK,韩^{R}KR^R		
				12.3	日^{R}JP^R		
5205	6912.0090	---其他 ---Other	7	0	东盟AS,智CL,新西兰NZ,新加坡SG,秘PE,哥CR,瑞CH,冰IS,澳AU,格GE,毛MU,东盟^{R}AS^R,澳^{R}AU^R,新西兰^{R}NZ^R,柬KH,港HK,澳门MO	0 受惠国LD	100
				1.5	韩KR		
				12	巴PK,韩^{R}KR^R		
				12.3	日^{R}JP^R		
	69.13	塑像及其他装饰用陶瓷制品: Statuettes and othwer ornamental ceramic articles:					
5206	6913.1000	-瓷制 -Of porcelain or china	7	0	东盟AS,智CL,新西兰NZ,新加坡SG,秘PE,哥CR,瑞CH,冰IS,澳AU,格GE,毛MU,东盟^{R}AS^R,澳^{R}AU^R,新西兰^{R}NZ^R,柬KH,港HK,澳门MO	0 受惠国LD	100
				1.5	韩KR		
				12	巴PK,韩^{R}KR^R		
				12.3	日^{R}JP^R		
5207	6913.9000	-其他 -Other	7	0	东盟AS,智CL,新西兰NZ,新加坡SG,秘PE,哥CR,瑞CH,冰IS,澳AU,格GE,毛MU,东盟^{R}AS^R,澳^{R}AU^R,新西兰^{R}NZ^R,柬KH,港HK,澳门MO	0 受惠国LD	100
				1.5	韩KR		
				12	巴PK,韩^{R}KR^R		
				12.3	日^{R}JP^R		

序号 No.	税则号列 Tariff Line	货品名称 Article Description	最惠国税率 MFN(%)	协定税率 Agreement(%)		特惠税率 SP(%)		普通税率 Gen(%)
	69.14	**其他陶瓷制品:** **Other ceramic articles:**						
5208	6914.1000	-瓷制 -Of porcelain or china	15	0	东盟AS,智CL,新西兰NZ,新加坡SG,秘PE,哥CR,瑞CH,冰IS,澳AU,格GE,柬KH,港HK,澳门MO	0	受惠国LD	100
				9.8	毛MU			
				13.4	韩KR			
				22.1	东盟^{R}AS^R,澳^{R}AU^R,新西兰^{R}NZ^R			
5209	6914.9000	-其他 -Other	10	0	东盟AS,智CL,新西兰NZ,新加坡SG,秘PE,哥CR,瑞CH,冰IS,澳AU,格GE,毛MU,柬KH,港HK,澳门MO	0	受惠国LD	100
				3	巴PK			
				4	韩KR			
				8.7	东盟^{R}AS^R,韩^{R}KR^R			
				8.8	日^{R}JP^R			
				9	澳^{R}AU^R,新西兰^{R}NZ^R			

注释:

一、本章不包括:

（一）税目32.07的货品（例如，珐琅和釉料、搪瓷玻璃料及其他玻璃粉、粒或粉片）;

（二）第七十一章的物品（例如，仿首饰）;

（三）税目85.44的光缆、税目85.46的绝缘子或税目85.47所列绝缘材料制的零件;

（四）第八十六章至第八十八章的运输工具用的带框的前挡风玻璃、后窗或其他窗;

（五）第八十六章至第八十八章的运输工具用的前挡风玻璃、后窗或其他窗，装有加热装置或其他电气或电子装置的，不论是否带框;

（六）光导纤维、经光学加工的光学元件、注射用针管、假眼、温度计、气压计、液体比重计或第九十章的其他物品;

（七）有永久固定电光源的灯具及照明装置、灯箱标志或铭牌和类似品及其零件（税目94.05）;

（八）玩具、游戏品、运动用品、圣诞树装饰品及第九十五章的其他物品（供玩偶或第九十五章其他物品用的无机械装置的玻璃假眼除外）;或

（九）钮扣、保温瓶、香水喷雾器和类似的喷雾器及第九十六章的其他物品。

二、对于税目70.03、70.04及70.05:

（一）玻璃在退火前的各种处理都不视为"已加工";

（二）玻璃切割成一定形状并不影响其作为板片归类;

（三）所称"吸收、反射或非反射层"，是指极薄的金属或化合物（例如，金属氧化物）镀层，该镀层可以吸收红外线等光线或可以提高玻璃的反射性能，同时仍然使玻璃具有一定程度的透明性或半透明性;或者该镀层可以防止光线在玻璃表面的反射。

三、税目70.06所述产品，不论是否具有制成品的特性仍归入该税目。

四、税目70.19所称"玻璃棉"，是指:

（一）按重量计二氧化硅的含量在60%及以上的矿质棉;

Notes:

1. This Chapter does not cover:

(a) Goods of heading 32.07 (for example, vitrifiable enamels and glazes, glass frit, other glass in the form of powder, granules or flakes);

(b) Articles of Chapter 71 (for example, imitation jewellery);

(c) Optical fibre cables (heading 85.44), electrical insulators (heading 85.46) or fitting of insulating material of heading 85.47;

(d) Front windscreens (windshields), rear windows and other windows, framed, for vehicles of Chapters 86 to 88;

(e) Front windscreens (windshields), rear windows and other windows, whether or not framed, incorporating heating devices or other electrical or electronic devices, for vehicles of Chapters 86 to 88;

(f) Optical fibres, optically worked optical elements, hypodermic syringes, artificial eyes, thermometers, barometers, hydrometers or other articles of Chapter 90;

(g) Lamps or lighting fittings, illuminated signs, illuminated nameplates or the like, having a permanently fixed light source, or parts thereof of heading 94.05;

(h) Toys, games, sports requisites, Christmas tree ornaments or other articles of Chapter 95 (excluding glass eyes without mechanisms for dolls or for other articles of Chapter 95); or

(i) Buttons, fitted vacuum flasks, scent or similar sprays or other articles of Chapter 96.

2. For the purposes of headings 70.03, 70.04 and 70.05:

(a) Glass is not regarded as "worked" by reason of any process it has undergone before annealing;

(b) Cutting to shape does not affect the classification of glass in sheets;

(c) The expression "absorbent, reflecting or nonreflecting layer" means a microscopically thin coating of metal or of a chemical compound (for example, metal oxide) which absorbs, for example, infrared light or improves the reflecting qualities of the glass while still allowing it to retain a degree of transparency or translucency; or which prevents light from being reflected on the surface of the glass.

3. The products referred to in heading 70.06 remain classified in that heading whether or not they have the character of articles.

4. For the purposes of heading 70.19, the expression "glass wool" means:

(a) Mineral wools with a silica (SiO_2) content not less than 60% by weight;

（二）按重量计二氧化硅的含量在60%以下，但碱性氧化物（氧化钾或氧化钠）的含量在5%以上或氧化硼的含量在2%以上的矿质棉。

不符合上述规定的矿质棉归入税目68.06。

五、本目录所称"玻璃"，包括熔融石英及其他熔融硅石。

子目注释：

子目7013.22、7013.33、7013.41及7013.91所称"铅晶质玻璃"，仅指按重量计氧化铅含量不低于24%的玻璃。

(b) Mineral wools with a silica (SiO_2) content less than 60% but with an alkaline oxide (K_2O or Na_2O) content exceeding 5% by weight or a boric oxide (B_2O_3) content exceeding 2% by weight.

Mineral wools which do not comply with the above specifications fall in heading 68.06.

5. Throughout the Nomenclature, the expression "glass" includes fused quartz and other fused silica.

Subheading Note:

For the purposes of subheadings 7013.22, 7013.33, 7013.41 and 7013.91, the expression "lead crystal" means only glass having a minimum lead monoxide (PbO) content by weight of 24%.

序号 No.	税则号列 Tariff Line	货品名称 Article Description	最惠国税率 MFN(%)	协定税率 Agreement(%)		特惠税率 SP(%)		普通税率 Gen(%)
	70.01	碎玻璃及废玻璃，来源于阴极射线管或税目85.49的其他活化玻璃除外；玻璃块料： **Cullet and other waste and scrap of glass, excluding glass from cathode ray tubes or other activated glass of heading 85.49; glass in the mass:**						
5210	7001.0010	---无色光学玻璃块料 ---Colourless optical glass in the mass	12	0	东盟AS,智CL,新西兰NZ,新加坡SG,秘PE,哥CR,瑞CH,冰IS,澳AU,格GE,毛MU,柬KH,港HK,澳门MO	0	受惠国LD	50
				1.2	韩KR			
				6	巴PK			
				9.6	东盟^{R}AS^R,澳^{R}AU^R,新西兰^{R}NZ^R,韩^{R}KR^R			
				9.8	日^{R}JP^R			
5211	7001.0090	---其他 ---Other	12	0	东盟AS,智CL,新西兰NZ,新加坡SG,秘PE,哥CR,瑞CH,冰IS,澳AU,格GE,毛MU,柬KH,港HK,澳门MO	0	受惠国LD	50
				1.2	韩KR			
				6	巴PK			
				9.6	东盟^{R}AS^R,澳^{R}AU^R,新西兰^{R}NZ^R,韩^{R}KR^R			
				9.8	日^{R}JP^R			
	70.02	未加工的玻璃球、棒及管（税目70.18的微型玻璃球除外）： **Glass in balls (other than microspheres of heading 70.18), rods or tubes, unworked:**						
5212	7002.1000	-玻璃球 -Balls	12	0	东盟AS,智CL,新西兰NZ,新加坡SG,秘PE,哥CR,瑞CH,冰IS,澳AU,格GE,毛MU,东盟^{R}AS^R,澳^{R}AU^R,新西兰^{R}NZ^R,柬KH,港HK,澳门MO	0	受惠国LD	50
				1.2	韩KR			
				6	巴PK			
				9.6	韩^{R}KR^R			
				9.8	日^{R}JP^R			

序号 No.	税则号列 Tariff Line	货品名称 Article Description	最惠国税率 MFN(%)	协定税率 Agreement(%)		特惠税率 SP(%)	普通税率 Gen(%)
		-玻璃棒: -Rods:					
5213	7002.2010	---光导纤维预制棒 ---Preformed bars for drawing optical fibre	6	0 4.9	东盟AS,智CL,巴PK,新西兰NZ,秘PE,哥CR,瑞CH,冰IS,韩KR,澳AU,格GE,毛MU,东盟^{R}AS^R,澳^{R}AU^R,新西兰^{R}NZ^R,柬KH,港HK,澳门MO,韩^{R}KR^R 日^{R}JP^R	0 受惠国LD	50
5214	7002.2090	---其他 ---Other	12	0 1.2 6 9.6 9.8	东盟AS,智CL,新西兰NZ,新加坡SG,秘PE,哥CR,瑞CH,冰IS,澳AU,格GE,毛MU,东盟^{R}AS^R,澳^{R}AU^R,新西兰^{R}NZ^R,柬KH,港HK,澳门MO 韩KR 巴PK 韩^{R}KR^R 日^{R}JP^R	0 受惠国LD	50
		-玻璃管: -Tubes:					
		--熔融石英或其他熔融硅石制: --Of fused quartz or other fused silica:					
5215	7002.3110	---光导纤维用波导级石英玻璃管 ---Waveguide quartz tubes for optical fibres use	5Δ1	0	东盟AS,智CL,巴PK,新西兰NZ,秘PE,哥CR,瑞CH,冰IS,韩KR,澳AU,格GE,毛MU,东盟^{R}AS^R,澳^{R}AU^R,日^{R}JP^R,新西兰^{R}NZ^R,柬KH,港HK,澳门MO,韩^{R}KR^R	0 受惠国LD	17
5216	7002.3190	---其他 ---Other	12	0 1.4 11.2 11.5	东盟AS,智CL,新西兰NZ,新加坡SG,秘PE,哥CR,瑞CH,冰IS,澳AU,格GE,毛MU,东盟^{R}AS^R,澳^{R}AU^R,新西兰^{R}NZ^R,柬KH,港HK,澳门MO 韩KR 巴PK,韩^{R}KR^R 日^{R}JP^R	0 受惠国LD	50
5217	7002.3200	--温度在0摄氏度至300摄氏度时线膨胀系数不超过5×10^{-6}/开尔文的其他玻璃制 --Of other glass having a linear coefficient of expansion not exceeding 5×10^{-6} per Kelvin within a temperature range of 0℃ to 300℃	12	0 1.2 6 9.6 9.8	东盟AS,智CL,新西兰NZ,新加坡SG,秘PE,哥CR,瑞CH,冰IS,澳AU,格GE,毛MU,东盟^{R}AS^R,澳^{R}AU^R,新西兰^{R}NZ^R,柬KH,港HK,澳门MO 韩KR 巴PK 韩^{R}KR^R 日^{R}JP^R	0 受惠国LD	50
	ex70023200	药用硼硅玻璃管（三氧化二硼含量≥8%） borosilicate glass tube for medical use (containing boron trioxide≥8%)	Δ7				
5218	7002.3900	--其他 --Other	12	0 1.2 6 9.6 9.8	东盟AS,智CL,新西兰NZ,新加坡SG,秘PE,哥CR,瑞CH,冰IS,澳AU,格GE,毛MU,东盟^{R}AS^R,澳^{R}AU^R,新西兰^{R}NZ^R,柬KH,港HK,澳门MO 韩KR 巴PK 韩^{R}KR^R 日^{R}JP^R	0 受惠国LD	50

序号 No.	税则号列 Tariff Line	货品名称 Article Description	最惠国税率 MFN(%)	协定税率 Agreement(%)		特惠税率 SP(%)	普通税率 Gen(%)
	70.03	铸制或轧制玻璃板、片或型材及异型材，不论是否有吸收、反射或非反射层，但未经其他加工： Cast glass and rolled glass, in sheets or profiles, whether or not having an absorbent, reflecting or non-reflecting layer, but not otherwise worked:					
		-非夹丝玻璃板、片： -Non-wired sheets:					
5219	7003.1200	--整块着色、不透明、镶色或具有吸收、反射或非反射层的 --Coloured throughout the mass (body tinted), opacified, flashed or having an absorbent, reflecting or non-reflecting reflecting layer, but not otherwise worked	15	0	东盟AS,智CL,新西兰NZ,新加坡SG,秘PE,哥CR,瑞CH,冰IS,澳AU,格GE,毛MU,东盟^{R}AS^R,澳^{R}AU^R,新西兰^{R}NZ^R,柬KH,港HK,澳门MO 1.5 韩KR 12 巴PK,韩^{R}KR^R 12.3 日^{R}JP^R	0 受惠国LD	50
5220	7003.1900	--其他 --Other	15	0	东盟AS,智CL,新西兰NZ,新加坡SG,秘PE,哥CR,瑞CH,冰IS,澳AU,格GE,毛MU,东盟^{R}AS^R,澳^{R}AU^R,新西兰^{R}NZ^R,柬KH,港HK,澳门MO,台TW 1.7 韩KR 14 巴PK,韩^{R}KR^R 15.3 日^{R}JP^R	0 受惠国LD	50
	ex70031900	液晶或有机发光二极管（OLED）显示屏基板用原板玻璃 Original plate glass for liquid crystal or organic light emitting diode display,including the protective glass containing alkali	Δ3				
	ex70031900	手机或平板电脑盖板（包括前盖、后盖）用原板玻璃 Original plate glass for mobile phone or tablet computer cover (including front cover and back cover)	Δ5				
5221	7003.2000	-夹丝玻璃板、片 -Wired sheets	15	0	东盟AS,智CL,新西兰NZ,新加坡SG,秘PE,哥CR,瑞CH,冰IS,澳AU,格GE,毛MU,东盟^{R}AS^R,澳^{R}AU^R,新西兰^{R}NZ^R,柬KH,港HK,澳门MO 1.5 韩KR 12 巴PK,韩^{R}KR^R 12.3 日^{R}JP^R	0 受惠国LD	50
5222	7003.3000	-型材及异型材 -Profiles	15	0	东盟AS,智CL,新西兰NZ,新加坡SG,秘PE,哥CR,瑞CH,冰IS,澳AU,格GE,毛MU,东盟^{R}AS^R,澳^{R}AU^R,新西兰^{R}NZ^R,柬KH,港HK,澳门MO 1.5 韩KR 12 巴PK,韩^{R}KR^R 12.3 日^{R}JP^R	0 受惠国LD	50

序号 No.	税则号列 Tariff Line	货品名称 Article Description	最惠国税率 MFN(%)	协定税率 Agreement(%)		特惠税率 SP(%)	普通税率 Gen(%)
	70.04	拉制或吹制玻璃板、片, 不论是否有吸收、反射或非反射层, 但未经其他加工: Drawn glass and blown glass, in sheets, whether or not having an absorbent, reflecting or non-reflecting layer, but not otherwise worked:					
5223	7004.2000	-整块着色、不透明、镶色或具有吸收、反射或非反射层的 -Glass, coloured throughout the mass (body tinted), opacified, flashed or having an absorbent, reflecting or non-reflecting layer	15	0 1.7 14 14.3	东盟AS,智CL,新西兰NZ,新加坡SG,秘PE,哥CR,瑞CH,冰IS,澳AU,格GE,毛MU,东盟^RAS^R,澳^RAU^R,新西兰^RNZ^R,柬KH,港HK,澳门MO 韩KR 巴PK,韩^RKR^R 日^RJP^R	0 受惠国LD	50
5224	7004.9000	-其他玻璃 -Other glass	15	0 9.6 14 15.8	东盟AS,智CL,新西兰NZ,新加坡SG,秘PE,哥CR,瑞CH,冰IS,澳AU,格GE,毛MU,柬KH,港HK,澳门MO 韩KR 巴PK 东盟^RAS^R,澳^RAU^R,日^RJP^R,新西兰^RNZ^R,韩^RKR^R	0 受惠国LD	50
	ex70049000	光学平板玻璃, 厚度0.7毫米以下 Optical flat glass, of a thickness less than 0.7mm	Δ9				
	ex70049000	液晶或有机发光二极管(OLED)显示屏基板用原板玻璃 Original plate glass for liquid crystal or organic light emitting diode display,including the protective glass containing alkali	Δ3				
	ex70049000	手机或平板电脑盖板(包括前盖、后盖)用原板玻璃 Original plate glass for mobile phone or tablet computer cover (including front cover and back cover)	Δ5				
	70.05	浮法玻璃板、片及表面研磨或抛光玻璃板、片, 不论是否有吸收、反射或非反射层, 但未经其他加工: Float glass and surface ground or polished glass, in sheets, whether or not having an absorbent, reflecting or non-reflecting layer, but not otherwise worked:					
5225	7005.1000	-具有吸收、反射或非反射层的非夹丝玻璃 -Non-wired glass, having an absorbent, reflecting or non-reflecting layer	15	0 1.5 12 12.3	东盟AS,智CL,新西兰NZ,新加坡SG,秘PE,哥CR,瑞CH,冰IS,澳AU,格GE,毛MU,东盟^RAS^R,澳^RAU^R,新西兰^RNZ^R,柬KH,港HK,澳门MO 韩KR 巴PK,韩^RKR^R 日^RJP^R	0 受惠国LD	50

序号 No.	税则号列 Tariff Line	货品名称 Article Description	最惠国税率 MFN(%)	协定税率 Agreement(%)		特惠税率 SP(%)	普通税率 Gen(%)
		-其他非夹丝玻璃： -Other non-wired glass:					
5226	7005.2100	--整块着色、不透明、镶色或仅表面研磨的 --Coloured throughout the mass (body tinted), opacified, flashed or merely surface ground	15	0	东盟AS,智CL,新西兰NZ,新加坡SG,秘PE,哥CR,瑞CH,冰IS,澳AU,格GE,毛MU,东盟^{R}AS^R,澳^{R}AU^R,新西兰^{R}NZ^R,柬KH,港HK,澳门MO	0 受惠国LD	50
				1.5	韩KR		
				12	巴PK,韩^{R}KR^R		
				12.3	日^{R}JP^R		
5227	7005.2900	--其他 --Other	10	0	东盟AS,智CL,巴PK,新西兰NZ,新加坡SG,秘PE,哥CR,瑞CH,冰IS,澳AU,格GE,毛MU,东盟^{R}AS^R,澳^{R}AU^R,新西兰^{R}NZ^R,柬KH,港HK,澳门MO	0 受惠国LD	50
				1.5	韩KR		
				12	韩^{R}KR^R		
				13.1	日^{R}JP^R		
	ex70052900	液晶或有机发光二极管（OLED）显示屏基板用原板玻璃 Original plate glass for liquid crystal or organic light emitting diode display,including the protective glass containing alkali	Δ3				
	ex70052900	手机或平板电脑盖板（包括前盖、后盖）用原板玻璃 Original plate glass for mobile phone or tablet computer cover (including front cover and back cover)	Δ5				
5228	7005.3000	-夹丝玻璃 -Wired glass	15	0	东盟AS,智CL,新西兰NZ,新加坡SG,秘PE,哥CR,瑞CH,冰IS,澳AU,格GE,毛MU,柬KH,港HK,澳门MO	0 受惠国LD	50
				1.7	韩KR		
				14	巴PK,东盟^{R}AS^R,澳^{R}AU^R,新西兰^{R}NZ^R,韩^{R}KR^R		
				15.3	日^{R}JP^R		
	70.06	经弯曲、磨边、镂刻、钻孔、涂珐琅或其他加工的税目70.03、70.04或70.05的玻璃，但未用其他材料镶框或装配： Glass of heading 70.03, 70.04 or 70.05, bent, edge-worked, engraved, drilled, enamelled or otherwise worked, but not framed or fitted with other materials:					
5229	7006.0000	经弯曲、磨边、镂刻、钻孔、涂珐琅或其他加工的税目70.03、70.04或70.05的玻璃，但未用其他材料镶框或装配 Glass of heading 70.03, 70.04 or 70.05, bent, edge-worked, engraved, drilled, enamelled or otherwise worked, but not framed or fitted with other materials	10	0	东盟AS,智CL,新西兰NZ,新加坡SG,秘PE,哥CR,瑞CH,冰IS,澳AU,格GE,毛MU,柬KH,港HK,澳门MO,台TW	0 受惠国LD	50
				6	韩KR		
				12	巴PK		
				13	东盟^{R}AS^R,韩^{R}KR^R		
				13.1	日^{R}JP^R		
				13.5	澳^{R}AU^R,新西兰^{R}NZ^R		

序号 No.	税则号列 Tariff Line	货品名称 Article Description	最惠国税率 MFN(%)	协定税率 Agreement(%)		特惠税率 SP(%)	普通税率 Gen(%)
	ex70060000	液晶玻璃基板,6代(1850mm*1500mm)以上，不含6代 Liquid crystal plate glass, above the 6 generation (1850mm× 1500mm)	Δ4				
	ex70060000	液晶玻璃基板,6代(1850mm*1500mm)及以下 Liquid crystal plate glass,the 6 generation (1850mm×1500mm) and below	Δ6				
	70.07	**钢化或层压玻璃制的安全玻璃:** **Safety glass, consisting of toughened (tempered) or laminated glass:**					
		-钢化安全玻璃: -Toughened (tempered) safety glass:					
		--规格及形状适于安装在车辆、航空器、航天器及船舶上： --Of size and shape suitable for incorporation in vehicles, aircraft, spacecraft or vessels:					
5230	7007.1110	---航空器、航天器及船舶用 ---For aircraft, spacecraft or vessels	2	0	东盟AS,智CL,巴PK,新西兰NZ,秘PE,哥CR,瑞CH,冰IS,韩KR,澳AU,格GE,毛MU,东盟^RAS^R,澳^RAU^R,日^RJP^R,新西兰^RNZ^R,柬KH,港HK,澳门MO,韩^RKR^R	0 受惠国LD	11
	ex70071110	空载重量25吨及以上飞机的挡风玻璃 Windshield for airplane unloaden weight≥25t	Δ1				
5231	7007.1190	---其他 ---Other	10	0	东盟AS,智CL,新西兰NZ,秘PE,哥CR,瑞CH,冰IS,澳AU,格GE,毛MU,柬KH,港HK,澳门MO	0 受惠国LD	50
				1	巴PK		
				4	韩KR		
				8.7	东盟^RAS^R,韩^RKR^R		
				8.8	日^RJP^R		
				9	澳^RAU^R,新西兰^RNZ^R		
5232	7007.1900	--其他 --Other	14	0	东盟AS,智CL,新西兰NZ,新加坡SG,秘PE,哥CR,瑞CH,冰IS,澳AU,格GE,毛MU,东盟^RAS^R,澳^RAU^R,新西兰^RNZ^R,柬KH,港HK,澳门MO	0 受惠国LD	50
				1.4	韩KR		
				11.2	巴PK,韩^RKR^R		
				11.5	日^RJP^R		
		-层压安全玻璃: -Laminated safety glass:					
		--规格及形状适于安装在车辆、航空器、航天器及船舶上： --Of size and shape suitable for incorporation in vehicles, aircraft, spacecraft or vessels:					

序号 No.	税则号列 Tariff Line	货品名称 Article Description	最惠国税率 MFN(%)	协定税率 Agreement(%)		特惠税率 SP(%)		普通税率 Gen(%)
5233	7007.2110	---航空器、航天器及船舶用 ---For aircraft, spacecraft or vessels	2	0	东盟AS,智CL,巴PK,新西兰NZ,秘PE,哥CR,瑞CH,冰IS,韩KR,澳AU,格GE,毛MU,东盟^RAS^R,澳^RAU^R,日^RJP^R,新西兰^RNZ^R,柬KH,港HK,澳门MO,韩^RKR^R	0 受惠国LD	11
5234	7007.2190	---其他 ---Other	14	0	东盟AS,智CL,新西兰NZ,新加坡SG,秘PE,哥CR,瑞CH,冰IS,澳AU,格GE,毛MU,柬KH,港HK,澳门MO	0 受惠国LD	50
				11	韩KR		
				16	巴PK		
				18	东盟^RAS^R,澳^RAU^R,新西兰^RNZ^R		
5235	7007.2900	--其他 --Other	14	0	东盟AS,智CL,新西兰NZ,新加坡SG,秘PE,哥CR,瑞CH,冰IS,澳AU,格GE,毛MU,东盟^RAS^R,澳^RAU^R,新西兰^RNZ^R,柬KH,港HK,澳门MO	0 受惠国LD	50
				1.4	韩KR		
				9	巴PK		
				11.2	韩^RKR^R		
				11.5	日^RJP^R		
	70.08	多层隔温、隔音玻璃组件: **Multiple-walled insulating units of glass:**					
5236	7008.0010	---中空或真空隔温、隔音玻璃 ---Sealed or vacuum insulating glass	14	0	东盟AS,智CL,新西兰NZ,新加坡SG,秘PE,哥CR,瑞CH,冰IS,澳AU,格GE,毛MU,东盟^RAS^R,澳^RAU^R,新西兰^RNZ^R,柬KH,港HK,澳门MO	0 受惠国LD	50
				1.4	韩KR		
				6.7	巴PK		
				11.2	韩^RKR^R		
				11.5	日^RJP^R		
5237	7008.0090	---其他 ---Other	14	0	东盟AS,智CL,新西兰NZ,新加坡SG,秘PE,哥CR,瑞CH,冰IS,澳AU,格GE,毛MU,东盟^RAS^R,澳^RAU^R,新西兰^RNZ^R,柬KH,港HK,澳门MO	0 受惠国LD	50
				1.4	韩KR		
				6.7	巴PK		
				11.2	韩^RKR^R		
				11.5	日^RJP^R		
	70.09	玻璃镜(包括后视镜),不论是否镶框: **Glass mirrors, whether or not framed, including rear-view mirrors:**					
5238	7009.1000	-车辆后视镜 -Rear-view mirrors for vehicles	10	0	东盟AS,智CL,新西兰NZ,新加坡SG,秘PE,哥CR,瑞CH,冰IS,澳AU,格GE,毛MU,柬KH,港HK,澳门MO,台TW	0 受惠国LD	100
				4	巴PK		
				5.5	韩KR		
				9	东盟^RAS^R,澳^RAU^R,新西兰^RNZ^R		

序号 No.	税则号列 Tariff Line	货品名称 Article Description	最惠国税率 MFN(%)	协定税率 Agreement(%)		特惠税率 SP(%)	普通税率 Gen(%)
		-其他: -Other:					
5239	7009.9100	--未镶框 --Unframed	14	0	东盟AS,智CL,新西兰NZ,新加 坡SG,秘PE,哥CR,瑞CH,冰IS,澳 AU,格GE,毛MU,柬KH,港HK,澳 门MO	0 受惠国LD	70
				11.5	韩KR		
				16.8	巴PK		
				18.9	东盟^RAS^R,澳^RAU^R,新西兰^RNZ^R		
5240	7009.9200	--已镶框 --Framed	12	0	东盟AS,智CL,新西兰NZ,新加坡 SG,秘PE,哥CR,瑞CH,冰IS,澳AU, 格GE,毛MU,东盟^RAS^R,澳^RAU^R,新 西兰^RNZ^R,柬KH,港HK,澳门MO	0 受惠国LD	100
				1.2	韩KR		
				4	巴PK		
				7.8	亚太AP		
				9.6	韩^RKR^R		
				9.8	日^RJP^R		
	70.10	玻璃制的坛、瓶、缸、罐、安瓿及其他容器,用于运输或盛装货物;玻璃制保藏罐;玻璃塞、盖及类似的封口器: Carboys, bottles, flasks, jars, pots, phials, ampoules and other containers, of glass, of a kind used for the conveyance or packing of goods; preserving jars of glass; stoppers, lids and other closures, of glass:					
5241	7010.1000	-安瓿 -Ampoules	14	0	东盟AS,智CL,新西兰NZ,新加 坡SG,秘PE,哥CR,瑞CH,冰IS, 澳AU,格GE,毛MU,东盟^RAS^R,澳 ^RAU^R,新西兰^RNZ^R,柬KH,港HK, 澳门MO	0 受惠国LD	50
				1.4	韩KR		
				9	巴PK		
				11.2	韩^RKR^R		
				11.5	日^RJP^R		
5242	7010.2000	-塞、盖及类似的封口器 -Stoppers, lids and other closures	14	0	东盟AS,智CL,新西兰NZ,新加坡 SG,秘PE,哥CR,瑞CH,冰IS,澳 AU,格GE,毛MU,东盟^RAS^R,澳 ^RAU^R,新西兰^RNZ^R,柬KH,港HK, 澳门MO	0 受惠国LD	50
				1.4	韩KR		
				6.7	巴PK		
				11.2	韩^RKR^R		
				11.5	日^RJP^R		
		-其他: -Other:					

序号 No.	税则号列 Tariff Line	货品名称 Article Description	最惠国税率 MFN(%)	协定税率 Agreement(%)		特惠税率 SP(%)	普通税率 Gen(%)
5243	7010.9010	---超过1升 ---Exceeding 1L	14	0	东盟AS,智CL,新西兰NZ,新加坡SG,秘PE,哥CR,瑞CH,冰IS,澳AU,格GE,毛MU,东盟^{R}AS^R,澳^{R}AU^R,新西兰^{R}NZ^R,柬KH,港HK,澳门MO	0 受惠国LD	50
				1.4	韩KR		
				6.7	巴PK		
				11.2	韩^{R}KR^R		
				11.5	日^{R}JP^R		
5244	7010.9020	---超过0.33升, 但不超过1升 ---Exceeding 0.33L but not exceeding 1L	14	0	东盟AS,智CL,新西兰NZ,新加坡SG,秘PE,哥CR,瑞CH,冰IS,澳AU,格GE,毛MU,东盟^{R}AS^R,澳^{R}AU^R,新西兰^{R}NZ^R,柬KH,港HK,澳门MO	0 受惠国LD	50
				1.4	韩KR		
				6.7	巴PK		
				11.2	韩^{R}KR^R		
				11.5	日^{R}JP^R		
5245	7010.9030	---超过0.15升, 但不超过0.33升 ---Exceeding 0.15L but not exceeding 0.33L	14	0	东盟AS,智CL,新西兰NZ,新加坡SG,秘PE,哥CR,瑞CH,冰IS,澳AU,格GE,毛MU,东盟^{R}AS^R,澳^{R}AU^R,新西兰^{R}NZ^R,柬KH,港HK,澳门MO	0 受惠国LD	50
				1.4	韩KR		
				9	巴PK		
				11.2	韩^{R}KR^R		
				11.5	日^{R}JP^R		
5246	7010.9090	---不超过0.15升 ---Not exceeding 0.15L	14	0	东盟AS,智CL,新西兰NZ,新加坡SG,秘PE,哥CR,瑞CH,冰IS,澳AU,格GE,毛MU,东盟^{R}AS^R,澳^{R}AU^R,新西兰^{R}NZ^R,柬KH,港HK,澳门MO	0 受惠国LD	50
				1.4	韩KR		
				9	巴PK		
				11.2	韩^{R}KR^R		
				11.5	日^{R}JP^R		
	70.11	制灯泡和光源、阴极射线管及类似品用的未封口玻璃外壳(包括玻璃泡及管)及其玻璃零件, 但未装有配件: **Glass envelopes (including bulbs and tubes), open, and glass parts thereof, without fittings, for electric lamps and light sources, cathode-ray tubes or the like:**					
5247	7011.1000	-电灯用 -For electric lighting	12	0	东盟AS,智CL,新西兰NZ,新加坡SG,秘PE,哥CR,瑞CH,冰IS,澳AU,格GE,毛MU,柬KH,港HK,澳门MO	0 受惠国LD	80
				11.5	韩KR		
				18.9	东盟^{R}AS^R,澳^{R}AU^R,新西兰^{R}NZ^R		

序号 No.	税则号列 Tariff Line	货品名称 Article Description	最惠国税率 MFN(%)	协定税率 Agreement(%)		特惠税率 SP(%)		普通税率 Gen(%)
		-阴极射线管用: -For cathode-ray tubes:						
5248	7011.2010	---显像管玻壳及其零件 ---Glass envelopes for kinescope and glass parts thereof	10	0	东盟AS,智CL,新西兰NZ,秘PE, 哥CR,瑞CH,冰IS,澳AU,格GE, 毛MU,柬KH,港HK,澳门MO	0	受惠国LD	35
				1	韩KR			
				3	巴PK			
				6.5	亚太AP			
				8	东盟^{R}AS^R,澳^{R}AU^R,新西兰^{R}NZ^R, 韩^{R}KR^R			
				8.2	日^{R}JP^R			
5249	7011.2090	---其他 ---Other	10	0	东盟AS,智CL,新西兰NZ,秘PE, 哥CR,瑞CH,冰IS,澳AU,格GE, 毛MU,柬KH,港HK,澳门MO	0	受惠国LD	35
				3	巴PK			
				5	东盟^{R}AS^R,澳^{R}AU^R,新西兰^{R}NZ^R			
				6.5	亚太AP			
		-其他: -Other:							
5250	7011.9010	---电子管用（阴极射线管用的除外） ---For electronic tubes and valves (other than cathode-ray tubes)	8	0	东盟AS,智CL,新西兰NZ,秘PE, 哥CR,瑞CH,冰IS,韩KR,澳AU, 格GE,毛MU,东盟^{R}AS^R,澳^{R}AU^R, 新西兰^{R}NZ^R,柬KH,港HK,澳门 MO,韩^{R}KR^R	0	受惠国LD	35
				1	巴PK			
				6.5	日^{R}JP^R			
5251	7011.9090	---其他 ---Other	14	0	东盟AS,智CL,新西兰NZ,新加 坡SG,秘PE,哥CR,瑞CH,冰IS,澳 AU,格GE,毛MU,柬KH,港HK,澳 门MO	0	受惠国LD	80
				11.5	韩KR			
				18.9	东盟^{R}AS^R,澳^{R}AU^R,新西兰^{R}NZ^R			
	70.13	玻璃器,供餐桌、厨房、盥洗室、办公 室、室内装饰或类似用途（税目70.10或 70.18的货品除外）: Glassware of a kind used for table, kitchen, toilet, office, indoor decoration or similar purposes (other than that of heading 70.10 or 70.18):						
5252	7013.1000	-玻璃陶瓷制 -Of glass-ceramics	7	0	东盟AS,智CL,新西兰NZ,新加 坡SG,秘PE,哥CR,瑞CH,冰IS,澳 AU,格GE,柬KH,港HK,澳门MO	0	受惠国LD	100
				9.8	毛MU			
				13.4	韩KR			
				22.1	东盟^{R}AS^R,澳^{R}AU^R,新西兰^{R}NZ^R, 韩^{R}KR^R			
				22.2	日^{R}JP^R			
		-高脚杯,但玻璃陶瓷制的除外: -Stemware drinking glasses, other than of glass ceramics:							

序号 No.	税则号列 Tariff Line	货品名称 Article Description	最惠国税率 MFN(%)	协定税率 Agreement(%)		特惠税率 SP(%)	普通税率 Gen(%)
5253	7013.2200	--铅晶质玻璃制 --Of lead crystal	7	0	东盟AS,智CL,新西兰NZ,新加坡SG,秘PE,哥CR,瑞CH,冰IS,澳AU,格GE,柬KH,港HK,澳门MO	0 受惠国LD	100
				9.8	毛MU		
				13.4	韩KR		
				22.1	东盟^RAS^R,澳^RAU^R,新西兰^RNZ^R,韩^RKR^R		
				22.2	日^RJP^R		
5254	7013.2800	--其他 --Other	7	0	东盟AS,智CL,新西兰NZ,新加坡SG,秘PE,哥CR,瑞CH,冰IS,韩KR,澳AU,格GE,毛MU,东盟^RAS^R,澳^RAU^R,新西兰^RNZ^R,柬KH,港HK,澳门MO,韩^RKR^R	0 受惠国LD	100
				1	巴PK		
				6.5	日^RJP^R		
		-其他杯子, 但玻璃陶瓷制的除外: -Other drinking glasses, other than of glass ceramics:					
5255	7013.3300	--铅晶质玻璃制 --Of lead crystal	7	0	东盟AS,智CL,新西兰NZ,新加坡SG,秘PE,哥CR,瑞CH,冰IS,澳AU,格GE,柬KH,港HK,澳门MO	0 受惠国LD	100
				9.8	毛MU		
				13.4	韩KR		
				22.1	东盟^RAS^R,澳^RAU^R,新西兰^RNZ^R,韩^RKR^R		
5256	7013.3700	--其他 --Other	7	0	东盟AS,智CL,新西兰NZ,新加坡SG,秘PE,哥CR,瑞CH,冰IS,韩KR,澳AU,格GE,毛MU,东盟^RAS^R,澳^RAU^R,新西兰^RNZ^R,柬KH,港HK,澳门MO,韩^RKR^R	0 受惠国LD	100
				1	巴PK		
				6.5	日^RJP^R		
		-餐桌或厨房用玻璃器皿(不包括杯子), 但玻璃陶瓷制的除外: -Glassware of a kind used for table (other than drinking glasses) or kitchen purposes other than of glass ceramics:					
5257	7013.4100	--铅晶质玻璃制 --Of lead crystal	7	0	东盟AS,智CL,新西兰NZ,新加坡SG,秘PE,哥CR,瑞CH,冰IS,澳AU,格GE,柬KH,港HK,澳门MO	0 受惠国LD	100
				9.8	毛MU		
				13.4	韩KR		
				22.1	东盟^RAS^R,澳^RAU^R,新西兰^RNZ^R,韩^RKR^R		
5258	7013.4200	--温度在0摄氏度至300摄氏度时线膨胀系数不超过5×10^{-6}/开尔文的其他玻璃制 --Of other glass having a linear coefficient of expansion not exceeding 5×10^{-6} per Kelvin within a temperature range of 0℃ to 300℃	7	0	东盟AS,智CL,新西兰NZ,新加坡SG,秘PE,哥CR,瑞CH,冰IS,澳AU,格GE,毛MU,东盟^RAS^R,澳^RAU^R,新西兰^RNZ^R,柬KH,港HK,澳门MO	0 受惠国LD	100
				1	巴PK,韩KR		
				8	韩^RKR^R		
				8.2	日^RJP^R		

序号 No.	税则号列 Tariff Line	货品名称 Article Description	最惠国税率 MFN(%)	协定税率 Agreement(%)		特惠税率 SP(%)	普通税率 Gen(%)
5259	7013.4900	--其他 --Other	7	0	东盟AS,智CL,新西兰NZ,新加坡SG,秘PE,哥CR,瑞CH,冰IS,澳AU,格GE,毛MU,柬KH,港HK,澳门MO	0 受惠国LD	100
				1	巴PK,韩KR		
				8	东盟^RAS^R,澳^RAU^R,新西兰^RNZ^R,韩^RKR^R		
				8.2	日^RJP^R		
		-其他玻璃器: -Other glassware:					
5260	7013.9100	--铅晶质玻璃制 --Of lead crystal	7	0	东盟AS,智CL,新西兰NZ,新加坡SG,秘PE,哥CR,瑞CH,冰IS,澳AU,格GE,毛MU,东盟^RAS^R,澳^RAU^R,新西兰^RNZ^R,柬KH,港HK,澳门MO	0 受惠国LD	100
				1	巴PK,韩KR		
				8	韩^RKR^R		
				8.2	日^RJP^R		
5261	7013.9900	--其他 --Other	7	0	东盟AS,智CL,新西兰NZ,新加坡SG,秘PE,哥CR,瑞CH,冰IS,澳AU,格GE,东盟^RAS^R,澳^RAU^R,新西兰^RNZ^R,柬KH,港HK,澳门MO	0 受惠国LD	100
				1	巴PK,韩KR		
				4	毛MU		
				8	韩^RKR^R		
				8.2	日^RJP^R		
	70.14	**未经光学加工的信号玻璃器及玻璃制光学元件(税目70.15的货品除外):** **Signalling glassware and optical elements of glass (other than those of heading 70.15), not optically worked:**					
5262	7014.0010	---光学仪器用光学元件毛坯 ---Blanks of optical elements, for optical instruments	10	0	东盟AS,智CL,新西兰NZ,新加坡SG,秘PE,哥CR,瑞CH,冰IS,韩KR,澳AU,格GE,毛MU,东盟^RAS^R,澳^RAU^R,新西兰^RNZ^R,柬KH,港HK,澳门MO,韩^RKR^R	0 受惠国LD	40
				1	巴PK		
				8.2	日^RJP^R		
5263	7014.0090	---其他 ---Other	15	0	东盟AS,智CL,新西兰NZ,新加坡SG,秘PE,哥CR,瑞CH,冰IS,澳AU,格GE,毛MU,柬KH,港HK,澳门MO	0 受惠国LD	80
				1.7	韩KR		
				14	巴PK,东盟^RAS^R,澳^RAU^R,新西兰^RNZ^R,韩^RKR^R		
				14.3	日^RJP^R		
	ex70140090	带有抗红外和防反射薄膜的滤波玻璃 Wave-filter glass with anti-IR and anti-reflection film	Δ9				

序号 No.	税则号列 Tariff Line	货品名称 Article Description	最惠国税率 MFN(%)	协定税率 Agreement(%)		特惠税率 SP(%)		普通税率 Gen(%)
	70.15	钟表玻璃及类似玻璃、视力矫正或非视力矫正眼镜用玻璃，呈弧面、弯曲、凹形或类似形状但未经光学加工的；制造上述玻璃用的凹面圆形及扇形玻璃： Clock or watch glasses and similar glasses, glasses for non-corrective or corrective spectacles, curved, bent, hollowed or the like, not optically worked; hollow glass spheres and their segments, for the manufacture of such glasses:						
		-视力矫正眼镜用玻璃： -Glasses for corrective spectacles:						
5264	7015.1010	---变色镜片坯件 ---Blanks for photochromic spectacles	15	0	东盟AS,智CL,新西兰NZ,新加坡SG,秘PE,哥CR,瑞CH,冰IS,澳AU,格GE,毛MU,柬KH,港HK,澳门MO	0 受惠国LD		80
				8.4	韩KR			
				16.8	东盟^RAS^R,澳^RAU^R,新西兰^RNZ^R,韩^RKR^R			
				18.4	日^RJP^R			
5265	7015.1090	---其他 ---Other	15	0	东盟AS,智CL,新西兰NZ,新加坡SG,秘PE,哥CR,瑞CH,冰IS,澳AU,格GE,毛MU,东盟^RAS^R,澳^RAU^R,新西兰^RNZ^R,柬KH,港HK,澳门MO	0 受惠国LD		70
				1.7	韩KR			
				14	巴PK,韩^RKR^R			
				14.3	日^RJP^R			
		-其他： -Other:						
5266	7015.9010	---钟表玻璃 ---Clock and watch glasses	15	0	东盟AS,智CL,新西兰NZ,新加坡SG,秘PE,哥CR,瑞CH,冰IS,澳AU,格GE,东盟^RAS^R,澳^RAU^R,新西兰^RNZ^R,柬KH,港HK,澳门MO	0 受惠国LD		70
				1.7	韩KR			
				7	毛MU			
				14	巴PK,韩^RKR^R			
				14.3	日^RJP^R			
5267	7015.9020	---平光变色镜片坯件 ---Blanks for plane photochromic spectacles	15	0	东盟AS,智CL,新西兰NZ,新加坡SG,秘PE,哥CR,瑞CH,冰IS,澳AU,格GE,毛MU,东盟^RAS^R,澳^RAU^R,新西兰^RNZ^R,柬KH,港HK,澳门MO	0 受惠国LD		80
				1.8	韩KR			
				10.5	亚太AP			
				14.4	巴PK,韩^RKR^R			
				14.7	日^RJP^R			

序号 No.	税则号列 Tariff Line	货品名称 Article Description	最惠国税率 MFN(%)	协定税率 Agreement(%)		特惠税率 SP(%)		普通税率 Gen(%)
5268	7015.9090	---其他 ---Other	12	0	东盟AS,智CL,新西兰NZ,新加坡SG,秘PE,哥CR,冰IS,澳AU,格GE,毛MU,东盟^RAS^R,澳^RAU^R,新西兰^RNZ^R,柬KH,港HK,澳门MO	0	受惠国LD	80
				1.2	韩KR			
				3.6	巴PK			
				4.8	瑞CH			
				9.6	韩^RKR^R			
				9.8	日^RJP^R			
				10.8	亚太AP			
	70.16	建筑用压制或模制的铺面用玻璃块、砖、片、瓦及其他制品,不论是否夹丝;供镶嵌或类似装饰用的玻璃马赛克及其他小件玻璃品,不论是否有衬背;花饰铅条窗玻璃及类似品;多孔或泡沫玻璃块、板、片及类似品: Paving blocks, slabs, bricks, squares, tiles and other articles of pressed or moulded glass, whether or not wired, of a kind used for building or construction purposes; glass cubes and other glass smallwares, whether or not on a backing, for mosaics or similar decorative purposes; leaded lights and the like; multicellular or foam glass in blocks, panels, plates, shells or similar forms:						
5269	7016.1000	-供镶嵌或类似装饰用的玻璃马赛克及其他小件玻璃品,不论是否有衬背 -Glass cubes and other glass smallwares, whether or not on a backing, for mosaics or similar decorative purposes	15	0	东盟AS,智CL,新西兰NZ,新加坡SG,秘PE,哥CR,瑞CH,冰IS,澳AU,格GE,柬KH,港HK,澳门MO	0	受惠国LD	100
				8.8	毛MU			
				12.1	韩KR			
				19.8	东盟^RAS^R,澳^RAU^R,新西兰^RNZ^R,韩^RKR^R			
		-其他: -Other:						
5270	7016.9010	---花饰铅条窗玻璃及类似品 ---Leaded lights and the like	15	0	东盟AS,智CL,新西兰NZ,新加坡SG,秘PE,哥CR,瑞CH,冰IS,澳AU,格GE,柬KH,港HK,澳门MO	0	受惠国LD	90
				9.6	毛MU			
				10.5	亚太AP			
				13.2	韩KR			
				21.6	东盟^RAS^R,澳^RAU^R,新西兰^RNZ^R,韩^RKR^R			
				21.7	日^RJP^R			
5271	7016.9090	---其他 ---Other	15	0	东盟AS,智CL,新西兰NZ,新加坡SG,秘PE,哥CR,瑞CH,冰IS,澳AU,格GE,毛MU,东盟^RAS^R,澳^RAU^R,新西兰^RNZ^R,柬KH,港HK,澳门MO	0	受惠国LD	90
				1.8	韩KR			
				10.5	亚太AP			
				14.4	韩^RKR^R			
				14.7	日^RJP^R			

序号 No.	税则号列 Tariff Line	货品名称 Article Description	最惠国税率 MFN(%)	协定税率 Agreement(%)		特惠税率 SP(%)	普通税率 Gen(%)
	70.17	实验室、卫生及配药用的玻璃器, 不论有无刻度或标量: **Laboratory, hygienic or pharmaceutical glassware, whether or not graduated or calibrated:**					
5272	7017.1000	-熔融石英或其他熔融硅石制 -Of fused quartz or other fused silica	0	0	东盟AS,智CL,巴PK,新西兰NZ,秘PE,哥CR,瑞CH,冰IS,韩KR,澳AU,格GE,毛MU,东盟^{R}AS^R,澳^{R}AU^R,日^{R}JP^R,新西兰^{R}NZ^R,柬KH,港HK,澳门MO,韩^{R}KR^R	0 受惠国LD	30
5273	7017.2000	-温度在0摄氏度至300摄氏度时线膨胀系数不超过5×10^{-6}/开尔文的其他玻璃制 -Of other glass having a linear coefficient of expansion not exceeding 5×10^{-6} per Kelvin within a temperature range of 0℃ to 300℃	8	0 1 3.2 6.5	东盟AS,智CL,新西兰NZ,秘PE,哥CR,冰IS,韩KR,澳AU,格GE,毛MU,东盟^{R}AS^R,澳^{R}AU^R,新西兰^{R}NZ^R,柬KH,港HK,澳门MO,韩^{R}KR^R 巴PK 瑞CH 日^{R}JP^R	0 受惠国LD	30
5274	7017.9000	-其他 -Other	8	0 0.8 1 6.4 6.5	东盟AS,智CL,新西兰NZ,秘PE,哥CR,瑞CH,冰IS,澳AU,格GE,毛MU,东盟^{R}AS^R,澳^{R}AU^R,新西兰^{R}NZ^R,柬KH,港HK,澳门MO 韩KR 巴PK 韩^{R}KR^R 日^{R}JP^R	0 受惠国LD	30
	70.18	玻璃珠、仿珍珠、仿宝石或仿半宝石和类似小件玻璃品及其制品,但仿首饰除外; 玻璃假眼,但医用假眼除外; 灯工方法制作的玻璃塑像及其他玻璃装饰品,但仿首饰除外; 直径不超过1毫米的微型玻璃球: **Glass beads, imitation pearls, imitation precious or semi-precious stones and similar glass smallwares, and articles thereof other than imitation jewellery; glass eyes other than prosthetic articles; statuettes and other ornaments of lamp-worked glass, other than imitation jewellery; glass microspheres not exceeding 1mm in diameter:**					
5275	7018.1000	-玻璃珠、仿珍珠、仿宝石或仿半宝石及类似小件玻璃品 -Glass beads, imitation pearls, imitation precious or semiprecious stones and similar glass smallwares	10	0 4 8.2	东盟AS,智CL,新西兰NZ,新加坡SG,秘PE,哥CR,瑞CH,冰IS,韩KR,澳AU,格GE,毛MU,东盟^{R}AS^R,澳^{R}AU^R,新西兰^{R}NZ^R,柬KH,港HK,澳门MO,韩^{R}KR^R 巴PK 日^{R}JP^R	0 受惠国LD	100
5276	7018.2000	-直径不超过1毫米的微型玻璃球 -Glass microspheres not exceeding 1mm in diameter	15	0 8 17.3 17.5 18	东盟AS,智CL,新西兰NZ,新加坡SG,秘PE,哥CR,瑞CH,冰IS,澳AU,格GE,毛MU,柬KH,港HK,澳门MO 韩KR 东盟^{R}AS^R,韩^{R}KR^R 日^{R}JP^R 澳^{R}AU^R,新西兰^{R}NZ^R	0 受惠国LD	100

序号 No.	税则号列 Tariff Line	货品名称 Article Description	最惠国税率 MFN(%)	协定税率 Agreement(%)		特惠税率 SP(%)		普通税率 Gen(%)
	ex70182000	熔融球形二氧化硅微粉,直径小于等于100微米 Fused spherical SiO_2 diameter, not exceeding 100μm	△5.5					
5277	7018.9000	-其他 -Other	15△10	0	东盟AS,智CL,新西兰NZ,新加坡SG,秘PE,哥CR,瑞CH,冰IS,澳AU,格GE,毛MU,柬KH,港HK,澳门MO	0	受惠国LD	100
				8	韩KR			
				16	东盟^{R}AS^R,澳^{R}AU^R,新西兰^{R}NZ^R,韩^{R}KR^R			
				17.5	日^{R}JP^R			
	70.19	玻璃纤维(包括玻璃棉)及其制品(例如,纱线、无捻粗纱及机织物): **Glass fibres (including glass wool) and articles thereof (for example, yarn, rovings, woven fabrics):**						
		-定长纤维纱条、无捻粗纱、纱线、短切原丝及其毡: -Slivers, rovings, yarn and chopped strands and mats thereof :						
5278	7019.1100	--长度不超过50毫米的短切原丝 --Chopped strands, of a length of not more than 50mm	10	0	东盟AS,智CL,新西兰NZ,新加坡SG,秘PE,哥CR,瑞CH,冰IS,澳AU,格GE,毛MU,东盟^{R}AS^R,澳^{R}AU^R,新西兰^{R}NZ^R,柬KH,港HK,澳门MO,台TW	0	受惠国LD	50
				1.2	韩KR			
				3.6	巴PK			
				9.6	韩^{R}KR^R			
				9.8	日^{R}JP^R			
5279	7019.1200	--无捻粗纱 --Rovings	10	0	东盟AS,智CL,新西兰NZ,新加坡SG,秘PE,哥CR,瑞CH,冰IS,澳AU,格GE,毛MU,柬KH,港HK,澳门MO	0	受惠国LD	50
				3.6	巴PK			
				5	东盟^{R}AS^R,澳^{R}AU^R,新西兰^{R}NZ^R			
5280	7019.1300	--其他纱线,定长纤维纱条 --Other yarn, slivers	8	0	东盟AS,智CL,新西兰NZ,秘PE,哥CR,瑞CH,冰IS,澳AU,格GE,毛MU,柬KH,港HK,澳门MO,台TW	0	受惠国LD	50
				1	韩KR			
				3	巴PK			
				8	东盟^{R}AS^R,澳^{R}AU^R,新西兰^{R}NZ^R,韩^{R}KR^R			
				8.2	日^{R}JP^R			
5281	7019.1400	--机械结合毡 --Mechanically bonded mats	5	0	东盟AS,智CL,巴PK,新西兰NZ,秘PE,哥CR,瑞CH,冰IS,韩KR,澳AU,格GE,毛MU,东盟^{R}AS^R,澳^{R}AU^R,日^{R}JP^R,新西兰^{R}NZ^R,柬KH,港HK,澳门MO,韩^{R}KR^R	0	受惠国LD	40

序号 No.	税则号列 Tariff Line	货品名称 Article Description	最惠国税率 MFN(%)		协定税率 Agreement(%)	特惠税率 SP(%)	普通税率 Gen(%)
5282	7019.1500	--化学粘合毡 --Chemically bonded mats	5	0	东盟AS,智CL,巴PK,新西兰NZ, 秘PE,哥CR,瑞CH,冰IS,韩KR, 澳AU,格GE,毛MU,东盟^RAS^R, 澳^RAU^R,日^RJP^R,新西兰^RNZ^R,柬 KH,港HK,澳门MO,韩^RKR^R	0 受惠国LD	40
5283	7019.1900	--其他 --Other	8	0 1 3 8 8.2	东盟AS,智CL,新西兰NZ,秘PE, 哥CR,瑞CH,冰IS,澳AU,格GE,毛 MU,柬KH,港HK,澳门MO,台TW 韩KR 巴PK 东盟^RAS^R,澳^RAU^R,新西兰^RNZ^R, 韩^RKR^R 日^RJP^R	0 受惠国LD	50
		-机械结合织物: -Mechanically bonded fabrics :					
5284	7019.6100	--紧密粗纱机织物 --Closed woven fabrics of rovings	10	0 1.2 3.6 9.6 9.8	东盟AS,智CL,新西兰NZ,新加坡 SG,秘PE,哥CR,瑞CH,冰IS,澳AU, 格GE,毛MU,东盟^RAS^R,澳^RAU^R,新 西兰^RNZ^R,柬KH,港HK,澳门MO 韩KR 巴PK 韩^RKR^R 日^RJP^R	0 受惠国LD	40
5285	7019.6200	--其他紧密粗纱织物 --Other closed fabrics of rovings	10	0 1 3 8.4 8.6	东盟AS,智CL,新西兰NZ,新加 坡SG,秘PE,哥CR,瑞CH,冰IS,澳 AU,格GE,毛MU,东盟^RAS^R,澳 ^RAU^R,新西兰^RNZ^R,柬KH,港HK, 澳门MO,台TW 韩KR 巴PK 韩^RKR^R 日^RJP^R	0 受惠国LD	40
		--纱线制紧密平纹机织物,未经涂布或 层压: --Closed woven fabrics, plain weave, of yarns, not coated or laminated:					
5286	7019.6310	---宽度不超过30厘米的 ---Of a width not exceeding 30cm	10	0 1.2 3.6 9.6 9.8	东盟AS,智CL,新西兰NZ,新加坡 SG,秘PE,哥CR,瑞CH,冰IS,澳AU, 格GE,毛MU,东盟^RAS^R,澳^RAU^R,新 西兰^RNZ^R,柬KH,港HK,澳门MO 韩KR 巴PK 韩^RKR^R 日^RJP^R	0 受惠国LD	40
5287	7019.6320	---宽度超过30厘米的长丝平纹织物,每 平方米重量不超过110克,单根纱线 细度不超过22特克斯 ---Of a width exceeding 30cm, plain weave, weighing not more than 110g/m^2, of filaments measuring per single yarn not more than 22 tex-	10	0 3.6 5	东盟AS,智CL,新西兰NZ,新加 坡SG,秘PE,哥CR,瑞CH,冰IS,澳 AU,格GE,毛MU,柬KH,港HK,澳 门MO 巴PK 东盟^RAS^R,澳^RAU^R,新西兰^RNZ^R	0 受惠国LD	40

序号 No.	税则号列 Tariff Line	货品名称 Article Description	最惠国税率 MFN(%)	协定税率 Agreement(%)		特惠税率 SP(%)	普通税率 Gen(%)
5288	7019.6390	---其他 ---Other	10	0 3.3 5	东盟AS,智CL,新西兰NZ,新加坡SG,秘PE,哥CR,瑞CH,冰IS,澳AU,格GE,毛MU,柬KH,港HK,澳门MO 巴PK 东盟^RAS^R,澳^RAU^R,新西兰^RNZ^R	0 受惠国LD	40
		--纱线制紧密平纹机织物, 经涂布或层压: --Closed woven fabrics, plain weave, of yarns, coated or laminated:					
5289	7019.6410	---宽度不超过30厘米的 ---Of a width not exceeding 30cm	10	0 1.2 3.6 9.6 9.8	东盟AS,智CL,新西兰NZ,新加坡SG,秘PE,哥CR,瑞CH,冰IS,澳AU,格GE,毛MU,东盟^RAS^R,澳^RAU^R,新西兰^RNZ^R,柬KH,港HK,澳门MO 韩KR 巴PK 韩^RKR^R 日^RJP^R	0 受惠国LD	40
5290	7019.6490	---其他 ---Other	10	0 3.3 5	东盟AS,智CL,新西兰NZ,新加坡SG,秘PE,哥CR,瑞CH,冰IS,澳AU,格GE,毛MU,柬KH,港HK,澳门MO 巴PK 东盟^RAS^R,澳^RAU^R,新西兰^RNZ^R	0 受惠国LD	40
		--宽度不超过30厘米的网孔机织物: --Open woven fabrics of a width not exceeding 30cm:					
5291	7019.6510	---粗纱机织物 ---Woven fabrics of rovings	10	0 1.2 3.6 9.6 9.8	东盟AS,智CL,新西兰NZ,新加坡SG,秘PE,哥CR,瑞CH,冰IS,澳AU,格GE,毛MU,东盟^RAS^R,澳^RAU^R,新西兰^RNZ^R,柬KH,港HK,澳门MO 韩KR 巴PK 韩^RKR^R 日^RJP^R	0 受惠国LD	40
5292	7019.6590	---其他 ---Other	10	0 1.2 3.6 9.6 9.8	东盟AS,智CL,新西兰NZ,新加坡SG,秘PE,哥CR,瑞CH,冰IS,澳AU,格GE,毛MU,东盟^RAS^R,澳^RAU^R,新西兰^RNZ^R,柬KH,港HK,澳门MO 韩KR 巴PK 韩^RKR^R 日^RJP^R	0 受惠国LD	40
		--宽度超过30厘米的网孔机织物: --Open woven fabrics of a width exceeding 30cm:					

序号 No.	税则号列 Tariff Line	货品名称 Article Description	最惠国税率 MFN(%)	协定税率 Agreement(%)		特惠税率 SP(%)	普通税率 Gen(%)
5293	7019.6610	---粗纱机织物 ---Woven fabrics of rovings	10	0	东盟AS,智CL,新西兰NZ,新加坡SG,秘PE,哥CR,瑞CH,冰IS,澳AU,格GE,毛MU,东盟^{R}AS^R,澳^{R}AU^R,新西兰^{R}NZ^R,柬KH,港HK,澳门MO	0 受惠国LD	40
				1.2	韩KR		
				3.6	巴PK		
				9.6	韩^{R}KR^R		
				9.8	日^{R}JP^R		
5294	7019.6690	---其他 ---Other	10	0	东盟AS,智CL,新西兰NZ,新加坡SG,秘PE,哥CR,瑞CH,冰IS,澳AU,格GE,毛MU,柬KH,港HK,澳门MO	0 受惠国LD	40
				3.3	巴PK		
				5	东盟^{R}AS^R,澳^{R}AU^R,新西兰^{R}NZ^R		
		--其他: --Other:					
5295	7019.6910	---垫 ---Mattresses	10	0	东盟AS,智CL,新西兰NZ,新加坡SG,秘PE,哥CR,瑞CH,冰IS,澳AU,格GE,毛MU,东盟^{R}AS^R,澳^{R}AU^R,新西兰^{R}NZ^R,柬KH,港HK,澳门MO,台TW	0 受惠国LD	40
				1	韩KR		
				3	巴PK		
				8.4	韩^{R}KR^R		
				8.6	日^{R}JP^R		
5296	7019.6920	---纤维网、板及类似无纺产品 ---Webs, boards and similar nonwoven products	10	0	东盟AS,智CL,新西兰NZ,新加坡SG,秘PE,哥CR,瑞CH,冰IS,澳AU,格GE,毛MU,东盟^{R}AS^R,澳^{R}AU^R,新西兰^{R}NZ^R,柬KH,港HK,澳门MO,台TW	0 受惠国LD	40
				1	韩KR		
				3	巴PK		
				8.4	韩^{R}KR^R		
				8.6	日^{R}JP^R		
5297	7019.6930	---宽度不超过30厘米的机织物 ---Woven fabrics of a width not exceeding 30cm	10	0	东盟AS,智CL,新西兰NZ,新加坡SG,秘PE,哥CR,瑞CH,冰IS,澳AU,格GE,毛MU,东盟^{R}AS^R,澳^{R}AU^R,新西兰^{R}NZ^R,柬KH,港HK,澳门MO	0 受惠国LD	40
				1.2	韩KR		
				3.6	巴PK		
				9.6	韩^{R}KR^R		
				9.8	日^{R}JP^R		
5298	7019.6990	---其他 ---Other	10	0	东盟AS,智CL,新西兰NZ,新加坡SG,秘PE,哥CR,瑞CH,冰IS,澳AU,格GE,毛MU,柬KH,港HK,澳门MO	0 受惠国LD	40
				3	巴PK		
				5	东盟^{R}AS^R,澳^{R}AU^R,新西兰^{R}NZ^R		
				6.5	亚太AP		
				7.8	韩KR		

序号 No.	税则号列 Tariff Line	货品名称 Article Description	最惠国税率 MFN(%)	协定税率 Agreement(%)		特惠税率 SP(%)	普通税率 Gen(%)
		-化学粘合的织物: -Chemically bonded fabrics :					
5299	7019.7100	--覆面毡（薄毡） --Veils (thin sheets)	10	0	东盟AS,智CL,新西兰NZ,新加坡SG,秘PE,哥CR,瑞CH,冰IS,澳AU,格GE,毛MU,东盟^{R}AS^R,澳^{R}AU^R,新西兰^{R}NZ^R,柬KH,港HK,澳门MO	0 受惠国LD	40
				1.4	韩KR		
				6.7	巴PK		
				11.2	韩^{R}KR^R		
				11.5	日^{R}JP^R		
		--其他紧密织物: --Other closed fabrics:					
5300	7019.7210	---垫 ---Mattresses	10	0	东盟AS,智CL,新西兰NZ,新加坡SG,秘PE,哥CR,瑞CH,冰IS,澳AU,格GE,毛MU,东盟^{R}AS^R,澳^{R}AU^R,新西兰^{R}NZ^R,柬KH,港HK,澳门MO,台TW	0 受惠国LD	40
				1	韩KR		
				3	巴PK		
				8.4	韩^{R}KR^R		
				8.6	日^{R}JP^R		
5301	7019.7290	---其他 ---Other	10	0	东盟AS,智CL,新西兰NZ,新加坡SG,秘PE,哥CR,瑞CH,冰IS,澳AU,格GE,毛MU,东盟^{R}AS^R,澳^{R}AU^R,新西兰^{R}NZ^R,柬KH,港HK,澳门MO,台TW	0 受惠国LD	40
				1	韩KR		
				3	巴PK		
				8.4	韩^{R}KR^R		
				8.6	日^{R}JP^R		
		--其他网孔织物: --Other open fabrics:					
5302	7019.7310	---垫 ---Mattresses	10	0	东盟AS,智CL,新西兰NZ,新加坡SG,秘PE,哥CR,瑞CH,冰IS,澳AU,格GE,毛MU,东盟^{R}AS^R,澳^{R}AU^R,新西兰^{R}NZ^R,柬KH,港HK,澳门MO,台TW	0 受惠国LD	40
				1	韩KR		
				3	巴PK		
				8.4	韩^{R}KR^R		
				8.6	日^{R}JP^R		
5303	7019.7390	---其他 ---Other	10	0	东盟AS,智CL,新西兰NZ,新加坡SG,秘PE,哥CR,瑞CH,冰IS,澳AU,格GE,毛MU,东盟^{R}AS^R,澳^{R}AU^R,新西兰^{R}NZ^R,柬KH,港HK,澳门MO,台TW	0 受惠国LD	40
				1	韩KR		
				3	巴PK		
				8.4	韩^{R}KR^R		
				8.6	日^{R}JP^R		

序号 No.	税则号列 Tariff Line	货品名称 Article Description	最惠国税率 MFN(%)		协定税率 Agreement(%)	特惠税率 SP(%)		普通税率 Gen(%)
		-玻璃棉及其制品: -Glass wool and articles of glass wool:						
5304	7019.8010	---垫 ---Mattresses	10	0	东盟AS,智CL,新西兰NZ,新加坡SG,秘PE,哥CR,瑞CH,冰IS,澳AU,格GE,毛MU,东盟^{R}AS^R,澳^{R}AU^R,新西兰^{R}NZ^R,柬KH,港HK,澳门MO,台TW	0	受惠国LD	40
				1	韩KR			
				3	巴PK			
				8.4	韩^{R}KR^R			
				8.6	日^{R}JP^R			
5305	7019.8020	---纤维网、板及类似无纺产品 ---Webs, boards and similar nonwoven products	10	0	东盟AS,智CL,新西兰NZ,新加坡SG,秘PE,哥CR,瑞CH,冰IS,澳AU,格GE,毛MU,东盟^{R}AS^R,澳^{R}AU^R,新西兰^{R}NZ^R,柬KH,港HK,澳门MO,台TW	0	受惠国LD	40
				1	韩KR			
				3	巴PK			
				8.4	韩^{R}KR^R			
				8.6	日^{R}JP^R			
5306	7019.8090	----其他 ----Other	7	0	东盟AS,智CL,新西兰NZ,秘PE,哥CR,瑞CH,冰IS,澳AU,格GE,毛MU,柬KH,港HK,澳门MO	0	受惠国LD	40
				1	巴PK			
				2.8	韩KR			
				5.6	东盟^{R}AS^R,澳^{R}AU^R,新西兰^{R}NZ^R,韩^{R}KR^R			
				6.1	日^{R}JP^R			
		-其他: -Other:						
		---玻璃纤维布浸胶制品: ---Impregnated glass fabrics:						
5307	7019.9021	----每平方米重量小于450克 ----Weighing less than 450g/m^2	7	0	东盟AS,智CL,新西兰NZ,秘PE,哥CR,瑞CH,冰IS,澳AU,格GE,毛MU,柬KH,港HK,澳门MO	0	受惠国LD	40
				1	巴PK			
				2.8	韩KR			
				5.6	东盟^{R}AS^R,澳^{R}AU^R,新西兰^{R}NZ^R,韩^{R}KR^R			
				6.1	日^{R}JP^R			
5308	7019.9029	----其他 ----Other	7	0	东盟AS,智CL,新西兰NZ,秘PE,哥CR,瑞CH,冰IS,澳AU,格GE,毛MU,柬KH,港HK,澳门MO	0	受惠国LD	40
				1	巴PK			
				2.8	韩KR			
				5.6	东盟^{R}AS^R,澳^{R}AU^R,新西兰^{R}NZ^R,韩^{R}KR^R			
				6.1	日^{R}JP^R			

序号 No.	税则号列 Tariff Line	货品名称 Article Description	最惠国税率 MFN(%)	协定税率 Agreement(%)		特惠税率 SP(%)		普通税率 Gen(%)
		---其他: ---Other:						
5309	7019.9091	----垫 ----Mattresses	10	0	东盟AS,智CL,新西兰NZ,新加坡SG,秘PE,哥CR,瑞CH,冰IS,澳AU,格GE,毛MU,东盟^{R}AS^R,澳^{R}AU^R,新西兰NZ^R,柬KH,港HK,澳门MO,台TW	0	受惠国LD	40
				1	韩KR			
				3	巴PK			
				8.4	韩^{R}KR^R			
				8.6	日^{R}JP^R			
5310	7019.9092	----其他纤维网、板及类似无纺织产品 ----Other webs, boards and similar nonwoven products	10	0	东盟AS,智CL,新西兰NZ,新加坡SG,秘PE,哥CR,瑞CH,冰IS,澳AU,格GE,毛MU,东盟^{R}AS^R,澳^{R}AU^R,新西兰^{R}NZ^R,柬KH,港HK,澳门MO,台TW	0	受惠国LD	40
				1	韩KR			
				3	巴PK			
				8.4	韩^{R}KR^R			
				8.6	日^{R}JP^R			
5311	7019.9099	----其他 ----Other	7	0	东盟AS,智CL,新西兰NZ,秘PE,哥CR,瑞CH,冰IS,澳AU,格GE,毛MU,柬KH,港HK,澳门MO	0	受惠国LD	40
				1	巴PK			
				2.8	韩KR			
				5.6	东盟^{R}AS^R,澳^{R}AU^R,新西兰^{R}NZ^R,韩^{R}KR^R			
				6.1	日^{R}JP^R			
	70.20	**其他玻璃制品:** **Other articles of glass:**						
		---工业用: ---For technical use:						
5312	7020.0011	----导电玻璃 ----Conductivity glass	10△7	0	东盟AS,智CL,新西兰NZ,新加坡SG,秘PE,哥CR,瑞CH,冰IS,澳AU,格GE,毛MU,柬KH,港HK,澳门MO	0	受惠国LD	40
				3	巴PK			
				5	东盟^{R}AS^R,澳^{R}AU^R,新西兰^{R}NZ^R			
5313	7020.0012	----绝缘子用玻璃伞盘 ----Glass umbrella for insulator	10	0	东盟AS,智CL,新西兰NZ,新加坡SG,秘PE,哥CR,瑞CH,冰IS,澳AU,格GE,毛MU,东盟^{R}AS^R,澳^{R}AU^R,新西兰^{R}NZ^R,柬KH,港HK,澳门MO	0	受惠国LD	40
				1	韩KR			
				3	巴PK			
				6.5	亚太AP			
				8.4	韩^{R}KR^R			
				8.6	日^{R}JP^R			

序号 No.	税则号列 Tariff Line	货品名称 Article Description	最惠国税率 MFN(%)	协定税率 Agreement(%)		特惠税率 SP(%)	普通税率 Gen(%)
5314	7020.0013	----熔融石英或其他熔融硅石制 ----Of fused quartz or other fused silica	10	0	东盟AS,智CL,新西兰NZ,新加坡SG,秘PE,哥CR,瑞CH,冰IS,韩KR,澳AU,格GE,毛MU,柬KH,港HK,澳门MO	0 受惠国LD	40
				3	巴PK		
				6.5	亚太AP		
				8.4	东盟^{R}AS^R,澳^{R}AU^R,新西兰^{R}NZ^R,韩^{R}KR^R		
				8.6	日^{R}JP^R		
	ex70200013	用于插入熔化和氧化炉以内以制备半导体晶片的石英反应管及夹持器 Quartz reactor tubes and holders designed for insertion into diffusion and oxidation furnaces for production of semiconductor wafers	0				
5315	7020.0019	----其他 ----Other	10	0	东盟AS,智CL,新西兰NZ,新加坡SG,秘PE,哥CR,瑞CH,冰IS,韩KR,澳AU,格GE,毛MU,东盟^{R}AS^R,澳^{R}AU^R,新西兰^{R}NZ^R,柬KH,港HK,澳门MO,韩^{R}KR^R	0 受惠国LD	40
				3	巴PK		
				6.5	亚太AP		
				8.6	日^{R}JP^R		
	ex70200019	用于插入熔化和氧化炉以内以制备半导体晶片的石英反应管及夹持器 Quartz reactor tubes and holders designed for insertion into diffusion and oxidation furnaces for production of semiconductor wafers	0				
		---其他: ---Other:					
5316	7020.0091	----保温瓶或其他保温容器用的玻璃胆 ----Glass inners for vacuum flasks or for other vacuum vessels	20	0	东盟AS,智CL,新西兰NZ,新加坡SG,秘PE,哥CR,瑞CH,冰IS,澳AU,格GE,毛MU,柬KH,港HK,澳门MO	0 受惠国LD	100
				8.4	韩KR		
				18.2	东盟^{R}AS^R,韩^{R}KR^R		
				18.4	日^{R}JP^R		
				18.9	澳^{R}AU^R,新西兰^{R}NZ^R		
5317	7020.0099	----其他 ----Other	10	0	东盟AS,智CL,新西兰NZ,新加坡SG,秘PE,哥CR,瑞CH,冰IS,澳AU,格GE,毛MU,柬KH,港HK,澳门MO	0 受惠国LD	100
				1.5	韩KR		
				4.5	巴PK		
				6.5	亚太AP		
				12	东盟^{R}AS^R,澳^{R}AU^R,新西兰^{R}NZ^R,韩^{R}KR^R		
				12.3	日^{R}JP^R		
	ex70200099	石英玻璃,平整度小于等于1微米 Quartz glass, of a flatness less than or equal to 1μm	Δ4				

第十四类
天然或养殖珍珠、
宝石或半宝石、贵金属、
包贵金属及其制品；
仿首饰；硬币

SECTION XIV
NATURAL OR CULTURED PEARLS,
PRECIOUS OR SEMI-PRECIOUS STONES,
PRECIOUS METALS, METALS-
CLAD WITH PRECIOUS METAL,
AND ARTICLES THEREOF;
IMITATION JEWELLERY; COIN

第七十一章
天然或养殖珍珠、
宝石或半宝石、贵金属、
包贵金属及其制品；
仿首饰；硬币

Chapter 71
Natural or cultured pearls,
precious or semi-precious stones,
precious metals, metalsclad with precious metal,
and articles thereof; imitation jewellery; coin

注释：

一、除第六类注释一（一）及下列各款另有规定的以外，凡制品的全部或部分由下列物品构成，均应归入本章：

（一）天然或养殖珍珠、宝石或半宝石（天然、合成或再造）；或

（二）贵金属或包贵金属。

二、

（一）税目71.13、71.14及71.15不包括带有贵金属或包贵金属制的小零件或小装饰品（例如，交织字母、套、圈、套环）的制品，上述注释一（二）也不适用于这类制品；

（二）税目71.16不包括含有贵金属或包贵金属（仅作为小零件或小装饰品的除外）的制品。

三、本章不包括：

（一）贵金属汞齐及胶态贵金属（税目28.43）；

（二）第三十章的外科用无菌缝合材料、牙科填料或其他货品；

（三）第三十二章的货品（例如，光瓷釉）；

（四）载体催化剂（税目38.15）；

（五）第四十二章注释三（二）所述的税目42.02或42.03的物品；

（六）税目43.03或43.04的物品；

（七）第十一类的货品（纺织原料及纺织制品）；

（八）第六十四章或第六十五章的鞋靴、帽类及其他物品；

（九）第六十六章的伞、手杖及其他物品；

（十）税目68.04或68.05及第八十二章含有宝石或半宝石（天然或合成）粉末的研磨材料制品；第八十二章装有宝石或半宝石（天然、合成或再造）工作部件的器具；第十六类的机器、机械器具、电气设备及其零件。然而，完全以宝石或半宝石（天然、合成或再造）制成的物品及其零件，除

Notes:

1. Subject to Note1 (a) to Section VI and except as provided below, all articles consisting wholly or partly:

   (a) Of natural or cultured pearls or of precious or semi-precious stones (natural, synthetic or reconstructed); or

   (b) Of precious metal or of metal clad with precious metal, are to be classified in this Chapter.

2.

   (a) Headings 71.13, 71.14 and 71.15 do not cover articles in which precious metal or metal clad with precious metal is present as minor constituents only, such as minor fittings or minor ornamentation (for example, monograms, ferrules and rims), and paragraph (b) of the foregoing Note does not apply to such articles;

   (b) Heading 71.16 does not cover articles containing precious metal or metal clad with precious metal (other than as minor constituents) .

3. This Chapter does not cover:

   (a) Amalgams of precious metal, or colloidal precious metal (heading 28.43);

   (b) Sterile surgical suture materials, dental fillings or other goods of Chapter 30;

   (c) Goods of Chapter 32 (for example, lustres);

   (d) Supported catalysts (heading 38.15);

   (e) Articles of heading 42.02 or 42.03 referred to in Note 3 (b) to Chapter 42;

   (f) Articles of heading 43.03 or 43.04;

   (g) Goods of Section XI (textiles and textile articles);

   (h) Footwear, headgear or other articles of Chapter 64 or 65;

   (i) Umbrellas, walking-sticks or other articles of Chapter 66;

   (j) Abrasive goods of heading 68.04 or 68.05 or Chapter 82, containing dust or powder of precious or semiprecious stones (natural or synthetic); articles of Chapter 82 with a working part of precious or semiprecious stones (natural, synthetic or reconsturcted); machinery, mechanical appliances or electrical goods, or parts thereof, of Section XVI.

未安装的唱针用已加工蓝宝石或钻石外（税目85.22），其余仍应归入本章；

（十一）第九十章、第九十一章或第九十二章的物品（科学仪器、钟表及乐器）；

（十二）武器及其零件（第九十三章）；

（十三）第九十五章注释二所述物品；

（十四）根据第九十六章注释四应归入该章的物品；

（十五）雕塑品原件（税目97.03）、收藏品（税目97.05）或超过一百年的古物（税目97.06）、但天然或养殖珍珠、宝石及半宝石除外。

四、

（一）所称"贵金属"，是指银、金及铂；

（二）所称"铂"，是指铂、铱、锇、钯、铑及钌；

（三）所称"宝石或半宝石"，不包括第九十六章注释二（二）所述任何物质。

五、含有贵金属的合金（包括烧结及化合的），只要其中任何一种贵金属的含量达到合金重量的2%，即应视为本章的贵金属合金。贵金属合金应按下列规则归类：

（一）按重量计含铂量在2%及以上的合金，应视为铂合金；

（二）按重量计含金量在2%及以上，但不含铂或按重量计含铂量在2%以下的合金，应视为金合金；

（三）按重量计含银量在2%及以上的其他合金，应视为银合金。

六、除条文另有规定的以外，本目录所称贵金属应包括上述注释五所规定的贵金属合金，但不包括包贵金属或表面镀以贵金属的贱金属及非金属。

七、本目录所称"包贵金属"，是指以贱金属为底料，在其一面或多面用焊接、熔接、热轧或类似机械方法覆盖一层贵金属的材料。除条文另有规定的以外，也包括镶嵌贵金属的贱金属。

八、除第六类注释一（一）另有规定的以外，凡符合税目71.12规定的货品，应归入该税目而不归入本目录的其他税目。

九、税目71.13所称"首饰"，是指：

（一）个人用小饰物（不论是否镶嵌宝石）（例如，戒指、手镯、项圈、饰针、耳环、表链、表链饰物、垂饰、领带别针、袖扣、饰扣、宗教性或其

However, articles and parts thereof, wholly of precious or semiprecious stones (natural, synthetic or reconstructed) remain classified in this Chapter, except unmounted worked sapphires and diamonds for styli (heading 85.22);

(k) Articles of Chapter 90, 91 or 92 (scientific instruments, clocks and watches, musical instruments);

(l) Arms or parts thereof (Chapter 93);

(m) Articles covered by Note 2 to Chapter 95;

(n) Articles classified in Chapter 96 by virtue of Note 4 to that Chapter;

(o) Original sculptures or statuary (heading 97.03), collectors pieces (heading 97.05) or antiques of an age exceeding one hundred years (heading 97.06), other than natural or cultured pearls or precious or semi-precious stones.

4.

(a) The expression "precious metal" means silver, gold and platinum;

(b) The expression "platinum" means platinum, iridium, osmium, palladium, rhodium and ruthenium;

(c) The expression "precious or semi-precious stones" does not include any of the substances specified in Note 2 (b) to Chapter 96.

5. For the purposes of this Chapter, any alloy (including a sintered mixture and an inter-metallic compound) containing precious metal is to be treated as an alloy of precious metal if any one precious metal constitutes as much as 2%, by weight, of the alloy. Alloys of precious metal are to be classified according to the following rules:

(a) An alloy containing 2% or more, by weight, of platinum is to be treated as an alloy of platinum;

(b) An alloy containing 2% or more, by weight, of gold but no platinum, or less than 2%, by weight, of platinum, is to be treated as an alloy of gold;

(c) Other alloys containing 2% or more, by weight, of silver are to be treated as alloys of silver.

6. Except where the context otherwise requires, any reference in the Nomenclature to precious metal or to any particular precious metal includes a reference to alloys treated as alloys of precious metal or of the particular metal in accordance with the rules in Note 5 above, but not to metal clad with precious metal or to base metal or nonmetals plated with precious metal.

7. Throughout the Nomenclature the expression "metal clad with precious metal" means material made with a base of metal upon one or more surfaces of which there is affixed by soldering, brazing, welding, hot-rolling or similar mechanical means a covering of precious metal. Except where the context otherwise requires, the expression also covers base metal inlaid with precious metal.

8. Subject to Note1 (a) to Section Ⅵ, goods answering to a description in heading 71.12 are to be classified in that heading and in no other heading of the Nomenclature.

9. For the purposes of heading 71.13, the expression "articles of jewellery" means:

(a) Any small objects of personal adornment (gem-set or not) (for example, rings, bracelets, necklaces, brooches, earrings, watch-chains, fobs, pendants, tiepins, cufflinks, dress-studs,

他勋章及徽章);

　（二）通常放置在衣袋、手提包或佩戴在身上的个人用品（例如，烟盒、鼻烟盒、口香丸和药丸盒、粉盒、链袋或念珠）。

这些物品可以和下列物品组合或镶嵌下列物品：例如，天然或养殖珍珠、宝石或半宝石、合成或再造的宝石或半宝石、玳瑁壳、珍珠母、兽牙、天然或再生琥珀、黑玉或珊瑚。

十、税目71.14所称"金银器"，包括装饰品、餐具、梳妆用具、吸烟用具及类似的家庭、办公室或宗教用的其他物品。

十一、税目71.17所称"仿首饰"，是指不含天然或养殖珍珠、宝石或半宝石（天然、合成或再造）及贵金属或包贵金属（仅作为镀层或小零件、小装饰品的除外）的上述注释九（一）所述的首饰（不包括税目96.06的钮扣及其他物品或税目96.15的梳子、发夹及类似品）。

religious or other medals and insignia); and

(b) Articles of personal use of a kind normally carried in the pocket, in the handbag or on the person (for example, cigar or cigarette cases, snuff boxes, cachou or pill boxes, cachou powder boxes, chain purses or prayer beads) .

These articles may be combined or set, for example, with natural or cultured pearls, precious or semi-precious stones, synthetic or reconstructed precious or semi-precious stones, tortoise shell, mother-of pearl, ivory, natural or reconstituted amber, jet or coral.

10. For the purposes of heading 71.14, the expression "articles of goldsmiths or silversmiths wares" includes such articles as ornaments, tableware, toilet-ware, smokers requisites and other articles of household, office or religious use.

11. For the purposes of heading 71.17, the expression "imitation jewellery" means articles of jewellery within the meaning of paragraph (a) of Note 9 above (but not including buttons or other articles of heading 96.06, or dress-combs, hair-slides or the like, or hairpins, of heading 96.15), not incorporating natural or cultured pearls, precious or semiprecious stones (natural, synthetic or reconstructed) nor (except as plating or as minor constituents) precious metal or metal clad with precious metal.

子目注释：

一、子目7106.10、7108.11、7110.11、7110.21、7110.31及7110.41所称"粉末"，是指按重量计90%及以上可从网眼孔径为0.5毫米的筛子通过的产品。

二、子目7110.11及7110.19所称"铂"，可不受本章注释四（二）的规定约束，不包括铱、锇、钯、铑及钌。

三、对于税目71.10项下的子目所列合金的归类，按其所含铂、钯、铑、铱、锇或钌中重量最大的一种金属归类。

Subheading Notes:

1. For the purposes of subheadings 7106.10, 7108.11, 7110.11, 7110.21, 7110.31 and 7110.41, the expressions "powder" and "in powder form" mean products of which 90% or more by weight passes through a sieve having a mesh aperture of 0.5mm.

2. Notwithstanding the provisions of Chapter Note 4 (b), for the purposes of subheadings 7110.11 and 7110.19, the expression "platinum" does not include indium, osmium, palladium, rhodium or ruthenium.

3. For the classification of alloys in the subheadings of heading 71.10, each alloy is to be classified with that metal, platinum, palladium, rhodium, iridium, osmium or ruthenium which predominates by weight over each other of these metals.

序号 No.	税则号列 Tariff Line	货品名称 Article Description	最惠国税率 MFN(%)	协定税率 Agreement(%)	特惠税率 SP(%)	普通税率 Gen(%)
		第一分章　天然或养殖珍珠、宝石或半宝石 I. NATURAL OR CULTURED PEARLS AND PRECIOUS OR SEMIPRECIOUS STONES				
	71.01	天然或养殖珍珠，不论是否加工或分级，但未成串或镶嵌；天然或养殖珍珠，为便于运输而暂穿成串： Pearls, natural or cultured, whether or not worked or graded but not strung, mounted or set; pearls, natural or cultured, temporarily strung for convenience of transport:				

序号 No.	税则号列 Tariff Line	货品名称 Article Description	最惠国税率 MFN(%)		协定税率 Agreement(%)	特惠税率 SP(%)	普通税率 Gen(%)
		-天然珍珠： -Natural pearls:					
		---未分级： ---Ungraded:					
5318	7101.1011	----黑珍珠 ----Tahitian pearls	21Δ0	0	东盟AS,智CL,新西兰NZ,新加坡 SG,秘PE,哥CR,瑞CH,冰IS,澳AU,格 GE,毛MU,柬KH,港HK,澳门MO	0 受惠国LD	100
				8.4	韩KR		
				16.8	东盟^RAS^R,澳^RAU^R,新西兰^RNZ^R, 韩^RKR^R		
				18.4	日^RJP^R		
5319	7101.1019	----其他 ----Other	21	0	东盟AS,智CL,新西兰NZ,新加坡 SG,秘PE,哥CR,瑞CH,冰IS,澳AU,格 GE,毛MU,柬KH,港HK,澳门MO	0 受惠国LD	100
				8.4	韩KR		
				16.8	东盟^RAS^R,澳^RAU^R,新西兰^RNZ^R, 韩^RKR^R		
				18.4	日^RJP^R		
		---其他： ---Other:					
5320	7101.1091	----黑珍珠 ----Tahitian pearls	21Δ0	0	东盟AS,智CL,新西兰NZ,新加坡 SG,秘PE,哥CR,瑞CH,冰IS,澳AU,格 GE,毛MU,柬KH,港HK,澳门MO	0 受惠国LD	130
				8.4	韩KR		
				16.8	东盟^RAS^R,澳^RAU^R,新西兰^RNZ^R, 韩^RKR^R		
				18.4	日^RJP^R		
5321	7101.1099	----其他 ----Other	21	0	东盟AS,智CL,新西兰NZ,新加 坡SG,秘PE,哥CR,瑞CH,冰IS,澳 AU,格GE,毛MU,柬KH,港HK,澳 门MO	0 受惠国LD	130
				8.4	韩KR		
				16.8	东盟^RAS^R,澳^RAU^R,新西兰^RNZ^R, 韩^RKR^R		
				18.4	日^RJP^R		
		-养殖珍珠： -Cultured pearls:					
		--未加工： --Unworked:					
5322	7101.2110	---未分级 ---Ungraded	21	0	东盟AS,智CL,新西兰NZ,新加 坡SG,秘PE,哥CR,瑞CH,冰IS,澳 AU,格GE,毛MU,柬KH,港HK,澳 门MO	0 受惠国LD	100
				8.4	韩KR		
				16.8	东盟^RAS^R,澳^RAU^R,新西兰^RNZ^R, 韩^RKR^R		
				18.4	日^RJP^R		
	ex71012110	养殖黑珍珠 Cultured Tahitian pearls	Δ0				

序号 No.	税则号列 Tariff Line	货品名称 Article Description	最惠国税率 MFN(%)	协定税率 Agreement(%)		特惠税率 SP(%)		普通税率 Gen(%)
5323	7101.2190	---其他 ---Other	21	0	东盟AS,智CL,新西兰NZ,新加坡SG,秘PE,哥CR,瑞CH,冰IS,澳AU,格GE,毛MU,柬KH,港HK,澳门MO	0	受惠国LD	130
				8.4	韩KR			
				16.8	东盟^{R}AS^R,澳^{R}AU^R,新西兰^{R}NZ^R,韩^{R}KR^R			
				18.4	日^{R}JP^R			
	ex71012190	养殖黑珍珠 Cultured Tahitian pearls	Δ0					
		--已加工: --Worked:						
5324	7101.2210	---未分级 ---Ungraded	21	0	东盟AS,智CL,新西兰NZ,新加坡SG,秘PE,哥CR,瑞CH,冰IS,澳AU,格GE,毛MU,柬KH,港HK,澳门MO	0	受惠国LD	100
				11.5	韩KR			
				18.9	东盟^{R}AS^R,澳^{R}AU^R,新西兰^{R}NZ^R,韩^{R}KR^R			
	ex71012210	养殖黑珍珠 Cultured Tahitian pearls	Δ0					
5325	7101.2290	---其他 ---Other	21	0	东盟AS,智CL,新西兰NZ,新加坡SG,秘PE,哥CR,瑞CH,冰IS,澳AU,格GE,毛MU,柬KH,港HK,澳门MO	0	受惠国LD	130
				11.5	韩KR			
				18.9	东盟^{R}AS^R,澳^{R}AU^R,新西兰^{R}NZ^R,韩^{R}KR^R			
	ex71012290	养殖黑珍珠 Cultured Tahitian pearls	Δ0					
	71.02	**钻石, 不论是否加工, 但未镶嵌:** **Diamonds, whether or not worked, but not mounted or set:**						
5326	7102.1000	-未分级 -Unsorted	3	0	东盟AS,智CL,巴PK,新西兰NZ,秘PE,哥CR,瑞CH,冰IS,韩KR,澳AU,格GE,毛MU,东盟^{R}AS^R,澳^{R}AU^R,日^{R}JP^R,新西兰^{R}NZ^R,柬KH,港HK,澳门MO,韩^{R}KR^R	0	受惠国LD	14
		-工业用: -Industrial:						
5327	7102.2100	--未加工或经简单锯开、劈开或粗磨 --Unworked or simply sawn, cleaved or bruted	0	0	东盟AS,智CL,巴PK,新西兰NZ,秘PE,哥CR,瑞CH,冰IS,韩KR,澳AU,格GE,毛MU,东盟^{R}AS^R,澳^{R}AU^R,日^{R}JP^R,新西兰^{R}NZ^R,柬KH,港HK,澳门MO,韩^{R}KR^R	0	受惠国LD	14
5328	7102.2900	--其他 --Other	0	0	东盟AS,智CL,巴PK,新西兰NZ,秘PE,哥CR,瑞CH,冰IS,韩KR,澳AU,格GE,毛MU,东盟^{R}AS^R,澳^{R}AU^R,日^{R}JP^R,新西兰^{R}NZ^R,柬KH,港HK,澳门MO,韩^{R}KR^R	0	受惠国LD	14
		-非工业用: -Non-industrial:						

序号 No.	税则号列 Tariff Line	货品名称 Article Description	最惠国税率 MFN(%)	协定税率 Agreement(%)		特惠税率 SP(%)		普通税率 Gen(%)
5329	7102.3100	--未加工或经简单锯开、劈开或粗磨 --Unworked or simply sawn, cleaved or bruted	3	0	东盟AS,智CL,巴PK,新西兰NZ,秘PE,哥CR,瑞CH,冰IS,韩KR,澳AU,格GE,毛MU,东盟^RAS^R,澳^RAU^R,新西兰^RNZ^R,柬KH,港HK,澳门MO,韩^RKR^R	0	受惠国LD	14
				2.5	日^RJP^R			
5330	7102.3900	--其他 --Other	4	0	亚太AP,东盟AS,智CL,巴PK,新西兰NZ,秘PE,哥CR,瑞CH,冰IS,韩KR,澳AU,格GE,毛MU,东盟^RAS^R,澳^RAU^R,新西兰^RNZ^R,柬KH,港HK,澳门MO,韩^RKR^R	0	受惠国LD	35
				6.5	日^RJP^R			
	71.03	宝石(钻石除外)或半宝石,不论是否加工或分级,但未成串或镶嵌;未分级的宝石(钻石除外)或半宝石,为便于运输而暂穿成串: Precious stones (other than diamonds) and semi-precious stones, whether or not worked or graded but not strung, mounted or set; ungraded precious stones (other than diamonds) and semi-precious stones, temporarily strung for convenience of transport:						
5331	7103.1000	-未加工或经简单锯开或粗制成形 -Unworked or simply sawn or roughly shaped	3	0	东盟AS,智CL,巴PK,新西兰NZ,秘PE,哥CR,瑞CH,冰IS,韩KR,澳AU,格GE,毛MU,东盟^RAS^R,澳^RAU^R,新西兰^RNZ^R,柬KH,港HK,澳门MO,韩^RKR^R	0	受惠国LD,老LA	14
				2	亚太AP			
				2.5	日^RJP^R			
		-经其他加工: -Otherwise worked:						
5332	7103.9100	--红宝石、蓝宝石、绿宝石 --Rubies, sapphires and emeralds	4	0	东盟AS,智CL,巴PK,新西兰NZ,秘PE,哥CR,瑞CH,冰IS,韩KR,澳AU,格GE,毛MU,东盟^RAS^R,澳^RAU^R,新西兰^RNZ^R,柬KH,港HK,澳门MO,韩^RKR^R	0	受惠国LD,老LA	35
				2	亚太AP			
				6.5	日^RJP^R			
		--其他: --Other:						
5333	7103.9910	---翡翠 ---Jadeite	4	0	东盟AS,智CL,巴PK,新西兰NZ,秘PE,哥CR,瑞CH,冰IS,韩KR,澳AU,格GE,毛MU,柬KH,港HK,澳门MO	0	受惠国LD	35
				2	亚太AP			
				6.4	东盟^RAS^R,澳^RAU^R,新西兰^RNZ^R,韩^RKR^R			
				6.5	日^RJP^R			

序号 No.	税则号列 Tariff Line	货品名称 Article Description	最惠国税率 MFN(%)		协定税率 Agreement(%)	特惠税率 SP(%)	普通税率 Gen(%)
5334	7103.9920	---水晶 ---Crystal	4	0	东盟AS,智CL,巴PK,新西兰NZ,秘PE,哥CR,瑞CH,冰IS,澳AU,格GE,毛MU,东盟^RAS^R,澳^RAU^R,新西兰^RNZ^R,柬KH,港HK,澳门MO	0 受惠国LD	35
				0.8	韩KR		
				2	亚太AP		
				6.4	韩^RKR^R		
				6.5	日^RJP^R		
5335	7103.9930	---碧玺 ---Tourmaline	4	0	东盟AS,智CL,巴PK,新西兰NZ,秘PE,哥CR,瑞CH,冰IS,澳AU,格GE,毛MU,东盟^RAS^R,澳^RAU^R,新西兰^RNZ^R,柬KH,港HK,澳门MO	0 受惠国LD	35
				0.8	韩KR		
				2	亚太AP		
				6.4	韩^RKR^R		
				6.5	日^RJP^R		
5336	7103.9940	---软玉 ---Nephrite	4	0	东盟AS,智CL,巴PK,新西兰NZ,秘PE,哥CR,瑞CH,冰IS,澳AU,格GE,毛MU,东盟^RAS^R,澳^RAU^R,新西兰^RNZ^R,柬KH,港HK,澳门MO	0 受惠国LD	35
				0.8	韩KR		
				2	亚太AP		
				6.4	韩^RKR^R		
				6.5	日^RJP^R		
5337	7103.9990	---其他 ---Other	4	0	东盟AS,智CL,巴PK,新西兰NZ,秘PE,哥CR,瑞CH,冰IS,澳AU,格GE,毛MU,东盟^RAS^R,澳^RAU^R,新西兰^RNZ^R,柬KH,港HK,澳门MO	0 受惠国LD	35
				0.8	韩KR		
				2	亚太AP		
				6.4	韩^RKR^R		
				6.5	日^RJP^R		
	71.04	合成或再造的宝石或半宝石,不论是否加工或分级,但未成串或镶嵌的;未分级的合成或再造的宝石或半宝石,为便于运输而暂穿成串: **Synthetic or reconstructed precious or semiprecious stones, whether or not worked or graded but not strung, mounted or set; ungraded synthetic or reconstructed precious or semi-precious stones, temporarily strung for convenience of transport:**					
5338	7104.1000	-压电石英 -Piezo-electric quartz	4	0	东盟AS,智CL,巴PK,新西兰NZ,秘PE,哥CR,瑞CH,冰IS,澳AU,格GE,毛MU,柬KH,港HK,澳门MO	0 受惠国LD	14
				5	东盟^RAS^R,澳^RAU^R,新西兰^RNZ^R		
		-其他,未加工或经简单锯开或粗制成形: -Other, unworked or simply sawn or roughly shaped:					

序号 No.	税则号列 Tariff Line	货品名称 Article Description	最惠国税率 MFN(%)	协定税率 Agreement(%)		特惠税率 SP(%)	普通税率 Gen(%)
5339	7104.2100	--钻石 --Diamonds	0	0	东盟AS,智CL,巴PK,新西兰NZ,秘PE,哥CR,瑞CH,冰IS,韩KR,澳AU,格GE,毛MU,东盟^{R}AS^R,澳^{R}AU^R,日^{R}JP^R,新西兰NZ^R,柬KH,港HK,澳门MO,韩^{R}KR^R	0 受惠国LD	14
5340	7104.2900	--其他 --Other	0	0	东盟AS,智CL,巴PK,新西兰NZ,秘PE,哥CR,瑞CH,冰IS,韩KR,澳AU,格GE,毛MU,东盟^{R}AS^R,澳^{R}AU^R,日^{R}JP^R,新西兰NZ^R,柬KH,港HK,澳门MO,韩^{R}KR^R	0 受惠国LD	14
		-其他: -Other:					
		--钻石: --Diamonds:					
5341	7104.9110	---工业用 ---For industrial use	4	0	东盟AS,智CL,巴PK,新西兰NZ,秘PE,哥CR,瑞CH,冰IS,韩KR,澳AU,格GE,毛MU,东盟^{R}AS^R,澳^{R}AU^R,日^{R}JP^R,新西兰^{R}NZ^R,柬KH,港HK,澳门MO,韩^{R}KR^R	0 受惠国LD	14
5342	7104.9190	---其他 ---Other	4	0 1 2.8 6.5	东盟AS,智CL,新西兰NZ,秘PE,哥CR,瑞CH,冰IS,韩KR,澳AU,格GE,毛MU,东盟^{R}AS^R,澳^{R}AU^R,新西兰^{R}NZ^R,柬KH,港HK,澳门MO,韩^{R}KR^R 巴PK 亚太AP 日^{R}JP^R	0 受惠国LD	35
		--其他: --Other:					
		---工业用: ---For industrial use:					
5343	7104.9911	----蓝宝石 ----Sapphires	4	0 4.8	东盟AS,智CL,巴PK,新西兰NZ,秘PE,哥CR,瑞CH,冰IS,韩KR,澳AU,格GE,毛MU,东盟^{R}AS^R,日^{R}JP^R,柬KH,港HK,澳门MO,韩^{R}KR^R 澳^{R}AU^R,新西兰^{R}NZ^R	0 受惠国LD	14
5344	7104.9919	----其他 ----Other	4	0 0.6 4.8 4.9	东盟AS,智CL,巴PK,新西兰NZ,秘PE,哥CR,瑞CH,冰IS,澳AU,格GE,毛MU,东盟^{R}AS^R,澳^{R}AU^R,新西兰^{R}NZ^R,柬KH,港HK,澳门MO 韩KR 韩^{R}KR^R 日^{R}JP^R	0 受惠国LD	14
5345	7104.9990	---其他 ---Other	4	0 1 3.6 6.5	东盟AS,智CL,新西兰NZ,秘PE,哥CR,瑞CH,冰IS,韩KR,澳AU,格GE,毛MU,东盟^{R}AS^R,澳^{R}AU^R,新西兰^{R}NZ^R,柬KH,港HK,澳门MO,韩^{R}KR^R 巴PK 亚太AP 日^{R}JP^R	0 受惠国LD	35

序号 No.	税则号列 Tariff Line	货品名称 Article Description	最惠国税率 MFN(%)	协定税率 Agreement(%)		特惠税率 SP(%)	普通税率 Gen(%)
	71.05	天然或合成的宝石或半宝石的粉末: Dust and powder of natural or synthetic precious or semi-precious stones:					
		-钻石的: -Of diamonds:					
5346	7105.1010	---天然的 ---Natural	0	0	东盟AS,智CL,巴PK,新西兰NZ,秘PE,哥CR,瑞CH,冰IS,韩KR,澳AU,格GE,毛MU,东盟ᴿASᴿ,澳ᴿAUᴿ,日ᴿJPᴿ,新西兰ᴿNZᴿ,柬KH,港HK,澳门MO,韩ᴿKRᴿ	0 受惠国LD	17
5347	7105.1020	---人工合成的 ---Synthetic	0	0	东盟AS,智CL,巴PK,新西兰NZ,秘PE,哥CR,瑞CH,冰IS,韩KR,澳AU,格GE,毛MU,东盟ᴿASᴿ,澳ᴿAUᴿ,日ᴿJPᴿ,新西兰ᴿNZᴿ,柬KH,港HK,澳门MO,韩ᴿKRᴿ	0 受惠国LD	17
5348	7105.9000	-其他 -Other	0	0	东盟AS,智CL,巴PK,新西兰NZ,秘PE,哥CR,瑞CH,冰IS,韩KR,澳AU,格GE,毛MU,东盟ᴿASᴿ,澳ᴿAUᴿ,日ᴿJPᴿ,新西兰ᴿNZᴿ,柬KH,港HK,澳门MO,韩ᴿKRᴿ	0 受惠国LD	17
		第二分章　贵金属及包贵金属 Ⅱ. PRECIOUS METALS AND METALS CLAD WITH PRECIOUS METAL					
	71.06	银(包括镀金、镀铂的银),未锻造、半制成或粉末状: Silver (including silver plated with gold or platinum), unwrought or in semi-manufactured forms, or in powder form:					
		-其他: -Powder:					
		---银粉: ---Powder:					
5349	7106.1011	----非片状粉末 ----Not Flake	0	0	东盟AS,智CL,巴PK,新西兰NZ,秘PE,哥CR,瑞CH,冰IS,韩KR,澳AU,格GE,毛MU,东盟ᴿASᴿ,澳ᴿAUᴿ,日ᴿJPᴿ,新西兰ᴿNZᴿ,柬KH,港HK,澳门MO,韩ᴿKRᴿ	0 受惠国LD	0
5350	7106.1019	----平均粒径小于3微米 ----Average diameter less than 3μm	0	0	东盟AS,智CL,巴PK,新西兰NZ,秘PE,哥CR,瑞CH,冰IS,韩KR,澳AU,格GE,毛MU,东盟ᴿASᴿ,澳ᴿAUᴿ,日ᴿJPᴿ,新西兰ᴿNZᴿ,柬KH,港HK,澳门MO,韩ᴿKRᴿ	0 受惠国LD	0
		---片状粉末: ---Flake:					
5351	7106.1021	----平均粒径小于10微米 ----Average diameter less than 10μm	0	0	东盟AS,智CL,巴PK,新西兰NZ,秘PE,哥CR,瑞CH,冰IS,韩KR,澳AU,格GE,毛MU,东盟ᴿASᴿ,澳ᴿAUᴿ,日ᴿJPᴿ,新西兰ᴿNZᴿ,柬KH,港HK,澳门MO,韩ᴿKRᴿ	0 受惠国LD	0

序号 No.	税则号列 Tariff Line	货品名称 Article Description	最惠国税率 MFN(%)	协定税率 Agreement(%)		特惠税率 SP(%)	普通税率 Gen(%)
5352	7106.1029	----其他 ----Other	0	0	东盟AS,智CL,巴PK,新西兰NZ,秘PE,哥CR,瑞CH,冰IS,韩KR,澳AU,格GE,毛MU,东盟^RAS^R,澳^RAU^R,日^RJP^R,新西兰^RNZ^R,柬KH,港HK,澳门MO,韩^RKR^R	0 受惠国LD	0
		-其他: -Other:					
		--未锻造: --Unwrought:					
5353	7106.9110	---纯度达99.99%及以上 ---Of a purity of 99.99 percent or more	0	0	东盟AS,智CL,巴PK,新西兰NZ,秘PE,哥CR,瑞CH,冰IS,韩KR,澳AU,格GE,毛MU,东盟^RAS^R,澳^RAU^R,日^RJP^R,新西兰^RNZ^R,柬KH,港HK,澳门MO,韩^RKR^R	0 受惠国LD	0
5354	7106.9190	---其他 ---Other	0	0	东盟AS,智CL,巴PK,新西兰NZ,秘PE,哥CR,瑞CH,冰IS,韩KR,澳AU,格GE,毛MU,东盟^RAS^R,澳^RAU^R,日^RJP^R,新西兰^RNZ^R,柬KH,港HK,澳门MO,韩^RKR^R	0 受惠国LD	0
		--半制成: --Semi-manufactured:					
5355	7106.9210	---纯度达99.99%及以上 ---Of a purity of 99.99 percent or more	0	0	东盟AS,智CL,巴PK,新西兰NZ,秘PE,哥CR,瑞CH,冰IS,韩KR,澳AU,格GE,毛MU,东盟^RAS^R,澳^RAU^R,日^RJP^R,新西兰^RNZ^R,柬KH,港HK,澳门MO,韩^RKR^R	0 受惠国LD	50
5356	7106.9290	---其他 ---Other	0	0	东盟AS,智CL,巴PK,新西兰NZ,秘PE,哥CR,瑞CH,冰IS,韩KR,澳AU,格GE,毛MU,东盟^RAS^R,澳^RAU^R,日^RJP^R,新西兰^RNZ^R,柬KH,港HK,澳门MO,韩^RKR^R	0 受惠国LD	50
	71.07	**以贱金属为底的包银材料:** **Base metals clad with silver, not further worked than semi-manufactured:**					
5357	7107.0000	以贱金属为底的包银材料 Base metals clad with silver, not further worked than semi-manufactured	8	0 1 3 8.4 8.6	东盟AS,智CL,新西兰NZ,新加坡SG,秘PE,哥CR,瑞CH,冰IS,澳AU,格GE,毛MU,东盟^RAS^R,澳^RAU^R,新西兰^RNZ^R,柬KH,港HK,澳门MO 韩KR 巴PK 韩^RKR^R 日^RJP^R	0 受惠国LD, 老LA	50
	71.08	**金(包括镀铂的金),未锻造、半制成或粉末状:** **Gold (including gold plated with platinum), unwrought or in semi-manufactured forms, or in powder form:**					
		-非货币用: -Non-monetary:					

序号 No.	税则号列 Tariff Line	货品名称 Article Description	最惠国税率 MFN(%)	协定税率 Agreement(%)		特惠税率 SP(%)	普通税率 Gen(%)
5358	7108.1100	--金粉 --Powder	0	0	东盟AS,智CL,巴PK,新西兰NZ,秘PE,哥CR,瑞CH,冰IS,韩KR,澳AU,格GE,毛MU,东盟^RAS^R,澳^RAU^R,日^RJP^R,新西兰^RNZ^R,柬KH,港HK,澳门MO,韩^RKR^R	0 受惠国LD	0
5359	7108.1200	--其他未锻造形状 --Other unwrought forms	0	0	东盟AS,智CL,巴PK,新西兰NZ,秘PE,哥CR,瑞CH,冰IS,韩KR,澳AU,格GE,毛MU,东盟^RAS^R,澳^RAU^R,日^RJP^R,新西兰^RNZ^R,柬KH,港HK,澳门MO,韩^RKR^R	0 受惠国LD	0
5360	7108.1300	--其他半制成形状 --Other semi-manufactured forms	0	0	东盟AS,智CL,巴PK,新西兰NZ,秘PE,哥CR,瑞CH,冰IS,韩KR,澳AU,格GE,毛MU,东盟^RAS^R,澳^RAU^R,日^RJP^R,新西兰^RNZ^R,柬KH,港HK,澳门MO,韩^RKR^R	0 受惠国LD,老LA	50
5361	7108.2000	-货币用 -Monetary	0	0	东盟AS,智CL,巴PK,新西兰NZ,秘PE,哥CR,瑞CH,冰IS,韩KR,澳AU,格GE,毛MU,东盟^RAS^R,澳^RAU^R,日^RJP^R,新西兰^RNZ^R,柬KH,港HK,澳门MO,韩^RKR^R	0 受惠国LD	0
	71.09	以贱金属或银为底的包金材料,加工程度未超过半制成: Base metals or silver, clad with gold, not further worked than semi-manufactured:					
5362	7109.0000	以贱金属或银为底的包金材料,加工程度未超过半制成 Base metals or silver, clad with gold, not further worked than semi-manufactured	8	0	东盟AS,智CL,新西兰NZ,新加坡SG,秘PE,哥CR,瑞CH,冰IS,澳AU,格GE,毛MU,东盟^RAS^R,澳^RAU^R,新西兰^RNZ^R,柬KH,港HK,澳门MO	0 受惠国LD	50
				1	韩KR		
				3	巴PK		
				8.4	韩^RKR^R		
				8.6	日^RJP^R		
	71.10	铂,未锻造、半制成或粉末状: Platinum, unwrought or in semi-manufactured forms, or in powder form:					
		-铂: -Platinum:					
5363	7110.1100	--未锻造或粉末状 --Unwrought or in powder form	0	0	东盟AS,智CL,巴PK,新西兰NZ,秘PE,哥CR,瑞CH,冰IS,韩KR,澳AU,格GE,毛MU,东盟^RAS^R,澳^RAU^R,日^RJP^R,新西兰^RNZ^R,柬KH,港HK,澳门MO,韩^RKR^R	0 受惠国LD	0
		--其他: --Other:					
5364	7110.1910	---板、片 ---Plates and sheets	0	0	东盟AS,智CL,巴PK,新西兰NZ,秘PE,哥CR,瑞CH,冰IS,韩KR,澳AU,格GE,毛MU,东盟^RAS^R,澳^RAU^R,日^RJP^R,新西兰^RNZ^R,柬KH,港HK,澳门MO,韩^RKR^R	0 受惠国LD	0

序号 No.	税则号列 Tariff Line	货品名称 Article Description	最惠国税率 MFN(%)		协定税率 Agreement(%)	特惠税率 SP(%)	普通税率 Gen(%)
5365	7110.1990	---其他 ---Other	3	0	东盟AS,智CL,巴PK,新西兰NZ, 秘PE,哥CR,瑞CH,冰IS,韩KR, 澳AU,格GE,毛MU,东盟^RAS^R, 澳^RAU^R,日^RJP^R,新西兰^RNZ^R,柬 KH,港HK,澳门MO,韩^RKR^R	0 受惠国LD	11
		-钯: -Palladium:					
5366	7110.2100	--未锻造或粉末状 --Unwrought or in powder form	0	0	东盟AS,智CL,巴PK,新西兰NZ, 秘PE,哥CR,瑞CH,冰IS,韩KR, 澳AU,格GE,毛MU,东盟^RAS^R, 澳^RAU^R,日^RJP^R,新西兰^RNZ^R,柬 KH,港HK,澳门MO,韩^RKR^R	0 受惠国LD	10
		--其他: --Other:					
5367	7110.2910	---板、片 ---Plates and sheets	0	0	东盟AS,智CL,巴PK,新西兰NZ, 秘PE,哥CR,瑞CH,冰IS,韩KR, 澳AU,格GE,毛MU,东盟^RAS^R, 澳^RAU^R,日^RJP^R,新西兰^RNZ^R,柬 KH,港HK,澳门MO,韩^RKR^R	0 受惠国LD	0
5368	7110.2990	---其他 ---Other	3	0	东盟AS,智CL,巴PK,新西兰NZ, 秘PE,哥CR,瑞CH,冰IS,韩KR, 澳AU,格GE,毛MU,东盟^RAS^R, 澳^RAU^R,日^RJP^R,新西兰^RNZ^R,柬 KH,港HK,澳门MO,韩^RKR^R	0 受惠国LD	11
		-铑: -Rhodium:					
5369	7110.3100	--未锻造或粉末状 --Unwrought or in powder form	0	0	东盟AS,智CL,巴PK,新西兰NZ, 秘PE,哥CR,瑞CH,冰IS,韩KR, 澳AU,格GE,毛MU,东盟^RAS^R, 澳^RAU^R,日^RJP^R,新西兰^RNZ^R,柬 KH,港HK,澳门MO,韩^RKR^R	0 受惠国LD	0
		--其他: --Other:					
5370	7110.3910	---板、片 ---Plates and sheets	0	0	东盟AS,智CL,巴PK,新西兰NZ, 秘PE,哥CR,瑞CH,冰IS,韩KR, 澳AU,格GE,毛MU,东盟^RAS^R, 澳^RAU^R,日^RJP^R,新西兰^RNZ^R,柬 KH,港HK,澳门MO,韩^RKR^R	0 受惠国LD	0
5371	7110.3990	---其他 ---Other	3	0	东盟AS,智CL,巴PK,新西兰NZ, 秘PE,哥CR,瑞CH,冰IS,韩KR, 澳AU,格GE,毛MU,东盟^RAS^R, 澳^RAU^R,日^RJP^R,新西兰^RNZ^R,柬 KH,港HK,澳门MO,韩^RKR^R	0 受惠国LD	11
		-铱、锇及钌: -Iridium, osmium and ruthenium:					
5372	7110.4100	--未锻造或粉末状 --Unwrought or in powder form	0	0	东盟AS,智CL,巴PK,新西兰NZ, 秘PE,哥CR,瑞CH,冰IS,韩KR, 澳AU,格GE,毛MU,东盟^RAS^R, 澳^RAU^R,日^RJP^R,新西兰^RNZ^R,柬 KH,港HK,澳门MO,韩^RKR^R	0 受惠国LD	0
		--其他: --Other:					

序号 No.	税则号列 Tariff Line	货品名称 Article Description	最惠国税率 MFN(%)	协定税率 Agreement(%)		特惠税率 SP(%)	普通税率 Gen(%)
5373	7110.4910	---板、片 ---Plates and sheets	0	0	东盟AS,智CL,巴PK,新西兰NZ, 秘PE,哥CR,瑞CH,冰IS,韩KR, 澳AU,格GE,毛MU,东盟^{R}AS^R, 澳^{R}AU^R,日^{R}JP^R,新西兰^{R}NZ^R,柬 KH,港HK,澳门MO,韩^{R}KR^R	0 受惠国LD	0
5374	7110.4990	---其他 ---Other	3	0	东盟AS,智CL,巴PK,新西兰NZ, 秘PE,哥CR,瑞CH,冰IS,韩KR, 澳AU,格GE,毛MU,东盟^{R}AS^R, 澳^{R}AU^R,日^{R}JP^R,新西兰^{R}NZ^R,柬 KH,港HK,澳门MO,韩^{R}KR^R	0 受惠国LD	11
	71.11	以贱金属、银或金为底的包铂材料,加 工程度未超过半制成: Base metals, silver or gold, clad with platinum, not further worked than semi-manufactured:					
5375	7111.0000	以贱金属、银或金为底的包铂材料,加 工程度未超过半制成 Base metals, silver or gold, clad with platinum, not further worked than semi- manufactured	3	0	东盟AS,智CL,巴PK,新西兰NZ, 秘PE,哥CR,瑞CH,冰IS,韩KR, 澳AU,格GE,毛MU,东盟^{R}AS^R, 澳^{R}AU^R,日^{R}JP^R,新西兰^{R}NZ^R,柬 KH,港HK,澳门MO,韩^{R}KR^R	0 受惠国LD	11
	71.12	贵金属或包贵金属的废碎料;含有贵金 属或贵金属化合物的其他废碎料,主 要用于回收贵金属,税目85.49的货品 除外: Waste and scrap of precious metal or of metal clad with precious metal; other waste and scrap containing precious metal or precious metal compounds, of a kind used principally for the recovery of precious metal other than goods of heading 85.49:					
		-含有贵金属或金属化合物的灰: -Ash containing precious metal or precious metal compounds:					
5376	7112.3010	---含有银或银化合物的 ---Of silver or silver compounds	8	0 1 6.5	东盟AS,智CL,新西兰NZ,秘PE, 哥CR,瑞CH,冰IS,韩KR,澳AU, 格GE,毛MU,东盟^{R}AS^R,澳^{R}AU^R, 新西兰^{R}NZ^R,柬KH,港HK,澳门 MO,韩^{R}KR^R 巴PK 日^{R}JP^R	0 受惠国LD	50
5377	7112.3090	---其他 ---Other	6	0	东盟AS,智CL,巴PK,新西兰NZ, 秘PE,哥CR,瑞CH,冰IS,韩KR, 澳AU,格GE,毛MU,东盟^{R}AS^R, 澳^{R}AU^R,日^{R}JP^R,新西兰^{R}NZ^R,柬 KH,港HK,澳门MO,韩^{R}KR^R	0 受惠国LD	50
		-其他: -Other:					
		--金及包金的废碎料,但含有其他贵金 属的地脚料除外: --Of gold, including metal clad with gold but excluding sweepings containing other precious metals:					

序号 No.	税则号列 Tariff Line	货品名称 Article Description	最惠国税率 MFN(%)	协定税率 Agreement(%)		特惠税率 SP(%)	普通税率 Gen(%)
5378	7112.9110	---金及包金的废碎料 ---Of gold or gold compounds	0	0	东盟AS,智CL,巴PK,新西兰NZ, 秘PE,哥CR,瑞CH,冰IS,韩KR, 澳AU,格GE,毛MU,东盟^{R}AS^R, 澳^{R}AU^R,日^{R}JP^R,新西兰^{R}NZ^R,柬 KH,港HK,澳门MO,韩^{R}KR^R	0 受惠国LD	0
5379	7112.9120	---含有金或金化合物的废碎料 ---Waste and scrap with gold or gold compounds	6	0	东盟AS,智CL,巴PK,新西兰NZ, 秘PE,哥CR,瑞CH,冰IS,韩KR, 澳AU,格GE,毛MU,东盟^{R}AS^R, 澳^{R}AU^R,日^{R}JP^R,新西兰^{R}NZ^R,柬 KH,港HK,澳门MO,韩^{R}KR^R	0 受惠国LD	35
		--铂及包铂的废碎料, 但含有其他贵金属的地脚料除外: --Of platinum, including metal clad with platinum but excluding sweepings containing other precious metals:					
5380	7112.9210	---铂及包铂的废碎料 ---Of platinum	0	0	东盟AS,智CL,巴PK,新西兰NZ, 秘PE,哥CR,瑞CH,冰IS,韩KR, 澳AU,格GE,毛MU,东盟^{R}AS^R, 澳^{R}AU^R,日^{R}JP^R,新西兰^{R}NZ^R,柬 KH,港HK,澳门MO,韩^{R}KR^R	0 受惠国LD	0
5381	7112.9220	---含有铂或铂化合物的废碎料 ---Wasted and scrap with platinum	6	0	东盟AS,智CL,巴PK,新西兰NZ, 秘PE,哥CR,瑞CH,冰IS,韩KR, 澳AU,格GE,毛MU,东盟^{R}AS^R, 澳^{R}AU^R,日^{R}JP^R,新西兰^{R}NZ^R,柬 KH,港HK,澳门MO,韩^{R}KR^R	0 受惠国LD	35
	ex71129220	铂含量在3%以上的其他含铂或铂化合物的废碎料 Waste and scrap with platinum containing by weight more than 3% platinum	Δ0				
		--其他: --Other:					
5382	7112.9910	---含有银或银化合物的废碎料 ---Waste and scrap with silver or silver compounds	8	0 1 6.5	东盟AS,智CL,新西兰NZ,秘PE, 哥CR,瑞CH,冰IS,韩KR,澳AU, 格GE,毛MU,东盟^{R}AS^R,澳^{R}AU^R, 新西兰^{R}NZ^R,柬KH,港HK,澳门 MO,韩^{R}KR^R 巴PK 日^{R}JP^R	0 受惠国LD	35
5383	7112.9920	---含有其他贵金属或贵金属化合物的废碎料 ---Waste and scrap with other precious metals	6	0	东盟AS,智CL,巴PK,新西兰NZ, 秘PE,哥CR,瑞CH,冰IS,韩KR, 澳AU,格GE,毛MU,东盟^{R}AS^R, 澳^{R}AU^R,日^{R}JP^R,新西兰^{R}NZ^R,柬 KH,港HK,澳门MO,韩^{R}KR^R	0 受惠国LD	35
5384	7112.9990	---其他 ---Other	0	0	东盟AS,智CL,巴PK,新西兰NZ, 秘PE,哥CR,瑞CH,冰IS,韩KR, 澳AU,格GE,毛MU,东盟^{R}AS^R, 澳^{R}AU^R,日^{R}JP^R,新西兰^{R}NZ^R,柬 KH,港HK,澳门MO,韩^{R}KR^R	0 受惠国LD	50
		第三分章　珠宝首饰、金银器及其他制品 Ⅲ. JEWELLERY, GOLDSMITHS' AND SILVERSMITHS' WARES AND OTHER ARTICLES					

序号 No.	税则号列 Tariff Line	货品名称 Article Description	最惠国税率 MFN(%)	协定税率 Agreement(%)		特惠税率 SP(%)	普通税率 Gen(%)
	71.13	**贵金属或包贵金属制的首饰及其零件:** **Articles of jewellery and parts thereof, of precious metal or of metal clad with precious metal:**					
		-贵金属制, 不论是否包、镀贵金属: -Of precious metal whether or not plated or clad with precious metal:					
		--银制, 不论是否包、镀其他贵金属: --Of silver, whether or not plated or clad with other precious metal:					
5385	7113.1110	---镶嵌钻石的 ---Diamond mounted or set	8	0	东盟AS,智CL,巴PK,新西兰NZ,新加坡SG,秘PE,哥CR,冰IS,澳AU,格GE,毛MU,柬KH,港HK,澳门MO	0 受惠国LD	130
				5.2	亚太AP		
				8	瑞CH,韩KR		
				16	东盟^RAS^R,澳^RAU^R,新西兰^RNZ^R,韩^RKR^R		
				17.5	日^RJP^R		
5386	7113.1190	---其他 ---Other	8	0	东盟AS,智CL,巴PK,新西兰NZ,新加坡SG,秘PE,哥CR,瑞CH,冰IS,澳AU,格GE,毛MU,柬KH,港HK,澳门MO	0 受惠国LD	130
				5.2	亚太AP		
				8	韩KR		
				17.3	东盟^RAS^R,韩^RKR^R		
				17.5	日^RJP^R		
				18	澳^RAU^R,新西兰^RNZ^R		
		--其他贵金属制, 不论是否包、镀贵金属: --Of other precious metal, whether or not plated or clad with precious metal:					
		---黄金制: ---Of gold:					
5387	7113.1911	----镶嵌钻石的 ----Diamond mounted	8	0	东盟AS,智CL,巴PK,新西兰NZ,新加坡SG,秘PE,哥CR,冰IS,澳AU,格GE,毛MU,柬KH,港HK,澳门MO	0 受惠国LD	130
				3.3	瑞CH		
				5.2	亚太AP		
				8	韩KR		
				17.3	东盟^RAS^R,韩^RKR^R		
				17.5	日^RJP^R		
				18	澳^RAU^R,新西兰^RNZ^R		
5388	7113.1919	----其他 ----Other	8	0	东盟AS,智CL,巴PK,新西兰NZ,新加坡SG,秘PE,哥CR,瑞CH,冰IS,澳AU,格GE,毛MU,东盟^RAS^R,澳^RAU^R,新西兰^RNZ^R,柬KH,港HK,澳门MO	0 受惠国LD	130
				2	韩KR		
				5.2	亚太AP		
				16	韩^RKR^R		
				16.4	日^RJP^R		

序号 No.	税则号列 Tariff Line	货品名称 Article Description	最惠国税率 MFN(%)	协定税率 Agreement(%)		特惠税率 SP(%)		普通税率 Gen(%)
		---铂制: ---Of platinum:						
5389	7113.1921	----镶嵌钻石的 ----Diamond mounted	10	0	东盟AS,智CL,巴PK,新西兰NZ, 新加坡SG,秘PE,哥CR,冰IS,澳 AU,格GE,柬KH,港HK,澳门MO	0	受惠国LD	130
				6.5	亚太AP			
				14	毛MU			
				31.5	东盟^RAS^R,澳^RAU^R,新西兰^RNZ^R			
5390	7113.1929	----其他 ----Other	10	0	东盟AS,智CL,巴PK,新西兰NZ,新 加坡SG,秘PE,哥CR,瑞CH,冰IS,澳 AU,格GE,柬KH,港HK,澳门MO	0	受惠国LD	130
				6.5	亚太AP			
				14	毛MU			
				31.5	东盟^RAS^R,澳^RAU^R,新西兰^RNZ^R			
		-以贱金属为底的包贵金属制: -Of base metal clad with precious metal:						
5391	7113.2010	---镶嵌钻石的 ---Diamond mounted or set	10	0	东盟AS,智CL,新西兰NZ,新加坡 SG,秘PE,哥CR,澳AU,格GE,柬 KH,港HK,澳门MO	0	受惠国LD	130
				6.5	亚太AP			
				10	瑞CH			
				14	毛MU			
				30	巴PK			
				33.3	东盟^RAS^R,澳^RAU^R,新西兰^RNZ^R			
5392	7113.2090	---其他 ---Other	10	0	东盟AS,智CL,新西兰NZ,新加 坡SG,秘PE,哥CR,冰IS,澳AU,格 GE,柬KH,港HK,澳门MO	0	受惠国LD	130
				6.5	亚太AP			
				14	毛MU			
				30	巴PK			
				33.3	东盟^RAS^R,澳^RAU^R,新西兰^RNZ^R			
	71.14	贵金属或包贵金属制的金银器及其 零件: Articles of goldsmiths' or silversmiths' wares and parts thereof, of precious metal or of metal clad with precious metal:						
		-贵金属制,不论是否包、镀贵金属: -Of precious metal whether or not plated or clad with precious metal:						
5393	7114.1100	--银制,不论是否包、镀其他贵金属 --Of silver, whether or not plated or clad with other precious metal	10	0	东盟AS,智CL,新西兰NZ,新加 坡SG,秘PE,哥CR,瑞CH,冰IS,澳 AU,格GE,柬KH,港HK,澳门MO	0	受惠国LD	100
				14	毛MU			
				33.3	东盟^RAS^R,澳^RAU^R,新西兰^RNZ^R			
5394	7114.1900	--其他贵金属制,不论是否包、镀贵 金属 --Of other precious metal, whether or not plated or clad with precious metal	10	0	东盟AS,智CL,新西兰NZ,新加 坡SG,秘PE,哥CR,冰IS,澳AU,格 GE,柬KH,港HK,澳门MO	0	受惠国LD	100
				5.8	瑞CH			
				14	毛MU			
				33.3	东盟^RAS^R,澳^RAU^R,新西兰^RNZ^R			

序号 No.	税则号列 Tariff Line	货品名称 Article Description	最惠国税率 MFN(%)	协定税率 Agreement(%)		特惠税率 SP(%)	普通税率 Gen(%)
5395	7114.2000	-以贱金属为底的包贵金属制 -Of base metal clad with precious metal	10	0	东盟AS,智CL,新西兰NZ,新加坡SG,秘PE,哥CR,冰IS,澳AU,格GE,柬KH,港HK,澳门MO	0 受惠国LD	100
				8	亚太AP		
				10	瑞CH		
				14	毛MU		
				33.3	东盟^RAS^R,澳^RAU^R,新西兰^RNZ^R		
	71.15	**贵金属或包贵金属的其他制品:** **Other articles of precious metal or of metal clad with precious metal:**					
5396	7115.1000	-金属丝布或格栅形状的铂催化剂 -Catalysts in the form of wire cloth or grill, of platinum	3	0	东盟AS,智CL,巴PK,新西兰NZ,秘PE,哥CR,瑞CH,冰IS,韩KR,澳AU,格GE,毛MU,东盟^RAS^R,澳^RAU^R,日^RJP^R,新西兰^RNZ^R,柬KH,港HK,澳门MO,韩^RKR^R	0 受惠国LD	11
		-其他: -Other:					
5397	7115.9010	---工业或实验室用 ----For technical or laboratory use	3Δ0	0	东盟AS,智CL,巴PK,新西兰NZ,秘PE,哥CR,瑞CH,冰IS,韩KR,澳AU,格GE,毛MU,东盟^RAS^R,澳^RAU^R,日^RJP^R,新西兰^RNZ^R,柬KH,港HK,澳门MO,韩^RKR^R	0 受惠国LD	11
5398	7115.9090	---其他 ----Other	10	0	东盟AS,智CL,新西兰NZ,新加坡SG,秘PE,哥CR,冰IS,澳AU,格GE,柬KH,港HK,澳门MO	0 受惠国LD	100
				14	毛MU		
				31.5	东盟^RAS^R,澳^RAU^R,新西兰^RNZ^R		
	71.16	**用天然或养殖珍珠、宝石或半宝石(天然、合成或再造)制成的物品:** **Articles of natural or cultured pearls, precious or semi-precious stones (natural, synthetic or reconstructed):**					
5399	7116.1000	-天然或养殖珍珠制 -Of natural or cultured pearls	10	0	东盟AS,智CL,新西兰NZ,新加坡SG,秘PE,哥CR,瑞CH,冰IS,澳AU,格GE,柬KH,港HK,澳门MO	0 受惠国LD	130
				14	毛MU		
				33.3	东盟^RAS^R,澳^RAU^R,新西兰^RNZ^R		
5400	7116.2000	-宝石或半宝石(天然、合成或再造)制 -Of precious or semi-precious stones (natural, synthetic or reconstructed)	10	0	东盟AS,智CL,巴PK,新西兰NZ,新加坡SG,秘PE,哥CR,瑞CH,冰IS,澳AU,格GE,柬KH,港HK,澳门MO	0 受惠国LD	130
				14	毛MU		
				31.5	东盟^RAS^R,澳^RAU^R,新西兰^RNZ^R		
	71.17	**仿首饰:** **Imitation jewellery:**					
		-贱金属制, 不论是否镀贵金属: -Of base metal, whether or not plated with precious metal:					
5401	7117.1100	--袖扣、饰扣 --Cuff-links and studs	10	0	东盟AS,智CL,新西兰NZ,新加坡SG,秘PE,哥CR,冰IS,澳AU,格GE,柬KH,港HK,澳门MO	0 受惠国LD	130
				10	瑞CH		
				14	毛MU		
				33.3	东盟^RAS^R,澳^RAU^R,新西兰^RNZ^R		

序号 No.	税则号列 Tariff Line	货品名称 Article Description	最惠国税率 MFN(%)		协定税率 Agreement(%)	特惠税率 SP(%)		普通税率 Gen(%)
5402	7117.1900	--其他 --Other	8	0	东盟AS,智CL,新西兰NZ,新加坡SG,秘PE,哥CR,瑞CH,冰IS,澳AU,格GE,柬KH,港HK,澳门MO	0	受惠国LD	130
				1.7	韩KR			
				5.2	亚太AP			
				6.8	毛MU			
				13.6	巴PK,东盟^RAS^R,澳^RAU^R,新西兰^RNZ^R,韩^RKR^R			
				13.9	日^RJP^R			
5403	7117.9000	-其他 -Other	18	0	东盟AS,智CL,新西兰NZ,新加坡SG,秘PE,哥CR,澳AU,格GE,柬KH,港HK,澳门MO	0	受惠国LD	130
				11.7	亚太AP			
				14	毛MU			
				22.7	韩KR			
				30	巴PK			
				31.5	东盟^RAS^R,澳^RAU^R,新西兰^RNZ^R			
	71.18	硬币: Coin:						
5404	7118.1000	-非法定货币的硬币（金币除外） -Coin (other than gold coin), not being legal tender	0	0	东盟AS,智CL,巴PK,新西兰NZ,秘PE,哥CR,瑞CH,冰IS,韩KR,澳AU,格GE,毛MU,东盟^RAS^R,澳^RAU^R,日^RJP^R,新西兰^RNZ^R,柬KH,港HK,澳门MO,韩^RKR^R	0	受惠国LD	0
5405	7118.9000	-其他 -Other	0	0	东盟AS,智CL,巴PK,新西兰NZ,秘PE,哥CR,瑞CH,冰IS,韩KR,澳AU,格GE,毛MU,东盟^RAS^R,澳^RAU^R,日^RJP^R,新西兰^RNZ^R,柬KH,港HK,澳门MO,韩^RKR^R	0	受惠国LD	0

SECTION XV
BASE METALS AND
ARTICLES OF BASE METAL

注释:

一、本类不包括:

（一）以金属粉末为基本成分的调制油漆、油墨或其他产品（税目32.07至32.10、32.12、32.13或32.15）;

（二）铈铁或其他引火合金（税目36.06）;

（三）税目65.06或65.07的帽类及其零件;

（四）税目66.03的伞骨及其他物品;

（五）第七十一章的货品（例如，贵金属合金、以贱金属为底的包贵金属、仿首饰）;

（六）第十六类的物品（机器、机械器具及电气设备）;

（七）已装配的铁路或电车轨道（税目86.08）或第十七类的其他物品（车辆、船舶、航空器）;

（八）第十八类的仪器及器具，包括钟表发条;

（九）做弹药用的铅弹（税目93.06）或第十九类的其他物品（武器、弹药）;

（十）第九十四章的物品（例如，家具、弹簧床垫、灯具及照明装置、发光标志、活动房屋）;

（十一）第九十五章的物品（例如，玩具、游戏品及运动用品）;

（十二）手用筛子、钮扣、钢笔、铅笔套、钢笔尖、独脚架、双脚架、三脚架及类似品或第九十六章的其他物品（杂项制品）; 或

（十三）第九十七章的物品（例如，艺术品）。

二、本目录所称"通用零件"，是指:

（一）税目73.07、73.12、73.15、73.17或73.18的物品及其他贱金属制的类似品，不包括专用于医疗、外科、牙科或兽医的植入物（税目90.21）;

（二）贱金属制的弹簧及弹簧片，但钟表发条（税目91.14）除外;

（三）税目83.01、83.02、83.08、83.10的物品及税目83.06的贱金属制的框架及镜子。

第七十三章至第七十六章（税目73.15除外）及第七十八章至第八十二章所列货品的零件，不包括上述的通用零件。

除上段及第八十三章注释一另有规定的以外，第七十二章至第七十六章及第七十八章至第八十一章不包括第八十二章、第八十三章的物品。

三、本目录所称"贱金属"是指：铁及钢、铜、镍、铝、

Notes:

1.This Section does not cover:

(a) Prepared paints, inks or other products with a basis of metallic flakes or powder (headings 32.07 to 32.10, 32.12, 32.13 or 32.15);

(b) Ferro-cerium or other pyrophoric alloys (heading 36.06);

(c) Headgear or parts thereof of heading 65.06 or 65.07;

(d) Umbrella frames or other articles of heading 66.03;

(e) Goods of Chapter 71 (for example, precious metal alloys, base metal clad with precious metal, imitation jewellery);

(f) Articles of Section XVI (machinery, mechanical appliances and electrical goods);

(g) Assembled railway or tramway track (heading 86.08) or other articles of Section XVII (vehicles, ships and boats, aircraft);

(h) Instruments or apparatus of Section XVIII , including clock or watch springs;

(i) Lead shot prepared for anmmunition (heading 93.06) or other articles of Section XIX (arms and ammunition);

(j) Articles of Chapter 94 (for example, furniture, mattress supports, luminaires and lighting fittings, illuminated signs, prefabricated buildings);

(k) Articles of Chapter 95 (for example, toys, games, sports requisites);

(l) Hand sieves, buttons, pens, pencil-holders, pen nibs, monopods, bipods, tripods and similar articles or other articles of Chapter 96 (miscellaneous manufactured articles); or

(m) Articles of Chapter 97 (for example, works of art).

2. Throughout the Nomenclature, the expression "parts of general use" means:

(a) Articles of heading 73.07, 73.12, 73.15, 73.17 or 73.18 and similar articles of other base metal, other than articles specially designed for use exclusively in implants in medical, surgical, dental or veterinary sciences (heading 90.21);

(b) Springs and leaves for springs, of base metal, other than clock or watch springs (heading 91.14);

(c) Articles of headings 83.01, 83.02, 83.08, 83.10 and frames and mirrors, of base metal, of heading 83.06.

In Chapters 73 to 76 and 78 to 82 (but not in heading 73.15) references to parts of goods do not include references to parts of general use as defined above.

Subject to the preceding paragraph and to Note1to Chapter 83, the articles of Chapter 82 or 83 are excluded from Chapters 72 to 76 and 78 to 81.

3. Throughout the Nomenclature, the expression "base metals"

铅、锌、锡、钨、钼、钽、镁、钴、铋、镉、钛、锆、锑、锰、铍、铬、锗、钒、镓、铪、铟、铌（钶）、铼及铊。

四、本目录所称"金属陶瓷"是指金属与陶瓷成分以极细微粒不均匀结合而成的产品。"金属陶瓷"包括硬质合金（金属碳化物与金属烧结而成）。

五、合金的归类规则（第七十二章、第七十四章所规定的铁合金及母合金除外）：

（一）贱金属的合金按其所含重量最大的金属归类；

（二）由本类的贱金属和非本类的元素构成的合金，如果所含贱金属的总重量等于或超过所含其他元素的总重量，应作为本类贱金属合金归类；

（三）本类所称"合金"，包括金属粉末的烧结混合物、熔化而得的不均匀紧密混合物（金属陶瓷除外）及金属间化合物。

六、除条文另有规定的以外，本目录所称的贱金属包括贱金属合金，这类合金应按上述注释五的规则进行归类。

七、复合材料制品的归类规则：

除各税目另有规定的以外，贱金属制品（包括根据"归类总规则"作为贱金属制品的混合材料制品）如果含有两种或两种以上贱金属的，按其所含重量最大的贱金属的制品归类。为此：

（一）钢铁或不同种类的钢铁，均视为一种金属；

（二）按照注释五的规定作为某一种金属归类的合金，应视为一种金属；和

（三）税目81.13的金属陶瓷，应视为一种贱金属。

八、本类所用有关名词解释如下：

（一）废碎料：
（1）所有金属废碎料；
（2）因破裂、切断、磨损或其他原因而明显不能作为原物使用的金属货品。
（二）粉末：
按重量计90%及以上可从网眼孔径为1毫米的筛子通过的产品。

九、第七十四章至第七十六章以及第七十八章至第八十一

means:iron and steel, copper, nickel, aluminium, lead, zinc, tin, tungsten (wolfram), molybdenum, tantalum, magnesium, cobalt, bismuth, cadmium, titanium, zirconium, antimony, manganese, beryllium, chromium, germanium, vanadium, gallium, hafnium, indium, niobium (columbium), rhenium and thallium.

4. Throughout the Nomenclature, the term "cermets" means products containing a microscopic heterogeneous combination of a metallic component and a ceramic component. The term "cermets" includes sintered metal carbides (metal carbides sintered with a metal).

5. Classification of alloys (other than ferro-alloys and master alloys as defined in Chapters 72 and 74):

(a) An alloy of base metals is to be classified as an alloy of the metal which predominates by weight over each of the other metals;

(b) An alloy composed of base metals of this Section and of elements not falling within this Section is to be treated as an alloy of base metals of this Section if the total weight of such metals equals or exceeds the total weight of the other elements present;

(c) In this Section the term "alloys" includes sintered mixtures of metal powders, heterogeneous intimate mixtures obtained by melting (other than cermets) and intermetallic compounds.

6. Unless the context otherwise requires, any reference in the Nomenclature to base metal includes a reference to alloys which, by virtue of Note 5 above, are to be classified as alloys of that metal.

7. Classification of composite articles:

Except where the headings otherwise require, articles of base metal (including articles of mixed materials treated as articles of base metal under the General Interpretative Rules) containing two or more base metals are to be treated as articles of the base metal predominating by weight over each of the other metals.For this purpose:

(a) Iron and steel, or different kinds of iron or steel, are regarded as one and the same metal;

(b) An alloy is regarded as being entirely composed of that metal as an alloy of which, by virtue of Note 5, it is classified; and

(c) A cermet of heading 81.13 is regarded as a single base metal.

8. In this Section, the following expressions have the meanings hereby assigned to them:

(a) Waste and scrap:

(i) All metal waste and scrap;

(ii) Metal goods definitely not usable as such because of breakage, cutting-up, wear or other reasons.

(b) Powders:

Products of which 90% or more by weight passes through a sieve having a mesh aperture of 1mm.

9. For the purposes of Chapters 74 to 76 and 78 to 81, the fol-

章所述有关名词解释如下：

（一）条、杆

　　轧、挤、拔或锻制的实心产品，非成卷的，其全长截面均为圆形、椭圆形、矩形（包括正方形）、等边三角形或规则外凸多边形（包括相对两边为弧拱形，另外两边为等长平行直线的"扁圆形"及"变形矩形"）。对于矩形（包括正方形）、三角形或多边形截面的产品，其全长边角可经磨圆。矩形（包括"变形矩形"）截面的产品，其厚度应大于宽度的十分之一。所述条、杆也包括同样形状及尺寸的铸造或烧结产品。该产品在铸造或烧结后再经加工（简单剪修或去氧化皮的除外），但不具有其他税目所列制品或产品的特征。

　　第七十四章的线锭及坯段，已具锥形尾端或经其他简单加工以便送入机器制成盘条或管子等的，仍应作为未锻轧铜归入税目74.03。此条注释在必要的地方稍加修改后，适用于第八十一章的产品。

（二）型材及异型材

　　轧、挤、拔、锻制的产品或其他成型产品，不论是否成卷，其全长截面相同，但与条、杆、丝、板、片、带、箔、管的定义不相符合。同时也包括同样形状的铸造或烧结产品。该产品在铸造或烧结后再经加工（简单剪修或去氧化皮的除外），但不具有其他税目所列制品或产品的特征。

（三）丝

　　盘卷的轧、挤或拔制实心产品，其全长截面均为圆形、椭圆形、矩形（包括正方形）、等边三角形或规则外凸多边形（包括相对两边为弧拱形，另外两边为等长平行直线的"扁圆形"及"变形矩形"）。对于矩形（包括正方形）、三角形或多边形截面的产品，其全长边角可经磨圆。矩形（包括"变形矩形"）截面的产品，其厚度应大于宽度的十分之一。

（四）板、片、带、箔

　　成卷或非成卷的平面产品（未锻轧产品除外），截

lowing expressions have the meanings hereby assigned to them :

(a) Bars and rods

Rolled, extruded, drawn or forged products, not in coils, which have a uniform solid cross-section along their whole length in the shape of circles, ovals, rectangles (including squares), equilateral triangles or regular convex polygons (including "flattened circles" and "modified rectangles", of which two opposite sides are convex arcs, the other two sides being straight, of equal length and parallel). Products with a rectangular (including square), triangular or polygonal cross-section may have corners rounded along their whole length. The thickness of such products which have a rectangular (including "modified rectangular") cross-section exceeds one-tenth of the width. The expression also covers cast or sintered products, of the same forms and dimensions, which have been subsequently worked after production (otherwise than by simple trimming or de-scaling), provided that they have not thereby assumed the character of articles or products of other headings.

Wire-bars and billets of Chapter 74 with their ends tapered or otherwise worked simply to facilitate their entry into machines for converting them into, for example, drawing stock (wire-rod) or tubes, are however to be taken to be unwrought copper of heading 74.03. This provision applies mutatis mutandis to the products of Chapter 81.

(b) Profiles

Rolled, extruded, drawn, forged or formed products, coiled or not, of a uniform cross-section along their whole length, which do not conform to any of the definitions of bars, rods, wire, plates, sheets, strip, foil, tubes or pipes. The expression also covers cast or sintered products, of the same forms, which have been subsequently worked after production (otherwise than by simple trimming or de-scaling), provided that they have not thereby assumed the character of articles or products of other headings.

(c) Wire

Rolled, extruded or drawn products, in coils, which have a uniform solid cross-section along their whole length in the shape of circles, ovals, rectangles (including squares), equilateral triangles or regular convex polygons (including "flattened circles" and "modified rectangles", of which two opposite sides are convex arcs, the other two sides being straight, of equal length and parallel). Products with a rectangular (including square), triangular or polygonal cross-section may have corners rounded along their whole length. The thickness of such products which have a rectangular (including "modified rectangular") cross-section exceeds one-tenth of the width.

(d) Plates, sheets, strip and foil

Flat-surfaced products (other than the unwrought prod-

面均为厚度相同的实心矩形（不包括正方形），不论边角是否磨圆（包括相对两边为弧拱形，另外两边为等长平行直线的"变形矩形"），并且符合以下规格：

（1）矩形（包括正方形）的，厚度不超过宽度的十分之一；

（2）矩形或正方形以外形状的，任何尺寸，但不具有其他税目所列制品或产品的特征。

这些税目还适用于具有花样（例如，凹槽、肋条形、格槽、珠粒及菱形）的板、片、带、箔以及穿孔、抛光、涂层或制成瓦楞形的这类产品，但不具有其他税目所列制品或产品的特征。

（五）管

全长截面及管壁厚度相同并只有一个闭合空间的空心产品，成卷或非成卷的，其截面为圆形、椭圆形、矩形（包括正方形）、等边三角形或规则外凸多边形。对于截面为矩形（包括正方形）、等边三角形或规则外凸多边形的产品，不论全长边角是否磨圆，只要其内外截面为同一圆心并为同样形状及同一轴向，也可视为管子。上述截面的管子可经抛光、涂层、弯曲、攻丝、钻孔、缩腰、胀口、成锥形或装法兰、颈圈或套环。

第七十二章
钢铁

一、本章所述有关名词解释如下［本条注释（四）、（五）、（六）适用于本目录其他各章］:

（一）生铁:

无实用可锻性的铁碳合金，按重量计含碳量在2%以上并可含有一种或几种下列含量范围的其他元素:

铬不超过10%；

锰不超过6%；

磷不超过3%；

硅不超过8%；

其他元素合计不超过10%。

（二）镜铁:

按重量计含锰量在6%以上，但不超过30%的铁

---

ucts of heading 80.01), coiled or not, of solid rectangular (other than square) cross-section with or without rounded corners (including "modified rectangles" of which two opposite sides are convex arcs, the other two sides being straight, of equal length and parallel) of a uniform thickness, which are :

(i) of rectangular (including square) shape with a thickness not exceeding one-tenth of the width;

(ii) of a shape other than rectangular or square, of any size, provided that they do not assume the character of articles or products of other headings.

Headings for plates, sheets, strip, and foil apply, inter alia, to plates, sheets, strip, and foil with patterns (for example, grooves, ribs, chequers, tears, buttons, lozenges) and to such products which have been perforated, corrugated, polished or coated, provided that they do not thereby assume the character of articles or products of other headings.

(e) Tubes and pipes

Hollow products, coiled or not, which have a uniform cross-section with only one enclosed void along their whole length in the shape of circles, ovals, rectangles (including squares), equilateral triangles or regular convex polygons, and which have a uniform wall thickness. Products with a rectangular (including square), equilateral triangular or regular convex polygonal cross-section, which may have corners rounded along their whole length, are also to be considered as tubes and pipes provided the inner and outer cross-sections are concentric and have the same form and orientation. Tubes and pipes of the foregoing cross-sections may be polished, coated, bent, threaded, drilled, waisted, expanded, cone-shaped or fitted with flanges, collars or rings.

Chapter 72
Iron and steel

1. In this Chapter and, in the case of Notes (d), (e) and (f) throughout the Nomenclature, the following expressions have the meanings hereby assigned to them:

(a) Pig iron:

Iron-carbon alloys not usefully malleable, containing more than 2% by weight of carbon and which may contain by weight one or more other elements within the following limits:

not more than 10% of chromium;

not more than 6% of manganese;

not more than 3% of phosphorus;

not more than 8% of silicon;

a total of not more than 10% of other elements.

(b) Spiegeleisen:

Iron-carbon alloys containing by weight more than 6%

碳合金，其他方面符合上述（一）款所列标准。

（三）铁合金：

锭、块、团或类似初级形状、连续铸造而形成的各种形状及颗粒、粉末状的合金，不论是否烧结，通常用于其他合金生产过程中的添加剂或在黑色金属冶炼中作除氧剂、脱硫剂及类似用途，一般无实用可锻性，按重量计铁元素含量在4%及以上并含有下列一种或几种元素：

铬超过10%；

锰超过30%；

磷超过3%；

硅超过8%；

除碳以外的其他元素，合计超过10%，但最高含铜量不得超过10%。

（四）钢：

除税目72.03以外的黑色金属材料（某些铸造而成的种类除外），具有实用可锻性，按重量计含碳量在2%及以下，但铬钢可具有较高的含碳量。

（五）不锈钢：

按重量计含碳量在1.2%及以下，含铬量在10.5%及以上的合金钢，不论是否含有其他元素。

（六）其他合金钢：

不符合以上不锈钢定义的钢，含有一种或几种按重量计符合下列含量比例的元素：

铝0.3%及以上；

硼0.0008%及以上；

铬0.3%及以上；

钴0.3%及以上；

铜0.4%及以上；

铅0.4%及以上；

锰1.65%及以上；

钼0.08%及以上；

镍0.3%及以上；

铌0.06%及以上；

硅0.6%及以上；

钛0.05%及以上；

钨0.3%及以上；

钒0.1%及以上；

锆0.05%及以上；

其他元素（硫、磷、碳及氮除外）单项含量在0.1%及以上。

（七）供再熔的碎料钢铁锭：

粗铸成形无缩孔或冒口的锭块产品，表面有明显瑕疵，化学成分不同于生铁、镜铁及铁合金。

but not more than 30% of manganese and otherwise conforming to the specification at (a) above.

(c) Ferro-alloys:

Alloys in pigs, blocks, lumps or similar primary forms, in forms obtained by continuous casting and also in granular or powder forms, whether or not agglomerated, commonly used as an additive in the manufacture of other alloys or as deoxidants, desulphurizing agents or for similar uses in ferrous metallurgy and generally not usefully malleable, containing by weight 4% or more of the element iron and one or more of the following:

more than 10% of chromium;

more than 30% of manganese;

more than 3% of phosphorus;

more than 8% of silicon;

a total of more than 10% of other elements, excluding carbon, subject to a maximum content of 10% in the case of copper.

(d) Steel:

Ferrous materials other than those of heading 72.03 which (with the exception of certain types produced in the form of castings) are usefully malleable and which contain by weight 2% or less of carbon. However, chromium steels may contain higher proportions of carbon.

(e) Stainless steel:

Alloy steels containing, by weight, 1.2% or less of carbon and 10.5% or more of chromium, with or without other elements.

(f) Other alloy steel:

Steels not complying with the definition of stainless steel and containing by weight one or more of the following elements in the proportion shown:

0.3% or more of aluminium;

0.0008% or more of boron;

0.3% or more of chromium;

0.3% or more of cobalt;

0.4% or more of copper;

0.4% or more of lead;

1.65% or more of manganese;

0.08% or more of molybdenum;

0.3% or more of nickel;

0.06% or more of niobium;

0.6% or more of silicon;

0.05% or more of titanium;

0.3% or more of tungsten(wolfram);

0.1% or more of vanadium;

0.05% or more of zirconium;

0.1% or more of other elements (except sulphur, phosphorus, carbon and nitrogen), taken separately.

(g) Remelting scrap ingots of iron or steel:

Products roughly cast in the form of ingots without feeder-heads or hot tops, or of pigs, having obvious surface faults and not complying with the chemical composition

（八）颗粒：

按重量计不到90%可从网眼孔径为1毫米的筛子通过，而90%及以上可从网眼孔径为5毫米的筛子通过的产品。

（九）半制成品：

连续铸造的实心产品，不论是否初步热轧；其他实心产品，除经初步热轧或锻造粗制成形以外未经进一步加工，包括角材、型材及异型材的坯件。

本类产品不包括成卷的产品。

（十）平板轧材：

截面为矩形（正方形除外）并且不符合以上第（九）款所述定义的下列形状实心轧制产品：

1. 层叠的卷材；或
2. 平直形状，其厚度如果在4.75毫米以下，则宽度至少是厚度的十倍；其厚度如果在4.75毫米及以上，其宽度应超过150毫米，并且至少应为厚度的两倍。

平板轧材包括直接轧制而成并有凸起式样（例如，凹槽、肋条形、格槽、珠粒、菱形）的产品以及穿孔、抛光或制成瓦楞形的产品，但不具有其他税目所列制品或产品的特征。

各种规格的平板轧材（矩形或正方形除外），但不具有其他税目所列制品或产品的特征，都应作为宽度为600毫米及以上的产品归类。

（十一）不规则盘绕的热轧条、杆：

经热轧不规则盘绕的实心产品，其截面为圆形、扇形、椭圆形、矩形（包括正方形）、三角形或其他外凸多边形（包括"扁圆形"及"变形矩形"，即相对两边为弧拱形，另外两边为等长平行直线形）。这类产品可带有在轧制过程中产生的凹痕、凸缘、槽沟或其他变形（钢筋）。

（十二）其他条、杆：

不符合上述（九）、（十）、（十一）款或"丝"定义的实心产品，其全长截面均为圆形、扇形、椭圆形、矩形（包括正方形）、三角形或其他外凸多边形（包括"扁圆形"及"变形矩形"，即相对两边为弧拱形，另两边为等长平行直线形）。这些产品可以：

of pig iron, spiegeleisen or ferro-alloys.

(h) Granules:

Products of which less than 90% by weight passes through a sieve with a mesh aperture of 1mm and of which 90% or more by weight passes through a sieve with a mesh aperture of 5mm.

(i) Semi-finished products:

Continuous cast products of solid section, whether or not subjected to primary hot-rolling; and other products of solid section, which have not been further worked than subjected to primary hot-rolling or roughly shaped by forging, including blanks for angles, shapes or sections. These products are not presented in coils.

(j) Flat-rolled products:

Rolled products of solid rectangular (other than square) cross-section, which do not conform to the definition at (i) above in the form of:

(1) Coils of successively superimposed layers; or

(2) Straight lenghths, which if of a thickness less than 4.75mm are of a width measuring at least ten times the thickness or if of a thickness of 4.75mm or more are of a width which exceeds 150mm and measures at least twice the thickness.

Flat-rolled products include those with patterns in relief derived directly from rolling (for example, grooves, ribs, chequers, tears, buttons, lozenges) and those which have been perforated, corrugated or polished, provided that they do not thereby assume the character of articles or products of other headings.

Flat-rolled products of a shape other than rectangular or square, of any size, are to be classified as products of a width of 600mm or more, provided that they do not assume the character of articles or products of other headings.

(k) Bars and rods, hot-rolled, in irregularly wound coils:

Hot-rolled products in irregularly wound coils, which have a solid cross-section in the shape of circles, segments of circles, ovals, rectangles (including squares), triangles or other convex polygons (including "flattened circles" and "modified rectangles" of which two opposite sides are convex arcs, the other two sides being straight, of equal length and parallel). These products may have indentations, ribs, grooves or other deformations produced during the rolling process (reinforcing bars and rods).

(l) Other bars and rods:

Products which do not conform to any of the definitions at (i), (j) or (k) above or to the definition of wire, which have a uniform solid cross-section along their whole length in the shape of circles, segments of circles, ovals, rectangles (including squares), triangles or other convex polygons (including "flattened circles" and "modified rectangles" , of which two opposite sides are convex arcs,

1. 带有在轧制过程中产生的凹痕、凸缘、槽沟或其他变形（钢筋）；

2. 轧制后扭曲的。

（十三）角材、型材及异型材：

不符合上述（九）、（十）、（十一）、（十二）款或"丝"定义，但其全长截面均为同样形状的实心产品。

第七十二章不包括税目73.01或73.02的产品。

（十四）丝：

不符合平板轧材定义但全长截面均为同样形状的盘卷冷成形实心产品。

（十五）空心钻钢：

适合钻探用的各种截面的空心条、杆，其最大外形尺寸超过15毫米但不超过52毫米，最大内孔尺寸不超过最大外形尺寸的二分之一。不符合本定义的钢铁空心条、杆应归入税目73.04。

二、用一种黑色金属包覆另外一种黑色金属，应按其中重量最大的材料归类。

三、用电解沉积法、压铸法或烧结法所得的钢铁产品，应按其形状、成分及外观归入本章类似热轧产品的相应税目。

子目注释：

一、本章所用有关名词解释如下：

（一）合金生铁：

按重量计含有一种或几种下列比例的元素的生铁：

铬0.2%以上；

铜0.3%以上；

镍0.3%以上；

0.1%以上的任何下列元素：

铝、钼、钛、钨、钒。

（二）非合金易切削钢：

按重量计含有一种或几种下列比例的元素的非合金钢：

硫0.08%及以上；

铅0.1%及以上；

硒0.05%以上；

---

the other two sides being straight, of equal length and parallel). These products may:

(1) have indentations, ribs, grooves or other deformations produced during the rolling process (reinforcing bars and rods);

(2) be twisted after rolling.

(m) Angles, shapes and sections:

Products having a uniform solid cross-section along their whole length which do not conform to any of the definitions at (i), (j), (k) or (l) above or to the definition of wire.

Chapter 72 does not include products of heading 73.01 or 73.02.

(n) Wire:

Cold-formed products in coils, of any uniform solid cross-section along their whole length, which do not conform to the definition of flat-rolled products.

(o) Hollow drill bars and rods:

Hollow bars and rods of any cross-section, suitable for drills, of which the greatest external dimension of the cross-section exceeds 15mm but does not exceed 52mm, and of which the greatest internal dimension does not exceed one half of the greatest external dimension. Hollow bars and rods of iron or steel not conforming to this definition are to be classified in heading 73.04.

2. Ferrous metals clad with another ferrous metal are to be classified as products of the ferrous metal predominating by weight.

3. Iron or steel products obtained by electrolytic deposition, by pressure casting or by sintering are to be classified, according to their form, their composition and their appearance, in the headings of this Chapter appropriate to similar hot-rolled products.

Subheading Notes:

1. In this Chapter the following expressions have the meanings hereby assigned to them:

(a) Alloy pig iron:

Pig iron containing, by weight, one or more of the following elements in the specified proportions:

more than 0.2% of chromiumi;

more than 0.3% of copper;

more than 0.3% of nickel;

more than 0.1% of any of the following elements: aluminium, molybdenum, titanium, tungsten (wolfram), vanadium.

(b) Non-alloy free-cutting steel:

Non-alloy steel containing, by weight, one or more of the following elements in the specified proportions:

0.08% or more of sulphur;

0.1% or more of lead;

more than 0.05% of selenium;

碲0.01%以上；

铋0.05%以上。

（三）硅电钢：

按重量计含硅量至少为0.6%但不超过6%，含碳量不超过0.08%的合金钢。这类钢还可含有按重量计不超过1%的铝，但所含其他元素的比例并不使其具有其他合金钢的特性。

（四）高速钢：

不论是否含有其他元素，但至少含有按重量计合计含量在7%及以上的钼、钨、钒中两种元素的合金钢，按重量计其含碳量在0.6%及以上，含铬量在3%～6%。

（五）硅锰钢：

按重量计同时含有下列元素的合金钢：

碳不超过0.7%；

锰0.5%及以上，但不超过1.9%；和

硅0.6%及以上，但不超过2.3%；

所含其他元素的比例并不使其具有其他合金钢的特性。

二、税目72.02项下的子目所列铁合金，应按照下列规则归类：

对于只有一种元素超出本章注释一（三）规定的最低百分比的铁合金，应作为二元合金归入相应的子目（如果其存在）。以此类推，如果有两种或三种合金元素超出了最低百分比的，则可分别作为三元或四元合金。

在运用本规定时，本章注释一（三）所述的未列名的"其他元素"，按重量计单项含量必须超过10%。

本国注释：

本国子目7225.4010所称"除不锈钢、高速钢以外的合金工具钢"，按重量计，成分含量范围符合下列任一条款，不论是否含有其他元素，但所含其他元素的比例并不使其具有章注所列其他合金钢的特征：碳含量大于1.2%，同时铬含量大于10.5%的；或者碳含量大于等于0.3%，同时铬含量大于等于1.25%，且小于10.5%的；或者铬含量大于等于0.9%，且小于等于1.2%，同时钼含量大于等于0.9%，且小于等于1.4%的；或者含碳量大于等于0.5%，同时钼含量大于等于3.5%的；或者碳含量大于等于0.5%，同时钨含量大于等于5.5%的。

more than 0.01% of tellurium;

more than 0.05% of bismuth.

(c) Silicon-electrical steel:

Alloy steels containing by weight at least 0.6% but not more than 6% of silicon and not more than 0.08% of carbon. They may also contain by weight not more than 1% of aluminium but no other element in a proportion that would give the steel the characteristics of another alloy steel.

(d) High speed steel:

Alloy steels containing, with or without other elements, at least two of the three elements molybdenum, tungsten and vanadium with a combined content by weight of 7% or more, 0.6% or more of carbon and 3% to 6% of chromium.

(e) Silico-manganese steel:

Alloy steels containing by weight:

not more than 0.7% of carbon;

0.5% or more but not more than 1.9% of manganese; and

0.6% or more but not more than 2.3% of silicon;

but no other element in a proportion that would give the steel the characteristics of another alloy steel.

2. For the classification of ferroalloys in the subheadings of heading 72.02 the following rule should be observed:

A ferro-alloy is considered as binary and classified under the relevant subheading (if it exists) if only one of the alloy elements exceeds the minimum percentage laid down in Chapter Note 1(c); by analogy, it is considered respectively as ternary or quaternary if two or three alloy elements exceed the minimum percentage.

For the application of this rule the unspecified "other elements" referred to in Chapter Note 1(c) must each exceed 10% by weight.

Domestic Subheading Note:

Domestic Subheading 7225.4010:Tool Steel-refers to alloy steel excluding stainless steel and high speed steel, the element proportion range by weight should meet any one of the following terms, no matter whether containing other elements or not:

(1) More than 1.2% of carbon and more than 10.5% of chromium;

(2) 0.3% or more of carbon and 1.25% or more but less than 10.5% of chromium;

(3) from 0.9% to 1.2% of chromium and from 0.9% to 1.4% of molybdenum;

(4) 0.5% or more of carbon and 3.5% or more of molybdenum;

(5) 0.5% or more of carbon and 5.5% or more of tungsten.

序号 No.	税则号列 Tariff Line	货品名称 Article Description	最惠国税率 MFN(%)		协定税率 Agreement(%)	特惠税率 SP(%)	普通税率 Gen(%)
		第一分章 原料；粒状及粉状产品 I. PRIMARY ATERIALS; PRODUCTS IN GRANULAR OR POWDER FORM					
	72.01	生铁及镜铁，锭、块或其他初级形状： **Pig iron and spiegeleisen in pigs, blocks or other primary forms:**					
5406	7201.1000	-非合金生铁, 按重量计含磷量在0.5%及以下 -Non-alloy pig iron containing by weight 0.5% or less of phosphorus	1Δ0	0	东盟AS,智CL,巴PK,新西兰NZ,秘PE,哥CR,瑞CH,冰IS,韩KR,澳AU,格GE,毛MU,东盟^{R}AS^R,日^{R}JP^R,柬KH,港HK,澳门MO,韩^{R}KR^R	0 受惠国LD	8
				0.8	澳^{R}AU^R,新西兰^{R}NZ^R		
5407	7201.2000	-非合金生铁, 按重量计含磷量在0.5%以上 -Non-alloy pig iron containing by weight more than 0.5% of phosphorus	1Δ0	0	东盟AS,智CL,巴PK,新西兰NZ,秘PE,哥CR,瑞CH,冰IS,韩KR,澳AU,格GE,毛MU,东盟^{R}AS^R,澳^{R}AU^R,日^{R}JP^R,新西兰NZ^R,柬KH,港HK,澳门MO,韩^{R}KR^R	0 受惠国LD	8
5408	7201.5000	-合金生铁；镜铁 -Alloy pig iron;spiegeleisen	1Δ0	0	东盟AS,智CL,巴PK,新西兰NZ,秘PE,哥CR,瑞CH,冰IS,韩KR,澳AU,格GE,毛MU,东盟^{R}AS^R,澳^{R}AU^R,日^{R}JP^R,新西兰NZ^R,柬KH,港HK,澳门MO,韩^{R}KR^R	0 受惠国LD	8
	72.02	铁合金： **Ferro-alloys:**					
		-锰铁： -Ferro-manganese:					
5409	7202.1100	--按重量计含碳量在2%以上 --Containing by weight more than 2% of carbon	2	0	东盟AS,智CL,巴PK,新西兰NZ,秘PE,哥CR,瑞CH,冰IS,韩KR,澳AU,格GE,毛MU,东盟^{R}AS^R,澳^{R}AU^R,日^{R}JP^R,新西兰NZ^R,柬KH,港HK,澳门MO,韩^{R}KR^R	0 受惠国LD	11
5410	7202.1900	--其他 --Other	2	0	东盟AS,智CL,巴PK,新西兰NZ,秘PE,哥CR,瑞CH,冰IS,韩KR,澳AU,格GE,毛MU,东盟^{R}AS^R,澳^{R}AU^R,日^{R}JP^R,新西兰NZ^R,柬KH,港HK,澳门MO,韩^{R}KR^R	0 受惠国LD	11
		-硅铁： -Ferro-silicon:					
5411	7202.2100	--按重量计含硅量55%以上 --Containing by weight more than 55% of silicon	2	0	东盟AS,智CL,巴PK,新西兰NZ,秘PE,哥CR,瑞CH,冰IS,韩KR,澳AU,格GE,毛MU,东盟^{R}AS^R,澳^{R}AU^R,日^{R}JP^R,新西兰NZ^R,柬KH,港HK,澳门MO,韩^{R}KR^R	0 受惠国LD	11
5412	7202.2900	--其他 --Other	2	0	东盟AS,智CL,巴PK,新西兰NZ,秘PE,哥CR,瑞CH,冰IS,韩KR,澳AU,格GE,毛MU,东盟^{R}AS^R,澳^{R}AU^R,日^{R}JP^R,新西兰NZ^R,柬KH,港HK,澳门MO,韩^{R}KR^R	0 受惠国LD	11
5413	7202.3000	-硅锰铁 -Ferro-silico-manganese	2	0	东盟AS,智CL,巴PK,新西兰NZ,秘PE,哥CR,瑞CH,冰IS,韩KR,澳AU,格GE,毛MU,东盟^{R}AS^R,澳^{R}AU^R,日^{R}JP^R,新西兰NZ^R,柬KH,港HK,澳门MO,韩^{R}KR^R	0 受惠国LD	11

序号 No.	税则号列 Tariff Line	货品名称 Article Description	最惠国税率 MFN(%)	协定税率 Agreement(%)		特惠税率 SP(%)	普通税率 Gen(%)
		-铬铁： -Ferro-chromium:					
5414	7202.4100	--按重量计含碳量在4%以上 --Containing by weight more than 4% of carbon	2Δ0	0	东盟AS,智CL,巴PK,新西兰NZ,秘PE,哥CR,瑞CH,冰IS,韩KR,澳AU,格GE,毛MU,东盟^RAS^R,澳^RAU^R,日^RJP^R,新西兰^RNZ^R,柬KH,港HK,澳门MO,韩^RKR^R	0 受惠国LD	8
5415	7202.4900	--其他 --Other	2Δ0	0	东盟AS,智CL,巴PK,新西兰NZ,秘PE,哥CR,瑞CH,冰IS,韩KR,澳AU,格GE,毛MU,东盟^RAS^R,澳^RAU^R,日^RJP^R,新西兰^RNZ^R,柬KH,港HK,澳门MO,韩^RKR^R	0 受惠国LD	8
5416	7202.5000	-硅铬铁 -Ferro-silico-chromium	2	0	东盟AS,智CL,巴PK,新西兰NZ,秘PE,哥CR,瑞CH,冰IS,韩KR,澳AU,格GE,毛MU,东盟^RAS^R,澳^RAU^R,日^RJP^R,新西兰^RNZ^R,柬KH,港HK,澳门MO,韩^RKR^R	0 受惠国LD	11
5417	7202.6000	-镍铁 -Ferro-nickel	2Δ0	0	东盟AS,智CL,巴PK,新西兰NZ,秘PE,哥CR,瑞CH,冰IS,韩KR,澳AU,格GE,毛MU,东盟^RAS^R,澳^RAU^R,日^RJP^R,新西兰^RNZ^R,柬KH,港HK,澳门MO,韩^RKR^R	0 受惠国LD	11
5418	7202.7000	-钼铁 -Ferro-molybdenum	2Δ1	0	东盟AS,智CL,巴PK,新西兰NZ,秘PE,哥CR,瑞CH,冰IS,韩KR,澳AU,格GE,毛MU,东盟^RAS^R,澳^RAU^R,日^RJP^R,新西兰^RNZ^R,柬KH,港HK,澳门MO,韩^RKR^R	0 受惠国LD	11
		-钨铁及硅钨铁： -Ferro-tungsten and ferro-silico-tungsten:					
5419	7202.8010	---钨铁 ---Ferro-tungsten	2Δ1	0	东盟AS,智CL,巴PK,新西兰NZ,秘PE,哥CR,瑞CH,冰IS,韩KR,澳AU,格GE,毛MU,东盟^RAS^R,澳^RAU^R,日^RJP^R,新西兰^RNZ^R,柬KH,港HK,澳门MO,韩^RKR^R	0 受惠国LD	11
5420	7202.8020	---硅钨铁 ---Ferro-silico-tungsten	2	0	东盟AS,智CL,巴PK,新西兰NZ,秘PE,哥CR,瑞CH,冰IS,韩KR,澳AU,格GE,毛MU,东盟^RAS^R,澳^RAU^R,日^RJP^R,新西兰^RNZ^R,柬KH,港HK,澳门MO,韩^RKR^R	0 受惠国LD	11
		-其他： -Other:					
5421	7202.9100	--钛铁及硅钛铁 --Ferro-titanium and ferrosilicotitanium	2	0	东盟AS,智CL,巴PK,新西兰NZ,秘PE,哥CR,瑞CH,冰IS,韩KR,澳AU,格GE,毛MU,东盟^RAS^R,澳^RAU^R,日^RJP^R,新西兰^RNZ^R,柬KH,港HK,澳门MO,韩^RKR^R	0 受惠国LD	11
		--钒铁： --Ferro-vanadium:					
5422	7202.9210	---按重量计含钒量在75%及以上 ---Containing by weight more than 75% of ranadium	5	0	东盟AS,智CL,新西兰NZ,秘PE,哥CR,瑞CH,冰IS,韩KR,澳AU,格GE,毛MU,东盟^RAS^R,澳^RAU^R,新西兰^RNZ^R柬KH港HK澳门MO,韩^RKR^R	0 受惠国LD	30
				1	巴PK		
				7.4	日^RJP^R		

序号 No.	税则号列 Tariff Line	货品名称 Article Description	最惠国税率 MFN(%)		协定税率 Agreement(%)	特惠税率 SP(%)	普通税率 Gen(%)
5423	7202.9290	---其他 ---Other	5	0	东盟AS,智CL,新西兰NZ,秘PE,哥CR,瑞CH,冰IS,韩KR,澳AU,格GE,毛MU,东盟^RAS^R,澳^RAU^R,新西兰^RNZ^R,柬KH,港HK,澳门MO,韩^RKR^R	0 受惠国LD	30
				1	巴PK		
				7.4	日^RJP^R		
5424	7202.9300	--铌铁 --Ferro-niobium	2Δ0	0	东盟AS,智CL,巴PK,新西兰NZ,秘PE,哥CR,瑞CH,冰IS,韩KR,澳AU,格GE,毛MU,东盟^RAS^R,澳^RAU^R,日^RJP^R,新西兰^RNZ^R,柬KH,港HK,澳门MO,韩^RKR^R	0 受惠国LD	11
		--其他: --Other:					
		---钕铁硼合金: ---Neodynium-ferro-boron:					
5425	7202.9911	----速凝永磁片 ----Permanent magnetic strip-casting flakes	2	0	东盟AS,智CL,巴PK,新西兰NZ,秘PE,哥CR,瑞CH,冰IS,韩KR,澳AU,格GE,毛MU,东盟^RAS^R,澳^RAU^R,日^RJP^R,新西兰^RNZ^R,柬KH,港HK,澳门MO,韩^RKR^R	0 受惠国LD	11
5426	7202.9912	----磁粉 ----Magnetic powders	2	0	东盟AS,智CL,巴PK,新西兰NZ,秘PE,哥CR,瑞CH,冰IS,韩KR,澳AU,格GE,毛MU,东盟^RAS^R,澳^RAU^R,日^RJP^R,新西兰^RNZ^R,柬KH,港HK,澳门MO,韩^RKR^R	0 受惠国LD	11
5427	7202.9919	----其他 ----Other	2	0	东盟AS,智CL,巴PK,新西兰NZ,秘PE,哥CR,瑞CH,冰IS,韩KR,澳AU,格GE,毛MU,东盟^RAS^R,澳^RAU^R,日^RJP^R,新西兰^RNZ^R,柬KH,港HK,澳门MO,韩^RKR^R	0 受惠国LD	11
		---其他: ---Other:					
5428	7202.9991	----按重量计稀土元素总含量在10%以上的 ----Containing by weight more than 10% of rare-earth elements	2	0	东盟AS,智CL,巴PK,新西兰NZ,秘PE,哥CR,瑞CH,冰IS,韩KR,澳AU,格GE,毛MU,东盟^RAS^R,澳^RAU^R,日^RJP^R,新西兰^RNZ^R,柬KH,港HK,澳门MO,韩^RKR^R	0 受惠国LD	11
5429	7202.9999	----其他 ----Other	2	0	东盟AS,智CL,巴PK,新西兰NZ,秘PE,哥CR,瑞CH,冰IS,韩KR,澳AU,格GE,毛MU,东盟^RAS^R,澳^RAU^R,日^RJP^R,新西兰^RNZ^R,柬KH,港HK,澳门MO,韩^RKR^R	0 受惠国LD	11
	72.03	直接从铁矿还原所得的铁产品及其他海绵铁产品,块、团、团粒及类似形状;按重量计纯度在99.94%及以上的铁,块、团、团粒及类似形状: Ferrous products obtained by direct reduction of iron ore and other spongy ferrous products, in lumps, pellets or similar forms; iron having a minimum purity by weight of 99.94%, in lumps, pellets or similar forms:					

序号 No.	税则号列 Tariff Line	货品名称 Article Description	最惠国税率 MFN(%)	协定税率 Agreement(%)		特惠税率 SP(%)	普通税率 Gen(%)
5430	7203.1000	-直接从铁矿还原所得的铁产品 -Ferrous products obtained by direct reduction of iron ore	2Δ0	0	东盟AS,智CL,巴PK,新西兰NZ,秘PE,哥CR,瑞CH,冰IS,韩KR,澳AU,格GE,毛MU,东盟^{R}AS^R,日^{R}JP^R,柬KH,港HK,澳门MO,韩^{R}KR^R	0 受惠国LD	8
				1.6	澳^{R}AU^R,新西兰^{R}NZ^R		
5431	7203.9000	-其他 -Other	2Δ0	0	东盟AS,智CL,巴PK,新西兰NZ,秘PE,哥CR,瑞CH,冰IS,韩KR,澳AU,格GE,毛MU,东盟^{R}AS^R,澳^{R}AU^R,日^{R}JP^R,新西兰^{R}NZ^R,柬KH,港HK,澳门MO,韩^{R}KR^R	0 受惠国LD	8
	72.04	**钢铁废碎料;供再熔的碎料钢铁锭:** **Ferrous waste and scrap; remelting scrap ingots of iron or steel:**					
5432	7204.1000	-铸铁废碎料 -Waste and scrap of cast iron	2	0	东盟AS,智CL,巴PK,新西兰NZ,秘PE,哥CR,瑞CH,冰IS,韩KR,澳AU,格GE,毛MU,东盟^{R}AS^R,澳^{R}AU^R,日^{R}JP^R,新西兰^{R}NZ^R,柬KH,港HK,澳门MO,韩^{R}KR^R	0 受惠国LD	8
	ex72041000	符合GB/T 39733标准要求的再生钢铁原料 Recycling materials of iron and steel in conformity with GB/T 39733 standards	Δ0				
		-合金钢废碎料: -Waste and scrap of alloy steel:					
5433	7204.2100	--不锈钢废碎料 --Of stainless steel	0	0	东盟AS,智CL,巴PK,新西兰NZ,秘PE,哥CR,瑞CH,冰IS,韩KR,澳AU,格GE,毛MU,东盟^{R}AS^R,澳^{R}AU^R,日^{R}JP^R,新西兰^{R}NZ^R,柬KH,港HK,澳门MO,韩^{R}KR^R	0 受惠国LD	8
5434	7204.2900	--其他 --Other	0	0	东盟AS,智CL,巴PK,新西兰NZ,秘PE,哥CR,瑞CH,冰IS,韩KR,澳AU,格GE,毛MU,东盟^{R}AS^R,澳^{R}AU^R,日^{R}JP^R,新西兰^{R}NZ^R,柬KH,港HK,澳门MO,韩^{R}KR^R	0 受惠国LD	8
5435	7204.3000	-镀锡钢铁废碎料 -Waste and scrap of tinned iron or steel	2	0	东盟AS,智CL,巴PK,新西兰NZ,秘PE,哥CR,瑞CH,冰IS,韩KR,澳AU,格GE,毛MU,东盟^{R}AS^R,澳^{R}AU^R,日^{R}JP^R,新西兰^{R}NZ^R,柬KH,港HK,澳门MO,韩^{R}KR^R	0 受惠国LD	8
		-其他废碎料: -Other waste and scrap:					
5436	7204.4100	--车、刨、铣、磨、锯、锉、剪、冲加工过程中产生的废料,不论是否成捆 --Turnings, shavings, chips, milling waste, sawdust, filings, trimmings and stampings, whether or not in bundles	2	0	东盟AS,智CL,巴PK,新西兰NZ,秘PE,哥CR,瑞CH,冰IS,澳AU,格GE,毛MU,柬KH,港HK,澳门MO	0 受惠国LD	8
				0.2	韩KR		
				1.6	东盟^{R}AS^R,澳^{R}AU^R,日^{R}JP^R,新西兰^{R}NZ^R,韩^{R}KR^R		
	ex72044100	符合GB/T 39733标准要求的再生钢铁原料 Recycling materials of iron and steel in conformity with GB/T 39733 standards	Δ0				

序号 No.	税则号列 Tariff Line	货品名称 Article Description	最惠国税率 MFN(%)	协定税率 Agreement(%)		特惠税率 SP(%)	普通税率 Gen(%)
5437	7204.4900	--其他 --Other	0	0	东盟AS,智CL,巴PK,新西兰NZ,秘PE,哥CR,瑞CH,冰IS,韩KR,澳AU,格GE,毛MU,东盟^{R}AS^R,澳^{R}AU^R,日^{R}JP^R,新西兰^{R}NZ^R,柬KH,港HK,澳门MO,韩^{R}KR^R	0 受惠国LD	8
5438	7204.5000	-供再熔的碎料钢铁锭 -Remelting scrap ingots	0	0	东盟AS,智CL,巴PK,新西兰NZ,秘PE,哥CR,瑞CH,冰IS,韩KR,澳AU,格GE,毛MU,东盟^{R}AS^R,澳^{R}AU^R,日^{R}JP^R,新西兰^{R}NZ^R,柬KH,港HK,澳门MO,韩^{R}KR^R	0 受惠国LD	8
	72.05	生铁、镜铁及钢铁的颗粒和粉末: **Granules and powders, of pig iron, spiegeleisen, iron or steel:**					
5439	7205.1000	-颗粒 -Granules	2	0	东盟AS,智CL,巴PK,新西兰NZ,秘PE,哥CR,瑞CH,冰IS,韩KR,澳AU,格GE,毛MU,东盟^{R}AS^R,澳^{R}AU^R,日^{R}JP^R,新西兰^{R}NZ^R,柬KH,港HK,澳门MO,韩^{R}KR^R	0 受惠国LD	30
		-粉末: -Powders:					
5440	7205.2100	--合金钢的 --Of alloy steel	2	0 1.6	东盟AS,智CL,巴PK,新西兰NZ,秘PE,哥CR,瑞CH,冰IS,韩KR,澳AU,格GE,毛MU,东盟^{R}AS^R,日^{R}JP^R,柬KH,港HK,澳门MO,韩^{R}KR^R 澳^{R}AU^R,新西兰^{R}NZ^R	0 受惠国LD	17
5441	7205.2910	---铁粉,平均粒径小于10微米 ---Iron powders, average diameter less than 10μm	2	0 0.2 1.6	东盟AS,智CL,巴PK,新西兰NZ,秘PE,哥CR,瑞CH,冰IS,澳AU,格GE,毛MU,柬KH,港HK,澳门MO 韩KR 东盟^{R}AS^R,澳^{R}AU^R,日^{R}JP^R,新西兰^{R}NZ^R,韩^{R}KR^R	0 受惠国LD	17
5442	7205.2990	---其他 ---Other	2	0 0.2 1.6	东盟AS,智CL,巴PK,新西兰NZ,秘PE,哥CR,瑞CH,冰IS,澳AU,格GE,毛MU,柬KH,港HK,澳门MO 韩KR 东盟^{R}AS^R,澳^{R}AU^R,日^{R}JP^R,新西兰^{R}NZ^R,韩^{R}KR^R	0 受惠国LD	17
		第二分章 铁及非合金钢 II. IRON AND NONALLOY STEEL					
	72.06	铁及非合金钢,锭状或其他初级形状(税目72.03的铁除外): **Iron and non-alloy steel in ingots or other primary forms (excluding iron of heading 72.03):**					
5443	7206.1000	-锭状 -Ingots	2Δ0	0	东盟AS,智CL,巴PK,新西兰NZ,秘PE,哥CR,瑞CH,冰IS,韩KR,澳AU,格GE,毛MU,东盟^{R}AS^R,澳^{R}AU^R,日^{R}JP^R,新西兰^{R}NZ^R,柬KH,港HK,澳门MO,韩^{R}KR^R	0 受惠国LD	11

序号 No.	税则号列 Tariff Line	货品名称 Article Description	最惠国税率 MFN(%)	协定税率 Agreement(%)		特惠税率 SP(%)	普通税率 Gen(%)
5444	7206.9000	-其他 -Other	2Δ0	0	东盟AS,智CL,巴PK,新西兰NZ, 秘PE,哥CR,瑞CH,冰IS,韩KR, 澳AU,格GE,毛MU,东盟^{R}AS^R, 澳^{R}AU^R,日^{R}JP^R,新西兰^{R}NZ^R,柬 KH,港HK,澳门MO,韩^{R}KR^R	0 受惠国LD	11
	72.07	**钢或非合金钢的半制成品:** **Semi-finished products of iron or** **non-alloy steel:**					
		-按重量计含碳量在0.25%以下: -Containing by weight less than 0.25% of carbon:					
5445	7207.1100	--矩形(包括正方形)截面,宽度小于厚 度的两倍 --Of rectangular(including square) crosssection, the width measuring less than twice the thickness	2Δ0	0 1.6	东盟AS,智CL,巴PK,新西兰NZ,秘 PE,哥CR,瑞CH,冰IS,韩KR,澳AU, 格GE,毛MU,东盟^{R}AS^R,日^{R}JP^R, 柬KH,港HK,澳门MO,韩^{R}KR^R 澳^{R}AU^R,新西兰^{R}NZ^R	0 受惠国LD	11
5446	7207.1200	--其他矩形(正方形除外)截面的 --Other, of rectangular (other than square) cross-section	2Δ0	0 1.6	东盟AS,智CL,巴PK,新西兰NZ,秘 PE,哥CR,瑞CH,冰IS,韩KR,澳AU, 格GE,毛MU,东盟^{R}AS^R,日^{R}JP^R,柬 KH,港HK,澳门MO,韩^{R}KR^R 澳^{R}AU^R,新西兰^{R}NZ^R	0 受惠国LD	11
5447	7207.1900	--其他 --Other	2Δ0	0 0.8 1.6 1.8	东盟AS,智CL,巴PK,新西兰NZ, 秘PE,哥CR,瑞CH,冰IS,澳AU,格 GE,毛MU,柬KH,港HK,澳门MO 韩KR 东盟^{R}AS^R,澳^{R}AU^R,新西兰^{R}NZ^R, 韩^{R}KR^R 日^{R}JP^R	0 受惠国LD	11
5448	7207.2000	-按重量计含碳量在0.25%及以上 -Containing by weight 0.25% or more of carbon	2Δ0	0	东盟AS,智CL,巴PK,新西兰NZ, 秘PE,哥CR,瑞CH,冰IS,韩KR, 澳AU,格GE,毛MU,东盟^{R}AS^R, 澳^{R}AU^R,日^{R}JP^R,新西兰^{R}NZ^R,柬 KH,港HK,澳门MO,韩^{R}KR^R	0 受惠国LD	11
	72.08	**宽度在600毫米及以上的铁或非合金钢** **平板轧材,经热轧,但未经包覆、镀层** **或涂层:** **Flat-rolled products of iron or non-** **alloy steel, of a width of 600mm or** **more, hot-rolled, not clad, plated or** **coated:**					
5449	7208.1000	-除热轧外未经进一步加工的卷材,已 轧压花纹 -In coils, not further worked than hot- rolled, with patterns in relief	5	0 0.5 4 4.4	东盟AS,智CL,巴PK,新西兰NZ, 秘PE,哥CR,瑞CH,冰IS,澳AU,格 GE,毛MU,柬KH,港HK,澳门MO 韩KR 东盟^{R}AS^R,澳^{R}AU^R,新西兰^{R}NZ^R, 韩^{R}KR^R 日^{R}JP^R	0 受惠国LD	14
		-其他经酸洗的卷材,除热轧外未经进 一步加工: -Other, in coils, not further worked than hot-rolled, pickled:					

序号 No.	税则号列 Tariff Line	货品名称 Article Description	最惠国税率 MFN(%)	协定税率 Agreement(%)		特惠税率 SP(%)		普通税率 Gen(%)
5450	7208.2500	--厚度在4.75毫米及以上 --Of a thickness of 4.75mm or more	5	0	东盟AS,智CL,巴PK,新西兰NZ,秘PE,哥CR,瑞CH,冰IS,澳AU,格GE,毛MU,柬KH,港HK,澳门MO	0	受惠国LD	14
				4.5	东盟^RAS^R,澳^RAU^R,新西兰^RNZ^R			
		--厚度在3毫米及以上,但小于4.75毫米: --Of a thickness of 3mm or more but less than 4.75mm:						
5451	7208.2610	---屈服强度大于355牛顿/平方毫米 ---Of a yield strength exceeding 355N/mm²	5	0	东盟AS,智CL,巴PK,新西兰NZ,秘PE,哥CR,瑞CH,冰IS,澳AU,格GE,毛MU,柬KH,港HK,澳门MO	0	受惠国LD	14
				4.5	东盟^RAS^R,澳^RAU^R,新西兰^RNZ^R			
5452	7208.2690	---其他 ---Other	5	0	东盟AS,智CL,巴PK,新西兰NZ,秘PE,哥CR,瑞CH,冰IS,澳AU,格GE,毛MU,柬KH,港HK,澳门MO	0	受惠国LD	14
				4.5	东盟^RAS^R,澳^RAU^R,新西兰^RNZ^R			
		--厚度小于3毫米: --Of a thickness of less than 3mm:						
5453	7208.2710	---厚度小于1.5毫米 ---Of a thickness of less than 1.5mm	5	0	东盟AS,智CL,巴PK,新西兰NZ,秘PE,哥CR,瑞CH,冰IS,澳AU,格GE,毛MU,柬KH,港HK,澳门MO	0	受惠国LD	14
				2	韩KR			
				4	东盟^RAS^R,澳^RAU^R,新西兰^RNZ^R,韩^RKR^R			
				4.4	日^RJP^R			
5454	7208.2790	---其他 ---Other	5	0	东盟AS,智CL,巴PK,新西兰NZ,秘PE,哥CR,瑞CH,冰IS,澳AU,格GE,毛MU,柬KH,港HK,澳门MO,台TW	0	受惠国LD	14
				4.5	东盟^RAS^R,澳^RAU^R,新西兰^RNZ^R			
		-其他卷材,除热轧外未经进一步加工: -Other, in coils, not further worked than hot-rolled:						
5455	7208.3600	--厚度超过10毫米 --Of a thickness exceeding 10mm	6	0	东盟AS,智CL,巴PK,新西兰NZ,秘PE,哥CR,瑞CH,冰IS,澳AU,格GE,毛MU,东盟^RAS^R,澳^RAU^R,新西兰^RNZ^R,柬KH,港HK,澳门MO	0	受惠国LD	14
				0.6	韩KR			
				4.8	韩^RKR^R			
				4.9	日^RJP^R			
5456	7208.3700	--厚度在4.75毫米及以上,但不超过10毫米 --Of a thickness of 4.75mm or more but not exceeding 10mm	5	0	东盟AS,智CL,巴PK,新西兰NZ,秘PE,哥CR,瑞CH,冰IS,澳AU,格GE,毛MU,柬KH,港HK,澳门MO	0	受惠国LD	14
				0.5	韩KR			
				4	东盟^RAS^R,澳^RAU^R,新西兰^RNZ^R,韩^RKR^R			
				4.1	日^RJP^R			
		--厚度在3毫米及以上,但小于4.75毫米: --Of a thickness of 3mm or more but less than 4.75mm:						

序号 No.	税则号列 Tariff Line	货品名称 Article Description	最惠国税率 MFN(%)	协定税率 Agreement(%)		特惠税率 SP(%)	普通税率 Gen(%)
5457	7208.3810	---屈服强度大于355牛顿/平方毫米 ---Of a yield strength exceeding 355N/mm^2	5	0	东盟AS,智CL,巴PK,新西兰NZ,秘PE,哥CR,瑞CH,冰IS,澳AU,格GE,毛MU,柬KH,港HK,澳门MO	0 受惠国LD	14
				0.5	韩KR		
				4	东盟^{R}AS^R,澳^{R}AU^R,新西兰^{R}NZ^R,韩^{R}KR^R		
				4.4	日^{R}JP^R		
5458	7208.3890	---其他 ---Other	5	0	东盟AS,智CL,巴PK,新西兰NZ,秘PE,哥CR,瑞CH,冰IS,澳AU,格GE,毛MU,柬KH,港HK,澳门MO,台TW	0 受惠国LD	14
				0.5	韩KR		
				4.5	东盟^{R}AS^R,澳^{R}AU^R,日^{R}JP^R,新西兰^{R}NZ^R,韩^{R}KR^R		
		--厚度小于3毫米: --Of a thickness of less than 3mm:					
5459	7208.3910	---厚度小于1.5毫米 ---Of a thickness of less than 1.5mm	3	0	东盟AS,智CL,巴PK,新西兰NZ,秘PE,哥CR,瑞CH,冰IS,澳AU,格GE,毛MU,柬KH,港HK,澳门MO	0 受惠国LD	14
				0.3	韩KR		
				2.4	东盟^{R}AS^R,澳^{R}AU^R,新西兰^{R}NZ^R,韩^{R}KR^R		
				2.5	日^{R}JP^R		
5460	7208.3990	---其他 ---Other	3	0	东盟AS,智CL,巴PK,新西兰NZ,秘PE,哥CR,瑞CH,冰IS,澳AU,格GE,毛MU,东盟^{R}AS^R,澳^{R}AU^R,新西兰^{R}NZ^R,柬KH,港HK,澳门MO,台TW	0 受惠国LD	14
				0.3	韩KR		
				2.4	韩^{R}KR^R		
				2.6	日^{R}JP^R		
5461	7208.4000	-已轧压花纹的非卷材,除热轧外未经进一步加工 -Not in coils, not further worked than hot-rolled, with patterns in relief	6	0	东盟AS,智CL,巴PK,新西兰NZ,秘PE,哥CR,瑞CH,冰IS,澳AU,格GE,毛MU,东盟^{R}AS^R,澳^{R}AU^R,新西兰^{R}NZ^R,柬KH,港HK,澳门MO	0 受惠国LD	17
				0.6	韩KR		
				4.8	韩^{R}KR^R		
				4.9	日^{R}JP^R		
		-其他非卷材,除热轧外未经进一步加工: -Other, not in coils, not further worked than hot-rolled:					
		--厚度超过10毫米: --Of a thickness exceeding 10mm:					
5462	7208.5110	---厚度超过50毫米 ---Of a thickness exceeding 50mm	6	0	东盟AS,智CL,巴PK,新西兰NZ,秘PE,哥CR,瑞CH,冰IS,澳AU,格GE,毛MU,柬KH,港HK,澳门MO	0 受惠国LD	17
				2.4	韩KR		
				4.8	东盟^{R}AS^R,澳^{R}AU^R,新西兰^{R}NZ^R,韩^{R}KR^R		
				5.3	日^{R}JP^R		

序号 No.	税则号列 Tariff Line	货品名称 Article Description	最惠国税率 MFN(%)	协定税率 Agreement(%)		特惠税率 SP(%)	普通税率 Gen(%)
5463	7208.5120	---厚度在20毫米以上,但不超过50毫米 ---Of a thickness exceeding 20mm but not exceeding 50mm	6	0	东盟AS,智CL,巴PK,新西兰NZ,秘PE,哥CR,瑞CH,冰IS,澳AU,格GE,毛MU,柬KH,港HK,澳门MO	0 受惠国LD	17
				2.4	韩KR		
				4.8	东盟^{R}AS^R,澳^{R}AU^R,新西兰^{R}NZ^R,韩^{R}KR^R		
				5.3	日^{R}JP^R		
5464	7208.5190	---其他 ---Other	6	0	东盟AS,智CL,巴PK,新西兰NZ,秘PE,哥CR,瑞CH,冰IS,澳AU,格GE,毛MU,东盟^{R}AS^R,澳^{R}AU^R,新西兰^{R}NZ^R,柬KH,港HK,澳门MO	0 受惠国LD	17
				0.6	韩KR		
				4.8	韩^{R}KR^R		
				5.3	日^{R}JP^R		
5465	7208.5200	--厚度在4.75毫米及以上,但不超过10毫米 --Of a thickness of 4.75mm or more but not exceeding 10mm	6	0	东盟AS,智CL,巴PK,新西兰NZ,秘PE,哥CR,瑞CH,冰IS,澳AU,格GE,毛MU,柬KH,港HK,澳门MO	0 受惠国LD	17
				0.6	韩KR		
				4.8	东盟^{R}AS^R,澳^{R}AU^R,新西兰^{R}NZ^R,韩^{R}KR^R		
				4.9	日^{R}JP^R		
		--厚度在3毫米及以上,但小于4.75毫米: --Of a thickness of 3mm or more but less than 4.75mm:					
5466	7208.5310	---屈服强度大于355牛顿/平方毫米 ---Of a yield strength exceeding 355N/mm^2	6	0	东盟AS,智CL,巴PK,新西兰NZ,秘PE,哥CR,瑞CH,冰IS,澳AU,格GE,毛MU,东盟^{R}AS^R,澳^{R}AU^R,新西兰^{R}NZ^R,柬KH,港HK,澳门MO	0 受惠国LD	17
				0.6	韩KR		
				4.8	韩^{R}KR^R		
				4.9	日^{R}JP^R		
				5.1	亚太AP		
5467	7208.5390	---其他 ---Other	6	0	东盟AS,智CL,巴PK,新西兰NZ,秘PE,哥CR,瑞CH,冰IS,澳AU,格GE,毛MU,东盟^{R}AS^R,澳^{R}AU^R,新西兰^{R}NZ^R,柬KH,港HK,澳门MO	0 受惠国LD	17
				0.6	韩KR		
				4.8	韩^{R}KR^R		
				4.9	日^{R}JP^R		
				5.1	亚太AP		
		--厚度小于3毫米: --Of a thickness of less than 3mm:					
5468	7208.5410	---厚度小于1.5毫米 ---Of a thickness of less than 1.5mm	6	0	东盟AS,智CL,巴PK,新西兰NZ,秘PE,哥CR,瑞CH,冰IS,韩KR,澳AU,格GE,毛MU,东盟^{R}AS^R,澳^{R}AU^R,日^{R}JP^R,新西兰^{R}NZ^R,柬KH,港HK,澳门MO,韩^{R}KR^R	0 受惠国LD	17
				5.1	亚太AP		

序号 No.	税则号列 Tariff Line	货品名称 Article Description	最惠国税率 MFN(%)	协定税率 Agreement(%)		特惠税率 SP(%)	普通税率 Gen(%)
5469	7208.5490	---其他 ---Other	6	0	东盟AS,智CL,巴PK,新西兰NZ,秘PE,哥CR,瑞CH,冰IS,澳AU,格GE,毛MU,柬KH,港HK,澳门MO	0 受惠国LD	17
				2.4	韩KR		
				4.8	东盟^RAS^R,澳^RAU^R,新西兰^RNZ^R,韩^RKR^R		
				5.1	亚太AP		
				5.3	日^RJP^R		
5470	7208.9000	-其他 -Other	6	0	东盟AS,智CL,巴PK,新西兰NZ,秘PE,哥CR,瑞CH,冰IS,澳AU,格GE,毛MU,柬KH,港HK,澳门MO	0 受惠国LD	17
				5.4	东盟^RAS^R,澳^RAU^R,新西兰^RNZ^R		
	72.09	宽度在600毫米及以上的铁或非合金钢平板轧材,经冷轧,但未经包覆、镀层或涂层: **Flat-rolled products of iron or non-alloy steel, of a width of 600mm or more, cold-rolled (cold-reduced), not clad, plated or coated:**					
		-卷材,除冷轧外未经进一步加工: -In coils, not further worked than cold-rolled (cold-reduced):					
		--厚度在3毫米及以上: --Of a thickness of 3mm or more:					
5471	7209.1510	---屈服强度大于355牛顿/平方毫米 ---Of a yield strength exceeding 355N/mm²	6	0	东盟AS,智CL,巴PK,新西兰NZ,秘PE,哥CR,瑞CH,冰IS,澳AU,格GE,毛MU,东盟^RAS^R,澳^RAU^R,新西兰^RNZ^R,柬KH,港HK,澳门MO	0 受惠国LD	17
				0.6	韩KR		
				4.8	韩^RKR^R		
				4.9	日^RJP^R		
5472	7209.1590	---其他 ---Other	6	0	东盟AS,智CL,巴PK,新西兰NZ,秘PE,哥CR,瑞CH,冰IS,澳AU,格GE,毛MU,东盟^RAS^R,澳^RAU^R,新西兰^RNZ^R,柬KH,港HK,澳门MO	0 受惠国LD	17
				0.6	韩KR		
				4.8	韩^RKR^R		
				4.9	日^RJP^R		
		--厚度超过1毫米,但小于3毫米: --Of a thickness exceeding 1mm but less than 3mm:					
5473	7209.1610	---屈服强度大于275牛顿/平方毫米 ---Of a yield strength exceeding 275N/mm²	6	0	东盟AS,智CL,巴PK,新西兰NZ,秘PE,哥CR,瑞CH,冰IS,澳AU,格GE,毛MU,东盟^RAS^R,澳^RAU^R,新西兰^RNZ^R,柬KH,港HK,澳门MO	0 受惠国LD	17
				0.6	韩KR		
				4.2	亚太AP		
				4.8	韩^RKR^R		
				4.9	日^RJP^R		

序号 No.	税则号列 Tariff Line	货品名称 Article Description	最惠国税率 MFN(%)	协定税率 Agreement(%)		特惠税率 SP(%)		普通税率 Gen(%)
5474	7209.1690	---其他 ---Other	6	0	东盟AS,智CL,巴PK,新西兰NZ,秘PE,哥CR,瑞CH,冰IS,澳AU,格GE,毛MU,柬KH,港HK,澳门MO,台TW	0	受惠国LD	17
				4.2	亚太AP,韩KR			
				5	东盟^RAS^R,澳^RAU^R,新西兰^RNZ^R			
		--厚度在0.5毫米及以上, 但不超过1毫米: --Of a thickness of 0.5mm or more but not exceeding 1mm:						
5475	7209.1710	---屈服强度大于275牛顿/平方毫米 ---Of a yield strength exceeding 275N/mm^2	3	0	东盟AS,智CL,巴PK,新西兰NZ,秘PE,哥CR,瑞CH,冰IS,澳AU,格GE,毛MU,柬KH,港HK,澳门MO	0	受惠国LD	17
				1.2	韩KR			
				2.1	亚太AP			
				2.4	东盟^RAS^R,澳^RAU^R,新西兰^RNZ^R,韩^RKR^R			
				2.6	日^RJP^R			
5476	7209.1790	---其他 ---Other	3	0	东盟AS,智CL,巴PK,新西兰NZ,秘PE,哥CR,瑞CH,冰IS,澳AU,格GE,毛MU,东盟^RAS^R,澳^RAU^R,新西兰^RNZ^R,柬KH,港HK,澳门MO,台TW	0	受惠国LD	17
				0.3	韩KR			
				2.1	亚太AP			
				2.4	韩^RKR^R			
				2.6	日^RJP^R			
		--厚度小于0.5毫米: --Of a thickness of less than 0.5mm:						
5477	7209.1810	---厚度小于0.3毫米 ---Of a thickness less than 0.3mm	6△4	0	东盟AS,智CL,巴PK,新西兰NZ,秘PE,哥CR,瑞CH,冰IS,澳AU,格GE,毛MU,柬KH,港HK,澳门MO	0	受惠国LD	17
				4.2	亚太AP,韩KR			
				5.4	东盟^RAS^R,澳^RAU^R,新西兰^RNZ^R			
5478	7209.1890	---其他 ---Other	6	0	东盟AS,智CL,巴PK,新西兰NZ,秘PE,哥CR,瑞CH,冰IS,澳AU,格GE,毛MU,柬KH,港HK,澳门MO,台TW	0	受惠国LD	17
				4.2	亚太AP,韩KR			
				5.4	东盟^RAS^R,澳^RAU^R,新西兰^RNZ^R			
		-非卷材, 除冷轧外未经进一步加工: -Not in coils, not further worked than cold-rolled (cold-reduced):						
5479	7209.2500	--厚度在3毫米及以上 --Of a thickness of 3mm or more	6	0	东盟AS,智CL,巴PK,新西兰NZ,秘PE,哥CR,瑞CH,冰IS,澳AU,格GE,毛MU,东盟^RAS^R,澳^RAU^R,新西兰^RNZ^R,柬KH,港HK,澳门MO	0	受惠国LD	17
				0.6	韩KR			
				4.8	韩^RKR^R			
				4.9	日^RJP^R			

序号 No.	税则号列 Tariff Line	货品名称 Article Description	最惠国税率 MFN(%)	协定税率 Agreement(%)		特惠税率 SP(%)	普通税率 Gen(%)
5480	7209.2600	--厚度超过1毫米, 但小于3毫米 --Of a thickness exceeding 1mm but less than 3mm	6	0	东盟AS,智CL,巴PK,新西兰NZ,秘PE,哥CR,瑞CH,冰IS,澳AU,格GE,毛MU,柬KH,港HK,澳门MO	0 受惠国LD	17
				5.4	东盟^RAS^R,澳^RAU^R,新西兰^RNZ^R		
5481	7209.2700	--厚度在0.5毫米及以上, 但不超过1毫米 --Of a thickness of 0.5mm or more but not exceeding 1mm	6	0	东盟AS,智CL,巴PK,新西兰NZ,秘PE,哥CR,瑞CH,冰IS,澳AU,格GE,毛MU,柬KH,港HK,澳门MO	0 受惠国LD	17
				4.2	亚太AP,韩KR		
				5.4	东盟^RAS^R,澳^RAU^R,新西兰^RNZ^R		
5482	7209.2800	--厚度小于0.5毫米 --Of a thickness of less than 0.5mm	6	0	东盟AS,智CL,巴PK,新西兰NZ,秘PE,哥CR,瑞CH,冰IS,澳AU,格GE,毛MU,柬KH,港HK,澳门MO	0 受惠国LD	17
				5	东盟^RAS^R,澳^RAU^R,新西兰^RNZ^R		
5483	7209.9000	-其他 -Other	6	0	东盟AS,智CL,巴PK,新西兰NZ,秘PE,哥CR,瑞CH,冰IS,澳AU,格GE,毛MU,东盟^RAS^R,澳^RAU^R,新西兰^RNZ^R,柬KH,港HK,澳门MO	0 受惠国LD	17
				0.6	韩KR		
				4.2	亚太AP		
				4.8	韩^RKR^R		
				4.9	日^RJP^R		
	72.10	宽度在600毫米及以上的铁或非合金钢平板轧材, 经包覆、镀层或涂层: **Flat-rolled products of iron or non-alloy steel, of a width of 600mm of more, clad, plated or coated:**					
		-镀或涂锡的: -Plated or coated with tin:					
5484	7210.1100	--厚度在0.5毫米及以上 --Of a thickness of 0.5mm or more	9	0	东盟AS,智CL,新西兰NZ,新加坡SG,秘PE,哥CR,瑞CH,冰IS,澳AU,格GE,毛MU,东盟^RAS^R,澳^RAU^R,新西兰^RNZ^R,柬KH,港HK,澳门MO	0 受惠国LD	20
				1	巴PK,韩KR		
				8	韩^RKR^R		
				8.2	日^RJP^R		
5485	7210.1200	--厚度小于0.5毫米 --Of a thickness of less than 0.5mm	5	0	东盟AS,智CL,巴PK,新西兰NZ,秘PE,哥CR,瑞CH,冰IS,澳AU,格GE,毛MU,柬KH,港HK,澳门MO	0 受惠国LD	20
				4.8	东盟^RAS^R,澳^RAU^R,新西兰^RNZ^R		
5486	7210.2000	-镀或涂铅的, 包括镀铅锡钢板 -Plated or coated with lead, including terneplate	4	0	东盟AS,智CL,巴PK,新西兰NZ,秘PE,哥CR,瑞CH,冰IS,韩KR,澳AU,格GE,毛MU,东盟^RAS^R,澳^RAU^R,日^RJP^R,新西兰^RNZ^R,柬KH,港HK,澳门MO,韩^RKR^R	0 受惠国LD	20
5487	7210.3000	-电镀或涂锌的 -Electrolytically plated or coated with zinc	8	0	东盟AS,智CL,新西兰NZ,秘PE,哥CR,瑞CH,冰IS,澳AU,格GE,毛MU,柬KH,港HK,澳门MO,台TW	0 受惠国LD	20
				1	巴PK		
				7.2	东盟^RAS^R,澳^RAU^R,新西兰^RNZ^R		

序号 No.	税则号列 Tariff Line	货品名称 Article Description	最惠国税率 MFN(%)	协定税率 Agreement(%)		特惠税率 SP(%)	普通税率 Gen(%)
		-用其他方法镀或涂锌的: -Otherwise plated or coated with zinc:					
5488	7210.4100	--瓦楞形 --Corrugated	8	0	东盟AS,智CL,新西兰NZ,秘PE,哥CR,瑞CH,冰IS,韩KR,澳AU,格GE,毛MU,东盟^RAS^R,澳^RAU^R,新西兰^RNZ^R,柬KH,港HK,澳门MO,韩^RKR^R	0 受惠国LD	20
				1	巴PK		
				6.5	日^RJP^R		
5489	7210.4900	--其他 --Other	4	0	东盟AS,智CL,巴PK,新西兰NZ,秘PE,哥CR,瑞CH,冰IS,澳AU,格GE,毛MU,柬KH,港HK,澳门MO,台TW	0 受惠国LD	20
				3.6	东盟^RAS^R,澳^RAU^R,新西兰^RNZ^R		
5490	7210.5000	-镀或涂氧化铬或铬及氧化铬的 -Plated or coated with chromium oxides or with chromium and chromium oxides	8	0	东盟AS,智CL,新西兰NZ,秘PE,哥CR,瑞CH,冰IS,澳AU,格GE,毛MU,东盟^RAS^R,澳^RAU^R,新西兰^RNZ^R,柬KH,港HK,澳门MO	0 受惠国LD	20
				0.8	韩KR		
				1	巴PK		
				6.4	韩^RKR^R		
				6.5	日^RJP^R		
		-镀或涂铝的: -Plated or coated with aluminium:					
5491	7210.6100	--镀或涂铝锌合金的 --Plated or coated with aluminium-zinc alloys	8	0	东盟AS,智CL,新西兰NZ,秘PE,哥CR,瑞CH,冰IS,澳AU,格GE,毛MU,柬KH,港HK,澳门MO	0 受惠国LD	20
				1	巴PK		
				7.2	东盟^RAS^R,澳^RAU^R,新西兰^RNZ^R		
5492	7210.6900	--其他 --Other	8	0	东盟AS,智CL,新西兰NZ,秘PE,哥CR,瑞CH,冰IS,澳AU,格GE,毛MU,柬KH,港HK,澳门MO	0 受惠国LD	20
				1	巴PK		
				6.4	东盟^RAS^R		
				6.5	日^RJP^R		
				7.2	澳^RAU^R,新西兰^RNZ^R		
		-涂漆或涂塑的: -Painted, varnished or coated with plastics:					
5493	7210.7010	---厚度小于1.5毫米 ---Of a thickness less than 1.5mm	4	0	东盟AS,智CL,巴PK,新西兰NZ,秘PE,哥CR,瑞CH,冰IS,澳AU,格GE,毛MU,柬KH,港HK,澳门MO	0 受惠国LD	20
				1.6	韩KR		
				3.2	东盟^RAS^R,澳^RAU^R,新西兰^RNZ^R,韩^RKR^R		
				3.5	日^RJP^R		
5494	7210.7090	---其他 ---Other	4	0	东盟AS,智CL,巴PK,新西兰NZ,秘PE,哥CR,瑞CH,冰IS,澳AU,格GE,毛MU,柬KH,港HK,澳门MO	0 受惠国LD	20
				1.6	韩KR		
				3.2	东盟^RAS^R,澳^RAU^R,新西兰^RNZ^R,韩^RKR^R		
				3.5	日^RJP^R		

序号 No.	税则号列 Tariff Line	货品名称 Article Description	最惠国税率 MFN(%)	协定税率 Agreement(%)		特惠税率 SP(%)	普通税率 Gen(%)
5495	7210.9000	-其他 -Other	8	0	东盟AS,智CL,新西兰NZ,秘PE,哥CR,瑞CH,冰IS,澳AU,格GE,毛MU,柬KH,港HK,澳门MO	0 受惠国LD	20
				1	巴PK		
				3.2	韩KR		
				6.4	东盟^{R}AS^R,澳^{R}AU^R,新西兰^{R}NZ^R,韩^{R}KR^R		
				7	日^{R}JP^R		
	72.11	宽度小于600毫米的铁或非合金钢平板轧材,但未经包覆、镀层或涂层: Flat-rolled products of iron or non-alloy steel, of a width of less than 600mm, not clad, plated or coated:					
		-除热轧外未经进一步加工: -Not further worked than hot-rolled:					
5496	7211.1300	--经四面轧制或在闭合匣内轧制的非卷材,宽度超过150毫米,厚度不小于4毫米,未轧压花纹 --Rolled on four faces or in a closed box pass, of a width exceeding 150mm and a thickness of not less than 4mm, not in coils and without patterns in relief	6	0	东盟AS,智CL,巴PK,新西兰NZ,秘PE,哥CR,瑞CH,冰IS,澳AU,格GE,毛MU,东盟^{R}AS^R,澳^{R}AU^R,新西兰^{R}NZ^R,柬KH,港HK,澳门MO	0 受惠国LD	30
				0.6	韩KR		
				4.8	韩^{R}KR^R		
				4.9	日^{R}JP^R		
5497	7211.1400	--其他,厚度在4.75毫米及以上 --Other, of a thickness of 4.75mm or more	6	0	东盟AS,智CL,巴PK,新西兰NZ,秘PE,哥CR,瑞CH,冰IS,澳AU,格GE,毛MU,东盟^{R}AS^R,澳^{R}AU^R,新西兰^{R}NZ^R,柬KH,港HK,澳门MO	0 受惠国LD	30
				0.6	韩KR		
				4.8	韩^{R}KR^R		
				4.9	日^{R}JP^R		
5498	7211.1900	--其他 --Other	6	0	东盟AS,智CL,巴PK,新西兰NZ,秘PE,哥CR,瑞CH,冰IS,澳AU,格GE,毛MU,柬KH,港HK,澳门MO	0 受惠国LD	30
				2.4	韩KR		
				4.8	东盟^{R}AS^R,澳^{R}AU^R,新西兰^{R}NZ^R,韩^{R}KR^R		
				5.3	日^{R}JP^R		
		-除冷轧外未经进一步加工: -Not further worked than cold-rolled (cold-reduced):					
5499	7211.2300	--按重量计含碳量低于0.25% --Containing by weight less than 0.25% of carbon	6	0	东盟AS,智CL,巴PK,新西兰NZ,秘PE,哥CR,瑞CH,冰IS,澳AU,格GE,毛MU,柬KH,港HK,澳门MO	0 受惠国LD	30
				2.4	韩KR		
				4.8	东盟^{R}AS^R,澳^{R}AU^R,新西兰^{R}NZ^R,韩^{R}KR^R		
				5.3	日^{R}JP^R		
5500	7211.2900	--其他 --Other	6	0	东盟AS,智CL,巴PK,新西兰NZ,秘PE,哥CR,瑞CH,冰IS,澳AU,格GE,毛MU,柬KH,港HK,澳门MO	0 受惠国LD	30
				2.4	韩KR		
				4.8	东盟^{R}AS^R,澳^{R}AU^R,新西兰^{R}NZ^R,韩^{R}KR^R		
				5.3	日^{R}JP^R		

序号 No.	税则号列 Tariff Line	货品名称 Article Description	最惠国税率 MFN(%)	协定税率 Agreement(%)		特惠税率 SP(%)	普通税率 Gen(%)
5501	7211.9000	-其他 -Other	6	0	东盟AS,智CL,巴PK,新西兰NZ, 秘PE,哥CR,瑞CH,冰IS,澳AU,格 GE,毛MU,东盟^{R}AS^R,澳^{R}AU^R,新 西兰^{R}NZ^R,柬KH,港HK,澳门MO	0 受惠国LD	30
				0.6	韩KR		
				4.8	韩^{R}KR^R		
				4.9	日^{R}JP^R		
72.12		宽度小于600毫米的铁或非合金钢平板 轧材,经包覆、镀层或涂层: **Flat-rolled products of iron or non-** **alloy steel, of a width of less than** **600mm, clad, plated or coated:**					
5502	7212.1000	-镀或涂锡的 -Plated or coated with tin	5	0	东盟AS,智CL,巴PK,新西兰NZ, 秘PE,哥CR,瑞CH,冰IS,澳AU,格 GE,毛MU,东盟^{R}AS^R,澳^{R}AU^R,新 西兰^{R}NZ^R,柬KH,港HK,澳门MO	0 受惠国LD	20
				0.5	韩KR		
				4	韩^{R}KR^R		
				4.1	日^{R}JP^R		
5503	7212.2000	-电镀或涂锌的 -Electrolytically plated or coated with zinc	8	0	东盟AS,智CL,新西兰NZ,秘PE, 哥CR,瑞CH,冰IS,澳AU,格GE, 毛MU,柬KH,港HK,澳门MO	0 受惠国LD	20
				1	巴PK		
				3.2	韩KR		
				6.9	东盟^{R}AS^R,韩^{R}KR^R		
				7	日^{R}JP^R		
				7.2	澳^{R}AU^R,新西兰^{R}NZ^R		
5504	7212.3000	-用其他方法镀或涂锌的 -Otherwise plated or coated with zinc	8	0	东盟AS,智CL,新西兰NZ,秘PE, 哥CR,瑞CH,冰IS,澳AU,格GE, 毛MU,东盟^{R}AS^R,澳^{R}AU^R,新西 兰^{R}NZ^R,柬KH,港HK,澳门MO	0 受惠国LD	20
				0.8	韩KR		
				1	巴PK		
				6.4	韩^{R}KR^R		
				6.5	日^{R}JP^R		
5505	7212.4000	-涂漆或涂塑的 -Painted, varnished or coated with plastics	4	0	东盟AS,智CL,巴PK,新西兰NZ, 秘PE,哥CR,瑞CH,冰IS,澳AU,格 GE,毛MU,柬KH,港HK,澳门MO	0 受惠国LD	20
				1.6	韩KR		
				3.2	东盟^{R}AS^R,澳^{R}AU^R,新西兰^{R}NZ^R, 韩^{R}KR^R		
				3.5	日^{R}JP^R		
5506	7212.5000	-镀或涂其他材料的 -Otherwise plated or coated	8	0	东盟AS,智CL,新西兰NZ,秘PE, 哥CR,瑞CH,冰IS,澳AU,格GE, 毛MU,柬KH,港HK,澳门MO	0 受惠国LD	20
				1	巴PK		
				3.2	韩KR		
				6.9	东盟^{R}AS^R,韩^{R}KR^R		
				7	日^{R}JP^R		
				7.2	澳^{R}AU^R,新西兰^{R}NZ^R		

序号 No.	税则号列 Tariff Line	货品名称 Article Description	最惠国税率 MFN(%)	协定税率 Agreement(%)		特惠税率 SP(%)	普通税率 Gen(%)
5507	7212.6000	-经包覆的 -Clad	8	0	东盟AS,智CL,新西兰NZ,秘PE, 哥CR,瑞CH,冰IS,澳AU,格GE, 毛MU,东盟^{R}AS^R,澳^{R}AU^R,新西 兰^{R}NZ^R,柬KH,港HK,澳门MO	0 受惠国LD	20
				0.8	韩KR		
				1	巴PK		
				6.4	韩^{R}KR^R		
				6.5	日^{R}JP^R		
	72.13	**不规则盘卷的铁及非合金钢的热轧 条、杆: Bars and rods, hot-rolled, in irregularly wound coils, of iron or non-alloy steel:**					
5508	7213.1000	-带有轧制过程中产生的凹痕、凸缘、槽 沟及其他变形的 -Containing indentations, ribs, grooves or other deformations produced during the rolling process	3	0	东盟AS,智CL,巴PK,新西兰NZ, 秘PE,哥CR,瑞CH,冰IS,韩KR, 澳AU,格GE,毛MU,东盟^{R}AS^R, 澳^{R}AU^R,日^{R}JP^R,新西兰^{R}NZ^R,柬 KH,港HK,澳门MO,韩^{R}KR^R	0 受惠国LD	20
5509	7213.2000	-其他, 易切削钢制 -Other, of free-cutting steel	3	0	东盟AS,智CL,巴PK,新西兰NZ, 秘PE,哥CR,瑞CH,冰IS,澳AU,格 GE,毛MU,柬KH,港HK,澳门MO	0 受惠国LD	20
				1.2	韩KR		
				2.4	东盟^{R}AS^R,澳^{R}AU^R,新西兰^{R}NZ^R, 韩^{R}KR^R		
				2.6	日^{R}JP^R		
		-其他: -Other:					
5510	7213.9100	--直径小于14毫米圆形截面的 --Of circular cross-section measuring less than 14mm in diameter	5	0	东盟AS,智CL,巴PK,新西兰NZ, 秘PE,哥CR,瑞CH,冰IS,澳AU,格 GE,毛MU,东盟^{R}AS^R,澳^{R}AU^R,新 西兰^{R}NZ^R,柬KH,港HK,澳门MO	0 受惠国LD	20
				0.5	韩KR		
				4	韩^{R}KR^R		
				4.3	亚太AP		
				4.4	日^{R}JP^R		
5511	7213.9900	--其他 --Other	5	0	东盟AS,智CL,巴PK,新西兰NZ, 秘PE,哥CR,瑞CH,冰IS,澳AU,格 GE,毛MU,柬KH,港HK,澳门MO	0 受惠国LD	20
				2	韩KR		
				4	东盟^{R}AS^R,澳^{R}AU^R,新西兰^{R}NZ^R, 韩^{R}KR^R		
				4.4	日^{R}JP^R		
	72.14	**铁或非合金钢的其他条、杆,除锻造、 热轧、热拉拔或热挤压外未经进一步 加工,包括轧制后扭曲的: Other bars and rods of iron or non- alloy steel, not further worked than forged, hot-rolled, hot-drawn or hot- extruded, but including those twisted after rolling:**					

序号 No.	税则号列 Tariff Line	货品名称 Article Description	最惠国税率 MFN(%)	协定税率 Agreement(%)		特惠税率 SP(%)		普通税率 Gen(%)
5512	7214.1000	-锻造的 -Forged	7	0	东盟AS,智CL,新西兰NZ,秘PE, 哥CR,瑞CH,冰IS,澳AU,格GE, 毛MU,东盟^RAS^R,澳^RAU^R,新西 兰^RNZ^R,柬KH,港HK,澳门MO	0	受惠国LD	10
				0.7	韩KR			
				1	巴PK			
				5.6	韩^RKR^R			
				5.7	日^RJP^R			
5513	7214.2000	-带有轧制过程中产生的凹痕、凸缘、槽 沟或其他变形以及轧制后扭曲的 -Containing indentations, ribs, grooves or other deformations produced during the rolling process or twisted after rolling	3	0	亚太AP,东盟AS,智CL,巴PK,新 西兰NZ,秘PE,哥CR,瑞CH,冰 IS,韩KR,澳AU,格GE,毛MU,东盟 ^RAS^R,澳^RAU^R,日^RJP^R,新西兰^RNZ^R, 柬KH,港HK,澳门MO,韩^RKR^R	0	受惠国LD	20
5514	7214.3000	-其他,易切削钢制 -Other, of free-cutting steel	7	0	东盟AS,智CL,新西兰NZ,秘PE, 哥CR,瑞CH,冰IS,澳AU,格GE, 毛MU,东盟^RAS^R,澳^RAU^R,新西 兰^RNZ^R,柬KH,港HK,澳门MO	0	受惠国LD	20
				0.7	韩KR			
				1	巴PK			
				5.6	韩^RKR^R			
				5.7	日^RJP^R			
		-其他: -Other:						
5515	7214.9100	--矩形(正方形除外)截面的 --Of rectangular cross section (other than square)	3	0	东盟AS,智CL,巴PK,新西兰NZ, 秘PE,哥CR,瑞CH,冰IS,韩KR, 澳AU,格GE,毛MU,东盟^RAS^R, 澳^RAU^R,日^RJP^R,新西兰^RNZ^R,柬 KH,港HK,澳门MO,韩^RKR^R	0	受惠国LD	20
5516	7214.9900	--其他 --Other	3	0	东盟AS,智CL,巴PK,新西兰NZ,秘 PE,哥CR,瑞CH,冰IS,韩KR,澳AU, 格GE,毛MU,柬KH,港HK,澳门MO	0	受惠国LD	20
				2.4	东盟^RAS^R,澳^RAU^R,新西兰^RNZ^R, 韩^RKR^R			
				2.7	日^RJP^R			
	72.15	铁及非合金钢的其他条、杆: Other bars and rods of iron or non- alloy steel:						
5517	7215.1000	-易切削钢制,除冷成型或冷加工外未 经进一步加工 -Of free-cutting steel, not further worked than cold-formed or cold- finished	7	0	东盟AS,智CL,新西兰NZ,秘PE, 哥CR,瑞CH,冰IS,澳AU,格GE, 毛MU,东盟^RAS^R,澳^RAU^R,新西 兰^RNZ^R,柬KH,港HK,澳门MO	0	受惠国LD	20
				0.7	韩KR			
				1	巴PK			
				5.6	韩^RKR^R			
				5.7	日^RJP^R			
5518	7215.5000	-其他,除冷成型或冷加工外未经进一 步加工 -Other, not further worked than cold- formed or cold-finished	7	0	东盟AS,智CL,新西兰NZ,秘PE, 哥CR,瑞CH,冰IS,澳AU,格GE, 毛MU,柬KH,港HK,澳门MO	0	受惠国LD	20
				1	巴PK			
				2.8	韩KR			
				5.6	东盟^RAS^R,澳^RAU^R,新西兰^RNZ^R, 韩^RKR^R			
				6.1	日^RJP^R			

序号 No.	税则号列 Tariff Line	货品名称 Article Description	最惠国税率 MFN(%)		协定税率 Agreement(%)	特惠税率 SP(%)		普通税率 Gen(%)
5519	7215.9000	-其他 -Other	3	0	东盟AS,智CL,巴PK,新西兰NZ, 秘PE,哥CR,瑞CH,冰IS,韩KR, 澳AU,格GE,毛MU,东盟^RAS^R, 澳^RAU^R,日^RJP^R,新西兰^RNZ^R,柬 KH,港HK,澳门MO,韩^RKR^R	0	受惠国LD	20
	72.16	铁或非合金钢的角材、型材及异型材: Angles, shapes and sections of iron or non-alloy steel:						
		-槽钢、工字钢及H型钢,除热轧、热拉 拔或热挤压外未经进一步加工,截面 高度低于80毫米: -U, I or H sections, not further worked than hot-rolled, hot-drawn or extruded, of a height of less than 80mm:						
5520	7216.1010	---H型钢 ---H sections	3	0	东盟AS,智CL,巴PK,新西兰NZ, 秘PE,哥CR,瑞CH,冰IS,韩KR, 澳AU,格GE,毛MU,东盟^RAS^R, 澳^RAU^R,日^RJP^R,新西兰^RNZ^R,柬 KH,港HK,澳门MO,韩^RKR^R	0	受惠国LD	14
5521	7216.1020	---工字钢 ---I sections	3	0	东盟AS,智CL,巴PK,新西兰NZ, 秘PE,哥CR,瑞CH,冰IS,韩KR, 澳AU,格GE,毛MU,东盟^RAS^R, 澳^RAU^R,日^RJP^R,新西兰^RNZ^R,柬 KH,港HK,澳门MO,韩^RKR^R	0	受惠国LD	14
5522	7216.1090	---其他 ---Other	3	0	东盟AS,智CL,巴PK,新西兰NZ, 秘PE,哥CR,瑞CH,冰IS,韩KR, 澳AU,格GE,毛MU,东盟^RAS^R, 澳^RAU^R,日^RJP^R,新西兰^RNZ^R,柬 KH,港HK,澳门MO,韩^RKR^R	0	受惠国LD	14
		-角钢及丁字钢,除热轧、热拉拔或热 挤压外未经进一步加工,截面高度低 于80毫米: -L or T sections, not further worked than hot-rolled, hot-drawn or extruded, of a height of less than 80mm:						
5523	7216.2100	--角钢 --L sections	6	0 0.6 4.8 4.9	东盟AS,智CL,巴PK,新西兰NZ, 秘PE,哥CR,瑞CH,冰IS,澳AU,格 GE,毛MU,东盟^RAS^R,澳^RAU^R,新 西兰^RNZ^R,柬KH,港HK,澳门MO 韩KR 韩^RKR^R 日^RJP^R	0	受惠国LD	17
5524	7216.2200	--丁字钢 --T sections	6	0	东盟AS,智CL,巴PK,新西兰NZ, 秘PE,哥CR,瑞CH,冰IS,韩KR, 澳AU,格GE,毛MU,东盟^RAS^R, 澳^RAU^R,日^RJP^R,新西兰^RNZ^R,柬 KH,港HK,澳门MO,韩^RKR^R	0	受惠国LD	14
		-槽钢、工字钢及H型钢,除热轧、热拉 拔或热挤压外未经进一步加工,截面 高度在80毫米及以上: -U, I or H sections, not further worked than hot-rolled, hot-drawn or extruded, of a height of 80mm or more:						

序号 No.	税则号列 Tariff Line	货品名称 Article Description	最惠国税率 MFN(%)	协定税率 Agreement(%)		特惠税率 SP(%)	普通税率 Gen(%)
5525	7216.3100	--槽钢 --U sections	6	0	东盟AS,智CL,巴PK,新西兰NZ,秘PE,哥CR,瑞CH,冰IS,澳AU,格GE,毛MU,东盟^{R}AS^R,澳^{R}AU^R,新西兰^{R}NZ^R,柬KH,港HK,澳门MO	0 受惠国LD	14
				0.6	韩KR		
				4.8	韩^{R}KR^R		
				4.9	日^{R}JP^R		
		--工字钢: --I sections:					
5526	7216.3210	---截面高度在200毫米以上 ---Of a height exceeding 200mm	6	0	东盟AS,智CL,巴PK,新西兰NZ,秘PE,哥CR,瑞CH,冰IS,澳AU,格GE,毛MU,东盟^{R}AS^R,澳^{R}AU^R,新西兰^{R}NZ^R,柬KH,港HK,澳门MO	0 受惠国LD	14
				0.6	韩KR		
				4.8	韩^{R}KR^R		
				4.9	日^{R}JP^R		
5527	7216.3290	---其他 ---Other	6	0	东盟AS,智CL,巴PK,新西兰NZ,秘PE,哥CR,瑞CH,冰IS,澳AU,格GE,毛MU,东盟^{R}AS^R,澳^{R}AU^R,新西兰^{R}NZ^R,柬KH,港HK,澳门MO	0 受惠国LD	14
				0.6	韩KR		
				4.8	韩^{R}KR^R		
				4.9	日^{R}JP^R		
		--H型钢: --H sections:					
		---截面高度在200毫米以上: ---Of a height exceeding 200mm:					
5528	7216.3311	----截面高度在800毫米以上 ----Of a height exceeding 800mm	6	0	东盟AS,智CL,巴PK,新西兰NZ,秘PE,哥CR,瑞CH,冰IS,韩KR,澳AU,格GE,毛MU,东盟^{R}AS^R,澳^{R}AU^R,日^{R}JP^R,新西兰^{R}NZ^R,柬KH,港HK,澳门MO,韩^{R}KR^R	0 受惠国LD	14
5529	7216.3319	----其他 ----Other	6	0	东盟AS,智CL,巴PK,新西兰NZ,秘PE,哥CR,瑞CH,冰IS,澳AU,格GE,毛MU,柬KH,港HK,澳门MO	0 受惠国LD	14
				2.4	韩KR		
				4.8	东盟^{R}AS^R,澳^{R}AU^R,新西兰^{R}NZ^R,韩^{R}KR^R		
				5.3	日^{R}JP^R		
5530	7216.3390	---其他 ---Other	6	0	东盟AS,智CL,巴PK,新西兰NZ,秘PE,哥CR,瑞CH,冰IS,澳AU,格GE,毛MU,东盟^{R}AS^R,澳^{R}AU^R,新西兰^{R}NZ^R,柬KH,港HK,澳门MO	0 受惠国LD	14
				0.6	韩KR		
				4.8	韩^{R}KR^R		
				4.9	日^{R}JP^R		
		-角钢及丁字钢,除热轧、热拉拔或热挤压外未经进一步加工,截面高度在80毫米及以上: -Lor T sections, not further worked than hot-rolled, hot-drawn or extruded, of a height of 80mm or more:					

序号 No.	税则号列 Tariff Line	货品名称 Article Description	最惠国税率 MFN(%)		协定税率 Agreement(%)	特惠税率 SP(%)		普通税率 Gen(%)
5531	7216.4010	---角钢 ---L sections	3	0	东盟AS,智CL,巴PK,新西兰NZ, 秘PE,哥CR,瑞CH,冰IS,韩KR, 澳AU,格GE,毛MU,东盟^RAS^R, 澳^RAU^R,日^RJP^R,新西兰^RNZ^R,柬 KH,港HK,澳门MO,韩^RKR^R	0	受惠国LD	17
5532	7216.4020	---丁字钢 ---T sections	3	0	东盟AS,智CL,巴PK,新西兰NZ, 秘PE,哥CR,瑞CH,冰IS,韩KR, 澳AU,格GE,毛MU,东盟^RAS^R, 澳^RAU^R,日^RJP^R,新西兰^RNZ^R,柬 KH,港HK,澳门MO,韩^RKR^R	0	受惠国LD	14
		-其他角材、型材及异型材, 除热轧、热 拉拔或热挤压外未经进一步加工: -Other angles, shapes and sections, not further worked than hot-rolled, hot- drawn or extruded:						
5533	7216.5010	---乙字钢 ---Z sections	6	0	东盟AS,智CL,巴PK,新西兰NZ, 秘PE,哥CR,瑞CH,冰IS,韩KR, 澳AU,格GE,毛MU,东盟^RAS^R, 澳^RAU^R,日^RJP^R,新西兰^RNZ^R,柬 KH,港HK,澳门MO,韩^RKR^R	0	受惠国LD	14
5534	7216.5020	---球扁钢 ---Bulb flat steel	3	0	东盟AS,智CL,巴PK,新西兰NZ, 秘PE,哥CR,瑞CH,冰IS,韩KR, 澳AU,格GE,毛MU,东盟^RAS^R, 澳^RAU^R,日^RJP^R,新西兰^RNZ^R,柬 KH,港HK,澳门MO,韩^RKR^R	0	受惠国LD	20
5535	7216.5090	---其他 ---Other	3	0	东盟AS,智CL,巴PK,新西兰NZ, 秘PE,哥CR,瑞CH,冰IS,韩KR, 澳AU,格GE,毛MU,东盟^RAS^R, 澳^RAU^R,日^RJP^R,新西兰^RNZ^R,柬 KH,港HK,澳门MO,韩^RKR^R	0	受惠国LD	20
		-角材、型材及异型材, 除冷成形或冷加 工外未经进一步加工: -Angles, shapes and sections, not further worked than cold-formed or cold-finished:						
5536	7216.6100	--平板轧材制的 --Obtained from flat-rolled products	3	0	东盟AS,智CL,巴PK,新西兰NZ, 秘PE,哥CR,瑞CH,冰IS,韩KR, 澳AU,格GE,毛MU,东盟^RAS^R, 澳^RAU^R,日^RJP^R,新西兰^RNZ^R,柬 KH,港HK,澳门MO,韩^RKR^R	0	受惠国LD	20
5537	7216.6900	--其他 --Other	3	0	东盟AS,智CL,巴PK,新西兰NZ, 秘PE,哥CR,瑞CH,冰IS,韩KR, 澳AU,格GE,毛MU,东盟^RAS^R, 澳^RAU^R,日^RJP^R,新西兰^RNZ^R,柬 KH,港HK,澳门MO,韩^RKR^R	0	受惠国LD	20
		-其他: -Other:						
5538	7216.9100	--平板轧材经冷成型或冷加工制的 --Cold-formed or cold-finished from flatrolled products	3	0	东盟AS,智CL,巴PK,新西兰NZ, 秘PE,哥CR,瑞CH,冰IS,韩KR, 澳AU,格GE,毛MU,东盟^RAS^R, 澳^RAU^R,日^RJP^R,新西兰^RNZ^R,柬 KH,港HK,澳门MO,韩^RKR^R	0	受惠国LD	20

序号 No.	税则号列 Tariff Line	货品名称 Article Description	最惠国税率 MFN(%)		协定税率 Agreement(%)	特惠税率 SP(%)	普通税率 Gen(%)
5539	7216.9900	--其他 --Other	3	0	东盟AS,智CL,巴PK,新西兰NZ, 秘PE,哥CR,瑞CH,冰IS,韩KR, 澳AU,格GE,毛MU,东盟^RAS^R, 澳^RAU^R,日^RJP^R,新西兰^RNZ^R,柬 KH,港HK,澳门MO,韩^RKR^R	0 受惠国LD	20
	72.17	**铁丝或非合金钢丝:** **Wire of iron or non-alloy steel:**					
5540	7217.1000	-未经镀或涂层, 不论是否抛光 -Not plated or coated, whether or not polished	8	0 1 5	东盟AS,智CL,新西兰NZ,秘PE, 哥CR,瑞CH,冰IS,澳AU,格GE, 毛MU,柬KH,港HK,澳门MO,台 TW 巴PK 东盟^RAS^R,澳^RAU^R,新西兰^RNZ^R	0 受惠国LD	40
5541	7217.2000	-镀或涂锌的 -Plated or coated with zinc	8	0 0.8 1 6.4 6.5	东盟AS,智CL,新西兰NZ,秘PE, 哥CR,瑞CH,冰IS,澳AU,格GE, 毛MU,东盟^RAS^R,澳^RAU^R,新西 兰^RNZ^R,柬KH,港HK,澳门MO 韩KR 巴PK 韩^RKR^R 日^RJP^R	0 受惠国LD	40
		-镀或涂其他贱金属的: -Plated or coated with other base metals:					
5542	7217.3010	---镀或涂铜的 ---Plated or coated with copper	8	0 1 5 6.4	东盟AS,智CL,新西兰NZ,秘PE, 哥CR,瑞CH,冰IS,澳AU,格GE, 毛MU,柬KH,港HK,澳门MO 巴PK 东盟^RAS^R,澳^RAU^R,新西兰^RNZ^R 亚太AP,韩KR	0 受惠国LD	40
5543	7217.3090	---其他 ---Other	8	0 1 3.2 6.4 6.9 7 7.2	东盟AS,智CL,新西兰NZ,秘PE, 哥CR,瑞CH,冰IS,澳AU,格GE, 毛MU,柬KH,港HK,澳门MO 巴PK 韩KR 亚太AP 东盟^RAS^R,韩^RKR^R 日^RJP^R 澳^RAU^R,新西兰^RNZ^R	0 受惠国LD	40
5544	7217.9000	-其他 -Other	8	0 0.8 1 6.4 6.5	东盟AS,智CL,新西兰NZ,秘PE, 哥CR,瑞CH,冰IS,澳AU,格GE, 毛MU,东盟^RAS^R,澳^RAU^R,新西 兰^RNZ^R,柬KH,港HK,澳门MO 韩KR 巴PK 韩^RKR^R 日^RJP^R	0 受惠国LD	40
		第三分章　不锈钢 III. STAINLESS STEEL					

序号 No.	税则号列 Tariff Line	货品名称 Article Description	最惠国税率 MFN(%)	协定税率 Agreement(%)		特惠税率 SP(%)	普通税率 Gen(%)
	72.18	不锈钢, 锭状或其他初级形状; 不锈钢半制成品: Stainless steel in ingots or other primary forms; semi-finished products of stainless steel:					
5545	7218.1000	-锭状及其他初级形状 -Ingots and other primary forms	2Δ0	0	东盟AS,智CL,巴PK,新西兰NZ,秘PE,哥CR,瑞CH,冰IS,韩KR,澳AU,格GE,毛MU,东盟^RAS^R,澳^RAU^R,日^RJP^R,新西兰^RNZ^R,柬KH,港HK,澳门MO,韩^RKR^R	0 受惠国LD	11
		-其他: -Other:					
5546	7218.9100	--矩形(正方形除外)截面的 --Of rectangular (other than square) crosssection	2Δ0	0	东盟AS,智CL,巴PK,新西兰NZ,秘PE,哥CR,瑞CH,冰IS,韩KR,澳AU,格GE,毛MU,东盟^RAS^R,澳^RAU^R,日^RJP^R,新西兰^RNZ^R,柬KH,港HK,澳门MO,韩^RKR^R	0 受惠国LD	11
5547	7218.9900	--其他 --Other	2Δ0	0	东盟AS,智CL,巴PK,新西兰NZ,秘PE,哥CR,瑞CH,冰IS,韩KR,澳AU,格GE,毛MU,东盟^RAS^R,澳^RAU^R,日^RJP^R,新西兰^RNZ^R,柬KH,港HK,澳门MO,韩^RKR^R	0 受惠国LD	11
	72.19	不锈钢平板轧材, 宽度在600毫米及以上: Flat-rolled products of stainless steel, of a width of 600mm or more: -除热轧外未经进一步加工的卷材: -Not further worked than hot-rolled, in coils:					
5548	7219.1100	--厚度超过10毫米 --Of a thickness exceeding 10mm	4	0	东盟AS,智CL,巴PK,新西兰NZ,秘PE,哥CR,瑞CH,冰IS,韩KR,澳AU,格GE,毛MU,东盟^RAS^R,澳^RAU^R,日^RJP^R,新西兰^RNZ^R,柬KH,港HK,澳门MO,韩^RKR^R	0 受惠国LD	14
		--厚度在4.75毫米及以上, 但不超过10毫米: --Of a thickness of 4.75mm or more but not exceeding 10mm:					
5549	7219.1210	---宽度在600毫米及以上, 但不超过1800毫米 ---Of a width of 600mm or more but not exceeding 1800mm	4	0 0.4 3.2 3.3	东盟AS,智CL,巴PK,新西兰NZ,秘PE,哥CR,瑞CH,冰IS,澳AU,格GE,毛MU,柬KH,港HK,澳门MO,台TW 韩KR 东盟^RAS^R,澳^RAU^R,新西兰^RNZ^R,韩^RKR^R 日^RJP^R	0 受惠国LD	14
5550	7219.1290	---其他 ---Other	4	0 0.4 3.2 3.3	东盟AS,智CL,巴PK,新西兰NZ,秘PE,哥CR,瑞CH,冰IS,澳AU,格GE,毛MU,柬KH,港HK,澳门MO,台TW 韩KR 东盟^RAS^R,澳^RAU^R,新西兰^RNZ^R,韩^RKR^R 日^RJP^R	0 受惠国LD	14

序号 No.	税则号列 Tariff Line	货品名称 Article Description	最惠国税率 MFN(%)	协定税率 Agreement(%)		特惠税率 SP(%)	普通税率 Gen(%)
		--厚度在3毫米及以上, 但小于4.75毫米: --Of a thickness of 3mm or more but less than 4.75mm:					
		---未经酸洗的: ---Not acid pickled:					
5551	7219.1312	----按重量含锰量在5.5%及以上的铬锰系不锈钢 ----Containing by weight no less than 5.5% of manganese of Ferro-chromium-manganese steel	4	0	东盟AS,智CL,巴PK,新西兰NZ,秘PE,哥CR,瑞CH,冰IS,韩KR,澳AU,格GE,毛MU,东盟^RAS^R,澳^RAU^R,日^RJP^R,新西兰^RNZ^R,柬KH,港HK,澳门MO,韩^RKR^R	0 受惠国LD	14
5552	7219.1319	----其他 ----Other	4	0 0.4 3.2 3.3	东盟AS,智CL,巴PK,新西兰NZ,秘PE,哥CR,瑞CH,冰IS,澳AU,格GE,毛MU,柬KH,港HK,澳门MO,台TW 韩KR 东盟^RAS^R,澳^RAU^R,新西兰^RNZ^R,韩^RKR^R 日^RJP^R	0 受惠国LD	14
		---经酸洗的: ---Acid pickled:					
5553	7219.1322	----按重量计含锰量在5.5%及以上的铬锰系不锈钢 ----Containing by weight no less than 5.5% of manganese of Ferro-chromium-manganese steel	4	0	东盟AS,智CL,巴PK,新西兰NZ,秘PE,哥CR,瑞CH,冰IS,韩KR,澳AU,格GE,毛MU,东盟^RAS^R,澳^RAU^R,日^RJP^R,新西兰^RNZ^R,柬KH,港HK,澳门MO,韩^RKR^R	0 受惠国LD	14
5554	7219.1329	----其他 ----Other	4	0 0.4 3.2 3.3	东盟AS,智CL,巴PK,新西兰NZ,秘PE,哥CR,瑞CH,冰IS,澳AU,格GE,毛MU,东盟^RAS^R,澳^RAU^R,新西兰^RNZ^R,柬KH,港HK,澳门MO,台TW 韩KR 韩^RKR^R 日^RJP^R	0 受惠国LD	14
		--厚度小于3毫米: --Of a thickness of less than 3mm:					
		---未经酸洗的: ---Not acid pickled:					
5555	7219.1412	----按重量计含锰量在5.5%及以上的铬锰系不锈钢 ----Containing by weight no less than 5.5% of manganese of Ferro-chromium-manganese steel	4	0	东盟AS,智CL,巴PK,新西兰NZ,秘PE,哥CR,瑞CH,冰IS,韩KR,澳AU,格GE,毛MU,东盟^RAS^R,澳^RAU^R,日^RJP^R,新西兰^RNZ^R,柬KH,港HK,澳门MO,韩^RKR^R	0 受惠国LD	14
5556	7219.1419	----其他 ----Other	4	0	东盟AS,智CL,巴PK,新西兰NZ,秘PE,哥CR,瑞CH,冰IS,韩KR,澳AU,格GE,毛MU,东盟^RAS^R,澳^RAU^R,日^RJP^R,新西兰^RNZ^R,柬KH,港HK,澳门MO,韩^RKR^R	0 受惠国LD	14
		---经酸洗的: ---Acid pickled:					
5557	7219.1422	----按重量计含锰量在5.5%及以上的铬锰系不锈钢 ----Containing by weight no less than 5.5% of manganese of Ferro-chromium-manganese steel	4	0	东盟AS,智CL,巴PK,新西兰NZ,秘PE,哥CR,瑞CH,冰IS,韩KR,澳AU,格GE,毛MU,东盟^RAS^R,澳^RAU^R,日^RJP^R,新西兰^RNZ^R,柬KH,港HK,澳门MO,韩^RKR^R	0 受惠国LD	14

序号 No.	税则号列 Tariff Line	货品名称 Article Description	最惠国税率 MFN(%)		协定税率 Agreement(%)	特惠税率 SP(%)	普通税率 Gen(%)
5558	7219.1429	----其他 ----Other	4	0	东盟AS,智CL,巴PK,新西兰NZ, 秘PE,哥CR,瑞CH,冰IS,韩KR, 澳AU,格GE,毛MU,东盟^RAS^R, 澳^RAU^R,日^RJP^R,新西兰^RNZ^R,柬 KH,港HK,澳门MO,韩^RKR^R	0 受惠国LD	14
		-除热轧外未经进一步加工的非卷材: -Not further worked than hot-rolled, not in coils:					
5559	7219.2100	--厚度超过10毫米 --Of a thickness exceeding 10mm	6	0	东盟AS,智CL,新西兰NZ,新加 坡SG,秘PE,哥CR,瑞CH,冰IS,澳 AU,格GE,毛MU,柬KH,港HK,澳 门MO	0 受惠国LD	40
				1	巴PK		
				4	韩KR		
				5.6	亚太AP		
				9	东盟^RAS^R,澳^RAU^R,日^RJP^R,新西 兰^RNZ^R		
5560	7219.2200	--厚度在4.75毫米及以上,但不超过10 毫米 --Of a thickness of 4.75mm or more but not exceeding 10mm	6	0	东盟AS,智CL,新西兰NZ,新加 坡SG,秘PE,哥CR,瑞CH,冰IS,澳 AU,格GE,毛MU,柬KH,港HK,澳 门MO	0 受惠国LD	40
				1	巴PK		
				5.5	韩KR		
				5.6	亚太AP		
				9	东盟^RAS^R,澳^RAU^R,新西兰^RNZ^R		
5561	7219.2300	--厚度在3毫米及以上,但小于4.75毫米 --Of a thickness of 3mm or more but less than 4.75mm	6	0	东盟AS,智CL,新西兰NZ,新加 坡SG,秘PE,哥CR,瑞CH,冰IS, 澳AU,格GE,毛MU,东盟^RAS^R, 日^RJP^R,柬KH,港HK,澳门MO,台 TW	0 受惠国LD	40
				1	巴PK		
				4	韩KR		
				5.6	亚太AP		
				8	韩^RKR^R		
				9	澳^RAU^R,新西兰^RNZ^R		
		--厚度小于3毫米: --Of a thickness of less than 3mm:					
5562	7219.2410	---厚度超过1毫米但小于3毫米 ---Of a thickness exceeding 1mm but less than 3mm	6	0	东盟AS,智CL,新西兰NZ,新加 坡SG,秘PE,哥CR,瑞CH,冰IS, 澳AU,格GE,毛MU,东盟^RAS^R, 日^RJP^R,柬KH,港HK,澳门MO,台 TW	0 受惠国LD	40
				1	巴PK		
				4	韩KR		
				5.6	亚太AP		
				8	韩^RKR^R		
				9	澳^RAU^R,新西兰^RNZ^R		

序号 No.	税则号列 Tariff Line	货品名称 Article Description	最惠国税率 MFN(%)	协定税率 Agreement(%)		特惠税率 SP(%)	普通税率 Gen(%)
5563	7219.2420	---厚度在0.5毫米及以上,但不超过1毫米 ---Of a thickness of 0.5mm or more but not exceeding 1mm	6	0	东盟AS,智CL,新西兰NZ,新加坡SG,秘PE,哥CR,瑞CH,冰IS,澳AU,格GE,毛MU,东盟^{R}AS^R,日^{R}JP^R,柬KH,港HK,澳门MO	0 受惠国LD	40
				1	巴PK		
				5.5	韩KR		
				5.6	亚太AP		
				8.7	韩^{R}KR^R		
				9	澳^{R}AU^R,新西兰^{R}NZ^R		
5564	7219.2430	---厚度小于0.5毫米 ---Of a thickness of less than 0.5mm	6	0	东盟AS,智CL,新西兰NZ,新加坡SG,秘PE,哥CR,瑞CH,冰IS,澳AU,格GE,毛MU,东盟^{R}AS^R,日^{R}JP^R,柬KH,港HK,澳门MO	0 受惠国LD	40
				1	巴PK		
				4	韩KR		
				5.6	亚太AP		
				8	韩^{R}KR^R		
				9	澳^{R}AU^R,新西兰^{R}NZ^R		
		-除冷轧外未经进一步加工: -Not further worked than cold-rolled (cold-reduced):					
5565	7219.3100	--厚度在4.75毫米及以上 --Of a thickness of 4.75mm or more	6	0	东盟AS,智CL,新西兰NZ,新加坡SG,秘PE,哥CR,瑞CH,冰IS,澳AU,格GE,毛MU,东盟^{R}AS^R,澳^{R}AU^R,新西兰^{R}NZ^R,柬KH,港HK,澳门MO,台TW	0 受惠国LD	40
				1	巴PK,韩KR		
				8	韩^{R}KR^R		
				8.2	日^{R}JP^R		
		--厚度在3毫米及以上,但小于4.75毫米: --Of a thickness of 3mm or more but less than 4.75mm:					
5566	7219.3210	---宽度在600毫米及以上,但不超过1800毫米 ---Of a width of 600mm or more but not exceeding 1800mm	6	0	东盟AS,智CL,新西兰NZ,新加坡SG,秘PE,哥CR,瑞CH,冰IS,澳AU,格GE,毛MU,东盟^{R}AS^R,澳^{R}AU^R,新西兰^{R}NZ^R,柬KH,港HK,澳门MO,台TW	0 受惠国LD	40
				1	巴PK,韩KR		
				8	韩^{R}KR^R		
				8.2	日^{R}JP^R		
5567	7219.3290	---其他 ---Other	6	0	东盟AS,智CL,新西兰NZ,新加坡SG,秘PE,哥CR,瑞CH,冰IS,澳AU,格GE,毛MU,东盟^{R}AS^R,澳^{R}AU^R,新西兰^{R}NZ^R,柬KH,港HK,澳门MO,台TW	0 受惠国LD	40
				1	巴PK,韩KR		
				8	韩^{R}KR^R		
				8.2	日^{R}JP^R		

序号 No.	税则号列 Tariff Line	货品名称 Article Description	最惠国税率 MFN(%)	协定税率 Agreement(%)		特惠税率 SP(%)		普通税率 Gen(%)
		--厚度超过1毫米, 但小于3毫米: --Of a thickness exceeding 1mm but less than 3mm:						
5568	7219.3310	---按重量计含锰量在5.5%及以上的铬锰系不锈钢 ---Containing by weight no less than 5.5% of manganese of Ferro-chromium-manganese steel	6	0	东盟AS,智CL,新西兰NZ,新加坡SG,秘PE,哥CR,瑞CH,冰IS,澳AU,格GE,毛MU,东盟^RAS^R,澳^RAU^R,新西兰^RNZ^R,柬KH,港HK,澳门MO,台TW	0 受惠国LD	40
				1	巴PK,韩KR		
				8	韩^RKR^R		
				8.2	日^RJP^R		
5569	7219.3390	---其他 ---Other	6	0	东盟AS,智CL,新西兰NZ,新加坡SG,秘PE,哥CR,瑞CH,冰IS,澳AU,格GE,毛MU,柬KH,港HK,澳门MO,台TW	0 受惠国LD	40
				3	巴PK		
				4	韩KR		
				8.7	东盟^RAS^R,韩^RKR^R		
				8.8	日^RJP^R		
				9	澳^RAU^R,新西兰^RNZ^R		
5570	7219.3400	--厚度在0.5毫米及以上, 但不超过1毫米 --Of a thickness of 0.5mm or more but not exceeding 1mm	6	0	东盟AS,智CL,新西兰NZ,新加坡SG,秘PE,哥CR,瑞CH,冰IS,澳AU,格GE,毛MU,柬KH,港HK,澳门MO,台TW	0 受惠国LD	40
				1	巴PK		
				5.5	韩KR		
				9	东盟^RAS^R,澳^RAU^R,日^RJP^R,新西兰^RNZ^R,韩^RKR^R		
5571	7219.3500	--厚度小于0.5毫米 --Of a thickness of less than 0.5mm	6	0	东盟AS,智CL,新西兰NZ,新加坡SG,秘PE,哥CR,瑞CH,冰IS,澳AU,格GE,毛MU,柬KH,港HK,澳门MO,台TW	0 受惠国LD	40
				1	巴PK		
				5.5	韩KR		
				9	东盟^RAS^R,澳^RAU^R,新西兰^RNZ^R		
5572	7219.9000	-其他 -Other	6	0	东盟AS,智CL,新西兰NZ,新加坡SG,秘PE,哥CR,瑞CH,冰IS,澳AU,格GE,毛MU,东盟^RAS^R,澳^RAU^R,新西兰^RNZ^R,柬KH,港HK,澳门MO,台TW	0 受惠国LD	40
				1	巴PK,韩KR		
				8	韩^RKR^R		
				8.2	日^RJP^R		
	72.20	不锈钢平板轧材, 宽度小于600毫米: Flat-rolled products stainless steel, of a width of less than 600mm:						
		-除热轧外未经进一步加工: -Not further worked than hot-rolled:						

序号 No.	税则号列 Tariff Line	货品名称 Article Description	最惠国税率 MFN(%)	协定税率 Agreement(%)		特惠税率 SP(%)		普通税率 Gen(%)
5573	7220.1100	--厚度在4.75毫米及以上 --Of a thickness of 4.75mm or more	6	0	东盟AS,智CL,新西兰NZ,新加坡SG,秘PE,哥CR,瑞CH,冰IS,澳AU,格GE,毛MU,柬KH,港HK,澳门MO	0	受惠国LD	20
				1	巴PK			
				9	东盟^RAS^R,澳^RAU^R,新西兰^RNZ^R			
5574	7220.1200	--厚度小于4.75毫米 --Of a thickness of less than 4.75mm	6	0	东盟AS,智CL,新西兰NZ,新加坡SG,秘PE,哥CR,瑞CH,冰IS,澳AU,格GE,毛MU,东盟^RAS^R,澳^RAU^R,新西兰^RNZ^R,柬KH,港HK,澳门MO	0	受惠国LD	20
				1	巴PK,韩KR			
				8	韩^RKR^R			
				8.2	日^RJP^R			
		-除冷轧外未经进一步加工： -Not further worked than cold-rolled (cold-reduced):							
5575	7220.2020	---厚度在0.35毫米及以下 ---Of a thickness of 0.35mm or less	6	0	东盟AS,智CL,新西兰NZ,新加坡SG,秘PE,哥CR,瑞CH,冰IS,澳AU,格GE,毛MU,柬KH,港HK,澳门MO	0	受惠国LD	20
				1	巴PK			
				4	韩KR			
				8.7	东盟^RAS^R,韩^RKR^R			
				8.8	日^RJP^R			
				9	澳^RAU^R,新西兰^RNZ^R			
5576	7220.2030	---厚度在0.35毫米以上但小于3毫米 ---Of a thickness of more than 0.35mm but not exceeding 3mm	6	0	东盟AS,智CL,新西兰NZ,新加坡SG,秘PE,哥CR,瑞CH,冰IS,澳AU,格GE,毛MU,柬KH,港HK,澳门MO	0	受惠国LD	20
				1	巴PK			
				4	韩KR			
				8.7	东盟^RAS^R,韩^RKR^R			
				8.8	日^RJP^R			
				9	澳^RAU^R,新西兰^RNZ^R			
5577	7220.2040	---厚度在3毫米及以上 ---Of a thickness of 3mm or more	6	0	东盟AS,智CL,新西兰NZ,新加坡SG,秘PE,哥CR,瑞CH,冰IS,澳AU,格GE,毛MU,柬KH,港HK,澳门MO	0	受惠国LD	20
				1	巴PK,韩KR			
				8	东盟^RAS^R			
				8.2	日^RJP^R			
				9	澳^RAU^R,新西兰^RNZ^R			
5578	7220.9000	-其他 -Other	6	0	东盟AS,智CL,新西兰NZ,新加坡SG,秘PE,哥CR,瑞CH,冰IS,澳AU,格GE,毛MU,柬KH,港HK,澳门MO,台TW	0	受惠国LD	20
				1	巴PK,韩KR			
				8	东盟^RAS^R,澳^RAU^R,新西兰^RNZ^R,韩^RKR^R			
				8.2	日^RJP^R			

序号 No.	税则号列 Tariff Line	货品名称 Article Description	最惠国税率 MFN(%)		协定税率 Agreement(%)	特惠税率 SP(%)	普通税率 Gen(%)
	72.21	不规则盘卷的不锈钢热轧条、杆： Bars and rods, hot-rolled, in irregularly wound coils, of stainless steel:					
5579	7221.0000	不规则盘卷的不锈钢热轧条、杆 Bars and rods, hot-rolled, in irregularly wound coils, of stainless steel	6	0 3 4.8 8 8.2 9	东盟AS,智CL,新西兰NZ,新加坡SG,秘PE,哥CR,瑞CH,冰IS,澳AU,格GE,毛MU,柬KH,港HK,澳门MO 巴PK 亚太AP 韩KR,东盟^{R}AS^R 日^{R}JP^R 澳^{R}AU^R,新西兰^{R}NZ^R,韩^{R}KR^R	0 受惠国LD	20
	72.22	不锈钢其他条、杆；不锈钢角材、型材及异型材： Other bars and rods of stainless steel; angles, shapes and sections of stainless steel:					
		-条、杆, 除热轧、热拉拔或热挤压外未经进一步加工: -Bars and rods, not further worked than hot-rolled, hot-drawn or extruded:					
5580	7222.1100	--圆形截面的 --Of circular cross-section	6	0 1 5.4 9	东盟AS,智CL,新西兰NZ,新加坡SG,秘PE,哥CR,瑞CH,冰IS,澳AU,格GE,毛MU,柬KH,港HK,澳门MO 巴PK 亚太AP 韩KR,东盟^{R}AS^R,澳^{R}AU^R,新西兰^{R}NZ^R	0 受惠国LD	40
5581	7222.1900	--其他 --Other	6	0 1 5 5.4 9	东盟AS,智CL,新西兰NZ,新加坡SG,秘PE,哥CR,瑞CH,冰IS,澳AU,格GE,毛MU,柬KH,港HK,澳门MO 巴PK 东盟^{R}AS^R,澳^{R}AU^R,新西兰^{R}NZ^R 亚太AP 韩KR	0 受惠国LD	40
5582	7222.2000	-条、杆, 除冷成形或冷加工外未经进一步加工 -Bars and rods, not further worked than cold-formed or cold-finished	6	0 3 9	东盟AS,智CL,新西兰NZ,新加坡SG,秘PE,哥CR,瑞CH,冰IS,澳AU,格GE,毛MU,柬KH,港HK,澳门MO 巴PK 东盟^{R}AS^R,澳^{R}AU^R,新西兰^{R}NZ^R	0 受惠国LD	40
5583	7222.3000	-其他条、杆 -Other bars and rods	6	0 1 5.3 9	东盟AS,智CL,新西兰NZ,新加坡SG,秘PE,哥CR,瑞CH,冰IS,澳AU,格GE,毛MU,柬KH,港HK,澳门MO 巴PK 亚太AP 韩KR,东盟^{R}AS^R,澳^{R}AU^R,新西兰^{R}NZ^R	0 受惠国LD	40

序号 No.	税则号列 Tariff Line	货品名称 Article Description	最惠国税率 MFN(%)		协定税率 Agreement(%)	特惠税率 SP(%)	普通税率 Gen(%)
5584	7222.4000	-角材、型材及异型材 -Angles, shapes and sections	6	0 1 9	东盟AS,智CL,新西兰NZ,新加坡SG,秘PE,哥CR,瑞CH,冰IS,澳AU,格GE,毛MU,柬KH,港HK,澳门MO 巴PK 东盟^{R}AS^R,澳^{R}AU^R,新西兰^{R}NZ^R	0 受惠国LD	17
	72.23	不锈钢丝: Wire of stainless steel:					
5585	7223.0000	不锈钢丝 Wire of stainless steel	6	0 3 8 8.2 9	东盟AS,智CL,新西兰NZ,新加坡SG,秘PE,哥CR,瑞CH,冰IS,澳AU,格GE,毛MU,柬KH,港HK,澳门MO 巴PK 东盟^{R}AS^R 日^{R}JP^R 澳^{R}AU^R,新西兰^{R}NZ^R	0 受惠国LD	20
		第四分章 其他合金钢;合金钢或非合金钢制的空心钻钢 Ⅳ. OTHER ALLOY STEEL; HOLLOW DRILL BARS AND RODS, OF ALLOY OR NONALLOY STEEL					
	72.24	其他合金钢,锭状或其他初级形状;其他合金钢制的半制成品: Other alloy steel in ingots or other primary forms; semi-finished products of other alloy steel:					
5586	7224.1000	-锭状及其他初级形状 -Ingots and other primary forms	2Δ0	0	东盟AS,智CL,巴PK,新西兰NZ,秘PE,哥CR,瑞CH,冰IS,韩KR,澳AU,格GE,毛MU,东盟^{R}AS^R,澳^{R}AU^R,日^{R}JP^R,新西兰^{R}NZ^R,柬KH,港HK,澳门MO,韩^{R}KR^R	0 受惠国LD	11
		-其他: -Other:					
5587	7224.9010	---单件重量在10吨及以上的粗铸锻件坯 ---Raw casting forging stocks, individual piece weight of 10t or more	2Δ0	0 1.6	东盟AS,智CL,巴PK,新西兰NZ,秘PE,哥CR,瑞CH,冰IS,韩KR,澳AU,格GE,毛MU,东盟^{R}AS^R,日^{R}JP^R,柬KH,港HK,澳门MO,韩^{R}KR^R 澳^{R}AU^R,新西兰^{R}NZ^R	0 受惠国LD	11
5588	7224.9090	---其他 ---Other	2Δ0	0 1.8	东盟AS,智CL,巴PK,新西兰NZ,秘PE,哥CR,瑞CH,冰IS,韩KR,澳AU,格GE,毛MU,东盟^{R}AS^R,澳^{R}AU^R,新西兰^{R}NZ^R,柬KH,港HK,澳门MO,韩^{R}KR^R 日^{R}JP^R	0 受惠国LD	11
	72.25	其他合金钢平板轧材,宽度在600毫米及以上: Flat-rolled products of other alloy steel, of a width of 600mm or more:					
		-硅电钢制: -Of silicon-electrical steel:					

序号 No.	税则号列 Tariff Line	货品名称 Article Description	最惠国税率 MFN(%)	协定税率 Agreement(%)		特惠税率 SP(%)	普通税率 Gen(%)
5589	7225.1100	--取向性硅电钢 --Grain-oriented	3	0	东盟AS,智CL,巴PK,新西兰NZ,秘PE,哥CR,瑞CH,冰IS,澳AU,格GE,毛MU,柬KH,港HK,澳门MO	0 受惠国LD	20
				2.1	亚太AP,韩KR		
				2.7	东盟^RAS^R,澳^RAU^R,新西兰^RNZ^R		
5590	7225.1900	--其他 --Other	6	0	东盟AS,智CL,巴PK,新西兰NZ,秘PE,哥CR,瑞CH,冰IS,澳AU,格GE,毛MU,柬KH,港HK,澳门MO,台TW	0 受惠国LD	20
				5	东盟^RAS^R,澳^RAU^R,新西兰^RNZ^R		
		-其他卷材,除热轧外未经进一步加工: -Other, not further worked than hot-rolled, in coils:					
5591	7225.3010	---厚度在2毫米及以下 ---Of a thickness of 2mm or less	3	0	东盟AS,智CL,巴PK,新西兰NZ,秘PE,哥CR,瑞CH,冰IS,澳AU,格GE,毛MU,柬KH,港HK,澳门MO	0 受惠国LD	14
				2.7	东盟^RAS^R,澳^RAU^R,新西兰^RNZ^R		
5592	7225.3090	---其他 ---Other	3	0	东盟AS,智CL,巴PK,新西兰NZ,秘PE,哥CR,瑞CH,冰IS,澳AU,格GE,毛MU,柬KH,港HK,澳门MO	0 受惠国LD	14
				2.7	东盟^RAS^R,澳^RAU^R,新西兰^RNZ^R		
		-其他非卷材,除热轧外未经进一步加工: -Other, not further worked than hot-rolled, not in coils:					
5593	7225.4010	---工具钢 ---Tool steel	3	0	东盟AS,智CL,巴PK,新西兰NZ,秘PE,哥CR,瑞CH,韩KR,澳AU,格GE,毛MU,东盟^RAS^R,日^RJP^R,柬KH,港HK,澳门MO,韩^RKR^R	0 受惠国LD	17
				2.4	澳^RAU^R,新西兰^RNZ^R		
		---其他: ---Other:					
5594	7225.4091	----含硼合金钢 ----Boron steel	3	0	东盟AS,智CL,巴PK,新西兰NZ,秘PE,哥CR,瑞CH,冰IS,韩KR,澳AU,格GE,毛MU,东盟^RAS^R,日^RJP^R,柬KH,港HK,澳门MO,韩^RKR^R	0 受惠国LD	17
				2.4	澳^RAU^R,新西兰^RNZ^R		
5595	7225.4099	----其他 ----Other	3	0	东盟AS,智CL,巴PK,新西兰NZ,秘PE,哥CR,瑞CH,冰IS,韩KR,澳AU,格GE,毛MU,东盟^RAS^R,日^RJP^R,柬KH,港HK,澳门MO,韩^RKR^R	0 受惠国LD	17
				2.4	澳^RAU^R,新西兰^RNZ^R		
5596	7225.5000	-其他,除冷轧外未经进一步加工 -Other, not further worked than cold-rolled (cold-reduced)	3	0	东盟AS,智CL,巴PK,新西兰NZ,秘PE,哥CR,瑞CH,冰IS,澳AU,格GE,毛MU,柬KH,港HK,澳门MO	0 受惠国LD	17
				2.9	东盟^RAS^R,澳^RAU^R,新西兰^RNZ^R		
		-其他: -Other:					

序号 No.	税则号列 Tariff Line	货品名称 Article Description	最惠国税率 MFN(%)	协定税率 Agreement(%)		特惠税率 SP(%)	普通税率 Gen(%)
5597	7225.9100	--电镀或涂锌的 --Electrolytically plated or coated with zinc	7	0	东盟AS,智CL,新西兰NZ,秘PE,哥CR,瑞CH,冰IS,澳AU,格GE,毛MU,东盟^{R}AS^R,澳^{R}AU^R,新西兰^{R}NZ^R,柬KH,港HK,澳门MO	0 受惠国LD	17
				0.7	韩KR		
				1	巴PK		
				5.6	韩^{R}KR^R		
				5.7	日^{R}JP^R		
5598	7225.9200	--用其他方法镀或涂锌的 --Otherwise plated or coated with zinc	7	0	东盟AS,智CL,新西兰NZ,秘PE,哥CR,瑞CH,冰IS,澳AU,格GE,毛MU,柬KH,港HK,澳门MO	0 受惠国LD	17
				1	巴PK		
				2.8	韩KR		
				5.6	东盟^{R}AS^R,澳^{R}AU^R,新西兰^{R}NZ^R,韩^{R}KR^R		
				6.1	日^{R}JP^R		
		--其他: --Other:					
5599	7225.9910	---高速钢制 ---Of high speed steel	3	0	东盟AS,智CL,巴PK,新西兰NZ,秘PE,哥CR,瑞CH,冰IS,韩KR,澳AU,格GE,毛MU,东盟^{R}AS^R,澳^{R}AU^R,日^{R}JP^R,新西兰^{R}NZ^R,柬KH,港HK,澳门MO,韩^{R}KR^R	0 受惠国LD	17
5600	7225.9990	---其他 ---Other	7	0	东盟AS,智CL,新西兰NZ,秘PE,哥CR,瑞CH,冰IS,澳AU,格GE,毛MU,东盟^{R}AS^R,澳^{R}AU^R,新西兰^{R}NZ^R,柬KH,港HK,澳门MO	0 受惠国LD	17
				0.7	韩KR		
				1	巴PK		
				5.6	韩^{R}KR^R		
				5.7	日^{R}JP^R		
	72.26	其他合金钢平板轧材,宽度小于600毫米: Flat-rolled products of other alloy steel, of a width of less than 600mm:					
		-硅电钢制: -Of silicon-electrical steel:					
5601	7226.1100	--取向性硅电钢 --Grain-oriented	3	0	东盟AS,智CL,巴PK,新西兰NZ,秘PE,哥CR,瑞CH,冰IS,澳AU,格GE,毛MU,柬KH,港HK,澳门MO	0 受惠国LD	20
				2.9	东盟^{R}AS^R,澳^{R}AU^R,新西兰^{R}NZ^R		
5602	7226.1900	--其他 --Other	3	0	东盟AS,智CL,巴PK,新西兰NZ,秘PE,哥CR,瑞CH,冰IS,澳AU,格GE,毛MU,柬KH,港HK,澳门MO	0 受惠国LD	20
				2.9	东盟^{R}AS^R,澳^{R}AU^R,新西兰^{R}NZ^R		
5603	7226.2000	-高速钢制 -Of high speed steel	3	0	东盟AS,智CL,巴PK,新西兰NZ,秘PE,哥CR,瑞CH,冰IS,澳AU,格GE,毛MU,东盟^{R}AS^R,澳^{R}AU^R,新西兰^{R}NZ^R,柬KH,港HK,澳门MO	0 受惠国LD	20
				0.3	韩KR		
				2.4	韩^{R}KR^R		
				2.5	日^{R}JP^R		

序号 No.	税则号列 Tariff Line	货品名称 Article Description	最惠国税率 MFN(%)	协定税率 Agreement(%)		特惠税率 SP(%)	普通税率 Gen(%)
		-其他: -Other:					
		--除热轧外未经进一步加工: --Not further worked than hot-rolled:					
5604	7226.9110	---工具钢 ---Tool steel	3	0	东盟AS,智CL,巴PK,新西兰NZ, 秘PE,哥CR,瑞CH,冰IS,澳AU,格 GE,毛MU,东盟^{R}AS^R,澳^{R}AU^R,新 西兰^{R}NZ^R,柬KH,港HK,澳门MO	0 受惠国LD	20
				0.3	韩KR		
				2.4	韩^{R}KR^R		
				2.5	日^{R}JP^R		
		---其他: ---Other:					
5605	7226.9191	----含硼合金钢 ----Boron steel	3	0	东盟AS,智CL,巴PK,新西兰NZ, 秘PE,哥CR,瑞CH,冰IS,澳AU,格 GE,毛MU,东盟^{R}AS^R,澳^{R}AU^R,新 西兰^{R}NZ^R,柬KH,港HK,澳门MO	0 受惠国LD	20
				0.3	韩KR		
				2.4	韩^{R}KR^R		
				2.5	日^{R}JP^R		
5606	7226.9199	----其他 ----Other	3	0	东盟AS,智CL,巴PK,新西兰NZ, 秘PE,哥CR,瑞CH,冰IS,澳AU,格 GE,毛MU,东盟^{R}AS^R,澳^{R}AU^R,新 西兰^{R}NZ^R,柬KH,港HK,澳门MO	0 受惠国LD	20
				0.3	韩KR		
				2.4	韩^{R}KR^R		
				2.5	日^{R}JP^R		
5607	7226.9200	--除冷轧外未经进一步加工 --Not further worked than cold-rolled (cold-reduced)	3	0	东盟AS,智CL,巴PK,新西兰NZ, 秘PE,哥CR,瑞CH,冰IS,澳AU,格 GE,毛MU,柬KH,港HK,澳门MO	0 受惠国LD	20
				1.2	韩KR		
				2.4	东盟^{R}AS^R,澳^{R}AU^R,新西兰^{R}NZ^R, 韩^{R}KR^R		
				2.6	日^{R}JP^R		
		--其他: --Other:					
5608	7226.9910	---电镀或涂锌的 ---Electrolytically plated or coated with zinc	7	0	东盟AS,智CL,新西兰NZ,秘PE, 哥CR,瑞CH,冰IS,澳AU,格GE, 毛MU,东盟^{R}AS^R,澳^{R}AU^R,新西 兰^{R}NZ^R,柬KH,港HK,澳门MO	0 受惠国LD	20
				0.7	韩KR		
				1	巴PK		
				5.6	韩^{R}KR^R		
				5.7	日^{R}JP^R		
5609	7226.9920	---用其他方法镀或涂锌的 ---Otherwise plated or coated with zinc	7	0	东盟AS,智CL,新西兰NZ,秘PE, 哥CR,瑞CH,冰IS,澳AU,格GE, 毛MU,东盟^{R}AS^R,澳^{R}AU^R,新西 兰^{R}NZ^R,柬KH,港HK,澳门MO	0 受惠国LD	20
				0.7	韩KR		
				1	巴PK		
				5.6	韩^{R}KR^R		
				5.7	日^{R}JP^R		

序号 No.	税则号列 Tariff Line	货品名称 Article Description	最惠国税率 MFN(%)	协定税率 Agreement(%)		特惠税率 SP(%)	普通税率 Gen(%)
5610	7226.9990	---其他 ---Other	7	0	东盟AS,智CL,新西兰NZ,秘PE,哥CR,瑞CH,冰IS,澳AU,格GE,毛MU,柬KH,港HK,澳门MO	0 受惠国LD	20
				0.7	韩KR		
				1	巴PK		
				5.6	东盟^{R}AS^R,澳^{R}AU^R,新西兰^{R}NZ^R,韩^{R}KR^R		
				5.7	日^{R}JP^R		
	ex72269990	铁镍合金带材（生产集成电路框架用或显示面板精密金属掩膜版用），宽度小于600毫米 Fe-Ni alloy strip (production of the frame for electronic integrated circuits), of a width less than 600mm	Δ4				
	72.27	**不规则盘卷的其他合金钢热轧条、杆：** **Bars and rods, hot-rolled, in irregularly wound coils, of other alloy steel:**					
5611	7227.1000	-高速钢制 -Of high speed steel	3	0	东盟AS,智CL,巴PK,新西兰NZ,秘PE,哥CR,瑞CH,冰IS,韩KR,澳AU,格GE,毛MU,东盟^{R}AS^R,澳^{R}AU^R,日^{R}JP^R,新西兰^{R}NZ^R,柬KH,港HK,澳门MO,韩^{R}KR^R	0 受惠国LD	20
5612	7227.2000	-硅锰钢制 -Of silico-manganese steel	6	0	东盟AS,智CL,巴PK,新西兰NZ,秘PE,哥CR,瑞CH,冰IS,澳AU,格GE,毛MU,柬KH,港HK,澳门MO	0 受惠国LD	20
				2.4	韩KR		
				4.8	东盟^{R}AS^R,澳^{R}AU^R,新西兰^{R}NZ^R,韩^{R}KR^R		
				5.3	日^{R}JP^R		
		-其他： -Other:					
5613	7227.9010	---含硼合金钢制 ---Of boron steel	3	0	东盟AS,智CL,巴PK,新西兰NZ,秘PE,哥CR,瑞CH,冰IS,韩KR,澳AU,格GE,毛MU,东盟^{R}AS^R,日^{R}JP^R,柬KH,港HK,澳门MO,韩^{R}KR^R	0 受惠国LD	20
				2.4	澳^{R}AU^R,新西兰^{R}NZ^R		
		---其他： ---Other:					
5614	7227.9091	----截面为圆形的 ----Circular section	3	0	东盟AS,智CL,巴PK,新西兰NZ,秘PE,哥CR,瑞CH,冰IS,韩KR,澳AU,格GE,毛MU,东盟^{R}AS^R,日^{R}JP^R,柬KH,港HK,澳门MO,韩^{R}KR^R	0 受惠国LD	20
				2.4	澳^{R}AU^R,新西兰^{R}NZ^R		
5615	7227.9099	----其他 ----Other	3	0	东盟AS,智CL,巴PK,新西兰NZ,秘PE,哥CR,瑞CH,冰IS,韩KR,澳AU,格GE,毛MU,东盟^{R}AS^R,日^{R}JP^R,柬KH,港HK,澳门MO,韩^{R}KR^R	0 受惠国LD	20
				2.4	澳^{R}AU^R,新西兰^{R}NZ^R		

序号 No.	税则号列 Tariff Line	货品名称 Article Description	最惠国税率 MFN(%)	协定税率 Agreement(%)		特惠税率 SP(%)	普通税率 Gen(%)
	72.28	其他合金钢条、杆；其他合金钢角材、型材及异型材；合金钢或非合金钢制的空心钻钢： Other bars and rods of other alloy steel; angles, shapes and sections, of other alloy steel; hollow drill bars and rods, of alloy or non-alloy steel:					
5616	7228.1000	-高速钢条、杆 -Bars and rods, of high speed steel	3	0	东盟AS,智CL,巴PK,新西兰NZ,秘PE,哥CR,瑞CH,冰IS,澳AU,格GE,毛MU,东盟^{R}AS^R,澳^{R}AU^R,新西兰^{R}NZ^R,柬KH,港HK,澳门MO	0 受惠国LD	20
				0.3	韩KR		
				2.4	韩^{R}KR^R		
				2.5	日^{R}JP^R		
5617	7228.2000	-硅锰钢条、杆 -Bars and rods, of silico-manganese steel	6	0	东盟AS,智CL,巴PK,新西兰NZ,秘PE,哥CR,瑞CH,冰IS,澳AU,格GE,毛MU,东盟^{R}AS^R,澳^{R}AU^R,新西兰^{R}NZ^R,柬KH,港HK,澳门MO	0 受惠国LD	20
				0.6	韩KR		
				4.8	韩^{R}KR^R		
				4.9	日^{R}JP^R		
		-其他条、杆, 除热轧、热拉拔或热挤压外未经进一步加工： -Other bars and rods, not further worked than hot-crolled, hot-drawn or extruded:					
5618	7228.3010	---含硼合金钢制 ---Of boron steel	3	0	东盟AS,智CL,巴PK,新西兰NZ,秘PE,哥CR,瑞CH,冰IS,澳AU,格GE,毛MU,柬KH,港HK,澳门MO	0 受惠国LD	20
				0.3	韩KR		
				2.7	东盟^{R}AS^R,澳^{R}AU^R,新西兰^{R}NZ^R		
		---其他： ---Other:					
5619	7228.3091	----截面为圆形的 ----Circular section	3	0	东盟AS,智CL,巴PK,新西兰NZ,秘PE,哥CR,瑞CH,冰IS,澳AU,格GE,毛MU,柬KH,港HK,澳门MO	0 受惠国LD	20
				0.3	韩KR		
				2.7	东盟^{R}AS^R,澳^{R}AU^R,日^{R}JP^R,新西兰^{R}NZ^R,韩^{R}KR^R		
5620	7228.3099	----其他 ----Other	3	0	东盟AS,智CL,巴PK,新西兰NZ,秘PE,哥CR,瑞CH,冰IS,澳AU,格GE,毛MU,柬KH,港HK,澳门MO	0 受惠国LD	20
				0.3	韩KR		
				2.7	东盟^{R}AS^R,澳^{R}AU^R,日^{R}JP^R,新西兰^{R}NZ^R,韩^{R}KR^R		
5621	7228.4000	-其他条、杆, 除锻造外未经进一步加工 -Other bars and rods, not further worked than forged	3	0	东盟AS,智CL,巴PK,新西兰NZ,秘PE,哥CR,瑞CH,冰IS,澳AU,格GE,毛MU,柬KH,港HK,澳门MO	0 受惠国LD	20
				0.3	韩KR		
				2.4	东盟^{R}AS^R,澳^{R}AU^R,新西兰^{R}NZ^R,韩^{R}KR^R		
				2.6	日^{R}JP^R		

序号 No.	税则号列 Tariff Line	货品名称 Article Description	最惠国税率 MFN(%)	协定税率 Agreement(%)		特惠税率 SP(%)	普通税率 Gen(%)
5622	7228.5000	-其他条、杆, 除冷成形或冷加工外未经进一步加工 -Other bars and rods, not further worked than cold-formed of cold-finished	3	0	东盟AS,智CL,巴PK,新西兰NZ,秘PE,哥CR,瑞CH,冰IS,澳AU,格GE,毛MU,柬KH,港HK,澳门MO	0 受惠国LD	20
				0.3	韩KR		
				2.4	东盟^{R}AS^R,澳^{R}AU^R,新西兰^{R}NZ^R,韩^{R}KR^R		
				2.5	日^{R}JP^R		
5623	7228.6000	-其他条、杆 -Other bars and rods	3	0	东盟AS,智CL,巴PK,新西兰NZ,秘PE,哥CR,瑞CH,冰IS,澳AU,格GE,毛MU,东盟^{R}AS^R,澳^{R}AU^R,新西兰^{R}NZ^R,柬KH,港HK,澳门MO	0 受惠国LD	20
				0.3	韩KR		
				2.4	韩^{R}KR^R		
				2.5	日^{R}JP^R		
		-角材、型材及异型材: -Angles, shapes and sections:					
5624	7228.7010	---履带板型钢 ---Shapes of crawler tread	6	0	东盟AS,智CL,巴PK,新西兰NZ,秘PE,哥CR,瑞CH,冰IS,韩KR,澳AU,格GE,毛MU,东盟^{R}AS^R,澳^{R}AU^R,日^{R}JP^R,新西兰^{R}NZ^R,柬KH,港HK,澳门MO,韩^{R}KR^R	0 受惠国LD	17
5625	7228.7090	---其他 ---Other	5	0	东盟AS,智CL,巴PK,新西兰NZ,秘PE,哥CR,瑞CH,冰IS,澳AU,格GE,毛MU,柬KH,港HK,澳门MO	0 受惠国LD	17
				0.6	韩KR		
				4.8	东盟^{R}AS^R,澳^{R}AU^R,新西兰^{R}NZ^R,韩^{R}KR^R		
				5.3	日^{R}JP^R		
5626	7228.8000	-空心钻钢 -Hollow drill bars and rods	7	0	东盟AS,智CL,新西兰NZ,秘PE,哥CR,瑞CH,冰IS,韩KR,澳AU,格GE,毛MU,东盟^{R}AS^R,澳^{R}AU^R,新西兰^{R}NZ^R,柬KH,港HK,澳门MO,韩^{R}KR^R	0 受惠国LD	35
				1	巴PK		
				5.7	日^{R}JP^R		
	72.29	其他合金钢丝: Wire of other alloy steel:					
5627	7229.2000	-硅锰钢制 -Of silico-manganese steel	7	0	东盟AS,智CL,新西兰NZ,秘PE,哥CR,瑞CH,冰IS,澳AU,格GE,毛MU,柬KH,港HK,澳门MO	0 受惠国LD	20
				1	巴PK		
				2.8	韩KR		
				5.6	东盟^{R}AS^R,澳^{R}AU^R,新西兰^{R}NZ^R,韩^{R}KR^R		
				6.1	日^{R}JP^R		
		-其他: -Other:					

序号 No.	税则号列 Tariff Line	货品名称 Article Description	最惠国税率 MFN(%)	协定税率 Agreement(%)		特惠税率 SP(%)		普通税率 Gen(%)
5628	7229.9010	---高速钢制 ---Of high speed steel	3	0	东盟AS,智CL,巴PK,新西兰NZ, 秘PE,哥CR,瑞CH,冰IS,澳AU,格 GE,毛MU,东盟^{R}AS^R,澳^{R}AU^R,新 西兰^{R}NZ^R,柬KH,港HK,澳门MO	0	受惠国LD	20
				0.3	韩KR			
				2.4	韩^{R}KR^R			
				2.5	日^{R}JP^R			
5629	7229.9090	---其他 ---Other	7	0	东盟AS,智CL,新西兰NZ,秘PE, 哥CR,瑞CH,冰IS,澳AU,格GE, 毛MU,柬KH,港HK,澳门MO	0	受惠国LD	20
				1	巴PK			
				6.3	东盟^{R}AS^R,澳^{R}AU^R,新西兰^{R}NZ^R			

注释:

一、本章所称"铸铁",适用于经铸造而得的产品,按重量计其铁元素含量超过其他元素单项含量并与第七十二章注释一(四)所述的钢的化学成分不同。

二、本章所称"丝",是指热或冷成型的任何截面形状的产品,但其截面尺寸均不超过16毫米。

Notes:

1. In this Chapter the expression "cast iron" applies to products obtained by casting in which iron predominates by weight over each of the other elements and which do not comply with the chemical composition of steel as defined in Note 1 (d) to Chapter 72.

2. In this Chapter the word "wire" means hot or cold-formed products of any cross-sectional shape, of which no cross-sectional dimension exceeds 16mm.

序号 No.	税则号列 Tariff Line	货品名称 Article Description	最惠国税率 MFN(%)	协定税率 Agreement(%)		特惠税率 SP(%)		普通税率 Gen(%)
	73.01	钢铁板桩, 不论是否钻孔、打眼或组装; 焊接的钢铁角材、型材及异型材: **Sheet piling of iron or steel, whether or not drilled, punched or made from assembled elements; welded angles, shapes and sections, of iron or steel:**						
5630	7301.1000	-钢铁板桩 -Sheet piling	7	0	东盟AS,智CL,新西兰NZ,秘PE, 哥CR,瑞CH,冰IS,澳AU,格GE, 毛MU,柬KH,港HK,澳门MO	0	受惠国LD	20
				0.7	韩KR			
				1	巴PK			
				5.6	东盟^{R}AS^R,澳^{R}AU^R,新西兰^{R}NZ^R, 韩^{R}KR^R			
				5.7	日^{R}JP^R			
				6.3	亚太AP			
5631	7301.2000	-角材、型材及异型材 -Angles, shapes and sections	7	0	东盟AS,智CL,新西兰NZ,秘PE, 哥CR,瑞CH,冰IS,澳AU,格GE, 毛MU,柬KH,港HK,澳门MO	0	受惠国LD	30
				0.7	韩KR			
				1	巴PK			
				5.6	东盟^{R}AS^R,澳^{R}AU^R,新西兰^{R}NZ^R, 韩^{R}KR^R			
				5.7	日^{R}JP^R			
	73.02	铁道及电车道铺轨用钢铁材料(钢轨、护轨、齿轨、道岔尖轨、辙叉、尖轨拉杆及其他叉道段体、轨枕、鱼尾板、轨座、轨座楔、钢轨垫板、钢轨夹、底板、固定板及其他专门用于连接或加固路轨的材料): **Railway or tramway track construction material of iron or steel, the following: rails, check-rails and rack rails, switch blades, crossing frogs, point rods and other crossing pieces, sleepers (cross-ties), fish-plates, chairs, chair wedges, sole plates (base plates), rail clips, bedplates, ties and other material specialised for jointing or fixing rails:**						

序号 No.	税则号列 Tariff Line	货品名称 Article Description	最惠国税率 MFN(%)	协定税率 Agreement(%)		特惠税率 SP(%)	普通税率 Gen(%)
5632	7302.1000	-钢轨 -Rails	6	0	东盟AS,智CL,巴PK,新西兰NZ,秘PE,哥CR,瑞CH,冰IS,澳AU,格GE,毛MU,东盟^RAS^R,澳^RAU^R,新西兰^RNZ^R,柬KH,港HK,澳门MO	0 受惠国LD	14
				0.6	韩KR		
				4.8	韩^RKR^R		
				4.9	日^RJP^R		
5633	7302.3000	-道岔尖轨、辙叉、尖轨拉杆及其他叉道段体 -Switch blades, crossing frogs, point rods and other crossing pieces	8	0	东盟AS,智CL,新西兰NZ,秘PE,哥CR,瑞CH,冰IS,韩KR,澳AU,格GE,毛MU,东盟^RAS^R,澳^RAU^R,新西兰^RNZ^R,柬KH,港HK,澳门MO,韩^RKR^R	0 受惠国LD	17
				1	巴PK		
				6.5	日^RJP^R		
5634	7302.4000	-鱼尾板及钢轨垫板 -Fish-plates and sole plates	7	0	东盟AS,智CL,新西兰NZ,秘PE,哥CR,瑞CH,冰IS,澳AU,格GE,毛MU,东盟^RAS^R,澳^RAU^R,新西兰^RNZ^R,柬KH,港HK,澳门MO	0 受惠国LD	17
				0.7	韩KR		
				1	巴PK		
				5.6	韩^RKR^R		
				5.7	日^RJP^R		
		-其他: -Other:					
5635	7302.9010	---轨枕 ---Sleepers(cross-ties)	6	0	东盟AS,智CL,巴PK,新西兰NZ,秘PE,哥CR,瑞CH,冰IS,韩KR,澳AU,格GE,毛MU,东盟^RAS^R,澳^RAU^R,日^RJP^R,新西兰^RNZ^R,柬KH,港HK,澳门MO,韩^RKR^R	0 受惠国LD	14
				5.1	亚太AP		
5636	7302.9090	---其他 ---Other	7	0	东盟AS,智CL,新西兰NZ,秘PE,哥CR,瑞CH,冰IS,韩KR,澳AU,格GE,毛MU,东盟^RAS^R,澳^RAU^R,新西兰^RNZ^R,柬KH,港HK,澳门MO,韩^RKR^R	0 受惠国LD	17
				1	巴PK		
				5.7	日^RJP^R		
				6	亚太AP		
	73.03	铸铁管及空心异型材: Tubes, pipes and hollow profiles, of cast iron:					
5637	7303.0010	---内径在500毫米及以上的圆形截面管 ---Tubes and pipes of circular crosssection, of the internal diameter of 500mm or more	4	0	东盟AS,智CL,巴PK,新西兰NZ,秘PE,哥CR,瑞CH,冰IS,韩KR,澳AU,格GE,毛MU,东盟^RAS^R,澳^RAU^R,日^RJP^R,新西兰^RNZ^R,柬KH,港HK,澳门MO,韩^RKR^R	0 受惠国LD	40
5638	7303.0090	---其他 ---Other	4	0	东盟AS,智CL,巴PK,新西兰NZ,秘PE,哥CR,瑞CH,冰IS,韩KR,澳AU,格GE,毛MU,东盟^RAS^R,澳^RAU^R,日^RJP^R,新西兰^RNZ^R,柬KH,港HK,澳门MO,韩^RKR^R	0 受惠国LD	40

序号 No.	税则号列 Tariff Line	货品名称 Article Description	最惠国税率 MFN(%)	协定税率 Agreement(%)*		特惠税率 SP(%)	普通税率 Gen(%)
	73.04	**无缝钢铁管及空心异型材(铸铁的除外):** **Tubes, pipes and hollow profiles,** **seamless, of iron (other than cast** **iron) or steel:**					
		-石油或天然气管道管: -Line pipe of a kind used for oil or gas pipelines:					
		--不锈钢制: --Of stainless steel:					
5639	7304.1110	---外径大于等于215.9毫米,但不超过 406.4毫米 ---Having an outside diameter of 215.9mm or more but not exceeding 406.4mm	5	0	东盟AS,智CL,巴PK,新西兰NZ, 秘PE,哥CR,瑞CH,冰IS,澳AU,格 GE,毛MU,东盟^RAS^R,澳^RAU^R,新 西兰^RNZ^R,柬KH,港HK,澳门MO	0 受惠国LD	17
				0.5	韩KR		
				4	韩^RKR^R		
				4.1	日^RJP^R		
5640	7304.1120	---外径超过114.3毫米,但小于215.9 毫米 ---Having an outside diameter exceeding 114.3mm but less than 215.9mm	5	0	东盟AS,智CL,巴PK,新西兰NZ, 秘PE,哥CR,瑞CH,冰IS,澳AU,格 GE,毛MU,东盟^RAS^R,澳^RAU^R,新 西兰^RNZ^R,柬KH,港HK,澳门MO	0 受惠国LD	17
				0.5	韩KR		
				4	韩^RKR^R		
				4.1	日^RJP^R		
5641	7304.1130	---外径不超过114.3毫米 ---Having an outside diameter not exceeding 114.3mm	5	0	东盟AS,智CL,巴PK,新西兰NZ, 秘PE,哥CR,瑞CH,冰IS,澳AU,格 GE,毛MU,东盟^RAS^R,澳^RAU^R,新 西兰^RNZ^R,柬KH,港HK,澳门MO	0 受惠国LD	17
				0.5	韩KR		
				4	韩^RKR^R		
				4.1	日^RJP^R		
5642	7304.1190	---其他 ---Other	5	0	东盟AS,智CL,巴PK,新西兰NZ, 秘PE,哥CR,瑞CH,冰IS,韩KR, 澳AU,格GE,毛MU,东盟^RAS^R, 澳^RAU^R,日^RJP^R,新西兰^RNZ^R,柬 KH,港HK,澳门MO,韩^RKR^R	0 受惠国LD	17
		--其他: --Other:					
5643	7304.1910	---外径大于等于215.9毫米,但不超过 406.4毫米 ---Having an outside diameter of 215.9mm or more but not exceeding 406.4mm	5	0	东盟AS,智CL,巴PK,新西兰NZ, 秘PE,哥CR,瑞CH,冰IS,澳AU,格 GE,毛MU,东盟^RAS^R,澳^RAU^R,新 西兰^RNZ^R,柬KH,港HK,澳门MO	0 受惠国LD	17
				0.5	韩KR		
				4	韩^RKR^R		
				4.1	日^RJP^R		
5644	7304.1920	---外径超过114.3毫米,但小于215.9 毫米 ---Having an outside diameter exceeding 114.3mm but less than 215.9mm	5	0	东盟AS,智CL,巴PK,新西兰NZ, 秘PE,哥CR,瑞CH,冰IS,澳AU,格 GE,毛MU,东盟^RAS^R,澳^RAU^R,新 西兰^RNZ^R,柬KH,港HK,澳门MO	0 受惠国LD	17
				0.5	韩KR		
				4	韩^RKR^R		
				4.1	日^RJP^R		

序号 No.	税则号列 Tariff Line	货品名称 Article Description	最惠国税率 MFN(%)	协定税率 Agreement(%)		特惠税率 SP(%)	普通税率 Gen(%)
5645	7304.1930	---外径不超过114.3毫米 ---Having an outside diameter not 　　exceeding 114.3mm	5	0	东盟AS,智CL,巴PK,新西兰NZ, 秘PE,哥CR,瑞CH,冰IS,澳AU,格 GE,毛MU,东盟^RAS^R,澳^RAU^R,新 西兰^RNZ^R,柬KH,港HK,澳门MO	0	受惠国LD	17
				0.5	韩KR		
				4	韩^RKR^R		
				4.1	日^RJP^R		
5646	7304.1990	---其他 ---Other	5	0	东盟AS,智CL,巴PK,新西兰NZ, 秘PE,哥CR,瑞CH,冰IS,韩KR, 澳AU,格GE,毛MU,东盟^RAS^R, 澳^RAU^R,日^RJP^R,新西兰^RNZ^R,柬 KH,港HK,澳门MO,韩^RKR^R	0	受惠国LD	17
		-钻探石油及天然气用的套管、导管及 钻管: -Casing, tubing and drill pipe, of a kind 　used in drilling for oil or gas:						
		--不锈钢制钻管: --Drill pipe of stainless steel:						
5647	7304.2210	---外径不超过168.3毫米 ---Having an outside diameter not 　　exceeding 168.3mm	4	0	东盟AS,智CL,巴PK,新西兰NZ, 秘PE,哥CR,瑞CH,冰IS,韩KR, 澳AU,格GE,毛MU,东盟^RAS^R, 澳^RAU^R,日^RJP^R,新西兰^RNZ^R,柬 KH,港HK,澳门MO,韩^RKR^R	0	受惠国LD	17
5648	7304.2290	---其他 ---Other	4	0	东盟AS,智CL,巴PK,新西兰NZ, 秘PE,哥CR,瑞CH,冰IS,韩KR, 澳AU,格GE,毛MU,东盟^RAS^R, 澳^RAU^R,日^RJP^R,新西兰^RNZ^R,柬 KH,港HK,澳门MO,韩^RKR^R	0	受惠国LD	17
		--其他钻管: --Other drill pipe:						
5649	7304.2310	---外径不超过168.3毫米 ---Having an outside diameter not 　　exceeding 168.3mm	4	0	东盟AS,智CL,巴PK,新西兰NZ, 秘PE,哥CR,瑞CH,冰IS,韩KR, 澳AU,格GE,毛MU,东盟^RAS^R, 澳^RAU^R,日^RJP^R,新西兰^RNZ^R,柬 KH,港HK,澳门MO,韩^RKR^R	0	受惠国LD	17
5650	7304.2390	---其他 ---Other	4	0	东盟AS,智CL,巴PK,新西兰NZ, 秘PE,哥CR,瑞CH,冰IS,韩KR, 澳AU,格GE,毛MU,东盟^RAS^R, 澳^RAU^R,日^RJP^R,新西兰^RNZ^R,柬 KH,港HK,澳门MO,韩^RKR^R	0	受惠国LD	17
5651	7304.2400	--其他不锈钢管 --Other pipe, of stainless steel	4	0	东盟AS,智CL,巴PK,新西兰NZ,秘PE, 哥CR,瑞CH,冰IS,韩KR,澳AU,格GE, 毛MU,东盟^RAS^R,澳^RAU^R,新西兰 ^RNZ^R,柬KH,港HK,澳门MO,韩^RKR^R	0	受惠国LD	17
				2	亚太AP		
				3.6	日^RJP^R		
		--其他: --Other:						
5652	7304.2910	---屈服强度小于552兆帕斯卡的 ---Of a yield strength less than 552MPa	4	0	东盟AS,智CL,巴PK,新西兰NZ,秘 PE,哥CR,瑞CH,冰IS,韩KR,澳AU, 格GE,毛MU,东盟^RAS^R,日^RJP^R, 柬KH,港HK,澳门MO,韩^RKR^R	0	受惠国LD	17
				2	亚太AP		
				3.2	澳^RAU^R,新西兰^RNZ^R		

序号 No.	税则号列 Tariff Line	货品名称 Article Description	最惠国税率 MFN(%)	协定税率 Agreement(%)		特惠税率 SP(%)	普通税率 Gen(%)
5653	7304.2920	---屈服强度大于等于552兆帕斯卡, 但小于758兆帕斯卡的 ---Of a yield strength of 552MPa or more but less than 758MPa	4	0	东盟AS,智CL,巴PK,新西兰NZ,秘PE,哥CR,瑞CH,冰IS,韩KR,澳AU,格GE,毛MU,东盟^RAS^R,日^RJP^R,柬KH,港HK,澳门MO,韩^RKR^R	0 受惠国LD	17
				2	亚太AP		
				3.2	澳^RAU^R,新西兰^RNZ^R		
5654	7304.2930	---屈服强度大于等于758兆帕斯卡的 ---Of a yield strength of 758MPa or more	4	0	东盟AS,智CL,巴PK,新西兰NZ,的秘PE,哥CR,瑞CH,冰IS,韩KR,澳AU,格GE,毛MU,东盟^RAS^R,日^RJP^R,柬KH,港HK,澳门MO,韩^RKR^R	0 受惠国LD	17
				2	亚太AP		
				3.2	澳^RAU^R,新西兰^RNZ^R		
		-铁或非合金钢的其他圆形截面管: -Other, of circular cross-section, of iron or non-alloy steel:					
		--冷拔或冷轧的: --Cold-drawn or cold-rolled (cold-reduced):					
5655	7304.3110	---锅炉管 ---Boiler tubes and pipes	4	0	东盟AS,智CL,巴PK,新西兰NZ,秘PE,哥CR,瑞CH,冰IS,韩KR,澳AU,格GE,毛MU,东盟^RAS^R,澳^RAU^R,日^RJP^R,新西兰^RNZ^R,柬KH,港HK,澳门MO,韩^RKR^R	0 受惠国LD	17
5656	7304.3120	---地质钻管、套管 ---Geological casing and drill pipes	8	0	东盟AS,智CL,新西兰NZ,秘PE,哥CR,瑞CH,冰IS,韩KR,澳AU,格GE,毛MU,东盟^RAS^R,澳^RAU^R,新西兰^RNZ^R,柬KH,港HK,澳门MO,韩^RKR^R	0 受惠国LD	17
				1	巴PK		
				6.5	日^RJP^R		
5657	7304.3190	---其他 ---Other	4	0	东盟AS,智CL,巴PK,新西兰NZ,秘PE,哥CR,瑞CH,冰IS,韩KR,澳AU,格GE,毛MU,东盟^RAS^R,澳^RAU^R,新西兰^RNZ^R,柬KH,港HK,澳门MO,韩^RKR^R	0 受惠国LD	17
				3.6	日^RJP^R		
		--其他: --Other:					
5658	7304.3910	---锅炉管 ---Boiler tubes and pipes	4	0	东盟AS,智CL,巴PK,新西兰NZ,秘PE,哥CR,瑞CH,冰IS,韩KR,澳AU,格GE,毛MU,东盟^RAS^R,澳^RAU^R,日^RJP^R,新西兰^RNZ^R,柬KH,港HK,澳门MO,韩^RKR^R	0 受惠国LD	17
5659	7304.3920	---地质钻管、套管 ---Geological casing and drill pipes	5	0	东盟AS,智CL,巴PK,新西兰NZ,秘PE,哥CR,瑞CH,冰IS,韩KR,澳AU,格GE,毛MU,东盟^RAS^R,澳^RAU^R,日^RJP^R,新西兰^RNZ^R,柬KH,港HK,澳门MO,韩^RKR^R	0 受惠国LD	17

序号 No.	税则号列 Tariff Line	货品名称 Article Description	最惠国税率 MFN(%)		协定税率 Agreement(%)	特惠税率 SP(%)	普通税率 Gen(%)
5660	7304.3990	---其他 ---Other	4	0	东盟AS,智CL,巴PK,新西兰NZ,秘PE,哥CR,瑞CH,冰IS,澳AU,格GE,毛MU,东盟^RAS^R,澳^RAU^R,新西兰NZ^R,柬KH,港HK,澳门MO	0 受惠国LD	17
				0.4	韩KR		
				3.2	韩^RKR^R		
				3.3	日^RJP^R		
		-不锈钢的其他圆形截面管: -Other, of circular cross-section, of stainless steel:					
		--冷拔或冷轧的: --Cold-drawn or cold-rolled (cold-reduced):					
5661	7304.4110	---锅炉管 ---Boiler tubes and pipes	8	0	东盟AS,智CL,新西兰NZ,新加坡SG,秘PE,哥CR,瑞CH,冰IS,澳AU,格GE,毛MU,柬KH,港HK,澳门MO	0 受惠国LD	17
				1	巴PK,韩KR		
				9	东盟^RAS^R,澳^RAU^R,日^RJP^R,新西兰^RNZ^R,韩^RKR^R		
5662	7304.4190	---其他 ---Other	8	0	东盟AS,智CL,新西兰NZ,新加坡SG,秘PE,哥CR,瑞CH,冰IS,澳AU,格GE,毛MU,柬KH,港HK,澳门MO	0 受惠国LD	40
				1	巴PK		
				5.5	韩KR		
				9	东盟^RAS^R,澳^RAU^R,新西兰^RNZ^R		
		--其他: --Other:					
5663	7304.4910	---锅炉管 ---Boiler tubes and pipes	8	0	东盟AS,智CL,新西兰NZ,新加坡SG,秘PE,哥CR,瑞CH,冰IS,澳AU,格GE,毛MU,东盟^RAS^R,澳^RAU^R,新西兰^RNZ^R,柬KH,港HK,澳门MO	0 受惠国LD	17
				1	巴PK,韩KR		
				8	韩^RKR^R		
				8.2	日^RJP^R		
5664	7304.4990	---其他 ---Other	8	0	东盟AS,智CL,新西兰NZ,新加坡SG,秘PE,哥CR,瑞CH,冰IS,澳AU,格GE,毛MU,柬KH,港HK,澳门MO	0 受惠国LD	40
				1	巴PK,韩KR		
				8	东盟^RAS^R,澳^RAU^R,新西兰^RNZ^R,韩^RKR^R		
				8.2	日^RJP^R		
		-其他合金钢的其他圆形截面管: -Other, of circular cross-section, of other alloy steel:					
		--冷拔或冷轧的: --Cold-drawn or cold-rolled (cold-reduced):					

序号 No.	税则号列 Tariff Line	货品名称 Article Description	最惠国税率 MFN(%)	协定税率 Agreement(%)		特惠税率 SP(%)	普通税率 Gen(%)
5665	7304.5110	---锅炉管 ---Boiler tubes and pipes	4	0	东盟AS,智CL,巴PK,新西兰NZ,秘PE,哥CR,瑞CH,冰IS,韩KR,澳AU,格GE,毛MU,东盟^{R}AS^R,澳^{R}AU^R,日^{R}JP^R,新西兰^{R}NZ^R,柬KH,港HK,澳门MO,韩^{R}KR^R	0 受惠国LD	17
5666	7304.5120	---地质钻管、套管 ---Geological casing and drill pipes	4	0	东盟AS,智CL,巴PK,新西兰NZ,秘PE,哥CR,瑞CH,冰IS,韩KR,澳AU,格GE,毛MU,东盟^{R}AS^R,澳^{R}AU^R,日^{R}JP^R,新西兰^{R}NZ^R,柬KH,港HK,澳门MO,韩^{R}KR^R	0 受惠国LD	17
5667	7304.5190	---其他 ---Other	4	0	东盟AS,智CL,巴PK,新西兰NZ,秘PE,哥CR,瑞CH,冰IS,韩KR,澳AU,格GE,毛MU,东盟^{R}AS^R,澳^{R}AU^R,日^{R}JP^R,新西兰^{R}NZ^R,柬KH,港HK,澳门MO,韩^{R}KR^R	0 受惠国LD	17
		--其他: --Other:					
5668	7304.5910	---锅炉管 ---Boiler tubes and pipes	4	0 3.2	东盟AS,智CL,巴PK,新西兰NZ,秘PE,哥CR,瑞CH,冰IS,韩KR,澳AU,格GE,毛MU,东盟^{R}AS^R,日^{R}JP^R,柬KH,港HK,澳门MO,韩^{R}KR^R 澳^{R}AU^R,新西兰^{R}NZ^R	0 受惠国LD	17
5669	7304.5920	---地质钻管、套管 ---Geological casing and drill pipes	4	0	东盟AS,智CL,巴PK,新西兰NZ,秘PE,哥CR,瑞CH,冰IS,韩KR,澳AU,格GE,毛MU,东盟^{R}AS^R,澳^{R}AU^R,日^{R}JP^R,新西兰^{R}NZ^R,柬KH,港HK,澳门MO,韩^{R}KR^R	0 受惠国LD	17
5670	7304.5990	---其他 ---Other	4	0 3.2	东盟AS,智CL,巴PK,新西兰NZ,秘PE,哥CR,瑞CH,冰IS,韩KR,澳AU,格GE,毛MU,东盟^{R}AS^R,日^{R}JP^R,柬KH,港HK,澳门MO,韩^{R}KR^R 澳^{R}AU^R,新西兰^{R}NZ^R	0 受惠国LD	17
5671	7304.9000	-其他 -Other	4	0	东盟AS,智CL,巴PK,新西兰NZ,秘PE,哥CR,瑞CH,冰IS,韩KR,澳AU,格GE,毛MU,东盟^{R}AS^R,澳^{R}AU^R,日^{R}JP^R,新西兰^{R}NZ^R,柬KH,港HK,澳门MO,韩^{R}KR^R	0 受惠国LD	17
	73.05	其他圆形截面钢铁管(例如,焊、铆及用类似方法接合的管),外径超过406.4毫米: Other tubes and pipes (for example, welded, riveted or similarly closed), having circular cross-sections, the external diameter of which exceeds 406.4mm, of iron or steel:					
		-石油或天然气管道管: -Line pipe of a kind used for oil or gas pipelines:					
5672	7305.1100	--纵向埋弧焊接的 --Longitudinally submerged arc welded	7	0 1 2.8 5.6 6.1	东盟AS,智CL,新西兰NZ,秘PE,哥CR,瑞CH,冰IS,澳AU,格GE,毛MU,柬KH,港HK,澳门MO 巴PK 韩KR 东盟^{R}AS^R,澳^{R}AU^R,新西兰^{R}NZ^R,韩^{R}KR^R 日^{R}JP^R	0 受惠国LD	17

序号 No.	税则号列 Tariff Line	货品名称 Article Description	最惠国税率 MFN(%)		协定税率 Agreement(%)	特惠税率 SP(%)	普通税率 Gen(%)
5673	7305.1200	--其他纵向焊接的 --Other, longitudinally welded	3	0	东盟AS,智CL,巴PK,新西兰NZ,秘PE,哥CR,瑞CH,冰IS,韩KR,澳AU,格GE,毛MU,东盟^RAS^R,澳^RAU^R,日^RJP^R,新西兰^RNZ^R,柬KH,港HK,澳门MO,韩^RKR^R	0 受惠国LD	17
5674	7305.1900	--其他 --Other	7	0	东盟AS,智CL,新西兰NZ,秘PE,哥CR,瑞CH,冰IS,韩KR,澳AU,格GE,毛MU,东盟^RAS^R,澳^RAU^R,新西兰^RNZ^R,柬KH,港HK,澳门MO,韩^RKR^R	0 受惠国LD	17
				1	巴PK		
				5.7	日^RJP^R		
5675	7305.2000	-钻探石油或天然气用套管 -Casing of a kind used in drilling for oil or gas	7	0	东盟AS,智CL,新西兰NZ,秘PE,哥CR,瑞CH,冰IS,韩KR,澳AU,格GE,毛MU,东盟^RAS^R,澳^RAU^R,新西兰^RNZ^R,柬KH,港HK,澳门MO,韩^RKR^R	0 受惠国LD	17
				1	巴PK		
				5.7	日^RJP^R		
		-其他焊接的: -Other, welded:					
5676	7305.3100	--纵向焊接的 --Longitudinally welded	6	0	东盟AS,智CL,巴PK,新西兰NZ,秘PE,哥CR,瑞CH,冰IS,澳AU,格GE,毛MU,柬KH,港HK,澳门MO	0 受惠国LD	30
				2.4	韩KR		
				4.8	东盟^RAS^R,澳^RAU^R,新西兰^RNZ^R,韩^RKR^R		
				5.3	日^RJP^R		
5677	7305.3900	--其他 --Other	6	0	东盟AS,智CL,巴PK,新西兰NZ,秘PE,哥CR,瑞CH,冰IS,澳AU,格GE,毛MU,柬KH,港HK,澳门MO	0 受惠国LD	30
				2.4	韩KR		
				4.8	东盟^RAS^R,澳^RAU^R,新西兰^RNZ^R,韩^RKR^R		
				5.3	日^RJP^R		
5678	7305.9000	-其他 -Other	6	0	东盟AS,智CL,巴PK,新西兰NZ,秘PE,哥CR,瑞CH,冰IS,韩KR,澳AU,格GE,毛MU,东盟^RAS^R,澳^RAU^R,日^RJP^R,新西兰^RNZ^R,柬KH,港HK,澳门MO,韩^RKR^R	0 受惠国LD	30
	73.06	其他钢铁管及空心异型材(例如,辊缝、焊、铆及类似方法接合的): Other tubes, pipes and hollow profiles (for example, open seam or welded, riveted or similarly closed), of iron or steel:					
		-石油及天然气管道管: -Line pipe of a kind used for oil or gas pipelines:					

序号 No.	税则号列 Tariff Line	货品名称 Article Description	最惠国税率 MFN(%)	协定税率 Agreement(%)		特惠税率 SP(%)	普通税率 Gen(%)
5679	7306.1100	--不锈钢焊缝管 --Welded, of stainless steel	7	0	东盟AS,智CL,新西兰NZ,秘PE, 哥CR,瑞CH,冰IS,澳AU,格GE, 毛MU,东盟^RAS^R,澳^RAU^R,新西 兰^RNZ^R,柬KH,港HK,澳门MO	0 受惠国LD	17
				0.7	韩KR		
				1	巴PK		
				5.6	韩^RKR^R		
				5.7	日^RJP^R		
5680	7306.1900	--其他 - Other	7	0	东盟AS,智CL,新西兰NZ,秘PE, 哥CR,瑞CH,冰IS,澳AU,格GE, 毛MU,柬KH,港HK,澳门MO	0 受惠国LD	17
				1	巴PK		
				2.8	韩KR		
				5.6	东盟^RAS^R,澳^RAU^R,新西兰^RNZ^R, 韩^RKR^R		
				6.1	日^RJP^R		
		-钻探石油及天然气用的套管及导管: -Casing and tubing of a kind used in drilling for oil or gas:					
5681	7306.2100	--不锈钢焊缝管 --Welded, of stainless steel	3	0	东盟AS,智CL,巴PK,新西兰NZ, 秘PE,哥CR,瑞CH,冰IS,韩KR, 澳AU,格GE,毛MU,东盟^RAS^R, 澳^RAU^R,日^RJP^R,新西兰^RNZ^R,柬 KH,港HK,澳门MO,韩^RKR^R	0 受惠国LD	17
5682	7306.2900	--其他 -- Other	3	0	东盟AS,智CL,巴PK,新西兰NZ, 秘PE,哥CR,瑞CH,冰IS,韩KR, 澳AU,格GE,毛MU,东盟^RAS^R, 澳^RAU^R,日^RJP^R,新西兰^RNZ^R,柬 KH,港HK,澳门MO,韩^RKR^R	0 受惠国LD	17
		-铁或非合金钢的其他圆形截面焊 缝管: -Other, welded, of circular cross- section, of iron or non-alloy steel:					
		---外径不超过10毫米的: ---Having an outside diameter not exceeding 10mm:					
5683	7306.3011	----壁厚在0.7毫米及以下 ----Of a wall thickness of 0.7mm or less	3	0	东盟AS,智CL,巴PK,新西兰NZ, 秘PE,哥CR,瑞CH,冰IS,韩KR, 澳AU,格GE,毛MU,东盟^RAS^R,日 ^RJP^R,柬KH,港HK,澳门MO,韩 ^RKR^R	0 受惠国LD	30
				2.4	澳^RAU^R,新西兰^RNZ^R		
5684	7306.3019	----其他 ----Other	3	0	东盟AS,智CL,巴PK,新西兰NZ, 秘PE,哥CR,瑞CH,冰IS,澳AU,格 GE,毛MU,柬KH,港HK,澳门MO	0 受惠国LD	30
				1.2	韩KR		
				2.4	东盟^RAS^R,澳^RAU^R,新西兰^RNZ^R, 韩^RKR^R		
				2.6	日^RJP^R		

序号 No.	税则号列 Tariff Line	货品名称 Article Description	最惠国税率 MFN(%)	协定税率 Agreement(%)		特惠税率 SP(%)		普通税率 Gen(%)
5685	7306.3090	---其他 ---Other	'3	0	东盟AS,智CL,巴PK,新西兰NZ, 秘PE,哥CR,瑞CH,冰IS,澳AU,格 GE,毛MU,柬KH,港HK,澳门MO	0	受惠国LD	30
				1.2	韩KR			
				2.4	东盟^{R}AS^R,澳^{R}AU^R,新西兰^{R}NZ^R, 韩^{R}KR^R			
				2.6	日^{R}JP^R			
5686	7306.4000	-不锈钢的其他圆形截面焊缝管 -Other, welded, of circular cross- section, of stainless steel	6	0	东盟AS,智CL,巴PK,新西兰NZ, 秘PE,哥CR,瑞CH,冰IS,澳AU,格 GE,毛MU,柬KH,港HK,澳门MO	0	受惠国LD	30
				5	东盟^{R}AS^R,澳^{R}AU^R,新西兰^{R}NZ^R			
5687	7306.5000	-其他合金钢的圆形截面焊缝管 -Other, welded, of circular cross- section, of other alloy steel	3	0	东盟AS,智CL,巴PK,新西兰NZ, 秘PE,哥CR,瑞CH,冰IS,澳AU,格 GE,毛MU,柬KH,港HK,澳门MO	0	受惠国LD	30
				1.2	韩KR			
				2.4	东盟^{R}AS^R,澳^{R}AU^R,新西兰^{R}NZ^R, 韩^{R}KR^R			
				2.6	日^{R}JP^R			
		-非圆形截面的其他焊缝管: -Other, welded, of non-circular cross- section:						
5688	7306.6100	--矩形或正方形截面 --Of square or rectangular cross-section	3	0	东盟AS,智CL,巴PK,新西兰NZ, 秘PE,哥CR,瑞CH,冰IS,韩KR, 澳AU,格GE,毛MU,东盟^{R}AS^R, 澳^{R}AU^R,日^{R}JP^R,新西兰^{R}NZ^R,柬 KH,港HK,澳门MO,韩^{R}KR^R	0	受惠国LD	30
5689	7306.6900	--其他非圆形截面 --Of other non-circular cross-section	3	0	东盟AS,智CL,巴PK,新西兰NZ, 秘PE,哥CR,瑞CH,冰IS,澳AU,格 GE,毛MU,柬KH,港HK,澳门MO	0	受惠国LD	30
				1.2	韩KR			
				2.4	东盟^{R}AS^R,澳^{R}AU^R,新西兰^{R}NZ^R, 韩^{R}KR^R			
				2.6	日^{R}JP^R			
5690	7306.9000	-其他 -Other	6	0	东盟AS,智CL,巴PK,新西兰NZ, 秘PE,哥CR,瑞CH,冰IS,澳AU,格 GE,毛MU,柬KH,港HK,澳门MO	0	受惠国LD	30
				5	东盟^{R}AS^R,澳^{R}AU^R,新西兰^{R}NZ^R			
	73.07	管子附件(例如,接头、肘管、管套): Tube or pipe fittings (for example, couplings, elbows, sleeves), of iron or steel:						
		-铸件: -Cast fittings:						
5691	7307.1100	--无可锻性铸铁制 --Of non-malleable cast iron	5	0	东盟AS,智CL,巴PK,新西兰NZ, 秘PE,哥CR,瑞CH,冰IS,韩KR, 澳AU,格GE,毛MU,东盟^{R}AS^R, 澳^{R}AU^R,日^{R}JP^R,新西兰^{R}NZ^R,柬 KH,港HK,澳门MO,韩^{R}KR^R	0	受惠国LD	20
5692	7307.1900	--其他 --Other	8	0	东盟AS,智CL,新西兰NZ,秘PE,哥 CR,瑞CH,冰IS,韩KR,澳AU,格GE,毛 MU,东盟^{R}AS^R,澳^{R}AU^R,新西兰^{R}NZ^R, 柬KH,港HK,澳门MO,韩^{R}KR^R	0	受惠国LD	20
				1	巴PK			
				6.5	日^{R}JP^R			

序号 No.	税则号列 Tariff Line	货品名称 Article Description	最惠国税率 MFN(%)		协定税率 Agreement(%)	特惠税率 SP(%)	普通税率 Gen(%)
		-其他, 不锈钢制: -Other, of stainless steel:					
5693	7307.2100	--法兰 --Flanges	8	0	东盟AS,智CL,新西兰NZ,秘PE, 哥CR,瑞CH,冰IS,韩KR,澳AU, 格GE,毛MU,东盟^RAS^R,澳^RAU^R, 新西兰^RNZ^R,柬KH,港HK,澳门 MO,韩^RKR^R	0 受惠国LD	20
				4	巴PK		
				6.4	亚太AP		
				6.9	日^RJP^R		
5694	7307.2200	--螺纹肘管、弯管及管套 --Threaded elbows, bends and sleeves	8	0	东盟AS,智CL,新西兰NZ,秘PE, 哥CR,瑞CH,冰IS,韩KR,澳AU, 格GE,毛MU,东盟^RAS^R,澳^RAU^R, 新西兰^RNZ^R,柬KH,港HK,澳门 MO,韩^RKR^R	0 受惠国LD	20
				1	巴PK		
				6.9	日^RJP^R		
5695	7307.2300	--对焊件 --Butt welding fittings	8	0	东盟AS,智CL,新西兰NZ,秘PE, 哥CR,瑞CH,冰IS,韩KR,澳AU,格GE, 毛MU,东盟^RAS^R,澳^RAU^R,新西兰 ^RNZ^R,柬KH,港HK,澳门MO,韩^RKR^R	0 受惠国LD	20
				1	巴PK		
				6.9	日^RJP^R		
5696	7307.2900	--其他 --Other	8	0	东盟AS,智CL,新西兰NZ,秘PE, 哥CR,瑞CH,冰IS,澳AU,格GE, 毛MU,柬KH,港HK,澳门MO	0 受惠国LD	20
				1	巴PK		
				5	东盟^RAS^R,澳^RAU^R,新西兰^RNZ^R		
		-其他: -Other:					
5697	7307.9100	--法兰 --Flanges	7	0	东盟AS,智CL,新西兰NZ,秘PE, 哥CR,瑞CH,冰IS,澳AU,格GE, 毛MU,柬KH,港HK,澳门MO	0 受惠国LD	20
				2.8	韩KR		
				4	巴PK		
				5.6	东盟^RAS^R,澳^RAU^R,新西兰^RNZ^R, 韩^RKR^R		
				6.1	日^RJP^R		
5698	7307.9200	--螺纹肘管、弯管及管套 --Threaded elbows, bends and sleeves	4	0	东盟AS,智CL,巴PK,新西兰NZ,秘 PE,哥CR,瑞CH,冰IS,韩KR,澳AU, 格GE,毛MU,东盟^RAS^R,日^RJP^R, 柬KH,港HK,澳门MO,韩^RKR^R	0 受惠国LD	20
				3.2	澳^RAU^R,新西兰^RNZ^R		
5699	7307.9300	--对焊件 --Butt welding fittings	7	0	东盟AS,智CL,新西兰NZ,秘PE, 哥CR,瑞CH,冰IS,韩KR,澳AU, 格GE,毛MU,东盟^RAS^R,澳^RAU^R, 新西兰^RNZ^R,柬KH,港HK,澳门 MO,韩^RKR^R	0 受惠国LD	20
				1	巴PK		
				5.7	日^RJP^R		

序号 No.	税则号列 Tariff Line	货品名称 Article Description	最惠国税率 MFN(%)		协定税率 Agreement(%)	特惠税率 SP(%)	普通税率 Gen(%)
5700	7307.9900	--其他 --Other	4	0	东盟AS,智CL,巴PK,新西兰NZ,秘PE,哥CR,瑞CH,冰IS,韩KR,澳AU,格GE,毛MU,东盟^RAS^R,澳^RAU^R,日^RJP^R,新西兰^RNZ^R,柬KH,港HK,澳门MO,韩^RKR^R	0 受惠国LD	20
	73.08	钢铁结构体(税目94.06的活动房屋除外)及其部件(例如,桥梁及桥梁体段、闸门、塔楼、格构杆、屋顶、屋顶框架、门窗及其框架、门槛、百叶窗、栏杆、支柱及立柱);上述结构体用的已加工钢铁板、杆、角材、型材、异型材、管子及类似品: Structures (excluding prefabricated buildings of heading 94.06) and parts of structures (for example, bridges and bridge-sections, lock-gates, towers, lattice masts, roofs, roofing frameworks, doors and windows and their frames and thresholds for doors, shutters, balustrades, pillars and columns), of iron or steel; plates, rods, angles, shapes, sections, tubes and the like, prepared for use in structures, of iron or steel:					
5701	7308.1000	-桥梁及桥梁体段 -Bridges and bridge-sections	8	0	东盟AS,智CL,巴PK,新西兰NZ,秘PE,哥CR,瑞CH,冰IS,韩KR,澳AU,格GE,毛MU,东盟^RAS^R,澳^RAU^R,新西兰^RNZ^R,柬KH,港HK,澳门MO,韩^RKR^R	0 受惠国LD	30
				6.5	日^RJP^R		
5702	7308.2000	-塔楼及格构杆 -Towers and lattice masts	8	0	东盟AS,智CL,巴PK,新西兰NZ,秘PE,哥CR,瑞CH,冰IS,澳AU,格GE,毛MU,东盟^RAS^R,澳^RAU^R,新西兰^RNZ^R,柬KH,港HK,澳门MO	0 受惠国LD	30
				0.8	韩KR		
				6.7	韩^RKR^R		
				6.9	日^RJP^R		
5703	7308.3000	-门窗及其框架、门槛 -Doors, windows and their frames and thresholds for doors	8	0	东盟AS,智CL,巴PK,新西兰NZ,新加坡SG,秘PE,哥CR,瑞CH,冰IS,澳AU,格GE,毛MU,东盟^RAS^R,澳^RAU^R,新西兰^RNZ^R,柬KH,港HK,澳门MO	0 受惠国LD	50
				1	韩KR		
				8	韩^RKR^R		
				8.2	日^RJP^R		
5704	7308.4000	-脚手架、模板或坑道支撑用的支柱及类似设备 -Equipment for scaffolding, shuttering, propping or pit-propping	8	0	东盟AS,智CL,巴PK,新西兰NZ,秘PE,哥CR,瑞CH,冰IS,韩KR,澳AU,格GE,毛MU,东盟^RAS^R,澳^RAU^R,新西兰^RNZ^R,柬KH,港HK,澳门MO,韩^RKR^R	0 受惠国LD	30
				6.9	日^RJP^R		
5705	7308.9000	-其他 -Other	4	0	东盟AS,智CL,巴PK,新西兰NZ,秘PE,哥CR,瑞CH,冰IS,韩KR,澳AU,格GE,毛MU,东盟^RAS^R,澳^RAU^R,日^RJP^R,新西兰^RNZ^R,柬KH,港HK,澳门MO,韩^RKR^R	0 受惠国LD	30

序号 No.	税则号列 Tariff Line	货品名称 Article Description	最惠国税率 MFN(%)	协定税率 Agreement(%)		特惠税率 SP(%)	普通税率 Gen(%)
	73.09	盛装物料用的钢铁囤、柜、罐、桶及类似容器(装压缩气体或液化气体的除外),容积超过300升,不论是否衬里或隔热,但无机械或热力装置: Reservoirs, tanks, vats and similar containers for any material (other than compressed or liquefied gas), of iron or steel, of a capacity exceeding 300L, whether or not lined or heat-insulated, but not fitted with mechanical or thermal equipment:					
5706	7309.0000	盛装物料用的钢铁囤、柜、罐、桶及类似容器(装压缩气体或液化气体的除外),容积超过300升,不论是否衬里或隔热,但无机械或热力装置 Reservoirs, tanks, vats and similar containers for any material (other than compressed or liquefied gas), of iron or steel, of a capacity exceeding 300L, whether or not lined or heat-insulated, but not fitted with mechanical or thermal equipment	8	0 1 3 8.4 8.6	东盟AS,智CL,新西兰NZ,新加坡SG,秘PE,哥CR,瑞CH,冰IS,澳AU,格GE,毛MU,柬KH,港HK,澳门MO 韩KR 巴PK 东盟^RAS^R,澳^RAU^R,新西兰^RNZ^R,韩^RKR^R 日^RJP^R	0 受惠国LD	35
	73.10	盛装物料用的钢铁柜、桶、罐、听、盒及类似容器(装压缩气体或液化气体的除外),容积不超过300升,不论是否衬里或隔热,但无机械或热力装置: Tanks, casks, drums, cans, boxes and similar containers, for any material (other than compressed or liquefied gas), of iron or steel, of a capacity not exceeding 300L, whether or not lined or heat-insulated, but not fitted with mechanical or thermal equipment:					
5707	7310.1000	-容积在50升及以上 -Of a capacity of 50L or more	8	0 3 5.7 9.5	东盟AS,智CL,新西兰NZ,新加坡SG,秘PE,哥CR,瑞CH,冰IS,澳AU,格GE,毛MU,柬KH,港HK,澳门MO 巴PK 韩KR 东盟^RAS^R,澳^RAU^R,新西兰^RNZ^R	0 受惠国LD	40
		-容积在50升以下: -Of a capacity of less than 50L:					
		--焊边或卷边接合的罐: --Cans which are to be closed by soldering or crimping:					
5708	7310.2110	---易拉罐及罐体 ---Steel tear tab ends and bodies thereof	8	0 1.7 14 14.3	东盟AS,智CL,新西兰NZ,新加坡SG,秘PE,哥CR,瑞CH,冰IS,澳AU,格GE,毛MU,东盟^RAS^R,澳^RAU^R,新西兰^RNZ^R,柬KH,港HK,澳门MO 韩KR 巴PK,韩^RKR^R 日^RJP^R	0 受惠国LD	70

序号 No.	税则号列 Tariff Line	货品名称 Article Description	最惠国税率 MFN(%)	协定税率 Agreement(%)		特惠税率 SP(%)	普通税率 Gen(%)
5709	7310.2190	---其他 ---Other	8	0	东盟AS,智CL,新西兰NZ,新加坡 SG,秘PE,哥CR,瑞CH,冰IS,澳AU, 格GE,毛MU,东盟^RAS^R,澳^RAU^R,新 西兰^RNZ^R,柬KH,港HK,澳门MO	0 受惠国LD	70
				1.7	韩KR		
				14	巴PK,韩^RKR^R		
				14.3	日^RJP^R		
		--其他: --Other:					
5710	7310.2910	---易拉罐及罐体 ---Steel tear tab ends and bodies thereof	8	0	东盟AS,智CL,新西兰NZ,新加 坡SG,秘PE,哥CR,冰IS,澳AU,格 GE,毛MU,东盟^RAS^R,澳^RAU^R,新 西兰^RNZ^R,柬KH,港HK,澳门MO	0 受惠国LD	70
				1.7	韩KR		
				2.9	瑞CH		
				14	巴PK,韩^RKR^R		
				14.3	日^RJP^R		
5711	7310.2990	---其他 ---Other	8	0	东盟AS,智CL,新西兰NZ,新加 坡SG,秘PE,哥CR,冰IS,澳AU,格 GE,毛MU,东盟^RAS^R,澳^RAU^R,新 西兰^RNZ^R,柬KH,港HK,澳门MO	0 受惠国LD	70
				1.7	韩KR		
				2.9	瑞CH		
				14	巴PK,韩^RKR^R		
				14.3	日^RJP^R		
	73.11	装压缩气体或液化气体用的钢铁 容器: **Containers for compressed or liquefied gas, of iron or steel:**					
5712	7311.0010	---零售包装用 ---For retail packing	8	0	东盟AS,智CL,新西兰NZ,新加坡 SG,秘PE,哥CR,瑞CH,冰IS,澳AU, 格GE,毛MU,东盟^RAS^R,澳^RAU^R,新 西兰^RNZ^R,柬KH,港HK,澳门MO	0 受惠国LD	70
				1.7	韩KR		
				14	巴PK,韩^RKR^R		
				14.3	日^RJP^R		
5713	7311.0090	---其他 ---Other	8	0	东盟AS,智CL,新西兰NZ,秘PE, 哥CR,瑞CH,冰IS,澳AU,格GE, 毛MU,柬KH,港HK,澳门MO	0 受惠国LD	17
				1	巴PK		
				3.2	韩KR		
				6.9	东盟^RAS^R,韩^RKR^R		
				7	日^RJP^R		
				7.2	澳^RAU^R,新西兰^RNZ^R		
	73.12	非绝缘的钢铁绞股线、绳、缆、编带、吊 索及类似品: **Stranded wire, ropes, cables, plaited bands, slings and the like, of iron or steel, not electrically insulated:**					

序号 No.	税则号列 Tariff Line	货品名称 Article Description	最惠国税率 MFN(%)	协定税率 Agreement(%)		特惠税率 SP(%)	普通税率 Gen(%)
5714	7312.1000	-绞股线、绳、缆 -Stranded wire, ropes and cables	4	0	东盟AS,智CL,巴PK,新西兰NZ, 秘PE,哥CR,瑞CH,冰IS,韩KR, 澳AU,格GE,毛MU,东盟^RAS^R, 澳^RAU^R,日^RJP^R,新西兰^RNZ^R,柬 KH,港HK,澳门MO,韩^RKR^R	0 受惠国LD	20
5715	7312.9000	-其他 -Other	4	0	东盟AS,智CL,巴PK,新西兰NZ,秘 PE,哥CR,瑞CH,冰IS,韩KR,澳AU, 格GE,毛MU,东盟^RAS^R,日^RJP^R,柬 KH,港HK,澳门MO,韩^RKR^R	0 受惠国LD	20
				3.2	澳^RAU^R,新西兰^RNZ^R		
	73.13	带刺钢铁丝;围篱用的钢铁绞带或单股扁丝(不论是否带刺)及松绞的双股丝: Barbed wire of iron or steel; twisted hoop or single flat wire, barbed or not, and loosely twisted double wire, of a kind used for fencing, of iron or steel:					
5716	7313.0000	带刺钢铁丝;围篱用的钢铁绞带或单股扁丝(不论是否带刺)及松绞的双股丝 Barbed wire of iron or steel;twisted hoop or single flat wire, barbed or not, and loosely twisted double wire, of a kind used for fencing, of iron or steel	7	0	东盟AS,智CL,新西兰NZ,秘PE, 哥CR,瑞CH,冰IS,韩KR,澳AU, 格GE,毛MU,东盟^RAS^R,澳^RAU^R, 新西兰^RNZ^R,柬KH,港HK,澳门 MO,韩^RKR^R	0 受惠国LD	70
				1	巴PK		
				5.7	日^RJP^R		
				6.3	亚太AP		
	73.14	钢铁丝制的布(包括环形带)、网、篱、格栅;网眼钢铁板: Cloth (including endless bands), grill, netting and fencing, of iron or steel wire; expanded metal of iron or steel:					
		-机织品: -Woven cloth:					
5717	7314.1200	--不锈钢制的机器用环形带 --Endless bands for machinery, of stainless steel	8	0	东盟AS,智CL,新西兰NZ,新加 坡SG,秘PE,哥CR,冰IS,澳AU,格 GE,毛MU,东盟^RAS^R,澳^RAU^R,新 西兰^RNZ^R,柬KH,港HK,澳门MO	0 受惠国LD	20
				1.2	韩KR		
				3.6	巴PK		
				4.8	瑞CH		
				9.6	韩^RKR^R		
				9.8	日^RJP^R		
5718	7314.1400	--不锈钢制的其他机织品 --Other woven cloth, of stainless steel	8	0	东盟AS,智CL,新西兰NZ,新加 坡SG,秘PE,哥CR,瑞CH,冰IS,澳 AU,格GE,毛MU,柬KH,港HK,澳 门MO	0 受惠国LD	20
				1.2	韩KR		
				3.6	巴PK		
				9.6	东盟^RAS^R,澳^RAU^R,新西兰^RNZ^R, 韩^RKR^R		
				9.8	日^RJP^R		

序号 No.	税则号列 Tariff Line	货品名称 Article Description	最惠国税率 MFN(%)	协定税率 Agreement(%)		特惠税率 SP(%)		普通税率 Gen(%)
5719	7314.1900	--其他 --Other	7	0	东盟AS,智CL,新西兰NZ,秘PE,哥CR,冰IS,韩KR,澳AU,格GE,毛MU,东盟^RAS^R,澳^RAU^R,新西兰^RNZ^R,柬KH,港HK,澳门MO,韩^RKR^R	0	受惠国LD	20
				2.1	巴PK			
				5.7	日^RJP^R			
5720	7314.2000	-交点焊接的网、篱及格栅,其丝的最大截面尺寸在3毫米及以上,网眼尺寸在100平方厘米及以上 -Grill, netting and fencing, welded at the intersection, of wire with a maximum cross-sectional dimension of 3mm or more and having a mesh size of 100cm² or more	7	0	东盟AS,智CL,新西兰NZ,秘PE,哥CR,瑞CH,冰IS,韩KR,澳AU,格GE,毛MU,东盟^RAS^R,澳^RAU^R,新西兰^RNZ^R,柬KH,港HK,澳门MO,韩^RKR^R	0	受惠国LD	70
				1	巴PK			
				5.7	日^RJP^R			
		-其他交点焊接的网、篱及格栅: -Other grill, netting and fencing, welded at the intersection:						
5721	7314.3100	--镀或涂锌的 --Plated or coated with zinc	7	0	东盟AS,智CL,新西兰NZ,秘PE,哥CR,瑞CH,冰IS,韩KR,澳AU,格GE,毛MU,东盟^RAS^R,澳^RAU^R,新西兰^RNZ^R,柬KH,港HK,澳门MO,韩^RKR^R	0	受惠国LD	70
				1	巴PK			
				5.7	日^RJP^R			
5722	7314.3900	--其他 --Other	7	0	东盟AS,智CL,新西兰NZ,秘PE,哥CR,瑞CH,冰IS,澳AU,格GE,毛MU,东盟^RAS^R,澳^RAU^R,新西兰^RNZ^R,柬KH,港HK,澳门MO	0	受惠国LD	70
				0.7	韩KR			
				1	巴PK			
				5.6	韩^RKR^R			
				5.7	日^RJP^R			
		-其他网、篱及格栅: -Other cloth, grill, netting and fencing:						
5723	7314.4100	--镀或涂锌的 --Plated or coated with zinc	8	0	东盟AS,智CL,新西兰NZ,秘PE,哥CR,瑞CH,冰IS,韩KR,澳AU,格GE,毛MU,东盟^RAS^R,澳^RAU^R,新西兰^RNZ^R,柬KH,港HK,澳门MO,韩^RKR^R	0	受惠国LD	20
				1	巴PK			
				6	亚太AP			
				6.5	日^RJP^R			
5724	7314.4200	--涂塑的 --Coated whith plastics	8	0	东盟AS,智CL,新西兰NZ,秘PE,哥CR,瑞CH,冰IS,澳AU,格GE,毛MU,东盟^RAS^R,澳^RAU^R,新西兰^RNZ^R,柬KH,港HK,澳门MO	0	受惠国LD	20
				0.8	韩KR			
				1	巴PK			
				6.4	韩^RKR^R			
				6.5	日^RJP^R			

序号 No.	税则号列 Tariff Line	货品名称 Article Description	最惠国税率 MFN(%)	协定税率 Agreement(%)		特惠税率 SP(%)	普通税率 Gen(%)
5725	7314.4900	--其他 --Other	8	0	东盟AS,智CL,新西兰NZ,秘PE,哥CR,瑞CH,冰IS,韩KR,澳AU,格GE,毛MU,柬KH,港HK,澳门MO	0 受惠国LD	20
				1	巴PK		
				6.4	东盟^{R}AS^R,澳^{R}AU^R,新西兰^{R}NZ^R,韩^{R}KR^R		
				6.5	日^{R}JP^R		
5726	7314.5000	-网眼钢铁板 -Expanded metal	8	0	东盟AS,智CL,新西兰NZ,秘PE,哥CR,瑞CH,冰IS,韩KR,澳AU,格GE,毛MU,东盟^{R}AS^R,澳^{R}AU^R,新西兰^{R}NZ^R,柬KH,港HK,澳门MO,韩^{R}KR^R	0 受惠国LD	70
				1	巴PK		
				6.5	日^{R}JP^R		
	73.15	**钢铁链及其零件:** **Chain and parts thereof, of iron or steel:**					
		-铰接链及其零件: -Articulated link chain and parts thereof:					
		--滚子链: --Roller chain:					
5727	7315.1110	---自行车用 ---For bicycles	8	0	东盟AS,智CL,新西兰NZ,新加坡SG,秘PE,哥CR,瑞CH,冰IS,澳AU,格GE,毛MU,东盟^{R}AS^R,澳^{R}AU^R,新西兰^{R}NZ^R,柬KH,港HK,澳门MO	0 受惠国LD	80
				1.2	韩KR		
				4.8	巴PK		
				9.6	韩^{R}KR^R		
				9.8	日^{R}JP^R		
5728	7315.1120	---摩托车用 ---For motorcycles	8	0	东盟AS,智CL,新西兰NZ,新加坡SG,秘PE,哥CR,瑞CH,冰IS,澳AU,格GE,毛MU,柬KH,港HK,澳门MO	0 受惠国LD	80
				3.6	巴PK		
				4.8	韩KR		
				10.4	东盟^{R}AS^R,韩^{R}KR^R		
				10.5	日^{R}JP^R		
				10.8	澳^{R}AU^R,新西兰^{R}NZ^R		
5729	7315.1190	---其他 ---Other	8	0	东盟AS,智CL,新西兰NZ,新加坡SG,秘PE,哥CR,瑞CH,冰IS,澳AU,格GE,毛MU,柬KH,港HK,澳门MO	0 受惠国LD	80
				1.2	韩KR		
				3.6	巴PK		
				9.6	东盟^{R}AS^R,澳^{R}AU^R,新西兰^{R}NZ^R,韩^{R}KR^R		
				9.8	日^{R}JP^R		

序号 No.	税则号列 Tariff Line	货品名称 Article Description	最惠国税率 MFN(%)	协定税率 Agreement(%)		特惠税率 SP(%)	普通税率 Gen(%)
5730	7315.1200	--其他链 --Other chain	8	0	东盟AS,智CL,新西兰NZ,新加坡SG,秘PE,哥CR,瑞CH,冰IS,澳AU,格GE,毛MU,柬KH,港HK,澳门MO	0 受惠国LD	80
				3.6	巴PK		
				6.6	韩KR		
				10.8	东盟^{R}AS^R,澳^{R}AU^R,新西兰^{R}NZ^R		
				10.9	日^{R}JP^R		
5731	7315.1900	--零件 --Parts	8	0	东盟AS,智CL,新西兰NZ,新加坡SG,秘PE,哥CR,瑞CH,冰IS,澳AU,格GE,毛MU,柬KH,港HK,澳门MO	0 受惠国LD	80
				1.2	韩KR		
				3.6	巴PK		
				9.6	东盟^{R}AS^R,澳^{R}AU^R,新西兰^{R}NZ^R,韩^{R}KR^R		
				9.8	日^{R}JP^R		
5732	7315.2000	-防滑链 -Skid chain	8	0	东盟AS,智CL,新西兰NZ,新加坡SG,秘PE,哥CR,瑞CH,冰IS,澳AU,格GE,毛MU,东盟^{R}AS^R,澳^{R}AU^R,新西兰^{R}NZ^R,柬KH,港HK,澳门MO	0 受惠国LD	80
				1.2	韩KR		
				3.6	巴PK		
				9.6	韩^{R}KR^R		
				9.8	日^{R}JP^R		
		-其他链: -Other chain:					
5733	7315.8100	--日字环节链 --Stud-link	8	0	东盟AS,智CL,新西兰NZ,新加坡SG,秘PE,哥CR,瑞CH,冰IS,澳AU,格GE,毛MU,东盟^{R}AS^R,澳^{R}AU^R,新西兰^{R}NZ^R,柬KH,港HK,澳门MO	0 受惠国LD	80
				1.2	韩KR		
				3.6	巴PK		
				9.6	韩^{R}KR^R		
				9.8	日^{R}JP^R		
5734	7315.8200	--其他焊接链 --Other, welded link	8	0	东盟AS,智CL,新西兰NZ,新加坡SG,秘PE,哥CR,瑞CH,冰IS,澳AU,格GE,毛MU,东盟^{R}AS^R,澳^{R}AU^R,新西兰^{R}NZ^R,柬KH,港HK,澳门MO	0 受惠国LD	80
				1.2	韩KR		
				3.6	巴PK		
				9.6	韩^{R}KR^R		
				9.8	日^{R}JP^R		
5735	7315.8900	--其他 --Other	8	0	东盟AS,智CL,新西兰NZ,新加坡SG,秘PE,哥CR,瑞CH,冰IS,澳AU,格GE,毛MU,东盟^{R}AS^R,澳^{R}AU^R,新西兰^{R}NZ^R,柬KH,港HK,澳门MO	0 受惠国LD	80
				1.2	韩KR		
				3.6	巴PK		
				9.6	韩^{R}KR^R		
				9.8	日^{R}JP^R		

序号 No.	税则号列 Tariff Line	货品名称 Article Description	最惠国税率 MFN(%)	协定税率 Agreement(%)		特惠税率 SP(%)		普通税率 Gen(%)
5736	7315.9000	-其他零件 -Other parts	8	0	东盟AS,智CL,新西兰NZ,秘PE,哥CR,瑞CH,冰IS,澳AU,格GE,毛MU,东盟^RAS^R,澳^RAU^R,新西兰^RNZ^R,柬KH,港HK,澳门MO	0	受惠国LD	80
				1	巴PK,韩KR			
				8	韩^RKR^R			
				8.2	日^RJP^R			
	73.16	钢铁锚、多爪锚及其零件： **Anchors, grapnels and parts thereof, of iron or steel:**						
5737	7316.0000	钢铁锚、多爪锚及其零件 Anchors, grapnels and parts thereof, of iron or steel	8	0	东盟AS,智CL,新西兰NZ,秘PE,哥CR,瑞CH,冰IS,澳AU,格GE,毛MU,东盟^RAS^R,澳^RAU^R,新西兰^RNZ^R,柬KH,港HK,澳门MO	0	受惠国LD	40
				1	巴PK,韩KR			
				8	韩^RKR^R			
				8.2	日^RJP^R			
	73.17	钢铁制的钉、平头钉、图钉、波纹钉、U形钉（税目83.05的货品除外）及类似品，不论钉头是否用其他材料制成，但不包括铜头钉： **Nails, tacks, drawing pins, corrugated nails, staples (other than those of heading 83.05) and similar articles, of iron or steel, whether or not with heads of other material, but excluding such articles with heads of copper:**						
5738	7317.0000	钢铁制的钉、平头钉、图钉、波纹钉、U形钉（税目83.05的货品除外）及类似品，不论钉头是否用其他材料制成，但不包括铜头钉 Nails, tacks, drawing pins, corrugated nails, staples (other than those of heading 83.05) and similar articles, of iron or steel, whether or not with heads of other material, but excluding such articles with heads of copper	8	0	东盟AS,智CL,新西兰NZ,秘PE,哥CR,瑞CH,冰IS,澳AU,格GE,毛MU,东盟^RAS^R,澳^RAU^R,新西兰^RNZ^R,柬KH,港HK,澳门MO	0	受惠国LD	80
				1	韩KR			
				3	巴PK			
				8	韩^RKR^R			
				8.2	日^RJP^R			
	73.18	钢铁制的螺钉、螺栓、螺母、方头螺钉、钩头螺钉、铆钉、销、开尾销、垫圈（包括弹簧垫圈）及类似品： **Screws, bolts, nuts, coach screws, screw hooks, rivets, cotters, cotterpins, washers (including spring washers) and similar articles, of iron or steel:**						
		-螺纹制品： -Threaded articles:						
5739	7318.1100	--方头螺钉 --Coach screws	8	0	东盟AS,智CL,新西兰NZ,秘PE,哥CR,瑞CH,冰IS,澳AU,格GE,毛MU,柬KH,港HK,澳门MO	0	受惠国LD	80
				1	巴PK			
				5	东盟^RAS^R,澳^RAU^R,新西兰^RNZ^R			

序号 No.	税则号列 Tariff Line	货品名称 Article Description	最惠国税率 MFN(%)	协定税率 Agreement(%)		特惠税率 SP(%)	普通税率 Gen(%)
5740	7318.1200	--其他木螺钉 --Other wood screws	8	0	东盟AS,智CL,新西兰NZ,秘PE, 哥CR,瑞CH,冰IS,澳AU,格GE, 毛MU,东盟^{R}AS^R,澳^{R}AU^R,新西 兰^{R}NZ^R,柬KH,港HK,澳门MO	0 受惠国LD	80
				1	巴PK,韩KR		
				8	韩^{R}KR^R		
				8.2	日^{R}JP^R		
5741	7318.1300	--钩头螺钉及环头螺钉 --Screw hooks and screw rings	8	0	东盟AS,智CL,新西兰NZ,秘PE, 哥CR,瑞CH,冰IS,澳AU,格GE, 毛MU,柬KH,港HK,澳门MO	0 受惠国LD	80
				1	巴PK		
				5	东盟^{R}AS^R,澳^{R}AU^R,新西兰^{R}NZ^R		
5742	7318.1400	--自攻螺钉 --self-tapping screws	8	0	东盟AS,智CL,新西兰NZ,新加坡 SG,秘PE,哥CR,瑞CH,冰IS,澳,格 GE,毛MU,柬KH,港HK,澳门MO	0 受惠国LD	80
				1	巴PK		
				5	澳^{R}AU^R,新西兰^{R}NZ^R		
				8	东盟^{R}AS^R		
				8.2	日^{R}JP^R		
		--其他螺钉及螺栓,不论是否带有螺母 或垫圈: --Other screws and bolts, whether or not with their nuts or washers:					
5743	7318.1510	---抗拉强度在800兆帕及以上的 ---Tensile strength≥800MPa	8	0	东盟AS,智CL,巴PK,新西兰NZ, 秘PE,哥CR,瑞CH,冰IS,澳AU,格 GE,毛MU,柬KH,港HK,澳门MO	0 受惠国LD	80
				3.2	韩KR		
				4	亚太AP		
				6.4	东盟^{R}AS^R,澳^{R}AU^R,新西兰^{R}NZ^R, 韩^{R}KR^R		
				7	日^{R}JP^R		
5744	7318.1590	---其他 ---Other	8	0	东盟AS,智CL,巴PK,新西兰NZ, 秘PE,哥CR,瑞CH,冰IS,澳AU,格 GE,毛MU,柬KH,港HK,澳门MO	0 受惠国LD	80
				3.2	韩KR		
				4	亚太AP		
				6.4	东盟^{R}AS^R,澳^{R}AU^R,新西兰^{R}NZ^R, 韩^{R}KR^R		
				7	日^{R}JP^R		
5745	7318.1600	--螺母 --Nuts	8	0	东盟AS,智CL,新西兰NZ,秘PE, 哥CR,瑞CH,冰IS,澳AU,格GE, 毛MU,柬KH,港HK,澳门MO	0 受惠国LD	80
				4	巴PK		
				5	东盟^{R}AS^R,澳^{R}AU^R,新西兰^{R}NZ^R		
5746	7318.1900	--其他 --Other	5	0	东盟AS,智CL,巴PK,新西兰NZ, 秘PE,哥CR,瑞CH,冰IS,韩KR,澳 AU,格GE,毛MU,东盟^{R}AS^R,日^{R}JP^R, 柬KH,港HK,澳门MO,韩^{R}KR^R	0 受惠国LD	80
				4	澳^{R}AU^R,新西兰^{R}NZ^R		

序号 No.	税则号列 Tariff Line	货品名称 Article Description	最惠国税率 MFN(%)	协定税率 Agreement(%)		特惠税率 SP(%)	普通税率 Gen(%)
		-无螺纹制品: -Non-threaded articles:					
5747	7318.2100	--弹簧垫圈及其他防松垫圈 --Spring washers and other lock washers	8	0	东盟AS,智CL,新西兰NZ,新加坡SG,秘PE,哥CR,瑞CH,冰IS,澳AU,格GE,毛MU,柬KH,港HK,澳门MO	0 受惠国LD	80
				1	巴PK		
				5	澳^{R}AU^R,新西兰^{R}NZ^R		
				8	东盟^{R}AS^R		
				8.2	日^{R}JP^R		
5748	7318.2200	--其他垫圈 --Other washers	8	0	东盟AS,智CL,新西兰NZ,新加坡SG,秘PE,哥CR,瑞CH,冰IS,澳AU,格GE,毛MU,柬KH,港HK,澳门MO	0 受惠国LD	80
				3	巴PK		
				5	东盟^{R}AS^R,澳^{R}AU^R,新西兰^{R}NZ^R		
5749	7318.2300	--铆钉 --Rivets	8	0	东盟AS,智CL,新西兰NZ,新加坡SG,秘PE,哥CR,瑞CH,冰IS,澳AU,格GE,毛MU,柬KH,港HK,澳门MO	0 受惠国LD	80
				1	巴PK		
				5	澳^{R}AU^R,新西兰^{R}NZ^R		
				8	东盟^{R}AS^R		
				8.2	日^{R}JP^R		
5750	7318.2400	--销及开尾销 --Cotters and cotter-pins	8	0	东盟AS,智CL,新西兰NZ,新加坡SG,秘PE,哥CR,瑞CH,冰IS,澳AU,格GE,毛MU,柬KH,港HK,澳门MO	0 受惠国LD	80
				3	巴PK		
				5.5	韩KR		
				9	东盟^{R}AS^R,澳^{R}AU^R,日^{R}JP^R,新西兰^{R}NZ^R,韩^{R}KR^R		
5751	7318.2900	--其他 --Other	8	0	东盟AS,智CL,新西兰NZ,新加坡SG,秘PE,哥CR,瑞CH,冰IS,澳AU,格GE,毛MU,柬KH,港HK,澳门MO	0 受惠国LD	80
				3	巴PK		
				5	东盟^{R}AS^R,澳^{R}AU^R,新西兰^{R}NZ^R		
	73.19	钢铁制的手工缝针、编织针、引针、钩针、刺绣穿孔锥及类似制品;其他税目未列名的钢铁制安全别针及其他别针: Sewing needles, knitting needles, bodkins, crochet hooks, embroidery stilettos and similar articles, for use in the hand, of iron or steel; safety pins and other pins of iron or steel, not elsewhere specified or included:					
		-安全别针及其他别针: -Safety pins and other pins:					

序号 No.	税则号列 Tariff Line	货品名称 Article Description	最惠国税率 MFN(%)	协定税率 Agreement(%)		特惠税率 SP(%)	普通税率 Gen(%)
5752	7319.4010	---安全别针 ---Safety pins	7	0	东盟AS,智CL,新西兰NZ,秘PE, 哥CR,瑞CH,冰IS,澳AU,格GE, 毛MU,东盟^{R}AS^R,澳^{R}AU^R,新西 兰^{R}NZ^R,柬KH,港HK,澳门MO	0 受惠国LD	90
				1	巴PK,韩KR		
				8	韩^{R}KR^R		
				8.2	日^{R}JP^R		
5753	7319.4090	---其他别针 ---Other pins	7	0	东盟AS,智CL,新西兰NZ,秘PE, 哥CR,瑞CH,冰IS,澳AU,格GE, 毛MU,东盟^{R}AS^R,澳^{R}AU^R,新西 兰^{R}NZ^R,柬KH,港HK,澳门MO	0 受惠国LD	90
				1	巴PK,韩KR		
				8	韩^{R}KR^R		
				8.2	日^{R}JP^R		
5754	7319.9000	-其他 -Other	7	0	东盟AS,智CL,新西兰NZ,秘PE, 哥CR,瑞CH,冰IS,澳AU,格GE, 毛MU,柬KH,港HK,澳门MO	0 受惠国LD	80
				1	巴PK		
				7	东盟^{R}AS^R,澳^{R}AU^R,新西兰^{R}NZ^R		
	73.20	钢铁制弹簧及弹簧片: Springs and leaves for springs, of iron or steel:					
		-片簧及簧片: -Leaf-springs and leaves therefor:					
5755	7320.1010	---铁道车辆用 ---For railway locomotives and rolling- stock	6	0	东盟AS,智CL,巴PK,新西兰NZ, 秘PE,哥CR,瑞CH,冰IS,韩KR, 澳AU,格GE,毛MU,东盟^{R}AS^R, 澳^{R}AU^R,日^{R}JP^R,新西兰^{R}NZ^R,柬 KH,港HK,澳门MO,韩^{R}KR^R	0 受惠国LD	14
5756	7320.1020	---汽车用 ---For motor vehicles	8	0	东盟AS,智CL,新西兰NZ,秘PE, 哥CR,瑞CH,冰IS,澳AU,格GE, 毛MU,柬KH,港HK,澳门MO	0 受惠国LD	14
				1	巴PK		
				5.5	韩KR		
				9	东盟^{R}AS^R,澳^{R}AU^R,日^{R}JP^R,新西 兰^{R}NZ^R		
5757	7320.1090	---其他 ---Other	8	0	东盟AS,智CL,新西兰NZ,新加坡 SG,秘PE,哥CR,瑞CH,冰IS,澳AU,格 GE,毛MU,柬KH,港HK,澳门MO	0 受惠国LD	50
				1	巴PK		
				5	澳^{R}AU^R,新西兰^{R}NZ^R		
				8	东盟^{R}AS^R		
				8.2	日^{R}JP^R		
		-螺旋弹簧: -Helical springs:					
5758	7320.2010	---铁道车辆用 ---For railway locomotives and rolling- stock	6	0	东盟AS,智CL,巴PK,新西兰NZ, 秘PE,哥CR,瑞CH,冰IS,韩KR, 澳AU,格GE,毛MU,东盟^{R}AS^R, 澳^{R}AU^R,日^{R}JP^R,新西兰^{R}NZ^R,柬 KH,港HK,澳门MO,韩^{R}KR^R	0 受惠国LD	14

序号 No.	税则号列 Tariff Line	货品名称 Article Description	最惠国税率 MFN(%)		协定税率 Agreement(%)	特惠税率 SP(%)	普通税率 Gen(%)
5759	7320.2090	---其他 ---Other	8	0	东盟AS,智CL,新西兰NZ,新加坡SG,秘PE,哥CR,瑞CH,冰IS,澳AU,格GE,毛MU,柬KH,港HK,澳门MO	0 受惠国LD	50
				4	巴PK		
				5.5	韩KR		
				6.8	亚太AP		
				9	东盟^RAS^R,澳^RAU^R,日^RJP^R,新西兰^RNZ^R,韩^RKR^R		
		-其他: -Other:					
5760	7320.9010	---铁道车辆用 ---For railway locomotives and rolling-stock	6	0	东盟AS,智CL,巴PK,新西兰NZ,秘PE,哥CR,瑞CH,冰IS,韩KR,澳AU,格GE,毛MU,东盟^RAS^R,澳^RAU^R,日^RJP^R,新西兰^RNZ^R,柬KH,港HK,澳门MO,韩^RKR^R	0 受惠国LD	14
5761	7320.9090	---其他 ---Other	8	0	东盟AS,智CL,新西兰NZ,新加坡SG,秘PE,哥CR,瑞CH,冰IS,澳AU,格GE,毛MU,柬KH,港HK,澳门MO	0 受惠国LD	50
				4.8	巴PK		
				5	东盟^RAS^R,澳^RAU^R,新西兰^RNZ^R		
	73.21	非电热的钢铁制家用炉、灶(包括集中供暖用的附属锅炉)、烤肉架、烤炉、煤气灶、加热板和类似非电热的家用器具及其零件: Stoves, ranges, grates, cookers (including those with subsidiary boilers for central heating), barbecues, braziers, gas rings, plate warmers and similar non-electric domestic appliances, and parts thereof, of iron or steel:					
		-炊事器具及加热板: -Cooking appliances and plate warmers:					
5762	7321.1100	--使用气体燃料或可使用气体燃料及其他燃料的 --For gas fuel or for both gas and other fuels	7	0	东盟AS,智CL,新西兰NZ,新加坡SG,秘PE,哥CR,瑞CH,冰IS,澳AU,格GE,毛MU,东盟^RAS^R,澳^RAU^R,新西兰^RNZ^R,柬KH,港HK,澳门MO	0 受惠国LD	80
				1.5	韩KR		
				7.2	巴PK		
				12	韩^RKR^R		
				12.3	日^RJP^R		
		--使用液体燃料的: --For liquid fuel:					
5763	7321.1210	---煤油炉 ---Kerosene cooking stoves	7	0	东盟AS,智CL,新西兰NZ,新加坡SG,秘PE,哥CR,瑞CH,冰IS,澳AU,格GE,毛MU,柬KH,港HK,澳门MO	0 受惠国LD	80
				11.5	韩KR		
				18.9	东盟^RAS^R,澳^RAU^R,新西兰^RNZ^R,韩^RKR^R		

序号 No.	税则号列 Tariff Line	货品名称 Article Description	最惠国税率 MFN(%)		协定税率 Agreement(%)	特惠税率 SP(%)	普通税率 Gen(%)
5764	7321.1290	---其他 ---Other	7	0	东盟AS,智CL,新西兰NZ,新加坡SG,秘PE,哥CR,瑞CH,冰IS,澳AU,格GE,毛MU,柬KH,港HK,澳门MO	0 受惠国LD	80
				11.5	韩KR		
				18.9	东盟^{R}AS^R,澳^{R}AU^R,新西兰^{R}NZ^R,韩^{R}KR^R		
5765	7321.1900	--其他, 包括使用固体燃料的 --Other, including for solid fuel	7	0	东盟AS,智CL,新西兰NZ,新加坡SG,秘PE,哥CR,瑞CH,冰IS,澳AU,格GE,毛MU,柬KH,港HK,澳门MO	0 受惠国LD	80
				11.5	韩KR		
				18.9	东盟^{R}AS^R,澳^{R}AU^R,新西兰^{R}NZ^R		
		-其他器具: -Other appliances:					
5766	7321.8100	--使用气体燃料或可使用气体燃料及其他燃料的 --For gas fuel or for both gas and other fuels	7	0	东盟AS,智CL,新西兰NZ,新加坡SG,秘PE,哥CR,瑞CH,冰IS,澳AU,格GE,柬KH,港HK,澳门MO	0 受惠国LD	80
				4.2	亚太AP		
				6.9	巴PK		
				9.2	毛MU		
				12.6	韩KR		
				20.7	东盟^{R}AS^R,澳^{R}AU^R,新西兰^{R}NZ^R		
5767	7321.8200	--使用液体燃料的 --For liquid fuel	7	0	东盟AS,智CL,新西兰NZ,新加坡SG,秘PE,哥CR,瑞CH,冰IS,澳AU,格GE,毛MU,柬KH,港HK,澳门MO	0 受惠国LD	80
				11.5	韩KR		
				18.9	东盟^{R}AS^R,澳^{R}AU^R,新西兰^{R}NZ^R,韩^{R}KR^R		
5768	7321.8900	--其他, 包括使用固体燃料的 --Other, including for solid fuel	7	0	东盟AS,智CL,新西兰NZ,新加坡SG,秘PE,哥CR,瑞CH,冰IS,澳AU,格GE,毛MU,柬KH,港HK,澳门MO	0 受惠国LD	80
				11.5	韩KR		
				18.9	东盟^{R}AS^R,澳^{R}AU^R,新西兰^{R}NZ^R,韩^{R}KR^R		
5769	7321.9000	-零件 -Parts	8	0	东盟AS,智CL,新西兰NZ,新加坡SG,秘PE,哥CR,瑞CH,冰IS,澳AU,格GE,毛MU,东盟^{R}AS^R,澳^{R}AU^R,新西兰^{R}NZ^R,柬KH,港HK,澳门MO	0 受惠国LD	80
				1.2	韩KR		
				3	巴PK		
				6.4	亚太AP		
				9.6	韩^{R}KR^R		
				9.8	日^{R}JP^R		

序号 No.	税则号列 Tariff Line	货品名称 Article Description	最惠国税率 MFN(%)	协定税率 Agreement(%)		特惠税率 SP(%)	普通税率 Gen(%)
	73.22	非电热的钢铁制集中供暖用散热器及其零件;非电热的钢铁制空气加热器、暖气分布器(包括可分布新鲜空气或调节空气的)及其零件,装有电动风扇或鼓风机: Radiators for central heating, not electrically heated, and parts thereof, of iron or steel; air heaters and hot-air distributors (including distributors which can also distribute fresh or conditioned air), not electrically heated, incorporating a motor-driven fan or blower, and parts thereof, of iron or steel:					
		-散热器及其零件: -Radiators and parts thereof:					
5770	7322.1100	--铸铁制 --Of cast iron	8	0	东盟AS,智CL,新西兰NZ,新加坡SG,秘PE,哥CR,瑞CH,冰IS,澳AU,格GE,毛MU,柬KH,港HK,澳门MO	0 受惠国LD	80
				11.5	韩KR		
				18.9	东盟^RAS^R,澳^RAU^R,新西兰^RNZ^R,韩^RKR^R		
5771	7322.1900	--其他 --Other	8	0	东盟AS,智CL,新西兰NZ,新加坡SG,秘PE,哥CR,瑞CH,冰IS,澳AU,格GE,毛MU,柬KH,港HK,澳门MO	0 受惠国LD	80
				11.5	韩KR		
				18.9	东盟^RAS^R,澳^RAU^R,新西兰^RNZ^R		
5772	7322.9000	-其他 -Other	8	0	东盟AS,智CL,新西兰NZ,新加坡SG,秘PE,哥CR,瑞CH,冰IS,澳AU,格GE,毛MU,柬KH,港HK,澳门MO	0 受惠国LD	80
				8	韩KR		
				17.3	东盟^RAS^R,韩^RKR^R		
				17.5	日^RJP^R		
				18	澳^RAU^R,新西兰^RNZ^R		
	73.23	餐桌、厨房或其他家用钢铁器具及其零件;钢铁丝绒;钢铁制擦锅器、洗刷擦光用的块垫、手套及类似品: Table, kitchen or other household articles and parts thereof, of iron or steel; iron or steel wool; pot scourers and scouring or polishing pads, gloves and the like, of iron or steel:					
5773	7323.1000	-钢铁丝绒;擦锅器及洗刷擦光用的块垫、手套及类似品 -Iron or steel wool; pot scourers and scouring or polishing pads, gloves and the like	7	0	东盟AS,智CL,新西兰NZ,新加坡SG,秘PE,哥CR,瑞CH,冰IS,澳AU,格GE,毛MU,东盟^RAS^R,澳^RAU^R,新西兰^RNZ^R,柬KH,港HK,澳门MO	0 受惠国LD	80
				1.4	韩KR		
				6.7	巴PK		
				11.2	韩^RKR^R		
				11.5	日^RJP^R		

序号 No.	税则号列 Tariff Line	货品名称 Article Description	最惠国税率 MFN(%)	协定税率 Agreement(%)		特惠税率 SP(%)		普通税率 Gen(%)
		-其他: -Other:						
5774	7323.9100	--铸铁制, 未搪瓷 --Of cast iron, not enamelled	7	0	东盟AS,智CL,新西兰NZ,新加坡SG,秘PE,哥CR,瑞CH,冰IS,澳AU,格GE,毛MU,柬KH,港HK,澳门MO	0	受惠国LD	80
				8	韩KR			
				18	东盟^RAS^R,澳^RAU^R,新西兰^RNZ^R			
5775	7323.9200	--铸铁制, 已搪瓷 --Of cast iron, enamelled	7	0	东盟AS,智CL,新西兰NZ,新加坡SG,秘PE,哥CR,瑞CH,冰IS,澳AU,格GE,毛MU,柬KH,港HK,澳门MO	0	受惠国LD	100
				8	韩KR			
				16	东盟^RAS^R,澳^RAU^R,新西兰^RNZ^R,韩^RKR^R			
				17.5	日^RJP^R			
5776	7323.9300	--不锈钢制 --Of stainless steel	7	0	东盟AS,智CL,新西兰NZ,新加坡SG,秘PE,哥CR,瑞CH,冰IS,澳AU,格GE,毛MU,柬KH,港HK,澳门MO	0	受惠国LD	80
				1.2	韩KR			
				3	巴PK			
				4.9	亚太AP			
				9.6	东盟^RAS^R,澳^RAU^R,新西兰^RNZ^R,韩^RKR^R			
				9.8	日^RJP^R			
		--钢铁(铸铁除外)制, 已搪瓷: --Of iron (other than cast iron) or steel, enamelled:						
5777	7323.9410	---面盆 ---Basin	7	0	东盟AS,智CL,新西兰NZ,新加坡SG,秘PE,哥CR,瑞CH,冰IS,澳AU,格GE,毛MU,柬KH,港HK,澳门MO	0	受惠国LD	100
				8	韩KR			
				16	东盟^RAS^R,澳^RAU^R,新西兰^RNZ^R,韩^RKR^R			
				17.5	日^RJP^R			
5778	7323.9420	---烧锅 ---Casserole	7	0	东盟AS,智CL,新西兰NZ,新加坡SG,秘PE,哥CR,瑞CH,冰IS,澳AU,格GE,毛MU,柬KH,港HK,澳门MO	0	受惠国LD	100
				8	韩KR			
				18	东盟^RAS^R,澳^RAU^R,新西兰^RNZ^R,韩^RKR^R			
5779	7323.9490	---其他 ---Other	7	0	东盟AS,智CL,新西兰NZ,新加坡SG,秘PE,哥CR,瑞CH,冰IS,澳AU,格GE,毛MU,柬KH,港HK,澳门MO	0	受惠国LD	100
				8	韩KR			
				18	东盟^RAS^R,澳^RAU^R,新西兰^RNZ^R,韩^RKR^R			

序号 No.	税则号列 Tariff Line	货品名称 Article Description	最惠国税率 MFN(%)		协定税率 Agreement(%)	特惠税率 SP(%)	普通税率 Gen(%)
5780	7323.9900	--其他 --Other	7	0	东盟AS,智CL,新西兰NZ,新加坡SG,秘PE,哥CR,瑞CH,冰IS,澳AU,格GE,毛MU,柬KH,港HK,澳门MO	0 受惠国LD	80
				8	韩KR		
				17.3	东盟^{R}AS^R,韩^{R}KR^R		
				17.5	日^{R}JP^R		
				18	澳^{R}AU^R,新西兰^{R}NZ^R		
	73.24	**钢铁制卫生器具及其零件：** **Sanitary ware and parts thereof, of** **iron or steel:**					
5781	7324.1000	-不锈钢制洗涤槽及脸盆 -Sinks and wash basins, of stainless steel	7	0	东盟AS,智CL,新西兰NZ,新加坡SG,秘PE,哥CR,瑞CH,冰IS,澳AU,格GE,毛MU,东盟^{R}AS^R,澳^{R}AU^R,新西兰^{R}NZ^R,柬KH,港HK,澳门MO	0 受惠国LD	80
				1.8	韩KR		
				14.4	韩^{R}KR^R		
				14.7	日^{R}JP^R		
		-浴缸： -Baths:					
5782	7324.2100	--铸铁制，不论是否搪瓷 --Of cast iron, whether or not enamelled	7	0	东盟AS,智CL,新西兰NZ,新加坡SG,秘PE,哥CR,瑞CH,冰IS,澳AU,格GE,毛MU,东盟^{R}AS^R,澳^{R}AU^R,新西兰^{R}NZ^R,柬KH,港HK,澳门MO	0 受惠国LD	100
				1	巴PK,韩KR		
				8	韩^{R}KR^R		
				8.2	日^{R}JP^R		
5783	7324.2900	--其他 --Other	7	0	东盟AS,智CL,新西兰NZ,新加坡SG,秘PE,哥CR,瑞CH,冰IS,澳AU,格GE,柬KH,港HK,澳门MO	0 受惠国LD	100
				12	毛MU		
				16.5	韩KR		
				27	东盟^{R}AS^R,澳^{R}AU^R,新西兰^{R}NZ^R,韩^{R}KR^R		
5784	7324.9000	-其他，包括零件 -Other, including parts	7	0	东盟AS,智CL,新西兰NZ,新加坡SG,秘PE,哥CR,瑞CH,冰IS,澳AU,格GE,柬KH,港HK,澳门MO	0 受惠国LD	100
				10	毛MU		
				13.7	韩KR		
				22.5	东盟^{R}AS^R,澳^{R}AU^R,新西兰^{R}NZ^R,韩^{R}KR^R		
	73.25	**其他钢铁铸造制品：** **Other cast articles of iron or steel:**					
		-无可锻性铸铁制： -Of non-malleable cast iron:					

序号 No.	税则号列 Tariff Line	货品名称 Article Description	最惠国税率 MFN(%)	协定税率 Agreement(%)		特惠税率 SP(%)	普通税率 Gen(%)
5785	7325.1010	---工业用 ---For technical use	7	0	东盟AS,智CL,新西兰NZ,秘PE, 哥CR,瑞CH,澳AU,格GE,毛MU, 柬KH,港HK,澳门MO	0 受惠国LD	40
				1	巴PK		
				2.8	韩KR		
				5.6	东盟^{R}AS^R,澳^{R}AU^R,新西兰^{R}NZ^R, 韩^{R}KR^R		
				6.1	日^{R}JP^R		
5786	7325.1090	---其他 ---Other	8	0	东盟AS,智CL,新西兰NZ,新加 坡SG,秘PE,哥CR,瑞CH,冰IS,澳 AU,格GE,毛MU,柬KH,港HK,澳 门MO	0 受惠国LD	90
				8	韩KR		
				17.3	东盟^{R}AS^R,韩^{R}KR^R		
				17.5	日^{R}JP^R		
				18	澳^{R}AU^R,新西兰^{R}NZ^R		
		-其他: -Other:					
5787	7325.9100	--研磨机用的研磨球及类似品 --Grinding balls and similar articles for mills	8	0	东盟AS,智CL,新西兰NZ,新加 坡SG,秘PE,哥CR,瑞CH,冰IS,澳 AU,格GE,毛MU,东盟^{R}AS^R,澳 ^{R}AU^R,新西兰^{R}NZ^R,柬KH,港HK, 澳门MO	0 受惠国LD	40
				1	韩KR		
				3	巴PK		
				8.4	韩^{R}KR^R		
				8.6	日^{R}JP^R		
		--其他: --Other:					
5788	7325.9910	---工业用 ---For technical use	8	0	东盟AS,智CL,新西兰NZ,新加 坡SG,秘PE,哥CR,瑞CH,冰IS,澳 AU,格GE,毛MU,东盟^{R}AS^R,澳 ^{R}AU^R,新西兰^{R}NZ^R,柬KH,港HK, 澳门MO	0 受惠国LD	40
				1	韩KR		
				3	巴PK		
				6.8	亚太AP		
				8.4	韩^{R}KR^R		
				8.6	日^{R}JP^R		
5789	7325.9990	---其他 ---Other	8	0	东盟AS,智CL,新西兰NZ,新加 坡SG,秘PE,哥CR,瑞CH,冰IS,澳 AU,格GE,毛MU,柬KH,港HK,澳 门MO	0 受惠国LD	90
				4.8	亚太AP		
				6	巴PK		
				8	韩KR		
				18	东盟^{R}AS^R,澳^{R}AU^R,新西兰^{R}NZ^R		
	73.26	其他钢铁制品: Other articles of iron or steel:					

序号 No.	税则号列 Tariff Line	货品名称 Article Description	最惠国税率 MFN(%)	协定税率 Agreement(%)		特惠税率 SP(%)		普通税率 Gen(%)
		-经锻造或冲压,但未经进一步加工: -Forged or stamped, but not further worked:						
5790	7326.1100	--研磨机用的研磨球及类似品 --Grinding balls and similar articles for mills	8	0	东盟AS,智CL,新西兰NZ,新加坡SG,秘PE,哥CR,瑞CH,冰IS,澳AU,格GE,毛MU,东盟^RAS^R,澳^RAU^R,新西兰^RNZ^R,柬KH,港HK,澳门MO	0	受惠国LD	40
				1	韩KR			
				3	巴PK			
				8.4	韩^RKR^R			
				8.6	日^RJP^R			
		--其他: --Other:						
5791	7326.1910	---工业用 ---For technical use	8	0	东盟AS,智CL,巴PK,新西兰NZ,新加坡SG,秘PE,哥CR,瑞CH,冰IS,澳AU,格GE,毛MU,柬KH,港HK,澳门MO	0	受惠国LD	40
				5	东盟^RAS^R,澳^RAU^R,新西兰^RNZ^R			
5792	7326.1990	---其他 ---Other	8	0	东盟AS,智CL,巴PK,新西兰NZ,新加坡SG,秘PE,哥CR,瑞CH,冰IS,澳AU,格GE,毛MU,东盟^RAS^R,澳^RAU^R,新西兰^RNZ^R,柬KH,港HK,澳门MO	0	受惠国LD	90
				2	韩KR			
				16	韩^RKR^R			
				16.4	日^RJP^R			
		-钢铁丝制品: -Articles of iron or steel wire:						
5793	7326.2010	---工业用 ---For technical use	8	0	东盟AS,智CL,新西兰NZ,秘PE,哥CR,瑞CH,冰IS,澳AU,格GE,毛MU,东盟^RAS^R,澳^RAU^R,新西兰^RNZ^R,柬KH,港HK,澳门MO	0	受惠国LD	40
				1	韩KR			
				4	亚太AP,巴PK			
				8	韩^RKR^R			
				8.2	日^RJP^R			
5794	7326.2090	---其他 ---Other	8	0	东盟AS,智CL,新西兰NZ,新加坡SG,秘PE,哥CR,瑞CH,冰IS,澳AU,格GE,毛MU,东盟^RAS^R,澳^RAU^R,新西兰^RNZ^R,柬KH,港HK,澳门MO	0	受惠国LD	90
				1.8	韩KR			
				5.4	巴PK			
				5.6	亚太AP			
				14.4	韩^RKR^R			
				14.7	日^RJP^R			
		-其他: -Other:						

序号 No.	税则号列 Tariff Line	货品名称 Article Description	最惠国税率 MFN(%)	协定税率 Agreement(%)		特惠税率 SP(%)	普通税率 Gen(%)
		---工业用: ---For technical use:					
5795	7326.9011	----钢铁纤维及其制品 ----Iron or steel fibres and articles thereof	8	0	东盟AS,智CL,巴PK,新西兰NZ,新加坡SG,秘PE,哥CR,瑞CH,冰IS,澳AU,格GE,毛MU,东盟^RAS^R,澳^RAU^R,新西兰^RNZ^R,柬KH,港HK,澳门MO	0 受惠国LD	40
				1	韩KR		
				6.8	亚太AP		
				8.4	韩^RKR^R		
				9.2	日^RJP^R		
5796	7326.9019	----其他 ----Other	8	0	东盟AS,智CL,巴PK,新西兰NZ,新加坡SG,秘PE,哥CR,瑞CH,冰IS,澳AU,格GE,毛MU,东盟^RAS^R,澳^RAU^R,新西兰^RNZ^R,柬KH,港HK,澳门MO	0 受惠国LD	40
				1	韩KR		
				6.8	亚太AP		
				8.4	韩^RKR^R		
				9.2	日^RJP^R		
5797	7326.9090	---其他 ---Other	8	0	东盟AS,智CL,巴PK,新西兰NZ,新加坡SG,秘PE,哥CR,瑞CH,冰IS,韩KR,澳AU,格GE,东盟^RAS^R,澳^RAU^R,新西兰^RNZ^R,柬KH,港HK,澳门MO,韩^RKR^R	0 受惠国LD	90
				3.2	毛MU		
				6.8	亚太AP		
				7.2	日^RJP^R		

第七十四章
铜及其制品

注释：

本章所用有关名词解释如下：

一、精炼铜

按重量计含铜量至少为99.85%的金属；或按重量计含铜量至少为97.5%，但其他各种元素的含量不超过下表中规定的限量的金属：

其他元素表

元　素		所含重量百分比
Ag	银	0.25
As	砷	0.5
Cd	镉	1.3
Cr	铬	1.4
Mg	镁	0.8
Pb	铅	1.5
S	硫	0.7
Sn	锡	0.8
Te	碲	0.8
Zn	锌	1
Zr	锆	0.3
其他元素*，每种		0.3

*其他元素，例如，铝、铍、钴、铁、锰、镍、硅。

二、铜合金

除未精炼铜以外的金属物质，按重量计含铜量大于其他元素单项含量，但：

（一）按重量计至少有一种其他元素的含量超过上表中规定的限量；或

（二）按重量计其他元素的总含量超过2.5%。

三、铜母合金

含有其他元素，但按重量计含铜量超过10%的合金，该合金无实用可锻性，通常用作生产其他合金的添加剂或用作冶炼有色金属的脱氧剂、脱硫剂及类似用途。但按重量计含磷量超过15%的磷化铜（磷铜）归入税目28.53。

子目注释：

本章所用有关名词解释如下：

Chapter 74
Copper and articles thereof

Notes:

In this Chapter the following expressions have the meanings hereby assigned to them:

1. Refined copper

Metal containing at least 99.85% by weight of copper; or metal containing at least 97.5% by weight of copper, provided that the content by weight of any other element does not exceed the limit specified in the following table:

TABLE-Other elements

Element		Limiting content % by weight
Ag	Silver	0.25
As	Arsenic	0.5
Cd	Cadmium	1.3
Cr	Chromium	1.4
Mg	Magnesium	0.8
Pb	Lead	1.5
S	Sulphur	0.7
Sn	Tin	0.8
Te	Tellurium	0.8
Zn	Zinc	1
Zr	Zirconium	0.3
Other elements*, each		0.3

*Other elements are, for example, Al, Be, Co, Fe, Mn, Ni, Si.

2. Copper alloys

Metallic substances other than unrefined copper in which copper predominates by weight over each of the other elements, provided that:

(1) the content by weight of at least one of the other elements is greater than the limit specified in the foregoing table; or

(2) the total content by weight of such other elements exceeds 2.5%.

3. Master alloys

Alloys containing with other elements more than 10% by weight of copper,not usefully malleable and commonly used as an additive in the manufacture of other alloys or as de-oxidants,de-sulphurising agents or for similar uses in the metallurgy of non-ferrous metals.However,copper phosphide (phosphor copper) containing more than 15% by weight of phosphorus falls in heading 28.53.

Subheading Notes:

In this Chapter the following expressions have the meanings

一、铜锌合金（黄铜）

铜与锌的合金，不论是否含有其他元素。含有其他元素时：

按重量计含锌量应大于其他各种元素的单项含量；

按重量计含镍量应低于5%［参见铜镍锌合金（德银）］；

按重量计含锡量应低于3%［参见铜锡合金（青铜）］。

二、铜锡合金（青铜）

铜与锡的合金，不论是否含有其他元素。含有其他元素时，按重量计含锡量应大于其他各种元素的单项含量。当按重量计含锡量在3%及以上时，锌的含量可大于锡的含量，但必须小于10%。

三、铜镍锌合金（德银）

铜、镍、锌的合金，不论是否含有其他元素，按重量计含镍量在5%及以上［参见铜锌合金（黄铜）］。

四、铜镍合金

铜与镍的合金，不论是否含有其他元素，但按重量计含锌量不得大于1%。含有其他元素时，按重量计含镍量应大于其他各种元素的单项含量。

hereby assigned to them:

1. Copper-zinc base alloys (brasses)

Alloys of copper and zinc, with or without other elements. When other elments are present:

zinc predominates by weight over each of such other elements;

any nickel content by weight is less than 5% (see copper-nickel-zinc alloys (nickel silvers));

any tin content by weight is less than 3% (see copper-tinalloys (bronzes)).

2. Copper-tin base alloys (bronzes)

Alloys of copper and tin, with or without other elements. When other elements are present, tin predominates by weight over each of such other elements, except that when the tin content is 3% or more the zinc content by weight may exceed that of tin but must be less than 10%.

3. Copper-nickel-zinc base alloys (nickel silvers)

Alloys of copper, nickel and zinc, with or without other elements. The nickel content is 5% or more by weight (see copper-zinc alloys(brasses)).

4. Copper-nickel base alloys

Alloys of copper and nickel, with or without other elements but in any case containing by weight not more than 1% of zinc. When other elements are present, nickel predominates by weight over each of such other elements.

序号 No.	税则号列 Tariff Line	货品名称 Article Description	最惠国税率 MFN(%)	协定税率 Agreement(%)		特惠税率 SP(%)		普通税率 Gen(%)
	74.01	**铜锍；沉积铜（泥铜）：** **Copper mattes; cement copper** **(precipitated copper):**						
5798	7401.0000	铜锍，沉积铜（泥铜） Copper mattes, cement copper (precipitated copped)	2	0 1.6	东盟AS,智CL,巴PK,新西兰NZ,秘 PE,哥CR,瑞CH,冰IS,韩KR,澳AU, 格GE,毛MU,东盟^RAS^R,日^RJP^R, 柬KH,港HK,澳门MO,韩^RKR^R 澳^RAU^R,新西兰^RNZ^R	0	受惠国LD, 老LA	11
	ex74010000	铜锍 Copper mattes	Δ0					
	74.02	**未精炼铜；电解精炼用的铜阳极：** **Unrefined copper; copper anodes for** **electrolytic refining:**						
5799	7402.0000	未精炼铜；电解精炼用的铜阳极 Unrefined copper;copper anodes for electrolytic refining	2Δ0	0 1.1 1.6	东盟AS,智CL,巴PK,新西兰NZ, 哥CR,瑞CH,冰IS,韩KR,澳AU, 格GE,柬KH,港HK,澳门MO 毛MU 东盟^RAS^R,澳^RAU^R,日^RJP^R,新西 兰^RNZ^R,韩^RKR^R	0	受惠国LD	11
	74.03	**未锻轧的精炼铜及铜合金：** **Refined copper and copper alloys,** **unwrought:**						

序号 No.	税则号列 Tariff Line	货品名称 Article Description	最惠国税率 MFN(%)	协定税率 Agreement(%)		特惠税率 SP(%)	普通税率 Gen(%)
		-精炼铜： -Refined copper:					
		--阴极及阴极型材： --Cathodes and sections of cathodes:					
		---阴极： ---Cathodes:					
5800	7403.1111	----按重量计铜含量超过99.9935%的 ----Containing by weight more than 99.9935% of copper	2Δ0	0	东盟AS,智CL,巴PK,新西兰NZ,秘PE,哥CR,瑞CH,冰IS,韩KR,澳AU,格GE,毛MU,东盟^RAS^R,澳^RAU^R,日^RJP^R,新西兰^RNZ^R,柬KH,港HK,澳门MO,韩^RKR^R	0 受惠国LD	11
				1	亚太AP		
5801	7403.1119	----其他 ----Other	2Δ0	0	东盟AS,智CL,巴PK,新西兰NZ,秘PE,哥CR,瑞CH,冰IS,韩KR,澳AU,格GE,毛MU,东盟^RAS^R,澳^RAU^R,日^RJP^R,新西兰^RNZ^R,柬KH,港HK,澳门MO,韩^RKR^R	0 受惠国LD	11
5802	7403.1190	---阴极型材 ---Sections of cathodes	2Δ0	0	东盟AS,智CL,巴PK,新西兰NZ,秘PE,哥CR,瑞CH,冰IS,韩KR,澳AU,格GE,毛MU,东盟^RAS^R,日^RJP^R,柬KH,港HK,澳门MO,韩^RKR^R	0 受惠国LD	11
				1.6	澳^RAU^R,新西兰^RNZ^R		
5803	7403.1200	--线锭 --Wire-bars	2Δ0	0	东盟AS,智CL,巴PK,新西兰NZ,秘PE,哥CR,瑞CH,冰IS,韩KR,澳AU,格GE,毛MU,东盟^RAS^R,澳^RAU^R,新西兰^RNZ^R,柬KH,港HK,澳门MO,韩^RKR^R	0 受惠国LD	11
				1.6	日^RJP^R		
5804	7403.1300	--坯段 --Billets	2Δ0	0	东盟AS,智CL,巴PK,新西兰NZ,秘PE,哥CR,瑞CH,冰IS,韩KR,澳AU,格GE,毛MU,东盟^RAS^R,澳^RAU^R,新西兰^RNZ^R,柬KH,港HK,澳门MO,韩^RKR^R	0 受惠国LD	11
				1.6	日^RJP^R		
5805	7403.1900	--其他 --Other	2Δ0	0	东盟AS,智CL,巴PK,新西兰NZ,秘PE,哥CR,瑞CH,冰IS,韩KR,澳AU,格GE,毛MU,东盟^RAS^R,澳^RAU^R,新西兰^RNZ^R,柬KH,港HK,澳门MO,韩^RKR^R	0 受惠国LD	11
				1.6	日^RJP^R		
		-铜合金： -Copper alloys:					
5806	7403.2100	--铜锌合金（黄铜） --Copper-zinc base alloys (brass)	1	0	东盟AS,智CL,巴PK,新西兰NZ,秘PE,哥CR,瑞CH,冰IS,韩KR,澳AU,格GE,毛MU,柬KH,港HK,澳门MO	0 受惠国LD	14
				0.5	亚太AP		
				0.8	东盟^RAS^R,澳^RAU^R,日^RJP^R,新西兰^RNZ^R,韩^RKR^R		
5807	7403.2200	--铜锡合金（青铜） --Copper-tin base alloys (bronze)	1	0	东盟AS,智CL,巴PK,新西兰NZ,秘PE,哥CR,瑞CH,冰IS,韩KR,澳AU,格GE,毛MU,东盟^RAS^R,日^RJP^R,柬KH,港HK,澳门MO,韩^RKR^R	0 受惠国LD	17
				0.8	澳^RAU^R,新西兰^RNZ^R		

序号 No.	税则号列 Tariff Line	货品名称 Article Description	最惠国税率 MFN(%)	协定税率 Agreement(%)		特惠税率 SP(%)	普通税率 Gen(%)
5808	7403.2900	--其他铜合金（税目74.05的铜母合金除外） --Other copper alloys (other than master alloys of heading 74.05)	1	0	东盟AS,智CL,巴PK,新西兰NZ,秘PE,哥CR,瑞CH,冰IS,韩KR,澳AU,格GE,毛MU,东盟^{R}AS^R,澳^{R}AU^R,日^{R}JP^R,新西兰^{R}NZ^R,柬KH,港HK,澳门MO,韩^{R}KR^R	0 受惠国LD	17
	74.04	铜废碎料： Copper waste and scrap:					
5809	7404.0000	铜废碎料 Copper waste and scrap	1.5	0	东盟AS,智CL,巴PK,新西兰NZ,哥CR,瑞CH,冰IS,韩KR,澳AU,格GE,毛MU,东盟^{R}AS^R,澳^{R}AU^R,新西兰^{R}NZ^R,柬KH,港HK,澳门MO,韩^{R}KR^R	0 受惠国LD, 老LA	11
				0.8	亚太AP		
				1.2	日^{R}JP^R		
	ex74040000	再生黄铜原料、再生铜原料 Recycling materials of brass, Recycling materials of copper	Δ0				
	74.05	铜母合金： Master alloys of copper:					
5810	7405.0000	铜母合金 Master alloys of copper	4	0	东盟AS,智CL,巴PK,新西兰NZ,秘PE,哥CR,瑞CH,冰IS,韩KR,澳AU,格GE,毛MU,东盟^{R}AS^R,澳^{R}AU^R,日^{R}JP^R,新西兰^{R}NZ^R,柬KH,港HK,澳门MO,韩^{R}KR^R	0 受惠国LD	17
	74.06	铜粉及片状粉末： Copper powders and flakes:					
		-非片状粉末： -Powders of non-lamellar structure:					
5811	7406.1010	---精炼铜制 ---Of refined copper	3	0	东盟AS,智CL,巴PK,新西兰NZ,秘PE,哥CR,瑞CH,冰IS,韩KR,澳AU,格GE,毛MU,东盟^{R}AS^R,澳^{R}AU^R,日^{R}JP^R,新西兰^{R}NZ^R,柬KH,港HK,澳门MO,韩^{R}KR^R	0 受惠国LD	14
5812	7406.1020	---铜镍合金（白铜）或铜镍锌合金（德银）制 ---Of copper-nickel base alloys (cupronickel) or copper-nickel-zinc base alloys (nickel silver)	6	0	东盟AS,智CL,巴PK,新西兰NZ,秘PE,哥CR,瑞CH,冰IS,韩KR,澳AU,格GE,毛MU,东盟^{R}AS^R,澳^{R}AU^R,日^{R}JP^R,新西兰^{R}NZ^R,柬KH,港HK,澳门MO,韩^{R}KR^R	0 受惠国LD	40
				4.2	亚太AP		
5813	7406.1030	---铜锌合金（黄铜）制 ---Of copper-zinc base alloys (brass)	6	0	东盟AS,智CL,巴PK,新西兰NZ,秘PE,哥CR,瑞CH,冰IS,澳AU,格GE,毛MU,东盟^{R}AS^R,澳^{R}AU^R,新西兰^{R}NZ^R,柬KH,港HK,澳门MO	0 受惠国LD	30
				0.6	韩KR		
				4.8	韩^{R}KR^R		
				4.9	日^{R}JP^R		
5814	7406.1040	---铜锡合金（青铜）制 ---Of copper-tin base alloys (bronze)	6	0	东盟AS,智CL,巴PK,新西兰NZ,秘PE,哥CR,瑞CH,冰IS,韩KR,澳AU,格GE,毛MU,东盟^{R}AS^R,澳^{R}AU^R,日^{R}JP^R,新西兰^{R}NZ^R,柬KH,港HK,澳门MO,韩^{R}KR^R	0 受惠国LD	30

序号 No.	税则号列 Tariff Line	货品名称 Article Description	最惠国税率 MFN(%)		协定税率 Agreement(%)	特惠税率 SP(%)	普通税率 Gen(%)
5815	7406.1090	---其他铜合金制 ---Other	6	0	东盟AS,智CL,巴PK,新西兰NZ,秘PE,哥CR,瑞CH,冰IS,韩KR,澳AU,格GE,毛MU,东盟^RAS^R,澳^RAU^R,日^RJP^R,新西兰^RNZ^R,柬KH,港HK,澳门MO,韩^RKR^R	0 受惠国LD	30
		-片状粉末: -Powders of lamellar structure; flakes:					
5816	7406.2010	---精炼铜制 ---Of refined copper	4	0	东盟AS,智CL,巴PK,新西兰NZ,秘PE,哥CR,瑞CH,冰IS,韩KR,澳AU,格GE,毛MU,东盟^RAS^R,澳^RAU^R,日^RJP^R,新西兰^RNZ^R,柬KH,港HK,澳门MO,韩^RKR^R	0 受惠国LD	14
5817	7406.2020	---铜镍合金（白铜）或铜镍锌合金（德银）制 ---Of copper-nickel base alloys (cupronickel) or copper-nickel-zinc base alloys (nickel silver)	6	0	东盟AS,智CL,巴PK,新西兰NZ,秘PE,哥CR,瑞CH,冰IS,韩KR,澳AU,格GE,毛MU,东盟^RAS^R,澳^RAU^R,日^RJP^R,新西兰^RNZ^R,柬KH,港HK,澳门MO,韩^RKR^R	0 受惠国LD	40
				4.2	亚太AP		
5818	7406.2090	---其他铜合金制 ---Other	6	0	东盟AS,智CL,巴PK,新西兰NZ,秘PE,哥CR,瑞CH,冰IS,韩KR,澳AU,格GE,毛MU,东盟^RAS^R,澳^RAU^R,日^RJP^R,新西兰^RNZ^R,柬KH,港HK,澳门MO,韩^RKR^R	0 受惠国LD	30
				4.2	亚太AP		
	74.07	**铜条、杆、型材及异型材:** **Copper bars, rods and profiles:**					
		-精炼铜制: -Of refined copper:					
5819	7407.1010	---铬锆铜制 ---Of chrominm and zirconium copper	4	0	东盟AS,智CL,巴PK,新西兰NZ,秘PE,哥CR,瑞CH,冰IS,韩KR,澳AU,格GE,毛MU,东盟^RAS^R,澳^RAU^R,日^RJP^R,新西兰^RNZ^R,柬KH,港HK,澳门MO,台TW,韩^RKR^R	0 受惠国LD	14
5820	7407.1090	---其他 ---Other	4	0	东盟AS,智CL,巴PK,新西兰NZ,秘PE,哥CR,瑞CH,冰IS,韩KR,澳AU,格GE,毛MU,东盟^RAS^R,日^RJP^R,柬KH,港HK,澳门MO,台TW,韩^RKR^R	0 受惠国LD	14
				3.2	澳^RAU^R,新西兰^RNZ^R		
		-铜合金制: -Of copper alloys:					
		--铜锌合金（黄铜）: --Of copper-zinc base alloys (brass):					
		---铜条、杆: ---Copper bars and rods:					
5821	7407.2111	----直线度不大于0.5毫米/米 ----Of a straightness not exceeding 0.5mm/m	7	0	东盟AS,智CL,新西兰NZ,秘PE,哥CR,瑞CH,冰IS,澳AU,格GE,毛MU,柬KH,港HK,澳门MO,台TW	0 受惠国LD	20
				1	巴PK		
				5	东盟^RAS^R,澳^RAU^R,新西兰^RNZ^R		

序号 No.	税则号列 Tariff Line	货品名称 Article Description	最惠国税率 MFN(%)	协定税率 Agreement(%)		特惠税率 SP(%)	普通税率 Gen(%)
5822	7407.2119	----其他 ----Other	7	0	东盟AS,智CL,新西兰NZ,秘PE,哥CR,瑞CH,冰IS,澳AU,格GE,毛MU,柬KH,港HK,澳门MO,台TW	0 受惠国LD	20
				1	巴PK		
				5	东盟^RAS^R,澳^RAU^R,新西兰^RNZ^R		
5823	7407.2190	---其他 ---Other	7	0	东盟AS,智CL,新西兰NZ,秘PE,哥CR,瑞CH,冰IS,澳AU,格GE,毛MU,柬KH,港HK,澳门MO,台TW	0 受惠国LD	20
				1	巴PK		
				5	东盟^RAS^R,澳^RAU^R,新西兰^RNZ^R		
5824	7407.2900	--其他 --Other	7	0	东盟AS,智CL,新西兰NZ,秘PE,哥CR,瑞CH,冰IS,韩KR,澳AU,格GE,毛MU,东盟^RAS^R,澳^RAU^R,新西兰^RNZ^R,柬KH,港HK,澳门MO,台TW,韩^RKR^R	0 受惠国LD	20
				1	巴PK		
				5.7	日^RJP^R		
	74.08	铜丝： **Copper wire:**					
		-精炼铜制： -Of refined copper:					
5825	7408.1100	--最大截面尺寸超过6毫米 --Of which the maximum cross- sectional dimension exceeds 6mm	4	0	东盟AS,智CL,巴PK,新西兰NZ,秘PE,哥CR,瑞CH,冰IS,韩KR,澳AU,格GE,毛MU,东盟^RAS^R,澳^RAU^R,日^RJP^R,新西兰^RNZ^R,柬KH,港HK,澳门MO,台TW,韩^RKR^R	0 受惠国LD	14
				2.6	亚太AP		
5826	7408.1900	--其他 --Other	4	0	东盟AS,智CL,巴PK,新西兰NZ,秘PE,哥CR,瑞CH,冰IS,韩KR,澳AU,格GE,毛MU,东盟^RAS^R,澳^RAU^R,日^RJP^R,新西兰^RNZ^R,柬KH,港HK,澳门MO,台TW,韩^RKR^R	0 受惠国LD	14
				2.6	亚太AP		
	ex74081900	其他含氧量小于5ppm的精炼铜丝 Other refined copper wire, containing oxygen not more than 5ppm	Δ2				
		-铜合金制： -Of copper alloys:					
5827	7408.2100	--铜锌合金（黄铜） --Of copper-zinc base alloys (brass)	7	0	东盟AS,智CL,新西兰NZ,秘PE,哥CR,瑞CH,冰IS,澳AU,格GE,毛MU,柬KH,港HK,澳门MO,台TW	0 受惠国LD	20
				1	巴PK		
				2.8	韩KR		
				5.6	东盟^RAS^R,澳^RAU^R,新西兰^RNZ^R,韩^RKR^R		
				6.1	日^RJP^R		

序号 No.	税则号列 Tariff Line	货品名称 Article Description	最惠国税率 MFN(%)	协定税率 Agreement(%)		特惠税率 SP(%)		普通税率 Gen(%)
		--铜镍合金（白铜）或铜镍锌合金 （德银）： --Of copper-nickel base alloys (cupro-nickel) or copper-nickel-zinc base alloys (nickel silver):						
5828	7408.2210	---铜镍锌铅合金（加铅德银） ---Of copper-nickel-zinc-lead base alloys (leaded nickel silver)	8	0	东盟AS,智CL,新西兰NZ,秘PE,哥CR,瑞CH,冰IS,韩KR,澳AU,格GE,毛MU,东盟^RAS^R,澳^RAU^R,新西兰^RNZ^R,柬KH,港HK,澳门MO,韩^RKR^R	0 受惠国LD	40
				1	巴PK		
				6.5	日^RJP^R		
5829	7408.2290	---其他 ---Other	8	0	东盟AS,智CL,新西兰NZ,秘PE,哥CR,瑞CH,冰IS,韩KR,澳AU,格GE,毛MU,东盟^RAS^R,澳^RAU^R,新西兰^RNZ^R,柬KH,港HK,澳门MO,韩^RKR^R	0 受惠国LD	40
				1	巴PK		
				6.5	日^RJP^R		
5830	7408.2900	--其他 --Other	7	0	东盟AS,智CL,新西兰NZ,秘PE,哥CR,瑞CH,冰IS,澳AU,格GE,毛MU,东盟^RAS^R,澳^RAU^R,新西兰^RNZ^R,柬KH,港HK,澳门MO	0 受惠国LD	20
				0.7	韩KR		
				1	巴PK		
				5.6	韩^RKR^R		
				5.7	日^RJP^R		
	74.09	铜板、片及带，厚度超过0.15毫米： **Copper plates, sheets and strip, of a thickness exceeding 0.15mm:**					
		-精炼铜制： -Of refined copper:					
		--盘卷的： --In coils:					
5831	7409.1110	---氧含量不超过10ppm ---Containing oxygen not more than 10ppm	4	0	东盟AS,智CL,巴PK,新西兰NZ,秘PE,哥CR,瑞CH,冰IS,韩KR,澳AU,格GE,毛MU,东盟^RAS^R,日^RJP^R,柬KH,港HK,澳门MO,韩^RKR^R	0 受惠国LD	14
				3.2	澳^RAU^R,新西兰^RNZ^R		
5832	7409.1190	---其他 ---Other	4	0	东盟AS,智CL,巴PK,新西兰NZ,秘PE,哥CR,瑞CH,冰IS,韩KR,澳AU,格GE,毛MU,东盟^RAS^R,澳^RAU^R,日^RJP^R,新西兰^RNZ^R,柬KH,港HK,澳门MO,韩^RKR^R	0 受惠国LD	14
5833	7409.1900	--其他 --Other	4	0	东盟AS,智CL,巴PK,新西兰NZ,秘PE,哥CR,瑞CH,冰IS,韩KR,澳AU,格GE,毛MU,东盟^RAS^R,澳^RAU^R,日^RJP^R,新西兰^RNZ^R,柬KH,港HK,澳门MO,台TW,韩^RKR^R	0 受惠国LD	14

序号 No.	税则号列 Tariff Line	货品名称 Article Description	最惠国税率 MFN(%)	协定税率 Agreement(%)		特惠税率 SP(%)	普通税率 Gen(%)
		-铜锌合金（黄铜）制: -Of copper-zinc base alloys (brass):					
5834	7409.2100	--盘卷的 --In coils	7	0	东盟AS,智CL,新西兰NZ,秘PE,哥CR,瑞CH,冰IS,澳AU,格GE,毛MU,柬KH,港HK,澳门MO,台TW	0 受惠国LD	20
				1	巴PK		
				2.8	韩KR		
				5.6	东盟^{R}AS^R,澳^{R}AU^R,新西兰^{R}NZ^R,韩^{R}KR^R		
				6.1	日^{R}JP^R		
5835	7409.2900	--其他 --Other	7	0	东盟AS,智CL,新西兰NZ,秘PE,哥CR,瑞CH,冰IS,澳AU,格GE,毛MU,柬KH,港HK,澳门MO,台TW	0 受惠国LD	20
				1	巴PK		
				2.8	韩KR		
				5.6	东盟^{R}AS^R,澳^{R}AU^R,新西兰^{R}NZ^R,韩^{R}KR^R		
				6.1	日^{R}JP^R		
		-铜锡合金（青铜）制: -Of copper-tin base alloys (bronze):					
5836	7409.3100	--盘卷的 --In coils	7	0	东盟AS,智CL,新西兰NZ,秘PE,哥CR,瑞CH,冰IS,澳AU,格GE,毛MU,东盟^{R}AS^R,澳^{R}AU^R,新西兰^{R}NZ^R,柬KH,港HK,澳门MO,台TW	0 受惠国LD	20
				0.7	韩KR		
				1	巴PK		
				5.6	韩^{R}KR^R		
				5.7	日^{R}JP^R		
5837	7409.3900	--其他 --Other	7	0	东盟AS,智CL,新西兰NZ,秘PE,哥CR,瑞CH,冰IS,韩KR,澳AU,格GE,毛MU,东盟^{R}AS^R,澳^{R}AU^R,日^{R}JP^R,新西兰^{R}NZ^R,柬KH,港HK,澳门MO,台TW,韩^{R}KR^R	0 受惠国LD	20
				1	巴PK		
5838	7409.4000	-铜镍合金（白铜）或铜镍锌合金（德银）制 -Of copper-nickel base alloys (cupronickel) or copper-nickel-zinc base alloys (nickel silver)	7	0	东盟AS,智CL,新西兰NZ,秘PE,哥CR,瑞CH,冰IS,韩KR,澳AU,格GE,毛MU,东盟^{R}AS^R,日^{R}JP^R,柬KH,港HK,澳门MO,台TW,韩^{R}KR^R	0 受惠国LD	40
				1	巴PK		
				5.6	澳^{R}AU^R,新西兰^{R}NZ^R		
5839	7409.9000	-其他铜合金制 -Of other copper alloys	7	0	东盟AS,智CL,新西兰NZ,秘PE,哥CR,瑞CH,冰IS,澳AU,格GE,毛MU,东盟^{R}AS^R,澳^{R}AU^R,新西兰^{R}NZ^R,柬KH,港HK,澳门MO,台TW	0 受惠国LD	20
				0.7	韩KR		
				1	巴PK		
				5.6	韩^{R}KR^R		
				5.7	日^{R}JP^R		

序号 No.	税则号列 Tariff Line	货品名称 Article Description	最惠国税率 MFN(%)	协定税率 Agreement(%)		特惠税率 SP(%)	普通税率 Gen(%)
	74.10	铜箔（不论是否印花或用纸、纸板、塑料或类似材料衬背），厚度（衬背除外）不超过0.15毫米： Copper foil (whether or not printed or backed with paper, paperboard, plastics or similar backing materials) of a thickness (excluding any backing) not exceeding 0.15mm:					
		-无衬背： -Not backed:					
5840	7410.1100	--精炼铜制 --Of refined copper	4	0	东盟AS,智CL,巴PK,新西兰NZ,秘PE,哥CR,瑞CH,冰IS,韩KR,澳AU,格GE,毛MU,东盟^RAS^R,澳^RAU^R,日^RJP^R,新西兰^RNZ^R,柬KH,港HK,澳门MO,台TW,韩^RKR^R	0 受惠国LD	14
				2.6	亚太AP		
		--铜合金制： --Of copper alloys:					
5841	7410.1210	---铜镍合金（白铜）或铜镍锌合金（德银） ---Of copper-nickel base alloys (cupronickel) or copper-nickel-zinc base alloys (nickel silver)	7	0	东盟AS,智CL,新西兰NZ,秘PE,哥CR,瑞CH,冰IS,韩KR,澳AU,格GE,毛MU,东盟^RAS^R,日^RJP^R,柬KH,港HK,澳门MO,台TW,韩^RKR^R	0 受惠国LD	40
				1	巴PK		
				5.6	澳^RAU^R,新西兰^RNZ^R		
5842	7410.1290	---其他 ---Other	7	0	东盟AS,智CL,新西兰NZ,秘PE,哥CR,瑞CH,冰IS,韩KR,澳AU,格GE,毛MU,东盟^RAS^R,澳^RAU^R,日^RJP^R,新西兰^RNZ^R,柬KH,港HK,澳门MO,台TW,韩^RKR^R	0 受惠国LD	20
				1	巴PK		
		-有衬背： -Backed:					
		--精炼铜制： --Of refined copper:					
5843	7410.2110	---印制电路用覆铜板 ---Suitable for manufacturing printed circuit board	4	0	东盟AS,智CL,巴PK,新西兰NZ,秘PE,哥CR,瑞CH,冰IS,韩KR,澳AU,格GE,毛MU,东盟^RAS^R,澳^RAU^R,新西兰^RNZ^R,柬KH,港HK,澳门MO,台TW,韩^RKR^R	0 受惠国LD	14
				2.6	亚太AP		
				3.5	日^RJP^R		
5844	7410.2190	---其他 ---Other	4	0	东盟AS,智CL,巴PK,新西兰NZ,秘PE,哥CR,瑞CH,冰IS,韩KR,澳AU,格GE,毛MU,东盟^RAS^R,日^RJP^R,柬KH,港HK,澳门MO,台TW,韩^RKR^R	0 受惠国LD	14
				2.6	亚太AP		
				3.2	澳^RAU^R,新西兰^RNZ^R		
		--铜合金制： --Of copper alloys:					

序号 No.	税则号列 Tariff Line	货品名称 Article Description	最惠国税率 MFN(%)	协定税率 Agreement(%)		特惠税率 SP(%)	普通税率 Gen(%)
5845	7410.2210	---铜镍合金（白铜）或铜镍锌合金 （德银） ---Of copper-nickel base alloys (cupronickel) or copper-nickel-zinc base alloys (nickel silver)	7	0 1 5.7	东盟AS,智CL,新西兰NZ,秘PE,哥 CR,瑞CH,冰IS,韩KR,澳AU,格GE, 毛MU,东盟^{R}AS^R,澳^{R}AU^R,新西兰 ^{R}NZ^R,柬KH,港HK,澳门MO,韩^{R}KR^R 巴PK 日^{R}JP^R	0 受惠国LD	40
5846	7410.2290	---其他 ---Other	7	0 1 5.7	东盟AS,智CL,新西兰NZ,秘PE,哥 CR,瑞CH,冰IS,韩KR,澳AU,格GE,毛 MU,东盟^{R}AS^R,澳^{R}AU^R,新西兰^{R}NZ^R, 柬KH,港HK,澳门MO,韩^{R}KR^R 巴PK 日^{R}JP^R	0 受惠国LD	20
	74.11	铜管： Copper tubes and pipes:					
		-精炼铜制： -Of refined copper:					
		---外径不超过25毫米的： ---The external diameter not exceeds 25mm:					
5847	7411.1011	----带有螺纹或翅片的 ----With screw thread or wing	4	0 2.6	东盟AS,智CL,巴PK,新西兰NZ, 秘PE,哥CR,瑞CH,冰IS,韩KR, 澳AU,格GE,毛MU,东盟^{R}AS^R, 澳^{R}AU^R,日^{R}JP^R,新西兰^{R}NZ^R,柬 KH,港HK,澳门MO,韩^{R}KR^R 亚太AP	0 受惠国LD	14
5848	7411.1019	----其他 ----Other	4	0 2.6 3.2	东盟AS,智CL,巴PK,新西兰NZ, 秘PE,哥CR,瑞CH,冰IS,韩KR,澳 AU,格GE,毛MU,东盟^{R}AS^R,日^{R}JP^R, 柬KH,港HK,澳门MO,韩^{R}KR^R 亚太AP 澳^{R}AU^R,新西兰^{R}NZ^R	0 受惠国LD	14
	ex74111019	其他含氧量小于5ppm,外径不超过25 毫米的精炼铜管 Other refined copper tubes and pipes with the external diameter not exceeding 25mm, containing oxygen not more than 5ppm	Δ2				
5849	7411.1020	---外径超过70毫米的 ---The external diameter exceeds 70mm	4	0 2.6	东盟AS,智CL,巴PK,新西兰NZ, 秘PE,哥CR,瑞CH,冰IS,韩KR, 澳AU,格GE,毛MU,东盟^{R}AS^R, 澳^{R}AU^R,日^{R}JP^R,新西兰^{R}NZ^R,柬 KH,港HK,澳门MO,韩^{R}KR^R 亚太AP	0 受惠国LD	14
5850	7411.1090	---其他 ---Other	4	0 1.6 2.6 3.2 3.3	东盟AS,智CL,巴PK,新西兰NZ, 秘PE,哥CR,瑞CH,冰IS,韩KR,澳 AU,格GE,柬KH,港HK,澳门MO 毛MU 亚太AP 东盟^{R}AS^R,澳^{R}AU^R,新西兰^{R}NZ^R, 韩^{R}KR^R 日^{R}JP^R	0 受惠国LD	14

序号 No.	税则号列 Tariff Line	货品名称 Article Description	最惠国税率 MFN(%)		协定税率 Agreement(%)	特惠税率 SP(%)	普通税率 Gen(%)
		-铜合金制: -Of copper alloys:					
		--铜锌合金(黄铜): --Of copper-zinc base alloys (brass):					
5851	7411.2110	---盘卷的 ---Circumvolution	7	0	东盟AS,智CL,新西兰NZ,秘PE,哥CR,瑞CH,冰IS,韩KR,澳AU,格GE,毛MU,东盟^RAS^R,澳^RAU^R,新西兰^RNZ^R,柬KH,港HK,澳门MO,韩^RKR^R	0 受惠国LD	20
				1	巴PK		
				5.7	日^RJP^R		
				6.3	亚太AP		
5852	7411.2190	---其他 ---Other	7	0	东盟AS,智CL,新西兰NZ,秘PE,哥CR,瑞CH,冰IS,澳AU,格GE,毛MU,柬KH,港HK,澳门MO	0 受惠国LD	20
				1	巴PK		
				2.8	韩KR		
				5.6	东盟^RAS^R,澳^RAU^R,新西兰^RNZ^R,韩^RKR^R		
				6.1	日^RJP^R		
5853	7411.2200	--铜镍合金(白铜)或铜镍锌合金(德银) --Of copper-nickel base alloys (cupronickel) or copper-nickel-zinc base alloys (nickel silver)	7	0	东盟AS,智CL,新西兰NZ,秘PE,哥CR,瑞CH,冰IS,韩KR,澳AU,格GE,毛MU,东盟^RAS^R,澳^RAU^R,新西兰^RNZ^R,柬KH,港HK,澳门MO,韩^RKR^R	0 受惠国LD	40
				1	巴PK		
				5.7	日^RJP^R		
5854	7411.2900	--其他 --Other	7	0	东盟AS,智CL,新西兰NZ,秘PE,哥CR,瑞CH,冰IS,韩KR,澳AU,格GE,毛MU,东盟^RAS^R,澳^RAU^R,新西兰^RNZ^R,柬KH,港HK,澳门MO,韩^RKR^R	0 受惠国LD	20
				1	巴PK		
				5.7	日^RJP^R		
	74.12	铜制管子附件(例如,接头、肘管、管套): **Copper tube or pipe fittings (for example, couplings, elbows, sleeves):**					
5855	7412.1000	-精炼铜制 -Of refined copper	4	0	东盟AS,智CL,巴PK,新西兰NZ,秘PE,哥CR,瑞CH,冰IS,韩KR,澳AU,格GE,毛MU,东盟^RAS^R,澳^RAU^R,新西兰^RNZ^R,柬KH,港HK,澳门MO,韩^RKR^R	0 受惠国LD	14
				3.3	日^RJP^R		
		-铜合金制: -Of copper alloys:					
5856	7412.2010	---铜镍合金(白铜)或铜镍锌合金(德银) ---Of copper-nickel base alloys (cupronickel) or copper-nickel-zinc base alloys (nickel silver)	7	0	东盟AS,智CL,新西兰NZ,秘PE,哥CR,瑞CH,冰IS,韩KR,澳AU,格GE,毛MU,东盟^RAS^R,澳^RAU^R,新西兰^RNZ^R,柬KH,港HK,澳门MO,韩^RKR^R	0 受惠国LD	40
				1	巴PK		
				4.6	亚太AP		
				5.7	日^RJP^R		

序号 No.	税则号列 Tariff Line	货品名称 Article Description	最惠国税率 MFN(%)	协定税率 Agreement(%)		特惠税率 SP(%)	普通税率 Gen(%)
5857	7412.2090	---其他 ---Other	7	0	东盟AS,智CL,新西兰NZ,秘PE,哥CR,瑞CH,冰IS,韩KR,澳AU,格GE,毛MU,柬KH,港HK,澳门MO	0 受惠国LD	20
				1	巴PK		
				4.6	亚太AP		
				5.6	东盟^{R}AS^R,澳^{R}AU^R,新西兰^{R}NZ^R,韩^{R}KR^R		
				5.7	日^{R}JP^R		
	74.13	非绝缘的铜丝绞股线、缆、编带及类似品： **Stranded wire, cables, plaited bands and the like, of copper, not electrically insulated:**					
5858	7413.0000	非绝缘的铜丝绞股线、缆、编带及类似品 Stranded wire, cables plaited bands and the like, of copper, not electrically insulated	5	0	东盟AS,智CL,巴PK,新西兰NZ,秘PE,哥CR,瑞CH,冰IS,澳AU,格GE,毛MU,柬KH,港HK,澳门MO	0 受惠国LD	14
				2	韩KR		
				4	东盟^{R}AS^R,澳^{R}AU^R,新西兰^{R}NZ^R,韩^{R}KR^R		
				4.4	日^{R}JP^R		
	74.15	铜制或钢铁制带铜头的钉、平头钉、图钉、U形钉（税目83.05的货品除外）及类似品；铜制螺钉、螺栓、螺母、钩头螺钉、铆钉、销、开尾销、垫圈（包括弹簧垫圈）及类似品： **Nails, tacks, drawing pins, staples (other than those of heading 83.05) and similar articles, of copper or of iron or steel with heads of copper; screws, bolts, nuts, screw hooks, rivets, cotters, cotter pins, washers (including spring washers) and similar articles, of copper:**					
5859	7415.1000	-钉、平头钉、图钉、U形钉及类似品 -Nails and tacks, drawing pins, staples and similar articles	8	0	东盟AS,智CL,新西兰NZ,秘PE,哥CR,瑞CH,冰IS,韩KR,澳AU,格GE,毛MU,东盟^{R}AS^R,澳^{R}AU^R,新西兰^{R}NZ^R,柬KH,港HK,澳门MO,韩^{R}KR^R	0 受惠国LD	80
				1	巴PK		
				6.5	日^{R}JP^R		
		-其他无螺纹制品： -Other articles, not threaded:					
5860	7415.2100	--垫圈（包括弹簧垫圈） --Washers (including spring washers)	8	0	东盟AS,智CL,新西兰NZ,新加坡SG,秘PE,哥CR,瑞CH,冰IS,澳AU,格GE,毛MU,东盟^{R}AS^R,澳^{R}AU^R,新西兰^{R}NZ^R,柬KH,港HK,澳门MO	0 受惠国LD	80
				1	巴PK,韩KR		
				8	韩^{R}KR^R		
				8.2	日^{R}JP^R		

序号 No.	税则号列 Tariff Line	货品名称 Article Description	最惠国税率 MFN(%)		协定税率 Agreement(%)	特惠税率 SP(%)	普通税率 Gen(%)
5861	7415.2900	--其他 --Other	8	0	东盟AS,智CL,新西兰NZ,新加坡 SG,秘PE,哥CR,瑞CH,冰IS,澳AU, 格GE,毛MU,东盟^{R}AS^R,澳^{R}AU^R,新 西兰^{R}NZ^R,柬KH,港HK,澳门MO	0 受惠国LD	80
				1	巴PK,韩KR		
				8	韩^{R}KR^R		
				8.2	日^{R}JP^R		
		-其他螺纹制品: -Other threaded articles:					
		--螺钉; 螺栓及螺母: --Screws; bolts and nuts:					
5862	7415.3310	---木螺钉 ---Screws for wood	8	0	东盟AS,智CL,新西兰NZ,秘PE, 哥CR,瑞CH,冰IS,韩KR,澳AU, 格GE,毛MU,东盟^{R}AS^R,澳^{R}AU^R, 新西兰^{R}NZ^R,柬KH,港HK,澳门 MO,韩^{R}KR^R	0 受惠国LD	80
				1	巴PK		
				6.4	亚太AP		
				6.5	日^{R}JP^R		
5863	7415.3390	---其他 ---Other	8	0	东盟AS,智CL,新西兰NZ,秘PE, 哥CR,瑞CH,冰IS,韩KR,澳AU, 格GE,毛MU,柬KH,港HK,澳门 MO	0 受惠国LD	80
				4	巴PK		
				6.4	东盟^{R}AS^R,澳^{R}AU^R,新西兰^{R}NZ^R, 韩^{R}KR^R		
				6.5	日^{R}JP^R		
5864	7415.3900	--其他 --Other	8	0	东盟AS,智CL,新西兰NZ,秘PE, 哥CR,瑞CH,冰IS,澳AU,格GE, 毛MU,东盟^{R}AS^R,澳^{R}AU^R,新西 兰^{R}NZ^R,柬KH,港HK,澳门MO	0 受惠国LD	80
				1	巴PK,韩KR		
				8	韩^{R}KR^R		
				8.2	日^{R}JP^R		
	74.18	餐桌、厨房或其他家用铜制器具及其 零件; 铜制擦锅器、洗刷擦光用的块 垫、手套及类似品; 铜制卫生器具及其 零件: Table, kitchen or other household articles and parts thereof, of copper; pot scourers and scouring or polishing pads, gloves and the like, of copper; sanitary ware and parts thereof, of copper:					
		-餐桌、厨房或其他家用器具及其零 件; 擦锅器及洗刷擦光用的块垫、手 套及类似品: -Table, kitchen or other household articles and parts thereof; pot scourers and scouring or polishing pads, gloves and the like:					

序号 No.	税则号列 Tariff Line	货品名称 Article Description	最惠国税率 MFN(%)	协定税率 Agreement(%)		特惠税率 SP(%)		普通税率 Gen(%)
5865	7418.1010	---擦锅器及洗刷、擦光用的块垫、手套 及类似品 ---Pot scourers and scouring or polishing pads, gloves and the like	7	0	东盟AS,智CL,新西兰NZ,新加坡 SG,秘PE,哥CR,瑞CH,冰IS,澳AU, 格GE,毛MU,东盟^RAS^R,澳^RAU^R,新 西兰^RNZ^R,柬KH,港HK,澳门MO	0	受惠国LD	80
				1.8	韩KR			
				8.6	巴PK			
				14.4	韩^RKR^R			
				14.7	日^RJP^R			
5866	7418.1020	---非电热的铜制家用烹饪器具及其 零件 ---Cooking or heating apparatus of a kind used for domestic purposes, non-electric, and parts thereof, of copper	7	0	东盟AS,智CL,新西兰NZ,新加坡 SG,秘PE,哥CR,瑞CH,冰IS,澳AU, 格GE,毛MU,柬KH,港HK,澳门MO	0	受惠国LD	80
				8	韩KR			
				16	东盟^RAS^R,澳^RAU^R,新西兰^RNZ^R, 韩^RKR^R			
				17.5	日^RJP^R			
5867	7418.1090	---其他 ---Other	7	0	东盟AS,智CL,新西兰NZ,新加坡 SG,秘PE,哥CR,瑞CH,冰IS,澳AU, 格GE,毛MU,东盟^RAS^R,澳^RAU^R,新 西兰^RNZ^R,柬KH,港HK,澳门MO	0	受惠国LD	80
				1.8	韩KR			
				8.6	巴PK			
				14.4	韩^RKR^R			
				14.7	日^RJP^R			
5868	7418.2000	-卫生器具及其零件 -Sanitary ware and parts thereof	9	0	东盟AS,智CL,巴PK,新西兰NZ, 新加坡SG,秘PE,哥CR,瑞CH,冰 IS,澳AU,格GE,毛MU,东盟^RAS^R, 澳^RAU^R,新西兰^RNZ^R,柬KH,港 HK,澳门MO	0	受惠国LD	80
				1.8	韩KR			
				14.4	韩^RKR^R			
				14.7	日^RJP^R			
	74.19	其他铜制品： **Other articles of copper:**						
		-铸造、模压、冲压或锻造,但未经进一 步加工的： -Cast, moulded, stamped or forged, but not further worked:						
5869	7419.2010	---链条及其零件 ---Chain and parts thereof	9	0	东盟AS,智CL,新西兰NZ,新加 坡SG,秘PE,哥CR,瑞CH,冰IS,澳 AU,格GE,毛MU,东盟^RAS^R,澳 ^RAU^R,新西兰^RNZ^R,柬KH,港HK, 澳门MO	0	受惠国LD	80
				1.4	韩KR			
				6.7	巴PK			
				11.2	韩^RKR^R			
				11.5	日^RJP^R			

序号 No.	税则号列 Tariff Line	货品名称 Article Description	最惠国税率 MFN(%)	协定税率 Agreement(%)		特惠税率 SP(%)		普通税率 Gen(%)
5870	7419.2020	---其他，工业用 ---Other, for industrial use	9	0	东盟AS,智CL,新西兰NZ,新加坡SG,秘PE,哥CR,瑞CH,冰IS,韩KR,澳AU,格GE,毛MU,柬KH,港HK,澳门MO	0	受惠国LD	40
				1	巴PK			
				8	东盟^RAS^R,澳^RAU^R,新西兰^RNZ^R,韩^RKR^R			
				8.2	日^RJP^R			
5871	7419.2090	---其他 ---Other	9	0	东盟AS,智CL,新西兰NZ,新加坡SG,秘PE,哥CR,瑞CH,冰IS,澳AU,格GE,毛MU,柬KH,港HK,澳门MO	0	受惠国LD	80
				8	韩KR			
				16	巴PK			
				17.3	东盟^RAS^R			
				17.5	日^RJP^R			
				18	澳^RAU^R,新西兰^RNZ^R			
		-其他: -Other:						
5872	7419.8010	---链条及其零件 ---Chain and parts thereof	9	0	东盟AS,智CL,新西兰NZ,新加坡SG,秘PE,哥CR,瑞CH,冰IS,澳AU,格GE,毛MU,东盟^RAS^R,澳^RAU^R,新西兰^RNZ^R,柬KH,港HK,澳门MO	0	受惠国LD	80
				1.4	韩KR			
				6.7	巴PK			
				11.2	韩^RKR^R			
				11.5	日^RJP^R			
5873	7419.8020	---铜弹簧 ---Copper springs	9	0	东盟AS,智CL,新西兰NZ,秘PE,哥CR,瑞CH,冰IS,澳AU,格GE,毛MU,东盟^RAS^R,澳^RAU^R,新西兰^RNZ^R,柬KH,港HK,澳门MO	0	受惠国LD	40
				1	韩KR			
				3	巴PK			
				8	韩^RKR^R			
				8.2	日^RJP^R			
5874	7419.8030	---铜丝制的布（包括环形带） ---Cloth (including endless hands), of copper wire	7	0	东盟AS,智CL,新西兰NZ,秘PE,哥CR,瑞CH,冰IS,韩KR,澳AU,格GE,毛MU,东盟^RAS^R,澳^RAU^R,新西兰^RNZ^R,柬KH,港HK,澳门MO,韩^RKR^R	0	受惠国LD	20
				3.4	巴PK			
				5.7	日^RJP^R			
5875	7419.8040	---铜丝制的网、格栅，网眼铜板 ---Grill and netting, of copper wire; expanded metal, of copper	8	0	东盟AS,智CL,新西兰NZ,秘PE,哥CR,瑞CH,冰IS,澳AU,格GE,毛MU,东盟^RAS^R,澳^RAU^R,新西兰^RNZ^R,柬KH,港HK,澳门MO	0	受惠国LD	20
				0.8	韩KR			
				3.8	巴PK			
				6.4	韩^RKR^R			
				6.5	日^RJP^R			

序号 No.	税则号列 Tariff Line	货品名称 Article Description	最惠国税率 MFN(%)	协定税率 Agreement(%)		特惠税率 SP(%)		普通税率 Gen(%)
5876	7419.8050	----非电热的铜制家用供暖器具及其零件 ---Heating apparatus of a kind used for domestic purposes, non-electric, and parts thereof, of copper	9	0	东盟AS,智CL,新西兰NZ,新加坡SG,秘PE,哥CR,瑞CH,冰IS,澳AU,格GE,毛MU,柬KH,港HK,澳门MO	0	受惠国LD	80
				6.3	亚太AP			
				8	韩KR			
				16	巴PK,东盟^RAS^R,澳^RAU^R,新西兰^RNZ^R,韩^RKR^R			
				16.4	日^RJP^R			
		---其他: ---Other:						
5877	7419.8091	----工业用 ----For industrial use	9	0	东盟AS,智CL,新西兰NZ,新加坡SG,秘PE,哥CR,瑞CH,韩KR,澳AU,格GE,毛MU,东盟^RAS^R,澳^RAU^R,新西兰^RNZ^R,柬KH,港HK,澳门MO,韩^RKR^R	0	受惠国LD	40
				3	巴PK			
				5.9	亚太AP			
				8.2	日^RJP^R			
5878	7419.8099	----其他 ----Other	9	0	东盟AS,智CL,新西兰NZ,新加坡SG,秘PE,哥CR,瑞CH,冰IS,澳AU,格GE,毛MU,柬KH,港HK,澳门MO	0	受惠国LD	80
				5.9	亚太AP			
				11	韩KR			
				16	巴PK			
				18	东盟^RAS^R,澳^RAU^R,新西兰^RNZ^R			

第七十五章
镍及其制品

子目注释:

一、本章所用有关名词解释如下:

(一) 非合金镍

按重量计镍及钴的含量至少为99%的金属,但:

1. 按重量计含钴量不超过1.5%;
2. 按重量计其他各种元素的含量不超过下表中规定的限量:

其他元素表

元　素	所含重量百分比
Fe　铁	0.5
O　氧	0.4
其他元素,每种	0.3

(二) 镍合金

按重量计含镍量大于其他元素单项含量的金属物质,但:

1. 按重量计含钴量超过1.5%;
2. 按重量计至少有一种其他元素的含量超过上表中规定的限量;或
3. 除镍及钴以外,按重量计其他元素的总含量超过1%。

二、子目7508.10 所称"丝",不受第十五类注释九(三)的限制,仅适用于截面尺寸不超过6毫米的任何截面形状的产品,不论是否盘卷。

Chapter 75
Nickel and articles thereof

Subheading Notes:

1. In this Chapter the following expressions have the meanings hereby assigned to them:

   (a) Nickel, not alloyed

   Metal containing by weight at least 99% of nickel plus cobalt, provided that:

   (1) the cobalt by weight does not exceed 1.5%; and
   (2) the content by weight of any other element does not exceed the limit specified in the following table:

TABLE-Other elements

Element	Limiting content % by weight
Fe　Iron	0.5
O　Oxygen	0.4
Other elements, each	0.3

   (b) Nickel alloys

   Metallic substances in which nickel predominates by weight over each of the other elements provided that:

   (1) the content by weight of cobalt exceeds 1.5%;
   (2) the content by weight of at least one of the other elements is greater than the limit specified in the foregoing table; or
   (3) the total content by weight of elements other than nickel plus cobalt exceeds 1%.

2. Notwithstanding the provisions of Note 9 (c) to Section XV, for the purposes of subheading 7508.10 the term "wire" applies only to products,whether or not in coils, of any cross-sectional shape,of which no cross-sectional dimension exceeds 6mm.

序号 No.	税则号列 Tariff Line	货品名称 Article Description	最惠国税率 MFN(%)	协定税率 Agreement(%)		特惠税率 SP(%)	普通税率 Gen(%)
	75.01	镍锍、氧化镍烧结物及镍冶炼的其他中间产品: **Nickel mattes, nickel oxide sinters and other intermediate products of nickel metallurgy:**					
5879	7501.1000	-镍锍 -Nickel mattes	3Δ0	0	东盟AS,智CL,巴PK,新西兰NZ,秘PE,哥CR,瑞CH,冰IS,韩KR,澳AU,格GE,毛MU,东盟^{R}AS^R,澳^{R}AU^R,日^{R}JP^R,新西兰^{R}NZ^R,柬KH,港HK,澳门MO,韩^{R}KR^R	0　受惠国LD	11
		-氧化镍烧结物及镍冶炼的其他中间产品: -Nickel oxide sinters and other intermediate products of nickel metallurgy:					

序号 No.	税则号列 Tariff Line	货品名称 Article Description	最惠国税率 MFN(%)		协定税率 Agreement(%)	特惠税率 SP(%)	普通税率 Gen(%)
5880	7501.2010	---镍湿法冶炼中间品 ---Nickel inter mediate products obtained by hydrometallurgical processing	3Δ0	0	东盟AS,智CL,巴PK,新西兰NZ,秘PE,哥CR,瑞CH,冰IS,韩KR,澳AU,格GE,毛MU,东盟^RAS^R,澳^RAU^R,日^RJP^R,新西兰^RNZ^R,柬KH,港HK,澳门MO,韩^RKR^R	0 受惠国LD	11
5881	7501.2090	---其他 ---Other	3Δ0	0	东盟AS,智CL,巴PK,新西兰NZ,秘PE,哥CR,瑞CH,冰IS,韩KR,澳AU,格GE,毛MU,东盟^RAS^R,澳^RAU^R,日^RJP^R,新西兰^RNZ^R,柬KH,港HK,澳门MO,韩^RKR^R	0 受惠国LD	11
	75.02	未锻轧镍： **Unwrought nickel:**					
		-非合金镍： -Nickel, not alloyed:					
5882	7502.1010	---按重量计镍、钴总量在99.99%及以上的，但钴含量不超过0.005% ---Containing by weight no less than 99.99% of copper and cobalt, but no more than 0.005% of cobalt	3Δ1	0	东盟AS,智CL,巴PK,新西兰NZ,秘PE,哥CR,瑞CH,冰IS,韩KR,澳AU,格GE,毛MU,东盟^RAS^R,澳^RAU^R,日^RJP^R,新西兰^RNZ^R,柬KH,港HK,澳门MO,韩^RKR^R	0 受惠国LD	11
5883	7502.1090	---其他 ---Other	3Δ1	0	东盟AS,智CL,巴PK,新西兰NZ,秘PE,哥CR,瑞CH,冰IS,韩KR,澳AU,格GE,毛MU,东盟^RAS^R,澳^RAU^R,日^RJP^R,新西兰^RNZ^R,柬KH,港HK,澳门MO,韩^RKR^R	0 受惠国LD	11
5884	7502.2000	-镍合金 -Nickel alloys	3	0	东盟AS,智CL,巴PK,新西兰NZ,秘PE,哥CR,瑞CH,冰IS,韩KR,澳AU,格GE,毛MU,东盟^RAS^R,澳^RAU^R,日^RJP^R,新西兰^RNZ^R,柬KH,港HK,澳门MO,韩^RKR^R	0 受惠国LD	11
	75.03	镍废碎料： **Nickel waste and scrap:**					
5885	7503.0000	镍废碎料 Nickel waste and scrap	1.5	0	东盟AS,智CL,巴PK,新西兰NZ,秘PE,哥CR,瑞CH,冰IS,韩KR,澳AU,格GE,毛MU,东盟^RAS^R,澳^RAU^R,日^RJP^R,新西兰^RNZ^R,柬KH,港HK,澳门MO,韩^RKR^R	0 受惠国LD	11
	75.04	镍粉及片状粉末： **Nickel powders and flakes:**					
5886	7504.0010	---非合金镍粉及片状粉末 ---Nickel powders and flakes, not alloyed	4Δ1	0	东盟AS,智CL,巴PK,新西兰NZ,秘PE,哥CR,瑞CH,冰IS,韩KR,澳AU,格GE,毛MU,东盟^RAS^R,澳^RAU^R,日^RJP^R,新西兰^RNZ^R,柬KH,港HK,澳门MO,韩^RKR^R	0 受惠国LD	17
5887	7504.0020	---合金镍粉及片状粉末 ---Nickel powders and flakes, alloys	4	0	东盟AS,智CL,巴PK,新西兰NZ,秘PE,哥CR,瑞CH,冰IS,韩KR,澳AU,格GE,毛MU,东盟^RAS^R,澳^RAU^R,日^RJP^R,新西兰^RNZ^R,柬KH,港HK,澳门MO,韩^RKR^R	0 受惠国LD	17
	75.05	镍条、杆、型材及异型材或丝： **Nickel bars, rods, profiles and wire:**					
		-条、杆、型材及异型材： -Bars, rods and profiles:					

序号 No.	税则号列 Tariff Line	货品名称 Article Description	最惠国税率 MFN(%)	协定税率 Agreement(%)		特惠税率 SP(%)	普通税率 Gen(%)
5888	7505.1100	--非合金镍制 --Of nickel, not alloyed	6	0	东盟AS,智CL,巴PK,新西兰NZ,秘PE,哥CR,瑞CH,冰IS,澳AU,格GE,毛MU,东盟^RAS^R,澳^RAU^R,新西兰^RNZ^R,柬KH,港HK,澳门MO	0 受惠国LD	14
				0.6	韩KR		
				4.8	韩^RKR^R		
				4.9	日^RJP^R		
5889	7505.1200	--镍合金制 --Of nickel alloys	6	0	东盟AS,智CL,巴PK,新西兰NZ,秘PE,哥CR,瑞CH,冰IS,澳AU,格GE,毛MU,东盟^RAS^R,澳^RAU^R,新西兰^RNZ^R,柬KH,港HK,澳门MO	0 受惠国LD	14
				0.6	韩KR		
				4.8	韩^RKR^R		
				4.9	日^RJP^R		
		-丝: -Wire:					
5890	7505.2100	--非合金镍制 --Of nickel, not alloyed	6	0	东盟AS,智CL,巴PK,新西兰NZ,秘PE,哥CR,瑞CH,冰IS,韩KR,澳AU,格GE,毛MU,东盟^RAS^R,澳^RAU^R,新西兰^RNZ^R,柬KH,港HK,澳门MO,韩^RKR^R	0 受惠国LD	17
				4.9	日^RJP^R		
5891	7505.2200	--镍合金制 --Of nickel alloys	6	0	东盟AS,智CL,巴PK,新西兰NZ,秘PE,哥CR,瑞CH,冰IS,韩KR,澳AU,格GE,毛MU,东盟^RAS^R,澳^RAU^R,日^RJP^R,新西兰^RNZ^R,柬KH,港HK,澳门MO,韩^RKR^R	0 受惠国LD	17
	75.06	镍板、片、带、箔: Nickel plates, sheets, strip and foil:					
5892	7506.1000	-非合金镍制 -Of nickel, not alloyed	6	0	东盟AS,智CL,巴PK,新西兰NZ,秘PE,哥CR,瑞CH,冰IS,澳AU,格GE,毛MU,柬KH,港HK,澳门MO	0 受惠国LD	14
				0.6	韩KR		
				4.8	东盟^RAS^R,澳^RAU^R,新西兰^RNZ^R,韩^RKR^R		
				4.9	日^RJP^R		
5893	7506.2000	-镍合金制 -Of nickel alloys	6	0	东盟AS,智CL,巴PK,新西兰NZ,秘PE,哥CR,瑞CH,冰IS,韩KR,澳AU,格GE,毛MU,东盟^RAS^R,日^RJP^R,柬KH,港HK,澳门MO,韩^RKR^R	0 受惠国LD	14
				4.8	澳^RAU^R,新西兰^RNZ^R		
	75.07	镍管及管子附件(例如,接头、肘管、管套): Nickel tubes, pipes and tube or pipe fittings (for example, couplings, elbows, sleeves):					
		-镍管: -Tubes and pipes:					
5894	7507.1100	--非合金镍制 --Of nickel, not alloyed	6	0	东盟AS,智CL,巴PK,新西兰NZ,秘PE,哥CR,冰IS,韩KR,澳AU,格GE,毛MU,东盟^RAS^R,澳^RAU^R,新西兰^RNZ^R,柬KH,港HK,澳门MO,韩^RKR^R	0 受惠国LD	17
				2.4	瑞CH		
				4.9	日^RJP^R		

序号 No.	税则号列 Tariff Line	货品名称 Article Description	最惠国税率 MFN(%)		协定税率 Agreement(%)	特惠税率 SP(%)	普通税率 Gen(%)
5895	7507.1200	--镍合金制 --Of nickel alloys	6	0	东盟AS,智CL,巴PK,新西兰NZ, 秘PE,哥CR,瑞CH,冰IS,澳AU,格 GE,毛MU,柬KH,港HK,澳门MO	0 受惠国LD	17
				0.6	韩KR		
				4.8	东盟^RAS^R,澳^RAU^R,新西兰NZ^R, 韩^RKR^R		
				4.9	日^RJP^R		
5896	7507.2000	-管子附件 -Tube or pipe fittings	6	0	东盟AS,智CL,巴PK,新西兰NZ, 秘PE,哥CR,瑞CH,冰IS,韩KR, 澳AU,格GE,毛MU,东盟^RAS^R, 澳^RAU^R,日^RJP^R,新西兰^RNZ^R,柬 KH,港HK,澳门MO,韩^RKR^R	0 受惠国LD	17
	75.08	其他镍制品: Other articles of nickel:					
		-镍丝布、网及格栅: -Cloth, grill and netting, of nickel wire:					
5897	7508.1010	---镍丝布 ---Wire cloth	6	0	东盟AS,智CL,巴PK,新西兰NZ, 秘PE,哥CR,瑞CH,冰IS,韩KR, 澳AU,格GE,毛MU,东盟^RAS^R, 澳^RAU^R,日^RJP^R,新西兰^RNZ^R,柬 KH,港HK,澳门MO,韩^RKR^R	0 受惠国LD	20
5898	7508.1080	---其他工业用镍制品 ---Other articles of nickel, for technical use	6	0	东盟AS,智CL,巴PK,新西兰NZ, 秘PE,哥CR,瑞CH,冰IS,韩KR, 澳AU,格GE,毛MU,东盟^RAS^R, 澳^RAU^R,日^RJP^R,新西兰^RNZ^R,柬 KH,港HK,澳门MO,韩^RKR^R	0 受惠国LD	40
5899	7508.1090	---其他 ---Other	6	0	东盟AS,智CL,巴PK,新西兰NZ, 秘PE,哥CR,瑞CH,冰IS,韩KR, 澳AU,格GE,毛MU,东盟^RAS^R, 澳^RAU^R,日^RJP^R,新西兰^RNZ^R,柬 KH,港HK,澳门MO,韩^RKR^R	0 受惠国LD	70
		-其他: -Other:					
5900	7508.9010	---电镀用镍阳极 ---Electroplating anodes	4	0	东盟AS,智CL,巴PK,新西兰NZ, 秘PE,哥CR,瑞CH,冰IS,韩KR, 澳AU,格GE,毛MU,东盟^RAS^R, 澳^RAU^R,日^RJP^R,新西兰^RNZ^R,柬 KH,港HK,澳门MO,韩^RKR^R	0 受惠国LD	14
5901	7508.9080	---其他工业用镍制品 ---Other articles of nickel, for technical use	6	0	东盟AS,智CL,巴PK,新西兰NZ, 秘PE,哥CR,瑞CH,冰IS,韩KR, 澳AU,格GE,毛MU,东盟^RAS^R,日 ^RJP^R,柬KH,港HK,澳门MO,韩 ^RKR^R	0 受惠国LD	40
				4.8	澳^RAU^R,新西兰^RNZ^R		
5902	7508.9090	---其他 ---Other	6	0	东盟AS,智CL,新西兰NZ,秘PE, 哥CR,瑞CH,冰IS,韩KR,澳AU, 格GE,毛MU,东盟^RAS^R,澳^RAU^R, 日^RJP^R,新西兰^RNZ^R,柬KH,港 HK,澳门MO,韩^RKR^R	0 受惠国LD	70
				4	巴PK		

子目注释:

一、本章所用有关名词解释如下:

（一）非合金铝

按重量计含铝量至少为99%的金属，但其他各种元素的含量不超过下表中规定的限量：

其他元素表

元素	所含重量百分比
Fe+Si（铁+硅）	1
其他元素（1），每种	0.1(2)

（1）其他元素，例如，铬、铜、镁、锰、镍、锌；

（2）含铜成分可大于0.1%，但不得大于0.2%，且铬和锰的含量均不得超过0.05%。

（二）铝合金

按重量计含铝量大于其他元素单项含量的金属物质，但：

1. 按重量计至少有一种其他元素或铁加硅的含量大于上表中规定的限量；或

2. 按重量计其他元素的总含量超过1%。

二、子目7616.91所称"丝"，不受第十五类注释九（三）的限制，仅适用于截面尺寸不超过6毫米的任何截面形状的产品，不论是否盘卷。

Subheading Notes:

1. In this Chapter the following expressions have the meanings hereby assigned to them:

(a) Aluminium, not alloyed

Metal containing by weight at least 99% of aluminium, provided that the content by weight of any other element does not exceed the limit specified in he following table:

TABLE-Other elements

Element	Limiting content % by weight
Fe+Si (iron plus silicon)	1
Other elements (1), each	0.1(2)

(1) Other elements are, for example, Cr, Cu, Mg, Mn, Ni, Zn;

(2) Copper is permitted in a proportion greater than 0.1% but not more than 0.2%, provided that neither the chromium nor manganese content exceeds 0.05%.

(b) Aluminium alloys

Metallic substances in which aluminium predominates by weight over each of the other elements, provided that:

(1) the content by weight of at least one of the other elements or of iron plus silicon taken together is greater than the limit specified in the foregoing table; or

(2) the total content by weight of such other elements exceeds 1%.

2. Not with standing the provisions of Note 9 (c) to Section XV, for the purposes of subheading 7616.91 the term "wire" applies only to products,whether or not in coils,of any cross-sectional shape,of which no cross-sectional dimension exceeds 6mm.

序号 No.	税则号列 Tariff Line	货品名称 Article Description	最惠国税率 MFN(%)	协定税率 Agreement(%)		特惠税率 SP(%)	普通税率 Gen(%)
	76.01	未锻轧铝: **Unwrought aluminium:**					
		-非合金铝: -Aluminium, not alloyed:					
5903	7601.1010	---按重量计含铝量在99.95%及以上 ---Containing by weight 99.95% or more of aluminium	5	0	东盟AS,智CL,巴PK,新西兰NZ,秘PE,哥CR,瑞CH,冰IS,澳AU,格GE,毛MU,东盟ᴿASᴿ,澳ᴿAUᴿ,新西兰ᴿNZᴿ,柬KH,港HK,澳门MO	0 受惠国LD	14
				0.5	韩KR		
				4	韩ᴿKRᴿ		
				4.1	日ᴿJPᴿ		

序号 No.	税则号列 Tariff Line	货品名称 Article Description	最惠国税率 MFN(%)		协定税率 Agreement(%)	特惠税率 SP(%)	普通税率 Gen(%)
5904	7601.1090	---其他 ---Other	5Δ0	0 2.5	东盟AS,智CL,巴PK,新西兰NZ, 秘PE,哥CR,瑞CH,冰IS,韩KR, 澳AU,格GE,毛MU,东盟^RAS^R, 澳^RAU^R,日^RJP^R,新西兰^RNZ^R,柬 KH,港HK,澳门MO,韩^RKR^R 亚太AP	0 受惠国LD	14
5905	7601.2000	-铝合金 -Aluminium alloys	7	0 4.6 5.6 5.7	东盟AS,智CL,巴PK,新西兰NZ, 秘PE,哥CR,瑞CH,冰IS,韩KR,澳 AU,格GE,毛MU,柬KH,港HK,澳 门MO 亚太AP 东盟^RAS^R,澳^RAU^R,新西兰^RNZ^R, 韩^RKR^R 日^RJP^R	0 受惠国LD	14
	76.02	铝废碎料: **Aluminium waste and scrap:**					
5906	7602.0000	铝废碎料 Aluminium waste and scrap	1.5	0 1.2	东盟AS,智CL,巴PK,新西兰NZ, 哥CR,瑞CH,冰IS,韩KR,澳AU, 格GE,毛MU,东盟^RAS^R,澳^RAU^R, 新西兰^RNZ^R,柬KH,港HK,澳门 MO,韩^RKR^R 日^RJP^R	0 受惠国LD	14
	ex76020000	再生铸造铝合金原料 Recycling materials of cast aluminium alloys	Δ0				
	76.03	铝粉及片状粉末: **Aluminium powders and flakes:**					
5907	7603.1000	-非片状粉末 -Powders of non-lamellar structure	6	0	东盟AS,智CL,巴PK,新西兰NZ, 秘PE,哥CR,瑞CH,冰IS,韩KR, 澳AU,格GE,毛MU,东盟^RAS^R, 澳^RAU^R,日^RJP^R,新西兰^RNZ^R,柬 KH,港HK,澳门MO,韩^RKR^R	0 受惠国LD	30
5908	7603.2000	-片状粉末 -Powders of lamellar structure; flakes	7	0 1 5.7	东盟AS,智CL,新西兰NZ,秘PE, 哥CR,瑞CH,冰IS,韩KR,澳AU, 格GE,毛MU,东盟^RAS^R,澳^RAU^R, 新西兰^RNZ^R,柬KH,港HK,澳门 MO,韩^RKR^R 巴PK 日^RJP^R	0 受惠国LD	30
	76.04	铝条、杆、型材及异型材: **Aluminium bars, rods and profiles:**					
		-非合金铝制: -Of aluminium, not alloyed:					
5909	7604.1010	---铝条、杆 ---Aluminium bars, rods	5	0	东盟AS,智CL,巴PK,新西兰NZ, 秘PE,哥CR,瑞CH,冰IS,韩KR, 澳AU,格GE,毛MU,东盟^RAS^R, 澳^RAU^R,日^RJP^R,新西兰^RNZ^R,柬 KH,港HK,澳门MO,韩^RKR^R	0 受惠国LD	30

序号 No.	税则号列 Tariff Line	货品名称 Article Description	最惠国税率 MFN(%)	协定税率 Agreement(%)		特惠税率 SP(%)	普通税率 Gen(%)
5910	7604.1090	---其他 ---Other	5	0	东盟AS,智CL,巴PK,新西兰NZ,秘PE,哥CR,瑞CH,冰IS,澳AU,格GE,毛MU,柬KH,港HK,澳门MO	0 受惠国LD	30
				2	韩KR		
				4	东盟^RAS^R,澳^RAU^R,新西兰^RNZ^R,韩^RKR^R		
				4.4	日^RJP^R		
		-铝合金制: -Of aluminium alloys:					
5911	7604.2100	--空心型材及异型材 --Hollow profiles	5	0	东盟AS,智CL,巴PK,新西兰NZ,秘PE,哥CR,瑞CH,冰IS,澳AU,格GE,毛MU,柬KH,港HK,澳门MO	0 受惠国LD	30
				2	韩KR		
				4	东盟^RAS^R,澳^RAU^R,新西兰^RNZ^R,韩^RKR^R		
				4.4	日^RJP^R		
		--其他: --Other:					
5912	7604.2910	---铝合金条、杆 ---Aluminium alloys bars, rods	5	0	东盟AS,智CL,巴PK,新西兰NZ,秘PE,哥CR,瑞CH,冰IS,澳AU,格GE,毛MU,柬KH,港HK,澳门MO	0 受惠国LD	30
				2	韩KR		
				3.3	亚太AP		
				4	东盟^RAS^R,澳^RAU^R,新西兰^RNZ^R,韩^RKR^R		
				4.4	日^RJP^R		
5913	7604.2990	---其他 ---Other	5	0	东盟AS,智CL,巴PK,新西兰NZ,秘PE,哥CR,瑞CH,冰IS,韩KR,澳AU,格GE,毛MU,东盟^RAS^R,日^RJP^R,柬KH,港HK,澳门MO,韩^RKR^R	0 受惠国LD	30
				3.3	亚太AP		
				4	澳^RAU^R,新西兰^RNZ^R		
	76.05	铝丝: Aluminium wire:					
		-非合金铝制: -Of aluminium, not alloyed:					
5914	7605.1100	--最大截面尺寸超过7毫米 --Of which the maximum cross-sectional dimension exceeding7mm	8	0	东盟AS,智CL,新西兰NZ,秘PE,哥CR,瑞CH,冰IS,韩KR,澳AU,格GE,毛MU,东盟^RAS^R,澳^RAU^R,新西兰^RNZ^R,柬KH,港HK,澳门MO,韩^RKR^R	0 受惠国LD	17
				1	巴PK		
				6.5	日^RJP^R		

序号 No.	税则号列 Tariff Line	货品名称 Article Description	最惠国税率 MFN(%)	协定税率 Agreement(%)		特惠税率 SP(%)	普通税率 Gen(%)
5915	7605.1900	--其他 --Other	8	0	东盟AS,智CL,新西兰NZ,秘PE, 哥CR,瑞CH,冰IS,韩KR,澳AU, 格GE,毛MU,东盟^RAS^R,澳^RAU^R, 新西兰^RNZ^R,柬KH,港HK,澳门 MO,韩^RKR^R	0 受惠国LD	17
				1	巴PK		
				5.2	亚太AP		
				6.5	日^RJP^R		
		-铝合金制: -Of aluminium alloys:					
5916	7605.2100	--最大截面尺寸超过7毫米 --Of which the maximum cross- sectional dimension exceeding 7mm	8	0	东盟AS,智CL,新西兰NZ,秘PE, 哥CR,瑞CH,冰IS,韩KR,澳AU, 格GE,毛MU,东盟^RAS^R,澳^RAU^R, 新西兰^RNZ^R,柬KH,港HK,澳门 MO,韩^RKR^R	0 受惠国LD	17
				1	巴PK		
				6.5	日^RJP^R		
5917	7605.2900	--其他 --Other	8	0	东盟AS,智CL,新西兰NZ,秘PE, 哥CR,瑞CH,冰IS,韩KR,澳AU, 格GE,毛MU,东盟^RAS^R,澳^RAU^R, 新西兰^RNZ^R,柬KH,港HK,澳门 MO,韩^RKR^R	0 受惠国LD	17
				1	巴PK		
				6.5	日^RJP^R		
	76.06	铝板、片及带,厚度超过0.2毫米: Aluminium plates, sheets and strip, of a thickness exceeding 0.2mm:					
		-矩形(包括正方形): -Rectangular (including square):					
		--非合金铝制: --Of aluminium, not alloyed:					
		---厚度在0.30毫米及以上,但不超过 0.36毫米: ---Of a thickness of 0.30mm or more but not exceeding 0.36mm:					
5918	7606.1121	----铝塑复合的 ----Of aluminium-plastic composite	6	0	东盟AS,智CL,巴PK,新西兰NZ, 秘PE,哥CR,瑞CH,冰IS,韩KR, 澳AU,格GE,毛MU,东盟^RAS^R, 澳^RAU^R,日^RJP^R,新西兰^RNZ^R,柬 KH,港HK,澳门MO,韩^RKR^R	0 受惠国LD	50
				4.2	亚太AP		

序号 No.	税则号列 Tariff Line	货品名称 Article Description	最惠国税率 MFN(%)	协定税率 Agreement(%)		特惠税率 SP(%)	普通税率 Gen(%)
5919	7606.1129	----其他 ----Other	6	0	东盟AS,智CL,巴PK,新西兰NZ,秘PE,哥CR,瑞CH,冰IS,澳AU,格GE,毛MU,柬KH,港HK,澳门MO	0 受惠国LD	50
				2.4	韩KR		
				4.2	亚太AP		
				4.8	东盟^RAS^R,澳^RAU^R,新西兰^RNZ^R,韩^RKR^R		
				5.3	日^RJP^R		
		---其他: ---Other:					
5920	7606.1191	----铝塑复合的 ----Of aluminium-plastic composite	6	0	东盟AS,智CL,巴PK,新西兰NZ,秘PE,哥CR,瑞CH,冰IS,韩KR,澳AU,格GE,毛MU,东盟^RAS^R,澳^RAU^R,日^RJP^R,新西兰^RNZ^R,柬KH,港HK,澳门MO,台TW,韩^RKR^R	0 受惠国LD	30
				3.9	亚太AP		
5921	7606.1199	----其他 ----Other	6	0	东盟AS,智CL,巴PK,新西兰NZ,秘PE,哥CR,瑞CH,冰IS,澳AU,格GE,毛MU,柬KH,港HK,澳门MO,台TW	0 受惠国LD	30
				0.6	韩KR		
				3.9	亚太AP		
				4.8	东盟^RAS^R,澳^RAU^R,新西兰^RNZ^R,韩^RKR^R		
				4.9	日^RJP^R		
		--铝合金制: --Of aluminium alloys:					
5922	7606.1220	---厚度小于0.28毫米 ---Of a thickness less than 0.28mm	6	0	东盟AS,智CL,巴PK,新西兰NZ,秘PE,哥CR,瑞CH,冰IS,澳AU,格GE,毛MU,柬KH,港HK,澳门MO,台TW	0 受惠国LD	30
				2.4	韩KR		
				4.2	亚太AP		
				4.8	东盟^RAS^R,澳^RAU^R,新西兰^RNZ^R,韩^RKR^R		
				5.3	日^RJP^R		
5923	7606.1230	---厚度在0.28毫米及以上, 但不超过 0.35毫米 ---Of a thickness of 0.28mm or more but not exceeding 0.35mm	6	0	东盟AS,智CL,巴PK,新西兰NZ,秘PE,哥CR,瑞CH,冰IS,澳AU,格GE,毛MU,柬KH,港HK,澳门MO,台TW	0 受惠国LD	30
				2.4	韩KR		
				4.2	亚太AP		
				4.8	东盟^RAS^R,澳^RAU^R,新西兰^RNZ^R,韩^RKR^R		
				5.3	日^RJP^R		

序号 No.	税则号列 Tariff Line	货品名称 Article Description	最惠国税率 MFN(%)	协定税率 Agreement(%)		特惠税率 SP(%)	普通税率 Gen(%)
		---厚度在0.35毫米以上,但不超过4毫米: ---Of a thickness of 0.35mm or more but not exceeding 4mm:					
5924	7606.1251	----铝塑复合的 ----Of aluminium-plastic composite	6	0	东盟AS,智CL,巴PK,新西兰NZ,秘PE,哥CR,瑞CH,冰IS,澳AU,格GE,毛MU,东盟^{R}AS^R,澳^{R}AU^R,新西兰^{R}NZ^R,柬KH,港HK,澳门MO	0 受惠国LD	50
				0.6	韩KR		
				3.9	亚太AP		
				4.8	韩^{R}KR^R		
				4.9	日^{R}JP^R		
5925	7606.1259	----其他 ----Other	6	0	东盟AS,智CL,巴PK,新西兰NZ,秘PE,哥CR,瑞CH,冰IS,澳AU,格GE,毛MU,柬KH,港HK,澳门MO	0 受惠国LD	50
				2.4	韩KR		
				3.9	亚太AP		
				4.8	东盟^{R}AS^R,澳^{R}AU^R,新西兰^{R}NZ^R,韩^{R}KR^R		
				5.3	日^{R}JP^R		
5926	7606.1290	---其他 ---Other	6	0	东盟AS,智CL,巴PK,新西兰NZ,秘PE,哥CR,瑞CH,冰IS,韩KR,澳AU,格GE,毛MU,柬KH,港HK,澳门MO	0 受惠国LD	50
				3.9	亚太AP		
				4.8	东盟^{R}AS^R,澳^{R}AU^R,新西兰^{R}NZ^R,韩^{R}KR^R		
				4.9	日^{R}JP^R		
		-其他: -Other:					
5927	7606.9100	--非合金铝制 --Of aluminium, not alloyed	6	0	东盟AS,智CL,巴PK,新西兰NZ,秘PE,哥CR,瑞CH,冰IS,澳AU,格GE,毛MU,柬KH,港HK,澳门MO,台TW	0 受惠国LD	30
				2.4	韩KR		
				4.8	东盟^{R}AS^R,澳^{R}AU^R,新西兰^{R}NZ^R,韩^{R}KR^R		
				5.3	日^{R}JP^R		
5928	7606.9200	--铝合金制 --Of aluminium alloys	8	0	东盟AS,智CL,新西兰NZ,新加坡SG,秘PE,哥CR,瑞CH,冰IS,澳AU,格GE,毛MU,柬KH,港HK,澳门MO,台TW	0 受惠国LD	30
				1	巴PK		
				4	韩KR		
				8.7	东盟^{R}AS^R,韩^{R}KR^R		
				8.8	日^{R}JP^R		
				9	澳^{R}AU^R,新西兰^{R}NZ^R		

序号 No.	税则号列 Tariff Line	货品名称 Article Description	最惠国税率 MFN(%)	协定税率 Agreement(%)		特惠税率 SP(%)	普通税率 Gen(%)
	76.07	铝箔(不论是否印花或用纸、纸板、塑料或类似材料衬背),厚度(衬背除外)不超过0.2毫米: Aluminium foil (whether or not printed or backed with paper, paperboard, plastics or similar backing materials) of a thickness (excluding any backing) not exceeding 0.2mm:					
		-无衬背: -Not backed:					
		--轧制后未经进一步加工的: --Rolled but not further worked:					
5929	7607.1110	---厚度不超过0.007毫米 ---Of a thickness not exceeding 0.007mm	6	0	东盟AS,智CL,巴PK,新西兰NZ,秘PE,哥CR,瑞CH,冰IS,澳AU,格GE,毛MU,柬KH,港HK,澳门MO	0 受惠国LD	35
				2.4	韩KR		
				3.9	亚太AP		
				4.8	东盟^RAS^R,澳^RAU^R,新西兰^RNZ^R,韩^RKR^R		
				5.3	日^RJP^R		
5930	7607.1120	---厚度大于0.007毫米,但不超过0.01毫米 ---Of a thickness exceeding 0.007mm, but not exceeding 0.01mm	6	0	东盟AS,智CL,巴PK,新西兰NZ,秘PE,哥CR,瑞CH,冰IS,韩KR,澳AU,格GE,毛MU,东盟^RAS^R,澳^RAU^R,日^RJP^R,新西兰^RNZ^R,柬KH,港HK,澳门MO,韩^RKR^R	0 受惠国LD	35
				3.9	亚太AP		
5931	7607.1190	---其他 ---Other	6	0	东盟AS,智CL,巴PK,新西兰NZ,秘PE,哥CR,瑞CH,韩KR,澳AU,格GE,毛MU,柬KH,港HK,澳门MO,台TW	0 受惠国LD	35
				3.9	亚太AP		
				4.8	东盟^RAS^R,澳^RAU^R,新西兰^RNZ^R,韩^RKR^R		
				4.9	日^RJP^R		
5932	7607.1900	--其他 --Other	6	0	东盟AS,智CL,巴PK,新西兰NZ,秘PE,哥CR,瑞CH,澳AU,格GE,毛MU,东盟^RAS^R,澳^RAU^R,新西兰^RNZ^R,柬KH,港HK,澳门MO,台TW	0 受惠国LD	35
				0.6	韩KR		
				3.9	亚太AP		
				4.8	韩^RKR^R		
				5.3	日^RJP^R		

序号 No.	税则号列 Tariff Line	货品名称 Article Description	最惠国税率 MFN(%)		协定税率 Agreement(%)	特惠税率 SP(%)		普通税率 Gen(%)
5933	7607.2000	-有衬背 -Backed	6	0	东盟AS,智CL,巴PK,新西兰NZ,秘PE,哥CR,瑞CH,澳AU,格GE,毛MU,柬KH,港HK,澳门MO,台TW	0	受惠国LD	35
				2.4	韩KR			
				4.8	东盟^{R}AS^R,澳^{R}AU^R,新西兰^{R}NZ^R,韩^{R}KR^R			
				5.3	日^{R}JP^R			
	76.08	**铝管:** **Aluminium tubes and pipes:**						
5934	7608.1000	-非合金铝制 -Of aluminium, not alloyed	8	0	东盟AS,智CL,新西兰NZ,秘PE,哥CR,瑞CH,冰IS,澳AU,格GE,毛MU,柬KH,港HK,澳门MO	0	受惠国LD	30
				1	巴PK			
				3.2	韩KR			
				6.9	东盟^{R}AS^R,韩^{R}KR^R			
				7	日^{R}JP^R			
				7.2	澳^{R}AU^R,新西兰^{R}NZ^R			
		-铝合金制: -Of aluminium alloys:						
5935	7608.2010	---外径不超过10厘米的 ---Having an outside diameter not exceeding 10cm	8	0	东盟AS,智CL,新西兰NZ,秘PE,哥CR,瑞CH,冰IS,澳AU,格GE,毛MU,柬KH,港HK,澳门MO	0	受惠国LD	30
				1	巴PK			
				3.2	韩KR			
				6.9	东盟^{R}AS^R,韩^{R}KR^R			
				7	日^{R}JP^R			
				7.2	澳^{R}AU^R,新西兰^{R}NZ^R			
		---其他: ---Other:						
5936	7608.2091	----壁厚不超过25毫米 ----Having a wall thickness not exceeding 25mm	8	0	东盟AS,智CL,新西兰NZ,秘PE,哥CR,瑞CH,冰IS,韩KR,澳AU,格GE,毛MU,东盟^{R}AS^R,澳^{R}AU^R,新西兰^{R}NZ^R,柬KH,港HK,澳门MO,韩^{R}KR^R	0	受惠国LD	30
				1	巴PK			
				6.5	日^{R}JP^R			
5937	7608.2099	----其他 ----Other	8	0	东盟AS,智CL,新西兰NZ,秘PE,哥CR,瑞CH,冰IS,韩KR,澳AU,格GE,毛MU,东盟^{R}AS^R,澳^{R}AU^R,新西兰^{R}NZ^R,柬KH,港HK,澳门MO,韩^{R}KR^R	0	受惠国LD	30
				1	巴PK			
				6.5	日^{R}JP^R			

序号 No.	税则号列 Tariff Line	货品名称 Article Description	最惠国税率 MFN(%)	协定税率 Agreement(%)		特惠税率 SP(%)	普通税率 Gen(%)
	76.09	铝制管子附件(例如,接头、肘管、管套): **Aluminium tube or pipe fittings (for example, couplings, elbows, sleeves):**					
5938	7609.0000	铝制管子附件(例如,接头、肘管、管套) Aluminium tube or pipe fittings (for example, couplings, elbows, sleeves)	8	0 0.8 1 6.4 6.5	东盟AS,智CL,新西兰NZ,秘PE,哥CR,瑞CH,冰IS,澳AU,格GE,毛MU,柬KH,港HK,澳门MO 韩KR 巴PK 东盟ᴿASᴿ,澳ᴿAUᴿ,新西兰ᴿNZᴿ,韩ᴿKRᴿ 日ᴿJPᴿ	0 受惠国LD	35
	76.10	铝制结构体(税目94.06的活动房屋除外)及其部件(例如,桥梁及桥梁体段、塔、格构杆、屋顶、屋顶框架、门窗及其框架、门槛、栏杆、支柱及立柱);上述结构体用的已加工铝板、杆、型材、异型材、管子及类似品: **Aluminium structures (excluding prefabricated buildings of heading 94.06) and parts of structures (for example, bridges and bridgesections, towers, lattice masts, roofs, roofing frameworks, doors and windows and their frames and thresholds for doors, balustrades, pillars and columns); aluminium plates, rods, profiles, tubes and the like, prepared for use in structures:**					
5939	7610.1000	-门窗及其框架、门槛 -Doors, windows and their frames and thresholds for doors	9	0 10 13.7 20 22.5	东盟AS,智CL,新西兰NZ,新加坡SG,秘PE,哥CR,瑞CH,冰IS,澳AU,格GE,柬KH,港HK,澳门MO 毛MU 韩KR 巴PK 东盟ᴿASᴿ,澳ᴿAUᴿ,新西兰ᴿNZᴿ	0 受惠国LD	80
5940	7610.9000	-其他 -Other	6	0 4.8	东盟AS,智CL,巴PK,新西兰NZ,秘PE,哥CR,瑞CH,冰IS,韩KR,澳AU,格GE,毛MU,东盟ᴿASᴿ,日ᴿJPᴿ,柬KH,港HK,澳门MO,韩ᴿKRᴿ 澳ᴿAUᴿ,新西兰ᴿNZᴿ	0 受惠国LD	50

序号 No.	税则号列 Tariff Line	货品名称 Article Description	最惠国税率 MFN(%)	协定税率 Agreement(%)		特惠税率 SP(%)		普通税率 Gen(%)
	76.11	盛装物料用的铝制囤、柜、罐、桶及类似容器（装压缩气体或液化气体的除外），容积超过300升，不论是否衬里或隔热，但无机械或热力装置： **Aluminium reservoirs, tanks, vats and similar containers, for any material (other than compressed or liquefied gas), of a capacity exceeding 300 L, whether or not lined or heat-insulated, but not fitted with mechanical or thermal equipment:**						
5941	7611.0000	盛装物料用的铝制囤、柜、罐、桶及类似容器（装压缩气体或液化气体的除外），容积超过300升，不论是否衬里或隔热，但无机械或热力装置 Aluminium reservoirs, tanks, vats and similar containers, for any material (other than compressed or liquefied gas), of a capacity exceeding 300 L, whether or not lined or heat-insulated, but not fitted with mechanical or thermal equipment	9	0 1.2 3.6 9.6 9.8	东盟AS,智CL,新西兰NZ,新加坡SG,秘PE,哥CR,瑞CH,冰IS,澳AU,格GE,毛MU,东盟^RAS^R,澳^RAU^R,新西兰^RNZ^R,柬KH,港HK,澳门MO 韩KR 巴PK 韩^RKR^R 日^RJP^R	0	受惠国LD	35
	76.12	盛装物料用的铝制桶、罐、听、盒及类似容器，包括软管容器及硬管容器（装压缩气体或液化气体的除外），容积不超过300升，不论是否衬里或隔热，但无机械或热力装置： **Aluminium casks, drums, cans, boxes and similar containers (including rigid or collapsible tubular containers), for any material (other than compressed or liquefied gas), of a capacity not exceeding 300L, whether or not lined or heat-insulated, but not fitted with mechanical or thermal equipment:**						
5942	7612.1000	-软管容器 -Collapsible tubular containers	9	0 1.2 4.8 9.6 9.8	东盟AS,智CL,新西兰NZ,新加坡SG,秘PE,哥CR,瑞CH,冰IS,澳AU,格GE,毛MU,东盟^RAS^R,澳^RAU^R,新西兰^RNZ^R,柬KH,港HK,澳门MO 韩KR 巴PK 韩^RKR^R 日^RJP^R	0	受惠国LD	50
		-其他： -Other:						

序号 No.	税则号列 Tariff Line	货品名称 Article Description	最惠国税率 MFN(%)	协定税率 Agreement(%)		特惠税率 SP(%)	普通税率 Gen(%)
5943	7612.9010	---易拉罐及罐体 ---Tear tab ends and bodies thereof	9	0	东盟AS,智CL,新西兰NZ,新加坡SG,秘PE,哥CR,瑞CH,冰IS,澳AU,格GE,柬KH,港HK,澳门MO	0 受惠国LD	100
				5	东盟^{R}AS^R,澳^{R}AU^R,新西兰^{R}NZ^R		
				12	毛MU		
				24	巴PK		
5944	7612.9090	---其他 ---Other	9	0	东盟AS,智CL,新西兰NZ,新加坡SG,秘PE,哥CR,瑞CH,冰IS,澳AU,格GE,毛MU,东盟^{R}AS^R,澳^{R}AU^R,新西兰^{R}NZ^R,柬KH,港HK,澳门MO	0 受惠国LD	70
				1.2	韩KR		
				3.6	巴PK		
				9.6	韩^{R}KR^R		
				9.8	日^{R}JP^R		
	76.13	装压缩气体或液化气体用的铝制容器: Aluminium containers for compressed or liquefied gas:					
5945	7613.0010	---零售包装用 ---For retail packing	9	0	东盟AS,智CL,新西兰NZ,新加坡SG,秘PE,哥CR,冰IS,澳AU,格GE,毛MU,东盟^{R}AS^R,澳^{R}AU^R,新西兰^{R}NZ^R,柬KH,港HK,澳门MO	0 受惠国LD	70
				1.2	韩KR		
				3.6	巴PK		
				4.8	瑞CH		
				7.2	亚太AP		
				9.6	韩^{R}KR^R		
				9.8	日^{R}JP^R		
5946	7613.0090	---其他 ---Other	6	0	东盟AS,智CL,巴PK,新西兰NZ,秘PE,哥CR,瑞CH,冰IS,韩KR,澳AU,格GE,毛MU,东盟^{R}AS^R,澳^{R}AU^R,日^{R}JP^R,新西兰^{R}NZ^R,柬KH,港HK,澳门MO,韩^{R}KR^R	0 受惠国LD	17
	76.14	非绝缘的铝制绞股线、缆、编带及类似品: Stranded wire, cables, plaited bands and the like, of aluminium, not electrically insulated:					
5947	7614.1000	-带钢芯的 -With steel core	6	0	东盟AS,智CL,巴PK,新西兰NZ,秘PE,哥CR,瑞CH,冰IS,韩KR,澳AU,格GE,毛MU,东盟^{R}AS^R,澳^{R}AU^R,日^{R}JP^R,新西兰^{R}NZ^R,柬KH,港HK,澳门MO,韩^{R}KR^R	0 受惠国LD	20

序号 No.	税则号列 Tariff Line	货品名称 Article Description	最惠国税率 MFN(%)	协定税率 Agreement(%)		特惠税率 SP(%)	普通税率 Gen(%)
5948	7614.9000	-其他 -Other	6	0	东盟AS,智CL,巴PK,新西兰NZ,秘PE,哥CR,瑞CH,冰IS,韩KR,澳AU,格GE,毛MU,东盟^RAS^R,澳^RAU^R,日^RJP^R,新西兰^RNZ^R,柬KH,港HK,澳门MO,韩^RKR^R	0 受惠国LD	20
				4.8	亚太AP		
	76.15	餐桌、厨房或其他家用铝制器具及其零件;铝制擦锅器、洗刷擦光用的块垫、手套及类似品;铝制卫生器具及其零件: Table, kitchen or other household articles and parts thereof, of aluminium; pot scourers and scouring or polishing pads, gloves and the like, of aluminium; sanitary ware and parts thereof, of aluminium:					
		-餐桌、厨房或其他家用器具及其零件;擦锅器及洗刷擦光用的块垫、手套及类似品: -Table, kitchen or other household articles and parts thereof; pot scourers and scouring or polishing pads, gloves and the like:					
5949	7615.1010	---擦锅器、洗刷、擦光用的块垫、手套及类似品 ---Pot scourers and scouring or polishing pads, gloves and the like	7	0	东盟AS,智CL,新西兰NZ,新加坡SG,秘PE,哥CR,瑞CH,冰IS,澳AU,格GE,毛MU,东盟^RAS^R,澳^RAU^R,新西兰^RNZ^R,柬KH,港HK,澳门MO	0 受惠国LD	90
				1.8	韩KR		
				8.6	巴PK		
				14.4	韩^RKR^R		
				14.7	日^RJP^R		
5950	7615.1090	---其他 ---Other	7	0	东盟AS,智CL,新西兰NZ,新加坡SG,秘PE,哥CR,瑞CH,冰IS,澳AU,格GE,柬KH,港HK,澳门MO	0 受惠国LD	90
				6	毛MU		
				7.2	巴PK		
				8.2	韩KR		
				13.5	东盟^RAS^R,澳^RAU^R,新西兰^RNZ^R		
5951	7615.2000	-卫生器具及其零件 -Sanitary ware and parts thereof	8	0	东盟AS,智CL,新西兰NZ,新加坡SG,秘PE,哥CR,瑞CH,冰IS,澳AU,格GE,毛MU,东盟^RAS^R,澳^RAU^R,新西兰^RNZ^R,柬KH,港HK,澳门MO	0 受惠国LD	90
				1.8	韩KR		
				8.6	巴PK		
				14.4	韩^RKR^R		
				14.7	日^RJP^R		

序号 No.	税则号列 Tariff Line	货品名称 Article Description	最惠国税率 MFN(%)	协定税率 Agreement(%)		特惠税率 SP(%)	普通税率 Gen(%)
	76.16	其他铝制品: **Other articles of aluminium:**					
5952	7616.1000	-钉、平头钉、U形钉(税目83.05的货品除外)、螺钉、螺栓、螺母、钩头螺钉、铆钉、销、开尾销、垫圈及类似品 -Nails, tacks, staples (other than those of heading 83.05), screws, bolts, nuts, screw hooks, rivets, cotters, cotter-pins, washers and similar articles-other	8	0	东盟AS,智CL,新西兰NZ,新加坡SG,秘PE,哥CR,瑞CH,冰IS,澳AU,格GE,毛MU,柬KH,港HK,澳门MO	0 受惠国LD	40
				1	巴PK,韩KR		
				5.2	亚太AP		
				8	东盟^{R}AS^R,澳^{R}AU^R,新西兰^{R}NZ^R,韩^{R}KR^R		
				8.2	日^{R}JP^R		
		-其他: -Other:					
5953	7616.9100	--铝丝制的布、网、篱及格栅 --Cloth, grill, netting and fencing, of aluminium wire	8	0	东盟AS,智CL,新西兰NZ,新加坡SG,秘PE,哥CR,瑞CH,冰IS,澳AU,格GE,毛MU,东盟^{R}AS^R,澳^{R}AU^R,新西兰^{R}NZ^R,柬KH,港HK,澳门MO	0 受惠国LD	40
				1	韩KR		
				8	巴PK,韩^{R}KR^R		
				8.2	日^{R}JP^R		
		--其他: --Other:					
5954	7616.9910	---工业用 ---For technical use	8	0	东盟AS,智CL,新西兰NZ,新加坡SG,秘PE,哥CR,瑞CH,冰IS,澳AU,格GE,毛MU,柬KH,港HK,澳门MO	0 受惠国LD	40
				3	巴PK		
				5.2	亚太AP		
				5.5	韩KR		
				9	东盟^{R}AS^R,澳^{R}AU^R,日^{R}JP^R,新西兰NZ^R,韩^{R}KR^R		
5955	7616.9990	---其他 ---Other	8	0	东盟AS,智CL,新西兰NZ,新加坡SG,秘PE,哥CR,瑞CH,冰IS,澳AU,格GE,毛MU,柬KH,港HK,澳门MO	0 受惠国LD	80
				1.5	韩KR		
				5.2	亚太AP		
				6	巴PK		
				12	东盟^{R}AS^R,澳^{R}AU^R,新西兰^{R}NZ^R,韩^{R}KR^R		
				12.3	日^{R}JP^R		

子目注释:

本章所称"精炼铅",是指:

按重量计含铅量至少为99.9%的金属,但其他各种元素的含量不超过下表中规定的限量:

Subheading Note:

In this Chapter the expression "refined lead" means:

Metal containing by weight at least 99.9% of lead, provided that the content by weight of any other element does not exceed the limit specified in the following table:

其他元素表

元　素		所含重量百分比
Ag	银	0.02
As	砷	0.005
Bi	铋	0.05
Ca	钙	0.002
Cd	镉	0.002
Cu	铜	0.08
Fe	铁	0.002
S	硫	0.002
Sb	锑	0.005
Sn	锡	0.005
Zn	锌	0.002
其他(例如碲),每种		0.001

TABLE-Other elements

Element		Limiting content % by weight
Ag	Silver	0.02
As	Arsenic	0.005
Bi	Bismuth	0.05
Ca	Calcium	0.002
Cd	Cadmium	0.002
Cu	Copper	0.08
Fe	Iron	0.002
S	Sulphur	0.002
Sb	Antimony	0.005
Sn	Tin	0.005
Zn	Zinc	0.002
Other (for example Te) each		0.001

序号 No.	税则号列 Tariff Line	货品名称 Article Description	最惠国税率 MFN(%)	协定税率 Agreement(%)		特惠税率 SP(%)		普通税率 Gen(%)
	78.01	未锻轧铅: **Unwrought lead:**						
5956	7801.1000	-精炼铅 -Refined lead	3	0	东盟AS,智CL,巴PK,新西兰NZ,秘PE,哥CR,瑞CH,冰IS,韩KR,澳AU,格GE,毛MU,东盟^RAS^R,澳^RAU^R,日^RJP^R,新西兰^RNZ^R,柬KH,港HK,澳门MO,韩^RKR^R	0	受惠国LD	20
		-其他: -Other:						
5957	7801.9100	--按重量计所含其他元素是以锑为主的 --Containing by weight antimony as the principal other element	3	0 2.5	东盟AS,智CL,巴PK,新西兰NZ,秘PE,哥CR,瑞CH,冰IS,韩KR,澳AU,格GE,毛MU,东盟^RAS^R,澳^RAU^R,新西兰^RNZ^R,柬KH,港HK,澳门MO,韩^RKR^R 日^RJP^R	0	受惠国LD	20
5958	7801.9900	--其他 --Other	3	0 2.7	东盟AS,智CL,巴PK,新西兰NZ,秘PE,哥CR,瑞CH,冰IS,韩KR,澳AU,格GE,毛MU,东盟^RAS^R,澳^RAU^R,日^RJP^R,新西兰^RNZ^R,柬KH,港HK,澳门MO,韩^RKR^R 亚太AP	0	受惠国LD	20

序号 No.	税则号列 Tariff Line	货品名称 Article Description	最惠国税率 MFN(%)	协定税率 Agreement(%)		特惠税率 SP(%)		普通税率 Gen(%)
	78.02	铅废碎料: Lead waste and scrap:						
5959	7802.0000	铅废碎料 Lead waste and scrap	1.5	0	东盟AS,智CL,巴PK,新西兰NZ,秘PE,哥CR,瑞CH,冰IS,韩KR,澳AU,格GE,毛MU,东盟^{R}AS^R,澳^{R}AU^R,日^{R}JP^R,新西兰^{R}NZ^R,柬KH,港HK,澳门MO,韩^{R}KR^R	0	受惠国LD	10
	78.04	铅板、片、带、箔; 铅粉及片状粉末: Lead plates, sheets, strip and foil; lead powders and flakes:						
		-板、片、带、箔: -Plates, sheets, strip and foil:						
5960	7804.1100	--片、带及厚度（衬背除外）不超过0.2毫米的箔 --Sheets, strip and foil of a thickness (excluding any backing) not exceeding 0.2mm	6	0	东盟AS,智CL,巴PK,新西兰NZ,秘PE,哥CR,瑞CH,冰IS,韩KR,澳AU,格GE,毛MU,东盟^{R}AS^R,澳^{R}AU^R,日^{R}JP^R,新西兰^{R}NZ^R,柬KH,港HK,澳门MO,韩^{R}KR^R	0	受惠国LD	30
5961	7804.1900	--其他 --Other	6	0	东盟AS,智CL,巴PK,新西兰NZ,秘PE,哥CR,瑞CH,冰IS,韩KR,澳AU,格GE,毛MU,东盟^{R}AS^R,澳^{R}AU^R,日^{R}JP^R,新西兰^{R}NZ^R,柬KH,港HK,澳门MO,韩^{R}KR^R	0	受惠国LD	30
5962	7804.2000	-粉末及片状粉末 -Powders and flakes	6	0	东盟AS,智CL,巴PK,新西兰NZ,秘PE,哥CR,瑞CH,冰IS,韩KR,澳AU,格GE,毛MU,东盟^{R}AS^R,澳^{R}AU^R,日^{R}JP^R,新西兰^{R}NZ^R,柬KH,港HK,澳门MO,韩^{R}KR^R	0	受惠国LD	35
	78.06	其他铅制品: Other articles of lead:						
5963	7806.0010	---铅条、杆、型材及异型材或丝 ---Lead bars, rods, profiles and wire	6	0 0.6 4.8 4.9	东盟AS,智CL,巴PK,新西兰NZ,秘PE,哥CR,瑞CH,冰IS,澳AU,格GE,毛MU,东盟^{R}AS^R,澳^{R}AU^R,新西兰^{R}NZ^R,柬KH,港HK,澳门MO 韩KR 韩^{R}KR^R 日^{R}JP^R	0	受惠国LD	30
5964	7806.0090	---其他 ---Other	6	0 3	东盟AS,智CL,新西兰NZ,秘PE,哥CR,瑞CH,冰IS,韩KR,澳AU,格GE,毛MU,东盟^{R}AS^R,澳^{R}AU^R,日^{R}JP^R,新西兰^{R}NZ^R,柬KH,港HK,澳门MO,韩^{R}KR^R 巴PK	0	受惠国LD	40

第七十九章
锌及其制品

Chapter 79
Zinc and articles thereof

子目注释:

本章所用有关名词解释如下:

一、非合金锌
按重量计含锌量至少为97.5%的金属。

二、锌合金
按重量计含锌量大于其他元素单项含量的金属物质,但按重量计其他元素的总含量超过2.5%。

三、锌末
冷凝锌雾所得的锌末。该产品由球形微粒组成,比锌粉更为精细,按重量计至少80%的微粒可以通过孔径为63微米的筛子,而且必须含有按重量计至少为85%的金属锌。

Subheading Notes:

In this Chapter the following expressions have the meanings hereby assigned to them:

1. Zinc, not alloyed

Metal containing by weight at least 97.5% of zinc.

2. Zinc alloys

Metallic substances in which zinc predominates by weight over each of the other elements, provided that the total content by weight of such other elements exceeds 2.5%.

3. Zinc dust

Dust obtained by condensation of zinc vapour, consisting of spherical particles which are finer than zinc powders. At least 80% by weight of the particles pass through a sieve with 63 micrometres (microns) mesh. It must contain at least 85% by weight of metallic zinc.

序号 No.	税则号列 Tariff Line	货品名称 Article Description	最惠国税率 MFN(%)	协定税率 Agreement(%)		特惠税率 SP(%)	普通税率 Gen(%)
	79.01	**未锻轧锌:** **Unwrought zinc:**					
		-非合金锌: -Zinc, not alloyed:					
		--按重量计含锌量在99.99%及以上: --Containing by weight 99.99% or more of zinc:					
5965	7901.1110	---按重量计含锌量在99.995%及以上 ---Containing by weight 99.995% or more of zinc	3Δ1	0	东盟AS,智CL,巴PK,新西兰NZ,秘PE,哥CR,瑞CH,冰IS,韩KR,澳AU,格GE,毛MU,东盟^RAS^R,澳^RAU^R,日^RJP^R,新西兰^RNZ^R,柬KH,港HK,澳门MO,韩^RKR^R	0 受惠国LD	20
5966	7901.1190	---其他 ---Other	3Δ1	0	东盟AS,智CL,巴PK,新西兰NZ,秘PE,哥CR,瑞CH,冰IS,韩KR,澳AU,格GE,毛MU,东盟^RAS^R,澳^RAU^R,日^RJP^R,新西兰^RNZ^R,柬KH,港HK,澳门MO,韩^RKR^R	0 受惠国LD	20
5967	7901.1200	--按重量计含锌量低于99.99% --Containing by weight less than 99.99% of zinc	3Δ1	0	东盟AS,智CL,巴PK,新西兰NZ,秘PE,哥CR,瑞CH,冰IS,韩KR,澳AU,格GE,毛MU,东盟^RAS^R,澳^RAU^R,日^RJP^R,新西兰^RNZ^R,柬KH,港HK,澳门MO,韩^RKR^R	0 受惠国LD	20
5968	7901.2000	-锌合金 -Zinc alloys	3Δ1	0	东盟AS,智CL,巴PK,新西兰NZ,秘PE,哥CR,瑞CH,冰IS,韩KR,澳AU,格GE,毛MU,东盟^RAS^R,澳^RAU^R,日^RJP^R,新西兰^RNZ^R,柬KH,港HK,澳门MO,韩^RKR^R	0 受惠国LD	20

序号 No.	税则号列 Tariff Line	货品名称 Article Description	最惠国税率 MFN(%)	协定税率 Agreement(%)		特惠税率 SP(%)	普通税率 Gen(%)
	79.02	锌废碎料: **Zinc waste and scrap:**					
5969	7902.0000	锌废碎料 Zinc waste and scrap	1.5	0	东盟AS,智CL,巴PK,新西兰NZ, 秘PE,哥CR,瑞CH,冰IS,韩KR, 澳AU,格GE,毛MU,东盟^RAS^R, 澳^RAU^R,日^RJP^R,新西兰^RNZ^R,柬 KH,港HK,澳门MO,韩^RKR^R	0 受惠国LD	20
	79.03	锌末、锌粉及片状粉末: **Zinc dust, powders and flakes:**					
5970	7903.1000	-锌末 -Zinc dust	6	0 0.6 4.8 4.9	东盟AS,智CL,巴PK,新西兰NZ, 秘PE,哥CR,瑞CH,冰IS,澳AU,格 GE,毛MU,东盟^RAS^R,澳^RAU^R,新 西兰^RNZ^R,柬KH,港HK,澳门MO 韩KR 韩^RKR^R 日^RJP^R	0 受惠国LD	20
5971	7903.9000	-其他 -Other	6	0 0.6 4.8 4.9	东盟AS,智CL,巴PK,新西兰NZ, 秘PE,哥CR,瑞CH,冰IS,澳AU,格 GE,毛MU,东盟^RAS^R,澳^RAU^R,新 西兰^RNZ^R,柬KH,港HK,澳门MO 韩KR 韩^RKR^R 日^RJP^R	0 受惠国LD	20
	79.04	锌条、杆、型材及异型材或丝: **Zinc bars, rods, profiles and wire:**					
5972	7904.0000	锌条、杆、型材及异型材或丝 Zinc bars, rods, profiles and wire	6	0 2.4 4.8 5.3	东盟AS,智CL,巴PK,新西兰NZ, 秘PE,哥CR,瑞CH,冰IS,澳AU,格 GE,毛MU,柬KH,港HK,澳门MO 韩KR 东盟^RAS^R,澳^RAU^R,新西兰^RNZ^R, 韩^RKR^R 日^RJP^R	0 受惠国LD	30
	79.05	锌板、片、带、箔: **Zinc plates, sheets, strip and foil:**					
5973	7905.0000	锌板、片、带、箔 Zinc plates, sheets, strip and foil	6	0	东盟AS,智CL,巴PK,新西兰NZ, 秘PE,哥CR,瑞CH,冰IS,韩KR, 澳AU,格GE,毛MU,东盟^RAS^R, 澳^RAU^R,日^RJP^R,新西兰^RNZ^R,柬 KH,港HK,澳门MO,韩^RKR^R	0 受惠国LD	30
	79.07	其他锌制品: **Other articles of zinc:**					
5974	7907.0020	---锌管及锌制管子附件(例如, 接头、 肘管、管套) ---Zinc tubes or pipes and zinc tube or pipe fittings (for example, couplings, elbows, sleeves)	6	0	东盟AS,智CL,巴PK,新西兰NZ, 秘PE,哥CR,瑞CH,冰IS,韩KR, 澳AU,格GE,毛MU,东盟^RAS^R, 澳^RAU^R,日^RJP^R,新西兰^RNZ^R,柬 KH,港HK,澳门MO,韩^RKR^R	0 受惠国LD	30

序号 No.	税则号列 Tariff Line	货品名称 Article Description	最惠国税率 MFN(%)	协定税率 Agreement(%)		特惠税率 SP(%)	普通税率 Gen(%)
5975	7907.0030	---电池壳体坯料（锌饼） ---Cellpacking blanks (zinc biscuits)	6	0	东盟AS,智CL,巴PK,新西兰NZ, 哥CR,瑞CH,冰IS,韩KR,澳AU, 格GE,毛MU,东盟^RAS^R,澳^RAU^R, 新西兰^RNZ^R,柬KH,港HK,澳门 MO,韩^RKR^R	0 受惠国LD	40
				0.8	秘PE		
				4.2	亚太AP		
				4.9	日^RJP^R		
5976	7907.0090	---其他 ---Other	6	0	东盟AS,智CL,巴PK,新西兰NZ, 秘PE,哥CR,瑞CH,冰IS,韩KR, 澳AU,格GE,毛MU,东盟^RAS^R, 澳^RAU^R,日^RJP^R,新西兰^RNZ^R,柬 KH,港HK,澳门MO,韩^RKR^R	0 受惠国LD	40

子目注释:

本章所用有关名词解释如下:

一、非合金锡

按重量计含锡量至少为99%的金属，但含铋量或含铜量不超过下表中规定的限量:

其他元素表

元　素	所含重量百分比
Bi　铋	0.1
Cu　铜	0.4

二、锡合金

按重量计含锡量大于其他元素单项含量的金属物质，但:

（一）按重量计其他元素的总含量超过1%；或

（二）按重量计含铋量或含铜量应等于或大于上表中规定的限量。

Subheading Notes:

In this Chapter the following expressions have the meanings hereby assigned to them:

1. Tin, not alloyed

Metal containing by weight at least 99% of tin, provided that the content by weight of any bismuth or copper is less than the limit specified in the following table:

TABLE-Other elements

Element	Limiting content % by weight
Bi　Bismuth	0.1
Cu　Copper	0.4

2. Tin alloys

Metallic substances in which tin predominates by weight over each of the other elements, provided that:

(a) the total content by weight of such other elements exceeds 1%; or

(b) the content by weight of either bismuth or copper is equal to or greater than the limit specified in the foregoing table.

序号 No.	税则号列 Tariff Line	货品名称 Article Description	最惠国税率 MFN(%)	协定税率 Agreement(%)		特惠税率 SP(%)		普通税率 Gen(%)
	80.01	**未锻轧锡:** **Unwrought tin:**						
5977	8001.1000	-非合金锡 -Tin, not alloyed	3	0	东盟AS,智CL,巴PK,新西兰NZ,秘PE,哥CR,瑞CH,冰IS,韩KR,澳AU,格GE,毛MU,东盟^{R}AS^R,澳^{R}AU^R,日^{R}JP^R,新西兰^{R}NZ^R,柬KH,港HK,澳门MO,韩^{R}KR^R	0	受惠国LD	20
		-锡合金: -Tin alloys:						
5978	8001.2010	---锡基巴毕脱合金 ---Babbitt metal	3	0 2.4	东盟AS,智CL,巴PK,新西兰NZ,秘PE,哥CR,瑞CH,冰IS,韩KR,澳AU,格GE,毛MU,东盟^{R}AS^R,澳^{R}AU^R,日^{R}JP^R,新西兰^{R}NZ^R,柬KH,港HK,澳门MO,韩^{R}KR^R 亚太AP	0	受惠国LD	20
		---焊锡: ---Solder:						
5979	8001.2021	----按重量计含铅量在0.1%以下的 ----Containing by weight less than 0.1% of lead	3	0	东盟AS,智CL,巴PK,新西兰NZ,秘PE,哥CR,瑞CH,冰IS,韩KR,澳AU,格GE,毛MU,东盟^{R}AS^R,澳^{R}AU^R,日^{R}JP^R,新西兰^{R}NZ^R,柬KH,港HK,澳门MO,韩^{R}KR^R	0	受惠国LD	30

序号 No.	税则号列 Tariff Line	货品名称 Article Description	最惠国税率 MFN(%)	协定税率 Agreement(%)		特惠税率 SP(%)	普通税率 Gen(%)
5980	8001.2029	----其他 ----Other	3	0	东盟AS,智CL,巴PK,新西兰NZ, 秘PE,哥CR,瑞CH,冰IS,韩KR, 澳AU,格GE,毛MU,东盟^RAS^R, 澳^RAU^R,日^RJP^R,新西兰^RNZ^R,柬 KH,港HK,澳门MO,韩^RKR^R	0 受惠国LD	30
5981	8001.2090	---其他 ---Other	3	0	东盟AS,智CL,巴PK,新西兰NZ, 秘PE,哥CR,瑞CH,冰IS,韩KR, 澳AU,格GE,毛MU,东盟^RAS^R, 澳^RAU^R,日^RJP^R,新西兰^RNZ^R,柬 KH,港HK,澳门MO,韩^RKR^R	0 受惠国LD	30
	80.02	锡废碎料: Tin waste and scrap:					
5982	8002.0000	锡废碎料 Tin waste and scrap	1.5	0	东盟AS,智CL,巴PK,新西兰NZ, 秘PE,哥CR,瑞CH,冰IS,韩KR, 澳AU,格GE,毛MU,东盟^RAS^R, 澳^RAU^R,日^RJP^R,新西兰^RNZ^R,柬 KH,港HK,澳门MO,韩^RKR^R	0 受惠国LD	30
	80.03	锡条、杆、型材及异型材或丝: Tin bars, rods, profiles and wire:					
5983	8003.0000	锡条、杆、型材及异型材或丝 Tin bars, rods, profiles and wire	8	0 0.8 1 6.4 6.5	东盟AS,智CL,新西兰NZ,秘PE, 哥CR,瑞CH,冰IS,澳AU,格GE, 毛MU,东盟^RAS^R,澳^RAU^R,新西 兰^RNZ^R,柬KH,港HK,澳门MO 韩KR 巴PK 韩^RKR^R 日^RJP^R	0 受惠国LD	40
	80.07	其他锡制品: Other articles of tin:					
5984	8007.0020	---锡板、片及带，厚度超过0.2毫米 ---Tin plates, sheets and strip, of a thickness exceeding 0.2mm	8	0 1 6.5	东盟AS,智CL,新西兰NZ,秘PE, 哥CR,瑞CH,冰IS,韩KR,澳AU, 格GE,毛MU,东盟^RAS^R,澳^RAU^R, 新西兰^RNZ^R,柬KH,港HK,澳门 MO,韩^RKR^R 巴PK 日^RJP^R	0 受惠国LD	40
5985	8007.0030	---锡箔(不论是否印花或用纸、纸板、 塑料或类似材料衬背)，厚度(衬背 除外)不超过0.2毫米; 锡粉及片状 粉末 ---Tin foil (whether or not printed or backed with paper, paperboard, plastics or similar backing materials), of a thickness (excluding any backing) not exceeding 0.2mm;tin powders and flakes	8	0 1 6.5	东盟AS,智CL,新西兰NZ,秘PE, 哥CR,瑞CH,冰IS,韩KR,澳AU, 格GE,毛MU,东盟^RAS^R,澳^RAU^R, 新西兰^RNZ^R,柬KH,港HK,澳门 MO,韩^RKR^R 巴PK 日^RJP^R		40

序号 No.	税则号列 Tariff Line	货品名称 Article Description	最惠国税率 MFN(%)		协定税率 Agreement(%)	特惠税率 SP(%)	普通税率 Gen(%)
5986	8007.0040	---锡管及管子附件（例如，接头、肘管、管套） ---Tin tubes, pipes and tube or pipe fittings (for example, couplings, elbows, sleeves)	8	0	东盟AS,智CL,新西兰NZ,秘PE,哥CR,瑞CH,冰IS,韩KR,澳AU,格GE,毛MU,东盟^{R}AS^R,澳^{R}AU^R,新西兰^{R}NZ^R,柬KH,港HK,澳门MO,韩^{R}KR^R	0 受惠国LD	45
				1	巴PK		
				6.4	亚太AP		
				6.5	日^{R}JP^R		
5987	8007.0090	---其他 ---Other	8	0	东盟AS,智CL,新西兰NZ,秘PE,哥CR,瑞CH,冰IS,澳AU,格GE,毛MU,柬KH,港HK,澳门MO	0 受惠国LD	80
				3.2	韩KR		
				5.1	巴PK		
				6.9	东盟^{R}AS^R,韩^{R}KR^R		
				7	日^{R}JP^R		
				7.2	澳^{R}AU^R,新西兰^{R}NZ^R		

序号 No.	税则号列 Tariff Line	货品名称 Article Description	最惠国税率 MFN(%)		协定税率 Agreement(%)	特惠税率 SP(%)	普通税率 Gen(%)
	81.01	钨及其制品, 包括废碎料: **Tungsten (wolfram) and articles thereof, including waste and scrap:**					
5988	8101.1000	-粉末 -Powders	6	0	东盟AS,智CL,巴PK,新西兰NZ,秘PE,哥CR,瑞CH,冰IS,韩KR,澳AU,格GE,毛MU,东盟^{R}AS^R,澳^{R}AU^R,日^{R}JP^R,新西兰^{R}NZ^R,柬KH,港HK,澳门MO,韩^{R}KR^R	0 受惠国LD	20
		-其他: -Other:					
5989	8101.9400	--未锻轧钨, 包括简单烧结而成的条、杆 Unwrought tungsten, including bars and rods obtained simply by sintering	3	0	东盟AS,智CL,巴PK,新西兰NZ,秘PE,哥CR,瑞CH,冰IS,韩KR,澳AU,格GE,毛MU,东盟^{R}AS^R,澳^{R}AU^R,新西兰^{R}NZ^R,柬KH,港HK,澳门MO,韩^{R}KR^R	0 受惠国LD	20
				2.5	日^{R}JP^R		
5990	8101.9600	--丝 --Wire	8	0	东盟AS,智CL,新西兰NZ,秘PE,哥CR,瑞CH,冰IS,韩KR,澳AU,格GE,毛MU,东盟^{R}AS^R,澳^{R}AU^R,新西兰^{R}NZ^R,柬KH,港HK,澳门MO,韩^{R}KR^R	0 受惠国LD	20
				1	巴PK		
				6.5	日^{R}JP^R		
5991	8101.9700	--废碎料 --Waste and scrap	3	0	东盟AS,智CL,巴PK,新西兰NZ,秘PE,哥CR,瑞CH,冰IS,韩KR,澳AU,格GE,毛MU,东盟^{R}AS^R,澳^{R}AU^R,日^{R}JP^R,新西兰^{R}NZ^R,柬KH,港HK,澳门MO,韩^{R}KR^R	0 受惠国LD	20
		--其他: --Other:					
5992	8101.9910	---条、杆, 但简单烧结而成的除外; 型材及异型材、板、片、带、箔 ---Bars and rods, other than those obtained simply by sintering, profiles, plates, sheets, strip and foil	5	0	东盟AS,智CL,巴PK,新西兰NZ,秘PE,哥CR,瑞CH,冰IS,韩KR,澳AU,格GE,毛MU,东盟^{R}AS^R,澳^{R}AU^R,日^{R}JP^R,新西兰^{R}NZ^R,柬KH,港HK,澳门MO,韩^{R}KR^R	0 受惠国LD	30
5993	8101.9990	---其他 ---Other	8	0	东盟AS,智CL,新西兰NZ,秘PE,哥CR,瑞CH,冰IS,韩KR,澳AU,格GE,毛MU,东盟^{R}AS^R,澳^{R}AU^R,新西兰^{R}NZ^R,柬KH,港HK,澳门MO,韩^{R}KR^R	0 受惠国LD	70
				1	巴PK		
				6.5	日^{R}JP^R		
	81.02	钼及其制品, 包括废碎料: **Molybdenum and articles thereof, including waste and scrap:**					

序号 No.	税则号列 Tariff Line	货品名称 Article Description	最惠国税率 MFN(%)		协定税率 Agreement(%)	特惠税率 SP(%)	普通税率 Gen(%)
5994	8102.1000	-粉末 -Powders	6	0	东盟AS,智CL,巴PK,新西兰NZ,秘PE,哥CR,瑞CH,冰IS,韩KR,澳AU,格GE,毛MU,东盟^RAS^R,澳^RAU^R,日^RJP^R,新西兰^RNZ^R,柬KH,港HK,澳门MO,韩^RKR^R	0 受惠国LD	20
		-其他: -Other:					
5995	8102.9400	--未锻轧钼,包括简单烧结而成的条、杆 --Unwrought molybdenum, including bars and rods obtained simply by sintering	3	0	东盟AS,智CL,巴PK,新西兰NZ,秘PE,哥CR,瑞CH,冰IS,韩KR,澳AU,格GE,毛MU,东盟^RAS^R,澳^RAU^R,日^RJP^R,新西兰^RNZ^R,柬KH,港HK,澳门MO,韩^RKR^R	0 受惠国LD	20
5996	8102.9500	--条、杆,但简单烧结而成的除外;型材及异型材、板、片、带、箔 --Bars and rods, other than those obtained simply by sintering, profiles, plates, sheets, strip and foil	8	0 0.8 1 6.4 6.5	东盟AS,智CL,新西兰NZ,秘PE,哥CR,瑞CH,冰IS,澳AU,格GE,毛MU,东盟^RAS^R,澳^RAU^R,新西兰^RNZ^R,柬KH,港HK,澳门MO 韩KR 巴PK 韩^RKR^R 日^RJP^R	0 受惠国LD	30
5997	8102.9600	--丝 --Wire	8	0 1 6.5	东盟AS,智CL,新西兰NZ,秘PE,哥CR,瑞CH,冰IS,韩KR,澳AU,格GE,毛MU,东盟^RAS^R,澳^RAU^R,新西兰^RNZ^R,柬KH,港HK,澳门MO,韩^RKR^R 巴PK 日^RJP^R	0 受惠国LD	20
5998	8102.9700	--废碎料 --Waste and scrap	3	0	东盟AS,智CL,巴PK,新西兰NZ,秘PE,哥CR,瑞CH,冰IS,韩KR,澳AU,格GE,毛MU,东盟^RAS^R,澳^RAU^R,日^RJP^R,新西兰^RNZ^R,柬KH,港HK,澳门MO,韩^RKR^R	0 受惠国LD	20
5999	8102.9900	--其他 --Other	8	0 1 6.5	东盟AS,智CL,新西兰NZ,秘PE,哥CR,瑞CH,冰IS,韩KR,澳AU,格GE,毛MU,东盟^RAS^R,澳^RAU^R,新西兰^RNZ^R,柬KH,港HK,澳门MO,韩^RKR^R 巴PK 日^RJP^R	0 受惠国LD	70
	81.03	钽及其制品,包括废碎料: **Tantalum and articles thereof, including waste and scrap:**					
		-未锻轧钽,包括简单烧结而成的条、杆;粉末: -Unwrought tantalum, including bars and rods obtained simply by sintering; powders:					
		---钽粉: ---Powders:					

序号 No.	税则号列 Tariff Line	货品名称 Article Description	最惠国税率 MFN(%)	协定税率 Agreement(%)		特惠税率 SP(%)		普通税率 Gen(%)
6000	8103.2011	----松装密度小于2.2克/立方厘米的 ----Loose density less than 2.2g/cm³	6	0	东盟AS,智CL,巴PK,新西兰NZ,秘PE,哥CR,瑞CH,冰IS,韩KR,澳AU,格GE,毛MU,柬KH,港HK,澳门MO	0	受惠国LD	14
				4.2	亚太AP			
				4.8	东盟ᴿASᴿ,澳ᴿAUᴿ,新西兰ᴿNZᴿ,韩ᴿKRᴿ			
				4.9	日ᴿJPᴿ			
6001	8103.2019	----其他 ----Other	6	0	东盟AS,智CL,巴PK,新西兰NZ,秘PE,哥CR,瑞CH,冰IS,韩KR,澳AU,格GE,毛MU,东盟ᴿASᴿ,澳ᴿAUᴿ,日ᴿJPᴿ,新西兰ᴿNZᴿ,柬KH,港HK,澳门MO,韩ᴿKRᴿ	0	受惠国LD	14
6002	8103.2090	---其他 ---Other	6	0	东盟AS,智CL,巴PK,新西兰NZ,秘PE,哥CR,瑞CH,冰IS,韩KR,澳AU,格GE,毛MU,东盟ᴿASᴿ,澳ᴿAUᴿ,日ᴿJPᴿ,新西兰ᴿNZᴿ,柬KH,港HK,澳门MO,韩ᴿKRᴿ	0	受惠国LD	14
6003	8103.3000	-废碎料 -Waste and scrap	6	0	东盟AS,智CL,巴PK,新西兰NZ,秘PE,哥CR,瑞CH,冰IS,韩KR,澳AU,格GE,毛MU,东盟ᴿASᴿ,澳ᴿAUᴿ,日ᴿJPᴿ,新西兰ᴿNZᴿ,柬KH,港HK,澳门MO,韩ᴿKRᴿ	0	受惠国LD	14
		-其他: -Other:						
6004	8103.9100	--坩埚 --Crucibles	8	0	东盟AS,智CL,新西兰NZ,秘PE,哥CR,瑞CH,冰IS,韩KR,澳AU,格GE,毛MU,东盟ᴿASᴿ,澳ᴿAUᴿ,新西兰ᴿNZᴿ,柬KH,港HK,澳门MO,韩ᴿKRᴿ	0	受惠国LD	30
				1	巴PK			
				6.5	日ᴿJPᴿ			
				7.2	亚太AP			
		--其他: --Other:						
		---钽丝: ---Wire of tantalum:						
6005	8103.9911	----直径小于0.5毫米的 ----Less than 0.5mm in diameter	8	0	东盟AS,智CL,新西兰NZ,秘PE,哥CR,瑞CH,冰IS,韩KR,澳AU,格GE,毛MU,东盟ᴿASᴿ,澳ᴿAUᴿ,新西兰ᴿNZᴿ,柬KH,港HK,澳门MO,韩ᴿKRᴿ	0	受惠国LD	30
				1	巴PK			
				5.6	亚太AP			
				6.5	日ᴿJPᴿ			
6006	8103.9919	----其他 ----Other	8	0	东盟AS,智CL,新西兰NZ,秘PE,哥CR,瑞CH,冰IS,韩KR,澳AU,格GE,毛MU,东盟ᴿASᴿ,澳ᴿAUᴿ,新西兰ᴿNZᴿ,柬KH,港HK,澳门MO,韩ᴿKRᴿ	0	受惠国LD	30
				1	巴PK			
				5.6	亚太AP			
				6.5	日ᴿJPᴿ			

序号 No.	税则号列 Tariff Line	货品名称 Article Description	最惠国税率 MFN(%)	协定税率 Agreement(%)		特惠税率 SP(%)		普通税率 Gen(%)
6007	8103.9990	---其他 ---Other	8	0	东盟AS,智CL,新西兰NZ,秘PE,哥CR,瑞CH,冰IS,韩KR,澳AU,格GE,毛MU,东盟^{R}AS^R,澳^{R}AU^R,新西兰^{R}NZ^R,柬KH,港HK,澳门MO,韩^{R}KR^R	0	受惠国LD	30
				1	巴PK			
				6.5	日^{R}JP^R			
				7.2	亚太AP			
81.04		**镁及其制品, 包括废碎料:** **Magnesium and articles thereof,** **including waste and scrap:**						
		-未锻轧镁: -Unwrought magnesium:						
6008	8104.1100	--按重量计含镁量至少为99.8% --Containing at least 99.8% by weight of magnesium	6	0	东盟AS,智CL,巴PK,新西兰NZ,秘PE,哥CR,瑞CH,冰IS,韩KR,澳AU,格GE,毛MU,东盟^{R}AS^R,澳^{R}AU^R,日^{R}JP^R,新西兰^{R}NZ^R,柬KH,港HK,澳门MO,韩^{R}KR^R	0	受惠国LD	20
				3	亚太AP			
6009	8104.1900	--其他 --Other	6	0	东盟AS,智CL,巴PK,新西兰NZ,秘PE,哥CR,瑞CH,冰IS,韩KR,澳AU,格GE,毛MU,东盟^{R}AS^R,澳^{R}AU^R,日^{R}JP^R,新西兰^{R}NZ^R,柬KH,港HK,澳门MO,韩^{R}KR^R	0	受惠国LD	20
6010	8104.2000	-废碎料 -Waste and scrap	1.5	0	东盟AS,智CL,巴PK,新西兰NZ,秘PE,哥CR,瑞CH,冰IS,韩KR,澳AU,格GE,毛MU,东盟^{R}AS^R,澳^{R}AU^R,日^{R}JP^R,新西兰^{R}NZ^R,柬KH,港HK,澳门MO,韩^{R}KR^R	0	受惠国LD	20

6011	8104.3000	-锉屑、车屑及颗粒, 已按规格分级的;
		  粉末
		-Raspings, turnings and granules,
		  graded according to size; powders
			8	0	东盟AS,智CL,新西兰NZ,秘PE,哥CR,瑞CH,冰IS,韩KR,澳AU,格GE,毛MU,东盟^{R}AS^R,澳^{R}AU^R,新西兰^{R}NZ^R,柬KH,港HK,澳门MO,韩^{R}KR^R	0	受惠国LD	30

				1	巴PK			
				6.5	日^{R}JP^R			
		-其他: -Other:						
6012	8104.9010	---锻轧镁 ---Wrought magnesium	8	0	东盟AS,智CL,新西兰NZ,秘PE,哥CR,瑞CH,冰IS,韩KR,澳AU,格GE,毛MU,东盟^{R}AS^R,澳^{R}AU^R,新西兰^{R}NZ^R,柬KH,港HK,澳门MO,韩^{R}KR^R	0	受惠国LD	30
				1	巴PK			
				6.5	日^{R}JP^R			
6013	8104.9020	---镁制品 ---Magnesium articles	8	0	东盟AS,智CL,新西兰NZ,秘PE,哥CR,瑞CH,冰IS,韩KR,澳AU,格GE,毛MU,东盟^{R}AS^R,澳^{R}AU^R,新西兰^{R}NZ^R,柬KH,港HK,澳门MO,韩^{R}KR^R	0	受惠国LD	70
				1	巴PK			
				6.9	日^{R}JP^R			

序号 No.	税则号列 Tariff Line	货品名称 Article Description	最惠国税率 MFN(%)	协定税率 Agreement(%)		特惠税率 SP(%)	普通税率 Gen(%)
	81.05	钴锍及其他冶炼钴时所得的中间产品；钴及其制品，包括废碎料： **Cobalt mattes and other intermediate products of cobalt metallurgy; cobalt and articles thereof, including waste and scrap:**					
		-钴锍及其他冶炼钴时所得的中间产品；未锻轧钴；粉末： -Cobalt mattes and other intermediate products of cobalt metallurgy; unwrought cobalt; powders:					
6014	8105.2010	---钴湿法冶炼中间品 ---Intermediate products of cobalt wet processing metallurgy	4Δ0	0	东盟AS,智CL,巴PK,新西兰NZ,秘PE,哥CR,瑞CH,冰IS,韩KR,澳AU,格GE,毛MU,东盟^{R}AS^R,澳^{R}AU^R,日^{R}JP^R,新西兰^{R}NZ^R,柬KH,港HK,澳门MO,韩^{R}KR^R	0 受惠国LD	14
6015	8105.2020	---未锻轧钴 ---Unwrought cobalt	4Δ0	0	东盟AS,智CL,巴PK,新西兰NZ,秘PE,哥CR,瑞CH,冰IS,韩KR,澳AU,格GE,毛MU,东盟^{R}AS^R,澳^{R}AU^R,日^{R}JP^R,新西兰^{R}NZ^R,柬KH,港HK,澳门MO,韩^{R}KR^R	0 受惠国LD	14
6016	8105.2090	---其他 ---Other	4	0 3.2	东盟AS,智CL,巴PK,新西兰NZ,秘PE,哥CR,瑞CH,冰IS,韩KR,澳AU,格GE,毛MU,东盟^{R}AS^R,日^{R}JP^R,柬KH,港HK,澳门MO,韩^{R}KR^R 澳^{R}AU^R,新西兰^{R}NZ^R	0 受惠国LD	14
	ex81052090	钴锍及其他冶炼钴时所得的中间产品 Cobalt mattes and other inter-mediate products of cobalt metallurgy	Δ0				
6017	8105.3000	-废碎料 -Waste and scrap	4	0	东盟AS,智CL,巴PK,新西兰NZ,秘PE,哥CR,瑞CH,冰IS,韩KR,澳AU,格GE,毛MU,东盟^{R}AS^R,澳^{R}AU^R,日^{R}JP^R,新西兰^{R}NZ^R,柬KH,港HK,澳门MO,韩^{R}KR^R	0 受惠国LD	14
6018	8105.9000	-其他 -Other	8	0 0.8 1 6.4 6.5	东盟AS,智CL,新西兰NZ,秘PE,哥CR,瑞CH,冰IS,澳AU,格GE,毛MU,东盟^{R}AS^R,澳^{R}AU^R,新西兰^{R}NZ^R,柬KH,港HK,澳门MO 韩KR 巴PK 韩^{R}KR^R 日^{R}JP^R	0 受惠国LD	30
	ex81059000	外科植入用钴铬钼合金棒（钴≥55%，铬26%-30%，钼5%-7%） Co-Cr-Mo alloy rods for surgical implantation (Co≥55%, Cr 26%-30%, Mo 5%-7%)	Δ4				
	ex81059000	血管支架用钴铬合金管（钴含量45%及以上，铬含量19%-21%，钨含量14%-16%，镍含量9%-11%） Cobalt chromium alloy tube for stents in blood vessel (Cobalt ≥45%, chromium 19%-21%, tungsten 14%-16%, nickel 9%-11%)	Δ2				

序号 No.	税则号列 Tariff Line	货品名称 Article Description	最惠国税率 MFN(%)	协定税率 Agreement(%)		特惠税率 SP(%)	普通税率 Gen(%)
	81.06	铋及其制品，包括废碎料： **Bismuth and articles thereof, including waste and scrap:**					
		-按重量计铋含量在99.99%以上： -Containing more than 99.99% of bismuth, by weight:					
6019	8106.1010	---未锻轧铋；废碎料；粉末 ---Unwrought bismuth; waste and scrap; powders	3	0	东盟AS,智CL,巴PK,新西兰NZ, 秘PE,哥CR,瑞CH,冰IS,韩KR, 澳AU,格GE,毛MU,东盟^{R}AS^R, 澳^{R}AU^R,日^{R}JP^R,新西兰^{R}NZ^R,柬 KH,港HK,澳门MO,韩^{R}KR^R	0 受惠国LD	20
	ex81061010	未锻轧铋 Unwrought bismuth	Δ1				
6020	8106.1090	---其他 ---Other	8	0	东盟AS,智CL,新西兰NZ,秘PE, 哥CR,瑞CH,冰IS,澳AU,格GE, 毛MU,东盟^{R}AS^R,澳^{R}AU^R,新西 兰^{R}NZ^R,柬KH,港HK,澳门MO	0 受惠国LD	30
				0.8	韩KR		
				1	巴PK		
				6.4	韩^{R}KR^R		
				6.5	日^{R}JP^R		
		-其他： -Other:					
6021	8106.9010	---未锻轧铋；废碎料；粉末 ---Unwrought bismuth; waste and scrap; powders	3	0	东盟AS,智CL,巴PK,新西兰NZ, 秘PE,哥CR,瑞CH,冰IS,韩KR, 澳AU,格GE,毛MU,东盟^{R}AS^R, 澳^{R}AU^R,日^{R}JP^R,新西兰^{R}NZ^R,柬 KH,港HK,澳门MO,韩^{R}KR^R	0 受惠国LD	20
	ex81069010	未锻轧铋 Unwrought bismuth	Δ1				
6022	8106.9090	---其他 ---Other	8	0	东盟AS,智CL,新西兰NZ,秘PE, 哥CR,瑞CH,冰IS,澳AU,格GE, 毛MU,东盟^{R}AS^R,澳^{R}AU^R,新西 兰^{R}NZ^R,柬KH,港HK,澳门MO	0 受惠国LD	30
				0.8	韩KR		
				1	巴PK		
				6.4	韩^{R}KR^R		
				6.5	日^{R}JP^R		
	81.08	钛及其制品，包括废碎料： **Titanium and articles thereof, including waste and scrap:**					
		-未锻轧钛；粉末： -Unwrougth titanium; powder:					
		---未锻轧钛： ---Unwrought titanium:					
6023	8108.2021	----海绵钛 ----Sponge titanium	3	0	东盟AS,智CL,巴PK,新西兰NZ, 秘PE,哥CR,瑞CH,冰IS,韩KR, 澳AU,格GE,毛MU,东盟^{R}AS^R, 澳^{R}AU^R,日^{R}JP^R,新西兰^{R}NZ^R,柬 KH,港HK,澳门MO,韩^{R}KR^R	0 受惠国LD	14

序号 No.	税则号列 Tariff Line	货品名称 Article Description	最惠国税率 MFN(%)	协定税率 Agreement(%)		特惠税率 SP(%)		普通税率 Gen(%)
6024	8108.2029	----其他 ----Other	3	0	东盟AS,智CL,巴PK,新西兰NZ,秘PE,哥CR,瑞CH,冰IS,韩KR,澳AU,格GE,毛MU,东盟^RAS^R,澳^RAU^R,日^RJP^R,新西兰^RNZ^R,柬KH,港HK,澳门MO,韩^RKR^R	0	受惠国LD	14
6025	8108.2030	---粉末 ---Powders	3	0	东盟AS,智CL,巴PK,新西兰NZ,秘PE,哥CR,瑞CH,冰IS,韩KR,澳AU,格GE,毛MU,东盟^RAS^R,澳^RAU^R,日^RJP^R,新西兰^RNZ^R,柬KH,港HK,澳门MO,韩^RKR^R	0	受惠国LD	14
6026	8108.3000	-废碎料 -Waste and scrap	3	0	东盟AS,智CL,巴PK,新西兰NZ,秘PE,哥CR,瑞CH,冰IS,韩KR,澳AU,格GE,毛MU,东盟^RAS^R,澳^RAU^R,日^RJP^R,新西兰^RNZ^R,柬KH,港HK,澳门MO,韩^RKR^R	0	受惠国LD	14
		-其他: -Other:						
6027	8108.9010	---条、杆、型材及异型材 ---Bars, rods, shapes and sections	8	0 0.8 1 6.4 6.5	东盟AS,智CL,新西兰NZ,秘PE,哥CR,瑞CH,冰IS,澳AU,格GE,毛MU,东盟^RAS^R,澳^RAU^R,新西兰^RNZ^R,柬KH,港HK,澳门MO 韩KR 巴PK 韩^RKR^R 日^RJP^R	0	受惠国LD	30
	ex81089010	外科植入用钛合金条、杆、型材及异型材(钛≥88%, 5.5%≤铝≤6.75%, 3.5%≤钒≤4.5%), 复合材料除外 Titanium alloy bars, rods, profiles for surgical implantation (Ti≥88%,5.5%≤Al≤6.75%,3.5%≤V≤4.5%), excluding composite materials	Δ4					
6028	8108.9020	---丝 ---Wire	8	0 1 6.4 6.5	东盟AS,智CL,新西兰NZ,秘PE,哥CR,瑞CH,冰IS,韩KR,澳AU,格GE,毛MU,东盟^RAS^R,澳^RAU^R,新西兰^RNZ^R,柬KH,港HK,澳门MO,韩^RKR^R 巴PK 亚太AP 日^RJP^R	0	受惠国LD	30
		---板、片、带、箔: ---Plates, sheets, strap, foil:						
6029	8108.9031	----厚度不超过0.8毫米 ----Of a thickness not more than 0.8mm	8Δ4	0 1 6.4 6.5	东盟AS,智CL,新西兰NZ,秘PE,哥CR,瑞CH,冰IS,韩KR,澳AU,格GE,毛MU,柬KH,港HK,澳门MO 巴PK 东盟^RAS^R,澳^RAU^R,新西兰^RNZ^R,韩^RKR^R 日^RJP^R	0	受惠国LD	30

序号 No.	税则号列 Tariff Line	货品名称 Article Description	最惠国税率 MFN(%)	协定税率 Agreement(%)		特惠税率 SP(%)	普通税率 Gen(%)
6030	8108.9032	----厚度超过0.8毫米 ----Of a thickness more than 0.8mm	8Δ4	0	东盟AS,智CL,新西兰NZ,秘PE, 哥CR,瑞CH,冰IS,韩KR,澳AU, 格GE,毛MU,东盟^{R}AS^R,澳^{R}AU^R, 新西兰^{R}NZ^R,柬KH,港HK,澳门 MO,韩^{R}KR^R	0 受惠国LD	30
				1	巴PK		
				6.5	日^{R}JP^R		
6031	8108.9040	---管 ---Tubes or pipes	8	0	东盟AS,智CL,新西兰NZ,秘PE, 哥CR,瑞CH,冰IS,澳AU,格GE, 毛MU,柬KH,港HK,澳门MO	0 受惠国LD	30
				0.8	韩KR		
				1	巴PK		
				6.9	东盟^{R}AS^R,韩^{R}KR^R		
				7	日^{R}JP^R		
				7.2	澳^{R}AU^R,新西兰^{R}NZ^R		
6032	8108.9090	---其他 ---Other	8	0	东盟AS,智CL,新西兰NZ,秘PE, 哥CR,瑞CH,冰IS,韩KR,澳AU, 格GE,毛MU,东盟^{R}AS^R,澳^{R}AU^R, 新西兰^{R}NZ^R,柬KH,港HK,澳门 MO,韩^{R}KR^R	0 受惠国LD	30
				4	巴PK		
				6.5	日^{R}JP^R		
	81.09	锆及其制品,包括废碎料: **Zirconium and articles thereof, including waste and scrap:**					
		-未锻轧锆;粉末: -Unwrought zirconium; powders:					
6033	8109.2100	--按重量计铪与锆之比低于1:500 --Containing less than 1 part hafnium to 500 parts zirconium by weight	3	0	东盟AS,智CL,巴PK,新西兰NZ, 秘PE,哥CR,瑞CH,冰IS,韩KR, 澳AU,格GE,毛MU,东盟^{R}AS^R, 澳^{R}AU^R,日^{R}JP^R,新西兰^{R}NZ^R,柬 KH,港HK,澳门MO,韩^{R}KR^R	0 受惠国LD	20
6034	8109.2900	--其他 --Other	3	0	东盟AS,智CL,巴PK,新西兰NZ, 秘PE,哥CR,瑞CH,冰IS,韩KR, 澳AU,格GE,毛MU,东盟^{R}AS^R, 澳^{R}AU^R,日^{R}JP^R,新西兰^{R}NZ^R,柬 KH,港HK,澳门MO,韩^{R}KR^R	0 受惠国LD	20
		-废碎料: -Waste and scrap:					
6035	8109.3100	--按重量计铪与锆之比低于1:500 --Containing less than 1 part hafnium to 500 parts zirconium by weight	3	0	东盟AS,智CL,巴PK,新西兰NZ, 秘PE,哥CR,瑞CH,冰IS,韩KR, 澳AU,格GE,毛MU,东盟^{R}AS^R, 澳^{R}AU^R,日^{R}JP^R,新西兰^{R}NZ^R,柬 KH,港HK,澳门MO,韩^{R}KR^R	0 受惠国LD	20
6036	8109.3900	--其他 --Other	3	0	东盟AS,智CL,巴PK,新西兰NZ, 秘PE,哥CR,瑞CH,冰IS,韩KR, 澳AU,格GE,毛MU,东盟^{R}AS^R, 澳^{R}AU^R,日^{R}JP^R,新西兰^{R}NZ^R,柬 KH,港HK,澳门MO,韩^{R}KR^R	0 受惠国LD	20
		-其他: -Other:					

序号 No.	税则号列 Tariff Line	货品名称 Article Description	最惠国税率 MFN(%)	协定税率 Agreement(%)		特惠税率 SP(%)	普通税率 Gen(%)
6037	8109.9100	--按重量计铪与锆之比低于1:500 --Containing less than 1 part hafnium to 500 parts zirconium by weight	8	0	东盟AS,智CL,新西兰NZ,秘PE,哥CR,瑞CH,冰IS,澳AU,格GE,毛MU,东盟^RAS^R,澳^RAU^R,新西兰^RNZ^R,柬KH,港HK,澳门MO	0 受惠国LD	20
				0.8	韩KR		
				1	巴PK		
				6.4	韩^RKR^R		
				6.5	日^RJP^R		
6038	8109.9900	--其他 --Other	8	0	东盟AS,智CL,新西兰NZ,秘PE,哥CR,瑞CH,冰IS,澳AU,格GE,毛MU,东盟^RAS^R,澳^RAU^R,新西兰^RNZ^R,柬KH,港HK,澳门MO	0 受惠国LD	20
				0.8	韩KR		
				1	巴PK		
				6.4	韩^RKR^R		
				6.5	日^RJP^R		
	81.10	锑及其制品, 包括废碎料: Antimony and articles thereof, including waste and scrap:					
		-未锻轧锑; 粉末: -Unwrought antimony; powders:					
6039	8110.1010	---未锻轧锑 ---Unwrought antimony	3Δ1	0	东盟AS,智CL,巴PK,新西兰NZ,秘PE,哥CR,瑞CH,冰IS,韩KR,澳AU,格GE,毛MU,东盟^RAS^R,澳^RAU^R,日^RJP^R,新西兰^RNZ^R,柬KH,港HK,澳门MO,韩^RKR^R	0 受惠国LD	30
6040	8110.1020	---粉末 ---Powders	3	0	东盟AS,智CL,巴PK,新西兰NZ,秘PE,哥CR,瑞CH,冰IS,韩KR,澳AU,格GE,毛MU,东盟^RAS^R,澳^RAU^R,日^RJP^R,新西兰^RNZ^R,柬KH,港HK,澳门MO,韩^RKR^R	0 受惠国LD	30
6041	8110.2000	-废碎料 -Antimony waste and scrap	3	0	东盟AS,智CL,巴PK,新西兰NZ,秘PE,哥CR,瑞CH,冰IS,韩KR,澳AU,格GE,毛MU,东盟^RAS^R,澳^RAU^R,日^RJP^R,新西兰^RNZ^R,柬KH,港HK,澳门MO,韩^RKR^R	0 受惠国LD	30
6042	8110.9000	-其他 -Other	8	0	东盟AS,智CL,新西兰NZ,秘PE,哥CR,瑞CH,冰IS,韩KR,澳AU,格GE,毛MU,东盟^RAS^R,澳^RAU^R,新西兰^RNZ^R,柬KH,港HK,澳门MO,韩^RKR^R	0 受惠国LD	40
				1	巴PK		
				6.5	日^RJP^R		
	81.11	锰及其制品, 包括废碎料: Manganese and articles thereof, including waste and scrap:					
6043	8111.0010	---未锻轧锰; 废碎料; 粉末 ---Unwrought manganese;waste and scrap; powders	3	0	东盟AS,智CL,巴PK,新西兰NZ,秘PE,哥CR,瑞CH,冰IS,韩KR,澳AU,格GE,毛MU,东盟^RAS^R,澳^RAU^R,日^RJP^R,新西兰^RNZ^R,柬KH,港HK,澳门MO,韩^RKR^R	0 受惠国LD	20

序号 No.	税则号列 Tariff Line	货品名称 Article Description	最惠国税率 MFN(%)	协定税率 Agreement(%)		特惠税率 SP(%)	普通税率 Gen(%)
6044	8111.0090	---其他 ---Other	8	0	东盟AS,智CL,新西兰NZ,秘PE,哥CR,瑞CH,冰IS,韩KR,澳AU,格GE,毛MU,东盟^{R}AS^R,澳^{R}AU^R,新西兰^{R}NZ^R,柬KH,港HK,澳门MO,韩^{R}KR^R	0 受惠国LD	30
				1	巴PK		
				6.5	日^{R}JP^R		
	81.12	**铍、铬、铪、铼、铊、镉、锗、钒、镓、铟、铌及其制品,包括废碎料:** **Beryllium, chromium, hafnium, rhenium, thallium, cadmium, germanium, vanadium, gallium, indium and niobium (columbium), articles of these metals, including waste and scrap:**					
		-铍: -Beryllium:					
6045	8112.1200	--未锻轧铍;粉末 --Unwrought; powders	3	0	东盟AS,智CL,巴PK,新西兰NZ,秘PE,哥CR,瑞CH,冰IS,韩KR,澳AU,格GE,毛MU,东盟^{R}AS^R,澳^{R}AU^R,日^{R}JP^R,新西兰^{R}NZ^R,柬KH,港HK,澳门MO,韩^{R}KR^R	0 受惠国LD	30
6046	8112.1300	--废碎料 --Waste and scrap	3	0	东盟AS,智CL,巴PK,新西兰NZ,秘PE,哥CR,瑞CH,冰IS,韩KR,澳AU,格GE,毛MU,东盟^{R}AS^R,澳^{R}AU^R,日^{R}JP^R,新西兰^{R}NZ^R,柬KH,港HK,澳门MO,韩^{R}KR^R	0 受惠国LD	30
6047	8112.1900	--其他 --Other	8	0	东盟AS,智CL,新西兰NZ,秘PE,哥CR,瑞CH,冰IS,韩KR,澳AU,格GE,毛MU,东盟^{R}AS^R,澳^{R}AU^R,新西兰^{R}NZ^R,柬KH,港HK,澳门MO,韩^{R}KR^R	0 受惠国LD	30
				1	巴PK		
				6.5	日^{R}JP^R		
		-铬: -Chromium:					
6048	8112.2100	--未锻轧铬;粉末 --Unwrought; powders	3	0	东盟AS,智CL,巴PK,新西兰NZ,秘PE,哥CR,瑞CH,冰IS,韩KR,澳AU,格GE,毛MU,东盟^{R}AS^R,澳^{R}AU^R,日^{R}JP^R,新西兰^{R}NZ^R,柬KH,港HK,澳门MO,韩^{R}KR^R	0 受惠国LD	20
6049	8112.2200	--废碎料 --Waste and scrap	3	0	东盟AS,智CL,巴PK,新西兰NZ,秘PE,哥CR,瑞CH,冰IS,韩KR,澳AU,格GE,毛MU,东盟^{R}AS^R,澳^{R}AU^R,日^{R}JP^R,新西兰^{R}NZ^R,柬KH,港HK,澳门MO,韩^{R}KR^R	0 受惠国LD	20
6050	8112.2900	--其他 --Other	3	0	东盟AS,智CL,巴PK,新西兰NZ,秘PE,哥CR,瑞CH,冰IS,韩KR,澳AU,格GE,毛MU,东盟^{R}AS^R,澳^{R}AU^R,新西兰^{R}NZ^R,柬KH,港HK,澳门MO,韩^{R}KR^R	0 受惠国LD	20
				2.5	日^{R}JP^R		

序号 No.	税则号列 Tariff Line	货品名称 Article Description	最惠国税率 MFN(%)	协定税率 Agreement(%)		特惠税率 SP(%)		普通税率 Gen(%)
		-铪: -Hafnium:						
6051	8112.3100	--未锻轧铪;废碎料;粉末 --Unwrought; waste and scrap; powders	3	0	东盟AS,智CL,巴PK,新西兰NZ, 秘PE,哥CR,瑞CH,冰IS,韩KR, 澳AU,格GE,毛MU,东盟^RAS^R, 澳^RAU^R,日^RJP^R,新西兰^RNZ^R,柬 KH,港HK,澳门MO,韩^RKR^R	0	受惠国LD	20
				2.7	亚太AP			
6052	8112.3900	--其他 --Other	8	0	东盟AS,智CL,巴PK,新西兰NZ, 秘PE,哥CR,瑞CH,冰IS,韩KR, 澳AU,格GE,毛MU,东盟^RAS^R,澳 ^RAU^R,新西兰^RNZ^R,柬KH,港HK, 澳门MO,韩^RKR^R	0	受惠国LD	30
				5.6	亚太AP			
				6.5	日^RJP^R			
		-铼: -Rhenium :						
6053	8112.4100	--未锻轧铼;废碎料;粉末 --Unwrought; waste and scrap; powders	3	0	东盟AS,智CL,巴PK,新西兰NZ, 秘PE,哥CR,瑞CH,冰IS,韩KR, 澳AU,格GE,毛MU,东盟^RAS^R, 澳^RAU^R,日^RJP^R,新西兰^RNZ^R,柬 KH,港HK,澳门MO,韩^RKR^R	0	受惠国LD	20
				2.7	亚太AP			
6054	8112.4900	--其他 --Other	8	0	东盟AS,智CL,巴PK,新西兰NZ, 秘PE,哥CR,瑞CH,冰IS,韩KR, 澳AU,格GE,毛MU,东盟^RAS^R,澳 ^RAU^R,新西兰^RNZ^R,柬KH,港HK, 澳门MO,韩^RKR^R	0	受惠国LD	30
				5.6	亚太AP			
				6.5	日^RJP^R			
		-铊: -Thallium:						
6055	8112.5100	--未锻轧铊;粉末 --Unwrought; powders	3	0	东盟AS,智CL,巴PK,新西兰NZ, 秘PE,哥CR,瑞CH,冰IS,韩KR, 澳AU,格GE,毛MU,东盟^RAS^R, 澳^RAU^R,日^RJP^R,新西兰^RNZ^R,柬 KH,港HK,澳门MO,韩^RKR^R	0	受惠国LD	20
6056	8112.5200	--废碎料 --Waste and scrap	3	0	东盟AS,智CL,巴PK,新西兰NZ, 秘PE,哥CR,瑞CH,冰IS,韩KR, 澳AU,格GE,毛MU,东盟^RAS^R, 澳^RAU^R,日^RJP^R,新西兰^RNZ^R,柬 KH,港HK,澳门MO,韩^RKR^R	0	受惠国LD	20
6057	8112.5900	--其他 --Other	8	0	东盟AS,智CL,新西兰NZ,秘PE, 哥CR,瑞CH,冰IS,韩KR,澳AU, 格GE,毛MU,东盟^RAS^R,澳^RAU^R, 新西兰^RNZ^R,柬KH,港HK,澳门 MO,韩^RKR^R	0	受惠国LD	30
				1	巴PK			
				6.5	日^RJP^R			
		-镉: -Cadmium:						

序号 No.	税则号列 Tariff Line	货品名称 Article Description	最惠国税率 MFN(%)	协定税率 Agreement(%)		特惠税率 SP(%)	普通税率 Gen(%)
6058	8112.6100	--废碎料 --Waste and scrap	3	0	东盟AS,智CL,巴PK,新西兰NZ,秘PE,哥CR,瑞CH,冰IS,韩KR,澳AU,格GE,毛MU,东盟^RAS^R,澳^RAU^R,日^RJP^R,新西兰^RNZ^R,柬KH,港HK,澳门MO,韩^RKR^R	0 受惠国LD	14
		--其他: --Other:					
6059	8112.6910	---未锻轧镉;粉末 ---Unwrought cadmium;powders	3	0	东盟AS,智CL,巴PK,新西兰NZ,哥CR,瑞CH,冰IS,韩KR,澳AU,格GE,毛MU,东盟^RAS^R,澳^RAU^R,新西兰^RNZ^R,柬KH,港HK,澳门MO,韩^RKR^R	0 受惠国LD	14
				2.5	日^RJP^R		
6060	8112.6990	---其他 ---Other	8	0	东盟AS,智CL,新西兰NZ,秘PE,哥CR,瑞CH,冰IS,韩KR,澳AU,格GE,毛MU,东盟^RAS^R,澳^RAU^R,新西兰^RNZ^R,柬KH,港HK,澳门MO,韩^RKR^R	0 受惠国LD	30
				1	巴PK		
				5.6	亚太AP		
				6.5	日^RJP^R		
		-其他: -Other:					
		--未锻轧;废碎料;粉末: --Unwrought; waste and scrap; powders:					
6061	8112.9210	---锗 ---Germanium	3	0	东盟AS,智CL,巴PK,新西兰NZ,秘PE,哥CR,瑞CH,冰IS,韩KR,澳AU,格GE,毛MU,东盟^RAS^R,澳^RAU^R,日^RJP^R,新西兰^RNZ^R,柬KH,港HK,澳门MO,韩^RKR^R	0 受惠国LD	20
6062	8112.9220	---钒 ---Vanadium	3	0	东盟AS,智CL,巴PK,新西兰NZ,秘PE,哥CR,瑞CH,冰IS,韩KR,澳AU,格GE,毛MU,东盟^RAS^R,澳^RAU^R,日^RJP^R,新西兰^RNZ^R,柬KH,港HK,澳门MO,韩^RKR^R	0 受惠国LD	20
	ex81129220	未锻轧、废碎料或粉末状的钒氮合金 Vanadic-nitrogen; unwroght, waste and scrape, powder	Δ0				
6063	8112.9230	---铟 ---Indium	3	0	东盟AS,智CL,巴PK,新西兰NZ,秘PE,哥CR,瑞CH,冰IS,韩KR,澳AU,格GE,毛MU,东盟^RAS^R,澳^RAU^R,日^RJP^R,新西兰^RNZ^R,柬KH,港HK,澳门MO,韩^RKR^R	0 受惠国LD	20
6064	8112.9240	---铌 ---Niobium	3	0	东盟AS,智CL,巴PK,新西兰NZ,秘PE,哥CR,瑞CH,冰IS,韩KR,澳AU,格GE,毛MU,东盟^RAS^R,澳^RAU^R,日^RJP^R,新西兰^RNZ^R,柬KH,港HK,澳门MO,韩^RKR^R	0 受惠国LD	20
	ex81129240	未锻轧铌(铌废碎料除外) Niobium; unwrought, powders (excluding waste and scrap)	Δ0				
6065	8112.9290	---其他 ---Other	3	0	东盟AS,智CL,巴PK,新西兰NZ,秘PE,哥CR,瑞CH,冰IS,韩KR,澳AU,格GE,毛MU,东盟^RAS^R,澳^RAU^R,日^RJP^R,新西兰^RNZ^R,柬KH,港HK,澳门MO,韩^RKR^R	0 受惠国LD	20
				2.7	亚太AP		

序号 No.	税则号列 Tariff Line	货品名称 Article Description	最惠国税率 MFN(%)	协定税率 Agreement(%)		特惠税率 SP(%)	普通税率 Gen(%)
		--其他： --Other:					
6066	8112.9910	---锗 ---Germanium	3	0	东盟AS,智CL,巴PK,新西兰NZ,秘PE,哥CR,瑞CH,冰IS,韩KR,澳AU,格GE,毛MU,东盟^RAS^R,澳^RAU^R,日^RJP^R,新西兰^RNZ^R,柬KH,港HK,澳门MO,韩^RKR^R	0 受惠国LD	20
6067	8112.9920	---钒 ---Vanadium	3	0	东盟AS,智CL,巴PK,新西兰NZ,秘PE,哥CR,瑞CH,冰IS,韩KR,澳AU,格GE,毛MU,东盟^RAS^R,澳^RAU^R,日^RJP^R,新西兰^RNZ^R,柬KH,港HK,澳门MO,韩^RKR^R	0 受惠国LD	20
	ex81129920	其他钒氮合金 Other vanadic-nitrogen	Δ0				
6068	8112.9930	---铟 ---Indium	8	0	东盟AS,智CL,新西兰NZ,秘PE,哥CR,瑞CH,冰IS,韩KR,澳AU,格GE,毛MU,东盟^RAS^R,澳^RAU^R,新西兰^RNZ^R,柬KH,港HK,澳门MO,韩^RKR^R	0 受惠国LD	20
				1	巴PK		
				6.5	日^RJP^R		
6069	8112.9940	---铌 ---Niobium	8	0	东盟AS,智CL,新西兰NZ,秘PE,哥CR,瑞CH,冰IS,韩KR,澳AU,格GE,毛MU,东盟^RAS^R,澳^RAU^R,新西兰^RNZ^R,柬KH,港HK,澳门MO,韩^RKR^R	0 受惠国LD	20
				1	巴PK		
				6.5	日^RJP^R		
6070	8112.9990	---其他 ---Other	8	0	东盟AS,智CL,巴PK,新西兰NZ,秘PE,哥CR,瑞CH,冰IS,韩KR,澳AU,格GE,毛MU,东盟^RAS^R,澳^RAU^R,新西兰^RNZ^R,柬KH,港HK,澳门MO,韩^RKR^R	0 受惠国LD	30
				5.6	亚太AP		
				6.5	日^RJP^R		
	81.13	**金属陶瓷及其制品，包括废碎料：** **Cermets and articles thereof, including waste and scrap:**					
6071	8113.0010	---颗粒；粉末 ---Granules and powders	8	0	东盟AS,智CL,新西兰NZ,秘PE,哥CR,瑞CH,冰IS,澳AU,格GE,毛MU,柬KH,港HK,澳门MO,台TW	0 受惠国LD	30
				1	巴PK		
				5	东盟^RAS^R,澳^RAU^R,新西兰^RNZ^R		
6072	8113.0090	---其他 ---Other	8	0	东盟AS,智CL,新西兰NZ,秘PE,哥CR,瑞CH,冰IS,澳AU,格GE,毛MU,柬KH,港HK,澳门MO,台TW	0 受惠国LD	30
				1	巴PK		
				5	东盟^RAS^R,澳^RAU^R,新西兰^RNZ^R		
	ex81130090	铝碳化硅（AlSiC）基板 Aluminum-silicon carbide (AlSiC) substrate	Δ4				

第八十二章
贱金属工具、器具、利口器、餐匙、餐叉及其零件

注释:

一、除喷灯、轻便锻炉、带支架的砂轮、修指甲和修脚用器具及税目82.09的货品外,本章仅包括带有用下列材料制成的刀片、工作刃、工作面或其他工作部件的物品:

（一）贱金属;

（二）硬质合金或金属陶瓷;

（三）装于贱金属、硬质合金或金属陶瓷底座上的宝石或半宝石（天然、合成或再造）;或

（四）附于贱金属底座上的磨料,当附上磨料后,所具有的切齿、沟、槽或类似结构仍保持其特性及功能。

二、本章所列物品的贱金属零件,应与该制品归入同一税目,但具体列名的零件及手工工具的工具夹具（税目84.66）除外。第十五类注释二所述的通用零件,均不归入本章。电动剃须刀及电动毛发推剪的刀头、刀片应归入税目85.10。

三、由税目82.11的一把或多把刀具与税目82.15至少数量相同的物品构成的成套货品应归入税目82.15。

Chapter 82
Tools, implements, cutlery, spoons and forks, of base metal

Notes:

1. Apart from blow lamps, portable forges, grinding wheels with frameworks, manicure or pedicure sets, and goods of heading 82.09, this Chapter covers only articles with a blade, working edge, working surface or other working part of:
   (a) Base metal;
   (b) Metal carbides or cermets;
   (c) Precious or semi-precious stones (natural, synthetic or reconstructed) on a support of base metal, metal carbide or cermet;or
   (d) Abrasive materials on a support of base metal, provided that the articles have cutting teeth, flutes, grooves, or the like, of base metal, which retain their identity and function after the application of the abrasive.

2. Parts of base metal of the articles of this Chapter are to be classified with the articles of which they are parts, except parts separately specified as such and tool-holders for hand tools (heading 84.66) . However, parts of general use as defined in Note 2 to Section XV are in all cases excluded from this Chapter. Heads, blades and cutting plates for electric shavers or electric hair clippers are to be classified in heading 85.10.

3. Sets consisting of one or more knives of heading 82.11 and at least an equal number of articles of heading 82.15 are to be classified in heading 82.15.

序号 No.	税则号列 Tariff Line	货品名称 Article Description	最惠国税率 MFN(%)	协定税率 Agreement(%)		特惠税率 SP(%)	普通税率 Gen(%)
	82.01	锹、铲、镐、锄、叉及耙; 斧子、钩刀及类似砍伐工具; 各种修枝用剪刀; 镰刀、秫刀、树篱剪、伐木楔子及其他农业、园艺或林业用手工工具: Hand tools, the following: spades, shovels, mattocks, picks, hoes, forks and rakes; axes, billhooks and similar hewing tools; secateurs and pruners of any kind; scythes, sickles, hay knives, hedge shears, timber wedges and other tools of a kind used in agriculture, horticulture or forestry:					
6073	8201.1000	-锹及铲 -Spades and shovels	8	0 4 6.5	东盟AS,智CL,新西兰NZ,秘PE,哥CR,瑞CH,冰IS,韩KR,澳AU,格GE,毛MU,东盟^RAS^R,澳^RAU^R,新西兰^RNZ^R,柬KH,港HK,澳门MO,韩^RKR^R 巴PK 日^RJP^R	0 受惠国LD	50

序号 No.	税则号列 Tariff Line	货品名称 Article Description	最惠国税率 MFN(%)	协定税率 Agreement(%)		特惠税率 SP(%)		普通税率 Gen(%)
6074	8201.3000	-镐、锄及耙 -Mattocks, picks, hoes and rakes	8	0	东盟AS,智CL,新西兰NZ,秘PE, 哥CR,瑞CH,冰IS,韩KR,澳AU, 格GE,毛MU,东盟^RAS^R,澳^RAU^R, 新西兰^RNZ^R,柬KH,港HK,澳门 MO,韩^RKR^R	0	受惠国LD	50
				1	巴PK			
				6.5	日^RJP^R			
6075	8201.4000	-斧子、钩刀及类似砍伐工具 -Axes, bill hooks and similar hewing tools	8	0	东盟AS,智CL,新西兰NZ,秘PE, 哥CR,瑞CH,冰IS,韩KR,澳AU, 格GE,毛MU,东盟^RAS^R,澳^RAU^R, 新西兰^RNZ^R,柬KH,港HK,澳门 MO,韩^RKR^R	0	受惠国LD	50
				4	巴PK			
				6.5	日^RJP^R			
6076	8201.5000	-修枝剪及类似的单手操作剪刀（包括 家禽剪） -Secateurs and similar one-handed pruners and shears (including poultry shears)	8	0	东盟AS,智CL,新西兰NZ,秘PE, 哥CR,瑞CH,冰IS,韩KR,澳AU, 格GE,毛MU,东盟^RAS^R,澳^RAU^R, 新西兰^RNZ^R,柬KH,港HK,澳门 MO,韩^RKR^R	0	受惠国LD	50
				1	巴PK			
				6.5	日^RJP^R			
6077	8201.6000	-树篱剪、双手修枝剪及类似的双手操 作剪刀 -Hedge shears, two-handed pruning shears and similar two-handed shears	8	0	东盟AS,智CL,新西兰NZ,秘PE, 哥CR,瑞CH,冰IS,韩KR,澳AU, 格GE,毛MU,东盟^RAS^R,澳^RAU^R, 新西兰^RNZ^R,柬KH,港HK,澳门 MO,韩^RKR^R	0	受惠国LD	50
				1	巴PK			
				6.5	日^RJP^R			
		-用于农业、园艺或林业的其他手工 工具： -Other hand tools of a kind used in agriculture, horticulture or forestry:						
6078	8201.9010	---叉 ---Forks	8	0	东盟AS,智CL,新西兰NZ,秘PE, 哥CR,瑞CH,冰IS,韩KR,澳AU, 格GE,毛MU,东盟^RAS^R,澳^RAU^R, 新西兰^RNZ^R,柬KH,港HK,澳门 MO,韩^RKR^R	0	受惠国LD	50
				1	巴PK			
				6.5	日^RJP^R			
6079	8201.9090	---其他 ---Other	8	0	东盟AS,智CL,新西兰NZ,秘PE, 哥CR,瑞CH,冰IS,澳AU,格GE, 毛MU,东盟^RAS^R,澳^RAU^R,新西 兰^RNZ^R,柬KH,港HK,澳门MO	0	受惠国LD	50
				0.8	韩KR			
				1	巴PK			
				6.4	韩^RKR^R			
				6.5	日^RJP^R			

序号 No.	税则号列 Tariff Line	货品名称 Article Description	最惠国税率 MFN(%)	协定税率 Agreement(%)		特惠税率 SP(%)		普通税率 Gen(%)
	82.02	手工锯；各种锯的锯片（包括切条、切槽或无齿锯片）： Handsaws; blades for saws of all kinds (including slitting, slotting or toothless saw blades):						
6080	8202.1000	-手工锯 -Hand saws	8	0	东盟AS,智CL,新西兰NZ,秘PE, 哥CR,瑞CH,冰IS,澳AU,格GE, 毛MU,东盟^{R}AS^R,澳^{R}AU^R,新西 兰^{R}NZ^R,柬KH,港HK,澳门MO	0	受惠国LD	50
				0.8	韩KR			
				1	巴PK			
				6.7	韩^{R}KR^R			
				6.9	日^{R}JP^R			
		-带锯片： -Band saw blades:						
6081	8202.2010	---双金属带锯条 ---Bi-metal band saw blades	8	0	东盟AS,智CL,新西兰NZ,秘PE, 哥CR,瑞CH,冰IS,澳AU,格GE, 毛MU,东盟^{R}AS^R,澳^{R}AU^R,新西 兰^{R}NZ^R,柬KH,港HK,澳门MO	0	受惠国LD	20
				0.8	韩KR			
				1	巴PK			
				6.4	韩^{R}KR^R			
				6.5	日^{R}JP^R			
6082	8202.2090	---其他 ---Other	8	0	东盟AS,智CL,新西兰NZ,秘PE, 哥CR,瑞CH,冰IS,澳AU,格GE, 毛MU,东盟^{R}AS^R,澳^{R}AU^R,新西 兰^{R}NZ^R,柬KH,港HK,澳门MO	0	受惠国LD	20
				0.8	韩KR			
				1	巴PK			
				6.4	韩^{R}KR^R			
				6.5	日^{R}JP^R			
		-圆锯片（包括切条或切槽锯片）： -Circular saw blades (including slitting or slotting saw blades):						
6083	8202.3100	--带有钢制工作部件 --With working part of steel	8	0	东盟AS,智CL,新西兰NZ,秘PE, 哥CR,瑞CH,冰IS,澳AU,格GE, 毛MU,东盟^{R}AS^R,澳^{R}AU^R,新西 兰^{R}NZ^R,柬KH,港HK,澳门MO	0	受惠国LD	20
				0.8	韩KR			
				1	巴PK			
				6.4	韩^{R}KR^R			
				6.5	日^{R}JP^R			
		--其他，包括部件： --Other, including parts:						

序号 No.	税则号列 Tariff Line	货品名称 Article Description	最惠国税率 MFN(%)	协定税率 Agreement(%)		特惠税率 SP(%)		普通税率 Gen(%)
6084	8202.3910	---带有天然或合成金刚石、立方氮化硼制的工作部件 ---With working part of natural or synthetic diamonds or cubic boron nitride	8	0	东盟AS,智CL,新西兰NZ,秘PE,哥CR,瑞CH,冰IS,韩KR,澳AU,格GE,毛MU,东盟^{R}AS^R,澳^{R}AU^R,新西兰^{R}NZ^R,柬KH,港HK,澳门MO,韩^{R}KR^R	0	受惠国LD	20
				1	巴PK			
				6.5	日^{R}JP^R			
6085	8202.3990	---其他 ---Other	8	0	东盟AS,智CL,新西兰NZ,秘PE,哥CR,瑞CH,冰IS,韩KR,澳AU,格GE,毛MU,东盟^{R}AS^R,澳^{R}AU^R,新西兰^{R}NZ^R,柬KH,港HK,澳门MO,韩^{R}KR^R	0	受惠国LD	20
				1	巴PK			
				6.5	日^{R}JP^R			
6086	8202.4000	-链锯片 -Chain saw blades	8	0	东盟AS,智CL,新西兰NZ,秘PE,哥CR,瑞CH,冰IS,韩KR,澳AU,格GE,毛MU,东盟^{R}AS^R,澳^{R}AU^R,新西兰^{R}NZ^R,柬KH,港HK,澳门MO,韩^{R}KR^R	0	受惠国LD	20
				1	巴PK			
				6.5	日^{R}JP^R			
		-其他锯片: -Other saw blades:						
		--直锯片, 加工金属用: --Straight saw blades, for working metal:						
6087	8202.9110	---机械锯用 ---For sawing machines	8	0	东盟AS,智CL,新西兰NZ,秘PE,哥CR,瑞CH,冰IS,澳AU,格GE,毛MU,东盟^{R}AS^R,澳^{R}AU^R,新西兰^{R}NZ^R,柬KH,港HK,澳门MO	0	受惠国LD	20
				0.8	韩KR			
				1	巴PK			
				5.2	亚太AP			
				6.4	韩^{R}KR^R			
				6.5	日^{R}JP^R			
6088	8202.9190	---其他 ---Other	8	0	东盟AS,智CL,新西兰NZ,秘PE,哥CR,瑞CH,冰IS,韩KR,澳AU,格GE,毛MU,东盟^{R}AS^R,澳^{R}AU^R,新西兰^{R}NZ^R,柬KH,港HK,澳门MO,韩^{R}KR^R	0	受惠国LD	50
				1	巴PK			
				6.5	日^{R}JP^R			
		--其他: --Other:						

序号 No.	税则号列 Tariff Line	货品名称 Article Description	最惠国税率 MFN(%)	协定税率 Agreement(%)		特惠税率 SP(%)	普通税率 Gen(%)
6089	8202.9910	---机械锯用 ---For sawing machines	8	0	东盟AS,智CL,新西兰NZ,秘PE, 哥CR,瑞CH,冰IS,澳AU,格GE, 毛MU,东盟^{R}AS^R,澳^{R}AU^R,新西 兰^{R}NZ^R,柬KH,港HK,澳门MO	0 受惠国LD	20
				0.8	韩KR		
				1	巴PK		
				6.7	韩^{R}KR^R		
				6.9	日^{R}JP^R		
6090	8202.9990	---其他 ---Other	8	0	东盟AS,智CL,新西兰NZ,新加 坡SG,秘PE,哥CR,瑞CH,冰IS,澳 AU,格GE,毛MU,东盟^{R}AS^R,澳 ^{R}AU^R,新西兰^{R}NZ^R,柬KH,港HK, 澳门MO	0 受惠国LD	50
				1	韩KR		
				3	巴PK		
				8.4	韩^{R}KR^R		
				8.6	日^{R}JP^R		
	82.03	钢锉、木锉、钳子(包括剪钳)、镊子、 白铁剪、切管器、螺栓切头器、打孔冲 子及类似手工工具: Files, rasps, pliers (including cutting pliers), pincers, tweezers, metal- cutting shears, pipe-cutters, bolt croppers, perforating punches and similar hand tools:					
6091	8203.1000	-钢锉、木锉及类似工具 -Files, rasps and similar tools	8	0	东盟AS,智CL,新西兰NZ,新加 坡SG,秘PE,哥CR,瑞CH,冰IS,澳 AU,格GE,毛MU,东盟^{R}AS^R,澳 ^{R}AU^R,新西兰^{R}NZ^R,柬KH,港HK, 澳门MO	0 受惠国LD	50
				1	韩KR		
				4	巴PK		
				8.4	韩^{R}KR^R		
				8.6	日^{R}JP^R		
6092	8203.2000	-钳子(包括剪钳)、镊子及类似工具 -Pliers (including cutting pliers), pincers, tweezers and similar tools	8	0	东盟AS,智CL,新西兰NZ,新加 坡SG,秘PE,哥CR,瑞CH,冰IS,澳 AU,格GE,毛MU,东盟^{R}AS^R,澳 ^{R}AU^R,新西兰^{R}NZ^R,柬KH,港HK, 澳门MO,台TW	0 受惠国LD	50
				1	韩KR		
				8.4	韩^{R}KR^R		
				8.6	日^{R}JP^R		

序号 No.	税则号列 Tariff Line	货品名称 Article Description	最惠国税率 MFN(%)	协定税率 Agreement(%)		特惠税率 SP(%)		普通税率 Gen(%)
6093	8203.3000	-白铁剪及类似工具 -Metal cutting shears and similar tools	8	0	东盟AS,智CL,新西兰NZ,新加坡SG,秘PE,哥CR,瑞CH,冰IS,澳AU,格GE,毛MU,东盟^{R}AS^R,澳^{R}AU^R,新西兰^{R}NZ^R,柬KH,港HK,澳门MO	0	受惠国LD	50
				1	韩KR			
				4	巴PK			
				8.4	韩^{R}KR^R			
				8.6	日^{R}JP^R			
6094	8203.4000	-切管器、螺栓切头器、打孔冲子及类似工具 -Pipe-cutters, bolt croppers, perforating punches and similar tools	8	0	东盟AS,智CL,新西兰NZ,新加坡SG,秘PE,哥CR,瑞CH,冰IS,澳AU,格GE,毛MU,东盟^{R}AS^R,澳^{R}AU^R,新西兰^{R}NZ^R,柬KH,港HK,澳门MO	0	受惠国LD	50
				1	韩KR			
				3	巴PK			
				8.4	韩^{R}KR^R			
				8.6	日^{R}JP^R			
	82.04	手动扳手及扳钳（包括转矩扳手，但不包括丝锥扳手）；可互换的扳手套筒，不论是否带手柄： **Hand-operated spanners and wrenches (including torque meter wrenches but not including tap wrenches); interchangeable spanner sockets, with or without handles:**						
		-手动扳手及扳钳： -Hand-operated spanners and wrenches:						
6095	8204.1100	--固定的 --Non-adjustable	8	0	东盟AS,智CL,新西兰NZ,新加坡SG,秘PE,哥CR,瑞CH,冰IS,澳AU,格GE,毛MU,东盟^{R}AS^R,澳^{R}AU^R,新西兰^{R}NZ^R,柬KH,港HK,澳门MO	0	受惠国LD	50
				1	韩KR			
				3	巴PK			
				8.4	韩^{R}KR^R			
				8.6	日^{R}JP^R			
6096	8204.1200	--可调的 --Adjustable	8	0	东盟AS,智CL,新西兰NZ,秘PE,哥CR,瑞CH,冰IS,澳AU,格GE,毛MU,东盟^{R}AS^R,澳^{R}AU^R,新西兰^{R}NZ^R,柬KH,港HK,澳门MO,台TW	0	受惠国LD	50
				1	巴PK,韩KR			
				8	韩^{R}KR^R			
				8.2	日^{R}JP^R			

序号 No.	税则号列 Tariff Line	货品名称 Article Description	最惠国税率 MFN(%)	协定税率 Agreement(%)		特惠税率 SP(%)		普通税率 Gen(%)
6097	8204.2000	-可互换的扳手套筒, 不论是否带手柄 -Interchangeable spanner sockets, with 　or without handles	8	0	东盟AS,智CL,新西兰NZ,秘PE, 哥CR,瑞CH,冰IS,澳AU,格GE, 毛MU,东盟^RAS^R,澳^RAU^R,新西 兰^RNZ^R,柬KH,港HK,澳门MO	0	受惠国LD	50
				1	巴PK,韩KR			
				8	韩^RKR^R			
				8.2	日^RJP^R			
	82.05	其他税目未列名的手工工具(包括玻璃 刀); 喷灯; 台钳、夹钳及类似品, 但作 为机床或水射流切割机附件或零件的 除外; 砧; 轻便锻炉; 带支架的手摇或 脚踏砂轮: Hand tools (including glaziers' diamonds), not elsewhere specified or included; blowlamps; vices, clamps and the like, other than accessories for and parts of machine tools or water-jet cutting machines; anvils; portable forges; hand or pedal- operated grinding wheels with frameworks:						
6098	8205.1000	-钻孔或攻丝工具 -Drilling, threading or tapping tools	8	0	东盟AS,智CL,新西兰NZ,秘PE, 哥CR,瑞CH,冰IS,澳AU,格GE, 毛MU,东盟^RAS^R,澳^RAU^R,新西 兰^RNZ^R,柬KH,港HK,澳门MO	0	受惠国LD	50
				1	巴PK,韩KR			
				8	韩^RKR^R			
				8.2	日^RJP^R			
6099	8205.2000	-锤子 -Hammers and sledge hammers	8	0	东盟AS,智CL,新西兰NZ,秘PE, 哥CR,瑞CH,冰IS,澳AU,格GE, 毛MU,东盟^RAS^R,澳^RAU^R,新西 兰^RNZ^R,柬KH,港HK,澳门MO, 台TW	0	受惠国LD	50
				1	韩KR			
				3	巴PK			
				8	韩^RKR^R			
				8.2	日^RJP^R			
6100	8205.3000	-木工用刨子、凿子及类似切削工具 -Planes, chisels, gouges and similar 　cutting tools for working wood	8	0	东盟AS,智CL,新西兰NZ,新加 坡SG,秘PE,哥CR,瑞CH,冰IS,澳 AU,格GE,毛MU,东盟^RAS^R,澳 ^RAU^R,新西兰^RNZ^R,柬KH,港HK, 澳门MO	0	受惠国LD	50
				1	韩KR			
				4	巴PK			
				8.4	韩^RKR^R			
				8.6	日^RJP^R			

序号 No.	税则号列 Tariff Line	货品名称 Article Description	最惠国税率 MFN(%)	协定税率 Agreement(%)		特惠税率 SP(%)		普通税率 Gen(%)
6101	8205.4000	-螺丝刀 -Screwdrivers	8	0	东盟AS,智CL,新西兰NZ,新加坡SG,秘PE,哥CR,瑞CH,冰IS,澳AU,格GE,毛MU,东盟^{R}AS^R,澳^{R}AU^R,新西兰^{R}NZ^R,柬KH,港HK,澳门MO,台TW	0	受惠国LD	50
				1	韩KR			
				3	巴PK			
				8.4	韩^{R}KR^R			
				8.6	日^{R}JP^R			
		-其他手工工具（包括玻璃刀）: -Other hand tools (including glaziers' diamonds):						
6102	8205.5100	--家用工具 --Household tools	7	0	东盟AS,智CL,新西兰NZ,新加坡SG,秘PE,哥CR,瑞CH,冰IS,澳AU,格GE,毛MU,东盟^{R}AS^R,澳^{R}AU^R,新西兰^{R}NZ^R,柬KH,港HK,澳门MO	0	受惠国LD	50
				1	韩KR			
				4	巴PK			
				8.4	韩^{R}KR^R			
				8.6	日^{R}JP^R			
6103	8205.5900	--其他 --Other	8	0	东盟AS,智CL,巴PK,新西兰NZ,秘PE,哥CR,瑞CH,冰IS,澳AU,格GE,毛MU,东盟^{R}AS^R,澳^{R}AU^R,新西兰^{R}NZ^R,柬KH,港HK,澳门MO,台TW	0	受惠国LD	50
				1	韩KR			
				5.2	亚太AP			
				8	韩^{R}KR^R			
				8.2	日^{R}JP^R			
6104	8205.6000	-喷灯 -Blow lamps	8	0	东盟AS,智CL,新西兰NZ,秘PE,哥CR,瑞CH,冰IS,澳AU,格GE,毛MU,东盟^{R}AS^R,澳^{R}AU^R,新西兰^{R}NZ^R,柬KH,港HK,澳门MO	0	受惠国LD	50
				1	巴PK,韩KR			
				8	韩^{R}KR^R			
				8.2	日^{R}JP^R			
6105	8205.7000	-台钳、夹钳及类似品 -Vices, clamps and the like	8	0	东盟AS,智CL,新西兰NZ,新加坡SG,秘PE,哥CR,瑞CH,冰IS,澳AU,格GE,毛MU,东盟^{R}AS^R,澳^{R}AU^R,新西兰^{R}NZ^R,柬KH,港HK,澳门MO	0	受惠国LD	50
				1	韩KR			
				4	巴PK			
				4.2	瑞CH			
				8.4	韩^{R}KR^R			
				8.6	日^{R}JP^R			

序号 No.	税则号列 Tariff Line	货品名称 Article Description	最惠国税率 MFN(%)	协定税率 Agreement(%)		特惠税率 SP(%)		普通税率 Gen(%)
6106	8205.9000	-其他, 包括由本税目项下两个或多个子目所列物品组成的成套货品 -Other, inculding sets of articles of two or more of subheadings of this heading	8	0	东盟AS,智CL,新西兰NZ,新加坡SG,秘PE,哥CR,瑞CH,冰IS,澳AU,格GE,毛MU,东盟^RAS^R,澳^RAU^R,新西兰^RNZ^R,柬KH,港HK,澳门MO	0 受惠国LD	50
				1	韩KR		
				4	巴PK		
				8.4	韩^RKR^R		
				8.6	日^RJP^R		
	82.06	由税目82.02至82.05中两个或多个税目所列工具组成的零售包装成套货品: Tools of two or more of headings 82.02 to 82.05, put up in sets for retail sale:					
6107	8206.0000	由税目82.02至82.05中两个或多个税目所列工具组成的零售包装成套货品 Tools of two or more of the headings 82.02 to 82.05, put up in sets for retail sale	8	0	东盟AS,智CL,新西兰NZ,新加坡SG,秘PE,哥CR,冰IS,澳AU,格GE,毛MU,东盟^RAS^R,澳^RAU^R,新西兰^RNZ^R,柬KH,港HK,澳门MO	0 受惠国LD	50
				1	韩KR		
				1.8	瑞CH		
				4	巴PK		
				8.4	韩^RKR^R		
				8.6	日^RJP^R		
	82.07	手工工具(不论是否有动力装置)及机床(例如, 锻压、冲压、攻丝、钻孔、镗孔、铰孔及铣削、车削或上螺丝用的机器)的可互换工具, 包括金属拉拔或挤压用模以及凿岩或钻探工具: Interchangeable tools for hand tools, whether or not power-operated, or for machine tools (for example, for pressing, stamping, punching, tapping, threading, drilling, boring, broaching, milling, turning or screw driving), including dies for drawing or extruding metal, and rock-drilling or earth-boring tools:					
		-凿岩或钻探工具: -Rock-drilling or earth-boring tools:					
6108	8207.1300	--带有金属陶瓷制的工作部件 --With working part of cermets	8	0	东盟AS,智CL,新西兰NZ,秘PE,哥CR,瑞CH,冰IS,韩KR,澳AU,格GE,毛MU,东盟^RAS^R,澳^RAU^R,新西兰^RNZ^R,柬KH,港HK,澳门MO,韩^RKR^R	0 受惠国LD	20
				1	巴PK		
				6.5	日^RJP^R		

序号 No.	税则号列 Tariff Line	货品名称 Article Description	最惠国税率 MFN(%)	协定税率 Agreement(%)		特惠税率 SP(%)		普通税率 Gen(%)
		--其他, 包括部件: --Other, including parts:						
6109	8207.1910	---带有天然或合成金刚石、立方氮化硼制的工作部件 ---With working part of natural or synthetic diamonds or cubic boron nitride	8	0	东盟AS,智CL,新西兰NZ,秘PE,哥CR,瑞CH,冰IS,韩KR,澳AU,格GE,毛MU,东盟^{R}AS^R,澳^{R}AU^R,新西兰^{R}NZ^R,柬KH,港HK,澳门MO,韩^{R}KR^R	0	受惠国LD	20
				1	巴PK			
				6.5	日^{R}JP^R			
6110	8207.1990	---其他 ---Other	8	0	东盟AS,智CL,新西兰NZ,秘PE,哥CR,瑞CH,冰IS,澳AU,格GE,毛MU,东盟^{R}AS^R,澳^{R}AU^R,新西兰^{R}NZ^R,柬KH,港HK,澳门MO	0	受惠国LD	20
				0.8	韩KR			
				1	巴PK			
				6.4	韩^{R}KR^R			
				6.5	日^{R}JP^R			
		-金属拉拔或挤压用模: -Dies for drawing or extruding metal:							
6111	8207.2010	---带有天然或合成金刚石、立方氮化硼制的工作部件 ---With working part of natural or synthetic diamonds or cubic boron nitride	8	0	东盟AS,智CL,新西兰NZ,秘PE,哥CR,瑞CH,冰IS,韩KR,澳AU,格GE,毛MU,东盟^{R}AS^R,澳^{R}AU^R,新西兰^{R}NZ^R,柬KH,港HK,澳门MO,台TW,韩^{R}KR^R	0	受惠国LD	20
				1	巴PK			
				6.5	日^{R}JP^R			
6112	8207.2090	---其他 ---Other	8	0	东盟AS,智CL,新西兰NZ,秘PE,哥CR,瑞CH,冰IS,韩KR,澳AU,格GE,毛MU,柬KH,港HK,澳门MO,台TW	0	受惠国LD	20
				1	巴PK			
				6.4	东盟^{R}AS^R,澳^{R}AU^R,新西兰^{R}NZ^R,韩^{R}KR^R			
				6.5	日^{R}JP^R			
6113	8207.3000	-锻压或冲压工具 -Tools for pressing, stamping or punching	8	0	东盟AS,智CL,新西兰NZ,秘PE,哥CR,瑞CH,冰IS,澳AU,格GE,毛MU,柬KH,港HK,澳门MO,台TW	0	受惠国LD	20
				1	巴PK			
				3.2	韩KR			
				6.4	东盟^{R}AS^R,澳^{R}AU^R,新西兰^{R}NZ^R,韩^{R}KR^R			
				6.8	亚太AP			
				7	日^{R}JP^R			

序号 No.	税则号列 Tariff Line	货品名称 Article Description	最惠国税率 MFN(%)	协定税率 Agreement(%)		特惠税率 SP(%)	普通税率 Gen(%)
	ex82073000	加工税号87.03所列车辆车身冲压件用的4种关键模具（侧围外板模具、翼子板模具、拼接整体侧围内板模具、拼焊整体侧围加强板模具） Four special dies, used for processing stamping parts of car body (side outer panels dies, fenderdies, dies for jointing the whole side inner panels, dies for joining and welding)	Δ6				
	ex82073000	加工税号87.03所列车辆车身冲压件用的4种特种模具（σb≥980N/mm² 的冷冲压模具、热成型模具、内高压成型模具和铝板模具） Four special dies, used for processing stamping parts of car body (cold stamping dies with σb≥980N/mm², hot forming dies, inside high pressure forming dies and aluminium panel dies)	Δ6				
6114	8207.4000	-攻丝工具 -Tools for tapping or threading	8	0	东盟AS,智CL,新西兰NZ,秘PE,哥CR,瑞CH,冰IS,澳AU,格GE,毛MU,柬KH,港HK,澳门MO,台TW	0 受惠国LD	20
				1	巴PK		
				5	东盟^{R}AS^R,澳^{R}AU^R,新西兰^{R}NZ^R		
		-钻孔工具, 但凿岩及钻探用的除外: -Tools for drilling, other than for rock-drilling:					
6115	8207.5010	---带有天然或合成金刚石、立方氮化硼制的工作部件 ---With working part of natural or synthetic diamonds or cubic boron nitride	8	0	东盟AS,智CL,新西兰NZ,秘PE,哥CR,瑞CH,冰IS,澳AU,格GE,毛MU,柬KH,港HK,澳门MO,台TW	0 受惠国LD	20
				1	巴PK		
				5	东盟^{R}AS^R,澳^{R}AU^R,新西兰^{R}NZ^R		
6116	8207.5090	---其他 ---Other	8	0	东盟AS,智CL,新西兰NZ,秘PE,哥CR,瑞CH,冰IS,澳AU,格GE,毛MU,柬KH,港HK,澳门MO,台TW	0 受惠国LD	20
				1	巴PK		
				5	东盟^{R}AS^R,澳^{R}AU^R,新西兰^{R}NZ^R		
		-镗孔或铰孔工具: -Tools for boring or broaching:					
6117	8207.6010	---带有天然或合成金刚石、立方氮化硼制的工作部件 ---With working part of natural or synthetic diamonds or cubic boron nitride	8	0	东盟AS,智CL,新西兰NZ,秘PE,哥CR,瑞CH,冰IS,澳AU,格GE,毛MU,柬KH,港HK,澳门MO,台TW	0 受惠国LD	20
				1	巴PK		
				5	东盟^{R}AS^R,澳^{R}AU^R,新西兰^{R}NZ^R		

序号 No.	税则号列 Tariff Line	货品名称 Article Description	最惠国税率 MFN(%)		协定税率 Agreement(%)	特惠税率 SP(%)		普通税率 Gen(%)
6118	8207.6090	---其他 ---Other	8	0 1 3.2 6.9 7 7.2	东盟AS,智CL,新西兰NZ,秘PE, 哥CR,瑞CH,冰IS,澳AU,格GE, 毛MU,柬KH,港HK,澳门MO 巴PK 韩KR 东盟^{R}AS^R,韩^{R}KR^R 日^{R}JP^R 澳^{R}AU^R,新西兰^{R}NZ^R	0	受惠国LD	20
		-铣削工具: -Tools for milling:						
6119	8207.7010	---带有天然或合成金刚石、立方氮化硼 制的工作部件 ---With working part of natural or synthetic diamonds or cubic boron nitride	8	0 1 5	东盟AS,智CL,新西兰NZ,秘PE, 哥CR,瑞CH,冰IS,澳AU,格GE,毛 MU,柬KH,港HK,澳门MO,台TW 巴PK 东盟^{R}AS^R,澳^{R}AU^R,新西兰^{R}NZ^R	0	受惠国LD	20
6120	8207.7090	---其他 ---Other	8	0 1 5	东盟AS,智CL,新西兰NZ,秘PE, 哥CR,瑞CH,冰IS,澳AU,格GE, 毛MU,柬KH,港HK,澳门MO,台 TW 巴PK 东盟^{R}AS^R,澳^{R}AU^R,新西兰^{R}NZ^R	0	受惠国LD	20
		-车削工具: -Tools for turning:						
6121	8207.8010	---带有天然或合成金刚石、立方氮化硼 制的工作部件 ---With working part of natural or synthetic diamonds or cubic boron nitride	8	0 1 5 5.2	东盟AS,智CL,新西兰NZ,秘PE, 哥CR,瑞CH,冰IS,澳AU,格GE, 毛MU,柬KH,港HK,澳门MO,台 TW 巴PK 东盟^{R}AS^R,澳^{R}AU^R,新西兰^{R}NZ^R 亚太AP,韩KR	0	受惠国LD	20
6122	8207.8090	---其他 ---Other	8	0 1 5 5.2	东盟AS,智CL,新西兰NZ,秘PE, 哥CR,瑞CH,冰IS,澳AU,格GE, 毛MU,柬KH,港HK,澳门MO,台 TW 巴PK 东盟^{R}AS^R,澳^{R}AU^R,新西兰^{R}NZ^R 亚太AP,韩KR	0	受惠国LD	20
		-其他可互换工具: -Other interchangeable tools:						
6123	8207.9010	---带有天然或合成金刚石、立方氮化硼 制的工作部件 ---With working part of natural or synthetic diamonds or cubic boron nitride	8	0 1 5 5.2	东盟AS,智CL,新西兰NZ,秘PE, 哥CR,瑞CH,冰IS,澳AU,格GE, 毛MU,柬KH,港HK,澳门MO,台 TW 巴PK 东盟^{R}AS^R,澳^{R}AU^R,新西兰^{R}NZ^R 亚太AP,韩KR	0	受惠国LD	20

序号 No.	税则号列 Tariff Line	货品名称 Article Description	最惠国税率 MFN(%)	协定税率 Agreement(%)		特惠税率 SP(%)		普通税率 Gen(%)
6124	8207.9090	---其他 ---Other	8	0	东盟AS,智CL,新西兰NZ,秘PE,哥CR,瑞CH,冰IS,澳AU,格GE,毛MU,柬KH,港HK,澳门MO,台TW	0	受惠国LD	20
				1	巴PK			
				5	东盟^{R}AS^R,澳^{R}AU^R,新西兰NZ^R			
				5.2	亚太AP,韩KR			
	82.08	机器或机械器具的刀及刀片: **Knives and cutting blades, for machines or for mechanical appliances:** -金属加工用: **-For metalworking:** ---硬质合金制的: ---**Of cemented carbide:**						
6125	8208.1011	----经镀或涂层的 ----Plated or coated	8	0	东盟AS,智CL,新西兰NZ,秘PE,哥CR,瑞CH,冰IS,澳AU,格GE,毛MU,柬KH,港HK,澳门MO	0	受惠国LD	20
				1	巴PK			
				3.2	韩KR			
				6.9	东盟^{R}AS^R,韩^{R}KR^R			
				7	日^{R}JP^R			
				7.2	澳^{R}AU^R,新西兰^{R}NZ^R			
6126	8208.1019	----其他 ----Other	8	0	东盟AS,智CL,新西兰NZ,秘PE,哥CR,瑞CH,冰IS,澳AU,格GE,毛MU,柬KH,港HK,澳门MO	0	受惠国LD	20
				1	巴PK			
				3.2	韩KR			
				6.4	东盟^{R}AS^R,澳^{R}AU^R,新西兰^{R}NZ^R,韩^{R}KR^R			
				7	日^{R}JP^R			
6127	8208.1090	---其他 ---Other	8	0	东盟AS,智CL,新西兰NZ,秘PE,哥CR,瑞CH,冰IS,澳AU,格GE,毛MU,柬KH,港HK,澳门MO	0	受惠国LD	20
				1	巴PK			
				3.2	韩KR			
				6.9	东盟^{R}AS^R,韩^{R}KR^R			
				7	日^{R}JP^R			
				7.2	澳^{R}AU^R,新西兰^{R}NZ^R			
6128	8208.2000	-木器加工用 -For wood working	8	0	东盟AS,智CL,新西兰NZ,秘PE,哥CR,瑞CH,冰IS,韩KR,澳AU,格GE,毛MU,东盟^{R}AS^R,澳^{R}AU^R,新西兰NZ^R,柬KH,港HK,澳门MO,台TW,韩^{R}KR^R	0	受惠国LD	20
				1	巴PK			
				6.5	日^{R}JP^R			

序号 No.	税则号列 Tariff Line	货品名称 Article Description	最惠国税率 MFN(%)	协定税率 Agreement(%)		特惠税率 SP(%)	普通税率 Gen(%)
6129	8208.3000	-厨房器具或食品工业机器用 -For kitchen appliances or for machines used by the food industry	8	0	东盟AS,智CL,新西兰NZ,秘PE,哥CR,瑞CH,冰IS,澳AU,格GE,毛MU,东盟^{R}AS^R,澳^{R}AU^R,新西兰^{R}NZ^R,柬KH,港HK,澳门MO	0 受惠国LD	20
				0.8	韩KR		
				1	巴PK		
				6.4	韩^{R}KR^R		
				6.5	日^{R}JP^R		
6130	8208.4000	-农业、园艺或林业机器用 -For agricultural, horticultural or forestry machines	8	0	东盟AS,智CL,新西兰NZ,秘PE,哥CR,瑞CH,冰IS,韩KR,澳AU,格GE,毛MU,东盟^{R}AS^R,澳^{R}AU^R,新西兰^{R}NZ^R,柬KH,港HK,澳门MO,台TW,韩^{R}KR^R	0 受惠国LD	20
				1	巴PK		
				6.5	日^{R}JP^R		
6131	8208.9000	-其他 -Other	8	0	东盟AS,智CL,巴PK,新西兰NZ,秘PE,哥CR,瑞CH,冰IS,韩KR,澳AU,格GE,毛MU,东盟^{R}AS^R,澳^{R}AU^R,新西兰^{R}NZ^R,柬KH,港HK,澳门MO,台TW,韩^{R}KR^R	0 受惠国LD	20
				5.2	亚太AP		
				6.5	日^{R}JP^R		
	82.09	未装配的工具用金属陶瓷板、杆、刀头及类似品: Plates, sticks, tips and the like for tools, unmounted, of cermets:					
6132	8209.0010	---板 ---Plates	8	0	东盟AS,智CL,新西兰NZ,秘PE,哥CR,瑞CH,冰IS,澳AU,格GE,毛MU,东盟^{R}AS^R,澳^{R}AU^R,新西兰^{R}NZ^R,柬KH,港HK,澳门MO	0 受惠国LD	20
				0.8	韩KR		
				1	巴PK		
				5.2	亚太AP		
				6.4	韩^{R}KR^R		
				6.5	日^{R}JP^R		
		---条、杆: ---Sticks:					
6133	8209.0021	----晶粒度小于0.8微米的 ----Of a grain size of less than 0.8μm	8	0	东盟AS,智CL,新西兰NZ,秘PE,哥CR,瑞CH,冰IS,韩KR,澳AU,格GE,毛MU,东盟^{R}AS^R,澳^{R}AU^R,新西兰^{R}NZ^R,柬KH,港HK,澳门MO,韩^{R}KR^R	0 受惠国LD	20
				1	巴PK		
				5.2	亚太AP		
				6.5	日^{R}JP^R		

序号 No.	税则号列 Tariff Line	货品名称 Article Description	最惠国税率 MFN(%)	协定税率 Agreement(%)		特惠税率 SP(%)		普通税率 Gen(%)
6134	8209.0029	----其他 ----Other	8	0	东盟AS,智CL,新西兰NZ,秘PE,哥CR,瑞CH,冰IS,韩KR,澳AU,格GE,毛MU,东盟^{R}AS^R,澳^{R}AU^R,新西兰^{R}NZ^R,柬KH,港HK,澳门MO,韩^{R}KR^R	0	受惠国LD	20
				1	巴PK			
				5.2	亚太AP			
				6.5	日^{R}JP^R			
6135	8209.0030	---刀头 ---Tips	8	0	东盟AS,智CL,新西兰NZ,秘PE,哥CR,瑞CH,冰IS,澳AU,格GE,毛MU,柬KH,港HK,澳门MO	0	受惠国LD	20
				1	巴PK			
				3.2	韩KR			
				5.2	亚太AP			
				6.9	东盟^{R}AS^R,韩^{R}KR^R			
				7	日^{R}JP^R			
				7.2	澳^{R}AU^R,新西兰^{R}NZ^R			
6136	8209.0090	---其他 ---Other	8	0	东盟AS,智CL,新西兰NZ,秘PE,哥CR,瑞CH,冰IS,韩KR,澳AU,格GE,毛MU,东盟^{R}AS^R,澳^{R}AU^R,新西兰^{R}NZ^R,柬KH,港HK,澳门MO,韩^{R}KR^R	0	受惠国LD	20
				1	巴PK			
				5.2	亚太AP			
				6.5	日^{R}JP^R			
	82.10	用于加工或调制食品或饮料的手动机械器具,重量不超过10千克: Hand-operated mechanical appliances, weighing 10kg or less, used in the preparation, conditioning or serving of food or drink:						
6137	8210.0000	用于加工或调制食品或饮料的手动机械器具,重量不超过10千克 Hand-operated mechanical appliances, weighing 10kg or less, used in the preparation, conditioning or serving of food or drink	8	0	东盟AS,智CL,新西兰NZ,新加坡SG,秘PE,哥CR,瑞CH,冰IS,澳AU,格GE,毛MU,东盟^{R}AS^R,澳^{R}AU^R,新西兰^{R}NZ^R,柬KH,港HK,澳门MO	0	受惠国LD	80
				1.8	韩KR			
				5.2	亚太AP			
				8.6	巴PK			
				14.4	韩^{R}KR^R			
				14.7	日^{R}JP^R			
	82.11	有刃口的刀及其刀片,不论是否有锯齿(包括整枝刀),但税目82.08的刀除外: Knives with cutting blades, serrated or not (including pruning knives), other than knives of heading 82.08, and blades therefor:						

序号 No.	税则号列 Tariff Line	货品名称 Article Description	最惠国税率 MFN(%)	协定税率 Agreement(%)		特惠税率 SP(%)		普通税率 Gen(%)
6138	8211.1000	-成套货品 -Sets of assorted articles	8	0	东盟AS,智CL,巴PK,新西兰NZ, 新加坡SG,秘PE,哥CR,瑞CH,冰 IS,澳AU,格GE,毛MU,东盟^{R}AS^R, 澳^{R}AU^R,新西兰^{R}NZ^R,柬KH,港 HK,澳门MO	0	受惠国LD	80
				1.8	韩KR			
				14.4	韩^{R}KR^R			
				14.7	日^{R}JP^R			
		-其他： -Other:						
6139	8211.9100	--刃面固定的餐刀 --Table knives having fixed blades	7	0	东盟AS,智CL,巴PK,新西兰NZ, 新加坡SG,秘PE,哥CR,瑞CH,冰 IS,澳AU,格GE,毛MU,东盟^{R}AS^R, 澳^{R}AU^R,新西兰^{R}NZ^R,柬KH,港 HK,澳门MO	0	受惠国LD	80
				1.8	韩KR			
				14.4	韩^{R}KR^R			
				14.7	日^{R}JP^R			
6140	8211.9200	--刃面固定的其他刀 --Other knives having fixed blades	7	0	东盟AS,智CL,巴PK,新西兰NZ, 新加坡SG,秘PE,哥CR,冰IS,澳 AU,格GE,毛MU,东盟^{R}AS^R,澳 ^{R}AU^R,新西兰^{R}NZ^R,柬KH,港HK, 澳门MO	0	受惠国LD	80
				1.2	韩KR			
				2	瑞CH			
				9.6	韩^{R}KR^R			
				9.8	日^{R}JP^R			
6141	8211.9300	--刃面不固定的刀 --Knives having other than fixed blades	7	0	东盟AS,智CL,巴PK,新西兰NZ, 新加坡SG,秘PE,哥CR,瑞CH,冰 IS,澳AU,格GE,毛MU,东盟^{R}AS^R, 澳^{R}AU^R,新西兰^{R}NZ^R,柬KH,港 HK,澳门MO	0	受惠国LD	80
				1.8	韩KR			
				14.4	韩^{R}KR^R			
				14.7	日^{R}JP^R			
6142	8211.9400	--刀片 --Blades	7	0	东盟AS,智CL,巴PK,新西兰NZ, 新加坡SG,秘PE,哥CR,瑞CH,冰 IS,澳AU,格GE,毛MU,东盟^{R}AS^R, 澳^{R}AU^R,新西兰^{R}NZ^R,柬KH,港 HK,澳门MO	0	受惠国LD	80
				1.4	韩KR			
				11.2	韩^{R}KR^R			
				11.5	日^{R}JP^R			

序号 No.	税则号列 Tariff Line	货品名称 Article Description	最惠国税率 MFN(%)		协定税率 Agreement(%)	特惠税率 SP(%)		普通税率 Gen(%)
6143	8211.9500	--贱金属制的刀柄 --Handles of base metal	7	0	东盟AS,智CL,巴PK,新西兰NZ,新加坡SG,秘PE,哥CR,冰IS,澳AU,格GE,毛MU,东盟^{R}AS^R,澳^{R}AU^R,新西兰^{R}NZ^R,柬KH,港HK,澳门MO	0	受惠国LD	80
				1.2	韩KR			
				4.8	瑞CH			
				9.6	韩^{R}KR^R			
				9.8	日^{R}JP^R			
	82.12	剃刀及其刀片（包括未分开的刀片条）： Razors and razor blades (including razor blade blanks in strips):						
6144	8212.1000	-剃刀 -Razors	7	0	东盟AS,智CL,巴PK,新西兰NZ,新加坡SG,秘PE,哥CR,瑞CH,冰IS,澳AU,格GE,毛MU,东盟^{R}AS^R,澳^{R}AU^R,新西兰^{R}NZ^R,柬KH,港HK,澳门MO	0	受惠国LD	80
				1.2	韩KR			
				9.6	韩^{R}KR^R			
				9.8	日^{R}JP^R			
6145	8212.2000	-安全刀片，包括未分开的刀片条 -Safety razor blades, including razor blade blanks in strips	7	0	东盟AS,智CL,巴PK,新西兰NZ,新加坡SG,秘PE,哥CR,瑞CH,冰IS,澳AU,格GE,毛MU,东盟^{R}AS^R,澳^{R}AU^R,新西兰^{R}NZ^R,柬KH,港HK,澳门MO	0	受惠国LD	80
				1.4	韩KR			
				11.2	韩^{R}KR^R			
				11.5	日^{R}JP^R			
6146	8212.9000	-其他零件 -Other parts	7	0	东盟AS,智CL,巴PK,新西兰NZ,新加坡SG,秘PE,哥CR,瑞CH,冰IS,澳AU,格GE,毛MU,东盟^{R}AS^R,澳^{R}AU^R,新西兰^{R}NZ^R,柬KH,港HK,澳门MO	0	受惠国LD	80
				1.2	韩KR			
				9.6	韩^{R}KR^R			
				9.8	日^{R}JP^R			
	82.13	剪刀、裁缝剪刀及类似品、剪刀片： Scissors, tailors' shears and similar shears, and blades therefor:						

序号 No.	税则号列 Tariff Line	货品名称 Article Description	最惠国税率 MFN(%)	协定税率 Agreement(%)		特惠税率 SP(%)		普通税率 Gen(%)
6147	8213.0000	剪刀、裁缝剪刀及类似品、剪刀片 Scissors, tailors' shears and similar shears, and blades therefor	7	0	东盟AS,智CL,巴PK,新西兰NZ,新加坡SG,秘PE,哥CR,瑞CH,冰IS,澳AU,格GE,毛MU,东盟^RAS^R,澳^RAU^R,新西兰^RNZ^R,柬KH,港HK,澳门MO	0 受惠国LD		80
				1.2	韩KR			
				4.6	亚太AP			
				9.6	韩^RKR^R			
				9.8	日^RJP^R			
	82.14	其他利口器（例如，理发推剪、屠刀、砍骨刀、切肉刀、切菜刀、裁纸刀）；修指甲及修脚用具（包括指甲锉）： Other articles of cutlery (for example, hair clippers, butchers' or kitchen cleavers, choppers and mincing knives, paperknives); manicure or pedicure sets and instruments (including nail files):							
6148	8214.1000	-裁纸刀、开信刀、改错刀、铅笔刀及其刀片 -Paper knives, letter openers, erasing knives, pencil sharpeners and blades therefor	7	0	东盟AS,智CL,新西兰NZ,新加坡SG,秘PE,哥CR,瑞CH,冰IS,澳AU,格GE,毛MU,东盟^RAS^R,澳^RAU^R,新西兰^RNZ^R,柬KH,港HK,澳门MO	0 受惠国LD		80
				1.2	韩KR			
				3	巴PK			
				4.6	亚太AP			
				9.6	韩^RKR^R			
				9.8	日^RJP^R			
6149	8214.2000	-修指甲及修脚用具（包括指甲锉） -Manicure or pedicure sets and instruments (including nail files)	7	0	东盟AS,智CL,巴PK,新西兰NZ,新加坡SG,秘PE,哥CR,瑞CH,冰IS,澳AU,格GE,毛MU,东盟^RAS^R,澳^RAU^R,新西兰^RNZ^R,柬KH,港HK,澳门MO	0 受惠国LD		90
				1.8	韩KR			
				4.6	亚太AP			
				14.4	韩^RKR^R			
				14.7	日^RJP^R			
6150	8214.9000	-其他 -Other	7	0	东盟AS,智CL,新西兰NZ,新加坡SG,秘PE,哥CR,瑞CH,冰IS,澳AU,格GE,毛MU,东盟^RAS^R,澳^RAU^R,新西兰^RNZ^R,柬KH,港HK,澳门MO	0 受惠国LD		80
				1.8	韩KR			
				14.4	韩^RKR^R			
				14.7	日^RJP^R			

序号 No.	税则号列 Tariff Line	货品名称 Article Description	最惠国税率 MFN(%)	协定税率 Agreement(%)		特惠税率 SP(%)		普通税率 Gen(%)
	82.15	餐匙、餐叉、长柄勺、漏勺、糕点夹、鱼刀、黄油刀、糖块夹及类似的厨房或餐桌用具: Spoons, forks, ladles, skimmers, cake-servers, fish-knives, butter-knives, sugar tongs and similar kitchen or tableware:						
6151	8215.1000	-成套货品, 至少其中一件物品是镀贵金属的 -Sets of assorted articles containing at least one article plated with precious metal	7	0	东盟AS,智CL,巴PK,新西兰NZ,新加坡SG,秘PE,哥CR,瑞CH,冰IS,澳AU,格GE,毛MU,东盟^{R}AS^R,澳^{R}AU^R,新西兰^{R}NZ^R,柬KH,港HK,澳门MO	0	受惠国LD	80
				1.8	韩KR			
				14.4	韩^{R}KR^R			
				14.7	日^{R}JP^R			
6152	8215.2000	-其他成套货品 -Other sets of assorted articles	7	0	东盟AS,智CL,巴PK,新西兰NZ,新加坡SG,秘PE,哥CR,瑞CH,冰IS,澳AU,格GE,毛MU,东盟^{R}AS^R,澳^{R}AU^R,新西兰^{R}NZ^R,柬KH,港HK,澳门MO	0	受惠国LD	80
				1.8	韩KR			
				14.4	韩^{R}KR^R			
				14.7	日^{R}JP^R			
		-其他: -Other:						
6153	8215.9100	--镀贵金属的 --Plated with precious metal	7	0	东盟AS,智CL,巴PK,新西兰NZ,新加坡SG,秘PE,哥CR,瑞CH,冰IS,澳AU,格GE,毛MU,东盟^{R}AS^R,澳^{R}AU^R,新西兰^{R}NZ^R,柬KH,港HK,澳门MO	0	受惠国LD	80
				1.8	韩KR			
				14.4	韩^{R}KR^R			
				14.7	日^{R}JP^R			
6154	8215.9900	--其他 --Other	7	0	东盟AS,智CL,巴PK,新西兰NZ,新加坡SG,秘PE,哥CR,瑞CH,冰IS,澳AU,格GE,毛MU,东盟^{R}AS^R,澳^{R}AU^R,新西兰^{R}NZ^R,柬KH,港HK,澳门MO	0	受惠国LD	80
				1.8	韩KR			
				14.4	韩^{R}KR^R			
				14.7	日^{R}JP^R			

第八十三章
贱金属杂项制品

注释：

一、在本章，贱金属零件应与制品一同归类。但税目 73.12、73.15、73.17、73.18 及 73.20 的钢铁制品或其他贱金属（第七十四章至第七十六章及第七十八章至第八十一章）制的类似物品不应视为本章制品的零件。

二、税目 83.02 所称"脚轮"，是指直径（对于有胎的，连胎计算在内，下同）不超过 75 毫米的或直径虽超过 75 毫米，但所装轮或胎的宽度必须小于 30 毫米的脚轮。

Chapter 83
Miscellaneous articles of base metal

Notes:

1. For the purposes of this Chapter, parts of base metal are to be classified with their parent artcles. However, articles of iron or steel of heading 73.12, 73.15, 73.17, 73.18 or 73.20, or similar articles of other base metal (Chapters 74 to 76 and Chapter 78 to 81) are not to be taken as parts of articles of this Chapter.

2. For the purposes of heading 83.02, the word "castors" means those having a diameter (including, where appropriate, tyres) not exceeding 75mm, or those having a diameter (including, where appropriate tyres) exceeding 75mm provided that the width of the wheel or tyre fitted thereto is less than 30mm.

序号 No.	税则号列 Tariff Line	货品名称 Article Description	最惠国税率 MFN(%)	协定税率 Agreement(%)		特惠税率 SP(%)		普通税率 Gen(%)
	83.01	贱金属制的锁（钥匙锁、数码锁及电动锁）；贱金属制带锁的扣环及扣环框架；上述锁的贱金属制钥匙: **Padlocks and locks (key, combination or electrically operated), of base metal; clasps and frames with clasps, incorporating locks, of base metal; keys for any of the foregoing articles, of base metal:**						
6155	8301.1000	-挂锁 -Padlocks	7	0	东盟AS,智CL,新西兰NZ,新加坡SG,秘PE,哥CR,瑞CH,冰IS,澳AU,格GE,毛MU,东盟^{R}AS^R,澳^{R}AU^R,新西兰^{R}NZ^R,柬KH,港HK,澳门MO	0	受惠国LD	80
				1.4	韩KR			
				6.7	巴PK			
				11.2	韩^{R}KR^R			
				11.5	日^{R}JP^R			
		-机动车用锁: -Locks of a kind used for motor vehicles:						
6156	8301.2010	---中央控制门锁 ---Central control door lock	9	0	智CL,新西兰NZ,秘PE,哥CR,瑞CH,冰IS,澳AU,格GE,毛MU,柬KH,港HK,澳门MO	0	受惠国LD	80
				5	东盟AS			
				5.5	韩KR			
				8	巴PK			
				9.5	东盟^{R}AS^R,澳^{R}AU^R,新西兰^{R}NZ^R			

序号 No.	税则号列 Tariff Line	货品名称 Article Description	最惠国税率 MFN(%)	协定税率 Agreement(%)		特惠税率 SP(%)		普通税率 Gen(%)
6157	8301.2090	---其他 ---Other	9	0	智CL,新西兰NZ,秘PE,哥CR,瑞 CH,冰IS,澳AU,格GE,毛MU,柬 KH,港HK,澳门MO	0	受惠国LD	80
				5	东盟AS			
				5.5	韩KR			
				8	巴PK			
				9.5	东盟^RAS^R,澳^RAU^R,新西兰^RNZ^R			
6158	8301.3000	-家具用锁 -Locks of a kind used for furniture	7	0	东盟AS,智CL,新西兰NZ,新加 坡SG,秘PE,哥CR,瑞CH,冰IS,澳 AU,格GE,毛MU,东盟^RAS^R,澳 ^RAU^R,新西兰^RNZ^R,柬KH,港HK, 澳门MO	0	受惠国LD	80
				1.4	韩KR			
				6.7	巴PK			
				11.2	韩^RKR^R			
				11.5	日^RJP^R			
6159	8301.4000	-其他锁 -Other locks	9	0	东盟AS,智CL,新西兰NZ,新加 坡SG,秘PE,哥CR,瑞CH,冰IS,澳 AU,格GE,毛MU,柬KH,港HK,澳 门MO	0	受惠国LD	80
				1.4	韩KR			
				9	巴PK			
				11.2	东盟^RAS^R,澳^RAU^R,新西兰^RNZ^R, 韩^RKR^R			
				11.5	日^RJP^R			
6160	8301.5000	-带锁的扣环及扣环框架 -Clasps and frames with clasps, incorporating locks	9	0	东盟AS,智CL,新西兰NZ,新加 坡SG,秘PE,哥CR,瑞CH,冰IS,澳 AU,格GE,毛MU,东盟^RAS^R,澳 ^RAU^R,新西兰^RNZ^R,柬KH,港HK, 澳门MO	0	受惠国LD	80
				1.4	韩KR			
				6.7	巴PK			
				11.2	韩^RKR^R			
				11.5	日^RJP^R			
6161	8301.6000	-零件 -Parts	9	0	东盟AS,智CL,新西兰NZ,新加 坡SG,秘PE,哥CR,瑞CH,冰IS,澳 AU,格GE,毛MU,东盟^RAS^R,澳 ^RAU^R,新西兰^RNZ^R,柬KH,港HK, 澳门MO	0	受惠国LD	80
				1.2	韩KR			
				3.6	巴PK			
				9.6	韩^RKR^R			
				9.8	日^RJP^R			

序号 No.	税则号列 Tariff Line	货品名称 Article Description	最惠国税率 MFN(%)		协定税率 Agreement(%)	特惠税率 SP(%)	普通税率 Gen(%)
6162	8301.7000	-钥匙 -Keys presented separately	7	0	东盟AS,智CL,新西兰NZ,秘PE, 哥CR,瑞CH,冰IS,澳AU,格GE, 毛MU,柬KH,港HK,澳门MO	0 受惠国LD	80
				1	巴PK		
				4	韩KR		
				8.7	东盟^{R}AS^R,韩^{R}KR^R		
				8.8	日^{R}JP^R		
				9	澳^{R}AU^R,新西兰^{R}NZ^R		
83.02		用于家具、门窗、楼梯、百叶窗、车厢、鞍具、衣箱、盒子及类似品的贱金属附件及架座；贱金属制帽架、帽钩、托架及类似品；用贱金属做支架的小脚轮；贱金属制的自动闭门器： Base metal mountings, fittings and similar articles suitable for furniture, doors, staircases, windows, blinds, coachwork, saddlery, trunks, chests, caskets or the like; base metal hat-racks, hat-pegs, brackets and similar fixtures; castors with mountings of base metal; automatic door closers of base metal:					
6163	8302.1000	-铰链（折叶） -Hinges	9	0	东盟AS,智CL,新西兰NZ,秘PE, 哥CR,瑞CH,冰IS,韩KR,澳AU, 格GE,毛MU,东盟^{R}AS^R,日^{R}JP^R, 柬KH,港HK,澳门MO,韩^{R}KR^R	0 受惠国LD	80
				3	巴PK		
				8	澳^{R}AU^R,新西兰^{R}NZ^R		
6164	8302.2000	-小脚轮 -Castors	9	0	东盟AS,智CL,新西兰NZ,新加 坡SG,秘PE,哥CR,瑞CH,冰IS,澳 AU,格GE,毛MU,东盟^{R}AS^R,澳 ^{R}AU^R,新西兰^{R}NZ^R,柬KH,港HK, 澳门MO	0 受惠国LD	80
				1.2	韩KR		
				3.6	巴PK		
				9.6	韩^{R}KR^R		
				9.8	日^{R}JP^R		
6165	8302.3000	-机动车辆用的其他附件及架座 -Other mountings, fittings and similar articles suitable for motor vehicles	9	0	东盟AS,智CL,新西兰NZ,秘PE, 哥CR,瑞CH,冰IS,澳AU,格GE, 毛MU,柬KH,港HK,澳门MO	0 受惠国LD	80
				1	巴PK		
				4	韩KR		
				8.7	东盟^{R}AS^R,韩^{R}KR^R		
				8.8	日^{R}JP^R		
				9	澳^{R}AU^R,新西兰^{R}NZ^R		

序号 No.	税则号列 Tariff Line	货品名称 Article Description	最惠国税率 MFN(%)	协定税率 Agreement(%)		特惠税率 SP(%)		普通税率 Gen(%)
		-其他附件及架座: -Other mountings, fittings and similar articles:						
6166	8302.4100	--建筑用 --Suitable for buildings	9	0	东盟AS,智CL,新西兰NZ,新加坡SG,秘PE,哥CR,瑞CH,冰IS,澳AU,格GE,毛MU,东盟^{R}AS^R,澳^{R}AU^R,新西兰^{R}NZ^R,柬KH,港HK,澳门MO	0	受惠国LD	80
				1.4	韩KR			
				6.7	巴PK			
				11.2	韩^{R}KR^R			
				11.5	日^{R}JP^R			
6167	8302.4200	--其他, 家具用 --Other, suitable for furniture	9	0	东盟AS,智CL,新西兰NZ,新加坡SG,秘PE,哥CR,瑞CH,冰IS,澳AU,格GE,毛MU,东盟^{R}AS^R,澳^{R}AU^R,新西兰^{R}NZ^R,柬KH,港HK,澳门MO	0	受惠国LD	80
				1.2	韩KR			
				3.6	巴PK			
				9.6	韩^{R}KR^R			
				9.8	日^{R}JP^R			
6168	8302.4900	--其他 --Other	9	0	东盟AS,智CL,新西兰NZ,新加坡SG,秘PE,哥CR,瑞CH,冰IS,澳AU,格GE,毛MU,东盟^{R}AS^R,澳^{R}AU^R,新西兰^{R}NZ^R,柬KH,港HK,澳门MO	0	受惠国LD	80
				1.2	韩KR			
				3.6	巴PK			
				9.6	韩^{R}KR^R			
				9.8	日^{R}JP^R			
6169	8302.5000	-帽架、帽钩、托架及类似品 -Hat-racks, hat-pegs, brackets and similar fixtures	7	0	东盟AS,智CL,新西兰NZ,新加坡SG,秘PE,哥CR,瑞CH,冰IS,澳AU,格GE,东盟^{R}AS^R,澳^{R}AU^R,新西兰^{R}NZ^R,柬KH,港HK,澳门MO	0	受惠国LD	80
				1.4	韩KR			
				5.6	毛MU			
				6.7	巴PK			
				11.2	韩^{R}KR^R			
				11.5	日^{R}JP^R			
6170	8302.6000	-自动闭门器 -Automatic door closers	9	0	东盟AS,智CL,新西兰NZ,新加坡SG,秘PE,哥CR,瑞CH,冰IS,澳AU,格GE,毛MU,东盟^{R}AS^R,澳^{R}AU^R,新西兰^{R}NZ^R,柬KH,港HK,澳门MO	0	受惠国LD	80
				1.2	韩KR			
				3.6	巴PK			
				9.6	韩^{R}KR^R			
				9.8	日^{R}JP^R			

序号 No.	税则号列 Tariff Line	货品名称 Article Description	最惠国税率 MFN(%)	协定税率 Agreement(%)		特惠税率 SP(%)		普通税率 Gen(%)
	83.03	装甲或加强的贱金属制保险箱、保险柜及保险库的门和带锁保险储存橱、钱箱、契约箱及类似品： Armoured or reinforced safes, strong-boxes and doors and safe deposit lockers for strong-rooms, cash or deed boxes and the like, of base metal:						
6171	8303.0000	装甲或加强的贱金属制保险箱、保险柜及保险库的门和带锁保险储存橱、钱箱、契约箱及类似品 Armoured or reinforced safes, strong-boxes and doors and safe deposit lockers for strong-rooms, cash or deed boxes and the like, of base metal	9	0 1.4 6.7 11.2 11.5	东盟AS,智CL,新西兰NZ,新加坡SG,秘PE,哥CR,瑞CH,冰IS,澳AU,格GE,毛MU,东盟^RAS^R,澳^RAU^R,新西兰^RNZ^R,柬KH,港HK,澳门MO 韩KR 巴PK 韩^RKR^R 日^RJP^R	0	受惠国LD	50
	83.04	贱金属制的档案柜、卡片索引柜、文件盘、文件篮、笔盘、公章架及类似的办公用具，但税目94.03的办公室家具除外： Filing cabinets, card-index cabinets, paper trays, paper rests, pen trays, office-stamp stands and similar office or desk equipment, of base metal, other than office furniture of heading 94.03:						
6172	8304.0000	贱金属制的档案柜、卡片索引柜、文件盘、文件篮、笔盘、公章架及类似的办公用具，但税目94.03的办公室家具除外 Filing cabinets, card-index cabinets, paper trays, paper rests, pen trays, office-stamp stands and similar office or desk equipment, of base metal, other than office furniture of heading 94.03	9	0 1 3 8.4 8.6	东盟AS,智CL,新西兰NZ,新加坡SG,秘PE,哥CR,瑞CH,冰IS,澳AU,格GE,毛MU,东盟^RAS^R,澳^RAU^R,新西兰^RNZ^R,柬KH,港HK,澳门MO 韩KR 巴PK 韩^RKR^R 日^RJP^R	0	受惠国LD	80
	83.05	活页夹、卷宗夹的贱金属附件，贱金属制的信夹、信角、文件夹、索引标签及类似的办公用品；贱金属制的成条钉书钉（例如，供办公室、室内装饰或包装用）： Fittings for loose-leaf binders or files, letter clips, letter corners, paper clips, indexing tags and similar office articles, of base metal; staples in strips (for example, for offices, upholstery, packaging), of base metal:						

序号 No.	税则号列 Tariff Line	货品名称 Article Description	最惠国税率 MFN(%)	协定税率 Agreement(%)		特惠税率 SP(%)	普通税率 Gen(%)
6173	8305.1000	-活页夹或卷宗夹的附件 -Fittings for loose-leaf binders of files	9	0	东盟AS,智CL,新西兰NZ,新加坡SG,秘PE,哥CR,瑞CH,冰IS,澳AU,格GE,毛MU,东盟^RAS^R,澳^RAU^R,新西兰^RNZ^R,柬KH,港HK,澳门MO	0 受惠国LD	80
				1	韩KR		
				3	巴PK		
				8.4	韩^RKR^R		
				8.6	日^RJP^R		
6174	8305.2000	-成条钉书钉 -Staples in strips	7	0	东盟AS,智CL,新西兰NZ,新加坡SG,秘PE,哥CR,瑞CH,冰IS,澳AU,格GE,毛MU,东盟^RAS^R,澳门MO	0 受惠国LD	80
				1	韩KR		
				3	巴PK		
				9.1	东盟^RAS^R,韩^RKR^R		
				9.2	日^RJP^R		
				9.5	澳^RAU^R,新西兰^RNZ^R		
6175	8305.9000	-其他,包括零件 -Other, including parts	7	0	东盟AS,智CL,新西兰NZ,新加坡SG,秘PE,哥CR,瑞CH,冰IS,澳AU,格GE,东盟^RAS^R,澳^RAU^R,新西兰^RNZ^R,柬KH,港HK,澳门MO	0 受惠国LD	80
				1	韩KR		
				3	巴PK		
				4.2	毛MU		
				8.4	韩^RKR^R		
				8.6	日^RJP^R		
	83.06	非电动的贱金属铃、钟、锣及类似品;贱金属雕塑像及其他装饰品;贱金属相框或画框及类似框架;贱金属镜子: Bells, gongs and the like, non-electric, of base metal; statuettes and other ornaments, of base metal; photograph, picture or similar frames, of base metal; mirrors of base metal:					
6176	8306.1000	-铃、钟、锣及类似品 -Bells, gongs and the like	8	0	东盟AS,智CL,新西兰NZ,秘PE,哥CR,瑞CH,冰IS,澳AU,格GE,毛MU,东盟^RAS^R,澳^RAU^R,新西兰^RNZ^R,柬KH,港HK,澳门MO	0 受惠国LD	80
				0.8	韩KR		
				4	巴PK		
				6.4	韩^RKR^R		
				6.5	日^RJP^R		

序号 No.	税则号列 Tariff Line	货品名称 Article Description	最惠国税率 MFN(%)	协定税率 Agreement(%)		特惠税率 SP(%)	普通税率 Gen(%)
		-雕塑像及其他装饰品: -Statuettes and other ornaments:					
6177	8306.2100	--镀贵金属的 --Plated with precious metal	7	0	东盟AS,智CL,新西兰NZ,秘PE,哥CR,瑞CH,冰IS,韩KR,澳AU,格GE,毛MU,东盟^RAS^R,澳^RAU^R,新西兰^RNZ^R,柬KH,港HK,澳门MO,韩^RKR^R	0 受惠国LD	100
				1	巴PK		
				6.5	日^RJP^R		
		--其他: --Other:					
6178	8306.2910	---景泰蓝的 ---Cloisonne	7	0	东盟AS,智CL,新西兰NZ,秘PE,哥CR,瑞CH,冰IS,韩KR,澳AU,格GE,毛MU,东盟^RAS^R,澳^RAU^R,新西兰^RNZ^R,柬KH,港HK,澳门MO,韩^RKR^R	0 受惠国LD	100
				1	巴PK		
				6.5	日^RJP^R		
6179	8306.2990	---其他 ---Other	7	0	东盟AS,智CL,新西兰NZ,新加坡SG,秘PE,哥CR,瑞CH,冰IS,澳AU,格GE,毛MU,东盟^RAS^R,澳^RAU^R,新西兰^RNZ^R,柬KH,港HK,澳门MO	0 受惠国LD	100
				0.8	韩KR		
				4	巴PK		
				6.4	韩^RKR^R		
				6.5	日^RJP^R		
6180	8306.3000	-相框、画框及类似框架;镜子 -Photograph, picture or similar frames; mirrors	7	0	东盟AS,智CL,新西兰NZ,秘PE,哥CR,瑞CH,冰IS,澳AU,格GE,毛MU,东盟^RAS^R,澳^RAU^R,新西兰^RNZ^R,柬KH,港HK,澳门MO	0 受惠国LD	100
				0.8	韩KR		
				1	巴PK		
				6.4	韩^RKR^R		
				6.5	日^RJP^R		
	83.07	贱金属软管,不论是否有附件: Flexible tubing of base metal, with or without fittings:					
6181	8307.1000	-钢铁制 -Of iron or steel	8	0	东盟AS,智CL,新西兰NZ,秘PE,哥CR,瑞CH,冰IS,澳AU,格GE,毛MU,柬KH,港HK,澳门MO	0 受惠国LD	35
				0.8	韩KR		
				1	巴PK		
				6.7	东盟^RAS^R,澳^RAU^R,新西兰^RNZ^R,韩^RKR^R		
				6.9	日^RJP^R		

序号 No.	税则号列 Tariff Line	货品名称 Article Description	最惠国税率 MFN(%)	协定税率 Agreement(%)		特惠税率 SP(%)	普通税率 Gen(%)
6182	8307.9000	-其他贱金属制 -Of other base metal	8	0	东盟AS,智CL,新西兰NZ,秘PE,哥CR,瑞CH,冰IS,澳AU,格GE,毛MU,东盟^{R}AS^R,澳^{R}AU^R,新西兰^{R}NZ^R,柬KH,港HK,澳门MO	0 受惠国LD	35
				0.8	韩KR		
				1	巴PK		
				6.7	韩^{R}KR^R		
				6.9	日^{R}JP^R		
	83.08	贱金属制的扣、钩、环、眼及类似品,用于衣着或衣着附件、鞋靴、珠宝首饰、手表、书籍、天篷、皮革制品、旅行用品或马具或其他制成品;贱金属制的管形铆钉及开口铆钉;贱金属制的珠子及亮晶片: Clasps, frames with clasps, buckles, buckle-clasps, hooks, eyes, eyelets and the like, of base metal, of a kind used for clothing or clothing accessories, footwear, jewellery, wrist-watches, books, awnings, leather goods, travel goods or saddlery or for other made up articles; tubular or bifurcated rivets, of base metal;beads and spangles, of base metal:					
6183	8308.1000	-钩、环及眼 -Hooks, eyes and eyelets	9	0	东盟AS,智CL,巴PK,新西兰NZ,新加坡SG,秘PE,哥CR,瑞CH,冰IS,澳AU,格GE,柬KH,港HK,澳门MO	0 受惠国LD	80
				4.2	毛MU		
				5.7	韩KR		
				9.5	东盟^{R}AS^R,澳^{R}AU^R,新西兰^{R}NZ^R		
6184	8308.2000	-管形铆钉及开口铆钉 -Tubular or bifurcated rivets	9	0	东盟AS,智CL,新西兰NZ,新加坡SG,秘PE,哥CR,瑞CH,冰IS,澳AU,格GE,毛MU,东盟^{R}AS^R,澳^{R}AU^R,新西兰^{R}NZ^R,柬KH,港HK,澳门MO	0 受惠国LD	80
				1	韩KR		
				3	巴PK		
				8.4	韩^{R}KR^R		
				8.6	日^{R}JP^R		
6185	8308.9000	-其他,包括零件 -Other, including parts	9	0	东盟AS,智CL,新西兰NZ,新加坡SG,秘PE,哥CR,瑞CH,冰IS,澳AU,格GE,毛MU,柬KH,港HK,澳门MO	0 受惠国LD	80
				3	巴PK		
				5.7	韩KR		
				9.5	东盟^{R}AS^R,澳^{R}AU^R,新西兰^{R}NZ^R		

序号 No.	税则号列 Tariff Line	货品名称 Article Description	最惠国税率 MFN(%)	协定税率 Agreement(%)		特惠税率 SP(%)		普通税率 Gen(%)
	83.09	贱金属制的塞子、盖子（包括冠形瓶塞、螺口盖及倒水塞）、瓶帽、螺口塞、塞子帽、封志及其他包装用附件： **Stoppers, caps and lids (including crown corks, screw caps and pouring stoppers), capsules for bottles, threaded bungs, bung covers, seals and other packing accessories, of base metal:**						
6186	8309.1000	-冠形瓶塞 -Crown corks	9	0	东盟AS,智CL,新西兰NZ,新加坡SG,秘PE,哥CR,瑞CH,冰IS,澳AU,格GE,毛MU,东盟^{R}AS^R,澳^{R}AU^R,新西兰^{R}NZ^R,柬KH,港HK,澳门MO	0	受惠国LD	90
				1.8	韩KR			
				11.5	巴PK			
				14.4	韩^{R}KR^R			
				14.7	日^{R}JP^R			
6187	8309.9000	-其他 -Other	9	0	东盟AS,智CL,新西兰NZ,新加坡SG,秘PE,哥CR,瑞CH,冰IS,澳AU,格GE,毛MU,柬KH,港HK,澳门MO	0	受惠国LD	80
				1.2	韩KR			
				4.8	巴PK			
				9.6	东盟^{R}AS^R,澳^{R}AU^R,新西兰^{R}NZ^R,韩^{R}KR^R			
				9.8	日^{R}JP^R			
	83.10	贱金属制的标志牌、铭牌、地名牌及类似品、号码、字母及类似标志,但税目94.05的货品除外： **Sign-plates, name-plates, addressplates and similar plates, numbers, letters and other symbols, of base metal, excluding those of heading 94.05:**						
6188	8310.0000	贱金属制的标志牌、铭牌、地名牌及类似品、号码、字母及类似标志,但税目94.05的货品除外 Sign-plates, name-plates, address-plates and similar plates, numbers, letters and other symbols, of base metal, excluding those of heading 94.05	9	0	东盟AS,智CL,新西兰NZ,新加坡SG,秘PE,哥CR,瑞CH,冰IS,澳AU,格GE,毛MU,柬KH,港HK,澳门MO	0	受惠国LD	80
				1.8	韩KR			
				14.4	东盟^{R}AS^R,澳^{R}AU^R,新西兰^{R}NZ^R,韩^{R}KR^R			
				14.7	日^{R}JP^R			

序号 No.	税则号列 Tariff Line	货品名称 Article Description	最惠国税率 MFN(%)	协定税率 Agreement(%)		特惠税率 SP(%)	普通税率 Gen(%)
	83.11	贱金属或硬质合金制的丝、条、管、板、电极及类似品,以焊剂涂面或以焊剂为芯,用于焊接或沉积金属、硬质合金;贱金属粉粘聚而成的丝或条,供金属喷镀用: Wire, rods, tubes, plates, electrodes and similar products, of base metal or of metal carbides, coated or cored with flux material, of a kind used for soldering, brazing, welding or deposition of metal or of metal carbides; wire and rods, of agglomerated base metal powder, used for metal spraying:					
6189	8311.1000	-以焊剂涂面的贱金属制电极,电弧焊用 -Coated electrodes of base metal, for electric arc welding	8	0	东盟AS,智CL,新西兰NZ,秘PE,哥CR,瑞CH,冰IS,韩KR,澳AU,格GE,毛MU,东盟ᴿASᴿ,澳ᴿAUᴿ,新西兰ᴿNZᴿ,柬KH,港HK,澳门MO,韩ᴿKRᴿ	0 受惠国LD	30
				1	巴PK		
				6.5	日ᴿJPᴿ		
6190	8311.2000	-以焊剂为芯的贱金属制焊丝,电弧焊用 -Cored wire of base metal, for electric arc welding	8	0	东盟AS,智CL,新西兰NZ,秘PE,哥CR,瑞CH,冰IS,澳AU,格GE,毛MU,柬KH,港HK,澳门MO	0 受惠国LD	30
				1	巴PK		
				3.2	韩KR		
				6.9	东盟ᴿASᴿ,韩ᴿKRᴿ		
				7	日ᴿJPᴿ		
				7.2	澳ᴿAUᴿ,新西兰ᴿNZᴿ		
6191	8311.3000	-以焊剂涂面的贱金属条和以焊剂为芯的贱金属丝,钎焊或气焊用 -Coated rods and cored wire, of base metal, for soldering, brazing or welding by flame	8	0	东盟AS,智CL,新西兰NZ,秘PE,哥CR,瑞CH,冰IS,澳AU,格GE,毛MU,柬KH,港HK,澳门MO	0 受惠国LD	30
				1	巴PK		
				5	东盟ᴿASᴿ,澳ᴿAUᴿ,新西兰ᴿNZᴿ		
6192	8311.9000	-其他 -Other	8	0	东盟AS,智CL,新西兰NZ,秘PE,哥CR,瑞CH,冰IS,韩KR,澳AU,格GE,毛MU,东盟ᴿASᴿ,澳ᴿAUᴿ,新西兰ᴿNZᴿ,柬KH,港HK,澳门MO,韩ᴿKRᴿ	0 受惠国LD	30
				1	巴PK		
				5.2	亚太AP		
				6.5	日ᴿJPᴿ		

SECTION XVI
MACHINERY AND MECHANICAL
APPLIANCES; ELECTRICAL EQUIPMENT;
PARTS THEREOF; SOUND RECORDERS
AND REPRODUCERS, TELEVISION
IMAGE AND SOUND RECORDERS
AND REPRODUCERS, AND PARTS AND
ACCESSORIES OF SUCH ARTICLES

注释:

一、本类不包括:

（一）第三十九章的塑料或税目40.10的硫化橡胶制的
传动带、输送带及其带料，除硬质橡胶以外的硫
化橡胶制的机器、机械器具、电气器具或其他专
门技术用途的物品（税目40.16）;

（二）机器、机械器具或其他专门技术用途的皮革、
再生皮革（税目42.05）或毛皮（税目43.03）的
制品;

（三）各种材料（例如，第三十九章、第四十章、第
四十四章、第四十八章及第十五类的材料）制的
简管、卷轴、纤子、锥形简管、芯子、线轴或类
似品;

（四）提花机或类似机器用的穿孔卡片（例如，归入第
三十九章、第四十八章或第十五类的）;

（五）纺织材料制的传动带、输送带或带料（税目
59.10）或专门技术用途的其他纺织材料制品（税
目59.11）;

（六）税目71.02至71.04的宝石或半宝石（天然、合成
或再造）或税目71.16的完全以宝石或半宝石制成
的物品，但已加工未装配的唱针用蓝宝石和钻石
除外（税目85.22）;

（七）第十五类注释二所规定的贱金属制通用零件（第
十五类）或塑料制的类似品（第三十九章）;

（八）钻管（税目73.04）;

（九）金属丝或带制的环形带（第十五类）;

（十）第八十二章或第八十三章的物品;

（十一）第十七类的物品;

（十二）第九十章的物品;

（十三）第九十一章的钟、表或其他物品;

（十四）税目82.07的可互换工具及作为机器零件的刷
子（税目96.03）；类似的可互换工具应按其构
成工作部件的材料归类（例如，归入第四十
章、第四十二章、第四十三章、第四十五章、
第五十九章或税目68.04、69.09）;

（十五）第九十五章的物品;

（十六）打字机色带或类似色带，不论是否带轴或装盒

Notes:

1. This Section does not cover:

(a) Transmission or conveyor belts or belting, of plastics of Chapter 39, or of vulcanized rubber (heading 40.10), or other articles of a kind used in machinery or mechanical or electrical appliances or for other technical uses, of vulcanized rubber other than hard rubber (heading 40.16);

(b) Articles of leather or of composition leather (heading 42.05) or of furskin (heading 43.03), of a kind used in machinery or mechanical appliances or for other technical uses;

(c) Bobbins, spools, cops, cones, cores, reels or similar supports of any material (for example, Chapter 39, 40, 44 or 48 or Section XV);

(d) Perforated cards for Jacquard or similar machines (for example, Chapter 39 or 48 or Section XV);

(e) Transmission or conveyor belts or belting of textile material (heading 59.10) or other articles of textile material for technical uses (heading 59.11);

(f) Precious or semi-precious stones (natural, synthetic or reconstructed) of headings 71.02 to 71.04, or articles wholly of such stones of heading 71.16, except unmounted worked sapphires and diamonds for styli (heading 85.22);

(g) Parts of general use, as defined in Note 2 to Section XV, of base metal (Section XV), or similar goods of plastics (Chapter 39);

(h) Drill pipe (heading 73.04);

(i) Endless belts of metal wire or strip (Section XV);

(j) Articles of Chapter 82 or 83;

(k) Articles of Section XVII;

(l) Articles of Chapter 90;

(m) Clocks, watches or other articles of Chapter 91;

(n) Interchangeable tools of heading 82.07 brushes of a kind used as parts of machines (heading 96.03), similar interchangable tools are to be classified according to the material of working parts (for example, Chapter 40, 42, 43, 45, 59 or heading 68.04 or 69.09);

(o) Articles of Chapter 95;

(p) Typewriter or similar ribbons, whether or not on spools

（应按其材料属性归类；如已上油或经其他方法处理能着色的，应归入税目96.12），或税目96.20的独脚架、双脚架、三脚架及类似品。

二、除本类注释一、第八十四章注释一及第八十五章注释一另有规定的以外，机器零件（不属于税目84.84、85.44、85.45、85.46或85.47所列物品的零件）应按下列规定归类：

（一）凡在第八十四章、第八十五章的税目（税目84.09、84.31、84.48、84.66、84.73、84.87、85.03、85.22、85.29、85.38及85.48除外）列名的货品，均应归入该两章的相应税目；

（二）专用于或主要用于某一种机器或同一税目的多种机器（包括税目84.79或85.43的机器）的其他零件，应与该种机器一并归类，或酌情归入税目84.09、84.31、84.48、84.66、84.73、85.03、85.22、85.29或85.38。但能同时主要用于税目85.17和85.25至85.28所列货品的零件应归入税目85.17，专用于或主要用于税目85.24所列货品的零件应归入税目85.29；

（三）所有其他零件应酌情归入税目84.09、84.31、84.48、84.66、84.73、85.03、85.22、85.29或85.38，如不能归入上述税目，则应归入税目84.87或85.48。

三、由两部及两部以上机器装配在一起形成的组合式机器，或具有两种或两种以上互补或交替功能的机器，除条文另有规定的以外，应按具有主要功能的机器归类。

四、由不同独立部件（不论是否分开或由管道、传动装置、电缆或其他装置连接）组成的机器（包括机组），如果组合后明显具有一种第八十四章或第八十五章某个税目所列功能，则全部机器应按其功能归入有关税目。

五、上述各注释所称"机器"，是指第八十四章或第八十五章各税目所列的各种机器、设备、装置及器具。

六、

（一）本协调制度所称"电子电气废弃物及碎料"，是指下列电气和电子组件、印刷电路板以及电气或电子产品：

1.因破损、拆解或其他处理而无法用于其原用途，或通过维修、翻新或修理以使其仍用作原用途

or in cartridges (classified according to their constituent material, or in heading 96.12 if inked or otherwise prepared for giving impressions), or monopods, bipods, tripods and similar articles, of heading 96.20.

2. Subject to Note 1 to this Section, Note 1 to Chapter 84 and Note 1 to Chapter 85, parts of machines (not being parts of the articles of heading 84.84, 85.44, 85.45, 85.46 or 85.47) are to be classified according to the following rules:

(a) Parts which are goods included in any of the headings of Chapter 84 or 85 (other than headings 84.09, 84.31, 84.48, 84.66, 84.73, 84.87, 85.03, 85.22, 85.29, 85.38 and 85.48) are in ali cases to be classified in their respective headings;

(b) Other parts, if suitable for use solely or principally with a particular kind of machine, or with a number of machines of the same heading (including a machine of heading 84.79 or 85.43)are to be classified with the machines of that kind or in heading 84.09, 84.31, 84.48, 84.66, 84.73, 85.03, 85.22, 85.29 or 85.38 as appropriate. However, parts which are equally suitable for use principally with the goods of headings 85.17 and 85.25 to 85.28 are to be classified in heading 85.17, and parts which are suitable for use solely or principally with the goods of heading 85.24 are to be classified in heading 85.29;

(c) All other parts are to be classified in heading 84.09, 84.31, 84.48, 84.66, 84.73, 85.03, 85.22, 85.29 or 85.38 as appropriate or, failing that, in heading 84.87 or 85.48.

3. Unless the context otherwise requires, composite machines consisting of two or more machines fitted together to form a whole and other machines adapted for the purpose of performing two or more complementary or alternative functions are to be classified as if consisting only of that component or as being thatmachine which performs the principal function.

4. Where a machine (including a combination of machines) consists of individual components (whether separate or interconnected by piping, by transmission devices, by electric cables or by other devices) intended to contribute together to a clearly defined function covered by one of the headings in Chapter 84 or 85, then the whole falls to be classified in the heading appropriate to that function.

5. For the purposes of these Notes, the expression "machine" means any machine, machinery, plant, equipment, apparatus or appliance cited in the headings of Chapter 84 or 85.

6.

(a) Throughout the Nomenclature, the expression "electrical and electronic waste and scrap" means electrical and electronic assemblies, printed circuit boards, and electrical or electronic articles that :

(1) have been rendered unusable for their original purposes by breakage, cutting-up or other processes or

是不经济的；以及

2.其包装或运输方式不是为了保护单件物品在运输、装卸过程中不受损坏的。

（二）"电子电气废弃物及碎料"与其他废物、废料的混合物归入税目85.49。

（三）本类不包括第三十八章注释四所规定的城市垃圾。

第八十四章
核反应堆、锅炉、机器、机械器具及其零件

注释:

一、本章不包括:

（一）第六十八章的石磨、石碾或其他物品；

（二）陶瓷材料制的机器或器具（例如，泵）或供任何材料制的机器或器具用的陶瓷零件（第六十九章）；

（三）实验室用玻璃器（税目70.17）；玻璃制的机器、器具或其他专门技术用途的物品或其零件（税目70.19或70.20）；

（四）税目73.21或73.22的物品或其他贱金属制的类似物品（第七十四章至第七十六章或第七十八章至第八十一章）；

（五）税目85.08的真空吸尘器；

（六）税目85.09的家用电动器具；税目85.25的数字照相机；或

（七）第十七类物品用的散热器；或

（八）非机动的手工操作地板清扫器（税目96.03）。

二、除第十六类注释三及本章注释十一另有规定以外，如果某种机器或器具既符合税目84.01至84.24中一个或几个税目的规定，或符合税目84.86的规定，又符合税目84.25至84.80中一个或几个税目的规定，则应酌情归入税目84.01至84.24中的相应税目或税目84.86，而不归入税目84.25至84.80中的有关税目。

（一）但税目84.19不包括:

1.催芽装置、孵卵器或育雏器（税目84.36）；

2.谷物调湿机（税目84.37）；
3.萃取糖汁的浸提装置（税目84.38）；

4.纱线、织物及纺织制品的热处理机器（税目84.51）；或

5.温度变化（即使必不可少）仅作为辅助功能的

are economically unsuitable for repair, refurbishment or renovation to render them fit for their original purposes; and

(2) are packaged or shipped in a manner not intended to protect individual articles from damage during transportation, loading and unloading operations.

(b) Mixed consignments of "electrical and electronic waste and scrap" and other waste and scrap are to be classified in heading 85.49.

(c) This Section does not cover municipal waste, as defined in Note 4 to Chapter 38.

Chapter 84
Nuclear reactors, boilers, machinery and mechanical appliances;parts thereof

Notes:

1. This Chapter does not cover:

(a) Millstones, grindstones or other articles of Chapter 68;

(b) Machinery or appliances (for example, pumps) of ceramic material and ceramic parts of machinery or appliances of any material (Chapter 69);

(c) Laboratory glassware (heading 70.17); machinery, appliances or otherarticles for technical uses or parts thereof, of glass (heading 70.19 or 70.20);

(d) Articles of heading 73.21 or 73.22 or similar articles of other base metals (Chapters 74 to 76 or 78 to 81);

(e) Vacuum cleaners of heading 85.08;

(f) Electro-mechanical domestic appliances of heading 85.09; digital cameras of heading 85.25;or

(g) Radiators for the articles of Section XVII; or

(h) Hand-operated mechanical floor sweepers, not motorized (heading 96.03).

2. Subject to the operation of Note 3 to Section XVI and subject to Note 9 to this Chapter, a machine or appliance which answers to a description in one or more of the headings 84.01 to 84.24, or heading 84.86 and at the same time to a description in one or more of the headings 84.25 to 84.80 is to be classified under the appropriate heading of the former group or under heading 84.86, as the case may be, and not the latter group.

(a) Heading 84.19 does not, however, cover :

(1) Germination plant, incubators or brooders (heading 84.36);

(2) Grain dampening machines (heading 84.37);

(3) Diffusing apparatus for sugar juice extraction (heading 84.38);

(4) Machinery for the heat-treatment of textile yarns, fabrics or made up textile articles (heading 84.51); or

(5) Machinery or plant, designed for a mechanical opera-

机器、设备或实验室设备。

（二）税目84.22不包括：

1. 缝合袋子或类似品用的缝纫机（税目84.52）；
或

2. 税目84.72的办公室用机器。

（三）税目84.24不包括：

1. 喷墨印刷（打印）机器（税目84.43）；或

2. 水射流切割机（税目84.56）。

三、如果用于加工各种材料的某种机床既符合税目84.56
的规定，又符合税目84.57、84.58、84.59、84.60、
84.61、84.64或84.65的规定，则应归入税目84.56。

四、税目84.57仅适用于可以完成下列不同形式机械操作的
金属加工机床，但车床（包括车削中心）除外：

（一）按照机械加工程序从刀具库中自动更换刀具（加
工中心）；

（二）同时或顺序地自动使用不同的动力头对固定不动
的工件进行加工（单工位组合机床）；

（三）自动将工件送向不同的动力头（多工位组合
机床）。

五、税目84.62用于板材的"纵剪线"是由开卷机、矫平
机、纵剪机和收卷机组成的生产线。用于板材的"定
尺剪切线"是由开卷机、矫平机和剪切机组成的生
产线。

六、

（一）税目84.71所称"自动数据处理设备"，是指具有
以下功能的机器：

1. 存储处理程序及执行程序直接需要的起码的
数据；

2. 按照用户的要求随意编辑程序；

3. 按照用户指令进行算术计算；以及

4. 在运行过程中，可不需人为干预而通过逻辑判
断，执行一个处理程序，这个处理程序可改变
计算机指令的执行。

（二）自动数据处理设备可以是一套由若干单独部件所
组成的系统。

（三）除本条注释（四）及（五）另有规定的以外，一
个部件如果符合下列所有规定，即可视为自动数
据处理系统的一部分：

1. 专用于或主要用于自动数据处理系统；

tion, in which a change of temperature, even if neces-
sary, is subsidiary.

(b) Heading 84.22 does not cover :

(1) Sewing machines for closing bags or similar contain-
ers (heading 84.52); or

(2) Office machinery of heading 84.72.

(c) Heading 84.24 does not cover :

(1) Ink-jet printing machines (heading 84.43); or

(2) Water-jet cutting machines (heading 84.56).

3. A machine-tool for working any material which answers to
a description in heading 84.56 and at the same time to a de-
scription in heading 84.57, 84.58, 84.59, 84.60, 84.61, 84.64
or 84.65 is to be classified in heading 84.56.

4. Heading 84.57 applies only to machine-tools for working
metal other than lathes (including turning centres), which
can carry out different types of machining operations either:

(a) By automatic tool change from a magazine or the like
in conformity with a machining programme (machining
centres);

(b) By the automatic use, simultaneously or sequentially, of
different unit heads working on a fixed position work-
piece (unit construction machines, single station), or

(c) By the automatic transfer of the workpiece to different
unit heads (multi-station transfer machines).

5. For the purposes of heading 84.62, a"slitting line" for flat
products is a processing line composed of an uncoiler, a coil
flattener, a slitter and a recoiler. A"cut-to-length line" for flat
products is a processing line composed of an uncoiler, a coil
flattener, and a shear.

6.

(a) For the purposes of heading 84.71, the expression
"automatic data processing machines" means machines
capable of:

(1) Storing the processing program or programs and at
least the data immediately necessary for the execution
of the program;

(2) Being freely programmed in accordance with the
requirements of the user;

(3) Performing arthmetical computations specified by the
user; and

(4) Executing, without human intervention, a processing
program which requires them to modify their execu-
tion, by logical decision during the processing run.

(b) Automatic data processing machines may be in theform
of systems consisting of a variable number of separate
units.

(c) Subject to paragraph (d) and (e) below, a unit is to be
regarded as being a part of a complete system if it meets
all of the following conditions:

(1) It is of a kind solely or principally used in an auto-
matic data processing system;

2.可以直接或通过一个或几个其他部件同中央处理器相联接；

3.能够以本系统所使用的方式（代码或信号）接收或传送数据。

自动数据处理设备的部件如果单独报验，应归入税目84.71。

但是，键盘、X—Y坐标输入装置及盘（片）式存储部件，只要符合上述注释（三）2、3所列的规定，应一律作为税目84.71的部件归类。

（四）税目84.71不包括单独报验的下述设备，即使它们符合上述注释六（三）的所有规定：

1.打印机、复印机及传真机，不论是否组合在一起；

2.发送或接收声音、图像或其他数据的设备，包括无线或有线网络的通信设备（如局域网或广播网）；

3.扬声器和传声器（麦克风）；

4.电视摄像机、数字照相机、视频摄录一体机；

5.监视器和投影机，未装有电视接收装置。

（五）装有自动数据处理装置或与自动数据处理设备连接使用，但却从事数据处理以外的某项专门功能的机器，应按其功能归入相应的税目，对于无法按功能归类的，应归入未列名税目。

七、税目84.82还包括最大直径及最小直径与标称直径相差均不超过1%或0.05毫米（以相差数值较小的为准）的抛光钢珠，其他钢珠归入税目73.26。

八、具有一种以上用途的机器在归类时，其主要用途可作为唯一的用途对待。除本章注释二、第十六类注释三另有规定的以外，凡任何税目都未列明其主要用途的机器，或没有哪一种用途是主要用途的机器，均应归入税目84.79。税目84.79还包括将金属丝、纺织纱线或其他各种材料或它们的混合材料制成绳、缆的机器（例如，捻股机、绞扭机、制缆机）。

九、税目84.70所称"袖珍式"，仅适用于外形尺寸不超过170毫米×100毫米×45毫米的机器。

十、税目84.85所称"增材制造"（也称3D打印）指以数字模型为基础，将介质材料（例如，金属、塑料或陶瓷）

(2) It is connectable to the central processing unit either directly or through one or more other units; and

(3) It is able to accept or deliver data in a form (codes or signals) which can be used by the system.

Separately presented units of an automatic data processing machine are to be classified in heading 84.71.

However, keyboards, X-Y co-ordinate input devices and disk storage units which satisfy the conditions of paragraphs (c) (2) and (c) (3) above, are in all cases to be classified as units of heading 84.71.

(d) Heading 84.71 does not cover the following when presented separately, even if they meet all of the conditions set forth in Note 6(c)above:

(1) Printers, copying machines, facsimile machines, whether or not combined;

(2) Apparatus for the transmission or reception of voice, images or other data, including apparatus for communication in a wired or wireless network (such as a local or wide area network);

(3) Loudspeakers and microphones;

(4) Television cameras, digital cameras and video camera recorders;

(5) Monitors and projectors, not incorporating television reception apparatus.

(e) Machines performing a specific function other than data processing and incorporating or working in conjunction with an automatic data processing machine are to be classified in the headings appropriate to their respective functions or, failing that, in residual headings.

7. Heading 84.82 applies, *inter alia*, to polished steel balls, the maximum and minimum diameters of which do not differ from the nominal diameter by more than 1% or by more than 0.05mm, whichever is less. Other steel balls are to be classified in heading 73.26.

8. A machine which is used for more than one purpose is, for the purposes of classification, to be treated as if its principal purpose were its sole purpose. Subject to Note 2 to this Chapter and Note 3 to Section XVI, a machine, the principal purpose of which is not described in any heading or for which no one purpose is the principal purpose, unless the context otherwise requires, is to be classified in heading 84.79. Heading 84.79 also covers machines for making rope or cable (for example, stranding, twisting or cabling machines) from metal wire, textile yarn or any other material or from a combination of such materials.

9. For the purposes of heading 84.70, the term "pocketsize" applies only to machines the dimensions of which do not exceed 170mm×100mm×45mm.

10. For the purposes of heading 84.85, the expression "additive manufacturing" (also referred to as 3D printing) means the

通过连续添加、堆叠、凝结和固化形成物体。

除第十六类注释一及第八十四章注释一另有规定的以外，符合税目84.85规定的设备，应归入该税目而不归入本协调制度的其他税目。

十一、

（一）第八十五章注释十二（一）及（二）同样适用于本条注释及税目84.86中所称的"半导体器件"及"集成电路"。但本条注释及税目84.86所称"半导体器件"，也包括光敏半导体器件及发光二极管（LED）。

（二）本条注释和税目84.86所称"平板显示器的制造设备"包括将各层基片制造成平板的设备。但不包括玻璃的制造设备、将印刷电路板或其他电子元件装配在平板上的设备。"平板显示"不包括阴极射线管技术。

（三）税目84.86也包括下列机器及装置，其专用或主要用于：
1. 制造或修补掩膜版及投影掩膜版；
2. 组装半导体器件或集成电路；
3. 升降、搬运、装卸单晶柱、晶圆、半导体器件、集成电路和平板显示器；

（四）除十六类注释一和第八十四章注释一另有规定的以外，符合税目84.86规定的机器及装置应归入该税目而不归入本目录的其他税目。

子目注释：

一、子目8465.20所称"加工中心"，仅适用于加工木材、软木、骨、硬质橡胶、硬质塑料或类似硬质材料的加工机床。这些设备可根据机械加工程序，从刀具库或类似装置中自动更换刀具，以完成不同形式的机械加工。

二、子目8471.49所称"系统"，是指各部件符合第八十四章注释六（三）所列条件，并且至少由一个中央处理部件、一个输入部件（例如，键盘或扫描器）及一个输出部件（例如，视频显示器或打印机）组成的自动数据处理设备。

三、子目8481.20所称"油压或气压传动阀"，是指在液压

formation of physical objects, based on a digital model, by the successive addition and layering, and consolidation and solidification, of material (for example, metal, plastics or ceramics).

Subject to Note 1 to Section XVI and Note 1 to Chapter 84, machines answering to the description in heading 84.85 are to be classified in that heading and in no other heading of the Nomenclature.

11.

(a) Notes 12 (a) and 12 (b) to Chapter 85 also apply with respect to the expressions "semiconductor devices" and "electronic integrated circuits", respectively, as used in this Note and in heading 84.86. However, for the purposes of this Note and of heading 84.86, the expression "semiconductor devices" also covers photosensitive semiconductor devices and light-emitting diodes (LED).

(b) For the purposes of this Note and of heading 84.86, the expression "manufacture of flat panel displays" covers the fabrication of substrates into a flat panel. It does not cover the manufacture of glass or the assembly of printed circuit boards or other electronic components onto the flat panel. The expression "flat panel display" does not cover cathode-ray tube technology.

(c) Heading 84.86 also includes machines and apparatus solely or principally of a kind used for:
(1) The manufacture or rapair of masks and reticles;
(2) Assembling semiconductor devices or electronic integrated circuits;
(3) Lifting, handling, loading or unlading of boules, wafers, semiconductor devices, electronic integrated circuits and flat panel displays.

(d) Subject to Note 1 to Section XVI and Note 1 to Chapter 84, machines and apparatus answering to the description in heading 84.86 are to be classified in that heading and in no other heading of the Nomenclature.

Subheading Notes:

1. For the purposes of subheading 8465.20, the term "machining centres" applies only to machine-tools for working wood, cork, bone, hard rubber, hard plastics or similar hard materials, which can carry out different types of machining operations by automatic tool change from a magazine or the like in conformity with a machining programme.

2. For the purposes of subheading 8471.49, the term "systems" means automatic data processing machines whose units satisfy the conditions laid down in Note 6 (c) to Chapter 84 and which comprise at least a central processing unit, one input unit (for example, a keyboard or a scanner), and one output unit (for example, a visual display unit or a printer).

3. For the purposes of subheading 8481.20, the expression

或气压系统中专用于传递"流体动力"的阀门，其能源以加压流体（液体或气体）的形式供给。这些阀门可以具有各种形式（例如，减压阀、止回阀）。子目8481.20优先于税目84.81的所有其他子目。

四、子目8482.40仅包括滚柱直径（最大不超过5毫米）相同，且长度至少是直径三倍的圆滚柱轴承，滚柱的两端可以磨圆。

本国子目注释：

一、本国子目8419.1200所称"太阳能热水器"，是指利用太阳能将水从低温加热到高温的装置，由太阳能集热器、储水箱、支架及相关附件组成，主要依靠太阳能集热器把太阳能转换成热能，使水产生微循环而达到所需热水。

二、本国子目8428.9020所称"机械式停车设备"，是指通过机械方式搬运、停放车辆的机械设备。此类设备大多采用自动控制、计算机管理等手段，综合应用机、电、声、光、自动化等技术，达到存取储放车辆的高效率、高可靠性和高安全性。此类设备分为升降横移类、垂直循环类、水平循环类、多层循环类、平面移动类、巷道堆垛类、垂直升降类和简易升降类等多种型式。主要由钢结构件、传动系统、控制系统等部分组成。

三、本国子目8479.5011所称"协作机器人"，是指能和人类在共同工作空间中协同工作的机器人，由执行机构、一体化关节和控制系统组成，其中一体化关节又由伺服电机、减速器、编码器、驱动器和通信总线等组成。

四、本国子目8483.1011所称"曲轴"，是船用柴油机的重要组成部分，主要功能是与连杆配合将作用于活塞上的气体压力转变为传动轴（包括曲轴）的旋转动力，曲轴一般由主轴颈、连杆轴颈、曲柄、平衡块、前端和后段等组成。

"valves for oleohydraulic or pneumatic transmissions" means valves which are used specifically in the transmission of "fluid power" in a hydraulic or pneumatic system, where the energy source is supplied in the form of pressurised fluids (liquid or gas). These valves may be of any type (for example, pressure-reducing type, check type). Subheading 8481.20 takes precedence over all other subheadings of heading 84.81.

4. Subheading 8482.40 applies only to bearings with cylindrical rollers of a uniform diameter not exceeding 5mm and having a length which is at least three times the diameter. The ends of the rollers may be rounded.

Domestic Subheading Notes:

1. Domestic Subheading 8419.1200:"Solar water heaters" are devices heat water from low temperature to high temperature by using solar energy. Such devices consist of solar collectors, storage tanks, stands and related accessories, convert solar energy into heat to obtain the required hot water by producing the microcirculation of water relying on solar collectors.

2. Domestic Subheading 8428.9020:"Mechanical parking systems" are devices transport and park vehicles through mechanical methods. Most of these devices use automatic control, computer management and other means, together with machine, electricity, sound, light, automation and other technologies, to access and storage vehicles with high efficiency, high reliability and high security. These devices are divided into lift-sliding type, vertical circulating type, level circulating type, multi-layer circulating type, plane moving type, aisle-stacking type, vertical lifting type, mini type and other types, mainly consist of steel structures, transmission systems, control systems and other components.

3. For the purpose of national subheading 8479.5011,the expression collaborative robot means a robot that can work cooperatively with humans in a common workspace.It is composed of an actuator,an integrated joint and a contrlo system,among which the integrated joint is composed of a servo motor,a reducer,an encoder,a driver and a communication bus.

4. Domestic Subheading 8483.1011:"Crankshaft" is an important part of marine diesel engines. Its main function is to cooperate with the connecting rod to convert the pressure of the gas acting on the piston into the rotational power of the transmission shaft (including the crankshaft). The crankshaft is generally composed of a main journal, a connecting rod journal, a crank, a balance weight, a front end and a rear end.

序号 No.	税则号列 Tariff Line	货品名称 Article Description	最惠国税率 MFN(%)	协定税率 Agreement(%)		特惠税率 SP(%)	普通税率 Gen(%)
	84.01	核反应堆；核反应堆的未辐照燃料元件（释热元件）；同位素分离机器及装置： **Nuclear reactors; fuel elements (cartridges), non-irradiated, for nuclear reactors; machinery and apparatus for isotopic separation:**					
6193	8401.1000	-核反应堆 -Nuclear reactors	2	0	东盟AS,智CL,巴PK,新西兰NZ,秘PE,哥CR,瑞CH,冰IS,韩KR,澳AU,格GE,毛MU,东盟^{R}AS^R,澳^{R}AU^R,日^{R}JP^R,新西兰^{R}NZ^R,柬KH,港HK,澳门MO,韩^{R}KR^R	0 受惠国LD	8
6194	8401.2000	-同位素分离机器、装置及其零件 -Machinery and apparatus for isotopic separation, and parts thereof	1	0	东盟AS,智CL,巴PK,新西兰NZ,秘PE,哥CR,瑞CH,冰IS,韩KR,澳AU,格GE,毛MU,东盟^{R}AS^R,澳^{R}AU^R,日^{R}JP^R,新西兰^{R}NZ^R,柬KH,港HK,澳门MO,韩^{R}KR^R	0 受惠国LD	8
		-未辐照燃料元件（释热元件）： -Fuel elements (cartridges), non-irradiated:					
6195	8401.3010	---未辐照燃料元件 ---Fuel elements, non-irrdadiated	2△1	0	东盟AS,智CL,巴PK,新西兰NZ,秘PE,哥CR,瑞CH,冰IS,韩KR,澳AU,格GE,毛MU,东盟^{R}AS^R,澳^{R}AU^R,日^{R}JP^R,新西兰^{R}NZ^R,柬KH,港HK,澳门MO,韩^{R}KR^R	0 受惠国LD	8
6196	8401.3090	---未辐照燃料元件的零件 ---Parts for fuel elements non-irradiated	1	0	东盟AS,智CL,巴PK,新西兰NZ,秘PE,哥CR,瑞CH,冰IS,韩KR,澳AU,格GE,毛MU,东盟^{R}AS^R,澳^{R}AU^R,日^{R}JP^R,新西兰^{R}NZ^R,柬KH,港HK,澳门MO,韩^{R}KR^R	0 受惠国LD	8
		-核反应堆零件： -Parts of nuclear reactors:					
6197	8401.4010	---未辐照相关组件 ---Non-irradiated associated assembly	1	0	东盟AS,智CL,巴PK,新西兰NZ,秘PE,哥CR,瑞CH,冰IS,韩KR,澳AU,格GE,毛MU,东盟^{R}AS^R,澳^{R}AU^R,日^{R}JP^R,新西兰^{R}NZ^R,柬KH,港HK,澳门MO,韩^{R}KR^R	0 受惠国LD	8
6198	8401.4020	---堆内构件 ---Reactor internals	1	0	东盟AS,智CL,巴PK,新西兰NZ,秘PE,哥CR,瑞CH,冰IS,韩KR,澳AU,格GE,毛MU,东盟^{R}AS^R,澳^{R}AU^R,日^{R}JP^R,新西兰^{R}NZ^R,柬KH,港HK,澳门MO,韩^{R}KR^R	0 受惠国LD	8
6199	8401.4090	---其他 ---Other	1	0	东盟AS,智CL,巴PK,新西兰NZ,秘PE,哥CR,瑞CH,冰IS,韩KR,澳AU,格GE,毛MU,东盟^{R}AS^R,澳^{R}AU^R,日^{R}JP^R,新西兰^{R}NZ^R,柬KH,港HK,澳门MO,韩^{R}KR^R	0 受惠国LD	8

序号 No.	税则号列 Tariff Line	货品名称 Article Description	最惠国税率 MFN(%)		协定税率 Agreement(%)	特惠税率 SP(%)	普通税率 Gen(%)
	84.02	**蒸汽锅炉（能产生低压水蒸汽的集中供暖用的热水锅炉除外）；过热锅炉：** **Steam or other vapour generating boilers (other than central heating hot water boilers capable also of producing low pressure steam); superheated water boilers:**					
		-蒸汽锅炉： -Steam or other vapour generating boilers:					
		--蒸发量超过45吨/时的水管锅炉： --Watertube boilers with a steam production exceeding 45t per hour:					
6200	8402.1110	---蒸发量在900吨/时及以上的发电用锅炉 ---Boilers for generating electricity with a steam production 900t or more per hour	3	0	东盟AS,智CL,巴PK,新西兰NZ,秘PE,哥CR,瑞CH,冰IS,韩KR,澳AU,格GE,毛MU,东盟^RAS^R,澳^RAU^R,日^RJP^R,新西兰^RNZ^R,柬KH,港HK,澳门MO,韩^RKR^R	0 受惠国LD	11
				2	亚太AP		
6201	8402.1190	---其他 ---Other	10	0	东盟AS,智CL,新西兰NZ,新加坡SG,秘PE,哥CR,瑞CH,冰IS,澳AU,格GE,毛MU,东盟^RAS^R,澳^RAU^R,新西兰^RNZ^R,柬KH,港HK,澳门MO	0 受惠国LD	35
				1.4	韩KR		
				4.2	巴PK		
				6.5	亚太AP		
				11.2	韩^RKR^R		
				11.5	日^RJP^R		
6202	8402.1200	--蒸发量不超过45吨/时的水管锅炉 --Watertube boilers with a steam production not exceeding 45t per hour	5	0	东盟AS,智CL,巴PK,新西兰NZ,秘PE,哥CR,瑞CH,冰IS,澳AU,格GE,毛MU,柬KH,港HK,澳门MO	0 受惠国LD	35
				2	韩KR		
				3.3	亚太AP		
				4	东盟^RAS^R,澳^RAU^R,新西兰^RNZ^R,韩^RKR^R		
				4.4	日^RJP^R		
6203	8402.1900	--其他蒸汽锅炉, 包括混合式锅炉 --Other vapour generating boilers, including hybrid boilers	5	0	东盟AS,智CL,巴PK,新西兰NZ,秘PE,哥CR,瑞CH,冰IS,澳AU,格GE,毛MU,柬KH,港HK,澳门MO	0 受惠国LD	35
				2	韩KR		
				4	东盟^RAS^R,澳^RAU^R,新西兰^RNZ^R,韩^RKR^R		
				4.4	日^RJP^R		

序号 No.	税则号列 Tariff Line	货品名称 Article Description	最惠国税率 MFN(%)	协定税率 Agreement(%)		特惠税率 SP(%)	普通税率 Gen(%)
6204	8402.2000	-过热水锅炉 -Super-heated water boilers	10	0	东盟AS,智CL,新西兰NZ,新加坡SG,秘PE,哥CR,瑞CH,冰IS,澳AU,格GE,毛MU,东盟^{R}AS^R,澳^{R}AU^R,新西兰^{R}NZ^R,柬KH,港HK,澳门MO	0 受惠国LD	35
				1.6	韩KR		
				7.7	巴PK		
				12.8	韩^{R}KR^R		
				13.1	日^{R}JP^R		
6205	8402.9000	-零件 -Parts	2	0	东盟AS,智CL,巴PK,新西兰NZ,秘PE,哥CR,瑞CH,冰IS,韩KR,澳AU,格GE,毛MU,东盟^{R}AS^R,,澳^{R}AU^R,日^{R}JP^R,新西兰^{R}NZ^R,柬KH,港HK,澳门MO,韩^{R}KR^R	0 受惠国LD	11
	84.03	集中供暖用的热水锅炉,但税目**84.02**的货品除外: **Central heating boilers other than those of heading 84.02:**					
		-锅炉: -Boilers:					
6206	8403.1010	---家用型 ---Household type	8	0	东盟AS,智CL,新西兰NZ,秘PE,哥CR,瑞CH,冰IS,澳AU,格GE,毛MU,东盟^{R}AS^R,澳^{R}AU^R,新西兰^{R}NZ^R,柬KH,港HK,澳门MO	0 受惠国LD	80
				1	韩KR		
				3	巴PK		
				5.2	亚太AP		
				8	韩^{R}KR^R		
				8.2	日^{R}JP^R		
6207	8403.1090	---其他 ---Other	8	0	东盟AS,智CL,新西兰NZ,秘PE,哥CR,瑞CH,冰IS,澳AU,格GE,毛MU,东盟^{R}AS^R,澳^{R}AU^R,新西兰^{R}NZ^R,柬KH,港HK,澳门MO	0 受惠国LD	80
				1	巴PK,韩KR		
				5.2	亚太AP		
				8	韩^{R}KR^R		
				8.2	日^{R}JP^R		
6208	8403.9000	-零件 -Parts	6	0	东盟AS,智CL,巴PK,新西兰NZ,秘PE,哥CR,瑞CH,冰IS,澳AU,格GE,毛MU,东盟^{R}AS^R,澳^{R}AU^R,新西兰^{R}NZ^R,柬KH,港HK,澳门MO	0 受惠国LD	80
				0.6	韩KR		
				4.8	韩^{R}KR^R		
				4.9	日^{R}JP^R		

序号 No.	税则号列 Tariff Line	货品名称 Article Description	最惠国税率 MFN(%)	协定税率 Agreement(%)		特惠税率 SP(%)	普通税率 Gen(%)
	84.04	税目84.02或84.03所列锅炉的辅助设备（例如，节热器、过热器、除灰器、气体回收器）；水蒸汽或其他蒸汽动力装置的冷凝器： Auxiliary plant for use with boilers of heading 84.02 or 84.03 (for example, economisers, superheaters, soot removers, gas recoverers); condensers for steam or other vapour power units:					
		-税目84.02或84.03所列锅炉的辅助设备： -Auxiliary plant for use with boilers of heading 84.02 or 84.03:					
6209	8404.1010	---税目84.02所列锅炉的辅助设备 ---For use with boilers of heading 84.02	7	0	东盟AS,智CL,巴PK,新西兰NZ,秘PE,哥CR,瑞CH,冰IS,韩KR,澳AU,格GE,毛MU,东盟^{R}AS^R,澳^{R}AU^R,新西兰^{R}NZ^R,柬KH,港HK,澳门MO,韩^{R}KR^R	0 受惠国LD	35
				3.5	亚太AP		
				5.7	日^{R}JP^R		
	ex84041010	使用（可再生）生物质燃料的非水管蒸汽锅炉的辅助设备 Auxiliary plants of non-water pipe steam boiler using renewable biomass fuel	△5				
6210	8404.1020	---税目84.03所列锅炉的辅助设备 ---For use with boilers of heading 84.03	8△5	0	东盟AS,智CL,新西兰NZ,秘PE,哥CR,瑞CH,冰IS,澳AU,格GE,毛MU,东盟^{R}AS^R,澳^{R}AU^R,新西兰^{R}NZ^R,柬KH,港HK,澳门MO	0 受惠国LD	80
				1	巴PK,韩KR		
				4	亚太AP		
				8	韩^{R}KR^R		
				8.2	日^{R}JP^R		
6211	8404.2000	-水蒸汽或其他蒸汽动力装置的冷凝器 -Condensers for steam or other vapour power units	8△5	0	东盟AS,智CL,新西兰NZ,新加坡SG,秘PE,哥CR,瑞CH,冰IS,澳AU,格GE,毛MU,东盟^{R}AS^R,澳^{R}AU^R,新西兰^{R}NZ^R,柬KH,港HK,澳门MO	0 受惠国LD	35
				1.4	韩KR		
				6.7	巴PK		
				11.2	韩^{R}KR^R		
				11.5	日^{R}JP^R		
		-零件： -Parts:					

序号 No.	税则号列 Tariff Line	货品名称 Article Description	最惠国税率 MFN(%)	协定税率 Agreement(%)		特惠税率 SP(%)	普通税率 Gen(%)
6212	8404.9010	---子目8404.1020所列设备的零件 ---Of the auxiliary plant of subheading 8404.1020	7Δ5	0	亚太AP,东盟AS,智CL,巴PK,新西兰NZ,秘PE,哥CR,瑞CH,冰IS,韩KR,澳AU,格GE,毛MU,东盟^RAS^R,澳^RAU^R,新西兰^RNZ^R,柬KH,港HK,澳门MO,韩^RKR^R	0 受惠国LD	80
				8.2	日^RJP^R		
6213	8404.9090	---其他 ---Other	7	0	亚太AP,东盟AS,智CL,巴PK,新西兰NZ,秘PE,哥CR,瑞CH,冰IS,韩KR,澳AU,格GE,毛MU,东盟^RAS^R,澳^RAU^R,日^RJP^R,新西兰^RNZ^R,柬KH,港HK,澳门MO,韩^RKR^R	0 受惠国LD	35
	ex84049090	使用(可再生)生物质燃料的非水管蒸汽锅炉的辅助设备的零件;水蒸汽或其他蒸汽动力装置的冷凝器的零件 Parts of auxiliary plants of non-water pipe steam boiler using renewable biomass fuel. Parts of condensers for steam or other vapour power units	Δ5				
	84.05	煤气发生器,不论有无净化器;乙炔发生器及类似的水解气体发生器,不论有无净化器: Producer gas or water gas generators, with or without their purifiers; acetylene gas generators and similar water process gas generators, with or without their purifiers:					
6214	8405.1000	-煤气发生器,不论有无净化器;乙炔发生器及类似的水解气体发生器,不论有无净化器 -Producer gas or water gas generators, with or without their purifiers; acetylene gas generators and similar water process gas generators, with or without their purifiers	10	0	东盟AS,智CL,新西兰NZ,新加坡SG,秘PE,哥CR,瑞CH,冰IS,澳AU,格GE,毛MU,柬KH,港HK,澳门MO	0 受惠国LD	30
				6.7	巴PK		
				7.7	韩KR		
				12.6	东盟^RAS^R,澳^RAU^R,新西兰^RNZ^R		
				14	韩^RKR^R		
6215	8405.9000	-零件 -Parts	6	0	东盟AS,智CL,新西兰NZ,秘PE,哥CR,瑞CH,冰IS,韩KR,澳AU,格GE,毛MU,东盟^RAS^R,澳^RAU^R,新西兰^RNZ^R,柬KH,港HK,澳门MO,韩^RKR^R	0 受惠国LD	30
				1	巴PK		
				6.5	日^RJP^R		
	84.06	汽轮机: Steam turbines and other vapour turbines:					

序号 No.	税则号列 Tariff Line	货品名称 Article Description	最惠国税率 MFN(%)	协定税率 Agreement(%)		特惠税率 SP(%)	普通税率 Gen(%)
6216	8406.1000	-船舶动力用汽轮机 -Turbines for marine propulsion	5	0	东盟AS,智CL,巴PK,新西兰NZ,秘PE,哥CR,瑞CH,冰IS,澳AU,格GE,毛MU,东盟^RAS^R,澳^RAU^R,新西兰^RNZ^R,柬KH,港HK,澳门MO	0 受惠国LD	35
				0.5	韩KR		
				3.5	亚太AP		
				4	韩^RKR^R		
				4.1	日^RJP^R		
		-其他汽轮机: -Other turbines:					
		--输出功率超过40兆瓦的: --Of an output exceeding 40MW:					
6217	8406.8110	---输出功率不超过100兆瓦的 ---Of an output not exceeding 100MW	5	0	东盟AS,智CL,巴PK,新西兰NZ,秘PE,哥CR,瑞CH,冰IS,韩KR,澳AU,格GE,毛MU,东盟^RAS^R,澳^RAU^R,新西兰^RNZ^R,柬KH,港HK,澳门MO,韩^RKR^R	0 受惠国LD	35
				4.4	日^RJP^R		
6218	8406.8120	---输出功率超过100兆瓦,但不超过350兆瓦的 ---Of an output exceeding 100MW but not exceeding 350MW	5	0	东盟AS,智CL,巴PK,新西兰NZ,秘PE,哥CR,瑞CH,冰IS,韩KR,澳AU,格GE,毛MU,东盟^RAS^R,澳^RAU^R,新西兰^RNZ^R,柬KH,港HK,澳门MO,韩^RKR^R	0 受惠国LD	35
				3.5	亚太AP		
				4.5	日^RJP^R		
6219	8406.8130	---输出功率超过350兆瓦的 ---Of an output exceeding 350MW	6	0	东盟AS,智CL,巴PK,新西兰NZ,秘PE,哥CR,瑞CH,冰IS,韩KR,澳AU,格GE,毛MU,东盟^RAS^R,澳^RAU^R,日^RJP^R,新西兰^RNZ^R,柬KH,港HK,澳门MO,韩^RKR^R	0 受惠国LD	11
				4.2	亚太AP		
6220	8406.8200	--输出功率不超过40兆瓦的 --Of an output not exceeding 40MW	5	0	东盟AS,智CL,巴PK,新西兰NZ,秘PE,哥CR,冰IS,韩KR,澳AU,格GE,毛MU,东盟^RAS^R,澳^RAU^R,新西兰^RNZ^R,柬KH,港HK,澳门MO,韩^RKR^R	0 受惠国LD	35
				2	瑞CH		
				3.5	亚太AP		
				4.1	日^RJP^R		
6221	8406.9000	-零件 -Parts	2	0	东盟AS,智CL,巴PK,新西兰NZ,秘PE,哥CR,瑞CH,冰IS,韩KR,澳AU,格GE,毛MU,东盟^RAS^R,澳^RAU^R,新西兰^RNZ^R,柬KH,港HK,澳门MO,韩^RKR^R	0 受惠国LD	11
				1.6	日^RJP^R		

序号 No.	税则号列 Tariff Line	货品名称 Article Description	最惠国税率 MFN(%)	协定税率 Agreement(%)		特惠税率 SP(%)		普通税率 Gen(%)
	84.07	点燃往复式或旋转式活塞内燃发动机: Spark-ignition reciprocating or rotary internal combustion piston engines:						
		-航空器发动机: -Aircraft engines:						
6222	8407.1010	---输出功率不超过298千瓦 ---Of an output not exceeding 298kW	2	0	东盟AS,智CL,巴PK,新西兰NZ,秘PE,哥CR,瑞CH,冰IS,韩KR,澳AU,格GE,毛MU,东盟^{R}AS^R,澳^{R}AU^R,日^{R}JP^R,新西兰^{R}NZ^R,柬KH,港HK,澳门MO,韩^{R}KR^R	0 受惠国LD	11
6223	8407.1020	---输出功率超过298千瓦 ---Of an output exceeding 298kW	2	0	东盟AS,智CL,巴PK,新西兰NZ,秘PE,哥CR,瑞CH,冰IS,韩KR,澳AU,格GE,毛MU,东盟^{R}AS^R,澳^{R}AU^R,日^{R}JP^R,新西兰^{R}NZ^R,柬KH,港HK,澳门MO,韩^{R}KR^R	0 受惠国LD	11
		-船舶发动机: -Marine propulsion engines:						
6224	8407.2100	--舷外发动机 --Outboard motors	8	0	东盟AS,智CL,新西兰NZ,秘PE,哥CR,瑞CH,冰IS,澳AU,格GE,毛MU,柬KH,港HK,澳门MO	0 受惠国LD	35
				1	巴PK		
				7.2	东盟^{R}AS^R,澳^{R}AU^R,新西兰^{R}NZ^R		
6225	8407.2900	--其他 --Other	8	0	东盟AS,智CL,新西兰NZ,秘PE,哥CR,瑞CH,冰IS,澳AU,格GE,毛MU,柬KH,港HK,澳门MO	0 受惠国LD	20
				1	巴PK		
				7.2	东盟^{R}AS^R,澳^{R}AU^R,新西兰^{R}NZ^R		
		-用于第八十七章所列车辆的往复式活塞发动机: -Reciprocating piston engines of a kind used for the propulsion of vehicles of Chapter 87:						
6226	8407.3100	--气缸容量（排气量）不超过50毫升 --Of a cylinder capacity not exceeding 50cc	10	0	东盟AS,智CL,新西兰NZ,秘PE,哥CR,瑞CH,冰IS,澳AU,格GE,毛MU,柬KH,港HK,澳门MO	0 受惠国LD	35
				1	巴PK		
				5.5	韩KR		
				9	东盟^{R}AS^R,澳^{R}AU^R,日^{R}JP^R,新西兰^{R}NZ^R		
				10	韩^{R}KR^R		

序号 No.	税则号列 Tariff Line	货品名称 Article Description	最惠国税率 MFN(%)	协定税率 Agreement(%)		特惠税率 SP(%)		普通税率 Gen(%)
6227	8407.3200	--气缸容量（排气量）超过50毫升，但不超过250毫升 --Of a cylinder capacity exceeding 50cc but not exceeding 250cc	10	0	东盟AS,智CL,新西兰NZ,秘PE,哥CR,瑞CH,冰IS,澳AU,格GE,毛MU,东盟^{R}AS^R,日^{R}JP^R,柬KH,港HK,澳门MO	0	受惠国LD	35
				1	巴PK			
				5.5	韩KR			
				9	澳^{R}AU^R,新西兰^{R}NZ^R			
				10	韩^{R}KR^R			
6228	8407.3300	--气缸容量（排气量）超过250毫升，但不超过1000毫升 --Of a cylinder capacity exceeding 250cc but not exceeding 1000cc	10	0	东盟AS,智CL,新西兰NZ,新加坡SG,秘PE,哥CR,瑞CH,冰IS,澳AU,格GE,毛MU,柬KH,港HK,澳门MO	0	受惠国LD	70
				4.8	巴PK			
				5.5	韩KR			
				9	东盟^{R}AS^R,澳^{R}AU^R,日^{R}JP^R,新西兰^{R}NZ^R			
				10	韩^{R}KR^R			
		--气缸容量（排气量）超过1000毫升： --Of a cylinder capacity exceeding 1000cc:						
6229	8407.3410	---气缸容量（排气量）超过1000毫升，但不超过3000毫升 ---Of a cylinder capacity exceeding 1000cc but not exceeding 3000cc	10	0	智CL,新西兰NZ,哥CR,瑞CH,冰IS,澳AU,格GE,毛MU,港HK,澳门MO	0	受惠国$_2$LD$_2$	70
				5	东盟AS,柬KH			
				5.5	韩KR			
				6.5	亚太AP			
				7	巴PK			
				9.5	东盟^{R}AS^R,澳^{R}AU^R,新西兰^{R}NZ^R			
				10	韩^{R}KR^R			
6230	8407.3420	---气缸容量（排气量）超过3000毫升 ---Of a cylinder capacity exceeding 3000 cc	10	0	智CL,新西兰NZ,哥CR,瑞CH,冰IS,澳AU,格GE,毛MU,柬KH,港HK,澳门MO	0	受惠国$_1$LD$_1$	35
				5	东盟AS			
				5.5	韩KR			
				6.5	亚太AP			
				7	巴PK			
		-其他发动机： -Other engines:						
6231	8407.9010	---沼气发动机 ---Firedamp engines	10	0	东盟AS,智CL,新西兰NZ,新加坡SG,秘PE,哥CR,瑞CH,冰IS,澳AU,格GE,毛MU,东盟^{R}AS^R,澳^{R}AU^R,新西兰^{R}NZ^R,柬KH,港HK,澳门MO	0	受惠国LD	35
				1.2	韩KR			
				3.6	巴PK			
				7	亚太AP			
				9.6	韩^{R}KR^R			
				9.8	日^{R}JP^R			

序号 No.	税则号列 Tariff Line	货品名称 Article Description	最惠国税率 MFN(%)	协定税率 Agreement(%)		特惠税率 SP(%)	普通税率 Gen(%)
6232	8407.9090	---其他 ---Other	18	0	东盟AS,智CL,新西兰NZ,新加坡SG,秘PE,哥CR,瑞CH,冰IS,澳AU,格GE,毛MU,柬KH,港HK,澳门MO	0 受惠国LD	35
				7.2	韩KR		
				15.6	东盟^{R}AS^R,韩^{R}KR^R		
				15.8	日^{R}JP^R		
				16.2	澳^{R}AU^R,新西兰^{R}NZ^R		
	ex84079090	叉车用汽油发动机（800转/分钟≤转速≤3400转/分钟） Petrol engines for forklift trucks (800r/min≤rotational speed≤3400r/min)	Δ9				
	ex84079090	立式输出轴汽油发动机 Petrol engines with a vertical crankshaft	Δ9				
	84.08	**压燃式活塞内燃发动机（柴油或半柴油发动机）：** **Compression-ignition internal combustion piston engines (diesel or semi-diesel engines):**					
6233	8408.1000	-船舶发动机 -Marine propulsion engines	5	0	东盟AS,智CL,巴PK,新西兰NZ,新加坡SG,秘PE,哥CR,瑞CH,冰IS,澳AU,格GE,毛MU,柬KH,港HK,澳门MO	0 受惠国LD	11
				2.5	亚太AP,韩KR		
				4.5	东盟^{R}AS^R,澳^{R}AU^R,新西兰^{R}NZ^R		
		-用于第八十七章所列车辆的发动机: -Engines of a kind used for the propulsion of vehicles of Chapter 87:					
6234	8408.2010	---输出功率在132.39千瓦（180马力）及以上 ---Of an output power of 132.39kW(180PS) or more	9	0	智CL,新西兰NZ,秘PE,哥CR,瑞CH,冰IS,澳AU,格GE,毛MU,柬KH,港HK,澳门MO	0 受惠国LD	14
				3.6	韩KR		
				5	东盟AS		
				6.3	亚太AP,巴PK		
				8.1	东盟^{R}AS^R,澳^{R}AU^R,日^{R}JP^R		
				8.6	新西兰^{R}NZ^R		
				9	韩^{R}KR^R		
	ex84082010	输出功率在441千瓦（600马力）及以上的柴油发动机 Diesel engines with an output power≥441 kW (600HP)	Δ4				
6235	8408.2090	---其他 ---Other	25	0	智CL,新西兰NZ,哥CR,冰IS,澳AU,格GE,柬KH,港HK,澳门MO	0 受惠国₁LD₁	35
				5	东盟AS		
				10	毛MU		
				13.7	韩KR		
				17.5	亚太AP,巴PK		

序号 No.	税则号列 Tariff Line	货品名称 Article Description	最惠国税率 MFN(%)	协定税率 Agreement(%)		特惠税率 SP(%)	普通税率 Gen(%)
	ex84082090	升功率≥50千瓦的轿车用柴油发动机 Diesel engines for cars, power density≥50 kW	Δ20				
		-其他发动机： -Other engines:					
6236	8408.9010	---机车发动机 ---Locomotive engines	6	0 3.9	东盟AS,智CL,巴PK,新西兰NZ, 秘PE,哥CR,瑞CH,冰IS,韩KR, 澳AU,格GE,毛MU,东盟^RAS^R, 澳^RAU^R,日^RJP^R,新西兰NZ^R,柬 KH,港HK,澳门MO,韩^RKR^R 亚太AP	0 受惠国LD	11
		---其他： ---Other:					
6237	8408.9091	----输出功率不超过14千瓦 ----Of an output not exceeding 14kW	5	0 2 3.3 4.5 5	东盟AS,智CL,巴PK,新西兰NZ, 秘PE,哥CR,瑞CH,冰IS,澳AU,格 GE,毛MU,柬KH,港HK,澳门MO 韩KR 亚太AP 东盟^RAS^R,澳^RAU^R,新西兰^RNZ^R 韩^RKR^R	0 受惠国LD	35
6238	8408.9092	----输出功率超过14千瓦，但小于132.39千瓦（180马力） ----Of an output exceeding 14kW but not exceeding 132.39kW(180PS)	8	0 1 3.3 7.2 7.3 7.4 7.6	东盟AS,智CL,新西兰NZ,秘PE, 哥CR,瑞CH,冰IS,澳AU,格GE, 毛MU,柬KH,港HK,澳门MO 巴PK 韩KR 亚太AP 东盟^RAS^R,韩^RKR^R 日^RJP^R 澳^RAU^R,新西兰^RNZ^R	0 受惠国LD	35
6239	8408.9093	----输出功率在132.39千瓦（180马力）及以上 ----Of an output of 132.39kW (180PS) or more	5	0 2 3.3 4 4.4	东盟AS,智CL,巴PK,新西兰NZ, 秘PE,哥CR,瑞CH,冰IS,澳AU,格 GE,毛MU,柬KH,港HK,澳门MO 韩KR 亚太AP 东盟^RAS^R,澳^RAU^R,新西兰^RNZ^R, 韩^RKR^R 日^RJP^R	0 受惠国LD	14
	84.09	专用于或主要用于税目84.07或84.08所列发动机的零件： **Parts suitable for use solely or principally with the engines of heading 84.07 or 84.08:**					
6240	8409.1000	-航空器发动机用 -For aircraft engines	2	0	东盟AS,智CL,巴PK,新西兰NZ, 秘PE,哥CR,瑞CH,冰IS,韩KR, 澳AU,格GE,毛MU,东盟^RAS^R, 澳^RAU^R,日^RJP^R,新西兰^RNZ^R,柬 KH,港HK,澳门MO,韩^RKR^R	0 受惠国LD	11

序号 No.	税则号列 Tariff Line	货品名称 Article Description	最惠国税率 MFN(%)	协定税率 Agreement(%)		特惠税率 SP(%)	普通税率 Gen(%)
		-其他: -Other:					
		--专用于或主要用于点燃式活塞内燃发动机的: --Suitable for use solely or principally with spark-ignition internal combustion piston engines:					
6241	8409.9110	---船舶发动机用 ---For marine propulsion engines	6	0	东盟AS,智CL,巴PK,新西兰NZ,秘PE,哥CR,瑞CH,冰IS,澳AU,格GE,毛MU,柬KH,港HK,澳门MO	0 受惠国LD	17
				3.9	亚太AP,韩KR		
				5.4	东盟^{R}AS^R,澳^{R}AU^R,新西兰^{R}NZ^R		
		---其他: ---Other:					
6242	8409.9191	----电控燃油喷射装置 ----Electronic fuel injection devices	5	0	东盟AS,智CL,巴PK,新西兰NZ,新加坡SG,秘PE,哥CR,瑞CH,冰IS,澳AU,格GE,毛MU,柬KH,港HK,澳门MO	0 受惠国LD	35
				2	韩KR		
				3.3	亚太AP		
				4	东盟^{R}AS^R,澳^{R}AU^R,新西兰^{R}NZ^R,韩^{R}KR^R		
				4.4	日^{R}JP^R		
6243	8409.9199	----其他 ----Other	5	0	东盟AS,智CL,巴PK,新西兰NZ,新加坡SG,秘PE,哥CR,瑞CH,冰IS,澳AU,格GE,毛MU,东盟^{R}AS^R,澳^{R}AU^R,新西兰^{R}NZ^R,柬KH,港HK,澳门MO	0 受惠国LD	35
				0.5	韩KR		
				3.3	亚太AP		
				4	韩^{R}KR^R		
				4.4	日^{R}JP^R		
	ex84099199	汽车用电子节气门 Electronic Throttle Control for automobile	Δ3				
		--其他: --Other:					
6244	8409.9910	---船舶发动机用 ---For marine propulsion engines	5	0	东盟AS,智CL,巴PK,新西兰NZ,新加坡SG,秘PE,哥CR,瑞CH,冰IS,澳AU,格GE,毛MU,柬KH,港HK,澳门MO	0 受惠国LD	11
				2	韩KR		
				3.3	亚太AP		
				4	东盟^{R}AS^R,澳^{R}AU^R,新西兰^{R}NZ^R,韩^{R}KR^R		
				4.4	日^{R}JP^R		

序号 No.	税则号列 Tariff Line	货品名称 Article Description	最惠国税率 MFN(%)	协定税率 Agreement(%)		特惠税率 SP(%)	普通税率 Gen(%)
6245	8409.9920	---机车发动机用 ---For locomotive engines	2	0	东盟AS,智CL,巴PK,新西兰NZ,秘PE,哥CR,瑞CH,冰IS,韩KR,澳AU,格GE,毛MU,东盟^{R}AS^R,澳^{R}AU^R,新西兰NZ^R,柬KH,港HK,澳门MO,韩^{R}KR^R	0 受惠国LD	11
				1.3	亚太AP		
				1.6	日^{R}JP^R		
		---其他: ---Other:					
6246	8409.9991	----输出功率在132.39千瓦(180马力)及以上的发动机用 ----For engines with an output of 132.39kW(180PS) or more	2	0	东盟AS,智CL,巴PK,新西兰NZ,秘PE,哥CR,瑞CH,冰IS,澳AU,格GE,东盟^{R}AS^R,澳AU^R,新西兰^{R}NZ^R,柬KH,港HK,澳门MO	0 受惠国LD	11
				0.2	韩KR		
				0.8	毛MU		
				1.3	亚太AP		
				1.6	日^{R}JP^R,韩^{R}KR^R		
6247	8409.9999	----其他 ----Other	8	0	东盟AS,智CL,新西兰NZ,新加坡SG,秘PE,哥CR,瑞CH,冰IS,澳AU,格GE,毛MU,柬KH,港HK,澳门MO	0 受惠国LD	35
				3.3	韩KR		
				4	巴PK		
				5.2	亚太AP		
				7.3	东盟^{R}AS^R,韩^{R}KR^R		
				7.4	日^{R}JP^R		
				7.6	澳^{R}AU^R,新西兰^{R}NZ^R		
	ex84099999	电控柴油喷射装置及其零件 Electronic diesel oil injection devices and parts thereof	Δ5				
	84.10	**水轮机、水轮及其调节器:** **Hydraulic turbines, water wheels, and regulators therefor:**					
		-水轮机及水轮: -Hydraulic turbines and water wheels:					
6248	8410.1100	--功率不超过1000千瓦 --Of a power not exceeding 1000kW	8	0	东盟AS,智CL,新西兰NZ,秘PE,哥CR,瑞CH,冰IS,澳AU,格GE,毛MU,东盟^{R}AS^R,澳^{R}AU^R,新西兰^{R}NZ^R,柬KH,港HK,澳门MO	0 受惠国LD	35
				1	巴PK,韩KR		
				8	韩^{R}KR^R		
				8.2	日^{R}JP^R		

序号 No.	税则号列 Tariff Line	货品名称 Article Description	最惠国税率 MFN(%)	协定税率 Agreement(%)		特惠税率 SP(%)	普通税率 Gen(%)
6249	8410.1200	--功率超过1000千瓦, 但不超过10000 千瓦 --Of a power exceeding 1000kW but not exceeding 10000kW	8	0	东盟AS,智CL,新西兰NZ,新加坡SG,秘PE,哥CR,瑞CH,冰IS,澳AU,格GE,毛MU,东盟^RAS^R,澳^RAU^R,新西兰^RNZ^R,柬KH,港HK,澳门MO	0 受惠国LD	35
				1	巴PK,韩KR		
				8	韩^RKR^R		
				8.2	日^RJP^R		
		--功率超过10000千瓦: --Of a power exceeding 10000kW:					
6250	8410.1310	---功率超过30000千瓦的冲击式水轮 机及水轮 ---Impulse hydraulic turbines and water wheels of a power>30000kW	8	0	东盟AS,智CL,新西兰NZ,新加坡SG,秘PE,哥CR,瑞CH,冰IS,澳AU,格GE,毛MU,东盟^RAS^R,澳^RAU^R,新西兰^RNZ^R,柬KH,港HK,澳门MO	0 受惠国LD	35
				1	巴PK,韩KR		
				5.6	亚太AP		
				8	韩^RKR^R		
				8.2	日^RJP^R		
6251	8410.1320	---功率超过35000千瓦的贯流式水轮 机及水轮 ---Radial hydraulic turbines and water wheels of a power>35000kW	8	0	东盟AS,智CL,新西兰NZ,新加坡SG,秘PE,哥CR,瑞CH,冰IS,澳AU,格GE,毛MU,东盟^RAS^R,澳^RAU^R,新西兰^RNZ^R,柬KH,港HK,澳门MO	0 受惠国LD	35
				1	巴PK,韩KR		
				5.6	亚太AP		
				8	韩^RKR^R		
				8.2	日^RJP^R		
6252	8410.1330	---功率超过200000千瓦的水泵水轮机 及水轮 ---Pumping hydraulic turbines and water wheels of a power>200000kW	8	0	东盟AS,智CL,新西兰NZ,秘PE,哥CR,瑞CH,冰IS,澳AU,格GE,毛MU,东盟^RAS^R,澳^RAU^R,新西兰^RNZ^R,柬KH,港HK,澳门MO	0 受惠国LD	35
				1	巴PK,韩KR		
				5.6	亚太AP		
				8	韩^RKR^R		
				8.2	日^RJP^R		
6253	8410.1390	---其他 ---Other	8	0	东盟AS,智CL,新西兰NZ,秘PE,哥CR,瑞CH,冰IS,澳AU,格GE,毛MU,东盟^RAS^R,澳^RAU^R,新西兰^RNZ^R,柬KH,港HK,澳门MO	0 受惠国LD	35
				1	巴PK,韩KR		
				5.6	亚太AP		
				8	韩^RKR^R		
				8.2	日^RJP^R		
		-零件, 包括调节器: -Parts, including regulators:					

序号 No.	税则号列 Tariff Line	货品名称 Article Description	最惠国税率 MFN(%)	协定税率 Agreement(%)		特惠税率 SP(%)		普通税率 Gen(%)
6254	8410.9010	---调节器 ---Regulators	6	0	东盟AS,智CL,巴PK,新西兰NZ, 秘PE,哥CR,瑞CH,冰IS,韩KR, 澳AU,格GE,毛MU,东盟^RAS^R, 澳^RAU^R,日^RJP^R,新西兰^RNZ^R,柬 KH,港HK,澳门MO,韩^RKR^R	0	受惠国LD	35
				4.2	亚太AP			
6255	8410.9090	---其他 ---Other	6	0	东盟AS,智CL,巴PK,新西兰NZ, 秘PE,哥CR,瑞CH,冰IS,澳AU,格 GE,毛MU,东盟^RAS^R,澳^RAU^R,新 西兰^RNZ^R,柬KH,港HK,澳门MO	0	受惠国LD	35
				0.6	韩KR			
				4.8	韩^RKR^R			
				4.9	日^RJP^R			
	84.11	涡轮喷气发动机,涡轮螺桨发动机及 其他燃气轮机: **Turbojets, turbopropellers and other** **gas turbines:**						
		-涡轮喷气发动机: -Turbojets:						
		--推力不超过25千牛顿: --Of a thrust not exceeding 25kN:						
6256	8411.1110	---涡轮风扇发动机 ---Turbofan engines	1	0	东盟AS,智CL,巴PK,新西兰NZ, 秘PE,哥CR,瑞CH,冰IS,韩KR, 澳AU,格GE,毛MU,东盟^RAS^R, 澳^RAU^R,日^RJP^R,新西兰^RNZ^R,柬 KH,港HK,澳门MO,韩^RKR^R	0	受惠国LD	11
6257	8411.1190	---其他 ---Other	1	0	东盟AS,智CL,巴PK,新西兰NZ, 秘PE,哥CR,瑞CH,冰IS,韩KR, 澳AU,格GE,毛MU,东盟^RAS^R, 澳^RAU^R,日^RJP^R,新西兰^RNZ^R,柬 KH,港HK,澳门MO,韩^RKR^R	0	受惠国LD	11
		--推力超过25千牛顿: --Of a thrust exceeding 25kN:						
6258	8411.1210	---涡轮风扇发动机 ---Turbofan engines	1	0	亚太AP,东盟AS,智CL,巴PK,新 西兰NZ,秘PE,哥CR,瑞CH,冰 IS,韩KR,澳AU,格GE,毛MU,东 盟^RAS^R,澳^RAU^R,日^RJP^R,新西兰 ^RNZ^R,柬KH,港HK,澳门MO,韩 ^RKR^R	0	受惠国LD	11
6259	8411.1290	---其他 ---Other	1	0	东盟AS,智CL,巴PK,新西兰NZ, 秘PE,哥CR,瑞CH,冰IS,韩KR, 澳AU,格GE,毛MU,东盟^RAS^R, 澳^RAU^R,日^RJP^R,新西兰^RNZ^R,柬 KH,港HK,澳门MO,韩^RKR^R	0	受惠国LD	11
				0.5	亚太AP			

序号 No.	税则号列 Tariff Line	货品名称 Article Description	最惠国税率 MFN(%)	协定税率 Agreement(%)		特惠税率 SP(%)	普通税率 Gen(%)
		-涡轮螺桨发动机: -Turbopropellers:					
6260	8411.2100	--功率不超过1100千瓦 --Of a power not exceeding 1100kW	2	0	东盟AS,智CL,巴PK,新西兰NZ,秘PE,哥CR,瑞CH,冰IS,韩KR,澳AU,格GE,毛MU,东盟^{R}AS^R,澳^{R}AU^R,日^{R}JP^R,新西兰^{R}NZ^R,柬KH,港HK,澳门MO,韩^{R}KR^R	0 受惠国LD	11
		--功率超过1100千瓦: --Of a power exceeding 1100kW:					
6261	8411.2210	---功率超过1100千瓦,但不超过2238千瓦 ---Of a power exceeding 1100kW but not exceeding 2238kW	2	0 1.4	东盟AS,智CL,巴PK,新西兰NZ,秘PE,哥CR,瑞CH,冰IS,韩KR,澳AU,格GE,毛MU,东盟^{R}AS^R,澳^{R}AU^R,日^{R}JP^R,新西兰^{R}NZ^R,柬KH,港HK,澳门MO,韩^{R}KR^R 亚太AP	0 受惠国LD	11
6262	8411.2220	---功率超过2238千瓦,但不超过3730千瓦 ---Of a power exceeding 2238kW but not exceeding 3730kW	2	0 1.4	东盟AS,智CL,巴PK,新西兰NZ,秘PE,哥CR,瑞CH,冰IS,韩KR,澳AU,格GE,毛MU,东盟^{R}AS^R,澳^{R}AU^R,日^{R}JP^R,新西兰^{R}NZ^R,柬KH,港HK,澳门MO,韩^{R}KR^R 亚太AP	0 受惠国LD	11
6263	8411.2230	---功率超过3730千瓦 ---Of a power exceeding 3730kW	2	0 1.4	东盟AS,智CL,巴PK,新西兰NZ,秘PE,哥CR,瑞CH,冰IS,韩KR,澳AU,格GE,毛MU,东盟^{R}AS^R,澳^{R}AU^R,日^{R}JP^R,新西兰^{R}NZ^R,柬KH,港HK,澳门MO,韩^{R}KR^R 亚太AP	0 受惠国LD	11
		-其他燃气轮机: -Other gas turbines:					
6264	8411.8100	--功率不超过5000千瓦 --Of a power not exceeding 5000kW	15	0 1.5 7.2 12 12.3	东盟AS,智CL,新西兰NZ,新加坡SG,秘PE,哥CR,瑞CH,冰IS,澳AU,格GE,毛MU,东盟^{R}AS^R,澳^{R}AU^R,新西兰^{R}NZ^R,柬KH,港HK,澳门MO 韩KR 巴PK 韩^{R}KR^R 日^{R}JP^R	0 受惠国LD	35
	ex84118100	涡轮轴航空发动机 Turbo shaft engines for aircraft	Δ1				
	ex84118100	功率≥3500kw的涡轮轴发动机(航空发动机除外) Turbine shaft engines with output power≥3500kW (excluding aircraft engines)	Δ3				

序号 No.	税则号列 Tariff Line	货品名称 Article Description	最惠国税率 MFN(%)	协定税率 Agreement(%)		特惠税率 SP(%)		普通税率 Gen(%)
6265	8411.8200	--功率超过5000千瓦 --Of a power exceeding 5000kW	3	0	东盟AS,智CL,巴PK,新西兰NZ,秘PE,哥CR,瑞CH,冰IS,韩KR,澳AU,格GE,毛MU,东盟^RAS^R,澳^RAU^R,日^RJP^R,新西兰^RNZ^R,柬KH,港HK,澳门MO,韩^RKR^R	0	受惠国LD	35
				2.1	亚太AP			
		-零件: -Parts:						
6266	8411.9100	--涡轮喷气发动机或涡轮螺桨发动机用 --Of turbo-jets or turbo-propellers	1	0	东盟AS,智CL,巴PK,新西兰NZ,秘PE,哥CR,瑞CH,冰IS,韩KR,澳AU,格GE,毛MU,东盟^RAS^R,澳^RAU^R,日^RJP^R,新西兰^RNZ^R,柬KH,港HK,澳门MO,韩^RKR^R	0	受惠国LD	11
		--其他: --Other:						
6267	8411.9910	---涡轮轴发动机用 ---Of turboshaft engines	5	0	东盟AS,智CL,巴PK,新西兰NZ,秘PE,哥CR,瑞CH,冰IS,韩KR,澳AU,格GE,毛MU,东盟^RAS^R,澳^RAU^R,日^RJP^R,新西兰^RNZ^R,柬KH,港HK,澳门MO,韩^RKR^R	0	受惠国LD	35
				3.5	亚太AP			
	ex84119910	涡轮轴航空发动机用零件 Parts of turbo shaft engines for aircraft	Δ1					
6268	8411.9990	---其他 ---Other	5	0	东盟AS,智CL,巴PK,新西兰NZ,秘PE,哥CR,瑞CH,冰IS,澳AU,格GE,毛MU,东盟^RAS^R,澳^RAU^R,新西兰^RNZ^R,柬KH,港HK,澳门MO	0	受惠国LD	35
				0.5	韩KR			
				4	韩^RKR^R			
				4.4	日^RJP^R			
	84.12	**其他发动机及动力装置:** **Other engines and motors:**						
		-喷气发动机,但涡轮喷气发动机除外: -Jet engines other than turbo-jets:						
6269	8412.1010	---航空器及航天器用 ---For aircraft or spacecraft	3	0	东盟AS,智CL,巴PK,新西兰NZ,秘PE,哥CR,瑞CH,冰IS,韩KR,澳AU,格GE,毛MU,东盟^RAS^R,澳^RAU^R,日^RJP^R,新西兰^RNZ^R,柬KH,港HK,澳门MO,韩^RKR^R	0	受惠国LD	11
6270	8412.1090	---其他 ---Other	10	0	东盟AS,智CL,新西兰NZ,秘PE,哥CR,瑞CH,冰IS,澳AU,格GE,毛MU,东盟^RAS^R,澳^RAU^R,新西兰^RNZ^R,柬KH,港HK,澳门MO	0	受惠国LD	35
				1	巴PK,韩KR			
				8	韩^RKR^R			
				8.2	日^RJP^R			

序号 No.	税则号列 Tariff Line	货品名称 Article Description	最惠国税率 MFN(%)	协定税率 Agreement(%)		特惠税率 SP(%)		普通税率 Gen(%)
		-液压动力装置: -Hydraulic power engines and motors:						
6271	8412.2100	--直线作用(液压缸)的 --Linear acting (cylinders)	12	0	东盟AS,智CL,新西兰NZ,新加坡SG,秘PE,哥CR,瑞CH,冰IS,澳AU,格GE,毛MU,柬KH,港HK,澳门MO,台TW	0	受惠国LD	35
				3.6	巴PK			
				6.6	韩KR			
				10.8	东盟^{R}AS^R,澳^{R}AU^R,新西兰^{R}NZ^R,韩^{R}KR^R			
				10.9	日^{R}JP^R			
	ex84122100	飞机发动机用液压直线作动筒 Hydraulic linear actuators for airplane engines	Δ1					
		--其他: --Other:						
6272	8412.2910	---液压马达 ---Hydraulic motors	10	0	东盟AS,智CL,新西兰NZ,新加坡SG,秘PE,哥CR,瑞CH,冰IS,澳AU,格GE,毛MU,柬KH,港HK,澳门MO	0	受惠国LD	35
				3	巴PK			
				5.5	韩KR			
				9	东盟^{R}AS^R,澳^{R}AU^R,日^{R}JP^R,新西兰^{R}NZ^R,韩^{R}KR^R			
6273	8412.2990	---其他 ---Other	14	0	东盟AS,智CL,新西兰NZ,新加坡SG,秘PE,哥CR,瑞CH,冰IS,澳AU,格GE,毛MU,柬KH,港HK,澳门MO	0	受惠国LD	35
				5.6	韩KR			
				6.7	巴PK			
				12.1	东盟^{R}AS^R,韩^{R}KR^R			
				12.3	日^{R}JP^R			
				12.6	澳^{R}AU^R,新西兰^{R}NZ^R			
	ex84122990	抓桩器(抱桩器) Skirt pile grippers	Δ7					
	ex84122990	飞机发动机用液压作动器 Hydraulic actuators for airplane engines	Δ1					
		-气压动力装置: -Pneumatic power engines and motors:						
6274	8412.3100	--直线作用(气压缸)的 --Linear acting (cylinders)	14	0	东盟AS,智CL,新西兰NZ,新加坡SG,秘PE,哥CR,瑞CH,冰IS,韩KR,澳AU,格GE,毛MU,东盟^{R}AS^R,澳^{R}AU^R,新西兰^{R}NZ^R,柬KH,港HK,澳门MO,台TW,韩^{R}KR^R	0	受惠国LD	35
				4.2	巴PK			
				9.1	亚太AP			
				11.5	日^{R}JP^R			

序号 No.	税则号列 Tariff Line	货品名称 Article Description	最惠国税率 MFN(%)	协定税率 Agreement(%)		特惠税率 SP(%)	普通税率 Gen(%)
	ex84123100	三坐标测量机用平衡气缸 Balance cylinder for three coordinate measuring machine	Δ7				
	ex84123100	飞机舱门气动作动筒 Pneumatic actuators for airplane doors	Δ1				
6275	8412.3900	--其他 --Other	14	0	东盟AS,智CL,新西兰NZ,新加坡SG,秘PE,哥CR,瑞CH,冰IS,澳AU,格GE,毛MU,东盟^{R}AS^R,澳^{R}AU^R,新西兰^{R}NZ^R,柬KH,港HK,澳门MO	0 受惠国LD	35
				1.4	韩KR		
				6.7	巴PK		
				11.2	韩^{R}KR^R		
				11.5	日^{R}JP^R		
	ex84123900	飞机发动机用气压作动器 Pneumatic actuators for airplane engines	Δ1				
6276	8412.8000	-其他 -Other	10	0	东盟AS,智CL,新西兰NZ,秘PE,哥CR,瑞CH,冰IS,澳AU,格GE,毛MU,东盟^{R}AS^R,澳^{R}AU^R,新西兰^{R}NZ^R,柬KH,港HK,澳门MO	0 受惠国LD	35
				1	巴PK,韩KR		
				8	韩^{R}KR^R		
				8.2	日^{R}JP^R		
		-零件： -Parts:					
6277	8412.9010	---子目8412.1010所列机器的零件 ---For machines of subheading 8412.1010	2	0	东盟AS,智CL,巴PK,新西兰NZ,秘PE,哥CR,瑞CH,冰IS,韩KR,澳AU,格GE,毛MU,东盟^{R}AS^R,澳^{R}AU^R,日^{R}JP^R,新西兰^{R}NZ^R,柬KH,港HK,澳门MO,韩^{R}KR^R	0 受惠国LD	11
6278	8412.9090	---其他 ---Other	8	0	东盟AS,智CL,新西兰NZ,秘PE,哥CR,瑞CH,冰IS,澳AU,格GE,毛MU,柬KH,港HK,澳门MO	0 受惠国LD	35
				1	巴PK		
				3.2	韩KR		
				6.4	东盟^{R}AS^R,澳^{R}AU^R,新西兰^{R}NZ^R,韩^{R}KR^R		
				7	日^{R}JP^R		
	ex84129090	风力发动机零件 Wind turbines parts	Δ5				
	ex84129090	飞机发动机用作动筒壳体 Actuator housings for airplane engines	Δ1				

序号 No.	税则号列 Tariff Line	货品名称 Article Description	最惠国税率 MFN(%)	协定税率 Agreement(%)		特惠税率 SP(%)	普通税率 Gen(%)
	84.13	液体泵, 不论是否装有计量装置; 液体提升机: **Pumps for liquids, whether or not fitted with a measuring device; liquid elevators:**					
		-装有或可装计量装置的泵: -Pumps fitted or designed to be fitted with a measuring device:					
6279	8413.1100	--分装燃料或润滑油的泵, 用于加油站或车库 --Pumps for dispensing fuel or lubricants, of the type used in filling-stations or in garages	10△6	0	东盟AS,智CL,新西兰NZ,新加坡SG,秘PE,哥CR,瑞CH,冰IS,澳AU,格GE,毛MU,东盟^RAS^R,澳^RAU^R,新西兰^RNZ^R,柬KH,港HK,澳门MO	0 受惠国LD	30
				1	巴PK,韩KR		
				8	韩^RKR^R		
				8.2	日^RJP^R		
6280	8413.1900	--其他 --Other	10△6	0	东盟AS,智CL,新西兰NZ,新加坡SG,秘PE,哥CR,瑞CH,冰IS,澳AU,格GE,毛MU,柬KH,港HK,澳门MO	0 受惠国LD	30
				3	巴PK		
				5.5	韩KR		
				9	东盟^RAS^R,澳^RAU^R,日^RJP^R,新西兰^RNZ^R		
				10	韩^RKR^R		
6281	8413.2000	-手泵, 但子目8413.11或8413.19的货品除外 -Hand pumps, other than those of subheading 8413.11 or 8413.19	10	0	东盟AS,智CL,新西兰NZ,新加坡SG,秘PE,哥CR,瑞CH,冰IS,澳AU,格GE,毛MU,东盟^RAS^R,澳^RAU^R,新西兰^RNZ^R,柬KH,港HK,澳门MO	0 受惠国LD	30
				1	韩KR		
				4	巴PK		
				8	韩^RKR^R		
				8.2	日^RJP^R		
		-活塞式内燃发动机用的燃油泵、润滑油泵或冷却剂泵: -Fuel, lubricating or cooling medium pumps for internal combustion piston engines:					
		---燃油泵: ---Fuel pumps:					
6282	8413.3021	----输出功率在132.39千瓦(180马力)及以上的发动机用燃油泵 ----Fuel pumps for engines of an output of 132.39kW(180PS)or more	3	0	东盟AS,智CL,巴PK,新西兰NZ,秘PE,哥CR,瑞CH,冰IS,韩KR,澳AU,格GE,毛MU,东盟^RAS^R,日^RJP^R,柬KH,港HK,澳门MO,韩^RKR^R	0 受惠国LD	30
				2	亚太AP		
				2.4	澳^RAU^R,新西兰^RNZ^R		

序号 No.	税则号列 Tariff Line	货品名称 Article Description	最惠国税率 MFN(%)		协定税率 Agreement(%)	特惠税率 SP(%)		普通税率 Gen(%)
6283	8413.3029	----其他 ----Other	3	0	东盟AS,智CL,巴PK,新西兰NZ,秘PE,哥CR,瑞CH,冰IS,韩KR,澳AU,格GE,毛MU,东盟^{R}AS^R,澳^{R}AU^R,新西兰^{R}NZ^R,柬KH,港HK,澳门MO,韩^{R}KR^R	0	受惠国LD	30
				2.7	日^{R}JP^R			
6284	8413.3030	---润滑油泵 ---Lubricating oil pumps	3	0	东盟AS,智CL,巴PK,新西兰NZ,秘PE,哥CR,瑞CH,冰IS,韩KR,澳AU,格GE,东盟^{R}AS^R,日^{R}JP^R,柬KH,港HK,澳门MO,韩^{R}KR^R	0	受惠国LD	30
				1.2	毛MU			
				2.4	澳^{R}AU^R,新西兰^{R}NZ^R			
6285	8413.3090	---其他 ---Other	3	0	东盟AS,智CL,巴PK,新西兰NZ,秘PE,哥CR,瑞CH,冰IS,韩KR,澳AU,格GE,东盟^{R}AS^R,日^{R}JP^R,柬KH,港HK,澳门MO,韩^{R}KR^R	0	受惠国LD	30
				1.2	毛MU			
				2	亚太AP			
				2.4	澳^{R}AU^R,新西兰^{R}NZ^R			
6286	8413.4000	-混凝土泵 -Concrete pumps	8	0	东盟AS,智CL,新西兰NZ,秘PE,哥CR,瑞CH,冰IS,澳AU,格GE,毛MU,东盟^{R}AS^R,澳^{R}AU^R,新西兰^{R}NZ^R,柬KH,港HK,澳门MO	0	受惠国LD	30
				0.8	韩KR			
				1	巴PK			
				6.4	韩^{R}KR^R			
				6.5	日^{R}JP^R			
		-其他往复式排液泵: -Other reciprocating positive displacement pumps:						
6287	8413.5010	---气动式 ---Pneumatic	10	0	东盟AS,智CL,新西兰NZ,新加坡SG,秘PE,哥CR,瑞CH,冰IS,澳AU,格GE,毛MU,柬KH,港HK,澳门MO	0	受惠国LD	40
				1	巴PK			
				4	韩KR			
				8.7	东盟^{R}AS^R,韩^{R}KR^R			
				8.8	日^{R}JP^R			
				9	澳^{R}AU^R,新西兰^{R}NZ^R			

序号 No.	税则号列 Tariff Line	货品名称 Article Description	最惠国税率 MFN(%)	协定税率 Agreement(%)		特惠税率 SP(%)	普通税率 Gen(%)
6288	8413.5020	---电动式 ---Electric	10	0 1 1.7 3 8 8.2	东盟AS,智CL,新西兰NZ,新加 坡SG,秘PE,哥CR,冰IS,澳AU,格 GE,毛MU,柬KH,港HK,澳门MO 韩KR 瑞CH 巴PK 东盟^{R}AS^R,澳^{R}AU^R,新西兰^{R}NZ^R, 韩^{R}KR^R 日^{R}JP^R	0 受惠国LD	40
	ex84135020	电动吸奶器 Electric breast pump	Δ5				
		---液压式: ---Hydraulic:					
6289	8413.5031	----柱塞泵 ----Plunger pump	10	0 3 5.5 9 10	东盟AS,智CL,新西兰NZ,新加 坡SG,秘PE,哥CR,瑞CH,冰IS,澳 AU,格GE,毛MU,柬KH,港HK,澳 门MO 巴PK 韩KR 东盟^{R}AS^R,澳^{R}AU^R,日^{R}JP^R,新西 兰^{R}NZ^R 韩^{R}KR^R	0 受惠国LD	40
	ex84135031	飞机用液压柱塞泵 Hydraulic plunger pumps for airplane	Δ1				
	ex84135031	其他往复式液压柱塞泵 Other reciprocating positive hydraulic plunger pumps	Δ6				
6290	8413.5039	----其他 ----Other	10	0 4 8.7 8.8 9	东盟AS,智CL,巴PK,新西兰NZ, 新加坡SG,秘PE,哥CR,瑞CH,冰 IS,澳AU,格GE,毛MU,柬KH,港 HK,澳门MO 韩KR 东盟^{R}AS^R,韩^{R}KR^R 日^{R}JP^R 澳^{R}AU^R,新西兰^{R}NZ^R	0 受惠国LD	40
6291	8413.5090	---其他 ---Other	10	0 3 5.5 9 10	东盟AS,智CL,新西兰NZ,新加 坡SG,秘PE,哥CR,瑞CH,冰IS,澳 AU,格GE,毛MU,柬KH,港HK,澳 门MO 巴PK 韩KR 东盟^{R}AS^R,澳^{R}AU^R,日^{R}JP^R,新西 兰^{R}NZ^R 韩^{R}KR^R	0 受惠国LD	40

序号 No.	税则号列 Tariff Line	货品名称 Article Description	最惠国税率 MFN(%)	协定税率 Agreement(%)		特惠税率 SP(%)	普通税率 Gen(%)
		-其他回转式排液泵： -Other rotary positive displacement pumps:					
		---齿轮泵： ---Gear pump:					
6292	8413.6021	----电动式 ----Electric	10Δ6	0 3 5.5 9 10	东盟AS,智CL,新西兰NZ,新加坡SG,秘PE,哥CR,瑞CH,澳AU,格GE,毛MU,柬KH,港HK,澳门MO 巴PK 韩KR 东盟^{R}AS^R,澳^{R}AU^R,日^{R}JP^R,新西兰^{R}NZ^R 韩^{R}KR^R	0 受惠国LD	40
6293	8413.6022	----液压式 ----Hydraulic	10	0 1 4 8.7 8.8 9	东盟AS,智CL,新西兰NZ,秘PE,哥CR,瑞CH,冰IS,澳AU,格GE,毛MU,柬KH,港HK,澳门MO 巴PK 韩KR 东盟^{R}AS^R,韩^{R}KR^R 日^{R}JP^R 澳^{R}AU^R,新西兰^{R}NZ^R	0 受惠国LD	40
	ex84136022	回转式液压油泵,输入转速>2000转/分钟,输入功率>190千瓦,最大流量>2×280升/分钟 Rotating hydraulic oil pumps, input rotating speed>2000r/min, input power>190kW, maximum flow>2×280 L/min	Δ3				
	ex84136022	其他液压式齿轮回转泵 Other hydraulic gear rotary pumps	Δ6				
6294	8413.6029	----其他 ----Other	10	0 1 3 8 8.2	东盟AS,智CL,新西兰NZ,秘PE,哥CR,瑞CH,冰IS,澳AU,格GE,毛MU,柬KH,港HK,澳门MO 韩KR 巴PK 东盟^{R}AS^R,澳^{R}AU^R,新西兰^{R}NZ^R,韩^{R}KR^R 日^{R}JP^R	0 受惠国LD	40
		---叶片泵： ---Vane pump:					
6295	8413.6031	----电动式 ----Electric	10	0 1 8 8.2	东盟AS,智CL,新西兰NZ,秘PE,哥CR,瑞CH,冰IS,澳AU,格GE,毛MU,东盟^{R}AS^R,澳^{R}AU^R,新西兰^{R}NZ^R,柬KH,港HK,澳门MO 巴PK,韩KR 韩^{R}KR^R 日^{R}JP^R	0 受惠国LD	40

序号 No.	税则号列 Tariff Line	货品名称 Article Description	最惠国税率 MFN(%)	协定税率 Agreement(%)		特惠税率 SP(%)		普通税率 Gen(%)
6296	8413.6032	----液压式 ----Hydraulic	10Δ6	0	东盟AS,智CL,新西兰NZ,秘PE,哥CR,瑞CH,冰IS,澳AU,格GE,毛MU,柬KH,港HK,澳门MO	0	受惠国LD	40
				1	巴PK			
				5.5	韩KR			
				9	东盟^{R}AS^R,澳^{R}AU^R,日^{R}JP^R,新西兰^{R}NZ^R			
				10	韩^{R}KR^R			
6297	8413.6039	----其他 ----Other	10Δ6	0	东盟AS,智CL,新西兰NZ,秘PE,哥CR,瑞CH,冰IS,澳AU,格GE,毛MU,柬KH,港HK,澳门MO	0	受惠国LD	40
				1	巴PK			
				5.5	韩KR			
				9	东盟^{R}AS^R,澳^{R}AU^R,日^{R}JP^R,新西兰^{R}NZ^R			
				10	韩^{R}KR^R			
6298	8413.6040	---螺杆泵 ---Screw pump	10Δ6	0	东盟AS,智CL,新西兰NZ,秘PE,哥CR,瑞CH,冰IS,澳AU,格GE,毛MU,柬KH,港HK,澳门MO	0	受惠国LD	40
				1	巴PK			
				5.5	韩KR			
				9	东盟^{R}AS^R,澳^{R}AU^R,日^{R}JP^R,新西兰^{R}NZ^R			
				10	韩^{R}KR^R			
6299	8413.6050	---径向柱塞泵 ---Radial plunger pump	10Δ6	0	东盟AS,智CL,新西兰NZ,秘PE,哥CR,瑞CH,冰IS,澳AU,格GE,毛MU,柬KH,港HK,澳门MO	0	受惠国LD	40
				1	巴PK			
				5.5	韩KR			
				9	东盟^{R}AS^R,澳^{R}AU^R,日^{R}JP^R,新西兰^{R}NZ^R			
				10	韩^{R}KR^R			
6300	8413.6060	---轴向柱塞泵 ---Axial plunger pump	10Δ6	0	东盟AS,智CL,新西兰NZ,秘PE,哥CR,瑞CH,冰IS,澳AU,格GE,毛MU,柬KH,港HK,澳门MO	0	受惠国LD	40
				3	巴PK			
				4	韩KR			
				8.7	东盟^{R}AS^R,韩^{R}KR^R			
				8.8	日^{R}JP^R			
				9	澳^{R}AU^R,新西兰^{R}NZ^R			

序号 No.	税则号列 Tariff Line	货品名称 Article Description	最惠国税率 MFN(%)	协定税率 Agreement(%)		特惠税率 SP(%)	普通税率 Gen(%)
6301	8413.6090	---其他 ---Other	10	0	东盟AS,智CL,新西兰NZ,新加坡SG,秘PE,哥CR,瑞CH,冰IS,澳AU,格GE,毛MU,柬KH,港HK,澳门MO	0 受惠国LD	40
				3	巴PK		
				4	韩KR		
				8.7	东盟^{R}AS^R,韩^{R}KR^R		
				8.8	日^{R}JP^R		
				9	澳^{R}AU^R,新西兰^{R}NZ^R		
		-其他离心泵: -Other centrifugal pumps:					
6302	8413.7010	---转速在10000转/分及以上 ---Rotational speed no less than 10000 r/min	8	0	东盟AS,智CL,新西兰NZ,秘PE,哥CR,瑞CH,冰IS,韩KR,澳AU,格GE,毛MU,东盟^{R}AS^R,澳^{R}AU^R,新西兰^{R}NZ^R,柬KH,港HK,澳门MO,韩^{R}KR^R	0 受惠国LD	40
				1	巴PK		
				5.2	亚太AP		
				6.5	日^{R}JP^R		
		---其他: ---Other:					
6303	8413.7091	----电动潜油泵及潜水电泵 ----Electric submersible oil pumps and electric submersible pumps	8	0	东盟AS,智CL,新西兰NZ,新加坡SG,秘PE,哥CR,瑞CH,冰IS,澳AU,格GE,毛MU,东盟^{R}AS^R,澳^{R}AU^R,新西兰^{R}NZ^R,柬KH,港HK,澳门MO	0 受惠国LD	40
				1	巴PK,韩KR		
				8	韩^{R}KR^R		
				8.2	日^{R}JP^R		
6304	8413.7099	----其他 ----Other	8	0	东盟AS,智CL,新西兰NZ,秘PE,哥CR,瑞CH,冰IS,韩KR,澳AU,格GE,毛MU,东盟^{R}AS^R,澳^{R}AU^R,新西兰^{R}NZ^R,柬KH,港HK,澳门MO,韩^{R}KR^R	0 受惠国LD	40
				1	巴PK		
				5.2	亚太AP		
				7	日^{R}JP^R		
	ex84137099	飞机发动机用燃油泵 Fuel pumps for airplane engines	△1				
		-其他泵;液体提升机: -Other pumps; liquid elevators:					
6305	8413.8100	--泵 --Pumps	8	0	东盟AS,智CL,巴PK,新西兰NZ,秘PE,哥CR,瑞CH,冰IS,韩KR,澳AU,格GE,毛MU,东盟^{R}AS^R,澳^{R}AU^R,新西兰^{R}NZ^R,柬KH,港HK,澳门MO,台TW,韩^{R}KR^R	0 受惠国LD	40
				4	亚太AP		
				6.5	日^{R}JP^R		

序号 No.	税则号列 Tariff Line	货品名称 Article Description	最惠国税率 MFN(%)	协定税率 Agreement(%)		特惠税率 SP(%)		普通税率 Gen(%)
6306	8413.8200	--液体提升机 --Liquid elevators	8	0	东盟AS,智CL,新西兰NZ,秘PE, 哥CR,冰IS,澳AU,格GE,毛MU, 东盟^{R}AS^R,澳^{R}AU^R,新西兰^{R}NZ^R, 柬KH,港HK,澳门MO	0	受惠国LD	30
				0.8	韩KR			
				1	巴PK			
				3.2	瑞CH			
				6.4	韩^{R}KR^R			
				6.5	日^{R}JP^R			
		-零件: -Parts:						
6307	8413.9100	--泵用 --Of pumps	5	0	东盟AS,智CL,巴PK,新西兰NZ, 秘PE,哥CR,瑞CH,冰IS,韩KR, 澳AU,格GE,毛MU,东盟^{R}AS^R,澳 ^{R}AU^R,新西兰^{R}NZ^R,柬KH,港HK, 澳门MO,台TW,韩^{R}KR^R	0	受惠国LD	30
				2.5	亚太AP			
				4.4	日^{R}JP^R			
6308	8413.9200	--液体提升机用 --Of liquid elevators	6	0	东盟AS,智CL,巴PK,新西兰NZ, 秘PE,哥CR,瑞CH,冰IS,韩KR, 澳AU,格GE,毛MU,东盟^{R}AS^R, 澳^{R}AU^R,日^{R}JP^R,新西兰^{R}NZ^R,柬 KH,港HK,澳门MO,韩^{R}KR^R	0	受惠国LD	30
	84.14	空气泵或真空泵、空气及其他气体压缩机、风机、风扇;装有风扇的通风罩或循环气罩,不论是否装有过滤器:气密生物安全柜,不论是否装有过滤器: Air or vacuum pumps, air or other gas compressors and fans; ventilating or recycling hoods incorporating a fan, whether or not fitted with filters; gas-tight biological safety cabinets, whether or not fitted with filters:							
6309	8414.1000	-真空泵 -Vacuum pumps	8	0	东盟AS,智CL,新西兰NZ,秘PE, 哥CR,瑞CH,冰IS,澳AU,格GE, 毛MU,东盟^{R}AS^R,澳^{R}AU^R,新西 兰^{R}NZ^R,柬KH,港HK,澳门MO, 台TW	0	受惠国LD	30
				0.8	韩KR			
				1	巴PK			
				6.4	韩^{R}KR^R			
				7.2	日^{R}JP^R			
	ex84141000	真空泵(专门或主要用于半导体或平板显示屏制造的除外) Vacuum pumps (excluding vacuum pumps dedicated to or predominantly used in the manufacture of semiconductors or flat panel displays)	Δ5					

序号 No.	税则号列 Tariff Line	货品名称 Article Description	最惠国税率 MFN(%)	协定税率 Agreement(%)		特惠税率 SP(%)	普通税率 Gen(%)
	ex84141000	专门或主要用于半导体或平板显示屏制造的真空泵 Vacuum pumps of a kind used solely or principally for the manufacture of semiconductors or flat panel displays	0				
6310	8414.2000	-手动或脚踏式空气泵 -Hand- or foot-operated pumps	8	0	东盟AS,智CL,新西兰NZ,秘PE,哥CR,瑞CH,冰IS,韩KR,澳AU,格GE,毛MU,东盟^RAS^R,澳^RAU^R,新西兰^RNZ^R,柬KH,港HK,澳门MO,韩^RKR^R	0 受惠国LD	30
				1	巴PK		
				6.5	日^RJP^R		
		-用于制冷设备的压缩机： -Compressors of a kind used in refrigerating equipment:					
		---电动机驱动的压缩机： ---Driven by a motor:					
6311	8414.3011	----冷藏箱或冷冻箱用,电动机额定功率不超过0.4千瓦 ----For refrigerators or freezers, of a motor power not exceeding 0.4kW	8	0	东盟AS,智CL,新西兰NZ,新加坡SG,秘PE,哥CR,瑞CH,冰IS,澳AU,格GE,毛MU,柬KH,港HK,澳门MO	0 受惠国LD	80
				1	巴PK		
				3.2	韩KR		
				5.2	亚太AP		
				6.9	东盟^RAS^R,韩^RKR^R		
				7	日^RJP^R		
				7.2	澳^RAU^R,新西兰^RNZ^R		
6312	8414.3012	----冷藏箱或冷冻箱用,电动机额定功率超过0.4千瓦,但不超过5千瓦 ----For refrigerators or freezers, of a motor power exceeding 0.4kW but not exceeding 5kW	8	0	东盟AS,智CL,新西兰NZ,新加坡SG,秘PE,哥CR,瑞CH,冰IS,澳AU,格GE,毛MU,柬KH,港HK,澳门MO	0 受惠国LD	80
				1	巴PK		
				5.2	亚太AP		
				5.5	韩KR		
				8	东盟^RAS^R		
				8.2	日^RJP^R		
				9	澳^RAU^R,新西兰^RNZ^R		
				10	韩^RKR^R		
6313	8414.3013	----空气调节器用,电动机额定功率超过0.4千瓦,但不超过5千瓦 ----For air conditioning machines, of a motor power exceeding 0.4kW but not exceeding 5kW	8	0	东盟AS,智CL,新西兰NZ,新加坡SG,秘PE,哥CR,瑞CH,冰IS,韩KR,澳AU,格GE,毛MU,东盟^RAS^R,澳^RAU^R,新西兰^RNZ^R,柬KH,港HK,澳门MO,台TW,韩^RKR^R	0 受惠国LD	80
				1	巴PK		
				5.2	亚太AP		
				8.2	日^RJP^R		

序号 No.	税则号列 Tariff Line	货品名称 Article Description	最惠国税率 MFN(%)	协定税率 Agreement(%)		特惠税率 SP(%)	普通税率 Gen(%)
6314	8414.3014	----空气调节器用,电动机额定功率超 过5千瓦 ----For air conditioning machines, of a motor power exceeding 5kW	8	0	东盟AS,智CL,新西兰NZ,新加 坡SG,秘PE,哥CR,瑞CH,冰IS,澳 AU,格GE,毛MU,东盟^{R}AS^R,澳 ^{R}AU^R,新西兰^{R}NZ^R,柬KH,港HK, 澳门MO,台TW	0 受惠国LD	80
				1	巴PK,韩KR		
				5.2	亚太AP		
				8	韩^{R}KR^R		
				8.2	日^{R}JP^R		
6315	8414.3015	----冷冻或冷藏设备用,电动机额定功 率超过5千瓦 ----For refrigerators or freezers, of a motor power exceeding 5kW	8	0	东盟AS,智CL,新西兰NZ,秘PE, 哥CR,瑞CH,冰IS,澳AU,格GE, 毛MU,柬KH,港HK,澳门MO	0 受惠国LD	30
				1	巴PK,韩KR		
				5.2	亚太AP		
				8	东盟^{R}AS^R,澳^{R}AU^R,新西兰^{R}NZ^R, 韩^{R}KR^R		
				8.2	日^{R}JP^R		
6316	8414.3019	----其他 ----Other	8	0	东盟AS,智CL,新西兰NZ,新加 坡SG,秘PE,哥CR,瑞CH,冰IS,澳 AU,格GE,毛MU,柬KH,港HK,澳 门MO	0 受惠国LD	30
				1	巴PK		
				5.2	亚太AP		
				5.5	韩KR		
				9	东盟^{R}AS^R,澳^{R}AU^R,日^{R}JP^R,新西 兰^{R}NZ^R		
				10	韩^{R}KR^R		
6317	8414.3090	---非电动机驱动的压缩机 ---Driven by a non-motor	8	0	东盟AS,智CL,新西兰NZ,新加 坡SG,秘PE,哥CR,瑞CH,冰IS,澳 AU,格GE,毛MU,柬KH,港HK,澳 门MO	0 受惠国LD	80
				1	巴PK		
				3.6	韩KR		
				5.2	亚太AP		
				7.8	东盟^{R}AS^R,韩^{R}KR^R		
				7.9	日^{R}JP^R		
				8.1	澳^{R}AU^R,新西兰^{R}NZ^R		
6318	8414.4000	-装在拖车底盘上的空气压缩机 -Air compressors mounted on a wheeled chassis for towing	8	0	东盟AS,智CL,新西兰NZ,秘PE, 哥CR,瑞CH,冰IS,澳AU,格GE, 毛MU,东盟^{R}AS^R,澳^{R}AU^R,新西 兰^{R}NZ^R,柬KH,港HK,澳门MO	0 受惠国LD	30
				0.8	韩KR		
				1	巴PK		
				6.4	韩^{R}KR^R		
				6.5	日^{R}JP^R		

序号 No.	税则号列 Tariff Line	货品名称 Article Description	最惠国税率 MFN(%)		协定税率 Agreement(%)	特惠税率 SP(%)	普通税率 Gen(%)
		-风机、风扇: -Fans:					
		--台扇、落地扇、壁扇、换气扇或吊扇, 包括风机,本身装有一个输出功率不 超过125瓦的电动机: --Table, floor, wall, window, ceiling or roof fans, with a self-contained electric motor of an output not exceeding 125W:					
6319	8414.5110	---吊扇 ---Ceiling or roof fans	6	0 4.2 8 16 16.4	东盟AS,智CL,新西兰NZ,新加 坡SG,秘PE,哥CR,瑞CH,冰IS,澳 AU,格GE,毛MU,柬KH,港HK,澳 门MO 亚太AP 韩KR 巴PK,东盟^RAS^R,澳^RAU^R,新西兰 ^RNZ^R,韩^RKR^R 日^RJP^R	0 受惠国LD, 老LA	130
6320	8414.5120	---换气扇 ---Window fans	6	0 4.8 8 17.3 17.5 18	东盟AS,智CL,巴PK,新西兰NZ, 新加坡SG,秘PE,哥CR,瑞CH,冰 IS,澳AU,格GE,毛MU,柬KH,港 HK,澳门MO,台TW 亚太AP 韩KR 东盟^RAS^R,韩^RKR^R 日^RJP^R 澳^RAU^R,新西兰^RNZ^R	0 受惠国LD, 老LA	130
6321	8414.5130	---具有旋转导风轮的风扇 ---Repeating front louver fan	6	0 1.2 3.6 9.6 9.8	东盟AS,智CL,新西兰NZ,新加 坡SG,秘PE,哥CR,瑞CH,冰IS,澳 AU,格GE,毛MU,东盟^RAS^R,澳 ^RAU^R,新西兰^RNZ^R,柬KH,港HK, 澳门MO 韩KR 巴PK 韩^RKR^R 日^RJP^R	0 受惠国LD, 老LA	130
		---其他: ---Other:					
6322	8414.5191	----台扇 ----Table fans	6	0 1 4.2 8 8.2	东盟AS,智CL,新西兰NZ,秘PE, 哥CR,瑞CH,冰IS,澳AU,格GE, 毛MU,东盟^RAS^R,澳^RAU^R,新西 兰^RNZ^R,柬KH,港HK,澳门MO 巴PK,韩KR 亚太AP 韩^RKR^R 日^RJP^R	0 受惠国LD, 老LA	130

序号 No.	税则号列 Tariff Line	货品名称 Article Description	最惠国税率 MFN(%)	协定税率 Agreement(%)		特惠税率 SP(%)	普通税率 Gen(%)
6323	8414.5192	----落地扇 ----Floor fans	6	0	东盟AS,智CL,新西兰NZ,秘PE,哥CR,瑞CH,冰IS,澳AU,格GE,毛MU,东盟^{R}AS^R,澳^{R}AU^R,新西兰^{R}NZ^R,柬KH,港HK,澳门MO	0 受惠国LD,老LA	130
				1	巴PK,韩KR		
				4.2	亚太AP		
				8	韩^{R}KR^R		
				8.2	日^{R}JP^R		
6324	8414.5193	----壁扇 ----Wall fans	6	0	东盟AS,智CL,新西兰NZ,秘PE,哥CR,瑞CH,冰IS,澳AU,格GE,毛MU,东盟^{R}AS^R,澳^{R}AU^R,新西兰^{R}NZ^R,柬KH,港HK,澳门MO	0 受惠国LD,老LA	130
				1	巴PK,韩KR		
				4.8	亚太AP		
				8	韩^{R}KR^R		
				8.2	日^{R}JP^R		
6325	8414.5199	----其他 ----Other	6	0	东盟AS,智CL,巴PK,新西兰NZ,新加坡SG,秘PE,哥CR,瑞CH,冰IS,澳AU,格GE,毛MU,柬KH,港HK,澳门MO,台TW	0 受惠国LD,老LA	130
				1	韩KR		
				8	东盟^{R}AS^R,澳^{R}AU^R,新西兰^{R}NZ^R,韩^{R}KR^R		
				8.2	日^{R}JP^R		
		--其他: --Other:					
6326	8414.5910	---吊扇 ---Ceiling or roof fans	8	0	东盟AS,智CL,新西兰NZ,秘PE,哥CR,瑞CH,冰IS,韩KR,澳AU,格GE,毛MU,东盟^{R}AS^R,澳^{R}AU^R,新西兰^{R}NZ^R,柬KH,港HK,澳门MO,韩^{R}KR^R	0 受惠国LD	30
				1	巴PK		
				5.2	亚太AP		
				6.5	日^{R}JP^R		
6327	8414.5920	---换气扇 ---Window fans	8	0	东盟AS,智CL,新西兰NZ,秘PE,哥CR,瑞CH,冰IS,韩KR,澳AU,格GE,毛MU,东盟^{R}AS^R,澳^{R}AU^R,新西兰^{R}NZ^R,柬KH,港HK,澳门MO,韩^{R}KR^R	0 受惠国LD	30
				1	巴PK		
				5.2	亚太AP		
				6.5	日^{R}JP^R		

序号 No.	税则号列 Tariff Line	货品名称 Article Description	最惠国税率 MFN(%)	协定税率 Agreement(%)		特惠税率 SP(%)	普通税率 Gen(%)
6328	8414.5930	---离心通风机 ---Centrifugal ventilation fans	8	0	东盟AS,智CL,新西兰NZ,新加坡SG,秘PE,哥CR,瑞CH,冰IS,韩KR,澳AU,格GE,毛MU,柬KH,港HK,澳门MO	0 受惠国LD	30
				3	巴PK		
				5.2	亚太AP		
				8	东盟^{R}AS^R,澳^{R}AU^R,新西兰^{R}NZ^R,韩^{R}KR^R		
				8.2	日^{R}JP^R		
6329	8414.5990	---其他 ---Other	8	0	东盟AS,智CL,新西兰NZ,秘PE,哥CR,瑞CH,冰IS,韩KR,澳AU,格GE,毛MU,东盟^{R}AS^R,澳^{R}AU^R,新西兰^{R}NZ^R,柬KH,港HK,澳门MO,台TW,韩^{R}KR^R	0 受惠国LD	30
				1	巴PK		
				5.2	亚太AP		
				6.5	日^{R}JP^R		
	ex84145990	专门或主要用于微处理器、电信设备、自动数据处理设备或装置的散热扇 Fans of a kind used solely or principally for cooling microprocessors, telecommunication apparatus, automatic data processing machines or units of automatic data processing machines	0				
		-罩的平面最大边长不超过120厘米的通风罩或循环气罩: -Hoods having a maximum horizontal side not exceeding 120cm:					
6330	8414.6010	---抽油烟机 ---Range hoods	8△6	0	东盟AS,智CL,新西兰NZ,秘PE,哥CR,瑞CH,冰IS,澳AU,格GE,毛MU,东盟^{R}AS^R,澳^{R}AU^R,新西兰^{R}NZ^R,柬KH,港HK,澳门MO	0 受惠国LD,老LA	130
				1	巴PK,韩KR		
				8	韩^{R}KR^R		
				8.2	日^{R}JP^R		
6331	8414.6090	---其他 ---Other	8	0	东盟AS,智CL,新西兰NZ,新加坡SG,秘PE,哥CR,瑞CH,冰IS,澳AU,格GE,毛MU,东盟^{R}AS^R,澳^{R}AU^R,新西兰^{R}NZ^R,柬KH,港HK,澳门MO	0 受惠国LD,老LA	130
				1	巴PK,韩KR		
				8	韩^{R}KR^R		
				8.2	日^{R}JP^R		
		-气密生物安全柜: -Gas-tight biological safety cabinets:					

序号 No.	税则号列 Tariff Line	货品名称 Article Description	最惠国税率 MFN(%)		协定税率 Agreement(%)	特惠税率 SP(%)	普通税率 Gen(%)
6332	8414.7010	---罩的平面最大边长不超过120厘米的 ---Hoods having a maximum horizontal side not exceeding 120cm	8	0	东盟AS,智CL,新西兰NZ,新加坡SG,秘PE,哥CR,瑞CH,冰IS,澳AU,格GE,毛MU,东盟^{R}AS^R,澳^{R}AU^R,新西兰^{R}NZ^R,柬KH,港HK,澳门MO	0 受惠国LD,老LA	130
				1	巴PK,韩KR		
				8	韩^{R}KR^R		
				8.2	日^{R}JP^R		
6333	8414.7090	---其他 ---Other	7	0	东盟AS,智CL,巴PK,新西兰NZ,秘PE,哥CR,冰IS,韩KR,澳AU,格GE,毛MU,东盟^{R}AS^R,澳^{R}AU^R,新西兰^{R}NZ^R,柬KH,港HK,澳门MO,台TW,韩^{R}KR^R	0 受惠国LD	30
				2.8	瑞CH		
				4.6	亚太AP		
				6.1	日^{R}JP^R		
		-其他: -Other:					
6334	8414.8010	---燃气轮机用的自由活塞式发生器 ---Free piston generators for gas turbines	8	0	东盟AS,智CL,新西兰NZ,秘PE,哥CR,瑞CH,冰IS,韩KR,澳AU,格GE,毛MU,东盟^{R}AS^R,澳^{R}AU^R,新西兰^{R}NZ^R,柬KH,港HK,澳门MO,韩^{R}KR^R	0 受惠国LD	50
				1	巴PK		
				5.2	亚太AP		
				6.5	日^{R}JP^R		
6335	8414.8020	---二氧化碳压缩机 ---CO$_2$ compressors	7	0	东盟AS,智CL,巴PK,新西兰NZ,秘PE,哥CR,瑞CH,冰IS,澳AU,格GE,毛MU,东盟^{R}AS^R,澳^{R}AU^R,新西兰^{R}NZ^R,柬KH,港HK,澳门MO	0 受惠国LD	30
				0.7	韩KR		
				4.6	亚太AP		
				5.6	韩^{R}KR^R		
				5.7	日^{R}JP^R		
6336	8414.8030	---发动机用增压器 ---Superchargers for engines	7	0	东盟AS,智CL,巴PK,新西兰NZ,哥CR,冰IS,澳AU,格GE,毛MU,柬KH,港HK,澳门MO	0 受惠国$_1$LD$_1$	30
				2.8	韩KR		
				4.6	亚太AP		
				5.6	东盟^{R}AS^R,澳^{R}AU^R,新西兰^{R}NZ^R,韩^{R}KR^R		
				6.1	日^{R}JP^R		
	ex84148030	乘用车机械增压器 Mechanical superchargers of passenger cars	Δ5				

序号 No.	税则号列 Tariff Line	货品名称 Article Description	最惠国税率 MFN(%)	协定税率 Agreement(%)		特惠税率 SP(%)	普通税率 Gen(%)
		---空气及其他气体压缩机： ---Air or other gas compressors:					
6337	8414.8041	----螺杆空压机 ----Screw air compressors	7	0	东盟AS,智CL,巴PK,新西兰NZ, 秘PE,哥CR,冰IS,韩KR,澳AU, 格GE,毛MU,东盟^RAS^R,澳^RAU^R, 新西兰^RNZ^R,柬KH,港HK,澳门 MO,台TW,韩^RKR^R	0 受惠国LD	30
				2.8	瑞CH		
				4.6	亚太AP		
				6.1	日^RJP^R		
6338	8414.8049	----其他 ----Other	7	0	东盟AS,智CL,巴PK,新西兰NZ, 秘PE,哥CR,冰IS,韩KR,澳AU, 格GE,毛MU,东盟^RAS^R,澳^RAU^R, 新西兰^RNZ^R,柬KH,港HK,澳门 MO,台TW,韩^RKR^R	0 受惠国LD	30
				2.8	瑞CH		
				4.6	亚太AP		
				6.1	日^RJP^R		
	ex84148049	燃料电池增压器 Fuel cell superchargers	Δ5				
	ex84148049	飞机用离心式氮气系统压缩机 Centrifugal nitrogen system compressors for airplane	Δ1				
6339	8414.8090	---其他 ---Other	7	0	东盟AS,智CL,巴PK,新西兰NZ, 秘PE,哥CR,冰IS,韩KR,澳AU, 格GE,毛MU,东盟^RAS^R,澳^RAU^R, 新西兰^RNZ^R,柬KH,港HK,澳门 MO,台TW,韩^RKR^R	0 受惠国LD	30
				2.8	瑞CH		
				4.6	亚太AP		
				6.1	日^RJP^R		
	ex84148090	燃料电池循环泵 Fuel cell circulation pumps	Δ2				
		-零件： -Parts:					
		---税号8414.3011至8414.3014及 8414.3090所列机器的零件： ---Of the machines of subheadings 8414.3011 to 8414.3014 and 8414.3090:					
6340	8414.9011	----压缩机进、排气阀片 ----In take valve leaf or discharge valve leaf	8Δ5	0	东盟AS,智CL,新西兰NZ,秘PE, 哥CR,瑞CH,冰IS,韩KR,澳AU, 格GE,毛MU,东盟^RAS^R,澳^RAU^R, 新西兰^RNZ^R,柬KH,港HK,澳门 MO,韩^RKR^R	0 受惠国LD, 老LA	80
				1	巴PK		
				5.6	亚太AP		
				6.5	日^RJP^R		

序号 No.	税则号列 Tariff Line	货品名称 Article Description	最惠国税率 MFN(%)		协定税率 Agreement(%)	特惠税率 SP(%)	普通税率 Gen(%)
6341	8414.9019	----其他 ----Other	8Δ5	0 1 5.6 7	东盟AS,智CL,新西兰NZ,秘PE,哥CR,瑞CH,冰IS,韩KR,澳AU,格GE,毛MU,东盟^RAS^R,澳^RAU^R,新西兰^RNZ^R,柬KH,港HK,澳门MO,台TW,韩^RKR^R 巴PK 亚太AP 日^RJP^R	0 受惠国LD	80
6342	8414.9020	---税号8414.5110至8414.5199及子目8414.60所列机器的零件 ---Of the machines of subheadings 8414.5110 to 8414.5199 or 8414.60	7Δ6	0 1.2 3.6 4.6 9.6 9.8	东盟AS,智CL,新西兰NZ,新加坡SG,秘PE,哥CR,瑞CH,冰IS,澳AU,格GE,毛MU,东盟^RAS^R,澳^RAU^R,新西兰^RNZ^R,柬KH,港HK,澳门MO,台TW 韩KR 巴PK 亚太AP 韩^RKR^R 日^RJP^R	0 受惠国LD	130
6343	8414.9090	---其他 ---Other	7Δ4	0 2.8 3 4.6 6.1	东盟AS,智CL,新西兰NZ,秘PE,哥CR,冰IS,韩KR,澳AU,格GE,毛MU,东盟^RAS^R,澳^RAU^R,新西兰^RNZ^R,柬KH,港HK,澳门MO,台TW,韩^RKR^R 瑞CH 巴PK 亚太AP 日^RJP^R	0 受惠国LD	30
	84.15	空气调节器,装有电扇及调温、调湿装置,包括不能单独调湿的空调器: Air-conditioning machines, comprising a motor-driven fan and elements for changing the temperature and humidity, including those machines in which the humidity cannot be separately regulated:					
		-窗式、壁式、置于天花板或地板上的,独立的或分体的: -Of a kind designed to be fixed to a window, wall, ceiling or floor, self-contained or "split-system":					

序号 No.	税则号列 Tariff Line	货品名称 Article Description	最惠国税率 MFN(%)		协定税率 Agreement(%)	特惠税率 SP(%)	普通税率 Gen(%)
6344	8415.1010	---独立式 ---Self-contained	8	0	东盟AS,智CL,巴PK,新西兰NZ,新加坡SG,秘PE,哥CR,瑞CH,冰IS,澳AU,格GE,毛MU,东盟^{R}AS^R,澳^{R}AU^R,新西兰^{R}NZ^R,柬KH,港HK,澳门MO	0 受惠国LD	130
				1.5	韩KR		
				5.2	亚太AP		
				12	韩^{R}KR^R		
				12.3	日^{R}JP^R		
		---分体式: ---Split-system:					
6345	8415.1021	----制冷量不超过4000大卡/时 ----Of a refrigerating effect not exceeding 4000 Cal per hour	8	0	东盟AS,智CL,巴PK,新西兰NZ,新加坡SG,秘PE,哥CR,瑞CH,冰IS,澳AU,格GE,毛MU,东盟^{R}AS^R,澳^{R}AU^R,新西兰^{R}NZ^R,柬KH,港HK,澳门MO	0 受惠国LD	130
				1.5	韩KR		
				5.2	亚太AP		
				12	韩^{R}KR^R		
				12.3	日^{R}JP^R		
6346	8415.1022	----制冷量超过4000大卡/时 ----Of a refrigerating effect exceeding 4000 Cal per hour	8	0	东盟AS,智CL,巴PK,新西兰NZ,新加坡SG,秘PE,哥CR,瑞CH,冰IS,澳AU,格GE,毛MU,东盟^{R}AS^R,澳^{R}AU^R,新西兰^{R}NZ^R,柬KH,港HK,澳门MO	0 受惠国LD	90
				1.5	韩KR		
				5.2	亚太AP		
				12	韩^{R}KR^R		
				12.3	日^{R}JP^R		
6347	8415.2000	-机动车辆上供人使用 -Of a kind used for persons, in motor vehicles	10	0	智CL,新西兰NZ,哥CR,瑞CH,冰IS,澳AU,格GE,毛MU,柬KH,港HK,澳门MO	0 受惠国$_1$LD$_1$	110
				5	东盟AS		
				10	东盟^{R}AS^R,日^{R}JP^R		
				11	韩KR		
				19	澳^{R}AU^R,新西兰^{R}NZ^R		
				20	韩^{R}KR^R		
		-其他: -Other:					
		--装有制冷装置及冷热循环换向阀(可逆式热泵)的: --Incorporating a refrigerating unit and a valve for reversal of the cooling/heat cycle (reversible heat pumps):					

序号 No.	税则号列 Tariff Line	货品名称 Article Description	最惠国税率 MFN(%)	协定税率 Agreement(%)		特惠税率 SP(%)	普通税率 Gen(%)
6348	8415.8110	---制冷量不超过4000大卡/时 ---Of a refrigerating effect not exceeding 4000 Cal per hour	8	0	东盟AS,智CL,新西兰NZ,新加坡SG,秘PE,哥CR,瑞CH,冰IS,澳AU,格GE,毛MU,东盟^RAS^R,澳^RAU^R,新西兰NZ^R,柬KH,港HK,澳门MO	0 受惠国LD	130
				1.5	韩KR		
				7.2	巴PK		
				12	韩^RKR^R		
				12.3	日^RJP^R		
6349	8415.8120	---制冷量超过4000大卡/时 ---Of a refrigerating effect exceeding 4000 Cal per hour	10	0	东盟AS,智CL,新西兰NZ,新加坡SG,秘PE,哥CR,瑞CH,冰IS,澳AU,格GE,毛MU,柬KH,港HK,澳门MO	0 受惠国LD	90
				11	韩KR		
				18	东盟^RAS^R,澳^RAU^R,新西兰^RNZ^R		
				20	韩^RKR^R		
		--其他,装有制冷装置的: --Other, incorporating a refrigerating unit:					
6350	8415.8210	---制冷量不超过4000大卡/时 ---Of a refrigerating effect not exceeding 4000 Cal per hour	8	0	东盟AS,智CL,新西兰NZ,新加坡SG,秘PE,哥CR,瑞CH,冰IS,澳AU,格GE,毛MU,柬KH,港HK,澳门MO	0 受惠国LD	130
				7.2	巴PK		
				8	东盟^RAS^R,澳^RAU^R,新西兰^RNZ^R		
6351	8415.8220	---制冷量超过4000大卡/时 ---Of a refrigerating effect exceeding 4000 Cal per hour	10	0	东盟AS,智CL,新西兰NZ,新加坡SG,秘PE,哥CR,瑞CH,冰IS,澳AU,格GE,毛MU,柬KH,港HK,澳门MO	0 受惠国LD	90
				5	东盟^RAS^R,澳^RAU^R,新西兰^RNZ^R		
6352	8415.8300	--未装有制冷装置的 --Not incorporating a refrigerating unit	8	0	东盟AS,智CL,新西兰NZ,新加坡SG,秘PE,哥CR,瑞CH,冰IS,澳AU,格GE,毛MU,东盟^RAS^R,澳^RAU^R,新西兰NZ^R,柬KH,港HK,澳门MO	0 受惠国LD	90
				1	巴PK,韩KR		
				8	韩^RKR^R		
				8.2	日^RJP^R		
		-零件: -Parts:					
6353	8415.9010	---税目8415.1010、8415.1021、8415.8110及8415.8210所列设备的零件 ---Of the machines of subheadings 8415.1010, 8415.1021, 8415.8110 or 8415.8210	8△6	0	东盟AS,智CL,新西兰NZ,新加坡SG,秘PE,哥CR,瑞CH,冰IS,澳AU,格GE,毛MU,柬KH,港HK,澳门MO	0 受惠国LD	130
				1	韩KR		
				4	巴PK		
				5.2	亚太AP		
				8	东盟^RAS^R,澳^RAU^R,新西兰^RNZ^R,韩^RKR^R		
				8.2	日^RJP^R		

序号 No.	税则号列 Tariff Line	货品名称 Article Description	最惠国税率 MFN(%)	协定税率 Agreement(%)		特惠税率 SP(%)		普通税率 Gen(%)
6354	8415.9090	---其他 ---Other	8△6	0	东盟AS,智CL,新西兰NZ,新加坡SG,秘PE,哥CR,瑞CH,冰IS,澳AU,格GE,毛MU,东盟^RAS^R,澳^RAU^R,新西兰^RNZ^R,柬KH,港HK,澳门MO,台TW	0 受惠国LD		90
				1	巴PK,韩KR			
				5.2	亚太AP			
				8	韩^RKR^R			
				8.8	日^RJP^R			
	84.16	使用液体燃料、粉状固体燃料或气体燃料的炉用燃烧器; 机械加煤机,包括其机械炉箅、机械出灰器及类似装置: **Furnace burners for liquid fuel, for pulverised solid fuel or for gas; mechanical stokers, including their mechanical grates, mechanical ash dischargers and similar appliances:**						
6355	8416.1000	-使用液体燃料的炉用燃烧器 -Furnace burners for liquid fuel	10	0	东盟AS,智CL,新西兰NZ,新加坡SG,秘PE,哥CR,瑞CH,冰IS,澳AU,格GE,毛MU,东盟^RAS^R,澳^RAU^R,新西兰^RNZ^R,柬KH,港HK,澳门MO	0 受惠国LD		35
				1	巴PK,韩KR			
				6.5	亚太AP			
				8	韩^RKR^R			
				8.2	日^RJP^R			
		-其他炉用燃烧器, 包括复式燃烧器: -Other furnace burners, including combination burners:						
		---气体的: ---For gas:						
6356	8416.2011	----使用天然气的 ----Of using natural gas	10	0	东盟AS,智CL,新西兰NZ,新加坡SG,秘PE,哥CR,瑞CH,冰IS,澳AU,格GE,毛MU,东盟^RAS^R,澳^RAU^R,新西兰^RNZ^R,柬KH,港HK,澳门MO	0 受惠国LD		35
				1	韩KR			
				3	巴PK			
				8.4	韩^RKR^R			
				8.6	日^RJP^R			
	ex84162011	溴化锂空调用天然气燃烧机 Natural gas burners for lithium bromide air conditioners	△5					

序号 No.	税则号列 Tariff Line	货品名称 Article Description	最惠国税率 MFN(%)	协定税率 Agreement(%)		特惠税率 SP(%)	普通税率 Gen(%)
6357	8416.2019	----其他 ----Other	10	0	东盟AS,智CL,新西兰NZ,新加坡SG,秘PE,哥CR,瑞CH,冰IS,澳AU,格GE,毛MU,东盟^RAS^R,澳^RAU^R,新西兰^RNZ^R,柬KH,港HK,澳门MO	0 受惠国LD	35
				1	韩KR		
				3	巴PK		
				8.4	韩^RKR^R		
				8.6	日^RJP^R		
6358	8416.2090	---其他 ---Other	10	0	东盟AS,智CL,新西兰NZ,新加坡SG,秘PE,哥CR,瑞CH,冰IS,澳AU,格GE,毛MU,东盟^RAS^R,澳^RAU^R,新西兰^RNZ^R,柬KH,港HK,澳门MO	0 受惠国LD	35
				1	韩KR		
				3	巴PK		
				8.4	韩^RKR^R		
				8.6	日^RJP^R		
	ex84162090	溴化锂空调用复式燃烧机 Combination burners for lithium bromide air conditioners	△5				
6359	8416.3000	-机械加煤机,包括其机械炉篦、机械出灰器及类似装置 -Mechanical stokers, including their mechanical grates, mechanical ash dis-chargers and similar appliances	8	0	东盟AS,智CL,新西兰NZ,秘PE,哥CR,瑞CH,冰IS,韩KR,澳AU,格GE,毛MU,东盟^RAS^R,澳^RAU^R,新西兰^RNZ^R,柬KH,港HK,澳门MO,韩^RKR^R	0 受惠国LD	35
				1	巴PK		
				6.9	日^RJP^R		
6360	8416.9000	-零件 -Parts	6	0	东盟AS,智CL,巴PK,新西兰NZ,秘PE,哥CR,瑞CH,冰IS,韩KR,澳AU,格GE,毛MU,东盟^RAS^R,澳^RAU^R,日^RJP^R,新西兰^RNZ^R,柬KH,港HK,澳门MO,韩^RKR^R	0 受惠国LD	35
	84.17	非电热的工业或实验室用炉及烘箱,包括焚烧炉: Industrial or laboratory furnaces and ovens, including incinerators, non-electric:					
6361	8417.1000	-矿砂、黄铁矿或金属的焙烧、熔化或其他热处理用炉及烘箱 -Furnaces and ovens for the roasting, melting or other heat-treatment of ores, pyrites or of metals	10	0	东盟AS,智CL,新西兰NZ,新加坡SG,秘PE,哥CR,瑞CH,冰IS,澳AU,格GE,毛MU,柬KH,港HK,澳门MO	0 受惠国LD	35
				1	巴PK,韩KR		
				8	东盟^RAS^R,澳^RAU^R,新西兰^RNZ^R,韩^RKR^R		
				8.2	日^RJP^R		

序号 No.	税则号列 Tariff Line	货品名称 Article Description	最惠国税率 MFN(%)	协定税率 Agreement(%)		特惠税率 SP(%)		普通税率 Gen(%)
6362	8417.2000	-面包房用烤炉及烘箱,包括做饼干用的 -Bakery ovens, including biscuit ovens	10	0	东盟AS,智CL,新西兰NZ,秘PE,哥CR,瑞CH,冰IS,澳AU,格GE,毛MU,东盟^{R}AS^R,澳^{R}AU^R,新西兰^{R}NZ^R,柬KH,港HK,澳门MO	0	受惠国LD	35
				1	巴PK,韩KR			
				8	韩^{R}KR^R			
				8.2	日^{R}JP^R			
		-其他: -Other:						
6363	8417.8010	---炼焦炉 ---Coke ovens	10	0	东盟AS,智CL,新西兰NZ,秘PE,哥CR,瑞CH,冰IS,澳AU,格GE,毛MU,东盟^{R}AS^R,澳^{R}AU^R,新西兰^{R}NZ^R,柬KH,港HK,澳门MO	0	受惠国LD	35
				1	巴PK,韩KR			
				8	韩^{R}KR^R			
				8.2	日^{R}JP^R			
6364	8417.8020	---放射性废物焚烧炉 ---Burn furnaces for radioactive waste	5	0	东盟AS,智CL,巴PK,新西兰NZ,秘PE,哥CR,瑞CH,冰IS,韩KR,澳AU,格GE,毛MU,东盟^{R}AS^R,澳^{R}AU^R,日^{R}JP^R,新西兰^{R}NZ^R,柬KH,港HK,澳门MO,韩^{R}KR^R	0	受惠国LD	35
				3.5	亚太AP			
6365	8417.8030	---水泥回转窑 ---Cement rotary kilns	10	0	东盟AS,智CL,新西兰NZ,新加坡SG,秘PE,哥CR,瑞CH,冰IS,澳AU,格GE,毛MU,东盟^{R}AS^R,澳^{R}AU^R,新西兰^{R}NZ^R,柬KH,港HK,澳门MO	0	受惠国LD	35
				1	巴PK,韩KR			
				7	亚太AP			
				8	韩^{R}KR^R			
				8.2	日^{R}JP^R			
6366	8417.8040	---石灰石分解炉 ---Limestone decomposition furnace	10	0	东盟AS,智CL,新西兰NZ,秘PE,哥CR,瑞CH,冰IS,澳AU,格GE,毛MU,东盟^{R}AS^R,澳^{R}AU^R,新西兰^{R}NZ^R,柬KH,港HK,澳门MO	0	受惠国LD	35
				1	巴PK,韩KR			
				8	韩^{R}KR^R			
				8.2	日^{R}JP^R			
6367	8417.8050	---垃圾焚烧炉 ---Refuse incinerator	10△5	0	东盟AS,智CL,新西兰NZ,新加坡SG,秘PE,哥CR,瑞CH,冰IS,澳AU,格GE,毛MU,东盟^{R}AS^R,澳^{R}AU^R,新西兰^{R}NZ^R,柬KH,港HK,澳门MO,台TW	0	受惠国LD	35
				1	巴PK			
				1.7	瑞CH			
				5.5	韩KR			
				8.2	日^{R}JP^R			
				8.7	韩^{R}KR^R			

序号 No.	税则号列 Tariff Line	货品名称 Article Description	最惠国税率 MFN(%)	协定税率 Agreement(%)		特惠税率 SP(%)	普通税率 Gen(%)
6368	8417.8090	---其他 ---Other	10	0	东盟AS,智CL,新西兰NZ,新加坡SG,秘PE,哥CR,冰IS,澳AU,格GE,毛MU,柬KH,港HK,澳门MO,台TW	0 受惠国LD	35
				1.7	瑞CH		
				3	巴PK		
				5.5	韩KR		
				9	东盟^RAS^R,澳^RAU^R,日^RJP^R,新西兰^RNZ^R		
				10	韩^RKR^R		
	ex84178090	热裂解炉 Thernal pyrolysis furnaces	Δ5				
		-零件: -Parts:					
6369	8417.9010	---海绵铁回转窑用 ---For sponge iron rotary kiln	7	0	东盟AS,智CL,新西兰NZ,秘PE,哥CR,瑞CH,冰IS,韩KR,澳AU,格GE,毛MU,东盟^RAS^R,澳^RAU^R,新西兰^RNZ^R,柬KH,港HK,澳门MO,韩^RKR^R	0 受惠国LD	35
				1	巴PK		
				4.9	亚太AP		
				5.7	日^RJP^R		
6370	8417.9020	---炼焦炉用 ---For coke ovens	7	0	东盟AS,智CL,新西兰NZ,秘PE,哥CR,瑞CH,冰IS,韩KR,澳AU,格GE,毛MU,东盟^RAS^R,澳^RAU^R,新西兰^RNZ^R,柬KH,港HK,澳门MO,韩^RKR^R	0 受惠国LD	35
				1	巴PK		
				4.9	亚太AP		
				5.7	日^RJP^R		
6371	8417.9090	---其他 ---Other	7	0	东盟AS,智CL,新西兰NZ,秘PE,哥CR,瑞CH,冰IS,韩KR,澳AU,格GE,毛MU,东盟^RAS^R,澳^RAU^R,新西兰^RNZ^R,柬KH,港HK,澳门MO,韩^RKR^R	0 受惠国LD	35
				1	巴PK		
				5.7	日^RJP^R		
	ex84179090	垃圾焚烧炉和放射性废物焚烧炉的零件 Parts of municipal waste incinerators, parts of incinerators for radioactive waste	Δ5				

序号 No.	税则号列 Tariff Line	货品名称 Article Description	最惠国税率 MFN(%)	协定税率 Agreement(%)		特惠税率 SP(%)	普通税率 Gen(%)
	84.18	电气或非电气的冷藏箱、冷冻箱及其他制冷设备；热泵，但税目84.15的空气调节器除外： **Refrigerators, freezers and other refrigerating or freezing equipment,electric or other; heat pumps other than air conditioning machines of heading 84.15:**					
		-冷藏—冷冻组合机，各自装有单独外门或抽屉，或其组合的： -Combined refrigerator-freezers, fitted with separate external doors or drawers, or combinations thereof:					
6372	8418.1010	---容积超过500升 ---Of a capacity exceeding 500L	9	0	东盟AS,智CL,巴PK,新西兰NZ,新加坡SG,秘PE,哥CR,瑞CH,冰IS,澳AU,格GE,毛MU,柬KH,港HK,澳门MO	0 受惠国LD	100
				5.5	韩KR		
				8	东盟^RAS^R		
				8.2	日^RJP^R		
				9	澳^RAU^R,新西兰^RNZ^R		
				10	韩^RKR^R		
6373	8418.1020	---容积超过200升, 但不超过500升 ---Of a capacity exceeding 200L, not exceeding 500L	8	0	东盟AS,智CL,巴PK,新西兰NZ,新加坡SG,秘PE,哥CR,瑞CH,冰IS,澳AU,格GE,毛MU,柬KH,港HK,澳门MO	0 受惠国LD	130
				1.5	韩KR		
				12	东盟^RAS^R,澳^RAU^R,新西兰^RNZ^R,韩^RKR^R		
				12.3	日^RJP^R		
6374	8418.1030	---容积不超过200升 ---Of a capacity not exceeding 200L	8	0	东盟AS,智CL,巴PK,新西兰NZ,新加坡SG,秘PE,哥CR,瑞CH,冰IS,澳AU,格GE,毛MU,柬KH,港HK,澳门MO	0 受惠国LD	130
				8	东盟^RAS^R,澳^RAU^R,新西兰^RNZ^R		
		-家用型冷藏箱： -Refrigerators, household type:					
		--压缩式： --Compression-type:					
6375	8418.2110	---容积超过150升 ---Of a capacity exceeding 150L	8	0	东盟AS,智CL,巴PK,新西兰NZ,新加坡SG,秘PE,哥CR,瑞CH,冰IS,澳AU,格GE,毛MU,东盟^RAS^R,澳^RAU^R,新西兰^RNZ^R,柬KH,港HK,澳门MO	0 受惠国LD	130
				1	韩KR		
				8	韩^RKR^R		
				8.2	日^RJP^R		

序号 No.	税则号列 Tariff Line	货品名称 Article Description	最惠国税率 MFN(%)		协定税率 Agreement(%)	特惠税率 SP(%)	普通税率 Gen(%)
6376	8418.2120	---容积超过50升, 但不超过150升 ---Of a capacity exceeding 50L, not exceeding 150L	8	0	东盟AS,智CL,巴PK,新西兰NZ,新加坡SG,秘PE,哥CR,瑞CH,冰IS,澳AU,格GE,毛MU,东盟^{R}AS^R,澳^{R}AU^R,新西兰^{R}NZ^R,柬KH,港HK,澳门MO	0 受惠国LD	130
				1	韩KR		
				5.2	亚太AP		
				8	韩^{R}KR^R		
				8.2	日^{R}JP^R		
6377	8418.2130	---容积不超过50升 ---Of a capacity not exceeding 50L	8	0	东盟AS,智CL,巴PK,新西兰NZ,新加坡SG,秘PE,哥CR,瑞CH,冰IS,澳AU,格GE,毛MU,东盟^{R}AS^R,澳^{R}AU^R,新西兰^{R}NZ^R,柬KH,港HK,澳门MO	0 受惠国LD	130
				1	韩KR		
				5.2	亚太AP		
				8	韩^{R}KR^R		
				8.2	日^{R}JP^R		
		--其他: --Other:					
6378	8418.2910	---半导体制冷式 ---Semiconductor freezing type	8	0	东盟AS,智CL,新西兰NZ,新加坡SG,秘PE,哥CR,瑞CH,冰IS,澳AU,格GE,柬KH,港HK,澳门MO	0 受惠国LD	130
				5	东盟^{R}AS^R,澳^{R}AU^R,新西兰^{R}NZ^R		
				12	毛MU		
6379	8418.2920	---电气吸收式 ---Absorption-type, electrical	8	0	东盟AS,智CL,新西兰NZ,新加坡SG,秘PE,哥CR,瑞CH,冰IS,澳AU,格GE,毛MU,东盟^{R}AS^R,澳^{R}AU^R,新西兰^{R}NZ^R,柬KH,港HK,澳门MO	0 受惠国LD	130
				1.5	韩KR		
				7.2	巴PK		
				12	韩^{R}KR^R		
				12.3	日^{R}JP^R		
6380	8418.2990	---其他 ---Other	8	0	东盟AS,智CL,新西兰NZ,新加坡SG,秘PE,哥CR,瑞CH,冰IS,澳AU,格GE,柬KH,港HK,澳门MO	0 受惠国LD	130
				8	东盟^{R}AS^R,澳^{R}AU^R,新西兰^{R}NZ^R		
				12	毛MU		
		-柜式冷冻箱, 容积不超过800升: -Freezers of the chest type, not exceeding 800L capacity:					

序号 No.	税则号列 Tariff Line	货品名称 Article Description	最惠国税率 MFN(%)		协定税率 Agreement(%)	特惠税率 SP(%)	普通税率 Gen(%)
6381	8418.3010	---制冷温度在-40℃及以下 ---Of a refrigerating temperature of -40℃ or lower	9	0 1 5	东盟AS,智CL,新西兰NZ,秘PE,哥CR,瑞CH,冰IS,澳AU,格GE,毛MU,柬KH,港HK,澳门MO 巴PK 东盟^RAS^R,澳^RAU^R,新西兰^RNZ^R	0 受惠国LD	50
		---制冷温度在-40℃以上: ---Of a refrigerating temperature higher than -40℃:					
6382	8418.3021	----容积超过500升 ----Of a capacity exceeding 500L	9	0 9.2 12.6 18.4 20.7 23	东盟AS,智CL,新西兰NZ,新加坡SG,秘PE,哥CR,瑞CH,冰IS,澳AU,格GE,东盟^RAS^R,日^RJP^R,柬KH,港HK,澳门MO 毛MU 韩KR 巴PK 澳^RAU^R,新西兰^RNZ^R 韩^RKR^R	0 受惠国LD	100
6383	8418.3029	----其他 ----Other	8	0 8 12	东盟AS,智CL,新西兰NZ,新加坡SG,秘PE,哥CR,冰IS,澳AU,格GE,柬KH,港HK,澳门MO 瑞CH,东盟^RAS^R,澳^RAU^R,新西兰^RNZ^R 毛MU	0 受惠国LD	130
		-立式冷冻箱,容积不超过900升: -Freezers of the upright type, not exceeding 900L capacity:					
6384	8418.4010	---制冷温度在-40℃及以下 ---Of a refrigerating temperature of -40℃ or lower	9	0 1 5	东盟AS,智CL,新西兰NZ,秘PE,哥CR,瑞CH,冰IS,澳AU,格GE,毛MU,柬KH,港HK,澳门MO 巴PK 东盟^RAS^R,澳^RAU^R,新西兰^RNZ^R	0 受惠国LD	50
		---制冷温度在-40℃以上: ---Of a refrigerating temperature higher than -40℃:					
6385	8418.4021	----容积超过500升 ----Of a capacity exceeding 500L	9	0 5 6.3 7.2	东盟AS,智CL,新西兰NZ,新加坡SG,秘PE,哥CR,瑞CH,冰IS,澳AU,格GE,毛MU,柬KH,港HK,澳门MO 东盟^RAS^R,澳^RAU^R,新西兰^RNZ^R 亚太AP 巴PK	0 受惠国LD	100
6386	8418.4029	----其他 ----Other	8	0 8 12	东盟AS,智CL,巴PK,新西兰NZ,新加坡SG,秘PE,哥CR,冰IS,澳AU,格GE,柬KH,港HK,澳门MO 东盟^RAS^R,澳^RAU^R,新西兰^RNZ^R 毛MU	0 受惠国LD	130

序号 No.	税则号列 Tariff Line	货品名称 Article Description	最惠国税率 MFN(%)	协定税率 Agreement(%)		特惠税率 SP(%)	普通税率 Gen(%)
6387	8418.5000	-装有冷藏或冷冻装置的其他设备（柜、箱、展示台、陈列箱及类似品）用于存储及展示 -Other furniture (chests, cabinets, display counters, show-cases and the like) for storage and display, incorporating refrigerating or freezing equipment	9	0	东盟AS,智CL,新西兰NZ,新加坡SG,秘PE,哥CR,瑞CH,冰IS,澳AU,格GE,毛MU,东盟^{R}AS^R,澳^{R}AU^R,新西兰^{R}NZ^R,柬KH,港HK,澳门MO	0　受惠国LD	100
				1	巴PK,韩KR		
				8	韩^{R}KR^R		
				8.2	日^{R}JP^R		
		-其他制冷设备；热泵： -Other refrigerating or freezing equipment; heat pumps:					
		--热泵，税目84.15的空气调节器除外： --Heat pumps other than air conditioning machines of heading 84.15:					
6388	8418.6120	---压缩式 ---Compression-type	9	0	东盟AS,智CL,新西兰NZ,新加坡SG,秘PE,哥CR,瑞CH,冰IS,澳AU,格GE,毛MU,东盟^{R}AS^R,澳^{R}AU^R,新西兰^{R}NZ^R,柬KH,港HK,澳门MO	0　受惠国LD	90
				1	巴PK,韩KR		
				5.9	亚太AP		
				8	韩^{R}KR^R		
				8.2	日^{R}JP^R		
6389	8418.6190	---其他 ---Other	9	0	东盟AS,智CL,新西兰NZ,新加坡SG,秘PE,哥CR,瑞CH,冰IS,澳AU,格GE,毛MU,东盟^{R}AS^R,澳^{R}AU^R,新西兰^{R}NZ^R,柬KH,港HK,澳门MO	0　受惠国LD	130
				1.5	韩KR		
				4.2	巴PK		
				4.5	亚太AP		
				12	韩^{R}KR^R		
				12.3	日^{R}JP^R		
		--其他： --Other:					
6390	8418.6920	---制冷机组 ---Refrigerating units	9	0	东盟AS,智CL,新西兰NZ,新加坡SG,秘PE,哥CR,瑞CH,冰IS,澳AU,格GE,毛MU,东盟^{R}AS^R,澳^{R}AU^R,新西兰^{R}NZ^R,柬KH,港HK,澳门MO	0　受惠国LD	90
				1	韩KR		
				3	巴PK		
				5.9	亚太AP		
				8	韩^{R}KR^R		
				8.2	日^{R}JP^R		

序号 No.	税则号列 Tariff Line	货品名称 Article Description	最惠国税率 MFN(%)	协定税率 Agreement(%)		特惠税率 SP(%)	普通税率 Gen(%)
6391	8418.6990	---其他 ---Other	9	0	东盟AS,智CL,新西兰NZ,新加坡SG,秘PE,哥CR,瑞CH,冰IS,澳AU,格GE,毛MU,柬KH,港HK,澳门MO	0 受惠国LD	130
				1	巴PK,韩KR		
				5.9	亚太AP		
				8	东盟^{R}AS^R,澳^{R}AU^R,新西兰^{R}NZ^R,韩^{R}KR^R		
				8.2	日^{R}JP^R		
		-零件: -Parts:					
6392	8418.9100	--冷藏或冷冻设备专用的特制家具 --Furniture designed to receive refrigerating or freezing equipment	9	0	东盟AS,智CL,新西兰NZ,新加坡SG,秘PE,哥CR,瑞CH,冰IS,澳AU,格GE,毛MU,东盟^{R}AS^R,澳^{R}AU^R,新西兰^{R}NZ^R,柬KH,港HK,澳门MO	0 受惠国LD	130
				1.8	韩KR		
				5.9	亚太AP		
				14.4	巴PK,韩^{R}KR^R		
				14.7	日^{R}JP^R		
		--其他: --Other:					
6393	8418.9910	---制冷机组及热泵用 ---Of refrigerating units and heat pumps	9△6	0	东盟AS,智CL,新西兰NZ,新加坡SG,秘PE,哥CR,瑞CH,冰IS,澳AU,格GE,毛MU,东盟^{R}AS^R,澳^{R}AU^R,新西兰^{R}NZ^R,柬KH,港HK,澳门MO	0 受惠国LD	90
				1	巴PK,韩KR		
				8	韩^{R}KR^R		
				8.2	日^{R}JP^R		
		---其他: ---Other:					
6394	8418.9991	----制冷温度在-40℃及以下的冷冻设备用 ----Of freezing equipment of a refrigerating temperature of -40℃ or lower	9△6	0	东盟AS,智CL,新西兰NZ,秘PE,哥CR,瑞CH,冰IS,韩KR,澳AU,格GE,毛MU,东盟^{R}AS^R,澳^{R}AU^R,新西兰^{R}NZ^R,柬KH,港HK,澳门MO,韩^{R}KR^R	0 受惠国LD	50
				1	巴PK		
				7.8	日^{R}JP^R		
6395	8418.9992	----制冷温度在-40℃以上,但容积超过500升的冷藏或冷冻设备用 ----Of refrigerating or freezing equipment of a refrigerating temperature higher than -40℃ and a capacity exceeding 500L	9△6	0	东盟AS,智CL,新西兰NZ,秘PE,哥CR,瑞CH,冰IS,澳AU,格GE,毛MU,东盟^{R}AS^R,澳^{R}AU^R,新西兰^{R}NZ^R,柬KH,港HK,澳门MO	0 受惠国LD	100
				1	巴PK,韩KR		
				8	韩^{R}KR^R		
				8.2	日^{R}JP^R		

序号 No.	税则号列 Tariff Line	货品名称 Article Description	最惠国税率 MFN(%)	协定税率 Agreement(%)		特惠税率 SP(%)	普通税率 Gen(%)
6396	8418.9999	----其他 ----Other	9Δ6	0	东盟AS,智CL,新西兰NZ,新加坡SG,秘PE,哥CR,瑞CH,冰IS,澳AU,格GE,毛MU,柬KH,港HK,澳门MO	0 受惠国LD	130
				1	韩KR		
				4	巴PK		
				8	东盟^RAS^R,澳^RAU^R,新西兰^RNZ^R,韩^RKR^R		
				8.2	日^RJP^R		
	84.19	利用温度变化处理材料的机器、装置及类似的实验室设备,例如,加热、烹煮、烘炒、蒸馏、精馏、消毒、灭菌、汽蒸、干燥、蒸发、气化、冷凝、冷却的机器设备,不论是否电热的(不包括税目85.14的炉、烘箱及其他设备),但家用的除外;非电热的快速热水器或贮备式热水器: Machinery, plant or laboratory equipment, whether or not electrically heated (excluding furnaces, ovens and other equipment of heading 85.14), for the treatment of materials by a process involving a change of temperature, such as heating, cooking, roasting, distilling, rectifying, sterilizing, pasteurizing, steaming, drying, evaporating,vaporizing, condensing or cooling,other than machinery or plant of a kind used for domestic purposes; instantaneous or storage water heaters,non-electric:					
		-非电热的快速热水器或贮备式热水器: -Instantaneous or storage water heaters, non-electric:					
6397	8419.1100	--燃气快速热水器 --Instantaneous gas water heaters	8	0	东盟AS,智CL,新西兰NZ,新加坡SG,秘PE,哥CR,冰IS,澳AU,格GE,柬KH,港HK,澳门MO	0 受惠国LD	100
				8	瑞CH		
				14	毛MU		
				19.2	韩KR		
				28	巴PK		
				31.5	东盟^RAS^R,澳^RAU^R,新西兰^RNZ^R		
				35	韩^RKR^R		

序号 No.	税则号列 Tariff Line	货品名称 Article Description	最惠国税率 MFN(%)		协定税率 Agreement(%)	特惠税率 SP(%)	普通税率 Gen(%)
6398	8419.1200	--太阳能热水器 --Solar water heaters	8△5	0	东盟AS,智CL,新西兰NZ,新加坡SG,秘PE,哥CR,瑞CH,冰IS,澳AU,格GE,东盟^RAS^R,澳^RAU^R,新西兰^RNZ^R,柬KH,港HK,澳门MO,台TW	0 受惠国LD	100
				6.4	亚太AP		
				14	毛MU		
				28	巴PK,韩^RKR^R		
				28.6	日^RJP^R		
6399	8419.1900	--其他 --Other	8	0	东盟AS,智CL,新西兰NZ,新加坡SG,秘PE,哥CR,冰IS,澳AU,格GE,柬KH,港HK,澳门MO,台TW	0 受惠国LD	100
				5	东盟^RAS^R,澳^RAU^R,新西兰^RNZ^R		
				8	瑞CH		
				14	毛MU		
6400	8419.2000	-医用或实验室用消毒器具 -Medical, surgical or laboratory sterilizers	4	0	东盟AS,智CL,巴PK,新西兰NZ,秘PE,哥CR,瑞CH,冰IS,韩KR,澳AU,格GE,毛MU,东盟^RAS^R,澳^RAU^R,日^RJP^R,新西兰^RNZ^R,柬KH,港HK,澳门MO,韩^RKR^R	0 受惠国LD	30
		-干燥器: -Dryers:					
		--冷冻干燥装置、冷冻干燥单元和喷雾式干燥器: --Lyophilisation apparatus, freeze drying units and spray dryers:					
6401	8419.3310	---农产品干燥用 ---For agricultural products	8	0	东盟AS,智CL,新西兰NZ,秘PE,哥CR,瑞CH,冰IS,澳AU,格GE,毛MU,东盟^RAS^R,澳^RAU^R,新西兰^RNZ^R,柬KH,港HK,澳门MO	0 受惠国LD, 老LA	30
				0.8	韩KR		
				1	巴PK		
				6.4	韩^RKR^R		
				6.5	日^RJP^R		
6402	8419.3320	---木材、纸浆、纸或纸板干燥用 ---For wood, paper pulp, paper or paperboard	9	0	东盟AS,智CL,新西兰NZ,秘PE,哥CR,瑞CH,冰IS,韩KR,澳AU,格GE,毛MU,东盟^RAS^R,澳^RAU^R,新西兰^RNZ^R,柬KH,港HK,澳门MO,台TW,韩^RKR^R	0 受惠国LD, 老LA	30
				1	巴PK		
				7.4	日^RJP^R		

序号 No.	税则号列 Tariff Line	货品名称 Article Description	最惠国税率 MFN(%)	协定税率 Agreement(%)		特惠税率 SP(%)	普通税率 Gen(%)
6403	8419.3390	---其他 ---Other	9	0	东盟AS,智CL,新西兰NZ,秘PE, 哥CR,瑞CH,冰IS,澳AU,格GE, 毛MU,东盟^RAS^R,澳^RAU^R,新西 兰^RNZ^R,柬KH,港HK,澳门MO, 台TW	0 受惠国LD	30
				0.9	巴PK,韩KR		
				4.5	亚太AP		
				7.2	韩^RKR^R		
				7.4	日^RJP^R		
	ex84193390	冷冻式或喷雾式污泥干燥机 Freeze type or spray sludge driers	Δ5				
6404	8419.3400	--其他, 农产品干燥用 --Other, for agricultural products	8	0	东盟AS,智CL,新西兰NZ,秘PE, 哥CR,瑞CH,冰IS,澳AU,格GE, 毛MU,东盟^RAS^R,澳^RAU^R,新西 兰^RNZ^R,柬KH,港HK,澳门MO	0 受惠国LD, 老LA	30
				0.8	韩KR		
				1	巴PK		
				6.4	韩^RKR^R		
				6.5	日^RJP^R		
6405	8419.3500	--其他, 木材、纸浆、纸或纸板干燥用 --Other, for wood, paper pulp, paper or paperboard	9	0	东盟AS,智CL,新西兰NZ,秘PE, 哥CR,瑞CH,冰IS,韩KR,澳AU, 格GE,毛MU,东盟^RAS^R,澳^RAU^R, 新西兰^RNZ^R,柬KH,港HK,澳门 MO,台TW,韩^RKR^R	0 受惠国LD, 老LA	30
				1	巴PK		
				7.4	日^RJP^R		
		--其他: --Other:					
6406	8419.3910	---微空气流动陶瓷坯件干燥器 ---Breeze pottery blanks dryers	9	0	东盟AS,智CL,新西兰NZ,秘PE, 哥CR,瑞CH,冰IS,韩KR,澳AU, 格GE,毛MU,东盟^RAS^R,澳^RAU^R, 新西兰^RNZ^R,柬KH,港HK,澳门 MO,韩^RKR^R	0 受惠国LD	30
				0.9	巴PK		
				4.5	亚太AP		
				7.4	日^RJP^R		
6407	8419.3990	---其他 ---Other	9	0	东盟AS,智CL,新西兰NZ,秘PE, 哥CR,瑞CH,冰IS,澳AU,格GE, 毛MU,东盟^RAS^R,澳^RAU^R,新西 兰^RNZ^R,柬KH,港HK,澳门MO, 台TW	0 受惠国LD	30
				0.9	巴PK,韩KR		
				4.5	亚太AP		
				7.2	韩^RKR^R		
				7.4	日^RJP^R		

序号 No.	税则号列 Tariff Line	货品名称 Article Description	最惠国税率 MFN(%)		协定税率 Agreement(%)	特惠税率 SP(%)	普通税率 Gen(%)
	ex84193990	污泥干燥机（冷冻式、喷雾式除外） Sludge driers, except for freeze type or spray	Δ5				
		-蒸馏或精馏设备： -Distilling or rectifying plant:					
6408	8419.4010	---提净塔 ---Stripping towers	10	0 1 8 8.2	东盟AS,智CL,新西兰NZ,新加坡SG,秘PE,哥CR,瑞CH,冰IS,澳AU,格GE,毛MU,东盟^{R}AS^R,澳^{R}AU^R,新西兰^{R}NZ^R,柬KH,港HK,澳门MO 巴PK,韩KR 韩^{R}KR^R 日^{R}JP^R	0 受惠国LD	30
6409	8419.4020	---精馏塔 ---Rectifying towers	10	0 1 8 8.2	东盟AS,智CL,新西兰NZ,新加坡SG,秘PE,哥CR,瑞CH,冰IS,澳AU,格GE,毛MU,东盟^{R}AS^R,澳^{R}AU^R,新西兰^{R}NZ^R,柬KH,港HK,澳门MO 巴PK,韩KR 韩^{R}KR^R 日^{R}JP^R	0 受惠国LD	30
6410	8419.4090	---其他 ---Other	10	0 1 8 8.2	东盟AS,智CL,新西兰NZ,新加坡SG,秘PE,哥CR,瑞CH,冰IS,澳AU,格GE,毛MU,东盟^{R}AS^R,澳^{R}AU^R,新西兰^{R}NZ^R,柬KH,港HK,澳门MO 巴PK,韩KR 韩^{R}KR^R 日^{R}JP^R	0 受惠国LD	30
6411	8419.5000	-热交换装置 -Heat exchange units	10	0 1.7 6.5 8.8	东盟AS,智CL,巴PK,新西兰NZ,新加坡SG,秘PE,哥CR,冰IS,韩KR,澳AU,格GE,毛MU,东盟^{R}AS^R,澳^{R}AU^R,新西兰^{R}NZ^R,柬KH,港HK,澳门MO,台TW,韩^{R}KR^R 瑞CH 亚太AP 日^{R}JP^R	0 受惠国LD, 老LA	30
	ex84195000	用氟聚合物制造的、入口管和出口管内径不超过3厘米的热交换装置 Heat exchange units made of fluoropolymers and with inlet and outlet tube bores with inside diameters measuring 3cm or less	0				

序号 No.	税则号列 Tariff Line	货品名称 Article Description	最惠国税率 MFN(%)	协定税率 Agreement(%)		特惠税率 SP(%)	普通税率 Gen(%)
		-液化空气或其他气体的机器: -Machinery for liquefying air or other gases:					
		---制氧机: ---Oxygen producers:					
6412	8419.6011	----制氧量在15000立方米/小时及以上 ----Oxygen preparation volume no less than 15000m³/h	12	0	东盟AS,智CL,新西兰NZ,新加坡SG,秘PE,哥CR,瑞CH,冰IS,澳AU,格GE,毛MU,东盟ᴿASᴿ,澳ᴿAUᴿ,新西兰ᴿNZᴿ,柬KH,港HK,澳门MO	0 受惠国LD	30
				1.2	韩KR		
				3.6	巴PK		
				9.6	韩ᴿKRᴿ		
				9.8	日ᴿJPᴿ		
6413	8419.6019	----其他 ----Other	13	0	东盟AS,智CL,新西兰NZ,新加坡SG,秘PE,哥CR,瑞CH,冰IS,澳AU,格GE,毛MU,东盟ᴿASᴿ,澳ᴿAUᴿ,新西兰ᴿNZᴿ,柬KH,港HK,澳门MO	0 受惠国LD	30
				1.3	韩KR		
				3.9	巴PK		
				10.4	韩ᴿKRᴿ		
				10.6	日ᴿJPᴿ		
6414	8419.6090	---其他 ---Other	10	0	东盟AS,智CL,新西兰NZ,新加坡SG,秘PE,哥CR,瑞CH,冰IS,澳AU,格GE,毛MU,柬KH,港HK,澳门MO	0 受惠国LD	30
				1	巴PK,韩KR		
				8	东盟ᴿASᴿ,澳ᴿAUᴿ,新西兰ᴿNZᴿ,韩ᴿKRᴿ		
				8.2	日ᴿJPᴿ		
	ex84196090	通过冷凝分离和去除污染物的气体液化设备 Gas liquifaction plants for separating and removing pollutants through condensation	Δ5				
		-其他机器设备: -Other machinery, plant and equipment:					
6415	8419.8100	--加工热饮料或烹调、加热食品用 --For making hot drinks or for cooking or heating food	10Δ6	0	东盟AS,智CL,新西兰NZ,新加坡SG,秘PE,哥CR,瑞CH,冰IS,澳AU,格GE,毛MU,柬KH,港HK,澳门MO	0 受惠国LD, 老LA	30
				1	韩KR		
				3	巴PK		
				8	东盟ᴿASᴿ,澳ᴿAUᴿ,新西兰ᴿNZᴿ,韩ᴿKRᴿ		
				8.2	日ᴿJPᴿ		

序号 No.	税则号列 Tariff Line	货品名称 Article Description	最惠国税率 MFN(%)	协定税率 Agreement(%)		特惠税率 SP(%)		普通税率 Gen(%)
		--其他: --Other:						
6416	8419.8910	---加氢反应器 ---Hydroformer vessels	0	0	东盟AS,智CL,巴PK,新西兰NZ,秘PE,哥CR,瑞CH,冰IS,韩KR,澳AU,格GE,毛MU,东盟^RAS^R,澳^RAU^R,日^RJP^R,新西兰^RNZ^R,柬KH,港HK,澳门MO,韩^RKR^R	0	受惠国LD,老LA	30
6417	8419.8990	---其他 ---Other	0	0	东盟AS,智CL,巴PK,新西兰NZ,秘PE,哥CR,瑞CH,冰IS,韩KR,澳AU,格GE,毛MU,东盟^RAS^R,澳^RAU^R,日^RJP^R,新西兰^RNZ^R,柬KH,港HK,澳门MO,韩^RKR^R	0	受惠国LD,老LA	30
		-零件: -Parts:						
6418	8419.9010	---热水器用 ---Of water heaters	0	0	东盟AS,智CL,巴PK,新西兰NZ,秘PE,哥CR,瑞CH,冰IS,韩KR,澳AU,格GE,毛MU,东盟^RAS^R,澳^RAU^R,日^RJP^R,新西兰^RNZ^R,柬KH,港HK,澳门MO,韩^RKR^R	0	受惠国LD	100
6419	8419.9090	---其他 ---Other	4	0	东盟AS,智CL,巴PK,新西兰NZ,秘PE,哥CR,瑞CH,冰IS,韩KR,澳AU,格GE,毛MU,东盟^RAS^R,澳^RAU^R,日^RJP^R,新西兰^RNZ^R,柬KH,港HK,澳门MO,台TW,韩^RKR^R	0	受惠国LD	30
	84.20	**研光机或其他滚压机器及其滚筒, 但加工金属或玻璃用的除外:** **Calendering or other rolling machines, other than for metals or glass, and cylinders therefor:**						
6420	8420.1000	-研光机或其他滚压机器 -Calendering or other rolling machines	8	0	东盟AS,智CL,新西兰NZ,秘PE,哥CR,瑞CH,冰IS,韩KR,澳AU,格GE,毛MU,东盟^RAS^R,澳^RAU^R,新西兰^RNZ^R,柬KH,港HK,澳门MO,台TW,韩^RKR^R	0	受惠国LD	30
				1	巴PK			
				7.6	日^RJP^R			
	ex84201000	织物轧光机 Woven fabrics calenders	Δ6					
	ex84201000	专门或主要用于印刷电路板基板或印刷电路制造的滚压机 Roll laminators of a kind used solely or principally for the manufacture of printed circuit substrates or printed circuits	0					
		-零件: -Parts:						

序号 No.	税则号列 Tariff Line	货品名称 Article Description	最惠国税率 MFN(%)	协定税率 Agreement(%)		特惠税率 SP(%)	普通税率 Gen(%)
6421	8420.9100	--滚筒 --Cylinders	8	0	东盟AS,智CL,新西兰NZ,秘PE, 哥CR,瑞CH,冰IS,韩KR,澳AU, 格GE,毛MU,东盟^{R}AS^R,澳^{R}AU^R, 新西兰^{R}NZ^R,柬KH,港HK,澳门 MO,韩^{R}KR^R	0 受惠国LD	30
				4	巴PK		
				6.5	日^{R}JP^R		
6422	8420.9900	--其他 --Other	8	0	东盟AS,智CL,新西兰NZ,秘PE, 哥CR,瑞CH,冰IS,韩KR,澳AU, 格GE,毛MU,东盟^{R}AS^R,澳^{R}AU^R, 新西兰^{R}NZ^R,柬KH,港HK,澳门 MO,韩^{R}KR^R	0 受惠国LD	30
				1	巴PK		
				6.5	日^{R}JP^R		
	84.21	离心机,包括离心干燥机;液体或气体 的过滤、净化机器及装置: Centrifuges, including centrifugal dryers; filtering or purifying machinery and apparatus, for liquids or gases:					
		-离心机,包括离心干燥机: -Centrifuges, including centrifugal dryers:					
6423	8421.1100	--奶油分离器 --Cream separators	8	0	东盟AS,智CL,新西兰NZ,秘PE, 哥CR,瑞CH,冰IS,韩KR,澳AU, 格GE,毛MU,东盟^{R}AS^R,澳^{R}AU^R, 新西兰^{R}NZ^R,柬KH,港HK,澳门 MO,韩^{R}KR^R	0 受惠国LD	30
				1	巴PK		
				6.9	日^{R}JP^R		
		--干衣机: --Clothes-dryers:					
6424	8421.1210	---干衣量不超过10千克 ---Of a dry linen capacity not exceeding 10kg	7	0	东盟AS,智CL,新西兰NZ,新加坡 SG,秘PE,哥CR,瑞CH,冰IS,澳AU, 格GE,毛MU,东盟^{R}AS^R,澳^{R}AU^R,新 西兰^{R}NZ^R,柬KH,港HK,澳门MO	0 受惠国LD	70
				1.7	韩KR		
				8.4	巴PK		
				14	韩^{R}KR^R		
				14.3	日^{R}JP^R		
6425	8421.1290	---其他 ---Other	8	0	东盟AS,智CL,新西兰NZ,秘PE, 哥CR,瑞CH,冰IS,澳AU,格GE, 毛MU,东盟^{R}AS^R,澳^{R}AU^R,新西 兰^{R}NZ^R,柬KH,港HK,澳门MO	0 受惠国LD	30
				0.8	韩KR		
				1	巴PK		
				6.4	韩^{R}KR^R		
				6.5	日^{R}JP^R		

序号 No.	税则号列 Tariff Line	货品名称 Article Description	最惠国税率 MFN(%)	协定税率 Agreement(%)		特惠税率 SP(%)		普通税率 Gen(%)
		--其他: --Other:						
6426	8421.1910	---脱水机 ---Dewaterers	10Δ6	0	东盟AS,智CL,新西兰NZ,秘PE,哥CR,瑞CH,冰IS,澳AU,格GE,毛MU,东盟^{R}AS^R,澳^{R}AU^R,新西兰^{R}NZ^R,柬KH,港HK,澳门MO	0	受惠国LD	30
				1	韩KR			
				4	巴PK			
				8	韩^{R}KR^R			
				8.2	日^{R}JP^R			
6427	8421.1920	---固液分离机 ---Solid-liquor separators	10	0	东盟AS,智CL,新西兰NZ,新加坡SG,秘PE,哥CR,瑞CH,冰IS,澳AU,格GE,毛MU,柬KH,港HK,澳门MO	0	受惠国LD	30
				1	韩KR			
				3	巴PK			
				8	东盟^{R}AS^R,澳^{R}AU^R,新西兰^{R}NZ^R,韩^{R}KR^R			
				8.2	日^{R}JP^R			
6428	8421.1990	---其他 ---Other	10	0	东盟AS,智CL,新西兰NZ,新加坡SG,秘PE,哥CR,瑞CH,冰IS,澳AU,格GE,毛MU,柬KH,港HK,澳门MO	0	受惠国LD	30
				1	韩KR			
				3	巴PK			
				8	东盟^{R}AS^R,澳^{R}AU^R,新西兰^{R}NZ^R,韩^{R}KR^R			
				8.2	日^{R}JP^R			
		-液体的过滤、净化机器及装置: -Filtering or purifying machinery and apparatus for liquids:						
		--过滤或净化水用: --For filtering or purifying water:						
6429	8421.2110	---家用型 ---Of the household type	7Δ5	0	东盟AS,智CL,新西兰NZ,新加坡SG,秘PE,哥CR,冰IS,澳AU,格GE,东盟^{R}AS^R,澳^{R}AU^R,新西兰^{R}NZ^R,柬KH,港HK,澳门MO	0	受惠国LD	63
				4.6	亚太AP			
				7	瑞CH			
				10	毛MU			
				13.7	韩KR			
				14	巴PK			
				20.5	日^{R}JP^R			
				21.7	韩^{R}KR^R			
		---其他: ---Other:						

序号 No.	税则号列 Tariff Line	货品名称 Article Description	最惠国税率 MFN(%)	协定税率 Agreement(%)		特惠税率 SP(%)		普通税率 Gen(%)
6430	8421.2191	----船舶压载水处理设备 ----Ship ballast water treatment equipments	5	0	东盟AS,智CL,巴PK,新西兰NZ,秘PE,哥CR,瑞CH,冰IS,澳AU,格GE,毛MU,柬KH,港HK,澳门MO,台TW	0	受惠国LD	50
				2	韩KR			
				3.3	亚太AP			
				4	东盟^{R}AS^R,澳^{R}AU^R,新西兰^{R}NZ^R,韩^{R}KR^R			
				4.1	日^{R}JP^R			
6431	8421.2199	----其他 ----Other	5	0	东盟AS,智CL,巴PK,新西兰NZ,秘PE,哥CR,瑞CH,冰IS,澳AU,格GE,毛MU,柬KH,港HK,澳门MO,台TW	0	受惠国LD	50
				2	韩KR			
				3.3	亚太AP			
				4	东盟^{R}AS^R,澳^{R}AU^R,新西兰^{R}NZ^R,韩^{R}KR^R			
				4.1	日^{R}JP^R			
	ex84212199	船舶压载水处理设备用过滤器 Filters for ship ballast water treatment apparatus	Δ2					
	ex84212199	喷灌设备用叠式净水过滤器 Stackable water purifying filters for irrigation equipments	Δ1					
6432	8421.2200	--过滤或净化饮料(水除外)用 --For filtering or purifying beverages other than water	8	0	东盟AS,智CL,新西兰NZ,新加坡SG,秘PE,哥CR,瑞CH,冰IS,澳AU,格GE,毛MU,东盟^{R}AS^R,澳^{R}AU^R,新西兰^{R}NZ^R,柬KH,港HK,澳门MO	0	受惠国LD	40
				1.2	韩KR			
				3.6	巴PK			
				9.6	韩^{R}KR^R			
				9.8	日^{R}JP^R			
6433	8421.2300	--内燃发动机的滤油器 --Oil or petrol-filters for internal combustion engines	8	0	东盟AS,智CL,新西兰NZ,新加坡SG,秘PE,哥CR,瑞CH,冰IS,澳AU,格GE,毛MU,东盟^{R}AS^R,澳^{R}AU^R,新西兰^{R}NZ^R,柬KH,港HK,澳门MO	0	受惠国LD	40
				1	韩KR			
				3	巴PK			
				8	韩^{R}KR^R			
				8.2	日^{R}JP^R			
		--其他: --Other:						

序号 No.	税则号列 Tariff Line	货品名称 Article Description	最惠国税率 MFN(%)	协定税率 Agreement(%)		特惠税率 SP(%)	普通税率 Gen(%)
6434	8421.2910	---压滤机 ---Press filters	5	0	东盟AS,智CL,巴PK,新西兰NZ,秘PE,哥CR,瑞CH,冰IS,澳AU,格GE,毛MU,东盟^{R}AS^R,澳^{R}AU^R,新西兰^{R}NZ^R,柬KH,港HK,澳门MO	0 受惠国LD	40
				0.5	韩KR		
				3.3	亚太AP		
				4	韩^{R}KR^R		
				4.1	日^{R}JP^R		
	ex84212910	用氟聚合物制造的厚度不超过140微米的过滤膜或净化膜的液体过滤或净化机器及装置 Liquid filtering or purifying machinery and apparatus made of fluoropolymers and with filter or purifier membrane thickness not exceeding 140μm	0				
6435	8421.2990	---其他 ---Other	5	0	东盟AS,智CL,巴PK,新西兰NZ,秘PE,哥CR,瑞CH,冰IS,韩KR,澳AU,格GE,毛MU,东盟^{R}AS^R,澳^{R}AU^R,新西兰^{R}NZ^R,柬KH,港HK,澳门MO,台TW,韩^{R}KR^R	0 受惠国LD	40
				3.3	亚太AP		
				4.4	日^{R}JP^R		
	ex84212990	用氟聚合物制造的厚度不超过140微米的过滤膜或净化膜的液体过滤或净化机器及装置 Liquid filtering or purifying machinery and apparatus made of fluoropolymers and with filter or purifier membrane thickness not exceeding 140μm	0				
		-气体的过滤、净化机器及装置: -Filtering or purifying machinery and apparatus for gases:					
6436	8421.3100	--内燃发动机的进气过滤器 --Intake air filters for internal combustion engines	10	0	东盟AS,智CL,新西兰NZ,秘PE,哥CR,瑞CH,冰IS,澳AU,格GE,毛MU,柬KH,港HK,澳门MO	0 受惠国LD	40
				1	巴PK		
				5.5	韩KR		
				9	东盟^{R}AS^R,澳^{R}AU^R,日^{R}JP^R,新西兰^{R}NZ^R		
				10	韩^{R}KR^R		
6437	8421.3200	--用于净化或过滤内燃机所排出废气的催化转化器或微粒过滤器, 不论是否组合 --Catalytic converters or particulate filters, whether or not combined, for purifying or filtering exhaust gases from internal combustion engines	5	0	东盟AS,智CL,巴PK,新西兰NZ,秘PE,哥CR,瑞CH,冰IS,澳AU,格GE,毛MU,柬KH,港HK,澳门MO	0 受惠国LD	40
				2	韩KR		
				3.3	亚太AP		
				4	东盟^{R}AS^R,澳^{R}AU^R,新西兰^{R}NZ^R,韩^{R}KR^R		
				4.4	日^{R}JP^R		

序号 No.	税则号列 Tariff Line	货品名称 Article Description	最惠国税率 MFN(%)	协定税率 Agreement(%)		特惠税率 SP(%)	普通税率 Gen(%)
	ex84213200	摩托车发动机排气过滤及净化装置（装备不锈钢外壳、入口管和出口管内径不超过1.3厘米的气体过滤或净化机器及装置除外） Filtering or purifying machines for motorcycle engines, except for filtering or purifying machinery and apparatus for gases, with stainless steel housing, and with inlet and outlet tube bores with inside diameters not exceeding 1.3cm	Δ3				
	ex84213200	柴油发动机排气过滤及净化装置（装备不锈钢外壳、入口管和出口管内径不超过1.3厘米的气体过滤或净化机器及装置除外） Filtering and purifying apparatuses for diesel engines,except for filtering or purifying machinery and apparatus for gases, with stainless steel housing, and with inlet and outlet tube bores with inside diameters not exceeding 1.3cm	Δ3				
	ex84213200	汽油机颗粒捕集器（装备不锈钢外壳、入口管和出口管内径不超过1.3厘米的气体过滤或净化机器及装置除外） Gasoline Particulate Filter, except for filtering or purifying machinery and apparatus for gases, with stainless steel housing, and with inlet and outlet tube bores with inside diameters not exceeding 1.3cm	Δ3				
	ex84213200	装备不锈钢外壳、入口管和出口管内径不超过1.3厘米的气体过滤或净化机器及装置 Filtering or purifying machinery and apparatus for gases, with stainless steel housing, and with inlet and outlet tube bores with inside diameters not exceeding 1.3cm	0				
		--其他: --Other:					
6438	8421.3910	---家用型 ---Of the household type	7Δ5	0	东盟AS,智CL,新西兰NZ,新加坡SG,秘PE,哥CR,瑞CH,冰IS,澳AU,格GE,毛MU,柬KH,港HK,澳门MO,台TW	0 受惠国LD	100
				4.5	巴PK		
				4.6	亚太AP		
				9.7	韩KR		
				12	东盟^{R}AS^R,澳^{R}AU^R,新西兰^{R}NZ^R		
				12.3	日^{R}JP^R		
				13.5	韩^{R}KR^R		

序号 No.	税则号列 Tariff Line	货品名称 Article Description	最惠国税率 MFN(%)	协定税率 Agreement(%)		特惠税率 SP(%)	普通税率 Gen(%)
		---工业用除尘器: ---Dust collectors for industrial use:					
6439	8421.3921	----静电除尘器 ----Electrostatic	5	0	东盟AS,智CL,巴PK,新西兰NZ, 秘PE,哥CR,瑞CH,冰IS,韩KR, 澳AU,格GE,毛MU,东盟^{R}AS^R, 澳^{R}AU^R,日^{R}JP^R,新西兰^{R}NZ^R,柬 KH,港HK,澳门MO,台TW,韩 ^{R}KR^R	0 受惠国LD	40
				3.3	亚太AP		
	ex84213921	装备不锈钢外壳、入口管和出口管内径 不超过1.3厘米的气体过滤或净化机器 及装置 Filtering or purifying machinery and apparatus for gases, with stainless steel housing, and with inlet and outlet tube bores with inside diameters not exceeding 1.3cm	0				
6440	8421.3922	----袋式除尘器 ----Baghoused	5	0	东盟AS,智CL,巴PK,新西兰NZ, 秘PE,哥CR,瑞CH,冰IS,韩KR, 澳AU,格GE,毛MU,东盟^{R}AS^R, 澳^{R}AU^R,日^{R}JP^R,新西兰^{R}NZ^R,柬 KH,港HK,澳门MO,韩^{R}KR^R	0 受惠国LD	40
				3.3	亚太AP		
	ex84213922	装备不锈钢外壳、入口管和出口管内径 不超过1.3厘米的气体过滤或净化机器 及装置 Filtering or purifying machinery and apparatus for gases, with stainless steel housing, and with inlet and outlet tube bores with inside diameters not exceeding 1.3cm	0				
6441	8421.3923	----旋风式除尘器 ----Cyclone	5	0	东盟AS,智CL,巴PK,新西兰NZ, 秘PE,哥CR,瑞CH,冰IS,韩KR, 澳AU,格GE,毛MU,东盟^{R}AS^R, 澳^{R}AU^R,日^{R}JP^R,新西兰^{R}NZ^R,柬 KH,港HK,澳门MO,台TW,韩 ^{R}KR^R	0 受惠国LD	40
				3.3	亚太AP		
	ex84213923	装备不锈钢外壳、入口管和出口管内径 不超过1.3厘米的气体过滤或净化机器 及装置 Filtering or purifying machinery and apparatus for gases, with stainless steel housing, and with inlet and outlet tube bores with inside diameters not exceeding 1.3cm	0				

序号 No.	税则号列 Tariff Line	货品名称 Article Description	最惠国税率 MFN(%)	协定税率 Agreement(%)		特惠税率 SP(%)	普通税率 Gen(%)
6442	8421.3924	----电袋复合除尘器 ----Bag filter electrostatic	5	0	东盟AS,智CL,巴PK,新西兰NZ,秘PE,哥CR,瑞CH,冰IS,澳AU,格GE,毛MU,东盟^{R}AS^R,澳^{R}AU^R,新西兰^{R}NZ^R,柬KH,港HK,澳门MO,台TW	0 受惠国LD	40
				2	韩KR		
				3.3	亚太AP		
				4	韩^{R}KR^R		
				4.1	日^{R}JP^R		
	ex84213924	装备不锈钢外壳、入口管和出口管内径不超过1.3厘米的气体过滤或净化机器及装置 Filtering or purifying machinery and apparatus for gases, with stainless steel housing, and with inlet and outlet tube bores with inside diameters not exceeding 1.3cm	0				
6443	8421.3929	----其他 ----Other	5	0	东盟AS,智CL,巴PK,新西兰NZ,秘PE,哥CR,瑞CH,冰IS,澳AU,格GE,毛MU,东盟^{R}AS^R,澳^{R}AU^R,新西兰^{R}NZ^R,柬KH,港HK,澳门MO,台TW	0 受惠国LD	40
				2	韩KR		
				3.3	亚太AP		
				4	韩^{R}KR^R		
				4.1	日^{R}JP^R		
	ex84213929	装备不锈钢外壳、入口管和出口管内径不超过1.3厘米的气体过滤或净化机器及装置 Filtering or purifying machinery and apparatus for gases, with stainless steel housing, and with inlet and outlet tube bores with inside diameters not exceeding 1.3cm	0				
6444	8421.3940	---烟气脱硫装置 ---Flue gas desulfurization apparatus	5	0	东盟AS,智CL,巴PK,新西兰NZ,秘PE,哥CR,瑞CH,冰IS,韩KR,澳AU,格GE,毛MU,东盟^{R}AS^R,澳^{R}AU^R,日^{R}JP^R,新西兰^{R}NZ^R,柬KH,港HK,澳门MO,台TW,韩^{R}KR^R	0 受惠国LD	40
				3.3	亚太AP		
	ex84213940	装备不锈钢外壳、入口管和出口管内径不超过1.3厘米的气体过滤或净化机器及装置 Filtering or purifying machinery and apparatus for gases, with stainless steel housing, and with inlet and outlet tube bores with inside diameters not exceeding 1.3cm	0				

序号 No.	税则号列 Tariff Line	货品名称 Article Description	最惠国税率 MFN(%)		协定税率 Agreement(%)	特惠税率 SP(%)	普通税率 Gen(%)
6445	8421.3950	---烟气脱硝装置 ---Flue gas denitration apparatus	5	0	东盟AS,智CL,巴PK,新西兰NZ,秘PE,哥CR,瑞CH,冰IS,韩KR,澳AU,格GE,毛MU,东盟^{R}AS^R,日^{R}JP^R,柬KH,港HK,澳门MO,台TW,韩^{R}KR^R	0 受惠国LD	40
				3.3	亚太AP		
				4	澳^{R}AU^R,新西兰^{R}NZ^R		
	ex84213950	装备不锈钢外壳、入口管和出口管内径不超过1.3厘米的气体过滤或净化机器及装置 Filtering or purifying machinery and apparatus for gases, with stainless steel housing, and with inlet and outlet tube bores with inside diameters not exceeding 1.3cm	0				
6446	8421.3990	---其他 ---Other	5	0	东盟AS,智CL,巴PK,新西兰NZ,秘PE,哥CR,瑞CH,冰IS,澳AU,格GE,毛MU,东盟^{R}AS^R,澳^{R}AU^R,新西兰^{R}NZ^R,柬KH,港HK,澳门MO,台TW	0 受惠国LD	40
				0.5	韩KR		
				3.3	亚太AP		
				4	韩^{R}KR^R		
				4.5	日^{R}JP^R		
	ex84213990	装备不锈钢外壳、入口管和出口管内径不超过1.3厘米的气体过滤或净化机器及装置 Filtering or purifying machinery and apparatus for gases, with stainless steel housing, and with inlet and outlet tube bores with inside diameters not exceeding 1.3cm	0				
		-零件: -Parts:					
		--离心机用,包括离心干燥机用: --Of centrifuges, including centrifugaldryers:					
6447	8421.9110	---干衣量不超过10千克的干衣机用 ---Of clothes-dryers of a dry linen capacity not exceeding 10kg	0	0	东盟AS,智CL,巴PK,新西兰NZ,秘PE,哥CR,瑞CH,冰IS,韩KR,澳AU,格GE,毛MU,东盟^{R}AS^R,澳^{R}AU^R,日^{R}JP^R,新西兰^{R}NZ^R,柬KH,港HK,澳门MO,韩^{R}KR^R	0 受惠国LD	70
6448	8421.9190	---其他 ---Other	0	0	东盟AS,智CL,巴PK,新西兰NZ,秘PE,哥CR,瑞CH,冰IS,韩KR,澳AU,格GE,毛MU,东盟^{R}AS^R,澳^{R}AU^R,日^{R}JP^R,新西兰^{R}NZ^R,柬KH,港HK,澳门MO,韩^{R}KR^R	0 受惠国LD	30

序号 No.	税则号列 Tariff Line	货品名称 Article Description	最惠国税率 MFN(%)	协定税率 Agreement(%)		特惠税率 SP(%)	普通税率 Gen(%)
		--其他: --Other:					
6449	8421.9910	---家用型过滤、净化装置用 ---Of household-type filtering or purifying machines	7△5	0	东盟AS,智CL,巴PK,新西兰NZ, 新加坡SG,秘PE,哥CR,瑞CH,冰 IS,澳AU,格GE,毛MU,柬KH,港 HK,澳门MO	0 受惠国LD	100
				1	韩KR		
				4.6	亚太AP		
				8	东盟^{R}AS^R,澳^{R}AU^R,新西兰^{R}NZ^R, 韩^{R}KR^R		
				8.2	日^{R}JP^R		
6450	8421.9990	---其他 ---Other	5	0	东盟AS,智CL,巴PK,新西兰NZ, 秘PE,哥CR,瑞CH,冰IS,韩KR, 澳AU,格GE,毛MU,东盟^{R}AS^R, 澳^{R}AU^R,日^{R}JP^R,新西兰^{R}NZ^R,柬 KH,港HK,澳门MO,台TW,韩 ^{R}KR^R	0 受惠国LD	40
				3.3	亚太AP		
	ex84219990	用厚度不超过140微米的氟聚合物制造 的液体过滤或净化机器及装置的零件; 装备不锈钢外壳、入口管和出口管内径 不超过1.3厘米的气体过滤或净化机器 及装置的零件 Parts of filtering or purifying machinery and apparatus for liquids, made of fluoropolymers and with filter or purifier membrane thickness not exceeding 140μm; parts of filtering or purifying machinery and apparatus for gases, with stainless steel housing,and with inlet and outlet tube with inside diameters not exceeding 1.3cm	0				
	84.22	洗碟机;瓶子及其他容器的洗涤或干燥 机器;瓶、罐、箱、袋或其他容器装填、 封口、密封、贴标签的机器;瓶、罐、管、 筒或类似容器的包封机器;其他包装或 打包机器(包括热缩包装机器);饮料 充气机: Dish washing machines; machinery for cleaning or drying bottles or other containers; machinery for filling, closing, sealing or labelling bottles, cans, boxes, bags or other containers; machinery for capsuling bottles, jars, tubes and similar containers; other packing or wrapping machinery (including heat-shrink wrapping machinery); machinery for aerating beverages:					

序号 No.	税则号列 Tariff Line	货品名称 Article Description	最惠国税率 MFN(%)	协定税率 Agreement(%)		特惠税率 SP(%)		普通税率 Gen(%)
		-洗碟机: -Dishwashing machines:						
6451	8422.1100	--家用型 --Of the household type	8△4	0	东盟AS,智CL,新西兰NZ,秘PE,哥CR,瑞CH,冰IS,澳AU,格GE,毛MU,柬KH,港HK,澳门MO	0	受惠国LD	90
				1	巴PK			
				5	东盟^RAS^R,澳^RAU^R,新西兰^RNZ^R			
6452	8422.1900	--其他 --Other	8	0	东盟AS,智CL,新西兰NZ,新加坡SG,秘PE,哥CR,瑞CH,冰IS,澳AU,格GE,毛MU,东盟^RAS^R,澳^RAU^R,新西兰^RNZ^R,柬KH,港HK,澳门MO	0	受惠国LD	90
				1.4	韩KR			
				6.7	巴PK			
				11.2	韩^RKR^R			
				11.5	日^RJP^R			
6453	8422.2000	-瓶子或其他容器的洗涤或干燥机器 -Machinery for cleaning or drying bottles or other containers	8	0	东盟AS,智CL,新西兰NZ,新加坡SG,秘PE,哥CR,瑞CH,冰IS,澳AU,格GE,毛MU,东盟^RAS^R,澳^RAU^R,新西兰^RNZ^R,柬KH,港HK,澳门MO	0	受惠国LD	35
				1	巴PK,韩KR			
				8	韩^RKR^R			
				8.2	日^RJP^R			
		-瓶、罐、箱、袋或其他容器的装填、封口、密封、贴标签的机器;瓶、罐、管、筒或类似容器的包封机器;饮料充气机: -Machinery for filling, closing, sealing or labelling bottles, cans, boxes, bags or other containers; machinery for capsuling bottles, jars, tubes and similar containers; machinery for aerating beverages:							
6454	8422.3010	---饮料及液体食品灌装设备 ---Bottling or canning machinery for beverages or liquid food	12	0	东盟AS,智CL,新西兰NZ,新加坡SG,秘PE,哥CR,瑞CH,冰IS,澳AU,格GE,毛MU,东盟^RAS^R,澳^RAU^R,新西兰^RNZ^R,柬KH,港HK,澳门MO	0	受惠国LD	45
				1.2	韩KR			
				3	巴PK			
				7.8	亚太AP			
				9.6	韩^RKR^R			
				9.8	日^RJP^R			

序号 No.	税则号列 Tariff Line	货品名称 Article Description	最惠国税率 MFN(%)		协定税率 Agreement(%)	特惠税率 SP(%)	普通税率 Gen(%)
	ex84223010	乳品加工用自动化灌装设备 Automatic bottling or canning equipments for producing dairy	Δ8				
		---水泥包装机: ---Machinery for packing cement:					
6455	8422.3021	----全自动灌包机 ----Automatic filling and sacking machines	8	0 1.2 3 5.2 9.6 9.8	东盟AS,智CL,新西兰NZ,新加坡SG,秘PE,哥CR,瑞CH,冰IS,澳AU,格GE,毛MU,东盟^{R}AS^R,澳^{R}AU^R,新西兰^{R}NZ^R,柬KH,港HK,澳门MO 韩KR 巴PK 亚太AP 韩^{R}KR^R 日^{R}JP^R	0 受惠国LD	45
6456	8422.3029	----其他 ----Other	8	0 1.2 3 5.2 9.6 9.8	东盟AS,智CL,新西兰NZ,新加坡SG,秘PE,哥CR,瑞CH,冰IS,澳AU,格GE,毛MU,东盟^{R}AS^R,澳^{R}AU^R,新西兰^{R}NZ^R,柬KH,港HK,澳门MO 韩KR 巴PK 亚太AP 韩^{R}KR^R 日^{R}JP^R	0 受惠国LD	45
6457	8422.3030	---其他包装机 ---Other packing machines	8	0 3 5.2 8 8.2	东盟AS,智CL,新西兰NZ,新加坡SG,秘PE,哥CR,瑞CH,冰IS,韩KR,澳AU,格GE,毛MU,柬KH,港HK,澳门MO 巴PK 亚太AP 东盟^{R}AS^R,澳^{R}AU^R,新西兰^{R}NZ^R,韩^{R}KR^R 日^{R}JP^R	0 受惠国LD	35
	ex84223030	全自动无菌灌装生产线用包装机,加工速度≥20000只/小时 Packing machines of automatic aseptic filling production line, processing output≥20000 package/hour	Δ6				
6458	8422.3090	---其他 ---Other	8	0 3 5.2 8 8.2	东盟AS,智CL,新西兰NZ,新加坡SG,秘PE,哥CR,瑞CH,冰IS,韩KR,澳AU,格GE,毛MU,柬KH,港HK,澳门MO 巴PK 亚太AP 东盟^{R}AS^R,澳^{R}AU^R,新西兰^{R}NZ^R,韩^{R}KR^R 日^{R}JP^R	0 受惠国LD	35

序号 No.	税则号列 Tariff Line	货品名称 Article Description	最惠国税率 MFN(%)	协定税率 Agreement(%)		特惠税率 SP(%)	普通税率 Gen(%)
	ex84223090	全自动无菌灌装生产线用贴吸管机,加工速度≥22000只/小时 Straw applicators of automatic aseptic filling production line, processing output≥22000 package/hour	△6				
6459	8422.4000	-其他包装或打包机器（包括热缩包装机器） -Other packing or wrapping machinery(including heat-shrink wrapping machinery)	8	0	东盟AS,智CL,新西兰NZ,新加坡SG,秘PE,哥CR,瑞CH,冰IS,澳AU,格GE,毛MU,东盟^{R}AS^R,澳^{R}AU^R,新西兰^{R}NZ^R,柬KH,港HK,澳门MO	0 受惠国LD	35
				1	巴PK,韩KR		
				5.2	亚太AP		
				8	韩^{R}KR^R		
				8.8	日^{R}JP^R		
	ex84224000	半导体检测分选编带机 Semiconductor inspection, sorting and taping machine	△5				
		-零件: -Parts:					
6460	8422.9010	---洗碟机用 ---Of dish washing machines	8△4	0	东盟AS,智CL,新西兰NZ,新加坡SG,秘PE,哥CR,瑞CH,冰IS,澳AU,格GE,毛MU,东盟^{R}AS^R,澳^{R}AU^R,新西兰^{R}NZ^R,柬KH,港HK,澳门MO	0 受惠国LD	90
				1	韩KR		
				3	巴PK		
				8.4	韩^{R}KR^R		
				8.6	日^{R}JP^R		
6461	8422.9020	---饮料及液体食品灌装设备用 ---Of bottling or canning machinery for beverages or liquid food	8.5	0	东盟AS,智CL,新西兰NZ,秘PE,哥CR,瑞CH,冰IS,澳AU,格GE,毛MU,东盟^{R}AS^R,澳^{R}AU^R,新西兰^{R}NZ^R,柬KH,港HK,澳门MO	0 受惠国LD	45
				0.8	韩KR		
				1	巴PK		
				6.8	韩^{R}KR^R		
				7	日^{R}JP^R		
	ex84229020	乳品加工用自动化灌装设备用零件 Parts of automatic filing equipments for dairy processing	△4				
6462	8422.9090	---其他 ---Other	8.5	0	东盟AS,智CL,新西兰NZ,秘PE,哥CR,瑞CH,韩KR,澳AU,格GE,毛MU,柬KH,港HK,澳门MO	0 受惠国LD	35
				1	巴PK		
				6.8	东盟^{R}AS^R,澳^{R}AU^R,新西兰^{R}NZ^R,韩^{R}KR^R		
				7	日^{R}JP^R		

序号 No.	税则号列 Tariff Line	货品名称 Article Description	最惠国税率 MFN(%)	协定税率 Agreement(%)		特惠税率 SP(%)	普通税率 Gen(%)
	ex84229090	全自动无菌灌装生产线用包装机（加工速度≥20000只/小时）、贴吸管机（加工速度≥22000只/小时）用零件 Parts of packaging machines (processing speed≥20000 package/hour) or straw machines (processing speed≥22000 package/hour) for automatic aseptic filling lines	Δ4				
	ex84229090	半导体检测分选编带机专用零件 parts spectial for Semiconductor inspection, sorting and taping machine	Δ2				
	84.23	衡器（感量为50毫克或更精密的天平除外），包括计数或检验用的衡器；衡器用的各种砝码、秤砣： Weighing machinery (excluding balances of a sensitivity of 50mg or better), including weight-operated counting or checking machines; weighing machine weights of all kinds:					
6463	8423.1000	-体重计，包括婴儿秤；家用秤 -Personal weighing machines, including baby scales; household scales	6	0 1 3 8.4 8.6	东盟AS,智CL,新西兰NZ,新加坡SG,秘PE,哥CR,瑞CH,冰IS,澳AU,格GE,毛MU,东盟^{R}AS^R,澳^{R}AU^R,新西兰^{R}NZ^R,柬KH,港HK,澳门MO 韩KR 巴PK 韩^{R}KR^R 日^{R}JP^R	0 受惠国LD	80
		-输送带上连续称货的秤： -Scales for continuous weighing of goods on conveyors:					
6464	8423.2010	---电子皮带秤 ---Electronic belt weighing machines	0	0 1 8	东盟AS,智CL,新西兰NZ,秘PE,哥CR,瑞CH,冰IS,澳AU,格GE,毛MU,东盟^{R}AS^R,澳^{R}AU^R,日^{R}JP^R,新西兰^{R}NZ^R,柬KH,港HK,澳门MO 巴PK,韩KR 韩^{R}KR^R	0 受惠国LD	80
6465	8423.2090	---其他 ---Other	10	0 1 8 8.2	东盟AS,智CL,新西兰NZ,秘PE,哥CR,瑞CH,冰IS,澳AU,格GE,毛MU,东盟^{R}AS^R,澳^{R}AU^R,新西兰^{R}NZ^R,柬KH,港HK,澳门MO 巴PK,韩KR 韩^{R}KR^R 日^{R}JP^R	0 受惠国LD	80

序号 No.	税则号列 Tariff Line	货品名称 Article Description	最惠国税率 MFN(%)	协定税率 Agreement(%)		特惠税率 SP(%)		普通税率 Gen(%)
		-恒定秤、物料定量装袋或装容器用的秤,包括料斗秤: -Constant weight scales and scales for discharging a predetermined weight of material into a bag or container, including hopper scales:						
6466	8423.3010	---定量包装秤 ---Rationed packing scales	10	0	东盟AS,智CL,新西兰NZ,新加坡SG,秘PE,哥CR,瑞CH,冰IS,澳AU,格GE,毛MU,柬KH,港HK,澳门MO	0	受惠国LD	80
				1	韩KR			
				3	巴PK			
				9.1	东盟^{R}AS^R,韩^{R}KR^R			
				9.2	日^{R}JP^R			
				9.5	澳^{R}AU^R,新西兰^{R}NZ^R			
	ex84233010	以电子方式称重的恒定秤、物料定量装袋或装容器用的衡器,包括库秤 Constant weight scales and scales for discharging a predetermined weight of material into a bag or container, including hopper scales, using electronic means for gauging weight	0					
6467	8423.3020	---定量分选秤 ---Rationed sorting scales	10	0	东盟AS,智CL,新西兰NZ,新加坡SG,秘PE,哥CR,瑞CH,冰IS,澳AU,格GE,毛MU,东盟^{R}AS^R,澳^{R}AU^R,新西兰^{R}NZ^R,柬KH,港HK,澳门MO	0	受惠国LD	80
				1	韩KR			
				3	巴PK			
				8.4	韩^{R}KR^R			
				8.6	日^{R}JP^R			
6468	8423.3030	---配料秤 ---Proporating scales	10	0	东盟AS,智CL,新西兰NZ,新加坡SG,秘PE,哥CR,瑞CH,冰IS,澳AU,格GE,毛MU,东盟^{R}AS^R,澳^{R}AU^R,新西兰^{R}NZ^R,柬KH,港HK,澳门MO	0	受惠国LD	80
				1	韩KR			
				3	巴PK			
				8.4	韩^{R}KR^R			
				8.6	日^{R}JP^R			
	ex84233030	以电子方式称重的恒定秤、物料定量装袋或装容器用的衡器,包括库秤 Constant weight scales and scales for discharging a predetermined weight of material into a bag or container, including hopper scales, using electronic means for gauging weight	0					

序号 No.	税则号列 Tariff Line	货品名称 Article Description	最惠国税率 MFN(%)	协定税率 Agreement(%)		特惠税率 SP(%)	普通税率 Gen(%)
6469	8423.3090	---其他 ---Other	10	0	东盟AS,智CL,新西兰NZ,新加坡SG,秘PE,哥CR,瑞CH,冰IS,澳AU,格GE,毛MU,东盟^{R}AS^R,澳^{R}AU^R,新西兰^{R}NZ^R,柬KH,港HK,澳门MO	0 受惠国LD	80
				1	韩KR		
				3	巴PK		
				8.4	韩^{R}KR^R		
				8.6	日^{R}JP^R		
	ex84233090	以电子方式称重的恒定秤、物料定量装袋或装容器用的衡器,包括库秤 Constant weight scales and scales for discharging a predetermined weight of material into a bag or container, including hopper scales, using electronic means for gauging weight	0				
		-其他衡器: -Other weighing machinery:					
		--最大称量不超过30千克: --Having a maximum weighing capacity not exceeding 30kg:					
6470	8423.8110	---计价秤 ---Account balances	0	0	东盟AS,智CL,新西兰NZ,新加坡SG,秘PE,哥CR,瑞CH,冰IS,澳AU,格GE,毛MU,东盟^{R}AS^R,澳^{R}AU^R,日^{R}JP^R,新西兰^{R}NZ^R,柬KH,港HK,澳门MO	0 受惠国LD	80
				1	韩KR		
				3	巴PK		
				8.4	韩^{R}KR^R		
6471	8423.8120	---弹簧秤 ---Spring balances	10	0	东盟AS,智CL,新西兰NZ,新加坡SG,秘PE,哥CR,瑞CH,冰IS,澳AU,格GE,毛MU,东盟^{R}AS^R,澳^{R}AU^R,新西兰^{R}NZ^R,柬KH,港HK,澳门MO	0 受惠国LD	80
				1	韩KR		
				3	巴PK		
				8.4	韩^{R}KR^R		
				8.6	日^{R}JP^R		
6472	8423.8190	---其他 ---Other	10	0	东盟AS,智CL,新西兰NZ,新加坡SG,秘PE,哥CR,冰IS,澳AU,格GE,毛MU,东盟^{R}AS^R,澳^{R}AU^R,新西兰^{R}NZ^R,柬KH,港HK,澳门MO	0 受惠国LD	80
				1	韩KR		
				3	巴PK		
				4.2	瑞CH		
				8.4	韩^{R}KR^R		
				8.6	日^{R}JP^R		

序号 No.	税则号列 Tariff Line	货品名称 Article Description	最惠国税率 MFN(%)	协定税率 Agreement(%)		特惠税率 SP(%)		普通税率 Gen(%)
	ex84238190	其他以电子方式称重的衡器, 最大称量不超过30千克 Other weighing machinery, having a maximum weighing capacity not exceeding 30kg using electronic means for gauging weight	0					
		--最大称量超过30千克, 但不超过5000千克: --Having a maximum weighing capacity exceeding 30kg but not exceeding 5000kg:						
6473	8423.8210	---地中衡 ---Weighbridges	10	0	东盟AS,智CL,新西兰NZ,新加坡SG,秘PE,哥CR,瑞CH,冰IS,澳AU,格GE,毛MU,东盟^{R}AS^R,澳^{R}AU^R,新西兰^{R}NZ^R,柬KH,港HK,澳门MO	0	受惠国LD	80
				1	韩KR			
				3	巴PK			
				8.4	韩^{R}KR^R			
				8.6	日^{R}JP^R			
	ex84238210	其他以电子方式称重的衡器, 最大称量大于30千克但不超过5000千克, 但对车辆称重的衡器除外 Other weighing machinery, having a maximum weighing capacity exceeding 30kg but not exceeding 5000kg using electronic means for gauging weight, excluding machines for weighing motor vehicles	0					
6474	8423.8290	---其他 ---Other	10	0	东盟AS,智CL,新西兰NZ,新加坡SG,秘PE,哥CR,瑞CH,冰IS,澳AU,格GE,毛MU,东盟^{R}AS^R,澳^{R}AU^R,新西兰^{R}NZ^R,柬KH,港HK,澳门MO	0	受惠国LD	80
				1	韩KR			
				3	巴PK			
				8.4	韩^{R}KR^R			
				8.6	日^{R}JP^R			
	ex84238290	其他以电子方式称重的衡器, 最大称量大于30千克但不超过5000千克, 但对车辆称重的衡器除外 Other weighing machinery, having a maximum weighing capacity exceeding 30kg but not exceeding 5000kg using electronic means for gauging weight, excluding machines for weighing motor vehicles	0					

序号 No.	税则号列 Tariff Line	货品名称 Article Description	最惠国税率 MFN(%)	协定税率 Agreement(%)		特惠税率 SP(%)	普通税率 Gen(%)
		--其他: --Other:					
6475	8423.8910	---地中衡 ---Weighbridges	10	0	东盟AS,智CL,新西兰NZ,秘PE,哥CR,瑞CH,冰IS,澳AU,格GE,毛MU,东盟^RAS^R,澳^RAU^R,新西兰^RNZ^R,柬KH,港HK,澳门MO	0 受惠国LD	80
				1	巴PK,韩KR		
				8	韩^RKR^R		
				8.2	日^RJP^R		
	ex84238910	其他以电子方式称重的衡器,最大称量超过5000千克,但对车辆称重的衡器除外 Other weighing machinery, having a maximum weighing capacity exceeding 5000kg using electronic means for gauging weight	0				
6476	8423.8920	---轨道衡 ---Track scales	10	0	东盟AS,智CL,新西兰NZ,秘PE,哥CR,瑞CH,冰IS,澳AU,格GE,毛MU,东盟^RAS^R,澳^RAU^R,新西兰^RNZ^R,柬KH,港HK,澳门MO	0 受惠国LD	80
				1	巴PK,韩KR		
				8	韩^RKR^R		
				8.2	日^RJP^R		
	ex84238920	其他以电子方式称重的衡器,最大称量超过5000千克,但对车辆称重的衡器除外 Other weighing machinery, having a maximum weighing capacity exceeding 5000kg using electronic means for gauging weight	0				
6477	8423.8930	---吊秤 ---Hanging scales	10	0	东盟AS,智CL,新西兰NZ,秘PE,哥CR,瑞CH,冰IS,澳AU,格GE,毛MU,东盟^RAS^R,澳^RAU^R,新西兰^RNZ^R,柬KH,港HK,澳门MO	0 受惠国LD	80
				1	巴PK,韩KR		
				8	韩^RKR^R		
				8.2	日^RJP^R		
	ex84238930	其他以电子方式称重的衡器,最大称量超过5000千克,但对车辆称重的衡器除外 Other weighing machinery, having a maximum weighing capacity exceeding 5000kg using electronic means for gauging weight	0				

序号 No.	税则号列 Tariff Line	货品名称 Article Description	最惠国税率 MFN(%)	协定税率 Agreement(%)		特惠税率 SP(%)	普通税率 Gen(%)
6478	8423.8990	---其他 ---Other	10	0	东盟AS,智CL,新西兰NZ,秘PE,哥CR,瑞CH,冰IS,澳AU,格GE,毛MU,东盟ᴿASᴿ,澳ᴿAUᴿ,新西兰ᴿNZᴿ,柬KH,港HK,澳门MO	0 受惠国LD	80
				1	巴PK,韩KR		
				8	韩ᴿKRᴿ		
				8.2	日ᴿJPᴿ		
	ex84238990	其他以电子方式称重的衡器, 最大称量超过5000千克, 但对车辆称重的衡器除外 Other weighing machinery, having a maximum weighing capacity exceeding 5000kg using electronic means for gauging weight	0				
6479	8423.9000	-衡器用的各种砝码、秤砣; 衡器的零件 -Weighing machine weights of all kinds; parts of weighing machinery	8	0	东盟AS,智CL,新西兰NZ,新加坡SG,秘PE,哥CR,瑞CH,冰IS,澳AU,格GE,毛MU,东盟ᴿASᴿ,澳ᴿAUᴿ,新西兰ᴿNZᴿ,柬KH,港HK,澳门MO	0 受惠国LD	80
				1	巴PK,韩KR		
				8	韩ᴿKRᴿ		
				8.2	日ᴿJPᴿ		
	ex84239000	以电子方式称重的衡器的零件, 但对车辆称重的衡器零件除外 Parts of weighing machinery using electronic means for gauging weight, excluding parts of machines for weighing motor vehicles	0				
	84.24	液体或粉末的喷射、散布或喷雾的机械器具(不论是否手工操作); 灭火器, 不论是否装药; 喷枪及类似器具; 喷汽机、喷砂机及类似的喷射机器: Mechanical appliances (whether or not hand-operated) for projecting, dispersing or spraying liquids or powders; fire extinguishers, whether or not charged; spray guns and similar appliances; steam or sandblasting machines and similar jet projecting machines:					
6480	8424.1000	-灭火器, 不论是否装药 -Fire extinguishers, whether or not charged	8	0	东盟AS,智CL,新西兰NZ,秘PE,哥CR,瑞CH,冰IS,澳AU,格GE,毛MU,柬KH,港HK,澳门MO	0 受惠国LD	70
				1	巴PK		
				3.3	韩KR		
				7.3	东盟ᴿASᴿ,韩ᴿKRᴿ		
				7.4	日ᴿJPᴿ		
				7.6	澳ᴿAUᴿ,新西兰ᴿNZᴿ		

序号 No.	税则号列 Tariff Line	货品名称 Article Description	最惠国税率 MFN(%)	协定税率 Agreement(%)		特惠税率 SP(%)		普通税率 Gen(%)
	ex84241000	飞机用灭火器 Fire extinguishers for airplane	Δ1					
6481	8424.2000	-喷枪及类似器具 -Spray guns and similar appliances	8	0 1 5.2 6.7 6.9	东盟AS,智CL,新西兰NZ,秘PE, 哥CR,瑞CH,冰IS,韩KR,澳AU, 格GE,毛MU,柬KH,港HK,澳门 MO 巴PK 亚太AP 东盟^RAS^R,澳^RAU^R,新西兰^RNZ^R, 韩^RKR^R 日^RJP^R	0	受惠国LD	40
6482	8424.3000	-喷汽机、喷砂机及类似的喷射机器 -Steam or sand blasting machines and similar jet projecting machines	8	0 0.8 1 6.7 6.9	东盟AS,智CL,新西兰NZ,秘PE, 哥CR,瑞CH,冰IS,澳AU,格GE, 毛MU,东盟^RAS^R,澳^RAU^R,新西 兰^RNZ^R,柬KH,港HK,澳门MO, 台TW 韩KR 巴PK 韩^RKR^R 日^RJP^R	0	受惠国LD	40
		-农业或园艺用喷雾器： -Agricultural or horticultural sprayers:						
6483	8424.4100	--便携式喷雾器 --Portable sprayers	8	0 1 5.2 6.5	东盟AS,智CL,新西兰NZ,秘PE, 哥CR,瑞CH,冰IS,韩KR,澳AU, 格GE,毛MU,东盟^RAS^R,澳^RAU^R, 新西兰^RNZ^R,柬KH,港HK,澳门 MO,韩^RKR^R 巴PK 亚太AP 日^RJP^R	0	受惠国LD	30
6484	8424.4900	--其他 --Other	8	0 1 5.2 6.5	东盟AS,智CL,新西兰NZ,秘PE, 哥CR,瑞CH,冰IS,韩KR,澳AU, 格GE,毛MU,东盟^RAS^R,澳^RAU^R, 新西兰^RNZ^R,柬KH,港HK,澳门 MO,韩^RKR^R 巴PK 亚太AP 日^RJP^R	0	受惠国LD	30
		-其他器具： -Other appliances:						
6485	8424.8200	--农业或园艺用 --Agricultural or horticultural	8	0 1 5.2 6.5	东盟AS,智CL,新西兰NZ,秘PE, 哥CR,瑞CH,冰IS,韩KR,澳AU, 格GE,毛MU,东盟^RAS^R,澳^RAU^R, 新西兰^RNZ^R,柬KH,港HK,澳门 MO,韩^RKR^R 巴PK 亚太AP 日^RJP^R	0	受惠国LD	30

序号 No.	税则号列 Tariff Line	货品名称 Article Description	最惠国税率 MFN(%)		协定税率 Agreement(%)	特惠税率 SP(%)		普通税率 Gen(%)
		--其他: --Other:						
6486	8424.8910	---家用型 ---Of the household type	0	0	东盟AS,智CL,巴PK,新西兰NZ, 秘PE,哥CR,瑞CH,冰IS,韩KR, 澳AU,格GE,毛MU,东盟ᴿASᴿ, 澳ᴿAUᴿ,日ᴿJPᴿ,新西兰ᴿNZᴿ,柬 KH,港HK,澳门MO,韩ᴿKRᴿ	0	受惠国LD	80
6487	8424.8920	---喷涂机器人 ---Spray painting robots	0	0	东盟AS,智CL,巴PK,新西兰NZ, 秘PE,哥CR,瑞CH,冰IS,韩KR, 澳AU,格GE,毛MU,东盟ᴿASᴿ, 澳ᴿAUᴿ,日ᴿJPᴿ,新西兰ᴿNZᴿ,柬 KH,港HK,澳门MO,韩ᴿKRᴿ	0	受惠国LD	30
		---其他: ---Other:						
6488	8424.8991	----船用洗舱机 ----Marine cabinet washer	0	0	东盟AS,智CL,巴PK,新西兰NZ, 秘PE,哥CR,瑞CH,冰IS,韩KR, 澳AU,格GE,毛MU,东盟ᴿASᴿ, 澳ᴿAUᴿ,日ᴿJPᴿ,新西兰ᴿNZᴿ,柬 KH,港HK,澳门MO,韩ᴿKRᴿ	0	受惠国LD	30
6489	8424.8999	----其他 ----Other	0	0	东盟AS,智CL,巴PK,新西兰NZ, 秘PE,哥CR,瑞CH,冰IS,韩KR, 澳AU,格GE,毛MU,东盟ᴿASᴿ, 澳ᴿAUᴿ,日ᴿJPᴿ,新西兰ᴿNZᴿ,柬 KH,港HK,澳门MO,韩ᴿKRᴿ	0	受惠国LD	30
		-零件: -Parts:						
6490	8424.9010	---税目8424.1000所列器具用的零件 ---Of the apparatus of subheading 8424.1000	0	0	东盟AS,智CL,巴PK,新西兰NZ, 秘PE,哥CR,瑞CH,冰IS,韩KR, 澳AU,格GE,毛MU,东盟ᴿASᴿ, 澳ᴿAUᴿ,日ᴿJPᴿ,新西兰ᴿNZᴿ,柬 KH,港HK,澳门MO,韩ᴿKRᴿ	0	受惠国LD	70
6491	8424.9020	---税目8424.8910所列器具用的零件 ---Of the apparatus of subheading 8424.8910	0	0	东盟AS,智CL,巴PK,新西兰NZ, 秘PE,哥CR,瑞CH,冰IS,韩KR, 澳AU,格GE,毛MU,东盟ᴿASᴿ, 澳ᴿAUᴿ,日ᴿJPᴿ,新西兰ᴿNZᴿ,柬 KH,港HK,澳门MO,韩ᴿKRᴿ	0	受惠国LD	80
6492	8424.9090	---其他 ---Other	0	0	东盟AS,智CL,巴PK,新西兰NZ, 秘PE,哥CR,瑞CH,冰IS,韩KR, 澳AU,格GE,毛MU,东盟ᴿASᴿ, 澳ᴿAUᴿ,日ᴿJPᴿ,新西兰ᴿNZᴿ,柬 KH,港HK,澳门MO,韩ᴿKRᴿ	0	受惠国LD	30
	84.25	滑车及提升机,但倒卸式提升机除外; 卷扬机及绞盘;千斤顶: Pulley tackle and hoists other than skip hoists; winches and capstans; jacks:						

序号 No.	税则号列 Tariff Line	货品名称 Article Description	最惠国税率 MFN(%)	协定税率 Agreement(%)		特惠税率 SP(%)	普通税率 Gen(%)
		-滑车及提升机, 但倒卸式提升机及提升车辆用的提升机除外: -Pulley tackle and hoists other than skip hoists or hoists of a kind used for raising vehicles:					
6493	8425.1100	--电动的 --Powered by electric motor	6	0	东盟AS,智CL,巴PK,新西兰NZ,秘PE,哥CR,瑞CH,冰IS,澳AU,格GE,毛MU,柬KH,港HK,澳门MO	0 受惠国LD	30
				2.4	韩KR		
				4.8	东盟^{R}AS^R,澳^{R}AU^R,新西兰^{R}NZ^R,韩^{R}KR^R		
				5.3	日^{R}JP^R		
6494	8425.1900	--其他 --Other	5	0	东盟AS,智CL,巴PK,新西兰NZ,秘PE,哥CR,瑞CH,冰IS,澳AU,格GE,毛MU,东盟^{R}AS^R,澳^{R}AU^R,新西兰^{R}NZ^R,柬KH,港HK,澳门MO	0 受惠国LD	30
				0.5	韩KR		
				4	韩^{R}KR^R		
				4.1	日^{R}JP^R		
		-卷扬机; 绞盘: -Winches; capstans:						
		--电动的: --Powered by electric motor:						
6495	8425.3110	---矿井口卷扬装置; 专为井下使用设计的卷扬机 ---Pit-head winding gear;winches specially designed for use underground	10	0	东盟AS,智CL,新西兰NZ,秘PE,哥CR,瑞CH,冰IS,澳AU,格GE,毛MU,东盟^{R}AS^R,澳^{R}AU^R,新西兰^{R}NZ^R,柬KH,港HK,澳门MO	0 受惠国LD	30
				1	巴PK,韩KR		
				7	亚太AP		
				8	韩^{R}KR^R		
				8.2	日^{R}JP^R		
6496	8425.3190	---其他 ---Other	5	0	东盟AS,智CL,巴PK,新西兰NZ,秘PE,哥CR,瑞CH,冰IS,澳AU,格GE,毛MU,柬KH,港HK,澳门MO	0 受惠国LD	30
				2	韩KR		
				4	东盟^{R}AS^R,澳^{R}AU^R,新西兰^{R}NZ^R,韩^{R}KR^R		
				4.4	日^{R}JP^R		
		--其他: --Other:						
6497	8425.3910	---矿井口卷扬装置; 专为井下使用设计的卷扬机 ---Pit-head winding gear; winches specially designed for use underground	10	0	东盟AS,智CL,新西兰NZ,秘PE,哥CR,瑞CH,冰IS,澳AU,格GE,毛MU,东盟^{R}AS^R,澳^{R}AU^R,新西兰^{R}NZ^R,柬KH,港HK,澳门MO	0 受惠国LD	30
				1	巴PK,韩KR		
				7	亚太AP		
				8	韩^{R}KR^R		
				8.2	日^{R}JP^R		

序号 No.	税则号列 Tariff Line	货品名称 Article Description	最惠国税率 MFN(%)		协定税率 Agreement(%)	特惠税率 SP(%)	普通税率 Gen(%)
6498	8425.3990	---其他 ---Other	5	0 2 4 4.4	东盟AS,智CL,巴PK,新西兰NZ, 秘PE,哥CR,瑞CH,冰IS,澳AU,格 GE,毛MU,柬KH,港HK,澳门MO 韩KR 东盟^RAS^R,澳^RAU^R,新西兰^RNZ^R, 韩^RKR^R 日^RJP^R	0 受惠国LD	30
		-千斤顶; 提升车辆用的提升机: -Jacks; hoists of a kind used for raising vehicles:					
6499	8425.4100	--车库中使用的固定千斤顶系统 --Built-in jacking systems of a type used in garages	3	0 2	东盟AS,智CL,巴PK,新西兰NZ, 秘PE,哥CR,瑞CH,冰IS,韩KR, 澳AU,格GE,毛MU,东盟^RAS^R, 澳^RAU^R,日^RJP^R,新西兰^RNZ^R,柬 KH,港HK,澳门MO,韩^RKR^R 亚太AP	0 受惠国LD	30
		--其他液压千斤顶及提升机: --Other jacks and hoists, hydraulic:					
6500	8425.4210	---液压千斤顶 ---Hydraulic jacks	3	0	东盟AS,智CL,巴PK,新西兰NZ, 秘PE,哥CR,瑞CH,冰IS,韩KR, 澳AU,格GE,毛MU,东盟^RAS^R, 澳^RAU^R,日^RJP^R,新西兰^RNZ^R,柬 KH,港HK,澳门MO,韩^RKR^R	0 受惠国LD	30
6501	8425.4290	---其他 ---Other	5	0 2 4 4.4	东盟AS,智CL,巴PK,新西兰NZ, 秘PE,哥CR,瑞CH,冰IS,澳AU,格 GE,毛MU,柬KH,港HK,澳门MO 韩KR 东盟^RAS^R,澳^RAU^R,新西兰^RNZ^R, 韩^RKR^R 日^RJP^R	0 受惠国LD	30
		--其他: --Other:					
6502	8425.4910	---其他千斤顶 ---Other jacks	5	0 0.5 4 4.1	东盟AS,智CL,巴PK,新西兰NZ, 秘PE,哥CR,瑞CH,冰IS,澳AU,格 GE,毛MU,东盟^RAS^R,澳^RAU^R,新 西兰NZ^R,柬KH,港HK,澳门MO 韩KR 韩^RKR^R 日^RJP^R	0 受惠国LD	30
6503	8425.4990	---其他 ---Other	10	0 1 8 8.2	东盟AS,智CL,新西兰NZ,秘PE, 哥CR,瑞CH,冰IS,澳AU,格GE, 毛MU,东盟^RAS^R,澳^RAU^R,新西 兰^RNZ^R,柬KH,港HK,澳门MO 巴PK,韩KR 韩^RKR^R 日^RJP^R	0 受惠国LD	30

序号 No.	税则号列 Tariff Line	货品名称 Article Description	最惠国税率 MFN(%)	协定税率 Agreement(%)		特惠税率 SP(%)		普通税率 Gen(%)
	84.26	船用桅杆式起重机；起重机,包括缆式起重机；移动式吊运架、跨运车及装有起重机的工作车： Ships' derricks; cranes, including cable cranes; mobile lifting frames, straddle carriers and works trucks fitted with a crane:						
		-高架移动式起重机、桁架桥式起重机、龙门起重机、桥式起重机、移动式吊运架及跨运车： -Overhead travelling cranes, transporter cranes, gantry cranes, bridge cranes, mobile lifting frames and straddle carriers:						
		--固定支架的高架移动式起重机： --Overhead travelling cranes on fixed support:						
6504	8426.1120	---通用桥式起重机 ---Bridge cranes, all-purpose	8	0	东盟AS,智CL,新西兰NZ,秘PE,哥CR,瑞CH,冰IS,澳AU,格GE,毛MU,柬KH,港HK,澳门MO	0 受惠国LD		30
				1	巴PK			
				3.2	韩KR			
				6.9	东盟^{R}AS^R,韩^{R}KR^R			
				7	日^{R}JP^R			
				7.2	澳^{R}AU^R,新西兰^{R}NZ^R			
6505	8426.1190	---其他 ---Other	8	0	东盟AS,智CL,新西兰NZ,秘PE,哥CR,瑞CH,冰IS,澳AU,格GE,毛MU,柬KH,港HK,澳门MO	0 受惠国LD		30
				1	巴PK			
				3.2	韩KR			
				6.9	东盟^{R}AS^R,韩^{R}KR^R			
				7	日^{R}JP^R			
				7.2	澳^{R}AU^R,新西兰^{R}NZ^R			
6506	8426.1200	--带胶轮的移动式吊运架及跨运车 --Mobile lifting frames on tyres and straddle carriers	6	0	东盟AS,智CL,巴PK,新西兰NZ,秘PE,哥CR,瑞CH,冰IS,澳AU,格GE,毛MU,柬KH,港HK,澳门MO	0 受惠国LD		30
				2.4	韩KR			
				4.8	东盟^{R}AS^R,澳^{R}AU^R,新西兰^{R}NZ^R,韩^{R}KR^R			
				5.3	日^{R}JP^R			
		--其他： --Other:						

序号 No.	税则号列 Tariff Line	货品名称 Article Description	最惠国税率 MFN(%)	协定税率 Agreement(%)		特惠税率 SP(%)	普通税率 Gen(%)
6507	8426.1910	---装船机 ---Ship loading cranes	5	0	东盟AS,智CL,巴PK,新西兰NZ, 秘PE,哥CR,瑞CH,冰IS,澳AU,格 GE,毛MU,柬KH,港HK,澳门MO	0 受惠国LD	30
				2	韩KR		
				2.5	亚太AP		
				4	东盟^{R}AS^R,澳^{R}AU^R,新西兰^{R}NZ^R, 韩^{R}KR^R		
				4.4	日^{R}JP^R		
		---卸船机: ---Ship unloading cranes:					
6508	8426.1921	----抓斗式 ----Grab ship unloading cranes	5	0	东盟AS,智CL,巴PK,新西兰NZ, 秘PE,哥CR,瑞CH,冰IS,澳AU,格 GE,毛MU,柬KH,港HK,澳门MO	0 受惠国LD	30
				2	韩KR		
				3.3	亚太AP		
				4	东盟^{R}AS^R,澳^{R}AU^R,新西兰^{R}NZ^R, 韩^{R}KR^R		
				4.1	日^{R}JP^R		
6509	8426.1929	----其他 ----Other	5	0	东盟AS,智CL,巴PK,新西兰NZ, 秘PE,哥CR,瑞CH,冰IS,澳AU,格 GE,毛MU,柬KH,港HK,澳门MO	0 受惠国LD	30
				2	韩KR		
				3.3	亚太AP		
				4	东盟^{R}AS^R,澳^{R}AU^R,新西兰^{R}NZ^R, 韩^{R}KR^R		
				4.1	日^{R}JP^R		
6510	8426.1930	---龙门式起重机 ---Gantry cranes	10	0	东盟AS,智CL,新西兰NZ,秘PE, 哥CR,瑞CH,冰IS,澳AU,格GE, 毛MU,柬KH,港HK,澳门MO	0 受惠国LD	30
				1	巴PK		
				4	韩KR		
				6.5	亚太AP		
				8	东盟^{R}AS^R,澳^{R}AU^R,新西兰^{R}NZ^R, 韩^{R}KR^R		
				8.8	日^{R}JP^R		
		---装卸桥: ---Loading and unloading bridges:					
6511	8426.1941	----门式装卸桥 ----Frame loading and unloading bridges	10	0	东盟AS,智CL,新西兰NZ,秘PE, 哥CR,瑞CH,冰IS,澳AU,格GE, 毛MU,柬KH,港HK,澳门MO	0 受惠国LD	30
				1	巴PK		
				4	韩KR		
				6.5	亚太AP		
				8	东盟^{R}AS^R,澳^{R}AU^R,新西兰^{R}NZ^R, 韩^{R}KR^R		
				8.2	日^{R}JP^R		

序号 No.	税则号列 Tariff Line	货品名称 Article Description	最惠国税率 MFN(%)		协定税率 Agreement(%)	特惠税率 SP(%)	普通税率 Gen(%)
6512	8426.1942	----集装箱装卸桥 ----Container loading and unloading bridges	10	0	东盟AS,智CL,新西兰NZ,秘PE,哥CR,瑞CH,冰IS,澳AU,格GE,毛MU,柬KH,港HK,澳门MO	0 受惠国LD	30
				1	巴PK		
				4	韩KR		
				6.5	亚太AP		
				8	东盟^{R}AS^R,澳^{R}AU^R,新西兰^{R}NZ^R,韩^{R}KR^R		
				8.2	日^{R}JP^R		
6513	8426.1943	----其他动臂式装卸桥 ----Derrick loading and unloading bridges	10	0	东盟AS,智CL,新西兰NZ,秘PE,哥CR,瑞CH,冰IS,澳AU,格GE,毛MU,东盟^{R}AS^R,日^{R}JP^R,柬KH,港HK,澳门MO	0 受惠国LD	30
				1	巴PK		
				5.5	韩KR		
				6.5	亚太AP		
				9	澳^{R}AU^R,新西兰^{R}NZ^R		
				10	韩^{R}KR^R		
6514	8426.1949	----其他 ----Other	10	0	东盟AS,智CL,新西兰NZ,秘PE,哥CR,瑞CH,冰IS,澳AU,格GE,毛MU,柬KH,港HK,澳门MO	0 受惠国LD	30
				1	巴PK		
				4	韩KR		
				6.5	亚太AP		
				8	东盟^{R}AS^R,澳^{R}AU^R,新西兰^{R}NZ^R,韩^{R}KR^R		
				8.2	日^{R}JP^R		
6515	8426.1990	---其他 ---Other	10	0	东盟AS,智CL,新西兰NZ,新加坡SG,秘PE,哥CR,瑞CH,冰IS,澳AU,格GE,毛MU,东盟^{R}AS^R,日^{R}JP^R,柬KH,港HK,澳门MO	0 受惠国LD	30
				1	巴PK		
				5.5	韩KR		
				6.5	亚太AP		
				9	澳^{R}AU^R,新西兰^{R}NZ^R		
				10	韩^{R}KR^R		
6516	8426.2000	-塔式起重机 -Tower cranes	10	0	东盟AS,智CL,新西兰NZ,秘PE,哥CR,瑞CH,冰IS,澳AU,格GE,毛MU,东盟^{R}AS^R,日^{R}JP^R,柬KH,港HK,澳门MO	0 受惠国LD	30
				1	巴PK		
				5.5	韩KR		
				9	澳^{R}AU^R,新西兰^{R}NZ^R		
				10	韩^{R}KR^R		

序号 No.	税则号列 Tariff Line	货品名称 Article Description	最惠国税率 MFN(%)	协定税率 Agreement(%)		特惠税率 SP(%)	普通税率 Gen(%)
6517	8426.3000	-门座式起重机及座式旋臂起重机 -Portal or pedestal jib cranes	6	0	东盟AS,智CL,巴PK,新西兰NZ,秘PE,哥CR,瑞CH,冰IS,澳AU,格GE,毛MU,柬KH,港HK,澳门MO	0 受惠国LD	30
				2.4	韩KR		
				4.8	东盟^{R}AS^R,澳^{R}AU^R,新西兰^{R}NZ^R,韩^{R}KR^R		
				5.3	日^{R}JP^R		
		-其他自推进机械: -Other machinery, self-propelled: --带胶轮的: --On tyres:					
6518	8426.4110	---轮胎式起重机 ---Wheel-mounted cranes	5	0	东盟AS,智CL,巴PK,新西兰NZ,秘PE,哥CR,瑞CH,冰IS,澳AU,格GE,毛MU,柬KH,港HK,澳门MO	0 受惠国LD	30
				2	韩KR		
				3.5	亚太AP		
				4	东盟^{R}AS^R,澳^{R}AU^R,新西兰^{R}NZ^R,韩^{R}KR^R		
				4.4	日^{R}JP^R		
6519	8426.4190	---其他 ---Other	5	0	东盟AS,智CL,巴PK,新西兰NZ,秘PE,哥CR,瑞CH,冰IS,澳AU,格GE,毛MU,柬KH,港HK,澳门MO	0 受惠国LD	30
				2	韩KR		
				4	东盟^{R}AS^R,澳^{R}AU^R,新西兰^{R}NZ^R,韩^{R}KR^R		
				4.4	日^{R}JP^R		
		--其他: --Other:					
6520	8426.4910	---履带式起重机 ---Crawler cranes	8	0	东盟AS,智CL,新西兰NZ,秘PE,哥CR,瑞CH,冰IS,澳AU,格GE,毛MU,柬KH,港HK,澳门MO	0 受惠国LD	30
				1	巴PK		
				3.2	韩KR		
				5.6	亚太AP		
				6.4	东盟^{R}AS^R,澳^{R}AU^R,新西兰^{R}NZ^R,韩^{R}KR^R		
				7	日^{R}JP^R		
6521	8426.4990	---其他 ---Other	8	0	东盟AS,智CL,新西兰NZ,新加坡SG,秘PE,哥CR,瑞CH,冰IS,澳AU,格GE,毛MU,柬KH,港HK,澳门MO	0 受惠国LD	30
				3.9	巴PK		
				5.2	韩KR		
				5.6	亚太AP		
				10.4	东盟^{R}AS^R,澳^{R}AU^R,新西兰^{R}NZ^R,韩^{R}KR^R		
				11.4	日^{R}JP^R		

序号 No.	税则号列 Tariff Line	货品名称 Article Description	最惠国税率 MFN(%)	协定税率 Agreement(%)		特惠税率 SP(%)		普通税率 Gen(%)
		-其他机械： -Other machinery:						
6522	8426.9100	--供装于公路车辆的 --Designed for mounting on road 　vehicles	8	0	东盟AS,智CL,新西兰NZ,秘PE, 哥CR,瑞CH,冰IS,澳AU,格GE, 毛MU,东盟^{R}AS^R,日^{R}JP^R,柬KH, 港HK,澳门MO	0	受惠国LD	30
				1	巴PK			
				5.5	韩KR			
				9	澳^{R}AU^R,新西兰^{R}NZ^R			
				10	韩^{R}KR^R			
6523	8426.9900	--其他 --Other	6	0	东盟AS,智CL,巴PK,新西兰NZ, 秘PE,哥CR,瑞CH,冰IS,澳AU,格 GE,毛MU,柬KH,港HK,澳门MO	0	受惠国LD	30
				2.4	韩KR			
				4.8	东盟^{R}AS^R,澳^{R}AU^R,新西兰^{R}NZ^R, 韩^{R}KR^R			
				5.3	日^{R}JP^R			
	84.27	叉车；其他装有升降或搬运装置的工 作车： **Fork-lift trucks; other works trucks** **fitted with lifting or handling** **equipment:**						
		-电动机推进的机动车： -Self-propelled trucks powered by an 　electric motor:						
6524	8427.1010	---有轨巷道堆垛机 ---Track alleyway stackers	9	0	东盟AS,智CL,新西兰NZ,秘PE, 哥CR,瑞CH,冰IS,韩KR,澳AU, 格GE,毛MU,东盟^{R}AS^R,澳^{R}AU^R, 新西兰^{R}NZ^R,柬KH,港HK,澳门 MO,韩^{R}KR^R	0	受惠国LD	30
				1	巴PK			
				7.4	日^{R}JP^R			
6525	8427.1020	---无轨巷道堆垛机 ---Trackless alleyway stackers	9	0	东盟AS,智CL,新西兰NZ,秘PE, 哥CR,瑞CH,冰IS,澳AU,格GE, 毛MU,柬KH,港HK,澳门MO	0	受惠国LD	30
				1	巴PK			
				3.6	韩KR			
				7.2	东盟^{R}AS^R,澳^{R}AU^R,新西兰^{R}NZ^R, 韩^{R}KR^R			
				7.9	日^{R}JP^R			
6526	8427.1090	---其他 ---Other	9	0	东盟AS,智CL,新西兰NZ,秘PE, 哥CR,瑞CH,冰IS,韩KR,澳AU, 格GE,毛MU,柬KH,港HK,澳门 MO	0	受惠国LD	30
				1	巴PK			
				7.2	东盟^{R}AS^R,澳^{R}AU^R,新西兰^{R}NZ^R, 韩^{R}KR^R			
				7.4	日^{R}JP^R			

序号 No.	税则号列 Tariff Line	货品名称 Article Description	最惠国税率 MFN(%)	协定税率 Agreement(%)		特惠税率 SP(%)	普通税率 Gen(%)
		-其他机动车： -Other self-propelled trucks:					
6527	8427.2010	---集装箱叉车 ---Fork-lift trucks cranes	9	0	东盟AS,智CL,新西兰NZ,秘PE,哥CR,瑞CH,冰IS,韩KR,澳AU,格GE,毛MU,东盟^{R}AS^R,澳^{R}AU^R,新西兰^{R}NZ^R,柬KH,港HK,澳门MO,韩^{R}KR^R	0 受惠国LD	30
				1	巴PK		
				5.9	亚太AP		
				7.4	日^{R}JP^R		
6528	8427.2090	---其他 ---Other	9	0	东盟AS,智CL,新西兰NZ,秘PE,哥CR,瑞CH,冰IS,韩KR,澳AU,格GE,毛MU,东盟^{R}AS^R,澳^{R}AU^R,新西兰^{R}NZ^R,柬KH,港HK,澳门MO,韩^{R}KR^R	0 受惠国LD	30
				1	巴PK		
				5.9	亚太AP		
				7.4	日^{R}JP^R		
6529	8427.9000	-其他车 -Other trucks	9	0	东盟AS,智CL,新西兰NZ,秘PE,哥CR,瑞CH,冰IS,韩KR,澳AU,格GE,毛MU,东盟^{R}AS^R,澳^{R}AU^R,新西兰^{R}NZ^R,柬KH,港HK,澳门MO,韩^{R}KR^R	0 受惠国LD	30
				1	巴PK		
				7.4	日^{R}JP^R		
	84.28	其他升降、搬运、装卸机械（例如，升降机、自动梯、输送机、缆车）： Other lifting, handling, loading or unloading machinery (for example, lifts, escalators, conveyors, teleferics):					
		-升降机及倒卸式起重机： -Lifts and skip hoists:					
6530	8428.1010	---载客电梯 ---Designed for the transport of persons	8	0	东盟AS,智CL,新西兰NZ,新加坡SG,秘PE,哥CR,瑞CH,冰IS,澳AU,格GE,毛MU,柬KH,港HK,澳门MO	0 受惠国LD	30
				0.8	韩KR		
				1	巴PK		
				5.2	亚太AP		
				7.2	东盟^{R}AS^R,澳^{R}AU^R,日^{R}JP^R,新西兰^{R}NZ^R,韩^{R}KR^R		
	ex84281010	无障碍升降机 Lift facilities for disabled	Δ4				

序号 No.	税则号列 Tariff Line	货品名称 Article Description	最惠国税率 MFN(%)		协定税率 Agreement(%)	特惠税率 SP(%)	普通税率 Gen(%)
6531	8428.1090	----其他 ---Other	6	0 3.9	东盟AS,智CL,巴PK,新西兰NZ, 秘PE,哥CR,瑞CH,冰IS,韩KR, 澳AU,格GE,毛MU,东盟^RAS^R, 澳^RAU^R,日^RJP^R,新西兰^RNZ^R,柬 KH,港HK,澳门MO,台TW,韩 ^RKR^R 亚太AP	0 受惠国LD	30
6532	8428.2000	-气压升降机及输送机 -Pneumatic elevators and conveyors	5	0 2 4 4.4	东盟AS,智CL,巴PK,新西兰NZ, 秘PE,哥CR,瑞CH,冰IS,澳AU,格 GE,毛MU,柬KH,港HK,澳门MO 韩KR 东盟^RAS^R,澳^RAU^R,新西兰^RNZ^R, 韩^RKR^R 日^RJP^R	0 受惠国LD	30
		-其他用于连续运送货物或材料的升降 机及输送机: -Other continuous-action elevators and conveyors, for goods or materials:					
6533	8428.3100	--地下专用的 --Specially designed for underground use	5	0	东盟AS,智CL,巴PK,新西兰NZ, 秘PE,哥CR,瑞CH,冰IS,韩KR, 澳AU,格GE,毛MU,东盟^RAS^R, 澳^RAU^R,日^RJP^R,新西兰^RNZ^R,柬 KH,港HK,澳门MO,韩^RKR^R	0 受惠国LD	30
6534	8428.3200	--其他,斗式 --Other, bucket type	5	0 0.5 4 4.1	东盟AS,智CL,巴PK,新西兰NZ, 秘PE,哥CR,冰IS,澳AU,格GE,毛 MU,东盟^RAS^R,澳^RAU^R,新西兰 ^RNZ^R,柬KH,港HK,澳门MO 韩KR 韩^RKR^R 日^RJP^R	0 受惠国LD	30
6535	8428.3300	--其他,带式 --Other, belt type	5	0 2 3.3 4 4.4	东盟AS,智CL,巴PK,新西兰NZ, 秘PE,哥CR,瑞CH,冰IS,澳AU, 格GE,毛MU,柬KH,港HK,澳门 MO,台TW 韩KR 亚太AP 东盟^RAS^R,澳^RAU^R,新西兰^RNZ^R, 韩^RKR^R 日^RJP^R	0 受惠国LD	30
		--其他: --Other:					

序号 No.	税则号列 Tariff Line	货品名称 Article Description	最惠国税率 MFN(%)	协定税率 Agreement(%)		特惠税率 SP(%)	普通税率 Gen(%)
6536	8428.3910	---链式 ---Chain type	5	0	东盟AS,智CL,巴PK,新西兰NZ,秘PE,哥CR,瑞CH,冰IS,澳AU,格GE,毛MU,柬KH,港HK,澳门MO,台TW	0 受惠国LD	30
				2	韩KR		
				3.3	亚太AP		
				4	东盟^{R}AS^R,澳^{R}AU^R,新西兰^{R}NZ^R,韩^{R}KR^R		
				4.4	日^{R}JP^R		
6537	8428.3920	---辊式 ---Roller type	5	0	东盟AS,智CL,巴PK,新西兰NZ,秘PE,哥CR,瑞CH,冰IS,澳AU,格GE,毛MU,东盟^{R}AS^R,澳^{R}AU^R,新西兰^{R}NZ^R,柬KH,港HK,澳门MO,台TW	0 受惠国LD	30
				0.5	韩KR		
				3.3	亚太AP		
				4	韩^{R}KR^R		
				4.1	日^{R}JP^R		
6538	8428.3990	---其他 ---Other	5	0	东盟AS,智CL,巴PK,新西兰NZ,秘PE,哥CR,冰IS,韩KR,澳AU,格GE,毛MU,东盟^{R}AS^R,澳^{R}AU^R,新西兰^{R}NZ^R,柬KH,港HK,澳门MO,台TW,韩^{R}KR^R	0 受惠国LD	30
				2	瑞CH		
				3.3	亚太AP		
				4.1	日^{R}JP^R		
6539	8428.4000	-自动梯及自动人行道 -Escalators and moving walkways	5	0	东盟AS,智CL,巴PK,新西兰NZ,秘PE,哥CR,瑞CH,冰IS,韩KR,澳AU,格GE,毛MU,东盟^{R}AS^R,澳^{R}AU^R,日^{R}JP^R,新西兰^{R}NZ^R,柬KH,港HK,澳门MO,韩^{R}KR^R	0 受惠国LD	30
		-缆车、座式升降机、滑雪拉索; 索道用牵引装置: -Teleferics, chair-lifts, ski-draglines; traction mechanisms for funiculars:						
6540	8428.6010	---货运架空索道 ---Cargo aerial cableways	8	0	东盟AS,智CL,新西兰NZ,秘PE,哥CR,瑞CH,冰IS,韩KR,澳AU,格GE,毛MU,东盟^{R}AS^R,澳^{R}AU^R,新西兰^{R}NZ^R,柬KH,港HK,澳门MO,韩^{R}KR^R	0 受惠国LD	30
				1	巴PK		
				5.6	亚太AP		
				6.5	日^{R}JP^R		
		---客运架空索道: ---Passanger aerial cableways:						

序号 No.	税则号列 Tariff Line	货品名称 Article Description	最惠国税率 MFN(%)	协定税率 Agreement(%)		特惠税率 SP(%)		普通税率 Gen(%)
6541	8428.6021	----单线循环式 ----Monocable endless	8	0	东盟AS,智CL,新西兰NZ,秘PE, 哥CR,瑞CH,冰IS,韩KR,澳AU, 格GE,毛MU,东盟^{R}AS^R,澳^{R}AU^R, 新西兰^{R}NZ^R,柬KH,港HK,澳门 MO,韩^{R}KR^R	0	受惠国LD	30
				1	巴PK			
				5.6	亚太AP			
				6.5	日^{R}JP^R			
6542	8428.6029	----其他 ----Other	8	0	东盟AS,智CL,新西兰NZ,秘PE, 哥CR,瑞CH,冰IS,韩KR,澳AU, 格GE,毛MU,东盟^{R}AS^R,澳^{R}AU^R, 新西兰^{R}NZ^R,柬KH,港HK,澳门 MO,韩^{R}KR^R	0	受惠国LD	30
				1	巴PK			
				5.6	亚太AP			
				6.5	日^{R}JP^R			
6543	8428.6090	---其他 ---Other	8	0	东盟AS,智CL,新西兰NZ,秘PE, 哥CR,瑞CH,冰IS,澳AU,格GE, 毛MU,东盟^{R}AS^R,澳^{R}AU^R,新西 兰^{R}NZ^R,柬KH,港HK,澳门MO	0	受惠国LD	30
				0.8	韩KR			
				1	巴PK			
				6.4	韩^{R}KR^R			
				6.5	日^{R}JP^R			
6544	8428.7000	-工业机器人 -Industrial robots	5	0	东盟AS,智CL,巴PK,新西兰NZ, 秘PE,哥CR,瑞CH,冰IS,澳AU, 格GE,毛MU,柬KH,港HK,澳门 MO,台TW	0	受惠国LD	30
				2	韩KR			
				4	东盟^{R}AS^R,澳^{R}AU^R,新西兰^{R}NZ^R, 韩^{R}KR^R			
				4.4	日^{R}JP^R			
		-其他机械: -Other machinery:						
6545	8428.9010	---矿车推动机、铁道机车或货车的转 车台、货车倾卸装置及类似的铁道货 车搬运装置 ---Mine wagon pushers, locmotive or wagon traversers, wagon tippers and similar railway wagon handing equipment	10	0	东盟AS,智CL,新西兰NZ,秘PE, 哥CR,瑞CH,冰IS,澳AU,格GE, 毛MU,东盟^{R}AS^R,澳^{R}AU^R,新西 兰^{R}NZ^R,柬KH,港HK,澳门MO	0	受惠国LD	30
				1	韩KR			
				3	巴PK			
				8	韩^{R}KR^R			
				8.2	日^{R}JP^R			

序号 No.	税则号列 Tariff Line	货品名称 Article Description	最惠国税率 MFN(%)	协定税率 Agreement(%)		特惠税率 SP(%)	普通税率 Gen(%)
6546	8428.9020	---机械式停车设备 ---Mechanical parking equipment	5	0	东盟AS,智CL,巴PK,新西兰NZ, 秘PE,哥CR,瑞CH,冰IS,澳AU,格 GE,毛MU,东盟^RAS^R,澳^RAU^R,新 西兰^RNZ^R,柬KH,港HK,澳门MO	0 受惠国LD	30
				0.5	韩KR		
				4	韩^RKR^R		
				4.1	日^RJP^R		
		---其他装卸机械: ---Other loading or unloading machinery:					
6547	8428.9031	----堆取料机械 ----Stacker-reclaimers	5	0	东盟AS,智CL,巴PK,新西兰NZ, 秘PE,哥CR,瑞CH,冰IS,澳AU, 格GE,毛MU,柬KH,港HK,澳门 MO,台TW	0 受惠国LD	30
				2	韩KR		
				4	东盟^RAS^R,澳^RAU^R,新西兰^RNZ^R, 韩^RKR^R		
				4.4	日^RJP^R		
6548	8428.9039	----其他 ----Other	5	0	东盟AS,智CL,巴PK,新西兰NZ, 秘PE,哥CR,瑞CH,冰IS,澳AU, 格GE,毛MU,柬KH,港HK,澳门 MO,台TW	0 受惠国LD	30
				2	韩KR		
				4	东盟^RAS^R,澳^RAU^R,新西兰^RNZ^R, 韩^RKR^R		
				4.4	日^RJP^R		
6549	8428.9090	---其他 ---Other	5	0	东盟AS,智CL,巴PK,新西兰NZ, 秘PE,哥CR,瑞CH,冰IS,澳AU, 格GE,毛MU,柬KH,港HK,澳门 MO,台TW	0 受惠国LD	30
				2	韩KR		
				4	东盟^RAS^R,澳^RAU^R,新西兰^RNZ^R, 韩^RKR^R		
				4.4	日^RJP^R		
	84.29	机动推土机、侧铲推土机、筑路机、平 地机、铲运机、机械铲、挖掘机、机铲装 载机、捣固机械及压路机: **Self-propelled bulldozers, angledozers, graders, levellers, scrapers, mechanical shovels, excavators, shovel loaders, tamping machines and roadrollers:**					
		-推土机及侧铲推土机: -Bulldozers and angledozers:					
		--履带式: --Track laying:					

序号 No.	税则号列 Tariff Line	货品名称 Article Description	最惠国税率 MFN(%)	协定税率 Agreement(%)		特惠税率 SP(%)	普通税率 Gen(%)
6550	8429.1110	---发动机输出功率超过235.36千瓦 （320马力）的 ---With an engine of an output exceeding 235.36kW(320PS)	7	0	东盟AS,智CL,新西兰NZ,秘PE, 哥CR,瑞CH,冰IS,韩KR,澳AU,格 GE,毛MU,柬KH,港HK,澳门MO	0 受惠国LD	17
				1	巴PK		
				4.9	亚太AP		
				5.6	东盟^{R}AS^R,澳^{R}AU^R,新西兰^{R}NZ^R, 韩^{R}KR^R		
				5.7	日^{R}JP^R		
6551	8429.1190	---其他 ---Other	7	0	东盟AS,智CL,新西兰NZ,秘PE, 哥CR,瑞CH,冰IS,韩KR,澳AU, 格GE,毛MU,东盟^{R}AS^R,澳^{R}AU^R, 新西兰^{R}NZ^R,柬KH,港HK,澳门 MO,韩^{R}KR^R	0 受惠国LD	30
				1	巴PK		
				4.9	亚太AP		
				5.7	日^{R}JP^R		
		--其他: --Other:					
6552	8429.1910	---发动机输出功率超过235.36千瓦 （320马力）的 ---With an engine of an output exceeding 235.36kW(320PS)	7	0	东盟AS,智CL,新西兰NZ,秘PE, 哥CR,瑞CH,冰IS,韩KR,澳AU, 格GE,毛MU,东盟^{R}AS^R,澳^{R}AU^R, 新西兰^{R}NZ^R,柬KH,港HK,澳门 MO,韩^{R}KR^R	0 受惠国LD	17
				1	巴PK		
				5.7	日^{R}JP^R		
6553	8429.1990	---其他 ---Other	7	0	东盟AS,智CL,新西兰NZ,秘PE, 哥CR,瑞CH,冰IS,韩KR,澳AU, 格GE,毛MU,东盟^{R}AS^R,澳^{R}AU^R, 新西兰^{R}NZ^R,柬KH,港HK,澳门 MO,韩^{R}KR^R	0 受惠国LD	30
				1	巴PK		
				5.7	日^{R}JP^R		
		-筑路机及平地机: -Graders and levellers:					
6554	8429.2010	---发动机输出功率超过235.36千瓦 （320马力）的 ---With an engine of an output exceeding 235.36kW(320PS)	5	0	东盟AS,智CL,巴PK,新西兰NZ, 秘PE,哥CR,瑞CH,冰IS,韩KR, 澳AU,格GE,毛MU,东盟^{R}AS^R, 澳^{R}AU^R,日^{R}JP^R,新西兰^{R}NZ^R,柬 KH,港HK,澳门MO,韩^{R}KR^R	0 受惠国LD	17
				3.5	亚太AP		
6555	8429.2090	---其他 ---Other	5	0	东盟AS,智CL,巴PK,新西兰NZ, 秘PE,哥CR,瑞CH,冰IS,韩KR, 澳AU,格GE,毛MU,东盟^{R}AS^R, 澳^{R}AU^R,日^{R}JP^R,新西兰^{R}NZ^R,柬 KH,港HK,澳门MO,韩^{R}KR^R	0 受惠国LD	30
				3.5	亚太AP		

序号 No.	税则号列 Tariff Line	货品名称 Article Description	最惠国税率 MFN(%)	协定税率 Agreement(%)		特惠税率 SP(%)		普通税率 Gen(%)
		-铲运机: -Scrapers:						
6556	8429.3010	---斗容量超过10立方米的 ---Having a capacity of shovel exceeding 10m³	3	0	东盟AS,智CL,巴PK,新西兰NZ,秘PE,哥CR,瑞CH,冰IS,韩KR,澳AU,格GE,毛MU,东盟ᴿASᴿ,澳ᴿAUᴿ,日ᴿJPᴿ,新西兰ᴿNZᴿ,柬KH,港HK,澳门MO,韩ᴿKRᴿ	0	受惠国LD	17
				2.1	亚太AP			
6557	8429.3090	---其他 ---Other	5	0	东盟AS,智CL,巴PK,新西兰NZ,秘PE,哥CR,瑞CH,冰IS,韩KR,澳AU,格GE,毛MU,东盟ᴿASᴿ,澳ᴿAUᴿ,日ᴿJPᴿ,新西兰ᴿNZᴿ,柬KH,港HK,澳门MO,韩ᴿKRᴿ	0	受惠国LD	30
				3.5	亚太AP			
		-捣固机械及压路机: -Tamping machines and roadrollers:						
		---机动压路机: ---Self-propelled road rollers:						
6558	8429.4011	----机重18吨及以上的振动压路机 ----Vibration type, of a deadweight of 18t or more	7	0	东盟AS,智CL,新西兰NZ,秘PE,哥CR,瑞CH,冰IS,韩KR,澳AU,格GE,毛MU,东盟ᴿASᴿ,澳ᴿAUᴿ,新西兰ᴿNZᴿ,柬KH,港HK,澳门MO,韩ᴿKRᴿ	0	受惠国LD	20
				1	巴PK			
				4.9	亚太AP			
				5.7	日ᴿJPᴿ			
6559	8429.4019	----其他 ----Other	8	0	东盟AS,智CL,新西兰NZ,秘PE,哥CR,瑞CH,冰IS,韩KR,澳AU,格GE,毛MU,东盟ᴿASᴿ,澳ᴿAUᴿ,新西兰ᴿNZᴿ,柬KH,港HK,澳门MO,韩ᴿKRᴿ	0	受惠国LD	40
				1	巴PK			
				5.6	亚太AP			
				6.5	日ᴿJPᴿ			
6560	8429.4090	---其他 ---Other	6	0	东盟AS,智CL,巴PK,新西兰NZ,秘PE,哥CR,瑞CH,冰IS,韩KR,澳AU,格GE,毛MU,东盟ᴿASᴿ,澳ᴿAUᴿ,日ᴿJPᴿ,新西兰ᴿNZᴿ,柬KH,港HK,澳门MO,韩ᴿKRᴿ	0	受惠国LD	30
				4.2	亚太AP			
		-机械铲、挖掘机及机铲装载机: -Mechanical shovels, excavators and shovel loaders:						

序号 No.	税则号列 Tariff Line	货品名称 Article Description	最惠国税率 MFN(%)	协定税率 Agreement(%)		特惠税率 SP(%)	普通税率 Gen(%)
6561	8429.5100	--前铲装载机 --Front-end shovel loaders	5	0	东盟AS,智CL,巴PK,新西兰NZ,秘PE,哥CR,瑞CH,冰IS,澳AU,格GE,毛MU,东盟^{R}AS^R,澳^{R}AU^R,新西兰^{R}NZ^R,柬KH,港HK,澳门MO	0 受惠国LD	30
				0.5	韩KR		
				4	韩^{R}KR^R		
				4.1	日^{R}JP^R		
		--上部结构可旋转360度的机械: --Machinery with a 360° revolving superstructure: ---挖掘机: ---Excavators:					
6562	8429.5211	----轮胎式 ----Tyre-mounted	8	0	东盟AS,智CL,新西兰NZ,秘PE,哥CR,瑞CH,冰IS,澳AU,格GE,毛MU,柬KH,港HK,澳门MO	0 受惠国LD	30
				1	巴PK		
				7.2	亚太AP,韩KR,东盟^{R}AS^R,澳^{R}AU^R,新西兰^{R}NZ^R		
6563	8429.5212	----履带式 ----Track-mounted	8	0	东盟AS,智CL,新西兰NZ,秘PE,哥CR,瑞CH,冰IS,澳AU,格GE,毛MU,柬KH,港HK,澳门MO	0 受惠国LD	30
				1	巴PK		
				7.2	东盟^{R}AS^R,澳^{R}AU^R,新西兰^{R}NZ^R		
6564	8429.5219	----其他 ----Other	8	0	东盟AS,智CL,新西兰NZ,秘PE,哥CR,瑞CH,冰IS,澳AU,格GE,毛MU,柬KH,港HK,澳门MO	0 受惠国LD	30
				1	巴PK		
				5.2	亚太AP,韩KR		
				7.2	东盟^{R}AS^R,澳^{R}AU^R,新西兰^{R}NZ^R		
6565	8429.5290	---其他 ---Other	8	0	东盟AS,智CL,新西兰NZ,秘PE,哥CR,瑞CH,冰IS,澳AU,格GE,毛MU,柬KH,港HK,澳门MO	0 受惠国LD	30
				1	巴PK		
				5.2	亚太AP,韩KR		
				7.2	东盟^{R}AS^R,澳^{R}AU^R,新西兰^{R}NZ^R		
6566	8429.5900	--其他 --Other	8	0	东盟AS,智CL,新西兰NZ,秘PE,哥CR,瑞CH,冰IS,韩KR,澳AU,格GE,毛MU,东盟^{R}AS^R,澳^{R}AU^R,新西兰^{R}NZ^R,柬KH,港HK,澳门MO,韩^{R}KR^R	0 受惠国LD	30
				1	巴PK		
				6.5	日^{R}JP^R		

序号 No.	税则号列 Tariff Line	货品名称 Article Description	最惠国税率 MFN(%)		协定税率 Agreement(%)	特惠税率 SP(%)	普通税率 Gen(%)
	84.30	泥土、矿物或矿石的运送、平整、铲运、挖掘、捣固、压实、开采或钻探机械;打桩机及拔桩机;扫雪机及吹雪机: Other moving, grading, levelling, scraping, excavating, tamping, compacting, extracting or boring machinery, for earth, minerals or ores; piledrivers and pile-extractors; snowploughs and snow-blowers:					
6567	8430.1000	-打桩机及拔桩机 -Pile-drivers and pile-extractors	10	0	东盟AS,智CL,新西兰NZ,秘PE,哥CR,瑞CH,冰IS,澳AU,格GE,毛MU,东盟^RAS^R,澳^RAU^R,新西兰NZ^R,柬KH,港HK,澳门MO	0 受惠国LD	30
				1	巴PK,韩KR		
				8	韩^RKR^R		
				8.2	日^RJP^R		
6568	8430.2000	-扫雪机及吹雪机 -Snow-ploughs and snow-blowers	10	0	东盟AS,智CL,新西兰NZ,秘PE,哥CR,瑞CH,冰IS,澳AU,格GE,毛MU,东盟^RAS^R,澳^RAU^R,新西兰NZ^R,柬KH,港HK,澳门MO	0 受惠国LD	30
				1	巴PK,韩KR		
				8	韩^RKR^R		
				8.2	日^RJP^R		
		-采(截)煤机、凿岩机及隧道掘进机: -Coal or rock cutters and tunnelling machinery:					
		--自推进的: --Self-propelled:					
6569	8430.3110	---采(截)煤机 ---Coal winning machine	10	0	东盟AS,智CL,新西兰NZ,新加坡SG,秘PE,哥CR,瑞CH,冰IS,澳AU,格GE,毛MU,东盟^RAS^R,澳^RAU^R,新西兰NZ^R,柬KH,港HK,澳门MO	0 受惠国LD	30
				1	巴PK,韩KR		
				8	韩^RKR^R		
				8.2	日^RJP^R		
6570	8430.3120	---凿岩机 ---Rock drill machine	10	0	东盟AS,智CL,新西兰NZ,新加坡SG,秘PE,哥CR,瑞CH,冰IS,澳AU,格GE,毛MU,东盟^RAS^R,澳^RAU^R,新西兰NZ^R,柬KH,港HK,澳门MO	0 受惠国LD	30
				1	巴PK,韩KR		
				8	韩^RKR^R		
				8.2	日^RJP^R		

序号 No.	税则号列 Tariff Line	货品名称 Article Description	最惠国税率 MFN(%)	协定税率 Agreement(%)		特惠税率 SP(%)		普通税率 Gen(%)
6571	8430.3130	---隧道掘进机 ---Tunnel boring machine	10	0	东盟AS,智CL,新西兰NZ,新加坡SG,秘PE,哥CR,瑞CH,冰IS,澳AU,格GE,毛MU,东盟^RAS^R,澳^RAU^R,新西兰^RNZ^R,柬KH,港HK,澳门MO	0	受惠国LD	30
				1	巴PK,韩KR			
				8	韩^RKR^R			
				8.2	日^RJP^R			
6572	8430.3900	--其他 --Other	6	0	东盟AS,智CL,巴PK,新西兰NZ,秘PE,哥CR,瑞CH,冰IS,澳AU,格GE,毛MU,东盟^RAS^R,澳^RAU^R,新西兰^RNZ^R,柬KH,港HK,澳门MO	0	受惠国LD	30
				0.6	韩KR			
				4.8	韩^RKR^R			
				4.9	日^RJP^R			
		-其他钻探或凿井机械: -Other boring or sinking machinery:						
		--自推进的: --Self-propelled:						
		---石油及天然气钻探机: ---Oil and natural gas drilling machinery:						
6573	8430.4111	----钻探深度在6000米及以上的 ----Of drilling depth of 6000m or more	5	0	东盟AS,智CL,巴PK,新西兰NZ,秘PE,哥CR,瑞CH,冰IS,韩KR,澳AU,格GE,毛MU,东盟^RAS^R,澳^RAU^R,日^RJP^R,新西兰^RNZ^R,柬KH,港HK,澳门MO,韩^RKR^R	0	受惠国LD	11
				3.5	亚太AP			
6574	8430.4119	----其他 ----Other	5	0	东盟AS,智CL,巴PK,新西兰NZ,秘PE,哥CR,瑞CH,冰IS,韩KR,澳AU,格GE,毛MU,东盟^RAS^R,澳^RAU^R,日^RJP^R,新西兰^RNZ^R,柬KH,港HK,澳门MO,韩^RKR^R	0	受惠国LD	17
				3.5	亚太AP			
		---其他钻探机: ---Other drilling machinery:						
6575	8430.4121	----钻探深度在6000米及以上的 ----Of drilling depth of 6000m or more	5	0	东盟AS,智CL,巴PK,新西兰NZ,秘PE,哥CR,瑞CH,冰IS,韩KR,澳AU,格GE,毛MU,东盟^RAS^R,澳^RAU^R,日^RJP^R,新西兰^RNZ^R,柬KH,港HK,澳门MO,韩^RKR^R	0	受惠国LD	11
				3.5	亚太AP			

序号 No.	税则号列 Tariff Line	货品名称 Article Description	最惠国税率 MFN(%)	协定税率 Agreement(%)		特惠税率 SP(%)	普通税率 Gen(%)
6576	8430.4122	----钻探深度在6000米以下的履带式自推进钻机 ----Crawler boring machinery of drilling depth<6000m	5	0	东盟AS,智CL,巴PK,新西兰NZ,秘PE,哥CR,瑞CH,冰IS,澳AU,格GE,毛MU,东盟^{R}AS^R,澳^{R}AU^R,新西兰^{R}NZ^R,柬KH,港HK,澳门MO	0 受惠国LD	17
				0.5	韩KR		
				4	韩^{R}KR^R		
				4.1	日^{R}JP^R		
6577	8430.4129	----钻探深度在6000米以下的其他钻探机 ----Other boring machinery of drilling depth<6000m	5	0	东盟AS,智CL,巴PK,新西兰NZ,秘PE,哥CR,瑞CH,冰IS,韩KR,澳AU,格GE,毛MU,东盟^{R}AS^R,澳^{R}AU^R,日^{R}JP^R,新西兰^{R}NZ^R,柬KH,港HK,澳门MO,韩^{R}KR^R	0 受惠国LD	17
6578	8430.4190	---其他 ---Other	5	0	东盟AS,智CL,巴PK,新西兰NZ,秘PE,哥CR,瑞CH,冰IS,韩KR,澳AU,格GE,毛MU,东盟^{R}AS^R,澳^{R}AU^R,日^{R}JP^R,新西兰^{R}NZ^R,柬KH,港HK,澳门MO,韩^{R}KR^R	0 受惠国LD	30
6579	8430.4900	--其他 --Other	5	0	东盟AS,智CL,巴PK,新西兰NZ,秘PE,哥CR,瑞CH,冰IS,澳AU,格GE,毛MU,东盟^{R}AS^R,澳^{R}AU^R,新西兰^{R}NZ^R,柬KH,港HK,澳门MO	0 受惠国LD	30
				0.5	韩KR		
				4	韩^{R}KR^R		
				4.1	日^{R}JP^R		
		-其他自推进机械: -Other machinery, self-propelled:					
6580	8430.5010	---其他采油机械 ---For oil production	3	0	东盟AS,智CL,巴PK,新西兰NZ,秘PE,哥CR,瑞CH,冰IS,韩KR,澳AU,格GE,毛MU,东盟^{R}AS^R,澳^{R}AU^R,日^{R}JP^R,新西兰^{R}NZ^R,柬KH,港HK,澳门MO,韩^{R}KR^R	0 受惠国LD	17
				2.1	亚太AP		
6581	8430.5020	---矿用电铲 ---Mining power shovels	7	0	东盟AS,智CL,新西兰NZ,秘PE,哥CR,瑞CH,冰IS,韩KR,澳AU,格GE,毛MU,东盟^{R}AS^R,澳^{R}AU^R,新西兰^{R}NZ^R,柬KH,港HK,澳门MO,韩^{R}KR^R	0 受惠国LD	30
				1	巴PK		
				5.7	日^{R}JP^R		
		---采矿钻机: ---Mining drills:					
6582	8430.5031	----牙轮直径380毫米及以上 ----Gear wheel diameter more than 380mm	5	0	东盟AS,智CL,巴PK,新西兰NZ,秘PE,哥CR,瑞CH,冰IS,韩KR,澳AU,格GE,毛MU,东盟^{R}AS^R,澳^{R}AU^R,日^{R}JP^R,新西兰^{R}NZ^R,柬KH,港HK,澳门MO,韩^{R}KR^R	0 受惠国LD	30
				3.5	亚太AP		

序号 No.	税则号列 Tariff Line	货品名称 Article Description	最惠国税率 MFN(%)		协定税率 Agreement(%)	特惠税率 SP(%)	普通税率 Gen(%)
6583	8430.5039	----其他 ----Other	5	0 3.5	东盟AS,智CL,巴PK,新西兰NZ, 秘PE,哥CR,瑞CH,冰IS,韩KR, 澳AU,格GE,毛MU,东盟^RAS^R, 澳^RAU^R,日^RJP^R,新西兰^RNZ^R,柬 KH,港HK,澳门MO,韩^RKR^R 亚太AP	0 受惠国LD	30
6584	8430.5090	---其他 ---Other	5	0 2 4 4.4	东盟AS,智CL,巴PK,新西兰NZ, 秘PE,哥CR,瑞CH,冰IS,澳AU,格 GE,毛MU,柬KH,港HK,澳门MO 韩KR 东盟^RAS^R,澳^RAU^R,新西兰^RNZ^R, 韩^RKR^R 日^RJP^R	0 受惠国LD	30
		-其他非自推进机械: -Other machinery, not self-propelled:					
6585	8430.6100	--捣固或压实机械 --Tamping or compacting machinery	6	0	东盟AS,智CL,巴PK,新西兰NZ, 秘PE,哥CR,瑞CH,冰IS,韩KR, 澳AU,格GE,毛MU,东盟^RAS^R, 澳^RAU^R,日^RJP^R,新西兰^RNZ^R,柬 KH,港HK,澳门MO,韩^RKR^R	0 受惠国LD	30
		--其他: --Other:					
		---工程钻机: ---Engineering drills:					
6586	8430.6911	----钻筒直径3米及以上 ----Boring casing diameter more than 3m	6	0 4.2	东盟AS,智CL,巴PK,新西兰NZ, 秘PE,哥CR,瑞CH,冰IS,韩KR, 澳AU,格GE,毛MU,东盟^RAS^R, 澳^RAU^R,日^RJP^R,新西兰^RNZ^R,柬 KH,港HK,澳门MO,韩^RKR^R 亚太AP	0 受惠国LD	30
6587	8430.6919	----其他 ----Other	6	0 0.6 4.8 4.9	东盟AS,智CL,巴PK,新西兰NZ, 秘PE,哥CR,瑞CH,冰IS,澳AU,格 GE,毛MU,东盟^RAS^R,澳^RAU^R,新 西兰^RNZ^R,柬KH,港HK,澳门MO 韩KR 韩^RKR^R 日^RJP^R	0 受惠国LD	30
6588	8430.6920	---铲运机 ---Scrapers	6	0 4.2	东盟AS,智CL,巴PK,新西兰NZ, 秘PE,哥CR,瑞CH,冰IS,韩KR, 澳AU,格GE,毛MU,东盟^RAS^R, 澳^RAU^R,日^RJP^R,新西兰^RNZ^R,柬 KH,港HK,澳门MO,韩^RKR^R 亚太AP	0 受惠国LD	30
6589	8430.6990	---其他 ---Other	6	0	东盟AS,智CL,巴PK,新西兰NZ, 秘PE,哥CR,瑞CH,冰IS,韩KR, 澳AU,格GE,毛MU,东盟^RAS^R, 澳^RAU^R,日^RJP^R,新西兰^RNZ^R,柬 KH,港HK,澳门MO,韩^RKR^R	0 受惠国LD	30

序号 No.	税则号列 Tariff Line	货品名称 Article Description	最惠国税率 MFN(%)	协定税率 Agreement(%)		特惠税率 SP(%)	普通税率 Gen(%)
	84.31	专用于或主要用于税目84.25至84.30所列机械的零件: Parts suitable for use solely or principally with the machinery of headings 84.25 to 84.30:					
6590	8431.1000	-税目84.25所列机械的零件 -Of machinery of heading 84.25	3	0	东盟AS,智CL,巴PK,新西兰NZ,秘PE,哥CR,瑞CH,冰IS,韩KR,澳AU,格GE,毛MU,东盟^{R}AS^R,澳^{R}AU^R,日^{R}JP^R,新西兰^{R}NZ^R,柬KH,港HK,澳门MO,韩^{R}KR^R	0 受惠国LD	30
		-税目84.27所列机械的零件: -Of machinery of heading 84.27:					
6591	8431.2010	---装有差速器的驱动桥及其零件, 不论是否装有其他传动部件 ---Drive-axles with differential, whether or not provided with other transmission components, parts thereof	6	0 2.4 3.9 4.8 5.3	东盟AS,智CL,巴PK,新西兰NZ,秘PE,哥CR,瑞CH,冰IS,澳AU,格GE,毛MU,柬KH,港HK,澳门MO 韩KR 亚太AP 东盟^{R}AS^R,澳^{R}AU^R,新西兰^{R}NZ^R,韩^{R}KR^R 日^{R}JP^R	0 受惠国LD	30
6592	8431.2090	---其他 ---Other	6△3	0 2.4 3.9 4.8 5.3	东盟AS,智CL,巴PK,新西兰NZ,秘PE,哥CR,瑞CH,冰IS,澳AU,格GE,毛MU,柬KH,港HK,澳门MO 韩KR 亚太AP 东盟^{R}AS^R,澳^{R}AU^R,新西兰^{R}NZ^R,韩^{R}KR^R 日^{R}JP^R	0 受惠国LD	30
		-税目84.28所列机械的零件: -Of machinery of heading 84.28:					
6593	8431.3100	--升降机、倒卸式起重机或自动梯的零件 --Of lifts, skip hoists or escalators	3	0 2.4	东盟AS,智CL,巴PK,新西兰NZ,秘PE,哥CR,瑞CH,冰IS,韩KR,澳AU,格GE,毛MU,东盟^{R}AS^R,日^{R}JP^R,柬KH,港HK,澳门MO,韩^{R}KR^R 澳^{R}AU^R,新西兰^{R}NZ^R	0 受惠国LD	30
	ex84313100	无障碍升降机的零件 Parts, for lift facilities for the disabled	△1				
6594	8431.3900	--其他 --Other	5	0 2 2.5 4 4.4	东盟AS,智CL,巴PK,新西兰NZ,秘PE,哥CR,瑞CH,冰IS,澳AU,格GE,毛MU,柬KH,港HK,澳门MO 韩KR 亚太AP 东盟^{R}AS^R,澳^{R}AU^R,新西兰^{R}NZ^R,韩^{R}KR^R 日^{R}JP^R	0 受惠国LD	30

序号 No.	税则号列 Tariff Line	货品名称 Article Description	最惠国税率 MFN(%)	协定税率 Agreement(%)		特惠税率 SP(%)	普通税率 Gen(%)
		-税目84.26、84.29或84.30所列机械的零件： -Of machinery of heading 84.26, 84.29 or 84.30:					
6595	8431.4100	--戽斗、铲斗、抓斗及夹斗 --Buckets, shovels, grabs and grips	6	0	东盟AS,智CL,巴PK,新西兰NZ,秘PE,哥CR,瑞CH,冰IS,澳AU,格GE,毛MU,东盟^{R}AS^R,澳^{R}AU^R,新西兰^{R}NZ^R,柬KH,港HK,澳门MO	0 受惠国LD	17
				0.6	韩KR		
				3.9	亚太AP		
				4.8	韩^{R}KR^R		
				4.9	日^{R}JP^R		
6596	8431.4200	--推土机或侧铲推土机用铲 --Bulldozer or angledozer blades	6	0	东盟AS,智CL,巴PK,新西兰NZ,秘PE,哥CR,瑞CH,冰IS,韩KR,澳AU,格GE,毛MU,东盟^{R}AS^R,澳^{R}AU^R,日^{R}JP^R,新西兰^{R}NZ^R,柬KH,港HK,澳门MO,韩^{R}KR^R	0 受惠国LD	17
		--子目8430.41或8430.49所列钻探或凿井机械的零件： --Parts for boring or sinking machinery of subheading 8430.41 or 8430.49:					
6597	8431.4310	---石油或天然气钻探机用 ---Of oil and natural gas drilling machinery	4	0	东盟AS,智CL,巴PK,新西兰NZ,秘PE,哥CR,瑞CH,冰IS,韩KR,澳AU,格GE,毛MU,东盟^{R}AS^R,澳^{R}AU^R,日^{R}JP^R,新西兰^{R}NZ^R,柬KH,港HK,澳门MO,韩^{R}KR^R	0 受惠国LD	11
				2.6	亚太AP		
6598	8431.4320	---其他钻探机用 ---Of other drilling machinery	4	0	东盟AS,智CL,巴PK,新西兰NZ,秘PE,哥CR,瑞CH,冰IS,韩KR,澳AU,格GE,毛MU,东盟^{R}AS^R,澳^{R}AU^R,日^{R}JP^R,新西兰^{R}NZ^R,柬KH,港HK,澳门MO,韩^{R}KR^R	0 受惠国LD	11
				2.6	亚太AP		
6599	8431.4390	---其他 ---Other	5	0	东盟AS,智CL,巴PK,新西兰NZ,秘PE,哥CR,瑞CH,冰IS,澳AU,格GE,毛MU,东盟^{R}AS^R,澳^{R}AU^R,新西兰^{R}NZ^R,柬KH,港HK,澳门MO	0 受惠国LD	17
				0.5	韩KR		
				3.3	亚太AP		
				4	韩^{R}KR^R		
				4.1	日^{R}JP^R		
		--其他： --Other:					

序号 No.	税则号列 Tariff Line	货品名称 Article Description	最惠国税率 MFN(%)	协定税率 Agreement(%)		特惠税率 SP(%)	普通税率 Gen(%)
6600	8431.4920	---装有差速器的驱动桥及其零件，不论是否装有其他传动部件 ---Drive-axles with differential, whether or not provided with other transmission components, parts thereof	5	0	东盟AS,智CL,巴PK,新西兰NZ,秘PE,哥CR,瑞CH,冰IS,澳AU,格GE,毛MU,柬KH,港HK,澳门MO	0 受惠国LD	17
				2	韩KR		
				3.3	亚太AP		
				4	东盟^{R}AS^R,澳^{R}AU^R,新西兰^{R}NZ^R,韩^{R}KR^R		
				4.4	日^{R}JP^R		
		---其他： ---Other:					
6601	8431.4991	----矿用电铲用 ----For mining power shovels	5	0	东盟AS,智CL,巴PK,新西兰NZ,秘PE,哥CR,瑞CH,冰IS,澳AU,格GE,毛MU,东盟^{R}AS^R,澳^{R}AU^R,新西兰^{R}NZ^R,柬KH,港HK,澳门MO	0 受惠国LD	17
				0.5	韩KR		
				3.3	亚太AP		
				4	韩^{R}KR^R		
				4.1	日^{R}JP^R		
6602	8431.4999	----其他 ----Other	5	0	东盟AS,智CL,巴PK,新西兰NZ,秘PE,哥CR,瑞CH,冰IS,澳AU,格GE,毛MU,柬KH,港HK,澳门MO	0 受惠国LD	17
				2	韩KR		
				3.3	亚太AP		
				4	东盟^{R}AS^R,澳^{R}AU^R,新西兰^{R}NZ^R,韩^{R}KR^R		
				4.4	日^{R}JP^R		
	84.32	**农业、园艺及林业用整地或耕作机械；草坪及运动场地滚压机：** **Agricultural, horticultural or forestry machinery for soil preparation or cultivation; lawn or sports-ground rollers:**					
6603	8432.1000	-犁 -Ploughs	5	0	东盟AS,智CL,巴PK,新西兰NZ,秘PE,哥CR,瑞CH,冰IS,澳AU,格GE,毛MU,东盟^{R}AS^R,澳^{R}AU^R,新西兰^{R}NZ^R,柬KH,港HK,澳门MO	0 受惠国LD	30
				0.5	韩KR		
				4	韩^{R}KR^R		
				4.1	日^{R}JP^R		
		-耙、松土机、中耕机、除草机及耕耘机： -Harrows, scarifiers, cultivators, weeders and hoes:					

序号 No.	税则号列 Tariff Line	货品名称 Article Description	最惠国税率 MFN(%)	协定税率 Agreement(%)		特惠税率 SP(%)	普通税率 Gen(%)
6604	8432.2100	--圆盘耙 --Disc harrows	5	0	东盟AS,智CL,巴PK,新西兰NZ, 秘PE,哥CR,瑞CH,冰IS,韩KR, 澳AU,格GE,毛MU,东盟^{R}AS^R, 澳^{R}AU^R,日^{R}JP^R,新西兰^{R}NZ^R,柬 KH,港HK,澳门MO,韩^{R}KR^R	0 受惠国LD	30
6605	8432.2900	--其他 --Other	4	0	东盟AS,智CL,巴PK,新西兰NZ, 秘PE,哥CR,瑞CH,冰IS,韩KR, 澳AU,格GE,毛MU,东盟^{R}AS^R, 澳^{R}AU^R,日^{R}JP^R,新西兰^{R}NZ^R,柬 KH,港HK,澳门MO,韩^{R}KR^R	0 受惠国LD	30
		-播种机、种植机及移植机: -Seeders, planters and transplanters:					
		--免耕直接播种机、种植机及移植机: --No-till direct seeders, planters and transplanters:					
		---免耕直接播种机: ---No-till direct seeders:					
6606	8432.3111	----谷物播种机 ----Grain seeders	4	0 2.6 3.3	东盟AS,智CL,巴PK,新西兰NZ, 秘PE,哥CR,瑞CH,冰IS,韩KR, 澳AU,格GE,毛MU,东盟^{R}AS^R,澳 ^{R}AU^R,新西兰^{R}NZ^R,柬KH,港HK, 澳门MO,韩^{R}KR^R 亚太AP 日^{R}JP^R	0 受惠国LD	30
6607	8432.3119	----其他 ----Other	4	0 0.4 2.6 3.2 3.3	东盟AS,智CL,巴PK,新西兰NZ, 秘PE,哥CR,瑞CH,冰IS,澳AU,格 GE,毛MU,东盟^{R}AS^R,澳^{R}AU^R,新 西兰^{R}NZ^R,柬KH,港HK,澳门MO 韩KR 亚太AP 韩^{R}KR^R 日^{R}JP^R	0 受惠国LD	30
		---免耕直接种植机: ---No-till direct planters:					
6608	8432.3121	----马铃薯种植机 ----Tuber planters	4	0 2.6 3.3	东盟AS,智CL,巴PK,新西兰NZ, 秘PE,哥CR,瑞CH,冰IS,韩KR, 澳AU,格GE,毛MU,东盟^{R}AS^R,澳 ^{R}AU^R,新西兰^{R}NZ^R,柬KH,港HK, 澳门MO,韩^{R}KR^R 亚太AP 日^{R}JP^R	0 受惠国LD	30
6609	8432.3129	----其他 ----Other	4	0 2.6 3.3	东盟AS,智CL,巴PK,新西兰NZ, 秘PE,哥CR,瑞CH,冰IS,韩KR, 澳AU,格GE,毛MU,东盟^{R}AS^R,澳 ^{R}AU^R,新西兰^{R}NZ^R,柬KH,港HK, 澳门MO,韩^{R}KR^R 亚太AP 日^{R}JP^R	0 受惠国LD	30

序号 No.	税则号列 Tariff Line	货品名称 Article Description	最惠国税率 MFN(%)	协定税率 Agreement(%)		特惠税率 SP(%)	普通税率 Gen(%)
		---免耕直接移植机（栽植机）： ---No-till direct transplanters:					
6610	8432.3131	----水稻插秧机 ----Rice transplanters	4	0	东盟AS,智CL,巴PK,新西兰NZ,秘PE,哥CR,瑞CH,冰IS,韩KR,澳AU,格GE,毛MU,柬KH,港HK,澳门MO	0 受惠国LD	30
				2.6	亚太AP		
				3.2	东盟^{R}AS^R,澳^{R}AU^R,新西兰^{R}NZ^R,韩^{R}KR^R		
				3.3	日^{R}JP^R		
6611	8432.3139	----其他 ----Other	4	0	东盟AS,智CL,巴PK,新西兰NZ,秘PE,哥CR,瑞CH,冰IS,澳AU,格GE,毛MU,柬KH,港HK,澳门MO	0 受惠国LD	30
				1.6	韩KR		
				2.6	亚太AP		
				3.6	东盟^{R}AS^R,澳^{R}AU^R,日^{R}JP^R,新西兰^{R}NZ^R		
				4	韩^{R}KR^R		
		--其他： --Other:					
		---播种机： ---Seeders:					
6612	8432.3911	----谷物播种机 ----Grain seeders	4	0	东盟AS,智CL,巴PK,新西兰NZ,秘PE,哥CR,瑞CH,冰IS,韩KR,澳AU,格GE,毛MU,东盟^{R}AS^R,澳^{R}AU^R,新西兰^{R}NZ^R,柬KH,港HK,澳门MO,韩^{R}KR^R	0 受惠国LD	30
				2.6	亚太AP		
				3.3	日^{R}JP^R		
6613	8432.3919	----其他 ----Other	4	0	东盟AS,智CL,巴PK,新西兰NZ,秘PE,哥CR,瑞CH,冰IS,澳AU,格GE,毛MU,东盟^{R}AS^R,澳^{R}AU^R,新西兰^{R}NZ^R,柬KH,港HK,澳门MO	0 受惠国LD	30
				0.4	韩KR		
				2.6	亚太AP		
				3.2	韩^{R}KR^R		
				3.3	日^{R}JP^R		
		---种植机： ---Planters:					
6614	8432.3921	----马铃薯种植机 ----Tuber planters	4	0	东盟AS,智CL,巴PK,新西兰NZ,秘PE,哥CR,瑞CH,冰IS,韩KR,澳AU,格GE,毛MU,东盟^{R}AS^R,澳^{R}AU^R,新西兰^{R}NZ^R,柬KH,港HK,澳门MO,韩^{R}KR^R	0 受惠国LD	30
				2.6	亚太AP		
				3.3	日^{R}JP^R		

序号 No.	税则号列 Tariff Line	货品名称 Article Description	最惠国税率 MFN(%)	协定税率 Agreement(%)		特惠税率 SP(%)	普通税率 Gen(%)
6615	8432.3929	----其他 ----Other	4	0	东盟AS,智CL,巴PK,新西兰NZ,秘PE,哥CR,瑞CH,冰IS,韩KR,澳AU,格GE,毛MU,东盟^RAS^R,澳^RAU^R,新西兰^RNZ^R,柬KH,港HK,澳门MO,韩^RKR^R	0 受惠国LD	30
				2.6	亚太AP		
				3.3	日^RJP^R		
		---移植机（栽植机）： ---Transplanters:					
6616	8432.3931	----水稻插秧机 ----Rice transplanters	4	0	东盟AS,智CL,巴PK,新西兰NZ,秘PE,哥CR,瑞CH,冰IS,韩KR,澳AU,格GE,毛MU,柬KH,港HK,澳门MO	0 受惠国LD	30
				2.6	亚太AP		
				3.2	东盟^RAS^R,澳^RAU^R,新西兰^RNZ^R,韩^RKR^R		
				3.3	日^RJP^R		
6617	8432.3939	----其他 ----Other	4	0	东盟AS,智CL,巴PK,新西兰NZ,秘PE,哥CR,瑞CH,冰IS,澳AU,格GE,毛MU,柬KH,港HK,澳门MO	0 受惠国LD	30
				1.6	韩KR		
				2.6	亚太AP		
				3.6	东盟^RAS^R,澳^RAU^R,日^RJP^R,新西兰^RNZ^R		
				4	韩^RKR^R		
		-施肥机： -Manure spreaders and fertilizer distributors:					
6618	8432.4100	--粪肥施肥机 --Manure spreaders	4	0	东盟AS,智CL,巴PK,新西兰NZ,秘PE,哥CR,瑞CH,冰IS,韩KR,澳AU,格GE,毛MU,东盟^RAS^R,澳^RAU^R,新西兰^RNZ^R,柬KH,港HK,澳门MO,韩^RKR^R	0 受惠国LD	30
				3.3	日^RJP^R		
6619	8432.4200	--化肥施肥机 --Fertilizer distributors	4	0	东盟AS,智CL,巴PK,新西兰NZ,秘PE,哥CR,瑞CH,冰IS,韩KR,澳AU,格GE,毛MU,东盟^RAS^R,澳^RAU^R,新西兰^RNZ^R,柬KH,港HK,澳门MO,韩^RKR^R	0 受惠国LD	30
				3.3	日^RJP^R		
		-其他机械： -Other machinery:					

序号 No.	税则号列 Tariff Line	货品名称 Article Description	最惠国税率 MFN(%)	协定税率 Agreement(%)		特惠税率 SP(%)		普通税率 Gen(%)
6620	8432.8010	---草坪及运动场地滚压机 ---Lawn or sports-ground rollers	7	0	东盟AS,智CL,新西兰NZ,秘PE,哥CR,瑞CH,冰IS,澳AU,格GE,毛MU,柬KH,港HK,澳门MO	0	受惠国LD	40
				1	巴PK			
				2.8	韩KR			
				5.6	亚太AP,东盟^{R}AS^R,澳^{R}AU^R,新西兰^{R}NZ^R,韩^{R}KR^R			
				6.1	日^{R}JP^R			
6621	8432.8090	---其他 ---Other	4	0	东盟AS,智CL,巴PK,新西兰NZ,秘PE,哥CR,瑞CH,冰IS,韩KR,澳AU,格GE,毛MU,东盟^{R}AS^R,澳^{R}AU^R,日^{R}JP^R,新西兰^{R}NZ^R,柬KH,港HK,澳门MO,韩^{R}KR^R	0	受惠国LD	30
6622	8432.9000	-零件 -Parts	4	0	东盟AS,智CL,巴PK,新西兰NZ,秘PE,哥CR,瑞CH,冰IS,韩KR,澳AU,格GE,毛MU,东盟^{R}AS^R,日^{R}JP^R,柬KH,港HK,澳门MO,韩^{R}KR^R	0	受惠国LD	17
				3.2	澳^{R}AU^R,新西兰^{R}NZ^R			
	84.33	收割机、脱粒机，包括草料打包机；割草机；蛋类、水果或其他农产品的清洁、分选、分级机器，但税目84.37的机器除外： Harvesting or threshing machinery, including straw or fodder balers; grass or hay mowers; machines for cleaning, sorting or grading eggs, fruit or other agricultural produce, other than machinery of heading 84.37: -草坪、公园或运动场地用的割草机： -Mowers for lawns, parks or sports grounds:						
6623	8433.1100	--机动的，切割装置在同一水平面上旋转的 --Powered, with the cutting device rotating in a horizontal plane	6	0	东盟AS,智CL,巴PK,新西兰NZ,秘PE,哥CR,瑞CH,冰IS,韩KR,澳AU,格GE,毛MU,东盟^{R}AS^R,澳^{R}AU^R,日^{R}JP^R,新西兰^{R}NZ^R,柬KH,港HK,澳门MO,韩^{R}KR^R	0	受惠国LD	30
6624	8433.1900	--其他 --Other	6	0	东盟AS,智CL,巴PK,新西兰NZ,秘PE,哥CR,瑞CH,冰IS,韩KR,澳AU,格GE,毛MU,东盟^{R}AS^R,澳^{R}AU^R,日^{R}JP^R,新西兰^{R}NZ^R,柬KH,港HK,澳门MO,韩^{R}KR^R	0	受惠国LD	30
6625	8433.2000	-其他割草机，包括牵引装置用的刀具杆 -Other mowers, including cutter bars for tractor mounting	4	0	东盟AS,智CL,巴PK,新西兰NZ,秘PE,哥CR,瑞CH,冰IS,韩KR,澳AU,格GE,毛MU,东盟^{R}AS^R,澳^{R}AU^R,日^{R}JP^R,新西兰^{R}NZ^R,柬KH,港HK,澳门MO,韩^{R}KR^R	0	受惠国LD	30

序号 No.	税则号列 Tariff Line	货品名称 Article Description	最惠国税率 MFN(%)	协定税率 Agreement(%)		特惠税率 SP(%)		普通税率 Gen(%)
6626	8433.3000	-其他干草切割、翻晒机器 -Other haymaking machinery	5	0	东盟AS,智CL,巴PK,新西兰NZ, 秘PE,哥CR,瑞CH,冰IS,韩KR, 澳AU,格GE,毛MU,东盟^{R}AS^R, 澳^{R}AU^R,日^{R}JP^R,新西兰^{R}NZ^R,柬 KH,港HK,澳门MO,韩^{R}KR^R	0	受惠国LD	30
6627	8433.4000	-草料打包机,包括收集打包机 -Straw or fodder balers, including pickup balers	5	0	东盟AS,智CL,巴PK,新西兰NZ, 秘PE,哥CR,瑞CH,冰IS,澳AU,格 GE,毛MU,柬KH,港HK,澳门MO	0	受惠国LD	30
				2	韩KR			
				4	东盟^{R}AS^R,澳^{R}AU^R,新西兰^{R}NZ^R, 韩^{R}KR^R			
				4.4	日^{R}JP^R			
		-其他收割机;脱粒机: -Other harvesting machinery; threshing machinery:						
6628	8433.5100	--联合收割机 --Combine harvester-threshers	8	0	东盟AS,智CL,新西兰NZ,秘PE, 哥CR,瑞CH,冰IS,澳AU,格GE, 毛MU,柬KH,港HK,澳门MO	0	受惠国LD	17
				1	巴PK			
				3.2	韩KR			
				5.2	亚太AP			
				6.9	东盟^{R}AS^R,韩^{R}KR^R			
				7	日^{R}JP^R			
				7.2	澳^{R}AU^R,新西兰^{R}NZ^R			
	ex84335100	功率≥200马力的联合收割机 Combine harvester-threshers with power≥200HP	Δ6					
6629	8433.5200	--其他脱粒机 --Other threshing machinery	8	0	东盟AS,智CL,新西兰NZ,秘PE, 哥CR,瑞CH,冰IS,韩KR,澳AU, 格GE,毛MU,东盟^{R}AS^R,澳^{R}AU^R, 新西兰^{R}NZ^R,柬KH,港HK,澳门 MO,韩^{R}KR^R	0	受惠国LD	30
				1	巴PK			
				6.5	日^{R}JP^R			
6630	8433.5300	--根茎或块茎收获机 --Root or tuber harvesting machines	8	0	东盟AS,智CL,新西兰NZ,秘PE, 哥CR,瑞CH,冰IS,澳AU,格GE, 毛MU,东盟^{R}AS^R,澳^{R}AU^R,新西 兰^{R}NZ^R,柬KH,港HK,澳门MO	0	受惠国LD	30
				0.8	韩KR			
				1	巴PK			
				6.4	韩^{R}KR^R			
				6.5	日^{R}JP^R			
		--其他: --Other:						

序号 No.	税则号列 Tariff Line	货品名称 Article Description	最惠国税率 MFN(%)	协定税率 Agreement(%)		特惠税率 SP(%)	普通税率 Gen(%)
6631	8433.5910	---甘蔗收获机 ---Sugarcane harvesters	8	0	东盟AS,智CL,新西兰NZ,秘PE,哥CR,瑞CH,冰IS,韩KR,澳AU,格GE,毛MU,东盟^{R}AS^R,澳^{R}AU^R,新西兰^{R}NZ^R,柬KH,港HK,澳门MO,韩^{R}KR^R	0 受惠国LD	30
				1	巴PK		
				5.6	亚太AP		
				6.5	日^{R}JP^R		
6632	8433.5920	---棉花采摘机 ---Cotton picker	8Δ5	0	东盟AS,智CL,新西兰NZ,哥CR,瑞CH,冰IS,韩KR,澳AU,格GE,毛MU,东盟^{R}AS^R,澳^{R}AU^R,新西兰^{R}NZ^R,柬KH,港HK,澳门MO,韩^{R}KR^R	0 受惠国LD	30
				1	巴PK		
				5.6	亚太AP		
				6.5	日^{R}JP^R		
6633	8433.5990	---其他 ---Other	8	0	东盟AS,智CL,新西兰NZ,哥CR,瑞CH,冰IS,韩KR,澳AU,格GE,毛MU,东盟^{R}AS^R,澳^{R}AU^R,新西兰^{R}NZ^R,柬KH,港HK,澳门MO,韩^{R}KR^R	0 受惠国LD	30
				1	巴PK		
				6.5	日^{R}JP^R		
	ex84335990	自走式青储饲料收获机 Self waking type silage harvesters	Δ6				
		-蛋类、水果或其他农产品的清洁、分选、分级机器: -Machines for cleaning,sorting or grading eggs, fruit or other agricultural product:					
6634	8433.6010	---蛋类清洁、分选、分级机器 ---Machines for cleaning, sorting or grading eggs	5	0	东盟AS,智CL,巴PK,新西兰NZ,秘PE,哥CR,瑞CH,冰IS,澳AU,格GE,毛MU,东盟^{R}AS^R,澳^{R}AU^R,新西兰^{R}NZ^R,柬KH,港HK,澳门MO	0 受惠国$_2$LD$_2$	30
				0.5	韩KR		
				4	韩^{R}KR^R		
				4.1	日^{R}JP^R		
6635	8433.6090	---其他 ---Other	5	0	东盟AS,智CL,巴PK,新西兰NZ,秘PE,哥CR,瑞CH,冰IS,澳AU,格GE,毛MU,东盟^{R}AS^R,澳^{R}AU^R,新西兰^{R}NZ^R,柬KH,港HK,澳门MO	0 受惠国$_2$LD$_2$	30
				0.5	韩KR		
				4	韩^{R}KR^R		
				4.1	日^{R}JP^R		
		-零件: -Parts:					

序号 No.	税则号列 Tariff Line	货品名称 Article Description	最惠国税率 MFN(%)	协定税率 Agreement(%)		特惠税率 SP(%)	普通税率 Gen(%)
6636	8433.9010	---联合收割机用 ---Of combined harvester-thrashers	5	0	东盟AS,智CL,巴PK,新西兰NZ,秘PE,哥CR,瑞CH,冰IS,澳AU,格GE,毛MU,柬KH,港HK,澳门MO	0 受惠国LD	11
				2	韩KR		
				4	东盟^{R}AS^R,澳^{R}AU^R,新西兰^{R}NZ^R,韩^{R}KR^R		
				4.4	日^{R}JP^R		
6637	8433.9090	---其他 ---Other	3	0	东盟AS,智CL,巴PK,新西兰NZ,秘PE,哥CR,瑞CH,冰IS,韩KR,澳AU,格GE,毛MU,东盟^{R}AS^R,澳^{R}AU^R,日^{R}JP^R,新西兰^{R}NZ^R,柬KH,港HK,澳门MO,韩^{R}KR^R	0 受惠国LD	17
	84.34	挤奶机及乳品加工机器: **Milking machines and dairy machinery:**					
6638	8434.1000	-挤奶机 -Milking machines	8△4	0	东盟AS,智CL,新西兰NZ,哥CR,瑞CH,冰IS,澳AU,格GE,毛MU,东盟^{R}AS^R,澳^{R}AU^R,新西兰^{R}NZ^R,柬KH,港HK,澳门MO	0 受惠国LD	20
				1	巴PK,韩KR		
				8	韩^{R}KR^R		
				8.2	日^{R}JP^R		
6639	8434.2000	-乳品加工机器 -Dairy machinery	6△2	0	东盟AS,智CL,巴PK,新西兰NZ,秘PE,哥CR,瑞CH,冰IS,韩KR,澳AU,格GE,毛MU,东盟^{R}AS^R,澳^{R}AU^R,日^{R}JP^R,新西兰^{R}NZ^R,柬KH,港HK,澳门MO,韩^{R}KR^R	0 受惠国LD	30
				4.2	亚太AP		
6640	8434.9000	-零件 -Parts	5△2	0	东盟AS,智CL,巴PK,新西兰NZ,秘PE,哥CR,瑞CH,冰IS,韩KR,澳AU,格GE,毛MU,东盟^{R}AS^R,澳^{R}AU^R,日^{R}JP^R,新西兰^{R}NZ^R,柬KH,港HK,澳门MO,韩^{R}KR^R	0 受惠国LD	17
	84.35	制酒、制果汁或制类似饮料用的压榨机、轧碎机及类似机器: **Presses, crushers and similar machinery used in the manufacture of wine, cider, fruit juices or similar beverages:**					
6641	8435.1000	-机器 -Machinery	8	0	东盟AS,智CL,新西兰NZ,秘PE,哥CR,瑞CH,冰IS,澳AU,格GE,毛MU,东盟^{R}AS^R,澳^{R}AU^R,新西兰^{R}NZ^R,柬KH,港HK,澳门MO	0 受惠国LD	30
				1	巴PK,韩KR		
				8	韩^{R}KR^R		
				8.2	日^{R}JP^R		

序号 No.	税则号列 Tariff Line	货品名称 Article Description	最惠国税率 MFN(%)	协定税率 Agreement(%)		特惠税率 SP(%)		普通税率 Gen(%)
6642	8435.9000	-零件 -Part	6	0	东盟AS,智CL,巴PK,新西兰NZ, 秘PE,哥CR,瑞CH,冰IS,韩KR, 澳AU,格GE,毛MU,东盟^{R}AS^R, 澳^{R}AU^R,日^{R}JP^R,新西兰^{R}NZ^R,柬 KH,港HK,澳门MO,韩^{R}KR^R	0	受惠国LD	30
	84.36	农业、园艺、林业、家禽饲养业或养蜂业 用的其他机器,包括装有机械或热力装 置的催芽设备;家禽孵卵器及育雏器: Other agricultural, horticultural, forestry, poultry-keeping or bee- keeping machinery, including germination plant fitted with mechanical or thermal equipment; poultry incubators and brooders:						
6643	8436.1000	-动物饲料配制机 -Machinery for preparing animal feeding stuffs	7	0 1 2.8 5.6 6.1	东盟AS,智CL,新西兰NZ,秘PE, 哥CR,冰IS,澳AU,格GE,毛MU, 柬KH,港HK,澳门MO 巴PK 瑞CH,韩KR 东盟^{R}AS^R,澳^{R}AU^R,新西兰^{R}NZ^R, 韩^{R}KR^R 日^{R}JP^R	0	受惠国LD	30
		-家禽饲养用的机器;家禽孵卵器及育 雏器: -Poultry-keeping machinery; poultry incubators and brooders:						
6644	8436.2100	--家禽孵卵器及育雏器 --Poultry incubators and brooders	5	0 2 4 4.4	东盟AS,智CL,巴PK,新西兰NZ, 秘PE,哥CR,瑞CH,冰IS,澳AU,格 GE,毛MU,柬KH,港HK,澳门MO 韩KR 东盟^{R}AS^R,澳^{R}AU^R,新西兰^{R}NZ^R, 韩^{R}KR^R 日^{R}JP^R	0	受惠国LD	30
6645	8436.2900	--其他 --Other	8	0 1 5.5 9 10	东盟AS,智CL,新西兰NZ,秘PE, 哥CR,瑞CH,冰IS,澳AU,格GE, 毛MU,东盟^{R}AS^R,日^{R}JP^R,柬KH, 港HK,澳门MO 巴PK 韩KR 澳^{R}AU^R,新西兰^{R}NZ^R 韩^{R}KR^R	0	受惠国LD	30
6646	8436.8000	-其他机器 -Other machinery	8	0 1 8 8.2	东盟AS,智CL,新西兰NZ,秘PE, 哥CR,瑞CH,冰IS,澳AU,格GE, 毛MU,东盟^{R}AS^R,澳^{R}AU^R,新西 兰^{R}NZ^R,柬KH,港HK,澳门MO 巴PK,韩KR 韩^{R}KR^R 日^{R}JP^R	0	受惠国LD	30

序号 No.	税则号列 Tariff Line	货品名称 Article Description	最惠国税率 MFN(%)	协定税率 Agreement(%)		特惠税率 SP(%)	普通税率 Gen(%)
		-零件: -Parts:					
6647	8436.9100	--家禽饲养用机器的零件或家禽孵卵器及育雏器的零件 --Of poultry-keeping machinery or poultry incubators and brooders	6	0	东盟AS,智CL,巴PK,新西兰NZ,秘PE,哥CR,瑞CH,冰IS,澳AU,格GE,毛MU,柬KH,港HK,澳门MO	0 受惠国LD	17
				2.4	韩KR		
				4.8	东盟^{R}AS^R,澳^{R}AU^R,新西兰^{R}NZ^R,韩^{R}KR^R		
				5.3	日^{R}JP^R		
6648	8436.9900	--其他 --Other	6	0	东盟AS,智CL,巴PK,新西兰NZ,秘PE,哥CR,冰IS,澳AU,格GE,毛MU,东盟^{R}AS^R,澳^{R}AU^R,新西兰^{R}NZ^R,柬KH,港HK,澳门MO	0 受惠国LD	17
				0.6	韩KR		
				2.4	瑞CH		
				4.8	韩^{R}KR^R		
				4.9	日^{R}JP^R		
	84.37	种子、谷物或干豆的清洁、分选或分级机器;谷物磨粉业加工机器或谷物、干豆加工机器, 但农业用机器除外: Machines for cleaning, sorting or grading seed, grain or dried leguminous vegetables; machinery used in the milling industry or for the working of cereals or dried leguminous vegetables, other than farm-type machinery:					
		-种子、谷物或干豆的清洁、分选或分级机器: -Machines for cleaning, sorting or grading seed, grain or dried leguminous vegetables:					
6649	8437.1010	---光学色差颗粒选别机(色选机) ---Optical color sorting machines for grains (color sorters)	8	0	东盟AS,智CL,新西兰NZ,秘PE,哥CR,瑞CH,冰IS,澳AU,格GE,毛MU,东盟^{R}AS^R,澳^{R}AU^R,新西兰^{R}NZ^R,柬KH,港HK,澳门MO	0 受惠国LD	30
				1	巴PK,韩KR		
				8	韩^{R}KR^R		
				8.2	日^{R}JP^R		
6650	8437.1090	---其他 ---Other	8	0	东盟AS,智CL,新西兰NZ,秘PE,哥CR,瑞CH,冰IS,澳AU,格GE,毛MU,柬KH,港HK,澳门MO	0 受惠国LD	30
				1	巴PK		
				5.5	韩KR		
				9	东盟^{R}AS^R,澳^{R}AU^R,日^{R}JP^R,新西兰^{R}NZ^R		
				10	韩^{R}KR^R		

序号 No.	税则号列 Tariff Line	货品名称 Article Description	最惠国税率 MFN(%)	协定税率 Agreement(%)		特惠税率 SP(%)	普通税率 Gen(%)
6651	8437.8000	-其他机器 -Other machinery	8	0	东盟AS,智CL,新西兰NZ,秘PE, 哥CR,瑞CH,冰IS,澳AU,格GE, 毛MU,东盟^{R}AS^R,日^{R}JP^R,柬KH, 港HK,澳门MO	0 受惠国LD	30
				4	巴PK		
				5.2	亚太AP		
				5.5	韩KR		
				9	澳^{R}AU^R,新西兰^{R}NZ^R		
				10	韩^{R}KR^R		
6652	8437.9000	-零件 -Parts	6	0	东盟AS,智CL,巴PK,新西兰NZ, 秘PE,哥CR,瑞CH,冰IS,澳AU,格 GE,毛MU,东盟^{R}AS^R,澳^{R}AU^R,新 西兰^{R}NZ^R,柬KH,港HK,澳门MO	0 受惠国LD	30
				0.6	韩KR		
				4.8	韩^{R}KR^R		
				4.9	日^{R}JP^R		
	84.38	本章其他税目未列名的食品、饮料工业 用的生产或加工机器,但提取、加工动 物油脂、植物固定油脂或微生物油脂的 机器除外: Machinery, not specified or included elsewhere in this Chapter, for the industrial preparation or manufacture of food or drink, other than machinery for the extraction or preparation of animal or fixed vegetable or microbial fats or oils:					
6653	8438.1000	-糕点加工机器及生产通心粉、面条或 类似产品的机器 -Bakery machinery and machinery for the manufacture of macaroni, spaghetti or similar products	7	0	东盟AS,智CL,新西兰NZ,秘PE, 哥CR,瑞CH,冰IS,澳AU,格GE, 毛MU,柬KH,港HK,澳门MO	0 受惠国LD	30
				1	巴PK		
				2.8	韩KR		
				5.6	东盟^{R}AS^R,澳^{R}AU^R,新西兰^{R}NZ^R, 韩^{R}KR^R		
				6.1	日^{R}JP^R		
6654	8438.2000	-生产糖果、可可粉、巧克力的机器 -Machinery for the manufacture of confectionery, cocoa or chocolate	8	0	东盟AS,智CL,新西兰NZ,秘PE, 哥CR,瑞CH,冰IS,韩KR,澳AU, 格GE,毛MU,东盟^{R}AS^R,澳^{R}AU^R, 新西兰^{R}NZ^R,柬KH,港HK,澳门 MO,韩^{R}KR^R	0 受惠国LD	30
				1	巴PK		
				6.5	日^{R}JP^R		

序号 No.	税则号列 Tariff Line	货品名称 Article Description	最惠国税率 MFN(%)	协定税率 Agreement(%)		特惠税率 SP(%)		普通税率 Gen(%)
6655	8438.3000	-制糖机器 -Machinery for sugar manufacture	8	0	东盟AS,智CL,新西兰NZ,秘PE,哥CR,冰IS,澳AU,格GE,毛MU,东盟^RAS^R,澳^RAU^R,新西兰^RNZ^R,柬KH,港HK,澳门MO	0	受惠国LD	30
				1	巴PK,韩KR			
				8	韩^RKR^R			
				8.2	日^RJP^R			
6656	8438.4000	-酿酒机器 -Brewery machinery	7	0	东盟AS,智CL,新西兰NZ,秘PE,哥CR,瑞CH,冰IS,澳AU,格GE,毛MU,东盟^RAS^R,澳^RAU^R,新西兰^RNZ^R,柬KH,港HK,澳门MO	0	受惠国LD	30
				0.7	韩KR			
				1	巴PK			
				5.6	韩^RKR^R			
				5.7	日^RJP^R			
6657	8438.5000	-肉类或家禽加工机器 -Machinery for the preparation of meat or poultry	7	0	东盟AS,智CL,新西兰NZ,秘PE,哥CR,瑞CH,冰IS,澳AU,格GE,毛MU,东盟^RAS^R,澳^RAU^R,新西兰^RNZ^R,柬KH,港HK,澳门MO	0	受惠国LD	30
				0.7	韩KR			
				1	巴PK			
				5.6	韩^RKR^R			
				5.7	日^RJP^R			
6658	8438.6000	-水果、坚果或蔬菜加工机器 -Machinery for the preparation of fruits, nuts or vegetables	8	0	东盟AS,智CL,新西兰NZ,新加坡SG,秘PE,哥CR,瑞CH,冰IS,澳AU,格GE,毛MU,东盟^RAS^R,澳^RAU^R,新西兰^RNZ^R,柬KH,港HK,澳门MO	0	受惠国LD	30
				1	巴PK,韩KR			
				8	韩^RKR^R			
				8.2	日^RJP^R			
6659	8438.8000	-其他机器 -Other machinery	8	0	东盟AS,智CL,新西兰NZ,秘PE,哥CR,瑞CH,冰IS,韩KR,澳AU,格GE,毛MU,柬KH,港HK,澳门MO,台TW	0	受惠国LD	30
				1	巴PK			
				5.2	亚太AP			
				6.8	东盟^RAS^R,澳^RAU^R,新西兰^RNZ^R,韩^RKR^R			
				7	日^RJP^R			
6660	8438.9000	-零件 -Parts	5	0	东盟AS,智CL,巴PK,新西兰NZ,秘PE,哥CR,瑞CH,冰IS,韩KR,澳AU,格GE,毛MU,东盟^RAS^R,澳^RAU^R,日^RJP^R,新西兰^RNZ^R,柬KH,港HK,澳门MO,韩^RKR^R	0	受惠国LD	30

序号 No.	税则号列 Tariff Line	货品名称 Article Description	最惠国税率 MFN(%)	协定税率 Agreement(%)		特惠税率 SP(%)		普通税率 Gen(%)
	84.39	纤维素纸浆、纸及纸板的制造或整理机器: Machinery for making pulp of fibrous cellulosic material or for making or finishing paper or paperboard:						
6661	8439.1000	-制造纤维素纸浆的机器 -Machinery for making pulp of fibrous cellulosic material	8	0	东盟AS,智CL,新西兰NZ,秘PE,哥CR,瑞CH,冰IS,澳AU,格GE,毛MU,东盟^RAS^R,澳^RAU^R,新西兰^RNZ^R,柬KH,港HK,澳门MO	0	受惠国LD	30
				0.8	韩KR			
				1	巴PK			
				6.7	韩^RKR^R			
				6.9	日^RJP^R			
6662	8439.2000	-纸或纸板的抄造机器 -Machinery for making paper or paper board	8	0	东盟AS,智CL,新西兰NZ,秘PE,哥CR,瑞CH,冰IS,韩KR,澳AU,格GE,毛MU,东盟^RAS^R,澳^RAU^R,新西兰^RNZ^R,柬KH,港HK,澳门MO,台TW,韩^RKR^R	0	受惠国LD	30
				1	巴PK			
				5.6	亚太AP			
				6.9	日^RJP^R			
6663	8439.3000	-纸或纸板的整理机器 -Machinery for finishing paper or paper board	8	0	东盟AS,智CL,新西兰NZ,秘PE,哥CR,瑞CH,冰IS,韩KR,澳AU,格GE,毛MU,东盟^RAS^R,澳^RAU^R,新西兰^RNZ^R,柬KH,港HK,澳门MO,台TW,韩^RKR^R	0	受惠国LD	30
				1	巴PK			
				6.9	日^RJP^R			
		-零件: -Parts:						
6664	8439.9100	--制造纤维素纸浆的机器用 --Of machinery for making pulp of fibrous cellulosic material	6	0	东盟AS,智CL,巴PK,新西兰NZ,秘PE,哥CR,瑞CH,冰IS,澳AU,格GE,毛MU,柬KH,港HK,澳门MO	0	受惠国LD	30
				2.4	韩KR			
				4.8	东盟^RAS^R,澳^RAU^R,新西兰^RNZ^R,韩^RKR^R			
				5.3	日^RJP^R			
6665	8439.9900	--其他 --Other	6	0	东盟AS,智CL,巴PK,新西兰NZ,秘PE,哥CR,瑞CH,冰IS,澳AU,格GE,毛MU,柬KH,港HK,澳门MO	0	受惠国LD	30
				2.4	韩KR			
				3	亚太AP			
				4.8	东盟^RAS^R,澳^RAU^R,新西兰^RNZ^R,韩^RKR^R			
				5.3	日^RJP^R			

序号 No.	税则号列 Tariff Line	货品名称 Article Description	最惠国税率 MFN(%)		协定税率 Agreement(%)	特惠税率 SP(%)		普通税率 Gen(%)
	84.40	书本装订机器,包括锁线订书机: **Book-binding machinery, including booksewing machines:**						
		-机器: -Machinery:						
6666	8440.1010	---锁线装订机 ---Sewing bookbinders	10	0	东盟AS,智CL,新西兰NZ,秘PE,哥CR,瑞CH,冰IS,澳AU,格GE,毛MU,东盟^{R}AS^R,澳^{R}AU^R,新西兰^{R}NZ^R,柬KH,港HK,澳门MO	0	受惠国LD	35
				1	巴PK,韩KR			
				7	亚太AP			
				8	韩^{R}KR^R			
				8.2	日^{R}JP^R			
6667	8440.1020	---胶订机 ---Glueing bookbinders	12	0	东盟AS,智CL,新西兰NZ,新加坡SG,秘PE,哥CR,瑞CH,冰IS,澳AU,格GE,毛MU,东盟^{R}AS^R,澳^{R}AU^R,新西兰^{R}NZ^R,柬KH,港HK,澳门MO	0	受惠国LD	35
				1.2	韩KR			
				3.6	巴PK			
				9.6	韩^{R}KR^R			
				9.8	日^{R}JP^R			
6668	8440.1090	---其他 ---Other	12	0	东盟AS,智CL,新西兰NZ,新加坡SG,秘PE,哥CR,瑞CH,冰IS,澳AU,格GE,毛MU,东盟^{R}AS^R,澳^{R}AU^R,新西兰^{R}NZ^R,柬KH,港HK,澳门MO	0	受惠国LD	35
				1.2	韩KR			
				3.6	巴PK			
				9.6	韩^{R}KR^R			
				9.8	日^{R}JP^R			
6669	8440.9000	-零件 -Parts	8	0	东盟AS,智CL,新西兰NZ,秘PE,哥CR,瑞CH,冰IS,韩KR,澳AU,格GE,毛MU,东盟^{R}AS^R,澳^{R}AU^R,新西兰^{R}NZ^R,柬KH,港HK,澳门MO,韩^{R}KR^R	0	受惠国LD	35
				1	巴PK			
				6.5	日^{R}JP^R			
	84.41	其他制造纸浆制品、纸制品或纸板制品的机器,包括各种切纸机: **Other machinery for making up paper pulp,paper or paperboard, including cutting machines of all kinds:**						

序号 No.	税则号列 Tariff Line	货品名称 Article Description	最惠国税率 MFN(%)	协定税率 Agreement(%)		特惠税率 SP(%)		普通税率 Gen(%)
6670	8441.1000	-切纸机 -Cutting machines	12	0	东盟AS,智CL,新西兰NZ,新加坡SG,秘PE,哥CR,冰IS,澳AU,格GE,毛MU,东盟^{R}AS^R,澳^{R}AU^R,新西兰^{R}NZ^R,柬KH,港HK,澳门MO,台TW	0	受惠国LD	50
				1.2	韩KR			
				3.6	巴PK			
				9.6	韩^{R}KR^R			
				9.8	日^{R}JP^R			
6671	8441.2000	-制造包、袋或信封的机器 -Machines for making bags, sacks or envelopes	12	0	东盟AS,智CL,新西兰NZ,新加坡SG,秘PE,哥CR,瑞CH,冰IS,澳AU,格GE,毛MU,东盟^{R}AS^R,澳^{R}AU^R,新西兰^{R}NZ^R,柬KH,港HK,澳门MO	0	受惠国LD	30
				1.2	韩KR			
				3.6	巴PK			
				7.8	亚太AP			
				9.6	韩^{R}KR^R			
				9.8	日^{R}JP^R			
		-制造箱、盒、管、桶或类似容器的机器,但模制成型机器除外: -Machines for making cartons, boxes, cases, tubes, drums or similar containers, other than by moulding:						
6672	8441.3010	---制造纸塑铝复合罐的生产设备 ---Machines for paper,plastic and aluminium composite can manufacture	12	0	东盟AS,智CL,新西兰NZ,新加坡SG,秘PE,哥CR,瑞CH,冰IS,澳AU,格GE,毛MU,东盟^{R}AS^R,澳^{R}AU^R,新西兰^{R}NZ^R,柬KH,港HK,澳门MO	0	受惠国LD	30
				1.3	韩KR			
				4.1	巴PK			
				7.8	亚太AP			
				10.8	韩^{R}KR^R			
				11	日^{R}JP^R			
6673	8441.3090	---其他 ---Other	12	0	东盟AS,智CL,新西兰NZ,新加坡SG,秘PE,哥CR,瑞CH,冰IS,澳AU,格GE,毛MU,柬KH,港HK,澳门MO	0	受惠国LD	30
				4.1	巴PK			
				7.4	韩KR			
				7.8	亚太AP			
				12.2	东盟^{R}AS^R,澳^{R}AU^R,新西兰^{R}NZ^R			
				13.5	韩^{R}KR^R			

序号 No.	税则号列 Tariff Line	货品名称 Article Description	最惠国税率 MFN(%)		协定税率 Agreement(%)	特惠税率 SP(%)	普通税率 Gen(%)
6674	8441.4000	-纸浆、纸或纸板制品模制成型机器 -Machines for moulding articles in paper pulp, paper or paperboard	12	0	东盟AS,智CL,新西兰NZ,新加坡SG,秘PE,哥CR,瑞CH,冰IS,澳AU,格GE,毛MU,柬KH,港HK,澳门MO	0 受惠国LD	30
				3.6	巴PK		
				6.6	韩KR		
				10.8	东盟^RAS^R,澳^RAU^R,新西兰^RNZ^R		
				12	韩^RKR^R		
		-其他机器: -Other machinery:					
6675	8441.8010	---制造纸塑铝软包装的生产设备 ---Machines for paper plastic and aluminium flexible packaging manufacture	12	0	东盟AS,智CL,新西兰NZ,新加坡SG,秘PE,哥CR,瑞CH,冰IS,澳AU,格GE,毛MU,东盟^RAS^R,澳^RAU^R,新西兰^RNZ^R,柬KH,港HK,澳门MO	0 受惠国LD	30
				1.2	韩KR		
				3.6	巴PK		
				7.8	亚太AP		
				9.6	韩^RKR^R		
				9.8	日^RJP^R		
6676	8441.8090	---其他 ---Other	12	0	东盟AS,智CL,新西兰NZ,新加坡SG,秘PE,哥CR,瑞CH,冰IS,澳AU,格GE,毛MU,东盟^RAS^R,澳^RAU^R,新西兰^RNZ^R,柬KH,港HK,澳门MO,台TW	0 受惠国LD	30
				1.2	韩KR		
				3.6	巴PK		
				7.8	亚太AP		
				9.6	韩^RKR^R		
				9.8	日^RJP^R		
		-零件: -Parts:					
6677	8441.9010	---切纸机用 ---Of cutting machines	8	0	东盟AS,智CL,新西兰NZ,秘PE,哥CR,瑞CH,冰IS,澳AU,格GE,毛MU,东盟^RAS^R,澳^RAU^R,新西兰^RNZ^R,柬KH,港HK,澳门MO	0 受惠国LD	50
				0.8	韩KR		
				1	巴PK		
				6.4	韩^RKR^R		
				6.5	日^RJP^R		
	ex84419010	切纸机用横切刀单元 Crosscut knife units of cutting machines	Δ3				
	ex84419010	切纸机用弧形辊 Curved metal spreader rolls of cutting machines	Δ4				

序号 No.	税则号列 Tariff Line	货品名称 Article Description	最惠国税率 MFN(%)	协定税率 Agreement(%)		特惠税率 SP(%)	普通税率 Gen(%)
6678	8441.9090	----其他 ----Other	8	0	东盟AS,智CL,新西兰NZ,秘PE,哥CR,冰IS,韩KR,澳AU,格GE,毛MU,东盟^{R}AS^R,澳^{R}AU^R,新西兰^{R}NZ^R,柬KH,港HK,澳门MO,韩^{R}KR^R	0 受惠国LD	30
				1	巴PK		
				6.9	日^{R}JP^R		
	84.42	制印刷版(片)、滚筒及其他印刷部件用的机器、器具及设备(税目84.56至84.65的机器除外);印刷用版(片)、滚筒及其他印刷部件;制成供印刷用(例如,刨平、压纹或抛光)的板(片)、滚筒及石板: Machinery, apparatus and equipment (other than the machines of headings 84.56 to 84.65) for preparing or making plates, cylinders or other printing components; plates, cylinders and other printing components; plates, cylinders and lithographic stones, prepared for printing purposes (for example, planed, grained or polished):						
		-机器、器具及设备: -Machinery, apparatus and equipment:					
6679	8442.3010	----铸字机 ----Type casters	0	0	东盟AS,智CL,新西兰NZ,秘PE,哥CR,瑞CH,冰IS,韩KR,澳AU,格GE,毛MU,东盟^{R}AS^R,澳^{R}AU^R,日^{R}JP^R,新西兰^{R}NZ^R,柬KH,港HK,澳门MO,韩^{R}KR^R	0 受惠国LD	35
				1	巴PK		
		---制版机器、器具及设备: ---Other machinery, apparatus and equipment for typesetting:					
6680	8442.3021	----计算机直接制版设备 ----Computer-to-plate equipments	0	0	东盟AS,智CL,新西兰NZ,秘PE,哥CR,瑞CH,冰IS,韩KR,澳AU,格GE,毛MU,东盟^{R}AS^R,澳^{R}AU^R,日^{R}JP^R,新西兰^{R}NZ^R,柬KH,港HK,澳门MO,韩^{R}KR^R	0 受惠国LD	35
				1	巴PK		
6681	8442.3029	----其他 ----Other	0	0	东盟AS,智CL,新西兰NZ,秘PE,哥CR,瑞CH,冰IS,澳AU,格GE,毛MU,东盟^{R}AS^R,澳^{R}AU^R,日^{R}JP^R,新西兰^{R}NZ^R,柬KH,港HK,澳门MO	0 受惠国LD	35
				1	巴PK		
				3.6	韩KR		
				7.2	韩^{R}KR^R		

序号 No.	税则号列 Tariff Line	货品名称 Article Description	最惠国税率 MFN(%)		协定税率 Agreement(%)	特惠税率 SP(%)	普通税率 Gen(%)
6682	8442.3090	---其他 ---Other	0	0	东盟AS,智CL,新西兰NZ,秘PE,哥CR,瑞CH,冰IS,澳AU,格GE,毛MU,东盟^RAS^R,澳^RAU^R,日^RJP^R,新西兰^RNZ^R,柬KH,港HK,澳门MO	0 受惠国LD	35
				1	巴PK		
				3.6	韩KR		
				7.2	韩^RKR^R		
6683	8442.4000	-上述机器、器具及设备的零件 -Parts of the foregoing machinery, apparatus or equipment	0	0	东盟AS,智CL,新西兰NZ,秘PE,哥CR,瑞CH,冰IS,韩KR,澳AU,格GE,毛MU,东盟^RAS^R,澳^RAU^R,日^RJP^R,新西兰^RNZ^R,柬KH,港HK,澳门MO,韩^RKR^R	0 受惠国LD	20
				1	巴PK		
6684	8442.5000	-印刷用版(片)、滚筒及其他印刷部件;制成供印刷用(例如,刨平、压纹或抛光)的板(片)、滚筒及石板 -Plates, cylinders and other printing components; plates, cylinders and lithographic stones, prepared for printing purposes (for example, planed, grained or polished)	0	0	东盟AS,智CL,新西兰NZ,秘PE,哥CR,瑞CH,冰IS,韩KR,澳AU,格GE,毛MU,东盟^RAS^R,澳^RAU^R,日^RJP^R,新西兰^RNZ^R,柬KH,港HK,澳门MO,韩^RKR^R	0 受惠国LD	35
				1	巴PK		
	84.43	**用税目84.42的印刷用版(片)、滚筒及其他印刷部件进行印刷的机器;其他打印机、复印机及传真机,不论是否组合式;上述机器的零件及附件:** **Printing machinery used for printing by means of plates, cylinders and other printing components of heading 84.42; other printers, copying machines and facsimile machines, whether or not combined; parts and accessories thereof:**					
		-用税目84.42的印刷用版(片)、滚筒及其他印刷部件进行印刷的机器: -Printing machinery used for printing by means of plates, cylinders and other printing components of heading 84.42:					
6685	8443.1100	--卷取进料式胶印机 --Offset printing machinery, reel-fed	10	0	东盟AS,智CL,新西兰NZ,秘PE,哥CR,瑞CH,冰IS,澳AU,格GE,毛MU,东盟^RAS^R,澳^RAU^R,新西兰^RNZ^R,柬KH,港HK,澳门MO	0 受惠国LD	35
				1	巴PK,韩KR		
				7	亚太AP		
				8	韩^RKR^R		
				8.2	日^RJP^R		

序号 No.	税则号列 Tariff Line	货品名称 Article Description	最惠国税率 MFN(%)	协定税率 Agreement(%)		特惠税率 SP(%)	普通税率 Gen(%)
6686	8443.1200	--办公室用片取进料式胶印机（展开片尺寸一边长不超过22厘米，另一边长不超过36厘米） --Offset printing machinery, sheet-fed, office type (using sheets with one side not exceeding 22cm and the other side not exceeding 36cm in the unfolded state)	10	0	东盟AS,智CL,新西兰NZ,新加坡SG,秘PE,哥CR,瑞CH,冰IS,澳AU,格GE,毛MU,东盟^RAS^R,澳^RAU^R,新西兰^RNZ^R,柬KH,港HK,澳门MO	0 受惠国LD	35
				1.2	韩KR		
				3.6	巴PK		
				9.6	韩^RKR^R		
				9.8	日^RJP^R		
		--其他胶印机： --Other offset printing machinery: ---平张纸进料式： ---Sheet fed:					
6687	8443.1311	----单色机 ----Single-color printing press	10	0	东盟AS,智CL,新西兰NZ,秘PE,哥CR,瑞CH,冰IS,澳AU,格GE,毛MU,柬KH,港HK,澳门MO	0 受惠国LD	35
				1	巴PK,韩KR		
				7	亚太AP		
				8	东盟^RAS^R,澳^RAU^R,新西兰^RNZ^R,韩^RKR^R		
				8.8	日^RJP^R		
6688	8443.1312	----双色机 ----Double-color printing press	10	0	东盟AS,智CL,新西兰NZ,秘PE,哥CR,瑞CH,冰IS,澳AU,格GE,毛MU,东盟^RAS^R,澳^RAU^R,新西兰^RNZ^R,柬KH,港HK,澳门MO	0 受惠国LD	35
				1	巴PK,韩KR		
				7	亚太AP		
				8	韩^RKR^R		
				8.2	日^RJP^R		
6689	8443.1313	----四色机 ----Quadruple-color printing press	10	0	东盟AS,智CL,新西兰NZ,秘PE,哥CR,瑞CH,冰IS,澳AU,格GE,毛MU,东盟^RAS^R,澳^RAU^R,新西兰^RNZ^R,柬KH,港HK,澳门MO	0 受惠国LD	35
				1	韩KR		
				3	巴PK		
				7	亚太AP		
				8	韩^RKR^R		
				8.8	日^RJP^R		
	ex84431313	四色平张纸胶印机，对开单张纸单面印刷速度≥17000张/小时；对开单张纸双面印刷速度≥13000张/小时；全张或超全张单张纸单面印刷速度≥13000张/小时 Four-color sheet-fed offset press, folio single-sided printing speed≥17000 iph; folio double-sided printing speed≥13000 iph; full-page or super-wide sheet-fed single-sided printing speed≥13000 iph	△7				

序号 No.	税则号列 Tariff Line	货品名称 Article Description	最惠国税率 MFN(%)	协定税率 Agreement(%)		特惠税率 SP(%)		普通税率 Gen(%)
6690	8443.1319	----其他 ----Other	10	0	东盟AS,智CL,新西兰NZ,秘PE, 哥CR,瑞CH,冰IS,澳AU,格GE, 毛MU,柬KH,港HK,澳门MO	0	受惠国LD	35
				1	韩KR			
				3	巴PK			
				7	亚太AP			
				8	东盟^{R}AS^R,澳^{R}AU^R,新西兰^{R}NZ^R, 韩^{R}KR^R			
				8.2	日^{R}JP^R			
	ex84431319	五色及以上平张纸胶印机,对开单张 纸单面印刷速度≥17000张/小时;对开 单张纸双面印刷速度≥13000张/小时; 全张或超全张单张纸单面印刷速度 ≥13000张/小时 Five-color and above sheet-fed offset press, folio single-sided printing speed≥17000 iph; folio double-sided printing speed≥13000 iph; full-page or super-wide sheet-fed single-sided printing speed≥13000 iph	Δ7					
6691	8443.1390	---其他 ---Other	10	0	东盟AS,智CL,新西兰NZ,秘PE, 哥CR,瑞CH,冰IS,澳AU,格GE, 毛MU,柬KH,港HK,澳门MO	0	受惠国LD	35
				1	巴PK,韩KR			
				7	亚太AP			
				8	东盟^{R}AS^R,澳^{R}AU^R,新西兰^{R}NZ^R, 韩^{R}KR^R			
				8.2	日^{R}JP^R			
6692	8443.1400	--卷取进料式凸版印刷机,但不包括苯 胺印刷机 --Letterpress printing machinery, reel fed, excluding flexographic printing	10	0	东盟AS,智CL,新西兰NZ,新加 坡SG,秘PE,哥CR,瑞CH,冰IS,澳 AU,格GE,毛MU,柬KH,港HK,澳 门MO	0	受惠国LD	35
				3.6	巴PK			
				5	东盟^{R}AS^R,澳^{R}AU^R,新西兰^{R}NZ^R			
6693	8443.1500	--其他凸版印刷机,但不包括苯胺印 刷机 --Letterpress printing machinery, other than reel fed, excluding flexographic printing	10	0	东盟AS,智CL,新西兰NZ,新加 坡SG,秘PE,哥CR,瑞CH,冰IS,澳 AU,格GE,毛MU,柬KH,港HK,澳 门MO	0	受惠国LD	35
				3.6	巴PK			
				5	东盟^{R}AS^R,澳^{R}AU^R,新西兰^{R}NZ^R			
6694	8443.1600	--苯胺印刷机 --Flexographic printing machinery	10	0	东盟AS,智CL,新西兰NZ,秘PE, 哥CR,瑞CH,冰IS,澳AU,格GE, 毛MU,柬KH,港HK,澳门MO	0	受惠国LD	35
				1	巴PK			
				5	东盟^{R}AS^R,澳^{R}AU^R,新西兰^{R}NZ^R			

序号 No.	税则号列 Tariff Line	货品名称 Article Description	最惠国税率 MFN(%)	协定税率 Agreement(%)		特惠税率 SP(%)	普通税率 Gen(%)
	ex84431600	苯胺印刷机（柔性版印刷机），线速度≥350米/分钟，幅宽≥800毫米 Flexographic printing machines, press line speed≥350m/min, web width≥800mm	Δ3				
	ex84431600	具有烫印或全息或丝网印刷功能单元的机组式柔性版印刷机，线速度≥160米/分钟，250毫米≤幅宽＜800毫米 Multi-functional narrow-web flexographic printing machine with module of stamping or holographic or screen printing, line speed≥160m/min, 250mm≤web width＜800mm	Δ5				
6695	8443.1700	--凹版印刷机 --Gravure printing machinery	10	0	东盟AS,智CL,新西兰NZ,新加坡SG,秘PE,哥CR,瑞CH,冰IS,澳AU,格GE,毛MU,柬KH,港HK,澳门MO	0 受惠国LD	35
				5	东盟^{R}AS^R,澳^{R}AU^R,新西兰^{R}NZ^R		
				6.5	亚太AP		
				11.5	巴PK		
				11.7	韩KR		
	ex84431700	凹版印刷机,印刷速度≥350米/分钟 Gravure printing machines with printing speed≥350m/min	Δ9				
		--其他: --Other:					
		---网式印刷机: ---Screen printing machinery:					
6696	8443.1921	----圆网印刷机 ----Cylinder screen press	10	0	东盟AS,智CL,新西兰NZ,秘PE,哥CR,瑞CH,冰IS,澳AU,格GE,毛MU,柬KH,港HK,澳门MO	0 受惠国LD	35
				1	巴PK,韩KR		
				6.5	亚太AP		
				8	东盟^{R}AS^R		
				8.2	日^{R}JP^R		
				9	澳^{R}AU^R,新西兰^{R}NZ^R		
				10	韩^{R}KR^R		
	ex84431921	纺织用圆网印花机 Cylinder screen printers for textile use	Δ6				
6697	8443.1922	----平网印刷机 ----Platen screen press	10	0	东盟AS,智CL,新西兰NZ,秘PE,哥CR,瑞CH,冰IS,澳AU,格GE,毛MU,柬KH,港HK,澳门MO,台TW	0 受惠国LD	35
				3	巴PK		
				4	韩KR		
				8.7	东盟^{R}AS^R,韩^{R}KR^R		
				8.8	日^{R}JP^R		
				9	亚太AP,澳^{R}AU^R,新西兰^{R}NZ^R		

序号 No.	税则号列 Tariff Line	货品名称 Article Description	最惠国税率 MFN(%)	协定税率 Agreement(%)		特惠税率 SP(%)	普通税率 Gen(%)
	ex84431922	纺织用平网印花机 Flat screen printing machines for textile use	Δ6				
6698	8443.1929	----其他 ----Other	10	0	东盟AS,智CL,新西兰NZ,新加坡SG,秘PE,哥CR,瑞CH,冰IS,澳AU,格GE,毛MU,东盟^RAS^R,澳^RAU^R,新西兰NZ^R,柬KH,港HK,澳门MO,台TW	0 受惠国LD	35
				1	巴PK,韩KR		
				6.5	亚太AP		
				8	韩^RKR^R		
				8.2	日^RJP^R		
6699	8443.1980	---其他 ---Other	8	0	东盟AS,智CL,新西兰NZ,秘PE,哥CR,瑞CH,冰IS,韩KR,澳AU,格GE,毛MU,东盟^RAS^R,澳^RAU^R,新西兰^RNZ^R,柬KH,港HK,澳门MO,台TW,韩^RKR^R	0 受惠国LD	35
				1	巴PK		
				5.2	亚太AP		
				6.5	日^RJP^R		
		-其他印刷(打印)机、复印机及传真机,不论是否组合式: -Other printers, copying machines and facsimile machines, whether or not combined: --具有打印、复印或传真中两种及以上功能的机器,可与自动数据处理设备或网络连接: --Machines which perform two or more of the functions of printing, copying or facsimile transmission, capable of connecting to an automatic data-processing machine or to a network:					
6700	8443.3110	---静电感光式 ---Electrostatic photo type	0	0	东盟AS,智CL,新西兰NZ,新加坡SG,秘PE,哥CR,瑞CH,冰IS,澳AU,格GE,毛MU,东盟^RAS^R,澳^RAU^R,新西兰^RNZ^R,柬KH,港HK,澳门MO	0 受惠国LD	70
				3	巴PK		
				8	韩^RKR^R		
				8.2	日^RJP^R		
6701	8443.3190	---其他 ---Other	0	0	东盟AS,智CL,巴PK,新西兰NZ,秘PE,哥CR,瑞CH,冰IS,韩KR,澳AU,格GE,毛MU,东盟^RAS^R,澳^RAU^R,日^RJP^R,新西兰^RNZ^R,柬KH,港HK,澳门MO,韩^RKR^R	0 受惠国LD	17

序号 No.	税则号列 Tariff Line	货品名称 Article Description	最惠国税率 MFN(%)	协定税率 Agreement(%)		特惠税率 SP(%)	普通税率 Gen(%)
		--其他，可与自动数据处理设备或网络连接： --Other, capable of connecting to an automatic data-processing machine or to a network:					
		---专用于税目84.71所列设备的打印机： ---Printer suitable for use solely with the machines of heading 84.71:					
6702	8443.3211	----针式打印机 ----Stylus printers	0	0	东盟AS,智CL,巴PK,新西兰NZ,秘PE,哥CR,瑞CH,冰IS,韩KR,澳AU,格GE,毛MU,东盟^{R}AS^R,澳^{R}AU^R,日^{R}JP^R,新西兰^{R}NZ^R,柬KH,港HK,澳门MO,韩^{R}KR^R	0 受惠国LD	14
6703	8443.3212	----激光打印机 ----Laser printers	0	0	东盟AS,智CL,巴PK,新西兰NZ,秘PE,哥CR,瑞CH,冰IS,韩KR,澳AU,格GE,毛MU,东盟^{R}AS^R,澳^{R}AU^R,日^{R}JP^R,新西兰^{R}NZ^R,柬KH,港HK,澳门MO,韩^{R}KR^R	0 受惠国LD	14
6704	8443.3213	----喷墨打印机 ----Ink-jet printers	0	0	东盟AS,智CL,巴PK,新西兰NZ,秘PE,哥CR,瑞CH,冰IS,韩KR,澳AU,格GE,毛MU,东盟^{R}AS^R,澳^{R}AU^R,日^{R}JP^R,新西兰^{R}NZ^R,柬KH,港HK,澳门MO,韩^{R}KR^R	0 受惠国LD	14
6705	8443.3214	----热敏打印机 ----Thermal printers	0	0	东盟AS,智CL,巴PK,新西兰NZ,秘PE,哥CR,瑞CH,冰IS,韩KR,澳AU,格GE,毛MU,东盟^{R}AS^R,澳^{R}AU^R,日^{R}JP^R,新西兰^{R}NZ^R,柬KH,港HK,澳门MO,韩^{R}KR^R	0 受惠国LD	14
6706	8443.3219	----其他 ----Other	0	0	东盟AS,智CL,巴PK,新西兰NZ,秘PE,哥CR,瑞CH,冰IS,韩KR,澳AU,格GE,毛MU,东盟^{R}AS^R,澳^{R}AU^R,日^{R}JP^R,新西兰^{R}NZ^R,柬KH,港HK,澳门MO,韩^{R}KR^R	0 受惠国LD	14
		---数字式印刷设备： ---Digital printing machines:					
6707	8443.3221	----喷墨印刷机 ----Ink-jet printing machines	0	0 0.8 1 6.4 6.5	东盟AS,智CL,新西兰NZ,新加坡SG,秘PE,哥CR,瑞CH,冰IS,澳AU,格GE,毛MU,东盟^{R}AS^R,澳^{R}AU^R,新西兰^{R}NZ^R,柬KH,港HK,澳门MO 韩KR 巴PK 韩^{R}KR^R 日^{R}JP^R	0 受惠国LD	30

序号 No.	税则号列 Tariff Line	货品名称 Article Description	最惠国税率 MFN(%)	协定税率 Agreement(%)		特惠税率 SP(%)	普通税率 Gen(%)
6708	8443.3222	----静电照相印刷机（激光印刷机） ----Electrostatic photographic printing machines (laser printing machines)	0	0	亚太AP,东盟AS,智CL,新西兰NZ,秘PE,哥CR,瑞CH,冰IS,澳AU,格GE,毛MU,柬KH,港HK,澳门MO	0 受惠国LD	35
				1	巴PK		
				3.2	韩KR		
				6.4	东盟^{R}AS^R,澳^{R}AU^R,新西兰^{R}NZ^R,韩^{R}KR^R		
				6.5	日^{R}JP^R		
6709	8443.3229	----其他 ----Other	0	0	亚太AP,东盟AS,智CL,新西兰NZ,秘PE,哥CR,瑞CH,冰IS,澳AU,格GE,毛MU,东盟^{R}AS^R,澳^{R}AU^R,新西兰^{R}NZ^R,柬KH,港HK,澳门MO	0 受惠国LD	30
				0.8	韩KR		
				1	巴PK		
				6.4	韩^{R}KR^R		
				6.5	日^{R}JP^R		
6710	8443.3290	---其他 ---Other	0	0	东盟AS,智CL,巴PK,新西兰NZ,秘PE,哥CR,瑞CH,冰IS,韩KR,澳AU,格GE,毛MU,东盟^{R}AS^R,澳^{R}AU^R,日^{R}JP^R,新西兰^{R}NZ^R,柬KH,港HK,澳门MO,韩^{R}KR^R	0 受惠国LD	17
		--其他： --Other:					
		---静电感光复印设备： ---Electrostatic photo-copying apparatus:					
6711	8443.3911	----将原件直接复印的（直接法） ----Operating by reproducing the original image directly onto the copy (direct process)	0	0	东盟AS,智CL,巴PK,新西兰NZ,秘PE,哥CR,瑞CH,冰IS,韩KR,澳AU,格GE,毛MU,东盟^{R}AS^R,澳^{R}AU^R,日^{R}JP^R,新西兰^{R}NZ^R,柬KH,港HK,澳门MO,韩^{R}KR^R	0 受惠国LD	70
6712	8443.3912	----将原件通过中间体转印的（间接法） ----Operating by reproducing the original image via an intermediate onto the copy (indirect process)	1.3#0	0	东盟AS,智CL,新西兰NZ,新加坡SG,秘PE,哥CR,瑞CH,冰IS,澳AU,格GE,毛MU,东盟^{R}AS^R,澳^{R}AU^R,新西兰^{R}NZ^R,柬KH,港HK,澳门MO	0 受惠国LD	70
				1	巴PK		
				8	韩^{R}KR^R		
				8.2	日^{R}JP^R		
		---其他感光复印设备： ---Other photocopying apparatus:					

序号 No.	税则号列 Tariff Line	货品名称 Article Description	最惠国税率 MFN(%)	协定税率 Agreement(%)		特惠税率 SP(%)		普通税率 Gen(%)
6713	8443.3921	----带有光学系统的 ----Incorporating an optical system	0	0	东盟AS,智CL,巴PK,新西兰NZ, 秘PE,哥CR,瑞CH,冰IS,韩KR, 澳AU,格GE,毛MU,东盟^{R}AS^R, 澳^{R}AU^R,日^{R}JP^R,新西兰NZ^R,柬 KH,港HK,澳门MO,韩^{R}KR^R	0	受惠国LD	70
6714	8443.3922	----接触式的 ----Of the contact type	2.8#0	0	东盟AS,智CL,新西兰NZ,新加 坡SG,秘PE,哥CR,瑞CH,冰IS, 韩KR,澳AU,格GE,毛MU,东盟 ^{R}AS^R,澳^{R}AU^R,新西兰^{R}NZ^R,柬 KH,港HK,澳门MO,韩^{R}KR^R	0	受惠国LD	70
				16.4	日^{R}JP^R			
6715	8443.3923	----热敏复印设备 ----Heat-sensitive copying apparatus	2.8#0	0	东盟AS,智CL,新西兰NZ,新加 坡SG,秘PE,哥CR,瑞CH,冰IS, 韩KR,澳AU,格GE,毛MU,东盟 ^{R}AS^R,澳^{R}AU^R,新西兰^{R}NZ^R,柬 KH,港HK,澳门MO,韩^{R}KR^R	0	受惠国LD	70
				16.4	日^{R}JP^R			
6716	8443.3924	----热升华复印设备 ----Heat-sublimated copying apparatus	2.8#0	0	东盟AS,智CL,新西兰NZ,新加 坡SG,秘PE,哥CR,瑞CH,冰IS, 韩KR,澳AU,格GE,毛MU,东盟 ^{R}AS^R,澳^{R}AU^R,新西兰^{R}NZ^R,柬 KH,港HK,澳门MO,韩^{R}KR^R	0	受惠国LD	70
				16.4	日^{R}JP^R			
		---数字式印刷设备: ---Digital printing machines:						
6717	8443.3931	----喷墨印刷机 ----Ink-jet printing machines	1#0	0	东盟AS,智CL,新西兰NZ,新加 坡SG,秘PE,哥CR,瑞CH,冰IS, 韩KR,澳AU,格GE,毛MU,东盟 ^{R}AS^R,澳^{R}AU^R,新西兰^{R}NZ^R,柬 KH,港HK,澳门MO,韩^{R}KR^R	0	受惠国LD	30
				1	巴PK			
				6.5	日^{R}JP^R			
6718	8443.3932	----静电照相印刷机(激光印刷机) ----Electrostatic photographic printing machines (laser printing machines)	1#0	0	东盟AS,智CL,新西兰NZ,秘PE, 哥CR,瑞CH,冰IS,韩KR,澳AU, 格GE,毛MU,东盟^{R}AS^R,澳^{R}AU^R, 新西兰^{R}NZ^R,柬KH,港HK,澳门 MO,韩^{R}KR^R	0	受惠国LD	35
				0.7#0	亚太AP			
				1	巴PK			
				6.5	日^{R}JP^R			

序号 No.	税则号列 Tariff Line	货品名称 Article Description	最惠国税率 MFN(%)	协定税率 Agreement(%)		特惠税率 SP(%)	普通税率 Gen(%)
6719	8443.3939	----其他 ----Other	1#0	0	东盟AS,智CL,新西兰NZ,新加坡SG,秘PE,哥CR,瑞CH,冰IS,澳AU,格GE,毛MU,东盟^{R}AS^R,澳^{R}AU^R,新西兰^{R}NZ^R,柬KH,港HK,澳门MO	0 受惠国LD	30
				0.7#0	亚太AP		
				0.8	韩KR		
				1	巴PK		
				6.4	韩^{R}KR^R		
				6.5	日^{R}JP^R		
6720	8443.3990	---其他 ---Other	0	0	东盟AS,智CL,巴PK,新西兰NZ,秘PE,哥CR,瑞CH,冰IS,韩KR,澳AU,格GE,毛MU,东盟^{R}AS^R,澳^{R}AU^R,日^{R}JP^R,新西兰^{R}NZ^R,柬KH,港HK,澳门MO,韩^{R}KR^R	0 受惠国LD	30
		-零件及附件: -Parts and accessories:					
		--用税目84.42的印刷用版、滚筒及其他印刷部件进行印刷的机器零件及附件: --Parts and accessories of printing machinery used for printing by means of plates, cylinders and other printing components of heading 84.42:					
		---印刷用辅助机器: ---Machines for uses ancillary to printing:					
6721	8443.9111	----卷筒料给料机 ----Splicers of web press	0	0	东盟AS,智CL,新西兰NZ,新加坡SG,秘PE,哥CR,瑞CH,冰IS,澳AU,格GE,毛MU,东盟^{R}AS^R,澳^{R}AU^R,新西兰^{R}NZ^R,柬KH,港HK,澳门MO	0 受惠国LD	35
				1.2	韩KR		
				3.6	巴PK		
				9.6	韩^{R}KR^R		
				9.8	日^{R}JP^R		
6722	8443.9119	----其他 ----Other	0	0	东盟AS,智CL,新西兰NZ,新加坡SG,秘PE,哥CR,瑞CH,冰IS,澳AU,格GE,毛MU,东盟^{R}AS^R,澳^{R}AU^R,新西兰^{R}NZ^R,柬KH,港HK,澳门MO	0 受惠国LD	35
				1.2	韩KR		
				3.6	巴PK		
				9.6	韩^{R}KR^R		
				9.8	日^{R}JP^R		

序号 No.	税则号列 Tariff Line	货品名称 Article Description	最惠国税率 MFN(%)	协定税率 Agreement(%)		特惠税率 SP(%)		普通税率 Gen(%)
6723	8443.9190	---其他 ---Other	0	0	东盟AS,智CL,巴PK,新西兰NZ,秘PE,哥CR,瑞CH,冰IS,澳AU,格GE,毛MU,柬KH,港HK,澳门MO	0	受惠国LD	20
				0.6	韩KR			
				4.8	东盟^{R}AS^R,澳^{R}AU^R,新西兰^{R}NZ^R,韩^{R}KR^R			
				4.9	日^{R}JP^R			
		--其他: --Other:						
6724	8443.9910	---数字印刷设备用辅助机器 ---Machines for uses ancillary to digital printing	0	0	亚太AP,东盟AS,智CL,新西兰NZ,新加坡SG,秘PE,哥CR,瑞CH,冰IS,澳AU,格GE,毛MU,东盟^{R}AS^R,澳^{R}AU^R,新西兰^{R}NZ^R,柬KH,港HK,澳门MO	0	受惠国LD	35
				1.2	韩KR			
				3.6	巴PK			
				9.6	韩^{R}KR^R			
				9.8	日^{R}JP^R			
		---数字印刷设备的零件: ---Parts of digital printing machinery:						
6725	8443.9921	----热敏打印头 ----Thermal printer heads	0	0	东盟AS,智CL,巴PK,新西兰NZ,秘PE,哥CR,瑞CH,冰IS,澳AU,格GE,毛MU,柬KH,港HK,澳门MO	0	受惠国LD	20
				0.6	韩KR			
				4.8	东盟^{R}AS^R,澳^{R}AU^R,新西兰^{R}NZ^R,韩^{R}KR^R			
				4.9	日^{R}JP^R			
6726	8443.9929	----其他 ----Other	0	0	东盟AS,智CL,巴PK,新西兰NZ,秘PE,哥CR,瑞CH,冰IS,澳AU,格GE,毛MU,东盟^{R}AS^R,澳^{R}AU^R,新西兰^{R}NZ^R,柬KH,港HK,澳门MO	0	受惠国LD	20
				3	韩KR			
				4.8	韩^{R}KR^R			
				4.9	日^{R}JP^R			
6727	8443.9990	---其他 ---Other	0	0	东盟AS,智CL,巴PK,新西兰NZ,秘PE,哥CR,瑞CH,冰IS,韩KR,澳AU,格GE,毛MU,东盟^{R}AS^R,澳^{R}AU^R,日^{R}JP^R,新西兰^{R}NZ^R,柬KH,港HK,澳门MO,韩^{R}KR^R	0	受惠国LD	35
	84.44	化学纺织纤维挤压、拉伸、变形或切割机器: Machines for extruding, drawing, texturing or cutting man-made textile materials:						

序号 No.	税则号列 Tariff Line	货品名称 Article Description	最惠国税率 MFN(%)	协定税率 Agreement(%)		特惠税率 SP(%)	普通税率 Gen(%)
6728	8444.0010	---合成纤维长丝纺丝机 ---Synthetic filaments spinning jets	8	0	东盟AS,智CL,新西兰NZ,秘PE,哥CR,冰IS,韩KR,澳AU,格GE,毛MU,东盟^{R}AS^R,澳^{R}AU^R,新西兰^{R}NZ^R,柬KH,港HK,澳门MO,台TW,韩^{R}KR^R	0 受惠国LD	30
				3	巴PK		
				5.6	亚太AP		
				8.8	日^{R}JP^R		
6729	8444.0020	---合成纤维短纤纺丝机 ---Synthetic staple fibres spinning jets	8	0	东盟AS,智CL,新西兰NZ,秘PE,哥CR,瑞CH,冰IS,澳AU,格GE,毛MU,东盟^{R}AS^R,澳^{R}AU^R,新西兰^{R}NZ^R,柬KH,港HK,澳门MO	0 受惠国LD	30
				1	韩KR		
				3	巴PK		
				5.2	亚太AP		
				8	韩^{R}KR^R		
				8.2	日^{R}JP^R		
6730	8444.0030	---人造纤维纺丝机 ---Artificial fibres spinning jets	8	0	东盟AS,智CL,新西兰NZ,秘PE,哥CR,瑞CH,冰IS,澳AU,格GE,毛MU,东盟^{R}AS^R,澳^{R}AU^R,新西兰^{R}NZ^R,柬KH,港HK,澳门MO	0 受惠国LD	30
				1	韩KR		
				3	巴PK		
				5.2	亚太AP		
				8	韩^{R}KR^R		
				8.2	日^{R}JP^R		
6731	8444.0040	---化学纤维变形机 ---Chemical filaments crimping machinery	8	0	东盟AS,智CL,新西兰NZ,秘PE,哥CR,瑞CH,冰IS,澳AU,格GE,毛MU,柬KH,港HK,澳门MO	0 受惠国LD	30
				1	韩KR		
				3	巴PK		
				5.2	亚太AP		
				9	东盟^{R}AS^R,澳^{R}AU^R,日^{R}JP^R,新西兰^{R}NZ^R		
				10	韩^{R}KR^R		
6732	8444.0050	---化学纤维切断机 --- Chemical filaments cutting machinery	8	0	东盟AS,智CL,新西兰NZ,秘PE,哥CR,瑞CH,冰IS,澳AU,格GE,毛MU,东盟^{R}AS^R,澳^{R}AU^R,新西兰^{R}NZ^R,柬KH,港HK,澳门MO	0 受惠国LD	30
				1	韩KR		
				3	巴PK		
				5.2	亚太AP		
				8	韩^{R}KR^R		
				8.2	日^{R}JP^R		

序号 No.	税则号列 Tariff Line	货品名称 Article Description	最惠国税率 MFN(%)	协定税率 Agreement(%)		特惠税率 SP(%)	普通税率 Gen(%)
6733	8444.0090	---其他 ---Other	8	0	东盟AS,智CL,新西兰NZ,秘PE, 哥CR,瑞CH,冰IS,澳AU,格GE, 毛MU,东盟^{R}AS^R,澳^{R}AU^R,新西 兰^{R}NZ^R,柬KH,港HK,澳门MO	0 受惠国LD	30
				1	韩KR		
				3	巴PK		
				5.2	亚太AP		
				8	韩^{R}KR^R		
				8.8	日^{R}JP^R		
	84.45	纺织纤维的预处理机器; 纺纱机、并线机、加捻机及其他生产纺织纱线的机器; 摇纱机、络纱机(包括卷纬机)及处理税目84.46或84.47所列机器用的纺织纱线的机器: **Machines for preparing textile fibres; spinning, doubling or twisting machines and other machinery for producing textile yarns; textile reeling or winding (including weft-winding) machines and machines for preparing textile yarns for use on the machines of heading 84.46 or 84.47:**					
		-纺织纤维的预处理机器: -Machines for preparing textile fibres:					
		--梳理机: --Carding machines:					
		---棉纤维型: ---For cotton type fibres:					
6734	8445.1111	----清梳联合机 ----Blowing-carding Machinery	8	0	东盟AS,智CL,新西兰NZ,秘PE, 哥CR,瑞CH,冰IS,澳AU,格GE, 毛MU,东盟^{R}AS^R,澳^{R}AU^R,新西 兰^{R}NZ^R,柬KH,港HK,澳门MO	0 受惠国LD	30
				1	巴PK,韩KR		
				5.2	亚太AP		
				8	韩^{R}KR^R		
				8.2	日^{R}JP^R		
6735	8445.1112	----自动抓棉机 ----Bale Plucker	8	0	东盟AS,智CL,新西兰NZ,秘PE, 哥CR,冰IS,澳AU,格GE,毛MU, 东盟^{R}AS^R,澳^{R}AU^R,新西兰^{R}NZ^R, 柬KH,港HK,澳门MO	0 受惠国LD	30
				1	巴PK,韩KR		
				5.2	亚太AP		
				8	韩^{R}KR^R		
				8.2	日^{R}JP^R		

序号 No.	税则号列 Tariff Line	货品名称 Article Description	最惠国税率 MFN(%)		协定税率 Agreement(%)	特惠税率 SP(%)	普通税率 Gen(%)
6736	8445.1113	----梳棉机 ---- Carding Machine	8	0 1 3 5.2 8 8.2	东盟AS,智CL,新西兰NZ,秘PE, 哥CR,瑞CH,冰IS,澳AU,格GE, 毛MU,东盟^{R}AS^R,澳^{R}AU^R,新西 兰^{R}NZ^R,柬KH,港HK,澳门MO 韩KR 巴PK 亚太AP 韩^{R}KR^R 日^{R}JP^R	0 受惠国LD	30
6737	8445.1119	----其他 ----Other	8	0 1 5.2 8 8.2	东盟AS,智CL,新西兰NZ,秘PE, 哥CR,瑞CH,冰IS,澳AU,格GE, 毛MU,东盟^{R}AS^R,澳^{R}AU^R,新西 兰^{R}NZ^R,柬KH,港HK,澳门MO 巴PK,韩KR 亚太AP 韩^{R}KR^R 日^{R}JP^R	0 受惠国LD	30
6738	8445.1120	---毛纤维型 ---For wool type fibres	8	0 1 3 5.2 8 8.2	东盟AS,智CL,新西兰NZ,秘PE, 哥CR,瑞CH,冰IS,澳AU,格GE, 毛MU,东盟^{R}AS^R,澳^{R}AU^R,新西 兰^{R}NZ^R,柬KH,港HK,澳门MO 韩KR 巴PK 亚太AP 韩^{R}KR^R 日^{R}JP^R	0 受惠国LD	30
6739	8445.1190	---其他 ---Other	8	0 3 5 5.2	东盟AS,智CL,新西兰NZ,秘PE, 哥CR,瑞CH,冰IS,澳AU,格GE, 毛MU,柬KH,港HK,澳门MO 巴PK 东盟^{R}AS^R,澳^{R}AU^R,新西兰^{R}NZ^R 亚太AP	0 受惠国LD	30
	ex84451190	宽幅非织造布梳理机,工作幅宽>3.5 米,工作速度>120米/分钟 Wide non-woven carding machines, working width>3.5m, working speed> 120m/min	Δ6				
		--精梳机: --Combing machines:					
6740	8445.1210	---棉精梳机 ---Cotton Comber	8	0 1 5.6 8 8.2	东盟AS,智CL,新西兰NZ,秘PE, 哥CR,冰IS,澳AU,格GE,毛MU, 东盟^{R}AS^R,澳^{R}AU^R,新西兰^{R}NZ^R, 柬KH,港HK,澳门MO 巴PK,韩KR 亚太AP 韩^{R}KR^R 日^{R}JP^R	0 受惠国LD	30

序号 No.	税则号列 Tariff Line	货品名称 Article Description	最惠国税率 MFN(%)	协定税率 Agreement(%)		特惠税率 SP(%)		普通税率 Gen(%)
6741	8445.1220	---毛精梳机 ---Worsted Comber	8	0	东盟AS,智CL,新西兰NZ,秘PE,哥CR,瑞CH,冰IS,澳AU,格GE,毛MU,东盟^{R}AS^R,澳^{R}AU^R,新西兰^{R}NZ^R,柬KH,港HK,澳门MO	0	受惠国LD	30
				1	巴PK,韩KR			
				5.6	亚太AP			
				8	韩^{R}KR^R			
				8.2	日^{R}JP^R			
6742	8445.1290	---其他 ---Other	8	0	东盟AS,智CL,新西兰NZ,秘PE,哥CR,瑞CH,冰IS,澳AU,格GE,毛MU,东盟^{R}AS^R,澳^{R}AU^R,新西兰^{R}NZ^R,柬KH,港HK,澳门MO	0	受惠国LD	30
				1	巴PK,韩KR			
				5.6	亚太AP			
				8	韩^{R}KR^R			
				8.2	日^{R}JP^R			
		--拉伸机或粗纱机: --Drawing or roving machines:						
6743	8445.1310	---拉伸机 ---Drawing machines	8	0	东盟AS,智CL,新西兰NZ,秘PE,哥CR,瑞CH,冰IS,澳AU,格GE,毛MU,东盟^{R}AS^R,澳^{R}AU^R,新西兰^{R}NZ^R,柬KH,港HK,澳门MO	0	受惠国LD	30
				1	巴PK,韩KR			
				8	韩^{R}KR^R			
				8.2	日^{R}JP^R			
		---粗纱机: ---Roving machines:						
6744	8445.1321	----棉纺粗纱机 ----Cotton Roving Frames	8	0	东盟AS,智CL,新西兰NZ,秘PE,哥CR,冰IS,澳AU,格GE,毛MU,东盟^{R}AS^R,澳^{R}AU^R,新西兰^{R}NZ^R,柬KH,港HK,澳门MO	0	受惠国LD	30
				1	巴PK,韩KR			
				5.6	亚太AP			
				8	韩^{R}KR^R			
				8.2	日^{R}JP^R			
6745	8445.1322	----毛纺粗纱机 ----Worsted Roving Machines	8	0	东盟AS,智CL,新西兰NZ,秘PE,哥CR,瑞CH,冰IS,澳AU,格GE,毛MU,东盟^{R}AS^R,澳^{R}AU^R,新西兰^{R}NZ^R,柬KH,港HK,澳门MO	0	受惠国LD	30
				1	巴PK,韩KR			
				5.6	亚太AP			
				8	韩^{R}KR^R			
				8.2	日^{R}JP^R			

序号 No.	税则号列 Tariff Line	货品名称 Article Description	最惠国税率 MFN(%)	协定税率 Agreement(%)		特惠税率 SP(%)		普通税率 Gen(%)
6746	8445.1329	----其他 ----Other	8	0	东盟AS,智CL,新西兰NZ,秘PE,哥CR,瑞CH,冰IS,澳AU,格GE,毛MU,东盟^RAS^R,澳^RAU^R,新西兰^RNZ^R,柬KH,港HK,澳门MO	0 受惠国LD		30
				1	巴PK,韩KR			
				5.6	亚太AP			
				8	韩^RKR^R			
				8.2	日^RJP^R			
6747	8445.1900	--其他 --Other	8	0	东盟AS,智CL,新西兰NZ,秘PE,哥CR,冰IS,澳AU,格GE,毛MU,柬KH,港HK,澳门MO	0 受惠国LD		30
				1	巴PK			
				5	东盟^RAS^R,澳^RAU^R,新西兰^RNZ^R			
				5.2	亚太AP			
		-纺纱机: -Textile spinning machines:						
		---自由端纺纱机: ---Open-end spinner:						
6748	8445.2031	----转杯纺纱机 ----Rotor spinning machine	8	0	东盟AS,智CL,新西兰NZ,秘PE,哥CR,瑞CH,冰IS,澳AU,格GE,毛MU,东盟^RAS^R,澳^RAU^R,新西兰^RNZ^R,柬KH,港HK,澳门MO	0 受惠国LD		30
				1	巴PK,韩KR			
				5.2	亚太AP			
				8	韩^RKR^R			
				8.2	日^RJP^R			
	ex84452031	全自动转杯纺纱机 Automatic rotor spinning machines	Δ5					
6749	8445.2032	----喷气纺纱机 ----Jet spinner	8Δ5	0	东盟AS,智CL,新西兰NZ,秘PE,哥CR,冰IS,澳AU,格GE,毛MU,柬KH,港HK,澳门MO	0 受惠国LD		30
				1	巴PK,韩KR			
				5.6	亚太AP			
				9	东盟^RAS^R,澳^RAU^R,日^RJP^R,新西兰^RNZ^R			
				10	韩^RKR^R			
6750	8445.2039	----其他 ----Other	8	0	东盟AS,智CL,新西兰NZ,秘PE,哥CR,瑞CH,冰IS,澳AU,格GE,毛MU,柬KH,港HK,澳门MO	0 受惠国LD		30
				1	巴PK,韩KR			
				5.6	亚太AP			
				9	东盟^RAS^R,澳^RAU^R,日^RJP^R,新西兰^RNZ^R			
				10	韩^RKR^R			
		---环锭细纱机: ---Ring spinning frames:						

序号 No.	税则号列 Tariff Line	货品名称 Article Description	最惠国税率 MFN(%)	协定税率 Agreement(%)		特惠税率 SP(%)	普通税率 Gen(%)
6751	8445.2041	----棉细纱机 ----Cotton Ring Spinning Frame	8	0	东盟AS,智CL,新西兰NZ,新加坡SG,秘PE,哥CR,瑞CH,冰IS,澳AU,格GE,毛MU,东盟^RAS^R,澳^RAU^R,新西兰^RNZ^R,柬KH,港HK,澳门MO	0 受惠国LD	40
				1	韩KR		
				3	巴PK		
				7.2	亚太AP		
				8.4	韩^RKR^R		
				8.6	日^RJP^R		
6752	8445.2042	----毛细纱机 ----Worsted Ring Spinning Frame	8	0	东盟AS,智CL,新西兰NZ,秘PE,哥CR,瑞CH,冰IS,澳AU,格GE,毛MU,东盟^RAS^R,澳^RAU^R,新西兰^RNZ^R,柬KH,港HK,澳门MO	0 受惠国LD	40
				1	巴PK,韩KR		
				8	韩^RKR^R		
				8.2	日^RJP^R		
6753	8445.2049	----其他 ----Other	8	0	东盟AS,智CL,新西兰NZ,秘PE,哥CR,瑞CH,冰IS,澳AU,格GE,毛MU,东盟^RAS^R,澳^RAU^R,新西兰^RNZ^R,柬KH,港HK,澳门MO	0 受惠国LD	40
				1	巴PK,韩KR		
				8	韩^RKR^R		
				8.2	日^RJP^R		
6754	8445.2090	---其他 ---Other	8	0	东盟AS,智CL,新西兰NZ,秘PE,哥CR,冰IS,澳AU,格GE,毛MU,东盟^RAS^R,澳^RAU^R,新西兰^RNZ^R,柬KH,港HK,澳门MO	0 受惠国LD	30
				1	巴PK,韩KR		
				5.2	亚太AP		
				8	韩^RKR^R		
				8.2	日^RJP^R		
6755	8445.3000	-并线机或加捻机 -Textile doubling or twisting machines	8	0	东盟AS,智CL,新西兰NZ,秘PE,哥CR,瑞CH,冰IS,澳AU,格GE,毛MU,东盟^RAS^R,澳^RAU^R,新西兰^RNZ^R,柬KH,港HK,澳门MO	0 受惠国LD	30
				1	巴PK,韩KR		
				5.2	亚太AP		
				8	韩^RKR^R		
				8.2	日^RJP^R		
		-络纱机（包括卷纬机）或摇纱机: -Textile winding (including weft-winding) or reeling machines:						

序号 No.	税则号列 Tariff Line	货品名称 Article Description	最惠国税率 MFN(%)	协定税率 Agreement(%)		特惠税率 SP(%)	普通税率 Gen(%)
6756	8445.4010	---自动络筒机 ---Automatic bobbin winders	8	0	东盟AS,智CL,新西兰NZ,秘PE,哥CR,瑞CH,冰IS,澳AU,格GE,毛MU,柬KH,港HK,澳门MO	0 受惠国LD	30
				3	巴PK		
				5.5	韩KR		
				7.2	亚太AP		
				9	东盟^{R}AS^R,澳^{R}AU^R,日^{R}JP^R,新西兰^{R}NZ^R,韩^{R}KR^R		
6757	8445.4090	---其他 ---Other	8	0	东盟AS,智CL,新西兰NZ,秘PE,哥CR,瑞CH,冰IS,澳AU,格GE,毛MU,柬KH,港HK,澳门MO	0 受惠国LD	30
				1	巴PK		
				5	东盟^{R}AS^R,澳^{R}AU^R,新西兰^{R}NZ^R		
				5.2	亚太AP		
				6.5	韩KR		
		-其他: -Other:					
6758	8445.9010	---整经机 ---Warping machines	8	0	东盟AS,智CL,新西兰NZ,秘PE,哥CR,冰IS,澳AU,格GE,毛MU,东盟^{R}AS^R,澳^{R}AU^R,新西兰^{R}NZ^R,柬KH,港HK,澳门MO	0 受惠国LD	30
				1	巴PK,韩KR		
				5.2	亚太AP		
				8	韩^{R}KR^R		
				8.2	日^{R}JP^R		
6759	8445.9020	---浆纱机 ---Sizing machines	8	0	东盟AS,智CL,新西兰NZ,秘PE,哥CR,冰IS,澳AU,格GE,毛MU,东盟^{R}AS^R,澳^{R}AU^R,新西兰^{R}NZ^R,柬KH,港HK,澳门MO	0 受惠国LD	30
				1	巴PK,韩KR		
				5.2	亚太AP		
				8	韩^{R}KR^R		
				8.2	日^{R}JP^R		
6760	8445.9090	---其他 ---Other	8	0	东盟AS,智CL,新西兰NZ,秘PE,哥CR,瑞CH,冰IS,澳AU,格GE,毛MU,柬KH,港HK,澳门MO	0 受惠国LD	30
				1	巴PK		
				5	东盟^{R}AS^R,澳^{R}AU^R,新西兰^{R}NZ^R		
				5.2	亚太AP		
				6.5	韩KR		
	84.46	织机: Weaving machines (looms):					

序号 No.	税则号列 Tariff Line	货品名称 Article Description	最惠国税率 MFN(%)	协定税率 Agreement(%)		特惠税率 SP(%)	普通税率 Gen(%)
6761	8446.1000	-所织织物宽度不超过30厘米的织机 -For weaving fabrics of a width not exceeding 30cm	8	0	东盟AS,智CL,新西兰NZ,秘PE,哥CR,瑞CH,冰IS,澳AU,格GE,毛MU,东盟^{R}AS^R,澳^{R}AU^R,新西兰^{R}NZ^R,柬KH,港HK,澳门MO	0 受惠国LD	30
				0.8	韩KR		
				1	巴PK		
				5.2	亚太AP		
				6.4	韩^{R}KR^R		
				6.5	日^{R}JP^R		
		-所织织物宽度超过30厘米的梭织机: -For weaving fabrics of a width exceeding 30cm, shuttle type:					
		--动力织机: --Power looms:					
6762	8446.2110	---地毯织机 ---For making carpets or rugs	8	0	东盟AS,智CL,新西兰NZ,新加坡SG,秘PE,哥CR,瑞CH,冰IS,澳AU,格GE,毛MU,东盟^{R}AS^R,澳^{R}AU^R,新西兰^{R}NZ^R,柬KH,港HK,澳门MO	0 受惠国LD	35
				1.2	韩KR		
				3	巴PK		
				5.2	亚太AP		
				9.6	韩^{R}KR^R		
				9.8	日^{R}JP^R		
6763	8446.2190	---其他 ---Other	8	0	东盟AS,智CL,新西兰NZ,新加坡SG,秘PE,哥CR,冰IS,澳AU,格GE,毛MU,东盟^{R}AS^R,澳^{R}AU^R,新西兰^{R}NZ^R,柬KH,港HK,澳门MO	0 受惠国LD	30
				1	巴PK,韩KR		
				5.2	亚太AP		
				8	韩^{R}KR^R		
				8.2	日^{R}JP^R		
6764	8446.2900	--其他 --Other	8	0	东盟AS,智CL,新西兰NZ,秘PE,哥CR,瑞CH,冰IS,澳AU,格GE,毛MU,东盟^{R}AS^R,澳^{R}AU^R,新西兰^{R}NZ^R,柬KH,港HK,澳门MO	0 受惠国LD	30
				1	巴PK,韩KR		
				8	韩^{R}KR^R		
				8.2	日^{R}JP^R		
		-所织织物宽度超过30厘米的无梭织机: -For weaving fabrics of a width exceeding 30cm, shuttleless type:					

序号 No.	税则号列 Tariff Line	货品名称 Article Description	最惠国税率 MFN(%)	协定税率 Agreement(%)		特惠税率 SP(%)		普通税率 Gen(%)
6765	8446.3020	---剑杆织机 ---Rapier looms	8	0	东盟AS,智CL,新西兰NZ,秘PE,哥CR,瑞CH,冰IS,澳AU,格GE,毛MU,东盟^RAS^R,澳^RAU^R,新西兰^RNZ^R,柬KH,港HK,澳门MO	0	受惠国LD	30
				0.8	韩KR			
				1	巴PK			
				5.2	亚太AP			
				6.4	韩^RKR^R			
				6.5	日^RJP^R			
6766	8446.3030	---片梭织机 ---Carrier looms	8	0	东盟AS,智CL,新西兰NZ,秘PE,哥CR,冰IS,韩KR,澳AU,格GE,毛MU,东盟^RAS^R,澳^RAU^R,新西兰^RNZ^R,柬KH,港HK,澳门MO,韩^RKR^R	0	受惠国LD	30
				1	巴PK			
				5.2	亚太AP			
				6.5	日^RJP^R			
6767	8446.3040	---喷水织机 ---Water jet looms	8	0	东盟AS,智CL,新西兰NZ,秘PE,哥CR,瑞CH,冰IS,韩KR,澳AU,格GE,毛MU,柬KH,港HK,澳门MO,台TW	0	受惠国LD	30
				1	巴PK			
				5.2	亚太AP			
				6.4	东盟^RAS^R,韩^RKR^R			
				6.5	日^RJP^R			
				7.2	澳^RAU^R,新西兰^RNZ^R			
6768	8446.3050	---喷气织机 ---Air jet looms	8	0	东盟AS,智CL,新西兰NZ,秘PE,哥CR,瑞CH,冰IS,澳AU,格GE,毛MU,柬KH,港HK,澳门MO	0	受惠国LD	30
				1	巴PK			
				3.2	韩KR			
				6.4	东盟^RAS^R,澳^RAU^R,新西兰^RNZ^R,韩^RKR^R			
				6.8	亚太AP			
				7	日^RJP^R			
6769	8446.3090	---其他 ---Other	8	0	东盟AS,智CL,新西兰NZ,秘PE,哥CR,瑞CH,冰IS,韩KR,澳AU,格GE,毛MU,东盟^RAS^R,澳^RAU^R,新西兰^RNZ^R,柬KH,港HK,澳门MO,韩^RKR^R	0	受惠国LD	30
				1	巴PK			
				5.2	亚太AP			
				6.5	日^RJP^R			

序号 No.	税则号列 Tariff Line	货品名称 Article Description	最惠国税率 MFN(%)		协定税率 Agreement(%)	特惠税率 SP(%)		普通税率 Gen(%)
	84.47	针织机、缝编机及制粗松螺旋花线、网眼薄纱、花边、刺绣品、装饰带、编织带或网的机器及簇绒机： Knitting machines, stitch-bonding machines and machines for making gimped yarn, tulle, lace, embroidery, trimmings, braid or net and machines for tufting:						
		-圆型针织机： -Circular knitting machines:						
6770	8447.1100	--圆筒直径不超过165毫米 --With cylinder diameter not exceeding 165mm	8	0	东盟AS,智CL,新西兰NZ,秘PE,哥CR,瑞CH,冰IS,韩KR,澳AU,格GE,毛MU,东盟^{R}AS^R,澳^{R}AU^R,新西兰^{R}NZ^R,柬KH,港HK,澳门MO,台TW,韩^{R}KR^R	0	受惠国LD	30
				1	巴PK			
				6.5	日^{R}JP^R			
				7	亚太AP			
6771	8447.1200	--圆筒直径超过165毫米 --With cylinder diameter exceeding 165mm	8	0	东盟AS,智CL,新西兰NZ,秘PE,哥CR,瑞CH,冰IS,韩KR,澳AU,格GE,毛MU,东盟^{R}AS^R,澳^{R}AU^R,新西兰^{R}NZ^R,柬KH,港HK,澳门MO,台TW,韩^{R}KR^R	0	受惠国LD	30
				1	巴PK			
				6.5	日^{R}JP^R			
		-平型针织机；缝编机： -Flat knitting machines; stitch-bonding machines:						
		---经编机： ---Warp knitting machines:						
6772	8447.2011	----特里科经编机 ----Tricot warp knitting machines	8	0	东盟AS,智CL,新西兰NZ,秘PE,哥CR,瑞CH,冰IS,韩KR,澳AU,格GE,毛MU,东盟^{R}AS^R,澳^{R}AU^R,新西兰^{R}NZ^R,柬KH,港HK,澳门MO,韩^{R}KR^R	0	受惠国LD	30
				1	巴PK			
				5.2	亚太AP			
				6.5	日^{R}JP^R			
6773	8447.2012	----拉舍尔经编机 ----Raschel warp knitting machine	8	0	东盟AS,智CL,新西兰NZ,秘PE,哥CR,瑞CH,冰IS,澳AU,格GE,毛MU,东盟^{R}AS^R,澳^{R}AU^R,新西兰^{R}NZ^R,柬KH,港HK,澳门MO	0	受惠国LD	30
				0.8	韩KR			
				1	巴PK			
				5.2	亚太AP			
				6.4	韩^{R}KR^R			
				6.5	日^{R}JP^R			

序号 No.	税则号列 Tariff Line	货品名称 Article Description	最惠国税率 MFN(%)		协定税率 Agreement(%)	特惠税率 SP(%)	普通税率 Gen(%)
6774	8447.2019	----其他 ----Other	8	0	东盟AS,智CL,新西兰NZ,秘PE,哥CR,瑞CH,冰IS,澳AU,格GE,毛MU,东盟^RAS^R,澳^RAU^R,新西兰^RNZ^R,柬KH,港HK,澳门MO	0 受惠国LD	30
				0.8	韩KR		
				1	巴PK		
				5.2	亚太AP		
				6.4	韩^RKR^R		
				6.5	日^RJP^R		
6775	8447.2020	---平型纬编机 ---Flat weft knitting machines	8	0	东盟AS,智CL,新西兰NZ,秘PE,哥CR,瑞CH,冰IS,韩KR,澳AU,格GE,毛MU,东盟^RAS^R,澳^RAU^R,新西兰^RNZ^R,柬KH,港HK,澳门MO,台TW,韩^RKR^R	0 受惠国LD	30
				1	巴PK		
				5.2	亚太AP		
				6.5	日^RJP^R		
6776	8447.2030	---缝编机 ---Stitch-bonding machines	8	0	东盟AS,智CL,新西兰NZ,秘PE,哥CR,瑞CH,冰IS,韩KR,澳AU,格GE,毛MU,东盟^RAS^R,澳^RAU^R,新西兰^RNZ^R,柬KH,港HK,澳门MO,韩^RKR^R	0 受惠国LD	30
				1	巴PK		
				5.2	亚太AP		
				6.5	日^RJP^R		
		-其他: -Other:					
		---簇绒机: ---Tufting machines:					
6777	8447.9011	----地毯织机 ----For making carpets or rugs	7	0	东盟AS,智CL,巴PK,新西兰NZ,秘PE,哥CR,瑞CH,冰IS,韩KR,澳AU,格GE,毛MU,东盟^RAS^R,澳^RAU^R,新西兰^RNZ^R,柬KH,港HK,澳门MO,韩^RKR^R	0 受惠国LD	35
				4.6	亚太AP		
				5.7	日^RJP^R		
6778	8447.9019	----其他 ----Other	8	0	东盟AS,智CL,新西兰NZ,秘PE,哥CR,瑞CH,冰IS,韩KR,澳AU,格GE,毛MU,东盟^RAS^R,澳^RAU^R,新西兰^RNZ^R,柬KH,港HK,澳门MO,韩^RKR^R	0 受惠国LD	30
				1	巴PK		
				5.2	亚太AP		
				6.5	日^RJP^R		

序号 No.	税则号列 Tariff Line	货品名称 Article Description	最惠国税率 MFN(%)	协定税率 Agreement(%)		特惠税率 SP(%)	普通税率 Gen(%)
6779	8447.9020	---绣花机 ---Embroidery machines	8	0	东盟AS,智CL,新西兰NZ,秘PE,哥CR,冰IS,澳AU,格GE,毛MU,东盟^{R}AS^R,澳^{R}AU^R,新西兰^{R}NZ^R,柬KH,港HK,澳门MO	0 受惠国LD	30
				0.8	韩KR		
				1	巴PK		
				5.2	亚太AP		
				6.4	韩^{R}KR^R		
				6.5	日^{R}JP^R		
6780	8447.9090	---其他 ---Other	8	0	东盟AS,智CL,新西兰NZ,秘PE,哥CR,冰IS,澳AU,格GE,毛MU,柬KH,港HK,澳门MO	0 受惠国LD	30
				1	巴PK		
				4	亚太AP		
				5	韩KR,东盟^{R}AS^R,澳^{R}AU^R,新西兰^{R}NZ^R		
	84.48	税目84.44、84.45、84.46或84.47所列机器的辅助机器(例如,多臂机、提花机、自停装置及换梭装置);专用于或主要用于税目84.44、84.45、84.46或84.47所列机器的零件、附件(例如,锭子、锭壳、钢丝针布、梳、喷丝头、梭子、综丝、综框、针织机用针): Auxiliary machinery for use with machines of heading 84.44, 84.45, 84.46 or 84.47 (for example, dobbies, jacquards, automatic stop motions, shuttle changing mechanisms); parts and accessories suitable for use solely or principally with the machines of this heading or of heading 84.44, 84.45, 84.46 or 84.47 (for example, spindles and spindle flyers, card clothing, combs, extruding nipples, shuttles, healds and heald-frames, hosiery needles):					
		-税目84.44、84.45、84.46或84.47所列机器的辅助机器: -Auxiliary machinery for machines of heading 84.44, 84.45, 84.46 or 84.47:					
6781	8448.1100	--多臂机或提花机及其所用的卡片缩小、复制、穿孔或汇编机器 --Dobbies and Jacquards; card reducing, copying, punching or assembling machines for use therewith	8	0	东盟AS,智CL,新西兰NZ,秘PE,哥CR,瑞CH,冰IS,澳AU,格GE,毛MU,东盟^{R}AS^R,澳^{R}AU^R,新西兰^{R}NZ^R,柬KH,港HK,澳门MO	0 受惠国LD	20
				0.8	韩KR		
				1	巴PK		
				6.4	韩^{R}KR^R		
				6.5	日^{R}JP^R		

序号 No.	税则号列 Tariff Line	货品名称 Article Description	最惠国税率 MFN(%)		协定税率 Agreement(%)	特惠税率 SP(%)		普通税率 Gen(%)
	ex84481100	多臂机或提花机,转速指标: 500转/分以上 Dobbies or jacquards, rotational speed >500r/min	Δ3					
6782	8448.1900	--其他 --Other	8	0	东盟AS,智CL,新西兰NZ,秘PE,哥CR,瑞CH,冰IS,澳AU,格GE,毛MU,东盟^{R}AS^R,澳^{R}AU^R,新西兰^{R}NZ^R,柬KH,港HK,澳门MO	0	受惠国LD	20
				0.8	韩KR			
				4	巴PK			
				6.4	韩^{R}KR^R			
				6.5	日^{R}JP^R			
		-税目84.44所列机器及其辅助机器的零件、附件: -Parts and accessories of machines of heading 84.44 or of their auxiliary machinery:						
6783	8448.2020	---喷丝头或喷丝板 ---Extruding nipples or spinnerets	6	0	东盟AS,智CL,巴PK,新西兰NZ,秘PE,哥CR,瑞CH,冰IS,澳AU,格GE,毛MU,东盟^{R}AS^R,澳^{R}AU^R,新西兰^{R}NZ^R,柬KH,港HK,澳门MO	0	受惠国LD	14
				0.6	韩KR			
				4.8	韩^{R}KR^R			
				4.9	日^{R}JP^R			
6784	8448.2090	---其他 ---Other	6	0	东盟AS,智CL,巴PK,新西兰NZ,秘PE,哥CR,瑞CH,冰IS,澳AU,格GE,毛MU,柬KH,港HK,澳门MO	0	受惠国LD	17
				2.4	韩KR			
				4.8	东盟^{R}AS^R,澳^{R}AU^R,新西兰^{R}NZ^R,韩^{R}KR^R			
				5.3	日^{R}JP^R			
		-税目84.45所列机器及其辅助机器的零件、附件: -Parts and accessories of machines of heading 84.45 or of their auxiliary machinery:						
6785	8448.3100	--钢丝针布 --Card clothing	6	0	东盟AS,智CL,巴PK,新西兰NZ,秘PE,哥CR,冰IS,澳AU,格GE,毛MU,东盟^{R}AS^R,澳^{R}AU^R,新西兰^{R}NZ^R,柬KH,港HK,澳门MO	0	受惠国LD	17
				0.6	韩KR			
				2	瑞CH			
				4.8	韩^{R}KR^R			
				4.9	日^{R}JP^R			

序号 No.	税则号列 Tariff Line	货品名称 Article Description	最惠国税率 MFN(%)	协定税率 Agreement(%)		特惠税率 SP(%)		普通税率 Gen(%)
6786	8448.3200	--纺织纤维预处理机器的零件、附件，但钢丝针布除外 --Of machines for preparing textile fibres, other than card clothing	6	0	东盟AS,智CL,巴PK,新西兰NZ,秘PE,哥CR,瑞CH,冰IS,澳AU,格GE,毛MU,柬KH,港HK,澳门MO	0	受惠国LD	17
				2.4	韩KR			
				4.8	东盟^RAS^R,澳^RAU^R,新西兰^RNZ^R,韩^RKR^R			
				5.3	日^RJP^R			
		--锭子、锭壳、纺丝环、钢丝圈： --Spindles, spindle flyers, spinning rings and ring travellers:						
6787	8448.3310	---络筒锭 ---Winding spindle	6	0	东盟AS,智CL,巴PK,新西兰NZ,秘PE,哥CR,瑞CH,冰IS,韩KR,澳AU,格GE,毛MU,东盟^RAS^R,澳^RAU^R,日^RJP^R,新西兰^RNZ^R,柬KH,港HK,澳门MO,韩^RKR^R	0	受惠国LD	17
				4.8	亚太AP			
6788	8448.3390	---其他 ---Other	6	0	东盟AS,智CL,巴PK,新西兰NZ,秘PE,哥CR,瑞CH,冰IS,澳AU,格GE,毛MU,东盟^RAS^R,澳^RAU^R,新西兰^RNZ^R,柬KH,港HK,澳门MO	0	受惠国LD	17
				0.6	韩KR			
				4.8	韩^RKR^R			
				4.9	日^RJP^R			
		--其他： --Other:						
6789	8448.3910	---气流杯 ---Open-end rotors	6	0	东盟AS,智CL,巴PK,新西兰NZ,秘PE,哥CR,瑞CH,冰IS,韩KR,澳AU,格GE,毛MU,东盟^RAS^R,澳^RAU^R,日^RJP^R,新西兰^RNZ^R,柬KH,港HK,澳门MO,韩^RKR^R	0	受惠国LD	14
				4.2	亚太AP			
6790	8448.3920	---电子清纱器 ---Electronic yarn clearers	6△3	0	东盟AS,智CL,巴PK,新西兰NZ,秘PE,哥CR,冰IS,韩KR,澳AU,格GE,毛MU,东盟^RAS^R,澳^RAU^R,新西兰^RNZ^R,柬KH,港HK,澳门MO,韩^RKR^R	0	受惠国LD	17
				2	瑞CH			
				4.9	日^RJP^R			
6791	8448.3930	---空气捻接器 ---Air twisting devices	6△3	0	东盟AS,智CL,巴PK,新西兰NZ,秘PE,哥CR,瑞CH,冰IS,韩KR,澳AU,格GE,毛MU,东盟^RAS^R,澳^RAU^R,日^RJP^R,新西兰^RNZ^R,柬KH,港HK,澳门MO,韩^RKR^R	0	受惠国LD	17

序号 No.	税则号列 Tariff Line	货品名称 Article Description	最惠国税率 MFN(%)	协定税率 Agreement(%)		特惠税率 SP(%)		普通税率 Gen(%)
6792	8448.3940	---环锭细纱机紧密纺装置 ---Compact set of ring spinning frames	6	0	东盟AS,智CL,巴PK,新西兰NZ,秘PE,哥CR,冰IS,韩KR,澳AU,格GE,毛MU,东盟^RAS^R,澳^RAU^R,新西兰^RNZ^R,柬KH,港HK,澳门MO,韩^RKR^R	0 受惠国LD	17
				2.4	瑞CH		
				4.8	亚太AP		
				4.9	日^RJP^R		
6793	8448.3990	---其他 ---Other	6△3	0	东盟AS,智CL,巴PK,新西兰NZ,秘PE,哥CR,冰IS,澳AU,格GE,毛MU,柬KH,港HK,澳门MO	0 受惠国LD	17
				2	瑞CH		
				2.4	韩KR		
				4.8	东盟^RAS^R,澳^RAU^R,新西兰^RNZ^R,韩^RKR^R		
				5.3	日^RJP^R		
		-织机及其辅助机器的零件、附件： -Parts and accessories of weaving machines (looms) or of their auxiliary machinery:						
6794	8448.4200	--织机用筘、综丝及综框 --Reeds for looms, healds and heald frames	6	0	东盟AS,智CL,巴PK,新西兰NZ,秘PE,哥CR,瑞CH,冰IS,澳AU,格GE,毛MU,柬KH,港HK,澳门MO	0 受惠国LD	50
				2.4	韩KR		
				4.8	东盟^RAS^R,澳^RAU^R,新西兰^RNZ^R,韩^RKR^R		
				5.3	日^RJP^R		
		--其他： --Other:						
6795	8448.4910	---接、投梭箱 ---Catching and throwing shuttle boxes	6	0	东盟AS,智CL,巴PK,新西兰NZ,秘PE,哥CR,瑞CH,冰IS,韩KR,澳AU,格GE,毛MU,东盟^RAS^R,澳^RAU^R,新西兰^RNZ^R,柬KH,港HK,澳门MO,韩^RKR^R	0 受惠国LD	17
				4.2	亚太AP		
				4.9	日^RJP^R		
6796	8448.4920	---引纬、送经装置 ---Weft insertion and let-off motions	6△3	0	东盟AS,智CL,巴PK,新西兰NZ,秘PE,哥CR,瑞CH,冰IS,澳AU,格GE,毛MU,东盟^RAS^R,澳^RAU^R,新西兰^RNZ^R,柬KH,港HK,澳门MO	0 受惠国LD	17
				0.6	韩KR		
				4.8	韩^RKR^R		
				4.9	日^RJP^R		
6797	8448.4930	---梭子 ---Shuttles	6	0	东盟AS,智CL,巴PK,新西兰NZ,秘PE,哥CR,瑞CH,冰IS,韩KR,澳AU,格GE,毛MU,东盟^RAS^R,澳^RAU^R,日^RJP^R,新西兰^RNZ^R,柬KH,港HK,澳门MO,韩^RKR^R	0 受惠国LD	50

序号 No.	税则号列 Tariff Line	货品名称 Article Description	最惠国税率 MFN(%)		协定税率 Agreement(%)	特惠税率 SP(%)	普通税率 Gen(%)
6798	8448.4990	---其他 ---Other	6△3	0 2.4 4.8 5.3	东盟AS,智CL,巴PK,新西兰NZ, 秘PE,哥CR,瑞CH,冰IS,澳AU,格 GE,毛MU,柬KH,港HK,澳门MO 韩KR 东盟^{R}AS^R,澳^{R}AU^R,新西兰^{R}NZ^R, 韩^{R}KR^R 日^{R}JP^R	0 受惠国LD	17
		-税目84.47所列机器及其辅助机器的零 件、附件： -Parts and accessories of machines of heading 84.47 or of their auxiliary machinery: --沉降片、织针及其他成圈机件： --Sinkers, needles and other articles used in forming stitches:					
6799	8448.5120	---针织机用28号以下的弹簧针、钩针及 复合针 ---Barbered needles, crotchet hooks and complex needles for knitting machines, smaller than gauge No.28	6	0 0.6 4.8 4.9	东盟AS,智CL,巴PK,新西兰NZ, 秘PE,哥CR,瑞CH,冰IS,澳AU,格 GE,毛MU,东盟^{R}AS^R,澳^{R}AU^R,新 西兰^{R}NZ^R,柬KH,港HK,澳门MO 韩KR 韩^{R}KR^R 日^{R}JP^R	0 受惠国LD	50
6800	8448.5190	---其他 ---Other	6	0 2.4 4.8 5.3	东盟AS,智CL,巴PK,新西兰NZ, 秘PE,哥CR,瑞CH,冰IS,澳AU,格 GE,毛MU,柬KH,港HK,澳门MO 韩KR 东盟^{R}AS^R,澳^{R}AU^R,新西兰^{R}NZ^R, 韩^{R}KR^R 日^{R}JP^R	0 受惠国LD	17
6801	8448.5900	--其他 --Other	6△3	0 4 4.8 4.9	东盟AS,智CL,新西兰NZ,秘PE, 哥CR,瑞CH,冰IS,韩KR,澳AU, 格GE,毛MU,柬KH,港HK,澳门 MO,台TW 巴PK 东盟^{R}AS^R,澳^{R}AU^R,新西兰^{R}NZ^R, 韩^{R}KR^R 日^{R}JP^R	0 受惠国LD	17
	84.49	成匹、成形的毡呢或无纺织物制造或整 理机器，包括制毡呢帽机器；帽模： Machinery for the manufacture or finishing of felt or nonwovens in the piece or in shapes, including machinery for making felt hats; blocks for making hats:					

序号 No.	税则号列 Tariff Line	货品名称 Article Description	最惠国税率 MFN(%)	协定税率 Agreement(%)		特惠税率 SP(%)	普通税率 Gen(%)
6802	8449.0010	---针刺机 ---Needle punching machine	8	0	东盟AS,智CL,新西兰NZ,秘PE,哥CR,瑞CH,冰IS,澳AU,格GE,毛MU,东盟^{R}AS^R,澳^{R}AU^R,新西兰^{R}NZ^R,柬KH,港HK,澳门MO	0 受惠国LD	30
				0.8	韩KR		
				1	巴PK		
				6.4	韩^{R}KR^R		
				6.5	日^{R}JP^R		
	ex84490010	高速针刺机, 针刺频率＞2000次/分钟 High speed needle punching machines, punching frequency＞2000bis/min	Δ6				
6803	8449.0020	---水刺设备 ---Spunlace equipment	8	0	东盟AS,智CL,新西兰NZ,秘PE,哥CR,瑞CH,冰IS,韩KR,澳AU,格GE,毛MU,东盟^{R}AS^R,澳^{R}AU^R,新西兰^{R}NZ^R,柬KH,港HK,澳门MO,韩^{R}KR^R	0 受惠国LD	30
				1	巴PK		
				6.5	日^{R}JP^R		
	ex84490020	高速宽幅水刺设备, 工作幅宽＞3.5米, 工作速度＞250米/分钟, 水刺压力≥400Pa High speed wide spunlace equipments, working width＞3.5m, workding speed＞250m/min, spunlace pressure≥400Pa	Δ6				
6804	8449.0090	---其他 ---Other	8	0	东盟AS,智CL,新西兰NZ,秘PE,哥CR,瑞CH,冰IS,澳AU,格GE,毛MU,柬KH,港HK,澳门MO	0 受惠国LD	30
				1	巴PK		
				3.2	韩KR		
				6.9	东盟^{R}AS^R,韩^{R}KR^R		
				7	日^{R}JP^R		
				7.2	澳^{R}AU^R,新西兰^{R}NZ^R		
	84.50	家用型或洗衣房用洗衣机, 包括洗涤干燥两用机: Household or laundry-type washing machines, including machines which both wash and dry:					
		-干衣量不超过10千克的洗衣机: -Machines, each of a dry linen capacity not exceeding 10kg:					
		--全自动的: --Fully-automatic machines:					

序号 No.	税则号列 Tariff Line	货品名称 Article Description	最惠国税率 MFN(%)	协定税率 Agreement(%)		特惠税率 SP(%)		普通税率 Gen(%)
6805	8450.1110	---波轮式 ---Of the continuously rotating impeller	7	0	东盟AS,智CL,新西兰NZ,新加坡SG,秘PE,哥CR,瑞CH,冰IS,澳AU,格GE,毛MU,东盟^RAS^R,澳^RAU^R,新西兰^RNZ^R,柬KH,港HK,澳门MO	0	受惠国LD	130
				1	巴PK,韩KR			
				4.6	亚太AP			
				8	韩^RKR^R			
				8.2	日^RJP^R			
6806	8450.1120	---滚筒式 ---Of the drum type	7	0	东盟AS,智CL,新西兰NZ,新加坡SG,秘PE,哥CR,瑞CH,冰IS,澳AU,格GE,毛MU,柬KH,港HK,澳门MO	0	受惠国LD	130
				1	巴PK			
				4.6	亚太AP			
				6.5	韩KR			
				7	东盟^RAS^R,澳^RAU^R,新西兰^RNZ^R			
6807	8450.1190	---其他 ---Other	7	0	东盟AS,智CL,新西兰NZ,新加坡SG,秘PE,哥CR,瑞CH,冰IS,澳AU,格GE,毛MU,柬KH,港HK,澳门MO	0	受惠国LD	130
				1	巴PK			
				4.6	亚太AP			
				7	东盟^RAS^R,澳^RAU^R,新西兰^RNZ^R			
6808	8450.1200	--其他机器, 装有离心甩干机 --Other machines, with buiit-in centrifugal drier	7	0	东盟AS,智CL,巴PK,新西兰NZ,新加坡SG,秘PE,哥CR,冰IS,澳AU,格GE,柬KH,港HK,澳门MO	0	受惠国LD	130
				4.6	亚太AP			
				7	瑞CH,东盟^RAS^R,澳^RAU^R,新西兰^RNZ^R			
				12	毛MU			
6809	8450.1900	--其他 --Other	7	0	东盟AS,智CL,巴PK,新西兰NZ,新加坡SG,秘PE,哥CR,冰IS,澳AU,格GE,柬KH,港HK,澳门MO	0	受惠国LD	130
				7	瑞CH,东盟^RAS^R,澳^RAU^R,新西兰^RNZ^R			
				12	毛MU			
		-干衣量超过10千克的洗衣机: -Machines, each of a dry linen capacity exceeding 10kg: ---全自动的: ---Fully-automatic machines:						

序号 No.	税则号列 Tariff Line	货品名称 Article Description	最惠国税率 MFN(%)	协定税率 Agreement(%)		特惠税率 SP(%)	普通税率 Gen(%)
6810	8450.2011	----波轮式 ----Of the continuously rotating impeller	10	0	东盟AS,智CL,新西兰NZ,秘PE, 哥CR,瑞CH,冰IS,澳AU,格GE, 毛MU,柬KH,港HK,澳门MO	0 受惠国LD	80
				1	巴PK		
				5	东盟^{R}AS^R,澳^{R}AU^R,新西兰^{R}NZ^R		
6811	8450.2012	----滚筒式 ----Of the drum type	10	0	东盟AS,智CL,新西兰NZ,秘PE, 哥CR,瑞CH,冰IS,澳AU,格GE, 毛MU,柬KH,港HK,澳门MO	0 受惠国LD	80
				1	巴PK		
				5	东盟^{R}AS^R,澳^{R}AU^R,新西兰^{R}NZ^R		
6812	8450.2019	----其他 ----Other	10	0	东盟AS,智CL,新西兰NZ,秘PE, 哥CR,瑞CH,冰IS,澳AU,格GE, 毛MU,柬KH,港HK,澳门MO	0 受惠国LD	80
				1	巴PK		
				5	东盟^{R}AS^R,澳^{R}AU^R,新西兰^{R}NZ^R		
6813	8450.2090	---其他 ---Other	10	0	东盟AS,智CL,新西兰NZ,秘PE, 哥CR,瑞CH,冰IS,澳AU,格GE, 毛MU,柬KH,港HK,澳门MO	0 受惠国LD	80
				1	巴PK		
				5	东盟^{R}AS^R,澳^{R}AU^R,新西兰^{R}NZ^R		
		-零件: -Parts:					
6814	8450.9010	---干衣量不超过10千克的洗衣机用 ---Of machines, each of a dry linen capacity not exceeding 10kg	5	0	东盟AS,智CL,巴PK,新西兰NZ, 秘PE,哥CR,瑞CH,冰IS,澳AU,格 GE,毛MU,柬KH,港HK,澳门MO	0 受惠国LD	130
				2	韩KR		
				3.3	亚太AP		
				4	东盟^{R}AS^R,澳^{R}AU^R,新西兰^{R}NZ^R, 韩^{R}KR^R		
				4.4	日^{R}JP^R		
6815	8450.9090	---其他 ---Other	8△5	0	东盟AS,智CL,新西兰NZ,新加 坡SG,秘PE,哥CR,瑞CH,冰IS,澳 AU,格GE,毛MU,东盟^{R}AS^R,澳 ^{R}AU^R,新西兰^{R}NZ^R,柬KH,港HK, 澳门MO	0 受惠国LD	80
				1.6	韩KR		
				5.2	亚太AP		
				7.7	巴PK		
				12.8	韩^{R}KR^R		
				13.1	日^{R}JP^R		

序号 No.	税则号列 Tariff Line	货品名称 Article Description	最惠国税率 MFN(%)	协定税率 Agreement(%)		特惠税率 SP(%)	普通税率 Gen(%)
	84.51	纱线、织物及纺织制品的洗涤、清洁、绞拧、干燥、熨烫、挤压（包括熔压）、漂白、染色、上浆、整理、涂布或浸渍机器（税目84.50的机器除外）；列诺伦（亚麻油地毡）及类似铺地制品的布基或其他底布的浆料涂布机器；纺织物的卷绕、退绕、折叠、剪切或剪齿边机器： Machinery (other than machines of heading 84.50) for washing, cleaning, wringing, drying, ironing, pressing (including fusing presses), bleaching, dyeing, dressing, finishing, coating or impregnating textile yarns, fabrics or made-up textile articles and machines for applying the paste to the base fabric or other support used in the manufacture of floor coverings such as linoleum; machines for reeling, unreeling, folding, cutting or pinking textile fabrics:					
6816	8451.1000	-干洗机 -Dry-cleaning machines	10	0	东盟AS,智CL,新西兰NZ,新加坡SG,秘PE,哥CR,瑞CH,冰IS,澳AU,格GE,毛MU,柬KH,港HK,澳门MO	0 受惠国LD	80
				6.5	亚太AP		
				8.4	韩KR		
				9.6	巴PK		
				16.8	东盟^{R}AS^R,澳^{R}AU^R,新西兰^{R}NZ^R,韩^{R}KR^R		
				18.4	日^{R}JP^R		
		-干燥机： -Drying machines:					
6817	8451.2100	--干衣量不超过10千克 --Each of a dry linen capacity not exceeding 10kg	8	0	东盟AS,智CL,新西兰NZ,新加坡SG,秘PE,哥CR,瑞CH,冰IS,澳AU,格GE,毛MU,东盟^{R}AS^R,澳^{R}AU^R,新西兰^{R}NZ^R,柬KH,港HK,澳门MO	0 受惠国LD	80
				1.5	韩KR		
				4.5	巴PK		
				5.2	亚太AP		
				12	韩^{R}KR^R		
				12.3	日^{R}JP^R		

序号 No.	税则号列 Tariff Line	货品名称 Article Description	最惠国税率 MFN(%)	协定税率 Agreement(%)		特惠税率 SP(%)	普通税率 Gen(%)
6818	8451.2900	--其他 --Other	8	0	东盟AS,智CL,新西兰NZ,秘PE,哥CR,瑞CH,冰IS,澳AU,格GE,毛MU,东盟^{R}AS^R,澳^{R}AU^R,新西兰^{R}NZ^R,柬KH,港HK,澳门MO	0 受惠国LD	30
				0.8	韩KR		
				1	巴PK		
				5.2	亚太AP		
				6.4	韩^{R}KR^R		
				6.5	日^{R}JP^R		
6819	8451.3000	-熨烫机及挤压机(包括熔压机) -Ironing machines and presses (including fusing presses)	8	0	东盟AS,智CL,新西兰NZ,新加坡SG,秘PE,哥CR,瑞CH,冰IS,澳AU,格GE,毛MU,东盟^{R}AS^R,澳^{R}AU^R,新西兰^{R}NZ^R,柬KH,港HK,澳门MO	0 受惠国LD	30
				0.8	韩KR		
				1	巴PK		
				5.2	亚太AP		
				6.4	韩^{R}KR^R		
				6.5	日^{R}JP^R		
6820	8451.4000	-洗涤、漂白或染色机器 -Washing, bleaching or dyeing machines	8	0	东盟AS,智CL,新西兰NZ,秘PE,哥CR,瑞CH,冰IS,韩KR,澳AU,格GE,毛MU,柬KH,港HK,澳门MO,台TW	0 受惠国LD	20
				1	巴PK		
				5.2	亚太AP		
				6.7	东盟^{R}AS^R,澳^{R}AU^R,新西兰^{R}NZ^R,韩^{R}KR^R		
				6.9	日^{R}JP^R		
6821	8451.5000	-纺织物的卷绕、退绕、折叠、剪切或剪齿边机器 -Machines for reeling, unreeling, folding, cutting or pinking textile fabrics	8	0	东盟AS,智CL,新西兰NZ,秘PE,哥CR,瑞CH,冰IS,韩KR,澳AU,格GE,毛MU,东盟^{R}AS^R,澳^{R}AU^R,新西兰^{R}NZ^R,柬KH,港HK,澳门MO,台TW,韩^{R}KR^R	0 受惠国LD	20
				1	巴PK		
				5.2	亚太AP		
				6.5	日^{R}JP^R		
6822	8451.8000	-其他机器 -Other machinery	8	0	东盟AS,智CL,新西兰NZ,新加坡SG,秘PE,哥CR,冰IS,澳AU,格GE,毛MU,柬KH,港HK,澳门MO,台TW	0 受惠国LD	30
				3	巴PK		
				6.6	韩KR		
				7.2	亚太AP		
				10.8	东盟^{R}AS^R,澳^{R}AU^R,新西兰^{R}NZ^R		
				12	韩^{R}KR^R		

序号 No.	税则号列 Tariff Line	货品名称 Article Description	最惠国税率 MFN(%)	协定税率 Agreement(%)		特惠税率 SP(%)	普通税率 Gen(%)
6823	8451.9000	-零件 -Parts	8	0	东盟AS,智CL,新西兰NZ,秘PE, 哥CR,瑞CH,冰IS,澳AU,格GE, 毛MU,东盟^RAS^R,澳^RAU^R,新西 兰^RNZ^R,柬KH,港HK,澳门MO	0 受惠国LD	20
				0.8	韩KR		
				1	巴PK		
				5.2	亚太AP		
				6.4	韩^RKR^R		
				6.5	日^RJP^R		
	84.52	缝纫机,但税目84.40的锁线订书机除外;缝纫机专用的特制家具、底座及罩盖;缝纫机针: Sewing machines, other than book-sewing machines of heading 84.40; furniture, bases and covers specially designed for sewing machines; sewing machine needles:					
		-家用型缝纫机: -Sewing machines of the household type:					
6824	8452.1010	---多功能型 ---Multifunctional	9	0	东盟AS,智CL,新西兰NZ,新加坡SG,秘PE,哥CR,瑞CH,冰IS,澳AU,格GE,毛MU,柬KH,港HK,澳门MO	0 受惠国LD	80
				5.9	亚太AP		
				8.4	韩KR		
				13.4	巴PK		
				18.2	东盟^RAS^R,韩^RKR^R		
				18.4	日^RJP^R		
				18.9	澳^RAU^R,新西兰^RNZ^R		
		---其他: ---Other:					
6825	8452.1091	----手动式 ----Hand-operated	9	0	东盟AS,智CL,新西兰NZ,新加坡SG,秘PE,哥CR,瑞CH,冰IS,澳AU,格GE,毛MU,柬KH,港HK,澳门MO	0 受惠国LD	80
				5.9	亚太AP		
				8.4	韩KR		
				13.4	巴PK		
				16.8	东盟^RAS^R,澳^RAU^R,新西兰^RNZ^R, 韩^RKR^R		
				17.2	日^RJP^R		

序号 No.	税则号列 Tariff Line	货品名称 Article Description	最惠国税率 MFN(%)		协定税率 Agreement(%)	特惠税率 SP(%)		普通税率 Gen(%)
6826	8452.1099	----其他 ----Other	9	0	东盟AS,智CL,新西兰NZ,新加坡SG,秘PE,哥CR,瑞CH,冰IS,澳AU,格GE,毛MU,柬KH,港HK,澳门MO	0	受惠国LD	80
				5.9	亚太AP			
				8.4	韩KR			
				13.4	巴PK			
				16.8	东盟^{R}AS^R,澳^{R}AU^R,新西兰^{R}NZ^R,韩^{R}KR^R			
				18.4	日^{R}JP^R			
		-其他缝纫机: -Other sewing machines:						
		--自动的: --Automatic units:						
6827	8452.2110	---平缝机 ---Flatseam	9	0	东盟AS,智CL,新西兰NZ,新加坡SG,秘PE,哥CR,瑞CH,冰IS,澳AU,格GE,毛MU,柬KH,港HK,澳门MO	0	受惠国LD	40
				1.2	韩KR			
				3	巴PK			
				5.9	亚太AP			
				10.4	东盟^{R}AS^R,韩^{R}KR^R			
				10.5	日^{R}JP^R			
				10.8	澳^{R}AU^R,新西兰^{R}NZ^R			
6828	8452.2120	---包缝机 ---Overlock stitch	9	0	东盟AS,智CL,新西兰NZ,新加坡SG,秘PE,哥CR,瑞CH,冰IS,澳AU,格GE,毛MU,东盟^{R}AS^R,澳^{R}AU^R,新西兰^{R}NZ^R,柬KH,港HK,澳门MO,台TW	0	受惠国LD	40
				1.2	韩KR			
				3	巴PK			
				5.9	亚太AP			
				9.6	韩^{R}KR^R			
				9.8	日^{R}JP^R			
6829	8452.2130	---绷缝机 ---Covering stitch	9	0	东盟AS,智CL,新西兰NZ,新加坡SG,秘PE,哥CR,瑞CH,冰IS,澳AU,格GE,毛MU,东盟^{R}AS^R,澳^{R}AU^R,新西兰^{R}NZ^R,柬KH,港HK,澳门MO,台TW	0	受惠国LD	40
				1.2	韩KR			
				3	巴PK			
				5.9	亚太AP			
				9.6	韩^{R}KR^R			
				9.8	日^{R}JP^R			

序号 No.	税则号列 Tariff Line	货品名称 Article Description	最惠国税率 MFN(%)		协定税率 Agreement(%)	特惠税率 SP(%)	普通税率 Gen(%)
6830	8452.2190	---其他 ---Other	9	0	东盟AS,智CL,新西兰NZ,新加坡SG,秘PE,哥CR,瑞CH,冰IS,澳AU,格GE,毛MU,柬KH,港HK,澳门MO,台TW	0 受惠国LD	40
				1.2	韩KR		
				3	巴PK		
				5.9	亚太AP		
				9.6	东盟^{R}AS^R,澳^{R}AU^R,新西兰NZ^R,韩^{R}KR^R		
				9.8	日^{R}JP^R		
6831	8452.2900	--其他 --Other	9	0	东盟AS,智CL,新西兰NZ,新加坡SG,秘PE,哥CR,瑞CH,冰IS,澳AU,格GE,毛MU,东盟^{R}AS^R,澳^{R}AU^R,新西兰^{R}NZ^R,柬KH,港HK,澳门MO	0 受惠国LD	40
				1.2	韩KR		
				3	巴PK		
				5.9	亚太AP		
				9.6	韩^{R}KR^R		
				9.8	日^{R}JP^R		
6832	8452.3000	-缝纫机针 -Sewing machine needles	9	0	东盟AS,智CL,新西兰NZ,新加坡SG,秘PE,哥CR,瑞CH,冰IS,澳AU,格GE,毛MU,东盟^{R}AS^R,澳^{R}AU^R,新西兰^{R}NZ^R,柬KH,港HK,澳门MO	0 受惠国LD	100
				1.4	韩KR		
				4.2	巴PK		
				5.9	亚太AP		
				11.2	韩^{R}KR^R		
				11.5	日^{R}JP^R		
		-缝纫机专用的特制家具、底座和罩盖及其零件;缝纫机的其他零件: -Furniture, bases and covers for sewing machines and parts thereof; other parts of sewing machines:						
		---家用型缝纫机用: ---Of sewing machines of the household type:						
6833	8452.9011	----旋梭 ----Rotating shuttles	8	0	东盟AS,智CL,新西兰NZ,新加坡SG,秘PE,哥CR,瑞CH,冰IS,澳AU,格GE,毛MU,东盟^{R}AS^R,澳^{R}AU^R,新西兰^{R}NZ^R,柬KH,港HK,澳门MO	0 受惠国LD	80
				1.4	韩KR		
				4.2	巴PK		
				5.2	亚太AP		
				11.2	韩^{R}KR^R		
				11.5	日^{R}JP^R		

序号 No.	税则号列 Tariff Line	货品名称 Article Description	最惠国税率 MFN(%)	协定税率 Agreement(%)		特惠税率 SP(%)	普通税率 Gen(%)
6834	8452.9019	----其他 ----Other	8	0	东盟AS,智CL,新西兰NZ,新加坡SG,秘PE,哥CR,瑞CH,冰IS,澳AU,格GE,毛MU,东盟^{R}AS^R,澳^{R}AU^R,新西兰^{R}NZ^R,柬KH,港HK,澳门MO	0 受惠国LD	80
				1.4	韩KR		
				5.2	亚太AP		
				5.6	巴PK		
				11.2	韩^{R}KR^R		
				11.5	日^{R}JP^R		
		---其他: ---Other:					
6835	8452.9091	----旋梭 ----Rotating shuttles	8	0	东盟AS,智CL,新西兰NZ,新加坡SG,秘PE,哥CR,瑞CH,冰IS,澳AU,格GE,毛MU,柬KH,港HK,澳门MO	0 受惠国LD	80
				1.4	韩KR		
				4.2	巴PK		
				5	东盟^{R}AS^R,澳^{R}AU^R,新西兰^{R}NZ^R		
				5.6	亚太AP		
6836	8452.9092	----缝纫机专用的特制家具、底座和罩盖及其零件 ----Furniture, bases and covers for sewing machines and parts thereof	8	0	东盟AS,智CL,新西兰NZ,新加坡SG,秘PE,哥CR,瑞CH,冰IS,澳AU,格GE,毛MU,东盟^{R}AS^R,澳^{R}AU^R,新西兰^{R}NZ^R,柬KH,港HK,澳门MO	0 受惠国LD	100
				1.4	韩KR		
				6.7	巴PK		
				11.2	韩^{R}KR^R		
				11.5	日^{R}JP^R		
6837	8452.9099	----其他 ----Other	8	0	东盟AS,智CL,新西兰NZ,新加坡SG,秘PE,哥CR,瑞CH,冰IS,澳AU,格GE,毛MU,柬KH,港HK,澳门MO,台TW	0 受惠国LD	80
				1.4	韩KR		
				4.2	巴PK		
				5.2	亚太AP		
				11.2	东盟^{R}AS^R,澳^{R}AU^R,新西兰^{R}NZ^R,韩^{R}KR^R		
				11.5	日^{R}JP^R		
	84.53	生皮、皮革的处理、鞣制或加工机器,鞋靴、毛皮及其他皮革制品的制作或修理机器,但缝纫机除外: Machinery for preparing, tanning or working hides, skins or leather or for making or repairing footwear or other articles of hides, skins or leather, other than sewing machines:					

序号 No.	税则号列 Tariff Line	货品名称 Article Description	最惠国税率 MFN(%)	协定税率 Agreement(%)		特惠税率 SP(%)	普通税率 Gen(%)
6838	8453.1000	-生皮、皮革的处理、鞣制或加工机器 -Machinery for preparing, tanning or working hides, skins or leather	8	0	东盟AS,智CL,新西兰NZ,秘PE, 哥CR,瑞CH,冰IS,澳AU,格GE, 毛MU,东盟^{R}AS^R,澳^{R}AU^R,新西 兰^{R}NZ^R,柬KH,港HK,澳门MO	0 受惠国LD	30
				0.8	韩KR		
				1	巴PK		
				5.2	亚太AP		
				6.7	韩^{R}KR^R		
				6.9	日^{R}JP^R		
6839	8453.2000	-鞋靴制作或修理机器 -Machinery for making or repairing footwear	8	0	东盟AS,智CL,新西兰NZ,秘PE, 哥CR,瑞CH,冰IS,澳AU,格GE, 毛MU,东盟^{R}AS^R,澳^{R}AU^R,新西 兰^{R}NZ^R,柬KH,港HK,澳门MO	0 受惠国LD	30
				0.8	韩KR		
				1	巴PK		
				5.2	亚太AP		
				6.7	韩^{R}KR^R		
				6.9	日^{R}JP^R		
6840	8453.8000	-其他机器 -Other machinery	8	0	东盟AS,智CL,新西兰NZ,秘PE, 哥CR,瑞CH,冰IS,澳AU,格GE, 毛MU,东盟^{R}AS^R,澳^{R}AU^R,新西 兰^{R}NZ^R,柬KH,港HK,澳门MO	0 受惠国LD	30
				0.8	韩KR		
				1	巴PK		
				6.7	韩^{R}KR^R		
				6.9	日^{R}JP^R		
6841	8453.9000	-零件 -Parts	8	0	东盟AS,智CL,新西兰NZ,秘PE, 哥CR,瑞CH,冰IS,澳AU,格GE, 毛MU,东盟^{R}AS^R,澳^{R}AU^R,新西 兰^{R}NZ^R,柬KH,港HK,澳门MO	0 受惠国LD	30
				0.8	韩KR		
				3	巴PK		
				6.4	韩^{R}KR^R		
				6.5	日^{R}JP^R		
	84.54	金属冶炼及铸造用的转炉、浇包、锭模 及铸造机: Converters, ladles, ingot moulds and casting machines, of a kind used in metallurgy or in metal foundries:					
6842	8454.1000	-转炉 -Converters	8	0	东盟AS,智CL,新西兰NZ,秘PE, 哥CR,瑞CH,冰IS,韩KR,澳AU, 格GE,毛MU,东盟^{R}AS^R,澳^{R}AU^R, 新西兰^{R}NZ^R,柬KH,港HK,澳门 MO,韩^{R}KR^R	0 受惠国LD	35
				1	巴PK		
				6.9	日^{R}JP^R		

序号 No.	税则号列 Tariff Line	货品名称 Article Description	最惠国税率 MFN(%)	协定税率 Agreement(%)		特惠税率 SP(%)	普通税率 Gen(%)
		-锭模及浇包: -Ingot moulds and ladles:					
6843	8454.2010	---炉外精炼设备 ---Fining equipments, outside of converters	8	0	东盟AS,智CL,新西兰NZ,秘PE,哥CR,瑞CH,冰IS,韩KR,澳AU,格GE,毛MU,东盟^{R}AS^R,澳^{R}AU^R,新西兰^{R}NZ^R,柬KH,港HK,澳门MO,韩^{R}KR^R	0 受惠国LD	35
				1	巴PK		
				6.9	日^{R}JP^R		
6844	8454.2090	---其他 ---Other	8	0	东盟AS,智CL,新西兰NZ,秘PE,哥CR,冰IS,澳AU,格GE,毛MU,东盟^{R}AS^R,澳^{R}AU^R,新西兰^{R}NZ^R,柬KH,港HK,澳门MO	0 受惠国LD	35
				0.8	韩KR		
				1	巴PK		
				6.7	韩^{R}KR^R		
				6.9	日^{R}JP^R		
		-铸造机: -Casting machines:					
6845	8454.3010	---冷室压铸机 ---Cold chamber die-casting machines	12	0	东盟AS,智CL,新西兰NZ,新加坡SG,秘PE,哥CR,瑞CH,冰IS,澳AU,格GE,毛MU,柬KH,港HK,澳门MO	0 受惠国LD	35
				1.2	韩KR		
				3.6	巴PK		
				5	东盟^{R}AS^R,澳^{R}AU^R,新西兰^{R}NZ^R		
				7.8	亚太AP		
		---钢坯连铸机: ---Ingot continuous casting machines:					
6846	8454.3021	----方坯连铸机 ----Ingot block	10	0	东盟AS,智CL,新西兰NZ,秘PE,哥CR,瑞CH,冰IS,澳AU,格GE,毛MU,东盟^{R}AS^R,澳^{R}AU^R,新西兰^{R}NZ^R,柬KH,港HK,澳门MO	0 受惠国LD	35
				1	巴PK,韩KR		
				6.5	亚太AP		
				8	韩^{R}KR^R		
				8.2	日^{R}JP^R		
6847	8454.3022	----板坯连铸机 ----Ingot slab	12	0	东盟AS,智CL,新西兰NZ,新加坡SG,秘PE,哥CR,瑞CH,冰IS,澳AU,格GE,毛MU,东盟^{R}AS^R,澳^{R}AU^R,新西兰^{R}NZ^R,柬KH,港HK,澳门MO	0 受惠国LD	35
				1.2	韩KR		
				3.6	巴PK		
				7.8	亚太AP		
				9.6	韩^{R}KR^R		
				9.8	日^{R}JP^R		

序号 No.	税则号列 Tariff Line	货品名称 Article Description	最惠国税率 MFN(%)	协定税率 Agreement(%)		特惠税率 SP(%)	普通税率 Gen(%)
6848	8454.3029	----其他 ----Other	12	0	东盟AS,智CL,新西兰NZ,新加坡SG,秘PE,哥CR,瑞CH,冰IS,澳AU,格GE,毛MU,东盟^{R}AS^R,澳^{R}AU^R,新西兰^{R}NZ^R,柬KH,港HK,澳门MO	0 受惠国LD	35
				1.2	韩KR		
				3.6	巴PK		
				7.8	亚太AP		
				9.6	韩^{R}KR^R		
				9.8	日^{R}JP^R		
6849	8454.3090	---其他 ---Other	12	0	东盟AS,智CL,新西兰NZ,新加坡SG,秘PE,哥CR,瑞CH,冰IS,澳AU,格GE,毛MU,柬KH,港HK,澳门MO	0 受惠国LD	35
				3.6	巴PK		
				6.6	韩KR		
				7.8	亚太AP		
				10.8	东盟^{R}AS^R,澳^{R}AU^R,新西兰^{R}NZ^R		
				10.9	日^{R}JP^R		
				12	韩^{R}KR^R		
		-零件: -Parts:					
6850	8454.9010	---炉外精炼设备用 ---For the fining equipments outside of converters	8	0	东盟AS,智CL,新西兰NZ,秘PE,哥CR,瑞CH,冰IS,澳AU,格GE,毛MU,东盟^{R}AS^R,澳^{R}AU^R,新西兰^{R}NZ^R,柬KH,港HK,澳门MO	0 受惠国LD	20
				0.8	韩KR		
				1	巴PK		
				6.4	韩^{R}KR^R		
				6.5	日^{R}JP^R		
		---钢坯连铸机用: ---For ingot continuous casting machines:					
6851	8454.9021	----结晶器 ----Crystallizers	8	0	东盟AS,智CL,新西兰NZ,秘PE,哥CR,瑞CH,冰IS,韩KR,澳AU,格GE,毛MU,东盟^{R}AS^R,澳^{R}AU^R,新西兰^{R}NZ^R,柬KH,港HK,澳门MO,韩^{R}KR^R	0 受惠国LD	20
				1	巴PK		
				6.5	日^{R}JP^R		
6852	8454.9022	----振动装置 ----Vibrating devices	8	0	东盟AS,智CL,新西兰NZ,秘PE,哥CR,瑞CH,冰IS,韩KR,澳AU,格GE,毛MU,东盟^{R}AS^R,澳^{R}AU^R,新西兰^{R}NZ^R,柬KH,港HK,澳门MO,韩^{R}KR^R	0 受惠国LD	20
				1	巴PK		
				6.5	日^{R}JP^R		

序号 No.	税则号列 Tariff Line	货品名称 Article Description	最惠国税率 MFN(%)	协定税率 Agreement(%)		特惠税率 SP(%)	普通税率 Gen(%)
6853	8454.9029	----其他 ----Other	8	0	东盟AS,智CL,新西兰NZ,秘PE,哥CR,瑞CH,冰IS,澳AU,格GE,毛MU,东盟^{R}AS^R,澳^{R}AU^R,新西兰^{R}NZ^R,柬KH,港HK,澳门MO	0 受惠国LD	20
				0.8	韩KR		
				1	巴PK		
				6.4	韩^{R}KR^R		
				6.5	日^{R}JP^R		
6854	8454.9090	---其他 ---Other	8	0	东盟AS,智CL,新西兰NZ,秘PE,哥CR,瑞CH,冰IS,韩KR,澳AU,格GE,毛MU,东盟^{R}AS^R,澳^{R}AU^R,新西兰^{R}NZ^R,柬KH,港HK,澳门MO,韩^{R}KR^R	0 受惠国LD	20
				1	巴PK		
				6.5	日^{R}JP^R		
	84.55	金属轧机及其轧辊: Metal-rolling mills and rolls therefor:					
		-轧管机: -Tube mills:					
6855	8455.1010	---热轧管机 ---Tube mills, for hot-rolled	12	0	东盟AS,智CL,新西兰NZ,新加坡SG,秘PE,哥CR,瑞CH,冰IS,澳AU,格GE,毛MU,东盟^{R}AS^R,澳^{R}AU^R,新西兰^{R}NZ^R,柬KH,港HK,澳门MO	0 受惠国LD	35
				1.2	韩KR		
				3	巴PK		
				7.8	亚太AP		
				9.6	韩^{R}KR^R		
				9.8	日^{R}JP^R		
6856	8455.1020	---冷轧管机 ---Tube mills for cold-rolled	12	0	东盟AS,智CL,新西兰NZ,新加坡SG,秘PE,哥CR,瑞CH,冰IS,澳AU,格GE,毛MU,柬KH,港HK,澳门MO	0 受惠国LD	35
				1.2	韩KR		
				3	巴PK		
				5	东盟^{R}AS^R,澳^{R}AU^R,新西兰^{R}NZ^R		
				7.8	亚太AP		
6857	8455.1030	---定减径轧管机 ---Fixed and reduced tube mills	12	0	东盟AS,智CL,新西兰NZ,新加坡SG,秘PE,哥CR,瑞CH,冰IS,澳AU,格GE,毛MU,东盟^{R}AS^R,澳^{R}AU^R,新西兰^{R}NZ^R,柬KH,港HK,澳门MO	0 受惠国LD	35
				1.2	韩KR		
				3	巴PK		
				7.8	亚太AP		
				9.6	韩^{R}KR^R		
				9.8	日^{R}JP^R		

序号 No.	税则号列 Tariff Line	货品名称 Article Description	最惠国税率 MFN(%)	协定税率 Agreement(%)		特惠税率 SP(%)	普通税率 Gen(%)
6858	8455.1090	---其他 ---Other	12	0	东盟AS,智CL,新西兰NZ,新加坡SG,秘PE,哥CR,瑞CH,冰IS,澳AU,格GE,毛MU,东盟^{R}AS^R,澳^{R}AU^R,新西兰^{R}NZ^R,柬KH,港HK,澳门MO	0 受惠国LD	35
				1.2	韩KR		
				3	巴PK		
				7.8	亚太AP		
				9.6	韩^{R}KR^R		
				9.8	日^{R}JP^R		
		-其他轧机: -Other rolling mills: --热轧机或冷热联合轧机: --Hot or combination hot and cold:					
6859	8455.2110	---板材热轧机 ---Sheet mills, hot-rolled	15	0	东盟AS,智CL,新西兰NZ,新加坡SG,秘PE,哥CR,瑞CH,冰IS,澳AU,格GE,毛MU,东盟^{R}AS^R,澳^{R}AU^R,新西兰^{R}NZ^R,柬KH,港HK,澳门MO	0 受惠国LD	35
				1.5	韩KR		
				4.5	巴PK		
				9.8	亚太AP		
				12	韩^{R}KR^R		
				12.3	日^{R}JP^R		
6860	8455.2120	---型钢轧机 ---Rolled-steel section mills	15	0	东盟AS,智CL,新西兰NZ,新加坡SG,秘PE,哥CR,瑞CH,冰IS,澳AU,格GE,毛MU,东盟^{R}AS^R,澳^{R}AU^R,新西兰^{R}NZ^R,柬KH,港HK,澳门MO	0 受惠国LD	35
				1.5	韩KR		
				4.5	巴PK		
				9.8	亚太AP		
				12	韩^{R}KR^R		
				12.3	日^{R}JP^R		
6861	8455.2130	---线材轧机 ---Wire mills	15	0	东盟AS,智CL,新西兰NZ,新加坡SG,秘PE,哥CR,瑞CH,冰IS,澳AU,格GE,毛MU,东盟^{R}AS^R,澳^{R}AU^R,新西兰^{R}NZ^R,柬KH,港HK,澳门MO	0 受惠国LD	35
				1.5	韩KR		
				4.5	巴PK		
				9.8	亚太AP		
				12	韩^{R}KR^R		
				12.3	日^{R}JP^R		

序号 No.	税则号列 Tariff Line	货品名称 Article Description	最惠国税率 MFN(%)	协定税率 Agreement(%)		特惠税率 SP(%)	普通税率 Gen(%)
6862	8455.2190	---其他 ---Other	15	0	东盟AS,智CL,新西兰NZ,新加坡SG,秘PE,哥CR,瑞CH,冰IS,澳AU,格GE,毛MU,东盟^{R}AS^R,澳^{R}AU^R,新西兰^{R}NZ^R,柬KH,港HK,澳门MO	0 受惠国LD	35
				1.5	韩KR		
				4.5	巴PK		
				10.5	亚太AP		
				12	韩^{R}KR^R		
				12.3	日^{R}JP^R		
		--冷轧机: --Cold:					
6863	8455.2210	---板材冷轧机 ---Sheet mills	10	0	东盟AS,智CL,新西兰NZ,秘PE,哥CR,瑞CH,冰IS,澳AU,格GE,毛MU,东盟^{R}AS^R,澳^{R}AU^R,新西兰^{R}NZ^R,柬KH,港HK,澳门MO	0 受惠国LD	35
				1	巴PK,韩KR		
				8	韩^{R}KR^R		
				8.2	日^{R}JP^R		
6864	8455.2290	---其他 ---Other	15	0	东盟AS,智CL,新西兰NZ,新加坡SG,秘PE,哥CR,瑞CH,冰IS,澳AU,格GE,毛MU,东盟^{R}AS^R,澳^{R}AU^R,新西兰^{R}NZ^R,柬KH,港HK,澳门MO	0 受惠国LD	35
				1.5	韩KR		
				7.2	巴PK		
				12	韩^{R}KR^R		
				12.3	日^{R}JP^R		
6865	8455.3000	-轧机用轧辊 -Rolls for rolling mills	8	0	东盟AS,智CL,新西兰NZ,秘PE,哥CR,瑞CH,冰IS,韩KR,澳AU,格GE,毛MU,柬KH,港HK,澳门MO	0 受惠国LD	20
				1	巴PK		
				6.7	东盟^{R}AS^R,澳^{R}AU^R,新西兰^{R}NZ^R,韩^{R}KR^R		
				6.9	日^{R}JP^R		
6866	8455.9000	-其他零件 -Other parts	8	0	东盟AS,智CL,巴PK,新西兰NZ,秘PE,哥CR,瑞CH,冰IS,韩KR,澳AU,格GE,毛MU,柬KH,港HK,澳门MO	0 受惠国LD	20
				4	亚太AP		
				6.4	东盟^{R}AS^R,澳^{R}AU^R,新西兰^{R}NZ^R,韩^{R}KR^R		
				6.5	日^{R}JP^R		

序号 No.	税则号列 Tariff Line	货品名称 Article Description	最惠国税率 MFN(%)	协定税率 Agreement(%)		特惠税率 SP(%)	普通税率 Gen(%)
	84.56	用激光、其他光、光子束、超声波、放电、电化学法、电子束、离子束或等离子弧处理各种材料的加工机床；水射流切割机： Machine tools for working any material by removal of material, by laser or other light or photon beam, ultrasonic, electrodischarge, electrochemical, electron beam, ionic-beam or plasma arc processes; water-jet cutting machines:					
		-用激光、其他光或光子束处理的： -Operated by laser or other light or photon beam processes:					
6867	8456.1100	--用激光处理的 --Operated by laser	0	0	东盟AS,智CL,巴PK,新西兰NZ,秘PE,哥CR,瑞CH,冰IS,韩KR,澳AU,格GE,毛MU,东盟^{R}AS^R,澳^{R}AU^R,日^{R}JP^R,新西兰^{R}NZ^R,柬KH,港HK,澳门MO,韩^{R}KR^R	0 受惠国LD	30
6868	8456.1200	--用其他光或光子束处理的 --Operated by Other light or photon beam processes	0	0	东盟AS,智CL,巴PK,新西兰NZ,秘PE,哥CR,瑞CH,冰IS,韩KR,澳AU,格GE,毛MU,东盟^{R}AS^R,澳^{R}AU^R,日^{R}JP^R,新西兰^{R}NZ^R,柬KH,港HK,澳门MO,韩^{R}KR^R	0 受惠国LD	30
6869	8456.2000	-用超声波处理的 -Operated by ultrasonic processes	10	0 1 5	东盟AS,智CL,新西兰NZ,新加坡SG,秘PE,哥CR,冰IS,澳AU,格GE,毛MU,柬KH,港HK,澳门MO 巴PK 东盟^{R}AS^R,澳^{R}AU^R,新西兰^{R}NZ^R	0 受惠国LD	30
		-用放电处理的： -Operated by electrodischarge processes:					
6870	8456.3010	---数控的 ---Numerically controlled	9	0 4 5	东盟AS,智CL,新西兰NZ,秘PE,哥CR,冰IS,澳AU,毛MU,柬KH,港HK,澳门MO 巴PK 东盟^{R}AS^R,澳^{R}AU^R,新西兰^{R}NZ^R	0 受惠国LD	30
6871	8456.3090	---其他 ---Other	10	0 1 5	东盟AS,智CL,新西兰NZ,新加坡SG,秘PE,哥CR,瑞CH,冰IS,澳AU,格GE,毛MU,柬KH,港HK,澳门MO 巴PK 东盟^{R}AS^R,澳^{R}AU^R,新西兰^{R}NZ^R	0 受惠国LD	30
		-用等离子弧处理的： -Operated by plasma arc processes:					

序号 No.	税则号列 Tariff Line	货品名称 Article Description	最惠国税率 MFN(%)		协定税率 Agreement(%)	特惠税率 SP(%)	普通税率 Gen(%)
6872	8456.4010	---等离子切割机 ---Cutting machines of plasma arc	0	0	东盟AS,智CL,巴PK,新西兰NZ, 秘PE,哥CR,瑞CH,冰IS,韩KR, 澳AU,格GE,毛MU,东盟^RAS^R, 澳^RAU^R,日^RJP^R,新西兰^RNZ^R,柬 KH,港HK,澳门MO,韩^RKR^R	0 受惠国LD	30
6873	8456.4090	---其他 ---Other	0	0	东盟AS,智CL,巴PK,新西兰NZ, 秘PE,哥CR,瑞CH,冰IS,韩KR, 澳AU,格GE,毛MU,东盟^RAS^R, 澳^RAU^R,日^RJP^R,新西兰^RNZ^R,柬 KH,港HK,澳门MO,韩^RKR^R	0 受惠国LD	30
6874	8456.5000	-水射流切割机 -Water-jet cutting machines	0	0	东盟AS,智CL,巴PK,新西兰NZ, 秘PE,哥CR,瑞CH,冰IS,韩KR, 澳AU,格GE,毛MU,东盟^RAS^R, 澳^RAU^R,日^RJP^R,新西兰^RNZ^R,柬 KH,港HK,澳门MO,韩^RKR^R	0 受惠国LD	30
6875	8456.9000	-其他 -Other	0	0	东盟AS,智CL,巴PK,新西兰NZ, 秘PE,哥CR,瑞CH,冰IS,韩KR, 澳AU,格GE,毛MU,东盟^RAS^R, 澳^RAU^R,日^RJP^R,新西兰^RNZ^R,柬 KH,港HK,澳门MO,韩^RKR^R	0 受惠国LD	30
	84.57	加工金属的加工中心、单工位组合机床 及多工位组合机床: Machining centres, unit construction machines (single station) and multi- station transfer machines, for working metal:					
		-加工中心: -Machining centres:					
6876	8457.1010	---立式 ---Vertical	9	0	东盟AS,智CL,新西兰NZ,秘PE, 哥CR,冰IS,澳AU,柬KH,港HK, 澳门MO	0 受惠国LD	20
				4	巴PK		
				6.3	亚太AP		
				6.7	韩KR		
				8.7	东盟^RAS^R,澳^RAU^R,新西兰^RNZ^R		
6877	8457.1020	---卧式 ---Horizontal	9	0	东盟AS,智CL,新西兰NZ,秘PE, 哥CR,冰IS,澳AU,柬KH,港HK, 澳门MO	0 受惠国LD	20
				4	巴PK		
				6.3	亚太AP		
				6.7	韩KR		
				8.7	东盟^RAS^R,澳^RAU^R,新西兰^RNZ^R		

序号 No.	税则号列 Tariff Line	货品名称 Article Description	最惠国税率 MFN(%)		协定税率 Agreement(%)	特惠税率 SP(%)		普通税率 Gen(%)
6878	8457.1030	---龙门式 ----Plano	9	0	东盟AS,智CL,新西兰NZ,秘PE, 哥CR,瑞CH,冰IS,澳AU,柬KH, 港HK,澳门MO	0	受惠国LD	20
				4	巴PK			
				5	东盟^{R}AS^R,澳^{R}AU^R,新西兰^{R}NZ^R			
				6.3	亚太AP			
				6.7	韩KR			
		---其他： ---Other:						
6879	8457.1091	----铣车复合 ----Turning with milling	9	0	东盟AS,智CL,新西兰NZ,秘PE, 哥CR,冰IS,澳AU,柬KH,港HK, 澳门MO	0	受惠国LD	20
				4	巴PK			
				5	东盟^{R}AS^R,澳^{R}AU^R,新西兰^{R}NZ^R			
				6.3	亚太AP			
				6.7	韩KR			
6880	8457.1099	----其他 ----Other	9	0	东盟AS,智CL,新西兰NZ,秘PE, 哥CR,冰IS,澳AU,柬KH,港HK, 澳门MO	0	受惠国LD	20
				4	巴PK			
				5	东盟^{R}AS^R,澳^{R}AU^R,新西兰^{R}NZ^R			
				6.3	亚太AP			
				6.7	韩KR			
6881	8457.2000	-单工位组合机床 -Unit construction machines (single station)	8	0	东盟AS,智CL,新西兰NZ,秘PE, 哥CR,瑞CH,冰IS,澳AU,柬KH, 港HK,澳门MO	0	受惠国LD	20
				1	巴PK			
				4.4	韩KR			
				7.2	东盟^{R}AS^R,澳^{R}AU^R,日^{R}JP^R,新西 兰^{R}NZ^R			
				8	韩^{R}KR^R			
6882	8457.3000	-多工位组合机床 -Multi-station transfer machines	5	0	东盟AS,智CL,巴PK,新西兰NZ, 秘PE,哥CR,冰IS,澳AU,柬KH,港 HK,澳门MO	0	受惠国LD	20
				4.8	东盟^{R}AS^R,澳^{R}AU^R,新西兰^{R}NZ^R			
	84.58	切削金属的车床（包括车削中心）： **Lathes (including turning centres) for removing metal:**						
		-卧式车床： -Horizontal lathes:						
6883	8458.1100	--数控的 --Numerically controlled	9	0	东盟AS,智CL,新西兰NZ,秘PE, 哥CR,冰IS,澳AU,格GE,柬KH, 港HK,澳门MO,台TW	0	受惠国LD	20
				1	巴PK			
				3.9	瑞CH			
				5	东盟^{R}AS^R,澳^{R}AU^R,新西兰^{R}NZ^R			

序号 No.	税则号列 Tariff Line	货品名称 Article Description	最惠国税率 MFN(%)	协定税率 Agreement(%)		特惠税率 SP(%)	普通税率 Gen(%)
6884	8458.1900	--其他 --Other	9	0	东盟AS,智CL,新西兰NZ,新加坡SG,秘PE,哥CR,瑞CH,冰IS,澳AU,格GE,柬KH,港HK,澳门MO	0 受惠国LD	50
				3.6	巴PK		
				6.6	韩KR		
				10.8	东盟^{R}AS^R,澳^{R}AU^R,新西兰^{R}NZ^R		
				12	韩^{R}KR^R		
		-其他车床: -Other lathes:					
		--数控的: --Numerically controlled:					
6885	8458.9110	---立式 ---Vertical	5	0	东盟AS,智CL,巴PK,新西兰NZ,秘PE,哥CR,瑞CH,冰IS,澳AU,格GE,柬KH,港HK,澳门MO,台TW	0 受惠国LD	20
				4.8	东盟^{R}AS^R,澳^{R}AU^R,新西兰^{R}NZ^R		
6886	8458.9120	---其他 ---Other	5	0	东盟AS,智CL,巴PK,新西兰NZ,秘PE,哥CR,瑞CH,冰IS,澳AU,格GE,柬KH,港HK,澳门MO,台TW	0 受惠国LD	20
				4.8	东盟^{R}AS^R,澳^{R}AU^R,新西兰^{R}NZ^R		
6887	8458.9900	--其他 --Other	9	0	东盟AS,智CL,新西兰NZ,新加坡SG,秘PE,哥CR,瑞CH,冰IS,澳AU,格GE,柬KH,港HK,澳门MO	0 受惠国LD	50
				3.6	巴PK		
				6.6	韩KR		
				10.8	东盟^{R}AS^R,澳^{R}AU^R,新西兰^{R}NZ^R		
				12	韩^{R}KR^R		
	84.59	切削金属的钻床、镗床、铣床、加工螺纹的机床(包括直线移动式动力头机床),但税目84.58的车床(包括车削中心)除外: Machine tools (including way-type unit head machines) for drilling, boring, milling, threading or tapping by removing metal, other than lathes (including turning centres) of heading 84.58:					
6888	8459.1000	-直线移动式动力头机床 -Way-type unit head machines	9	0	东盟AS,智CL,新西兰NZ,新加坡SG,秘PE,哥CR,瑞CH,冰IS,澳AU,格GE,柬KH,港HK,澳门MO	0 受惠国LD	50
				7.2	巴PK		
				8.2	韩KR		
				13.5	东盟^{R}AS^R,澳^{R}AU^R,新西兰^{R}NZ^R		
				15	韩^{R}KR^R		
		-其他钻床: -Other drilling machines:					

序号 No.	税则号列 Tariff Line	货品名称 Article Description	最惠国税率 MFN(%)		协定税率 Agreement(%)	特惠税率 SP(%)	普通税率 Gen(%)
6889	8459.2100	--数控的 --Numerically controlled	9	0	东盟AS,智CL,新西兰NZ,秘PE,哥CR,瑞CH,冰IS,澳AU,格GE,柬KH,港HK,澳门MO,台TW	0 受惠国LD	20
				1	巴PK		
				5	东盟^{R}AS^R,澳^{R}AU^R,新西兰^{R}NZ^R		
6890	8459.2900	--其他 --Other	9	0	东盟AS,智CL,新西兰NZ,新加坡SG,秘PE,哥CR,瑞CH,冰IS,澳AU,格GE,柬KH,港HK,澳门MO	0 受惠国LD	50
				7.2	巴PK		
				8.2	韩KR		
				13.5	东盟^{R}AS^R,澳^{R}AU^R,新西兰^{R}NZ^R		
				15	韩^{R}KR^R		
		-其他镗铣机床： -Other boring-milling machines:					
6891	8459.3100	--数控的 --Numerically controlled	9	0	东盟AS,智CL,新西兰NZ,秘PE,哥CR,瑞CH,冰IS,澳AU,柬KH,港HK,澳门MO	0 受惠国LD	20
				4	巴PK		
				5	东盟^{R}AS^R,澳^{R}AU^R,新西兰^{R}NZ^R		
6892	8459.3900	--其他 --Other	9	0	东盟AS,智CL,新西兰NZ,秘PE,哥CR,瑞CH,冰IS,澳AU,柬KH,港HK,澳门MO	0 受惠国LD	50
				1	巴PK		
				5	东盟^{R}AS^R,澳^{R}AU^R,新西兰^{R}NZ^R		
		-其他镗床： -Other boring machines:					
6893	8459.4100	--数控的 --Numerically controlled	9	0	东盟AS,智CL,新西兰NZ,秘PE,哥CR,瑞CH,冰IS,澳AU,柬KH,港HK,澳门MO	0 受惠国LD	20
				1	巴PK		
				5	东盟^{R}AS^R,澳^{R}AU^R,新西兰^{R}NZ^R		
6894	8459.4900	--其他 --Other	9	0	东盟AS,智CL,新西兰NZ,新加坡SG,秘PE,哥CR,瑞CH,冰IS,澳AU,格GE,柬KH,港HK,澳门MO	0 受惠国LD	50
				5	东盟^{R}AS^R,澳^{R}AU^R,新西兰^{R}NZ^R		
				7.2	巴PK		
		-升降台式铣床： -Milling machines, knee-type:					
6895	8459.5100	--数控的 --Numerically controlled	9	0	东盟AS,智CL,新西兰NZ,秘PE,哥CR,冰IS,澳AU,柬KH,港HK,澳门MO	0 受惠国LD	20
				1	巴PK		
				5	东盟^{R}AS^R,澳^{R}AU^R,新西兰^{R}NZ^R		

序号 No.	税则号列 Tariff Line	货品名称 Article Description	最惠国税率 MFN(%)	协定税率 Agreement(%)		特惠税率 SP(%)		普通税率 Gen(%)
6896	8459.5900	--其他 --Other	9	0	东盟AS,智CL,新西兰NZ,新加坡SG,秘PE,哥CR,瑞CH,冰IS,澳AU,格GE,柬KH,港HK,澳门MO	0	受惠国LD	50
				5	东盟^RAS^R,澳^RAU^R,新西兰^RNZ^R			
				7.2	巴PK			
		-其他铣床: -Other milling machines:						
		--数控的: --Numerically controlled:						
6897	8459.6110	---龙门铣床 ---Planomilling machines	5	0	东盟AS,智CL,巴PK,新西兰NZ,秘PE,哥CR,瑞CH,冰IS,澳AU,柬KH,港HK,澳门MO	0	受惠国LD	20
				4.8	东盟^RAS^R,澳^RAU^R,新西兰^RNZ^R			
6898	8459.6190	---其他 ---Other	5	0	东盟AS,智CL,巴PK,新西兰NZ,秘PE,哥CR,瑞CH,冰IS,澳AU,柬KH,港HK,澳门MO	0	受惠国LD	20
				4.8	东盟^RAS^R,澳^RAU^R,新西兰^RNZ^R			
		--其他: --Other:						
6899	8459.6910	---龙门铣床 ---Planomilling machines	9	0	东盟AS,智CL,新西兰NZ,新加坡SG,秘PE,哥CR,瑞CH,冰IS,澳AU,格GE,柬KH,港HK,澳门MO	0	受惠国LD	50
				3	巴PK			
				5	东盟^RAS^R,澳^RAU^R,新西兰^RNZ^R			
				7.5	亚太AP			
6900	8459.6990	---其他 ---Other	9	0	东盟AS,智CL,新西兰NZ,新加坡SG,秘PE,哥CR,瑞CH,冰IS,澳AU,格GE,柬KH,港HK,澳门MO	0	受惠国LD	50
				3.6	巴PK			
				5	东盟^RAS^R,澳^RAU^R,新西兰^RNZ^R			
				8.3	亚太AP			
				11	韩KR			
6901	8459.7000	-其他加工螺纹的机床 -Other threading or tapping machines	9	0	东盟AS,智CL,新西兰NZ,新加坡SG,秘PE,哥CR,冰IS,澳AU,格GE,柬KH,港HK,澳门MO	0	受惠国LD	50
				3.6	巴PK			
				5	东盟^RAS^R,澳^RAU^R,新西兰^RNZ^R			

序号 No.	税则号列 Tariff Line	货品名称 Article Description	最惠国税率 MFN(%)	协定税率 Agreement(%)		特惠税率 SP(%)		普通税率 Gen(%)
	84.60	用磨石、磨料或抛光材料对金属或金属陶瓷进行去毛刺、刃磨、磨削、珩磨、研磨、抛光或其他精加工的机床,但税目84.61的切齿机、齿轮磨床或齿轮精加工机床除外: Machine-tools for deburring, sharpening, grinding, honing, lapping, polishing or otherwise finishing metal or cermets by means of grinding stones, abrasives or polishing products, other than gear cutting, gear grinding or gear finishing machines of heading 84.61:						
		-平面磨床: -Flat-surface grinding machines:						
		--数控的: --Numerically controlled:						
6902	8460.1210	---在任一坐标的定位精度至少是0.01毫米 ---The positioning in any one axis can be set up to an accuracy of at least 0.01mm	9	0	东盟AS,智CL,新西兰NZ,秘PE,哥CR,瑞CH,冰IS,澳AU,柬KH,港HK,澳门MO,台TW	0	受惠国LD	20
				1	巴PK			
				5	东盟^RAS^R,澳^RAU^R,新西兰^RNZ^R			
6903	8460.1290	---其他 ---Other	9	0	东盟AS,智CL,新西兰NZ,新加坡SG,秘PE,哥CR,瑞CH,冰IS,澳AU,格GE,柬KH,港HK,澳门MO	0	受惠国LD	50
				7.2	巴PK			
				8.2	韩KR			
				13.5	东盟^RAS^R,澳^RAU^R,新西兰^RNZ^R			
				15	韩^RKR^R			
		--其他: --Other:						
6904	8460.1910	---在任一坐标的定位精度至少是0.01毫米 ---The positioning in any one axis can be set up to an accuracy of at least 0.01mm	9	0	东盟AS,智CL,新西兰NZ,新加坡SG,秘PE,哥CR,瑞CH,冰IS,澳AU,格GE,柬KH,港HK,澳门MO	0	受惠国LD	20
				5	东盟^RAS^R,澳^RAU^R,新西兰^RNZ^R			
				7.2	巴PK			
6905	8460.1990	---其他 ---Other	9	0	东盟AS,智CL,新西兰NZ,新加坡SG,秘PE,哥CR,瑞CH,冰IS,澳AU,格GE,柬KH,港HK,澳门MO	0	受惠国LD	50
				7.2	巴PK			
				8.2	韩KR			
				13.5	东盟^RAS^R,澳^RAU^R,新西兰^RNZ^R			
				15	韩^RKR^R			
		-其他磨床: -Other grinding machines:						

序号 No.	税则号列 Tariff Line	货品名称 Article Description	最惠国税率 MFN(%)	协定税率 Agreement(%)		特惠税率 SP(%)	普通税率 Gen(%)
		--数控无心磨床: --Centreless grinding machines, numerically controlled:					
6906	8460.2210	---在任一坐标的定位精度至少是0.01毫米 ---The positioning in any one axis can be set up to an accuracy of at least 0.01mm	9	0	东盟AS,智CL,新西兰NZ,秘PE,哥CR,冰IS,澳AU,柬KH,港HK,澳门MO	0 受惠国LD	20
				1	巴PK		
				3.9	瑞CH		
				5	东盟^RAS^R,澳^RAU^R,新西兰^RNZ^R		
6907	8460.2290	---其他 ---Other	9	0	东盟AS,智CL,新西兰NZ,新加坡SG,秘PE,哥CR,瑞CH,冰IS,澳AU,格GE,柬KH,港HK,澳门MO	0 受惠国LD	50
				7.2	巴PK		
				8.2	韩KR		
				13.5	东盟^RAS^R,澳^RAU^R,新西兰^RNZ^R		
				15	韩^RKR^R		
		--数控外圆磨床: --Other cylindrical grinding machines, numerically controlled:					
		---在任一坐标的定位精度至少是0.01毫米: ---The positioning in any one axis can be set up to an accuracy of at least 0.01mm:					
6908	8460.2311	----曲轴磨床 ----Crankshaft grinding machines	9	0	东盟AS,智CL,新西兰NZ,秘PE,哥CR,冰IS,澳AU,柬KH,港HK,澳门MO	0 受惠国LD	20
				1	巴PK		
				5	东盟^RAS^R,澳^RAU^R,新西兰^RNZ^R		
6909	8460.2319	----其他 ----Other	9	0	东盟AS,智CL,新西兰NZ,秘PE,哥CR,冰IS,澳AU,柬KH,港HK,澳门MO	0 受惠国LD	20
				1	巴PK		
				5	东盟^RAS^R,澳^RAU^R,新西兰^RNZ^R		
6910	8460.2390	---其他 ---Other	9	0	东盟AS,智CL,新西兰NZ,新加坡SG,秘PE,哥CR,瑞CH,冰IS,澳AU,格GE,柬KH,港HK,澳门MO	0 受惠国LD	50
				7.2	巴PK		
				8.2	韩KR		
				13.5	东盟^RAS^R,澳^RAU^R,新西兰^RNZ^R		
				15	韩^RKR^R		
		--其他,数控的: --Other, numerically controlled:					

序号 No.	税则号列 Tariff Line	货品名称 Article Description	最惠国税率 MFN(%)	协定税率 Agreement(%)		特惠税率 SP(%)	普通税率 Gen(%)
		---在任一坐标的定位精度至少是0.01毫米： ---The positioning in any one axis can be set up to an accuracy of at least 0.01mm:					
6911	8460.2411	----内圆磨床 ----Internal grinding machines	9	0	东盟AS,智CL,新西兰NZ,秘PE,哥CR,冰IS,澳AU,柬KH,港HK,澳门MO	0 受惠国LD	20
				1	巴PK		
				5	东盟^RAS^R,澳^RAU^R,新西兰^RNZ^R		
6912	8460.2419	----其他 ----Other	9	0	东盟AS,智CL,新西兰NZ,秘PE,哥CR,冰IS,澳AU,柬KH,港HK,澳门MO	0 受惠国LD	20
				1	巴PK		
				3.9	瑞CH		
				5	东盟^RAS^R,澳^RAU^R,新西兰^RNZ^R		
6913	8460.2490	---其他 ---Other	9	0	东盟AS,智CL,新西兰NZ,新加坡SG,秘PE,哥CR,瑞CH,冰IS,澳AU,格GE,柬KH,港HK,澳门MO	0 受惠国LD	50
				7.2	巴PK		
				8.2	韩KR		
				13.5	东盟^RAS^R,澳^RAU^R,新西兰^RNZ^R		
				15	韩^RKR^R		
		--其他： --Other:					
		---在任一坐标的定位精度至少是0.01毫米： ---The positioning in any one axis can be set up to an accuracy of at least 0.01mm:					
6914	8460.2911	----外圆磨床 ----Cylindrical grinding machines	12	0	东盟AS,智CL,新西兰NZ,新加坡SG,秘PE,哥CR,瑞CH,冰IS,澳AU,柬KH,港HK,澳门MO	0 受惠国LD	50
				5	东盟^RAS^R,澳^RAU^R,新西兰^RNZ^R		
				7.2	巴PK		
6915	8460.2912	----内圆磨床 ----Internal grinding machines	9	0	东盟AS,智CL,新西兰NZ,新加坡SG,秘PE,哥CR,瑞CH,冰IS,澳AU,柬KH,港HK,澳门MO	0 受惠国LD	50
				5	东盟^RAS^R,澳^RAU^R,新西兰^RNZ^R		
				7.2	巴PK		
6916	8460.2913	----轧辊磨床 ----Grinding machines of roll	9	0	东盟AS,智CL,新西兰NZ,新加坡SG,秘PE,哥CR,瑞CH,冰IS,澳AU,格GE,柬KH,港HK,澳门MO	0 受惠国LD	50
				3.9	巴PK		
				5	东盟^RAS^R,澳^RAU^R,新西兰^RNZ^R		

序号 No.	税则号列 Tariff Line	货品名称 Article Description	最惠国税率 MFN(%)	协定税率 Agreement(%)		特惠税率 SP(%)	普通税率 Gen(%)
6917	8460.2919	----其他 ----Other	12	0	东盟AS,智CL,新西兰NZ,新加坡SG,秘PE,哥CR,冰IS,澳AU,柬KH,港HK,澳门MO	0 受惠国LD	50
				3.9	巴PK		
				5	东盟^{R}AS^R,澳^{R}AU^R,新西兰NZ^R		
6918	8460.2990	---其他 ---Other	9	0	东盟AS,智CL,新西兰NZ,新加坡SG,秘PE,哥CR,冰IS,澳AU,格GE,柬KH,港HK,澳门MO	0 受惠国LD	50
				7.2	巴PK		
				8.2	韩KR		
				13.5	东盟^{R}AS^R,澳^{R}AU^R,新西兰NZ^R		
				15	韩^{R}KR^R		
		-刃磨（工具或刀具）机床： -Sharpening (tool or cutter grinding) machines:					
6919	8460.3100	--数控的 --Numerically controlled	9	0	东盟AS,智CL,新西兰NZ,秘PE,哥CR,冰IS,澳AU,柬KH,港HK,澳门MO	0 受惠国LD	20
				4	巴PK		
				5	东盟^{R}AS^R,澳^{R}AU^R,新西兰NZ^R		
6920	8460.3900	--其他 --Other	12	0	东盟AS,智CL,新西兰NZ,新加坡SG,秘PE,哥CR,冰IS,澳AU,格GE,柬KH,港HK,澳门MO	0 受惠国LD	50
				5	东盟^{R}AS^R,澳^{R}AU^R,新西兰NZ^R		
				7.2	巴PK		
		-珩磨或研磨机床： -Honing or lapping machines:					
6921	8460.4010	---珩磨 ---Honing	12Δ6	0	东盟AS,智CL,新西兰NZ,新加坡SG,秘PE,哥CR,瑞CH,冰IS,澳AU,格GE,柬KH,港HK,澳门MO	0 受惠国LD	50
				3.9	巴PK		
				5	东盟^{R}AS^R,澳^{R}AU^R,新西兰NZ^R		
6922	8460.4020	---研磨 ---Lapping	12	0	东盟AS,智CL,新西兰NZ,新加坡SG,秘PE,哥CR,瑞CH,冰IS,澳AU,格GE,柬KH,港HK,澳门MO,台TW	0 受惠国LD	50
				3.9	巴PK		
				5	东盟^{R}AS^R,澳^{R}AU^R,新西兰NZ^R		
		-其他： -Other:					

序号 No.	税则号列 Tariff Line	货品名称 Article Description	最惠国税率 MFN(%)		协定税率 Agreement(%)	特惠税率 SP(%)	普通税率 Gen(%)
6923	8460.9010	---砂轮机 ---Grinding wheel machines	12	0	东盟AS,智CL,新西兰NZ,新加坡SG,秘PE,哥CR,瑞CH,冰IS,澳AU,格GE,东盟^{R}AS^R,澳^{R}AU^R,新西兰^{R}NZ^R,柬KH,港HK,澳门MO,台TW	0 受惠国LD	50
				1.5	韩KR		
				7.2	巴PK		
				12	韩^{R}KR^R		
				12.3	日^{R}JP^R		
6924	8460.9020	---抛光机床 ---Polishing machines	12	0	东盟AS,智CL,新西兰NZ,新加坡SG,秘PE,哥CR,瑞CH,冰IS,韩KR,澳AU,格GE,柬KH,港HK,澳门MO,台TW	0 受惠国LD	50
				7.2	巴PK		
				12	东盟^{R}AS^R,澳^{R}AU^R,新西兰^{R}NZ^R,韩^{R}KR^R		
				12.3	日^{R}JP^R		
6925	8460.9090	---其他 ---Other	12	0	东盟AS,智CL,新西兰NZ,新加坡SG,秘PE,哥CR,瑞CH,冰IS,澳AU,格GE,柬KH,港HK,澳门MO	0 受惠国LD	50
				7.2	巴PK		
				8.2	韩KR		
				13.5	东盟^{R}AS^R,澳^{R}AU^R,新西兰^{R}NZ^R		
				15	韩^{R}KR^R		
	84.61	切削金属或金属陶瓷的刨床、牛头刨床、插床、拉床、切齿机、齿轮磨床或齿轮精加工机床、锯床、切断机及其他税目未列名的切削机床： Machine tools for planing, shaping, slotting, broaching, gear cutting, gear grinding or gear finishing, sawing, cutting-off and other machine tools working by removing metal or cermets, not elsewhere specified or included:					
		-牛头刨床或插床： -Shaping or slotting machines:					
6926	8461.2010	---牛头刨床 ---Shaping machines	12	0	东盟AS,智CL,新西兰NZ,新加坡SG,秘PE,哥CR,瑞CH,冰IS,澳AU,格GE,东盟^{R}AS^R,澳^{R}AU^R,新西兰^{R}NZ^R,柬KH,港HK,澳门MO	0 受惠国LD	50
				1.5	韩KR		
				7.2	巴PK		
				12	韩^{R}KR^R		
				12.3	日^{R}JP^R		

序号 No.	税则号列 Tariff Line	货品名称 Article Description	最惠国税率 MFN(%)	协定税率 Agreement(%)		特惠税率 SP(%)	普通税率 Gen(%)
6927	8461.2020	----插床 ----Slotting machines	12	0	东盟AS,智CL,新西兰NZ,新加坡SG,秘PE,哥CR,瑞CH,冰IS,澳AU,格GE,东盟^RAS^R,澳^RAU^R,新西兰^RNZ^R,柬KH,港HK,澳门MO,台TW	0 受惠国LD	50
				1.5	韩KR		
				7.2	巴PK		
				12	韩^RKR^R		
				12.3	日^RJP^R		
6928	8461.3000	-拉床 -Broaching machines	12	0	东盟AS,智CL,新西兰NZ,新加坡SG,秘PE,哥CR,瑞CH,冰IS,澳AU,格GE,柬KH,港HK,澳门MO,台TW	0 受惠国LD	50
				1.2	韩KR		
				3.6	巴PK		
				9.6	东盟^RAS^R,澳^RAU^R,新西兰^RNZ^R,韩^RKR^R		
				9.8	日^RJP^R		
		-切齿机、齿轮磨床或齿轮精加工机床: -Gear-cutting, gear-grinding or gear-finishing machines:					
		---数控的: ---Numerically controlled:					
6929	8461.4011	----齿轮磨床 ----Gear grinding	9	0	东盟AS,智CL,新西兰NZ,秘PE,哥CR,冰IS,澳AU,柬KH,港HK,澳门MO	0 受惠国LD	20
				4	巴PK		
				5	东盟^RAS^R,澳^RAU^R,新西兰^RNZ^R		
6930	8461.4019	----其他 ----Other	9	0	东盟AS,智CL,新西兰NZ,秘PE,哥CR,冰IS,澳AU,柬KH,港HK,澳门MO	0 受惠国LD	20
				4	巴PK		
				5	东盟^RAS^R,澳^RAU^R,新西兰^RNZ^R		
6931	8461.4090	---其他 ---Other	9	0	东盟AS,智CL,新西兰NZ,新加坡SG,秘PE,哥CR,冰IS,澳AU,格GE,柬KH,港HK,澳门MO	0 受惠国LD	50
				5	东盟^RAS^R,澳^RAU^R,新西兰^RNZ^R		
				7.2	巴PK		
6932	8461.5000	-锯床或切断机 -Sawing or cutting-off machines	12	0	东盟AS,智CL,新西兰NZ,新加坡SG,秘PE,哥CR,瑞CH,冰IS,澳AU,格GE,柬KH,港HK,澳门MO,台TW	0 受惠国LD	50
				3.6	巴PK		
				5	东盟^RAS^R,澳^RAU^R,新西兰^RNZ^R		

序号 No.	税则号列 Tariff Line	货品名称 Article Description	最惠国税率 MFN(%)	协定税率 Agreement(%)		特惠税率 SP(%)	普通税率 Gen(%)
		-其他: -Other:					
		---刨床: ---Planing machines:					
6933	8461.9011	----龙门刨床 ----Double-column (open-side) planing machines	12	0	东盟AS,智CL,新西兰NZ,新加坡SG,秘PE,哥CR,瑞CH,冰IS,澳AU,格GE,东盟^{R}AS^R,澳^{R}AU^R,新西兰^{R}NZ^R,柬KH,港HK,澳门MO,台TW	0 受惠国LD	50
				1.5	韩KR		
				7.2	巴PK		
				12	韩^{R}KR^R		
				12.3	日^{R}JP^R		
6934	8461.9019	----其他 ----Other	12	0	东盟AS,智CL,新西兰NZ,新加坡SG,秘PE,哥CR,瑞CH,冰IS,澳AU,格GE,东盟^{R}AS^R,澳^{R}AU^R,新西兰^{R}NZ^R,柬KH,港HK,澳门MO,台TW	0 受惠国LD	50
				1.5	韩KR		
				7.2	巴PK		
				12	韩^{R}KR^R		
				12.3	日^{R}JP^R		
6935	8461.9090	---其他 ---Other	12	0	东盟AS,智CL,新西兰NZ,新加坡SG,秘PE,哥CR,瑞CH,冰IS,澳AU,格GE,柬KH,港HK,澳门MO	0 受惠国LD	50
				3.6	巴PK		
				6.6	韩KR		
				10.8	东盟^{R}AS^R,澳^{R}AU^R,新西兰^{R}NZ^R		
				12	韩^{R}KR^R		
	84.62	加工金属的锻造、锻锤或模锻（但轧机除外）机床（包括压力机）；加工金属的弯曲、折叠、矫直、矫平、剪切、冲孔、开槽或步冲机床（包括压力机、纵剪线及定尺剪切线,但拉拔机除外）；其他加工金属或硬质合金的压力机： Machine-tools (including presses) for working metal by forging, hammering or die forging (excluding rolling mills); machine-tools (including presses, slitting lines and cut-to-length lines) for working metal by bending, folding, straightening, flattening, shearing, punching, notching or nibbling (excluding draw-benches); presses for working metal or metal carbides, not specified above:					

序号 No.	税则号列 Tariff Line	货品名称 Article Description	最惠国税率 MFN(%)	协定税率 Agreement(%)		特惠税率 SP(%)	普通税率 Gen(%)
		-热锻设备, 热模锻设备 (包括压力机) 及热锻锻锤: -Hot forming machines for forging, die forging (including presses) and hot hammers:					
		--闭式锻造机 (模锻机): --Closed die forging machines:					
6936	8462.1110	---数控的 ---Numerically controlled	9	0	东盟AS,智CL,新西兰NZ,秘PE,哥CR,瑞CH,冰IS,澳AU,柬KH,港HK,澳门MO,台TW	0 受惠国LD	20
				1	巴PK		
				5	东盟^{R}AS^R,澳^{R}AU^R,新西兰^{R}NZ^R		
				6.3	亚太AP		
				6.7	韩KR		
6937	8462.1190	---其他 ---Other	9	0	东盟AS,智CL,新西兰NZ,新加坡SG,秘PE,哥CR,瑞CH,冰IS,澳AU,格GE,柬KH,港HK,澳门MO,台TW	0 受惠国LD	50
				3	巴PK		
				5	东盟^{R}AS^R,澳^{R}AU^R,新西兰^{R}NZ^R		
				6.3	亚太AP		
				8.4	韩KR		
		--其他: --Other:					
6938	8462.1910	---数控的 ---Numerically controlled	9	0	东盟AS,智CL,新西兰NZ,秘PE,哥CR,瑞CH,冰IS,澳AU,柬KH,港HK,澳门MO,台TW	0 受惠国LD	20
				1	巴PK		
				5	东盟^{R}AS^R,澳^{R}AU^R,新西兰^{R}NZ^R		
				6.3	亚太AP		
				6.7	韩KR		
6939	8462.1990	---其他 ---Other	9	0	东盟AS,智CL,新西兰NZ,新加坡SG,秘PE,哥CR,瑞CH,冰IS,澳AU,格GE,柬KH,港HK,澳门MO,台TW	0 受惠国LD	50
				3	巴PK		
				5	东盟^{R}AS^R,澳^{R}AU^R,新西兰^{R}NZ^R		
				6.3	亚太AP		
				8.4	韩KR		
		-用于板材的弯曲、折叠、矫直或矫平机床 (包括折弯机): -Bending, folding, straightening or flattening machines (including press brakes) for flat products:					
		--型材成型机: --Profile forming machines:					

序号 No.	税则号列 Tariff Line	货品名称 Article Description	最惠国税率 MFN(%)	协定税率 Agreement(%)		特惠税率 SP(%)		普通税率 Gen(%)
6940	8462.2210	---数控的 ---Numerically controlled	9	0	东盟AS,智CL,新西兰NZ,哥CR,瑞CH,冰IS,澳AU,柬KH,港HK,澳门MO	0	受惠国LD	20
				4	巴PK			
				5	东盟^RAS^R,澳^RAU^R,新西兰^RNZ^R			
6941	8462.2290	---其他 ---Other	9	0	东盟AS,智CL,新西兰NZ,新加坡SG,秘PE,哥CR,瑞CH,冰IS,澳AU,格GE,柬KH,港HK,澳门MO	0	受惠国LD	50
				1	巴PK			
				5	东盟^RAS^R,澳^RAU^R,新西兰^RNZ^R			
6942	8462.2300	--数控折弯机 --Numerically controlled press brakes	9	0	东盟AS,智CL,新西兰NZ,秘PE,哥CR,瑞CH,冰IS,澳AU,柬KH,港HK,澳门MO	0	受惠国LD	20
				4	巴PK			
				5	东盟^RAS^R,澳^RAU^R,新西兰^RNZ^R			
6943	8462.2400	--数控多边折弯机 --Numerically controlled panel benders	9	0	东盟AS,智CL,新西兰NZ,秘PE,哥CR,瑞CH,冰IS,澳AU,柬KH,港HK,澳门MO	0	受惠国LD	20
				4	巴PK			
				5	东盟^RAS^R,澳^RAU^R,新西兰^RNZ^R			
6944	8462.2500	--数控卷板机 --Numerically controlled roll forming machines	9	0	东盟AS,智CL,新西兰NZ,秘PE,哥CR,瑞CH,冰IS,澳AU,柬KH,港HK,澳门MO	0	受惠国LD	20
				4	巴PK			
				5	东盟^RAS^R,澳^RAU^R,新西兰^RNZ^R			
		--其他数控弯曲、折叠、矫直或矫平机床: --Other numerically controlled bending, folding, straightening or flattening machines:						
6945	8462.2610	---矫直机 ---Straightening machines	9	0	东盟AS,智CL,新西兰NZ,秘PE,哥CR,瑞CH,冰IS,澳AU,柬KH,港HK,澳门MO	0	受惠国LD	20
				4	巴PK			
				5	东盟^RAS^R,澳^RAU^R,新西兰^RNZ^R			
6946	8462.2690	---其他 ---Other	9	0	东盟AS,智CL,新西兰NZ,秘PE,哥CR,瑞CH,冰IS,澳AU,柬KH,港HK,澳门MO	0	受惠国LD	20
				4	巴PK			
				5	东盟^RAS^R,澳^RAU^R,新西兰^RNZ^R			
		--其他: --Other:						

序号 No.	税则号列 Tariff Line	货品名称 Article Description	最惠国税率 MFN(%)	协定税率 Agreement(%)		特惠税率 SP(%)	普通税率 Gen(%)
6947	8462.2910	---矫直机 ---Straightening machines	9	0	东盟AS,智CL,新西兰NZ,秘PE,哥CR,冰IS,澳AU,格GE,柬KH,港HK,澳门MO	0 受惠国LD	50
				1	巴PK		
				4	瑞CH		
				5	东盟^{R}AS^R,澳^{R}AU^R,新西兰^{R}NZ^R		
6948	8462.2990	---其他 ---Other	9	0	东盟AS,智CL,新西兰NZ,新加坡SG,秘PE,哥CR,瑞CH,冰IS,澳AU,格GE,柬KH,港HK,澳门MO	0 受惠国LD	50
				1	巴PK		
				5	东盟^{R}AS^R,澳^{R}AU^R,新西兰^{R}NZ^R		
		-板材用纵剪线、定尺剪切线和其他剪切机床(不包括压力机),但冲剪两用机除外: -Slitting lines, cut-to-length lines and other shearing machines (excluding presses) for flat products, other than combined punching and shearing machines:					
		--纵剪线和定尺剪切线: --Slitting lines and cut-to-length lines:					
6949	8462.3210	---数控的 ---Numerically controlled	7	0	东盟AS,智CL,新西兰NZ,秘PE,哥CR,瑞CH,冰IS,澳AU,柬KH,港HK,澳门MO	0 受惠国LD	20
				4	巴PK		
				5	东盟^{R}AS^R,澳^{R}AU^R,新西兰^{R}NZ^R		
6950	8462.3290	---其他 ---Other	9	0	东盟AS,智CL,新西兰NZ,秘PE,哥CR,瑞CH,冰IS,澳AU,格GE,柬KH,港HK,澳门MO	0 受惠国LD	50
				1	巴PK		
				5	东盟^{R}AS^R,澳^{R}AU^R,新西兰^{R}NZ^R		
				8.6	亚太AP		
6951	8462.3300	--数控剪切机床 --Numerically controlled shearing machines	7	0	东盟AS,智CL,新西兰NZ,秘PE,哥CR,瑞CH,冰IS,澳AU,柬KH,港HK,澳门MO	0 受惠国LD	20
				3	巴PK		
				5	东盟^{R}AS^R,澳^{R}AU^R,新西兰^{R}NZ^R		
6952	8462.3900	--其他 --Other	9	0	东盟AS,智CL,新西兰NZ,秘PE,哥CR,瑞CH,冰IS,澳AU,格GE,柬KH,港HK,澳门MO	0 受惠国LD	50
				1	巴PK		
				5	东盟^{R}AS^R,澳^{R}AU^R,新西兰^{R}NZ^R		
				8.6	亚太AP		

序号 No.	税则号列 Tariff Line	货品名称 Article Description	最惠国税率 MFN(%)	协定税率 Agreement(%)		特惠税率 SP(%)	普通税率 Gen(%)
		-板材用冲孔、开槽或步冲机床（不包括压力机），包括冲剪两用机： -Punching, notching or nibbling machines (excluding presses) for flat products including combined punching and shearing machines:					
		--数控的： --Numerically controlled:					
		---冲床： ---Punch press:					
6953	8462.4211	----自动模式数控步冲压力机 ----CNC automatic tool change punch press	9	0	东盟AS,智CL,新西兰NZ,秘PE,哥CR,瑞CH,冰IS,澳AU,柬KH,港HK,澳门MO	0 受惠国LD	20
				1	巴PK		
				5	东盟^{R}AS^R,澳^{R}AU^R,新西兰^{R}NZ^R		
6954	8462.4212	----其他 ----Other	9	0	东盟AS,智CL,新西兰NZ,秘PE,哥CR,瑞CH,冰IS,澳AU,柬KH,港HK,澳门MO	0 受惠国LD	20
				4	巴PK		
				5	东盟^{R}AS^R,澳^{R}AU^R,新西兰^{R}NZ^R		
6955	8462.4290	---其他 ---Other	9	0	东盟AS,智CL,新西兰NZ,新加坡SG,秘PE,哥CR,瑞CH,冰IS,澳AU,柬KH,港HK,澳门MO	0 受惠国LD	35
				1	巴PK		
				5	东盟^{R}AS^R,澳^{R}AU^R,新西兰^{R}NZ^R		
6956	8462.4900	--其他 --Other	9	0	东盟AS,智CL,新西兰NZ,新加坡SG,秘PE,哥CR,瑞CH,冰IS,澳AU,格GE,柬KH,港HK,澳门MO,台TW	0 受惠国LD	50
				1	巴PK		
				5	东盟^{R}AS^R,澳^{R}AU^R,新西兰^{R}NZ^R		
		-金属管道、管材、型材、空心型材和棒材的加工机床（非压力机）： -Machines for working tube, pipe, hollow section and bar (excluding presses):					
6957	8462.5100	--数控的 --Numerically controlled	8.5	0	东盟AS,智CL,新西兰NZ,秘PE,哥CR,瑞CH,冰IS,澳AU,柬KH,港HK,澳门MO	0 受惠国LD	20
				2.3	巴PK		
				5	东盟^{R}AS^R,澳^{R}AU^R,新西兰^{R}NZ^R		

序号 No.	税则号列 Tariff Line	货品名称 Article Description	最惠国税率 MFN(%)	协定税率 Agreement(%)		特惠税率 SP(%)	普通税率 Gen(%)
6958	8462.5900	--其他 --Other	9	0	东盟AS,智CL,新西兰NZ,新加坡SG,秘PE,哥CR,冰IS,澳AU,格GE,柬KH,港HK,澳门MO,台TW	0 受惠国LD	50
				0.8	瑞CH		
				1.4	巴PK		
				5	东盟^{R}AS^R,澳^{R}AU^R,新西兰^{R}NZ^R		
		-金属冷加工压力机: -Cold metal working presses:					
		--液压压力机: --Hydraulic presses:					
6959	8462.6110	---数控的 ---Numerically controlled	9	0	东盟AS,智CL,新西兰NZ,新加坡SG,秘PE,哥CR,瑞CH,冰IS,澳AU,柬KH,港HK,澳门MO	0 受惠国LD	40
				3	巴PK		
				3.2	格GE		
				5	东盟^{R}AS^R,澳^{R}AU^R,新西兰^{R}NZ^R		
				8.3	亚太AP		
				8.4	韩KR		
6960	8462.6190	---其他 ---Other	9	0	东盟AS,智CL,新西兰NZ,新加坡SG,秘PE,哥CR,瑞CH,冰IS,澳AU,格GE,柬KH,港HK,澳门MO	0 受惠国LD	50
				3.7	巴PK		
				5	东盟^{R}AS^R,澳^{R}AU^R,新西兰^{R}NZ^R		
				8.3	亚太AP		
				8.9	韩KR		
		--机械压力机: --Mechanical presses:					
6961	8462.6210	---数控的 ---Numerically controlled	9	0	东盟AS,智CL,新西兰NZ,新加坡SG,秘PE,哥CR,瑞CH,冰IS,澳AU,柬KH,港HK,澳门MO,台TW	0 受惠国LD	35
				1	巴PK		
				5	东盟^{R}AS^R,澳^{R}AU^R,新西兰^{R}NZ^R		
				8	韩KR		
				8.6	亚太AP		
6962	8462.6290	---其他 ---Other	9	0	东盟AS,智CL,新西兰NZ,新加坡SG,秘PE,哥CR,瑞CH,冰IS,澳AU,格GE,柬KH,港HK,澳门MO,台TW	0 受惠国LD	50
				2	巴PK		
				5	东盟^{R}AS^R,澳^{R}AU^R,新西兰^{R}NZ^R		
				8.6	亚太AP		
				8.8	韩KR		

序号 No.	税则号列 Tariff Line	货品名称 Article Description	最惠国税率 MFN(%)	协定税率 Agreement(%)		特惠税率 SP(%)		普通税率 Gen(%)
6963	8462.6300	--伺服压力机 --Servo-presses	9	0	东盟AS,智CL,新西兰NZ,新加坡SG,秘PE,哥CR,瑞CH,冰IS,澳AU,柬KH,港HK,澳门MO,台TW	0	受惠国LD	35
				1	巴PK			
				5	东盟^{R}AS^R,澳^{R}AU^R,新西兰^{R}NZ^R			
				8	韩KR			
				8.6	亚太AP			
		--其他: --Other:						
6964	8462.6910	---数控的 ---Numerically controlled	9	0	东盟AS,智CL,新西兰NZ,新加坡SG,秘PE,哥CR,瑞CH,冰IS,澳AU,柬KH,港HK,澳门MO	0	受惠国LD	35
				1	巴PK			
				5	东盟^{R}AS^R,澳^{R}AU^R,新西兰^{R}NZ^R			
				8	韩KR			
				8.6	亚太AP			
6965	8462.6990	---其他 ---Other	9	0	东盟AS,智CL,新西兰NZ,新加坡SG,秘PE,哥CR,瑞CH,冰IS,澳AU,格GE,柬KH,港HK,澳门MO	0	受惠国LD	50
				2	巴PK			
				5	东盟^{R}AS^R,澳^{R}AU^R,新西兰^{R}NZ^R			
				8.6	亚太AP			
				8.8	韩KR			
		-其他: -Other:						
6966	8462.9010	---数控的 ---Numerically controlled	9	0	东盟AS,智CL,新西兰NZ,新加坡SG,秘PE,哥CR,瑞CH,冰IS,澳AU,柬KH,港HK,澳门MO	0	受惠国LD	35
				1	巴PK			
				5	东盟^{R}AS^R,澳^{R}AU^R,新西兰^{R}NZ^R			
				8	韩KR			
				8.6	亚太AP			
6967	8462.9090	---其他 ---Other	9	0	东盟AS,智CL,新西兰NZ,新加坡SG,秘PE,哥CR,瑞CH,冰IS,澳AU,格GE,柬KH,港HK,澳门MO	0	受惠国LD	50
				2	巴PK			
				5	东盟^{R}AS^R,澳^{R}AU^R,新西兰^{R}NZ^R			
				8.6	亚太AP			
				8.8	韩KR			
	84.63	金属或金属陶瓷的其他非切削加工机床: Other machine-tools for working metal or cermets, without removing material:						

序号 No.	税则号列 Tariff Line	货品名称 Article Description	最惠国税率 MFN(%)	协定税率 Agreement(%)		特惠税率 SP(%)	普通税率 Gen(%)
		-杆、管、型材、异型材、丝及类似品的 拉拔机： -Draw-benches for bars, tubes, profiles, wire or the like:					
		---冷拔管机： ---Cold-drawing tube benches:					
6968	8463.1011	----拉拔力为300吨及以下 ----With drawing force not more than 300t	9	0 1 5.5 8 8.2 9 10	东盟AS,智CL,新西兰NZ,秘PE, 哥CR,瑞CH,冰IS,澳AU,格GE, 毛MU,柬KH,港HK,澳门MO 巴PK 韩KR 东盟^{R}AS^R 日^{R}JP^R 澳^{R}AU^R,新西兰^{R}NZ^R 韩^{R}KR^R	0 受惠国LD	50
6969	8463.1019	----其他 ----Other	9	0 1 5	东盟AS,智CL,新西兰NZ,新加 坡SG,秘PE,哥CR,瑞CH,冰IS,澳 AU,格GE,毛MU,柬KH,港HK,澳 门MO,台TW 巴PK 东盟^{R}AS^R,澳^{R}AU^R,新西兰^{R}NZ^R	0 受惠国LD	50
6970	8463.1020	---拔丝机 ---Wiredrawing machines	9	0 1 5	东盟AS,智CL,新西兰NZ,秘PE, 哥CR,瑞CH,冰IS,澳AU,格GE, 毛MU,柬KH,港HK,澳门MO 巴PK 东盟^{R}AS^R,澳^{R}AU^R,新西兰^{R}NZ^R	0 受惠国LD	50
6971	8463.1090	---其他 ---Other	9	0 1 5	东盟AS,智CL,新西兰NZ,秘PE, 哥CR,瑞CH,冰IS,澳AU,格GE, 毛MU,柬KH,港HK,澳门MO 巴PK 东盟^{R}AS^R,澳^{R}AU^R,新西兰^{R}NZ^R	0 受惠国LD	50
6972	8463.2000	-螺纹滚轧机 -Thread rolling machines	9	0 5 7.2	东盟AS,智CL,新西兰NZ,新加 坡SG,秘PE,哥CR,瑞CH,冰IS,澳 AU,格GE,毛MU,柬KH,港HK,澳 门MO 东盟^{R}AS^R,澳^{R}AU^R,新西兰^{R}NZ^R 巴PK	0 受惠国LD	50
6973	8463.3000	-金属丝加工机 -Machines for working wire	9	0 1 5	东盟AS,智CL,新西兰NZ,秘PE, 哥CR,瑞CH,冰IS,澳AU,格GE, 毛MU,柬KH,港HK,澳门MO 巴PK 东盟^{R}AS^R,澳^{R}AU^R,新西兰^{R}NZ^R	0 受惠国LD	50

序号 No.	税则号列 Tariff Line	货品名称 Article Description	最惠国税率 MFN(%)	协定税率 Agreement(%)		特惠税率 SP(%)		普通税率 Gen(%)
6974	8463.9000	-其他 -Other	9	0	东盟AS,智CL,新西兰NZ,秘PE,哥CR,瑞CH,冰IS,澳AU,格GE,毛MU,柬KH,港HK,澳门MO	0	受惠国LD	50
				4	巴PK			
				5	东盟^RAS^R,澳^RAU^R,新西兰^RNZ^R			
	84.64	石料、陶瓷、混凝土、石棉水泥或类似矿物材料的加工机床、玻璃冷加工机床: **Machine tools for working stone, ceramics, concrete, asbestos-cement or like mineral materials or for cold working glass:**						
		-锯床: -Sawing machines:						
6975	8464.1010	---圆盘锯 ---Of disk saw	0	0	东盟AS,智CL,巴PK,新西兰NZ,秘PE,哥CR,瑞CH,冰IS,韩KR,澳AU,格GE,毛MU,东盟^RAS^R,澳^RAU^R,日^RJP^R,新西兰^RNZ^R,柬KH,港HK,澳门MO,韩^RKR^R	0	受惠国LD	30
6976	8464.1020	---钢丝锯 ---Of scroll saw	0	0	东盟AS,智CL,巴PK,新西兰NZ,秘PE,哥CR,瑞CH,冰IS,韩KR,澳AU,格GE,毛MU,东盟^RAS^R,澳^RAU^R,日^RJP^R,新西兰^RNZ^R,柬KH,港HK,澳门MO,韩^RKR^R	0	受惠国LD	30
6977	8464.1090	---其他 ---Other	0	0	东盟AS,智CL,巴PK,新西兰NZ,秘PE,哥CR,瑞CH,冰IS,韩KR,澳AU,格GE,毛MU,东盟^RAS^R,澳^RAU^R,日^RJP^R,新西兰^RNZ^R,柬KH,港HK,澳门MO,韩^RKR^R	0	受惠国LD	30
		-研磨或抛光机床: -Grinding or polishing machines:						
6978	8464.2010	---玻璃研磨或抛光机床 ---Machines for grinding or polishing glass or glassware	0	0	东盟AS,智CL,巴PK,新西兰NZ,秘PE,哥CR,瑞CH,冰IS,韩KR,澳AU,格GE,毛MU,东盟^RAS^R,澳^RAU^R,日^RJP^R,新西兰^RNZ^R,柬KH,港HK,澳门MO,韩^RKR^R	0	受惠国LD	30
6979	8464.2090	---其他 ---Other	0	0	东盟AS,智CL,巴PK,新西兰NZ,秘PE,哥CR,瑞CH,冰IS,韩KR,澳AU,格GE,毛MU,东盟^RAS^R,澳^RAU^R,日^RJP^R,新西兰^RNZ^R,柬KH,港HK,澳门MO,韩^RKR^R	0	受惠国LD	30
		-其他: -Other:						
		---玻璃的其他冷加工机床: ---Other machines for cold-working glass or glassware:						
6980	8464.9011	----切割机 ----Cutting-off machines	0	0	东盟AS,智CL,巴PK,新西兰NZ,秘PE,哥CR,瑞CH,冰IS,韩KR,澳AU,格GE,毛MU,东盟^RAS^R,澳^RAU^R,日^RJP^R,新西兰^RNZ^R,柬KH,港HK,澳门MO,韩^RKR^R	0	受惠国LD	30

序号 No.	税则号列 Tariff Line	货品名称 Article Description	最惠国税率 MFN(%)	协定税率 Agreement(%)		特惠税率 SP(%)	普通税率 Gen(%)
6981	8464.9012	----刻花机 ----Carving machines	0	0	东盟AS,智CL,巴PK,新西兰NZ,秘PE,哥CR,瑞CH,冰IS,韩KR,澳AU,格GE,毛MU,东盟^{R}AS^R,澳^{R}AU^R,日^{R}JP^R,新西兰^{R}NZ^R,柬KH,港HK,澳门MO,韩^{R}KR^R	0 受惠国LD	30
6982	8464.9019	----其他 ----Other	0	0	东盟AS,智CL,巴PK,新西兰NZ,秘PE,哥CR,瑞CH,冰IS,韩KR,澳AU,格GE,毛MU,东盟^{R}AS^R,澳^{R}AU^R,日^{R}JP^R,新西兰^{R}NZ^R,柬KH,港HK,澳门MO,韩^{R}KR^R	0 受惠国LD	30
6983	8464.9090	---其他 ---Other	0	0	东盟AS,智CL,巴PK,新西兰NZ,秘PE,哥CR,瑞CH,冰IS,韩KR,澳AU,格GE,毛MU,东盟^{R}AS^R,澳^{R}AU^R,日^{R}JP^R,新西兰^{R}NZ^R,柬KH,港HK,澳门MO,韩^{R}KR^R	0 受惠国LD	30
	84.65	木材、软木、骨、硬质橡胶、硬质塑料或类似硬质材料的加工机床（包括用打钉或打U形钉、胶粘或其他方法组合前述材料的机器）： Machine-tools (including machines for nailing, stapling, glueing or otherwise assembling) for working wood, cork,bone, hard rubber, hard plastics or similar hard materials:					
6984	8465.1000	-不需更换工具即可进行不同机械加工的机器 -Machines which can carry out different types of machining operations without tool change between such operations	9	0 1 5.5 9 10	东盟AS,智CL,新西兰NZ,新加坡SG,秘PE,哥CR,瑞CH,冰IS,澳AU,格GE,毛MU,东盟^{R}AS^R,日^{R}JP^R,柬KH,港HK,澳门MO 巴PK 韩KR 澳^{R}AU^R,新西兰^{R}NZ^R 韩^{R}KR^R	0 受惠国LD	30
		-加工中心： -Machining centres:					
6985	8465.2010	---以刨、铣、钻孔、研磨、抛光、凿榫及其他切削为主的加工中心,加工木材及类似硬质材料的 ---Machining centres for working wood and similar hard materials by planing, milling, drilling, grinding, polishing, mortising and mainly cutting	9	0 1 5.5 9 10	东盟AS,智CL,新西兰NZ,新加坡SG,秘PE,哥CR,瑞CH,冰IS,澳AU,格GE,毛MU,柬KH,港HK,澳门MO 巴PK 韩KR 东盟^{R}AS^R,澳^{R}AU^R,日^{R}JP^R,新西兰^{R}NZ^R 韩^{R}KR^R	0 受惠国LD	30
6986	8465.2090	---其他 ---Other	9	0 1 5.5 9 10	东盟AS,智CL,新西兰NZ,新加坡SG,秘PE,哥CR,瑞CH,冰IS,澳AU,格GE,毛MU,柬KH,港HK,澳门MO 巴PK 韩KR 东盟^{R}AS^R,澳^{R}AU^R,新西兰^{R}NZ^R 韩^{R}KR^R	0 受惠国LD	30

序号 No.	税则号列 Tariff Line	货品名称 Article Description	最惠国税率 MFN(%)	协定税率 Agreement(%)		特惠税率 SP(%)	普通税率 Gen(%)
		-其他: -Other:					
6987	8465.9100	--锯床 --Sawing machines	9	0	东盟AS,智CL,新西兰NZ,秘PE,哥CR,瑞CH,冰IS,澳AU,格GE,毛MU,柬KH,港HK,澳门MO	0 受惠国LD	30
				1	巴PK		
				5.5	韩KR		
				8	东盟^{R}AS^R		
				8.2	日^{R}JP^R		
				9	澳^{R}AU^R,新西兰^{R}NZ^R		
				10	韩^{R}KR^R		
6988	8465.9200	--刨、铣或切削成形机器 --Planing, milling or moulding (by cutting) machines	9	0	东盟AS,智CL,新西兰NZ,新加坡SG,秘PE,哥CR,瑞CH,冰IS,澳AU,格GE,毛MU,柬KH,港HK,澳门MO	0 受惠国LD	30
				1	巴PK		
				5.5	韩KR		
				9	东盟^{R}AS^R,澳^{R}AU^R,日^{R}JP^R,新西兰^{R}NZ^R		
				10	韩^{R}KR^R		
6989	8465.9300	--研磨、砂磨或抛光机器 --Grinding, sanding or polishing machines	9	0	东盟AS,智CL,新西兰NZ,秘PE,哥CR,瑞CH,冰IS,澳AU,格GE,毛MU,柬KH,港HK,澳门MO	0 受惠国LD	30
				1	巴PK		
				5.5	韩KR		
				9	东盟^{R}AS^R,澳^{R}AU^R,日^{R}JP^R,新西兰^{R}NZ^R		
				10	韩^{R}KR^R		
6990	8465.9400	--弯曲或装配机器 --Bending or assembling machines	9	0	东盟AS,智CL,新西兰NZ,新加坡SG,秘PE,哥CR,瑞CH,冰IS,澳AU,格GE,毛MU,柬KH,港HK,澳门MO	0 受惠国LD	30
				1	巴PK		
				5.5	韩KR		
				9	东盟^{R}AS^R,澳^{R}AU^R,日^{R}JP^R,新西兰^{R}NZ^R		
				10	韩^{R}KR^R		
6991	8465.9500	--钻孔或凿榫机器 --Drilling or mortising machines	9	0	东盟AS,智CL,新西兰NZ,新加坡SG,秘PE,哥CR,瑞CH,冰IS,澳AU,格GE,毛MU,柬KH,港HK,澳门MO	0 受惠国LD	30
				1	巴PK		
				5.5	韩KR		
				9	东盟^{R}AS^R,澳^{R}AU^R,日^{R}JP^R,新西兰^{R}NZ^R		
				10	韩^{R}KR^R		

序号 No.	税则号列 Tariff Line	货品名称 Article Description	最惠国税率 MFN(%)	协定税率 Agreement(%)		特惠税率 SP(%)	普通税率 Gen(%)
6992	8465.9600	--剖开、切片或刮削机器 --Splitting, slicing or paring machines	9	0	东盟AS,智CL,新西兰NZ,新加坡SG,秘PE,哥CR,瑞CH,冰IS,澳AU,格GE,毛MU,柬KH,港HK,澳门MO	0 受惠国LD	30
				1	巴PK		
				5.5	韩KR		
				9	东盟^{R}AS^R,澳^{R}AU^R,新西兰^{R}NZ^R		
				10	韩^{R}KR^R		
6993	8465.9900	--其他 --Other	9	0	东盟AS,智CL,新西兰NZ,新加坡SG,秘PE,哥CR,瑞CH,冰IS,澳AU,格GE,毛MU,柬KH,港HK,澳门MO	0 受惠国LD	30
				1	巴PK		
				5.5	韩KR		
				9	东盟^{R}AS^R,澳^{R}AU^R,新西兰^{R}NZ^R		
				10	韩^{R}KR^R		
	84.66	专用于或主要用于税目84.56至84.65所列机器的零件、附件,包括工件或工具的夹具、自启板牙切头、分度头及其他专用于机器的附件;各种手提工具的工具夹具: Parts and accessories suitable for use solely or principally with the machines of headings 84.56 to 84.65, including work or tool holders, self-opening dieheads, dividing heads and other special attachments for machines; tool holders for any type of tool for working in the hand:					
6994	8466.1000	-工具夹具及自启板牙切头 -Tool holders and self-opening dieheads	7	0	东盟AS,智CL,新西兰NZ,秘PE,哥CR,瑞CH,冰IS,澳AU,格GE,毛MU,柬KH,港HK,澳门MO	0 受惠国LD	17
				1	巴PK		
				2.8	韩KR		
				5.6	东盟^{R}AS^R,澳^{R}AU^R,新西兰^{R}NZ^R,韩^{R}KR^R		
				6.1	日^{R}JP^R		
6995	8466.2000	-工件夹具 -Work holders	7	0	东盟AS,智CL,巴PK,新西兰NZ,秘PE,哥CR,瑞CH,冰IS,澳AU,格GE,毛MU,东盟^{R}AS^R,澳^{R}AU^R,新西兰^{R}NZ^R,柬KH,港HK,澳门MO,台TW	0 受惠国LD	17
				0.7	韩KR		
				4.9	亚太AP		
				5.6	韩^{R}KR^R		
				5.7	日^{R}JP^R		

序号 No.	税则号列 Tariff Line	货品名称 Article Description	最惠国税率 MFN(%)	协定税率 Agreement(%)		特惠税率 SP(%)	普通税率 Gen(%)
6996	8466.3000	-分度头及其他专用于机器的附件 -Dividing heads and other special attachments for machines	7	0	东盟AS,智CL,新西兰NZ,秘PE,哥CR,瑞CH,冰IS,澳AU,格GE,毛MU,柬KH,港HK,澳门MO	0 受惠国LD	17
				1	巴PK		
				2.8	韩KR		
				5.6	东盟^RAS^R,澳^RAU^R,新西兰^RNZ^R,韩^RKR^R		
				6.1	日^RJP^R		
		-其他: -Other:					
6997	8466.9100	--税目84.64所列机器用 --For machines of heading 84.64	0	0	东盟AS,智CL,巴PK,新西兰NZ,秘PE,哥CR,瑞CH,冰IS,韩KR,澳AU,格GE,毛MU,东盟^RAS^R,澳^RAU^R,日^RJP^R,新西兰^RNZ^R,柬KH,港HK,澳门MO,韩^RKR^R	0 受惠国LD	17
6998	8466.9200	--税目84.65所列机器用 --For machines of heading 84.65	6	0	东盟AS,智CL,巴PK,新西兰NZ,秘PE,哥CR,瑞CH,冰IS,澳AU,格GE,毛MU,柬KH,港HK,澳门MO	0 受惠国LD	17
				2.4	韩KR		
				4.8	东盟^RAS^R,澳^RAU^R,新西兰^RNZ^R,韩^RKR^R		
				5.3	日^RJP^R		
		--税目84.56至84.61所列机器用: --For machines of headings 84.56 to 84.61:					
6999	8466.9310	---刀库及自动换刀装置 ---Tool magazine and tool change device	0	0	东盟AS,智CL,巴PK,新西兰NZ,秘PE,哥CR,瑞CH,冰IS,韩KR,澳AU,格GE,毛MU,东盟^RAS^R,澳^RAU^R,日^RJP^R,新西兰^RNZ^R,柬KH,港HK,澳门MO,韩^RKR^R	0 受惠国LD	17
7000	8466.9390	---其他 ---Other	0	0	东盟AS,智CL,巴PK,新西兰NZ,秘PE,哥CR,瑞CH,冰IS,韩KR,澳AU,格GE,毛MU,东盟^RAS^R,澳^RAU^R,日^RJP^R,新西兰^RNZ^R,柬KH,港HK,澳门MO,韩^RKR^R	0 受惠国LD	17
7001	8466.9400	--税目84.62或84.63所列机器用 --For machines of heading 84.62 or 84.63	6	0	东盟AS,智CL,巴PK,新西兰NZ,秘PE,哥CR,瑞CH,冰IS,韩KR,澳AU,格GE,毛MU,东盟^RAS^R,澳^RAU^R,新西兰^RNZ^R,柬KH,港HK,澳门MO,台TW,韩^RKR^R	0 受惠国LD	17
				4.9	日^RJP^R		
	84.67	**手提式风动或液压工具及本身装有电动或非电动动力装置的手提式工具:** **Tools for working in the hand, pneumatic, hydraulic or with self-contained electric or non-electric motor:**					
		-风动的: -Pneumatic:					

序号 No.	税则号列 Tariff Line	货品名称 Article Description	最惠国税率 MFN(%)	协定税率 Agreement(%)		特惠税率 SP(%)		普通税率 Gen(%)
7002	8467.1100	--旋转式（包括旋转冲击式的） --Rotary type (including combined rotarypercussion)	8	0	东盟AS,智CL,新西兰NZ,秘PE,哥CR,瑞CH,冰IS,澳AU,格GE,毛MU,柬KH,港HK,澳门MO	0	受惠国LD	30
				1	巴PK			
				3.2	韩KR			
				6.9	东盟^{R}AS^R,韩^{R}KR^R			
				7	日^{R}JP^R			
				7.2	澳^{R}AU^R,新西兰^{R}NZ^R			
7003	8467.1900	--其他 --Other	8	0	东盟AS,智CL,新西兰NZ,秘PE,哥CR,瑞CH,冰IS,韩KR,澳AU,格GE,毛MU,东盟^{R}AS^R,澳^{R}AU^R,新西兰^{R}NZ^R,柬KH,港HK,澳门MO,韩^{R}KR^R	0	受惠国LD	30
				1	巴PK			
				6.5	日^{R}JP^R			
		-本身装有电动动力装置的: -With self-contained electric motor:						
7004	8467.2100	--各种钻 --Drills of all kinds	8	0	东盟AS,智CL,新西兰NZ,新加坡SG,秘PE,哥CR,瑞CH,冰IS,澳AU,格GE,毛MU,柬KH,港HK,澳门MO	0	受惠国LD	30
				1	巴PK,韩KR			
				5.2	亚太AP			
				8	东盟^{R}AS^R,澳^{R}AU^R,新西兰^{R}NZ^R,韩^{R}KR^R			
				8.2	日^{R}JP^R			
		--锯: --Saws:						
7005	8467.2210	---链锯 ---Chain saws	8	0	东盟AS,智CL,新西兰NZ,秘PE,哥CR,瑞CH,冰IS,澳AU,格GE,毛MU,东盟^{R}AS^R,澳^{R}AU^R,新西兰^{R}NZ^R,柬KH,港HK,澳门MO	0	受惠国LD	30
				1	巴PK,韩KR			
				5.2	亚太AP			
				8	韩^{R}KR^R			
				8.2	日^{R}JP^R			
7006	8467.2290	---其他 ---Other	8	0	东盟AS,智CL,新西兰NZ,新加坡SG,秘PE,哥CR,瑞CH,冰IS,澳AU,格GE,毛MU,东盟^{R}AS^R,澳^{R}AU^R,新西兰^{R}NZ^R,柬KH,港HK,澳门MO	0	受惠国LD	30
				1	巴PK,韩KR			
				5.2	亚太AP			
				8	韩^{R}KR^R			
				8.2	日^{R}JP^R			
		--其他: --Other:						

序号 No.	税则号列 Tariff Line	货品名称 Article Description	最惠国税率 MFN(%)	协定税率 Agreement(%)		特惠税率 SP(%)		普通税率 Gen(%)
7007	8467.2910	---砂磨工具（包括磨光机、砂光机、砂轮机等） ---Grinding tools (induding burnisher, belt sander, wheel-sander)	8	0	东盟AS,智CL,新西兰NZ,新加坡SG,秘PE,哥CR,冰IS,澳AU,格GE,毛MU,东盟^{R}AS^R,澳^{R}AU^R,新西兰^{R}NZ^R,柬KH,港HK,澳门MO	0	受惠国LD	30
				1	巴PK,韩KR			
				4	瑞CH			
				5.2	亚太AP			
				8	韩^{R}KR^R			
				8.2	日^{R}JP^R			
7008	8467.2920	---电刨 ---Planings	8	0	东盟AS,智CL,新西兰NZ,秘PE,哥CR,瑞CH,冰IS,澳AU,格GE,毛MU,东盟^{R}AS^R,澳^{R}AU^R,新西兰^{R}NZ^R,柬KH,港HK,澳门MO	0	受惠国LD	30
				1	巴PK,韩KR			
				5.2	亚太AP			
				8	韩^{R}KR^R			
				8.2	日^{R}JP^R			
7009	8467.2990	---其他 ---Other	8	0	东盟AS,智CL,新西兰NZ,新加坡SG,秘PE,哥CR,瑞CH,冰IS,澳AU,格GE,毛MU,东盟^{R}AS^R,澳^{R}AU^R,新西兰^{R}NZ^R,柬KH,港HK,澳门MO	0	受惠国LD	30
				1	巴PK,韩KR			
				5.2	亚太AP			
				8	韩^{R}KR^R			
				8.2	日^{R}JP^R			
		-其他工具： -Other tools:						
7010	8467.8100	--链锯 --Chain saws	8	0	东盟AS,智CL,新西兰NZ,秘PE,哥CR,瑞CH,冰IS,韩KR,澳AU,格GE,毛MU,东盟^{R}AS^R,澳^{R}AU^R,新西兰^{R}NZ^R,柬KH,港HK,澳门MO,韩^{R}KR^R	0	受惠国LD	30
				1	巴PK			
				6.5	日^{R}JP^R			
7011	8467.8900	--其他 --Other	8	0	东盟AS,智CL,新西兰NZ,秘PE,哥CR,瑞CH,冰IS,澳AU,格GE,毛MU,柬KH,港HK,澳门MO	0	受惠国LD	30
				1	巴PK			
				3.2	韩KR			
				6.9	东盟^{R}AS^R,韩^{R}KR^R			
				7	日^{R}JP^R			
				7.2	澳^{R}AU^R,新西兰^{R}NZ^R			
		-零件： -Parts:						
		--链锯用： --Of chain saws:						

序号 No.	税则号列 Tariff Line	货品名称 Article Description	最惠国税率 MFN(%)		协定税率 Agreement(%)	特惠税率 SP(%)	普通税率 Gen(%)
7012	8467.9110	---电动的 ---With self-contained electric motor	6	0	东盟AS,智CL,巴PK,新西兰NZ,秘PE,哥CR,瑞CH,冰IS,韩KR,澳AU,格GE,毛MU,东盟^{R}AS^R,澳^{R}AU^R,日^{R}JP^R,新西兰^{R}NZ^R,柬KH,港HK,澳门MO,韩^{R}KR^R	0 受惠国LD	30
				3.9	亚太AP		
7013	8467.9190	---其他 ---Other	6	0	东盟AS,智CL,巴PK,新西兰NZ,秘PE,哥CR,瑞CH,冰IS,韩KR,澳AU,格GE,毛MU,东盟^{R}AS^R,澳^{R}AU^R,新西兰^{R}NZ^R,柬KH,港HK,澳门MO,韩^{R}KR^R	0 受惠国LD	30
				4.2	亚太AP		
				4.9	日^{R}JP^R		
7014	8467.9200	--风动工具用 --Of pneumatic tools	6	0	东盟AS,智CL,巴PK,新西兰NZ,秘PE,哥CR,瑞CH,韩KR,澳AU,格GE,毛MU,东盟^{R}AS^R,澳^{R}AU^R,新西兰^{R}NZ^R,柬KH,港HK,澳门MO,韩^{R}KR^R	0 受惠国LD	30
				4.9	日^{R}JP^R		
		--其他: --Other:					
7015	8467.9910	---电动工具用 ---With self-contained electric motor	8	0	东盟AS,智CL,新西兰NZ,新加坡SG,秘PE,哥CR,瑞CH,冰IS,澳AU,格GE,柬KH,港HK,澳门MO	0 受惠国LD	30
				1	韩KR		
				3	巴PK		
				5.2	亚太AP		
				8	东盟^{R}AS^R,澳^{R}AU^R,新西兰^{R}NZ^R,韩^{R}KR^R		
				8.2	日^{R}JP^R		
7016	8467.9990	---其他 ---Other	6	0	东盟AS,智CL,巴PK,新西兰NZ,秘PE,哥CR,瑞CH,冰IS,澳AU,格GE,毛MU,东盟^{R}AS^R,澳^{R}AU^R,新西兰^{R}NZ^R,柬KH,港HK,澳门MO	0 受惠国LD	30
				0.6	韩KR		
				4.8	韩^{R}KR^R		
				4.9	日^{R}JP^R		
	84.68	焊接机器及装置,不论是否兼有切割功能,但税目85.15的货品除外;气体加温表面回火机器及装置: Machinery and apparatus for soldering, brazing or welding, whether or not capable of cutting, other than those of heading 85.15; gas-operated surface tempering machines and appliances:					

序号 No.	税则号列 Tariff Line	货品名称 Article Description	最惠国税率 MFN(%)	协定税率 Agreement(%)		特惠税率 SP(%)	普通税率 Gen(%)
7017	8468.1000	-手提喷焊器 -Hand-held blow pipes	9	0	东盟AS,智CL,新西兰NZ,新加坡SG,秘PE,哥CR,瑞CH,冰IS,澳AU,格GE,毛MU,东盟^{R}AS^R,澳^{R}AU^R,新西兰^{R}NZ^R,柬KH,港HK,澳门MO	0 受惠国LD	30
				1.2	韩KR		
				3.6	巴PK		
				9.6	韩^{R}KR^R		
				9.8	日^{R}JP^R		
7018	8468.2000	-其他气体焊接或表面回火机器及装置 -Other gas-operated machinery and apparatus	9	0	东盟AS,智CL,新西兰NZ,新加坡SG,秘PE,哥CR,瑞CH,冰IS,澳AU,格GE,毛MU,东盟^{R}AS^R,澳^{R}AU^R,新西兰^{R}NZ^R,柬KH,港HK,澳门MO	0 受惠国LD	30
				1.2	韩KR		
				3.6	巴PK		
				9.6	韩^{R}KR^R		
				9.8	日^{R}JP^R		
7019	8468.8000	-其他机器及装置 -Other machinery and apparatus	9	0	东盟AS,智CL,新西兰NZ,新加坡SG,秘PE,哥CR,瑞CH,冰IS,澳AU,格GE,毛MU,柬KH,港HK,澳门MO	0 受惠国LD	30
				3.6	巴PK		
				5	东盟^{R}AS^R,澳^{R}AU^R,新西兰^{R}NZ^R		
7020	8468.9000	-零件 -Parts	7Δ3	0	东盟AS,智CL,新西兰NZ,秘PE,哥CR,瑞CH,冰IS,韩KR,澳AU,格GE,毛MU,东盟^{R}AS^R,澳^{R}AU^R,新西兰^{R}NZ^R,柬KH,港HK,澳门MO,韩^{R}KR^R	0 受惠国LD	30
				1	巴PK		
				5.7	日^{R}JP^R		
	84.70	计算机器及具有计算功能的袖珍式数据记录、重现及显示机器;装有计算装置的会计计算机、邮资盖戳机、售票机及类似机器;现金出纳机: Calculating machines and pocket-size data recording, reproducing and displaying machines with calculating functions; accounting machines, postage-franking machines, ticket-issuing machines and similar machines, incorporating a calculating device; cash registers:					
7021	8470.1000	-不需外接电源的电子计算器及具有计算功能的袖珍式数据记录、重现及显示机器 -Electronic calculators capable of operation without an external source of electric power and pocket-size data recording, reproducing and displaying machines with calculating functions	0	0	东盟AS,智CL,巴PK,新西兰NZ,秘PE,哥CR,瑞CH,冰IS,韩KR,澳AU,格GE,毛MU,东盟^{R}AS^R,澳^{R}AU^R,日^{R}JP^R,新西兰^{R}NZ^R,柬KH,港HK,澳门MO,韩^{R}KR^R	0 受惠国LD	80

序号 No.	税则号列 Tariff Line	货品名称 Article Description	最惠国税率 MFN(%)	协定税率 Agreement(%)		特惠税率 SP(%)	普通税率 Gen(%)
		-其他电子计算器: -Other electronic calculating machines:					
7022	8470.2100	--装有打印装置的 --Incorporating a printing device	0	0	东盟AS,智CL,巴PK,新西兰NZ,秘PE,哥CR,瑞CH,冰IS,韩KR,澳AU,格GE,毛MU,东盟^RAS^R,澳^RAU^R,日^RJP^R,新西兰^RNZ^R,柬KH,港HK,澳门MO,韩^RKR^R	0 受惠国LD	80
7023	8470.2900	--其他 --Other	0	0	东盟AS,智CL,巴PK,新西兰NZ,秘PE,哥CR,瑞CH,冰IS,韩KR,澳AU,格GE,毛MU,东盟^RAS^R,澳^RAU^R,日^RJP^R,新西兰^RNZ^R,柬KH,港HK,澳门MO,韩^RKR^R	0 受惠国LD	80
7024	8470.3000	-其他计算机器 -Other calculating machines	0	0	东盟AS,智CL,巴PK,新西兰NZ,秘PE,哥CR,瑞CH,冰IS,韩KR,澳AU,格GE,毛MU,东盟^RAS^R,澳^RAU^R,日^RJP^R,新西兰^RNZ^R,柬KH,港HK,澳门MO,韩^RKR^R	0 受惠国LD	40
		-现金出纳机: -Cash registers:					
7025	8470.5010	---销售点终端出纳机 ---Terminal registers for market	0	0	东盟AS,智CL,巴PK,新西兰NZ,秘PE,哥CR,瑞CH,冰IS,韩KR,澳AU,格GE,毛MU,东盟^RAS^R,澳^RAU^R,日^RJP^R,新西兰^RNZ^R,柬KH,港HK,澳门MO,韩^RKR^R	0 受惠国LD	40
7026	8470.5090	---其他 ---Other	0	0	东盟AS,智CL,巴PK,新西兰NZ,秘PE,哥CR,瑞CH,冰IS,韩KR,澳AU,格GE,毛MU,东盟^RAS^R,澳^RAU^R,日^RJP^R,新西兰^RNZ^R,柬KH,港HK,澳门MO,韩^RKR^R	0 受惠国LD	40
7027	8470.9000	-其他 -Other	0	0	东盟AS,智CL,巴PK,新西兰NZ,秘PE,哥CR,瑞CH,冰IS,韩KR,澳AU,格GE,毛MU,东盟^RAS^R,澳^RAU^R,日^RJP^R,新西兰^RNZ^R,柬KH,港HK,澳门MO,韩^RKR^R	0 受惠国LD	40
	84.71	自动数据处理设备及其部件; 其他税目未列名的磁性或光学阅读机、将数据以代码形式转录到数据记录媒体的机器及处理这些数据的机器: Automatic data-processing machines and units thereof; magnetic or optical readers, machines for transcribing data onto data media in coded form and machines for processing such data, not elsewhere specified or included:					
		-重量不超过10千克的便携自动数据处理设备, 至少由一个中央处理部件、一个键盘及一个显示器组成: -Portable automatic data-processing machines, weighing not more than10kg, consisting of at least a central processing unit, a keyboard and a display:					

1486

序号 No.	税则号列 Tariff Line	货品名称 Article Description	最惠国税率 MFN(%)	协定税率 Agreement(%)		特惠税率 SP(%)	普通税率 Gen(%)
7028	8471.3010	---平板电脑 ---Tablet computer	0	0	东盟AS,智CL,巴PK,新西兰NZ, 秘PE,哥CR,瑞CH,冰IS,韩KR, 澳AU,格GE,毛MU,东盟^RAS^R, 澳^RAU^R,日^RJP^R,新西兰^RNZ^R,柬 KH,港HK,澳门MO,韩^RKR^R	0 受惠国LD	70
7029	8471.3090	---其他 ---Other	0	0	东盟AS,智CL,巴PK,新西兰NZ, 秘PE,哥CR,瑞CH,冰IS,韩KR, 澳AU,格GE,毛MU,东盟^RAS^R, 澳^RAU^R,日^RJP^R,新西兰^RNZ^R,柬 KH,港HK,澳门MO,韩^RKR^R	0 受惠国LD	70
		-其他自动数据处理设备: -Other automatic data-processing machines:					

		--同一机壳内至少有一个中央处理部件
		  及一个输入和输出部件,不论是否组
		  合式:
		--Comprising in the same housing at
		  least a central processing unit and an
		  input and output unit, whether or not
		  combined:					

7030	8471.4110	---巨型机、大型机及中型机 ---Mainframes	0	0	东盟AS,智CL,巴PK,新西兰NZ, 秘PE,哥CR,瑞CH,冰IS,韩KR, 澳AU,格GE,毛MU,东盟^RAS^R, 澳^RAU^R,日^RJP^R,新西兰^RNZ^R,柬 KH,港HK,澳门MO,韩^RKR^R	0 受惠国LD	14
7031	8471.4120	---小型机 ---Mini-computers	0	0	东盟AS,智CL,巴PK,新西兰NZ, 秘PE,哥CR,瑞CH,冰IS,韩KR, 澳AU,格GE,毛MU,东盟^RAS^R, 澳^RAU^R,日^RJP^R,新西兰^RNZ^R,柬 KH,港HK,澳门MO,韩^RKR^R	0 受惠国LD	14
7032	8471.4140	---微型机 ---Microprocessings	0	0	东盟AS,智CL,巴PK,新西兰NZ, 秘PE,哥CR,瑞CH,冰IS,韩KR, 澳AU,格GE,毛MU,东盟^RAS^R, 澳^RAU^R,日^RJP^R,新西兰^RNZ^R,柬 KH,港HK,澳门MO,韩^RKR^R	0 受惠国LD	70
7033	8471.4190	---其他 ---Other	0	0	东盟AS,智CL,巴PK,新西兰NZ, 秘PE,哥CR,瑞CH,冰IS,韩KR, 澳AU,格GE,毛MU,东盟^RAS^R, 澳^RAU^R,日^RJP^R,新西兰^RNZ^R,柬 KH,港HK,澳门MO,韩^RKR^R	0 受惠国LD	70
		--其他,以系统形式进口或出口的: --Other, presented in the form of systems:					
7034	8471.4910	---巨型机、大型机及中型机 ---Mainframes	0	0	东盟AS,智CL,巴PK,新西兰NZ, 秘PE,哥CR,瑞CH,冰IS,韩KR, 澳AU,格GE,毛MU,东盟^RAS^R, 澳^RAU^R,日^RJP^R,新西兰^RNZ^R,柬 KH,港HK,澳门MO,韩^RKR^R	0 受惠国LD	29
7035	8471.4920	---小型机 ---Mini-computers	0	0	东盟AS,智CL,巴PK,新西兰NZ, 秘PE,哥CR,瑞CH,冰IS,韩KR, 澳AU,格GE,毛MU,东盟^RAS^R, 澳^RAU^R,日^RJP^R,新西兰^RNZ^R,柬 KH,港HK,澳门MO,韩^RKR^R	0 受惠国LD	29

序号 No.	税则号列 Tariff Line	货品名称 Article Description	最惠国税率 MFN(%)		协定税率 Agreement(%)	特惠税率 SP(%)	普通税率 Gen(%)
7036	8471.4940	---微型机 ---Microprocessings	0	0	东盟AS,智CL,巴PK,新西兰NZ, 秘PE,哥CR,瑞CH,冰IS,韩KR, 澳AU,格GE,毛MU,东盟^RAS^R, 澳^RAU^R,日^RJP^R,新西兰^RNZ^R,柬 KH,港HK,澳门MO,韩^RKR^R	0 受惠国LD	70
		---其他: ---Other:					
7037	8471.4991	----分散型工业过程控制设备 ----Processing machines for the dis- tributed control system	0	0	东盟AS,智CL,巴PK,新西兰NZ, 秘PE,哥CR,瑞CH,冰IS,韩KR, 澳AU,格GE,毛MU,东盟^RAS^R, 澳^RAU^R,日^RJP^R,新西兰^RNZ^R,柬 KH,港HK,澳门MO,韩^RKR^R	0 受惠国LD	70
7038	8471.4999	----其他 ----Other	0	0	东盟AS,智CL,巴PK,新西兰NZ, 秘PE,哥CR,瑞CH,冰IS,韩KR, 澳AU,格GE,毛MU,东盟^RAS^R, 澳^RAU^R,日^RJP^R,新西兰^RNZ^R,柬 KH,港HK,澳门MO,韩^RKR^R	0 受惠国LD	70
		-子目8471.4100或8471.4900所列以外的 处理部件,不论是否在同一机壳内有 一个或两个下列部件:存储部件、输入 部件、输出部件: -Processing units other than those of subheading 8471.4100 or 8471.4900, whether or not containing in the same housing one or two of the following types of unit: storage units, input units, output units:					
7039	8471.5010	---巨型机、大型机及中型机的 ---Of mainframes	0	0	东盟AS,智CL,巴PK,新西兰NZ, 秘PE,哥CR,瑞CH,冰IS,韩KR, 澳AU,格GE,毛MU,东盟^RAS^R, 澳^RAU^R,日^RJP^R,新西兰^RNZ^R,柬 KH,港HK,澳门MO,韩^RKR^R	0 受惠国LD	14
7040	8471.5020	---小型机的 ---Of mini-computers	0	0	东盟AS,智CL,巴PK,新西兰NZ, 秘PE,哥CR,瑞CH,冰IS,韩KR, 澳AU,格GE,毛MU,东盟^RAS^R, 澳^RAU^R,日^RJP^R,新西兰^RNZ^R,柬 KH,港HK,澳门MO,韩^RKR^R	0 受惠国LD	14
7041	8471.5040	---微型机的 ---Of microprocessings	0	0	东盟AS,智CL,巴PK,新西兰NZ, 秘PE,哥CR,瑞CH,冰IS,韩KR, 澳AU,格GE,毛MU,东盟^RAS^R, 澳^RAU^R,日^RJP^R,新西兰^RNZ^R,柬 KH,港HK,澳门MO,韩^RKR^R	0 受惠国LD	70
7042	8471.5090	---其他 ---Other	0	0	东盟AS,智CL,巴PK,新西兰NZ, 秘PE,哥CR,瑞CH,冰IS,韩KR, 澳AU,格GE,毛MU,东盟^RAS^R, 澳^RAU^R,日^RJP^R,新西兰^RNZ^R,柬 KH,港HK,澳门MO,韩^RKR^R	0 受惠国LD	70
		-输入或输出部件,不论是否在同一机 壳内有存储部件: -Input or output units, whether or not containing storage units in the same housing:					

序号 No.	税则号列 Tariff Line	货品名称 Article Description	最惠国税率 MFN(%)	协定税率 Agreement(%)		特惠税率 SP(%)	普通税率 Gen(%)
7043	8471.6040	---巨型机、大型机、中型机及小型机用终端 ---Terminating machines for the huge computers, mainframes and minicomputers	0	0	东盟AS,智CL,巴PK,新西兰NZ,秘PE,哥CR,瑞CH,冰IS,韩KR,澳AU,格GE,毛MU,东盟^RAS^R,澳^RAU^R,日^RJP^R,新西兰^RNZ^R,柬KH,港HK,澳门MO,韩^RKR^R	0 受惠国LD	14
7044	8471.6050	---扫描仪 ---Scanner	0	0	东盟AS,智CL,巴PK,新西兰NZ,秘PE,哥CR,瑞CH,冰IS,韩KR,澳AU,格GE,毛MU,东盟^RAS^R,澳^RAU^R,日^RJP^R,新西兰^RNZ^R,柬KH,港HK,澳门MO,韩^RKR^R	0 受惠国LD	14
7045	8471.6060	---数字化仪 ---Digitizer	0	0	东盟AS,智CL,巴PK,新西兰NZ,秘PE,哥CR,瑞CH,冰IS,韩KR,澳AU,格GE,毛MU,东盟^RAS^R,澳^RAU^R,日^RJP^R,新西兰^RNZ^R,柬KH,港HK,澳门MO,韩^RKR^R	0 受惠国LD	14
		---键盘、鼠标器: ---Keyboards, mouses:					
7046	8471.6071	----键盘 ----Keyboards	0	0	东盟AS,智CL,巴PK,新西兰NZ,秘PE,哥CR,瑞CH,冰IS,韩KR,澳AU,格GE,毛MU,东盟^RAS^R,澳^RAU^R,日^RJP^R,新西兰^RNZ^R,柬KH,港HK,澳门MO,韩^RKR^R	0 受惠国LD	40
7047	8471.6072	----鼠标器 ----Mouses	0	0	东盟AS,智CL,巴PK,新西兰NZ,秘PE,哥CR,瑞CH,冰IS,韩KR,澳AU,格GE,毛MU,东盟^RAS^R,澳^RAU^R,日^RJP^R,新西兰^RNZ^R,柬KH,港HK,澳门MO,韩^RKR^R	0 受惠国LD	40
7048	8471.6090	---其他 ---Other	0	0	东盟AS,智CL,巴PK,新西兰NZ,秘PE,哥CR,瑞CH,冰IS,韩KR,澳AU,格GE,毛MU,东盟^RAS^R,澳^RAU^R,日^RJP^R,新西兰^RNZ^R,柬KH,港HK,澳门MO,韩^RKR^R	0 受惠国LD	14
		-存储部件: -Storage units:					
		---硬盘驱动器: ---Rigid disk drivers:					
7049	8471.7011	----固态硬盘（SSD） ----Solid state disks	0	0	东盟AS,智CL,巴PK,新西兰NZ,秘PE,哥CR,瑞CH,冰IS,韩KR,澳AU,格GE,毛MU,东盟^RAS^R,澳^RAU^R,日^RJP^R,新西兰^RNZ^R,柬KH,港HK,澳门MO,韩^RKR^R	0 受惠国LD	14
7050	8471.7019	----其他 ----Other	0	0	东盟AS,智CL,巴PK,新西兰NZ,秘PE,哥CR,瑞CH,冰IS,韩KR,澳AU,格GE,毛MU,东盟^RAS^R,澳^RAU^R,日^RJP^R,新西兰^RNZ^R,柬KH,港HK,澳门MO,韩^RKR^R	0 受惠国LD	14

序号 No.	税则号列 Tariff Line	货品名称 Article Description	最惠国税率 MFN(%)	协定税率 Agreement(%)		特惠税率 SP(%)	普通税率 Gen(%)
7051	8471.7020	---软盘驱动器 ---Floppy disk drivers	0	0	东盟AS,智CL,巴PK,新西兰NZ,秘PE,哥CR,瑞CH,冰IS,韩KR,澳AU,格GE,毛MU,东盟^RAS^R,澳^RAU^R,日^RJP^R,新西兰^RNZ^R,柬KH,港HK,澳门MO,韩^RKR^R	0 受惠国LD	14
7052	8471.7030	---光盘驱动器 ---CD drivers	0	0	东盟AS,智CL,巴PK,新西兰NZ,秘PE,哥CR,瑞CH,冰IS,韩KR,澳AU,格GE,毛MU,东盟^RAS^R,澳^RAU^R,日^RJP^R,新西兰^RNZ^R,柬KH,港HK,澳门MO,韩^RKR^R	0 受惠国LD	14
7053	8471.7090	---其他 ---Other	0	0	东盟AS,智CL,巴PK,新西兰NZ,秘PE,哥CR,瑞CH,冰IS,韩KR,澳AU,格GE,毛MU,东盟^RAS^R,澳^RAU^R,日^RJP^R,新西兰^RNZ^R,柬KH,港HK,澳门MO,韩^RKR^R	0 受惠国LD	14
7054	8471.8000	-自动数据处理设备的其他部件 -Other units automatic data processing machines	0	0	东盟AS,智CL,巴PK,新西兰NZ,秘PE,哥CR,瑞CH,冰IS,韩KR,澳AU,格GE,毛MU,东盟^RAS^R,澳^RAU^R,日^RJP^R,新西兰^RNZ^R,柬KH,港HK,澳门MO,韩^RKR^R	0 受惠国LD	40
7055	8471.9000	-其他 -Other	0	0	东盟AS,智CL,巴PK,新西兰NZ,秘PE,哥CR,瑞CH,冰IS,韩KR,澳AU,格GE,毛MU,东盟^RAS^R,澳^RAU^R,日^RJP^R,新西兰^RNZ^R,柬KH,港HK,澳门MO,韩^RKR^R	0 受惠国LD	40
	84.72	其他办公室用机器（例如，胶版复印机、油印机、地址印写机、自动付钞机、硬币分类、计数及包装机、削铅笔机、打洞机或订书机）： **Other office machines (for example, hectograph or stencil duplicating machines, addressing machines, automatic banknote dispensers, coin-sorting machines, coin-counting or wrapping machines, pencil-sharpening machines, perforating or stapling machines):**					
7056	8472.1000	-胶版复印机、油印机 -Duplicating machines	0	0 1.4 6.7 11.2	东盟AS,智CL,新西兰NZ,新加坡SG,秘PE,哥CR,瑞CH,冰IS,澳AU,格GE,毛MU,东盟^RAS^R,澳^RAU^R,日^RJP^R,新西兰^RNZ^R,柬KH,港HK,澳门MO 韩KR 巴PK 韩^RKR^R	0 受惠国LD	40
		-信件分类或折叠机或信件装封机、信件开封或闭封机、粘贴或盖销邮票机： -Machines for sorting or folding mail or for inserting mail in envelopes or bands, machines for opening, closing or sealing mail and machines for affixing or cancelling postage stamps:					

序号 No.	税则号列 Tariff Line	货品名称 Article Description	最惠国税率 MFN(%)	协定税率 Agreement(%)		特惠税率 SP(%)		普通税率 Gen(%)
7057	8472.3010	---邮政信件分拣及封装设备 ---Machines for sorting or banding mail	8	0	东盟AS,智CL,新西兰NZ,秘PE, 哥CR,冰IS,澳AU,格GE,毛MU, 东盟^{R}AS^R,澳^{R}AU^R,新西兰^{R}NZ^R, 柬KH,港HK,澳门MO	0	受惠国LD	40
				1	巴PK,韩KR			
				8	韩^{R}KR^R			
				8.2	日^{R}JP^R			
7058	8472.3090	---其他 ---Other	8	0	东盟AS,智CL,新西兰NZ,新加 坡SG,秘PE,哥CR,瑞CH,冰IS,澳 AU,格GE,毛MU,东盟^{R}AS^R,澳 ^{R}AU^R,新西兰^{R}NZ^R,柬KH,港HK, 澳门MO	0	受惠国LD	40
				1.4	韩KR			
				4.2	巴PK			
				11.2	韩^{R}KR^R			
				11.5	日^{R}JP^R			
		-其他: -Other:						
7059	8472.9010	---自动柜员机 ---Automated teller	0	0	东盟AS,智CL,巴PK,新西兰NZ, 秘PE,哥CR,瑞CH,冰IS,韩KR, 澳AU,格GE,毛MU,东盟^{R}AS^R, 澳^{R}AU^R,日^{R}JP^R,新西兰^{R}NZ^R,柬 KH,港HK,澳门MO,韩^{R}KR^R	0	受惠国LD	40
		---装订用机器: ---Stapling machines:						
7060	8472.9021	----打洞机 ----Perforator	0	0	东盟AS,智CL,巴PK,新西兰NZ, 秘PE,哥CR,瑞CH,冰IS,韩KR, 澳AU,格GE,毛MU,东盟^{R}AS^R, 澳^{R}AU^R,日^{R}JP^R,新西兰^{R}NZ^R,柬 KH,港HK,澳门MO,韩^{R}KR^R	0	受惠国LD	40
7061	8472.9022	----订书机 ----Stapler	0	0	东盟AS,智CL,巴PK,新西兰NZ, 秘PE,哥CR,瑞CH,冰IS,韩KR, 澳AU,格GE,毛MU,东盟^{R}AS^R, 澳^{R}AU^R,日^{R}JP^R,新西兰^{R}NZ^R,柬 KH,港HK,澳门MO,韩^{R}KR^R	0	受惠国LD	40
7062	8472.9029	----其他 ----Other	0	0	东盟AS,智CL,巴PK,新西兰NZ, 秘PE,哥CR,瑞CH,冰IS,韩KR, 澳AU,格GE,毛MU,东盟^{R}AS^R, 澳^{R}AU^R,日^{R}JP^R,新西兰^{R}NZ^R,柬 KH,港HK,澳门MO,韩^{R}KR^R	0	受惠国LD	40
7063	8472.9030	---碎纸机 ---Paper shrudders	0	0	东盟AS,智CL,巴PK,新西兰NZ, 秘PE,哥CR,瑞CH,冰IS,韩KR, 澳AU,格GE,毛MU,东盟^{R}AS^R, 澳^{R}AU^R,日^{R}JP^R,新西兰^{R}NZ^R,柬 KH,港HK,澳门MO,韩^{R}KR^R	0	受惠国LD	40

序号 No.	税则号列 Tariff Line	货品名称 Article Description	最惠国税率 MFN(%)	协定税率 Agreement(%)		特惠税率 SP(%)	普通税率 Gen(%)
7064	8472.9040	---地址印写机及地址铭牌压印机 ---Addressing machines and address plate embossing machines	0	0	东盟AS,智CL,新西兰NZ,新加坡SG,秘PE,哥CR,瑞CH,冰IS,澳AU,格GE,毛MU,东盟^RAS^R,澳^RAU^R,日^RJP^R,新西兰^RNZ^R,柬KH,港HK,澳门MO	0 受惠国LD	40
				1.4	韩KR		
				6.7	巴PK		
				11.2	韩^RKR^R		
7065	8472.9050	---文字处理机 ---Word-processing machines	0	0	东盟AS,智CL,巴PK,新西兰NZ,秘PE,哥CR,瑞CH,冰IS,韩KR,澳AU,格GE,毛MU,东盟^RAS^R,澳^RAU^R,日^RJP^R,新西兰^RNZ^R,柬KH,港HK,澳门MO,韩^RKR^R	0 受惠国LD	40
7066	8472.9060	---打字机,但税目84.43的打印机除外 ---Typewriters, other than printers of heading 84.43	8	0	东盟AS,智CL,新西兰NZ,新加坡SG,秘PE,哥CR,瑞CH,冰IS,澳AU,格GE,毛MU,东盟^RAS^R,澳^RAU^R,新西兰^RNZ^R,柬KH,港HK,澳门MO	0 受惠国LD	40
				3.6	巴PK		
				9.6	韩^RKR^R		
				9.8	日^RJP^R		
7067	8472.9090	---其他 ---Other	0	0	东盟AS,智CL,巴PK,新西兰NZ,秘PE,哥CR,瑞CH,冰IS,韩KR,澳AU,格GE,毛MU,东盟^RAS^R,澳^RAU^R,日^RJP^R,新西兰^RNZ^R,柬KH,港HK,澳门MO,韩^RKR^R	0 受惠国LD	40
	84.73	专用于或主要用于税目84.70至84.72所列机器的零件、附件（罩套、提箱及类似品除外）： Parts and accessories (other than covers, carrying cases and the like) suitable for use solely or principally with machines of headings 84.70 to 84.72:					
		-税目84.70所列机器的零件、附件： -Parts and accessories of the machines of heading 84.70:					
7068	8473.2100	--子目8470.10、8470.21或8470.29所列电子计算器的零件、附件 --Of the electronic calculating machines of subheading 8470.10, 8470.21 or 8470.29	0	0	东盟AS,智CL,巴PK,新西兰NZ,秘PE,哥CR,瑞CH,冰IS,韩KR,澳AU,格GE,毛MU,东盟^RAS^R,澳^RAU^R,日^RJP^R,新西兰^RNZ^R,柬KH,港HK,澳门MO,韩^RKR^R	0 受惠国LD	50

序号 No.	税则号列 Tariff Line	货品名称 Article Description	最惠国税率 MFN(%)		协定税率 Agreement(%)	特惠税率 SP(%)	普通税率 Gen(%)
7069	8473.2900	--其他 --Other	0	0	东盟AS,智CL,巴PK,新西兰NZ,秘PE,哥CR,瑞CH,冰IS,韩KR,澳AU,格GE,毛MU,东盟^{R}AS^R,澳^{R}AU^R,日^{R}JP^R,新西兰^{R}NZ^R,柬KH,港HK,澳门MO,韩^{R}KR^R	0 受惠国LD	35
		-税目84.71所列机器的零件、附件: -Parts and accessories of the machines of heading 84.71:					
7070	8473.3010	---子目8471.4110、8471.4120、8471.4910、8471.4920、8471.5010、8471.5020、8471.6090、8471.7011、8471.7019、8471.7020、8471.7030及8471.7090所列机器及装置的零件、附件 ---Of the machines of subheading 8471.4110, 8471.4120, 8471.4910, 8471.4920, 8471.5010, 8471.5020, 8471.6090, 8471.7011, 8471.7019, 8471.7020, 8471.7030 or 8471.7090	0	0	东盟AS,智CL,巴PK,新西兰NZ,秘PE,哥CR,瑞CH,冰IS,韩KR,澳AU,格GE,毛MU,东盟^{R}AS^R,澳^{R}AU^R,日^{R}JP^R,新西兰^{R}NZ^R,柬KH,港HK,澳门MO,韩^{R}KR^R	0 受惠国LD	14
7071	8473.3090	---其他 ---Other	0	0	东盟AS,智CL,巴PK,新西兰NZ,秘PE,哥CR,瑞CH,冰IS,韩KR,澳AU,格GE,毛MU,东盟^{R}AS^R,澳^{R}AU^R,日^{R}JP^R,新西兰^{R}NZ^R,柬KH,港HK,澳门MO,韩^{R}KR^R	0 受惠国LD	40
		-税目84.72所列机器的零件、附件: -Parts and accessories of the machines of heading 84.72:					
7072	8473.4010	---自动柜员机用出钞器和循环出钞器 ---Banknote dispenser of automated teller	0	0 3 5.7 8.4 9.1	东盟AS,智CL,新西兰NZ,新加坡SG,秘PE,哥CR,瑞CH,冰IS,澳AU,格GE,毛MU,东盟^{R}AS^R,日^{R}JP^R,柬KH,港HK,澳门MO 巴PK 韩KR 澳^{R}AU^R,新西兰^{R}NZ^R 韩^{R}KR^R	0 受惠国LD	35
7073	8473.4020	---子目8472.9050、8472.9060所列机器的零件、附件 ---Parts and accessories of the machines of subheading 8472.9050, 8472.9060	0	0 1 3.2 6.4	东盟AS,智CL,新西兰NZ,秘PE,哥CR,瑞CH,冰IS,澳AU,格GE,毛MU,东盟^{R}AS^R,澳^{R}AU^R,日^{R}JP^R,新西兰^{R}NZ^R,柬KH,港HK,澳门MO 巴PK 韩KR 韩^{R}KR^R	0 受惠国LD	35

序号 No.	税则号列 Tariff Line	货品名称 Article Description	最惠国税率 MFN(%)	协定税率 Agreement(%)		特惠税率 SP(%)		普通税率 Gen(%)
7074	8473.4090	---其他 ---Other	0	0	东盟AS,智CL,新西兰NZ,新加 坡SG,秘PE,哥CR,瑞CH,冰IS, 澳AU,格GE,毛MU,东盟^{R}AS^R, 澳^{R}AU^R,日^{R}JP^R,新西兰^{R}NZ^R,柬 KH,港HK,澳门MO,韩^{R}KR^R	0 受惠国LD	35
				1	韩KR		
				3	巴PK		
7075	8473.5000	-同样适用于税目84.70至84.72中两个或 两个以上税目所列机器的零件、附件 -Parts and accessories equally suitable for use with the machines of two or more of the headings 84.70 to 84.72	0	0	东盟AS,智CL,巴PK,新西兰NZ, 秘PE,哥CR,瑞CH,冰IS,韩KR, 澳AU,格GE,毛MU,东盟^{R}AS^R, 澳^{R}AU^R,日^{R}JP^R,新西兰^{R}NZ^R,柬 KH,港HK,澳门MO,韩^{R}KR^R	0 受惠国LD	35
	84.74	泥土、石料、矿石或其他固体（包括粉 状、浆状）矿物质的分类、筛选、分离、 洗涤、破碎、磨粉、混合或搅拌机器；固 体矿物燃料、陶瓷坯泥、未硬化水泥、 石膏材料或其他粉状、浆状矿产品的 粘聚或成形机器；铸造用砂模的成形 机器： Machinery for sorting, screening, separating, washing, crushing, grinding, mixing or kneading earth, stone, ores or other mineral substances, in solid (including powder or paste) form;machinery for agglomerating, shaping or moulding solid mineral fuels, ceramic paste, unhardened cements, plastering materials or other mineral products in powder or paste form; machines for forming foundry moulds of sand:					
7076	8474.1000	-分类、筛选、分离或洗涤机器 -Sorting, screening, separating or washing machines	5	0	东盟AS,智CL,巴PK,新西兰NZ, 秘PE,哥CR,瑞CH,冰IS,澳AU,格 GE,毛MU,柬KH,港HK,澳门MO	0 受惠国LD	30
				0.5	韩KR		
				4	东盟^{R}AS^R,澳^{R}AU^R,新西兰^{R}NZ^R, 韩^{R}KR^R		
				4.1	日^{R}JP^R		
		-破碎或磨粉机器： -Crushing or grinding machines:					
7077	8474.2010	---齿辊式 ---Toothing roller type	5	0	东盟AS,智CL,巴PK,新西兰NZ, 秘PE,哥CR,瑞CH,冰IS,澳AU,格 GE,毛MU,东盟^{R}AS^R,澳^{R}AU^R,新 西兰^{R}NZ^R,柬KH,港HK,澳门MO	0 受惠国LD	30
				0.5	韩KR		
				4	韩^{R}KR^R		
				4.1	日^{R}JP^R		

序号 No.	税则号列 Tariff Line	货品名称 Article Description	最惠国税率 MFN(%)	协定税率 Agreement(%)		特惠税率 SP(%)		普通税率 Gen(%)
7078	8474.2020	---球磨式 ---Em-Peters type	5	0	东盟AS,智CL,巴PK,新西兰NZ, 秘PE,哥CR,瑞CH,冰IS,澳AU,格 GE,毛MU,柬KH,港HK,澳门MO	0	受惠国LD	30
				2	韩KR			
				4	东盟^{R}AS^R,澳^{R}AU^R,新西兰^{R}NZ^R, 韩^{R}KR^R			
				4.4	日^{R}JP^R			
7079	8474.2090	---其他 ---Other	5	0	东盟AS,智CL,巴PK,新西兰NZ, 秘PE,哥CR,瑞CH,冰IS,澳AU,格 GE,毛MU,东盟^{R}AS^R,澳^{R}AU^R,新 西兰^{R}NZ^R,柬KH,港HK,澳门MO	0	受惠国LD	30
				0.5	韩KR			
				4	韩^{R}KR^R			
				4.1	日^{R}JP^R			
		-混合或搅拌机器: -Mixing or kneading machines:						
7080	8474.3100	--混凝土或砂浆混合机器 --Concrete or mortar mixers	7	0	东盟AS,智CL,新西兰NZ,秘PE, 哥CR,瑞CH,冰IS,澳AU,格GE, 毛MU,东盟^{R}AS^R,澳^{R}AU^R,新西 兰^{R}NZ^R,柬KH,港HK,澳门MO	0	受惠国LD	30
				0.7	韩KR			
				1	巴PK			
				5.6	韩^{R}KR^R			
				5.7	日^{R}JP^R			
7081	8474.3200	--矿物与沥青的混合机器 --Machines for mixing mineral substances with bitumen	7	0	东盟AS,智CL,新西兰NZ,秘PE, 哥CR,冰IS,澳AU,格GE,毛MU, 东盟^{R}AS^R,澳^{R}AU^R,新西兰^{R}NZ^R, 柬KH,港HK,澳门MO	0	受惠国LD	30
				0.7	韩KR			
				1	巴PK			
				5.6	韩^{R}KR^R			
				5.7	日^{R}JP^R			
7082	8474.3900	--其他 --Other	5	0	东盟AS,智CL,巴PK,新西兰NZ, 秘PE,哥CR,瑞CH,冰IS,澳AU,格GE,毛 MU,东盟^{R}AS^R,澳^{R}AU^R,新西兰 ^{R}NZ^R,柬KH,港HK,澳门MO	0	受惠国LD	30
				0.5	韩KR			
				2	瑞CH			
				4	韩^{R}KR^R			
				4.1	日^{R}JP^R			
		-其他机器: -Other machinery:						

序号 No.	税则号列 Tariff Line	货品名称 Article Description	最惠国税率 MFN(%)	协定税率 Agreement(%)		特惠税率 SP(%)	普通税率 Gen(%)
7083	8474.8010	---辊压成型机 ---Rolling forming machines	5	0	东盟AS,智CL,巴PK,新西兰NZ,秘PE,哥CR,瑞CH,冰IS,澳AU,格GE,毛MU,东盟^RAS^R,澳^RAU^R,新西兰^RNZ^R,柬KH,港HK,澳门MO	0 受惠国LD	30
				0.5	韩KR		
				3.3	亚太AP		
				4	韩^RKR^R		
				4.1	日^RJP^R		
7084	8474.8020	---模压成型机 ---Moulding forming machines	5	0	东盟AS,智CL,巴PK,新西兰NZ,秘PE,哥CR,瑞CH,冰IS,澳AU,格GE,毛MU,柬KH,港HK,澳门MO	0 受惠国LD	30
				2	韩KR		
				3.3	亚太AP		
				4	东盟^RAS^R,澳^RAU^R,新西兰^RNZ^R,韩^RKR^R		
				4.4	日^RJP^R		
7085	8474.8090	---其他 ---Other	5	0	东盟AS,智CL,巴PK,新西兰NZ,秘PE,哥CR,瑞CH,冰IS,澳AU,格GE,毛MU,柬KH,港HK,澳门MO	0 受惠国LD	30
				0.5	韩KR		
				3.3	亚太AP		
				4	东盟^RAS^R,澳^RAU^R,新西兰^RNZ^R,韩^RKR^R		
				4.1	日^RJP^R		
7086	8474.9000	-零件 -Parts	5	0	东盟AS,智CL,巴PK,新西兰NZ,秘PE,哥CR,瑞CH,冰IS,澳AU,格GE,毛MU,柬KH,港HK,澳门MO	0 受惠国LD	30
				0.5	韩KR		
				4	东盟^RAS^R,澳^RAU^R,新西兰^RNZ^R,韩^RKR^R		
				4.1	日^RJP^R		
	84.75	白炽灯泡、灯管、放电灯管、电子管、闪光灯泡及类似品的封装机器；玻璃或玻璃制品的制造或热加工机器: Machines for assembling electric or electronic lamps, tubes or valves or flashbulbs, in glass envelopes; machines for manufacturing or hot working glass or glassware:					
7087	8475.1000	-白炽灯泡、灯管、放电灯管、电子管、闪光灯泡及类似品的封装机器 -Machines for assembling electric or electronic lamps, tubes or valves or flashbulbs, in glass envelopes	8	0	东盟AS,智CL,新西兰NZ,秘PE,哥CR,瑞CH,冰IS,澳AU,格GE,毛MU,东盟^RAS^R,澳^RAU^R,新西兰^RNZ^R,柬KH,港HK,澳门MO	0 受惠国LD	30
				0.8	韩KR		
				1	巴PK		
				6.4	韩^RKR^R		
				6.5	日^RJP^R		

序号 No.	税则号列 Tariff Line	货品名称 Article Description	最惠国税率 MFN(%)	协定税率 Agreement(%)		特惠税率 SP(%)	普通税率 Gen(%)
		-玻璃或玻璃制品的制造或热加工机器： -Machines for manufacturing or hot working glass or glassware:					
7088	8475.2100	--制造光导纤维及其预制棒的机器 --Machines for making optical fibres and preforms thereof	1.3#0	0	东盟AS,智CL,新西兰NZ,新加坡SG,秘PE,哥CR,瑞CH,冰IS,澳AU,格GE,毛MU,柬KH,港HK,澳门MO	0 受惠国LD	30
				1	巴PK,韩KR		
				8	东盟^{R}AS^R,澳^{R}AU^R,新西兰^{R}NZ^R,韩^{R}KR^R		
				8.2	日^{R}JP^R		
		--其他： --Other:					
		---玻璃的热加工设备： ---Equipments for hot working glass or glasswares:					
7089	8475.2911	----连续式玻璃热弯炉 -----Continuous hot bending furnaces	8	0	东盟AS,智CL,新西兰NZ,秘PE,哥CR,瑞CH,冰IS,澳AU,格GE,毛MU,东盟^{R}AS^R,澳^{R}AU^R,新西兰^{R}NZ^R,柬KH,港HK,澳门MO	0 受惠国LD	30
				1	巴PK,韩KR		
				5.2	亚太AP		
				8	韩^{R}KR^R		
				8.2	日^{R}JP^R		
7090	8475.2912	----玻璃纤维拉丝机（光纤拉丝机除外） ----Fiber glass winder (excluding Opticaefiber winder)	8	0	东盟AS,智CL,新西兰NZ,秘PE,哥CR,瑞CH,冰IS,澳AU,格GE,毛MU,东盟^{R}AS^R,澳^{R}AU^R,新西兰^{R}NZ^R,柬KH,港HK,澳门MO	0 受惠国LD	30
				1	巴PK,韩KR		
				5.2	亚太AP		
				8	韩^{R}KR^R		
				8.2	日^{R}JP^R		
7091	8475.2919	----其他 ----Other	8	0	东盟AS,智CL,新西兰NZ,新加坡SG,秘PE,哥CR,瑞CH,冰IS,澳AU,格GE,毛MU,东盟^{R}AS^R,澳^{R}AU^R,新西兰^{R}NZ^R,柬KH,港HK,澳门MO	0 受惠国LD	30
				1	巴PK,韩KR		
				8	韩^{R}KR^R		
				8.2	日^{R}JP^R		
7092	8475.2990	---其他 ---Other	8	0	东盟AS,智CL,新西兰NZ,秘PE,哥CR,瑞CH,冰IS,澳AU,格GE,毛MU,东盟^{R}AS^R,澳^{R}AU^R,新西兰^{R}NZ^R,柬KH,港HK,澳门MO	0 受惠国LD	30
				1	巴PK,韩KR		
				8	韩^{R}KR^R		
				8.2	日^{R}JP^R		

序号 No.	税则号列 Tariff Line	货品名称 Article Description	最惠国税率 MFN(%)	协定税率 Agreement(%)		特惠税率 SP(%)	普通税率 Gen(%)
7093	8475.9000	-零件 -Parts	8	0	东盟AS,智CL,新西兰NZ,秘PE,哥CR,瑞CH,冰IS,澳AU,格GE,毛MU,东盟^{R}AS^R,澳^{R}AU^R,新西兰^{R}NZ^R,柬KH,港HK,澳门MO	0 受惠国LD	30
				0.8	韩KR		
				4	巴PK		
				6.4	韩^{R}KR^R		
				6.5	日^{R}JP^R		
	ex84759000	税目8475.21所列机器的零件 Parts of machines of subheading 8475.21	0				
	84.76	自动售货机(例如,出售邮票、香烟、食品或饮料的机器),包括钱币兑换机: **Automatic goods-vending machines (for example, postage stamp, cigarette, food or beverage machines), including money-changing machines:**					
		-饮料自动销售机: -Automatic beverage-vending machines:					
7094	8476.2100	--装有加热或制冷装置的 --Incorporating heating or refrigerating devices	11	0	东盟AS,智CL,新西兰NZ,新加坡SG,秘PE,哥CR,瑞CH,冰IS,澳AU,格GE,毛MU,东盟^{R}AS^R,澳^{R}AU^R,新西兰^{R}NZ^R,柬KH,港HK,澳门MO	0 受惠国LD	50
				1.4	韩KR		
				6.7	巴PK		
				11.2	韩^{R}KR^R		
				11.5	日^{R}JP^R		
7095	8476.2900	--其他 --Other	12	0	东盟AS,智CL,新西兰NZ,新加坡SG,秘PE,哥CR,瑞CH,冰IS,澳AU,格GE,毛MU,东盟^{R}AS^R,澳^{R}AU^R,新西兰^{R}NZ^R,柬KH,港HK,澳门MO	0 受惠国LD	50
				1.5	韩KR		
				7.2	巴PK		
				12	韩^{R}KR^R		
				12.3	日^{R}JP^R		
		-其他机器: -Other machines:					
7096	8476.8100	--装有加热或制冷装置的 --Incorporating heating or refrigerating devices	11	0	东盟AS,智CL,新西兰NZ,新加坡SG,秘PE,哥CR,瑞CH,冰IS,澳AU,格GE,毛MU,东盟^{R}AS^R,澳^{R}AU^R,新西兰^{R}NZ^R,柬KH,港HK,澳门MO	0 受惠国LD	50
				1.4	韩KR		
				4.2	巴PK		
				11.2	韩^{R}KR^R		
				11.5	日^{R}JP^R		

序号 No.	税则号列 Tariff Line	货品名称 Article Description	最惠国税率 MFN(%)	协定税率 Agreement(%)		特惠税率 SP(%)	普通税率 Gen(%)
7097	8476.8900	--其他 --Other	12	0	东盟AS,智CL,新西兰NZ,新加坡SG,秘PE,哥CR,瑞CH,冰IS,澳AU,格GE,毛MU,东盟^{R}AS^R,澳^{R}AU^R,新西兰^{R}NZ^R,柬KH,港HK,澳门MO	0 受惠国LD	50
				1.5	韩KR		
				7.2	巴PK		
				12	韩^{R}KR^R		
				12.3	日^{R}JP^R		
	ex84768900	钱币兑换机 Money-changing machines	0				
7098	8476.9000	-零件 -Parts	8	0	东盟AS,智CL,新西兰NZ,秘PE,哥CR,瑞CH,冰IS,澳AU,格GE,毛MU,东盟^{R}AS^R,澳^{R}AU^R,新西兰^{R}NZ^R,柬KH,港HK,澳门MO	0 受惠国LD	50
				1	巴PK,韩KR		
				8	韩^{R}KR^R		
				8.2	日^{R}JP^R		
	ex84769000	钱币兑换机的零件 Parts of money-changing machines	0				
	84.77	本章其他税号未列名的橡胶或塑料及其产品的加工机器： Machinery for working rubber or plastics or for the manufacture of products from these materials, not specified or included elsewhere in this Chapter:					
		-注射机： -Injection-moulding machines:					
7099	8477.1010	---注塑机 ---For working plastics	0	0	东盟AS,智CL,巴PK,新西兰NZ,秘PE,哥CR,瑞CH,冰IS,韩KR,澳AU,格GE,毛MU,东盟^{R}AS^R,澳^{R}AU^R,日^{R}JP^R,新西兰^{R}NZ^R,柬KH,港HK,澳门MO,韩^{R}KR^R	0 受惠国LD	45
7100	8477.1090	---其他 ---Other	0	0	东盟AS,智CL,巴PK,新西兰NZ,秘PE,哥CR,瑞CH,冰IS,韩KR,澳AU,格GE,毛MU,东盟^{R}AS^R,澳^{R}AU^R,日^{R}JP^R,新西兰^{R}NZ^R,柬KH,港HK,澳门MO,韩^{R}KR^R	0 受惠国LD	30
		-挤出机： -Extruders:					
7101	8477.2010	---塑料造粒机 ---Plastic pelletizers	5	0	东盟AS,智CL,巴PK,新西兰NZ,秘PE,哥CR,瑞CH,冰IS,韩KR,澳AU,格GE,毛MU,东盟^{R}AS^R,日^{R}JP^R,柬KH,港HK,澳门MO,台TW,韩^{R}KR^R	0 受惠国LD	30
				3.3	亚太AP		
				4	澳^{R}AU^R,新西兰^{R}NZ^R		

序号 No.	税则号列 Tariff Line	货品名称 Article Description	最惠国税率 MFN(%)	协定税率 Agreement(%)		特惠税率 SP(%)	普通税率 Gen(%)
7102	8477.2090	---其他 ---Other	5	0	东盟AS,智CL,巴PK,新西兰NZ, 秘PE,哥CR,冰IS,韩KR,澳AU, 格GE,毛MU,东盟^RAS^R,澳^RAU^R, 新西兰^RNZ^R,柬KH,港HK,澳门 MO,台TW,韩^RKR^R	0 受惠国LD	30
				2	瑞CH		
				3.3	亚太AP		
				4.1	日^RJP^R		
		-吹塑机: -Blow moulding machines:					
7103	8477.3010	---挤出吹塑机 ---Extrusion blow moulding machines	5	0	东盟AS,智CL,巴PK,新西兰NZ, 秘PE,哥CR,瑞CH,冰IS,澳AU,格 GE,毛MU,东盟^RAS^R,澳^RAU^R,新 西兰^RNZ^R,柬KH,港HK,澳门MO	0 受惠国LD	30
				0.5	韩KR		
				4	韩^RKR^R		
				4.1	日^RJP^R		
7104	8477.3020	---注射吹塑机 ---Injection blow moulding machines	5	0	东盟AS,智CL,巴PK,新西兰NZ, 秘PE,哥CR,瑞CH,冰IS,韩KR, 澳AU,格GE,毛MU,东盟^RAS^R, 澳^RAU^R,日^RJP^R,新西兰^RNZ^R,柬 KH,港HK,澳门MO,韩^RKR^R	0 受惠国LD	30
7105	8477.3090	---其他 ---Other	5	0	东盟AS,智CL,巴PK,新西兰NZ, 秘PE,哥CR,瑞CH,冰IS,澳AU,格 GE,毛MU,东盟^RAS^R,澳^RAU^R,新 西兰^RNZ^R,柬KH,港HK,澳门MO	0 受惠国LD	30
				0.5	韩KR		
				4	韩^RKR^R		
				4.1	日^RJP^R		
		-真空模塑机器及其他热成型机器: -Vacuum moulding machines and other thermoforming machines:					
7106	8477.4010	---塑料中空成型机 ---Plastics brideg-die-forming machines	5	0	东盟AS,智CL,巴PK,新西兰NZ, 秘PE,哥CR,冰IS,韩KR,澳AU, 格GE,毛MU,东盟^RAS^R,澳^RAU^R, 新西兰^RNZ^R,柬KH,港HK,澳门 MO,台TW,韩^RKR^R	0 受惠国LD	30
				3.3	亚太AP		
				4.1	日^RJP^R		
7107	8477.4020	---塑料压延成型机 ---Plastics calender-forming machines	5	0	东盟AS,智CL,巴PK,新西兰NZ, 秘PE,哥CR,瑞CH,冰IS,韩KR, 澳AU,格GE,毛MU,东盟^RAS^R,澳 ^RAU^R,新西兰^RNZ^R,柬KH,港HK, 澳门MO,台TW,韩^RKR^R	0 受惠国LD	30
				3.3	亚太AP		
				4.1	日^RJP^R		

序号 No.	税则号列 Tariff Line	货品名称 Article Description	最惠国税率 MFN(%)	协定税率 Agreement(%)		特惠税率 SP(%)		普通税率 Gen(%)
7108	8477.4090	---其他 ---Other	5	0	东盟AS,智CL,巴PK,新西兰NZ, 秘PE,哥CR,冰IS,韩KR,澳AU, 格GE,毛MU,柬KH,港HK,澳门 MO,台TW	0	受惠国LD	30
				2	瑞CH			
				3.3	亚太AP			
				4	东盟^RAS^R,澳^RAU^R,新西兰^RNZ^R, 韩^RKR^R			
				4.1	日^RJP^R			
		-其他模塑或成型机器: -Other machinery for moulding or 　otherwise forming:						
7109	8477.5100	--用于充气轮胎模塑或翻新的机器及内 　胎模塑或用其他方法成型的机器 --For moulding or retreading pneumatic 　tyres or for moulding or otherwise 　forming inner tubes	5	0	东盟AS,智CL,巴PK,新西兰NZ, 秘PE,哥CR,瑞CH,冰IS,澳AU,格 GE,毛MU,柬KH,港HK,澳门MO	0	受惠国LD	30
				0.5	韩KR			
				4	东盟^RAS^R,澳^RAU^R,新西兰^RNZ^R, 韩^RKR^R			
				4.1	日^RJP^R			
7110	8477.5900	--其他 --Other	5	0	东盟AS,智CL,巴PK,新西兰NZ, 秘PE,哥CR,瑞CH,冰IS,澳AU, 格GE,毛MU,柬KH,港HK,澳门 MO,台TW	0	受惠国LD	30
				2	韩KR			
				3.3	亚太AP			
				4	东盟^RAS^R,澳^RAU^R,新西兰^RNZ^R, 韩^RKR^R			
				4.4	日^RJP^R			
7111	8477.8000	-其他机器 -Other machinery	5	0	东盟AS,智CL,巴PK,新西兰NZ, 秘PE,哥CR,冰IS,韩KR,澳AU, 格GE,毛MU,东盟^RAS^R,澳^RAU^R, 新西兰^RNZ^R,柬KH,港HK,澳门 MO,台TW,韩^RKR^R	0	受惠国LD	30
				2	瑞CH			
				3.3	亚太AP			
				4.4	日^RJP^R			
7112	8477.9000	-零件 -Parts	0	0	东盟AS,智CL,巴PK,新西兰NZ, 秘PE,哥CR,瑞CH,冰IS,韩KR, 澳AU,格GE,毛MU,东盟^RAS^R, 澳^RAU^R,日^RJP^R,新西兰^RNZ^R,柬 KH,港HK,澳门MO,韩^RKR^R	0	受惠国LD	30
	84.78	本章其他税目未列名的烟草加工及制 作机器: **Machinery for preparing or making up tobacco, not specified or included elsewhere in this Chapter:**						

序号 No.	税则号列 Tariff Line	货品名称 Article Description	最惠国税率 MFN(%)	协定税率 Agreement(%)		特惠税率 SP(%)	普通税率 Gen(%)
7113	8478.1000	-机器 -Machinery	5	0	东盟AS,智CL,巴PK,新西兰NZ, 秘PE,哥CR,瑞CH,冰IS,毛MU, 柬KH,港HK,澳门MO	0 受惠国LD	30
				2.5	亚太AP		
7114	8478.9000	-零件 -Parts	8Δ5	0	东盟AS,智CL,新西兰NZ,秘PE, 哥CR,瑞CH,冰IS,毛MU,柬KH, 港HK,澳门MO	0 受惠国LD	30
				4	巴PK		
	84.79	本章其他税号未列名的具有独立功能 的机器及机械器具: Machines and mechanical appliances having individual functions, not specified or included elsewhere in this Chapter:					
		-公共工程用机器: -Machinery for public works, building or the like:					
		---摊铺机: ---Spreading machines:					
7115	8479.1021	----沥青混凝土摊铺机 ----Machines for spreading bituminous concrete	8	0	东盟AS,智CL,新西兰NZ,秘PE, 哥CR,瑞CH,冰IS,韩KR,澳AU, 格GE,毛MU,东盟^{R}AS^R,澳^{R}AU^R, 新西兰^{R}NZ^R,柬KH,港HK,澳门 MO,韩^{R}KR^R	0 受惠国LD	30
				1	巴PK		
				5.2	亚太AP		
				6.5	日^{R}JP^R		
7116	8479.1022	----稳定土摊铺机 ----Stabilizer spreading machines	8	0	东盟AS,智CL,新西兰NZ,秘PE, 哥CR,瑞CH,冰IS,韩KR,澳AU, 格GE,毛MU,东盟^{R}AS^R,澳^{R}AU^R, 新西兰^{R}NZ^R,柬KH,港HK,澳门 MO,韩^{R}KR^R	0 受惠国LD	30
				1	巴PK		
				5.2	亚太AP		
				6.5	日^{R}JP^R		
7117	8479.1029	----其他 ----Other	8	0	东盟AS,智CL,新西兰NZ,秘PE, 哥CR,瑞CH,冰IS,韩KR,澳AU, 格GE,毛MU,东盟^{R}AS^R,澳^{R}AU^R, 新西兰^{R}NZ^R,柬KH,港HK,澳门 MO,韩^{R}KR^R	0 受惠国LD	30
				1	巴PK		
				5.2	亚太AP		
				6.5	日^{R}JP^R		

序号 No.	税则号列 Tariff Line	货品名称 Article Description	最惠国税率 MFN(%)	协定税率 Agreement(%)		特惠税率 SP(%)	普通税率 Gen(%)
7118	8479.1090	----其他 ----Other	8	0	东盟AS,智CL,新西兰NZ,秘PE,哥CR,瑞CH,冰IS,澳AU,格GE,毛MU,东盟^{R}AS^R,澳^{R}AU^R,新西兰^{R}NZ^R,柬KH,港HK,澳门MO	0 受惠国LD	30
				0.8	韩KR		
				1	巴PK		
				5.2	亚太AP		
				6.4	韩^{R}KR^R		
				6.5	日^{R}JP^R		
7119	8479.2000	-提取、加工动物油脂、植物固定油脂或微生物油脂的机器 -Machinery for the extraction or preparation of animal or fixed vegetable or microbial fats or oils	8	0	东盟AS,智CL,新西兰NZ,新加坡SG,秘PE,哥CR,瑞CH,冰IS,澳AU,格GE,毛MU,东盟^{R}AS^R,澳^{R}AU^R,新西兰^{R}NZ^R,柬KH,港HK,澳门MO	0 受惠国LD	30
				0.5	韩KR		
				1	巴PK		
				6.8	韩^{R}KR^R		
				7	日^{R}JP^R		
7120	8479.3000	-木碎料板或木纤维板的挤压机及其他木材或软木处理机 -Presses for the manufacture of particle board or fibre building board of wood or other ligneous materials and other machinery for treating wood or cork	8	0	东盟AS,智CL,新西兰NZ,秘PE,哥CR,瑞CH,冰IS,澳AU,格GE,毛MU,东盟^{R}AS^R,澳^{R}AU^R,新西兰^{R}NZ^R,柬KH,港HK,澳门MO	0 受惠国LD	30
				1	巴PK,韩KR		
				8	韩^{R}KR^R		
				8.2	日^{R}JP^R		
7121	8479.4000	-绳或缆的制造机器 -Rope or cable-making machines	7	0	东盟AS,智CL,新西兰NZ,秘PE,哥CR,瑞CH,冰IS,韩KR,澳AU,格GE,毛MU,东盟^{R}AS^R,澳^{R}AU^R,新西兰^{R}NZ^R,柬KH,港HK,澳门MO,韩^{R}KR^R	0 受惠国LD	30
				1	巴PK		
				5.7	日^{R}JP^R		
		-未列名的工业机器人: -Industrial robots, not elsewhere specified or included:					
		---多功能工业机器人: ---Industrial robots for multiple uses:					
7122	8479.5011	----协作机器人 ----Cooperative robots	0	0	东盟AS,智CL,巴PK,新西兰NZ,秘PE,哥CR,瑞CH,冰IS,韩KR,澳AU,格GE,毛MU,东盟^{R}AS^R,澳^{R}AU^R,日^{R}JP^R,新西兰^{R}NZ^R,柬KH,港HK,澳门MO,韩^{R}KR^R	0 受惠国LD	20
7123	8479.5019	----其他 ----Other	0	0	东盟AS,智CL,巴PK,新西兰NZ,秘PE,哥CR,瑞CH,冰IS,韩KR,澳AU,格GE,毛MU,东盟^{R}AS^R,澳^{R}AU^R,日^{R}JP^R,新西兰^{R}NZ^R,柬KH,港HK,澳门MO,韩^{R}KR^R	0 受惠国LD	20

序号 No.	税则号列 Tariff Line	货品名称 Article Description	最惠国税率 MFN(%)	协定税率 Agreement(%)		特惠税率 SP(%)	普通税率 Gen(%)
7124	8479.5090	---其他 ---Other	0	0	东盟AS,智CL,巴PK,新西兰NZ, 秘PE,哥CR,瑞CH,冰IS,韩KR, 澳AU,格GE,毛MU,东盟^RAS^R, 澳^RAU^R,日^RJP^R,新西兰^RNZ^R,柬 KH,港HK,澳门MO,韩^RKR^R	0 受惠国LD	30
7125	8479.6000	-蒸发式空气冷却器 -Evaporative air coolers	8	0	东盟AS,智CL,新西兰NZ,秘PE, 哥CR,瑞CH,冰IS,澳AU,格GE, 毛MU,东盟^RAS^R,澳^RAU^R,新西 兰^RNZ^R,柬KH,港HK,澳门MO	0 受惠国LD	30
				1	巴PK,韩KR		
				5.2	亚太AP		
				8	韩^RKR^R		
				8.2	日^RJP^R		
		-旅客登机（船）桥: -Passenger boarding bridges:					
7126	8479.7100	--用于机场的 --Of a kind used in airports	0	0	东盟AS,智CL,巴PK,新西兰NZ, 秘PE,哥CR,瑞CH,冰IS,韩KR, 澳AU,格GE,毛MU,东盟^RAS^R, 澳^RAU^R,日^RJP^R,新西兰^RNZ^R,柬 KH,港HK,澳门MO,韩^RKR^R	0 受惠国LD	30
7127	8479.7900	--其他 --Other	0	0	东盟AS,智CL,巴PK,新西兰NZ, 秘PE,哥CR,瑞CH,冰IS,韩KR, 澳AU,格GE,毛MU,东盟^RAS^R, 澳^RAU^R,日^RJP^R,新西兰^RNZ^R,柬 KH,港HK,澳门MO,韩^RKR^R	0 受惠国LD	30
		-其他机器及机械器具: -Other machines and mechanical appliances: --处理金属的机械, 包括线圈绕线机: --For treating metal, including electric wire coil-winders:					
7128	8479.8110	---绕线机 ---Filament winding machines	9	0	东盟AS,智CL,新西兰NZ,秘PE, 哥CR,瑞CH,冰IS,澳AU,格GE, 毛MU,东盟^RAS^R,澳^RAU^R,新西 兰^RNZ^R,柬KH,港HK,澳门MO, 台TW	0 受惠国LD	30
				0.9	韩KR		
				1	巴PK		
				6.3	亚太AP		
				7.6	韩^RKR^R		
				8.3	日^RJP^R		

序号 No.	税则号列 Tariff Line	货品名称 Article Description	最惠国税率 MFN(%)	协定税率 Agreement(%)		特惠税率 SP(%)	普通税率 Gen(%)
7129	8479.8190	---其他 ---Other	9	0	东盟AS,智CL,新西兰NZ,秘PE,哥CR,瑞CH,冰IS,澳AU,格GE,毛MU,东盟^RAS^R,澳^RAU^R,新西兰^RNZ^R,柬KH,港HK,澳门MO,台TW	0 受惠国LD	30
				0.9	韩KR		
				1	巴PK		
				5.9	亚太AP		
				7.6	韩^RKR^R		
				8.3	日^RJP^R		
7130	8479.8200	--混合、搅拌、轧碎、研磨、筛选、均化或乳化机器 --Mixing, kneading, crushing, grinding, screening, sifting, homogenizing, emulsifying or stirring machines	7	0	东盟AS,智CL,巴PK,新西兰NZ,秘PE,哥CR,冰IS,韩KR,澳AU,格GE,毛MU,东盟^RAS^R,澳^RAU^R,新西兰^RNZ^R,柬KH,港HK,澳门MO,台TW,韩^RKR^R	0 受惠国LD	30
				4.6	亚太AP		
				5.7	日^RJP^R		
	ex84798200	用于废物和废水处理的混合、搅拌、轧碎、研磨、筛选、均化或乳化机器 Mixing, stirring, crushing, grinding, screeing, homogenising and emulsifying devices used for disposing waste and wastewater	Δ5				
		--冷等静压机: --Cold isostatic presses:					
7131	8479.8310	---处理金属的 ---For treating metal	9	0	东盟AS,智CL,新西兰NZ,秘PE,哥CR,瑞CH,冰IS,澳AU,格GE,毛MU,东盟^RAS^R,澳^RAU^R,新西兰^RNZ^R,柬KH,港HK,澳门MO,台TW	0 受惠国LD	30
				0.9	韩KR		
				1	巴PK		
				5.9	亚太AP		
				7.6	韩^RKR^R		
				8.3	日^RJP^R		
7132	8479.8390	---其他 ---Other	0	0	东盟AS,智CL,巴PK,新西兰NZ,秘PE,哥CR,瑞CH,冰IS,韩KR,澳AU,格GE,毛MU,东盟^RAS^R,澳^RAU^R,日^RJP^R,新西兰^RNZ^R,柬KH,港HK,澳门MO,韩^RKR^R	0 受惠国LD	30
		--其他: --Other:					
7133	8479.8910	---船舶用舵机及陀螺稳定器 ---Steering and rudder equipment or gyroscopic stabilizers for ships	0	0	东盟AS,智CL,巴PK,新西兰NZ,秘PE,哥CR,瑞CH,冰IS,韩KR,澳AU,格GE,毛MU,东盟^RAS^R,澳^RAU^R,日^RJP^R,新西兰^RNZ^R,柬KH,港HK,澳门MO,韩^RKR^R	0 受惠国LD	14

序号 No.	税则号列 Tariff Line	货品名称 Article Description	最惠国税率 MFN(%)		协定税率 Agreement(%)	特惠税率 SP(%)	普通税率 Gen(%)
7134	8479.8920	---空气增湿器及减湿器 ---Air humidifiers or dehumidifiers	0	0	东盟AS,智CL,巴PK,新西兰NZ, 秘PE,哥CR,瑞CH,冰IS,韩KR, 澳AU,格GE,毛MU,东盟^RAS^R, 澳^RAU^R,日^RJP^R,新西兰^RNZ^R,柬 KH,港HK,澳门MO,韩^RKR^R	0 受惠国LD	70
7135	8479.8940	---邮政用包裹、印刷品分拣设备 ---Bundle and printed matter sortingmachines used in post offices	0	0	东盟AS,智CL,巴PK,新西兰NZ, 秘PE,哥CR,瑞CH,冰IS,韩KR, 澳AU,格GE,毛MU,东盟^RAS^R, 澳^RAU^R,日^RJP^R,新西兰^RNZ^R,柬 KH,港HK,澳门MO,韩^RKR^R	0 受惠国LD	30
7136	8479.8950	---放射性废物压实机 ---Presses for radioactive waste material	0	0	东盟AS,智CL,巴PK,新西兰NZ, 秘PE,哥CR,瑞CH,冰IS,韩KR, 澳AU,格GE,毛MU,东盟^RAS^R, 澳^RAU^R,日^RJP^R,新西兰^RNZ^R,柬 KH,港HK,澳门MO,韩^RKR^R	0 受惠国LD	30
		---在印刷电路板上装配元器件的 机器: ---Machines for assemblying elements on printed circuit boards:					
7137	8479.8961	----自动插件机 ----Automatic plug-in machines	0	0	东盟AS,智CL,巴PK,新西兰NZ, 秘PE,哥CR,瑞CH,冰IS,韩KR, 澳AU,格GE,毛MU,东盟^RAS^R, 澳^RAU^R,日^RJP^R,新西兰^RNZ^R,柬 KH,港HK,澳门MO,韩^RKR^R	0 受惠国LD	30
7138	8479.8962	----自动贴片机 ----Automatic coreslice adhering machines	0	0	东盟AS,智CL,巴PK,新西兰NZ, 秘PE,哥CR,瑞CH,冰IS,韩KR, 澳AU,格GE,毛MU,东盟^RAS^R, 澳^RAU^R,日^RJP^R,新西兰^RNZ^R,柬 KH,港HK,澳门MO,韩^RKR^R	0 受惠国LD	30
7139	8479.8969	----其他 ----Other	0	0	东盟AS,智CL,巴PK,新西兰NZ, 秘PE,哥CR,瑞CH,冰IS,韩KR, 澳AU,格GE,毛MU,东盟^RAS^R, 澳^RAU^R,日^RJP^R,新西兰^RNZ^R,柬 KH,港HK,澳门MO,韩^RKR^R	0 受惠国LD	30
		---其他: ---Other:					
7140	8479.8992	----自动化立体仓储设备 ----Three-dimensional automatic warehouse equipment	0	0	东盟AS,智CL,巴PK,新西兰NZ, 秘PE,哥CR,瑞CH,冰IS,韩KR, 澳AU,格GE,毛MU,东盟^RAS^R, 澳^RAU^R,日^RJP^R,新西兰^RNZ^R,柬 KH,港HK,澳门MO,韩^RKR^R	0 受惠国LD	30
7141	8479.8999	----其他 ----Other	0	0	东盟AS,智CL,巴PK,新西兰NZ, 秘PE,哥CR,瑞CH,冰IS,韩KR, 澳AU,格GE,毛MU,东盟^RAS^R, 澳^RAU^R,日^RJP^R,新西兰^RNZ^R,柬 KH,港HK,澳门MO,韩^RKR^R	0 受惠国LD	30

序号 No.	税则号列 Tariff Line	货品名称 Article Description	最惠国税率 MFN(%)		协定税率 Agreement(%)	特惠税率 SP(%)	普通税率 Gen(%)
		-零件: -Parts:					
7142	8479.9010	---船舶用舵机及陀螺稳定器用 ---Of the machines of subheading 　　8479.8910	0	0	东盟AS,智CL,巴PK,新西兰NZ, 秘PE,哥CR,瑞CH,冰IS,韩KR, 澳AU,格GE,毛MU,东盟ᴿASᴿ, 澳ᴿAUᴿ,日ᴿJPᴿ,新西兰ᴿNZᴿ,柬 KH,港HK,澳门MO,韩ᴿKRᴿ	0 受惠国LD	14
7143	8479.9020	---空气增湿器及减湿器用 ---Of the machines of subheading 　　8479.8920	0	0	东盟AS,智CL,巴PK,新西兰NZ, 秘PE,哥CR,瑞CH,冰IS,韩KR, 澳AU,格GE,毛MU,东盟ᴿASᴿ, 澳ᴿAUᴿ,日ᴿJPᴿ,新西兰ᴿNZᴿ,柬 KH,港HK,澳门MO,韩ᴿKRᴿ	0 受惠国LD	70
7144	8479.9090	---其他 ---Other	0	0	东盟AS,智CL,巴PK,新西兰NZ, 秘PE,哥CR,瑞CH,冰IS,韩KR, 澳AU,格GE,毛MU,东盟ᴿASᴿ, 澳ᴿAUᴿ,日ᴿJPᴿ,新西兰ᴿNZᴿ,柬 KH,港HK,澳门MO,韩ᴿKRᴿ	0 受惠国LD	20
	84.80	**金属铸造用型箱；型模底板；阳模；金属用型模（锭模除外）、硬质合金、玻璃、矿物材料、橡胶或塑料用型模:** **Moulding boxes for metal foundry; mould bases; moulding patterns; moulds for metal (other than ingot moulds), metal carbides, glass, mineral materials, rubber or plastics:**					
7145	8480.1000	-金属铸造用型箱 -Moulding boxes for metal foundry	8	0 1 8 8.2	东盟AS,智CL,新西兰NZ,秘PE, 哥CR,瑞CH,冰IS,澳AU,格GE, 毛MU,东盟ᴿASᴿ,澳ᴿAUᴿ,新西 兰ᴿNZᴿ,柬KH,港HK,澳门MO 巴PK,韩KR 韩ᴿKRᴿ 日ᴿJPᴿ	0 受惠国LD	20
7146	8480.2000	-型模底板 -Mould bases	8	0 0.8 1 6.4 6.5	东盟AS,智CL,新西兰NZ,秘PE, 哥CR,瑞CH,冰IS,澳AU,格GE, 毛MU,东盟ᴿASᴿ,澳ᴿAUᴿ,新西 兰ᴿNZᴿ,柬KH,港HK,澳门MO 韩KR 巴PK 韩ᴿKRᴿ 日ᴿJPᴿ	0 受惠国LD	20
7147	8480.3000	-阳模 -Moulding patterns	8	0 1 8 8.2	东盟AS,智CL,新西兰NZ,新加 坡SG,秘PE,哥CR,瑞CH,冰IS,澳 AU,格GE,毛MU,东盟ᴿASᴿ,澳 ᴿAUᴿ,新西兰ᴿNZᴿ,柬KH,港HK, 澳门MO 巴PK,韩KR 韩ᴿKRᴿ 日ᴿJPᴿ	0 受惠国LD	20

序号 No.	税则号列 Tariff Line	货品名称 Article Description	最惠国税率 MFN(%)	协定税率 Agreement(%)		特惠税率 SP(%)	普通税率 Gen(%)
		-金属、硬质合金用型模: -Moulds for metal or metal carbides:					
		--注模或压模: --Injection or compression types:					
7148	8480.4110	---压铸模 ---Die casting moulds	8	0	东盟AS,智CL,新西兰NZ,秘PE,哥CR,瑞CH,冰IS,澳AU,格GE,毛MU,柬KH,港HK,澳门MO,台TW	0 受惠国LD	20
				1	巴PK		
				3.2	韩KR		
				5.2	亚太AP		
				6.9	东盟^{R}AS^R,韩^{R}KR^R		
				7	日^{R}JP^R		
				7.2	澳^{R}AU^R,新西兰^{R}NZ^R		
7149	8480.4120	---粉末冶金用压模 ---Compression moulds for power metallurgy	8	0	东盟AS,智CL,新西兰NZ,秘PE,哥CR,瑞CH,冰IS,澳AU,格GE,毛MU,柬KH,港HK,澳门MO,台TW	0 受惠国LD	20
				1	巴PK		
				3.2	韩KR		
				5.2	亚太AP		
				6.9	东盟^{R}AS^R,韩^{R}KR^R		
				7	日^{R}JP^R		
				7.2	澳^{R}AU^R,新西兰^{R}NZ^R		
7150	8480.4190	---其他 ---Other	8	0	东盟AS,智CL,新西兰NZ,秘PE,哥CR,瑞CH,冰IS,澳AU,格GE,毛MU,柬KH,港HK,澳门MO,台TW	0 受惠国LD	20
				1	巴PK		
				3.2	韩KR		
				5.2	亚太AP		
				6.9	东盟^{R}AS^R,韩^{R}KR^R		
				7	日^{R}JP^R		
				7.2	澳^{R}AU^R,新西兰^{R}NZ^R		
7151	8480.4900	--其他 --Other	8	0	东盟AS,智CL,新西兰NZ,秘PE,哥CR,瑞CH,冰IS,澳AU,格GE,毛MU,柬KH,港HK,澳门MO	0 受惠国LD	20
				1	巴PK		
				3.2	韩KR		
				5.2	亚太AP		
				6.9	东盟^{R}AS^R,韩^{R}KR^R		
				7	日^{R}JP^R		
				7.2	澳^{R}AU^R,新西兰^{R}NZ^R		

序号 No.	税则号列 Tariff Line	货品名称 Article Description	最惠国税率 MFN(%)	协定税率 Agreement(%)		特惠税率 SP(%)	普通税率 Gen(%)
7152	8480.5000	-玻璃用型模 -Moulds for glass	8	0	东盟AS,智CL,新西兰NZ,秘PE,哥CR,瑞CH,冰IS,澳AU,格GE,毛MU,柬KH,港HK,澳门MO	0 受惠国LD	20
				3.3	韩KR		
				4	巴PK		
				7.3	东盟^{R}AS^R,韩^{R}KR^R		
				7.4	日^{R}JP^R		
				7.6	澳^{R}AU^R,新西兰^{R}NZ^R		
7153	8480.6000	-矿物材料用型模 -Moulds for mineral materials	8	0	东盟AS,智CL,新西兰NZ,秘PE,哥CR,瑞CH,冰IS,澳AU,格GE,毛MU,东盟^{R}AS^R,澳^{R}AU^R,新西兰^{R}NZ^R,柬KH,港HK,澳门MO	0 受惠国LD	20
				0.8	韩KR		
				4	巴PK		
				6.7	韩^{R}KR^R		
				6.9	日^{R}JP^R		
		-塑料或橡胶用型模: -Moulds for rubber or plastics:					
		--注模或压模: --Injection or compression types:					
7154	8480.7110	---硫化轮胎用囊式型模 ---Gapsule mold for vulcanized tires	0	0	东盟AS,智CL,巴PK,新西兰NZ,秘PE,哥CR,瑞CH,冰IS,韩KR,澳AU,格GE,毛MU,东盟^{R}AS^R,澳^{R}AU^R,日^{R}JP^R,新西兰^{R}NZ^R,柬KH,港HK,澳门MO,韩^{R}KR^R	0 受惠国LD	20
7155	8480.7190	---其他 ---Other	0	0	东盟AS,智CL,巴PK,新西兰NZ,秘PE,哥CR,瑞CH,冰IS,韩KR,澳AU,格GE,毛MU,东盟^{R}AS^R,澳^{R}AU^R,日^{R}JP^R,新西兰^{R}NZ^R,柬KH,港HK,澳门MO,韩^{R}KR^R	0 受惠国LD	20
7156	8480.7900	--其他 --Other	5	0	东盟AS,智CL,巴PK,新西兰NZ,秘PE,哥CR,瑞CH,韩KR,澳AU,格GE,毛MU,柬KH,港HK,澳门MO,台TW	0 受惠国LD	20
				3.3	亚太AP		
				4	东盟^{R}AS^R,澳^{R}AU^R,新西兰^{R}NZ^R,韩^{R}KR^R		
				4.1	日^{R}JP^R		
	84.81	用于管道、锅炉、罐、桶或类似品的龙头、旋塞、阀门及类似装置,包括减压阀及恒温控制阀: Taps, cocks, valves and similar appliances for pipes, boiler shells, tanks, vats or the like, including pressure-reducing valves and thermostatically controlled valves:					

序号 No.	税则号列 Tariff Line	货品名称 Article Description	最惠国税率 MFN(%)	协定税率 Agreement(%)		特惠税率 SP(%)	普通税率 Gen(%)
7157	8481.1000	-减压阀 -Pressure-reducing valves	5	0	东盟AS,智CL,巴PK,新西兰NZ,秘PE,哥CR,瑞CH,冰IS,澳AU,格GE,毛MU,柬KH,港HK,澳门MO	0 受惠国LD	30
				2	韩KR		
				4	东盟^{R}AS^R,澳^{R}AU^R,新西兰^{R}NZ^R,韩^{R}KR^R		
				4.4	日^{R}JP^R		
	ex84811000	喷灌设备用减压阀 Pressure reducing valves for sprinkler equipments	Δ2				
		-油压或气压传动阀: -Valves for oleohydraulic or pneumatic transmissions:					
7158	8481.2010	---油压的 ---For oleohydraulic transmissions	5	0	东盟AS,智CL,巴PK,新西兰NZ,秘PE,哥CR,瑞CH,冰IS,澳AU,格GE,毛MU,柬KH,港HK,澳门MO,台TW	0 受惠国LD	30
				2	韩KR		
				4	东盟^{R}AS^R,澳^{R}AU^R,新西兰^{R}NZ^R,韩^{R}KR^R		
				4.4	日^{R}JP^R		
	ex84812010	飞机发动机用液压传动阀 Valves for hydraulic transmissions of airplane engines	Δ1				
7159	8481.2020	---气压的 ---For pneumatic transmissions	5	0	东盟AS,智CL,巴PK,新西兰NZ,秘PE,哥CR,瑞CH,冰IS,澳AU,格GE,毛MU,柬KH,港HK,澳门MO	0 受惠国LD	30
				2	韩KR		
				4	东盟^{R}AS^R,澳^{R}AU^R,新西兰^{R}NZ^R,韩^{R}KR^R		
				4.4	日^{R}JP^R		
	ex84812020	飞机发动机用气压传动阀 Valves for pneumatic transmissions of airplane engines	Δ1				
7160	8481.3000	-止回阀 -Check (nonreturn) valves	5	0	东盟AS,智CL,巴PK,新西兰NZ,秘PE,哥CR,瑞CH,冰IS,澳AU,格GE,毛MU,柬KH,港HK,澳门MO,台TW	0 受惠国LD	30
				2	韩KR		
				4	东盟^{R}AS^R,澳^{R}AU^R,新西兰^{R}NZ^R,韩^{R}KR^R		
				4.4	日^{R}JP^R		

序号 No.	税则号列 Tariff Line	货品名称 Article Description	最惠国税率 MFN(%)	协定税率 Agreement(%)		特惠税率 SP(%)		普通税率 Gen(%)
7161	8481.4000	-安全阀或溢流阀 -Safety or relief valves	5	0	东盟AS,智CL,巴PK,新西兰NZ, 秘PE,哥CR,瑞CH,冰IS,澳AU, 格GE,毛MU,柬KH,港HK,澳门 MO,台TW	0	受惠国LD	30
				2	韩KR			
				4	东盟^{R}AS^R,澳^{R}AU^R,新西兰^{R}NZ^R, 韩^{R}KR^R			
				4.4	日^{R}JP^R			
		-其他器具: -Other appliances:						
		---换向阀: ---Directional control valves:						
7162	8481.8021	----电磁式 ----Electromagnetical operated	7	0	东盟AS,智CL,巴PK,新西兰NZ, 秘PE,哥CR,瑞CH,冰IS,澳AU, 格GE,毛MU,柬KH,港HK,澳门 MO,台TW	0	受惠国LD	30
				2.8	韩KR			
				4.6	亚太AP			
				5.6	东盟^{R}AS^R,澳^{R}AU^R,新西兰^{R}NZ^R, 韩^{R}KR^R			
				6.1	日^{R}JP^R			
7163	8481.8029	----其他 ----Other	7	0	东盟AS,智CL,巴PK,新西兰NZ, 秘PE,哥CR,瑞CH,冰IS,澳AU, 格GE,毛MU,柬KH,港HK,澳门 MO,台TW	0	受惠国LD	30
				2.8	韩KR			
				4.6	亚太AP			
				5.6	东盟^{R}AS^R,澳^{R}AU^R,新西兰^{R}NZ^R, 韩^{R}KR^R			
				6.1	日^{R}JP^R			
		---流量阀: ---Flow valves:						
7164	8481.8031	----电子膨胀阀 ----Electronic expansion valves	7	0	东盟AS,智CL,巴PK,新西兰NZ, 秘PE,哥CR,瑞CH,冰IS,澳AU, 格GE,毛MU,柬KH,港HK,澳门 MO,台TW	0	受惠国LD	30
				2.8	韩KR			
				4.6	亚太AP			
				5.6	东盟^{R}AS^R,澳^{R}AU^R,新西兰^{R}NZ^R, 韩^{R}KR^R			
				6.1	日^{R}JP^R			

序号 No.	税则号列 Tariff Line	货品名称 Article Description	最惠国税率 MFN(%)	协定税率 Agreement(%)		特惠税率 SP(%)	普通税率 Gen(%)
7165	8481.8039	----其他 ----Other	7	0	东盟AS,智CL,巴PK,新西兰NZ,秘PE,哥CR,瑞CH,冰IS,澳AU,格GE,毛MU,柬KH,港HK,澳门MO,台TW	0 受惠国LD	30
				2.8	韩KR		
				4.6	亚太AP		
				5.6	东盟^{R}AS^R,澳^{R}AU^R,新西兰^{R}NZ^R,韩^{R}KR^R		
				6.1	日^{R}JP^R		
	ex84818039	飞机发动机用流量阀 Flow valves for airplane engines	Δ1				
7166	8481.8040	---其他阀门 ---Other valves	7	0	东盟AS,智CL,巴PK,新西兰NZ,秘PE,哥CR,瑞CH,冰IS,韩KR,澳AU,格GE,毛MU,东盟^{R}AS^R,澳^{R}AU^R,新西兰^{R}NZ^R,柬KH,港HK,澳门MO,台TW,韩^{R}KR^R	0 受惠国LD	30
				4.6	亚太AP		
				6.1	日^{R}JP^R		
	ex84818040	废气再循环阀 Exhaust gas recirculation valves	Δ5				
	ex84818040	高压涡轮间隙控制阀门 High-pressure turbine clearance control valve	Δ1				
	ex84818040	飞机发动机用预冷控制阀门 Precooling control valves for airplane engines	Δ1				
	ex84818040	其他阀门 Other valves	Δ5				
7167	8481.8090	---其他 ---Other	5	0	东盟AS,智CL,巴PK,新西兰NZ,秘PE,哥CR,瑞CH,冰IS,韩KR,澳AU,格GE,毛MU,柬KH,港HK,澳门MO	0 受惠国LD	50
				4	东盟^{R}AS^R,澳^{R}AU^R,新西兰^{R}NZ^R,韩^{R}KR^R		
				4.5	日^{R}JP^R		
		-零件: -Parts:					
7168	8481.9010	---阀门用 ---Of valves	8Δ4	0	东盟AS,智CL,新西兰NZ,秘PE,哥CR,瑞CH,冰IS,韩KR,澳AU,格GE,毛MU,东盟^{R}AS^R,澳^{R}AU^R,新西兰^{R}NZ^R,柬KH,港HK,澳门MO,台TW,韩^{R}KR^R	0 受惠国LD	30
				4	巴PK		
				7	日^{R}JP^R		

序号 No.	税则号列 Tariff Line	货品名称 Article Description	最惠国税率 MFN(%)	协定税率 Agreement(%)		特惠税率 SP(%)		普通税率 Gen(%)
7169	8481.9090	---其他 ---Other	8	0	东盟AS,智CL,新西兰NZ,秘PE, 哥CR,瑞CH,冰IS,韩KR,澳AU, 格GE,毛MU,柬KH,港HK,澳门 MO,台TW	0	受惠国LD	50
				1	巴PK			
				6.4	东盟^RAS^R,澳^RAU^R,新西兰^RNZ^R, 韩^RKR^R			
				6.5	日^RJP^R			
	84.82	滚动轴承: **Ball or roller bearings:** -滚珠轴承: -Ball bearings:						
7170	8482.1010	---调心球轴承 ---Self-aligning ball bearing	8	0	东盟AS,智CL,新西兰NZ,新加 坡SG,秘PE,哥CR,瑞CH,冰IS,韩 KR,澳AU,格GE,毛MU,柬KH,港 HK,澳门MO	0	受惠国LD	20
				1	巴PK			
				5.2	亚太AP			
				6.4	东盟^RAS^R,澳^RAU^R,新西兰^RNZ^R, 韩^RKR^R			
				6.5	日^RJP^R			
7171	8482.1020	---深沟球轴承 ---Deep groove ball bearing	8	0	东盟AS,智CL,新西兰NZ,新加 坡SG,秘PE,哥CR,瑞CH,冰IS, 韩KR,澳AU,格GE,毛MU,东盟 ^RAS^R,澳^RAU^R,新西兰^RNZ^R,柬 KH,港HK,澳门MO,韩^RKR^R	0	受惠国LD	20
				1	巴PK			
				5.2	亚太AP			
				7.2	日^RJP^R			
7172	8482.1030	---角接触轴承 ---Angular contact bearing	8	0	东盟AS,智CL,新西兰NZ,新加 坡SG,秘PE,哥CR,瑞CH,冰IS, 韩KR,澳AU,格GE,毛MU,东盟 ^RAS^R,澳^RAU^R,新西兰^RNZ^R,柬 KH,港HK,澳门MO,韩^RKR^R	0	受惠国LD	20
				1	巴PK			
				5.2	亚太AP			
				6.5	日^RJP^R			
7173	8482.1040	---推力球轴承 ---Thrust ball bearing	8	0	东盟AS,智CL,新西兰NZ,新加 坡SG,秘PE,哥CR,瑞CH,冰IS,韩 KR,澳AU,格GE,毛MU,柬KH,港 HK,澳门MO	0	受惠国LD	20
				1	巴PK			
				5.2	亚太AP			
				6.4	东盟^RAS^R,澳^RAU^R,新西兰^RNZ^R, 韩^RKR^R			
				6.5	日^RJP^R			

序号 No.	税则号列 Tariff Line	货品名称 Article Description	最惠国税率 MFN(%)	协定税率 Agreement(%)		特惠税率 SP(%)	普通税率 Gen(%)
	ex84821040	飞机发动机用推力球轴承（滚珠轴承） Thrust ball bearings for airplane engines (ball bearings)	Δ1				
7174	8482.1090	---其他 ---Other	8	0	东盟AS,智CL,新西兰NZ,新加 坡SG,秘PE,哥CR,瑞CH,冰IS, 韩KR,澳AU,格GE,毛MU,东盟 ^RAS^R,澳^RAU^R,新西兰NZ^R,柬 KH,港HK,澳门MO,韩^RKR^R	0 受惠国LD	20
				4	巴PK		
				5.2	亚太AP		
				7.2	日^RJP^R		
7175	8482.2000	-锥形滚子轴承,包括锥形滚子组件 -Tapered roller bearings, including cone and tapered roller assemblies	8	0	东盟AS,智CL,新西兰NZ,秘PE, 哥CR,瑞CH,冰IS,韩KR,澳AU, 格GE,毛MU,东盟^RAS^R,澳^RAU^R, 新西兰^RNZ^R,柬KH,港HK,澳门 MO,韩^RKR^R	0 受惠国LD	20
				1	巴PK		
				7.2	日^RJP^R		
	ex84822000	6兆瓦及以上风力发电机用锥形滚子 轴承 Tapered roller bearings for 6MW and above wind-driven generators	Δ5				
7176	8482.3000	-鼓形滚子轴承 -Spherical roller bearings	8Δ6	0	东盟AS,智CL,新西兰NZ,秘PE, 哥CR,瑞CH,冰IS,韩KR,澳AU, 格GE,毛MU,柬KH,港HK,澳门 MO	0 受惠国LD	20
				1	巴PK		
				6.4	东盟^RAS^R,澳^RAU^R,新西兰^RNZ^R, 韩^RKR^R		
				6.5	日^RJP^R		
7177	8482.4000	-滚针轴承,包括保持架和滚针组件 -Needle roller bearings, including cage and needle roller assemblies	8	0	东盟AS,智CL,新西兰NZ,秘PE, 哥CR,瑞CH,韩KR,澳AU,格GE, 毛MU,柬KH,港HK,澳门MO,台 TW	0 受惠国LD	20
				1	巴PK		
				6.4	东盟^RAS^R,澳^RAU^R,新西兰^RNZ^R, 韩^RKR^R		
				6.5	日^RJP^R		
	ex84824000	飞机发动机用滚针轴承 Needle roller bearings for airplane engines	Δ1				
	ex84824000	其他滚针轴承 Other needle roller bearings	Δ6				

序号 No.	税则号列 Tariff Line	货品名称 Article Description	最惠国税率 MFN(%)	协定税率 Agreement(%)		特惠税率 SP(%)	普通税率 Gen(%)
7178	8482.5000	-其他圆柱形滚子轴承, 包括保持架和滚子组件 -Other cylindrical roller bearings, including cage and roller assemblies	8	0	东盟AS,智CL,新西兰NZ,新加坡SG,秘PE,哥CR,瑞CH,冰IS,澳AU,格GE,毛MU,柬KH,港HK,澳门MO	0 受惠国LD	20
				1	巴PK		
				3.2	韩KR		
				6.4	东盟^RAS^R,澳^RAU^R,新西兰^RNZ^R,韩^RKR^R		
				7	日^RJP^R		
	ex84825000	飞机发动机主推进轴用滚子轴承 Roller bearings for main propulsion shafts of airplane engines	△1				
	ex84825000	二环、三环偏心滚动轴承,飞机发动机主推进轴用滚子轴承除外 Tricyclic or bicyclic eccentric roller bearings, except for roller bearings for main propulsion shafts of airplane engines	△4				
7179	8482.8000	-其他,包括球、柱混合轴承 -Other, including combined ball/roller bearings	8	0	东盟AS,智CL,新西兰NZ,秘PE,哥CR,瑞CH,冰IS,澳AU,格GE,毛MU,柬KH,港HK,澳门MO	0 受惠国LD	20
				1	巴PK		
				3.2	韩KR		
				5.2	亚太AP		
				6.9	东盟^RAS^R,韩^RKR^R		
				7	日^RJP^R		
				7.2	澳^RAU^R,新西兰^RNZ^R		
		-零件: -Parts:					
7180	8482.9100	--滚珠、滚针及滚柱 --Balls, needles and rollers	8△6	0	东盟AS,智CL,新西兰NZ,秘PE,哥CR,瑞CH,冰IS,韩KR,澳AU,格GE,毛MU,东盟^RAS^R,澳^RAU^R,新西兰^RNZ^R,柬KH,港HK,澳门MO,韩^RKR^R	0 受惠国LD	20
				1	巴PK		
				6.5	日^RJP^R		
7181	8482.9900	--其他 --Other	6△3	0	东盟AS,智CL,巴PK,新西兰NZ,秘PE,哥CR,瑞CH,冰IS,韩KR,澳AU,格GE,毛MU,柬KH,港HK,澳门MO,台TW	0 受惠国LD	20
				4.8	东盟^RAS^R,澳^RAU^R,新西兰^RNZ^R,韩^RKR^R		
				5.3	日^RJP^R		

序号 No.	税则号列 Tariff Line	货品名称 Article Description	最惠国税率 MFN(%)	协定税率 Agreement(%)		特惠税率 SP(%)	普通税率 Gen(%)
	84.83	传动轴(包括凸轮轴及曲柄轴)及曲柄;轴承座及滑动轴承;齿轮及齿轮传动装置;滚珠或滚子螺杆传动装置;齿轮箱及其他变速装置,包括扭矩变换器;飞轮及滑轮,包括滑轮组;离合器及联轴器(包括万向节): Transmission shafts (including cam shafts and crank shafts) and cranks; bearing housings and plain shaft bearings; gears and gearing; ball or roller screws; gear boxes and other speed changers, including torque converters; flywheels and pulleys, including pulley blocks; clutches and shaft couplings (including universal joints):					
		-传动轴(包括凸轮轴及曲柄轴)及曲柄: -Transmission shafts (including cam shafts and crank shafts) and cranks:					
		---船舶用传动轴: ---Transmission shafts for ships:					
7182	8483.1011	----柴油机曲轴 ----Diesel engine crankshaft	6	0	东盟AS,智CL,巴PK,新西兰NZ,秘PE,哥CR,瑞CH,冰IS,澳AU,格GE,毛MU,柬KH,港HK,澳门MO	0 受惠国LD	14
				3.9	亚太AP,韩KR		
				5	东盟^{R}AS^R,澳^{R}AU^R,新西兰^{R}NZ^R		
7183	8483.1019	----其他 ----Other	6	0	东盟AS,智CL,新西兰NZ,秘PE,哥CR,瑞CH,冰IS,澳AU,格GE,毛MU,柬KH,港HK,澳门MO	0 受惠国LD	14
				2.4	韩KR		
				3.9	亚太AP		
				4	巴PK		
				4.8	东盟^{R}AS^R,澳^{R}AU^R,新西兰^{R}NZ^R,韩^{R}KR^R		
				5.3	日^{R}JP^R		
7184	8483.1090	---其他 ---Other	6	0	东盟AS,智CL,新西兰NZ,秘PE,哥CR,瑞CH,冰IS,澳AU,格GE,毛MU,柬KH,港HK,澳门MO	0 受惠国LD	30
				2.4	韩KR		
				3.9	亚太AP		
				4	巴PK		
				4.8	东盟^{R}AS^R,澳^{R}AU^R,新西兰^{R}NZ^R,韩^{R}KR^R		
				5.3	日^{R}JP^R		

序号 No.	税则号列 Tariff Line	货品名称 Article Description	最惠国税率 MFN(%)	协定税率 Agreement(%)		特惠税率 SP(%)	普通税率 Gen(%)
	ex84831090	飞机发动机用传动轴 Transmission shafts for airplane engines	Δ1				
7185	8483.2000	-装有滚珠或滚子轴承的轴承座 -Bearing housings, incorporating ball or roller bearings	6	0	东盟AS,智CL,巴PK,新西兰NZ,秘PE,哥CR,瑞CH,冰IS,韩KR,澳AU,格GE,毛MU,柬KH,港HK,澳门MO	0 受惠国LD	30
				4.8	东盟^{R}AS^R,澳^{R}AU^R,新西兰^{R}NZ^R,韩^{R}KR^R		
				4.9	日^{R}JP^R		
7186	8483.3000	-未装有滚珠或滚子轴承的轴承座; 滑动轴承 -Bearing housings, not incorporating ball or roller bearings; plain shaft bearings	6Δ4	0	东盟AS,智CL,巴PK,新西兰NZ,秘PE,哥CR,瑞CH,冰IS,韩KR,澳AU,格GE,毛MU,东盟^{R}AS^R,澳^{R}AU^R,新西兰^{R}NZ^R,柬KH,港HK,澳门MO,韩^{R}KR^R	0 受惠国LD	30
				5.3	日^{R}JP^R		
		-齿轮及齿轮传动装置, 但单独进口或出口的带齿的轮、链轮及其他传动元件除外; 滚珠或滚子螺杆传动装置; 齿轮箱及其他变速装置, 包括扭矩变换器: -Gears and gearing, other than toothed wheels, chain sprockets and other transmission elements presented separately; ball or roller screws; gear boxes and other speed changers, including torque converters:					
7187	8483.4010	---滚子螺杆传动装置 ---Roller Screws	8	0	东盟AS,智CL,新西兰NZ,秘PE,哥CR,瑞CH,冰IS,韩KR,澳AU,格GE,毛MU,柬KH,港HK,澳门MO,台TW	0 受惠国LD	30
				1	巴PK		
				5.2	亚太AP		
				6.4	东盟^{R}AS^R,澳^{R}AU^R,新西兰^{R}NZ^R,韩^{R}KR^R		
				6.5	日^{R}JP^R		
	ex84834010	飞机水平尾翼螺旋杆 Horizontal tail screws for airplane	Δ1				
7188	8483.4020	---行星齿轮减速器 ---Planet decelerators	8	0	东盟AS,智CL,新西兰NZ,秘PE,哥CR,瑞CH,冰IS,澳AU,格GE,毛MU,柬KH,港HK,澳门MO	0 受惠国LD	30
				1	巴PK		
				5	东盟^{R}AS^R,澳^{R}AU^R,新西兰^{R}NZ^R		
				5.2	亚太AP,韩KR		

序号 No.	税则号列 Tariff Line	货品名称 Article Description	最惠国税率 MFN(%)	协定税率 Agreement(%)		特惠税率 SP(%)	普通税率 Gen(%)
7189	8483.4090	---其他 ---Other	8	0	东盟AS,智CL,新西兰NZ,秘PE,哥CR,瑞CH,冰IS,澳AU,格GE,毛MU,柬KH,港HK,澳门MO,台TW	0 受惠国LD	30
				1	巴PK		
				3.2	韩KR		
				5.2	亚太AP		
				6.4	东盟^{R}AS^R,澳^{R}AU^R,新西兰^{R}NZ^R,韩^{R}KR^R		
				7	日^{R}JP^R		
	ex84834090	飞机发动机用齿轮传动装置(齿轮箱) Gearing (gear boxes) for airplane engines	Δ1				
7190	8483.5000	-飞轮及滑轮,包括滑轮组 -Flywheels and pulleys, including pulley blocks	8	0	东盟AS,智CL,新西兰NZ,秘PE,哥CR,瑞CH,冰IS,澳AU,格GE,毛MU,柬KH,港HK,澳门MO	0 受惠国LD	30
				0.8	韩KR		
				1	巴PK		
				6.4	东盟^{R}AS^R,澳^{R}AU^R,新西兰^{R}NZ^R,韩^{R}KR^R		
				6.5	日^{R}JP^R		
7191	8483.6000	-离合器及联轴器(包括万向节) -Clutches and shaft couplings (including universal joints)	8	0	东盟AS,智CL,新西兰NZ,秘PE,哥CR,瑞CH,冰IS,澳AU,格GE,毛MU,柬KH,港HK,澳门MO	0 受惠国LD	30
				3.2	韩KR		
				4	巴PK		
				6.9	东盟^{R}AS^R,韩^{R}KR^R		
				7	日^{R}JP^R		
				7.2	澳^{R}AU^R,新西兰^{R}NZ^R		
	ex84836000	压力机用组合式湿式离合/制动器,离合扭距为60KNM-300KNM,制动扭距为30KNM-100KNM Combined wet clutchs/brakes of press machines, 60KNM≤clutch torque≤300KNM, 30KNM≤braking torque≤100KNM	Δ4				
	ex84836000	高速轴联轴器(风力发电机组用),扭矩保护值为160KNM-1000KNM High speed shaft coupling (for wind turbine generator set), 160KNM≤torque protection value≤1000KNM	Δ4				
7192	8483.9000	-单独报验的带齿的轮、链轮及其他传动元件; 零件 -Toothed wheels, chain sprockets and other transmission elements presented separately; parts	8	0	东盟AS,智CL,新西兰NZ,秘PE,哥CR,瑞CH,冰IS,韩KR,澳AU,格GE,毛MU,东盟^{R}AS^R,澳^{R}AU^R,新西兰^{R}NZ^R,柬KH,港HK,澳门MO,台TW,韩^{R}KR^R	0 受惠国LD	30
				4	巴PK		
				7	日^{R}JP^R		

序号 No.	税则号列 Tariff Line	货品名称 Article Description	最惠国税率 MFN(%)	协定税率 Agreement(%)		特惠税率 SP(%)	普通税率 Gen(%)
	ex84839000	车用凸轮轴相位调节器 Camshaft phase adjusters of vehicles	Δ4				
	ex84839000	飞机发动机用齿轮箱用单个齿轮 A single gear for gearbox of airplane engines	Δ1				
	84.84	密封垫或类似接合衬垫, 用金属片与其他材料制成或用双层或多层金属片制成; 成套或各种不同材料的密封垫或类似接合衬垫, 装于袋、套或类似包装内; 机械密封件: Gaskets and similar joints of metal sheeting combined with other material or of two or more layers of metal; sets or assortments of gaskets and similar joints, dissimilar in composition, put up in pouches, envelopes or similar packings; mechanical seals:					
7193	8484.1000	-密封垫或类似接合衬垫, 用金属片与其他材料制成或用双层或多层金属片制成 -Gaskets and similar joints of metal sheeting combined with other material or of two or more layers of metal	8Δ5	0 东盟AS,智CL,新西兰NZ,秘PE,哥CR,瑞CH,冰IS,澳AU,格GE,毛MU,柬KH,港HK,澳门MO,台TW 1 巴PK 3.2 韩KR 6.9 东盟^{R}AS^R,韩^{R}KR^R 7 日^{R}JP^R 7.2 澳^{R}AU^R,新西兰^{R}NZ^R	0 受惠国LD	30
7194	8484.2000	-机械密封件 -Mechanical seals	8Δ5	0 东盟AS,智CL,新西兰NZ,秘PE,哥CR,瑞CH,冰IS,澳AU,格GE,毛MU,柬KH,港HK,澳门MO 1 巴PK 3.2 韩KR 6.9 东盟^{R}AS^R,韩^{R}KR^R 7 日^{R}JP^R 7.2 澳^{R}AU^R,新西兰^{R}NZ^R	0 受惠国LD	30
7195	8484.9000	-其他 -Other	8Δ5	0 东盟AS,智CL,新西兰NZ,秘PE,哥CR,瑞CH,冰IS,澳AU,格GE,毛MU,柬KH,港HK,澳门MO 1 巴PK 3.2 韩KR 6.9 东盟^{R}AS^R,韩^{R}KR^R 7 日^{R}JP^R 7.2 澳^{R}AU^R,新西兰^{R}NZ^R	0 受惠国LD	30
	84.85	增材制造设备: Machines for additive manufacturing:					
7196	8485.1000	-用金属材料的 -By metal deposit	9	0 东盟AS,智CL,新西兰NZ,秘PE,哥CR,瑞CH,冰IS,澳AU,格GE,毛MU,柬KH,港HK,澳门MO 4 巴PK 5 东盟^{R}AS^R,澳^{R}AU^R,新西兰^{R}NZ^R	0 受惠国LD	30

序号 No.	税则号列 Tariff Line	货品名称 Article Description	最惠国税率 MFN(%)	协定税率 Agreement(%)		特惠税率 SP(%)		普通税率 Gen(%)
7197	8485.2000	-用塑料或橡胶材料的 -By plastics or rubber deposit	5	0	东盟AS,智CL,巴PK,新西兰NZ, 秘PE,哥CR,瑞CH,冰IS,澳AU, 格GE,毛MU,柬KH,港HK,澳门 MO,台TW	0	受惠国LD	30
				2	韩KR			
				3.3	亚太AP			
				4	东盟^RAS^R,澳^RAU^R,新西兰^RNZ^R, 韩^RKR^R			
				4.4	日^RJP^R			
		-用石膏、水泥、陶瓷或玻璃材料的: -By plaster, cement, ceramics or glass deposit:						
7198	8485.3010	---用玻璃材料的 ---By glass deposit	8	0	东盟AS,智CL,新西兰NZ,新加 坡SG,秘PE,哥CR,瑞CH,冰IS,澳 AU,格GE,毛MU,东盟^RAS^R,澳 ^RAU^R,新西兰^RNZ^R,柬KH,港HK, 澳门MO	0	受惠国LD	30
				1	巴PK,韩KR			
				8	韩^RKR^R			
				8.2	日^RJP^R			
7199	8485.3020	---用石膏、水泥、陶瓷材料的 ---By plaster, cement, ceramics deposit	5	0	东盟AS,智CL,巴PK,新西兰NZ, 秘PE,哥CR,瑞CH,冰IS,澳AU,格 GE,毛MU,柬KH,港HK,澳门MO	0	受惠国LD	30
				0.5	韩KR			
				3.3	亚太AP			
				4	东盟^RAS^R,澳^RAU^R,新西兰^RNZ^R, 韩^RKR^R			
				4.1	日^RJP^R			
		-其他: -Other:						
7200	8485.8010	---用纸或纸浆的 ---By paper or paper pulp deposit	12	0	东盟AS,智CL,新西兰NZ,新加 坡SG,秘PE,哥CR,瑞CH,冰IS,澳 AU,格GE,毛MU,东盟^RAS^R,澳 ^RAU^R,新西兰^RNZ^R,柬KH,港HK, 澳门MO,台TW	0	受惠国LD	30
				1.2	韩KR			
				3.6	巴PK			
				7.8	亚太AP			
				9.6	韩^RKR^R			
				9.8	日^RJP^R			
7201	8485.8020	---用木材、软木的 ---By wood or cork deposit	9	0	东盟AS,智CL,新西兰NZ,新加 坡SG,秘PE,哥CR,瑞CH,冰IS,澳 AU,格GE,毛MU,柬KH,港HK,澳 门MO	0	受惠国LD	30
				1	巴PK			
				5.5	韩KR			
				9	东盟^RAS^R,澳^RAU^R,新西兰^RNZ^R			
				10	韩^RKR^R			

序号 No.	税则号列 Tariff Line	货品名称 Article Description	最惠国税率 MFN(%)	协定税率 Agreement(%)		特惠税率 SP(%)	普通税率 Gen(%)
7202	8485.8090	---其他 ---Other	0	0	东盟AS,智CL,巴PK,新西兰NZ, 秘PE,哥CR,瑞CH,冰IS,韩KR, 澳AU,格GE,毛MU,东盟^RAS^R, 澳^RAU^R,日^RJP^R,新西兰^RNZ^R,柬 KH,港HK,澳门MO,韩^RKR^R	0 受惠国LD	30
		-零件: -Parts:					
7203	8485.9010	---用金属材料的 ---By metal deposit	6	0	东盟AS,智CL,巴PK,新西兰NZ, 秘PE,哥CR,瑞CH,冰IS,韩KR, 澳AU,格GE,毛MU,东盟^RAS^R,澳 ^RAU^R,新西兰^RNZ^R,柬KH,港HK, 澳门MO,台TW,韩^RKR^R	0 受惠国LD	17
				4.9	日^RJP^R		
7204	8485.9020	---用玻璃材料的 ---By glass deposit	8	0	东盟AS,智CL,新西兰NZ,秘PE, 哥CR,瑞CH,冰IS,澳AU,格GE, 毛MU,东盟^RAS^R,澳^RAU^R,新西 兰^RNZ^R,柬KH,港HK,澳门MO	0 受惠国LD	30
				0.8	韩KR		
				4	巴PK		
				6.4	韩^RKR^R		
				6.5	日^RJP^R		
7205	8485.9030	---用橡胶或塑料材料的 ---By rubber or plastics deposit	0	0	东盟AS,智CL,巴PK,新西兰NZ, 秘PE,哥CR,瑞CH,冰IS,韩KR, 澳AU,格GE,毛MU,东盟^RAS^R, 澳^RAU^R,日^RJP^R,新西兰^RNZ^R,柬 KH,港HK,澳门MO,韩^RKR^R	0 受惠国LD	30
7206	8485.9040	---用石膏、水泥、陶瓷材料的 ---By plaster, cement, ceramics deposit	5	0	东盟AS,智CL,巴PK,新西兰NZ, 秘PE,哥CR,瑞CH,冰IS,澳AU,格 GE,毛MU,柬KH,港HK,澳门MO	0 受惠国LD	30
				0.5	韩KR		
				4	东盟^RAS^R,澳^RAU^R,新西兰^RNZ^R, 韩^RKR^R		
				4.1	日^RJP^R		
7207	8485.9050	---用纸或纸浆的 ---By paper or paper pulp deposit	8	0	东盟AS,智CL,新西兰NZ,秘PE, 哥CR,冰IS,韩KR,澳AU,格GE, 毛MU,东盟^RAS^R,澳^RAU^R,新西 兰^RNZ^R,柬KH,港HK,澳门MO, 韩^RKR^R	0 受惠国LD	30
				1	巴PK		
				6.9	日^RJP^R		
7208	8485.9060	---用木材、软木的 ---By wood or cork deposit	6	0	东盟AS,智CL,巴PK,新西兰NZ, 秘PE,哥CR,瑞CH,冰IS,澳AU,格 GE,毛MU,柬KH,港HK,澳门MO	0 受惠国LD	17
				2.4	韩KR		
				4.8	东盟^RAS^R,澳^RAU^R,新西兰^RNZ^R, 韩^RKR^R		
				5.3	日^RJP^R		

序号 No.	税则号列 Tariff Line	货品名称 Article Description	最惠国税率 MFN(%)	协定税率 Agreement(%)		特惠税率 SP(%)	普通税率 Gen(%)
7209	8485.9090	---其他 ---Other	0	0	东盟AS,智CL,巴PK,新西兰NZ,秘PE,哥CR,瑞CH,冰IS,韩KR,澳AU,格GE,毛MU,东盟^RAS^R,澳^RAU^R,日^RJP^R,新西兰^RNZ^R,柬KH,港HK,澳门MO,韩^RKR^R	0 受惠国LD	20
	84.86	专用于或主要用于制造半导体单晶柱或晶圆、半导体器件、集成电路或平板显示器的机器及装置; 本章注释十一(三)规定的机器及装置; 零件及附件: Machines and apparatus of a kind used solely or principally for the manufacture of semiconductor boules or wafers, semiconductor devices, electronic integrated circuits or flat panel displays; machines and apparatus specified in Note 11 (c) to this chapter; parts and accessories:					
		-制造单晶柱或晶圆用的机器及装置: -Machines and apparatus for the manufacture of boules or wafers:					
7210	8486.1010	---利用温度变化处理单晶硅的机器及装置 ---Machines and apparatus for the treatment of monocrystalline sillicon by a process involving a change of temperature	0	0	东盟AS,智CL,巴PK,新西兰NZ,秘PE,哥CR,瑞CH,冰IS,韩KR,澳AU,格GE,毛MU,东盟^RAS^R,澳^RAU^R,日^RJP^R,新西兰^RNZ^R,柬KH,港HK,澳门MO,韩^RKR^R	0 受惠国LD,老LA	30
7211	8486.1020	---研磨设备 ---Grinding machines	0	0	东盟AS,智CL,巴PK,新西兰NZ,秘PE,哥CR,瑞CH,冰IS,韩KR,澳AU,格GE,毛MU,东盟^RAS^R,澳^RAU^R,日^RJP^R,新西兰^RNZ^R,柬KH,港HK,澳门MO,韩^RKR^R	0 受惠国LD	30
7212	8486.1030	---切割设备 ---Sawing machines	0	0	东盟AS,智CL,巴PK,新西兰NZ,秘PE,哥CR,瑞CH,冰IS,韩KR,澳AU,格GE,毛MU,东盟^RAS^R,澳^RAU^R,日^RJP^R,新西兰^RNZ^R,柬KH,港HK,澳门MO,韩^RKR^R	0 受惠国LD	30
7213	8486.1040	---化学机械抛光设备(CMP) ---Chemical mechanical polishers (CMP)	0	0	东盟AS,智CL,巴PK,新西兰NZ,秘PE,哥CR,瑞CH,冰IS,韩KR,澳AU,格GE,毛MU,东盟^RAS^R,澳^RAU^R,日^RJP^R,新西兰^RNZ^R,柬KH,港HK,澳门MO,韩^RKR^R	0 受惠国LD	30
7214	8486.1090	---其他 ---Other	0	0	东盟AS,智CL,巴PK,新西兰NZ,秘PE,哥CR,瑞CH,冰IS,韩KR,澳AU,格GE,毛MU,东盟^RAS^R,澳^RAU^R,日^RJP^R,新西兰^RNZ^R,柬KH,港HK,澳门MO,韩^RKR^R	0 受惠国LD	30

序号 No.	税则号列 Tariff Line	货品名称 Article Description	最惠国税率 MFN(%)	协定税率 Agreement(%)		特惠税率 SP(%)	普通税率 Gen(%)
		-制造半导体器件或集成电路用的机器 及装置： -Machines and apparatus for the manufacture of semiconductor devices or of electronic integrated circuits:					
7215	8486.2010	---氧化、扩散、退火及其他热处理设备 ---Oxidation,diffusion,annealing and other heat treatment equipment	0	0	东盟AS,智CL,巴PK,新西兰NZ, 秘PE,哥CR,瑞CH,冰IS,韩KR, 澳AU,格GE,毛MU,东盟^RAS^R, 澳^RAU^R,日^RJP^R,新西兰^RNZ^R,柬 KH,港HK,澳门MO,韩^RKR^R	0	受惠国LD, 老LA	30
		---薄膜沉积设备： ---Film deposition equipment:					
7216	8486.2021	----化学气相沉积装置（CVD） ----Chemical Vapour Deposition (CVD) equipment	0	0	东盟AS,智CL,巴PK,新西兰NZ, 秘PE,哥CR,瑞CH,冰IS,韩KR, 澳AU,格GE,毛MU,东盟^RAS^R, 澳^RAU^R,日^RJP^R,新西兰^RNZ^R,柬 KH,港HK,澳门MO,韩^RKR^R	0	受惠国LD	30
7217	8486.2022	----物理气相沉积装置（PVD） ----Physical Vapour Deposition (PVD) equipment	0	0	东盟AS,智CL,巴PK,新西兰NZ, 秘PE,哥CR,瑞CH,冰IS,韩KR, 澳AU,格GE,毛MU,东盟^RAS^R, 澳^RAU^R,日^RJP^R,新西兰^RNZ^R,柬 KH,港HK,澳门MO,韩^RKR^R	0	受惠国LD	30
7218	8486.2029	----其他 ----Other	0	0	东盟AS,智CL,巴PK,新西兰NZ, 秘PE,哥CR,瑞CH,冰IS,韩KR, 澳AU,格GE,毛MU,东盟^RAS^R, 澳^RAU^R,日^RJP^R,新西兰^RNZ^R,柬 KH,港HK,澳门MO,韩^RKR^R	0	受惠国LD	30
		---将电路图投影或绘制到感光半导体 材料上的装置： ---Apparatus for the projection or drawing of circuit patterns on sensitized semiconductor materials:					
7219	8486.2031	----分步重复光刻机（步进光刻机） ----Step and repeat alignersw	0	0	东盟AS,智CL,巴PK,新西兰NZ, 秘PE,哥CR,瑞CH,冰IS,韩KR, 澳AU,格GE,毛MU,东盟^RAS^R, 澳^RAU^R,日^RJP^R,新西兰^RNZ^R,柬 KH,港HK,澳门MO,韩^RKR^R	0	受惠国LD	100
7220	8486.2039	----其他 ----Other	0	0	东盟AS,智CL,巴PK,新西兰NZ, 秘PE,哥CR,瑞CH,冰IS,韩KR, 澳AU,格GE,毛MU,东盟^RAS^R, 澳^RAU^R,日^RJP^R,新西兰^RNZ^R,柬 KH,港HK,澳门MO,韩^RKR^R	0	受惠国LD	100
		---刻蚀及剥离设备： ---Etching and stripping equipment:					
7221	8486.2041	----等离子体干法刻蚀机 ----Dry plasma etching	0	0	东盟AS,智CL,巴PK,新西兰NZ, 秘PE,哥CR,瑞CH,冰IS,韩KR, 澳AU,格GE,毛MU,东盟^RAS^R, 澳^RAU^R,日^RJP^R,新西兰^RNZ^R,柬 KH,港HK,澳门MO,韩^RKR^R	0	受惠国LD	30

序号 No.	税则号列 Tariff Line	货品名称 Article Description	最惠国税率 MFN(%)	协定税率 Agreement(%)		特惠税率 SP(%)	普通税率 Gen(%)
7222	8486.2049	----其他 ----Other	0	0	东盟AS,智CL,巴PK,新西兰NZ, 秘PE,哥CR,瑞CH,冰IS,韩KR, 澳AU,格GE,毛MU,东盟^RAS^R, 澳^RAU^R,日^RJP^R,新西兰^RNZ^R,柬 KH,港HK,澳门MO,韩^RKR^R	0 受惠国LD	30
7223	8486.2050	---离子注入机 ---Ion implanters	0	0	东盟AS,智CL,巴PK,新西兰NZ, 秘PE,哥CR,瑞CH,冰IS,韩KR, 澳AU,格GE,毛MU,东盟^RAS^R, 澳^RAU^R,日^RJP^R,新西兰^RNZ^R,柬 KH,港HK,澳门MO,韩^RKR^R	0 受惠国LD	11
7224	8486.2090	---其他 ---Other	0	0	东盟AS,智CL,巴PK,新西兰NZ, 秘PE,哥CR,瑞CH,冰IS,韩KR, 澳AU,格GE,毛MU,东盟^RAS^R, 澳^RAU^R,日^RJP^R,新西兰^RNZ^R,柬 KH,港HK,澳门MO,韩^RKR^R	0 受惠国LD	30
		-制造平板显示器用的机器及装置: -Machines and apparatus for the manufacture of flat panel displays:					
7225	8486.3010	---扩散、氧化、退火及其他热处理设备 ---Oxidation,diffusion,annealing and other heat treatment equipment	0	0	东盟AS,智CL,巴PK,新西兰NZ, 秘PE,哥CR,瑞CH,冰IS,韩KR, 澳AU,格GE,毛MU,东盟^RAS^R, 澳^RAU^R,日^RJP^R,新西兰^RNZ^R,柬 KH,港HK,澳门MO,韩^RKR^R	0 受惠国LD, 老LA	30
		---薄膜沉积设备: ---Film deposition equipment:					
7226	8486.3021	----化学气相沉积设备（CVD） ----Chemical Vapour Deposition (CVD) equipment	0	0	东盟AS,智CL,巴PK,新西兰NZ, 秘PE,哥CR,瑞CH,冰IS,韩KR, 澳AU,格GE,毛MU,东盟^RAS^R, 澳^RAU^R,日^RJP^R,新西兰^RNZ^R,柬 KH,港HK,澳门MO,韩^RKR^R	0 受惠国LD	30
7227	8486.3022	----物理气相沉积设备（PVD） ----Physical Vapour Deposition(PVD) equipment	0	0	东盟AS,智CL,巴PK,新西兰NZ, 秘PE,哥CR,瑞CH,冰IS,韩KR, 澳AU,格GE,毛MU,东盟^RAS^R, 澳^RAU^R,日^RJP^R,新西兰^RNZ^R,柬 KH,港HK,澳门MO,韩^RKR^R	0 受惠国LD	30
7228	8486.3029	----其他 ----Other	0	0	东盟AS,智CL,巴PK,新西兰NZ, 秘PE,哥CR,瑞CH,冰IS,韩KR, 澳AU,格GE,毛MU,东盟^RAS^R, 澳^RAU^R,日^RJP^R,新西兰^RNZ^R,柬 KH,港HK,澳门MO,韩^RKR^R	0 受惠国LD	30
		---将电路图投影或绘制到感光半导体 材料上的装置: ---Apparatus for the projection or drawing of circuit patterns on sensitized semiconductor materials:					
7229	8486.3031	----分步重复光刻机 ----Step and repeat alignersw	0	0	东盟AS,智CL,巴PK,新西兰NZ, 秘PE,哥CR,瑞CH,冰IS,韩KR, 澳AU,格GE,毛MU,东盟^RAS^R, 澳^RAU^R,日^RJP^R,新西兰^RNZ^R,柬 KH,港HK,澳门MO,韩^RKR^R	0 受惠国LD	100

序号 No.	税则号列 Tariff Line	货品名称 Article Description	最惠国税率 MFN(%)		协定税率 Agreement(%)	特惠税率 SP(%)	普通税率 Gen(%)
7230	8486.3039	----其他 ----Other	0	0	东盟AS,智CL,巴PK,新西兰NZ, 秘PE,哥CR,瑞CH,冰IS,韩KR, 澳AU,格GE,毛MU,东盟^RAS^R, 澳^RAU^R,日^RJP^R,新西兰^RNZ^R,柬 KH,港HK,澳门MO,韩^RKR^R	0 受惠国LD	100
		---湿法蚀刻、显影、剥离、清洗装置: ---Apparatus for wet etching, developing, stripping or cleaning:					
7231	8486.3041	----超声波清洗装置 ----Ultrasonic apparatus for cleaning	0	0 1 8 8.2	东盟AS,智CL,新西兰NZ,新加 坡SG,秘PE,哥CR,瑞CH,冰IS,澳 AU,格GE,毛MU,东盟^RAS^R,澳 ^RAU^R,新西兰^RNZ^R,柬KH,港HK, 澳门MO 巴PK 韩^RKR^R 日^RJP^R	0 受惠国LD	30
7232	8486.3049	----其他 ----Other	0	0	东盟AS,智CL,巴PK,新西兰NZ, 秘PE,哥CR,瑞CH,冰IS,韩KR, 澳AU,格GE,毛MU,东盟^RAS^R, 澳^RAU^R,日^RJP^R,新西兰^RNZ^R,柬 KH,港HK,澳门MO,韩^RKR^R	0 受惠国LD	30
7233	8486.3090	---其他 ---Other	0	0	东盟AS,智CL,巴PK,新西兰NZ, 秘PE,哥CR,瑞CH,冰IS,韩KR, 澳AU,格GE,毛MU,东盟^RAS^R, 澳^RAU^R,日^RJP^R,新西兰^RNZ^R,柬 KH,港HK,澳门MO,韩^RKR^R	0 受惠国LD	30
		-本章注释十一(三)规定的机器及 装置: -Machines and apparatus specified in Note 11 (c) to this Chapter:					
7234	8486.4010	---主要用于或专用于制作和修复掩膜 版或投影掩膜版的装置 ---Apparatus solely or principally of a kind used for the manufacture or repair of masks and reticles	0	0	东盟AS,智CL,巴PK,新西兰NZ, 秘PE,哥CR,瑞CH,冰IS,韩KR, 澳AU,格GE,毛MU,东盟^RAS^R, 澳^RAU^R,日^RJP^R,新西兰^RNZ^R,柬 KH,港HK,澳门MO,韩^RKR^R	0 受惠国LD	70
		---主要用于或专用于装配与封装半导 体器件或集成电路的设备: ---Machines solely or principally of a kind used for assembling or encapsulating semiconductor devices or electronic integrated circuits:					
7235	8486.4021	----塑封机 ----Plastics encapsulating machines	0	0 4 4.1 4.5	亚太AP,东盟AS,智CL,巴PK,新 西兰NZ,秘PE,哥CR,瑞CH,冰IS, 澳AU,格GE,毛MU,柬KH,港HK, 澳门MO 东盟^RAS^R,澳^RAU^R,新西兰^RNZ^R 日^RJP^R 韩KR,韩^RKR^R	0 受惠国LD	30

序号 No.	税则号列 Tariff Line	货品名称 Article Description	最惠国税率 MFN(%)	协定税率 Agreement(%)		特惠税率 SP(%)	普通税率 Gen(%)
7236	8486.4022	----引线键合装置 ----Wire bonders	0	0	亚太AP,东盟AS,智CL,新西兰NZ,秘PE,哥CR,瑞CH,冰IS,澳AU,格GE,毛MU,东盟^RAS^R,澳^RAU^R,新西兰^RNZ^R,柬KH,港HK,澳门MO	0 受惠国LD	30
				1	巴PK		
				6.4	韩^RKR^R		
				6.5	日^RJP^R		
7237	8486.4029	----其他 ----Other	0	0	东盟AS,智CL,巴PK,新西兰NZ,秘PE,哥CR,瑞CH,冰IS,韩KR,澳AU,格GE,毛MU,东盟^RAS^R,澳^RAU^R,日^RJP^R,新西兰^RNZ^R,柬KH,港HK,澳门MO,韩^RKR^R	0 受惠国LD	17
		---主要用于或专用于升降、装卸、搬运单晶柱、晶圆、半导体器件、集成电路或平板显示器的装置: ---Apparatus solely or principally of a kind used for lifting, handling, loading or unloading of boules, wafers, semiconductor devices, electronic integrated circuits and flat panel displays:					
7238	8486.4031	----集成电路工厂专用的自动搬运机器人 ----Automated material handling machines solely or principally of a kind used in the electronic integrated circuits factories	0	0	东盟AS,智CL,巴PK,新西兰NZ,秘PE,哥CR,瑞CH,冰IS,韩KR,澳AU,格GE,毛MU,东盟^RAS^R,澳^RAU^R,日^RJP^R,新西兰^RNZ^R,柬KH,港HK,澳门MO,韩^RKR^R	0 受惠国LD	20
7239	8486.4039	----其他 ----Other	0	0	亚太AP,东盟AS,智CL,巴PK,新西兰NZ,秘PE,哥CR,瑞CH,冰IS,澳AU,格GE,毛MU,东盟^RAS^R,澳^RAU^R,新西兰^RNZ^R,柬KH,港HK,澳门MO	0 受惠国LD	30
				3.5	韩KR		
				4	韩^RKR^R		
				4.1	日^RJP^R		
		-零件及附件: -Parts and accessories:					
7240	8486.9010	---升降、搬运、装卸机器用(自动搬运设备用除外) ---Of machines for lifting, handling, loading or unloading (other than automated material handling machines)	0	0	亚太AP,东盟AS,智CL,巴PK,新西兰NZ,秘PE,哥CR,瑞CH,冰IS,韩KR,澳AU,格GE,毛MU,东盟^RAS^R,澳^RAU^R,新西兰^RNZ^R,柬KH,港HK,澳门MO,韩^RKR^R	0 受惠国LD	30
				4.5	日^RJP^R		
7241	8486.9020	---引线键合装置用 ---Of wire bonders	0	0	亚太AP,东盟AS,智CL,巴PK,新西兰NZ,秘PE,哥CR,瑞CH,冰IS,韩KR,澳AU,格GE,毛MU,东盟^RAS^R,日^RJP^R,柬KH,港HK,澳门MO,韩^RKR^R	0 受惠国LD	30
				4.8	澳^RAU^R,新西兰^RNZ^R		

序号 No.	税则号列 Tariff Line	货品名称 Article Description	最惠国税率 MFN(%)	协定税率 Agreement(%)		特惠税率 SP(%)	普通税率 Gen(%)
		---其他: ---Other:					
7242	8486.9091	----带背板的溅射靶材组件 ----Componets of sputtering target material with backing	0	0	东盟AS,智CL,巴PK,新西兰NZ,秘PE,哥CR,瑞CH,冰IS,韩KR,澳AU,格GE,毛MU,东盟^RAS^R,澳^RAU^R,日^RJP^R,新西兰^RNZ^R,柬KH,港HK,澳门MO,韩^RKR^R	0 受惠国LD	17
7243	8486.9099	----其他 ----Other	0	0	东盟AS,智CL,巴PK,新西兰NZ,秘PE,哥CR,瑞CH,冰IS,韩KR,澳AU,格GE,毛MU,东盟^RAS^R,澳^RAU^R,日^RJP^R,新西兰^RNZ^R,柬KH,港HK,澳门MO,韩^RKR^R	0 受惠国LD	17
	84.87	**本章其他税目未列名的机器零件, 不具有电气接插件、绝缘体、线圈、触点或其他电气器材特征的:** **Machinery parts, not containing electrical connectors, insulators, coils, contacts or other electrical features, not specified or included elsewhere in this Chapter:**					
7244	8487.1000	-船用推进器及桨叶 -Ships' or boats' propellers and blades	6	0 2.4 4.8 5.3	东盟AS,智CL,巴PK,新西兰NZ,秘PE,哥CR,瑞CH,冰IS,澳AU,格GE,毛MU,柬KH,港HK,澳门MO 韩KR 东盟^RAS^R,澳^RAU^R,新西兰^RNZ^R,韩^RKR^R 日^RJP^R	0 受惠国LD	14
7245	8487.9000	-其他 -Other	8	0 0.8 1 6.4 6.5	东盟AS,智CL,新西兰NZ,秘PE,哥CR,瑞CH,冰IS,澳AU,格GE,毛MU,东盟^RAS^R,澳^RAU^R,新西兰^RNZ^R,柬KH,港HK,澳门MO,台TW 韩KR 巴PK 韩^RKR^R 日^RJP^R	0 受惠国LD	30

第八十五章
电机、电气设备及其零件；
录音机及放声机、电视图像、
声音的录制和重放设备
及其零件、附件

注释：

一、本章不包括：

（一）电暖的毯子、褥子、足套或类似品，电暖的衣服、靴、鞋、耳套或其他供人穿戴的电暖物品；

（二）税目70.11的玻璃制品；

（三）税目84.86的机器及装置；

（四）用于医疗、外科、牙科或兽医的真空设备（税目90.18）；或

（五）第九十四章的电热家具。

二、税目85.01至85.04不适用于税目85.11、85.12、85.40、85.41或85.42的货品，但金属槽汞弧整流器仍归入税目85.04。

三、税目85.07所称"蓄电池"，包括与其一同报验的辅助元件，这些辅助元件具有储电、供电功能，或保护蓄电池免遭损坏，例如，电路连接器、温控装置（例如，热敏电阻）及电路保护装置，也可包括蓄电池的部分保护外壳。

四、税目85.09仅包括通常供家用的下列电动器具：

（一）任何重量的地板打蜡机、食品研磨机、食品搅拌器及水果或蔬菜的榨汁器；

（二）重量不超过20千克的其他机器。

但该税目不适用于风机、风扇或装有风扇的通风罩及循环气罩（不论是否装有过滤器）（税目84.14）、离心干衣机（税目84.21）、洗碟机（税目84.22）、家用洗衣机（税目84.50）、滚筒式或其他形式的熨烫机器（税目84.20或84.51）、缝纫机（税目84.52）、电剪子（税目84.67）或电热器具（税目85.16）。

五、税目85.17所称"智能手机"是指使用蜂窝网络的电话机，其安装有移动操作系统，设计用于实现自动数据处理设备功能，例如，可下载并同时执行多个应用程序（包括第三方应用程序），并且不论是否集成了如数字照相机、辅助导航系统等其他特征。

Chapter 85
Electrical machinery and equipment
and parts thereof; sound recorders and reproducers,
television image and sound recorders and reproducers,
and parts and accessories of such articles

Notes:

1. This Chapter does not cover:

(a) Electrically warmed blankets, bed pads, foot-muffs or the like; electrically warmed clothing, footwear or ear pads or other electrically warmed articles worn on or about the person;

(b) Articles of glass of heading 70.11;

(c) Machines and apparatus of heading 84.86;

(d) Vacuum apparatus of a kind used in medical, surgical, dental or veterinary sciences (heading 90.18); or

(e) Electrically heated furniture of Chapter 94.

2. Headings 85.01 to 85.04 do not apply to goods described in heading 85.11, 85.12, 85.40, 85.41 or 85.42. However, metal tank mercury arc rectifiers remain classified in heading 85.04.

3. For the purposes of heading 85.07, the expression "electric accumulators" includes those presented with ancillary components which contribute to the accumulator's function of storing and supplying energy or protect it from damage, such as electrical connectors, temperature control devices (for example, thermistors) and circuit protection devices. They may also include a portion of the protective housing of the goods in which they are to be used.

4. Heading 85.09 covers only the following electro mechanical machines of the kind commonly used for domestic purposes:

(a) Floor polishers, food grinders and mixers, and fruit or vegetable juice extractors, of any weight;

(b) Other machines provided the weight of such machines does not exceed 20kg.
The heading does not, however, apply to fans or ventilating or recycling hoods incorporating a fan, whether or not fitted with filters (heading 84.14), centrifugal clothes-dryers (heading 84.21), dish washing machines (heading 84.22), household washing machines (heading 84.50), roller or other ironing machines (heading 84.20 or 84.51), sewing machines (heading 84.52), electric scissors (heading 84.67) or to electrochemical appliances (heading 85.16).

5. For the purposes of heading 85.17, the term "smartphones" means telephones for cellular networks, equipped with a mobile operating system designed to perform the functions of an automatic data processing machine such as downloading and running multiple applications simultaneously, including third-party applications, and whether or not integrating other features such as digital cameras and navigational aid systems.

六、税目85.23所称：

　　（一）"固态、非易失性存储器件"（例如，"闪存卡"或"电子闪存卡"）是指带有接口的存储器件，其在同一壳体内包含一块或多块闪存（FLASH E^2 PROM），以集成电路的形式装配在一块印刷电路板上。它们可以包括一个集成电路形式的控制器及分立无源元件，例如，电容器及电阻器；

　　（二）所称"智能卡"，是指装有一块或多块集成电路［微处理器、随机存取存储器（RAM）或只读存储器（ROM）］芯片的卡。这些卡可带有触点、磁条或嵌入式天线，但不包含任何其他有源或无源电路元件。

七、税目85.24所称"平板显示模组"，是指用于显示信息的装置或器具，至少有一个显示屏，设计为在使用前安装于其他税目所列货品中。平板显示模组的显示屏包括但不限于平面、曲面、柔性、可折叠或可拉伸等类型。平板显示模组可装有附加元件，包括接收视频信号所需并将这些信号分配给显示器像素的元件。但是，税目85.24不包括装有转换视频信号的组件（例如，图像缩放集成电路，解码集成电路或程序处理器）的显示模组，或具有其他税目所列货品特征的显示模组。

　　本注释所述平板显示模组在归类时，税目85.24优先于其他税目。

八、税目85.34所称"印刷电路"，是指采用各种印制方法（例如，压印、覆镀、腐蚀）或采用"膜电路"工艺，将导线、接点或其他印制元件（例如，电感器、电阻器、电容器）按预定的图形单独或互相连接地印制在绝缘基片上的电路，但能够产生、整流、调制或放大电信号的元件（例如，半导体元件）除外。

　　所称"印刷电路"，不包括装有非印制元件的电路，也不包括单个的分立式电阻器、电容器及电感器。但印刷电路可配有非经印刷的连接元件。

　　用同样工艺制得的无源元件及有源元件组成的薄膜电路或厚膜电路应归入税目85.42。

九、税目85.36所称"光导纤维、光导纤维束或光缆用连接器"，是指在有线数字通讯设备中，简单机械地把光纤

6. For the purposes of heading 85.23 :

(a) "Solid-state non-volatile storage devices" (for example, "flash memory cards" or "flash electronic storage cards") are storage devices with a connecting socket, comprising in the same housing one or more flash memories (for example, "FLASH E²PROM") in the form of integrated circuits mounted on a printed circuit board. They may include a controller in the form of an integrated circuit and discrete passive components, such as capacitors and resistors;

(b) The term "smart cards" means cards which have embedded in them one or more electronic integrated circuits (a microprocessor, random access memory (RAM) or read-only memory (ROM)) in the form of chips. These cards may contain contacts, a magnetic stripe or an embedded antenna but do not contain any other active or passive circuit elements.

7. For the purposes of heading 85.24, "flat panel display modules" refer to devices or apparatus for the display of information, equipped at a minimum with a display screen, which are designed to be incorporated into articles of other headings prior to use. Display screens for flat panel display modules include, but are not limited to, those which are flat, curved, flexible, foldable or stretchable in form. Flat panel display modules may incorporate additional elements, including those necessary for receiving video signals and the allocation of those signals to pixels on the display. However, heading 85.24 does not include display modules which are equipped with components for converting video signals (e.g., a scaler IC, decoder IC or application processer) or have otherwise assumed the character of goods of other headings.

For the classification of flat panel display modules defined in this Note, heading 85.24 shall take precedence over any other heading in the Nomenclature.

8. For the purposes of heading 85.34 "printed circuits" are circuits obtained by forming on an insulating base, by any printing process (for example, embossing, plating-up, etching) or by the "film circuit" technique, conductor elements, contacts or other printed components (for example, inductances, resistors, capacitors) alone or interconnected according to a preestablished pattern, other than elements which can produce, rectify, modulate or amplify an electrical signal (for example, semiconductor elements).

The expression "printed circuits" does not cover circuits combined with elements other than those obtained during the printing process, nor does it cover individual, discrete resistors, capacitors or inductances.

Thin- or thick-film circuits comprising passive and active elements obtained during the same technological process are to be classified in heading 85.42.

9. For the purpose of heading 85.36, "connectors for optical fibres, optical fibre bundles or cables" means connectors that

端部相连成一线的连接器。它们不具备诸如对信号进行放大、再生或修正等其他功能。

十、税目85.37不包括电视接收机或其他电气设备用的无绳红外遥控器（税目85.43）。

十一、税目85.39所称"发光二极管（LED）光源"包括：

（一）"发光二极管（LED）模块"，是基于发光二极管的电路构成的电光源，模块中包含电气、机械、热力或者光学等其他元件。模块还装有分立的有源或无源元件，或用于提供或控制电源的税目85.36、85.42的物品。发光二极管（LED）模块没有便于在灯具中安装或更换并确保机械和电气连接的灯头设计。

（二）"发光二极管（LED）灯泡（管）"，是由一个或多个带有电气、机械、热力或者光学元件的LED模块组成的电光源。发光二极管（LED）模块与发光二极管（LED）灯泡（管）的区别在于后者有便于在灯具中安装或更换并确保机械和电气连接的灯头设计。

十二、税目85.41及85.42所称：
（一）
1. "半导体器件"是指那些依靠外加电场引起电阻率的变化而进行工作的半导体器件，或半导体基换能器。

半导体器件也可以包括由多个元件组装在一起的组件，无论是否有起辅助功能的有源和无源元件。

本定义所称"半导体基换能器"是指半导体基传感器、半导体基执行器、半导体基谐振器和半导体基振荡器。这些是不同类型的半导体基分立器件，能实现固有的功能，即可以将任何物理、化学现象或活动转换为电信号，或者将电信号转换为任何物理现象或活动。

半导体基换能器内的所有元件都不可分割地组合在一起，它们也包括为实现其结构或功能而不可分割地连接在一起的必要材料。

下列名词的含义是：
（1）"半导体基"是指用半导体技术，在半导体基片上构建、制造或由半导体材料制造。半

simply mechanically align optical fibres end to end in a digital line system. They perform no other function, such as the amplification, regeneration or modification of a signal.

10. Heading 85.37 does not include cordless infrared devices for the remote control of television receivers or other electrical equipment (heading 85.43).

11. For the purposes of heading 85.39, the expression "light-emitting diode (LED) light sources" covers :

(a) "Light-emitting diode (LED) modules" which are electrical light sources based on light-emitting diodes (LED) arranged in electrical circuits and containing further elements like electrical, mechanical, thermal or optical elements. They also contain discrete active elements, discrete passive elements, or articles of heading 85.36 or 85.42 for the purposes of providing power supply or power control. Light-emitting diode (LED) modules do not have a cap designed to allow easy installation or replacement in a luminaire and ensure mechanical and electrical contact.

(b) "Light-emitting diode (LED) lamps" which are electrical light sources containing one or more LED modules containing further elements like electrical, mechanical, thermal or optical elements. The distinction between light-emitting diode (LED) modules and light-emitting diode (LED) lamps is that lamps have a cap designed to allow easy installation or replacement in a luminaire and ensure mechanical and electrical contact.

12. For the purposes of headings 85.41 and 85.42:
(a)
(i) "Semiconductor devices" are semiconductor devices the operation of which depends on variations in resistivity on the application of an electric field or semiconductor-based transducers.

Semiconductor devices may also include assembly of plural elements, whether or not equipped with active and passive device ancillary functions.

"Semiconductor-based transducers" are, for the purposes of this definition, semiconductor-based sensors, semiconductor-based actuators, semiconductor-based resonators and semiconductor-based oscillators, which are types of discrete semiconductor-based devices, which perform an intrinsic function, which are able to convert any kind of physical or chemical phenomena or an action into an electrical signal or an electrical signal into any type of physical phenomenon or an action.

All the elements in semiconductor-based transducers are indivisibly combined, and may also include necessary materials indivisibly attached, that enable their construction or function.

The following expressions mean :

(1) "Semiconductor-based" means built or manufactured on a semiconductor substrate or made of

导体基片或材料在换能器的作用和性能中起到不可替代的关键作用，其工作是基于半导体的物理、电气、化学和光学等特性。

（2）"物理或化学现象"是指诸如压力、声波、加速度、振动、运动、方向、张力、磁场强度、电场强度、光、放射性、湿度、流量和化学浓度等。

（3）半导体基传感器是一种半导体器件，其由在半导体材料内部或表面制作的微电子或机械结构组成，具有探测物理量和化学量并将其转换成电信号（因电特性变化或机械结构位移而产生）的功能。

（4）半导体基执行器是一种半导体器件，其由在半导体材料内部或表面制作的微电子或机械结构组成，具有将电信号转换成物理运动的功能。

（5）半导体基谐振器是一种半导体器件，其由在半导体材料内部或表面制作的微电子或机械结构组成，具有按预先设定的频率产生机械或电振荡的功能，频率取决于响应外部输入的结构的物理参数。

（6）半导体基振荡器是一种半导体器件，其由在半导体材料内部或表面制作的微电子或机械结构组成，具有按预先设定的频率产生机械或电振荡的功能，频率取决于这些结构的物理参数。

2. "发光二极管（LED）"是半导体器件，基于可将电能变成可见光、红外线或紫外线的半导体材料，不论这些器件之间是否通过电路连接以及不论是否带有保护二极管。税目85.41的发光二极管（LED）不装有以提供或控制电源为目的的元件。

（二）"集成电路"，是指：

semiconductor materials, manufactured by semiconductor technology, in which the semiconductor substrate or material plays a critical and unreplaceable role of transducer function and performance, and the operation of which is based on semiconductor properties including physical, electrical, chemical and optical properties.

(2) "Physical or chemical phenomena" relate to phenomena, such as pressure, acoustic waves, acceleration, vibration, movement, orientation, strain, magnetic field strength, electric field strength, light, radioactivity, humidity, flow, chemicals concentration, etc.

(3) "Semiconductor-based sensor" is a type of semiconductor device, which consists of microelectronic or mechanical structures that are created in the mass or on the surface of a semiconductor and that have the function of detecting physical or chemical quantities and converting these into electric signals caused by resulting variations in electric properties or displacement of a mechanical structure.

(4) "Semiconductor-based actuator" is a type of semiconductor device, which consists of microelectronic or mechanical structures that are created in the mass or on the surface of a semiconductor and that have the function of converting electric signals into physical movement.

(5) "Semiconductor-based resonator" is a type of semiconductor device, which consists of microelectronic or mechanical structures that are created in the mass or on the surface of a semiconductor and that have the function of generating a mechanical or electrical oscillation of a predefined frequency that depends on the physical geometry of these structures in response to an external input.

(6) "Semiconductor-based oscillator" is a type of semiconductor device, which consists of microelectronic or mechanical structures that are created in the mass or on the surface of a semiconductor and that have the function of generating a mechanical or electrical oscillation of a predefined frequency that depends on the physical geometry of these structures.

(ii) "Light-emitting diodes (LED)" are semiconductor devices based on semiconductor materials which convert electrical energy into visible, infra-red or ultraviolet rays, whether or not electrically connected among each other and whether or not combined with protective diodes.Light-emitting diodes (LED) of heading 85.41 do not incorporate elements for the purposes of providing power supply or power control.

(b) "Electronic integrated circuits" are:

1. 单片集成电路，即电路元件（二极管、晶体管、电阻器、电容器、电感器等）主要整体制作在一片半导体材料或化合物半导体材料（例如，掺杂硅、砷化镓、硅锗或磷化铟）基片的表面，并不可分割地连接在一起的电路。

2. 混合集成电路，即通过薄膜或厚膜工艺制得的无源元件（电阻器、电容器、电感器等）和通过半导体工艺制得的有源元件（二极管、晶体管、单片集成电路等）用互连或连接线实际上不可分割地组合在同一绝缘基片（玻璃、陶瓷等）上的电路。这种电路也可包括分立元件。

3. 多芯片集成电路是由两个或多个单片集成电路实际上不可分割地组合在一片或多片绝缘基片上构成的电路，不论是否带有引线框架，但不带有其他有源或无源的电路元件。

4. 多元件集成电路(MCOs)：由一个或多个单片、混合或多芯片集成电路以及下列至少一个元件组成：硅基传感器、执行器、振荡器、谐振器或其组件所构成的组合体，或者具有税目85.32、85.33、85.41所列货品功能的元件，或税目85.04的电感器。其像集成电路一样实际上不可分割地组合成一体，作为一种元件，通过引脚、引线、焊球、底面触点、凸点或导电压点进行连接，组装到印刷电路板（PCB）或其他载体上。

在本定义中：
（1）元件可以是分立的，独立制造后组装到多元件（MCO）的其余部分上，或者集成到其他元件内。
（2）"硅基"是指在硅基片上制造，或由硅材料制造而成，或者制造在集成电路裸片上。
（3）
　　①硅基传感器是由在半导体材料内部或表面制作的微电子或机械结构组成，具有探测物理或化学现象并将其转换成电信号（因电特性变化或机械结构位移而产生）的功能。
　　"物理或化学现象"是指诸如压力、声波、加速度、振动、运动、方向、张力、磁场强度、电场强度、光、放射性、湿度、流量和化学浓度等现象。

(i) Monolithic integrated circuits in which the circuit elements, (diodes, transistors, resistors, capacitors, inductances, etc.) are created in the mass (essentially) and on the surface of a semiconductor or compound semiconductor material (for example, doped silicon, gallium arsenide, silicon germanium, indium phosphide) and are inseparably associated.

(ii) Hybrid integrated circuits in which passive elements (resistors, capacitors, inductances, etc.), obtained by thin-or thick-film technology, and active elements (diodes, transistors, monolithic integrated circuits, etc.), obtained by semiconductor technology, are combined to all intents and purposes indivisibly, by interconnections or interconnecting cables, on a single insulating substrate (glass, ceramic, etc.). These circuits may also include discrete components.

(iii) Multichip integrated circuits consisting of two or more interconnected monolithic integrated circuits combined to all intents and purposes indivisibly, whether or not on one or more insulating substrates, with or without leadframes, but with no other active or passive circuit elements.

(iv) Multi-component integrated circuits (MCOs): a combination of one or more monolithic, hybrid, or multi-chip integrated circuits with at least one of the following components: silicon-based sensors, actuators, oscillators, resonators or combinations thereof, or components performing the functions of articles classifiable under heading 85.32, 85.33, 85.41, or inductors classifiable under heading 85.04, formed to all intents and purposes indivisibly into a single body like an integrated circuit, as a component of a kind used for assembly onto a printed circuit board (PCB) or other carrier, through the connecting of pins, leads, balls, lands, bumps, or pads.

For the purpose of this definition:
(1) "Components" may be discrete, manufactured independently then assembled onto the rest of the MCO, or integrated into other components.
(2) "Silicon based" means built on a silicon substrate, or made of silicon materials, or manufactured onto integrated circuit die.
(3)
　ⓐ "Silicon-based sensors" consist of microelectronic or mechanical structures that are created in the mass or on the surface of a semiconductor and that have the function of detecting physical or chemical phenomena and transducing these into electric signals, caused by resulting variations in electric properties or displacement of a mechanical structure. "Physical or chemical phenomena" relates to phenomena, such as pres-

②硅基执行器是由在半导体材料内部或表面制作的微电子或机械结构组成，具有将电信号转换成物理运动的功能。

③硅基谐振器是由在半导体材料内部或表面制作的微电子或机械结构组成，具有按预先设定的频率产生机械或电振荡的功能，频率取决于响应外部输入的结构的物理参数。

④硅基振荡器是由在半导体材料内部或表面制作的微电子或机械结构组成，具有按预先设定的频率产生机械或电振荡的功能，频率取决于这些结构的物理参数。

本注释所述物品在归类时，即使本协调制度其他税目涉及到上述物品，尤其是物品的功能，仍应优先考虑归入税目85.41及85.42，但涉及税目85.23的情况除外。

子目注释:

一、子目8525.81仅包括具有以下一项或多项特征的高速电视摄像机、数字照相机及视频摄录一体机：

- 写入速度超过0.5毫米/微秒；
- 时间分辨率50纳秒或更短；
- 帧速率超过225,000帧/秒。

二、子目8525.82所称抗辐射或耐辐射电视摄像机、数字照相机及视频摄录一体机，是指经设计或防护以能在高辐射环境中工作。这些设备可承受至少 $50×10^3$ Gy（Si）〔$5×10^6$ RAD（Si）〕的总辐射剂量而不会使其操作性能退化。

三、子目8525.83包括夜视电视摄像机、数字照相机及视频摄录一体机，这些设备通过光阴极将捕获的光转换为电子，再将其放大和转换以形成可见图像。本子目不包括热成像的摄像机或照相机（通常归入子目8525.89）。

sure, acoustic waves, acceleration, vibration, movement, orientation, strain, magnetic field strength, electric field strength, light, radioactivity, humidity, flow, chemicals concentration, etc.

ⓑ "Silicon based actuators" consist of microelectronic and mechanical structures that are created in the mass or on the surface of a semiconductor and that have the function of converting electrical signals into physical movement.

ⓒ "Silicon based resonators" are components that consist of microelectronic or mechanical structures that are created in the mass or on the surface of a semiconductor and have the function of generating a mechanical or electrical oscillation of a predefined frequency that depends on the physical geometry of these structures in response to an external input.

ⓓ "Silicon based oscillators" are active components that consist of microelectronic or mechanical structures that are created in the mass or on the surface of a semiconductor and that have the function of generating a mechanical or electrical oscillation of a predefined frequency that depends on the physical geometry of these structures.

For the classification of the articles defined in this Note, headings 85.41 and 85.42 shall take precedence over any other headings in the Nomenclature, except in the case of heading 85.23, which might cover them by reference to, in particular, their function.

Subheading Notes:

1. Subheading 8525.81 covers only high-speed television cameras, digital cameras and video camera recorders having one or more of the following characteristics :
   - writing speed exceeding 0.5 mm per microsecond;
   - time resolution 50 nanoseconds or less;
   - frame rate exceeding 225,000 frames per second.

2. In respect of subheading 8525.82, radiation-hardened or radiation-tolerant television cameras, digital cameras and video camera recorders are designed or shielded to enable operation in a high-radiation environment. These cameras are designed to withstand a total radiation dose of at least $50×10^3$ Gy(silicon) ($5×10^6$ RAD (silicon)), without operational degradation.

3. Subheading 8525.83 covers night vision television cameras, digital cameras and video camera recorders which use a photocathode to convert available light to electrons, which can be amplified and converted to yield a visible image. This subheading excludes thermal imaging cameras (generally

四、子目8527.12仅包括有内置放大器但无内置扬声器的盒式磁带放声机，不需外接电源即能工作，且外形尺寸不超过170毫米×100毫米×45毫米。

五、子目8549.11至8549.19所称"废原电池、废原电池组及废蓄电池"是指因破损、拆解、耗尽或其他原因而不能再使用或不能再充电的电池。

本国子目注释：

一、本国子目8516.7130所称"泵压式咖啡机"，主要结构由水箱、水泵、加热器、漏斗、微电脑控制部件和附件六大部分组成。水箱与水泵连接，通过微电脑控制部件控制水泵从水箱抽水至加热器，水通过加热器加热后，由于水泵提供的压力使热水流至加热器下部的压力过滤漏斗内，热水从而将压力过滤漏斗内的咖啡粉的精华过滤出来。同时通过过滤网内的小孔作用产生丰富的泡沫。

二、本国子目8539.3230所称"钠蒸气灯"，是利用钠蒸气放电产生可见光的电光源。钠灯又分低压钠灯和高压钠灯。低压钠灯的工作蒸气压不超过几个帕。高压钠灯的工作蒸气压大于0.01兆帕。

三、本国子目8539.3240所称"汞蒸气灯"，是利用汞放电时产生汞蒸气获得可见光的电光源。汞灯可分为低压汞灯、高压汞灯和超高压汞灯三种。低压汞灯点燃时汞蒸气压小于一个大气压，高压汞灯的工作汞蒸气压为0.2～1兆帕，超高压汞灯的工作汞蒸气压为1兆帕以上。

subheading 8525.89).

4. Subheading 8527.12 covers only cassette-players with built-in amplifier, without built-in loudspeaker, capable of operating without an external source of electric power and the dimensions of which do not exceed 170mm×100mm×45mm.

5. For the purposes of subheadings 8549.11 to 8549.19, "spent primary cells, spent primary batteries and spent electric accumulators" are those which are neither usable as such because of breakage, cutting-up, wear or other reasons, nor capable of being recharged.

Domestic Subheading Notes:

1. Domestic Subheading 8516.7130: "Pump espresso maker", mainly consists of six parts: reservoir, pump, heating element, filter, microcomputer-controlled panel and the remaining parts. Driven by the microcomputer-controlled panel, the pump draws water out of the connected reservoir and pumps it into the heating chamber. Then hot water comes out of the chamber, and gets pressurized into the filter under the heating chamber. Through this process, the essence of the ground coffee is filtered out and froth comes out of the holes of the filter.

2. Domestic Subheading 8539.3230:"sodium vapor lamp" means a electric light source of visible light generated by using sodium vapor discharge . Sodium lamps can be divided into low-pressure sodium lamps and high-pressure sodium lamps. The working sodium vapor pressure of the low-pressure sodium lamp shall not exceed several Pa, but for the high-pressure sodium lamp is greater than 0.01 MPa.

3. Domestic Subheading 8539.3240:"mercury vapor lamp" means a electric light source of visible light generated by using mercury vapor discharge. Mercury lamps can be divided into three types: low-pressure mercury lamps, high-pressure mercurylamps and ultra-high pressure mercury lamps. When the low-pressure mercury lampis ignited, the mercury vapor pressure is far less than 1Mpa. The workingmercury vapor pressure of the high-pressure mercury lamp is 0.2-1MPa, but forthe ultra-high pressure mercury lamp is more than 1MPa.

序号 No.	税则号列 Tariff Line	货品名称 Article Description	最惠国税率 MFN(%)	协定税率 Agreement(%)	特惠税率 SP(%)	普通税率 Gen(%)
	85.01	电动机及发电机（不包括发电机组）： Electric motors and generators (excluding generating sets):				
		-输出功率不超过37.5瓦的电动机： -Motors of an output not exceeding 37.5W:				

序号 No.	税则号列 Tariff Line	货品名称 Article Description	最惠国税率 MFN(%)	协定税率 Agreement(%)		特惠税率 SP(%)	普通税率 Gen(%)
7246	8501.1010	---玩具用 ---For use in toys	12	0	东盟AS,智CL,新西兰NZ,新加坡SG,秘PE,哥CR,瑞CH,冰IS,澳AU,格GE,柬KH,港HK,澳门MO,台TW	0 受惠国LD	80
				7.8	亚太AP		
				9.8	毛MU		
				13.4	韩KR		
				18.6	巴PK		
				22.1	东盟^{R}AS^R,澳^{R}AU^R,新西兰^{R}NZ^R		
				22.2	日^{R}JP^R		
		---其他: ---Other:					
7247	8501.1091	----微电机,机座尺寸在20毫米及以上,但不超过39毫米 ----Micromotors with a housing size of 20mm or more but not exceeding 39mm	9	0	东盟AS,智CL,新西兰NZ,新加坡SG,秘PE,哥CR,瑞CH,冰IS,澳AU,格GE,毛MU,柬KH,港HK,澳门MO	0 受惠国LD	70
				1	巴PK		
				3.6	韩KR		
				5.9	亚太AP		
				7.8	东盟^{R}AS^R,韩^{R}KR^R		
				7.9	日^{R}JP^R		
				8.1	澳^{R}AU^R,新西兰^{R}NZ^R		
	ex85011091	激光视盘机机芯精密微型电机(1瓦≤功率≤18瓦,20毫米≤直径≤30毫米) Minitype precise motor for mechanism of laser disc player (1W≤power≤18W, 20mm≤diameter≤30mm)	Δ5				
	ex85011091	摄像机、摄录一体机用精密微型电机(0.5瓦≤功率≤10瓦,20毫米≤直径≤39毫米) Minitype precise motor for mechanism of video cameras or camera recorders (0.5W≤power≤10W, 20mm≤diameter≤39mm)	Δ5				
7248	8501.1099	----其他 ----Other	9	0	东盟AS,智CL,新西兰NZ,新加坡SG,秘PE,哥CR,瑞CH,冰IS,澳AU,格GE,毛MU,柬KH,港HK,澳门MO,台TW	0 受惠国LD	35
				3	巴PK		
				3.6	韩KR		
				5.9	亚太AP		
				7.8	东盟^{R}AS^R,韩^{R}KR^R		
				7.9	日^{R}JP^R		
				8.1	澳^{R}AU^R,新西兰^{R}NZ^R		

序号 No.	税则号列 Tariff Line	货品名称 Article Description	最惠国税率 MFN(%)	协定税率 Agreement(%)		特惠税率 SP(%)		普通税率 Gen(%)
	ex85011099	功率≤0.5瓦(圆柱型:直径≤6毫米,高≤25毫米;扁圆型:直径≤15毫米,厚≤5毫米)非用于激光视盘机机芯的微型电机 Micromotors with a cylindrical housing diameter not exceeding 6mm and height not exceeding 25mm or a oblate cylindrical housing diameter not exceeding 15mm and thickness not exceeding 5mm (power≤0.5W), excluding minitype motor for mechanism of laser disc player	Δ5					
	ex85011099	激光视盘机机芯用精密微型电机(0.5瓦≤功率≤2瓦, 5毫米≤直径<20毫米） Minitype precise motor for mechanism of laser disc player (0.5W≤power≤2W, 5mm≤diameter<20mm)	Δ5					
	ex85011099	摄像机、摄录一体机用精密微型电机(0.5瓦≤功率≤10瓦, 5毫米≤直径<20毫米或39毫米<直径≤40毫米） Minitype precise motor for mechanism of video cameras or camera recorders (0.5W≤power≤10W, 5mm≤diameter<20mm or 39mm<diameter≤40mm)	Δ5					
7249	8501.2000	-交直流两用电动机, 输出功率超过37.5瓦 -Universal AC/DC motors of an output exceeding 37.5W	12	0 1.2 3.6 9.6 9.8	东盟AS,智CL,新西兰NZ,新加坡SG,秘PE,哥CR,瑞CH,冰IS,澳AU,格GE,毛MU,东盟^{R}AS^R,澳^{R}AU^R,新西兰^{R}NZ^R,柬KH,港HK,澳门MO 韩KR 巴PK 韩^{R}KR^R 日^{R}JP^R	0	受惠国LD	35
		-其他直流电动机; 直流发电机, 不包括光伏发电机: -Other DC motors; DC generators, other than photovoltaic generators:						
7250	8501.3100	--输出功率不超过750瓦 --Of an output not exceeding 750W	12	0 4.8 5 6 7.8	东盟AS,智CL,新西兰NZ,新加坡SG,秘PE,哥CR,瑞CH,冰IS,澳AU,格GE,毛MU,柬KH,港HK,澳门MO,台TW 巴PK 东盟^{R}AS^R,澳^{R}AU^R,新西兰^{R}NZ^R 日^{R}JP^R,韩^{R}KR^R 亚太AP,韩KR	0	受惠国LD	35
7251	8501.3200	--输出功率超过750瓦, 但不超过75千瓦 --Of an output exceeding 750W but not exceeding 75kW	10	0 1 8 8.2	东盟AS,智CL,新西兰NZ,新加坡SG,秘PE,哥CR,瑞CH,冰IS,澳AU,格GE,毛MU,东盟^{R}AS^R,澳^{R}AU^R,新西兰^{R}NZ^R,柬KH,港HK,澳门MO 巴PK,韩KR 韩^{R}KR^R 日^{R}JP^R	0	受惠国LD	35

序号 No.	税则号列 Tariff Line	货品名称 Article Description	最惠国税率 MFN(%)	协定税率 Agreement(%)		特惠税率 SP(%)		普通税率 Gen(%)
7252	8501.3300	--输出功率超过75千瓦，但不超过375千瓦 --Of an output exceeding 75kW but not exceeding 375kW	5	0	东盟AS,智CL,巴PK,新西兰NZ,秘PE,哥CR,瑞CH,冰IS,韩KR,澳AU,格GE,毛MU,东盟^RAS^R,澳^RAU^R,日^RJP^R,新西兰^RNZ^R,柬KH,港HK,澳门MO,韩KR^R	0	受惠国LD	35
7253	8501.3400	--输出功率超过375千瓦 --Of an output exceeding 375kW	10	0	东盟AS,智CL,新西兰NZ,新加坡SG,秘PE,哥CR,瑞CH,冰IS,澳AU,格GE,毛MU,柬KH,港HK,澳门MO	0	受惠国LD	35
				3.6	巴PK			
				6.6	韩KR			
				10.8	东盟^RAS^R,澳^RAU^R,新西兰^RNZ^R			
7254	8501.4000	-其他单相交流电动机 -Other AC motors, single-phase	10	0	东盟AS,智CL,新西兰NZ,新加坡SG,秘PE,哥CR,瑞CH,冰IS,澳AU,格GE,毛MU,柬KH,港HK,澳门MO	0	受惠国LD	35
				3.6	巴PK			
				4.8	韩KR			
				10.4	东盟^RAS^R,韩^RKR^R			
				10.5	日^RJP^R			
				10.8	澳^RAU^R,新西兰^RNZ^R			
		-其他多相交流电动机： -Other AC motors, multi-phase:						
7255	8501.5100	--输出功率不超过750瓦 --Of an output not exceeding 750W	5	0	东盟AS,智CL,巴PK,新西兰NZ,秘PE,哥CR,瑞CH,冰IS,澳AU,格GE,毛MU,柬KH,港HK,澳门MO	0	受惠国LD	35
				4.8	东盟^RAS^R,澳^RAU^R,新西兰^RNZ^R			
7256	8501.5200	--输出功率超过750瓦，但不超过75千瓦 --Of an output exceeding 750W but not exceeding 75kW	10	0	东盟AS,智CL,新西兰NZ,新加坡SG,秘PE,哥CR,瑞CH,冰IS,澳AU,格GE,毛MU,柬KH,港HK,澳门MO	0	受惠国LD	35
				3	巴PK			
				5.5	韩KR			
				9	东盟^RAS^R,澳^RAU^R,日^RJP^R,新西兰^RNZ^R,韩^RKR^R			
7257	8501.5300	--输出功率超过75千瓦 --Of an output exceeding 75kW	10	0	东盟AS,智CL,新西兰NZ,新加坡SG,秘PE,哥CR,瑞CH,冰IS,澳AU,格GE,毛MU,柬KH,港HK,澳门MO	0	受惠国LD	35
				3.6	巴PK			
				4.8	韩KR			
				6.5	亚太AP			
				10.4	东盟^RAS^R,韩^RKR^R			
				10.5	日^RJP^R			
				10.8	澳^RAU^R,新西兰^RNZ^R			
		-交流发电机，不包括光伏发电机： -AC generators (alternators), other than photovoltaic generators:						

序号 No.	税则号列 Tariff Line	货品名称 Article Description	最惠国税率 MFN(%)	协定税率 Agreement(%)		特惠税率 SP(%)	普通税率 Gen(%)
7258	8501.6100	--输出功率不超过75千伏安 --Of an output not exceeding 75kVA	5	0	东盟AS,智CL,巴PK,新西兰NZ,秘PE,哥CR,瑞CH,冰IS,澳AU,格GE,毛MU,东盟^{R}AS^R,澳^{R}AU^R,新西兰^{R}NZ^R,柬KH,港HK,澳门MO	0 受惠国LD	30
				0.5	韩KR		
				4	韩^{R}KR^R		
				4.1	日^{R}JP^R		
7259	8501.6200	--输出功率超过75千伏安,但不超过375千伏安 --Of an output exceeding 75kVA but not exceeding 375kVA	10	0	东盟AS,智CL,新西兰NZ,新加坡SG,秘PE,哥CR,瑞CH,冰IS,澳AU,格GE,毛MU,柬KH,港HK,澳门MO	0 受惠国LD	30
				3.6	巴PK		
				6.6	韩KR		
				10.8	东盟^{R}AS^R,澳^{R}AU^R,新西兰^{R}NZ^R		
7260	8501.6300	--输出功率超过375千伏安,但不超过750千伏安 --Of an output exceeding 375kVA but not exceeding 750kVA	10	0	东盟AS,智CL,新西兰NZ,新加坡SG,秘PE,哥CR,瑞CH,冰IS,澳AU,格GE,毛MU,柬KH,港HK,澳门MO	0 受惠国LD	30
				3.6	巴PK		
				6.6	韩KR		
				10.8	东盟^{R}AS^R,澳^{R}AU^R,新西兰^{R}NZ^R		
		--输出功率超过750千伏安: --Of an output exceeding 750kVA:					
7261	8501.6410	---输出功率超过750千伏安,但不超过350兆伏安 ---Of an output exceeding 750kVA but not exceeding 350MVA	10	0	东盟AS,智CL,新西兰NZ,新加坡SG,秘PE,哥CR,瑞CH,冰IS,澳AU,格GE,毛MU,柬KH,港HK,澳门MO	0 受惠国LD	30
				1	巴PK		
				5.5	韩KR		
				9	东盟^{R}AS^R,澳^{R}AU^R,日^{R}JP^R,新西兰^{R}NZ^R		
	ex85016410	由使用可再生燃料锅炉和涡轮机组驱动的交流发电机, 750KVA<输出功率≤350MVA AC generators of an output exceeding 750 kVA but not exceeding 350MVA, used in conjunction with boiler and turbines to generate electricity from renewable fuels	Δ5				
7262	8501.6420	---输出功率超过350兆伏安,但不超过665兆伏安 ---Of an output exceeding 350MVA but not exceeding 665MVA	5.5	0	东盟AS,智CL,巴PK,新西兰NZ,秘PE,哥CR,瑞CH,冰IS,韩KR,澳AU,格GE,毛MU,东盟^{R}AS^R,日^{R}JP^R,柬KH,港HK,澳门MO,韩^{R}KR^R	0 受惠国LD	14
				3.6	亚太AP		
				4.6	澳^{R}AU^R,新西兰^{R}NZ^R		

序号 No.	税则号列 Tariff Line	货品名称 Article Description	最惠国税率 MFN(%)	协定税率 Agreement(%)		特惠税率 SP(%)		普通税率 Gen(%)
	ex85016420	由使用可再生燃料锅炉和涡轮机组驱动的交流发电机，350MVA＜输出功率≤665MVA AC generators of an output exceeding 350 MVA but not exceeding 665MVA, used in conjunction with boiler and turbines to generate electricity from renewable fuels	Δ5					
7263	8501.6430	---输出功率超过665兆伏安 ---Of an output exceeding 665MVA	6	0 3.9 4.8 5.3	东盟AS,智CL,巴PK,新西兰NZ,秘PE,哥CR,瑞CH,冰IS,韩KR,澳AU,格GE,毛MU,柬KH,港HK,澳门MO 亚太AP 东盟^RAS^R,澳^RAU^R,新西兰^RNZ^R,韩^RKR^R 日^RJP^R	0	受惠国LD	11
	ex85016430	由使用可再生燃料锅炉和涡轮机组驱动的交流发电机，输出功率＞665MVA AC generators of an output exceeding 665 MVA, used in conjunction with boiler and turbines to generate electricity from renewable fuels	Δ5					
		-光伏直流发电机： -Photovoltaic DC generators:						
7264	8501.7100	--输出功率不超过50瓦 --Of an output not exceeding 50 W	12	0 4.8 5 6 7.8	东盟AS,智CL,新西兰NZ,新加坡SG,秘PE,哥CR,瑞CH,冰IS,澳AU,格GE,毛MU,柬KH,港HK,澳门MO,台TW 巴PK 东盟^RAS^R,澳^RAU^R,新西兰^RNZ^R 日^RJP^R,韩^RKR^R 亚太AP,韩KR	0	受惠国LD	35
		--输出功率超过50瓦： --Of an output exceeding 50 W:						
7265	8501.7210	---输出功率超过50瓦，但不超过750瓦 ---Of an output exceeding 50W but not exceeding 750W	12	0 4.8 5 6 7.8	东盟AS,智CL,新西兰NZ,新加坡SG,秘PE,哥CR,瑞CH,冰IS,澳AU,格GE,毛MU,柬KH,港HK,澳门MO,台TW 巴PK 东盟^RAS^R,澳^RAU^R,新西兰^RNZ^R 日^RJP^R,韩^RKR^R 亚太AP,韩KR	0	受惠国LD	35
7266	8501.7220	---输出功率超过750瓦，但不超过75千瓦 ---Of an output exceeding 750W but not exceeding 75kW	10	0 1 8 8.2	东盟AS,智CL,新西兰NZ,新加坡SG,秘PE,哥CR,瑞CH,冰IS,澳AU,格GE,毛MU,东盟^RAS^R,澳^RAU^R,新西兰^RNZ^R,柬KH,港HK,澳门MO 巴PK,韩KR 韩^RKR^R 日^RJP^R	0	受惠国LD	35

序号 No.	税则号列 Tariff Line	货品名称 Article Description	最惠国税率 MFN(%)		协定税率 Agreement(%)	特惠税率 SP(%)		普通税率 Gen(%)
7267	8501.7230	---输出功率超过75千瓦，但不超过375千瓦 ---Of an output exceeding 75kW but not exceeding 375kW	5	0	东盟AS,智CL,巴PK,新西兰NZ,秘PE,哥CR,瑞CH,冰IS,韩KR,澳AU,格GE,毛MU,东盟^{R}AS^R,澳^{R}AU^R,日^{R}JP^R,新西兰NZ^R,柬KH,港HK,澳门MO,韩^{R}KR^R	0	受惠国LD	35
7268	8501.7240	---输出功率超过375千瓦 ---Of an output exceeding 375kW	10	0	东盟AS,智CL,新西兰NZ,新加坡SG,秘PE,哥CR,瑞CH,冰IS,澳AU,格GE,毛MU,柬KH,港HK,澳门MO	0	受惠国LD	35
				3.6	巴PK			
				6.6	韩KR			
				10.8	东盟^{R}AS^R,澳^{R}AU^R,新西兰^{R}NZ^R			
		-光伏交流发电机： -Photovoltaic AC generators:						
7269	8501.8010	---输出功率不超过75千伏安 ---Of an output not exceeding 75kVA	5	0	东盟AS,智CL,巴PK,新西兰NZ,秘PE,哥CR,瑞CH,冰IS,澳AU,格GE,毛MU,东盟^{R}AS^R,澳^{R}AU^R,新西兰^{R}NZ^R,柬KH,港HK,澳门MO	0	受惠国LD	30
				0.5	韩KR			
				4	韩^{R}KR^R			
				4.1	日^{R}JP^R			
7270	8501.8020	---输出功率超过75千伏安，但不超过375千伏安 ---Of an output exceeding 75kVA but not exceeding 375kVA	10	0	东盟AS,智CL,新西兰NZ,新加坡SG,秘PE,哥CR,瑞CH,冰IS,澳AU,格GE,毛MU,柬KH,港HK,澳门MO	0	受惠国LD	30
				3.6	巴PK			
				6.6	韩KR			
				10.8	东盟^{R}AS^R,澳^{R}AU^R,新西兰^{R}NZ^R			
7271	8501.8030	---输出功率超过375千伏安，但不超过750千伏安 ---Of an output exceeding 375kVA but not exceeding 750kVA	10	0	东盟AS,智CL,新西兰NZ,新加坡SG,秘PE,哥CR,瑞CH,冰IS,澳AU,格GE,毛MU,柬KH,港HK,澳门MO	0	受惠国LD	30
				3.6	巴PK			
				6.6	韩KR			
				10.8	东盟^{R}AS^R,澳^{R}AU^R,新西兰^{R}NZ^R			
		---输出功率超过750千伏安： ---Of an output exceeding 750kVA:						
7272	8501.8041	----输出功率超过750千伏安，但不超过350兆伏安 ----Of an output exceeding 750kVA but not exceeding 350MVA	10	0	东盟AS,智CL,新西兰NZ,新加坡SG,秘PE,哥CR,瑞CH,冰IS,澳AU,格GE,毛MU,柬KH,港HK,澳门MO	0	受惠国LD	30
				1	巴PK			
				5.5	韩KR			
				9	东盟^{R}AS^R,澳^{R}AU^R,日^{R}JP^R,新西兰^{R}NZ^R			
7273	8501.8042	----输出功率超过350兆伏安，但不超过665兆伏安 ----Of an output exceeding 350MVA but not exceeding 665MVA	5.5	0	东盟AS,智CL,巴PK,新西兰NZ,秘PE,哥CR,瑞CH,冰IS,韩KR,澳AU,格GE,毛MU,东盟^{R}AS^R,日^{R}JP^R,柬KH,港HK,澳门MO,韩^{R}KR^R	0	受惠国LD	14
				3.6	亚太AP			
				4.6	澳^{R}AU^R,新西兰^{R}NZ^R			

序号 No.	税则号列 Tariff Line	货品名称 Article Description	最惠国税率 MFN(%)	协定税率 Agreement(%)		特惠税率 SP(%)		普通税率 Gen(%)
7274	8501.8043	----输出功率超过665兆伏安 ----Of an output exceeding 665MVA	6	0	东盟AS,智CL,巴PK,新西兰NZ,秘PE,哥CR,瑞CH,冰IS,韩KR,澳AU,格GE,毛MU,柬KH,港HK,澳门MO	0	受惠国LD	11
				3.9	亚太AP			
				4.8	东盟^RAS^R,澳^RAU^R,新西兰^RNZ^R,韩^RKR^R			
				5.3	日^RJP^R			
	85.02	发电机组及旋转式变流机: **Electric generating sets and rotary converters:**						
		-装有压燃式活塞内燃发动机(柴油或半柴油发动机)的发电机组: -Generating sets with compression-ignition internal combustion piston engines (diesel or semi-diesel engines):						
7275	8502.1100	--输出功率不超过75千伏安 --Of an output not exceeding 75kVA	10	0	东盟AS,智CL,新西兰NZ,新加坡SG,秘PE,哥CR,瑞CH,冰IS,澳AU,格GE,毛MU,东盟^RAS^R,澳^RAU^R,新西兰^RNZ^R,柬KH,港HK,澳门MO	0	受惠国LD	45
				1	巴PK,韩KR			
				8	韩^RKR^R			
				8.2	日^RJP^R			
7276	8502.1200	--输出功率超过75千伏安,但不超过375千伏安 --Of an output exceeding 75kVA but not exceeding 375kVA	10	0	东盟AS,智CL,新西兰NZ,新加坡SG,秘PE,哥CR,瑞CH,冰IS,澳AU,格GE,毛MU,柬KH,港HK,澳门MO	0	受惠国LD	45
				1	巴PK			
				4	韩KR			
				8.7	东盟^RAS^R,韩^RKR^R			
				8.8	日^RJP^R			
				9	澳^RAU^R,新西兰^RNZ^R			
		--输出功率超过375千伏安: --Of an output exceeding 375kVA:						
7277	8502.1310	---输出功率超过375千伏安,但不超过2兆伏安 ---Of an output exceeding 375kVA but not exceeding 2MVA	10	0	东盟AS,智CL,新西兰NZ,新加坡SG,秘PE,哥CR,瑞CH,冰IS,澳AU,格GE,毛MU,柬KH,港HK,澳门MO	0	受惠国LD	45
				1	巴PK			
				5.5	韩KR			
				6.5	亚太AP			
				9	东盟^RAS^R,澳^RAU^R,日^RJP^R,新西兰^RNZ^R,韩^RKR^R			
7278	8502.1320	---输出功率超过2兆伏安 ---Of an output exceeding 2MVA	10	0	东盟AS,智CL,新西兰NZ,新加坡SG,秘PE,哥CR,瑞CH,冰IS,澳AU,格GE,毛MU,柬KH,港HK,澳门MO	0	受惠国LD	30
				1	巴PK			
				5.5	韩KR			
				7	亚太AP			
				9	东盟^RAS^R,澳^RAU^R,日^RJP^R,新西兰^RNZ^R,韩^RKR^R			

序号 No.	税则号列 Tariff Line	货品名称 Article Description	最惠国税率 MFN(%)	协定税率 Agreement(%)		特惠税率 SP(%)		普通税率 Gen(%)
7279	8502.2000	-装有点燃式活塞内燃发动机的发电机组 -Generating sets with spark-ignition internal combustion piston engines	10	0	东盟AS,智CL,新西兰NZ,新加坡SG,秘PE,哥CR,瑞CH,冰IS,澳AU,格GE,毛MU,东盟^RAS^R,澳^RAU^R,新西兰^RNZ^R,柬KH,港HK,澳门MO	0 受惠国LD	45
				1	韩KR		
				3	巴PK		
				8	韩^RKR^R		
				8.2	日^RJP^R		
		-其他发电机组: -Other generating sets:						
7280	8502.3100	--风力驱动的 --Wind-powered	8△5	0	东盟AS,智CL,新西兰NZ,秘PE,哥CR,瑞CH,冰IS,澳AU,格GE,毛MU,东盟^RAS^R,澳^RAU^R,新西兰^RNZ^R,柬KH,港HK,澳门MO	0 受惠国LD	30
				1	巴PK		
				3.2	韩KR		
				6.4	韩^RKR^R		
				6.5	日^RJP^R		
7281	8502.3900	--其他 --Other	10	0	东盟AS,智CL,新西兰NZ,秘PE,哥CR,瑞CH,冰IS,澳AU,格GE,毛MU,柬KH,港HK,澳门MO	0 受惠国LD	30
				1	巴PK		
				4	韩KR		
				8.7	东盟^RAS^R,韩^RKR^R		
				8.8	日^RJP^R		
				9	澳^RAU^R,新西兰^RNZ^R		
	ex85023900	依靠可再生能源(太阳能、小水电、潮汐、沼气、地热能、生物质/余热驱动的汽轮机)生产电力的发电机组 Electric generating sets by using renewable energy (e.g. solar power, Small hydro,Wave power, biogas, geothermal, and gas turbines for biomass plants and for waste heat applications)	△5				
7282	8502.4000	-旋转式变流机 -Electric rotary converters	10	0	东盟AS,智CL,新西兰NZ,秘PE,哥CR,瑞CH,冰IS,澳AU,格GE,毛MU,东盟^RAS^R,澳^RAU^R,新西兰^RNZ^R,柬KH,港HK,澳门MO	0 受惠国LD	30
				1	巴PK,韩KR		
				8	韩^RKR^R		
				8.2	日^RJP^R		
	85.03	专用于或主要用于税目85.01或85.02所列机器的零件: Parts suitable for use solely or principally with the machines of heading 85.01 or 85.02:					

序号 No.	税则号列 Tariff Line	货品名称 Article Description	最惠国税率 MFN(%)	协定税率 Agreement(%)		特惠税率 SP(%)	普通税率 Gen(%)
7283	8503.0010	---子目8501.1010及8501.1091所列电动机用 ---Of the motors of subheadings 8501.1010 or 8501.1091	8	0	东盟AS,智CL,新西兰NZ,新加坡SG,秘PE,哥CR,瑞CH,冰IS,澳AU,格GE,毛MU,柬KH,港HK,澳门MO,台TW	0 受惠国LD	70
				3.6	巴PK		
				5	东盟^RAS^R,澳^RAU^R,新西兰^RNZ^R		
				5.2	亚太AP		
				7.8	韩KR		
7284	8503.0020	---子目8501.6420及8501.6430所列发电机用 ---Of the generators of subheadings 8501.6420 or 8501.6430	3	0	东盟AS,智CL,巴PK,新西兰NZ,秘PE,哥CR,瑞CH,冰IS,韩KR,澳AU,格GE,毛MU,柬KH,港HK,澳门MO	0 受惠国LD	11
				2	亚太AP		
				2.4	东盟^RAS^R,澳^RAU^R,新西兰^RNZ^R,韩^RKR^R		
				2.5	日^RJP^R		
7285	8503.0030	---子目8502.3100所列发电机组用 ---Of the generating sets of subheading 8502.3100	3Δ1	0	东盟AS,智CL,巴PK,新西兰NZ,秘PE,哥CR,瑞CH,冰IS,韩KR,澳AU,格GE,毛MU,东盟^RAS^R,澳^RAU^R,日^RJP^R,新西兰^RNZ^R,柬KH,港HK,澳门MO,韩^RKR^R	0 受惠国LD	30
				2.5	亚太AP		
7286	8503.0090	---其他 ---Other	8	0	东盟AS,智CL,新西兰NZ,秘PE,哥CR,瑞CH,韩KR,澳AU,格GE,毛MU,东盟^RAS^R,澳^RAU^R,新西兰^RNZ^R,柬KH,港HK,澳门MO,台TW,韩^RKR^R	0 受惠国LD	30
				3	巴PK		
				5.2	亚太AP		
				7	日^RJP^R		
	ex85030090	由使用可再生燃料锅炉和涡轮机组驱动的输出功率超过750KVA的交流发电机的零件；依靠可再生能源（太阳能、小水电、潮汐、沼气、地热能、生物质/余热驱动的汽轮机）生产电力的发电机组的零件 Parts of AC generators of an output exceeding 750 kVA, used in conjunction with boiler and turbines to generate electricity from renewable fuels;Parts of electric generating sets by using renewable energy (e.g. solar power, small hydro, wave power, biogas, geotherm, and gas turbines for biomass plants) for maste heat applications	Δ5				
	ex85030090	飞机发动机用交流发电机定子 Stators of AC generators (alternators) for airplane engines	Δ1				

序号 No.	税则号列 Tariff Line	货品名称 Article Description	最惠国税率 MFN(%)	协定税率 Agreement(%)		特惠税率 SP(%)	普通税率 Gen(%)
	ex85030090	燃料电池用膜电极组件(主要由质子交换膜、催化剂和气体扩散层构成) Membrane electrode assembly for fuel cell (mainly composed of proton exchange membrane,catalyst and gas diffusion layer)	Δ4				
	ex85030090	燃料电池用双极板 Bipolar plate for fuel cell	Δ4				
85.04		变压器、静止式变流器(例如,整流器)及电感器: **Electrical transformers, static converters (for example, rectifiers) and inductors:**					
		-放电灯或放电管用镇流器: -Ballasts for discharge lamps or tubes:					
7287	8504.1010	---电子镇流器 ---Electronic ballasts	10	0	东盟AS,智CL,新西兰NZ,新加坡SG,秘PE,哥CR,瑞CH,冰IS,澳AU,格GE,毛MU,柬KH,港HK,澳门MO	0 受惠国LD	35
				1	巴PK,韩KR		
				8	东盟^{R}AS^R,澳^{R}AU^R,新西兰^{R}NZ^R,韩^{R}KR^R		
				8.2	日^{R}JP^R		
7288	8504.1090	---其他 ---Other	10	0	东盟AS,智CL,新西兰NZ,秘PE,哥CR,瑞CH,冰IS,澳AU,格GE,毛MU,东盟^{R}AS^R,澳^{R}AU^R,新西兰^{R}NZ^R,柬KH,港HK,澳门MO	0 受惠国LD	35
				1	巴PK,韩KR		
				8	韩^{R}KR^R		
				8.2	日^{R}JP^R		
		-液体介质变压器: -Liquid dielectric transformers:					
7289	8504.2100	--额定容量不超过650千伏安 --Having a power handling capacity not exceeding 650kVA	10	0	东盟AS,智CL,新西兰NZ,新加坡SG,秘PE,哥CR,瑞CH,冰IS,澳AU,格GE,毛MU,东盟^{R}AS^R,澳^{R}AU^R,新西兰^{R}NZ^R,柬KH,港HK,澳门MO	0 受惠国LD	50
				1	韩KR		
				3	巴PK		
				8.4	韩^{R}KR^R		
				8.6	日^{R}JP^R		
7290	8504.2200	--额定容量超过650千伏安,但不超过10兆伏安 --Having a power handling capacity exceeding 650kVA but not exceeding 10MVA	10	0	东盟AS,智CL,新西兰NZ,新加坡SG,秘PE,哥CR,瑞CH,冰IS,澳AU,格GE,毛MU,东盟^{R}AS^R,澳^{R}AU^R,新西兰^{R}NZ^R,柬KH,港HK,澳门MO	0 受惠国LD	50
				1.2	韩KR		
				3.8	巴PK		
				10.1	韩^{R}KR^R		
				10.3	日^{R}JP^R		

序号 No.	税则号列 Tariff Line	货品名称 Article Description	最惠国税率 MFN(%)	协定税率 Agreement(%)		特惠税率 SP(%)	普通税率 Gen(%)
		--额定容量超过10兆伏安: --Having a power handling capacity exceeding 10MVA:					
		---额定容量超过10兆伏安,但小于400兆伏安: ---Having a power handling capacity exceeding 10MVA but less than 400MVA:					
7291	8504.2311	----额定容量超过10兆伏安,但小于220兆伏安 ----Having a power handing capacity exceeding 10MVA but less than 220MVA	10	0	东盟AS,智CL,新西兰NZ,秘PE,哥CR,冰IS,澳AU,格GE,毛MU,柬KH,港HK,澳门MO	0 受惠国LD	50
				1	巴PK		
				4	韩KR		
				6.5	亚太AP		
				8.7	东盟^{R}AS^R,韩^{R}KR^R		
				8.8	日^{R}JP^R		
				9	澳^{R}AU^R,新西兰^{R}NZ^R		
7292	8504.2312	----额定容量在220兆伏安及以上,但小于330兆伏安 ----Having a power handling capacity exceeding 220MVA but less than 330MVA	10	0	东盟AS,智CL,新西兰NZ,秘PE,哥CR,瑞CH,冰IS,澳AU,格GE,毛MU,东盟^{R}AS^R,澳^{R}AU^R,新西兰^{R}NZ^R,柬KH,港HK,澳门MO	0 受惠国LD	50
				1	巴PK,韩KR		
				6.5	亚太AP		
				8	韩^{R}KR^R		
				8.2	日^{R}JP^R		
7293	8504.2313	----额定容量在330兆伏安及以上,但小于400兆伏安 ----Having a power handling capacity exceeding 330MVA but less than 400MVA	10	0	东盟AS,智CL,新西兰NZ,秘PE,哥CR,瑞CH,冰IS,澳AU,格GE,毛MU,柬KH,港HK,澳门MO	0 受惠国LD	50
				1	巴PK,韩KR		
				6.5	亚太AP		
				9	东盟^{R}AS^R,澳^{R}AU^R,新西兰^{R}NZ^R,韩^{R}KR^R		
		---额定容量在400兆伏安及以上: ---Having a power handling capacity of 400MVA or more:					
7294	8504.2321	----额定容量在400兆伏安及以上,但小于500兆伏安 ----Having a power handling capacity exceeding 400 MVA but less than 500MVA	6	0	东盟AS,智CL,巴PK,新西兰NZ,秘PE,哥CR,瑞CH,冰IS,韩KR,澳AU,格GE,毛MU,东盟^{R}AS^R,澳^{R}AU^R,日^{R}JP^R,新西兰^{R}NZ^R,柬KH,港HK,澳门MO,韩^{R}KR^R	0 受惠国LD	11
				3.9	亚太AP		
7295	8504.2329	----其他 ----Other	6	0	东盟AS,智CL,巴PK,新西兰NZ,秘PE,哥CR,瑞CH,冰IS,韩KR,澳AU,格GE,毛MU,东盟^{R}AS^R,澳^{R}AU^R,日^{R}JP^R,新西兰^{R}NZ^R,柬KH,港HK,澳门MO,韩^{R}KR^R	0 受惠国LD	11
				3.9	亚太AP		
		-其他变压器: -Other transformers:					

序号 No.	税则号列 Tariff Line	货品名称 Article Description	最惠国税率 MFN(%)		协定税率 Agreement(%)	特惠税率 SP(%)	普通税率 Gen(%)
		--额定容量不超过1千伏安: --Having a power handling capacity not exceeding 1kVA:					
7296	8504.3110	---互感器 ---Mutual inductor	5	0	东盟AS,智CL,巴PK,新西兰NZ,秘PE,哥CR,瑞CH,冰IS,韩KR,澳AU,格GE,毛MU,东盟^RAS^R,澳^RAU^R,日^RJP^R,新西兰NZ^R,柬KH,港HK,澳门MO,台TW,韩^RKR^R	0 受惠国LD	50
				3.3	亚太AP		
7297	8504.3190	---其他 ---Other	5	0	东盟AS,智CL,巴PK,新西兰NZ,新加坡SG,秘PE,哥CR,瑞CH,冰IS,韩KR,澳AU,格GE,毛MU,东盟^RAS^R,澳^RAU^R,日^RJP^R,新西兰^RNZ^R,柬KH,港HK,澳门MO,台TW,韩^RKR^R	0 受惠国LD	50
				3.3	亚太AP		
		--额定容量超过1千伏安,但不超过16千伏安: --Having a power handling capacity exceeding 1kVA but not exceeding 16kVA:					
7298	8504.3210	---互感器 ---Mutual inductor	5	0	东盟AS,智CL,巴PK,新西兰NZ,秘PE,哥CR,瑞CH,冰IS,澳AU,格GE,毛MU,柬KH,港HK,澳门MO	0 受惠国LD	50
				2	韩KR		
				4	东盟^RAS^R,澳^RAU^R,新西兰^RNZ^R,韩^RKR^R		
				4.4	日^RJP^R		
7299	8504.3290	---其他 ---Other	5	0	东盟AS,智CL,巴PK,新西兰NZ,秘PE,哥CR,瑞CH,冰IS,韩KR,澳AU,格GE,毛MU,东盟^RAS^R,澳^RAU^R,日^RJP^R,新西兰NZ^R,柬KH,港HK,澳门MO,韩^RKR^R	0 受惠国LD	50
		--额定容量超过16千伏安,但不超过500千伏安: --Having a power handling capacity exceeding 16kVA but not exceeding 500kVA:					
7300	8504.3310	---互感器 ---Mutual inductor	5	0	东盟AS,智CL,巴PK,新西兰NZ,秘PE,哥CR,瑞CH,冰IS,澳AU,格GE,毛MU,柬KH,港HK,澳门MO	0 受惠国LD	50
				2	韩KR		
				4	东盟^RAS^R,澳^RAU^R,新西兰^RNZ^R,韩^RKR^R		
				4.4	日^RJP^R		
7301	8504.3390	---其他 ---Other	5	0	东盟AS,智CL,巴PK,新西兰NZ,秘PE,哥CR,瑞CH,冰IS,澳AU,格GE,毛MU,柬KH,港HK,澳门MO	0 受惠国LD	50
				2	韩KR		
				4	东盟^RAS^R,澳^RAU^R,新西兰^RNZ^R,韩^RKR^R		
				4.4	日^RJP^R		

序号 No.	税则号列 Tariff Line	货品名称 Article Description	最惠国税率 MFN(%)		协定税率 Agreement(%)	特惠税率 SP(%)	普通税率 Gen(%)
		--额定容量超过500千伏安: --Having a power handling capacity exceeding 500kVA:					
7302	8504.3410	---互感器 ---Mutual inductor	10	0 5.6 11.2 12.1 12.3 12.6	东盟AS,智CL,新西兰NZ,新加坡SG,秘PE,哥CR,瑞CH,冰IS,澳AU,格GE,毛MU,柬KH,港HK,澳门MO 韩KR 巴PK 东盟^RAS^R,韩^RKR^R 日^RJP^R 澳^RAU^R,新西兰^RNZ^R	0 受惠国LD	50
7303	8504.3490	---其他 ---Other	10	0 5.6 6.7 12.1 12.3 12.6	东盟AS,智CL,新西兰NZ,新加坡SG,秘PE,哥CR,瑞CH,冰IS,澳AU,格GE,毛MU,柬KH,港HK,澳门MO 韩KR 巴PK 东盟^RAS^R,韩^RKR^R 日^RJP^R 澳^RAU^R,新西兰^RNZ^R	0 受惠国LD	50
		-静止式变流器: -Static converters: ---稳压电源: ---Voltage-stabilized suppliers:					
7304	8504.4013	----税目84.71所列机器用 ----Of the machines of heading 84.71	0	0	东盟AS,智CL,巴PK,新西兰NZ,秘PE,哥CR,瑞CH,冰IS,韩KR,澳AU,格GE,毛MU,东盟^RAS^R,澳^RAU^R,日^RJP^R,新西兰^RNZ^R,柬KH,港HK,澳门MO,韩^RKR^R	0 受惠国LD	40
7305	8504.4014	----其他直流稳压电源,功率小于1千瓦,精度低于万分之一 ----Other DC Voltage-stabilized suppliers, of a power of less than 1kW and an accuracy of not better than 0.0001	0	0 1 2.8 5.6 5.7	亚太AP,东盟AS,智CL,新西兰NZ,秘PE,哥CR,瑞CH,冰IS,澳AU,格GE,毛MU,东盟^RAS^R,澳^RAU^R,新西兰^RNZ^R,柬KH,港HK,澳门MO 巴PK 韩KR 韩^RKR^R 日^RJP^R	0 受惠国LD	80
7306	8504.4015	----其他交流稳压电源,功率小于10千瓦,精度低于千分之一 ----Other AC voltage-stabilized suppliers, of a power of less than 10kW and an accuracy of not better than 0.001	0	0	东盟AS,智CL,巴PK,新西兰NZ,秘PE,哥CR,瑞CH,冰IS,韩KR,澳AU,格GE,毛MU,东盟^RAS^R,澳^RAU^R,日^RJP^R,新西兰^RNZ^R,柬KH,港HK,澳门MO,韩^RKR^R	0 受惠国LD	80
7307	8504.4019	----其他 ----Other	0	0	东盟AS,智CL,巴PK,新西兰NZ,秘PE,哥CR,瑞CH,冰IS,韩KR,澳AU,格GE,毛MU,东盟^RAS^R,澳^RAU^R,日^RJP^R,新西兰^RNZ^R,柬KH,港HK,澳门MO,韩^RKR^R	0 受惠国LD	50

序号 No.	税则号列 Tariff Line	货品名称 Article Description	最惠国税率 MFN(%)	协定税率 Agreement(%)		特惠税率 SP(%)	普通税率 Gen(%)
7308	8504.4020	---不间断供电电源 ---Uninterrupted power suppliers	0	0	亚太AP,东盟AS,智CL,新西兰NZ,新加坡SG,秘PE,哥CR,冰IS,澳AU,格GE,毛MU,柬KH,港HK,澳门MO	0 受惠国LD	50
				3	巴PK		
				4	韩KR		
				8	东盟^{R}AS^R,澳^{R}AU^R,新西兰^{R}NZ^R,韩^{R}KR^R		
				8.2	日^{R}JP^R		
7309	8504.4030	---逆变器 ---Inverters	0	0	东盟AS,智CL,新西兰NZ,新加坡SG,秘PE,哥CR,瑞CH,冰IS,澳AU,格GE,毛MU,东盟^{R}AS^R,澳^{R}AU^R,新西兰^{R}NZ^R,柬KH,港HK,澳门MO	0 受惠国LD	30
				3	巴PK		
				4	韩KR		
				8	韩^{R}KR^R		
				8.2	日^{R}JP^R		
		---其他: ---Other:					
7310	8504.4091	----具有变流功能的半导体模块 ----Semiconductor modules with converting function	0	0	东盟AS,智CL,新西兰NZ,新加坡SG,秘PE,哥CR,瑞CH,冰IS,韩KR,澳AU,格GE,毛MU,东盟^{R}AS^R,澳^{R}AU^R,新西兰^{R}NZ^R,柬KH,港HK,澳门MO,韩^{R}KR^R	0 受惠国LD	30
				3	巴PK		
				8.2	日^{R}JP^R		
7311	8504.4099	----其他 ----Other	0	0	东盟AS,智CL,新西兰NZ,新加坡SG,秘PE,哥CR,瑞CH,冰IS,澳AU,格GE,东盟^{R}AS^R,澳^{R}AU^R,新西兰^{R}NZ^R,柬KH,港HK,澳门MO	0 受惠国LD	30
				3	巴PK		
				4	韩KR		
				4.7	毛MU		
				8	韩^{R}KR^R		
				8.2	日^{R}JP^R		
7312	8504.5000	-其他电感器 -Other inductors	0	0	东盟AS,智CL,巴PK,新西兰NZ,秘PE,哥CR,瑞CH,冰IS,韩KR,澳AU,格GE,毛MU,东盟^{R}AS^R,澳^{R}AU^R,日^{R}JP^R,新西兰^{R}NZ^R,柬KH,港HK,澳门MO,韩^{R}KR^R	0 受惠国LD	35
		-零件: -Parts:					
		---变压器用: ---Of transformers:					

序号 No.	税则号列 Tariff Line	货品名称 Article Description	最惠国税率 MFN(%)		协定税率 Agreement(%)	特惠税率 SP(%)	普通税率 Gen(%)
7313	8504.9011	----子目8504.2321、8504.2329所列变压器用 ----Of the transformers of subheading 8504.2321, 8504.2329	0	0	亚太AP,东盟AS,智CL,巴PK,新西兰NZ,秘PE,哥CR,瑞CH,冰IS,澳AU,格GE,毛MU,东盟^RAS^R,澳^RAU^R,新西兰^RNZ^R,柬KH,港HK,澳门MO	0 受惠国LD	11
				2	韩KR		
				4	韩^RKR^R		
				4.1	日^RJP^R		
7314	8504.9019	----其他 ----Other	0	0	亚太AP,东盟AS,智CL,新西兰NZ,秘PE,哥CR,瑞CH,冰IS,澳AU,格GE,毛MU,东盟^RAS^R,澳^RAU^R,新西兰^RNZ^R,柬KH,港HK,澳门MO,台TW	0 受惠国LD	50
				0.9	巴PK		
				3.2	韩KR		
				6.4	韩^RKR^R		
				6.5	日^RJP^R		
7315	8504.9020	---稳压电源及不间断供电电源用 ---Of voltage-stabilized suppliers and uninterrupted power suppliers	0	0	亚太AP,东盟AS,智CL,新西兰NZ,秘PE,哥CR,瑞CH,冰IS,澳AU,格GE,毛MU,柬KH,港HK,澳门MO,台TW	0 受惠国LD	50
				1	巴PK		
				3.2	韩KR		
				6.4	东盟^RAS^R,澳^RAU^R,新西兰^RNZ^R,韩^RKR^R		
				6.5	日^RJP^R		
7316	8504.9090	---其他 ---Other	0	0	亚太AP,东盟AS,智CL,新西兰NZ,秘PE,哥CR,瑞CH,冰IS,澳AU,格GE,毛MU,东盟^RAS^R,澳^RAU^R,新西兰^RNZ^R,柬KH,港HK,澳门MO,台TW	0 受惠国LD	30
				1	巴PK		
				3.2	韩KR		
				6.4	韩^RKR^R		
				6.5	日^RJP^R		
	85.05	电磁铁；永磁铁及磁化后准备制永磁铁的物品；电磁铁或永磁铁卡盘、夹具及类似的工件夹具；电磁联轴节、离合器及制动器；电磁起重吸盘： Electro-magnets; permanent magnets and articles intended to become permanent magnets after magnetisation; electro-magnetic or permanent magnet chucks, clamps and similar holding devices; electro-magnetic couplings, clutches and brakes; electro-magnetic lifting heads:					

序号 No.	税则号列 Tariff Line	货品名称 Article Description	最惠国税率 MFN(%)	协定税率 Agreement(%)		特惠税率 SP(%)	普通税率 Gen(%)

		-永磁铁及磁化后准备制永磁铁的
		  物品:
		-Permanent magnets and articles
		  intended to become permanent
		  magnets after magnetisation:					

		--金属的: --Of metal:					
7317	8505.1110	---稀土永磁体 ---Of rare-earth metals	7	0	东盟AS,智CL,新西兰NZ,秘PE, 哥CR,瑞CH,冰IS,韩KR,澳AU, 格GE,毛MU,东盟^RAS^R,澳^RAU^R, 新西兰^RNZ^R,柬KH,港HK,澳门 MO,台TW,韩^RKR^R	0 受惠国LD	20
				1	巴PK		
				5.7	日^RJP^R		
7318	8505.1190	---其他 ---Other	7	0	东盟AS,智CL,新西兰NZ,秘PE, 哥CR,瑞CH,冰IS,韩KR,澳AU, 格GE,毛MU,东盟^RAS^R,澳^RAU^R, 新西兰^RNZ^R,柬KH,港HK,澳门 MO,台TW,韩^RKR^R	0 受惠国LD	20
				1	巴PK		
				6.3	日^RJP^R		
7319	8505.1900	--其他 --Other	7	0	东盟AS,智CL,新西兰NZ,秘PE, 哥CR,瑞CH,冰IS,澳AU,格GE, 毛MU,东盟^RAS^R,澳^RAU^R,新西 兰^RNZ^R,柬KH,港HK,澳门MO	0 受惠国LD	20
				0.7	韩KR		
				1	巴PK		
				4.6	亚太AP		
				5.6	韩^RKR^R		
				5.7	日^RJP^R		
7320	8505.2000	-电磁联轴节、离合器及制动器 -Electro-magnetic couplings, clutches and brakes	8	0	东盟AS,智CL,新西兰NZ,秘PE, 哥CR,瑞CH,冰IS,澳AU,格GE, 毛MU,柬KH,港HK,澳门MO	0 受惠国LD	20
				1	巴PK		
				3.2	韩KR		
				5.2	亚太AP		
				6.9	东盟^RAS^R,韩^RKR^R		
				7	日^RJP^R		
				7.2	澳^RAU^R,新西兰^RNZ^R		
		-其他,包括零件: -Other, including parts:						
7321	8505.9010	---电磁起重吸盘 ---Electro-magnetic lifting heads	8	0	东盟AS,智CL,新西兰NZ,秘PE, 哥CR,瑞CH,冰IS,韩KR,澳AU, 格GE,毛MU,东盟^RAS^R,澳^RAU^R, 新西兰^RNZ^R,柬KH,港HK,澳门 MO,韩^RKR^R	0 受惠国LD	20
				1	巴PK		
				6.5	日^RJP^R		

序号 No.	税则号列 Tariff Line	货品名称 Article Description	最惠国税率 MFN(%)		协定税率 Agreement(%)	特惠税率 SP(%)	普通税率 Gen(%)
7322	8505.9090	---其他 ---Other	8	0	东盟AS,智CL,新西兰NZ,秘PE,哥CR,瑞CH,冰IS,韩KR,澳AU,格GE,毛MU,东盟^{R}AS^R,澳^{R}AU^R,新西兰^{R}NZ^R,柬KH,港HK,澳门MO,韩^{R}KR^R	0 受惠国LD	20
				1	巴PK		
				5.6	亚太AP		
				6.5	日^{R}JP^R		
	ex85059090	专门或主要用于核磁共振成像装置的电磁体,但税目90.18所列电磁铁除外 Electromagnets of a kind used solely or principally for magnetic resonance imaging apparatus other than electromagnets of heading 90.18	0				
	85.06	**原电池及原电池组:** **Primary cells and primary batteries:**					
		-二氧化锰的: -Manganese dioxide:					
		---碱性锌锰的: ---Alkaline zinc-manganese dioxide:					
7323	8506.1011	----扣式 ----Button type	8	0	东盟AS,智CL,新西兰NZ,新加坡SG,秘PE,哥CR,瑞CH,冰IS,澳AU,格GE,毛MU,柬KH,港HK,澳门MO	0 受惠国LD	80
				11	韩KR		
				16	巴PK		
				18	东盟^{R}AS^R,澳^{R}AU^R,新西兰^{R}NZ^R		
7324	8506.1012	----圆柱式 ----Cylinder type	8	0	东盟AS,智CL,新西兰NZ,新加坡SG,秘PE,哥CR,瑞CH,冰IS,澳AU,格GE,毛MU,柬KH,港HK,澳门MO	0 受惠国LD	80
				11	韩KR		
				16	巴PK		
				18	东盟^{R}AS^R,澳^{R}AU^R,新西兰^{R}NZ^R		
7325	8506.1019	----其他 ----Other	8	0	东盟AS,智CL,新西兰NZ,新加坡SG,秘PE,哥CR,瑞CH,冰IS,澳AU,格GE,毛MU,柬KH,港HK,澳门MO	0 受惠国LD	80
				8	东盟^{R}AS^R,澳^{R}AU^R,新西兰^{R}NZ^R		
				16	巴PK		
7326	8506.1090	---其他 ---Other	8	0	东盟AS,智CL,新西兰NZ,新加坡SG,秘PE,哥CR,瑞CH,冰IS,澳AU,格GE,毛MU,柬KH,港HK,澳门MO	0 受惠国LD	80
				11	韩KR		
				16	巴PK		
				18	东盟^{R}AS^R,澳^{R}AU^R,新西兰^{R}NZ^R,韩^{R}KR^R		

序号 No.	税则号列 Tariff Line	货品名称 Article Description	最惠国税率 MFN(%)	协定税率 Agreement(%)		特惠税率 SP(%)	普通税率 Gen(%)
7327	8506.3000	-氧化汞的 -Mercuric oxide	8	0	东盟AS,智CL,新西兰NZ,新加坡SG,秘PE,哥CR,瑞CH,冰IS,澳AU,格GE,毛MU,东盟^RAS^R,澳^RAU^R,新西兰^RNZ^R,柬KH,港HK,澳门MO	0 受惠国LD	40
				1.4	韩KR		
				6.7	巴PK		
				11.2	韩^RKR^R		
				11.5	日^RJP^R		
7328	8506.4000	-氧化银的 -Silver oxide	8	0	东盟AS,智CL,新西兰NZ,新加坡SG,秘PE,哥CR,瑞CH,冰IS,澳AU,格GE,毛MU,柬KH,港HK,澳门MO	0 受惠国LD	40
				1.4	韩KR		
				5.2	亚太AP		
				6.7	巴PK		
				8	东盟^RAS^R,澳^RAU^R,新西兰^RNZ^R		
7329	8506.5000	-锂的 -Lithium	8	0	东盟AS,智CL,新西兰NZ,新加坡SG,秘PE,哥CR,瑞CH,冰IS,澳AU,格GE,毛MU,柬KH,港HK,澳门MO	0 受惠国LD	40
				6.7	巴PK		
				12.6	东盟^RAS^R,澳^RAU^R,新西兰^RNZ^R		
7330	8506.6000	-锌空气的 -Air-zinc	8	0	东盟AS,智CL,新西兰NZ,新加坡SG,秘PE,哥CR,冰IS,澳AU,格GE,毛MU,东盟^RAS^R,澳^RAU^R,新西兰^RNZ^R,柬KH,港HK,澳门MO	0 受惠国LD	40
				1.4	韩KR		
				6.7	巴PK		
				11.2	韩^RKR^R		
				11.5	日^RJP^R		
7331	8506.8000	-其他原电池及原电池组 -Other primary cells and primary batteries	8	0	东盟AS,智CL,新西兰NZ,新加坡SG,秘PE,哥CR,瑞CH,冰IS,澳AU,格GE,毛MU,东盟^RAS^R,澳^RAU^R,新西兰^RNZ^R,柬KH,港HK,澳门MO	0 受惠国LD	40
				1.4	韩KR		
				6.7	巴PK		
				11.2	韩^RKR^R		
				11.5	日^RJP^R		
		-零件: -Parts:					
7332	8506.9010	---子目8506.1000所列电池用 ---Of the cells of subheading 8506.1000	8	0	东盟AS,智CL,新西兰NZ,新加坡SG,秘PE,哥CR,瑞CH,冰IS,澳AU,格GE,毛MU,柬KH,港HK,澳门MO	0 受惠国LD	80
				5	东盟^RAS^R,澳^RAU^R,新西兰^RNZ^R		
				5.2	亚太AP		
				6.7	巴PK		

序号 No.	税则号列 Tariff Line	货品名称 Article Description	最惠国税率 MFN(%)		协定税率 Agreement(%)	特惠税率 SP(%)		普通税率 Gen(%)
7333	8506.9090	---其他 ---Other	8	0	东盟AS,智CL,新西兰NZ,新加坡SG,秘PE,哥CR,瑞CH,冰IS,澳AU,格GE,毛MU,柬KH,港HK,澳门MO	0	受惠国LD	40
				1	巴PK			
				5.5	韩KR			
				9	东盟^{R}AS^R,澳^{R}AU^R,新西兰^{R}NZ^R,韩^{R}KR^R			
	85.07	蓄电池,包括隔板,不论是否矩形（包括正方形）： Electric accumulators, including separators therefor, whether or not rectangular (including square):						
7334	8507.1000	-铅酸蓄电池,用于启动活塞式发动机 -Lead-acid, of a kind used for starting piston engines	10	0	东盟AS,智CL,巴PK,新西兰NZ,新加坡SG,秘PE,哥CR,瑞CH,冰IS,澳AU,格GE,毛MU,柬KH,港HK,澳门MO	0	受惠国LD	90
				5.5	韩KR			
				6.5	亚太AP			
				9	东盟^{R}AS^R,澳^{R}AU^R,日^{R}JP^R,新西兰^{R}NZ^R			
7335	8507.2000	-其他铅酸蓄电池 -Other lead-acid accumulators	10	0	东盟AS,智CL,巴PK,新西兰NZ,新加坡SG,秘PE,哥CR,瑞CH,冰IS,澳AU,格GE,毛MU,柬KH,港HK,澳门MO	0	受惠国LD	90
				1	韩KR			
				6.5	亚太AP			
				8	东盟^{R}AS^R,澳^{R}AU^R,新西兰^{R}NZ^R,韩^{R}KR^R			
				8.2	日^{R}JP^R			
7336	8507.3000	-镍镉蓄电池 -Nickel-cadmium	10	0	东盟AS,智CL,新西兰NZ,新加坡SG,秘PE,哥CR,瑞CH,冰IS,澳AU,格GE,毛MU,东盟^{R}AS^R,澳^{R}AU^R,新西兰^{R}NZ^R,柬KH,港HK,澳门MO	0	受惠国LD	40
				1	巴PK,韩KR			
				6.5	亚太AP			
				8	韩^{R}KR^R			
				8.2	日^{R}JP^R			
	ex85073000	飞机用镍镉蓄电池 Nickel-cadmium accumulators for airplane	△1					
7337	8507.5000	-镍氢蓄电池 -Nickel-metal hydride	10	0	东盟AS,智CL,新西兰NZ,新加坡SG,秘PE,哥CR,瑞CH,冰IS,澳AU,格GE,毛MU,柬KH,港HK,澳门MO	0	受惠国LD	40
				1.2	韩KR			
				3	巴PK			
				6.5	亚太AP			
				9.6	东盟^{R}AS^R,澳^{R}AU^R,新西兰^{R}NZ^R,韩^{R}KR^R			
				9.8	日^{R}JP^R			

序号 No.	税则号列 Tariff Line	货品名称 Article Description	最惠国税率 MFN(%)	协定税率 Agreement(%)		特惠税率 SP(%)	普通税率 Gen(%)
7338	8507.6000	-锂离子蓄电池 -Lithium-ion	10	0	东盟AS,智CL,新西兰NZ,新加坡SG,秘PE,哥CR,瑞CH,冰IS,澳AU,格GE,毛MU,柬KH,港HK,澳门MO,台TW	0 受惠国LD	40
				5	巴PK		
				8	亚太AP		
				9.6	韩KR		
				10.8	东盟^RAS^R,澳^RAU^R,新西兰^RNZ^R		
	ex85076000	飞机用锂离子蓄电池 Lithium-ion accumulators for airplane	Δ1				
		-其他蓄电池: -Other accumulators:					
7339	8507.8030	---全钒液流电池 ---Vanadium redox flow batteries	10	0	东盟AS,智CL,新西兰NZ,新加坡SG,秘PE,哥CR,瑞CH,冰IS,澳AU,格GE,毛MU,东盟^RAS^R,澳^RAU^R,新西兰^RNZ^R,柬KH,港HK,澳门MO	0 受惠国LD	40
				1.2	韩KR		
				3	巴PK		
				6.5	亚太AP		
				9.6	韩^RKR^R		
				9.8	日^RJP^R		
7340	8507.8090	---其他 ---Other	10	0	东盟AS,智CL,新西兰NZ,新加坡SG,秘PE,哥CR,瑞CH,冰IS,澳AU,格GE,毛MU,东盟^RAS^R,澳^RAU^R,新西兰^RNZ^R,柬KH,港HK,澳门MO	0 受惠国LD	40
				1.2	韩KR		
				3	巴PK		
				6.5	亚太AP		
				9.6	韩^RKR^R		
				9.8	日^RJP^R		
		-零件: -Parts:					
7341	8507.9010	---铅酸蓄电池用 ---Of lead-acid accumulators	10	0	东盟AS,智CL,新西兰NZ,秘PE,哥CR,瑞CH,冰IS,澳AU,格GE,毛MU,东盟^RAS^R,澳^RAU^R,新西兰^RNZ^R,柬KH,港HK,澳门MO	0 受惠国LD	90
				1	巴PK,韩KR	5 亚太AP	
				8	韩^RKR^R		
				8.2	日^RJP^R		
7342	8507.9090	---其他 ---Other	8Δ5	0	东盟AS,智CL,新西兰NZ,秘PE,哥CR,瑞CH,冰IS,澳AU,格GE,毛MU,柬KH,港HK,澳门MO	0 受惠国LD	40
				1	巴PK	4 亚太AP	
				3.2	韩KR		
				6.4	东盟^RAS^R,澳^RAU^R,新西兰^RNZ^R,韩^RKR^R		
				7	日^RJP^R		

序号 No.	税则号列 Tariff Line	货品名称 Article Description	最惠国税率 MFN(%)		协定税率 Agreement(%)	特惠税率 SP(%)		普通税率 Gen(%)
	85.08	真空吸尘器： **Vacuum cleaners:**						
		-电动的： -With self-contained electric motor:						
7343	8508.1100	--功率不超过1500瓦，且带有容积不超过20升的集尘袋或其他集尘容器 --Of a power not exceeding 1500W and having a dust bag or other receptacle capacity not exceeding 20L	8	0 1 5.2 8 8.2	东盟AS,智CL,新西兰NZ,新加坡SG,秘PE,哥CR,瑞CH,冰IS,澳AU,格GE,毛MU,东盟^RAS^R,澳^RAU^R,新西兰^RNZ^R,柬KH,港HK,澳门MO,台TW 巴PK,韩KR 亚太AP 韩^RKR^R 日^RJP^R	0	受惠国LD	130
7344	8508.1900	--其他 --Other	0	0	东盟AS,智CL,巴PK,新西兰NZ,秘PE,哥CR,瑞CH,冰IS,韩KR,澳AU,格GE,毛MU,东盟^RAS^R,澳^RAU^R,日^RJP^R,新西兰^RNZ^R,柬KH,港HK,澳门MO,韩^RKR^R	0	受惠国LD	30
7345	8508.6000	-其他真空吸尘器 -Other vacuum cleaners	0	0	东盟AS,智CL,巴PK,新西兰NZ,秘PE,哥CR,瑞CH,冰IS,韩KR,澳AU,格GE,毛MU,东盟^RAS^R,澳^RAU^R,日^RJP^R,新西兰^RNZ^R,柬KH,港HK,澳门MO,韩^RKR^R	0	受惠国LD	30
		-零件： -Parts:						
7346	8508.7010	---子目8508.1100所列吸尘器用 ---For the goods of subheading 8508.1100	6	0 1.2 3.6 9.6 9.8	东盟AS,智CL,新西兰NZ,新加坡SG,秘PE,哥CR,瑞CH,冰IS,澳AU,格GE,毛MU,东盟^RAS^R,澳^RAU^R,新西兰^RNZ^R,柬KH,港HK,澳门MO 韩KR 巴PK 韩^RKR^R 日^RJP^R	0	受惠国LD	100
7347	8508.7090	---其他 ---Other	0	0	东盟AS,智CL,巴PK,新西兰NZ,秘PE,哥CR,瑞CH,冰IS,韩KR,澳AU,格GE,毛MU,东盟^RAS^R,澳^RAU^R,日^RJP^R,新西兰^RNZ^R,柬KH,港HK,澳门MO,韩^RKR^R	0	受惠国LD	20
	85.09	家用电动器具，税目85.08的真空吸尘器除外： **Electro-mechanical domestic appliances, with self-contained electric motor, other than vacuum cleaners of heading 85.08:**						
		-食品研磨机及搅拌器；水果或蔬菜的榨汁机： -Food grinders and mixers; fruit or vegetable juice extractors:						

序号 No.	税则号列 Tariff Line	货品名称 Article Description	最惠国税率 MFN(%)		协定税率 Agreement(%)	特惠税率 SP(%)		普通税率 Gen(%)
7348	8509.4010	---水果或蔬菜的榨汁机 ---Fruit or vegetable juice extractors	7△5	0	东盟AS,智CL,新西兰NZ,新加坡SG,秘PE,哥CR,瑞CH,冰IS,澳AU,格GE,毛MU,柬KH,港HK,澳门MO	0	受惠国LD	100
				1	巴PK			
				5.5	韩KR			
				9	东盟^RAS^R,澳^RAU^R,新西兰^RNZ^R			
7349	8509.4090	---其他 ---Other	7△5	0	东盟AS,智CL,新西兰NZ,新加坡SG,秘PE,哥CR,瑞CH,冰IS,澳AU,格GE,毛MU,东盟^RAS^R,澳^RAU^R,新西兰^RNZ^R,柬KH,港HK,澳门MO,台TW	0	受惠国LD	100
				1	巴PK,韩KR			
				8	韩^RKR^R			
				8.2	日^RJP^R			
		-其他器具: -Other appliances:						
7350	8509.8010	---地板打蜡机 ---Floor polishers	8	0	东盟AS,智CL,新西兰NZ,新加坡SG,秘PE,哥CR,冰IS,澳AU,格GE,柬KH,港HK,澳门MO	0	受惠国LD	100
				8	瑞CH,东盟^RAS^R,澳^RAU^R,新西兰^RNZ^R			
				12	毛MU			
				24	巴PK			
7351	8509.8020	---厨房废物处理器 ---Kitchen waste disposers	8	0	东盟AS,智CL,新西兰NZ,新加坡SG,秘PE,哥CR,瑞CH,冰IS,澳AU,格GE,毛MU,柬KH,港HK,澳门MO	0	受惠国LD	100
				11	韩KR			
				16	巴PK			
				18	东盟^RAS^R,澳^RAU^R,新西兰^RNZ^R			
7352	8509.8090	---其他 ---Other	8	0	东盟AS,智CL,新西兰NZ,新加坡SG,秘PE,哥CR,冰IS,澳AU,格GE,柬KH,港HK,澳门MO	0	受惠国LD	100
				8	东盟^RAS^R,澳^RAU^R,新西兰^RNZ^R			
				12	毛MU			
				24	巴PK			
7353	8509.9000	-零件 -Parts	6	0	东盟AS,智CL,新西兰NZ,新加坡SG,秘PE,哥CR,瑞CH,冰IS,澳AU,格GE,毛MU,柬KH,港HK,澳门MO	0	受惠国LD	100
				1.2	韩KR			
				3.6	巴PK			
				9.6	东盟^RAS^R,澳^RAU^R,新西兰^RNZ^R,韩^RKR^R			
				9.8	日^RJP^R			

序号 No.	税则号列 Tariff Line	货品名称 Article Description	最惠国税率 MFN(%)	协定税率 Agreement(%)		特惠税率 SP(%)		普通税率 Gen(%)
	85.10	电动剃须刀、电动毛发推剪及电动脱毛器： **Shavers, hair clippers and hair-removing appliances, with self-contained electric motor:**						
7354	8510.1000	-剃须刀 -Shavers	8	0	东盟AS,智CL,新西兰NZ,新加坡SG,秘PE,哥CR,澳AU,格GE,柬KH,港HK,澳门MO	0	受惠国LD	100
				8	瑞CH,东盟^{R}AS^R,澳^{R}AU^R,新西兰^{R}NZ^R			
				12	毛MU			
				24	巴PK			
7355	8510.2000	-毛发推剪 -Hair clippers	8	0	东盟AS,智CL,新西兰NZ,新加坡SG,秘PE,哥CR,冰IS,澳AU,格GE,柬KH,港HK,澳门MO	0	受惠国LD	100
				8	瑞CH,东盟^{R}AS^R,澳^{R}AU^R,新西兰^{R}NZ^R			
				12	毛MU			
				24	巴PK			
7356	8510.3000	-脱毛器 -Hair-removing appliances	8	0	东盟AS,智CL,新西兰NZ,新加坡SG,秘PE,哥CR,瑞CH,冰IS,澳AU,格GE,毛MU,柬KH,港HK,澳门MO	0	受惠国LD	100
				8	韩KR			
				16	巴PK,东盟^{R}AS^R,澳^{R}AU^R,新西兰^{R}NZ^R,韩^{R}KR^R			
				17.5	日^{R}JP^R			
7357	8510.9000	-零件 -Parts	8	0	东盟AS,智CL,新西兰NZ,新加坡SG,秘PE,哥CR,瑞CH,冰IS,澳AU,格GE,柬KH,港HK,澳门MO	0	受惠国LD	100
				9.8	毛MU			
				13.4	韩KR			
				19.6	巴PK			
				22.1	东盟^{R}AS^R,澳^{R}AU^R,新西兰^{R}NZ^R			
				22.2	日^{R}JP^R			
	85.11	点燃式或压燃式内燃发动机用的电点火及电启动装置（例如，点火磁电机、永磁直流发电机、点火线圈、火花塞、电热塞及启动电机）；附属于上述内燃发动机的发电机（例如，直流发电机、交流发电机）及断流器： **Electrical ignition or starting equipment of a kind used for spark-ignition or compression-ignition internal combustion engines (for example, ignition magnetos, magneto-dynamos, ignition coils, sparking plugs and glow plugs, starter motors); generators (for example, dynamos, alternators) and cut-outs of a kind used in conjunction with such engines:**						

序号 No.	税则号列 Tariff Line	货品名称 Article Description	最惠国税率 MFN(%)		协定税率 Agreement(%)	特惠税率 SP(%)	普通税率 Gen(%)
7358	8511.1000	-火花塞 -Sparking plugs	8	0	东盟AS,智CL,新西兰NZ,新加坡SG,秘PE,哥CR,瑞CH,冰IS,澳AU,格GE,毛MU,东盟^{R}AS^R,澳^{R}AU^R,新西兰^{R}NZ^R,柬KH,港HK,澳门MO	0 受惠国LD	30
				1	韩KR		
				3	巴PK		
				8	韩^{R}KR^R		
				8.2	日^{R}JP^R		
		-点火磁电机; 永磁直流发电机; 磁飞轮: -Ignition magnetos; magneto-dynamos; magnetic flywheels:					
7359	8511.2010	---机车、航空器及船舶用 ---For locomotives, aircraft or ships	5	0	东盟AS,智CL,巴PK,新西兰NZ,秘PE,哥CR,瑞CH,冰IS,韩KR,澳AU,格GE,毛MU,东盟^{R}AS^R,澳^{R}AU^R,日^{R}JP^R,新西兰^{R}NZ^R,柬KH,港HK,澳门MO,韩^{R}KR^R	0 受惠国LD	11
7360	8511.2090	---其他 ---Other	8	0	东盟AS,智CL,新西兰NZ,秘PE,哥CR,瑞CH,冰IS,澳AU,格GE,毛MU,东盟^{R}AS^R,澳^{R}AU^R,新西兰^{R}NZ^R,柬KH,港HK,澳门MO	0 受惠国LD	30
				1	巴PK,韩KR		
				8	韩^{R}KR^R		
				8.2	日^{R}JP^R		
		-分电器; 点火线圈: -Distributors; ignition coils:					
7361	8511.3010	---机车、航空器及船舶用 ---For locomotives, aircraft or ships	5	0	东盟AS,智CL,巴PK,新西兰NZ,秘PE,哥CR,瑞CH,冰IS,韩KR,澳AU,格GE,毛MU,东盟^{R}AS^R,澳^{R}AU^R,日^{R}JP^R,新西兰^{R}NZ^R,柬KH,港HK,澳门MO,韩^{R}KR^R	0 受惠国LD	11
7362	8511.3090	---其他 ---Other	8	0	东盟AS,智CL,新西兰NZ,秘PE,哥CR,瑞CH,冰IS,澳AU,格GE,毛MU,柬KH,港HK,澳门MO	0 受惠国LD	30
				1	巴PK		
				3.3	韩KR		
				7.3	东盟^{R}AS^R,韩^{R}KR^R		
				7.4	日^{R}JP^R		
				7.6	澳^{R}AU^R,新西兰^{R}NZ^R		
		-启动电机及两用启动发电机: -Starter motors and dual purpose starter-generators:					
7363	8511.4010	---机车、航空器及船舶用 ---For locomotives, aircraft or ships	5	0	东盟AS,智CL,巴PK,新西兰NZ,秘PE,哥CR,瑞CH,冰IS,澳AU,格GE,毛MU,东盟^{R}AS^R,澳^{R}AU^R,新西兰^{R}NZ^R,柬KH,港HK,澳门MO	0 受惠国LD	11
				0.5	韩KR		
				4	韩^{R}KR^R		
				4.1	日^{R}JP^R		

序号 No.	税则号列 Tariff Line	货品名称 Article Description	最惠国税率 MFN(%)	协定税率 Agreement(%)		特惠税率 SP(%)		普通税率 Gen(%)
	ex85114010	飞机辅助动力装置电源启动马达 Starter motors for airplane auxiliary motor power supplies	Δ1					
		---其他: ---Other:						
7364	8511.4091	----输出功率在132.39千瓦（180马力）及以上的发动机用启动电机 ----Starter motors for engines of an output of 132.39kW (180HP) or more	8	0	东盟AS,智CL,新西兰NZ,秘PE,哥CR,瑞CH,冰IS,澳AU,格GE,毛MU,东盟^RAS^R,澳^RAU^R,新西兰^RNZ^R,柬KH,港HK,澳门MO	0	受惠国LD	30
				0.8	韩KR			
				1	巴PK			
				6.7	韩^RKR^R			
				6.9	日^RJP^R			
7365	8511.4099	----其他 ----Other	8	0	东盟AS,智CL,新西兰NZ,秘PE,哥CR,瑞CH,冰IS,澳AU,格GE,毛MU,柬KH,港HK,澳门MO	0	受惠国LD	30
				3.3	韩KR			
				4	巴PK			
				7.3	东盟^RAS^R,韩^RKR^R			
				7.4	日^RJP^R			
				7.6	澳^RAU^R,新西兰^RNZ^R			
		-其他发电机: -Other generators:						
7366	8511.5010	---机车、航空器及船舶用 ---For locomotives, aircraft or ships	5	0	东盟AS,智CL,巴PK,新西兰NZ,秘PE,哥CR,瑞CH,冰IS,澳AU,格GE,毛MU,东盟^RAS^R,澳^RAU^R,新西兰^RNZ^R,柬KH,港HK,澳门MO	0	受惠国LD	11
				0.5	韩KR			
				4	韩^RKR^R			
				4.1	日^RJP^R			
7367	8511.5090	---其他 ---Other	8	0	东盟AS,智CL,新西兰NZ,秘PE,哥CR,瑞CH,冰IS,澳AU,格GE,毛MU,柬KH,港HK,澳门MO	0	受惠国LD	30
				1	巴PK			
				5	东盟^RAS^R,澳^RAU^R,新西兰^RNZ^R			
7368	8511.8000	-其他装置 -Other equipment	8	0	东盟AS,智CL,新西兰NZ,秘PE,哥CR,瑞CH,冰IS,澳AU,格GE,毛MU,东盟^RAS^R,澳^RAU^R,新西兰^RNZ^R,柬KH,港HK,澳门MO	0	受惠国LD	30
				0.8	韩KR			
				1	巴PK			
				6.7	韩^RKR^R			
				6.9	日^RJP^R			
		-零件: -Parts:						
7369	8511.9010	---本税目所列供机车、航空器及船舶用的各种装置的零件 ---Of the equipment of heading 85.11 used for locomotives, aircraft or ships	4.5	0	东盟AS,智CL,巴PK,新西兰NZ,秘PE,哥CR,瑞CH,冰IS,澳AU,格GE,毛MU,柬KH,港HK,澳门MO	0	受惠国LD	11
				4.3	东盟^RAS^R,澳^RAU^R,新西兰^RNZ^R			

序号 No.	税则号列 Tariff Line	货品名称 Article Description	最惠国税率 MFN(%)		协定税率 Agreement(%)	特惠税率 SP(%)	普通税率 Gen(%)
	ex85119010	飞机发动机用三相交流发电机用壳体 Three-phase alternator housings for airplane engines	Δ1				
7370	8511.9090	---其他 ---Other	5	0	东盟AS,智CL,巴PK,新西兰NZ,秘PE,哥CR,瑞CH,冰IS,澳AU,格GE,毛MU,东盟^{R}AS^R,澳^{R}AU^R,新西兰^{R}NZ^R,柬KH,港HK,澳门MO	0 受惠国LD	30
				0.5	韩KR		
				4	韩^{R}KR^R		
				4.4	日^{R}JP^R		
	85.12	自行车或机动车辆用的电气照明或信号装置(税目85.39的物品除外)、风挡刮水器、除霜器及去雾器: **Electrical lighting or signalling equipment (excluding articles of heading 85.39), windscreen wipers, defrosters and demisters, of a kind used for cycles or motor vehicles:**					
7371	8512.1000	-自行车用照明或视觉信号装置 -Lighting or visual signalling equipment of a kind used on bicycles	10	0	东盟AS,智CL,新西兰NZ,新加坡SG,秘PE,哥CR,瑞CH,冰IS,澳AU,格GE,毛MU,东盟^{R}AS^R,澳^{R}AU^R,新西兰^{R}NZ^R,柬KH,港HK,澳门MO	0 受惠国LD	45
				1	韩KR		
				3	巴PK		
				8.4	韩^{R}KR^R		
				8.6	日^{R}JP^R		
		-其他照明或视觉信号装置: -Other lighting or visual signalling equipment:					
7372	8512.2010	---机动车辆用照明装置 ---Lighting equipment of a kind used for motor vehicles	10	0	智CL,新西兰NZ,秘PE,哥CR,瑞CH,冰IS,澳AU,格GE,毛MU,柬KH,港HK,澳门MO,台TW	0 受惠国LD	45
				5	东盟AS		
				5.5	韩KR		
				8	巴PK,东盟^{R}AS^R		
				8.2	日^{R}JP^R		
				9.5	澳^{R}AU^R,新西兰^{R}NZ^R		
				10	韩^{R}KR^R		
7373	8512.2090	---其他 ---Other	10	0	智CL,新西兰NZ,秘PE,哥CR,瑞CH,冰IS,澳AU,格GE,毛MU,柬KH,港HK,澳门MO	0 受惠国LD	45
				5	东盟AS		
				5.5	韩KR		
				8	巴PK		
				9	东盟^{R}AS^R,日^{R}JP^R		
				9.5	澳^{R}AU^R,新西兰^{R}NZ^R		
		-音响信号装置: -Sound signalling equipment:					

序号 No.	税则号列 Tariff Line	货品名称 Article Description	最惠国税率 MFN(%)		协定税率 Agreement(%)	特惠税率 SP(%)	普通税率 Gen(%)
		---机动车辆用： ---For motor Vehicles:					
7374	8512.3011	----喇叭、蜂鸣器 ----Loudspeaker, buzzers	10	0	智CL,新西兰NZ,秘PE,哥CR,瑞CH,冰IS,澳AU,格GE,毛MU,柬KH,港HK,澳门MO	0 受惠国LD	45
				4	韩KR		
				5	东盟AS		
				5.1	巴PK		
				6.5	亚太AP		
				8	东盟^{R}AS^R		
				8.2	日^{R}JP^R		
				9	澳^{R}AU^R		
				9.5	新西兰^{R}NZ^R		
7375	8512.3012	----防盗报警器 ----Burglar alarms	10	0	东盟AS,智CL,新西兰NZ,秘PE,哥CR,瑞CH,冰IS,澳AU,格GE,毛MU,柬KH,港HK,澳门MO	0 受惠国LD	40
				1	巴PK		
				4	韩KR		
				6.5	亚太AP		
				8	东盟^{R}AS^R,澳^{R}AU^R,新西兰^{R}NZ^R,韩^{R}KR^R		
				8.8	日^{R}JP^R		
7376	8512.3019	----其他 ----Other	10	0	智CL,新西兰NZ,秘PE,哥CR,瑞CH,冰IS,澳AU,格GE,毛MU,柬KH,港HK,澳门MO	0 受惠国LD	45
				4	韩KR		
				5	东盟AS		
				5.1	巴PK		
				6.5	亚太AP		
				8	东盟^{R}AS^R		
				8.2	日^{R}JP^R		
				9	澳^{R}AU^R		
				9.5	新西兰^{R}NZ^R		
				10	韩^{R}KR^R		
7377	8512.3090	---其他 ---Other	10	0	智CL,新西兰NZ,秘PE,哥CR,瑞CH,冰IS,澳AU,格GE,毛MU,柬KH,港HK,澳门MO	0 受惠国LD	45
				5	东盟AS		
				5.1	巴PK		
				6.5	亚太AP		
				8	东盟^{R}AS^R		
				8.2	日^{R}JP^R		
7378	8512.4000	-风挡刮水器、除霜器及去雾器 -Windscreen wipers, defrosters and demisters	10	0	智CL,新西兰NZ,秘PE,哥CR,瑞CH,冰IS,澳AU,格GE,毛MU,柬KH,港HK,澳门MO	0 受惠国LD	45
				5	东盟AS		
				8	巴PK		

序号 No.	税则号列 Tariff Line	货品名称 Article Description	最惠国税率 MFN(%)		协定税率 Agreement(%)	特惠税率 SP(%)	普通税率 Gen(%)
7379	8512.9000	-零件 -Parts	8	0	东盟AS,智CL,新西兰NZ,秘PE,哥CR,瑞CH,冰IS,澳AU,格GE,毛MU,东盟^{R}AS^R,澳^{R}AU^R,新西兰^{R}NZ^R,柬KH,港HK,澳门MO,台TW	0 受惠国LD	45
				0.8	韩KR		
				4	巴PK		
				6.4	韩^{R}KR^R		
				7	日^{R}JP^R		
	85.13	自供能源（例如，使用干电池、蓄电池、永磁发电机）的手提式电灯，但税目85.12的照明装置除外： **Portable electric lamps designed to function by their own source of energy (for example, dry batteries, accumulators, magnetos), other than lighting equipment of heading 85.12:**					
		-灯： -Lamps:					
7380	8513.1010	---手电筒 ---Portable electric torches designed to function by dry batteries	5	0	东盟AS,智CL,新西兰NZ,新加坡SG,秘PE,哥CR,瑞CH,冰IS,澳AU,格GE,毛MU,东盟^{R}AS^R,澳^{R}AU^R,新西兰^{R}NZ^R,柬KH,港HK,澳门MO	0 受惠国LD	100
				1.5	韩KR		
				3.3	亚太AP		
				6	巴PK		
				12	韩^{R}KR^R		
				12.3	日^{R}JP^R		
7381	8513.1090	---其他 ---Other	6	0	东盟AS,智CL,新西兰NZ,新加坡SG,秘PE,哥CR,瑞CH,冰IS,澳AU,格GE,毛MU,东盟^{R}AS^R,澳^{R}AU^R,新西兰^{R}NZ^R,柬KH,港HK,澳门MO	0 受惠国LD	70
				1.7	韩KR		
				8.4	巴PK		
				14	韩^{R}KR^R		
				14.3	日^{R}JP^R		
		-零件： -Parts:					
7382	8513.9010	---手电筒用 ---Of the torches of subheading 8513.1010	5	0	东盟AS,智CL,新西兰NZ,新加坡SG,秘PE,哥CR,瑞CH,冰IS,澳AU,格GE,毛MU,东盟^{R}AS^R,澳^{R}AU^R,新西兰^{R}NZ^R,柬KH,港HK,澳门MO	0 受惠国LD	100
				1.4	韩KR		
				6.7	巴PK		
				11.2	韩^{R}KR^R		
				11.5	日^{R}JP^R		

序号 No.	税则号列 Tariff Line	货品名称 Article Description	最惠国税率 MFN(%)		协定税率 Agreement(%)	特惠税率 SP(%)	普通税率 Gen(%)
7383	8513.9090	---其他 ---Other	5	0	东盟AS,智CL,新西兰NZ,新加坡 SG,秘PE,哥CR,瑞CH,冰IS,澳AU, 格GE,毛MU,东盟^RAS^R,澳^RAU^R,新 西兰^RNZ^R,柬KH,港HK,澳门MO	0 受惠国LD	70
				1.4	韩KR		
				6.7	巴PK		
				11.2	韩^RKR^R		
				11.5	日^RJP^R		
	85.14	工业或实验室用电炉及电烘箱（包括通 过感应或介质损耗工作的）；工业或实 验室用其他通过感应或介质损耗对材 料进行热处理的设备： **Industrial or laboratory electric furnaces** **and ovens (including those functioning** **by induction or dielectric loss); other** **industrial or laboratory equipment** **for the heat treatment of materials by** **induction or dielectric loss:**					
		-电阻加热的炉及烘箱： -Resistance heated furnaces and ovens:					
7384	8514.1100	--热等静压机 --Hot isostatic presses	0	0	东盟AS,智CL,巴PK,新西兰NZ, 秘PE,哥CR,瑞CH,冰IS,韩KR, 澳AU,格GE,毛MU,东盟^RAS^R, 澳^RAU^R,日^RJP^R,新西兰^RNZ^R,柬 KH,港HK,澳门MO,韩^RKR^R	0 受惠国LD	30
		--其他： --Other:					
7385	8514.1910	---可控气氛热处理炉 ---Furnaces for heat treatment,atmosphere controllable	0	0	东盟AS,智CL,巴PK,新西兰NZ, 秘PE,哥CR,瑞CH,冰IS,韩KR, 澳AU,格GE,毛MU,东盟^RAS^R, 澳^RAU^R,日^RJP^R,新西兰^RNZ^R,柬 KH,港HK,澳门MO,韩^RKR^R	0 受惠国LD	30
7386	8514.1990	---其他 ---Other	0	0	东盟AS,智CL,巴PK,新西兰NZ, 秘PE,哥CR,瑞CH,冰IS,韩KR, 澳AU,格GE,毛MU,东盟^RAS^R, 澳^RAU^R,日^RJP^R,新西兰^RNZ^R,柬 KH,港HK,澳门MO,韩^RKR^R	0 受惠国LD	30
7387	8514.2000	-通过感应或介质损耗工作的炉及烘箱 -Furnaces and ovens functioning by induction or dielectric loss	0	0	东盟AS,智CL,巴PK,新西兰NZ, 秘PE,哥CR,瑞CH,冰IS,韩KR, 澳AU,格GE,毛MU,东盟^RAS^R, 澳^RAU^R,日^RJP^R,新西兰^RNZ^R,柬 KH,港HK,澳门MO,韩^RKR^R	0 受惠国LD	30
		-其他炉及烘箱： -Other furnaces and ovens:					
7388	8514.3100	--电子束炉 --Electron beam furnaces	0	0	东盟AS,智CL,巴PK,新西兰NZ, 秘PE,哥CR,瑞CH,冰IS,韩KR, 澳AU,格GE,毛MU,东盟^RAS^R, 澳^RAU^R,日^RJP^R,新西兰^RNZ^R,柬 KH,港HK,澳门MO,韩^RKR^R	0 受惠国LD	30

序号 No.	税则号列 Tariff Line	货品名称 Article Description	最惠国税率 MFN(%)	协定税率 Agreement(%)		特惠税率 SP(%)	普通税率 Gen(%)
7389	8514.3200	--等离子及真空电弧炉 --Plasma and vacuum arc furnaces	0	0	东盟AS,智CL,巴PK,新西兰NZ,秘PE,哥CR,瑞CH,冰IS,韩KR,澳AU,格GE,毛MU,东盟^{R}AS^R,澳^{R}AU^R,日^{R}JP^R,新西兰^{R}NZ^R,柬KH,港HK,澳门MO,韩^{R}KR^R	0 受惠国LD	30
7390	8514.3900	--其他 --Other	0	0	东盟AS,智CL,巴PK,新西兰NZ,秘PE,哥CR,瑞CH,冰IS,韩KR,澳AU,格GE,毛MU,东盟^{R}AS^R,澳^{R}AU^R,日^{R}JP^R,新西兰^{R}NZ^R,柬KH,港HK,澳门MO,韩^{R}KR^R	0 受惠国LD	30
7391	8514.4000	-其他通过感应或介质损耗对材料进行热处理的设备 -Other equipment for the heat treatment of materials by induction or dielectric loss	10	0 3 8 8.2	东盟AS,智CL,新西兰NZ,新加坡SG,秘PE,哥CR,瑞CH,冰IS,韩KR,澳AU,格GE,毛MU,柬KH,港HK,澳门MO 巴PK 东盟^{R}AS^R,澳^{R}AU^R,新西兰^{R}NZ^R,韩^{R}KR^R 日^{R}JP^R	0 受惠国LD	30
	ex85144000	焊缝中频退火装置 Intermediate frequency annealing device for weld	Δ7				
		-零件: -Parts:					
7392	8514.9010	---炼钢电炉用 ---Of steel making electric furnaces	8	0 1 6.5	东盟AS,智CL,新西兰NZ,秘PE,哥CR,瑞CH,冰IS,韩KR,澳AU,格GE,毛MU,东盟^{R}AS^R,澳^{R}AU^R,新西兰^{R}NZ^R,柬KH,港HK,澳门MO,韩^{R}KR^R 巴PK 日^{R}JP^R	0 受惠国LD	30
7393	8514.9090	---其他 ---Other	0	0	东盟AS,智CL,巴PK,新西兰NZ,秘PE,哥CR,瑞CH,冰IS,韩KR,澳AU,格GE,毛MU,东盟^{R}AS^R,澳^{R}AU^R,日^{R}JP^R,新西兰^{R}NZ^R,柬KH,港HK,澳门MO,韩^{R}KR^R	0 受惠国LD	30
	85.15	电气(包括电热气体)、激光、其他光、光子束、超声波、电子束、磁脉冲或等离子弧焊接机器及装置,不论是否兼有切割功能;用于热喷金属或金属陶瓷的电气机器及装置: Electric (including electrically heated gas), laser or other light or photon beam, ultrasonic, electron beam, magnetic pulse or plasma arc soldering, brazing or welding machines and apparatus, whether or not capable of cutting; electric machines and apparatus for hot spraying of metals or cermets: -钎焊机器及装置: -Brazing or soldering machines and apparatus:					

序号 No.	税则号列 Tariff Line	货品名称 Article Description	最惠国税率 MFN(%)		协定税率 Agreement(%)	特惠税率 SP(%)		普通税率 Gen(%)
7394	8515.1100	--烙铁及焊枪 --Soldering irons and guns	10	0	东盟AS,智CL,新西兰NZ,新加坡SG,秘PE,哥CR,瑞CH,冰IS,澳AU,格GE,毛MU,东盟^{R}AS^R,澳^{R}AU^R,新西兰^{R}NZ^R,柬KH,港HK,澳门MO	0	受惠国LD	30
				1	巴PK,韩KR			
				8	韩^{R}KR^R			
				8.2	日^{R}JP^R			
7395	8515.1900	--其他 --Other	10	0	东盟AS,智CL,新西兰NZ,新加坡SG,秘PE,哥CR,冰IS,澳AU,格GE,毛MU,柬KH,港HK,澳门MO	0	受惠国LD	30
				1	巴PK			
				3.3	瑞CH			
				5	东盟^{R}AS^R,澳^{R}AU^R,新西兰^{R}NZ^R			
	ex85151900	专门或主要用于印刷电路组件制造的其他波峰焊接机器 Other wave soldering machines of a kind used solely or principally for the manufacture of printed circuit assemblies	0					
		-电阻焊接机器及装置: -Machines and apparatus for resistance welding of metal:						
		--全自动或半自动的: --Fully or partly automatic:						
7396	8515.2120	---机器人 ---Robots	10	0	东盟AS,智CL,新西兰NZ,新加坡SG,秘PE,哥CR,冰IS,澳AU,格GE,毛MU,柬KH,港HK,澳门MO	0	受惠国LD	30
				3	巴PK			
				5.5	韩KR			
				9	东盟^{R}AS^R,澳^{R}AU^R,新西兰^{R}NZ^R			
	ex85152120	汽车生产线电阻焊接机器人 Resistance welding robots, used for automobile production line	Δ5					
		---其他: ---Other:						
7397	8515.2191	----直缝焊管机 ----Aligning tube welding machines	10	0	东盟AS,智CL,新西兰NZ,秘PE,哥CR,瑞CH,冰IS,澳AU,格GE,毛MU,柬KH,港HK,澳门MO	0	受惠国LD	30
				1	巴PK			
				5.5	韩KR			
				9	东盟^{R}AS^R,澳^{R}AU^R,新西兰^{R}NZ^R			
7398	8515.2199	----其他 ----Other	10	0	东盟AS,智CL,新西兰NZ,新加坡SG,秘PE,哥CR,冰IS,澳AU,格GE,毛MU,柬KH,港HK,澳门MO	0	受惠国LD	30
				3	巴PK			
				5.5	韩KR			
				9	东盟^{R}AS^R,澳^{R}AU^R,新西兰^{R}NZ^R			

序号 No.	税则号列 Tariff Line	货品名称 Article Description	最惠国税率 MFN(%)	协定税率 Agreement(%)		特惠税率 SP(%)	普通税率 Gen(%)
7399	8515.2900	--其他 --Other	10	0	东盟AS,智CL,新西兰NZ,新加坡SG,秘PE,哥CR,瑞CH,冰IS,澳AU,格GE,毛MU,柬KH,港HK,澳门MO	0 受惠国LD	30
				1	巴PK		
				5.5	韩KR		
				6.5	亚太AP		
				9	东盟^{R}AS^R,澳^{R}AU^R,新西兰^{R}NZ^R		
		-用于金属加工的电弧（包括等离子弧）焊接机器及装置： -Machines and apparatus for arc (including plasma arc) welding of metals:					
		--全自动或半自动的： --Fully or partly automatic:					
7400	8515.3120	---机器人 ---Robots	10	0	智CL,新西兰NZ,秘PE,哥CR,瑞CH,冰IS,澳AU,格GE,毛MU,柬KH,港HK,澳门MO	0 受惠国LD	30
				5	东盟AS		
				5.5	韩KR		
				8	巴PK		
		---其他： ---Other:					
7401	8515.3191	----螺旋焊管机 ----Spiralling tube welding machines	10	0	东盟AS,智CL,新西兰NZ,秘PE,哥CR,瑞CH,冰IS,澳AU,格GE,毛MU,东盟^{R}AS^R,澳^{R}AU^R,新西兰^{R}NZ^R,柬KH,港HK,澳门MO	0 受惠国LD	30
				1	巴PK,韩KR		
				8	韩^{R}KR^R		
				8.2	日^{R}JP^R		
7402	8515.3199	----其他 ----Other	10	0	智CL,新西兰NZ,秘PE,哥CR,瑞CH,冰IS,澳AU,格GE,毛MU,柬KH,港HK,澳门MO	0 受惠国LD	30
				5.5	韩KR		
				8	巴PK		
7403	8515.3900	--其他 --Other	10	0	东盟AS,智CL,新西兰NZ,秘PE,哥CR,瑞CH,冰IS,澳AU,格GE,毛MU,东盟^{R}AS^R,澳^{R}AU^R,新西兰^{R}NZ^R,柬KH,港HK,澳门MO	0 受惠国LD	30
				1	巴PK,韩KR		
				8	韩^{R}KR^R		
				8.2	日^{R}JP^R		
		-其他机器及装置： -Other machines and apparatus:					
7404	8515.8010	---激光焊接机器人 ---Laser-welding robots	8	0	东盟AS,智CL,新西兰NZ,秘PE,哥CR,冰IS,韩KR,澳AU,格GE,毛MU,东盟^{R}AS^R,澳^{R}AU^R,新西兰^{R}NZ^R,柬KH,港HK,澳门MO,台TW,韩^{R}KR^R	0 受惠国LD	30
				1	巴PK		
				2.7	瑞CH		
				5.2	亚太AP		
				7.2	日^{R}JP^R		

序号 No.	税则号列 Tariff Line	货品名称 Article Description	最惠国税率 MFN(%)	协定税率 Agreement(%)		特惠税率 SP(%)	普通税率 Gen(%)
	ex85158010	汽车生产线激光焊接机器人 Laser welding robots, used for automobile production line	Δ5				
7405	8515.8090	---其他 ---Other	8	0	东盟AS,智CL,新西兰NZ,秘PE,哥CR,冰IS,韩KR,澳AU,格GE,毛MU,东盟^RAS^R,澳^RAU^R,新西兰^RNZ^R,柬KH,港HK,澳门MO,台TW,韩^RKR^R	0 受惠国LD	30
				1	巴PK		
				2.7	瑞CH		
				5.2	亚太AP		
				6.5	日^RJP^R		
7406	8515.9000	-零件 -Parts	6	0	东盟AS,智CL,巴PK,新西兰NZ,秘PE,哥CR,瑞CH,冰IS,韩KR,澳AU,格GE,毛MU,柬KH,港HK,澳门MO	0 受惠国LD	30
				3.9	亚太AP		
				4.8	东盟^RAS^R,澳^RAU^R,新西兰^RNZ^R,韩^RKR^R		
				4.9	日^RJP^R		
	ex85159000	税目85.15所列货品的零件(专门或主要用于印刷电路组件制造的其他波峰焊接机器的零件除外) Parts of machines of heading 85.15 (other than parts of other wave soldering machines of a kind used solely or principally for the manufacture of printed circuit assemblies)	Δ3				
	ex85159000	专门或主要用于印刷电路组件制造的其他波峰焊接机器的零件 Parts of other wave soldering machines of a kind used solely or principally for the manufacture of printed circuit assemblies	0				
	85.16	电热的快速热水器、储存式热水器、浸入式液体加热器;电气空间加热器及土壤加热器;电热的理发器具(例如,电吹风机、电卷发器、电热发钳)及干手器;电熨斗;其他家用电热器具;加热电阻器,但税目85.45的货品除外: Electric instantaneous or storage water heaters and immersion heaters; electric space heating apparatus and soil heating apparatus; electrothermic hair-dressing apparatus (for example, hairdryers, hair curlers, curling tong heaters) and hand dryers; electric smoothing irons; other electrothermic appliances of a kind used for domestic purposes; electric heating resistors, other than those of heading 85.45:					

序号 No.	税则号列 Tariff Line	货品名称 Article Description	最惠国税率 MFN(%)		协定税率 Agreement(%)	特惠税率 SP(%)	普通税率 Gen(%)
		-电热的快速热水器、储存式热水器、 浸入式液体加热器: -Electric instantaneous or storage water heaters and immersion heaters:					
7407	8516.1010	---储存式电热水器 ---Electrical storage water heaters	7	0 1 8 8.2	东盟AS,智CL,新西兰NZ,新加坡 SG,秘PE,哥CR,瑞CH,冰IS,澳AU, 格GE,毛MU,东盟ᴿASᴿ,澳ᴿAUᴿ,新 西兰ᴿNZᴿ,柬KH,港HK,澳门MO 巴PK,韩KR 韩ᴿKRᴿ 日ᴿJPᴿ	0 受惠国LD	100
7408	8516.1020	---即热式电热水器 ---Electrical geysers	7	0 1 8 8.2	东盟AS,智CL,新西兰NZ,新加 坡SG,秘PE,哥CR,瑞CH,冰IS,澳 AU,格GE,毛MU,东盟ᴿASᴿ,澳 ᴿAUᴿ,新西兰ᴿNZᴿ,柬KH,港HK, 澳门MO 巴PK,韩KR 韩ᴿKRᴿ 日ᴿJPᴿ	0 受惠国LD	100
7409	8516.1090	---其他 ---Other	7	0 1 7	东盟AS,智CL,新西兰NZ,新加坡 SG,秘PE,哥CR,瑞CH,冰IS,澳AU,格 GE,毛MU,柬KH,港HK,澳门MO 巴PK 东盟ᴿASᴿ,澳ᴿAUᴿ,新西兰ᴿNZᴿ	0 受惠国LD	100
		-电气空间加热器及土壤加热器: -Electric space heating apparatus and electric soil heating apparatus:					
7410	8516.2100	--储存式散热器 --Storage heating radiators	7	0 7 14	东盟AS,智CL,新西兰NZ,新加 坡SG,秘PE,哥CR,冰IS,澳AU,格 GE,柬KH,港HK,澳门MO,台TW 瑞CH,东盟ᴿASᴿ,澳ᴿAUᴿ,新西兰 ᴿNZᴿ 毛MU	0 受惠国LD	100
		--其他: --Other:					
7411	8516.2910	---土壤加热器 ---Electric soil heating apparatus	7	0 1 5.6 8 8.2	东盟AS,智CL,新西兰NZ,秘PE, 哥CR,瑞CH,冰IS,澳AU,格GE, 毛MU,东盟ᴿASᴿ,澳ᴿAUᴿ,新西 兰ᴿNZᴿ,柬KH,港HK,澳门MO 巴PK,韩KR 亚太AP 韩ᴿKRᴿ 日ᴿJPᴿ	0 受惠国LD	40
7412	8516.2920	---辐射式空间加热器 ---Radiation space heaters	7	0 1 8 8.2	东盟AS,智CL,新西兰NZ,新加坡 SG,秘PE,哥CR,瑞CH,冰IS,澳AU, 格GE,毛MU,东盟ᴿASᴿ,澳ᴿAUᴿ,新 西兰ᴿNZᴿ,柬KH,港HK,澳门MO 巴PK,韩KR 韩ᴿKRᴿ 日ᴿJPᴿ	0 受惠国LD	100

序号 No.	税则号列 Tariff Line	货品名称 Article Description	最惠国税率 MFN(%)	协定税率 Agreement(%)		特惠税率 SP(%)	普通税率 Gen(%)
		---对流式空间加热器: ---Convection space heaters:					
7413	8516.2931	----风扇式 ----Fan heaters	7	0	东盟AS,智CL,新西兰NZ,新加坡SG,秘PE,哥CR,瑞CH,冰IS,澳AU,格GE,毛MU,东盟^{R}AS^R,澳^{R}AU^R,新西兰NZ^R,柬KH,港HK,澳门MO	0 受惠国LD	100
				1	巴PK,韩KR		
				8	韩^{R}KR^R		
				8.2	日^{R}JP^R		
7414	8516.2932	----充液式 ----Liquid filled heaters	7	0	东盟AS,智CL,新西兰NZ,新加坡SG,秘PE,哥CR,瑞CH,冰IS,澳AU,格GE,毛MU,东盟^{R}AS^R,澳^{R}AU^R,新西兰NZ^R,柬KH,港HK,澳门MO	0 受惠国LD	100
				1	巴PK,韩KR		
				8	韩^{R}KR^R		
				8.2	日^{R}JP^R		
7415	8516.2939	----其他 ----Others	7	0	东盟AS,智CL,新西兰NZ,新加坡SG,秘PE,哥CR,瑞CH,冰IS,澳AU,格GE,毛MU,东盟^{R}AS^R,澳^{R}AU^R,新西兰NZ^R,柬KH,港HK,澳门MO	0 受惠国LD	100
				1	巴PK,韩KR		
				8	韩^{R}KR^R		
				8.2	日^{R}JP^R		
7416	8516.2990	---其他 ---Other	7	0	东盟AS,智CL,新西兰NZ,新加坡SG,秘PE,哥CR,瑞CH,冰IS,澳AU,格GE,毛MU,东盟^{R}AS^R,澳^{R}AU^R,新西兰NZ^R,柬KH,港HK,澳门MO	0 受惠国LD	100
				1	韩KR		
				4	巴PK		
				8	韩^{R}KR^R		
				8.2	日^{R}JP^R		
		-电热的理发器具及干手器: -Electrothermic hairdressing or hand drying apparatus:					
7417	8516.3100	--吹风机 --Hair dryers	7△5	0	东盟AS,智CL,新西兰NZ,新加坡SG,秘PE,哥CR,瑞CH,冰IS,澳AU,格GE,毛MU,东盟^{R}AS^R,澳^{R}AU^R,新西兰NZ^R,柬KH,港HK,澳门MO	0 受惠国LD	100
				1	巴PK,韩KR		
				8	韩^{R}KR^R		
				8.2	日^{R}JP^R		

序号 No.	税则号列 Tariff Line	货品名称 Article Description	最惠国税率 MFN(%)	协定税率 Agreement(%)		特惠税率 SP(%)	普通税率 Gen(%)
7418	8516.3200	--其他理发器具 --Other hair dressing apparatus	7	0	东盟AS,智CL,新西兰NZ,新加坡SG,秘PE,哥CR,冰IS,澳AU,格GE,柬KH,港HK,澳门MO	0 受惠国LD	100
				7	瑞CH		
				14	毛MU		
				19.2	韩KR		
				28	巴PK		
				31.5	东盟^{R}AS^R,澳^{R}AU^R,新西兰^{R}NZ^R,韩^{R}KR^R		
7419	8516.3300	--干手器 --Hand drying apparatus	7	0	东盟AS,智CL,新西兰NZ,新加坡SG,秘PE,哥CR,冰IS,澳AU,格GE,柬KH,港HK,澳门MO	0 受惠国LD	100
				5	东盟^{R}AS^R,澳^{R}AU^R,新西兰^{R}NZ^R		
				7	瑞CH		
				14	毛MU		
				28	巴PK		
7420	8516.4000	-电熨斗 -Electric smoothing irons	7	0	东盟AS,智CL,新西兰NZ,新加坡SG,秘PE,哥CR,瑞CH,冰IS,澳AU,格GE,柬KH,港HK,澳门MO,台TW	0 受惠国LD	100
				7	东盟^{R}AS^R,澳^{R}AU^R,新西兰^{R}NZ^R		
				14	毛MU		
				28	巴PK		
7421	8516.5000	-微波炉 -Microwave ovens	7	0	东盟AS,智CL,新西兰NZ,新加坡SG,秘PE,哥CR,瑞CH,冰IS,澳AU,格GE,毛MU,东盟^{R}AS^R,澳^{R}AU^R,新西兰^{R}NZ^R,柬KH,港HK,澳门MO	0 受惠国LD	130
				1.5	韩KR		
				4.5	巴PK		
				4.6	亚太AP		
				12	韩^{R}KR^R		
				12.3	日^{R}JP^R		
		-其他炉;电锅、电热板、加热环、烧烤炉及烘烤器: -Other ovens; cookers, cooking plates, boiling rings; grillers and roasters:					
7422	8516.6010	---电磁炉 ---Electromagnetic ovens	7	0	东盟AS,智CL,新西兰NZ,新加坡SG,秘PE,哥CR,瑞CH,冰IS,澳AU,格GE,毛MU,东盟^{R}AS^R,澳^{R}AU^R,新西兰^{R}NZ^R,柬KH,港HK,澳门MO	0 受惠国LD	130
				1.5	韩KR		
				5.6	亚太AP		
				7.2	巴PK		
				12	韩^{R}KR^R		
				12.3	日^{R}JP^R		

序号 No.	税则号列 Tariff Line	货品名称 Article Description	最惠国税率 MFN(%)	协定税率 Agreement(%)		特惠税率 SP(%)		普通税率 Gen(%)
7423	8516.6030	---电饭锅 ---Electric rice cookers	7△5	0	东盟AS,智CL,新西兰NZ,新加坡SG,秘PE,哥CR,瑞CH,冰IS,澳AU,格GE,毛MU,柬KH,港HK,澳门MO,台TW	0	受惠国LD	130
				1.5	韩KR			
				7.2	巴PK			
				12	东盟^{R}AS^R,澳^{R}AU^R,新西兰^{R}NZ^R,韩^{R}KR^R			
				12.3	日^{R}JP^R			
7424	8516.6040	---电炒锅 ---Electric frying pans	7	0	东盟AS,智CL,新西兰NZ,新加坡SG,秘PE,哥CR,瑞CH,冰IS,澳AU,格GE,毛MU,东盟^{R}AS^R,澳^{R}AU^R,新西兰^{R}NZ^R,柬KH,港HK,澳门MO	0	受惠国LD	130
				1.5	韩KR			
				7.2	巴PK			
				12	韩^{R}KR^R			
				12.3	日^{R}JP^R			
7425	8516.6050	--电烤箱 ---Electric roasters	7	0	东盟AS,智CL,新西兰NZ,秘PE,哥CR,瑞CH,冰IS,澳AU,格GE,毛MU,东盟^{R}AS^R,澳^{R}AU^R,新西兰^{R}NZ^R,柬KH,港HK,澳门MO,台TW	0	受惠国LD	130
				1.5	韩KR			
				7.2	巴PK			
				12	韩^{R}KR^R			
				12.3	日^{R}JP^R			
7426	8516.6090	---其他 ---Other	7	0	东盟AS,智CL,新西兰NZ,新加坡SG,秘PE,哥CR,瑞CH,冰IS,澳AU,格GE,毛MU,东盟^{R}AS^R,澳^{R}AU^R,新西兰^{R}NZ^R,柬KH,港HK,澳门MO	0	受惠国LD	130
				1.5	韩KR			
				7.2	巴PK			
				12	韩^{R}KR^R			
				12.3	日^{R}JP^R			
		-其他电热器具: -Other electrothermic appliances:						
		--咖啡壶或茶壶: --Coffee or tea makers:						
7427	8516.7110	---滴液式咖啡机 ---Drip coffee makers	7△5	0	东盟AS,智CL,新西兰NZ,新加坡SG,秘PE,哥CR,瑞CH,澳AU,格GE,柬KH,港HK,澳门MO	0	受惠国LD	130
				7	东盟^{R}AS^R,澳^{R}AU^R,新西兰^{R}NZ^R			
				12.8	毛MU			
				25.6	巴PK			

序号 No.	税则号列 Tariff Line	货品名称 Article Description	最惠国税率 MFN(%)	协定税率 Agreement(%)		特惠税率 SP(%)		普通税率 Gen(%)
7428	8516.7120	---蒸馏渗滤式咖啡机 ---Steam espresso makers	7Δ5	0	东盟AS,智CL,新西兰NZ,新加坡 SG,秘PE,哥CR,瑞CH,澳AU,格 GE,柬KH,港HK,澳门MO	0	受惠国LD	130
				7	东盟^RAS^R,澳^RAU^R,新西兰^RNZ^R			
				12.8	毛MU			
				25.6	巴PK			
7429	8516.7130	---泵压式咖啡机 ---Pump espresso makers	7Δ5	0	东盟AS,智CL,新西兰NZ,新加 坡SG,秘PE,哥CR,瑞CH,冰IS,澳 AU,格GE,柬KH,港HK,澳门MO	0	受惠国LD	130
				7	东盟^RAS^R,澳^RAU^R,新西兰^RNZ^R			
				12.8	毛MU			
				25.6	巴PK			
7430	8516.7190	---其他 ---Other	7	0	东盟AS,智CL,新西兰NZ,新加 坡SG,秘PE,哥CR,瑞CH,冰IS,澳 AU,格GE,柬KH,港HK,澳门MO	0	受惠国LD	130
				7	东盟^RAS^R,澳^RAU^R,新西兰^RNZ^R			
				12.8	毛MU			
				25.6	巴PK			
		--烤面包器: --Toasters:							
7431	8516.7210	---家用自动面包机 ---Automatic bread makers	7	0	东盟AS,智CL,新西兰NZ,新加坡 SG,秘PE,哥CR,澳AU,格GE,柬 KH,港HK,澳门MO,台TW	0	受惠国LD	130
				7	瑞CH,东盟^RAS^R,澳^RAU^R,新西兰 ^RNZ^R			
				12.8	毛MU			
				25.6	巴PK			
7432	8516.7220	---片式烤面包机（多士炉） ---Slice pop-up toasters	7	0	东盟AS,智CL,新西兰NZ,新加坡 SG,秘PE,哥CR,澳AU,格GE,柬 KH,港HK,澳门MO	0	受惠国LD	130
				7	瑞CH,东盟^RAS^R,澳^RAU^R,新西兰 ^RNZ^R			
				12.8	毛MU			
				25.6	巴PK			
7433	8516.7290	---其他 ---Other	7	0	东盟AS,智CL,新西兰NZ,新加坡 SG,秘PE,哥CR,澳AU,格GE,柬 KH,港HK,澳门MO	0	受惠国LD	130
				7	瑞CH,东盟^RAS^R,澳^RAU^R,新西兰 ^RNZ^R			
				12.8	毛MU			
				25.6	巴PK			
		--其他: --Other:							
7434	8516.7910	---电热饮水机 ---Electro-thermic water dispensers	7	0	东盟AS,智CL,新西兰NZ,新加坡 SG,秘PE,哥CR,瑞CH,澳AU,格 GE,柬KH,港HK,澳门MO	0	受惠国LD	100
				7	东盟^RAS^R,澳^RAU^R,新西兰^RNZ^R			
				12.8	毛MU			
				25.6	巴PK			

序号 No.	税则号列 Tariff Line	货品名称 Article Description	最惠国税率 MFN(%)	协定税率 Agreement(%)		特惠税率 SP(%)	普通税率 Gen(%)
7435	8516.7990	---其他 ---Other	7	0	东盟AS,智CL,新西兰NZ,新加坡SG,秘PE,哥CR,澳AU,格GE,柬KH,港HK,澳门MO	0 受惠国LD	100
				7	东盟^RAS^R,澳^RAU^R,新西兰^RNZ^R		
				12.8	毛MU		
7436	8516.8000	-加热电阻器 -Electric heating resistors	7	0	东盟AS,智CL,新西兰NZ,新加坡SG,秘PE,哥CR,瑞CH,冰IS,澳AU,格GE,毛MU,东盟^RAS^R,澳^RAU^R,新西兰^RNZ^R,柬KH,港HK,澳门MO	0 受惠国LD	40
				1	巴PK,韩KR		
				8	韩^RKR^R		
				8.2	日^RJP^R		
		-零件: -Parts:					
7437	8516.9010	---土壤加热器及加热电阻器用 ---Of apparatus of subheading 　8516.2910 or 8516.8000	6	0	东盟AS,智CL,新西兰NZ,秘PE,哥CR,瑞CH,冰IS,澳AU,格GE,毛MU,东盟^RAS^R,澳^RAU^R,新西兰^RNZ^R,柬KH,港HK,澳门MO	0 受惠国LD	40
				0.8	韩KR		
				1	巴PK		
				6.4	韩^RKR^R		
				6.5	日^RJP^R		
7438	8516.9090	---其他 ---Other	6	0	东盟AS,智CL,新西兰NZ,新加坡SG,秘PE,哥CR,瑞CH,冰IS,澳AU,格GE,毛MU,柬KH,港HK,澳门MO	0 受惠国LD	100
				1.2	韩KR		
				3.6	巴PK		
				9.6	东盟^RAS^R,澳^RAU^R,新西兰^RNZ^R,韩^RKR^R		
				9.8	日^RJP^R		
	85.17	电话机,包括用于蜂窝网络或其他无线网络的智能手机及其他电话机;其他发送或接收声音、图像或其他数据用的设备,包括有线或无线网络(例如,局域网或广域网)的通信设备,但税目84.43、85.25、85.27或85.28的发送或接收设备除外: Telephone sets, including smartphones and other telephones for cellular networks or for other wireless networks; other apparatus for the transmission or reception of voice, images or other data, including apparatus for communication in a wired or wireless network (such as a local or wide area network), other than transmission or reception apparatus of heading 84.43, 85.25, 85.27 or 85.28:					

序号 No.	税则号列 Tariff Line	货品名称 Article Description	最惠国税率 MFN(%)	协定税率 Agreement(%)		特惠税率 SP(%)	普通税率 Gen(%)
		-电话机,包括蜂窝网络或其他无线网络用智能手机及其他电话机: -Telephone sets, including smartphones and other telephones for cellular networks or for other wireless networks:					
7439	8517.1100	--无绳电话机 --Line telephone sets with cordless handsets	0	0	东盟AS,智CL,巴PK,新西兰NZ,秘PE,哥CR,瑞CH,冰IS,韩KR,澳AU,格GE,毛MU,东盟^{R}AS^R,澳^{R}AU^R,日^{R}JP^R,新西兰^{R}NZ^R,柬KH,港HK,澳门MO,韩^{R}KR^R	0 受惠国LD	30
7440	8517.1300	--智能手机 --Smartphones	0	0	东盟AS,智CL,巴PK,新西兰NZ,秘PE,哥CR,瑞CH,冰IS,韩KR,澳AU,格GE,毛MU,东盟^{R}AS^R,澳^{R}AU^R,日^{R}JP^R,新西兰^{R}NZ^R,柬KH,港HK,澳门MO,韩^{R}KR^R	0 受惠国LD	20
		--其他用于蜂窝网络或其他无线网络的电话机: --Other telephones for cellular networks or for other wireless networks:					
7441	8517.1410	---手持(包括车载)式无线电话机 ---Wireless telephone handsets (including installed in the vehicle)	0	0	东盟AS,智CL,巴PK,新西兰NZ,秘PE,哥CR,瑞CH,冰IS,韩KR,澳AU,格GE,毛MU,东盟^{R}AS^R,澳^{R}AU^R,日^{R}JP^R,新西兰^{R}NZ^R,柬KH,港HK,澳门MO,韩^{R}KR^R	0 受惠国LD	20
7442	8517.1420	---对讲机 ---Walkie-talkie	0	0	东盟AS,智CL,巴PK,新西兰NZ,秘PE,哥CR,瑞CH,冰IS,韩KR,澳AU,格GE,毛MU,东盟^{R}AS^R,澳^{R}AU^R,日^{R}JP^R,新西兰^{R}NZ^R,柬KH,港HK,澳门MO,韩^{R}KR^R	0 受惠国LD	17
7443	8517.1490	---其他 ---Other	0	0	东盟AS,智CL,巴PK,新西兰NZ,秘PE,哥CR,瑞CH,冰IS,韩KR,澳AU,格GE,毛MU,东盟^{R}AS^R,澳^{R}AU^R,日^{R}JP^R,新西兰^{R}NZ^R,柬KH,港HK,澳门MO,韩^{R}KR^R	0 受惠国LD	14
7444	8517.1800	--其他 --Other	0	0	东盟AS,智CL,巴PK,新西兰NZ,秘PE,哥CR,瑞CH,冰IS,韩KR,澳AU,格GE,毛MU,东盟^{R}AS^R,澳^{R}AU^R,日^{R}JP^R,新西兰^{R}NZ^R,柬KH,港HK,澳门MO,韩^{R}KR^R	0 受惠国LD	30
		-其他发送或接收声音、图像或其他数据用的设备,包括有线或无线网络(例如,局域网或广域网)的通信设备: -Other apparatus for transmission or reception of voice, images or other data, including apparatus for communication in a wired or wireless network (such as a local or wide area network):					
		--基站: --Base stations:					

序号 No.	税则号列 Tariff Line	货品名称 Article Description	最惠国税率 MFN(%)	协定税率 Agreement(%)		特惠税率 SP(%)	普通税率 Gen(%)
7445	8517.6110	---移动通信基站 ---Mobile communication base stations	0	0	东盟AS,智CL,巴PK,新西兰NZ,秘PE,哥CR,瑞CH,冰IS,韩KR,澳AU,格GE,毛MU,东盟^RAS^R,澳^RAU^R,日^RJP^R,新西兰^RNZ^R,柬KH,港HK,澳门MO,韩^RKR^R	0 受惠国LD	14
7446	8517.6190	---其他 ---Other	0	0	东盟AS,智CL,巴PK,新西兰NZ,秘PE,哥CR,瑞CH,冰IS,韩KR,澳AU,格GE,毛MU,东盟^RAS^R,澳^RAU^R,日^RJP^R,新西兰^RNZ^R,柬KH,港HK,澳门MO,韩^RKR^R	0 受惠国LD	14
		--接收、转换并且发送或再生声音、图像或其他数据用的设备,包括交换及路由设备: --Machines for the reception, conversion and transmission or regeneration of voice, images or other data, including switching and routing apparatus:					
		---数字式程控电话或电报交换机: ---Digital program-controlled telephonic or telegraphic switching apparatus:					
7447	8517.6211	----局用电话交换机;长途电话交换机;电报交换机 ----Public telephonic switching apparatus;toll telephonic switching apparatus; telegraphic switching apparatus	0	0	东盟AS,智CL,巴PK,新西兰NZ,秘PE,哥CR,瑞CH,冰IS,韩KR,澳AU,格GE,毛MU,东盟^RAS^R,澳^RAU^R,日^RJP^R,新西兰^RNZ^R,柬KH,港HK,澳门MO,韩^RKR^R	0 受惠国LD	17
7448	8517.6212	----移动通信交换机 ----Mobile communication switching system	0	0	东盟AS,智CL,巴PK,新西兰NZ,秘PE,哥CR,瑞CH,冰IS,韩KR,澳AU,格GE,毛MU,东盟^RAS^R,澳^RAU^R,日^RJP^R,新西兰^RNZ^R,柬KH,港HK,澳门MO,韩^RKR^R	0 受惠国LD	40
7449	8517.6219	----其他电话交换机 ----Other telephonic switching apparatus	0	0	东盟AS,智CL,巴PK,新西兰NZ,秘PE,哥CR,瑞CH,冰IS,韩KR,澳AU,格GE,毛MU,东盟^RAS^R,澳^RAU^R,日^RJP^R,新西兰^RNZ^R,柬KH,港HK,澳门MO,韩^RKR^R	0 受惠国LD	40
		---光通讯设备: ---Optical communication equipments:					
7450	8517.6221	----光端机及脉冲编码调制设备（PCM） ----Optical line terminal equipments and pulse code modulation equipments	0	0	东盟AS,智CL,巴PK,新西兰NZ,秘PE,哥CR,瑞CH,冰IS,韩KR,澳AU,格GE,毛MU,东盟^RAS^R,澳^RAU^R,日^RJP^R,新西兰^RNZ^R,柬KH,港HK,澳门MO,韩^RKR^R	0 受惠国LD	17
7451	8517.6222	----波分复用光传输设备 ----Optical transmission equipments for wave-division multiplexing	0	0	东盟AS,智CL,巴PK,新西兰NZ,秘PE,哥CR,瑞CH,冰IS,韩KR,澳AU,格GE,毛MU,东盟^RAS^R,澳^RAU^R,日^RJP^R,新西兰^RNZ^R,柬KH,港HK,澳门MO,韩^RKR^R	0 受惠国LD	30

序号 No.	税则号列 Tariff Line	货品名称 Article Description	最惠国税率 MFN(%)		协定税率 Agreement(%)	特惠税率 SP(%)	普通税率 Gen(%)
7452	8517.6229	----其他 ----Other	0	0	东盟AS,智CL,巴PK,新西兰NZ,秘PE,哥CR,瑞CH,冰IS,韩KR,澳AU,格GE,毛MU,东盟^RAS^R,澳^RAU^R,日^RJP^R,新西兰^RNZ^R,柬KH,港HK,澳门MO,韩^RKR^R	0 受惠国LD	30
		---其他有线数字通信设备: ---Other telecommunication apparatus for digital line system:					
7453	8517.6231	----通信网络时钟同步设备 ----Communication network synchronizing equipments	0	0	东盟AS,智CL,巴PK,新西兰NZ,秘PE,哥CR,瑞CH,冰IS,韩KR,澳AU,格GE,毛MU,东盟^RAS^R,澳^RAU^R,日^RJP^R,新西兰^RNZ^R,柬KH,港HK,澳门MO,韩^RKR^R	0 受惠国LD	30
7454	8517.6232	----以太网络交换机 ----Ethernet exchangers	0	0	东盟AS,智CL,巴PK,新西兰NZ,秘PE,哥CR,瑞CH,冰IS,韩KR,澳AU,格GE,毛MU,东盟^RAS^R,澳^RAU^R,日^RJP^R,新西兰^RNZ^R,柬KH,港HK,澳门]MO,韩^RKR^R	0 受惠国LD	30
7455	8517.6233	----IP电话信号转换设备 ----IP telephone signal converters	0	0	东盟AS,智CL,巴PK,新西兰NZ,秘PE,哥CR,瑞CH,冰IS,韩KR,澳AU,格GE,毛MU,东盟^RAS^R,澳^RAU^R,日^RJP^R,新西兰^RNZ^R,柬KH,港HK,澳门MO,韩^RKR^R	0 受惠国LD	30
7456	8517.6234	----调制解调器 ----Modem	0	0	东盟AS,智CL,巴PK,新西兰NZ,秘PE,哥CR,瑞CH,冰IS,韩KR,澳AU,格GE,毛MU,东盟^RAS^R,澳^RAU^R,日^RJP^R,新西兰^RNZ^R,柬KH,港HK,澳门MO,韩^RKR^R	0 受惠国LD	30
7457	8517.6235	----集线器 ----Hubs	0	0	东盟AS,智CL,巴PK,新西兰NZ,秘PE,哥CR,瑞CH,冰IS,韩KR,澳AU,格GE,毛MU,东盟^RAS^R,澳^RAU^R,日^RJP^R,新西兰^RNZ^R,柬KH,港HK,澳门MO,韩^RKR^R	0 受惠国LD	40
7458	8517.6236	----路由器 ----Routers	0	0	东盟AS,智CL,巴PK,新西兰NZ,秘PE,哥CR,瑞CH,冰IS,韩KR,澳AU,格GE,毛MU,东盟^RAS^R,澳^RAU^R,日^RJP^R,新西兰^RNZ^R,柬KH,港HK,澳门MO,韩^RKR^R	0 受惠国LD	40
7459	8517.6237	----有线网络接口卡 ----Wired network interface cards	0	0	东盟AS,智CL,巴PK,新西兰NZ,秘PE,哥CR,瑞CH,冰IS,韩KR,澳AU,格GE,毛MU,东盟^RAS^R,澳^RAU^R,日^RJP^R,新西兰^RNZ^R,柬KH,港HK,澳门MO,韩^RKR^R	0 受惠国LD	30
7460	8517.6239	----其他 ----Other	0	0	东盟AS,智CL,巴PK,新西兰NZ,秘PE,哥CR,瑞CH,冰IS,韩KR,澳AU,格GE,毛MU,东盟^RAS^R,澳^RAU^R,日^RJP^R,新西兰^RNZ^R,柬KH,港HK,澳门MO,韩^RKR^R	0 受惠国LD	30
		---其他: ---Other:					

序号 No.	税则号列 Tariff Line	货品名称 Article Description	最惠国税率 MFN(%)		协定税率 Agreement(%)	特惠税率 SP(%)	普通税率 Gen(%)
7461	8517.6292	----无线网络接口卡 ----Wireless network interface cards	0	0	东盟AS,智CL,巴PK,新西兰NZ,秘PE,哥CR,瑞CH,冰IS,韩KR,澳AU,格GE,毛MU,东盟^RAS^R,澳^RAU^R,日^RJP^R,新西兰^RNZ^R,柬KH,港HK,澳门MO,韩^RKR^R	0 受惠国LD	14
7462	8517.6293	----无线接入固定台 ----Fixed wireless access station	0	0	东盟AS,智CL,巴PK,新西兰NZ,秘PE,哥CR,瑞CH,冰IS,韩KR,澳AU,格GE,毛MU,东盟^RAS^R,澳^RAU^R,日^RJP^R,新西兰^RNZ^R,柬KH,港HK,澳门MO,韩^RKR^R	0 受惠国LD	14
7463	8517.6294	----无线耳机 ----Wireless headphones	0	0	东盟AS,智CL,巴PK,新西兰NZ,秘PE,哥CR,瑞CH,冰IS,韩KR,澳AU,格GE,毛MU,东盟^RAS^R,澳^RAU^R,日^RJP^R,新西兰^RNZ^R,柬KH,港HK,澳门MO,韩^RKR^R	0 受惠国LD	14
7464	8517.6299	----其他 ----Other	0	0	东盟AS,智CL,巴PK,新西兰NZ,秘PE,哥CR,瑞CH,冰IS,韩KR,澳AU,格GE,毛MU,东盟^RAS^R,澳^RAU^R,日^RJP^R,新西兰^RNZ^R,柬KH,港HK,澳门MO,韩^RKR^R	0 受惠国LD	14
		--其他: --Other:					
7465	8517.6910	---其他无线设备 ---Other equipments in a wireless network	0	0 7.4	东盟AS,智CL,巴PK,新西兰NZ,秘PE,哥CR,瑞CH,冰IS,韩KR,澳AU,格GE,毛MU,东盟^RAS^R,澳^RAU^R,新西兰^RNZ^R,柬KH,港HK,澳门MO,韩^RKR^R 日^RJP^R	0 受惠国LD	14
7466	8517.6990	---其他有线设备 ---Other equipments in a wired network	0	0	东盟AS,智CL,巴PK,新西兰NZ,秘PE,哥CR,瑞CH,冰IS,韩KR,澳AU,格GE,毛MU,东盟^RAS^R,澳^RAU^R,日^RJP^R,新西兰^RNZ^R,柬KH,港HK,澳门MO,韩^RKR^R	0 受惠国LD	30
		-零件: -Parts:					
7467	8517.7100	--各种天线和天线反射器及其零件 --Aerials and aerial reflectors of all kinds; parts suitable for use therewith	0	0	东盟AS,智CL,巴PK,新西兰NZ,秘PE,哥CR,瑞CH,冰IS,韩KR,澳AU,格GE,毛MU,东盟^RAS^R,澳^RAU^R,日^RJP^R,新西兰^RNZ^R,柬KH,港HK,澳门MO,韩^RKR^R	0 受惠国LD	20
		--其他: --Other:					
7468	8517.7910	---数字式程控电话或电报交换机用 ---Of digital program-controlled telephonic or telegraphic switching apparatus	0	0	东盟AS,智CL,巴PK,新西兰NZ,秘PE,哥CR,瑞CH,冰IS,韩KR,澳AU,格GE,毛MU,东盟^RAS^R,澳^RAU^R,日^RJP^R,新西兰^RNZ^R,柬KH,港HK,澳门MO,韩^RKR^R	0 受惠国LD	14
7469	8517.7920	---光端机及脉冲编码调制设备（PCM）用 ---Of optical line terminal equipments and pulse code modulation equipments	0	0	东盟AS,智CL,巴PK,新西兰NZ,秘PE,哥CR,瑞CH,冰IS,韩KR,澳AU,格GE,毛MU,东盟^RAS^R,澳^RAU^R,日^RJP^R,新西兰^RNZ^R,柬KH,港HK,澳门MO,韩^RKR^R	0 受惠国LD	14

序号 No.	税则号列 Tariff Line	货品名称 Article Description	最惠国税率 MFN(%)	协定税率 Agreement(%)		特惠税率 SP(%)	普通税率 Gen(%)
7470	8517.7930	---手持式无线电话机用（天线除外） ---Of wireless telephone handsets 　　(Other than aerials)	0	0	东盟AS,智CL,巴PK,新西兰NZ, 秘PE,哥CR,瑞CH,冰IS,韩KR, 澳AU,格GE,毛MU,东盟^{R}AS^R, 澳^{R}AU^R,日^{R}JP^R,新西兰^{R}NZ^R,柬 KH,港HK,澳门MO,韩^{R}KR^R	0　受惠国LD	17
7471	8517.7940	---对讲机用（天线除外） ---Of walkie-talkie (Other than aerials)	0	0	亚太AP,东盟AS,智CL,新西兰 NZ,秘PE,哥CR,瑞CH,冰IS,澳 AU,格GE,毛MU,东盟^{R}AS^R,澳 ^{R}AU^R,日^{R}JP^R,新西兰^{R}NZ^R,柬 KH,港HK,澳门MO	0　受惠国LD	20
				0.8	韩KR		
				1	巴PK		
				6.4	韩^{R}KR^R		
7472	8517.7950	---光通信设备的激光收发模块 ---Laser transmitting and receiving unit 　　of optical communication equipments	0	0	东盟AS,智CL,巴PK,新西兰NZ, 秘PE,哥CR,瑞CH,冰IS,韩KR, 澳AU,格GE,毛MU,东盟^{R}AS^R, 澳^{R}AU^R,日^{R}JP^R,新西兰^{R}NZ^R,柬 KH,港HK,澳门MO,韩^{R}KR^R	0　受惠国LD	30
7473	8517.7990	---其他 ---Other	0	0	东盟AS,智CL,巴PK,新西兰NZ, 秘PE,哥CR,瑞CH,冰IS,韩KR, 澳AU,格GE,毛MU,东盟^{R}AS^R, 澳^{R}AU^R,日^{R}JP^R,新西兰^{R}NZ^R,柬 KH,港HK,澳门MO,韩^{R}KR^R	0　受惠国LD	20
	85.18	传声器（麦克风）及其座架；扬声器,不 论是否装成音箱；耳机、耳塞机,不论 是否装有传声器,由传声器及一个或多 个扬声器组成的组合机；音频扩大器； 电气扩音机组: **Microphones and stands therefor; loudspeakers, whether or not mounted in their enclosures; headphones and earphones, whether or not combined with a microphone, and sets consisting of a microphone and one or more loudspeakers; audio- frequency electric amplifiers; electric sound amplifier sets:**					
7474	8518.1000	-传声器（麦克风）及其座架 -Microphones and stands therefor	0	0	东盟AS,智CL,新西兰NZ,新加坡 SG,秘PE,哥CR,瑞CH,冰IS,韩KR, 澳AU,格GE,毛MU,东盟^{R}AS^R,澳 ^{R}AU^R,新西兰^{R}NZ^R,柬KH,港HK, 澳门MO,台TW,韩^{R}KR^R	0　受惠国LD	40
				3	巴PK		
				8.2	日^{R}JP^R		
		-扬声器,不论是否装成音箱: -Loudspeakers, whether or not mounted 　in their enclosures:					

序号 No.	税则号列 Tariff Line	货品名称 Article Description	最惠国税率 MFN(%)	协定税率 Agreement(%)		特惠税率 SP(%)		普通税率 Gen(%)
7475	8518.2100	--单喇叭音箱 --Single loudspeakers, mounted in their enclosures	0	0	东盟AS,智CL,新西兰NZ,新加坡SG,秘PE,哥CR,瑞CH,冰IS,澳AU,格GE,毛MU,东盟^RAS^R,澳^RAU^R,日^RJP^R,新西兰^RNZ^R,柬KH,港HK,澳门MO	0	受惠国LD	40
				1	巴PK,韩KR			
				8	韩^RKR^R			
7476	8518.2200	--多喇叭音箱 --Multiple loudspeakers, mounted in the same enclosure	0	0	东盟AS,智CL,新西兰NZ,新加坡SG,秘PE,哥CR,瑞CH,冰IS,澳AU,格GE,毛MU,东盟^RAS^R,澳^RAU^R,日^RJP^R,新西兰^RNZ^R,柬KH,港HK,澳门MO	0	受惠国LD	40
				1	巴PK,韩KR			
				8	韩^RKR^R			
7477	8518.2900	--其他 --Other	0	0	东盟AS,智CL,巴PK,新西兰NZ,秘PE,哥CR,瑞CH,冰IS,韩KR,澳AU,格GE,毛MU,东盟^RAS^R,澳^RAU^R,日^RJP^R,新西兰^RNZ^R,柬KH,港HK,澳门MO,韩^RKR^R	0	受惠国LD	40
7478	8518.3000	-耳机、耳塞机,不论是否装有传声器,由传声器及一个或多个扬声器组成的组合机 -Headphones and earphones, whether or not combined with a microphone, and sets consisting of a microphone and one or more loudspeakers	0	0	东盟AS,智CL,巴PK,新西兰NZ,秘PE,哥CR,瑞CH,冰IS,韩KR,澳AU,格GE,毛MU,东盟^RAS^R,澳^RAU^R,日^RJP^R,新西兰^RNZ^R,柬KH,港HK,澳门MO,韩^RKR^R	0	受惠国LD	40
7479	8518.4000	-音频扩大器 -Audio-frequency electric amplifiers	0	0	东盟AS,智CL,新西兰NZ,新加坡SG,秘PE,哥CR,瑞CH,冰IS,澳AU,格GE,毛MU,东盟^RAS^R,澳^RAU^R,新西兰^RNZ^R,柬KH,港HK,澳门MO,台TW	0	受惠国LD	40
				1.2	韩KR			
				3.6	巴PK			
				9.6	韩^RKR^R			
				9.8	日^RJP^R			
7480	8518.5000	-电气扩音机组 -Electric sound amplifier sets	0	0	东盟AS,智CL,新西兰NZ,新加坡SG,秘PE,哥CR,瑞CH,冰IS,澳AU,格GE,毛MU,东盟^RAS^R,澳^RAU^R,日^RJP^R,新西兰^RNZ^R,柬KH,港HK,澳门MO	0	受惠国LD	40
				1	巴PK			
				5.5	韩KR			
				8.7	韩^RKR^R			
7481	8518.9000	-零件 -Parts	0	0	东盟AS,智CL,新西兰NZ,新加坡SG,秘PE,哥CR,瑞CH,冰IS,澳AU,格GE,毛MU,东盟^RAS^R,澳^RAU^R,新西兰^RNZ^R,柬KH,港HK,澳门MO,台TW	0	受惠国LD	40
				4	巴PK			
				8.4	韩KR,韩^RKR^R			
				8.6	日^RJP^R			

序号 No.	税则号列 Tariff Line	货品名称 Article Description	最惠国税率 MFN(%)	协定税率 Agreement(%)		特惠税率 SP(%)	普通税率 Gen(%)
	85.19	**声音录制或重放设备:** **Sound recording or reproducing apparatus:**					
7482	8519.2000	-用硬币、钞票、银行卡、代币或其他支付方式使其工作的设备 -Apparatus operated by coins, banknotes, bank cards, tokens or by other means of payment	12	0	东盟AS,智CL,新西兰NZ,新加坡SG,秘PE,哥CR,瑞CH,冰IS,澳AU,格GE,毛MU,柬KH,港HK,澳门MO	0 受惠国LD	80
				7.8	亚太AP		
				8	韩KR		
				9.8	巴PK		
				16	东盟^RAS^R,澳^RAU^R,新西兰^RNZ^R,韩^RKR^R		
				17.5	日^RJP^R		
7483	8519.3000	-转盘(唱机唱盘) -Turntables (record-decks)	7	0	东盟AS,智CL,新西兰NZ,新加坡SG,秘PE,哥CR,冰IS,澳AU,格GE,柬KH,港HK,澳门MO	0 受惠国LD	130
				7	瑞CH,东盟^RAS^R,澳^RAU^R,新西兰^RNZ^R		
				12	毛MU		
				24	巴PK		
		-其他设备: -Other apparatus:					
		--使用磁性、光学或半导体媒体的: --Using magnetic, optical or semiconductor media:					
		---使用磁性媒体的: ---Using magnetic media:					
7484	8519.8111	----未装有声音录制装置的盒式磁带型声音重放装置,编辑节目用放声机除外 ----Cassette-type sound reproducing apparatus, not incorporating a sound recording device, other than transcribing machines	0	0	东盟AS,智CL,新西兰NZ,新加坡SG,秘PE,哥CR,瑞CH,冰IS,澳AU,格GE,毛MU,东盟^RAS^R,澳^RAU^R,日^RJP^R,新西兰^RNZ^R,柬KH,港HK,澳门MO	0 受惠国LD	130
				1.7	韩KR		
				8.2	巴PK		
				13.6	韩^RKR^R		
7485	8519.8112	----装有声音重放装置的盒式磁带型录音机 ----Cassette-type recorders, incorporating sound reproducing apparatus	0	0	东盟AS,智CL,新西兰NZ,新加坡SG,秘PE,哥CR,瑞CH,冰IS,澳AU,格GE,东盟^RAS^R,澳^RAU^R,日^RJP^R,新西兰^RNZ^R,柬KH,港HK,澳门MO	0 受惠国LD	130
				9	毛MU		
				16.5	韩KR		
				24	巴PK		
				26	韩^RKR^R		
7486	8519.8119	----其他 ----Other	0	0	亚太AP,东盟AS,智CL,新西兰NZ,新加坡SG,秘PE,哥CR,瑞CH,冰IS,澳AU,格GE,毛MU,东盟^RAS^R,澳^RAU^R,日^RJP^R,新西兰^RNZ^R,柬KH,港HK,澳门MO,韩^RKR^R	0 受惠国LD	80
				8	韩KR		
				9.8	巴PK		

序号 No.	税则号列 Tariff Line	货品名称 Article Description	最惠国税率 MFN(%)	协定税率 Agreement(%)		特惠税率 SP(%)	普通税率 Gen(%)
		---使用光学媒体的: ---Using optical media:					

7487	8519.8121	----激光唱机, 未装有声音录制装置
		----Compact disc players, not
		    incorporating a sound recording
		    device
			0	0	亚太AP,东盟AS,智CL,新西兰
					NZ,新加坡SG,秘PE,哥CR,瑞
					CH,冰IS,澳AU,格GE,东盟^RAS^R,
					澳^RAU^R,日^RJP^R,新西兰^RNZ^R,柬
					KH,港HK,澳门MO
						0 受惠国LD	80

				9	毛MU		
				16.5	韩KR		
				20.8	巴PK		
				26	韩^RKR^R		
7488	8519.8129	----其他 ----Other	0	0	亚太AP,东盟AS,智CL,新西兰 NZ,新加坡SG,秘PE,哥CR,瑞 CH,冰IS,澳AU,格GE,毛MU,东 盟^RAS^R,澳^RAU^R,日^RJP^R,新西兰 ^RNZ^R,柬KH,港HK,澳门MO,韩 ^RKR^R	0 受惠国LD	80
				8	韩KR		
				9.6	巴PK		
		---使用半导体媒体的: ---Using semiconductor media:					

7489	8519.8131	----装有声音重放装置的闪速存储器型
		    声音录制设备
		----Flash memory type recorders,
		    incorporating sound reproducing
		    apparatus
			0	0	东盟AS,智CL,新西兰NZ,新加
					坡SG,秘PE,哥CR,瑞CH,冰IS,
					澳AU,格GE,毛MU,东盟^RAS^R,
					澳^RAU^R,日^RJP^R,新西兰^RNZ^R,柬
					KH,港HK,澳门MO
						0 受惠国LD	80

				11	韩KR		
				16	巴PK		
				17.3	韩^RKR^R		
7490	8519.8139	----其他 ----Other	0	0	亚太AP,东盟AS,智CL,新西兰 NZ,新加坡SG,秘PE,哥CR,瑞 CH,冰IS,澳AU,格GE,毛MU,东 盟^RAS^R,澳^RAU^R,日^RJP^R,新西兰 ^RNZ^R,柬KH,港HK,澳门MO,韩 ^RKR^R	0 受惠国LD	80
				8	韩KR		
				9.8	巴PK		
		--其他: --Other:					

7491	8519.8910	---不带录制装置的其他唱机, 不论是
		    否带有扬声器
		---Other record-players, not
		    incorporating a sound recording
		    device, with or without loudspeakers
			0	0	东盟AS,智CL,新西兰NZ,新加
					坡SG,秘PE,哥CR,瑞CH,冰IS,澳
					AU,格GE,东盟^RAS^R,澳^RAU^R,日
					^RJP^R,新西兰^RNZ^R,柬KH,港HK,
					澳门MO
						0 受惠国LD	130

				9	毛MU		
				16.5	韩KR		
				24	巴PK		
				26	韩^RKR^R		

序号 No.	税则号列 Tariff Line	货品名称 Article Description	最惠国税率 MFN(%)	协定税率 Agreement(%)		特惠税率 SP(%)	普通税率 Gen(%)
7492	8519.8990	---其他声音录制或重放设备 ---Other sound recording or reproducing apparatus	0	0	亚太AP,东盟AS,智CL,新西兰NZ,新加坡SG,秘PE,哥CR,瑞CH,冰IS,澳AU,格GE,毛MU,东盟^{R}AS^R,澳^{R}AU^R,日^{R}JP^R,新西兰^{R}NZ^R,柬KH,港HK,澳门MO	0 受惠国LD	80
				8	韩KR		
				9.6	巴PK		
				16	韩^{R}KR^R		
85.21		视频信号录制或重放设备,不论是否装有高频调谐器: **Video recording or reproducing apparatus, whether or not incorporating a video tuner:**					
		-磁带型: -Magnetic tape-type:					
		---录像机: ---Video tape recorders:					
7493	8521.1011	----广播级 ----Broadcast quality	0	0	亚太AP,东盟AS,智CL,新西兰NZ,新加坡SG,秘PE,哥CR,瑞CH,冰IS,澳AU,格GE,东盟^{R}AS^R,澳^{R}AU^R,日^{R}JP^R,新西兰^{R}NZ^R,柬KH,港HK,澳门MO	0 受惠国LD	①
				9	毛MU		
				26	韩^{R}KR^R		
				②	韩KR		
				③	巴PK		
7494	8521.1019	----其他 ----Other	0	0	亚太AP,东盟AS,智CL,新西兰NZ,新加坡SG,秘PE,哥CR,瑞CH,冰IS,澳AU,格GE,东盟^{R}AS^R,澳^{R}AU^R,日^{R}JP^R,新西兰^{R}NZ^R,柬KH,港HK,澳门MO	0 受惠国LD	④
				9	毛MU		
				26	韩^{R}KR^R		
				⑤	巴PK		
				⑥	韩KR		

---

① 普通税率：完税价格≤2000美元/台：130%；完税价格>2000美元/台：6%+20600元/台。
General Tariff Rate: Price≤2000$/Set:130%;Price>2000$/Set:6%+20600¥/Set.

② 协定税率：完税价格≤2000美元/台：16.5%；完税价格>2000美元/台：1.6%+2405.7元/台。
Agreement Tariff Rate: Price≤2000$/Set:16.5%;Price>2000$/Set:1.6%+2405.7¥/Set.

③ 协定税率：完税价格≤2000美元/台：9.6%；完税价格>2000美元/台：3.0%+1067.7元/台。
Agreement Tariff Rate: Price≤2000$/Set:9.6%;Price>2000$/Set:3.0%+1067.7¥/Set.

④ 普通税率：完税价格≤2000美元/台：130%；完税价格>2000美元/台：6%+20600元/台。
General Tariff Rate: Price≤2000$/Set:130%;Price>2000$/Set:6%+20600¥/Set.

⑤ 协定税率：完税价格≤2000美元/台：14.7%；完税价格>2000美元/台：3.0%+1895.4元/台。
Agreement Tariff Rate: Price≤2000$/Set:14.7%;Price>2000$/Set:3.0%+1895.4¥/Set.

⑥ 协定税率：完税价格≤2000美元/台：16.5%；完税价格>2000美元/台：1.6%+2405.7元/台。
Agreement Tariff Rate: Price≤2000$/Set:16.5%;Price>2000$/Set:1.6%+2405.7¥/Set.

序号 No.	税则号列 Tariff Line	货品名称 Article Description	最惠国税率 MFN(%)		协定税率 Agreement(%)	特惠税率 SP(%)	普通税率 Gen(%)
7495	8521.1020	---放像机 ---Video tape reproducers	0	0	亚太AP,东盟AS,智CL,新西兰NZ,新加坡SG,秘PE,哥CR,瑞CH,冰IS,澳AU,格GE,东盟^{R}AS^R,澳^{R}AU^R,日^{R}JP^R,新西兰^{R}NZ^R,柬KH,港HK,澳门MO	0 受惠国LD	①
				9	毛MU		
				26	韩^{R}KR^R		
				②	巴PK		
				③	韩KR		
		-其他: -Other:					
		---激光视盘机: ---Laser video compact disk player:					
7496	8521.9011	----视频高密光盘（VCD）播放机 ----Video Compact Disc player	0	0	亚太AP,东盟AS,智CL,新西兰NZ,新加坡SG,秘PE,哥CR,瑞CH,冰IS,澳AU,格GE,毛MU,东盟^{R}AS^R,澳^{R}AU^R,日^{R}JP^R,新西兰^{R}NZ^R,柬KH,港HK,澳门MO	0 受惠国LD	130
				8	韩KR		
				9.6	巴PK		
				16	韩^{R}KR^R		
7497	8521.9012	----数字化视频光盘（DVD）播放机 ----Digital Video Disc player	0	0	亚太AP,东盟AS,智CL,新西兰NZ,新加坡SG,秘PE,哥CR,瑞CH,冰IS,澳AU,格GE,毛MU,东盟^{R}AS^R,澳^{R}AU^R,日^{R}JP^R,新西兰^{R}NZ^R,柬KH,港HK,澳门MO	0 受惠国LD	130
				9.6	巴PK		
				11	韩KR		
				17.3	韩^{R}KR^R		
7498	8521.9019	----其他 ----Other	0	0	亚太AP,东盟AS,智CL,新西兰NZ,新加坡SG,秘PE,哥CR,瑞CH,冰IS,澳AU,格GE,毛MU,东盟^{R}AS^R,澳^{R}AU^R,日^{R}JP^R,新西兰^{R}NZ^R,柬KH,港HK,澳门MO	0 受惠国LD	130
				8	韩KR		
				9.6	巴PK		
				16	韩^{R}KR^R		
7499	8521.9090	---其他 ---Other	0	0	亚太AP,东盟AS,智CL,新西兰NZ,新加坡SG,秘PE,哥CR,瑞CH,冰IS,澳AU,格GE,毛MU,东盟^{R}AS^R,澳^{R}AU^R,日^{R}JP^R,新西兰^{R}NZ^R,柬KH,港HK,澳门MO	0 受惠国LD	130
				9.6	巴PK		
				11	韩KR		
				17.3	韩^{R}KR^R		

① 普通税率：完税价格≤2000美元/台：130%；完税价格>2000美元/台：6%+20600元/台。
General Tariff Rate: Price≤2000$/Set:130%;Price>2000$/Set:6%+20600¥/Set.
② 协定税率：完税价格≤2000美元/台：10.8%；完税价格>2000美元/台：3.0%+1263.6元/台。
Agreement Tariff Rate: Price≤2000$/Set:10.8%;Price>2000$/Set:3.0%+1263.6¥/Set.
③ 协定税率：完税价格≤2000美元/台：16.5%；完税价格>2000美元/台：1.6%+2405.7元/台。
Agreement Tariff Rate: Price≤2000$/Set:16.5%;Price>2000$/Set:1.6%+2405.7¥/Set.

序号 No.	税则号列 Tariff Line	货品名称 Article Description	最惠国税率 MFN(%)	协定税率 Agreement(%)		特惠税率 SP(%)	普通税率 Gen(%)
	85.22	专用于或主要用于税目85.19或85.21所列设备的零件、附件： Parts and accessories suitable for use solely or principally with the apparatus of headings 85.19 to 85.21:					
7500	8522.1000	-拾音头 -Pick-up cartridges	12	0	东盟AS,智CL,新西兰NZ,新加坡SG,秘PE,哥CR,冰IS,澳AU,格GE,柬KH,港HK,澳门MO	0 受惠国LD	130
				5	东盟^{R}AS^R,澳^{R}AU^R,新西兰^{R}NZ^R		
				12	瑞CH		
				14	毛MU		
				28	巴PK		
		-其他： -Other:					
7501	8522.9010	---转盘或唱机用 ---Of turntables (record decks) or record-players	3.1#0	0	东盟AS,智CL,新西兰NZ,新加坡SG,秘PE,哥CR,冰IS,澳AU,格GE,毛MU,东盟^{R}AS^R,澳^{R}AU^R,新西兰^{R}NZ^R,柬KH,港HK,澳门MO	0 受惠国LD	130
				2#0	亚太AP		
				3.1#0	瑞CH		
				10	韩KR		
				12	巴PK		
				20	韩^{R}KR^R		
				20.5	日^{R}JP^R		
		---盒式磁带录音机或放声机用： ---Of cassette magnetic tape recorders or reproducers:					
7502	8522.9021	----走带机构（机芯），不论是否装有磁头 ----Transport mechanisms, whether or not incorporating a magnetic head	3.1#0	0	东盟AS,智CL,新西兰NZ,新加坡SG,秘PE,哥CR,冰IS,澳AU,格GE,毛MU,东盟^{R}AS^R,澳^{R}AU^R,新西兰^{R}NZ^R,柬KH,港HK,澳门MO	0 受惠国LD	100
				2#0	亚太AP		
				3.1#0	瑞CH		
				10	韩KR		
				18	巴PK		
				20	韩^{R}KR^R		
				20.5	日^{R}JP^R		
7503	8522.9022	----磁头 ----Magnetic heads	3.1#0	0	东盟AS,智CL,新西兰NZ,新加坡SG,秘PE,哥CR,冰IS,澳AU,格GE,毛MU,东盟^{R}AS^R,澳^{R}AU^R,新西兰^{R}NZ^R,柬KH,港HK,澳门MO	0 受惠国LD	100
				2#0	亚太AP		
				3.1#0	瑞CH		
				16.2	韩KR		
				18	巴PK		
				20	韩^{R}KR^R		
				20.5	日^{R}JP^R		

序号 No.	税则号列 Tariff Line	货品名称 Article Description	最惠国税率 MFN(%)	协定税率 Agreement(%)		特惠税率 SP(%)	普通税率 Gen(%)
7504	8522.9023	----磁头零件 ----Parts of magnetic heads	2.5#0	0	东盟AS,智CL,新西兰NZ,新加坡SG,秘PE,哥CR,瑞CH,冰IS,澳AU,格GE,毛MU,东盟^{R}AS^R,澳^{R}AU^R,新西兰NZ^R,柬KH,港HK,澳门MO	0 受惠国LD	100
				1.6#0	亚太AP		
				8	韩KR		
				10.8	巴PK		
				16	韩^{R}KR^R		
				16.4	日^{R}JP^R		
7505	8522.9029	----其他 ----Other	3.8#0	0	东盟AS,智CL,新西兰NZ,新加坡SG,秘PE,哥CR,冰IS,澳AU,格GE,东盟^{R}AS^R,澳^{R}AU^R,新西兰^{R}NZ^R,柬KH,港HK,澳门MO	0 受惠国LD	100
				2.5#0	亚太AP		
				3.8#0	瑞CH		
				10.5	毛MU		
				19.5	韩KR		
				21.6	巴PK		
				24	韩^{R}KR^R		
				24.5	日^{R}JP^R		
		---视频信号录制或重放设备用: ---Of video recording or reproducing apparatus:					
7506	8522.9031	----激光视盘机的机芯 ----Movements for Laser video compact disk player	3.8#0	0	东盟AS,智CL,新西兰NZ,新加坡SG,秘PE,哥CR,冰IS,澳AU,格GE,柬KH,港HK,澳门MO	0 受惠国LD	100
				2.5#0	亚太AP		
				3.8#0	瑞CH		
				10.5	毛MU		
				12.6	巴PK		
				19.5	韩KR		
				24	东盟^{R}AS^R,澳^{R}AU^R,新西兰^{R}NZ^R		
				24.5	日^{R}JP^R		
				27	韩^{R}KR^R		
7507	8522.9039	----其他 ----Other	3.8#0	0	东盟AS,智CL,新西兰NZ,新加坡SG,秘PE,哥CR,冰IS,澳AU,格GE,东盟^{R}AS^R,澳^{R}AU^R,新西兰^{R}NZ^R,柬KH,港HK,澳门MO	0 受惠国LD	100
				2.5#0	亚太AP		
				10.5	毛MU		
				12.6	巴PK		
				19.5	韩KR		
				24	韩^{R}KR^R		
				24.5	日^{R}JP^R		
		---其他: ---Other:					

序号 No.	税则号列 Tariff Line	货品名称 Article Description	最惠国税率 MFN(%)	协定税率 Agreement(%)		特惠税率 SP(%)	普通税率 Gen(%)
7508	8522.9091	----车载音频转播器或发射器 ----Tone converters or transmission apparatus of a kind used for vehicles	2.5#0	0	东盟AS,智CL,新西兰NZ,新加坡SG,秘PE,哥CR,瑞CH,冰IS,澳AU,格GE,毛MU,东盟^{R}AS^R,澳^{R}AU^R,新西兰^{R}NZ^R,柬KH,港HK,澳门MO	0 受惠国LD	80
				1.6#0	亚太AP		
				8	韩KR		
				9.6	巴PK		
				16	韩^{R}KR^R		
				16.4	日^{R}JP^R		
7509	8522.9099	----其他 ----Other	2.5#0	0	东盟AS,智CL,新西兰NZ,新加坡SG,秘PE,哥CR,瑞CH,冰IS,澳AU,格GE,毛MU,东盟^{R}AS^R,澳^{R}AU^R,新西兰^{R}NZ^R,柬KH,港HK,澳门MO	0 受惠国LD	80
				1.6#0	亚太AP		
				8	韩KR		
				9.6	巴PK		
				16	韩^{R}KR^R		
				16.4	日^{R}JP^R		
	85.23	录制声音或其他信息用的圆盘、磁带、固态非易失性数据存储器件、"智能卡"及其他媒体,不论是否已录制,包括供复制圆盘用的母片及母带,但不包括第三十七章的产品: Discs, tapes, solid-state non-volatile storage devices, "smart cards" and other media for the recording of sound or of other phenomena, whether or not recorded, including matrices and masters for the production of discs, but excluding products of Chapter 37:					
		-磁性媒体: -Magnetic media:					
		--磁条卡: --Cards incorporating a magnetic stripe:					
7510	8523.2110	---未录制 ---Prepared unrecorded	0	0	东盟AS,智CL,新西兰NZ,新加坡SG,秘PE,哥CR,瑞CH,冰IS,澳AU,格GE,毛MU,东盟^{R}AS^R,澳^{R}AU^R,日^{R}JP^R,新西兰^{R}NZ^R,柬KH,港HK,澳门MO	0 受惠国LD	70
				1.7	韩KR		
				8.4	巴PK		
				14	韩^{R}KR^R		
7511	8523.2120	---已录制 ---Recorded	0	0	东盟AS,智CL,新西兰NZ,新加坡SG,秘PE,哥CR,瑞CH,冰IS,澳AU,格GE,毛MU,东盟^{R}AS^R,澳^{R}AU^R,日^{R}JP^R,新西兰^{R}NZ^R,柬KH,港HK,澳门MO	0 受惠国LD	130
				1.5	韩KR		
				7.2	巴PK		
				12	韩^{R}KR^R		

序号 No.	税则号列 Tariff Line	货品名称 Article Description	最惠国税率 MFN(%)	协定税率 Agreement(%)		特惠税率 SP(%)	普通税率 Gen(%)
		--其他: --Other:					
		---磁盘: ---Magnetic discs:					
7512	8523.2911	----未录制 ----Prepared unrecorded	0	0	东盟AS,智CL,巴PK,新西兰NZ, 秘PE,哥CR,瑞CH,冰IS,韩KR, 澳AU,格GE,毛MU,东盟^RAS^R, 澳^RAU^R,日^RJP^R,新西兰^RNZ^R,柬 KH,港HK,澳门MO,韩^RKR^R	0 受惠国LD	14
7513	8523.2919	----其他 ----Other	0	0	东盟AS,智CL,巴PK,新西兰NZ, 秘PE,哥CR,瑞CH,冰IS,韩KR, 澳AU,格GE,毛MU,东盟^RAS^R, 澳^RAU^R,日^RJP^R,新西兰^RNZ^R,柬 KH,港HK,澳门MO,韩^RKR^R	0 受惠国LD	14
		---磁带: ---Magnetic tapes:					
7514	8523.2921	----未录制的宽度不超过4毫米的磁带 ----Prepared unrecorded, of a width not exceeding 4mm	0	0	东盟AS,智CL,巴PK,新西兰NZ, 秘PE,哥CR,瑞CH,冰IS,韩KR, 澳AU,格GE,毛MU,东盟^RAS^R, 澳^RAU^R,日^RJP^R,新西兰^RNZ^R,柬 KH,港HK,澳门MO,韩^RKR^R	0 受惠国LD	130
7515	8523.2922	----未录制的宽度超过4毫米, 但不超过6.5毫米的磁带 ----Prepared unrecorded, of a width exceeding 4mm but not exceeding 6.5mm	0	0	东盟AS,智CL,巴PK,新西兰NZ, 秘PE,哥CR,瑞CH,冰IS,韩KR, 澳AU,格GE,毛MU,东盟^RAS^R, 澳^RAU^R,日^RJP^R,新西兰^RNZ^R,柬 KH,港HK,澳门MO,韩^RKR^R	0 受惠国LD	130
7516	8523.2923	----未录制的宽度超过6.5毫米的磁带 ----Prepared unrecorded, of a width exceeding 6.5mm	0	0	东盟AS,智CL,巴PK,新西兰NZ, 秘PE,哥CR,瑞CH,冰IS,韩KR, 澳AU,格GE,毛MU,东盟^RAS^R, 澳^RAU^R,日^RJP^R,新西兰^RNZ^R,柬 KH,港HK,澳门MO,韩^RKR^R	0 受惠国LD	20
7517	8523.2928	----重放声音或图像信息的磁带 ----For reproducing sound or image	0	0 1 4 8	东盟AS,智CL,新西兰NZ,新加 坡SG,秘PE,哥CR,瑞CH,冰IS, 澳AU,格GE,毛MU,东盟^RAS^R, 澳^RAU^R,日^RJP^R,新西兰^RNZ^R,柬 KH,港HK,澳门MO 巴PK 韩KR 韩^RKR^R	0 受惠国LD	130
7518	8523.2929	----已录制的其他磁带 ----Other, recorded	0	0	东盟AS,智CL,巴PK,新西兰NZ, 秘PE,哥CR,瑞CH,冰IS,韩KR, 澳AU,格GE,毛MU,东盟^RAS^R, 澳^RAU^R,日^RJP^R,新西兰^RNZ^R,柬 KH,港HK,澳门MO,韩^RKR^R	0 受惠国LD	14
7519	8523.2990	---其他 ---Other	0	0	东盟AS,智CL,巴PK,新西兰NZ, 秘PE,哥CR,瑞CH,冰IS,韩KR, 澳AU,格GE,毛MU,东盟^RAS^R, 澳^RAU^R,日^RJP^R,新西兰^RNZ^R,柬 KH,港HK,澳门MO,韩^RKR^R	0 受惠国LD	14
		-光学媒体: -Optical media:					

序号 No.	税则号列 Tariff Line	货品名称 Article Description	最惠国税率 MFN(%)	协定税率 Agreement(%)		特惠税率 SP(%)	普通税率 Gen(%)
7520	8523.4100	--未录制 --Prepared unrecorded	0	0	东盟AS,智CL,巴PK,新西兰NZ, 秘PE,哥CR,瑞CH,冰IS,韩KR, 澳AU,格GE,毛MU,东盟^{R}AS^R, 澳^{R}AU^R,日^{R}JP^R,新西兰^{R}NZ^R,柬 KH,港HK,澳门MO,韩^{R}KR^R	0 受惠国LD	14
		--其他: --Other:					
7521	8523.4910	---仅用于重放声音信息的已录制光盘 ---For reproducing sound only, recorded	0	0 1 3 8	东盟AS,智CL,新西兰NZ,秘PE, 哥CR,瑞CH,冰IS,澳AU,格GE,毛 MU,东盟^{R}AS^R,澳^{R}AU^R,日^{R}JP^R,新 西兰^{R}NZ^R,柬KH,港HK,澳门MO 韩KR 巴PK 韩^{R}KR^R	0 受惠国LD	130
7522	8523.4920	---用于重放声音、图像以外信息的，税 目84.71所列机器用 ---For the machines of heading 84.71 reproducing phenomena other than sound or image	0	0	东盟AS,智CL,巴PK,新西兰NZ, 秘PE,哥CR,瑞CH,冰IS,韩KR, 澳AU,格GE,毛MU,东盟^{R}AS^R, 澳^{R}AU^R,日^{R}JP^R,新西兰^{R}NZ^R,柬 KH,港HK,澳门MO,韩^{R}KR^R	0 受惠国LD	14
7523	8523.4990	---其他 ---Other	0	0	东盟AS,智CL,巴PK,新西兰NZ, 秘PE,哥CR,瑞CH,冰IS,韩KR, 澳AU,格GE,毛MU,东盟^{R}AS^R, 澳^{R}AU^R,日^{R}JP^R,新西兰^{R}NZ^R,柬 KH,港HK,澳门MO,韩^{R}KR^R	0 受惠国LD	14
		-半导体媒体: -Semiconductor media:					
		--固态非易失性存储器件（闪速存 储器）: --Solid-state non-volatile storage devices:					
7524	8523.5110	---未录制 ---Prepared unrecorded	0	0	东盟AS,智CL,巴PK,新西兰NZ, 秘PE,哥CR,瑞CH,冰IS,韩KR, 澳AU,格GE,毛MU,东盟^{R}AS^R, 澳^{R}AU^R,日^{R}JP^R,新西兰^{R}NZ^R,柬 KH,港HK,澳门MO,韩^{R}KR^R	0 受惠国LD	70
7525	8523.5120	---已录制 ---Recorded	0	0	东盟AS,智CL,巴PK,新西兰NZ, 秘PE,哥CR,瑞CH,冰IS,韩KR, 澳AU,格GE,毛MU,东盟^{R}AS^R, 澳^{R}AU^R,日^{R}JP^R,新西兰^{R}NZ^R,柬 KH,港HK,澳门MO,韩^{R}KR^R	0 受惠国LD	14
		-- "智能卡": -- "Smart cards":					
7526	8523.5210	---未录制 ---Prepared unrecorded	0	0	东盟AS,智CL,巴PK,新西兰NZ, 秘PE,哥CR,瑞CH,冰IS,韩KR, 澳AU,格GE,毛MU,东盟^{R}AS^R, 澳^{R}AU^R,日^{R}JP^R,新西兰^{R}NZ^R,柬 KH,港HK,澳门MO,韩^{R}KR^R	0 受惠国LD	21
7527	8523.5290	---其他 ---Other	0	0	东盟AS,智CL,巴PK,新西兰NZ, 秘PE,哥CR,瑞CH,冰IS,韩KR, 澳AU,格GE,毛MU,东盟^{R}AS^R, 澳^{R}AU^R,日^{R}JP^R,新西兰^{R}NZ^R,柬 KH,港HK,澳门MO,韩^{R}KR^R	0 受惠国LD	21

序号 No.	税则号列 Tariff Line	货品名称 Article Description	最惠国税率 MFN(%)	协定税率 Agreement(%)		特惠税率 SP(%)	普通税率 Gen(%)
		--其他: --Other:					
7528	8523.5910	---未录制 ---Prepared unrecorded	0	0	东盟AS,智CL,巴PK,新西兰NZ, 秘PE,哥CR,瑞CH,冰IS,韩KR, 澳AU,格GE,毛MU,东盟AS^R, 澳^{R}AU^R,日^{R}JP^R,新西兰^{R}NZ^R,柬 KH,港HK,澳门MO,韩^{R}KR^R	0 受惠国LD	70
7529	8523.5920	---已录制 ---Recorded	0	0	东盟AS,智CL,巴PK,新西兰NZ, 秘PE,哥CR,瑞CH,冰IS,韩KR, 澳AU,格GE,毛MU,东盟AS^R, 澳^{R}AU^R,日^{R}JP^R,新西兰^{R}NZ^R,柬 KH,港HK,澳门MO,韩^{R}KR^R	0 受惠国LD	14
		-其他: -Other:					
		---唱片: ---Gramophone records:					
7530	8523.8011	----已录制 ----Prepared recorded	0	0	东盟AS,智CL,新西兰NZ,新加 坡SG,秘PE,哥CR,瑞CH,冰IS, 澳AU,格GE,毛MU,东盟AS^R, 澳^{R}AU^R,日^{R}JP^R,新西兰^{R}NZ^R,柬 KH,港HK,澳门MO	0 受惠国LD	130
				1.5	韩KR		
				7.2	巴PK		
				12	韩^{R}KR^R		
7531	8523.8019	----其他 ----Other	0	0	东盟AS,智CL,巴PK,新西兰NZ, 秘PE,哥CR,瑞CH,冰IS,韩KR, 澳AU,格GE,毛MU,东盟^{R}AS^R, 澳^{R}AU^R,日^{R}JP^R,新西兰^{R}NZ^R,柬 KH,港HK,澳门MO,韩^{R}KR^R	0 受惠国LD	70
		---税目84.71所列机器用: ---For the machines of heading 84.71:					
7532	8523.8021	----未录制 ----Prepared unrecorded	0	0	东盟AS,智CL,巴PK,新西兰NZ, 秘PE,哥CR,瑞CH,冰IS,韩KR, 澳AU,格GE,毛MU,东盟^{R}AS^R, 澳^{R}AU^R,日^{R}JP^R,新西兰^{R}NZ^R,柬 KH,港HK,澳门MO,韩^{R}KR^R	0 受惠国LD	14
7533	8523.8029	----其他 ----Other	0	0	东盟AS,智CL,巴PK,新西兰NZ, 秘PE,哥CR,瑞CH,冰IS,韩KR, 澳AU,格GE,毛MU,东盟^{R}AS^R, 澳^{R}AU^R,日^{R}JP^R,新西兰^{R}NZ^R,柬 KH,港HK,澳门MO,韩^{R}KR^R	0 受惠国LD	14
		---其他: ---Other:					
7534	8523.8091	----未录制 ----Prepared unrecorded	0	0	东盟AS,智CL,巴PK,新西兰NZ, 秘PE,哥CR,瑞CH,冰IS,韩KR, 澳AU,格GE,毛MU,东盟^{R}AS^R, 澳^{R}AU^R,日^{R}JP^R,新西兰^{R}NZ^R,柬 KH,港HK,澳门MO,韩^{R}KR^R	0 受惠国LD	14

序号 No.	税则号列 Tariff Line	货品名称 Article Description	最惠国税率 MFN(%)		协定税率 Agreement(%)	特惠税率 SP(%)	普通税率 Gen(%)
7535	8523.8099	----其他 ----Other	0	0	东盟AS,智CL,巴PK,新西兰NZ, 秘PE,哥CR,瑞CH,冰IS,韩KR, 澳AU,格GE,毛MU,东盟^{R}AS^R, 澳^{R}AU^R,日^{R}JP^R,新西兰^{R}NZ^R,柬 KH,港HK,澳门MO,韩^{R}KR^R	0 受惠国LD	14
	85.24	**平板显示模组, 不论是否装有触摸屏:** **Flat panel display modules, whether or not incorporating touch-sensitive screens:**					
		-不含驱动器或控制电路: -Without drivers or control circuits:					
7536	8524.1100	--液晶的 --Of liquid crystals	5	0 2 2.5 4 5	东盟AS,智CL,巴PK,新西兰NZ, 冰IS,毛MU,柬KH,港HK,澳门 MO 澳AU 韩KR 东盟^{R}AS^R,澳^{R}AU^R,新西兰^{R}NZ^R 日^{R}JP^R,韩^{R}KR^R	0 受惠国$_2$LD$_2$	50
7537	8524.1200	--有机发光二极管的(OLED) --Of organic light-emitting diodes (OLED)	8	0 3.6 6.6 10.8 10.9	东盟AS,智CL,新西兰NZ,新加 坡SG,秘PE,哥CR,瑞CH,冰IS,澳 AU,格GE,毛MU,柬KH,港HK,澳 门MO 巴PK 韩KR 东盟^{R}AS^R,澳^{R}AU^R,新西兰^{R}NZ^R, 韩^{R}KR^R 日^{R}JP^R	0 受惠国LD	40
		--其他: --Other:					
7538	8524.1910	---电视机用等离子显像组件 ---Plasma display modules of television	2.5#0	0 2#0 4.5 12 13.5	东盟AS,智CL,新西兰NZ,瑞CH, 冰IS,澳AU,格GE,毛MU,柬KH, 港HK,澳门MO 亚太AP 巴PK 韩KR 东盟^{R}AS^R,澳^{R}AU^R,新西兰^{R}NZ^R	0 受惠国$_2$LD$_2$	80
		---发光二极管的: ---Of light-emitting diodes (LED):					
7539	8524.1921	----电视机用 ----Of television	5	0 3.3 4.5 5	东盟AS,智CL,新西兰NZ,新加 坡SG,秘PE,瑞CH,冰IS,澳AU,毛 MU,柬KH,港HK,澳门MO 亚太AP 巴PK 东盟^{R}AS^R,澳^{R}AU^R,新西兰^{R}NZ^R	0 受惠国LD	80
7540	8524.1929	----其他 ----Other	0	0	东盟AS,智CL,巴PK,新西兰NZ, 秘PE,哥CR,瑞CH,冰IS,韩KR, 澳AU,格GE,毛MU,东盟^{R}AS^R, 澳^{R}AU^R,日^{R}JP^R,新西兰^{R}NZ^R,柬 KH,港HK,澳门MO,韩^{R}KR^R	0 受惠国LD	64

序号 No.	税则号列 Tariff Line	货品名称 Article Description	最惠国税率 MFN(%)	协定税率 Agreement(%)		特惠税率 SP(%)		普通税率 Gen(%)
7541	8524.1990	---其他 ---Other	8	0	东盟AS,智CL,新西兰NZ,新加坡SG,秘PE,哥CR,瑞CH,冰IS,澳AU,格GE,毛MU,柬KH,港HK,澳门MO	0	受惠国LD	40
				3.6	巴PK			
				6.6	韩KR			
				10.8	东盟^{R}AS^R,澳^{R}AU^R,新西兰^{R}NZ^R,韩^{R}KR^R			
				10.9	日^{R}JP^R			
	ex85241990	未切割的电子墨水屏 uncut electronic-ink screen	Δ0					
		-其他: -Other:						
		--液晶的: --Of liquid crystals:						
7542	8524.9110	---专用于或主要用于税目85.17所列装置的 ---For use solely or principally with apparatus of heading 85.17	0	0	东盟AS,智CL,巴PK,新西兰NZ,秘PE,哥CR,瑞CH,冰IS,韩KR,澳AU,格GE,毛MU,东盟^{R}AS^R,澳^{R}AU^R,日^{R}JP^R,新西兰^{R}NZ^R,柬KH,港HK,澳门MO,韩^{R}KR^R	0	受惠国LD	16
7543	8524.9120	---专用于或主要用于税目85.19、85.21、85.25、85.26或85.27所列设备的 ---For use solely or principally with apparatus of heading 85.19,85.21, 85.25, 85.26 or 85.27	1.7#0	0	东盟AS,智CL,新西兰NZ,新加坡SG,秘PE,哥CR,瑞CH,冰IS,澳AU,格GE,毛MU,东盟^{R}AS^R,澳^{R}AU^R,新西兰^{R}NZ^R,柬KH,港HK,澳门MO,台TW	0	受惠国LD	67
				1.1#0	亚太AP			
				1.2	日^{R}JP^R,韩^{R}KR^R			
				3.6	巴PK			
				3.9	韩KR			
7544	8524.9130	---专用于或主要用于税目85.35、85.36或85.37所列装置的 ---For use solely or principally with apparatus of heading 85.35, 85.36 or 85.37	7	0	东盟AS,智CL,新西兰NZ,秘PE,哥CR,冰IS,韩KR,澳AU,格GE,东盟^{R}AS^R,澳^{R}AU^R,新西兰^{R}NZ^R,柬KH,港HK,澳门MO,台TW,韩^{R}KR^R	0	受惠国LD	50
				2.3	瑞CH			
				2.8	毛MU			
				4	巴PK			
				5.7	日^{R}JP^R			
7545	8524.9140	---专用于或主要用于税目87.01至87.05所列车辆的 ---For use solely or principally with vehicles of heading 87.01 to 87.05	6	0	东盟AS,智CL,新西兰NZ,新加坡SG,秘PE,哥CR,瑞CH,冰IS,澳AU,格GE,柬KH,港HK,澳门MO,台TW	0	受惠国LD	100
				3	巴PK			
				5.4	亚太AP			
				5.7	毛MU			
				6	东盟^{R}AS^R,澳^{R}AU^R,日^{R}JP^R,新西兰^{R}NZ^R,韩^{R}KR^R			
				9	韩KR			

序号 No.	税则号列 Tariff Line	货品名称 Article Description	最惠国税率 MFN(%)	协定税率 Agreement(%)		特惠税率 SP(%)		普通税率 Gen(%)
7546	8524.9190	---其他 ---Other	5	0	东盟AS,智CL,巴PK,新西兰NZ,冰IS,毛MU,柬KH,港HK,澳门MO	0	受惠国$_2$LD$_2$	50
				2	澳AU			
				2.5	韩KR			
				4	东盟^{R}AS^R,澳^{R}AU^R,新西兰^{R}NZ^R			
				5	日^{R}JP^R,韩^{R}KR^R			
		--有机发光二极管的（OLED）： --Of organic light-emitting diodes (OLED):						
7547	8524.9210	---专用于或主要用于税目85.17所列装置的 ---For use solely or principally with apparatus of heading 85.17	0	0	东盟AS,智CL,巴PK,新西兰NZ,秘PE,哥CR,瑞CH,冰IS,韩KR,澳AU,格GE,毛MU,东盟^{R}AS^R,澳^{R}AU^R,日^{R}JP^R,新西兰^{R}NZ^R,柬KH,港HK,澳门MO,韩^{R}KR^R	0	受惠国LD	16
7548	8524.9220	---专用于或主要用于税目85.19、85.21、85.25、85.26或85.27所列设备的 ---For use solely or principally with apparatus of heading 85.19,85.21, 85.25, 85.26 or 85.27	1.7#0	0	东盟AS,智CL,新西兰NZ,新加坡SG,秘PE,哥CR,瑞CH,冰IS,澳AU,格GE,毛MU,东盟^{R}AS^R,澳^{R}AU^R,新西兰^{R}NZ^R,柬KH,港HK,澳门MO	0	受惠国LD	67
				1.1#0	亚太AP			
				1.2	日^{R}JP^R,韩^{R}KR^R			
				3.6	巴PK			
				3.9	韩KR			
7549	8524.9230	---专用于或主要用于税目85.35、85.36或85.37所列装置的 ---For use solely or principally with apparatus of heading 85.35, 85.36 or 85.37	7	0	东盟AS,智CL,新西兰NZ,秘PE,哥CR,冰IS,韩KR,澳AU,格GE,东盟^{R}AS^R,澳^{R}AU^R,新西兰^{R}NZ^R,柬KH,港HK,澳门MO,台TW,韩^{R}KR^R	0	受惠国LD	50
				2.3	瑞CH			
				2.8	毛MU			
				4	巴PK			
				5.7	日^{R}JP^R			
7550	8524.9240	---专用于或主要用于税目87.01至87.05所列车辆的 ---For use solely or principally with vehicles of heading 87.01 to 87.05	6	0	东盟AS,智CL,新西兰NZ,新加坡SG,秘PE,哥CR,瑞CH,冰IS,澳AU,格GE,柬KH,港HK,澳门MO,台TW	0	受惠国LD	100
				3	巴PK			
				5.4	亚太AP			
				5.7	毛MU			
				6	东盟^{R}AS^R,澳^{R}AU^R,日^{R}JP^R,新西兰^{R}NZ^R,韩^{R}KR^R			
				9	韩KR			
7551	8524.9250	---电视接收机用 ---Of television reception apparatus	15△5	0	东盟AS,智CL,新西兰NZ,新加坡SG,秘PE,瑞CH,冰IS,毛MU,柬KH,港HK,澳门MO	0	受惠国LD	80
				4.5	巴PK			
				9.8	亚太AP			

序号 No.	税则号列 Tariff Line	货品名称 Article Description	最惠国税率 MFN(%)	协定税率 Agreement(%)		特惠税率 SP(%)		普通税率 Gen(%)
7552	8524.9260	---专用于或主要用于税目85.28所列其他监视器的 ---For use solely or principally with other monitors of heading 85.28	0	0	东盟AS,智CL,巴PK,新西兰NZ,秘PE,哥CR,瑞CH,冰IS,韩KR,澳AU,格GE,毛MU,东盟^{R}AS^R,澳^{R}AU^R,日^{R}JP^R,新西兰^{R}NZ^R,柬KH,港HK,澳门MO,韩^{R}KR^R	0	受惠国LD	57
7553	8524.9290	---其他 ---Other	8	0	东盟AS,智CL,新西兰NZ,新加坡SG,秘PE,哥CR,瑞CH,冰IS,澳AU,格GE,毛MU,柬KH,港HK,澳门MO	0	受惠国LD	40
				3.6	巴PK			
				6.6	韩KR			
				10.8	东盟^{R}AS^R,澳^{R}AU^R,新西兰^{R}NZ^R,韩^{R}KR^R			
				10.9	日^{R}JP^R			
		--其他: --Other:						
7554	8524.9910	---电视机用等离子显像组件 ---Plasma display modules of television	2.5#0	0	东盟AS,智CL,新西兰NZ,瑞CH,冰IS,澳AU,格GE,毛MU,柬KH,港HK,澳门MO	0	受惠国$_2$LD$_2$	80
				2#0	亚太AP			
				4.5	巴PK			
				12	韩KR			
				13.5	东盟^{R}AS^R,澳^{R}AU^R,新西兰^{R}NZ^R			
		---发光二极管的: ---Of light-emitting diodes (LED):						
7555	8524.9921	----电视机用 ----Of television	5	0	东盟AS,智CL,新西兰NZ,新加坡SG,秘PE,瑞CH,冰IS,澳AU,毛MU,柬KH,港HK,澳门MO	0	受惠国LD	80
				3.3	亚太AP			
				4.5	巴PK			
				5	东盟^{R}AS^R,澳^{R}AU^R,新西兰^{R}NZ^R			
7556	8524.9929	----其他 ----Other	0	0	东盟AS,智CL,巴PK,新西兰NZ,秘PE,哥CR,瑞CH,冰IS,韩KR,澳AU,格GE,毛MU,东盟^{R}AS^R,澳^{R}AU^R,日^{R}JP^R,新西兰^{R}NZ^R,柬KH,港HK,澳门MO,韩^{R}KR^R	0	受惠国LD	64
7557	8524.9990	---其他 ---Other	8	0	东盟AS,智CL,新西兰NZ,新加坡SG,秘PE,哥CR,瑞CH,冰IS,澳AU,格GE,毛MU,柬KH,港HK,澳门MO	0	受惠国LD	40
				3.6	巴PK			
				6.6	韩KR			
				10.8	东盟^{R}AS^R,澳^{R}AU^R,新西兰^{R}NZ^R,韩^{R}KR^R			
				10.9	日^{R}JP^R			

序号 No.	税则号列 Tariff Line	货品名称 Article Description	最惠国税率 MFN(%)	协定税率 Agreement(%)		特惠税率 SP(%)	普通税率 Gen(%)
	85.25	无线电广播、电视发送设备, 不论是否装有接收装置或声音的录制、重放装置; 电视摄像机、数字照相机及视频摄录一体机: Transmission apparatus for radio-broadcasting or television, whether or not incorporating reception apparatus or sound recording or reproducing apparatus; television cameras, digital cameras and video camera recorders:					
7558	8525.5000	-发送设备 -Transmission apparatus	0	0	东盟AS,智CL,巴PK,新西兰NZ,秘PE,哥CR,瑞CH,冰IS,韩KR,澳AU,格GE,毛MU,东盟^{R}AS^R,澳^{R}AU^R,日^{R}JP^R,新西兰^{R}NZ^R,柬KH,港HK,澳门MO,韩^{R}KR^R	0 受惠国LD	30
		-装有接收装置的发送设备: -Transmission apparatus incorporating reception apparatus:					
7559	8525.6010	---卫星地面站设备 ---Satellite earth station	0	0	东盟AS,智CL,巴PK,新西兰NZ,秘PE,哥CR,瑞CH,冰IS,韩KR,澳AU,格GE,毛MU,东盟^{R}AS^R,澳^{R}AU^R,日^{R}JP^R,新西兰^{R}NZ^R,柬KH,港HK,澳门MO,韩^{R}KR^R	0 受惠国LD	14
7560	8525.6090	---其他 ---Other	0	0	东盟AS,智CL,巴PK,新西兰NZ,秘PE,哥CR,瑞CH,冰IS,韩KR,澳AU,格GE,毛MU,东盟^{R}AS^R,澳^{R}AU^R,日^{R}JP^R,新西兰^{R}NZ^R,柬KH,港HK,澳门MO,韩^{R}KR^R	0 受惠国LD	30
		-电视摄像机、数字照相机及视频摄录一体机: -Television cameras, digital cameras and video camera recorders:					
		--本章子目注释一所列高速设备: --High-speed goods as specified in Subheading Note 1 to this Chapter:					
7561	8525.8110	---电视摄像机 ---Television cameras	0	0 1 8 8.2	亚太AP,东盟AS,智CL,新西兰NZ,新加坡SG,秘PE,哥CR,瑞CH,冰IS,澳AU,格GE,毛MU,东盟^{R}AS^R,澳^{R}AU^R,新西兰^{R}NZ^R,柬KH,港HK,澳门MO 巴PK 韩^{R}KR^R 日^{R}JP^R	0 受惠国LD	17
7562	8525.8120	---数字照相机 ---Digital cameras	0	0	东盟AS,智CL,巴PK,新西兰NZ,秘PE,哥CR,瑞CH,冰IS,韩KR,澳AU,格GE,毛MU,东盟^{R}AS^R,澳^{R}AU^R,日^{R}JP^R,新西兰^{R}NZ^R,柬KH,港HK,澳门MO,韩^{R}KR^R	0 受惠国LD	17
7563	8525.8130	---视频摄录一体机 ---Video camera recorders	0	0	东盟AS,智CL,巴PK,新西兰NZ,秘PE,哥CR,瑞CH,冰IS,韩KR,澳AU,格GE,毛MU,东盟^{R}AS^R,澳^{R}AU^R,日^{R}JP^R,新西兰^{R}NZ^R,柬KH,港HK,澳门MO,韩^{R}KR^R	0 受惠国LD	17

序号 No.	税则号列 Tariff Line	货品名称 Article Description	最惠国税率 MFN(%)	协定税率 Agreement(%)		特惠税率 SP(%)	普通税率 Gen(%)
		--其他，本章子目注释二所列抗辐射或 耐辐射设备： --Other, radiation-hardened or radiation-tolerant goods as specified in Subheading Note 2 to this Chapter:					
7564	8525.8210	---电视摄像机 ---Television cameras	0	0	亚太AP,东盟AS,智CL,新西兰 NZ,新加坡SG,秘PE,哥CR,瑞 CH,冰IS,澳AU,格GE,毛MU,东 盟^{R}AS^R,澳^{R}AU^R,新西兰^{R}NZ^R,柬 KH,港HK,澳门MO	0 受惠国LD	17
				1	巴PK		
				8	韩^{R}KR^R		
				8.2	日^{R}JP^R		
7565	8525.8220	---数字照相机 ---Digital cameras	0	0	东盟AS,智CL,巴PK,新西兰NZ, 秘PE,哥CR,瑞CH,冰IS,韩KR, 澳AU,格GE,毛MU,东盟^{R}AS^R, 澳^{R}AU^R,日^{R}JP^R,新西兰^{R}NZ^R,柬 KH,港HK,澳门MO,韩^{R}KR^R	0 受惠国LD	17
7566	8525.8230	---视频摄录一体机 ---Video camera recorders	0	0	东盟AS,智CL,巴PK,新西兰NZ, 秘PE,哥CR,瑞CH,冰IS,韩KR, 澳AU,格GE,毛MU,东盟^{R}AS^R, 澳^{R}AU^R,日^{R}JP^R,新西兰^{R}NZ^R,柬 KH,港HK,澳门MO,韩^{R}KR^R	0 受惠国LD	17
		--其他，本章子目注释三所列夜视 设备： --Other, night vision goods as specified in Subheading Note 3 to this Chapter:					
7567	8525.8310	---电视摄像机 ---Television cameras	0	0	亚太AP,东盟AS,智CL,新西兰 NZ,新加坡SG,秘PE,哥CR,瑞 CH,冰IS,澳AU,格GE,毛MU,东 盟^{R}AS^R,澳^{R}AU^R,新西兰^{R}NZ^R,柬 KH,港HK,澳门MO	0 受惠国LD	17
				1	巴PK		
				8	韩^{R}KR^R		
				8.2	日^{R}JP^R		
7568	8525.8320	---数字照相机 ---Digital cameras	0	0	东盟AS,智CL,巴PK,新西兰NZ, 秘PE,哥CR,瑞CH,冰IS,韩KR, 澳AU,格GE,毛MU,东盟^{R}AS^R, 澳^{R}AU^R,日^{R}JP^R,新西兰^{R}NZ^R,柬 KH,港HK,澳门MO,韩^{R}KR^R	0 受惠国LD	17
7569	8525.8330	---视频摄录一体机 ---Video camera recorders	0	0	东盟AS,智CL,巴PK,新西兰NZ, 秘PE,哥CR,瑞CH,冰IS,韩KR, 澳AU,格GE,毛MU,东盟^{R}AS^R, 澳^{R}AU^R,日^{R}JP^R,新西兰^{R}NZ^R,柬 KH,港HK,澳门MO,韩^{R}KR^R	0 受惠国LD	17
		--其他： --Other:					
		---电视摄像机： ---Television cameras:					

序号 No.	税则号列 Tariff Line	货品名称 Article Description	最惠国税率 MFN(%)	协定税率 Agreement(%)		特惠税率 SP(%)		普通税率 Gen(%)
7570	8525.8911	----其他, 特种用途的 ----Other, for special purposes	0	0	亚太AP,东盟AS,智CL,新西兰NZ,新加坡SG,秘PE,哥CR,瑞CH,冰IS,澳AU,格GE,毛MU,东盟^RAS^R,澳^RAU^R,新西兰^RNZ^R,柬KH,港HK,澳门MO	0	受惠国LD	17
				1	巴PK			
				8	韩^RKR^R			
				8.2	日^RJP^R			
7571	8525.8912	----非特种用途的广播级 ----Broadcast quality, not for special purposes	0	0	亚太AP,东盟AS,智CL,新西兰NZ,新加坡SG,秘PE,哥CR,瑞CH,冰IS,澳AU,格GE,柬KH,港HK,澳门MO	0	受惠国LD	①
				11.7	毛MU			
				28	东盟^RAS^R,澳^RAU^R,新西兰^RNZ^R			
				28.6	日^RJP^R			
				31.5	韩^RKR^R			
				②	巴PK			
7572	8525.8919	----非特种用途的其他类型 ----Other, not for special purposes	0	0	亚太AP,东盟AS,智CL,新西兰NZ,新加坡SG,秘PE,哥CR,瑞CH,冰IS,澳AU,格GE,东盟^RAS^R,澳^RAU^R,新西兰^RNZ^R,柬KH,港HK,澳门MO,台TW	0	受惠国LD	③
				11.7	毛MU			
				28.6	日^RJP^R			
				30.3	韩^RKR^R			
				④	巴PK			
				⑤	韩KR			
		---数字照相机: ---Digital cameras:						
7573	8525.8921	----其他, 特种用途的 ----Other, for special purposes	0	0	东盟AS,智CL,巴PK,新西兰NZ,秘PE,哥CR,瑞CH,冰IS,韩KR,澳AU,格GE,毛MU,东盟^RAS^R,澳^RAU^R,日^RJP^R,新西兰^RNZ^R,柬KH,港HK,澳门MO,韩^RKR^R	0	受惠国LD	17
7574	8525.8922	----非特种用途的单镜头反光型 ----Single lens reflex, not for special purposes	0	0	东盟AS,智CL,巴PK,新西兰NZ,秘PE,哥CR,瑞CH,冰IS,韩KR,澳AU,格GE,毛MU,东盟^RAS^R,澳^RAU^R,日^RJP^R,新西兰^RNZ^R,柬KH,港HK,澳门MO,韩^RKR^R	0	受惠国LD	⑥

① 普通税率：完税价格≤5000美元/台：130%；完税价格>5000美元/台：6%+51500元/台。
General Tariff Rate: Price ≤ 5000$/Set:130%;Price>5000$/Set:6%+51500¥/Set.

② 协定税率：完税价格≤5000美元/台：17.9%；完税价格>5000美元/台：3.0%+6034.5元/台。
Agreement Tariff Rate: Price ≤ 5000$/Set:17.9%;Price > 5000$/Set:3.0%+6034.5¥/Set.

③ 普通税率：完税价格≤5000美元/台：130%；完税价格>5000美元/台：6%+51500元/台。
General Tariff Rate: Price ≤ 5000$/Set:130%;Price>5000$/Set:6%+51500¥/Set.

④ 协定税率：完税价格≤5000美元/台：17.9%；完税价格>5000美元/台：3.0%+6034.5元/台。
Agreement Tariff Rate: Price ≤ 5000$/Set:17.9%;Price > 5000$/Set:3.0%+6034.5¥/Set.

⑤ 协定税率：完税价格≤5000美元/台：19.2%；完税价格>5000美元/台：1.6%+7128元/台。
Agreement Tariff Rate: Price ≤ 5000$/Set:19.2%;Price>5000$/Set:1.6%+7128¥/Set.

⑥ 普通税率：完税价格≤5000美元/台：130%；完税价格>5000美元/台：6%+51500元/台。
General Tariff Rate: Price ≤ 5000$/Set:130%;Price>5000$/Set:6%+51500¥/Set.

序号 No.	税则号列 Tariff Line	货品名称 Article Description	最惠国税率 MFN(%)	协定税率 Agreement(%)		特惠税率 SP(%)	普通税率 Gen(%)
7575	8525.8923	----非特种用途的, 其他可换镜头的 ----Other changeable lens, not for special purposes	0	0	东盟AS,智CL,巴PK,新西兰NZ,秘PE,哥CR,瑞CH,冰IS,韩KR,澳AU,格GE,毛MU,东盟^RAS^R,澳^RAU^R,日^RJP^R,新西兰^RNZ^R,柬KH,港HK,澳门MO,韩^RKR^R	0 受惠国LD	①
7576	8525.8929	----非特种用途的其他类型 ----Other, not for special purposes	0	0	东盟AS,智CL,巴PK,新西兰NZ,秘PE,哥CR,瑞CH,冰IS,韩KR,澳AU,格GE,毛MU,东盟^RAS^R,澳^RAU^R,日^RJP^R,新西兰^RNZ^R,柬KH,港HK,澳门MO,韩^RKR^R	0 受惠国LD	②
		---视频摄录一体机: ---Video camera recorders:					
7577	8525.8931	----其他, 特种用途的 ----Other, for special purposes	0	0	东盟AS,智CL,巴PK,新西兰NZ,秘PE,哥CR,瑞CH,冰IS,韩KR,澳AU,格GE,毛MU,东盟^RAS^R,澳^RAU^R,日^RJP^R,新西兰^RNZ^R,柬KH,港HK,澳门MO,韩^RKR^R	0 受惠国LD	17
7578	8525.8932	----非特种用途的广播级 ----Broadcast quality, not for special purposes	0	0	东盟AS,智CL,巴PK,新西兰NZ,秘PE,哥CR,瑞CH,冰IS,韩KR,澳AU,格GE,毛MU,东盟^RAS^R,澳^RAU^R,日^RJP^R,新西兰^RNZ^R,柬KH,港HK,澳门MO,韩^RKR^R	0 受惠国LD	③
7579	8525.8933	----非特种用途的家用型 ----Household-type, not for special purposes	0	0	东盟AS,智CL,巴PK,新西兰NZ,秘PE,哥CR,瑞CH,冰IS,韩KR,澳AU,格GE,毛MU,东盟^RAS^R,澳^RAU^R,日^RJP^R,新西兰^RNZ^R,柬KH,港HK,澳门MO,韩^RKR^R	0 受惠国LD	130
7580	8525.8939	----非特种用途的其他类型 ----Other, not for special purposes	0	0	东盟AS,智CL,巴PK,新西兰NZ,秘PE,哥CR,瑞CH,冰IS,韩KR,澳AU,格GE,毛MU,东盟^RAS^R,澳^RAU^R,日^RJP^R,新西兰^RNZ^R,柬KH,港HK,澳门MO,韩^RKR^R	0 受惠国LD	④
	85.26	雷达设备、无线电导航设备及无线电遥控设备: Radar apparatus, radio navigational aid apparatus and radio remote control apparatus: -雷达设备: -Radar apparatus:					
7581	8526.1010	---导航用 ---For navigational aid	0	0 0.8 1.6	东盟AS,智CL,巴PK,新西兰NZ,秘PE,哥CR,瑞CH,冰IS,澳AU,格GE,毛MU,东盟^RAS^R,日^RJP^R,柬KH,港HK,澳门MO 韩KR 澳^RAU^R,新西兰^RNZ^R,韩^RKR^R	0 受惠国LD	8

---

① 普通税率：完税价格≤5000美元/台：130%；完税价格>5000美元/台：6%+51500元/台。
General Tariff Rate: Price≤5000$/Set:130%;Price>5000$/Set:6%+51500¥/Set.

② 普通税率：完税价格≤5000美元/台：130%；完税价格>5000美元/台：6%+51500元/台。
General Tariff Rate: Price≤5000$/Set:130%;Price>5000$/Set:6%+51500¥/Set.

③ 普通税率：完税价格≤5000美元/台：130%；完税价格>5000美元/台：6%+51500元/台。
General Tariff Rate: Price≤5000$/Set:130%;Price>5000$/Set:6%+51500¥/Set.

④ 普通税率：完税价格≤5000美元/台：130%；完税价格>5000美元/台：6%+51500元/台。
General Tariff Rate: Price≤5000$/Set:130%;Price>5000$/Set:6%+51500¥/Set.

序号 No.	税则号列 Tariff Line	货品名称 Article Description	最惠国税率 MFN(%)	协定税率 Agreement(%)		特惠税率 SP(%)		普通税率 Gen(%)
7582	8526.1090	---其他 ---Other	0	0	东盟AS,智CL,巴PK,新西兰NZ,秘PE,哥CR,瑞CH,冰IS,澳AU,格GE,毛MU,东盟^{R}AS^R,澳^{R}AU^R,日^{R}JP^R,新西兰^{R}NZ^R,柬KH,港HK,澳门MO	0	受惠国LD	14
				2	韩KR			
				4	韩^{R}KR^R			
		-其他: -Other:						
		--无线电导航设备: --Radio navigational aid apparatus:						
7583	8526.9110	---机动车辆用 ---For motor vehicles	0	0	东盟AS,智CL,巴PK,新西兰NZ,秘PE,哥CR,瑞CH,冰IS,韩KR,澳AU,格GE,毛MU,东盟^{R}AS^R,澳^{R}AU^R,日^{R}JP^R,新西兰^{R}NZ^R,柬KH,港HK,澳门MO,韩^{R}KR^R	0	受惠国LD	8
7584	8526.9190	---其他 ---Other	0	0	东盟AS,智CL,巴PK,新西兰NZ,秘PE,哥CR,瑞CH,冰IS,澳AU,格GE,东盟^{R}AS^R,日^{R}JP^R,柬KH,港HK,澳门MO	0	受惠国LD	8
				0.2	韩KR			
				0.6	毛MU			
				1.6	澳^{R}AU^R,新西兰^{R}NZ^R,韩^{R}KR^R			
7585	8526.9200	--无线电遥控设备 --Radio remote control apparatus	0	0	东盟AS,智CL,巴PK,新西兰NZ,秘PE,哥CR,瑞CH,冰IS,澳AU,格GE,毛MU,东盟^{R}AS^R,澳^{R}AU^R,新西兰^{R}NZ^R,柬KH,港HK,澳门MO	0	受惠国LD	14
				0.5	韩KR			
				4	韩^{R}KR^R			
				4.1	日^{R}JP^R			
	85.27	无线电广播接收设备,不论是否与声音的录制、重放装置或时钟组合在同一机壳内: **Reception apparatus for radio-broadcasting, whether or not combined, in the same housing, with sound recording or reproducing apparatus or a clock:**						
		-不需外接电源的无线电收音机: -Radio-broadcast receivers capable of operating without an external source of power:						
7586	8527.1200	--袖珍盒式磁带收放机 --Pocket-size radio cassette-players	0	0	东盟AS,智CL,新西兰NZ,新加坡SG,秘PE,哥CR,瑞CH,冰IS,澳AU,格GE,毛MU,东盟^{R}AS^R,澳^{R}AU^R,日^{R}JP^R,新西兰^{R}NZ^R,柬KH,港HK,澳门MO	0	受惠国LD	130
				8	韩KR			
				16	巴PK,韩^{R}KR^R			

序号 No.	税则号列 Tariff Line	货品名称 Article Description	最惠国税率 MFN(%)	协定税率 Agreement(%)		特惠税率 SP(%)	普通税率 Gen(%)
7587	8527.1300	--其他收录（放）音组合机 --Other apparatus combined with sound recording or reproducing apparatus	0	0	东盟AS,智CL,新西兰NZ,新加坡SG,秘PE,哥CR,瑞CH,冰IS,澳AU,格GE,毛MU,东盟^{R}AS^R,澳^{R}AU^R,日^{R}JP^R,新西兰^{R}NZ^R,柬KH,港HK,澳门MO	0 受惠国LD	130
				1.5	韩KR		
				7.2	巴PK		
				12	韩^{R}KR^R		
7588	8527.1900	--其他 --Other	0	0	东盟AS,智CL,新西兰NZ,新加坡SG,秘PE,哥CR,瑞CH,冰IS,澳AU,格GE,毛MU,东盟^{R}AS^R,澳^{R}AU^R,日^{R}JP^R,新西兰^{R}NZ^R,柬KH,港HK,澳门MO	0 受惠国LD	130
				6	韩KR		
				7.2	巴PK		
				12	韩^{R}KR^R		
		-需外接电源的汽车用无线电收音机： -Radio-broadcast receivers not capable of operating without an external source of power, of a kind used in motor vehicles:					
7589	8527.2100	--收录（放）音组合机 --Combined with sound recording or reproducing apparatus	15	0	东盟AS,智CL,新西兰NZ,新加坡SG,秘PE,哥CR,瑞CH,冰IS,澳AU,格GE,毛MU,柬KH,港HK,澳门MO	0 受惠国LD	130
				6	韩KR		
				7.2	巴PK		
				13	东盟^{R}AS^R,韩^{R}KR^R		
				13.1	日^{R}JP^R		
				13.5	澳^{R}AU^R,新西兰^{R}NZ^R		
	ex85272100	具备接收和转换数字广播数据系统信号功能需外接电源的汽车用收录(放)音组合机 Radio-broadcast receivers not capable of operating without an external source of power, of a kind used in motor vehicles, combined with sound recording or reproducing apparatus capable of receiving and decoding digital radio data system signals	0				
7590	8527.2900	--其他 --Other	0	0	东盟AS,智CL,新西兰NZ,新加坡SG,秘PE,哥CR,瑞CH,冰IS,澳AU,格GE,毛MU,东盟^{R}AS^R,澳^{R}AU^R,日^{R}JP^R,新西兰^{R}NZ^R,柬KH,港HK,澳门MO	0 受惠国LD	130
				6	韩KR		
				7.2	巴PK		
				12	韩^{R}KR^R		

序号 No.	税则号列 Tariff Line	货品名称 Article Description	最惠国税率 MFN(%)	协定税率 Agreement(%)		特惠税率 SP(%)	普通税率 Gen(%)
		-其他: -Other:					
7591	8527.9100	--收录（放）音组合机 --Combined with sound recording or reproducing apparatus	0	0	东盟AS,智CL,新西兰NZ,新加坡SG,秘PE,哥CR,瑞CH,冰IS,澳AU,格GE,毛MU,东盟^RAS^R,澳^RAU^R,日^RJP^R,新西兰^RNZ^R,柬KH,港HK,澳门MO	0 受惠国LD	130
				1.5	韩KR		
				7.2	巴PK		
				12	韩^RKR^R		
7592	8527.9200	--带时钟的收音机 --Not combined with sound recording or reproducing apparatus but combined with a clock	0	0	东盟AS,智CL,新西兰NZ,新加坡SG,秘PE,哥CR,瑞CH,冰IS,澳AU,格GE,毛MU,东盟^RAS^R,澳^RAU^R,日^RJP^R,新西兰^RNZ^R,柬KH,港HK,澳门MO	0 受惠国LD	130
				1.5	韩KR		
				7.2	巴PK		
				12	韩^RKR^R		
7593	8527.9900	--其他 --Other	0	0	东盟AS,智CL,新西兰NZ,新加坡SG,秘PE,哥CR,瑞CH,冰IS,澳AU,格GE,东盟^RAS^R,澳^RAU^R,日^RJP^R,新西兰^RNZ^R,柬KH,港HK,澳门MO	0 受惠国LD	130
				9	毛MU		
				14.8	韩KR		
				21.6	巴PK		
				23.4	韩^RKR^R		
	85.28	监视器及投影机，未装电视接收装置；电视接收装置，不论是否装有无线电收音装置或声音、图像的录制或重放装置: Monitors and projectors, not incorporating television reception apparatus; reception apparatus for television, whether or not incorporating radio-broadcast receivers or sound or video recording or reproducing apparatus:					
		-阴极射线管监视器: -Cathode-ray tube monitors:					
7594	8528.4200	--可直接连接且设计用于税目84.71的自动数据处理设备的 --Capable of directly connecting to and designed for use with an automatic data processing machine of heading 84.71	0	0	东盟AS,智CL,巴PK,新西兰NZ,秘PE,哥CR,瑞CH,冰IS,韩KR,澳AU,格GE,毛MU,东盟^RAS^R,澳^RAU^R,日^RJP^R,新西兰^RNZ^R,柬KH,港HK,澳门MO,韩^RKR^R	0 受惠国LD	40
		--其他: --Other:					

序号 No.	税则号列 Tariff Line	货品名称 Article Description	最惠国税率 MFN(%)	协定税率 Agreement(%)		特惠税率 SP(%)	普通税率 Gen(%)
7595	8528.4910	---彩色的 ---Colour	0	0	亚太AP,东盟AS,智CL,新西兰NZ,新加坡SG,秘PE,哥CR,瑞CH,冰IS,澳AU,格GE,东盟^{R}AS^R,澳^{R}AU^R,日^{R}JP^R,新西兰^{R}NZ^R,柬KH,港HK,澳门MO	0 受惠国LD	130
				9	毛MU		
				16.5	韩KR		
				20.8	巴PK		
				26	韩^{R}KR^R		
7596	8528.4990	---单色的 ---Monochrome	0	0	亚太AP,东盟AS,智CL,新西兰NZ,新加坡SG,秘PE,哥CR,瑞CH,冰IS,澳AU,格GE,毛MU,东盟^{R}AS^R,澳^{R}AU^R,日^{R}JP^R,新西兰^{R}NZ^R,柬KH,港HK,澳门MO	0 受惠国LD	100
				1.9	韩KR		
				9.1	巴PK		
				15.2	韩^{R}KR^R		
		-其他监视器: -Other monitors:					
		--可直接连接且设计用于税目84.71的自动数据处理设备的: --Capable of directly connecting to and designed for use with an automatic data processing machine of heading 84.71:					
		---液晶的: ---With liquid crystal display:					
7597	8528.5211	----专用于或主要用于税目84.71的自动数据处理设备的 ----Of a kind solely or principally used in an automatic data-processing machines of heading 84.71	0	0	东盟AS,智CL,巴PK,新西兰NZ,秘PE,哥CR,瑞CH,冰IS,韩KR,澳AU,格GE,毛MU,东盟^{R}AS^R,澳^{R}AU^R,日^{R}JP^R,新西兰^{R}NZ^R,柬KH,港HK,澳门MO,韩^{R}KR^R	0 受惠国LD	40
7598	8528.5212	----其他, 彩色的 ----Other, colour	15	0	东盟AS,智CL,新西兰NZ,新加坡SG,秘PE,冰IS,澳AU,格GE,柬KH,港HK,澳门MO	0 受惠国LD	130
				5	东盟^{R}AS^R,澳^{R}AU^R,新西兰^{R}NZ^R		
				9.8	亚太AP		
				12	毛MU		
				15.6	巴PK		
				19.5	韩KR		
7599	8528.5219	----其他, 单色的 ----Other, monochrome	10	0	东盟AS,智CL,新西兰NZ,新加坡SG,秘PE,哥CR,瑞CH,冰IS,澳AU,格GE,毛MU,柬KH,港HK,澳门MO	0 受惠国LD	100
				5	东盟^{R}AS^R,澳^{R}AU^R,新西兰^{R}NZ^R		
				6.5	亚太AP		
				9.1	巴PK		
		---其他: ---Other:					

序号 No.	税则号列 Tariff Line	货品名称 Article Description	最惠国税率 MFN(%)	协定税率 Agreement(%)		特惠税率 SP(%)	普通税率 Gen(%)
7600	8528.5291	----专用于或主要用于税目84.71的自动数据处理设备的, 彩色的 ----Of a kind solely or principally used in an automatic data-processing machines of heading 84.71, colour	0	0	东盟AS,智CL,巴PK,新西兰NZ,秘PE,哥CR,瑞CH,冰IS,韩KR,澳AU,格GE,毛MU,东盟^{R}AS^R,澳^{R}AU^R,日^{R}JP^R,新西兰^{R}NZ^R,柬KH,港HK,澳门MO,韩^{R}KR^R	0 受惠国LD	40
7601	8528.5292	----其他, 彩色的 ----Other, colour	15	0	东盟AS,智CL,新西兰NZ,新加坡SG,秘PE,冰IS,澳AU,格GE,柬KH,港HK,澳门MO	0 受惠国LD	130
				5	东盟^{R}AS^R,澳^{R}AU^R,新西兰^{R}NZ^R		
				9.8	亚太AP		
				12	毛MU		
				15.6	巴PK		
				19.5	韩KR		
7602	8528.5299	----其他, 单色的 ----Other, monochrome	10	0	东盟AS,智CL,新西兰NZ,新加坡SG,秘PE,哥CR,瑞CH,冰IS,澳AU,格GE,毛MU,柬KH,港HK,澳门MO	0 受惠国LD	100
				5	东盟^{R}AS^R,澳^{R}AU^R,新西兰^{R}NZ^R		
				6.5	亚太AP		
				9.1	巴PK		
		--其他: --Other:					
7603	8528.5910	---彩色的 ---Colour	20	0	东盟AS,智CL,新西兰NZ,新加坡SG,秘PE,冰IS,澳AU,格GE,柬KH,港HK,澳门MO	0 受惠国LD	130
				5	东盟^{R}AS^R,澳^{R}AU^R,新西兰^{R}NZ^R		
				12	毛MU		
				13	亚太AP		
				15.6	巴PK		
				19.5	韩KR		
	ex85285910	车载液晶显示器 LCD for vehicle	Δ10				
	ex85285910	航空器用显示器 Display for aircraft	Δ1				
7604	8528.5990	---单色的 ---Monochrome	10	0	东盟AS,智CL,新西兰NZ,新加坡SG,秘PE,哥CR,瑞CH,冰IS,澳AU,格GE,毛MU,柬KH,港HK,澳门MO	0 受惠国LD	100
				5	东盟^{R}AS^R,澳^{R}AU^R,新西兰^{R}NZ^R		
				6.5	亚太AP		
				9.1	巴PK		
		-投影机: -Projectors:					
		--可直接连接且设计用于税目84.71的自动数据处理设备的: --Capable of directly connecting to and designed for use with an automatic data processing machine of heading 84.71:					

序号 No.	税则号列 Tariff Line	货品名称 Article Description	最惠国税率 MFN(%)		协定税率 Agreement(%)	特惠税率 SP(%)	普通税率 Gen(%)
7605	8528.6210	---专用于或主要用于税目84.71的自动数据处理设备的 ---Of a kind solely or principally used in an automatic data- processing machines of heading 84.71	0	0	东盟AS,智CL,巴PK,新西兰NZ,秘PE,哥CR,瑞CH,冰IS,韩KR,澳AU,格GE,毛MU,东盟RASR,澳RAUR,日RJPR,新西兰RNZR,柬KH,港HK,澳门MO,韩RKRR	0 受惠国LD	14
7606	8528.6220	---其他, 彩色的 ---Other, colour	15	0 5 9.8 12 15 15.3 19.5	东盟AS,智CL,新西兰NZ,新加坡SG,秘PE,哥CR,冰IS,澳AU,格GE,柬KH,港HK,澳门MO 东盟RASR,澳RAUR,新西兰RNZR 亚太AP 毛MU 日RJPR 巴PK 韩KR	0 受惠国LD	130
7607	8528.6290	---其他, 单色的 ---Other, monochrome	10	0 5 7.2	东盟AS,智CL,新西兰NZ,新加坡SG,秘PE,哥CR,瑞CH,冰IS,澳AU,格GE,毛MU,柬KH,港HK,澳门MO 东盟RASR,澳RAUR,新西兰RNZR 巴PK	0 受惠国LD	100
		--其他: --Other:					
7608	8528.6910	---彩色的 ---Colour	15	0 5 9.8 12 15 15.3 19.5	东盟AS,智CL,新西兰NZ,新加坡SG,秘PE,哥CR,冰IS,澳AU,格GE,柬KH,港HK,澳门MO 东盟RASR,澳RAUR,新西兰RNZR 亚太AP 毛MU 日RJPR 巴PK 韩KR	0 受惠国LD	130
7609	8528.6990	---单色的 ---Monochrome	10	0 5 7.2	东盟AS,智CL,新西兰NZ,新加坡SG,秘PE,哥CR,瑞CH,冰IS,澳AU,格GE,毛MU,柬KH,港HK,澳门MO 东盟RASR,澳RAUR,新西兰RNZR 巴PK	0 受惠国LD	100
		-电视接收装置, 不论是否装有无线电收音装置或声音、图像的录制或重放装置: -Reception apparatus for television, whether or not incorporating radio-broadcast receivers or sound or video recording or reproducing apparatus: --在设计上不带有视频显示器或屏幕的: --Not designed to incorporate a video display or screen:					

序号 No.	税则号列 Tariff Line	货品名称 Article Description	最惠国税率 MFN(%)	协定税率 Agreement(%)		特惠税率 SP(%)		普通税率 Gen(%)
7610	8528.7110	---彩色卫星电视接收机 ---Satellite television receivers	0	0	亚太AP,智CL,新西兰NZ,哥CR, 冰IS,澳AU,格GE,柬KH,港HK, 澳门MO	0	受惠国₁LD₁	130
				10	毛MU			
				14.4	巴PK			
				24	东盟ᴿASᴿ,澳ᴿAUᴿ,新西兰ᴿNZᴿ, 韩ᴿKRᴿ			
				24.5	日ᴿJPᴿ			
7611	8528.7180	---其他彩色的 ---Other, colour	0	0	亚太AP,东盟AS,智CL,新西兰 NZ,新加坡SG,哥CR,冰IS,澳AU, 东盟ᴿASᴿ,澳ᴿAUᴿ,新西兰ᴿNZᴿ, 柬KH,港HK,澳门MO	0	受惠国₁LD₁	130
				10	毛MU			
				12.6	巴PK			
				24	韩ᴿKRᴿ			
				24.5	日ᴿJPᴿ			
7612	8528.7190	---单色的 ---Monochrome	0	0	东盟AS,智CL,新西兰NZ,新加 坡SG,秘PE,哥CR,瑞CH,冰IS,澳 AU,格GE,毛MU,东盟ᴿASᴿ,澳 ᴿAUᴿ,新西兰ᴿNZᴿ,柬KH,港HK, 澳门MO	0	受惠国LD	100
				1.5	韩KR			
				7.2	巴PK			
				12	韩ᴿKRᴿ			
				12.3	日ᴿJPᴿ			
		--其他, 彩色的: --Other, colour:						
		---阴极射线显像管的: ---Cathode-ray tube monitors:						
7613	8528.7211	----模拟电视接收机 ----Analog television	10	0	智CL,新西兰NZ,哥CR,冰IS,澳 AU,柬KH,港HK,澳门MO	0	受惠国₁LD₁	130
				6.5	亚太AP			
				10	瑞CH			
				12	毛MU			
				12.6	巴PK			
7614	8528.7212	----数字电视接收机 ----Digital television	10	0	智CL,新西兰NZ,哥CR,冰IS,柬 KH,港HK,澳门MO	0	受惠国₁LD₁	130
				6.5	亚太AP			
				10	瑞CH			
				12	澳AU,毛MU			
				12.6	巴PK			
7615	8528.7219	----其他 ----Other	10	0	智CL,新西兰NZ,哥CR,冰IS,澳 AU,柬KH,港HK,澳门MO	0	受惠国₁LD₁	130
				6.5	亚太AP			
				10	瑞CH			
				12	毛MU			
				12.6	巴PK			
		---液晶显示器的: ---With liquid crystal display:						

序号 No.	税则号列 Tariff Line	货品名称 Article Description	最惠国税率 MFN(%)	协定税率 Agreement(%)		特惠税率 SP(%)		普通税率 Gen(%)
7616	8528.7221	----模拟电视接收机 ----Analog television	15	0	智CL,新西兰NZ,冰IS,澳AU,柬KH,港HK,澳门MO	0	受惠国₁LD₁	130
				5	东盟AS			
				10.5	亚太AP			
				12	毛MU			
				21	巴PK			
7617	8528.7222	----数字电视接收机 ----Digital television	15	0	智CL,新西兰NZ,冰IS,柬KH,港HK,澳门MO	0	受惠国₁LD₁	130
				5	东盟AS			
				10.5	亚太AP			
				12	澳AU,毛MU			
				21	巴PK,韩KR			
7618	8528.7229	----其他 ----Other	15	0	智CL,新西兰NZ,冰IS,澳AU,柬KH,港HK,澳门MO	0	受惠国₁LD₁	130
				5	东盟AS			
				10.5	亚太AP			
				12	毛MU			
				21	巴PK			
		---等离子显示器的: ---With plasma display Panels:						
7619	8528.7231	----模拟电视接收机 ----Analog television	10	0	智CL,新西兰NZ,冰IS,澳AU,柬KH,港HK,澳门MO	0	受惠国₁LD₁	130
				5	东盟AS			
				7	亚太AP			
				12	毛MU			
				12.6	巴PK			
7620	8528.7232	----数字电视接收机 ----Digital television	15	0	智CL,新西兰NZ,冰IS,柬KH,港HK,澳门MO	0	受惠国₁LD₁	130
				5	东盟AS			
				10.5	亚太AP			
				12	澳AU,毛MU			
				12.6	巴PK			
7621	8528.7239	----其他 ----Other	15	0	智CL,新西兰NZ,冰IS,澳AU,柬KH,港HK,澳门MO	0	受惠国₁LD₁	130
				5	东盟AS			
				10.5	亚太AP			
				12	毛MU			
				12.6	巴PK			
				21	韩KR			
		---其他: ---Other:						
7622	8528.7291	----模拟电视接收机 ----Analog television	10	0	智CL,新西兰NZ,秘PE,哥CR,冰IS,澳AU,柬KH,港HK,澳门MO	0	受惠国LD	130
				5	东盟AS			
				7	亚太AP			
				12	毛MU			
				12.6	巴PK			

序号 No.	税则号列 Tariff Line	货品名称 Article Description	最惠国税率 MFN(%)		协定税率 Agreement(%)	特惠税率 SP(%)		普通税率 Gen(%)
7623	8528.7292	----数字电视接收机 ----Digital television	15	0 5 10.5 12 12.6	智CL,新西兰NZ,冰IS,柬KH,港 HK,澳门MO 东盟AS 亚太AP 澳AU,毛MU 巴PK	0	受惠国₁LD₁	130
7624	8528.7299	----其他 ----Other	15	0 5 10.5 12 12.6	智CL,新西兰NZ,哥CR,冰IS,澳 AU,柬KH,港HK,澳门MO 东盟AS 亚太AP 毛MU 巴PK	0	受惠国₁LD₁	130
7625	8528.7300	--其他, 单色的 --Other, monochrome	7	0 1.5 7.2 12 12.3	东盟AS,智CL,新西兰NZ,新加 坡SG,秘PE,哥CR,瑞CH,冰IS,澳 AU,格GE,毛MU,东盟ᴿASᴿ,澳 ᴿAUᴿ,新西兰ᴿNZᴿ,柬KH,港HK, 澳门MO 韩KR 巴PK 韩ᴿKRᴿ 日ᴿJPᴿ	0	受惠国LD	100
	85.29	专用于或主要用于税目85.24至85.28所 列装置或设备的零件: Parts suitable for use solely or principally with the apparatus of headings 85.24 to 85.28: -各种天线或天线反射器及其零件: -Aerials and aerial reflectors of all kinds; parts suitable for use therewith:						
7626	8529.1010	---雷达设备及无线电导航设备用 ---For radar apparatus and radio navigational aid apparatus	0	0 0.1 1.2	东盟AS,智CL,巴PK,新西兰NZ, 秘PE,哥CR,瑞CH,冰IS,澳AU,格 GE,毛MU,东盟ᴿASᴿ,澳ᴿAUᴿ,日 ᴿJPᴿ,新西兰ᴿNZᴿ,柬KH,港HK, 澳门MO 韩KR 韩ᴿKRᴿ	0	受惠国LD	8
7627	8529.1020	---无线电收音机及其组合机、电视接收 机用 ---For radio-broadcast receivers and their combinations, television receivers	0	0	东盟AS,智CL,巴PK,新西兰NZ, 秘PE,哥CR,瑞CH,冰IS,韩KR, 澳AU,格GE,毛MU,东盟ᴿASᴿ, 澳ᴿAUᴿ,日ᴿJPᴿ,新西兰ᴿNZᴿ,柬 KH,港HK,澳门MO,韩ᴿKRᴿ	0	受惠国LD	90
7628	8529.1090	---其他 ---Other	0	0 1.6	东盟AS,智CL,巴PK,新西兰NZ, 秘PE,哥CR,瑞CH,冰IS,韩KR, 澳AU,格GE,毛MU,东盟ᴿASᴿ,日 ᴿJPᴿ,柬KH,港HK,澳门MO,韩 ᴿKRᴿ 澳ᴿAUᴿ,新西兰ᴿNZᴿ	0	受惠国LD	20
		-其他: -Other:						

序号 No.	税则号列 Tariff Line	货品名称 Article Description	最惠国税率 MFN(%)	协定税率 Agreement(%)		特惠税率 SP(%)	普通税率 Gen(%)
7629	8529.9010	---电视发送、差转设备及卫星电视地面接收转播设备用 ---Of television transmission or translation apparatus, satellite television ground receiving and relaying apparatus	0	0	东盟AS,智CL,巴PK,新西兰NZ,秘PE,哥CR,瑞CH,冰IS,韩KR,澳AU,格GE,毛MU,东盟^{R}AS^R,澳^{R}AU^R,日^{R}JP^R,新西兰^{R}NZ^R,柬KH,港HK,澳门MO,韩^{R}KR^R	0 受惠国LD	30
7630	8529.9020	---税目85.24所列设备用 ---Of apparatus of heading 85.24	1.4#0	0	东盟AS,智CL,新西兰NZ,新加坡SG,冰IS,澳AU,东盟^{R}AS^R,澳^{R}AU^R,日^{R}JP^R,新西兰^{R}NZ^R,柬KH,港HK,澳门MO,韩^{R}KR^R	0 受惠国LD	53
				0.1#0	瑞CH		
				0.3	格GE		
				0.5	毛MU		
				0.9	秘PE		
				0.9#0	亚太AP		
				1.8	哥CR		
				2.3	巴PK		
				3.8	韩KR		
		---电视摄像机、视频摄录一体机及数字照相机用: ---Of television cameras, video camera recorders and digital cameras:					
7631	8529.9041	----特种用途的 ----Of special purposes	1.3#0	0	东盟AS,智CL,新西兰NZ,秘PE,哥CR,瑞CH,冰IS,澳AU,格GE,毛MU,柬KH,港HK,澳门MO	0 受惠国LD	17
				0.8#0	亚太AP		
				1	巴PK		
				5	东盟^{R}AS^R,澳^{R}AU^R,新西兰^{R}NZ^R		
				5.2	韩KR		
7632	8529.9042	----非特种用途的取像模块 ----Camera modules without special purposes	2#0	0	东盟AS,智CL,新西兰NZ,新加坡SG,秘PE,哥CR,瑞CH,冰IS,澳AU,格GE,毛MU,东盟^{R}AS^R,澳^{R}AU^R,新西兰^{R}NZ^R,柬KH,港HK,澳门MO,台TW	0 受惠国LD	100
				1.2	韩KR		
				1.3#0	亚太AP		
				3	巴PK		
				9.6	韩^{R}KR^R		
				9.8	日^{R}JP^R		
7633	8529.9049	----其他 ----Other	2#0	0	东盟AS,智CL,新西兰NZ,新加坡SG,秘PE,哥CR,瑞CH,冰IS,澳AU,格GE,毛MU,柬KH,港HK,澳门MO,台TW	0 受惠国LD	100
				1.8#0	亚太AP		
				3	巴PK		
				4.8	韩KR		
				10.4	东盟^{R}AS^R,韩^{R}KR^R		
				10.5	日^{R}JP^R		
				10.8	澳^{R}AU^R,新西兰^{R}NZ^R		

序号 No.	税则号列 Tariff Line	货品名称 Article Description	最惠国税率 MFN(%)	协定税率 Agreement(%)		特惠税率 SP(%)	普通税率 Gen(%)
7634	8529.9050	---雷达设备及无线电导航设备用 ---Of radar apparatus and radio navigational aid apparatus	0.3#0	0	东盟AS,智CL,巴PK,新西兰NZ,秘PE,哥CR,瑞CH,冰IS,澳AU,格GE,毛MU,东盟^{R}AS^R,澳^{R}AU^R,新西兰^{R}NZ^R,柬KH,港HK,澳门MO	0 受惠国LD	8
				0.1	韩KR		
				0.2#0	亚太AP		
				1.2	日^{R}JP^R,韩^{R}KR^R		
7635	8529.9060	---无线电收音机及其组合机用 ---Of radio-broadcast receivers and their combinations	2.5#0	0	东盟AS,智CL,新西兰NZ,新加坡SG,秘PE,哥CR,瑞CH,冰IS,澳AU,格GE,毛MU,东盟^{R}AS^R,澳^{R}AU^R,新西兰^{R}NZ^R,柬KH,港HK,澳门MO	0 受惠国LD	130
				1.5	韩KR		
				1.6#0	亚太AP		
				4.5	巴PK		
				12	韩^{R}KR^R		
				12.3	日^{R}JP^R		
		---电视接收机用(高频调谐器除外): ---Of television receivers (Other than H. F. turners):					
7636	8529.9081	----彩色电视接收机用 ----Of colour television receivers	2.5#0	0	东盟AS,智CL,新西兰NZ,新加坡SG,秘PE,瑞CH,冰IS,澳AU,毛MU,柬KH,澳门MO	0 受惠国LD	80
				1.6#0	亚太AP		
				4.5	巴PK		
				5	东盟^{R}AS^R,澳^{R}AU^R,新西兰^{R}NZ^R		
7637	8529.9089	----其他 ----Other	0	0	东盟AS,智CL,巴PK,新西兰NZ,秘PE,哥CR,瑞CH,冰IS,韩KR,澳AU,格GE,毛MU,东盟^{R}AS^R,澳^{R}AU^R,日^{R}JP^R,新西兰^{R}NZ^R,柬KH,港HK,澳门MO,韩^{R}KR^R	0 受惠国LD	50
7638	8529.9090	---其他 ---Other	0	0	东盟AS,智CL,巴PK,新西兰NZ,秘PE,哥CR,瑞CH,冰IS,韩KR,澳AU,格GE,毛MU,东盟^{R}AS^R,澳^{R}AU^R,日^{R}JP^R,新西兰^{R}NZ^R,柬KH,港HK,澳门MO,韩^{R}KR^R	0 受惠国LD	57
	85.30	铁道、电车道、道路或内河航道、停车场、港口或机场用的电气信号、安全或交通管理设备(税目86.08的货品除外): Electrical signalling, safety or traffic control equipment for railways, tram-ways, roads, inland waterways, parking facilities, port installations or airfields(other than those of heading 86.08):					

序号 No.	税则号列 Tariff Line	货品名称 Article Description	最惠国税率 MFN(%)	协定税率 Agreement(%)		特惠税率 SP(%)	普通税率 Gen(%)
7639	8530.1000	-铁道或电车道用的设备 -Equipment for railways or tramways	8	0	东盟AS,智CL,新西兰NZ,秘PE,哥CR,瑞CH,冰IS,澳AU,格GE,毛MU,东盟ᴿASᴿ,澳ᴿAUᴿ,新西兰NZᴿ,柬KH,港HK,澳门MO	0 受惠国LD	20
				1	巴PK,韩KR		
				5.2	亚太AP		
				8	韩ᴿKRᴿ		
				8.2	日ᴿJPᴿ		
7640	8530.8000	-其他设备 -Other equipment	8	0	东盟AS,智CL,新西兰NZ,秘PE,哥CR,瑞CH,冰IS,澳AU,格GE,毛MU,东盟ᴿASᴿ,澳ᴿAUᴿ,新西兰NZᴿ,柬KH,港HK,澳门MO	0 受惠国LD	20
				0.8	韩KR		
				1	巴PK		
				6.4	韩ᴿKRᴿ		
				6.5	日ᴿJPᴿ		
7641	8530.9000	-零件 -Parts	6	0	东盟AS,智CL,新西兰NZ,秘PE,哥CR,瑞CH,冰IS,澳AU,格GE,毛MU,东盟ᴿASᴿ,澳ᴿAUᴿ,新西兰NZᴿ,柬KH,港HK,澳门MO	0 受惠国LD	20
				0.8	韩KR		
				1	巴PK		
				6.4	韩ᴿKRᴿ		
				6.5	日ᴿJPᴿ		
	85.31	电气音响或视觉信号装置(例如,电铃、电笛、显示板、防盗或防火报警器),但税目85.12或85.30的货品除外: Electric sound or visual signalling apparatus (for example, bells, sirens, indicator panels, burglar or fire alarms), other than those of heading 85.12 or 85.30:					
7642	8531.1000	-防盗或防火报警器及类似装置 -Burglar or fire alarms and similar apparatus	10	0	东盟AS,智CL,新西兰NZ,新加坡SG,秘PE,哥CR,瑞CH,冰IS,澳AU,格GE,毛MU,柬KH,港HK,澳门MO	0 受惠国LD	40
				1	巴PK,韩KR		
				8	东盟ᴿASᴿ,澳ᴿAUᴿ,新西兰ᴿNZᴿ,韩ᴿKRᴿ		
				8.2	日ᴿJPᴿ		
7643	8531.2000	-装有液晶装置(LCD)或发光二极管(LED)的显示板 -Indicator panels incorporating liquid crystal devices (LCD) or light-emitting diodes (LED)	0	0	东盟AS,智CL,巴PK,新西兰NZ,秘PE,哥CR,瑞CH,冰IS,韩KR,澳AU,格GE,毛MU,东盟ᴿASᴿ,澳ᴿAUᴿ,日ᴿJPᴿ,新西兰NZᴿ,柬KH,港HK,澳门MO,韩ᴿKRᴿ	0 受惠国LD	70
		-其他装置: -Other apparatus:					

序号 No.	税则号列 Tariff Line	货品名称 Article Description	最惠国税率 MFN(%)	协定税率 Agreement(%)		特惠税率 SP(%)		普通税率 Gen(%)
7644	8531.8010	---蜂鸣器 ---Buzzers	10	0	东盟AS,智CL,新西兰NZ,新加坡SG,秘PE,哥CR,瑞CH,冰IS,澳AU,格GE,毛MU,柬KH,港HK,澳门MO	0	受惠国LD	70
				5	东盟^{R}AS^R,澳^{R}AU^R,新西兰^{R}NZ^R			
				7.2	巴PK			
				7.5	韩KR			
	ex85318010	音量不超过110dB的小型蜂鸣器 Minitype electric buzzers, maximum volume not exceeding 110dB	Δ7.5					
7645	8531.8090	---其他 ---Other	1.3#0	0	东盟AS,智CL,新西兰NZ,新加坡SG,秘PE,哥CR,瑞CH,冰IS,澳AU,格GE,毛MU,东盟^{R}AS^R,澳^{R}AU^R,新西兰^{R}NZ^R,柬KH,港HK,澳门MO	0	受惠国LD	70
				1	巴PK,韩KR			
				8	韩^{R}KR^R			
				8.2	日^{R}JP^R			
	ex85318090	飞机用频闪灯、警告组件 Strobe lights and warning components for airplane	Δ①					
		-零件: -Parts:						
7646	8531.9010	---防盗或防火报警器及类似装置用 ---Of burglar or fire alarms and similar apparatus	0	0	东盟AS,智CL,巴PK,新西兰NZ,秘PE,哥CR,瑞CH,冰IS,韩KR,澳AU,格GE,毛MU,东盟^{R}AS^R,澳^{R}AU^R,日^{R}JP^R,新西兰^{R}NZ^R,柬KH,港HK,澳门MO,韩^{R}KR^R	0	受惠国LD	40
7647	8531.9090	---其他 ---Other	0	0	东盟AS,智CL,巴PK,新西兰NZ,秘PE,哥CR,瑞CH,冰IS,韩KR,澳AU,格GE,毛MU,东盟^{R}AS^R,澳^{R}AU^R,日^{R}JP^R,新西兰^{R}NZ^R,柬KH,港HK,澳门MO,韩^{R}KR^R	0	受惠国LD	70
	85.32	固定、可变或可调（微调）电容器: Electrical capacitors, fixed, variable or adjustable (pre-set):						
7648	8532.1000	-固定电容器,用于50/60赫兹电路,其额定无功功率不低于0.5千乏（电力电容器） -Fixed capacitors designed for use in 50/60 Hz circuits and having a reactive power handling capacity of not less than 0.5kVar(power capacitors)	0	0	东盟AS,智CL,巴PK,新西兰NZ,秘PE,哥CR,瑞CH,冰IS,韩KR,澳AU,格GE,毛MU,东盟^{R}AS^R,澳^{R}AU^R,日^{R}JP^R,新西兰^{R}NZ^R,柬KH,港HK,澳门MO,韩^{R}KR^R	0	受惠国LD	20
		-其他固定电容器: -Other fixed capacitors:						
		--钽电容器: --Tantalum:						

---

① 最惠国暂定税率: 1-6月: 1。
MFN Temporary Tariff Rate: January to June: 1.

序号 No.	税则号列 Tariff Line	货品名称 Article Description	最惠国税率 MFN(%)		协定税率 Agreement(%)	特惠税率 SP(%)	普通税率 Gen(%)
7649	8532.2110	---片式 ---Laminate	0	0	东盟AS,智CL,巴PK,新西兰NZ,秘PE,哥CR,瑞CH,冰IS,韩KR,澳AU,格GE,毛MU,东盟^RAS^R,澳^RAU^R,日^RJP^R,新西兰^RNZ^R,柬KH,港HK,澳门MO,韩^RKR^R	0 受惠国LD	35
7650	8532.2190	---其他 ---Other	0	0	东盟AS,智CL,巴PK,新西兰NZ,秘PE,哥CR,瑞CH,冰IS,韩KR,澳AU,格GE,毛MU,东盟^RAS^R,澳^RAU^R,日^RJP^R,新西兰^RNZ^R,柬KH,港HK,澳门MO,韩^RKR^R	0 受惠国LD	35
		--铝电解电容器: --Aluminium electrolytic:					
7651	8532.2210	---片式 ---Laminate	0	0	东盟AS,智CL,巴PK,新西兰NZ,秘PE,哥CR,瑞CH,冰IS,韩KR,澳AU,格GE,毛MU,东盟^RAS^R,澳^RAU^R,日^RJP^R,新西兰^RNZ^R,柬KH,港HK,澳门MO,韩^RKR^R	0 受惠国LD	35
7652	8532.2290	---其他 ---Other	0	0	东盟AS,智CL,巴PK,新西兰NZ,秘PE,哥CR,瑞CH,冰IS,韩KR,澳AU,格GE,毛MU,东盟^RAS^R,澳^RAU^R,日^RJP^R,新西兰^RNZ^R,柬KH,港HK,澳门MO,韩^RKR^R	0 受惠国LD	35
7653	8532.2300	--单层瓷介电容器 --Ceramic dielectric, single layer	0	0	东盟AS,智CL,巴PK,新西兰NZ,秘PE,哥CR,瑞CH,冰IS,韩KR,澳AU,格GE,毛MU,东盟^RAS^R,澳^RAU^R,日^RJP^R,新西兰^RNZ^R,柬KH,港HK,澳门MO,韩^RKR^R	0 受惠国LD	35
		--多层瓷介电容器: --Ceramic dielectric, multilayer:					
7654	8532.2410	---片式 ---Laminate	0	0	东盟AS,智CL,巴PK,新西兰NZ,秘PE,哥CR,瑞CH,冰IS,韩KR,澳AU,格GE,毛MU,东盟^RAS^R,澳^RAU^R,日^RJP^R,新西兰^RNZ^R,柬KH,港HK,澳门MO,韩^RKR^R	0 受惠国LD	35
7655	8532.2490	---其他 ---Other	0	0	东盟AS,智CL,巴PK,新西兰NZ,秘PE,哥CR,瑞CH,冰IS,韩KR,澳AU,格GE,毛MU,东盟^RAS^R,澳^RAU^R,日^RJP^R,新西兰^RNZ^R,柬KH,港HK,澳门MO,韩^RKR^R	0 受惠国LD	35
		--纸介质或塑料介质电容器: --Dielectric of paper or plastics:					
7656	8532.2510	---片式 ---Laminate	0	0	东盟AS,智CL,巴PK,新西兰NZ,秘PE,哥CR,瑞CH,冰IS,韩KR,澳AU,格GE,毛MU,东盟^RAS^R,澳^RAU^R,日^RJP^R,新西兰^RNZ^R,柬KH,港HK,澳门MO,韩^RKR^R	0 受惠国LD	35
7657	8532.2590	---其他 ---Other	0	0	东盟AS,智CL,巴PK,新西兰NZ,秘PE,哥CR,瑞CH,冰IS,韩KR,澳AU,格GE,毛MU,东盟^RAS^R,澳^RAU^R,日^RJP^R,新西兰^RNZ^R,柬KH,港HK,澳门MO,韩^RKR^R	0 受惠国LD	35

序号 No.	税则号列 Tariff Line	货品名称 Article Description	最惠国税率 MFN(%)	协定税率 Agreement(%)		特惠税率 SP(%)	普通税率 Gen(%)
7658	8532.2900	--其他 --Other	0	0	东盟AS,智CL,巴PK,新西兰NZ,秘PE,哥CR,瑞CH,冰IS,韩KR,澳AU,格GE,毛MU,东盟^{R}AS^R,澳^{R}AU^R,日^{R}JP^R,新西兰^{R}NZ^R,柬KH,港HK,澳门MO,韩^{R}KR^R	0 受惠国LD	35
7659	8532.3000	-可变或可调（微调）电容器 -Variable or adjustable (pre-set) capacitors	0	0	东盟AS,智CL,巴PK,新西兰NZ,秘PE,哥CR,瑞CH,冰IS,韩KR,澳AU,格GE,毛MU,东盟^{R}AS^R,澳^{R}AU^R,日^{R}JP^R,新西兰^{R}NZ^R,柬KH,港HK,澳门MO,韩^{R}KR^R	0 受惠国LD	35
		-零件： -Parts:					
7660	8532.9010	---子目8532.1000所列电容器用 ---Of the capacitors of subheading 8532.1000	0	0	东盟AS,智CL,巴PK,新西兰NZ,秘PE,哥CR,瑞CH,冰IS,韩KR,澳AU,格GE,毛MU,东盟^{R}AS^R,澳^{R}AU^R,日^{R}JP^R,新西兰^{R}NZ^R,柬KH,港HK,澳门MO,韩^{R}KR^R	0 受惠国LD	20
7661	8532.9090	---其他 ---Other	0	0	东盟AS,智CL,巴PK,新西兰NZ,秘PE,哥CR,瑞CH,冰IS,韩KR,澳AU,格GE,毛MU,东盟^{R}AS^R,澳^{R}AU^R,日^{R}JP^R,新西兰^{R}NZ^R,柬KH,港HK,澳门MO,韩^{R}KR^R	0 受惠国LD	35
	85.33	电阻器（包括变阻器及电位器），但加热电阻器除外： **Electrical resistors (including rheostats and potentiometers), other than heating resistors:**					
7662	8533.1000	-固定碳质电阻器,合成或薄膜式 -Fixed carbon resistors, composition or film types	0	0	东盟AS,智CL,巴PK,新西兰NZ,秘PE,哥CR,瑞CH,冰IS,韩KR,澳AU,格GE,毛MU,东盟^{R}AS^R,澳^{R}AU^R,日^{R}JP^R,新西兰^{R}NZ^R,柬KH,港HK,澳门MO,韩^{R}KR^R	0 受惠国LD	50
		-其他固定电阻器： -Other fixed resistors:					
		--额定功率不超过20瓦： --For a power handling capacity not exceeding 20W:					
7663	8533.2110	---片式 ---Laminate	0	0	东盟AS,智CL,巴PK,新西兰NZ,秘PE,哥CR,瑞CH,冰IS,韩KR,澳AU,格GE,毛MU,东盟^{R}AS^R,澳^{R}AU^R,日^{R}JP^R,新西兰^{R}NZ^R,柬KH,港HK,澳门MO,韩^{R}KR^R	0 受惠国LD	50
7664	8533.2190	---其他 ---Other	0	0	东盟AS,智CL,巴PK,新西兰NZ,秘PE,哥CR,瑞CH,冰IS,韩KR,澳AU,格GE,毛MU,东盟^{R}AS^R,澳^{R}AU^R,日^{R}JP^R,新西兰^{R}NZ^R,柬KH,港HK,澳门MO,韩^{R}KR^R	0 受惠国LD	50
7665	8533.2900	--其他 --Other	0	0	东盟AS,智CL,巴PK,新西兰NZ,秘PE,哥CR,瑞CH,冰IS,韩KR,澳AU,格GE,毛MU,东盟^{R}AS^R,澳^{R}AU^R,日^{R}JP^R,新西兰^{R}NZ^R,柬KH,港HK,澳门MO,韩^{R}KR^R	0 受惠国LD	50

序号 No.	税则号列 Tariff Line	货品名称 Article Description	最惠国税率 MFN(%)		协定税率 Agreement(%)	特惠税率 SP(%)		普通税率 Gen(%)
		-线绕可变电阻器,包括变阻器及电位器: -Wirewound variable resistors, including rheostats and potentiometers:						
7666	8533.3100	--额定功率不超过20瓦 --For a power handling capacity not exceeding 20W	0	0	东盟AS,智CL,巴PK,新西兰NZ,秘PE,哥CR,瑞CH,冰IS,韩KR,澳AU,格GE,毛MU,东盟^RAS^R,澳^RAU^R,日^RJP^R,新西兰^RNZ^R,柬KH,港HK,澳门MO,韩^RKR^R	0	受惠国LD	50
7667	8533.3900	--其他 --Other	0	0	东盟AS,智CL,巴PK,新西兰NZ,秘PE,哥CR,瑞CH,冰IS,韩KR,澳AU,格GE,毛MU,东盟^RAS^R,澳^RAU^R,日^RJP^R,新西兰^RNZ^R,柬KH,港HK,澳门MO,韩^RKR^R	0	受惠国LD	50
7668	8533.4000	-其他可变电阻器,包括变阻器及电位器 -Other variable resistors, including rheostats and potentiometers	0	0	东盟AS,智CL,巴PK,新西兰NZ,秘PE,哥CR,瑞CH,冰IS,韩KR,澳AU,格GE,毛MU,东盟^RAS^R,澳^RAU^R,日^RJP^R,新西兰^RNZ^R,柬KH,港HK,澳门MO,韩^RKR^R	0	受惠国LD	50
7669	8533.9000	-零件 -Parts	0	0	东盟AS,智CL,巴PK,新西兰NZ,秘PE,哥CR,瑞CH,冰IS,韩KR,澳AU,格GE,毛MU,东盟^RAS^R,澳^RAU^R,日^RJP^R,新西兰^RNZ^R,柬KH,港HK,澳门MO,韩^RKR^R	0	受惠国LD	50
	85.34	**印刷电路:** **Printed circuits:**						
7670	8534.0010	---4层以上的 ---Of more than 4 layers	0	0	东盟AS,智CL,巴PK,新西兰NZ,秘PE,哥CR,瑞CH,冰IS,韩KR,澳AU,格GE,毛MU,东盟^RAS^R,澳^RAU^R,日^RJP^R,新西兰^RNZ^R,柬KH,港HK,澳门MO,韩^RKR^R	0	受惠国LD	35
7671	8534.0090	---其他 ---Other	0	0	东盟AS,智CL,巴PK,新西兰NZ,秘PE,哥CR,瑞CH,冰IS,韩KR,澳AU,格GE,毛MU,东盟^RAS^R,澳^RAU^R,日^RJP^R,新西兰^RNZ^R,柬KH,港HK,澳门MO,韩^RKR^R	0	受惠国LD	50
	85.35	**电路的开关、保护或连接用的电气装置(例如,开关、熔断器、避雷器、电压限幅器、电涌抑制器、插头及其他连接器、接线盒),用于电压超过1000伏的线路:** **Electrical apparatus for switching or protecting electrical circuits, or for making connections to or in electrical circuits (for example, switches, fuses, lightning arresters, voltage limiters, surge suppressors, plugs and other connectors, junction boxes), for a voltage exceeding 1000V:**						

序号 No.	税则号列 Tariff Line	货品名称 Article Description	最惠国税率 MFN(%)	协定税率 Agreement(%)		特惠税率 SP(%)	普通税率 Gen(%)
7672	8535.1000	-熔断器 -Fuses	10	0	东盟AS,智CL,新西兰NZ,新加坡SG,秘PE,哥CR,瑞CH,冰IS,澳AU,格GE,毛MU,东盟^RAS^R,澳^RAU^R,新西兰^RNZ^R,柬KH,港HK,澳门MO	0 受惠国LD	50
				1.4	韩KR		
				6.7	巴PK		
				11.2	韩^RKR^R		
				11.5	日^RJP^R		
		-自动断路器: -Automatic circuit breakers:					
7673	8535.2100	--用于电压低于72.5千伏的线路 --For a voltage of less than 72.5kV	10	0	东盟AS,智CL,新西兰NZ,新加坡SG,秘PE,哥CR,瑞CH,冰IS,澳AU,格GE,毛MU,柬KH,港HK,澳门MO	0 受惠国LD	50
				1.4	韩KR		
				6.7	巴PK		
				11.2	东盟^RAS^R,澳^RAU^R,新西兰^RNZ^R,韩^RKR^R		
				11.5	日^RJP^R		
		--其他: --Other:					
7674	8535.2910	---用于电压在72.5千伏及以上,但不高于220千伏的线路 ---For a voltage of 72.5kV or more, but not exceeding 220kV	10	0	东盟AS,智CL,新西兰NZ,秘PE,哥CR,瑞CH,冰IS,澳AU,格GE,毛MU,东盟^RAS^R,澳^RAU^R,新西兰^RNZ^R,柬KH,港HK,澳门MO	0 受惠国LD	50
				1.4	韩KR		
				3	巴PK		
				8	韩^RKR^R		
				8.2	日^RJP^R		
7675	8535.2920	---用于电压高于220千伏,但不高于750千伏的线路 ---For a voltage exceeding 220kV, but not exceeding 750kV	10	0	东盟AS,智CL,新西兰NZ,秘PE,哥CR,瑞CH,冰IS,澳AU,格GE,毛MU,东盟^RAS^R,澳^RAU^R,新西兰^RNZ^R,柬KH,港HK,澳门MO	0 受惠国LD	50
				1.4	韩KR		
				3	巴PK		
				8	韩^RKR^R		
				8.2	日^RJP^R		
7676	8535.2990	---其他 ---Other	10	0	东盟AS,智CL,新西兰NZ,秘PE,哥CR,瑞CH,冰IS,澳AU,格GE,毛MU,柬KH,港HK,澳门MO	0 受惠国LD	50
				1	巴PK,韩KR		
				9	东盟^RAS^R,澳^RAU^R,新西兰^RNZ^R,韩^RKR^R		
		-隔离开关及断续开关: -Isolating switches and make-and-break switches:					

序号 No.	税则号列 Tariff Line	货品名称 Article Description	最惠国税率 MFN(%)	协定税率 Agreement(%)		特惠税率 SP(%)		普通税率 Gen(%)
7677	8535.3010	---用于电压在72.5千伏及以上, 但不高于220千伏的线路 ---For a voltage of 72.5kV or more, but not exceeding 220kV	10	0	东盟AS,智CL,新西兰NZ,秘PE,哥CR,冰IS,澳AU,格GE,毛MU,东盟^{R}AS^R,澳^{R}AU^R,新西兰^{R}NZ^R,柬KH,港HK,澳门MO	0 受惠国LD		50
				1	巴PK,韩KR			
				1.7	瑞CH			
				8	亚太AP,韩^{R}KR^R			
				8.2	日^{R}JP^R			
7678	8535.3020	---用于电压高于220千伏, 但不高于750千伏的线路 ---For a voltage exceeding 220kV, but not exceeding 750kV	10	0	东盟AS,智CL,新西兰NZ,秘PE,哥CR,冰IS,澳AU,格GE,毛MU,东盟^{R}AS^R,澳^{R}AU^R,新西兰^{R}NZ^R,柬KH,港HK,澳门MO	0 受惠国LD		50
				1	巴PK,韩KR			
				1.7	瑞CH			
				8	韩^{R}KR^R			
				8.2	日^{R}JP^R			
7679	8535.3090	---其他 ---Other	10	0	东盟AS,智CL,新西兰NZ,秘PE,哥CR,冰IS,澳AU,格GE,毛MU,东盟^{R}AS^R,澳^{R}AU^R,新西兰^{R}NZ^R,柬KH,港HK,澳门MO	0 受惠国LD		50
				1	巴PK,韩KR			
				1.7	瑞CH			
				8	韩^{R}KR^R			
				8.2	日^{R}JP^R			
7680	8535.4000	-避雷器、电压限幅器及电涌抑制器 -Lightning arresters, voltage limiters and surge suppressors	10	0	东盟AS,智CL,新西兰NZ,新加坡SG,秘PE,哥CR,瑞CH,冰IS,澳AU,格GE,毛MU,东盟^{R}AS^R,澳^{R}AU^R,新西兰^{R}NZ^R,柬KH,港HK,澳门MO	0 受惠国LD		50
				1.8	韩KR			
				14.4	巴PK,韩^{R}KR^R			
				14.7	日^{R}JP^R			
7681	8535.9000	-其他 -Other	10	0	东盟AS,智CL,新西兰NZ,新加坡SG,秘PE,哥CR,瑞CH,冰IS,澳AU,格GE,毛MU,柬KH,港HK,澳门MO	0 受惠国LD		50
				3	巴PK			
				5.5	韩KR			
				6.5	亚太AP			
				9	东盟^{R}AS^R,澳^{R}AU^R,日^{R}JP^R,新西兰^{R}NZ^R			
	ex85359000	受电弓 Pantograph	Δ5					
	ex85359000	250千米/小时及以上高速动车组用高压电缆接头 High voltage cable joint of high-speed electric multiple unit with speed of 250km/h and above	Δ6					

序号 No.	税则号列 Tariff Line	货品名称 Article Description	最惠国税率 MFN(%)	协定税率 Agreement(%)		特惠税率 SP(%)	普通税率 Gen(%)
	85.36	电路的开关、保护或连接用的电器装置（例如，开关、继电器、熔断器、电涌抑制器、插头、插座、灯座及其他连接器、接线盒），用于电压不超过1000伏的线路；光导纤维、光导纤维束或光缆用连接器： Electrical apparatus for switching or protecting electrical circuits, or for making connections to or in electrical circuits (for example, switches, relays, fuses, surge suppressors, plugs, sockets, lamp holders and other connectors, junction boxes), for a voltage not exceeding 1000V; connectors for optical fibres, optical fibre bundles or cables:					
7682	8536.1000	-熔断器 -Fuses	10	0	东盟AS,智CL,新西兰NZ,新加坡SG,秘PE,哥CR,瑞CH,冰IS,澳AU,格GE,毛MU,柬KH,港HK,澳门MO,台TW	0 受惠国LD	50
				3	巴PK		
				9	东盟^{R}AS^R,澳^{R}AU^R,新西兰^{R}NZ^R		
7683	8536.2000	-自动断路器 -Automatic circuit breakers	9	0	东盟AS,智CL,新西兰NZ,秘PE,哥CR,瑞CH,冰IS,韩KR,澳AU,格GE,毛MU,东盟^{R}AS^R,澳^{R}AU^R,新西兰^{R}NZ^R,柬KH,港HK,澳门MO,韩^{R}KR^R	0 受惠国LD	50
				1	巴PK		
				7.4	日^{R}JP^R		
7684	8536.3000	-其他电路保护装置 -Other apparatus for protecting electrical circuits	0	0	东盟AS,智CL,新西兰NZ,秘PE,哥CR,瑞CH,冰IS,澳AU,格GE,毛MU,东盟^{R}AS^R,澳^{R}AU^R,新西兰^{R}NZ^R,柬KH,港HK,澳门MO	0 受惠国LD	50
				1	巴PK		
				3.6	韩KR		
				7.2	韩^{R}KR^R		
				7.4	日^{R}JP^R		
		-继电器： -Relays:					
		--用于电压不超过60伏的线路： --For a voltage not exceeding 60V:					
7685	8536.4110	---用于电压不超过36伏的线路 ---For a voltage not exceeding 36V	10	0	东盟AS,智CL,新西兰NZ,新加坡SG,秘PE,哥CR,瑞CH,冰IS,澳AU,格GE,毛MU,柬KH,港HK,澳门MO	0 受惠国LD	50
				3	巴PK		
				4	韩KR		
				8.7	东盟^{R}AS^R,韩^{R}KR^R		
				8.8	日^{R}JP^R		
				9	澳^{R}AU^R,新西兰^{R}NZ^R		

序号 No.	税则号列 Tariff Line	货品名称 Article Description	最惠国税率 MFN(%)	协定税率 Agreement(%)		特惠税率 SP(%)	普通税率 Gen(%)
7686	8536.4190	---其他 ---Other	10	0	东盟AS,智CL,新西兰NZ,新加坡 SG,秘PE,哥CR,瑞CH,冰IS,澳AU,格 GE,毛MU,柬KH,港HK,澳门MO	0 受惠国LD	50
				1	巴PK		
				5	东盟^{R}AS^R,澳^{R}AU^R,新西兰^{R}NZ^R		
				5.5	韩KR		
7687	8536.4900	--其他 --Other	10	0	东盟AS,智CL,新西兰NZ,新加 坡SG,秘PE,哥CR,瑞CH,冰IS,澳 AU,格GE,毛MU,柬KH,港HK,澳 门MO	0 受惠国LD	50
				3	巴PK		
				4	韩KR		
				8.7	东盟^{R}AS^R,韩^{R}KR^R		
				8.8	日^{R}JP^R		
				9	澳^{R}AU^R,新西兰^{R}NZ^R		
7688	8536.5000	-其他开关 -Other switches	0	0	东盟AS,智CL,巴PK,新西兰NZ, 秘PE,哥CR,瑞CH,冰IS,韩KR, 澳AU,格GE,毛MU,东盟^{R}AS^R, 澳^{R}AU^R,日^{R}JP^R,新西兰^{R}NZ^R,柬 KH,港HK,澳门MO,韩^{R}KR^R	0 受惠国LD	50
		-灯座、插头及插座: -Lamp holders, plugs and sockets:					
7689	8536.6100	--灯座 --Lamp-holders	10	0	东盟AS,智CL,新西兰NZ,新加 坡SG,秘PE,哥CR,瑞CH,冰IS,澳 AU,格GE,毛MU,柬KH,港HK,澳 门MO	0 受惠国LD	50
				1	巴PK		
				4	韩KR		
				8.7	东盟^{R}AS^R,韩^{R}KR^R		
				8.8	日^{R}JP^R		
				9	澳^{R}AU^R,新西兰^{R}NZ^R		
7690	8536.6900	--其他 --Other	0	0	东盟AS,智CL,巴PK,新西兰NZ, 秘PE,哥CR,瑞CH,冰IS,韩KR, 澳AU,格GE,毛MU,东盟^{R}AS^R, 澳^{R}AU^R,日^{R}JP^R,新西兰^{R}NZ^R,柬 KH,港HK,澳门MO,韩^{R}KR^R	0 受惠国LD	50
7691	8536.7000	-光导纤维、光导纤维束或光缆用连 接器 -Connectors for optical fibres, optical fibre bundles or cables	8	0	东盟AS,智CL,新西兰NZ,秘PE, 哥CR,瑞CH,冰IS,澳AU,格GE, 毛MU,柬KH,港HK,澳门MO	0 受惠国LD	30
				1	巴PK		
				5	东盟^{R}AS^R,澳^{R}AU^R,新西兰^{R}NZ^R		
		-其他装置: -Other apparatus:					
		---接插件: ---Connector:					
7692	8536.9011	----工作电压不超过36伏的 ----For a voltage not exceeding 36V	0	0	东盟AS,智CL,巴PK,新西兰NZ, 秘PE,哥CR,瑞CH,冰IS,韩KR, 澳AU,格GE,毛MU,东盟^{R}AS^R, 澳^{R}AU^R,日^{R}JP^R,新西兰^{R}NZ^R,柬 KH,港HK,澳门MO,韩^{R}KR^R	0 受惠国LD	50

序号 No.	税则号列 Tariff Line	货品名称 Article Description	最惠国税率 MFN(%)		协定税率 Agreement(%)	特惠税率 SP(%)	普通税率 Gen(%)
7693	8536.9019	----其他 ----Other	0	0	东盟AS,智CL,巴PK,新西兰NZ, 秘PE,哥CR,瑞CH,冰IS,韩KR, 澳AU,格GE,毛MU,东盟^RAS^R, 澳^RAU^R,日^RJP^R,新西兰^RNZ^R,柬 KH,港HK,澳门MO,韩^RKR^R	0 受惠国LD	50
7694	8536.9090	---其他 ---Other	0	0	东盟AS,智CL,巴PK,新西兰NZ, 秘PE,哥CR,瑞CH,冰IS,韩KR, 澳AU,格GE,毛MU,东盟^RAS^R, 澳^RAU^R,日^RJP^R,新西兰^RNZ^R,柬 KH,港HK,澳门MO,韩^RKR^R	0 受惠国LD	50
	85.37	用于电气控制或电力分配的盘、板、台、柜及其他基座，装有两个或多个税目85.35或85.36所列的装置，包括装有第九十章所列的仪器或装置，以及数控装置，但税目85.17的交换机除外： **Boards, panels, consoles, desks, cabinets and other bases, equipped with two or more apparatus of heading 85.35 or 85.36, for electric control or the distribution of electricity, including those incorporating instruments or apparatus of Chapter 90, and numerical control apparatus, other than switching apparatus of heading 85.17:**					
		-用于电压不超过1000伏的线路： -For a voltage not exceeding 1000V:					
		---数控装置： ---Numerical control panels:					
7695	8537.1011	----可编程序控制器 ----Programmable controuers	5	0 2.5 4.5	东盟AS,智CL,巴PK,新西兰NZ, 秘PE,哥CR,瑞CH,冰IS,澳AU, 格GE,毛MU,柬KH,港HK,澳门 MO,台TW 亚太AP,韩KR 东盟^RAS^R,澳^RAU^R,新西兰^RNZ^R	0 受惠国LD	14
	ex85371011	机床用可编程序控制器（PLC） Programmable logic controllers (PLC) for machine tools	Δ3				
7696	8537.1019	----其他 ----Other	5	0 2 2.5 4.8	东盟AS,智CL,巴PK,新西兰NZ, 秘PE,哥CR,冰IS,澳AU,格GE, 毛MU,柬KH,港HK,澳门MO,台 TW 瑞CH 亚太AP,韩KR 东盟^RAS^R,澳^RAU^R,新西兰^RNZ^R	0 受惠国LD	14
	ex85371019	机床用数控单元（包括单独进口的 CNC操作单元） Numerical control equipment for machine tools (including CNC unit imported separately)	Δ3				

序号 No.	税则号列 Tariff Line	货品名称 Article Description	最惠国税率 MFN(%)	协定税率 Agreement(%)		特惠税率 SP(%)	普通税率 Gen(%)
7697	8537.1090	---其他 ---Other	8	0	东盟AS,智CL,巴PK,新西兰NZ, 秘PE,哥CR,冰IS,澳AU,格GE,毛 MU,柬KH,港HK,澳门MO	0 受惠国LD	50
				3.3	韩KR		
				3.4	瑞CH		
				4	亚太AP		
				7.3	东盟^{R}AS^R,韩^{R}KR^R		
				7.4	日^{R}JP^R		
				7.6	澳^{R}AU^R,新西兰^{R}NZ^R		
	ex85371090	电梯用控制柜及控制柜专用印刷电路板 Control cabinets for elevator and printed circuits solely used for control cabinets	Δ4				
	ex85371090	飞机用控制模块 Control module for airplane, for a voltage exceeding 1000V	Δ1				
		-用于电压超过1000伏的线路: -For a voltage exceeding 1000V:					
7698	8537.2010	---全封闭组合式高压开关装置,用于电压在500千伏及以上的线路 ---Gas insulated switchgear, for a voltage of 500kV or more	8	0	东盟AS,智CL,巴PK,新西兰NZ, 秘PE,哥CR,冰IS,澳AU,格GE,毛 MU,柬KH,港HK,澳门MO	0 受惠国LD	30
				1.4	瑞CH		
				3.3	韩KR		
				4	亚太AP		
				6.7	东盟^{R}AS^R,澳^{R}AU^R,新西兰^{R}NZ^R, 韩^{R}KR^R		
				7.4	日^{R}JP^R		
7699	8537.2090	---其他 ---Other	8	0	东盟AS,智CL,巴PK,新西兰NZ, 秘PE,哥CR,瑞CH,冰IS,澳AU,格 GE,毛MU,柬KH,港HK,澳门MO	0 受惠国LD	50
				3.3	韩KR		
				4	亚太AP		
				7.3	东盟^{R}AS^R,韩^{R}KR^R		
				7.4	日^{R}JP^R		
				7.6	澳^{R}AU^R,新西兰^{R}NZ^R		
	85.38	专用于或主要用于税目85.35、85.36或85.37所列装置的零件: **Parts suitable for use solely or principally with the apparatus of heading 85.35, 85.36 or 85.37:**					
		-税目85.37所列货品用的盘、板、台、柜及其他基座,但未装有关装置: -Boards, panels, consoles, desks, cabinets and other bases for the goods of heading 85.37, not equipped with their apparatus:					

序号 No.	税则号列 Tariff Line	货品名称 Article Description	最惠国税率 MFN(%)	协定税率 Agreement(%)		特惠税率 SP(%)	普通税率 Gen(%)
7700	8538.1010	---子目8537.2010所列货品用 ---For the goods of subheading 　　8537.2010	0	0	亚太AP,东盟AS,智CL,巴PK,新西兰NZ,秘PE,哥CR,瑞CH,冰IS,澳AU,格GE,毛MU,东盟^{R}AS^R,澳^{R}AU^R,新西兰^{R}NZ^R,柬KH,港HK,澳门MO	0 受惠国LD	50
				0.8	韩KR		
				6.7	韩^{R}KR^R		
				6.9	日^{R}JP^R		
7701	8538.1090	---其他 ---Other	0	0	亚太AP,东盟AS,智CL,巴PK,新西兰NZ,秘PE,哥CR,瑞CH,冰IS,澳AU,格GE,毛MU,柬KH,港HK,澳门MO	0 受惠国LD	50
				3.5	韩KR		
				5.6	东盟^{R}AS^R,澳^{R}AU^R,新西兰^{R}NZ^R		
				5.7	日^{R}JP^R		
				6.3	韩^{R}KR^R		
7702	8538.9000	-其他 -Other	7	0	东盟AS,智CL,新西兰NZ,秘PE,哥CR,冰IS,韩KR,澳AU,格GE,东盟^{R}AS^R,澳^{R}AU^R,新西兰^{R}NZ^R,柬KH,港HK,澳门MO,台TW,韩^{R}KR^R	0 受惠国LD	50
				2.3	瑞CH		
				2.8	毛MU		
				4	巴PK		
				5.7	日^{R}JP^R		
	85.39	白炽灯泡、放电灯管,包括封闭式聚光灯及紫外线灯管或红外线灯泡;弧光灯;发光二极管(LED)光源: Electric filament or discharge lamps,including sealed beam lamp units and ultra-violet or infra-red lamps; arclamps; light-emitting diode (LED) light sources:					
7703	8539.1000	-封闭式聚光灯 -Sealed beam lamp units	8	0	东盟AS,智CL,新西兰NZ,秘PE,哥CR,瑞CH,冰IS,澳AU,格GE,毛MU,东盟^{R}AS^R,澳^{R}AU^R,新西兰^{R}NZ^R,柬KH,港HK,澳门MO	0 受惠国LD	45
				1	巴PK,韩KR		
				8	韩^{R}KR^R		
				8.2	日^{R}JP^R		
		-其他白炽灯泡,但不包括紫外线灯管或红外线灯泡: -Other filament lamps, excluding ultra-violet or infra-red lamps:					
		--卤钨灯: --Tungsten halogen:					

1620

序号 No.	税则号列 Tariff Line	货品名称 Article Description	最惠国税率 MFN(%)	协定税率 Agreement(%)		特惠税率 SP(%)	普通税率 Gen(%)
7704	8539.2110	---科研、医疗专用 ---For scientific or medical uses only	8	0	东盟AS,智CL,新西兰NZ,秘PE,哥CR,瑞CH,冰IS,韩KR,澳AU,格GE,毛MU,东盟^{R}AS^R,澳^{R}AU^R,新西兰^{R}NZ^R,柬KH,港HK,澳门MO,韩^{R}KR^R	0 受惠国LD	20
				4	巴PK		
				6.5	日^{R}JP^R		
7705	8539.2120	---火车、航空器及船舶用 ---For locomotives and rolling-stock, aircraft or ships	8	0	东盟AS,智CL,新西兰NZ,秘PE,哥CR,瑞CH,冰IS,澳AU,格GE,毛MU,东盟^{R}AS^R,澳^{R}AU^R,新西兰^{R}NZ^R,柬KH,港HK,澳门MO	0 受惠国LD	20
				0.8	韩KR		
				1	巴PK		
				6.4	韩^{R}KR^R		
				6.5	日^{R}JP^R		
7706	8539.2130	---机动车辆用 ---For motor vehicles	8	0	东盟AS,智CL,新西兰NZ,秘PE,哥CR,瑞CH,冰IS,澳AU,格GE,毛MU,柬KH,港HK,澳门MO	0 受惠国LD	45
				3	巴PK		
				5.5	韩KR		
				9	东盟^{R}AS^R,澳^{R}AU^R,新西兰^{R}NZ^R		
7707	8539.2190	---其他 ---Other	6	0	东盟AS,智CL,新西兰NZ,新加坡SG,秘PE,哥CR,瑞CH,冰IS,澳AU,格GE,毛MU,东盟^{R}AS^R,澳^{R}AU^R,新西兰^{R}NZ^R,柬KH,港HK,澳门MO	0 受惠国LD	70
				1	韩KR		
				8.4	巴PK,韩^{R}KR^R		
				8.6	日^{R}JP^R		
		--其他灯, 功率不超过200瓦, 但额定电压超过100伏: --Other, of a power not exceeding 200W and for a voltage exceeding 100V:					
7708	8539.2210	---科研、医疗专用 ---For scientific or medical uses only	5	0	东盟AS,智CL,新西兰NZ,新加坡SG,秘PE,哥CR,瑞CH,冰IS,澳AU,格GE,毛MU,柬KH,港HK,澳门MO	0 受惠国LD	20
				3	巴PK		
				5	东盟^{R}AS^R,澳^{R}AU^R,新西兰^{R}NZ^R		
7709	8539.2290	---其他 ---Other	5	0	东盟AS,智CL,巴PK,新西兰NZ,秘PE,哥CR,瑞CH,冰IS,韩KR,澳AU,格GE,毛MU,东盟^{R}AS^R,澳^{R}AU^R,日^{R}JP^R,新西兰^{R}NZ^R,柬KH,港HK,澳门MO,韩^{R}KR^R	0 受惠国LD	70
		--其他: --Other:					

序号 No.	税则号列 Tariff Line	货品名称 Article Description	最惠国税率 MFN(%)	协定税率 Agreement(%)		特惠税率 SP(%)	普通税率 Gen(%)
7710	8539.2910	---科研、医疗专用 ---For scientific or medical uses only	5	0	东盟AS,智CL,巴PK,新西兰NZ,秘PE,哥CR,瑞CH,冰IS,韩KR,澳AU,格GE,毛MU,东盟^{R}AS^R,澳^{R}AU^R,日^{R}JP^R,新西兰^{R}NZ^R,柬KH,港HK,澳门MO,韩^{R}KR^R	0 受惠国LD	20
				4	亚太AP		
7711	8539.2920	---火车、航空器及船舶用 ---For locomotives and rolling-stock, aircraft or ships	5	0	东盟AS,智CL,新西兰NZ,新加坡SG,秘PE,哥CR,瑞CH,冰IS,澳AU,格GE,毛MU,东盟^{R}AS^R,澳^{R}AU^R,新西兰^{R}NZ^R,柬KH,港HK,澳门MO	0 受惠国LD	20
				1	韩KR		
				3	巴PK		
				8.4	韩^{R}KR^R		
				8.6	日^{R}JP^R		
7712	8539.2930	---机动车辆用 ---For motor vehicles	5	0	东盟AS,智CL,巴PK,新西兰NZ,秘PE,哥CR,瑞CH,冰IS,澳AU,格GE,毛MU,柬KH,港HK,澳门MO	0 受惠国LD	45
				2	韩KR		
				4	东盟^{R}AS^R,澳^{R}AU^R,新西兰^{R}NZ^R,韩^{R}KR^R		
				4.4	日^{R}JP^R		
		---其他: ---Other:					
7713	8539.2991	----12伏及以下的 ----Of a voltage 12V or less	6	0	东盟AS,智CL,新西兰NZ,新加坡SG,秘PE,哥CR,瑞CH,冰IS,澳AU,格GE,毛MU,东盟^{R}AS^R,澳^{R}AU^R,新西兰^{R}NZ^R,柬KH,港HK,澳门MO	0 受惠国LD	70
				1.2	韩KR		
				3.6	巴PK		
				9.6	韩^{R}KR^R		
				9.8	日^{R}JP^R		
7714	8539.2999	----其他 ----Other	6	0	东盟AS,智CL,新西兰NZ,新加坡SG,秘PE,哥CR,瑞CH,冰IS,澳AU,格GE,毛MU,东盟^{R}AS^R,澳^{R}AU^R,新西兰^{R}NZ^R,柬KH,港HK,澳门MO	0 受惠国LD	70
				1.2	韩KR		
				3.6	巴PK		
				9.6	韩^{R}KR^R		
				9.8	日^{R}JP^R		
		-放电灯管, 但紫外线灯管除外: -Discharge lamps, other than ultra-violet lamps:					
		--热阴极荧光灯: --Fluorescent, hot cathode:					

序号 No.	税则号列 Tariff Line	货品名称 Article Description	最惠国税率 MFN(%)		协定税率 Agreement(%)	特惠税率 SP(%)		普通税率 Gen(%)
7715	8539.3110	---科研、医疗专用 ---For scientific or medical uses only	8	0	东盟AS,智CL,新西兰NZ,秘PE, 哥CR,瑞CH,冰IS,澳AU,格GE, 毛MU,柬KH,港HK,澳门MO	0	受惠国LD	20
				1	巴PK			
				5	东盟^{R}AS^R,澳^{R}AU^R,新西兰^{R}NZ^R			
				6.4	亚太AP			
7716	8539.3120	---火车、航空器及船舶用 ---For locomotives and rolling-stock, aircraft or ships	8	0	东盟AS,智CL,新西兰NZ,秘PE, 哥CR,瑞CH,冰IS,澳AU,格GE, 毛MU,柬KH,港HK,澳门MO	0	受惠国LD	20
				1	巴PK			
				5	东盟^{R}AS^R,澳^{R}AU^R,新西兰^{R}NZ^R			
		---其他: ---Other:						
7717	8539.3191	----紧凑型 ----Compact type	8	0	东盟AS,智CL,新西兰NZ,秘PE, 哥CR,瑞CH,冰IS,韩KR,澳AU, 格GE,毛MU,东盟^{R}AS^R,澳^{R}AU^R, 新西兰^{R}NZ^R,柬KH,港HK,澳门 MO,韩^{R}KR^R	0	受惠国LD	70
				4	巴PK			
				6.5	日^{R}JP^R			
7718	8539.3199	----其他 ----Other	8	0	东盟AS,智CL,新西兰NZ,秘PE, 哥CR,瑞CH,冰IS,韩KR,澳AU, 格GE,毛MU,东盟^{R}AS^R,澳^{R}AU^R, 新西兰^{R}NZ^R,柬KH,港HK,澳门 MO,韩^{R}KR^R	0	受惠国LD	70
				1	巴PK			
				6.5	日^{R}JP^R			
		--汞或钠蒸气灯; 金属卤化物灯: --Mercury or sodium vapour lamps; metal halide lamps:						
7719	8539.3230	---钠蒸气灯 ---Sodium vapour lamps	8	0	东盟AS,智CL,新西兰NZ,秘PE, 哥CR,瑞CH,冰IS,澳AU,格GE, 毛MU,东盟^{R}AS^R,澳^{R}AU^R,新西 兰^{R}NZ^R,柬KH,港HK,澳门MO	0	受惠国LD	20
				0.8	韩KR			
				1	巴PK			
				6.4	韩^{R}KR^R			
				6.5	日^{R}JP^R			
7720	8539.3240	---汞蒸气灯 ---Mercury vapour lamps	8	0	东盟AS,智CL,新西兰NZ,秘PE, 哥CR,瑞CH,冰IS,澳AU,格GE, 毛MU,柬KH,港HK,澳门MO	0	受惠国LD	20
				0.8	韩KR			
				1	巴PK			
				6.4	东盟^{R}AS^R,澳^{R}AU^R,新西兰^{R}NZ^R, 韩^{R}KR^R			
				6.5	日^{R}JP^R			
	ex85393240	彩色投影机的照明光源 Illumiation light source of colour projectors	Δ3					

序号 No.	税则号列 Tariff Line	货品名称 Article Description	最惠国税率 MFN(%)	协定税率 Agreement(%)		特惠税率 SP(%)	普通税率 Gen(%)
7721	8539.3290	---其他 ---Other	8	0	东盟AS,智CL,新西兰NZ,秘PE, 哥CR,瑞CH,冰IS,韩KR,澳AU, 格GE,毛MU,东盟^RAS^R,澳^RAU^R, 新西兰^RNZ^R,柬KH,港HK,澳门 MO,韩^RKR^R	0 受惠国LD	70
				4	巴PK		
				6.5	日^RJP^R		
		--其他: --Other:					
7722	8539.3910	---科研、医疗专用 ---For scientific or medical uses only	8	0	东盟AS,智CL,新西兰NZ,秘PE, 哥CR,瑞CH,冰IS,澳AU,格GE, 毛MU,柬KH,港HK,澳门MO	0 受惠国LD	20
				1	巴PK		
				5	东盟^RAS^R,澳^RAU^R,新西兰^RNZ^R		
				6.4	亚太AP		
7723	8539.3920	---火车、航空器及船舶用 ---For locomotives and rolling-stock, aircraft or ships	8	0	东盟AS,智CL,新西兰NZ,秘PE, 哥CR,瑞CH,冰IS,澳AU,格GE, 毛MU,柬KH,港HK,澳门MO	0 受惠国LD	20
				1	巴PK		
				5	东盟^RAS^R,澳^RAU^R,新西兰^RNZ^R		
7724	8539.3990	---其他 ---Other	8	0	东盟AS,智CL,新西兰NZ,秘PE, 哥CR,瑞CH,冰IS,澳AU,格GE, 毛MU,柬KH,港HK,澳门MO,台 TW	0 受惠国LD	70
				1	巴PK		
				3.2	韩KR		
				6.4	东盟^RAS^R,澳^RAU^R,新西兰^RNZ^R, 韩^RKR^R		
				7	日^RJP^R		
	ex85393990	用于平板显示器背光源的冷阴极管荧 光灯 Cold-cathode fluorescent lamps (CCFLs) for backlighting of flat panel displays	0				
		-紫外线灯管或红外线灯泡; 弧光灯: -Ultra-violet or infra-red lamps; arc- lamps:					
7725	8539.4100	--弧光灯 --Arc-lamps	8	0	东盟AS,智CL,新西兰NZ,秘PE, 哥CR,瑞CH,冰IS,澳AU,格GE, 毛MU,柬KH,港HK,澳门MO	0 受惠国LD	20
				1	巴PK		
				5	东盟^RAS^R,澳^RAU^R,新西兰^RNZ^R		
7726	8539.4900	--其他 --Other	8	0	东盟AS,智CL,新西兰NZ,秘PE, 哥CR,瑞CH,冰IS,澳AU,格GE, 毛MU,柬KH,港HK,澳门MO	0 受惠国LD	20
				1	巴PK		
				5	东盟^RAS^R,澳^RAU^R,新西兰^RNZ^R		
		-发光二极管(LED)光源: -Light-emitting diode (LED) light sources:					

序号 No.	税则号列 Tariff Line	货品名称 Article Description	最惠国税率 MFN(%)	协定税率 Agreement(%)		特惠税率 SP(%)	普通税率 Gen(%)
7727	8539.5100	--发光二极管（LED）模块 --Light-emitting diode (LED) modules	6	0	东盟AS,智CL,巴PK,新西兰NZ,新加坡SG,秘PE,哥CR,瑞CH,冰IS,韩KR,澳AU,格GE,毛MU,柬KH,港HK,澳门MO	0 受惠国LD	80
				8	东盟^{R}AS^R,澳^{R}AU^R,新西兰^{R}NZ^R,韩^{R}KR^R		
				8.2	日^{R}JP^R		
		--发光二极管（LED）灯泡（管）： --Light-emitting diode (LED) lamps:					
7728	8539.5210	---发光二极管（LED）灯泡 ---Light-emitting diode (LED) bulbs	8	0	东盟AS,智CL,巴PK,新西兰NZ,新加坡SG,秘PE,哥CR,瑞CH,冰IS,韩KR,澳AU,格GE,毛MU,柬KH,港HK,澳门MO	0 受惠国LD	80
				8	东盟^{R}AS^R,澳^{R}AU^R,新西兰^{R}NZ^R,韩^{R}KR^R		
				8.2	日^{R}JP^R		
7729	8539.5220	---发光二极管（LED）灯管 ---Light-emitting diode (LED) lamps	8	0	东盟AS,智CL,巴PK,新西兰NZ,新加坡SG,秘PE,哥CR,瑞CH,冰IS,韩KR,澳AU,格GE,毛MU,柬KH,港HK,澳门MO	0 受惠国LD	80
				8	东盟^{R}AS^R,澳^{R}AU^R,新西兰^{R}NZ^R,韩^{R}KR^R		
				8.2	日^{R}JP^R		
		-零件： -Parts:					
7730	8539.9010	---发光二极管（LED）模块的 ---Of light-emitting diode (LED) modules	8	0	东盟AS,智CL,新西兰NZ,新加坡SG,秘PE,哥CR,瑞CH,冰IS,澳AU,格GE,毛MU,柬KH,港HK,澳门MO	0 受惠国LD	70
				8	韩KR		
				17.3	东盟^{R}AS^R,韩^{R}KR^R		
				17.5	日^{R}JP^R		
				18	澳^{R}AU^R,新西兰^{R}NZ^R		
7731	8539.9090	---其他 ---Other	8	0	东盟AS,智CL,新西兰NZ,秘PE,哥CR,瑞CH,冰IS,澳AU,格GE,毛MU,柬KH,港HK,澳门MO,台TW	0 受惠国LD	20
				4	巴PK		
				5	东盟^{R}AS^R,澳^{R}AU^R,新西兰^{R}NZ^R		
	85.40	热电子管、冷阴极管或光阴极管（例如，真空管或充气管、汞弧整流管、阴极射线管、电视摄像管）： Thermionic, cold cathode or photocathode valves and tubes(for example, vacuum or vapour or gas filled valves and tubes, mercury arc rectifying valves and tubes, cathoderay tubes, television camera tubes):					

序号 No.	税则号列 Tariff Line	货品名称 Article Description	最惠国税率 MFN(%)	协定税率 Agreement(%)		特惠税率 SP(%)	普通税率 Gen(%)
		-阴极射线电视显像管, 包括视频监视器用阴极射线管: -Cathode ray television picture tubes, including video monitor cathode ray tubes:					
7732	8540.1100	--彩色的 --Colour	8	0	东盟AS,智CL,新西兰NZ,新加坡SG,秘PE,哥CR,瑞CH,冰IS,澳AU,格GE,毛MU,柬KH,港HK,澳门MO	0 受惠国LD	40
				3.6	巴PK		
				4.8	韩KR		
				10.4	东盟^{R}AS^R,韩^{R}KR^R		
				10.5	日^{R}JP^R		
				10.8	澳^{R}AU^R,新西兰^{R}NZ^R		
7733	8540.1200	--单色的 --Monochrome	8	0	东盟AS,智CL,新西兰NZ,新加坡SG,秘PE,哥CR,瑞CH,冰IS,澳AU,格GE,毛MU,东盟^{R}AS^R,澳^{R}AU^R,新西兰^{R}NZ^R,柬KH,港HK,澳门MO	0 受惠国LD	40
				1.5	韩KR		
				7.2	巴PK		
				12	韩^{R}KR^R		
				12.3	日^{R}JP^R		
		-电视摄像管; 变像管及图像增强管; 其他光阴极管: -Television camera tubes; image converters and intensifiers; other photocathode tubes:					
7734	8540.2010	---电视摄像管 ---Television camera tubes	8	0	东盟AS,智CL,新西兰NZ,新加坡SG,秘PE,哥CR,瑞CH,冰IS,澳AU,格GE,毛MU,柬KH,港HK,澳门MO	0 受惠国LD	35
				1.2	韩KR		
				3.6	巴PK		
				9.6	东盟^{R}AS^R,澳^{R}AU^R,新西兰^{R}NZ^R,韩^{R}KR^R		
				10.5	日^{R}JP^R		
7735	8540.2090	---其他 ---Other	8	0	东盟AS,智CL,新西兰NZ,秘PE,哥CR,瑞CH,冰IS,韩KR,澳AU,格GE,毛MU,东盟^{R}AS^R,澳^{R}AU^R,新西兰^{R}NZ^R,柬KH,港HK,澳门MO,韩^{R}KR^R	0 受惠国LD	17
				1	巴PK		
				6.5	日^{R}JP^R		
		-单色的数据/图形显示管; 彩色的数据/图形显示管, 屏幕荧光点间距小于0.4毫米: -Data/graphic display tubes, monochrome; data/graphic display tubes, colour, with a phosphor dot screen pitch smaller than 0.4mm:					

序号 No.	税则号列 Tariff Line	货品名称 Article Description	最惠国税率 MFN(%)	协定税率 Agreement(%)		特惠税率 SP(%)		普通税率 Gen(%)
7736	8540.4010	---彩色的数据/图形显示管, 屏幕荧光点间距小于0.4毫米 ---Data/graphic display tubes, colour, with a phosphor dot screen pitch less than 0.4mm	8	0	东盟AS,智CL,新西兰NZ,秘PE,哥CR,瑞CH,冰IS,韩KR,澳AU,格GE,毛MU,东盟^{R}AS^R,澳^{R}AU^R,新西兰^{R}NZ^R,柬KH,港HK,澳门MO,韩^{R}KR^R	0	受惠国LD	17
				1	巴PK			
				6.5	日^{R}JP^R			
7737	8540.4020	---单色的数据/图形显示管 ---Data/graphic display tubes, black and white or other monochrome	8	0	东盟AS,智CL,新西兰NZ,秘PE,哥CR,瑞CH,冰IS,韩KR,澳AU,格GE,毛MU,东盟^{R}AS^R,澳^{R}AU^R,新西兰^{R}NZ^R,柬KH,港HK,澳门MO,韩^{R}KR^R	0	受惠国LD	17
				1	巴PK			
				6.5	日^{R}JP^R			
		-其他阴极射线管: -Other cathode ray tubes:						
7738	8540.6010	---雷达显示管 ---Radar display tubes	6	0	东盟AS,智CL,巴PK,新西兰NZ,秘PE,哥CR,瑞CH,冰IS,韩KR,澳AU,格GE,毛MU,东盟^{R}AS^R,澳^{R}AU^R,日^{R}JP^R,新西兰^{R}NZ^R,柬KH,港HK,澳门MO,韩^{R}KR^R	0	受惠国LD	14
				3.9	亚太AP			
7739	8540.6090	---其他 ---Other	8	0	东盟AS,智CL,新西兰NZ,秘PE,哥CR,瑞CH,冰IS,韩KR,澳AU,格GE,毛MU,东盟^{R}AS^R,澳^{R}AU^R,新西兰^{R}NZ^R,柬KH,港HK,澳门MO,韩^{R}KR^R	0	受惠国LD	17
				1	巴PK			
				6.5	日^{R}JP^R			
		-微波管（例如, 磁控管、速调管、行波管、返波管）, 但不包括栅控管: -Microwave tubes (for example, magnetrons, klystrons, travelling wave tubes, carcinotrons), excluding grid-controlled tubes:							
7740	8540.7100	--磁控管 --Magnetrons	8	0	东盟AS,智CL,新西兰NZ,秘PE,哥CR,瑞CH,冰IS,澳AU,格GE,毛MU,柬KH,港HK,澳门MO	0	受惠国LD	17
				1	巴PK			
				3.2	韩KR			
				6.9	东盟^{R}AS^R,韩^{R}KR^R			
				7	日^{R}JP^R			
				7.2	澳^{R}AU^R,新西兰^{R}NZ^R			
		--其他: --Other:						

序号 No.	税则号列 Tariff Line	货品名称 Article Description	最惠国税率 MFN(%)	协定税率 Agreement(%)		特惠税率 SP(%)	普通税率 Gen(%)
7741	8540.7910	---速调管 ---Klystrons	8	0	东盟AS,智CL,新西兰NZ,秘PE, 哥CR,瑞CH,冰IS,韩KR,澳AU, 格GE,毛MU,东盟^RAS^R,澳^RAU^R, 新西兰^RNZ^R,柬KH,港HK,澳门 MO,韩^RKR^R	0 受惠国LD	17
				1	巴PK		
				6.5	日^RJP^R		
7742	8540.7990	---其他 ---Other	8	0	东盟AS,智CL,新西兰NZ,秘PE, 哥CR,瑞CH,冰IS,韩KR,澳AU, 格GE,毛MU,东盟^RAS^R,澳^RAU^R, 新西兰^RNZ^R,柬KH,港HK,澳门 MO,韩^RKR^R	0 受惠国LD	17
				1	巴PK		
				6.5	日^RJP^R		
		-其他管: -Other valves and tubes:					
7743	8540.8100	--接收管或放大管 --Receiver or amplifier valves and tubes	8	0	东盟AS,智CL,新西兰NZ,秘PE, 哥CR,瑞CH,冰IS,澳AU,格GE, 毛MU,柬KH,港HK,澳门MO	0 受惠国LD	17
				1	巴PK		
				5	东盟^RAS^R,澳^RAU^R,新西兰^RNZ^R		
7744	8540.8900	--其他 --Other	8	0	东盟AS,智CL,新西兰NZ,秘PE, 哥CR,瑞CH,冰IS,韩KR,澳AU, 格GE,毛MU,柬KH,港HK,澳门 MO,台TW	0 受惠国LD	17
				1	巴PK		
				6.4	东盟^RAS^R,澳^RAU^R,新西兰^RNZ^R, 韩^RKR^R		
				6.5	日^RJP^R		
		-零件: -Parts:					
		--阴极射线管用: --Of cathode ray tubes:					
7745	8540.9110	---电视显像管用 ---Of television picture tubes	6	0	东盟AS,智CL,巴PK,新西兰NZ, 秘PE,哥CR,瑞CH,冰IS,韩KR, 澳AU,格GE,毛MU,东盟^RAS^R, 澳^RAU^R,日^RJP^R,新西兰^RNZ^R,柬 KH,港HK,澳门MO,韩^RKR^R	0 受惠国LD	40
7746	8540.9120	---雷达显示管用 ---Of radar display tubes	5	0	东盟AS,智CL,巴PK,新西兰NZ, 秘PE,哥CR,瑞CH,冰IS,韩KR, 澳AU,格GE,毛MU,东盟^RAS^R, 澳^RAU^R,日^RJP^R,新西兰^RNZ^R,柬 KH,港HK,澳门MO,韩^RKR^R	0 受惠国LD	14
				3.3	亚太AP		
7747	8540.9190	---其他 ---Other	8	0	东盟AS,智CL,新西兰NZ,秘PE, 哥CR,瑞CH,冰IS,澳AU,格GE, 毛MU,柬KH,港HK,澳门MO	0 受惠国LD	17
				1	巴PK		
				5	东盟^RAS^R,澳^RAU^R,新西兰^RNZ^R		

序号 No.	税则号列 Tariff Line	货品名称 Article Description	最惠国税率 MFN(%)	协定税率 Agreement(%)		特惠税率 SP(%)	普通税率 Gen(%)
		--其他: --Other:					
7748	8540.9910	---电视摄像管用 ---Of television camera tubes	8	0	东盟AS,智CL,新西兰NZ,秘PE, 哥CR,瑞CH,冰IS,韩KR,澳AU, 格GE,毛MU,东盟^RAS^R,澳^RAU^R, 新西兰^RNZ^R,柬KH,港HK,澳门 MO,韩^RKR^R	0 受惠国LD	35
				1	巴PK		
				5.2	亚太AP		
				6.5	日^RJP^R		
7749	8540.9990	---其他 ---Other	8	0	东盟AS,智CL,新西兰NZ,秘PE, 哥CR,瑞CH,冰IS,澳AU,格GE, 毛MU,柬KH,港HK,澳门MO	0 受惠国LD	17
				1	巴PK		
				5	东盟^RAS^R,澳^RAU^R,新西兰^RNZ^R		
	85.41	半导体器件(例如,二极管,晶体管,半导体基换能器);光敏半导体器件,包括不论是否装在组件内或组装成块的光电池;发光二极管(LED),不论是否与其他发光二极管(LED)组装;已装配的压电晶体: Semiconductor devices (for example, diodes, transistors, semiconductor based transducers); photosensitive semiconductor devices, including photovoltaic cells whether or not assembled in modules or made up into panels; light-emitting diodes (LED), whether or not assembled with other light-emitting diodes (LED); mounted piezo-electric crystals:					
7750	8541.1000	-二极管,但光敏二极管或发光二极管除外 -Diodes, other than photosensitive or light-emitting diodes (LED)	0	0	东盟AS,智CL,巴PK,新西兰NZ, 秘PE,哥CR,瑞CH,冰IS,韩KR, 澳AU,格GE,毛MU,东盟^RAS^R, 澳^RAU^R,日^RJP^R,新西兰^RNZ^R,柬 KH,港HK,澳门MO,韩^RKR^R	0 受惠国LD	30
		-晶体管,但光敏晶体管除外: -Transistors, other than photosensitive transistors:					
7751	8541.2100	--耗散功率小于1瓦的 --With a dissipation rate of less than 1W	0	0	东盟AS,智CL,巴PK,新西兰NZ, 秘PE,哥CR,瑞CH,冰IS,韩KR, 澳AU,格GE,毛MU,东盟^RAS^R, 澳^RAU^R,日^RJP^R,新西兰^RNZ^R,柬 KH,港HK,澳门MO,韩^RKR^R	0 受惠国LD	30
7752	8541.2900	--其他 --Other	0	0	东盟AS,智CL,巴PK,新西兰NZ, 秘PE,哥CR,瑞CH,冰IS,韩KR, 澳AU,格GE,毛MU,东盟^RAS^R, 澳^RAU^R,日^RJP^R,新西兰^RNZ^R,柬 KH,港HK,澳门MO,韩^RKR^R	0 受惠国LD	30

序号 No.	税则号列 Tariff Line	货品名称 Article Description	最惠国税率 MFN(%)		协定税率 Agreement(%)	特惠税率 SP(%)	普通税率 Gen(%)
7753	8541.3000	-半导体开关元件、两端交流开关元件及三端双向可控硅开关元件,但光敏器件除外 -Thyristors, diacs and triacs, other than photosensitive devices	0	0	东盟AS,智CL,巴PK,新西兰NZ,秘PE,哥CR,瑞CH,冰IS,韩KR,澳AU,格GE,毛MU,东盟^{R}AS^R,澳^{R}AU^R,日^{R}JP^R,新西兰^{R}NZ^R,柬KH,港HK,澳门MO,韩^{R}KR^R	0 受惠国LD	30
		-光敏半导体器件,包括不论是否装在组件内或组装成块的光电池;发光二极管: -Photosensitive semiconductor devices, including photovoltaic cells whether or not assembled in modules or made up into panels; light-emitting diodes (LED):					
7754	8541.4100	--发光二极管(LED) --Light-emitting diodes (LED)	0	0	东盟AS,智CL,巴PK,新西兰NZ,秘PE,哥CR,瑞CH,冰IS,韩KR,澳AU,格GE,毛MU,东盟^{R}AS^R,澳^{R}AU^R,日^{R}JP^R,新西兰^{R}NZ^R,柬KH,港HK,澳门MO,韩^{R}KR^R	0 受惠国LD	30
7755	8541.4200	--未装在组件内或组装成块的光电池 --Photovoltaic cells not assembled in modules or made up into panels	0	0	东盟AS,智CL,巴PK,新西兰NZ,秘PE,哥CR,瑞CH,冰IS,韩KR,澳AU,格GE,毛MU,东盟^{R}AS^R,澳^{R}AU^R,日^{R}JP^R,新西兰^{R}NZ^R,柬KH,港HK,澳门MO,韩^{R}KR^R	0 受惠国LD	30
7756	8541.4300	--已装在组件内或组装成块的光电池 --Photovoltaic cells assembled in modules or made up into panels	0	0	东盟AS,智CL,巴PK,新西兰NZ,秘PE,哥CR,瑞CH,冰IS,韩KR,澳AU,格GE,毛MU,东盟^{R}AS^R,澳^{R}AU^R,日^{R}JP^R,新西兰^{R}NZ^R,柬KH,港HK,澳门MO,韩^{R}KR^R	0 受惠国LD	30
7757	8541.4900	--其他 --Other	0	0	东盟AS,智CL,巴PK,新西兰NZ,秘PE,哥CR,瑞CH,冰IS,韩KR,澳AU,格GE,毛MU,东盟^{R}AS^R,澳^{R}AU^R,日^{R}JP^R,新西兰^{R}NZ^R,柬KH,港HK,澳门MO,韩^{R}KR^R	0 受惠国LD	30
		-其他半导体器件: -Other semiconductor devices:					
		--半导体基换能器: --Semiconductor-based transducers:					
		---传感器: ---Sensors:					
7758	8541.5111	----检测湿度、气压及其组合指标的 ----For measuring humidity , gas pressure and combination parameters	11	0 3 6 9.9	东盟AS,智CL,新西兰NZ,新加坡SG,秘PE,哥CR,瑞CH,冰IS,澳AU,格GE,毛MU,柬KH,港HK,澳门MO 巴PK 韩KR 东盟^{R}AS^R,澳^{R}AU^R,新西兰^{R}NZ^R	0 受惠国LD	30
7759	8541.5112	----用于检测温度、电量、理化指标的;利用光学检测其他指标的 ----For measuring temperature, electrical quantities physical and chemical parameters;for measuring other parameters by optical method	0	0 0.8 2.2	亚太AP,东盟AS,智CL,新西兰NZ,秘PE,哥CR,瑞CH,冰IS,澳AU,格GE,毛MU,东盟^{R}AS^R,澳^{R}AU^R,日^{R}JP^R,新西兰^{R}NZ^R,柬KH,港HK,澳门MO,韩^{R}KR^R 巴PK 韩KR	0 受惠国LD	31

序号 No.	税则号列 Tariff Line	货品名称 Article Description	最惠国税率 MFN(%)	协定税率 Agreement(%)		特惠税率 SP(%)		普通税率 Gen(%)
7760	8541.5113	----液体或气体的流量、液位、压力或 其他变化量的 ----For measuring the flow, level, pressure or other variables of liquids or gases	0	0	东盟AS,智CL,巴PK,新西兰NZ, 秘PE,哥CR,瑞CH,冰IS,韩KR, 澳AU,格GE,毛MU,东盟^RAS^R, 澳^RAU^R,日^RJP^R,新西兰^RNZ^R,柬 KH,港HK,澳门MO,韩^RKR^R	0	受惠国LD	17
7761	8541.5119	----其他 ----Other	1#0	0	东盟AS,智CL,巴PK,新西兰NZ, 秘PE,哥CR,澳AU,格GE,毛MU, 东盟^RAS^R,澳^RAU^R,新西兰^RNZ^R, 柬KH,港HK,澳门MO,台TW	0	受惠国LD	17
				0.5	韩KR			
				0.7#0	亚太AP			
				1#0	瑞CH			
				4	韩^RKR^R			
				4.4	日^RJP^R			
		---执行器: ---Actuators:						
7762	8541.5121	----电动机 ----Electrical motors	9	0	东盟AS,智CL,新西兰NZ,新加 坡SG,秘PE,哥CR,瑞CH,冰IS,澳 AU,格GE,毛MU,柬KH,港HK,澳 门MO,台TW	0	受惠国LD	35
				3	巴PK			
				3.6	韩KR			
				5.9	亚太AP			
				7.8	东盟^RAS^R,韩^RKR^R			
				7.9	日^RJP^R			
				8.1	澳^RAU^R,新西兰^RNZ^R			
7763	8541.5129	----其他 ----Other	0	0	东盟AS,智CL,巴PK,新西兰NZ, 秘PE,哥CR,瑞CH,冰IS,韩KR, 澳AU,格GE,毛MU,东盟^RAS^R, 澳^RAU^R,日^RJP^R,新西兰^RNZ^R,柬 KH,港HK,澳门MO,韩^RKR^R	0	受惠国LD	30
7764	8541.5130	---振荡器 ---Oscillators	8	0	东盟AS,智CL,新西兰NZ,新加 坡SG,秘PE,哥CR,瑞CH,冰IS,澳 AU,格GE,毛MU,柬KH,港HK,澳 门MO	0	受惠国LD	40
				3.6	巴PK			
				6.6	韩KR			
				10.8	东盟^RAS^R,澳^RAU^R,新西兰^RNZ^R, 韩^RKR^R			
				10.9	日^RJP^R			
7765	8541.5140	---谐振器 ---Resonators	8	0	东盟AS,智CL,新西兰NZ,新加 坡SG,秘PE,哥CR,瑞CH,冰IS,澳 AU,格GE,毛MU,柬KH,港HK,澳 门MO	0	受惠国LD	40
				3.6	巴PK			
				6.6	韩KR			
				10.8	东盟^RAS^R,澳^RAU^R,新西兰^RNZ^R, 韩^RKR^R			
				10.9	日^RJP^R			

序号 No.	税则号列 Tariff Line	货品名称 Article Description	最惠国税率 MFN(%)	协定税率 Agreement(%)		特惠税率 SP(%)	普通税率 Gen(%)
	ex85415140	半导体基滤波器 Semiconductor-based wave filter	Δ4				
7766	8541.5900	--其他 --Other	0	0	东盟AS,智CL,巴PK,新西兰NZ, 秘PE,哥CR,瑞CH,冰IS,韩KR, 澳AU,格GE,毛MU,东盟^{R}AS^R, 澳^{R}AU^R,日^{R}JP^R,新西兰^{R}NZ^R,柬 KH,港HK,澳门MO,韩^{R}KR^R	0 受惠国LD	30
7767	8541.6000	-已装配的压电晶体 -Mounted piezo-electric crystals	0	0	东盟AS,智CL,巴PK,新西兰NZ, 秘PE,哥CR,瑞CH,冰IS,韩KR, 澳AU,格GE,毛MU,东盟^{R}AS^R, 澳^{R}AU^R,日^{R}JP^R,新西兰^{R}NZ^R,柬 KH,港HK,澳门MO,韩^{R}KR^R	0 受惠国LD	30
7768	8541.9000	-零件 -Parts	0	0	东盟AS,智CL,巴PK,新西兰NZ, 秘PE,哥CR,瑞CH,冰IS,韩KR, 澳AU,格GE,毛MU,东盟^{R}AS^R, 澳^{R}AU^R,日^{R}JP^R,新西兰^{R}NZ^R,柬 KH,港HK,澳门MO,韩^{R}KR^R	0 受惠国LD	30
	85.42	集成电路: **Electronic integrated circuits:**					
		-集成电路: -Electronic integrated circuits:					
		--处理器及控制器, 不论是否带有存储 器、转换器、逻辑电路、放大器、时钟 及时序电路或其他电路: --Processors and controllers, whether or not combined with memories, converters, logic circuits, amplifiers, clock and timing circuits, or other circuits:					
		---多元件集成电路: ---Multi-component integrated circuits(MCOs):					
7769	8542.3111	----具有变流功能的半导体模块 ----Semiconductor modules with converting function	0	0 3 8.2	东盟AS,智CL,新西兰NZ,新加 坡SG,秘PE,哥CR,瑞CH,冰IS, 韩KR,澳AU,格GE,毛MU,东盟 ^{R}AS^R,澳^{R}AU^R,新西兰^{R}NZ^R,柬 KH,港HK,澳门MO,韩^{R}KR^R 巴PK 日^{R}JP^R	0 受惠国LD	30
7770	8542.3119	----其他 ----Other	0	0 1	亚太AP,东盟AS,智CL,巴PK,新 西兰NZ,新加坡SG,秘PE,哥CR, 瑞CH,冰IS,澳AU,格GE,毛MU, 东盟^{R}AS^R,澳^{R}AU^R,日^{R}JP^R,新西 兰^{R}NZ^R,柬KH,港HK,澳门MO, 韩^{R}KR^R 韩KR	0 受惠国LD	46
7771	8542.3190	---其他 ---Other	0	0	东盟AS,智CL,巴PK,新西兰NZ, 秘PE,哥CR,瑞CH,冰IS,韩KR, 澳AU,格GE,毛MU,东盟^{R}AS^R, 澳^{R}AU^R,日^{R}JP^R,新西兰^{R}NZ^R,柬 KH,港HK,澳门MO,韩^{R}KR^R	0 受惠国LD	24

序号 No.	税则号列 Tariff Line	货品名称 Article Description	最惠国税率 MFN(%)	协定税率 Agreement(%)		特惠税率 SP(%)	普通税率 Gen(%)
		--存储器: --Memories:					
7772	8542.3210	---多元件集成电路 ---Multi-component integrated circuits (MCOs)	0	0	亚太AP,东盟AS,智CL,巴PK,新西兰NZ,新加坡SG,秘PE,哥CR,瑞CH,冰IS,澳AU,格GE,毛MU,东盟^{R}AS^R,澳^{R}AU^R,日^{R}JP^R,新西兰^{R}NZ^R,柬KH,港HK,澳门MO,韩^{R}KR^R	0 受惠国LD	45
				1	韩KR		
7773	8542.3290	---其他 ---Other	0	0	东盟AS,智CL,巴PK,新西兰NZ,秘PE,哥CR,瑞CH,冰IS,韩KR,澳AU,格GE,毛MU,东盟^{R}AS^R,澳^{R}AU^R,日^{R}JP^R,新西兰^{R}NZ^R,柬KH,港HK,澳门MO,韩^{R}KR^R	0 受惠国LD	24
		--放大器: --Amplifiers:					
7774	8542.3310	---多元件集成电路 ---Multi-component integrated circuits (MCOs)	0	0	亚太AP,东盟AS,智CL,巴PK,新西兰NZ,新加坡SG,秘PE,哥CR,瑞CH,冰IS,澳AU,格GE,毛MU,东盟^{R}AS^R,澳^{R}AU^R,日^{R}JP^R,新西兰^{R}NZ^R,柬KH,港HK,澳门MO,韩^{R}KR^R	0 受惠国LD	45
				1	韩KR		
7775	8542.3390	---其他 ---Other	0	0	东盟AS,智CL,巴PK,新西兰NZ,秘PE,哥CR,瑞CH,冰IS,韩KR,澳AU,格GE,毛MU,东盟^{R}AS^R,澳^{R}AU^R,日^{R}JP^R,新西兰^{R}NZ^R,柬KH,港HK,澳门MO,韩^{R}KR^R	0 受惠国LD	24
		--其他: --Other:					
7776	8542.3910	---多元件集成电路 ---Multi-component integrated circuits (MCOs)	0	0	亚太AP,东盟AS,智CL,巴PK,新西兰NZ,新加坡SG,秘PE,哥CR,瑞CH,冰IS,澳AU,格GE,毛MU,东盟^{R}AS^R,澳^{R}AU^R,日^{R}JP^R,新西兰^{R}NZ^R,柬KH,港HK,澳门MO,韩^{R}KR^R	0 受惠国LD	45
				1	韩KR		
7777	8542.3990	---其他 ---Other	0	0	东盟AS,智CL,巴PK,新西兰NZ,秘PE,哥CR,瑞CH,冰IS,韩KR,澳AU,格GE,毛MU,东盟^{R}AS^R,澳^{R}AU^R,日^{R}JP^R,新西兰^{R}NZ^R,柬KH,港HK,澳门MO,韩^{R}KR^R	0 受惠国LD	24
7778	8542.9000	-零件 -Parts	0	0	东盟AS,智CL,巴PK,新西兰NZ,秘PE,哥CR,瑞CH,冰IS,韩KR,澳AU,格GE,毛MU,东盟^{R}AS^R,澳^{R}AU^R,日^{R}JP^R,新西兰^{R}NZ^R,柬KH,港HK,澳门MO,韩^{R}KR^R	0 受惠国LD	30

序号 No.	税则号列 Tariff Line	货品名称 Article Description	最惠国税率 MFN(%)	协定税率 Agreement(%)		特惠税率 SP(%)	普通税率 Gen(%)
	85.43	本章其他税号未列名的具有独立功能的电气设备及装置： Electrical machines and apparatus, having individual functions, not specified or included elsewhere in this Chapter:					
7779	8543.1000	-粒子加速器 -Particle accelerators	5	0 0.5 4 4.1	东盟AS,智CL,巴PK,新西兰NZ,秘PE,哥CR,瑞CH,冰IS,澳AU,格GE,毛MU,东盟^{R}AS^R,澳^{R}AU^R,新西兰^{R}NZ^R,柬KH,港HK,澳门MO 韩KR 韩^{R}KR^R 日^{R}JP^R	0 受惠国LD	11
		-信号发生器： -Signal generators:					
7780	8543.2010	---输出信号频率在1500兆赫兹以下的通用信号发生器 ---Universal signal generators, with a frequency range of less than 1500MHz	1.9#0	0 7.2 12 12.3 13.5	东盟AS,智CL,新西兰NZ,新加坡SG,秘PE,哥CR,瑞CH,冰IS,澳AU,格GE,毛MU,柬KH,港HK,澳门MO,台TW 巴PK 东盟^{R}AS^R,澳^{R}AU^R,新西兰^{R}NZ^R 日^{R}JP^R 韩^{R}KR^R	0 受惠国LD	80
7781	8543.2090	---其他 ---Other	1#0	0 1 6.4	东盟AS,智CL,新西兰NZ,秘PE,哥CR,瑞CH,冰IS,韩KR,澳AU,格GE,毛MU,东盟^{R}AS^R,日^{R}JP^R,柬KH,港HK,澳门MO,台TW,韩^{R}KR^R 巴PK 澳^{R}AU^R,新西兰^{R}NZ^R	0 受惠国LD	20
7782	8543.3000	-电镀、电解或电泳设备及装置 -Machines and apparatus for electroplating, electrolysis or electrophoresis	0	0	东盟AS,智CL,巴PK,新西兰NZ,秘PE,哥CR,瑞CH,冰IS,韩KR,澳AU,格GE,毛MU,东盟^{R}AS^R,澳^{R}AU^R,日^{R}JP^R,新西兰^{R}NZ^R,柬KH,港HK,澳门MO,韩^{R}KR^R	0 受惠国LD	35
7783	8543.4000	-电子烟及类似的个人电子雾化设备 -Electronic cigarettes and similar personal electric vaporising devices	0	0	东盟AS,智CL,巴PK,新西兰NZ,秘PE,哥CR,瑞CH,冰IS,韩KR,澳AU,格GE,毛MU,东盟^{R}AS^R,澳^{R}AU^R,日^{R}JP^R,新西兰^{R}NZ^R,柬KH,港HK,澳门MO,韩^{R}KR^R	0 受惠国LD	35
		-其他设备及装置： -Other machines and apparatus:					
		---其他设备及装置： ---Other machines and apparatus:					
7784	8543.7091	----金属、矿藏探测器 ----Metal or mine detectors	0	0	东盟AS,智CL,巴PK,新西兰NZ,秘PE,哥CR,瑞CH,冰IS,韩KR,澳AU,格GE,毛MU,东盟^{R}AS^R,澳^{R}AU^R,日^{R}JP^R,新西兰^{R}NZ^R,柬KH,港HK,澳门MO,韩^{R}KR^R	0 受惠国LD	17

序号 No.	税则号列 Tariff Line	货品名称 Article Description	最惠国税率 MFN(%)	协定税率 Agreement(%)		特惠税率 SP(%)	普通税率 Gen(%)
7785	8543.7092	----高、中频放大器 ----High or intermediate frequency amplifiers	0	0	东盟AS,智CL,巴PK,新西兰NZ, 秘PE,哥CR,瑞CH,冰IS,韩KR, 澳AU,格GE,毛MU,东盟^{R}AS^R, 澳^{R}AU^R,日^{R}JP^R,新西兰^{R}NZ^R,柬 KH,港HK,澳门MO,韩^{R}KR^R	0 受惠国LD	17
7786	8543.7093	----电篱网激发器 ----Electric fence energizers	8	0 1 8 8.2	东盟AS,智CL,新西兰NZ,新加 坡SG,秘PE,哥CR,瑞CH,冰IS,澳 AU,格GE,毛MU,东盟^{R}AS^R,澳 ^{R}AU^R,新西兰^{R}NZ^R,柬KH,港HK, 澳门MO 巴PK,韩KR 韩^{R}KR^R 日^{R}JP^R	0 受惠国LD	35
7787	8543.7099	----其他 ----Other	0	0	东盟AS,智CL,巴PK,新西兰NZ, 秘PE,哥CR,瑞CH,冰IS,韩KR, 澳AU,格GE,毛MU,东盟^{R}AS^R, 澳^{R}AU^R,日^{R}JP^R,新西兰^{R}NZ^R,柬 KH,港HK,澳门MO,韩^{R}KR^R	0 受惠国LD	35
		-零件: -Parts:					
7788	8543.9010	---粒子加速器用 ---Of particle accelerators	0	0	东盟AS,智CL,巴PK,新西兰NZ, 秘PE,哥CR,瑞CH,冰IS,韩KR, 澳AU,格GE,毛MU,东盟^{R}AS^R, 澳^{R}AU^R,日^{R}JP^R,新西兰^{R}NZ^R,柬 KH,港HK,澳门MO,韩^{R}KR^R	0 受惠国LD	11
		---信号发生器用: ---Of signal generators:					
7789	8543.9021	----输出信号频率在1500兆赫兹以下的 通用信号发生器用 ----Of the generators of subheading 8543.2010	0	0	东盟AS,智CL,巴PK,新西兰NZ, 秘PE,哥CR,瑞CH,冰IS,韩KR, 澳AU,格GE,毛MU,东盟^{R}AS^R, 澳^{R}AU^R,日^{R}JP^R,新西兰^{R}NZ^R,柬 KH,港HK,澳门MO,韩^{R}KR^R	0 受惠国LD	80
7790	8543.9029	----其他 ----Other	0	0	东盟AS,智CL,巴PK,新西兰NZ, 秘PE,哥CR,瑞CH,冰IS,韩KR, 澳AU,格GE,毛MU,东盟^{R}AS^R, 澳^{R}AU^R,日^{R}JP^R,新西兰^{R}NZ^R,柬 KH,港HK,澳门MO,韩^{R}KR^R	0 受惠国LD	20
7791	8543.9030	---金属、矿藏探测器用 ---Of metal or mine detectors	0	0	东盟AS,智CL,巴PK,新西兰NZ, 秘PE,哥CR,瑞CH,冰IS,韩KR, 澳AU,格GE,毛MU,东盟^{R}AS^R, 澳^{R}AU^R,日^{R}JP^R,新西兰^{R}NZ^R,柬 KH,港HK,澳门MO,韩^{R}KR^R	0 受惠国LD	17
7792	8543.9040	---高、中频放大器用 ---Of high or intermediate frequency amplifiers	0	0	东盟AS,智CL,巴PK,新西兰NZ, 秘PE,哥CR,瑞CH,冰IS,韩KR, 澳AU,格GE,毛MU,东盟^{R}AS^R, 澳^{R}AU^R,日^{R}JP^R,新西兰^{R}NZ^R,柬 KH,港HK,澳门MO,韩^{R}KR^R	0 受惠国LD	17
7793	8543.9090	---其他 ---Other	0	0	东盟AS,智CL,巴PK,新西兰NZ, 秘PE,哥CR,瑞CH,冰IS,韩KR, 澳AU,格GE,毛MU,东盟^{R}AS^R, 澳^{R}AU^R,日^{R}JP^R,新西兰^{R}NZ^R,柬 KH,港HK,澳门MO,韩^{R}KR^R	0 受惠国LD	35

序号 No.	税则号列 Tariff Line	货品名称 Article Description	最惠国税率 MFN(%)	协定税率 Agreement(%)		特惠税率 SP(%)		普通税率 Gen(%)
	85.44	绝缘（包括漆包或阳极化处理）电线、电缆（包括同轴电缆）及其他绝缘电导体，不论是否有接头；由多根具有独立保护套的光纤组成的光缆，不论是否与电导体装配或装有接头： Insulated (including enamelled or anodized) wire,cable (including co-axial cable)and other insulated electric conductors,whether or not fitted with connectors;optical fibre cables,made up of individually sheathed fibres,whether or not assembled with electric conductors or fitted with connectors:						
		-绕组电线： -Winding wire:						
7794	8544.1100	--铜制 --Of copper	10	0	东盟AS,智CL,新西兰NZ,新加坡SG,秘PE,哥CR,瑞CH,冰IS,澳AU,格GE,毛MU,柬KH,港HK,澳门MO,台TW	0	受惠国LD	70
				1	巴PK			
				4	韩KR			
				6.5	亚太AP			
				8.7	东盟^{R}AS^R,韩^{R}KR^R			
				8.8	日^{R}JP^R			
				9	澳^{R}AU^R,新西兰^{R}NZ^R			
7795	8544.1900	--其他 --Other	10	0	东盟AS,智CL,新西兰NZ,新加坡SG,秘PE,哥CR,瑞CH,冰IS,澳AU,格GE,毛MU,柬KH,港HK,澳门MO	0	受惠国LD	70
				11	韩KR			
				16	巴PK			
				18	东盟^{R}AS^R,澳^{R}AU^R,新西兰^{R}NZ^R			
7796	8544.2000	-同轴电缆及其他同轴电导体 -Co-axial cable and other co-axial electric conductors	10	0	东盟AS,智CL,巴PK,新西兰NZ,新加坡SG,秘PE,哥CR,冰IS,澳AU,格GE,毛MU,东盟^{R}AS^R,澳^{R}AU^R,新西兰^{R}NZ^R,柬KH,港HK,澳门MO,台TW	0	受惠国LD	20
				1	韩KR			
				3.3	瑞CH			
				6.5	亚太AP			
				8	韩^{R}KR^R			
				8.2	日^{R}JP^R			
			-车辆、航空器、船舶用点火布线组及其他布线组： -Ignition wiring sets and other wiring sets of a kind used in vehicles, aircraft or ships:						

序号 No.	税则号列 Tariff Line	货品名称 Article Description	最惠国税率 MFN(%)	协定税率 Agreement(%)		特惠税率 SP(%)		普通税率 Gen(%)
7797	8544.3020	---机动车辆用 ---For motor vehicles	10	0	智CL,新西兰NZ,秘PE,哥CR,瑞 CH,冰IS,澳AU,格GE,毛MU,柬 KH,港HK,澳门MO	0	受惠国LD	20
				4	韩KR			
				5	东盟AS			
				8	巴PK,东盟^RAS^R			
				8.2	日^RJP^R			
				9.5	澳^RAU^R,新西兰^RNZ^R			
	ex85443020	车辆用电控柴油机的线束 Wiring harness of electric diesel engines used for vehicles	Δ5					
7798	8544.3090	---其他 ---Other	5	0	智CL,新西兰NZ,秘PE,哥CR,瑞 CH,冰IS,澳AU,格GE,毛MU,柬 KH,港HK,澳门MO	0	受惠国LD	70
				2	韩KR			
				4	巴PK			
		-其他电导体, 额定电压不超过 　1000伏: -Other electric conductors, for a voltage 　not exceeding 1000V:						
		--有接头: --Fitted with connectors:						
		---额定电压不超过80伏: ---For a voltage not exceeding 80V:						
7799	8544.4211	----电缆 ----Electric cable	0	0	东盟AS,智CL,巴PK,新西兰NZ, 秘PE,哥CR,瑞CH,冰IS,韩KR, 澳AU,格GE,毛MU,东盟^RAS^R, 澳^RAU^R,日^RJP^R,新西兰^RNZ^R,柬 KH,港HK,澳门MO,韩^RKR^R	0	受惠国LD	20
7800	8544.4219	----其他 ----Other	0	0	东盟AS,智CL,巴PK,新西兰NZ, 秘PE,哥CR,瑞CH,冰IS,韩KR, 澳AU,格GE,毛MU,东盟^RAS^R, 澳^RAU^R,日^RJP^R,新西兰^RNZ^R,柬 KH,港HK,澳门MO,韩^RKR^R	0	受惠国LD	70
		---额定电压超过80伏, 但不超过 　1000伏: ---Other electric conductors, for a 　voltage exceeding 80V but not 　exceeding 1000V:						
7801	8544.4221	----电缆 ----Electric cable	0	0	东盟AS,智CL,巴PK,新西兰NZ, 秘PE,哥CR,瑞CH,冰IS,韩KR, 澳AU,格GE,毛MU,东盟^RAS^R, 澳^RAU^R,日^RJP^R,新西兰^RNZ^R,柬 KH,港HK,澳门MO,韩^RKR^R	0	受惠国LD	20
7802	8544.4229	----其他 ----Other	0	0	东盟AS,智CL,巴PK,新西兰NZ, 秘PE,哥CR,瑞CH,冰IS,韩KR, 澳AU,格GE,毛MU,东盟^RAS^R, 澳^RAU^R,日^RJP^R,新西兰^RNZ^R,柬 KH,港HK,澳门MO,韩^RKR^R	0	受惠国LD	70
		--其他: --Other:						

序号 No.	税则号列 Tariff Line	货品名称 Article Description	最惠国税率 MFN(%)	协定税率 Agreement(%)		特惠税率 SP(%)		普通税率 Gen(%)
		---额定电压不超过80伏: ---For a voltage not exceeding 80V:						
7803	8544.4911	----电缆 ----Electric cable	0	0	东盟AS,智CL,巴PK,新西兰NZ,秘PE,哥CR,瑞CH,冰IS,韩KR,澳AU,格GE,毛MU,东盟^RAS^R,澳^RAU^R,日^RJP^R,新西兰^RNZ^R,柬KH,港HK,澳门MO,韩^RKR^R	0	受惠国LD	20
7804	8544.4919	----其他 ----Other	0	0	东盟AS,智CL,巴PK,新西兰NZ,秘PE,哥CR,瑞CH,冰IS,韩KR,澳AU,格GE,毛MU,东盟^RAS^R,澳^RAU^R,日^RJP^R,新西兰^RNZ^R,柬KH,港HK,澳门MO,韩^RKR^R	0	受惠国LD	70
		---额定电压超过80伏,但不超过1000伏: ---Other electric conductors, for a voltage exceeding 80V but not exceeding 1000V:						
7805	8544.4921	----电缆 ----Electric cable	6	0 3.9 5	东盟AS,智CL,巴PK,新西兰NZ,秘PE,哥CR,瑞CH,冰IS,澳AU,格GE,毛MU,柬KH,港HK,澳门MO 亚太AP,韩KR 东盟^RAS^R,澳^RAU^R,新西兰^RNZ^R	0	受惠国LD	20
7806	8544.4929	----其他 ----Other	8	0 5.2 10.5	东盟AS,智CL,巴PK,新西兰NZ,新加坡SG,秘PE,哥CR,瑞CH,冰IS,韩KR,澳AU,格GE,毛MU,东盟^RAS^R,澳^RAU^R,新西兰^RNZ^R,柬KH,港HK,澳门MO,台TW,韩^RKR^R 亚太AP 日^RJP^R	0	受惠国LD	70
		-其他电导体, 额定电压超过1000伏: -Other electric conductors, for a voltage exceeding 1000V:						
		---电缆: ---Electric cable:						
7807	8544.6012	----额定电压不超过35千伏 ----For a voltage not exceeding 35kV	8	0 1 5.2 8 8.2	东盟AS,智CL,巴PK,新西兰NZ,新加坡SG,秘PE,哥CR,瑞CH,冰IS,澳AU,格GE,毛MU,东盟^RAS^R,澳^RAU^R,新西兰^RNZ^R,柬KH,港HK,澳门MO 韩KR 亚太AP 韩^RKR^R 日^RJP^R	0	受惠国LD	50
	ex85446012	250千米/小时及以上高速动车组用高压电缆 High voltage cables of high-speed electric multiple unit with speed of 250km/h and above	Δ4					

1638

序号 No.	税则号列 Tariff Line	货品名称 Article Description	最惠国税率 MFN(%)	协定税率 Agreement(%)		特惠税率 SP(%)	普通税率 Gen(%)
7808	8544.6013	----额定电压超过35千伏, 但不超过110千伏 ----For a voltage exceeding 35kV but not exceeding 110kV	8	0	东盟AS,智CL,新西兰NZ,秘PE,哥CR,瑞CH,冰IS,澳AU,格GE,毛MU,东盟^{R}AS^R,澳^{R}AU^R,新西兰^{R}NZ^R,柬KH,港HK,澳门MO	0 受惠国LD	20
				0.8	韩KR		
				1	巴PK		
				5.2	亚太AP		
				6.7	韩^{R}KR^R		
				6.9	日^{R}JP^R		
7809	8544.6014	----额定电压超过110千伏, 但不超过220千伏 ----For a voltage exceeding 110kV but not exceeding 220kV	8	0	东盟AS,智CL,新西兰NZ,秘PE,哥CR,瑞CH,冰IS,韩KR,澳AU,格GE,毛MU,东盟^{R}AS^R,澳^{R}AU^R,新西兰^{R}NZ^R,柬KH,港HK,澳门MO,韩^{R}KR^R	0 受惠国LD	20
				1	巴PK		
				5.2	亚太AP		
				6.9	日^{R}JP^R		
7810	8544.6019	----其他 ----Other	8	0	东盟AS,智CL,新西兰NZ,秘PE,哥CR,冰IS,澳AU,格GE,毛MU,柬KH,港HK,澳门MO	0 受惠国LD	20
				1	巴PK		
				5	东盟^{R}AS^R,澳^{R}AU^R,新西兰^{R}NZ^R		
				5.2	亚太AP		
				5.4	韩KR		
7811	8544.6090	---其他 ---Other	15	0	东盟AS,智CL,新西兰NZ,新加坡SG,秘PE,哥CR,瑞CH,冰IS,澳AU,格GE,毛MU,柬KH,港HK,澳门MO	0 受惠国LD	70
				9.8	亚太AP		
				11.5	韩KR		
				12	巴PK		
				18.9	东盟^{R}AS^R,澳^{R}AU^R,新西兰^{R}NZ^R		
				19	日^{R}JP^R		
	ex85446090	额定电压为500千伏及以上的气体绝缘金属封闭输电线 Gas insulated metal enclosed transmission line,for a voltage of 500kV or more	Δ10				
7812	8544.7000	-光缆 -Optical fibre cables	0	0	东盟AS,智CL,巴PK,新西兰NZ,秘PE,哥CR,瑞CH,冰IS,韩KR,澳AU,格GE,毛MU,东盟^{R}AS^R,澳^{R}AU^R,日^{R}JP^R,新西兰^{R}NZ^R,柬KH,港HK,澳门MO,韩^{R}KR^R	0 受惠国LD	20
	85.45	碳电极、碳刷、灯碳棒、电池碳棒及电气设备用的其他石墨或碳精制品, 不论是否带金属: **Carbon electrodes, carbon brushes, lamp carbons, battery carbons and other articles of graphite or other carbon, with or without metal, of a kind used for electrical purposes:**					

序号 No.	税则号列 Tariff Line	货品名称 Article Description	最惠国税率 MFN(%)	协定税率 Agreement(%)		特惠税率 SP(%)		普通税率 Gen(%)
		-碳电极： -Electrodes:						
7813	8545.1100	--炉用 --Of a kind used for furnaces	8	0	东盟AS,智CL,新西兰NZ,秘PE,哥CR,瑞CH,冰IS,澳AU,格GE,毛MU,柬KH,港HK,澳门MO	0	受惠国LD	35
				0.8	韩KR			
				1	巴PK			
				6.4	东盟^{R}AS^R,澳^{R}AU^R,新西兰^{R}NZ^R,韩^{R}KR^R			
				6.5	日^{R}JP^R			
7814	8545.1900	--其他 --Other	10	0	东盟AS,智CL,新西兰NZ,新加坡SG,秘PE,哥CR,瑞CH,冰IS,澳AU,格GE,毛MU,东盟^{R}AS^R,澳^{R}AU^R,新西兰^{R}NZ^R,柬KH,港HK,澳门MO	0	受惠国LD	35
				1	韩KR			
				3	巴PK			
				8.4	韩^{R}KR^R			
				8.6	日^{R}JP^R			
	ex85451900	燃料电池用碳电极片 Carbon electrodes for fuel cells	Δ5					
7815	8545.2000	-碳刷 -Brushes	10	0	东盟AS,智CL,新西兰NZ,新加坡SG,秘PE,哥CR,瑞CH,冰IS,澳AU,格GE,毛MU,柬KH,港HK,澳门MO	0	受惠国LD	35
				1	韩KR			
				3	巴PK			
				8.4	东盟^{R}AS^R,澳^{R}AU^R,新西兰^{R}NZ^R,韩^{R}KR^R			
				8.6	日^{R}JP^R			
7816	8545.9000	-其他 -Other	10	0	东盟AS,智CL,新西兰NZ,新加坡SG,秘PE,哥CR,瑞CH,冰IS,澳AU,格GE,毛MU,柬KH,港HK,澳门MO	0	受惠国LD	35
				1	韩KR			
				3	巴PK			
				8.4	东盟^{R}AS^R,澳^{R}AU^R,新西兰^{R}NZ^R,韩^{R}KR^R			
				8.6	日^{R}JP^R			
	85.46	各种材料制的绝缘子： Electrical insulators of any material:						
7817	8546.1000	-玻璃制 -Of glass	10	0	东盟AS,智CL,新西兰NZ,新加坡SG,秘PE,哥CR,瑞CH,冰IS,澳AU,格GE,毛MU,东盟^{R}AS^R,澳^{R}AU^R,新西兰^{R}NZ^R,柬KH,港HK,澳门MO	0	受惠国LD	35
				1	韩KR			
				3	巴PK			
				8.4	韩^{R}KR^R			
				8.6	日^{R}JP^R			

序号 No.	税则号列 Tariff Line	货品名称 Article Description	最惠国税率 MFN(%)	协定税率 Agreement(%)		特惠税率 SP(%)	普通税率 Gen(%)
		-陶瓷制: -Of ceramics:					
7818	8546.2010	---输变电线路绝缘瓷套管 ---Power transmission and converting ceramic bushings	6	0	东盟AS,智CL,巴PK,新西兰NZ, 秘PE,哥CR,瑞CH,冰IS,澳AU,格 GE,毛MU,东盟^{R}AS^R,澳^{R}AU^R,新 西兰^{R}NZ^R,柬KH,港HK,澳门MO	0 受惠国LD	35
				0.6	韩KR		
				4.8	韩^{R}KR^R		
				4.9	日^{R}JP^R		
7819	8546.2090	---其他 ---Other	12	0	东盟AS,智CL,新西兰NZ,新加 坡SG,秘PE,哥CR,瑞CH,冰IS,澳 AU,格GE,毛MU,东盟^{R}AS^R,澳 ^{R}AU^R,新西兰^{R}NZ^R,柬KH,港HK, 澳门MO	0 受惠国LD	35 ·
				1.2	韩KR		
				3.6	巴PK		
				9.6	韩^{R}KR^R		
				9.8	日^{R}JP^R		
	ex85462090	输变电架空线路用长棒形瓷绝缘子瓷 件(单支长度为1-2米,实芯) Long solid rod ceramic insulator body for power overhead transmission and converting lines (each rod is 1-2m in length)	Δ3				
7820	8546.9000	-其他 -Other	10	0	东盟AS,智CL,新西兰NZ,新加 坡SG,秘PE,哥CR,瑞CH,冰IS,澳 AU,格GE,毛MU,柬KH,港HK,澳 门MO	0 受惠国LD	35
				1	韩KR		
				3	巴PK		
				8	东盟^{R}AS^R,澳^{R}AU^R,新西兰^{R}NZ^R, 韩^{R}KR^R		
				8.2	日^{R}JP^R		
	85.47	电气机器、器具或设备用的绝缘零件, 除了为装配需要而在模制时装入的小 金属零件(例如螺纹孔)以外,全部用 绝缘材料制成,但税目85.46的绝缘子 除外;内衬绝缘材料的贱金属制线路导 管及其接头: Insulating fittings for electrical machines, appliances or equipment, being fittings wholly of insulating material apart from any minor components of metal (for example, threaded sockets) incorporated during moulding solely for purposes of assembly, other than insulators of heading 85.46; electrical conduit tubing and joints therefor, of base metal lined with insulating material:					

序号 No.	税则号列 Tariff Line	货品名称 Article Description	最惠国税率 MFN(%)	协定税率 Agreement(%)		特惠税率 SP(%)	普通税率 Gen(%)
7821	8547.1000	-陶瓷制绝缘零件 -Insulating fittings of ceramics	7	0	东盟AS,智CL,新西兰NZ,秘PE,哥CR,瑞CH,冰IS,澳AU,格GE,毛MU,柬KH,港HK,澳门MO	0 受惠国LD	35
				1	巴PK		
				3.2	韩KR		
				6.9	东盟^{R}AS^R,韩^{R}KR^R		
				7	日^{R}JP^R		
				7.2	澳^{R}AU^R,新西兰^{R}NZ^R		
7822	8547.2000	-塑料制绝缘零件 -Insulating fittings of plastics	7	0	东盟AS,智CL,新西兰NZ,秘PE,哥CR,瑞CH,冰IS,澳AU,格GE,毛MU,柬KH,港HK,澳门MO	0 受惠国LD	35
				1	巴PK		
				3.2	韩KR		
				6.4	东盟^{R}AS^R,澳^{R}AU^R,新西兰^{R}NZ^R,韩^{R}KR^R		
				7	日^{R}JP^R		
		-其他: -Other:					
7823	8547.9010	---内衬绝缘材料的贱金属制线路导管及其接头 ---Electrical conduit tubing and joints therefor, of base metal lined with insulating material	7	0	东盟AS,智CL,新西兰NZ,新加坡SG,秘PE,哥CR,瑞CH,冰IS,澳AU,格GE,毛MU,东盟^{R}AS^R,澳^{R}AU^R,新西兰^{R}NZ^R,柬KH,港HK,澳门MO	0 受惠国LD	50
				1	巴PK,韩KR		
				8	韩^{R}KR^R		
				8.2	日^{R}JP^R		
7824	8547.9090	---其他 ---Other	7	0	东盟AS,智CL,新西兰NZ,秘PE,哥CR,瑞CH,冰IS,韩KR,澳AU,格GE,毛MU,柬KH,港HK,澳门MO	0 受惠国LD	35
				1	巴PK		
				6.4	东盟^{R}AS^R,澳^{R}AU^R,新西兰^{R}NZ^R,韩^{R}KR^R		
				6.5	日^{R}JP^R		
	85.48	机器或设备的本章其他税目未列名的电气零件: Electrical parts of machinery or apparatus, not specified or included elsewhere in this Chapter:					
7825	8548.0000	机器或设备的本章其他税目未列名的电气零件 Electrical parts of machinery or apparatus, not specified or included elsewhere in this Chapter	8	0	东盟AS,智CL,新西兰NZ,新加坡SG,秘PE,哥CR,瑞CH,冰IS,澳AU,格GE,毛MU,柬KH,港HK,澳门MO	0 受惠国LD	40
				3.6	巴PK		
				6.6	韩KR		
				10.8	东盟^{R}AS^R,澳^{R}AU^R,新西兰^{R}NZ^R,韩^{R}KR^R		
				10.9	日^{R}JP^R		
	ex85480000	电磁干扰滤波器 Electromagnetic interference filters	△1				

序号 No.	税则号列 Tariff Line	货品名称 Article Description	最惠国税率 MFN(%)	协定税率 Agreement(%)		特惠税率 SP(%)		普通税率 Gen(%)
	ex85480000	非电磁干扰滤波器 Non electromagnetic interference filters	Δ1					
	ex85480000	触摸感应数据输入装置(即触摸屏)无显示的性能,安装于有显示屏的设备中,通过检测显示区域内触摸动作的发生及位置进行工作。触摸感应可通过电阻、静电电容、声学脉冲识别、红外光或其他触摸感应技术来获得 Touch-Sensitive Data Input Devices (so-called touch screens) without display capabilities, for incorporation into apparatus having a display, which function by detecting the presence and location of a touch within the display area.The sensing of touch may be obtained by means of resistance, electrostatic capacity, acoustic pulse recognition, infra-red lights, or other touch-sensitive technology	0					
	85.49	电子电气废弃物及碎料: Electrical and electronic waste and scrap:						
		-原电池、原电池组及蓄电池的废物、废料；废原电池、废原电池组及废蓄电池: -Waste and scrap of primary cells, primary batteries and electric accumulators; spent primary cells, spent primary batteries and spent electric accumulators:						
7826	8549.1100	--铅酸蓄电池的废物、废料；废铅酸蓄电池 --Waste and scrap of lead-acid accumulators; spent lead-acid accumulators	8	0	东盟AS,智CL,新西兰NZ,秘PE,哥CR,瑞CH,冰IS,韩KR,澳AU,格GE,毛MU,东盟^{R}AS^R,澳^{R}AU^R,新西兰^{R}NZ^R,柬KH,港HK,澳门MO,韩^{R}KR^R	0	受惠国LD	36
				1	巴PK	4	亚太AP	
				6.5	日^{R}JP^R			
7827	8549.1200	--其他,含铅、镉或汞的 --Other, containing lead, cadmium or mercury	8	0	东盟AS,智CL,新西兰NZ,秘PE,哥CR,瑞CH,冰IS,韩KR,澳AU,格GE,毛MU,东盟^{R}AS^R,澳^{R}AU^R,新西兰^{R}NZ^R,柬KH,港HK,澳门MO,韩^{R}KR^R	0	受惠国LD	36
				1	巴PK	4	亚太AP	
				6.5	日^{R}JP^R			
7828	8549.1300	--按化学类型分拣且不含铅、镉或汞的 --Sorted by chemical type and not containing lead, cadmium or mercury	8	0	东盟AS,智CL,新西兰NZ,秘PE,哥CR,瑞CH,冰IS,韩KR,澳AU,格GE,毛MU,东盟^{R}AS^R,澳^{R}AU^R,新西兰^{R}NZ^R,柬KH,港HK,澳门MO,韩^{R}KR^R	0	受惠国LD	36
				1	巴PK	4	亚太AP	
				6.5	日^{R}JP^R			

序号 No.	税则号列 Tariff Line	货品名称 Article Description	最惠国税率 MFN(%)	协定税率 Agreement(%)		特惠税率 SP(%)	普通税率 Gen(%)
7829	8549.1400	--未分拣且不含铅、镉或汞的 --Unsorted and not containing lead, cadmium or mercury	8	0	东盟AS,智CL,新西兰NZ,秘PE,哥CR,瑞CH,冰IS,韩KR,澳AU,格GE,毛MU,东盟^{R}AS^R,澳^{R}AU^R,新西兰^{R}NZ^R,柬KH,港HK,澳门MO,韩^{R}KR^R	0 受惠国LD	36
				1	巴PK	4 亚太AP	
				6.5	日^{R}JP^R		
7830	8549.1900	--其他 --Other	8	0	东盟AS,智CL,新西兰NZ,秘PE,哥CR,瑞CH,冰IS,韩KR,澳AU,格GE,毛MU,东盟^{R}AS^R,澳^{R}AU^R,新西兰^{R}NZ^R,柬KH,港HK,澳门MO,韩^{R}KR^R	0 受惠国LD	36
				1	巴PK	4 亚太AP	
				6.5	日^{R}JP^R		
		-主要用于回收贵金属的: -Of a kind used principally for the recovery of precious metal:					
7831	8549.2100	--含有原电池、原电池组、蓄电池、汞开关、源于阴极射线管的玻璃或其他活化玻璃,或含有镉、汞、铅或多氯联苯（PCBs）的电气或电子元件 --Containing primary cells, primary batteries, electric accumulators, mercury-switches, glass from cathode ray tubes or other activated glass, or electrical or electronic components containing cadmium, mercury, lead or polychlorinated biphenyls (PCBs)	5	0	东盟AS,智CL,新西兰NZ,新加坡SG,秘PE,哥CR,瑞CH,冰IS,澳AU,格GE,毛MU,东盟^{R}AS^R,澳^{R}AU^R,日^{R}JP^R,新西兰^{R}NZ^R,柬KH,港HK,澳门MO,韩^{R}KR^R	0 受惠国LD	31
				0.1	韩KR		
				0.9	巴PK		
7832	8549.2900	--其他 --Other	4	0	东盟AS,智CL,新西兰NZ,秘PE,哥CR,瑞CH,冰IS,韩KR,澳AU,格GE,毛MU,东盟^{R}AS^R,澳^{R}AU^R,日^{R}JP^R,新西兰^{R}NZ^R,柬KH,港HK,澳门MO,韩^{R}KR^R	0 受惠国LD	21
				0.6	巴PK		
		-其他电气、电子组件及印刷电路板: -Other electrical and electronic assemblies and printed circuit boards:					
7833	8549.3100	--含有原电池、原电池组、蓄电池、汞开关、源于阴极射线管的玻璃或其他活化玻璃,或含有镉、汞、铅或多氯联苯（PCBs）的电气或电子元件 --Containing primary cells, primary batteries, electric accumulators, mercury-switches, glass from cathode ray tubes or other activated glass, or electrical or electronic components containing cadmium, mercury, lead or polychlorinated biphenyls (PCBs)	8	0	东盟AS,智CL,新西兰NZ,新加坡SG,秘PE,哥CR,瑞CH,冰IS,澳AU,格GE,毛MU,东盟^{R}AS^R,澳^{R}AU^R,新西兰^{R}NZ^R,柬KH,港HK,澳门MO,韩^{R}KR^R	0 受惠国LD	40
				0.4	韩KR		
				2.7	巴PK		
				5.3	日^{R}JP^R		

序号 No.	税则号列 Tariff Line	货品名称 Article Description	最惠国税率 MFN(%)	协定税率 Agreement(%)		特惠税率 SP(%)	普通税率 Gen(%)
7834	8549.3900	--其他 --Other	6.5	0	东盟AS,智CL,新西兰NZ,秘PE,哥CR,瑞CH,冰IS,韩KR,澳AU,格GE,毛MU,东盟^RAS^R,澳^RAU^R,新西兰^RNZ^R,柬KH,港HK,澳门MO,韩^RKR^R	0 受惠国LD	35
				1	巴PK		
				5.3	日^RJP^R		
		-其他: -Other:					
7835	8549.9100	--含有原电池、原电池组、蓄电池、汞开关、源于阴极射线管的玻璃或其他活化玻璃，或含有镉、汞、铅或多氯联苯（PCBs）的电气或电子元件 --Containing primary cells, primary batteries, electric accumulators, mercury-switches, glass from cathode ray tubes or other activated glass, or electrical or electronic components containing cadmium, mercury, lead or polychlorinated biphenyls (PCBs)	8	0	东盟AS,智CL,新西兰NZ,新加坡SG,秘PE,哥CR,瑞CH,冰IS,澳AU,格GE,毛MU,东盟^RAS^R,澳^RAU^R,新西兰^RNZ^R,柬KH,港HK,澳门MO,韩^RKR^R	0 受惠国LD	40
				0.4	韩KR		
				2.7	巴PK		
				5.3	日^RJP^R		
7836	8549.9900	--其他 --Other	6.5	0	东盟AS,智CL,新西兰NZ,秘PE,哥CR,瑞CH,冰IS,韩KR,澳AU,格GE,毛MU,东盟^RAS^R,澳^RAU^R,新西兰^RNZ^R,柬KH,港HK,澳门MO,韩^RKR^R	0 受惠国LD	35
				1	巴PK		
				5.3	日^RJP^R		

第十七类
车辆、航空器、船舶及有关运输设备

注释:

一、本类不包括税目95.03或95.08的物品或税目95.06的长雪橇、平底雪橇或类似品。

二、本类所称"零件"及"零件、附件",不适用于下列物品,不论其是否确定为供本类货品使用:

（一）各种材料制的接头、垫圈或类似品（按其构成材料归类或归入税目84.84）或硫化橡胶（硬质橡胶除外）的其他制品（税目40.16）；

（二）第十五类注释二所规定的贱金属制通用零件（第十五类）或塑料制的类似品（第三十九章）；

（三）第八十二章的物品（工具）；

（四）税目83.06的物品；

（五）税目84.01至84.79的机器或装置或其零件,但供本类所列物品使用的散热器除外；税目84.81或84.82的物品或税目84.83的物品（这些物品是构成发动机或其他动力装置所必需的）；

（六）电机或电气设备（第八十五章）；

（七）第九十章的物品；

（八）第九十一章的物品；

（九）武器（第九十三章）；

（十）税目94.05的灯具、照明装置及其零件；或

（十一）作为车辆零件的刷子（税目96.03）。

三、第八十六章至第八十八章所称"零件"或"附件",不适用于那些非专用于或非主要用于这几章所列物品的零件、附件。同时符合这几章内两个或两个以上税目规定的零件、附件,应按其主要用途归入相应的税目。

四、在本类中:
（一）既可在道路上又可在轨道上行驶的特殊构造的车辆,应归入第八十七章的相应税目；

（二）水陆两用的机动车辆,应归入第八十七章的相应税目；

（三）可兼作地面车辆使用的特殊构造的航空器,应归入第八十八章的相应税目。

五、气垫运输车辆应按本类最相似的运输车辆归类,其规定如下:

SECTION XVII
VEHICLES, AIRCRAFT, VESSELS AND ASSOCIATED TRANSPORT EQUIPMENT

Notes:

1. This Section does not cover articles of heading 95.03 or 95.08, or bobsleighs, toboggans or the like of heading 95.06.

2. The expressions "parts" and "parts and accessories" do not apply to the following articles, whether or not they are identifiable as for the goods of this Section:

(a) Joints, washers or the like of any material (classified according to their constituent material or in heading 84.84) or other articles of vulcanised rubber other than hard rubber (heading 40.16);

(b) Parts of general use, as defined in Note 2 to Section XV, of base metal (Section XV), or similar goods of plastics (Chapter 39);

(c) Articles of Chapter 82 (tools);

(d) Articles of heading 83.06;

(e) Machines or apparatus of headings 84.01 to 84.79, or parts thereof, other than the radiators for the articles of this Section; articles of heading 84.81 or 84.82 or, provided they constitute integral parts of engines or motors, articles of heading 84.83;

(f) Electrical machinery or equipment (Chapter 85);

(g) Articles of Chapter 90;

(h) Articles of Chapter 91;

(i) Arms (Chapter 93);

(j) Luminaires and lighting fittings and parts thereof of heading 94.05; or

(k) Brushes of a kind used as parts of vehicles (heading 96.03).

3. References in Chapters 86 to 88 to "parts" or "accessories" do not apply to parts or accessories which are not suitable for use solely or principally with the articles of those Chapters. A part or accessory which answers to a description in two or more of the headings of those Chapters is to be classified under that heading which corresponds to the principal use of that part or accessory.

4. For the purposes of this Section:

(a) Vehicles specially constructed to travel on both road and rail are classified under the appropriate heading of Chapter 87;

(b) Amphibious motor vehicles are classified under the appropriate heading of Chapter 87;

(c) Aircraft specially constructed so that they can also be used as road vehicles are classified under the appropriate heading of Chapter 88.

5. Air-cushion vehicles are to be classified within this Section with the vehicles to which they are most akin as follows:

（一）在导轨上运行的（气垫火车），归入第八十六章；

（二）在陆地行驶或水陆两用的，归入第八十七章；

（三）在水上航行的，不论能否在海滩或浮码头登陆或能否在冰上行驶，归入第八十九章。

气垫运输车辆的零件、附件，应按照上述规定，与运输车辆的零件、附件一并归类。

气垫火车的轨道固定装置及附件应与铁道轨道固定装置及附件一并归类。气垫火车运行系统的信号、安全或交通管理设备应与铁道的信号、安全或交通管理设备一并归类。

第八十六章
铁道或电车道机车、车辆及其零件；铁道或电车道轨道固定装置及其零件、附件；各种机械（包括电动机械）交通信号设备

注释：
一、本章不包括：

（一）木制或混凝土制的铁道或电车道轨枕或气垫火车用的混凝土导轨（税目44.06或68.10）；

（二）税目73.02的铁道或电车道铺轨用钢铁材料；或

（三）税目85.30的电气信号、安全和交通管理设备。

二、税目86.07主要适用于：

（一）轴、轮、行走机构、金属轮箍、轮圈、毂及轮子的其他零件；

（二）车架、底架、转向架；

（三）轴箱；制动装置；

（四）车辆缓冲器；钩及其他联结器及车厢走廊联结装置；

（五）车身。

三、除上述注释一另有规定的以外，税目86.08包括：

（一）已装配的轨道、转车台、站台缓冲器、量载规；

（二）铁道、电车道、道路、内河航道、停车设施、港口装置或机场用的臂板信号机、机械信号盘、平交道口控制器、信号及道岔控制器，及其他机械（包括电动机械）信号、安全或交通管理设备，不论其是否装有电力照明装置。

(a) In Chapter 86 if designed to travel on a guide-track (hovertrains) ;

(b) In Chapter 87 if designed to travel over land or over both land and water;

(c) In Chapter 89 if designed to travel over water, whether or not able to land on beaches or landing-stages or also able to travel over ice.

Parts and accessories of air-cushion vehicles are to be classified in the same way as those of vehicles of the heading in which the air-cushion vehicles are classified under the above provisions.

Hovertrain track fixtures and fittings are to be classified as railway track fixtures and fittings, and signalling, safety or traffic control equipment for hovertrain transport systems as signalling, safety or traffic control equipment for railways.

Chapter 86
Railway or tramway locomotives, rolling-stock and parts thereof; railway or tramway track fixtures and fittings and parts thereof; mechanical (including electro-mechanical) traffic signalling equipment of all kinds

Notes:

1. This Chapter does not cover:

   (a) Railway or tramway sleepers of wood or of concrete, or concrete guide-track sections for hovertrains (heading 44.06 or 68.10);

   (b) Railway or tramway track construction material of iron or steel of heading 73.02; or

   (c) Electrical signalling, safety of traffic control equipment of heading 85.30.

2. Heading 86.07 applies, *inter alia*, to:

   (a) Axles, wheels, wheel sets (running gear), metal tyres, hoops and hubs and other parts of wheels;

   (b) Frames, underframes, bogies and bissel-bogies;

   (c) Axle boxes; brake gear;

   (d) Buffers for rolling-stock; hooks and other coupling gear and corridor connections;

   (e) Coachwork.

3. Subject to the provisions of Note 1 above, heading 86.08 applies, *inter alia*, to:

   (a) Assembled track, turntables, platform buffers, loading gauges;

   (b) Semaphores, mechanical signal discs, level crossing control gear, signal and point controls, and other mechanical (including electro-mechanical) signalling, safety or traffic control equipment, whether or not fitted for electric lighting, for railways, tramways, roads, inland waterways, parking facilities, port installations or airfields.

序号 No.	税则号列 Tariff Line	货品名称 Article Description	最惠国税率 MFN(%)	协定税率 Agreement(%)		特惠税率 SP(%)	普通税率 Gen(%)
	86.01	铁道机车, 由外部电力或蓄电池驱动: Rail locomotives powered from an external source of electricity or by electric accumulators:					
		-由外部电力驱动: -Powered from an external source of electricity:					
		---直流电机驱动的: ---Drived by DC motors:					
7837	8601.1011	----微型机控制的 ----Controlled by microprocessors	3	0 2	东盟AS,智CL,巴PK,新西兰NZ, 秘PE,哥CR,瑞CH,冰IS,韩KR, 澳AU,格GE,毛MU,东盟^RAS^R, 澳^RAU^R,日^RJP^R,新西兰^RNZ^R,柬 KH,港HK,澳门MO,韩^RKR^R 亚太AP	0 受惠国LD	11
7838	8601.1019	----其他 ----Other	3	0 2	东盟AS,智CL,巴PK,新西兰NZ, 秘PE,哥CR,瑞CH,冰IS,韩KR, 澳AU,格GE,毛MU,东盟^RAS^R, 澳^RAU^R,日^RJP^R,新西兰^RNZ^R,柬 KH,港HK,澳门MO,韩^RKR^R 亚太AP	0 受惠国LD	11
7839	8601.1020	---交流电机驱动的 ---Drived by AC motors	3	0 2	东盟AS,智CL,巴PK,新西兰NZ, 秘PE,哥CR,瑞CH,冰IS,韩KR, 澳AU,格GE,毛MU,东盟^RAS^R, 澳^RAU^R,日^RJP^R,新西兰^RNZ^R,柬 KH,港HK,澳门MO,韩^RKR^R 亚太AP	0 受惠国LD	11
7840	8601.1090	---其他 ---Other	3	0 2	东盟AS,智CL,巴PK,新西兰NZ, 秘PE,哥CR,瑞CH,冰IS,韩KR, 澳AU,格GE,毛MU,东盟^RAS^R, 澳^RAU^R,日^RJP^R,新西兰^RNZ^R,柬 KH,港HK,澳门MO,韩^RKR^R 亚太AP	0 受惠国LD	11
7841	8601.2000	-由蓄电池驱动 -Powered by electric accumulators	3	0 	东盟AS,智CL,巴PK,新西兰NZ, 秘PE,哥CR,瑞CH,冰IS,韩KR, 澳AU,格GE,毛MU,东盟^RAS^R, 澳^RAU^R,日^RJP^R,新西兰^RNZ^R,柬 KH,港HK,澳门MO,韩^RKR^R	0 受惠国LD	11
	86.02	其他铁道机车; 机车煤水车: Other rail locomotives; locomotive tenders:					
		-柴油电力机车: -Diesel-electric locomotives:					
7842	8602.1010	---微型机控制的 ---Controled by microprocessors	3	0 2	东盟AS,智CL,巴PK,新西兰NZ, 秘PE,哥CR,瑞CH,冰IS,韩KR, 澳AU,格GE,毛MU,东盟^RAS^R, 澳^RAU^R,日^RJP^R,新西兰^RNZ^R,柬 KH,港HK,澳门MO,韩^RKR^R 亚太AP	0 受惠国LD	11

序号 No.	税则号列 Tariff Line	货品名称 Article Description	最惠国税率 MFN(%)		协定税率 Agreement(%)	特惠税率 SP(%)	普通税率 Gen(%)
7843	8602.1090	---其他 ---Other	3	0	东盟AS,智CL,巴PK,新西兰NZ, 秘PE,哥CR,瑞CH,冰IS,韩KR, 澳AU,格GE,毛MU,东盟^{R}AS^R, 澳^{R}AU^R,日^{R}JP^R,新西兰^{R}NZ^R,柬 KH,港HK,澳门MO,韩^{R}KR^R	0 受惠国LD	11
				2	亚太AP		
7844	8602.9000	-其他 -Other	3	0	东盟AS,智CL,巴PK,新西兰NZ, 秘PE,哥CR,瑞CH,冰IS,韩KR, 澳AU,格GE,毛MU,东盟^{R}AS^R, 澳^{R}AU^R,日^{R}JP^R,新西兰^{R}NZ^R,柬 KH,港HK,澳门MO,韩^{R}KR^R	0 受惠国LD	11
	86.03	铁道或电车道用的机动客车、货车、敞 车,但税目86.04的货品除外: Self-propelled railway or tramway coaches, vans and trucks, other than those of heading 86.04:					
7845	8603.1000	-由外部电力驱动 -Powered from an external source of electricity	3	0	东盟AS,智CL,巴PK,新西兰NZ, 秘PE,哥CR,瑞CH,冰IS,韩KR, 澳AU,格GE,毛MU,东盟^{R}AS^R, 澳^{R}AU^R,日^{R}JP^R,新西兰^{R}NZ^R,柬 KH,港HK,澳门MO,韩^{R}KR^R	0 受惠国LD	11
				2	亚太AP		
7846	8603.9000	-其他 -Other	3	0	东盟AS,智CL,巴PK,新西兰NZ, 秘PE,哥CR,瑞CH,冰IS,韩KR, 澳AU,格GE,毛MU,东盟^{R}AS^R, 澳^{R}AU^R,日^{R}JP^R,新西兰^{R}NZ^R,柬 KH,港HK,澳门MO,韩^{R}KR^R	0 受惠国LD	11
	86.04	铁道或电车道用的维修或服务车,不论 是否机动(例如,工场车、起重机车、 道碴捣固车、轨道校正车、检验车及查 道车): Railway or tramway maintenance or service vehicles, whether or not self- propelled (for example, workshops, cranes, ballast tampers, trackliners, testing coaches and track inspection vehicles):					
		---检验车及查道车: ---Testing coaches and track inspection vehicles:					
7847	8604.0011	----隧道限界检查车 ----Inspection vehicles for tunnel learance	3	0	东盟AS,智CL,巴PK,新西兰NZ, 秘PE,哥CR,瑞CH,冰IS,韩KR, 澳AU,格GE,毛MU,东盟^{R}AS^R, 澳^{R}AU^R,日^{R}JP^R,新西兰^{R}NZ^R,柬 KH,港HK,澳门MO,韩^{R}KR^R	0 受惠国LD	14
				2	亚太AP		
7848	8604.0012	----钢轨在线打磨列车 ----Sanding vehicles for on-line rails	3	0	东盟AS,智CL,巴PK,新西兰NZ, 秘PE,哥CR,瑞CH,冰IS,韩KR, 澳AU,格GE,毛MU,东盟^{R}AS^R, 澳^{R}AU^R,日^{R}JP^R,新西兰^{R}NZ^R,柬 KH,港HK,澳门MO,韩^{R}KR^R	0 受惠国LD	14
				2	亚太AP		

序号 No.	税则号列 Tariff Line	货品名称 Article Description	最惠国税率 MFN(%)	协定税率 Agreement(%)		特惠税率 SP(%)	普通税率 Gen(%)
7849	8604.0019	----其他 ----Other	5	0	东盟AS,智CL,巴PK,新西兰NZ, 秘PE,哥CR,瑞CH,冰IS,韩KR, 澳AU,格GE,毛MU,东盟^RAS^R, 澳^RAU^R,日^RJP^R,新西兰^RNZ^R,柬 KH,港HK,澳门MO,韩^RKR^R	0 受惠国LD	14
				3.3	亚太AP		
		---其他: ---Other:					
7850	8604.0091	----电气化接触网架线机（轨行式） ----Installing vehicles for suspension of contact wire (running on rails)	5	0	东盟AS,智CL,巴PK,新西兰NZ, 秘PE,哥CR,瑞CH,冰IS,韩KR, 澳AU,格GE,毛MU,东盟^RAS^R, 澳^RAU^R,日^RJP^R,新西兰^RNZ^R,柬 KH,港HK,澳门MO,韩^RKR^R	0 受惠国LD	20
				3.3	亚太AP		
7851	8604.0099	----其他 ----Other	5	0	东盟AS,智CL,新西兰NZ,秘PE, 哥CR,瑞CH,冰IS,韩KR,澳AU, 格GE,毛MU,东盟^RAS^R,澳^RAU^R, 新西兰^RNZ^R,柬KH,港HK,澳门 MO,韩^RKR^R	0 受惠国LD	20
				1	巴PK		
				5.7	日^RJP^R		
	86.05	铁道或电车道用的非机动客车；行李 车、邮政车和其他铁道或电车道用的非 机动特殊用途车辆（税目86.04的货品 除外）： Railway or tramway passenger coaches, not self-propelled; luggage vans, post office coaches and other special purpose railway or tramway coaches, not self-propelled (excluding those of heading 86.04):					
7852	8605.0010	---铁道客车 ---Railway passenger coaches	5	0	东盟AS,智CL,巴PK,新西兰NZ, 秘PE,哥CR,瑞CH,冰IS,韩KR, 澳AU,格GE,毛MU,东盟^RAS^R, 澳^RAU^R,日^RJP^R,新西兰^RNZ^R,柬 KH,港HK,澳门MO,韩^RKR^R	0 受惠国LD	14
7853	8605.0090	---其他 ---Other	5	0	东盟AS,智CL,巴PK,新西兰NZ, 秘PE,哥CR,瑞CH,冰IS,韩KR, 澳AU,格GE,毛MU,东盟^RAS^R, 澳^RAU^R,日^RJP^R,新西兰^RNZ^R,柬 KH,港HK,澳门MO,韩^RKR^R	0 受惠国LD	14
	86.06	铁道或电车道用的非机动有篷及无篷 货车： Railway or tramway goods vans and wagons, not self-propelled:					
7854	8606.1000	-油罐货车及类似车 -Tank wagons and the like	5	0	东盟AS,智CL,巴PK,新西兰NZ, 秘PE,哥CR,瑞CH,冰IS,韩KR, 澳AU,格GE,毛MU,东盟^RAS^R, 澳^RAU^R,日^RJP^R,新西兰^RNZ^R,柬 KH,港HK,澳门MO,韩^RKR^R	0 受惠国LD	14

序号 No.	税则号列 Tariff Line	货品名称 Article Description	最惠国税率 MFN(%)		协定税率 Agreement(%)	特惠税率 SP(%)	普通税率 Gen(%)
7855	8606.3000	-自卸货车, 但子目8606.1000的货品除外 -Self-discharging vans and wagons, other than those of subheading 8606.1000	5	0	东盟AS,智CL,巴PK,新西兰NZ,秘PE,哥CR,瑞CH,冰IS,韩KR,澳AU,格GE,毛MU,东盟^RAS^R,澳^RAU^R,日^RJP^R,新西兰^RNZ^R,柬KH,港HK,澳门MO,韩^RKR^R	0 受惠国LD	14
		-其他: -Other:					
7856	8606.9100	--带篷及封闭的 --Covered and closed	5	0	东盟AS,智CL,巴PK,新西兰NZ,秘PE,哥CR,瑞CH,冰IS,韩KR,澳AU,格GE,毛MU,东盟^RAS^R,澳^RAU^R,日^RJP^R,新西兰^RNZ^R,柬KH,港HK,澳门MO,韩^RKR^R	0 受惠国LD	14
7857	8606.9200	--敞篷的, 厢壁固定且高度超过60厘米 --Open, with non-removable sides of a height exceeding 60cm	5	0	东盟AS,智CL,巴PK,新西兰NZ,秘PE,哥CR,瑞CH,冰IS,韩KR,澳AU,格GE,毛MU,东盟^RAS^R,澳^RAU^R,日^RJP^R,新西兰^RNZ^R,柬KH,港HK,澳门MO,韩^RKR^R	0 受惠国LD	14
7858	8606.9900	--其他 --Other	5	0	东盟AS,智CL,巴PK,新西兰NZ,秘PE,哥CR,瑞CH,冰IS,韩KR,澳AU,格GE,毛MU,东盟^RAS^R,澳^RAU^R,日^RJP^R,新西兰^RNZ^R,柬KH,港HK,澳门MO,韩^RKR^R	0 受惠国LD	14
	86.07	**铁道或电车道机车或其他车辆的零件:** **Parts of railway or tramway locomotives or rolling-stock:**					
		-转向架、轴、轮及其零件: -Bogies, bissel-bogies, axles and wheels, and parts thereof:					
7859	8607.1100	--驾驶转向架 --Driving bogies and bissel-bogies	3	0	东盟AS,智CL,巴PK,新西兰NZ,秘PE,哥CR,瑞CH,冰IS,韩KR,澳AU,格GE,毛MU,东盟^RAS^R,澳^RAU^R,日^RJP^R,新西兰^RNZ^R,柬KH,港HK,澳门MO,韩^RKR^R	0 受惠国LD	11
7860	8607.1200	--其他转向架 --Other bogies and bissel-bogies	3	0	东盟AS,智CL,巴PK,新西兰NZ,秘PE,哥CR,瑞CH,冰IS,韩KR,澳AU,格GE,毛MU,东盟^RAS^R,澳^RAU^R,日^RJP^R,新西兰^RNZ^R,柬KH,港HK,澳门MO,韩^RKR^R	0 受惠国LD	11
				2	亚太AP		
		--其他, 包括零件: --Other, including parts:					
7861	8607.1910	---轴 ---Axles	3	0	东盟AS,智CL,巴PK,新西兰NZ,秘PE,哥CR,瑞CH,冰IS,韩KR,澳AU,格GE,毛MU,东盟^RAS^R,澳^RAU^R,日^RJP^R,新西兰^RNZ^R,柬KH,港HK,澳门MO,韩^RKR^R	0 受惠国LD	11
7862	8607.1990	---其他 ---Other	3	0	东盟AS,智CL,巴PK,新西兰NZ,秘PE,哥CR,瑞CH,冰IS,韩KR,澳AU,格GE,毛MU,东盟^RAS^R,澳^RAU^R,日^RJP^R,新西兰^RNZ^R,柬KH,港HK,澳门MO,韩^RKR^R	0 受惠国LD	11

序号 No.	税则号列 Tariff Line	货品名称 Article Description	最惠国税率 MFN(%)	协定税率 Agreement(%)		特惠税率 SP(%)		普通税率 Gen(%)
		-制动装置及其零件: -Brakes and parts thereof:						
7863	8607.2100	--空气制动器及其零件 --Air brakes and parts thereof	3	0	东盟AS,智CL,巴PK,新西兰NZ,秘PE,哥CR,瑞CH,冰IS,韩KR,澳AU,格GE,毛MU,东盟^{R}AS^R,日^{R}JP^R,柬KH,港HK,澳门MO,韩^{R}KR^R	0	受惠国LD	11
				2.4	澳^{R}AU^R,新西兰^{R}NZ^R			
7864	8607.2900	--其他 --Other	3	0	东盟AS,智CL,巴PK,新西兰NZ,秘PE,哥CR,瑞CH,冰IS,韩KR,澳AU,格GE,毛MU,东盟^{R}AS^R,澳^{R}AU^R,日^{R}JP^R,新西兰^{R}NZ^R,柬KH,港HK,澳门MO,韩^{R}KR^R	0	受惠国LD	11
7865	8607.3000	-钩、其他联结器、缓冲器及其零件 -Hooks and other coupling devices, buffers, and parts thereof	3	0	东盟AS,智CL,巴PK,新西兰NZ,秘PE,哥CR,瑞CH,冰IS,韩KR,澳AU,格GE,毛MU,柬KH,港HK,澳门MO	0	受惠国LD	11
				2.4	东盟^{R}AS^R,澳^{R}AU^R,新西兰^{R}NZ^R,韩^{R}KR^R			
				2.6	日^{R}JP^R			
		-其他: -Other:						
7866	8607.9100	--机车用 --Of locomotives	3	0	东盟AS,智CL,巴PK,新西兰NZ,秘PE,哥CR,瑞CH,冰IS,韩KR,澳AU,格GE,毛MU,东盟^{R}AS^R,日^{R}JP^R,柬KH,港HK,澳门MO,韩^{R}KR^R	0	受惠国LD	11
				2.4	澳^{R}AU^R,新西兰^{R}NZ^R			
7867	8607.9900	--其他 --Other	3	0	东盟AS,智CL,巴PK,新西兰NZ,秘PE,哥CR,瑞CH,冰IS,韩KR,澳AU,格GE,毛MU,柬KH,港HK,澳门MO	0	受惠国LD	11
				2.4	东盟^{R}AS^R,澳^{R}AU^R,新西兰^{R}NZ^R,韩^{R}KR^R			
				2.5	日^{R}JP^R			
	86.08	铁道或电车道轨道固定装置及附件;供铁道、电车道、道路、内河航道、停车设施、港口装置或机场用的机械(包括电动机械)信号、安全或交通管理设备;上述货品的零件: Railway or tramway track fixtures and fittings; mechanical (including electro-mechanical) signalling, safety or traffic control equipment for railways, tramways, roads, inland waterways, parking facilities, port installations or airfields; parts of the foregoing:						

1652

序号 No.	税则号列 Tariff Line	货品名称 Article Description	最惠国税率 MFN(%)		协定税率 Agreement(%)	特惠税率 SP(%)	普通税率 Gen(%)
7868	8608.0010	---轨道自动计轴设备 ---Rail automatic axle counting equipments	3	0	东盟AS,智CL,巴PK,新西兰NZ,秘PE,哥CR,瑞CH,冰IS,韩KR,澳AU,格GE,毛MU,东盟^RAS^R,澳^RAU^R,日^RJP^R,新西兰^RNZ^R,柬KH,港HK,澳门MO,韩^RKR^R	0 受惠国LD	20
				2	亚太AP		
7869	8608.0090	---其他 ---Other	4	0	东盟AS,智CL,巴PK,新西兰NZ,秘PE,哥CR,瑞CH,冰IS,韩KR,澳AU,格GE,毛MU,东盟^RAS^R,澳^RAU^R,日^RJP^R,新西兰^RNZ^R,柬KH,港HK,澳门MO,韩^RKR^R	0 受惠国LD	20
	86.09	集装箱(包括运输液体的集装箱),经特殊设计、装备适用于各种运输方式: **Containers (including containers for the transport of fluids) specially designed and equipped for carriage by one or more modes of transport:**					
		---20英尺的: ---Of 20 feet:					
7870	8609.0011	----保温式 ----Thermal	10	0	东盟AS,智CL,新西兰NZ,新加坡SG,秘PE,哥CR,瑞CH,冰IS,澳AU,格GE,毛MU,东盟^RAS^R,澳^RAU^R,新西兰^RNZ^R,柬KH,港HK,澳门MO	0 受惠国LD	35
				1	韩KR		
				3	巴PK		
				8.4	韩^RKR^R		
				8.6	日^RJP^R		
7871	8609.0012	----罐式 ----Tank	10	0	东盟AS,智CL,新西兰NZ,新加坡SG,秘PE,哥CR,瑞CH,冰IS,澳AU,格GE,毛MU,东盟^RAS^R,澳^RAU^R,新西兰^RNZ^R,柬KH,港HK,澳门MO	0 受惠国LD	35
				1	韩KR		
				3	巴PK		
				6.5	亚太AP		
				8.4	韩^RKR^R		
				8.6	日^RJP^R		
7872	8609.0019	----其他 ----Other	10	0	东盟AS,智CL,新西兰NZ,新加坡SG,秘PE,哥CR,瑞CH,冰IS,澳AU,格GE,毛MU,东盟^RAS^R,澳^RAU^R,新西兰^RNZ^R,柬KH,港HK,澳门MO	0 受惠国LD	35
				1	韩KR		
				3	巴PK		
				6.5	亚太AP		
				8.4	韩^RKR^R		
				8.6	日^RJP^R		
		---40英尺的: ---Of 40 feet:					

序号 No.	税则号列 Tariff Line	货品名称 Article Description	最惠国税率 MFN(%)	协定税率 Agreement(%)		特惠税率 SP(%)	普通税率 Gen(%)
7873	8609.0021	----保温式 ----Thermal	10	0	东盟AS,智CL,新西兰NZ,新加坡SG,秘PE,哥CR,瑞CH,冰IS,澳AU,格GE,毛MU,东盟^RAS^R,澳^RAU^R,新西兰^RNZ^R,柬KH,港HK,澳门MO	0 受惠国LD	35
				1	韩KR		
				3	巴PK		
				8.4	韩^RKR^R		
				8.6	日^RJP^R		
7874	8609.0022	----罐式 ----Tank	10	0	东盟AS,智CL,新西兰NZ,新加坡SG,秘PE,哥CR,瑞CH,冰IS,澳AU,格GE,毛MU,东盟^RAS^R,澳^RAU^R,新西兰^RNZ^R,柬KH,港HK,澳门MO	0 受惠国LD	35
				1	韩KR		
				3	巴PK		
				8.4	韩^RKR^R		
				8.6	日^RJP^R		
7875	8609.0029	----其他 ----Other	10	0	东盟AS,智CL,新西兰NZ,新加坡SG,秘PE,哥CR,瑞CH,冰IS,澳AU,格GE,毛MU,东盟^RAS^R,澳^RAU^R,新西兰^RNZ^R,柬KH,港HK,澳门MO	0 受惠国LD	35
				1	韩KR		
				3	巴PK		
				8.4	韩^RKR^R		
				8.6	日^RJP^R		
7876	8609.0030	---45、48、53英尺的 ---Of 45 feet, 48 feet, 53 feet	10	0	东盟AS,智CL,新西兰NZ,新加坡SG,秘PE,哥CR,瑞CH,冰IS,澳AU,格GE,毛MU,东盟^RAS^R,澳^RAU^R,新西兰^RNZ^R,柬KH,港HK,澳门MO	0 受惠国LD	35
				1	韩KR		
				3	巴PK		
				8.4	韩^RKR^R		
				8.6	日^RJP^R		
7877	8609.0090	---其他 ---Other	10	0	东盟AS,智CL,新西兰NZ,新加坡SG,秘PE,哥CR,瑞CH,冰IS,澳AU,格GE,毛MU,东盟^RAS^R,澳^RAU^R,新西兰^RNZ^R,柬KH,港HK,澳门MO	0 受惠国LD	35
				1	韩KR		
				3	巴PK		
				8.4	韩^RKR^R		
				8.6	日^RJP^R		

Chapter 87
**Vehicles other than railway or tramway
rolling-stock，and parts and accessories thereof**

注释：

一、本章不包括仅可在钢轨上运行的铁道或电车道车辆。

二、本章所称"牵引车、拖拉机"，是指主要为牵引或推动其他车辆、器具或重物的车辆。除了上述主要用途以外，不论其是否还具有装运工具、种子、肥料或其他货品的辅助装置。

用于安装在税目87.01的牵引车或拖拉机上，作为可替换设备的机器或作业工具，即使与牵引车或拖拉机一同进口或出口，不论其是否已安装在车（机）上，仍应归入其各自相应的税目。

三、装有驾驶室的机动车辆底盘，应归入税目87.02至87.04，而不归入税目87.06。

四、税目87.12包括所有儿童两轮车，其他儿童脚踏车归入税目95.03。

子目注释：

一、子目8708.22包括：

（一）带框的前挡风玻璃、后窗及其他窗；以及

（二）装有加热器件或者其他电气或电子装置的前挡风玻璃、后窗及其他窗，不论是否带框。

上述货品专用于或主要用于税目87.01至87.05的机动车辆。

Notes:

1. This Chapter does not cover railway or tramway rolling-stock designed solely for running on rails.

2. For the purposes of this Chapter, "tractors" means vehicles constructed essentially for hauling or pushing another vehicle, appliance or load, whether or not they contain subsidiary provision for the transport, in connection with the main use of the tractor, of tools, seeds, fertilisers or other goods.

Machines and working tools designed for fitting to tractors of heading 87.01 as interchangeable equipment remain classified in their respective headings even if presented with the tractor, and whether or not mounted on it.

3. Motor chassis fitted with cabs fall in headings 87.02 to 87.04, and not in heading 87.06.

4. Heading 87.12 includes all children's bicycles. Other children's cycles fall in heading 95.03.

Subheading Notes:

1. Subheading 8708.22 covers :

(a) front windscreens (windshields), rear windows and other windows, framed; and

(b) front windscreens (windshields), rear windows and other windows, whether or not framed, incorporating heating devices or other electrical or electronic devices, when suitable for use solely or principally with the motor vehicles of headings 87.01 to 87.05.

序号 No.	税则号列 Tariff Line	货品名称 Article Description	最惠国税率 MFN(%)	协定税率 Agreement(%)		特惠税率 SP(%)	普通税率 Gen(%)
	87.01	牵引车、拖拉机（税目87.09的牵引车除外）： **Tractors (other than tractors of heading 87.09):**					
7878	8701.1000	-单轴拖拉机 -Single axle tractors	9	0	东盟AS,智CL,新西兰NZ,秘PE,哥CR,瑞CH,冰IS,澳AU,格GE,毛MU,东盟^{R}AS^R,澳^{R}AU^R,新西兰^{R}NZ^R,柬KH,港HK,澳门MO	0 受惠国LD	20
				0.9	韩KR		
				1	巴PK		
				7.2	韩^{R}KR^R		
				7.4	日^{R}JP^R		
		-半挂车用的公路牵引车： -Road tractors for semi-trailers:					

序号 No.	税则号列 Tariff Line	货品名称 Article Description	最惠国税率 MFN(%)		协定税率 Agreement(%)	特惠税率 SP(%)		普通税率 Gen(%)
7879	8701.2100	--仅装有压燃式活塞内燃发动机（柴油或半柴油发动机）的车辆 --With only compression-ignition internal combustion piston engine (diesel or semidiesel)	6	0	智CL,新西兰NZ,哥CR,瑞CH,冰IS,澳AU,格GE,毛MU,柬KH,港HK,澳门MO	0	受惠国$_1$LD$_1$	20
				2.4	韩KR			
				4.8	巴PK			
				5	东盟AS,东盟^{R}AS^R,澳^{R}AU^R,新西兰^{R}NZ^R			
7880	8701.2200	--同时装有压燃式活塞内燃发动机（柴油或半柴油发动机）及驱动电动机的车辆 --With both compression-ignition internal combustion piston engine (diesel or semi-diesel) and electric motor as motors for propulsion	6	0	智CL,新西兰NZ,哥CR,瑞CH,冰IS,澳AU,格GE,毛MU,柬KH,港HK,澳门MO	0	受惠国$_1$LD$_1$	20
				2.4	韩KR			
				4.8	巴PK			
				5	东盟AS,东盟^{R}AS^R,澳^{R}AU^R,新西兰^{R}NZ^R			
7881	8701.2300	--同时装有点燃式活塞内燃发动机及驱动电动机的车辆 --With both spark-ignition internal combustion piston engine and electric motor as motors for propulsion	6	0	智CL,新西兰NZ,哥CR,瑞CH,冰IS,澳AU,格GE,毛MU,柬KH,港HK,澳门MO	0	受惠国$_1$LD$_1$	20
				2.4	韩KR			
				4.8	巴PK			
				5	东盟AS,东盟^{R}AS^R,澳^{R}AU^R,新西兰^{R}NZ^R			
7882	8701.2400	--仅装有驱动电动机的车辆 --With only electric motor for propulsion	6	0	智CL,新西兰NZ,哥CR,瑞CH,冰IS,澳AU,格GE,毛MU,柬KH,港HK,澳门MO	0	受惠国$_1$LD$_1$	20
				2.4	韩KR			
				4.8	巴PK			
				5	东盟AS,东盟^{R}AS^R,澳^{R}AU^R,新西兰^{R}NZ^R			
7883	8701.2900	--其他 --Other	6	0	智CL,新西兰NZ,哥CR,瑞CH,冰IS,澳AU,格GE,毛MU,柬KH,港HK,澳门MO	0	受惠国$_1$LD$_1$	20
				2.4	韩KR			
				4.8	巴PK			
				5	东盟AS,东盟^{R}AS^R,澳^{R}AU^R,新西兰^{R}NZ^R			
7884	8701.3000	-履带式牵引车、拖拉机 -Track-laying tractors	6	0	东盟AS,智CL,巴PK,新西兰NZ,秘PE,哥CR,瑞CH,冰IS,韩KR,澳AU,格GE,毛MU,东盟^{R}AS^R,澳^{R}AU^R,日^{R}JP^R,新西兰^{R}NZ^R,柬KH,港HK,澳门MO,韩^{R}KR^R	0	受惠国LD	20
		-其他，其发动机功率： -Other, of an engine power:						
		--不超过18千瓦： --Not exceeding 18kW:						

序号 No.	税则号列 Tariff Line	货品名称 Article Description	最惠国税率 MFN(%)	协定税率 Agreement(%)		特惠税率 SP(%)		普通税率 Gen(%)
7885	8701.9110	---拖拉机 ---Tractors	8	0	东盟AS,智CL,巴PK,新西兰NZ, 秘PE,哥CR,瑞CH,冰IS,韩KR, 澳AU,格GE,毛MU,东盟^RAS^R,澳 ^RAU^R,新西兰^RNZ^R,柬KH,港HK, 澳门MO,韩^RKR^R	0	受惠国LD	20
				6.5	日^RJP^R			
7886	8701.9190	---其他 ---Other	8	0	东盟AS,智CL,新西兰NZ,秘PE, 哥CR,瑞CH,冰IS,韩KR,澳AU, 格GE,毛MU,东盟^RAS^R,澳^RAU^R, 新西兰^RNZ^R,柬KH,港HK,澳门 MO,韩^RKR^R	0	受惠国LD	20
				1	巴PK			
				6.5	日^RJP^R			
		--超过18千瓦, 但不超过37千瓦: --Exceeding 18kW, but not exceeding 37kW:						
7887	8701.9210	---拖拉机 ---Tractors	8	0	东盟AS,智CL,巴PK,新西兰NZ, 秘PE,哥CR,瑞CH,冰IS,韩KR, 澳AU,格GE,毛MU,东盟^RAS^R,澳 ^RAU^R,新西兰^RNZ^R,柬KH,港HK, 澳门MO,韩^RKR^R	0	受惠国LD	20
				6.5	日^RJP^R			
7888	8701.9290	---其他 ---Other	8	0	东盟AS,智CL,新西兰NZ,秘PE, 哥CR,瑞CH,冰IS,韩KR,澳AU, 格GE,毛MU,东盟^RAS^R,澳^RAU^R, 新西兰^RNZ^R,柬KH,港HK,澳门 MO,韩^RKR^R	0	受惠国LD	20
				1	巴PK			
				6.5	日^RJP^R			
		--超过37千瓦, 但不超过75千瓦: --Exceeding 37kW, but not exceeding 75kW:						
7889	8701.9310	---拖拉机 ---Tractors	8	0	东盟AS,智CL,巴PK,新西兰NZ, 秘PE,哥CR,瑞CH,冰IS,韩KR, 澳AU,格GE,毛MU,东盟^RAS^R,澳 ^RAU^R,新西兰^RNZ^R,柬KH,港HK, 澳门MO,韩^RKR^R	0	受惠国LD	20
				6.5	日^RJP^R			
7890	8701.9390	---其他 ---Other	8	0	东盟AS,智CL,新西兰NZ,秘PE, 哥CR,瑞CH,冰IS,韩KR,澳AU, 格GE,毛MU,东盟^RAS^R,澳^RAU^R, 新西兰^RNZ^R,柬KH,港HK,澳门 MO,韩^RKR^R	0	受惠国LD	20
				1	巴PK			
				6.5	日^RJP^R			

序号 No.	税则号列 Tariff Line	货品名称 Article Description	最惠国税率 MFN(%)	协定税率 Agreement(%)		特惠税率 SP(%)	普通税率 Gen(%)
		--超过75千瓦,但不超过130千瓦: --Exceeding 75kW, but not exceeding 130kW:					
7891	8701.9410	---拖拉机 ---Tractors	8	0	东盟AS,智CL,巴PK,新西兰NZ,秘PE,哥CR,瑞CH,冰IS,韩KR,澳AU,格GE,毛MU,东盟ᴿASᴿ,澳ᴿAUᴿ,新西兰ᴿNZᴿ,柬KH,港HK,澳门MO,韩ᴿKRᴿ	0 受惠国LD	20
				6.5	日ᴿJPᴿ		
	ex87019410	功率超过110千瓦,但不超过130千瓦的轮式拖拉机 Wheeled tractors (110kW<Engine Power≤130kW)	Δ5				
7892	8701.9490	---其他 ---Other	8	0	东盟AS,智CL,新西兰NZ,秘PE,哥CR,瑞CH,冰IS,韩KR,澳AU,格GE,毛MU,东盟ᴿASᴿ,澳ᴿAUᴿ,新西兰ᴿNZᴿ,柬KH,港HK,澳门MO,韩ᴿKRᴿ	0 受惠国LD	20
				1	巴PK		
				6.5	日ᴿJPᴿ		
		--超过130千瓦: --Exceeding 130kW:					
7893	8701.9510	---拖拉机 ---Tractors	8	0	东盟AS,智CL,巴PK,新西兰NZ,秘PE,哥CR,瑞CH,冰IS,韩KR,澳AU,格GE,毛MU,东盟ᴿASᴿ,澳ᴿAUᴿ,新西兰ᴿNZᴿ,柬KH,港HK,澳门MO,韩ᴿKRᴿ	0 受惠国LD	20
				6.5	日ᴿJPᴿ		
	ex87019510	功率超过130千瓦的轮式拖拉机 Wheeled tractors (Engine Power>130kW)	Δ5				
7894	8701.9590	---其他 ---Other	8	0	东盟AS,智CL,新西兰NZ,秘PE,哥CR,瑞CH,冰IS,韩KR,澳AU,格GE,毛MU,东盟ᴿASᴿ,澳ᴿAUᴿ,新西兰ᴿNZᴿ,柬KH,港HK,澳门MO,韩ᴿKRᴿ	0 受惠国LD	20
				1	巴PK		
				6.5	日ᴿJPᴿ		
	87.02	客运机动车辆,10座及以上(包括驾驶座): Motor vehicles for the transport of ten or more persons, including the driver:					

序号 No.	税则号列 Tariff Line	货品名称 Article Description	最惠国税率 MFN(%)	协定税率 Agreement(%)		特惠税率 SP(%)		普通税率 Gen(%)
		-仅装有压燃式活塞内燃发动机（柴油或半柴油发动机）的车辆： -With only compression-ignition internal combustion piston engine (diesel or semidiesel):						
7895	8702.1020	---机坪客车 ---Buses for transport passengers at airport	4	0	东盟AS,智CL,巴PK,新西兰NZ,秘PE,哥CR,瑞CH,冰IS,澳AU,格GE,毛MU,柬KH,港HK,澳门MO	0	受惠国LD	90
				1.6	韩KR			
				3.2	东盟^{R}AS^R,澳^{R}AU^R,新西兰^{R}NZ^R,韩^{R}KR^R			
				3.3	日^{R}JP^R			
		---其他： ---Other:						
7896	8702.1091	----30座及以上（大型客车） ----With 30 seats or more	15	0	智CL,新西兰NZ,哥CR,冰IS,澳AU,格GE,柬KH,港HK,澳门MO	0	受惠国$_1$LD$_1$	90
				13.7	韩KR			
				14.3	毛MU			
7897	8702.1092	----20座及以上，但不超过29座 ----With 20 seats or more, but not exceeding 29 seats	15	0	智CL,新西兰NZ,哥CR,冰IS,澳AU,格GE,柬KH,港HK,澳门MO	0	受惠国$_1$LD$_1$	230
				13.7	韩KR			
				14.3	毛MU			
7898	8702.1093	----10座及以上，但不超过19座 ----With 10 seats or more, but not exceeding 19 seats	15	0	智CL,新西兰NZ,哥CR,冰IS,澳AU,格GE,柬KH,港HK,澳门MO	0	受惠国$_1$LD$_1$	230
				13.7	韩KR			
				14.3	毛MU			
		-同时装有压燃式活塞内燃发动机（柴油或半柴油发动机）及驱动电动机的车辆： -With both compression-ignition internal combustion piston engine (diesel or semi-diesel) and electric motor as motors for propulsion:							
7899	8702.2010	---机坪客车 ---Buses for transport passengers at airport	4	0	东盟AS,智CL,巴PK,新西兰NZ,秘PE,哥CR,瑞CH,冰IS,澳AU,格GE,毛MU,柬KH,港HK,澳门MO	0	受惠国LD	90
				1.6	韩KR			
				3.2	东盟^{R}AS^R,澳^{R}AU^R,新西兰^{R}NZ^R,韩^{R}KR^R			
				3.3	日^{R}JP^R			
		---其他： ---Other:						
7900	8702.2091	----30座及以上（大型客车） ----With 30 seats or more	15	0	智CL,新西兰NZ,哥CR,冰IS,澳AU,格GE,柬KH,港HK,澳门MO	0	受惠国$_1$LD$_1$	90
				13.7	韩KR			
				14.3	毛MU			

序号 No.	税则号列 Tariff Line	货品名称 Article Description	最惠国税率 MFN(%)		协定税率 Agreement(%)	特惠税率 SP(%)	普通税率 Gen(%)
7901	8702.2092	----20座及以上，但不超过29座 ----With 20 seats or more, but not exceeding 29 seats	15	0 13.7 14.3	智CL,新西兰NZ,哥CR,冰IS,澳AU,格GE,柬KH,港HK,澳门MO 韩KR 毛MU	0 受惠国₁LD₁	230
7902	8702.2093	----10座及以上，但不超过19座 ----With 10 seats or more, but not exceeding 19 seats	15	0 13.7 14.3	智CL,新西兰NZ,哥CR,冰IS,澳AU,格GE,港HK,澳门MO 韩KR 毛MU	0 受惠国₂LD₂	230
		-同时装有点燃式活塞内燃发动机及驱动电动机的车辆： -With both spark-ignition internal combustion piston engine and electric motor as motors for propulsion:					
7903	8702.3010	---30座及以上（大型客车） ----With 30 seats or more	15	0 5 13.7 14.3	智CL,新西兰NZ,哥CR,冰IS,澳AU,格GE,柬KH,港HK,澳门MO 东盟AS 韩KR 毛MU	0 受惠国₁LD₁	90
7904	8702.3020	---20座及以上，但不超过29座 ----With 20 seats or more, but not exceeding 29 seats	15	0 5 13.7 14.3	智CL,新西兰NZ,哥CR,冰IS,澳AU,格GE,柬KH,港HK,澳门MO 东盟AS 韩KR 毛MU	0 受惠国₁LD₁	230
7905	8702.3030	---10座及以上，但不超过19座 ----With 10 seats or more, but not exceeding 19 seats	15	0 5 13.7 14.3	智CL,新西兰NZ,秘PE,哥CR,冰IS,澳AU,格GE,柬KH,港HK,澳门MO 东盟AS 韩KR 毛MU	0 受惠国LD	230
		-仅装有驱动电动机的车辆： -With only electric motor for propulsion:					
7906	8702.4010	---30座及以上（大型客车） ----With 30 seats or more	15	0 5 13.7 14.3	智CL,新西兰NZ,哥CR,冰IS,澳AU,格GE,柬KH,港HK,澳门MO 东盟AS 韩KR 毛MU	0 受惠国₁LD₁	90
	ex87024010	纯电动机坪客车 Pure electric buses for transport passengers at airport	Δ4				
7907	8702.4020	---20座及以上，但不超过29座 ----With 20 seats or more, but not exceeding 29 seats	15	0 5 13.7 14.3	智CL,新西兰NZ,哥CR,冰IS,澳AU,格GE,柬KH,港HK,澳门MO 东盟AS 韩KR 毛MU	0 受惠国₁LD₁	230

序号 No.	税则号列 Tariff Line	货品名称 Article Description	最惠国税率 MFN(%)	协定税率 Agreement(%)		特惠税率 SP(%)	普通税率 Gen(%)
7908	8702.4030	---10座及以上，但不超过19座 ----With 10 seats or more, but not exceeding 19 seats	15	0	智CL,新西兰NZ,秘PE,哥CR,冰IS,澳AU,格GE,柬KH,港HK,澳门MO	0 受惠国LD	230
				5	东盟AS		
				13.7	韩KR		
				14.3	毛MU		
		-其他： -Other:					
7909	8702.9010	---30座及以上（大型客车） ---With 30 seats or more	15	0	智CL,新西兰NZ,哥CR,冰IS,澳AU,格GE,柬KH,港HK,澳门MO	0 受惠国₁LD₁	90
				5	东盟AS		
				13.7	韩KR		
				14.3	毛MU		
7910	8702.9020	---20座及以上，但不超过29座 ---With 20 seats or more, but not exceeding 29 seats	15	0	智CL,新西兰NZ,哥CR,冰IS,澳AU,格GE,柬KH,港HK,澳门MO	0 受惠国₁LD₁	230
				5	东盟AS		
				13.7	韩KR		
				14.3	毛MU		
7911	8702.9030	---10座及以上，但不超过19座 ---With 10 seats or more, but not exceeding 19 seats	15	0	智CL,新西兰NZ,秘PE,哥CR,冰IS,澳AU,格GE,柬KH,港HK,澳门MO	0 受惠国LD	230
				5	东盟AS		
				13.7	韩KR		
				14.3	毛MU		
	87.03	主要用于载人的机动车辆（税目87.02的货品除外），包括旅行小客车及赛车： Motor cars and other motor vehicles principally designed for the transport of persons (other than those of heading 87.02), including station wagons and racing cars:					
		-雪地行走专用车；高尔夫球车及类似车辆： -Vehicles specially designed for travelling on snow; golf cars and similar vehicles:					
		---高尔夫球车及类似车辆： ---golf cars and similar vehicles:					
7912	8703.1011	----全地形车 ----All terrain vehicles	15	0	东盟AS,智CL,新西兰NZ,新加坡SG,秘PE,哥CR,冰IS,澳AU,格GE,柬KH,港HK,澳门MO	0 受惠国LD	150
				13.7	韩KR		
				14.3	毛MU		
				22.5	东盟ᴿASᴿ,澳ᴿAUᴿ,新西兰ᴿNZᴿ,韩ᴿKRᴿ		

序号 No.	税则号列 Tariff Line	货品名称 Article Description	最惠国税率 MFN(%)	协定税率 Agreement(%)		特惠税率 SP(%)	普通税率 Gen(%)
7913	8703.1019	----其他 ----Other	15	0	东盟AS,智CL,新西兰NZ,新加坡SG,秘PE,哥CR,冰IS,澳AU,格GE,柬KH,港HK,澳门MO	0 受惠国LD	150
				14.3	毛MU		
				15	东盟^{R}AS^R,澳^{R}AU^R,新西兰^{R}NZ^R		
				20	巴PK		
7914	8703.1090	---其他 ---Other	15	0	东盟AS,智CL,新西兰NZ,新加坡SG,秘PE,哥CR,冰IS,澳AU,格GE,柬KH,港HK,澳门MO	0 受惠国LD	150
				14.3	毛MU		
				15	东盟^{R}AS^R,澳^{R}AU^R,新西兰^{R}NZ^R		
		-仅装有点燃式活塞内燃发动机的其他车辆: -Other vehicles, with only spark-ignition internal combustion piston engine:					
		--气缸容量（排气量）不超过1000毫升: --Of a cylinder capacity not exceeding 1000cc:					
7915	8703.2130	---小轿车 ---Saloon cars	15	0	智CL,新西兰NZ,哥CR,冰IS,澳AU,港HK,澳门MO	0 受惠国$_2$LD$_2$	230
				13.5	亚太AP		
				14.3	毛MU		
				22.5	巴PK		
7916	8703.2140	---越野车（4轮驱动） ---Cross-country cars (4WD)	15	0	智CL,新西兰NZ,哥CR,冰IS,澳AU,港HK,澳门MO	0 受惠国$_2$LD$_2$	230
				13.5	亚太AP		
				14.3	毛MU		
				22.5	巴PK		
7917	8703.2150	---9座及以下的小客车 ---Station wagons (with 9 seats or less)	15	0	智CL,新西兰NZ,哥CR,冰IS,澳AU,港HK,澳门MO	0 受惠国$_2$LD$_2$	230
				13.5	亚太AP		
				14.3	毛MU		
				22.5	巴PK		
7918	8703.2190	---其他 ---Other	15	0	智CL,新西兰NZ,哥CR,冰IS,澳AU,港HK,澳门MO	0 受惠国$_2$LD$_2$	230
				13.5	亚太AP		
				14.3	毛MU		
				22.5	巴PK		
		--气缸容量（排气量）超过1000毫升，但不超过1500毫升: --Of a cylinder capacity exceeding 1000cc but not exceeding 1500cc:					

序号 No.	税则号列 Tariff Line	货品名称 Article Description	最惠国税率 MFN(%)	协定税率 Agreement(%)		特惠税率 SP(%)		普通税率 Gen(%)
7919	8703.2230	---小轿车 ---Saloon cars	15	0	智CL,新西兰NZ,哥CR,冰IS,澳 AU,港HK,澳门MO	0	受惠国₂LD₂	230
				13.5	亚太AP			
				14.3	毛MU			
				22.5	巴PK,韩KR			
7920	8703.2240	---越野车(4轮驱动) ---Cross-country cars (4WD)	15	0	智CL,新西兰NZ,哥CR,冰IS,澳 AU,港HK,澳门MO	0	受惠国₂LD₂	230
				13.5	亚太AP			
				14.3	毛MU			
				22.5	巴PK			
7921	8703.2250	---9座及以下的小客车 ---Station wagons (with 9 seats or less)	15	0	智CL,新西兰NZ,哥CR,冰IS,澳 AU,港HK,澳门MO	0	受惠国₂LD₂	230
				13.5	亚太AP			
				14.3	毛MU			
				22.5	巴PK			
7922	8703.2290	---其他 ---Other	15	0	智CL,新西兰NZ,哥CR,冰IS,澳 AU,港HK,澳门MO	0	受惠国₂LD₂	230
				13.5	亚太AP			
				14.3	毛MU			
				22.5	巴PK			
		--气缸容量(排气量)超过1500毫升, 但不超过3000毫升: --Of a cylinder capacity exceeding 1500cc but not exceeding 3000cc:						
		---气缸容量(排气量)超过1500毫升, 但不超过2000毫升: ---Of a cylinder capacity exceeding 1500cc but not exceeding 2000cc:						
7923	8703.2341	----小轿车 ----Saloon cars	15	0	智CL,新西兰NZ,哥CR,冰IS,港 HK,澳门MO	0	受惠国₂LD₂	230
				2.5	澳AU			
				13.5	亚太AP			
				14.3	毛MU			
				22.5	巴PK,韩KR			
7924	8703.2342	----越野车(4轮驱动) ----Cross-country cars (4WD)	15	0	智CL,新西兰NZ,哥CR,冰IS,港 HK,澳门MO	0	受惠国₂LD₂	230
				2.5	澳AU			
				13.5	亚太AP			
				14.3	毛MU			
				22.5	巴PK,韩KR			
7925	8703.2343	----9座及以下的小客车 ----Station wagons (with 9 seats or less)	15	0	智CL,新西兰NZ,哥CR,冰IS,港 HK,澳门MO	0	受惠国₂LD₂	230
				2.5	澳AU			
				13.5	亚太AP			
				14.3	毛MU			
				22.5	巴PK,韩KR			

序号 No.	税则号列 Tariff Line	货品名称 Article Description	最惠国税率 MFN(%)	协定税率 Agreement(%)		特惠税率 SP(%)		普通税率 Gen(%)
7926	8703.2349	----其他 ----Other	15	0 2.5 13.5 14.3 22.5	智CL,新西兰NZ,哥CR,冰IS,港HK,澳门MO 澳AU 亚太AP 毛MU 巴PK	0	受惠国₂LD₂	230
		---气缸容量(排气量)超过2000毫升, 但不超过2500毫升: ---Of a cylinder capacity exceeding 2000cc but not exceeding 2500cc:						
7927	8703.2351	----小轿车 ----Saloon cars	15	0 2.5 13.5 14.3 22.5	智CL,新西兰NZ,哥CR,冰IS,港HK,澳门MO 澳AU 亚太AP 毛MU 巴PK,韩KR	0	受惠国₂LD₂	230
7928	8703.2352	----越野车(4轮驱动) ----Cross-country cars (4WD)	15	0 2.5 13.5 14.3 22.5	智CL,新西兰NZ,哥CR,冰IS,港HK,澳门MO 澳AU 亚太AP 毛MU 巴PK,韩KR	0	受惠国₂LD₂	230
7929	8703.2353	----9座及以下的小客车 ----Station wagons (with 9 seats or less)	15	0 2.5 13.5 14.3 22.5	智CL,新西兰NZ,哥CR,冰IS,港HK,澳门MO 澳AU 亚太AP 毛MU 巴PK,韩KR	0	受惠国₂LD₂	230
7930	8703.2359	----其他 ----Other	15	0 2.5 13.5 14.3 22.5	智CL,新西兰NZ,哥CR,冰IS,港HK,澳门MO 澳AU 亚太AP 毛MU 巴PK	0	受惠国₂LD₂	230
		---气缸容量(排气量)超过2500毫升, 但不超过3000毫升: ---Of a cylinder capacity exceeding 2500cc but not exceeding 3000cc:						
7931	8703.2361	----小轿车 ----Saloon cars	15	0 2.5 13.5 14.3 15 22.5	智CL,新西兰NZ,哥CR,冰IS,港HK,澳门MO 澳AU 亚太AP 毛MU 东盟ᴿASᴿ,日ᴿJPᴿ 巴PK,韩KR	0	受惠国₂LD₂	270

序号 No.	税则号列 Tariff Line	货品名称 Article Description	最惠国税率 MFN(%)	协定税率 Agreement(%)		特惠税率 SP(%)		普通税率 Gen(%)
7932	8703.2362	----越野车（4轮驱动） ----Cross-country cars (4WD)	15	0	东盟AS,智CL,新西兰NZ,新加坡SG,哥CR,冰IS,柬KH,港HK,澳门MO	0	受惠国₂LD₂	270
				2.5	澳AU			
				13.5	亚太AP			
				14.3	毛MU			
				15	东盟ᴿASᴿ,澳ᴿAUᴿ,日ᴿJPᴿ,新西兰ᴿNZᴿ			
				22.5	巴PK			
7933	8703.2363	----9座及以下的小客车 ----Station wagons (with 9 seats or less)	15	0	东盟AS,智CL,新西兰NZ,新加坡SG,哥CR,冰IS,柬KH,港HK,澳门MO	0	受惠国₂LD₂	270
				2.5	澳AU			
				13.5	亚太AP			
				14.3	毛MU			
				15	东盟ᴿASᴿ,澳ᴿAUᴿ,日ᴿJPᴿ,新西兰ᴿNZᴿ			
				22.5	巴PK,韩KR			
7934	8703.2369	----其他 ----Other	15	0	东盟AS,智CL,新西兰NZ,新加坡SG,哥CR,冰IS,柬KH,港HK,澳门MO	0	受惠国₂LD₂	270
				2.5	澳AU			
				13.5	亚太AP			
				14.3	毛MU			
				15	东盟ᴿASᴿ,澳ᴿAUᴿ,日ᴿJPᴿ,新西兰ᴿNZᴿ			
				22.5	巴PK			
		--气缸容量（排气量）超过3000毫升： --Of a cylinder capacity exceeding 3000cc:						
		---气缸容量（排气量）超过3000毫升，但不超过4000毫升： ---Of a cylinder capacity exceeding 3000cc, but not exceeding 4000cc:						
7935	8703.2411	----小轿车 ----Saloon cars	15	0	智CL,新西兰NZ,哥CR,冰IS,柬KH,港HK,澳门MO	0	受惠国₁LD₁	270
				2.5	澳AU			
				13.5	亚太AP			
				14.3	毛MU			
				15	东盟ᴿASᴿ,日ᴿJPᴿ			
				22.5	巴PK,韩KR			
7936	8703.2412	----越野车（4轮驱动） ----Cross-country cars (4WD)	15	0	智CL,新西兰NZ,哥CR,冰IS,柬KH,港HK,澳门MO	0	受惠国₁LD₁	270
				2.5	澳AU			
				13.5	亚太AP			
				14.3	毛MU			
				15	东盟ᴿASᴿ,日ᴿJPᴿ			
				22.5	巴PK,韩KR			

序号 No.	税则号列 Tariff Line	货品名称 Article Description	最惠国税率 MFN(%)	协定税率 Agreement(%)		特惠税率 SP(%)	普通税率 Gen(%)
7937	8703.2413	----9座及以下的小客车 ----Station wagons (with 9 seats or less)	15	0	智CL,新西兰NZ,哥CR,冰IS,柬KH,港HK,澳门MO	0 受惠国$_1$LD$_1$	270
				2.5	澳AU		
				13.5	亚太AP		
				14.3	毛MU		
				15	东盟^{R}AS^R,日^{R}JP^R		
				22.5	巴PK		
7938	8703.2419	----其他 ----Other	15	0	智CL,新西兰NZ,哥CR,冰IS,柬KH,港HK,澳门MO	0 受惠国$_1$LD$_1$	270
				2.5	澳AU		
				13.5	亚太AP		
				14.3	毛MU		
				15	东盟^{R}AS^R,日^{R}JP^R		
				22.5	巴PK		
		---气缸容量(排气量)超过4000毫升: ---Of a cylinder capacity exceeding 4000cc:					
7939	8703.2421	----小轿车 ----Saloon cars	15	0	智CL,新西兰NZ,哥CR,冰IS,柬KH,港HK,澳门MO	0 受惠国$_1$LD$_1$	270
				2.5	澳AU		
				13.5	亚太AP		
				14.3	毛MU		
				22.5	巴PK,韩KR		
7940	8703.2422	----越野车(4轮驱动) ----Cross-country cars (4WD)	15	0	智CL,新西兰NZ,哥CR,冰IS,柬KH,港HK,澳门MO	0 受惠国$_1$LD$_1$	270
				2.5	澳AU		
				13.5	亚太AP		
				14.3	毛MU		
				22.5	巴PK		
7941	8703.2423	----9座及以下的小客车 ----Station wagons (with 9 seats or less)	15	0	智CL,新西兰NZ,哥CR,冰IS,柬KH,港HK,澳门MO	0 受惠国$_1$LD$_1$	270
				2.5	澳AU		
				13.5	亚太AP		
				14.3	毛MU		
				22.5	巴PK		
7942	8703.2429	----其他 ----Other	15	0	智CL,新西兰NZ,哥CR,冰IS,柬KH,港HK,澳门MO	0 受惠国$_1$LD$_1$	270
				2.5	澳AU		
				13.5	亚太AP		
				14.3	毛MU		
				22.5	巴PK		
		-仅装有压燃式活塞内燃发动机(柴油或半柴油发动机)的其他车辆: -Other vehicles, with only compression-ignition internal combustion piston engine (diesel or semi-diesel):					

序号 No.	税则号列 Tariff Line	货品名称 Article Description	最惠国税率 MFN(%)	协定税率 Agreement(%)		特惠税率 SP(%)	普通税率 Gen(%)
		--气缸容量(排气量)不超过1500 毫升： --Of a cylinder capacity not exceeding 1500cc:					
		---气缸容量(排气量)不超过1000 毫升： ---Of a cylinder capacity not exceeding 1000cc:					
7943	8703.3111	----小轿车 ----Saloon cars	15	0 2.5 14.3	智CL,新西兰NZ,哥CR,冰IS,格 GE,柬KH,港HK,澳门MO 澳AU 毛MU	0 受惠国LD$_1$	230
7944	8703.3119	----其他 ----Other	15	0 2.5 14.3 15	东盟AS,智CL,新西兰NZ,新加 坡SG,秘PE,哥CR,冰IS,格GE,柬 KH,港HK,澳门MO 澳AU 毛MU 东盟^{R}AS^R,澳^{R}AU^R,新西兰^{R}NZ^R	0 受惠国LD	230
		---气缸容量(排气量)超过1000毫升， 但不超过1500毫升： ---Of a cylinder capacity exceeding 1500cc but not exceeding 2500cc:					
7945	8703.3121	----小轿车 ----Saloon cars	15	0 2.5 14.3	智CL,新西兰NZ,哥CR,冰IS,格 GE,港HK,澳门MO 澳AU 毛MU	0 受惠国$_2$LD$_2$	230
7946	8703.3122	----越野车(4轮驱动) ----Cross-country cars (4WD)	15	0 2.5 14.3	智CL,新西兰NZ,哥CR,冰IS,格 GE,港HK,澳门MO 澳AU 毛MU	0 受惠国$_2$LD$_2$	230
7947	8703.3123	----9座及以下的小客车 ----Station wagons (with 9 seats or less)	15	0 2.5 14.3	智CL,新西兰NZ,哥CR,冰IS,格 GE,港HK,澳门MO 澳AU 毛MU	0 受惠国$_2$LD$_2$	230
7948	8703.3129	----其他 ----Other	15	0 2.5 14.3 15	东盟AS,智CL,新西兰NZ,新加 坡SG,秘PE,哥CR,冰IS,格GE,柬 KH,港HK,澳门MO 澳AU 毛MU 东盟^{R}AS^R,澳^{R}AU^R,新西兰^{R}NZ^R	0 受惠国LD	230
		--气缸容量(排气量)超过1500毫升， 但不超过2500毫升： --Of a cylinder capacity exceeding 1500cc but not exceeding 2500cc:					

序号 No.	税则号列 Tariff Line	货品名称 Article Description	最惠国税率 MFN(%)	协定税率 Agreement(%)		特惠税率 SP(%)	普通税率 Gen(%)
		---气缸容量（排气量）超过1500毫升， 但不超过2000毫升： ---Of a cylinder capacity exceeding 1500cc but not exceeding 2000cc:					
7949	8703.3211	----小轿车 ----Saloon cars	15	0 2.5 13.5 14.3 22.5	智CL,新西兰NZ,哥CR,冰IS,格 GE,港HK,澳门MO 澳AU 亚太AP 毛MU 巴PK	0 受惠国$_2$LD$_2$	230
7950	8703.3212	----越野车（4轮驱动） ----Cross-country cars (4WD)	15	0 2.5 13.5 14.3 22.5	智CL,新西兰NZ,哥CR,冰IS,格 GE,港HK,澳门MO 澳AU 亚太AP 毛MU 巴PK,韩KR	0 受惠国$_2$LD$_2$	230
7951	8703.3213	----9座及以下的小客车 ----Station wagons (with 9 seats or less)	15	0 2.5 13.5 14.3 22.5	智CL,新西兰NZ,哥CR,冰IS,格 GE,港HK,澳门MO 澳AU 亚太AP 毛MU 巴PK,韩KR	0 受惠国$_2$LD$_2$	230
7952	8703.3219	----其他 ----Other	15	0 2.5 13.5 14.3 22.5	智CL,新西兰NZ,哥CR,冰IS,格 GE,港HK,澳门MO 澳AU 亚太AP 毛MU 巴PK	0 受惠国$_2$LD$_2$	230
		---气缸容量（排气量）超过2000毫升， 但不超过2500毫升： ---Of a cylinder capacity exceeding 2000cc but not exceeding 2500cc:					
7953	8703.3221	----小轿车 ----Saloon cars	15	0 2.5 13.5 14.3 22.5	智CL,新西兰NZ,哥CR,冰IS,格 GE,港HK,澳门MO 澳AU 亚太AP 毛MU 巴PK	0 受惠国$_2$LD$_2$	230
7954	8703.3222	----越野车（4轮驱动） ----Cross-country cars (4WD)	15	0 2.5 13.5 14.3 22.5	智CL,新西兰NZ,哥CR,冰IS,格 GE,港HK,澳门MO 澳AU 亚太AP 毛MU 巴PK	0 受惠国$_2$LD$_2$	230

序号 No.	税则号列 Tariff Line	货品名称 Article Description	最惠国税率 MFN(%)	协定税率 Agreement(%)		特惠税率 SP(%)		普通税率 Gen(%)
7955	8703.3223	----9座及以下的小客车 ----Station wagons (with 9 seats or less)	15	0	智CL,新西兰NZ,哥CR,冰IS,格GE,港HK,澳门MO	0	受惠国₂LD₂	230
				2.5	澳AU			
				13.5	亚太AP			
				14.3	毛MU			
				22.5	巴PK,韩KR			
7956	8703.3229	----其他 ----Other	15	0	智CL,新西兰NZ,哥CR,冰IS,格GE,港HK,澳门MO	0	受惠国₂LD₂	230
				2.5	澳AU			
				13.5	亚太AP			
				14.3	毛MU			
				22.5	巴PK			
		--气缸容量(排气量)超过2500毫升: --Of a cylinder capacity exceeding 2500cc:						
		---气缸容量(排气量)超过2500毫升,但不超过3000毫升: ---Of a cylinder capacity exceeding 2500cc, but not exceeding 3000cc:						
7957	8703.3311	----小轿车 ----Saloon cars	15	0	东盟AS,智CL,新西兰NZ,新加坡SG,哥CR,冰IS,格GE,柬KH,港HK,澳门MO	0	受惠国₂LD₂	270
				2.5	澳AU			
				13.5	亚太AP			
				14.3	毛MU			
				15	东盟ᴿASᴿ,澳ᴿAUᴿ,新西兰ᴿNZᴿ			
				22.5	巴PK			
7958	8703.3312	----越野车(4轮驱动) ----Cross-country cars (4WD)	15	0	东盟AS,智CL,新西兰NZ,新加坡SG,哥CR,冰IS,格GE,柬KH,港HK,澳门MO	0	受惠国₂LD₂	270
				2.5	澳AU			
				13.5	亚太AP			
				14.3	毛MU			
				15	东盟ᴿASᴿ,澳ᴿAUᴿ,新西兰ᴿNZᴿ			
				22.5	巴PK,韩KR			
7959	8703.3313	----9座及以下的小客车 ----Station wagons (with 9 seats or less)	15	0	东盟AS,智CL,新西兰NZ,新加坡SG,哥CR,冰IS,格GE,柬KH,港HK,澳门MO	0	受惠国₂LD₂	270
				2.5	澳AU			
				13.5	亚太AP			
				14.3	毛MU			
				15	东盟ᴿASᴿ,澳ᴿAUᴿ,新西兰ᴿNZᴿ			
				22.5	巴PK			

序号 No.	税则号列 Tariff Line	货品名称 Article Description	最惠国税率 MFN(%)		协定税率 Agreement(%)	特惠税率 SP(%)		普通税率 Gen(%)
7960	8703.3319	----其他 ----Other	15	0	东盟AS,智CL,新西兰NZ,新加坡SG,哥CR,冰IS,格GE,柬KH,港HK,澳门MO	0	受惠国$_2$LD$_2$	270
				2.5	澳AU			
				13.5	亚太AP			
				14.3	毛MU			
				15	东盟^{R}AS^R,澳^{R}AU^R,新西兰^{R}NZ^R			
				22.5	巴PK			
		---气缸容量（排气量）超过3000毫升，但不超过4000毫升： ---Of a cylinder capacity exceeding 3000cc, but not exceeding 4000cc:						
7961	8703.3321	----小轿车 ----Saloon cars	15	0	东盟AS,智CL,新西兰NZ,新加坡SG,哥CR,冰IS,格GE,柬KH,港HK,澳门MO	0	受惠国$_1$LD$_1$	270
				2.5	澳AU			
				13.5	亚太AP			
				14.3	毛MU			
				15	东盟^{R}AS^R,澳^{R}AU^R,新西兰^{R}NZ^R			
				22.5	巴PK			
7962	8703.3322	----越野车（4轮驱动） ----Cross-country cars (4WD)	15	0	东盟AS,智CL,新西兰NZ,新加坡SG,哥CR,冰IS,格GE,柬KH,港HK,澳门MO	0	受惠国$_1$LD$_1$	270
				2.5	澳AU			
				13.5	亚太AP			
				14.3	毛MU			
				15	东盟^{R}AS^R,澳^{R}AU^R,新西兰^{R}NZ^R			
				22.5	巴PK			
7963	8703.3323	----9座及以下的小客车 ----Station wagons (with 9 seats or less)	15	0	东盟AS,智CL,新西兰NZ,新加坡SG,哥CR,冰IS,格GE,柬KH,港HK,澳门MO	0	受惠国$_1$LD$_1$	270
				2.5	澳AU			
				13.5	亚太AP			
				14.3	毛MU			
				15	东盟^{R}AS^R,澳^{R}AU^R,新西兰^{R}NZ^R			
				22.5	巴PK			
7964	8703.3329	----其他 ----Other	15	0	东盟AS,智CL,新西兰NZ,新加坡SG,哥CR,冰IS,格GE,柬KH,港HK,澳门MO	0	受惠国$_1$LD$_1$	270
				2.5	澳AU			
				13.5	亚太AP			
				14.3	毛MU			
				15	东盟^{R}AS^R,澳^{R}AU^R,新西兰^{R}NZ^R			
				22.5	巴PK			

序号 No.	税则号列 Tariff Line	货品名称 Article Description	最惠国税率 MFN(%)	协定税率 Agreement(%)		特惠税率 SP(%)	普通税率 Gen(%)
		---气缸容量（排气量）超过4000毫升： ---Of a cylinder capacity exceeding 　　4000cc:					
7965	8703.3361	----小轿车 ----Saloon cars	15	0	东盟AS,智CL,新西兰NZ,新加坡SG,哥CR,冰IS,澳AU,格GE,柬KH,港HK,澳门MO	0 受惠国₁LD₁	270
				13.5	亚太AP		
				14.3	毛MU		
				15	东盟ᴿASᴿ,澳ᴿAUᴿ,新西兰ᴿNZᴿ		
				22.5	巴PK		
7966	8703.3362	----越野车（4轮驱动） ----Cross-country cars (4WD)	15	0	东盟AS,智CL,新西兰NZ,新加坡SG,哥CR,冰IS,澳AU,格GE,柬KH,港HK,澳门MO	0 受惠国₁LD₁	270
				13.5	亚太AP		
				14.3	毛MU		
				15	东盟ᴿASᴿ,澳ᴿAUᴿ,新西兰ᴿNZᴿ		
				22.5	巴PK		
7967	8703.3363	----9座及以下的小客车 ----Station wagons (with 9 seats or less)	15	0	东盟AS,智CL,新西兰NZ,新加坡SG,哥CR,冰IS,澳AU,格GE,柬KH,港HK,澳门MO	0 受惠国₁LD₁	270
				13.5	亚太AP		
				14.3	毛MU		
				15	东盟ᴿASᴿ,澳ᴿAUᴿ,新西兰ᴿNZᴿ		
				22.5	巴PK		
7968	8703.3369	----其他 ----Other	15	0	东盟AS,智CL,新西兰NZ,新加坡SG,哥CR,冰IS,澳AU,格GE,柬KH,港HK,澳门MO	0 受惠国₁LD₁	270
				13.5	亚太AP		
				14.3	毛MU		
				15	东盟ᴿASᴿ,澳ᴿAUᴿ,新西兰ᴿNZᴿ		
				22.5	巴PK		
		-同时装有点燃式活塞内燃发动机及驱动电动机的其他车辆,可通过接插外部电源进行充电的除外： -Other vehicles, with both spark-ignition internal combustion piston engine and electric motor as motors for propulsion, other than those capable of being charged by plugging to external source of electric power:					
		---气缸容量（排气量）不超过1000毫升： ---Of a cylinder capacity not exceeding 1000cc:					

序号 No.	税则号列 Tariff Line	货品名称 Article Description	最惠国税率 MFN(%)	协定税率 Agreement(%)		特惠税率 SP(%)	普通税率 Gen(%)
7969	8703.4011	----小轿车 ----Saloon cars	15	0 13.5 14.3 22.5	智CL,新西兰NZ,哥CR,冰IS,澳 AU,港HK,澳门MO 亚太AP 毛MU 巴PK	0 受惠国₂LD₂	230
7970	8703.4012	----越野车（4轮驱动） ----Cross-country cars (4WD)	15	0 13.5 14.3 22.5	智CL,新西兰NZ,哥CR,冰IS,澳 AU,港HK,澳门MO 亚太AP 毛MU 巴PK	0 受惠国₂LD₂	230
7971	8703.4013	----9座及以下的小客车 ----Station wagons (with 9 seats or less)	15	0 13.5 14.3 22.5	智CL,新西兰NZ,哥CR,冰IS,澳 AU,港HK,澳门MO 亚太AP 毛MU 巴PK	0 受惠国₂LD₂	230
7972	8703.4019	----其他 ----Other	15	0 13.5 14.3 22.5	智CL,新西兰NZ,哥CR,冰IS,澳 AU,港HK,澳门MO 亚太AP 毛MU 巴PK	0 受惠国₂LD₂	230
		---气缸容量（排气量）超过1000毫升， 但不超过1500毫升： ---Of a cylinder capacity exceeding 1000cc, but not exceeding 1500cc:					
7973	8703.4021	----小轿车 ----Saloon cars	15	0 13.5 14.3 22.5	智CL,新西兰NZ,哥CR,冰IS,澳 AU,港HK,澳门MO 亚太AP 毛MU 巴PK,韩KR	0 受惠国₂LD₂	230
7974	8703.4022	----越野车（4轮驱动） ----Cross-country cars (4WD)	15	0 13.5 14.3 22.5	智CL,新西兰NZ,哥CR,冰IS,澳 AU,港HK,澳门MO 亚太AP 毛MU 巴PK	0 受惠国₂LD₂	230
7975	8703.4023	----9座及以下的小客车 ----Station wagons (with 9 seats or less)	15	0 13.5 14.3 22.5	智CL,新西兰NZ,哥CR,冰IS,澳 AU,港HK,澳门MO 亚太AP 毛MU 巴PK	0 受惠国₂LD₂	230
7976	8703.4029	----其他 ----Other	15	0 13.5 14.3 22.5	智CL,新西兰NZ,哥CR,冰IS,澳 AU,港HK,澳门MO 亚太AP 毛MU 巴PK	0 受惠国₂LD₂	230

序号 No.	税则号列 Tariff Line	货品名称 Article Description	最惠国税率 MFN(%)	协定税率 Agreement(%)		特惠税率 SP(%)		普通税率 Gen(%)
		---气缸容量（排气量）超过1500毫升， 但不超过2000毫升： ---Of a cylinder capacity exceeding 1500cc, but not exceeding 2000cc:						
7977	8703.4031	----小轿车 ----Saloon cars	15	0 2.5 13.5 14.3 22.5	智CL,新西兰NZ,哥CR,冰IS,港 HK,澳门MO 澳AU 亚太AP 毛MU 巴PK,韩KR	0	受惠国$_2$LD$_2$	230
7978	8703.4032	----越野车（4轮驱动） ----Cross-country cars (4WD)	15	0 2.5 13.5 14.3 22.5	智CL,新西兰NZ,哥CR,冰IS,港 HK,澳门MO 澳AU 亚太AP 毛MU 巴PK,韩KR	0	受惠国$_2$LD$_2$	230
7979	8703.4033	----9座及以下的小客车 ----Station wagons (with 9 seats or less)	15	0 2.5 13.5 14.3 22.5	智CL,新西兰NZ,哥CR,冰IS,港 HK,澳门MO 澳AU 亚太AP 毛MU 巴PK,韩KR	0	受惠国$_2$LD$_2$	230
7980	8703.4039	----其他 ----Other	15	0 2.5 13.5 14.3 22.5	智CL,新西兰NZ,哥CR,冰IS,港 HK,澳门MO 澳AU 亚太AP 毛MU 巴PK	0	受惠国$_2$LD$_2$	230
		---气缸容量（排气量）超过2000毫升， 但不超过2500毫升： ---Of a cylinder capacity exceeding 2000cc, but not exceeding 2500cc:						
7981	8703.4041	----小轿车 ----Saloon cars	15	0 2.5 13.5 14.3 22.5	智CL,新西兰NZ,哥CR,冰IS,港 HK,澳门MO 澳AU 亚太AP 毛MU 巴PK,韩KR	0	受惠国$_2$LD$_2$	230
7982	8703.4042	----越野车（4轮驱动） ----Cross-country cars (4WD)	15	0 2.5 13.5 14.3 22.5	智CL,新西兰NZ,哥CR,冰IS,港 HK,澳门MO 澳AU 亚太AP 毛MU 巴PK,韩KR	0	受惠国$_2$LD$_2$	230

序号 No.	税则号列 Tariff Line	货品名称 Article Description	最惠国税率 MFN(%)	协定税率 Agreement(%)		特惠税率 SP(%)		普通税率 Gen(%)
7983	8703.4043	----9座及以下的小客车 ----Station wagons (with 9 seats or less)	15	0	智CL,新西兰NZ,哥CR,冰IS,港HK,澳门MO	0	受惠国$_2$LD$_2$	230
				2.5	澳AU			
				13.5	亚太AP			
				14.3	毛MU			
				22.5	巴PK,韩KR			
7984	8703.4049	----其他 ----Other	15	0	智CL,新西兰NZ,哥CR,冰IS,港HK,澳门MO	0	受惠国$_2$LD$_2$	230
				2.5	澳AU			
				13.5	亚太AP			
				14.3	毛MU			
				22.5	巴PK			
		---气缸容量（排气量）超过2500毫升，但不超过3000毫升: ---Of a cylinder capacity exceeding 2500cc, but not exceeding 3000cc:						
7985	8703.4051	----小轿车 ----Saloon cars	15	0	智CL,新西兰NZ,哥CR,冰IS,港HK,澳门MO	0	受惠国$_2$LD$_2$	270
				2.5	澳AU			
				13.5	亚太AP			
				14.3	毛MU			
				15	东盟^{R}AS^R,日^{R}JP^R			
				22.5	巴PK,韩KR			
7986	8703.4052	----越野车（4轮驱动） ----Cross-country cars (4WD)	15	0	东盟AS,智CL,新西兰NZ,新加坡SG,哥CR,冰IS,柬KH,港HK,澳门MO	0	受惠国$_2$LD$_2$	270
				2.5	澳AU			
				13.5	亚太AP			
				14.3	毛MU			
				15	东盟^{R}AS^R,澳^{R}AU^R,日^{R}JP^R,新西兰^{R}NZ^R			
				22.5	巴PK			
7987	8703.4053	----9座及以下的小客车 ----Station wagons (with 9 seats or less)	15	0	东盟AS,智CL,新西兰NZ,新加坡SG,哥CR,冰IS,柬KH,港HK,澳门MO	0	受惠国$_2$LD$_2$	270
				2.5	澳AU			
				13.5	亚太AP			
				14.3	毛MU			
				15	东盟^{R}AS^R,澳^{R}AU^R,日^{R}JP^R,新西兰^{R}NZ^R			
				22.5	巴PK,韩KR			

序号 No.	税则号列 Tariff Line	货品名称 Article Description	最惠国税率 MFN(%)	协定税率 Agreement(%)		特惠税率 SP(%)		普通税率 Gen(%)
7988	8703.4059	----其他 ----Other	15	0	东盟AS,智CL,新西兰NZ,新加坡SG,哥CR,冰IS,柬KH,港HK,澳门MO	0	受惠国₂LD₂	270
				2.5	澳AU			
				13.5	亚太AP			
				14.3	毛MU			
				15	东盟ᴿASᴿ,澳ᴿAUᴿ,日ᴿJPᴿ,新西兰ᴿNZᴿ			
				22.5	巴PK			
		---气缸容量(排气量)超过3000毫升,但不超过4000毫升: ---Of a cylinder capacity exceeding 3000cc, but not exceeding 4000cc:						
7989	8703.4061	----小轿车 ----Saloon cars	15	0	智CL,新西兰NZ,哥CR,冰IS,柬KH,港HK,澳门MO	0	受惠国₁LD₁	270
				2.5	澳AU			
				13.5	亚太AP			
				14.3	毛MU			
				15	东盟ᴿASᴿ,日ᴿJPᴿ			
				22.5	巴PK,韩KR			
7990	8703.4062	----越野车(4轮驱动) ----Cross-country cars (4WD)	15	0	智CL,新西兰NZ,哥CR,冰IS,柬KH,港HK,澳门MO	0	受惠国₁LD₁	270
				2.5	澳AU			
				13.5	亚太AP			
				14.3	毛MU			
				15	东盟ᴿASᴿ,日ᴿJPᴿ			
				22.5	巴PK,韩KR			
7991	8703.4063	----9座及以下的小客车 ----Station wagons (with 9 seats or less)	15	0	智CL,新西兰NZ,哥CR,冰IS,柬KH,港HK,澳门MO	0	受惠国₁LD₁	270
				2.5	澳AU			
				13.5	亚太AP			
				14.3	毛MU			
				15	东盟ᴿASᴿ,日ᴿJPᴿ			
				22.5	巴PK			
7992	8703.4069	----其他 ----Other	15	0	智CL,新西兰NZ,哥CR,冰IS,柬KH,港HK,澳门MO	0	受惠国₁LD₁	270
				2.5	澳AU			
				13.5	亚太AP			
				14.3	毛MU			
				15	东盟ᴿASᴿ,日ᴿJPᴿ			
				22.5	巴PK			
		---气缸容量(排气量)超过4000毫升: ---Of a cylinder capacity exceeding 4000cc:						

序号 No.	税则号列 Tariff Line	货品名称 Article Description	最惠国税率 MFN(%)	协定税率 Agreement(%)		特惠税率 SP(%)		普通税率 Gen(%)
7993	8703.4071	----小轿车 ----Saloon cars	15	0	智CL,新西兰NZ,哥CR,冰IS,柬 KH,港HK,澳门MO	0	受惠国₁LD₁	270
				2.5	澳AU			
				13.5	亚太AP			
				14.3	毛MU			
				22.5	巴PK,韩KR			
7994	8703.4072	----越野车(4轮驱动) ----Cross-country cars (4WD)	15	0	智CL,新西兰NZ,哥CR,冰IS,柬 KH,港HK,澳门MO	0	受惠国₁LD₁	270
				2.5	澳AU			
				13.5	亚太AP			
				14.3	毛MU			
				22.5	巴PK			
7995	8703.4073	----9座及以下的小客车 ----Station wagons (with 9 seats or less)	15	0	智CL,新西兰NZ,哥CR,冰IS,柬 KH,港HK,澳门MO	0	受惠国₁LD₁	270
				2.5	澳AU			
				13.5	亚太AP			
				14.3	毛MU			
				22.5	巴PK			
7996	8703.4079	----其他 ----Other	15	0	智CL,新西兰NZ,哥CR,冰IS,柬 KH,港HK,澳门MO	0	受惠国₁LD₁	270
				2.5	澳AU			
				13.5	亚太AP			
				14.3	毛MU			
				22.5	巴PK			
		-同时装有压燃式活塞内燃发动机(柴油或半柴油发动机)及驱动电动机的其他车辆,可通过接插外部电源进行充电的除外: -Other vehicles, with both compression-ignition internal combustion piston engine (diesel or semi-diesel) and electric motor as motors for propulsion, other than those capable of being charged by plugging to external source of electric power:							
		---气缸容量(排气量)不超过1000毫升: ---Of a cylinder capacity not exceeding 1000cc:							
7997	8703.5011	----小轿车 ----Saloon cars	15	0	智CL,新西兰NZ,哥CR,冰IS,格 GE,柬KH,港HK,澳门MO	0	受惠国₁LD₁	230
				2.5	澳AU			
				14.3	毛MU			

序号 No.	税则号列 Tariff Line	货品名称 Article Description	最惠国税率 MFN(%)	协定税率 Agreement(%)		特惠税率 SP(%)	普通税率 Gen(%)
7998	8703.5019	----其他 ----Other	15	0	东盟AS,智CL,新西兰NZ,新加坡SG,秘PE,哥CR,冰IS,格GE,柬KH,港HK,澳门MO	0 受惠国LD	230
				2.5	澳AU		
				14.3	毛MU		
				15	东盟^{R}AS^R,澳^{R}AU^R,新西兰^{R}NZ^R		
		---气缸容量（排气量）超过1000毫升,但不超过1500毫升: ---Of a cylinder capacity exceeding 1000cc, but not exceeding 1500cc:					
7999	8703.5021	----小轿车 ----Saloon cars	15	0	智CL,新西兰NZ,哥CR,冰IS,格GE,港HK,澳门MO	0 受惠国$_2$LD$_2$	230
				2.5	澳AU		
				14.3	毛MU		
8000	8703.5022	----越野车（4轮驱动） ----Cross-country cars (4WD)	15	0	智CL,新西兰NZ,哥CR,冰IS,格GE,港HK,澳门MO	0 受惠国$_2$LD$_2$	230
				2.5	澳AU		
				14.3	毛MU		
8001	8703.5023	----9座及以下的小客车 ----Station wagons (with 9 seats or less)	15	0	智CL,新西兰NZ,哥CR,冰IS,格GE,港HK,澳门MO	0 受惠国$_2$LD$_2$	230
				2.5	澳AU		
				14.3	毛MU		
8002	8703.5029	----其他 ----Other	15	0	东盟AS,智CL,新西兰NZ,新加坡SG,秘PE,哥CR,冰IS,格GE,柬KH,港HK,澳门MO	0 受惠国LD	230
				2.5	澳AU		
				14.3	毛MU		
				15	东盟^{R}AS^R,澳^{R}AU^R,新西兰^{R}NZ^R		
		---气缸容量（排气量）超过1500毫升,但不超过2000毫升: ---Of a cylinder capacity exceeding 1500cc, but not exceeding 2000cc:					
8003	8703.5031	----小轿车 ----Saloon cars	15	0	智CL,新西兰NZ,哥CR,冰IS,格GE,港HK,澳门MO	0 受惠国$_2$LD$_2$	230
				2.5	澳AU		
				13.5	亚太AP		
				14.3	毛MU		
				22.5	巴PK		
8004	8703.5032	----越野车（4轮驱动） ----Cross-country cars (4WD)	15	0	智CL,新西兰NZ,哥CR,冰IS,格GE,港HK,澳门MO	0 受惠国$_2$LD$_2$	230
				2.5	澳AU		
				13.5	亚太AP		
				14.3	毛MU		
				22.5	巴PK,韩KR		

序号 No.	税则号列 Tariff Line	货品名称 Article Description	最惠国税率 MFN(%)	协定税率 Agreement(%)		特惠税率 SP(%)		普通税率 Gen(%)
8005	8703.5033	----9座及以下的小客车 ----Station wagons (with 9 seats or less)	15	0	智CL,新西兰NZ,哥CR,冰IS,格GE,港HK,澳门MO	0	受惠国₂LD₂	230
				2.5	澳AU			
				13.5	亚太AP			
				14.3	毛MU			
				22.5	巴PK,韩KR			
8006	8703.5039	----其他 ----Other	15	0	智CL,新西兰NZ,哥CR,冰IS,格GE,港HK,澳门MO	0	受惠国₂LD₂	230
				2.5	澳AU			
				13.5	亚太AP			
				14.3	毛MU			
				22.5	巴PK			
		---气缸容量（排气量）超过2000毫升, 但不超过2500毫升: ---Of a cylinder capacity exceeding 2000cc, but not exceeding 2500cc:						
8007	8703.5041	----小轿车 ----Saloon cars	15	0	智CL,新西兰NZ,哥CR,冰IS,格GE,港HK,澳门MO	0	受惠国₂LD₂	230
				2.5	澳AU			
				13.5	亚太AP			
				14.3	毛MU			
				22.5	巴PK			
8008	8703.5042	----越野车（4轮驱动） ----Cross-country cars (4WD)	15	0	智CL,新西兰NZ,哥CR,冰IS,格GE,港HK,澳门MO	0	受惠国₂LD₂	230
				2.5	澳AU			
				13.5	亚太AP			
				14.3	毛MU			
				22.5	巴PK			
8009	8703.5043	----9座及以下的小客车 ----Station wagons (with 9 seats or less)	15	0	智CL,新西兰NZ,哥CR,冰IS,格GE,港HK,澳门MO	0	受惠国₂LD₂	230
				2.5	澳AU			
				13.5	亚太AP			
				14.3	毛MU			
				22.5	巴PK,韩KR			
8010	8703.5049	----其他 ----Other	15	0	智CL,新西兰NZ,哥CR,冰IS,格GE,港HK,澳门MO	0	受惠国₂LD₂	230
				2.5	澳AU			
				13.5	亚太AP			
				14.3	毛MU			
				22.5	巴PK			
		---气缸容量（排气量）超过2500毫升, 但不超过3000毫升: ---Of a cylinder capacity exceeding 2500cc, but not exceeding 3000cc:						

序号 No.	税则号列 Tariff Line	货品名称 Article Description	最惠国税率 MFN(%)	协定税率 Agreement(%)		特惠税率 SP(%)		普通税率 Gen(%)
8011	8703.5051	----小轿车 ----Saloon cars	15	0	东盟AS,智CL,新西兰NZ,新加坡SG,哥CR,冰IS,格GE,柬KH,港HK,澳门MO	0	受惠国$_2$LD$_2$	270
				2.5	澳AU			
				13.5	亚太AP			
				14.3	毛MU			
				15	东盟^{R}AS^R,澳^{R}AU^R,新西兰^{R}NZ^R			
				22.5	巴PK			
8012	8703.5052	----越野车（4轮驱动） ----Cross-country cars (4WD)	15	0	东盟AS,智CL,新西兰NZ,新加坡SG,哥CR,冰IS,格GE,柬KH,港HK,澳门MO	0	受惠国$_2$LD$_2$	270
				2.5	澳AU			
				13.5	亚太AP			
				14.3	毛MU			
				15	东盟^{R}AS^R,澳^{R}AU^R,新西兰^{R}NZ^R			
				22.5	巴PK,韩KR			
8013	8703.5053	----9座及以下的小客车 ----Station wagons (with 9 seats or less)	15	0	东盟AS,智CL,新西兰NZ,新加坡SG,哥CR,冰IS,格GE,柬KH,港HK,澳门MO	0	受惠国$_2$LD$_2$	270
				2.5	澳AU			
				13.5	亚太AP			
				14.3	毛MU			
				15	东盟^{R}AS^R,澳^{R}AU^R,新西兰^{R}NZ^R			
				22.5	巴PK			
8014	8703.5059	----其他 ----Other	15	0	东盟AS,智CL,新西兰NZ,新加坡SG,哥CR,冰IS,格GE,柬KH,港HK,澳门MO	0	受惠国$_2$LD$_2$	270
				2.5	澳AU			
				13.5	亚太AP			
				14.3	毛MU			
				15	东盟^{R}AS^R,澳^{R}AU^R,新西兰^{R}NZ^R			
				22.5	巴PK			
		---气缸容量（排气量）超过3000毫升，但不超过4000毫升： ---Of a cylinder capacity exceeding 3000cc, but not exceeding 4000cc:						
8015	8703.5061	----小轿车 ----Saloon cars	15	0	东盟AS,智CL,新西兰NZ,新加坡SG,哥CR,冰IS,格GE,柬KH,港HK,澳门MO	0	受惠国$_1$LD$_1$	270
				2.5	澳AU			
				13.5	亚太AP			
				14.3	毛MU			
				15	东盟^{R}AS^R,澳^{R}AU^R,新西兰^{R}NZ^R			
				22.5	巴PK			

序号 No.	税则号列 Tariff Line	货品名称 Article Description	最惠国税率 MFN(%)	协定税率 Agreement(%)		特惠税率 SP(%)	普通税率 Gen(%)
8016	8703.5062	----越野车(4轮驱动) ----Cross-country cars (4WD)	15	0	东盟AS,智CL,新西兰NZ,新加坡SG,哥CR,冰IS,格GE,柬KH,港HK,澳门MO	0 受惠国₁LD₁	270
				2.5	澳AU		
				13.5	亚太AP		
				14.3	毛MU		
				15	东盟ᴿASᴿ,澳ᴿAUᴿ,新西兰ᴿNZᴿ		
				22.5	巴PK		
8017	8703.5063	----9座及以下的小客车 ----Station wagons (with 9 seats or less)	15	0	东盟AS,智CL,新西兰NZ,新加坡SG,哥CR,冰IS,格GE,柬KH,港HK,澳门MO	0 受惠国₁LD₁	270
				2.5	澳AU		
				13.5	亚太AP		
				14.3	毛MU		
				15	东盟ᴿASᴿ,澳ᴿAUᴿ,新西兰ᴿNZᴿ		
				22.5	巴PK		
8018	8703.5069	----其他 ----Other	15	0	东盟AS,智CL,新西兰NZ,新加坡SG,哥CR,冰IS,格GE,柬KH,港HK,澳门MO	0 受惠国₁LD₁	270
				2.5	澳AU		
				13.5	亚太AP		
				14.3	毛MU		
				15	东盟ᴿASᴿ,澳ᴿAUᴿ,新西兰ᴿNZᴿ		
				22.5	巴PK		
		---气缸容量(排气量)超过4000毫升: ---Of a cylinder capacity exceeding 4000cc:					
8019	8703.5071	----小轿车 ----Saloon cars	15	0	东盟AS,智CL,新西兰NZ,新加坡SG,哥CR,冰IS,澳AU,格GE,柬KH,港HK,澳门MO	0 受惠国₁LD₁	270
				13.5	亚太AP		
				14.3	毛MU		
				15	东盟ᴿASᴿ,澳ᴿAUᴿ,新西兰ᴿNZᴿ		
				22.5	巴PK		
8020	8703.5072	----越野车(4轮驱动) ----Cross-country cars (4WD)	15	0	东盟AS,智CL,新西兰NZ,新加坡SG,哥CR,冰IS,澳AU,格GE,柬KH,港HK,澳门MO	0 受惠国₁LD₁	270
				13.5	亚太AP		
				14.3	毛MU		
				15	东盟ᴿASᴿ,澳ᴿAUᴿ,新西兰ᴿNZᴿ		
				22.5	巴PK		
8021	8703.5073	----9座及以下的小客车 ----Station wagons (with 9 seats or less)	15	0	东盟AS,智CL,新西兰NZ,新加坡SG,哥CR,冰IS,澳AU,格GE,柬KH,港HK,澳门MO	0 受惠国₁LD₁	270
				13.5	亚太AP		
				14.3	毛MU		
				15	东盟ᴿASᴿ,澳ᴿAUᴿ,新西兰ᴿNZᴿ		
				22.5	巴PK		

序号 No.	税则号列 Tariff Line	货品名称 Article Description	最惠国税率 MFN(%)	协定税率 Agreement(%)		特惠税率 SP(%)	普通税率 Gen(%)
8022	8703.5079	----其他 ----Other	15	0	东盟AS,智CL,新西兰NZ,新加坡SG,哥CR,冰IS,澳AU,格GE,柬KH,港HK,澳门MO	0 受惠国$_1$LD$_1$	270
				13.5	亚太AP		
				14.3	毛MU		
				15	东盟^{R}AS^R,澳^{R}AU^R,新西兰^{R}NZ^R		
				22.5	巴PK		
		-同时装有点燃式活塞内燃发动机及驱动电动机、可通过接插外部电源进行充电的其他车辆: -Other vehicles, with both spark-ignition internal combustion piston engine and electric motor as motors for propulsion, capable of being charged by plugging to external source of electric power:					
		---气缸容量(排气量)不超过1000毫升: ---Of a cylinder capacity not exceeding 1000cc:					
8023	8703.6011	----小轿车 ----Saloon cars	15	0	智CL,新西兰NZ,哥CR,冰IS,澳AU,港HK,澳门MO	0 受惠国$_2$LD$_2$	270
				13.5	亚太AP		
				14.3	毛MU		
				22.5	巴PK		
8024	8703.6012	----越野车(4轮驱动) ----Cross-country cars (4WD)	15	0	智CL,新西兰NZ,哥CR,冰IS,澳AU,港HK,澳门MO	0 受惠国$_2$LD$_2$	270
				13.5	亚太AP		
				14.3	毛MU		
				22.5	巴PK		
8025	8703.6013	----9座及以下的小客车 ----Station wagons (with 9 seats or less)	15	0	智CL,新西兰NZ,哥CR,冰IS,澳AU,港HK,澳门MO	0 受惠国$_2$LD$_2$	270
				13.5	亚太AP		
				14.3	毛MU		
				22.5	巴PK		
8026	8703.6019	----其他 ----Other	15	0	智CL,新西兰NZ,哥CR,冰IS,澳AU,港HK,澳门MO	0 受惠国$_2$LD$_2$	270
				13.5	亚太AP		
				14.3	毛MU		
				22.5	巴PK		
		---气缸容量(排气量)超过1000毫升,但不超过1500毫升: ---Of a cylinder capacity exceeding 1000cc, but not exceeding 1500cc:					

序号 No.	税则号列 Tariff Line	货品名称 Article Description	最惠国税率 MFN(%)	协定税率 Agreement(%)		特惠税率 SP(%)		普通税率 Gen(%)
8027	8703.6021	----小轿车 ----Saloon cars	15	0 13.5 14.3 22.5	智CL,新西兰NZ,哥CR,冰IS,澳 AU,港HK,澳门MO 亚太AP 毛MU 巴PK	0	受惠国₂LD₂	270
8028	8703.6022	----越野车（4轮驱动） ----Cross-country cars (4WD)	15	0 13.5 14.3 22.5	智CL,新西兰NZ,哥CR,冰IS,澳 AU,港HK,澳门MO 亚太AP 毛MU 巴PK	0	受惠国₂LD₂	270
8029	8703.6023	----9座及以下的小客车 ----Station wagons (with 9 seats or less)	15	0 13.5 14.3 22.5	智CL,新西兰NZ,哥CR,冰IS,澳 AU,港HK,澳门MO 亚太AP 毛MU 巴PK	0	受惠国₂LD₂	270
8030	8703.6029	----其他 ----Other	15	0 13.5 14.3 22.5	智CL,新西兰NZ,哥CR,冰IS,澳 AU,港HK,澳门MO 亚太AP 毛MU 巴PK	0	受惠国₂LD₂	270
		---气缸容量（排气量）超过1500毫升， 但不超过2000毫升： ---Of a cylinder capacity exceeding 1500cc, but not exceeding 2000cc:						
8031	8703.6031	----小轿车 ----Saloon cars	15	0 13.5 14.3 22.5	智CL,新西兰NZ,哥CR,冰IS,澳 AU,港HK,澳门MO 亚太AP 毛MU 巴PK	0	受惠国₂LD₂	270
8032	8703.6032	----越野车（4轮驱动） ----Cross-country cars (4WD)	15	0 13.5 14.3 22.5	智CL,新西兰NZ,哥CR,冰IS,澳 AU,港HK,澳门MO 亚太AP 毛MU 巴PK	0	受惠国₂LD₂	270
8033	8703.6033	----9座及以下的小客车 ----Station wagons (with 9 seats or less)	15	0 13.5 14.3 22.5	智CL,新西兰NZ,哥CR,冰IS,澳 AU,港HK,澳门MO 亚太AP 毛MU 巴PK	0	受惠国₂LD₂	270
8034	8703.6039	----其他 ----Other	15	0 13.5 14.3 22.5	智CL,新西兰NZ,哥CR,冰IS,澳 AU,港HK,澳门MO 亚太AP 毛MU 巴PK	0	受惠国₂LD₂	270

序号 No.	税则号列 Tariff Line	货品名称 Article Description	最惠国税率 MFN(%)	协定税率 Agreement(%)		特惠税率 SP(%)	普通税率 Gen(%)
		---气缸容量（排气量）超过2000毫升， 但不超过2500毫升： ---Of a cylinder capacity exceeding 2000cc, but not exceeding 2500cc:					
8035	8703.6041	----小轿车 ----Saloon cars	15	0 13.5 14.3 22.5	智CL,新西兰NZ,哥CR,冰IS,澳 AU,港HK,澳门MO 亚太AP 毛MU 巴PK	0 受惠国$_2$LD$_2$	270
8036	8703.6042	----越野车（4轮驱动） ----Cross-country cars (4WD)	15	0 13.5 14.3 22.5	智CL,新西兰NZ,哥CR,冰IS,澳 AU,港HK,澳门MO 亚太AP 毛MU 巴PK	0 受惠国$_2$LD$_2$	270
8037	8703.6043	----9座及以下的小客车 ----Station wagons (with 9 seats or less)	15	0 13.5 14.3 22.5	智CL,新西兰NZ,哥CR,冰IS,澳 AU,港HK,澳门MO 亚太AP 毛MU 巴PK	0 受惠国$_2$LD$_2$	270
8038	8703.6049	----其他 ----Other	15	0 13.5 14.3 22.5	智CL,新西兰NZ,哥CR,冰IS,澳 AU,港HK,澳门MO 亚太AP 毛MU 巴PK	0 受惠国$_2$LD$_2$	270
		---气缸容量（排气量）超过2500毫升， 但不超过3000毫升： ---Of a cylinder capacity exceeding 2500cc, but not exceeding 3000cc:					
8039	8703.6051	----小轿车 ----Saloon cars	15	0 13.5 14.3 15 22.5	智CL,新西兰NZ,哥CR,冰IS,澳 AU,港HK,澳门MO 亚太AP 毛MU 东盟^{R}AS^R,日^{R}JP^R 巴PK	0 受惠国$_2$LD$_2$	270
8040	8703.6052	----越野车（4轮驱动） ----Cross-country cars (4WD)	15	0 13.5 14.3 15 22.5	智CL,新西兰NZ,哥CR,冰IS,澳 AU,港HK,澳门MO 亚太AP 毛MU 东盟^{R}AS^R,澳^{R}AU^R,日^{R}JP^R,新西 兰^{R}NZ^R 巴PK	0 受惠国$_2$LD$_2$	270

序号 No.	税则号列 Tariff Line	货品名称 Article Description	最惠国税率 MFN(%)	协定税率 Agreement(%)		特惠税率 SP(%)	普通税率 Gen(%)
8041	8703.6053	----9座及以下的小客车 ----Station wagons (with 9 seats or less)	15	0	智CL,新西兰NZ,哥CR,冰IS,澳AU,港HK,澳门MO	0 受惠国$_2$LD$_2$	270
				13.5	亚太AP		
				14.3	毛MU		
				15	东盟^{R}AS^R,澳^{R}AU^R,日^{R}JP^R,新西兰^{R}NZ^R		
				22.5	巴PK		
8042	8703.6059	----其他 ----Other	15	0	智CL,新西兰NZ,哥CR,冰IS,澳AU,港HK,澳门MO	0 受惠国$_2$LD$_2$	270
				13.5	亚太AP		
				14.3	毛MU		
				15	东盟^{R}AS^R,澳^{R}AU^R,日^{R}JP^R,新西兰^{R}NZ^R		
				22.5	巴PK		
		---气缸容量（排气量）超过3000毫升,但不超过4000毫升: ---Of a cylinder capacity exceeding 3000cc, but not exceeding 4000cc:					
8043	8703.6061	----小轿车 ----Saloon cars	15	0	智CL,新西兰NZ,哥CR,冰IS,澳AU,港HK,澳门MO	0 受惠国$_2$LD$_2$	270
				13.5	亚太AP		
				14.3	毛MU		
				15	东盟^{R}AS^R,日^{R}JP^R		
				22.5	巴PK		
8044	8703.6062	----越野车（4轮驱动） ----Cross-country cars (4WD)	15	0	智CL,新西兰NZ,哥CR,冰IS,澳AU,港HK,澳门MO	0 受惠国$_2$LD$_2$	270
				13.5	亚太AP		
				14.3	毛MU		
				15	东盟^{R}AS^R,日^{R}JP^R		
				22.5	巴PK		
8045	8703.6063	----9座及以下的小客车 ----Station wagons (with 9 seats or less)	15	0	智CL,新西兰NZ,哥CR,冰IS,澳AU,港HK,澳门MO	0 受惠国$_2$LD$_2$	270
				13.5	亚太AP		
				14.3	毛MU		
				15	东盟^{R}AS^R,日^{R}JP^R		
				22.5	巴PK		
8046	8703.6069	----其他 ----Other	15	0	智CL,新西兰NZ,哥CR,冰IS,澳AU,港HK,澳门MO	0 受惠国$_2$LD$_2$	270
				13.5	亚太AP		
				14.3	毛MU		
				15	东盟^{R}AS^R,日^{R}JP^R		
				22.5	巴PK		
		---气缸容量（排气量）超过4000毫升: ---Of a cylinder capacity exceeding 4000cc:					

序号 No.	税则号列 Tariff Line	货品名称 Article Description	最惠国税率 MFN(%)	协定税率 Agreement(%)		特惠税率 SP(%)	普通税率 Gen(%)
8047	8703.6071	----小轿车 ----Saloon cars	15	0	智CL,新西兰NZ,哥CR,冰IS,澳 AU,港HK,澳门MO	0 受惠国$_2$LD$_2$	270
				13.5	亚太AP		
				14.3	毛MU		
				22.5	巴PK		
8048	8703.6072	----越野车（4轮驱动） ----Cross-country cars (4WD)	15	0	智CL,新西兰NZ,哥CR,冰IS,澳 AU,港HK,澳门MO	0 受惠国$_2$LD$_2$	270
				13.5	亚太AP		
				14.3	毛MU		
				22.5	巴PK		
8049	8703.6073	----9座及以下的小客车 ----Station wagons (with 9 seats or less)	15	0	智CL,新西兰NZ,哥CR,冰IS,澳 AU,港HK,澳门MO	0 受惠国$_2$LD$_2$	270
				13.5	亚太AP		
				14.3	毛MU		
				22.5	巴PK		
8050	8703.6079	----其他 ----Other	15	0	智CL,新西兰NZ,哥CR,冰IS,澳 AU,港HK,澳门MO	0 受惠国$_2$LD$_2$	270
				13.5	亚太AP		
				14.3	毛MU		
				22.5	巴PK		
		-同时装有压燃式活塞内燃发动机（柴油或半柴油发动机）及驱动电动机、可通过接插外部电源进行充电的其他车辆： -Other vehicles, with both compression-ignition internal combustion piston engine (diesel or semi-diesel) and electric motor as motors for propulsion, capable of being charged by plugging to external source of electric power:					
		---气缸容量（排气量）不超过1000毫升： ---Of a cylinder capacity not exceeding 1000cc:					
8051	8703.7011	----小轿车 ----Saloon cars	15	0	东盟AS,智CL,新西兰NZ,新加坡SG,秘PE,哥CR,冰IS,澳AU,格GE,柬KH,港HK,澳门MO	0 受惠国LD	270
				13.5	亚太AP		
				14.3	毛MU		
				22.5	韩KR		
8052	8703.7012	----越野车（4轮驱动） ----Cross-country cars (4WD)	15	0	东盟AS,智CL,新西兰NZ,新加坡SG,秘PE,哥CR,冰IS,澳AU,格GE,柬KH,港HK,澳门MO	0 受惠国LD	270
				13.5	亚太AP		
				14.3	毛MU		
				15	东盟^{R}AS^R,澳^{R}AU^R,新西兰^{R}NZ^R		
				22.5	韩KR		

序号 No.	税则号列 Tariff Line	货品名称 Article Description	最惠国税率 MFN(%)	协定税率 Agreement(%)		特惠税率 SP(%)	普通税率 Gen(%)
8053	8703.7013	----9座及以下的小客车 ----Station wagons (with 9 seats or less)	15	0	东盟AS,智CL,新西兰NZ,新加坡SG,秘PE,哥CR,冰IS,澳AU,格GE,柬KH,港HK,澳门MO	0 受惠国LD	270
				13.5	亚太AP		
				14.3	毛MU		
				15	东盟^{R}AS^R,澳^{R}AU^R,新西兰^{R}NZ^R		
				22.5	韩KR		
8054	8703.7019	----其他 ----Other	15	0	东盟AS,智CL,新西兰NZ,新加坡SG,秘PE,哥CR,冰IS,澳AU,格GE,柬KH,港HK,澳门MO	0 受惠国LD	270
				13.5	亚太AP		
				14.3	毛MU		
				15	东盟^{R}AS^R,澳^{R}AU^R,新西兰^{R}NZ^R		
				22.5	韩KR		
		---气缸容量（排气量）超过1000毫升，但不超过1500毫升: ---Of a cylinder capacity exceeding 1000cc, but not exceeding 1500cc:					
8055	8703.7021	----小轿车 ----Saloon cars	15	0	东盟AS,智CL,新西兰NZ,新加坡SG,秘PE,哥CR,冰IS,澳AU,格GE,柬KH,港HK,澳门MO	0 受惠国LD	270
				13.5	亚太AP		
				14.3	毛MU		
				22.5	韩KR		
8056	8703.7022	----越野车（4轮驱动） ----Cross-country cars (4WD)	15	0	东盟AS,智CL,新西兰NZ,新加坡SG,秘PE,哥CR,冰IS,澳AU,格GE,柬KH,港HK,澳门MO	0 受惠国LD	270
				13.5	亚太AP		
				14.3	毛MU		
				22.5	韩KR		
8057	8703.7023	----9座及以下的小客车 ----Station wagons (with 9 seats or less)	15	0	东盟AS,智CL,新西兰NZ,新加坡SG,秘PE,哥CR,冰IS,澳AU,格GE,柬KH,港HK,澳门MO	0 受惠国LD	270
				13.5	亚太AP		
				14.3	毛MU		
				22.5	韩KR		
8058	8703.7029	----其他 ----Other	15	0	东盟AS,智CL,新西兰NZ,新加坡SG,秘PE,哥CR,冰IS,澳AU,格GE,柬KH,港HK,澳门MO	0 受惠国LD	270
				13.5	亚太AP		
				14.3	毛MU		
				15	东盟^{R}AS^R,澳^{R}AU^R,新西兰^{R}NZ^R		
				22.5	韩KR		
		---气缸容量（排气量）超过1500毫升，但不超过2000毫升: ---Of a cylinder capacity exceeding 1500cc, but not exceeding 2000cc:					

序号 No.	税则号列 Tariff Line	货品名称 Article Description	最惠国税率 MFN(%)		协定税率 Agreement(%)	特惠税率 SP(%)		普通税率 Gen(%)
8059	8703.7031	----小轿车 ----Saloon cars	15	0 13.5 14.3 22.5	东盟AS,智CL,新西兰NZ,新加 坡SG,秘PE,哥CR,冰IS,澳AU,格 GE,柬KH,港HK,澳门MO 亚太AP 毛MU 韩KR	0	受惠国LD	270
8060	8703.7032	----越野车（4轮驱动） ----Cross-country cars (4WD)	15	0 13.5 14.3 22.5	东盟AS,智CL,新西兰NZ,新加 坡SG,秘PE,哥CR,冰IS,澳AU,格 GE,柬KH,港HK,澳门MO 亚太AP 毛MU 韩KR	0	受惠国LD	270
8061	8703.7033	----9座及以下的小客车 ----Station wagons (with 9 seats or less)	15	0 13.5 14.3 22.5	东盟AS,智CL,新西兰NZ,新加 坡SG,秘PE,哥CR,冰IS,澳AU,格 GE,柬KH,港HK,澳门MO 亚太AP 毛MU 韩KR	0	受惠国LD	270
8062	8703.7039	----其他 ----Other	15	0 13.5 14.3 22.5	东盟AS,智CL,新西兰NZ,新加 坡SG,秘PE,哥CR,冰IS,澳AU,格 GE,柬KH,港HK,澳门MO 亚太AP 毛MU 韩KR	0	受惠国LD	270
		---气缸容量（排气量）超过2000毫升， 但不超过2500毫升: ---Of a cylinder capacity exceeding 2000cc, but not exceeding 2500cc:						
8063	8703.7041	----小轿车 ----Saloon cars	15	0 13.5 14.3 22.5	东盟AS,智CL,新西兰NZ,新加 坡SG,秘PE,哥CR,冰IS,澳AU,格 GE,柬KH,港HK,澳门MO 亚太AP 毛MU 韩KR	0	受惠国LD	270
8064	8703.7042	----越野车（4轮驱动） ----Cross-country cars (4WD)	15	0 13.5 14.3 22.5	东盟AS,智CL,新西兰NZ,新加 坡SG,秘PE,哥CR,冰IS,澳AU,格 GE,柬KH,港HK,澳门MO 亚太AP 毛MU 韩KR	0	受惠国LD	270
8065	8703.7043	----9座及以下的小客车 ----Station wagons (with 9 seats or less)	15	0 13.5 14.3 22.5	东盟AS,智CL,新西兰NZ,新加 坡SG,秘PE,哥CR,冰IS,澳AU,格 GE,柬KH,港HK,澳门MO 亚太AP 毛MU 韩KR	0	受惠国LD	270

序号 No.	税则号列 Tariff Line	货品名称 Article Description	最惠国税率 MFN(%)	协定税率 Agreement(%)		特惠税率 SP(%)	普通税率 Gen(%)
8066	8703.7049	----其他 ----Other	15	0	东盟AS,智CL,新西兰NZ,新加坡SG,秘PE,哥CR,冰IS,澳AU,格GE,柬KH,港HK,澳门MO	0 受惠国LD	270
				13.5	亚太AP		
				14.3	毛MU		
				22.5	韩KR		
		---气缸容量(排气量)超过2500毫升,但不超过3000毫升: ---Of a cylinder capacity exceeding 2500cc, but not exceeding 3000cc:					
8067	8703.7051	----小轿车 ----Saloon cars	15	0	东盟AS,智CL,新西兰NZ,新加坡SG,秘PE,哥CR,冰IS,澳AU,格GE,柬KH,港HK,澳门MO	0 受惠国LD	270
				13.5	亚太AP		
				14.3	毛MU		
				15	东盟^{R}AS^R,澳^{R}AU^R,新西兰^{R}NZ^R		
				22.5	韩KR		
8068	8703.7052	----越野车(4轮驱动) ----Cross-country cars (4WD)	15	0	东盟AS,智CL,新西兰NZ,新加坡SG,秘PE,哥CR,冰IS,澳AU,格GE,柬KH,港HK,澳门MO	0 受惠国LD	270
				13.5	亚太AP		
				14.3	毛MU		
				15	东盟^{R}AS^R,澳^{R}AU^R,新西兰^{R}NZ^R		
				22.5	韩KR		
8069	8703.7053	----9座及以下的小客车 ----Station wagons (with 9 seats or less)	15	0	东盟AS,智CL,新西兰NZ,新加坡SG,秘PE,哥CR,冰IS,澳AU,格GE,柬KH,港HK,澳门MO	0 受惠国LD	270
				13.5	亚太AP		
				14.3	毛MU		
				15	东盟^{R}AS^R,澳^{R}AU^R,新西兰^{R}NZ^R		
				22.5	韩KR		
8070	8703.7059	----其他 ----Other	15	0	东盟AS,智CL,新西兰NZ,新加坡SG,秘PE,哥CR,冰IS,澳AU,格GE,柬KH,港HK,澳门MO	0 受惠国LD	270
				13.5	亚太AP		
				14.3	毛MU		
				15	东盟^{R}AS^R,澳^{R}AU^R,新西兰^{R}NZ^R		
				22.5	韩KR		
		---气缸容量(排气量)超过3000毫升,但不超过4000毫升: ---Of a cylinder capacity exceeding 3000cc, but not exceeding 4000cc:					

序号 No.	税则号列 Tariff Line	货品名称 Article Description	最惠国税率 MFN(%)	协定税率 Agreement(%)		特惠税率 SP(%)		普通税率 Gen(%)
8071	8703.7061	----小轿车 ----Saloon cars	15	0	东盟AS,智CL,新西兰NZ,新加坡SG,秘PE,哥CR,冰IS,澳AU,格GE,柬KH,港HK,澳门MO	0	受惠国LD	270
				13.5	亚太AP			
				14.3	毛MU			
				15	东盟^{R}AS^R,澳^{R}AU^R,新西兰^{R}NZ^R			
				22.5	韩KR			
8072	8703.7062	----越野车（4轮驱动） ----Cross-country cars (4WD)	15	0	东盟AS,智CL,新西兰NZ,新加坡SG,秘PE,哥CR,冰IS,澳AU,格GE,柬KH,港HK,澳门MO	0	受惠国LD	270
				13.5	亚太AP			
				14.3	毛MU			
				15	东盟^{R}AS^R,澳^{R}AU^R,新西兰^{R}NZ^R			
				22.5	韩KR			
8073	8703.7063	----9座及以下的小客车 ----Station wagons (with 9 seats or less)	15	0	东盟AS,智CL,新西兰NZ,新加坡SG,秘PE,哥CR,冰IS,澳AU,格GE,柬KH,港HK,澳门MO	0	受惠国LD	270
				13.5	亚太AP			
				14.3	毛MU			
				15	东盟^{R}AS^R,澳^{R}AU^R,新西兰^{R}NZ^R			
				22.5	韩KR			
8074	8703.7069	----其他 ----Other	15	0	东盟AS,智CL,新西兰NZ,新加坡SG,秘PE,哥CR,冰IS,澳AU,格GE,柬KH,港HK,澳门MO	0	受惠国LD	270
				13.5	亚太AP			
				14.3	毛MU			
				15	东盟^{R}AS^R,澳^{R}AU^R,新西兰^{R}NZ^R			
				22.5	韩KR			
		---气缸容量（排气量）超过4000毫升： ---Of a cylinder capacity exceeding 4000cc:						
8075	8703.7071	----小轿车 ----Saloon cars	15	0	东盟AS,智CL,新西兰NZ,新加坡SG,秘PE,哥CR,冰IS,澳AU,格GE,柬KH,港HK,澳门MO	0	受惠国LD	270
				13.5	亚太AP			
				14.3	毛MU			
				15	东盟^{R}AS^R,澳^{R}AU^R,新西兰^{R}NZ^R			
				22.5	韩KR			
8076	8703.7072	----越野车（4轮驱动） ----Cross-country cars (4WD)	15	0	东盟AS,智CL,新西兰NZ,新加坡SG,秘PE,哥CR,冰IS,澳AU,格GE,柬KH,港HK,澳门MO	0	受惠国LD	270
				13.5	亚太AP			
				14.3	毛MU			
				15	东盟^{R}AS^R,澳^{R}AU^R,新西兰^{R}NZ^R			
				22.5	韩KR			

序号 No.	税则号列 Tariff Line	货品名称 Article Description	最惠国税率 MFN(%)	协定税率 Agreement(%)		特惠税率 SP(%)	普通税率 Gen(%)
8077	8703.7073	----9座及以下的小客车 ----Station wagons (with 9 seats or less)	15	0	东盟AS,智CL,新西兰NZ,新加坡SG,秘PE,哥CR,冰IS,澳AU,格GE,柬KH,港HK,澳门MO	0 受惠国LD	270
				13.5	亚太AP		
				14.3	毛MU		
				15	东盟^{R}AS^R,澳^{R}AU^R,新西兰^{R}NZ^R		
				22.5	韩KR		
8078	8703.7079	----其他 ----Other	15	0	东盟AS,智CL,新西兰NZ,新加坡SG,秘PE,哥CR,冰IS,澳AU,格GE,柬KH,港HK,澳门MO	0 受惠国LD	270
				13.5	亚太AP		
				14.3	毛MU		
				15	东盟^{R}AS^R,澳^{R}AU^R,新西兰^{R}NZ^R		
				22.5	韩KR		
8079	8703.8000	-仅装有驱动电动机的其他车辆 -Other vehicles, with only electric 　motor for propulsion	15	0	东盟AS,智CL,新西兰NZ,新加坡SG,秘PE,哥CR,冰IS,澳AU,格GE,柬KH,港HK,澳门MO	0 受惠国LD	270
				13.5	亚太AP		
				14.3	毛MU		
				15	东盟^{R}AS^R,澳^{R}AU^R,日^{R}JP^R,新西兰^{R}NZ^R		
				22.5	巴PK,韩KR		
8080	8703.9000	-其他 -Other	15	0	东盟AS,智CL,新西兰NZ,新加坡SG,秘PE,哥CR,冰IS,澳AU,格GE,柬KH,港HK,澳门MO	0 受惠国LD	270
				13.5	亚太AP		
				14.3	毛MU		
				15	东盟^{R}AS^R,澳^{R}AU^R,日^{R}JP^R,新西兰^{R}NZ^R		
				22.5	巴PK,韩KR		
	87.04	货运机动车辆: **Motor vehicles for the transport of goods:**					
		-非公路用自卸车: -Dumpers designed for off-highway use:					
8081	8704.1030	---电动轮货运自卸车 ---Electromobile dumpers for the 　transport of goods	6	0	东盟AS,智CL,巴PK,新西兰NZ,秘PE,哥CR,瑞CH,冰IS,韩KR,澳AU,格GE,毛MU,柬KH,港HK,澳门MO	0 受惠国LD	20
				4.8	东盟^{R}AS^R,澳^{R}AU^R,新西兰^{R}NZ^R,韩^{R}KR^R		
				5.3	日^{R}JP^R		

序号 No.	税则号列 Tariff Line	货品名称 Article Description	最惠国税率 MFN(%)	协定税率 Agreement(%)		特惠税率 SP(%)		普通税率 Gen(%)
8082	8704.1090	---其他 ---Other	6	0	东盟AS,智CL,巴PK,新西兰NZ,秘PE,哥CR,瑞CH,冰IS,韩KR,澳AU,格GE,毛MU,柬KH,港HK,澳门MO	0	受惠国LD	20
				4.8	东盟^{R}AS^R,澳^{R}AU^R,新西兰^{R}NZ^R,韩^{R}KR^R			
				4.9	日^{R}JP^R			
		-仅装有压燃式活塞内燃发动机（柴油或半柴油发动机）的其他货车: -Other, with only compression-ignition internal combustion piston engine (diesel or semi-diesel):						
8083	8704.2100	--车辆总重量不超过5吨 --g.v.w. not exceeding 5 tonnes	15	0	智CL,新西兰NZ,哥CR,冰IS,澳AU,格GE,柬KH,港HK,澳门MO	0	受惠国$_l$LD$_l$	70
				13.7	韩KR			
				14.3	毛MU			
		--车辆总重量超过5吨,但不超过20吨: --g.v.w. exceeding 5 tonnes but not exceeding 20 tonnes:						
8084	8704.2230	---车辆总重量超过5吨,但小于14吨 ---g.v.w.exceeding 5 tonnes but less than 14 tonnes	15	0	智CL,新西兰NZ,秘PE,哥CR,瑞CH,冰IS,澳AU,格GE,柬KH,港HK,澳门MO	0	受惠国LD	70
				5	东盟AS			
				8	韩KR			
				11.4	毛MU			
				13.5	亚太AP			
				18	巴PK			
8085	8704.2240	---车辆总重量在14吨及以上,但不超过20吨 ----g.v.w.of 14 tonnes or more but not exceeding 20 tonnes	15	0	智CL,新西兰NZ,秘PE,哥CR,瑞CH,冰IS,澳AU,格GE,柬KH,港HK,澳门MO	0	受惠国LD	40
				5	东盟AS			
				8	韩KR			
				11.4	毛MU			
				13.5	亚太AP			
				18	巴PK			
8086	8704.2300	--车辆总重量超过20吨 --g.v.w. exceeding 20 tonnes	15	0	智CL,新西兰NZ,哥CR,瑞CH,冰IS,澳AU,格GE,毛MU,柬KH,港HK,澳门MO	0	受惠国$_l$LD$_l$	40
				5	东盟AS			
				6	韩KR			
	ex87042300	仅装柴油或半柴油发动机的车辆总重量≥31吨清障车专用底盘 Special chassis for the wrecker of g.v.w.≥31t, with diesel or semi-diesel engine only	Δ10					

序号 No.	税则号列 Tariff Line	货品名称 Article Description	最惠国税率 MFN(%)	协定税率 Agreement(%)		特惠税率 SP(%)	普通税率 Gen(%)
	ex87042300	仅装柴油或半柴油发动机的固井水泥车、压裂车、混砂车、连续油管车、液氮泵车用底盘（车辆总重量＞35吨, 装驾驶室） Chassis of cementing unit trucks, fractruring unit trucks,coil unit trucks, liquid nitrogen trucks, and mixing sand trucks (g.v.w. exceeding 35t,incoraporating cabs), with diesel or semi-diesel engine only	Δ10				
		-仅装有点燃式活塞内燃发动机的其他货车： -Other, with only spark ignition internal combustion piston engine:					
8087	8704.3100	--车辆总重量不超过5吨 --g.v.w. not exceeding 5 tonnes	15	0	智CL,新西兰NZ,哥CR,冰IS,澳AU,格GE,柬KH,港HK,澳门MO	0 受惠国₁LD₁	70
				5	东盟AS		
				13.7	韩KR		
				14.3	毛MU		
		--车辆总重量超过5吨： --g.v.w. exceeding 5 tonnes:					
8088	8704.3230	----车辆总重量超过5吨, 但不超过8吨 ----g.v.w.exceeding 5 tonnes, but not exceeding 8 tonnes	15	0	智CL,新西兰NZ,秘PE,哥CR,瑞CH,冰IS,澳AU,格GE,柬KH,港HK,澳门MO	0 受惠国LD	70
				5	东盟AS		
				8	韩KR		
				11.4	毛MU		
8089	8704.3240	---车辆总重量超过8吨 ---g.v.w.exceeding 8 tonnes	15	0	智CL,新西兰NZ,秘PE,哥CR,瑞CH,冰IS,澳AU,格GE,柬KH,港HK,澳门MO	0 受惠国LD	70
				5	东盟AS		
				8	韩KR		
				11.4	毛MU		
		-同时装有压燃式活塞内燃发动机（柴油或半柴油发动机）及驱动电动机的其他货车： -Other, with both compression-ignition internal combustion piston engine (diesel or semi-diesel) and electric motor as motors for propulsion:					
8090	8704.4100	--车辆总重量不超过5吨 --g.v.w. not exceeding 5 tonnes	15	0	智CL,新西兰NZ,哥CR,冰IS,澳AU,格GE,柬KH,港HK,澳门MO	0 受惠国₁LD₁	70
				13.7	韩KR		
				14.3	毛MU		

序号 No.	税则号列 Tariff Line	货品名称 Article Description	最惠国税率 MFN(%)	协定税率 Agreement(%)		特惠税率 SP(%)		普通税率 Gen(%)
		--车辆总重量超过5吨，但不超过 20吨： --g.v.w. exceeding 5 tonnes but not exceeding 20 tonnes:						
8091	8704.4210	---车辆总重量超过5吨，但小于14吨 ---g.v.w.exceeding 5 tonnes but less than 14 tonnes	15	0 5 8 11.4 13.5 18	智CL,新西兰NZ,秘PE,哥CR,瑞 CH,冰IS,澳AU,格GE,柬KH,港 HK,澳门MO 东盟AS 韩KR 毛MU 亚太AP 巴PK	0	受惠国LD	70
8092	8704.4220	---车辆总重量在14吨及以上，但不超过 20吨 ---g.v.w.of 14 tonnes or more but not exceeding 20 tonnes	15	0 5 8 11.4 13.5 18	智CL,新西兰NZ,秘PE,哥CR,瑞 CH,冰IS,澳AU,格GE,柬KH,港 HK,澳门MO 东盟AS 韩KR 毛MU 亚太AP 巴PK	0	受惠国LD	40
8093	8704.4300	--车辆总重量超过20吨 --g.v.w. exceeding 20 tonnes	15	0 5 6	智CL,新西兰NZ,哥CR,瑞CH,冰 IS,澳AU,格GE,毛MU,柬KH,港 HK,澳门MO 东盟AS 韩KR	0	受惠国LD	40
	ex87044300	装有压燃式发动机的混合动力的车辆 总重量≥31吨清障车专用底盘 Special chassis for the wrecker with both compression-ignition internal combustion piston engine of g.v.w.≥31t	△10					
	ex87044300	装有压燃式发动机的混合动力的固井 水泥车、压裂车、混砂车、连续油管 车、液氮泵车用底盘（车辆总重量>35 吨，装驾驶室） Chassis of cementing unit trucks, fractruring unit trucks,coil unit trucks, liquid nitrogen trucks, and mixing sand trucks (g.v.w. exceeding 35t,incoraporating cabs), with both compression-ignition internal combustion piston engine	△10					
	ex87044300	装有压燃式发动机的混合动力的起重 55吨及以上的汽车起重机用底盘 Chassis of crane lorries with both compression-ignition internal combustion piston engine , hoisting capacity≥55t	△8					

序号 No.	税则号列 Tariff Line	货品名称 Article Description	最惠国税率 MFN(%)	协定税率 Agreement(%)		特惠税率 SP(%)		普通税率 Gen(%)
		-同时装有点燃式活塞内燃发动机及驱动电动机的其他货车: -Other, with both spark-ignition internal combustion piston engine and electric motor as motors for propulsion:						
8094	8704.5100	--车辆总重量不超过5吨 --g.v.w. not exceeding 5 tonnes	15	0	智CL,新西兰NZ,哥CR,冰IS,澳AU,格GE,柬KH,港HK,澳门MO	0	受惠国LD₁	70
				5	东盟AS			
				13.7	韩KR			
				14.3	毛MU			
		--车辆总重量超过5吨: --g.v.w. exceeding 5 tonnes:						
8095	8704.5210	---车辆总重量超过5吨,但不超过8吨 ---g.v.w.exceeding 5 tonnes but not exceeding 8 tonnes	15	0	智CL,新西兰NZ,秘PE,哥CR,瑞CH,冰IS,澳AU,格GE,柬KH,港HK,澳门MO	0	受惠国LD	70
				5	东盟AS			
				8	韩KR			
				11.4	毛MU			
8096	8704.5220	---车辆总重量超过8吨 ---g.v.w. exceeding 8 tonnes	15	0	智CL,新西兰NZ,秘PE,哥CR,瑞CH,冰IS,澳AU,格GE,柬KH,港HK,澳门MO	0	受惠国LD	70
				5	东盟AS			
				8	韩KR			
				11.4	毛MU			
8097	8704.6000	-仅装有驱动电动机的其他货车 -Other with only electric motor for propulsion	15	0	东盟AS,智CL,新西兰NZ,新加坡SG,秘PE,哥CR,冰IS,澳AU,格GE,柬KH,港HK,澳门MO	0	受惠国LD	70
				13.7	韩KR			
				14.3	毛MU			
				22.5	东盟ᴿASᴿ,澳ᴿAUᴿ,新西兰ᴿNZᴿ,韩ᴿKRᴿ			
8098	8704.9000	-其他 -Other	15	0	东盟AS,智CL,新西兰NZ,新加坡SG,秘PE,哥CR,冰IS,澳AU,格GE,柬KH,港HK,澳门MO	0	受惠国LD	70
				13.7	韩KR			
				14.3	毛MU			
				22.5	东盟ᴿASᴿ,澳ᴿAUᴿ,新西兰ᴿNZᴿ,韩ᴿKRᴿ			

序号 No.	税则号列 Tariff Line	货品名称 Article Description	最惠国税率 MFN(%)		协定税率 Agreement(%)	特惠税率 SP(%)		普通税率 Gen(%)
	87.05	特殊用途的机动车辆（例如，抢修车、起重车、救火车、混凝土搅拌车、道路清洁车、喷洒车、流动工场车及流动放射线检查车），但主要用于载人或运货的车辆除外： Special purpose motor vehicles, other than those principally designed for the transport of persons or goods (for example, breakdown lorries, crane lorries, fire fighting vehicles, concrete mixer lorries, road sweeper lorries, spraying lorries, mobile workshops, mobile radiological units):						
		-起重车： -Crane lorries:						
		---全路面起重车： ---All-road crane lorries:						
8099	8705.1021	----最大起重重量不超过50吨 ----Of a maximum hoisting capacity not exceeding 50t	15	0	东盟AS,智CL,新西兰NZ,新加坡SG,秘PE,哥CR,瑞CH,冰IS,澳AU,格GE,毛MU,柬KH,港HK,澳门MO	0	受惠国LD	30
				6	韩KR			
				7.2	巴PK			
				12	东盟^{R}AS^R,澳^{R}AU^R,新西兰^{R}NZ^R,韩^{R}KR^R			
				13.1	日^{R}JP^R			
8100	8705.1022	----最大起重重量超过50吨，但不超过100吨 ----Of a maximum hoisting capacity exceeding 50t but not exceeding 100t	10	0	东盟AS,智CL,新西兰NZ,新加坡SG,秘PE,哥CR,瑞CH,冰IS,澳AU,格GE,毛MU,柬KH,港HK,澳门MO	0	受惠国LD	30
				1	巴PK			
				4	韩KR			
				8	东盟^{R}AS^R,澳^{R}AU^R,新西兰^{R}NZ^R,韩^{R}KR^R			
				8.2	日^{R}JP^R			
8101	8705.1023	----最大起重重量超过100吨 ----Of a maximum hoisting capacity exceeding 100t	10	0	东盟AS,智CL,新西兰NZ,新加坡SG,秘PE,哥CR,瑞CH,冰IS,澳AU,格GE,毛MU,柬KH,港HK,澳门MO	0	受惠国LD	30
				1	巴PK			
				4	韩KR			
				8	东盟^{R}AS^R,澳^{R}AU^R,新西兰^{R}NZ^R,韩^{R}KR^R			
				8.2	日^{R}JP^R			
		---其他： ---Other:						

序号 No.	税则号列 Tariff Line	货品名称 Article Description	最惠国税率 MFN(%)	协定税率 Agreement(%)		特惠税率 SP(%)		普通税率 Gen(%)
8102	8705.1091	----最大起重重量不超过50吨 ----Of a maximum hoisting capacity not exceeding 50t	15	0	东盟AS,智CL,新西兰NZ,新加坡SG,秘PE,哥CR,瑞CH,冰IS,澳AU,格GE,毛MU,柬KH,港HK,澳门MO	0	受惠国LD	30
				6	韩KR			
				7.2	巴PK			
				12	东盟^{R}AS^R,澳^{R}AU^R,新西兰NZ^R,韩^{R}KR^R			
				13.1	日^{R}JP^R			
8103	8705.1092	----最大起重重量超过50吨,但不超过100吨 ----Of a maximum hoisting capacity exceeding 50t but not exceeding 100t	10	0	东盟AS,智CL,新西兰NZ,新加坡SG,秘PE,哥CR,瑞CH,冰IS,澳AU,格GE,毛MU,柬KH,港HK,澳门MO	0	受惠国LD	30
				1	巴PK			
				4	韩KR			
				8	东盟^{R}AS^R,澳^{R}AU^R,新西兰NZ^R,韩^{R}KR^R			
				8.8	日^{R}JP^R			
8104	8705.1093	----最大起重重量超过100吨 ----Of a maximum hoisting capacity exceeding 100t	10	0	东盟AS,智CL,新西兰NZ,新加坡SG,秘PE,哥CR,瑞CH,冰IS,澳AU,格GE,毛MU,柬KH,港HK,澳门MO	0	受惠国LD	30
				1	巴PK			
				4	韩KR			
				8	东盟^{R}AS^R,澳^{R}AU^R,新西兰NZ^R,韩^{R}KR^R			
				8.2	日^{R}JP^R			
8105	8705.2000	-钻探车 -Mobile drilling derricks	12	0	东盟AS,智CL,新西兰NZ,新加坡SG,秘PE,哥CR,瑞CH,冰IS,澳AU,格GE,毛MU,柬KH,港HK,澳门MO	0	受惠国LD	17
				3.6	巴PK			
				4.8	韩KR			
				9.6	东盟^{R}AS^R,澳^{R}AU^R,新西兰NZ^R,韩^{R}KR^R			
				10.5	日^{R}JP^R			
		-救火车: -Fire fighting vehicles:							
8106	8705.3010	---装有云梯的救火车 ---Mounted with scaling ladder	3	0	东盟AS,智CL,巴PK,新西兰NZ,秘PE,哥CR,瑞CH,冰IS,澳AU,格GE,毛MU,柬KH,港HK,澳门MO	0	受惠国LD	8
				1.2	韩KR			
				2.4	东盟^{R}AS^R,澳^{R}AU^R,新西兰NZ^R,韩^{R}KR^R			
				2.6	日^{R}JP^R			

序号 No.	税则号列 Tariff Line	货品名称 Article Description	最惠国税率 MFN(%)	协定税率 Agreement(%)		特惠税率 SP(%)		普通税率 Gen(%)
8107	8705.3090	---其他 ---Other	3	0	东盟AS,智CL,巴PK,新西兰NZ,秘PE,哥CR,瑞CH,冰IS,澳AU,格GE,毛MU,柬KH,港HK,澳门MO	0	受惠国LD	8
				1.2	韩KR			
				2.4	东盟^{R}AS^R,澳^{R}AU^R,新西兰^{R}NZ^R,韩^{R}KR^R			
				2.6	日^{R}JP^R			
8108	8705.4000	-混凝土搅拌车 -Concrete mixer lorries	15	0	东盟AS,智CL,新西兰NZ,新加坡SG,秘PE,哥CR,瑞CH,冰IS,澳AU,格GE,毛MU,柬KH,港HK,澳门MO	0	受惠国LD	35
				4.5	巴PK			
				6	韩KR			
				12	东盟^{R}AS^R,澳^{R}AU^R,新西兰^{R}NZ^R,韩^{R}KR^R			
				13.1	日^{R}JP^R			
				13.5	亚太AP			
		-其他: -Other:						
8109	8705.9010	---无线电通信车 ---Radio communication vans	9	0	东盟AS,智CL,新西兰NZ,新加坡SG,秘PE,哥CR,瑞CH,冰IS,澳AU,格GE,毛MU,柬KH,港HK,澳门MO	0	受惠国LD	35
				1	巴PK			
				3.6	韩KR			
				7.2	东盟^{R}AS^R,澳^{R}AU^R,新西兰^{R}NZ^R,韩^{R}KR^R			
				7.4	日^{R}JP^R			
				8.1	亚太AP			
8110	8705.9020	---放射线检查车 ---Mobile radiological units	9	0	东盟AS,智CL,新西兰NZ,秘PE,哥CR,瑞CH,冰IS,澳AU,格GE,毛MU,柬KH,港HK,澳门MO	0	受惠国LD	14
				1	巴PK			
				3.6	韩KR			
				7.2	东盟^{R}AS^R,澳^{R}AU^R,新西兰^{R}NZ^R,韩^{R}KR^R			
				7.4	日^{R}JP^R			
				8.1	亚太AP			
8111	8705.9030	---环境监测车 ---Mobile environmental monitoring units	12	0	东盟AS,智CL,新西兰NZ,新加坡SG,秘PE,哥CR,瑞CH,冰IS,澳AU,格GE,毛MU,柬KH,港HK,澳门MO	0	受惠国LD	20
				3	巴PK			
				4.8	韩KR			
				9.6	东盟^{R}AS^R,澳^{R}AU^R,新西兰^{R}NZ^R,韩^{R}KR^R			
				9.8	日^{R}JP^R			
				10.8	亚太AP			

序号 No.	税则号列 Tariff Line	货品名称 Article Description	最惠国税率 MFN(%)	协定税率 Agreement(%)		特惠税率 SP(%)	普通税率 Gen(%)
8112	8705.9040	---医疗车 ---Mobile clinics	12	0	东盟AS,智CL,新西兰NZ,新加坡SG,秘PE,哥CR,瑞CH,冰IS,澳AU,格GE,毛MU,柬KH,港HK,澳门MO	0 受惠国LD	30
				3	巴PK		
				6.6	韩KR		
				10.8	亚太AP,东盟^{R}AS^R,澳^{R}AU^R,新西兰^{R}NZ^R		
		---电源车: ---Mobile electric generator sets:					
8113	8705.9051	----航空电源车(频率为400赫兹) ----Airplane charging vehicles (frequency 400 Hz)	12	0	东盟AS,智CL,新西兰NZ,新加坡SG,秘PE,哥CR,瑞CH,冰IS,澳AU,格GE,毛MU,柬KH,港HK,澳门MO	0 受惠国LD	30
				3	巴PK		
				4.8	韩KR		
				9.6	东盟^{R}AS^R,澳^{R}AU^R,新西兰^{R}NZ^R,韩^{R}KR^R		
				9.8	日^{R}JP^R		
				10.8	亚太AP		
8114	8705.9059	----其他 ----Other	12	0	东盟AS,智CL,新西兰NZ,新加坡SG,秘PE,哥CR,瑞CH,冰IS,澳AU,格GE,毛MU,柬KH,港HK,澳门MO	0 受惠国LD	30
				3	巴PK		
				4.8	韩KR		
				9.6	东盟^{R}AS^R,澳^{R}AU^R,新西兰^{R}NZ^R,韩^{R}KR^R		
				9.8	日^{R}JP^R		
				10.8	亚太AP		
8115	8705.9060	---飞机加油车、调温车、除冰车 ---Mobile vehicles for aircraft refuelling, air-conditioning or deicing	12	0	东盟AS,智CL,新西兰NZ,新加坡SG,秘PE,哥CR,瑞CH,冰IS,澳AU,格GE,毛MU,柬KH,港HK,澳门MO	0 受惠国LD	35
				3	巴PK		
				4.8	韩KR		
				9.6	东盟^{R}AS^R,澳^{R}AU^R,新西兰^{R}NZ^R,韩^{R}KR^R		
				9.8	日^{R}JP^R		
				10.8	亚太AP		

序号 No.	税则号列 Tariff Line	货品名称 Article Description	最惠国税率 MFN(%)	协定税率 Agreement(%)		特惠税率 SP(%)	普通税率 Gen(%)
8116	8705.9070	---道路（包括跑道）扫雪车 ---Snow sweepers vehicles for cleansing streets or airfield runways	12	0	东盟AS,智CL,新西兰NZ,新加坡SG,秘PE,哥CR,瑞CH,冰IS,澳AU,格GE,毛MU,柬KH,港HK,澳门MO	0 受惠国LD	35
				3	巴PK		
				4.8	韩KR		
				9.6	东盟^{R}AS^R,澳^{R}AU^R,新西兰^{R}NZ^R,韩^{R}KR^R		
				9.8	日^{R}JP^R		
				10.8	亚太AP		
8117	8705.9080	---石油测井车、压裂车、混砂车 ---Petroleum well logging trucks, fracturing unit trucks and mixing sand trucks	12	0	东盟AS,智CL,新西兰NZ,新加坡SG,秘PE,哥CR,瑞CH,冰IS,澳AU,格GE,毛MU,柬KH,港HK,澳门MO	0 受惠国LD	35
				3	巴PK		
				4.8	韩KR		
				9.6	东盟^{R}AS^R,澳^{R}AU^R,新西兰^{R}NZ^R,韩^{R}KR^R		
				9.8	日^{R}JP^R		
				10.8	亚太AP		
		---其他： ---Other:					
8118	8705.9091	----混凝土泵车 ----Concrete pump truck	12	0	东盟AS,智CL,新西兰NZ,新加坡SG,秘PE,哥CR,瑞CH,冰IS,澳AU,格GE,毛MU,柬KH,港HK,澳门MO	0 受惠国LD	35
				3	巴PK		
				4.8	韩KR		
				10.4	东盟^{R}AS^R,韩^{R}KR^R		
				10.5	日^{R}JP^R		
				10.8	亚太AP,澳^{R}AU^R,新西兰^{R}NZ^R		
8119	8705.9099	----其他 ----Other	12	0	东盟AS,智CL,新西兰NZ,新加坡SG,秘PE,哥CR,瑞CH,冰IS,澳AU,格GE,毛MU,柬KH,港HK,澳门MO	0 受惠国LD	35
				3	巴PK		
				4.8	韩KR		
				10.4	东盟^{R}AS^R,韩^{R}KR^R		
				10.5	日^{R}JP^R		
				10.8	亚太AP,澳^{R}AU^R,新西兰^{R}NZ^R		
	ex87059099	跑道除冰车 Runway deicing trucks	Δ10				
	87.06	装有发动机的机动车辆底盘，税目87.01至87.05所列车辆用： Chassis fitted with engines, for the motor vehicles of headings 87.01 to 87.05:					

序号 No.	税则号列 Tariff Line	货品名称 Article Description	最惠国税率 MFN(%)	协定税率 Agreement(%)		特惠税率 SP(%)	普通税率 Gen(%)
8120	8706.0010	---非公路用自卸车底盘 ---For the vehicles of subheading 　　8704.1030 and 8704.1090	6	0	东盟AS,智CL,新西兰NZ,秘PE, 哥CR,瑞CH,冰IS,澳AU,格GE, 柬KH,港HK,澳门MO	0　受惠国LD	14
				1	巴PK		
				3.2	韩KR		
				4.6	毛MU		
				6.4	东盟^{R}AS^R,澳^{R}AU^R,新西兰^{R}NZ^R, 韩^{R}KR^R		
				6.5	日^{R}JP^R		
		---货车底盘: ---For the vehicles of subheading 　　8704.2100 to 8704.9000:					
8121	8706.0021	----车辆总重量在14吨及以上的 ----g.v.w. exceeding 14t	6	0	智CL,新西兰NZ,哥CR,瑞CH,冰 IS,澳AU,格GE,柬KH,港HK,澳 门MO	0　受惠国$_l$LD$_l$	30
				4	韩KR		
				5	东盟AS		
				5.7	毛MU		
8122	8706.0022	----车辆总重量在14吨以下的 ----g.v.w. not exceeding 14t	6	0	智CL,新西兰NZ,秘PE,哥CR,瑞 CH,冰IS,澳AU,格GE,柬KH,港 HK,澳门MO	0　受惠国LD	45
				4	韩KR		
				5	东盟AS		
				5.7	毛MU		
8123	8706.0030	---大型客车底盘 ---For passenger motor vehicles with 30 　　seats or more	6	0	东盟AS,智CL,新西兰NZ,新加 坡SG,哥CR,瑞CH,冰IS,澳AU,格 GE,柬KH,港HK,澳门MO	0　受惠国$_l$LD$_l$	70
				8	韩KR		
				11.4	毛MU		
				17.3	东盟^{R}AS^R,韩^{R}KR^R		
				17.5	日^{R}JP^R		
				18	澳^{R}AU^R,新西兰^{R}NZ^R		
8124	8706.0040	---汽车起重机底盘 ---For crane trucks	6	0	东盟AS,智CL,新西兰NZ,新加 坡SG,秘PE,哥CR,瑞CH,冰IS,澳 AU,格GE,柬KH,港HK,澳门MO	0　受惠国LD	100
				8	韩KR		
				11.4	毛MU		
				16	东盟^{R}AS^R,澳^{R}AU^R,新西兰^{R}NZ^R, 韩^{R}KR^R		
				17.5	日^{R}JP^R		
8125	8706.0090	---其他 ---Other	6	0	东盟AS,智CL,新西兰NZ,新加 坡SG,秘PE,哥CR,瑞CH,冰IS,澳 AU,格GE,柬KH,港HK,澳门MO	0　受惠国LD	100
				4	韩KR		
				5.7	毛MU		
				9	东盟^{R}AS^R,澳^{R}AU^R,新西兰^{R}NZ^R, 韩^{R}KR^R		

序号 No.	税则号列 Tariff Line	货品名称 Article Description	最惠国税率 MFN(%)	协定税率 Agreement(%)		特惠税率 SP(%)	普通税率 Gen(%)
	87.07	机动车辆的车身（包括驾驶室），税目 87.01至87.05所列车辆用： **Bodies (including cabs), for the motor** **vehicles of headings 87.01 to 87.05:**					
8126	8707.1000	-税目87.03所列车辆用 -For the vehicles of heading 87.03	6	0 4 5.7 8.7 8.8 9	东盟AS,智CL,新西兰NZ,新加 坡SG,秘PE,哥CR,瑞CH,冰IS,澳 AU,格GE,柬KH,港HK,澳门MO 韩KR 毛MU 东盟^{R}AS^R,韩^{R}KR^R 日^{R}JP^R 澳^{R}AU^R,新西兰^{R}NZ^R	0 受惠国LD	100
		-其他： -Other:					
8127	8707.9010	---税号8702.1092、8702.1093、 8702.9020及8702.9030所列车辆用 ---For the vehicles of subheadings 8702.1092, 8702.1093, 8702.9020 and 8702.9030	6	0 3 4 5.4 5.7 8 8.8	东盟AS,智CL,新西兰NZ,新加 坡SG,秘PE,哥CR,瑞CH,冰IS, 澳AU,格GE,柬KH,港HK,澳门MO 巴PK 韩KR 亚太AP 毛MU 东盟^{R}AS^R,澳^{R}AU^R,新西兰^{R}NZ^R, 韩^{R}KR^R 日^{R}JP^R	0 受惠国LD	70
8128	8707.9090	---其他 ---Other	6	0 3 4 5.4 5.7 8 8.8	东盟AS,智CL,新西兰NZ,新加 坡SG,秘PE,哥CR,瑞CH,冰IS,澳 AU,格GE,柬KH,港HK,澳门MO 巴PK 韩KR 亚太AP 毛MU 东盟^{R}AS^R,澳^{R}AU^R,新西兰^{R}NZ^R, 韩^{R}KR^R 日^{R}JP^R	0 受惠国LD	70
	87.08	机动车辆的零件、附件，税目87.01至 87.05所列车辆用： **Parts and accessories of the motor** **vehicles of headings 87.01 to 87.05:**					
8129	8708.1000	-缓冲器（保险杠）及其零件 -Bumpers and parts thereof	6	0 5.5 5.7 5.8 9	东盟AS,智CL,巴PK,新西兰NZ, 新加坡SG,秘PE,哥CR,瑞CH,冰 IS,澳AU,格GE,柬KH,港HK,澳 门MO,台TW 韩KR 毛MU 亚太AP 东盟^{R}AS^R,澳^{R}AU^R,日^{R}JP^R,新西 兰^{R}NZ^R,韩^{R}KR^R	0 受惠国LD	100

序号 No.	税则号列 Tariff Line	货品名称 Article Description	最惠国税率 MFN(%)	协定税率 Agreement(%)		特惠税率 SP(%)	普通税率 Gen(%)
		-车身(包括驾驶室)的其他零件、 附件: -Other parts and accessories of bodies (including cabs):					
8130	8708.2100	--座椅安全带 --Safety seat belts	6	0	东盟AS,智CL,新西兰NZ,新加 坡SG,秘PE,哥CR,瑞CH,冰IS,澳 AU,格GE,柬KH,港HK,澳门MO	0 受惠国LD	100
				3	巴PK		
				4	韩KR		
				5.7	毛MU		
				8.7	东盟^RAS^R,韩^RKR^R		
				8.8	日^RJP^R		
				9	澳^RAU^R,新西兰^RNZ^R		
		--本章子目注释一所列的前挡风玻璃、 后窗及其他车窗: --Front windscreens (windshields), rear windows and other windows specified in Subheading Note 1 to this Chapter:					
		---天窗: ---Sunroofs:					
8131	8708.2211	----电动的 ----Electric	6	0	东盟AS,智CL,新西兰NZ,新加 坡SG,秘PE,哥CR,瑞CH,冰IS,澳 AU,格GE,柬KH,港HK,澳门MO, 台TW	0 受惠国LD	100
				4	巴PK		
				5.4	亚太AP		
				5.7	毛MU		
				6	东盟^RAS^R,澳^RAU^R,新西兰^RNZ^R		
				9	韩KR		
8132	8708.2212	----手动的 ----Hand-operated	6	0	东盟AS,智CL,新西兰NZ,新加 坡SG,秘PE,哥CR,瑞CH,冰IS,澳 AU,格GE,柬KH,港HK,澳门MO, 台TW	0 受惠国LD	100
				1	巴PK		
				4	韩KR		
				5.4	亚太AP		
				5.7	毛MU		
				8	东盟^RAS^R,澳^RAU^R,新西兰^RNZ^R, 韩^RKR^R		
				8.8	日^RJP^R		

序号 No.	税则号列 Tariff Line	货品名称 Article Description	最惠国税率 MFN(%)		协定税率 Agreement(%)	特惠税率 SP(%)		普通税率 Gen(%)
8133	8708.2290	----其他 ---Other	6	0	东盟AS,智CL,新西兰NZ,新加坡SG,秘PE,哥CR,瑞CH,冰IS,澳AU,格GE,柬KH,港HK,澳门MO,台TW	0	受惠国LD	100
				1	巴PK			
				5.4	亚太AP			
				5.5	韩KR			
				5.7	毛MU			
				9	东盟^{R}AS^R,澳^{R}AU^R,日^{R}JP^R,新西兰^{R}NZ^R,韩^{R}KR^R			
		--其他: --Other:						
8134	8708.2930	---车窗玻璃升降器 ---Windowpane raiser	6	0	智CL,新西兰NZ,秘PE,哥CR,瑞CH,冰IS,澳AU,格GE,柬KH,港HK,澳门MO,台TW	0	受惠国LD	100
				4	韩KR			
				5	东盟AS			
				5.4	亚太AP,巴PK			
				5.7	毛MU			
				6	新西兰^{R}NZ^R			
				9	东盟^{R}AS^R,澳^{R}AU^R,日^{R}JP^R			
		---其他车身覆盖件: ---Other covered parts of bodies:						
8135	8708.2951	----侧围 ----Side appearance of bodies	6	0	东盟AS,智CL,新西兰NZ,新加坡SG,秘PE,哥CR,瑞CH,冰IS,澳AU,格GE,柬KH,港HK,澳门MO,台TW	0	受惠国LD	100
				1	巴PK			
				5.4	亚太AP			
				5.5	韩KR			
				5.7	毛MU			
				9	东盟^{R}AS^R,澳^{R}AU^R,日^{R}JP^R,新西兰^{R}NZ^R			
8136	8708.2952	----车门 ----Doors	6	0	东盟AS,智CL,新西兰NZ,新加坡SG,秘PE,哥CR,瑞CH,冰IS,澳AU,格GE,柬KH,港HK,澳门MO,台TW	0	受惠国LD	100
				1	巴PK			
				5.4	亚太AP			
				5.5	韩KR			
				5.7	毛MU			
				9	东盟^{R}AS^R,澳^{R}AU^R,日^{R}JP^R,新西兰^{R}NZ^R			

序号 No.	税则号列 Tariff Line	货品名称 Article Description	最惠国税率 MFN(%)	协定税率 Agreement(%)		特惠税率 SP(%)		普通税率 Gen(%)
8137	8708.2953	----发动机罩盖 ----Bonnets	6	0	东盟AS,智CL,新西兰NZ,新加坡SG,秘PE,哥CR,瑞CH,冰IS,澳AU,格GE,柬KH,港HK,澳门MO,台TW	0	受惠国LD	100
				1	巴PK			
				5.4	亚太AP			
				5.5	韩KR			
				5.7	毛MU			
				9	东盟^RAS^R,澳^RAU^R,日^RJP^R,新西兰^RNZ^R			
8138	8708.2954	----前围 ----Frontal appearance of bodies	6	0	东盟AS,智CL,新西兰NZ,新加坡SG,秘PE,哥CR,瑞CH,冰IS,澳AU,格GE,柬KH,港HK,澳门MO,台TW	0	受惠国LD	100
				1	巴PK			
				5.4	亚太AP			
				5.5	韩KR			
				5.7	毛MU			
				9	东盟^RAS^R,澳^RAU^R,日^RJP^R,新西兰^RNZ^R			
8139	8708.2955	----行李箱盖（或背门） ----Rear compartment covers (or rear door)	6	0	东盟AS,智CL,新西兰NZ,新加坡SG,秘PE,哥CR,瑞CH,冰IS,澳AU,格GE,柬KH,港HK,澳门MO,台TW	0	受惠国LD	100
				1	巴PK			
				5.4	亚太AP			
				5.5	韩KR			
				5.7	毛MU			
				9	东盟^RAS^R,澳^RAU^R,日^RJP^R,新西兰^RNZ^R			
8140	8708.2956	----后围 ----Rear appearance of bodies	6	0	东盟AS,智CL,新西兰NZ,新加坡SG,秘PE,哥CR,瑞CH,冰IS,澳AU,格GE,柬KH,港HK,澳门MO,台TW	0	受惠国LD	100
				1	巴PK			
				5.4	亚太AP			
				5.5	韩KR			
				5.7	毛MU			
				9	东盟^RAS^R,澳^RAU^R,日^RJP^R,新西兰^RNZ^R			

序号 No.	税则号列 Tariff Line	货品名称 Article Description	最惠国税率 MFN(%)	协定税率 Agreement(%)		特惠税率 SP(%)	普通税率 Gen(%)
8141	8708.2957	----翼子板（或叶子板） ----Running-boards	6	0	东盟AS,智CL,新西兰NZ,新加坡SG,秘PE,哥CR,瑞CH,冰IS,澳AU,格GE,柬KH,港HK,澳门MO,台TW	0 受惠国LD	100
				4	巴PK		
				5.4	亚太AP		
				5.5	韩KR		
				5.7	毛MU		
				9	东盟^RAS^R,澳^RAU^R,日^RJP^R,新西兰NZ^R		
8142	8708.2959	----其他 ----Other	6	0	东盟AS,智CL,新西兰NZ,新加坡SG,秘PE,哥CR,瑞CH,冰IS,澳AU,格GE,柬KH,港HK,澳门MO,台TW	0 受惠国LD	100
				1	巴PK		
				5.4	亚太AP		
				5.5	韩KR		
				5.7	毛MU		
				9	东盟^RAS^R,澳^RAU^R,日^RJP^R,新西兰NZ^R,韩^RKR^R		
8143	8708.2990	---其他 ---Other	6	0	东盟AS,智CL,新西兰NZ,新加坡SG,秘PE,哥CR,瑞CH,冰IS,澳AU,格GE,柬KH,港HK,澳门MO,台TW	0 受惠国LD	100
				3	巴PK		
				5.4	亚太AP		
				5.7	毛MU		
				6	东盟^RAS^R,澳^RAU^R,日^RJP^R,新西兰NZ^R,韩^RKR^R		
				9	韩KR		
		-制动器、助力制动器及其零件： -Brakes and servo-brakes; parts thereof:					
8144	8708.3010	---装在蹄片上的制动摩擦片 ---Mounted brake linings	6	0	东盟AS,智CL,新西兰NZ,新加坡SG,秘PE,哥CR,瑞CH,冰IS,澳AU,格GE,东盟^RAS^R,澳^RAU^R,新西兰^RNZ^R,柬KH,港HK,澳门MO	0 受惠国LD	100
				1	韩KR		
				3	巴PK		
				5.7	毛MU		
				8	韩^RKR^R		
				8.2	日^RJP^R		
		---防抱死制动系统： ---Anti-slid brake system:					

序号 No.	税则号列 Tariff Line	货品名称 Article Description	最惠国税率 MFN(%)	协定税率 Agreement(%)		特惠税率 SP(%)	普通税率 Gen(%)
8145	8708.3021	----税目87.01、税号8704.1030及 8704.1090所列车辆用 ----Of the vehicles of heading 87.01 and subheadings 8704.1030 and 8704.1090	6	0	东盟AS,智CL,巴PK,新西兰NZ,秘PE,哥CR,瑞CH,冰IS,澳AU,格GE,毛MU,柬KH,港HK,澳门MO	0 受惠国LD	11
				2.4	韩KR		
				4.8	东盟^RAS^R,澳^RAU^R,新西兰^RNZ^R,韩^RKR^R		
				5.3	日^RJP^R		
				5.4	亚太AP		
8146	8708.3029	----其他 ----Other	6	0	智CL,新西兰NZ,秘PE,哥CR,瑞CH,冰IS,澳AU,格GE,柬KH,港HK,澳门MO	0 受惠国LD	100
				5	东盟AS		
				5.4	亚太AP,巴PK		
				5.7	毛MU		
				6	东盟^RAS^R,日^RJP^R		
				9	韩KR		
		---其他: ---Other:					
8147	8708.3091	----税目87.01所列车辆用 ----Of the vehicles of heading 87.01	6	0	东盟AS,智CL,巴PK,新西兰NZ,秘PE,哥CR,瑞CH,冰IS,澳AU,格GE,毛MU,柬KH,港HK,澳门MO	0 受惠国LD	14
				2.4	韩KR		
				4.8	东盟^RAS^R,澳^RAU^R,新西兰^RNZ^R,韩^RKR^R		
				5.3	日^RJP^R		
				5.4	亚太AP		
8148	8708.3092	----税号8702.1091及8702.9010所列车辆用 ----Of the vehicles of subheadings 8702.1091 and 8702.9010	6	0	智CL,新西兰NZ,秘PE,哥CR,瑞CH,冰IS,澳AU,格GE,柬KH,港HK,澳门MO	0 受惠国LD	70
				5	东盟AS		
				5.4	亚太AP,巴PK		
				5.5	韩KR		
				5.7	毛MU		
				6	东盟^RAS^R,日^RJP^R		
8149	8708.3093	----税号8704.1030及8704.1090所列车辆用 ----Of the vehicles of subheadings 8704.1030 and 8704.1090	6	0	东盟AS,智CL,巴PK,新西兰NZ,秘PE,哥CR,瑞CH,冰IS,澳AU,格GE,毛MU,柬KH,港HK,澳门MO	0 受惠国LD	11
				2.4	韩KR		
				4.8	东盟^RAS^R,澳^RAU^R,新西兰^RNZ^R,韩^RKR^R		
				5.3	日^RJP^R		
				5.4	亚太AP		

序号 No.	税则号列 Tariff Line	货品名称 Article Description	最惠国税率 MFN(%)	协定税率 Agreement(%)		特惠税率 SP(%)	普通税率 Gen(%)
8150	8708.3094	----税号8704.2100、8704.2230、8704.3100及8704.3230所列车辆用 ----Of the vehicles of subheadings 8704.2100, 8704.2230, 8704.3100 and 8704.3230	6	0	智CL,新西兰NZ,秘PE,哥CR,瑞CH,冰IS,澳AU,格GE,柬KH,港HK,澳门MO	0 受惠国LD	45
				5	东盟AS		
				5.4	亚太AP,巴PK		
				5.5	韩KR		
				5.7	毛MU		
				6	东盟^{R}AS^R,日^{R}JP^R		
8151	8708.3095	----税号8704.2240、8704.2300及8704.3240所列车辆用 ----Of the vehicles of subheadings 8704.2240, 8704.2300 and 8704.3240	6	0	东盟AS,智CL,新西兰NZ,新加坡SG,秘PE,哥CR,瑞CH,冰IS,澳AU,格GE,东盟^{R}AS^R,澳^{R}AU^R,新西兰^{R}NZ^R,柬KH,港HK,澳门MO	0 受惠国LD	30
				1	韩KR		
				4	巴PK		
				5.4	亚太AP		
				5.7	毛MU		
				8	韩^{R}KR^R		
				8.2	日^{R}JP^R		
8152	8708.3096	----税目87.05所列车辆用 ----Of the vehicles of heading 87.05	6	0	东盟AS,智CL,新西兰NZ,新加坡SG,秘PE,哥CR,瑞CH,冰IS,澳AU,格GE,柬KH,港HK,澳门MO	0 受惠国LD	100
				1	巴PK		
				4	韩KR		
				5.4	亚太AP		
				5.7	毛MU		
				8	东盟^{R}AS^R,澳^{R}AU^R,新西兰^{R}NZ^R,韩^{R}KR^R		
				8.8	日^{R}JP^R		
8153	8708.3099	----其他 ----Other	6	0	智CL,新西兰NZ,秘PE,哥CR,瑞CH,冰IS,澳AU,格GE,柬KH,港HK,澳门MO	0 受惠国LD	100
				5	东盟AS		
				5.4	亚太AP		
				5.5	韩KR		
				5.7	毛MU		
				6	东盟^{R}AS^R,日^{R}JP^R		
				9	巴PK		
	ex87083099	纯电动或混合动力汽车用电动制动器（由制动器电子控制单元、踏板行程模拟器、制动执行器等组成） Electrically operated brake for electric vehicle or hybrid electric vehicles (composed of Electronic control unit,Pedal travel simulator,Brake actuator etc.)	Δ5				

序号 No.	税则号列 Tariff Line	货品名称 Article Description	最惠国税率 MFN(%)	协定税率 Agreement(%)		特惠税率 SP(%)	普通税率 Gen(%)
	ex87083099	燃油汽车用电动制动器（由制动器电子控制单元、踏板行程模拟器、制动执行器等组成） Electric brake for fuel vehicle (composed of brake electronic control unit, pedal stroke simulator, brake actuator, etc.)	Δ5				
		-变速箱及其零件： -Gear boxes and parts thereof:					
8154	8708.4010	---税目87.01所列车辆用 ---Of the vehicles of heading 87.01	6	0	东盟AS,智CL,巴PK,新西兰NZ,秘PE,哥CR,瑞CH,冰IS,澳AU,格GE,毛MU,柬KH,港HK,澳门MO,台TW	0 受惠国LD	14
				5	东盟^{R}AS^R,澳^{R}AU^R,新西兰^{R}NZ^R		
	ex87084010	发动机功率65千瓦及以上的动力换挡拖拉机用变速箱 Gearbox for power shift tractors (Engine Power≥65kW)	Δ3				
8155	8708.4020	---税号8702.1091及8702.9010所列车辆用 ---Of the vehicles of subheadings 8702.1091 and 8702.9010	6	0	智CL,新西兰NZ,哥CR,瑞CH,冰IS,澳AU,格GE,柬KH,港HK,澳门MO,台TW	0 受惠国$_1$LD$_1$	70
				5	东盟AS		
				5.7	毛MU		
				6	东盟^{R}AS^R,日^{R}JP^R		
8156	8708.4030	---税号8704.1030及8704.1090所列车辆用 ---Of the vehicles of subheadings 8704.1030 and 8704.1090	6	0	东盟AS,智CL,巴PK,新西兰NZ,哥CR,瑞CH,冰IS,澳AU,格GE,毛MU,柬KH,港HK,澳门MO,台TW	0 受惠国$_1$LD$_1$	11
				4.8	韩KR		
				5	东盟^{R}AS^R,澳^{R}AU^R,新西兰^{R}NZ^R		
	ex87084030	扭矩>1500牛顿·米的非公路自卸车用变速箱 Gear boxes of dumpers designed for off-highway use, torque>1500N·m	Δ3				
8157	8708.4040	---税号8704.2100、8704.2230、8704.3100及8704.3230所列车辆用 ---Of the vehicles of subheadings 8704.2100, 8704.2230, 8704.3100 and 8704.3230	6	0	智CL,新西兰NZ,哥CR,瑞CH,冰IS,澳AU,格GE,柬KH,港HK,澳门MO,台TW	0 受惠国$_1$LD$_1$	45
				5	东盟AS		
				5.7	毛MU		
				6	东盟^{R}AS^R,日^{R}JP^R		
8158	8708.4050	---税号8704.2240、8704.2300及8704.3240所列车辆用 ---Of the vehicles of subheadings 8704.2240, 8704.2300 and 8704.3240	6	0	智CL,新西兰NZ,哥CR,瑞CH,冰IS,澳AU,格GE,柬KH,港HK,澳门MO,台TW	0 受惠国$_1$LD$_1$	30
				5	东盟AS		
				5.7	毛MU		
				6	东盟^{R}AS^R,日^{R}JP^R		

序号 No.	税则号列 Tariff Line	货品名称 Article Description	最惠国税率 MFN(%)	协定税率 Agreement(%)		特惠税率 SP(%)	普通税率 Gen(%)
8159	8708.4060	----税目87.05所列车辆用 ----Of the vehicles of heading 87.05	6	0	东盟AS,智CL,新西兰NZ,新加坡SG,秘PE,哥CR,瑞CH,冰IS,澳AU,格GE,柬KH,港HK,澳门MO,台TW	0 受惠国LD	100
				3	巴PK		
				5.7	毛MU		
				6	东盟^{R}AS^R,澳^{R}AU^R,日^{R}JP^R,新西兰^{R}NZ^R		
		---其他: ---Other:					
8160	8708.4091	----税目87.03所列车辆用自动换挡变速箱及其零件 ----Automatic gearshift for the vehicles of heading 87.03 and Parts thereof	6	0	智CL,新西兰NZ,哥CR,瑞CH,冰IS,澳AU,格GE,柬KH,港HK,澳门MO	0 受惠国₁LD₁	100
				5	东盟AS		
				5.7	毛MU		
				6	东盟^{R}AS^R,日^{R}JP^R		
				8	韩KR		
	ex87084091	税目8703所列车辆用自动变速箱用液力变矩器 Hydraulic torque converters for automatic gearshifts of vehicles of heading 87.03	Δ3				
	ex87084091	税目8703所列车辆用自动变速箱用铝阀芯 Aluminum valve core for gearshifts of vehicles of heading 87.03	Δ3				
	ex87084091	税目8703所列车辆用无级变速箱用钢带 Steel belt for automatic gearshifts of vehicles of heading 87.03	Δ3				
8161	8708.4099	----其他 ----Other	6	0	东盟AS,智CL,巴PK,新西兰NZ,新加坡SG,哥CR,瑞CH,冰IS,澳AU,格GE,柬KH,港HK,澳门MO,台TW	0 受惠国₁LD₁	100
				5.7	毛MU		
				6	东盟^{R}AS^R,澳^{R}AU^R,日^{R}JP^R,新西兰^{R}NZ^R		
	ex87084099	其他未列名机动车辆自动变速箱用液力变矩器 Hydraulic torque converter of automatic gearshift for other motor vehicles not elsewhere specified	Δ3				
	ex87084099	其他未列名机动车辆自动变速箱用铝阀芯 Aluminum spool valve of automatic gearshift for other motor vehicles not elsewhere specified	Δ3				

序号 No.	税则号列 Tariff Line	货品名称 Article Description	最惠国税率 MFN(%)	协定税率 Agreement(%)		特惠税率 SP(%)	普通税率 Gen(%)
		-装有差速器的驱动桥及其零件, 不论是否装有其他传动部件; 非驱动桥及其零件: -Drive-axles with differential, whether or not provided with other transmission components, and non-driving axles; parts thereof:					
		---装有差速器的驱动桥及其零件, 不论是否装有其他传动部件: ---Drive-axles with differential and parts thereof, whether or not provided with other transmission components:					
8162	8708.5071	----税目87.01所列车辆用 ----Of the vehicles of heading 87.01	6	0	东盟AS,智CL,巴PK,新西兰NZ,秘PE,哥CR,瑞CH,冰IS,澳AU,格GE,毛MU,柬KH,港HK,澳门MO	0 受惠国LD	14
				2.4	韩KR		
				4.8	东盟^{R}AS^R,澳^{R}AU^R,新西兰^{R}NZ^R,韩^{R}KR^R		
				5.3	日^{R}JP^R		
				5.4	亚太AP		
	ex87085071	发动机功率65千瓦及以上的动力换挡拖拉机用驱动桥 Driving axle for power shift tractors (Engine Power≥65kW)	Δ3				
8163	8708.5072	----税号8702.1091及8702.9010所列车辆用 ----Of the vehicles of subheadings 8702.1091 and 8702.9010	6	0	智CL,新西兰NZ,秘PE,哥CR,瑞CH,冰IS,澳AU,格GE,柬KH,港HK,澳门MO	0 受惠国LD	70
				5	东盟AS		
				5.4	亚太AP		
				5.7	毛MU		
				9	巴PK,韩KR		
8164	8708.5073	----税号8704.1030及8704.1090所列车辆用 ----Of the vehicles of subheadings 8704.1030 and 8704.1090	6	0	东盟AS,智CL,巴PK,新西兰NZ,秘PE,哥CR,瑞CH,冰IS,澳AU,格GE,毛MU,柬KH,港HK,澳门MO	0 受惠国LD	11
				2.4	韩KR		
				4.8	东盟^{R}AS^R,澳^{R}AU^R,新西兰^{R}NZ^R,韩^{R}KR^R		
				5.3	日^{R}JP^R		
				5.4	亚太AP		
8165	8708.5074	----税号8704.2100、8704.2230、8704.3100及8704.3230所列车辆用 ----Of the vehicles of subheadings 8704.2100, 8704.2230, 8704.3100 and 8704.3230	6	0	智CL,新西兰NZ,秘PE,哥CR,瑞CH,冰IS,澳AU,格GE,柬KH,港HK,澳门MO	0 受惠国LD	45
				5	东盟AS		
				5.4	亚太AP		
				5.5	韩KR		
				5.7	毛MU		
				9	巴PK		

序号 No.	税则号列 Tariff Line	货品名称 Article Description	最惠国税率 MFN(%)		协定税率 Agreement(%)	特惠税率 SP(%)	普通税率 Gen(%)
8166	8708.5075	----税号8704.2240、8704.2300及8704.3240所列车辆用 ----Of the vehicles of subheadings 8704.2240, 8704.2300 and 8704.3240	6	0	智CL,新西兰NZ,秘PE,哥CR,瑞CH,冰IS,澳AU,格GE,柬KH,港HK,澳门MO	0 受惠国LD	30
				5	东盟AS		
				5.4	亚太AP		
				5.5	韩KR		
				5.7	毛MU		
				9	巴PK		
8167	8708.5076	----税目87.05所列车辆用 ----Of the vehicles of heading 87.05	6	0	东盟AS,智CL,新西兰NZ,新加坡SG,秘PE,哥CR,瑞CH,冰IS,澳AU,格GE,柬KH,港HK,澳门MO	0 受惠国LD	100
				1	巴PK		
				4	韩KR		
				5.4	亚太AP		
				5.7	毛MU		
				8	东盟^{R}AS^R,澳^{R}AU^R,新西兰^{R}NZ^R,韩^{R}KR^R		
				8.8	日^{R}JP^R		
8168	8708.5079	----其他 ----Other	6	0	智CL,新西兰NZ,秘PE,哥CR,冰IS,澳AU,格GE,柬KH,港HK,澳门MO	0 受惠国LD	100
				3.3	瑞CH		
				5	东盟AS		
				5.4	亚太AP		
				5.7	毛MU		
				6	东盟^{R}AS^R,日^{R}JP^R		
				9	巴PK,韩KR		
		---非驱动桥及其零件: ---Non-driving axles and parts thereof:					
8169	8708.5081	----税目87.01所列车辆用 ----Of the vehicles of heading 87.01	6	0	东盟AS,智CL,新西兰NZ,秘PE,哥CR,瑞CH,冰IS,澳AU,格GE,毛MU,柬KH,港HK,澳门MO	0 受惠国LD	14
				2.4	韩KR		
				4.8	东盟^{R}AS^R,澳^{R}AU^R,新西兰^{R}NZ^R,韩^{R}KR^R		
				5	巴PK		
				5.3	日^{R}JP^R		
8170	8708.5082	----税号8702.1091及8702.9010所列车辆用 ----Of the vehicles of subheadings 8702.1091 and 8702.9010	6	0	东盟AS,智CL,新西兰NZ,新加坡SG,秘PE,哥CR,瑞CH,冰IS,澳AU,格GE,柬KH,港HK,澳门MO	0 受惠国LD	70
				5.8	巴PK		
				8.2	韩KR		
				8.6	毛MU		
				13.5	东盟^{R}AS^R,澳^{R}AU^R,新西兰^{R}NZ^R		

序号 No.	税则号列 Tariff Line	货品名称 Article Description	最惠国税率 MFN(%)		协定税率 Agreement(%)	特惠税率 SP(%)	普通税率 Gen(%)
8171	8708.5083	----税号8704.1030及8704.1090所列车辆用 ----Of the vehicles of subheadings 8704.1030 and 8704.1090	6	0 2.4 4.8 5 5.3	东盟AS,智CL,新西兰NZ,秘PE,哥CR,瑞CH,冰IS,澳AU,格GE,毛MU,柬KH,港HK,澳门MO 韩KR 东盟^{R}AS^R,澳^{R}AU^R,新西兰NZ^R,韩^{R}KR^R 巴PK 日^{R}JP^R	0 受惠国LD	11
8172	8708.5084	----税号8704.2100、8704.2230、8704.3100及8704.3230所列车辆用 ----Of the vehicles of subheadings 8704.2100, 8704.2230, 8704.3100 and 8704.3230	6	0 3 4 5.7 8 8.8	东盟AS,智CL,新西兰NZ,新加坡SG,秘PE,哥CR,瑞CH,冰IS,澳AU,格GE,柬KH,港HK,澳门MO 巴PK 韩KR 毛MU 东盟^{R}AS^R,澳^{R}AU^R,新西兰NZ^R,韩^{R}KR^R 日^{R}JP^R	0 受惠国LD	45
8173	8708.5085	----税号8704.2240、8704.2300及8704.3240所列车辆用 ----Of the vehicles of subheadings 8704.2240, 8704.2300 and 8704.3240	6	0 4 5.7 9	东盟AS,智CL,新西兰NZ,新加坡SG,秘PE,哥CR,瑞CH,冰IS,澳AU,格GE,柬KH,港HK,澳门MO 巴PK,韩KR 毛MU 东盟^{R}AS^R,澳^{R}AU^R,新西兰NZ^R,韩^{R}KR^R	0 受惠国LD	30
8174	8708.5086	----税目87.05所列车辆用 ----Of the vehicles of heading 87.05	6	0 1 4 5.7 8 8.8	东盟AS,智CL,新西兰NZ,新加坡SG,秘PE,哥CR,瑞CH,冰IS,澳AU,格GE,柬KH,港HK,澳门MO 巴PK 韩KR 毛MU 东盟^{R}AS^R,澳^{R}AU^R,新西兰NZ^R,韩^{R}KR^R 日^{R}JP^R	0 受惠国LD	100
8175	8708.5089	----其他 ----Other	6	0 3 5.7 6	东盟AS,智CL,新西兰NZ,新加坡SG,秘PE,哥CR,瑞CH,冰IS,澳AU,格GE,柬KH,港HK,澳门MO 巴PK 毛MU 东盟^{R}AS^R,澳^{R}AU^R,日^{R}JP^R,新西兰NZ^R	0 受惠国LD	100
		-车轮及其零件、附件: -Road wheels and parts and accessories thereof:					

序号 No.	税则号列 Tariff Line	货品名称 Article Description	最惠国税率 MFN(%)	协定税率 Agreement(%)		特惠税率 SP(%)	普通税率 Gen(%)
8176	8708.7010	---税目87.01所列车辆用 ---Of the vehicles of heading 87.01	6	0	东盟AS,智CL,新西兰NZ,秘PE,哥CR,瑞CH,冰IS,澳AU,格GE,毛MU,柬KH,港HK,澳门MO,台TW	0 受惠国LD	14
				2.4	韩KR		
				4.8	东盟^RAS^R,澳^RAU^R,新西兰^RNZ^R,韩^RKR^R		
				5	巴PK		
				5.3	日^RJP^R		
8177	8708.7020	---税号8702.1091及8702.9010所列车辆用 ---Of the vehicles of subheadings 8702.1091 and 8702.9010	6	0	东盟AS,智CL,新西兰NZ,新加坡SG,秘PE,哥CR,瑞CH,冰IS,澳AU,格GE,柬KH,港HK,澳门MO,台TW	0 受惠国LD	70
				3	巴PK		
				4	韩KR		
				5.7	毛MU		
				8	东盟^RAS^R,澳^RAU^R,新西兰^RNZ^R,韩^RKR^R		
				8.8	日^RJP^R		
8178	8708.7030	---税号8704.1030及8704.1090所列车辆用 ---Of the vehicles of subheadings 8704.1030 and 8704.1090	6	0	东盟AS,智CL,新西兰NZ,秘PE,哥CR,瑞CH,冰IS,澳AU,格GE,毛MU,柬KH,港HK,澳门MO,台TW	0 受惠国LD	11
				2.4	韩KR		
				4.8	东盟^RAS^R,澳^RAU^R,新西兰^RNZ^R,韩^RKR^R		
				5	巴PK		
				5.3	日^RJP^R		
8179	8708.7040	---税号8704.2100、8704.2230、8704.3100及8704.3230所列车辆用 ---Of the vehicles of subheadings 8704.2100, 8704.2230, 8704.3100 and 8704.3230	6	0	东盟AS,智CL,新西兰NZ,新加坡SG,秘PE,哥CR,瑞CH,冰IS,澳AU,格GE,东盟^RAS^R,澳^RAU^R,新西兰^RNZ^R,柬KH,港HK,澳门MO,台TW	0 受惠国LD	45
				1	韩KR		
				3	巴PK		
				5.7	毛MU		
				8	韩^RKR^R		
				8.2	日^RJP^R		
8180	8708.7050	---税号8704.2240、8704.2300及8704.3240所列车辆用 ---Of the vehicles of subheadings 8704.2240, 8704.2300 and 8704.3240	6	0	东盟AS,智CL,新西兰NZ,新加坡SG,秘PE,哥CR,瑞CH,冰IS,澳AU,格GE,柬KH,港HK,澳门MO,台TW	0 受惠国LD	30
				4	巴PK,韩KR		
				5.7	毛MU		
				8	东盟^RAS^R,澳^RAU^R,新西兰^RNZ^R,韩^RKR^R		
				8.8	日^RJP^R		

序号 No.	税则号列 Tariff Line	货品名称 Article Description	最惠国税率 MFN(%)	协定税率 Agreement(%)		特惠税率 SP(%)		普通税率 Gen(%)
8181	8708.7060	---税目87.05所列车辆用 ---Of the vehicles of heading 87.05	6	0	东盟AS,智CL,新西兰NZ,新加坡SG,秘PE,哥CR,瑞CH,冰IS,澳AU,格GE,柬KH,港HK,澳门MO,台TW	0	受惠国LD	100
				1	巴PK			
				4	韩KR			
				5.7	毛MU			
				8	东盟^RAS^R,澳^RAU^R,新西兰^RNZ^R,韩^RKR^R			
				8.8	日^RJP^R			
		---其他: ---Other:						
8182	8708.7091	----铝合金制的 ----Of aluminium alloys	6	0	东盟AS,智CL,巴PK,新西兰NZ,新加坡SG,秘PE,哥CR,瑞CH,冰IS,澳AU,格GE,柬KH,港HK,澳门MO,台TW	0	受惠国LD	100
				5.7	毛MU			
				6	东盟^RAS^R,澳^RAU^R,新西兰^RNZ^R			
8183	8708.7099	----其他 ----Other	6	0	东盟AS,智CL,新西兰NZ,新加坡SG,秘PE,哥CR,瑞CH,冰IS,澳AU,格GE,柬KH,港HK,澳门MO,台TW	0	受惠国LD	100
				3	巴PK			
				5.7	毛MU			
				6	东盟^RAS^R,澳^RAU^R,新西兰^RNZ^R			
		-悬挂系统及其零件(包括减震器): -Suspension systems and parts thereof (including shock-absorbers):						
8184	8708.8010	---税目87.03所列车辆用 ---Of the vehicles of heading 87.03	6	0	东盟AS,智CL,巴PK,新西兰NZ,新加坡SG,秘PE,哥CR,瑞CH,冰IS,澳AU,格GE,东盟^RAS^R,澳^RAU^R,新西兰^RNZ^R,柬KH,港HK,澳门MO	0	受惠国LD	100
				1	韩KR			
				5.4	亚太AP			
				5.7	毛MU			
				8	韩^RKR^R			
				8.8	日^RJP^R			
8185	8708.8090	---其他 ---Other	6	0	东盟AS,智CL,新西兰NZ,新加坡SG,秘PE,哥CR,瑞CH,冰IS,澳AU,格GE,东盟^RAS^R,澳^RAU^R,新西兰^RNZ^R,柬KH,港HK,澳门MO	0	受惠国LD	100
				1	韩KR			
				3	巴PK			
				5.4	亚太AP			
				5.7	毛MU			
				8	韩^RKR^R			
				8.2	日^RJP^R			

序号 No.	税则号列 Tariff Line	货品名称 Article Description	最惠国税率 MFN(%)		协定税率 Agreement(%)	特惠税率 SP(%)	普通税率 Gen(%)
		-其他零件、附件： -Other parts and accessories:					
		--散热器及其零件： --Radiators and parts thereof:					
8186	8708.9110	---水箱散热器 ---Water tank radiators	6	0	东盟AS,智CL,巴PK,新西兰NZ,新加坡SG,秘PE,哥CR,瑞CH,冰IS,澳AU,格GE,柬KH,港HK,澳门MO	0 受惠国LD	100
				4	韩KR		
				5.7	毛MU		
				8.7	东盟^{R}AS^R,韩^{R}KR^R		
				8.8	日^{R}JP^R		
				9	澳^{R}AU^R,新西兰^{R}NZ^R		
8187	8708.9120	---机油冷却器 ---Oil coolers	6	0	东盟AS,智CL,巴PK,新西兰NZ,新加坡SG,秘PE,哥CR,瑞CH,冰IS,澳AU,格GE,柬KH,港HK,澳门MO	0 受惠国LD	100
				4	韩KR		
				5.7	毛MU		
				8.7	东盟^{R}AS^R,韩^{R}KR^R		
				8.8	日^{R}JP^R		
				9	澳^{R}AU^R,新西兰^{R}NZ^R		
8188	8708.9190	---其他 ---Other	6	0	东盟AS,智CL,巴PK,新西兰NZ,新加坡SG,秘PE,哥CR,瑞CH,冰IS,澳AU,格GE,柬KH,港HK,澳门MO	0 受惠国LD	100
				4	韩KR		
				5.7	毛MU		
				8.7	东盟^{R}AS^R,韩^{R}KR^R		
				8.8	日^{R}JP^R		
				9	澳^{R}AU^R,新西兰^{R}NZ^R		
8189	8708.9200	--消声器（消音器）、排气管及其零件 --Silencers (mufflers) and exhaust pipes; parts thereof	6	0	东盟AS,智CL,巴PK,新西兰NZ,新加坡SG,秘PE,哥CR,瑞CH,冰IS,澳AU,格GE,柬KH,港HK,澳门MO	0 受惠国LD	100
				5.7	毛MU		
				6	东盟^{R}AS^R,澳^{R}AU^R,日^{R}JP^R,新西兰^{R}NZ^R		
		--离合器及其零件： --Clutches and parts thereof:					
8190	8708.9310	---税目87.01所列车辆用 ---Of the vehicles of heading 87.01	6	0	东盟AS,智CL,新西兰NZ,秘PE,哥CR,瑞CH,冰IS,澳AU,格GE,毛MU,柬KH,港HK,澳门MO	0 受惠国LD	14
				2.4	韩KR		
				4.8	东盟^{R}AS^R,澳^{R}AU^R,新西兰^{R}NZ^R,韩^{R}KR^R		
				5	巴PK		
				5.3	日^{R}JP^R		

序号 No.	税则号列 Tariff Line	货品名称 Article Description	最惠国税率 MFN(%)	协定税率 Agreement(%)		特惠税率 SP(%)	普通税率 Gen(%)
	ex87089310	发动机功率65千瓦及以上的动力换挡拖拉机用离合器 Clutch for power shift tractors (Engine Power≥65kW)	△3				
8191	8708.9320	---税号8702.1091及8702.9010所列车辆用 ---Of the vehicles of subheadings 8702.1091 and 8702.9010	6	0	东盟AS,智CL,新西兰NZ,新加坡SG,秘PE,哥CR,瑞CH,冰IS,澳AU,格GE,柬KH,港HK,澳门MO	0 受惠国LD	70
				3	巴PK		
				5.5	韩KR		
				5.7	毛MU		
				9	东盟^{R}AS^R,澳^{R}AU^R,新西兰^{R}NZ^R		
8192	8708.9330	---税号8704.1030及8704.1090所列车辆用 ---Of the vehicles of subheadings 8704.1030 and 8704.1090	6	0	东盟AS,智CL,新西兰NZ,秘PE,哥CR,瑞CH,冰IS,澳AU,格GE,毛MU,柬KH,港HK,澳门MO	0 受惠国LD	11
				2.4	韩KR		
				4.8	东盟^{R}AS^R,澳^{R}AU^R,新西兰^{R}NZ^R,韩^{R}KR^R		
				5	巴PK		
				5.3	日^{R}JP^R		
8193	8708.9340	---税号8704.2100、8704.2230、8704.3100及8704.3230所列车辆用 ---Of the vehicles of subheadings 8704.2100, 8704.2230, 8704.3100 and 8704.3230	6	0	东盟AS,智CL,新西兰NZ,新加坡SG,秘PE,哥CR,瑞CH,冰IS,澳AU,格GE,柬KH,港HK,澳门MO	0 受惠国LD	45
				3	巴PK		
				4	韩KR		
				5.7	毛MU		
				8.7	东盟^{R}AS^R,韩^{R}KR^R		
				8.8	日^{R}JP^R		
				9	澳^{R}AU^R,新西兰^{R}NZ^R		
8194	8708.9350	---税号8704.2240、8704.2300及8704.3240所列车辆用 ---Of the vehicles of subheadings 8704.2240, 8704.2300 and 8704.3240	6	0	东盟AS,智CL,新西兰NZ,新加坡SG,秘PE,哥CR,瑞CH,冰IS,澳AU,格GE,柬KH,港HK,澳门MO	0 受惠国LD	30
				1	巴PK		
				5.5	韩KR		
				5.7	毛MU		
				9	东盟^{R}AS^R,澳^{R}AU^R,新西兰^{R}NZ^R		
8195	8708.9360	---税目87.05所列车辆用 ---Of the vehicles of heading 87.05	6	0	东盟AS,智CL,新西兰NZ,新加坡SG,秘PE,哥CR,瑞CH,冰IS,澳AU,格GE,柬KH,港HK,澳门MO	0 受惠国LD	100
				1	巴PK		
				5.5	韩KR		
				5.7	毛MU		
				9	东盟^{R}AS^R,澳^{R}AU^R,新西兰^{R}NZ^R,韩^{R}KR^R		

序号 No.	税则号列 Tariff Line	货品名称 Article Description	最惠国税率 MFN(%)		协定税率 Agreement(%)	特惠税率 SP(%)		普通税率 Gen(%)
8196	8708.9390	----其他 ---Other	6	0	东盟AS,智CL,新西兰NZ,新加坡SG,秘PE,哥CR,瑞CH,冰IS,澳AU,格GE,柬KH,港HK,澳门MO	0	受惠国LD	100
				5	巴PK			
				5.7	毛MU			
				6	东盟^{R}AS^R,澳^{R}AU^R,日^{R}JP^R,新西兰^{R}NZ^R,韩^{R}KR^R			
		--转向盘、转向柱、转向器及其零件： --Steering wheels, steering columns and steering boxes; parts thereof:						
8197	8708.9410	---税目87.01所列车辆用 ---Of the vehicles of heading 87.01	6	0	东盟AS,智CL,巴PK,新西兰NZ,秘PE,哥CR,瑞CH,冰IS,澳AU,格GE,毛MU,柬KH,港HK,澳门MO	0	受惠国LD	14
				2.4	韩KR			
				4.8	东盟^{R}AS^R,澳^{R}AU^R,新西兰^{R}NZ^R,韩^{R}KR^R			
				5.3	日^{R}JP^R			
8198	8708.9420	---税号8702.1091及8702.9010所列车辆用 ---Of the vehicles of subheadings 8702.1091 and 8702.9010	6	0	东盟AS,智CL,新西兰NZ,新加坡SG,秘PE,哥CR,瑞CH,冰IS,澳AU,格GE,柬KH,港HK,澳门MO	0	受惠国LD	70
				3	巴PK			
				4	韩KR			
				5.7	毛MU			
				8.7	东盟^{R}AS^R			
				8.8	日^{R}JP^R			
				9	澳^{R}AU^R,新西兰^{R}NZ^R			
8199	8708.9430	---税号8704.1030及8704.1090所列车辆用 ---Of the vehicles of subheadings 8704.1030 and 8704.1090	6	0	东盟AS,智CL,巴PK,新西兰NZ,秘PE,哥CR,瑞CH,冰IS,澳AU,格GE,毛MU,柬KH,港HK,澳门MO	0	受惠国LD	11
				2.4	韩KR			
				4.8	东盟^{R}AS^R,澳^{R}AU^R,新西兰^{R}NZ^R,韩^{R}KR^R			
				5.3	日^{R}JP^R			
8200	8708.9440	---税号8704.2100、8704.2230、8704.3100及8704.3230所列车辆用 ---Of the vehicles of subheadings 8704.2100, 8704.2230, 8704.3100 and 8704.3230	6	0	东盟AS,智CL,新西兰NZ,新加坡SG,秘PE,哥CR,瑞CH,冰IS,澳AU,格GE,柬KH,港HK,澳门MO	0	受惠国LD	45
				3	巴PK			
				4	韩KR			
				5.7	毛MU			
				6	东盟^{R}AS^R,澳^{R}AU^R,新西兰^{R}NZ^R			

序号 No.	税则号列 Tariff Line	货品名称 Article Description	最惠国税率 MFN(%)	协定税率 Agreement(%)		特惠税率 SP(%)	普通税率 Gen(%)
8201	8708.9450	---税号8704.2240、8704.2300及 8704.3240所列车辆用 ---Of the vehicles of subheadings 8704.2240, 8704.2300 and 8704.3240	6	0	东盟AS,智CL,新西兰NZ,新加坡SG,秘PE,哥CR,瑞CH,冰IS,澳AU,格GE,柬KH,港HK,澳门MO	0 受惠国LD	30
				3	巴PK		
				4	韩KR		
				5.7	毛MU		
				8.7	东盟^{R}AS^R,韩^{R}KR^R		
				8.8	日^{R}JP^R		
				9	澳^{R}AU^R,新西兰^{R}NZ^R		
8202	8708.9460	---税目87.05所列车辆用转向器 ---Of the vehicles of heading 87.05	6	0	东盟AS,智CL,新西兰NZ,新加坡SG,秘PE,哥CR,瑞CH,冰IS,澳AU,格GE,柬KH,港HK,澳门MO	0 受惠国LD	100
				3	巴PK		
				4	韩KR		
				5.7	毛MU		
				8	东盟^{R}AS^R,澳^{R}AU^R,新西兰^{R}NZ^R,韩^{R}KR^R		
				8.8	日^{R}JP^R		
8203	8708.9490	---其他 ---Other	6	0	东盟AS,智CL,新西兰NZ,新加坡SG,秘PE,哥CR,冰IS,澳AU,格GE,柬KH,港HK,澳门MO	0 受惠国LD	100
				3	巴PK		
				3.3	瑞CH		
				5.7	毛MU		
				6	东盟^{R}AS^R,澳^{R}AU^R,日^{R}JP^R,新西兰^{R}NZ^R		
8204	8708.9500	--带充气系统的安全气囊及其零件 --Safety airbags with inflater system; parts thereof	6	0	智CL,新西兰NZ,哥CR,瑞CH,冰IS,澳AU,格GE,柬KH,港HK,澳门MO	0 受惠国LD$_1$	100
				5	东盟AS		
				5.4	亚太AP		
				5.7	毛MU		
				6	东盟^{R}AS^R,日^{R}JP^R		
				9	巴PK,韩KR		
		--其他: --Other:					
8205	8708.9910	---税目87.01所列车辆用 ---Of the vehicles of heading 87.01	6	0	东盟AS,智CL,巴PK,新西兰NZ,秘PE,哥CR,瑞CH,冰IS,澳AU,格GE,毛MU,东盟^{R}AS^R,澳^{R}AU^R,新西兰^{R}NZ^R,柬KH,港HK,澳门MO	0 受惠国LD	14
				0.6	韩KR		
				4.8	韩^{R}KR^R		
				4.9	日^{R}JP^R		
		---税号8702.1091及8702.9010所列车辆用: ---Of the vehicles of subheadings 8702.1091 and 8702.9010:					

序号 No.	税则号列 Tariff Line	货品名称 Article Description	最惠国税率 MFN(%)	协定税率 Agreement(%)		特惠税率 SP(%)	普通税率 Gen(%)
8206	8708.9921	----车架 ----Frames	6	0	东盟AS,智CL,新西兰NZ,新加坡SG,秘PE,哥CR,冰IS,澳AU,格GE,柬KH,港HK,澳门MO	0 受惠国LD	70
				13.7	韩KR		
				14.3	毛MU		
				20	巴PK,东盟^{R}AS^R		
				20.5	日^{R}JP^R		
				21.7	韩^{R}KR^R		
				22.5	澳^{R}AU^R,新西兰^{R}NZ^R		
8207	8708.9929	----其他 ----Other	6	0	东盟AS,智CL,新西兰NZ,新加坡SG,秘PE,哥CR,冰IS,澳AU,格GE,柬KH,港HK,澳门MO	0 受惠国LD	70
				13.7	韩KR		
				14.3	毛MU		
				20	巴PK		
				22.5	东盟^{R}AS^R,澳^{R}AU^R,新西兰^{R}NZ^R		
				22.6	日^{R}JP^R		
		---税号8704.1030及8704.1090所列车辆用: ---Of the vehicles of subheadings 8704.1030 and 8704.1090:					
8208	8708.9931	----车架 ----Frames	6	0	东盟AS,智CL,巴PK,新西兰NZ,秘PE,哥CR,瑞CH,冰IS,澳AU,格GE,毛MU,柬KH,港HK,澳门MO	0 受惠国LD	11
				2.4	韩KR		
				4.8	东盟^{R}AS^R,澳^{R}AU^R,新西兰^{R}NZ^R,韩^{R}KR^R		
				5.3	日^{R}JP^R		
8209	8708.9939	----其他 ----Other	6△3	0	东盟AS,智CL,巴PK,新西兰NZ,秘PE,哥CR,瑞CH,冰IS,澳AU,格GE,毛MU,柬KH,港HK,澳门MO	0 受惠国LD	11
				2.4	韩KR		
				4.8	东盟^{R}AS^R,澳^{R}AU^R,新西兰^{R}NZ^R,韩^{R}KR^R		
				5.3	日^{R}JP^R		
		---税号8704.2100、8704.2230、8704.3100及8704.3230所列车辆用: ---Of the vehicles of subheadings 8704.2100, 8704.2230, 8704.3100 and 8704.3230:					
8210	8708.9941	----车架 ----Frames	6	0	东盟AS,智CL,新西兰NZ,新加坡SG,秘PE,哥CR,冰IS,澳AU,格GE,柬KH,港HK,澳门MO	0 受惠国LD	45
				13.7	韩KR		
				14.3	毛MU		
				22.5	东盟^{R}AS^R,澳^{R}AU^R,新西兰^{R}NZ^R,韩^{R}KR^R		
				22.6	日^{R}JP^R		

序号 No.	税则号列 Tariff Line	货品名称 Article Description	最惠国税率 MFN(%)	协定税率 Agreement(%)		特惠税率 SP(%)	普通税率 Gen(%)
8211	8708.9949	----其他 ----Other	6	0	东盟AS,智CL,巴PK,新西兰NZ,新加坡SG,秘PE,哥CR,冰IS,澳AU,格GE,柬KH,港HK,澳门MO	0 受惠国LD	45
				13.7	韩KR		
				14.3	毛MU		
				22.5	东盟^{R}AS^R,澳^{R}AU^R,新西兰^{R}NZ^R,韩^{R}KR^R		
				22.6	日^{R}JP^R		
		---税号8704.2240、8704.2300及8704.3240所列车辆用: ---Of the vehicles of subheadings 8704.2240, 8704.2300 and 8704.3240:					
8212	8708.9951	----车架 ----Frames	6	0	东盟AS,智CL,新西兰NZ,新加坡SG,秘PE,哥CR,瑞CH,冰IS,澳AU,格GE,柬KH,港HK,澳门MO	0 受惠国LD	30
				1	巴PK		
				4	韩KR		
				5.7	毛MU		
				8	东盟^{R}AS^R,澳^{R}AU^R,新西兰^{R}NZ^R,韩^{R}KR^R		
				8.8	日^{R}JP^R		
8213	8708.9959	----其他 ----Other	6	0	东盟AS,智CL,新西兰NZ,新加坡SG,秘PE,哥CR,瑞CH,冰IS,澳AU,格GE,柬KH,港HK,澳门MO	0 受惠国LD	30
				3	巴PK		
				4	韩KR		
				5.7	毛MU		
				8.7	东盟^{R}AS^R,韩^{R}KR^R		
				8.8	日^{R}JP^R		
				9	澳^{R}AU^R,新西兰^{R}NZ^R		
8214	8708.9960	---税目87.05所列车辆用 ---Of the vehicles of heading 87.05	6	0	东盟AS,智CL,新西兰NZ,新加坡SG,秘PE,哥CR,瑞CH,冰IS,澳AU,格GE,东盟^{R}AS^R,澳^{R}AU^R,新西兰^{R}NZ^R,柬KH,港HK,澳门MO	0 受惠国LD	100
				1.5	韩KR		
				7.2	巴PK		
				8.6	毛MU		
				12	韩^{R}KR^R		
				12.3	日^{R}JP^R		
		---其他: ---Other:					

序号 No.	税则号列 Tariff Line	货品名称 Article Description	最惠国税率 MFN(%)	协定税率 Agreement(%)		特惠税率 SP(%)		普通税率 Gen(%)
8215	8708.9991	----车架 ----Frames	6	0	东盟AS,智CL,新西兰NZ,新加坡SG,秘PE,哥CR,瑞CH,冰IS,澳AU,格GE,柬KH,港HK,澳门MO,台TW	0	受惠国LD	100
				3	巴PK			
				4	韩KR			
				5.7	毛MU			
				8.7	东盟^{R}AS^R,韩^{R}KR^R			
				8.8	日^{R}JP^R			
				9	澳^{R}AU^R,新西兰^{R}NZ^R			
8216	8708.9992	----传动轴 ----Transmission shafts	6	0	东盟AS,智CL,新西兰NZ,新加坡SG,秘PE,哥CR,瑞CH,冰IS,澳AU,格GE,柬KH,港HK,澳门MO,台TW	0	受惠国LD	100
				3	巴PK			
				4	韩KR			
				5.7	毛MU			
				8.7	东盟^{R}AS^R,韩^{R}KR^R			
				8.8	日^{R}JP^R			
				9	澳^{R}AU^R,新西兰^{R}NZ^R			
8217	8708.9999	----其他 ----Other	6	0	东盟AS,智CL,巴PK,新西兰NZ,新加坡SG,秘PE,哥CR,瑞CH,冰IS,澳AU,格GE,柬KH,港HK,澳门MO,台TW	0	受惠国LD	100
				4	韩KR			
				5.7	毛MU			
				8.7	东盟^{R}AS^R,韩^{R}KR^R			
				8.8	日^{R}JP^R			
				9	澳^{R}AU^R,新西兰^{R}NZ^R			
	87.09	短距离运输货物的机动车辆,未装有提升或搬运设备,用于工厂、仓库、码头或机场;火车站台上用的牵引车;上述车辆的零件: Works trucks, self-propelled, not fitted with lifting or handling equipment, of the type used in factories, warehouses, dock areas or airports for short distance transport of goods; tractors of the type used on railway station platforms; parts of the foregoing vehicles:						
		-车辆: -Vehicles:						
		--电动的: --Electrical:						

序号 No.	税则号列 Tariff Line	货品名称 Article Description	最惠国税率 MFN(%)	协定税率 Agreement(%)		特惠税率 SP(%)	普通税率 Gen(%)
8218	8709.1110	---牵引车 ---Tractors	10	0	东盟AS,智CL,新西兰NZ,新加坡SG,秘PE,哥CR,瑞CH,冰IS,澳AU,格GE,毛MU,东盟^{R}AS^R,澳^{R}AU^R,新西兰^{R}NZ^R,柬KH,港HK,澳门MO	0 受惠国LD	30
				1	韩KR		
				4	巴PK		
				8	韩^{R}KR^R		
				8.2	日^{R}JP^R		
8219	8709.1190	---其他 ---Other	10	0	东盟AS,智CL,新西兰NZ,新加坡SG,秘PE,哥CR,瑞CH,冰IS,澳AU,格GE,毛MU,东盟^{R}AS^R,澳^{R}AU^R,新西兰^{R}NZ^R,柬KH,港HK,澳门MO	0 受惠国LD	30
				1	韩KR		
				4	巴PK		
				8	韩^{R}KR^R		
				8.2	日^{R}JP^R		
		--其他: --Other:					
8220	8709.1910	---牵引车 ---Tractors	10	0	东盟AS,智CL,新西兰NZ,新加坡SG,秘PE,哥CR,瑞CH,冰IS,澳AU,格GE,毛MU,柬KH,港HK,澳门MO	0 受惠国LD	30
				3	巴PK		
				4.2	韩KR		
				9.5	东盟^{R}AS^R,澳^{R}AU^R,新西兰^{R}NZ^R,韩^{R}KR^R		
8221	8709.1990	---其他 ---Other	10	0	东盟AS,智CL,新西兰NZ,新加坡SG,秘PE,哥CR,瑞CH,冰IS,澳AU,格GE,毛MU,柬KH,港HK,澳门MO	0 受惠国LD	30
				3	巴PK		
				4.2	韩KR		
				9.5	东盟^{R}AS^R,澳^{R}AU^R,新西兰^{R}NZ^R,韩^{R}KR^R		
8222	8709.9000	-零件 -Parts	8	0	东盟AS,智CL,新西兰NZ,秘PE,哥CR,瑞CH,冰IS,澳AU,格GE,毛MU,东盟^{R}AS^R,澳^{R}AU^R,新西兰^{R}NZ^R,柬KH,港HK,澳门MO	0 受惠国LD	17
				0.8	韩KR		
				1	巴PK		
				6.7	韩^{R}KR^R		
				6.9	日^{R}JP^R		

序号 No.	税则号列 Tariff Line	货品名称 Article Description	最惠国税率 MFN(%)	协定税率 Agreement(%)		特惠税率 SP(%)	普通税率 Gen(%)
	87.10	坦克及其他机动装甲战斗车辆,不论是否装有武器;上述车辆的零件: **Tanks and other armoured fighting vehicles, motorized, whether or not fitted with weapons, and parts of such vehicles:**					
8223	8710.0010	---整车 ---Assembled	15	0	东盟AS,智CL,新西兰NZ,新加坡SG,秘PE,哥CR,瑞CH,冰IS,澳AU,格GE,毛MU,东盟^{R}AS^R,澳^{R}AU^R,新西兰^{R}NZ^R,柬KH,港HK,澳门MO	0 受惠国LD	100
				1.5	韩KR		
				7.2	巴PK		
				12	韩^{R}KR^R		
				12.3	日^{R}JP^R		
8224	8710.0090	---零件 ---Parts and accessories	15	0	东盟AS,智CL,新西兰NZ,新加坡SG,秘PE,哥CR,瑞CH,冰IS,澳AU,格GE,毛MU,东盟^{R}AS^R,澳^{R}AU^R,新西兰^{R}NZ^R,柬KH,港HK,澳门MO	0 受惠国LD	100
				1.5	韩KR		
				7.2	巴PK		
				12	韩^{R}KR^R		
				12.3	日^{R}JP^R		
	87.11	摩托车(包括机器脚踏两用车)及装有辅助发动机的脚踏车,不论有无边车;边车: **Motorcycles (including mopeds) and cycles fitted with an auxiliary motor, with or without side-cars; side-cars:**					
8225	8711.1000	-装有活塞内燃发动机,气缸容量(排气量)不超过50毫升 -With internal combustion piston engine of a cylinder capacity not exceeding 50cc	45	0	东盟AS,智CL,新西兰NZ,新加坡SG,秘PE,哥CR,冰IS,澳AU,格GE,柬KH,港HK,澳门MO	0 受惠国LD	150
				18	瑞CH,毛MU		
				24.7	韩KR		
				36	巴PK		
				40.5	东盟^{R}AS^R,澳^{R}AU^R,新西兰^{R}NZ^R,韩^{R}KR^R		
		-装有活塞内燃发动机,气缸容量(排气量)超过50毫升,但不超过250毫升: -With internal combustion piston engine of a cylinder capacity exceeding 50cc but not exceeding 250cc:					

序号 No.	税则号列 Tariff Line	货品名称 Article Description	最惠国税率 MFN(%)	协定税率 Agreement(%)		特惠税率 SP(%)	普通税率 Gen(%)
8226	8711.2010	---气缸容量超过50毫升, 但不超过100毫升 ---Of a cylinder capacity exceeding 50cc but not exceeding 100cc	45	0	东盟AS,智CL,新西兰NZ,新加坡SG,秘PE,哥CR,冰IS,澳AU,格GE,柬KH,港HK,澳门MO	0 受惠国LD	150
				18	瑞CH,毛MU		
				24.7	韩KR		
				40.5	东盟^{R}AS^R,澳^{R}AU^R,新西兰^{R}NZ^R,韩^{R}KR^R		
8227	8711.2020	---气缸容量超过100毫升, 但不超过125毫升 ---Of a cylinder capacity exceeding 100cc but not exceeding 125cc	45	0	东盟AS,智CL,新西兰NZ,新加坡SG,秘PE,哥CR,冰IS,澳AU,格GE,柬KH,港HK,澳门MO	0 受惠国LD	150
				18	瑞CH,毛MU		
				24.7	韩KR		
				40.5	东盟^{R}AS^R,澳^{R}AU^R,新西兰^{R}NZ^R,韩^{R}KR^R		
8228	8711.2030	---气缸容量超过125毫升, 但不超过150毫升 ---Of a cylinder capacity exceeding 125cc but not exceeding 150cc	45	0	东盟AS,智CL,新西兰NZ,新加坡SG,秘PE,哥CR,冰IS,澳AU,格GE,柬KH,港HK,澳门MO	0 受惠国LD	150
				18	瑞CH,毛MU		
				24.7	韩KR		
				40.5	东盟^{R}AS^R,澳^{R}AU^R,新西兰^{R}NZ^R,韩^{R}KR^R		
8229	8711.2040	---气缸容量超过150毫升, 但不超过200毫升 ---Of a cylinder capacity exceeding 150cc but not exceeding 200cc	45	0	东盟AS,智CL,新西兰NZ,新加坡SG,哥CR,冰IS,澳AU,格GE,柬KH,港HK,澳门MO	0 受惠国,LD₁	150
				18	瑞CH,毛MU		
				24.7	韩KR		
				40.5	东盟^{R}AS^R,澳^{R}AU^R,新西兰^{R}NZ^R,韩^{R}KR^R		
8230	8711.2050	---气缸容量超过200毫升, 但不超过250毫升 ---Of a cylinder capacity exceeding 200cc but not exceeding 250cc	45	0	东盟AS,智CL,新西兰NZ,新加坡SG,哥CR,冰IS,澳AU,格GE,柬KH,港HK,澳门MO	0 受惠国₁LD₁	150
				18	瑞CH,毛MU		
				24.7	韩KR		
				40.5	东盟^{R}AS^R,澳^{R}AU^R,新西兰^{R}NZ^R,韩^{R}KR^R		
		-装有活塞内燃发动机,气缸容量(排气量)超过250毫升, 但不超过500毫升: -With internal combustion piston engine of a cylinder capacity exceeding 250cc but not exceeding 500cc:					

序号 No.	税则号列 Tariff Line	货品名称 Article Description	最惠国税率 MFN(%)	协定税率 Agreement(%)		特惠税率 SP(%)	普通税率 Gen(%)
8231	8711.3010	---气缸容量超过250毫升, 但不超过400毫升 ---Of a cylinder capacity exceeding 250cc but not exceeding 400cc	45	0	东盟AS,智CL,新西兰NZ,新加坡SG,哥CR,冰IS,澳AU,格GE,柬KH,港HK,澳门MO	0 受惠国₁LD₁	150
				18	毛MU		
				24.7	韩KR		
				32.8	巴PK		
				32.9	亚太AP		
				40.5	东盟^{R}AS^R,澳^{R}AU^R,新西兰^{R}NZ^R,韩^{R}KR^R		
8232	8711.3020	---气缸容量超过400毫升, 但不超过500毫升 ---Of a cylinder capacity exceeding 400cc but not exceeding 500cc	45	0	东盟AS,智CL,新西兰NZ,新加坡SG,哥CR,冰IS,澳AU,格GE,柬KH,港HK,澳门MO	0 受惠国₁LD₁	150
				18	毛MU		
				24.7	韩KR		
				32.8	巴PK		
				32.9	亚太AP		
				40.5	东盟^{R}AS^R,澳^{R}AU^R,新西兰^{R}NZ^R,韩^{R}KR^R		
8233	8711.4000	-装有活塞内燃发动机,气缸容量(排气量)超过500毫升, 但不超过800毫升 -With internal combustion piston engine of a cylinder capacity exceeding 500cc but not exceeding 800cc	40	0	东盟AS,智CL,新西兰NZ,新加坡SG,哥CR,冰IS,澳AU,格GE,柬KH,港HK,澳门MO	0 受惠国₁LD₁	150
				16	毛MU		
				22	韩KR		
				36	东盟^{R}AS^R,澳^{R}AU^R,新西兰^{R}NZ^R,韩^{R}KR^R		
8234	8711.5000	-装有活塞内燃发动机,气缸容量(排气量)超过800毫升 -With internal combustion piston engine of a cylinder capacity exceeding 800cc	30	0	东盟AS,智CL,新西兰NZ,新加坡SG,哥CR,冰IS,澳AU,格GE,柬KH,港HK,澳门MO	0 受惠国₁LD₁	150
				12	毛MU		
				16.5	韩KR		
				27	东盟^{R}AS^R,澳^{R}AU^R,新西兰^{R}NZ^R,韩^{R}KR^R		
				27.1	日^{R}JP^R		
8235	8711.6000	-装有驱动电动机的 -With electric motor for propulsion	45	0	东盟AS,智CL,新西兰NZ,新加坡SG,哥CR,冰IS,澳AU,格GE,柬KH,港HK,澳门MO	0 受惠国₁LD₁	150
				5	东盟^{R}AS^R,澳^{R}AU^R,新西兰^{R}NZ^R		
				18	毛MU		
8236	8711.9000	-其他 -Other	45	0	东盟AS,智CL,新西兰NZ,新加坡SG,哥CR,冰IS,澳AU,格GE,柬KH,港HK,澳门MO	0 受惠国₁LD₁	150
				5	东盟^{R}AS^R,澳^{R}AU^R,新西兰^{R}NZ^R		
				18	毛MU		
	87.12	自行车及其他非机动脚踏车(包括运货三轮脚踏车): Bicycles and other cycles (including delivery tricycles), not motorized:					

序号 No.	税则号列 Tariff Line	货品名称 Article Description	最惠国税率 MFN(%)		协定税率 Agreement(%)	特惠税率 SP(%)	普通税率 Gen(%)
8237	8712.0020	---竞赛型自行车 ---Racing bicycle	7	0	东盟AS,智CL,新西兰NZ,新加坡SG,秘PE,哥CR,瑞CH,冰IS,澳AU,格GE,毛MU,东盟^RAS^R,澳^RAU^R,新西兰^RNZ^R,柬KH,港HK,澳门MO,台TW	0 受惠国LD	130
				1.3	韩KR		
				3	巴PK		
				4.9	亚太AP		
				10.4	韩^RKR^R		
				10.6	日^RJP^R		
8238	8712.0030	---山地自行车 ---Mountain bicycle	7	0	东盟AS,智CL,新西兰NZ,新加坡SG,秘PE,哥CR,瑞CH,冰IS,澳AU,格GE,毛MU,东盟^RAS^R,澳^RAU^R,新西兰^RNZ^R,柬KH,港HK,澳门MO,台TW	0 受惠国LD	130
				1.3	韩KR		
				3	巴PK		
				4.9	亚太AP		
				10.4	韩^RKR^R		
				10.6	日^RJP^R		
		---越野自行车: ---Cross-country bicycles:					
8239	8712.0041	----16、18及20英寸 ----16″, 18″ and 20″	7	0	东盟AS,智CL,新西兰NZ,新加坡SG,秘PE,哥CR,瑞CH,冰IS,澳AU,格GE,毛MU,东盟^RAS^R,澳^RAU^R,新西兰^RNZ^R,柬KH,港HK,澳门MO,台TW	0 受惠国LD	130
				1.3	韩KR		
				3	巴PK		
				4.9	亚太AP		
				10.4	韩^RKR^R		
				10.6	日^RJP^R		
8240	8712.0049	----其他 ----Other	7	0	东盟AS,智CL,新西兰NZ,新加坡SG,秘PE,哥CR,瑞CH,冰IS,澳AU,格GE,毛MU,东盟^RAS^R,澳^RAU^R,新西兰^RNZ^R,柬KH,港HK,澳门MO,台TW	0 受惠国LD	130
				1.3	韩KR		
				3	巴PK		
				4.9	亚太AP		
				10.4	韩^RKR^R		
				10.6	日^RJP^R		
		---其他自行车: ---Other cycles:					

序号 No.	税则号列 Tariff Line	货品名称 Article Description	最惠国税率 MFN(%)	协定税率 Agreement(%)		特惠税率 SP(%)	普通税率 Gen(%)
8241	8712.0081	----16英寸及以下 ----Not larger than 16″	5	0	东盟AS,智CL,新西兰NZ,新加坡SG,秘PE,哥CR,瑞CH,冰IS,澳AU,格GE,毛MU,东盟^RAS^R,澳^RAU^R,新西兰^RNZ^R,柬KH,港HK,澳门MO,台TW	0　受惠国LD	130
				1.3	韩KR		
				3	巴PK		
				3.5	亚太AP		
				10.4	韩^RKR^R		
				10.6	日^RJP^R		
8242	8712.0089	----其他 ----Other	5	0	东盟AS,智CL,新西兰NZ,新加坡SG,秘PE,哥CR,瑞CH,冰IS,澳AU,格GE,毛MU,东盟^RAS^R,澳^RAU^R,新西兰^RNZ^R,柬KH,港HK,澳门MO,台TW	0　受惠国LD	130
				1.3	韩KR		
				3	巴PK		
				3.5	亚太AP		
				10.4	韩^RKR^R		
				10.6	日^RJP^R		
8243	8712.0090	---其他 ---Other	5	0	东盟AS,智CL,新西兰NZ,新加坡SG,秘PE,哥CR,瑞CH,冰IS,澳AU,格GE,柬KH,港HK,澳门MO,台TW	0　受惠国LD	130
				3.5	亚太AP		
				5	东盟^RAS^R,澳^RAU^R,新西兰^RNZ^R		
				9.2	毛MU		
				9.7	巴PK		
	87.13	残疾人用车,不论是否机动或其他机械驱动: Carriages for disabled persons, whether or not motorized or otherwise mechanically propelled:					
8244	8713.1000	-非机械驱动 -Not mechanically propelled	5	0	东盟AS,智CL,新西兰NZ,秘PE,哥CR,瑞CH,冰IS,韩KR,澳AU,格GE,毛MU,东盟^RAS^R,澳^RAU^R,日^RJP^R,新西兰^RNZ^R,柬KH,港HK,澳门MO,韩^RKR^R	0　受惠国LD	20
				5	巴PK		
8245	8713.9000	-其他 -Other	4	0	东盟AS,智CL,巴PK,新西兰NZ,秘PE,哥CR,瑞CH,冰IS,澳AU,格GE,毛MU,东盟^RAS^R,澳^RAU^R,新西兰^RNZ^R,柬KH,港HK,澳门MO	0　受惠国LD	20
				0.4	韩KR		
				3.2	韩^RKR^R		
				3.3	日^RJP^R		

序号 No.	税则号列 Tariff Line	货品名称 Article Description	最惠国税率 MFN(%)		协定税率 Agreement(%)	特惠税率 SP(%)	普通税率 Gen(%)
	87.14	零件、附件、税目87.11至87.13所列车辆用： Parts and accessories of vehicles of headings 87.11 to 87.13:					
8246	8714.1000	-摩托车（包括机器脚踏两用车）用 -Of motorcycles (including mopeds)	15	0 12 16.5 27 27.1	东盟AS,智CL,巴PK,新西兰NZ,新加坡SG,秘PE,哥CR,冰IS,澳AU,格GE,柬KH,港HK,澳门MO 毛MU 韩KR 东盟^{R}AS^R,澳^{R}AU^R,新西兰^{R}NZ^R 日^{R}JP^R	0 受惠国LD	100
	ex87141000	星型轮及碟刹件 Planetary gears and Plate brake	Δ10				
	ex87141000	摩托车用防抱死制动系统（ABS）及其零件 Anti-slid brake systems (ABS) for motorcycles and parts thereof	Δ8				
8247	8714.2000	-残疾人车辆用 -Of carriages for disabled persons	5	0	东盟AS,智CL,巴PK,新西兰NZ,秘PE,哥CR,瑞CH,冰IS,韩KR,澳AU,格GE,毛MU,东盟^{R}AS^R,澳^{R}AU^R,日^{R}JP^R,新西兰^{R}NZ^R,柬KH,港HK,澳门MO,韩^{R}KR^R	0 受惠国LD	17
		-其他： -Other:					
8248	8714.9100	--车架、轮叉及其零件 --Frames and forks, and parts thereof	5	0 1.2 3.6 9.6 9.8	东盟AS,智CL,新西兰NZ,新加坡SG,秘PE,哥CR,瑞CH,冰IS,澳AU,格GE,毛MU,东盟^{R}AS^R,澳^{R}AU^R,新西兰^{R}NZ^R,柬KH,港HK,澳门MO,台TW 韩KR 巴PK 韩^{R}KR^R 日^{R}JP^R	0 受惠国LD	80
		--轮圈及辐条： --Wheel rims and spokes:					
8249	8714.9210	---轮圈 ---Wheel rims	5	0 1.2 4.8 9.6 9.8	东盟AS,智CL,新西兰NZ,新加坡SG,秘PE,哥CR,瑞CH,冰IS,澳AU,格GE,毛MU,东盟^{R}AS^R,澳^{R}AU^R,新西兰^{R}NZ^R,柬KH,港HK,澳门MO,台TW 韩KR 巴PK 韩^{R}KR^R 日^{R}JP^R	0 受惠国LD	80

序号 No.	税则号列 Tariff Line	货品名称 Article Description	最惠国税率 MFN(%)	协定税率 Agreement(%)		特惠税率 SP(%)	普通税率 Gen(%)
8250	8714.9290	---辐条 ---Spokes	5	0	东盟AS,智CL,新西兰NZ,新加坡SG,秘PE,哥CR,瑞CH,冰IS,澳AU,格GE,毛MU,东盟^{R}AS^R,澳^{R}AU^R,新西兰NZ^R,柬KH,港HK,澳门MO,台TW	0 受惠国LD	80
				1.2	韩KR		
				3.6	巴PK		
				9.6	韩^{R}KR^R		
				9.8	日^{R}JP^R		
		--轮毂(倒轮制动毂及毂闸除外);飞轮、链轮: --Hubs, other than coaster braking hubs and hub brakes, and free-wheel, sprocket-wheels:					
8251	8714.9310	---轮毂 ---Hubs	5	0	东盟AS,智CL,新西兰NZ,新加坡SG,秘PE,哥CR,瑞CH,冰IS,澳AU,格GE,毛MU,东盟^{R}AS^R,澳^{R}AU^R,新西兰NZ^R,柬KH,港HK,澳门MO,台TW	0 受惠国LD	80
				1.2	韩KR		
				3.6	巴PK		
				9.6	韩^{R}KR^R		
				9.8	日^{R}JP^R		
8252	8714.9320	---飞轮 ---Free wheel	5	0	东盟AS,智CL,新西兰NZ,新加坡SG,秘PE,哥CR,瑞CH,冰IS,澳AU,格GE,毛MU,柬KH,港HK,澳门MO,台TW	0 受惠国LD	80
				1.2	韩KR		
				3.6	巴PK		
				9.6	东盟^{R}AS^R,澳^{R}AU^R,新西兰NZ^R,韩^{R}KR^R		
				9.8	日^{R}JP^R		
8253	8714.9390	---其他 ---Other	5	0	东盟AS,智CL,新西兰NZ,新加坡SG,秘PE,哥CR,瑞CH,冰IS,澳AU,格GE,毛MU,东盟^{R}AS^R,澳^{R}AU^R,新西兰NZ^R,柬KH,港HK,澳门MO,台TW	0 受惠国LD	80
				1.2	韩KR		
				3.6	巴PK		
				9.6	韩^{R}KR^R		
				9.8	日^{R}JP^R		

序号 No.	税则号列 Tariff Line	货品名称 Article Description	最惠国税率 MFN(%)		协定税率 Agreement(%)	特惠税率 SP(%)	普通税率 Gen(%)
8254	8714.9400	--制动器（包括倒轮制动毂及毂闸）及 　其零件 --Brakes, including coaster braking 　hubs and hub brakes, and parts thereof	5	0	东盟AS,智CL,新西兰NZ,新加 坡SG,秘PE,哥CR,瑞CH,冰IS,澳 AU,格GE,毛MU,柬KH,港HK,澳 门MO,台TW	0　受惠国LD	80
				1.2	韩KR		
				4.8	巴PK		
				9.6	东盟^{R}AS^R,澳^{R}AU^R,新西兰^{R}NZ^R, 韩^{R}KR^R		
				9.8	日^{R}JP^R		
8255	8714.9500	--鞍座 --Saddles	5	0	东盟AS,智CL,新西兰NZ,新加 坡SG,秘PE,哥CR,瑞CH,冰IS,澳 AU,格GE,毛MU,东盟^{R}AS^R,澳 ^{R}AU^R,新西兰^{R}NZ^R,柬KH,港HK, 澳门MO,台TW	0　受惠国LD	80
				1.2	韩KR		
				3.6	巴PK		
				9.6	韩^{R}KR^R		
				9.8	日^{R}JP^R		
		--脚蹬、曲柄链轮及其零件: --Pedals and crank-gear, and parts 　thereof:					
8256	8714.9610	---脚蹬及其零件 ----Pedals and parts thereof	5	0	东盟AS,智CL,新西兰NZ,新加 坡SG,秘PE,哥CR,瑞CH,冰IS,澳 AU,格GE,毛MU,东盟^{R}AS^R,澳 ^{R}AU^R,新西兰^{R}NZ^R,柬KH,港HK, 澳门MO,台TW	0　受惠国LD	80
				1.2	韩KR		
				3.6	巴PK		
				9.6	韩^{R}KR^R		
				9.8	日^{R}JP^R		
8257	8714.9620	---曲柄链轮及其零件 ---Crank-gear and parts thereof	5	0	东盟AS,智CL,新西兰NZ,新加 坡SG,秘PE,哥CR,瑞CH,冰IS,澳 AU,格GE,毛MU,柬KH,港HK,澳 门MO,台TW	0　受惠国LD	80
				1.2	韩KR		
				4.8	巴PK		
				9.6	东盟^{R}AS^R,澳^{R}AU^R,新西兰^{R}NZ^R, 韩^{R}KR^R		
				9.8	日^{R}JP^R		
8258	8714.9900	--其他 --Other	5	0	东盟AS,智CL,巴PK,新西兰NZ, 新加坡SG,秘PE,哥CR,瑞CH,冰 IS,澳AU,格GE,毛MU,东盟^{R}AS^R, 澳^{R}AU^R,新西兰^{R}NZ^R,柬KH,港 HK,澳门MO,台TW	0　受惠国LD	80
				1.2	韩KR		
				3.5	亚太AP		
				9.6	韩^{R}KR^R		
				9.8	日^{R}JP^R		

序号 No.	税则号列 Tariff Line	货品名称 Article Description	最惠国税率 MFN(%)	协定税率 Agreement(%)		特惠税率 SP(%)	普通税率 Gen(%)
	87.15	婴孩车及其零件: **Baby carriages and parts thereof:**					
8259	8715.0000	婴孩车及其零件 Baby carriages and parts thereof	6	0	东盟AS,智CL,新西兰NZ,新加坡SG,秘PE,哥CR,瑞CH,冰IS,澳AU,格GE,毛MU,柬KH,港HK,澳门MO	0 受惠国LD	80
				8	韩KR		
				16	巴PK,东盟^{R}AS^R,澳^{R}AU^R,新西兰^{R}NZ^R,韩^{R}KR^R		
				17.5	日^{R}JP^R		
	87.16	挂车及半挂车或其他非机械驱动车辆及其零件: **Trailers and semi-trailers; other vehicles, not mechanically propelled; parts thereof:**					
8260	8716.1000	-供居住或野营用厢式挂车及半挂车 -Trailers and semi-trailers of the caravan type, for housing or camping	10	0	东盟AS,智CL,新西兰NZ,新加坡SG,秘PE,哥CR,瑞CH,冰IS,澳AU,格GE,毛MU,柬KH,港HK,澳门MO	0 受惠国LD	35
				1	巴PK		
				4	韩KR		
				8	东盟^{R}AS^R,澳^{R}AU^R,新西兰^{R}NZ^R,韩^{R}KR^R		
				8.8	日^{R}JP^R		
8261	8716.2000	-农用自装或自卸式挂车及半挂车 -Self-loading or self-unloading trailers and semi-trailers for agricultural purposes	10	0	东盟AS,智CL,新西兰NZ,秘PE,哥CR,瑞CH,冰IS,澳AU,格GE,毛MU,柬KH,港HK,澳门MO	0 受惠国LD	35
				1	巴PK		
				4	韩KR		
				8	东盟^{R}AS^R,澳^{R}AU^R,新西兰^{R}NZ^R,韩^{R}KR^R		
				8.8	日^{R}JP^R		
		-其他货运挂车及半挂车: -Other trailers and semi-trailers for the transport of goods:					
		--罐式挂车及半挂车: --Tanker trailers and tanker semi-trailers:					
8262	8716.3110	---油罐挂车及半挂车 ---Oil tanker trailers and semi-trailers	10	0	东盟AS,智CL,新西兰NZ,新加坡SG,秘PE,哥CR,瑞CH,冰IS,澳AU,格GE,毛MU,柬KH,港HK,澳门MO	0 受惠国LD	20
				1	巴PK		
				4	韩KR		
				8	东盟^{R}AS^R,澳^{R}AU^R,新西兰^{R}NZ^R,韩^{R}KR^R		
				8.2	日^{R}JP^R		

序号 No.	税则号列 Tariff Line	货品名称 Article Description	最惠国税率 MFN(%)	协定税率 Agreement(%)		特惠税率 SP(%)		普通税率 Gen(%)
8263	8716.3190	---其他 ---Other	10	0	东盟AS,智CL,新西兰NZ,秘PE,哥CR,瑞CH,冰IS,澳AU,格GE,毛MU,东盟^{R}AS^R,澳^{R}AU^R,新西兰^{R}NZ^R,柬KH,港HK,澳门MO	0	受惠国LD	35
				1	巴PK,韩KR			
				8	韩^{R}KR^R			
				8.2	日^{R}JP^R			
		--其他: --Other:						
8264	8716.3910	---货柜挂车及半挂车 ---Van trailers and semi-trailers	10	0	东盟AS,智CL,新西兰NZ,秘PE,哥CR,瑞CH,冰IS,澳AU,格GE,毛MU,东盟^{R}AS^R,澳^{R}AU^R,新西兰^{R}NZ^R,柬KH,港HK,澳门MO	0	受惠国LD	20
				1	巴PK,韩KR			
				8	韩^{R}KR^R			
				8.2	日^{R}JP^R			
8265	8716.3990	---其他 ---Other	10	0	东盟AS,智CL,新西兰NZ,秘PE,哥CR,瑞CH,冰IS,澳AU,格GE,毛MU,东盟^{R}AS^R,澳^{R}AU^R,新西兰^{R}NZ^R,柬KH,港HK,澳门MO	0	受惠国LD	35
				1	巴PK,韩KR			
				8	韩^{R}KR^R			
				8.2	日^{R}JP^R			
8266	8716.4000	-其他挂车及半挂车 -Other trailers and semi-trailers	10	0	东盟AS,智CL,新西兰NZ,秘PE,哥CR,瑞CH,冰IS,澳AU,格GE,毛MU,东盟^{R}AS^R,澳^{R}AU^R,新西兰^{R}NZ^R,柬KH,港HK,澳门MO	0	受惠国LD	35
				1	巴PK,韩KR			
				8	韩^{R}KR^R			
				8.2	日^{R}JP^R			
8267	8716.8000	-其他车辆 -Other vehicles	10	0	东盟AS,智CL,新西兰NZ,新加坡SG,秘PE,哥CR,瑞CH,冰IS,澳AU,格GE,毛MU,东盟^{R}AS^R,澳^{R}AU^R,新西兰^{R}NZ^R,柬KH,港HK,澳门MO	0	受惠国LD	80
				1	韩KR			
				3	巴PK			
				8	韩^{R}KR^R			
				8.2	日^{R}JP^R			
8268	8716.9000	-零件 -Parts	10	0	东盟AS,智CL,新西兰NZ,新加坡SG,秘PE,哥CR,瑞CH,冰IS,澳AU,格GE,毛MU,东盟^{R}AS^R,澳^{R}AU^R,新西兰^{R}NZ^R,柬KH,港HK,澳门MO	0	受惠国LD	35
				1	巴PK,韩KR			
				8	韩^{R}KR^R			
				8.2	日^{R}JP^R			

第八十八章
航空器、航天器及其零件

Chapter 88
Aircraft，spacecraft and parts thereof

注释:

一、本章所称"无人驾驶航空器"是指除税目88.01的航空器以外，没有飞行员驾驶的任何航空器，它们可设计用于载物或安装永久性集成的数码相机或其他能在飞行中发挥实用功能的设备。

但"无人驾驶航空器"不包括专供娱乐用的飞行玩具（税目95.03）。

Note:

1. For the purposes of this Chapter, the expression "unmanned aircraft" means any aircraft, other than those of heading 88.01, designed to be flown without a pilot on board. They may be designed to carry a payload or equipped with permanently integrated digital cameras or other equipment which would enable them to perform utilitarian functions during their flight.

The expression "unmanned aircraft", however, does not cover flying toys, designed solely for amusement purposes (heading 95.03).

子目注释:

一、子目8802.11至8802.40所称"空载重量"，是指航空器在正常飞行状态下，除去机组人员、燃料及非永久性安装设备后的重量。

二、子目8806.21至8806.24及8806.91至8806.94所称"最大起飞重量"，是指航空器在正常飞行状态下起飞时的最大重量，包括有效载荷、设备和燃料的重量。

Subheading notes:

1. For the purposes of subheadings 8802.11 to 8802.40, the expression "unladen weight" means the weight of the machine in normal flying order, excluding the weight of the crew and of fuel and equipment other than permanently fitted items of equipment.

2. For the purposes of subheadings 8806.21 to 8806.24 and 8806.91 to 8806.94, the expression "maximum take-off weight" means the maximum weight of the machine in normal flying order, at take-off, including the weight of payload, equipment and fuel.

本国子目注释:

本国子目8806.2110、8806.2210、8806.2310、8806.2410、8806.2910、8806.9110、8806.9210、8806.9310、8806.9410所称"航拍无人机"，是指搭载固定的或可替换的摄影摄像载荷（无论是否装置光学镜头），具有无线电遥控和数字图传能力，设计用于在空中拍摄影像，且不具备其他与飞行相关实用性功能的无人驾驶航空器。

Domestic Subheading Note:

Domestic Subheading 8806.2110, 8806.2210, 8806.2310, 8806.2410, 8806.2910, 8806.9110, 8806.9210, 8806.9310, and 8806.9410: "unmanned aircraft for aerial photography" means an unmanned aircraft equipped with a fixed or replaceable camera payload (with or without optical lenses), with radio remote control and digital image transmission capabilities, designed to capture images and videos in the air, and having no other flight-related utility functions.

序号 No.	税则号列 Tariff Line	货品名称 Article Description	最惠国税率 MFN(%)	协定税率 Agreement(%)		特惠税率 SP(%)	普通税率 Gen(%)
	88.01	**气球及飞艇；滑翔机、悬挂滑翔机及其他无动力航空器:** **Balloons and dirigibles; gliders, hang gliders and other non-powered aircraft:**					
8269	8801.0010	---滑翔机及悬挂滑翔机 ---Gliders and hang gliders	3	0	东盟AS,智CL,巴PK,新西兰NZ,秘PE,哥CR,瑞CH,冰IS,韩KR,澳AU,格GE,毛MU,东盟^RAS^R,澳^RAU^R,日^RJP^R,新西兰^RNZ^R,柬KH,港HK,澳门MO,韩^RKR^R	0 受惠国LD	11

序号 No.	税则号列 Tariff Line	货品名称 Article Description	最惠国税率 MFN(%)	协定税率 Agreement(%)		特惠税率 SP(%)	普通税率 Gen(%)
8270	8801.0090	---其他 ---Other	3	0	东盟AS,智CL,巴PK,新西兰NZ, 秘PE,哥CR,瑞CH,冰IS,韩KR, 澳AU,格GE,毛MU,东盟^{R}AS^R, 澳^{R}AU^R,日^{R}JP^R,新西兰^{R}NZ^R,柬 KH,港HK,澳门MO,韩^{R}KR^R	0 受惠国LD	11
	88.02	其他航空器(例如,直升机、飞机),税目88.06的无人驾驶航空器除外;航天器(包括卫星)及其运载工具、亚轨道运载工具: **Other aircraft (for example, helicopters, aeroplanes), except unmanned aircraft of heading 88.06; spacecraft (including satellites) and suborbital and spacecraft launch vehicles:**					
		-直升机: -Helicopters:					
8271	8802.1100	--空载重量不超过2000千克 --Of an unladen weight not exceeding 2000kg	2	0	东盟AS,智CL,巴PK,新西兰NZ, 秘PE,哥CR,瑞CH,冰IS,韩KR, 澳AU,格GE,毛MU,东盟^{R}AS^R, 澳^{R}AU^R,日^{R}JP^R,新西兰^{R}NZ^R,柬 KH,港HK,澳门MO,韩^{R}KR^R	0 受惠国LD	11
				1.3	亚太AP		
		--空载重量超过2000千克: --Of an unladen weight exceeding 2000kg:					
8272	8802.1210	---空载重量超过2000千克,但不超过7000千克 ---Of an unladen weight exceeding 2000kg but not exceeding 7000kg	2	0	东盟AS,智CL,巴PK,新西兰NZ, 秘PE,哥CR,瑞CH,冰IS,韩KR, 澳AU,格GE,毛MU,东盟^{R}AS^R, 澳^{R}AU^R,日^{R}JP^R,新西兰^{R}NZ^R,柬 KH,港HK,澳门MO,韩^{R}KR^R	0 受惠国LD	11
				1.3	亚太AP		
8273	8802.1220	---空载重量超过7000千克 ---Of an unladen weight exceeding 7000kg	2	0	东盟AS,智CL,巴PK,新西兰NZ, 秘PE,哥CR,瑞CH,冰IS,韩KR, 澳AU,格GE,毛MU,东盟^{R}AS^R, 澳^{R}AU^R,日^{R}JP^R,新西兰^{R}NZ^R,柬 KH,港HK,澳门MO,韩^{R}KR^R	0 受惠国LD	11
				1.3	亚太AP		
8274	8802.2000	-飞机及其他航空器,空载重量不超过2000千克 -Aeroplanes and other aircraft, of an unladen weight not exceeding 2000kg	5	0	东盟AS,智CL,巴PK,新西兰NZ, 秘PE,哥CR,瑞CH,冰IS,澳AU,格 GE,毛MU,东盟^{R}AS^R,澳^{R}AU^R,新 西兰^{R}NZ^R,柬KH,港HK,澳门MO	0 受惠国LD	11
				0.5	韩KR		
				4	韩^{R}KR^R		
				4.1	日^{R}JP^R		

序号 No.	税则号列 Tariff Line	货品名称 Article Description	最惠国税率 MFN(%)	协定税率 Agreement(%)		特惠税率 SP(%)		普通税率 Gen(%)
8275	8802.3000	-飞机及其他航空器, 空载重量超过2000千克, 但不超过15000千克 -Aeroplanes and other aircraft, of an unladen weight exceeding 2000kg but not exceeding 15000kg	4	0	东盟AS,智CL,巴PK,新西兰NZ,秘PE,哥CR,瑞CH,冰IS,韩KR,澳AU,格GE,毛MU,东盟RASR,澳RAUR,日RJPR,新西兰RNZR,柬KH,港HK,澳门MO,韩RKRR	0	受惠国LD	11
		-飞机及其他航空器, 空载重量超过15000千克: -Aeroplanes and other aircraft, of an unladen weight exceeding 15000kg:						
8276	8802.4010	---空载重量超过15000千克, 但不超过45000千克 ---Of an unladen weight exceeding 15000kg but not exceeding 45000kg	5	0	东盟AS,智CL,巴PK,新西兰NZ,秘PE,哥CR,瑞CH,冰IS,韩KR,澳AU,格GE,毛MU,东盟RASR,澳RAUR,日RJPR,新西兰RNZR,柬KH,港HK,澳门MO,韩RKRR	0	受惠国LD	11
				3.5	亚太AP			
8277	8802.4020	---空载重量超过45000千克 ---Of an unladen weight exceeding 45000kg	1	0	东盟AS,智CL,巴PK,新西兰NZ,秘PE,哥CR,瑞CH,冰IS,韩KR,澳AU,格GE,毛MU,东盟RASR,澳RAUR,日RJPR,新西兰RNZR,柬KH,港HK,澳门MO,韩RKRR	0	受惠国LD	11
				0.7	亚太AP			
8278	8802.6000	-航天器（包括卫星）及其运载工具、亚轨道运载工具 -Spacecraft (including satellites) and suborbital and spacecraft launch vehicles	2	0	东盟AS,智CL,巴PK,新西兰NZ,秘PE,哥CR,瑞CH,冰IS,韩KR,澳AU,格GE,毛MU,东盟RASR,澳RAUR,日RJPR,新西兰RNZR,柬KH,港HK,澳门MO,韩RKRR	0	受惠国LD	11
	ex88026000	通信卫星 Telecommunications satellites	0					
	88.04	降落伞（包括可操纵降落伞及滑翔伞）、旋翼降落伞及其零件、附件: **Parachutes (including dirigible parachutes and paragliders) and rotochutes; parts thereof and accessories thereto:**						
8279	8804.0000	降落伞（包括可操纵降落伞及滑翔伞）、旋翼降落伞及其零件、附件 Parachutes (including dirigible parachutes and paragliders) and rotochutes; parts thereof and accessories thereto	2	0	东盟AS,智CL,巴PK,新西兰NZ,秘PE,哥CR,瑞CH,冰IS,韩KR,澳AU,格GE,毛MU,东盟RASR,澳RAUR,日RJPR,新西兰RNZR,柬KH,港HK,澳门MO,韩RKRR	0	受惠国LD	11
	88.05	航空器的发射装置、甲板停机装置或类似装置和地面飞行训练器及其零件: **Aircraft launching gear; deck-arrestor or similar gear; ground flying trainers; parts of the foregoing articles:**						

序号 No.	税则号列 Tariff Line	货品名称 Article Description	最惠国税率 MFN(%)	协定税率 Agreement(%)		特惠税率 SP(%)	普通税率 Gen(%)
8280	8805.1000	-航空器的发射装置及其零件；甲板停机装置或类似装置及其零件 -Aircraft launching gear and parts thereof; deck-arrestor or similar gear and parts thereof	1.5	0	东盟AS,智CL,巴PK,新西兰NZ,秘PE,哥CR,瑞CH,冰IS,韩KR,澳AU,格GE,毛MU,东盟ᴿASᴿ,澳ᴿAUᴿ,日ᴿJPᴿ,新西兰ᴿNZᴿ,柬KH,港HK,澳门MO,韩ᴿKRᴿ	0 受惠国LD	11
		-地面飞行训练器及其零件： -Ground flying trainers and parts thereof:					
8281	8805.2100	--空战模拟器及其零件 --Air combat simulators and parts thereof	0	0	东盟AS,智CL,巴PK,新西兰NZ,秘PE,哥CR,瑞CH,冰IS,韩KR,澳AU,格GE,毛MU,东盟ᴿASᴿ,澳ᴿAUᴿ,日ᴿJPᴿ,新西兰ᴿNZᴿ,柬KH,港HK,澳门MO,韩ᴿKRᴿ	0 受惠国LD	11
8282	8805.2900	--其他 --Other	0	0	亚太AP,东盟AS,智CL,巴PK,新西兰NZ,秘PE,哥CR,瑞CH,冰IS,韩KR,澳AU,格GE,毛MU,东盟ᴿASᴿ,澳ᴿAUᴿ,日ᴿJPᴿ,新西兰ᴿNZᴿ,柬KH,港HK,澳门MO,韩ᴿKRᴿ	0 受惠国LD	11
	88.06	**无人驾驶航空器：** **Unmanned aircraft:**					
8283	8806.1000	-设计用于旅客运输的 -Designed for the carriage of passengers	3	0 0.1	东盟AS,智CL,巴PK,新西兰NZ,秘PE,哥CR,瑞CH,冰IS,澳AU,格GE,毛MU,东盟ᴿASᴿ,澳ᴿAUᴿ,日ᴿJPᴿ,新西兰ᴿNZᴿ,柬KH,港HK,澳门MO,韩ᴿKRᴿ 韩KR	0 受惠国LD	11
		-其他，仅使用遥控飞行的： -Other, for remote-controlled flight only:					
		--最大起飞重量不超过250克： --With maximum take-off weight not more than 250g:					
8284	8806.2110	---航拍无人机 ---Unmanned aircraft for aerial photography	0	0 2.1 3.3 5.8	东盟AS,智CL,新西兰NZ,新加坡SG,秘PE,哥CR,瑞CH,冰IS,澳AU,格GE,东盟ᴿASᴿ,澳ᴿAUᴿ,日ᴿJPᴿ,新西兰ᴿNZᴿ,柬KH,港HK,澳门MO,韩ᴿKRᴿ 毛MU 巴PK 韩KR	0 受惠国LD	99
8285	8806.2190	---其他 ---Other	3.5	0 0.3	东盟AS,智CL,巴PK,新西兰NZ,秘PE,哥CR,瑞CH,冰IS,澳AU,格GE,毛MU,东盟ᴿASᴿ,澳ᴿAUᴿ,日ᴿJPᴿ,新西兰ᴿNZᴿ,柬KH,港HK,澳门MO,韩ᴿKRᴿ 韩KR	0 受惠国LD	11

序号 No.	税则号列 Tariff Line	货品名称 Article Description	最惠国税率 MFN(%)	协定税率 Agreement(%)		特惠税率 SP(%)	普通税率 Gen(%)
		--最大起飞重量超过250克, 但不超过7千克: --With maximum take-off weight more than 250g but not more than 7kg:					
8286	8806.2210	---航拍无人机 ---Unmanned aircraft for aerial photography	0	0	东盟AS,智CL,新西兰NZ,新加坡SG,秘PE,哥CR,瑞CH,冰IS,澳AU,格GE,东盟^RAS^R,澳^RAU^R,日^RJP^R,新西兰^RNZ^R,柬KH,港HK,澳门MO,韩^RKR^R	0 受惠国LD	99
				2.1	毛MU		
				3.3	巴PK		
				5.8	韩KR		
8287	8806.2290	---其他 ---Other	3.5	0	东盟AS,智CL,巴PK,新西兰NZ,秘PE,哥CR,瑞CH,冰IS,澳AU,格GE,毛MU,东盟^RAS^R,澳^RAU^R,日^RJP^R,新西兰^RNZ^R,柬KH,港HK,澳门MO,韩^RKR^R	0 受惠国LD	11
				0.3	韩KR		
		--最大起飞重量超过7千克, 但不超过25千克: --With maximum take-off weight more than 7kg but not more than 25kg:					
8288	8806.2310	---航拍无人机 ---Unmanned aircraft for aerial photography	0	0	东盟AS,智CL,新西兰NZ,新加坡SG,秘PE,哥CR,瑞CH,冰IS,澳AU,格GE,东盟^RAS^R,澳^RAU^R,日^RJP^R,新西兰^RNZ^R,柬KH,港HK,澳门MO,韩^RKR^R	0 受惠国LD	99
				2.1	毛MU		
				3.3	巴PK		
				5.8	韩KR		
8289	8806.2390	---其他 ---Other	3.5	0	东盟AS,智CL,巴PK,新西兰NZ,秘PE,哥CR,瑞CH,冰IS,澳AU,格GE,毛MU,东盟^RAS^R,澳^RAU^R,日^RJP^R,新西兰^RNZ^R,柬KH,港HK,澳门MO,韩^RKR^R	0 受惠国LD	11
				0.3	韩KR		
		--最大起飞重量超过25千克, 但不超过150千克: --With maximum take-off weight more than 25kg but not more than 150kg:					
8290	8806.2410	---航拍无人机 ---Unmanned aircraft for aerial photography	0	0	东盟AS,智CL,新西兰NZ,新加坡SG,秘PE,哥CR,瑞CH,冰IS,澳AU,格GE,东盟^RAS^R,澳^RAU^R,日^RJP^R,新西兰^RNZ^R,柬KH,港HK,澳门MO,韩^RKR^R	0 受惠国LD	99
				2.1	毛MU		
				3.3	巴PK		
				5.8	韩KR		

序号 No.	税则号列 Tariff Line	货品名称 Article Description	最惠国税率 MFN(%)	协定税率 Agreement(%)		特惠税率 SP(%)	普通税率 Gen(%)
8291	8806.2490	---其他 ---Other	3.5	0	东盟AS,智CL,巴PK,新西兰NZ,秘PE,哥CR,瑞CH,冰IS,澳AU,格GE,毛MU,东盟ᴿASᴿ,澳ᴿAUᴿ,日ᴿJPᴿ,新西兰ᴿNZᴿ,柬KH,港HK,澳门MO,韩ᴿKRᴿ	0 受惠国LD	11
				0.3	韩KR		
		--其他: --Other:					
8292	8806.2910	---航拍无人机 ---Unmanned aircraft for aerial photography	0	0	东盟AS,智CL,新西兰NZ,新加坡SG,秘PE,哥CR,瑞CH,冰IS,澳AU,格GE,东盟ᴿASᴿ,澳ᴿAUᴿ,日ᴿJPᴿ,新西兰ᴿNZᴿ,柬KH,港HK,澳门MO,韩ᴿKRᴿ	0 受惠国LD	99
				2.1	毛MU		
				3.3	巴PK		
				5.8	韩KR		
8293	8806.2990	---其他 ---Other	3	0	东盟AS,智CL,巴PK,新西兰NZ,秘PE,哥CR,瑞CH,冰IS,澳AU,格GE,毛MU,东盟ᴿASᴿ,澳ᴿAUᴿ,日ᴿJPᴿ,新西兰ᴿNZᴿ,柬KH,港HK,澳门MO,韩ᴿKRᴿ	0 受惠国LD	11
				0.1	韩KR		
		-其他: -Other:					
		--最大起飞重量不超过250克: --With maximum take-off weight not more than 250g:					
8294	8806.9110	---航拍无人机 ---Unmanned aircraft for aerial photography	0	0	东盟AS,智CL,新西兰NZ,新加坡SG,秘PE,哥CR,瑞CH,冰IS,澳AU,格GE,东盟ᴿASᴿ,澳ᴿAUᴿ,日ᴿJPᴿ,新西兰ᴿNZᴿ,柬KH,港HK,澳门MO,韩ᴿKRᴿ	0 受惠国LD	99
				2.1	毛MU		
				3.3	巴PK		
				5.8	韩KR		
8295	8806.9190	---其他 ---Other	3.5	0	东盟AS,智CL,巴PK,新西兰NZ,秘PE,哥CR,瑞CH,冰IS,澳AU,格GE,毛MU,东盟ᴿASᴿ,澳ᴿAUᴿ,日ᴿJPᴿ,新西兰ᴿNZᴿ,柬KH,港HK,澳门MO,韩ᴿKRᴿ	0 受惠国LD	11
				0.3	韩KR		
		--最大起飞重量超过250克,但不超过7千克: --With maximum take-off weight more than 250g but not more than 7kg:					

序号 No.	税则号列 Tariff Line	货品名称 Article Description	最惠国税率 MFN(%)		协定税率 Agreement(%)	特惠税率 SP(%)		普通税率 Gen(%)
8296	8806.9210	---航拍无人机 ---Unmanned aircraft for aerial photography	0	0	东盟AS,智CL,新西兰NZ,新加坡SG,秘PE,哥CR,瑞CH,冰IS,澳AU,格GE,东盟^RAS^R,澳^RAU^R,日^RJP^R,新西兰^RNZ^R,柬KH,港HK,澳门MO,韩^RKR^R	0	受惠国LD	99
				2.1	毛MU			
				3.3	巴PK			
				5.8	韩KR			
8297	8806.9290	---其他 ---Other	3.5	0	东盟AS,智CL,巴PK,新西兰NZ,秘PE,哥CR,瑞CH,冰IS,澳AU,格GE,毛MU,东盟^RAS^R,澳^RAU^R,日^RJP^R,新西兰^RNZ^R,柬KH,港HK,澳门MO,韩^RKR^R	0	受惠国LD	11
				0.3	韩KR			
		--最大起飞重量超过7千克,但不超过25千克: --With maximum take-off weight more than 7kg but not more than 25kg:						
8298	8806.9310	---航拍无人机 ---Unmanned aircraft for aerial photography	0	0	东盟AS,智CL,新西兰NZ,新加坡SG,秘PE,哥CR,瑞CH,冰IS,澳AU,格GE,东盟^RAS^R,澳^RAU^R,日^RJP^R,新西兰^RNZ^R,柬KH,港HK,澳门MO,韩^RKR^R	0	受惠国LD	99
				2.1	毛MU			
				3.3	巴PK			
				5.8	韩KR			
8299	8806.9390	---其他 ---Other	3.5	0	东盟AS,智CL,巴PK,新西兰NZ,秘PE,哥CR,瑞CH,冰IS,澳AU,格GE,毛MU,东盟^RAS^R,澳^RAU^R,日^RJP^R,新西兰^RNZ^R,柬KH,港HK,澳门MO,韩^RKR^R	0	受惠国LD	11
				0.3	韩KR			
		--最大起飞重量超过25千克,但不超过150千克: --With maximum take-off weight more than 25kg but not more than 150kg:						
8300	8806.9410	---航拍无人机 ---Unmanned aircraft for aerial photography	0	0	东盟AS,智CL,新西兰NZ,新加坡SG,秘PE,哥CR,瑞CH,冰IS,澳AU,格GE,东盟^RAS^R,澳^RAU^R,日^RJP^R,新西兰^RNZ^R,柬KH,港HK,澳门MO,韩^RKR^R	0	受惠国LD	99
				2.1	毛MU			
				3.3	巴PK			
				5.8	韩KR			

序号 No.	税则号列 Tariff Line	货品名称 Article Description	最惠国税率 MFN(%)		协定税率 Agreement(%)	特惠税率 SP(%)	普通税率 Gen(%)
8301	8806.9490	---其他 ---Other	3.5	0 0.3	东盟AS,智CL,巴PK,新西兰NZ, 秘PE,哥CR,瑞CH,冰IS,澳AU,格 GE,毛MU,东盟^{R}AS^R,澳^{R}AU^R,日 ^{R}JP^R,新西兰^{R}NZ^R,柬KH,港HK, 澳门MO,韩^{R}KR^R 韩KR	0 受惠国LD	11
8302	8806.9900	--其他 --Other	3	0 0.1	东盟AS,智CL,巴PK,新西兰NZ, 秘PE,哥CR,瑞CH,冰IS,澳AU,格 GE,毛MU,东盟^{R}AS^R,澳^{R}AU^R,日 ^{R}JP^R,新西兰^{R}NZ^R,柬KH,港HK, 澳门MO,韩^{R}KR^R 韩KR	0 受惠国LD	11
	88.07	税目88.01、88.02或88.06所列货品的 零件: **Parts of goods of heading 88.01, 88.02 or 88.06:**					
8303	8807.1000	-推进器、水平旋翼及其零件 -Propellers and rotors and parts thereof	1	0	东盟AS,智CL,巴PK,新西兰NZ, 秘PE,哥CR,瑞CH,冰IS,韩KR, 澳AU,格GE,毛MU,东盟^{R}AS^R, 澳^{R}AU^R,日^{R}JP^R,新西兰^{R}NZ^R,柬 KH,港HK,澳门MO,韩^{R}KR^R	0 受惠国LD	11
8304	8807.2000	-起落架及其零件 -Under-carriages and parts thereof	1	0	东盟AS,智CL,巴PK,新西兰NZ, 秘PE,哥CR,瑞CH,冰IS,韩KR, 澳AU,格GE,毛MU,东盟^{R}AS^R, 澳^{R}AU^R,日^{R}JP^R,新西兰^{R}NZ^R,柬 KH,港HK,澳门MO,韩^{R}KR^R	0 受惠国LD	11
8305	8807.3000	-飞机、直升机及无人驾驶航空器的其 他零件 -Other parts of airplanes, helicopters or unmanned aircraft	1	0 0.8	东盟AS,智CL,巴PK,新西兰NZ, 秘PE,哥CR,瑞CH,冰IS,韩KR, 澳AU,格GE,毛MU,东盟^{R}AS^R,日 ^{R}JP^R,柬KH,港HK,澳门MO,韩 ^{R}KR^R 澳^{R}AU^R,新西兰^{R}NZ^R	0 受惠国LD	11
8306	8807.9000	-其他 -Other	0	0	东盟AS,智CL,巴PK,新西兰NZ, 秘PE,哥CR,瑞CH,冰IS,韩KR, 澳AU,格GE,毛MU,东盟^{R}AS^R, 澳^{R}AU^R,日^{R}JP^R,新西兰^{R}NZ^R,柬 KH,港HK,澳门MO,韩^{R}KR^R	0 受惠国LD	11

注释:

已装配、未装配或已拆卸的船体、未完工或不完整的船舶以及未装配或已拆卸的完整船舶，如果不具有某种船舶的基本特征，应归入税目89.06。

Note:

A hull, an unfinished or incomplete vessel, assembled, unassembled or disassembled, or a complete vessel unassembled or disassembled, is to be classified in heading 89.06 if it does not have the essential character of a vessel of a particular kind.

序号 No.	税则号列 Tariff Line	货品名称 Article Description	最惠国税率 MFN(%)	协定税率 Agreement(%)		特惠税率 SP(%)		普通税率 Gen(%)
	89.01	巡航船、游览船、渡船、货船、驳船及类似的客运或货运船舶： Cruise ships, excursion boats, ferryboats, cargo ships, barges and similar vessels for the transport of persons or goods:						
		-巡航船、游览船及主要用于客运的类似船舶；各式渡船： -Cruise ships, excursion boats and similar vessels principally designed for the transport of persons; ferry-boats of all kinds:						
8307	8901.1010	---机动船舶 ---Motor vessels	5	0	东盟AS,智CL,巴PK,新西兰NZ,新加坡SG,秘PE,哥CR,瑞CH,冰IS,澳AU,格GE,毛MU,柬KH,港HK,澳门MO	0 受惠国LD		14
				2	韩KR			
				4	东盟ᴿASᴿ,澳ᴿAUᴿ,新西兰ᴿNZᴿ,韩ᴿKRᴿ			
				4.4	日ᴿJPᴿ			
8308	8901.1090	---非机动船舶 ---Other	8	0	东盟AS,智CL,新西兰NZ,秘PE,哥CR,瑞CH,冰IS,澳AU,格GE,毛MU,柬KH,港HK,澳门MO	0 受惠国LD		30
				1	巴PK			
				3.2	韩KR			
				6.4	东盟ᴿASᴿ,澳ᴿAUᴿ,新西兰ᴿNZᴿ,韩ᴿKRᴿ			
				6.5	日ᴿJPᴿ			
		-液货船： -Tankers:						
		---成品油船： ---Finished oil tankers:						
8309	8901.2011	----载重量不超过10万吨 ----Loading not exceeding 100000t	9	0	智CL,新西兰NZ,秘PE,哥CR,瑞CH,冰IS,澳AU,格GE,毛MU,柬KH,港HK,澳门MO	0 受惠国LD		14
				3.6	韩KR			
				5	东盟AS,东盟ᴿASᴿ,澳ᴿAUᴿ,新西兰ᴿNZᴿ			

序号 No.	税则号列 Tariff Line	货品名称 Article Description	最惠国税率 MFN(%)		协定税率 Agreement(%)	特惠税率 SP(%)		普通税率 Gen(%)
8310	8901.2012	----载重量超过10万吨, 但不超过30万吨 ----Loading exceeding 100000t, but not exceeding 300000t	9	0	智CL,新西兰NZ,秘PE,哥CR,瑞CH,冰IS,澳AU,格GE,毛MU,柬KH,港HK,澳门MO	0	受惠国LD	14
				3.6	韩KR			
				5	东盟AS,东盟^{R}AS^R,澳^{R}AU^R,新西兰^{R}NZ^R			
8311	8901.2013	----载重量超过30万吨 ----Loading exceeding 300000t	6	0	智CL,新西兰NZ,秘PE,哥CR,瑞CH,冰IS,澳AU,格GE,毛MU,柬KH,港HK,澳门MO	0	受惠国LD	14
				2.4	韩KR			
				5	东盟AS,东盟^{R}AS^R,澳^{R}AU^R,新西兰^{R}NZ^R			
		---原油船: ---Crude oil tankers:						
8312	8901.2021	----载重量不超过15万吨 ----Loading not exceeding 150000t	9	0	智CL,新西兰NZ,秘PE,哥CR,瑞CH,冰IS,澳AU,格GE,毛MU,柬KH,港HK,澳门MO	0	受惠国LD	14
				3.6	韩KR			
				5	东盟AS,东盟^{R}AS^R,澳^{R}AU^R,新西兰^{R}NZ^R			
8313	8901.2022	----载重量超过15万吨, 但不超过30万吨 ----Loading exceeding 150000t, but not exceeding 300000t	9	0	智CL,新西兰NZ,秘PE,哥CR,瑞CH,冰IS,澳AU,格GE,毛MU,柬KH,港HK,澳门MO	0	受惠国LD	14
				3.6	韩KR			
				5	东盟AS,东盟^{R}AS^R,澳^{R}AU^R,新西兰^{R}NZ^R			
8314	8901.2023	----载重量超过30万吨 ----Loading exceeding 300000t	6	0	智CL,新西兰NZ,秘PE,哥CR,瑞CH,冰IS,澳AU,格GE,毛MU,柬KH,港HK,澳门MO	0	受惠国LD	14
				2.4	韩KR			
				5	东盟AS,东盟^{R}AS^R,澳^{R}AU^R,新西兰^{R}NZ^R			
		---液化石油气船: ---Liquified petroleum gas carriers:						
8315	8901.2031	----容积在20000立方米及以下 ----Volume with 20000m^3 or less	9	0	智CL,新西兰NZ,秘PE,哥CR,瑞CH,冰IS,澳AU,格GE,毛MU,柬KH,港HK,澳门MO	0	受惠国LD	14
				3.6	韩KR			
				5	东盟AS,东盟^{R}AS^R,澳^{R}AU^R,新西兰^{R}NZ^R			
8316	8901.2032	----容积在20000立方米以上 ----Volume more than 20000m^3	6	0	智CL,新西兰NZ,秘PE,哥CR,瑞CH,冰IS,澳AU,格GE,毛MU,柬KH,港HK,澳门MO	0	受惠国LD	14
				2.4	韩KR			
				5	东盟AS,东盟^{R}AS^R,澳^{R}AU^R,新西兰^{R}NZ^R			
		---液化天然气船: ---Liquified natural gas carriers:						

序号 No.	税则号列 Tariff Line	货品名称 Article Description	最惠国税率 MFN(%)		协定税率 Agreement(%)	特惠税率 SP(%)	普通税率 Gen(%)
8317	8901.2041	----容积在20000立方米及以下 ----Volume with 20000m³ or less	9	0	智CL,新西兰NZ,秘PE,哥CR,瑞CH,冰IS,澳AU,格GE,毛MU,柬KH,港HK,澳门MO	0 受惠国LD	14
				3.6	韩KR		
				5	东盟AS,东盟ᴿASᴿ,澳ᴿAUᴿ,新西兰ᴿNZᴿ		
8318	8901.2042	----容积在20000立方米以上 ----Volume more than 20000m³	6	0	智CL,新西兰NZ,秘PE,哥CR,瑞CH,冰IS,澳AU,格GE,毛MU,柬KH,港HK,澳门MO	0 受惠国LD	14
				2.4	韩KR		
				5	东盟AS,东盟ᴿASᴿ,澳ᴿAUᴿ,新西兰ᴿNZᴿ		
8319	8901.2090	---其他 ---Other	9	0	智CL,新西兰NZ,秘PE,哥CR,瑞CH,冰IS,澳AU,格GE,毛MU,柬KH,港HK,澳门MO	0 受惠国LD	14
				3.6	韩KR		
				5	东盟AS,东盟ᴿASᴿ,澳ᴿAUᴿ,新西兰ᴿNZᴿ		
8320	8901.3000	-冷藏船,但子目8901.20的船舶除外 -Refrigerated vessels, other than those of subheading 8901.20	9	0	东盟AS,智CL,新西兰NZ,新加坡SG,秘PE,哥CR,瑞CH,冰IS,澳AU,格GE,毛MU,柬KH,港HK,澳门MO	0 受惠国LD	14
				1	巴PK		
				3.6	韩KR		
				7.2	东盟ᴿASᴿ,澳ᴿAUᴿ,新西兰ᴿNZᴿ,韩ᴿKRᴿ		
				7.9	日ᴿJPᴿ		
		-其他货运船舶及其他客货兼运船舶: -Other vessels for the transport of goods and other vessels for the transport of both persons and goods:					
		---机动集装箱船: ---Motor container vessels:					
8321	8901.9021	----可载标准集装箱在6000箱及以下 ----Capable loading standard containers with 6000 or less	9	0	智CL,新西兰NZ,秘PE,哥CR,瑞CH,冰IS,澳AU,格GE,毛MU,柬KH,港HK,澳门MO	0 受惠国LD	14
				3.6	韩KR		
				5	东盟AS,东盟ᴿASᴿ,澳ᴿAUᴿ,新西兰ᴿNZᴿ		
8322	8901.9022	----可载标准集装箱在6000箱以上 ----Capable loading standard containers more than 6000	6	0	智CL,新西兰NZ,秘PE,哥CR,瑞CH,冰IS,澳AU,格GE,毛MU,柬KH,港HK,澳门MO	0 受惠国LD	14
				2.4	韩KR		
				5	东盟AS,东盟ᴿASᴿ,澳ᴿAUᴿ,新西兰ᴿNZᴿ		
		---机动滚装船: ---Motor Ro-Ro carriers:					
8323	8901.9031	----载重量在2万吨及以下 ----Loading with 20000t or less	9	0	智CL,新西兰NZ,秘PE,哥CR,瑞CH,冰IS,澳AU,格GE,毛MU,柬KH,港HK,澳门MO	0 受惠国LD	14
				3.6	韩KR		
				5	东盟AS,东盟ᴿASᴿ,澳ᴿAUᴿ,新西兰ᴿNZᴿ		

序号 No.	税则号列 Tariff Line	货品名称 Article Description	最惠国税率 MFN(%)	协定税率 Agreement(%)		特惠税率 SP(%)	普通税率 Gen(%)
8324	8901.9032	----载重量在2万吨以上 ----Loading more than 20000t	6	0	智CL,新西兰NZ,秘PE,哥CR,瑞CH,冰IS,澳AU,格GE,毛MU,柬KH,港HK,澳门MO	0 受惠国LD	14
				2.4	韩KR		
				5	东盟AS,东盟^{R}AS^R,澳^{R}AU^R,新西兰^{R}NZ^R		
		---机动散货船: ---Motor bulk carriers:					
8325	8901.9041	----载重量不超过15万吨 ----Loading not exceeding 150000t	9	0	智CL,新西兰NZ,秘PE,哥CR,瑞CH,冰IS,澳AU,格GE,毛MU,柬KH,港HK,澳门MO	0 受惠国LD	14
				3.6	韩KR		
				5	东盟AS,东盟^{R}AS^R,澳^{R}AU^R,新西兰^{R}NZ^R		
8326	8901.9042	----载重量超过15万吨,但不超过30万吨 ----Loading exceeding 150000t, not exceeding 300000t	9	0	智CL,新西兰NZ,秘PE,哥CR,瑞CH,冰IS,澳AU,格GE,毛MU,柬KH,港HK,澳门MO	0 受惠国LD	14
				3.6	韩KR		
				5	东盟AS,东盟^{R}AS^R,澳^{R}AU^R,新西兰^{R}NZ^R		
8327	8901.9043	----载重量超过30万吨 ----Loading exceeding 300000t	9	0	智CL,新西兰NZ,秘PE,哥CR,瑞CH,冰IS,澳AU,格GE,毛MU,柬KH,港HK,澳门MO	0 受惠国LD	14
				3.6	韩KR		
				5	东盟AS,东盟^{R}AS^R,澳^{R}AU^R,新西兰^{R}NZ^R		
8328	8901.9050	---机动多用途船 ---Multi-purposes motor vessels	9	0	智CL,新西兰NZ,秘PE,哥CR,瑞CH,冰IS,澳AU,格GE,毛MU,柬KH,港HK,澳门MO	0 受惠国LD	14
				3.6	韩KR		
				5	东盟AS,东盟^{R}AS^R,澳^{R}AU^R,新西兰^{R}NZ^R		
8329	8901.9080	---其他,机动的 ---Other motor vessels	9	0	东盟AS,智CL,新西兰NZ,新加坡SG,秘PE,哥CR,瑞CH,冰IS,澳AU,格GE,毛MU,柬KH,港HK,澳门MO	0 受惠国LD	14
				1	巴PK		
				3.6	韩KR		
				7.2	东盟^{R}AS^R,澳^{R}AU^R,新西兰^{R}NZ^R,韩^{R}KR^R		
				7.4	日^{R}JP^R		
8330	8901.9090	---非机动的 ---Other non-motor vessels	8	0	东盟AS,智CL,新西兰NZ,新加坡SG,秘PE,哥CR,瑞CH,冰IS,澳AU,格GE,毛MU,柬KH,港HK,澳门MO	0 受惠国LD	30
				1	巴PK		
				3.2	韩KR		
				6.4	东盟^{R}AS^R,澳^{R}AU^R,新西兰^{R}NZ^R,韩^{R}KR^R		
				6.5	日^{R}JP^R		

序号 No.	税则号列 Tariff Line	货品名称 Article Description	最惠国税率 MFN(%)	协定税率 Agreement(%)		特惠税率 SP(%)	普通税率 Gen(%)
	89.02	捕鱼船；加工船及其他加工保藏鱼类产品的船舶： **Fishing vessels; factory ships and other vessels for processing or preserving fishery products:**					
8331	8902.0010	---机动船舶 ---Motor vessels	7	0 1 2.8 5.6 6.1	东盟AS,智CL,新西兰NZ,新加坡SG,秘PE,哥CR,瑞CH,冰IS,澳AU,格GE,毛MU,柬KH,港HK,澳门MO 巴PK 韩KR 东盟^{R}AS^R,澳^{R}AU^R,新西兰NZ^R,韩^{R}KR^R 日^{R}JP^R	0　受惠国LD	14
8332	8902.0090	---非机动船舶 ---Other	8	0 1 3.2 6.4 7	东盟AS,智CL,新西兰NZ,秘PE,哥CR,瑞CH,冰IS,澳AU,格GE,毛MU,柬KH,港HK,澳门MO 巴PK 韩KR 东盟^{R}AS^R,澳^{R}AU^R,新西兰NZ^R,韩^{R}KR^R 日^{R}JP^R	0　受惠国LD	30
	89.03	娱乐或运动用快艇及其他船舶；划艇及轻舟： **Yachts and other vessels for pleasure or sports;rowing boats and canoes:** -充气船（包括刚性外壳的）： -Inflatable (including rigid hull inflatable) boats:					
8333	8903.1100	--装有或设计装有发动机, 空载（净）重量（不包括发动机）不超过100千克 --Fitted or designed to be fitted with a motor, unladen (net) weight (excluding the motor) not exceeding 100 kg	10	0 1 4 8 8.8	东盟AS,智CL,新西兰NZ,秘PE,哥CR,瑞CH,冰IS,澳AU,格GE,毛MU,柬KH,港HK,澳门MO 巴PK 韩KR 东盟^{R}AS^R,澳^{R}AU^R,新西兰NZ^R,韩^{R}KR^R 日^{R}JP^R	0　受惠国LD	30
8334	8903.1200	--未设计装有发动机且空载（净）重量不超过100千克 --Not designed for use with a motor and unladen (net) weight not exceeding 100kg	10	0 1 4 8 8.8	东盟AS,智CL,新西兰NZ,秘PE,哥CR,瑞CH,冰IS,澳AU,格GE,毛MU,柬KH,港HK,澳门MO 巴PK 韩KR 东盟^{R}AS^R,澳^{R}AU^R,新西兰NZ^R,韩^{R}KR^R 日^{R}JP^R	0　受惠国LD	30
8335	8903.1900	--其他 --Other	10	0 1 4 8 8.8	东盟AS,智CL,新西兰NZ,秘PE,哥CR,瑞CH,冰IS,澳AU,格GE,毛MU,柬KH,港HK,澳门MO 巴PK 韩KR 东盟^{R}AS^R,澳^{R}AU^R,新西兰NZ^R,韩^{R}KR^R 日^{R}JP^R	0　受惠国LD	30

序号 No.	税则号列 Tariff Line	货品名称 Article Description	最惠国税率 MFN(%)	协定税率 Agreement(%)		特惠税率 SP(%)	普通税率 Gen(%)
		-帆船, 充气船除外, 不论是否装有辅助发动机: -Sailboats, other than inflatable, with or without auxiliary motor:					
8336	8903.2100	--长度不超过7.5米 --Of a length not exceeding 7.5m	8	0	东盟AS,智CL,新西兰NZ,秘PE,哥CR,瑞CH,冰IS,澳AU,格GE,毛MU,柬KH,港HK,澳门MO	0 受惠国LD	30
				1	巴PK		
				3.2	韩KR		
				6.9	东盟^{R}AS^R		
				7	日^{R}JP^R		
				7.2	澳^{R}AU^R,新西兰^{R}NZ^R		
				8	韩^{R}KR^R		
8337	8903.2200	--长度超过7.5米但不超过24米 --Of a length exceeding 7.5m but not exceeding 24m	8	0	东盟AS,智CL,新西兰NZ,秘PE,哥CR,瑞CH,冰IS,澳AU,格GE,毛MU,柬KH,港HK,澳门MO	0 受惠国LD	30
				1	巴PK		
				3.2	韩KR		
				6.9	东盟^{R}AS^R		
				7	日^{R}JP^R		
				7.2	澳^{R}AU^R,新西兰^{R}NZ^R		
				8	韩^{R}KR^R		
8338	8903.2300	--长度超过24米 --Of a length exceeding 24m	8	0	东盟AS,智CL,新西兰NZ,秘PE,哥CR,瑞CH,冰IS,澳AU,格GE,毛MU,柬KH,港HK,澳门MO	0 受惠国LD	30
				1	巴PK		
				3.2	韩KR		
				6.9	东盟^{R}AS^R		
				7	日^{R}JP^R		
				7.2	澳^{R}AU^R,新西兰^{R}NZ^R		
				8	韩^{R}KR^R		
		-汽艇, 非充气的, 但装有舷外发动机的除外: -Motor boats, other than inflatable, not including outboard motor boats:						
8339	8903.3100	--长度不超过7.5米 --Of a length not exceeding 7.5m	10	0	东盟AS,智CL,新西兰NZ,新加坡SG,秘PE,哥CR,瑞CH,冰IS,澳AU,格GE,毛MU,柬KH,港HK,澳门MO	0 受惠国LD	30
				3	巴PK		
				4.2	韩KR		
				9.1	东盟^{R}AS^R,韩^{R}KR^R		
				9.2	日^{R}JP^R		
				9.5	澳^{R}AU^R,新西兰^{R}NZ^R		

序号 No.	税则号列 Tariff Line	货品名称 Article Description	最惠国税率 MFN(%)	协定税率 Agreement(%)		特惠税率 SP(%)		普通税率 Gen(%)
8340	8903.3200	--长度超过7.5米但不超过24米 --Of a length exceeding 7.5m but not exceeding 24m	10	0 3 4.2 9.1 9.2 9.5	东盟AS,智CL,新西兰NZ,新加坡SG,秘PE,哥CR,瑞CH,冰IS,澳AU,格GE,毛MU,柬KH,港HK,澳门MO 巴PK 韩KR 东盟^RAS^R,韩^RKR^R 日^RJP^R 澳^RAU^R,新西兰^RNZ^R	0 受惠国LD	30
8341	8903.3300	--长度超过24米 --Of a length exceeding 24m	10	0 3 4.2 9.1 9.2 9.5	东盟AS,智CL,新西兰NZ,新加坡SG,秘PE,哥CR,瑞CH,冰IS,澳AU,格GE,毛MU,柬KH,港HK,澳门MO 巴PK 韩KR 东盟^RAS^R,韩^RKR^R 日^RJP^R 澳^RAU^R,新西兰^RNZ^R	0 受惠国LD	30
		-其他: -Other:					
8342	8903.9300	--长度不超过7.5米 --Of a length not exceeding 7.5m	10	0 1 5	东盟AS,智CL,新西兰NZ,秘PE,哥CR,瑞CH,冰IS,澳AU,格GE,毛MU,柬KH,港HK,澳门MO 巴PK 东盟^RAS^R,澳^RAU^R,新西兰^RNZ^R	0 受惠国LD	30
8343	8903.9900	--其他 --Other	10	0 1 5	东盟AS,智CL,新西兰NZ,秘PE,哥CR,瑞CH,冰IS,澳AU,格GE,毛MU,柬KH,港HK,澳门MO 巴PK 东盟^RAS^R,澳^RAU^R,新西兰^RNZ^R	0 受惠国LD	30
	89.04	**拖轮及顶推船:** **Tugs and pusher craft:**					
8344	8904.0000	拖轮及顶推船 Tugs and pusher craft	9	0 1 3.6 7.8 7.9 8.1	东盟AS,智CL,新西兰NZ,新加坡SG,秘PE,哥CR,瑞CH,冰IS,澳AU,格GE,毛MU,柬KH,港HK,澳门MO 巴PK 韩KR 东盟^RAS^R,韩^RKR^R 日^RJP^R 澳^RAU^R,新西兰^RNZ^R	0 受惠国LD	14
	89.05	**灯船、消防船、挖泥船、起重船及其他不以航行为主要功能的船舶;浮船坞;浮动或潜水式钻探或生产平台:** **Light-vessels, fire-floats, dredgers, floating cranes, and other vessels the navigability of which is subsidiary to their main function; floating docks; floating or submersible drilling or production platforms:**					

序号 No.	税则号列 Tariff Line	货品名称 Article Description	最惠国税率 MFN(%)	协定税率 Agreement(%)		特惠税率 SP(%)		普通税率 Gen(%)
8345	8905.1000	-挖泥船 -Dredgers	3	0	东盟AS,智CL,巴PK,新西兰NZ, 秘PE,哥CR,瑞CH,冰IS,澳AU,格 GE,毛MU,柬KH,港HK,澳门MO	0	受惠国LD	11
				1.2	韩KR			
				2.4	东盟^{R}AS^R,澳^{R}AU^R,新西兰^{R}NZ^R, 韩^{R}KR^R			
				2.6	日^{R}JP^R			
8346	8905.2000	-浮动或潜水式钻探或生产平台 -Floating or submersible drilling or production platforms	6	0	东盟AS,智CL,巴PK,新西兰NZ, 秘PE,哥CR,瑞CH,冰IS,澳AU,格 GE,毛MU,柬KH,港HK,澳门MO	0	受惠国LD	11
				2.4	韩KR			
				4.8	东盟^{R}AS^R,澳^{R}AU^R,新西兰^{R}NZ^R, 韩^{R}KR^R			
				5.3	日^{R}JP^R			
		-其他: -Other:						
8347	8905.9010	---浮船坞 ---Floating docks	8	0	智CL,新西兰NZ,秘PE,哥CR,瑞 CH,冰IS,澳AU,格GE,毛MU,柬 KH,港HK,澳门MO	0	受惠国LD	30
				3.2	韩KR			
				5	东盟AS,东盟^{R}AS^R,澳^{R}AU^R,新西 兰^{R}NZ^R			
8348	8905.9090	---其他 ---Other	3	0	东盟AS,智CL,巴PK,新西兰NZ, 秘PE,哥CR,瑞CH,冰IS,澳AU,格 GE,毛MU,柬KH,港HK,澳门MO	0	受惠国LD	11
				1.2	韩KR			
				2.4	东盟^{R}AS^R,澳^{R}AU^R,新西兰^{R}NZ^R, 韩^{R}KR^R			
				2.6	日^{R}JP^R			
	89.06	其他船舶,包括军舰及救生船,但划艇 除外: Other vessels, including warships and lifeboats other than rowing boats:						
8349	8906.1000	-军舰 -Warships	5	0	东盟AS,智CL,巴PK,新西兰NZ, 秘PE,哥CR,瑞CH,冰IS,澳AU,格 GE,毛MU,柬KH,港HK,澳门MO	0	受惠国LD	14
				2	韩KR			
				4	东盟^{R}AS^R,澳^{R}AU^R,新西兰^{R}NZ^R, 韩^{R}KR^R			
				4.1	日^{R}JP^R			
		-其他: -Other:						
8350	8906.9010	---机动船舶 ---Motor vessels	5	0	东盟AS,智CL,巴PK,新西兰NZ, 秘PE,哥CR,瑞CH,冰IS,澳AU,格 GE,毛MU,柬KH,港HK,澳门MO	0	受惠国LD	14
				4.8	东盟^{R}AS^R,澳^{R}AU^R,新西兰^{R}NZ^R			

序号 No.	税则号列 Tariff Line	货品名称 Article Description	最惠国税率 MFN(%)	协定税率 Agreement(%)		特惠税率 SP(%)		普通税率 Gen(%)
8351	8906.9020	---非机动船舶 ---Non-motor vessels	8	0	东盟AS,智CL,新西兰NZ,秘PE, 哥CR,瑞CH,冰IS,澳AU,格GE, 毛MU,柬KH,港HK,澳门MO	0	受惠国LD	30
				1	巴PK			
				3.2	韩KR			
				6.4	东盟^{R}AS^R,澳^{R}AU^R,新西兰^{R}NZ^R, 韩^{R}KR^R			
				7	日^{R}JP^R			
8352	8906.9030	---未制成或不完整的船舶,包括船舶 分段 ---Incomplete or unfinished vessels, including subsections of vessels	8	0	东盟AS,智CL,新西兰NZ,秘PE, 哥CR,瑞CH,冰IS,澳AU,格GE, 毛MU,柬KH,港HK,澳门MO	0	受惠国LD	30
				1	巴PK			
				3.2	韩KR			
				6.9	东盟^{R}AS^R,韩^{R}KR^R			
				7	日^{R}JP^R			
				7.2	澳^{R}AU^R,新西兰^{R}NZ^R			
	89.07	其他浮动结构体(例如,筏、柜、潜水 箱、浮码头、浮筒及航标): Other floating structures (for example, rafts, tanks, coffer-dams, landing stages, buoys and beacons):						
8353	8907.1000	-充气筏 -Inflatable rafts	8	0	东盟AS,智CL,新西兰NZ,秘PE, 哥CR,瑞CH,冰IS,澳AU,格GE, 毛MU,柬KH,港HK,澳门MO	0	受惠国LD	30
				1	巴PK			
				3.2	韩KR			
				6.9	东盟^{R}AS^R,韩^{R}KR^R			
				7	日^{R}JP^R			
				7.2	澳^{R}AU^R,新西兰^{R}NZ^R			
8354	8907.9000	-其他 -Other	8	0	东盟AS,智CL,新西兰NZ,秘PE, 哥CR,瑞CH,冰IS,澳AU,格GE, 毛MU,柬KH,港HK,澳门MO	0	受惠国LD	30
				1	巴PK			
				3.2	韩KR			
				6.9	东盟^{R}AS^R,韩^{R}KR^R			
				7	日^{R}JP^R			
				7.2	澳^{R}AU^R,新西兰^{R}NZ^R			
	89.08	供拆卸的船舶及其他浮动结构体: Vessels and other floating structures for breaking up:						
8355	8908.0000	供拆卸的船舶及其他浮动结构体 Vessels and other floating structures for breaking up	3	0	东盟AS,智CL,巴PK,新西兰NZ, 秘PE,哥CR,瑞CH,冰IS,澳AU,格 GE,毛MU,柬KH,港HK,澳门MO	0	受惠国LD	11
				1.2	韩KR			
				2.4	东盟^{R}AS^R,澳^{R}AU^R,新西兰^{R}NZ^R, 韩^{R}KR^R			
				2.6	日^{R}JP^R			

SECTION XVIII
OPTICAL, PHOTOGRAPHIC,
CINEMATOGRAPHIC, MEASURING,
CHECKING, PRECISION, MEDICAL
OR SURGICAL INSTRUMENTS AND
APPARATUS; CLOCKS AND
WATCHES; MUSICAL
INSTRUMENTS; PARTS
AND ACCESSORIES THEREOF

第九十章
光学、照相、电影、计量、检验、
医疗或外科用仪器及设备、精密仪器
及设备；上述物品的零件、附件

Chapter 90
Optical, photographic, cinematographic,
measuring, checking, precision, medical or
surgical instruments and apparatus;
parts and accessories thereof

注释:

一、本章不包括:

（一）机器、设备或其他专门技术用途的硫化橡胶
（硬质橡胶除外）制品（税目40.16）、皮革或再
生皮革制品（税目42.05）或纺织材料制品（税目
59.11）；

（二）纺织材料制的承托带及其他承托物品，其承托
器官的作用仅依靠自身的弹性（例如，孕妇用的
承托带，用于胸部、腹部、关节或肌肉的承托绷
带）（第十一类）；

（三）税目69.03的耐火材料制品；税目69.09的实验室、
化学或其他专门技术用途的陶瓷器；

（四）税目70.09的未经光学加工的玻璃镜及税目83.06
或第七十一章的非光学元件的贱金属或贵金属制
的镜子；

（五）税目70.07、70.08、70.11、70.14、70.15或70.17的
货品；

（六）第十五类注释二所规定的贱金属制通用零件（第
十五类）或塑料制的类似品（第三十九章）；但专
用于医疗、外科、牙科或兽医的植入物应归入税
目90.21；

（七）税目84.13的装有计量装置的泵；计数和检验用
的衡器或单独报验的天平砝码（税目84.23）；升
降、起重及搬运机械（税目84.25至84.28）；纸
张或纸板的各种切割机器（税目84.41）；税目
84.66的用于机床或水射流切割机上调整工件或
工具的附件，包括具有读度用的光学装置的附件
（例如，"光学"分度头），但其本身主要是光学

Notes:

1. This Chapter does not cover:

(a) Articles of a kind used in machines, appliances or for
other technical uses, of vulcanized rubber other than
hard rubber (heading 40.16), of leather or of composition
leather (heading 42.05) or of textile material (heading
59.11);

(b) Supporting belts or other support articles of textile mate-
rial, whose intended effect on the organ to besupported
or held derives solely from their elasticity(for example,
maternity belts, thoracic support bandages, abdominal
support bandages, supports for joints or muscles) (Sec-
tionXI);

(c) Refractory goods of heading 69.03; ceramic wares for
laboratory, chemical or other technical uses, of heading
69.09;

(d) Glass mirrors, not optically worked, of heading 70.09,
or mirrors of base metal or of precious metal, not being
optical elements (heading 83.06 or Chapter 71);

(e) Goods of heading 70.07, 70.08, 70.11, 70.14, 70.15 or 70.17;

(f) Parts of general use, as defined in Note 2 to Section XV,
of base metal (Section XV) or similar goods of plastics
(Chapter 39); however, articles specially designed for use
exclusively in implants in medical, surgical, dental or
veterinary sciences are to be classified in heading 90.21;

(g) Pumps incorporating measuring devices, of heading
84.13; weight-operated counting or checking machinery,
or separately presented weights for balances (heading
84.23); lifting or handling machinery (headings 84.25 to
84.28); paper or paperboard cutting machines of all kinds
(heading 84.41); fittings for adjusting work or tools on
machine-tools or water-jet cutting machines, of heading

仪器的除外（例如，校直望远镜）；计算机器（税目84.70）；税目84.81的阀门及其他装置；税目84.86的机器及装置（包括将电路图投影或绘制到感光半导体材料上的装置）；

（八）自行车或机动车辆用探照灯或聚光灯（税目85.12）；税目85.13的手提式电灯；电影录音机、还音机及转录机（税目85.19）；拾音头或录音头（税目85.22）；电视摄像机、数字照相机及视频摄录一体机（税目85.25）；雷达设备、无线电导航设备或无线电遥控设备（税目85.26）；光导纤维、光导纤维束或光缆用连接器（税目85.36）；税目85.37的数控装置；税目85.39的封闭式聚光灯；税目85.44的光缆；

（九）税目94.05的探照灯及聚光灯；

（十）第九十五章的物品；

（十一）税目96.20的独脚架、双脚架、三脚架及类似品；

（十二）容量的计量器具（按其构成的材料归类）；或

（十三）卷轴、线轴或类似芯子（按其构成材料归类，例如，归入税目39.23或第十五类）。

二、除上述注释一另有规定的以外，本章各税目所列机器、设备、仪器或器具的零件、附件，应按下列规定归类：

（一）凡零件、附件本身已构成本章或第八十四章、第八十五章或第九十一章各税目（税目84.87、84.85、85.48或90.33除外）所包括的货品，应一律归入其相应的税目；

（二）其他零件、附件，如果专用于或主要用于某种或同一税目项下的多种机器、仪器或器具（包括税目90.10、90.13或90.31的机器、仪器或器具），应归入相应机器、仪器或器具的税目；

（三）所有其他零件、附件均应归入税目90.33。

三、第十六类的注释三、四也适用于本章。

四、税目90.05不包括武器用望远镜瞄准具、潜艇或坦克上的潜望镜式望远镜及本章或第十六类的机器、设备、仪器或器具用的望远镜；这类望远镜瞄准具及望远镜应归入税目90.13。

84.66, including fittings with optical devices for reading the scale (for example, "optical" dividing heads) but not those which are in themselves essentially optical instruments (for example, alignment telescopes); calculating machines (heading 84.70); valves or other appliances of heading 84.81; machines and apparatus (including apparatus for the projection or drawing of circuit pattern on sensitized semiconductor materials) of heading 84.86;

(h) Searchlights or spotlights of a kind used for cycles or motor vehicles (heading 85.12); portable electric lamps of heading 85.13; cinematographic sound recording, reproducing or re-recording apparatus (heading 85.19); sound-heads (heading 85.22); television cameras, digital cameras and video camera recorders (heading 85.25); and radar apparatus, radio navigational aid apparatus or radio remote control apparatus (heading 85.26); connectors for optical fibres, optical fibre bundles or cables (heading 85.36); numerical control apparatus of heading 85.37; sealed beam lamp units of heading 85.39; optical fibre cables of heading 85.44;

(i) Searchlights or spotlights of heading 94.05;

(j) Articles of Chapter 95;

(k) Monopods, bipods, tripods and similar articles, of heading 96.20;

(l) Capacity measures, which are to be classified according to their constituent material; or

(m) Spools, reels or similar supports (which are to be classified according to their constituent material, for example, in heading 39.23 or Section XV).

2. Subject to Note1 above, parts and accessories for machines, apparatus, instruments or articles of this Chapter are to be classified according to the following rules:

(a) Parts and accessories which are goods included in any of the headings of this Chapter or of Chapter84, 85 or 91 (other than heading 84.87, 84.85, 85.48 or 90.33) are in all cases to be classified in their respective headings;

(b) Other parts and accessories, if suitable for use solely or principally with a particular kind of machine, instrument or apparatus, or with a number of machines, instruments or apparatus of the same heading (including a machine, instrument or apparatus of heading 90.10, 90.13 or 90.31) are to be classified with the machines, instruments or apparatus of that kind;

(c) All other parts and accessories are to be classified in heading 90.33.

3. The provisions of Note 3 and 4 to Section XVI apply also to this Chapter.

4. Heading 90.05 does not apply to telescopic sights for fitting to arms, periscopic telescopes for fitting to submarines or tanks, or to telescopes for machines, appliances, instruments or apparatus of this Chapter of Section XVI; such telescopic

五、计量或检验用的光学仪器、器具或机器，如果既可归入税目90.13，又可归入税目90.31，则应归入税目90.31。

六、税目90.21所称"矫形器具"，是指下列用途的器具：

预防或矫正人体畸变；
生病、手术或受伤后人体部位支撑或固定。

矫形器具包括用于矫正畸形的鞋及特种鞋垫，但需符合下列任一条件：

（一）定制的；或

（二）成批生产的、单独进口或出口且不成双的、设计为左右两脚同样适用。

七、税目90.32仅适用于：

（一）液体或气体的流量、液位、压力或其他变化量的自动控制仪器及装置或温度自动控制装置，不论其是否依靠要被自控的因素所发生的电现象来进行工作，这些仪器或装置将被自控因素调到并保持在一设定值上，通过持续或定期测量实际值来保持稳定，修正偏差；

（二）电量自动调节器及自动控制非电量的仪器或装置，依靠要被控制的因素所发生的电现象来进行工作，这些仪器或装置将被控制的因素调到并保持在一设定值上，通过持续或定期测量实际值来保持稳定，修正偏差。

本国子目注释：

一、本国子目9015.1010所称"激光雷达"，是指由发射系统、接收系统、信息处理等部分组成的一种激光测距仪（可包括测角功能）。单独报验的激光发射器，或以本国子目激光雷达为部件进一步集成的检测或导航设备不归入本子目。

二、本国子目9018.9080所称"手术机器人"，是指由机械臂、控制台、成像系统等部分组成，能以微创方式实施复杂的外科手术的一种医疗设备。包括骨科手术机器人、腔镜手术机器人、神经外科手术机器人、放射介入手术机器人。

sights and elescopes are to be classified in heading 90.13.

5. Measuring or checking optical instruments, appliances or machines which, but for this Note, could be classified both in heading 90.13 and in heading 90.31 are to be classified in heading 90.31.

6. For the purposes of heading 90.21, the expression "orthopaedic appliances"means appliances for:

-Preventing or correcting bodily deformities; or

-Supporting or holding parts of the body following an illness, operation or injury.

Orthopaedic appliances include footwear and special insoles designed to correct orthopaedic conditions, provided that they are either:

(a) made to measure; or

(b) mass-produced, presented singly and not in pairs and designed to fit either foot equally.

7. Heading 90.32 applies only to:

(a) Instruments and apparatus for automatically controlling the flow, level, pressure or other variables of liquids or gases, or for automatically controlling temperature, whether or not their operation depends on an electrical phenomenon which varies according to the factor to be automatically controlled, which are designed to bring this factor to, and maintain it at, a desired value, stabilised against disturbances, by constantly or periodically measuring its actual value; and

(b) Automatic regulators of electrical quantities, and instruments or apparatus for automatically controlling non-electrical quantities the operation of which depends on an electrical phenomenon varying according to the factor to be controlled, which are designed to bring this factor to, and maintain it at, a desired value, stabilised against disturbances, by constantly or periodically measuring its actual value.

Domestic Subheading Notes:

1. For the purpose of national subheading 9015.1010,the expression "lidar" means laser rangefinders(whether include angle measuresment function or not)composed of tansmission system,receiving system,information processing and other parts.Laser tansmitters presnted separately,or measuring or navigation equipment incorporated with lidars are not coverd in this subheading.

2. For the purpose of national subheading 9018.9080,the expression "surgical robot" means a medical device that is composed of mechanical arm,control desk,imaging system and other parts and can perform complex surgical operations in a minimally invasive manner.It includes orthopedic surgery robot,endoscopic surgery robot,neurosurgery surgery robot and radiation interventional surgery robot.

序号 No.	税则号列 Tariff Line	货品名称 Article Description	最惠国税率 MFN(%)	协定税率 Agreement(%)		特惠税率 SP(%)		普通税率 Gen(%)
	90.01	光导纤维及光导纤维束；光缆，但税目85.44的货品除外；偏振材料制的片及板；未装配的各种材料制透镜（包括隐形眼镜片）、棱镜、反射镜及其他光学元件，但未经光学加工的玻璃制上述元件除外： Optical fibres and optical fibre bundles; optical fibre cables other than those of heading 85.44; sheets and plates of polarising material; lenses (including contact lenses), prisms, mirrors and other optical elements, of any material, unmounted, other than such elements of glass not optically worked:						
8356	9001.1000	-光导纤维、光导纤维束及光缆 -Optical fibres, optical fibre bundles and cables	5	0	东盟AS,智CL,巴PK,新西兰NZ,秘PE,哥CR,瑞CH,冰IS,澳AU,格GE,毛MU,柬KH,港HK,澳门MO	0	受惠国LD	20
				4.5	亚太AP,韩KR			
				4.8	东盟^RAS^R,澳^RAU^R,新西兰^RNZ^R			
8357	9001.2000	-偏振材料制的片及板 -Sheets and plates of polarizing material	0	0	亚太AP,东盟AS,智CL,新西兰NZ,秘PE,哥CR,瑞CH,冰IS,澳AU,毛MU,东盟^RAS^R,澳^RAU^R,新西兰^RNZ^R,柬KH,港HK,澳门MO	0	受惠国LD	20
				0.8	韩KR			
				1	巴PK			
				6.4	韩^RKR^R			
				6.5	日^RJP^R			
8358	9001.3000	-隐形眼镜片 -Contact lenses	7△6	0	东盟AS,智CL,新西兰NZ,新加坡SG,秘PE,哥CR,瑞CH,冰IS,澳AU,格GE,毛MU,柬KH,港HK,澳门MO	0	受惠国LD	70
				1	巴PK			
				5.5	韩KR			
				9	东盟^RAS^R,澳^RAU^R,新西兰^RNZ^R			
		-玻璃制眼镜片： -Spectacle lenses of glass:						
8359	9001.4010	---变色镜片 ---Photochromic	7	0	东盟AS,智CL,新西兰NZ,新加坡SG,秘PE,哥CR,瑞CH,冰IS,澳AU,格GE,毛MU,柬KH,港HK,澳门MO	0	受惠国LD	90
				8	韩KR			
				16	巴PK,东盟^RAS^R,澳^RAU^R,新西兰^RNZ^R,韩^RKR^R			
				17.5	日^RJP^R			

序号 No.	税则号列 Tariff Line	货品名称 Article Description	最惠国税率 MFN(%)	协定税率 Agreement(%)		特惠税率 SP(%)		普通税率 Gen(%)
		---其他: ---Other:						
8360	9001.4091	----太阳镜片 ----For sunglasses	7	0	东盟AS,智CL,新西兰NZ,新加坡SG,秘PE,哥CR,瑞CH,冰IS,澳AU,格GE,毛MU,柬KH,港HK,澳门MO	0	受惠国LD	90
				8	韩KR			
				16	巴PK,东盟^{R}AS^R,澳^{R}AU^R,新西兰^{R}NZ^R,韩^{R}KR^R			
				17.5	日^{R}JP^R			
8361	9001.4099	----其他 ----Other	7	0	东盟AS,智CL,新西兰NZ,新加坡SG,秘PE,哥CR,瑞CH,冰IS,澳AU,格GE,毛MU,柬KH,港HK,澳门MO	0	受惠国LD	70
				8	韩KR			
				16	巴PK,东盟^{R}AS^R,澳^{R}AU^R,新西兰^{R}NZ^R,韩^{R}KR^R			
				17.5	日^{R}JP^R			
		-其他材料制眼镜片: -Spectacle lenses of other materials:						
8362	9001.5010	---变色镜片 ----Photochromic	7	0	东盟AS,智CL,新西兰NZ,新加坡SG,秘PE,哥CR,瑞CH,冰IS,澳AU,格GE,毛MU,柬KH,港HK,澳门MO	0	受惠国LD	90
				8	韩KR			
				16	巴PK			
				17.3	东盟^{R}AS^R,韩^{R}KR^R			
				17.5	日^{R}JP^R			
				18	澳^{R}AU^R,新西兰^{R}NZ^R			
		---其他: ---Other:						
8363	9001.5091	----太阳镜片 ----For sunglasses	7	0	东盟AS,智CL,新西兰NZ,新加坡SG,秘PE,哥CR,瑞CH,冰IS,澳AU,格GE,毛MU,柬KH,港HK,澳门MO	0	受惠国LD	90
				8	韩KR			
				16	巴PK			
				17.3	东盟^{R}AS^R,韩^{R}KR^R			
				17.5	日^{R}JP^R			
				18	澳^{R}AU^R,新西兰^{R}NZ^R			
8364	9001.5099	----其他 ----Other	7	0	东盟AS,智CL,新西兰NZ,新加坡SG,秘PE,哥CR,瑞CH,冰IS,澳AU,格GE,毛MU,柬KH,港HK,澳门MO	0	受惠国LD	70
				2	韩KR			
				16	巴PK,东盟^{R}AS^R,澳^{R}AU^R,新西兰^{R}NZ^R,韩^{R}KR^R			
				16.4	日^{R}JP^R			

序号 No.	税则号列 Tariff Line	货品名称 Article Description	最惠国税率 MFN(%)	协定税率 Agreement(%)		特惠税率 SP(%)	普通税率 Gen(%)
		-其他: -Other:					
8365	9001.9010	---彩色滤光片 ---Color filter	1#0	0	东盟AS,智CL,新西兰NZ,秘PE, 哥CR,瑞CH,冰IS,澳AU,格GE, 毛MU,东盟^RAS^R,澳^RAU^R,新西 兰^RNZ^R,柬KH,港HK,澳门MO	0 受惠国LD	20
				0.7#0	亚太AP		
				1	巴PK		
				3.2	韩KR		
				6.4	韩^RKR^R		
				6.5	日^RJP^R		
8366	9001.9090	---其他 ---Other	1#0	0	东盟AS,智CL,新西兰NZ,秘PE, 哥CR,瑞CH,冰IS,澳AU,格GE, 毛MU,东盟^RAS^R,澳^RAU^R,新西 兰^RNZ^R,柬KH,港HK,澳门MO	0 受惠国LD	20
				0.7#0	亚太AP		
				0.8	韩KR		
				1	巴PK		
				6.4	韩^RKR^R		
				6.5	日^RJP^R		
	90.02	已装配的各种材料制透镜、棱镜、反射镜及其他光学元件,作为仪器或装置的零件、配件,但未经光学加工的玻璃制上述元件除外: **Lenses, prisms, mirrors and other optical elements, of any material, mounted, being parts of or fittings for instruments or apparatus, other than such elements of glass not optically worked:**					
		-物镜: -Objective lenses:					
		--照相机、投影仪、照片放大机及缩片机用: --For cameras, projectors or photographic enlargers or reducers:					
8367	9002.1110	---子目9006.3000、9006.5921、9006.5929所列照相机用 ---For cameras of subheadings 9006.3000, 9006.5921, 9006.5929	6	0	东盟AS,智CL,新西兰NZ,秘PE, 哥CR,瑞CH,冰IS,韩KR,澳AU, 格GE,毛MU,东盟^RAS^R,澳^RAU^R, 新西兰^RNZ^R,柬KH,港HK,澳门 MO,韩^RKR^R	0 受惠国LD	14
				1	巴PK		
				4.8	亚太AP		
				6.5	日^RJP^R		

序号 No.	税则号列 Tariff Line	货品名称 Article Description	最惠国税率 MFN(%)	协定税率 Agreement(%)		特惠税率 SP(%)	普通税率 Gen(%)
8368	9002.1120	---缩微阅读机用 ---For microfilm, microfiche or other microform readers	6	0	东盟AS,智CL,新西兰NZ,秘PE,哥CR,瑞CH,冰IS,韩KR,澳AU,格GE,毛MU,东盟^{R}AS^R,澳^{R}AU^R,新西兰^{R}NZ^R,柬KH,港HK,澳门MO,韩^{R}KR^R	0 受惠国LD	14
				1	巴PK		
				3.9	亚太AP		
				6.5	日^{R}JP^R		
		---其他照相机用： ---For other photographic cameras:					
8369	9002.1131	----单反相机镜头 ----For single lens reflex cameras	6△3	0	东盟AS,智CL,新西兰NZ,新加坡SG,秘PE,哥CR,瑞CH,冰IS,澳AU,格GE,毛MU,柬KH,港HK,澳门MO	0 受惠国LD	80
				7.2	巴PK		
				7.5	日^{R}JP^R		
				13.5	东盟^{R}AS^R,澳^{R}AU^R,新西兰^{R}NZ^R		
8370	9002.1139	----其他 ----Other	6△3	0	东盟AS,智CL,新西兰NZ,新加坡SG,秘PE,哥CR,瑞CH,冰IS,澳AU,格GE,毛MU,东盟^{R}AS^R,澳^{R}AU^R,新西兰^{R}NZ^R,柬KH,港HK,澳门MO	0 受惠国LD	80
				1.5	韩KR		
				7.2	巴PK		
				12	韩^{R}KR^R		
				12.3	日^{R}JP^R		
8371	9002.1190	---其他 ---Other	10	0	东盟AS,智CL,新西兰NZ,新加坡SG,秘PE,哥CR,瑞CH,冰IS,澳AU,格GE,毛MU,柬KH,港HK,澳门MO,台TW	0 受惠国LD	80
				6	韩KR		
				7.2	巴PK		
				13	东盟^{R}AS^R,韩^{R}KR^R		
				13.1	日^{R}JP^R		
				13.5	澳^{R}AU^R,新西兰^{R}NZ^R		
	ex90021190	彩色投影机和数字光处理器的镜头及镜头组件 Lens and lens assembly of colour projectors or digital light proceesors	△3				
		--其他： --Other:					

序号 No.	税则号列 Tariff Line	货品名称 Article Description	最惠国税率 MFN(%)	协定税率 Agreement(%)		特惠税率 SP(%)	普通税率 Gen(%)
8372	9002.1910	---摄影机或放映机用 ---For cinematographic cameras or projectors	1.9#0	0	东盟AS,智CL,新西兰NZ,新加坡SG,秘PE,哥CR,瑞CH,冰IS,澳AU,格GE,毛MU,东盟^{R}AS^R,澳^{R}AU^R,新西兰^{R}NZ^R,柬KH,港HK,澳门MO	0 受惠国LD	40
				1.5	韩KR		
				7.2	巴PK		
				12	韩^{R}KR^R		
				12.3	日^{R}JP^R		
8373	9002.1990	---其他 ---Other	1.9#0	0	东盟AS,智CL,新西兰NZ,新加坡SG,秘PE,哥CR,瑞CH,冰IS,澳AU,格GE,毛MU,东盟^{R}AS^R,澳^{R}AU^R,新西兰^{R}NZ^R,柬KH,港HK,澳门MO,台TW	0 受惠国LD	50
				6	韩KR		
				7.2	巴PK		
				12	韩^{R}KR^R		
				12.3	日^{R}JP^R		
		-滤光镜: -Filters:					
8374	9002.2010	---照相机用 ---For cameras	1.9#0	0	东盟AS,智CL,新西兰NZ,新加坡SG,秘PE,哥CR,瑞CH,冰IS,澳AU,格GE,毛MU,柬KH,港HK,澳门MO	0 受惠国LD	80
				1.2#0	亚太AP		
				6	韩KR		
				7.2	巴PK		
				12	东盟^{R}AS^R,澳^{R}AU^R,新西兰^{R}NZ^R,韩^{R}KR^R		
				12.3	日^{R}JP^R		
8375	9002.2090	---其他 ---Other	1.9#0	0	东盟AS,智CL,新西兰NZ,新加坡SG,秘PE,哥CR,瑞CH,冰IS,澳AU,格GE,毛MU,柬KH,港HK,澳门MO	0 受惠国LD	40
				1.2#0	亚太AP		
				6	韩KR		
				7.2	巴PK		
				12	东盟^{R}AS^R,澳^{R}AU^R,新西兰^{R}NZ^R,韩^{R}KR^R		
				12.3	日^{R}JP^R		
		-其他: -Other:					

序号 No.	税则号列 Tariff Line	货品名称 Article Description	最惠国税率 MFN(%)		协定税率 Agreement(%)	特惠税率 SP(%)	普通税率 Gen(%)
8376	9002.9010	---照相机用 ---For cameras	1.9#0	0	东盟AS,智CL,新西兰NZ,新加坡SG,秘PE,哥CR,瑞CH,冰IS,澳AU,格GE,毛MU,东盟^{R}AS^R,澳^{R}AU^R,新西兰^{R}NZ^R,柬KH,港HK,澳门MO,台TW	0 受惠国LD	80
				6	韩KR		
				7.2	巴PK		
				12	韩^{R}KR^R		
				12.3	日^{R}JP^R		
8377	9002.9090	---其他 ---Other	1.9#0	0	东盟AS,智CL,新西兰NZ,新加坡SG,秘PE,哥CR,瑞CH,冰IS,澳AU,格GE,毛MU,东盟^{R}AS^R,澳^{R}AU^R,新西兰^{R}NZ^R,柬KH,港HK,澳门MO,台TW	0 受惠国LD	40
				6	韩KR		
				7.2	巴PK		
				12	韩^{R}KR^R		
				12.3	日^{R}JP^R		
	90.03	眼镜架及其零件: Frames and mountings for spectacles, goggles or the like, and parts thereof:					
		-眼镜架: -Frames and mountings:					
8378	9003.1100	--塑料制 --Of plastics	7	0	东盟AS,智CL,新西兰NZ,新加坡SG,秘PE,哥CR,瑞CH,冰IS,澳AU,格GE,毛MU,东盟^{R}AS^R,澳^{R}AU^R,新西兰^{R}NZ^R,柬KH,港HK,澳门MO	0 受惠国LD	70
				1.8	韩KR		
				14.4	巴PK,韩^{R}KR^R		
				14.7	日^{R}JP^R		
		--其他材料制: --Of other materials:					
8379	9003.1910	---金属材料制 ---Of metal materials	7△6	0	东盟AS,智CL,新西兰NZ,秘PE,哥CR,瑞CH,冰IS,澳AU,格GE,毛MU,东盟^{R}AS^R,澳^{R}AU^R,新西兰^{R}NZ^R,柬KH,港HK,澳门MO	0 受惠国LD	70
				1	巴PK,韩KR		
				8	韩^{R}KR^R		
				8.2	日^{R}JP^R		
8380	9003.1920	---天然材料制 ---Of natural materials	7	0	东盟AS,智CL,新西兰NZ,秘PE,哥CR,瑞CH,冰IS,澳AU,格GE,毛MU,东盟^{R}AS^R,澳^{R}AU^R,新西兰^{R}NZ^R,柬KH,港HK,澳门MO	0 受惠国LD	70
				1	巴PK,韩KR		
				8	韩^{R}KR^R		
				8.2	日^{R}JP^R		

序号 No.	税则号列 Tariff Line	货品名称 Article Description	最惠国税率 MFN(%)	协定税率 Agreement(%)		特惠税率 SP(%)	普通税率 Gen(%)
8381	9003.1990	---其他 ---Other	7	0	东盟AS,智CL,新西兰NZ,秘PE,哥CR,瑞CH,冰IS,澳AU,格GE,毛MU,东盟^{R}AS^R,澳^{R}AU^R,新西兰^{R}NZ^R,柬KH,港HK,澳门MO	0 受惠国LD	70
				1	巴PK,韩KR		
				8	韩^{R}KR^R		
				8.2	日^{R}JP^R		
8382	9003.9000	-零件 -Parts	6	0	东盟AS,智CL,新西兰NZ,秘PE,哥CR,瑞CH,冰IS,澳AU,格GE,毛MU,东盟^{R}AS^R,澳^{R}AU^R,新西兰^{R}NZ^R,柬KH,港HK,澳门MO	0 受惠国LD	70
				1	巴PK,韩KR		
				8	韩^{R}KR^R		
				8.2	日^{R}JP^R		
	90.04	矫正视力、保护眼睛或其他用途的眼镜、挡风镜及类似品: Spectacles, goggles and the like, corrective, protective or other:					
8383	9004.1000	-太阳镜 -Sunglasses	7Δ6	0	东盟AS,智CL,新西兰NZ,新加坡SG,秘PE,哥CR,瑞CH,冰IS,澳AU,格GE,毛MU,柬KH,港HK,澳门MO	0 受惠国LD	100
				8	韩KR		
				16	巴PK		
				17.3	东盟^{R}AS^R,韩^{R}KR^R		
				17.5	日^{R}JP^R		
				18	澳^{R}AU^R,新西兰^{R}NZ^R		
		-其他: -Other:					
8384	9004.9010	---变色镜 ---Photochromic spectacles	7	0	东盟AS,智CL,新西兰NZ,新加坡SG,秘PE,哥CR,瑞CH,冰IS,澳AU,格GE,毛MU,东盟^{R}AS^R,澳^{R}AU^R,新西兰^{R}NZ^R,柬KH,港HK,澳门MO	0 受惠国LD	100
				1.6	韩KR		
				7.7	巴PK		
				12.8	韩^{R}KR^R		
				13.1	日^{R}JP^R		
8385	9004.9090	---其他 ---Other	7	0	东盟AS,智CL,新西兰NZ,新加坡SG,秘PE,哥CR,瑞CH,冰IS,澳AU,格GE,毛MU,东盟^{R}AS^R,澳^{R}AU^R,新西兰^{R}NZ^R,柬KH,港HK,澳门MO	0 受惠国LD	90
				2	韩KR		
				16	韩^{R}KR^R		
				16.4	日^{R}JP^R		

序号 No.	税则号列 Tariff Line	货品名称 Article Description	最惠国税率 MFN(%)	协定税率 Agreement(%)		特惠税率 SP(%)	普通税率 Gen(%)
	90.05	双筒望远镜、单筒望远镜、其他光学望远镜及其座架；其他天文仪器及其座架，但不包括射电天文仪器： Binoculars, monoculars, other optical telescopes, and mountings therefor; other astronomical instruments and mountings therefor, but not including instruments for radio-astronomy:					
8386	9005.1000	-双筒望远镜 -Binoculars	10	0	东盟AS,智CL,新西兰NZ,新加坡SG,秘PE,哥CR,瑞CH,冰IS,澳AU,格GE,毛MU,东盟^RAS^R,澳^RAU^R,新西兰^RNZ^R,柬KH,港HK,澳门MO	0 受惠国LD	50
				1.5	韩KR		
				7.2	巴PK		
				12	韩^RKR^R		
				12.3	日^RJP^R		
		-其他仪器： -Other instruments:					
8387	9005.8010	---天文望远镜及其他天文仪器 ---Astronomical telescopes and other astronomical instruments	3	0	东盟AS,智CL,巴PK,新西兰NZ,秘PE,哥CR,瑞CH,冰IS,韩KR,澳AU,格GE,毛MU,东盟^RAS^R,澳^RAU^R,日^RJP^R,新西兰^RNZ^R,柬KH,港HK,澳门MO,韩^RKR^R	0 受惠国LD	8
8388	9005.8090	---其他 ---Other	10	0	东盟AS,智CL,新西兰NZ,新加坡SG,秘PE,哥CR,瑞CH,冰IS,澳AU,格GE,毛MU,东盟^RAS^R,澳^RAU^R,新西兰^RNZ^R,柬KH,港HK,澳门MO	0 受惠国LD	50
				1.2	韩KR		
				3.6	巴PK		
				9.6	韩^RKR^R		
				9.8	日^RJP^R		
		-零件、附件（包括座架）： -Parts and accessories (including mountings):					
8389	9005.9010	---天文望远镜及其他天文仪器用 ---Of instruments of subheading 9005.8010	2	0	东盟AS,智CL,巴PK,新西兰NZ,秘PE,哥CR,瑞CH,冰IS,韩KR,澳AU,格GE,毛MU,东盟^RAS^R,澳^RAU^R,日^RJP^R,新西兰^RNZ^R,柬KH,港HK,澳门MO,韩^RKR^R	0 受惠国LD	8
				1.6	亚太AP		

序号 No.	税则号列 Tariff Line	货品名称 Article Description	最惠国税率 MFN(%)	协定税率 Agreement(%)		特惠税率 SP(%)	普通税率 Gen(%)
8390	9005.9090	---其他 ---Other	6	0	东盟AS,智CL,新西兰NZ,秘PE,哥CR,瑞CH,冰IS,韩KR,澳AU,格GE,毛MU,东盟^{R}AS^R,澳^{R}AU^R,新西兰^{R}NZ^R,柬KH,港HK,澳门MO,韩^{R}KR^R	0 受惠国LD	30
				1	巴PK		
				6.5	日^{R}JP^R		
	90.06	照相机（电影摄影机除外）；照相闪光灯装置及闪光灯泡，但税目85.39的放电灯泡除外： Photographic (other than cinematographic) cameras; photographic flashlight apparatus and flashbulbs, other than discharge lamps of heading 85.39:					
8391	9006.3000	-水下、航空测量或体内器官检查用的特种照相机；法庭或犯罪学用的比较照相机 -Cameras specially designed for underwater use, for aerial survey or for medical or surgical examination of internal organs; comparison cameras for forensic or criminological purposes	9	0	东盟AS,智CL,新西兰NZ,秘PE,哥CR,瑞CH,冰IS,澳AU,格GE,毛MU,柬KH,港HK,澳门MO	0 受惠国LD	17
				1	巴PK		
				5	东盟^{R}AS^R,澳^{R}AU^R,新西兰^{R}NZ^R		
8392	9006.4000	-一次成像照相机 -Instant print cameras	5	0	东盟AS,智CL,巴PK,新西兰NZ,秘PE,哥CR,瑞CH,冰IS,澳AU,格GE,毛MU,东盟^{R}AS^R,澳^{R}AU^R,新西兰^{R}NZ^R,柬KH,港HK,澳门MO	0 受惠国LD	70
				0.5	韩KR		
				4	韩^{R}KR^R		
				4.1	日^{R}JP^R		
		-其他照相机： -Other cameras:					
		--使用胶片宽度为35毫米： --For roll film of a width of 35mm:					
8393	9006.5310	---通过镜头取景［单镜头反光式（SLR）］ ---With a through-the-lens viewfinder (single lens reflex (SLR))	9	0	东盟AS,智CL,新西兰NZ,新加坡SG,哥CR,冰IS,澳AU,格GE,柬KH,港HK,澳门MO	0 受惠国$_l$LD$_l$	100
				9	瑞CH		
				10	毛MU		
				13.7	韩KR		
				22.5	东盟^{R}AS^R,澳^{R}AU^R,新西兰^{R}NZ^R,韩^{R}KR^R		
				22.6	日^{R}JP^R		

序号 No.	税则号列 Tariff Line	货品名称 Article Description	最惠国税率 MFN(%)		协定税率 Agreement(%)	特惠税率 SP(%)	普通税率 Gen(%)
8394	9006.5390	---其他 ---Other	9	0	东盟AS,智CL,新西兰NZ,新加坡SG,秘PE,哥CR,瑞CH,冰IS,澳AU,格GE,毛MU,柬KH,港HK,澳门MO	0 受惠国LD	100
				8	韩KR		
				16	东盟^{R}AS^R,澳^{R}AU^R,新西兰NZ^R,韩^{R}KR^R		
				17.5	日^{R}JP^R		
		--其他: --Other:					
8395	9006.5910	---激光照相排版设备 ---Laser photo typesetting equipments	9	0	东盟AS,智CL,新西兰NZ,新加坡SG,秘PE,哥CR,瑞CH,冰IS,澳AU,格GE,毛MU,柬KH,港HK,澳门MO	0 受惠国LD	35
				1	巴PK		
				3.6	韩KR		
				7.2	东盟^{R}AS^R,澳^{R}AU^R,新西兰NZ^R,韩^{R}KR^R		
				7.9	日^{R}JP^R		
		---制版照相机: ---Cameras of a kind used for preparing printing plates or cylinders:					
8396	9006.5921	----电子分色机 ----Electronic colour scanners	9	0	东盟AS,智CL,新西兰NZ,新加坡SG,秘PE,哥CR,瑞CH,冰IS,澳AU,格GE,毛MU,东盟^{R}AS^R,澳^{R}AU^R,新西兰^{R}NZ^R,柬KH,港HK,澳门MO	0 受惠国LD	20
				1.2	韩KR		
				3.6	巴PK		
				9.6	韩^{R}KR^R		
				9.8	日^{R}JP^R		
8397	9006.5929	----其他 ----Other	9	0	东盟AS,智CL,新西兰NZ,秘PE,哥CR,瑞CH,冰IS,澳AU,格GE,毛MU,东盟^{R}AS^R,澳^{R}AU^R,新西兰^{R}NZ^R,柬KH,港HK,澳门MO	0 受惠国LD	20
				1	巴PK,韩KR		
				8	韩^{R}KR^R		
				8.2	日^{R}JP^R		
8398	9006.5930	---通过镜头取景〔单镜头反光式（SLR）〕,使用胶片宽度小于35毫米 ---With a through-the-lens viewfinder (single lens reflex (SLR)), for roll film of a width less than 35mm	9	0	东盟AS,智CL,新西兰NZ,新加坡SG,哥CR,冰IS,澳AU,格GE,柬KH,港HK,澳门MO	0 受惠国$_1$LD$_1$	100
				9	瑞CH		
				10	毛MU		
				13.7	韩KR		
				22.5	东盟^{R}AS^R,澳^{R}AU^R,新西兰^{R}NZ^R,韩^{R}KR^R		
				22.6	日^{R}JP^R		

序号 No.	税则号列 Tariff Line	货品名称 Article Description	最惠国税率 MFN(%)	协定税率 Agreement(%)		特惠税率 SP(%)	普通税率 Gen(%)
		---其他, 使用胶片宽度小于35毫米: ---Other, for roll film of a width less than 35mm:					
8399	9006.5941	----缩微照相机, 使用缩微胶卷、胶片或其他缩微品的 ----Cameras of a kind used for recording documents on microfilm, microfiche or other microforms	9	0	东盟AS,智CL,新西兰NZ,秘PE,哥CR,瑞CH,冰IS,韩KR,澳AU,格GE,毛MU,东盟^{R}AS^R,澳^{R}AU^R,新西兰^{R}NZ^R,柬KH,港HK,澳门MO,韩^{R}KR^R	0 受惠国LD	17
				1	巴PK		
				7.4	日^{R}JP^R		
8400	9006.5949	----其他 ----Other	9	0	东盟AS,智CL,新西兰NZ,新加坡SG,哥CR,澳AU,格GE,柬KH,港HK,澳门MO	0 受惠国$_1$LD$_1$	100
				9	瑞CH		
				10	毛MU		
				13.7	韩KR		
				22.5	东盟^{R}AS^R,澳^{R}AU^R,新西兰^{R}NZ^R,韩^{R}KR^R		
				22.6	日^{R}JP^R		
8401	9006.5990	---其他 ---Other	9	0	东盟AS,智CL,新西兰NZ,新加坡SG,哥CR,冰IS,澳AU,格GE,柬KH,港HK,澳门MO	0 受惠国$_1$LD$_1$	100
				5.9	亚太AP		
				10	毛MU		
				13.7	韩KR		
				22.5	东盟^{R}AS^R,澳^{R}AU^R,新西兰^{R}NZ^R,韩^{R}KR^R		
		-照相闪光灯装置及闪光灯泡: -Photographic flashlight apparatus and flashbulbs:					
8402	9006.6100	--放电式(电子式)闪光灯装置 --Discharge lamp (electronic) flashlight apparatus	9	0	东盟AS,智CL,新西兰NZ,新加坡SG,秘PE,哥CR,瑞CH,冰IS,澳AU,格GE,毛MU,柬KH,港HK,澳门MO	0 受惠国LD	80
				1.8	韩KR		
				14.4	东盟^{R}AS^R,澳^{R}AU^R,新西兰^{R}NZ^R,韩^{R}KR^R		
				14.7	日^{R}JP^R		
	ex90066100	照相手机用闪光灯组件 External flashlights for cameras	Δ4				
		--其他: --Other:					

序号 No.	税则号列 Tariff Line	货品名称 Article Description	最惠国税率 MFN(%)	协定税率 Agreement(%)		特惠税率 SP(%)	普通税率 Gen(%)
8403	9006.6910	---闪光灯泡 ---Flashbulbs	9	0	东盟AS,智CL,新西兰NZ,新加坡SG,秘PE,哥CR,瑞CH,冰IS,澳AU,格GE,毛MU,柬KH,港HK,澳门MO	0 受惠国LD	80
				8.6	巴PK		
				9.9	韩KR		
				16.2	东盟^{R}AS^R,澳^{R}AU^R,新西兰^{R}NZ^R		
8404	9006.6990	---其他 ---Other	9	0	东盟AS,智CL,新西兰NZ,新加坡SG,秘PE,哥CR,瑞CH,冰IS,澳AU,格GE,毛MU,东盟^{R}AS^R,澳^{R}AU^R,新西兰^{R}NZ^R,柬KH,港HK,澳门MO	0 受惠国LD	80
				1.8	韩KR		
				8.6	巴PK		
				14.4	韩^{R}KR^R		
				14.7	日^{R}JP^R		
		-零件、附件: -Parts and accessories:					
		--照相机用: --For cameras:					
8405	9006.9110	---税号9006.3000、9006.5921、9006.5929所列照相机用 ---For cameras of subheadings 9006.3000, 9006.5921 and 9006.5929	8	0	东盟AS,智CL,新西兰NZ,秘PE,哥CR,瑞CH,冰IS,澳AU,格GE,毛MU,东盟^{R}AS^R,澳^{R}AU^R,新西兰^{R}NZ^R,柬KH,港HK,澳门MO	0 受惠国LD, 亚太AP	17
				0.8	韩KR		
				1	巴PK		
				5.2	亚太AP		
				6.4	韩^{R}KR^R		
				6.5	日^{R}JP^R		
8406	9006.9120	---一次成像照相机用 ---For instant print cameras	5	0	东盟AS,智CL,巴PK,新西兰NZ,秘PE,哥CR,瑞CH,冰IS,韩KR,澳AU,格GE,毛MU,东盟^{R}AS^R,澳^{R}AU^R,日^{R}JP^R,新西兰^{R}NZ^R,柬KH,港HK,澳门MO,韩^{R}KR^R	0 受惠国LD, 亚太AP	100
				3.3	亚太AP		
		---其他: ---Other:					
8407	9006.9191	----自动调焦组件 ----Automatic focal setting units	8Δ6	0	东盟AS,智CL,新西兰NZ,新加坡SG,秘PE,哥CR,瑞CH,冰IS,澳AU,格GE,毛MU,东盟^{R}AS^R,澳^{R}AU^R,新西兰^{R}NZ^R,柬KH,港HK,澳门MO	0 受惠国LD, 亚太AP	100
				1	巴PK,韩KR		
				5.2	亚太AP		
				8	韩^{R}KR^R		
				8.2	日^{R}JP^R		

序号 No.	税则号列 Tariff Line	货品名称 Article Description	最惠国税率 MFN(%)	协定税率 Agreement(%)		特惠税率 SP(%)		普通税率 Gen(%)
8408	9006.9192	----快门组件 ----Shutter units	8Δ6	0	东盟AS,智CL,新西兰NZ,新加坡SG,秘PE,哥CR,瑞CH,冰IS,澳AU,格GE,毛MU,东盟^RAS^R,澳^RAU^R,新西兰^RNZ^R,柬KH,港HK,澳门MO	0	受惠国LD,亚太AP	100
				1	巴PK,韩KR			
				5.2	亚太AP			
				8	韩^RKR^R			
				8.2	日^RJP^R			
8409	9006.9199	----其他 ----Other	8Δ6	0	东盟AS,智CL,新西兰NZ,新加坡SG,秘PE,哥CR,瑞CH,冰IS,澳AU,格GE,毛MU,东盟^RAS^R,澳^RAU^R,新西兰^RNZ^R,柬KH,港HK,澳门MO	0	受惠国LD,亚太AP	100
				1	巴PK,韩KR			
				5.2	亚太AP			
				8	韩^RKR^R			
				8.2	日^RJP^R			
8410	9006.9900	--其他 --Other	8	0	东盟AS,智CL,新西兰NZ,新加坡SG,秘PE,哥CR,瑞CH,冰IS,澳AU,格GE,毛MU,东盟^RAS^R,澳^RAU^R,新西兰^RNZ^R,柬KH,港HK,澳门MO	0	受惠国LD	80
				1.2	韩KR			
				3.6	巴PK			
				9.6	韩^RKR^R			
				9.8	日^RJP^R			
	90.07	电影摄影机、放映机,不论是否带有声音的录制或重放装置: Cinematographic cameras and projectors, whether or not incorporating sound recording or reproducing apparatus: -摄影机: -Cameras:						
8411	9007.1010	---高速摄影机 ---High speed cameras	12	0	东盟AS,智CL,新西兰NZ,新加坡SG,秘PE,哥CR,瑞CH,冰IS,澳AU,格GE,毛MU,东盟^RAS^R,澳^RAU^R,新西兰^RNZ^R,柬KH,港HK,澳门MO	0	受惠国LD	40
				1.4	韩KR			
				4.2	巴PK			
				11.2	韩^RKR^R			
				11.5	日^RJP^R			

序号 No.	税则号列 Tariff Line	货品名称 Article Description	最惠国税率 MFN(%)		协定税率 Agreement(%)	特惠税率 SP(%)	普通税率 Gen(%)
8412	9007.1090	---其他 ---Other	12	0	东盟AS,智CL,新西兰NZ,新加坡SG,秘PE,哥CR,瑞CH,冰IS,澳AU,格GE,毛MU,东盟^RAS^R,澳^RAU^R,新西兰^RNZ^R,柬KH,港HK,澳门MO	0 受惠国LD	40
				1.4	韩KR		
				6.7	巴PK		
				11.2	韩^RKR^R		
				11.5	日^RJP^R		
		-放映机: -Projectors:					
8413	9007.2010	---数字式 ---Digital	8	0	东盟AS,智CL,新西兰NZ,新加坡SG,秘PE,哥CR,瑞CH,冰IS,澳AU,格GE,毛MU,东盟^RAS^R,澳^RAU^R,新西兰^RNZ^R,柬KH,港HK,澳门MO	0 受惠国LD	40
				1.4	韩KR		
				6.7	巴PK		
				11.2	韩^RKR^R		
				11.5	日^RJP^R		
8414	9007.2090	---其他 ---Other	8	0	东盟AS,智CL,新西兰NZ,新加坡SG,秘PE,哥CR,瑞CH,冰IS,澳AU,格GE,毛MU,东盟^RAS^R,澳^RAU^R,新西兰^RNZ^R,柬KH,港HK,澳门MO	0 受惠国LD	40
				1.4	韩KR		
				5.2	亚太AP		
				6.7	巴PK		
				11.2	韩^RKR^R		
				11.5	日^RJP^R		
		-零件、附件: -Parts and accessories:					
8415	9007.9100	--摄影机用 --For cameras	8△5	0	东盟AS,智CL,新西兰NZ,秘PE,哥CR,瑞CH,冰IS,澳AU,格GE,毛MU,东盟^RAS^R,澳^RAU^R,新西兰^RNZ^R,柬KH,港HK,澳门MO	0 受惠国LD	40
				0.8	韩KR		
				1	巴PK		
				6.7	韩^RKR^R		
				6.9	日^RJP^R		
8416	9007.9200	--放映机用 --For projectors	8	0	东盟AS,智CL,新西兰NZ,秘PE,哥CR,瑞CH,冰IS,韩KR,澳AU,格GE,毛MU,东盟^RAS^R,澳^RAU^R,新西兰^RNZ^R,柬KH,港HK,澳门MO,韩^RKR^R	0 受惠国LD	40
				1	巴PK		
				6.9	日^RJP^R		

序号 No.	税则号列 Tariff Line	货品名称 Article Description	最惠国税率 MFN(%)	协定税率 Agreement(%)		特惠税率 SP(%)		普通税率 Gen(%)
	ex90079200	电影放映机（不包括2K及以上分辨率的硬盘式）用零附件 Parts and accessories for cinematographic projectors (excluding those with magnetic discs, resolving power≥2K)	Δ5					
	ex90079200	2K及以上分辨率的硬盘式数字电影放映机用零附件 Parts and accessories for digital cinematographic projectors with magnetic discs, resolving power≥2K	Δ3					
	90.08	影像投影仪，但电影用除外；照片（电影片除外）放大机及缩片机： **Image projectors, other than cinematographic; photographic (other than cinematographic) enlargers and reducers:**						
		-投影仪、放大机及缩片机： -Projectors, enlargers and reducers:						
8417	9008.5010	---幻灯机 ---Slide projectors	10	0	东盟AS,智CL,新西兰NZ,新加坡SG,秘PE,哥CR,瑞CH,冰IS,澳AU,格GE,毛MU,东盟^{R}AS^R,澳^{R}AU^R,新西兰^{R}NZ^R,柬KH,港HK,澳门MO	0	受惠国LD	40
				1.4	韩KR			
				4.2	巴PK			
				11.2	韩^{R}KR^R			
				11.5	日^{R}JP^R			
8418	9008.5020	---缩微胶卷、缩微胶片或其他缩微品的阅读机，不论是否可以进行复制 ---Microfilm, microfiche or other microform readers, whether or not capable of producing copies	10	0	东盟AS,智CL,新西兰NZ,秘PE,哥CR,瑞CH,冰IS,澳AU,格GE,毛MU,东盟^{R}AS^R,澳^{R}AU^R,新西兰^{R}NZ^R,柬KH,港HK,澳门MO	0	受惠国LD	17
				1	巴PK,韩KR			
				8	韩^{R}KR^R			
				8.2	日^{R}JP^R			
		---其他影像投影仪： ---Other image projectors:						
8419	9008.5031	----正射投影仪 ----Orthographical projectors	12	0	东盟AS,智CL,新西兰NZ,新加坡SG,秘PE,哥CR,瑞CH,冰IS,澳AU,格GE,毛MU,柬KH,港HK,澳门MO	0	受惠国LD	40
				5	东盟^{R}AS^R,澳^{R}AU^R,新西兰^{R}NZ^R			
8420	9008.5039	----其他 ----Other	12	0	东盟AS,智CL,新西兰NZ,新加坡SG,秘PE,哥CR,瑞CH,冰IS,澳AU,格GE,毛MU,柬KH,港HK,澳门MO	0	受惠国LD	40
				5	东盟^{R}AS^R,澳^{R}AU^R,新西兰^{R}NZ^R			

序号 No.	税则号列 Tariff Line	货品名称 Article Description	最惠国税率 MFN(%)	协定税率 Agreement(%)		特惠税率 SP(%)		普通税率 Gen(%)
8421	9008.5040	---照片（电影片除外）放大机及缩片机 ---Photographic(other than cinematographic) enlargers and reducers	12	0	东盟AS,智CL,新西兰NZ,新加坡SG,秘PE,哥CR,瑞CH,冰IS,澳AU,格GE,毛MU,柬KH,港HK,澳门MO	0	受惠国LD	80
				8	韩KR			
				16	东盟^{R}AS^R,澳^{R}AU^R,新西兰^{R}NZ^R,韩^{R}KR^R			
				17.5	日^{R}JP^R			
		-零件、附件： -Parts and accessories:						
8422	9008.9010	---缩微阅读机用 ---Of microfilm, microfiche or other microform readers	8	0	东盟AS,智CL,新西兰NZ,秘PE,哥CR,瑞CH,冰IS,韩KR,澳AU,格GE,毛MU,东盟^{R}AS^R,澳^{R}AU^R,新西兰^{R}NZ^R,柬KH,港HK,澳门MO,韩^{R}KR^R	0	受惠国LD	17
				1	巴PK			
				5.2	亚太AP			
				6.5	日^{R}JP^R			
8423	9008.9020	---照片放大机及缩片机用 ---Of photographic enlargers and reducers	8	0	东盟AS,智CL,新西兰NZ,新加坡SG,秘PE,哥CR,瑞CH,冰IS,澳AU,格GE,毛MU,东盟^{R}AS^R,澳^{R}AU^R,新西兰^{R}NZ^R,柬KH,港HK,澳门MO	0	受惠国LD	80
				1.4	韩KR			
				4.2	巴PK			
				5.2	亚太AP			
				11.2	韩^{R}KR^R			
				11.5	日^{R}JP^R			
8424	9008.9090	---其他 ---Other	8	0	东盟AS,智CL,新西兰NZ,新加坡SG,秘PE,哥CR,瑞CH,冰IS,澳AU,格GE,毛MU,东盟^{R}AS^R,澳^{R}AU^R,新西兰^{R}NZ^R,柬KH,港HK,澳门MO	0	受惠国LD	40
				1.4	韩KR			
				6.7	巴PK			
				11.2	韩^{R}KR^R			
				11.5	日^{R}JP^R			
	90.10	本章其他税目未列名的照相（包括电影）洗印用装置及设备；负片显示器；银幕及其他投影屏幕： Apparatus and equipment for photographic(including cinematographic) laboratories, not specified or included elsewhere in this Chapter; negatoscopes; projection screens:						

序号 No.	税则号列 Tariff Line	货品名称 Article Description	最惠国税率 MFN(%)	协定税率 Agreement(%)		特惠税率 SP(%)		普通税率 Gen(%)
		-照相(包括电影)胶卷或成卷感光纸的自动显影装置及设备或将已冲洗胶卷自动曝光到成卷感光纸上的装置及设备: -Apparatus and equipment for automatically developing photographic (including cinematographic) film or paper in rolls or for automatically exposing developed film to rolls of photographic paper:							
8425	9010.1010	---电影用 ---Of a kind used in cinematographic film	12	0	东盟AS,智CL,新西兰NZ,新加坡SG,秘PE,哥CR,瑞CH,冰IS,澳AU,格GE,毛MU,东盟^{R}AS^R,澳^{R}AU^R,新西兰^{R}NZ^R,柬KH,港HK,澳门MO	0 受惠国LD		40
				1.4	韩KR			
				4.2	巴PK			
				7.8	亚太AP			
				11.2	韩^{R}KR^R			
				11.5	日^{R}JP^R			
8426	9010.1020	---特种照相用 ---Of a kind used in special photographic film or paper	8	0	东盟AS,智CL,新西兰NZ,秘PE,哥CR,瑞CH,冰IS,韩KR,澳AU,格GE,毛MU,东盟^{R}AS^R,澳^{R}AU^R,新西兰^{R}NZ^R,柬KH,港HK,澳门MO,韩^{R}KR^R	0 受惠国LD		20
				1	巴PK			
				5.2	亚太AP			
				6.9	日^{R}JP^R			
		---其他: ---Other:						
8427	9010.1091	----彩色胶卷用 ----For the colour photographic film in rolls	12	0	东盟AS,智CL,新西兰NZ,新加坡SG,秘PE,哥CR,冰IS,澳AU,格GE,柬KH,港HK,澳门MO	0 受惠国LD		100
				10	瑞CH,毛MU			
				13.7	韩KR			
				22.5	东盟^{R}AS^R,澳^{R}AU^R,新西兰^{R}NZ^R,韩^{R}KR^R			
8428	9010.1099	----其他 ----Other	12	0	东盟AS,智CL,新西兰NZ,新加坡SG,秘PE,哥CR,瑞CH,冰IS,澳AU,格GE,毛MU,柬KH,港HK,澳门MO	0 受惠国LD		100
				7.2	巴PK			
				8.2	韩KR			
				13.5	东盟^{R}AS^R,澳^{R}AU^R,新西兰^{R}NZ^R,韩^{R}KR^R			

序号 No.	税则号列 Tariff Line	货品名称 Article Description	最惠国税率 MFN(%)	协定税率 Agreement(%)		特惠税率 SP(%)		普通税率 Gen(%)
		-照相(包括电影)洗印用其他装置及设备;负片显示器: -Other apparatus and equipment for photographic (including cinematographic) laboratories; negatoscopes:						
8429	9010.5010	---负片显示器 ---Negatoscopes	0	0	东盟AS,智CL,新西兰NZ,新加坡SG,秘PE,哥CR,瑞CH,冰IS,澳AU,格GE,毛MU,东盟^{R}AS^R,澳^{R}AU^R,日^{R}JP^R,新西兰^{R}NZ^R,柬KH,港HK,澳门MO	0	受惠国LD	50
				1.4	韩KR			
				4.2	巴PK			
				11.2	韩^{R}KR^R			
		---其他: ---Other:						
8430	9010.5021	----电影用 ----Of a kind used in cinematographic film	0	0	亚太AP,东盟AS,智CL,新西兰NZ,新加坡SG,秘PE,哥CR,瑞CH,冰IS,澳AU,格GE,毛MU,东盟^{R}AS^R,澳^{R}AU^R,日^{R}JP^R,新西兰^{R}NZ^R,柬KH,港HK,澳门MO	0	受惠国LD	40
				1.4	韩KR			
				6.7	巴PK			
				11.2	韩^{R}KR^R			
8431	9010.5022	----特种照相用 ----Of a kind used in special photographic film or paper	0	0	东盟AS,智CL,新西兰NZ,秘PE,哥CR,瑞CH,冰IS,澳AU,格GE,毛MU,东盟^{R}AS^R,澳^{R}AU^R,日^{R}JP^R,新西兰^{R}NZ^R,柬KH,港HK,澳门MO	0	受惠国LD	20
				0.8	韩KR			
				1	巴PK			
				6.7	韩^{R}KR^R			
8432	9010.5029	----其他 ----Other	0	0	东盟AS,智CL,新西兰NZ,新加坡SG,秘PE,哥CR,瑞CH,冰IS,澳AU,格GE,毛MU,东盟^{R}AS^R,澳^{R}AU^R,日^{R}JP^R,新西兰^{R}NZ^R,柬KH,港HK,澳门MO	0	受惠国LD	100
				1.7	韩KR			
				8.2	巴PK			
				13.6	韩^{R}KR^R			
8433	9010.6000	-银幕及其他投影屏幕 -Projection screens	0	0	东盟AS,智CL,新西兰NZ,新加坡SG,秘PE,哥CR,瑞CH,冰IS,澳AU,格GE,毛MU,东盟^{R}AS^R,澳^{R}AU^R,新西兰^{R}NZ^R,柬KH,港HK,澳门MO	0	受惠国LD	50
				1.4	韩KR			
				6.7	巴PK			
				11.2	韩^{R}KR^R			
				11.5	日^{R}JP^R			

序号 No.	税则号列 Tariff Line	货品名称 Article Description	最惠国税率 MFN(%)	协定税率 Agreement(%)		特惠税率 SP(%)	普通税率 Gen(%)
		-零件、附件: -Parts and accessories:					
8434	9010.9010	---电影用 ---Of a kind used in cinematographic film	0	0	东盟AS,智CL,巴PK,新西兰NZ, 秘PE,哥CR,瑞CH,冰IS,韩KR, 澳AU,格GE,毛MU,东盟^RAS^R, 澳^RAU^R,日^RJP^R,新西兰^RNZ^R,柬 KH,港HK,澳门MO,韩^RKR^R	0 受惠国LD	40
8435	9010.9020	---特种照相用 ---Of a kind used in special photographic film or paper	0	0	东盟AS,智CL,巴PK,新西兰NZ, 秘PE,哥CR,瑞CH,冰IS,韩KR, 澳AU,格GE,毛MU,东盟^RAS^R, 澳^RAU^R,日^RJP^R,新西兰^RNZ^R,柬 KH,港HK,澳门MO,韩^RKR^R	0 受惠国LD	20
8436	9010.9090	---其他 ---Other	0	0	东盟AS,智CL,巴PK,新西兰NZ, 秘PE,哥CR,瑞CH,冰IS,韩KR, 澳AU,格GE,毛MU,东盟^RAS^R, 澳^RAU^R,日^RJP^R,新西兰^RNZ^R,柬 KH,港HK,澳门MO,韩^RKR^R	0 受惠国LD	100
	90.11	**复式光学显微镜,包括用于显微照相、 显微电影摄影及显微投影的: Compound optical microscopes, including those for photomicrography, cinephotomicrography or microprojection:**					
8437	9011.1000	-立体显微镜 -Stereoscopic microscopes	0	0	东盟AS,智CL,巴PK,新西兰NZ, 秘PE,哥CR,瑞CH,冰IS,韩KR, 澳AU,格GE,毛MU,东盟^RAS^R, 澳^RAU^R,日^RJP^R,新西兰^RNZ^R,柬 KH,港HK,澳门MO,韩^RKR^R	0 受惠国LD	14
8438	9011.2000	-显微照相、显微电影摄影及显微投影 用的其他显微镜 -Other microscopes, for photomicrography, cinephotomi- crography or microprojection	0	0	东盟AS,智CL,巴PK,新西兰NZ, 秘PE,哥CR,瑞CH,冰IS,韩KR, 澳AU,格GE,毛MU,东盟^RAS^R, 澳^RAU^R,日^RJP^R,新西兰^RNZ^R,柬 KH,港HK,澳门MO,韩^RKR^R	0 受惠国LD	14
8439	9011.8000	-其他显微镜 -Other microscopes	0	0 0.7 1 5.6 5.7	东盟AS,智CL,新西兰NZ,秘PE, 哥CR,瑞CH,冰IS,澳AU,格GE, 毛MU,柬KH,港HK,澳门MO 韩KR 巴PK 东盟^RAS^R,澳^RAU^R,新西兰^RNZ^R, 韩^RKR^R 日^RJP^R	0 受惠国LD	14
8440	9011.9000	-零件、附件 -Parts and accessories	0	0	东盟AS,智CL,巴PK,新西兰NZ, 秘PE,哥CR,瑞CH,冰IS,韩KR, 澳AU,格GE,毛MU,东盟^RAS^R, 澳^RAU^R,日^RJP^R,新西兰^RNZ^R,柬 KH,港HK,澳门MO,韩^RKR^R	0 受惠国LD	14

序号 No.	税则号列 Tariff Line	货品名称 Article Description	最惠国税率 MFN(%)	协定税率 Agreement(%)		特惠税率 SP(%)		普通税率 Gen(%)
	90.12	显微镜, 但光学显微镜除外; 衍射设备: **Microscopes other than optical microscopes; diffraction apparatus:**						
8441	9012.1000	-显微镜, 但光学显微镜除外; 衍射设备 -Microscopes other than optical microscopes; and diffraction apparatus	0	0	东盟AS,智CL,巴PK,新西兰NZ,秘PE,哥CR,瑞CH,冰IS,韩KR,澳AU,格GE,毛MU,东盟^RAS^R,澳^RAU^R,日^RJP^R,新西兰NZ^R,柬KH,港HK,澳门MO,韩^RKR^R	0	受惠国LD	14
8442	9012.9000	-零件、附件 -Parts and accessories	0	0	东盟AS,智CL,巴PK,新西兰NZ,秘PE,哥CR,瑞CH,冰IS,韩KR,澳AU,格GE,毛MU,东盟^RAS^R,澳^RAU^R,日^RJP^R,新西兰NZ^R,柬KH,港HK,澳门MO,韩^RKR^R	0	受惠国LD	14
	90.13	激光器, 但激光二极管除外; 本章其他税号未列名的光学仪器及器具: **Lasers, other than laser diodes; other optical appliances and instruments, not specified or included elsewhere in this Chapter:**						
8443	9013.1000	-武器用望远镜瞄准具; 潜望镜式望远镜; 作为本章或第十六类的机器、设备、仪器或器具部件的望远镜 -Telescopic sights for fitting to arms; periscopes;telescopes designed to form parts of machines, appliances, instruments or apparatus of this Chapter or Section XVI	8	0 1 6.5	东盟AS,智CL,新西兰NZ,秘PE,哥CR,瑞CH,冰IS,韩KR,澳AU,格GE,毛MU,东盟^RAS^R,澳^RAU^R,新西兰^RNZ^R,柬KH,港HK,澳门MO,韩^RKR^R 巴PK 日^RJP^R	0	受惠国LD	14
	ex90131000	设计用为本章或第十六类的机器、设备、仪器或器具部件的望远镜 Telescopes designed to form parts of machines, appliances, instruments or apparatus of this Chapter or Section XVI	0					
8444	9013.2000	-激光器, 但激光二极管除外 -Lasers, other than laser diodes	0	0 0.6 4.8 4.9	东盟AS,智CL,巴PK,新西兰NZ,秘PE,哥CR,瑞CH,冰IS,澳AU,格GE,毛MU,东盟^RAS^R,澳^RAU^R,新西兰^RNZ^R,柬KH,港HK,澳门MO 韩KR 韩^RKR^R 日^RJP^R	0	受惠国LD	11
		-其他装置、仪器及器具: -Other devices, appliances and instruments:						

序号 No.	税则号列 Tariff Line	货品名称 Article Description	最惠国税率 MFN(%)	协定税率 Agreement(%)		特惠税率 SP(%)	普通税率 Gen(%)
8445	9013.8010	---放大镜 ---Hand magnifying glasses	12	0	东盟AS,智CL,新西兰NZ,新加坡SG,秘PE,哥CR,瑞CH,冰IS,澳AU,格GE,毛MU,东盟^RAS^R,澳^RAU^R,新西兰^RNZ^R,柬KH,港HK,澳门MO	0 受惠国LD	50
				1.2	韩KR		
				3	巴PK		
				7.8	亚太AP		
				9.6	韩^RKR^R		
				9.8	日^RJP^R		
8446	9013.8020	---光学门眼 ---Door eyes	12	0	东盟AS,智CL,新西兰NZ,新加坡SG,秘PE,哥CR,瑞CH,冰IS,澳AU,格GE,毛MU,东盟^RAS^R,澳^RAU^R,新西兰^RNZ^R,柬KH,港HK,澳门MO	0 受惠国LD	50
				1.2	韩KR		
				3	巴PK		
				7.8	亚太AP		
				9.6	韩^RKR^R		
				9.8	日^RJP^R		
8447	9013.8090	---其他 ---Other	5	0	东盟AS,智CL,巴PK,新西兰NZ,秘PE,哥CR,瑞CH,冰IS,澳AU,毛MU,柬KH,港HK,澳门MO	0 受惠国LD	17
				4.8	东盟^RAS^R,澳^RAU^R,新西兰^RNZ^R		
	ex90138090	光刻机用光斑调节装置 Spot adjusting device for lithography machine	Δ2				
		-零件、附件: -Parts and accessories:					
8448	9013.9010	---税号9013.1000及9013.2000所列货品用 ---For goods of subheadings 9013.1000 and 9013.2000	6	0	东盟AS,智CL,巴PK,新西兰NZ,秘PE,哥CR,瑞CH,冰IS,澳AU,格GE,毛MU,柬KH,港HK,澳门MO	0 受惠国LD	11
				0.6	韩KR		
				4.8	东盟^RAS^R,澳^RAU^R,新西兰^RNZ^R,韩^RKR^R		
				4.9	日^RJP^R		
	ex90139010	零件及附件,但武器用望远镜瞄准器具或潜望镜式望远镜用零件及附件除外 Parts and accessories, other than for telescopic sights for fitting to arms or for periscopes	0				
8449	9013.9090	---其他 ---Other	0	0	东盟AS,智CL,新西兰NZ,秘PE,哥CR,瑞CH,冰IS,澳AU,毛MU,东盟^RAS^R,日^RJP^R,柬KH,港HK,澳门MO	0 受惠国LD	17
				1	巴PK		
				6.4	澳^RAU^R,新西兰^RNZ^R		
				8	韩KR,韩^RKR^R		

序号 No.	税则号列 Tariff Line	货品名称 Article Description	最惠国税率 MFN(%)	协定税率 Agreement(%)		特惠税率 SP(%)	普通税率 Gen(%)
	90.14	定向罗盘；其他导航仪器及装置： Direction finding compasses; other navigational instruments and appliances:					
8450	9014.1000	-定向罗盘 -Direction finding compasses	0	0	东盟AS,智CL,巴PK,新西兰NZ,秘PE,哥CR,瑞CH,冰IS,澳AU,格GE,毛MU,东盟^RAS^R,澳^RAU^R,日^RJP^R,新西兰^RNZ^R,柬KH,港HK,澳门MO	0 受惠国LD	8
				0.8	韩KR		
				1.6	韩^RKR^R		
		-航空或航天导航仪器及装置（罗盘除外）： -Instruments and appliances for aeronautical or space navigation (other than compasses):					
8451	9014.2010	---自动驾驶仪 ---Automatic pilot	0	0	亚太AP,东盟AS,智CL,巴PK,新西兰NZ,秘PE,哥CR,瑞CH,冰IS,澳AU,格GE,毛MU,东盟^RAS^R,澳^RAU^R,日^RJP^R,新西兰^RNZ^R,柬KH,港HK,澳门MO	0 受惠国LD	8
				0.8	韩KR		
				1.6	韩^RKR^R		
8452	9014.2090	---其他 ---Other	0	0	亚太AP,东盟AS,智CL,巴PK,新西兰NZ,秘PE,哥CR,瑞CH,冰IS,韩KR,澳AU,格GE,毛MU,东盟^RAS^R,澳^RAU^R,日^RJP^R,新西兰^RNZ^R,柬KH,港HK,澳门MO,韩^RKR^R	0 受惠国LD	8
8453	9014.8000	-其他仪器及装置 -Other instruments and appliances	0	0	东盟AS,智CL,巴PK,新西兰NZ,秘PE,哥CR,瑞CH,冰IS,韩KR,澳AU,格GE,毛MU,东盟^RAS^R,日^RJP^R,柬KH,港HK,澳门MO,韩^RKR^R	0 受惠国LD	8
				1.6	澳^RAU^R,新西兰^RNZ^R		
		-零件、附件： -Parts and accessories:					
8454	9014.9010	---自动驾驶仪用 ---For automatic pilot	0	0	东盟AS,智CL,巴PK,新西兰NZ,秘PE,哥CR,瑞CH,冰IS,韩KR,澳AU,格GE,毛MU,东盟^RAS^R,澳^RAU^R,日^RJP^R,新西兰^RNZ^R,柬KH,港HK,澳门MO,韩^RKR^R	0 受惠国LD	8
8455	9014.9090	---其他 ---Other	0	0	东盟AS,智CL,巴PK,新西兰NZ,秘PE,哥CR,瑞CH,冰IS,韩KR,澳AU,格GE,东盟^RAS^R,澳^RAU^R,日^RJP^R,新西兰^RNZ^R,柬KH,港HK,澳门MO,韩^RKR^R	0 受惠国LD	8
				0.6	毛MU		

序号 No.	税则号列 Tariff Line	货品名称 Article Description	最惠国税率 MFN(%)		协定税率 Agreement(%)	特惠税率 SP(%)	普通税率 Gen(%)
	90.15	**大地测量(包括摄影测量)、水道测量、海洋、水文、气象或地球物理用仪器及装置,不包括罗盘;测距仪:** **Surveying (including photogrammetrical surveying), hydrographic, oceanographic, hydrological, meteorological or geophysical instruments and appliances, excluding compasses; rangefinders:**					
		-测距仪: -Rangefinders:					
8456	9015.1010	---激光雷达 ---Lidar	0	0	东盟AS,智CL,新西兰NZ,秘PE,哥CR,瑞CH,冰IS,澳AU,格GE,毛MU,东盟^{R}AS^R,澳^{R}AU^R,新西兰^{R}NZ^R,柬KH,港HK,澳门MO	0 受惠国LD	14
				0.9	韩KR		
				1	巴PK		
				7.2	韩^{R}KR^R		
				7.4	日^{R}JP^R		
8457	9015.1090	---其他 ---Other	0	0	东盟AS,智CL,新西兰NZ,秘PE,哥CR,瑞CH,冰IS,澳AU,格GE,毛MU,东盟^{R}AS^R,澳^{R}AU^R,新西兰^{R}NZ^R,柬KH,港HK,澳门MO	0 受惠国LD	14
				0.9	韩KR		
				1	巴PK		
				7.2	韩^{R}KR^R		
				7.4	日^{R}JP^R		
8458	9015.2000	-经纬仪及视距仪 -Theodolites and tachymeters (tacheometers)	0	0	东盟AS,智CL,新西兰NZ,秘PE,哥CR,瑞CH,冰IS,韩KR,澳AU,格GE,毛MU,东盟^{R}AS^R,澳^{R}AU^R,新西兰^{R}NZ^R,柬KH,港HK,澳门MO,韩^{R}KR^R	0 受惠国LD	14
				1	巴PK		
				7.4	日^{R}JP^R		
8459	9015.3000	-水平仪 -Levels	9	0	东盟AS,智CL,新西兰NZ,秘PE,哥CR,瑞CH,冰IS,澳AU,格GE,毛MU,东盟^{R}AS^R,澳^{R}AU^R,新西兰^{R}NZ^R,柬KH,港HK,澳门MO	0 受惠国LD	14
				0.9	韩KR		
				1	巴PK		
				7.2	韩^{R}KR^R		
				7.4	日^{R}JP^R		

序号 No.	税则号列 Tariff Line	货品名称 Article Description	最惠国税率 MFN(%)		协定税率 Agreement(%)	特惠税率 SP(%)	普通税率 Gen(%)
8460	9015.4000	-摄影测量用仪器及装置 -Photogrammetrical surveying instruments and appliances	0	0	东盟AS,智CL,新西兰NZ,秘PE, 哥CR,瑞CH,冰IS,韩KR,澳AU, 格GE,毛MU,东盟^{R}AS^R,澳^{R}AU^R, 新西兰^{R}NZ^R,柬KH,港HK,澳门 MO,韩^{R}KR^R	0 受惠国LD	14
				1	巴PK		
				7.4	日^{R}JP^R		
8461	9015.8000	-其他仪器及装置 -Other instruments and appliances	0	0	亚太AP,东盟AS,智CL,巴PK,新 西兰NZ,秘PE,哥CR,冰IS,澳AU, 格GE,毛MU,东盟^{R}AS^R,澳^{R}AU^R, 新西兰^{R}NZ^R,柬KH,港HK,澳门 MO	0 受惠国LD	14
				0.5	韩KR		
				4	韩^{R}KR^R		
				4.1	日^{R}JP^R		
8462	9015.9000	-零件、附件 -Parts and accessories	0	0	东盟AS,智CL,巴PK,新西兰NZ, 秘PE,哥CR,瑞CH,冰IS,澳AU,格 GE,毛MU,东盟^{R}AS^R,澳^{R}AU^R,新 西兰^{R}NZ^R,柬KH,港HK,澳门MO	0 受惠国LD	14
				0.5	韩KR		
				4	韩^{R}KR^R		
				4.1	日^{R}JP^R		
	90.16	感量为50毫克或更精密的天平, 不论是 否带有砝码: Balances of a sensitivity of 5cg or better, with or without weights:					
8463	9016.0010	---感量为0.1毫克或更精密的天平 ---Of a sensitivity of 0.1mg or better	9	0	东盟AS,智CL,新西兰NZ,秘PE, 哥CR,冰IS,澳AU,格GE,毛MU, 东盟^{R}AS^R,澳^{R}AU^R,新西兰^{R}NZ^R, 柬KH,港HK,澳门MO	0 受惠国LD	14
				0.9	韩KR		
				1	巴PK		
				7.2	韩^{R}KR^R		
				7.4	日^{R}JP^R		
8464	9016.0090	---其他 ---Other	9	0	东盟AS,智CL,新西兰NZ,新加 坡SG,秘PE,哥CR,瑞CH,冰IS,澳 AU,格GE,毛MU,东盟^{R}AS^R,澳 ^{R}AU^R,新西兰^{R}NZ^R,柬KH,港HK, 澳门MO	0 受惠国LD	30
				1	韩KR		
				3	巴PK		
				8.4	韩^{R}KR^R		
				8.6	日^{R}JP^R		

序号 No.	税则号列 Tariff Line	货品名称 Article Description	最惠国税率 MFN(%)	协定税率 Agreement(%)		特惠税率 SP(%)	普通税率 Gen(%)
	90.17	绘图、划线或数学计算仪器及器具（例如，绘图机、比例缩放仪、分度规、绘图工具、计算尺及盘式计算器）；本章其他税目未列名的手用测量长度的器具（例如，量尺、量带、千分尺及卡尺）： Drawing, marking-out or mathematical calculating instruments (for example, drafting machines, pantographs, protractors, drawing sets, slide rules, disc calculators); instruments for measuring length, for use in the hand (for example, measuring rods and tapes, micrometers, callipers), not specified or included elsewhere in this Chapter:					
8465	9017.1000	-绘图台及绘图机，不论是否自动 -Drafting tables and machines, whether or not automatic	8	0	东盟AS,智CL,新西兰NZ,秘PE,哥CR,瑞CH,冰IS,澳AU,格GE,毛MU,东盟^{R}AS^R,澳^{R}AU^R,新西兰NZ^R,柬KH,港HK,澳门MO	0 受惠国LD	20
				0.8	韩KR		
				1	巴PK		
				6.4	韩^{R}KR^R		
				6.5	日^{R}JP^R		
8466	9017.2000	-其他绘图、划线或数学计算器具 -Other drawing, marking-out or mathematical calculating instruments	0	0	东盟AS,智CL,巴PK,新西兰NZ,秘PE,哥CR,瑞CH,冰IS,韩KR,澳AU,格GE,毛MU,东盟^{R}AS^R,澳^{R}AU^R,日^{R}JP^R,新西兰NZ^R,柬KH,港HK,澳门MO,韩^{R}KR^R	0 受惠国LD	70
8467	9017.3000	-千分尺、卡尺及量规 -Micrometers, callipers and gauges	8	0	东盟AS,智CL,新西兰NZ,秘PE,哥CR,瑞CH,冰IS,澳AU,格GE,毛MU,柬KH,港HK,澳门MO	0 受惠国LD	20
				0.8	韩KR		
				4	巴PK		
				6.4	东盟^{R}AS^R,澳^{R}AU^R,新西兰NZ^R,韩^{R}KR^R		
				6.5	日^{R}JP^R		
8468	9017.8000	-其他仪器及器具 -Other instruments	8	0	东盟AS,智CL,新西兰NZ,秘PE,哥CR,瑞CH,冰IS,韩KR,澳AU,格GE,毛MU,柬KH,港HK,澳门MO	0 受惠国LD	20
				1	巴PK		
				6.4	东盟^{R}AS^R,澳^{R}AU^R,新西兰NZ^R,韩^{R}KR^R		
				6.5	日^{R}JP^R		

序号 No.	税则号列 Tariff Line	货品名称 Article Description	最惠国税率 MFN(%)	协定税率 Agreement(%)		特惠税率 SP(%)	普通税率 Gen(%)
8469	9017.9000	-零件、附件 -Parts and accessories	0	0	东盟AS,智CL,巴PK,新西兰NZ, 秘PE,哥CR,瑞CH,冰IS,韩KR, 澳AU,格GE,毛MU,东盟^{R}AS^R, 澳^{R}AU^R,日^{R}JP^R,新西兰^{R}NZ^R,柬 KH,港HK,澳门MO,韩^{R}KR^R	0 受惠国LD	20
	90.18	医疗、外科、牙科或兽医用仪器及器 具,包括闪烁扫描装置、其他电气医疗 装置及视力检查仪器: Instruments and appliances used in medical, surgical, dental or veterinary sciences, including scintigraphic appatatus, other electro-medical apparatus and sight- testing instruments:					
		-电气诊断装置(包括功能检查或生理 参数检查用装置): -Electro-diagnostic apparatus (including apparatus for functional exploratory examination or for checking physiological parameters):					
8470	9018.1100	--心电图记录仪 --Electro-cardiographs	0	0	东盟AS,智CL,巴PK,新西兰NZ, 秘PE,哥CR,瑞CH,冰IS,韩KR, 澳AU,格GE,毛MU,东盟^{R}AS^R, 澳^{R}AU^R,日^{R}JP^R,新西兰^{R}NZ^R,柬 KH,港HK,澳门MO,韩^{R}KR^R	0 受惠国LD	17
		--超声波扫描装置: --Ultrasonic scanning apparatus:					
8471	9018.1210	---B型超声波诊断仪 ---B-ultrasonic diagnostic equipment	0.9#0	0 0.8#0 2.8 5.6 5.7	东盟AS,智CL,巴PK,新西兰NZ, 秘PE,哥CR,瑞CH,冰IS,澳AU,格 GE,毛MU,东盟^{R}AS^R,澳^{R}AU^R,新 西兰^{R}NZ^R,柬KH,港HK,澳门MO 亚太AP 韩KR 韩^{R}KR^R 日^{R}JP^R	0 受惠国LD	35
8472	9018.1291	----彩色超声波诊断仪 ----Chromoscope ultrasonic diagnostic equipment	0.6#0	0 0.5#0 4 4.1 4.5	东盟AS,智CL,巴PK,新西兰NZ, 秘PE,哥CR,瑞CH,冰IS,澳AU,格 GE,毛MU,东盟^{R}AS^R,澳^{R}AU^R,新 西兰^{R}NZ^R,柬KH,港HK,澳门MO 亚太AP 韩^{R}KR^R 日^{R}JP^R 韩KR	0 受惠国LD	17

序号 No.	税则号列 Tariff Line	货品名称 Article Description	最惠国税率 MFN(%)		协定税率 Agreement(%)	特惠税率 SP(%)	普通税率 Gen(%)
8473	9018.1299	----其他 ----Other	0.6#0	0 0.5#0 4 4.1 4.5	东盟AS,智CL,巴PK,新西兰NZ,秘PE,哥CR,瑞CH,冰IS,澳AU,格GE,毛MU,东盟^{R}AS^R,澳^{R}AU^R,新西兰^{R}NZ^R,柬KH,港HK,澳门MO 亚太AP 韩^{R}KR^R 日^{R}JP^R 韩KR	0 受惠国LD	17
		--核磁共振成像装置: --Magnetic resonance imaging apparatus:					
8474	9018.1310	---成套装置 ---Complete equipments	0.8#0	0 1.6 3.2 3.3	东盟AS,智CL,巴PK,新西兰NZ,秘PE,哥CR,瑞CH,冰IS,澳AU,格GE,毛MU,东盟^{R}AS^R,澳^{R}AU^R,新西兰^{R}NZ^R,柬KH,港HK,澳门MO 韩KR 韩^{R}KR^R 日^{R}JP^R	0 受惠国LD	17
8475	9018.1390	---零件 ---Parts	0.8#0	0 1.6 3.2 3.3	东盟AS,智CL,巴PK,新西兰NZ,秘PE,哥CR,瑞CH,冰IS,澳AU,格GE,毛MU,柬KH,港HK,澳门MO 韩KR 东盟^{R}AS^R,澳^{R}AU^R,新西兰^{R}NZ^R,韩^{R}KR^R 日^{R}JP^R	0 受惠国LD	17
8476	9018.1400	--闪烁摄影装置 --Scintigraphic apparatus	5	0 2 4 4.4	东盟AS,智CL,巴PK,新西兰NZ,秘PE,哥CR,瑞CH,冰IS,澳AU,格GE,毛MU,柬KH,港HK,澳门MO 韩KR 东盟^{R}AS^R,澳^{R}AU^R,新西兰^{R}NZ^R,韩^{R}KR^R 日^{R}JP^R	0 受惠国LD	17
		--其他: --Other:					
8477	9018.1930	---病员监护仪 ---Patient monitors	0	0	亚太AP,东盟AS,智CL,巴PK,新西兰NZ,秘PE,哥CR,瑞CH,冰IS,韩KR,澳AU,格GE,毛MU,东盟^{R}AS^R,澳^{R}AU^R,日^{R}JP^R,新西兰^{R}NZ^R,柬KH,港HK,澳门MO,韩^{R}KR^R	0 受惠国LD	17
		---听力诊断装置: ---Hearing diagnostic apparatus:					
8478	9018.1941	----听力计 ----Andiometers	0	0	亚太AP,东盟AS,智CL,巴PK,新西兰NZ,秘PE,哥CR,瑞CH,冰IS,韩KR,澳AU,格GE,毛MU,东盟^{R}AS^R,澳^{R}AU^R,日^{R}JP^R,新西兰^{R}NZ^R,柬KH,港HK,澳门MO,韩^{R}KR^R	0 受惠国LD	17

序号 No.	税则号列 Tariff Line	货品名称 Article Description	最惠国税率 MFN(%)	协定税率 Agreement(%)		特惠税率 SP(%)	普通税率 Gen(%)
8479	9018.1949	----其他 ----Other	0	0	亚太AP,东盟AS,智CL,巴PK,新西兰NZ,秘PE,哥CR,瑞CH,冰IS,澳AU,格GE,毛MU,东盟^RAS^R,澳^RAU^R,新西兰^RNZ^R,柬KH,港HK,澳门MO	0 受惠国LD	17
				3.2	韩^RKR^R		
				3.3	日^RJP^R		
8480	9018.1990	---其他 ---Other	0	0	亚太AP,东盟AS,智CL,巴PK,新西兰NZ,秘PE,哥CR,瑞CH,冰IS,韩KR,澳AU,格GE,毛MU,东盟^RAS^R,日^RJP^R,柬KH,港HK,澳门MO,韩^RKR^R	0 受惠国LD	17
				3.2	澳^RAU^R,新西兰^RNZ^R		
8481	9018.2000	-紫外线及红外线装置 -Ultra-violet or infra-red ray apparatus	0	0	东盟AS,智CL,巴PK,新西兰NZ,秘PE,哥CR,瑞CH,冰IS,韩KR,澳AU,格GE,毛MU,东盟^RAS^R,澳^RAU^R,日^RJP^R,新西兰^RNZ^R,柬KH,港HK,澳门MO,韩^RKR^R	0 受惠国LD	17
		-注射器、针、导管、插管及类似品: -Syringes, needles, catheters, cannulae and the like:					
8482	9018.3100	--注射器, 不论是否装有针头 --Syringes, with or without needles	8	0	东盟AS,智CL,巴PK,新西兰NZ,秘PE,哥CR,瑞CH,冰IS,澳AU,格GE,毛MU,东盟^RAS^R,澳^RAU^R,新西兰^RNZ^R,柬KH,港HK,澳门MO	0 受惠国LD	50
				0.8	韩KR		
				5.2	亚太AP		
				6.4	韩^RKR^R		
				6.5	日^RJP^R		
		--管状金属针头及缝合用针: --Tubular metal needles and needles for sutures:					
8483	9018.3210	---管状金属针头 ---Tubular metal needles	8	0	东盟AS,智CL,巴PK,新西兰NZ,秘PE,哥CR,瑞CH,冰IS,澳AU,格GE,毛MU,柬KH,港HK,澳门MO	0 受惠国LD	50
				0.8	韩KR		
				5.2	亚太AP		
				6.4	东盟^RAS^R,澳^RAU^R,新西兰^RNZ^R,韩^RKR^R		
				6.5	日^RJP^R		
8484	9018.3220	---缝合用针 ---Needles for sutures	4	0	东盟AS,智CL,巴PK,新西兰NZ,秘PE,哥CR,瑞CH,冰IS,韩KR,澳AU,格GE,毛MU,东盟^RAS^R,澳^RAU^R,日^RJP^R,新西兰^RNZ^R,柬KH,港HK,澳门MO,韩^RKR^R	0 受惠国LD	17
				2.6	亚太AP		

序号 No.	税则号列 Tariff Line	货品名称 Article Description	最惠国税率 MFN(%)		协定税率 Agreement(%)	特惠税率 SP(%)	普通税率 Gen(%)
8485	9018.3900	--其他 --Other	4	0 3.5	东盟AS,智CL,巴PK,新西兰NZ, 秘PE,哥CR,瑞CH,冰IS,韩KR, 澳AU,格GE,毛MU,东盟^RAS^R,澳 ^RAU^R,新西兰^RNZ^R,柬KH,港HK, 澳门MO,韩^RKR^R 日^RJP^R	0 受惠国LD	17
		-牙科用其他仪器及器具: -Other instruments and appliances, used in dental sciences:					
8486	9018.4100	--牙钻机,不论是否与其他牙科设备组 装在同一底座上 --Dental drill engines, whether or not combined on a single base with other dental equipment	4	0	东盟AS,智CL,巴PK,新西兰NZ, 秘PE,哥CR,瑞CH,冰IS,韩KR, 澳AU,格GE,毛MU,东盟^RAS^R, 澳^RAU^R,日^RJP^R,新西兰^RNZ^R,柬 KH,港HK,澳门MO,韩^RKR^R	0 受惠国LD	17
		--其他: --Other:					
8487	9018.4910	---装有牙科设备的牙科用椅 ---Dentists chairs incorporating dental equipment	4	0 0.4 3.2 3.3	东盟AS,智CL,巴PK,新西兰NZ, 秘PE,哥CR,瑞CH,冰IS,澳AU,格 GE,毛MU,东盟^RAS^R,澳^RAU^R,新 西兰^RNZ^R,柬KH,港HK,澳门MO 韩KR 韩^RKR^R 日^RJP^R	0 受惠国LD	17
8488	9018.4990	---其他 ---Other	4	0 3.3	东盟AS,智CL,巴PK,新西兰NZ, 秘PE,哥CR,瑞CH,冰IS,韩KR, 澳AU,格GE,毛MU,东盟^RAS^R,澳 ^RAU^R,新西兰^RNZ^R,柬KH,港HK, 澳门MO,韩^RKR^R 日^RJP^R	0 受惠国LD	17
8489	9018.5000	-眼科用其他仪器及器具 -Other ophthalmic instruments and appliances	0	0 2.6 3.2 3.3 3.6	亚太AP,东盟AS,智CL,巴PK,新 西兰NZ,秘PE,哥CR,瑞CH,冰IS, 澳AU,格GE,毛MU,柬KH,港HK, 澳门MO 韩KR 东盟^RAS^R,澳^RAU^R,新西兰^RNZ^R 日^RJP^R 韩^RKR^R	0 受惠国LD	17
		-其他仪器及器具: -Other instruments and appliances:					
8490	9018.9010	---听诊器 ---Stethoscopes	4	0 2.6	东盟AS,智CL,巴PK,新西兰NZ, 秘PE,哥CR,瑞CH,冰IS,韩KR, 澳AU,格GE,毛MU,东盟^RAS^R, 澳^RAU^R,日^RJP^R,新西兰^RNZ^R,柬 KH,港HK,澳门MO,韩^RKR^R 亚太AP	0 受惠国LD	17

序号 No.	税则号列 Tariff Line	货品名称 Article Description	最惠国税率 MFN(%)	协定税率 Agreement(%)		特惠税率 SP(%)	普通税率 Gen(%)
8491	9018.9020	---血压测量仪器及器具 ---Sphygmomanometers and appliances	4	0	东盟AS,智CL,巴PK,新西兰NZ,秘PE,哥CR,瑞CH,冰IS,韩KR,澳AU,格GE,毛MU,东盟^RAS^R,澳^RAU^R,日^RJP^R,新西兰^RNZ^R,柬KH,港HK,澳门MO,韩^RKR^R	0 受惠国LD	17
				2.6	亚太AP		
	ex90189020	电血压测量仪器及器具 Electro sphygmomanometers	0				
8492	9018.9030	---内窥镜 ---Endoscopes	0	0	亚太AP,东盟AS,智CL,巴PK,新西兰NZ,秘PE,哥CR,瑞CH,冰IS,韩KR,澳AU,格GE,毛MU,东盟^RAS^R,日^RJP^R,柬KH,港HK,澳门MO,韩^RKR^R	0 受惠国LD	17
				3.2	澳^RAU^R,新西兰^RNZ^R		
8493	9018.9040	---肾脏透析设备（人工肾） ---Artificial kidney (dialysis) apparatus	0	0	亚太AP,东盟AS,智CL,巴PK,新西兰NZ,秘PE,哥CR,瑞CH,冰IS,韩KR,澳AU,格GE,毛MU,东盟^RAS^R,日^RJP^R,柬KH,港HK,澳门MO,韩^RKR^R	0 受惠国LD	17
				3.2	澳^RAU^R,新西兰^RNZ^R		
8494	9018.9050	---透热疗法设备 ---Diathermy apparatus	0	0	亚太AP,东盟AS,智CL,巴PK,新西兰NZ,秘PE,哥CR,瑞CH,冰IS,韩KR,澳AU,格GE,毛MU,东盟^RAS^R,澳^RAU^R,日^RJP^R,新西兰^RNZ^R,柬KH,港HK,澳门MO,韩^RKR^R	0 受惠国LD	17
8495	9018.9060	---输血设备 ---Blood transfusion apparatus	0	0	亚太AP,东盟AS,智CL,巴PK,新西兰NZ,秘PE,哥CR,瑞CH,冰IS,韩KR,澳AU,格GE,毛MU,东盟^RAS^R,澳^RAU^R,新西兰^RNZ^R,柬KH,港HK,澳门MO,韩^RKR^R	0 受惠国LD	17
				3.3	日^RJP^R		
8496	9018.9070	---麻醉设备 ---Anaesthetic apparatus and instruments	4	0	东盟AS,智CL,巴PK,新西兰NZ,秘PE,哥CR,瑞CH,冰IS,韩KR,澳AU,格GE,毛MU,东盟^RAS^R,澳^RAU^R,日^RJP^R,新西兰^RNZ^R,柬KH,港HK,澳门MO,韩^RKR^R	0 受惠国LD	17
				2.6	亚太AP		
	ex90189070	电麻醉设备 Electro anaesthetic apparatus and instruments	0				
8497	9018.9080	---手术机器人 ---Surgical robots	0	0	亚太AP,东盟AS,智CL,巴PK,新西兰NZ,秘PE,哥CR,瑞CH,冰IS,韩KR,澳AU,格GE,毛MU,东盟^RAS^R,澳^RAU^R,新西兰^RNZ^R,柬KH,港HK,澳门MO,韩^RKR^R	0 受惠国LD	17
				3.3	日^RJP^R		

序号 No.	税则号列 Tariff Line	货品名称 Article Description	最惠国税率 MFN(%)	协定税率 Agreement(%)		特惠税率 SP(%)		普通税率 Gen(%)
		---其他： ---Other:						
8498	9018.9091	----宫内节育器 ----Intrauterine contraceptive device	4	0	东盟AS,智CL,巴PK,新西兰NZ,秘PE,哥CR,瑞CH,冰IS,韩KR,澳AU,格GE,毛MU,东盟^{R}AS^R,澳^{R}AU^R,日^{R}JP^R,新西兰^{R}NZ^R,柬KH,港HK,澳门MO,韩^{R}KR^R	0	受惠国LD	17
				2	亚太AP			
8499	9018.9099	----其他 ----Other	4	0	东盟AS,智CL,巴PK,新西兰NZ,秘PE,哥CR,瑞CH,冰IS,韩KR,澳AU,格GE,毛MU,东盟^{R}AS^R,澳^{R}AU^R,新西兰^{R}NZ^R,柬KH,港HK,澳门MO,韩^{R}KR^R	0	受惠国LD	17
				2.6	亚太AP			
				3.3	日^{R}JP^R			
	ex90189099	医用可解脱弹簧圈 Detachable coils for medical use	Δ1					
	ex90189099	颅内取栓支架 Revascularization device	Δ2					
	ex90189099	伞形下腔静脉滤器 Umbrella inferior vena cava filter	Δ2					
	ex90189099	电外科或电子医疗仪器及器具及其零件及附件 Electro-surgical or electro-medical instruments and appliances, and parts and accessories thereof	0					
	90.19	机械疗法器具；按摩器具；心理功能测验装置；臭氧治疗器；氧气治疗器、喷雾治疗器、人工呼吸器及其他治疗用呼吸器具： Mechano-therapy appliances; massage apparatus; psychological aptitude-testing apparatus; ozone therapy, oxygen therapy, aerosol therapy, artificial respiration or other therapeutic respiration apparatus:						
		-机械疗法器具；按摩器具；心理功能测验装置： -Mechano-therapy appliances; massage apparatus; psychological aptitude-testing apparatus:						

序号 No.	税则号列 Tariff Line	货品名称 Article Description	最惠国税率 MFN(%)		协定税率 Agreement(%)	特惠税率 SP(%)	普通税率 Gen(%)
8500	9019.1010	---按摩器具 ---Massage apparatus	10	0	东盟AS,智CL,新西兰NZ,新加坡SG,秘PE,哥CR,瑞CH,冰IS,澳AU,格GE,毛MU,柬KH,港HK,澳门MO	0 受惠国LD	40
				1.5	韩KR		
				7.2	巴PK		
				12	东盟^RAS^R,澳^RAU^R,新西兰^RNZ^R,韩^RKR^R		
				12.3	日^RJP^R		
8501	9019.1090	---其他 ---Other	4	0	东盟AS,智CL,巴PK,新西兰NZ,秘PE,哥CR,瑞CH,冰IS,韩KR,澳AU,格GE,毛MU,东盟^RAS^R,澳^RAU^R,新西兰^RNZ^R,柬KH,港HK,澳门MO,韩^RKR^R	0 受惠国LD	30
				3.3	日^RJP^R		
		-臭氧治疗器、氧气治疗器、喷雾治疗器、人工呼吸器及其他治疗用呼吸器具: -Ozone therapy, oxygen therapy, aerosol therapy, artificial respiration or other therapeutic respiration apparatus:					
8502	9019.2010	---有创呼吸机 ---Invasive ventilator	4	0	东盟AS,智CL,巴PK,新西兰NZ,秘PE,哥CR,瑞CH,冰IS,澳AU,格GE,毛MU,柬KH,港HK,澳门MO	0 受惠国LD	17
				1.6	韩KR		
				3.2	东盟^RAS^R,澳^RAU^R,新西兰^RNZ^R,韩^RKR^R		
				3.5	日^RJP^R		
8503	9019.2020	---无创呼吸机 ---Noninvasive ventilator	4	0	东盟AS,智CL,巴PK,新西兰NZ,秘PE,哥CR,瑞CH,冰IS,澳AU,格GE,毛MU,柬KH,港HK,澳门MO	0 受惠国LD	17
				1.6	韩KR		
				3.2	东盟^RAS^R,澳^RAU^R,新西兰^RNZ^R,韩^RKR^R		
				3.5	日^RJP^R		
8504	9019.2090	---其他 ---Other	4	0	东盟AS,智CL,巴PK,新西兰NZ,秘PE,哥CR,瑞CH,冰IS,澳AU,格GE,毛MU,柬KH,港HK,澳门MO	0 受惠国LD	17
				1.6	韩KR		
				3.2	东盟^RAS^R,澳^RAU^R,新西兰^RNZ^R,韩^RKR^R		
				3.5	日^RJP^R		

序号 No.	税则号列 Tariff Line	货品名称 Article Description	最惠国税率 MFN(%)	协定税率 Agreement(%)		特惠税率 SP(%)	普通税率 Gen(%)
	90.20	其他呼吸器具及防毒面具, 但不包括既无机械零件又无可互换过滤器的防护面具: Other breathing appliances and gas masks, excluding protective masks having neither mechanical parts nor replaceable filters:					
8505	9020.0000	其他呼吸器具及防毒面具, 但不包括既无机械零件又无可互换过滤器的防护面具 Other breathing appliances and gas masks, excluding protective masks having neither mechanical parts nor replaceable filters	8Δ4	0 0.8 1 6.4 6.5	东盟AS,智CL,新西兰NZ,秘PE,哥CR,瑞CH,冰IS,澳AU,格GE,毛MU,东盟^RAS^R,澳^RAU^R,新西兰^RNZ^R,柬KH,港HK,澳门MO 韩KR 巴PK 韩^RKR^R 日^RJP^R	0 受惠国LD	30
	90.21	矫形器具, 包括支具、外科手术带、疝气带; 夹板及其他骨折用具; 人造的人体部分; 助听器及为弥补生理缺陷或残疾而穿戴、携带或植入人体内的其他器具: Orthopaedic appliances, including crutches, surgical belts and trusses; splints and other fracture appliances; artificial parts of the body; hearing aids and other appliances which are worn or carried, or implanted in the body, to compensate for a defect or disability:					
8506	9021.1000	-矫形或骨折用器具 -Orthopaedic or fracture appliances	4	0 1.6	东盟AS,智CL,巴PK,新西兰NZ,新加坡SG,秘PE,哥CR,冰IS,澳AU,格GE,毛MU,东盟^RAS^R,澳^RAU^R,日^RJP^R,新西兰^RNZ^R,柬KH,港HK,澳门MO,韩^RKR^R 瑞CH,韩KR	0 受惠国LD	57
		-假牙及牙齿固定件: -Artificial teeth and dental fittings:					
8507	9021.2100	--假牙 --Artificial teeth	4Δ2	0	东盟AS,智CL,巴PK,新西兰NZ,秘PE,哥CR,瑞CH,冰IS,韩KR,澳AU,格GE,毛MU,东盟^RAS^R,澳^RAU^R,日^RJP^R,新西兰^RNZ^R,柬KH,港HK,澳门MO,韩^RKR^R	0 受惠国LD	17
8508	9021.2900	--其他 --Other	4Δ2	0	东盟AS,智CL,巴PK,新西兰NZ,新加坡SG,秘PE,哥CR,瑞CH,冰IS,韩KR,澳AU,格GE,毛MU,东盟^RAS^R,澳^RAU^R,日^RJP^R,新西兰^RNZ^R,柬KH,港HK,澳门MO,韩^RKR^R	0 受惠国LD	57

序号 No.	税则号列 Tariff Line	货品名称 Article Description	最惠国税率 MFN(%)	协定税率 Agreement(%)		特惠税率 SP(%)	普通税率 Gen(%)
		-其他人造的人体部分: -Other artificial parts of the body:					
8509	9021.3100	--人造关节 --Artificial joints	4Δ2	0	东盟AS,智CL,巴PK,新西兰NZ, 秘PE,哥CR,瑞CH,冰IS,韩KR, 澳AU,格GE,毛MU,东盟^{R}AS^R,澳 ^{R}AU^R,新西兰^{R}NZ^R,柬KH,港HK, 澳门MO,台TW,韩^{R}KR^R	0 受惠国LD	17
				3.3	日^{R}JP^R		
8510	9021.3900	--其他 --Other	4	0	东盟AS,智CL,巴PK,新西兰NZ, 秘PE,哥CR,瑞CH,冰IS,澳AU,格 GE,毛MU,柬KH,港HK,澳门MO	0 受惠国LD	17
				0.4	韩KR		
				3.2	东盟^{R}AS^R,澳^{R}AU^R,新西兰^{R}NZ^R, 韩^{R}KR^R		
				3.3	日^{R}JP^R		
	ex90213900	人工心脏瓣膜 Artificial heart valve prosthesis	Δ1				
8511	9021.4000	-助听器,不包括零件、附件 -Hearing aids, excluding parts and accessories	4Δ1	0	东盟AS,智CL,巴PK,新西兰NZ, 秘PE,哥CR,瑞CH,冰IS,韩KR, 澳AU,格GE,毛MU,东盟^{R}AS^R,澳 ^{R}AU^R,新西兰^{R}NZ^R,柬KH,港HK, 澳门MO,韩^{R}KR^R	0 受惠国LD	17
				3.3	日^{R}JP^R		
8512	9021.5000	-心脏起搏器,不包括零件、附件 -Pacemakers for stimulating heart muscles, excluding parts and accessories	0	0	亚太AP,东盟AS,智CL,巴PK,新 西兰NZ,秘PE,哥CR,瑞CH,冰IS, 韩KR,澳AU,格GE,毛MU,东盟 ^{R}AS^R,澳^{R}AU^R,新西兰^{R}NZ^R,柬 KH,港HK,澳门MO,韩^{R}KR^R	0 受惠国LD	17
				3.3	日^{R}JP^R		
		-其他: -Other:					
		---支架: ---Stents:					
8513	9021.9011	----血管支架 ----Stents in blood vessel	0	0	东盟AS,智CL,巴PK,新西兰NZ, 秘PE,哥CR,瑞CH,冰IS,韩KR, 澳AU,格GE,毛MU,东盟^{R}AS^R,澳 ^{R}AU^R,新西兰^{R}NZ^R,柬KH,港HK, 澳门MO,韩^{R}KR^R	0 受惠国LD	17
				3.3	日^{R}JP^R		
8514	9021.9019	----其他 ----Other	0	0	东盟AS,智CL,巴PK,新西兰NZ, 秘PE,哥CR,瑞CH,冰IS,澳AU,格 GE,毛MU,东盟^{R}AS^R,澳^{R}AU^R,新 西兰^{R}NZ^R,柬KH,港HK,澳门MO	0 受惠国LD	17
				0.4	韩KR		
				3.2	韩^{R}KR^R		
				3.3	日^{R}JP^R		

序号 No.	税则号列 Tariff Line	货品名称 Article Description	最惠国税率 MFN(%)	协定税率 Agreement(%)		特惠税率 SP(%)	普通税率 Gen(%)
8515	9021.9090	---其他 ---Other	0	0	东盟AS,智CL,巴PK,新西兰NZ, 秘PE,哥CR,瑞CH,冰IS,韩KR,澳 AU,格GE,毛MU,柬KH,港HK,澳 门MO	0 受惠国LD	17
				3.2	东盟^{R}AS^R,澳^{R}AU^R,新西兰^{R}NZ^R, 韩^{R}KR^R		
				3.3	日^{R}JP^R		
	90.22	X射线或α射线、β射线、γ射线或其他 离子射线的应用设备,不论是否用于医 疗、外科、牙科或兽医,包括射线照相 及射线治疗设备,X射线管及其他X射 线发生器、高压发生器、控制板及控制 台、荧光屏、检查或治疗用的桌、椅及 类似品: **Apparatus based on the use of X-rays or of alpha, beta , gamma or other ionising radiations, whether or not for medical, surgical, dental or veterinary uses, including radiography or radiotherapy apparatus, X-ray tubes and other X-ray generators, high tension generators, control panels and desks, screens, examination or treatment tables, chairs and the like:**					
		-X射线的应用设备,不论是否用于医 疗、外科、牙科或兽医,包括射线照相 或射线治疗设备: -Apparatus based on the use of X-rays, whether or not for medical, surgical, dental or veterinary uses, including radiography or radiotherapy apparatus:					
8516	9022.1200	--X射线断层检查仪 --Computed tomography apparatus	0.7#0	0	东盟AS,智CL,巴PK,新西兰NZ, 秘PE,哥CR,瑞CH,冰IS,澳AU,格 GE,毛MU,东盟^{R}AS^R,澳^{R}AU^R,新 西兰^{R}NZ^R,柬KH,港HK,澳门MO	0 受惠国LD	11
				0.5#0	亚太AP		
				1.6	韩KR		
				3.2	韩^{R}KR^R		
				3.3	日^{R}JP^R		
8517	9022.1300	--其他, 牙科用 --Other, for dental uses	0	0	东盟AS,智CL,巴PK,新西兰NZ, 秘PE,哥CR,瑞CH,冰IS,韩KR, 澳AU,格GE,毛MU,东盟^{R}AS^R, 澳^{R}AU^R,日^{R}JP^R,新西兰^{R}NZ^R,柬 KH,港HK,澳门MO,韩^{R}KR^R	0 受惠国LD	11

序号 No.	税则号列 Tariff Line	货品名称 Article Description	最惠国税率 MFN(%)		协定税率 Agreement(%)	特惠税率 SP(%)	普通税率 Gen(%)
8518	9022.1400	--其他, 医疗、外科或兽医用 --Other, for medical, surgical or veterinary uses	0	0	东盟AS,智CL,巴PK,新西兰NZ,秘PE,哥CR,瑞CH,冰IS,韩KR,澳AU,格GE,毛MU,东盟^{R}AS^R,日^{R}JP^R,柬KH,港HK,澳门MO,韩^{R}KR^R	0 受惠国LD	11
				3.2	澳^{R}AU^R,新西兰^{R}NZ^R		
		--其他: --For other uses:					
8519	9022.1910	---低剂量X射线安全检查设备 ---Low dosage X-ray security inspecting equipment	0	0	东盟AS,智CL,巴PK,新西兰NZ,秘PE,哥CR,瑞CH,冰IS,澳AU,格GE,毛MU,东盟^{R}AS^R,澳^{R}AU^R,新西兰^{R}NZ^R,柬KH,港HK,澳门MO	0 受惠国LD	11
				1.6	韩KR		
				3.2	韩^{R}KR^R		
				3.3	日^{R}JP^R		
8520	9022.1920	---X射线无损探伤检测仪 ---X-ray nondestructive inspection apparatus	0	0	东盟AS,智CL,巴PK,新西兰NZ,秘PE,哥CR,瑞CH,冰IS,澳AU,格GE,毛MU,东盟^{R}AS^R,澳^{R}AU^R,新西兰^{R}NZ^R,柬KH,港HK,澳门MO	0 受惠国LD	11
				3.2	韩^{R}KR^R		
				3.3	日^{R}JP^R		
8521	9022.1990	---其他 ---Other	0	0	东盟AS,智CL,巴PK,新西兰NZ,秘PE,哥CR,瑞CH,冰IS,澳AU,格GE,毛MU,东盟^{R}AS^R,澳^{R}AU^R,新西兰^{R}NZ^R,柬KH,港HK,澳门MO	0 受惠国LD	11
				3.2	韩^{R}KR^R		
				3.3	日^{R}JP^R		
		-α射线、β射线、γ射线或其他离子射线的应用设备,不论是否用于医疗、外科、牙科或兽医,包括射线照相或射线治疗设备: -Apparatus based on the use of alpha, beta , gamma or other ionising radiations, whether or not for medical, surgical, dental or veterinary uses, including radiography or radiotherapy apparatus:					
		--医疗、外科、牙科或兽医用: --For medical, surgical, dental or veterinary uses:					
8522	9022.2110	---应用α射线、β射线、γ射线的 ---Based on the use of alpha, beta or gamma radiation	0	0	东盟AS,智CL,巴PK,新西兰NZ,秘PE,哥CR,瑞CH,冰IS,韩KR,澳AU,格GE,毛MU,东盟^{R}AS^R,澳^{R}AU^R,日^{R}JP^R,新西兰^{R}NZ^R,柬KH,港HK,澳门MO,韩^{R}KR^R	0 受惠国LD	11

序号 No.	税则号列 Tariff Line	货品名称 Article Description	最惠国税率 MFN(%)		协定税率 Agreement(%)	特惠税率 SP(%)	普通税率 Gen(%)
8523	9022.2190	---其他 ---Other	4	0	东盟AS,智CL,巴PK,新西兰NZ,秘PE,哥CR,瑞CH,冰IS,韩KR,澳AU,格GE,毛MU,东盟^RAS^R,澳^RAU^R,新西兰^RNZ^R,柬KH,港HK,澳门MO,韩^RKR^R	0 受惠国LD	17
				2.6	亚太AP		
				3.3	日^RJP^R		
	ex90222190	应用除α射线、β射线、γ射线以外的离子射线的医疗、外科、牙科或兽医用设 Apparatus for medical, surgical, dental or veterinary uses based on the use of radiations, except for alpha, beta or gamma radiations	0				
		--其他: --For other uses:					
8524	9022.2910	---γ射线无损探伤检测仪 ---Gamma ray nondestructive inspection apparatus	0	0	东盟AS,智CL,新西兰NZ,秘PE,哥CR,瑞CH,冰IS,韩KR,澳AU,格GE,毛MU,东盟^RAS^R,澳^RAU^R,日^RJP^R,新西兰^RNZ^R,柬KH,港HK,澳门MO,韩^RKR^R	0 受惠国LD	11
				4	巴PK		
8525	9022.2990	---其他 ---For other uses	0	0	东盟AS,智CL,新西兰NZ,秘PE,哥CR,瑞CH,冰IS,韩KR,澳AU,格GE,毛MU,东盟^RAS^R,澳^RAU^R,日^RJP^R,新西兰^RNZ^R,柬KH,港HK,澳门MO,韩^RKR^R	0 受惠国LD	11
				4	巴PK		
8526	9022.3000	-X射线管 -X-ray tubes	0	0	东盟AS,智CL,巴PK,新西兰NZ,秘PE,哥CR,瑞CH,冰IS,澳AU,格GE,毛MU,柬KH,港HK,澳门MO	0 受惠国LD	11
				0.2	韩KR		
				1.6	东盟^RAS^R,澳^RAU^R,日^RJP^R,新西兰^RNZ^R,韩^RKR^R		
		-其他,包括零件、附件: -Other, including parts and accessories:					
8527	9022.9010	---X射线影像增强器 ---X-ray intensifiers	0	0	东盟AS,智CL,巴PK,新西兰NZ,秘PE,哥CR,瑞CH,冰IS,澳AU,格GE,毛MU,东盟^RAS^R,日^RJP^R,柬KH,港HK,澳门MO	0 受惠国LD	11
				2.4	韩KR		
				4.8	澳^RAU^R,新西兰^RNZ^R,韩^RKR^R		

序号 No.	税则号列 Tariff Line	货品名称 Article Description	最惠国税率 MFN(%)	协定税率 Agreement(%)		特惠税率 SP(%)	普通税率 Gen(%)
8528	9022.9090	---其他 ---Other	4.5	0	东盟AS,智CL,巴PK,新西兰NZ, 秘PE,哥CR,瑞CH,冰IS,澳AU, 格GE,毛MU,东盟^{R}AS^R,澳^{R}AU^R, 新西兰^{R}NZ^R,柬KH,港HK,澳门 MO,韩^{R}KR^R	0 受惠国LD	14
				1.2	韩KR		
				3.3	日^{R}JP^R		
	ex90229090	射线发生器的零部件 Parts of ray generators	Δ1				
	ex90229090	数字化X射线摄影系统平板探测器 Flat panel detector of digital X-ray photography system	Δ3				
	ex90229090	X射线断层检查仪专用探测器 Special detector for X-ray tomography	Δ3				
	ex90229090	X射线断层检查仪专用闪烁体、准直器 Special scintillator and collimator for X-ray tomography	Δ3				
	ex90229090	应用除α射线、β射线、γ射线以外的 离子射线的医疗、外科、牙科或兽医用 设备的零件及附件 Parts and accessories of apparatus for medical, surgical, dental or veterinary uses based on the use of radiations, except for alpha, beta or gamma radiations	0				
	90.23	专供示范(例如,教学或展览)而无其 他用途的仪器、装置及模型: **Instruments, apparatus and models, designed for demonstrational purposes (for example, in education or exhibitions), unsuitable for other uses:**					
8529	9023.0010	---教习头 ---Human hair training mannequin head	0	0	东盟AS,智CL,新西兰NZ,秘PE, 哥CR,瑞CH,冰IS,韩KR,澳AU, 格GE,毛MU,东盟^{R}AS^R,日^{R}JP^R, 柬KH,港HK,澳门MO,韩^{R}KR^R	0 受惠国LD	20
				4	巴PK		
				5.6	澳^{R}AU^R,新西兰^{R}NZ^R		
8530	9023.0090	---其他 ---Other	0	0	东盟AS,智CL,新西兰NZ,秘PE, 哥CR,瑞CH,冰IS,韩KR,澳AU, 格GE,东盟^{R}AS^R,日^{R}JP^R,柬KH, 港HK,澳门MO,韩^{R}KR^R	0 受惠国LD	20
				2.1	毛MU		
				4	巴PK		
				5.6	澳^{R}AU^R,新西兰^{R}NZ^R		

序号 No.	税则号列 Tariff Line	货品名称 Article Description	最惠国税率 MFN(%)	协定税率 Agreement(%)		特惠税率 SP(%)	普通税率 Gen(%)
	90.24	各种材料(例如,金属、木材、纺织材料、纸张、塑料)的硬度、强度、压缩性、弹性或其他机械性能的试验机器及器具: Machines and appliances for testing the hardness, strength, compressibility, elasticity or other mechanical properties of materials (for example, metals, wood, textiles, paper, plastics):					
		-金属材料的试验用机器及器具: -Machines and appliances for testing metals:					
8531	9024.1010	---电子万能试验机 ---Electronic universal testing machine	0	0	亚太AP,东盟AS,智CL,新西兰NZ,秘PE,哥CR,瑞CH,冰IS,澳AU,格GE,毛MU,东盟^{R}AS^R,澳^{R}AU^R,新西兰NZ^R,柬KH,港HK,澳门MO	0 受惠国LD	20
				0.7	韩KR		
				1	巴PK		
				5.6	韩^{R}KR^R		
				5.7	日^{R}JP^R		
8532	9024.1020	---硬度计 ---Sclerometer	0	0	亚太AP,东盟AS,智CL,新西兰NZ,秘PE,哥CR,瑞CH,冰IS,澳AU,格GE,毛MU,东盟^{R}AS^R,澳^{R}AU^R,新西兰NZ^R,柬KH,港HK,澳门MO	0 受惠国LD	20
				0.7	韩KR		
				1	巴PK		
				5.6	韩^{R}KR^R		
				5.7	日^{R}JP^R		
8533	9024.1090	---其他 ---Other	0	0	亚太AP,东盟AS,智CL,新西兰NZ,秘PE,哥CR,瑞CH,冰IS,澳AU,格GE,毛MU,柬KH,港HK,澳门MO	0 受惠国LD	20
				4	巴PK		
				4.5	韩KR		
				5.6	东盟^{R}AS^R,澳^{R}AU^R,新西兰NZ^R		
				5.7	日^{R}JP^R		
				6.3	韩^{R}KR^R		
8534	9024.8000	-其他机器及器具 -Other machines and appliances	0.6#0	0	东盟AS,智CL,巴PK,新西兰NZ,秘PE,哥CR,瑞CH,冰IS,澳AU,格GE,毛MU,柬KH,港HK,澳门MO	0 受惠国LD	20
				2	韩KR		
				4	东盟^{R}AS^R,澳^{R}AU^R,新西兰NZ^R,韩^{R}KR^R		
				4.1	日^{R}JP^R		

序号 No.	税则号列 Tariff Line	货品名称 Article Description	最惠国税率 MFN(%)	协定税率 Agreement(%)		特惠税率 SP(%)	普通税率 Gen(%)
8535	9024.9000	-零件、附件 -Parts and accessories	0	0 4.8 4.9	东盟AS,智CL,巴PK,新西兰NZ, 秘PE,哥CR,瑞CH,冰IS,澳AU,格 GE,毛MU,东盟^{R}AS^R,澳^{R}AU^R,新 西兰^{R}NZ^R,柬KH,港HK,澳门MO 韩^{R}KR^R 日^{R}JP^R	0 受惠国LD	20
	90.25	记录式或非记录式的液体比重计及类似的浮子式仪器、温度计、高温计、气压计、湿度计、干湿球温度计及其组合装置： Hydrometers and similar floating instruments, thermometers and pyrometers, barometers, hygrometers and psychrometers, recording or not, and any combination of these instruments:					
		-温度计及高温计，未与其他仪器组合： -Thermometers and pyrometers, not combined with other instruments:					
8536	9025.1100	--液体温度计，可直接读数 --Liquid-filled, for direct reading	4	0	东盟AS,智CL,巴PK,新西兰NZ, 秘PE,哥CR,瑞CH,冰IS,韩KR, 澳AU,格GE,毛MU,东盟^{R}AS^R, 澳^{R}AU^R,日^{R}JP^R,新西兰^{R}NZ^R,柬 KH,港HK,澳门MO,韩^{R}KR^R	0 受惠国LD	40
		--其他： --Other:					
8537	9025.1910	---工业用 ---For industrial use	0	0 1 6.7 6.9	亚太AP,东盟AS,智CL,新西兰 NZ,秘PE,哥CR,瑞CH,冰IS,韩 KR,澳AU,格GE,毛MU,柬KH,港 HK,澳门MO 巴PK 东盟^{R}AS^R,澳^{R}AU^R,新西兰^{R}NZ^R, 韩^{R}KR^R 日^{R}JP^R	0 受惠国LD	20
8538	9025.1990	---其他 ---Other	0	0 1 6.9	亚太AP,东盟AS,智CL,新西兰 NZ,秘PE,哥CR,瑞CH,冰IS,韩 KR,澳AU,格GE,毛MU,东盟 ^{R}AS^R,澳^{R}AU^R,新西兰^{R}NZ^R,柬 KH,港HK,澳门MO,韩^{R}KR^R 巴PK 日^{R}JP^R	0 受惠国LD	80
8539	9025.8000	-其他仪器 -Other instruments	11	0 3 6 9.9	东盟AS,智CL,新西兰NZ,新加 坡SG,秘PE,哥CR,瑞CH,冰IS,澳 AU,格GE,毛MU,柬KH,港HK,澳 门MO 巴PK 韩KR 东盟^{R}AS^R,澳^{R}AU^R,新西兰^{R}NZ^R	0 受惠国LD	30

序号 No.	税则号列 Tariff Line	货品名称 Article Description	最惠国税率 MFN(%)	协定税率 Agreement(%)		特惠税率 SP(%)	普通税率 Gen(%)
8540	9025.9000	-零件、附件 -Parts and accessories	0	0	亚太AP,东盟AS,智CL,新西兰NZ,秘PE,哥CR,瑞CH,冰IS,韩KR,澳AU,格GE,柬KH,港HK,澳门MO	0 受惠国LD	20
				1	巴PK		
				3.8	毛MU		
				6.4	东盟^{R}AS^R,澳^{R}AU^R,新西兰NZ^R,韩^{R}KR^R		
				6.5	日^{R}JP^R		
	90.26	液体或气体的流量、液位、压力或其他变化量的测量或检验仪器及装置(例如,流量计、液位计、压力表、热量计),但不包括税目90.14、90.15、90.28或90.32的仪器及装置: Instruments and apparatus for measuring or checking the flow, level, pressure or other variables of liquids or gases (for example, flow meters, level gauges, manometers, heat meters), excluding instruments and apparatus of heading 90.14, 90.15, 90.28 or 90.32:					
8541	9026.1000	-测量、检验液体流量或液位的仪器及装置 -For measuring or checking the flow or level of liquids	0	0	东盟AS,智CL,巴PK,新西兰NZ,秘PE,哥CR,瑞CH,冰IS,韩KR,澳AU,格GE,毛MU,东盟^{R}AS^R,澳^{R}AU^R,日^{R}JP^R,新西兰^{R}NZ^R,柬KH,港HK,澳门MO,韩^{R}KR^R	0 受惠国LD	17
		-测量、检验压力的仪器及装置: -For measuring or checking pressure:					
8542	9026.2010	---压力/差压变送器 ---Pressure/differential pressure transmitters	0	0	东盟AS,智CL,巴PK,新西兰NZ,秘PE,哥CR,瑞CH,冰IS,韩KR,澳AU,格GE,毛MU,东盟^{R}AS^R,澳^{R}AU^R,日^{R}JP^R,新西兰^{R}NZ^R,柬KH,港HK,澳门MO,韩^{R}KR^R	0 受惠国LD	17
8543	9026.2090	---其他 ---Other	0	0	东盟AS,智CL,巴PK,新西兰NZ,秘PE,哥CR,瑞CH,冰IS,韩KR,澳AU,格GE,毛MU,东盟^{R}AS^R,澳^{R}AU^R,日^{R}JP^R,新西兰^{R}NZ^R,柬KH,港HK,澳门MO,韩^{R}KR^R	0 受惠国LD	17
		-其他仪器及装置: -Other instruments or apparatus:					
8544	9026.8010	---测量气体流量的仪器及装置 ---Instruments or apparatus for measuring the flow of gases	0	0	东盟AS,智CL,巴PK,新西兰NZ,秘PE,哥CR,瑞CH,冰IS,韩KR,澳AU,格GE,毛MU,东盟^{R}AS^R,澳^{R}AU^R,日^{R}JP^R,新西兰^{R}NZ^R,柬KH,港HK,澳门MO,韩^{R}KR^R	0 受惠国LD	17

序号 No.	税则号列 Tariff Line	货品名称 Article Description	最惠国税率 MFN(%)		协定税率 Agreement(%)	特惠税率 SP(%)	普通税率 Gen(%)
8545	9026.8090	----其他 ----Other	0	0	东盟AS,智CL,巴PK,新西兰NZ,秘PE,哥CR,瑞CH,冰IS,韩KR,澳AU,格GE,毛MU,东盟ᴿASᴿ,澳ᴿAUᴿ,日ᴿJPᴿ,新西兰ᴿNZᴿ,柬KH,港HK,澳门MO,韩ᴿKRᴿ	0 受惠国LD	17
8546	9026.9000	-零件、附件 -Parts and accessories	0	0	东盟AS,智CL,巴PK,新西兰NZ,秘PE,哥CR,瑞CH,冰IS,韩KR,澳AU,格GE,毛MU,东盟ᴿASᴿ,澳ᴿAUᴿ,日ᴿJPᴿ,新西兰ᴿNZᴿ,柬KH,港HK,澳门MO,韩ᴿKRᴿ	0 受惠国LD	17
	90.27	理化分析仪器及装置（例如，偏振仪、折光仪、分光仪、气体或烟雾分析仪）；测量或检验黏性、多孔性、膨胀性、表面张力及类似性能的仪器及装置；测量或检验热量、声量或光量的仪器及装置（包括曝光表）；检镜切片机： Instruments and apparatus for physical or chemical analysis (for example, polarimeters, refractometers, spectrometers, gas or smoke analysis apparatus); instruments and apparatus for measuring or checking viscosity, porosity, expansion, surface tension or the like; instruments and apparatus for measuring or checking quantities of heat, sound or light (including exposure meters); microtomes:					
8547	9027.1000	-气体或烟雾分析仪 -Gas or smoke analysis apparatus	0.9#0	0 1 2.8 5.6 5.7	东盟AS,智CL,新西兰NZ,秘PE,哥CR,瑞CH,冰IS,澳AU,格GE,毛MU,东盟ᴿASᴿ,澳ᴿAUᴿ,新西兰ᴿNZᴿ,柬KH,港HK,澳门MO 巴PK 韩KR 韩ᴿKRᴿ 日ᴿJPᴿ	0 受惠国LD	17
		-色谱仪和电泳仪： -Chromatographs and electrophoresis instruments:					
		---色谱仪： ---Chromatographs instruments:					
8548	9027.2011	----气相色谱仪 ----Gas chromatographs instruments	0	0	东盟AS,智CL,巴PK,新西兰NZ,秘PE,哥CR,瑞CH,冰IS,韩KR,澳AU,格GE,毛MU,东盟ᴿASᴿ,澳ᴿAUᴿ,日ᴿJPᴿ,新西兰ᴿNZᴿ,柬KH,港HK,澳门MO,韩ᴿKRᴿ	0 受惠国LD	17

序号 No.	税则号列 Tariff Line	货品名称 Article Description	最惠国税率 MFN(%)	协定税率 Agreement(%)		特惠税率 SP(%)	普通税率 Gen(%)
8549	9027.2012	----液相色谱仪 ----Liquid chromatographs instruments	0	0	东盟AS,智CL,巴PK,新西兰NZ,秘PE,哥CR,瑞CH,冰IS,韩KR,澳AU,格GE,毛MU,东盟^RAS^R,澳^RAU^R,日^RJP^R,新西兰^RNZ^R,柬KH,港HK,澳门MO,韩^RKR^R	0 受惠国LD	17
8550	9027.2019	----其他 ----Other	0	0	东盟AS,智CL,巴PK,新西兰NZ,秘PE,哥CR,瑞CH,冰IS,韩KR,澳AU,格GE,毛MU,东盟^RAS^R,澳^RAU^R,日^RJP^R,新西兰^RNZ^R,柬KH,港HK,澳门MO,韩^RKR^R	0 受惠国LD	17
8551	9027.2020	---电泳仪 ---Electrophoresis instruments	0	0	东盟AS,智CL,巴PK,新西兰NZ,秘PE,哥CR,瑞CH,冰IS,韩KR,澳AU,格GE,毛MU,东盟^RAS^R,澳^RAU^R,日^RJP^R,新西兰^RNZ^R,柬KH,港HK,澳门MO,韩^RKR^R	0 受惠国LD	17
8552	9027.3000	-使用光学射线（紫外线、可见光、红外线）的分光仪、分光光度计及摄谱仪 -Spectrometers, spectrophotometers and spectrographs using optical radiations (UV, visible, IR) -使用光学射线（紫外线、可见光、红外线）的其他仪器及装置： -Other instruments and apparatus using optical radiations (UV, visible, IR):	0	0	东盟AS,智CL,巴PK,新西兰NZ,秘PE,哥CR,瑞CH,冰IS,韩KR,澳AU,格GE,毛MU,东盟^RAS^R,澳^RAU^R,日^RJP^R,新西兰^RNZ^R,柬KH,港HK,澳门MO,韩^RKR^R	0 受惠国LD	17
8553	9027.5010	---基因测序仪 ---Gene sequencer	0	0	东盟AS,智CL,巴PK,新西兰NZ,秘PE,哥CR,瑞CH,冰IS,韩KR,澳AU,格GE,毛MU,东盟^RAS^R,澳^RAU^R,日^RJP^R,新西兰^RNZ^R,柬KH,港HK,澳门MO,韩^RKR^R	0 受惠国LD	17
8554	9027.5090	---其他 ---Other	0	0	东盟AS,智CL,巴PK,新西兰NZ,秘PE,哥CR,瑞CH,冰IS,韩KR,澳AU,格GE,毛MU,东盟^RAS^R,澳^RAU^R,日^RJP^R,新西兰^RNZ^R,柬KH,港HK,澳门MO,韩^RKR^R	0 受惠国LD	17
		-其他仪器及装置： -Other instruments and apparatus: --质谱仪： --Mass spectrometers:					
8555	9027.8110	---集成电路生产用氦质谱检漏台 ---Helium spectra leak detectors of a kind used in intergrated circuit manufacture	0	0	东盟AS,智CL,巴PK,新西兰NZ,秘PE,哥CR,瑞CH,冰IS,韩KR,澳AU,格GE,毛MU,东盟^RAS^R,澳^RAU^R,日^RJP^R,新西兰^RNZ^R,柬KH,港HK,澳门MO,韩^RKR^R	0 受惠国LD	17
8556	9027.8120	---质谱联用仪 ---Mass spectrometers combined with other instruments	0	0	东盟AS,智CL,巴PK,新西兰NZ,秘PE,哥CR,瑞CH,冰IS,韩KR,澳AU,格GE,毛MU,东盟^RAS^R,澳^RAU^R,日^RJP^R,新西兰^RNZ^R,柬KH,港HK,澳门MO,韩^RKR^R	0 受惠国LD	17

序号 No.	税则号列 Tariff Line	货品名称 Article Description	最惠国税率 MFN(%)		协定税率 Agreement(%)	特惠税率 SP(%)	普通税率 Gen(%)
8557	9027.8190	---其他 ---Other	0	0	东盟AS,智CL,巴PK,新西兰NZ,秘PE,哥CR,瑞CH,冰IS,韩KR,澳AU,格GE,毛MU,东盟^RAS^R,澳^RAU^R,日^RJP^R,新西兰^RNZ^R,柬KH,港HK,澳门MO,韩^RKR^R	0 受惠国LD	17
		--其他: --Other:					
8558	9027.8910	---曝光表 ---Exposure meters	0	0	东盟AS,智CL,新西兰NZ,新加坡SG,秘PE,哥CR,瑞CH,冰IS,澳AU,格GE,毛MU,东盟^RAS^R,澳^RAU^R,新西兰^RNZ^R,柬KH,港HK,澳门MO	0 受惠国LD	70
				1.4	韩KR		
				6.7	巴PK		
				11.2	韩^RKR^R		
				11.5	日^RJP^R		
8559	9027.8990	---其他 ---Other	0	0	东盟AS,智CL,巴PK,新西兰NZ,秘PE,哥CR,瑞CH,冰IS,韩KR,澳AU,格GE,毛MU,东盟^RAS^R,澳^RAU^R,日^RJP^R,新西兰^RNZ^R,柬KH,港HK,澳门MO,韩^RKR^R	0 受惠国LD	17
8560	9027.9000	-检镜切片机;零件、附件 -Microtomes; parts and accessories	0	0	东盟AS,智CL,巴PK,新西兰NZ,秘PE,哥CR,瑞CH,冰IS,韩KR,澳AU,格GE,毛MU,东盟^RAS^R,澳^RAU^R,日^RJP^R,新西兰^RNZ^R,柬KH,港HK,澳门MO,韩^RKR^R	0 受惠国LD	17
	90.28	生产或供应气体、液体及电力用的计量仪表,包括它们的校准仪表: Gas, liquid or electricity supply or production meters, including calibrating meters therefor:					
		-气量计: -Gas meters:					
8561	9028.1010	---煤气表 ---Coal gas meters	10	0	东盟AS,智CL,新西兰NZ,秘PE,哥CR,瑞CH,冰IS,澳AU,格GE,毛MU,东盟^RAS^R,澳^RAU^R,新西兰^RNZ^R,柬KH,港HK,澳门MO	0 受惠国LD	30
				1	巴PK,韩KR		
				8	韩^RKR^R		
				8.2	日^RJP^R		
8562	9028.1090	---其他 ---Other	10	0	东盟AS,智CL,新西兰NZ,新加坡SG,秘PE,哥CR,瑞CH,冰IS,澳AU,格GE,毛MU,东盟^RAS^R,澳^RAU^R,新西兰^RNZ^R,柬KH,港HK,澳门MO	0 受惠国LD	30
				1	巴PK,韩KR		
				8	韩^RKR^R		
				8.2	日^RJP^R		

序号 No.	税则号列 Tariff Line	货品名称 Article Description	最惠国税率 MFN(%)	协定税率 Agreement(%)		特惠税率 SP(%)	普通税率 Gen(%)
		-液量计: -Liquid meters:					
8563	9028.2010	---水表 ---Water meters	10	0	东盟AS,智CL,新西兰NZ,新加坡SG,秘PE,哥CR,瑞CH,冰IS,澳AU,格GE,毛MU,东盟^RAS^R,澳^RAU^R,新西兰^RNZ^R,柬KH,港HK,澳门MO	0 受惠国LD	30
				1	巴PK,韩KR		
				8	韩^RKR^R		
				8.2	日^RJP^R		
8564	9028.2090	---其他 ---Other	10	0	东盟AS,智CL,新西兰NZ,新加坡SG,秘PE,哥CR,瑞CH,冰IS,澳AU,格GE,毛MU,柬KH,港HK,澳门MO	0 受惠国LD	30
				1	巴PK		
				5	东盟^RAS^R,澳^RAU^R,新西兰^RNZ^R		
		-电量计: -Electricity meters:					
		---电度表: ---Watt-hour meter:					
8565	9028.3011	----单相感应式 ----Single-phase induction	0	0	东盟AS,智CL,新西兰NZ,秘PE,哥CR,瑞CH,冰IS,澳AU,格GE,毛MU,东盟^RAS^R,澳^RAU^R,日^RJP^R,新西兰^RNZ^R,柬KH,港HK,澳门MO	0 受惠国LD	30
				1	巴PK,韩KR		
				8	韩^RKR^R		
8566	9028.3012	----三相感应式 ----Triple-phase induction	0	0	东盟AS,智CL,新西兰NZ,秘PE,哥CR,瑞CH,冰IS,澳AU,格GE,毛MU,东盟^RAS^R,澳^RAU^R,日^RJP^R,新西兰^RNZ^R,柬KH,港HK,澳门MO	0 受惠国LD	30
				1	巴PK,韩KR		
				8	韩^RKR^R		
8567	9028.3013	----单相电子式(静止式) ----Single-phase static	0	0	东盟AS,智CL,新西兰NZ,秘PE,哥CR,瑞CH,冰IS,澳AU,格GE,毛MU,东盟^RAS^R,澳^RAU^R,日^RJP^R,新西兰^RNZ^R,柬KH,港HK,澳门MO	0 受惠国LD	30
				1	巴PK,韩KR		
				8	韩^RKR^R		
8568	9028.3014	----三相电子式(静止式) ----Triple-phase static	0	0	东盟AS,智CL,新西兰NZ,秘PE,哥CR,冰IS,澳AU,格GE,毛MU,东盟^RAS^R,澳^RAU^R,日^RJP^R,新西兰^RNZ^R,柬KH,港HK,澳门MO	0 受惠国LD	30
				1	巴PK,韩KR		
				8	韩^RKR^R		

序号 No.	税则号列 Tariff Line	货品名称 Article Description	最惠国税率 MFN(%)	协定税率 Agreement(%)		特惠税率 SP(%)	普通税率 Gen(%)
8569	9028.3019	----其他 ----Other	0	0	东盟AS,智CL,新西兰NZ,秘PE, 哥CR,瑞CH,冰IS,澳AU,格GE, 毛MU,东盟^RAS^R,澳^RAU^R,日 ^RJP^R,新西兰^RNZ^R,柬KH,港HK, 澳门MO	0 受惠国LD	30
				1	巴PK		
				5.5	韩KR		
				8.7	韩^RKR^R		
8570	9028.3090	---其他 ---Other	0	0	东盟AS,智CL,新西兰NZ,新加 坡SG,秘PE,哥CR,瑞CH,冰IS, 澳AU,格GE,毛MU,东盟^RAS^R, 澳^RAU^R,日^RJP^R,新西兰^RNZ^R,柬 KH,港HK,澳门MO	0 受惠国LD	30
				1	巴PK,韩KR		
				8	韩^RKR^R		
		-零件、附件: -Parts and accessories:					
8571	9028.9010	---工业用 ---For technical use	0	0	东盟AS,智CL,新西兰NZ,秘PE, 哥CR,瑞CH,冰IS,澳AU,格GE, 毛MU,东盟^RAS^R,澳^RAU^R,日 ^RJP^R,新西兰^RNZ^R,柬KH,港HK, 澳门MO	0 受惠国LD	30
				0.8	韩KR		
				1	巴PK		
				6.7	韩^RKR^R		
8572	9028.9090	---其他 ---Other	0	0	东盟AS,智CL,新西兰NZ,秘PE, 哥CR,瑞CH,冰IS,韩KR,澳AU, 格GE,毛MU,东盟^RAS^R,澳^RAU^R, 日^RJP^R,新西兰^RNZ^R,柬KH,港 HK,澳门MO,韩^RKR^R	0 受惠国LD	50
				1	巴PK		
	90.29	转数计、产量计数器、车费计、里程计、步数计及类似仪表；速度计及转速表，税目90.14及90.15的仪表除外；频闪观测仪: **Revolution counters, production counters, taximeters, milometers, pedometers and the like; speed indicators and tachometers, other than those of heading 90.14 or 90.15; stroboscopes:**					
		-转数计、产量计数器、车费计、里程计、步数计及类似仪表: -Revolution counters, production counters, taximeters, milometers, pedometers and the like:					

序号 No.	税则号列 Tariff Line	货品名称 Article Description	最惠国税率 MFN(%)	协定税率 Agreement(%)		特惠税率 SP(%)	普通税率 Gen(%)
8573	9029.1010	---转数计 ---Revolution counters	12	0	东盟AS,智CL,新西兰NZ,新加坡SG,秘PE,哥CR,冰IS,澳AU,格GE,毛MU,东盟^{R}AS^R,澳^{R}AU^R,新西兰^{R}NZ^R,柬KH,港HK,澳门MO	0 受惠国LD	50
				1.5	韩KR		
				5	瑞CH		
				7.2	巴PK		
				12	韩^{R}KR^R		
				12.3	日^{R}JP^R		
8574	9029.1020	---车费计、里程计 ---Taximeters and mileometers	12	0	东盟AS,智CL,新西兰NZ,新加坡SG,秘PE,哥CR,瑞CH,冰IS,澳AU,格GE,毛MU,柬KH,港HK,澳门MO	0 受惠国LD	35
				5	东盟^{R}AS^R,澳^{R}AU^R,新西兰^{R}NZ^R		
				7.2	巴PK		
8575	9029.1090	---其他 ---Other	12	0	东盟AS,智CL,新西兰NZ,新加坡SG,秘PE,哥CR,瑞CH,冰IS,澳AU,格GE,毛MU,柬KH,港HK,澳门MO	0 受惠国LD	35
				5	东盟^{R}AS^R,澳^{R}AU^R,新西兰^{R}NZ^R		
				7.2	巴PK		
		-速度计及转速表, 频闪观测仪: -Speed indicators and tachometers; stroboscopes:						
8576	9029.2010	---车辆用速度计 ---Speed indicators for motor vehicles	10	0	东盟AS,智CL,新西兰NZ,秘PE,哥CR,瑞CH,冰IS,澳AU,格GE,毛MU,柬KH,港HK,澳门MO	0 受惠国LD	35
				4	巴PK		
				5.5	韩KR		
				9	东盟^{R}AS^R,澳^{R}AU^R,日^{R}JP^R,新西兰^{R}NZ^R,韩^{R}KR^R		
8577	9029.2090	---其他 ---Other	10	0	东盟AS,智CL,新西兰NZ,秘PE,哥CR,瑞CH,冰IS,澳AU,格GE,毛MU,柬KH,港HK,澳门MO	0 受惠国LD	35
				1	韩KR		
				3	巴PK		
				8	东盟^{R}AS^R,澳^{R}AU^R,新西兰^{R}NZ^R,韩^{R}KR^R		
				8.2	日^{R}JP^R		
8578	9029.9000	-零件、附件 -Parts and accessories	6	0	东盟AS,智CL,巴PK,新西兰NZ,秘PE,哥CR,瑞CH,冰IS,澳AU,格GE,毛MU,柬KH,港HK,澳门MO	0 受惠国LD	35
				5	东盟^{R}AS^R,澳^{R}AU^R,新西兰^{R}NZ^R		

序号 No.	税则号列 Tariff Line	货品名称 Article Description	最惠国税率 MFN(%)	协定税率 Agreement(%)		特惠税率 SP(%)	普通税率 Gen(%)
	90.30	示波器、频谱分析仪及其他用于电量测量或检验的仪器和装置，但不包括税目90.28的各种仪表；α射线、β射线、γ射线、X射线、宇宙射线或其他离子射线的测量或检验仪器及装置： Oscilloscopes, spectrum analysers and other instruments and apparatus for measuring or checking electrical quantities, excluding meters of heading 90.28; instruments and apparatus for measuring or detecting alpha, beta, gamma, X-ray, cosmic or other ionizing radiations:					
8579	9030.1000	-离子射线的测量或检验仪器及装置 -Instruments and apparatus for measuring or detecting ionizing radiations	0	0	东盟AS,智CL,巴PK,新西兰NZ,秘PE,哥CR,瑞CH,冰IS,澳AU,格GE,毛MU,东盟RASR,澳RAUR,新西兰RNZR,柬KH,港HK,澳门MO	0 受惠国LD	20
				4	韩RKRR		
				4.1	日RJPR		
		-示波器： -Oscilloscopes and oscillographs:					
8580	9030.2010	---测试频率在300兆赫兹以下的通用示波器 ---For general use, of test frequency less than 300MHz	0	0	东盟AS,智CL,新西兰NZ,新加坡SG,秘PE,哥CR,瑞CH,冰IS,澳AU,格GE,毛MU,东盟RASR,澳RAUR,日RJPR,新西兰RNZR,柬KH,港HK,澳门MO	0 受惠国LD	80
				0.8	韩KR		
				1	巴PK		
				6.4	韩RKRR		
8581	9030.2090	---其他 ---Other	0	0	东盟AS,智CL,巴PK,新西兰NZ,秘PE,哥CR,瑞CH,冰IS,澳AU,格GE,毛MU,东盟RASR,日RJPR,柬KH,港HK,澳门MO	0 受惠国LD	20
				0.5	韩KR		
				4	澳RAUR,新西兰RNZR,韩RKRR		
		-检测电压、电流、电阻或功率（用于测试或检验半导体晶圆或器件用的除外）的其他仪器及装置： -Other instruments and apparatus, for measuring or checking voltage, current, resistance orpower (other than those for measuring or checking semiconductor wafers or devices): --万用表，不带记录装置： --Multimeters without a recording device:					

序号 No.	税则号列 Tariff Line	货品名称 Article Description	最惠国税率 MFN(%)		协定税率 Agreement(%)	特惠税率 SP(%)		普通税率 Gen(%)
8582	9030.3110	---量程在五位半及以下的数字万用表 ---Digital, of measuring range of 5.5 or less	0	0	东盟AS,智CL,新西兰NZ,新加坡SG,秘PE,哥CR,瑞CH,冰IS,澳AU,格GE,毛MU,东盟^{R}AS^R,澳^{R}AU^R,日^{R}JP^R,新西兰^{R}NZ^R,柬KH,港HK,澳门MO	0	受惠国LD	130
				1.5	韩KR			
				7.2	巴PK			
				12	韩^{R}KR^R			
8583	9030.3190	---其他 ---Other	0	0	东盟AS,智CL,巴PK,新西兰NZ,秘PE,哥CR,瑞CH,冰IS,澳AU,格GE,毛MU,东盟^{R}AS^R,澳^{R}AU^R,日^{R}JP^R,新西兰^{R}NZ^R,柬KH,港HK,澳门MO	0	受惠国LD	20
				2	韩KR			
				4	韩^{R}KR^R			
8584	9030.3200	--万用表, 带记录装置 --Multimeters with a recording device	0	0	东盟AS,智CL,新西兰NZ,秘PE,哥CR,瑞CH,冰IS,澳AU,格GE,毛MU,东盟^{R}AS^R,澳^{R}AU^R,新西兰^{R}NZ^R,柬KH,港HK,澳门MO	0	受惠国LD	20
				0.8	韩KR			
				1	巴PK			
				6.4	韩^{R}KR^R			
				6.5	日^{R}JP^R			
		--其他, 不带记录装置: --Other, without a recording device:						
8585	9030.3310	---量程在五位半及以下的数字电流表、电压表 ---Digital ammeters or voltmeters, of measuring range of 5.5 or less	1.9#0	0	东盟AS,智CL,新西兰NZ,新加坡SG,秘PE,哥CR,瑞CH,冰IS,澳AU,格GE,毛MU,东盟^{R}AS^R,澳^{R}AU^R,新西兰^{R}NZ^R,柬KH,港HK,澳门MO	0	受惠国LD	130
				1.5	韩KR			
				7.2	巴PK			
				12	韩^{R}KR^R			
				12.3	日^{R}JP^R			
8586	9030.3320	---电阻测试仪 ---Resistance measuring instruments	10	0	东盟AS,智CL,新西兰NZ,新加坡SG,秘PE,哥CR,瑞CH,冰IS,澳AU,格GE,毛MU,柬KH,港HK,澳门MO	0	受惠国LD	80
				5	东盟^{R}AS^R,澳^{R}AU^R,新西兰^{R}NZ^R			
				9	巴PK			
8587	9030.3390	---其他 ---Other	1.1#0	0	东盟AS,智CL,新西兰NZ,秘PE,哥CR,瑞CH,冰IS,澳AU,格GE,毛MU,柬KH,港HK,澳门MO	0	受惠国LD	20
				4	巴PK			
				5	东盟^{R}AS^R,澳^{R}AU^R,新西兰^{R}NZ^R			

序号 No.	税则号列 Tariff Line	货品名称 Article Description	最惠国税率 MFN(%)		协定税率 Agreement(%)	特惠税率 SP(%)	普通税率 Gen(%)
8588	9030.3900	--其他, 带记录装置 --Other, with a recording device	0	0	东盟AS,智CL,新西兰NZ,秘PE, 哥CR,瑞CH,冰IS,澳AU,格GE, 毛MU,东盟^RAS^R,澳^RAU^R,新西 兰^RNZ^R,柬KH,港HK,澳门MO	0 受惠国LD	20
				1	巴PK		
				6.4	韩^RKR^R		
				6.5	日^RJP^R		
		-通讯专用的其他仪器及装置(例如, 串 音测试器、增益测量仪、失真度表、噪 声计): -Other instruments and apparatus, specially designed for telecommunications (for example, cross-talk meters, gain measuring instruments, distortion factor meters, psophometers):					
8589	9030.4010	---测试频率在12.4千兆赫兹以下的数 字式频率计 ---Digital frequency meters, of test frequency less than 12.4GHz	0	0	东盟AS,智CL,巴PK,新西兰NZ, 秘PE,哥CR,瑞CH,冰IS,韩KR, 澳AU,格GE,毛MU,东盟^RAS^R, 澳^RAU^R,日^RJP^R,新西兰^RNZ^R,柬 KH,港HK,澳门MO,韩^RKR^R	0 受惠国LD	80
8590	9030.4090	---其他 ---Other	0	0	东盟AS,智CL,巴PK,新西兰NZ, 秘PE,哥CR,瑞CH,冰IS,韩KR, 澳AU,格GE,毛MU,东盟^RAS^R, 澳^RAU^R,日^RJP^R,新西兰^RNZ^R,柬 KH,港HK,澳门MO,韩^RKR^R	0 受惠国LD	20
		-其他仪器及装置: -Other instruments and apparatus:					
8591	9030.8200	--测试或检验半导体晶圆或器件(包括 集成电路)用 --For measuring or checking semiconductor wafers or devices (including integrated circuits)	0	0	东盟AS,智CL,巴PK,新西兰NZ, 秘PE,哥CR,瑞CH,冰IS,韩KR, 澳AU,格GE,毛MU,东盟^RAS^R, 澳^RAU^R,日^RJP^R,新西兰^RNZ^R,柬 KH,港HK,澳门MO,韩^RKR^R	0 受惠国LD	20
		--其他, 带记录装置: --Other, with a recording device:					
8592	9030.8410	---电感及电容测试仪 ---For measuring inductances or capacitances	0	0	东盟AS,智CL,新西兰NZ,新加 坡SG,秘PE,哥CR,瑞CH,冰IS,澳 AU,格GE,毛MU,柬KH,港HK,澳 门MO	0 受惠国LD	80
				1	巴PK		
				8	东盟^RAS^R,澳^RAU^R,新西兰^RNZ^R		
				8.2	日^RJP^R		
				9	韩^RKR^R		

序号 No.	税则号列 Tariff Line	货品名称 Article Description	最惠国税率 MFN(%)		协定税率 Agreement(%)	特惠税率 SP(%)	普通税率 Gen(%)
8593	9030.8490	---其他 ---Other	0	0 1 3.2 6.4 6.5	东盟AS,智CL,新西兰NZ,秘PE, 哥CR,瑞CH,冰IS,澳AU,格GE, 毛MU,东盟^RAS^R,澳^RAU^R,新西 兰^RNZ^R,柬KH,港HK,澳门MO 巴PK 韩KR 韩^RKR^R 日^RJP^R	0 受惠国LD	20
		--其他: --Other:					
8594	9030.8910	---电感及电容测试仪 ---For measuring inductances or capacitances	0	0 6.7 11.2 11.5	东盟AS,智CL,新西兰NZ,新加 坡SG,秘PE,哥CR,瑞CH,冰IS,澳 AU,格GE,毛MU,东盟^RAS^R,澳 ^RAU^R,新西兰^RNZ^R,柬KH,港HK, 澳门MO 巴PK 韩^RKR^R 日^RJP^R	0 受惠国LD	80
8595	9030.8990	---其他 ---Other	0	0 1 6.4 6.5	东盟AS,智CL,新西兰NZ,秘PE, 哥CR,瑞CH,冰IS,澳AU,格GE, 毛MU,东盟^RAS^R,澳^RAU^R,新西 兰^RNZ^R,柬KH,港HK,澳门MO 巴PK 韩^RKR^R 日^RJP^R	0 受惠国LD	20
8596	9030.9000	-零件、附件 -Parts and accessories	0	0 0.7 1 5.6 5.7	东盟AS,智CL,新西兰NZ,秘PE, 哥CR,瑞CH,冰IS,澳AU,格GE, 毛MU,东盟^RAS^R,澳^RAU^R,新西 兰^RNZ^R,柬KH,港HK,澳门MO 韩KR 巴PK 韩^RKR^R 日^RJP^R	0 受惠国LD	17
	90.31	本章其他税号未列名的测量或检验仪 器、器具及机器; 轮廓投影仪: Measuring or checking instruments, appliances and machines, not specified or included elsewhere in this Chapter; profile projectors:					
8597	9031.1000	-机械零件平衡试验机 -Machines for balancing mechanical parts	0	0 1 5.6 5.7	亚太AP,东盟AS,智CL,新西兰 NZ,秘PE,哥CR,瑞CH,冰IS,韩 KR,澳AU,格GE,毛MU,柬KH,港 HK,澳门MO 巴PK 东盟^RAS^R,澳^RAU^R,新西兰^RNZ^R, 韩^RKR^R 日^RJP^R	0 受惠国LD	17

序号 No.	税则号列 Tariff Line	货品名称 Article Description	最惠国税率 MFN(%)		协定税率 Agreement(%)	特惠税率 SP(%)	普通税率 Gen(%)
8598	9031.2000	-试验台 -Test benches	7	0	东盟AS,智CL,新西兰NZ,秘PE,哥CR,冰IS,澳AU,格GE,毛MU,柬KH,港HK,澳门MO	0 受惠国LD	17
				1	巴PK		
				2.8	瑞CH,韩KR		
				5.6	东盟^{R}AS^R,澳^{R}AU^R,新西兰^{R}NZ^R,韩^{R}KR^R		
				6.1	日^{R}JP^R		
		-其他光学仪器及器具: -Other optical instruments and appliances:					
8599	9031.4100	--制造半导体器件(包括集成电路)时检验半导体晶圆、器件(包括集成电路)或检测光掩模或光栅用 --For inspecting semiconductor wafers or devices (including integrated circuits) or for inspecting photomasks or reticles used in manufacturing semiconductor devices (including integrated circuits)	0	0	东盟AS,智CL,巴PK,新西兰NZ,秘PE,哥CR,瑞CH,冰IS,韩KR,澳AU,格GE,毛MU,东盟^{R}AS^R,澳^{R}AU^R,日^{R}JP^R,新西兰^{R}NZ^R,柬KH,港HK,澳门MO,韩^{R}KR^R	0 受惠国LD	17
		--其他: --Other:					
8600	9031.4910	---轮廓投影仪 ---Profile projectors	0	0	东盟AS,智CL,新西兰NZ,秘PE,哥CR,瑞CH,冰IS,澳AU,格GE,毛MU,东盟^{R}AS^R,澳^{R}AU^R,新西兰^{R}NZ^R,柬KH,港HK,澳门MO	0 受惠国LD	20
				1	巴PK		
				4	韩KR		
				8	韩^{R}KR^R		
				8.2	日^{R}JP^R		
8601	9031.4920	---光栅测量装置 ---Optical grating measuring device	0	0	东盟AS,智CL,巴PK,新西兰NZ,秘PE,哥CR,瑞CH,冰IS,韩KR,澳AU,格GE,毛MU,东盟^{R}AS^R,澳^{R}AU^R,日^{R}JP^R,新西兰^{R}NZ^R,柬KH,港HK,澳门MO,韩^{R}KR^R	0 受惠国LD	17
8602	9031.4990	---其他 ---Other	0	0	东盟AS,智CL,巴PK,新西兰NZ,秘PE,哥CR,瑞CH,冰IS,韩KR,澳AU,格GE,毛MU,东盟^{R}AS^R,澳^{R}AU^R,日^{R}JP^R,新西兰^{R}NZ^R,柬KH,港HK,澳门MO,韩^{R}KR^R	0 受惠国LD	17
		-其他仪器、器具及机器: -Other instruments, appliances and machines:					

序号 No.	税则号列 Tariff Line	货品名称 Article Description	最惠国税率 MFN(%)	协定税率 Agreement(%)		特惠税率 SP(%)	普通税率 Gen(%)
8603	9031.8010	----光纤通信及光纤性能测试仪 ----Optical telecommunication and optical fibre performance testing instruments	1#0	0	东盟AS,智CL,巴PK,新西兰NZ,秘PE,哥CR,瑞CH,冰IS,澳AU,格GE,毛MU,柬KH,港HK,澳门MO	0 受惠国LD	17
				0.7#0	亚太AP		
				2	韩KR		
				4	东盟^{R}AS^R,澳^{R}AU^R,新西兰NZ^R,韩^{R}KR^R		
				4.1	日^{R}JP^R		
8604	9031.8020	----坐标测量仪 ----Coordinate measuring machine	1#0	0	东盟AS,智CL,巴PK,新西兰NZ,秘PE,哥CR,瑞CH,冰IS,澳AU,格GE,毛MU,柬KH,港HK,澳门MO	0 受惠国LD	17
				2	韩KR		
				4	东盟^{R}AS^R,澳^{R}AU^R,新西兰NZ^R,韩^{R}KR^R		
				4.1	日^{R}JP^R		
		---无损探伤检测仪器（射线探伤仪除外）： ---Apparatus for examinations, without damaging structure (other than apparatus for radiological examinations):					
8605	9031.8031	----超声波探伤检测仪 ----Apparatus for ultrasonic examinations	1#0	0	东盟AS,智CL,巴PK,新西兰NZ,秘PE,哥CR,瑞CH,冰IS,澳AU,格GE,毛MU,东盟^{R}AS^R,澳^{R}AU^R,新西兰^{R}NZ^R,柬KH,港HK,澳门MO	0 受惠国LD	17
				0.7#0	亚太AP		
				3.2	韩KR		
				4	韩^{R}KR^R		
				4.1	日^{R}JP^R		
8606	9031.8032	----磁粉探伤检测仪 ----Apparatus for magnetic examinations	1#0	0	东盟AS,智CL,巴PK,新西兰NZ,秘PE,哥CR,瑞CH,冰IS,澳AU,格GE,毛MU,东盟^{R}AS^R,澳^{R}AU^R,新西兰^{R}NZ^R,柬KH,港HK,澳门MO	0 受惠国LD	17
				0.7#0	亚太AP		
				3.2	韩KR		
				4	韩^{R}KR^R		
				4.1	日^{R}JP^R		
8607	9031.8033	----涡流探伤检测仪 ----Apparatus for eddy examinations	1#0	0	东盟AS,智CL,巴PK,新西兰NZ,秘PE,哥CR,瑞CH,冰IS,澳AU,格GE,毛MU,东盟^{R}AS^R,澳^{R}AU^R,新西兰^{R}NZ^R,柬KH,港HK,澳门MO	0 受惠国LD	17
				0.7#0	亚太AP		
				3.2	韩KR		
				4	韩^{R}KR^R		
				4.1	日^{R}JP^R		

序号 No.	税则号列 Tariff Line	货品名称 Article Description	最惠国税率 MFN(%)	协定税率 Agreement(%)		特惠税率 SP(%)	普通税率 Gen(%)
8608	9031.8039	----其他 ----Other	1#0	0	东盟AS,智CL,巴PK,新西兰NZ,秘PE,哥CR,瑞CH,冰IS,澳AU,格GE,毛MU,东盟^{R}AS^R,澳^{R}AU^R,新西兰^{R}NZ^R,柬KH,港HK,澳门MO	0 受惠国LD	17
				0.7#0	亚太AP		
				4	韩^{R}KR^R		
				4.1	日^{R}JP^R		
8609	9031.8090	---其他 ---Other	1#0	0	东盟AS,智CL,巴PK,新西兰NZ,秘PE,哥CR,澳AU,格GE,毛MU,东盟^{R}AS^R,澳^{R}AU^R,新西兰^{R}NZ^R,柬KH,港HK,澳门MO,台TW	0 受惠国LD	17
				0.5	韩KR		
				0.7#0	亚太AP		
				1#0	瑞CH		
				4	韩^{R}KR^R		
				4.4	日^{R}JP^R		
8610	9031.9000	-零件、附件 -Parts and accessories	0	0	东盟AS,智CL,巴PK,新西兰NZ,秘PE,哥CR,瑞CH,冰IS,韩KR,澳AU,格GE,毛MU,东盟^{R}AS^R,澳^{R}AU^R,日^{R}JP^R,新西兰^{R}NZ^R,柬KH,港HK,澳门MO,韩^{R}KR^R	0 受惠国LD	17
	90.32	自动调节或控制仪器及装置: Automatic regulating or controlling instruments and apparatus:					
8611	9032.1000	-恒温器 -Thermostats	7	0	东盟AS,智CL,新西兰NZ,秘PE,哥CR,瑞CH,冰IS,韩KR,澳AU,格GE,毛MU,东盟^{R}AS^R,澳^{R}AU^R,新西兰^{R}NZ^R,柬KH,港HK,澳门MO,韩^{R}KR^R	0 受惠国LD	17
				1	巴PK		
				5.7	日^{R}JP^R		
8612	9032.2000	-恒压器 -Manostats	0	0	东盟AS,智CL,新西兰NZ,秘PE,哥CR,瑞CH,冰IS,澳AU,格GE,毛MU,东盟^{R}AS^R,澳^{R}AU^R,新西兰^{R}NZ^R,柬KH,港HK,澳门MO	0 受惠国LD	17
				0.7	韩KR		
				1	巴PK		
				5.6	韩^{R}KR^R		
				5.7	日^{R}JP^R		

序号 No.	税则号列 Tariff Line	货品名称 Article Description	最惠国税率 MFN(%)		协定税率 Agreement(%)	特惠税率 SP(%)	普通税率 Gen(%)
		-其他仪器及装置: -Other instruments and apparatus:					
8613	9032.8100	--液压或气压的 --Hydraulic or pneumatic	0	0	亚太AP,东盟AS,智CL,新西兰NZ,秘PE,哥CR,瑞CH,冰IS,澳AU,格GE,毛MU,柬KH,港HK,澳门MO	0 受惠国LD	17
				1	巴PK		
				4.5	韩KR		
				5.6	东盟^{R}AS^R,澳^{R}AU^R,新西兰^{R}NZ^R		
				5.7	日^{R}JP^R		
				6.3	韩^{R}KR^R		
		--其他: --Other:					
		---列车自动控制系统（ATC）车载设备: ---On-board equipments of automatic train control system:					
8614	9032.8911	----列车自动防护系统（ATP）车载设备 ----On-board equipments of automatic train protection	7	0	东盟AS,智CL,新西兰NZ,秘PE,哥CR,冰IS,澳AU,格GE,毛MU,柬KH,港HK,澳门MO	0 受惠国LD	17
				1	巴PK		
				2.8	韩KR		
				5.6	东盟^{R}AS^R,澳^{R}AU^R,新西兰^{R}NZ^R,韩^{R}KR^R		
				6.1	日^{R}JP^R		
8615	9032.8912	----列车自动运行系统（ATO）车载设备 ----On-board equipments of automatic train operation	7	0	东盟AS,智CL,新西兰NZ,秘PE,哥CR,冰IS,澳AU,格GE,毛MU,柬KH,港HK,澳门MO	0 受惠国LD	17
				1	巴PK		
				2.8	韩KR		
				5.6	东盟^{R}AS^R,澳^{R}AU^R,新西兰^{R}NZ^R,韩^{R}KR^R		
				5.7	日^{R}JP^R		
8616	9032.8919	----其他 ----Other	7	0	东盟AS,智CL,新西兰NZ,秘PE,哥CR,冰IS,澳AU,格GE,毛MU,柬KH,港HK,澳门MO	0 受惠国LD	17
				1	巴PK		
				2.8	韩KR		
				5.6	东盟^{R}AS^R,澳^{R}AU^R,新西兰^{R}NZ^R,韩^{R}KR^R		
				5.7	日^{R}JP^R		

序号 No.	税则号列 Tariff Line	货品名称 Article Description	最惠国税率 MFN(%)	协定税率 Agreement(%)		特惠税率 SP(%)	普通税率 Gen(%)
8617	9032.8990	---其他 ---Other	7	0	东盟AS,智CL,新西兰NZ,秘PE, 哥CR,冰IS,澳AU,格GE,毛MU, 柬KH,港HK,澳门MO	0 受惠国LD	17
				2.8	韩KR		
				4	巴PK		
				5.6	东盟^{R}AS^R,澳^{R}AU^R,新西兰^{R}NZ^R, 韩^{R}KR^R		
				6.1	日^{R}JP^R		
	ex90328990	电喷点火程序控制单元 Program controlling units for electric ignition	Δ3				
	ex90328990	机床用成套数控伺服装置(包括CNC 操作单元,带有配套的伺服放大器和伺 服电机) Numerical control servomechanism for machine tools (including CNC unit, with servo amplifier and servomotor)	Δ3				
	ex90328990	印刷机用成套数控伺服传动装置(包 括运动控制器或可编程序自动控制器、 人机界面单元,带有配套的伺服驱动器 和伺服电机) Complete set of CNC servo devices used for printers (including PAC and HMI units, servo drivers and sero motoers)	Δ3				
	ex90328990	三坐标测量机用自动控制柜 Automatic controller for coordinate measuring machine of three dimensions	Δ3				
	ex90328990	纯电动或混合动力汽车用电机控制器 总成 Motor controller assembly for blade electric vehicles or hybrid electric vehicles	Δ4				
	ex90328990	飞机自动驾驶系统(包括自动驾驶、电 子控制飞行、自动故障分析、警告系 统配平系统及推力监控设备及其相关 仪表) Parts of automatic pilotting systems for airplane (including automatic pilotting, electronic flight contral, automatic failure analysis, warning systems, trimming systems, thrust monitoring equipments and the meters thereof)	Δ1				

序号 No.	税则号列 Tariff Line	货品名称 Article Description	最惠国税率 MFN(%)	协定税率 Agreement(%)		特惠税率 SP(%)	普通税率 Gen(%)
	ex90328990	具有可再生能源和智能电网应用的自动电压和电流调节器；非液压或气压的自动调控流量、液位和湿度的仪器 Automatic voltage and current regulators which have renewable energy and smart grid applications; process control instruments and apparatus for flow, level and humidity, excluding hydraulic or pneumatic	Δ5				
	ex90328990	发动机气门正时控制（VTC）模块 Engine valve timing control (VTC) module	Δ3				
8618	9032.9000	-零件、附件 -Parts and accessories	5	0	东盟AS,智CL,巴PK,新西兰NZ,秘PE,哥CR,瑞CH,冰IS,澳AU,格GE,毛MU,柬KH,港HK,澳门MO	0 受惠国LD	17
				2	韩KR		
				4	东盟^RAS^R,澳^RAU^R,新西兰^RNZ^R,韩^RKR^R		
				4.4	日^RJP^R		
	ex90329000	飞机自动驾驶系统（包括自动驾驶、电子控制飞行、自动故障分析、警告系统配平系统及推力监控设备及其相关仪表）的零件 Parts of automatic pilotting systems for airplane (including automatic pilotting, electronic flight contral, automatic failure analysis, warning systems, trimming systems, thrust monitoring equipments and the meters therof)	Δ1				
	ex90329000	飞机发动机燃油控制器用电路板 Circuit boards for airplane engine fuel controllers	Δ1				
	90.33	第九十章所列机器、器具、仪器或装置用的本章其他税目未列名的零件、附件： Parts and accessories (not specified or included elsewhere in this chapter) for machines, appliances, instruments or apparatus of Chapter 90:					
8619	9033.0000	第九十章所列机器、器具、仪器或装置用的本章其他税目未列名的零件、附件 Parts and accessories(not specified or in cluded elsewhere in this Chapter)for machines, appliances, instruments or apparatus of Chapter 90	6	0	东盟AS,智CL,新西兰NZ,秘PE,哥CR,瑞CH,冰IS,韩KR,澳AU,格GE,毛MU,东盟^RAS^R,澳^RAU^R,新西兰^RNZ^R,柬KH,港HK,澳门MO,韩^RKR^R	0 受惠国LD	17
				4	巴PK		
				5.3	日^RJP^R		

序号 No.	税则号列 Tariff Line	货品名称 Article Description	最惠国税率 MFN(%)	协定税率 Agreement(%)	特惠税率 SP(%)	普通税率 Gen(%)
	ex90330000	用于90章下列环境产品，包括太阳能定日镜、其他测量海洋、水文、气象或地球物理用仪器及设备，测量、检验液体流量或液位的仪器，测量、检验压力的仪器及装置，税目90.26中其他税号未列名的液体或气体测量仪器及装置，气体或烟雾分析仪，色谱仪和电泳仪，使用光学射线（紫外线，可见光，红外线）的分光仪、分光光度计及摄谱仪以及其他理化分析仪器及装置，用于测量、记录、分析和评估环境样品或对环境的影响的理化分析仪器及装置，检镜切片机，轮廓投影仪，光栅测量装置，其他光学测量或检验仪器和器具，测振仪，手振动仪，具有可再生能源和智能电网应用的自动电压和电流调节器，自动调控流量、液位和湿度的仪器，且在其他税目未列名的零附件 Parts of the Chapter 90 following environment products, including solar heliostats, other surveying oceanographic, hydrological, meteorological or geophysical instruments and appliances, instruments for measuring or checking the flow or level of liquids, instruments/apparatus for measuring or checking pressure, other Instruments/Apparatus for measuring or checking variables of liquids and gases of heading 90.26, nesoi, gas or smoke analysis apparatus, chromatographs and electrophoresis instruments, spectrometers, spectrophotometers and spectrographs and other instruments and apparatus for physical and chemical analysis using optical radiations (ultraviolet, visible, infrared), instruments and apparatus for physical or chemical analysis used to measure, record, analyse and assess environmental samples or environmental influences,microtomes,profile projectors, optical Grating Measuring insruments, other optical measuring and checking instruments and appliances,vibrometers, hand vibration meters,automatic voltage and current regulators which have renewable energy and smart grid applications;process control instruments and apparatus for flow, level and humidity,not elsewhere specified	Δ5			

第九十一章
钟表及其零件

注释:

一、本章不包括:

（一）钟表玻璃及钟锤（按其构成材料归类）;

（二）表链（根据不同情况，归入税目71.13 或 71.17）;

（三）第十五类注释二所规定的贱金属制通用零件（第十五类）、塑料制的类似品（第三十九章）及贵金属或包贵金属制的类似品（一般归入税目71.15）;但钟、表发条则应作为钟、表的零件归类（税目91.14）;

（四）轴承滚珠（根据不同情况，归入税目73.26 或 84.82）;

（五）税目84.12的物品，不需擒纵器可以工作的;

（六）滚珠轴承（税目84.82）; 或

（七）第八十五章的物品，本身未组装在或未与其他零件组装在钟、表机芯内，也未组装成专用于或主要用于钟、表机芯零件的（第八十五章）。

二、税目91.01仅包括表壳完全以贵金属或包贵金属制的表，以及用贵金属或包贵金属与税目71.01至71.04的天然、养殖珍珠或宝石、半宝石（天然、合成或再造）合制的表。用贱金属上镶嵌贵金属制成表壳的表应归入税目91.02。

三、本章所称"表芯"，是指由摆轮及游丝、石英晶体或其他能确定时间间隔的系统来进行调节的装置，并带有显示器或可装机械指示器的系统。表芯的厚度不超过12毫米，长、宽或直径不超过50毫米。

四、除注释一另有规定的以外，钟、表的机芯及其他零件，既适用于钟或表，又适用于其他物品（例如精密仪器）的，均应归入本章。

Chapter 91
Clocks and watches and parts thereof

Notes:

1. This Chapter does not cover:

(a) Clock or watch glasses or weights (classified according to their constituent material) ;

(b) Watch chains (heading 71.13 or 71.17, as the case may be);

(c) Parts of general use defined in Note 2 to Section XV, of base metal (Section XV), or similar goods of plastics (Chapter 39) or of precious metal or metal clad with precious metal (generally heading 71.15); clock or watch springs are, however, to be classified as clock or watch parts (heading 91.14);

(d) Bearing balls (heading 73.26 or 84.82, as the case may be) ;

(e) Articles of heading 84.12 constructed to work without an escapement;

(f) Ball bearings (heading 84.82); or

(g) Articles of Chapter 85, not yet assembled together or with other components into watch or clock movements or into articles suitable for use solely or principally as parts of such movements (Chapter 85) .

2. Heading 91.01 covers only watches with case wholly of precious metal or of metal clad with precious metal, or of the same materials combined with natural or cultured pearls, or precious or semiprecious stones (natural, synthetic or reconstructed) of headings 71.01 to 71.04. Watches with case of base metal inlaid with precious metal fall in heading 91.02.

3. For the purposes of this Chapter, the expression "watch movements" means devices regulated by a balance-wheel and hairspring, quartz crystal or any other system capable of determining intevals of time, with a display or a system to which a mechanical display can be incorporated. Such watch movements shall not exceed 12mm in thickness and 50mm in width, length or diameter.

4. Except as provided in Note 1, movements and other parts suitable for use both in clocks or watches and in other articles (for example, precision instruments) are to be classified in this Chapter.

序号 No.	税则号列 Tariff Line	货品名称 Article Description	最惠国税率 MFN(%)	协定税率 Agreement(%)	特惠税率 SP(%)	普通税率 Gen(%)
	91.01	手表、怀表及其他表,包括秒表,表壳用贵金属或包贵金属制成的: **Wristwatches, pocket-watches and other watches, including stopwatches, with case of precious metal or of metal clad with precious metal:**				

序号 No.	税则号列 Tariff Line	货品名称 Article Description	最惠国税率 MFN(%)	协定税率 Agreement(%)		特惠税率 SP(%)		普通税率 Gen(%)
		-电力驱动的手表, 不论是否附有秒表装置: -Wristwatches, electrically operated, whether or not incorporating a stopwatch facility:						
8620	9101.1100	--仅有机械指示器的 --With mechanical display only	8	0	东盟AS,智CL,新西兰NZ,新加坡SG,秘PE,哥CR,冰IS,澳AU,格GE,毛MU,东盟^RAS^R,澳^RAU^R,新西兰^RNZ^R,柬KH,港HK,澳门MO	0 受惠国LD	100
				1.1	韩KR		
				3	巴PK		
				4.4	瑞CH		
				5.2	亚太AP		
				8.8	韩^RKR^R		
				9	日^RJP^R		
		--其他: --Other:						
8621	9101.1910	---仅有光电显示器的 ---With opto-electronic display only	8	0	东盟AS,智CL,新西兰NZ,新加坡SG,秘PE,哥CR,瑞CH,冰IS,澳AU,格GE,毛MU,东盟^RAS^R,澳^RAU^R,新西兰^RNZ^R,柬KH,港HK,澳门MO	0 受惠国LD	100
				1.6	韩KR		
				7.7	巴PK		
				12.8	韩^RKR^R		
				13.1	日^RJP^R		
8622	9101.1990	---其他 ---Other	8	0	东盟AS,智CL,新西兰NZ,新加坡SG,秘PE,哥CR,冰IS,澳AU,格GE,毛MU,东盟^RAS^R,澳^RAU^R,新西兰^RNZ^R,柬KH,港HK,澳门MO	0 受惠国LD	100
				1.5	韩KR		
				6	瑞CH		
				7.2	巴PK		
				12	韩^RKR^R		
				12.3	日^RJP^R		
		-其他手表, 不论是否附有秒表装置: -Other wristwatches, whether or not incorporating a stopwatch facility:						
8623	9101.2100	--自动上弦的 --Automatic winding	8	0	东盟AS,智CL,新西兰NZ,新加坡SG,秘PE,哥CR,冰IS,澳AU,格GE,毛MU,东盟^RAS^R,澳^RAU^R,新西兰^RNZ^R,柬KH,港HK,澳门MO	0 受惠国LD	80
				1.1	韩KR		
				3	巴PK		
				4.4	瑞CH		
				5.2	亚太AP		
				8.8	韩^RKR^R		
				9	日^RJP^R		

序号 No.	税则号列 Tariff Line	货品名称 Article Description	最惠国税率 MFN(%)	协定税率 Agreement(%)		特惠税率 SP(%)	普通税率 Gen(%)
8624	9101.2900	--其他 --Other	8	0	东盟AS,智CL,新西兰NZ,新加坡SG,秘PE,哥CR,冰IS,澳AU,格GE,毛MU,东盟^{R}AS^R,澳^{R}AU^R,新西兰^{R}NZ^R,柬KH,港HK,澳门MO	0 受惠国LD	80
				1.5	韩KR		
				5.2	亚太AP		
				6	瑞CH		
				7.2	巴PK		
				12	韩^{R}KR^R		
				12.3	日^{R}JP^R		
		-其他: -Other:					
8625	9101.9100	--电力驱动的 --Electrically operated	8	0	东盟AS,智CL,新西兰NZ,新加坡SG,秘PE,哥CR,瑞CH,冰IS,澳AU,格GE,毛MU,东盟^{R}AS^R,澳^{R}AU^R,新西兰^{R}NZ^R,柬KH,港HK,澳门MO	0 受惠国LD	100
				1.5	韩KR		
				7.2	巴PK		
				12	韩^{R}KR^R		
				12.3	日^{R}JP^R		
8626	9101.9900	--其他 --Other	15	0	东盟AS,智CL,新西兰NZ,新加坡SG,秘PE,哥CR,冰IS,澳AU,格GE,毛MU,柬KH,港HK,澳门MO	0 受惠国LD	80
				8	瑞CH,韩KR		
				16	东盟^{R}AS^R,澳^{R}AU^R,新西兰^{R}NZ^R,韩^{R}KR^R		
				17.5	日^{R}JP^R		
	91.02	手表、怀表及其他表,包括秒表,但税目91.01的货品除外: Wristwatches, pocket-watches and other watches, including stopwatches, other than those of heading 91.01:					
		-电力驱动的手表,不论是否附有秒表装置: -Wristwatches, electrically operated, whether or not incorporating a stopwatch facility:					
8627	9102.1100	--仅有机械指示器的 --With mechanical display only	10	0	东盟AS,智CL,新西兰NZ,新加坡SG,秘PE,哥CR,冰IS,澳AU,格GE,毛MU,柬KH,港HK,澳门MO	0 受惠国LD	100
				1.2	韩KR		
				3.7	巴PK		
				5	瑞CH		
				6.5	亚太AP		
				10	东盟^{R}AS^R,澳^{R}AU^R,新西兰^{R}NZ^R,韩^{R}KR^R		
				10.2	日^{R}JP^R		

序号 No.	税则号列 Tariff Line	货品名称 Article Description	最惠国税率 MFN(%)	协定税率 Agreement(%)		特惠税率 SP(%)	普通税率 Gen(%)
8628	9102.1200	--仅有光电显示器的 --With opto-electronic display only	15	0	东盟AS,智CL,新西兰NZ,新加坡SG,秘PE,哥CR,瑞CH,冰IS,澳AU,格GE,柬KH,港HK,澳门MO	0 受惠国LD	100
				9.2	毛MU		
				12.6	韩KR		
				20.7	东盟^RAS^R,澳^RAU^R,新西兰^RNZ^R,韩^RKR^R		
8629	9102.1900	--其他 --Other	8	0	东盟AS,智CL,新西兰NZ,新加坡SG,秘PE,哥CR,瑞CH,冰IS,澳AU,格GE,毛MU,柬KH,港HK,澳门MO	0 受惠国LD	100
				1.5	韩KR		
				7.2	巴PK		
				12	东盟^RAS^R,澳^RAU^R,新西兰^RNZ^R,韩^RKR^R		
				12.3	日^RJP^R		
		-其他手表, 不论是否装有秒表装置: -Other wristwatches, whether or not incorporating a stopwatch facility:					
8630	9102.2100	--自动上弦的 --Automatic winding	11	0	东盟AS,智CL,新西兰NZ,新加坡SG,秘PE,哥CR,冰IS,澳AU,格GE,毛MU,柬KH,港HK,澳门MO	0 受惠国LD	80
				1.1	韩KR		
				3	巴PK		
				4.4	瑞CH		
				8.8	东盟^RAS^R,澳^RAU^R,新西兰^RNZ^R,韩^RKR^R		
				9	日^RJP^R		
8631	9102.2900	--其他 --Other	10	0	东盟AS,智CL,新西兰NZ,新加坡SG,秘PE,哥CR,冰IS,澳AU,格GE,毛MU,东盟^RAS^R,澳^RAU^R,新西兰^RNZ^R,柬KH,港HK,澳门MO	0 受惠国LD	80
				1.5	韩KR		
				6	瑞CH		
				7.2	巴PK		
				12	韩^RKR^R		
				12.3	日^RJP^R		
		-其他: -Other:					
8632	9102.9100	--电力驱动的 --Electrically operated	10	0	东盟AS,智CL,新西兰NZ,新加坡SG,秘PE,哥CR,冰IS,澳AU,格GE,毛MU,东盟^RAS^R,澳^RAU^R,新西兰^RNZ^R,柬KH,港HK,澳门MO	0 受惠国LD	100
				1.5	韩KR		
				6	瑞CH		
				7.2	巴PK		
				12	韩^RKR^R		
				12.3	日^RJP^R		

序号 No.	税则号列 Tariff Line	货品名称 Article Description	最惠国税率 MFN(%)	协定税率 Agreement(%)		特惠税率 SP(%)	普通税率 Gen(%)
8633	9102.9900	--其他 --Other	15	0	东盟AS,智CL,新西兰NZ,新加坡SG,秘PE,哥CR,冰IS,澳AU,格GE,毛MU,柬KH,港HK,澳门MO	0 受惠国LD	80
				8	瑞CH,韩KR		
				16	东盟^{R}AS^R,澳^{R}AU^R,新西兰^{R}NZ^R,韩^{R}KR^R		
				17.5	日^{R}JP^R		
	91.03	**以表芯装成的钟, 但不包括税目91.04的钟:** **Clocks with watch movements, excluding clocks of heading 91.04:**					
8634	9103.1000	-电力驱动的 -Electrically operated	15	0	东盟AS,智CL,新西兰NZ,新加坡SG,秘PE,哥CR,冰IS,澳AU,格GE,柬KH,港HK,澳门MO	0 受惠国LD	100
				9.2	瑞CH,毛MU		
				12.6	韩KR		
				20.7	东盟^{R}AS^R,澳^{R}AU^R,新西兰^{R}NZ^R,韩^{R}KR^R		
				20.8	日^{R}JP^R		
8635	9103.9000	-其他 -Other	15	0	东盟AS,智CL,新西兰NZ,新加坡SG,秘PE,哥CR,冰IS,澳AU,格GE,毛MU,柬KH,港HK,澳门MO	0 受惠国LD	100
				8	瑞CH,韩KR		
				16	东盟^{R}AS^R,澳^{R}AU^R,新西兰^{R}NZ^R,韩^{R}KR^R		
				17.5	日^{R}JP^R		
	91.04	**仪表板钟及车辆、航空器、航天器或船舶用的类似钟:** **Instrument panel clocks and clocks of a similar type for vehicles, aircraft, spacecraft or vessels:**					
8636	9104.0000	仪表板钟及车辆、航空器、航天器或船舶用的类似钟 Instrument panel clocks and clocks of a similar type for vehicles, aircraft, spacecraft or vessels	10	0	东盟AS,智CL,新西兰NZ,秘PE,哥CR,瑞CH,冰IS,澳AU,格GE,毛MU,东盟^{R}AS^R,澳^{R}AU^R,新西兰^{R}NZ^R,柬KH,港HK,澳门MO	0 受惠国LD	100
				1	巴PK,韩KR		
				8	韩^{R}KR^R		
				8.2	日^{R}JP^R		
	91.05	**其他钟:** **Other clocks:**					
		-闹钟: -Alarm clocks:					
8637	9105.1100	--电力驱动的 --Electrically operated	15	0	东盟AS,智CL,新西兰NZ,新加坡SG,秘PE,哥CR,冰IS,澳AU,格GE,柬KH,港HK,澳门MO	0 受惠国LD	100
				9.2	瑞CH,毛MU		
				12.6	韩KR		
				18.4	巴PK		
				20.7	东盟^{R}AS^R,澳^{R}AU^R,新西兰^{R}NZ^R,韩^{R}KR^R		
				20.8	日^{R}JP^R		

序号 No.	税则号列 Tariff Line	货品名称 Article Description	最惠国税率 MFN(%)	协定税率 Agreement(%)		特惠税率 SP(%)		普通税率 Gen(%)
8638	9105.1900	--其他 --Other	10	0	东盟AS,智CL,新西兰NZ,新加坡SG,秘PE,哥CR,瑞CH,冰IS,澳AU,格GE,毛MU,柬KH,港HK,澳门MO	0	受惠国LD	100
				8	韩KR			
				16	巴PK,东盟^{R}AS^R,澳^{R}AU^R,新西兰^{R}NZ^R,韩^{R}KR^R			
				17.5	日^{R}JP^R			
		-挂钟： -Wall clocks:						
8639	9105.2100	--电力驱动的 --Electrically operated	15	0	东盟AS,智CL,新西兰NZ,新加坡SG,秘PE,哥CR,瑞CH,冰IS,澳AU,格GE,柬KH,港HK,澳门MO	0	受惠国LD	100
				9.2	毛MU			
				12.6	韩KR			
				18.4	巴PK			
				20.7	东盟^{R}AS^R,澳^{R}AU^R,新西兰^{R}NZ^R,韩^{R}KR^R			
				20.8	日^{R}JP^R			
8640	9105.2900	--其他 --Other	10	0	东盟AS,智CL,新西兰NZ,新加坡SG,秘PE,哥CR,瑞CH,冰IS,澳AU,格GE,毛MU,柬KH,港HK,澳门MO	0	受惠国LD	100
				8	韩KR			
				16	东盟^{R}AS^R,澳^{R}AU^R,新西兰^{R}NZ^R,韩^{R}KR^R			
				17.5	日^{R}JP^R			
		-其他： -Other:						
		--电力驱动的： --Electrically operated:						
8641	9105.9110	---天文钟 ---Astronomical chronometer	2	0	东盟AS,智CL,巴PK,新西兰NZ,秘PE,哥CR,瑞CH,冰IS,韩KR,澳AU,格GE,毛MU,东盟^{R}AS^R,澳^{R}AU^R,新西兰^{R}NZ^R,柬KH,港HK,澳门MO,韩^{R}KR^R	0	受惠国LD	8
				2.5	日^{R}JP^R			
8642	9105.9190	---其他 ---Other	15	0	东盟AS,智CL,新西兰NZ,新加坡SG,秘PE,哥CR,瑞CH,冰IS,澳AU,格GE,柬KH,港HK,澳门MO	0	受惠国LD	100
				9.2	毛MU			
				12.6	韩KR			
				20.7	东盟^{R}AS^R,澳^{R}AU^R,新西兰^{R}NZ^R			
				20.8	日^{R}JP^R			

序号 No.	税则号列 Tariff Line	货品名称 Article Description	最惠国税率 MFN(%)	协定税率 Agreement(%)		特惠税率 SP(%)	普通税率 Gen(%)
8643	9105.9900	--其他 --Other	10	0	东盟AS,智CL,新西兰NZ,新加坡SG,秘PE,哥CR,冰IS,澳AU,格GE,毛MU,东盟^{R}AS^R,澳^{R}AU^R,新西兰^{R}NZ^R,柬KH,港HK,澳门MO	0 受惠国LD	100
				1.6	韩KR		
				6.4	瑞CH		
				7.7	巴PK		
				12.8	韩^{R}KR^R		
				13.1	日^{R}JP^R		
	91.06	时间记录器以及测量、记录或指示时间间隔的装置,装有钟、表机芯或同步电动机的(例如,考勤钟、时刻记录器): Time of day recording apparatus and apparatus for measuring, recording or otherwise indicating intervals of time, with clock or watch movement or with synchronous motor (for example, time-registers, time-recorders):					
8644	9106.1000	-考勤钟、时刻记录器 -Time-registers; time-recorders	10	0	东盟AS,智CL,新西兰NZ,新加坡SG,秘PE,哥CR,瑞CH,冰IS,澳AU,格GE,毛MU,东盟^{R}AS^R,澳^{R}AU^R,新西兰^{R}NZ^R,柬KH,港HK,澳门MO	0 受惠国LD	50
				1.6	韩KR		
				7.7	巴PK		
				12.8	韩^{R}KR^R		
				13.1	日^{R}JP^R		
8645	9106.9000	-其他 -Other	10	0	东盟AS,智CL,新西兰NZ,新加坡SG,秘PE,哥CR,冰IS,澳AU,格GE,毛MU,东盟^{R}AS^R,澳^{R}AU^R,新西兰^{R}NZ^R,柬KH,港HK,澳门MO	0 受惠国LD	50
				1.6	韩KR		
				6.4	瑞CH		
				7.7	巴PK		
				12.8	韩^{R}KR^R		
				13.1	日^{R}JP^R		
	91.07	装有钟、表机芯或同步电动机的定时开关: Time switches, with clock or watch movement or with synchronous motor:					
8646	9107.0000	装有钟、表机芯或同步电动机的定时开关 Time switches with clock or watch movement or with synchronous motor	8	0	东盟AS,智CL,新西兰NZ,新加坡SG,秘PE,哥CR,瑞CH,冰IS,澳AU,格GE,毛MU,东盟^{R}AS^R,澳^{R}AU^R,新西兰^{R}NZ^R,柬KH,港HK,澳门MO	0 受惠国LD	50
				1.2	韩KR		
				3.6	巴PK		
				9.6	韩^{R}KR^R		
				9.8	日^{R}JP^R		

序号 No.	税则号列 Tariff Line	货品名称 Article Description	最惠国税率 MFN(%)	协定税率 Agreement(%)		特惠税率 SP(%)		普通税率 Gen(%)
	91.08	已组装的完整表芯: **Watch movements, complete and assembled:**						
		-电力驱动的: -Electrically operated:						
8647	9108.1100	--仅有机械指示器或有可装机械指示器的装置的 --With mechanical display only or with a device to which a mechanical display can be incorporated	16△10	0	东盟AS,智CL,新西兰NZ,新加坡SG,秘PE,哥CR,瑞CH,冰IS,澳AU,格GE,毛MU,柬KH,港HK,澳门MO	0	受惠国LD	80
				1.6	韩KR			
				7.7	巴PK			
				14.4	东盟ᴿASᴿ,澳ᴿAUᴿ,新西兰ᴿNZᴿ,韩ᴿKRᴿ			
8648	9108.1200	--仅有光电显示器的 --With opto-electronic display only	16	0	东盟AS,智CL,新西兰NZ,新加坡SG,秘PE,哥CR,冰IS,澳AU,格GE,毛MU,东盟ᴿASᴿ,澳ᴿAUᴿ,新西兰ᴿNZᴿ,柬KH,港HK,澳门MO	0	受惠国LD	80
				1.6	韩KR			
				6.4	瑞CH			
				7.7	巴PK			
				12.8	韩ᴿKRᴿ			
				13.1	日ᴿJPᴿ			
8649	9108.1900	--其他 --Other	16	0	东盟AS,智CL,新西兰NZ,新加坡SG,秘PE,哥CR,冰IS,澳AU,格GE,毛MU,东盟ᴿASᴿ,澳ᴿAUᴿ,新西兰ᴿNZᴿ,柬KH,港HK,澳门MO	0	受惠国LD	80
				1.6	韩KR			
				4.8	巴PK			
				6.4	瑞CH			
				10.4	亚太AP			
				12.8	韩ᴿKRᴿ			
				13.1	日ᴿJPᴿ			
8650	9108.2000	-自动上弦的 -Automatic winding	16	0	东盟AS,智CL,新西兰NZ,新加坡SG,秘PE,哥CR,冰IS,澳AU,格GE,毛MU,柬KH,港HK,澳门MO	0	受惠国LD	80
				1.6	韩KR			
				5	东盟ᴿASᴿ,澳ᴿAUᴿ,新西兰ᴿNZᴿ			
				6.4	瑞CH			
				7.7	巴PK			
				10.4	亚太AP			
		-其他: -Other:							
8651	9108.9010	---表面尺寸在33.8毫米及以下 ---Measuring 33.8mm or less	16	0	东盟AS,智CL,新西兰NZ,新加坡SG,秘PE,哥CR,冰IS,澳AU,格GE,毛MU,东盟ᴿASᴿ,澳ᴿAUᴿ,新西兰ᴿNZᴿ,柬KH,港HK,澳门MO	0	受惠国LD	80
				1.6	韩KR			
				6.4	瑞CH			
				7.7	巴PK			
				12.8	韩ᴿKRᴿ			
				13.1	日ᴿJPᴿ			

序号 No.	税则号列 Tariff Line	货品名称 Article Description	最惠国税率 MFN(%)	协定税率 Agreement(%)		特惠税率 SP(%)	普通税率 Gen(%)
8652	9108.9090	---其他 ---Other	16	0	东盟AS,智CL,新西兰NZ,新加坡SG,秘PE,哥CR,冰IS,澳AU,格GE,毛MU,东盟^{R}AS^R,澳^{R}AU^R,新西兰^{R}NZ^R,柬KH,港HK,澳门MO	0 受惠国LD	80
				1.6	韩KR		
				6.4	瑞CH		
				7.7	巴PK		
				12.8	韩^{R}KR^R		
				13.1	日^{R}JP^R		
	91.09	已组装的完整钟芯: **Clock movements, complete and assembled:**					
8653	9109.1000	-电力驱动的 -Eletrically operated	16	0	东盟AS,智CL,新西兰NZ,新加坡SG,秘PE,哥CR,瑞CH,冰IS,澳AU,格GE,毛MU,东盟^{R}AS^R,澳^{R}AU^R,新西兰^{R}NZ^R,柬KH,港HK,澳门MO	0 受惠国LD	100
				1.6	韩KR		
				7.7	巴PK		
				12.8	韩^{R}KR^R		
				13.1	日^{R}JP^R		
8654	9109.9000	-其他 -Other	16	0	东盟AS,智CL,新西兰NZ,新加坡SG,秘PE,哥CR,瑞CH,冰IS,澳AU,格GE,毛MU,东盟^{R}AS^R,澳^{R}AU^R,新西兰^{R}NZ^R,柬KH,港HK,澳门MO	0 受惠国LD	100
				1.6	韩KR		
				7.7	巴PK		
				12.8	韩^{R}KR^R		
				13.1	日^{R}JP^R		
	91.10	未组装或部分组装的完整钟、表机芯（机芯套装件）；已组装的不完整钟、表机芯；未组装的不完整钟、表机芯: **Complete watch or clock movements, unassembled or partly assembled(movement sets); incomplete watch or clock movements, assembled; rough watch or clock movements:**					
		-表的: -Of watches:					
8655	9110.1100	--未组装或部分组装的完整机芯（机芯套装件） --Complete movements, unassembled or partly assembled(movement sets)	16	0	东盟AS,智CL,新西兰NZ,新加坡SG,秘PE,哥CR,冰IS,澳AU,格GE,毛MU,柬KH,港HK,澳门MO	0 受惠国LD	80
				1.6	韩KR		
				5	东盟^{R}AS^R,澳^{R}AU^R,新西兰^{R}NZ^R		
				6.4	瑞CH		
				7.7	巴PK		

序号 No.	税则号列 Tariff Line	货品名称 Article Description	最惠国税率 MFN(%)	协定税率 Agreement(%)		特惠税率 SP(%)		普通税率 Gen(%)
8656	9110.1200	--已组装的不完整机芯 --Incomplete movements, assembled	16	0	东盟AS,智CL,新西兰NZ,新加坡SG,秘PE,哥CR,瑞CH,冰IS,澳AU,格GE,毛MU,东盟^{R}AS^R,澳^{R}AU^R,新西兰^{R}NZ^R,柬KH,港HK,澳门MO	0	受惠国LD	70
				1.6	韩KR			
				7.7	巴PK			
				12.8	韩^{R}KR^R			
				13.1	日^{R}JP^R			
8657	9110.1900	--未组装的不完整机芯 --Rough movements	16	0	东盟AS,智CL,新西兰NZ,新加坡SG,秘PE,哥CR,瑞CH,冰IS,澳AU,格GE,毛MU,东盟^{R}AS^R,澳^{R}AU^R,新西兰^{R}NZ^R,柬KH,港HK,澳门MO	0	受惠国LD	70
				1.6	韩KR			
				7.7	巴PK			
				12.8	韩^{R}KR^R			
				13.1	日^{R}JP^R			
		-其他: -Other:						
8658	9110.9010	---未组装或部分组装的完整机芯 ---Complete movements, unassembled or partly assembled	16	0	东盟AS,智CL,新西兰NZ,新加坡SG,秘PE,哥CR,瑞CH,冰IS,澳AU,格GE,毛MU,东盟^{R}AS^R,澳^{R}AU^R,新西兰^{R}NZ^R,柬KH,港HK,澳门MO	0	受惠国LD	100
				1.6	韩KR			
				7.7	巴PK			
				12.8	韩^{R}KR^R			
				13.1	日^{R}JP^R			
8659	9110.9090	---其他 ---Other	16	0	东盟AS,智CL,新西兰NZ,新加坡SG,秘PE,哥CR,瑞CH,冰IS,澳AU,格GE,毛MU,东盟^{R}AS^R,澳^{R}AU^R,新西兰^{R}NZ^R,柬KH,港HK,澳门MO	0	受惠国LD	80
				1.6	韩KR			
				7.7	巴PK			
				12.8	韩^{R}KR^R			
				13.1	日^{R}JP^R			
	91.11	表壳及其零件: Watch cases and parts thereof:						
8660	9111.1000	-贵金属表壳或包贵金属表壳 -Cases of precious metal or of metal clad with precious metal	14	0	东盟AS,智CL,新西兰NZ,新加坡SG,秘PE,哥CR,冰IS,澳AU,格GE,毛MU,东盟^{R}AS^R,澳^{R}AU^R,新西兰^{R}NZ^R,柬KH,港HK,澳门MO	0	受惠国LD	80
				1.4	韩KR			
				5.6	瑞CH			
				6.7	巴PK			
				11.2	韩^{R}KR^R			
				11.5	日^{R}JP^R			

序号 No.	税则号列 Tariff Line	货品名称 Article Description	最惠国税率 MFN(%)		协定税率 Agreement(%)	特惠税率 SP(%)		普通税率 Gen(%)
8661	9111.2000	-贱金属表壳, 不论是否镀金或镀银 -Cases of base metal, whether or not gold or silver-plated	14	0	东盟AS,智CL,新西兰NZ,新加坡SG,秘PE,哥CR,瑞CH,冰IS,澳AU,格GE,毛MU,东盟^{R}AS^R,澳^{R}AU^R,新西兰^{R}NZ^R,柬KH,港HK,澳门MO	0	受惠国LD	80
				1.4	韩KR			
				4.2	巴PK			
				9.1	亚太AP			
				11.2	韩^{R}KR^R			
				11.5	日^{R}JP^R			
8662	9111.8000	-其他表壳 -Other cases	14	0	东盟AS,智CL,新西兰NZ,新加坡SG,秘PE,哥CR,瑞CH,冰IS,澳AU,格GE,毛MU,东盟^{R}AS^R,澳^{R}AU^R,新西兰^{R}NZ^R,柬KH,港HK,澳门MO	0	受惠国LD	80
				1.4	韩KR			
				6.7	巴PK			
				11.2	韩^{R}KR^R			
				11.5	日^{R}JP^R			
8663	9111.9000	-零件 -Parts	14	0	东盟AS,智CL,新西兰NZ,新加坡SG,秘PE,哥CR,瑞CH,冰IS,澳AU,格GE,东盟^{R}AS^R,澳^{R}AU^R,新西兰^{R}NZ^R,柬KH,港HK,澳门MO	0	受惠国LD	80
				1.4	韩KR			
				6.7	巴PK			
				8	毛MU			
				11.2	韩^{R}KR^R			
				11.5	日^{R}JP^R			
	91.12	钟壳和本章所列其他货品的类似外壳及其零件: Clock cases and cases of a similar type for other goods of this Chapter, and parts thereof:						
8664	9112.2000	-壳 -Cases	14	0	东盟AS,智CL,新西兰NZ,新加坡SG,秘PE,哥CR,瑞CH,冰IS,澳AU,格GE,毛MU,东盟^{R}AS^R,澳^{R}AU^R,新西兰^{R}NZ^R,柬KH,港HK,澳门MO	0	受惠国LD	80
				1.4	韩KR			
				6.7	巴PK			
				11.2	韩^{R}KR^R			
				11.5	日^{R}JP^R			
8665	9112.9000	-零件 -Parts	12	0	东盟AS,智CL,新西兰NZ,新加坡SG,秘PE,哥CR,瑞CH,冰IS,澳AU,格GE,毛MU,东盟^{R}AS^R,澳^{R}AU^R,新西兰^{R}NZ^R,柬KH,港HK,澳门MO	0	受惠国LD	80
				1.2	韩KR			
				3.6	巴PK			
				9.6	韩^{R}KR^R			
				9.8	日^{R}JP^R			

序号 No.	税则号列 Tariff Line	货品名称 Article Description	最惠国税率 MFN(%)	协定税率 Agreement(%)		特惠税率 SP(%)	普通税率 Gen(%)
	91.13	**表带及其零件：** **Watch straps, watch bands and watch bracelets, and parts thereof:**					
8666	9113.1000	-贵金属或包贵金属制 -Of precious metal or of metal clad with precious metal	20	0	东盟AS,智CL,新西兰NZ,新加坡SG,秘PE,哥CR,冰IS,澳AU,格GE,毛MU,柬KH,港HK,澳门MO	0 受惠国LD	130
				8	韩KR		
				16	巴PK,东盟^{R}AS^R,澳^{R}AU^R,新西兰^{R}NZ^R,韩^{R}KR^R		
				17.5	日^{R}JP^R		
8667	9113.2000	-贱金属制，不论是否镀金或镀银 -Of base metal, whether or not goldor silver-plated	14	0	东盟AS,智CL,新西兰NZ,新加坡SG,秘PE,哥CR,瑞CH,冰IS,澳AU,格GE,毛MU,东盟^{R}AS^R,澳^{R}AU^R,新西兰^{R}NZ^R,柬KH,港HK,澳门MO	0 受惠国LD	100
				1.4	韩KR		
				6.7	巴PK		
				11.2	韩^{R}KR^R		
				11.5	日^{R}JP^R		
8668	9113.9000	-其他 -Other	14	0	东盟AS,智CL,新西兰NZ,新加坡SG,秘PE,哥CR,瑞CH,冰IS,澳AU,格GE,东盟^{R}AS^R,澳^{R}AU^R,新西兰^{R}NZ^R,柬KH,港HK,澳门MO	0 受惠国LD	100
				1.4	韩KR		
				6.7	巴PK		
				8	毛MU		
				11.2	韩^{R}KR^R		
				11.5	日^{R}JP^R		
	91.14	**钟、表的其他零件：** **Other clock or watch parts:**					
8669	9114.3000	-钟面或表面 -Dials	14	0	东盟AS,智CL,新西兰NZ,新加坡SG,秘PE,哥CR,冰IS,澳AU,格GE,东盟^{R}AS^R,澳^{R}AU^R,新西兰^{R}NZ^R,柬KH,港HK,澳门MO	0 受惠国LD	50
				1.4	韩KR		
				5.6	瑞CH		
				6.7	巴PK		
				8	毛MU		
				11.2	韩^{R}KR^R		
				11.5	日^{R}JP^R		
8670	9114.4000	-夹板及横担（过桥） -Plates and bridges	14	0	东盟AS,智CL,新西兰NZ,新加坡SG,秘PE,哥CR,瑞CH,冰IS,澳AU,格GE,毛MU,东盟^{R}AS^R,澳^{R}AU^R,新西兰^{R}NZ^R,柬KH,港HK,澳门MO	0 受惠国LD	50
				1.4	韩KR		
				6.7	巴PK		
				9.1	亚太AP		
				11.2	韩^{R}KR^R		
				11.5	日^{R}JP^R		

序号 No.	税则号列 Tariff Line	货品名称 Article Description	最惠国税率 MFN(%)	协定税率 Agreement(%)		特惠税率 SP(%)	普通税率 Gen(%)
		-其他: -Other:					
8671	9114.9010	---宝石轴承 ---Jewel bearings	14	0	东盟AS,智CL,新西兰NZ,新加坡SG,秘PE,哥CR,瑞CH,冰IS,澳AU,格GE,毛MU,东盟^{R}AS^R,澳^{R}AU^R,新西兰^{R}NZ^R,柬KH,港HK,澳门MO	0 受惠国LD	50
				1.4	韩KR		
				4.2	巴PK		
				11.2	韩^{R}KR^R		
				11.5	日^{R}JP^R		
8672	9114.9020	---发条,包括游丝 ---Springs, including hairsprings	14	0	东盟AS,智CL,新西兰NZ,新加坡SG,秘PE,哥CR,瑞CH,冰IS,澳AU,格GE,毛MU,柬KH,港HK,澳门MO	0 受惠国LD	50
				1.4	韩KR		
				4.2	巴PK		
				12.1	东盟^{R}AS^R,韩^{R}KR^R		
				12.3	日^{R}JP^R		
				12.6	澳^{R}AU^R,新西兰^{R}NZ^R		
8673	9114.9090	---其他 ---Other	14	0	东盟AS,智CL,新西兰NZ,新加坡SG,秘PE,哥CR,冰IS,澳AU,格GE,柬KH,港HK,澳门MO	0 受惠国LD	70
				1.4	韩KR		
				5	东盟^{R}AS^R,澳^{R}AU^R,新西兰^{R}NZ^R		
				5.6	瑞CH,毛MU		
				6.7	巴PK		

第九十二章
乐器及其零件、附件

Chapter 92
Musical instruments; parts and
accessories of such articles

注释:

一、本章不包括:

（一）第十五类注释二所规定的贱金属制通用零件（第十五类）或塑料制的类似品（第三十九章）;

（二）第八十五章或第九十章的传声器、扩大器、扬声器、耳机、开关、频闪观测仪及其他附属仪器、器具或设备，虽用于本章物品但未与该物品组成一体或安装在同一机壳内;

（三）玩具乐器或器具（税目95.03）;

（四）清洁乐器用的刷子（税目96.03），或独脚架、双脚架、三脚架及类似品（税目96.20）; 或

（五）收藏品或古物（税目97.05或97.06）。

二、用于演奏税目92.02、92.06所列乐器的弓、槌及类似品，如果与该乐器一同进口或出口，数量合理，用途明确，应归入有关乐器的相应税目。

税目92.09的卡片、盘或卷，即使与乐器一同进口或出口，也不视为该乐器的组成部分，而应作为单独进口或出口的物品对待。

Notes:

1. This Chapter does not cover:

(a) Parts of general use, as defined in Note 2 to Section XV, of base metal (Section XV), or similar goods of plastics (Chapter 39);

(b) Microphones, amplifiers, loudspeakers, headphones, switches, stroboscopes or other accessory instruments, apparatus or equipment of Chapter 85 or 90, for use with but not incorporated in or housed in the same cabinet as instruments of this Chapter;

(c) Toy instruments or apparatus (heading 95.03);

(d) Brushes for cleaning musical instruments (heading 96.03), or monopods, bipods, tripods and similar articles (heading 96.20); or

(e) Collectors' pieces or antiques (heading 97.05 or 97.06).

2. Bows and sticks and similar devices used in playing the musical instruments of heading 92.02 or 92.06 presented with such instruments in numbers normal thereto and clearly intended for use therewith, are to be classified in the same heading as the relative instruments.

Cards, discs and rolls of heading 92.09 presented with an instrument are to be treated as separate articles and not as forming a part of such instrument.

序号 No.	税则号列 Tariff Line	货品名称 Article Description	最惠国税率 MFN(%)	协定税率 Agreement(%)		特惠税率 SP(%)	普通税率 Gen(%)
	92.01	钢琴，包括自动钢琴、拨弦古钢琴及其他键盘弦乐器: Pianos, including automatic pianos; harpsichords and other keyboard stringed instruments:					
8674	9201.1000	-竖式钢琴 -Upright pianos	10	0	东盟AS,智CL,新西兰NZ,新加坡SG,秘PE,哥CR,瑞CH,冰IS,澳AU,格GE,毛MU,东盟^{R}AS^R,澳^{R}AU^R,新西兰^{R}NZ^R,柬KH,港HK,澳门MO	0 受惠国LD	70
				1.7	韩KR		
				8.4	巴PK		
				14	韩^{R}KR^R		
				14.3	日^{R}JP^R		

序号 No.	税则号列 Tariff Line	货品名称 Article Description	最惠国税率 MFN(%)	协定税率 Agreement(%)		特惠税率 SP(%)	普通税率 Gen(%)
8675	9201.2000	-大钢琴 -Grand pianos	10	0	东盟AS,智CL,新西兰NZ,新加坡SG,秘PE,哥CR,瑞CH,冰IS,澳AU,格GE,毛MU,柬KH,港HK,澳门MO	0 受惠国LD	70
				1.7	韩KR		
				8.4	巴PK		
				14	东盟^RAS^R,澳^RAU^R,新西兰^RNZ^R,韩^RKR^R		
				14.3	日^RJP^R		
	ex92012000	完税价格50000美元及以上的大钢琴 Grand pianos, the duty-paying value≥50000$	Δ1				
8676	9201.9000	-其他 -Other	10	0	东盟AS,智CL,新西兰NZ,新加坡SG,秘PE,哥CR,瑞CH,冰IS,澳AU,格GE,毛MU,柬KH,港HK,澳门MO	0 受惠国LD	70
				1.7	韩KR		
				8.4	巴PK		
				14	东盟^RAS^R,澳^RAU^R,新西兰^RNZ^R,韩^RKR^R		
				15.3	日^RJP^R		
	92.02	其他弦乐器(例如,吉他、小提琴、竖琴): **Other string musical instruments (for example, guitars, violins, harps):**					
8677	9202.1000	-弓弦乐器 -Played with a bow	10	0	东盟AS,智CL,新西兰NZ,新加坡SG,秘PE,哥CR,瑞CH,冰IS,韩KR,澳AU,格GE,毛MU,东盟^RAS^R,澳^RAU^R,新西兰^RNZ^R,柬KH,港HK,澳门MO,韩^RKR^R	0 受惠国LD	70
				8.4	巴PK		
				14.3	日^RJP^R		
	ex92021000	完税价格15000美元及以上的弓弦乐器 Played with a bow, the duty-paying value≥15000$	Δ1				
8678	9202.9000	-其他 -Other	10	0	东盟AS,智CL,新西兰NZ,新加坡SG,秘PE,哥CR,瑞CH,冰IS,澳AU,格GE,毛MU,东盟^RAS^R,澳^RAU^R,新西兰^RNZ^R,柬KH,港HK,澳门MO	0 受惠国LD	70
				1.7	韩KR		
				11.2	巴PK		
				14	韩^RKR^R		
				14.3	日^RJP^R		
	92.05	管乐器(例如,键盘管风琴、手风琴、单簧管、小号、风笛),但游艺场风琴及手摇风琴除外: **Wind musical instruments (for example, keyboard pipe organs, accordions, clarinets, trumpets, bagpipes), other than fairground organs and mechanical street organs:**					

序号 No.	税则号列 Tariff Line	货品名称 Article Description	最惠国税率 MFN(%)	协定税率 Agreement(%)		特惠税率 SP(%)	普通税率 Gen(%)
8679	9205.1000	-铜管乐器 -Brass-wind instruments	10	0	东盟AS,智CL,新西兰NZ,新加坡SG,秘PE,哥CR,瑞CH,冰IS,韩KR,澳AU,格GE,毛MU,东盟^RAS^R,澳^RAU^R,新西兰^RNZ^R,柬KH,港HK,澳门MO,韩^RKR^R	0 受惠国LD	70
				8.4	巴PK		
				14.3	日^RJP^R		
	ex92051000	完税价格2000美元及以上的铜管乐器 Brass-wind instruments, the duty-paying value≥2000$ -其他: -Other:	Δ1				
8680	9205.9010	---键盘管风琴; 簧风琴及类似的游离金属簧片键盘乐器 ---Keyboard pipe organs; harmoniums and similar keyboard instruments with free metal reeds	10	0	东盟AS,智CL,新西兰NZ,新加坡SG,秘PE,哥CR,瑞CH,冰IS,澳AU,格GE,毛MU,柬KH,港HK,澳门MO	0 受惠国LD	80
				8	韩KR		
				16	巴PK,东盟^RAS^R,澳^RAU^R,新西兰^RNZ^R,韩^RKR^R		
				17.5	日^RJP^R		
8681	9205.9020	---手风琴及类似乐器 ---Accordions and similar instruments	10	0	东盟AS,智CL,新西兰NZ,新加坡SG,秘PE,哥CR,瑞CH,冰IS,澳AU,格GE,毛MU,柬KH,港HK,澳门MO	0 受惠国LD	80
				8.4	韩KR		
				16.8	巴PK,东盟^RAS^R,澳^RAU^R,新西兰^RNZ^R,韩^RKR^R		
				18.4	日^RJP^R		
8682	9205.9030	---口琴 ---Mouth organs	10	0	东盟AS,智CL,新西兰NZ,新加坡SG,秘PE,哥CR,瑞CH,冰IS,澳AU,格GE,毛MU,柬KH,港HK,澳门MO	0 受惠国LD	80
				8.4	韩KR		
				16.8	巴PK,东盟^RAS^R,澳^RAU^R,新西兰^RNZ^R,韩^RKR^R		
				18.4	日^RJP^R		
8683	9205.9090	---其他 ---Other	10	0	东盟AS,智CL,新西兰NZ,新加坡SG,秘PE,哥CR,瑞CH,冰IS,韩KR,澳AU,格GE,毛MU,东盟^RAS^R,澳^RAU^R,新西兰^RNZ^R,柬KH,港HK,澳门MO,韩^RKR^R	0 受惠国LD	70
				8.4	巴PK		
				14.3	日^RJP^R		
	ex92059090	完税价格10000美元及以上的其他管乐器 Other wind musical instruments, the duty-paying value≥10000$	Δ1				
	92.06	打击乐器(例如, 鼓、木琴、铙、钹、响板、响葫芦): Percussion musical instruments (for example, drums, xylophones, cymbals, castanets, maracas):					

序号 No.	税则号列 Tariff Line	货品名称 Article Description	最惠国税率 MFN(%)		协定税率 Agreement(%)	特惠税率 SP(%)	普通税率 Gen(%)
8684	9206.0000	打击乐器（例如，鼓、木琴、铙、钹、响板、响葫芦） Percussion musical instruments (for example, drums, xylophones, cymbals, castanets, maracas)	10	0	东盟AS,智CL,新西兰NZ,新加坡SG,秘PE,哥CR,瑞CH,冰IS,澳AU,格GE,毛MU,东盟^{R}AS^R,澳^{R}AU^R,新西兰^{R}NZ^R,柬KH,港HK,澳门MO	0 受惠国LD	70
				1.7	韩KR		
				11.2	巴PK		
				14	韩^{R}KR^R		
				14.3	日^{R}JP^R		
	92.07	通过电产生或扩大声音的乐器（例如，电风琴、电吉他、电手风琴）： **Musical instruments, the sound of which is produced, or must be amplified, electrically (for example, organs, guitars, accordions):**					
8685	9207.1000	-键盘乐器，但手风琴除外 -Keyboard instruments, other than accordions	12	0	东盟AS,智CL,新西兰NZ,新加坡SG,秘PE,哥CR,冰IS,澳AU,格GE,柬KH,港HK,澳门MO	0 受惠国LD	100
				12	瑞CH,毛MU,东盟^{R}AS^R,澳^{R}AU^R,新西兰^{R}NZ^R		
				24	巴PK		
8686	9207.9000	-其他 -Other	12	0	东盟AS,智CL,新西兰NZ,新加坡SG,秘PE,哥CR,冰IS,澳AU,格GE,柬KH,港HK,澳门MO	0 受惠国LD	100
				12	瑞CH,毛MU,东盟^{R}AS^R,澳^{R}AU^R,新西兰^{R}NZ^R		
				24	巴PK		
	92.08	百音盒、游艺场风琴、手摇风琴、机械鸣禽、乐锯及本章其他税目未列名的其他乐器；各种媒诱音响器、哨子、号角、口吹音响信号器： **Musical boxes, fairground organs, mechanical street organs, mechanical singing birds, musical saws and other musical instruments not falling within any other heading of this Chapter; decoy calls of all kinds; whistles, call horns and other mouth-blown sound signalling instruments:**					
8687	9208.1000	-百音盒 -Musical boxes	10	0	东盟AS,智CL,新西兰NZ,新加坡SG,秘PE,哥CR,瑞CH,冰IS,澳AU,格GE,柬KH,港HK,澳门MO	0 受惠国LD	80
				8.8	毛MU		
				12.1	韩KR		
				17.6	巴PK		
				19.8	东盟^{R}AS^R,澳^{R}AU^R,新西兰^{R}NZ^R		
				19.9	日^{R}JP^R		
				22	韩^{R}KR^R		

序号 No.	税则号列 Tariff Line	货品名称 Article Description	最惠国税率 MFN(%)	协定税率 Agreement(%)		特惠税率 SP(%)		普通税率 Gen(%)
8688	9208.9000	-其他 -Other	10	0	东盟AS,智CL,新西兰NZ,新加坡SG,秘PE,哥CR,瑞CH,冰IS,澳AU,格GE,柬KH,港HK,澳门MO	0	受惠国LD	80
				8.8	毛MU			
				12.1	韩KR			
				19.8	东盟^{R}AS^R,澳^{R}AU^R,新西兰^{R}NZ^R			
				19.9	日^{R}JP^R			
				22	韩^{R}KR^R			
	92.09	乐器的零件(例如,百音盒的机械装置)、附件(例如,机械乐器用的卡片、盘及带卷);节拍器、音叉及各种定音管: Parts (for example, mechanisms for musical boxes) and accessories (for example, cards, discs and rolls for mechanical instruments) of musical instruments; metronomes, tuning forks and pitch pipes of all kinds:						
8689	9209.3000	-乐器用的弦 -Musical instrument strings	10	0	东盟AS,智CL,新西兰NZ,新加坡SG,秘PE,哥CR,瑞CH,冰IS,澳AU,格GE,毛MU,东盟^{R}AS^R,澳^{R}AU^R,新西兰^{R}NZ^R,柬KH,港HK,澳门MO	0	受惠国LD	70
				1.7	韩KR			
				8.4	巴PK			
				14	韩^{R}KR^R			
				14.3	日^{R}JP^R			
		-其他: -Other:						
8690	9209.9100	--钢琴的零件、附件 --Parts and accessories for pianos	10	0	东盟AS,智CL,新西兰NZ,新加坡SG,秘PE,哥CR,瑞CH,冰IS,澳AU,格GE,毛MU,柬KH,港HK,澳门MO	0	受惠国LD	70
				1.7	韩KR			
				8.4	巴PK			
				14	东盟^{R}AS^R,澳^{R}AU^R,新西兰^{R}NZ^R,韩^{R}KR^R			
				14.3	日^{R}JP^R			
8691	9209.9200	--税目92.02所列乐器的零件、附件 --Parts and accessories for the musical instruments of heading 92.02	10	0	东盟AS,智CL,新西兰NZ,新加坡SG,秘PE,哥CR,瑞CH,冰IS,澳AU,格GE,毛MU,东盟^{R}AS^R,澳^{R}AU^R,新西兰^{R}NZ^R,柬KH,港HK,澳门MO	0	受惠国LD	70
				1.7	韩KR			
				8.4	巴PK			
				14	韩^{R}KR^R			
				14.3	日^{R}JP^R			

序号 No.	税则号列 Tariff Line	货品名称 Article Description	最惠国税率 MFN(%)	协定税率 Agreement(%)		特惠税率 SP(%)	普通税率 Gen(%)
8692	9209.9400	--税目92.07所列乐器的零件、附件 --Parts and accessories for the musical instruments of heading 92.07	10	0	东盟AS,智CL,新西兰NZ,新加坡SG,秘PE,哥CR,瑞CH,冰IS,澳AU,格GE,毛MU,柬KH,港HK,澳门MO	0 受惠国LD	70
				7	韩KR		
				8.4	巴PK		
				15.2	东盟^{R}AS^R,韩^{R}KR^R		
				15.3	日^{R}JP^R		
				15.8	澳^{R}AU^R,新西兰^{R}NZ^R		
		--其他: --Other:					
8693	9209.9910	---节拍器、音叉及定音管 ---Metronomes, tuning forks and pitch pipes	10	0	东盟AS,智CL,新西兰NZ,新加坡SG,秘PE,哥CR,瑞CH,冰IS,澳AU,格GE,毛MU,东盟^{R}AS^R,澳^{R}AU^R,新西兰^{R}NZ^R,柬KH,港HK,澳门MO	0 受惠国LD	70
				1.7	韩KR		
				8.4	巴PK		
				14	韩^{R}KR^R		
				14.3	日^{R}JP^R		
8694	9209.9920	---百音盒的机械装置 ---Mechanisms for musical boxes	10	0	东盟AS,智CL,新西兰NZ,新加坡SG,秘PE,哥CR,瑞CH,冰IS,澳AU,格GE,毛MU,东盟^{R}AS^R,澳^{R}AU^R,新西兰^{R}NZ^R,柬KH,港HK,澳门MO	0 受惠国LD	70
				1.7	韩KR		
				6.5	亚太AP		
				8.4	巴PK		
				14	韩^{R}KR^R		
				14.3	日^{R}JP^R		
8695	9209.9990	---其他 ---Other	10	0	东盟AS,智CL,新西兰NZ,新加坡SG,秘PE,哥CR,瑞CH,冰IS,澳AU,格GE,毛MU,柬KH,港HK,澳门MO	0 受惠国LD	70
				1.7	韩KR		
				8.4	巴PK		
				14	东盟^{R}AS^R,澳^{R}AU^R,新西兰^{R}NZ^R,韩^{R}KR^R		
				14.3	日^{R}JP^R		

第九十三章
武器、弹药及其零件、附件

Chapter 93
Arms and ammunition;
parts and accessories thereof

注释:

一、本章不包括:

（一）第三十六章的货品（例如，火帽、雷管、信号弹）；

（二）第十五类注释二所规定的贱金属制通用零件（第十五类）或塑料制的类似品（第三十九章）；

（三）装甲战斗车辆（税目87.10）；

（四）武器用的望远镜瞄准具或其他光学装置（第九十章），但安装在武器上或与武器一同进口或出口以备安装在该武器上的除外；

（五）弓、箭、钝头击剑或玩具（第九十五章）；或

（六）收藏品或古物（税目97.05或97.06）。

二、税目93.06所称"零件"，不包括税目85.26的无线电设备或雷达设备。

Notes:

1. This Chapter does not cover:

    (a) Goods of Chapter 36 (for example, percussion caps, detonators, signalling flares);

    (b) Parts of general use, as defined in Note 2 to Section XV, of base metal (Section XV), or similar goods of plastics (Chapter 39);

    (c) Armoured fighting vehicles (heading 87.10);

    (d) Telescopic sights or other optical devices suitable for use with arms, unless mounted on a firearm or presented with the firearm on which they are designed to be mounted (Chapter 90);

    (e) Bows, arrows, fencing foils or toys (Chapter 95); or

    (f) Collectors' pieces or antiques (heading 97.05 or 97.06).

2. In heading 93.06, the reference to "parts thereof" does not include radio or radar apparatus of heading 85.26.

序号 No.	税则号列 Tariff Line	货品名称 Article Description	最惠国税率 MFN(%)	协定税率 Agreement(%)		特惠税率 SP(%)	普通税率 Gen(%)
	93.01	军用武器, 但左轮手枪、其他手枪及税目93.07的兵器除外: Military weapons, other than revolvers, pistols and the arms of heading 93.07:					
		-火炮武器（例如, 榴弹炮及迫击炮）: -Artillery weapons (for example, guns, howitzers and mortars):					
8696	9301.1010	---自推进的 ---Self-propelled	13	0	东盟AS,智CL,新西兰NZ,新加坡SG,秘PE,哥CR,瑞CH,冰IS,澳AU,格GE,毛MU,东盟^RAS^R,澳^RAU^R,新西兰^RNZ^R,柬KH,港HK,澳门MO	0 受惠国LD	80
				1.3	韩KR		
				3.9	巴PK		
				10.4	韩^RKR^R		
				10.6	日^RJP^R		

序号 No.	税则号列 Tariff Line	货品名称 Article Description	最惠国税率 MFN(%)	协定税率 Agreement(%)		特惠税率 SP(%)	普通税率 Gen(%)
8697	9301.1090	---其他 ---Other	13	0	东盟AS,智CL,新西兰NZ,新加坡SG,秘PE,哥CR,瑞CH,冰IS,澳AU,格GE,毛MU,东盟^RAS^R,澳^RAU^R,新西兰^RNZ^R,柬KH,港HK,澳门MO	0 受惠国LD	80
				1.3	韩KR		
				3.9	巴PK		
				10.4	韩^RKR^R		
				10.6	日^RJP^R		
8698	9301.2000	-火箭发射装置；火焰喷射器；手榴弹发射器；鱼雷发射管及类似发射装置 -Rocket launchers; flamethrowers; grenade launchers; torpedo tubes and similar projectors	13	0	东盟AS,智CL,新西兰NZ,新加坡SG,秘PE,哥CR,瑞CH,冰IS,澳AU,格GE,毛MU,东盟^RAS^R,澳^RAU^R,新西兰^RNZ^R,柬KH,港HK,澳门MO	0 受惠国LD	80
				1.3	韩KR		
				3.9	巴PK		
				10.4	韩^RKR^R		
				10.6	日^RJP^R		
8699	9301.9000	-其他 -Other	13	0	东盟AS,智CL,新西兰NZ,新加坡SG,秘PE,哥CR,瑞CH,冰IS,澳AU,格GE,毛MU,东盟^RAS^R,澳^RAU^R,新西兰^RNZ^R,柬KH,港HK,澳门MO	0 受惠国LD	80
				1.3	韩KR		
				3.9	巴PK		
				10.4	韩^RKR^R		
				10.6	日^RJP^R		
	93.02	左轮手枪及其他手枪，但税目93.03或93.04的货品除外： Revolvers and pistols, other than those of heading 93.03 or 93.04:					
8700	9302.0000	左轮手枪及其他手枪，但税目93.03或93.04的货品除外 Revolvers and pistols, other than those of heading 93.03 or 93.04	13	0	东盟AS,智CL,新西兰NZ,新加坡SG,秘PE,哥CR,瑞CH,冰IS,澳AU,格GE,毛MU,东盟^RAS^R,澳^RAU^R,新西兰^RNZ^R,柬KH,港HK,澳门MO	0 受惠国LD	80
				1.3	韩KR		
				3.9	巴PK		
				10.4	韩^RKR^R		
				10.6	日^RJP^R		

序号 No.	税则号列 Tariff Line	货品名称 Article Description	最惠国税率 MFN(%)	协定税率 Agreement(%)		特惠税率 SP(%)	普通税率 Gen(%)
	93.03	靠爆炸药发射的其他火器及类似装置（例如，运动用猎枪及步枪、前装枪、维利式信号枪及其他专为发射信号弹的装置、发射空包弹的左轮手枪和其他手枪、弩枪式无痛捕杀器、抛缆枪）： Other firearms and similar devices which operate by the firing of an explosive charge (for example, sporting shotguns and rifles, muzzle-loading firearms, Very pistols and other devices designed to project only signal flares, pistols and revolvers for firing blank ammunition, captive-bolt humane killers, line-throwing guns):					
8701	9303.1000	-前装枪 -Muzzle-loading firearms	13	0	东盟AS,智CL,新西兰NZ,新加坡SG,秘PE,哥CR,瑞CH,冰IS,澳AU,格GE,毛MU,东盟^{R}AS^R,澳^{R}AU^R,新西兰^{R}NZ^R,柬KH,港HK,澳门MO	0 受惠国LD	80
				1.3	韩KR		
				3.9	巴PK		
				10.4	韩^{R}KR^R		
				10.6	日^{R}JP^R		
8702	9303.2000	-其他运动、狩猎或打靶用猎枪,包括组合式滑膛来复枪 -Other sporting, hunting or target shooting shotguns, including combination shotgun-rifles	13	0	东盟AS,智CL,新西兰NZ,新加坡SG,秘PE,哥CR,冰IS,澳AU,格GE,毛MU,东盟^{R}AS^R,澳^{R}AU^R,新西兰^{R}NZ^R,柬KH,港HK,澳门MO	0 受惠国LD	80
				1.3	韩KR		
				3.9	巴PK		
				5.2	瑞CH		
				10.4	韩^{R}KR^R		
				10.6	日^{R}JP^R		
8703	9303.3000	-其他运动、狩猎或打靶用步枪 -Other sporting, hunting or target shooting rifles	13	0	东盟AS,智CL,新西兰NZ,新加坡SG,秘PE,哥CR,瑞CH,冰IS,澳AU,格GE,毛MU,东盟^{R}AS^R,澳^{R}AU^R,新西兰^{R}NZ^R,柬KH,港HK,澳门MO	0 受惠国LD	80
				1.3	韩KR		
				3.9	巴PK		
				10.4	韩^{R}KR^R		
				10.6	日^{R}JP^R		

序号 No.	税则号列 Tariff Line	货品名称 Article Description	最惠国税率 MFN(%)	协定税率 Agreement(%)		特惠税率 SP(%)		普通税率 Gen(%)
8704	9303.9000	-其他 -Other	13	0	东盟AS,智CL,新西兰NZ,新加坡SG,秘PE,哥CR,瑞CH,冰IS,澳AU,格GE,毛MU,东盟^{R}AS^R,澳^{R}AU^R,新西兰^{R}NZ^R,柬KH,港HK,澳门MO	0	受惠国LD	80
				1.3	韩KR			
				3.9	巴PK			
				10.4	韩^{R}KR^R			
				10.6	日^{R}JP^R			
	93.04	其他武器（例如，弹簧枪、气枪、气手枪、警棍），但不包括税目93.07的货品： Other arms (for example, spring, air or gas guns and pistols, truncheons), excluding those of heading 93.07:						
8705	9304.0000	其他武器（例如，弹簧枪、气枪、气手枪、警棍），但不包括税目93.07的货品 Other arms (for example, spring, air or gas guns and pistols, truncheons) excluding those of heading 93.07	13	0	东盟AS,智CL,新西兰NZ,新加坡SG,秘PE,哥CR,冰IS,澳AU,格GE,毛MU,东盟^{R}AS^R,澳^{R}AU^R,新西兰^{R}NZ^R,柬KH,港HK,澳门MO	0	受惠国LD	80
				1.3	韩KR			
				3.9	巴PK			
				10.4	韩^{R}KR^R			
				10.6	日^{R}JP^R			
	93.05	税目93.01至93.04所列物品的零件、附件： Parts and accessories of articles of headings 93.01 to 93.04:						
8706	9305.1000	-左轮手枪或其他手枪用 -Of revolvers or pistols	13	0	东盟AS,智CL,新西兰NZ,新加坡SG,秘PE,哥CR,瑞CH,冰IS,澳AU,格GE,毛MU,东盟^{R}AS^R,澳^{R}AU^R,新西兰^{R}NZ^R,柬KH,港HK,澳门MO	0	受惠国LD	80
				1.3	韩KR			
				3.9	巴PK			
				10.4	韩^{R}KR^R			
				10.6	日^{R}JP^R			
8707	9305.2000	-税目93.03的猎枪或步枪用 -Of shotguns or rifles of heading 93.03	13	0	东盟AS,智CL,新西兰NZ,新加坡SG,秘PE,哥CR,瑞CH,冰IS,澳AU,格GE,毛MU,东盟^{R}AS^R,澳^{R}AU^R,新西兰^{R}NZ^R,柬KH,港HK,澳门MO	0	受惠国LD	80
				1.3	韩KR			
				3.9	巴PK			
				10.4	韩^{R}KR^R			
				10.6	日^{R}JP^R			
		-其他： -Other:						

序号 No.	税则号列 Tariff Line	货品名称 Article Description	最惠国税率 MFN(%)	协定税率 Agreement(%)		特惠税率 SP(%)		普通税率 Gen(%)
8708	9305.9100	--税目93.01的军用武器用 --Of military weapons of heading 93.01	13	0	东盟AS,智CL,新西兰NZ,新加坡SG,秘PE,哥CR,瑞CH,冰IS,澳AU,格GE,毛MU,东盟^RAS^R,澳^RAU^R,新西兰^RNZ^R,柬KH,港HK,澳门MO	0	受惠国LD	80
				1.3	韩KR			
				3.9	巴PK			
				10.4	韩^RKR^R			
				10.6	日^RJP^R			
8709	9305.9900	--其他 --Other	13	0	东盟AS,智CL,新西兰NZ,新加坡SG,秘PE,哥CR,瑞CH,冰IS,澳AU,格GE,毛MU,东盟^RAS^R,澳^RAU^R,新西兰^RNZ^R,柬KH,港HK,澳门MO	0	受惠国LD	80
				1.3	韩KR			
				3.9	巴PK			
				10.4	韩^RKR^R			
				10.6	日^RJP^R			
	93.06	炸弹、手榴弹、鱼雷、地雷、水雷、导弹及类似军用弹药及其零件;子弹、其他弹药和射弹及其零件,包括弹丸及弹垫: Bombs, grenades, torpedoes, mines, missiles and similar munitions of war and parts thereof; cartridges and other ammunition and projectiles and parts thereof, including shot and cartridge wads:							
		-猎枪子弹及其零件;气枪弹丸: -Shotgun cartridges and parts thereof; air gun pellets:							
8710	9306.2100	--猎枪子弹 --Cartridges	13	0	东盟AS,智CL,新西兰NZ,新加坡SG,秘PE,哥CR,瑞CH,冰IS,澳AU,格GE,毛MU,东盟^RAS^R,澳^RAU^R,新西兰^RNZ^R,柬KH,港HK,澳门MO	0	受惠国LD	80
				1.3	韩KR			
				3.9	巴PK			
				10.4	韩^RKR^R			
				10.6	日^RJP^R			
8711	9306.2900	--其他 --Other	13	0	东盟AS,智CL,新西兰NZ,新加坡SG,秘PE,哥CR,瑞CH,冰IS,澳AU,格GE,毛MU,东盟^RAS^R,澳^RAU^R,新西兰^RNZ^R,柬KH,港HK,澳门MO	0	受惠国LD	80
				1.3	韩KR			
				3.9	巴PK			
				10.4	韩^RKR^R			
				10.6	日^RJP^R			

序号 No.	税则号列 Tariff Line	货品名称 Article Description	最惠国税率 MFN(%)	协定税率 Agreement(%)		特惠税率 SP(%)	普通税率 Gen(%)
		-其他子弹及其零件: -Other cartridges and parts thereof:					
8712	9306.3080	---铆接机或类似工具用或弩枪式无痛捕杀器用子弹及其零件 ---Cartridges for riveting or similar tools or for captivebolt humane killers and parts thereof	13	0	东盟AS,智CL,新西兰NZ,新加坡SG,秘PE,哥CR,瑞CH,冰IS,澳AU,格GE,毛MU,东盟^{R}AS^R,澳^{R}AU^R,新西兰^{R}NZ^R,柬KH,港HK,澳门MO	0 受惠国LD	80
				1.3	韩KR		
				3.9	巴PK		
				10.4	韩^{R}KR^R		
				10.6	日^{R}JP^R		
8713	9306.3090	---其他 ---Other cartridges and parts thereof	13	0	东盟AS,智CL,新西兰NZ,新加坡SG,秘PE,哥CR,瑞CH,冰IS,澳AU,格GE,毛MU,东盟^{R}AS^R,澳^{R}AU^R,新西兰^{R}NZ^R,柬KH,港HK,澳门MO	0 受惠国LD	80
				1.3	韩KR		
				3.9	巴PK		
				10.4	韩^{R}KR^R		
				10.6	日^{R}JP^R		
8714	9306.9000	-其他 -Other	13	0	东盟AS,智CL,新西兰NZ,新加坡SG,秘PE,哥CR,瑞CH,冰IS,澳AU,格GE,毛MU,东盟^{R}AS^R,澳^{R}AU^R,新西兰^{R}NZ^R,柬KH,港HK,澳门MO	0 受惠国LD	80
				1.3	韩KR		
				3.9	巴PK		
				10.4	韩^{R}KR^R		
				10.6	日^{R}JP^R		
	93.07	剑、短弯刀、刺刀、长矛和类似的武器及其零件; 刀鞘、剑鞘: Swords, cutlasses, bayonets, lances and similar arms and parts thereof and scabbards and sheaths therefor:					
8715	9307.0010	---军用 ---Military	13	0	东盟AS,智CL,新西兰NZ,新加坡SG,秘PE,哥CR,瑞CH,冰IS,澳AU,格GE,毛MU,东盟^{R}AS^R,澳^{R}AU^R,新西兰^{R}NZ^R,柬KH,港HK,澳门MO	0 受惠国LD	80
				1.3	韩KR		
				3.9	巴PK		
				10.4	韩^{R}KR^R		
				10.6	日^{R}JP^R		
8716	9307.0090	---其他 ---Other	13	0	东盟AS,智CL,新西兰NZ,新加坡SG,秘PE,哥CR,瑞CH,冰IS,澳AU,格GE,毛MU,东盟^{R}AS^R,澳^{R}AU^R,新西兰^{R}NZ^R,柬KH,港HK,澳门MO	0 受惠国LD	80
				1.3	韩KR		
				3.9	巴PK		
				10.4	韩^{R}KR^R		
				10.6	日^{R}JP^R		

第九十四章
家具；寝具、褥垫、弹簧床垫、
软座垫及类似的填充制品；
未列名灯具及照明装置；
发光标志、发光铭牌及
类似品；活动房屋

Chapter 94
**Furniture; bedding, mattresses,
mattress supports, cushions and similar
stuffed furnishings; lamps and lighting fittings,
not elsewhere specified or included; illuminated
signs, illuminated name-plates and the like;
prefabricated buildings**

注释：

一、本章不包括：

（一）第三十九章、第四十章或第六十三章的充气或充水的褥垫、枕头及座垫；

（二）落地镜［例如税目70.09的试衣镜（旋转镜）］；

（三）第七十一章的物品；

（四）第十五类注释二所规定的贱金属制通用零件（第十五类）、塑料制的类似品（第三十九章）或税目83.03的保险箱；

（五）冷藏或冷冻设备专用的特制家具（税目84.18）；缝纫机专用的特制家具（税目84.52）；

（六）第八十五章的灯或光源及其零件；

（七）税目85.18、85.19、85.21或税目85.25至85.28所列装置专用的特制家具（应分别归入税目85.18、85.22或85.29）；

（八）税目87.14的物品；

（九）装有税目90.18所列牙科用器具或漱口盂的牙科用椅（税目90.18）；

（十）第九十一章的物品（例如，钟及钟壳）；

（十一）玩具家具、玩具灯具或玩具照明装置（税目95.03）、台球桌或其他供游戏用的特制家具（税目95.04）、魔术用的特制家具或中国灯笼及类似的装饰品（灯串除外）（税目95.05）；或

（十二）独脚架、双脚架、三脚架及类似品（税目96.20）。

二、税目94.01至94.03的物品（零件除外），只适用于落地式的物品。

对下列物品，即使是悬挂的、固定在墙壁上的或叠摞的，仍归入上述各税目：

（一）碗橱、书柜、架式家具及组合家具；

（二）座具及床。

三、

（一）税目94.01至94.03所列货品的零件，不包括玻璃（包括镜子）、大理石或其他石料以及第六十八

Notes:

1. This Chapter does not cover:

(a) Pneumatic or water mattresses, pillows or cushions, of Chapter 39, 40 or 63;

(b) Mirrors designed for placing on the floor or ground (for example, cheval-glasses (swing-mirrors) of heading 70.09);

(c) Articles of Chapter 71;

(d) Parts of general use as defined in Note 2 to Section XV, of base metal (Section XV), or similar goods of plastics (Chapter 39), or safes of heading 83.03;

(e) Furniture specially designed as parts of refrigerating or freezing equipment of heading 84.18; furniture specially designed for sewing machines (heading 84.52);

(f) Lamps or light sources and parts thereof of Chapter 85;

(g) Furniture specially designed as parts of apparatus of heading 85.18 (heading 85.18), of headings 85.19 or 85.21 (heading 85.22) or of headings 85.25 to 85.28 (heading 85.29);

(h) Articles of heading 87.14;

(i) Dentists' chairs incorporating dental appliances of heading 90.18 or dentists' spittoons (heading 90.18);

(j) Articles of Chapter 91(for example, clocks and clock cases);

(k) Toy furniture or toy luminaires and lighting fittings (heading 95.03),billiard tables or other furniture specially constructed for games (heading 95.04),furniture for conjuring tricks or decorations (other than lighting strings) such as Chinese lanterns (heading 95.05); or

(l) Monopods, bipods, tripods and similar articles (heading 96.20).

2. The articles (other than parts) referred to in headings 94.01 to 94.03 are to be classified in those headings only if they are designed for placing on the floor or ground.

The following are, however, to be classified in the above-mentioned headings even if they are designed to be hung, to be fixed to the wall or to stand one on the other:

(a) Cupboards, bookcases, other shelved furniture and unit furniture;

(b) Seats and beds.

3.

(a) In headings 94.01 to 94.03 references to parts of goods do not include references to sheets or slabs (whether or not

章及第六十九章所列任何其他材料的片、块（不论是否切割成形，但未与其他零件组装）；

（二）税目94.04的货品，如果单独进口或出口，不能作为税目94.01、94.02或94.03所列货品的零件归类。

四、税目94.06所称"活动房屋"，是指在工厂制成成品或制成部件并一同报验，供以后在有关地点上组装的房屋，例如，工地用房、办公室、学校、店铺、工作棚、车房或类似的建筑物。

活动房屋包括钢结构"模块建筑单元"，它们通常具有标准集装箱的形状和尺寸，其内部已部分或者全部进行了预装配。这种模块建筑单元通常设计用于组装为永久的建筑物。

cut to shape but not combined with other parts) of glass (including mirrors), marble or other stone or of any other material referred to in Chapter 68 or 69;

(b) Goods described in heading 94.04, presented separately, are not to be classified in heading 94.01, 94.02 or 94.03 as parts of goods.

4. For the purpose of heading 94.06, the expression "prefabricated buildings" means buildings which are finished in the factory or put up as elements, presented together, to be assembled on site, such as housing or worksite accommodation, offices, schools, shops, sheds, garages or similar buildings.

Prefabricated buildings include "modular building units" of steel, normally presented in the size and shape of a standard shipping container, but substantially or completely prefitted internally. Such modular building units are normally designed to be assembled together to form permanent buildings.

序号 No.	税则号列 Tariff Line	货品名称 Article Description	最惠国税率 MFN(%)	协定税率 Agreement(%)		特惠税率 SP(%)	普通税率 Gen(%)
	94.01	坐具（包括能做床用的两用椅，但税目94.02的货品除外）及其零件： Seats (other than those of heading 94.02, whether or not convertible into beds), and parts thereof:					
8717	9401.1000	-飞机用坐具 -Seats of a kind used for aircraft	0	0	东盟AS,智CL,巴PK,新西兰NZ,秘PE,哥CR,瑞CH,冰IS,韩KR,澳AU,格GE,毛MU,东盟^{R}AS^R,澳^{R}AU^R,日^{R}JP^R,新西兰^{R}NZ^R,柬KH,港HK,澳门MO,韩^{R}KR^R	0 受惠国LD	100
		-机动车辆用坐具： -Seats of a kind used for motor vehicles:					
8718	9401.2010	---皮革或再生皮革面的 ---With outer surface of leather or composition leather	6	0	智CL,新西兰NZ,秘PE,哥CR,瑞CH,冰IS,澳AU,格GE,毛MU,柬KH,港HK,澳门MO	0 受惠国LD	100
				5	东盟AS		
				5.5	韩KR		
				8	巴PK		
				9.5	东盟^{R}AS^R,澳^{R}AU^R,新西兰^{R}NZ^R		
8719	9401.2090	---其他 ---Other	6	0	智CL,新西兰NZ,秘PE,哥CR,瑞CH,冰IS,澳AU,格GE,毛MU,柬KH,港HK,澳门MO	0 受惠国LD	100
				4	韩KR		
				5	东盟AS		
				8	巴PK		
				9.5	东盟^{R}AS^R,澳^{R}AU^R,新西兰^{R}NZ^R		
		-可调高度的转动坐具： -Swivel seats with variable height adjustment:					

序号 No.	税则号列 Tariff Line	货品名称 Article Description	最惠国税率 MFN(%)	协定税率 Agreement(%)		特惠税率 SP(%)	普通税率 Gen(%)
8720	9401.3100	--木制的 --Of wood	0	0	东盟AS,智CL,巴PK,新西兰NZ,秘PE,哥CR,瑞CH,冰IS,韩KR,澳AU,格GE,毛MU,东盟^{R}AS^R,澳^{R}AU^R,日^{R}JP^R,新西兰NZ^R,柬KH,港HK,澳门MO,韩^{R}KR^R	0 受惠国LD	100
8721	9401.3900	--其他 --Other	0	0	东盟AS,智CL,巴PK,新西兰NZ,秘PE,哥CR,瑞CH,冰IS,韩KR,澳AU,格GE,毛MU,东盟^{R}AS^R,澳^{R}AU^R,日^{R}JP^R,新西兰NZ^R,柬KH,港HK,澳门MO,韩^{R}KR^R	0 受惠国LD	100
		-能做床用的两用椅, 但庭园坐具或野营设备除外: -Seats other than garden seats or camping equipment, convertible into beds:					
		--木制的: --Of wood:					
8722	9401.4110	---皮革或再生皮革面的 ---With outer surface of leather or composition leather	0	0	东盟AS,智CL,巴PK,新西兰NZ,秘PE,哥CR,瑞CH,冰IS,韩KR,澳AU,格GE,毛MU,东盟^{R}AS^R,澳^{R}AU^R,日^{R}JP^R,新西兰NZ^R,柬KH,港HK,澳门MO,韩^{R}KR^R	0 受惠国LD	100
8723	9401.4190	---其他 ---Other	0	0	东盟AS,智CL,巴PK,新西兰NZ,秘PE,哥CR,瑞CH,冰IS,韩KR,澳AU,格GE,毛MU,东盟^{R}AS^R,澳^{R}AU^R,日^{R}JP^R,新西兰NZ^R,柬KH,港HK,澳门MO,韩^{R}KR^R	0 受惠国LD	100
		--其他: --Other:					
8724	9401.4910	---皮革或再生皮革面的 ---With outer surface of leather or composition leather	0	0	东盟AS,智CL,巴PK,新西兰NZ,秘PE,哥CR,瑞CH,冰IS,韩KR,澳AU,格GE,毛MU,东盟^{R}AS^R,澳^{R}AU^R,日^{R}JP^R,新西兰NZ^R,柬KH,港HK,澳门MO,韩^{R}KR^R	0 受惠国LD	100
8725	9401.4990	---其他 ---Other	0	0	东盟AS,智CL,巴PK,新西兰NZ,秘PE,哥CR,瑞CH,冰IS,韩KR,澳AU,格GE,毛MU,东盟^{R}AS^R,澳^{R}AU^R,日^{R}JP^R,新西兰NZ^R,柬KH,港HK,澳门MO,韩^{R}KR^R	0 受惠国LD	100
		-藤、柳条、竹及类似材料制的坐具: -Seats of cane, osier, bamboo or similar materials:					
8726	9401.5200	--竹制的 --Of bamboo	0	0	东盟AS,智CL,巴PK,新西兰NZ,秘PE,哥CR,瑞CH,冰IS,韩KR,澳AU,格GE,毛MU,东盟^{R}AS^R,澳^{R}AU^R,日^{R}JP^R,新西兰NZ^R,柬KH,港HK,澳门MO,韩^{R}KR^R	0 受惠国LD, 老LA	100

序号 No.	税则号列 Tariff Line	货品名称 Article Description	最惠国税率 MFN(%)	协定税率 Agreement(%)		特惠税率 SP(%)	普通税率 Gen(%)
8727	9401.5300	--藤制的 --Of rattan	0	0	东盟AS,智CL,巴PK,新西兰NZ,秘PE,哥CR,瑞CH,冰IS,韩KR,澳AU,格GE,毛MU,东盟^{R}AS^R,澳^{R}AU^R,日^{R}JP^R,新西兰^{R}NZ^R,柬KH,港HK,澳门MO,韩^{R}KR^R	0 受惠国LD,老LA	100
8728	9401.5900	--其他 --Other	0	0	东盟AS,智CL,巴PK,新西兰NZ,秘PE,哥CR,瑞CH,冰IS,韩KR,澳AU,格GE,毛MU,东盟^{R}AS^R,澳^{R}AU^R,日^{R}JP^R,新西兰^{R}NZ^R,柬KH,港HK,澳门MO,韩^{R}KR^R	0 受惠国LD,老LA	100
		-木框架的其他坐具: -Other seats, with wooden frames: --装软垫的: --Upholstered:					
8729	9401.6110	---皮革或再生皮革面的 ---With outer surface of leather or composition leather	0	0	东盟AS,智CL,巴PK,新西兰NZ,秘PE,哥CR,瑞CH,冰IS,韩KR,澳AU,格GE,毛MU,东盟^{R}AS^R,澳^{R}AU^R,日^{R}JP^R,新西兰^{R}NZ^R,柬KH,港HK,澳门MO,韩^{R}KR^R	0 受惠国LD	100
8730	9401.6190	---其他 ---Other	0	0	东盟AS,智CL,巴PK,新西兰NZ,秘PE,哥CR,瑞CH,冰IS,韩KR,澳AU,格GE,毛MU,东盟^{R}AS^R,澳^{R}AU^R,日^{R}JP^R,新西兰^{R}NZ^R,柬KH,港HK,澳门MO,韩^{R}KR^R	0 受惠国LD	100
8731	9401.6900	--其他 --Other	0	0	东盟AS,智CL,巴PK,新西兰NZ,秘PE,哥CR,瑞CH,冰IS,韩KR,澳AU,格GE,毛MU,东盟^{R}AS^R,澳^{R}AU^R,日^{R}JP^R,新西兰^{R}NZ^R,柬KH,港HK,澳门MO,韩^{R}KR^R	0 受惠国LD	100
		-金属框架的其他坐具: -Other seats, with metal frames: --装软垫的: --Upholstered:					
8732	9401.7110	---皮革或再生皮革面的 ---With outer surface of leather or composition leather	0	0	东盟AS,智CL,巴PK,新西兰NZ,秘PE,哥CR,瑞CH,冰IS,韩KR,澳AU,格GE,毛MU,东盟^{R}AS^R,澳^{R}AU^R,日^{R}JP^R,新西兰^{R}NZ^R,柬KH,港HK,澳门MO,韩^{R}KR^R	0 受惠国LD	100
8733	9401.7190	---其他 ---Other	0	0	东盟AS,智CL,巴PK,新西兰NZ,秘PE,哥CR,瑞CH,冰IS,韩KR,澳AU,格GE,毛MU,东盟^{R}AS^R,澳^{R}AU^R,日^{R}JP^R,新西兰^{R}NZ^R,柬KH,港HK,澳门MO,韩^{R}KR^R	0 受惠国LD	100
8734	9401.7900	--其他 --Other	0	0	东盟AS,智CL,巴PK,新西兰NZ,秘PE,哥CR,瑞CH,冰IS,韩KR,澳AU,格GE,毛MU,东盟^{R}AS^R,澳^{R}AU^R,日^{R}JP^R,新西兰^{R}NZ^R,柬KH,港HK,澳门MO,韩^{R}KR^R	0 受惠国LD	100

序号 No.	税则号列 Tariff Line	货品名称 Article Description	最惠国税率 MFN(%)		协定税率 Agreement(%)	特惠税率 SP(%)	普通税率 Gen(%)
		-其他坐具： -Other seats:					
8735	9401.8010	---石制的 ---Of stone	0	0	东盟AS,智CL,巴PK,新西兰NZ, 秘PE,哥CR,瑞CH,冰IS,韩KR, 澳AU,格GE,毛MU,东盟^RAS^R, 澳^RAU^R,日^RJP^R,新西兰^RNZ^R,柬 KH,港HK,澳门MO,韩^RKR^R	0 受惠国LD	100
8736	9401.8090	---其他 ---Other	0	0	东盟AS,智CL,巴PK,新西兰NZ, 秘PE,哥CR,瑞CH,冰IS,韩KR, 澳AU,格GE,毛MU,东盟^RAS^R, 澳^RAU^R,日^RJP^R,新西兰^RNZ^R,柬 KH,港HK,澳门MO,韩^RKR^R	0 受惠国LD	100
		-零件： -Parts:					
8737	9401.9100	--木制的 --Of wood	0	0	东盟AS,智CL,巴PK,新西兰NZ, 秘PE,哥CR,瑞CH,冰IS,韩KR, 澳AU,格GE,毛MU,东盟^RAS^R, 澳^RAU^R,日^RJP^R,新西兰^RNZ^R,柬 KH,港HK,澳门MO,韩^RKR^R	0 受惠国LD	100
		--其他： --Other:					
8738	9401.9910	---机动车辆用座椅调角器 ---Seat angle regulating devices	6	0	智CL,新西兰NZ,秘PE,哥CR,瑞 CH,冰IS,澳AU,格GE,毛MU,柬 KH,港HK,澳门MO	0 受惠国LD	100
				5	东盟AS		
				8	巴PK		
8739	9401.9990	---其他 ---Other	0	0	东盟AS,智CL,巴PK,新西兰NZ, 秘PE,哥CR,瑞CH,冰IS,韩KR, 澳AU,格GE,毛MU,东盟^RAS^R, 澳^RAU^R,日^RJP^R,新西兰^RNZ^R,柬 KH,港HK,澳门MO,韩^RKR^R	0 受惠国LD	100
	94.02	医疗、外科、牙科或兽医用家具(例如, 手术台、检查台、带机械装置的病床、 牙科用椅);有旋转、倾斜、升降装置的 理发用椅及类似椅;上述物品的零件: Medical, surgical, dental or veterinary furniture (for example, operating tables, examination tables, hospital beds with mechanical fittings, dentists' chairs); barbers' chairs and similar chairs, having rotating as well as both reclining and elevating movements; parts of the foregoing articles:					
		-牙科、理发及类似用途的椅及其 零件: -Dentists', barbers' or similar chairs and parts thereof:					

序号 No.	税则号列 Tariff Line	货品名称 Article Description	最惠国税率 MFN(%)		协定税率 Agreement(%)	特惠税率 SP(%)	普通税率 Gen(%)
8740	9402.1010	---理发用椅及其零件 ---Barbers chair and parts thereof	0	0	东盟AS,智CL,巴PK,新西兰NZ, 秘PE,哥CR,瑞CH,冰IS,韩KR, 澳AU,格GE,毛MU,东盟^RAS^R, 澳^RAU^R,日^RJP^R,新西兰^RNZ^R,柬 KH,港HK,澳门MO,韩^RKR^R	0 受惠国LD	100
8741	9402.1090	---其他 ---Other	0	0	东盟AS,智CL,巴PK,新西兰NZ, 秘PE,哥CR,瑞CH,冰IS,韩KR, 澳AU,格GE,毛MU,东盟^RAS^R, 澳^RAU^R,日^RJP^R,新西兰^RNZ^R,柬 KH,港HK,澳门MO,韩^RKR^R	0 受惠国LD	30
8742	9402.9000	-其他 -Other	0	0	东盟AS,智CL,巴PK,新西兰NZ, 秘PE,哥CR,瑞CH,冰IS,韩KR, 澳AU,格GE,毛MU,东盟^RAS^R, 澳^RAU^R,日^RJP^R,新西兰^RNZ^R,柬 KH,港HK,澳门MO,韩^RKR^R	0 受惠国LD	30
	94.03	其他家具及其零件: Other furniture and parts thereof:					
8743	9403.1000	-办公室用金属家具 -Metal furniture of a kind used in offices	0	0	东盟AS,智CL,巴PK,新西兰NZ, 秘PE,哥CR,瑞CH,冰IS,韩KR, 澳AU,格GE,毛MU,东盟^RAS^R, 澳^RAU^R,日^RJP^R,新西兰^RNZ^R,柬 KH,港HK,澳门MO,韩^RKR^R	0 受惠国LD	100
8744	9403.2000	-其他金属家具 -Other metal furniture	0	0	东盟AS,智CL,巴PK,新西兰NZ, 秘PE,哥CR,瑞CH,冰IS,韩KR, 澳AU,格GE,毛MU,东盟^RAS^R, 澳^RAU^R,日^RJP^R,新西兰^RNZ^R,柬 KH,港HK,澳门MO,韩^RKR^R	0 受惠国LD	100
8745	9403.3000	-办公室用木家具 -Wooden furniture of a kind used in offices	0	0	东盟AS,智CL,巴PK,新西兰NZ, 秘PE,哥CR,瑞CH,冰IS,韩KR, 澳AU,格GE,毛MU,东盟^RAS^R, 澳^RAU^R,日^RJP^R,新西兰^RNZ^R,柬 KH,港HK,澳门MO,韩^RKR^R	0 受惠国LD, 柬KH,老LA	100
8746	9403.4000	-厨房用木家具 -Wooden furniture of a kind used in the kitchen	0	0	东盟AS,智CL,巴PK,新西兰NZ, 秘PE,哥CR,瑞CH,冰IS,韩KR, 澳AU,格GE,毛MU,东盟^RAS^R, 澳^RAU^R,日^RJP^R,新西兰^RNZ^R,柬 KH,港HK,澳门MO,韩^RKR^R	0 受惠国LD, 柬KH	100
		-卧室用木家具: -Wooden furniture of a kind used in the bedroom:					
8747	9403.5010	---红木制 ---Of rose wood	0	0	东盟AS,智CL,巴PK,新西兰NZ, 秘PE,哥CR,瑞CH,冰IS,韩KR, 澳AU,格GE,毛MU,东盟^RAS^R, 澳^RAU^R,日^RJP^R,新西兰^RNZ^R,柬 KH,港HK,澳门MO,韩^RKR^R	0 受惠国LD, 柬KH	100
		---其他: ---Other:					
8748	9403.5091	----天然漆（大漆）漆木家具 ----Of lacquered wood	0	0	东盟AS,智CL,巴PK,新西兰NZ, 秘PE,哥CR,瑞CH,冰IS,韩KR, 澳AU,格GE,毛MU,东盟^RAS^R, 澳^RAU^R,日^RJP^R,新西兰^RNZ^R,柬 KH,港HK,澳门MO,韩^RKR^R	0 受惠国LD, 柬KH	100

序号 No.	税则号列 Tariff Line	货品名称 Article Description	最惠国税率 MFN(%)		协定税率 Agreement(%)		特惠税率 SP(%)	普通税率 Gen(%)
8749	9403.5099	----其他 ----Other	0	0	东盟AS,智CL,巴PK,新西兰NZ,秘PE,哥CR,瑞CH,冰IS,韩KR,澳AU,格GE,毛MU,东盟^RAS^R,澳^RAU^R,日^RJP^R,新西兰^RNZ^R,柬KH,港HK,澳门MO,韩^RKR^R	0	受惠国LD,柬KH	100
		-其他木家具: -Other wooden furniture:						
8750	9403.6010	---红木制 ---Of rose wood	0	0	东盟AS,智CL,巴PK,新西兰NZ,秘PE,哥CR,瑞CH,冰IS,韩KR,澳AU,格GE,毛MU,东盟^RAS^R,澳^RAU^R,日^RJP^R,新西兰^RNZ^R,柬KH,港HK,澳门MO,韩^RKR^R	0	受惠国LD,柬KH	100
		---其他: ---Other:						
8751	9403.6091	----天然漆（大漆）漆木家具 ----Of lacquered wood	0	0	东盟AS,智CL,巴PK,新西兰NZ,秘PE,哥CR,瑞CH,冰IS,韩KR,澳AU,格GE,毛MU,东盟^RAS^R,澳^RAU^R,日^RJP^R,新西兰^RNZ^R,柬KH,港HK,澳门MO,韩^RKR^R	0	受惠国LD,柬KH	100
8752	9403.6099	----其他 ----Other	0	0	东盟AS,智CL,巴PK,新西兰NZ,秘PE,哥CR,瑞CH,冰IS,韩KR,澳AU,格GE,毛MU,东盟^RAS^R,澳^RAU^R,日^RJP^R,新西兰^RNZ^R,柬KH,港HK,澳门MO,韩^RKR^R	0	受惠国LD,柬KH	100
8753	9403.7000	-塑料家具 -Furniture of plastics	0	0	东盟AS,智CL,巴PK,新西兰NZ,秘PE,哥CR,瑞CH,冰IS,韩KR,澳AU,格GE,毛MU,东盟^RAS^R,澳^RAU^R,日^RJP^R,新西兰^RNZ^R,柬KH,港HK,澳门MO,韩^RKR^R	0	受惠国LD	100
		-其他材料制的家具,包括藤、柳条、竹或类似材料制的: -Furniture of other materials, including cane, osier, bamboo or similar materials:						
8754	9403.8200	--竹制的 --Of bamboo	0	0	东盟AS,智CL,巴PK,新西兰NZ,秘PE,哥CR,瑞CH,冰IS,韩KR,澳AU,格GE,毛MU,东盟^RAS^R,澳^RAU^R,日^RJP^R,新西兰^RNZ^R,柬KH,港HK,澳门MO,韩^RKR^R	0	受惠国LD,柬KH	100
8755	9403.8300	--藤制的 --Of rattan	0	0	东盟AS,智CL,巴PK,新西兰NZ,秘PE,哥CR,瑞CH,冰IS,韩KR,澳AU,格GE,毛MU,东盟^RAS^R,澳^RAU^R,日^RJP^R,新西兰^RNZ^R,柬KH,港HK,澳门MO,韩^RKR^R	0	受惠国LD,柬KH	100
		--其他: --Other:						
8756	9403.8910	---柳条及类似材料制的 ---Of osier or similar materials	0	0	东盟AS,智CL,巴PK,新西兰NZ,秘PE,哥CR,瑞CH,冰IS,韩KR,澳AU,格GE,毛MU,东盟^RAS^R,澳^RAU^R,日^RJP^R,新西兰^RNZ^R,柬KH,港HK,澳门MO,韩^RKR^R	0	受惠国LD,柬KH	100

序号 No.	税则号列 Tariff Line	货品名称 Article Description	最惠国税率 MFN(%)	协定税率 Agreement(%)		特惠税率 SP(%)	普通税率 Gen(%)
8757	9403.8920	---石制的 ---Of stone	0	0	东盟AS,智CL,巴PK,新西兰NZ, 秘PE,哥CR,瑞CH,冰IS,韩KR, 澳AU,格GE,毛MU,东盟^RAS^R, 澳^RAU^R,日^RJP^R,新西兰^RNZ^R,柬 KH,港HK,澳门MO,韩^RKR^R	0 受惠国LD	100
8758	9403.8990	---其他 ---Other	0	0	东盟AS,智CL,巴PK,新西兰NZ, 秘PE,哥CR,瑞CH,冰IS,韩KR, 澳AU,格GE,毛MU,东盟^RAS^R, 澳^RAU^R,日^RJP^R,新西兰^RNZ^R,柬 KH,港HK,澳门MO,韩^RKR^R	0 受惠国LD	100
		-零件: -Parts:					
8759	9403.9100	--木制的 --Of wood	0	0	东盟AS,智CL,巴PK,新西兰NZ, 秘PE,哥CR,瑞CH,冰IS,韩KR, 澳AU,格GE,毛MU,东盟^RAS^R, 澳^RAU^R,日^RJP^R,新西兰^RNZ^R,柬 KH,港HK,澳门MO,韩^RKR^R	0 受惠国LD	100
8760	9403.9900	--其他 --Other	0	0	东盟AS,智CL,巴PK,新西兰NZ, 秘PE,哥CR,瑞CH,冰IS,韩KR, 澳AU,格GE,毛MU,东盟^RAS^R, 澳^RAU^R,日^RJP^R,新西兰^RNZ^R,柬 KH,港HK,澳门MO,韩^RKR^R	0 受惠国LD	100
	94.04	弹簧床垫; 寝具及类似用品, 装有弹簧、内部用任何材料填充、衬垫或用海绵橡胶、泡沫塑料制成, 不论是否包面 (例如, 褥垫、被子、羽绒被、靠垫、坐垫及枕头) : Mattress supports; articles of bedding and similar furniture (for example, mattresses, quilts, eiderdowns, cushions, pouffes and pillows) fitted with springs or stuffed or internally fitted with any material or of cellular rubber or plastics, whether or not covered:					
8761	9404.1000	-弹簧床垫 -Mattress supports	10	0 8 16 17.3 17.5 18	东盟AS,智CL,新西兰NZ,新加坡 SG,秘PE,哥CR,瑞CH,冰IS,澳AU,格 GE,毛MU,柬KH,港HK,澳门MO 韩KR 巴PK 东盟^RAS^R,韩^RKR^R 日^RJP^R 澳^RAU^R,新西兰^RNZ^R	0 受惠国LD	100
		-褥垫: -Mattresses:					
8762	9404.2100	--海绵橡胶或泡沫塑料制, 不论是否包面 --Of cellular rubber or plastics, whether or not covered	10	0 8 16 17.3 17.5 18	东盟AS,智CL,新西兰NZ,新加坡 SG,秘PE,哥CR,瑞CH,冰IS,澳AU,格 GE,毛MU,柬KH,港HK,澳门MO 韩KR 巴PK 东盟^RAS^R,韩^RKR^R 日^RJP^R 澳^RAU^R,新西兰^RNZ^R	0 受惠国LD	100

序号 No.	税则号列 Tariff Line	货品名称 Article Description	最惠国税率 MFN(%)	协定税率 Agreement(%)		特惠税率 SP(%)		普通税率 Gen(%)
8763	9404.2900	--其他材料制 --Of other materials	10	0	东盟AS,智CL,巴PK,新西兰NZ, 新加坡SG,秘PE,哥CR,瑞CH,冰 IS,澳AU,格GE,毛MU,柬KH,港 HK,澳门MO	0	受惠国LD	100
				6.5	亚太AP			
				8	韩KR			
				17.3	东盟^RAS^R,韩^RKR^R			
				17.5	日^RJP^R			
				18	澳^RAU^R,新西兰^RNZ^R			
		-睡袋: -Sleeping bags:						
8764	9404.3010	---羽毛或羽绒填充的 ---Stuffed with feathers or down	10	0	东盟AS,智CL,新西兰NZ,新加坡 SG,秘PE,哥CR,瑞CH,冰IS,澳AU,格 GE,毛MU,柬KH,港HK,澳门MO	0	受惠国LD	130
				8	韩KR			
				16	巴PK,东盟^RAS^R,澳^RAU^R,新西兰 ^RNZ^R,韩^RKR^R			
				17.5	日^RJP^R			
8765	9404.3090	---其他 ---Other	10	0	东盟AS,智CL,新西兰NZ,新加坡 SG,秘PE,哥CR,瑞CH,冰IS,澳AU,格 GE,毛MU,柬KH,港HK,澳门MO	0	受惠国LD	100
				8	韩KR			
				16	东盟^RAS^R,澳^RAU^R,新西兰^RNZ^R, 韩^RKR^R			
				17.5	日^RJP^R			
		-被子(包括羽绒被)、床罩: -Quilts, bedspreads, eiderdowns and duvets (comforters):						
8766	9404.4010	---羽毛或羽绒填充的 ---Stuffed with feathers or down	10	0	东盟AS,智CL,巴PK,新西兰NZ, 新加坡SG,秘PE,哥CR,瑞CH,澳AU, 格GE,毛MU,柬KH,港HK,澳门MO	0	受惠国LD	130
				8	韩KR			
				16	东盟^RAS^R,澳^RAU^R,新西兰^RNZ^R, 韩^RKR^R			
				17.5	日^RJP^R			
8767	9404.4020	---兽毛填充的 ---Stuffed with animal hair	10	0	东盟AS,智CL,巴PK,新西兰NZ, 新加坡SG,秘PE,哥CR,瑞CH,冰 IS,澳AU,格GE,毛MU,柬KH,港 HK,澳门MO	0	受惠国LD	130
				8	韩KR			
				17.3	东盟^RAS^R,韩^RKR^R			
				17.5	日^RJP^R			
				18	澳^RAU^R,新西兰^RNZ^R			
8768	9404.4030	---丝棉填充的 ---Stuffed with silk wadding	10	0	东盟AS,智CL,巴PK,新西兰NZ, 新加坡SG,秘PE,哥CR,瑞CH,冰 IS,澳AU,格GE,毛MU,柬KH,港 HK,澳门MO	0	受惠国LD	130
				8	韩KR			
				16	东盟^RAS^R,澳^RAU^R,新西兰^RNZ^R, 韩^RKR^R			
				17.5	日^RJP^R			

序号 No.	税则号列 Tariff Line	货品名称 Article Description	最惠国税率 MFN(%)	协定税率 Agreement(%)		特惠税率 SP(%)	普通税率 Gen(%)
8769	9404.4040	---化纤棉填充的 ---Stuffed with man-made fibres	10	0	东盟AS,智CL,巴PK,新西兰NZ,新加坡SG,秘PE,哥CR,瑞CH,冰IS,澳AU,格GE,毛MU,柬KH,港HK,澳门MO	0 受惠国LD	130
				8	韩KR		
				17.3	东盟^{R}AS^R,韩^{R}KR^R		
				17.5	日^{R}JP^R		
				18	澳^{R}AU^R,新西兰^{R}NZ^R		
8770	9404.4090	---其他 ---Other	10	0	东盟AS,智CL,巴PK,新西兰NZ,新加坡SG,秘PE,哥CR,瑞CH,冰IS,澳AU,格GE,毛MU,柬KH,港HK,澳门MO	0 受惠国LD	130
				8	韩KR		
				17.3	东盟^{R}AS^R,韩^{R}KR^R		
				17.5	日^{R}JP^R		
				18	澳^{R}AU^R,新西兰^{R}NZ^R		
		-其他: -Other:					
8771	9404.9010	---羽毛或羽绒填充的 ---Stuffed with feathers or down	10	0	东盟AS,智CL,巴PK,新西兰NZ,新加坡SG,秘PE,哥CR,瑞CH,澳AU,格GE,毛MU,柬KH,港HK,澳门MO	0 受惠国LD	130
				8	韩KR		
				16	东盟^{R}AS^R,澳^{R}AU^R,新西兰^{R}NZ^R,韩^{R}KR^R		
				17.5	日^{R}JP^R		
8772	9404.9020	---兽毛填充的 ---Stuffed with animal hair	10	0	东盟AS,智CL,巴PK,新西兰NZ,新加坡SG,秘PE,哥CR,瑞CH,冰IS,澳AU,格GE,毛MU,柬KH,港HK,澳门MO	0 受惠国LD	130
				8	韩KR		
				17.3	东盟^{R}AS^R,韩^{R}KR^R		
				17.5	日^{R}JP^R		
				18	澳^{R}AU^R,新西兰^{R}NZ^R		
8773	9404.9030	---丝棉填充的 ---Stuffed with silk wadding	10	0	东盟AS,智CL,巴PK,新西兰NZ,新加坡SG,秘PE,哥CR,瑞CH,冰IS,澳AU,格GE,毛MU,柬KH,港HK,澳门MO	0 受惠国LD	130
				8	韩KR		
				16	东盟^{R}AS^R,澳^{R}AU^R,新西兰^{R}NZ^R,韩^{R}KR^R		
				17.5	日^{R}JP^R		
8774	9404.9040	---化纤棉填充的 ---Stuffed with man-made fibres	10	0	东盟AS,智CL,巴PK,新西兰NZ,新加坡SG,秘PE,哥CR,瑞CH,冰IS,澳AU,格GE,毛MU,柬KH,港HK,澳门MO	0 受惠国LD	130
				8	韩KR		
				17.3	东盟^{R}AS^R,韩^{R}KR^R		
				17.5	日^{R}JP^R		
				18	澳^{R}AU^R,新西兰^{R}NZ^R		

序号 No.	税则号列 Tariff Line	货品名称 Article Description	最惠国税率 MFN(%)	协定税率 Agreement(%)		特惠税率 SP(%)	普通税率 Gen(%)
8775	9404.9090	---其他 ---Other	10	0	东盟AS,智CL,巴PK,新西兰NZ,新加坡SG,秘PE,哥CR,瑞CH,冰IS,澳AU,格GE,毛MU,柬KH,港HK,澳门MO	0 受惠国LD	130
				8	韩KR		
				17.3	东盟^RAS^R,韩^RKR^R		
				17.5	日^RJP^R		
				18	澳^RAU^R,新西兰^RNZ^R		
	94.05	其他税号未列名的灯具及照明装置,包括探照灯、聚光灯及其零件; 装有固定光源的发光标志、发光铭牌及类似品,以及其他税号未列名的这些货品的零件: Luminaires and lighting fittings including searchlights and spotlights and parts thereof, not elsewhere specified or included; illuminated signs, illuminated name-plates and the like, having a permanently fixed light source, and parts thereof not elsewhere specified or included:						
		-枝形吊灯及天花板或墙壁上的其他电气照明装置,但不包括公共露天场所或街道上的电气照明装置: -Chandeliers and other electric ceiling or wall lighting fittings, excluding those of a kind used for lighting public open spaces or thorough-fares:						
8776	9405.1100	--设计为仅使用发光二极管(LED)光源的 --Designed for use solely with light-emitting diode (LED) light sources	5	0	东盟AS,智CL,新西兰NZ,秘PE,哥CR,瑞CH,冰IS,澳AU,格GE,毛MU,东盟^RAS^R,澳^RAU^R,新西兰^RNZ^R,柬KH,港HK,澳门MO	0 受惠国LD	80
				1	巴PK,韩KR		
				8	韩^RKR^R		
				8.2	日^RJP^R		
8777	9405.1900	--其他 --Other	5	0	东盟AS,智CL,新西兰NZ,秘PE,哥CR,瑞CH,冰IS,澳AU,格GE,毛MU,东盟^RAS^R,澳^RAU^R,新西兰^RNZ^R,柬KH,港HK,澳门MO	0 受惠国LD	80
				1	巴PK,韩KR		
				8	韩^RKR^R		
				8.2	日^RJP^R		
		-电气的台灯、床头灯或落地灯: -Electric table, desk, bedside or floor-standing luminaires:						
8778	9405.2100	--设计为仅使用发光二极管(LED)光源的 --Designed for use solely with light-emitting diode (LED) light sources	10	0	东盟AS,智CL,新西兰NZ,新加坡SG,秘PE,哥CR,瑞CH,冰IS,澳AU,格GE,毛MU,柬KH,港HK,澳门MO	0 受惠国LD	80
				11	韩KR		
				16	巴PK		
				18	东盟^RAS^R,澳^RAU^R,新西兰^RNZ^R		

序号 No.	税则号列 Tariff Line	货品名称 Article Description	最惠国税率 MFN(%)	协定税率 Agreement(%)		特惠税率 SP(%)	普通税率 Gen(%)
8779	9405.2900	--其他 --Other	10	0	东盟AS,智CL,新西兰NZ,新加坡 SG,秘PE,哥CR,瑞CH,冰IS,澳AU,格 GE,毛MU,柬KH,港HK,澳门MO	0 受惠国LD	80
				11	韩KR		
				16	巴PK		
				18	东盟^RAS^R,澳^RAU^R,新西兰^RNZ^R		
		-圣诞树用的灯串: -Lighting strings of a kind used for Christmas trees:					
8780	9405.3100	--设计为仅使用发光二极管(LED)光 源的 --Designed for use solely with light- emitting diode (LED) light sources	8	0	东盟AS,智CL,新西兰NZ,新加坡 SG,秘PE,哥CR,瑞CH,冰IS,澳AU, 格GE,毛MU,东盟^RAS^R,澳^RAU^R,新 西兰^RNZ^R,柬KH,港HK,澳门MO	0 受惠国LD	100
				1.6	韩KR		
				7.7	巴PK		
				12.8	韩^RKR^R		
				13.1	日^RJP^R		
8781	9405.3900	--其他 --Other	8	0	东盟AS,智CL,新西兰NZ,新加坡 SG,秘PE,哥CR,瑞CH,冰IS,澳AU, 格GE,毛MU,东盟^RAS^R,澳^RAU^R,新 西兰^RNZ^R,柬KH,港HK,澳门MO	0 受惠国LD	100
				1.6	韩KR		
				7.7	巴PK		
				12.8	韩^RKR^R		
				13.1	日^RJP^R		
		-其他电气灯具及照明装置: -Other electric luminaires and lighting fittings:					
8782	9405.4100	--光伏的,且设计为仅使用发光二极管 (LED)光源的 --Photovoltaic, designed for use solely with light-emitting diode (LED) light sources	8.5	0	东盟AS,智CL,新西兰NZ,新加坡 SG,秘PE,哥CR,瑞CH,冰IS,澳AU, 格GE,毛MU,东盟^RAS^R,澳^RAU^R,新 西兰^RNZ^R,柬KH,港HK,澳门MO	0 受惠国LD	73
				1.1	韩KR		
				5.6	巴PK		
				8	韩^RKR^R		
				8.2	日^RJP^R		
		--其他,设计为仅使用发光二极管 (LED)光源的: --Other, designed for use solely with light-emitting diode (LED) light sources:					
8783	9405.4210	---探照灯和聚光灯 ---Searchlights and spotlights	10	0	东盟AS,智CL,新西兰NZ,新加坡 SG,秘PE,哥CR,瑞CH,冰IS,澳AU, 格GE,毛MU,东盟^RAS^R,澳^RAU^R,新 西兰^RNZ^R,柬KH,港HK,澳门MO	0 受惠国LD	70
				1.7	韩KR		
				8.4	巴PK		
				14	韩^RKR^R		
				14.3	日^RJP^R		

序号 No.	税则号列 Tariff Line	货品名称 Article Description	最惠国税率 MFN(%)	协定税率 Agreement(%)		特惠税率 SP(%)		普通税率 Gen(%)
8784	9405.4290	---其他 ---Other	6	0	东盟AS,智CL,巴PK,新西兰NZ,新加坡SG,秘PE,哥CR,瑞CH,冰IS,韩KR,澳AU,格GE,毛MU,柬KH,港HK,澳门MO	0	受惠国LD	80
				8	东盟^RAS^R,澳^RAU^R,新西兰^RNZ^R,韩^RKR^R			
				8.2	日^RJP^R			
		--其他: --Other:						
8785	9405.4910	---探照灯和聚光灯 ---Searchlights and spotlights	10	0	东盟AS,智CL,新西兰NZ,新加坡SG,秘PE,哥CR,瑞CH,冰IS,澳AU,格GE,毛MU,东盟^RAS^R,澳^RAU^R,新西兰^RNZ^R,柬KH,港HK,澳门MO	0	受惠国LD	70
				1.7	韩KR			
				8.4	巴PK			
				14	韩^RKR^R			
				14.3	日^RJP^R			
8786	9405.4990	---其他 ---Other	6	0	东盟AS,智CL,巴PK,新西兰NZ,新加坡SG,秘PE,哥CR,瑞CH,冰IS,韩KR,澳AU,格GE,毛MU,柬KH,港HK,澳门MO	0	受惠国LD	80
				8	东盟^RAS^R,澳^RAU^R,新西兰^RNZ^R,韩^RKR^R			
				8.2	日^RJP^R			
8787	9405.5000	-非电气的灯具及照明装置 -Non-electrical luminaires and lighting fittings	10	0	东盟AS,智CL,新西兰NZ,新加坡SG,秘PE,哥CR,瑞CH,冰IS,澳AU,格GE,毛MU,柬KH,港HK,澳门MO	0	受惠国LD	80
				11	韩KR			
				18	东盟^RAS^R,澳^RAU^R,新西兰^RNZ^R			
		-发光标志、发光铭牌及类似品: -Illuminated signs, illuminated nameplates and the like:						
8788	9405.6100	--设计为仅使用发光二极管（LED）光源的 --Designed for use solely with light-emitting diode (LED) light sources	10	0	东盟AS,智CL,新西兰NZ,新加坡SG,秘PE,哥CR,瑞CH,冰IS,澳AU,格GE,毛MU,柬KH,港HK,澳门MO	0	受惠国LD	80
				8	韩KR			
				16	巴PK			
				17.3	东盟^RAS^R,韩^RKR^R			
				17.5	日^RJP^R			
				18	澳^RAU^R,新西兰^RNZ^R			
8789	9405.6900	--其他 --Other	10	0	东盟AS,智CL,新西兰NZ,新加坡SG,秘PE,哥CR,瑞CH,冰IS,澳AU,格GE,毛MU,柬KH,港HK,澳门MO	0	受惠国LD	80
				8	韩KR			
				16	巴PK			
				17.3	东盟^RAS^R,韩^RKR^R			
				17.5	日^RJP^R			
				18	澳^RAU^R,新西兰^RNZ^R			

序号 No.	税则号列 Tariff Line	货品名称 Article Description	最惠国税率 MFN(%)		协定税率 Agreement(%)	特惠税率 SP(%)		普通税率 Gen(%)
		-零件: -Parts:						
8790	9405.9100	--玻璃制 --Of glass	8	0	东盟AS,智CL,新西兰NZ,新加坡 SG,秘PE,哥CR,瑞CH,冰IS,澳AU,格 GE,毛MU,柬KH,港HK,澳门MO	0	受惠国LD	70
				11	韩KR			
				16	巴PK			
				18	东盟^RAS^R,澳^RAU^R,新西兰^RNZ^R			
8791	9405.9200	--塑料制 --Of plastics	8	0	东盟AS,智CL,新西兰NZ,新加坡 SG,秘PE,哥CR,瑞CH,冰IS,澳AU, 格GE,毛MU,柬KH,港HK,澳门MO	0	受惠国LD	70
				8	韩KR			
				16	巴PK			
				17.3	东盟^RAS^R,韩^RKR^R			
				17.5	日^RJP^R			
				18	澳^RAU^R,新西兰^RNZ^R			
8792	9405.9900	--其他 --Other	8	0	东盟AS,智CL,新西兰NZ,新加坡 SG,秘PE,哥CR,瑞CH,冰IS,澳AU, 格GE,毛MU,柬KH,港HK,澳门MO	0	受惠国LD	70
				8	韩KR			
				17.3	东盟^RAS^R,韩^RKR^R			
				17.5	日^RJP^R			
				18	澳^RAU^R,新西兰^RNZ^R			
	94.06	活动房屋: Prefabricated buildings:						
8793	9406.1000	-木制的 -Of wood	8	0	东盟AS,智CL,新西兰NZ,新加 坡SG,秘PE,哥CR,瑞CH,冰IS,澳 AU,格GE,毛MU,东盟^RAS^R,澳 ^RAU^R,新西兰^RNZ^R,柬KH,港HK, 澳门MO	0	受惠国LD	70
				1	巴PK,韩KR			
				5.2	亚太AP			
				8	韩^RKR^R			
				8.2	日^RJP^R			
8794	9406.2000	-钢结构模块建筑单元 -Modular building units, of steel	8	0	东盟AS,智CL,新西兰NZ,新加坡 SG,秘PE,哥CR,瑞CH,冰IS,澳AU, 格GE,毛MU,东盟^RAS^R,澳^RAU^R,新 西兰^RNZ^R,柬KH,港HK,澳门MO	0	受惠国LD	70
				1	巴PK,韩KR			
				5.2	亚太AP			
				8	韩^RKR^R			
				8.2	日^RJP^R			
8795	9406.9000	-其他 -Other	8	0	东盟AS,智CL,新西兰NZ,新加 坡SG,秘PE,哥CR,瑞CH,冰IS,澳 AU,格GE,毛MU,东盟^RAS^R,澳 ^RAU^R,新西兰^RNZ^R,柬KH,港HK, 澳门MO	0	受惠国LD	70
				1	巴PK,韩KR			
				5.2	亚太AP			
				8	韩^RKR^R			
				8.2	日^RJP^R			

Chapter 95
Toys，games and sports requisites;
parts and accessories thereof

注释:

一、本章不包括:

（一）蜡烛（税目34.06）;

（二）税目36.04的烟花、爆竹或其他烟火制品;

（三）已切成一定长度但未制成钓鱼线的纱线、单丝、绳、肠线及类似品（第三十九章、税目42.06或第十一类）;

（四）税目42.02、43.03或43.04的运动用袋或其他容器;

（五）第六十一章或第六十二章的纺织品制的化妆舞会服装；第六十一章或第六十二章的纺织品制的运动服装或特殊衣着（例如，击剑服或足球守门员球衣），无论是否附带保护配件（例如肘部、膝部或腹股沟部位的保护垫或填充物）;

（六）第六十三章的纺织品制的旗帜及帆板或滑行车用帆;

（七）第六十四章的运动鞋靴（装有冰刀或滑轮的溜冰鞋除外）或第六十五章的运动用帽;

（八）手杖、鞭子、马鞭或类似品（税目66.02）及其零件（税目66.03）;

（九）税目70.18的未装配的玩偶或其他玩具用的玻璃假眼;

（十）第十五类注释二所规定的贱金属制通用零件（第十五类）或塑料制的类似货品（第三十九章）;

（十一）税目83.06的铃、钟、锣及类似品;

（十二）液体泵（税目84.13）、液体或气体的过滤、净化机器及装置（税目84.21）、电动机（税目85.01）、变压器（税目85.04）；录制声音或其他信息用的圆盘、磁带、固态非易失性数据存储器件、"智能卡"及其他媒体，不论是否已录制（税目85.23）；无线电遥控设备（税目85.26）或无绳红外线遥控器件（税目85.43）;

（十三）第十七类的运动用车辆（长雪橇、平底雪橇及类似品除外）;

（十四）儿童两轮车（税目87.12）;

（十五）无人驾驶航空器（税目88.06）;

（十六）运动用船艇，例如，轻舟、赛艇（第八十九章）及其桨、橹和类似品（木制的归入第四十四章）;

（十七）运动及户外游戏用的眼镜、护目镜及类似品（税目90.04）;

(a) Candles (heading 34.06);

(b) Fireworks or other pyrotechnic articles of heading 36.04;

(c) Yarns, monofilament, cords or gut or the like for fishing, cut to length but not made up into fishing lines, of Chapter 39, heading 42.46 or Section XI;

(d) Sports bags or other containers of heading 42.02, 43.03 or 43.04;

(e) Fancy dress of textiles, of Chapter 61 or 62; sports clothing and special articles of apparel of textiles, of Chapter 61 or 62, wheter or not incorporating incidentally portective components such as pads or padding in the elbow, knee or groin areas (for example, fencing clothing or soccer goalkeeper jerseys);

(f) Textile flags or bunting, or sails for boats, sailboards or land craft, of Chapter 63;

(g) Sports footwear (other than skating boots with ice or roller skates attached) of Chapter 64, or sports headgear of Chapter 65;

(h) Walking-sticks, whips, riding-crops or the like (heading 66 02), or parts thereof (heading 66.03);

(i) Unmounted glass eyes for dolls or other toys, of heading 70.18;

(j) Parts of general use, as defined in Note 2 to Section XV, of base metal (Section XV), or similar goods of plastics (Chapter 39);

(k) Bells, gongs or the like of heading 83.06;

(l) Pumps for liquids (heading 84.13), filtering or purifying machinery and apparatus for liquids or gases (heading 84.21), electric motors (heading 85.01), electric transformers (heading 85.04);discs, tapes, solid-state non-volatile storage devices, "smart cards" and other media for the recording of sound or of other phenomena, whether or not recorded (heading 85.23), radio remote control apparatus (heading 85.26) or cordless infrared remote control devices (heading 85.43);

(m) Sports vehicles(other than bobsleighs, toboggans and the like)of Section XVII;

(n) Children's bicycles(heading 87.12);

(o) Unmanned aircraft (heading 88.06);

(p) Sports craft such as canoes and skiffs (Chapter 89), or their means of propulsion (Chapter 44 for such articles made of wood);

(q) Spectacles, goggles or the like, for sports or outdoor games (heading 90.04);

（十八）媒诱音响器及哨子（税目92.08）；

（十九）第九十三章的武器及其他物品；

（二十）各种灯串（税目94.05）；

（二十一）独脚架、双脚架、三脚架及类似品（税目96.20）；

（二十二）球拍线、帐篷或类似的野营用品、分指手套、连指手套及露指手套（按其构成材料归类）；或

（二十三）餐具、厨房用具、盥洗用品、地毯及纺织材料制的其他铺地制品、服装、床上及餐桌用织物制品、盥洗及厨房用织物制品及具有实用功能的类似货品（按其构成材料归类）。

二、本章包括天然或养殖珍珠、宝石或半宝石（天然、合成或再造）、贵金属或包贵金属只作为小零件的物品。

三、除上述注释一另有规定的以外，凡专用于或主要用于本章各税目所列物品的零件、附件，应与有关物品一并归类。

四、除上述注释一另有规定的以外，税目95.03特别适用于该税目物品与一项或多项其他货品组合而成的物品，只要这些物品为零售包装，且组合后具有玩具的基本特征。这些组合物品不能视为归类总规则三（二）所指的成套货品，如果单独报验，应归入其他税目。

五、税目95.03不包括因其设计、形状或构成材料可确认为专供动物使用的物品，例如，"宠物玩具"归入其相应的税目。

六、税目95.08中：

（一）"游乐场乘骑游乐设施"是指主要目的为游乐或娱乐的装置、组合装置或设备，用于运载、传送、导引一人或多人越过或穿行某一固定或限定的路径（包括水道），或者特定区域，这些设施不包括通常安装在住宅区或操场内的设备；

（二）"水上乐园娱乐设备"是指特征为特定的涉水区域且无设定路径的装置、组合装置或设备。这些设备仅包括专为水上乐园设计的设备；及

（三）"游乐场娱乐设备"是指凭借运气、力量或技巧来玩的游戏设备，通常需要操作员或服务员，可安装在永久性建筑物或独立的摊位，这些设备不

(r) Decoy calls or whistles (heading 92.08);

(s) Arms or other articles of Chapter 93;

(t) Lighting strings of all kinds (heading 94.05);

(u) Monopods, bipods, tripods and similar articles (heading 96.20) ;

(v) Racket strings, tents or other camping goods, orgloves, mittens and mitts (classified according to their constituent material); or

(w) Tableware, kitchenware, toilet articles, carpets and other textile floor coverings, apparel, bed linen, table linen, toilet linen, kitchen linen and similar articles having a utilitarian function (classified according to their constituent material).

2. This Chapter includes articles in which natural or cultured pearls, precious or semi-precious stones (natural, synthetic or recons tructed), precious metal or metal clad with precious metal constitute only minor consistuents.

3. Subject to Note 1 above, parts and accessories which are suitable for use solely or principally with articles of this Chapter are to be classified with those articles.

4. Subject to the provisions of Note 1 above, heading 95.03 applies, inter alia, to articles of this heading combined with one or more items, which cannot be considered as sets under the terms of General Interpretative Rule 3(b), and which, if presented separately, would be classified in other headings, provided the articles are put up together for retail sale and the combinations have the essential character of toys.

5. Heading 95.03 does not cover articles which, on account of their design, shape or constituent material, are identifiable as intended exclusively for animals, for example, "pet toys" (classification in their own appropriate heading).

6. For the purposes of heading 95.08:

(a) The expression "amusement park rides" means a device or combination of devices or equipment that carry, convey, or direct a person or persons over or through a fixed or restricted course, including watercourses, or within a defined area for the primary purposes of amusement or entertainment. Such rides may be combined within an amusement park, theme park, water park or fairground. These amusement park rides do not include equipment of a kind commonly installed in residences or playgrounds;

(b) The expression "water park amusements" means a device or combination of devices or equipment that are characterized by a defined area involving water, with no purposes built path. Water park amusements only include equipment designed specifically for water parks; and

(c) The expression "fairground amusements" means games of chance, strength or skill, which commonly employ an operator or attendant and may be installed in

包括税目95.04的设备。

本税目不包括在本协调制度其他税目中列名更为具体的设备。

七、子目9504.50包括：

（一）在电视机、监视器或其他外部屏幕或表面上重放图像的视频游戏控制器；或

（二）自带显示屏的视频游戏设备，不论是否便携式。

本子目不包括用硬币、钞票、银行卡、代币或任何其他支付方式使其工作的视频游戏控制器或设备（子目9504.30）。

permanent buildings or independent concession stalls. Fairground amusements do not include equipment of heading 95.04.

This heading does not include equipment more specifically classified elsewhere in the Nomenclature.

7. Subheading 9504.50 covers :

(a) Video game consoles from which the image is reproduced on a television receiver, a monitor or other external screen or surface; or

(b) Video game machines having a self-contained video screen, whetheror not portable.

This subheading does not cover video game consoles or machines operated by coins, banknotes, bank cards, tokens or by any other means of payment(subheading 9504.30).

序号 No.	税则号列 Tariff Line	货品名称 Article Description	最惠国税率 MFN(%)	协定税率 Agreement(%)		特惠税率 SP(%)	普通税率 Gen(%)
	95.03	三轮车、踏板车、踏板汽车和类似的带轮玩具；玩偶车；玩偶；其他玩具；缩小（按比例缩小）的模型及类似的娱乐用模型，不论是否活动；各种智力玩具： Tricycles, scooters, pedal cars and similar wheeled toys; dolls' carriages; dolls; other toys; reduced-size ("scale") models and similar recreational models, working or not; puzzles of all kinds:					
8796	9503.0010	---供儿童乘骑的带轮玩具（例如，三轮车、踏板车、踏板汽车）；玩偶车 ---Wheeled toys designed to be ridden by children (for example, tricycles, scooters, pedal cars); doll's carriages	0	0	东盟AS,智CL,巴PK,新西兰NZ,秘PE,哥CR,瑞CH,冰IS,韩KR,澳AU,格GE,毛MU,东盟^{R}AS^R,澳^{R}AU^R,日^{R}JP^R,新西兰^{R}NZ^R,柬KH,港HK,澳门MO,韩^{R}KR^R	0 受惠国LD	80
		---玩偶，不论是否着装；玩具动物： ---Dolls, whether or not dressed; Toys representing animals or non-human creatures:					
8797	9503.0021	----动物 ----Toys representing animals or non-human creatures	0	0	东盟AS,智CL,巴PK,新西兰NZ,秘PE,哥CR,瑞CH,冰IS,韩KR,澳AU,格GE,毛MU,东盟^{R}AS^R,澳^{R}AU^R,日^{R}JP^R,新西兰^{R}NZ^R,柬KH,港HK,澳门MO,韩^{R}KR^R	0 受惠国LD	80
8798	9503.0029	----其他 ----Other	0	0	东盟AS,智CL,巴PK,新西兰NZ,秘PE,哥CR,瑞CH,冰IS,韩KR,澳AU,格GE,毛MU,东盟^{R}AS^R,澳^{R}AU^R,日^{R}JP^R,新西兰^{R}NZ^R,柬KH,港HK,澳门MO,韩^{R}KR^R	0 受惠国LD	80
8799	9503.0060	---智力玩具 ---Puzzles	0	0	东盟AS,智CL,巴PK,新西兰NZ,秘PE,哥CR,瑞CH,冰IS,韩KR,澳AU,格GE,毛MU,东盟^{R}AS^R,澳^{R}AU^R,日^{R}JP^R,新西兰^{R}NZ^R,柬KH,港HK,澳门MO,韩^{R}KR^R	0 受惠国LD	80

序号 No.	税则号列 Tariff Line	货品名称 Article Description	最惠国税率 MFN(%)		协定税率 Agreement(%)	特惠税率 SP(%)	普通税率 Gen(%)
		---其他玩具: ---Other toys:					
8800	9503.0083	----带动力装置的玩具及模型 ----Incorporating a motor	0	0	东盟AS,智CL,巴PK,新西兰NZ, 秘PE,哥CR,瑞CH,冰IS,韩KR, 澳AU,格GE,毛MU,东盟^RAS^R, 澳^RAU^R,日^RJP^R,新西兰^RNZ^R,柬 KH,港HK,澳门MO,韩^RKR^R	0 受惠国LD	80
8801	9503.0089	----其他 ----Other	0	0	东盟AS,智CL,巴PK,新西兰NZ, 秘PE,哥CR,瑞CH,冰IS,韩KR, 澳AU,格GE,毛MU,东盟^RAS^R, 澳^RAU^R,日^RJP^R,新西兰^RNZ^R,柬 KH,港HK,澳门MO,韩^RKR^R	0 受惠国LD	80
8802	9503.0090	---零件、附件 ---Parts and accessories	0	0	东盟AS,智CL,巴PK,新西兰NZ, 秘PE,哥CR,瑞CH,冰IS,韩KR, 澳AU,格GE,毛MU,东盟^RAS^R, 澳^RAU^R,日^RJP^R,新西兰^RNZ^R,柬 KH,港HK,澳门MO,韩^RKR^R	0 受惠国LD	80
	95.04	视频游戏控制器及设备,桌上或室内游戏,包括弹球机、台球、娱乐专用桌及保龄球自动球道设备,用硬币、钞票、银行卡、代币或任何其他支付方式使其工作的游乐机器: Video game consoles and machines, table or parlour games, including pintables, billiards, special tables for casino games and automatic bowling equipment, amusement machines operated by coins, bank notes, bank cards, tokens or by any other means of payment:					
8803	9504.2000	-台球用品及附件 -Articles and accessories for billiards of all kinds	0	0	东盟AS,智CL,巴PK,新西兰NZ, 秘PE,哥CR,瑞CH,冰IS,韩KR, 澳AU,格GE,毛MU,东盟^RAS^R, 澳^RAU^R,日^RJP^R,新西兰^RNZ^R,柬 KH,港HK,澳门MO,韩^RKR^R	0 受惠国LD	80
		-使用硬币、钞票、银行卡、代币或任何其他支付方式使其工作的其他游戏用品,但保龄球自动球道设备除外: -Other games, operated by coins, banknotes, bank cards, tokens or by any other means of payment, other than automatic bowling alley equipment:					
8804	9504.3010	---电子游戏机 ---Video games	0	0	东盟AS,智CL,巴PK,新西兰NZ, 秘PE,哥CR,瑞CH,冰IS,韩KR, 澳AU,格GE,毛MU,东盟^RAS^R, 澳^RAU^R,日^RJP^R,新西兰^RNZ^R,柬 KH,港HK,澳门MO,韩^RKR^R	0 受惠国LD	130
8805	9504.3090	---其他 ---Other	0	0	东盟AS,智CL,巴PK,新西兰NZ, 秘PE,哥CR,瑞CH,冰IS,韩KR, 澳AU,格GE,毛MU,东盟^RAS^R, 澳^RAU^R,日^RJP^R,新西兰^RNZ^R,柬 KH,港HK,澳门MO,韩^RKR^R	0 受惠国LD	80

序号 No.	税则号列 Tariff Line	货品名称 Article Description	最惠国税率 MFN(%)		协定税率 Agreement(%)	特惠税率 SP(%)	普通税率 Gen(%)
8806	9504.4000	-游戏纸牌 -Playing cards	0	0	东盟AS,智CL,巴PK,新西兰NZ, 秘PE,哥CR,瑞CH,冰IS,韩KR, 澳AU,格GE,毛MU,东盟^RAS^R, 澳^RAU^R,日^RJP^R,新西兰^RNZ^R,柬 KH,港HK,澳门MO,韩^RKR^R	0 受惠国LD	80
		-视频游戏控制器及设备,但子目 9504.30的货品除外: -Video game consoles and machines, other than those of subheading 9504.30:					
8807	9504.5020	---自带视频显示装置的视频游戏控制 器及设备 ---Video game consoles and machines having a selfcontained video screen	0	0	东盟AS,智CL,巴PK,新西兰NZ, 秘PE,哥CR,瑞CH,冰IS,韩KR, 澳AU,格GE,毛MU,东盟^RAS^R, 澳^RAU^R,日^RJP^R,新西兰^RNZ^R,柬 KH,港HK,澳门MO,韩^RKR^R	0 受惠国LD	130
8808	9504.5030	---其他视频游戏控制器及设备 ---Other video game consoles and machines	0	0	东盟AS,智CL,巴PK,新西兰NZ, 秘PE,哥CR,瑞CH,冰IS,韩KR, 澳AU,格GE,毛MU,东盟^RAS^R, 澳^RAU^R,日^RJP^R,新西兰^RNZ^R,柬 KH,港HK,澳门MO,韩^RKR^R	0 受惠国LD	130
8809	9504.5080	---零件及附件 ---Parts and accessories	0	0	东盟AS,智CL,巴PK,新西兰NZ, 秘PE,哥CR,瑞CH,冰IS,韩KR, 澳AU,格GE,毛MU,东盟^RAS^R, 澳^RAU^R,日^RJP^R,新西兰^RNZ^R,柬 KH,港HK,澳门MO,韩^RKR^R	0 受惠国LD	130
		-其他: -Other:					
8810	9504.9010	---其他电子游戏机 ---Other video games	0	0	东盟AS,智CL,巴PK,新西兰NZ, 秘PE,哥CR,瑞CH,冰IS,韩KR, 澳AU,格GE,毛MU,东盟^RAS^R, 澳^RAU^R,日^RJP^R,新西兰^RNZ^R,柬 KH,港HK,澳门MO,韩^RKR^R	0 受惠国LD	130
		---保龄球自动球道设备及器具: ---Automatic bowling alley equipments and appliances:					
8811	9504.9021	----保龄球自动分瓶机 ----Automatic bowling pin distributing machines	0	0	东盟AS,智CL,巴PK,新西兰NZ, 秘PE,哥CR,瑞CH,冰IS,韩KR, 澳AU,格GE,毛MU,东盟^RAS^R, 澳^RAU^R,日^RJP^R,新西兰^RNZ^R,柬 KH,港HK,澳门MO,韩^RKR^R	0 受惠国LD	80
8812	9504.9022	----保龄球 ----Bowling balls	0	0	东盟AS,智CL,巴PK,新西兰NZ, 秘PE,哥CR,瑞CH,冰IS,韩KR, 澳AU,格GE,毛MU,东盟^RAS^R, 澳^RAU^R,日^RJP^R,新西兰^RNZ^R,柬 KH,港HK,澳门MO,韩^RKR^R	0 受惠国LD	80
8813	9504.9023	----保龄球瓶 ----Bowling pins	0	0	东盟AS,智CL,巴PK,新西兰NZ, 秘PE,哥CR,瑞CH,冰IS,韩KR, 澳AU,格GE,毛MU,东盟^RAS^R, 澳^RAU^R,日^RJP^R,新西兰^RNZ^R,柬 KH,港HK,澳门MO,韩^RKR^R	0 受惠国LD	80
8814	9504.9029	----其他 ----Other	0	0	东盟AS,智CL,巴PK,新西兰NZ, 秘PE,哥CR,瑞CH,冰IS,韩KR, 澳AU,格GE,毛MU,东盟^RAS^R, 澳^RAU^R,日^RJP^R,新西兰^RNZ^R,柬 KH,港HK,澳门MO,韩^RKR^R	0 受惠国LD	80

序号 No.	税则号列 Tariff Line	货品名称 Article Description	最惠国税率 MFN(%)	协定税率 Agreement(%)		特惠税率 SP(%)	普通税率 Gen(%)
8815	9504.9030	---中国象棋、国际象棋、跳棋等棋类用品 ---Chess and other board games, including Chinese chess, international chess, Chinese cherkers and draughts	0	0	东盟AS,智CL,巴PK,新西兰NZ,秘PE,哥CR,瑞CH,冰IS,韩KR,澳AU,格GE,毛MU,东盟^RAS^R,澳^RAU^R,日^RJP^R,新西兰^RNZ^R,柬KH,港HK,澳门MO,韩^RKR^R	0 受惠国LD	80
8816	9504.9040	---麻将及类似桌上游戏用品 ---Mahjong and similar table games	0	0	东盟AS,智CL,巴PK,新西兰NZ,秘PE,哥CR,瑞CH,冰IS,韩KR,澳AU,格GE,毛MU,东盟^RAS^R,澳^RAU^R,日^RJP^R,新西兰^RNZ^R,柬KH,港HK,澳门MO,韩^RKR^R	0 受惠国LD	80
8817	9504.9090	---其他 ----Other	0	0	东盟AS,智CL,巴PK,新西兰NZ,秘PE,哥CR,瑞CH,冰IS,韩KR,澳AU,格GE,毛MU,东盟^RAS^R,澳^RAU^R,日^RJP^R,新西兰^RNZ^R,柬KH,港HK,澳门MO,韩^RKR^R	0 受惠国LD	80
	95.05	节日(包括狂欢节)用品或其他娱乐用品,包括魔术道具及嬉戏品: Festive, carnival or other entertainment articles, including conjuring tricks and novelty jokes:					
8818	9505.1000	-圣诞节用品 -Articles for Christmas festivities	0	0	东盟AS,智CL,巴PK,新西兰NZ,秘PE,哥CR,瑞CH,冰IS,韩KR,澳AU,格GE,毛MU,东盟^RAS^R,澳^RAU^R,日^RJP^R,新西兰^RNZ^R,柬KH,港HK,澳门MO,韩^RKR^R	0 受惠国LD	100
8819	9505.9000	-其他 -Other	0	0	东盟AS,智CL,巴PK,新西兰NZ,秘PE,哥CR,瑞CH,冰IS,韩KR,澳AU,格GE,毛MU,东盟^RAS^R,澳^RAU^R,日^RJP^R,新西兰^RNZ^R,柬KH,港HK,澳门MO,韩^RKR^R	0 受惠国LD	100
	95.06	一般的体育活动、体操、竞技及其他运动(包括乒乓球运动)或户外游戏用的本章其他税目未列名用品及设备;游泳池或戏水池: Articles and equipment for general physical exercise, gymnastics, athletics, other sports (including table tennis) or outdoor games, not specified or included elsewhere in this Chapter; swimming pools and paddling pools:					
		-滑雪屐及其他滑雪用具: -Snow-skis and other snow-ski equipment:					
8820	9506.1100	--滑雪屐 --Skis	6△3	0 1.4 11.2 11.5	东盟AS,智CL,巴PK,新西兰NZ,新加坡SG,秘PE,哥CR,瑞CH,澳AU,格GE,毛MU,东盟^RAS^R,澳^RAU^R,新西兰^RNZ^R,柬KH,港HK,澳门MO 韩KR 韩^RKR^R 日^RJP^R	0 受惠国LD	50

序号 No.	税则号列 Tariff Line	货品名称 Article Description	最惠国税率 MFN(%)	协定税率 Agreement(%)		特惠税率 SP(%)	普通税率 Gen(%)
8821	9506.1200	--滑雪屐扣件（滑雪屐带） --Ski-fastenings(ski-bindings)	6△3	0	东盟AS,智CL,巴PK,新西兰NZ,新加坡SG,秘PE,哥CR,瑞CH,冰IS,澳AU,格GE,毛MU,东盟^RAS^R,澳^RAU^R,新西兰^RNZ^R,柬KH,港HK,澳门MO	0 受惠国LD	50
				1.4	韩KR		
				11.2	韩^RKR^R		
				11.5	日^RJP^R		
8822	9506.1900	--其他 --Other	6△3	0	东盟AS,智CL,巴PK,新西兰NZ,新加坡SG,秘PE,哥CR,瑞CH,冰IS,澳AU,格GE,毛MU,东盟^RAS^R,澳^RAU^R,新西兰^RNZ^R,柬KH,港HK,澳门MO	0 受惠国LD	50
				1.4	韩KR		
				11.2	韩^RKR^R		
				11.5	日^RJP^R		
		-滑水板、冲浪板、帆板及其他水上运动用具： -Water-skis, surf-boards, sailboards and other water-sport equipment:					
8823	9506.2100	--帆板 --Sailboards	6	0	东盟AS,智CL,巴PK,新西兰NZ,新加坡SG,秘PE,哥CR,瑞CH,冰IS,澳AU,格GE,毛MU,东盟^RAS^R,澳^RAU^R,新西兰^RNZ^R,柬KH,港HK,澳门MO	0 受惠国LD	50
				1.2	韩KR		
				9.6	韩^RKR^R		
				9.8	日^RJP^R		
8824	9506.2900	--其他 --Other	6	0	东盟AS,智CL,巴PK,新西兰NZ,新加坡SG,秘PE,哥CR,瑞CH,冰IS,澳AU,格GE,毛MU,东盟^RAS^R,澳^RAU^R,新西兰^RNZ^R,柬KH,港HK,澳门MO	0 受惠国LD	50
				1.4	韩KR		
				11.2	韩^RKR^R		
				11.5	日^RJP^R		
		-高尔夫球棍及其他高尔夫球用具： -Golf clubs and other golf equipment:					
8825	9506.3100	--棍，全套 --Clubs, complete	6	0	东盟AS,智CL,巴PK,新西兰NZ,新加坡SG,秘PE,哥CR,瑞CH,澳AU,格GE,毛MU,柬KH,港HK,澳门MO	0 受惠国LD	50
				1.4	韩KR		
				11.2	东盟^RAS^R,澳^RAU^R,新西兰^RNZ^R,韩^RKR^R		
				11.5	日^RJP^R		

序号 No.	税则号列 Tariff Line	货品名称 Article Description	最惠国税率 MFN(%)	协定税率 Agreement(%)		特惠税率 SP(%)	普通税率 Gen(%)
8826	9506.3200	--球 --Balls	6	0	东盟AS,智CL,巴PK,新西兰NZ, 新加坡SG,秘PE,哥CR,瑞CH,冰 IS,澳AU,格GE,毛MU,东盟^{R}AS^R, 澳^{R}AU^R,新西兰^{R}NZ^R,柬KH,港 HK,澳门MO	0 受惠国LD	50
				1.2	韩KR		
				9.6	韩^{R}KR^R		
				9.8	日^{R}JP^R		
8827	9506.3900	--其他 --Other	6	0	东盟AS,智CL,巴PK,新西兰NZ, 新加坡SG,秘PE,哥CR,瑞CH,澳 AU,格GE,毛MU,柬KH,港HK,澳 门MO,台TW	0 受惠国LD	50
				1.4	韩KR		
				11.2	东盟^{R}AS^R,澳^{R}AU^R,新西兰^{R}NZ^R, 韩^{R}KR^R		
				11.5	日^{R}JP^R		
		-乒乓球运动用品及器械: -Articles and equipment for table tennis:					
8828	9506.4010	---乒乓球 ---Table-tennis balls	6	0	东盟AS,智CL,巴PK,新西兰NZ, 新加坡SG,秘PE,哥CR,瑞CH,冰 IS,澳AU,格GE,毛MU,东盟^{R}AS^R, 澳^{R}AU^R,新西兰^{R}NZ^R,柬KH,港 HK,澳门MO	0 受惠国LD	50
				1.2	韩KR		
				9.6	韩^{R}KR^R		
				9.8	日^{R}JP^R		
8829	9506.4090	---其他 ---Other	6	0	东盟AS,智CL,巴PK,新西兰NZ, 新加坡SG,秘PE,哥CR,瑞CH,冰 IS,澳AU,格GE,毛MU,东盟^{R}AS^R, 澳^{R}AU^R,新西兰^{R}NZ^R,柬KH,港 HK,澳门MO	0 受惠国LD	50
				1.4	韩KR		
				11.2	韩^{R}KR^R		
				11.5	日^{R}JP^R		
		-网球拍、羽毛球拍或类似的球拍, 不 论是否装弦: -Tennis, badminton or similar rackets, whether or not strung:					
8830	9506.5100	--草地网球拍, 不论是否装弦 --Lawn-tennis rackets, whether or not strung	6	0	东盟AS,智CL,巴PK,新西兰NZ, 新加坡SG,秘PE,哥CR,瑞CH,冰 IS,澳AU,格GE,毛MU,东盟^{R}AS^R, 澳^{R}AU^R,新西兰^{R}NZ^R,柬KH,港 HK,澳门MO	0 受惠国LD	50
				1.4	韩KR		
				11.2	韩^{R}KR^R		
				11.5	日^{R}JP^R		

序号 No.	税则号列 Tariff Line	货品名称 Article Description	最惠国税率 MFN(%)	协定税率 Agreement(%)		特惠税率 SP(%)	普通税率 Gen(%)
8831	9506.5900	--其他 --Other	6	0	东盟AS,智CL,巴PK,新西兰NZ,新加坡SG,秘PE,哥CR,瑞CH,冰IS,澳AU,格GE,毛MU,东盟^{R}AS^R,澳^{R}AU^R,新西兰^{R}NZ^R,柬KH,港HK,澳门MO	0 受惠国LD	50
				1.4	韩KR		
				11.2	韩^{R}KR^R		
				11.5	日^{R}JP^R		
		-球,但高尔夫球及乒乓球除外: -Balls, other than golf balls and table-tennis balls:					
8832	9506.6100	--草地网球 --Lawn-tennis balls	6	0	东盟AS,智CL,巴PK,新西兰NZ,新加坡SG,秘PE,哥CR,瑞CH,冰IS,澳AU,格GE,毛MU,东盟^{R}AS^R,澳^{R}AU^R,新西兰^{R}NZ^R,柬KH,港HK,澳门MO	0 受惠国LD	50
				1.2	韩KR		
				9.6	韩^{R}KR^R		
				9.8	日^{R}JP^R		
		--可充气的球: --Inflatable:					
8833	9506.6210	---篮球、足球、排球 ---Basketballs, footballs or volley balls	6	0	东盟AS,智CL,巴PK,新西兰NZ,新加坡SG,秘PE,哥CR,瑞CH,冰IS,澳AU,格GE,毛MU,东盟^{R}AS^R,澳^{R}AU^R,新西兰^{R}NZ^R,柬KH,港HK,澳门MO	0 受惠国LD	50
				1.2	韩KR		
				9.6	韩^{R}KR^R		
				9.8	日^{R}JP^R		
8834	9506.6290	---其他 ---Other	6	0	东盟AS,智CL,巴PK,新西兰NZ,新加坡SG,秘PE,哥CR,瑞CH,冰IS,澳AU,格GE,毛MU,东盟^{R}AS^R,澳^{R}AU^R,新西兰^{R}NZ^R,柬KH,港HK,澳门MO	0 受惠国LD	50
				1.2	韩KR		
				9.6	韩^{R}KR^R		
				9.8	日^{R}JP^R		
8835	9506.6900	--其他 --Other	6	0	东盟AS,智CL,巴PK,新西兰NZ,新加坡SG,秘PE,哥CR,瑞CH,冰IS,澳AU,格GE,毛MU,东盟^{R}AS^R,澳^{R}AU^R,新西兰^{R}NZ^R,柬KH,港HK,澳门MO	0 受惠国LD	50
				1.2	韩KR		
				9.6	韩^{R}KR^R		
				9.8	日^{R}JP^R		
		-溜冰鞋及旱冰鞋,包括装有冰刀的溜冰靴: -Ice skates and roller skates, including skating boots with skates attached:					

序号 No.	税则号列 Tariff Line	货品名称 Article Description	最惠国税率 MFN(%)		协定税率 Agreement(%)	特惠税率 SP(%)	普通税率 Gen(%)
8836	9506.7010	---溜冰鞋 ---Ice skates	6	0	东盟AS,智CL,巴PK,新西兰NZ,新加坡SG,秘PE,哥CR,瑞CH,冰IS,澳AU,格GE,毛MU,东盟^RAS^R,澳^RAU^R,新西兰^RNZ^R,柬KH,港HK,澳门MO	0 受惠国LD	50
				1.4	韩KR		
				3.9	亚太AP		
				11.2	韩^RKR^R		
				11.5	日^RJP^R		
8837	9506.7020	---旱冰鞋 ---Roller skates	6	0	东盟AS,智CL,巴PK,新西兰NZ,新加坡SG,秘PE,哥CR,瑞CH,冰IS,澳AU,格GE,毛MU,东盟^RAS^R,澳^RAU^R,新西兰^RNZ^R,柬KH,港HK,澳门MO	0 受惠国LD	50
				1.4	韩KR		
				3.9	亚太AP		
				11.2	韩^RKR^R		
				11.5	日^RJP^R		
		-其他: -Other:					
		---一般的体育活动、体操或竞技用品及设备: --Articles and equipment for general physical exercise, gymnastics or athletics: ---健身及康复器械: ---Equipment for exercise and recovery:					
8838	9506.9111	----跑步机 ----Treadmill	6	0	东盟AS,智CL,巴PK,新西兰NZ,新加坡SG,秘PE,哥CR,瑞CH,冰IS,澳AU,格GE,毛MU,东盟^RAS^R,澳^RAU^R,新西兰^RNZ^R,柬KH,港HK,澳门MO,台TW	0 受惠国LD	50
				1.2	韩KR		
				9.6	韩^RKR^R		
				9.8	日^RJP^R		
8839	9506.9119	----其他 ----Other	6	0	东盟AS,智CL,巴PK,新西兰NZ,新加坡SG,秘PE,哥CR,瑞CH,冰IS,澳AU,格GE,毛MU,东盟^RAS^R,澳^RAU^R,新西兰^RNZ^R,柬KH,港HK,澳门MO,台TW	0 受惠国LD	50
				1.2	韩KR		
				9.6	韩^RKR^R		
				9.8	日^RJP^R		
8840	9506.9190	---其他 ---Other	6	0	东盟AS,智CL,巴PK,新西兰NZ,新加坡SG,秘PE,哥CR,瑞CH,冰IS,澳AU,格GE,毛MU,东盟^RAS^R,澳^RAU^R,新西兰^RNZ^R,柬KH,港HK,澳门MO	0 受惠国LD	50
				1.2	韩KR		
				9.6	韩^RKR^R		
				9.8	日^RJP^R		

序号 No.	税则号列 Tariff Line	货品名称 Article Description	最惠国税率 MFN(%)	协定税率 Agreement(%)		特惠税率 SP(%)	普通税率 Gen(%)
		--其他: --Other:					
8841	9506.9910	---滑板 ---Skateboards	6	0	东盟AS,智CL,巴PK,新西兰NZ, 新加坡SG,秘PE,哥CR,瑞CH,冰 IS,澳AU,格GE,毛MU,东盟^RAS^R, 澳^RAU^R,新西兰^RNZ^R,柬KH,港 HK,澳门MO	0 受惠国LD	50
				1.2	韩KR		
				9.6	韩^RKR^R		
				9.8	日^RJP^R		
8842	9506.9990	---其他 ---Other	6	0	东盟AS,智CL,巴PK,新西兰NZ, 新加坡SG,秘PE,哥CR,瑞CH,冰 IS,澳AU,格GE,毛MU,东盟^RAS^R, 澳^RAU^R,新西兰^RNZ^R,柬KH,港 HK,澳门MO	0 受惠国LD	50
				1.2	韩KR		
				9.6	韩^RKR^R		
				9.8	日^RJP^R		
	95.07	钓鱼竿、钓鱼钩及其他钓鱼用品;捞鱼 网、捕蝶网及类似网;囮子"鸟"(税目 92.08或97.05的货品除外)以及类似的 狩猎用品: Fishing rods, fish-hooks and other line fishing tackle; fish landing nets, butterfly nets and similar nets; decoy "birds" (other than those of heading 92.08 or 97.05) and similar hunting or shooting requisites:					
8843	9507.1000	-钓鱼竿 -Fishing rods	6	0	东盟AS,智CL,新西兰NZ,新加坡 SG,秘PE,哥CR,瑞CH,澳AU,格 GE,毛MU,柬KH,港HK,澳门MO	0 受惠国LD	80
				6	东盟^RAS^R,澳^RAU^R,新西兰^RNZ^R		
				16.8	巴PK		
8844	9507.2000	-钓鱼钩, 不论有无系钩丝 -Fish-hooks, whether or not snelled	6	0	东盟AS,智CL,新西兰NZ,新加坡 SG,秘PE,哥CR,瑞CH,澳AU,格 GE,毛MU,柬KH,港HK,澳门MO	0 受惠国LD	80
				11.5	韩KR		
				16.8	巴PK		
				18.9	东盟^RAS^R,澳^RAU^R,新西兰^RNZ^R		
8845	9507.3000	-钓线轮 -Fishing reels	6	0	东盟AS,智CL,新西兰NZ,新加坡 SG,秘PE,哥CR,瑞CH,澳AU,格 GE,毛MU,柬KH,港HK,澳门MO	0 受惠国LD	80
				11.5	韩KR		
				16.8	巴PK		
				18.9	东盟^RAS^R,澳^RAU^R,新西兰^RNZ^R		
8846	9507.9000	-其他 -Other	6	0	东盟AS,智CL,新西兰NZ,新加 坡SG,秘PE,哥CR,瑞CH,冰IS,澳 AU,格GE,柬KH,港HK,澳门MO	0 受惠国LD	80
				3.9	亚太AP		
				8.4	毛MU		
				11.5	韩KR		
				15.1	巴PK		
				18.9	东盟^RAS^R,澳^RAU^R,新西兰^RNZ^R		

序号 No.	税则号列 Tariff Line	货品名称 Article Description	最惠国税率 MFN(%)	协定税率 Agreement(%)		特惠税率 SP(%)		普通税率 Gen(%)
	95.08	流动马戏团及流动动物园；游乐场乘骑游乐设施和水上乐园娱乐设备；游乐场娱乐设备，包括射击用靶；流动剧团： Travelling circuses and travelling menageries; amusement park rides and water park amusements; fairground amusements, including shooting galleries; travelling theatres:						
8847	9508.1000	-流动马戏团及流动动物园 -Travelling circuses and travelling menageries	6	0	东盟AS,智CL,新西兰NZ,新加坡SG,秘PE,哥CR,瑞CH,冰IS,澳AU,格GE,毛MU,东盟^{R}AS^R,澳^{R}AU^R,新西兰^{R}NZ^R,柬KH,港HK,澳门MO	0	受惠国LD	100
				1.5	韩KR			
				7.2	巴PK			
				12	韩^{R}KR^R			
				12.3	日^{R}JP^R			
		-游乐场乘骑游乐设施和水上乐园娱乐设备： -Amusement park rides and water park amusements:						
8848	9508.2100	--过山车 --Roller coasters	6	0	东盟AS,智CL,新西兰NZ,新加坡SG,秘PE,哥CR,瑞CH,冰IS,澳AU,格GE,毛MU,东盟^{R}AS^R,澳^{R}AU^R,新西兰^{R}NZ^R,柬KH,港HK,澳门MO	0	受惠国LD	100
				1.5	韩KR			
				9.6	巴PK			
				12	韩^{R}KR^R			
				12.3	日^{R}JP^R			
8849	9508.2200	--旋转木马，秋千和旋转平台 --Carousels, swings and roundabouts	6	0	东盟AS,智CL,新西兰NZ,新加坡SG,秘PE,哥CR,瑞CH,冰IS,澳AU,格GE,毛MU,东盟^{R}AS^R,澳^{R}AU^R,新西兰^{R}NZ^R,柬KH,港HK,澳门MO	0	受惠国LD	100
				1.5	韩KR			
				9.6	巴PK			
				12	韩^{R}KR^R			
				12.3	日^{R}JP^R			
8850	9508.2300	--碰碰车 --Dodge' em cars	6	0	东盟AS,智CL,新西兰NZ,新加坡SG,秘PE,哥CR,瑞CH,冰IS,澳AU,格GE,毛MU,东盟^{R}AS^R,澳^{R}AU^R,新西兰^{R}NZ^R,柬KH,港HK,澳门MO	0	受惠国LD	100
				1.5	韩KR			
				9.6	巴PK			
				12	韩^{R}KR^R			
				12.3	日^{R}JP^R			

序号 No.	税则号列 Tariff Line	货品名称 Article Description	最惠国税率 MFN(%)		协定税率 Agreement(%)	特惠税率 SP(%)		普通税率 Gen(%)
8851	9508.2400	--运动模拟器和移动剧场 --Motion simulators and moving theatres	6	0	东盟AS,智CL,新西兰NZ,新加坡SG,秘PE,哥CR,瑞CH,冰IS,澳AU,格GE,毛MU,东盟^{R}AS^R,澳^{R}AU^R,新西兰^{R}NZ^R,柬KH,港HK,澳门MO	0	受惠国LD	100
				1.5	韩KR			
				9.6	巴PK			
				12	韩^{R}KR^R			
				12.3	日^{R}JP^R			
8852	9508.2500	--水上乘骑游乐设施 --Water rides	6	0	东盟AS,智CL,新西兰NZ,新加坡SG,秘PE,哥CR,瑞CH,冰IS,澳AU,格GE,毛MU,东盟^{R}AS^R,澳^{R}AU^R,新西兰^{R}NZ^R,柬KH,港HK,澳门MO	0	受惠国LD	100
				1.5	韩KR			
				9.6	巴PK			
				12	韩^{R}KR^R			
				12.3	日^{R}JP^R			
8853	9508.2600	--水上乐园娱乐设备 --Water park amusements	6	0	东盟AS,智CL,新西兰NZ,新加坡SG,秘PE,哥CR,瑞CH,冰IS,澳AU,格GE,毛MU,东盟^{R}AS^R,澳^{R}AU^R,新西兰^{R}NZ^R,柬KH,港HK,澳门MO	0	受惠国LD	100
				1.5	韩KR			
				9.6	巴PK			
				12	韩^{R}KR^R			
				12.3	日^{R}JP^R			
8854	9508.2900	--其他 --Other	6	0	东盟AS,智CL,新西兰NZ,新加坡SG,秘PE,哥CR,瑞CH,冰IS,澳AU,格GE,毛MU,东盟^{R}AS^R,澳^{R}AU^R,新西兰^{R}NZ^R,柬KH,港HK,澳门MO	0	受惠国LD	100
				1.5	韩KR			
				9.6	巴PK			
				12	韩^{R}KR^R			
				12.3	日^{R}JP^R			
8855	9508.3000	-游乐场娱乐设备 -Fairground amusements	6	0	东盟AS,智CL,新西兰NZ,新加坡SG,秘PE,哥CR,瑞CH,冰IS,澳AU,格GE,毛MU,东盟^{R}AS^R,澳^{R}AU^R,新西兰^{R}NZ^R,柬KH,港HK,澳门MO	0	受惠国LD	100
				1.5	韩KR			
				9.6	巴PK			
				12	韩^{R}KR^R			
				12.3	日^{R}JP^R			
8856	9508.4000	-流动剧团 -Travelling theatres	6	0	东盟AS,智CL,新西兰NZ,新加坡SG,秘PE,哥CR,瑞CH,冰IS,澳AU,格GE,毛MU,东盟^{R}AS^R,澳^{R}AU^R,新西兰^{R}NZ^R,柬KH,港HK,澳门MO	0	受惠国LD	100
				1.5	韩KR			
				9.6	巴PK			
				12	韩^{R}KR^R			
				12.3	日^{R}JP^R			

第九十六章
杂项制品

注释:

一、本章不包括:

（一）化妆盥洗用笔（第三十三章）;

（二）第六十六章的制品（例如，伞或手杖的零件）;

（三）仿首饰（税目71.17）;

（四）第十五类注释二所规定的贱金属制通用零件
（第十五类）或塑料制的类似品（第三十九章）;

（五）第八十二章的利口器及其他物品，其柄或其他
零件是雕刻或模塑材料制的；但税目96.01或
96.02适用于单独报验的上述物品的柄或其他
零件;

（六）第九十章的物品，例如，眼镜架（税目90.03）、
数学绘图笔（税目90.17）、各种牙科、医疗、外
科或兽医专用刷子（税目90.18）;

（七）第九十一章的物品（例如，钟壳或表壳）;

（八）乐器及其零件、附件（第九十二章）;

（九）第九十三章的物品（武器及其零件）;

（十）第九十四章的物品（例如，家具、灯具及照明
装置）;

（十一）第九十五章的物品（玩具、游戏品、运动用
品）；或

（十二）艺术品、收藏品及古物（第九十七章）。

二、税目96.02所称"植物质或矿物质雕刻材料"，是指:

（一）用于雕刻的硬种子、硬果核、硬果壳、坚果及
类似植物材料（例如，象牙果及棕榈子）;

（二）琥珀、海泡石、粘聚琥珀、粘聚海泡石、黑玉
及其矿物代用品。

三、税目96.03所称"制帚、制刷用成束、成簇的材料"，
仅指未装配的成束、成簇的兽毛、植物纤维或其他
材料。这些成束、成簇的材料无需分开即可安装在
帚、刷之上，或只需经过简单加工（例如将顶端修剪
成形）即可安装的。

四、除税目96.01至96.06或96.15的货品以外，本章的物
品还包括全部或部分用贵金属、包贵金属、天然或养
殖珍珠、宝石或半宝石（天然、合成或再造）制成的
物品。而且，税目96.01至96.06及96.15包括天然或
养殖珍珠、宝石或半宝石（天然、合成或再造）、贵
金属或包贵金属只作为小零件的物品。

Chapter 96
Miscellaneous manufactured articles

Notes:

1. This Chapter does not cover:

   (a) Pencils for cosmetic or toilet uses (Chapter 33);

   (b) Articles of Chapter 66 (for example, parts of umbrellas or walking-sticks);

   (c) Imitation jewellery (heading 71.17);

   (d) Parts of general use, as defined in Note 2 to Section XV, of base metal (Section XV), or similar goods of plastics (Chapter 39);

   (e) Cutlery or other articles of Chapter 82 with handles or other parts of carving or moulding materials; heading 96.01 or 96.02 applies, however, to separately presented handles or other parts of such articles;

   (f) Articles of Chapter 90, for example, spectacle frames (heading 90.03), mathematical drawing pens (heading 90.17), brushes of a kind specialized for use in dentistry or for medical, surgical or veterinary purposes (heading 90.18);

   (g) Articles of Chapter 91 (for example, clock or watch cases);

   (h) Musical instruments or parts or accessories thereof (Chapter 92);

   (i) Articles of Chapter 93 (arms and parts thereof);

   (j) Articles of Chapter 94 (for example, furniture, luminaires and lighting fittings);

   (k) Articles of Chapter 95 (toys, games, sports requisites); or

   (l) Works of art, collectors'pieces or antiques (Chapter 97).

2. In heading 96.02 the expression"vegetable or mineral carving material"means:

   (a) Hard seeds, pips, hulls and nuts and similar vegetable materials of a kind used for carving (for example, corozo and dom);

   (b) Amber, meerschaum, agglomerated amber and agglomerated meerschaum, jet and mineral substitutes for jet.

3. In heading 96.03 the expression"prepared knots and tufts for broom or brush making"applies only to unmounted knots and tufts of animal hair, vegetable fibre or other material, which are ready for incorporation without division in brooms or brushes, or which require only such further minor processes as trimming to shape at the top, to render them ready for such incorporation.

4. Articles of this Chapter, other than those of headings 96.01 to 96.06 or 96.15, remain classified in the Chapter whether or not composed wholly or partly of precious metal or metal clad with precious metal, of natural or cultured pearls, or precious or semi-precious stones (natural, synthetic or reconstructed). However, headings 96.01 to 96.06 and 96.15 include articles in which natural or cultured pearls, precious or semi-precious stones (natural, synthetic or reconstructed), precious metal or metal clad with precious metal constitute only minor constituents.

序号 No.	税则号列 Tariff Line	货品名称 Article Description	最惠国税率 MFN(%)	协定税率 Agreement(%)		特惠税率 SP(%)	普通税率 Gen(%)
	96.01	已加工的兽牙、骨、龟壳、角、鹿角、珊瑚、珍珠母及其他动物质雕刻材料及其制品(包括模塑制品): Worked ivory,bone,tortoise-shell,horn,antlers,coral,mother-of-pearl and other animal carving material and articles of these materials(including articles obtained by moulding):					
8857	9601.1000	-已加工的兽牙及其制品 -Worked ivory and articles of ivory	20	0 8 16 16.4	东盟AS,智CL,新西兰NZ,新加坡SG,秘PE,哥CR,瑞CH,冰IS,澳AU,格GE,毛MU,柬KH,港HK,澳门MO 韩KR 巴PK,东盟^{R}AS^R,澳^{R}AU^R,新西兰^{R}NZ^R,韩^{R}KR^R 日^{R}JP^R	0 受惠国LD	100
8858	9601.9000	-其他 -Other	20	0 8 16 17.3 17.5 18	东盟AS,智CL,新西兰NZ,新加坡SG,秘PE,哥CR,瑞CH,冰IS,澳AU,格GE,毛MU,柬KH,港HK,澳门MO 韩KR 巴PK 东盟^{R}AS^R,韩^{R}KR^R 日^{R}JP^R 澳^{R}AU^R,新西兰^{R}NZ^R	0 受惠国LD	100
	ex96019000	牛角纽扣坯圆片(濒危动物制除外) Buffalo Horn Button Blank wafers (except for endangered animal products)	Δ6				
	96.02	已加工的植物质或矿物质雕刻材料及其制品;蜡、硬脂、天然树胶、天然树脂或塑型膏制成的模塑或雕刻制品以及其他税目未列名的模塑或雕刻制品;已加工的未硬化明胶(税目35.03的明胶除外)及未硬化明胶制品: Worked vegetable or mineral carving material and articles of these materials; moulded or carved articles of wax, of stearin, of natural gums or natural resins or of modelling pastes, and other moulded or carved articles, not elsewhere specified or included; worked, unhardened gelatin (except gelatin of heading 35.03) and articles of unhardened gelatin:					

序号 No.	税则号列 Tariff Line	货品名称 Article Description	最惠国税率 MFN(%)		协定税率 Agreement(%)	特惠税率 SP(%)		普通税率 Gen(%)
8859	9602.0010	---装药用胶囊 ---Pharmaceutical capsules	5	0	东盟AS,智CL,新西兰NZ,新加坡SG,秘PE,哥CR,瑞CH,冰IS,澳AU,格GE,毛MU,东盟^RAS^R,澳^RAU^R,新西兰^RNZ^R,柬KH,港HK,澳门MO	0	受惠国LD	40
				1	韩KR			
				3	巴PK			
				8.4	韩^RKR^R			
				8.6	日^RJP^R			
8860	9602.0090	---其他 ---Other	12	0	东盟AS,智CL,新西兰NZ,新加坡SG,秘PE,哥CR,瑞CH,冰IS,澳AU,格GE,柬KH,港HK,澳门MO	0	受惠国LD	100
				10	毛MU			
				13.7	韩KR			
				20	巴PK			
				22.5	东盟^RAS^R,澳^RAU^R,新西兰^RNZ^R,韩^RKR^R			
				22.6	日^RJP^R			
	96.03	帚、刷（包括作为机器、器具、车辆零件的刷）、非机动的手工操作地板清扫器、拖把及毛掸；供制帚、刷用的成束或成簇的材料；油漆块垫及滚筒；橡皮扫帚（橡皮辊除外）： Brooms, brushes (including brushes constituting parts of machines, appliances or vehicles), hand-operated mechanical floor sweepers, not motorised, mops and feather dusters; prepared knots and tufts for broom or brush making; paint pads and rollers; squeegees (other than roller squeegees):						
8861	9603.1000	-用枝条或其他植物材料捆扎而成的帚及刷，不论是否有把 -Brooms and brushes, consisting of twigs or other vegetable materials bound together, with or without handles	12	0	东盟AS,智CL,新西兰NZ,新加坡SG,秘PE,哥CR,瑞CH,冰IS,澳AU,格GE,柬KH,港HK,澳门MO	0	受惠国LD	100
				10	毛MU			
				13.7	韩KR			
				20	巴PK			
				22.5	东盟^RAS^R,澳^RAU^R,新西兰^RNZ^R,韩^RKR^R			
				22.6	日^RJP^R			

序号 No.	税则号列 Tariff Line	货品名称 Article Description	最惠国税率 MFN(%)	协定税率 Agreement(%)		特惠税率 SP(%)		普通税率 Gen(%)
		-牙刷、剃须刷、发刷、指甲刷、睫毛刷及其他人体化妆用刷,包括作为器具零件的上述刷: -Toothbrushes, shaving brushes, hairbrushes, nail brushes, eyelash brushes and other toilet brushes for use on the person, including such brushes constituting parts of appliances:						
8862	9603.2100	--牙刷,包括齿板刷 --Tooth brushes, including dental-plate brushes	8	0	东盟AS,智CL,新西兰NZ,新加坡SG,秘PE,哥CR,瑞CH,冰IS,澳AU,格GE,柬KH,港HK,澳门MO	0	受惠国LD	100
				10	毛MU			
				13.7	韩KR			
				20	巴PK			
				22.5	东盟^{R}AS^R,澳^{R}AU^R,新西兰^{R}NZ^R			
8863	9603.2900	--其他 --Other	6	0	东盟AS,智CL,新西兰NZ,新加坡SG,秘PE,哥CR,瑞CH,冰IS,澳AU,格GE,毛MU,东盟^{R}AS^R,澳^{R}AU^R,新西兰^{R}NZ^R,柬KH,港HK,澳门MO	0	受惠国LD	100
				1.5	韩KR			
				3.9	亚太AP			
				4.5	巴PK			
				12	韩^{R}KR^R			
				12.3	日^{R}JP^R			
		-画笔、毛笔及化妆用的类似笔: -Artists' brushes, writing brushes and similar brushes for the application of cosmetics:						
8864	9603.3010	---画笔 ---Artists' brushes	8	0	东盟AS,智CL,新西兰NZ,新加坡SG,秘PE,哥CR,瑞CH,冰IS,澳AU,格GE,柬KH,港HK,澳门MO	0	受惠国LD	100
				4.8	亚太AP			
				9	巴PK			
				10	毛MU			
				13.7	韩KR			
				22.5	东盟^{R}AS^R,澳^{R}AU^R,新西兰^{R}NZ^R,韩^{R}KR^R			
				22.6	日^{R}JP^R			
8865	9603.3020	---毛笔 ---Writing brushes	8	0	东盟AS,智CL,新西兰NZ,新加坡SG,秘PE,哥CR,瑞CH,冰IS,澳AU,格GE,毛MU,柬KH,港HK,澳门MO	0	受惠国LD	100
				5.2	亚太AP			
				8	韩KR			
				10.8	巴PK			
				16	东盟^{R}AS^R,澳^{R}AU^R,新西兰^{R}NZ^R,韩^{R}KR^R			
				17.5	日^{R}JP^R			

序号 No.	税则号列 Tariff Line	货品名称 Article Description	最惠国税率 MFN(%)	协定税率 Agreement(%)		特惠税率 SP(%)	普通税率 Gen(%)
8866	9603.3090	---其他 ---Other	6	0	东盟AS,智CL,新西兰NZ,新加坡SG,秘PE,哥CR,瑞CH,冰IS,澳AU,格GE,柬KH,港HK,澳门MO	0 受惠国LD	100
				3.9	亚太AP		
				10	毛MU		
				13.5	巴PK		
				13.7	韩KR		
				22.5	东盟^{R}AS^R,澳^{R}AU^R,新西兰^{R}NZ^R,韩^{R}KR^R		
		-油漆刷、涂料刷、清漆刷及类似的刷（子目9603.30的货品除外）；油漆块垫及滚筒： -Paint, distemper, varnish or similar brushes (other than brushes of subheading 9603.30); paint pads and rollers:					
		---漆刷及类似刷： ---Paint, distemper, varnish or similar brushes:					
8867	9603.4011	----猪鬃制 ----Of pigs', hogs' or boars' bristle	6	0	东盟AS,智CL,新西兰NZ,新加坡SG,秘PE,哥CR,瑞CH,冰IS,澳AU,格GE,毛MU,柬KH,港HK,澳门MO	0 受惠国LD	100
				8	韩KR		
				16	巴PK,东盟^{R}AS^R,澳^{R}AU^R,新西兰^{R}NZ^R,韩^{R}KR^R		
				17.5	日^{R}JP^R		
8868	9603.4019	----其他 ----Other	6	0	东盟AS,智CL,新西兰NZ,新加坡SG,秘PE,哥CR,瑞CH,冰IS,澳AU,格GE,柬KH,港HK,澳门MO	0 受惠国LD	100
				9.2	毛MU		
				12.6	韩KR		
				18.4	巴PK		
				20.7	东盟^{R}AS^R,澳^{R}AU^R,新西兰^{R}NZ^R,韩^{R}KR^R		
				20.8	日^{R}JP^R		
8869	9603.4020	---油漆块垫及滚筒 ---Paint pads and rollers	6	0	东盟AS,智CL,新西兰NZ,新加坡SG,秘PE,哥CR,瑞CH,冰IS,澳AU,格GE,柬KH,港HK,澳门MO	0 受惠国LD	100
				9.2	毛MU		
				12.6	韩KR		
				18.4	巴PK		
				20.7	东盟^{R}AS^R,澳^{R}AU^R,新西兰^{R}NZ^R,韩^{R}KR^R		
				20.8	日^{R}JP^R		
		-其他作为机器、器具、车辆零件的刷： -Other brushes constituting parts of machines,appliances or vehicles:					

序号 No.	税则号列 Tariff Line	货品名称 Article Description	最惠国税率 MFN(%)	协定税率 Agreement(%)		特惠税率 SP(%)	普通税率 Gen(%)
		---金属丝刷: ---Brushes of metal wire:					
8870	9603.5011	----作为机器、器具零件的刷 ----Constituting parts of machines or appliances	8	0	东盟AS,智CL,新西兰NZ,新加坡SG,秘PE,哥CR,瑞CH,冰IS,澳AU,格GE,毛MU,东盟^{R}AS^R,澳^{R}AU^R,新西兰^{R}NZ^R,柬KH,港HK,澳门MO	0 受惠国LD	50
				1.4	韩KR		
				6.7	巴PK		
				11.2	韩^{R}KR^R		
				11.5	日^{R}JP^R		
8871	9603.5019	----其他 ----Other	8	0	东盟AS,智CL,新西兰NZ,新加坡SG,秘PE,哥CR,冰IS,澳AU,格GE,毛MU,东盟^{R}AS^R,澳^{R}AU^R,新西兰^{R}NZ^R,柬KH,港HK,澳门MO	0 受惠国LD	100
				1.4	韩KR		
				4.2	巴PK		
				5.6	瑞CH		
				11.2	韩^{R}KR^R		
				11.5	日^{R}JP^R		
		---其他: ---Other:					
8872	9603.5091	----作为机器、器具零件的刷 ----Constituting parts of machines or appliances	8	0	东盟AS,智CL,新西兰NZ,新加坡SG,秘PE,哥CR,瑞CH,冰IS,澳AU,格GE,毛MU,柬KH,港HK,澳门MO	0 受惠国LD	50
				1.4	韩KR		
				6.7	巴PK		
				11.2	东盟^{R}AS^R,澳^{R}AU^R,新西兰^{R}NZ^R,韩^{R}KR^R		
				11.5	日^{R}JP^R		
8873	9603.5099	----其他 ----Other	8	0	东盟AS,智CL,新西兰NZ,新加坡SG,秘PE,哥CR,瑞CH,冰IS,澳AU,格GE,毛MU,东盟^{R}AS^R,澳^{R}AU^R,新西兰^{R}NZ^R,柬KH,港HK,澳门MO	0 受惠国LD	100
				1.4	韩KR		
				4.2	巴PK		
				11.2	韩^{R}KR^R		
				11.5	日^{R}JP^R		
		-其他: -Other:					
8874	9603.9010	---羽毛掸 ---Feather dusters	6	0	东盟AS,智CL,新西兰NZ,新加坡SG,秘PE,哥CR,瑞CH,冰IS,澳AU,格GE,毛MU,柬KH,港HK,澳门MO	0 受惠国LD	130
				3.9	亚太AP		
				8.4	韩KR		
				11.3	巴PK		
				16.8	东盟^{R}AS^R,澳^{R}AU^R,新西兰^{R}NZ^R,韩^{R}KR^R		
				18.4	日^{R}JP^R		

序号 No.	税则号列 Tariff Line	货品名称 Article Description	最惠国税率 MFN(%)	协定税率 Agreement(%)		特惠税率 SP(%)	普通税率 Gen(%)
8875	9603.9090	---其他 ---Other	6	0	东盟AS,智CL,新西兰NZ,新加坡 SG,秘PE,哥CR,瑞CH,冰IS,澳AU, 格GE,毛MU,东盟ᴿASᴿ,澳ᴿAUᴿ,新 西兰ᴿNZᴿ,柬KH,港HK,澳门MO	0 受惠国LD	100
				1.5	韩KR		
				12	巴PK,韩ᴿKRᴿ		
				12.3	日ᴿJPᴿ		
	96.04	**手用粗筛、细筛:** **Hand sieves and hand riddles:**					
8876	9604.0000	手用粗筛、细筛 Hand sieves and hand riddles	6	0	东盟AS,智CL,新西兰NZ,新加坡 SG,秘PE,哥CR,瑞CH,冰IS,澳AU,格 GE,毛MU,柬KH,港HK,澳门MO	0 受惠国LD	100
				11.5	韩KR		
				16.8	巴PK		
				18.9	东盟ᴿASᴿ,澳ᴿAUᴿ,新西兰ᴿNZᴿ, 韩ᴿKRᴿ		
				19	日ᴿJPᴿ		
	96.05	**个人梳妆、缝纫或清洁鞋靴、衣服用的** **成套旅行用具:** **Travel sets for personal toilet, sewing** **or shoe or clothes cleaning:**					
8877	9605.0000	个人梳妆、缝纫或清洁鞋靴、衣服用的 成套旅行用具 Travel sets for personal toilet, sewing or shoe or clothes cleaning	6	0	东盟AS,智CL,新西兰NZ,新加坡 SG,秘PE,哥CR,瑞CH,冰IS,澳AU, 格GE,毛MU,东盟ᴿASᴿ,澳ᴿAUᴿ,新 西兰ᴿNZᴿ,柬KH,港HK,澳门MO	0 受惠国LD	100
				1.5	韩KR		
				7.2	巴PK		
				12	韩ᴿKRᴿ		
				12.3	日ᴿJPᴿ		
	96.06	**钮扣、揿扣、钮扣芯及钮扣和揿扣的其** **他零件;钮扣坯:** **Buttons, press-fasteners, snap-** **fasteners and press studs, button** **moulds and other parts of these** **articles; button blanks:**					
8878	9606.1000	-揿扣及其零件 -Press-fasteners, snap-fasteners and pre ss-studs and parts therefor	6	0	东盟AS,智CL,新西兰NZ,新加坡 SG,秘PE,哥CR,瑞CH,冰IS,澳AU,格 GE,毛MU,柬KH,港HK,澳门MO	0 受惠国LD	100
				11.5	韩KR		
				16.8	巴PK		
				18.9	东盟ᴿASᴿ,澳ᴿAUᴿ,新西兰ᴿNZᴿ		
		-钮扣: -Buttons:					
8879	9606.2100	--塑料制、未用纺织材料包裹 --Of plastics, not covered with textile material	6	0	东盟AS,智CL,新西兰NZ,新加 坡SG,秘PE,哥CR,瑞CH,冰IS,澳 AU,格GE,毛MU,柬KH,港HK,澳 门MO,台TW	0 受惠国LD	100
				11.5	韩KR		
				16.8	巴PK		
				18.9	东盟ᴿASᴿ,澳ᴿAUᴿ,新西兰ᴿNZᴿ		

序号 No.	税则号列 Tariff Line	货品名称 Article Description	最惠国税率 MFN(%)		协定税率 Agreement(%)	特惠税率 SP(%)		普通税率 Gen(%)
8880	9606.2200	--贱金属制，未用纺织材料包裹 --Of base mental, not covered with textile material	6	0	东盟AS,智CL,新西兰NZ,新加坡SG,秘PE,哥CR,瑞CH,冰IS,澳AU,格GE,毛MU,东盟ᴿASᴿ,澳ᴿAUᴿ,新西兰ᴿNZᴿ,柬KH,港HK,澳门MO,台TW	0	受惠国LD	100
				1.5	韩KR			
				7.2	巴PK			
				12	韩ᴿKRᴿ			
				12.3	日ᴿJPᴿ			
8881	9606.2900	--其他 --Other	6	0	东盟AS,智CL,新西兰NZ,新加坡SG,秘PE,哥CR,瑞CH,冰IS,澳AU,格GE,毛MU,东盟ᴿASᴿ,澳ᴿAUᴿ,新西兰ᴿNZᴿ,柬KH,港HK,澳门MO	0	受惠国LD	100
				1.5	韩KR			
				7.2	巴PK			
				12	韩ᴿKRᴿ			
				12.3	日ᴿJPᴿ			
8882	9606.3000	-钮扣芯及钮扣的其他零件；钮扣坯 -Button moulds and other parts of buttons; button blanks	6	0	东盟AS,智CL,新西兰NZ,新加坡SG,秘PE,哥CR,瑞CH,冰IS,澳AU,格GE,毛MU,东盟ᴿASᴿ,澳ᴿAUᴿ,新西兰ᴿNZᴿ,柬KH,港HK,澳门MO	0	受惠国LD	100
				1.5	韩KR			
				7.2	巴PK			
				12	韩ᴿKRᴿ			
				12.3	日ᴿJPᴿ			
	96.07	拉链及其零件： Slide fasteners and parts thereof:						
		-拉链： -Slide fasteners:						
8883	9607.1100	--装有贱金属制齿的 --Fitted with chain scoops of base metal	6	0	东盟AS,智CL,新西兰NZ,新加坡SG,秘PE,哥CR,瑞CH,冰IS,澳AU,格GE,毛MU,柬KH,港HK,澳门MO	0	受惠国LD	130
				11.5	韩KR			
				16.8	巴PK			
				18.9	东盟ᴿASᴿ,澳ᴿAUᴿ,新西兰ᴿNZᴿ			
8884	9607.1900	--其他 --Other	6	0	东盟AS,智CL,新西兰NZ,新加坡SG,秘PE,哥CR,瑞CH,冰IS,澳AU,格GE,毛MU,柬KH,港HK,澳门MO	0	受惠国LD	130
				3.9	亚太AP			
				8.8	巴PK			
				11.5	韩KR			
				18.9	东盟ᴿASᴿ,澳ᴿAUᴿ,新西兰ᴿNZᴿ,韩ᴿKRᴿ			
				19	日ᴿJPᴿ			

序号 No.	税则号列 Tariff Line	货品名称 Article Description	最惠国税率 MFN(%)		协定税率 Agreement(%)	特惠税率 SP(%)	普通税率 Gen(%)
8885	9607.2000	-零件 -Parts	6	0	东盟AS,智CL,新西兰NZ,新加坡SG,秘PE,哥CR,瑞CH,冰IS,澳AU,格GE,毛MU,柬KH,港HK,澳门MO	0 受惠国LD	130
				11.5	韩KR		
				16.8	巴PK		
				18.9	东盟^{R}AS^R,澳^{R}AU^R,新西兰^{R}NZ^R,韩^{R}KR^R		
				19	日^{R}JP^R		
	96.08	圆珠笔；毡尖和其他渗水式笔尖笔及唛头笔；自来水笔、铁笔型自来水笔及其他钢笔；蜡纸铁笔；活动铅笔；钢笔杆、铅笔套及类似的笔套；上述物品的零件（包括帽、夹），但税目96.09的货品除外： Ballpoint pens; felt-tipped and other porous-tipped pens and markers; fountain pens, stylograph pens and other pens; duplicating stylos; propelling or sliding pencils; penholders, pencil-holders and similar holders; parts (including caps and clips) of the foregoing articles, other than those of heading 96.09:					
8886	9608.1000	-圆珠笔 -Ball point pens	8	0	东盟AS,智CL,新西兰NZ,新加坡SG,秘PE,哥CR,瑞CH,冰IS,澳AU,格GE,毛MU,东盟^{R}AS^R,澳^{R}AU^R,新西兰^{R}NZ^R,柬KH,港HK,澳门MO	0 受惠国LD	80
				1.5	韩KR		
				4.5	巴PK		
				5.2	亚太AP		
				12	韩^{R}KR^R		
				12.3	日^{R}JP^R		
8887	9608.2000	-毡尖和其他渗水式笔尖笔及唛头笔 -Felt-tipped and other porous tipped pens and markers	12	0	东盟AS,智CL,新西兰NZ,新加坡SG,秘PE,哥CR,瑞CH,冰IS,澳AU,格GE,毛MU,柬KH,港HK,澳门MO	0 受惠国LD	80
				11.5	韩KR		
				16.8	巴PK		
				18.9	东盟^{R}AS^R,澳^{R}AU^R,新西兰^{R}NZ^R		
		-自来水笔、铁笔型自来水笔及其他钢笔： -Fountain pens, stylograph pens and other pens:					
8888	9608.3010	---墨汁画笔 ---Indian ink drawing pens	12	0	东盟AS,智CL,新西兰NZ,新加坡SG,秘PE,哥CR,瑞CH,冰IS,澳AU,格GE,毛MU,柬KH,港HK,澳门MO	0 受惠国LD	80
				8.4	韩KR		
				16.8	巴PK,东盟^{R}AS^R,澳^{R}AU^R,新西兰^{R}NZ^R,韩^{R}KR^R		
				18.4	日^{R}JP^R		

序号 No.	税则号列 Tariff Line	货品名称 Article Description	最惠国税率 MFN(%)		协定税率 Agreement(%)	特惠税率 SP(%)	普通税率 Gen(%)
8889	9608.3020	---自来水笔 ---Fountain pens	12	0 11.5 16.8 18.9	东盟AS,智CL,新西兰NZ,新加坡SG,秘PE,哥CR,瑞CH,冰IS,澳AU,格GE,毛MU,柬KH,港HK,澳门MO 韩KR 巴PK 东盟^RAS^R,澳^RAU^R,新西兰^RNZ^R,韩^RKR^R	0 受惠国LD	80
8890	9608.3090	---其他 ---Other	12	0 11.5 16.8 18.9 19	东盟AS,智CL,新西兰NZ,新加坡SG,秘PE,哥CR,瑞CH,冰IS,澳AU,格GE,毛MU,柬KH,港HK,澳门MO 韩KR 巴PK 东盟^RAS^R,澳^RAU^R,新西兰^RNZ^R,韩^RKR^R 日^RJP^R	0 受惠国LD	80
8891	9608.4000	-活动铅笔 -Propelling or sliding pencils	12	0 11.5 16.8 18.9	东盟AS,智CL,新西兰NZ,新加坡SG,秘PE,哥CR,瑞CH,冰IS,澳AU,格GE,毛MU,柬KH,港HK,澳门MO 韩KR 巴PK 东盟^RAS^R,澳^RAU^R,新西兰^RNZ^R,韩^RKR^R	0 受惠国LD	80
8892	9608.5000	-由上述两个或多个子目所列物品组成的成套货品 -Sets of articles from two or more of the foregoing subheadings	12	0 11.5 16.8 18.9 19	东盟AS,智CL,新西兰NZ,新加坡SG,秘PE,哥CR,瑞CH,冰IS,澳AU,格GE,毛MU,柬KH,港HK,澳门MO 韩KR 巴PK 东盟^RAS^R,澳^RAU^R,新西兰^RNZ^R,韩^RKR^R 日^RJP^R	0 受惠国LD	80
8893	9608.6000	-圆珠笔芯, 由圆珠笔头和墨芯构成 -Refills for ball point pens, comprising the ball point and ink-reservoir	12	0 11.5 16.8 18.9	东盟AS,智CL,新西兰NZ,新加坡SG,秘PE,哥CR,瑞CH,冰IS,澳AU,格GE,毛MU,柬KH,港HK,澳门MO 韩KR 巴PK 东盟^RAS^R,澳^RAU^R,新西兰^RNZ^R	0 受惠国LD	80
		-其他: -Other:					
8894	9608.9100	--钢笔头及笔尖粒 --Pen nibs and nib points	8	0 1.2 3.6 9.6 9.8	东盟AS,智CL,新西兰NZ,新加坡SG,秘PE,哥CR,瑞CH,冰IS,澳AU,格GE,毛MU,东盟^RAS^R,澳^RAU^R,新西兰^RNZ^R,柬KH,港HK,澳门MO 韩KR 巴PK 韩^RKR^R 日^RJP^R	0 受惠国LD	70

序号 No.	税则号列 Tariff Line	货品名称 Article Description	最惠国税率 MFN(%)	协定税率 Agreement(%)		特惠税率 SP(%)	普通税率 Gen(%)
		--其他: --Other:					
8895	9608.9910	---机器、仪器用笔 ---Of a kind used on machines or instruments	8	0	东盟AS,智CL,新西兰NZ,新加坡SG,秘PE,哥CR,瑞CH,冰IS,澳AU,格GE,毛MU,东盟^{R}AS^R,澳^{R}AU^R,新西兰^{R}NZ^R,柬KH,港HK,澳门MO	0 受惠国LD	40
				1.7	韩KR		
				8.4	巴PK		
				14	韩^{R}KR^R		
				14.3	日^{R}JP^R		
8896	9608.9920	---蜡纸铁笔; 钢笔杆、铅笔杆及类似的笔杆 ---Duplicating stylos; pen-holders, pencil-holders and similar holders	12	0	东盟AS,智CL,新西兰NZ,新加坡SG,秘PE,哥CR,瑞CH,冰IS,澳AU,格GE,毛MU,柬KH,港HK,澳门MO	0 受惠国LD	80
				11.5	韩KR		
				16.8	巴PK		
				18.9	东盟^{R}AS^R,澳^{R}AU^R,新西兰^{R}NZ^R,韩^{R}KR^R		
				19	日^{R}JP^R		
8897	9608.9990	---其他 ---Other	10	0	东盟AS,智CL,新西兰NZ,新加坡SG,秘PE,哥CR,瑞CH,冰IS,澳AU,格GE,毛MU,柬KH,港HK,澳门MO	0 受惠国LD	80
				11.5	韩KR		
				16.8	巴PK		
				18.9	东盟^{R}AS^R,澳^{R}AU^R,新西兰^{R}NZ^R		
	96.09	铅笔(税目96.08的铅笔除外)、颜色铅笔、铅笔芯、蜡笔、图画碳笔、书写或绘画用粉笔及裁缝划粉: **Pencils (other than pencils of heading 96.08), crayons, pencil leads, pastels, drawing charcoals, writing or drawing chalks and tailors chalks:**					
		-铅笔及颜色铅笔, 笔芯包裹在外壳中: -Pencils and crayons, with leads encased in a sheath:					
8898	9609.1010	---铅笔 ---Pencils	12	0	东盟AS,智CL,新西兰NZ,新加坡SG,秘PE,哥CR,瑞CH,冰IS,澳AU,格GE,毛MU,柬KH,港HK,澳门MO	0 受惠国LD	80
				11.5	韩KR		
				16.8	巴PK		
				18.9	东盟^{R}AS^R,澳^{R}AU^R,新西兰^{R}NZ^R,韩^{R}KR^R		
				19	日^{R}JP^R		

序号 No.	税则号列 Tariff Line	货品名称 Article Description	最惠国税率 MFN(%)		协定税率 Agreement(%)	特惠税率 SP(%)	普通税率 Gen(%)
8899	9609.1020	---颜色铅笔 ---Crayons	12	0	东盟AS,智CL,新西兰NZ,新加坡SG,秘PE,哥CR,瑞CH,冰IS,澳AU,格GE,毛MU,柬KH,港HK,澳门MO	0 受惠国LD	80
				11.5	韩KR		
				16.8	巴PK		
				18.9	东盟^{R}AS^R,澳^{R}AU^R,新西兰^{R}NZ^R,韩^{R}KR^R		
8900	9609.2000	-铅笔芯, 黑的或其他颜色的 -Pencil leads, black or coloured	12	0	东盟AS,智CL,新西兰NZ,新加坡SG,秘PE,哥CR,瑞CH,冰IS,澳AU,格GE,毛MU,柬KH,港HK,澳门MO	0 受惠国LD	80
				11.5	韩KR		
				16.8	巴PK		
				18.9	东盟^{R}AS^R,澳^{R}AU^R,新西兰^{R}NZ^R		
8901	9609.9000	-其他 -Other	6	0	东盟AS,智CL,新西兰NZ,新加坡SG,秘PE,哥CR,瑞CH,冰IS,澳AU,格GE,东盟^{R}AS^R,澳^{R}AU^R,新西兰^{R}NZ^R,柬KH,港HK,澳门MO	0 受惠国LD	80
				1.5	韩KR		
				6	毛MU		
				7.2	巴PK		
				12	韩^{R}KR^R		
				12.3	日^{R}JP^R		
	96.10	具有书写或绘画面的石板、黑板及类似板, 不论是否镶框: Slates and boards, with writing or drawing surfaces, whether or not framed:					
8902	9610.0000	具有书写或绘画面的石板、黑板及类似板, 不论是否镶框 Slates and boards, with writing or drawing surfaces, whether or not framed	6	0	东盟AS,智CL,新西兰NZ,新加坡SG,秘PE,哥CR,瑞CH,冰IS,澳AU,格GE,毛MU,东盟^{R}AS^R,澳^{R}AU^R,新西兰^{R}NZ^R,柬KH,港HK,澳门MO	0 受惠国LD	80
				1.5	韩KR		
				7.2	巴PK		
				12	韩^{R}KR^R		
				12.3	日^{R}JP^R		
	96.11	手用日期戳、封缄戳、编号戳及类似印戳(包括标签压印器);手工操作的排字盘及带有排字盘的手印器: Date, sealing or numbering stamps, and the like (including devices for printing or embossing labels), designed for operating in the hand; hand-operated composing sticks and hand printing sets incorporating such composing sticks:					

序号 No.	税则号列 Tariff Line	货品名称 Article Description	最惠国税率 MFN(%)	协定税率 Agreement(%)		特惠税率 SP(%)	普通税率 Gen(%)
8903	9611.0000	手用日期戳、封缄戳、编号戳及类似印戳（包括标签压印器）；手工操作的排字盘及带有排字盘的手印器 Date, sealing or numbering stamps, and the like(including devices for printing or embossing labels), designed for operating in the hand; hand-operated composing sticks and hand printing sets incorporating such composing sticks	8	0	东盟AS,智CL,新西兰NZ,新加坡SG,秘PE,哥CR,瑞CH,冰IS,澳AU,格GE,毛MU,柬KH,港HK,澳门MO	0 受惠国LD	80
				11.5	韩KR		
				16.8	巴PK		
				18.9	东盟^{R}AS^R,澳^{R}AU^R,新西兰^{R}NZ^R		
	96.12	打字机色带或类似色带，已上油或经其他方法处理能着色的，不论是否装轴或装盒；印台，不论是否已加印油或带盒子： **Typewriter or similar ribbons, inked or otherwise prepared for giving impressions, whether or not on spools or in cartridges; ink-pads, whether or not inked, with or without boxes:**					
8904	9612.1000	-色带 -Inked ribbons	8	0	东盟AS,智CL,新西兰NZ,新加坡SG,秘PE,哥CR,瑞CH,冰IS,澳AU,格GE,毛MU,柬KH,港HK,澳门MO	0 受惠国LD	35
				3	巴PK		
				4.2	韩KR		
				9.1	东盟^{R}AS^R,韩^{R}KR^R		
				9.2	日^{R}JP^R		
				9.5	澳^{R}AU^R,新西兰^{R}NZ^R		
8905	9612.2000	-印台 -Ink-pads	10	0	东盟AS,智CL,新西兰NZ,新加坡SG,秘PE,哥CR,瑞CH,冰IS,澳AU,格GE,柬KH,港HK,澳门MO	0 受惠国LD	100
				10	毛MU		
				13.7	韩KR		
				20	巴PK		
				22.5	东盟^{R}AS^R,澳^{R}AU^R,新西兰^{R}NZ^R,韩^{R}KR^R		
				22.6	日^{R}JP^R		
	96.13	香烟打火机和其他打火器（不论是机械的，还是电气的）及其零件，但打火石及打火机芯除外： **Cigarette lighters and other lighters, whether or not mechanical or electrical, and parts thereof other than flints and wicks:**					
8906	9613.1000	-袖珍气体打火机，一次性的 -Pocket lighters, gas fuelled, non refillable	10	0	东盟AS,智CL,新西兰NZ,新加坡SG,秘PE,哥CR,瑞CH,冰IS,澳AU,格GE,柬KH,港HK,澳门MO	0 受惠国LD	130
				10	毛MU		
				13.7	韩KR		
				20	巴PK		
				22.5	东盟^{R}AS^R,澳^{R}AU^R,新西兰^{R}NZ^R,韩^{R}KR^R		

序号 No.	税则号列 Tariff Line	货品名称 Article Description	最惠国税率 MFN(%)	协定税率 Agreement(%)		特惠税率 SP(%)		普通税率 Gen(%)
8907	9613.2000	-袖珍气体打火机,可充气的 -Pocket lighters, gas fuelled, refillable	10	0	东盟AS,智CL,新西兰NZ,新加坡SG,秘PE,哥CR,瑞CH,冰IS,澳AU,格GE,柬KH,港HK,澳门MO	0	受惠国LD	130
				10	毛MU			
				13.7	韩KR			
				20	巴PK			
				22.5	东盟^{R}AS^R,澳^{R}AU^R,新西兰^{R}NZ^R,韩^{R}KR^R			
				22.6	日^{R}JP^R			
8908	9613.8000	-其他打火器 -Other lighters	10	0	东盟AS,智CL,新西兰NZ,新加坡SG,秘PE,哥CR,瑞CH,冰IS,澳AU,格GE,柬KH,港HK,澳门MO	0	受惠国LD	130
				10	毛MU			
				13.7	韩KR			
				20	巴PK			
				22.5	东盟^{R}AS^R,澳^{R}AU^R,新西兰^{R}NZ^R			
8909	9613.9000	-零件 -Parts	10	0	东盟AS,智CL,新西兰NZ,新加坡SG,秘PE,哥CR,瑞CH,冰IS,澳AU,格GE,柬KH,港HK,澳门MO	0	受惠国LD	130
				10	毛MU			
				13.7	韩KR			
				20	巴PK			
				22.5	东盟^{R}AS^R,澳^{R}AU^R,新西兰^{R}NZ^R,韩^{R}KR^R			
	96.14	烟斗(包括烟斗头)和烟嘴及其零件: Smoking pipes (including pipe bowls) and cigar or cigarette holders, and parts thereof:						
8910	9614.0010	---烟斗及烟斗头 ---Pipes and pipe bowls	10	0	东盟AS,智CL,新西兰NZ,新加坡SG,秘PE,哥CR,瑞CH,冰IS,澳AU,格GE,柬KH,港HK,澳门MO	0	受惠国LD	130
				10	毛MU,东盟^{R}AS^R,澳^{R}AU^R,新西兰^{R}NZ^R			
				20	巴PK			
8911	9614.0090	---其他 ---Other	10	0	东盟AS,智CL,新西兰NZ,新加坡SG,秘PE,哥CR,瑞CH,冰IS,澳AU,格GE,柬KH,港HK,澳门MO	0	受惠国LD	130
				10	毛MU,东盟^{R}AS^R,澳^{R}AU^R,新西兰^{R}NZ^R			
				20	巴PK			
	96.15	梳子、发夹及类似品;发卡、卷发夹、卷发器或类似品及其零件,但税目85.16的货品除外: Combs, hair-slides and the like; hairpins, curling pins, curling grips, hair-curlers and the like, other than those of heading 85.16, and parts thereof:						
		-梳子、发夹及类似品: -Combs, hair-slides and the like:						

序号 No.	税则号列 Tariff Line	货品名称 Article Description	最惠国税率 MFN(%)		协定税率 Agreement(%)	特惠税率 SP(%)		普通税率 Gen(%)
8912	9615.1100	--硬质橡胶或塑料制 --Of hard rubber or plastics	6	0	东盟AS,智CL,新西兰NZ,新加坡 SG,秘PE,哥CR,瑞CH,冰IS,澳AU,格 GE,毛MU,东盟^RAS^R,澳^RAU^R,新西 兰^RNZ^R,柬KH,港HK,澳门MO	0	受惠国LD	130
				1.8	韩KR			
				3.9	亚太AP			
				8.6	巴PK			
				14.4	韩^RKR^R			
				14.7	日^RJP^R			
8913	9615.1900	--其他 --Other	6	0	东盟AS,智CL,新西兰NZ,新加坡 SG,秘PE,哥CR,瑞CH,冰IS,澳AU,格 GE,毛MU,东盟^RAS^R,澳^RAU^R,新西 兰^RNZ^R,柬KH,港HK,澳门MO	0	受惠国LD	130
				1.8	韩KR			
				14.4	巴PK,韩^RKR^R			
				14.7	日^RJP^R			
8914	9615.9000	-其他 -Other	6	0	东盟AS,智CL,新西兰NZ,新加坡 SG,秘PE,哥CR,瑞CH,冰IS,澳AU,格 GE,毛MU,东盟^RAS^R,澳^RAU^R,新西 兰^RNZ^R,柬KH,港HK,澳门MO	0	受惠国LD	130
				1.8	韩KR			
				3.9	亚太AP			
				8.6	巴PK			
				14.4	韩^RKR^R			
				14.7	日^RJP^R			
	96.16	香水喷雾器或类似的化妆用喷雾器及 其座架、喷头；粉扑及粉拍,施敷脂粉 或化妆品用： Scent sprays and similar toilet sprays, and mounts and heads therefor; powder-puffs and pads for the application of cosmetics or toilet preparations:						
8915	9616.1000	-香水喷雾器或类似的化妆用喷雾器及 其座架、喷头 -Scent sprays and similar toilet sprays, and mounts and heads therefor	6	0	东盟AS,智CL,新西兰NZ,新加坡 SG,秘PE,哥CR,瑞CH,冰IS,澳AU,格 GE,毛MU,东盟^RAS^R,澳^RAU^R,新西 兰^RNZ^R,柬KH,港HK,澳门MO	0	受惠国LD	130
				1.8	韩KR			
				3.9	亚太AP			
				8.6	巴PK			
				14.4	韩^RKR^R			
				14.7	日^RJP^R			
8916	9616.2000	-粉扑及粉拍,施敷脂粉或化妆品用 -Powder-puffs and pads for the applic- ation of cosmetics or toilet preparations	6	0	东盟AS,智CL,新西兰NZ,新加坡SG, 秘PE,哥CR,瑞CH,冰IS,澳AU,格GE, 毛MU,东盟^RAS^R,澳^RAU^R,新西兰 ^RNZ^R,柬KH,港HK,澳门MO	0	受惠国LD	130
				1.8	韩KR			
				3.9	亚太AP			
				8.6	巴PK			
				14.4	韩^RKR^R			
				14.7	日^RJP^R			

序号 No.	税则号列 Tariff Line	货品名称 Article Description	最惠国税率 MFN(%)	协定税率 Agreement(%)		特惠税率 SP(%)	普通税率 Gen(%)
	96.17	保温瓶和其他真空容器及其零件,但玻璃瓶胆除外: Vacuum flasks and other vacuum vessels, complete; parts thereof other than glass inners:					
		---保温瓶: ---Vacuum flasks:					
8917	9617.0011	----玻璃内胆制 ----Of glass internal liner	8	0	东盟AS,智CL,新西兰NZ,新加坡SG,秘PE,哥CR,瑞CH,冰IS,澳AU,格GE,柬KH,港HK,澳门MO	0 受惠国LD	130
				9.6	毛MU		
				13.2	韩KR		
				19.2	巴PK		
				21.6	东盟^{R}AS^R,澳^{R}AU^R,新西兰^{R}NZ^R,韩^{R}KR^R		
8918	9617.0019	----其他 ----Other	8	0	东盟AS,智CL,新西兰NZ,新加坡SG,秘PE,哥CR,瑞CH,冰IS,澳AU,格GE,柬KH,港HK,澳门MO	0 受惠国LD	130
				9.6	毛MU		
				13.2	韩KR		
				19.2	巴PK		
				21.6	东盟^{R}AS^R,澳^{R}AU^R,新西兰^{R}NZ^R,韩^{R}KR^R		
8919	9617.0090	---其他 ---Other	8	0	东盟AS,智CL,新西兰NZ,新加坡SG,秘PE,哥CR,瑞CH,冰IS,澳AU,格GE,毛MU,东盟^{R}AS^R,澳^{R}AU^R,新西兰^{R}NZ^R,柬KH,港HK,澳门MO	0 受惠国LD	130
				1.8	韩KR		
				14.4	巴PK,韩^{R}KR^R		
				14.7	日^{R}JP^R		
	96.18	裁缝用人体模型及其他人体活动模型;橱窗装饰用的自动模型及其他活动陈列品: Tailors' dummies and other lay figures; automata and other animated displays used for shop window dressing:					
8920	9618.0000	裁缝用人体模型及其他人体活动模型;橱窗装饰用的自动模型及其他活动陈列品 Tailors' dummies and other lay figures; automata and other animated displays used for shop window dressing	10	0	东盟AS,智CL,新西兰NZ,新加坡SG,秘PE,哥CR,瑞CH,冰IS,澳AU,格GE,毛MU,柬KH,港HK,澳门MO	0 受惠国LD	80
				11.5	韩KR		
				16.8	巴PK		
				18.9	东盟^{R}AS^R,澳^{R}AU^R,新西兰^{R}NZ^R		
	96.19	任何材料制的卫生巾(护垫)及卫生棉条、尿布及尿布衬里和类似品: Sanitary towels (pads) and tampons, napkins (diapers), napkin liners and similar articles, of any material:					

序号 No.	税则号列 Tariff Line	货品名称 Article Description	最惠国税率 MFN(%)	协定税率 Agreement(%)		特惠税率 SP(%)	普通税率 Gen(%)
		---尿裤及尿布： ---Diapers and napkins:					
8921	9619.0011	----供婴儿使用的 ----For babies	4Δ0	0	东盟AS,智CL,巴PK,新西兰NZ,澳AU,格GE,毛MU,柬KH,港HK,澳门MO,台TW	0 受惠国LD	80
				6.8	东盟ᴿASᴿ,澳ᴿAUᴿ,新西兰ᴿNZᴿ		
8922	9619.0019	----其他 ----Other	4Δ0	0	东盟AS,智CL,巴PK,新西兰NZ,澳AU,格GE,毛MU,柬KH,港HK,澳门MO,台TW	0 受惠国LD	80
				6.8	东盟ᴿASᴿ,澳ᴿAUᴿ,新西兰ᴿNZᴿ		
8923	9619.0020	---卫生巾（护垫）及卫生棉条 ---Sanitary towels (pads) and tampons	4Δ2	0	东盟AS,智CL,新西兰NZ,秘PE,哥CR,瑞CH,冰IS,澳AU,格GE,毛MU,东盟ᴿASᴿ,澳ᴿAUᴿ,新西兰ᴿNZᴿ,柬KH,港HK,澳门MO,台TW	0 受惠国LD	80
				1	韩KR		
				4.5	巴PK		
				8	韩ᴿKRᴿ		
				8.2	日ᴿJPᴿ		
8924	9619.0090	---其他 ---Other	6	0	东盟AS,智CL,新西兰NZ,新加坡SG,秘PE,哥CR,瑞CH,冰IS,澳AU,格GE,毛MU,东盟ᴿASᴿ,澳ᴿAUᴿ,新西兰ᴿNZᴿ,柬KH,港HK,澳门MO,台TW	0 受惠国LD	80
				1.4	韩KR		
				3.9	亚太AP		
				4.5	巴PK		
				11.2	韩ᴿKRᴿ		
				11.5	日ᴿJPᴿ		
	96.20	**独脚架、双脚架、三脚架及类似品：** **Monopods, bipods, tripods and similar articles:**					
		独脚架、双脚架、三脚架及类似品： Monopods, bipods, tripods and similar articles:					
8925	9620.0010	---专用于税目85.19、85.21、子目8525.8、9006.3、9006.5、9007.1或9007.2所列设备的独脚架、双脚架、三脚架及类似品 ---Monopods, bipods, tripods and similar articles for use solely with the apparatus of headings 85.19,85.21 and subheadings 8525.8,9006.3,9006.5,9007.1 or 9007.2	8	0	巴PK,新西兰NZ,秘PE,哥CR,瑞CH,冰IS,韩KR,澳AU,格GE,毛MU,东盟ᴿASᴿ,澳ᴿAUᴿ,新西兰ᴿNZᴿ,柬KH,港HK,澳门MO,韩ᴿKRᴿ	0 受惠国LD	80
				6.5	日ᴿJPᴿ		
8926	9620.0090	---其他 ---Other	8	0	巴PK,新西兰NZ,秘PE,哥CR,瑞CH,冰IS,韩KR,澳AU,格GE,毛MU,东盟ᴿASᴿ,澳ᴿAUᴿ,日ᴿJPᴿ,新西兰ᴿNZᴿ,柬KH,港HK,澳门MO,韩ᴿKRᴿ	0 受惠国LD	80

第二十一类
艺术品、收藏品及古物

第九十七章
艺术品、收藏品及古物

注释:

一、本章不包括:

（一）税目49.07的未经使用的邮票、印花税票、邮政信笺（印有邮票的纸品）及类似的票证;

（二）作舞台、摄影的布景及类似用途的已绘制画布（税目59.07），但可归入税目97.06的除外; 或

（三）天然或养殖珍珠、宝石或半宝石（税目71.01至71.03）。

二、税目97.01不适用于成批生产的镶嵌画复制品、铸造品及具有商业性质的传统工艺品，即使这些物品是由艺术家设计或创造的。

三、税目97.02所称"雕版画、印制画、石印画的原本"，是指以艺术家完全手工制作的单块或数块印版直接印制出来的黑白或彩色原本，不论艺术家使用何种方法或材料，但不包括使用机器或照相制版方法制作的。

四、税目97.03不适用于成批生产的复制品及具有商业性质的传统手工艺品，即使这些物品是艺术家设计或创造的。

五、

（一）除上述注释一至四另有规定的以外，可归入本章各税目的物品，均应归入本章的相应税目而不归入本协调制度的其他税目;

（二）税目97.06不适用于可以归入本章其他各税目的物品。

六、已装框的油画、粉画及其他绘画、版画、拼贴画及类似装饰板，如果框架的种类及价值与作品相称，应与作品一并归类。如果框架的种类及价值与作品不相称，应分别归类。

SECTION XXI
WORKS OF ART,
COLLECTORS' PIECES AND ANTIQUES

Chapter 97
Works of art, collectors'
pieces and antiques

Notes:

1. This Chapter does not cover:

(a) Unused postage or revenue stamps, postal stationery (stamped paper) or the like, of heading 49.07;

(b) Theatrical scenery, studio back-cloths or the like, of painted canvas (heading 59.07) except if they may be classified in heading 97.06; or

(c) Pearls, natural or cultured, or precious or semi-precious stones (headings 71.01 to 71.03).

2. Heading 97.01 does not apply to mosaics that are mass-produced reproductions, casts or works of conventional craftsmanship of a commercial character, even if these articles are designed or created by artists.

3. For the purposes of heading 97.02, the expression"original engravings, prints and lithographs"means impressions produced directly, in black and white or in colour, of one or of several plates wholly executed by hand by the artist, irrespective of the process or of the material employed by him, but not including any mechanical or photomechanical process.

4. Heading 97.03 does not apply to mass-produced reproductions or works of conventional craftsmanship of a commercial character, even if these articles are designed or created by artists.

5.

(a) Subject to Notes 1 to 4 above,articles of this Chapter are to be classified in this Chapter and not in any other Chapter of the Nomenclature;

(b) Heading 97.06 does not apply to articles of the preceding headings of this Chapter.

6. Frames around paintings, drawings, pastels, collages or similar decorative plaques, engravings, prints or lithographs are to be classified with those articles, provided they are of a kind and of a value normal to those articles. Frames which are not of a kind or of a value normal to the articles referred to in this Note are to be classified separately.

序号 No.	税则号列 Tariff Line	货品名称 Article Description	最惠国税率 MFN(%)		协定税率 Agreement(%)	特惠税率 SP(%)	普通税率 Gen(%)
	97.01	油画、粉画及其他手绘画，但带有手工绘制及手工描饰的制品或税目49.06的图纸除外；拼贴画、镶嵌画及类似装饰板： Paintings, drawings and pastels, executed entirely by hand, other than drawings of heading 49.06 and other than hand-painted or hand-decorated manufactured articles; collages, mosaics and similar decorative plaques:					
		-超过100年的： -Of an age exceeding 100 years:					
8927	9701.2100	--油画、粉画及其他手绘画 --Paintings, drawings and pastels	4Δ0	0 1.3 4.6 9.6 9.8	东盟AS,智CL,新西兰NZ,新加坡SG,秘PE,哥CR,瑞CH,冰IS,澳AU,格GE,毛MU,东盟^{R}AS^R,澳^{R}AU^R,新西兰^{R}NZ^R,柬KH,港HK,澳门MO 韩KR 巴PK 韩^{R}KR^R 日^{R}JP^R	0 受惠国LD	50
8928	9701.2200	--镶嵌画 --Mosaics	6Δ0	0 1.4 6.7 11.2 11.5	东盟AS,智CL,新西兰NZ,新加坡SG,秘PE,哥CR,瑞CH,冰IS,澳AU,格GE,毛MU,东盟^{R}AS^R,澳^{R}AU^R,新西兰^{R}NZ^R,柬KH,港HK,澳门MO 韩KR 巴PK 韩^{R}KR^R 日^{R}JP^R	0 受惠国LD	50
8929	9701.2900	--其他 --Other	6Δ0	0 1.4 6.7 11.2 11.5	东盟AS,智CL,新西兰NZ,新加坡SG,秘PE,哥CR,瑞CH,冰IS,澳AU,格GE,毛MU,东盟^{R}AS^R,澳^{R}AU^R,新西兰^{R}NZ^R,柬KH,港HK,澳门MO 韩KR 巴PK 韩^{R}KR^R 日^{R}JP^R	0 受惠国LD	50
		-其他： -Other:					
		--油画、粉画及其他手绘画： --Paintings, drawings and pastels:					
		---原件： ---The orginals:					

序号 No.	税则号列 Tariff Line	货品名称 Article Description	最惠国税率 MFN(%)	协定税率 Agreement(%)		特惠税率 SP(%)		普通税率 Gen(%)
8930	9701.9111	----唐卡 ----Thangkas	6	0	东盟AS,智CL,新西兰NZ,新加坡SG,秘PE,哥CR,瑞CH,冰IS,澳AU,格GE,毛MU,东盟^{R}AS^R,澳^{R}AU^R,新西兰^{R}NZ^R,柬KH,港HK,澳门MO	0	受惠国LD	50
				1.2	韩KR			
				3.6	巴PK			
				9.6	韩^{R}KR^R			
				9.8	日^{R}JP^R			
8931	9701.9119	----其他 ----Other	1	0	东盟AS,智CL,新西兰NZ,新加坡SG,秘PE,哥CR,瑞CH,冰IS,澳AU,格GE,毛MU,东盟^{R}AS^R,澳^{R}AU^R,新西兰^{R}NZ^R,柬KH,港HK,澳门MO	0	受惠国LD	50
				1.2	韩KR			
				3.6	巴PK			
				9.6	韩^{R}KR^R			
				9.8	日^{R}JP^R			
8932	9701.9120	---复制品 ---Reproductions	6	0	东盟AS,智CL,新西兰NZ,新加坡SG,秘PE,哥CR,瑞CH,冰IS,澳AU,格GE,毛MU,东盟^{R}AS^R,澳^{R}AU^R,新西兰^{R}NZ^R,柬KH,港HK,澳门MO	0	受惠国LD	50
				1.4	韩KR			
				6.7	巴PK			
				11.2	韩^{R}KR^R			
				11.5	日^{R}JP^R			
8933	9701.9200	--镶嵌画 --Mosaics	6	0	东盟AS,智CL,新西兰NZ,新加坡SG,秘PE,哥CR,瑞CH,冰IS,澳AU,格GE,毛MU,东盟^{R}AS^R,澳^{R}AU^R,新西兰^{R}NZ^R,柬KH,港HK,澳门MO	0	受惠国LD	50
				1.4	韩KR			
				6.7	巴PK			
				11.2	韩^{R}KR^R			
				11.5	日^{R}JP^R			
8934	9701.9900	--其他 --Other	6	0	东盟AS,智CL,新西兰NZ,新加坡SG,秘PE,哥CR,瑞CH,冰IS,澳AU,格GE,毛MU,东盟^{R}AS^R,澳^{R}AU^R,新西兰^{R}NZ^R,柬KH,港HK,澳门MO	0	受惠国LD	50
				1.4	韩KR			
				6.7	巴PK			
				11.2	韩^{R}KR^R			
				11.5	日^{R}JP^R			

序号 No.	税则号列 Tariff Line	货品名称 Article Description	最惠国税率 MFN(%)		协定税率 Agreement(%)	特惠税率 SP(%)	普通税率 Gen(%)
	97.02	雕版画、印制画、石印画的原本： Original engravings, prints and lithographs:					
8935	9702.1000	-超过100年的 -Of an age exceeding 100 years	1	0 1.2 3.6 9.6 9.8	东盟AS,智CL,新西兰NZ,新加坡SG,秘PE,哥CR,瑞CH,冰IS,澳AU,格GE,毛MU,东盟^RAS^R,澳^RAU^R,新西兰^RNZ^R,柬KH,港HK,澳门MO 韩KR 巴PK 韩^RKR^R 日^RJP^R	0 受惠国LD	50
8936	9702.9000	-其他 -Other	1	0 1.2 3.6 9.6 9.8	东盟AS,智CL,新西兰NZ,新加坡SG,秘PE,哥CR,瑞CH,冰IS,澳AU,格GE,毛MU,东盟^RAS^R,澳^RAU^R,新西兰^RNZ^R,柬KH,港HK,澳门MO 韩KR 巴PK 韩^RKR^R 日^RJP^R	0 受惠国LD	50
	97.03	各种材料制的雕塑品原件： Original sculptures and statuary, in any material:					
8937	9703.1000	-超过100年的 -Of an age exceeding 100 years	1	0 1.2 4.8 9.6 9.8	东盟AS,智CL,新西兰NZ,新加坡SG,秘PE,哥CR,瑞CH,冰IS,澳AU,格GE,东盟^RAS^R,澳^RAU^R,新西兰^RNZ^R,柬KH,港HK,澳门MO 韩KR 巴PK,毛MU 韩^RKR^R 日^RJP^R	0 受惠国LD	50
8938	9703.9000	-其他 -Other	1	0 1.2 4.8 9.6 9.8	东盟AS,智CL,新西兰NZ,新加坡SG,秘PE,哥CR,瑞CH,冰IS,澳AU,格GE,东盟^RAS^R,澳^RAU^R,新西兰^RNZ^R,柬KH,港HK,澳门MO 韩KR 巴PK,毛MU 韩^RKR^R 日^RJP^R	0 受惠国LD	50
	97.04	使用过或未使用过的邮票、印花税票、邮戳印记、首日封、邮政信笺（印有邮票的纸品）及类似品，但税目49.07的货品除外： Postage or revenue stamps, stamp-postmarks, first-day covers, postal stationery (stamped paper), and the like, used or unused, other than those of heading 49.07:					

序号 No.	税则号列 Tariff Line	货品名称 Article Description	最惠国税率 MFN(%)	协定税率 Agreement(%)		特惠税率 SP(%)	普通税率 Gen(%)
8939	9704.0010	---邮票 ---Postage	4	0	东盟AS,智CL,新西兰NZ,秘PE,哥CR,瑞CH,冰IS,韩KR,澳AU,格GE,毛MU,东盟^{R}AS^R,澳^{R}AU^R,新西兰^{R}NZ^R,柬KH,港HK,澳门MO,韩^{R}KR^R	0 受惠国LD	50
				1	巴PK		
				6.5	日^{R}JP^R		
8940	9704.0090	---其他 ---Other	6	0	东盟AS,智CL,新西兰NZ,新加坡SG,秘PE,哥CR,瑞CH,冰IS,澳AU,格GE,毛MU,东盟^{R}AS^R,澳^{R}AU^R,新西兰^{R}NZ^R,柬KH,港HK,澳门MO	0 受惠国LD	50
				1.4	韩KR		
				4.2	巴PK		
				11.2	韩^{R}KR^R		
				11.5	日^{R}JP^R		
	97.05	具有考古学、人种学、历史学、动物学、植物学、矿物学、解剖学、古生物学或钱币学意义的收集品及珍藏品: Collections and collectors' pieces of archaeological, ethnographic, historical, zoological, botanical, mineralogical, anatomical, paleontological, or numismatic interest:					
8941	9705.1000	-具有考古学、人种学或历史学意义的收集品及珍藏品 -Collections and collectors' pieces of archaeological, ethnographic or historical interest	0	0	东盟AS,智CL,巴PK,新西兰NZ,秘PE,哥CR,瑞CH,冰IS,韩KR,澳AU,格GE,毛MU,东盟^{R}AS^R,澳^{R}AU^R,日^{R}JP^R,新西兰^{R}NZ^R,柬KH,港HK,澳门MO,韩^{R}KR^R	0 受惠国LD	0
		-具有动物学、植物学、矿物学、解剖学或古生物学意义的收集品及珍藏品: -Collections and collectors' pieces of zoological, botanical, mineralogical, anatomical or paleontological interest:					
8942	9705.2100	--人类标本及其部分 --Human specimens and parts thereof	0	0	东盟AS,智CL,巴PK,新西兰NZ,秘PE,哥CR,瑞CH,冰IS,韩KR,澳AU,格GE,毛MU,东盟^{R}AS^R,澳^{R}AU^R,日^{R}JP^R,新西兰^{R}NZ^R,柬KH,港HK,澳门MO,韩^{R}KR^R	0 受惠国LD	0
8943	9705.2200	--灭绝或濒危物种及其部分 --Extinct or endangered species and parts thereof	0	0	东盟AS,智CL,巴PK,新西兰NZ,秘PE,哥CR,瑞CH,冰IS,韩KR,澳AU,格GE,毛MU,东盟^{R}AS^R,澳^{R}AU^R,日^{R}JP^R,新西兰^{R}NZ^R,柬KH,港HK,澳门MO,韩^{R}KR^R	0 受惠国LD	0

序号 No.	税则号列 Tariff Line	货品名称 Article Description	最惠国税率 MFN(%)		协定税率 Agreement(%)	特惠税率 SP(%)	普通税率 Gen(%)
8944	9705.2900	--其他 --Other	0	0	东盟AS,智CL,巴PK,新西兰NZ, 秘PE,哥CR,瑞CH,冰IS,韩KR, 澳AU,格GE,毛MU,东盟^RAS^R, 澳^RAU^R,日^RJP^R,新西兰^RNZ^R,柬 KH,港HK,澳门MO,韩^RKR^R	0 受惠国LD	0
		-具有钱币学意义的收集品及珍藏品: -Collections and collectors' pieces of numismatic interest:					
8945	9705.3100	--超过100年的 --Of an age exceeding 100 years	0	0	东盟AS,智CL,巴PK,新西兰NZ, 秘PE,哥CR,瑞CH,冰IS,韩KR, 澳AU,格GE,毛MU,东盟^RAS^R, 澳^RAU^R,日^RJP^R,新西兰^RNZ^R,柬 KH,港HK,澳门MO,韩^RKR^R	0 受惠国LD	0
8946	9705.3900	--其他 --Other	0	0	东盟AS,智CL,巴PK,新西兰NZ, 秘PE,哥CR,瑞CH,冰IS,韩KR, 澳AU,格GE,毛MU,东盟^RAS^R, 澳^RAU^R,日^RJP^R,新西兰^RNZ^R,柬 KH,港HK,澳门MO,韩^RKR^R	0 受惠国LD	0
	97.06	超过100年的古物: Antiques of an age exceeding one hundred years:					
8947	9706.1000	-超过250年的 -Of an age exceeding 250 years	0	0	东盟AS,智CL,巴PK,新西兰NZ, 秘PE,哥CR,瑞CH,冰IS,韩KR, 澳AU,格GE,毛MU,东盟^RAS^R, 澳^RAU^R,日^RJP^R,新西兰^RNZ^R,柬 KH,港HK,澳门MO,韩^RKR^R	0 受惠国LD	0
8948	9706.9000	-其他 -Other	0	0	东盟AS,智CL,巴PK,新西兰NZ, 秘PE,哥CR,瑞CH,冰IS,韩KR, 澳AU,格GE,毛MU,东盟^RAS^R, 澳^RAU^R,日^RJP^R,新西兰^RNZ^R,柬 KH,港HK,澳门MO,韩^RKR^R	0 受惠国LD	0

中华人民共和国出口税则

Customs Tariff of Export
of the People's Republic of China

序号 No.	税则号列 Tariff Line	货品名称 Article Description in Chinese	出口税率(%) Export Tariff Rate	英文货品名称 Article Description
	03.01			
1	03019210	鳗鱼苗	20	Live eels fry
	05.06			
2	05061000	经酸处理的骨胶原及骨	40	Ossein and bones treated with acid
3	05069011	含牛羊成分的骨粉及骨废料	40	Power and waste bones, containing bovine composition or sheep and goat's thereof
4	05069019	其他骨粉及骨废料	40	Other powder and waste of bones
5	05069090	其他骨及角柱	40	Bones and horn-cores, unworked, defatted, simply prepared, not cut to shape, nes
	ex05069090	已脱胶骨、角柱	40△0	Degelantinized bones
	26.07			
6	26070000	铅矿砂及其精矿	30	Lead ores and concentrates
	26.08			
7	26080000	锌矿砂及其精矿	30	Zinc ores and concentrates
	ex26080000	灰色饲料氧化锌（氧化锌ZnO含量大于80%）	30△0	Gray feed grade zinc oxide (containing by weight more than 80% of ZnO)
	26.09			
8	26090000	锡矿砂及其精矿	50△20	Tin ores and concentrates
	26.11			
9	26110000	钨矿砂及其精矿	20	Tungsten ores and concentrates
	26.15			
10	26159010	水合钽铌原料（钽铌富集物）	30	Hydrated tantalum/niobium materials or enriched materials from tantalum/niobium ore
11	26159090	其他铌钽钒矿砂及其精矿	30	Niobium, tantalum and vanadium ores and concentrates ,others
	26.17			
12	26171010	生锑（锑精矿，选矿产品）	20	Crude antimony(antimony concentrates which are mineral products)
	28.04			
13	28047010	黄磷（白磷）	20	Yellow phosphorus (white phosphorus)
14	28047090	其他磷	20	Phosphorus, nes
	28.26			
15	ex28269090	氟钽酸钾	30	Potassium fluotantalate
	29.02			
16	29022000	苯	40△0	Benzene
	41.03			
17	41039011	经逆鞣处理的山羊板皮	20	Dried hides and skins of goats, have undergone a reversible tanning process
18	41039019	未经逆鞣处理的山羊板皮	20	Dried hides and skins of goats other than those have undergone a reversible tanning process

序号 No.	税则号列 Tariff Line	货品名称 Article Description in Chinese	出口税率(%) Export Tariff Rate	英文货品名称 Article Description
	72.01			
19	72011000	非合金生铁,按重量计含磷量在0.5%及以下	20	Non-alloy pig iron, by weight≤0.5% of phosphorus in primary forms
20	72012000	非合金生铁,按重量计含磷量在0.5%以上	20	Non-alloy pig iron, by weight＞0.5% of phosphorus in primary forms
21	72015000	合金生铁、镜铁	20	Alloy pig iron; spiegeleisen
	72.02			
22	72021100	锰铁,含碳量＞2%	20	Ferro-manganese, containing by weight more than 2% of carbon
23	72021900	锰铁,含碳量≤2%	20	Ferro-manganese, containing by weight 2% or less of carbon
24	72022100	硅铁,含硅量＞55%	25	Ferro-silicon, containing by weight more than 55% of silicon
25	72022900	硅铁,含硅量≤55%	25	Ferro-silicon, containing by weight no more than 55% of silicon
26	72023000	硅锰铁	20	Ferro-silico-manganese
27	72024100	铬铁,含碳量＞4%	40	Ferro-chromium containing by weight more than 4% of carbon
28	72024900	铬铁,含碳量≤4%	40	Ferro-chromium containing by weight no more than 4% of carbon
	72.04			
29	72041000	铸铁废碎料	40	Waste and scrap, cast iron
30	72042100	不锈钢废碎料	40	Waste and scrap, stainless steel
31	72042900	其他合金钢废碎料	40	Waste and scrap, of alloy steel, other than stainless
32	72043000	镀锡钢铁废碎料	40	Waste and scrap, of tinned iron or steel
33	72044100	机械加工中产生的废料	40	Ferrous waste and scrap, i/s, from the mechanical working of mtl,nes
34	72044900	其他钢铁废碎料	40	Ferrous waste and scrap, iron or steel, nes
35	72045000	供再熔的碎料钢铁锭	40	Remelting scrap ingots, of iron or steel
	74.02			
36	74020000	未精炼铜、电解精炼用铜阳极	30	Unrefined copper, copper anodes for electrolytic refining
	74.03			
37	74031111	按重量计铜含量超过99.9935%的阴极精炼铜	30	Refined copper cathodes containing by weight more than 99.9935% of copper
	ex74031111	高纯阴极铜(铜含量不低于99.9999%)	30Δ0	Copper cathodes containing by weight no less than 99.9999% of copper, unwrought
	ex74031111	高纯阴极铜(铜含量高于99.9935%,但低于99.9999%)	30Δ5	Copper cathodes containing by weight more than 99.9935% but less than 99.9999% of copper, unwrought
38	74031119	其他阴极精炼铜	30Δ10	Other refined copper cathodes
39	74031190	精炼铜阴极型材	30Δ10	Refined copper sections of cathodes

序号 No.	税则号列 Tariff Line	货品名称 Article Description in Chinese	出口税率(%) Export Tariff Rate	英文货品名称 Article Description
40	74031200	精炼铜的线锭	30△10	Refined copper wire-bars
41	74031300	精炼铜的坯段	30△10	Refined copper billets
42	74031900	其他未锻轧的精炼铜	30△10	Other refined copper, unwrought
43	74032100	未锻轧的铜锌合金（黄铜）	30△5	Copper-zinc base alloys, unwrought
44	74032200	未锻轧的铜锡合金（青铜）	30△5	Copper-tin base alloys, unwrought
45	74032900	其他未锻轧的铜合金（税目7405的铜母合金除外）	30△5	Copper alloys, unwrought (other than master alloys of heading7405)
	74.04			
46	74040000	铜废碎料	30△15	Copper waste and scrap
	74.07			
47	74071010	铬锆铜制条、杆及型材及异型材	30△0	Bars, rods and profiles of chromium and zirconium copper
48	74071090	其他精炼铜条、杆及型材及异型材	30△0	Other bars, rods and profiles of other refined copper
49	74072111	直线度不大于0.5毫米/米铜锌合金条、杆	30△0	Copper-zinc base alloys(brass) bars and rods, of a straightness not exceeding 0.5mm/m
50	74072119	其他铜锌合金条、杆	30△0	Other bars, rods of copper-zinc base alloys (brass)
51	74072190	其他黄铜条、杆及型材及异型材	30△0	Profiles of copper-zinc base alloys
52	74072900	其他铜合金条杆、型材及异型材	30△0	Bars, rods and profiles, of copper alloy, nes
	74.08			
53	74081100	最大截面尺寸＞6mm的精炼铜丝	30△0	Wire of refined copper of which the max cross-sectional dimension exceeds 6mm
54	74081900	截面尺寸≤6mm的精炼铜丝	30△0	Wire of refined copper of which the max cross-sectional dimension not exceeds 6mm
55	74082100	黄铜丝	30△0	Wire, of copper-zinc base alloy
56	74082210	铜镍锌铅合金（加铅德银）丝	30△0	Wire, of copper-nickel-zinc-lead base alloys (leaded nickel silver)
57	74082290	其他白铜丝或德银（铜镍锌合金）丝	30△0	Other wire, of copper-nickel base alloy or Copper-nickel-zinc base alloy
58	74082900	其他铜合金丝	30△0	Wire, of copper alloy, nes
	74.09			
59	74091110	含氧量不超过10ppm，厚度超过0.15mm的盘卷精炼铜板、片、带	30△0	Plate, sheet and strip of refined copper, in coil, of a thickness exceeding 0.15mm, containing oxygen no more than 10ppm
60	74091190	厚度超过0.15mm的其他盘卷精炼铜板、片、带	30△0	Plate, sheet and strip of refined copper, in coil, of a thickness exceeding 0.15mm, nes
61	74091900	其他精炼铜板、片、带	30△0	Plate, sheet and strip of refined copper, not in coil, of a thickness exceeding 0.15mm
62	74092100	成卷的黄铜板、片、带	30△0	Plate, sheet and strip of copper-zine base alloys, in coil, of a thickness exceeding 0.15mm
63	74092900	其他黄铜板、片、带	30△0	Plate, sheet and strip of copper-zine base alloys, not in coil, of a thickness exceeding 0.15mm

序号 No.	税则号列 Tariff Line	货品名称 Article Description in Chinese	出口税率(%) Export Tariff Rate	英文货品名称 Article Description
64	74093100	成卷的青铜板、片、带	30△0	Plate, sheet and strip of copper-tin base alloys, in coil, of a thickness exceeding 0.15mm
65	74093900	其他青铜板、片、带	30△0	Plate, sheet and strip of copper-tin base alloys, not in coil, of a thickness exceeding 0.15mm
66	74094000	白铜或德银制板、片、带	30△0	Plate, sheet and strip of copper-nickel or copper-nickel-zinc base alloy, of a thickness exceeding 0.15mm
67	74099000	其他铜合金板、片、带	30△0	Plate, sheet and strip of copper alloy, of a thickness exceeding 0.15mm, nes
	75.02			
68	75021010	按重量计镍、钴总量在99.99%及以上的, 但钴含量不超过0.005%的非合金镍	40△5	Nickel, contain more than 99.99% nickel and cobalt, and cobalt less than 0.005% by weight
69	75021090	其他非合金镍	40△15	Other nickel, not alloyed
70	75022000	未锻轧镍合金	40△15	Nickel unwrought, alloyed
	75.08			
71	75089010	电镀用镍阳极	40△15	Electroplating anodes of nickel
	76.01			
72	76011010	按重量计含铝量在99.95%及以上的未锻轧非合金铝	30	Containing by weight 99.95% or more of aluminium unwrought aluminium, not alloyed
73	76011090	其他未锻轧非合金铝	30	Aluminum unwrought, not alloyed, nes
74	76012000	未锻轧铝合金	30△15	Aluminum unwrought, alloyed
	76.02			
75	76020000	铝废碎料	30△15	Aluminum waste and scrap
	76.04			
76	76041010	非合金铝条、杆	20△0	Bars, rods, aluminum, not alloyed
77	76041090	非合金铝型材及异形材	20△0	Profiles, aluminum, not alloyed
78	76042100	铝合金制空心异型材	20△0	Profiles, hollow, aluminum alloyed
79	76042910	铝合金条、杆	20△0	Bars, rods, aluminum alloyed
80	76042990	铝合金型材及异形材	20△0	Other profiles, aluminum alloyed
	76.05			
81	76051100	纯铝制的粗丝	20△0	Wire, aluminum, not alloyed, with a max cross sectional dim＞7mm
82	76051900	纯铝制的细丝	20△0	Wire, aluminum, not alloyed, with a max cross sectional dim≤7mm
83	76052100	铝合金制的粗丝	20△0	Wire, aluminum alloy, with a maximum cross sectional dim＞7mm
84	76052900	铝合金制的细丝	20△0	Wire, aluminum alloy, with a maximum cross sectional dim≤7mm
	76.06			
85	76061121	0.3mm≤厚度＜0.36mm的铝塑复合的矩形板片带	20△0	Rectangular plates, sheets and strip, of not alloyed aluminium-plastic composite, 0.3mm≤thickness＜0.36mm

序号 No.	税则号列 Tariff Line	货品名称 Article Description in Chinese	出口税率(%) Export Tariff Rate	英文货品名称 Article Description
86	76061129	其他0.3mm≤厚度<0.36mm的非合金铝制矩形铝板片带	20Δ0	Other rectangular plates, sheets and strip, of not alloyed aluminium-plastic composite, 0.3mm≤thickness<0.36mm
87	76061191	0.2mm<厚度<0.3mm以及厚度>0.36mm的铝塑复合的矩形铝板片带	20Δ0	Rectangular plates, sheets and strip, of aluminium-plastic composite, 0.2mm<thickness<0.3mm and thickness>0.36mm
88	76061199	其他0.2mm<厚度<0.3mm以及厚度>0.36mm的非合金铝制矩形铝板片带	20Δ0	Other rectangular plates, sheets and strip, of unalloyed aluminium, 0.2mm<thickness<0.3mm and thickness>0.36mm
89	76061220	0.2mm<厚度<0.28mm的铝合金制矩形铝板片带	20Δ0	Rectangular plates, sheets and strip, of aluminium alloys, 0.2mm<thickness<0.28mm
90	76061230	0.28mm≤厚度≤0.35mm的铝合金制矩形铝板片带	20Δ0	Rectangular paltes, sheets and strip, of not alloyed aluminium-plastic composite, nes
91	76061251	0.35mm<厚度≤4mm的铝塑复合的矩形板片带	20Δ0	Rectangular plates, sheets and strip, of aluminium-plastic composite, 0.35mm<thickness≤4mm
92	76061259	其他0.35mm<厚度≤4mm的铝合金制矩形铝板片带	20Δ0	Other rectangular plates, sheets and strip of aluminium alloys, of a thickness of 0.35mm or more but not exceeding 4mm
93	76061290	厚度>4mm的铝合金制矩形铝板片带	20Δ0	Rectangular plates, sheets and strip of aluminium alloys, of a thickness exceeding 0.4mm
94	76069100	厚度>0.2mm的非合金铝制非矩形板片带	20Δ0	Nonrectangular plates, sheets and strip, of unalloyed aluminium, thickness>0.2mm
95	76069200	厚度>0.2mm的铝合金制非矩形板片带	20Δ0	Nonrectangular plates, sheets and strip, of aluminium alloys, thickness>0.2mm
	79.01			
96	79011110	按重量计含锌量在99.995%及以上的未锻轧锌	20Δ0	Unwrought zinc, not alloyed, containing by weight 99.995% or more of zinc
97	79011190	含锌量不小于99.99%，并小于99.995%的未锻轧锌	20Δ5	Unwrought zinc, not alloyed, containing by 99.99%≤weight<99.995% of zinc
98	79011200	含锌量<99.99%的未锻轧锌	20Δ15	Unwrought zinc, not alloyed, containing by weight <99.99% of zinc
99	79012000	未锻轧锌合金	20Δ0	Unwrought zinc alloys
	81.10			
100	81101010	未锻轧锑	20Δ5	Unwrought antimony
101	81101020	锑粉末	20	Antimony powders
102	81102000	锑废碎料	20	Antimony waste and scrap

部分本国子目注释[注]
Extracts of Domestic Subheading Notes

序号 No.	本国子目 Domestic Subheading	本国子目注释 Domestic Subheading Notes
1	子目0304.6211	斑点叉尾鮰鱼亦称沟鲶，属于鲇形目、鮰科、叉尾鮰属。体形较长，体前部宽于后部，头较小，吻稍尖，口亚端位，体表光滑无鳞，粘液丰富，侧线完全，皮肤上有明显的侧线孔。体两侧背部淡灰色，腹部乳白色。头部上下颌具有深灰色触须4对，其中鼻须1对，颌须1对，颐须2对，长短各异，以颌须为最长，末端超过胸鳍基部，鼻须最短。鳃孔较大，鳃膜不连于峡部，颐部有较明显而不规则的斑点，成年鱼斑点逐步消失。具有脂鳍一个，尾鳍分叉较深，各鳍均为深灰色。冻鱼片呈乳白色，色泽自然，肉质细嫩，冰衣均匀。
2	子目0603.1500	百合花是百合科百合属多年生草本球根植物，花着生于茎杆顶端，单生、簇生或呈总状花序，花色因品种不同而色彩多样，也有一朵花具多种色彩的。
3	子目0704.9010	本国子目0704.9010所称"卷心菜"，是指学名结球甘蓝，又名圆白菜、洋白菜，属十字花科芸苔属甘蓝变种。外观近圆形，结球紧实个头大，层层包裹成球状体，重量1~2千克，颜色绿，芯白或淡黄色。叶球可供食用。
4	子目0714.4000	芋头又称芋艿，为天南星科芋属植物。块茎粗大，常为卵形或长椭圆形，褐色，有纤毛。其地下肉质球茎（母芋）和侧生子芋可供食用。按其需水量的不同，分为旱芋和水芋两种。
5	子目1006.1021	长粒米：粒长大于6.0毫米，或者长宽比大于等于2.0（按照现行有效的粮食行业《大米粒型分类判定》（LS/T6116）标准判定）。
6	子目1006.1029	其他：即中短粒米，粒长小于等于6.0毫米，同时长宽比小于2.0（按照现行有效的粮食行业《大米粒型分类判定》（LS/T6116）标准判定）。
7	子目1517.9010	本子目所称"起酥油"，是指动、植物油脂的食用氢化油、高级精制油或上述油脂的混合物，经过速冷捏和制造的固状油脂，或不经速冷捏和制造的固状、半固体状或流动状的具有良好起酥性能的油脂制品。
8	子目1604.1931	斑点叉尾鮰鱼亦称沟鲶，属于鲇形目、鮰科、叉尾鮰属。体形较长，体前部宽于后部，头较小，吻稍尖，口亚端位，体表光滑无鳞，粘液丰富，侧线完全，皮肤上有明显的侧线孔。体两侧背部淡灰色，腹部乳白色。头部上下颌具有深灰色触须4对，其中鼻须1对，颌须1对，颐须2对，长短各异，以颌须为最长，末端超过胸鳍基部，鼻须最短。鳃孔较大，鳃膜不连于峡部，颐部有较明显而不规则的斑点，成年鱼斑点逐步消失。具有脂鳍一个，尾鳍分叉较深，各鳍均为深灰色。
9	子目2208.9020	白酒是指以高粱等谷物为主要原料，以大曲、小曲或麸曲及酒母等为糖化发酵剂，经蒸煮、糖化、发酵、蒸馏、陈酿、勾兑而制成的蒸馏酒。
10	子目2504.1091	球化石墨是天然石墨经过球化加工，将微观结构从原来的鳞片状变为球形或半球形后，分级得到的产品，直径在120微米以下。
11	子目2809.2011	本国子目2809.2011所称"食品级磷酸"的具体技术指标参考GB1886.15-2015。
12	子目2826.1210	本国子目2826.1210所称"无水氟化铝"，是指无水氟化氢气体与氢氧化铝经气固反应生产的氟化铝产品，其主要技术指标为：氟质量分数≥61%，铝质量分数≥31.5%，二氧化硅质量分数≤0.05%，五氧化二磷质量分数≤0.01%，烧减量≤0.5%，松装密度≥1.5克/立方厘米。
13	子目2917.3611	白色针状结晶或粉末，密度1.510，约在300摄氏度升华。能溶于碱溶液，稍溶于热乙醇，不溶于乙醚、冰醋酸和氯仿。用于制造合成树脂、合成纤维和增塑剂等。主要技术指标为4-羧基苯甲醛（4-CBA）≤25ppm。
14	子目3104.2020	本子目所指"纯氯化钾"，按重量计氯化钾含量不小于99.5%。

序号 No.	本国子目 Domestic Subheading	本国子目注释 Domestic Subheading Notes
15	子目3105.9010	按《有机—无机复混肥料》(GB18877-2009)标准执行, 如有更新、替换, 统一按最新的国家标准执行。
16	子目3802.1010	木质活性炭以锯末、树皮、木屑、竹子等为原料生产, 广泛用于医药、果汁、饮料等领域, 其干品填充密度小于0.5克/立方厘米(粉状, 200目筛余物20%以内)。
17	子目3808.9112	生物杀虫剂是指以多杀霉素、除虫菊素、苦参碱、鱼藤酮、乙蒜素、诱虫烯中的一种或多种为有效成分的杀虫剂。
18	子目3824.9993	该产品主要用于电池正极, 通常由镍盐与碱反应制备, 并按需要掺杂一定比例的碳, 以及进行表面覆钴加工。
19	子目4802.1010	宣纸是采用产自安徽省泾县境内及周边地区的青檀皮和沙田稻草, 不掺杂其他原材料, 并利用泾县独有的山泉水, 按照传统工艺经过特殊的传统工艺配方, 在严密的技术监控下, 在安徽省泾县内以传统工艺生产的, 具有润墨和耐久等独特性能, 供书画、裱拓、水印等用途的高级艺术用纸。
20	子目4811.5191	纸塑铝复合材料是以原纸、聚乙烯及铝箔经专用设备一次性复合生产而成。主要生产环节包括印刷、复合等工艺, 可在食品罐装机上成型—罐装—封合, 无须再经其他复杂加工。主要用于牛奶、饮料等液体食品包装, 实现在常温状态下长距离运输及保存。
21	子目5003.0011	本国子目5003.0011所称 "下茧、茧衣、长吐、滞头", 是指不适合缫丝的下茧、茧衣、长吐、滞头等缫丝副产品按一定的比例混合后的产品, 该产品是重要的绢纺原料。该产品需符合《中华人民共和国纺织行业标准——桑蚕绢纺原料》(FZ/T41001-2014)。
22	子目5003.0012	回收纤维是指将碎绸布或其他丝绸织物及制品的废碎料拉松成纤维状的废丝。
23	子目5003.0091	绵球是指不能缫丝的下茧、茧衣、长吐、滞头等缫丝副产品经精练、脱胶、干燥处理后即成为白色的精干绵, 再经梳理后制成无杂质的绵球(包括绵条、绵片)等。
24	子目5402.1110、 5503.1110、5506.1011	本国子目5402.1110、5503.1110、5506.1011所称 "聚间苯二甲酰间苯二胺纤维", 又名芳纶1313, 或间位芳纶, 属芳香族聚酰胺纤维。
25	子目5402.1120、 5503.1120、5506.1012	本国子目5402.1120、5503.1120、5506.1012所称 "聚对苯二甲酰对苯二胺纤维", 又名芳纶1414, 或对位芳纶, 属芳香族聚酰胺纤维。
26	子目5402.4910、 5402.5920	本国子目5402.4910、5402.5920所称的纱线, 是由分子量在100万及以上的线形聚乙烯制得的长丝纱线, 断裂强度大于等于22cN/dtex, 且初始模量大于等于750cN/dtex。
27	子目5504.1021	本国子目5504.1021所称 "阻燃粘胶纤维", 是通过添加无机或有机阻燃剂制成的, 氧指数应在28%以上, 回潮率应在13%及以下。
28	子目6404.1910	拖鞋, 指没有后帮(带), 露趾或不露趾的、日常穿用的鞋。
29	子目6404.2010	拖鞋, 指没有后帮(带), 露趾或不露趾的、日常穿用的鞋。
30	子目7020.0013	该产品是以天然水晶、优质硅石或四氯化硅为主要原料, 经过电熔、气熔等不同工艺生产的由二氧化硅单一组分构成的特种工业玻璃。
31	子目7103.9920	根据中华人民共和国国家标准GB/T 16552-2010《珠宝玉石—名称》, 水晶的矿物名称为石英, 品种包括紫晶、黄晶、烟晶、绿水晶、芙蓉石、发晶。
32	子目7103.9930	根据中华人民共和国国家标准GB/T 16552-2010《珠宝玉石—名称》, 碧玺的矿物名称为电气石。
33	子目7103.9940	根据中华人民共和国国家标准GB/T 16552-2010《珠宝玉石—名称》, 软玉的主要组成矿物为透闪石、阳起石, 品种包括和田玉、白玉、青白玉、青玉、碧玉、墨玉、糖玉。

序号 No.	本国子目 Domestic Subheading	本国子目注释 Domestic Subheading Notes
34	子目7202.9911	以稀土金属（主要为钕）、纯铁、硼铁等初级产品为原料，经真空高温熔融、速凝成晶、破碎、热处理制成的薄片状合金。其组成成分为稀土（钕、镨、镝、铽）25%～39%，硼0.8%～1.3%，其他为铁与少量铜、钴、铝、锆、镓等添加元素。形状为不规则薄片，厚度0.1毫米～0.8毫米。经加工后，充磁制成永磁体，应用于计算机、通讯产品、电子设备等高科技领域。
35	子目7202.9912	钕铁硼磁粉是以铁合金、钕和其他金属等初级产品为原料，经高温二次重熔、快淬、破碎、退火制成的粉末，其组成成分为钕20%～32%，钴0%～16%，硼0.8%～1.3%，铌0%～2.5%，其他为铁。钕铁硼磁粉主要应用于计算机、通讯产品电子设备等高科技领域。
36	子目7326.9011	本子目所指的钢铁纤维，是单根直径为40纳米至40微米的多功能合金纤维，主要材质为不锈钢、铁铬铝合金等。钢铁纤维主要通过表面处理（在原料不锈钢或铁铬铝合金表面电化学涂覆金属或物理涂覆非金属隔离层，制得复合丝）、封装集束复合材料（采用封装材料封装被嵌入基体的不锈钢或铁铬铝合金复合丝，形成一种复合材料）、细晶强化（压实封装之后的复合材料，然后经过多次减径拉拔和退火成为成品复合线）、选择性分离（将成品复合线采用电化学分离的方式，除去封装及基体材料，最终获得钢铁纤维）等工艺流程制备。钢铁纤维及其制品的主要用途包括汽车尾气颗粒捕集，高温气体、熔体过滤，化纤行业过滤，汽车玻璃膜布，电磁屏蔽材料、防静电导电材料等。
37	子目7407.1010	铬锆铜的主要成分为铜、铬、锆，按重量计铬含量0.6%～1.4%，锆含量0.05%～0.3%。
38	子目7408.2210	铜、镍、锌、铅的合金，是在锌白铜的基础上添加微量的易切削元素铅形成的易切削的白铜。按重量计含铜量40%～65%，含镍量9%～16%，含铅量1.0%～2.5%，含锰量0.05%～6.5%。锌为余量，且铁、磷、硫、锡等杂质元素总和不大于0.9%。
39	子目7411.1011	一般用作空调、冰箱及其他系统的热交换管材，整根管的内或外表面具有一定数量、一定规则螺纹或翅片。
40	子目8103.2011	主要用于电容器生产，松装密度可用"振动漏斗法"（GB/T5061–1998）测定。
41	子目8202.2010	双金属带锯条主要用于金属切割，其齿部材料为高速钢或高性能高速钢或硬质合金，锯条体的材料是低合金弹簧钢。齿部硬度不低于62HRC（766HV），锯条体经过热处理后硬度不低于436HV（45HRC）。
42	子目8413.5031	柱塞泵的工作原理与活塞泵相同，由泵缸、柱塞、吸入阀、排出阀和驱动机构，区别在于柱塞是穿过装在泵缸上的固定填料密封件在缸体内运动，其密封性较活塞的好。
43	子目8413.6040	螺杆泵由相互啮合的螺杆和泵体内包括螺杆的泵套组成。螺杆泵按螺杆根数分为单螺杆泵、双螺杆泵、三螺杆泵和五螺杆泵。
44	子目8413.6050	径向柱塞泵由壳体、油缸主体、配液轴、若干个柱塞和弹簧等组成。配液轴偏心固定在壳体上，当它转动时，柱塞在缸筒内做径向往返运动，进行吸液和注液。
45	子目8413.6060	轴向柱塞泵按其结构特征可分为直轴式（斜盘式）和斜轴式（摆缸式）两大类。斜盘式柱塞泵由壳体、转子（驱动轴、缸筒、柱塞）和斜盘组成。壳体端面配有配液盘；缸筒体内安装着若干个柱塞，沿圆周方向均布在缸筒体内，并能在其中滑动。斜盘固定在壳体上，并与转动轴线的垂线成一定的夹角，斜盘不随转子转动。但转子转动时，驱动轴带动缸筒体转动，柱塞也随之转动，同时柱塞在缸筒内作轴向的往返运动，进行吸液和注液，柱塞端部始终紧靠在斜盘上。摆缸式轴向柱塞泵的特点是：转子轴线与传动轴轴线之间成一个角度；转子及其各钢筒体内的柱塞分别用带万向接头的连杆与传动轴相连。转子转动时，传动轴带动缸筒体和柱塞一起旋转，同时柱塞在缸筒内作轴向的往返运动，进行吸液和注液。
46	子目8417.8050	垃圾焚烧炉由垃圾前处理系统、焚烧系统、烟气净化系统及煤气发生炉等组成，具有自动送料、分筛、烘干、焚烧、除尘、控制等功能。可用于处理城市生活垃圾、危险废弃物（含医用垃圾）、一般工业垃圾，分为机械炉排焚烧炉、流化床焚烧炉、回转式焚烧炉、CAO焚烧炉等类型。

序号 No.	本国子目 Domestic Subheading	本国子目注释 Domestic Subheading Notes
47	子目8421.2191	船舶压载水处理设备主要是为了有效控制和防止船舶压载水传播有害水生物和病原体。该设备通常采用电解海水制氯技术对压载水进行杀菌，并采用中和技术除去压载水中的余氯，从而达到压载水排放标准。
48	子目8421.3924	电袋复合除尘器由前级电场除尘、后级布袋除尘、检测系统、保护系统、电气控制系统等组成。烟气从进口喇叭进入前级电除尘区，烟尘在电场电晕电流作用下荷电，大部分被电场收集下来，少量未被捕集粉尘随烟气进入后级布袋除尘区，经滤袋过滤后达到烟气净化目的。
49	子目8421.3940	烟气脱硫设备主要用于火电厂烟气脱硫和重要工业领域（如烧结机脱硫），主导的烟气脱硫工艺为石灰石/石灰—石膏脱硫（设备）与烟气循环硫化床法脱硫（设备）。脱硫设备一般包括烟气脱硫反应器、循环浆液泵、水力旋流分离器、脱硫增压风机、除雾器、烟气挡板门、搅拌器等部分。
50	子目8421.3950	烟气脱硝装置主要用于火电站、有色金属冶炼等工业领域，主要利用还原剂与氮氧化物（NOX）发生化学反应生成氮气和气态水，降低烟气中氮氧化物排放量。主流装置为选择催化还原法（SCR）脱硝技术，该装置主要由SCR反应器、氨存储与供应系统、测试与控制系统等组成。
51	子目8424.8920	本子目所指喷涂机器人是指专用于自动喷漆或喷涂其他涂料的工业机器人，由机器人本体、减速器、控制系统、伺服系统、喷具和涂料输供系统等部分组成。主要应用于汽车、船舶、仪表、电器、搪瓷等工艺生产部门。
52	子目8428.9031	堆取料机械是大型料场专用设备，一般分为臂式斗轮堆取料机、桥门式斗轮堆取料机和刮板式取料机三类。臂式一般由取料机构（堆料机无取料机构）、输送机构、回转、俯仰、行走机构、金属结构、电气控制设备等组成。桥门式和刮板式结构形式不同，但工作原理基本类似。
53	子目8430.3110	本国子目8430.3110所称"采煤机（含截煤机、割煤机）"，由工作装置、机体和行走装置组成。装有截齿的滚筒或螺旋圆盘组成旋转工作装置，通过摇臂安装在机体上，机体安装在齿轮、齿条啮合的行走装置或履带式行走底盘上。工作时，机体在行走装置的推动下延煤体移动，同时工作装置旋转，截齿击碎煤层，切割下的煤落入工作装置下的输送机上送出。
54	子目8430.3120	凿岩机是用来直接开采石料的工具，由一环形切割链环绕一金属臂运作，切割平面和角度均可调节，一般与工程车、液压挖掘机等配套使用。
55	子目8430.3130	隧道掘进机是用机械破碎岩石、出碴和支护实行连续作业的一种综合设备，利用回转刀具开挖，破碎洞内围岩及掘进，形成整个隧道断面。一般由刀盘、主驱动、盾体、推进系统、输送机、注浆系统、液压系统、控制系统、导向测量系统、管片拼装系统、润滑系统等组成。
56	子目8431.2010	税目84.27所列机械用驱动桥是传动系统组成部分，由主减速器、差速器、半轴、轮边减速器、桥壳等构成，主要功能是增大由传动轴或变速器产生的转矩，并将动力合理分配给左右驱动轮。
57	子目8431.4920	税目84.26、84.29或84.30所列机械用驱动桥是传动系统组成部分，由主减速器、差速器、半轴、轮边减速器、桥壳等构成，主要功能是增大由传动轴或变速器产生的转矩，并将动力合理分配给左右驱动轮。
58	子目8432.3111	本国子目8432.3111所称"免耕谷物播种机"，是指在未经耕整有作物残茬覆盖的土地上，不实行任何土壤耕作或进行少量旋耕作业（动土率不大于40%）的条件下，能直接完成播种作业的播种机。主要完成开沟、排种、覆土和镇压等作业，按排种方式的不同，排种器分为槽轮式、磨盘式、气力式等。
59	子目8432.3121	本国子目8432.3121所称"马铃薯种植机"，是指按一定行距、种薯间距和栽种深度种植马铃薯的机具。能一次完成开沟（或起垄）、施肥、栽种薯块和覆土等作业。
60	子目8432.3131	本国子目8432.3131所称"水稻插秧机"，是指按一定的行距、株距、秧苗数和栽植深度将水稻秧苗栽植于水田的机具。通常由发动机、秧箱、送秧机构、分插机构、动力驱动、行走装置等部件组成。

序号 No.	本国子目 Domestic Subheading	本国子目注释 Domestic Subheading Notes
61	子目8433.5920	棉花采摘机的基本机构: 除驾驶室、发动机、行走机构外, 主要工作部件还有采棉滚筒、气流输送装置、集棉箱等。在棉花采摘机前进时, 扶导器压缩棉株, 并把棉株引入由采棉滚筒及固定护板组成的工作室(采棉区), 棉株宽度被积压成8~9厘米, 旋转着的采棉滚筒有规律地把摘锭送入采棉区, 旋转的摘锭伸出栅板, 插入被挤压的棉株, 同开裂棉铃相遇, 其钩齿抓住籽棉, 把棉絮从开裂的棉铃中拉出, 缠绕在摘锭上。然后摘锭进入脱棉区, 高速旋转的橡胶圆盘式脱棉器将摘锭上的籽棉脱下, 落入集棉室, 有气流管道送入集棉箱。摘锭从湿润器下边通过时, 表面涂上一层水, 清除掉绿色汁液和泥土垢(以利于采棉和脱棉)重新进入采棉区。
62	子目 8433.6010	蛋类清洁、分选、分级机器包括蛋类清洁机、蛋类分选分级机。蛋类清洁机是将蛋类通过专用输送带送入水槽中, 分别经过侵润、软刷、漂淋等连续的工艺, 将附着于蛋类表面的污物去除的机器。蛋类分选分级机是根据蛋类重量、蛋壳颜色进行分类, 或根据设定对蛋类表面是否干净、有无裂纹等情况进行判断和剔除, 并根据这些信息将不同类别的蛋送往不同包装通道(进行包装)的设备。
63	子目8437.1010	光学色差颗粒选别机(色选机)是运用特定的光学方法, 凸显被选物料与正常物料的颜色或形状差异, 这些差异被电子视觉系统检测, 经控制系统处理产生输出信号, 控制执行机构剔除被选物料, 得到品质一致的物料。该设备广泛应用于粮食及食品的精深加工领域, 同时还适用于工业领域(塑料、矿石等)的分选。
64	子目8443.3214	热敏打印机采用加热显色技术实现打印输出。该产品的结构相对比较简单, 仅包括热敏打印头、进纸胶辊及进纸电机等, 不需要各种复杂的辅助机构。热敏打印机可作为模块嵌入到各种终端设备中使用。热敏打印机广泛应用于条码、标签、收据、日志等专业打印领域。
65	子目8443.9111	本国子目8443.9111所称 "卷筒料给料机" 是指为卷筒料印刷机连续供料的辅机。卷筒料自动给料机按更换料卷的方式分为高速接料机和零速接料机两类。高速接料机是指刷机在全速或略微降速的运行过程中, 两料卷(更换料卷与被更换料卷)在同速运行状态下完成粘结、更换料卷的自动接料装置; 零速接料机是指两料卷(更换料卷与被更换料卷)在静止状态下完成粘接, 而印刷机仍在正常高速运行, 在此期间是由给料机的料卷储存装置——储料器向印刷机供给输送料带的自动接料装置。
66	子目8443.9921	本国子目8443.9921所称 "热敏头组件", 是指热敏打印机的部件。热敏头组件由小型电加热器和逻辑电路组成, 小型加热器排成矩阵, 由逻辑电路控制加热器工作。同时也控制进纸, 当加热器被驱动时在介质上就会产生一个与加热元素相对应的图形, 从而完成输出图像的任务。热敏打印的介质是热敏纸, 热敏纸上覆有一层透明膜, 将膜加热一段时间以后纸会变成深色(蓝或黑), 热敏打印就是利用热敏纸的这种特性, 通过热敏打印头将打印介质上的热敏材料加热、熔化、变色, 生成所需要的文字和图形。
67	子目8447.2011	特里科经编机织物相对于织针平面近似成直角状牵拉, 织物张力由织针承担。在成圈配置以及编织方面的特点如下:(1)沉降片上纱线接触点为2个。(2)经轴一般放在机器后面或者放在机器的上面。(3)织针可以从机前更换。(4)老式特里科经编机导纱梳栉编号从机后到机前(从2001年1月开始, 编号从机前到机后)。(5)目前最多使用5把梳栉。(6)使用复合针。(7)没有牵拉就可以起头编织。(8)光编链组织不能编织(编链衬纬可以编织)。(9)纱线与坯布牵拉成90°, 织针受力较大。
68	子目8447.2012	拉舍尔经编机织物相对于织针平面近似成平行状牵拉, 织物张力对织针不大起作用。在成圈配置以及编织方面的特点如下:(1)沉降片纱线接触点为3个。(2)经轴一般放在机器的顶部。(3)织针必须从机后更换。(4)导纱梳栉的编号从机前到机后。(5)最多使用78把梳栉。(6)使用复合针和舌针。(7)没有牵拉不能起头编织。(8)光编链线圈也能编织。(9)纱线与坯布牵拉成170°, 织针受力较小。
69	子目8448.3940	紧密纺装置是在环锭细纱机设备的基础上, 突破传统纺纱工艺, 在牵引部分增加集聚、吸风和气流导向装置, 通过对加捻点的纺纱三角区中纤维的控制, 纺出了高质量的紧密纱线。该纱具有纺纱强力高、毛羽少、条干好等特点, 可适应纺多种纤维。

序号 No.	本国子目 Domestic Subheading	本国子目注释 Domestic Subheading Notes
70	子目8449.0010	针刺法是一种机械加固方法,其基本原理是用截面为三角形(或其他形状)且棱边带有钩刺的针,对蓬松的纤网进行反复针刺,将纤网加工成具有一定厚度和强度的针刺法非织造布。针刺机按加工纤网的状态可分为预针刺机和主针刺机;按结构可分为单针梁式和双针梁式;按传动形式可分为上传动式和下传动式。针刺机的机构由以下几部分组成:送网机构、针刺机构、牵拉机构、花纹机构(仅花纹针刺机由此机构)、传动机构、附属机构、机架等。
71	子目8449.0020	水刺法又称射流喷射网法、力缠结法、喷水成布法,采用高速高压的水流促使纤维相互缠结抱合,达到加固纤网,制成水刺非织造布。水刺设备主要由水刺装置(水刺头)、输送网帘和水循环装置组成。水刺装置是由内部带有通水孔的集流腔体与水针板组成,采用耐腐蚀和耐高压材料制成。水针板是一个长条薄型不锈钢板,根据工艺要求,在针板上开有单排孔、双排孔或三排孔。一般水刺装置的配置为四上四下,可以水平排列,也可以圆周排列。水刺设备一般是将两组或多组水刺装置串联使用。
72	子目8450.2011	波轮式全自动洗衣机主要结构由箱体、洗涤桶、外桶(盛水桶)、电机、传动部件以及全自动程序控制器、传感器等电控系统组成,电机等洗涤系统轴向垂直设置。其工作原理为:通过各种器件组成的控制电路来控制电机、进水阀、排水阀,使洗衣机实现程序运转;依靠装在洗衣桶底部的波轮正、反旋转形成水流,带动衣物上、下、左、右翻转,使衣物在洗涤液中进行柔和地摩擦,在洗涤剂的作用下实现去污清洗,洗涤过程全自动控制。
73	子目8450.2012	滚筒式全自动洗衣机主要结构由箱体、洗涤桶、外桶(盛水桶)、电机、传动部件、平衡块以及全自动程序控制器、传感器等电控系统组成,电机等洗涤系统轴向水平设置。其工作原理为:通过各种器件组成的控制电路来控制电机、进水阀、排水阀,使洗衣机实现程序运转;模仿棒锤击打衣物原理设计,利用电动机的机械做功使滚筒旋转,带动衣物在滚筒中不断地被提升摔下,再提升再摔下,做重复运动,加上洗涤剂与水的共同作用使衣物洗涤干净,洗涤过程全自动控制。
74	子目8452.1091	手动式小缝纫机又称为缝纫器,产品体积通常小于15厘米×10厘米×15厘米,重量轻于2千克,可随身携带,手握按压式动力,作单线链式线迹缝纫,能够轻松自如地缝纫悬挂着的窗帘、壁挂、手帕、围裙、枕套等,也可缝制小衣物等。
75	子目8452.2120	包缝机是由针线和弯针线,通过机器的运动循环穿套在缝料边缘形成包缝链式线迹(500类包缝链式线迹),将缝料包边并缝合的工业缝纫机。自动包缝机采用微型计算机控制,具有自动剪线、定针位、抬压脚等自动功能。机器由机壳、传动机构、针杆机构、勾线机构、送料机构、压脚机构、切刀机构以及机架、台板、控制系统、驱动电机等机构与部件组成,产品主要用于服装的包边、包缝、镶边等,能有效防止缝料边缘脱散,广泛应用于印染、服装、地毯等行业。
76	子目8452.2130	绷缝机是利用针、梭两种缝线自连、互连、交织,在缝料底面形成单面覆盖链式线迹,或在缝料正面再增加覆盖线形成双面覆盖链式线迹(400类多线链式线迹),将两层或多层缝料缝合的工业用缝纫机。自动绷缝机采用微型计算机控制,具有自动剪线、拔线、倒缝、定针位及抬压脚等自动功能,产品主要由机壳、刺料机构、主轴传动机构、上轴传动及挑线机构、勾线机构、绷针机构、送料机构、输回油机构以及机架、台板、控制系统、驱动电机等组成,主要应用于针织服装厂缝制棉毛衫、汗衫及类似的化纤织物的搭缝连接、针织服装的滚领、滚边、折边、拼接缝等作业。
77	子目8457.1091	数控铣车复合加工中心是在车床基础上复合了铣车功能,利用刀具移动或旋转和工件旋转的合成运动实现对工件表面的切削加工的设备。工件主轴为水平或垂直状态,并配有自动换刀装置(刀库机械手),主要用于工序多、形状复杂的回转体零件的加工。与车削中心相比,增加了一个旋转轴和自动换刀装置(刀库机械手)。
78	子目8458.9110	数控立式车床主要由床身、立柱、刀架、卡盘(或工作盘)、X/Z轴进给等组成,其主轴处于垂直位置,主要有两种结构形式:(1)主轴和工作台位于下方的床身上,刀架在立柱上,适于加工大型和重型零件,通常称为数控立式(正置)车床。(2)主轴和卡盘位于立柱上,刀架则位于下方床身上,适于加工中小型盘、盖类零件,自动化程度高,通常称为数控立式倒置车床。

序号 No.	本国子目 Domestic Subheading	本国子目注释 Domestic Subheading Notes
79	子目8460.2311	数控曲轴磨床是曲轴精加工设备,一般由基础部分(床身、工作台)、支承部分(头架、尾架、卡盘、中心架等)、砂轮架、进给机构、数控系统、液压系统、对刀测量装置等组成。主要用于磨削汽车、拖拉机、机车内燃机、柴油机及船用发动机用曲轴。
80	子目8461.4011	数控齿轮磨床是利用磨具对齿轮表面进行磨削加工的精加工设备,一般由主轴部件、床具、进给单元、辅助单元等组成。按齿轮型式分为渐开线圆柱齿轮磨床和锥齿轮磨床。
81	子目8466.9310	刀库是存放待换工具的装置,自动换刀装置则是能自动更换加工中所用工具的装置。刀库系统是提供自动化加工过程中所需储刀及换刀需求的一种装置,由自动换刀机构及可以储放多把刀具的刀库构成。该装置由电脑程序控制,可完成各种不同的加工需求,如铣削、钻孔、镗孔、攻牙等,大幅缩短加工时程,降低生产成本。刀库可分为斗笠式、圆盘式、链条式,自动换刀装置则可分为油压机构、气压机构、电气凸轮机构三类。目前电气凸轮机构因设计简单使用操作可靠被广泛采用。
82	子目8471.3010	平板电脑是指输入输出部件集成在一起、以触摸屏为基本输入设备的便携式电脑(通常屏幕大于等于7英寸)。
83	子目8477.3010	本国子目8477.3010所称"挤出吹塑机",是指挤出机和吹塑装置的组合体,由挤出机及型坯模具、吹塑模具、吹胀装置、合模机构、型坯厚度控制系统、传动机构等组成。
84	子目8477.3020	本国子目8477.3020所称"注射吹塑机",是指注塑机与吹塑装置的组合体,由塑化机构、液压系统、合模结构、型坯模具、吹塑模具、吹胀装置、控制电器等组成。
85	子目8477.3090	本国子目8477.3090所称"其他吹塑机",包括特殊结构的吹塑机,这些吹塑机是用片材、型材等熔融型坯或冷型坯,吹塑成型具有特殊形状和用途的中空制件的吹塑机。
86	子目8479.8992	自动化立体仓储设备主要用于单元货物的立体存放、自动存放信息管理,由电气控制元件、计算机软硬件等部分组成,按存储单元大小和存储规模设计、制作存储货架和自动存放设备,并编制设备控制和货位管理软件进行操作,属于机电信息管理一体化应用技术。
87	子目8480.4110	压铸模一般是由两个互补冷硬铸模组成,其型腔与所需铸件两面的形状形同,合模后将融熔状态的金属液体注入模腔,经加压、保压、冷却、开模,生产出各种压铸件。
88	子目8480.4120	粉末冶金用压模用于压制各种粉末冶金件。将模具组装到压力机上,调试,在开模状态下装入金属粉末(钢粉、铜粉、不锈钢及各种合金粉等)压力机动作,加压、模具压紧,经过烧结的金属粉末在高压下成型为零件。
89	子目8480.7110	硫化轮胎用囊式型模由两个可调节的金属冷硬铸模组成,用蒸汽或电加热,内有环状的充气袋或热水袋,以将胎坯牢牢地压向型模的内壁。
90	子目8481.8021	电磁换向阀是利用电磁铁的推力来驱动阀芯运动以变换流体流动方向的控制阀,简称电磁阀。电磁换向阀有滑阀和球阀两种结构。通常所说的电磁换向阀为滑阀结构,球状或锥状阀芯的电磁换向阀被称为电磁换向座阀,也称电磁球阀。电磁换向阀的品种繁多,按其工作位置数和通路数可分为二位二通、二位三通、二位四通、三位四通等;按其复位和定位形式可分为弹簧复位式、钢球定位式、无复位弹簧式;按其阀体与电磁铁的连接形式可分为法兰连接和螺纹连接;按其配电磁铁的结构形式可分为干式和湿式。
91	子目8481.8031	电子膨胀阀主要用于变频制冷系统中,实现对系统制冷流量的自动调节,使系统始终保持在最佳的工况下运行。电子膨胀阀由阀体和线圈两部分组成,阀体由阀座部件、转子部件和止动器三个部件组成,线圈由缠绕在骨架上的上下绕组、导磁体和引出电缆等组成。线圈与阀体内永磁转子组成永磁步进电机,通过控制线圈的脉冲输入信号可以实现阀体内转子部件的正反向旋转。转子的转动通过丝杆和螺母的螺纹传动,将转子部件的旋转运动转化为阀针轴向移动,从而调节阀口通流面积的大小,实现系统制冷流量大小的自动调节。电子膨胀阀是采用步进电机驱动的电力驱动阀门。

序号 No.	本国子目 Domestic Subheading	本国子目注释 Domestic Subheading Notes
92	子目8482.1010	本国子目8482.1010所称"调心轴承",是指滚道是球面形,能够调整沟道轴线间的角偏差及角运动的轴承。
93	子目8482.1020	本国子目8482.1020所称"深沟球轴承",是指每个套圈均具有横截面弧长约为球周长三分之一的连续沟道的向心球轴承。
94	子目8482.1030	本国子目8482.1030所称"角接触轴承",是指公称接触角大于0°、小于等于45°的向心球轴承(包括三点接触和四点接触球轴承),不包括推力角接触球轴承。
95	子目8482.1040	推力球轴承是指主要用于承受轴向载荷的球轴承,45°<其公称接触角≤90°。按公称接触角的不同,又分为:轴向接触轴承——公称接触角为90°的推力球轴承;角接触推力轴承——公称接触角为45°但小于90°的推力球轴承。
96	子目8486.9091	溅射靶材组件由裸靶和支撑背板两部分组成,背板与裸靶通过焊接连接为一体。裸靶原材料通常为高纯金属或金属合金,通过特殊的热机械处理和精密机械加工制造而成,背板通常带有与溅射机配合的连接孔、定位突起或卡环、卡口等结构。单金属裸靶无背板结构按原材料归类。
97	子目8504.4030	逆变器是一种将直流电变成交流电的装置,它由逆变桥、控制逻辑和滤波电路组成。逆变器根据发电源的不同,分为煤电逆变器、太阳能发电逆变器、风能发电逆变器、水能发电逆变器以及柴油机发电逆变器等;根据用途不同,分为独立控制逆变器和并网逆变器;按照输出波形,分为正弦波逆变器和方波逆变器。
98	子目8507.8030	全钒液流电池是一种高效电化学储能设备。由电堆单元、能量存储部分及控制部分组成。钒电解质溶液在循环泵的推动下流经电堆,实现电能的存储与释放。全钒液流电池系统因其突出的寿命长、可深度充放电、安全环保等优势,是解决太阳能、风能等可再生能源发电并网瓶颈,构建智能电网的首选储能技术之一。
99	子目8512.3012	该子目包括所有机动车辆用防盗报警器,无论其是否带有视觉信号报警装置。
100	子目8515.2120	本子目所指机器人是指利用电阻热进行自动焊接的工业机器人,由机器人本体、控制系统、传感器、焊钳、电阻焊机及控制器等部分组成。主要应用于汽车制造、电工电子等领域。
101	子目8515.3120	本子目所指机器人是指专门用于电弧(包括等离子弧)焊接的工业机器人,由机器人本体、控制系统、传感器、焊枪、焊机、自动送丝装置等部分组成。主要应用于汽车、工程机械、摩托车、船舶、运动器材、航空、航天、锅炉等领域。
102	子目8515.8010	本子目所指激光焊接机器人是指以激光器为焊接源的焊接机器人,由机器人本体、控制系统、传感器、激光头、激光系统等部分组成。主要应用于汽车、电子、冶金等行业。
103	子目8516.1010	储存式电热水器是将水加热的固定式容器,它可以长期临时储存非饮用热水,并装有控制或限制水温的装置。这种热水器为配有浸入式加热元件的保温水箱,水可在其中逐渐得到加热。
104	子目8516.1020	即热式电热水器又称快速热水器,指没有储存容器,可用电即时加热非饮用水的固定式容器。水流过此类热水器时即可加热。
105	子目8516.2920	产品结构以发热管、辐射板、控制部分等构成。其中辐射板通常是抛物柱面的反射镜。发热管通常是卤素管或石英管等。
106	子目8516.2931	风扇式加热器又称强制对流式加热器,利用风扇鼓动空气流经电热元件,再将暖风送出。通常分为离心式、轴流式、贯流式、涡轮式等型式,基本结构包括电热元件、风扇、温度控制器和外壳构成。
107	子目8516.2932	充液式加热器又称充液式散热器、电热油汀,封闭的装置中充有导热油或导热液作为传热媒介,电气元件将传热媒介加热,然后把热量散发到周围的空气中。根据不同的功率大小,充液式加热器分为板式和多片式等结构。

序号 No.	本国子目 Domestic Subheading	本国子目注释 Domestic Subheading Notes
108	子目8516.6050	电烤箱是用于烘烤鸡、肉、汉堡包等食物的厨房炊事器具（家用烤面包机除外），其结构由箱体、门、发热器（单个或上下双势）、烤盘、控制系统等组成，靠热风加热或靠电热管加热事物，根据不同容积分别设有一层或两层烤盘，按容积分为9升、12升、16升、22升不等，功率为600瓦~1200瓦。电烤箱与多士炉、三明治炉最大的不同是，前者是将生鲜食材经加热制成熟食，内部结构更为复杂。
109	子目8516.7110	滴液式咖啡机占据了咖啡机市场的主要销售份额，主要结构由水箱、加热器、过滤器、保温盘、咖啡壶、微电脑控制部件和附件七部分构成。其工作原理为：将咖啡粉放入过滤器内，水箱内加满水，开启咖啡机。加热器将对进入加热器内的水进行加热，并将热水从过滤器上部洒下。对过滤器内的咖啡粉进行充分浸泡，利用水的自重将咖啡粉内的咖啡精华通过过滤网滤出。滤出的咖啡液流到下部的咖啡壶内，即完成咖啡的制作。
110	子目8516.7120	本国子目8516.7120所称"蒸馏渗滤式咖啡机"，主要结构由水罐（含加热功能）、漏斗、微电脑控制部件和附件四部分构成。其工作原理为：制作咖啡的水放入水罐内，加热后产生高温高压的水蒸汽，利用虹吸原理将高温高压的水蒸汽通过水罐中心的水管引流到装有咖啡粉的漏斗内。让水蒸汽瞬间穿过咖啡粉的细胞壁，将咖啡的内在精华萃取出来制作咖啡。
111	子目8516.7210	家用自动面包机是通过微电脑控制搅面、发酵、醒面和焙烤来制作各种特色面包蛋糕的家电产品，只要将面粉、水、糖、酵母等所有配料放入面包桶后，启动机器就能自动完成面包制作的全过程。
112	子目8516.7220	多士炉主要功能是烘烤面包片、面包圈、法式面包、华夫饼、酥皮馅饼，可烤制出不同焦硬度，口感和烧色图案。有2片、3片和4片多士炉。多士炉由炉身组件、炉胆组件、发热板组件、滑动机构组件、电子板控制组件、电磁铁组件和炉底组件构成。使用时将面包放入面包槽腔内，压下提手，滑动组件向下运动，网架将整片面包夹持归中，并沉入烘烤腔内，电子板工作，发热板开始发热，进行烘烤；电子板组件控制线圈的通断电时间，从而控制磁吸片的吸合时间，到达设定的时间后，电子板组件控制线圈断电，磁铁吸力消失，滑动组件弹起，同时发热板断电不再加热；托架将烤好的面包托至炉胆上端，方便用户取出，完成烘烤过程。
113	子目8517.6237	网卡是物理上连接自动数据处理设备或其他网络设备终端与网络的一种数字式适配器。有线网卡是指网卡连接网络设备和终端设备的两个端口都是以有线形式实现的。其设备端接口常见的有PCI接口和USB接口；其网络端接口常见的有PJ-45接口、BNC接口和光纤接口。
114	子目8517.6292	无线网卡，通常其设备端接口以有线方式实现，常见的有PCMCIA接口和USB接口，而其网络端接口以无线方式通过天线和基站连接，常见的无线局域网使用的接入标准包括IEEE802.11a、IEEE802.11b、IEEE802.11g三种。无线网络接入卡的结构主要由主板（基带+射频+电源管理+外围器件+PCB板）、射频天线、MD结构件等组成。
115	子目8517.6293	无线接入固定台是一种采用无线通信技术体制的无线终端接入设备，这种产品具备语音通信功能，有的还可具备收发短信、手机模式上网等功能。能在无线网络覆盖的范围内，将无线网络信号转化为普通固定电话模拟信号，适用于固定电话不易布线地区，可直接代替固定电话。该设备可以是一部无线固定电话机，也可以是一部无线接入系统多用户固定台。可以为多个用户提供服务并具有内部交换功能，多个用户共用若干个无线信道。该设备一般包括天馈线、电源模块、接口单元、主控单元和模块化的射频单元。对于带传真功能的产品还会有传真模块。
116	子目8522.9091	车载音频转播器或发射器通常包括三个部分：一个液晶显示屏，一个控制器，一个输入输出终端。多数产品可以通过FM发射和汽车的收音模块相接，通过汽车或者家中的 FM 立体声接收机来收听iPod、MP3、MP4、CD唱机中的音乐。有些产品还可以用音频线与汽车音箱直接相连。
117	子目8536.9011	接插件是指连接两个器件的连接器，用于传输电流或信号（光缆用连接器除外），工作电压不超过36伏。

序号 No.	本国子目 Domestic Subheading	本国子目注释 Domestic Subheading Notes
118	子目8539.3191	紧凑型荧光灯（又称节能灯,国外简称CFL灯）,具有体积小、省电、发光效率高、光线柔和等特点。紧凑型荧光灯与普通荧光灯相比,最主要的特点在于灯管的结构是紧凑型的,通常被弯成H形、U形、双n形、螺旋形等;多数紧凑型荧光灯的灯管、电子镇流器部件和灯头部件通常是有机地结合成一体的,在不损坏其中部件的情况下一般是可拆卸的。紧凑型节能灯节能主要是通过节能灯管的节能和电子镇流器低功耗体现。
119	子目8609.0011	本国子目8609.0011所称"20英尺保温式集装箱",是指安装有制冷设备、具有隔热功能,用于运输易腐食物或者货物的集装箱。
120	子目8609.0012	罐式集装箱是指圆筒型罐式结构,配有支撑架使其可固定于车辆或船舶,用于运输液体、气体或其他特种货物的集装箱。
121	子目9001.9010	彩色滤光片通常是作为液晶显示器的关键部件使用,液晶显示器依靠彩色滤光片实现图像的彩色。彩色滤光片是镀有BM、R、G、B、ITO镀层的有色玻璃。彩色滤光片的制备方法有四种,包括颜料分散法、染色法、印刷法和电沉积法（该税目不包括等离子显示器用滤光片,等离子显示器用滤光片带有电磁屏蔽夹层,不属于纯粹的光学元件,应按专用零件归类,不在该税目项下）。
122	子目9003.1910	用于眼镜架的金属材料有铜合金、镍合金和贵金属三大类,要求具有一定的硬度、柔软性、弹性、耐磨性、耐腐蚀性、重量轻、有光泽和色泽好等。因此,用于制作眼镜架的金属材料几乎都是合金或在金属表面加工处理后使用。
123	子目9003.1920	用于制作眼镜架的天然材料有玳瑁、特殊木材和动物头角等。一般木质眼镜架和牛角架很少见,常见的是玳瑁眼镜架。
124	子目9014.2010	自动驾驶仪用于暂时替代驾驶员,保持稳定飞行以及使飞机按给定参数（高度、航向等）飞行的装置,主要由直接操作或伺服马达控制机构（通常为替代驾驶员动作的液压马达）以及调整仪表读数和伺服机构动作的自动感应装置（高速陀螺仪）构成。
125	子目9018.1310	本国子目9018.1310所称"核磁共振成像成套装置"由磁体、梯度系统、频射系统（含多种类型接收线圈）以及数据处理和分析软硬件系统等部分组成,用于人体的解剖和生理功能的成像。该税目不包括单独进口的零部件。
126	子目9021.9011	血管支架由支架和导管输送系统组成。通过导管输送器将支架输送至病变部位,植入支架以达到支撑狭窄闭塞段血管,保持管壁血流通畅的目的。血管支架主要分为冠脉支架、脑血管支架、肾动脉支架、大动脉支架等。支架通常由金属材料、覆膜材料或生物材料制成,部分支架表面涂覆治疗药物。支架按照在血管内展开的方式可分为自展式和球囊扩张式两种。
127	子目9022.1920	本国子目9022.1920所称"X射线无损探伤检测仪"是指利用X射线可以穿透物质和在物质中具有衰减的特性,发现物体内部缺陷的一种无损检测装置。
128	子目9022.2910	本国子目9022.2910所称"γ射线无损探伤检测仪"是指利用γ射线可以穿透物质和在物质中具有衰减的特性,发现物体内部缺陷的一种无损检测装置。通常探伤用γ射线能量比X光球管产生的射线能量高,可探测更厚的物体。
129	子目9023.0010	用胶头皮、色发等制成的供美容、美发使用的教具。
130	子目9024.1010	电子万能试验机适用于各种金属、非金属、复合材料的拉伸（δsu, δs1, δ0.2, δb, E）压缩、弯曲、剪切、剥离撕裂及金属薄板塑性应变比r值,拉伸硬化指数n值等多项试验,但其主要功能是测金属材料的性能。
131	子目9024.1020	硬度是衡量金属材料软硬程度的一项重要的性能指标,是材料弹性、塑性、强度和韧性等力学性能的综合指标。硬度试验根据其测试方法的不同可分为静压法（如布氏硬度、洛氏硬度、维氏硬度等）、划痕法（如莫氏硬度）、回跳法（如肖氏硬度）及里氏硬度（电磁原理,硬度值用冲击回跳速度与冲击速度之比表示）、显微硬度、高温硬度等多种方法。利用上述方法测量金属材料硬度的仪器分别称为布氏硬度计、洛氏硬度计、维氏硬度计、里氏硬度计等。

序号 No.	本国子目 Domestic Subheading	本国子目注释 Domestic Subheading Notes
132	子目9028.3011	单相感应式电度表主要用于居民用电的计量、计费。感应式电度表采用电磁感应的原理把电压、电流、相位转变为磁力矩，推动铝制圆盘转动，圆盘的轴（蜗杆）带动齿轮驱动计度器的鼓轮转动，转动的过程即是时间量累积的过程。感应式电度表有很多种类，它们的基本结构一般都由驱动元件、转动元件、制动元件、机架、轴承、计度器、铭牌、端钮盒、表盖等构成。
133	子目9028.3012	三相感应式电度表是主要用于工商业等大用户的用电计量、计费。结构基本原理同上。
134	子目9028.3013	电子式（静止式）电能表是采用固态（电子）器件测量电能及相关被测量的电度表。一般由锰铜分流器或电流互感器、电阻分压网络或电压互感器、电能测量芯片、机电计度器或液晶显示器、接口及电源电路等构成。由于运用数字技术，分时记费电度表、预付费电度表、多用户电度表、多功能电度表等。载波电度表利用电力载波技术，用于远程自动集中抄表，属于电子式电度表。
135	子目9028.3014	三相电子式（静止式）电度表主要用于电厂、变电站、大用户及电网间的关口计量，是电力系统计量管理的关键设备，结构基本原理同上。
136	子目9031.4920	光栅测量装置是利用光栅的光学原理工作的测量装置，主要由标尺光栅、光电读数头和数显表组成，通常标尺光栅固定在机床活动部件上，光栅读数头固定在机床固定部件上，指示光栅装在光栅读数头中。光栅测量装置经常应用于机床和加工中心等方面，可用作直线位移和角位移的检测。
137	子目9031.8031	运用超声检测的方法来检测的仪器称之为超声波探伤仪。它的原理是：超声波在被检测材料中传播时，材料的声学特性和内部组织的变化对超声波的传播产生一定的影响，通过对超声波受影响程度和状况的探测了解材料性能和结构变化的技术称为超声检测。超声检测方法通常有穿透法、脉冲反射法、串列法等。
138	子目9031.8032	磁粉探伤是检测铁磁性材料表面及近表面缺陷的一种无损检测方法，运用该方法来检测的仪器称之为磁粉探伤仪。磁粉探伤原理是：有表面和近表面缺陷的工件磁化后，当缺陷方向和磁场方向成一定角度时，由于缺陷处的磁导率的变化使磁力线逸出工件表面，产生漏磁场，可以吸附磁粉而产生磁痕显示。
139	子目9031.8033	涡流检测法利用的是电磁感应原理，运用该方法来检测的仪器称之为涡流探伤仪。涡流检测法适用于检测导电材料。检测线圈通以交变电流，线圈子内交变电流的流动将在线圈子周围产生一个交变磁场，这种磁场称为"原磁场"。把一导体置于原磁场中时，在导体内将产生感应电流，这种电流叫做涡流。导体中的电特性（如电阻、磁导率等）变化时，将引起涡流的变化。利用涡流的变化检测工件中的不连续性的方法称为涡流检测原理。
140	子目9032.8911	主要功能是防止列车相撞，保证列车运行的安全。工作原理是自动检测列车实际运行位置，自动确定列车最大安全运行速度，连续不断地实行速度监督，实现超速防护，自动监测列车运行间隔，以保证实现规定的行车间隔。ATP是整个ATC系统的基础，ATO和ATS子系统都依托于ATP子系统的工作。
141	子目9032.8912	主要功能保证列车正常的运行和行车调整的优化。作用是代替司机来自动驾驶，包括平滑加速、调速和车站程序定点停车。ATO辅助ATP工作，接受ATP的信息，其中有ATP速度指令、列车实际速度和列车走行距离。此外还从ATS子系统和地面标志线圈接受列车运行等级等信息。根据以上信息，ATO通过牵引/制动线控制列车，使其维持在一个参考速度上运行，并在设有屏蔽门的站台准确停车。
142	子目9307.0010	军用刀是指刺刀、多用途刀具、伞兵刀、飞行员刀等纳入军品出口管理清单的军用刀具。
143	子目9506.9111	跑步机是具有单方向运动表面，在该运动面上可进行漫步或跑步，脚可以自由地离开运动表面的训练器械。一般由跑步表面、跑步板、防滑面、紧急停止装置、前把手、侧扶手、前护罩、后滚筒及护罩、脚踏平台以及显示器等组成。
144	子目9619.0011	供婴儿使用的尿裤及尿布，完全展开后未拉伸状态的长度不超过580毫米。

注：已列在《进出口税则》正文中的本国子目注释，未列入本表。

附录

Appendix

附录

Appendix

附录一

关税配额商品税目税率表
Tariff Quota Rate on Import Goods

单位：税率（%）

Unit: Rates（%）

序号 No.	商品类别 Product Category	税则号列 Tariff Line	普通税率 Gen	最惠国税率 MFN	关税配额税率 Tariff Quota Rates	国别关税配额税率 Country-specific Tariff Quota Rates		
						中国—新西兰 自由贸易协定 China–New Zealand FTA	中国—澳大利亚 自由贸易协定 China–Australia FTA	中国—毛里求斯 自由贸易协定 China–Mauritius FTA
1	小麦 Wheat	10011100	180	65	1			
		10011900	180	65	1			
		10019100	180	65	1			
		10019900	180	65	1			
		11010000	130	65	6			
		11031100	130	65	9			
		11032010	180	65	10			
2	玉米 Corn	10051000	180	20	1			
		10059000	180	65	1			
		11022000	130	40	9			
		11031300	130	65	9			
		11042300	180	65	10			
3	稻谷和 大米 Rice	10061021	180	65	1			
		10061029	180	65	1			
		10061081	180	65	1			
		10061089	180	65	1			
		10062020	180	65	1			
		10062080	180	65	1			
		10063020	180	65	1			
		10063080	180	65	1			
		10064020	180	10	1			
		10064080	180	10	1			
		11029021	130	40	9			
		11029029	130	40	9			
		11031931	70	10	9			
		11031939	70	10	9			

序号 No.	商品类别 Product Category	税则号列 Tariff Line	普通税率 Gen	最惠国税率 MFN	关税配额税率 Tariff Quota Rates	国别关税配额税率 Country-specific Tariff Quota Rates		
						中国—新西兰 自由贸易协定 China–New Zealand FTA	中国—澳大利亚 自由贸易协定 China–Australia FTA	中国—毛里求斯 自由贸易协定 China–Mauritius FTA
4	糖 Sugar	17011200	125	50	15			15
		17011300	125	50	15			15
		17011400	125	50	15			15
		17019100	125	50	15			15
		17019910	125	50	15			15
		17019920	125	50	15			15
		17019990	125	50	15			15
5	羊毛 Wool	51011100	50	38	1	0	0	
		51011900	50	38	1	0	0	
		51012100	50	38	1	0	0	
		51012900	50	38	1	0	0	
		51013000	50	38	1	0	0	
		51031010	50	38	1	0	0	
6	毛条 Wool tops	51051000	50	38	3	0		
		51052100	50	38	3	0		
		51052900	50	38	3	0		
7	棉花 Cotton	52010000	125	40[注1]	1			
		52030000	125	40	1			
8	化肥 Chemical fertilizer	31021000	150	50	4[注2]			
		31052000	150	50	4[注3]			
		31053000	150	50	4[注4]			

注1：对配额外进口的一定数量棉花，适用滑准税形式暂定关税，具体方式如下：

（1）当进口棉花完税价格高于或等于14.000元/千克时，按0.2800元/千克计征从量税；

（2）当进口棉花完税价格低于14.000元/千克时，暂定从价税率按下式计算：

$$Ri=9.0/Pi +2.69\% \times Pi-1$$

对上式计算结果四舍五入保留3位小数。其中Ri为暂定从价税率，当按上式计算值高于40%时，Ri取值40%；

Pi为关税完税价格，单位为元/千克。

Note 1: Temporary In-quota Tariff Rate: The following Sliding-Scale Interim Tariff (SIT) should be applied on certain amount of out-quota imported cotton.

1. Price ≥ 14.000¥/kg：SIT Specific Rate=0.280¥/kg；

2. Price < 14.000¥/kg：SIT ad valorem Rate=9.0/Price + 2.69% × Price-1.

SIT ad valorem rate ≤ 40%, round up to 3rd digit.

注2-4：进口暂定税率为1%。

Note 2-4: Temporary Tariff Rates on Import Goods:1%.

进口商品暂定税率表
Temporary Tariff Rate on Import Goods

序号 No.	EX	税则号列 Tariff Line	货品名称 Article Description in Chinese	最惠国税率(%) MFN	暂定税率 (%) Temporary Tariff Rate	英文货品名称 Article Description
1		01061211	改良种用鲸、海豚及鼠海豚；海牛及儒艮	10	0	Whales, dolphins and porpoises; manatees and dugongs, for pure-bred breeding
2		03021410	鲜、冷大西洋鲑鱼	10	7	Fresh or chilled Atlantic salmon
3		03031310	冻大西洋鲑鱼	7	5	Frozen Atlantic salmon
4		03033110	冻马舌鲽（格陵兰庸鲽鱼）	7	2	Frozen reinhardtius hippoglossoides (Greenland halibut)
5		03033200	冻鲽鱼	7	2	Frozen plaice
6		03034100	冻长鳍金枪鱼	7	6	Frozen albacore or longfinned tunas
7		03034200	冻黄鳍金枪鱼	7	6	Frozen yellowfin tunas
8		03034400	冻大眼金枪鱼	7	6	Frozen bigeye tunas
9		03034510	冻大西洋蓝鳍金枪鱼	7	6	Frozen Atlantic bluefin tunas
10		03034520	冻太平洋蓝鳍金枪鱼	7	6	Frozen Pacific bluefin tunas
11		03034600	冻南方蓝鳍金枪鱼	7	6	Frozen southern bluefin
12		03035100	冻鲱鱼	7	2	Frozen herrings (Clupea harengus, Clupea pallasii)
13	ex	03035990	冻毛鳞鱼, 但食用杂碎除外	7	5	Frozen Indian mackerels (Rastrelliger spp.), seerfishes (Scomberomorus spp.), etc.
14		03036300	冻鳕鱼（大西洋鳕鱼、格陵兰鳕鱼、太平洋鳕鱼）	7	2	Frozen cod (Gadus morhua, Gadus ogac, Gadus macrocephalus)
15		03036700	冻阿拉斯加狭鳕鱼	7	2	Frozen Alaska Pollock
16		03036800	冻蓝鳕鱼	7	2	Frozen blue whitings
17		03038910	冻带鱼	7	5	Frozen scabber fish (trichurius)
18	ex	03038990	冻平鲉属鱼	7	5	Frozen genus Sebastes
19		03061490	其他冻蟹	7	5	Other frozen crabs, nes
20		03061640	冻北方长额虾	5	2	Frozen northern pandalus
21		03061790	冻其他小虾及对虾	5	2	Frozen shrimps and pawns,nes
22		03063190	活、鲜、冷的岩礁虾和其他龙虾	7	5	Live, fresh or chilled rock lobster and other sea crawfish, not for cultivation
23		03078190	活、鲜、冷的鲍鱼	10	7	Other abalones, live, fresh or chilled
24		04041000	乳清及改性乳清	6	2	Whey and modified whey
25		04062000	磨碎或粉化的乳酪	12	8	Grated or powdered cheese, of all kinds
26		04063000	其他经加工的乳酪	12	8	Processed cheese, not grated or powdered
27		04064000	蓝纹乳酪和娄地青霉生产的带有纹理的其他乳酪	15	8	Blue-veined cheese and other cheese containing veins produced by Penicillium roqueforti
28		04069000	其他乳酪	12	8	Other cheese

序号 No.	EX	税则号列 Tariff Line	货品名称 Article Description in Chinese	最惠国税率(%) MFN	暂定税率(%) Temporary Tariff Rate	英文货品名称 Article Description
29		05051000	填充用羽毛羽绒	10	2	Raw feathers for stuffing; down
30		05119111	受精鱼卵	12	0	Fertilized fish eggs
31	ex	05119190	丰年虫卵（丰年虾卵）	12	6	Fairy shrimp (Artemia) eggs
32		08011100	干的椰子	12	7	Desiccated coconuts
33		08012100	鲜或干的未去壳巴西果	10	7	Brazil nuts, in shell, fresh or dried
34		08012200	鲜或干的去壳巴西果	10	7	Brazil nuts, shelled, fresh or dried
35		08013100	鲜或干的未去壳腰果	20	5	Cashew nuts, in shell, fresh or dried
36		08013200	鲜或干的去壳腰果	10	7	Cashew nuts, shelled, fresh or dried
37		08021100	鲜或干的扁桃核	24	10	Almonds, in shell, fresh or dried
38		08025100	鲜或干的未去壳阿月浑子果	10	5	Pistachios, in shell, fresh or dried
39		08025200	鲜或干的去壳阿月浑子果	10	5	Pistachio, shelled, fresh or dried
40		08026190	鲜或干的未去壳非种用马卡达姆坚果	24	12	Macadamia nuts, in shell, fresh or dried, not for cultiation
41		08026200	鲜或干的去壳马卡达姆坚果	24	12	Macadamia nuts, shelled, fresh or dried
42		08029100	鲜或干的未去壳松子	24	10	Pine nuts, fresh or dried,in shell
43		08029200	鲜或干的去壳松子	25	10	Pine nuts, fresh or dried,shelled
44		08029910	鲜或干的白果	25	20	Gingko nuts, fresh or dried
45	ex	08029990	鲜或干的碧根果	24	7	Pecan, fresh or dried
46		08044000	鲜或干的鳄梨	25	7	Avocados, fresh or dried
47		08104000	鲜蔓越橘、越橘及其他越橘属植物果实	30	15	Cranberries, bilberries and other fruits of the genus Vaccinium, fresh
48	ex	08119090	冷冻鳄梨	30	7	Avocados, frozen
49	ex	08134090	蔓越橘干	25	15	Cranberries, dried
50		12040000	亚麻子	15	9	Linseed
51		12060090	非种用葵花子	15	9	Sunflower seeds not for cultivation
52		12122190	其他适合供人食用的海草及藻类	15	2	Other seaweeds and other algae fit for human consumption
53		12122910	不适合人食用的马尾藻	15	2	Sargassum not fit for human consumption
54		12122990	其他不适合供人食用的海草及藻类	15	2	Other seaweeds and other algae not fit for human consumption
55	ex	12149000	其他紫苜蓿（粗粉及团粒除外）	9	7	Other lucerne (alfalfa), excluding meal and pellets
56	ex	12149000	以除紫苜蓿外的禾本科和豆科为主的多种混合天然饲草	9	4	Mixed non-artificial forage grass majorly composed of poaceae and fabaceae other than lucerne
57	ex	14049090	椰糠（条/块）	15	4	Coconut coir, in bars, slabs or blocks
58		15021000	牛、羊油脂	8	2	Tallow
59		15029000	其他牛、羊脂肪	8	4	Other fats of bovine animals, sheep or goats
60	ex	15042000	鱼油软胶囊	12	6	Fish oil capsule

序号 No.	EX	税则号列 Tariff Line	货品名称 Article Description in Chinese	最惠国税率(%) MFN	暂定税率 (%) Temporary Tariff Rate	英文货品名称 Article Description
61	ex	15119020	固态棕榈硬脂（50摄氏度≤熔点≤56摄氏度）	8	2	Solid palm stearin (melting point no less than 50 centigrade and no more than 56 centigrade)
62		15200000	粗甘油, 甘油水及甘油碱液	20	6	Glycerol, crude; glycerol waters and glycerol lyes
63		17021100	按重量计干燥无水乳糖含量在99%及以上的乳糖	10	5	Lactose & lactose syrup,anhydrous, containing≥99% lactose
64		18010000	整颗或破碎的可可豆, 生的或焙炒的	8	0	Cocoa beans, whole or broken, raw or roasted
65		18040000	可可脂、可可油	22	10	Cocoa butter, fat & oil
66	ex	19011010	供婴幼儿食用的零售包装配方奶粉〔早产/低出生体重婴儿配方（乳基）、母乳营养补充剂（乳基）特殊婴幼儿配方食品除外〕	15	5	Powdered formulas for infants or young children (other than formulas for infants or children with special medical purposes intended of premature or low birth weight infant formula (milk-based) and breast milk supplements (milk-based)), put up for retail sale
67	ex	19011010	早产/低出生体重婴儿配方（乳基）、母乳营养补充剂（乳基）特殊婴幼儿配方食品	15	0	Formulas for infants or children with special medical purposes intended of premature or low birth weight infant formula (milk-based) and breast milk supplements (milk-based)
68		19011090	其他供婴幼儿食用的零售包装食品	15	2	Other preparations suitable for infants or young children, put up for retail sale
69		19019000	麦精, 粮食粉等制食品及乳制食品	10	5	Other food preparations of malt flour etc., not elsewhere specified or included
70		19021900	其他未包馅或未制作的生面食	10	8	Other uncooked pasta, not stuffed or otherwise prepared, not containing eggs
71	ex	20091200	白利糖度值不超过20的非冷冻橙汁, 最小独立包装净重不低于180千克	30	20	Not-frozen orange juice (Brix value≤20), minimum individual package net weight≥180kg
72	ex	20091900	白利糖度值超过20的非冷冻橙汁, 最小独立包装净重不低于180千克	30	20	Not-frozen orange juice (Brix value>20), minimum individual package net weight≥180kg
73		21042000	均化混合食品	12	6	Homogenized composite food prep.s
74	ex	21069090	无乳糖配方或低乳糖配方、乳蛋白部分水解配方、乳蛋白深度水解配方或氨基酸配方、早产/低出生体重婴儿配方（非乳基）、氨基酸代谢障碍配方、母乳营养补充剂（非乳基）特殊婴幼儿配方食品	12	0	Formulas for infants or children with special medical purposes intended of no or low lactose formula, Lactoprotein partly hydrolyzed formula, Lactoprotein deeply hydrolyzed formula or Amino acid formula, premature or low birth weight infant formula (non-milk-based), Amino acid metabolism disorder formula, and breast milk supplements (non-milk-based)

序号 No.	EX	税则号列 Tariff Line	货品名称 Article Description in Chinese	最惠国税率(%) MFN	暂定税率 (%) Temporary Tariff Rate	英文货品名称 Article Description
75		22051000	小包装的味美思酒及类似酒	65	14	Vermouth and other wine of fresh grapes flavoured with plants or aromatic substances, in containers holding 2L or less
76		22082000	蒸馏葡萄酒制得的烈性酒	10	5	Spirits obtained by distilling grape wine or grape marc
77		22083000	威士忌酒	10	5	Whiskies
78		23050000	提炼花生油所得的油渣饼及其他固体残渣	5	0	Oilcake and other solid residues, whether or not ground or in the form of pellets, resulting from the extraction of groundnut oil
79		23061000	棉子的油渣饼及其他固体残渣	5	0	Oilcake and other solid residues, whether or not ground or in the form of pellets, resulting from the extraction of cotton seeds oil
80		23062000	亚麻子的油渣饼及其他固体残渣	5	0	Oilcake and other solid residues, whether or not ground or in the form of pellets, resulting from linseed oil
81		23063000	葵花子的油渣饼及其他固体残渣	5	0	Oilcake and other solid residues, whether or not ground or in the form of pellets, resulting from the extraction of sunflower seeds oil
82		23064100	低芥子酸油菜子的油渣饼及其他固体残渣	5	0	Oilcake and other solid residues, whether or not ground or in the form of pellets, resulting from the extraction of low erucic acid rape or colza seeds oil
83		23064900	其他油菜子的油渣饼及其他固体残渣	5	0	Oilcake and other solid residues, whether or not ground or in the form of pellets, resulting from the extraction of other rape or colza seeds oil
84		23065000	椰子或干椰肉的油渣饼及其他固体残渣	5	0	Oilcake and other solid residues, whether or not ground or in the form of pellets, resulting from the extraction of coconut or copra oil
85		23066000	棕榈果或棕榈仁的油渣饼及其他固体残渣	5	0	Oilcake and other solid residues, whether or not ground or in the form of pellets, resulting from the extraction of palm nuts or kernels oil
86		23069000	税目2304或2305以外的提炼植物油脂所得其他残渣	5	0	Oilcake and other solid residues, whether or not ground or in the form of pellets, resulting from the extraction of other vegetable fats or oils, other than those of heading 23.04 or 23.05

序号 No.	EX	税则号列 Tariff Line	货品名称 Article Description in Chinese	最惠国税率(%) MFN	暂定税率(%) Temporary Tariff Rate	英文货品名称 Article Description
87		23080000	动物饲料用的其他植物产品	5	0	Vegetable materials and vegetable waste, vegetable residues and by-products, whether or not in the form of pellets, of a kind used in animal feeding, not elsewhere specified or included
88		23091010	零售包装的狗食或猫食罐头	15	4	Dog or cat food, put up for retail sale, in airtight containers
89		23091090	零售包装的其他狗食或猫食	15	4	Other dog or cat food, put up for retail sale
90		23099090	其他配制的动物饲料	6.5	4	Other preparations of a kind used in animal feeding
91		25020000	未焙烧的黄铁矿	3	1	Unroasted iron pyrites
92		25030000	硫磺, 升华、沉淀及胶态硫磺除外	3	1	Sulphur of all kind, other than sublimed, precipitated and colloidal sulphur
93		25041010	鳞片状天然石墨	3	1	Natural graphite in flakes
94		25051000	硅砂及石英砂, 不论是否着色	3	1	Silica sands & quartz sands, whether or not coloured
95		25059000	其他天然砂, 不论是否着色	3	1	Other natural sands, (other than metal-bearing sands of Chapter 26), whether or not coloured
96		25061000	石英	3	1	Quartz
97		25062000	石英岩	3	1	Quartzite, wether or not by sawing into blocks or slabs of a rectangular shape
98		25070010	高岭土	3	1	Kaolin
99		25070090	高岭土类似土	3	1	Other kaolinic clays
100	ex	25081000	钠基膨润土	3	1	Sodium bentonite
101		25083000	耐火粘土	3	1	Fire-clay, whether or not calcined
102		25101010	未碾磨磷灰石	3	0	Unground apatites
103		25102010	已碾磨磷灰石	3	0	Ground apatites
104		25151100	原状或粗加修整的大理石及石灰华	4	0	Marble & travertine crude or roughly trimmed
105		25151200	矩形大理石及石灰华	4	0	Marble & travertine merely cut into a square or rectangular shape
106		25152000	其他石灰质碑用或建筑用石; 蜡石	3	0	Ecaussine and other calcareous monumental or building stone; alabaster, whether or not roughly trimmed or cut into blocks or slabs of a rectangular (incl. square) shape
107		25161100	原状或粗加修整的花岗岩	4	0	Granite, crude or roughly trimmed
108		25161200	矩形的花岗岩	4	0	Granite, merely cut into blocks or slabs of a rectangular (incl. square) shape
109		25162000	砂岩	3	0	Sandstone

序号 No.	EX	税则号列 Tariff Line	货品名称 Article Description in Chinese	最惠国税率(%) MFN	暂定税率(%) Temporary Tariff Rate	英文货品名称 Article Description
110		25169000	其他碑用或建筑用石	3	0	Other monumental or building stones
111		25181000	未煅烧或烧结的白云石	3	0	Dolomite, not calcined or sintered
112		25182000	已煅烧或烧结的白云石	3	0	Dolomite, calcined or sintered
113		25191000	天然碳酸镁(菱镁矿)	3	1	Natural magnesium carbonate (magnesite)
114		25199010	熔凝镁氧矿	3	1	Fused magnesia
115		25199020	烧结镁氧矿(重烧镁)	3	1	Dead-burned (sintered) magnesia
116		25199030	碱烧镁(轻烧镁)	3	1	Light-burned magnesia
117	ex	25199099	其它氧化镁含量在70%（含70%）以上的矿产品	3	1	Other mineral substances,containing MgO 70% or more
118		25251000	原状云母及劈开的云母片	5	1	Crude mica and mica rifted into sheets or splittings
119		25261020	未破碎及未研粉的滑石	3	1	Talc, not crushed, not powdered
120		25262020	已破碎或已研粉的天然滑石	3	1	Talc, crushed or powdered
121		25280010	天然硼砂及其精矿, 不论是否煅烧	3	0	Natural sodium borates and concentrates thereof (calcined or not)
122		25280090	硼酸盐；天然粗硼酸	5	0	Borates; natural boric acid
123		25291000	长石	3	1	Felspar
124		25309099	其他矿产品	3	0	Other mineral substances
125		27011100	未制成型的无烟煤	3	1-3月: 0%	Anthracite, not agglomerated, whether or not pulverized
126		27011210	炼焦煤	3	1-3月: 0%	Bituminous coking coal, not agglomerated, whether or not pulverized
127		27011290	未制成型的其他烟煤	6	1-3月: 0%	Other bituminous coal, other than coking coal, not agglomerated, whether or not pulverized
128		27011900	未制成型的其他煤	5	1-3月: 0%	Coal nes, not agglomerated, whether or not pulverized
129		27012000	煤砖、煤球及用煤制成的类似固体燃料	5	1-3月: 0%	Briquettes, ovoids & similar solid fuels manufactured from coal
130		27021000	未制成型的褐煤	3	1-3月: 0%	Lignite, not agglomerated, whether or not pulverized
131		27022000	制成型的褐煤	3	1-3月: 0%	Agglomerated lignite
132		27030000	泥煤	5	3	Peat (incl. peat litter), whether or not agglomerated
133		27040010	焦炭及半焦炭	5	0	Coke & semi-coke, whether or not agglomerated
134		27040090	甄炭	5	0	Retort carbon
135		27050000	煤气、水煤气、炉煤气及类似气体	5	1	Coal, water, producer gas & similar gases, other than petroleum gases & gaseous hydrocarbons

序号 No.	EX	税则号列 Tariff Line	货品名称 Article Description in Chinese	最惠国税率(%) MFN	暂定税率(%) Temporary Tariff Rate	英文货品名称 Article Description
136		27060000	煤焦油及其他矿物焦油	6	1	Tar distilled from coal, lignite or peat & other mineral tars, whether or not dehydrated or partially distilled, incl. reconstituted tars
137		27073000	粗二甲苯	6	2	Xylole
138	ex	27082000	针状沥青焦	6	3	Needle Pitch coke
139		27101210	车用汽油及航空汽油	5	1	Motor gasoline & aviation gasoline
140		27101220	石脑油	6	0	Naphtha
141	ex	27101291	壬烯(碳九混合异构体含量高于90%)	9	4	Nonene (C9>90%)
142	ex	27101299	异戊烯同分异构体混合物	9	5	Ios pentene
143		27101911	航空煤油	9	0	Aviation Kerosene
144		27101922	5-7号燃料油	6	1	Fuel oil No.5 to No.7 (National Code)
145		27101923	柴油	6	1	Diesel oil
146	ex	27101929	350度以下馏出物体积百分比小于20%，550度以下馏出物体积百分比大于80%的蜡油	6	0	Paraffin oils: 350° C distillage<20%, 550° C distillage>80%
147		27111200	液化丙烷	5	1	Propane, liquefied
148		27111390	其他液化丁烷	5	1	Liquefied butanes, nes
149		27149010	天然沥青(地沥青)	8	4	Natural bitumen and asphalt
150		28012000	碘	5	1	Iodine
151		28013020	溴	5	1	Bromine
152		28020000	升华硫磺、沉淀硫磺；胶态硫磺	5	1	Sulphur, sublimed or precipitated; colloidal sulphur
153	ex	28042900	氦	5	1	Helium
154	ex	28045000	碲	5	0	Tellurium
155		28049090	其他硒	5	0	Selenium nes
156		28051200	钙	5	1	Calcium
157		28051910	锂	5	1	Lithium
158		28051990	其他碱金属及碱土金属	5	1	Alkali or alkaline-earth metals (excl. sodium and calcium)
159		28053011	钕	5	0	Neodymium
160		28053012	镝	5	0	Dysprosium
161		28053013	铽	5	0	Terbium
162		28053014	镧	5	0	Lanthanum
163		28053015	铈	5	0	Cerium
164		28053016	镨	5	0	Praseodymium
165		28053017	钇	5	0	Yttrium
166		28053018	钪	5	0	Scandium

序号 No.	EX	税则号列 Tariff Line	货品名称 Article Description in Chinese	最惠国税率(%) MFN	暂定税率(%) Temporary Tariff Rate	英文货品名称 Article Description
167		28053019	其他稀土金属	5	0	Rare-earth metals nes, scandium and yttrium, not intermixed or interalloyed
168		28053021	已相互混合或熔合的稀土金属、钪及钇，电池级	5	0	Rare-earth metals, scandium and yttrium, intermixed or interalloyed, battery quality
169		28053029	其他已相互混合或熔合的稀土金属、钪及钇	5	0	Rare-earth metals, scandium and yttrium, intermixed or interalloyed, other than battery quality
170		28070000	硫酸、发烟硫酸	5	1	Sulphuric acid; oleum
171		28100020	硼酸	5	2	Boric acids
172	ex	28129019	三氟化磷	5	3	Phosphorus trifluoride
173	ex	28129019	三氟化硼	5	3	Boron trifluoride
174		28141000	氨	5	0	Anhydrous ammonia
175		28142000	氨水	5	0	Ammonia in aqueous solution
176		28164000	锶或钡的氧化物、氢氧化物及过氧化物	5	2	Oxide, hydroxide and peroxide of strontium or of barium
177		28182000	氧化铝	5	0	Aluminium oxide, other than artificial corundum
178		28220010	四氧化三钴	5	2	Cobalt tetroxide
179		28220090	其他钴的氧化物及氢氧化物；商品氧化钴	5	2	Other Cobalt oxides and hydroxides; commercial cobalt oxides
180		28254000	镍的氧化物及氢氧化物	5	2	Nickel oxides and hydroxides
181	ex	28259049	五氧化二铌	5	2	Niobium pentoxide
182	ex	28269090	氟钽酸钾	5	0	Potassium fluotantalate
183		28332400	镍的硫酸盐	5	2	Sulphates of nickel
184	ex	28332990	钴的硫酸盐	5	2	Cobalt sulpahte
185		28342110	肥料用硝酸钾	4	0	Nitrates of potassium, use as fertilizer
186	ex	28342990	硝酸钡	5	2	Barium nitrate
187		28366000	碳酸钡	5	1	Barium carbonate
188		28369100	锂的碳酸盐	5	2	Lithium carbonates
189		28369200	锶的碳酸盐	5	2	Strontium carbonate
190		28369930	碳酸钴	5	2	Cobalt carbonate
191	ex	28399000	锆的硅酸盐	5	2	Ziconium silicate
192		28401100	无水四硼酸钠	5	2	Anhydrous disodium tetraborate
193		28401900	其他四硼酸钠	5	2	Disodium tetraborate, other than anhydrous
194	ex	28419000	钴酸锂	5.5	2	Lithium cobaltate
195	ex	28419000	铼酸盐及高铼酸盐	5.5	0	Rhenate and Perrhenate
196	ex	28419000	铌酸锂	5.5	2	Lithium niobate
197	ex	28439000	抗癌药原料（奥沙利铂、卡铂、奈达铂、顺铂）	5.5	0	Materials of anticancerogen (Oxaliplatin, Carboplatin, Nedaplatin, Cis-platinum complexes)

序号 No.	EX	税则号列 Tariff Line	货品名称 Article Description in Chinese	最惠国税率(%) MFN	暂定税率(%) Temporary Tariff Rate	英文货品名称 Article Description
198	ex	28439000	燃料电池用氧化铱（铱含量75%及以上，粒径40-100纳米，金属杂质总量小于500ppm）	5.5	2	Iridium oxide for fuel cells(Iridium content 75% and above,particle size 40-100nm,the total amount of metal impurities is less than 500 ppm)
199	ex	28441000	天然铀及其化合物	5	0	Nature uranium and its compounds
200	ex	28442000	含铀235浓度低于5%的低浓铀及其化合物	5	0	Uranium (including enriched U235 less than 5%) and its compounds
201	ex	28444210	氯化镭［223Ra］注射液	4	0	Radium［223Ra］Chloride Injection
202		28461010	氧化铈	5	0	Cerium oxide
203		28461020	氢氧化铈	5	0	Cerium hydroxide
204		28461030	碳酸铈	5	0	Cerium carbonate
205		28461090	铈的其他化合物	5	0	Cerium compounds, nes
206		28469011	氧化钇	5	0	Yttrium oxide
207		28469012	氧化镧	5	0	Lanthanum oxide
208		28469013	氧化钕	5	0	Neodymium oxide
209		28469014	氧化铕	5	0	Europium oxide
210		28469015	氧化镝	5	0	Dysprosium oxide
211		28469016	氧化铽	5	0	Terbium oxide
212		28469017	氧化镨	5	0	Praseodymium oxide
213		28469018	氧化镥	5	0	Lutetium oxide
214		28469019	其他氧化稀土	5	0	Other Rare-earth oxides
215		28469021	氯化铽	5	0	Terbium chlorinates
216		28469022	氯化镝	5	0	Dysprosium chlorinates
217		28469023	氯化镧	5	0	Lanthanum chlorinates
218		28469024	氯化钕	5	0	Neodymium chlorinates
219		28469025	氯化镨	5	0	Praseodymium chlorinates
220		28469026	氯化钇	5	0	Yttrium chlorinates
221		28469028	混合氯化稀土	5	0	Rare-earth chlorinates other than of cerium, mixed
222		28469029	未混合氯化稀土	5	0	Other Rare-earth chlorinates, unmixed
223		28469031	氟化铽	5	0	Terbium fluorides
224		28469032	氟化镝	5	0	Dysprosium fluorides
225		28469033	氟化镧	5	0	Lanthanum fluorides
226		28469034	氟化钕	5	0	Neodymium fluorides
227		28469035	氟化镨	5	0	Praseodymium fluorides
228		28469036	氟化钇	5	0	Yttrium fluorides
229		28469039	其他氟化稀土	5	0	Rare-earth fluorides, nes
230		28469041	碳酸镧	5	0	Lanthanum carbonates
231		28469042	碳酸铽	5	0	Terbium carbonates
232		28469043	碳酸镝	5	0	Dysprosium carbonates

序号 No.	EX	税则号列 Tariff Line	货品名称 Article Description in Chinese	最惠国税率(%) MFN	暂定税率(%) Temporary Tariff Rate	英文货品名称 Article Description
233		28469044	碳酸钕	5	0	Neodymium carbonates
234		28469045	碳酸镨	5	0	Praseodymium carbonates
235		28469046	碳酸钇	5	0	Yttrium carbonates
236		28469048	混合碳酸稀土	5	0	Rare-earth carbonates other than of cerium, mixed
237		28469049	未混合碳酸稀土	5	0	Rare-earth carbonates other than of cerium, unmixed
238		28469091	镧的其他化合物	5	0	Compounds of Lanthanum
239		28469092	钕的其他化合物	5	0	Compounds of Neodymium
240		28469093	铽的其他化合物	5	0	Compounds of Terbium
241		28469094	镝的其他化合物	5	0	Compounds of Dysprosium
242		28469095	镨的其他化合物	5	0	Compounds of Praseodymium
243		28469096	钇的其他化合物	5	0	Compounds of Yttrium
244		28469099	稀土金属、钪的其他化合物	5	0	Compounds of rare-earth, yttrium or scandium, nes
245	ex	28500090	砷烷	5.5	3	Arsine
246	ex	28539040	磷烷	5.5	3	Phosphorane
247		29012100	乙烯	2	1	Ethylene
248		29012200	丙烯	2	1	Propene (propylene)
249		29031500	1, 2-二氯乙烷（ISO）	5.5	1	1,2-Dichloroethane (ISO) (ethylene dichloride)
250		29032100	氯乙烯	5.5	1	Vinyl chloride (chloroethylene)
251		29053200	1, 2-丙二醇	5.5	3	Propylene glycol (propane-1,2-diol)
252	ex	29053990	抗癌药原料（白消安）	5.5	0	Materials of anticancerogen (Busulfan)
253	ex	29053990	1, 3-丙二醇	5.5	3	1,3-dihydroxypropare
254		29054500	丙三醇(甘油)	8	3	Glycerol
255		29061310	固醇	5.5	3	Sterols, and their halogenated, sulphonated, nitrated or nitrosated derivatives
256		29071910	邻仲丁基酚、邻异丙基酚	4	2	O-Sec-butyl phenol, o-isopropyl phenol
257		29094100	2, 2'-氧联二乙醇(二甘醇)	5.5	3	2,2'-Oxydiethanol (diethylene glycol, digol)
258	ex	29121900	乙二醛	5.5	3	Glyoxal (Ethanedial)
259	ex	29209000	碳酸二苯酯	6.5	2	Diphenyl carbonate
260	ex	29225090	抗癌药原料（盐酸米托蒽醌）	6.5	0	Materials of anticancerogen (Mitoxantrone Hydrochloride)
261	ex	29242990	抗癌药原料（氟他胺）	6.5	0	Materials of anticancerogen (Flutamide)
262		29261000	丙烯腈	6.5	3	Acrylonitrile
263	ex	29269090	己二腈	6.5	1	Hexanedinitrile
264		29304000	甲硫氨酸(蛋氨酸)	6.5	5	Methionine

序号 No.	EX	税则号列 Tariff Line	货品名称 Article Description in Chinese	最惠国税率(%) MFN	暂定税率(%) Temporary Tariff Rate	英文货品名称 Article Description
265	ex	29309090	抗癌药原料（比卡鲁胺）	6.5	0	Materials of anticancerogen (Bicalutamide)
266	ex	29309090	罕见病药原料（青霉胺）	6.5	0	Materials of Rare disease medicine (Penicillamine)
267	ex	29321900	恩格列净	6.5	0	Empagliflozin
268	ex	29329990	贝前列素钠	6.5	0	Beraprost sodium
269	ex	29329990	抗癌药原料（多西他赛、紫杉醇）	6.5	0	Materials of anticancerogen (Docetaxel, Taxinol)
270	ex	29329990	阿卡波糖水合物	6.5	0	Acarbose hydrate
271	ex	29333990	抗癌药原料（吉美嘧啶、甲磺酸阿帕替尼、西达本胺、甲苯磺酸尼拉帕利）	6.5	0	Materials of anticancerogen (Gimeracil, Apatinib Mesylate, Cetaben Amine, Niraparin toluenesulfonate)
272	ex	29334900	抗癌药原料（马来酸吡咯替尼）	6.5	0	Materials of anticancerogen (Pyrrolitinib maleate)
273	ex	29335990	恩替卡韦	6.5	0	Entecavir
274	ex	29335990	利格列汀	6.5	0	Linagliptin
275	ex	29335990	抗癌药原料（甲磺酸伊马替尼、硫唑嘌呤、培美曲塞二钠、左亚叶酸钙、甲磺酸氟马替尼、甲磺酸阿美替尼、泽布替尼）	6.5	0	Materials of anticancerogen (Imatinib mesylate, Imuran, Pemetrexed Disodium, Calcium Levofolinate,Flumatinib mesylate, Amitriptine mesylate, Zebutin)
276	ex	29336990	抗癌药原料（奥替拉西钾）	6.5	0	Materials of anticancerogen (Otilassi Potassium)
277	ex	29337900	抗癌药原料（来那度胺）	9	0	Materials of anticancerogen (Lenalidomide)
278	ex	29337900	罕见病药原料（吡非尼酮）	9	0	Materials of Rare disease medicine (Pifenidone)
279	ex	29337900	抗新型冠状病毒药原料（奈玛特韦）	9	0	Materials of anti-novel coronavirus drugs (nirmatrelvir)
280	ex	29339900	抗癌药原料（阿那曲唑、来曲唑、硼替佐米、替莫唑胺）	6.5	0	Materials of anticancerogen (Anastrozole, Letrozole, Bortezomib, Temozolomide)
281	ex	29339900	阿托伐他汀钙	6.5	0	Atorvatatin calcium
282	ex	29339900	维格列汀	6.5	0	Vildaglitpin
283	ex	29341090	抗癌药原料（达沙替尼）	6.5	0	Materials of anticancerogen (Dasatinib)
284	ex	29342000	罕见病药原料（利鲁唑）	6.5	0	Materials of Rare disease medicine (Riluzole)
285	ex	29349990	抗癌药原料（地西他滨、氟脲苷、环磷酰胺、吉非替尼、卡培他滨、雷替曲塞、磷酸氟达拉滨、替加氟、阿糖胞苷、盐酸阿糖胞苷、盐酸埃克替尼、盐酸吉西他滨、异环磷酰胺、呋喹替尼）	6.5	0	Materials of anticancerogen (Decitabine, Fluorourea Glycoside, Cyclophosphamide, Gifetini, Capecitabine, Raltitrexed, Fludarabine Phosphate, Tegafur, Cytarabine Hydrochloride, Ectinine Hydrochloride, Gemcitabine Hydrochloride, Ifosfamide,Fluoroquinotene)

序号 No.	EX	税则号列 Tariff Line	货品名称 Article Description in Chinese	最惠国税率(%) MFN	暂定税率 (%) Temporary Tariff Rate	英文货品名称 Article Description
286	ex	29359000	罕见病药原料（波生坦）	6.5	0	Materials of Rare disease medicine (Bosentan)
287		29371210	重组人胰岛素及其盐	4	0	Recombinant human insulin and its salts
288		29371290	其他胰岛素及其盐	4	0	Other Insulin and its salts
289	ex	29371900	抗癌药原料（醋酸曲普瑞林）	4	0	Materials of anticancerogen (Triplatin Acetate)
290	ex	29372319	抗癌药原料（福美坦）	4	0	Materials of anticancerogen (Formestane)
291	ex	29372900	抗癌药原料（依西美坦）	4	0	Materials of anticancerogen (Exemestane)
292	ex	29389090	甘草酸	6.5	3	Glycyrrhizic acid
293	ex	29397990	抗癌药原料（酒石酸长春瑞滨、硫酸长春新碱、盐酸托泊替康、盐酸伊立替康）	4	0	Materials of anticancerogen (Vinorelbine Tartrate, Vincristine Sulfate, Topotecan Hydrochloride, Irinotecan Hydrochloride)
294		29419055	头孢三嗪(头孢曲松)及其盐	6	0	Ceftriaxone and its salts
295	ex	29419090	抗癌药原料（吡柔比星、丝裂霉素、盐酸表柔比星、盐酸多柔比星、盐酸平阳霉素、盐酸柔红霉素、盐酸伊达比星）	6	0	Materials of anticancerogen (Pirarubicin , Mitomycin, Epirubicin Hydrochloride, Doxorubicin Hydrochloride, Bleomycin Hydrocloride, Daunorubicin Hydrochloride, Idarubicin Hydrochloride)
296	ex	29419090	吗替麦考酚酯	6	0	Mycophenolate Mofetil
297	ex	29419090	盐酸阿柔比星	6	0	Aclarubicin Hydrochloride
298		30021200	抗血清及其他血份	3	0	Antisera and other blood fractions
299		30021300	非混合的免疫制品	3	0	Immunological products, unmixed, not put up in measured doses or in forms or packings for retail sale
300		30021400	混合的免疫制品	3	0	Immunological products, mixed, not put up in measured doses or in forms or packings for retail sale
301		30021500	免疫制品,已配定剂量或制成零售包装	3	0	Immunological products, put up in measured doses or in forms or packings for retail sale
302		30024100	人用疫苗	3	0	Vaccines for human medicine
303		30024990	其他疫苗、毒素、培养微生物（不包括酵母）及类似产品	3	0	Other vaccines, toxins, cultures of micro-organisms (excluding yeasts) and similar products
304		30025100	细胞治疗产品	3	0	Cell therapy products
305		30025900	其他细胞培养物	3	0	Other cell cultures
306		30029040	遗传物质和基因修饰生物体	3	0	Genetics material and Gene modified organism
307		30029090	其他人血；治病、防病或诊断用的动物血制品	3	0	Human blood; animal blood prepared for therapeutic, prophylactic or diagnostic uses

序号 No.	EX	税则号列 Tariff Line	货品名称 Article Description in Chinese	最惠国税率(%) MFN	暂定税率 (%) Temporary Tariff Rate	英文货品名称 Article Description
308	ex	30044900	具有抗癌作用的含有生物碱及其衍生物的药品（混合或非混合,治病或防病用已配定剂量或零售包装）	5	0	Anti Cancer Medicaments containing alkaloids or their derivatives (mixed or unmixed, put in measured does or in forms of packing for vetail scle)
309	ex	30044900	噻托溴铵粉吸入剂、噻托溴铵喷雾剂、吸入用复方异丙托溴铵溶液、异丙托溴铵气雾剂	5	0	Tiotropium bromide powder for inhalation; Tiotropium bromide spray; Compound ipratropium bromide solution for inhalation; Ipratropium bromide aerosol
310	ex	30044900	盐酸羟考酮缓释片	5	0	Oxycodone Hydrochloride Prolonged-release Tablets
311	ex	30063000	碘普罗胺注射液、钆布醇注射液	4	2	Iopromide Injection, Gadobutrol Injcetion
312		30069100	可确定用于造口术的用具	10	5	Appliances identifiable for ostomy use
313		31031110	重过磷酸钙	4	1	Triple superphosphates
314		31031190	其他含五氧化二磷35%以上的过磷酸钙	4	1	Other superphosphates(P_2O_5>35%)
315		31031900	其他过磷酸钙	4	1	Other superphosphates
316		31039000	其他矿物磷肥或化学磷肥	4	1	Mineral or chemical fertilizers, phosphatic, nes
317		31042020	纯氯化钾	3	0	Pure
318		31042090	其他氯化钾	3	0	Potassium chloride, nes
319		31043000	硫酸钾	3	0	Potassium sulphate
320		31049010	光卤石、钾盐及其他天然粗钾盐	3	0	Carnallite, sylvite and other crude natural potassium salts
321		31049090	其他矿物钾肥及化学钾肥	3	0	Mineral or chemical fertilizers, potassic, nes
322		31051000	制成片状及类似形状或毛重不超过10公斤的肥料	4	1	Goods of Chapter 31 in tables or similar forms or in packages of a gross weight≤10kg
323		31054000	磷酸二氢铵及磷酸二氢铵与磷酸氢二铵的混合物	4	1	Ammonium dihydrogenorthophosphate (monoammonium phosphate) and mixtures thereof with diammonium hydrogenorthophosphate (diammonium phosphate)
324		31055100	含有硝酸盐及磷酸盐的肥料	4	1	Mineral or chemical fertilizers containing nitrates & phosphates
325		31055900	其他含氮、磷两种元素的肥料	4	1	Mineral or chemical fertilizers containing the two fertilizing elements nitrogen & phosphorus, nes
326		31056000	含磷、钾两种元素的肥料	4	1	Mineral or chemical fertilizers with phosphorus & potassium, nes
327		31059010	有机无机复混肥	4	1	Organic inorganic fertilizer

序号 No.	EX	税则号列 Tariff Line	货品名称 Article Description in Chinese	最惠国税 率(%) MFN	暂定税率 (%) Temporary Tariff Rate	英文货品名称 Article Description
328		31059090	其他肥料	4	1	Mineral or chemical fertilizers, nes
329	ex	32029000	无铬鞣剂	6.5	3	Tanning agent, with out chromium
330	ex	32041700	彩色光刻胶用光刻胶颜料分散液	6.5	3	Pigment dispersion of photoresist for color photoresist
331		33011200	橙油	20	10	Essential oils of orange (incl. concretes & absolutes)
332		33012400	胡椒薄荷油	20	10	Essential oils of peppermint (incl. concretes & absolutes)
333		33012500	其他薄荷油	15	5	Other oils of mints (incl. concretes & absolutes), nes
334	ex	33012999	黄樟油	15	7	Sassafras oil
335		33013010	鸢尾凝脂	20	10	Balsam of irises
336		33051000	洗发剂	3	2	Shampoos
337	ex	35022000	乳清蛋白粉（按重量计干质成分的乳清蛋白含量超过80%）	10	5	Whey protein powder (containing by weight more than 80% whey proteins, calculated on the dry matter)
338	ex	35022000	乳铁蛋白	10	5	Lactoferrin
339		35051000	糊精及其他改性淀粉	12	6	Dextrins & other modified starches
340	ex	35079090	抗癌药原料（门冬酰胺酶）	6	0	Materials of anticancerogen (L-Asparagin asum)
341		37011000	未曝光的X光片	20	10	Photographic plates & film for X-ray, in the flat, sensitized, unexposed, of any material other than paper, paperboard or textiles
342		37024229	其他照相制版用未曝光无齿孔胶片，宽度>610毫米，长度>200米	1.6元/平方米	1.0元/平方米	Film rolls for preparing printing plates or cylinders, unexposed, without perforations, of any material other than paper, paperboard or textiles, width>610mm, length>200m, excl. wide anticorrosive photographic plate for printed circuit processing
343	ex	37024292	红色或红外激光胶片，宽度>80厘米，长度>1000米	2.4元/平方米	0.5元/平方米	Red or infra-red laser film width>80cm, length>1000m
344	ex	37071000	感光乳剂（不含银的）	8	4	Sensitizing emulsions (without silver component)
345		38011000	人造石墨	6.5	3	Artificial graphite
346		38151200	以贵金属及其化合物为活性物的载体催化剂	6.5	4	Supported catalysts with precious metal or its compounds as the active substances
347		38210000	供微生物或植物、人体、动物细胞生长或维持用的培养基	3	2	Prepared culture media for development of micro-organisms
348		38221100	疟疾用的附于衬背上的诊断或实验用试剂	3	0	Diagnostic or laboratory reagents on a backing, prepared diagnostic or laboratory reagents whether or not on a backing, for malaria

序号 No.	EX	税则号列 Tariff Line	货品名称 Article Description in Chinese	最惠国税率(%) MFN	暂定税率(%) Temporary Tariff Rate	英文货品名称 Article Description
349		38231200	油酸	16	8	Industrial oleic acid
350	ex	38231900	植物酸性油	16	5	Botanic acid oil
351		38237000	工业用脂肪醇	13	9	Industrial fatty alcohols
352	ex	38249999	用于生产聚酰胺的发酵液（含氨基酸、有机酸、有机胺、有机醇、核苷酸、多糖等）	6.5	0	Fermentation broth for the production of polyamide (containing amino acids, organic acids, organic amines, organic alcohols, nucleotides, polysaccharides, etc)
353	ex	38249999	载金炭	6.5	0	Gold Carbon
354	ex	38249999	高钛渣（二氧化钛质量百分含量大于70%的）	6.5	0	High titanium slag (containing more than 70% titannium dioxide by mass)
355	ex	38249999	按重量计氧化锌含量在50%及以上的混合物	6.5	3	Mixtures containing 50% or more zinc oxide by weight
356	ex	39011000	比重小于0.94的聚乙烯（进口CIF价高于3800美元/吨）	6.5	3	Polyethylene, gravity<0.94, (import CIF≥3800$/t)
357	ex	39012000	比重在0.94及以上的聚乙烯（进口CIF价高于3800美元/吨）	6.5	3	Polyethylene, gravity≥0.94, (import CIF≥3800$/t)
358	ex	39021000	电工级初级形状聚丙烯树脂(灰分含量不大于30ppm)	6.5	3	Electrotechnical polypropylene resin in primary forms (Ash content not more than 30ppm)
359		39072910	聚四亚甲基醚二醇	6.5	3	Polytetramethylene ether glycol
360	ex	39073000	溴的质量百分含量在18%及以上或进口CIF价格高于3800美元/吨的环氧树脂（如溶于溶剂，以纯环氧树脂折算溴的百分含量）	6.5	4	Epoxyresins containing by weight more than 18% Bromine or import CIF>3800$/t (base on pure epoxyresins if dissolved in solvent)
361		39077000	聚乳酸	6.5	3	Poly (lactic acid)
362	ex	39119000	偏苯三酸酐和异氰酸预缩聚物	6.5	3	Precondensed polymer of Trimellitic anhydride and isocyanic acid
363	ex	39119000	芳基酸与芳基胺预缩聚物	6.5	3	Precondensed polymer of aryl acid and arylamine
364	ex	39119000	改性三羟乙基脲酸酯类预缩聚物	6.5	3	Precondensed polymer of modified trihydroxy acetate
365		39201010	乙烯聚合物制电池隔膜	6.5	3	Battery separator, of polymers of ethylene
366	ex	39209100	聚乙烯醇缩丁醛膜（厚度不超过3毫米）	6.5	3	Polyvinyl butyral membrane (thickness≤3mm)
367	ex	39209990	聚酰亚胺膜（厚度不超过0.03毫米）	6.5	3	Membrane of polyimide (thickness≤0.03mm)
368	ex	39211990	电池隔膜	6.5	3	Battery separator
369	ex	39219090	离子交换膜	6.5	5	Ion exchange membrane
370	ex	39269090	聚氨酯制避孕套	10	0	Condom of polyurethane
371		40011000	天然胶乳	20	10%或900元/吨，两者从低	Natural rubber latex

序号 No.	EX	税则号列 Tariff Line	货品名称 Article Description in Chinese	最惠国税率(%) MFN	暂定税率(%) Temporary Tariff Rate	英文货品名称 Article Description
372		40012100	天然橡胶烟胶片	20	20%或1500元/吨，两者从低	Smoked sheets of natural rubber
373		40012200	技术分类天然橡胶(TSNR)	20	20%或1500元/吨，两者从低	Technically specified natural rubber, in primary forms or in plates, sheets or strip
374		40121300	航空器用翻新轮胎	20	4	Retreaded tyres of rubber, of a kind used on aircraft
375	ex	40169500	轨道机车用气囊升弓装置	18	9	Airbag pantograph-rising device for rail locomotives
376	ex	40169910	奶衬	8	4	Liner
377	ex	40169990	动车组用胶囊、外风挡板	10	5	Locomotive fording intercar barrier, gangway bellows
378	ex	41012020	生驴皮	5	2	Donkey skin
379		41041111	全粒面未剖层或粒面剖层蓝湿牛皮	6	3	Chrome-tanned bovine leather (wet blue skin leather), full grains, unsplit, or grain splits, not further prepared
380		41041911	其他蓝湿牛皮	6	3	Wet blue bovine leather, not further prepared, nes
381		41044100	全粒面未剖层或粒面剖层牛、马干革	5	3	Bovine or equine leather, without hair on, dry state (crust), full grains, unsplit, or grain splits, not further prepared
382		41051010	蓝湿绵羊或羔羊皮	14	10	Wet-blue sheep or lamb skin leather, without wool on, but not further prepared, whether or not split
383	ex	41062100	蓝湿山羊皮	14	10	Goat skin leather, in the wet-blue state, without hair on, but not further prepared, whether or not split
384		41063110	蓝湿猪皮	14	10	Wet-blue swine leather, without hair on, but not further prepared, whether or not split
385		43011000	整张生水貂皮	15	10	Raw furskins of mink, whole, with or without head, tail or paws
386		43016000	整张生狐皮	20	10	Raw furskins of fox, whole, with or without head, tail or paws
387		43018090	整张的其他生毛皮	20	10	Other furskins, whole, with or without head, tail or paws
388		44021000	竹炭, 不论是否结块	6	0	Bamboo charcoal, whether or not agglomerated
389		44022000	果壳炭、果核炭, 不论是否结块	6	0	Charcoal of shell or nut, whether or not agglomerated
390		44029000	其他木炭, 不论是否结块	6	0	Wood charcoal other than that from bamboo, charcoal of shell or nut, whether or not agglomerated

序号 No.	EX	税则号列 Tariff Line	货品名称 Article Description in Chinese	最惠国税率(%) MFN	暂定税率(%) Temporary Tariff Rate	英文货品名称 Article Description
391		44041000	针叶木的箍木；木劈条；粗加工的木桩、木棒；木片条	6	0	Hopwood; split poles; piles, pickets and stakes of wood, pointed but not sawn lengthwise; wooden sticks, roughly trimmed but not turned, bent or otherwise worked; chipwood and the like, coniferous
392		44042000	非针叶木的箍木；木劈条；粗加工的木桩、木棒；木片条	6	0	Hoopwood; split poles; piles, pickets and stakes of wood, pointed but not sawn lengthwise; wooden sticks, roughly trimmed but not turned, bent or otherwise worked; chipwood and the like, non-coniferous
393		44050000	木丝及木粉	6	0	Wood wool; wood flour
394		44081011	厚度不超过6毫米的用胶合板等多层板制的针叶木饰面用单板	6	0	Coniferous wood veneer sheets, of a thickness not exceeding 6mm, of laminated wood of plywood
395		44081019	厚度不超过6毫米的其他针叶木饰面用单板	4	0	Other conifer wood veneer sheets, of a thickness not exceeding 6mm
396		44081020	厚度不超过6毫米的制胶合板用针叶木单板	4	0	Conifer wood veneer sheets for plywood, of a thickness not exceeding 6mm
397		44081090	厚度不超过6毫米的其他针叶木单板	4	0	Other Conifer wood veneer sheets of a thickness not exceeding 6mm
398		44083111	厚度不超过6毫米的红柳桉木制的饰面用单板	6	0	Red Meranti, veneer sheets, of a thickness not exceeding 6mm
399		44083119	厚度不超过6毫米的其他红柳桉木饰面用单板	4	0	Other Red Meranti, veneer sheets, of a thickness not exceeding 6mm
400		44083120	厚度不超过6毫米的制胶合板用的红柳桉木单板	4	0	Red Meranti, sheets for plywood, of a thickness not exceeding 6mm
401		44083190	厚度不超过6毫米的其他红柳桉木单板	4	0	Other Red Meranti veneer sheets, of a thickness not exceeding 6mm
402		44083911	用胶合板等多层板制的其他非红柳桉木的热带木饰面用单板，厚度不超过6毫米	6	0	Tropical woods veneer sheets for plywood (other than red Meranti), of a thickness not exceeding 6mm
403		44083919	其他非红柳桉木的热带木饰面用单板，厚度不超过6毫米	4	0	Tropical woods veneer sheets (other than red Meranti), of a thickness not exceeding 6mm
404		44083920	其他非红柳桉木的热带木制胶合板用单板，厚度不超过6毫米	4	0	Tropical wood veneer for plywood (other than red Meranti), of a thickness not exceeding 6mm
405		44083990	其他非红柳桉木的热带木制的其他单板，厚度不超过6毫米	4	0	Tropical wood veneer sheets sawn lengthwise (other than red Meranti), sliced or peeled, of a thickness not exceeding 6mm
406		44089011	用胶合板等多层板制的其他非针叶木、非热带木饰面用单板，厚度不超过6毫米	4	0	Plywood veneer (other than Conifers nor tropical wood) , of a thickness not exceeding 6mm

序号 No.	EX	税则号列 Tariff Line	货品名称 Article Description in Chinese	最惠国税率(%) MFN	暂定税率(%) Temporary Tariff Rate	英文货品名称 Article Description
407		44089012	温带非针叶木制饰面用单板,厚度不超过6毫米	3	0	Veneer sheets, of a thickness not exceeding 6mm, of temperate non-conifer wood
408		44089013	竹制饰面用单板,厚度不超过6毫米	4	0	Bamboo veneer sheets, of a thickness not exceeding 6mm
409		44089019	其他非针叶木、非热带木制饰面用单板,厚度不超过6毫米	3	0	Veneer sheets other than non-conifer, non-tropical wood, of a thickness not exceeding 6mm
410		44089021	其他温带非针叶木制胶合板用单板,厚度不超过6毫米	3	0	Wood veneer for plywood,of a thickness not exceeding 6mm, of temperate non-coniferous species
411		44089029	其他木制胶合板用单板,厚度不超过6毫米	3	0	Veneer for plywood, of a thickness not exceeding 6mm
412		44089091	其他温带非针叶木制单板,厚度不超过6毫米	3	0	Timber, of a thickness not exceeding 6mm, of temperate non-coniferous species
413		44089099	其他单板,厚度不超过6毫米	3	0	Other timber, of a thickness not exceeding 6mm
414		44091010	任何一边、端或面制成连续形状的针叶木地板条(块)	6	0	Coniferous Floor board strips, continuously shaped along any of its edges, ends or faces
415	.	44091090	其他任何一边、端或面制成连续形状的针叶木木材	6	0	Other Coniferous timber, continuously shaped along any of its edges, ends or faces
416		44092110	任何一边、端或面制成连续形状的竹地板条(块)	4	0	Floor board strips of bamboo, continuously shaped along any of its edges, ends or faces
417		44092190	其他任何一边、端或面制成连续形状的竹材	4	0	Other bamboo, continuously shaped along any of its edges, ends or faces
418		44092210	任何一边、端或面制成连续形状的热带木地板条(块)	4	0	Floor board strips of tropical wood, continuously shaped along any of its edges, ends or faces
419		44092290	其他任何一边、端或面制成连续形状的热带木材	4	0	Other tropical wood, continuously shaped along any of its edges, ends or faces
420		44092910	任何一边、端或面制成连续形状的其他非针叶木地板条(块)	4	0	Floor board strips of non-coniferous wood, continuously shaped along any of its edges, ends or faces
421		44092990	其他任何一边、端或面制成连续形状的其他非针叶木木材	4	0	Other Non-conferous wood, continuously shaped along any of its edges, ends or faces, whether or not planed, sa
422		44101100	木制碎料板,不论是否用树脂或其他有机粘合剂粘合	4	0	Particle board, whether or not agglomerated with resins or other organic binding substances
423		44101200	木制定向刨花板(OSB),不论是否用树脂或其他有机粘合剂粘合	4	0	Oriented standard board, whether or not agglomerated with resins or other organic binding substance

序号 No.	EX	税则号列 Tariff Line	货品名称 Article Description in Chinese	最惠国税率(%) MFN	暂定税率 (%) Temporary Tariff Rate	英文货品名称 Article Description
424		44101900	其他木制类似板（例如，华夫板），不论是否用树脂或其他有机粘合剂粘合	4	0	Other wood board (such as Waiferboard), whether or not agglomerated with resins or other organic binding substance
425		44111211	厚度不超过5毫米，密度超过每立方厘米0.8克，未经机械加工或盖面的中密度纤维板	4	0	Medium density fiberboard of a thickness not exceeding 5mm and a density exceeding $0.8g/cm^3$, not mechanically worked or surface covered
426		44111219	厚度不超过5毫米的，密度超过每立方厘米0.8克，经机械加工或盖面的中密度纤维板	6	0	Medium density fiberboard of a thickness not exceeding 5mm and a density exceeding $0.8g/cm^3$, mechanically worked or surface covered
427		44111221	厚度不超过5毫米，密度超过每立方厘米0.5克，但未超过每立方厘米0.8克辐射松制中密度木纤维板	4	0	Medium density fiberboard made of radiata pine, of a thickness not exceeding 5mm and a density exceeding $0.5g/cm^3$ but not exceeding $0.8g/cm^3$
428		44111229	厚度不超过5毫米，密度超过每立方厘米0.5克，但未超过每立方厘米0.8克其他木制中密度木纤维板	4	0	Other medium density fiberboard of a thickness not exceeding 5mm and a density exceeding $0.5g/cm^3$ but not exceeding $0.8g/cm^3$
429		44111291	厚度不超过5毫米，密度不超过每立方厘米0.5克，未经机械加工或盖面中密度木纤维板	6	0	Medium density fiberboard of a thickness not exceeding 5mm, not mechanically worked or surface covered
430		44111299	厚度不超过5毫米，密度不超过每立方厘米0.5克，经机械加工或盖面中密度木纤维板	4	0	Medium density fiberboard of a thickness not exceeding 5mm, mechanically worked or surface covered
431		44111311	厚度超过5毫米但未超过9毫米，密度超过每立方厘米0.8克，未经机械加工或盖面的中密度木纤维板	4	0	Medium density fiberboard of a thickness exceeding 5mm but not exceeding 9mm and of a density exceeding $0.8g/cm^3$, not mechanically worked or surface covered
432		44111319	厚度超过5毫米但未超过9毫米，密度超过每立方厘米0.8克，经机械加工或盖面的中密度纤维板	6	0	Medium density fiberboard of a thickness exceeding 5mm but not exceeding 9mm and of a density exceeding $0.8g/cm^3$, mechanically worked or surface covered
433		44111321	厚度超过5毫米但未超过9毫米，密度超过每立方厘米0.5克，但未超过每立方厘米0.8克，辐射松制的中密度木纤维板	4	0	Medium density fiberboard made of radiata pine, of a thickness exceeding 5mm but not exceeding 9mm and of a density exceeding $0.5g/cm^3$ but not exceeding $0.8g/cm^3$
434		44111329	厚度超过5毫米但未超过9毫米的，密度超过每立方厘米0.5克，但未超过每立方厘米0.8克的其他中密度木纤维板	4	0	Other medium density fiberboard of a thickness exceeding 5mm but not exceeding 9mm and of a density exceeding $0.5g/cm^3$ but not exceeding $0.8g/cm^3$

序号 No.	EX	税则号列 Tariff Line	货品名称 Article Description in Chinese	最惠国税率(%) MFN	暂定税率 (%) Temporary Tariff Rate	英文货品名称 Article Description
435		44111391	厚度超过5毫米但未超过9毫米, 密度不超过每立方厘米0.5克, 未经机械加工或盖面的中密度木纤维板	6	0	Medium density fiberboard of a thickness exceeding 5mm but not exceeding 9mm, not mechanically worked or surface covered
436		44111399	厚度超过5毫米但未超过9毫米, 密度不超过每立方厘米0.5克, 经机械加工或盖面的中密度木纤维板	4	0	Medium density fiberboard of a thickness exceeding 5mm but not exceeding 9mm, mechanically worked or surface covered
437		44111411	厚度超过9毫米, 密度超过每立方厘米0.8克, 未经机械加工或盖面的中密度木纤维板	4	0	Medium density fiberboard of a thickness exceeding 9mm and of a density exceeding 0.8g/cm^3, not mechanically worked or surface covered
438		44111419	厚度超过9毫米, 密度超过每立方厘米0.8克, 经机械加工或盖面的中密度木纤维板	6	0	Medium density fiberboard of a thickness exceeding 9mm and of a density exceeding 0.8g/cm^3, mechanically worked or surface covered
439		44111421	厚度超过9毫米, 密度超过每立方厘米0.5克, 但未超过每立方厘米0.8克, 辐射松制的中密度木纤维板	4	0	Medium density fiberboard made of radiata pine, of a thickness exceeding 9mm and of a density exceeding 0.5g/cm^3 but not exceeding 0.8g/cm^3
440		44111429	厚度超过9毫米, 密度超过每立方厘米0.5克, 但未超过每立方厘米0.8克, 其他木制中密度木纤维板	4	0	Other medium density fiberboard of a thickness exceeding 9mm and of a density exceeding 0.5g/cm^3 but not exceeding 0.8g/cm^3
441		44111491	厚度超过9毫米, 密度未超过每立方厘米0.5克, 未经机械加工或盖面的中密度木纤维板	6	0	Medium density fiberboard of a thickness exceeding 9mm, not mechanically worked or surface covered
442		44111499	厚度超过9毫米, 密度未超过每立方厘米0.5克, 经机械加工或盖面的中密度木纤维板	4	0	Medium density fiberboard of a thickness exceeding 9mm, mechanically worked or surface covered
443		44119210	其他木纤维板, 密度超过每立方厘米0.8克, 未经机械加工或盖面的	4	0	Other wood fiberboard, of a density exceeding 0.8g/cm^3, not mechanically worked or surface covered
444		44119290	其他木纤维板, 密度超过每立方厘米0.8克, 经机械加工或盖面的	6	0	Other wood fiberboard, of a density exceeding 0.8g/cm^3, mechanically worked or surface covered
445		44119310	辐射松制的其他木纤维板, 密度超过每立方厘米0.5克, 但未超过每立方厘米0.8克	4	0	Other fiberboard made of radiata pine, of a density exceeding 0.5g/cm^3 but not exceeding 0.8g/cm^3
446		44119390	其他木纤维板, 密度超过每立方厘米0.5克, 但未超过每立方厘米0.8克	4	0	Other wood fiberboard other than radiata pine, of a density exceeding 0.5g/cm^3 but not exceeding 0.8g/cm^3
447		44119410	其他木纤维板, 密度超过每立方厘米0.35克, 但未超过每立方厘米0.5克	6	0	Other wood fiberboard, of a density exceeding 0.35g/cm^3 but not exceeding 0.5g/cm^3

序号 No.	EX	税则号列 Tariff Line	货品名称 Article Description in Chinese	最惠国税率(%) MFN	暂定税率(%) Temporary Tariff Rate	英文货品名称 Article Description
448		44119421	其他木纤维板, 密度未超过每立方厘米0.35克, 未经机械加工或盖面的	6	0	Other wood fiberboard, of a density not exceeding 0.35g/cm³, not mechanically worked or surface covered
449		44119429	其他木纤维板, 密度未超过每立方厘米0.35克, 经机械加工或盖面的	4	0	Other wood fiberboard, of a density not exceeding 0.35g/cm³, mechanically worked or surface covered
450		44121011	至少有一表层为热带木的, 仅由薄板制的竹制胶合板, 每层厚度不超过6毫米	6	0	Plywood consisting mainly of bamboo sheets, with at least one outer ply of tropical wood
451		44121019	其他由薄板制的竹制胶合板, 每层厚度不超过6毫米	4	0	Other plywood consisting solely of bamboo sheets, the thickness of each layer not exceed 6mm
452		44121020	至少有一表层是非针叶木的, 其他竹制胶合板、单板饰面板及类似的多层板	6	0	Bamboo plywood, veneer overlay or laminated, with at least one outer ply of non-coniferous wood
453		44121093	中间至少有一层是本章本国注释一所列的热带木的, 其他竹制胶合板、单板饰面板及类似的多层板	6	0	Bamboo plywood, veneer overlay or laminated, with at least one inner ply of tropical wood, specified in Domestic Subheading Note 1 to this Chapter
454		44121094	中间至少有一层是其他热带木的, 其他竹制胶合板、单板饰面板及类似的多层板	6	0	Bamboo plywood, veneer overlay or laminated, with at least one inner ply of other tropical wood
455		44121095	中间至少含有一层木碎料板的, 其他竹制胶合板、单板饰面板及类似的多层板	6	0	Bamboo plywood, veneer overlay or laminated, containing at least one inner layer of particle board
456		44121099	其他竹制胶合板、单板饰面板及类似的多层板	4	0	Other bamboo plywood, veneer overlay or laminated
457		44123100	至少有一表层是热带木的, 每层厚度不超过6毫米的, 仅由薄木板制的其他胶合板(竹制除外)	6	0	Plywood with at least one outer ply of tropical wood, each ply not exceeding 6mm thickness (exclude bamboo)
458		44123300	其他至少有一表层是下列非针叶木: 桤木、白蜡木、水青冈木(山毛榉木)、桦木、樱桃木、栗木、榆木、桉木、山核桃、七叶树、椴木、槭木、栎木(橡木)、悬铃木、杨木、刺槐木、鹅掌楸或核桃木的, 每层厚度不超过6毫米的, 仅由薄木板制的其他胶合板(竹制除外)	4	0	Other plywood with at least one outer ply of non-coniferous wood, such as alder (Alnus spp.), ash (Fraxinus spp.), birch (Betula spp.), cherry (Prunus spp.), chestnut (Castanea spp.), elm (U&lmus spp.), eucalyptus (Eucalyptus spp.), hickory (Carya spp.), horse chestnut (Aesculus spp.), lime (Tilia spp.), maple (Acer spp.), oak (Quercus spp.), plane tree (Platanus spp.), poplar and aspen (Populus spp.), robinia (Robinia spp.), tulipwood (Liriodendron spp.) or walnut (Juglans spp.), each ply not exceeding 6mm thickness (exclude bamboo)

序号 No.	EX	税则号列 Tariff Line	货品名称 Article Description in Chinese	最惠国税率(%) MFN	暂定税率(%) Temporary Tariff Rate	英文货品名称 Article Description
459		44123410	其他至少有一表层是温带非针叶木(子目4412.3300的非针叶木除外)的, 每层厚度不超过6毫米, 仅由薄木板制的其他胶合板(竹制除外)	4	0	Other plywood with at least one outer ply of temperate non-coniferous wood (exclude non-coniferous wood of subheading 4412.3300), each ply not exceeding 6mm thickness (exclude bamboo)
460		44123490	其他至少有一表层为子目4412.3300和4412.3410未具体列明的非针叶木的, 每层厚度不超过6毫米, 仅由薄木板制的其他胶合板(竹制除外)	4	0	Other plywood with at least one outer ply of non-coniferous wood, (not specifically listed in subheading 4412.3300 and 4412.3410), each ply not exceeding 6mm thickness (exclude bamboo)
461		44123900	其他上下表层均为针叶木的, 每层厚度不超过6毫米, 仅由薄木板制的其他胶合板(竹制除外)	4	0	Other plywood, face and back layer consisting solely of coniferous wood, each ply not exceeding 6mm thickness (exclude bamboo)
462		44124100	至少有一表层是热带木的单板层积材	6	0	Laminated veneered lumber (LVL) with at least one outer ply of tropical wood
463		44124200	其他至少有一表层是非针叶木的单板层积材	6	0	Other laminated veneered lumber (LVL) with at least one outer ply of non-coniferous wood
464		44124911	上下表层均为针叶木, 中间至少有一层是本章本国注释一所列的热带木的单板层积材	6	0	Laminated veneered lumber (LVL) with both outer plies of coniferous wood, with at least one ply of tropical wood in the middle in Domestic Subheading Note 1 to this Chapter
465		44124919	上下表层均为针叶木, 中间至少有一层是其他热带木的单板层积材	6	0	Laminated veneered lumber (LVL) with both outer plies of coniferous wood, with at least one ply of other tropical wood
466		44124920	上下表层均为针叶木, 中间至少含有一层木碎料板的单板层积材	6	0	Laminated veneered lumber (LVL) with both outer plies of coniferous wood, with at least one layer of particle board
467		44124990	上下表层均为针叶木的其他单板层积材	4	0	Laminated veneered lumber (LVL) with both outer plies of coniferous wood, nes
468		44125100	至少有一表层是热带木的木块芯胶合板、侧板条芯胶合板及板条芯胶合板	6	0	Blockboard, laminboard and battenboard with at least one outer ply of tropical wood
469		44125200	其他至少有一表层是非针叶木的木块芯胶合板、侧板条芯胶合板及板条芯胶合板	6	0	Other blockboard, laminboard and battenboard with at least one outer ply of non-coniferous wood
470		44125911	上下表层均为针叶木, 中间至少有一层是本章本国注释一所列的热带木的木块芯胶合板、侧板条芯胶合板及板条芯胶合板	6	0	Blockboard, laminboard and battenboard with both outer plies of coniferous wood, with at least one ply of tropical wood in the middle in Domestic Subheading Note 1 to this Chapter

序号 No.	EX	税则号列 Tariff Line	货品名称 Article Description in Chinese	最惠国税率(%) MFN	暂定税率 (%) Temporary Tariff Rate	英文货品名称 Article Description
471		44125919	上下表层均为针叶木, 中间至少有一层是其他热带木的木块芯胶合板、侧板条芯胶合板及板条芯胶合板	6	0	Blockboard, laminboard and battenboard with both outer plies of coniferous wood, with at least one ply of other tropical wood
472		44125920	上下表层均为针叶木, 中间至少含有一层木碎料板的木块芯胶合板、侧板条芯胶合板及板条芯胶合板	6	0	Blockboard, laminboard and battenboard with both outer plies of coniferous wood, with at least one layer of particle board
473		44125990	其他上下表层均为针叶木的木块芯胶合板、侧板条芯胶合板及板条芯胶合板	4	0	Blockboard, laminboard and battenboard with both outer plies of coniferous wood, nes
474		44129100	其他至少有一表层是热带木的木面多层板	6	0	Other laminated wood with at least one outer ply of tropical wood
475		44129200	其他至少有一表层是非针叶木的木面多层板	6	0	Other laminated wood with at least one outer ply of non-coniferous wood
476		44129920	其他上下表层均为针叶木, 中间至少有一层是本章本国注释一所列的热带木的木面多层板	6	0	Other laminated wood with both outer plies of coniferous wood, with at least one ply of tropical wood in the middle in Domestic Subheading Note 1 to this Chapter
477		44129930	其他上下表层均为针叶木, 中间至少有一层是其他热带木的木面多层板	6	0	Other laminated wood with both outer plies of coniferous wood, with at least one ply of other tropical wood
478		44129940	其他上下表层均为针叶木, 中间至少含有一层木碎料板的木面多层板	6	0	Other laminated wood with both outer plies of coniferous wood, with at least one layer of particle board
479		44129990	其他上下表层均为针叶木的木面多层板	4	0	Other laminated wood with both outer plies of coniferous wood, nes
480		44130000	成块、板、条或异形的强化木	6	0	Densified wood, in blocks, plates, strips or profile shapes
481		44149010	辐射松木制的画框, 相框, 镜框及类似品	7	0	Radiata pine frames for paintings, photographs, mirrors or similar objects
482		44151000	木制的箱、盒、板条箱、圆桶及类似的包装容器、电缆卷筒	6	0	Wooden cases, boxes, crates, drums and similar packings, cable-drums
483		44152010	辐射松制的木托板、箱形托盘及其他装载用木板或辐射松制制的托盘护框	6	0	Pallets, box pallets & other load boards made of radiata pine; pallet pallet frames made of radiata pine
484		44152090	其他木托板、箱形托盘及其他装载用木板或其他木制的托盘护框	6	3	Pallets, box pallets & other load boards other than radiata pine; pallet collars made of wood other than radiata pine
485		44160010	包括桶板的辐射松制大桶、琵琶桶、盆和其他木制箍桶及其零件	12	0	Casks, barrels, vats, tubs, and other coopers' products and parts thereof made of radiata pine, incl. staves

序号 No.	EX	税则号列 Tariff Line	货品名称 Article Description in Chinese	最惠国税率(%) MFN	暂定税率(%) Temporary Tariff Rate	英文货品名称 Article Description
486	ex	44160090	橡木制大桶、琵琶桶、盆和其他木制箍桶及其零件,包括桶板	12	5	Casks, barrels, vats, tubs, and other coopers' products and parts thereof made of radiata pine, incl. staves
487		44170010	辐射松制的工具、工具支架、工具柄、扫帚及刷子的身及柄;辐射松制鞋靴楦及楦头	12	0	Tools, tool bodies, tool handles, broom or brush bodies and handles made of radiata pine; boot or shoe lasts and trees made of radiata pine
488		44181100	热带木制的窗、法兰西式(落地)窗及其木制框架	4	0	Windows, French-windows and their frames, made of tropical wood
489		44181910	辐射松制的窗、法兰西式(落地)窗及其木制框架	4	0	Windows, French-windows and their frames, made of radiata pine
490		44181990	其他木制的窗、法兰西式(落地)窗及其木制框架	4	0	Windows, French-windows and their frames, of wood other than radiata pine
491		44182100	热带木制门及其框架和门槛	4	0	Doors and their frames and thresholds, made of tropical wood
492		44182900	其他木制门及其框架和门槛	4	0	Doors and their frames and thresholds, of wood other than tropical wood
493		44183000	木制柱及樑,子目4418.8100至4418.8900的货品除外	4	0	Wooden posts and beams other than products of subheadings 4418.8100 to 4418.8900
494		44184000	木制水泥构件的模板	4	0	Wooden shuttering for concrete constructional work
495		44185000	木瓦及木制盖屋板	6	0	Wooden shingles and shakes
496		44187310	竹的或至少顶层(耐磨层)是竹的已拼装的马赛克竹地板	4	0	Bamboo or top layer made of bamboo, assembled mosaic floors
497		44187320	其他竹的或至少顶层(耐磨层)是竹的已装拼竹制多层地板	4	0	Other bamboo or top layer made of bamboo, assembled multi-layer floor
498		44187390	其他竹的或至少顶层(耐磨层)是竹的已装拼地板	4	0	Other bamboo or top layer made of bamboo, assembled floors
499		44187400	其他已拼装的马赛克地板	4	0	Other assembled mosaic floors
500		44187500	其他已拼装的多层地板	4	0	Other assembled multi-layer floor
501		44187900	其他已拼装的地板	4	0	Other assembled floor
502		44188100	集成材	4	0	Glue-laminated timber (glulam)
503		44188200	正交胶合木	4	0	Cross-laminated timber (CLT or X-lam)
504		44188300	工字梁	4	0	I beams
505		44188900	其他工程结构木制品	4	0	Other engineered structural timber products
506		44189100	其他建筑用竹制品	4	0	Other bamboo products for construction
507		44189200	蜂窝结构木镶板	4	0	Cellular wood panels
508		44189900	其他建筑用木工制品	4	0	Other wooden products for construction
509		45011000	未加工或简单加工的天然软木	6	0	Natural cork, raw or simply prepared
510		45020000	除去表皮或粗切成方形或成长方块、正方块、板、片或条状(包括做塞子用的方块坯料)的天然软木	8	0	Natural cork, debarked or roughly squared, or in rectangular (incl. square) blocks, plates, sheets or strip (incl. sharp-edged blanks for corks or stoppers)

序号 No.	EX	税则号列 Tariff Line	货品名称 Article Description in Chinese	最惠国税率(%) MFN	暂定税率 (%) Temporary Tariff Rate	英文货品名称 Article Description
511		45031000	天然软木塞子	8	0	Natural corks and stoppers
512		45039000	其他天然软木制品	8	0	Other natural cork products
513		45041000	块、板、片、条状、实心圆柱体、圆片或任何形状的砖、瓦的压制软木	8	0	Agglomerated corks and stoppers, shaped with block, panel, piece, strip, cylinder, disk nes
514		46012100	竹制的席子、席料及帘子	7	0	Mats, matting and screens of bamboo
515		46012200	藤制的席子、席料及帘子	7	0	Mats, matting and screens of ratten
516		46012911	灯心草属材料制的的席子、席料及帘子	7	0	Mats, matting and screens of rush
517		46012919	其他草制的席子、席料及帘子	7	0	Mats, matting and screens of other grass or straw
518		46012921	苇帘	7	0	Screens of reed
519		46012929	芦苇制的席子、席料	7	0	Mats and matting of reed
520		46012990	其他植物材料制席子、席料及帘子	7	0	Mats, matting and screens of other vegetable materials
521		46019210	竹缏条及类似产品	7	0	Plaits and similar products of bamboo, whether or not assembled into strips
522		46019290	竹制的其他编结材料产品	7	0	Other plaits and similar products of bamboo
523		46019310	藤缏条及类似产品	7	0	Plaits and similar products of rattan, whether or not assembled into strips
524		46019390	藤制的其他编结材料产品	7	0	Other plaits and similar products of rattan
525		46019411	稻草制的缏条（绳）	7	0	Plaits of straws
526		46019419	稻草制的其他编结材料产品	7	0	Other similar products like plaits of straws
527		46019491	其他植物材料制的缏条及类似产品	7	0	Other plaits and similar products of plaiting materials, whether or not assembled into strips
528		46019499	其他植物材料制的其他编结产品	7	0	Plaits and similar products of plaiting materials other than bamboo and rattan
529		46019910	其他非植物编结材料制的缏条及类似产品	7	0	Plaits & similar products of plaiting materials, whether or not assembled into strips, of non-vegetable plaiting materials
530		46019990	其他非植物编结材料制的其他产品	7	0	Plaits materials, plaits and similar products of plaiting materials, bond together in parallel strands or woven, in sheet form, whether or not being finished articles, of non-vegetable plaiting materials
531		46021100	竹编制的篮筐及其他制品	7	0	Basketwork, wickerwork and other articles of bamboo
532		46021200	藤编制的篮筐及其他制品	7	0	Basketwork, wickerwork and other articles of ratten
533		46021910	草编制的篮筐及其他制品	7	0	Basketwork, wickerwork and other articles of grass or straw

序号 No.	EX	税则号列 Tariff Line	货品名称 Article Description in Chinese	最惠国税率(%) MFN	暂定税率(%) Temporary Tariff Rate	英文货品名称 Article Description
534		46021920	玉米皮编制的篮筐及其他制品	7	0	Basketwork, wickerwork and other articles of maize-shuck
535		46021930	柳条编制的篮筐及其他制品	7	0	Basketwork, wickerwork and other articles of osier
536		46021990	其他植物材料编制的篮筐及其他制品	7	0	Basketwork, wickerwork and other articles of other vegetable materials
537		46029000	非植物编结材料制的其他制品	7	0	Basketwork, wickerwork and other articles, of other non-vegetable plaiting materials; articles of loofah
538		48021010	宣纸	6	4	Xuan paper
539		48021090	其他手工制纸及纸板	6	5	Other hand-made paper and paperboard
540		48022010	照相原纸	6	0	Photo paper base
541		48022090	除照相原纸外的光敏、热敏、电敏纸, 纸板的原纸、板	6	0	Other paper and paperboard used as a base for photo-sensitive, heat-sensitive or electro-sensitive paper and paperboard
542		48024000	壁纸原纸	6	0	Wallpaper base, uncoated, in rolls or sheets
543		48025400	每平方米重量小于40克的书写、印刷或类似用途的其他未涂布纸及纸板, 不含用机械方法或化学-机械方法制得的纤维或所含前述纤维不超过全部纤维重量的10%	6	0	Paper and paperboard of a kind used for writing, printing or other graphic purposes, not containing fires obtained by a mechanical process or such fibres≤10% by weight of the total fibre content, weighing <40g/m^2, uncoated, in rolls or sheets, nes
544		48025500	每平方米重量在40克及以上, 但不超过150克, 成卷的书写、印刷或类似用途的其他未涂布纸及纸板, 不含用机械方法或化学-机械方法制得的纤维或所含前述纤维不超过全部纤维重量的10%	5	0	Paper and paperboard of a kind used for writing, printing or other graphic purposes, not containing fires obtained by a mechanical process or such fibres≤10% by weight of the total fibre content, 40g/m^2≤weight≤150g/m^2, uncoated, in rolls, nes
545		48025600	每平方米重量在40克及以上, 但不超过150克, 成张的, 以及未折叠计一边不超过435毫米, 另一边不超过297毫米的书写、印刷或类似用途的其他未涂布纸及纸板, 不含用机械方法或化学-机械方法制得的纤维或所含前述纤维不超过全部纤维重量的10%	5	0	Paper and paperboard of a kind used for writing, printing or other graphic purposes, not containing fires obtained by a mechanical process or such fibres≤10% by weight of the total fibre content, 40g/m^2≤weight≤150g/m^2, uncoated, in sheets with one side no
546		48025700	其他每平方米重量在40克及以上, 但不超过150克的书写、印刷或类似用途的其他未涂布纸及纸板, 不含用机械方法或化学-机械方法制得的纤维或所含前述纤维不超过全部纤维重量的10%	5	0	Paper and paperboard of a kind used for writing, printing or other graphic purposes, not containing fires obtained by a mechanical process or such fibres≤10% by weight of the total fibre content, 40g/m^2≤weight≤150g/m^2, uncoated, in sheets, nes

序号 No.	EX	税则号列 Tariff Line	货品名称 Article Description in Chinese	最惠国税率(%) MFN	暂定税率(%) Temporary Tariff Rate	英文货品名称 Article Description
547		48025800	每平方米重量超过150克的书写、印刷或类似用途的其他未涂布纸及纸板,不含用机械方法或化学-机械方法制得的纤维或所含前述纤维不超过全部纤维重量的10%	5	0	Paper/paperboard of a kind used for writing, printing or other graphic purposes, not containing fires obtained by a mechanical process or such fibres≤10% by weight of the total fibre content, weighing more than 150g/m², uncoated, in rolls or sheets, nes
548		48026100	成卷的书写、印刷或类似用途的其他未涂布纸及纸板,所含用机械方法或化学-机械方法制得的纤维超过全部纤维重量的10%	5	0	Paper and paperboard of a kind used for writing, printing or other graphic purposes, and punch card stock and punch tape paper, consists of fibres obtained by a mechanical process>10% by weight of the total fibre content, uncoated, in rolls, nes
549		48026200	成张的,以及未折叠计一边不超过435毫米,另一边不超过297毫米的书写、印刷或类似用途的其他未涂布纸及纸板,所含用机械方法或化学-机械方法制得的纤维超过全部纤维重量的10%	5	0	Paper and paperboard of a kind used for writing, printing or other graphic purposes, and punch card stock and punch tape paper, consists of fibres obtained by a mechanical process>10% by weight of the total fibre content, uncoated, In sheets with one side
550		48026900	其他书写、印刷或类似用途的其他未涂布纸及纸板,所含用机械方法或化学-机械方法制得的纤维超过全部纤维重量的10%	5	0	Paper and paperboard of a kind used for writing, printing or other graphic purposes, and punch card stock and punch tape paper, consists of fibres obtained by a mechanical process>10% by weight of the total fibre content, uncoated, newsprint, in sheets, n
551		48051100	成卷或成张的半化学的瓦楞原纸	6	0	Semi-chemical fluting paper (corrugating medium), uncoated, in rolls or sheets
552		48051200	成卷或成张的草浆瓦楞原纸	6	0	Straw fluting paper, uncoated, in rolls or sheets
553		48051900	成卷或成张的其他瓦楞原纸	6	0	Fluting paper, nes, uncoated, in rolls or sheets
554		48052400	成卷或成张的每平方米重量在150克及以下的强韧箱纸板	6	0	Testliner (recycled liner board), weighing 150 g/m² or less
555		48052500	成卷或成张的每平方米重量超过150克的强韧箱纸板	6	0	Testliner (recycled liner board), weighing more than 150 g/m²
556		48059190	每平方米重量在150克及以下的成卷或成张的其他未经涂布的纸及纸板	6	0	Other paper and paperboard, with weight≤150g/m², uncoated, in rolls or sheets
557		48059300	每平方米重量225克及以上的成卷或成张的其他未经涂布的纸及纸板	6	0	Paper and paperboard, nes, weighing≥225g/m², uncoated, in rolls or sheets
558		48061000	成卷或成张的植物羊皮纸	6	5	Botanic parchment

序号 No.	EX	税则号列 Tariff Line	货品名称 Article Description in Chinese	最惠国税率(%) MFN	暂定税率(%) Temporary Tariff Rate	英文货品名称 Article Description
559		48062000	成卷或成张的防油纸	6	5	Greaseproof papers
560		48063000	成卷或成张的描图纸	6	5	Tracing papers
561		48064000	成卷或成张的高光泽透明或半透明纸	6	5	Glassine transparent or translucent papers
562		48070000	成卷或成张的复合纸及纸板	6	5	Composite paper and paperboard (excl. self-adhesive), in rolls or sheets
563		48081000	成卷或成张的瓦楞纸及纸板, 不论是否穿孔	6	0	Corrugated paper and paperboard, whether or not perforated
564		48101300	成卷的书写、印刷或类似用途的单面或双面涂布高岭土或其他无机物质的纸及纸板, 不含用机械方法或化学-机械方法制得的纤维或所含前述纤维不超过全部纤维重量的10%	5	0	Paper/paperboard of a kind writing/printing/other graphic purposes, fibres obtained by a mechanical process≤10% by weight of total fibre, weighing≤150g/m^2, coated with kaolin or other inorganic substances, and with no other coating, in rolls
565		48101400	成张的未折叠计一边不超过435毫米, 另一边不超过297毫米的书写、印刷或类似用途的单面或双面涂布高岭土或其他无机物质的纸及纸板, 不含用机械方法或化学-机械方法制得的纤维或所含前述纤维不超过全部纤维重量的10%	5	0	Paper/paperboard of a kind writing/printing/other graphic purposes, fibres obtained by a mechanical process≤10% by weight of total fibre, weighing≤150g/m^2, coated with kaolin or other inorganic substances, and with no other coating, in sheets with one sid
566		48101900	其他书写、印刷或类似用途的单面或双面涂布高岭土或其他无机物质的纸及纸板, 不含用机械方法或化学-机械方法制得的纤维或所含前述纤维不超过全部纤维重量的10%	5	0	Paper/paperboard of a kind writing/printing/other graphic purposes, fibres obtained by a mechanical process≤10% by weight of total fibre, weighing≤150g/m^2, coated with kaolin or other inorganic substances, and with no other coating, in sheets, nes
567		48102900	成卷或成张的其他书写、印刷或类似用途的纸及纸板, 所含用机械方法制得的纤维超过全部纤维重量的10%	5	0	Paper and paperboard (other than light-weight coated) of a kind used for writing, printing or other graphic purposes, of which more than 10% by weight of the total fibre content consists of fibres obtained by a mechanical process, nes, coated with kaolin
568		48103100	成卷或成张的单面或双面涂布高岭土或其他无机物质的每平方米重量不超过150克的本体均匀漂白, 所含用化学方法制得的木纤维超过全部纤维重量的95%的牛皮纸及纸板	5	0	Kraft paper/paperboard, bleached uniformly throughout the mass and wood fibres obtained by a chemical process>95% by weight of total fibre, nes, weight≤150g/m^2, coated with kaolin or other inorganic substances and no other coating, in rolls or sheets

序号 No.	EX	税则号列 Tariff Line	货品名称 Article Description in Chinese	最惠国税率(%) MFN	暂定税率(%) Temporary Tariff Rate	英文货品名称 Article Description
569		48103200	成卷或成张的单面或双面涂布高岭土或其他无机物质的每平方米重量超过150克的本体均匀漂白,所含用化学方法制得的木纤维超过全部纤维重量的95%的牛皮纸及纸板	5	0	Kraft paper/paperboard, bleached uniformly throughout the mass and wood fibres obtained by a chemical process>95% by weight of total fibre, nes, weight>150g/m^2, coated with kaolin or other inorganic substances and no other coating, in rolls or sheets
570		48103900	成卷或成张的单面或双面涂布高岭土或其他无机物质的其他牛皮纸及纸板	5	0	Kraft paper and paperboard (other than that of a kind used for writing, printing or other graphic purposes), nes,
571		48109200	成卷或成张的单面或双面涂布高岭土或其他无机物质的多层的其他纸及纸板	5	0	Multi-ply paper and paperboard, nes, coated on one or both sides with kaolin (China clay) or other inorganic substances, with or without a binder, and with no other coating, whether or not surface-coloured, surface-decorated or printed, in rolls or sheets
572		48109900	其他成卷或成张的单面或双面涂布高岭土或其他无机物质的多层的其他纸及纸板	6	0	Paper and paperboard, nes, coated on one or both sides with kaolin (China clay) or other inorganic substances, with or without a binder, in rolls or sheets
573		48111000	成卷或成张的焦油纸及纸板、沥青纸及纸板	6	0	Tarred, bituminized or asphalted paper and paperboard, in rolls or sheets
574		48114100	成卷或成张的自粘的胶粘纸及纸板	6	0	Self-adhesive paper and paperboard, in rolls or sheets
575		48114900	成卷或成张的其他胶粘纸及纸板	6	0	Gummed paper and paperboard (excl. self-adhesive), in rolls or sheets
576		48115110	成卷或成张的漂白的每平方米重量超过150克的彩色相纸用双面涂塑纸	6	0	Paper coated on both sides with plastics (excl. adhesives) for color photography, bleached, weighing>150g/m^2, in rolls or sheets
577		48115191	成卷或成张的漂白的每平方米重量超过150克的纸塑铝复合材料	6	0	Aluminium-plastic composite paper and paperboard (excl. adhesives), bleached, weighing>150g/m^2, in rolls or sheets
578		48115199	成卷或成张的漂白的每平方米重量超过150克的用塑料(不包括粘合剂)涂布、浸渍或覆盖的纸及纸板	6	0	Paper and paperboard coated, impregnated or covered with plastics (excl. adhesives), nes, bleached, weighing>150g/m^2, in rolls or sheets
579		48115910	成卷或成张的用塑料(不包括粘合剂)涂布、浸渍或覆盖的绝缘纸及纸板	6	0	Insulating paper and paperboard, nes, coated, impregnated or covered with plastics (excl. adhesives), in rolls or sheets
580		48115991	成卷或成张的用塑料(不包括粘合剂)涂布、浸渍或覆盖的镀铝的纸及纸板	6	0	Aluminized paper and paperboard, nes, coated, impregnated or covered with plastics (excl. adhesives), in rolls or sheets

序号 No.	EX	税则号列 Tariff Line	货品名称 Article Description in Chinese	最惠国税率(%) MFN	暂定税率(%) Temporary Tariff Rate	英文货品名称 Article Description
581		48115999	成卷或成张的用塑料（不包括粘合剂）涂布、浸渍或覆盖的其他纸及纸板	6	0	Paper and paperboard, nes, coated, impregnated or covered with plastics (excl. adhesives), in rolls or sheets
582		48116010	成卷或成张的用蜡、石蜡、硬脂精、油或甘油涂布、浸渍或覆盖的绝缘纸及纸板	6	0	Insulating paper and paperboard, coated, impregnated or covered with wax, paraffin wax, stearin, oil or glycerol, in rolls or sheets
583		48116090	成卷或成张的用蜡、石蜡、硬脂精、油或甘油涂布、浸渍或覆盖的其他纸及纸板	6	0	Paper and paperboard, nes, coated, impregnated or covered with wax, paraffin wax, stearin, oil or glycerol, in rolls or sheets
584		48119000	成卷或成张的经涂布、浸渍、覆盖、染面、饰面或印花的其他纸、纸板、纤维素絮纸及纤维素纤维网纸	6	0	Paper, paperboard, cellulose wadding and webs of cellulose fibres, nes, coated, impregnated, covered, surface-coloured, surface-decorated or printed, in rolls or sheets
585		48142000	起纹、压花、着色、印制图案或经其他装饰的用塑料涂面或盖面的壁纸及类似品	6	5	Wallpaper and similar wall coverings, consisting of paper coated or covered, on the face side, with a grained, embossed, coloured, design-printed or otherwise decorated layer of plastics
586		48149000	其他壁纸及类似品和窗用透明纸	6	5	Wallpaper and similar wall coverings, nes; window transparencies of paper
587		48185000	纸浆、纸、纤维素絮纸或纤维素纤维网纸制的衣服及衣着附件	5	0	Articles of apparel and clothing accessories, of paper pulp, paper, cellulose wadding or webs of cellulose fibres
588		48191000	瓦楞纸或纸板制的箱、盒、匣	5	0	Cartons, boxes and cases, of corrugated paper or paperboard
589		48192000	非瓦楞纸或纸板制的可折叠箱、盒、匣	5	0	Folding cartons, boxes and cases, of non-corrugated paper or paperboard
590		48193000	底宽40厘米及以上的纸袋	6	0	Sacks and bags, having a base of a width≥40cm of paper
591		48204000	多联商业表格纸、页间夹有复写纸的本	5	0	Manifold business forms and interleaved carbon sets, of paper
592		48211000	纸或纸板印制的已印制的各种标签	6	0	Printed paper or paperboard labels of all kinds
593		48219000	纸或纸板印制的未印制的各种标签	6	5	Paper or paperboard labels of all kinds (excl. printed)
594		48221000	纺织纱线用的纸浆、纸或纸板（不论是否穿孔或硬化）制的筒管、卷轴、纡子及类似品	6	5	Bobbins, spools, cops and similar supports for winding textile yarn, of paper pulp, paper or paperboard
595		48229000	其他纸浆、纸或纸板（不论是否穿孔或硬化）制的筒管、卷轴、纡子及类似品	6	5	Bobbins, spools, cops and similar supports, nes, of paper pulp, paper or paperboard

序号 No.	EX	税则号列 Tariff Line	货品名称 Article Description in Chinese	最惠国税率(%) MFN	暂定税率(%) Temporary Tariff Rate	英文货品名称 Article Description
596		48234000	已印制的自动记录器用打印纸卷、纸张及纸盘	6	5	Rolls, sheets and dials, printed for self-recording apparatus, cut to size or shape
597		48236100	竹浆纸或纸板制的盘、碟、盆、杯及类似品	5	0	Trays, dishes, plates, cups and the like, of bamboo
598		48236910	非木植物浆制的其他盘、碟、盆、杯及类似品	5	0	Trays, dishes, plates, cups and the like, other than those of wood
599		48236990	其他非木植物浆制的其他盘、碟、盆、杯及类似品	5	0	Other trays, dishes, plates, cups and the like
600		48237000	压制或模制纸浆制品	6	5	Moulded or pressed articles of paper pulp
601		48239010	其他以纸或纸板为底制成的铺地制品	6	0	Floor coverings on a base of paper or of paperboard
602		48239020	神纸及类似用品	6	0	Joss paper and the like
603		48239030	纸扇	5	0	Paper fans
604		48239090	其他纸及纸制品	6	0	Paper, paperboard, cellulose wadding and webs of cellulose fibres, nes, cut to size; articles of paper pulp, paper, paperboard, cellulose wadding or webs of cellulose fibres, nes
605		49070010	新的邮票	6	0	Unused postage stamps of current or new issue in the country to which they are destined
606		49070090	在承认或将承认其面值的国家流通新发行未使用的印花税票及类似票证；印有邮票或印花税票的纸品；空白支票	6	0	Unused revenue or similar stamps of current or new issue in the country to which they are destined; stamp-impressed paper; cheque forms
607		49081000	釉转印贴花纸（移画印花法用图案纸）	6	0	Transfers (decalcomanias), vitrifiable
608		49089000	其他转印贴花纸（移画印花法用图案纸）	6	0	Transfers (decalcomanias), excl. vitrifiable
609		49090010	印刷或有图画的明信片	6	0	Printed or illustrated postcards
610		49090090	印有个人问候、祝贺、通告的卡片，不论是否有图画、带信封或饰边	6	0	Printed cards bearing personal greetings, messages or announcements, whether or not illustrated, with or without envelopes or trimmings
611		49100000	印刷的各种日历，包括日历芯	6	0	Calendars of any kind, printed, including calendar blocks
612		49111090	其他商业广告品及类似印刷品	6	0	Trade advertising material, commercial catalogues and the like, nes
613		49119100	印刷的图片、设计图样及照片	6	0	Pictures, designs and photographs (printed matter)
614		49119910	纸质的其他印刷品	6	0	Papery printed matter, nes
615		49119990	其他印刷品	6	0	Printed matter, nes

序号 No.	EX	税则号列 Tariff Line	货品名称 Article Description in Chinese	最惠国税 率(%) MFN	暂定税率 (%) Temporary Tariff Rate	英文货品名称 Article Description
616		52101100	与化纤混纺未漂白轻质平纹棉布	8	6	Unbleached plain cotton weave, mixed mainly or solely with man-made fibres, with less than 85% by weight of cotton, weighting≤200g/m²
617		52101990	与化纤混纺未漂白轻质其他棉布	8	6	Other unbleached fabrics of cotton, mixed mainly or solely with man-made fibres, with less than 85% by weight of cotton, weighting≤200g/m²
618		52111100	与化纤混纺未漂白重质平纹棉布	8	6	Unbleached plain cotton weave, mixed mainly or solely with man-made fibres, with less than 85% by weight of cotton, weighting>200g/m²
619		52111200	化纤混纺未漂白重质三线或四线斜纹棉布	8	6	Unbleached woven fabrics, 3-thread or 4-thread twill, including cross twill, mixed mainly or solely with man-made fibres, with less than 85% by weight of cotton, weighting>200g/m²
620		52122100	未漂白的其他混纺重质棉布	8	6	Other unbleached woven fabrics of cotton, weighting>200g/m²
621		53012100	破开或打成的亚麻	6	1	Broken or scutched flax
622		53013000	亚麻短纤及废麻	6	1	Flax tow and waste
623	ex	56013000	由两种或两种以上有机聚合物纺制的纤维（横截面为皮芯结构或并列结构或海岛结构），长度不超过5毫米	8	5	Of two or more kinds of polymers (with cross section of skin-core or juxtapose or island structure), length not more than 5mm
624	ex	56039110	乙烯聚合物制电池隔膜基布	8	5	Base cloth for battery separator, of polymers of ethylene
625	ex	56039210	乙烯聚合物制电池隔膜基布	8	5	Base cloth for battery separator, of polymers of ethylene
626	ex	56039310	乙烯聚合物制电池隔膜基布	8	5	Base cloth for battery separator, of polymers of ethylene
627	ex	59119000	体外膜肺氧合机用聚甲基戊烯中空纤维膜	8	3	Hollow fiber membrane of polymethylpentene for extracorporeal membrane oxygenator(ECMO)
628		61101200	喀什米尔山羊细毛制针织或钩编套头衫	6	5	Jerseys, pullovers, etc, of cashmere, knitted or crocheted
629		61112000	棉制针织或钩编婴儿服装及附件	10	6	Babies' garments, etc, of cotton, knitted or crocheted
630		61113000	合成纤维制针织或钩编婴儿服装及附件	10	6	Babies' garments, etc, of synthetic fibres, knitted or crocheted
631		61119010	羊毛或动物细毛制针织或钩编婴儿服装及附件	10	6	Babies' garments, etc, of wool or fine animal hair, knitted or crocheted
632		61119090	其他纺织材料制针织或钩编婴儿服装及附件	10	6	Babies' garments, etc, of other textiles, knitted or crocheted

序号 No.	EX	税则号列 Tariff Line	货品名称 Article Description in Chinese	最惠国税率(%) MFN	暂定税率 (%) Temporary Tariff Rate	英文货品名称 Article Description
633	ex	62012000	毛制男式大衣、斗篷	6	5	Men's or boys' overcoats, etc, of wool or fine animal hair
634	ex	62013090	棉制男式大衣、斗篷	6	5	Men's or boys' overcoats, etc, of cotton, nes
635	ex	62022000	毛制女式大衣、斗篷	6	5	Women's or girls' overcoats, etc, of wool or fine animal hair
636	ex	62023090	棉制女式大衣、斗篷	6	5	Women's or girls' overcoats, etc, of cotton, nes
637		62031100	羊毛或动物细毛制男式西服套装	8	5	Men's or boys' suits of wool or fine animal hair
638		62033100	羊毛或动物细毛制男式上衣	6	5	Men's or boys' jackets & blazers of wool or fine animal hair
639		62041100	羊毛或动物细毛制女式西服套装	8	5	Women's or girls' suits of wool or fine animal hair
640		62043100	羊毛或动物细毛制女式上衣	6	5	Women's or girls' jackets & blazers of wool or fine animal hair
641		62092000	棉制婴儿服装及衣着附件	10	6	Babies' garments & clothing accessories of cotton
642		62093000	合成纤维制婴儿服装及衣着附件	10	6	Babies' garments & clothing accessories of synthetic fibres
643		62099010	毛制婴儿服装及衣着附件	10	6	Babies' garments & clothing accessories of wool or fine animal hair
644		62099090	其他纺织材料制婴儿服装及衣着附件	10	6	Babies' garments & clothing accessories of other textiles
645		62141000	丝制头巾、围巾	6	5	Shawls, scarves, mufflers, mantillas, veils, etc, of silk/silk waste
646		62142010	羊毛制披巾、围巾	6	5	Shawls, scarves, mufflers, mantillas, veils, etc, of wool
647		62142020	山羊绒制披巾、围巾	6	5	Shawls, scarves, mufflers, mantillas, veils, etc, of cashmere
648		63012000	毛制毯子及旅行毯	6	5	Blankets and travelling rugs, of wool or fine animal hair
649		64031200	皮革制鞋面的滑雪靴	14	4	Ski-boots, etc, with rubber/plastics/leather.. soles, leather uppers
650	ex	68061090	矿物纤维, 渣球含量小于5%	10	5	Mineral fiber, of a shot content less than 5%
651	ex	68151900	碳化硅外延生产设备用石墨配件（金属含量≤5ppm）	10	5	Graphite fittings for silicon carbide wafer manufacturing (Metal content≤5ppm)
652	ex	68159990	电熔高锆质砖, 氧化锆含量大于87%	10	8	Zirconia fused cast refractories, ZrO_2 contentabove 87%
653		69060000	陶瓷套管、导管、槽管及管子附件	15	10	Ceramic pipes, conduits, guttering & pipe fittings
654		70023110	光导纤维用波导级石英玻璃管	5	1	Tubes of fused quartz, of waveguide-level, for optical fibre use

序号 No.	EX	税则号列 Tariff Line	货品名称 Article Description in Chinese	最惠国税 率(%) MFN	暂定税率 (%) Temporary Tariff Rate	英文货品名称 Article Description
655	ex	70023200	药用硼硅玻璃管（三氧化二硼含量≥8%）	12	7	Borosilicate glass tube for medical use (containing boron trioxide≥8%)
656	ex	70031900	液晶或有机发光二极管（OLED）显示屏基板用原板玻璃	15	3	Original plate glass for liquid crystal or organic light emitting diode display,including the protective glass containing alkali
657	ex	70031900	手机或平板电脑盖板（包括前盖、后盖）用原板玻璃	15	5	Original plate glass for mobile phone or tablet computer cover (including front cover and back cover)
658	ex	70049000	光学平板玻璃，厚度0.7毫米以下	15	9	Optical flat glass, of a thickness less than 0.7mm
659	ex	70049000	液晶或有机发光二极管（OLED）显示屏基板用原板玻璃	15	3	Original plate glass for liquid crystal or organic light emitting diode display,including the protective glass containing alkali
660	ex	70049000	手机或平板电脑盖板（包括前盖、后盖）用原板玻璃	15	5	Original plate glass for mobile phone or tablet computer cover (including front cover and back cover)
661	ex	70052900	液晶或有机发光二极管（OLED）显示屏基板用原板玻璃	10	3	Original plate glass for liquid crystal or organic light emitting diode display,including the protective glass containing alkali
662	ex	70052900	手机或平板电脑盖板（包括前盖、后盖）用原板玻璃	10	5	Original plate glass for mobile phone or tablet computer cover (including front cover and back cover)
663	ex	70060000	液晶玻璃基板，6代（1850毫米×1500毫米）以上，不含6代	10	4	Liquid crystal plate glass, above the 6 generation (1850mm×1500mm)
664	ex	70060000	液晶玻璃基板，6代（1850毫米×1500毫米）及以下	10	6	Liquid crystal plate glass,the 6 generation (1850mm×1500mm) and below
665	ex	70071110	空载重量25吨及以上飞机的挡风玻璃	2	1	Windshield for airplane unladen weight≥25t
666	ex	70140090	带有抗红外和防反射薄膜的滤波玻璃	15	9	Wave-filter glass with anti-IR and anti-reflection film
667	ex	70182000	熔融球形二氧化硅微粉，直径小于等于100um	15	5.5	Fused spherical SiO_2 diameter, not exceeding $100\mu m$
668		70189000	玻璃假眼；灯工方法制的玻璃塑像及玻璃饰品	15	10	Glass eyes, statuetts and oth ornaments of lamp-workd glass
669		70200011	导电玻璃	10	7	Conductivity glass, for technical uses
670	ex	70200099	石英玻璃，平整度小于等于1微米	10	4	Quartz glass, of a flatness less than or equal to $1\mu m$
671		71011011	未分级的天然黑珍珠	21	0	Tahitian pearls, natural, ungraded
672		71011091	其他天然黑珍珠	21	0	Other Tahitian pearls, natural
673	ex	71012110	养殖黑珍珠	21	0	Cultured Tahitian pearls

序号 No.	EX	税则号列 Tariff Line	货品名称 Article Description in Chinese	最惠国税率(%) MFN	暂定税率(%) Temporary Tariff Rate	英文货品名称 Article Description
674	ex	71012190	养殖黑珍珠	21	0	Cultured Tahitian pearls
675	ex	71012210	养殖黑珍珠	21	0	Cultured Tahitian pearls
676	ex	71012290	养殖黑珍珠	21	0	Cultured Tahitian pearls
677	ex	71129220	铂含量在3%以上的其他含铂或铂化合物的废碎料	6	0	Waste and scrap with platinum containing by weight more than 3% platinum
678		71159010	工业或实验室用贵或包贵金属制品	3	0	Other articles of precious metal, for technical or lab use
679		72011000	非合金生铁, 按重量计含磷量在0.5%及以下	1	0	Non-alloy pig iron, by weight≤0.5% of phosphorus in primary forms
680		72012000	非合金生铁, 按重量计含磷量在0.5%以上	1	0	Non-alloy pig iron, by weight>0.5% of phosphorus in primary forms
681		72015000	合金生铁、镜铁	1	0	Alloy pig iron; spiegeleisen
682		72024100	铬铁, 含碳量>4%	2	0	Ferro-chromium containing by weight more than 4% of carbon
683		72024900	铬铁, 含碳量≤4%	2	0	Ferro-chromium, nes
684		72026000	镍铁	2	0	Ferro-nickel
685		72027000	钼铁	2	1	Ferro-molybdenum
686		72028010	钨铁	2	1	Ferro-tungsten
687		72029300	铌铁	2	0	Ferro-niobium
688		72031000	直接从铁矿还原的铁产品	2	0	Ferrous products obtained by direct reduction of iron ore
689		72039000	其他海绵铁产品, 块、团、团粒及类似形状;按重量计纯度在99.94%及以上的铁, 块、团、团粒及类似形状	2	0	Spongy ferrous products/iron having a mini purity by wt. of 99.94%
690	ex	72041000	符合GB/T 39733标准要求的再生钢铁原料	2	0	Recycling materials of iron and steel in conformity with GB/T 39733 standards
691	ex	72044100	符合GB/T 39733标准要求的再生钢铁原料	2	0	Recycling materials of iron and steel in conformity with GB/T 39733 standards
692		72061000	铁及非合金钢锭	2	0	Ingots, iron/non-alloy steel, of a purity of less than 99.94% iron
693		72069000	其他初级形状的铁及非合金钢	2	0	Primary forms, iron/non-alloy steel, nes, of purity<99.94% iron
694		72071100	矩形(包括正方形)截面, 宽度小于厚度的两倍的矩形截面钢坯, 按重量计含碳量在0.25%以下	2	0	Semi-finished products of iron or non-alloy steel, of rectangular (including square) crosssection, containing by weight less than 0.25% of carbon, the width measuring less than twice the thickness
695		72071200	其他矩形(正方形除外)截面的钢坯, 按重量计含碳量在0.25%以下	2	0	Semi-finished products of iron or non-alloy steel, other rectangular (other than square) crosssection, containing by weight less than 0.25% of carbon

序号 No.	EX	税则号列 Tariff Line	货品名称 Article Description in Chinese	最惠国税率(%) MFN	暂定税率 (%) Temporary Tariff Rate	英文货品名称 Article Description
696		72071900	其他按重量计含碳量在0.25%以下的钢坯	2	0	Semi-finished products of iron or non-alloy steel, containing by weight less than 0.25% of carbon, nes
697		72072000	按重量计含碳量在0.25%及以上的钢坯	2	0	Semi-finished products of iron or non-alloy steel, with carbon content≥0.25%
698		72091810	厚度<0.3毫米的冷轧卷材	6	4	Flat rolled products of iron or non-alloy steel, in coil, cold rolled, width≥600mm, thickness<0.3mm
699		72181000	不锈钢, 锭状或其他初级形状	2	0	Ingots & other primary forms of stainless steel
700		72189100	矩形(正方形除外)截面的不锈钢半制成品	2	0	Semi-finished products of stainless steel, rectangular cros section
701		72189900	其他不锈钢半制成品	2	0	Other semi-finished products of stainless steel
702		72241000	其他合金钢, 锭状或其他初级形状	2	0	Ingots & other primary forms of alloy steel, o/t stainless
703		72249010	单件重量在10吨及以上的粗铸锻件合金钢坯	2	0	Blooms/pieces roughly shapd by forgng,≥10 t, alloy stl o/t stainls
704		72249090	其他合金钢制的半制成品	2	0	Semi-finished products of alloy steel o/t stainless, nes
705	ex	72269990	铁镍合金带材(生产集成电路框架用或显示面板精密金属掩膜版用), 宽度小于600毫米	7	4	Fe-Ni alloy strip (production of the frame for electronic integrated circuits), of a width less than 600mm
706	ex	74010000	铜锍	2	0	Copper mattes
707		74020000	未精炼铜、电解精炼用铜阳极	2	0	Unrefined copper, copper anodes for electrolytic refining
708		74031111	按重量计铜含量超过99.9935%的阴极精炼铜	2	0	Refined copper cathodes containing by weight more than 99.9935% of copper
709		74031119	其他阴极精炼铜	2	0	Other refined copper cathodes
710		74031190	精炼铜阴极型材	2	0	Refined copper sections of cathodes
711		74031200	精炼铜的线锭	2	0	Refined copper wire-bars
712		74031300	精炼铜的坯段	2	0	Refined copper billets
713		74031900	其他未锻轧的精炼铜	2	0	Other refined copper, unwrought
714	ex	74040000	再生黄铜原料、再生铜原料	1.5	0	Recycling materials of brass, Recycling materials of copper
715	ex	74081900	其他含氧量小于5ppm的精炼铜丝	4	2	Other refined copper wire, containing oxygen not more than 5ppm
716	ex	74111019	其他含氧量小于5ppm, 外径不超过25毫米的精炼铜管	4	2	Other refined copper tubes and pipes with the external diameter not exceeding 25mm, containing oxygen not more than 5ppm
717		75011000	镍锍	3	0	Nickel mattes
718		75012010	镍湿法冶炼中间品	3	0	Nickel intermediate products obtained by hydrometallurgical processing

序号 No.	EX	税则号列 Tariff Line	货品名称 Article Description in Chinese	最惠国税 率(%) MFN	暂定税率 (%) Temporary Tariff Rate	英文货品名称 Article Description
719		75012090	氧化镍烧结物、镍的其他中间产品	3	0	Ni oxide sinters & other intermediate products of Ni metallurgy
720		75021010	按重量计镍、钴总量在99.99%及以上的,但钴含量不超过0.005%的非合金镍	3	1	Nickel, contain more than 99.99% nickel and cobalt, and cobalt less than 0.005% by weight
721		75021090	其他非合金镍	3	1	Other nickel, not alloyed
722		75040010	非合金镍粉及片状粉末	4	1	Nickel powders & flakes, not alloyed
723		76011090	其他未锻轧非合金铝	5	0	Aluminum unwrought, not alloyed, nes
724	ex	76020000	再生铸造铝合金原料	1.5	0	Recycling materials of cast aluminium alloys
725		79011110	按重量计含锌量在99.995%及以上的未锻轧锌	3	1	Unwrought zinc, not alloyed, containing by weight 99.995% or more of zinc
726		79011190	含锌量不小于99.99%,并小于99.995%的未锻轧锌	3	1	Unwrought zinc, not alloyed, containing by 99.99%≤weight<99.995% of zinc
727		79011200	含锌量<99.99%的未锻轧锌	3	1	Unwrought zinc, not alloyed, containing by weight<99.99% of zinc
728		79012000	未锻轧锌合金	3	1	Unwrought zinc alloys
729		81052010	钴湿法冶炼中间品	4	0	Intermediate products of cobalt wet-processing metallurgy
730		81052020	未锻轧钴	4	0	Unwrought cobalt
731	ex	81052090	钴锍及其他冶炼钴时所得的中间产品	4	0	Cobalt mattes and other inter-mediate products of cobalt metallurgy
732	ex	81059000	外科植入用钴铬钼合金棒（钴≥55%，铬26%-30%，钼5%-7%）	8	4	Co-Cr-Mo alloy rods for surgical implantation (Co≥55%,Cr 26%-30%, Mo 5%-7%)
733	ex	81059000	血管支架用钴铬合金管（钴含量45%及以上，铬含量19%-21%，钨含量14%-16%，镍含量9%-11%）	8	2	Cobalt chromium alloy tube for stents in blood vessel (Cobalt ≥45%, chromium 19%-21%, tungsten 14%-16%, nickel 9%-11%)
734	ex	81061010	未锻轧铋	3	1	Unwrought bismuth
735	ex	81069010	未锻轧铋	3	1	Unwrought bismuth
736	ex	81089010	外科植入用钛合金条、杆、型材及异型材（钛≥88%, 5.5%≤铝≤6.75%, 3.5%≤钒≤4.5%），复合材料除外	8	4	Titanium alloy bars, rods, profiles for surgical implantation (Ti≥88%, 5.5%≤Al≤6.75%, 3.5%≤V≤4.5%), excluding composite materials
737		81089031	厚度≤0.8mm钛板、片、带、箔	8	4	Titanium plates, sheets, strip, foil, thickness≤0.8mm
738		81089032	厚度>0.8mm钛板、片、带、箔	8	4	Titanium plates, sheets, strip, foil, thickness>0.8mm
739		81101010	未锻轧锑	3	1	Unwrought antimony
740	ex	81129220	未锻轧、废碎料或粉末状的钒氮合金	3	0	Vanadic-nitrogen; unwroght, waste and scrape, powder
741	ex	81129240	未锻轧铌(铌废碎料除外)	3	0	Niobium; unwrought,powders (excluding waste and scrap)

序号 No.	EX	税则号列 Tariff Line	货品名称 Article Description in Chinese	最惠国税 率(%) MFN	暂定税率 (%) Temporary Tariff Rate	英文货品名称 Article Description
742	ex	81129920	其他钒氮合金	3	0	Other vanadic-nitrogen
743	ex	81130090	铝碳化硅（AlSiC）基板	8	4	Aluminum-silicon carbide (AlSiC) substrate
744	ex	82073000	加工税号87.03所列车辆车身冲压件用的4种关键模具（侧围外板模具、翼子板模具、拼接整体侧围内板模具、拼焊整体侧围加强板模具）	8	6	Four special dies, used for processing stamping parts of car body (side outer panels dies, fenderlies, dies for jointing the whole side inner panels, dies for joining and welding)
745	ex	82073000	加工税号87.03所列车辆车身冲压件用的4种特种模具（$\sigma b \geqslant 980N/mm^2$的冷冲压模具、热成型模具、内高压成型模具和铝板模具）	8	6	Four special dies, used for processing stamping parts of car body (cold stamping dies with $\sigma b \geqslant 980N/mm^2$, hot forming dies, inside high pressure forming dies and aluminium panel dies)
746		84013010	未辐照燃料元件	2	1	Fuel elements (cartridges), non-irradiated
747	ex	84041010	使用（可再生）生物质燃料的非水管蒸汽锅炉的辅助设备	7	5	Auxiliary plants of non-water pipe steam boiler using renewable biomass fuel
748		84041020	集中供暖锅炉辅助设备	8	5	Auxiliary plants for use with boilers of heading 84.03
749		84042000	水及其他蒸汽动力装置的冷凝器	8	5	Condensers for steam or other vapour power units
750		84049010	集中供暖热水锅炉辅助设备的零件	7	5	Parts of auxiliary plant of subheading 8404.1020
751	ex	84049090	使用（可再生）生物质燃料的非水管蒸汽锅炉的辅助设备的零件；水蒸汽或其他蒸汽动力装置的冷凝器的零件	7	5	Parts of auxiliary plants of non-water pipe steam boiler using renewable biomass fuel. Parts of condensers for steam or other vapour power units
752	ex	84079090	叉车用汽油发动机（800转/分钟≤转速≤3400转/分钟）	18	9	Petrol engines for forklift trucks (800 r/min≤rotational speed≤3400r/min)
753	ex	84079090	立式输出轴汽油发动机	18	9	Petrol engines with a vertical crankshaft
754	ex	84082010	输出功率在441千瓦（600马力）及以上的柴油发动机	9	4	Diesel engines with an output power≥441 kW (600HP)
755	ex	84082090	升功率≥50千瓦的轿车用柴油发动机	25	20	Diesel engines for cars, power density≥50 kW
756	ex	84099199	汽车用电子节气门	5	3	Electronic Throttle Control for automobile
757	ex	84099999	电控柴油喷射装置及其零件	8	5	Electronic diesel oil injection devices and parts thereof
758	ex	84118100	涡轮轴航空发动机	15	1	Turbo shaft engines for aircraft
759	ex	84118100	功率≥3500kw的涡轮轴发动机（航空发动机除外）	15	3	Turbine shaft engines with output power ≥3500kW (excluding aircraft engines)
760	ex	84119910	涡轮轴航空发动机用零件	5	1	Parts of turbo shaft engines for aircraft
761	ex	84122100	飞机发动机用液压直线作动筒	12	1	Hydraulic linear actuators for airplane engines
762	ex	84122990	抓桩器（抱桩器）	14	7	Skirt pile grippers
763	ex	84122990	飞机发动机用液压作动器	14	1	Hydraulic actuators for airplane engines

序号 No.	EX	税则号列 Tariff Line	货品名称 Article Description in Chinese	最惠国税率(%) MFN	暂定税率(%) Temporary Tariff Rate	英文货品名称 Article Description
764	ex	84123100	三坐标测量机用平衡气缸	14	7	Balance cylinder for three coordinate measuring machine
765	ex	84123100	飞机舱门气动作动筒	14	1	Pneumatic actuators for airplane doors
766	ex	84123900	飞机发动机用气压作动器	14	1	Pneumatic actuators for airplane engines
767	ex	84129090	风力发动机零件	8	5	Wind turbines parts
768	ex	84129090	飞机发动机用作动筒壳体	8	1	Actuator housings for airplane engines
769		84131100	分装燃料或润滑油的计量泵	10	6	Pumps for dispersing fuel or lubricants, used in filling-stations or in garage
770		84131900	其他装有或可装计量装置的泵	10	6	Other pumps fitted or designed to be fitted with measuring devices
771	ex	84135020	电动吸奶器	10	5	Electric breast pump
772	ex	84135031	飞机用液压柱塞泵	10	1	Hydraulic plunger pumps for airplane
773	ex	84135031	其他往复式液压柱塞泵	10	6	Other reciprocating positive hydraulic plunger pumps
774		84136021	电动式齿轮回转泵	10	6	Electric gear rotary pumps
775	ex	84136022	回转式液压油泵, 输入转速>2000转/分钟, 输入功率>190千瓦, 最大流量>2×280升/分钟	10	3	Rotating hydraulic oil pumps, input rotating speed>2000r/min, input power>190kw, maximum flow>2×280 L/min
776	ex	84136022	其他液压式齿轮回转泵	10	6	Other hydraulic gear rotary pumps
777		84136032	液压式叶片回转泵	10	6	Hydraulic vane rotary pumps
778		84136039	其他叶片回转泵	10	6	Other vane rotary pumps
779		84136040	螺杆回转泵	10	6	Screw rotary pumps
780		84136050	径向柱塞泵	10	6	Radial plunger pumps
781		84136060	轴向柱塞泵	10	6	Axial plunger pumps
782	ex	84137099	飞机发动机用燃油泵	8	1	Fuel pumps for airplane engines
783	ex	84141000	真空泵(专门或主要用于半导体或平板显示屏制造的除外)	8	5	Vacuum pumps (excluding vacuum pumps dedicated to or predominantly used in the manufacture of semiconductors or flat panel displays)
784		84146010	抽油烟机	8	6	Range hoods
785	ex	84148030	乘用车机械增压器	7	5	Mechanical superchargers of passenger cars
786	ex	84148049	燃料电池增压器	7	5	Fuel cell superchargers
787	ex	84148049	飞机用离心式氮气系统压缩机	7	1	Centrifugal nitrogen system compressors for airplane
788	ex	84148090	燃料电池循环泵	7	2	Fuel cell circulation pumps
789		84149011	用于制冷设备的压缩机进、排气阀片	8	5	Intake and exhaust valve plates of compressoors for refrigerating equipments
790		84149019	其他用于制冷设备的压缩机零件	8	5	Other parts of compressors of subheading 8414.3011-8414.3014, 8414.3090
791		84149020	风机、风扇、通风罩及循环气罩零件	7	6	Parts of ventilators, fans or recycling gas hoods
792		84149090	税目8414其他所列机器零件	7	4	Other parts of machines of heading 84.14

序号 No.	EX	税则号列 Tariff Line	货品名称 Article Description in Chinese	最惠国税 率(%) MFN	暂定税率 (%) Temporary Tariff Rate	英文货品名称 Article Description
793		84159010	独立式空调及制冷量≤4千大卡/时的空调的零件	8	6	Parts of Self-contained air conditioners or air conditioners with refrigerating capacity≤4000 Kcal/h
794		84159090	制冷量>4千大卡/时的空调的零件	8	6	Parts of air conditioners with refrigerating capacity>4000 Kcal/h
795	ex	84162011	溴化锂空调用天然气燃烧机	10	5	Natural gas burners for lithium bromide air conditioners
796	ex	84162090	溴化锂空调用复式燃烧机	10	5	Combination burners for lithium bromide air conditioners
797		84178050	垃圾焚烧炉	10	5	Refuse incinerator
798	ex	84178090	热裂解炉	10	5	Thernal pyrolysis furnaces
799	ex	84179090	垃圾焚烧炉和放射性废物焚烧炉的零件	7	5	Parts of municipal waste incinerators, parts of incinerators for radioactive waste
800		84189910	制冷机组及热泵用零件	9	6	Parts of refrigerating units and heat pumps
801		84189991	制冷温度≤-40℃冷冻设备零件	9	6	Parts of freezing equipments with refrigerating temperature≤-40℃
802		84189992	制冷温度>-40℃，容积>500升的制冷设备零件	9	6	Parts of refrigerating or freezing equipments with refrigerating temperature >-40℃, capacity>500L
803		84189999	税目8418其他制冷设备用零件	9	6	Parts of other refrigerating or freezing equipments of heading 84.18
804		84191200	太阳能热水器	8	5	Solar water heaters
805	ex	84193390	冷冻式或喷雾式污泥干燥机	9	5	Freeze type or spray sludge driers
806	ex	84193990	污泥干燥机（冷冻式、喷雾式除外）	9	5	Sludge driers, except for freeze type or spray
807	ex	84196090	通过冷凝分离和去除污染物的气体液化设备	10	5	Gas liquifaction plants for separating and removing pollutants through condensation
808		84198100	加工、烹调食品饮料的机器	10	6	Machines for processing hot drinks, cooking and heating food
809	ex	84201000	织物轧光机	8	6	Woven fabrics calenders
810		84211910	脱水机	10	6	Dehydrators
811		84212110	家用型过滤或净化水的机器及装置	7	5	Filtering or purifying machines for water, household type
812	ex	84212199	船舶压载水处理设备用过滤器	5	2	Filters for ship ballast water treatment apparatus
813	ex	84212199	喷灌设备用叠式净水过滤器	5	1	Stackable water purifying filters for irrigation equipments
814	ex	84213200	摩托车发动机排气过滤及净化装置（装备不锈钢外壳、入口管和出口管内径不超过1.3厘米的气体过滤或净化机器及装置除外）	5	3	Filtering or purifying machines for motorcycle engines, except for filtering or purifying machinery and apparatus for gases, with stainless steel housing, and with inlet and outlet tube bores with inside diameters not exceeding 1.3cm

序号 No.	EX	税则号列 Tariff Line	货品名称 Article Description in Chinese	最惠国税率(%) MFN	暂定税率(%) Temporary Tariff Rate	英文货品名称 Article Description
815	ex	84213200	柴油发动机排气过滤及净化装置（装备不锈钢外壳、入口管和出口管内径不超过1.3厘米的气体过滤或净化机器及装置除外）	5	3	Filtering and purifying apparatuses for diesel engines,except for filtering or purifying machinery and apparatus for gases, with stainless steel housing, and with inlet and outlet tube bores with inside diameters not exceeding 1.3cm
816	ex	84213200	汽油机颗粒捕集器（装备不锈钢外壳、入口管和出口管内径不超过1.3厘米的气体过滤或净化机器及装置除外）	5	3	Gasoline Particulate Filter, except for filtering or purifying machinery and apparatus for gases, with stainless steel housing, and with inlet and outlet tube bores with inside diameters not exceeding 1.3cm
817		84213910	家用型气体过滤、净化机器及装置	7	5	Filtering or purifying machines for gases, household type
818		84219910	家用型过滤、净化装置用零件	7	5	Parts for filtering′ purifying machines of household type
819		84221100	家用型洗碟机	8	4	Dish washing machines of the household type
820	ex	84223010	乳品加工用自动化灌装设备	12	8	Automatic bottling or canning equipments for producing dairy
821	ex	84223030	全自动无菌灌装生产线用包装机，加工速度≥20000只/小时	8	6	Packing machines of automatic aseptic filling production line, processing output≥20000 package/hour
822	ex	84223090	全自动无菌灌装生产线用贴吸管机，加工速度≥22000只/小时	8	6	Straw applicators of automatic aseptic filling production line, processing output≥22000 package/hour
823	ex	84224000	半导体检测分选编带机	8	5	Semiconductor inspection, sorting and taping machine
824		84229010	洗碟机用零件	8	4	Parts of dish washing machines
825	ex	84229020	乳品加工用自动化灌装设备用零件	8.5	4	Parts of automatic filing equipments for dairy processing
826	ex	84229090	全自动无菌灌装生产线用包装机（加工速度≥20000只/小时）、贴吸管机（加工速度≥22000只/小时）用零件	8.5	4	Parts of packaging machines (processing speed ≥20000 package/hour) or straw machines (processing speed ≥22000 package/hour) for automatic aseptic filling lines
827	ex	84229090	半导体检测分选编带机专用零件	8.5	2	parts spectial for Semiconductor inspection, sorting and taping machine
828	ex	84241000	飞机用灭火器	8	1	Fire extinguishers for airplane
829	ex	84281010	无障碍升降机	8	4	Lift facilities for disabled

序号 No.	EX	税则号列 Tariff Line	货品名称 Article Description in Chinese	最惠国税率(%) MFN	暂定税率(%) Temporary Tariff Rate	英文货品名称 Article Description
830		84312090	其他税目8427所列机械的零件	6	3	Other parts of machinery of heading 84.27
831	ex	84313100	无障碍升降机的零件	3	1	Parts, for lift facilities for the disabled
832	ex	84335100	功率≥200马力的联合收割机	8	6	Combine harvester-threshers with power≥200HP
833		84335920	棉花采摘机	8	5	Cotton picker
834	ex	84335990	自走式青储饲料收获机	8	6	Self waking type silage harvesters
835		84341000	挤奶机	8	4	Milking machines
836		84342000	乳品加工机器	6	2	Dairy machinery
837		84349000	挤奶机及乳品加工机器用零件	5	2	Parts of milking machines & dairy machinery
838	ex	84419010	切纸机用横切刀单元	8	3	Crosscut knife units of cutting machines
839	ex	84419010	切纸机用弧形辊	8	4	Curved metal spreader rolls of cutting machines
840	ex	84431313	四色平张纸胶印机, 对开单张纸单面印刷速度≥17000张/小时; 对开单张纸双面印刷速度≥13000张/小时; 全张或超全张单张纸单面印刷速度≥13000张/小时	10	7	Four-color sheet-fed offset press, folio single-sided printing speed≥17000 iph; folio double-sided printing speed≥13000 iph; full-page or super-wide sheet-fed single-sided printing speed≥13000 iph
841	ex	84431319	五色及以上平张纸胶印机, 对开单张纸单面印刷速度≥17000张/小时; 对开单张纸双面印刷速度≥13000张/小时; 全张或超全张单张纸单面印刷速度≥13000张/小时	10	7	Five-color and above sheet-fed offset press, folio single-sided printing speed≥17000 iph; folio double-sided printing speed≥13000 iph; full-page or super-wide sheet-fed single-sided printing speed≥13000 iph
842	ex	84431600	苯胺印刷机（柔性版印刷机）, 线速度≥350米/分钟, 幅宽≥800毫米	10	3	Flexographic printing machines, press line speed≥350m/min, web width≥800mm
843	ex	84431600	具有烫印或全息或丝网印刷功能单元的机组式柔性版印刷机, 线速度≥160米/分钟, 250毫米≤幅宽＜800毫米	10	5	Multi-functional narrow-web flexographic printing machine with module of stamping or holographic or screen printing, line speed≥160m/min, 250mm≤web width＜800mm
844	ex	84431700	凹版印刷机, 印刷速度≥350米/分钟	10	9	Gravure printing machines with printing speed≥350m/min
845	ex	84431921	纺织用圆网印花机	10	6	Cylinder screen printers for textile use
846	ex	84431922	纺织用平网印花机	10	6	Flat screen printing machines for textile use
847	ex	84451190	宽幅非织造布梳理机, 工作幅宽＞3.5米, 工作速度＞120米/分钟	8	6	Wide non-woven carding machines, working width＞3.5m, working speed＞120m/min
848	ex	84452031	全自动转杯纺纱机	8	5	Automatic rotor spinning machines

序号 No.	EX	税则号列 Tariff Line	货品名称 Article Description in Chinese	最惠国税率(%) MFN	暂定税率 (%) Temporary Tariff Rate	英文货品名称 Article Description
849		84452032	喷气纺纱机	8	5	Jet spinner
850	ex	84481100	多臂机或提花机，转速指标：500转/分以上	8	3	Dobbies or jacquards, rotational speed ＞ 500r/min
851		84483920	电子清纱器	6	3	Electronic yarn cleaners
852		84483930	空气捻接器	6	3	Air twisting devices
853		84483990	税目8445所机器的其他零附件	6	3	Other parts or accessories of machines of heading 84.45
854		84484920	引纬、送经装置	6	3	Weft insertion and let-off motions
855		84484990	织机及其辅助机器用其他零附件	6	3	Other parts and accessories of weaving machines or of their auxiliary machines
856		84485900	税目8447机器用的其他零附件	6	3	Other parts or accessories of machines of heading 84.47
857	ex	84490010	高速针刺机，针刺频率＞2000次/分钟	8	6	High speed needle punching machines, punching frequency＞2000bis/min
858	ex	84490020	高速宽幅水刺设备，工作幅宽＞3.5米，工作速度＞250米/分钟，水刺压力≥400帕	8	6	High speed wide spunlace equipments, working width＞3.5m, workding speed＞250m/min, spunlace pressure≥400Pa
859		84509090	干衣量＞10千克的洗衣机零件	8	5	Parts of washing machines, dry linen capacity＞10kg
860		84604010	珩磨机床	12	6	Honing machines
861		84689000	焊接机器用零件	7	3	Welding machinery parts
862		84789000	烟草加工及制作机器用的零件	8	5	Parts of machines for preparing or making up tobacco
863	ex	84798200	用于废物和废水处理的混合、搅拌、轧碎、研磨、筛选、均化或乳化机器	7	5	Mixing, stirring, crushing, grinding, screeing, homogenising and emulsifying devices used for disposing waste and wastewater
864	ex	84811000	喷灌设备用减压阀	5	2	Pressure reducing valves for sprinkler equipments
865	ex	84812010	飞机发动机用液压传动阀	5	1	Valves for hydraulic transmissions of airplane engines
866	ex	84812020	飞机发动机用气压传动阀	5	1	Valves for pneumatic transmissions of airplane engines
867	ex	84818039	飞机发动机用流量阀	7	1	Flow valves for airplane engines
868	ex	84818040	废气再循环阀	7	5	Exhaust gas recirculation valves
869	ex	84818040	高压涡轮间隙控制阀门	7	1	High-pressure turbine clearance control valve
870	ex	84818040	飞机发动机用预冷控制阀门	7	1	Precooling control valves for airplane engines
871	ex	84818040	其他阀门	7	5	Other valves
872		84819010	阀门用零件	8	4	Parts of valves
873	ex	84821040	飞机发动机用推力球轴承（滚珠轴承）	8	1	Thrust ball bearings for airplane engines (ball bearings)

序号 No.	EX	税则号列 Tariff Line	货品名称 Article Description in Chinese	最惠国税率(%) MFN	暂定税率 (%) Temporary Tariff Rate	英文货品名称 Article Description
874	ex	84822000	6兆瓦及以上风力发电机用锥形滚子轴承	8	5	Tapered roller bearings for 6 MW and above wind-driven generators
875		84823000	鼓形滚子轴承	8	6	Spherical roller bearings
876	ex	84824000	飞机发动机用滚针轴承	8	1	Needle roller bearings for airplane engines
877	ex	84824000	其他滚针轴承	8	6	Other needle roller bearings
878	ex	84825000	飞机发动机主推进轴用滚子轴承	8	1	Roller bearings for main propulsion shafts of airplane engines
879	ex	84825000	二环、三环偏心滚动轴承,飞机发动机主推进轴用滚子轴承除外	8	4	Tricyclic or bicyclic eccentric roller bearings, except for roller bearings for main propulsion shafts of airplane engines
880		84829100	滚珠、滚针及滚柱	8	6	Balls, needles and rollers of bearings
881		84829900	滚动轴承的其他零件	6	3	Other parts of antifriction bearings
882	ex	84831090	飞机发动机用传动轴	6	1	Transmission shafts for airplane engines
883		84833000	未装滚珠或滚子轴承的轴承座	6	4	Bearing housings not incorporating with balls or roller bearings; plain shaft bearings
884	ex	84834010	飞机水平尾翼螺旋杆	8	1	Horizontal tail screws for airplane
885	ex	84834090	飞机发动机用齿轮传动装置(齿轮箱)	8	1	Gearing (gear boxes) for airplane engines
886	ex	84836000	压力机用组合式湿式离合/制动器,离合扭距为60KNM-300KNM,制动扭距为30KNM-100KNM	8	4	Combined wet clutches/brakes of press machines, 60KNM≤clutch torque≤300KNM, 30KNM≤braking torque≤100KNM
887	ex	84836000	高速轴联轴器(风力发电机组用),扭矩保护值为160KNM-1000KNM	8	4	High speed shaft coupling (for wind turbine generator set), 160KNM≤torque protection value≤1000KNM
888	ex	84839000	车用凸轮轴相位调节器	8	4	Camshaft phase adjusters of vehicles
889	ex	84839000	飞机发动机用齿轮箱用单个齿轮	8	1	A single gear for gearbox of airplane engines
890		84841000	金属片密封垫或类似接合衬垫	8	5	Metal gaskets or similar combination pads
891		84842000	机械密封件	8	5	Mechanical seals
892		84849000	其他材料制密封垫及类似接合衬垫	8	5	Gaskets consisting of other materials or similar combination pads
893	ex	85011091	激光视盘机机芯精密微型电机(1瓦≤功率≤18瓦, 20毫米≤直径≤30毫米)	9	5	Minitype precise motor for mechanism of laser disc player (1W≤power≤18W, 20mm≤diameter≤30mm)
894	ex	85011091	摄像机、摄录一体机用精密微型电机(0.5瓦≤功率≤10瓦, 20毫米≤直径≤39毫米)	9	5	Minitype precise motor for mechanism of video cameras or camera recorders (0.5W≤power≤10W, 20mm≤diameter≤39mm)

序号 No.	EX	税则号列 Tariff Line	货品名称 Article Description in Chinese	最惠国税率(%) MFN	暂定税率 (%) Temporary Tariff Rate	英文货品名称 Article Description
895	ex	85011099	功率≤0.5瓦(圆柱型: 直径≤6毫米, 高≤25毫米; 扁圆型: 直径≤15毫米, 厚≤5毫米)非用于激光视盘机机芯的微型电机	9	5	Micromotors with a cylindrical housing diameter not exceeding 6mm and height not exceeding 25mm or a oblatecylindrical housing diameter not exceeding 15mm and thickness not exceeding 5mm (power≤0.5W), excluding minitype motor for mechanism of laser disc player
896	ex	85011099	激光视盘机机芯用精密微型电机(0.5瓦<功率≤2瓦, 5毫米≤直径<20毫米)	9	5	Minitype precise motor for mechanism of laser disc player (0.5W≤power≤2W, 5mm≤diameter<20mm)
897	ex	85011099	摄像机、摄录一体机用精密微型电机(0.5瓦≤功率≤10瓦, 5毫米≤直径<20毫米或39毫米<直径≤40毫米)	9	5	Minitype precise motor for mechanism of video cameras or camera recorders (0.5W≤power≤10W, 5mm≤diameter<20mm or 39mm<diameter≤40mm)
898	ex	85016410	由使用可再生燃料锅炉和涡轮机组驱动的交流发电机, 750KVA<输出功率≤350MVA	10	5	AC generators of an output exceeding 750 kVA but not exceeding 350MVA, used in conjunction with boiler and turbines to generate electricity from renewable fuels
899	ex	85016420	由使用可再生燃料锅炉和涡轮机组驱动的交流发电机, 350MVA<输出功率≤665MVA	5.5	5	AC generators of an output exceeding 350 MVA but not exceeding 665MVA, used in conjunction with boiler and turbines to generate electricity from renewable fuels
900	ex	85016430	由使用可再生燃料锅炉和涡轮机组驱动的交流发电机, 输出功率>665MVA	6	5	AC generators of an output exceeding 665 MVA, used in conjunction with boiler and turbines to generate electricity from renewable fuels
901		85023100	风力驱动的发电机组	8	5	Wind-powered electric generating sets
902	ex	85023900	依靠可再生能源(太阳能、小水电、潮汐、沼气、地热能、生物质/余热驱动的汽轮机)生产电力的发电机组	10	5	Electric generating sets by using renewable energy (e.g. solar power, Small hydro,Wave power, biogas, geotherm, and gas turbines for biomass plants and for waste heat applications)
903		85030030	子目8502.3100所列发电机组用零件	3	1	Parts of the generating sets of subheading 8502.3100
904	ex	85030090	由使用可再生燃料锅炉和涡轮机组驱动的输出功率超过750KVA的交流发电机的零件; 依靠可再生能源(太阳能、小水电、潮汐、沼气、地热能、生物质/余热驱动的汽轮机)生产电力的发电机组的零件	8	5	Parts of AC generators of an output exceeding 750 kVA, used in conjunction with boiler and turbines to generate electricity from renewable fuels;Parts of electric generating sets by using renewable energy (e.g. solar power, Small hydro, Wave power, biogas, geotherm, and gas turbines for biomass plants) for maste heat applications

序号 No.	EX	税则号列 Tariff Line	货品名称 Article Description in Chinese	最惠国税率(%) MFN	暂定税率(%) Temporary Tariff Rate	英文货品名称 Article Description
905	ex	85030090	飞机发动机用交流发电机定子	8	1	Stators of AC generators (alternators) for airplane engines
906	ex	85030090	燃料电池用膜电极组件（主要由质子交换膜、催化剂和气体扩散层构成）	8	4	Membrane electrode assembly for fuel cell (mainly composed of proton exchange membrane,catalyst and gas diffusion layer)
907	ex	85030090	燃料电池用双极板	8	4	Bipolar plate for fuel cell
908	ex	85073000	飞机用镍镉蓄电池	10	1	Nickel-cadmium accumulators for airplane
909	ex	85076000	飞机用锂离子蓄电池	10	1	Lithium-ion accumulators for airplane
910		85079090	其他蓄电池零件	8	5	Parts of other electric accumulators, nes
911		85094010	水果或蔬菜榨汁机	7	5	Fruit or vegetable juice extractors
912		85094090	食品研磨机及搅拌器	7	5	Food grinders and mixers
913	ex	85114010	飞机辅助动力装置电源启动马达	5	1	Starter motors for airplane auxiliary motor power supplies
914	ex	85119010	飞机发动机用三相交流发电机用壳体	4.5	1	Three-phase alternator housings for airplane engines
915	ex	85144000	焊缝中频退火装置	10	7	Intermediate frequency annealing device for weld
916	ex	85152120	汽车生产线电阻焊接机器人	10	5	Resistance welding robots, used for automobile production line
917	ex	85158010	汽车生产线激光焊接机器人	8	5	Laser welding robots, used for automobile production line
918	ex	85159000	税目8515所列货品的零件（专门或主要用于印刷电路组件制造的其他波峰焊接机器的零件除外）	6	3	Parts of machines of heading 85.15 (other than parts of other wave soldering machines of a kind used solely or principally for the manufacture of printed circuit assemblies)
919		85163100	电吹风机	7	5	Electro-thermic hair dryers
920		85166030	电饭锅	7	5	Electric cookers
921		85167110	滴液式咖啡机	7	5	Drip coffee makers
922		85167120	蒸馏渗滤式咖啡机	7	5	Steam espresso makers
923		85167130	泵压式咖啡机	7	5	Pump espresso makers
924	ex	85241990	未切割的电子墨水屏	8	0	uncut electronic-ink screen
925		85249250	电视接收机用有机发光二极管平板显示模组,含驱动器和控制电路	15	5	Flat panel display modules used for television receiver of organic light-emitting diodes, with drivers or control circuits
926	ex	85285910	车载液晶显示器	20	10	LCD for vehicle
927	ex	85285910	航空器用显示器	20	1	Display for aircraft
928	ex	85318010	音量不超过110dB的小型蜂鸣器	10	7.5	Minitype electric buzzers, maximum volume not exceeding 110dB

序号 No.	EX	税则号列 Tariff Line	货品名称 Article Description in Chinese	最惠国税率(%) MFN	暂定税率(%) Temporary Tariff Rate	英文货品名称 Article Description
929	ex	85318090	飞机用频闪灯、警告组件	1.3#0	1-6月：1%	Strobe lights and warning components for airplane
930	ex	85359000	受电弓	10	5	Pantograph
931	ex	85359000	250千米/小时及以上高速动车组用高压电缆接头	10	6	High voltage cable joint of high-speed electric multiple unit with speed of 250km/h and above
932	ex	85371011	机床用可编程序控制器（PLC）	5	3	Programmable logic controllers (PLC) for machine tools
933	ex	85371019	机床用数控单元（包括单独进口的CNC操作单元）	5	3	Numerical control equipment for machine tools (including CNC unit imported separately)
934	ex	85371090	电梯用控制柜及控制柜专用印刷电路板	8	4	Control cabinets for elevator and printed circuits solely used for control cabinets
935	ex	85371090	飞机用控制模块	8	1	Control module for airplane, for a voltage exceeding 1000V
936	ex	85393240	彩色投影机的照明光源	8	3	Illumiation light source of colour projectors
937	ex	85415140	半导体基滤波器	8	4	Semiconductor-based wave filter
938	ex	85443020	车辆用电控柴油机的线束	10	5	Wiring harness of electric diesel engines used for vehicles
939	ex	85446012	250千米/小时及以上高速动车组用高压电缆	8	4	High voltage cables of high-speed electric multiple unit with speed of 250km/h and above
940	ex	85446090	额定电压为500千伏及以上的气体绝缘金属封闭输电线	15	10	Gas insulated metal enclosed transmission line,for a voltage of 500kV or more
941	ex	85451900	燃料电池用碳电极片	10	5	Carbon electrodes for fuel cells
942	ex	85462090	输变电架空线路用长棒形瓷绝缘子瓷件（单支长度为1-2米，实芯）	12	3	Long solid rod ceramic insulator body for power overhead transmission and converting lines (each rod is 1-2m in length)
943	ex	85480000	电磁干扰滤波器	8	1	Electromagnetic interference filters
944	ex	85480000	非电磁干扰滤波器	8	1	Non electromagnetic interference filters
945	ex	87019410	功率超过110千瓦,但不超过130千瓦的轮式拖拉机	8	5	Wheeled tractors (110kW<Engine Power≤130kW)
946	ex	87019510	功率超过130千瓦的轮式拖拉机	8	5	Wheeled tractors (Engine Power>130kW)
947	ex	87024010	纯电动机坪客车	15	4	Pure electric buses for transport passengers at airport
948	ex	87042300	仅装柴油或半柴油发动机的车辆总重量≥31吨清障车专用底盘	15	10	Special chassis for the wrecker of g.v.w.≥3lt, with diesel or semi-diesel engine only

序号 No.	EX	税则号列 Tariff Line	货品名称 Article Description in Chinese	最惠国税率(%) MFN	暂定税率 (%) Temporary Tariff Rate	英文货品名称 Article Description
949	ex	87042300	仅装柴油或半柴油发动机的固井水泥车、压裂车、混砂车、连续油管车、液氮泵车用底盘（车辆总重量＞35吨，装驾驶室）	15	10	Chassis of cementing unit trucks, fractruring unit trucks, coil unit trucks, liquid nitrogen trucks, and mixing sand trucks (g.v.w. exceeding 35t, incoraporating cabs), with diesel or semi-diesel engine only
950	ex	87044300	装有压燃式发动机的混合动力的车辆总重量≥31吨清障车专用底盘	15	10	Special chassis for the wrecker with both compression-ignition internal combustion piston engine of g.v.w. ≥31t
951	ex	87044300	装有压燃式发动机的混合动力的固井水泥车、压裂车、混砂车、连续油管车、液氮泵车用底盘（车辆总重量＞35吨，装驾驶室）	15	10	Chassis of cementing unit trucks, fractruring unit trucks, coil unit trucks, liquid nitrogen trucks, and mixing sand trucks (g.v.w. exceeding 35t, incoraporating cabs), with both compression-ignition internal combustion piston engine
952	ex	87044300	装有压燃式发动机的混合动力的起重55吨及以上的汽车起重机用底盘	15	8	Chassis of crane lorries with both compression-ignition internal combustion piston engine, hoisting capacity≥55t
953	ex	87059099	跑道除冰车	12	10	Runway deicing trucks
954	ex	87083099	纯电动或混合动力汽车用电动制动器(由制动器电子控制单元、踏板行程模拟器、制动执行器等组成）	6	5	Electrically operated brake for electric vehicle or hybrid electric vehicles (composed of Electronic control unit,Pedal travel simulator,Brake actuator etc.)
955	ex	87083099	燃油汽车用电动制动器(由制动器电子控制单元、踏板行程模拟器、制动执行器等组成)	6	5	Electric brake for fuel vehicle (composed of brake electronic control unit, pedal stroke simulator, brake actuator, etc.)
956	ex	87084010	发动机功率65千瓦及以上的动力换挡拖拉机用变速箱	6	3	Gearbox for power shift tractors (Engine Power≥65kW)
957	ex	87084030	扭矩＞1500牛顿·米的非公路自卸车用变速箱	6	3	Gear boxes of dumpers designed for off-highway use, torque>1500N·m
958	ex	87084091	税目8703所列车辆用自动变速箱用液力变矩器	6	3	Hydraulic torque converters for automatic gearshifts of vehicles of heading 87.03
959	ex	87084091	税目8703所列车辆用自动变速箱用铝阀芯	6	3	Aluminum valve core for gearshifts of vehicles of heading 87.03
960	ex	87084091	税目8703所列车辆用无级变速箱用钢带	6	3	Steel belt for automatic gearshifts of vehicles of heading 87.03
961	ex	87084099	其他未列名机动车辆自动变速箱用液力变矩器	6	3	Hydraulic torque converter of automatic gearshift for other motor vehicles not elsewhere specified
962	ex	87084099	其他未列名机动车辆自动变速箱用铝阀芯	6	3	Aluminum spool valve of automatic gearshift for other motor vehicles not elsewhere specified

序号 No.	EX	税则号列 Tariff Line	货品名称 Article Description in Chinese	最惠国税率(%) MFN	暂定税率 (%) Temporary Tariff Rate	英文货品名称 Article Description
963	ex	87085071	发动机功率65千瓦及以上的动力换挡拖拉机用驱动桥	6	3	Driving axle for power shift tractors (Engine Power≥65kW)
964	ex	87089310	发动机功率65千瓦及以上的动力换挡拖拉机用离合器	6	3	Clutch for power shift tractors (Engine Power≥65kW)
965		87089939	非公路自卸车用其他零件、附件	6	3	Not specified parts of dumpers designed for off-highway use
966	ex	87141000	星型轮及碟刹件	15	10	Planetary gears and Plate brake
967	ex	87141000	摩托车用防抱死制动系统（ABS）及其零件	15	8	Anti-slid brake systems (ABS) for motorcycles and parts thereof
968		90013000	隐形眼镜片	7	6	Contact lenses
969		90021131	单反相机镜头	6	3	Lens of digital single lens reflex camera
970		90021139	其他照相机用镜头	6	3	Lens of digital camera (exception to digital single lens reflex camera)
971	ex	90021190	彩色投影机和数字光处理器的镜头及镜头组件	10	3	Lens and lens assembly of colour projectors or digital light proceesors
972		90031910	金属材料制眼镜架	7	6	Frames and mountings of metal materials
973		90041000	太阳镜	7	6	Sunglasses
974	ex	90066100	照相手机用闪光灯组件	9	4	External flashlights for cameras
975		90069191	照相机自动调焦组件	8	6	Automatic focal setting units of photo cameras
976		90069192	其他照相机的快门组件	8	6	Shutter units of photo cameras
977		90069199	其他照相机的其他零附件	8	6	Parts and accessories nes of other photo cameras
978		90079100	电影摄影机用零附件	8	5	Parts and accessories for cinematographic cameras
979	ex	90079200	电影放映机（不包括2K及以上分辨率的硬盘式）用零附件	8	5	Parts and accessories for cinematographic projectors (excluding those with magnetic discs, resolving power≥2K)
980	ex	90079200	2K及以上分辨率的硬盘式数字电影放映机用零附件	8	3	Parts and accessories for digital cinematographic projectors with magnetic discs, resolving power≥2K
981	ex	90138090	光刻机用光斑调节装置	5	2	Spot adjusting device for lithography machine
982	ex	90189099	医用可解脱弹簧圈	4	1	Detachable coils for medical use
983	ex	90189099	颅内取栓支架	4	2	Revascularization device
984	ex	90189099	伞形下腔静脉滤器	4	2	Umbrella inferior vena cava filter
985		90200000	其他呼吸器具及防毒面具	8	4	Other breathing applicances and gas masks
986		90212100	假牙	4	2	Artificial teeth
987		90212900	牙齿固定件	4	2	Dental fittings
988		90213100	人造关节	4	2	Artificial joints
989	ex	90213900	人工心脏瓣膜	4	1	Artificial heart valve prosthesis

序号 No.	EX	税则号列 Tariff Line	货品名称 Article Description in Chinese	最惠国税 率(%) MFN	暂定税率 (%) Temporary Tariff Rate	英文货品名称 Article Description
990		90214000	助听器, 不包括零件、附件	4	1	Hearing aids, excluding parts & accessories
991	ex	90229090	射线发生器的零部件	4.5	1	Parts of ray generators
992	ex	90229090	数字化X射线摄影系统平板探测器	4.5	3	Flat panel detector of digital X-ray photography system
993	ex	90229090	X射线断层检查仪专用探测器	4.5	3	Special detector for X-ray tomography
994	ex	90229090	X射线断层检查仪专用闪烁体、准直器	4.5	3	Special scintillator and collimator for X-ray tomography
995	ex	90328990	电喷点火程序控制单元	7	3	Program controlling units for electric ignition
996	ex	90328990	机床用成套数控伺服装置(包括CNC操作单元, 带有配套的伺服放大器和伺服电机)	7	3	Numerical control servomechanism for machine tools (including CNC unit, with servo amplifier and servomotor)
997	ex	90328990	印刷机用成套数控伺服传动装置(包括运动控制器或可编程序自动控制器、人机界面单元, 带有配套的伺服驱动器和伺服电机)	7	3	Complete set of CNC servo devices used for printers (including PAC and HMI units, servo drivers and sero motoers)
998	ex	90328990	三坐标测量机用自动控制柜	7	3	Automatic controller for coordinate measuring machine of three dimensions
999	ex	90328990	纯电动或混合动力汽车用电机控制器总成	7	4	Motor controller assembly for blade electric vehicles or hybrid electric vehicles
1000	ex	90328990	飞机自动驾驶系统(包括自动驾驶、电子控制飞行、自动故障分析、警告系统配平系统及推力监控设备及其相关仪表)	7	1	Parts of automatic pilotting systems for airplane (including automatic pilotting, electronic flight contral, automatic failure analysis, warning systems, trimming systems, thrust monitoring equipments and the meters thereof)
1001	ex	90328990	具有可再生能源和智能电网应用的自动电压和电流调节器; 非液压或气压的自动调控流量、液位和湿度的仪器	7	5	Automatic voltage and current regulators which have renewable energy and smart grid applications; process control instruments and apparatus for flow, level and humidity, excluding hydraulic or pneumatic
1002	ex	90328990	发动机气门正时控制(VTC)模块	7	3	Engine valve timing control (VTC) module
1003	ex	90329000	飞机自动驾驶系统(包括自动驾驶、电子控制飞行、自动故障分析、警告系统配平系统及推力监控设备及其相关仪表)的零件	5	1	Parts of automatic pilotting systems for airplane (including automatic pilotting, electronic flight contral, automatic failure analysis, warning systems, trimming systems, thrust monitoring equipments and the meters therof)
1004	ex	90329000	飞机发动机燃油控制器用电路板	5	1	Circuit boards for airplane engine fuel controllers

序号 No.	EX	税则号列 Tariff Line	货品名称 Article Description in Chinese	最惠国税率(%) MFN	暂定税率(%) Temporary Tariff Rate	英文货品名称 Article Description
1005	ex	90330000	用于90章下列环境产品, 包括太阳能定日镜、其他测量海洋、水文、气象或地球物理用仪器及设备, 测量, 检验液体流量或液位的仪器, 测量、检验压力的仪器及装置, 90.26其他税号未列名的液体或气体测量仪器及装置, 气体或烟雾分析仪, 色谱仪和电泳仪, 使用光学射线(紫外线, 可见光, 红外线)的分光仪、分光光度计及摄谱仪以及其他理化分析仪器及装置, 用于测量、记录、分析和评估环境样品或对环境的影响的理化分析仪器及装置, 检镜切片机, 轮廓投影仪, 光栅测量装置, 其他光学测量或检验仪器和器具, 测振仪, 手振动仪, 具有可再生能源和智能电网应用的自动电压和电流调节器, 自动调控流量、液位和湿度的仪器, 且在其他税目未列名的零附件	6	5	Parts of the Chapter 90 following environment products, including solar heliostats, other surveying oceanographic, hydrological, meteorological or geophysical instruments and appliances, instruments for measuring or checking the flow or level of liquids, instruments/apparatus for measuring or checking pressure, other Instruments/Apparatus for measuring or checking variables of liquids and gases of heading 90.26, nesoi, gas or smoke analysis apparatus, chromatographs and electrophoresis instruments, spectrometers, spectrophotometers and spectrographs and other instruments and apparatus for physical and chemical analysis using optical radiations (ultraviolet, visible, infrared), instruments and apparatus for physical or chemical analysis used to measure, record, analyse and assess environmental samples or environmental influences, microtomes, profile projectors, optical Grating Measuring insruments, other optical measuring and checking instruments and appliances, vibrometers, hand vibration meters, automatic voltage and current regulators which have renewable energy and smart grid applications; process control instruments and apparatus for flow, level and humidity, not elsewhere specified
1006		91081100	已组装的机械指示式完整电子表芯	16	10	Electric atch movements, assembled, with mechnical display
1007	ex	92012000	完税价格50000美元及以上的大钢琴	10	1	Grand pianos, the duty-paying value≥50000$
1008	ex	92021000	完税价格15000美元及以上的弓弦乐器	10	1	Played with a bow, the duty-paying value≥15000$
1009	ex	92051000	完税价格2000美元及以上的铜管乐器	10	1	Brass-wind instruments, the duty-paying value≥2000$
1010	ex	92059090	完税价格10000美元及以上的其他管乐器	10	1	Other wind musical instruments, the duty-paying value≥10000$
1011		95061100	滑雪屐	6	3	Snow-skis
1012		95061200	滑雪屐扣件(滑雪屐带)	6	3	Snow-ski-fastenings (ski-bindings)

序号 No.	EX	税则号列 Tariff Line	货品名称 Article Description in Chinese	最惠国税率(%) MFN	暂定税率 (%) Temporary Tariff Rate	英文货品名称 Article Description
1013		95061900	其他滑雪用具	6	3	Snow-ski equipment nes
1014	ex	96019000	牛角纽扣坯圆片（濒危动物制除外）	20	6	Buffalo Horn Button Blank wafers(except for endangered animal products)
1015		96190011	婴儿尿布及尿裤	4	0	Diapers and napkins, for babies
1016		96190019	成人尿布及尿裤	4	0	Diapers and napkins, nes
1017		96190020	卫生巾(护垫)及卫生棉条	4	2	Sanitary towels(pads) and tampons
1018		97012100	超100年的油画、粉画及其他手绘画	4	0	Paintings, drawings and pastels of an age exceeding 100 years
1019		97012200	超100年的镶嵌画	6	0	Mosaics of an age exceeding 100 years
1020		97012900	超100年的拼贴画及类似装饰板	6	0	Collages and similar decorative plaques of an age exceeding 100 years

进口商品从量税、复合税税目税率表
Specific and Compound Tariff Rate on Import Goods

序号 No.	税则号列 Tariff Line	货品名称 Article Description in Chinese	普通税率 Gen	最惠国税率 MFN	英文货品名称 Article Description
1	02071200	冻的整只鸡	5.6元/千克	20%	Frozen whole chickens, not cut in pieces
2	02071411	冻的带骨鸡块	4.2元/千克	0.6元/千克	Frozen chicken cuts, with bone in
3	02071419	冻的其他鸡块	9.5元/千克	10%	Frozen chicken cuts, nes
4	02071421	冻的鸡翼(不包括翼尖)	8.1元/千克	0.8元/千克	Frozen wing of chicken (other than wingtips)
5	02071422	冻的鸡爪	3.2元/千克	1元/千克	Frozen chicken claw
6	02071429	冻的其他鸡杂碎	3.2元/千克	0.5元/千克	Frozen offal of chicken, nes
7	05040021	冷、冻的鸡胗	7.7元/千克	20%	Cold, frozen broiler gizzard
8	22030000	麦芽酿造的啤酒	7.5元/升	0	Beer made from malt
9	27090000	原油	85元/吨	0	Petroleum oils & oils obtained from bituminous minerals, crude
10	37023190	其他彩色摄影用未曝光无齿孔彩色胶卷, 宽度≤105mm	433元/平方米	56元/平方米	Other film, without perforations, for colour photography, sensitized, unexposed, without perforations, width≤105mm, of any material other than paper, paper board or texitiles
11	37023220	照相制版用未曝光涂卤化银液无齿孔胶卷, 宽度≤105mm	104元/平方米	4.5元/平方米	Photographic film rolls, unexposed, without perforations, with silver halide emulsion, for preparing printing plates or cylinders, of any material other than paper, paperboard or textiles, width≤105mm
12	37023290	其他未曝光涂乳液无齿孔胶卷, 宽度≤105mm	202元/平方米	21元/平方米	Photographic film rolls, unexposed, without perforations, with silver halide emulsion, of any material other than paper, paperboard or textiles, width≤105mm, nes
13	37023920	照相制版用未曝光未涂卤化银无齿孔感光胶卷, 宽度≤105mm	104元/平方米	12元/平方米	Photographic film rolls , unexposed, without perforations and silver halide emulsion, of any material other than paper, paperboard or textiles, width≤105mm, for preparing printing plates or cylinders
14	37023990	其他未曝光未涂卤化银无齿孔感光胶卷, 宽度≤105mm	202元/平方米	24元/平方米	Photographic film rolls , unexposed, without perforations and silver halide emulsion, of any material other than paper, paperboard or textiles, width≤105mm, nes
15	37024100	彩色摄影用未曝光无齿孔的其他胶片, 宽度>610mm, 长度>200m	202元/平方米	7.1元/平方米	Film rolls, for colour photography, unexposed, without perforations, of any material other than paper, paperboard or textiles, width>610mm, length>200m

序号 No.	税则号列 Tariff Line	货品名称 Article Description in Chinese	普通税率 Gen	最惠国税率 MFN	英文货品名称 Article Description
16	37024221	印刷电路板制造用未曝光光致抗蚀干膜,宽度>610mm,长度>200m	110元/平方米	0.6元/平方米	Wide anticorrosive photographic plate for printed circuit processing, unexposed, without perforations, of any material other than paper, paperboard or textiles, width>610mm, length>200m
17	37024229	其他照相制版用未曝光无齿孔胶片,宽度>610mm,长度>200m	110元/平方米	1.6元/平方米	Film rolls for preparing printing plates or cylinders, unexposed, without perforations, of any material other than paper, paperboard or textiles, width>610mm, length>200m, excl. wide anticorrosive photographic plate for printed circuit processing
18	37024292	红色或红外激光胶片,宽度>610mm,长度>200m	213元/平方米	2.4元/平方米	Infra-red or red laser film,unexposed, without perforations, of any material other than paper, paperboard or textiles, width>610mm, length>200m, excl. wide anticorrosive photographic plate for printed circuit processing
19	37024299	其他未曝光无齿孔胶片,宽度>610mm,长度>200m	213元/平方米	7元/平方米	Other film, unexposed, without perforations, of any material other than paper, paperboard or textiles, width>610mm, length>200m, excl. wide anticorrosive photographic plate for printed circuit processing
20	37024321	照相制版用未曝光无齿孔激光照排片,宽度>610mm,长度≤200m	104元/平方米	10%	Laser phototypesetting film, unexposed, without perforations, width>610mm, length≤200m, of any material other than paper, paperboard or textiles
21	37024329	其他照相制版用未曝光无齿孔胶片,宽度>610mm,长度≤200m	104元/平方米	3.7元/平方米	Film rolls for preparing printing plates or cylinders, unexposed, without perforations, width>610mm, length≤200m, of any material other than paper, paperboard or textile, excl. laser phototypesetting film
22	37024390	其他用未曝光无齿孔胶片,宽度610mm,长度≤200m	202元/平方米	17元/平方米	Film rolls, unexposed, without perforations, width>610mm, length≤200m, of any material other than paper, paperboard or textiles, nes
23	37024421	照相制版用无齿孔未曝光激光照排片,105mm<宽度≤610mm	115元/平方米	2元/平方米	Laser phototypesetting film, unexposed, without perforations, 105mm<width≤610mm, of any material other than paper, paperboard or textiles
24	37024422	印刷电路板制造用未曝光光致抗蚀干膜,105mm<宽度≤610mm	115元/平方米	5元/平方米	Narrow anticorrosive photographic plate for printed circuit processing, unexposed, without perforations, 105mm<width≤610mm, of any material other than paper, paperboard or textiles

序号 No.	税则号列 Tariff Line	货品名称 Article Description in Chinese	普通税率 Gen	最惠国税率 MFN	英文货品名称 Article Description
25	37024429	其他照相制版用无齿孔未曝光胶卷, 105mm<宽度≤610mm	115元/平方米	2.9元/平方米	Film rolls for preparing printing plates or cylinders, unexposed, without perforations, 105mm<width≤610mm, of any material other than paper, paperboard or textiles
26	37024490	其他用无齿孔未曝光胶卷, 105mm<宽度≤610mm	202元/平方米	27元/平方米	Film rolls, unexposed, without perforations, 105mm<width≤610mm, of any material other than paper, paperboard or textiles, nes
27	37025200	彩色摄影用未曝光彩色胶卷, 宽度≤16mm	433元/平方米	91元/平方米	Film rolls for colour photography, unexposed, width≤16mm, length>14m, of any material other than paper, paperboard or textiles, nes
28	37025300	幻灯片用未曝光彩色摄影胶卷, 16mm<宽度≤35mm, 长度<30m	433元/平方米	122.6元/平方米	Slide film rolls for colour photography, unexposed, 16mm<width≤35mm, length<30m, of any material other than paper, paperboard or textiles
29	37025410	宽度35mm, 长度≤2m的胶卷	433元/平方米	10元/平方米	Film rolls for colour photography other than for slides, unexposed, width=35mm and length≤2m, of any material other than paper, paperboard or textiles
30	37025490	非幻灯片用彩色摄影用未曝光彩色胶卷, 16mm<宽度<35mm, 2m<长度≤30m	433元/平方米	24元/平方米	Film rolls for colour photography other than for slides, unexposed, 16 mm<width<35mm, 2m<length≤30m, of any material other than paper, paperboard or textiles
31	37025520	未曝光的彩色电影胶片, 16mm<宽度≤35mm, 长度>30m	232元/平方米	8.7元/平方米	Colour cinematographic film rolls, unexposed, 16mm<width≤35mm, length>30m, of any material other than paper, paperboard or textiles
32	37025590	未曝光彩色摄影用胶卷, 16mm<宽度≤35mm, 长度>30m	433元/平方米	27元/平方米	Colour film rolls for colour photography, unexposed, 16mm<width≤35mm, length>30m, excl. cinematographic film
33	37025620	未曝光的彩色电影胶片, 宽度>35mm	232元/平方米	13元/平方米	Colour cinematographic film rolls, unexposed, width>35mm, of any material other than paper, paperboard or textiles
34	37025690	未曝光的彩色摄影用胶卷, 宽度>35mm	433元/平方米	74元/平方米	Film in rolls for colour photography, unexposed, width>35mm, of any material other than paper, paperboard or textiles , excl. cinematographic film
35	37029600	未曝光非彩色胶卷, 宽度≤35mm, 长度≤30m	210元/平方米	21元/平方米	Film rolls of neutral colour, unexposed, 16mm<width<35mm, 2m<length≤30m, of any material other than paper, paperboard or textiles

序号 No.	税则号列 Tariff Line	货品名称 Article Description in Chinese	普通税率 Gen	最惠国税率 MFN	英文货品名称 Article Description
36	37029700	未曝光的非彩色胶卷, 宽度≤35mm, 长度>30m	210元/平方米	9元/平方米	Film rolls of neutral colour, unexposed, 16mm<width≤35mm, length> 30m, of any material other than paper, paperboard or textiles, excl. cinematographic film
37	37029800	未曝光的非彩色胶卷, 宽度>35mm	210元/平方米	10元/平方米	Film rolls of neutral colour, unexposed, width>35mm, of any material other than paper, paperboard or textiles, excl. cinematographic film
38	85211011	磁带型广播级录像机	完税价格≤2000美元/台: 130%; 完税价格>2000美元/台: 6%+20600元/台	0	Broadcast quality, magnetic video tape recorders
39	85211019	磁带型录像机 (广播级录像机除外)	完税价格≤2000美元/台: 130%; 完税价格>2000美元/台: 6%+20600元/台	0	Other magnetic video tape recorders
40	85211020	磁带型放像机	完税价格≤2000美元/台: 130%; 完税价格>2000美元/台: 6%+20600元/台	0	Magnetic video tape reproducers
41	85258912	非特种用途的广播级电视摄像机	完税价格≤5000美元/台: 130%; 完税价格>5000美元/台: 6%+51500元/台	0	Television cameras, not for special purposes, broadcast quality
42	85258919	非特种用途的其他电视摄像机	完税价格≤5000美元/台: 130%; 完税价格>5000美元/台: 6%+51500元/台	0	Other television cameras, not for special purposes
43	85258922	非特种用途的单镜头反光型数字照相机	完税价格≤5000美元/台: 130%; 完税价格>5000美元/台: 6%+51500元/台	0	Digital cameras not for special purposes, single lens reflex
44	85258923	非特种用途的其他可换镜头的数字照相机	完税价格≤5000美元/台: 130%; 完税价格>5000美元/台: 6%+51500元/台	0	Other digital cameras not for special purposes, lens interchangeable
45	85258929	非特种用途的其他数字照相机	完税价格≤5000美元/台: 130%; 完税价格>5000美元/台: 6%+51500元/台	0	Other digital cameras, not for special purposes
46	85258932	非特种用途的广播级视频摄录一体机	完税价格≤5000美元/台: 130%; 完税价格>5000美元/台: 6%+51500元/台	0	Video camera recorders, not for special purposes, broadcast quality
47	85258939	非特种用途的其他视频摄录一体机	完税价格≤5000美元/台: 130%; 完税价格>5000美元/台: 6%+51500元/台	0	Other video camera recorders, not for special purposes

中华人民共和国进出口
关税条例

（2003年10月29日国务院第26次常务会议通过，国务院总理温家宝2003年11月23日签署第392号国务院令，发布《中华人民共和国进出口关税条例》，自2004年1月1日起施行。）

第一章 总 则

第一条 为了贯彻对外开放政策，促进对外经济贸易和国民经济的发展，根据《中华人民共和国海关法》（以下简称《海关法》）的有关规定，制定本条例。

第二条 中华人民共和国准许进出口的货物、进境物品，除法律、行政法规另有规定外，海关依照本条例规定征收进出口关税。

第三条 国务院制定《中华人民共和国进出口税则》（以下简称《税则》）、《中华人民共和国进境物品进口税税率表》（以下简称《进境物品进口税税率表》），规定关税的税目、税则号列和税率，作为本条例的组成部分。

第四条 国务院设立关税税则委员会，负责《税则》和《进境物品进口税税率表》的税目、税则号列和税率的调整和解释，报国务院批准后执行；决定实行暂定税率的货物、税率和期限；决定关税配额税率；决定征收反倾销税、反补贴税、保障措施关税、报复性关税以及决定实施其他关税措施；决定特殊情况下税率的适用，以及履行国务院规定的其他职责。

第五条 进口货物的收货人、出口货物的发货人、进境物品的所有人，是关税的纳税义务人。

第六条 海关及其工作人员应当依照法定职权和法定程序履行关税征管职责，维护国家利益，保护纳税人合法权益，依法接受监督。

Regulations of the People's Republic of China on Import and Export Duties

（Adopted at the 26th Executive Meeting of the State Council on 29 October 2003, promulgated by Decree No. 392 of the State Council of the People's Republic of China on 23 November 2003, and effective as of 1 January 2004.）

Chapter Ⅰ General Provisions

Article 1 These Regulations are formulated in accordance with the relevant provisions of the Customs Law of the People's Republic of China（hereinafter referred to as the Customs Law）for the purposes of implementing the policy of opening to the outside world and promoting the development of foreign economic relations and foreign trade and the national economy.

Article 2 Unless otherwise provided for by laws or administrative regulations, the Customs shall, in accordance with these Regulations, collect import or export duties on all goods permitted by the People's Republic of China to be imported into or exported out of the Customs territory and all inward articles.

Article 3 The State Council shall formulate the Customs Import and Export Tariff of the People's Republic of China（hereinafter referred to as the Tariff）and the Flat Duty Rates on Inward Articles of the People's Republic of China（hereinafter referred to as the Flat Duty Rates on Inward Articles）, providing for tariff items, tariff headings and duty rates, which constitute component parts of these Regulations.

Article 4 The State Council shall establish the Tariff Commission, which is responsible for making adjustment to and interpretation of tariff items, tariff headings and duty rates in the Tariff and the Flat Duty Rates on Inward Articles and implementing such adjustment and interpretation after they are submitted to and approved by the State Council; determining the goods subject to temporary duty rates and the rates and duration thereof; determining tariff quota rates; determining the imposition of anti-dumping duty, countervailing duty, safeguard duty, retaliatory duty or other tariff measures; determining the application of duty rates under special circumstances; and performing other functions and responsibilities prescribed by the State Council.

Article 5 The consignee of import goods, the consignor of export goods and the owner of inward articles are duty payers.

Article 6 The Customs and staff members thereof shall fulfil the responsibility of duty collection in accordance with the statutory authority and procedure, safeguard State interests, protect lawful rights and interests of duty payers, and receive supervision according to law.

第七条 纳税义务人有权要求海关对其商业秘密予以保密，海关应当依法为纳税义务人保密。

第八条 海关对检举或者协助查获违反本条例行为的单位和个人，应当按照规定给予奖励，并负责保密。

第二章 进出口货物关税税率的设置和适用

第九条 进口关税设置最惠国税率、协定税率、特惠税率、普通税率、关税配额税率等税率。对进口货物在一定期限内可以实行暂定税率。

出口关税设置出口税率。对出口货物在一定期限内可以实行暂定税率。

第十条 原产于共同适用最惠国待遇条款的世界贸易组织成员的进口货物，原产于与中华人民共和国签订含有相互给予最惠国待遇条款的双边贸易协定的国家或者地区的进口货物，以及原产于中华人民共和国境内的进口货物，适用最惠国税率。

原产于与中华人民共和国签订含有关税优惠条款的区域性贸易协定的国家或者地区的进口货物，适用协定税率。

原产于与中华人民共和国签订含有特殊关税优惠条款的贸易协定的国家或者地区的进口货物，适用特惠税率。

原产于本条第一款、第二款和第三款所列以外国家或者地区的进口货物，以及原产地不明的进口货物，适用普通税率。

第十一条 适用最惠国税率的进口货物有暂定税率的，应当适用暂定税率；适用协定税率、特惠税率的进口货物有暂定税率的，应当从低适用税率；适用普通税率的进口货物，不适用暂定税率。

适用出口税率的出口货物有暂定税率的，应当适用暂定税率。

Article 7 A duty payer has the right to request the Customs to keep confidential its commercial secrets, and the Customs shall keep confidential such secrets for the duty payer according to law.

Article 8 The Customs shall, in accordance with the relevant provisions, reward units and individuals that inform against violations of these Regulations or provide assistance in investigating such violations, and be responsible for keeping secrets concerned.

Chapter Ⅱ Composition and Application of Duty Rates on Import and Export Goods

Article 9 Duty rates on import goods are composed of most-favoured-nation duty rates, conventional duty rates, special preferential duty rates, general duty rates, tariff quota duty rates, etc. Temporary duty rates may apply to import goods within a specific time limit.

Duty rates on export goods are designed to collect export duty. Temporary duty rates may apply to export goods within a specific time limit.

Article 10 The most-favoured-nation duty rates shall apply to import goods originated from members of the World Trade Organization that are subject to the common application of the mostfavoured-nation clause, import goods originated from countries or regions with which the People's Republic of China has concluded a bilateral trade agreement for reciprocally granting of most-favoured-nation treatment, and import goods originated from the Customs territory of the People's Republic of China.

The conventional duty rates shall apply to import goods originated from countries or regions with which the People's Republic of China has concluded a regional trade agreement that comprises preferential duty clauses.

The special preferential duty rates shall apply to import goods originated from countries or regions with which the People's Republic of China has concluded a trade agreement that comprises special preferential duty clauses.

The general duty rates shall apply to import goods originated from countries or regions other than those specified in Paragraphs 1, 2 and 3 of this Article or to the import goods of undetermined origins.

Article 11 Where there are temporary duty rates on import goods to which the most-favoured-nation duty rates are applicable, such temporary duty rates shall apply; where there are temporary duty rates on import goods to which the conventional duty rates or preferential duty rates are applicable, the lower duty rates shall apply; temporary duty rates shall not apply to import goods to which the general duty rates are applicable.

Where there are temporary duty rates on export goods to which the export duty rates are applicable, such temporary duty rates shall apply.

第十二条　按照国家规定实行关税配额管理的进口货物，关税配额内的，适用关税配额税率；关税配额外的，其税率的适用按照本条例第十条、第十一条的规定执行。

第十三条　按照有关法律、行政法规的规定对进口货物采取反倾销、反补贴、保障措施的，其税率的适用按照《中华人民共和国反倾销条例》、《中华人民共和国反补贴条例》和《中华人民共和国保障措施条例》的有关规定执行。

第十四条　任何国家或者地区违反与中华人民共和国签订或者共同参加的贸易协定及相关协定，对中华人民共和国在贸易方面采取禁止、限制、加征关税或者其他影响正常贸易的措施的，对原产于该国家或者地区的进口货物可以征收报复性关税，适用报复性关税税率。

征收报复性关税的货物、适用国别、税率、期限和征收办法，由国务院关税税则委员会决定并公布。

第十五条　进出口货物，应当适用海关接受该货物申报进口或者出口之日实施的税率。

进口货物到达前，经海关核准先行申报的，应当适用装载该货物的运输工具申报进境之日实施的税率。

转关运输货物税率的适用日期，由海关总署另行规定。

第十六条　有下列情形之一，需缴纳税款的，应当适用海关接受申报办理纳税手续之日实施的税率：

（一）保税货物经批准不复运出境的；

（二）减免税货物经批准转让或者移作他用的；

（三）暂准进境货物经批准不复运出境，以及暂准出境货物经批准不复运进境的；

Article 12　Where the quantity of import goods that are subject to tariff quota administration in accordance with the provisions of the State is within the tariff quota, the tariff quota duty rates shall apply; if such quantity exceeds the tariff quota, the application of the duty rates shall be governed by the provisions of Article 10 or 11 of these Regulations.

Article 13　Where anti-dumping, countervailing or safeguard measures are adopted on import goods in accordance with the provisions of the relevant laws or administrative regulations, the application of duty rates of such import goods shall be governed by the relevant provisions of the Regulations of the People's Republic of China on Anti-Dumping, the Regulations of the People's Republic of China on Countervailing Measures, and the Regulations of the People's Republic of China on Safeguards.

Article 14　Where any country or region, in violation of the trade agreements or other relevant agreements that it concludes or accedes to with the People's Republic of China, unilaterally adopts measures affecting normal trade such as imposition of prohibition or restriction or surcharge of duties in the trade with the People's Republic of China, retaliatory duty may be imposed on import goods originated from such country or region and retaliatory duty rates may apply.

The goods and countries subject to retaliatory duty, as well as the rates, duration and collection measures of retaliatory duty shall be determined and published by the Tariff Commission of the State Council.

Article 15　For any import or export goods, the duty rates implemented on the date when the Customs accepts the declaration for import or export of such goods shall apply.

Where, upon verification and approval of the Customs, the declaration is made prior to entry of import goods, the duty rates implemented on the date of declaration of the means of transport carrying such goods for entry shall apply.

The date for application of the duty rates on goods for the transport under Customs transit shall be separately provided for by the General Administration of Customs.

Article 16　Where duty needs to be paid under any of the following circumstances, the duty rates implemented on the date when the Customs accepts the declaration for duty payment shall apply:

（1）where bonded goods are, with approval, not to be re-transported out of the Customs territory;

（2）where goods subject to duty reduction or exemption are, with approval, to be transferred or diverted to other purposes;

（3）where goods permitted to temporarily enter or leave the Customs territory are, with approval, not to be re-transported out of or into the Customs territory;

（四）租赁进口货物，分期缴纳税款的。

第十七条 补征和退还进出口货物关税，应当按照本条例第十五条或者第十六条的规定确定适用的税率。

因纳税义务人违反规定需要追征税款的，应当适用该行为发生之日实施的税率；行为发生之日不能确定的，适用海关发现该行为之日实施的税率。

第三章 进出口货物完税价格的确定

第十八条 进口货物的完税价格由海关以符合本条第三款所列条件的成交价格以及该货物运抵中华人民共和国境内输入地点起卸前的运输及其相关费用、保险费为基础审查确定。

进口货物的成交价格，是指卖方向中华人民共和国境内销售该货物时买方为进口该货物向卖方实付、应付的，并按照本条例第十九条、第二十条规定调整后的价款总额，包括直接支付的价款和间接支付的价款。

进口货物的成交价格应当符合下列条件：

（一）对买方处置或者使用该货物不予限制，但法律、行政法规规定实施的限制、对货物转售地域的限制和对货物价格无实质性影响的限制除外；

（二）该货物的成交价格没有因搭售或者其他因素的影响而无法确定；

（三）卖方不得从买方直接或者间接获得因该货物进口后转售、处置或者使用而产生的任何收益，或者虽有收益但能够按照本条例第十九条、第二十条的规定进行调整；

（四）买卖双方没有特殊关系，或者虽有特殊关系但未对成交价格产生影响。

第十九条 进口货物的下列费用应当计入完税价格：

（一）由买方负担的购货佣金以外的佣金和经纪费；

（4）where the duty on import goods on lease is to be paid by instalments.

Article 17 In the recovery or refund of duties on import or export goods, the duty rates to apply shall be determined in accordance with the provisions of Article 15 or 16 of these Regulations.

Where there is a need to pursue the payment of duties unpaid due to the duty payer's violation of relevant provisions, the duty rates implemented on the date when such violation occurs shall apply; if it is impossible to ascertain the date when such violation occurs, the duty rates implemented on the date when the Customs finds such violation shall apply.

Chapter Ⅲ Determination of Customs Value of Import and Export Goods

Article 18 The customs value of import goods shall be determined by the Customs on the basis of the transaction value which complies with the conditions specified in Paragraph 3 of this Article, as well as the costs of transport, charges associated with transport, and the cost of insurance incurred prior to unloading of such goods at the port or place of entry within the Customs territory of the People's Republic of China.

The transaction value of import goods is the price actually paid or payable for the import goods by the buyer when sold by the seller for export to the Customs territory of the People's Republic of China, adjusted in accordance with the provisions of Articles 19 and 20 of these Regulations, including the price paid directly and indirectly.

The transaction value of import goods shall comply with the following conditions:

（1）there are no restrictions as to the disposition or use of the goods by the buyer other than restrictions which are imposed by laws or administrative regulations, restrictions which limit the geographical area in which the goods may be resold, or restrictions which do not substantially affect the value of the goods;

（2）the transaction value of such goods is not subject to some condition or consideration such as tie-in sale for which a value cannot be determined with respect to the goods being valued;

（3）no part of the proceeds of any subsequent resale, disposal or use of the import goods by the buyer will accrue directly or indirectly to the seller, or appropriate adjustment can be made to the proceeds, if any, in accordance with the provisions of Articles 19 and 20 of these Regulations;

（4）the buyer and seller are not related or, although the buyer and seller are related, such relationship does not affect the transaction value.

Article 19 The following costs shall be added to the customs value of import goods:

（1）commissions and brokerage incurred by the buyer, except buying commissions;

（二）由买方负担的在审查确定完税价格时与该货物视为一体的容器的费用；

（三）由买方负担的包装材料费用和包装劳务费用；

（四）与该货物的生产和向中华人民共和国境内销售有关的，由买方以免费或者以低于成本的方式提供并可以按适当比例分摊的料件、工具、模具、消耗材料及类似货物的价款，以及在境外开发、设计等相关服务的费用；

（五）作为该货物向中华人民共和国境内销售的条件，买方必须支付的、与该货物有关的特许权使用费；

（六）卖方直接或者间接从买方获得的该货物进口后转售、处置或者使用的收益。

第二十条 进口时在货物的价款中列明的下列税收、费用，不计入该货物的完税价格：

（一）厂房、机械、设备等货物进口后进行建设、安装、装配、维修和技术服务的费用；

（二）进口货物运抵境内输入地点起卸后的运输及其相关费用、保险费；

（三）进口关税及国内税收。

第二十一条 进口货物的成交价格不符合本条例第十八条第三款规定条件的，或者成交价格不能确定的，海关经了解有关情况，并与纳税义务人进行价格磋商后，依次以下列价格估定该货物的完税价格：

（一）与该货物同时或者大约同时向中华人民共和国境内销售的相同货物的成交价格；

（二）与该货物同时或者大约同时向中华人民共和国境内销售的类似货物的成交价格；

（三）与该货物进口的同时或者大约同时，将该进口货物、相同或者类似进口货物在第一级销售环节销售给无特殊关系买方最大销售总量的单位价格，但应当扣除本条例第二十二条规定的项目；

（2）the cost of containers treated as being one for customs purposes with the goods in question, which is incurred by the buyer;

（3）the cost of packing incurred by the buyer, whether for labour or materials;

（4）the value, apportioned as appropriate, of such goods as materials, components, parts, tools, dies, moulds, consumed materials and similar items, and such services as development, design and associated services undertaken elsewhere than in the Customs territory of the People's Republic of China where supplied by the buyer free of charge or at reduced cost for use in connection with the production and sale for export of the import goods to the Customs territory of the People's Republic of China;

（5）royalties and license fees related to the import goods that the buyer must pay, as a condition for sale of such goods to the Customs territory of the People's Republic of China;

（6）the value of any part of the proceeds of any subsequent resale, disposal or use of the goods that accrues directly or indirectly to the seller.

Article 20 The customs value of import goods shall not include the following taxes and charges that are specified in the price of such import goods at the time of importation:

（1）charges for construction, erection, assembly, maintenance, or technical assistance, undertaken after importation on import goods such as industrial plant, machinery or equipment;

（2）the costs of transport, charges associated with transport, and the cost of insurance incurred after unloading of import goods at the port or place of entry within the Customs territory;

（3）import duty and other internal taxes.

Article 21 Where the transaction value of import goods does not comply with the conditions prescribed in Paragraph 3 of Article 18 of these Regulations, or it is impossible to determine the transaction value, the Customs shall, after acquainting itself with the relevant information and consulting over price with the duty payer, determine the customs value of the import goods in accordance with the following values in their given order:

（1）the transaction value of identical goods sold for export to the Customs territory of the People's Republic of China and exported at or about the same time as the goods being valued;

（2）the transaction value of similar goods sold for export to the Customs territory of the People's Republic of China and exported at or about the same time as the goods being valued;.

（3）the unit price at which the import goods or identical or similar import goods are sold in the greatest aggregate quantity, at or about the time of importation of the goods being valued, to an unrelated buyer in the first sale, with all items specified in Article 22 of these Regulations deducted;

（四）按照下列各项总和计算的价格：生产该货物所使用的料件成本和加工费用，向中华人民共和国境内销售同等级或者同种类货物通常的利润和一般费用，该货物运抵境内输入地点起卸前的运输及其相关费用、保险费；

（五）以合理方法估定的价格。

纳税义务人向海关提供有关资料后，可以提出申请，颠倒前款第（三）项和第（四）项的适用次序。

第二十二条 按照本条例第二十一条第一款第（三）项规定估定完税价格，应当扣除的项目是指：

（一）同等级或者同种类货物在中华人民共和国境内第一级销售环节销售时通常的利润和一般费用以及通常支付的佣金；

（二）进口货物运抵境内输入地点起卸后的运输及其相关费用、保险费；

（三）进口关税及国内税收。

第二十三条 以租赁方式进口的货物，以海关审查确定的该货物的租金作为完税价格。

纳税义务人要求一次性缴纳税款的，纳税义务人可以选择按照本条例第二十一条的规定估定完税价格，或者按照海关审查确定的租金总额作为完税价格。

第二十四条 运往境外加工的货物，出境时已向海关报明并在海关规定的期限内复运进境的，应当以境外加工费和料件费以及复运进境的运输及其相关费用和保险费审查确定完税价格。

第二十五条 运往境外修理的机械器具、运输工具或者其他货物，出境时已向海关报明并在海关规定的期限内复运进境的，应当以境外修理费和料件费审查确定完税价格。

（4）the computed value which consists of the total sum of the following items: the cost or value of materials, components and parts, and fabrication or other processing employed in producing the import goods; an amount for profit and general expenses equal to that usually reflected in sales of goods of the same class or kind as the import goods being valued to the Customs territory of the People's Republic of China; the costs of transport, charges associated with transport, and the cost of insurance incurred prior to unloading of import goods at the port or place of entry within the Customs territory;

（5）the value determined on a reasonable basis.

The duty payer may, after providing relevant information or data to the Customs, make a request to reverse the order of the application of items （3）and （4）of the preceding paragraph.

Article 22 In determining the customs value of import goods in accordance with item （3）of Paragraph 1 of Article 21 of these Regulations, the items that shall be deducted are as follows:

（1）either profit and general expenses or commissions usually paid in the first sale of import goods of the same class or kind within the Customs territory of the People's Republic of China;

（2）the costs of transport, charges associated with transport, and the cost of insurance incurred after unloading of import goods at the port or place of entry within the Customs territory;

（3）import duty and internal taxes.

Article 23 The customs value of import goods on lease shall be the rental determined by the Customs.

Where the duty payer requests to pay the duties in a lump sum, it may choose to have the customs value determined in accordance with the provisions of Article 21 of these Regulations or take total rental determined by the Customs as the customs value.

Article 24 The customs value of goods which are transported out of the Customs territory for processing with the declaration thereof made to the Customs at the time of departure and retransported into the Customs territory within the time limit set by the Customs shall be determined on the basis of the charges on overseas processing, the cost of materials, components and parts, the costs of the re-transport, charges associated with re-transport, and the cost of insurance for the retransport.

Article 25 The customs value for mechanic appliances, means of transport or any other goods which are transported out of the Customs territory for repairs with the declaration thereof made to the Customs at the time of departure and re-transported into the Customs territory within the time limit set by the Customs shall be determined on the basis of the charges on the repairs and the cost of materials, components and parts used for the repairs.

第二十六条　出口货物的完税价格由海关以该货物的成交价格以及该货物运至中华人民共和国境内输出地点装载前的运输及其相关费用、保险费为基础审查确定。

出口货物的成交价格，是指该货物出口时卖方为出口该货物应当向买方直接收取和间接收取的价款总额。

出口关税不计入完税价格。

第二十七条　出口货物的成交价格不能确定的，海关经了解有关情况，并与纳税义务人进行价格磋商后，依次以下列价格估定该货物的完税价格：

（一）与该货物同时或者大约同时向同一国家或者地区出口的相同货物的成交价格；

（二）与该货物同时或者大约同时向同一国家或者地区出口的类似货物的成交价格；

（三）按照下列各项总和计算的价格：境内生产相同或者类似货物的料件成本、加工费用，通常的利润和一般费用，境内发生的运输及其相关费用、保险费；

（四）以合理方法估定的价格。

第二十八条　按照本条例规定计入或者不计入完税价格的成本、费用、税收，应当以客观、可量化的数据为依据。

第四章　进出口货物关税的征收

第二十九条　进口货物的纳税义务人应当自运输工具申报进境之日起14日内，出口货物的纳税义务人除海关特准的外，应当在货物运抵海关监管区后、装货的24小时以前，向货物的进出境地海关申报。进出口货物转关运输的，按照海关总署的规定执行。

进口货物到达前，纳税义务人经海关核准可以先行申报。具体办法由海关总署另行规定。

Article 26　The customs value of export goods shall be determined by the Customs on the basis of the transaction value thereof and the costs of transport, charges associated with transport, and the cost of insurance incurred prior to loading of such goods at the port or place of departure within the Customs territory of the People's Republic of China.

The transaction value of export goods is the total amount of the price that shall be charged by the seller, directly or indirectly, from the buyer for the goods sold for export.

The export duty shall not be added to the customs value of export goods.

Article 27　Where it is impossible to determine the transaction value of export goods, the Customs shall, after acquainting itself with the relevant information and consulting over price with the duty payer, determine the customs value of export goods in accordance with the following values in their given order:

（1）the transaction value of identical goods sold for export to the same country or region of importation and exported at or about the same time as the goods being valued;

（2）the transaction value of similar goods sold for export to the same country or region of importation and exported at or about the same time as the goods being valued;

（3）the computed value which consists of the total sum of the following items: the cost or value of materials, components and parts and fabrication or other processing employed in producing the identical or similar goods within the Customs territory; normal profit and general expenses; the costs of transport, charges associated with transport, and the cost of insurance incurred within the Customs territory;

（4）the value determined on a reasonable basis.

Article 28　The additions or deductions of costs, charges or taxes to or from the customs value in accordance with the provisions of these Regulations shall be made on the basis of objective and quantifiable data.

Chapter Ⅳ　Duty Collection on Import and Export Goods

Article 29　Declaration of import goods shall be made to the Customs at the port or place of entry by the duty payer within 14 days from the date of declaration of entry of the means of transport; declaration of export goods shall, unless otherwise specially approved by the Customs, be made to the Customs at the port or place of departure by the duty payer after the arrival of the goods at the Customs Surveillance Zone and 24 hours prior to loading thereof. Import or export goods in transit shall be dealt with in accordance with the provisions of the General Administration of Customs.

An advance declaration may be made by the duty payer with the approval of the Customs before the arrival of import goods. The specific measures therefore shall be separately formulated by the General Administration of Customs.

第三十条　纳税义务人应当依法如实向海关申报，并按照海关的规定提供有关确定完税价格、进行商品归类、确定原产地以及采取反倾销、反补贴或者保障措施等所需的资料；必要时，海关可以要求纳税义务人补充申报。

第三十一条　纳税义务人应当按照《税则》规定的目录条文和归类总规则、类注、章注、子目注释以及其他归类注释，对其申报的进出口货物进行商品归类，并归入相应的税则号列；海关应当依法审核确定该货物的商品归类。

第三十二条　海关可以要求纳税义务人提供确定商品归类所需的有关资料；必要时，海关可以组织化验、检验，并将海关认定的化验、检验结果作为商品归类的依据。

第三十三条　海关为审查申报价格的真实性和准确性，可以查阅、复制与进出口货物有关的合同、发票、账册、结付汇凭证、单据、业务函电、录音录像制品和其他反映买卖双方关系及交易活动的资料。

海关对纳税义务人申报的价格有怀疑并且所涉关税数额较大的，经直属海关关长或者其授权的隶属海关关长批准，凭海关总署统一格式的协助查询账户通知书及有关工作人员的工作证件，可以查询纳税义务人在银行或者其他金融机构开立的单位账户的资金往来情况，并向银行业监督管理机构通报有关情况。

第三十四条　海关对纳税义务人申报的价格有怀疑的，应当将怀疑的理由书面告知纳税义务人，要求其在规定的期限内书面作出说明、提供有关资料。

纳税义务人在规定的期限内未作说明、未提供有关资料的，或者海关仍有理由怀疑申报价格的真实性和准确性的，海关可以不接受纳税义务人申报的价格，并按照本条例第三章的规定估定完税价格。

第三十五条　海关审查确定进出口货物的完税价格后，纳税义务人可以以书面形式要求海关就如何确定其进出口货物的完税价格作出书面说明，海关应当向纳税义务人作出书面说明。

Article 30　The duty payer shall make a truthful declaration to the Customs in accordance with the law and provide, as required by the Customs, the relevant information or data needed for determination of customs value, classification of goods, determination of origin, or adoption of antidumping, countervailing, or safeguard measures. When necessary, the Customs may require the duty payer to make a supplementary declaration.

Article 31　The duty payer shall classify the declared import or export goods into the corresponding tariff headings in accordance with the terms of the headings, the general rules for the classification, and the notes to sections, chapters or sub-headings as well as other explanatory notes to classification, which are prescribed in the Tariff. The Customs shall verify and determine the goods classification according to law.

Article 32　The Customs may require the duty payer to provide the information or data needed for goods classification and, when necessary, organize laboratory analysis or inspection. The results of the analysis or inspection shall, after being confirmed by the Customs, be taken as the grounds for goods classification.

Article 33　The Customs may, in order to verify the truth and accuracy of the declared value, examine or copy the contracts, invoices, accounts, certificates for foreign exchange payment and settlement, bills, records, documents, business correspondences, audio and visual products related to import and export goods and other materials reflecting the relationship and transaction between the buyer and the seller.

Where the Customs has doubts about the value declared by the duty payer and the duties involved are of a large amount, the Customs may, upon the approval of the director of the Customs office directly under the General Administration of Customs or the director of a Customs office subordinate to and authorized by the former and on the strength of the Notice for Assistance in Account Inquiry with the format unified by the General Administration of Customs and credentials of relevant staff members, inquire about the fund transactions through the unit accounts opened at banks or other financial institutions by the duty payer, and inform the banking regulatory agency of relevant information.

Article 34　Where the Customs has doubts about the value declared by the duty payer, the Customs shall inform the duty payer in writing of the grounds for such doubts and require the duty payer to provide a written explanation and the relevant information and data within a specified time limit.

If the duty payer fails to provide explanation and relevant information and data within the specified time limit or the Customs still has reasonable doubts about the truth or accuracy of the declared value, the Customs may refuse to accept the declared value and determine the customs value in accordance with the provisions of Chapter III of these Regulations.

Article 35　Upon determination of the customs value of import or export goods by the Customs, the duty payer may request the Customs in writing to provide a written explanation as to how the customs value of import or export goods is determined. The Customs shall provide the written explanation to the duty payer accordingly.

第三十六条 进出口货物关税，以从价计征、从量计征或者国家规定的其他方式征收。

从价计征的计算公式为：
应纳税额=完税价格×关税税率

从量计征的计算公式为：
应纳税额=货物数量×单位税额

第三十七条 纳税义务人应当自海关填发税款缴款书之日起15日内向指定银行缴纳税款。纳税义务人未按期缴纳税款的，从滞纳税款之日起，按日加收滞纳税款万分之五的滞纳金。

海关可以对纳税义务人欠缴税款的情况予以公告。

海关征收关税、滞纳金等，应当制发缴款凭证，缴款凭证格式由海关总署规定。

第三十八条 海关征收关税、滞纳金等，应当按人民币计征。

进出口货物的成交价格以及有关费用以外币计价的，以中国人民银行公布的基准汇率折合为人民币计算完税价格；以基准汇率币种以外的外币计价的，按照国家有关规定套算为人民币计算完税价格。适用汇率的日期由海关总署规定。

第三十九条 纳税义务人因不可抗力或者在国家税收政策调整的情形下，不能按期缴纳税款的，经海关总署批准，可以延期缴纳税款，但是最长不得超过6个月。

第四十条 进出口货物的纳税义务人在规定的纳税期限内有明显的转移、藏匿其应税货物以及其他财产迹象的，海关可以责令纳税义务人提供担保；纳税义务人不能提供担保的，海关可以按照《海关法》第六十一条的规定采取税收保全措施。

纳税义务人、担保人自缴纳税款期限届满之日起超过3个月仍未缴纳税款的，海关可以按照《海关法》第六十条的规定采取强制措施。

Article 36 The duty on import or export goods shall be collected in the form of *ad valorem* duty, specific duty, or other forms prescribed by the State.

The calculation formula for *ad valorem* duty is:

Duty Payable=Customs Value × Duty Rate

The calculation formula for specific duty is:

Duty Payable = Quantity of Goods × Unit Duty

Article 37 The duty payer shall pay the duties at a designated bank within 15 days after the date of issuance of the memorandum of duty payment by the Customs. In case of any payment in arrears, 0.05% of the total amount of the overdue duties shall be charged as a fine for late payment per day from the date when the delayed payment occurs.

The Customs may publish the information about the arrearages on duties by duty payers.

The Customs shall issue a duty-memo for duties collected or receipt for fines for late payment. The format of the duty-memo or receipt shall be prescribed by the General Administration of Customs.

Article 38 The Customs shall collect duties and fines for late payment in terms of RMB.

Where the transaction value of import or export goods and associated costs are computed in a foreign currency, such foreign currency shall be converted into RMB at the basic exchange rate published by the People's Bank of China for the calculation of customs value. Where such basic exchange rate is not available for the foreign currency in question, the customs value shall be converted into RMB in accordance with the relevant provisions of the State. The date when the exchange rate applies shall be prescribed by the General Administration of Customs.

Article 39 Where the duty payer cannot pay duties within the time limit due to force majeure or adjustments to the State's taxation policy, such time limit may be extended upon the approval of the General Administration of Customs, but in any case the extension shall not exceed six months.

Article 40 Where there is an obvious indication that the duty payer of import or export goods is transferring or concealing the dutiable goods or other property in the specified time limit for duty payment, the Customs may order the duty payer to provide a bond; if the duty payer fails to do so, the Customs may take protective measures for duty collection in accordance with the provisions of Article 61 of the Customs Law.

Where the duty payer or the guarantor thereof fails to pay the duties within three months from the date of expiration of the time limit for duty payment, the Customs may take compulsory measures in accordance with the provisions of Article 60 of the Customs Law.

第四十一条　加工贸易的进口料件按照国家规定保税进口的，其制成品或者进口料件未在规定的期限内出口的，海关按照规定征收进口关税。

加工贸易的进口料件进境时按照国家规定征收进口关税的，其制成品或者进口料件在规定的期限内出口的，海关按照有关规定退还进境时已征收的关税税款。

第四十二条　经海关批准暂时进境或者暂时出境的下列货物，在进境或者出境时纳税义务人向海关缴纳相当于应纳税款的保证金或者提供其他担保的，可以暂不缴纳关税，并应当自进境或者出境之日起6个月内复运出境或者复运进境；经纳税义务人申请，海关可以根据海关总署的规定延长复运出境或者复运进境的期限：

（一）在展览会、交易会、会议及类似活动中展示或者使用的货物；

（二）文化、体育交流活动中使用的表演、比赛用品；

（三）进行新闻报道或者摄制电影、电视节目使用的仪器、设备及用品；

（四）开展科研、教学、医疗活动使用的仪器、设备及用品；

（五）在本款第（一）项至第（四）项所列活动中使用的交通工具及特种车辆；

（六）货样；

（七）供安装、调试、检测设备时使用的仪器、工具；

（八）盛装货物的容器；

（九）其他用于非商业目的的货物。

第一款所列暂准进境货物在规定的期限内未复运出境的，或者暂准出境货物在规定的期限内未复运进境的，海关应当依法征收关税。

Article 41　Where the materials, components and parts for processing trade are imported in bond in accordance with the provisions of the State, but such import materials, components and parts or the finished products made thereof are not exported within the specified time limit, the Customs shall collect import duties in accordance with the relevant provisions.

Where the import duty has been collected on materials, components and parts for processing trade upon entry in accordance with the provisions of the State and such materials, components and parts or the finished products made thereof are exported within the specified time limit, the Customs shall refund the duties previously collected in accordance with the relevant provisions.

Article 42　Where the following goods are permitted by the Customs to temporarily enter or leave the Customs territory and a cash deposit of an amount equivalent to that of the duties payable or a bond in another form has been provided to the Customs by the duty payer upon entry or departure, the duties of such goods may be temporarily exempted, on the condition that such goods shall be re-transported out of or into the Customs territory within six months from the date of entry or departure. Upon the request of the duty payer, the Customs may extend the time limit for re-transportation out of or into the Customs territory in accordance with the provisions of the General Administration of Customs:

（1）goods for display or use at exhibitions, fairs, meetings or similar events;

（2）items for performance or contest in cultural or sports exchange;

（3）apparatus, equipment or items for press, cinematography or television programs;

（4）apparatus, equipment or items for scientific research, pedagogical or medical activities;

（5）means of transport and special purpose motor vehicles for functions specified in Items（1）through（4）of this Paragraph;

（6）samples;

（7）apparatus and tools for installation, adjustment or test of equipment;

（8）containers of goods;

（9）other goods intended for non-commercial purposes.

Where the goods permitted to temporarily enter or leave the Customs territory in Paragraph 1 are not re-transported out of or into the Customs territory within the specified time limit, the Customs shall collect duties according to law.

Import duty on the goods permitted to temporarily enter the Customs territory other than those that are temporarily exempted from duties as prescribed by Paragraph 1 shall be computed on the basis of the proportion of the customs value of such goods and the time when such goods remain inside the Customs territory to the time of depreciation. The specific measures therefore shall be provided for by the General Administration of Customs.

Article 43 No import duty shall be collected on export goods re-transported into the Customs territory in the same state within one year from the date of exportation due to problems with quality or specifications.

No export duty shall be collected on import goods re-transported out of the Customs territory in the same state within one year from the date of importation due to problems with quality or specifications.

Article 44 Where, due to damage, shortage, poor quality or unconformity to specifications of import or export goods, the consignor or carrier of such goods or the insurance company provides, free of charge, identical import or export goods as compensation or replacement, no duties shall be collected on such identical goods. Where the original import or export goods that are replaced free of charge are not re-transported out of or into the Customs territory, the Customs shall re-collect duties thereon in accordance with the relevant provisions.

Article 45 The following import and export goods shall be exempted from duties:

(1) goods of a single consignment on which the duties are estimated to be not more than RMB 50 yuan;

(2) advertising matter and samples, which are of no commercial value;

(3) goods and materials, which are rendered gratis by international organizations or foreign governments;

(4) goods lost prior to customs release;

(5) fuels, stores, beverages and provisions for use en route loaded on any means of transport, which is in transit across the frontier.

The duties on goods damaged prior to Customs release may be deducted in accordance with the degree of damage confirmed by the Customs.

The Customs shall, in accordance with the relevant provisions, grant duty reduction or exemption to other goods that are subject to duty reduction or exemption prescribed by law.

Article 46 Duty reduction or exemption granted to import and export goods of special areas or special enterprises or for special uses, as well as temporary duty reduction or exemption, shall be governed by the relevant provisions of the State Council.

第四十三条 因品质或者规格原因，出口货物自出口之日起1年内原状复运进境的，不征收进口关税。

因品质或者规格原因，进口货物自进口之日起1年内原状复运出境的，不征收出口关税。

第四十四条 因残损、短少、品质不良或者规格不符原因，由进出口货物的发货人、承运人或者保险公司免费补偿或者更换的相同货物，进出口时不征收关税。被更换的原进出口货物如果不退运出境或者进境的，海关应当对被更换的原进出口货物重新按照规定征收关税。

第四十五条 下列进出口货物，免征关税：

（一）关税税额在人民币50元以下的一票货物；

（二）无商业价值的广告品和货样；

（三）外国政府、国际组织无偿赠送的物资；

（四）在海关放行前损失的货物；

（五）进出境运输工具装载的途中必需的燃料、物料和饮食用品。

在海关放行前遭受损坏的货物，可以根据海关认定的受损程度减征关税。

法律规定的其他免征或者减征关税的货物，海关根据规定予以免征或者减征。

第四十六条 特定地区、特定企业或者有特定用途的进出口货物减征或者免征关税，以及临时减征或者免征关税，按照国务院的有关规定执行。

第四十七条　进口货物减征或者免征进口环节海关代征税，按照有关法律、行政法规的规定执行。

第四十八条　纳税义务人进出口减免税货物的，除另有规定外，应当在进出口该货物之前，按照规定持有关文件向海关办理减免税审批手续。经海关审查符合规定的，予以减征或者免征关税。

第四十九条　需由海关监管使用的减免税进口货物，在监管年限内转让或者移作他用需要补税的，海关应当根据该货物进口时间折旧估价，补征进口关税。

特定减免税进口货物的监管年限由海关总署规定。

第五十条　有下列情形之一的，纳税义务人自缴纳税款之日起1年内，可以申请退还关税，并应当以书面形式向海关说明理由，提供原缴款凭证及相关资料：

（一）已征进口关税的货物，因品质或者规格原因，原状退货复运出境的；

（二）已征出口关税的货物，因品质或者规划原因，原状退货复运进境，并已重新缴纳因出口而退还的国内环节有关税收的；

（三）已征出口关税的货物，因故未装运出口，申报退关的。

海关应当自受理退税申请之日起30日内查实并通知纳税义务人办理退还手续。纳税义务人应当自收到通知之日起3个月内办理有关退税手续。

按照其他有关法律、行政法规规定应当退还关税的，海关应当按照有关法律、行政法规的规定退税。

第五十一条　进出口货物放行后，海关发现少征或者漏征税款的，应当自缴纳税款或者货物放行之日起1年内，向纳税义务人补征税款。但因纳税义务人违反规定造成少征或者漏征税款的，海关可以自缴纳税款或者货物放行之日起3年内追征税款，并从缴纳税款或者货物放行之日起按日加收少征或者漏征税款万分之五的滞纳金。

Article 47　Any reduction or exemption of taxes collected on import goods by the Customs on behalf of other government departments shall be governed by the provisions of relevant laws and administrative regulations.

Article 48　Where the duty payer is to import or export goods granted duty reduction or exemption, the duty payer shall, unless otherwise prescribed, go through the formalities with the Customs for approval of duty reduction or exemption by presenting relevant documents as required before such goods are imported or exported. The duty reduction or exemption shall be granted if the Customs confirms such goods as qualified through examination.

Article 49　Where the import goods which are granted duty reduction or exemption and the use of which are under the Customs control are diverted to other purposes within the duration of Customs control and therefore the recovery of duties is needed, the import duty shall be recovered by the Customs on the basis of the value of import goods depreciated according to the time after importation.

The duration of the Customs control over import goods granted special duty reduction or exemption shall be prescribed by the General Administration of Customs.

Article 50　Under any of the following circumstances, the duty payer may, within one year from the date of duty payment, apply for a refund of duties by stating the reasons therefore in writing to the Customs and providing the original duty-memo and the relevant information and data:

（1）where any goods, on which the import duty has been collected, are re-transported out of the Customs territory in the original state due to problems with quality or specifications;

（2）where any goods, on which the export duty has been collected, are re-transported into the Customs territory in the original state due to problems with quality or specifications and all internal taxes refunded for export have been repaid;

（3）Where any goods, on which the export duty has been paid, are re-declared to the Customs as shut-out cargo because they are not loaded for export due to certain reasons.

The Customs shall, within 30 days from the date of accepting an application for duty refund, ascertain the relevant facts and notify the duty payer to go through the refund formalities. The duty payer shall go through the refund formalities within three months from the date of receipt of the notification.

Where duties shall be refunded in accordance with the provisions of other relevant laws and administrative regulations, the Customs shall refund duties accordingly.

Article 51　Where the Customs finds that duties are short-collected or not collected on a consignment of import or export goods after the release, the Customs shall recover the duties payable from the duty payer within one year from the date of the duty payment or the release. If the shortcollected or non-collected duties are attributable to the duty payer's violation of the provisions, the Customs may pursue the payment of the unpaid duties within three years from the date of the duty payment or the release, and impose a fine for late payment of 0.05% of the short-collected or non-collected duties per day from the date of the duty payment or the release.

海关发现海关监管货物因纳税义务人违反规定造成少征或者漏征税款的,应当自纳税义务人应缴纳税款之日起3年内追征税款,并从应缴纳税款之日起按日加收少征或者漏征税款万分之五的滞纳金。

第五十二条 海关发现多征税款的,应当立即通知纳税义务人办理退还手续。

纳税义务人发现多缴税款的,自缴纳税款之日起1年内,可以以书面形式要求海关退还多缴的税款并加算银行同期活期存款利息;海关应当自受理退税申请之日起30日内查实并通知纳税义务人办理退还手续。

纳税义务人应当自收到通知之日起3个月内办理有关退税手续。

第五十三条 按照本条例第五十条、第五十二条的规定退还税款、利息涉及从国库中退库的,按照法律、行政法规有关国库管理的规定执行。

第五十四条 报关企业接受纳税义务人的委托,以纳税义务人的名义办理报关纳税手续,因报关企业违反规定而造成海关少征、漏征税款的,报关企业对少征或者漏征的税款、滞纳金与纳税义务人承担纳税的连带责任。

报关企业接受纳税义务人的委托,以报关企业的名义办理报关纳税手续的,报关企业与纳税义务人承担纳税的连带责任。

除不可抗力外,在保管海关监管货物期间,海关监管货物损毁或者灭失的,对海关监管货物负有保管义务的人应当承担相应的纳税责任。

第五十五条 欠税的纳税义务人,有合并、分立情形的,在合并、分立前,应当向海关报告,依法缴清税款。纳税义务人合并时未缴清税款的,由合并后的法人或者其他组织继续履行未履行的纳税义务;纳税义务人分立时未缴清税款的,分立后的法人或者其他组织对未履行的纳税义务承担连带责任。

Where the Customs finds that the short-collection or non-collection of duties on goods under Customs control is attributable to the duty payer's violation of the provisions, the Customs shall pursue the payment of the unpaid duties within three years from the date of the duty payment or the release, and impose a fine for late payment of 0.05% of the short-collected or non-collected duties per day from the date of the duty payment or the release.

Article 52 Upon finding any over-collection of duties, the Customs shall immediately notify the duty payer to go through the refund formalities.

Upon finding any over-collection of duties, the duty payer may, within one year from the date of duty payment, request in writing the Customs to refund the over-collected duties together with the interest for the corresponding period computed at the current deposit interest rate of the bank. The Customs shall, within 30 days from the date of accepting the application for duty refund, ascertain the relevant facts and notify the duty payer to go through the refund formalities.

The duty payer shall go through the refund formalities within three months from the date of receipt of the notification.

Article 53 Where the refund of duties or interest incurred therefrom under Articles 50 and 52 of these Regulations involves refund from the State treasury, such refund shall be governed by the provisions of the laws and administrative regulations on administration of the State treasury.

Article 54 Where a Customs broker that is commissioned by a duty payer to go through the formalities for declaration and duty payment in the name of the duty payer violates the relevant provisions and thus causes the short-collection or non-collection of duties, the Customs broker shall bear the joint and several liability with the duty payer for payment of the short-collected or non-collected duties and fines for late payment.

Where a Customs broker is commissioned by a duty payer to go through the formalities for declaration and duty payment in the name of the Customs broker, the Customs broker shall bear the joint and several liability with the duty payer for duty payment.

Where, except due to force majeure, goods under Customs control are damaged, destroyed or irrecoverably lost during the period of Customs control, the person who is obliged to keep such goods shall bear the corresponding liability for duty payment.

Article 55 Where a duty payer that is in arrears with duty payment comes under circumstances such as merger or division, the duty payer shall, prior to the merger or division, notify the Customs and pay off the duties. If the duty payer fails to pay off the duties when it is merged, the legal person or other organization that results from the merger shall continue to fulfil the duty payment obligation that has not been fulfilled. If the duty payer fails to pay off the duties when it is divided, the legal person or other organization that results from the division shall bear the joint and several liability for fulfilling the duty payment obligation that has not been fulfilled.

纳税义务人在减免税货物、保税货物监管期间，有合并、分立或者其他资产重组情形的，应当向海关报告。按照规定需要缴税的，应当依法缴清税款；按照规定可以继续享受减免税、保税待遇的，应当到海关办理变更纳税义务人的手续。

纳税义务人欠税或者在减免税货物、保税货物监管期间，有撤销、解散、破产或者其他依法终止经营情形的，应当在清算前向海关报告。海关应当依法对纳税义务人的应缴税款予以清缴。

第五章　进境物品进口税的征收

第五十六条　进境物品的关税以及进口环节海关代征税合并为进口税，由海关依法征收。

第五十七条　海关总署规定数额以内的个人自用进境物品，免征进口税。

超过海关总署规定数额但仍在合理数量以内的个人自用进境物品，由进境物品的纳税义务人在进境物品放行前按照规定缴纳进口税。

超过合理、自用数量的进境物品应当按照进口货物依法办理相关手续。

国务院关税税则委员会规定按货物征税的进境物品，按照本条例第二章至第四章的规定征收关税。

第五十八条　进境物品的纳税义务人是指，携带物品进境的入境人员、进境邮递物品的收件人以及以其他方式进口物品的收件人。

第五十九条　进境物品的纳税义务人可以自行办理纳税手续，也可以委托他人办理纳税手续。接受委托的人应当遵守本章对纳税义务人的各项规定。

Where a duty payer, during the period of Customs control over goods granted duty reduction or exemption or bonded goods, comes under circumstances such as merger, division or any other form of asset restructuring, the duty payer shall make a report thereon to the Customs. Those that need to pay duties in accordance with the relevant provisions shall pay off the duties according to law. Those that may continue to enjoy duty reduction or exemption or bond treatment in accordance with the relevant provisions shall go through the formalities for change of the duty payer with the Customs.

Where a duty payer is in arrears with the payment of duties or, during the period of Customs control over goods granted duty reduction or exemption or bonded goods, comes under circumstances such as dissolution, disbandment, bankruptcy or any other statutory form of termination, the duty payer shall make a report thereon to the Customs prior to the liquidation. The Customs shall collect all the duties payable from the duty payer according to law.

Chapter Ⅴ　Collection of Flat Duty on Inward Articles

Article 56　The import duty on inward articles and taxes collected by the Customs on behalf of other government departments for importation of such articles are amalgamated into the flat duty, which shall be collected by the Customs according to law.

Article 57　Inward articles for personal use the aggregate value or quantity of which is within the quota prescribed by the General Administration of Customs shall be exempted from flat duty.

The flat duty on inward articles for personal use that exceed the quota prescribed by the General Administration of Customs but are still within a reasonable quantity shall be paid by the duty payer of such inward articles in accordance with the relevant provisions prior to the release.

Where inward articles exceed the reasonable quantity for personal use, the relevant formalities shall be gone through in accordance with that of import goods.

The duty on inward articles that are deemed as import goods by the Tariff Commission of the State Council for duty collection shall be collected in accordance with the provisions of the Chapters II through IV of these Regulations.

Article 58　The duty payer of inward articles refers to the person who carries articles into the Customs territory, the addressee of inward postal items, or the recipient of articles imported in any other ways.

Article 59　The duty payer of inward articles may go through the formalities for duty payment on its own or commission an agent to go through such formalities. The agent commissioned shall abide by all the provisions of this Chapter on the duty payer.

第六十条　进口税从价计征。

进口税的计算公式为：
进口税税额=完税价格×进口税税率

第六十一条　海关应当按照《进境物品进口税税率表》及海关总署制定的《中华人民共和国进境物品归类表》、《中华人民共和国进境物品完税价格表》对进境物品进行归类、确定完税价格和确定适用税率。

第六十二条　进境物品，适用海关填发税款缴款书之日实施的税率和完税价格。

第六十三条　进口税的减征、免征、补征、追征、退还以及对暂准进境物品征收进口税参照本条例对货物征收进口关税的有关规定执行。

第六章　附　则

第六十四条　纳税义务人、担保人对海关确定纳税义务人、确定完税价格、商品归类、确定原产地、适用税率或者汇率、减征或者免征税款、补税、退税、征收滞纳金、确定计征方式以及确定纳税地点有异议的，应当缴纳税款，并可以依法向上一级海关申请复议。对复议决定不服的，可以依法向人民法院提起诉讼。

第六十五条　进口环节海关代征税的征收管理，适用关税征收管理的规定。

第六十六条　有违反本条例规定行为的，按照《海关法》、《中华人民共和国海关法行政处罚实施细则》和其他有关法律、行政法规的规定处罚。

第六十七条　本条例自2004年1月1日起施行。1992年3月18日国务院修订发布的《中华人民共和国进出口关税条例》同时废止。

Article 60　Flat duty shall be collected in terms of *ad valorem* duty.

The calculation formula of flat duty is:

Flat Duty Payable= Customs Value ×Flat Duty Rate

Article 61　The Customs shall determine the classification, customs value and applicable duty rate of inward articles in accordance with the Flat Duty Rates on Inward Articles, and the Classification Table of Inward Articles of the People's Republic of China and Customs Value Table of Inward Articles of the People's Republic of China that are formulated by the General Administration of Customs.

Article 62　The flat duty rate and customs value implemented on the date when the Customs issues the memorandum of duty payment shall apply to inward articles.

Article 63　The reduction, exemption, recovery, pursuit and refund of flat duty and the collection of flat duty on inward articles permitted to be temporarily transported into the Customs territory shall be governed by the relevant provisions of these Regulations on collection of import duty on goods.

Chapter Ⅵ　Supplementary Provisions

Article 64　Where the duty payer or guarantor has objections to the Customs' determination of the duty payer or customs value; goods classification; determination of origin, applicable duty rates or exchange rates; duty reduction, exemption, recovery or refund; collection of fines for late payment; or determination of the manner and place of duty collection; it shall pay the duties and may apply to the Customs at the next higher level for administrative reconsideration according to law; if the duty payer or guarantor refuses to accept the decision of administrative reconsideration, it may lodge a lawsuit to the people's court according to law.

Article 65　Tax collection by the Customs on behalf of other government departments for importation shall be governed in accordance with the provisions on administration of duty collection.

Article 66　The penalty for violation of the provisions of these Regulations shall be imposed in accordance with the provisions of the Customs Law, the Rules for the Implementation of Administrative Penalty under the Customs Law of the People's Republic of China and other relevant laws and administrative regulations.

Article 67　These Regulations shall be effective as of 1 January 2004. The Regulations of the People's Republic of China on Import and Export Duties revised and promulgated by the State Council on March 18, 1992 shall be simultaneously repealed.